BECK'SCHE TEXTAUSGABEN
Handelsgesetzbuch

Handelsgesetzbuch

einschließlich Seehandelsrecht
Gesellschaftsrecht · Wertpapierrecht · Gütertransportrecht
Wettbewerbsrecht

TEXTAUSGABE
mit Verweisungen und Sachverzeichnis

68., neubearbeitete Auflage
Stand: 20. März 1991

C. H. BECK'SCHE VERLAGSBUCHHANDLUNG
MÜNCHEN 1991

Die Deutsche Bibliothek – CIP-Einheitsaufnahme

Handelsgesetzbuch : [vom 10. Mai 1897 ; HGB]; einschließlich Seehandelsrecht, Gesellschaftsrecht, Wertpapierrecht, Gütertransportrecht, Wettbewerbsrecht ; Textausgabe mit Verweisungen und Sachverzeichnis. – 68., neubearb. Aufl., Stand: 20. März 1991. – München : Beck, 1991
ISBN 3 406 34983 8
NE: HGB

ISBN 3 406 34983 8

Druck der C. H. Beck'schen Buchdruckerei Nördlingen

Inhaltsverzeichnis

Abkürzungsverzeichnis VII

A. Handelsgesetzbuch, Ergänzungsgesetze

1. **Handelsgesetzbuch** vom 10. Mai 1897 1
2. **Einführungsgesetz zum Handelsgesetzbuche** vom 10. Mai 1897 .. 229
3. **Gesetz über die Fristen für die Kündigung von Angestellten** vom 9. Juli 1926 241
4. **Allgemeine Deutsche Spediteur-Bedingungen (ADSp)** – Fassung vom 31. Oktober 1978 – 243
5. **Verordnung über Orderlagerscheine** vom 16. Dezember 1931 275
6. **Eisenbahn-Verkehrsordnung (EVO)** vom 8. September 1938 289
7. **Kraftverkehrsordnung (KVO) für den Güterfernverkehr mit Kraftfahrzeugen (Beförderungsbedingungen)** 337

B. Gesellschaftsrecht, Recht der Handelsgesellschaften

8. **Bürgerliches Gesetzbuch** vom 18. August 1896 (Auszug) (§§ 705–740) . 361
9. **Gesetz betreffend die Gesellschaften mit beschränkter Haftung** vom 20. April 1892 367
10. **Aktiengesetz** vom 6. September 1965 399
11. **Einführungsgesetz zum Aktiengesetz** vom 6. September 1965 567
12. **Gesetz über die Rechnungslegung von bestimmten Unternehmen und Konzernen** vom 15. August 1969 575
13. **Umwandlungsgesetz** in der Fassung der Bekanntmachung vom 6. November 1969 589
14. **Gesetz über die Kapitalerhöhung aus Gesellschaftsmitteln und über die Verschmelzung von Gesellschaften mit beschränkter Haftung** vom 23. Dezember 1959 611
15. **Gesetz betreffend die Erwerbs- und Wirtschaftsgenossenschaften** vom 1. Mai 1889 in der Fassung der Bekanntmachung vom 20. Mai 1898 625
16. **Gesetz über die Auflösung und Löschung von Gesellschaften und Genossenschaften** vom 9. Oktober 1934 681
17. *nicht belegt*

Inhaltsverzeichnis

C. Wertpapierrecht

18. **Wechselgesetz** vom 21. Juni 1933 683
19. **Einführungsgesetz zum Wechselgesetz** vom 21. Juni 1933 707
20. **Scheckgesetz** vom 14. August 1933 709
21. **Einführungsgesetz zum Scheckgesetz** vom 14. August 1933 723
22. **Gesetz über die Verwahrung und Anschaffung von Wertpapieren (Depotgesetz – DepotG)** vom 4. Februar 1937 725
23. *nicht belegt*

D. Versicherungsaufsichtsgesetz – VAG

24. **Gesetz über die Beaufsichtigung der Versicherungsunternehmen (Versicherungsaufsichtsgesetz – VAG)** in der Fassung der Bekanntmachung vom 13. Oktober 1983 (Auszug) 739

E. Wettbewerbsrecht

25. **Gesetz gegen den unlauteren Wettbewerb** vom 7. Juni 1909 753
26. **Gesetz gegen Wettbewerbsbeschränkungen** in der Fassung der Bekanntmachung vom 20. Februar 1990 769
27. **Gesetz über Preisnachlässe (Rabattgesetz)** vom 25. November 1933 . 827
28. **Verordnung zur Durchführung des Gesetzes über Preisnachlässe (Rabattgesetz)** vom 21. Februar 1934 831
29. **Verordnung des Reichspräsidenten zum Schutze der Wirtschaft. Erster Teil: Zugabewesen (Zugabeverordnung)** vom 9. März 1932 835

Sachverzeichnis 837

Abkürzungsverzeichnis

ABl.	Amtsblatt
ADSp.	Allgemeine Deutsche Spediteurbedingungen
AGB	Allgemeine Geschäftsbedingungen der Banken
AHKABl.	Amtsblatt der Alliierten Hohen Kommission
AktG	Aktiengesetz
ÄndG	Änderungsgesetz
AO	Reichsabgabenordnung
Art.	Artikel
AV	Allgemeine Verfügung
AVB	Allgemeine Versicherungsbedingungen
BAnz.	Bundesanzeiger
BayBS ErgB	Bereinigte Sammlung des bayerischen Landesrechts, Ergänzungsband „Ehemaliges Reichsrecht", 1968
BayBSVJu	Bereinigte Sammlung der bayerischen Justizverwaltungsvorschriften 1863 – 30. 6. 1957
BayRS	Bayerische Rechtssammlung 1802 bis 1982
BGB	Bürgerliches Gesetzbuch
BGBl. I oder II	Bundesgesetzblatt (Teil I oder II)
BinnSchG	Binnenschiffahrtsgesetz
BörsG	Börsengesetz
DDR	Deutsche Demokratische Republik
DepotG	Depotgesetz
DJ	„Deutsche Justiz"
DurchfVerf.	Durchführungsverfügung
DVO	Durchführungsverordnung
EG	Einführungsgesetz
EVO	Eisenbahnverkehrs-Ordnung
FGG	Gesetz über die Angelegenheiten der freiwilligen Gerichtsbarkeit
G	Gesetz
GBl.	Gesetzblatt
GenG	Gesetz betreffend die Erwerbs- und Wirtschaftsgenossenschaften
GewO	Gewerbeordnung
GG	Grundgesetz für die Bundesrepublik Deutschland
GmbHG	Gesetz betreffend die Gesellschaften mit beschränkter Haftung
GVBl.	Gesetz- und Verordnungsblatt
GWB	Gesetz gegen Wettbewerbsbeschränkungen
HGB	Handelsgesetzbuch
HRV	Handelsregisterverfügung

Abkürzungen

i. d. F.	in der Fassung
JMBl.	Justizministerialblatt
KapErhG	Gesetz über die Kapitalerhöhung aus Gesellschaftsmitteln und über die Gewinn- und Verlustrechnung
KO	Konkursordnung
KostO	Kostenordnung
KRABl.	Amtsblatt des Kontrollrats
KRG	Gesetz des Kontrollrats
KVO	Kraftverkehrsordnung
MR	Militärregierung
OLSchVO	Verordnung über Orderlagerscheine
RabattG	Rabattgesetz
RAnz.	Reichsanzeiger und Preuß. Staatsanzeiger
RegBl.	Regierungsblatt
RGBl. I oder II	Reichsgesetzblatt (Teil I oder II)
RJM	Reichsjustizminister
RVerkBl.	Reichsverkehrsblatt
RVO	Reichsversicherungsordnung
ScheckG	Scheckgesetz
StGB	Strafgesetzbuch
UmwG	Umwandlungsgesetz
UWG	Gesetz gegen den unlauteren Wettbewerb
VAG	Versicherungsaufsichtsgesetz
VkBl.	Verkehrsblatt
VO	Verordnung
VOBlBZ	Verordnungsblatt für die britische Zone
VVG	Versicherungsvertragsgesetz
WG	Wechselgesetz
WiGBl.	Gesetzblatt der Wirtschaftsverwaltung des Vereinigten Wirtschaftsgebietes (bis September 1948 Gesetz- und Verordnungsblatt des Wirtschaftsrates)
ZugabeVO	Zugabeverordnung

Vorbemerkung

Paragraphenüberschriften, die in eckigen Klammern stehen, sind nicht amtlich.

HGB 1

A. Handelsgesetzbuch, Ergänzungsgesetze

1. Handelsgesetzbuch

Vom 10. Mai 1897 (RGBl. S. 219)

(BGBl. III 41000-1)

Änderungen des Gesetzes

Lfd. Nr.	Änderndes Gesetz	Datum	Fundstelle	Geänderte Paragraphen	Art der Änderg.
1.	Gesetz, betreffend Abänderung seerechtlicher Vorschriften des Handelsgesetzbuchs	2. 6. 1902	RGBl. 218	481, 547–549, 553, 749 553a, 553b	geänd. eingef.
2.	Gesetz, betreffend Abänderung der Seemannsordnung und des Handelsgesetzbuchs	12. 5. 1904	RGBl. 167	553 Abs. 1, 2 und 4	geänd.
3.	Gesetz, betreffend Änderung der Vorschriften des Handelsgesetzbuchs über die Seeversicherung	30. 5. 1908	RGBl. 307	782, 790, 791, 812 Abs. 3 787–789, 796, 797, 807 Abs. 3, 808 bis 811, 821 Nr. 4, 824 Abs. 2, 830 Abs. 1, 883, 886, 887, 890, 895, 898, 899 811a, 811b, 821 Nr. 5	aufgeh. geänd. eingef.
4.	Gesetz über den Zusammenstoß von Schiffen sowie über die Bergung und Hilfsleistung in Seenot	7. 1. 1913	RGBl. 90	734–739, 740–748, 750, 901 Nr. 2, 903 Nr. 3, 904 903 Nr. 3a	geänd. eingef.
5.	Gesetz zur Änderung der §§ 74, 75 und des § 76 Abs. 1 des HGB	10. 6. 1914	RGBl. 209	74, 75, 76 Abs. 1 74a–74c, 75a–75f, 82a	geänd. eingef.
6.	Zweite Verordnung zur Neuregelung der im HGB sowie in der GewO vorgesehenen Gehaltsgrenzen	23. 10. 1923	RGBl. I 990	68 Abs. 1, 74a Abs. 2 Satz 1, 75b Satz 2	geänd.
7.	Gesetz zur Abänderung des HGB und des GenG	4. 2. 1925	RGBl. I 9	11 Abs. 2	eingef.
8.	Gesetz über die Krankenversicherung der Seeleute	16. 12. 1927	RGBl. I 337	553, 553c 553a Bisheriger § 553a wurde § 553b, § 553b wurde § 553c	geänd. eingef.
9.	Gesetz, betreffend das Internationale Übereinkommen über die Gewährung einer Entschädigung für Arbeitslosigkeit infolge von Schiffbruch	24. 12. 1929	RGBl. II 759	547 Abs. 2 Satz 2	eingef.
10.	Gesetz über die Pflicht zum Antrag auf Eröffnung des Konkurses oder des gerichtlichen Vergleichsverfahrens	25. 3. 1930	RGBl. I 93	240 Abs. 2, 241 Abs. 3 Nr. 6, 315 Abs. 1, 325 Nr. 8 298 Abs. 2	geänd. eingef.
11.	VO des Reichspräsidenten zur Sicherung von Wirtschaft und Finanzen	1. 12. 1930	RGBl. I 517	63 Abs. 1 Satz 2	eingef.
12.	VO des Reichspräsidenten zur Änderung des § 240 Abs. 2 des HGB	1. 8. 1931	RGBl. I 419	240 Abs. 2 Satz 1	geänd.

1 HGB — Änderungen des Gesetzes

Lfd. Nr.	Änderndes Gesetz	Datum	Fundstelle	Geänderte Paragraphen	Art der Änderg.
13.	VO des Reichspräsidenten über Aktienrecht, Bankenaufsicht und über eine Steueramnestie	19. 9. 1931	RGBl. I 493	226, 227, 260, 261, 266–270	geänd.
				227a, 230a, 239a, 240a, 244a, 246 Abs. 1 Satz 3 und 4, 260a, 260b, 261a bis 261e, 262a bis 262g, 318a	eingef.
14.	Gesetz zur Abänderung strafrechtlicher Vorschriften	26. 5. 1933	RGBl. I 295	312 Abs. 3	geänd.
15.	Gesetz zur Ergänzung des HGB	20. 7. 1933	RGBl. I 520	9 Abs. 3	eingef.
16.	Gesetz zur Ordnung der nationalen Arbeit	20. 1. 1934	RGBl. I 45	75f	geänd.
17.	Vergleichsordnung	26. 2. 1935	RGBl. I 321	315 Abs. 1	geänd.
				298 Abs. 2	aufgeh.
18.	Gesetz zur Änderung des HGB	7. 3. 1935	RGBl. I 352	195, 284 Abs. 3, 323 Abs. 2	geänd.
19.	Einführungsgesetz zum Gesetz über Aktiengesellschaften und Kommanditgesellschaften auf Aktien	30. 1. 1937	RGBl. I 166	20, 178–334	aufgeh.
20.	Gesetz zur Änderung von Vorschriften des HGB über das Seefrachtrecht	10. 8. 1937	RGBl. I 891	363 Abs. 2, 559, 563, 564, 606–613, 627 Abs. 2, 642 bis 663, 673 Abs. 2, 708 Nr. 3, 723 Abs. 2, 732, 754 Nr. 7, 860, 875 Abs. 2, 903 Nr. 2	geänd.
				485 Satz 2, 541 Abs. 2, 564a–564c, 636a, 663a, 663b, 902 Satz 2	eingef.
21.	Gesetz über die Eintragung von Handelsniederlassungen und das Verfahren in Handelsregistersachen	10. 8. 1937	RGBl. I 897	13, 33	geänd.
				13a–13c	eingef.
22.	Erste Durchführungsverordnung zum Aktiengesetz	29. 9. 1937	RGBl. I 1026, ber. 1140	22 Abs. 1 Satz 2	aufgeh.
23.	Gesetz zur Änderung des HGB	4. 9. 1938	RGBl. I 1149, ber. 1188	453–460	geänd.
				461–473	aufgeh.
24.	Verordnung zur Durchführung des Gesetzes über Rechte an eingetragenen Schiffen und Schiffsbauwerken	21. 12. 1940	RGBl. I 1609	491 Abs. 1, 503	geänd.
				474, 475	aufgeh.
25.	Verordnung zur Vereinfachung der Bekanntmachungen über Wertpapiere	22. 1. 1944	RGBl. I 42	367	geänd.
26.	Gesetz über Bekanntmachungen	17. 5. 1950	BGBl. 183	367	geänd.
27.	Gesetz über die Kaufmannseigenschaft von Handwerkern	31. 3. 1953	BGBl. I 106	1 Abs. 2 Nr. 2 und 9, 2 Satz 1, 4 Abs. 1	geänd.
				4 Abs. 3	aufgeh.
28.	Gesetz zur Änderung des HGB (Recht der Handelsvertreter)	6. 8. 1953	BGBl. I 771	1 Abs. 2 Nr. 7, 55, 65, 84–92	geänd.
				75g, 75h, 86a, 86b, 87a, 87b, 87c, 87d, 88a, 89a, 89b, 90a, 91a, 92a, 92b, 92c	eingef.
29.	Gesetz über das Seelotswesen	13. 10. 1954	BGBl. II 1035	485 Satz 1, 486 Nr. 3	geänd.
30.	Seemannsgesetz	26. 7. 1957	BGBl. II 713	520 Abs. 2, 545	geänd.
				546–551, 553–554, 555 Satz 2 und 3	aufgeh.

Änderungen des Gesetzes HGB 1

Lfd. Nr.	Änderndes Gesetz	Datum	Fundstelle	Geänderte Paragraphen	Art der Änderg.
31.	Gesetz zur Abkürzung handelsrechtlicher und steuerrechtlicher Aufbewahrungsfristen	2. 3. 1959	BGBl. I 77	44	geänd.
32.	Gesetz über die Aufgaben des Bundes auf dem Gebiet der Seeschiffahrt	24. 5. 1965	BGBl. II 833	520 519, 521	geänd. aufgeh.
33.	Gesetz zur Änderung des HGB und der Reichsabgabenordnung	2. 8. 1965	BGBl. I 665	38 Abs. 2, 39 Abs. 3, 44 39 Abs. 4, 40 Abs. 4, 44a, 44b, 47a 41 Abs. 2	geänd. eingef. aufgeh.
34.	Einführungsgesetz zum Aktiengesetz	6. 9. 1965	BGBl. I 1185	13c, 14	geänd.
35.	Umsatzsteuergesetz (Mehrwertsteuer)	29. 5. 1967	BGBl. I 545	87b Abs. 2 Satz 3	eingef.
36.	Gesetz zur Änderung des Kündigungsrechtes und anderer arbeitsrechtlicher Vorschriften (Erstes Arbeitsrechtsbereinigungsgesetz)	14. 8. 1969	BGBl. I 1106	63 Abs. 1 Satz 2 und 3 66–72	eingef. aufgeh.
37.	Berufsbildungsgesetz	14. 8. 1969	BGBl. I 1112	76–82	aufgeh.
38.	Gesetz zur Durchführung der Ersten Richtlinie des Rates der Europäischen Gemeinschaften zur Koordinierung des Gesellschaftsrechts	15. 8. 1969	BGBl. I 1146	9 Abs. 2, 15 Abs. 2 15 Abs. 3	geänd. eingef.
39.	Beurkundungsgesetz	28. 8. 1969	BGBl. I 1513	12 Abs. 1, 501 Abs. 1 73 Abs. 2, 80 Abs. 2	geänd. aufgeh.
40.	Gesetz zur Änderung des Handelsgesetzbuchs und anderer Gesetze (Seerechtsänderungsgesetz) Bek. über das Inkrafttreten	21. 6. 1972 21. 3. 1973	BGBl. I 966, ber. 1300 BGBl. I 266	93 Abs. 1, 363 Abs. 2, 481, 482, 486, 487, 488, 493 Abs. 4, 496 Abs. 2, 501 Abs. 1, 507, 509, 510 Abs. 1, 511, 512, 513, 514 Abs. 1, 515 Abs. 1, 516, 517 Abs. 1 und 3, 518, 522–525, 526, 527, 528, 531, 532, 533, 534 Abs. 1 und 2, 535 Abs. 1 bis 3, 536 Abs. 1, 538, 539, 540, 541 Abs. 1, 542, 543, 544, 545, 552, 555, 560, 564 Abs. 3 und 5, 564a, 564b Abs. 1 und 2, 564c, 567 Abs. 1, 580 Abs. 2, 588 Abs. 1, 591, 592, 594 Abs. 1 und 2, 601, 602, 604 Abs. 1 und 2, 610, 615, 622 Abs. 1, 628 Abs. 1 Nr. 3, 632, 634 Abs. 3 und 7, 636 Abs. 3, 636a, 642 Abs. 4, 643, 644, 647, 649 Abs. 1, 650, 651, 652 Abs. 1, 654 Abs. 1 und 3, 656 Abs. 2 Nr. 2, 665, 666, 673 Abs. 2, 675, 700, 702 Abs. 3, 704, 706, 708 Nr. 3, 722, 723 Abs. 2, 724, 725, 726, 728 Abs. 1, 731 Abs. 1, 732 Abs. 1, 737, 738, 742 Abs. 1, 743, 749 Abs. 1	

1 HGB — Änderungen des Gesetzes

Lfd. Nr.	Änderndes Gesetz	Datum	Fundstelle	Geänderte Paragraphen	Art der Änderg.
				bis 3, 750–764, 780, 814 Abs. 2 Nr. 3, 815, 822, 848 Abs. 1, 873 Abs. 1, 901–903	geänd.
				487a bis 487d, 509 Abs. 2 Satz 3, 528 Abs. 3, 535 Abs. 4, 704 Satz 2, 721a, 726a, 738a–738c, 752a	eingef.
				494 Abs. 2, 528 Abs. 1 Satz 2, 529, 530, 534 Abs. 4, 537, 632 Abs. 1 Satz 2, 679–699, 723 Abs. 4, 731 Abs. 2, 739 Abs. 2, 765–777, 904	aufgeh.
				Bisheriger § 534 Abs. 5 wurde Abs. 4, § 731 Abs. 3 wurde Abs. 2	
41.	Gesetz zur Änderung des Gesetzes betreffend die Erwerbs- und Wirtschaftsgenossenschaften	9. 10. 1973	BGBl. I 1451	30 Abs. 1	geänd.
42.	Einführungsgesetz zum Strafgesetzbuch (EGStGB)	2. 3. 1974	BGBl. I 469	14, 37 Abs. 1, 103	geänd.
43.	Gesetz über Konkursausfallgeld (Drittes Gesetz zur Änderung des Arbeitsförderungsgesetzes)	17. 7. 1974	BGBl. I 1481	75e	aufgeh.
44.	Gesetz über ergänzende Maßnahmen zum Fünften Strafrechtsreformgesetz (Strafrechtsreform-Ergänzungsgesetz – StREG)	28. 8. 1975	BGBl. I 2289	63 Abs. 1 Satz 2	eingef.
45.	Gesetz über die Kaufmannseigenschaft von Land- und Forstwirten und den Ausgleichsanspruch des Handelsvertreters	13. 5. 1976	BGBl. I 1197	3, 89b Abs. 3	geänd.
46.	Erstes Gesetz zur Bekämpfung der Wirtschaftskriminalität (1. WiKG)	29. 7. 1976	BGBl. I 2034	41 Satz 1 47b, 130a, 130b, 177a	geänd. eingef.
47.	Gesetz zur Vereinfachung und Beschleunigung gerichtlicher Verfahren (Vereinfachungsnovelle)	3. 12. 1976	BGBl. I 3281	738a Abs. 1	geänd.
48.	Einführungsgesetz zur Abgabenordnung (EGAO 1977)	14. 12. 1976	BGBl. I 3341	38 Abs. 2, 43, 44, 47a 39 Abs. 2a 44a, 44b	geänd. eingef. aufgeh.
49.	Gesetz zu den Protokollen vom 19. November 1976 und vom 5. Juli 1978 über die Ersetzung des Goldfrankens durch das Sonderziehungsrecht des Internationalen Währungsfonds sowie zur Regelung der Umrechnung des Goldfrankens in haftungsrechtlichen Bestimmungen (Goldfrankenumrechnungsgesetz)	9. 6. 1980	BGBl. II 721	487a Abs. 3	geänd.
50.	Gesetz zur Änderung des Gesetzes betreffend die Gesellschaften mit beschränkter Haftung und anderer handelsrechtlicher Vorschriften	4. 7. 1980	BGBl. I 836	130a Abs. 1 Satz 1, 177a 19 Abs. 5, 125a, 129a, 172 Abs. 6, 172a	geänd. eingef.
51.	Gesetz zur Durchführung der Vierten, Siebenten und Achten Richtlinie des Rates der Europäischen Gemeinschaften zur Koor-	19. 12. 1985	BGBl. I 2355	9 Abs. 2, 100 Abs. 2, 118 Abs. 1, 166 Abs. 1 und 3, 233 (neu) Abs. 1 und 3, 479 Satz 1, 483	geänd.

Änderungen des Gesetzes — HGB 1

Lfd. Nr.	Änderndes Gesetz	Datum	Fundstelle	Geänderte Paragraphen	Art der Änderg.
	dinierung des Gesellschaftsrechts (Bilanzrichtlinien-Gesetz – BiRiLiG)			8a, Drittes Buch (§§ 238 bis 339) 38 bis 47b Bisherige §§ 335 bis 342 wurden §§ 230 bis 237, bisheriges Drittes bzw. Viertes Buch wurde Viertes bzw. Fünftes Buch	eingef. aufgeh.
52.	Gesetz zur Änderung des Handelsgesetzbuchs und anderer Gesetze (Zweites Seerechtsänderungsgesetz)	25. 7. 1986	BGBl. I 1120	485 Satz 1, 486 bis 487d, 612, 656, 660, 662 Abs. 1, Überschrift Fünfter Abschnitt, 664, 672 bis 675, 737 Abs. 2 487c, 607a, Anlage zu 664 666 bis 671, 676 bis 678	geänd. eingef. aufgeh.
	Bek. über das Inkrafttreten	17. 7. 1987	BGBl. II 407		
53.	Gesetz zur Einführung eines neuen Marktabschnitts an den Wertpapierbörsen und zur Durchführung der Richtlinien des Rates der Europäischen Gemeinschaften vom 5. März 1979, vom 17. März 1980 und vom 15. Februar 1982 zur Koordinierung börsenrechtlicher Vorschriften (Börsenzulassungs-Gesetz)	16. 12. 1986	BGBl. I 2478	267 Abs. 3 Satz 2	geänd.
54.	Gesetz über die Haftung und Entschädigung für Ölverschmutzungsschäden durch Seeschiffe (Ölschadengesetz – ÖlSG)	30. 9. 1988	BGBl. I 1770	486 Abs. 2, 3 und 5, 487d Abs. 1, 487e Abs. 1 487c Abs. 4	geänd. eingef.
55.	Gesetz zur Durchführung der EG-Richtlinie zur Koordinierung des Rechts der Handelsvertreter	23. 10. 1989	BGBl. I 1910	86a Abs. 2 Sätze 2 und 3, 87 Abs. 1 Satz 2, Abs. 2 Satz 2 und Abs. 3, 87a Abs. 3 Satz 2 und Abs. 5, 89, 89b Abs. 3, Abs. 4 Satz 2 und Abs. 5, 90a Abs. 1 Satz 2, 92c Abs. 1 86 Abs. 4, 86a Abs. 3, 104 Satz 2 87a Abs. 1 Satz 4	geänd. eingef. aufgeh.
56.	Drittes Rechtsbereinigungsgesetz	28. 6. 1990	BGBl. I 1221	726a Abs. 1 Satz 2, 752a Abs. 1 Satz 2	aufgeh.
57.	Gesetz zur Durchführung der Richtlinie des Rates der Europäischen Gemeinschaften über den Jahresabschluß und den konsolidierten Abschluß von Banken und anderen Finanzinstituten (Bankbilanzrichtlinie-Gesetz)	30. 11. 1990	BGBl. I 2570	334 Abs. 1 Nr. 6, 336 Abs. 3 246 Abs. 1 Sätze 2 und 3, 330 Abs. 2, 334 Abs. 4, Vierter Abschnitt (§§ 340 bis 340o) 293 Abs. 2	geänd. eingef. aufgeh.
58.	Rechtspflege-Vereinfachungsgesetz	17. 12. 1990	BGBl. I 2847	414 Abs. 3 Satz 2	geänd.

Inhaltsübersicht

Erstes Buch. Handelsstand §§ 1–104

Erster Abschnitt. Kaufleute §§ 1–7
Zweiter Abschnitt. Handelsregister §§ 8–16
Dritter Abschnitt. Handelsfirma §§ 17–37
Vierter Abschnitt. Handelsbücher *(aufgehoben)*
Fünfter Abschnitt. Prokura und Handlungsvollmacht §§ 48–58
Sechster Abschnitt. Handlungsgehilfen und Handlungslehrlinge §§ 59–83
Siebenter Abschnitt. Handelsvertreter §§ 84–92c
Achter Abschnitt. Handelsmakler §§ 93–104

Zweites Buch. Handelsgesellschaften und stille Gesellschaft §§ 105–237

Erster Abschnitt. Offene Handelsgesellschaft §§ 105–160
    Erster Titel. Errichtung der Gesellschaft §§ 105–108
    Zweiter Titel. Rechtsverhältnis der Gesellschafter untereinander §§ 109–122
    Dritter Titel. Rechtsverhältnis der Gesellschafter zu Dritten §§ 123–130b
    Vierter Titel. Auflösung der Gesellschaft und Ausscheiden von Gesellschaftern §§ 131–144
    Fünfter Titel. Liquidation der Gesellschaft §§ 145–158
    Sechster Titel. Verjährung §§ 159, 160
Zweiter Abschnitt. Kommanditgesellschaft §§ 161–177a
Dritter Abschnitt. Stille Gesellschaft §§ 230–237

Drittes Buch. Handelsbücher §§ 238–339

Erster Abschnitt. Vorschriften für alle Kaufleute §§ 238–263
    Erster Unterabschnitt. Buchführung. Inventar §§ 238–241
    Zweiter Unterabschnitt. Eröffnungsbilanz. Jahresabschluß §§ 242–256
        Erster Titel. Allgemeine Vorschriften §§ 242–245
        Zweiter Titel. Ansatzvorschriften §§ 246–251
        Dritter Titel. Bewertungsvorschriften §§ 252–256
    Dritter Unterabschnitt. Aufbewahrung und Vorlage §§ 257–261
    Vierter Unterabschnitt. Sollkaufleute. Landesrecht §§ 262, 263
Zweiter Abschnitt. Ergänzende Vorschriften für Kapitalgesellschaften (Aktiengesellschaften, Kommanditgesellschaften auf Aktien und Gesellschaften mit beschränkter Haftung) §§ 264–335
    Erster Unterabschnitt. Jahresabschluß der Kapitalgesellschaft und Lagebericht §§ 264–289
        Erster Titel. Allgemeine Vorschriften §§ 264, 265
        Zweiter Titel. Bilanz §§ 266–274
        Dritter Titel. Gewinn- und Verlustrechnung §§ 275–278
        Vierter Titel. Bewertungsvorschriften §§ 279–283
        Fünfter Titel. Anhang §§ 284–288
        Sechster Titel. Lagebericht § 289
    Zweiter Unterabschnitt. Konzernabschluß und Konzernlagebericht §§ 290–315
        Erster Titel. Anwendungsbereich §§ 290–293
        Zweiter Titel. Konsolidierungskreis §§ 294–296
        Dritter Titel. Inhalt und Form des Konzernabschlusses §§ 297–299
        Vierter Titel. Vollkonsolidierung §§ 300–307
        Fünfter Titel. Bewertungsvorschriften §§ 308, 309
        Sechster Titel. Anteilmäßige Konsolidierung § 310
        Siebenter Titel. Assoziierte Unternehmen §§ 311, 312

Inhaltsübersicht

Achter Titel. Konzernanhang §§ 313, 314
Neunter Titel. Konzernlagebericht § 315
Dritter Unterabschnitt. Prüfung §§ 316–324
Vierter Unterabschnitt. Offenlegung (Einreichung zu einem Register, Bekanntmachung im Bundesanzeiger). Veröffentlichung und Vervielfältigung. Prüfung durch das Registergericht §§ 325–329
Fünfter Unterabschnitt. Verordnungsermächtigung für Formblätter und andere Vorschriften § 330
Sechster Unterabschnitt. Straf- und Bußgeldvorschriften. Zwangsgelder §§ 331–335
Dritter Abschnitt. Ergänzende Vorschriften für eingetragene Genossenschaften §§ 336–339
Vierter Abschnitt. Ergänzende Vorschriften für Kreditinstitute §§ 340–340o
  Erster Titel. Anwendungsbereich § 340
  Zweiter Titel. Jahresabschluß, Lagebericht §§ 340a–340d
  Dritter Titel. Bewertungsvorschriften §§ 340e–340g
  Vierter Titel. Währungsumrechnung § 340h
  Fünfter Titel. Konzernabschluß, Konzernlagebericht §§ 340i, 340j
  Sechster Titel. Prüfung § 340k
  Siebenter Titel. Offenlegung § 340l
  Achter Titel. Straf- und Bußgeldvorschriften, Zwangsgelder §§ 340m–340o

Viertes Buch. Handelsgeschäfte §§ 343–460

Erster Abschnitt. Allgemeine Vorschriften §§ 343–372

Zweiter Abschnitt. Handelskauf §§ 373–382

Dritter Abschnitt. Kommissionsgeschäft §§ 383–406

Vierter Abschnitt. Speditionsgeschäft §§ 407–415

Fünfter Abschnitt. Lagergeschäft §§ 416–424

Sechster Abschnitt. Frachtgeschäft §§ 425–452

Siebenter Abschnitt. Beförderung von Gütern und Personen auf den Eisenbahnen des öffentlichen Verkehrs §§ 453–460

Fünftes Buch. Seehandel §§ 476–905

Erster Abschnitt. Allgemeine Vorschriften §§ 476–483

Zweiter Abschnitt. Reeder und Reederei §§ 484–510

Dritter Abschnitt. Kapitän §§ 511–555

Vierter Abschnitt. Frachtgeschäft zur Beförderung von Gütern §§ 556–663b

Fünfter Abschnitt. Beförderung von Reisenden und ihrem Gepäck §§ 664–675

Sechster Abschnitt. Bodmerei *(aufgehoben)*

Siebenter Abschnitt. Haverei §§ 700–739
  Erster Titel. Große (gemeinschaftliche) Haverei und besondere Haverei §§ 700–733
  Zweiter Titel. Schaden durch Zusammenstoß von Schiffen §§ 734–739

Achter Abschnitt. Bergung und Hilfsleistung in Seenot §§ 740–753

Neunter Abschnitt. Schiffsgläubiger §§ 754–764

Zehnter Abschnitt. Versicherung gegen die Gefahren der Seeschiffahrt §§ 778–900
  Erster Titel. Allgemeine Vorschriften §§ 778–805
  Zweiter Titel. Anzeigen bei dem Abschlusse des Vertrags §§ 806–811b
  Dritter Titel. Verpflichtungen des Versicherten aus dem Versicherungsvertrage §§ 812–819
  Vierter Titel. Umfang der Gefahr §§ 820–853
  Fünfter Titel. Umfang des Schadens §§ 854–881
  Sechster Titel. Bezahlung des Schadens §§ 882–893
  Siebenter Titel. Aufhebung der Versicherung und Rückzahlung der Prämie §§ 894–900

Elfter Abschnitt. Verjährung §§ 901–905

Anlage zu § 664

Vorbemerkung

Die Änderungen durch das Gesetz über die Haftung und Entschädigung für Ölverschmutzungsschäden durch Seeschiffe (Ölschadengesetz – ÖlSG) vom 30. 9. 1988 (BGBl. I S. 1770) **treten an dem Tage in Kraft, an dem das Haftungsübereinkommen von 1984 für die Bundesrepublik Deutschland in Kraft tritt.** Sie wurden deshalb noch nicht in den Text eingearbeitet. Beim Abdruck des Gesetzes wurde jedoch die bereits in Kraft getretene Änderung zu § 487c berücksichtigt.

Erstes Buch. Handelsstand

Erster Abschnitt. Kaufleute

§ 1.* **[Mußkaufmann]** (1) Kaufmann im Sinne dieses Gesetzbuchs ist, wer ein Handelsgewerbe betreibt.

(2) Als Handelsgewerbe gilt jeder Gewerbebetrieb, der eine der nachstehend bezeichneten Arten von Geschäften zum Gegenstande hat:

1. die Anschaffung und Weiterveräußerung von beweglichen Sachen (Waren) oder Wertpapieren, ohne Unterschied, ob die Waren unverändert oder nach einer Bearbeitung oder Verarbeitung weiter veräußert werden;
2. die Übernahme der Bearbeitung oder Verarbeitung von Waren für andere, sofern das Gewerbe nicht handwerksmäßig betrieben wird;
3. die Übernahme von Versicherungen gegen Prämie;
4. die Bankier- und Geldwechslergeschäfte;
5. die Übernahme der Beförderung von Gütern oder Reisenden zur See, die Geschäfte der Frachtführer oder der zur Beförderung von Personen zu Lande oder auf Binnengewässern bestimmten Anstalten sowie die Geschäfte der Schleppschiffahrtsunternehmer;
6. die Geschäfte der Kommissionäre, der Spediteure oder der Lagerhalter;
7. die Geschäfte der Handelsvertreter oder der Handelsmakler;
8. die Verlagsgeschäfte sowie die sonstigen Geschäfte des Buch- oder Kunsthandels;
9. die Geschäfte der Druckereien, sofern das Gewerbe nicht handwerksmäßig betrieben wird.

§ 2.** **[Sollkaufmann]** ¹Ein handwerkliches oder ein sonstiges gewerbliches Unternehmen, dessen Gewerbebetrieb nicht schon nach § 1 Abs. 2 als Handelsgewerbe gilt, das jedoch nach Art und Umfang einen in kaufmännischer Weise eingerichteten Geschäftsbetrieb erfordert, gilt als Handelsgewerbe im Sinne dieses Gesetzbuchs, sofern die Firma des Unternehmens in das Handelsregister eingetragen worden ist. ²Der Unternehmer ist verpflichtet, die Eintragung nach den für die Eintragung kaufmännischer Firmen geltenden Vorschriften herbeizuführen.

---

* § 1 Abs. 2 Nr. 2 und 9 neu gefaßt durch Gesetz vom 31. 3. 1953 (BGBl. I S. 106), Abs. 2 Nr. 7 geändert durch Gesetz vom 6. 8. 1953 (BGBl. I S. 771).
** § 2 Satz 1 neu gefaßt durch Gesetz von 31. 3. 1953 (BGBl. I S. 106).

§ 3.* **[Land- und Forstwirtschaft; Kannkaufmann]** (1) Auf den Betrieb der Land- und Forstwirtschaft finden die Vorschriften des § 1 keine Anwendung.

(2) ¹Für ein land- oder forstwirtschaftliches Unternehmen gilt § 2 mit der Maßgabe, daß der Unternehmer berechtigt, aber nicht verpflichtet ist, die Eintragung in das Handelsregister herbeizuführen. ²Ist die Eintragung erfolgt, so findet eine Löschung der Firma nur nach den allgemeinen Vorschriften statt, welche für die Löschung kaufmännischer Firmen gelten.

(3) Ist mit dem Betrieb der Land- oder Forstwirtschaft ein Unternehmen verbunden, das nur ein Nebengewerbe des land- oder forstwirtschaftlichen Unternehmens darstellt, so finden auf das im Nebengewerbe betriebene Unternehmen die Vorschriften der Absätze 1 und 2 entsprechende Anwendung.

§ 4.** **[Minderkaufmann]** (1) Die Vorschriften über die Firmen, die Handelsbücher und die Prokura finden keine Anwendung auf Personen, deren Gewerbebetrieb nach Art oder Umfang einen in kaufmännischer Weise eingerichteten Geschäftsbetrieb nicht erfordert.

(2) Durch eine Vereinigung zum Betrieb eines Gewerbes, auf welches die bezeichneten Vorschriften keine Anwendung finden, kann eine offene Handelsgesellschaft oder eine Kommanditgesellschaft nicht begründet werden.

§ 5. **[Kaufmann kraft Eintragung]** Ist eine Firma im Handelsregister eingetragen, so kann gegenüber demjenigen, welcher sich auf die Eintragung beruft, nicht geltend gemacht werden, daß das unter der Firma betriebene Gewerbe kein Handelsgewerbe sei oder daß es zu den in § 4 Abs. 1 bezeichneten Betrieben gehöre.

§ 6. **[Handelsgesellschaften; Formkaufmann]** (1) Die in betreff der Kaufleute gegebenen Vorschriften finden auch auf die Handelsgesellschaften Anwendung.

(2) Die Rechte und Pflichten eines Vereins, dem das Gesetz ohne Rücksicht auf den Gegenstand des Unternehmens die Eigenschaft eines Kaufmanns beilegt, werden durch die Vorschrift des § 4 Abs. 1 nicht berührt.

§ 7. **[Kaufmannseigenschaft und öffentliches Recht]** Durch die Vorschriften des öffentlichen Rechtes, nach welchen die Befugnis zum Gewerbebetrieb ausgeschlossen oder von gewissen Voraussetzungen abhängig gemacht ist, wird die Anwendung der die Kaufleute betreffenden Vorschriften dieses Gesetzbuchs nicht berührt.

Zweiter Abschnitt. Handelsregister

§ 8.*** **[Führung des Registers]** Das Handelsregister wird von den Gerichten geführt.

---

* § 3 neu gefaßt durch Gesetz vom 13. 5. 1976 (BGBl. I S. 1197).
** § 4 Abs. 1 neu gefaßt und früherer Abs. 3 aufgehoben durch Gesetz vom 31. 3. 1953 (BGBl. I S. 106).
*** Die Einrichtung und Führung des Handelsregisters ist in §§ 125 ff. FGG (abgedruckt in Schönfelder unter Nr. **112**) geregelt.

1 HGB §§ 8a–11   1. Buch. Handelsstand

§ 8a.* **[Aufbewahrung von Schriftstücken auf Bild- oder Datenträgern]**
(1) ¹Die zum Handelsregister eingereichten Schriftstücke können nach näherer Anordnung der Landesjustizverwaltung zur Ersetzung der Urschrift auch als Wiedergabe auf einem Bildträger oder auf anderen Datenträgern aufbewahrt werden, wenn sichergestellt ist, daß die Wiedergaben oder die Daten innerhalb angemessener Zeit lesbar gemacht werden können. ²Bei der Herstellung der Bild- oder Datenträger ist ein schriftlicher Nachweis über ihre inhaltliche Übereinstimmung mit der Urschrift anzufertigen.

(2) Das Gericht kann nach näherer Anordnung der Landesjustizverwaltung gestatten, daß die zum Handelsregister einzureichenden Jahresabschlüsse und Konzernabschlüsse und die dazugehörigen Unterlagen in der in Absatz 1 Satz 1 bezeichneten Form eingereicht werden.

§ 9. **** **[Einsicht des Handelsregisters; Abschriften; Bescheinigungen]**
(1) Die Einsicht des Handelsregisters sowie der zum Handelsregister eingereichten Schriftstücke ist jedem gestattet.

(2) ¹Von den Eintragungen und den zum Handelsregister eingereichten Schriftstücken kann eine Abschrift gefordert werden. ²Werden die Schriftstücke nach § 8a Abs. 1 aufbewahrt, so kann eine Abschrift nur von der Wiedergabe gefordert werden. ³Die Abschrift ist von der Geschäftsstelle zu beglaubigen, sofern nicht auf die Beglaubigung verzichtet wird.

(3) ¹Der Nachweis, wer der Inhaber einer in das Handelsregister eingetragenen Firma eines Einzelkaufmanns ist, kann Behörden gegenüber durch ein Zeugnis des Gerichts über die Eintragung geführt werden. ²Das gleiche gilt von dem Nachweis der Befugnis zur Vertretung eines Einzelkaufmanns oder einer Handelsgesellschaft.

(4) Das Gericht hat auf Verlangen eine Bescheinigung darüber zu erteilen, daß bezüglich des Gegenstandes einer Eintragung weitere Eintragungen nicht vorhanden sind oder daß eine bestimmte Eintragung nicht erfolgt ist.

§ 10. [Bekanntmachung der Eintragungen] (1) ¹Das Gericht hat die Eintragungen in das Handelsregister durch den Bundesanzeiger und durch mindestens ein anderes Blatt bekanntzumachen. ²Soweit nicht das Gesetz ein anderes vorschreibt, werden die Eintragungen ihrem ganzen Inhalte nach veröffentlicht.

(2) Mit dem Ablaufe des Tages, an welchem das letzte der die Bekanntmachung enthaltenden Blätter erschienen ist, gilt die Bekanntmachung als erfolgt.

§ 11.* **[Bezeichnung der Amtsblätter]** (1) Das Gericht hat jährlich im Dezember die Blätter zu bezeichnen, in denen während des nächsten Jahres die in § 10 vorgesehenen Veröffentlichungen erfolgen sollen.

(2) Wird das Handelsregister bei einem Gerichte von mehreren Richtern geführt und einigen sich diese über die Bezeichnung der Blätter nicht, so wird die Bestimmung von dem im Rechtszug vorgeordneten Landgerichte getroffen; ist bei diesem Landgericht eine Kammer für Handelssachen gebildet, so tritt diese an die Stelle der Zivilkammer.

---

* § 8a eingefügt durch Bilanzrichtlinien-Gesetz vom 19. 12. 1985 (BGBl. I S. 2355).
** § 9 Abs. 2 neu gefaßt durch Bilanzrichtlinien-Gesetz vom 19. 12. 1985 (BGBl. I S. 2355), neuer Abs. 3 eingefügt, bisheriger Abs. 3 wurde Abs. 4 durch Gesetz vom 20. 7. 1933 (RGBl. I S. 520).
*** § 11 Abs. 2 eingefügt durch Gesetz vom 4. 2. 1925 (RGBl. I S. 9).

2. Abschnitt. Handelsregister

§ 12.* **[Anmeldungen; Zeichnung von Unterschriften; Nachweis der Rechtsnachfolge]** (1) Die Anmeldungen zur Eintragung in das Handelsregister sowie die zur Aufbewahrung bei dem Gerichte bestimmten Zeichnungen von Unterschriften sind in öffentlich beglaubigter Form einzureichen.

(2) ¹Die gleiche Form ist für eine Vollmacht zur Anmeldung erforderlich. ²Rechtsnachfolger eines Beteiligten haben die Rechtsnachfolge soweit tunlich durch öffentliche Urkunden nachzuweisen.

§ 13.** **[Zweigniederlassung]** (1) ¹Die Errichtung einer Zweigniederlassung ist von einem Einzelkaufmann oder einer juristischen Person beim Gericht der Hauptniederlassung, von einer Handelsgesellschaft beim Gericht des Sitzes der Gesellschaft zur Eintragung in das Handelsregister des Gerichts der Zweigniederlassung anzumelden. ²Das Gericht der Hauptniederlassung oder des Sitzes hat die Anmeldung unverzüglich mit einer beglaubigten Abschrift seiner Eintragungen, soweit sie nicht ausschließlich die Verhältnisse anderer Niederlassungen betreffen, an das Gericht der Zweigniederlassung weiterzugeben.

(2) Die gesetzlich vorgeschriebenen Unterschriften sind zur Aufbewahrung beim Gericht der Zweigniederlassung zu zeichnen; für die Unterschriften der Prokuristen gilt dies nur, soweit die Prokura nicht ausschließlich auf den Betrieb einer anderen Niederlassung beschränkt ist.

(3) ¹Das Gericht der Zweigniederlassung hat zu prüfen, ob die Zweigniederlassung errichtet und § 30 beachtet ist. ²Ist dies der Fall, so hat es die Zweigniederlassung einzutragen und dabei die ihm mitgeteilten Tatsachen nicht zu prüfen, soweit sie im Handelsregister der Hauptniederlassung oder des Sitzes eingetragen sind. ³Die Eintragung hat auch den Ort der Zweigniederlassung zu enthalten; ist der Firma für die Zweigniederlassung ein Zusatz beigefügt, so ist auch dieser einzutragen.

(4) ¹Die Eintragung der Zweigniederlassung ist von Amts wegen dem Gericht der Hauptniederlassung oder des Sitzes mitzuteilen und in dessen Register zu vermerken; ist der Firma für die Zweigniederlassung ein Zusatz beigefügt, so ist auch dieser zu vermerken. ²Der Vermerk wird nicht veröffentlicht.

(5) Die vorstehenden Vorschriften gelten sinngemäß für die Aufhebung einer Zweigniederlassung.

§ 13a.** **[Gericht der Hauptniederlassung]** (1) Ist eine Zweigniederlassung in das Handelsregister eingetragen, so sind alle Anmeldungen, die die Hauptniederlassung oder die Niederlassung am Sitz der Gesellschaft oder die eingetragenen Zweigniederlassungen betreffen, beim Gericht der Hauptniederlassung oder des Sitzes zu bewirken; es sind so viel Stücke einzureichen, wie Niederlassungen bestehen.

(2) Das Gericht der Hauptniederlassung oder des Sitzes hat in der Bekanntmachung seiner Eintragung im Bundesanzeiger anzugeben, daß die gleiche Eintragung für die Zweigniederlassungen bei den namentlich zu bezeichnenden Gerichten erfolgen wird; ist der Firma für eine Zweigniederlassung ein Zusatz beigefügt, so ist auch dieser anzugeben.

---

* § 12 Abs. 1 geändert durch Beurkundungsgesetz vom 28. 8. 1969 (BGBl. I S. 1513).
** § 13 neu gefaßt und § 13a eingefügt durch Gesetz vom 10. 8. 1937 (RGBl. I S. 897).

1 HGB §§ 13b, 13c

(3) ¹Das Gericht der Hauptniederlassung oder des Sitzes hat sodann seine Eintragung unter der Angabe der Nummer des Bundesanzeigers, in der sie bekanntgemacht ist, von Amts wegen den Gerichten der Zweigniederlassungen mitzuteilen; der Mitteilung ist ein Stück der Anmeldung beizufügen. ²Die Gerichte der Zweigniederlassungen haben die Eintragung ohne Nachprüfung in ihr Handelsregister zu übernehmen. ³In der Bekanntmachung der Eintragung im Register der Zweigniederlassung ist anzugeben, daß die Eintragung im Handelsregister des Gerichts der Hauptniederlassung oder des Sitzes erfolgt und in welcher Nummer des Bundesanzeigers sie bekanntgemacht ist. ⁴Im Bundesanzeiger wird die Eintragung im Handelsregister der Zweigniederlassung nicht bekanntgemacht.

(4) ¹Betrifft die Anmeldung ausschließlich die Verhältnisse einzelner Niederlassungen, so sind außer dem für das Gericht der Hauptniederlassung oder des Sitzes bestimmten Stück nur so viel Stücke einzureichen, wie Zweigniederlassungen betroffen sind. ²Das Gericht der Hauptniederlassung oder des Sitzes teilt seine Eintragung nur den Gerichten der Zweigniederlassungen mit, deren Verhältnisse sie betrifft. ³Die Eintragung im Register der Hauptniederlassung oder des Sitzes wird nur im Bundesanzeiger bekanntgemacht.

(5) Absätze 1, 3 und 4 gelten sinngemäß für die Einreichung von Schriftstücken und die Zeichnung von Unterschriften.

§ 13b.* **[Sitz im Ausland]** (1) Befindet sich die Hauptniederlassung eines Einzelkaufmanns oder einer juristischen Person oder der Sitz einer Handelsgesellschaft im Ausland, so haben alle eine inländische Zweigniederlassung betreffenden Anmeldungen, Zeichnungen, Einreichungen und Eintragungen bei dem Gericht zu erfolgen, in dessen Bezirk die Zweigniederlassung besteht.

(2) Die Eintragung der Errichtung der Zweigniederlassung hat auch den Ort der Zweigniederlassung zu enthalten; ist der Firma für die Zweigniederlassung ein Zusatz beigefügt, so ist auch dieser einzutragen.

(3) Im übrigen gelten für die Anmeldungen, Zeichnungen, Einreichungen, Eintragungen und Bekanntmachungen, soweit nicht das ausländische Recht Abweichungen nötig macht, sinngemäß die Vorschriften für Hauptniederlassungen oder Niederlassungen am Sitz der Gesellschaft.

§ 13c.* **[Sitzverlegung im Inland]** (1) Wird die Hauptniederlassung eines Einzelkaufmanns oder einer juristischen Person oder der Sitz einer Handelsgesellschaft im Inland verlegt, so ist die Verlegung beim Gericht der bisherigen Hauptniederlassung oder des bisherigen Sitzes anzumelden.

(2) ¹Wird die Hauptniederlassung oder der Sitz aus dem Bezirk des Gerichts der bisherigen Hauptniederlassung oder des bisherigen Sitzes verlegt, so hat dieses unverzüglich von Amts wegen die Verlegung dem Gericht der neuen Hauptniederlassung oder des neuen Sitzes mitzuteilen. ²Der Mitteilung sind die Eintragungen für die bisherige Hauptniederlassung oder den bisherigen Sitz sowie die bei dem bisher zuständigen Gericht aufbewahrten Urkunden beizufügen. ³Das Gericht der neuen Hauptniederlassung oder des neuen Sitzes hat zu prüfen, ob die Hauptniederlassung oder der Sitz ordnungsgemäß verlegt und § 30 beachtet ist.

---

* §§ 13b und 13c eingefügt durch Gesetz vom 10. 8. 1937 (RGBl. I S. 897), § 13c neu gefaßt durch Einführungsgesetz zum Aktiengesetz vom 6. 9. 1965 (BGBl. I S. 1185).

2. Abschnitt. Handelsregister §§ 14–16 **HGB 1**

⁴Ist dies der Fall, so hat es die Verlegung einzutragen und dabei die ihm mitgeteilten Eintragungen ohne weitere Nachprüfung in sein Handelsregister zu übernehmen. ⁵Die Eintragung ist dem Gericht der bisherigen Hauptniederlassung oder des bisherigen Sitzes mitzuteilen. ⁶Dieses hat die erforderlichen Eintragungen von Amts wegen vorzunehmen.

(3) ¹Wird die Hauptniederlassung oder der Sitz an einen anderen Ort innerhalb des Bezirks des Gerichts der bisherigen Hauptniederlassung oder des bisherigen Sitzes verlegt, so hat das Gericht zu prüfen, ob die Hauptniederlassung oder der Sitz ordnungsgemäß verlegt und § 30 beachtet ist. ²Ist dies der Fall, so hat es die Verlegung einzutragen.

§ 14.* [Festsetzung von Zwangsgeld] ¹Wer seiner Pflicht zur Anmeldung, zur Zeichnung der Unterschrift oder zur Einreichung von Schriftstücken zum Handelsregister nicht nachkommt, ist hierzu von dem Registergericht durch Festsetzung von Zwangsgeld anzuhalten. ²Das einzelne Zwangsgeld darf den Betrag von zehntausend Deutsche Mark nicht übersteigen.

§ 15.** [Publizität des Handelsregisters] (1) Solange eine in das Handelsregister einzutragende Tatsache nicht eingetragen und bekanntgemacht ist, kann sie von demjenigen, in dessen Angelegenheiten sie einzutragen war, einem Dritten nicht entgegengesetzt werden, es sei denn, daß sie diesem bekannt war.

(2) ¹Ist die Tatsache eingetragen und bekanntgemacht worden, so muß ein Dritter sie gegen sich gelten lassen. ²Dies gilt nicht bei Rechtshandlungen, die innerhalb von fünfzehn Tagen nach der Bekanntmachung vorgenommen werden, sofern der Dritte beweist, daß er die Tatsache weder kannte noch kennen mußte.

(3) Ist eine einzutragende Tatsache unrichtig bekanntgemacht, so kann sich ein Dritter demjenigen gegenüber, in dessen Angelegenheiten die Tatsache einzutragen war, auf die bekanntgemachte Tatsache berufen, es sei denn, daß er die Unrichtigkeit kannte.

(4) Für den Geschäftsverkehr mit einer in das Handelsregister eingetragenen Zweigniederlassung ist im Sinne dieser Vorschriften die Eintragung und Bekanntmachung durch das Gericht der Zweigniederlassung entscheidend.

§ 16. [Entscheidung des Prozeßgerichts] (1) ¹Ist durch eine rechtskräftige oder vollstreckbare Entscheidung des Prozeßgerichts die Verpflichtung zur Mitwirkung bei einer Anmeldung zum Handelsregister oder ein Rechtsverhältnis, bezüglich dessen eine Eintragung zu erfolgen hat, gegen einen von mehreren bei der Vornahme der Anmeldung Beteiligten festgestellt, so genügt zur Eintragung die Anmeldung der übrigen Beteiligten. ²Wird die Entscheidung, auf Grund deren die Eintragung erfolgt ist, aufgehoben, so ist dies auf Antrag eines der Beteiligten in das Handelsregister einzutragen.

(2) Ist durch eine rechtskräftige oder vollstreckbare Entscheidung des Prozeßgerichts die Vornahme einer Eintragung für unzulässig erklärt, so darf die Eintragung nicht gegen den Widerspruch desjenigen erfolgen, welcher die Entscheidung erwirkt hat.

---

* § 14 neu gefaßt durch Einführungsgesetz zum Aktiengesetz vom 6. 9. 1965 (BGBl. I S. 1185) und geändert durch Gesetz vom 2. 3. 1974 (BGBl. I S. 469).
** § 15 Abs. 2 neu gefaßt, Abs. 3 eingefügt, bisheriger Abs. 3 wurde Abs. 4 durch Gesetz vom 15. 8. 1969 (BGBl. I S. 1146).

Dritter Abschnitt. Handelsfirma

§ 17. [Begriff] (1) Die Firma eines Kaufmanns ist der Name, unter dem er im Handel seine Geschäfte betreibt und die Unterschrift abgibt.

(2) Ein Kaufmann kann unter seiner Firma klagen und verklagt werden.

§ 18. [Firma des Einzelkaufmanns] (1) Ein Kaufmann, der sein Geschäft ohne Gesellschafter oder nur mit einem stillen Gesellschafter betreibt, hat seinen Familiennamen mit mindestens einem ausgeschriebenen Vornamen als Firma zu führen.

(2) ¹Der Firma darf kein Zusatz beigefügt werden, der ein Gesellschaftsverhältnis andeutet oder sonst geeignet ist, eine Täuschung über die Art oder den Umfang des Geschäfts oder die Verhältnisse des Geschäftsinhabers herbeizuführen. ²Zusätze, die zur Unterscheidung der Person oder des Geschäfts dienen, sind gestattet.

§ 19.* [Firma einer OHG oder KG] (1) Die Firma einer offenen Handelsgesellschaft hat den Namen wenigstens eines der Gesellschafter mit einem das Vorhandensein einer Gesellschaft andeutenden Zusatz oder die Namen aller Gesellschafter zu enthalten.

(2) Die Firma einer Kommanditgesellschaft hat den Namen wenigstens eines persönlich haftenden Gesellschafters mit einem das Vorhandensein einer Gesellschaft andeutenden Zusatze zu enthalten.

(3) Die Beifügung von Vornamen ist nicht erforderlich.

(4) Die Namen anderer Personen als der persönlich haftenden Gesellschafter dürfen in die Firma einer offenen Handelsgesellschaft oder einer Kommanditgesellschaft nicht aufgenommen werden.

(5) ¹Ist kein persönlich haftender Gesellschafter eine natürliche Person, so muß die Firma, auch wenn sie nach den §§ 21, 22, 24 oder nach anderen gesetzlichen Vorschriften fortgeführt wird, eine Bezeichnung enthalten, welche die Haftungsbeschränkung kennzeichnet. ²Dies gilt nicht, wenn zu den persönlich haftenden Gesellschaftern eine andere offene Handelsgesellschaft oder Kommanditgesellschaft gehört, bei der ein persönlich haftender Gesellschafter eine natürliche Person ist.

§ 20.** *(aufgehoben)*

§ 21. [Fortführung bei Namensänderung] Wird ohne eine Änderung der Person der Name des Geschäftsinhabers oder der in der Firma enthaltene Name eines Gesellschafters geändert, so kann die bisherige Firma fortgeführt werden.

§ 22.*** [Fortführung bei Erwerb des Handelsgeschäfts] (1) Wer ein bestehendes Handelsgeschäft unter Lebenden oder von Todes wegen erwirbt, darf für das Geschäft die bisherige Firma mit oder ohne Beifügung eines das Nachfolgeverhältnis andeutenden Zusatzes fortführen, wenn der bisherige Geschäftsinhaber oder dessen Erben in die Fortführung der Firma ausdrücklich willigen.

---

* § 19 Abs. 5 angefügt durch Gesetz vom 4. 7. 1980 (BGBl. I S. 836).
** § 20 aufgehoben durch Gesetz vom 30. 1. 1937 (RGBl. I S. 166).
*** § 22 Abs. 1 früherer Satz 2 aufgehoben durch Verordnung vom 29. 9. 1937 (RGBl. I S. 1026).

(2) Wird ein Handelsgeschäft auf Grund eines Nießbrauchs, eines Pachtvertrags oder eines ähnlichen Verhältnisses übernommen, so finden diese Vorschriften entsprechende Anwendung.

§ 23. [**Veräußerungsverbot**] Die Firma kann nicht ohne das Handelsgeschäft, für welches sie geführt wird, veräußert werden.

§ 24. [**Fortführung bei Änderungen im Gesellschafterbestand**] (1) Wird jemand in ein bestehendes Handelsgeschäft als Gesellschafter aufgenommen oder tritt ein neuer Gesellschafter in eine Handelsgesellschaft ein oder scheidet aus einer solchen ein Gesellschafter aus, so kann ungeachtet dieser Veränderung die bisherige Firma fortgeführt werden.

(2) Bei dem Ausscheiden eines Gesellschafters, dessen Name in der Firma enthalten ist, bedarf es zur Fortführung der Firma der ausdrücklichen Einwilligung des Gesellschafters oder seiner Erben.

§ 25. [**Haftung des Erwerbers bei Firmenfortführung**] (1) [1]Wer ein unter Lebenden erworbenes Handelsgeschäft unter der bisherigen Firma mit oder ohne Beifügung eines das Nachfolgeverhältnis andeutenden Zusatzes fortführt, haftet für alle im Betriebe des Geschäfts begründeten Verbindlichkeiten des früheren Inhabers. [2]Die in dem Betriebe begründeten Forderungen gelten den Schuldnern gegenüber als auf den Erwerber übergegangen, falls der bisherige Inhaber oder seine Erben in die Fortführung der Firma gewilligt haben.

(2) Eine abweichende Vereinbarung ist einem Dritten gegenüber nur wirksam, wenn sie in das Handelsregister eingetragen und bekanntgemacht oder von dem Erwerber oder dem Veräußerer dem Dritten mitgeteilt worden ist.

(3) Wird die Firma nicht fortgeführt, so haftet der Erwerber eines Handelsgeschäfts für die früheren Geschäftsverbindlichkeiten nur, wenn ein besonderer Verpflichtungsgrund vorliegt, insbesondere wenn die Übernahme der Verbindlichkeiten in handelsüblicher Weise von dem Erwerber bekanntgemacht worden ist.

§ 26. [**Verjährung gegen den früheren Inhaber**] (1) Ist der Erwerber des Handelsgeschäfts auf Grund der Fortführung der Firma oder auf Grund der in § 25 Abs. 3 bezeichneten Bekanntmachung für die früheren Geschäftsverbindlichkeiten haftbar, so verjähren die Ansprüche der Gläubiger gegen den früheren Inhaber mit dem Ablaufe von fünf Jahren, falls nicht nach den allgemeinen Vorschriften die Verjährung schon früher eintritt.

(2) [1]Die Verjährung beginnt im Falle des § 25 Abs. 1 mit dem Ende des Tages, an welchem der neue Inhaber der Firma in das Handelsregister des Gerichts der Hauptniederlassung eingetragen worden ist, im Falle des § 25 Abs. 3 mit dem Ende des Tages, an welchem die Kundmachung der Übernahme stattgefunden hat. [2]Konnte der Gläubiger die Leistung erst in einem späteren Zeitpunkte verlangen, so beginnt die Verjährung mit diesem Zeitpunkte.

§ 27. [**Haftung des Erben bei Geschäftsfortführung**] (1) Wird ein zu einem Nachlasse gehörendes Handelsgeschäft von dem Erben fortgeführt, so finden auf die Haftung des Erben für die früheren Geschäftsverbindlichkeiten die Vorschriften des § 25 entsprechende Anwendung.

(2) [1]Die unbeschränkte Haftung nach § 25 Abs. 1 tritt nicht ein, wenn die Fortführung des Geschäfts vor dem Ablaufe von drei Monaten nach dem Zeitpunkt, in

welchem der Erbe von dem Anfalle der Erbschaft Kenntnis erlangt hat, eingestellt wird. ²Auf den Lauf der Frist finden die für die Verjährung geltenden Vorschriften des § 206 des Bürgerlichen Gesetzbuchs entsprechende Anwendung. ³Ist bei dem Ablaufe der drei Monate das Recht zur Ausschlagung der Erbschaft noch nicht verloren, so endigt die Frist nicht vor dem Ablaufe der Ausschlagungsfrist.

§ 28. [Eintritt in das Geschäft eines Einzelkaufmanns] (1) ¹Tritt jemand als persönlich haftender Gesellschafter oder als Kommanditist in das Geschäft eines Einzelkaufmanns ein, so haftet die Gesellschaft, auch wenn sie die frühere Firma nicht fortführt, für alle im Betriebe des Geschäfts entstandenen Verbindlichkeiten des früheren Geschäftsinhabers. ²Die in dem Betriebe begründeten Forderungen gelten den Schuldnern gegenüber als auf die Gesellschaft übergegangen.

(2) Eine abweichende Vereinbarung ist einem Dritten gegenüber nur wirksam, wenn sie in das Handelsregister eingetragen und bekanntgemacht oder von einem Gesellschafter dem Dritten mitgeteilt worden ist.

§ 29. [Anmeldung der Firma] Jeder Kaufmann ist verpflichtet, seine Firma und den Ort seiner Handelsniederlassung bei dem Gericht, in dessen Bezirke sich die Niederlassung befindet, zur Eintragung in das Handelsregister anzumelden; er hat seine Firma zur Aufbewahrung bei dem Gerichte zu zeichnen.

§ 30.* [Unterscheidbarkeit] (1) Jede neue Firma muß sich von allen an demselben Ort oder in derselben Gemeinde bereits bestehenden und in das Handelsregister oder in das Genossenschaftsregister eingetragenen Firmen deutlich unterscheiden.

(2) Hat ein Kaufmann mit einem bereits eingetragenen Kaufmanne die gleichen Vornamen und den gleichen Familiennamen und will auch er sich dieser Namen als seiner Firma bedienen, so muß er der Firma einen Zusatz beifügen, durch den sie sich von der bereits eingetragenen Firma deutlich unterscheidet.

(3) Besteht an dem Orte oder in der Gemeinde, wo eine Zweigniederlassung errichtet wird, bereits eine gleiche eingetragene Firma, so muß der Firma für die Zweigniederlassung ein der Vorschrift des Absatzes 2 entsprechender Zusatz beigefügt werden.

(4) Durch die Landesregierungen kann bestimmt werden, daß benachbarte Orte oder Gemeinden als ein Ort oder als eine Gemeinde im Sinne dieser Vorschriften anzusehen sind.

§ 31. [Änderung der Firma; Erlöschen] (1) Eine Änderung der Firma oder ihrer Inhaber sowie die Verlegung der Niederlassung an einen anderen Ort ist nach den Vorschriften des § 29 zur Eintragung in das Handelsregister anzumelden.

(2) ¹Das gleiche gilt, wenn die Firma erlischt. ²Kann die Anmeldung des Erlöschens einer eingetragenen Firma durch die hierzu Verpflichteten nicht auf dem in § 14 bezeichneten Wege herbeigeführt werden, so hat das Gericht das Erlöschen von Amts wegen einzutragen.

§ 32. [Konkurs] ¹Wird über das Vermögen eines Kaufmanns der Konkurs eröffnet, so ist dies von Amts wegen in das Handelsregister einzutragen. ²Das gleiche gilt von der Aufhebung des Eröffnungsbeschlusses sowie von der Einstellung und

---

* § 30 Abs. 1 neu gefaßt durch Gesetz vom 9. 10. 1973 (BGBl. I S. 1451).

3. Abschnitt. Handelsfirma §§ 33–37 **HGB 1**

Aufhebung des Konkurses. ³Eine öffentliche Bekanntmachung der Eintragungen findet nicht statt. ⁴Die Vorschriften des § 15 bleiben außer Anwendung.

§ 33.* [**Juristische Person**] (1) Eine juristische Person, deren Eintragung in das Handelsregister mit Rücksicht auf den Gegenstand oder auf die Art und den Umfang ihres Gewerbebetriebes zu erfolgen hat, ist von sämtlichen Mitgliedern des Vorstandes zur Eintragung anzumelden.

(2) ¹Der Anmeldung sind die Satzung der juristischen Person und die Urkunden über die Bestellung des Vorstandes in Urschrift oder in öffentlich beglaubigter Abschrift beizufügen. ²Bei der Eintragung sind die Firma und der Sitz der juristischen Person, der Gegenstand des Unternehmens und die Mitglieder des Vorstandes anzugeben. ³Besondere Bestimmungen der Satzung über die Befugnis des Vorstandes zur Vertretung der juristischen Person oder über die Zeitdauer des Unternehmens sind gleichfalls einzutragen.

(3) Die Errichtung einer Zweigniederlassung ist durch den Vorstand unter Beifügung einer öffentlich beglaubigten Abschrift der Satzung anzumelden.

§ 34. [**Anmeldung und Eintragung von Änderungen**] (1) Jede Änderung der nach § 33 *Abs. 3*** einzutragenden Tatsachen oder der Satzung, die Auflösung der juristischen Person, falls sie nicht die Folge der Eröffnung des Konkurses ist, sowie die Personen der Liquidatoren und die besonderen Bestimmungen über ihre Vertretungsbefugnis sind zur Eintragung in das Handelsregister anzumelden.

(2) Bei der Eintragung einer Änderung der Satzung genügt, soweit nicht die Änderung die in § 33 *Abs. 3*** bezeichneten Angaben betrifft, die Bezugnahme auf die bei dem Gericht eingereichten Urkunden über die Änderung.

(3) Die Anmeldung hat durch den Vorstand oder, sofern die Eintragung erst nach der Anmeldung der ersten Liquidatoren geschehen soll, durch die Liquidatoren zu erfolgen.

(4) Die Eintragung gerichtlich bestellter Vorstandsmitglieder oder Liquidatoren geschieht von Amts wegen.

(5) Im Falle des Konkurses finden die Vorschriften des § 32 Anwendung.

§ 35. [**Unterschriftszeichnung**] Die Mitglieder des Vorstandes und die Liquidatoren einer juristischen Person haben ihre Unterschrift zur Aufbewahrung bei dem Gerichte zu zeichnen.

§ 36. [**Unternehmen öffentlicher Körperschaften**] ¹Ein Unternehmen des *Reichs,* eines *Bundesstaats* oder eines inländischen Kommunalverbandes braucht nicht in das Handelsregister eingetragen zu werden. ²Erfolgt die Anmeldung, so ist die Eintragung auf die Angabe der Firma sowie des Sitzes und des Gegenstandes des Unternehmens zu beschränken.

§ 37.** [**Unzulässiger Firmengebrauch**] (1) Wer eine nach den Vorschriften dieses Abschnitts ihm nicht zustehende Firma gebraucht, ist von dem Registerge-

---
* § 33 neu gefaßt durch Gesetz vom 10. 8. 1937 (RGBl. I S. 897).
** Jetzt: § 33 Abs. 2 Satz 2 und 3.
*** § 37 Abs. 1 geändert durch Gesetz vom 2. 3. 1974 (BGBl. I S. 469), Abs. 1 früherer Satz 2 aufgehoben durch Nichtaufnahme in das BGBl. Teil III; vgl. § 3 Abs. 1 Gesetz über die Sammlung des Bundesrechts vom 10. 7. 1958 (BGBl. I S. 437) in Verbindung mit § 3 Abs. 2 Nr. 1 Gesetz über den Abschluß der Sammlung des Bundesrechts vom 28. 12. 1968 (BGBl. I S. 1451).

richte zur Unterlassung des Gebrauchs der Firma durch Festsetzung von Ordnungsgeld anzuhalten.

(2) ¹Wer in seinen Rechten dadurch verletzt wird, daß ein anderer eine Firma unbefugt gebraucht, kann von diesem die Unterlassung des Gebrauchs der Firma verlangen. ²Ein nach sonstigen Vorschriften begründeter Anspruch auf Schadensersatz bleibt unberührt.

Vierter Abschnitt. Handelsbücher

§§ 38–47 b.* *(aufgehoben)*

Fünfter Abschnitt. Prokura und Handlungsvollmacht**

§ 48. [Erteilung der Prokura; Gesamtprokura] (1) Die Prokura kann nur von dem Inhaber des Handelsgeschäfts oder seinem gesetzlichen Vertreter und nur mittels ausdrücklicher Erklärung erteilt werden.

(2) Die Erteilung kann an mehrere Personen gemeinschaftlich erfolgen (Gesamtprokura).

§ 49. [Umfang der Prokura] (1) Die Prokura ermächtigt zu allen Arten von gerichtlichen und außergerichtlichen Geschäften und Rechtshandlungen, die der Betrieb eines Handelsgewerbes mit sich bringt.

(2) Zur Veräußerung und Belastung von Grundstücken ist der Prokurist nur ermächtigt, wenn ihm diese Befugnis besonders erteilt ist.

§ 50. [Beschränkung des Umfanges] (1) Eine Beschränkung des Umfanges der Prokura ist Dritten gegenüber unwirksam.

(2) Dies gilt insbesondere von der Beschränkung, daß die Prokura nur für gewisse Geschäfte oder gewisse Arten von Geschäften oder nur unter gewissen Umständen oder für eine gewisse Zeit oder an einzelnen Orten ausgeübt werden soll.

(3) ¹Eine Beschränkung der Prokura auf den Betrieb einer von mehreren Niederlassungen des Geschäftsinhabers ist Dritten gegenüber nur wirksam, wenn die Niederlassungen unter verschiedenen Firmen betrieben werden. ²Eine Verschiedenheit der Firmen im Sinne dieser Vorschrift wird auch dadurch begründet, daß für eine Zweigniederlassung der Firma ein Zusatz beigefügt wird, der sie als Firma der Zweigniederlassung bezeichnet.

§ 51. [Zeichnung des Prokuristen] Der Prokurist hat in der Weise zu zeichnen, daß er der Firma seinen Namen mit einem die Prokura andeutenden Zusatze beifügt.

§ 52. [Widerruflichkeit; Unübertragbarkeit; Tod des Inhabers] (1) Die Prokura ist ohne Rücksicht auf das der Erteilung zugrunde liegende Rechtsverhältnis

---
* §§ 38 bis 47b aufgehoben durch Bilanzrichtlinien-Gesetz vom 19. 12. 1985 (BGBl. I S. 2355).
** Beachte hierzu auch §§ 164ff. BGB; abgedruckt in Schönfelder unter Nr. **20**.

jederzeit widerruflich, unbeschadet des Anspruchs auf die vertragsmäßige Vergütung.

(2) Die Prokura ist nicht übertragbar.

(3) Die Prokura erlischt nicht durch den Tod des Inhabers des Handelsgeschäfts.

§ 53. [Anmeldung der Erteilung und des Erlöschens; Zeichnung des Prokuristen] (1) ¹Die Erteilung der Prokura ist von dem Inhaber des Handelsgeschäfts zur Eintragung in das Handelsregister anzumelden. ²Ist die Prokura als Gesamtprokura erteilt, so muß auch dies zur Eintragung angemeldet werden.

(2) Der Prokurist hat die Firma nebst seiner Namensunterschrift zur Aufbewahrung bei dem Gerichte zu zeichnen.

(3) Das Erlöschen der Prokura ist in gleicher Weise wie die Erteilung zur Eintragung anzumelden.

§ 54. [Handlungsvollmacht] (1) Ist jemand ohne Erteilung der Prokura zum Betrieb eines Handelsgewerbes oder zur Vornahme einer bestimmten zu einem Handelsgewerbe gehörigen Art von Geschäften oder zur Vornahme einzelner zu einem Handelsgewerbe gehöriger Geschäfte ermächtigt, so erstreckt sich die Vollmacht (Handlungsvollmacht) auf alle Geschäfte und Rechtshandlungen, die der Betrieb eines derartigen Handelsgewerbes oder die Vornahme derartiger Geschäfte gewöhnlich mit sich bringt.

(2) Zur Veräußerung oder Belastung von Grundstücken, zur Eingehung von Wechselverbindlichkeiten, zur Aufnahme von Darlehen und zur Prozeßführung ist der Handlungsbevollmächtigte nur ermächtigt, wenn ihm eine solche Befugnis besonders erteilt ist.

(3) Sonstige Beschränkungen der Handlungsvollmacht braucht ein Dritter nur dann gegen sich gelten zu lassen, wenn er sie kannte oder kennen mußte.

§ 55.* [Abschlußvertreter] (1) Die Vorschriften des § 54 finden auch Anwendung auf Handlungsbevollmächtigte, die Handelsvertreter sind oder die als Handlungsgehilfen damit betraut sind, außerhalb des Betriebes des Prinzipals Geschäfte in dessen Namen abzuschließen.

(2) Die ihnen erteilte Vollmacht zum Abschluß von Geschäften bevollmächtigt sie nicht, abgeschlossene Verträge zu ändern, insbesondere Zahlungsfristen zu gewähren.

(3) Zur Annahme von Zahlungen sind sie nur berechtigt, wenn sie dazu bevollmächtigt sind.

(4) Sie gelten als ermächtigt, die Anzeige von Mängeln einer Ware, die Erklärung, daß eine Ware zur Verfügung gestellt werde, sowie ähnliche Erklärungen, durch die ein Dritter seine Rechte aus mangelhafter Leistung geltend macht oder sie vorbehält, entgegenzunehmen; sie können die dem Unternehmer (Prinzipal) zustehenden Rechte auf Sicherung des Beweises geltend machen.

§ 56. [Angestellte in Laden oder Warenlager] Wer in einem Laden oder in einem offenen Warenlager angestellt ist, gilt als ermächtigt zu Verkäufen und Empfangnahmen, die in einem derartigen Laden oder Warenlager gewöhnlich geschehen.

---

* § 55 neu gefaßt durch Gesetz vom 6. 8. 1953 (BGBl. I S. 771).

§ 57. [**Zeichnung des Handlungsbevollmächtigten**] Der Handlungsbevollmächtigte hat sich bei der Zeichnung jedes eine Prokura andeutenden Zusatzes zu enthalten; er hat mit einem das Vollmachtsverhältnis ausdrückenden Zusatze zu zeichnen.

§ 58. [**Unübertragbarkeit der Handlungsvollmacht**] Der Handlungsbevollmächtigte kann ohne Zustimmung des Inhabers des Handelsgeschäfts seine Handlungsvollmacht auf einen anderen nicht übertragen.

Sechster Abschnitt. Handlungsgehilfen und Handlungslehrlinge

§ 59. [**Handlungsgehilfe**] [1]Wer in einem Handelsgewerbe zur Leistung kaufmännischer Dienste gegen Entgelt angestellt ist (Handlungsgehilfe), hat, soweit nicht besondere Vereinbarungen über die Art und den Umfang seiner Dienstleistungen oder über die ihm zukommende Vergütung getroffen sind, die dem Ortsgebrauch entsprechenden Dienste zu leisten sowie die dem Ortsgebrauch entsprechende Vergütung zu beanspruchen. [2]In Ermangelung eines Ortsgebrauchs gelten die den Umständen nach angemessenen Leistungen als vereinbart.

§ 60. [**Gesetzliches Wettbewerbsverbot**] (1) Der Handlungsgehilfe darf ohne Einwilligung des Prinzipals weder ein Handelsgewerbe betreiben noch in dem Handelszweige des Prinzipals für eigene oder fremde Rechnung Geschäfte machen.

(2) Die Einwilligung zum Betrieb eines Handelsgewerbes gilt als erteilt, wenn dem Prinzipal bei der Anstellung des Gehilfen bekannt ist, daß er das Gewerbe betreibt, und der Prinzipal die Aufgabe des Betriebs nicht ausdrücklich vereinbart.

§ 61. [**Verletzung des Wettbewerbsverbots**] (1) Verletzt der Handlungsgehilfe die ihm nach § 60 obliegende Verpflichtung, so kann der Prinzipal Schadensersatz fordern; er kann statt dessen verlangen, daß der Handlungsgehilfe die für eigene Rechnung gemachten Geschäfte als für Rechnung des Prinzipals eingegangen gelten lasse und die aus Geschäften für fremde Rechnung bezogene Vergütung herausgebe oder seinen Anspruch auf die Vergütung abtrete.

(2) Die Ansprüche verjähren in drei Monaten von dem Zeitpunkt an, in welchem der Prinzipal Kenntnis von dem Abschlusse des Geschäfts erlangt; sie verjähren ohne Rücksicht auf diese Kenntnis in fünf Jahren von dem Abschlusse des Geschäfts an.

§ 62.* [**Fürsorgepflicht des Arbeitgebers**] (1) Der Prinzipal ist verpflichtet, die Geschäftsräume und die für den Geschäftsbetrieb bestimmten Vorrichtungen und Gerätschaften so einzurichten und zu unterhalten, auch den Geschäftsbetrieb und die Arbeitszeit so zu regeln, daß der Handlungsgehilfe gegen eine Gefährdung seiner Gesundheit, soweit die Natur des Betriebs es gestattet, geschützt und die Aufrechterhaltung der guten Sitten und des Anstandes gesichert ist.

(2) Ist der Handlungsgehilfe in die häusliche Gemeinschaft aufgenommen, so hat der Prinzipal in Ansehung des Wohn- und Schlafraums, der Verpflegung sowie der Arbeits- und Erholungszeit diejenigen Einrichtungen und Anordnungen zu

---

* Für das Gebiet der ehem. DDR ist § 62 Abs. 2 bis 4 aufgrund des Einigungsvertrages vom 31. 8. 1990 (BGBl. II S. 889, 959, 1020) nicht anzuwenden.

6. Abschnitt. Handlungsgehilfen u. Handlungslehrlinge §§ 63–73 **HGB 1**

treffen, welche mit Rücksicht auf die Gesundheit, die Sittlichkeit und die Religion des Handlungsgehilfen erforderlich sind.

(3) Erfüllt der Prinzipal die ihm in Ansehung des Lebens und der Gesundheit des Handlungsgehilfen obliegenden Verpflichtungen nicht, so finden auf seine Verpflichtung zum Schadensersatze die für unerlaubte Handlungen geltenden Vorschriften der §§ 842 bis 846 des Bürgerlichen Gesetzbuchs entsprechende Anwendung.

(4) Die dem Prinzipal hiernach obliegenden Verpflichtungen können nicht im voraus durch Vertrag aufgehoben oder beschränkt werden.

§ 63.*,** **[Dienstverhinderung]** (1) ¹Wird der Handlungsgehilfe durch unverschuldetes Unglück an der Leistung der Dienste verhindert, so behält er seinen Anspruch auf Gehalt und Unterhalt, jedoch nicht über die Dauer von sechs Wochen hinaus. ²Eine nicht rechtswidrige Sterilisation und ein nicht rechtswidriger Abbruch der Schwangerschaft durch einen Arzt gelten als unverschuldete Verhinderung an der Dienstleistung. ³Der Handlungsgehilfe behält diesen Anspruch auch dann, wenn der Arbeitgeber das Dienstverhältnis aus Anlaß dieser Verhinderung kündigt. ⁴Das gleiche gilt, wenn der Handlungsgehilfe das Dienstverhältnis aus einem vom Arbeitgeber zu vertretenden Grunde kündigt, den den Handlungsgehilfen zur Kündigung aus wichtigem Grund ohne Einhaltung einer Kündigungsfrist berechtigt. ⁵Der Anspruch kann nicht durch Vertrag ausgeschlossen oder beschränkt werden.

(2) ¹Der Handlungsgehilfe ist nicht verpflichtet, sich den Betrag anrechnen zu lassen, der ihm für die Zeit der Verhinderung aus einer Kranken- oder Unfallversicherung zukommt. ²Eine Vereinbarung, welche dieser Vorschrift zuwiderläuft, ist nichtig.

§ 64.** **[Gehaltszahlung]** ¹Die Zahlung des dem Handlungsgehilfen zukommenden Gehalts hat am Schlusse jedes Monats zu erfolgen. ²Eine Vereinbarung, nach der die Zahlung des Gehalts später erfolgen soll, ist nichtig.

§ 65.*** **[Provision]** Ist bedungen, daß der Handlungsgehilfe für Geschäfte, die von ihm geschlossen oder vermittelt werden, Provision erhalten solle, so sind die für die Handelsvertreter geltenden Vorschriften des § 87 Abs. 1 und 3 sowie der §§ 87a bis 87c anzuwenden.

§§ 66–72.† *(aufgehoben)*

§ 73.**,†† **[Anspruch auf Zeugnis]** ¹Bei der Beendigung des Dienstverhältnisses kann der Handlungsgehilfe ein schriftliches Zeugnis über die Art und Dauer der Beschäftigung fordern. ²Das Zeugnis ist auf Verlangen des Handlungsgehilfen auch auf die Führung und die Leistungen auszudehnen.

---

* § 63 Abs. 1 Satz 2 eingefügt, bisherige Sätze 2 bis 4 wurden Sätze 3 bis 5 durch Gesetz vom 28. 8. 1975 (BGBl. I S. 2289), jetzige Sätze 3 und 4 eingefügt durch Erstes Arbeitsrechtsbereinigungsgesetz vom 14. 8. 1969 (BGBl. I S. 1106), jetziger Satz 5 angefügt durch Verordnung vom 1. 12. 1930 (RGBl. I S. 517).
** Für das Gebiet der ehem. DDR sind §§ 63, 64 und 73 aufgrund des Einigungsvertrages vom 31. 8. 1990 (BGBl. II S. 889, 959, 1020) nicht anzuwenden.
*** § 65 geändert durch Gesetz vom 6. 8. 1953 (BGBl. I S. 771).
† §§ 66 bis 72 aufgehoben durch Erstes Arbeitsrechtsbereinigungsgesetz vom 14. 8. 1969 (BGBl. I S. 1106).
†† § 73 früherer Abs. 2 aufgehoben durch Beurkundungsgesetz vom 28. 8. 1969 (BGBl. I S. 1513).

§ 74.* **[Vertragliches Wettbewerbsverbot; bezahlte Karenz]** (1) Eine Vereinbarung zwischen dem Prinzipal und dem Handlungsgehilfen, die den Gehilfen für die Zeit nach Beendigung des Dienstverhältnisses in seiner gewerblichen Tätigkeit beschränkt (Wettbewerbverbot), bedarf der Schriftform und der Aushändigung einer vom Prinzipal unterzeichneten, die vereinbarten Bestimmungen enthaltenden Urkunde an den Gehilfen.

(2) Das Wettbewerbverbot ist nur verbindlich, wenn sich der Prinzipal verpflichtet, für die Dauer des Verbots eine Entschädigung zu zahlen, die für jedes Jahr des Verbots mindestens die Hälfte der von dem Handlungsgehilfen zuletzt bezogenen vertragsmäßigen Leistungen erreicht.

§ 74a.* **[Unverbindliches oder nichtiges Verbot]** (1) ¹Das Wettbewerbverbot ist insoweit unverbindlich, als es nicht zum Schutze eines berechtigten geschäftlichen Interesses des Prinzipals dient. ²Es ist ferner unverbindlich, soweit es unter Berücksichtigung der gewährten Entschädigung nach Ort, Zeit oder Gegenstand eine unbillige Erschwerung des Fortkommens des Gehilfen enthält. ³Das Verbot kann nicht auf einen Zeitraum von mehr als zwei Jahren von der Beendigung des Dienstverhältnisses an erstreckt werden.

(2) ¹Das Verbot ist nichtig, wenn die dem Gehilfen zustehenden jährlichen vertragsmäßigen Leistungen den Betrag von *fünfzehnhundert* Deutsche Mark** nicht übersteigen. ²Das gleiche gilt, wenn der Gehilfe zur Zeit des Abschlusses minderjährig ist oder wenn sich der Prinzipal die Erfüllung auf Ehrenwort oder unter ähnlichen Versicherungen versprechen läßt. ³Nichtig ist auch die Vereinbarung, durch die ein Dritter an Stelle des Gehilfen die Verpflichtung übernimmt, daß sich der Gehilfe nach der Beendigung des Dienstverhältnisses in seiner gewerblichen Tätigkeit beschränken werde.

(3) Unberührt bleiben die Vorschriften des § 138 des Bürgerlichen Gesetzbuchs über die Nichtigkeit von Rechtsgeschäften, die gegen die guten Sitten verstoßen.

§ 74b.* **[Zahlung und Berechnung der Entschädigung]** (1) Die nach § 74 Abs. 2 dem Handlungsgehilfen zu gewährende Entschädigung ist am Schlusse jedes Monats zu zahlen.

(2) ¹Soweit die dem Gehilfen zustehenden vertragsmäßigen Leistungen in einer Provision oder in anderen wechselnden Bezügen bestehen, sind sie bei der Berechnung der Entschädigung nach dem Durchschnitt der letzten drei Jahre in Ansatz zu bringen. ²Hat die für die Bezüge bei der Beendigung des Dienstverhältnisses maßgebende Vertragsbestimmung noch nicht drei Jahre bestanden, so erfolgt der Ansatz nach dem Durchschnitt des Zeitraums, für den die Bestimmung in Kraft war.

(3) Soweit Bezüge zum Ersatze besonderer Auslagen dienen sollen, die infolge der Dienstleistung entstehen, bleiben sie außer Ansatz.

---

* § 74 neu gefaßt sowie §§ 74a und 74b eingefügt durch Gesetz vom 10. 6. 1914 (RGBl. S. 209).
** Diese durch § 2 Zweite Verordnung zur Neuregelung der im Handelsgesetzbuche sowie in der Gewerbeordnung vorgesehenen Gehaltsgrenzen vom 23. 10. 1923 (RGBl. I S. 990) festgesetzte Grundzahl ist mit der jeweiligen Teuerungszahl zu vervielfachen. Als Teuerungszahl gilt die Indexziffer für die Lebenshaltungskosten. Die Verordnung vom 23. 10. 1923 ist bis heute weder aufgehoben noch geändert worden. – Beachte hierzu jedoch Anm. zu § 75b HGB.

6. Abschn. Handlungsgehilfen u. Handlungslehrlinge §§ 74c–75b **HGB 1**

§ 74c.* [Anrechnung anderweitigen Erwerbs] (1) ¹Der Handlungsgehilfe muß sich auf die fällige Entschädigung anrechnen lassen, was er während des Zeitraums, für den die Entschädigung gezahlt wird, durch anderweite Verwertung seiner Arbeitskraft erwirbt oder zu erwerben böswillig unterläßt, soweit die Entschädigung unter Hinzurechnung dieses Betrags den Betrag der zuletzt von ihm bezogenen vertragsmäßigen Leistungen um mehr als ein Zehntel übersteigen würde. ²Ist der Gehilfe durch das Wettbewerbverbot gezwungen worden, seinen Wohnsitz zu verlegen, so tritt an die Stelle des Betrags von einem Zehntel der Betrag von einem Viertel. ³Für die Dauer der Verbüßung einer Freiheitsstrafe kann der Gehilfe eine Entschädigung nicht verlangen.

(2) Der Gehilfe ist verpflichtet, dem Prinzipal auf Erfordern über die Höhe seines Erwerbes Auskunft zu erteilen.

§ 75.*,** [Unwirksamwerden des Wettbewerbsverbots] (1) Löst der Gehilfe das Dienstverhältnis gemäß den Vorschriften der §§ 70 und 71*** wegen vertragswidrigen Verhaltens des Prinzipals auf, so wird das Wettbewerbverbot unwirksam, wenn der Gehilfe vor Ablauf eines Monats nach der Kündigung schriftlich erklärt, daß er sich an die Vereinbarung nicht gebunden erachte.

(2) ¹In gleicher Weise wird das Wettbewerbverbot unwirksam, wenn der Prinzipal das Dienstverhältnis kündigt, es sei denn, daß für die Kündigung ein erheblicher Anlaß in der Person des Gehilfen vorliegt oder daß sich der Prinzipal bei der Kündigung bereit erklärt, während der Dauer der Beschränkung dem Gehilfen die vollen zuletzt von ihm bezogenen vertragsmäßigen Leistungen zu gewähren. ²Im letzteren Falle finden die Vorschriften des § 74b entsprechende Anwendung.

(3)† *Löst der Prinzipal das Dienstverhältnis gemäß den Vorschriften der §§ 70 und 72 wegen vertragswidrigen Verhaltens des Gehilfen auf, so hat der Gehilfe keinen Anspruch auf die Entschädigung.*

§ 75a.* [Verzicht des Prinzipals auf Wettbewerbsverbot] Der Prinzipal kann vor der Beendigung des Dienstverhältnisses durch schriftliche Erklärung auf das Wettbewerbverbot mit der Wirkung verzichten, daß er mit dem Ablauf eines Jahres seit der Erklärung von der Verpflichtung zur Zahlung der Entschädigung frei wird.

§ 75b.*,**,†† [Ausnahmen von der Entschädigungspflicht] ¹*Ist der Gehilfe für eine Tätigkeit außerhalb Europas angenommen, so ist die Verbindlichkeit des Wettbewerbverbots nicht davon abhängig, daß sich der Prinzipal zur Zahlung der in § 74 Abs. 2 vorgesehenen Entschädigung verpflichtet.* ²Das gleiche gilt, wenn die dem Gehilfen zustehenden vertragsmäßigen Leistungen den Betrag *von achttausend Deutsche Mark* für das Jahr übersteigen; auf die Berechnung des Betrags der Leistungen finden die Vorschriften des § 74b Abs. 2 und 3 entsprechende Anwendung.

---

* §§ 74c, 75a und 75b eingefügt sowie § 75 neu gefaßt durch Gesetz vom 10. 6. 1914 (RGBl. S. 209).
** Für das Gebiet der ehem. DDR sind § 75 Abs. 3 und § 75b Satz 2 aufgrund des Einigungsvertrages vom 31. 8. 1990 (BGBl. II S. 889, 959, 1020) nicht anzuwenden.
*** §§ 70 und 71 HGB aufgehoben durch Erstes Arbeitsrechtsbereinigungsgesetz vom 14. 8. 1969 (BGBl. I S. 1106); vgl. jetzt § 626 BGB; abgedruckt in Schönfelder unter Nr. **20**.
† Nach dem Urteil des Bundesarbeitsgerichts vom 23. 2. 1977 – 3 AZR 620/75 – (AP Nr. 6 zu § 75 HGB = NJW 1977, 1357) verstößt § 75 Abs. 3 HGB gegen Art. 3 GG und ist daher nichtig.
†† § 75b Satz 1 verstößt gegen Art. 12 Abs. 1 GG und ist nichtig; vgl. Urteil des Bundesarbeitsgerichts vom 16. 10. 1980 – 3 AZR 202/79 – (AP Nr. 15 zu § 75b HGB = NJW 1981, 1174 = BAGE

§ 75c.* **[Vertragsstrafe]** (1) ¹Hat der Handlungsgehilfe für den Fall, daß er die in der Vereinbarung übernommene Verpflichtung nicht erfüllt, eine Strafe versprochen, so kann der Prinzipal Ansprüche nur nach Maßgabe der Vorschriften des § 340 des Bürgerlichen Gesetzbuchs geltend machen. ²Die Vorschriften des Bürgerlichen Gesetzbuchs über die Herabsetzung einer unverhältnismäßig hohen Vertragsstrafe bleiben unberührt.

(2) Ist die Verbindlichkeit der Vereinbarung nicht davon abhängig, daß sich der Prinzipal zur Zahlung einer Entschädigung an den Gehilfen verpflichtet, so kann der Prinzipal, wenn sich der Gehilfe einer Vertragsstrafe der in Absatz 1 bezeichneten Art unterworfen hat, nur die verwirkte Strafe verlangen; der Anspruch auf Erfüllung oder auf Ersatz eines weiteren Schadens ist ausgeschlossen.

§ 75d.* **[Abweichende Vereinbarungen]** ¹Auf eine Vereinbarung, durch die von den Vorschriften der §§ 74 bis 75c zum Nachteil des Handlungsgehilfen abgewichen wird, kann sich der Prinzipal nicht berufen. ²Das gilt auch von Vereinbarungen, die bezwecken, die gesetzlichen Vorschriften über das Mindestmaß der Entschädigung durch Verrechnungen oder auf sonstige Weise zu umgehen.

§ 75e.** *(aufgehoben)*

§ 75f.*** **[Sperrabrede unter Arbeitgebern]** ¹Im Falle einer Vereinbarung, durch die sich ein Prinzipal einem anderen Prinzipal gegenüber verpflichtet, einen Handlungsgehilfen, der bei diesem im Dienst ist oder gewesen ist, nicht oder nur unter bestimmten Voraussetzungen anzustellen, steht beiden Teilen der Rücktritt frei. ²Aus der Vereinbarung findet weder Klage noch Einrede statt.

§ 75g.† **[Vermittlungsgehilfe]** ¹§ 55 Abs. 4 gilt auch für einen Handlungsgehilfen, der damit betraut ist, außerhalb des Betriebes des Prinzipals für diesen Geschäfte zu vermitteln. ²Eine Beschränkung dieser Rechte braucht ein Dritter gegen sich nur gelten zu lassen, wenn er sie kannte oder kennen mußte.

34, 220). – Nach dem Urteil des Bundesarbeitsgerichts vom 5. 12. 1969 – 3 AZR 514/68 – (AP Nr. 10 zu § 75b HGB = NJW 1970, 723 = BAGE 22, 215) ist § 75b Satz 2 HGB – jedenfalls mit der bisher als maßgeblich erachteten Verdienstgrenze – verfassungswidrig. Es bleibt nach der Entscheidung offen, ob die Regelung des § 75b Satz 2 HGB im ganzen verfassungswidrig und deshalb unwirksam oder durch verfassungskonforme Auslegung mit einer anders zu bestimmenden Verdienstgrenze aufrechtzuerhalten ist. Als Verdienstgrenze für „Hochbesoldete" könnte vielleicht die doppelte Beitragsbemessungsgrenze (§ 1385 Abs. 2 RVO; § 112 Abs. 2 AVG) in Betracht kommen. Nach dem Urteil des Bundesarbeitsgerichts vom 2. 10. 1975 – 3 AZR 28/75 – (AP Nr. 14 zu § 75b HGB = NJW 1976, 342 = BAGE 27, 284 = BB 1975, 1636) müssen nachvertragliche Wettbewerbsverbote auch bei Arbeitnehmern mit Spitzenverdiensten eine Karenzentschädigung vorsehen, um Verbindlichkeit beanspruchen zu können. Die Verdienstgrenze für sog. „Hochbesoldete" i. S. des § 75b Satz 2 HGB, die unjustitiabel geworden ist, läßt sich nicht im Wege der verfassungskonformen Auslegung neu bestimmen.

* §§ 75c und 75d eingefügt durch Gesetz vom 10. 6. 1914 (RGBl. S. 209).
** § 75e eingefügt durch Gesetz vom 10. 6. 1914 (RGBl. S. 209) und aufgehoben durch Gesetz vom 17. 7. 1974 (BGBl. I S. 1481).
*** § 75f eingefügt durch Gesetz vom 10. 6. 1914 (RGBl. S. 209) und neu gefaßt durch Gesetz vom 20. 1. 1934 (RGBl. I S. 45).
† § 75g eingefügt durch Gesetz vom 6. 8. 1953 (BGBl. I S. 771).

§ 75h.* [Unkenntnis des Mangels der Vertretungsmacht] (1) Hat ein Handlungsgehilfe, der nur mit der Vermittlung von Geschäften außerhalb des Betriebes des Prinzipals betraut ist, ein Geschäft im Namen des Prinzipals abgeschlossen, und war dem Dritten der Mangel der Vertretungsmacht nicht bekannt, so gilt das Geschäft als von dem Prinzipal genehmigt, wenn dieser dem Dritten gegenüber nicht unverzüglich das Geschäft ablehnt, nachdem er von dem Handlungsgehilfen oder dem Dritten über Abschluß und wesentlichen Inhalt benachrichtigt worden ist.

(2) Das gleiche gilt, wenn ein Handlungsgehilfe, der mit dem Abschluß von Geschäften betraut ist, ein Geschäft im Namen des Prinzipals abgeschlossen hat, zu dessen Abschluß er nicht bevollmächtigt ist.

§§ 76–82.** *(aufgehoben)*

§ 82a.***.† [**Wettbewerbsverbot des Volontärs**] *Auf Wettbewerbsverbote gegenüber Personen, die, ohne als Lehrlinge angenommen zu sein, zum Zwecke ihrer Ausbildung unentgeltlich mit kaufmännischen Diensten beschäftigt werden (Volontäre), finden die für Handlungsgehilfen geltenden Vorschriften insoweit Anwendung, als sie nicht auf das dem Gehilfen zustehende Entgelt Bezug nehmen.*

§ 83.† [**Andere Arbeitnehmer**] Hinsichtlich der Personen, welche in dem Betrieb eines Handelsgewerbes andere als kaufmännische Dienste leisten, bewendet es bei den für das Arbeitsverhältnis dieser Personen geltenden Vorschriften.

Siebenter Abschnitt.* Handelsvertreter

§ 84.* [**Begriff des Handelsvertreters**] (1) ¹Handelsvertreter ist, wer als selbständiger Gewerbetreibender ständig damit betraut ist, für einen anderen Unternehmer (Unternehmer) Geschäfte zu vermitteln oder in dessen Namen abzuschließen. ²Selbständig ist, wer im wesentlichen frei seine Tätigkeit gestalten und seine Arbeitszeit bestimmen kann.

(2) Wer, ohne selbständig im Sinne des Absatzes 1 zu sein, ständig damit betraut ist, für einen Unternehmer Geschäfte zu vermitteln oder in dessen Namen abzuschließen, gilt als Angestellter.

(3) Der Unternehmer kann auch ein Handelsvertreter sein.

§ 85.* [**Vertragsurkunde**] ¹Jeder Teil kann verlangen, daß der Inhalt des Vertrages sowie spätere Vereinbarungen zu dem Vertrag in eine vom anderen Teil unterzeichnete Urkunde aufgenommen werden. ²Dieser Anspruch kann nicht ausgeschlossen werden.

---

* § 75h eingefügt sowie Siebenter Abschnitt (§§ 84 bis 92c) neu gefaßt durch Gesetz vom 6. 8. 1953 (BGBl. I S. 771).
** §§ 76 bis 82 aufgehoben durch Berufsbildungsgesetz vom 14. 8. 1969 (BGBl. I S. 1112).
*** § 82a eingefügt durch Gesetz vom 10. 6. 1914 (RGBl. S. 209). – § 82a gegenstandslos durch § 19 in Verbindung mit § 5 Abs. 1 Satz 1 Berufsbildungsgesetz vom 14. 8. 1969 (BGBl. I S. 1112).
† Für das Gebiet der ehem. DDR sind die §§ 82a und 83 aufgrund des Einigungsvertrages vom 31. 8. 1990 (BGBl. II S. 889, 959, 1020) nicht anzuwenden.

§ 86.* ** [Pflichten des Handelsvertreters] (1) Der Handelsvertreter hat sich um die Vermittlung oder den Abschluß von Geschäften zu bemühen; er hat hierbei das Interesse des Unternehmers wahrzunehmen.

(2) Er hat dem Unternehmer die erforderlichen Nachrichten zu geben, namentlich ihm von jeder Geschäftsvermittlung und von jedem Geschäftsabschluß unverzüglich Mitteilung zu machen.

(3) Er hat seine Pflichten mit der Sorgfalt eines ordentlichen Kaufmanns wahrzunehmen.

(4) Von den Absätzen 1 und 2 abweichende Vereinbarungen sind unwirksam.

§ 86a. *** [Pflichten des Unternehmers] (1) Der Unternehmer hat dem Handelsvertreter die zur Ausübung seiner Tätigkeit erforderlichen Unterlagen, wie Muster, Zeichnungen, Preislisten, Werbedrucksachen, Geschäftsbedingungen, zur Verfügung zu stellen.

(2) ¹Der Unternehmer hat dem Handelsvertreter die erforderlichen Nachrichten zu geben. ²Er hat ihm unverzüglich die Annahme oder Ablehnung eines vom Handelsvertreter vermittelten oder ohne Vertretungsmacht abgeschlossenen Geschäfts und die Nichtausführung eines von ihm vermittelten oder abgeschlossenen Geschäfts mitzuteilen. ³Er hat ihn unverzüglich zu unterrichten, wenn er Geschäfte voraussichtlich nur in erheblich geringerem Unfange abschließen kann oder will, als der Handelsvertreter unter gewöhnlichen Umständen erwarten konnte.

(3) Von den Absätzen 1 und 2 abweichende Vereinbarungen sind unwirksam.

§ 86b.* [Delkredereprovision] (1) ¹Verpflichtet sich ein Handelsvertreter, für die Erfüllung der Verbindlichkeit aus einem Geschäft einzustehen, so kann er eine besondere Vergütung (Delkredereprovision) beanspruchen; der Anspruch kann im voraus nicht ausgeschlossen werden. ²Die Verpflichtung kann nur für ein bestimmtes Geschäft oder für solche Geschäfte mit bestimmten Dritten übernommen werden, die der Handelsvertreter vermittelt oder abschließt. ³Die Übernahme bedarf der Schriftform.

(2) Der Anspruch auf die Delkredereprovison entsteht mit dem Abschluß des Geschäfts.

(3) ¹Absatz 1 gilt nicht, wenn der Unternehmer oder der Dritte seine Niederlassung oder beim Fehlen einer solchen seinen Wohnsitz im Ausland hat. ²Er gilt ferner nicht für Geschäfte, zu deren Abschluß und Ausführung der Handelsvertreter unbeschränkt bevollmächtigt ist.

§ 87. ** † [Provisionspflichtige Geschäfte] (1) ¹Der Handelsvertreter hat Anspruch auf Provision für alle während des Vertragsverhältnisses abgeschlossenen Geschäfte, die auf seine Tätigkeit zurückzuführen sind oder mit Dritten abgeschlossen werden, die er als Kunden für Geschäfte der gleichen Art geworben hat. ²Ein Anspruch auf Provision besteht für ihn nicht, wenn und soweit die Provision nach Absatz 3 dem ausgeschiedenen Handelsvertreter zusteht.

---

* § 86 neu gefaßt sowie § 86b eingefügt durch Gesetz vom 6. 8. 1953 (BGBl. I S. 771), § 86 Abs. 4 angefügt durch Gesetz vom 23. 10. 1989 (BGBl. I S. 1910).
** Wegen des bis zum Ablauf des Jahres 1993 geltenden Übergangsrechts beachte Anm. zu Art. 29 EGHGB; abgedruckt unter Nr. **2.**
*** § 86a eingefügt durch Gesetz vom 6. 8. 1953 (BGBl. I S. 771), Abs. 2 Sätze 2 und 3 neu gefaßt sowie Abs. 3 angefügt durch Gesetz vom 23. 10. 1989 (BGBl. I S. 1910).
† § 87 neu gefaßt durch Gesetz vom 6. 8. 1953 (BGBl. I S. 771), Abs. 1 Satz 2 und Abs. 2 Satz 2 geändert sowie Abs. 3 neu gefaßt durch Gesetz vom 23. 10. 1989 (BGBl. I S. 1910).

7. Abschnitt. Handelsvertreter   §§ 87a, 87b **HGB 1**

(2) ¹Ist dem Handelsvertreter ein bestimmter Bezirk oder ein bestimmter Kundenkreis zugewiesen, so hat er Anspruch auf Provision auch für die Geschäfte, die ohne seine Mitwirkung mit Personen seines Bezirkes oder seines Kundenkreises während des Vertragsverhältnisses abgeschlossen sind. ²Dies gilt nicht, wenn und soweit die Provision nach Absatz 3 dem ausgeschiedenen Handelsvertreter zusteht.

(3) ¹Für ein Geschäft, das erst nach Beendigung des Vertragsverhältnisses abgeschlossen ist, hat der Handelsvertreter Anspruch auf Provision nur, wenn

1. er das Geschäft vermittelt hat oder es eingeleitet und so vorbereitet hat, daß der Abschluß überwiegend auf seine Tätigkeit zurückzuführen ist, und das Geschäft innerhalb einer angemessenen Frist nach Beendigung des Vertragsverhältnisses abgeschlossen worden ist oder

2. vor Beendigung des Vertragsverhältnisses das Angebot des Dritten zum Abschluß eines Geschäfts, für das der Handelsvertreter nach Absatz 1 Satz 1 oder Absatz 2 Satz 1 Anspruch auf Provision hat, dem Handelsvertreter oder dem Unternehmer zugegangen ist.

²Der Anspruch auf Provision nach Satz 1 steht dem nachfolgenden Handelsvertreter anteilig zu, wenn wegen besonderer Umstände eine Teilung der Provision der Billigkeit entspricht.

(4) Neben dem Anspruch auf Provision für abgeschlossene Geschäfte hat der Handelsvertreter Anspruch auf Inkassoprovision für die von ihm auftragsgemäß eingezogenen Beträge.

§ 87a.* ** [**Fälligkeit der Provision**] (1) ¹Der Handelsvertreter hat Anspruch auf Provision, sobald und soweit der Unternehmer das Geschäft ausgeführt hat. ²Eine abweichende Vereinbarung kann getroffen werden, jedoch hat der Handelsvertreter mit der Ausführung des Geschäfts durch den Unternehmer Anspruch auf einen angemessenen Vorschuß, der spätestens am letzten Tag des folgenden Monats fällig ist. ³Unabhängig von einer Vereinbarung hat jedoch der Handelsvertreter Anspruch auf Provision, sobald und soweit der Dritte das Geschäft ausgeführt hat.

(2) Steht fest, daß der Dritte nicht leistet, so entfällt der Anspruch auf Provision; bereits empfangene Beträge sind zurückzugewähren.

(3) ¹Der Handelsvertreter hat auch dann einen Anspruch auf Provision, wenn feststeht, daß der Unternehmer das Geschäft ganz oder teilweise nicht oder nicht so ausführt, wie es abgeschlossen worden ist. ²Der Anspruch entfällt im Falle der Nichtausführung, wenn und soweit diese auf Umständen beruht, die vom Unternehmer nicht zu vertreten sind.

(4) Der Anspruch auf Provision wird am letzten Tag des Monats fällig, in dem nach § 87c Abs. 1 über den Anspruch abzurechnen ist.

(5) Von Absatz 2 erster Halbsatz, Absätzen 3 und 4 abweichende, für den Handelsvertreter nachteilige Vereinbarungen sind unwirksam.

§ 87b.*** [**Höhe der Provision**] (1) Ist die Höhe der Provision nicht bestimmt, so ist der übliche Satz als vereinbart anzusehen.

---

* § 87a eingefügt durch Gesetz vom 6. 8. 1953 (BGBl. I S. 771), Abs. 1 Satz 4 aufgehoben sowie Abs. 3 Satz 2 und Abs. 5 neu gefaßt durch Gesetz vom 23. 10. 1989 (BGBl. I S. 1910).
** Wegen des bis zum Ablauf des Jahres 1993 geltenden Übergangsrechts beachte Anm. zu Art. 29 EGHGB; abgedruckt unter Nr. **2.**
*** § 87b eingefügt durch Gesetz vom 6. 8. 1953 (BGBl. I S. 771), Abs. 2 Satz 3 eingefügt durch Umsatzsteuergesetz (Mehrwertsteuer) vom 29. 5. 1967 (BGBl. I S. 545).

1 HGB §§ 87c–88a   1. Buch. Handelsstand

(2) ¹Die Provision ist von dem Entgelt zu berechnen, das der Dritte oder der Unternehmer zu leisten hat. ²Nachlässe bei Barzahlung sind nicht abzuziehen; dasselbe gilt für Nebenkosten, namentlich für Fracht, Verpackung, Zoll, Steuern, es sei denn, daß die Nebenkosten dem Dritten besonders in Rechnung gestellt sind. ³Die Umsatzsteuer, die lediglich auf Grund der steuerrechtlichen Vorschriften in der Rechnung gesondert ausgewiesen ist, gilt nicht als besonders in Rechnung gestellt.

(3) ¹Bei Gebrauchsüberlassungs- und Nutzungsverträgen von bestimmter Dauer ist die Provision vom Entgelt für die Vertragsdauer zu berechnen. ²Bei unbestimmter Dauer ist die Provision vom Entgelt bis zu dem Zeitpunkt zu berechnen, zu dem erstmals von dem Dritten gekündigt werden kann; der Handelsvertreter hat Anspruch auf weitere entsprechend berechnete Provisionen, wenn der Vertrag fortbesteht.

§ 87c.* [Abrechnung über die Provision] (1) ¹Der Unternehmer hat über die Provision, auf die der Handelsvertreter Anspruch hat, monatlich abzurechnen; der Abrechnungszeitraum kann auf höchstens drei Monate erstreckt werden. ²Die Abrechnung hat unverzüglich, spätestens bis zum Ende des nächsten Monats, zu erfolgen.

(2) Der Handelsvertreter kann bei der Abrechnung einen Buchauszug über alle Geschäfte verlangen, für die ihm nach § 87 Provision gebührt.

(3) Der Handelsvertreter kann außerdem Mitteilung über alle Umstände verlangen, die für den Provisionsanspruch, seine Fälligkeit und seine Berechnung wesentlich sind.

(4) Wird der Buchauszug verweigert oder bestehen begründete Zweifel an der Richtigkeit oder Vollständigkeit der Abrechnung oder des Buchauszuges, so kann der Handelsvertreter verlangen, daß nach Wahl des Unternehmers entweder ihm oder einem von ihm zu bestimmenden Wirtschaftsprüfer oder vereidigten Buchsachverständigen Einsicht in die Geschäftsbücher oder die sonstigen Urkunden so weit gewährt wird, wie dies zur Feststellung der Richtigkeit oder Vollständigkeit der Abrechnung oder des Buchauszuges erforderlich ist.

(5) Diese Rechte des Handelsvertreters können nicht ausgeschlossen oder beschränkt werden.

§ 87d.* [Ersatz von Aufwendungen] Der Handelsvertreter kann den Ersatz seiner im regelmäßigen Geschäftsbetrieb entstandenen Aufwendungen nur verlangen, wenn dies handelsüblich ist.

§ 88.* [Verjährung der Ansprüche] Die Ansprüche aus dem Vertragsverhältnis verjähren in vier Jahren, beginnend mit dem Schluß des Jahres, in dem sie fällig geworden sind.

§ 88a.* [Zurückbehaltungsrecht] (1) Der Handelsvertreter kann nicht im voraus auf gesetzliche Zurückbehaltungsrechte verzichten.

---

* §§ 87c, 87d und 88a eingefügt sowie § 88 neu gefaßt durch Gesetz vom 6. 8. 1953 (BGBl. I S. 771).

7. Abschnitt. Handelsvertreter §§ 89–89b **HGB 1**

(2) Nach Beendigung des Vertragsverhältnisses hat der Handelsvertreter ein nach allgemeinen Vorschriften bestehendes Zurückbehaltungsrecht an ihm zur Verfügung gestellten Unterlagen (§ 86a Abs. 1) nur wegen seiner fälligen Ansprüche auf Provision und Ersatz von Aufwendungen.

§ 89.* ** [Kündigung des Vertrages] (1) ¹Ist das Vertragsverhältnis auf unbestimmte Zeit eingegangen, so kann es im ersten Jahr der Vertragsdauer mit einer Frist von einem Monat, im zweiten Jahr mit einer Frist von zwei Monaten und im dritten bis fünften Jahr mit einer Frist von drei Monaten gekündigt werden. ²Nach einer Vertragsdauer von fünf Jahren kann das Vertragsverhältnis mit einer Frist von sechs Monaten gekündigt werden. ³Die Kündigung ist nur für den Schluß eines Kalendermonats zulässig, sofern keine abweichende Vereinbarung getroffen ist.

(2) ¹Die Kündigungsfristen nach Absatz 1 Satz 1 und 2 können durch Vereinbarung verlängert werden; die Frist darf für den Unternehmer nicht kürzer sein als für den Handelsvertreter. ²Bei Vereinbarung einer kürzeren Frist für den Unternehmer gilt die für den Handelsvertreter vereinbarte Frist.

(3) ¹Ein für eine bestimmte Zeit eingegangenes Vertragsverhältnis, das nach Ablauf der vereinbarten Laufzeit von beiden Teilen fortgesetzt wird, gilt als auf unbestimmte Zeit verlängert. ²Für die Bestimmung der Kündigungsfristen nach Absatz 1 Satz 1 und 2 ist die Gesamtdauer des Vertragsverhältnisses maßgeblich.

§ 89a.* *** [Fristlose Kündigung] (1) ¹Das Vertragsverhältnis kann von jedem Teil aus wichtigem Grunde ohne Einhaltung einer Kündigungsfrist gekündigt werden. ²Dieses Recht kann nicht ausgeschlossen oder beschränkt werden.

(2) Wird die Kündigung durch ein Verhalten veranlaßt, das der andere Teil zu vertreten hat, so ist dieser zum Ersatz des durch die Aufhebung des Vertragsverhältnisses entstehenden Schadens verpflichtet.

§ 89b. *** [Ausgleichsanspruch] (1) ¹Der Handelsvertreter kann von dem Unternehmer nach Beendigung des Vertragsverhältnisses einen angemessenen Ausgleich verlangen, wenn und soweit
1. der Unternehmer aus der Geschäftsverbindung mit neuen Kunden, die der Handelsvertreter geworben hat, auch nach Beendigung des Vertragsverhältnisses erhebliche Vorteile hat,
2. der Handelsvertreter infolge der Beendigung des Vertragsverhältnisses Ansprüche auf Provision verliert, die er bei Fortsetzung desselben aus bereits abgeschlossenen oder künftig zustande kommenden Geschäften mit den von ihm geworbenen Kunden hätte, und
3. die Zahlung eines Ausgleichs unter Berücksichtigung aller Umstände der Billigkeit entspricht.

²Der Werbung eines neuen Kunden steht es gleich, wenn der Handelsvertreter die Geschäftsverbindung mit einem Kunden so wesentlich erweitert hat, daß dies wirtschaftlich der Werbung eines neuen Kunden entspricht.

---

* § 89 neu gefaßt durch Gesetz vom 23. 10. 1989 (BGBl. I S. 1910).
** Wegen des bis zum Ablauf des Jahres 1993 geltenden Übergangsrechts beachte Anm. zu Art. 29 EGHGB; abgedruckt unter Nr. **2**.
*** §§ 89a und 89b eingefügt durch Gesetz vom 6. 8. 1953 (BGBl. I S. 771), § 89b Abs. 3, Abs. 4 Satz 2 und Abs. 5 neu gefaßt durch Gesetz vom 23. 10. 1989 (BGBl. I S. 1910).

(2) Der Ausgleich beträgt höchstens eine nach dem Durchschnitt der letzten fünf Jahre der Tätigkeit des Handelsvertreters berechnete Jahresprovision oder sonstige Jahresvergütung; bei kürzerer Dauer des Vertragsverhältnisses ist der Durchschnitt während der Dauer der Tätigkeit maßgebend.

(3) Der Anspruch besteht nicht, wenn

1. der Handelsvertreter das Vertragsverhältnis gekündigt hat, es sei denn, daß ein Verhalten des Unternehmers hierzu begründeten Anlaß gegeben hat oder dem Handelsvertreter eine Fortsetzung seiner Tätigkeit wegen seines Alters oder wegen Krankheit nicht zugemutet werden kann, oder

2. der Unternehmer das Vertragsverhältnis gekündigt hat und für die Kündigung ein wichtiger Grund wegen schuldhaften Verhaltens des Handelsvertreters vorlag oder

3. auf Grund einer Vereinbarung zwischen dem Unternehmer und dem Handelsvertreter ein Dritter anstelle des Handelsvertreters in das Vertragsverhältnis eintritt; die Vereinbarung kann nicht vor Beendigung des Vertragsverhältnisses getroffen werden.

(4) ¹Der Anspruch kann im voraus nicht ausgeschlossen werden. ²Er ist innerhalb eines Jahres nach Beendigung des Vertragsverhältnisses geltend zu machen.

(5) ¹Die Absätze 1, 3 und 4 gelten für Versicherungsvertreter mit der Maßgabe, daß an die Stelle der Geschäftsverbindung mit neuen Kunden, die der Handelsvertreter geworben hat, die Vermittlung neuer Versicherungsverträge durch den Versicherungsvertreter tritt und der Vermittlung eines Versicherungsvertrages es gleichsteht, wenn der Versicherungsvertreter einen bestehenden Versicherungsvertrag so wesentlich erweitert hat, daß dies wirtschaftlich der Vermittlung eines neuen Versicherungsvertrages entspricht. ²Der Ausgleich des Versicherungsvertreters beträgt abweichend von Absatz 2 höchstens drei Jahresprovisionen oder Jahresvergütungen. ³Die Vorschriften der Sätze 1 und 2 gelten sinngemäß für Bausparkassenvertreter.

§ 90.* **[Geschäfts- und Betriebsgeheimnisse]** Der Handelsvertreter darf Geschäfts- und Betriebsgeheimnisse, die ihm anvertraut oder als solche durch seine Tätigkeit für den Unternehmer bekanntgeworden sind, auch nach Beendigung des Vertragsverhältnisses nicht verwerten oder anderen mitteilen, soweit dies nach den gesamten Umständen der Berufsauffassung eines ordentlichen Kaufmannes widersprechen würde.

§ 90a.* ** **[Wettbewerbsabrede]** (1) ¹Eine Vereinbarung, die den Handelsvertreter nach Beendigung des Vertragsverhältnisses in seiner gewerblichen Tätigkeit beschränkt (Wettbewerbsabrede), bedarf der Schriftform und der Aushändigung einer vom Unternehmer unterzeichneten, die vereinbarten Bestimmungen enthaltenden Urkunde an den Handelsvertreter. ²Die Abrede kann nur für längstens zwei Jahre von der Beendigung des Vertragsverhältnisses an getroffen werden; sie darf sich nur auf den dem Handelsvertreter zugewiesenen Bezirk oder Kundenkreis und nur auf die Gegenstände erstrecken, hinsichtlich deren sich der Handelsvertreter um die Vermittlung oder den Abschluß von Geschäften für den Unter-

---

* § 90 neu gefaßt sowie § 90a eingefügt durch Gesetz vom 6. 8. 1953 (BGBl. I S. 771), § 90a Abs. 1 Satz 2 geändert durch Gesetz vom 23. 10. 1989 (BGBl. I S. 1910).
** Wegen des bis zum Ablauf des Jahres 1993 geltenden Übergangsrechts beachte Anm. zu Art. 29 EGHGB; abgedruckt unter Nr. **2.**

nehmer zu bemühen hat. ³Der Unternehmer ist verpflichtet, dem Handelsvertreter für die Dauer der Wettbewerbsbeschränkung eine angemessene Entschädigung zu zahlen.

(2) ¹Der Unternehmer kann bis zum Ende des Vertragsverhältnisses schriftlich auf die Wettbewerbsbeschränkung mit der Wirkung verzichten, daß er mit dem Ablauf von sechs Monaten seit der Erklärung von der Verpflichtung zur Zahlung der Entschädigung frei wird. ²Kündigt der Unternehmer das Vertragsverhältnis aus wichtigem Grund wegen schuldhaften Verhaltens des Handelsvertreters, so hat dieser keinen Anspruch auf Entschädigung.*

(3) Kündigt der Handelsvertreter das Vertragsverhältnis aus wichtigem Grund wegen schuldhaften Verhaltens des Unternehmers, so kann er sich durch schriftliche Erklärung binnen einem Monat nach der Kündigung von der Wettbewerbsabrede lossagen.

(4) Abweichende für den Handelsvertreter nachteilige Vereinbarungen können nicht getroffen werden.

§ 91.** **[Vollmachten des Handelsvertreters]** (1) § 55 gilt auch für einen Handelsvertreter, der zum Abschluß von Geschäften von einem Unternehmen bevollmächtigt ist, der nicht Kaufmann ist.

(2) ¹Ein Handelsvertreter gilt, auch wenn ihm keine Vollmacht zum Abschluß von Geschäften erteilt ist, als ermächtigt, die Anzeige von Mängeln einer Ware, die Erklärung, daß eine Ware zur Verfügung gestellt werde, sowie ähnliche Erklärungen, durch die ein Dritter seine Rechte aus mangelhafter Leistung geltend macht oder sich vorbehält, entgegenzunehmen; er kann die dem Unternehmer zustehenden Rechte auf Sicherung des Beweises geltend machen. ²Eine Beschränkung dieser Rechte braucht ein Dritter gegen sich nur gelten zu lassen, wenn er sie kannte oder kennen mußte.

§ 91a.** **[Mangel der Vertretungsmacht]** (1) Hat ein Handelsvertreter, der nur mit der Vermittlung von Geschäften betraut ist, ein Geschäft im Namen des Unternehmers abgeschlossen, und war dem Dritten der Mangel an Vertretungsmacht nicht bekannt, so gilt das Geschäft als von dem Unternehmer genehmigt, wenn dieser nicht unverzüglich, nachdem er von dem Handelsvertreter oder dem Dritten über Abschluß und wesentlichen Inhalt benachrichtigt worden ist, dem Dritten gegenüber das Geschäft ablehnt.

(2) Das gleiche gilt, wenn ein Handelsvertreter, der mit dem Abschluß von Geschäften betraut ist, ein Geschäft im Namen des Unternehmers abgeschlossen hat, zu dessen Abschluß er nicht bevollmächtigt ist.

§ 92.** **[Versicherungs- und Bausparkassenvertreter]** (1) Versicherungsvertreter ist, wer als Handelsvertreter damit betraut ist, Versicherungsverträge zu vermitteln oder abzuschließen.

(2) Für das Vertragsverhältnis zwischen dem Versicherungsvertreter und dem Versicherer gelten die Vorschriften für das Vertragsverhältnis zwischen dem Handelsvertreter und dem Unternehmer vorbehaltlich der Absätze 3 und 4.

---

* § 90a Abs. 2 Satz 2 HGB war jedenfalls bis zum 1. 1. 1990 mit Art. 12 Abs. 1 GG unvereinbar; vgl. Beschluß des Bundesverfassungsgerichts vom 7. 2. 1990 – 1 BvR 26/84 – (BGBl. I S. 575).
** §§ 91 und 92 neu gefaßt sowie § 91a eingefügt durch Gesetz vom 6. 8. 1953 (BGBl. I S. 771).

1 HGB §§ 92a, 92b 1. Buch. Handelsstand

(3) ¹In Abweichung von § 87 Abs. 1 Satz 1 hat ein Versicherungsvertreter Anspruch auf Provision nur für Geschäfte, die auf seine Tätigkeit zurückzuführen sind. ²§ 87 Abs. 2 gilt nicht für Versicherungsvertreter.

(4) Der Versicherungsvertreter hat Anspruch auf Provision (§ 87a Abs. 1), sobald der Versicherungsnehmer die Prämie gezahlt hat, aus der sich die Provision nach dem Vertragsverhältnis berechnet.

(5) Die Vorschriften der Absätze 1 bis 4 gelten sinngemäß für Bausparkassenvertreter.

§ 92a.* **[Mindestarbeitsbedingungen]** (1) ¹Für das Vertragsverhältnis eines Handelsvertreters, der vertraglich nicht für weitere Unternehmer tätig werden darf oder dem dies nach Art und Umfang der von ihm verlangten Tätigkeit nicht möglich ist, kann der Bundesminister der Justiz im Einvernehmen mit den Bundesministern für Wirtschaft und für Arbeit nach Anhörung von Verbänden der Handelsvertreter und der Unternehmer durch Rechtsverordnung, die nicht der Zustimmung des Bundesrates bedarf, die untere Grenze der vertraglichen Leistungen des Unternehmers festsetzen, um die notwendigen sozialen und wirtschaftlichen Bedürfnisse dieser Handelsvertreter oder einer bestimmten Gruppe von ihnen sicherzustellen. ²Die festgesetzten Leistungen können vertraglich nicht ausgeschlossen oder beschränkt werden.

(2) ¹Absatz 1 gilt auch für das Vertragsverhältnis eines Versicherungsvertreters, der auf Grund eines Vertrages oder mehrerer Verträge damit betraut ist, Geschäfte für mehrere Versicherer zu vermitteln oder abzuschließen, die zu einem Versicherungskonzern oder zu einer zwischen ihnen bestehenden Organisationsgemeinschaft gehören, sofern die Beendigung des Vertragsverhältnisses mit einem dieser Versicherer im Zweifel auch die Beendigung des Vertragsverhältnisses mit den anderen Versicherern zur Folge haben würde. ²In diesem Falle kann durch Rechtsverordnung, die nicht der Zustimmung des Bundesrates bedarf, außerdem bestimmt werden, ob die festgesetzten Leistungen von allen Versicherern als Gesamtschuldnern oder anteilig oder nur von einem der Versicherer geschuldet werden und wie der Ausgleich unter ihnen zu erfolgen hat.

§ 92b.* **[Handelsvertreter im Nebenberuf]** (1) ¹Auf einen Handelsvertreter im Nebenberuf sind §§ 89 und 89b nicht anzuwenden. ²Ist das Vertragsverhältnis auf unbestimmte Zeit eingegangen, so kann es mit einer Frist von einem Monat für den Schluß eines Kalendermonats gekündigt werden; wird eine andere Kündigungsfrist vereinbart, so muß sie für beide Teile gleich sein. ³Der Anspruch auf einen angemessenen Vorschuß nach § 87a Abs. 1 Satz 2 kann ausgeschlossen werden.

(2) Auf Absatz 1 kann sich nur der Unternehmer berufen, der den Handelsvertreter ausdrücklich als Handelsvertreter im Nebenberuf mit der Vermittlung oder dem Abschluß von Geschäften betraut hat.

(3) Ob ein Handelsvertreter nur als Handelsvertreter im Nebenberuf tätig ist, bestimmt sich nach der Verkehrsauffassung.

(4) Die Vorschriften der Absätze 1 bis 3 gelten sinngemäß für Versicherungsvertreter und für Bausparkassenvertreter.

---

* §§ 92a und 92b eingefügt durch Gesetz vom 6. 8. 1953 (BGBl. I S. 771).

8. Abschnitt. Handelsmakler §§ 92c–95 **HGB 1**

§ 92c.* ** [Handelsvertreter außerhalb der EG; Schiffahrtsvertreter]
(1) Hat der Handelsvertreter seine Tätigkeit für den Unternehmer nach dem Vertrag nicht innerhalb des Gebietes der Europäischen Gemeinschaft auszuüben, so kann hinsichtlich aller Vorschriften dieses Abschnittes etwas anderes vereinbart werden.

(2) Das gleiche gilt, wenn der Handelsvertreter mit der Vermittlung oder dem Abschluß von Geschäften betraut wird, die die Befrachtung, Abfertigung oder Ausrüstung von Schiffen oder die Buchung von Passagen auf Schiffen zum Gegenstand haben.

Achter Abschnitt. Handelsmakler***

§ 93.† **[Begriff]** (1) Wer gewerbsmäßig für andere Personen, ohne von ihnen auf Grund eines Vertragsverhältnisses ständig damit betraut zu sein, die Vermittlung von Verträgen über Anschaffung oder Veräußerung von Waren oder Wertpapieren, über Versicherungen, Güterbeförderungen, Schiffsmiete oder sonstige Gegenstände des Handelsverkehrs übernimmt, hat die Rechte und Pflichten eines Handelsmaklers.

(2) Auf die Vermittlung anderer als der bezeichneten Geschäfte, insbesondere auf die Vermittlung von Geschäften über unbewegliche Sachen, finden, auch wenn die Vermittlung durch einen Handelsmakler erfolgt, die Vorschriften dieses Abschnitts keine Anwendung.

§ 94. [Schlußnote] (1) Der Handelsmakler hat, sofern nicht die Parteien ihm dies erlassen oder der Ortsgebrauch mit Rücksicht auf die Gattung der Ware davon entbindet, unverzüglich nach dem Abschlusse des Geschäfts jeder Partei eine von ihm unterzeichnete Schlußnote zuzustellen, welche die Parteien, den Gegenstand und die Bedingungen des Geschäfts, insbesondere bei Verkäufen von Waren oder Wertpapieren deren Gattung und Menge sowie den Preis und die Zeit der Lieferung, enthält.

(2) Bei Geschäften, die nicht sofort erfüllt werden sollen, ist die Schlußnote den Parteien zu ihrer Unterschrift zuzustellen und jeder Partei die von der anderen unterschriebene Schlußnote zu übersenden.

(3) Verweigert eine Partei die Annahme oder Unterschrift der Schlußnote, so hat der Handelsmakler davon der anderen Partei unverzüglich Anzeige zu machen.

§ 95. [Vorbehaltene Aufgabe] (1) Nimmt eine Partei eine Schlußnote an, in der sich der Handelsmakler die Bezeichnung der anderen Partei vorbehalten hat, so ist sie an das Geschäft mit der Partei, welche ihr nachträglich bezeichnet wird, gebunden, es sei denn, daß gegen diese begründete Einwendungen zu erheben sind.

(2) Die Bezeichnung der anderen Partei hat innerhalb der ortsüblichen Frist, in Ermangelung einer solchen innerhalb einer den Umständen nach angemessenen Frist zu erfolgen.

---

* § 92c eingefügt durch Gesetz vom 6. 8. 1953 (BGBl. I S. 771), Abs. 1 neu gefaßt durch Gesetz vom 23. 10. 1989 (BGBl. I S. 1910).
** Wegen des bis zum Ablauf des Jahres 1993 geltenden Übergangsrechts beachte Anm. zu Art. 29 EGHGB; abgedruckt unter Nr. **2.**
*** Vgl. die §§ 29ff. Börsengesetz i. d. F. der Bek. vom 27. 5. 1908 (RGBl. S. 215), geändert durch Gesetz vom 5. 3. 1934 (RGBl. I S. 169), vom 28. 4. 1975 (BGBl. I S. 1013) und vom 11. 7. 1989 (BGBl. I S. 1412).
† § 93 Abs. 1 geändert durch Seerechtsänderungsgesetz vom 21. 6. 1972 (BGBl. I S. 966).

(3) ¹Unterbleibt die Bezeichnung oder sind gegen die bezeichnete Person oder Firma begründete Einwendungen zu erheben, so ist die Partei befugt, den Handelsmakler auf die Erfüllung des Geschäfts in Anspruch zu nehmen. ²Der Anspruch ist ausgeschlossen, wenn sich die Partei auf die Aufforderung des Handelsmaklers nicht unverzüglich darüber erklärt, ob sie Erfüllung verlange.

§ 96. [**Aufbewahrung von Proben**] ¹Der Handelsmakler hat, sofern nicht die Parteien ihm dies erlassen oder der Ortsgebrauch mit Rücksicht auf die Gattung der Ware davon entbindet, von jeder durch seine Vermittlung nach Probe verkauften Ware die Probe, falls sie ihm übergeben ist, so lange aufzubewahren, bis die Ware ohne Einwendung gegen ihre Beschaffenheit angenommen oder das Geschäft in anderer Weise erledigt wird. ²Er hat die Probe durch ein Zeichen kenntlich zu machen.

§ 97. [**Keine Inkassovollmacht**] Der Handelsmakler gilt nicht als ermächtigt, eine Zahlung oder eine andere im Vertrage bedungene Leistung in Empfang zu nehmen.

§ 98. [**Haftung gegenüber beiden Parteien**] Der Handelsmakler haftet jeder der beiden Parteien für den durch sein Verschulden entstehenden Schaden.

§ 99. [**Lohnanspruch gegen beide Parteien**] Ist unter den Parteien nichts darüber vereinbart, wer den Maklerlohn bezahlen soll, so ist er in Ermangelung eines abweichenden Ortsgebrauchs von jeder Partei zur Hälfte zu entrichten.

§ 100.* [**Tagebuch**] (1) ¹Der Handelsmakler ist verpflichtet, ein Tagebuch zu führen und in dieses alle abgeschlossenen Geschäfte täglich einzutragen. ²Die Eintragungen sind nach der Zeitfolge zu bewirken; sie haben die in § 94 Abs. 1 bezeichneten Angaben zu enthalten. ³Das Eingetragene ist von dem Handelsmakler täglich zu unterzeichnen.

(2) Die Vorschriften der §§ 239 und 257 über die Einrichtung und Aufbewahrung der Handelsbücher finden auf das Tagebuch des Handelsmaklers Anwendung.

§ 101. [**Auszüge aus dem Tagebuch**] Der Handelsmakler ist verpflichtet, den Parteien jederzeit auf Verlangen Auszüge aus dem Tagebuche zu geben, die von ihm unterzeichnet sind und alles enthalten, was von ihm in Ansehung des vermittelten Geschäfts eingetragen ist.

§ 102. [**Vorlegung im Rechtsstreit**] Im Laufe eines Rechtsstreits kann das Gericht auch ohne Antrag einer Partei die Vorlegung des Tagebuchs anordnen, um es mit der Schlußnote, den Auszügen oder anderen Beweismitteln zu vergleichen.

§ 103.** [**Ordnungswidrigkeiten**] (1) Ordnungswidrig handelt, wer als Handelsmakler

1. vorsätzlich oder fahrlässig ein Tagebuch über die abgeschlossenen Geschäfte zu führen unterläßt oder das Tagebuch in einer Weise führt, die dem § 100 Abs. 1 widerspricht oder

---

* § 100 Abs. 2 geändert durch Bilanzrichtlinien-Gesetz vom 19. 12. 1985 (BGBl. I S. 2355).
** § 103 neu gefaßt durch Gesetz vom 2. 3. 1974 (BGBl. I S. 469).

1. Abschnitt. Offene Handelsgesellschaft §§ 104–106 **HGB 1**

2. ein solches Tagebuch vor Ablauf der gesetzlichen Aufbewahrungsfrist vernichtet.

(2) Die Ordnungswidrigkeit kann mit einer Geldbuße bis zu zehntausend Deutsche Mark geahndet werden.

§ 104.* [**Krämermakler**] ¹Auf Personen, welche die Vermittlung von Warengeschäften im Kleinverkehre besorgen, finden die Vorschriften über Schlußnoten und Tagebücher keine Anwendung. ²Auf Personen, welche die Vermittlung von Versicherungs- oder Bausparverträgen übernehmen, sind die Vorschriften über Tagebücher nicht anzuwenden.

Zweites Buch. Handelsgesellschaften und stille Gesellschaft

Erster Abschnitt. Offene Handelsgesellschaft

Erster Titel. Errichtung der Gesellschaft

§ 105. [**Begriff der OHG; Anwendbarkeit des BGB**] (1) Eine Gesellschaft, deren Zweck auf den Betrieb eines Handelsgewerbes unter gemeinschaftlicher Firma gerichtet ist, ist eine offene Handelsgesellschaft, wenn bei keinem der Gesellschafter die Haftung gegenüber den Gesellschaftsgläubigern beschränkt ist.

(2) Auf die offene Handelsgesellschaft finden, soweit nicht in diesem Abschnitt ein anderes vorgeschrieben ist, die Vorschriften des Bürgerlichen Gesetzbuchs über die Gesellschaft Anwendung.

§ 106. [**Anmeldung zum Handelsregister**] (1) Die Gesellschaft ist bei dem Gericht, in dessen Bezirke sie ihren Sitz hat, zur Eintragung in das Handelsregister anzumelden.

(2) Die Anmeldung hat zu enthalten:
1. den Namen, Vornamen, Stand und Wohnort jedes Gesellschafters;
2. die Firma der Gesellschaft und den Ort, wo sie ihren Sitz hat;
3. den Zeitpunkt, mit welchem die Gesellschaft begonnen hat.

---

* § 104 Satz 2 angefügt durch Gesetz vom 23. 10. 1989 (BGBl. I S. 1910).

1. Abschnitt. Offene Handelsgesellschaft

§ 107. [**Anzumeldende Änderungen**] Wird die Firma einer Gesellschaft geändert oder der Sitz der Gesellschaft an einen anderen Ort verlegt oder tritt ein neuer Gesellschafter in die Gesellschaft ein, so ist dies ebenfalls zur Eintragung in das Handelsregister anzumelden.

§ 108. [**Anmeldung durch alle Gesellschafter; Aufbewahrung der Unterschriften**] (1) Die Anmeldungen sind von sämtlichen Gesellschaftern zu bewirken.

(2) Die Gesellschafter, welche die Gesellschaft vertreten sollen, haben die Firma nebst ihrer Namensunterschrift zur Aufbewahrung bei dem Gerichte zu zeichnen.

Zweiter Titel. Rechtsverhältnis der Gesellschafter untereinander

§ 109. [**Gesellschaftsvertrag**] Das Rechtsverhältnis der Gesellschafter untereinander richtet sich zunächst nach dem Gesellschaftsvertrage; die Vorschriften der §§ 110 bis 122 finden nur insoweit Anwendung, als nicht durch den Gesellschaftsvertrag ein anderes bestimmt ist.

§ 110. [**Ersatz für Aufwendungen und Verluste**] (1) Macht der Gesellschafter in den Gesellschaftsangelegenheiten Aufwendungen, die er den Umständen nach für erforderlich halten darf, oder erleidet er unmittelbar durch seine Geschäftsführung oder aus Gefahren, die mit ihr untrennbar verbunden sind, Verluste, so ist ihm die Gesellschaft zum Ersatze verpflichtet.

(2) Aufgewendetes Geld hat die Gesellschaft von der Zeit der Aufwendung an zu verzinsen.

§ 111. [**Verzinsungspflicht**] (1) Ein Gesellschafter, der seine Geldeinlage nicht zur rechten Zeit einzahlt oder eingenommenes Gesellschaftsgeld nicht zur rechten Zeit an die Gesellschaftskasse abliefert oder unbefugt Geld aus der Gesellschaftskasse für sich entnimmt, hat Zinsen von dem Tage an zu entrichten, an welchem die Zahlung oder die Ablieferung hätte geschehen sollen oder die Herausnahme des Geldes erfolgt ist.

(2) Die Geltendmachung eines weiteren Schadens ist nicht ausgeschlossen.

§ 112. [**Wettbewerbsverbot**] (1) Ein Gesellschafter darf ohne Einwilligung der anderen Gesellschafter weder in dem Handelszweige der Gesellschaft Geschäfte machen noch an einer anderen gleichartigen Handelsgesellschaft als persönlich haftender Gesellschafter teilnehmen.

(2) Die Einwilligung zur Teilnahme an einer anderen Gesellschaft gilt als erteilt, wenn den übrigen Gesellschaftern bei Eingehung der Gesellschaft bekannt ist, daß der Gesellschafter an einer anderen Gesellschaft als persönlich haftender Gesellschafter teilnimmt, und gleichwohl die Aufgabe dieser Beteiligung nicht ausdrücklich bedungen wird.

§ 113. [**Verletzung des Wettbewerbsverbots**] (1) Verletzt ein Gesellschafter die ihm nach § 112 obliegende Verpflichtung, so kann die Gesellschaft Schadensersatz fordern; sie kann statt dessen von dem Gesellschafter verlangen, daß er die für eigene Rechnung gemachten Geschäfte als für Rechnung der Gesellschaft eingegangen gelten lasse und die aus Geschäften für fremde Rechnung bezogene Vergütung herausgebe oder seinen Anspruch auf die Vergütung abtrete.

1 HGB §§ 114–118   2. Buch. Handelsgesellschaften und stille Gesellschaft

(2) Über die Geltendmachung dieser Ansprüche beschließen die übrigen Gesellschafter.

(3) Die Ansprüche verjähren in drei Monaten von dem Zeitpunkt an, in welchem die übrigen Gesellschafter von dem Abschlusse des Geschäfts oder von der Teilnahme des Gesellschafters an der anderen Gesellschaft Kenntnis erlangen; sie verjähren ohne Rücksicht auf diese Kenntnis in fünf Jahren von ihrer Entstehung an.

(4) Das Recht der Gesellschafter, die Auflösung der Gesellschaft zu verlangen, wird durch diese Vorschriften nicht berührt.

§ 114. [**Geschäftsführung**] (1) Zur Führung der Geschäfte der Gesellschaft sind alle Gesellschafter berechtigt und verpflichtet.

(2) Ist im Gesellschaftsvertrage die Geschäftsführung einem Gesellschafter oder mehreren Gesellschaftern übertragen, so sind die übrigen Gesellschafter von der Geschäftsführung ausgeschlossen.

§ 115. [**Geschäftsführung durch mehrere Gesellschafter**] (1) Steht die Geschäftsführung allen oder mehreren Gesellschaftern zu, so ist jeder von ihnen allein zu handeln berechtigt; widerspricht jedoch ein anderer geschäftsführender Gesellschafter der Vornahme einer Handlung, so muß diese unterbleiben.

(2) Ist im Gesellschaftsvertrage bestimmt, daß die Gesellschafter, denen die Geschäftsführung zusteht, nur zusammen handeln können, so bedarf es für jedes Geschäft der Zustimmung aller geschäftsführenden Gesellschafter, es sei denn, daß Gefahr im Verzug ist.

§ 116. [**Umfang der Geschäftsführungsbefugnis**] (1) Die Befugnis zur Geschäftsführung erstreckt sich auf alle Handlungen, die der gewöhnliche Betrieb des Handelsgewerbes der Gesellschaft mit sich bringt.

(2) Zur Vornahme von Handlungen, die darüber hinausgehen, ist ein Beschluß sämtlicher Gesellschafter erforderlich.

(3) [1] Zur Bestellung eines Prokuristen bedarf es der Zustimmung aller geschäftsführenden Gesellschafter, es sei denn, daß Gefahr im Verzug ist. [2] Der Widerruf der Prokura kann von jedem der zur Erteilung oder zur Mitwirkung bei der Erteilung befugten Gesellschafter erfolgen.

§ 117. [**Entziehung der Geschäftsführungsbefugnis**] Die Befugnis zur Geschäftsführung kann einem Gesellschafter auf Antrag der übrigen Gesellschafter durch gerichtliche Entscheidung entzogen werden, wenn ein wichtiger Grund vorliegt; ein solcher Grund ist insbesondere grobe Pflichtverletzung oder Unfähigkeit zur ordnungsmäßigen Geschäftsführung.

§ 118.* [**Kontrollrecht der Gesellschafter**] (1) Ein Gesellschafter kann, auch wenn er von der Geschäftsführung ausgeschlossen ist, sich von den Angelegenheiten der Gesellschaft persönlich unterrichten, die Handelsbücher und die Papiere der Gesellschaft einsehen und sich aus ihnen eine Bilanz und einen Jahresabschluß anfertigen.

(2) Eine dieses Recht ausschließende oder beschränkende Vereinbarung steht der Geltendmachung des Rechtes nicht entgegen, wenn Grund zu der Annahme unredlicher Geschäftsführung besteht.

---

* § 118 Abs. 1 geändert durch Bilanzrichtlinien-Gesetz vom 19. 12. 1985 (BGBl. I S. 2355).

1. Abschnitt. Offene Handelsgesellschaft §§ 119–123 **HGB 1**

§ 119. [Beschlußfassung] (1) Für die von den Gesellschaftern zu fassenden Beschlüsse bedarf es der Zustimmung aller zur Mitwirkung bei der Beschlußfassung berufenen Gesellschafter.

(2) Hat nach dem Gesellschaftsvertrage die Mehrheit der Stimmen zu entscheiden, so ist die Mehrheit im Zweifel nach der Zahl der Gesellschafter zu berechnen.

§ 120. [Gewinn und Verlust] (1) Am Schlusse jedes Geschäftsjahrs wird auf Grund der Bilanz der Gewinn oder der Verlust des Jahres ermittelt und für jeden Gesellschafter sein Anteil daran berechnet.

(2) Der einem Gesellschafter zukommende Gewinn wird dem Kapitalanteile des Gesellschafters zugeschrieben; der auf einen Gesellschafter entfallende Verlust sowie das während des Geschäftsjahrs auf den Kapitalanteil entnommene Geld wird davon abgeschrieben.

§ 121. [Verteilung von Gewinn und Verlust] (1) [1]Von dem Jahresgewinne gebührt jedem Gesellschafter zunächst ein Anteil in Höhe von vier vom Hundert seines Kapitalanteils. [2]Reicht der Jahresgewinn hierzu nicht aus, so bestimmen sich die Anteile nach einem entsprechend niedrigeren Satze.

(2) [1]Bei der Berechnung des nach Absatz 1 einem Gesellschafter zukommenden Gewinnanteils werden Leistungen, die der Gesellschafter im Laufe des Geschäftsjahrs als Einlage gemacht hat, nach dem Verhältnisse der seit der Leistung abgelaufenen Zeit berücksichtigt. [2]Hat der Gesellschafter im Laufe des Geschäftsjahrs Geld auf seinen Kapitalanteil entnommen, so werden die entnommenen Beträge nach dem Verhältnisse der bis zur Entnahme abgelaufenen Zeit berücksichtigt.

(3) Derjenige Teil des Jahresgewinns, welcher die nach den Absätzen 1 und 2 zu berechnenden Gewinnanteile übersteigt, sowie der Verlust eines Geschäftsjahrs wird unter die Gesellschafter nach Köpfen verteilt.

§ 122. [Entnahmen] (1) Jeder Gesellschafter ist berechtigt, aus der Gesellschaftskasse Geld bis zum Betrage von vier vom Hundert seines für das letzte Geschäftsjahr festgestellten Kapitalanteils zu seinen Lasten zu erheben und, soweit es nicht zum offenbaren Schaden der Gesellschaft gereicht, auch die Auszahlung seines den bezeichneten Betrag übersteigenden Anteils am Gewinne des letzten Jahres zu verlangen.

(2) Im übrigen ist ein Gesellschafter nicht befugt, ohne Einwilligung der anderen Gesellschafter seinen Kapitalanteil zu vermindern.

Dritter Titel. Rechtsverhältnis der Gesellschafter zu Dritten

§ 123. [Wirksamkeit im Verhältnis zu Dritten] (1) Die Wirksamkeit der offenen Handelsgesellschaft tritt im Verhältnisse zu Dritten mit dem Zeitpunkt ein, in welchem die Gesellschaft in das Handelsregister eingetragen wird.

(2) Beginnt die Gesellschaft ihre Geschäfte schon vor der Eintragung, so tritt die Wirksamkeit mit dem Zeitpunkte des Geschäftsbeginns ein, soweit nicht aus § 2 sich ein anderes ergibt.

(3) Eine Vereinbarung, daß die Gesellschaft erst mit einem späteren Zeitpunkt ihren Anfang nehmen soll, ist Dritten gegenüber unwirksam.

§ 124. [**Rechtliche Selbständigkeit; Zwangsvollstreckung in Gesellschaftsvermögen**] (1) Die offene Handelsgesellschaft kann unter ihrer Firma Rechte erwerben und Verbindlichkeiten eingehen, Eigentum und andere dingliche Rechte an Grundstücken erwerben, vor Gericht klagen und verklagt werden.

(2) Zur Zwangsvollstreckung in das Gesellschaftsvermögen ist ein gegen die Gesellschaft gerichteter vollstreckbarer Schuldtitel erforderlich.

§ 125. [**Vertretung der Gesellschaft**] (1) Zur Vertretung der Gesellschaft ist jeder Gesellschafter ermächtigt, wenn er nicht durch den Gesellschaftsvertrag von der Vertretung ausgeschlossen ist.

(2) ¹Im Gesellschaftsvertrage kann bestimmt werden, daß alle oder mehrere Gesellschafter nur in Gemeinschaft zur Vertretung der Gesellschaft ermächtigt sein sollen (Gesamtvertretung). ²Die zur Gesamtvertretung berechtigten Gesellschafter können einzelne von ihnen zur Vornahme bestimmter Geschäfte oder bestimmter Arten von Geschäften ermächtigen. ³Ist der Gesellschaft gegenüber eine Willenserklärung abzugeben, so genügt die Abgabe gegenüber einem der zur Mitwirkung bei der Vertretung befugten Gesellschafter.

(3) ¹Im Gesellschaftsvertrage kann bestimmt werden, daß die Gesellschafter, wenn nicht mehrere zusammen handeln, nur in Gemeinschaft mit einem Prokuristen zur Vertretung der Gesellschaft ermächtigt sein sollen. ²Die Vorschriften des Absatzes 2 Satz 2 und 3 finden in diesem Falle entsprechende Anwendung.

(4) Der Ausschluß eines Gesellschafters von der Vertretung, die Anordnung einer Gesamtvertretung oder eine gemäß Absatz 3 Satz 1 getroffene Bestimmung sowie jede Änderung in der Vertretungsmacht eines Gesellschafters ist von sämtlichen Gesellschaftern zur Eintragung in das Handelsregister anzumelden.

§ 125a.* [**Angaben auf Geschäftsbriefen**] (1) ¹Bei einer Gesellschaft, bei der kein Gesellschafter eine natürliche Person ist, müssen auf allen Geschäftsbriefen, die an einen bestimmten Empfänger gerichtet werden, die Rechtsform und der Sitz der Gesellschaft, das Registergericht des Sitzes der Gesellschaft und die Nummer, unter der die Gesellschaft in das Handelsregister eingetragen ist, sowie die Firmen der Gesellschafter angegeben werden. ²Ferner sind auf den Geschäftsbriefen der Gesellschaft für die Gesellschafter die nach § 35a des Gesetzes betreffend die Gesellschaften mit beschränkter Haftung** oder § 80 des Aktiengesetzes*** für Geschäftsbriefe vorgeschriebenen Angaben zu machen. ³Diese Angaben sind nicht erforderlich, wenn zu den Gesellschaftern der Gesellschaft eine offene Handelsgesellschaft oder Kommanditgesellschaft gehört, bei der ein persönlich haftender Gesellschafter eine natürliche Person ist.

(2) Für Vordrucke und Bestellscheine ist § 35a Abs. 2 und 3 des Gesetzes betreffend die Gesellschaften mit beschränkter Haftung,** für Zwangsgelder gegen die organschaftlichen Vertreter der zur Vertretung der Gesellschaft ermächtigten Gesellschafter und die Liquidatoren ist § 79 Abs. 1 des Gesetzes betreffend die Gesellschaften mit beschränkter Haftung sinngemäß anzuwenden.

§ 126. [**Umfang der Vertretungsmacht**] (1) Die Vertretungsmacht der Gesellschafter erstreckt sich auf alle gerichtlichen und außergerichtlichen Geschäfte und

---

* § 125a eingefügt durch Gesetz vom 4. 7. 1980 (BGBl. I S. 836).
** Abgedruckt unter Nr. **9**.
*** Abgedruckt unter Nr. **10**.

1. Abschnitt. Offene Handelsgesellschaft §§ 127–130 **HGB 1**

Rechtshandlungen einschließlich der Veräußerung und Belastung von Grundstücken sowie der Erteilung und des Widerrufs einer Prokura.

(2) Eine Beschränkung des Umfanges der Vertretungsmacht ist Dritten gegenüber unwirksam; dies gilt insbesondere von der Beschränkung, daß sich die Vertretung nur auf gewisse Geschäfte oder Arten von Geschäften erstrecken oder daß sie nur unter gewissen Umständen oder für eine gewisse Zeit oder an einzelnen Orten stattfinden soll.

(3) In betreff der Beschränkung auf den Betrieb einer von mehreren Niederlassungen der Gesellschaft finden die Vorschriften des § 50 Abs. 3 entsprechende Anwendung.

§ 127. [**Entziehung der Vertretungsmacht**] Die Vertretungsmacht kann einem Gesellschafter auf Antrag der übrigen Gesellschafter durch gerichtliche Entscheidung entzogen werden, wenn ein wichtiger Grund vorliegt; ein solcher Grund ist insbesondere grobe Pflichtverletzung oder Unfähigkeit zur ordnungsgemäßen Vertretung der Gesellschaft.

§ 128. [**Persönliche Haftung der Gesellschafter**] ¹Die Gesellschafter haften für die Verbindlichkeiten der Gesellschaft den Gläubigern als Gesamtschuldner persönlich. ²Eine entgegenstehende Vereinbarung ist Dritten gegenüber unwirksam.

§ 129. [**Einwendungen des Gesellschafters**] (1) Wird ein Gesellschafter wegen einer Verbindlichkeit der Gesellschaft in Anspruch genommen, so kann er Einwendungen, die nicht in seiner Person begründet sind, nur insoweit geltend machen, als sie von der Gesellschaft erhoben werden können.

(2) Der Gesellschafter kann die Befriedigung des Gläubigers verweigern, solange der Gesellschaft das Recht zusteht, das ihrer Verbindlichkeit zugrunde liegende Rechtsgeschäft anzufechten.

(3) Die gleiche Befugnis hat der Gesellschafter, solange sich der Gläubiger durch Aufrechnung gegen eine fällige Forderung der Gesellschaft befriedigen kann.

(4) Aus einem gegen die Gesellschaft gerichteten vollstreckbaren Schuldtitel findet die Zwangsvollstreckung gegen den Gesellschafter nicht statt.

§ 129a.* [**Rückgewähr von Darlehen**] ¹Bei einer offenen Handelsgesellschaft, bei der kein Gesellschafter eine natürliche Person ist, gelten die §§ 32a und 32b des Gesetzes betreffend die Gesellschaft mit beschränkter Haftung** sinngemäß mit der Maßgabe, daß an die Stelle der Gesellschafter der Gesellschaft mit beschränkter Haftung die Gesellschafter oder Mitglieder der Gesellschafter der offenen Handelsgesellschaft treten. ²Dies gilt nicht, wenn zu den Gesellschaftern der offenen Handelsgesellschaft eine andere offene Handelsgesellschaft oder Kommanditgesellschaft gehört, bei der ein persönlich haftender Gesellschafter eine natürliche Person ist.

§ 130. [**Haftung des eintretenden Gesellschafters**] (1) Wer in eine bestehende Gesellschaft eintritt, haftet gleich den anderen Gesellschaftern nach Maßgabe der

---

* § 129a eingefügt durch Gesetz vom 4. 7. 1980 (BGBl. I S. 836).
** Abgedruckt unter Nr. **9**.

§§ 128 und 129 für die vor seinem Eintritte begründeten Verbindlichkeiten der Gesellschaft, ohne Unterschied, ob die Firma eine Änderung erleidet oder nicht.

(2) Eine entgegenstehende Vereinbarung ist Dritten gegenüber unwirksam.

§ 130a.* [Antragspflicht bei Zahlungsunfähigkeit oder Überschuldung]
(1) ¹Wird eine Gesellschaft, bei der kein Gesellschafter eine natürliche Person ist, zahlungsunfähig oder deckt das Vermögen der Gesellschaft nicht mehr die Schulden, so ist die Eröffnung des Konkursverfahrens oder des gerichtlichen Vergleichsverfahrens zu beantragen; dies gilt nicht, wenn zu den Gesellschaftern der offenen Handelsgesellschaft eine andere offene Handelsgesellschaft oder Kommanditgesellschaft gehört, bei der ein persönlich haftender Gesellschafter eine natürliche Person ist. ²Antragspflichtig sind die organschaftlichen Vertreter der zur Vertretung der Gesellschaft ermächtigten Gesellschafter und die Liquidatoren. ³Der Antrag ist ohne schuldhaftes Zögern, spätestens aber drei Wochen nach Eintritt der Zahlungsunfähigkeit oder Überschuldung der Gesellschaft zu stellen. ⁴Der Antrag ist nicht schuldhaft verzögert, wenn die Antragspflichtigen die Eröffnung des gerichtlichen Vergleichsverfahrens mit der Sorgfalt eines ordentlichen und gewissenhaften Geschäftsleiters betreiben.

(2) ¹Nachdem die Zahlungsunfähigkeit der Gesellschaft eingetreten ist oder sich ihre Überschuldung ergeben hat, dürfen die organschaftlichen Vertreter der zur Vertretung der Gesellschaft ermächtigten Gesellschafter und die Liquidatoren für die Gesellschaft keine Zahlungen leisten. ²Dies gilt nicht von Zahlungen, die auch nach diesem Zeitpunkt mit der Sorgfalt eines ordentlichen und gewissenhaften Geschäftsleiters vereinbar sind.

(3) ¹Wird entgegen Absatz 1 die Eröffnung des Konkursverfahrens oder des gerichtlichen Vergleichsverfahrens nicht oder nicht rechtzeitig beantragt oder werden entgegen Absatz 2 Zahlungen geleistet, nachdem die Zahlungsunfähigkeit der Gesellschaft eingetreten ist oder sich ihre Überschuldung ergeben hat, so sind die organschaftlichen Vertreter der zur Vertretung der Gesellschaft ermächtigten Gesellschafter und die Liquidatoren der Gesellschaft gegenüber zum Ersatz des daraus entstehenden Schadens als Gesamtschuldner verpflichtet. ²Ist dabei streitig, ob sie die Sorgfalt eines ordentlichen und gewissenhaften Geschäftsleiters angewandt haben, so trifft sie die Beweislast. ³Die Ersatzpflicht kann durch Vereinbarung mit den Gesellschaftern weder eingeschränkt noch ausgeschlossen werden. ⁴Soweit der Ersatz zur Befriedigung der Gläubiger der Gesellschaft erforderlich ist, wird die Ersatzpflicht weder durch einen Verzicht oder Vergleich der Gesellschaft noch dadurch aufgehoben, daß die Handlung auf einem Beschluß der Gesellschafter beruht. ⁵Ein Zwangsvergleich oder ein im Vergleichsverfahren geschlossener Vergleich wirkt für und gegen die Forderung der Gesellschaft. ⁶Die Ansprüche aus diesen Vorschriften verjähren in fünf Jahren.

(4) Diese Vorschriften gelten sinngemäß, wenn die in den Absätzen 1 bis 3 genannten organschaftlichen Vertreter ihrerseits Gesellschaften sind, bei denen kein Gesellschafter eine natürliche Person ist, oder sich die Verbindung von Gesellschaften in dieser Art fortsetzt.

§ 130 b.* [Strafvorschriften] (1) Mit Freiheitsstrafe bis zu drei Jahren oder mit Geldstrafe wird bestraft, wer es entgegen § 130a Abs. 1 oder 4 unterläßt, als organschaftlicher Vertreter oder Liquidator bei Zahlungsunfähigkeit oder Über-

---

* §§ 130a und 130b eingefügt durch Gesetz vom 29. 7. 1976 (BGBl. I S. 2034), § 130a Abs. 1 Satz 1 geändert durch Gesetz vom 4. 7. 1980 (BGBl. I S. 836).

1. Abschnitt. Offene Handelsgesellschaft §§ 131–135 **HGB 1**

schuldung der Gesellschaft die Eröffnung des Konkursverfahrens oder des gerichtlichen Vergleichsverfahrens zu beantragen.

(2) Handelt der Täter fahrlässig, so ist die Strafe Freiheitsstrafe bis zu einem Jahr oder Geldstrafe.

Vierter Titel. Auflösung der Gesellschaft und Ausscheiden von Gesellschaftern

§ 131. [Auflösungsgründe] Die offene Handelsgesellschaft wird aufgelöst:
1. durch den Ablauf der Zeit, für welche sie eingegangen ist;
2. durch Beschluß der Gesellschafter;
3. durch die Eröffnung des Konkurses über das Vermögen der Gesellschaft;
4. durch den Tod eines Gesellschafters, sofern nicht aus dem Gesellschaftsvertrage sich ein anderes ergibt;
5. durch die Eröffnung des Konkurses über das Vermögen eines Gesellschafters;
6. durch Kündigung und durch gerichtliche Entscheidung.

§ 132. [Kündigung eines Gesellschafters] Die Kündigung eines Gesellschafters kann, wenn die Gesellschaft für unbestimmte Zeit eingegangen ist, nur für den Schluß eines Geschäftsjahrs erfolgen; sie muß mindestens sechs Monate vor diesem Zeitpunkte stattfinden.

§ 133. [Auflösung durch gerichtliche Entscheidung] (1) Auf Antrag eines Gesellschafters kann die Auflösung der Gesellschaft vor dem Ablaufe der für ihre Dauer bestimmten Zeit oder bei einer für unbestimmte Zeit eingegangenen Gesellschaft ohne Kündigung durch gerichtliche Entscheidung ausgesprochen werden, wenn ein wichtiger Grund vorliegt.

(2) Ein solcher Grund ist insbesondere vorhanden, wenn ein anderer Gesellschafter eine ihm nach dem Gesellschaftsvertrag obliegende wesentliche Verpflichtung vorsätzlich oder aus grober Fahrlässigkeit verletzt oder wenn die Erfüllung einer solchen Verpflichtung unmöglich wird.

(3) Eine Vereinbarung, durch welche das Recht des Gesellschafters, die Auflösung der Gesellschaft zu verlangen, ausgeschlossen oder diesen Vorschriften zuwider beschränkt wird, ist nichtig.

§ 134. [Gesellschaft auf Lebenszeit; fortgesetzte Gesellschaft] Eine Gesellschaft, die für die Lebenszeit eines Gesellschafters eingegangen ist oder nach dem Ablaufe der für ihre Dauer bestimmten Zeit stillschweigend fortgesetzt wird, steht im Sinne der Vorschriften der §§ 132 und 133 einer für unbestimmte Zeit eingegangenen Gesellschaft gleich.

§ 135. [Kündigung durch den Privatgläubiger] Hat ein Privatgläubiger eines Gesellschafters, nachdem innerhalb der letzten sechs Monate eine Zwangsvollstreckung in das bewegliche Vermögen des Gesellschafters ohne Erfolg versucht ist, auf Grund eines nicht bloß vorläufig vollstreckbaren Schuldtitels die Pfändung und Überweisung des Anspruchs auf dasjenige erwirkt, was dem Gesellschafter bei der Auseinandersetzung zukommt, so kann er die Gesellschaft ohne Rücksicht darauf, ob sie für bestimmte oder unbestimmte Zeit eingegangen ist, sechs Monate vor dem Ende des Geschäftsjahrs für diesen Zeitpunkt kündigen.

§ 136. [**Schutz unverschuldeter Unkenntnis**] Wird die Gesellschaft in anderer Weise als durch Kündigung aufgelöst, so gilt die Befugnis eines Gesellschafters zur Geschäftsführung zu seinen Gunsten gleichwohl als fortbestehend, bis er von der Auflösung Kenntnis erlangt oder die Auflösung kennen muß.

§ 137. [**Tod oder Konkurs eines Gesellschafters**] (1) ¹Wird die Gesellschaft durch den Tod eines Gesellschafters aufgelöst, so hat der Erbe des verstorbenen Gesellschafters den übrigen Gesellschaftern den Tod unverzüglich anzuzeigen und bei Gefahr im Verzuge die von seinem Erblasser zu besorgenden Geschäfte fortzuführen, bis die übrigen Gesellschafter in Gemeinschaft mit ihm anderweit Fürsorge treffen können. ²Die übrigen Gesellschafter sind in gleicher Weise zur einstweiligen Fortführung der von ihnen zu besorgenden Geschäfte verpflichtet. ³Die Gesellschaft gilt insoweit als fortbestehend.

(2) Die Vorschriften des Absatzes 1 Satz 2 und 3 finden auch im Falle der Auflösung der Gesellschaft durch die Eröffnung des Konkurses über das Vermögen eines Gesellschafters Anwendung.

§ 138. [**Ausscheiden eines Gesellschafters**] Ist im Gesellschaftsvertrage bestimmt, daß, wenn ein Gesellschafter kündigt oder stirbt oder wenn der Konkurs über sein Vermögen eröffnet wird, die Gesellschaft unter den übrigen Gesellschaftern fortbestehen soll, so scheidet mit dem Zeitpunkt, in welchem mangels einer solchen Bestimmung die Gesellschaft aufgelöst werden würde, der Gesellschafter, in dessen Person das Ereignis eintritt, aus der Gesellschaft aus.

§ 139. [**Fortsetzung mit den Erben**] (1) Ist im Gesellschaftsvertrage bestimmt, daß im Falle des Todes eines Gesellschafters die Gesellschaft mit dessen Erben fortgesetzt werden soll, so kann jeder Erbe sein Verbleiben in der Gesellschaft davon abhängig machen, daß ihm unter Belassung des bisherigen Gewinnanteils die Stellung eines Kommanditisten eingeräumt und der auf ihn fallende Teil der Einlage des Erblassers als seine Kommanditeinlage anerkannt wird.

(2) Nehmen die übrigen Gesellschafter einen dahingehenden Antrag des Erben nicht an, so ist dieser befugt, ohne Einhaltung einer Kündigungsfrist sein Ausscheiden aus der Gesellschaft zu erklären.

(3) ¹Die bezeichneten Rechte können von dem Erben nur innerhalb einer Frist von drei Monaten nach dem Zeitpunkt, in welchem er von dem Anfalle der Erbschaft Kenntnis erlangt hat, geltend gemacht werden. ²Auf den Lauf der Frist finden die für die Verjährung geltenden Vorschriften des § 206 des Bürgerlichen Gesetzbuchs entsprechende Anwendung. ³Ist bei dem Ablaufe der drei Monate das Recht zur Ausschlagung der Erbschaft noch nicht verloren, so endigt die Frist nicht vor dem Ablaufe der Ausschlagungsfrist.

(4) Scheidet innerhalb der Frist des Absatzes 3 der Erbe aus der Gesellschaft aus oder wird innerhalb der Frist die Gesellschaft aufgelöst oder dem Erben die Stellung eines Kommanditisten eingeräumt, so haftet er für die bis dahin entstandenen Gesellschaftsschulden nur nach Maßgabe der die Haftung des Erben für die Nachlaßverbindlichkeiten betreffenden Vorschriften des bürgerlichen Rechtes.

(5) Der Gesellschaftsvertrag kann die Anwendung der Vorschriften der Absätze 1 bis 4 nicht ausschließen; es kann jedoch für den Fall, daß der Erbe sein Verbleiben in der Gesellschaft von der Einräumung der Stellung eines Kommanditisten abhängig macht, sein Gewinnanteil anders als der des Erblassers bestimmt werden.

1. Abschnitt. Offene Handelsgesellschaft §§ 140–144 **HGB 1**

§ 140. [**Ausschließung eines Gesellschafters**] (1) Tritt in der Person eines Gesellschafters ein Umstand ein, der nach § 133 für die übrigen Gesellschafter das Recht begründet, die Auflösung der Gesellschaft zu verlangen, so kann vom Gericht anstatt der Auflösung die Ausschließung dieses Gesellschafters aus der Gesellschaft ausgesprochen werden, sofern die übrigen Gesellschafter dies beantragen.

(2) Für die Auseinandersetzung zwischen der Gesellschaft und dem ausgeschlossenen Gesellschafter ist die Vermögenslage der Gesellschaft in dem Zeitpunkte maßgebend, in welchem die Klage auf Ausschließung erhoben ist.

§ 141. [**Fortbestehen bei Gläubigerkündigung oder Konkurs**] (1) [1]Macht ein Privatgläubiger eines Gesellschafters von dem ihm nach § 135 zustehenden Rechte Gebrauch, so können die übrigen Gesellschafter auf Grund eines von ihnen gefaßten Beschlusses dem Gläubiger erklären, daß die Gesellschaft unter ihnen fortbestehen solle. [2]In diesem Falle scheidet der betreffende Gesellschafter mit dem Ende des Geschäftsjahres aus der Gesellschaft aus.

(2) Diese Vorschriften finden im Falle der Eröffnung des Konkurses über das Vermögen eines Gesellschafters mit der Maßgabe Anwendung, daß die Erklärung gegenüber dem Konkursverwalter zu erfolgen hat und daß der Gemeinschuldner mit dem Zeitpunkte der Eröffnung des Konkurses als aus der Gesellschaft ausgeschieden gilt.

§ 142. [**Übernahme des Geschäfts durch einen Gesellschafter**] (1) Sind nur zwei Gesellschafter vorhanden, so kann, wenn in der Person des einen von ihnen die Voraussetzungen vorliegen, unter welchen bei einer größeren Zahl von Gesellschaftern seine Ausschließung aus der Gesellschaft zulässig sein würde, der andere Gesellschafter auf seinen Antrag vom Gerichte für berechtigt erklärt werden, das Geschäft ohne Liquidation mit Aktiven und Passiven zu übernehmen.

(2) Macht bei einer aus zwei Gesellschaftern bestehenden Gesellschaft ein Privatgläubiger des einen Gesellschafters von der ihm nach § 135 zustehenden Befugnis Gebrauch oder wird über das Vermögen des einen Gesellschafters der Konkurs eröffnet, so ist der andere Gesellschafter berechtigt, das Geschäft in der bezeichneten Weise zu übernehmen.

(3) Auf die Auseinandersetzung finden die für den Fall des Ausscheidens eines Gesellschafters aus der Gesellschaft geltenden Vorschriften entsprechende Anwendung.

§ 143. [**Anmeldung von Auflösung und Ausscheiden**] (1) Die Auflösung der Gesellschaft ist, wenn sie nicht infolge der Eröffnung des Konkurses über das Vermögen der Gesellschaft eintritt, von sämtlichen Gesellschaftern zur Eintragung in das Handelsregister anzumelden.

(2) Das gleiche gilt von dem Ausscheiden eines Gesellschafters aus der Gesellschaft.

(3) Ist anzunehmen, daß der Tod eines Gesellschafters die Auflösung oder das Ausscheiden zur Folge gehabt hat, so kann, auch ohne daß die Erben bei der Anmeldung mitwirken, die Eintragung erfolgen, soweit einer solchen Mitwirkung besondere Hindernisse entgegenstehen.

§ 144. [**Fortsetzung nach Gesellschaftskonkurs**] (1) Ist die Gesellschaft durch die Eröffnung des Konkurses über ihr Vermögen aufgelöst, der Konkurs aber nach

1 HGB §§ 145–148   2. Buch. Handelsgesellschaften und stille Gesellschaft

Abschluß eines Zwangsvergleichs aufgehoben oder auf Antrag des Gemeinschuldners eingestellt, so können die Gesellschafter die Fortsetzung der Gesellschaft beschließen.

(2) Die Fortsetzung ist von sämtlichen Gesellschaftern zur Eintragung in das Handelsregister anzumelden.

Fünfter Titel. Liquidation der Gesellschaft

§ 145. **[Notwendigkeit der Liquidation]** (1) Nach der Auflösung der Gesellschaft findet die Liquidation statt, sofern nicht eine andere Art der Auseinandersetzung von den Gesellschaftern vereinbart oder über das Vermögen der Gesellschaft der Konkurs eröffnet ist.

(2) Ist die Gesellschaft durch Kündigung des Gläubigers eines Gesellschafters oder durch die Eröffnung des Konkurses über das Vermögen eines Gesellschafters aufgelöst, so kann die Liquidation nur mit Zustimmung des Gläubigers oder des Konkursverwalters unterbleiben.

§ 146. **[Bestellung der Liquidatoren]** (1) ¹Die Liquidation erfolgt, sofern sie nicht durch Beschluß der Gesellschafter oder durch den Gesellschaftsvertrag einzelnen Gesellschaftern oder anderen Personen übertragen ist, durch sämtliche Gesellschafter als Liquidatoren. ²Mehrere Erben eines Gesellschafters haben einen gemeinsamen Vertreter zu bestellen.

(2) ¹Auf Antrag eines Beteiligten kann aus wichtigen Gründen die Ernennung von Liquidatoren durch das Gericht erfolgen, in dessen Bezirke die Gesellschaft ihren Sitz hat; das Gericht kann in einem solchen Falle Personen zu Liquidatoren ernennen, die nicht zu den Gesellschaftern gehören. ²Als Beteiligter gilt außer den Gesellschaftern im Falle des § 135 auch der Gläubiger, durch den die Kündigung erfolgt ist.

(3) Ist über das Vermögen eines Gesellschafters der Konkurs eröffnet, so tritt der Konkursverwalter an die Stelle des Gesellschafters.

§ 147. **[Abberufung von Liquidatoren]** Die Abberufung von Liquidatoren geschieht durch einstimmigen Beschluß der nach § 146 Abs. 2 und 3 Beteiligten; sie kann auf Antrag eines Beteiligten aus wichtigen Gründen auch durch das Gericht erfolgen.

§ 148. **[Anmeldung der Liquidatoren]** (1) ¹Die Liquidatoren sind von sämtlichen Gesellschaftern zur Eintragung in das Handelsregister anzumelden. ²Das gleiche gilt von jeder Änderung in den Personen der Liquidatoren oder in ihrer Vertretungsmacht. ³Im Falle des Todes eines Gesellschafters kann, wenn anzunehmen ist, daß die Anmeldung den Tatsachen entspricht, die Eintragung erfolgen, auch ohne daß die Erben bei der Anmeldung mitwirken, soweit einer solchen Mitwirkung besondere Hindernisse entgegenstehen.

(2) Die Eintragung gerichtlich bestellter Liquidatoren sowie die Eintragung der gerichtlichen Abberufung von Liquidatoren geschieht von Amts wegen.

(3) Die Liquidatoren haben die Firma nebst ihrer Namensunterschrift zur Aufbewahrung bei dem Gerichte zu zeichnen.

1. Abschnitt. Offene Handelsgesellschaft §§ 149–156 **HGB 1**

§ 149. [**Rechte und Pflichten der Liquidatoren**] ¹Die Liquidatoren haben die laufenden Geschäfte zu beendigen, die Forderungen einzuziehen, das übrige Vermögen in Geld umzusetzen und die Gläubiger zu befriedigen; zur Beendigung schwebender Geschäfte können sie auch neue Geschäfte eingehen. ²Die Liquidatoren vertreten innerhalb ihres Geschäftskreises die Gesellschaft gerichtlich und außergerichtlich.

§ 150. [**Mehrere Liquidatoren**] (1) Sind mehrere Liquidatoren vorhanden, so können sie die zur Liquidation gehörenden Handlungen nur in Gemeinschaft vornehmen, sofern nicht bestimmt ist, daß sie einzeln handeln können; eine solche Bestimmung ist in das Handelsregister einzutragen.

(2) ¹Durch die Vorschrift des Absatzes 1 wird nicht ausgeschlossen, daß die Liquidatoren einzelne von ihnen zur Vornahme bestimmter Geschäfte oder bestimmter Arten von Geschäften ermächtigen. ²Ist der Gesellschaft gegenüber eine Willenserklärung abzugeben, so findet die Vorschrift des § 125 Abs. 2 Satz 3 entsprechende Anwendung.

§ 151. [**Unbeschränkbarkeit der Befugnisse**] Eine Beschränkung des Umfanges der Befugnisse der Liquidatoren ist Dritten gegenüber unwirksam.

§ 152. [**Bindung an Weisungen**] Gegenüber den nach § 146 Abs. 2 und 3 Beteiligten haben die Liquidatoren, auch wenn sie vom Gerichte bestellt sind, den Anordnungen Folge zu leisten, welche die Beteiligten in betreff der Geschäftsführung einstimmig beschließen.

§ 153. [**Unterschrift**] Die Liquidatoren haben ihre Unterschrift in der Weise abzugeben, daß sie der bisherigen, als Liquidationsfirma zu bezeichnenden Firma ihren Namen beifügen.

§ 154. [**Bilanzen**] Die Liquidatoren haben bei dem Beginne sowie bei der Beendigung der Liquidation eine Bilanz aufzustellen.

§ 155. [**Verteilung des Gesellschaftsvermögens**] (1) Das nach Berichtigung der Schulden verbleibende Vermögen der Gesellschaft ist von den Liquidatoren nach dem Verhältnisse der Kapitalanteile, wie sie sich auf Grund der Schlußbilanz ergeben, unter die Gesellschafter zu verteilen.

(2) ¹Das während der Liquidation entbehrliche Geld wird vorläufig verteilt. ²Zur Deckung noch nicht fälliger oder streitiger Verbindlichkeiten sowie zur Sicherung der den Gesellschaftern bei der Schlußverteilung zukommenden Beträge ist das Erforderliche zurückzubehalten. ³Die Vorschriften des § 122 Abs. 1 finden während der Liquidation keine Anwendung.

(3) Entsteht über die Verteilung des Gesellschaftsvermögens Streit unter den Gesellschaftern, so haben die Liquidatoren die Verteilung bis zur Entscheidung des Streites auszusetzen.

§ 156. [**Rechtsverhältnisse der Gesellschafter**] Bis zur Beendigung der Liquidation kommen in bezug auf das Rechtsverhältnis der bisherigen Gesellschafter untereinander sowie der Gesellschaft zu Dritten die Vorschriften des zweiten und dritten Titels zur Anwendung, soweit sich nicht aus dem gegenwärtigen Titel oder aus dem Zwecke der Liquidation ein anderes ergibt.

1 HGB §§ 157–162   2. Buch. Handelsgesellschaften und stille Gesellschaft

§ 157. **[Anmeldung des Erlöschens; Geschäftsbücher]** (1) Nach der Beendigung der Liquidation ist das Erlöschen der Firma von den Liquidatoren zur Eintragung in das Handelsregister anzumelden.

(2) ¹Die Bücher und Papiere der aufgelösten Gesellschaft werden einem der Gesellschafter oder einem Dritten in Verwahrung gegeben. ²Der Gesellschafter oder der Dritte wird in Ermangelung einer Verständigung durch das Gericht bestimmt, in dessen Bezirke die Gesellschaft ihren Sitz hat.

(3) Die Gesellschafter und deren Erben behalten das Recht auf Einsicht und Benutzung der Bücher und Papiere.

§ 158. **[Andere Art der Auseinandersetzung]** Vereinbaren die Gesellschafter statt der Liquidation eine andere Art der Auseinandersetzung, so finden, solange noch ungeteiltes Gesellschaftsvermögen vorhanden ist, im Verhältnisse zu Dritten die für die Liquidation geltenden Vorschriften entsprechende Anwendung.

Sechster Titel. Verjährung

§ 159. **[Ansprüche gegen einen Gesellschafter]** (1) Die Ansprüche gegen einen Gesellschafter aus Verbindlichkeiten der Gesellschaft verjähren in fünf Jahren nach der Auflösung der Gesellschaft oder nach dem Ausscheiden des Gesellschafters, sofern nicht der Anspruch gegen die Gesellschaft einer kürzeren Verjährung unterliegt.

(2) Die Verjährung beginnt mit dem Ende des Tages, an welchem die Auflösung der Gesellschaft oder das Ausscheiden des Gesellschafters in das Handelsregister des für den Sitz der Gesellschaft zuständigen Gerichts eingetragen wird.

(3) Wird der Anspruch des Gläubigers gegen die Gesellschaft erst nach der Eintragung fällig, so beginnt die Verjährung mit dem Zeitpunkte der Fälligkeit.

§ 160. **[Unterbrechung der Verjährung]** Die Unterbrechung der Verjährung gegenüber der aufgelösten Gesellschaft wirkt auch gegenüber den Gesellschaftern, welche der Gesellschaft zur Zeit der Auflösung angehört haben.

Zweiter Abschnitt. Kommanditgesellschaft

§ 161. **[Begriff der KG; Anwendbarkeit der OHG-Vorschriften]** (1) Eine Gesellschaft, deren Zweck auf den Betrieb eines Handelsgewerbes unter gemeinschaftlicher Firma gerichtet ist, ist eine Kommanditgesellschaft, wenn bei einem oder bei einigen von den Gesellschaftern die Haftung gegenüber den Gesellschaftsgläubigern auf den Betrag einer bestimmten Vermögenseinlage beschränkt ist (Kommanditisten), während bei dem anderen Teile der Gesellschafter eine Beschränkung der Haftung nicht stattfindet (persönlich haftende Gesellschafter).

(2) Soweit nicht in diesem Abschnitt ein anderes vorgeschrieben ist, finden auf die Kommanditgesellschaft die für die offene Handelsgesellschaft geltenden Vorschriften Anwendung.

§ 162. **[Anmeldung zum Handelsregister]** (1) Die Anmeldung der Gesellschaft hat außer den in § 106 Abs. 2 vorgesehenen Angaben die Bezeichnung der Kommanditisten und den Betrag der Einlage eines jeden von ihnen zu enthalten.

2. Abschnitt. Kommanditgesellschaft §§ 163–169 **HGB 1**

(2) Bei der Bekanntmachung der Eintragung ist nur die Zahl der Kommanditisten anzugeben; der Name, der Stand und der Wohnort der Kommanditisten sowie der Betrag ihrer Einlagen werden nicht bekanntgemacht.

(3) Diese Vorschriften finden im Falle des Eintritts eines Kommanditisten in eine bestehende Handelsgesellschaft und im Falle des Ausscheidens eines Kommanditisten aus einer Kommanditgesellschaft entsprechende Anwendung.

§ 163. [**Rechtsverhältnis der Gesellschafter untereinander**] Für das Verhältnis der Gesellschafter untereinander gelten in Ermangelung abweichender Bestimmungen des Gesellschaftsvertrags die besonderen Vorschriften der §§ 164 bis 169.

§ 164. [**Geschäftsführung**] ¹Die Kommanditisten sind von der Führung der Geschäfte der Gesellschaft ausgeschlossen; sie können einer Handlung der persönlich haftenden Gesellschafter nicht widersprechen, es sei denn, daß die Handlung über den gewöhnlichen Betrieb des Handelsgewerbes der Gesellschaft hinausgeht. ²Die Vorschriften des § 116 Abs. 3 bleiben unberührt.

§ 165. [**Wettbewerbsverbot**] Die §§ 112 und 113 finden auf die Kommanditisten keine Anwendung.

§ 166.* [**Kontrollrecht**] (1) Der Kommanditist ist berechtigt, die abschriftliche Mitteilung des Jahresabschlusses zu verlangen und dessen Richtigkeit unter Einsicht der Bücher und Papiere zu prüfen.

(2) Die in § 118 dem von der Geschäftsführung ausgeschlossenen Gesellschafter eingeräumten weiteren Rechte stehen dem Kommanditisten nicht zu.

(3) Auf Antrag eines Kommanditisten kann das Gericht, wenn wichtige Gründe vorliegen, die Mitteilung einer Bilanz und eines Jahresabschlusses oder sonstiger Aufklärungen sowie die Vorlegung der Bücher und Papiere jederzeit anordnen.

§ 167. [**Gewinn und Verlust**] (1) Die Vorschriften des § 120 über die Berechnung des Gewinns oder Verlustes gelten auch für den Kommanditisten.

(2) Jedoch wird der einem Kommanditisten zukommende Gewinn seinem Kapitalanteil nur so lange zugeschrieben, als dieser den Betrag der bedungenen Einlage nicht erreicht.

(3) An dem Verluste nimmt der Kommanditist nur bis zum Betrage seines Kapitalanteils und seiner noch rückständigen Einlage teil.

§ 168. [**Verteilung von Gewinn und Verlust**] (1) Die Anteile der Gesellschafter am Gewinne bestimmen sich, soweit der Gewinn den Betrag von vier vom Hundert der Kapitalanteile nicht übersteigt, nach den Vorschriften des § 121 Abs. 1 und 2.

(2) In Ansehung des Gewinns, welcher diesen Betrag übersteigt, sowie in Ansehung des Verlustes gilt, soweit nicht ein anderes vereinbart ist, ein den Umständen nach angemessenes Verhältnis der Anteile als bedungen.

§ 169. [**Gewinnauszahlung**] (1) ¹§ 122 findet auf den Kommanditisten keine Anwendung. ²Dieser hat nur Anspruch auf Auszahlung des ihm zukommenden Gewinns; er kann auch die Auszahlung des Gewinns nicht fordern, solange sein

---

* § 166 Abs. 1 und 3 geändert durch Bilanzrichtlinien-Gesetz vom 19. 12. 1985 (BGBl. I S. 2355).

1 HGB §§ 170–172a   2. Buch. Handelsgesellschaften und stille Gesellschaft

Kapitalanteil durch Verlust unter den auf die bedungene Einlage geleisteten Betrag herabgemindert ist oder durch die Auszahlung unter diesen Betrag herabgemindert werden würde.

(2) Der Kommanditist ist nicht verpflichtet, den bezogenen Gewinn wegen späterer Verluste zurückzuzahlen.

§ 170. [**Vertretung der KG**] Der Kommanditist ist zur Vertretung der Gesellschaft nicht ermächtigt.

§ 171. [**Haftung des Kommanditisten**] (1) Der Kommanditist haftet den Gläubigern der Gesellschaft bis zur Höhe seiner Einlage unmittelbar; die Haftung ist ausgeschlossen, soweit die Einlage geleistet ist.

(2) Ist über das Vermögen der Gesellschaft der Konkurs eröffnet, so wird während der Dauer des Verfahrens das den Gesellschaftsgläubigern nach Absatz 1 zustehende Recht durch den Konkursverwalter ausgeübt.

§ 172.* [**Umfang der Haftung**] (1) Im Verhältnisse zu den Gläubigern der Gesellschaft wird nach der Eintragung in das Handelsregister die Einlage eines Kommanditisten durch den in der Eintragung angegebenen Betrag bestimmt.

(2) Auf eine nicht eingetragene Erhöhung der aus dem Handelsregister ersichtlichen Einlage können sich die Gläubiger nur berufen, wenn die Erhöhung in handelsüblicher Weise kundgemacht oder ihnen in anderer Weise von der Gesellschaft mitgeteilt worden ist.

(3) Eine Vereinbarung der Gesellschafter, durch die einem Kommanditisten die Einlage erlassen oder gestundet wird, ist den Gläubigern gegenüber unwirksam.

(4) ¹Soweit die Einlage eines Kommanditisten zurückbezahlt wird, gilt sie den Gläubigern gegenüber als nicht geleistet. ²Das gleiche gilt, soweit ein Kommanditist Gewinnanteile entnimmt, während sein Kapitalanteil durch Verlust unter den Betrag der geleisteten Einlage herabgemindert ist, oder soweit durch die Entnahme der Kapitalanteil unter den bezeichneten Betrag herabgemindert wird.

(5) Was ein Kommanditist auf Grund einer in gutem Glauben errichteten Bilanz in gutem Glauben als Gewinn bezieht, ist er in keinem Falle zurückzuzahlen verpflichtet.

(6) ¹Gegenüber den Gläubigern einer Gesellschaft, bei der kein persönlich haftender Gesellschafter eine natürliche Person ist, gilt die Einlage eines Kommanditisten als nicht geleistet, soweit sie in Anteilen an den persönlich haftenden Gesellschaftern bewirkt ist. ²Dies gilt nicht, wenn zu den persönlich haftenden Gesellschaftern eine offene Handelsgesellschaft oder Kommanditgesellschaft gehört, bei der ein persönlich haftender Gesellschafter eine natürliche Person ist.

§ 172a.* [**Rückgewähr von Darlehen**] ¹Bei einer Kommanditgesellschaft, bei der kein persönlich haftender Gesellschafter eine natürliche Person ist, gelten die §§ 32a, 32b des Gesetzes betreffend die Gesellschaften mit beschränkter Haftung** sinngemäß mit der Maßgabe, daß an die Stelle der Gesellschafter der Gesellschaft mit beschränkter Haftung die Gesellschafter oder Mitglieder der persönlich haftenden Gesellschafter der Kommanditgesellschaft sowie die Komman-

---

* § 172 Abs. 6 und § 172a eingefügt durch Gesetz vom 4. 7. 1980 (BGBl. I S. 836).
** Abgedruckt unter Nr. **9**.

2. Abschnitt. Kommanditgesellschaft §§ 173–229 **HGB 1**

ditisten treten. ²Dies gilt nicht, wenn zu den persönlich haftenden Gesellschaftern eine offene Handelsgesellschaft oder Kommanditgesellschaft gehört, bei der ein persönlich haftender Gesellschafter eine natürliche Person ist.

§ 173. [**Haftung bei Eintritt als Kommanditist**] (1) Wer in eine bestehende Handelsgesellschaft als Kommanditist eintritt, haftet nach Maßgabe der §§ 171 und 172 für die vor seinem Eintritte begründeten Verbindlichkeiten der Gesellschaft, ohne Unterschied, ob die Firma eine Änderung erleidet oder nicht.

(2) Eine entgegenstehende Vereinbarung ist Dritten gegenüber unwirksam.

§ 174. [**Herabsetzung der Einlage**] Eine Herabsetzung der Einlage eines Kommanditisten ist, solange sie nicht in das Handelsregister des Gerichts, in dessen Bezirke die Gesellschaft ihren Sitz hat, eingetragen ist, den Gläubigern gegenüber unwirksam; Gläubiger, deren Forderungen zur Zeit der Eintragung begründet waren, brauchen die Herabsetzung nicht gegen sich gelten zu lassen.

§ 175. [**Anmeldung der Änderung einer Einlage**] ¹Die Erhöhung sowie die Herabsetzung einer Einlage ist durch die sämtlichen Gesellschafter zur Eintragung in das Handelsregister anzumelden. ²Die Bekanntmachung der Eintragung erfolgt gemäß § 162 Abs. 2. ³Auf die Eintragung in das Handelsregister des Sitzes der Gesellschaft finden die Vorschriften des § 14 keine Anwendung.

§ 176. [**Haftung vor Eintragung**] (1) ¹Hat die Gesellschaft ihre Geschäfte begonnen, bevor sie in das Handelsregister des Gerichts, in dessen Bezirke sie ihren Sitz hat, eingetragen ist, so haftet jeder Kommanditist, der dem Geschäftsbeginne zugestimmt hat, für die bis zur Eintragung begründeten Verbindlichkeiten der Gesellschaft gleich einem persönlich haftenden Gesellschafter, es sei denn, daß seine Beteiligung als Kommanditist dem Gläubiger bekannt war. ²Diese Vorschrift kommt nicht zur Anwendung, soweit sich aus § 2 ein anderes ergibt.

(2) Tritt ein Kommanditist in eine bestehende Handelsgesellschaft ein, so findet die Vorschrift des Absatzes 1 Satz 1 für die in der Zeit zwischen seinem Eintritt und dessen Eintragung in das Handelsregister begründeten Verbindlichkeiten der Gesellschaft entsprechende Anwendung.

§ 177. [**Tod des Kommanditisten**] Der Tod eines Kommanditisten hat die Auflösung der Gesellschaft nicht zur Folge.

§ 177 a.* [**Angaben auf Geschäftsbriefen; Antragspflicht bei Zahlungsunfähigkeit oder Überschuldung**] ¹Die §§ 125a, 130a und 130b gelten auch für die Gesellschaft, bei der ein Kommanditist eine natürliche Person ist, § 130a jedoch mit der Maßgabe, daß anstelle des Absatzes 1 Satz 1 zweiter Halbsatz der § 172 Abs. 6 Satz 2 anzuwenden ist. ²Der in § 125a für die Gesellschafter vorgeschriebenen Angaben bedarf es nur für die persönlich haftenden Gesellschafter der Gesellschaft.

§§ 178–229.** *(aufgehoben)*

---

* § 177a eingefügt durch Gesetz vom 29. 7. 1976 (BGBl. I S. 2034) und neu gefaßt durch Gesetz vom 4. 7. 1980 (BGBl. I S. 836).
** §§ 178 bis 229 aufgehoben durch Gesetz vom 30. 1. 1937 (RGBl. I S. 166), frühere Überschriften des Dritten bis Fünften Abschnitts aufgehoben durch Bilanzrichtlinien-Gesetz vom 19. 12. 1985 (BGBl. I S. 2355).

Dritter Abschnitt.* Stille Gesellschaft

§ 230.* **[Begriff und Wesen der stillen Gesellschaft]** (1) Wer sich als stiller Gesellschafter an dem Handelsgewerbe, das ein anderer betreibt, mit einer Vermögenseinlage beteiligt, hat die Einlage so zu leisten, daß sie in das Vermögen des Inhabers des Handelsgeschäfts übergeht.

(2) Der Inhaber wird aus den in dem Betriebe geschlossenen Geschäften allein berechtigt und verpflichtet.

§ 231.* **[Gewinn und Verlust]** (1) Ist der Anteil des stillen Gesellschafters am Gewinn und Verluste nicht bestimmt, so gilt ein den Umständen nach angemessener Anteil als bedungen.

(2) Im Gesellschaftsvertrage kann bestimmt werden, daß der stille Gesellschafter nicht am Verluste beteiligt sein soll; seine Beteiligung am Gewinne kann nicht ausgeschlossen werden.

§ 232.* **[Gewinn- und Verlustrechnung]** (1) Am Schlusse jedes Geschäftsjahrs wird der Gewinn und Verlust berechnet und der auf den stillen Gesellschafter fallende Gewinn ihm ausbezahlt.

(2) ¹Der stille Gesellschafter nimmt an dem Verluste nur bis zum Betrage seiner eingezahlten oder rückständigen Einlage teil. ²Er ist nicht verpflichtet, den bezogenen Gewinn wegen späterer Verluste zurückzuzahlen; jedoch wird, solange seine Einlage durch Verlust vermindert ist, der jährliche Gewinn zur Deckung des Verlustes verwendet.

(3) Der Gewinn, welcher von dem stillen Gesellschafter nicht erhoben wird, vermehrt dessen Einlage nicht, sofern nicht ein anderes vereinbart ist.

§ 233.* **[Kontrollrecht des stillen Gesellschafters]** (1) Der stille Gesellschafter ist berechtigt, die abschriftliche Mitteilung des Jahresabschlusses zu verlangen und dessen Richtigkeit unter Einsicht der Bücher und Papiere zu prüfen.

(2) Die in § 716 des Bürgerlichen Gesetzbuchs dem von der Geschäftsführung ausgeschlossenen Gesellschafter eingeräumten weiteren Rechte stehen dem stillen Gesellschafter nicht zu.

(3) Auf Antrag des stillen Gesellschafters kann das Gericht, wenn wichtige Gründe vorliegen, die Mitteilung einer Bilanz und eines Jahresabschlusses oder sonstiger Aufklärungen sowie die Vorlegung der Bücher und Papiere jederzeit anordnen.

§ 234.* **[Kündigung der Gesellschaft; Tod des stillen Gesellschafters]**
(1) ¹Auf die Kündigung der Gesellschaft durch einen der Gesellschafter oder durch einen Gläubiger des stillen Gesellschafters finden die Vorschriften der §§ 132, 134 und 135 entsprechende Anwendung. ²Die Vorschriften des § 723 des

---

* Bisherige §§ 335 bis 342 wurden §§ 230 bis 237 sowie § 233 Abs. 1 und 3 geändert und Abschnittsüberschrift eingefügt durch Bilanzrichtlinien-Gesetz vom 19. 12. 1985 (BGBl. I S. 2355).

Bürgerlichen Gesetzbuchs über das Recht, die Gesellschaft aus wichtigen Gründen ohne Einhaltung einer Frist zu kündigen, bleiben unberührt.

(2) Durch den Tod des stillen Gesellschafters wird die Gesellschaft nicht aufgelöst.

§ 235.* **[Auseinandersetzung]** (1) Nach der Auflösung der Gesellschaft hat sich der Inhaber des Handelsgeschäfts mit dem stillen Gesellschafter auseinanderzusetzen und dessen Guthaben in Geld zu berichtigen.

(2) ¹Die zur Zeit der Auflösung schwebenden Geschäfte werden von dem Inhaber des Handelsgeschäfts abgewickelt. ²Der stille Gesellschafter nimmt teil an dem Gewinn und Verluste, der sich aus diesen Geschäften ergibt.

(3) Er kann am Schlusse jedes Geschäftsjahrs Rechenschaft über die inzwischen beendigten Geschäfte, Auszahlung des ihm gebührenden Betrags und Auskunft über den Stand der noch schwebenden Geschäfte verlangen.

§ 236.* **[Konkurs des Inhabers]** (1) Wird über das Vermögen des Inhabers des Handelsgeschäfts der Konkurs eröffnet, so kann der stille Gesellschafter wegen der Einlage, soweit sie den Betrag des auf ihn fallenden Anteils am Verlust übersteigt, seine Forderung als Konkursgläubiger geltend machen.

(2) Ist die Einlage rückständig, so hat sie der stille Gesellschafter bis zu dem Betrage, welcher zur Deckung seines Anteils am Verlust erforderlich ist, zur Konkursmasse einzuzahlen.

§ 237.* **[Konkursanfechtung]** (1) ¹Ist auf Grund einer in dem letzten Jahre vor der Eröffnung des Konkurses zwischen dem Inhaber des Handelsgeschäfts und dem stillen Gesellschafter getroffenen Vereinbarung diesem die Einlage ganz oder teilweise zurückgewährt oder sein Anteil an dem entstandenen Verluste ganz oder teilweise erlassen worden, so kann die Rückgewähr oder der Erlaß von dem Konkursverwalter angefochten werden. ²Es begründet keinen Unterschied, ob die Rückgewähr oder der Erlaß unter Auflösung der Gesellschaft stattgefunden hat oder nicht.

(2) Die Anfechtung ist ausgeschlossen, wenn der Konkurs in Umständen seinen Grund hat, die erst nach der Vereinbarung der Rückgewähr oder des Erlasses eingetreten sind.

(3) Die Vorschriften der Konkursordnung über die Geltendmachung der Anfechtung und deren Wirkung finden Anwendung.

---

* Bisherige §§ 335 bis 342 wurden §§ 230 bis 237 durch Bilanzrichtlinien-Gesetz vom 19. 12. 1985 (BGBl. I S. 2355).

Drittes Buch.* Handelsbücher

Erster Abschnitt. Vorschriften für alle Kaufleute

Erster Unterabschnitt. Buchführung. Inventar

§ 238.* Buchführungspflicht. (1) ¹Jeder Kaufmann ist verpflichtet, Bücher zu führen und in diesen seine Handelsgeschäfte und die Lage seines Vermögens nach den Grundsätzen ordnungsmäßiger Buchführung ersichtlich zu machen. ²Die Buchführung muß so beschaffen sein, daß sie einem sachverständigen Dritten innerhalb angemessener Zeit einen Überblick über die Geschäftsvorfälle und über die Lage des Unternehmens vermitteln kann. ³Die Geschäftsvorfälle müssen sich in ihrer Entstehung und Abwicklung verfolgen lassen.

(2) Der Kaufmann ist verpflichtet, eine mit der Urschrift übereinstimmende Wiedergabe der abgesandten Handelsbriefe (Kopie, Abdruck, Abschrift oder sonstige Wiedergabe des Wortlauts auf einem Schrift-, Bild- oder anderen Datenträger) zurückzubehalten.

§ 239.* Führung der Handelsbücher. (1) ¹Bei der Führung der Handelsbücher und bei den sonst erforderlichen Aufzeichnungen hat sich der Kaufmann einer lebenden Sprache zu bedienen. ²Werden Abkürzungen, Ziffern, Buchstaben oder Symbole verwendet, muß im Einzelfall deren Bedeutung eindeutig festlegen.

(2) Die Eintragungen in Büchern und die sonst erforderlichen Aufzeichnungen müssen vollständig, richtig, zeitgerecht und geordnet vorgenommen werden.

(3) ¹Eine Eintragung oder eine Aufzeichnung darf nicht in einer Weise verändert werden, daß der ursprüngliche Inhalt nicht mehr feststellbar ist. ²Auch solche Veränderungen dürfen nicht vorgenommen werden, deren Beschaffenheit es ungewiß läßt, ob sie ursprünglich oder erst später gemacht worden sind.

(4) ¹Die Handelsbücher und die sonst erforderlichen Aufzeichnungen können auch in der geordneten Ablage von Belegen bestehen oder auf Datenträgern geführt werden, soweit diese Formen der Buchführung einschließlich des dabei angewandten Verfahrens den Grundsätzen ordnungsmäßiger Buchführung entsprechen. ²Bei der Führung der Handelsbücher und der sonst erforderlichen Aufzeichnungen auf Datenträgern muß insbesondere sichergestellt sein, daß die Daten während der Dauer der Aufbewahrungsfrist verfügbar sind und jederzeit innerhalb angemessener Frist lesbar gemacht werden können. ³Absätze 1 bis 3 gelten sinngemäß.

§ 240.* Inventar. (1) Jeder Kaufmann hat zu Beginn seines Handelsgewerbes seine Grundstücke, seine Forderungen und Schulden, den Betrag seines baren Geldes sowie seine sonstigen Vermögensgegenstände genau zu verzeichnen und dabei den Wert der einzelnen Vermögensgegenstände und Schulden anzugeben.

(2) ¹Er hat demnächst für den Schluß eines jeden Geschäftsjahrs ein solches Inventar aufzustellen. ²Die Dauer des Geschäftsjahres darf zwölf Monate nicht überschreiten. ³Die Aufstellung des Inventars ist innerhalb der einem ordnungsmäßigen Geschäftsgang entsprechenden Zeit zu bewirken.

---

* Drittes Buch (§§ 238 bis 339) eingefügt durch Bilanzrichtlinien-Gesetz vom 19. 12. 1985 (BGBl. I S. 2355).

(3) ¹Vermögensgegenstände des Sachanlagevermögens sowie Roh-, Hilfs- und Betriebsstoffe können, wenn sie regelmäßig ersetzt werden und ihr Gesamtwert für das Unternehmen von nachrangiger Bedeutung ist, mit einer gleichbleibenden Menge und einem gleichbleibenden Wert angesetzt werden, sofern ihr Bestand in seiner Größe, seinem Wert und seiner Zusammensetzung nur geringen Veränderungen unterliegt. ²Jedoch ist in der Regel alle drei Jahre eine körperliche Bestandsaufnahme durchzuführen.

(4) Gleichartige Vermögensgegenstände des Vorratsvermögens sowie andere gleichartige oder annähernd gleichwertige bewegliche Vermögensgegenstände können jeweils zu einer Gruppe zusammengefaßt und mit dem gewogenen Durchschnittswert angesetzt werden.

§ 241.* Inventurvereinfachungsverfahren. (1) ¹Bei der Aufstellung des Inventars darf der Bestand der Vermögensgegenstände nach Art, Menge und Wert auch mit Hilfe anerkannter mathematisch-statistischer Methoden auf Grund von Stichproben ermittelt werden. ²Das Verfahren muß den Grundsätzen ordnungsmäßiger Buchführung entsprechen. ³Der Aussagewert des auf diese Weise aufgestellten Inventars muß dem Aussagewert eines auf Grund einer körperlichen Bestandsaufnahme aufgestellten Inventars gleichkommen.

(2) Bei der Aufstellung des Inventars für den Schluß eines Geschäftsjahrs bedarf es einer körperlichen Bestandsaufnahme der Vermögensgegenstände für diesen Zeitpunkt nicht, soweit durch Anwendung eines den Grundsätzen ordnungsmäßiger Buchführung entsprechenden anderen Verfahrens gesichert ist, daß der Bestand der Vermögensgegenstände nach Art, Menge und Wert auch ohne die körperliche Bestandsaufnahme für diesen Zeitpunkt festgestellt werden kann.

(3) In dem Inventar für den Schluß eines Geschäftsjahrs brauchen Vermögensgegenstände nicht verzeichnet zu werden, wenn

1. der Kaufmann ihren Bestand auf Grund einer körperlichen Bestandsaufnahme oder auf Grund eines nach Absatz 2 zulässigen anderen Verfahrens nach Art, Menge und Wert in einem besonderen Inventar verzeichnet hat, das für einen Tag innerhalb der letzten drei Monate vor oder der ersten beiden Monate nach dem Schluß des Geschäftsjahrs aufgestellt ist, und

2. auf Grund des besonderen Inventars durch Anwendung eines den Grundsätzen ordnungsmäßiger Buchführung entsprechenden Fortschreibungs- oder Rückrechnungsverfahrens gesichert ist, daß der am Schluß des Geschäftsjahrs vorhandene Bestand der Vermögensgegenstände für diesen Zeitpunkt ordnungsgemäß bewertet werden kann.

Zweiter Unterabschnitt. Eröffnungsbilanz. Jahresabschluß

Erster Titel. Allgemeine Vorschriften

§ 242.* Pflicht zur Aufstellung. (1) ¹Der Kaufmann hat zu Beginn seines Handelsgewerbes und für den Schluß eines jeden Geschäftsjahrs einen das Verhältnis seines Vermögens und seiner Schulden darstellenden Abschluß (Eröffnungsbilanz, Bilanz) aufzustellen. ²Auf die Eröffnungsbilanz sind die für den Jahresabschluß geltenden Vorschriften entsprechend anzuwenden, soweit sie sich auf die Bilanz beziehen.

---

* Drittes Buch (§§ 238 bis 339) eingefügt durch Bilanzrichtlinien-Gesetz vom 19. 12. 1985 (BGBl. I S. 2355).

(2) Er hat für den Schluß eines jeden Geschäftjahrs eine Gegenüberstellung der Aufwendungen und Erträge des Geschäftsjahrs (Gewinn- und Verlustrechnung) aufzustellen.

(3) Die Bilanz und die Gewinn- und Verlustrechnung bilden den Jahresabschluß.

§ 243.* Aufstellungsgrundsatz. (1) Der Jahresabschluß ist nach den Grundsätzen ordnungsmäßiger Buchführung aufzustellen.

(2) Er muß klar und übersichtlich sein.

(3) Der Jahresabschluß ist innerhalb der einem ordnungsmäßigen Geschäftsgang entsprechenden Zeit aufzustellen.

§ 244.* Sprache. Währungseinheit. Der Jahresabschluß ist in deutscher Sprache und in Deutscher Mark aufzustellen.

§ 245.* Unterzeichnung. ¹Der Jahresabschluß ist vom Kaufmann unter Angabe des Datums zu unterzeichnen. ²Sind mehrere persönlich haftende Gesellschafter vorhanden, so haben sie alle zu unterzeichnen.

Zweiter Titel. Ansatzvorschriften

§ 246.* Vollständigkeit. Verrechnungsverbot. (1) ¹Der Jahresabschluß hat sämtliche Vermögensgegenstände, Schulden, Rechnungsabgrenzungsposten, Aufwendungen und Erträge zu enthalten, soweit gesetzlich nichts anderes bestimmt ist. ²Vermögensgegenstände, die unter Eigentumsvorbehalt erworben oder an Dritte für eigene oder fremde Verbindlichkeiten verpfändet oder in anderer Weise als Sicherheit übertragen worden sind, sind in die Bilanz des Sicherungsgebers aufzunehmen. ³In die Bilanz des Sicherungsnehmers sind sie nur aufzunehmen, wenn es sich um Bareinlagen handelt.

(2) Posten der Aktivseite dürfen nicht mit Posten der Passivseite, Aufwendungen nicht mit Erträgen, Grundstücksrechte nicht mit Grundstückslasten verrechnet werden.

§ 247.* Inhalt der Bilanz. (1) In der Bilanz sind das Anlage- und das Umlaufvermögen, das Eigenkapital, die Schulden sowie die Rechnungsabgrenzungsposten gesondert auszuweisen und hinreichend aufzugliedern.

(2) Beim Anlagevermögen sind nur die Gegenstände auszuweisen, die bestimmt sind, dauernd dem Geschäftsbetrieb zu dienen.

(3) ¹Passivposten, die für Zwecke der Steuern vom Einkommen und vom Ertrag zulässig sind, dürfen in der Bilanz gebildet werden. ²Sie sind als Sonderposten mit Rücklageanteil auszuweisen und nach Maßgabe des Steuerrechts aufzulösen. ³Einer Rückstellung bedarf es insoweit nicht.

§ 248.* Bilanzierungsverbote. (1) Aufwendungen für die Gründung des Unternehmens und für die Beschaffung des Eigenkapitals dürfen in die Bilanz nicht als Aktivposten aufgenommen werden.

---

* Drittes Buch (§§ 238 bis 339) eingefügt durch Bilanzrichtlinien-Gesetz vom 19. 12. 1985 (BGBl. I S. 2355), § 246 Abs. 1 Sätze 2 und 3 angefügt durch Bankbilanzrichtlinie-Gesetz vom 30. 11. 1990 (BGBl. I S. 2570).

1. Abschnitt. Vorschriften für alle Kaufleute §§ 249–251 **HGB 1**

(2) Für immaterielle Vermögensgegenstände des Anlagevermögens, die nicht entgeltlich erworben wurden, darf ein Aktivposten nicht angesetzt werden.

§ 249.* **Rückstellungen.** (1) ¹Rückstellungen sind für ungewisse Verbindlichkeiten und für drohende Verluste aus schwebenden Geschäften zu bilden.** ²Ferner sind Rückstellungen zu bilden für
1. im Geschäftsjahr unterlassene Aufwendungen für Instandhaltung, die im folgenden Geschäftsjahr innerhalb von drei Monaten, oder für Abraumbeseitigung, die im folgenden Geschäftsjahr nachgeholt werden,
2. Gewährleistungen, die ohne rechtliche Verpflichtung erbracht werden.

³Rückstellungen dürfen für unterlassene Aufwendungen für Instandhaltung auch gebildet werden, wenn die Instandhaltung nach Ablauf der Frist nach Satz 2 Nr. 1 innerhalb des Geschäftsjahrs nachgeholt wird.

(2) Rückstellungen dürfen außerdem für ihrer Eigenart nach genau umschriebene, dem Geschäftsjahr oder einem früheren Geschäftsjahr zuzuordnende Aufwendungen gebildet werden, die am Abschlußstichtag wahrscheinlich oder sicher, aber hinsichtlich ihrer Höhe oder des Zeitpunkts ihres Eintritts unbestimmt sind.

(3) ¹Für andere als die in den Absätzen 1 und 2 bezeichneten Zwecke dürfen Rückstellungen nicht gebildet werden. ²Rückstellungen dürfen nur aufgelöst werden, soweit der Grund hierfür entfallen ist.

§ 250.* **Rechnungsabgrenzungsposten.** (1) ¹Als Rechnungsabgrenzungsposten sind auf der Aktivseite Ausgaben vor dem Abschlußstichtag auszuweisen, soweit sie Aufwand für eine bestimmte Zeit nach diesem Tag darstellen. ²Ferner dürfen ausgewiesen werden
1. als Aufwand berücksichtigte Zölle und Verbrauchsteuern, soweit sie auf am Abschlußstichtag auszuweisende Vermögensgegenstände des Vorratsvermögens entfallen,
2. als Aufwand berücksichtigte Umsatzsteuer auf am Abschlußstichtag auszuweisende oder von den Vorräten offen abgesetzte Anzahlungen.

(2) Auf der Passivseite sind als Rechnungsabgrenzungsposten Einnahmen vor dem Abschlußstichtag auszuweisen, soweit sie Ertrag für eine bestimmte Zeit nach diesem Tag darstellen.

(3) ¹Ist der Rückzahlungsbetrag einer Verbindlichkeit höher als der Ausgabebetrag, so darf der Unterschiedsbetrag in den Rechnungsabgrenzungsposten auf der Aktivseite aufgenommen werden. ²Der Unterschiedsbetrag ist durch planmäßige jährliche Abschreibungen zu tilgen, die auf die gesamte Laufzeit der Verbindlichkeit verteilt werden können.

§ 251.* **Haftungsverhältnisse.** ¹Unter der Bilanz sind, sofern sie nicht auf der Passivseite auszuweisen sind, Verbindlichkeiten aus der Begebung und Übertragung von Wechseln, aus Bürgschaften, Wechsel- und Scheckbürgschaften und aus Gewährleistungsverträgen sowie Haftungsverhältnisse aus der Bestellung von Sicherheiten für fremde Verbindlichkeiten zu vermerken; sie dürfen in einem Betrag angegeben werden. ²Haftungsverhältnisse sind auch anzugeben, wenn ihnen gleichwertige Rückgriffsforderungen gegenüberstehen.

---
* Drittes Buch (§§ 238 bis 339) eingefügt durch Bilanzrichtlinien-Gesetz vom 19. 12. 1985 (BGBl. I S. 2355).
** Beachte hierzu auch die Übergangsvorschriften in Art. 28 EGHGB; abgedruckt unter Nr. **2**.

Dritter Titel. Bewertungsvorschriften*

§ 252.** **Allgemeine Bewertungsgrundsätze.** (1) Bei der Bewertung der im Jahresabschluß ausgewiesenen Vermögensgegenstände und Schulden gilt insbesondere folgendes:

1. Die Wertansätze in der Eröffnungsbilanz des Geschäftsjahrs müssen mit denen der Schlußbilanz des vorhergehenden Geschäftsjahrs übereinstimmen.
2. Bei der Bewertung ist von der Fortführung der Unternehmenstätigkeit auszugehen, sofern dem nicht tatsächliche oder rechtliche Gegebenheiten entgegenstehen.
3. Die Vermögensgegenstände und Schulden sind zum Abschlußstichtag einzeln zu bewerten.
4. Es ist vorsichtig zu bewerten, namentlich sind alle vorhersehbaren Risiken und Verluste, die bis zum Abschlußstichtag entstanden sind, zu berücksichtigen, selbst wenn diese erst zwischen dem Abschlußstichtag und dem Tag der Aufstellung des Jahresabschlusses bekanntgeworden sind; Gewinne sind nur zu berücksichtigen, wenn sie am Abschlußstichtag realisiert sind.
5. Aufwendungen und Erträge des Geschäftsjahrs sind unabhängig von den Zeitpunkten der entsprechenden Zahlungen im Jahresabschluß zu berücksichtigen.
6. Die auf den vorhergehenden Jahresabschluß angewandten Bewertungsmethoden sollen beibehalten werden.

(2) Von den Grundsätzen des Absatzes 1 darf nur in begründeten Ausnahmefällen abgewichen werden.

§ 253.** **Wertansätze der Vermögensgegenstände und Schulden.** (1) ¹Vermögensgegenstände sind höchstens mit den Anschaffungs- oder Herstellungskosten, vermindert um Abschreibungen nach den Absätzen 2 und 3 anzusetzen. ²Verbindlichkeiten sind zu ihrem Rückzahlungsbetrag, Rentenverpflichtungen, für die eine Gegenleistung nicht mehr zu erwarten ist, zu ihrem Barwert und Rückstellungen nur in Höhe des Betrags anzusetzen, der nach vernünftiger kaufmännischer Beurteilung notwendig ist.

(2) ¹Bei Vermögensgegenständen des Anlagevermögens, deren Nutzung zeitlich begrenzt ist, sind die Anschaffungs- oder Herstellungskosten um planmäßige Abschreibungen zu vermindern. ²Der Plan muß die Anschaffungs- oder Herstellungskosten auf die Geschäftsjahre verteilen, in denen der Vermögensgegenstand voraussichtlich genutzt werden kann. ³Ohne Rücksicht darauf, ob ihre Nutzung zeitlich begrenzt ist, können bei Vermögensgegenständen des Anlagevermögens außerplanmäßige Abschreibungen vorgenommen werden, um die Vermögensgegenstände mit dem niedrigeren Wert anzusetzen, der ihnen am Abschlußstichtag beizulegen ist; sie sind vorzunehmen bei einer voraussichtlich dauernden Wertminderung.

(3) ¹Bei Vermögensgegenständen des Umlaufvermögens sind Abschreibungen vorzunehmen, um diese mit einem niedrigeren Wert anzusetzen, der sich aus einem Börsen- oder Marktpreis am Abschlußstichtag ergibt. ²Ist ein Börsen- oder Marktpreis nicht festzustellen und übersteigen die Anschaffungs- oder Herstellungskosten den Wert, der den Vermögensgegenständen am Abschlußstichtag bei-

---

* Beachte hierzu auch die Übergangsvorschriften in Art. 24 EGHGB; abgedruckt unter Nr. 2.
** Drittes Buch (§§ 238 bis 339) eingefügt durch Bilanzrichtlinien-Gesetz vom 19. 12. 1985 (BGBl. I S. 2355).

1. Abschnitt. Vorschriften für alle Kaufleute §§ 254, 255 **HGB 1**

zulegen ist, so ist auf diesen Wert abzuschreiben. ³Außerdem dürfen Abschreibungen vorgenommen werden, soweit diese nach vernünftiger kaufmännischer Beurteilung notwendig sind, um zu verhindern, daß in der nächsten Zukunft der Wertansatz dieser Vermögensgegenstände auf Grund von Wertschwankungen geändert werden muß.

(4) Abschreibungen sind außerdem im Rahmen vernünftiger kaufmännischer Beurteilung zulässig.

(5) Ein niedrigerer Wertansatz nach Absatz 2 Satz 3, Absatz 3 oder 4 darf beibehalten werden, auch wenn die Gründe dafür nicht mehr bestehen.

§ 254.* **Steuerrechtliche Abschreibungen.** ¹Abschreibungen können auch vorgenommen werden, um Vermögensgegenstände des Anlage- oder Umlaufvermögens mit dem niedrigeren Wert anzusetzen, der auf einer nur steuerrechtlich zulässigen Abschreibung beruht. ²§ 253 Abs. 5 ist entsprechend anzuwenden.

§ 255.* **Anschaffungs- und Herstellungskosten.** (1) ¹Anschaffungskosten sind die Aufwendungen, die geleistet werden, um einen Vermögensgegenstand zu erwerben und ihn in einen betriebsbereiten Zustand zu versetzen, soweit sie dem Vermögensgegenstand einzeln zugeordnet werden können. ²Zu den Anschaffungskosten gehören auch die Nebenkosten sowie die nachträglichen Anschaffungskosten. ³Anschaffungspreisminderungen sind abzusetzen.

(2) ¹Herstellungskosten sind die Aufwendungen, die durch den Verbrauch von Gütern und die Inanspruchnahme von Diensten für die Herstellung eines Vermögensgegenstands, seine Erweiterung oder für eine über seinen ursprünglichen Zustand hinausgehende wesentliche Verbesserung entstehen. ²Dazu gehören die Materialkosten, die Fertigungskosten und die Sonderkosten der Fertigung. ³Bei der Berechnung der Herstellungskosten dürfen auch angemessene Teile der notwendigen Materialgemeinkosten, der notwendigen Fertigungsgemeinkosten und des Wertverzehrs des Anlagevermögens, soweit er durch die Fertigung veranlaßt ist, eingerechnet werden. ⁴Kosten der allgemeinen Verwaltung sowie Aufwendungen für soziale Einrichtungen des Betriebs, für freiwillige soziale Leistungen und für betriebliche Altersversorgung brauchen nicht eingerechnet zu werden. ⁵Aufwendungen im Sinne der Sätze 3 und 4 dürfen nur insoweit berücksichtigt werden, als sie auf den Zeitraum der Herstellung entfallen. ⁶Vertriebskosten dürfen nicht in die Herstellungskosten einbezogen werden.

(3) ¹Zinsen für Fremdkapital gehören nicht zu den Herstellungskosten. ²Zinsen für Fremdkapital, das zur Finanzierung der Herstellung eines Vermögensgegenstands verwendet wird, dürfen angesetzt werden, soweit sie auf den Zeitraum der Herstellung entfallen; in diesem Falle gelten sie als Herstellungskosten des Vermögensgegenstands.

(4) ¹Als Geschäfts- oder Firmenwert darf der Unterschiedsbetrag angesetzt werden, um den die für die Übernahme eines Unternehmens bewirkte Gegenleistung den Wert der einzelnen Vermögensgegenstände des Unternehmens abzüglich der Schulden im Zeitpunkt der Übernahme übersteigt. ²Der Betrag ist in jedem folgenden Geschäftsjahr zu mindestens einem Viertel durch Abschreibungen zu tilgen. ³Die Abschreibung des Geschäfts- oder Firmenwerts kann aber auch planmäßig auf die Geschäftsjahre verteilt werden, in denen er voraussichtlich genutzt wird.

---
* Drittes Buch (§§ 238 bis 339) eingefügt durch Bilanzrichtlinien-Gesetz vom 19. 12. 1985 (BGBl. I S. 2355).

59

1 HGB §§ 256–258   3. Buch. Handelsbücher

§ 256.* Bewertungsvereinfachungsverfahren. ¹Soweit es den Grundsätzen ordnungsmäßiger Buchführung entspricht, kann für den Wertansatz gleichartiger Vermögensgegenstände des Vorratsvermögens unterstellt werden, daß die zuerst oder daß die zuletzt angeschafften oder hergestellten Vermögensgegenstände zuerst oder in einer sonstigen bestimmten Folge verbraucht oder veräußert worden sind. ²§ 240 Abs. 3 und 4 ist auch auf den Jahresabschluß anwendbar.

Dritter Unterabschnitt. Aufbewahrung und Vorlage

§ 257.* Aufbewahrung von Unterlagen. Aufbewahrungsfristen. (1) Jeder Kaufmann ist verpflichtet, die folgenden Unterlagen geordnet aufzubewahren:

1. Handelsbücher, Inventare, Eröffnungsbilanzen, Jahresabschlüsse, Lageberichte, Konzernabschlüsse, Konzernlageberichte sowie die zu ihrem Verständnis erforderlichen Arbeitsanweisungen und sonstigen Organisationsunterlagen,
2. die empfangenen Handelsbriefe und
3. Wiedergaben der abgesandten Handelsbriefe,
4. Belege für Buchungen in den von ihm nach § 238 Abs. 1 zu führenden Büchern (Buchungsbelege).

(2) Handelsbriefe sind nur Schriftstücke, die ein Handelsgeschäft betreffen.

(3) ¹Mit Ausnahme der Eröffnungsbilanzen, Jahresabschlüsse und der Konzernabschlüsse können die in Absatz 1 aufgeführten Unterlagen auch als Wiedergabe auf einem Bildträger oder auf anderen Datenträgern aufbewahrt werden, wenn dies den Grundsätzen ordnungsmäßiger Buchführung entspricht und sichergestellt ist, daß die Wiedergabe oder die Daten

1. mit den empfangenen Handelsbriefen und den Buchungsbelegen bildlich und mit den anderen Unterlagen inhaltlich übereinstimmen, wenn sie lesbar gemacht werden,
2. während der Dauer der Aufbewahrungsfrist verfügbar sind und jederzeit innerhalb angemessener Frist lesbar gemacht werden können.

²Sind Unterlagen auf Grund des § 239 Abs. 4 Satz 1 auf Datenträgern hergestellt worden, können statt des Datenträgers die Daten auch ausgedruckt aufbewahrt werden; die ausgedruckten Unterlagen können auch nach Satz 1 aufbewahrt werden.

(4) Die in Absatz 1 Nr. 1 aufgeführten Unterlagen sind zehn Jahre und die sonstigen in Absatz 1 aufgeführten Unterlagen sechs Jahre aufzubewahren.

(5) Die Aufbewahrungsfrist beginnt mit dem Schluß des Kalenderjahrs, in dem die letzte Eintragung in das Handelsbuch gemacht, das Inventar aufgestellt, die Eröffnungsbilanz oder der Jahresabschluß festgestellt, der Konzernabschluß aufgestellt, der Handelsbrief empfangen oder abgesandt worden oder der Buchungsbeleg entstanden ist.

§ 258.* Vorlegung im Rechtsstreit. (1) Im Laufe eines Rechtsstreits kann das Gericht auf Antrag oder von Amts wegen die Vorlegung der Handelsbücher einer Partei anordnen.

---

* Drittes Buch (§§ 238 bis 339) eingefügt durch Bilanzrichtlinien-Gesetz vom 19. 12. 1985 (BGBl. I S. 2355).

2. Abschnitt. Vorschriften für Kapitalgesellschaften §§ 259–264 **HGB 1**

(2) Die Vorschriften der Zivilprozeßordnung über die Verpflichtung des Prozeßgegners zur Vorlegung von Urkunden bleiben unberührt.

§ 259.* Auszug bei Vorlegung im Rechtsstreit. ¹Werden in einem Rechtsstreit Handelsbücher vorgelegt, so ist von ihrem Inhalt, soweit er den Streitpunkt betrifft, unter Zuziehung der Parteien Einsicht zu nehmen und geeignetenfalls ein Auszug zu fertigen. ²Der übrige Inhalt der Bücher ist dem Gericht insoweit offenzulegen, als es zur Prüfung ihrer ordnungsmäßigen Führung notwendig ist.

§ 260.* Vorlegung bei Auseinandersetzungen. Bei Vermögensauseinandersetzungen, insbesondere in Erbschafts-, Gütergemeinschafts- und Gesellschaftsteilungssachen, kann das Gericht die Vorlegung der Handelsbücher zur Kenntnisnahme von ihrem ganzen Inhalt anordnen.

§ 261.* Vorlegung von Unterlagen auf Bild- oder Datenträgern. Wer aufzubewahrende Unterlagen nur in der Form einer Wiedergabe auf einem Bildträger oder auf anderen Datenträgern vorlegen kann, ist verpflichtet, auf seine Kosten diejenigen Hilfsmittel zur Verfügung zu stellen, die erforderlich sind, um die Unterlagen lesbar zu machen; soweit erforderlich, hat er die Unterlagen auf seine Kosten auszudrucken oder ohne Hilfsmittel lesbare Reproduktionen beizubringen.

Vierter Unterabschnitt. Sollkaufleute. Landesrecht

§ 262.* Anwendung auf Sollkaufleute. Für Unternehmer, die nach § 2 verpflichtet sind, die Eintragung ihres Unternehmens in das Handelsregister herbeizuführen, gelten die Vorschriften dieses Abschnitts schon von dem Zeitpunkt an, in dem diese Verpflichtung entstanden ist.

§ 263.* Vorbehalt landesrechtlicher Vorschriften. Unberührt bleiben bei Unternehmen ohne eigene Rechtspersönlichkeit einer Gemeinde, eines Gemeindeverbands oder eines Zweckverbands landesrechtliche Vorschriften, die von den Vorschriften dieses Abschnitts abweichen.

Zweiter Abschnitt. Ergänzende Vorschriften für Kapitalgesellschaften (Aktiengesellschaften, Kommanditgesellschaften auf Aktien und Gesellschaften mit beschränkter Haftung)

Erster Unterabschnitt. Jahresabschluß der Kapitalgesellschaft und Lagebericht

Erster Titel. Allgemeine Vorschriften

§ 264.* Pflicht zur Aufstellung. (1) ¹Die gesetzlichen Vertreter einer Kapitalgesellschaft haben den Jahresabschluß (§ 242) um einen Anhang zu erweitern, der mit der Bilanz und der Gewinn- und Verlustrechnung eine Einheit bildet, sowie einen Lagebericht aufzustellen. ²Der Jahresabschluß und der Lagebericht sind von den gesetzlichen Vertretern in den ersten drei Monaten des Geschäftsjahrs für das vergangene Geschäftsjahr aufzustellen. ³Kleine Kapitalgesellschaften (§ 267

---

* Drittes Buch (§§ 238 bis 339) eingefügt durch Bilanzrichtlinien-Gesetz vom 19. 12. 1985 (BGBl. I S. 2355).

Abs. 1) dürfen den Jahresabschluß und den Lagebericht auch später aufstellen, wenn dies einem ordnungsmäßigen Geschäftsgang entspricht; diese Unterlagen sind jedoch innerhalb der ersten sechs Monate des Geschäftsjahrs aufzustellen.

(2) ¹Der Jahresabschluß der Kapitalgesellschaft hat unter Beachtung der Grundsätze ordnungsmäßiger Buchführung ein den tatsächlichen Verhältnissen entsprechendes Bild der Vermögens-, Finanz- und Ertragslage der Kapitalgesellschaft zu vermitteln. ²Führen besondere Umstände dazu, daß der Jahresabschluß ein den tatsächlichen Verhältnissen entsprechendes Bild im Sinne des Satzes 1 nicht vermittelt, so sind im Anhang zusätzliche Angaben zu machen.

§ 265.* Allgemeine Grundsätze für die Gliederung. (1) ¹Die Form der Darstellung, insbesondere die Gliederung der aufeinanderfolgenden Bilanzen und Gewinn- und Verlustrechnungen, ist beizubehalten, soweit nicht in Ausnahmefällen wegen besonderer Umstände Abweichungen erforderlich sind. ²Die Abweichungen sind im Anhang anzugeben und zu begründen.

(2) ¹In der Bilanz sowie in der Gewinn- und Verlustrechnung ist zu jedem Posten der entsprechende Betrag des vorhergehenden Geschäftsjahrs anzugeben. ²Sind die Beträge nicht vergleichbar, so ist dies im Anhang anzugeben und zu erläutern. ³Wird der Vorjahresbetrag angepaßt, so ist auch dies im Anhang anzugeben und zu erläutern.

(3) ¹Fällt ein Vermögensgegenstand oder eine Schuld unter mehrere Posten der Bilanz, so ist die Mitzugehörigkeit zu anderen Posten bei dem Posten, unter dem der Ausweis erfolgt ist, zu vermerken oder im Anhang anzugeben, wenn dies zur Aufstellung eines klaren und übersichtlichen Jahresabschlusses erforderlich ist. ²Eigene Anteile dürfen unabhängig von ihrer Zweckbestimmung nur unter dem dafür vorgesehenen Posten im Umlaufvermögen ausgewiesen werden.

(4) ¹Sind mehrere Geschäftszweige vorhanden und bedingt dies die Gliederung des Jahresabschlusses nach verschiedenen Gliederungsvorschriften, so ist der Jahresabschluß nach der für einen Geschäftszweig vorgeschriebenen Gliederung aufzustellen und nach der für die anderen Geschäftszweige vorgeschriebenen Gliederung zu ergänzen. ²Die Ergänzung ist im Anhang anzugeben und zu begründen.

(5) ¹Eine weitere Untergliederung ist zulässig; dabei ist jedoch die vorgeschriebene Gliederung zu beachten. ²Neue Posten dürfen hinzugefügt werden, wenn ihr Inhalt nicht von einem vorgeschriebenen Posten gedeckt wird.

(6) Gliederung und Bezeichnung der mit arabischen Zahlen versehenen Posten der Bilanz und der Gewinn- und Verlustrechnung sind zu ändern, wenn dies wegen Besonderheiten der Kapitalgesellschaft zur Aufstellung eines klaren und übersichtlichen Jahresabschlusses erforderlich ist.

(7) Die mit arabischen Zahlen versehenen Posten der Bilanz und der Gewinn- und Verlustrechnung können, wenn nicht besondere Formblätter vorgeschrieben sind, zusammengefaßt ausgewiesen werden, wenn

1. sie einen Betrag enthalten, der für die Vermittlung eines den tatsächlichen Verhältnissen entsprechenden Bildes im Sinne des § 264 Abs. 2 nicht erheblich ist, oder
2. dadurch die Klarheit der Darstellung vergrößert wird; in diesem Falle müssen die zusammengefaßten Posten jedoch im Anhang gesondert ausgewiesen werden.

---

* Drittes Buch (§§ 238 bis 339) eingefügt durch Bilanzrichtlinien-Gesetz vom 19. 12. 1985 (BGBl. I S. 2355).

2. Abschnitt. Vorschriften für Kapitalgesellschaften § 266 HGB 1

(8) Ein Posten der Bilanz oder der Gewinn- und Verlustrechnung, der keinen Betrag ausweist, braucht nicht aufgeführt zu werden, es sei denn, daß im vorhergehenden Geschäftsjahr unter diesem Posten ein Betrag ausgewiesen wurde.

Zweiter Titel. Bilanz

§ 266.* Gliederung der Bilanz. (1) ¹Die Bilanz ist in Kontoform aufzustellen. ²Dabei haben große und mittelgroße Kapitalgesellschaften (§ 267 Abs. 3, 2) auf der Aktivseite die in Absatz 2 und auf der Passivseite die in Absatz 3 bezeichneten Posten gesondert und in der vorgeschriebenen Reihenfolge auszuweisen. ³Kleine Kapitalgesellschaften (§ 267 Abs. 1) brauchen nur eine verkürzte Bilanz aufzustellen, in die nur die in den Absätzen 2 und 3 mit Buchstaben und römischen Zahlen bezeichneten Posten gesondert und in der vorgeschriebenen Reihenfolge aufgenommen werden.

(2) Aktivseite

A. Anlagevermögen:
  I. Immaterielle Vermögensgegenstände:
    1. Konzessionen, gewerbliche Schutzrechte und ähnliche Rechte und Werte sowie Lizenzen an solchen Rechten und Werten;
    2. Geschäfts- oder Firmenwert;
    3. geleistete Anzahlungen;
  II. Sachanlagen:
    1. Grundstücke, grundstücksgleiche Rechte und Bauten einschließlich der Bauten auf fremden Grundstücken;
    2. technische Anlagen und Maschinen;
    3. andere Anlagen, Betriebs- und Geschäftsausstattung;
    4. geleistete Anzahlungen und Anlagen im Bau;
  III. Finanzanlagen:
    1. Anteile an verbundenen Unternehmen;
    2. Ausleihungen an verbundene Unternehmen;
    3. Beteiligungen;
    4. Ausleihungen an Unternehmen, mit denen ein Beteiligungsverhältnis besteht;
    5. Wertpapiere des Anlagevermögens;
    6. sonstige Ausleihungen.
B. Umlaufvermögen:
  I. Vorräte:
    1. Roh-, Hilfs- und Betriebsstoffe;
    2. unfertige Erzeugnisse, unfertige Leistungen;
    3. fertige Erzeugnisse und Waren;
    4. geleistete Anzahlungen;

---

* Drittes Buch (§§ 238 bis 339) eingefügt durch Bilanzrichtlinien-Gesetz vom 19. 12. 1985 (BGBl. I S. 2355).

II. Forderungen und sonstige Vermögensgegenstände:
1. Forderungen aus Lieferungen und Leistungen;
2. Forderungen gegen verbundene Unternehmen;
3. Forderungen gegen Unternehmen, mit denen ein Beteiligungsverhältnis besteht;
4. sonstige Vermögensgegenstände;

III. Wertpapiere:
1. Anteile an verbundenen Unternehmen;
2. eigene Anteile;
3. sonstige Wertpapiere;

IV. Schecks, Kassenbestand, Bundesbank- und Postgiroguthaben, Guthaben bei Kreditinstituten.

C. Rechnungsabgrenzungsposten.

(3) Passivseite

A. Eigenkapital:
  I. Gezeichnetes Kapital;
  II. Kapitalrücklage;
  III. Gewinnrücklagen:
  1. gesetzliche Rücklage;
  2. Rücklage für eigene Anteile;
  3. satzungsmäßige Rücklagen;
  4. andere Gewinnrücklagen;
  IV. Gewinnvortrag/Verlustvortrag;
  V. Jahresüberschuß/Jahresfehlbetrag.

B. Rückstellungen:
1. Rückstellungen für Pensionen und ähnliche Verpflichtungen;
2. Steuerrückstellungen;
3. sonstige Rückstellungen.

C. Verbindlichkeiten:
1. Anleihen, davon konvertibel;
2. Verbindlichkeiten gegenüber Kreditinstituten;
3. erhaltene Anzahlungen auf Bestellungen;
4. Verbindlichkeiten aus Lieferungen und Leistungen;
5. Verbindlichkeiten aus der Annahme gezogener Wechsel und der Ausstellung eigener Wechsel;
6. Verbindlichkeiten gegenüber verbundenen Unternehmen;
7. Verbindlichkeiten gegenüber Unternehmen, mit denen ein Beteiligungsverhältnis besteht;
8. sonstige Verbindlichkeiten,
davon aus Steuern,
davon im Rahmen der sozialen Sicherheit.

D. Rechnungsabgrenzungsposten.

2. Abschnitt. Vorschriften für Kapitalgesellschaften §§ 267, 268 **HGB 1**

§ 267.* **Umschreibung der Größenklassen.** (1) Kleine Kapitalgesellschaften sind solche, die mindestens zwei der drei nachstehenden Merkmale nicht überschreiten:
1. Drei Millionen neunhunderttausend Deutsche Mark Bilanzsumme nach Abzug eines auf der Aktivseite ausgewiesenen Fehlbetrags (§ 268 Abs. 3).
2. Acht Millionen Deutsche Mark Umsatzerlöse in den zwölf Monaten vor dem Abschlußstichtag.
3. Im Jahresdurchschnitt fünfzig Arbeitnehmer.

(2) Mittelgroße Kapitalgesellschaften sind solche, die mindestens zwei der drei in Absatz 1 bezeichneten Merkmale überschreiten und jeweils mindestens zwei der drei nachstehenden Merkmale nicht überschreiten:
1. Fünfzehn Millionen fünfhunderttausend Deutsche Mark Bilanzsumme nach Abzug eines auf der Aktivseite ausgewiesenen Fehlbetrags (§ 268 Abs. 3).
2. Zweiunddreißig Millionen Deutsche Mark Umsatzerlöse in den zwölf Monaten vor dem Abschlußstichtag.
3. Im Jahresdurchschnitt zweihundertfünfzig Arbeitnehmer.

(3) [1]Große Kapitalgesellschaften sind solche, die mindestens zwei der drei in Absatz 2 bezeichneten Merkmale überschreiten. [2]Eine Kapitalgesellschaft gilt stets als große, wenn Aktien oder andere von ihr ausgegebene Wertpapiere an einer Börse in einem Mitgliedstaat der Europäischen Wirtschaftsgemeinschaft zum amtlichen Handel oder zum geregelten Markt zugelassen oder in den geregelten Freiverkehr einbezogen sind oder die Zulassung zum amtlichen Handel oder zum geregelten Markt beantragt ist.

(4) [1]Die Rechtsfolgen der Merkmale nach den Absätzen 1 bis 3 Satz 1 treten nur ein, wenn sie an den Abschlußstichtagen von zwei aufeinanderfolgenden Geschäftsjahren über- oder unterschritten werden. [2]Im Falle der Verschmelzung, Umwandlung oder Neugründung treten die Rechtsfolgen schon ein, wenn die Voraussetzungen des Absatzes 1, 2 oder 3 am ersten Abschlußstichtag nach der Verschmelzung, Umwandlung oder Neugründung vorliegen.

(5) Als durchschnittliche Zahl der Arbeitnehmer gilt der vierte Teil der Summe aus den Zahlen der jeweils am 31. März, 30. Juni, 30. September und 31. Dezember beschäftigten Arbeitnehmer einschließlich der im Ausland beschäftigten Arbeitnehmer, jedoch ohne die zu ihrer Berufsausbildung Beschäftigten.

(6) Informations- und Auskunftsrechte der Arbeitnehmervertretungen nach anderen Gesetzen bleiben unberührt.

§ 268.* **Vorschriften zu einzelnen Posten der Bilanz. Bilanzvermerke.**
(1) [1]Die Bilanz darf auch unter Berücksichtigung der vollständigen oder teilweisen Verwendung des Jahresergebnisses aufgestellt werden. [2]Wird die Bilanz unter Berücksichtigung der teilweisen Verwendung des Jahresergebnisses aufgestellt, so tritt an die Stelle der Posten ,,Jahresüberschuß/Jahresfehlbetrag'' und ,,Gewinnvortrag/Verlustvortrag'' der Posten ,,Bilanzgewinn/Bilanzverlust''; ein vorhandener Gewinn- oder Verlustvortrag ist in den Posten ,,Bilanzgewinn/Bilanzverlust'' einzubeziehen und in der Bilanz oder im Anhang gesondert anzugeben.

---

* Drittes Buch (§§ 238 bis 339) eingefügt durch Bilanzrichtlinien-Gesetz vom 19. 12. 1985 (BGBl. I S. 2355), § 267 Abs. 3 Satz 2 neu gefaßt durch Börsenzulassungs-Gesetz vom 16. 12. 1986 (BGBl. I S. 2478).

(2) ¹In der Bilanz oder im Anhang ist die Entwicklung der einzelnen Posten des Anlagevermögens und des Postens ,,Aufwendungen für die Ingangsetzung und Erweiterung des Geschäftsbetriebs" darzustellen. ²Dabei sind, ausgehend von den gesamten Anschaffungs- und Herstellungskosten, die Zugänge, Abgänge, Umbuchungen und Zuschreibungen des Geschäftsjahrs sowie die Abschreibungen in ihrer gesamten Höhe gesondert aufzuführen. ³Die Abschreibungen des Geschäftsjahrs sind entweder in der Bilanz bei dem betreffenden Posten zu vermerken oder im Anhang in einer der Gliederung des Anlagevermögens entsprechenden Aufgliederung anzugeben.

(3) Ist das Eigenkapital durch Verluste aufgebraucht und ergibt sich ein Überschuß der Passivposten über die Aktivposten, so ist dieser Betrag am Schluß der Bilanz auf der Aktivseite gesondert unter der Bezeichnung ,,Nicht durch Eigenkapital gedeckter Fehlbetrag" auszuweisen.

(4) ¹Der Betrag der Forderungen mit einer Restlaufzeit von mehr als einem Jahr ist bei jedem gesondert ausgewiesenen Posten zu vermerken. ²Werden unter dem Posten ,,sonstige Vermögensgegenstände" Beträge für Vermögensgegenstände ausgewiesen, die erst nach dem Abschlußstichtag rechtlich entstehen, so müssen Beträge, die einen größeren Umfang haben, im Anhang erläutert werden.

(5) ¹Der Betrag der Verbindlichkeiten mit einer Restlaufzeit bis zu einem Jahr ist bei jedem gesondert ausgewiesenen Posten zu vermerken. ²Erhaltene Anzahlungen auf Bestellungen sind, soweit Anzahlungen auf Vorräte nicht von dem Posten ,,Vorräte" offen abgesetzt werden, unter den Verbindlichkeiten gesondert auszuweisen. ³Sind unter dem Posten ,,Verbindlichkeiten" Beträge für Verbindlichkeiten ausgewiesen, die erst nach dem Abschlußstichtag rechtlich entstehen, so müssen Beträge, die einen größeren Umfang haben, im Anhang erläutert werden.

(6) Ein nach § 250 Abs. 3 in den Rechnungsabgrenzungsposten auf der Aktivseite aufgenommener Unterschiedsbetrag ist in der Bilanz gesondert auszuweisen oder im Anhang anzugeben.

(7) Die in § 251 bezeichneten Haftungsverhältnisse sind jeweils gesondert unter der Bilanz oder im Anhang unter Angabe der gewährten Pfandrechte und sonstigen Sicherheiten anzugeben; bestehen solche Verpflichtungen gegenüber verbundenen Unternehmen, so sind sie gesondert anzugeben.

§ 269.* Aufwendungen für die Ingangsetzung und Erweiterung des Geschäftsbetriebs.

¹Die Aufwendungen für die Ingangsetzung des Geschäftsbetriebs und dessen Erweiterung dürfen, soweit sie nicht bilanzierungsfähig sind, als Bilanzierungshilfe aktiviert werden; der Posten ist in der Bilanz unter der Bezeichnung ,,Aufwendungen für die Ingangsetzung und Erweiterung des Geschäftsbetriebs" vor dem Anlagevermögen auszuweisen und im Anhang zu erläutern. ²Werden solche Aufwendungen in der Bilanz ausgewiesen, so dürfen Gewinne nur ausgeschüttet werden, wenn die nach der Ausschüttung verbleibenden jederzeit auflösbaren Gewinnrücklagen zuzüglich eines Gewinnvortrags und abzüglich eines Verlustvortrags dem angesetzten Betrag mindestens entsprechen.

§ 270.* Bildung bestimmter Posten.

(1) ¹Einstellungen in die Kapitalrücklage und deren Auflösung sind bereits bei der Aufstellung der Bilanz vorzunehmen. ²Satz 1 ist auf Einstellungen in den Sonderposten mit Rücklageanteil und dessen Auflösung anzuwenden.

---

* Drittes Buch (§§ 238 bis 339) eingefügt durch Bilanzrichtlinien-Gesetz vom 19. 12. 1985 (BGBl. I S. 2355).

(2) Wird die Bilanz unter Berücksichtigung der vollständigen oder teilweisen Verwendung des Jahresergebnisses aufgestellt, so sind Entnahmen aus Gewinnrücklagen sowie Einstellungen in Gewinnrücklagen, die nach Gesetz, Gesellschaftsvertrag oder Satzung vorzunehmen sind oder auf Grund solcher Vorschriften beschlossen worden sind, bereits bei der Aufstellung der Bilanz zu berücksichtigen.

§ 271.* Beteiligungen. Verbundene Unternehmen. (1) ¹Beteiligungen sind Anteile an anderen Unternehmen, die bestimmt sind, dem eigenen Geschäftsbetrieb durch Herstellung einer dauernden Verbindung zu jenen Unternehmen zu dienen. ²Dabei ist es unerheblich, ob die Anteile in Wertpapieren verbrieft sind oder nicht. ³Als Beteiligung gelten im Zweifel Anteile an einer Kapitalgesellschaft, deren Nennbeträge insgesamt den fünften Teil des Nennkapitals dieser Gesellschaft überschreiten. ⁴Auf die Berechnung ist § 16 Abs. 2 und 4 des Aktiengesetzes entsprechend anzuwenden. ⁵Die Mitgliedschaft in einer eingetragenen Genossenschaft gilt nicht als Beteiligung im Sinne dieses Buches.

(2) Verbundene Unternehmen im Sinne dieses Buches sind solche Unternehmen, die als Mutter- oder Tochterunternehmen (§ 290) in den Konzernabschluß eines Mutterunternehmens nach den Vorschriften über die Vollkonsolidierung einzubeziehen sind, das als oberstes Mutterunternehmen den am weitestgehenden Konzernabschluß nach dem Zweiten Unterabschnitt aufzustellen hat, auch wenn die Aufstellung unterbleibt, oder das einen befreienden Konzernabschluß nach § 291 oder nach einer nach § 292 erlassenen Rechtsverordnung aufstellt oder aufstellen könnte; Tochterunternehmen, die nach § 295 oder § 296 nicht einbezogen werden, sind ebenfalls verbundene Unternehmen.

§ 272.* Eigenkapital. (1) ¹Gezeichnetes Kapital ist das Kapital, auf das die Haftung der Gesellschafter für die Verbindlichkeiten der Kapitalgesellschaft gegenüber den Gläubigern beschränkt ist. ²Die ausstehenden Einlagen auf das gezeichnete Kapital sind auf der Aktivseite vor dem Anlagevermögen gesondert auszuweisen und entsprechend zu bezeichnen; der davon eingeforderten Einlagen sind zu vermerken. ³Die nicht eingeforderten ausstehenden Einlagen dürfen auch von dem Posten ,,Gezeichnetes Kapital" offen abgesetzt werden; in diesem Falle ist der verbleibende Betrag als Posten ,,Eingefordertes Kapital" in der Hauptspalte der Passivseite auszuweisen und ist außerdem der eingeforderte, aber noch nicht eingezahlte Betrag unter den Forderungen gesondert auszuweisen und entsprechend zu bezeichnen.

(2) Als Kapitalrücklage sind auszuweisen

1. der Betrag, der bei der Ausgabe von Anteilen einschließlich von Bezugsanteilen über den Nennbetrag hinaus erzielt wird;
2. der Betrag, der bei der Ausgabe von Schuldverschreibungen für Wandlungsrechte und Optionsrechte zum Erwerb von Anteilen erzielt wird;
3. der Betrag von Zuzahlungen, die Gesellschafter gegen Gewährung eines Vorzugs für ihre Anteile leisten;
4. der Betrag von anderen Zuzahlungen, die Gesellschafter in das Eigenkapital leisten.

(3) ¹Als Gewinnrücklagen dürfen nur Beträge ausgewiesen werden, die im Geschäftsjahr oder in einem früheren Geschäftsjahr aus dem Ergebnis gebildet wor-

---

* Drittes Buch (§§ 238 bis 339) eingefügt durch Bilanzrichtlinien-Gesetz vom 19. 12. 1985 (BGBl. I S. 2355).

den sind. ²Dazu gehören aus dem Ergebnis zu bildende gesetzliche oder auf Gesellschaftsvertrag oder Satzung beruhende Rücklagen und andere Gewinnrücklagen.

(4) ¹In eine Rücklage für eigene Anteile ist ein Betrag einzustellen, der dem auf der Aktivseite der Bilanz für die eigenen Anteile anzusetzenden Betrag entspricht. ²Die Rücklage darf nur aufgelöst werden, soweit die eigenen Anteile ausgegeben, veräußert oder eingezogen werden oder soweit nach § 253 Abs. 3 auf der Aktivseite ein niedrigerer Betrag angesetzt wird. ³Die Rücklage, die bereits bei der Aufstellung der Bilanz vorzunehmen ist, darf aus vorhandenen Gewinnrücklagen gebildet werden, soweit diese frei verfügbar sind. ⁴Die Rücklage nach Satz 1 ist auch für Anteile eines herrschenden oder eines mit Mehrheit beteiligten Unternehmens zu bilden.

§ 273.* Sonderposten mit Rücklageanteil.
¹Der Sonderposten mit Rücklageanteil (§ 247 Abs. 3) darf nur insoweit gebildet werden, als das Steuerrecht die Anerkennung des Wertansatzes bei der steuerrechtlichen Gewinnermittlung davon abhängig macht, daß der Sonderposten in der Bilanz gebildet wird. ²Er ist auf der Passivseite vor den Rückstellungen auszuweisen; die Vorschriften, nach denen er gebildet worden ist, sind in der Bilanz oder im Anhang anzugeben.

§ 274.* Steuerabgrenzung.
(1) ¹Ist der dem Geschäftsjahr und früheren Geschäftsjahren zuzurechnende Steueraufwand zu niedrig, weil der nach den steuerrechtlichen Vorschriften zu versteuernde Gewinn niedriger als das handelsrechtliche Ergebnis ist, und gleicht sich der zu niedrige Steueraufwand des Geschäftsjahrs und früherer Geschäftsjahre in späteren Geschäftsjahren voraussichtlich aus, so ist in Höhe der voraussichtlichen Steuerbelastung nachfolgender Geschäftsjahre eine Rückstellung nach § 249 Abs. 1 Satz 1 zu bilden und in der Bilanz oder im Anhang gesondert anzugeben. ²Die Rückstellung ist aufzulösen, sobald die höhere Steuerbelastung eintritt oder mit ihr voraussichtlich nicht mehr zu rechnen ist.

(2) ¹Ist der dem Geschäftsjahr und früheren Geschäftsjahren zuzurechnende Steueraufwand zu hoch, weil der nach den steuerrechtlichen Vorschriften zu versteuernde Gewinn höher als das handelsrechtliche Ergebnis ist, und gleicht sich der zu hohe Steueraufwand des Geschäftsjahrs und früherer Geschäftsjahre in späteren Geschäftsjahren voraussichtlich aus, so darf in Höhe der voraussichtlichen Steuerentlastung nachfolgender Geschäftsjahre ein Abgrenzungsposten als Bilanzierungshilfe auf der Aktivseite der Bilanz gebildet werden. ²Dieser Posten ist unter entsprechender Bezeichnung gesondert auszuweisen und im Anhang zu erläutern. ³Wird ein solcher Posten ausgewiesen, so dürfen Gewinne nur ausgeschüttet werden, wenn die nach der Ausschüttung verbleibenden jederzeit auflösbaren Gewinnrücklagen zuzüglich eines Gewinnvortrags und abzüglich eines Verlustvortrags dem angesetzten Betrag mindestens entsprechen. ⁴Der Betrag ist aufzulösen, sobald die Steuerentlastung eintritt oder mit ihr voraussichtlich nicht mehr zu rechnen ist.

Dritter Titel. Gewinn- und Verlustrechnung

§ 275.* Gliederung.
(1) ¹Die Gewinn- und Verlustrechnung ist in Staffelform nach dem Gesamtkostenverfahren oder dem Umsatzkostenverfahren aufzustellen. ²Dabei sind die in Absatz 2 oder 3 bezeichneten Posten in der angegebenen Reihenfolge gesondert auszuweisen.

---

* Drittes Buch (§§ 238 bis 339) eingefügt durch Bilanzrichtlinien-Gesetz vom 19. 12. 1985 (BGBl. I S. 2355).

2. Abschnitt. Vorschriften für Kapitalgesellschaften § 275 HGB 1

(2) Bei Anwendung des Gesamtkostenverfahrens sind auszuweisen:
1. Umsatzerlöse
2. Erhöhung oder Verminderung des Bestands an fertigen und unfertigen Erzeugnissen
3. andere aktivierte Eigenleistungen
4. sonstige betriebliche Erträge
5. Materialaufwand:
    a) Aufwendungen für Roh-, Hilfs- und Betriebsstoffe und für bezogene Waren
    b) Aufwendungen für bezogene Leistungen
6. Personalaufwand:
    a) Löhne und Gehälter
    b) soziale Abgaben und Aufwendungen für Altersversorgung und für Unterstützung,
       davon für Altersversorgung
7. Abschreibungen:
    a) auf immaterielle Vermögensgegenstände des Anlagevermögens und Sachanlagen sowie auf aktivierte Aufwendungen für die Ingangsetzung und Erweiterung des Geschäftsbetriebs
    b) auf Vermögensgegenstände des Umlaufvermögens, soweit diese die in der Kapitalgesellschaft üblichen Abschreibungen überschreiten
8. sonstige betriebliche Aufwendungen
9. Erträge aus Beteiligungen,
    davon aus verbundenen Unternehmen
10. Erträge aus anderen Wertpapieren und Ausleihungen des Finanzanlagevermögens,
    davon aus verbundenen Unternehmen
11. sonstige Zinsen und ähnliche Erträge,
    davon aus verbundenen Unternehmen
12. Abschreibungen auf Finanzanlagen und auf Wertpapiere des Umlaufvermögens
13. Zinsen und ähnliche Aufwendungen,
    davon an verbundene Unternehmen
14. Ergebnis der gewöhnlichen Geschäftstätigkeit
15. außerordentliche Erträge
16. außerordentliche Aufwendungen
17. außerordentliches Ergebnis
18. Steuern vom Einkommen und vom Ertrag
19. sonstige Steuern
20. Jahresüberschuß/Jahresfehlbetrag.

(3) Bei Anwendung des Umsatzkostenverfahrens sind auszuweisen:
1. Umsatzerlöse
2. Herstellungskosten der zur Erzielung der Umsatzerlöse erbrachten Leistungen
3. Bruttoergebnis vom Umsatz
4. Vertriebskosten

5. allgemeine Verwaltungskosten
6. sonstige betriebliche Erträge
7. sonstige betriebliche Aufwendungen
8. Erträge aus Beteiligungen,
davon aus verbundenen Unternehmen
9. Erträge aus anderen Wertpapieren und Ausleihungen des Finanzanlagevermögens,
davon aus verbundenen Unternehmen
10. sonstige Zinsen und ähnliche Erträge,
davon aus verbundenen Unternehmen
11. Abschreibungen auf Finanzanlagen und auf Wertpapiere des Umlaufvermögens
12. Zinsen und ähnliche Aufwendungen,
davon an verbundene Unternehmen
13. Ergebnis der gewöhnlichen Geschäftstätigkeit
14. außerordentliche Erträge
15. außerordentliche Aufwendungen
16. außerordentliches Ergebnis
17. Steuern vom Einkommen und vom Ertrag
18. sonstige Steuern
19. Jahresüberschuß/Jahresfehlbetrag.

(4) Veränderungen der Kapital- und Gewinnrücklagen dürfen in der Gewinn- und Verlustrechnung erst nach dem Posten ,,Jahresüberschuß/Jahresfehlbetrag" ausgewiesen werden.

§ 276.* Größenabhängige Erleichterungen. Kleine und mittelgroße Kapitalgesellschaften (§ 267 Abs. 1, 2) dürfen die Posten § 275 Abs. 2 Nr. 1 bis 5 oder Abs. 3 Nr. 1 bis 3 und 6 zu einem Posten unter der Bezeichnung ,,Rohergebnis" zusammenfassen.

§ 277.* Vorschriften zu einzelnen Posten der Gewinn- und Verlustrechnung. (1) Als Umsatzerlöse sind die Erlöse aus dem Verkauf und der Vermietung oder Verpachtung von für die gewöhnliche Geschäftstätigkeit der Kapitalgesellschaft typischen Erzeugnissen und Waren sowie aus von für die gewöhnliche Geschäftstätigkeit der Kapitalgesellschaft typischen Dienstleistungen nach Abzug von Erlösschmälerungen und der Umsatzsteuer auszuweisen.

(2) Als Bestandsveränderungen sind sowohl Änderungen der Menge als auch solche des Wertes zu berücksichtigen; Abschreibungen jedoch nur, soweit diese die in der Kapitalgesellschaft sonst üblichen Abschreibungen nicht überschreiten.

(3) ¹Außerplanmäßige Abschreibungen nach § 253 Abs. 2 Satz 3 sowie Abschreibungen nach § 253 Abs. 3 Satz 3 sind jeweils gesondert auszuweisen oder im Anhang anzugeben. ²Erträge und Aufwendungen aus Verlustübernahme und auf Grund einer Gewinngemeinschaft, eines Gewinnabführungs- oder eines Teilgewinnabführungsvertrags erhaltene oder abgeführte Gewinne sind jeweils gesondert unter entsprechender Bezeichnung auszuweisen.

---

* Drittes Buch (§§ 238 bis 339) eingefügt durch Bilanzrichtlinien-Gesetz vom 19. 12. 1985 (BGBl. I S. 2355).

2. Abschnitt. Vorschriften für Kapitalgesellschaften §§ 278–281 HGB 1

(4) ¹Unter den Posten „außerordentliche Erträge" und „außerordentliche Aufwendungen" sind Erträge und Aufwendungen auszuweisen, die außerhalb der gewöhnlichen Geschäftstätigkeit der Kapitalgesellschaft anfallen. ²Die Posten sind hinsichtlich ihres Betrags und ihrer Art im Anhang zu erläutern, soweit die ausgewiesenen Beträge für die Beurteilung der Ertragslage nicht von untergeordneter Bedeutung sind. ³Satz 2 gilt auch für Erträge und Aufwendungen, die einem anderen Geschäftsjahr zuzurechnen sind.

§ 278.* Steuern. ¹Die Steuern vom Einkommen und vom Ertrag sind auf der Grundlage des Beschlusses über die Verwendung des Ergebnisses zu berechnen; liegt ein solcher Beschluß im Zeitpunkt der Feststellung des Jahresabschlusses nicht vor, so ist vom Vorschlag über die Verwendung des Ergebnisses auszugehen. ²Weicht der Beschluß über die Verwendung des Ergebnisses vom Vorschlag ab, so braucht der Jahresabschluß nicht geändert zu werden.

Vierter Titel. Bewertungsvorschriften

§ 279.* Nichtanwendung von Vorschriften. Abschreibungen. (1) ¹§ 253 Abs. 4 ist nicht anzuwenden. ²§ 253 Abs. 2 Satz 3 darf, wenn es sich nicht um eine voraussichtlich dauernde Wertminderung handelt, nur auf Vermögensgegenstände, die Finanzanlagen sind, angewendet werden.

(2) Abschreibungen nach § 254 dürfen nur insoweit vorgenommen werden, als das Steuerrecht ihre Anerkennung bei der steuerrechtlichen Gewinnermittlung davon abhängig macht, daß sie sich aus der Bilanz ergeben.

§ 280.* Wertaufholungsgebot. (1) ¹Wird bei einem Vermögensgegenstand eine Abschreibung nach § 253 Abs. 2 Satz 3 oder Abs. 3 oder § 254 Satz 1 vorgenommen und stellt sich in einem späteren Geschäftsjahr heraus, daß die Gründe dafür nicht mehr bestehen, so ist der Betrag dieser Abschreibung im Umfang der Werterhöhung unter Berücksichtigung der Abschreibungen, die inzwischen vorzunehmen gewesen wären, zuzuschreiben. ²§ 253 Abs. 5, § 254 Satz 2 sind insoweit nicht anzuwenden.

(2) Von der Zuschreibung nach Absatz 1 kann abgesehen werden, wenn der niedrigere Wertansatz bei der steuerrechtlichen Gewinnermittlung beibehalten werden kann und wenn Voraussetzung für die Beibehaltung ist, daß der niedrigere Wertansatz auch in der Bilanz beibehalten wird.

(3) Im Anhang ist der Betrag der im Geschäftsjahr aus steuerrechtlichen Gründen unterlassenen Zuschreibungen anzugeben und hinreichend zu begründen.

§ 281.* Berücksichtigung steuerrechtlicher Vorschriften. (1) ¹Die nach § 254 zulässigen Abschreibungen dürfen auch in der Weise vorgenommen werden, daß der Unterschiedsbetrag zwischen der nach § 253 in Verbindung mit § 279 und der nach § 254 zulässigen Bewertung in den Sonderposten mit Rücklageanteil eingestellt wird. ²In der Bilanz oder im Anhang sind die Vorschriften anzugeben, nach denen die Wertberichtigung gebildet worden ist. ³Unbeschadet steuerrechtlicher Vorschriften über die Auflösung ist die Wertberichtigung insoweit aufzulösen, als die Vermögensgegenstände, für die sie gebildet worden ist, aus dem Ver-

---

* Drittes Buch (§§ 238 bis 339) eingefügt durch Bilanzrichtlinien-Gesetz vom 19. 12. 1985 (BGBl. I S. 2355).

mögen ausscheiden oder die steuerrechtliche Wertberichtigung durch handelsrechtliche Abschreibungen ersetzt wird.

(2) ¹Im Anhang ist der Betrag der im Geschäftsjahr allein nach steuerrechtlichen Vorschriften vorgenommenen Abschreibungen, getrennt nach Anlage- und Umlaufvermögen, anzugeben, soweit er sich nicht aus der Bilanz oder der Gewinn- und Verlustrechnung ergibt, und hinreichend zu begründen. ²Erträge aus der Auflösung des Sonderpostens mit Rücklageanteil sind in dem Posten „sonstige betriebliche Erträge", Einstellungen in den Sonderposten mit Rücklageanteil sind in dem Posten „sonstige betriebliche Aufwendungen" der Gewinn- und Verlustrechnung gesondert auszuweisen oder im Anhang anzugeben.

§ 282.* Abschreibung der Aufwendungen für die Ingangsetzung und Erweiterung des Geschäftsbetriebs.
Für die Ingangsetzung und Erweiterung des Geschäftsbetriebs ausgewiesene Beträge sind in jedem folgenden Geschäftsjahr zu mindestens einem Viertel durch Abschreibungen zu tilgen.

§ 283.* Wertansatz des Eigenkapitals.
Das gezeichnete Kapital ist zum Nennbetrag anzusetzen.

Fünfter Titel. Anhang

§ 284.* Erläuterung der Bilanz und der Gewinn- und Verlustrechnung.
(1) In den Anhang sind diejenigen Angaben aufzunehmen, die zu den einzelnen Posten der Bilanz oder der Gewinn- und Verlustrechnung vorgeschrieben oder die im Anhang zu machen sind, weil sie in Ausübung eines Wahlrechts nicht in die Bilanz oder in die Gewinn- und Verlustrechnung aufgenommen wurden.

(2) Im Anhang müssen

1. die auf die Posten der Bilanz und der Gewinn- und Verlustrechnung angewandten Bilanzierungs- und Bewertungsmethoden angegeben werden;
2. die Grundlagen für die Umrechnung in Deutsche Mark angegeben werden, soweit der Jahresabschluß Posten enthält, denen Beträge zugrunde liegen, die auf fremde Währung lauten oder ursprünglich auf fremde Währung lauteten;
3. Abweichungen von Bilanzierungs- und Bewertungsmethoden angegeben und begründet werden; deren Einfluß auf die Vermögens-, Finanz- und Ertragslage ist gesondert darzustellen;
4. bei Anwendung einer Bewertungsmethode nach § 240 Abs. 4, § 256 Satz 1 die Unterschiedsbeträge pauschal für die jeweilige Gruppe ausgewiesen werden, wenn die Bewertung im Vergleich zu einer Bewertung auf der Grundlage des letzten vor dem Abschlußstichtag bekannten Börsenkurses oder Marktpreises einen erheblichen Unterschied aufweist;
5. Angaben über die Einbeziehung von Zinsen für Fremdkapital in die Herstellungskosten gemacht werden.

§ 285.* Sonstige Pflichtangaben.
Ferner sind im Anhang anzugeben:

1. zu den in der Bilanz ausgewiesenen Verbindlichkeiten
    a) der Gesamtbetrag der Verbindlichkeiten mit einer Restlaufzeit von mehr als fünf Jahren,

---

* Drittes Buch (§§ 238 bis 339) eingefügt durch Bilanzrichtlinien-Gesetz vom 19. 12. 1985 (BGBl. I S. 2355).

b) der Gesamtbetrag der Verbindlichkeiten, die durch Pfandrechte oder ähnliche Rechte gesichert sind, unter Angabe von Art und Form der Sicherheiten;
2. die Aufgliederung der in Nummer 1 verlangten Angaben für jeden Posten der Verbindlichkeiten nach dem vorgeschriebenen Gliederungsschema, sofern sich diese Angaben nicht aus der Bilanz ergeben;
3. der Gesamtbetrag der sonstigen finanziellen Verpflichtungen, die nicht in der Bilanz erscheinen und auch nicht nach § 251 anzugeben sind, sofern diese Angabe für die Beurteilung der Finanzlage von Bedeutung ist; davon sind Verpflichtungen gegenüber verbundenen Unternehmen gesondert anzugeben;
4. die Aufgliederung der Umsatzerlöse nach Tätigkeitsbereichen sowie nach geographisch bestimmten Märkten, soweit sich, unter Berücksichtigung der Organisation des Verkaufs von für die gewöhnliche Geschäftstätigkeit der Kapitalgesellschaft typischen Erzeugnissen und der für die gewöhnliche Geschäftstätigkeit der Kapitalgesellschaft typischen Dienstleistungen, die Tätigkeitsbereiche und geographisch bestimmten Märkte untereinander erheblich unterscheiden;
5. das Ausmaß, in dem das Jahresergebnis dadurch beeinflußt wurde, daß bei Vermögensgegenständen im Geschäftsjahr oder in früheren Geschäftsjahren Abschreibungen nach §§ 254, 280 Abs. 2 auf Grund steuerrechtlicher Vorschriften vorgenommen oder beibehalten wurden oder ein Sonderposten nach § 273 gebildet wurde; ferner das Ausmaß erheblicher künftiger Belastungen, die sich aus einer solchen Bewertung ergeben;
6. in welchem Umfang die Steuern vom Einkommen und vom Ertrag das Ergebnis der gewöhnlichen Geschäftstätigkeit und das außerordentliche Ergebnis belasten;
7. die durchschnittliche Zahl der während des Geschäftsjahrs beschäftigten Arbeitnehmer getrennt nach Gruppen;
8. bei Anwendung des Umsatzkostenverfahrens (§ 275 Abs. 3)
a) der Materialaufwand des Geschäftsjahrs, gegliedert nach § 275 Abs. 2 Nr. 5,
b) der Personalaufwand des Geschäftsjahrs, gegliedert nach § 275 Abs. 2 Nr. 6;
9. für die Mitglieder des Geschäftsführungsorgans, eines Aufsichtsrats, eines Beirats oder einer ähnlichen Einrichtung jeweils für jede Personengruppe

a) die für die Tätigkeit im Geschäftsjahr gewährten Gesamtbezüge (Gehälter, Gewinnbeteiligungen, Aufwandsentschädigungen, Versicherungsentgelte, Provisionen und Nebenleistungen jeder Art). In die Gesamtbezüge sind auch Bezüge einzurechnen, die nicht ausgezahlt, sondern in Ansprüche anderer Art umgewandelt oder zur Erhöhung anderer Ansprüche verwendet werden. Außer den Bezügen für das Geschäftsjahr sind die weiteren Bezüge anzugeben, die im Geschäftsjahr gewährt, bisher aber in keinem Jahresabschluß angegeben worden sind;
b) die Gesamtbezüge (Abfindungen, Ruhegehälter, Hinterbliebenenbezüge und Leistungen verwandter Art) der früheren Mitglieder der bezeichneten Organe und ihrer Hinterbliebenen. Buchstabe a Satz 2 und 3 ist entsprechend anzuwenden. Ferner ist der Betrag der für diese Personengruppe gebildeten Rückstellungen für laufende Pensionen und Anwartschaften auf Pensionen und der Betrag der für diese Verpflichtungen nicht gebildeten Rückstellungen anzugeben;

1 HGB § 286   3. Buch. Handelsbücher

c) die gewährten Vorschüsse und Kredite unter Angabe der Zinssätze, der wesentlichen Bedingungen und der gegebenenfalls im Geschäftsjahr zurückgezahlten Beträge sowie die zugunsten dieser Personen eingegangenen Haftungsverhältnisse;

10. alle Mitglieder des Geschäftsführungsorgans und eines Aufsichtsrats, auch wenn sie im Geschäftsjahr oder später ausgeschieden sind, mit dem Familiennamen und mindestens einem ausgeschriebenen Vornamen. Der Vorsitzende eines Aufsichtsrats, seine Stellvertreter und ein etwaiger Vorsitzender des Geschäftsführungsorgans sind als solche zu bezeichnen;

11. Name und Sitz anderer Unternehmen, von denen die Kapitalgesellschaft oder eine für Rechnung der Kapitalgesellschaft handelnde Person mindestens den fünften Teil der Anteile besitzt; außerdem sind die Höhe des Anteils am Kapital, das Eigenkapital und das Ergebnis des letzten Geschäftsjahrs dieser Unternehmen anzugeben, für das ein Jahresabschluß vorliegt; auf die Berechnung der Anteile ist § 16 Abs. 2 und 4 des Aktiengesetzes entsprechend anzuwenden;

12. Rückstellungen, die in der Bilanz unter dem Posten ,,sonstige Rückstellungen" nicht gesondert ausgewiesen werden, sind zu erläutern, wenn sie einen nicht unerheblichen Umfang haben;

13. bei Anwendung des § 255 Abs. 4 Satz 3 die Gründe für die planmäßige Abschreibung des Geschäfts- oder Firmenwerts;

14. Name und Sitz des Mutterunternehmens der Kapitalgesellschaft, das den Konzernabschluß für den größten Kreis von Unternehmen aufstellt, und ihres Mutterunternehmens, das den Konzernabschluß für den kleinsten Kreis von Unternehmen aufstellt, sowie im Falle der Offenlegung der von diesen Mutterunternehmen aufgestellten Konzernabschlüsse der Ort, wo diese erhältlich sind.

§ 286.* **Unterlassen von Angaben.** (1) Die Berichterstattung hat insoweit zu unterbleiben, als es für das Wohl der Bundesrepublik Deutschland oder eines ihrer Länder erforderlich ist.

(2) Die Aufgliederung der Umsatzerlöse nach § 285 Nr. 4 kann unterbleiben, soweit die Aufgliederung nach vernünftiger kaufmännischer Beurteilung geeignet ist, der Kapitalgesellschaft oder einem Unternehmen, von dem die Kapitalgesellschaft mindestens den fünften Teil der Anteile besitzt, einen erheblichen Nachteil zuzufügen.

(3) [1]Die Angaben nach § 285 Nr. 11 können unterbleiben, soweit sie

1. für die Darstellung der Vermögens-, Finanz- und Ertragslage der Kapitalgesellschaft nach § 264 Abs. 2 von untergeordneter Bedeutung sind oder

2. nach vernünftiger kaufmännischer Beurteilung geeignet sind, der Kapitalgesellschaft oder dem anderen Unternehmen einen erheblichen Nachteil zuzufügen.

[2]Die Angabe des Eigenkapitals und des Jahresergebnisses kann unterbleiben, wenn das Unternehmen, über das zu berichten ist, seinen Jahresabschluß nicht offenzulegen hat und die berichtende Kapitalgesellschaft weniger als die Hälfte der Anteile besitzt. [3]Die Anwendung der Ausnahmeregelung nach Satz 1 Nr. 2 ist im Anhang anzugeben.

---

* Drittes Buch (§§ 238 bis 339) eingefügt durch Bilanzrichtlinien-Gesetz vom 19. 12. 1985 (BGBl. I S. 2355).

2. Abschnitt. Vorschriften für Kapitalgesellschaften §§ 287–290 **HGB 1**

§ 287.* **Aufstellung des Anteilsbesitzes.** ¹Die in § 285 Nr. 11 verlangten Angaben dürfen statt im Anhang auch in einer Aufstellung des Anteilsbesitzes gesondert gemacht werden. ²Die Aufstellung ist Bestandteil des Anhangs. ³Auf die besondere Aufstellung des Anteilsbesitzes und den Ort ihrer Hinterlegung ist im Anhang hinzuweisen.

§ 288.* **Größenabhängige Erleichterungen.** ¹Kleine Kapitalgesellschaften im Sinne des § 267 Abs. 1 brauchen die Angaben nach § 285 Nr. 2 bis 5, 7, 8 Buchstabe a, Nr. 9 Buchstabe a und b und Nr. 12 nicht zu machen. ²Mittelgroße Kapitalgesellschaften im Sinne des § 267 Abs. 2 brauchen die Angaben nach § 285 Nr. 4 nicht zu machen.

Sechster Titel. Lagebericht

§ 289.* (1) Im Lagebericht sind zumindest der Geschäftsverlauf und die Lage der Kapitalgesellschaft so darzustellen, daß ein den tatsächlichen Verhältnissen entsprechendes Bild vermittelt wird.

(2) Der Lagebericht soll auch eingehen auf:
1. Vorgänge von besonderer Bedeutung, die nach dem Schluß des Geschäftsjahrs eingetreten sind;
2. die voraussichtliche Entwicklung der Kapitalgesellschaft;
3. den Bereich Forschung und Entwicklung.

Zweiter Unterabschnitt.** Konzernabschluß und Konzernlagebericht

Erster Titel. Anwendungsbereich

§ 290.* **Pflicht zur Aufstellung.** (1) Stehen in einem Konzern die Unternehmen unter der einheitlichen Leitung einer Kapitalgesellschaft (Mutterunternehmen) mit Sitz im Inland und gehört dem Mutterunternehmen eine Beteiligung nach § 271 Abs. 1 an dem oder den anderen unter der einheitlichen Leitung stehenden Unternehmen (Tochterunternehmen), so haben die gesetzlichen Vertreter des Mutterunternehmens in den ersten fünf Monaten des Konzerngeschäftsjahrs für das vergangene Konzerngeschäftsjahr einen Konzernabschluß und einen Konzernlagebericht aufzustellen.

(2) Eine Kapitalgesellschaft mit Sitz im Inland ist stets zur Aufstellung eines Konzernabschlusses und eines Konzernlageberichts verpflichtet (Mutterunternehmen), wenn ihr bei einem Unternehmen (Tochterunternehmen)
1. die Mehrheit der Stimmrechte der Gesellschafter zusteht,
2. das Recht zusteht, die Mehrheit der Mitglieder des Verwaltungs-, Leitungs- oder Aufsichtsorgans zu bestellen oder abzuberufen, und sie gleichzeitig Gesellschafter ist oder
3. das Recht zusteht, einen beherrschenden Einfluß auf Grund eines mit diesem Unternehmen geschlossenen Beherrschungsvertrags oder auf Grund einer Satzungsbestimmung dieses Unternehmens auszuüben.

---

* Drittes Buch (§§ 238 bis 339) eingefügt durch Bilanzrichtlinien-Gesetz vom 19. 12. 1985 (BGBl. I S. 2355).
** Beachte hierzu jedoch die Übergangsvorschriften in Art. 23 EGHGB; abgedruckt unter Nr. **2**.

1 HGB § 291   3. Buch. Handelsbücher

(3) ¹Als Rechte, die einem Mutterunternehmen nach Absatz 2 zustehen, gelten auch die einem Tochterunternehmen zustehenden Rechte und die den für Rechnung des Mutterunternehmens oder von Tochterunternehmen handelnden Personen zustehenden Rechte. ²Den einem Mutterunternehmen an einem anderen Unternehmen zustehenden Rechten werden die Rechte hinzugerechnet, über die es oder ein Tochterunternehmen auf Grund einer Vereinbarung mit anderen Gesellschaftern dieses Unternehmens verfügen kann. ³Abzuziehen sind Rechte, die

1. mit Anteilen verbunden sind, die von dem Mutterunternehmen oder von Tochterunternehmen für Rechnung einer anderen Person gehalten werden, oder

2. mit Anteilen verbunden sind, die als Sicherheit gehalten werden, sofern diese Rechte nach Weisung des Sicherungsgebers oder, wenn ein Kreditinstitut die Anteile als Sicherheit für ein Darlehen hält, im Interesse des Sicherungsgebers ausgeübt werden.

(4) ¹Welcher Teil der Stimmrechte einem Unternehmen zusteht, bestimmt sich für die Berechnung der Mehrheit nach Absatz 2 Nr. 1 nach dem Verhältnis der Zahl der Stimmrechte, die es aus den ihm gehörenden Anteilen ausüben kann, zur Gesamtzahl aller Stimmrechte. ²Von der Gesamtzahl aller Stimmrechte sind die Stimmrechte aus eigenen Anteilen abzuziehen, die dem Tochterunternehmen selbst, einem seiner Tochterunternehmen oder einer anderen Person für Rechnung dieser Unternehmen gehören.

§ 291.* Befreiende Konzernabschlüsse und Konzernlageberichte. (1) ¹Ein Mutterunternehmen, das zugleich Tochterunternehmen eines Mutterunternehmens mit Sitz in einem Mitgliedstaat der Europäischen Wirtschaftsgemeinschaft ist, braucht einen Konzernabschluß und einen Konzernlagebericht nicht aufzustellen, wenn ein den Anforderungen des Absatzes 2 entsprechender Konzernabschluß und Konzernlagebericht seines Mutterunternehmens einschließlich des Bestätigungsvermerks oder des Vermerks über dessen Versagung nach den für den entfallenden Konzernabschluß und Konzernlagebericht maßgeblichen Vorschriften in deutscher Sprache offengelegt wird. ²Ein befreiender Konzernabschluß und ein befreiender Konzernlagebericht können von jedem Unternehmen unabhängig von seiner Rechtsform und Größe aufgestellt werden, wenn das Unternehmen als Kapitalgesellschaft mit Sitz in einem Mitgliedstaat der Europäischen Wirtschaftsgemeinschaft zur Aufstellung eines Konzernabschlusses unter Einbeziehung des zu befreienden Mutterunternehmens und seiner Tochterunternehmen verpflichtet wäre.

(2) Der Konzernabschluß und Konzernlagebericht eines Mutterunternehmens mit Sitz in einem Mitgliedstaat der Europäischen Wirtschaftsgemeinschaft haben befreiende Wirkung, wenn

1. das zu befreiende Mutterunternehmen und seine Tochterunternehmen in den befreienden Konzernabschluß unbeschadet der §§ 295, 296 einbezogen worden sind,

2. der befreiende Konzernabschluß und der befreiende Konzernlagebericht dem für das den befreienden Konzernabschluß aufstellende Mutterunternehmen maßgeblichen und mit den Anforderungen der Richtlinie 83/349/EWG des Rates vom 13. Juni 1983 über den konsolidierten Abschluß (ABl. EG Nr. L 193

---

* Drittes Buch (§§ 238 bis 339) eingefügt durch Bilanzrichtlinien-Gesetz vom 19. 12. 1985 (BGBl. I S. 2355).

2. Abschnitt. Vorschriften für Kapitalgesellschaften § 292 **HGB 1**

S. 1) übereinstimmenden Recht entsprechen und nach diesem Recht von einem in Übereinstimmung mit den Vorschriften der Richtlinie 84/253/EWG des Rates vom 10. April 1984 über die Zulassung der mit der Pflichtprüfung der Rechnungslegungsunterlagen beauftragten Personen (ABl. EG Nr. L 126 S. 20) zugelassenen Abschlußprüfer geprüft worden sind und

3. der Anhang des Jahresabschlusses des zu befreienden Unternehmens folgende Angaben enthält:
  a) Name und Sitz des Mutterunternehmens, das den befreienden Konzernabschluß und Konzernlagebericht aufstellt, und
  b) einen Hinweis auf die Befreiung von der Verpflichtung, einen Konzernabschluß und einen Konzernlagebericht aufzustellen.

(3) [1]Die Befreiung nach Absatz 1 kann trotz Vorliegens der Voraussetzungen nach Absatz 2 von einem Mutterunternehmen nicht in Anspruch genommen werden, wenn Gesellschafter, denen bei Aktiengesellschaften und Kommanditgesellschaften auf Aktien mindestens zehn vom Hundert und bei Gesellschaften mit beschränkter Haftung mindestens zwanzig vom Hundert der Anteile an dem zu befreienden Mutterunternehmen gehören, spätestens sechs Monate vor dem Ablauf des Konzerngeschäftsjahrs die Aufstellung eines Konzernabschlusses und eines Konzernlageberichts beantragt haben. [2]Gehören dem Mutterunternehmen mindestens neunzig vom Hundert der Anteile an dem zu befreienden Mutterunternehmen, so kann Absatz 1 nur angewendet werden, wenn die anderen Gesellschafter der Befreiung zugestimmt haben.

§ 292.* **Rechtsverordnungsermächtigung für befreiende Konzernabschlüsse und Konzernlageberichte.** (1) [1]Der Bundesminister der Justiz wird ermächtigt, im Einvernehmen mit dem Bundesminister der Finanzen und dem Bundesminister für Wirtschaft durch Rechtsverordnung, die nicht der Zustimmung des Bundesrates bedarf, zu bestimmen, daß § 291 auf Konzernabschlüsse und Konzernlageberichte von Mutterunternehmen mit Sitz in einem Staat, der nicht Mitglied der Europäischen Wirtschaftsgemeinschaft ist, mit der Maßgabe angewendet werden darf, daß der befreiende Konzernabschluß und der befreiende Konzernlagebericht nach dem mit den Anforderungen der Richtlinie 83/349/EWG übereinstimmenden Recht eines Mitgliedstaates der Europäischen Wirtschaftsgemeinschaft aufgestellt wurden oder einem nach diesem Recht eines Mitgliedstaates der Europäischen Wirtschaftsgemeinschaft aufgestellten Konzernabschluß und Konzernlagebericht gleichwertig sein müssen. [2]Das Recht eines anderen Mitgliedstaates der Europäischen Wirtschaftsgemeinschaft kann einem befreienden Konzernabschluß und einem befreienden Konzernlagebericht jedoch nur zugrunde gelegt oder für die Herstellung der Gleichwertigkeit herangezogen werden, wenn diese Unterlagen in dem anderen Mitgliedstaat anstelle eines sonst nach dem Recht dieses Mitgliedstaates vorgeschriebenen Konzernabschlusses und Konzernlageberichts offengelegt werden. [3]Die Anwendung dieser Vorschrift kann in der Rechtsverordnung nach Satz 1 davon abhängig gemacht werden, daß die nach diesem Unterabschnitt aufgestellten Konzernabschlüsse und Konzernlageberichte in dem Staat, in dem das Mutterunternehmen seinen Sitz hat, als gleichwertig mit den dort für Unternehmen mit entsprechender Rechtsform und entsprechendem Geschäftszweig vorgeschriebenen Konzernabschlüssen und Konzernlageberichten angesehen werden.

---

* Drittes Buch (§§ 238 bis 339) eingefügt durch Bilanzrichtlinien-Gesetz vom 19. 12. 1985 (BGBl. I S. 2355).

1 HGB § 293   3. Buch. Handelsbücher

(2) Ist ein nach Absatz 1 zugelassener Konzernabschluß nicht von einem in Übereinstimmung mit den Vorschriften der Richtlinie 84/253/EWG zugelassenen Abschlußprüfer geprüft worden, so kommt ihm befreiende Wirkung nur zu, wenn der Abschlußprüfer eine den Anforderungen dieser Richtlinie gleichwertige Befähigung hat und der Konzernabschluß in einer den Anforderungen des Dritten Unterabschnitts entsprechenden Weise geprüft worden ist.

(3) [1]In einer Rechtsverordnung nach Absatz 1 kann außerdem bestimmt werden, welche Voraussetzungen Konzernabschlüsse und Konzernlageberichte von Mutterunternehmen mit Sitz in einem Staat, der nicht Mitglied der Europäischen Wirtschaftsgemeinschaft ist, im einzelnen erfüllen müssen, um nach Absatz 1 gleichwertig zu sein, und wie die Befähigung von Abschlußprüfern beschaffen sein muß, um nach Absatz 2 gleichwertig zu sein. [2]In der Rechtsverordnung können zusätzliche Angaben und Erläuterungen zum Konzernabschluß vorgeschrieben werden, soweit diese erforderlich sind, um die Gleichwertigkeit dieser Konzernabschlüsse und Konzernlageberichte mit solchen nach diesem Unterabschnitt oder dem Recht eines anderen Mitgliedstaates der Europäischen Wirtschaftsgemeinschaft herzustellen.

(4) [1]Die Rechtsverordnung ist vor Verkündung dem Bundestag zuzuleiten. [2]Sie kann durch Beschluß des Bundestages geändert oder abgelehnt werden. [3]Der Beschluß des Bundestages wird dem Bundesminister der Justiz zugeleitet. [4]Der Bundesminister der Justiz ist bei der Verkündung der Rechtsverordnung an den Beschluß gebunden. [5]Hat sich der Bundestag nach Ablauf von drei Sitzungswochen seit Eingang einer Rechtsverordnung nicht mit ihr befaßt, so wird die unveränderte Rechtsverordnung dem Bundesminister der Justiz zur Verkündung zugeleitet. [6]Der Bundestag befaßt sich mit der Rechtsverordnung auf Antrag von so vielen Mitgliedern des Bundestages, wie zur Bildung einer Fraktion erforderlich sind.

§ 293.* Größenabhängige Befreiungen. (1) [1]Ein Mutterunternehmen ist von der Pflicht, einen Konzernabschluß und einen Konzernlagebericht aufzustellen, befreit, wenn

1. am Abschlußstichtag seines Jahresabschlusses und am vorhergehenden Abschlußstichtag mindestens zwei der drei nachstehenden Merkmale zutreffen:
    a) Die Bilanzsummen in den Bilanzen des Mutterunternehmens und der Tochterunternehmen, die in den Konzernabschluß einzubeziehen wären, übersteigen insgesamt nach Abzug von in den Bilanzen auf der Aktivseite ausgewiesenen Fehlbeträgen nicht sechsundvierzig Millionen achthunderttausend Deutsche Mark.
    b) Die Umsatzerlöse des Mutterunternehmens und der Tochterunternehmen, die in den Konzernabschluß einzubeziehen wären, übersteigen in den zwölf Monaten vor dem Abschlußstichtag insgesamt nicht sechsundneunzig Millionen Deutsche Mark.
    c) Das Mutterunternehmen und die Tochterunternehmen, die in den Konzernabschluß einzubeziehen wären, haben in den zwölf Monaten vor dem Abschlußstichtag im Jahresdurchschnitt nicht mehr als fünfhundert Arbeitnehmer beschäftigt;
    oder

---

* Drittes Buch (§§ 238 bis 339) eingefügt durch Bilanzrichtlinien-Gesetz vom 19. 12. 1985 (BGBl. I S. 2355), § 293 Abs. 2 aufgehoben durch Bankbilanzrichtlinie-Gesetz vom 30. 11. 1990 (BGBl. I S. 2570).

2. Abschnitt. Vorschriften für Kapitalgesellschaften § 293 **HGB 1**

2. am Abschlußstichtag eines von ihm aufzustellenden Konzernabschlusses und am vorhergehenden Abschlußstichtag mindestens zwei der drei nachstehenden Merkmale zutreffen:
    a) Die Bilanzsumme übersteigt nach Abzug eines auf der Aktivseite ausgewiesenen Fehlbetrags nicht neununddreißig Millionen Deutsche Mark.
    b) Die Umsatzerlöse in den zwölf Monaten vor dem Abschlußstichtag übersteigen nicht achtzig Millionen Deutsche Mark.
    c) Das Mutterunternehmen und die in den Konzernabschluß einbezogenen Tochterunternehmen haben in den zwölf Monaten vor dem Abschlußstichtag im Jahresdurchschnitt nicht mehr als fünfhundert Arbeitnehmer beschäftigt.

²Auf die Ermittlung der durchschnittlichen Zahl der Arbeitnehmer ist § 267 Abs. 5 anzuwenden.

(2) *(aufgehoben)*

(3) ¹Ein Versicherungsunternehmen ist abweichend von Absatz 1 von der Pflicht, einen Konzernabschluß und einen Konzernlagebericht aufzustellen, befreit, wenn
1. die Bruttobeiträge aus seinem gesamten Versicherungsgeschäft und dem der Tochterunternehmen, die in den Konzernabschluß einzubeziehen wären, jeweils in den zwölf Monaten vor dem Abschlußstichtag und dem vorhergehenden Abschlußstichtag nicht dreiundvierzig Millionen zweihunderttausend Deutsche Mark übersteigen oder
2. die Bruttobeiträge aus dem gesamten Versicherungsgeschäft in einem von ihm aufzustellenden Konzernabschluß jeweils in den zwölf Monaten vor dem Abschlußstichtag und dem vorhergehenden Abschlußstichtag nicht sechsunddreißig Millionen Deutsche Mark übersteigen.

²Bruttobeiträge aus dem gesamten Versicherungsgeschäft sind die Beiträge aus dem Erst- und Rückversicherungsgeschäft einschließlich der in Rückdeckung gegebenen Anteile.

(4) Außer in den Fällen der Absätze 1 bis 3 ist ein Mutterunternehmen von der Pflicht zur Aufstellung des Konzernabschlusses und des Konzernlageberichts befreit, wenn die Voraussetzungen der Absätze 1, 2 oder 3 nur am Abschlußstichtag oder nur am vorhergehenden Abschlußstichtag erfüllt sind und das Mutterunternehmen am vorhergehenden Abschlußstichtag von der Pflicht zur Aufstellung des Konzernabschlusses und des Konzernlageberichts befreit war.

(5) Die Absätze 1 bis 4 sind nicht anzuwenden, wenn am Abschlußstichtag Aktien oder andere von dem Mutterunternehmen oder einem in den Konzernabschluß des Mutterunternehmens einbezogenen Tochterunternehmen ausgegebene Wertpapiere an einer Börse in einem Mitgliedstaat der Europäischen Wirtschaftsgemeinschaft zum amtlichen Handel zugelassen oder in den geregelten Freiverkehr einbezogen sind oder die Zulassung zum amtlichen Handel beantragt ist.

Zweiter Titel. Konsolidierungskreis

§ 294.* **Einzubeziehende Unternehmen. Vorlage- und Auskunftspflichten.**
(1) In den Konzernabschluß sind das Mutterunternehmen und alle Tochterunternehmen ohne Rücksicht auf den Sitz der Tochterunternehmen einzubeziehen, sofern die Einbeziehung nicht nach den §§ 295, 296 unterbleibt.

(2) ¹Hat sich die Zusammensetzung der in den Konzernabschluß einbezogenen Unternehmen im Laufe des Geschäftsjahrs wesentlich geändert, so sind in den Konzernabschluß Angaben aufzunehmen, die es ermöglichen, die aufeinanderfolgenden Konzernabschlüsse sinnvoll zu vergleichen. ²Dieser Verpflichtung kann auch dadurch entsprochen werden, daß die entsprechenden Beträge des vorhergehenden Konzernabschlusses an die Änderung angepaßt werden.

(3) ¹Die Tochterunternehmen haben dem Mutterunternehmen ihre Jahresabschlüsse, Lageberichte, Konzernabschlüsse, Konzernlageberichte und, wenn eine Prüfung des Jahresabschlusses oder des Konzernabschlusses stattgefunden hat, die Prüfungsberichte sowie, wenn ein Zwischenabschluß aufzustellen ist, einen auf den Stichtag des Konzernabschlusses aufgestellten Abschluß unverzüglich einzureichen. ²Das Mutterunternehmen kann von jedem Tochterunternehmen alle Aufklärungen und Nachweise verlangen, welche die Aufstellung des Konzernabschlusses und des Konzernlageberichts erfordert.

§ 295.* **Verbot der Einbeziehung.** (1) Ein Tochterunternehmen darf in den Konzernabschluß nicht einbezogen werden, wenn sich seine Tätigkeit von der Tätigkeit der anderen einbezogenen Unternehmen derart unterscheidet, daß die Einbeziehung in den Konzernabschluß mit der Verpflichtung, ein den tatsächlichen Verhältnissen entsprechendes Bild der Vermögens-, Finanz- und Ertragslage des Konzerns zu vermitteln, unvereinbar ist; § 311 über die Einbeziehung von assoziierten Unternehmen bleibt unberührt.

(2) Absatz 1 ist nicht allein deshalb anzuwenden, weil die in den Konzernabschluß einbezogenen Unternehmen teils Industrie-, teils Handels- und teils Dienstleistungsunternehmen sind oder weil diese Unternehmen unterschiedliche Erzeugnisse herstellen, mit unterschiedlichen Erzeugnissen Handel treiben oder Dienstleistungen unterschiedlicher Art erbringen.

(3) ¹Die Anwendung des Absatzes 1 ist im Konzernanhang anzugeben und zu begründen. ²Wird der Jahresabschluß oder der Konzernabschluß eines nach Absatz 1 nicht einbezogenen Unternehmens im Geltungsbereich dieses Gesetzes nicht offengelegt, so ist er gemeinsam mit dem Konzernabschluß zum Handelsregister einzureichen.

---

* Drittes Buch (§§ 238 bis 339) eingefügt durch Bilanzrichtlinien-Gesetz vom 19. 12. 1985 (BGBl. I S. 2355).

2. Abschnitt. Vorschriften für Kapitalgesellschaften §§ 296–298 HGB 1

§ 296.* Verzicht auf die Einbeziehung. (1) Ein Tochterunternehmen braucht in den Konzernabschluß nicht einbezogen zu werden, wenn

1. erhebliche und andauernde Beschränkungen die Ausübung der Rechte des Mutterunternehmens in bezug auf das Vermögen oder die Geschäftsführung dieses Unternehmens nachhaltig beeinträchtigen,
2. die für die Aufstellung des Konzernabschlusses erforderlichen Angaben nicht ohne unverhältnismäßig hohe Kosten oder Verzögerungen zu erhalten sind oder
3. die Anteile des Tochterunternehmens ausschließlich zum Zwecke ihrer Weiterveräußerung gehalten werden.

(2) ¹Ein Tochterunternehmen braucht in den Konzernabschluß nicht einbezogen zu werden, wenn es für die Verpflichtung, ein den tatsächlichen Verhältnissen entsprechendes Bild der Vermögens-, Finanz- und Ertragslage des Konzerns zu vermitteln, von untergeordneter Bedeutung ist. ²Entsprechen mehrere Tochterunternehmen der Voraussetzung des Satzes 1, so sind diese Unternehmen in den Konzernabschluß einzubeziehen, wenn sie zusammen nicht von untergeordneter Bedeutung sind.

(3) Die Anwendung der Absätze 1 und 2 ist im Konzernanhang zu begründen.

Dritter Titel. Inhalt und Form des Konzernabschlusses

§ 297.* Inhalt. (1) Der Konzernabschluß besteht aus der Konzernbilanz, der Konzern-Gewinn- und Verlustrechnung und dem Konzernanhang, die eine Einheit bilden.

(2) ¹Der Konzernabschluß ist klar und übersichtlich aufzustellen. ²Er hat unter Beachtung der Grundsätze ordnungsmäßiger Buchführung ein den tatsächlichen Verhältnissen entsprechendes Bild der Vermögens-, Finanz- und Ertragslage des Konzerns zu vermitteln. ³Führen besondere Umstände dazu, daß der Konzernabschluß ein den tatsächlichen Verhältnissen entsprechendes Bild im Sinne des Satzes 2 nicht vermittelt, so sind im Konzernanhang zusätzliche Angaben zu machen.

(3) ¹Im Konzernabschluß ist die Vermögens-, Finanz- und Ertragslage der einbezogenen Unternehmen so darzustellen, als ob diese Unternehmen insgesamt ein einziges Unternehmen wären. ²Die auf den vorhergehenden Konzernabschluß angewandten Konsolidierungsmethoden sollen beibehalten werden. ³Abweichungen von Satz 2 sind in Ausnahmefällen zulässig. ⁴Sie sind im Konzernanhang anzugeben und zu begründen. ⁵Ihr Einfluß auf die Vermögens-, Finanz- und Ertragslage des Konzerns ist anzugeben.

§ 298.* Anzuwendende Vorschriften. Erleichterungen. (1) Auf den Konzernabschluß sind, soweit seine Eigenart keine Abweichung bedingt oder in den folgenden Vorschriften nichts anderes bestimmt ist, die §§ 244 bis 256, §§ 265, 266, 268 bis 275, §§ 277 bis 283 über den Jahresabschluß und die für die Rechtsform und den Geschäftszweig der in den Konzernabschluß einbezogenen Unternehmen mit Sitz im Geltungsbereich dieses Gesetzes geltenden Vorschriften, soweit sie für große Kapitalgesellschaften gelten, entsprechend anzuwenden.

(2) In der Gliederung der Konzernbilanz dürfen die Vorräte in einem Posten zusammengefaßt werden, wenn deren Aufgliederung wegen besonderer Umstände mit einem unverhältnismäßigen Aufwand verbunden wäre.

---

* Drittes Buch (§§ 238 bis 339) eingefügt durch Bilanzrichtlinien-Gesetz vom 19. 12. 1985 (BGBl. I S. 2355).

(3) ¹Der Konzernanhang und der Anhang des Jahresabschlusses des Mutterunternehmens dürfen zusammengefaßt werden. ²In diesem Falle müssen der Konzernabschluß und der Jahresabschluß des Mutterunternehmens gemeinsam offengelegt werden. ³Bei Anwendung des Satzes 1 dürfen auch die Prüfungsberichte und die Bestätigungsvermerke jeweils zusammengefaßt werden.

§ 299.* Stichtag für die Aufstellung. (1) Der Konzernabschluß ist auf den Stichtag des Jahresabschlusses des Mutterunternehmens oder auf den hiervon abweichenden Stichtag der Jahresabschlüsse der bedeutendsten oder der Mehrzahl der in den Konzernabschluß einbezogenen Unternehmen aufzustellen; die Abweichung vom Abschlußstichtag des Mutterunternehmens ist im Konzernanhang anzugeben und zu begründen.

(2) ¹Die Jahresabschlüsse der in den Konzernabschluß einbezogenen Unternehmen sollen auf den Stichtag des Konzernabschlusses aufgestellt werden. ²Liegt der Abschlußstichtag eines Unternehmens um mehr als drei Monate vor dem Stichtag des Konzernabschlusses, so ist dieses Unternehmen auf Grund eines auf den Stichtag und den Zeitraum des Konzernabschlusses aufgestellten Zwischenabschlusses in den Konzernabschluß einzubeziehen.

(3) Wird bei abweichenden Abschlußstichtagen ein Unternehmen nicht auf der Grundlage eines auf den Stichtag und den Zeitraum des Konzernabschlusses aufgestellten Zwischenabschlusses in den Konzernabschluß einbezogen, so sind Vorgänge von besonderer Bedeutung für die Vermögens-, Finanz- und Ertragslage eines in den Konzernabschluß einbezogenen Unternehmens, die zwischen dem Abschlußstichtag dieses Unternehmens und dem Abschlußstichtag des Konzernabschlusses eingetreten sind, in der Konzernbilanz und der Konzern-Gewinn- und Verlustrechnung zu berücksichtigen oder im Konzernanhang anzugeben.

Vierter Titel. Vollkonsolidierung**

§ 300.* Konsolidierungsgrundsätze. Vollständigkeitsgebot. (1) ¹In dem Konzernabschluß ist der Jahresabschluß des Mutterunternehmens mit den Jahresabschlüssen der Tochterunternehmen zusammenzufassen. ²An die Stelle der dem Mutterunternehmen gehörenden Anteile an den einbezogenen Tochterunternehmen treten die Vermögensgegenstände, Schulden, Rechnungsabgrenzungsposten, Bilanzierungshilfen und Sonderposten der Tochterunternehmen, soweit sie nach dem Recht des Mutterunternehmens bilanzierungsfähig sind und die Eigenart des Konzernabschlusses keine Abweichungen bedingt oder in den folgenden Vorschriften nichts anderes bestimmt ist.

(2) ¹Die Vermögensgegenstände, Schulden und Rechnungsabgrenzungsposten sowie die Erträge und Aufwendungen der in den Konzernabschluß einbezogenen Unternehmen sind unabhängig von ihrer Berücksichtigung in den Jahresabschlüssen dieser Unternehmen vollständig aufzunehmen, soweit nach dem Recht des Mutterunternehmens nicht ein Bilanzierungsverbot oder ein Bilanzierungswahlrecht besteht. ²Nach dem Recht des Mutterunternehmens zulässige Bilanzie-

---

* Drittes Buch (§§ 238 bis 339) eingefügt durch Bilanzrichtlinien-Gesetz vom 19. 12. 1985 (BGBl. I S. 2355).
** Beachte hierzu jedoch die Übergangsvorschriften in Art. 27 EGHGB; abgedruckt unter Nr. **2**.

2. Abschnitt. Vorschriften für Kapitalgesellschaften §§ 301, 302 **HGB 1**

rungswahlrechte dürfen im Konzernabschluß unabhängig von ihrer Ausübung in den Jahresabschlüssen der in den Konzernabschluß einbezogenen Unternehmen ausgeübt werden.

§ 301.* Kapitalkonsolidierung. (1) ¹Der Wertansatz der dem Mutterunternehmen gehörenden Anteile an einem in den Konzernabschluß einbezogenen Tochterunternehmen wird mit dem auf diese Anteile entfallenden Betrag des Eigenkapitals des Tochterunternehmens verrechnet. ²Das Eigenkapital ist anzusetzen

1. entweder mit dem Betrag, der dem Buchwert der in den Konzernabschluß aufzunehmenden Vermögensgegenstände, Schulden, Rechnungsabgrenzungsposten, Bilanzierungshilfen und Sonderposten, gegebenenfalls nach Anpassung der Wertansätze nach § 308 Abs. 2, entspricht, oder
2. mit dem Betrag, der dem Wert der in den Konzernabschluß aufzunehmenden Vermögensgegenstände, Schulden, Rechnungsabgrenzungsposten, Bilanzierungshilfen und Sonderposten entspricht, der diesen an dem für die Verrechnung nach Absatz 2 gewählten Zeitpunkt beizulegen ist.

³Bei Ansatz mit dem Buchwert nach Satz 2 Nr. 1 ist ein sich ergebender Unterschiedsbetrag den Wertansätzen von in der Konzernbilanz anzusetzenden Vermögensgegenständen und Schulden des jeweiligen Tochterunternehmens insoweit zuzuschreiben oder mit diesen zu verrechnen, als deren Wert höher oder niedriger ist als der bisherige Wertansatz. ⁴Bei Ansatz mit den Werten nach Satz 2 Nr. 2 darf das anteilige Eigenkapital nicht mit einem Betrag angesetzt werden, der die Anschaffungskosten des Mutterunternehmens für die Anteile an dem einbezogenen Tochterunternehmen überschreitet. ⁵Die angewandte Methode ist im Konzernanhang anzugeben.

(2) ¹Die Verrechnung nach Absatz 1 wird auf der Grundlage der Wertansätze zum Zeitpunkt des Erwerbs der Anteile oder der erstmaligen Einbeziehung des Tochterunternehmens in den Konzernabschluß oder, beim Erwerb der Anteile zu verschiedenen Zeitpunkten, zu dem Zeitpunkt, zu dem das Unternehmen Tochterunternehmen geworden ist, durchgeführt. ²Der gewählte Zeitpunkt ist im Konzernanhang anzugeben.

(3) ¹Ein bei der Verrechnung nach Absatz 1 Satz 2 Nr. 2 entstehender oder ein nach Zuschreibung oder Verrechnung nach Absatz 1 Satz 3 verbleibender Unterschiedsbetrag ist in der Konzernbilanz, wenn er auf der Aktivseite entsteht, als Geschäfts- oder Firmenwert und, wenn er auf der Passivseite entsteht, als Unterschiedsbetrag aus der Kapitalkonsolidierung auszuweisen. ²Der Posten und wesentliche Änderungen gegenüber dem Vorjahr sind im Anhang zu erläutern. ³Werden Unterschiedsbeträge der Aktivseite mit solchen der Passivseite verrechnet, so sind die verrechneten Beträge im Anhang anzugeben.

(4) ¹Absatz 1 ist nicht auf Anteile an dem Mutterunternehmen anzuwenden, die dem Mutterunternehmen oder einem in den Konzernabschluß einbezogenen Tochterunternehmen gehören. ²Solche Anteile sind in der Konzernbilanz als eigene Anteile im Umlaufvermögen gesondert auszuweisen.

§ 302.* Kapitalkonsolidierung bei Interessenzusammenführung. (1) Ein Mutterunternehmen darf die in § 301 Abs. 1 vorgeschriebene Verrechnung der Anteile unter den folgenden Voraussetzungen auf das gezeichnete Kapital des Tochterunternehmens beschränken:

---

* Drittes Buch (§§ 238 bis 339) eingefügt durch Bilanzrichtlinien-Gesetz vom 19. 12. 1985 (BGBl. I S. 2355).

1. die zu verrechnenden Anteile betragen mindestens neunzig vom Hundert des Nennbetrags oder, falls ein Nennbetrag nicht vorhanden ist, des rechnerischen Wertes der Anteile des Tochterunternehmens, die nicht eigene Anteile sind,
2. die Anteile sind auf Grund einer Vereinbarung erworben worden, die die Ausgabe von Anteilen eines in den Konzernabschluß einbezogenen Unternehmens vorsieht, und
3. eine in der Vereinbarung vorgesehene Barzahlung übersteigt nicht zehn vom Hundert des Nennbetrags oder, falls ein Nennbetrag nicht vorhanden ist, des rechnerischen Wertes der ausgegebenen Anteile.

(2) Ein sich nach Absatz 1 ergebender Unterschiedsbetrag ist, wenn er auf der Aktivseite entsteht, mit den Rücklagen zu verrechnen oder, wenn er auf der Passivseite entsteht, den Rücklagen hinzuzurechnen.

(3) Die Anwendung der Methode nach Absatz 1 und die sich daraus ergebenden Veränderungen der Rücklagen sowie Name und Sitz des Unternehmens sind im Konzernanhang anzugeben.

§ 303.* Schuldenkonsolidierung. (1) Ausleihung und andere Forderungen, Rückstellungen und Verbindlichkeiten zwischen den in den Konzernabschluß einbezogenen Unternehmen sowie entsprechende Rechnungsabgrenzungsposten sind wegzulassen.

(2) Absatz 1 braucht nicht angewendet zu werden, wenn die wegzulassenden Beträge für die Vermittlung eines den tatsächlichen Verhältnissen entsprechenden Bildes der Vermögens-, Finanz- und Ertragslage des Konzerns nur von untergeordneter Bedeutung sind.

§ 304.* Behandlung der Zwischenergebnisse. (1) In den Konzernabschluß zu übernehmende Vermögensgegenstände, die ganz oder teilweise auf Lieferungen oder Leistungen zwischen in den Konzernabschluß einbezogenen Unternehmen beruhen, sind in der Konzernbilanz mit einem Betrag anzusetzen, zu dem sie in der auf den Stichtag des Konzernabschlusses aufgestellten Jahresbilanz dieses Unternehmens angesetzt werden könnten, wenn die in den Konzernabschluß einbezogenen Unternehmen auch rechtlich ein einziges Unternehmen bilden würden.

(2) ¹Absatz 1 braucht nicht angewendet zu werden, wenn die Lieferung oder Leistung zu üblichen Marktbedingungen vorgenommen worden ist und die Ermittlung des nach Absatz 1 vorgeschriebenen Wertansatzes einen unverhältnismäßig hohen Aufwand erfordern würde. ²Die Anwendung des Satzes 1 ist im Konzernanhang anzugeben und, wenn der Einfluß auf die Vermögens-, Finanz- und Ertragslage des Konzerns wesentlich ist, zu erläutern.

(3) Absatz 1 braucht außerdem nicht angewendet zu werden, wenn die Behandlung der Zwischenergebnisse nach Absatz 1 für die Vermittlung eines den tatsächlichen Verhältnissen entsprechenden Bildes der Vermögens-, Finanz- und Ertragslage des Konzerns nur von untergeordneter Bedeutung ist.

§ 305.* Aufwands- und Ertragskonsolidierung. (1) In der Konzern-Gewinn- und Verlustrechnung sind
1. bei den Umsatzerlösen die Erlöse aus Lieferungen und Leistungen zwischen den in den Konzernabschluß einbezogenen Unternehmen mit den auf sie entfallen-

---

* Drittes Buch (§§ 238 bis 339) eingefügt durch Bilanzrichtlinien-Gesetz vom 19. 12. 1985 (BGBl. I S. 2355).

den Aufwendungen zu verrechnen, soweit sie nicht als Erhöhung des Bestands an fertigen und unfertigen Erzeugnissen oder als andere aktivierte Eigenleistungen auszuweisen sind,
2. andere Erträge aus Lieferungen und Leistungen zwischen den in den Konzernabschluß einbezogenen Unternehmen mit den auf sie entfallenden Aufwendungen zu verrechnen, soweit sie nicht als andere aktivierte Eigenleistungen auszuweisen sind.

(2) Aufwendungen und Erträge brauchen nach Absatz 1 nicht weggelassen zu werden, wenn die wegzulassenden Beträge für die Vermittlung eines den tatsächlichen Verhältnissen entsprechenden Bildes der Vermögens-, Finanz- und Ertragslage des Konzerns nur von untergeordneter Bedeutung sind.

§ 306.* Steuerabgrenzung. [1]Ist das im Konzernabschluß ausgewiesene Jahresergebnis auf Grund von Maßnahmen, die nach den Vorschriften dieses Titels durchgeführt worden sind, niedriger oder höher als die Summe der Einzelergebnisse der in den Konzernabschluß einbezogenen Unternehmen, so ist der sich für das Geschäftsjahr und frühere Geschäftsjahre ergebende Steueraufwand, wenn er im Verhältnis zum Jahresergebnis zu hoch ist, durch Bildung eines Abgrenzungspostens auf der Aktivseite oder, wenn er im Verhältnis zum Jahresergebnis zu niedrig ist, durch Bildung einer Rückstellung nach § 249 Abs. 1 Satz 1 anzupassen, soweit sich der zu hohe oder der zu niedrige Steueraufwand in späteren Geschäftsjahren voraussichtlich ausgleicht. [2]Der Posten ist in der Konzernbilanz oder im Konzernanhang gesondert anzugeben. [3]Er darf mit den Posten nach § 274 zusammengefaßt werden.

§ 307.* Anteile anderer Gesellschafter. (1) [1]In der Konzernbilanz ist für nicht dem Mutterunternehmen gehörende Anteile an in den Konzernabschluß einbezogenen Tochterunternehmen ein Ausgleichsposten für die Anteile der anderen Gesellschafter in Höhe ihres Anteils am Eigenkapital unter entsprechender Bezeichnung innerhalb des Eigenkapitals gesondert auszuweisen. [2]In den Ausgleichsposten sind auch die Beträge einzubeziehen, die bei Anwendung der Kapitalkonsolidierungsmethode nach § 301 Abs. 1 Satz 2 Nr. 2 dem Anteil der anderen Gesellschafter am Eigenkapital entsprechen.

(2) In der Konzern-Gewinn- und Verlustrechnung ist der im Jahresergebnis enthaltene, anderen Gesellschaftern zustehende Gewinn und der auf sie entfallende Verlust nach dem Posten „Jahresüberschuß/Jahresfehlbetrag" unter entsprechender Bezeichnung gesondert auszuweisen.

Fünfter Titel. Bewertungsvorschriften

§ 308.* Einheitliche Bewertung. (1) [1]Die in den Konzernabschluß nach § 300 Abs. 2 übernommenen Vermögensgegenstände und Schulden der in den Konzernabschluß einbezogenen Unternehmen sind nach den auf den Jahresabschluß des Mutterunternehmens anwendbaren Bewertungsmethoden einheitlich zu bewerten. [2]Nach dem Recht des Mutterunternehmens zulässige Bewertungswahlrechte können im Konzernabschluß unabhängig von ihrer Ausübung in den Jahresabschlüssen der in den Konzernabschluß einbezogenen Unternehmen ausgeübt wer-

---

* Drittes Buch (§§ 238 bis 339) eingefügt durch Bilanzrichtlinien-Gesetz vom 19. 12. 1985 (BGBl. I S. 2355).

den. ³Abweichungen von den auf den Jahresabschluß des Mutterunternehmens angewandten Bewertungsmethoden sind im Konzernanhang anzugeben und zu begründen.

(2) ¹Sind in den Konzernabschluß aufzunehmende Vermögensgegenstände oder Schulden des Mutterunternehmens oder der Tochterunternehmen in den Jahresabschlüssen dieser Unternehmen nach Methoden bewertet worden, die sich von denen unterscheiden, die auf den Konzernabschluß anzuwenden sind oder die von den gesetzlichen Vertretern des Mutterunternehmens in Ausübung von Bewertungswahlrechten auf den Konzernabschluß angewendet werden, so sind die abweichend bewerteten Vermögensgegenstände oder Schulden nach den auf den Konzernabschluß angewandten Bewertungsmethoden neu zu bewerten und mit den neuen Wertansätzen in den Konzernabschluß zu übernehmen. ²Wertansätze, die auf der Anwendung von für Kreditinstitute oder Versicherungsunternehmen wegen der Besonderheiten des Geschäftszweigs geltenden Vorschriften beruhen, dürfen beibehalten werden; auf die Anwendung dieser Ausnahme ist im Konzernanhang hinzuweisen. ³Eine einheitliche Bewertung nach Satz 1 braucht nicht vorgenommen zu werden, wenn ihre Auswirkungen für die Vermittlung eines den tatsächlichen Verhältnissen entsprechenden Bildes der Vermögens-, Finanz- und Ertragslage des Konzerns nur von untergeordneter Bedeutung sind. ⁴Darüber hinaus sind Abweichungen in Ausnahmefällen zulässig; sie sind im Konzernanhang anzugeben und zu begründen.

(3) ¹Wurden in den Konzernabschluß zu übernehmende Vermögensgegenstände oder Schulden im Jahresabschluß eines in den Konzernabschluß einbezogenen Unternehmens mit einem nur nach Steuerrecht zulässigen Wert angesetzt, weil dieser Wertansatz sonst nicht bei der steuerrechtlichen Gewinnermittlung berücksichtigt werden würde, oder ist aus diesem Grunde auf der Passivseite ein Sonderposten gebildet worden, so dürfen diese Wertansätze unverändert in den Konzernabschluß übernommen werden. ²Der Betrag der im Geschäftsjahr nach Satz 1 in den Jahresabschlüssen vorgenommenen Abschreibungen, Wertberichtigungen und Einstellungen in Sonderposten sowie der Betrag der unterlassenen Zuschreibungen sind im Konzernanhang anzugeben; die Maßnahmen sind zu begründen.

§ 309.* Behandlung des Unterschiedsbetrags. (1) ¹Ein nach § 301 Abs. 3 auszuweisender Geschäfts- oder Firmenwert ist in jedem folgenden Geschäftsjahr zu mindestens einem Viertel durch Abschreibungen zu tilgen. ²Die Abschreibung des Geschäfts- oder Firmenwerts kann aber auch planmäßig auf die Geschäftsjahre verteilt werden, in denen er voraussichtlich genutzt werden kann. ³Der Geschäfts- oder Firmenwert darf auch offen mit den Rücklagen verrechnet werden.

(2) Ein nach § 301 Abs. 3 auf der Passivseite auszuweisender Unterschiedsbetrag darf ergebniswirksam nur aufgelöst werden, soweit

1. eine zum Zeitpunkt des Erwerbs der Anteile oder der erstmaligen Konsolidierung erwartete ungünstige Entwicklung der künftigen Ertragslage des Unternehmens eingetreten ist oder zu diesem Zeitpunkt erwartete Aufwendungen zu berücksichtigen sind oder
2. am Abschlußstichtag feststeht, daß er einem realisierten Gewinn entspricht.

---

* Drittes Buch (§§ 238 bis 339) eingefügt durch Bilanzrichtlinien-Gesetz vom 19. 12. 1985 (BGBl. I S. 2355).

2. Abschnitt. Vorschriften für Kapitalgesellschaften §§ 310–312 **HGB 1**

Sechster Titel. Anteilmäßige Konsolidierung

§ 310.* (1) Führt ein in einen Konzernabschluß einbezogenes Mutter- oder Tochterunternehmen ein anderes Unternehmen gemeinsam mit einem oder mehreren nicht in den Konzernabschluß einbezogenen Unternehmen, so darf das andere Unternehmen in den Konzernabschluß entsprechend den Anteilen am Kapital einbezogen werden, die dem Mutterunternehmen gehören.

(2) Auf die anteilmäßige Konsolidierung sind die §§ 297 bis 301, §§ 303 bis 306, 308, 309 entsprechend anzuwenden.

Siebenter Titel. Assoziierte Unternehmen

§ 311.* Definition. Befreiung. (1) ¹Wird von einem in den Konzernabschluß einbezogenen Unternehmen ein maßgeblicher Einfluß auf die Geschäfts- und Finanzpolitik eines nicht einbezogenen Unternehmens, an dem das Unternehmen nach § 271 Abs. 1 beteiligt ist, ausgeübt (assoziiertes Unternehmen), so ist diese Beteiligung in der Konzernbilanz unter einem besonderen Posten mit entsprechender Bezeichnung auszuweisen. ²Ein maßgeblicher Einfluß wird vermutet, wenn ein Unternehmen bei einem anderen Unternehmen mindestens den fünften Teil der Stimmrechte der Gesellschafter innehat.

(2) Auf eine Beteiligung an einem assoziierten Unternehmen brauchen Absatz 1 und § 312 nicht angewendet zu werden, wenn die Beteiligung für die Vermittlung eines den tatsächlichen Verhältnissen entsprechenden Bildes der Vermögens-, Finanz- und Ertragslage des Konzerns von untergeordneter Bedeutung ist.

§ 312.* Wertansatz der Beteiligung und Behandlung des Unterschiedsbetrags. (1) ¹Eine Beteiligung an einem assoziierten Unternehmen ist in der Konzernbilanz

1. entweder mit dem Buchwert oder
2. mit dem Betrag, der dem anteiligen Eigenkapital des assoziierten Unternehmens entspricht,

anzusetzen. ²Bei Ansatz mit dem Buchwert nach Satz 1 Nr. 1 ist der Unterschiedsbetrag zwischen diesem Wert und dem anteiligen Eigenkapital des assoziierten Unternehmens bei erstmaliger Anwendung in der Konzernbilanz zu vermerken oder im Konzernanhang anzugeben. ³Bei Ansatz mit dem anteiligen Eigenkapital nach Satz 1 Nr. 2 ist das Eigenkapital mit dem Betrag anzusetzen, der sich ergibt, wenn die Vermögensgegenstände, Schulden, Rechnungsabgrenzungsposten, Bilanzierungshilfen und Sonderposten des assoziierten Unternehmens mit dem Wert angesetzt werden, der ihnen an dem nach Absatz 3 gewählten Zeitpunkt beizulegen ist, jedoch darf dieser Betrag die Anschaffungskosten für die Anteile an dem assoziierten Unternehmen nicht überschreiten; der Unterschiedsbetrag zwischen diesem Wertansatz und dem Buchwert der Beteiligung ist bei erstmaliger Anwendung in der Konzernbilanz gesondert auszuweisen oder im Konzernanhang anzugeben. ⁴Die angewandte Methode ist im Konzernanhang anzugeben.

(2) ¹Der Unterschiedsbetrag nach Absatz 1 Satz 2 ist den Wertansätzen von Vermögensgegenständen und Schulden des assoziierten Unternehmens insoweit zuzu-

---

* Drittes Buch (§§ 238 bis 339) eingefügt durch Bilanzrichtlinien-Gesetz vom 19. 12. 1985 (BGBl. I S. 2355).

1 HGB § 313 3. Buch. Handelsbücher

ordnen, als deren Wert höher oder niedriger ist als der bisherige Wertansatz. ²Der nach Satz 1 zugeordnete oder der sich nach Absatz 1 Satz 1 Nr. 2 ergebende Betrag ist entsprechend der Behandlung der Wertansätze dieser Vermögensgegenstände und Schulden im Jahresabschluß des assoziierten Unternehmens im Konzernabschluß fortzuführen, abzuschreiben oder aufzulösen. ³Auf einen nach Zuordnung nach Satz 1 verbleibenden Unterschiedsbetrag und einen Unterschiedsbetrag nach Absatz 1 Satz 3 zweiter Halbsatz ist § 309 entsprechend anzuwenden.

(3) ¹Der Wertansatz der Beteiligung und die Unterschiedsbeträge werden auf der Grundlage der Wertansätze zum Zeitpunkt des Erwerbs der Anteile oder der erstmaligen Einbeziehung des assoziierten Unternehmens in den Konzernabschluß oder beim Erwerb der Anteile zu verschiedenen Zeitpunkten zu dem Zeitpunkt, zu dem das Unternehmen assoziiertes Unternehmen geworden ist, ermittelt. ²Der gewählte Zeitpunkt ist im Konzernanhang anzugeben.

(4) ¹Der nach Absatz 1 ermittelte Wertansatz einer Beteiligung ist in den Folgejahren um den Betrag der Eigenkapitalveränderungen, die den dem Mutterunternehmen gehörenden Anteilen am Kapital des assoziierten Unternehmens entsprechen, zu erhöhen oder zu vermindern; auf die Beteiligung entfallende Gewinnausschüttungen sind abzusetzen. ²In der Konzern-Gewinn- und Verlustrechnung ist das auf assoziierte Beteiligungen entfallende Ergebnis unter einem gesonderten Posten auszuweisen.

(5) ¹Wendet das assoziierte Unternehmen in seinem Jahresabschluß vom Konzernabschluß abweichende Bewertungsmethoden an, so können abweichend bewertete Vermögensgegenstände oder Schulden für die Zwecke der Absätze 1 bis 4 nach den auf den Konzernabschluß angewandten Bewertungsmethoden bewertet werden. ²Wird die Bewertung nicht angepaßt, so ist dies im Konzernanhang anzugeben. ³§ 304 über die Behandlung der Zwischenergebnisse ist entsprechend anzuwenden, soweit die für die Beurteilung maßgeblichen Sachverhalte bekannt oder zugänglich sind. ⁴Die Zwischenergebnisse dürfen auch anteilig entsprechend den dem Mutterunternehmen gehörenden Anteilen am Kapital des assoziierten Unternehmens weggelassen werden.

(6) ¹Es ist jeweils der letzte Jahresabschluß des assoziierten Unternehmens zugrunde zu legen. ²Stellt das assoziierte Unternehmen einen Konzernabschluß auf, so ist von diesem und nicht vom Jahresabschluß des assoziierten Unternehmens auszugehen.

Achter Titel. Konzernanhang

§ 313.* **Erläuterung der Konzernbilanz und der Konzern-Gewinn- und Verlustrechnung. Angaben zum Beteiligungsbesitz.** (1) ¹In den Konzernanhang sind diejenigen Angaben aufzunehmen, die zu einzelnen Posten der Konzernbilanz oder der Konzern-Gewinn- und Verlustrechnung vorgeschrieben oder die im Konzernanhang zu machen sind, weil sie in Ausübung eines Wahlrechts nicht in die Konzernbilanz oder in die Konzern-Gewinn- und Verlustrechnung aufgenommen wurden. ²Im Konzernanhang müssen

1. die auf die Posten der Konzernbilanz und der Konzern-Gewinn- und Verlustrechnung angewandten Bilanzierungs- und Bewertungsmethoden angegeben werden;

---

* Drittes Buch (§§ 238 bis 339) eingefügt durch Bilanzrichtlinien-Gesetz vom 19. 12. 1985 (BGBl. I S. 2355).

2. Abschnitt. Vorschriften für Kapitalgesellschaften § 313 HGB 1

2. die Grundlagen für die Umrechnung in Deutsche Mark angegeben werden, sofern der Konzernabschluß Posten enthält, denen Beträge zugrunde liegen, die auf fremde Währung lauten oder ursprünglich auf fremde Währung lauteten;
3. Abweichungen von Bilanzierungs-, Bewertungs- und Konsolidierungsmethoden angegeben und begründet werden; deren Einfluß auf die Vermögens-, Finanz- und Ertragslage des Konzerns ist gesondert darzustellen.

(2) Im Konzernanhang sind außerdem anzugeben:
1. [1]Name und Sitz der in den Konzernabschluß einbezogenen Unternehmen, der Anteil am Kapital der Tochterunternehmen, der dem Mutterunternehmen und den in den Konzernabschluß einbezogenen Tochterunternehmen gehört oder von einer für Rechnung dieser Unternehmen handelnden Person gehalten wird, sowie der zur Einbeziehung in den Konzernabschluß verpflichtende Sachverhalt, sofern die Einbeziehung nicht auf einer der Kapitalbeteiligung entsprechenden Mehrheit der Stimmrechte beruht. [2]Diese Angaben sind auch für Tochterunternehmen zu machen, die nach den §§ 295, 296 nicht einbezogen worden sind;
2. [1]Name und Sitz der assoziierten Unternehmen, der Anteil am Kapital der assoziierten Unternehmen, der dem Mutterunternehmen und den in den Konzernabschluß einbezogenen Tochterunternehmen gehört oder von einer für Rechnung dieser Unternehmen handelnden Person gehalten wird. [2]Die Anwendung des § 311 Abs. 2 ist jeweils anzugeben und zu begründen;
3. Name und Sitz der Unternehmen, die nach § 310 nur anteilmäßig in den Konzernabschluß einbezogen worden sind, der Tatbestand, aus dem sich die Anwendung dieser Vorschrift ergibt, sowie der Anteil am Kapital dieser Unternehmen, der dem Mutterunternehmen und den in den Konzernabschluß einbezogenen Tochterunternehmen gehört oder von einer für Rechnung dieser Unternehmen handelnden Person gehalten wird;
4. [1]Name und Sitz anderer als der unter den Nummern 1 bis 3 bezeichneten Unternehmen, bei denen das Mutterunternehmen, ein Tochterunternehmen oder eine für Rechnung eines dieser Unternehmen handelnde Person mindestens den fünften Teil der Anteile besitzt, unter Angabe des Anteils am Kapital sowie der Höhe des Eigenkapitals und des Ergebnisses des letzten Geschäftsjahrs, für das ein Abschluß aufgestellt worden ist. [2]Diese Angaben brauchen nicht gemacht zu werden, wenn sie für die Vermittlung eines den tatsächlichen Verhältnissen entsprechenden Bildes der Vermögens-, Finanz- und Ertragslage des Konzerns von untergeordneter Bedeutung sind. [3]Das Eigenkapital und das Ergebnis brauchen nicht angegeben zu werden, wenn das in Anteilsbesitz stehende Unternehmen seinen Jahresabschluß nicht offenzulegen hat und das Mutterunternehmen, das Tochterunternehmen oder die Person weniger als die Hälfte der Anteile an diesem Unternehmen besitzt.

(3) [1]Die in Absatz 2 verlangten Angaben brauchen insoweit nicht gemacht zu werden, als nach vernünftiger kaufmännischer Beurteilung damit gerechnet werden muß, daß durch die Angaben dem Mutterunternehmen, einem Tochterunternehmen oder einem anderen in Absatz 2 bezeichneten Unternehmen erhebliche Nachteile entstehen können. [2]Die Anwendung der Ausnahmeregelung ist im Konzernanhang anzugeben.

(4) [1]Die in Absatz 2 verlangten Angaben dürfen statt im Anhang auch in einer Aufstellung des Anteilsbesitzes gesondert gemacht werden. [2]Die Aufstellung ist Bestandteil des Anhangs. [3]Auf die besondere Aufstellung des Anteilsbesitzes und den Ort ihrer Hinterlegung ist im Anhang hinzuweisen.

§ 314.* Sonstige Pflichtangaben. (1) Im Konzernanhang sind ferner anzugeben:
1. der Gesamtbetrag der in der Konzernbilanz ausgewiesenen Verbindlichkeiten mit einer Restlaufzeit von mehr als fünf Jahren sowie der Gesamtbetrag der in der Konzernbilanz ausgewiesenen Verbindlichkeiten, die von in den Konzernabschluß einbezogenen Unternehmen durch Pfandrechte oder ähnliche Rechte gesichert sind, unter Angabe von Art und Form der Sicherheiten;
2. der Gesamtbetrag der sonstigen finanziellen Verpflichtungen, die nicht in der Konzernbilanz erscheinen oder nicht nach § 298 Abs. 1 in Verbindung mit § 251 anzugeben sind, sofern diese Angabe für die Beurteilung der Finanzlage des Konzerns von Bedeutung ist; davon sind von den Haftungsverhältnissen nach § 251 sind Verpflichtungen gegenüber Tochterunternehmen, die nicht in den Konzernabschluß einbezogen werden, jeweils gesondert anzugeben;
3. die Aufgliederung der Umsatzerlöse nach Tätigkeitsbereichen sowie nach geographisch bestimmten Märkten, soweit sich, unter Berücksichtigung der Organisation des Verkaufs von für die gewöhnliche Geschäftstätigkeit des Konzerns typischen Erzeugnissen und der für die gewöhnliche Geschäftstätigkeit des Konzerns typischen Dienstleistungen, die Tätigkeitsbereiche und geographisch bestimmten Märkte untereinander erheblich unterscheiden;
4. die durchschnittliche Zahl der Arbeitnehmer der in den Konzernabschluß einbezogenen Unternehmen während des Geschäftsjahrs, getrennt nach Gruppen, sowie der in dem Geschäftsjahr verursachte Personalaufwand, sofern er nicht gesondert in der Konzern-Gewinn- und Verlustrechnung ausgewiesen ist; die durchschnittliche Zahl der Arbeitnehmer von nach § 310 nur anteilmäßig einbezogenen Unternehmen ist gesondert anzugeben;
5. das Ausmaß, in dem das Jahresergebnis des Konzerns dadurch beeinflußt wurde, daß bei Vermögensgegenständen im Geschäftsjahr oder in früheren Geschäftsjahren Abschreibungen nach den §§ 254, 280 Abs. 2 oder in entsprechender Anwendung auf Grund steuerrechtlicher Vorschriften vorgenommen oder beibehalten wurden oder ein Sonderposten nach § 273 oder in entsprechender Anwendung gebildet wurde; ferner das Ausmaß erheblicher künftiger Belastungen, die sich für den Konzern aus einer solchen Bewertung ergeben;
6. für die Mitglieder des Geschäftsführungsorgans, eines Aufsichtsrats, eines Beirats oder einer ähnlichen Einrichtung des Mutterunternehmens, jeweils für jede Personengruppe:
    a) die für die Wahrnehmung ihrer Aufgaben im Mutterunternehmen und den Tochterunternehmen im Geschäftsjahr gewährten Gesamtbezüge (Gehälter, Gewinnbeteiligungen, Aufwandsentschädigungen, Versicherungsentgelte, Provisionen und Nebenleistungen jeder Art). In die Gesamtbezüge sind auch Bezüge einzurechnen, die nicht ausgezahlt, sondern in Ansprüche anderer Art umgewandelt oder zur Erhöhung anderer Ansprüche verwendet werden. Außer den Bezügen für das Geschäftsjahr sind die weiteren Bezüge anzugeben, die im Geschäftsjahr gewährt, bisher aber in keinem Konzernabschluß angegeben worden sind;
    b) die für die Wahrnehmung ihrer Aufgaben im Mutterunternehmen und den Tochterunternehmen gewährten Gesamtbezüge (Abfindungen, Ruhegehäl-

---

* Drittes Buch (§§ 238 bis 339) eingefügt durch Bilanzrichtlinien-Gesetz vom 19. 12. 1985 (BGBl. I S. 2355).

2. Abschnitt. Vorschriften für Kapitalgesellschaften   §§ 315, 316   HGB 1

ter, Hinterbliebenenbezüge und Leistungen verwandter Art) der früheren Mitglieder der bezeichneten Organe und ihrer Hinterbliebenen; Buchstabe a Satz 2 und 3 ist entsprechend anzuwenden. Ferner ist der Betrag der für diese Personengruppe gebildeten Rückstellungen für laufende Pensionen und Anwartschaften auf Pensionen und der Betrag der für diese Verpflichtungen nicht gebildeten Rückstellungen anzugeben;

c) die vom Mutterunternehmen und den Tochterunternehmen gewährten Vorschüsse und Kredite unter Angabe der Zinssätze, der wesentlichen Bedingungen und der gegebenenfalls im Geschäftsjahr zurückgezahlten Beträge sowie die zugunsten dieser Personengruppen eingegangenen Haftungsverhältnisse;

7. der Bestand an Anteilen an dem Mutterunternehmen, die das Mutterunternehmen oder ein Tochterunternehmen oder ein anderer für Rechnung eines in den Konzernabschluß einbezogenen Unternehmens erworben oder als Pfand genommen hat; dabei sind die Zahl und der Nennbetrag dieser Anteile sowie deren Anteil am Kapital anzugeben.

(2) ¹Die Umsatzerlöse brauchen nicht nach Absatz 1 Nr. 3 aufgegliedert zu werden, soweit nach vernünftiger kaufmännischer Beurteilung damit gerechnet werden muß, daß durch die Aufgliederung einem in den Konzernabschluß einbezogenen Unternehmen erhebliche Nachteile entstehen. ²Die Anwendung der Ausnahme ist im Konzernanhang anzugeben.

Neunter Titel. Konzernlagebericht*

§ 315.** (1) Im Konzernlagebericht sind zumindest der Geschäftsverlauf und die Lage des Konzerns so darzustellen, daß ein den tatsächlichen Verhältnissen entsprechendes Bild vermittelt wird.

(2) Der Konzernlagebericht soll auch eingehen auf:

1. Vorgänge von besonderer Bedeutung, die nach dem Schluß des Konzerngeschäftsjahrs eingetreten sind;
2. die voraussichtliche Entwicklung des Konzerns;
3. den Bereich Forschung und Entwicklung des Konzerns.

(3) § 298 Abs. 3 über die Zusammenfassung von Konzernanhang und Anhang ist entsprechend anzuwenden.

Dritter Unterabschnitt. Prüfung

§ 316.** **Pflicht zur Prüfung.** (1) ¹Der Jahresabschluß und der Lagebericht von Kapitalgesellschaften, die nicht kleine im Sinne des § 267 Abs. 1 sind, sind durch einen Abschlußprüfer zu prüfen. ²Hat keine Prüfung stattgefunden, so kann der Jahresabschluß nicht festgestellt werden.

(2) Der Konzernabschluß und der Konzernlagebericht von Kapitalgesellschaften sind durch einen Abschlußprüfer zu prüfen.

(3) ¹Werden der Jahresabschluß, der Konzernabschluß, der Lagebericht oder der Konzernlagebericht nach Vorlage des Prüfungsberichts geändert, so hat der Abschlußprüfer diese Unterlagen erneut zu prüfen, soweit es die Änderung erfordert. ²Über das Ergebnis der Prüfung ist zu berichten; der Bestätigungsvermerk ist entsprechend zu ergänzen.

---

* Beachte hierzu jedoch die Übergangsvorschriften in Art. 23 EGHGB; abgedruckt unter Nr. 2.
** Drittes Buch (§§ 238 bis 339) eingefügt durch Bilanzrichtlinien-Gesetz vom 19. 12. 1985 (BGBl. I S. 2355).

§ 317.* Gegenstand und Umfang der Prüfung. (1) ¹In die Prüfung des Jahresabschlusses ist die Buchführung einzubeziehen. ²Die Prüfung des Jahresabschlusses und des Konzernabschlusses hat sich darauf zu erstrecken, ob die gesetzlichen Vorschriften und sie ergänzende Bestimmungen des Gesellschaftsvertrags oder der Satzung beachtet sind. ³Der Lagebericht und der Konzernlagebericht sind darauf zu prüfen, ob der Lagebericht mit dem Jahresabschluß und der Konzernlagebericht mit dem Konzernabschluß in Einklang stehen und ob die sonstigen Angaben im Lagebericht nicht eine falsche Vorstellung von der Lage des Unternehmens und im Konzernlagebericht von der Lage des Konzerns erwecken.

(2) ¹Der Abschlußprüfer des Konzernabschlusses hat auch die im Konzernabschluß zusammengefaßten Jahresabschlüsse darauf zu prüfen, ob sie den Grundsätzen ordnungsmäßiger Buchführung entsprechen und ob die für die Übernahme in den Konzernabschluß maßgeblichen Vorschriften beachtet sind. ²Dies gilt nicht für Jahresabschlüsse, die auf Grund gesetzlicher Vorschriften nach diesem Unterabschnitt oder ohne gesetzliche Verpflichtung nach den Grundsätzen dieses Unterabschnitts geprüft worden sind. ³Satz 2 ist entsprechend auf die Jahresabschlüsse von in den Konzernabschluß einbezogenen Tochterunternehmen mit Sitz im Ausland anzuwenden; sind diese Jahresabschlüsse nicht von einem in Übereinstimmung mit den Vorschriften der Richtlinie 84/253/EWG zugelassenen Abschlußprüfer geprüft worden, so gilt dies jedoch nur, wenn der Abschlußprüfer eine den Anforderungen dieser Richtlinie gleichwertige Befähigung hat und der Jahresabschluß in einer den Anforderungen dieses Unterabschnitts entsprechenden Weise geprüft worden ist.

§ 318.* Bestellung und Abberufung des Abschlußprüfers. (1) ¹Der Abschlußprüfer des Jahresabschlusses wird von den Gesellschaftern gewählt; den Abschlußprüfer des Konzernabschlusses wählen die Gesellschafter des Mutterunternehmens. ²Bei Gesellschaften mit beschränkter Haftung kann der Gesellschaftsvertrag etwas anderes bestimmen. ³Der Abschlußprüfer soll jeweils vor Ablauf des Geschäftsjahrs gewählt werden, auf das sich seine Prüfungstätigkeit erstreckt. ⁴Die gesetzlichen Vertreter haben unverzüglich nach der Wahl den Prüfungsauftrag zu erteilen. ⁵Der Prüfungsauftrag kann nur widerrufen werden, wenn nach Absatz 3 ein anderer Prüfer bestellt worden ist.

(2) ¹Als Abschlußprüfer des Konzernabschlusses gilt, wenn kein anderer Prüfer bestellt wird, der Prüfer als bestellt, der für die Prüfung des in den Konzernabschluß einbezogenen Jahresabschlusses des Mutterunternehmens bestellt worden ist. ²Erfolgt die Einbeziehung auf Grund eines Zwischenabschlusses, so gilt, wenn kein anderer Prüfer bestellt wird, der Prüfer als bestellt, der für die Prüfung des letzten vor dem Konzernabschlußstichtag aufgestellten Jahresabschlusses des Mutterunternehmens bestellt worden ist.

(3) ¹Auf Antrag der gesetzlichen Vertreter, des Aufsichtsrats oder von Gesellschaftern, bei Aktiengesellschaften und Kommanditgesellschaften auf Aktien jedoch nur, wenn die Anteile dieser Gesellschafter zusammen den zehnten Teil des Grundkapitals oder den Nennbetrag von zwei Millionen Deutsche Mark erreichen, hat das Gericht nach Anhörung der Beteiligten und des gewählten Prüfers einen anderen Abschlußprüfer zu bestellen, wenn dies aus einem in der Person des gewählten Prüfers liegenden Grund geboten erscheint, insbesondere wenn Besorg-

---

* Drittes Buch (§§ 238 bis 339) eingefügt durch Bilanzrichtlinien-Gesetz vom 19. 12. 1985 (BGBl. I S. 2355).

2. Abschnitt. Vorschriften für Kapitalgesellschaften § 319 HGB 1

nis der Befangenheit besteht. ²Der Antrag ist binnen zwei Wochen seit dem Tage der Wahl des Abschlußprüfers zu stellen; Aktionäre können den Antrag nur stellen, wenn sie gegen die Wahl des Abschlußprüfers bei der Beschlußfassung Widerspruch erklärt haben. ³Stellen Aktionäre den Antrag, so haben sie glaubhaft zu machen, daß sie seit mindestens drei Monaten vor dem Tage der Hauptversammlung Inhaber der Aktien sind. ⁴Zur Glaubhaftmachung genügt eine eidesstattliche Versicherung vor einem Notar. ⁵Unterliegt die Gesellschaft einer staatlichen Aufsicht, so kann auch die Aufsichtsbehörde den Antrag stellen. ⁶Gegen die Entscheidung ist die sofortige Beschwerde zulässig.

(4) ¹Ist der Abschlußprüfer bis zum Ablauf des Geschäftsjahrs nicht gewählt worden, so hat das Gericht auf Antrag der gesetzlichen Vertreter, des Aufsichtsrats oder eines Gesellschafters den Abschlußprüfer zu bestellen. ²Gleiches gilt, wenn ein gewählter Abschlußprüfer die Annahme des Prüfungsauftrags abgelehnt hat, weggefallen ist oder am rechtzeitigen Abschluß der Prüfung verhindert ist und ein anderer Abschlußprüfer nicht gewählt worden ist. ³Die gesetzlichen Vertreter sind verpflichtet, den Antrag zu stellen. ⁴Gegen die Entscheidung des Gerichts findet die sofortige Beschwerde statt; die Bestellung des Abschlußprüfers ist unanfechtbar.

(5) ¹Der vom Gericht bestellte Abschlußprüfer hat Anspruch auf Ersatz angemessener barer Auslagen und auf Vergütung für seine Tätigkeit. ²Die Auslagen und die Vergütung setzt das Gericht fest. ³Gegen die Entscheidung ist die sofortige Beschwerde zulässig. ⁴Die weitere Beschwerde ist ausgeschlossen. ⁵Aus der rechtskräftigen Entscheidung findet die Zwangsvollstreckung nach der Zivilprozeßordnung statt.

(6) ¹Ein von dem Abschlußprüfer angenommener Prüfungsauftrag kann von dem Abschlußprüfer nur aus wichtigem Grund gekündigt werden. ²Als wichtiger Grund ist es nicht anzusehen, wenn Meinungsverschiedenheiten über den Inhalt des Bestätigungsvermerks, seine Einschränkung oder Versagung bestehen. ³Die Kündigung ist schriftlich zu begründen. ⁴Der Abschlußprüfer hat über das Ergebnis seiner bisherigen Prüfung zu berichten; § 321 ist entsprechend anzuwenden.

(7) ¹Kündigt der Abschlußprüfer den Prüfungsauftrag nach Absatz 6, so haben die gesetzlichen Vertreter die Kündigung dem Aufsichtsrat, der nächsten Hauptversammlung oder bei Gesellschaften mit beschränkter Haftung den Gesellschaftern mitzuteilen. ²Den Bericht des bisherigen Abschlußprüfers haben die gesetzlichen Vertreter unverzüglich dem Aufsichtsrat vorzulegen. ³Jedes Aufsichtsratsmitglied hat das Recht, von dem Bericht Kenntnis zu nehmen. ⁴Der Bericht ist auch jedem Aufsichtsratsmitglied auf Verlangen auszuhändigen, soweit der Aufsichtsrat nichts anderes beschlossen hat.

§ 319.* ** Auswahl der Abschlußprüfer. (1) ¹Abschlußprüfer können Wirtschaftsprüfer und Wirtschaftsprüfungsgesellschaften sein. ²Abschlußprüfer von Jahresabschlüssen und Lageberichten mittelgroßer Gesellschaften mit beschränkter Haftung (§ 267 Abs. 2) können auch vereidigte Buchprüfer und Buchprüfungsgesellschaften sein.

(2) Ein Wirtschaftsprüfer oder vereidigter Buchprüfer darf nicht Abschlußprüfer sein, wenn er oder eine Person, mit der er seinen Beruf gemeinsam ausübt,
1. Anteile an der zu prüfenden Kapitalgesellschaft besitzt;

---
* Drittes Buch (§§ 238 bis 339) eingefügt durch Bilanzrichtlinien-Gesetz vom 19. 12. 1985 (BGBl. I S. 2355).
** Beachte hierzu auch die Übergangsvorschriften in Art. 25 und 26 EGHGB; abgedruckt unter Nr. 2.

1 HGB § 319   3. Buch. Handelsbücher

2. gesetzlicher Vertreter oder Mitglied des Aufsichtsrats oder Arbeitnehmer der zu prüfenden Kapitalgesellschaft ist oder in den letzten drei Jahren vor seiner Bestellung war;
3. gesetzlicher Vertreter oder Mitglied des Aufsichtsrats einer juristischen Person, Gesellschafter einer Personengesellschaft oder Inhaber eines Unternehmens ist, sofern die juristische Person, die Personengesellschaft oder das Einzelunternehmen mit der zu prüfenden Kapitalgesellschaft verbunden ist oder von dieser mehr als zwanzig vom Hundert der Anteile besitzt;
4. Arbeitnehmer eines Unternehmens ist, das mit der zu prüfenden Kapitalgesellschaft verbunden ist oder an dieser mehr als zwanzig vom Hundert der Anteile besitzt, oder Arbeitnehmer einer natürlichen Person ist, die an der zu prüfenden Kapitalgesellschaft mehr als zwanzig vom Hundert der Anteile besitzt;
5. bei der Führung der Bücher oder der Aufstellung des zu prüfenden Jahresabschlusses der Kapitalgesellschaft über die Prüfungstätigkeit hinaus mitgewirkt hat;
6. gesetzlicher Vertreter, Arbeitnehmer, Mitglied des Aufsichtsrats oder Gesellschafter einer juristischen oder natürlichen Person oder einer Personengesellschaft oder Inhaber eines Unternehmens ist, sofern die juristische oder natürliche Person, die Personengesellschaft oder einer ihrer Gesellschafter oder das Einzelunternehmen nach Nummer 5 nicht Abschlußprüfer der zu prüfenden Kapitalgesellschaft sein darf;
7. bei der Prüfung eine Person beschäftigt, die nach den Nummern 1 bis 6 nicht Abschlußprüfer sein darf;
8. in den letzten fünf Jahren jeweils mehr als die Hälfte der Gesamteinnahmen aus seiner beruflichen Tätigkeit aus der Prüfung und Beratung der zu prüfenden Kapitalgesellschaft und von Unternehmen, an denen die zu prüfende Kapitalgesellschaft mehr als zwanzig vom Hundert der Anteile besitzt, bezogen hat und dies auch im laufenden Geschäftsjahr zu erwarten ist; zur Vermeidung von Härtefällen kann die Wirtschaftsprüferkammer befristete Ausnahmegenehmigungen erteilen.

(3) Eine Wirtschaftsprüfungsgesellschaft oder Buchprüfungsgesellschaft darf nicht Abschlußprüfer sein, wenn

1. sie Anteile an der zu prüfenden Kapitalgesellschaft besitzt oder mit dieser verbunden ist oder wenn ein mit ihr verbundenes Unternehmen an der zu prüfenden Kapitalgesellschaft mehr als zwanzig vom Hundert der Anteile besitzt oder mit dieser verbunden ist;
2. sie nach Absatz 2 Nr. 6 als Gesellschafter einer juristischen Person oder einer Personengesellschaft oder nach Absatz 2 Nr. 5, 7 oder 8 nicht Abschlußprüfer sein darf;
3. bei einer Wirtschaftsprüfungsgesellschaft oder Buchprüfungsgesellschaft, die juristische Person ist, ein gesetzlicher Vertreter oder ein Gesellschafter, der fünfzig vom Hundert oder mehr der den Gesellschaftern zustehenden Stimmrechte besitzt, oder bei anderen Wirtschaftsprüfungsgesellschaften oder Buchprüfungsgesellschaften ein Gesellschafter nach Absatz 2 Nr. 1 bis 4 nicht Abschlußprüfer sein darf;
4. einer ihrer gesetzlichen Vertreter oder einer ihrer Gesellschafter nach Absatz 2 Nr. 5 oder 6 nicht Abschlußprüfer sein darf oder
5. eines ihrer Aufsichtsratsmitglieder nach Absatz 2 Nr. 2 oder 5 nicht Abschlußprüfer sein darf.

2. Abschnitt. Vorschriften für Kapitalgesellschaften §§ 320–322 **HGB 1**

(4) Die Absätze 2 und 3 sind auf den Abschlußprüfer des Konzernabschlusses entsprechend anzuwenden.

§ 320.* **Vorlagepflicht. Auskunftsrecht.** (1) ¹Die gesetzlichen Vertreter der Kapitalgesellschaft haben dem Abschlußprüfer den Jahresabschluß und den Lagebericht unverzüglich nach der Aufstellung vorzulegen. ²Sie haben ihm zu gestatten, die Bücher und Schriften der Kapitalgesellschaft sowie die Vermögensgegenstände und Schulden, namentlich die Kasse und die Bestände an Wertpapieren und Waren, zu prüfen.

(2) ¹Der Abschlußprüfer kann von den gesetzlichen Vertretern alle Aufklärungen und Nachweise verlangen, die für eine sorgfältige Prüfung notwendig sind. ²Soweit es die Vorbereitung der Abschlußprüfung erfordert, hat der Abschlußprüfer die Rechte nach Absatz 1 Satz 2 und nach Satz 1 auch schon vor Aufstellung des Jahresabschlusses. ³Soweit es für eine sorgfältige Prüfung notwendig ist, hat der Abschlußprüfer die Rechte nach den Sätzen 1 und 2 auch gegenüber Mutter- und Tochterunternehmen.

(3) ¹Die gesetzlichen Vertreter einer Kapitalgesellschaft, die einen Konzernabschluß aufzustellen hat, haben dem Abschlußprüfer des Konzernabschlusses den Konzernabschluß, den Konzernlagebericht, die Jahresabschlüsse, Lageberichte und, wenn eine Prüfung stattgefunden hat, die Prüfungsberichte des Mutterunternehmens und der Tochterunternehmen vorzulegen. ²Der Abschlußprüfer hat die Rechte nach Absatz 1 Satz 2 und nach Absatz 2 bei dem Mutterunternehmen und den Tochterunternehmen, die Rechte nach Absatz 2 auch gegenüber den Abschlußprüfern des Mutterunternehmens und der Tochterunternehmen.

§ 321.* **Prüfungsbericht.** (1) ¹Der Abschlußprüfer hat über das Ergebnis der Prüfung schriftlich zu berichten. ²Im Bericht ist besonders festzustellen, ob die Buchführung, der Jahresabschluß, der Lagebericht, der Konzernabschluß und der Konzernlagebericht den gesetzlichen Vorschriften entsprechen und die gesetzlichen Vertreter die verlangten Aufklärungen und Nachweise erbracht haben. ³Die Posten des Jahresabschlusses sind aufzugliedern und ausreichend zu erläutern. ⁴Nachteilige Veränderungen der Vermögens-, Finanz- und Ertragslage gegenüber dem Vorjahr und Verluste, die das Jahresergebnis nicht unwesentlich beeinflußt haben, sind aufzuführen und ausreichend zu erläutern.

(2) Stellt der Abschlußprüfer bei Wahrnehmung seiner Aufgaben Tatsachen fest, die den Bestand eines geprüften Unternehmens gefährden oder seine Entwicklung wesentlich beeinträchtigen können oder die schwerwiegende Verstöße der gesetzlichen Vertreter gegen Gesetz, Gesellschaftsvertrag oder Satzung erkennen lassen, so hat er auch darüber zu berichten.

(3) Der Abschlußprüfer hat den Bericht zu unterzeichnen und den gesetzlichen Vertretern vorzulegen.

§ 322.* **Bestätigungsvermerk.** (1) Sind nach dem abschließenden Ergebnis der Prüfung keine Einwendungen zu erheben, so hat der Abschlußprüfer dies durch folgenden Vermerk zum Jahresabschluß und zum Konzernabschluß zu bestätigen: „Die Buchführung und der Jahresabschluß entsprechen/Der Konzernabschluß

---

* Drittes Buch (§§ 238 bis 339) eingefügt durch Bilanzrichtlinien-Gesetz vom 19. 12. 1985 (BGBl. I S. 2355).

entspricht nach meiner/unserer pflichtgemäßen Prüfung den gesetzlichen Vorschriften. Der Jahresabschluß/Konzernabschluß vermittelt unter Beachtung der Grundsätze ordnungsmäßiger Buchführung ein den tatsächlichen Verhältnissen entsprechendes Bild der Vermögens-, Finanz- und Ertragslage der Kapitalgesellschaft/des Konzerns. Der Lagebericht/Konzernlagebericht steht im Einklang mit dem Jahresabschluß/Konzernabschluß."

(2) ¹Der Bestätigungsvermerk ist in geeigneter Weise zu ergänzen, wenn zusätzliche Bemerkungen erforderlich erscheinen, um einen falschen Eindruck über den Inhalt der Prüfung und die Tragweite des Bestätigungsvermerks zu vermeiden. ²Auf die Übereinstimmung mit dem Gesellschaftsvertrag oder der Satzung ist hinzuweisen, wenn diese in zulässiger Weise ergänzende Vorschriften über den Jahresabschluß oder den Konzernabschluß enthalten.

(3) ¹Sind Einwendungen zu erheben, so hat der Abschlußprüfer den Bestätigungsvermerk einzuschränken oder zu versagen. ²Die Versagung ist durch einen Vermerk zum Jahresabschluß oder zum Konzernabschluß zu erklären. ³Die Einschränkung und die Versagung sind zu begründen. ⁴Einschränkungen sind so darzustellen, daß deren Tragweite deutlich erkennbar wird. ⁵Ergänzungen des Bestätigungsvermerks nach Absatz 2 sind nicht als Einschränkungen anzusehen.

(4) ¹Der Abschlußprüfer hat den Bestätigungsvermerk oder den Vermerk über seine Versagung unter Angabe von Ort und Tag zu unterzeichnen. ²Der Bestätigungsvermerk oder der Vermerk über seine Versagung ist auch in den Prüfungsbericht aufzunehmen.

§ 323.* Verantwortlichkeit des Abschlußprüfers. (1) ¹Der Abschlußprüfer, seine Gehilfen und die bei der Prüfung mitwirkenden gesetzlichen Vertreter einer Prüfungsgesellschaft sind zur gewissenhaften und unparteiischen Prüfung und zur Verschwiegenheit verpflichtet. ²Sie dürfen nicht unbefugt Geschäfts- und Betriebsgeheimnisse verwerten, die sie bei ihrer Tätigkeit erfahren haben. ³Wer vorsätzlich oder fahrlässig seine Pflichten verletzt, ist der Kapitalgesellschaft und, wenn ein verbundenes Unternehmen geschädigt worden ist, auch diesem zum Ersatz des daraus entstehenden Schadens verpflichtet. ⁴Mehrere Personen haften als Gesamtschuldner.

(2) ¹Die Ersatzpflicht von Personen, die fahrlässig gehandelt haben, beschränkt sich auf fünfhunderttausend Deutsche Mark für eine Prüfung. ²Dies gilt auch, wenn an der Prüfung mehrere Personen beteiligt gewesen oder mehrere zum Ersatz verpflichtende Handlungen begangen worden sind, und ohne Rücksicht darauf, ob andere Beteiligte vorsätzlich gehandelt haben.

(3) Die Verpflichtung zur Verschwiegenheit besteht, wenn eine Prüfungsgesellschaft Abschlußprüfer ist, auch gegenüber dem Aufsichtsrat und den Mitgliedern des Aufsichtsrats der Prüfungsgesellschaft.

(4) Die Ersatzpflicht nach diesen Vorschriften kann durch Vertrag weder ausgeschlossen noch beschränkt werden.

(5) Die Ansprüche aus diesen Vorschriften verjähren in fünf Jahren.

§ 324.* Meinungsverschiedenheiten zwischen Kapitalgesellschaft und Abschlußprüfer. (1) Bei Meinungsverschiedenheiten zwischen dem Abschluß-

---

* Drittes Buch (§§ 238 bis 339) eingefügt durch Bilanzrichtlinien-Gesetz vom 19. 12. 1985 (BGBl. I S. 2355).

2. Abschnitt. Vorschriften für Kapitalgesellschaften § 325 HGB 1

prüfer und der Kapitalgesellschaft über die Auslegung und Anwendung der gesetzlichen Vorschriften sowie von Bestimmungen des Gesellschaftsvertrags oder der Satzung über den Jahresabschluß, Lagebericht, Konzernabschluß oder Konzernlagebericht entscheidet auf Antrag des Abschlußprüfers oder der gesetzlichen Vertreter der Kapitalgesellschaft ausschließlich das Landgericht.

(2) ¹Auf das Verfahren ist das Gesetz über die Angelegenheiten der freiwilligen Gerichtsbarkeit anzuwenden. ²Das Landgericht entscheidet durch einen mit Gründen versehenen Beschluß. ³Die Entscheidung wird erst mit der Rechtskraft wirksam. ⁴Gegen die Entscheidung findet die sofortige Beschwerde statt, wenn das Landgericht sie in der Entscheidung zugelassen hat. ⁵Es soll sie nur zulassen, wenn dadurch die Klärung einer Rechtsfrage von grundsätzlicher Bedeutung zu erwarten ist. ⁶Die Beschwerde kann nur durch Einreichung einer von einem Rechtsanwalt unterzeichneten Beschwerdeschrift eingelegt werden. ⁷Über sie entscheidet das Oberlandesgericht; § 28 Abs. 2 und 3 des Gesetzes über die Angelegenheiten der freiwilligen Gerichtsbarkeit ist entsprechend anzuwenden. ⁸Die weitere Beschwerde ist ausgeschlossen. ⁹Die Landesregierung kann durch Rechtsverordnung die Entscheidung über die Beschwerde für die Bezirke mehrerer Oberlandesgerichte einem der Oberlandesgerichte oder dem Obersten Landesgericht übertragen, wenn dies der Sicherung einer einheitlichen Rechtsprechung dient. ¹⁰Die Landesregierung kann die Ermächtigung durch Rechtsverordnung auf die Landesjustizverwaltung übertragen.

(3) ¹Für die Kosten des Verfahrens gilt die Kostenordnung. ²Für das Verfahren des ersten Rechtszugs wird das Doppelte der vollen Gebühr erhoben. ³Für den zweiten Rechtszug wird die gleiche Gebühr erhoben; dies gilt auch dann, wenn die Beschwerde Erfolg hat. ⁴Wird der Antrag oder die Beschwerde zurückgenommen, bevor es zu einer Entscheidung kommt, so ermäßigt sich die Gebühr auf die Hälfte. ⁵Der Geschäftswert ist von Amts wegen festzusetzen. ⁶Er bestimmt sich nach § 30 Abs. 2 der Kostenordnung. ⁷Der Abschlußprüfer ist zur Leistung eines Kostenvorschusses nicht verpflichtet. ⁸Schuldner der Kosten ist die Kapitalgesellschaft. ⁹Die Kosten können jedoch ganz oder zum Teil dem Abschlußprüfer auferlegt werden, wenn dies der Billigkeit entspricht.

Vierter Unterabschnitt. Offenlegung (Einreichung zu einem Register, Bekanntmachung im Bundesanzeiger). Veröffentlichung und Vervielfältigung. Prüfung durch das Registergericht

§ 325.* **Offenlegung.** (1) ¹Die gesetzlichen Vertreter von Kapitalgesellschaften haben den Jahresabschluß unverzüglich nach seiner Vorlage an die Gesellschafter, jedoch spätestens vor Ablauf des neunten Monats des dem Abschlußstichtag nachfolgenden Geschäftsjahrs, mit dem Bestätigungsvermerk oder dem Vermerk über dessen Versagung zum Handelsregister des Sitzes der Kapitalgesellschaft einzureichen; gleichzeitig sind der Lagebericht, der Bericht des Aufsichtsrats und, soweit sich der Vorschlag für die Verwendung des Ergebnisses und der Beschluß über seine Verwendung aus dem eingereichten Jahresabschluß nicht ergeben, der Vorschlag für die Verwendung des Ergebnisses und der Beschluß über seine Verwendung unter Angabe des Jahresüberschusses oder Jahresfehlbetrags einzureichen. ²Die gesetzlichen Vertreter haben unverzüglich nach der Einreichung der in Satz 1

---

* Drittes Buch (§§ 238 bis 339) eingefügt durch Bilanzrichtlinien-Gesetz vom 19. 12. 1985 (BGBl. I S. 2355).

1 HGB §§ 326, 327   3. Buch. Handelsbücher

bezeichneten Unterlagen im Bundesanzeiger bekanntzumachen, bei welchem Handelsregister und unter welcher Nummer diese Unterlagen eingereicht worden sind. ³Werden zur Wahrung der Frist nach Satz 1 der Jahresabschluß und der Lagebericht ohne die anderen Unterlagen eingereicht, so sind der Bericht und der Vorschlag nach ihrem Vorliegen, die Beschlüsse nach der Beschlußfassung und der Vermerk nach der Erteilung unverzüglich einzureichen; wird der Jahresabschluß bei nachträglicher Prüfung oder Feststellung geändert, so ist auch die Änderung nach Satz 1 einzureichen.

(2) ¹Absatz 1 ist auf große Kapitalgesellschaften (§ 267 Abs. 3) mit der Maßgabe anzuwenden, daß die in Absatz 1 bezeichneten Unterlagen zunächst im Bundesanzeiger bekanntzumachen sind und die Bekanntmachung unter Beifügung der bezeichneten Unterlagen zum Handelsregister des Sitzes der Kapitalgesellschaft einzureichen ist; die Bekanntmachung nach Absatz 1 Satz 2 entfällt. ²Die Aufstellung des Anteilsbesitzes (§ 287) braucht nicht im Bundesanzeiger bekannt gemacht zu werden.

(3) ¹Die gesetzlichen Vertreter einer Kapitalgesellschaft, die einen Konzernabschluß aufzustellen hat, haben den Konzernabschluß unverzüglich nach seiner Vorlage an die Gesellschafter, jedoch spätestens vor Ablauf des neunten Monats des dem Konzernabschlußstichtag nachfolgenden Geschäftsjahrs, mit dem Bestätigungsvermerk oder dem Vermerk über dessen Versagung und den Konzernlagebericht im Bundesanzeiger bekanntzumachen und die Bekanntmachung unter Beifügung der bezeichneten Unterlagen zum Handelsregister des Sitzes der Kapitalgesellschaft einzureichen. ²Die Aufstellung des Anteilsbesitzes (§ 313 Abs. 4) braucht nicht im Bundesanzeiger bekannt gemacht zu werden. ³Absatz 1 Satz 3 ist entsprechend anzuwenden.

(4) Bei Anwendung der Absätze 2 und 3 ist für die Wahrung der Fristen nach Absatz 1 Satz 1 und Absatz 3 Satz 1 der Zeitpunkt der Einreichung der Unterlagen beim Bundesanzeiger maßgebend.

(5) Auf Gesetz, Gesellschaftsvertrag oder Satzung beruhende Pflichten der Gesellschaft, den Jahresabschluß, Lagebericht, Konzernabschluß oder Konzernlagebericht in anderer Weise bekanntzumachen, einzureichen oder Personen zugänglich zu machen, bleiben unberührt.

§ 326.* **Größenabhängige Erleichterungen für kleine Kapitalgesellschaften bei der Offenlegung.** ¹Auf kleine Kapitalgesellschaften (§ 267 Abs. 1) ist § 325 Abs. 1 mit der Maßgabe anzuwenden, daß die gesetzlichen Vertreter nur die Bilanz und den Anhang spätestens vor Ablauf des zwölften Monats des dem Bilanzstichtag nachfolgenden Geschäftsjahrs einzureichen haben. ²Soweit sich das Jahresergebnis, der Vorschlag für die Verwendung des Ergebnisses, der Beschluß über seine Verwendung aus der eingereichten Bilanz oder dem eingereichten Anhang nicht ergeben, sind auch der Vorschlag für die Verwendung des Ergebnisses und der Beschluß über seine Verwendung unter Angabe des Jahresergebnisses einzureichen. ³Der Anhang braucht die die Gewinn- und Verlustrechnung betreffenden Angaben nicht zu enthalten.

§ 327.* **Größenabhängige Erleichterungen für mittelgroße Kapitalgesellschaften bei der Offenlegung.** Auf mittelgroße Kapitalgesellschaften (§ 267

---

* Drittes Buch (§§ 238 bis 339) eingefügt durch Bilanzrichtlinien-Gesetz vom 19. 12. 1985 (BGBl. I S. 2355).

2. Abschnitt. Vorschriften für Kapitalgesellschaften § 328 **HGB 1**

Abs. 2) ist § 325 Abs. 1 mit der Maßgabe anzuwenden, daß die gesetzlichen Vertreter

1. die Bilanz nur in der für kleine Kapitalgesellschaften nach § 266 Abs. 1 Satz 3 vorgeschriebenen Form zum Handelsregister einreichen müssen. In der Bilanz oder im Anhang sind jedoch die folgenden Posten des § 266 Abs. 2 und 3 zusätzlich gesondert anzugeben:

Auf der Aktivseite

A I 2	Geschäfts- oder Firmenwert;
A II 1	Grundstücke, grundstücksgleiche Rechte und Bauten einschließlich der Bauten auf fremden Grundstücken;
A II 2	technische Anlagen und Maschinen;
A II 3	andere Anlagen, Betriebs- und Geschäftsausstattung;
A II 4	geleistete Anzahlungen und Anlagen im Bau;
A III 1	Anteile an verbundenen Unternehmen;
A III 2	Ausleihungen an verbundene Unternehmen;
A III 3	Beteiligungen;
A III 4	Ausleihungen an Unternehmen, mit denen ein Beteiligungsverhältnis besteht;
B II 2	Forderungen gegen verbundene Unternehmen;
B II 3	Forderungen gegen Unternehmen, mit denen ein Beteiligungsverhältnis besteht;
B III 1	Anteile an verbundenen Unternehmen;
B III 2	eigene Anteile.

Auf der Passivseite

C 1	Anleihen, davon konvertibel;
C 2	Verbindlichkeiten gegenüber Kreditinstituten;
C 6	Verbindlichkeiten gegenüber verbundenen Unternehmen;
C 7	Verbindlichkeiten gegenüber Unternehmen, mit denen ein Beteiligungsverhältnis besteht;

2. den Anhang ohne die Angaben nach § 285 Nr. 2, 5 und 8 Buchstabe a, Nr. 12 zum Handelsregister einreichen dürfen.

§ 328.* **Form und Inhalt der Unterlagen bei der Offenlegung, Veröffentlichung und Vervielfältigung.** (1) Bei der vollständigen oder teilweisen Offenlegung des Jahresabschlusses und des Konzernabschlusses oder bei der Veröffentlichung oder Vervielfältigung in anderer Form auf Grund des Gesellschaftsvertrags oder der Satzung sind die folgenden Vorschriften einzuhalten:

1. [1]Der Jahresabschluß und der Konzernabschluß sind so wiederzugeben, daß sie den für ihre Aufstellung maßgeblichen Vorschriften entsprechen, soweit nicht Erleichterungen nach §§ 326, 327 in Anspruch genommen werden; sie haben in diesem Rahmen vollständig und richtig zu sein. [2]Das Datum der Feststellung ist anzugeben, sofern der Jahresabschluß festgestellt worden ist. [3]Wurde der Jahresabschluß oder der Konzernabschluß auf Grund gesetzlicher Vorschriften

---

* Drittes Buch (§§ 238 bis 339) eingefügt durch Bilanzrichtlinien-Gesetz vom 19. 12. 1985 (BGBl. I S. 2355).

1 HGB §§ 329, 330   3. Buch. Handelsbücher

durch einen Abschlußprüfer geprüft, so ist jeweils der vollständige Wortlaut des Bestätigungsvermerks oder des Vermerks über dessen Versagung wiederzugeben; wird der Jahresabschluß wegen der Inanspruchnahme von Erleichterungen nur teilweise offengelegt und bezieht sich der Bestätigungsvermerk auf den vollständigen Jahresabschluß, so ist hierauf hinzuweisen.

2. Werden der Jahresabschluß oder der Konzernabschluß zur Wahrung der gesetzlich vorgeschriebenen Fristen über die Offenlegung vor der Prüfung oder Feststellung, sofern diese gesetzlich vorgeschrieben sind, oder nicht gleichzeitig mit beizufügenden Unterlagen offengelegt, so ist hierauf bei der Offenlegung hinzuweisen.

(2) ¹Werden der Jahresabschluß oder der Konzernabschluß in Veröffentlichungen und Vervielfältigungen, die nicht durch Gesetz, Gesellschaftsvertrag oder Satzung vorgeschrieben sind, nicht in der nach Absatz 1 vorgeschriebenen Form wiedergegeben, so ist jeweils in einer Überschrift darauf hinzuweisen, daß es sich nicht um eine der gesetzlichen Form entsprechende Veröffentlichung handelt. ²Ein Bestätigungsvermerk darf nicht beigefügt werden. ³Ist jedoch auf Grund gesetzlicher Vorschriften eine Prüfung durch einen Abschlußprüfer erfolgt, so ist anzugeben, ob der Abschlußprüfer den in gesetzlicher Form erstellten Jahresabschluß oder den Konzernabschluß bestätigt hat oder ob er die Bestätigung eingeschränkt oder versagt hat. ⁴Ferner ist anzugeben, bei welchem Handelsregister und in welcher Nummer des Bundesanzeigers die Offenlegung erfolgt ist oder daß die Offenlegung noch nicht erfolgt ist.

(3) ¹Absatz 1 Nr. 1 ist auf den Lagebericht, den Konzernlagebericht, den Vorschlag für die Verwendung des Ergebnisses und den Beschluß über seine Verwendung sowie auf die Aufstellung des Anteilsbesitzes entsprechend anzuwenden. ²Werden die in Satz 1 bezeichneten Unterlagen nicht gleichzeitig mit dem Jahresabschluß oder dem Konzernabschluß offengelegt, so ist bei ihrer nachträglichen Offenlegung jeweils anzugeben, auf welchen Abschluß sie sich beziehen und wo dieser offengelegt worden ist; dies gilt auch für die nachträgliche Offenlegung des Bestätigungsvermerks oder des Vermerks über seine Versagung.

§ 329.* **Prüfungspflicht des Registergerichts.** (1) Das Gericht prüft, ob die vollständig oder teilweise zum Handelsregister einzureichenden Unterlagen vollzählig sind und, sofern vorgeschrieben, bekanntgemacht worden sind.

(2) ¹Gibt die Prüfung nach Absatz 1 Anlaß zu der Annahme, daß von der Größe der Kapitalgesellschaft abhängige Erleichterungen nicht hätten in Anspruch genommen werden dürfen, so kann das Gericht zu seiner Unterrichtung von der Kapitalgesellschaft innerhalb einer angemessenen Frist die Mitteilung der Umsatzerlöse (§ 277 Abs. 1) und der durchschnittlichen Zahl der Arbeitnehmer (§ 267 Abs. 5) verlangen. ²Unterläßt die Kapitalgesellschaft die fristgemäße Mitteilung, so gelten die Erleichterungen als zu Unrecht in Anspruch genommen.

Fünfter Unterabschnitt. Verordnungsermächtigung für Formblätter und andere Vorschriften

§ 330.* (1) ¹Der Bundesminister der Justiz wird ermächtigt, im Einvernehmen mit dem Bundesminister der Finanzen und dem Bundesminister für Wirtschaft

---

* Drittes Buch (§§ 238 bis 339) eingefügt durch Bilanzrichtlinien-Gesetz vom 19. 12. 1985 (BGBl. I S. 2355), § 330 Abs. 2 angefügt, bisheriger Textteil wurde Abs. 1 durch Bankbilanzrichtlinie-Gesetz vom 30. 11. 1990 (BGBl. I S. 2570).

2. Abschnitt. Vorschriften für Kapitalgesellschaften § 331 HGB 1

durch Rechtsverordnung, die nicht der Zustimmung des Bundesrates bedarf, für Kapitalgesellschaften Formblätter vorzuschreiben oder andere Vorschriften für die Gliederung des Jahresabschlusses oder des Konzernabschlusses oder den Inhalt des Anhangs, des Konzernanhangs, des Lageberichts oder des Konzernlageberichts zu erlassen, wenn der Geschäftszweig eine von den §§ 266, 275 abweichende Gliederung des Jahresabschlusses oder des Konzernabschlusses oder von den Vorschriften des Ersten Abschnitts und des Ersten und Zweiten Unterabschnitts des Zweiten Abschnitts abweichende Regelungen erfordert.* ²Die sich aus den abweichenden Vorschriften ergebenden Anforderungen an die in Satz 1 bezeichneten Unterlagen sollen den Anforderungen gleichwertig sein, die sich für große Kapitalgesellschaften (§ 267 Abs. 3) aus den Vorschriften des Ersten Abschnitts und des Ersten und Zweiten Unterabschnitts des Zweiten Abschnitts sowie den für den Geschäftszweig geltenden Vorschriften ergeben. ³Über das geltende Recht hinausgehende Anforderungen dürfen nur gestellt werden, soweit sie auf Rechtsakten des Rates der Europäischen Gemeinschaften beruhen.

(2) ¹Absatz 1 ist auf Kreditinstitute im Sinne des § 1 Abs. 1 des Gesetzes über das Kreditwesen, soweit sie nach dessen § 2 Abs. 1 oder 4 von der Anwendung nicht ausgenommen sind, nach Maßgabe der Sätze 3 und 4 ungeachtet ihrer Rechtsform anzuwenden. ²Satz 1 ist auch auf Zweigstellen von Unternehmen mit Sitz in einem Staat anzuwenden, der nicht Mitglied der Europäischen Wirtschaftsgemeinschaft ist, sofern die Zweigstelle nach § 53 Abs. 1 des Gesetzes über das Kreditwesen als Kreditinstitut gilt. ³Die Rechtsverordnung bedarf nicht der Zustimmung des Bundesrates; sie ist im Einvernehmen mit dem Bundesminister der Finanzen und im Benehmen mit der Deutschen Bundesbank zu erlassen. ⁴In der Rechtsverordnung nach Satz 1 können auch nähere Bestimmungen über die Aufstellung des Jahresabschlusses und des Konzernabschlusses im Rahmen der vorgeschriebenen Formblätter für die Gliederung des Jahresabschlusses und des Konzernabschlusses aufgenommen werden, soweit dies zur Erfüllung der Aufgaben des Bundesaufsichtsamts für das Kreditwesen oder der Deutschen Bundesbank erforderlich ist, insbesondere um einheitliche Unterlagen zur Beurteilung der von den Kreditinstituten durchgeführten Bankgeschäfte zu erhalten.

Sechster Unterabschnitt. Straf- und Bußgeldvorschriften. Zwangsgelder

§ 331. ** **Unrichtige Darstellung.** Mit Freiheitsstrafe bis zu drei Jahren oder mit Geldstrafe wird bestraft, wer

1. als Mitglied des vertretungsberechtigten Organs oder des Aufsichtsrats einer Kapitalgesellschaft die Verhältnisse der Kapitalgesellschaft in der Eröffnungsbilanz, im Jahresabschluß oder im Lagebericht unrichtig wiedergibt oder verschleiert,

---

* Verordnung über Formblätter für die Gliederung des Jahresabschlusses von Kreditinstituten i. d. F. der Bek. vom 14. 9. 1987 (BGBl. I S. 2169). Verordnung über die Rechnungslegung von Versicherungsunternehmen vom 11. 7. 1973 (BGBl. I S. 1209), geändert durch Verordnung vom 20. 12. 1974 (BGBl. I S. 3741), vom 16. 8. 1976 (BGBl. I S. 2388) und vom 23. 12. 1986 (BGBl. 1987 I S. 2). Verordnung über Formblätter für die Gliederung des Jahresabschlusses von Wohnungsunternehmen vom 22. 9. 1970 (BGBl. I S. 1334), geändert durch Verordnung vom 6. 3. 1987 (BGBl. I S. 770). Verordnung über die Gliederung des Jahresabschlusses von Verkehrsunternehmen vom 27. 2. 1968 (BGBl. I S. 193), geändert durch Verordnung vom 13. 7. 1988 (BGBl. I S. 1057).
** Drittes Buch (§§ 238 bis 339) eingefügt durch Bilanzrichtlinien-Gesetz vom 19. 12. 1985 (BGBl. I S. 2355).

1 HGB §§ 332–334 3. Buch. Handelsbücher

2. als Mitglied des vertretungsberechtigten Organs oder des Aufsichtsrats einer Kapitalgesellschaft die Verhältnisse des Konzerns im Konzernabschluß oder im Konzernlagebericht unrichtig wiedergibt oder verschleiert,
3. als Mitglied des vertretungsberechtigten Organs einer Kapitalgesellschaft zum Zwecke der Befreiung nach § 291 oder einer nach § 292 erlassenen Rechtsverordnung einen Konzernabschluß oder Konzernlagebericht, in dem die Verhältnisse des Konzerns unrichtig wiedergegeben oder verschleiert worden sind, vorsätzlich oder leichtfertig offenlegt oder
4. als Mitglied des vertretungsberechtigten Organs einer Kapitalgesellschaft oder als Mitglied des vertretungsberechtigten Organs oder als vertretungsberechtigter Gesellschafter eines ihrer Tochterunternehmen (§ 290 Abs. 1, 2) in Aufklärungen oder Nachweisen, die nach § 320 einem Abschlußprüfer der Kapitalgesellschaft, eines verbundenen Unternehmens oder des Konzerns zu geben sind, unrichtige Angaben macht oder die Verhältnisse der Kapitalgesellschaft, eines Tochterunternehmens oder des Konzerns unrichtig wiedergibt oder verschleiert.

§ 332.* **Verletzung der Berichtspflicht.** (1) Mit Freiheitsstrafe bis zu drei Jahren oder mit Geldstrafe wird bestraft, wer als Abschlußprüfer oder Gehilfe eines Abschlußprüfers über das Ergebnis der Prüfung eines Jahresabschlusses, eines Lageberichts, eines Konzernabschlusses oder eines Konzernlageberichts einer Kapitalgesellschaft unrichtig berichtet, im Prüfungsbericht (§ 321) erhebliche Umstände verschweigt oder einen inhaltlich unrichtigen Bestätigungsvermerk (§ 322) erteilt.

(2) Handelt der Täter gegen Entgelt oder in der Absicht, sich oder einen anderen zu bereichern oder einen anderen zu schädigen, so ist die Strafe Freiheitsstrafe bis zu fünf Jahren oder Geldstrafe.

§ 333.* **Verletzung der Geheimhaltungspflicht.** (1) Mit Freiheitsstrafe bis zu einem Jahr oder mit Geldstrafe wird bestraft, wer ein Geheimnis der Kapitalgesellschaft, eines Tochterunternehmens (§ 290 Abs. 1, 2), eines gemeinsam geführten Unternehmens (§ 310) oder eines assoziierten Unternehmens (§ 311), namentlich ein Betriebs- oder Geschäftsgeheimnis, das ihm in seiner Eigenschaft als Abschlußprüfer oder Gehilfe eines Abschlußprüfers bei Prüfung des Jahresabschlusses oder des Konzernabschlusses bekannt geworden ist, unbefugt offenbart.

(2) ¹Handelt der Täter gegen Entgelt oder in der Absicht, sich oder einen anderen zu bereichern oder einen anderen zu schädigen, so ist die Strafe Freiheitsstrafe bis zu zwei Jahren oder Geldstrafe. ²Ebenso wird bestraft, wer ein Geheimnis der in Absatz 1 bezeichneten Art, namentlich ein Betriebs- oder Geschäftsgeheimnis, das ihm unter den Voraussetzungen des Absatzes 1 bekannt geworden ist, unbefugt verwertet.

(3) Die Tat wird nur auf Antrag der Kapitalgesellschaft verfolgt.

§ 334.* **Bußgeldvorschriften.** (1) Ordnungswidrig handelt, wer als Mitglied des vertretungsberechtigten Organs oder des Aufsichtsrats einer Kapitalgesellschaft

---

* Drittes Buch (§§ 238 bis 339) eingefügt durch Bilanzrichtlinien-Gesetz vom 19. 12. 1985 (BGBl. I S. 2355), § 334 Abs. 1 Nr. 6 geändert und Abs. 4 angefügt, durch Bankbilanzrichtlinie-Gesetz vom 30. 11. 1990 (BGBl. I S. 2570).

2. Abschnitt. Vorschriften für Kapitalgesellschaften **§ 334 HGB 1**

1. bei der Aufstellung oder Feststellung des Jahresabschlusses einer Vorschrift
   a) des § 243 Abs. 1 oder 2, der §§ 244, 245, 246, 247, 248, 249 Abs. 1 Satz 1 oder Abs. 3, des § 250 Abs. 1 Satz 1 oder Abs. 2, des § 251 oder des § 264 Abs. 2 über Form oder Inhalt,
   b) des § 253 Abs. 1 Satz 1 in Verbindung mit § 255 Abs. 1 oder 2 Satz 1, 2 oder 6, des § 253 Abs. 1 Satz 2 oder Abs. 2 Satz 1, 2 oder 3, dieser in Verbindung mit § 279 Abs. 1 Satz 2, des § 253 Abs. 3 Satz 1 oder 2, des § 280 Abs. 1, des § 282 oder des § 283 über die Bewertung,
   c) des § 265 Abs. 2, 3, 4 oder 6, der §§ 266, 268 Abs. 2, 3, 4, 5, 6 oder 7, der §§ 272, 273, 274 Abs. 1, des § 275 oder des § 277 über die Gliederung oder
   d) des § 280 Abs. 3, des § 281 Abs. 1 Satz 2 oder 3 oder Abs. 2 Satz 1, des § 284 oder des § 285 über die in der Bilanz oder im Anhang zu machenden Angaben,
2. bei der Aufstellung des Konzernabschlusses einer Vorschrift
   a) des § 294 Abs. 1 über den Konsolidierungskreis,
   b) des § 297 Abs. 2 oder 3 oder des § 298 Abs. 1 in Verbindung mit den §§ 244, 245, 246, 247, 248, 249 Abs. 1 Satz 1 oder Abs. 3, dem § 250 Abs. 1 Satz 1 oder Abs. 2 oder dem § 251 über Inhalt oder Form,
   c) des § 300 über die Konsolidierungsgrundsätze oder das Vollständigkeitsgebot,
   d) des § 308 Abs. 1 Satz 1 in Verbindung mit den in Nummer 1 Buchstabe b bezeichneten Vorschriften oder des § 308 Abs. 2 über die Bewertung,
   e) des § 311 Abs. 1 Satz 1 in Verbindung mit § 312 über die Behandlung assoziierter Unternehmen oder
   f) des § 308 Abs. 1 Satz 3, des § 313 oder des § 314 über die im Anhang zu machenden Angaben,
3. bei der Aufstellung des Lageberichts einer Vorschrift des § 289 Abs. 1 über den Inhalt des Lageberichts,
4. bei der Aufstellung des Konzernlageberichts einer Vorschrift des § 315 Abs. 1 über den Inhalt des Konzernlageberichts,
5. bei der Offenlegung, Veröffentlichung oder Vervielfältigung einer Vorschrift des § 328 über Form oder Inhalt oder
6. einer auf Grund des § 330 Abs. 1 Satz 1 erlassenen Rechtsverordnung, soweit sie für einen bestimmten Tatbestand auf diese Bußgeldvorschrift verweist,

zuwiderhandelt.

(2) Ordnungswidrig handelt auch, wer zu einem Jahresabschluß oder einem Konzernabschluß, der auf Grund gesetzlicher Vorschriften zu prüfen ist, einen Vermerk nach § 322 erteilt, obwohl nach § 319 Abs. 2 er oder nach § 319 Abs. 3 die Wirtschaftsprüfungsgesellschaft oder Buchprüfungsgesellschaft, für die er tätig wird, nicht Abschlußprüfer sein darf.

(3) Die Ordnungswidrigkeit kann mit einer Geldbuße bis zu fünfzigtausend Deutsche Mark geahndet werden.

(4) Die Absätze 1 bis 3 sind auf Kreditinstitute im Sinne des § 340 nicht anzuwenden.

1 HGB §§ 335, 336   3. Buch. Handelsbücher

§ 335.* Festsetzung von Zwangsgeld. ¹Mitglieder des vertretungsberechtigten Organs einer Kapitalgesellschaft, die

1. § 242 Abs. 1 und 2, § 264 Abs. 1 über die Pflicht zur Aufstellung eines Jahresabschlusses und eines Lageberichts,
2. § 290 Abs. 1 und 2 über die Pflicht zur Aufstellung eines Konzernabschlusses und eines Konzernlageberichts,
3. § 318 Abs. 1 Satz 4 über die Pflicht zur unverzüglichen Erteilung des Prüfungsauftrags,
4. § 318 Abs. 4 Satz 3 über die Pflicht, den Antrag auf gerichtliche Bestellung des Abschlußprüfers zu stellen,
5. § 320 über die Pflichten gegenüber dem Abschlußprüfer oder
6. § 325 über die Pflicht zur Offenlegung des Jahresabschlusses, des Lageberichts, des Konzernabschlusses, des Konzernlageberichts und anderer Unterlagen der Rechnungslegung

nicht befolgen, sind hierzu vom Registergericht durch Festsetzung von Zwangsgeld nach § 132 Abs. 1 des Gesetzes über die Angelegenheiten der freiwilligen Gerichtsbarkeit anzuhalten. ²Das Registergericht schreitet jedoch nur ein, wenn ein Gesellschafter, Gläubiger oder der Gesamtbetriebsrat oder, wenn ein solcher nicht besteht, der Betriebsrat der Kapitalgesellschaft dies beantragt; § 14 ist insoweit nicht anzuwenden. ³Bestehen die Pflichten hinsichtlich eines Konzernabschlusses und eines Konzernlageberichts, so können den Antrag nach Satz 2 auch die Gesellschafter und Gläubiger eines Tochterunternehmens sowie der Konzernbetriebsrat stellen. ⁴Die Antragsberechtigung ist glaubhaft zu machen. ⁵Ein späterer Wegfall der Antragsberechtigung ist unschädlich. ⁶Der Antrag kann nicht zurückgenommen werden. ⁷Das Gericht kann von der wiederholten Androhung und Festsetzung eines Zwangsgeldes absehen. ⁸Das einzelne Zwangsgeld darf den Betrag von zehntausend Deutsche Mark nicht übersteigen.

Dritter Abschnitt. Ergänzende Vorschriften für eingetragene Genossenschaften

§ 336.* Pflicht zur Aufstellung von Jahresabschluß und Lagebericht.
(1) ¹Der Vorstand einer Genossenschaft hat den Jahresabschluß (§ 242) um einen Anhang zu erweitern, der mit der Bilanz und der Gewinn- und Verlustrechnung eine Einheit bildet, sowie einen Lagebericht aufzustellen. ²Der Jahresabschluß und der Lagebericht sind in den ersten fünf Monaten des Geschäftsjahrs für das vergangene Geschäftsjahr aufzustellen.

(2) ¹Auf den Jahresabschluß und den Lagebericht sind, soweit in den folgenden Vorschriften nichts anderes bestimmt ist, § 264 Abs. 2, §§ 265 bis 289 über den Jahresabschluß und den Lagebericht entsprechend anzuwenden; § 277 Abs. 3 Satz 1, §§ 279, 280, 281 Abs. 2 Satz 1, § 285 Nr. 5, 6 brauchen jedoch nicht angewendet zu werden. ²Sonstige Vorschriften, die durch den Geschäftszweig bedingt sind, bleiben unberührt.

(3) § 330 Abs. 1 über den Erlaß von Rechtsverordnungen ist entsprechend anzuwenden.

---

* Drittes Buch (§§ 238 bis 339) eingefügt durch Bilanzrichtlinien-Gesetz vom 19. 12. 1985 (BGBl. I S. 2355), § 336 Abs. 3 geändert durch Bilanzrichtlinie-Gesetz vom 30. 11. 1990 (BGBl. I S. 2570).

3. Abschnitt. Vorschriften für eingetr. Genossenschaften §§ 337–339 **HGB 1**

§ 337.* Vorschriften zur Bilanz. (1) ¹An Stelle des gezeichneten Kapitals ist der Betrag der Geschäftsguthaben der Genossen auszuweisen. ²Dabei ist der Betrag der Geschäftsguthaben der mit Ablauf des Geschäftsjahrs ausgeschiedenen Genossen gesondert anzugeben. ³Werden rückständige fällige Einzahlungen auf Geschäftsanteile in der Bilanz als Geschäftsguthaben ausgewiesen, so ist der entsprechende Betrag auf der Aktivseite unter der Bezeichnung „Rückständige fällige Einzahlungen auf Geschäftsanteile" einzustellen. ⁴Werden rückständige fällige Einzahlungen nicht als Geschäftsguthaben ausgewiesen, so ist der Betrag bei dem Posten „Geschäftsguthaben" zu vermerken. ⁵In beiden Fällen ist der Betrag mit dem Nennwert anzusetzen.

(2) An Stelle der Gewinnrücklagen sind die Ergebnisrücklagen auszuweisen und wie folgt aufzugliedern:
1. Gesetzliche Rücklage;
2. andere Ergebnisrücklagen; die Ergebnisrücklage nach § 73 Abs. 3 des Gesetzes betreffend die Erwerbs- und Wirtschaftsgenossenschaften und die Beträge, die aus dieser Ergebnisrücklage an ausgeschiedene Genossen auszuzahlen sind, müssen vermerkt werden.

(3) Bei den Ergebnisrücklagen sind gesondert aufzuführen:
1. Die Beträge, welche die Generalversammlung aus dem Bilanzgewinn des Vorjahrs eingestellt hat;
2. die Beträge, die aus dem Jahresüberschuß des Geschäftsjahrs eingestellt werden;
3. die Beträge, die für das Geschäftsjahr entnommen werden.

§ 338.* Vorschriften zum Anhang. (1) ¹Im Anhang sind auch Angaben zu machen über die Zahl der im Laufe des Geschäftsjahrs eingetretenen oder ausgeschiedenen sowie die Zahl der am Schluß des Geschäftsjahrs der Genossenschaft angehörenden Genossen. ²Ferner sind der Gesamtbetrag, um welchen in diesem Jahr die Geschäftsguthaben sowie die Haftsummen der Genossen sich vermehrt oder vermindert haben, und der Betrag der Haftsummen anzugeben, für welche am Jahresschluß alle Genossen zusammen aufzukommen haben.

(2) Im Anhang sind ferner anzugeben:
1. Name und Anschrift des zuständigen Prüfungsverbandes, dem die Genossenschaft angehört;
2. alle Mitglieder des Vorstands und des Aufsichtsrats, auch wenn sie im Geschäftsjahr oder später ausgeschieden sind, mit dem Familiennamen und mindestens einem ausgeschriebenen Vornamen; ein etwaiger Vorsitzender des Aufsichtsrats ist als solcher zu bezeichnen.

(3) ¹An Stelle der in § 285 Nr. 9 vorgeschriebenen Angaben über die an Mitglieder von Organen geleisteten Bezüge, Vorschüsse und Kredite sind lediglich die Forderungen anzugeben, die der Genossenschaft gegen Mitglieder des Vorstands oder Aufsichtsrats zustehen. ²Die Beträge dieser Forderungen können für jedes Organ in einer Summe zusammengefaßt werden.

§ 339.* Offenlegung. (1) ¹Der Vorstand hat unverzüglich nach der Generalversammlung über den Jahresabschluß den festgestellten Jahresabschluß, den Lagebericht und den Bericht des Aufsichtsrats zum Genossenschaftsregister des Sitzes der

---

* Drittes Buch (§§ 238 bis 339) eingefügt durch Bilanzrichtlinien-Gesetz vom 19. 12. 1985 (BGBl. I S. 2355).

1 HGB § 340 3. Buch. Handelsbücher

Genossenschaft einzureichen. ²Ist die Erteilung eines Bestätigungsvermerks nach § 58 Abs. 2 des Gesetzes betreffend die Erwerbs- und Wirtschaftsgenossenschaften vorgeschrieben, so ist dieser mit dem Jahresabschluß einzureichen; hat der Prüfungsverband die Bestätigung des Jahresabschlusses versagt, so muß dies auf dem eingereichten Jahresabschluß vermerkt und der Vermerk vom Prüfungsverband unterschrieben sein. ³Ist die Prüfung des Jahresabschlusses im Zeitpunkt der Einreichung der Unterlagen nach Satz 1 nicht abgeschlossen, so ist der Bestätigungsvermerk oder der Vermerk über seine Versagung unverzüglich nach Abschluß der Prüfung einzureichen. ⁴Wird der Jahresabschluß oder der Lagebericht nach der Einreichung geändert, so ist auch die geänderte Fassung einzureichen.

(2) ¹Der Vorstand einer Genossenschaft, die die Größenmerkmale des § 267 Abs. 3 erfüllt, hat ferner unverzüglich nach der Generalversammlung über den Jahresabschluß den festgestellten Jahresabschluß mit dem Bestätigungsvermerk in den für die Bekanntmachungen der Genossenschaft bestimmten Blättern bekanntzumachen und die Bekanntmachung zu dem Genossenschaftsregister des Sitzes der Genossenschaft einzureichen. ²Ist die Prüfung des Jahresabschlusses im Zeitpunkt der Generalversammlung nicht abgeschlossen, so hat die Bekanntmachung nach Satz 1 unverzüglich nach dem Abschluß der Prüfung zu erfolgen.

(3) Die §§ 326 bis 329 über die größenabhängigen Erleichterungen bei der Offenlegung, über Form und Inhalt der Unterlagen bei der Offenlegung, Veröffentlichung und Vervielfältigung sowie über die Prüfungspflicht des Registergerichts sind entsprechend anzuwenden.

Vierter Abschnitt.*
Ergänzende Vorschriften für Kreditinstitute

Erster Titel. Anwendungsbereich

§ 340.* (1) ¹Dieser Abschnitt ist auf Kreditinstitute im Sinne des § 1 Abs. 1 des Gesetzes über das Kreditwesen anzuwenden, soweit sie nach dessen § 2 Abs. 1 oder 4 von der Anwendung nicht ausgenommen sind, sowie auf Zweigstellen von Unternehmen mit Sitz in einem Staat, der nicht Mitglied der Europäischen Wirtschaftsgemeinschaft ist, sofern die Zweigstelle nach § 53 Abs. 1 des Gesetzes über das Kreditwesen als Kreditinstitut gilt. ²§ 340l Abs. 2 bis 4 ist außerdem auf Zweigstellen von Unternehmen mit Sitz in einem anderen Mitgliedstaat der Europäischen Wirtschaftsgemeinschaft anzuwenden, sofern die Zweigstelle nach § 53 Abs. 1 des Gesetzes über das Kreditwesen als Kreditinstitut gilt. ³Zusätzliche Anforderungen auf Grund von Vorschriften, die wegen der Rechtsform oder für Zweigstellen bestehen, bleiben unberührt.

(2) Dieser Abschnitt ist auf Unternehmen der in § 2 Abs. 1 Nr. 5 und 8 des Gesetzes über das Kreditwesen bezeichneten Art insoweit ergänzend anzuwenden, als sie Bankgeschäfte betreiben, die nicht zu den ihnen eigentümlichen Geschäften gehören.

(3) Dieser Abschnitt ist auf Wohnungsunternehmen mit Spareinrichtung nicht anzuwenden.

---

* Vierter Abschnitt (§§ 340 bis 340o) eingefügt durch Bankbilanzrichtlinie-Gesetz vom 30. 11. 1990 (BGBl. I S. 2570).

Zweiter Titel. Jahresabschluß, Lagebericht

§ 340 a.* Anzuwendende Vorschriften. (1) Kreditinstitute, auch wenn sie nicht in der Rechtsform einer Kapitalgesellschaft betrieben werden, haben auf ihren Jahresabschluß die für große Kapitalgesellschaften geltenden Vorschriften des Ersten Unterabschnitts des Zweiten Abschnitts anzuwenden, soweit in den Vorschriften dieses Abschnitts nichts anderes bestimmt ist; Kreditinstitute haben außerdem einen Lagebericht nach § 289 aufzustellen.

(2) ¹§ 265 Abs. 6 und 7, §§ 267, 268 Abs. 4 Satz 1, Abs. 5 Satz 1 und 2, §§ 276, 277 Abs. 1, 2, 3 Satz 1, § 279 Abs. 1 Satz 2, § 284 Abs. 2 Nr. 4, § 285 Nr. 8 und 12, § 288 sind nicht anzuwenden. ²An Stelle von § 247 Abs. 1, §§ 251, 266, 268 Abs. 2 und 7, §§ 275, 285 Nr. 1, 2, 4 und 9 Buchstabe c sind die durch Rechtsverordnung erlassenen Formblätter und anderen Vorschriften anzuwenden. ³§ 246 Abs. 2 ist nicht anzuwenden, soweit abweichende Vorschriften bestehen.

§ 340 b.* Pensionsgeschäfte. (1) Pensionsgeschäfte sind Verträge, durch die ein Kreditinstitut oder der Kunde eines Kreditinstituts (Pensionsgeber) ihm gehörende Vermögensgegenstände einem anderen Kreditinstitut oder einem seiner Kunden (Pensionsnehmer) gegen Zahlung eines Betrags überträgt und in denen gleichzeitig vereinbart wird, daß die Vermögensgegenstände später gegen Entrichtung des empfangenen oder eines im voraus vereinbarten anderen Betrags an den Pensionsgeber zurückübertragen werden müssen oder können.

(2) Übernimmt der Pensionsnehmer die Verpflichtung, die Vermögensgegenstände zu einem bestimmten oder vom Pensionsgeber zu bestimmenden Zeitpunkt zurückzuübertragen, so handelt es sich um ein echtes Pensionsgeschäft.

(3) Ist der Pensionsnehmer lediglich berechtigt, die Vermögensgegenstände zu einem vorher bestimmten oder von ihm noch zu bestimmenden Zeitpunkt zurückzuübertragen, so handelt es sich um ein unechtes Pensionsgeschäft.

(4) ¹Im Falle von echten Pensionsgeschäften sind die übertragenen Vermögensgegenstände in der Bilanz des Pensionsgebers weiterhin auszuweisen. ²Der Pensionsgeber hat in Höhe des für die Übertragung erhaltenen Betrags eine Verbindlichkeit gegenüber dem Pensionsnehmer auszuweisen. ³Ist für die Rückübertragung ein höherer oder ein niedrigerer Betrag vereinbart, so ist der Unterschiedsbetrag über die Laufzeit des Pensionsgeschäfts zu verteilen. ⁴Außerdem hat der Pensionsgeber den Buchwert der in Pension gegebenen Vermögensgegenstände im Anhang anzugeben. ⁵Der Pensionsnehmer darf die ihm in Pension gegebenen Vermögensgegenstände nicht in seiner Bilanz ausweisen; er hat in Höhe des für die Übertragung gezahlten Betrags eine Forderung an den Pensionsgeber in seiner Bilanz auszuweisen. ⁶Ist für die Rückübertragung ein höherer oder ein niedrigerer Betrag vereinbart, so ist der Unterschiedsbetrag über die Laufzeit des Pensionsgeschäfts zu verteilen.

(5) ¹Im Falle von unechten Pensionsgeschäften sind die Vermögensgegenstände nicht in der Bilanz des Pensionsgebers, sondern in der Bilanz des Pensionsnehmers auszuweisen. ²Der Pensionsgeber hat unter der Bilanz den für den Fall der Rückübertragung vereinbarten Betrag anzugeben.

---

* Vierter Abschnitt (§§ 340 bis 340o) eingefügt durch Bankbilanzrichtlinie-Gesetz vom 30. 11. 1990 (BGBl. I S. 2570).

1 HGB §§ 340c–340e 3. Buch. Handelsbücher

(6) Devisentermingeschäfte, Börsentermingeschäfte und ähnliche Geschäfte sowie die Ausgabe eigener Schuldverschreibungen auf abgekürzte Zeit gelten nicht als Pensionsgeschäfte im Sinne dieser Vorschrift.

§ 340c.* Vorschriften zur Gewinn- und Verlustrechung. (1) ¹Als Ertrag oder Aufwand aus Finanzgeschäften ist der Unterschiedsbetrag der Erträge und Aufwendungen aus Geschäften mit Wertpapieren des Handelsbestands, Finanzinstrumenten, Devisen und Edelmetallen sowie der Erträge aus Zuschreibungen und der Aufwendungen aus Abschreibungen bei diesen Vermögensgegenständen auszuweisen. ²In die Verrechnung sind außerdem die Aufwendungen für die Bildung von Rückstellungen für drohende Verluste aus den in Satz 1 bezeichneten Geschäften und die Erträge aus der Auflösung dieser Rückstellungen einzubeziehen.

(2) ¹Die Aufwendungen aus Abschreibungen auf Beteiligungen, Anteile an verbundenen Unternehmen und wie Anlagevermögen behandelte Wertpapiere dürfen mit den Erträgen aus Zuschreibungen zu solchen Vermögensgegenständen verrechnet und in einem Aufwand- oder Ertragsposten ausgewiesen werden. ²In die Verrechnung nach Satz 1 dürfen auch die Aufwendungen und Erträge aus Geschäften mit solchen Vermögensgegenständen einbezogen werden.

§ 340d.* Fristengliederung. ¹Die Forderungen und Verbindlichkeiten sind im Anhang nach der Fristigkeit zu gliedern. ²Für die Gliederung nach der Fristigkeit ist die Restlaufzeit am Bilanzstichtag maßgebend.

Dritter Titel. Bewertungsvorschriften

§ 340e.* Bewertung von Vermögensgegenständen. (1) ¹Kreditinstitute haben Beteiligungen einschließlich der Anteile an verbundenen Unternehmen, Konzessionen, gewerbliche Schutzrechte und ähnliche Rechte und Werte sowie Lizenzen an solchen Rechten und Werten, Grundstücke, grundstücksgleiche Rechte und Bauten einschließlich der Bauten auf fremden Grundstücken, technische Anlagen und Maschinen, andere Anlagen, Betriebs- und Geschäftsausstattung sowie Anlagen im Bau nach den für das Anlagevermögen geltenden Vorschriften zu bewerten, es sei denn, daß sie nicht dazu bestimmt sind, dauernd dem Geschäftsbetrieb zu dienen; in diesem Falle sind sie nach Satz 2 zu bewerten. ²Andere Vermögensgegenstände, insbesondere Forderungen und Wertpapiere, sind nach den für das Umlaufvermögen geltenden Vorschriften zu bewerten, es sei denn, daß sie dazu bestimmt werden, dauernd dem Geschäftsbetrieb zu dienen; in diesem Falle sind sie nach Satz 1 zu bewerten. ³§ 253 Abs. 2 Satz 3 darf auf die in Satz 1 bezeichneten Vermögensgegenstände mit Ausnahme der Beteiligungen und der Anteile an verbundenen Unternehmen nur angewendet werden, wenn es sich um eine voraussichtlich dauernde Wertminderung handelt.

(2) ¹Abweichend von § 253 Abs. 1 Satz 1 dürfen Hypothekendarlehen und andere Forderungen mit ihrem Nennbetrag angesetzt werden, soweit der Unterschiedsbetrag zwischen dem Nennbetrag und dem Auszahlungsbetrag oder den Anschaffungskosten Zinscharakter hat. ²Ist der Nennbetrag höher als der Auszahlungsbetrag oder die Anschaffungskosten, so ist der Unterschiedsbetrag in den Rechnungsabgrenzungsposten auf der Passivseite aufzunehmen; er ist planmäßig aufzulösen und in seiner jeweiligen Höhe in der Bilanz oder im Anhang gesondert

---

* Vierter Abschnitt (§§ 340 bis 340o) eingefügt durch Bankbilanzrichtlinie-Gesetz vom 30. 11. 1990 (BGBl. I S. 2570).

4. Abschnitt. Ergänzende Vorschr. für Kreditinstitute §§ 340f–340h **HGB 1**

anzugeben. ³Ist der Nennbetrag niedriger als der Auszahlungsbetrag oder die Anschaffungskosten, so darf der Unterschiedsbetrag in den Rechnungsabgrenzungsposten auf der Aktivseite aufgenommen werden; er ist planmäßig aufzulösen und in seiner jeweiligen Höhe in der Bilanz oder im Anhang gesondert anzugeben.

§ 340f.* Vorsorge für allgemeine Bankrisiken. (1) ¹Kreditinstitute dürfen Forderungen an Kreditinstitute und Kunden, Schuldverschreibungen und andere festverzinsliche Wertpapiere sowie Aktien und andere nicht festverzinsliche Wertpapiere, die weder wie Anlagevermögen behandelt werden noch Teil des Handelsbestands sind, mit einem niedrigeren als dem nach § 253 Abs. 1 Satz 1, Abs. 3 vorgeschriebenen oder zugelassenen Wert ansetzen, soweit dies nach vernünftiger kaufmännischer Beurteilung zur Sicherung gegen die besonderen Risiken des Geschäftszweigs der Kreditinstitute notwendig ist. ²Der Betrag der auf diese Weise gebildeten Vorsorgereserven darf vier vom Hundert des Gesamtbetrags der in Satz 1 bezeichneten Vermögensgegenstände, der sich bei deren Bewertung nach § 253 Abs. 1 Satz 1, Abs. 3 ergibt, nicht übersteigen.

(2) ¹Ein niedrigerer Wertansatz nach Absatz 1 darf beibehalten werden; § 280 ist auf die in Absatz 1 bezeichneten Vermögensgegenstände nicht anzuwenden. ²In der Bilanz oder im Anhang brauchen die in § 281 Abs. 1 Satz 2 Abs. 2 verlangten Angaben und Aufgliederungen nicht gemacht zu werden, soweit Satz 1 angewendet wird.

(3) Aufwendungen und Erträge aus der Anwendung von Absatz 1 und aus Geschäften mit in Absatz 1 bezeichneten Wertpapieren und Aufwendungen aus Abschreibungen sowie Erträge aus Zuschreibungen zu diesen Wertpapieren dürfen mit den Aufwendungen aus Abschreibungen auf Forderungen, Zuführungen zu Rückstellungen für Eventualverbindlichkeiten und für Kreditrisiken sowie mit den Erträgen aus Zuschreibungen zu Forderungen oder aus deren Eingang nach teilweiser oder vollständiger Abschreibung und aus Auflösungen von Rückstellungen für Eventualverbindlichkeiten und für Kreditrisiken verrechnet und in der Gewinn- und Verlustrechnung in einem Aufwand- oder Ertragsposten ausgewiesen werden.

(4) Angaben über die Bildung und Auflösung von Vorsorgereserven nach Absatz 1 sowie über vorgenommene Verrechnungen nach Absatz 3 brauchen im Jahresabschluß, Lagebericht, Konzernabschluß und Konzernlagebericht nicht gemacht zu werden.

§ 340g.* Sonderposten für allgemeine Bankrisiken. (1) Kreditinstitute dürfen auf der Passivseite ihrer Bilanz zur Sicherung gegen allgemeine Bankrisiken einen Sonderposten „Fonds für allgemeine Bankrisiken" bilden, soweit dies nach vernünftiger kaufmännischer Beurteilung wegen der besonderen Risiken des Geschäftszweigs der Kreditinstitute notwendig ist.

(2) Die Zuführungen zum Sonderposten oder die Erträge aus der Auflösung des Sonderpostens sind in der Gewinn- und Verlustrechnung gesondert auszuweisen.

Vierter Titel. Währungsumrechnung

§ 340h.* (1) ¹Auf ausländische Währung lautende Vermögensgegenstände, die wie Anlagevermögen behandelt werden, sind, soweit sie weder durch Verbind-

---

* Vierter Abschnitt (§§ 340 bis 340o) eingefügt durch Bankbilanzrichtlinie-Gesetz vom 30. 11. 1990 (BGBl. I S. 2570).

109

1 HGB §§ 340i, 340j 3. Buch. Handelsbücher

lichkeiten noch durch Termingeschäfte in derselben Währung besonders gedeckt sind, mit ihrem Anschaffungskurs in Deutsche Mark umzurechnen. ²Andere auf ausländische Währung lautende Vermögensgegenstände und Schulden sowie am Bilanzstichtag nicht abgewickelte Kassageschäfte sind mit dem Kassakurs am Bilanzstichtag in Deutsche Mark umzurechnen. ³Nicht abgewickelte Termingeschäfte sind zum Terminkurs am Bilanzstichtag umzurechnen.

(2) ¹Aufwendungen, die sich aus der Währungsumrechnung ergeben, sind in der Gewinn- und Verlustrechnung zu berücksichtigen. ²Erträge, die sich aus der Währungsumrechnung ergeben, sind in der Gewinn- und Verlustrechnung zu berücksichtigen, soweit die Vermögensgegenstände, Schulden oder Termingeschäfte durch Vermögensgegenstände, Schulden oder andere Termingeschäfte in derselben Währung besonders gedeckt sind. ³Liegt keine besondere Deckung vor, aber eine Deckung in derselben Währung, so dürfen Erträge nach Satz 2 berücksichtigt werden, soweit sie einen nur vorübergehend wirksamen Aufwand aus den zur Deckung dienenden Geschäften ausgleichen. ⁴In allen anderen Fällen dürfen Erträge aus der Währungsumrechnung nicht berücksichtigt werden; sie dürfen auch mit Aufwendungen nach Satz 1 nicht verrechnet werden.

Fünfter Titel. Konzernabschluß, Konzernlagebericht

§ 340i.* **Pflicht zur Aufstellung.** (1) ¹Kreditinstitute, auch wenn sie nicht in der Rechtsform einer Kapitalgesellschaft betrieben werden, haben unabhängig von ihrer Größe einen Konzernabschluß und einen Konzernlagebericht nach den Vorschriften des Zweiten Unterabschnitts des Zweiten Abschnitts über den Konzernabschluß und Konzernlagebericht aufzustellen, soweit in den Vorschriften dieses Abschnitts nichts anderes bestimmt ist. ²Zusätzliche Anforderungen auf Grund von Vorschriften, die wegen der Rechtsform bestehen, bleiben unberührt.

(2) ¹Auf den Konzernabschluß sind, soweit seine Eigenart keine Abweichung bedingt, die §§ 340a bis 340g über den Jahresabschluß und die für die Rechtsform und den Geschäftszweig der in den Konzernabschluß einbezogenen Unternehmen mit Sitz im Geltungsbereich dieses Gesetzes geltenden Vorschriften entsprechend anzuwenden, soweit sie für große Kapitalgesellschaften gelten. ²Die §§ 293, 298 Abs. 1 und 2, § 314 Abs. 1 Nr. 1, 3, 6 Buchstabe c sind nicht anzuwenden.

(3) Als Kreditinstitute im Sinne dieses Titels gelten auch Mutterunternehmen, deren einziger Zweck darin besteht, Beteiligungen an Tochterunternehmen zu erwerben sowie die Verwaltung und Verwertung dieser Beteiligungen wahrzunehmen, sofern diese Tochterunternehmen ausschließlich oder überwiegend Kreditinstitute sind.

§ 340j.* **Einzubeziehende Unternehmen.** (1) Eine unterschiedliche Tätigkeit im Sinne des § 295 Abs. 1 liegt nicht vor, wenn das Tochterunternehmen eines Kreditinstituts eine Tätigkeit ausübt, die eine unmittelbare Verlängerung der Banktätigkeit oder eine Hilfstätigkeit für das Mutterunternehmen darstellt.

(2) Bezieht ein Kreditinstitut ein Tochterunternehmen, das Kreditinstitut ist, nach § 296 Abs. 1 Nr. 3 in seinen Konzernabschluß nicht ein und ist der vorübergehende Besitz von Aktien oder Anteilen dieses Unternehmens auf eine finanzielle Stützungsaktion zur Sanierung oder Rettung des genannten Unternehmens zurückzuführen, so hat es den Jahresabschluß dieses Unternehmens seinem Konzern-

---

* Vierter Abschnitt (§§ 340 bis 340o) eingefügt durch Bankbilanzrichtlinie-Gesetz vom 30. 11. 1990 (BGBl. I S. 2570).

4. Abschnitt. Ergänzende Vorschr. für Kreditinstitute §§ 340k, 340l HGB 1

abschluß beizufügen und im Konzernanhang zusätzliche Angaben über die Art und die Bedingungen der finanziellen Stützungsaktion zu machen.

Sechster Titel. Prüfung

§ 340k.* (1) ¹Kreditinstitute haben unabhängig von ihrer Größe ihren Jahresabschluß und Lagebericht sowie ihren Konzernabschluß und Konzernlagebericht unbeschadet der Vorschriften des §§ 28 bis 30 des Gesetzes über das Kreditwesen nach den Vorschriften des Dritten Unterabschnitts des Zweiten Abschnitts über die Prüfung prüfen zu lassen; § 319 Abs. 1 Satz 2 ist nicht anzuwenden. ²Die Prüfung ist spätestens vor Ablauf des fünften Monats des dem Abschlußstichtag nachfolgenden Geschäftsjahrs vorzunehmen. ³Der Jahresabschluß ist nach der Prüfung unverzüglich festzustellen.

(2) ¹Ist das Kreditinstitut eine Genossenschaft oder ein rechtsfähiger wirtschaftlicher Verein, so ist die Prüfung abweichend von § 319 Abs. 1 Satz 1 von dem Prüfungsverband durchzuführen, dem das Kreditinstitut als Mitglied angehört, sofern mehr als die Hälfte der Mitglieder des Vorstands dieses Prüfungsverbands Wirtschaftsprüfer sind. ²Hat der Prüfungsverband nur zwei Vorstandsmitglieder, so muß einer von ihnen Wirtschaftsprüfer sein. ³§ 319 Abs. 2 und 3 ist entsprechend anzuwenden; § 319 Abs. 3 Nr. 5 ist nicht anzuwenden, sofern sichergestellt ist, daß der Abschlußprüfer die Prüfung unabhängig von den Weisungen durch das Aufsichtsorgan des Prüfungsverbands durchführen kann. ⁴Ist das Mutterunternehmen eine Genossenschaft, so ist der Prüfungsverband, dem die Genossenschaft angehört, unter den Voraussetzungen der Sätze 1 bis 3 auch Abschlußprüfer des Konzernabschlusses und des Konzernlageberichts.

(3) ¹Ist das Kreditinstitut eine Sparkasse, so dürfen die nach Absatz 1 vorgeschriebenen Prüfungen abweichend von § 319 Abs. 1 Satz 1 von der Prüfungsstelle eines Sparkassen- und Giroverbands durchgeführt werden. ²Die Prüfung darf von der Prüfungsstelle jedoch nur durchgeführt werden, wenn der Leiter der Prüfungsstelle die Voraussetzungen des § 319 erfüllt. ³Außerdem muß sichergestellt sein, daß der Abschlußprüfer die Prüfung unabhängig von den Weisungen der Organe des Sparkassen- und Giroverbands durchführen kann.

Siebenter Titel. Offenlegung

§ 340l.* (1) ¹Kreditinstitute haben den Jahresabschluß und den Lagebericht sowie den Konzernabschluß und den Konzernlagebericht und die anderen in § 325 bezeichneten Unterlagen nach § 325 Abs. 2 bis 5, §§ 328, 329 Abs. 1 offenzulegen. ²Kreditinstitute, die nicht Zweigstellen sind, haben die in Satz 1 bezeichneten Unterlagen außerdem in jedem anderen Mitgliedstaat der Europäischen Wirtschaftsgemeinschaft offenzulegen, in dem sie eine Zweigstelle errichtet haben. ³Die Offenlegung (Einreichung zu einem Register, Bekanntmachung in einem Amtsblatt) richtet sich nach dem Recht des jeweiligen Mitgliedstaats.

(2) ¹Zweigstellen im Geltungsbereich dieses Gesetzes von Unternehmen mit Sitz in einem anderen Staat haben die in Absatz 1 Satz 1 bezeichneten Unterlagen ihrer Hauptniederlassung, die nach deren Recht aufgestellt und geprüft worden sind, nach § 325 Abs. 2 bis 5, §§ 328, 329 Abs. 1 offenzulegen. ²Zweigstellen im Geltungsbereich dieses Gesetzes von Unternehmen mit Sitz in einem Staat, der

---

* Vierter Abschnitt (§§ 340 bis 340o) eingefügt durch Bankbilanzrichtlinie-Gesetz vom 30. 11. 1990 (BGBl. I S. 2570).

nicht Mitglied der Europäischen Wirtschaftsgemeinschaft ist, brauchen auf ihre eigene Geschäftstätigkeit bezogene gesonderte Rechnungslegungsunterlagen nach Absatz 1 Satz 1 nicht offenzulegen, sofern die nach Satz 1 offenzulegenden Unterlagen nach einem an die Richtlinie 86/635/EWG angepaßten Recht aufgestellt und geprüft worden sind oder den nach einem dieser Rechte aufgestellten Unterlagen gleichwertig sind. ³Sind die Unterlagen nicht in deutscher Sprache erstellt, so ist jeweils eine Übersetzung in deutscher Sprache beizufügen.

(3) ¹Ist das Kreditinstitut eine Genossenschaft, so tritt an die Stelle des Handelsregisters das Genossenschaftsregister. ²§ 339 ist auf Kreditinstitute, die Genossenschaften sind, nicht anzuwenden.

(4) ¹Kreditinstitute, deren Bilanzsumme am Bilanzstichtag 300 Millionen Deutsche Mark nicht übersteigt, dürfen an Stelle von § 325 Abs. 2 auf die Offenlegung § 325 Abs. 1 anwenden. ²Satz 1 ist auf Zweigstellen im Sinne des Absatzes 2 mit der Maßgabe anzuwenden, daß bei der Offenlegung von Unterlagen der Hauptniederlassung die zum Bilanzstichtag in Deutsche Mark umgerechnete Bilanzsumme des Kreditinstituts mit Sitz in einem anderen Staat maßgeblich ist.

Achter Titel. Straf- und Bußgeldvorschriften, Zwangsgelder

§ 340 m.* **Strafvorschriften.** ¹Die Strafvorschriften der §§ 331 bis 333 sind auch auf nicht in der Rechtsform einer Kapitalgesellschaft betriebene Kreditinstitute anzuwenden. ²§ 331 ist darüber hinaus auch anzuwenden auf die Verletzung von Pflichten durch den Geschäftsleiter (§ 1 Abs. 2 Satz 1 des Gesetzes über das Kreditwesen) eines nicht in der Rechtsform einer Kapitalgesellschaft betriebenen Kreditinstituts, durch den Inhaber eines in der Rechtsform des Einzelkaufmanns betriebenen Kreditinstituts oder durch den Geschäftsleiter im Sinne des § 53 Abs. 2 Nr. 1 des Gesetzes über das Kreditwesen.

§ 340 n.* **Bußgeldvorschriften.** (1) Ordnungswidrig handelt, wer als Geschäftsleiter im Sinne des § 1 Abs. 2 Satz 1 oder des § 53 Abs. 2 Nr. 1 des Gesetzes über das Kreditwesen oder als Inhaber eines in der Rechtsform des Einzelkaufmanns betriebenen Kreditinstituts oder als Mitglied des Aufsichtsrats
1. bei der Aufstellung oder Feststellung des Jahresabschlusses einer Vorschrift
   a) des § 243 Abs. 1 oder 2, der §§ 244, 245, 246 Abs. 1 oder 2, dieser in Verbindung mit § 340a Abs. 2 Satz 3, des § 247 Abs. 2 oder 3, der §§ 248, 249 Abs. 1 Satz 1 oder Abs. 3, des § 250 Abs. 1 Satz 1 oder Abs. 2, des § 264 Abs. 2, des § 340b Abs. 4 oder 5 oder des § 340c Abs. 1 über Form oder Inhalt,
   b) des § 253 Abs. 1 Satz 1 in Verbindung mit § 255 Abs. 1 oder 2 Satz 1, 2 oder 6, des § 253 Abs. 1 Satz 2 oder Abs. 2 Satz 1, 2 oder 3, dieser in Verbindung mit § 340e Abs. 1, des § 253 Abs. 3 Satz 1 oder 2 oder § 280 Abs. 1 in Verbindung mit § 340f Abs. 2, der §§ 282, 283, des § 340e Abs. 1 des § 340f Abs. 1 Satz 2 oder des § 340g Abs. 2 über die Bewertung,
   c) des § 265 Abs. 2, 3 oder 4, des § 268 Abs. 3 oder 6, der §§ 272, 273, 274 Abs. 1 oder des § 277 Abs. 3 Satz 2 oder Abs. 4 über die Gliederung,
   d) des § 280 Abs. 3, des § 281 Abs. 1 Satz 2, dieser in Verbindung mit § 340f Abs. 2 Satz 2, oder des § 281 Abs. 1 Satz 3 oder Abs. 2 Satz 1, dieser in Verbindung mit § 340f Abs. 2 Satz 2, des § 284 Abs. 1, 2 Nr. 1, 3 oder 5 oder

---

* Vierter Abschnitt (§§ 340 bis 340o) eingefügt durch Bankbilanzrichtlinie-Gesetz vom 30. 11. 1990 (BGBl. I S. 2570).

des § 285 Nr. 3, 5 bis 7, 9 Buchstabe a oder b, Nr. 10, 11, 13 oder 14 über die in der Bilanz oder im Anhang zu machenden Angaben oder
2. bei der Aufstellung des Konzernabschlusses einer Vorschrift
   a) des § 294 Abs. 1 über den Konsolidierungskreis,
   b) des § 297 Abs. 2 oder 3 oder des § 340i Abs. 2 Satz 1 in Verbindung mit einer der in Nummer 1 Buchstabe a bezeichneten Vorschriften über Form oder Inhalt,
   c) des § 300 über die Konsolidierungsgrundsätze oder das Vollständigkeitsgebot,
   d) des § 308 Abs. 1 Satz 1 in Verbindung mit den in Nummer 1 Buchstabe b bezeichneten Vorschriften oder des § 308 Abs. 2 über die Bewertung,
   e) des § 311 Abs. 1 Satz 1 in Verbindung mit § 312 über die Behandlung assoziierter Unternehmen oder
   f) des § 308 Abs. 1 Satz 3, des § 313 oder des § 314 über die im Anhang zu machenden Angaben,
3. bei der Aufstellung des Lageberichts einer Vorschrift des § 289 Abs. 1 über den Inhalt des Lageberichts,
4. bei der Aufstellung des Konzernlageberichts einer Vorschrift des § 315 Abs. 1 über den Inhalt des Konzernlageberichts,
5. bei der Offenlegung, Veröffentlichung oder Vervielfältigung einer Vorschrift des § 328 über Form oder Inhalt oder
6. einer auf Grund des § 330 Abs. 2 in Verbindung mit Abs. 1 Satz 1 erlassenen Rechtsverordnung, soweit sie für einen bestimmten Tatbestand auf diese Bußgeldvorschrift verweist.
zuwiderhandelt.

(2) Ordnungswidrig handelt auch, wer zu einem Jahresabschluß oder einem Konzernabschluß, der auf Grund gesetzlicher Vorschriften zu prüfen ist, einen Vermerk nach § 322 erteilt, obwohl nach § 319 Abs. 2 er, nach § 319 Abs. 3 die Wirtschaftsprüfungsgesellschaft oder nach § 340k Abs. 2 oder 3 der Prüfungsverband, für die oder für den er tätig wird, nicht Abschlußprüfer sein darf.

(3) Die Ordnungswidrigkeit kann mit einer Geldbuße bis zu fünfzigtausend Deutsche Mark geahndet werden.

§ 340 o.* Festsetzung von Zwangsgeld. ¹Personen, die
1. als Geschäftsleiter im Sinne des § 1 Abs. 2 Satz 1 des Gesetzes über das Kreditwesen eines Kreditinstituts, das nicht Kapitalgesellschaft ist, oder als Inhaber eines in der Rechtsform des Einzelkaufmanns betriebenen Kreditinstituts
   a) eine der in § 335 Satz 1 Nr. 1, 3 bis 6 bezeichneten Vorschriften oder
   b) § 340i Abs. 1 Satz 1 oder
2. als Geschäftsleiter von Zweigstellen im Sinne des § 53 Abs. 1 des Gesetzes über das Kreditwesen § 340l Abs. 1 oder 2 über die Offenlegung der Rechnungslegungsunterlagen

nicht befolgen, sind hierzu vom Registergericht durch Festsetzung von Zwangsgeld nach § 132 Abs. 1 des Gesetzes über die Angelegenheiten der freiwilligen Gerichtsbarkeit anzuhalten. ²§ 335 Satz 2 bis 8 ist anzuwenden.

§§ 341, 342.** *(weggefallen)*

---

* Vierter Abschnitt (§§ 340 bis 340o) eingefügt durch Bankbilanzrichtlinie-Gesetz vom 30. 11. 1990 (BGBl. I S. 2570).
** Frühere §§ 340 bis 342 wurden §§ 235 bis 237 durch Bilanzrichtlinien-Gesetz vom 19. 12. 1985 (BGBl. I S. 2355).

Viertes Buch.* Handelsgeschäfte

Erster Abschnitt. Allgemeine Vorschriften

§ 343. [Begriff der Handelsgeschäfte] (1) Handelsgeschäfte sind alle Geschäfte eines Kaufmanns, die zum Betriebe seines Handelsgewerbes gehören.

(2) Die in § 1 Abs. 2 bezeichneten Geschäfte sind auch dann Handelsgeschäfte, wenn sie von einem Kaufmann im Betriebe seines gewöhnlich auf andere Geschäfte gerichteten Handelsgewerbes geschlossen werden.

§ 344. [Vermutung für das Handelsgeschäft] (1) Die von einem Kaufmanne vorgenommenen Rechtsgeschäfte gelten im Zweifel als zum Betriebe seines Handelsgewerbes gehörig.

(2) Die von einem Kaufmanne gezeichneten Schuldscheine gelten als im Betriebe seines Handelsgewerbes gezeichnet, sofern nicht aus der Urkunde sich das Gegenteil ergibt.

§ 345. [Einseitige Handelsgeschäfte] Auf ein Rechtsgeschäft, das für einen der beiden Teile ein Handelsgeschäft ist, kommen die Vorschriften über Handelsgeschäfte für beide Teile gleichmäßig zur Anwendung, soweit nicht aus diesen Vorschriften sich ein anderes ergibt.

§ 346. [Handelsbräuche] Unter Kaufleuten ist in Ansehung der Bedeutung und Wirkung von Handlungen und Unterlassungen auf die im Handelsverkehre geltenden Gewohnheiten und Gebräuche Rücksicht zu nehmen.

§ 347. [Sorgfaltspflicht] (1) Wer aus einem Geschäfte, das auf seiner Seite ein Handelsgeschäft ist, einem anderen zur Sorgfalt verpflichtet ist, hat für die Sorgfalt eines ordentlichen Kaufmanns einzustehen.

(2) Unberührt bleiben die Vorschriften des Bürgerlichen Gesetzbuchs, nach welchen der Schuldner in bestimmten Fällen nur grobe Fahrlässigkeit zu vertreten oder nur für diejenige Sorgfalt einzustehen hat, welche er in eigenen Angelegenheiten anzuwenden pflegt.

§ 348. [Vertragsstrafe] Eine Vertragsstrafe, die von einem Kaufmann im Betriebe seines Handelsgewerbes versprochen ist, kann nicht auf Grund der Vorschriften des § 343 des Bürgerlichen Gesetzbuchs herabgesetzt werden.

§ 349. [Keine Einrede der Vorausklage] ¹Dem Bürgen steht, wenn die Bürgschaft für ihn ein Handelsgeschäft ist, die Einrede der Vorausklage nicht zu. ²Das gleiche gilt unter der bezeichneten Voraussetzung für denjenigen, welcher aus einem Kreditauftrag als Bürge haftet.

§ 350. [Formfreiheit] Auf eine Bürgschaft, ein Schuldversprechen oder ein Schuldanerkenntnis finden, sofern die Bürgschaft auf der Seite des Bürgen, das Versprechen oder das Anerkenntnis auf der Seite des Schuldners ein Handelsge-

---

* Überschrift des bisherigen Dritten Buches in „Viertes Buch" geändert durch Bilanzrichtlinien-Gesetz vom 19. 12. 1985 (BGBl. I S. 2355).

1. Abschnitt. Allgemeine Vorschriften §§ 351–356 HGB 1

schäft ist, die Formvorschriften des § 766 Satz 1, des § 780 und des § 781 Satz 1 des Bürgerlichen Gesetzbuchs keine Anwendung.

§ 351. [**Minderkaufleute**] Die Vorschriften der §§ 348 bis 350 finden auf die in § 4 bezeichneten Gewerbetreibenden keine Anwendung.

§ 352. [**Gesetzlicher Zinssatz**] (1) ¹Die Höhe der gesetzlichen Zinsen, mit Einschluß der Verzugszinsen, ist bei beiderseitigen Handelsgeschäften fünf vom Hundert für das Jahr. ²Das gleiche gilt, wenn für eine Schuld aus einem solchen Handelsgeschäfte Zinsen ohne Bestimmung des Zinsfußes versprochen sind.

(2) Ist in diesem Gesetzbuche die Verpflichtung zur Zahlung von Zinsen ohne Bestimmung der Höhe ausgesprochen, so sind darunter Zinsen zu fünf vom Hundert für das Jahr zu verstehen.

§ 353. [**Fälligkeitszinsen**] ¹Kaufleute untereinander sind berechtigt, für ihre Forderungen aus beiderseitigen Handelsgeschäften vom Tage der Fälligkeit an Zinsen zu fordern. ²Zinsen von Zinsen können auf Grund dieser Vorschrift nicht gefordert werden.

§ 354. [**Provision; Lagergeld; Zinsen**] (1) Wer in Ausübung seines Handelsgewerbes einem anderen Geschäfte besorgt oder Dienste leistet, kann dafür auch ohne Verabredung Provision und, wenn es sich um Aufbewahrung handelt, Lagergeld nach den an dem Orte üblichen Sätzen fordern.

(2) Für Darlehen, Vorschüsse, Auslagen und andere Verwendungen kann er vom Tage der Leistung an Zinsen berechnen.

§ 355. [**Laufende Rechnung, Kontokorrent**] (1) Steht jemand mit einem Kaufmanne derart in Geschäftsverbindung, daß die aus der Verbindung entspringenden beiderseitigen Ansprüche und Leistungen nebst Zinsen in Rechnung gestellt und in regelmäßigen Zeitabschnitten durch Verrechnung und Feststellung des für den einen oder anderen Teil sich ergebenden Überschusses ausgeglichen werden (laufende Rechnung, Kontokorrent), so kann derjenige, welchem bei dem Rechnungsabschluß ein Überschuß gebührt, von dem Tage des Abschlusses an Zinsen von dem Überschusse verlangen, auch soweit in der Rechnung Zinsen enthalten sind.

(2) Der Rechnungsabschluß geschieht jährlich einmal, sofern nicht ein anderes bestimmt ist.

(3) Die laufende Rechnung kann im Zweifel auch während der Dauer einer Rechnungsperiode jederzeit mit der Wirkung gekündigt werden, daß derjenige, welchem nach der Rechnung ein Überschuß gebührt, dessen Zahlung beanspruchen kann.

§ 356. [**Sicherheiten**] (1) Wird eine Forderung, die durch Pfand, Bürgschaft oder in anderer Weise gesichert ist, in die laufende Rechnung aufgenommen, so wird der Gläubiger durch die Anerkennung des Rechnungsabschlusses nicht gehindert, aus der Sicherheit insoweit Befriedigung zu suchen, als sein Guthaben aus der laufenden Rechnung und die Forderung sich decken.

(2) Haftet ein Dritter für eine in die laufende Rechnung aufgenommene Forderung als Gesamtschuldner, so findet auf die Geltendmachung der Forderung gegen ihn die Vorschrift des Absatzes 1 entsprechende Anwendung.

§ 357. [**Pfändung des Saldos**] ¹Hat der Gläubiger eines Beteiligten die Pfändung und Überweisung des Anspruchs auf dasjenige erwirkt, was seinem Schuldner als Überschuß aus der laufenden Rechnung zukommt, so können dem Gläubiger gegenüber Schuldposten, die nach der Pfändung durch neue Geschäfte entstehen, nicht in Rechnung gestellt werden. ²Geschäfte, die auf Grund eines schon vor der Pfändung bestehenden Rechtes oder einer schon vor diesem Zeitpunkte bestehenden Verpflichtung des Drittschuldners vorgenommen werden, gelten nicht als neue Geschäfte im Sinne dieser Vorschrift.

§ 358. [**Zeit der Leistung**] Bei Handelsgeschäften kann die Leistung nur während der gewöhnlichen Geschäftszeit bewirkt und gefordert werden.

§ 359. [**Vereinbarte Zeit der Leistung; „acht Tage"**] (1) Ist als Zeit der Leistung das Frühjahr oder der Herbst oder ein in ähnlicher Weise bestimmter Zeitpunkt vereinbart, so entscheidet im Zweifel der Handelsgebrauch des Ortes der Leistung.

(2) Ist eine Frist von acht Tagen vereinbart, so sind hierunter im Zweifel volle acht Tage zu verstehen.

§ 360. [**Gattungsschuld**] Wird eine nur der Gattung nach bestimmte Ware geschuldet, so ist Handelsgut mittlerer Art und Güte zu leisten.

§ 361. [**Maß, Gewicht, Währung, Zeitrechnung und Entfernungen**] Maß, Gewicht, Währung, Zeitrechnung und Entfernungen, die an dem Orte gelten, wo der Vertrag erfüllt werden soll, sind im Zweifel als die vertragsmäßigen zu betrachten.

§ 362. [**Schweigen des Kaufmanns auf Anträge**] (1) ¹Geht einem Kaufmanne, dessen Gewerbebetrieb die Besorgung von Geschäften für andere mit sich bringt, ein Antrag über die Besorgung solcher Geschäfte von jemand zu, mit dem er in Geschäftsverbindung steht, so ist er verpflichtet, unverzüglich zu antworten; sein Schweigen gilt als Annahme des Antrags. ²Das gleiche gilt, wenn einem Kaufmann ein Antrag über die Besorgung von Geschäften von jemand zugeht, dem gegenüber er sich zur Besorgung solcher Geschäfte erboten hat.

(2) Auch wenn der Kaufmann den Antrag ablehnt, hat er die mitgesendeten Waren auf Kosten des Antragstellers, soweit er für diese Kosten gedeckt ist und soweit es ohne Nachteil für ihn geschehen kann, einstweilen vor Schaden zu bewahren.

§ 363.* [**Kaufmännische Orderpapiere**] (1) ¹Anweisungen, die auf einen Kaufmann über die Leistung von Geld, Wertpapieren oder anderen vertretbaren Sachen ausgestellt sind, ohne daß darin die Leistung von einer Gegenleistung abhängig gemacht ist, können durch Indossament übertragen werden, wenn sie an Order lauten. ²Dasselbe gilt von Verpflichtungsscheinen, die von einem Kaufmann über Gegenstände der bezeichneten Art an Order ausgestellt sind, ohne daß darin die Leistung von einer Gegenleistung abhängig gemacht ist.

(2) Ferner können Konnossemente der Verfrachter, Ladescheine der Frachtführer, Lagerscheine der staatlich zur Ausstellung solcher Urkunden ermächtigten

---

* § 363 Abs. 2 geändert durch Gesetz vom 10. 8. 1937 (RGBl. I S. 891) und Seerechtsänderungsgesetz vom 21. 6. 1972 (BGBl. I S. 966).

1. Abschnitt. Allgemeine Vorschriften §§ 364–367 **HGB 1**

Anstalten* sowie Transportversicherungspolicen durch Indossament übertragen werden, wenn sie an Order lauten.

§ 364. [Indossament] (1) Durch das Indossament gehen alle Rechte aus dem indossierten Papier auf den Indossatar über.

(2) Dem legitimierten Besitzer der Urkunde kann der Schuldner nur solche Einwendungen entgegensetzen, welche die Gültigkeit seiner Erklärung in der Urkunde betreffen oder sich aus dem Inhalte der Urkunde ergeben oder ihm unmittelbar gegen den Besitzer zustehen.

(3) Der Schuldner ist nur gegen Aushändigung der quittierten Urkunde zur Leistung verpflichtet.

§ 365. [Anwendung des Wechselrechts; Aufgebotsverfahren] (1) In betreff der Form des Indossaments, in betreff der Legitimation des Besitzers und der Prüfung der Legitimation sowie in betreff der Verpflichtung des Besitzers zur Herausgabe, finden die Vorschriften der *Artikel 11 bis 13, 36, 74 der Wechselordnung*** entsprechende Anwendung.

(2) [1]Ist die Urkunde vernichtet oder abhanden gekommen, so unterliegt sie der Kraftloserklärung im Wege des Aufgebotsverfahrens. [2]Ist das Aufgebotsverfahren eingeleitet, so kann der Berechtigte, wenn er bis zur Kraftloserklärung Sicherheit bestellt, Leistung nach Maßgabe der Urkunde von dem Schuldner verlangen.

§ 366. [Gutgläubiger Erwerb von beweglichen Sachen] (1) Veräußert oder verpfändet ein Kaufmann im Betriebe seines Handelsgewerbes eine ihm nicht gehörige bewegliche Sache, so finden die Vorschriften des Bürgerlichen Gesetzbuchs zugunsten derjenigen, welche Rechte von einem Nichtberechtigten herleiten, auch dann Anwendung, wenn der gute Glaube des Erwerbers die Befugnis des Veräußerers oder Verpfänders, über die Sache für den Eigentümer zu verfügen, betrifft.

(2) Ist die Sache mit dem Rechte eines Dritten belastet, so finden die Vorschriften des Bürgerlichen Gesetzbuchs zugunsten derjenigen, welche Rechte von einem Nichtberechtigten herleiten, auch dann Anwendung, wenn der gute Glaube die Befugnis des Veräußerers oder Verpfänders, ohne Vorbehalt des Rechtes über die Sache zu verfügen, betrifft.

(3) Das gesetzliche Pfandrecht des Kommissionärs, des Spediteurs, des Lagerhalters und des Frachtführers steht hinsichtlich des Schutzes des guten Glaubens einem gemäß Absatz 1 durch Vertrag erworbenen Pfandrechte gleich.

§ 367.* [Gutgläubiger Erwerb gewisser Wertpapiere] (1) [1]Wird ein Inhaberpapier, das dem Eigentümer gestohlen worden, verlorengegangen oder sonst abhanden gekommen ist, an einen Kaufmann, der Bankier- oder Geldwechslergeschäfte betreibt, veräußert oder verpfändet, so gilt dessen guter Glaube als ausgeschlossen, wenn zur Zeit der Veräußerung oder Verpfändung der Verlust des Papiers im Bundesanzeiger bekanntgemacht und seit dem Ablauf des Jahres, in dem die Veröffentlichung erfolgt ist, nicht mehr als ein Jahr verstrichen war.

---

* Vgl. Verordnung über Orderlagerscheine; abgedruckt unter Nr. **5**.
** Jetzt Art. **13**, **14** Abs. 2, Art. **16** und **40** Abs. 3 Satz 2 des Wechselgesetzes (abgedruckt unter Nr. **18**) gemäß Art. 3 Abs. 1 Gesetz vom 21. 6. 1933 (RGBl. I S. 409).
*** § 367 neu gefaßt durch Gesetz vom 17. 5. 1950 (BGBl. S. 183).

117

²Inhaberpapieren stehen an Order lautende Anleiheschuldverschreibungen sowie Namensaktien, Zwischenscheine und Reichsbankanteilscheine gleich, falls sie mit einem Blankoindossament versehen sind.

(2) Der gute Glaube des Erwerbers wird durch die Veröffentlichung im Bundesanzeiger nicht ausgeschlossen, wenn der Erwerber die Veröffentlichung infolge besonderer Umstände nicht kannte und seine Unkenntnis nicht auf grober Fahrlässigkeit beruht.

(3) Auf Zins-, Renten- und Gewinnanteilscheine, die nicht später als in dem nächsten auf die Veräußerung oder Verpfändung folgenden Einlösungstermin fällig werden, auf unverzinsliche Inhaberpapiere, die auf Sicht zahlbar sind, und auf Banknoten sind diese Vorschriften nicht anzuwenden.

§ 368. [Pfandverkauf] (1) Bei dem Verkauf eines Pfandes tritt, wenn die Verpfändung auf der Seite des Pfandgläubigers und des Verpfänders ein Handelsgeschäft ist, an die Stelle der in § 1234 des Bürgerlichen Gesetzbuchs bestimmten Frist von einem Monat eine solche von einer Woche.

(2) Diese Vorschrift findet auf das gesetzliche Pfandrecht des Kommissionärs, des Spediteurs, des Lagerhalters und des Frachtführers entsprechende Anwendung, auf das Pfandrecht des Spediteurs und des Frachtführers auch dann, wenn nur auf ihrer Seite der Speditions- oder Frachtvertrag ein Handelsgeschäft ist.

§ 369.* **[Kaufmännisches Zurückbehaltungsrecht]** (1) ¹Ein Kaufmann hat wegen der fälligen Forderungen, welche ihm gegen einen anderen Kaufmann aus den zwischen ihnen geschlossenen beiderseitigen Handelsgeschäften zustehen, ein Zurückbehaltungsrecht an den beweglichen Sachen und Wertpapieren des Schuldners, welche mit dessen Willen auf Grund von Handelsgeschäften in seinen Besitz gelangt sind, sofern er sie noch im Besitze hat, insbesondere mittels Konnossements, Ladescheins oder Lagerscheins darüber verfügen kann. ²Das Zurückbehaltungsrecht ist auch dann begründet, wenn das Eigentum an dem Gegenstande von dem Schuldner auf den Gläubiger übergegangen oder von einem Dritten für den Schuldner auf den Gläubiger übertragen, aber auf den Schuldner zurückzuübertragen ist.

(2) Einem Dritten gegenüber besteht das Zurückbehaltungsrecht insoweit, als dem Dritten die Einwendungen gegen den Anspruch des Schuldners auf Herausgabe des Gegenstandes entgegengesetzt werden können.

(3) Das Zurückbehaltungsrecht ist ausgeschlossen, wenn die Zurückbehaltung des Gegenstandes der von dem Schuldner vor oder bei der Übergabe erteilten Anweisung oder der von dem Gläubiger übernommenen Verpflichtung, in einer bestimmten Weise mit dem Gegenstande zu verfahren, widerstreitet.

(4) ¹Der Schuldner kann die Ausübung des Zurückbehaltungsrechts durch Sicherheitsleistung abwenden. ²Die Sicherheitsleistung durch Bürgen ist ausgeschlossen.

§ 370. [Außerordentliches Zurückbehaltungsrecht] (1) Das Zurückbehaltungsrecht kann auch wegen nicht fälliger Forderungen geltend gemacht werden:
1. wenn über das Vermögen des Schuldners der Konkurs eröffnet ist oder der Schuldner seine Zahlungen eingestellt hat;

---

* Vgl. auch das Zurückbehaltungsrecht nach § 273 BGB; abgedruckt in Schönfelder unter Nr. **20**.

2. Abschnitt. Handelskauf §§ 371–373 **HGB 1**

2. wenn eine Zwangsvollstreckung in das Vermögen des Schuldners ohne Erfolg versucht ist.

(2) Der Geltendmachung des Zurückbehaltungsrechts steht die Anweisung des Schuldners oder die Übernahme der Verpflichtung, in einer bestimmten Weise mit dem Gegenstande zu verfahren, nicht entgegen, sofern die in Absatz 1 Nr. 1 und 2 bezeichneten Tatsachen erst nach der Übergabe des Gegenstandes oder nach der Übernahme der Verpflichtung dem Gläubiger bekannt werden.

§ 371. [**Befriedigungsrecht**] (1) ¹Der Gläubiger ist kraft des Zurückbehaltungsrechts befugt, sich aus dem zurückbehaltenen Gegenstande für seine Forderung zu befriedigen. ²Steht einem Dritten ein Recht an dem Gegenstande zu, gegen welches das Zurückbehaltungsrecht nach § 369 Abs. 2 geltend gemacht werden kann, so hat der Gläubiger in Ansehung der Befriedigung aus dem Gegenstande den Vorrang.

(2) ¹Die Befriedigung erfolgt nach den für das Pfandrecht geltenden Vorschriften des Bürgerlichen Gesetzbuchs. ²An die Stelle der in § 1234 des Bürgerlichen Gesetzbuchs bestimmten Frist von einem Monate tritt eine solche von einer Woche.

(3) ¹Sofern die Befriedigung nicht im Wege der Zwangsvollstreckung stattfindet, ist sie erst zulässig, nachdem der Gläubiger einen vollstreckbaren Titel für sein Recht auf Befriedigung gegen den Eigentümer oder, wenn der Gegenstand ihm selbst gehört, gegen den Schuldner erlangt hat; in dem letzteren Falle finden die den Eigentümer betreffenden Vorschriften des Bürgerlichen Gesetzbuchs über die Befriedigung auf den Schuldner entsprechende Anwendung. ²In Ermangelung des vollstreckbaren Titels ist der Verkauf des Gegenstandes nicht rechtmäßig.

(4) Die Klage auf Gestattung der Befriedigung kann bei dem Gericht, in dessen Bezirke der Gläubiger seinen allgemeinen Gerichtsstand oder den Gerichtsstand der Niederlassung hat, erhoben werden.

§ 372. [**Eigentumsfiktion und Rechtskraftwirkung bei Befriedigungsrecht**] (1) In Ansehung der Befriedigung aus dem zurückbehaltenen Gegenstande gilt zugunsten des Gläubigers der Schuldner, sofern er bei dem Besitzerwerbe des Gläubigers der Eigentümer des Gegenstandes war, auch weiter als Eigentümer, sofern nicht der Gläubiger weiß, daß der Schuldner nicht mehr Eigentümer ist.

(2) Erwirbt ein Dritter nach dem Besitzerwerbe des Gläubigers von dem Schuldner das Eigentum, so muß er ein rechtskräftiges Urteil, das in einem zwischen dem Gläubiger und dem Schuldner wegen Gestattung der Befriedigung geführten Rechtsstreit ergangen ist, gegen sich gelten lassen, sofern nicht der Gläubiger bei dem Eintritte der Rechtshängigkeit gewußt hat, daß der Schuldner nicht mehr Eigentümer war.

Zweiter Abschnitt. Handelskauf

§ 373. [**Annahmeverzug des Käufers**] (1) Ist der Käufer mit der Annahme der Ware im Verzuge, so kann der Verkäufer die Ware auf Gefahr und Kosten des Käufers in einem öffentlichen Lagerhaus oder sonst in sicherer Weise hinterlegen.

(2) ¹Er ist ferner befugt, nach vorgängiger Androhung die Ware öffentlich versteigern zu lassen; er kann, wenn die Ware einen Börsen- oder Marktpreis hat, nach vorgängiger Androhung den Verkauf auch aus freier Hand durch einen zu

solchen Verkäufen öffentlich ermächtigten Handelsmakler oder durch eine zur öffentlichen Versteigerung befugte Person zum laufenden Preise bewirken. ²Ist die Ware dem Verderb ausgesetzt und Gefahr im Verzuge, so bedarf es der vorgängigen Androhung nicht; dasselbe gilt, wenn die Androhung aus anderen Gründen untunlich ist.

(3) Der Selbsthilfeverkauf erfolgt für Rechnung des säumigen Käufers.

(4) Der Verkäufer und der Käufer können bei der öffentlichen Versteigerung mitbieten.

(5) ¹Im Falle der öffentlichen Versteigerung hat der Verkäufer den Käufer von der Zeit und dem Orte der Versteigerung vorher zu benachrichtigen; von dem vollzogenen Verkaufe hat er bei jeder Art des Verkaufs dem Käufer unverzüglich Nachricht zu geben. ²Im Falle der Unterlassung ist er zum Schadensersatze verpflichtet. ³Die Benachrichtigungen dürfen unterbleiben, wenn sie untunlich sind.

§ 374. [**Vorschriften des BGB über Annahmeverzug**] Durch die Vorschriften des § 373 werden die Befugnisse nicht berührt, welche dem Verkäufer nach dem Bürgerlichen Gesetzbuche zustehen, wenn der Käufer im Verzuge der Annahme ist.

§ 375. [**Bestimmungskauf**] (1) Ist bei dem Kaufe einer beweglichen Sache dem Käufer die nähere Bestimmung über Form, Maß oder ähnliche Verhältnisse vorbehalten, so ist der Käufer verpflichtet, die vorbehaltene Bestimmung zu treffen.

(2) ¹Ist der Käufer mit der Erfüllung dieser Verpflichtung im Verzuge, so kann der Verkäufer die Bestimmung statt des Käufers vornehmen oder gemäß § 326 des Bürgerlichen Gesetzbuchs Schadensersatz wegen Nichterfüllung fordern oder vom Vertrage zurücktreten. ²Im ersteren Falle hat der Verkäufer die von ihm getroffene Bestimmung dem Käufer mitzuteilen und ihm zugleich eine angemessene Frist zur Vornahme einer anderweitigen Bestimmung zu setzen. ³Wird eine solche innerhalb der Frist von dem Käufer nicht vorgenommen, so ist die von dem Verkäufer getroffene Bestimmung maßgebend.

§ 376. [**Fixhandelskauf**] (1) ¹Ist bedungen, daß die Leistung des einen Teiles genau zu einer festbestimmten Zeit oder innerhalb einer festbestimmten Frist bewirkt werden soll, so kann der andere Teil, wenn die Leistung nicht zu der bestimmten Zeit oder nicht innerhalb der bestimmten Frist erfolgt, von dem Vertrage zurücktreten oder, falls der Schuldner im Verzug ist, statt der Erfüllung Schadensersatz wegen Nichterfüllung verlangen. ²Erfüllung kann er nur beanspruchen, wenn er sofort nach dem Ablaufe der Zeit oder der Frist dem Gegner anzeigt, daß er auf Erfüllung bestehe.

(2) Wird Schadensersatz wegen Nichterfüllung verlangt und hat die Ware einen Börsen- oder Marktpreis, so kann der Unterschied des Kaufpreises und des Börsen- oder Marktpreises zur Zeit und am Orte der geschuldeten Leistung gefordert werden.

(3) ¹Das Ergebnis eines anderweit vorgenommenen Verkaufs oder Kaufes kann, falls die Ware einen Börsen- oder Marktpreis hat, dem Ersatzansprucke nur zugrunde gelegt werden, wenn der Verkauf oder Kauf sofort nach dem Ablaufe der bedungenen Leistungszeit oder Leistungsfrist bewirkt ist. ²Der Verkauf oder Kauf muß, wenn er nicht in öffentlicher Versteigerung geschieht, durch einen zu solchen Verkäufen oder Käufen öffentlich ermächtigten Handelsmakler oder eine zur öffentlichen Versteigerung befugte Person zum laufenden Preise erfolgen.

2. Abschnitt. Handelskauf §§ 377–381 HGB 1

(4) ¹Auf den Verkauf mittels öffentlicher Versteigerung findet die Vorschrift des § 373 Abs. 4 Anwendung. ²Von dem Verkauf oder Kaufe hat der Gläubiger den Schuldner unverzüglich zu benachrichtigen; im Falle der Unterlassung ist er zum Schadensersatze verpflichtet.

§ 377. **[Untersuchungs- und Rügepflicht]** (1) Ist der Kauf für beide Teile ein Handelsgeschäft, so hat der Käufer die Ware unverzüglich nach der Ablieferung durch den Verkäufer, soweit dies nach ordnungsmäßigem Geschäftsgange tunlich ist, zu untersuchen und, wenn sich ein Mangel zeigt, dem Verkäufer unverzüglich Anzeige zu machen.

(2) Unterläßt der Käufer die Anzeige, so gilt die Ware als genehmigt, es sei denn, daß es sich um einen Mangel handelt, der bei der Untersuchung nicht erkennbar war.

(3) Zeigt sich später ein solcher Mangel, so muß die Anzeige unverzüglich nach der Entdeckung gemacht werden; anderenfalls gilt die Ware auch in Ansehung dieses Mangels als genehmigt.

(4) Zur Erhaltung der Rechte des Käufers genügt die rechtzeitige Absendung der Anzeige.

(5) Hat der Verkäufer den Mangel arglistig verschwiegen, so kann er sich auf diese Vorschriften nicht berufen.

§ 378. **[Untersuchungs- und Rügepflicht bei Falschlieferung oder Mengenfehlern]** Die Vorschriften des § 377 finden auch dann Anwendung, wenn eine andere als die bedungene Ware oder eine andere als die bedungene Menge von Waren geliefert ist, sofern die gelieferte Ware nicht offensichtlich von der Bestellung so erheblich abweicht, daß der Verkäufer die Genehmigung des Käufers als ausgeschlossen betrachten mußte.

§ 379. **[Einstweilige Aufbewahrung; Notverkauf]** (1) Ist der Kauf für beide Teile ein Handelsgeschäft, so ist der Käufer, wenn er die ihm von einem anderen Orte übersendete Ware beanstandet, verpflichtet, für ihre einstweilige Aufbewahrung zu sorgen.

(2) Er kann die Ware, wenn sie dem Verderb ausgesetzt und Gefahr im Verzug ist, unter Beobachtung der Vorschriften des § 373 verkaufen lassen.

§ 380. **[Taragewicht]** (1) Ist der Kaufpreis nach dem Gewichte der Ware zu berechnen, so kommt das Gewicht der Verpackung (Taragewicht) in Abzug, wenn nicht aus dem Vertrag oder dem Handelsgebrauche des Ortes, an welchem der Verkäufer zu erfüllen hat, sich ein anderes ergibt.

(2) Ob und in welcher Höhe das Taragewicht nach einem bestimmten Ansatz oder Verhältnisse statt nach genauer Ausmittelung abzuziehen ist, sowie, ob und wieviel als Gutgewicht zugunsten des Käufers zu berechnen ist oder als Vergütung für schadhafte oder unbrauchbare Teile (Refaktie) gefordert werden kann, bestimmt sich nach dem Vertrag oder dem Handelsgebrauche des Ortes, an welchem der Verkäufer zu erfüllen hat.

§ 381. **[Kauf von Wertpapieren; Werklieferungsvertrag]** (1) Die in diesem Abschnitte für den Kauf von Waren getroffenen Vorschriften gelten auch für den Kauf von Wertpapieren.

(2) Sie finden auch Anwendung, wenn aus einem von dem Unternehmer zu beschaffenden Stoffe eine nicht vertretbare bewegliche Sache herzustellen ist.

§ 382. [Viehmängel] Die Vorschriften der §§ 481 bis 492 des Bürgerlichen Gesetzbuchs über die Gewährleistung bei Viehmängeln werden durch die Vorschriften dieses Abschnitts nicht berührt.

Dritter Abschnitt. Kommissionsgeschäft

§ 383. [Kommissionär; Kommissionsvertrag] Kommissionär ist, wer es gewerbsmäßig übernimmt, Waren oder Wertpapiere für Rechnung eines anderen (des Kommittenten) in eigenem Namen zu kaufen oder zu verkaufen.

§ 384. [Pflichten des Kommissionärs] (1) Der Kommissionär ist verpflichtet, das übernommene Geschäft mit der Sorgfalt eines ordentlichen Kaufmanns auszuführen; er hat hierbei das Interesse des Kommittenten wahrzunehmen und dessen Weisungen zu befolgen.

(2) Er hat dem Kommittenten die erforderlichen Nachrichten zu geben, insbesondere von der Ausführung der Kommission unverzüglich Anzeige zu machen; er ist verpflichtet, dem Kommittenten über das Geschäft Rechenschaft abzulegen und ihm dasjenige herauszugeben, was er aus der Geschäftsbesorgung erlangt hat.

(3) Der Kommissionär haftet dem Kommittenten für die Erfüllung des Geschäfts, wenn er ihm nicht zugleich mit der Anzeige von der Ausführung der Kommission den Dritten namhaft macht, mit dem er das Geschäft abgeschlossen hat.

§ 385. [Weisungen des Kommittenten] (1) Handelt der Kommissionär nicht gemäß den Weisungen des Kommittenten, so ist er diesem zum Ersatze des Schadens verpflichtet; der Kommittent braucht das Geschäft nicht für seine Rechnung gelten zu lassen.

(2) Die Vorschriften des § 665 des Bürgerlichen Gesetzbuchs bleiben unberührt.

§ 386. [Preisgrenzen] (1) Hat der Kommissionär unter dem ihm gesetzten Preise verkauft oder hat er den ihm für den Einkauf gesetzten Preis überschritten, so muß der Kommittent, falls er das Geschäft als nicht für seine Rechnung abgeschlossen zurückweisen will, dies unverzüglich auf die Anzeige von der Ausführung des Geschäfts erklären; anderenfalls gilt die Abweichung von der Preisbestimmung als genehmigt.

(2) [1]Erbietet sich der Kommissionär zugleich mit der Anzeige von der Ausführung des Geschäfts zur Deckung des Preisunterschieds, so ist der Kommittent zur Zurückweisung nicht berechtigt. [2]Der Anspruch des Kommittenten auf den Ersatz eines den Preisunterschied übersteigenden Schadens bleibt unberührt.

§ 387. [Vorteilhafter Abschluß] (1) Schließt der Kommissionär zu vorteilhafteren Bedingungen ab, als sie ihm von dem Kommittenten gesetzt worden sind, so kommt dies dem Kommittenten zustatten.

(2) Dies gilt insbesondere, wenn der Preis, für welchen der Kommissionär verkauft, den von dem Kommittenten bestimmten niedrigsten Preis übersteigt oder wenn der Preis, für welchen er einkauft, den von dem Kommittenten bestimmten höchsten Preis nicht erreicht.

§ 388. [Beschädigtes oder mangelhaftes Kommissionsgut] (1) Befindet sich das Gut, welches dem Kommissionär zugesendet ist, bei der Ablieferung in einem beschädigten oder mangelhaften Zustande, der äußerlich erkennbar ist, so hat der Kommissionär die Rechte gegen den Frachtführer oder Schiffer zu wahren, für den Beweis des Zustandes zu sorgen und dem Kommittenten unverzüglich Nachricht zu geben; im Falle der Unterlassung ist er zum Schadensersatze verpflichtet.

(2) Ist das Gut dem Verderb ausgesetzt oder treten später Veränderungen an dem Gute ein, die dessen Entwertung befürchten lassen, und ist keine Zeit vorhanden, die Verfügung des Kommittenten einzuholen, oder ist der Kommittent in der Erteilung der Verfügung säumig, so kann der Kommissionär den Verkauf des Gutes nach Maßgabe der Vorschriften des § 373 bewirken.

§ 389. [Hinterlegung; Selbsthilfeverkauf] Unterläßt der Kommittent über das Gut zu verfügen, obwohl er dazu nach Lage der Sache verpflichtet ist, so hat der Kommissionär die nach § 373 dem Verkäufer zustehenden Rechte.

§ 390. [Haftung des Kommissionärs für das Gut] (1) Der Kommissionär ist für den Verlust und die Beschädigung des in seiner Verwahrung befindlichen Gutes verantwortlich, es sei denn, daß der Verlust oder die Beschädigung auf Umständen beruht, die durch die Sorgfalt eines ordentlichen Kaufmanns nicht abgewendet werden konnten.

(2) Der Kommissionär ist wegen der Unterlassung der Versicherung des Gutes nur verantwortlich, wenn er von dem Kommittenten angewiesen war, die Versicherung zu bewirken.

§ 391. [Untersuchungs- und Rügepflicht; Aufbewahrung; Notverkauf]
[1]Ist eine Einkaufskommission erteilt, die für beide Teile ein Handelsgeschäft ist, so finden in bezug auf die Verpflichtung des Kommittenten, das Gut zu untersuchen und dem Kommissionär von den entdeckten Mängeln Anzeige zu machen, sowie in bezug auf die Sorge für die Aufbewahrung des beanstandeten Gutes und auf den Verkauf bei drohendem Verderbe die für den Käufer geltenden Vorschriften der §§ 377 bis 379 entsprechende Anwendung. [2]Der Anspruch des Kommittenten auf Abtretung der Rechte, die dem Kommissionär gegen den Dritten zustehen, von welchem er das Gut für Rechnung des Kommittenten gekauft hat, wird durch eine verspätete Anzeige des Mangels nicht berührt.

§ 392. [Forderungen aus dem Kommissionsgeschäft] (1) Forderungen aus einem Geschäfte, das der Kommissionär abgeschlossen hat, kann der Kommittent dem Schuldner gegenüber erst nach der Abtretung geltend machen.

(2) Jedoch gelten solche Forderungen, auch wenn sie nicht abgetreten sind, im Verhältnisse zwischen dem Kommittenten und dem Kommissionär oder dessen Gläubigern als Forderungen des Kommittenten.

§ 393. [Vorschuß; Kredit] (1) Wird von dem Kommissionär ohne Zustimmung des Kommittenten einem Dritten ein Vorschuß geleistet oder Kredit gewährt, so handelt der Kommissionär auf eigene Gefahr.

(2) Insoweit jedoch der Handelsgebrauch am Orte des Geschäfts die Stundung des Kaufpreises mit sich bringt, ist in Ermangelung einer anderen Bestimmung des Kommittenten auch der Kommissionär dazu berechtigt.

(3) [1]Verkauft der Kommissionär unbefugt auf Kredit, so ist er verpflichtet, dem Kommittenten sofort als Schuldner des Kaufpreises die Zahlung zu leisten. [2]Wäre

beim Verkaufe gegen bar der Preis geringer gewesen, so hat der Kommissionär nur den geringeren Preis und, wenn dieser niedriger ist als der ihm gesetzte Preis, auch den Unterschied nach § 386 zu vergüten.

§ 394. **[Delkredere]** (1) Der Kommissionär hat für die Erfüllung der Verbindlichkeit des Dritten, mit dem er das Geschäft für Rechnung des Kommittenten abschließt, einzustehen, wenn dies von ihm übernommen oder am Orte seiner Niederlassung Handelsgebrauch ist.

(2) ¹Der Kommissionär, der für den Dritten einzustehen hat, ist dem Kommittenten für die Erfüllung im Zeitpunkte des Verfalls unmittelbar insoweit verhaftet, als die Erfüllung aus dem Vertragsverhältnisse gefordert werden kann. ²Er kann eine besondere Vergütung (Delkredereprovision) beanspruchen.

§ 395. **[Wechselindossament]** Ein Kommissionär, der den Ankauf eines Wechsels übernimmt, ist verpflichtet, den Wechsel, wenn er ihn indossiert, in üblicher Weise und ohne Vorbehalt zu indossieren.

§ 396. **[Provision des Kommissionärs; Ersatz von Aufwendungen]** (1) ¹Der Kommissionär kann die Provision fordern, wenn das Geschäft zur Ausführung gekommen ist. ²Ist das Geschäft nicht zur Ausführung gekommen, so hat er gleichwohl den Anspruch auf die Auslieferungsprovision, sofern eine solche ortsgebräuchlich ist; auch kann er die Provision verlangen, wenn die Ausführung des von ihm abgeschlossenen Geschäfts nur aus einem in der Person des Kommittenten liegenden Grunde unterblieben ist.

(2) Zu dem von dem Kommittenten für Aufwendungen des Kommissionärs nach den §§ 670 und 675 des Bürgerlichen Gesetzbuchs zu leistenden Ersatze gehört auch die Vergütung für die Benutzung der Lagerräume und der Beförderungsmittel des Kommissionärs.

§ 397. **[Gesetzliches Pfandrecht]** Der Kommissionär hat an dem Kommissionsgute, sofern er es im Besitze hat, insbesondere mittels Konnossements, Ladescheins oder Lagerscheins darüber verfügen kann, ein Pfandrecht wegen der auf das Gut verwendeten Kosten, der Provision, der auf das Gut gegebenen Vorschüsse und Darlehen, der mit Rücksicht auf das Gut gezeichneten Wechsel oder in anderer Weise eingegangenen Verbindlichkeiten sowie wegen aller Forderungen aus laufender Rechnung in Kommissionsgeschäften.

§ 398. **[Befriedigung aus eigenem Kommissionsgut]** Der Kommissionär kann sich, auch wenn er Eigentümer des Kommissionsguts ist, für die in § 397 bezeichneten Ansprüche nach Maßgabe der für das Pfandrecht geltenden Vorschriften aus dem Gute befriedigen.

§ 399. **[Befriedigung aus Forderungen]** Aus den Forderungen, welche durch das für Rechnung des Kommittenten geschlossene Geschäft begründet sind, kann sich der Kommissionär für die in § 397 bezeichneten Ansprüche vor dem Kommittenten und dessen Gläubigern befriedigen.

§ 400. **[Selbsteintritt des Kommissionärs]** (1) Die Kommission zum Einkauf oder zum Verkaufe von Waren, die einen Börsen- oder Marktpreis haben, sowie von Wertpapieren, bei denen ein Börsen- oder Marktpreis amtlich festgestellt wird, kann, wenn der Kommittent nicht ein anderes bestimmt hat, von dem

3. Abschnitt. Kommissionsgeschäft §§ 401–405 **HGB 1**

Kommissionär dadurch ausgeführt werden, daß er das Gut, welches er einkaufen soll, selbst als Verkäufer liefert oder das Gut, welches er verkaufen soll, selbst als Käufer übernimmt.

(2) ¹Im Falle einer solchen Ausführung der Kommission beschränkt sich die Pflicht des Kommissionärs, Rechenschaft über die Abschließung des Kaufes oder Verkaufs abzulegen, auf den Nachweis, daß bei dem berechneten Preise der zur Zeit der Ausführung der Kommission bestehende Börsen- oder Marktpreis eingehalten ist. ²Als Zeit der Ausführung gilt der Zeitpunkt, in welchem der Kommissionär die Anzeige von der Ausführung zur Absendung an den Kommittenten abgegeben hat.

(3) Ist bei einer Kommission, die während der Börsen- oder Marktzeit auszuführen war, die Ausführungsanzeige erst nach dem Schlusse der Börse oder des Marktes zur Absendung abgegeben, so darf der berechnete Preis für den Kommittenten nicht ungünstiger sein als der Preis, der am Schlusse der Börse oder des Marktes bestand.

(4) Bei einer Kommission, die zu einem bestimmten Kurse (erster Kurs, Mittelkurs, letzter Kurs) ausgeführt werden soll, ist der Kommissionär ohne Rücksicht auf den Zeitpunkt der Absendung der Ausführungsanzeige berechtigt und verpflichtet, diesen Kurs dem Kommittenten in Rechnung zu stellen.

(5) Bei Wertpapieren und Waren, für welche der Börsen- oder Marktpreis amtlich festgestellt wird, kann der Kommissionär im Falle der Ausführung der Kommission durch Selbsteintritt dem Kommittenten keinen ungünstigeren Preis als den amtlich festgestellten in Rechnung stellen.

§ 401. [Deckungsgeschäft] (1) Auch im Falle der Ausführung der Kommission durch Selbsteintritt hat der Kommissionär, wenn er bei Anwendung pflichtmäßiger Sorgfalt die Kommission zu einem günstigeren als dem nach § 400 sich ergebenden Preise ausführen konnte, dem Kommittenten den günstigeren Preis zu berechnen.

(2) Hat der Kommissionär vor der Absendung der Ausführungsanzeige aus Anlaß der erteilten Kommission an der Börse oder am Markte ein Geschäft mit einem Dritten abgeschlossen, so darf er dem Kommittenten keinen ungünstigeren als den hierbei vereinbarten Preis berechnen.

§ 402. [Unabdingbarkeit] Die Vorschriften des § 400 Abs. 2 bis 5 und des § 401 können nicht durch Vertrag zum Nachteile des Kommittenten abgeändert werden.

§ 403. [Provision bei Selbsteintritt] Der Kommissionär, der das Gut selbst als Verkäufer liefert oder als Käufer übernimmt, ist zu der gewöhnlichen Provision berechtigt und kann die bei Kommissionsgeschäften sonst regelmäßig vorkommenden Kosten berechnen.

§ 404. [Gesetzliches Pfandrecht] Die Vorschriften der §§ 397 und 398 finden auch im Falle der Ausführung der Kommission durch Selbsteintritt Anwendung.

§ 405. [Ausführungsanzeige und Selbsteintritt; Widerruf der Kommission] (1) Zeigt der Kommissionär die Ausführung der Kommission an, ohne ausdrücklich zu bemerken, daß er selbst eintreten wolle, so gilt dies als Erklärung, daß die Ausführung durch Abschluß des Geschäfts mit einem Dritten für Rechnung des Kommittenten erfolgt sei.

(2) Eine Vereinbarung zwischen dem Kommittenten und dem Kommissionär, daß die Erklärung darüber, ob die Kommission durch Selbsteintritt oder durch Abschluß mit einem Dritten ausgeführt sei, später als am Tage der Ausführungsanzeige abgegeben werden dürfe, ist nichtig.

(3) Widerruft der Kommittent die Kommission und geht der Widerruf dem Kommissionär zu, bevor die Ausführungsanzeige zur Absendung abgegeben ist, so steht dem Kommissionär das Recht des Selbsteintritts nicht mehr zu.

§ 406. [Ähnliche Geschäfte] (1) ¹Die Vorschriften dieses Abschnitts kommen auch zur Anwendung, wenn ein Kommissionär im Betriebe seines Handelsgewerbes ein Geschäft anderer als der in § 383 bezeichneten Art für Rechnung eines anderen in eigenem Namen zu schließen übernimmt. ²Das gleiche gilt, wenn ein Kaufmann, der nicht Kommissionär ist, im Betriebe seines Handelsgewerbes ein Geschäft in der bezeichneten Weise zu schließen übernimmt.

(2) Als Einkaufs- und Verkaufskommission im Sinne dieses Abschnitts gilt auch eine Kommission, welche die Lieferung einer nicht vertretbaren beweglichen Sache, die aus einem von dem Unternehmer zu beschaffenden Stoffe herzustellen ist, zum Gegenstande hat.

Vierter Abschnitt. Speditionsgeschäft*

§ 407. [Begriff des Spediteurs; anzuwendende Vorschriften] (1) Spediteur ist, wer es gewerbsmäßig übernimmt, Güterversendungen durch Frachtführer oder durch Verfrachter von Seeschiffen für Rechnung eines anderen (des Versenders) in eigenem Namen zu besorgen.

(2) Auf die Rechte und Pflichten des Spediteurs finden, soweit dieser Abschnitt keine Vorschriften enthält, die für den Kommissionär geltenden Vorschriften, insbesondere die Vorschriften der §§ 388 bis 390 über die Empfangnahme, die Aufbewahrung und die Versicherung des Gutes, Anwendung.

§ 408. [Pflichten des Spediteurs] (1) Der Spediteur hat die Versendung, insbesondere die Wahl der Frachtführer, Verfrachter und Zwischenspediteure, mit der Sorgfalt eines ordentlichen Kaufmanns auszuführen; er hat hierbei das Interesse des Versenders wahrzunehmen und dessen Weisungen zu befolgen.

(2) Der Spediteur ist nicht berechtigt, dem Versender eine höhere als die mit dem Frachtführer oder dem Verfrachter bedungene Fracht zu berechnen.

§ 409. [Fälligkeit der Provision] Der Spediteur hat die Provision zu fordern, wenn das Gut dem Frachtführer oder dem Verfrachter zur Beförderung übergeben ist.

§ 410. [Gesetzliches Pfandrecht] Der Spediteur hat wegen der Fracht, der Provision, der Auslagen und Verwendungen sowie wegen der auf das Gut gegebenen Vorschüsse ein Pfandrecht an dem Gute, sofern er es noch im Besitze hat, insbesondere mittels Konnossements, Ladescheins oder Lagerscheins darüber verfügen kann.

---

* Beachte hierzu auch Allgemeine Deutsche Spediteur-Bedingungen (ADSp), abgedruckt unter Nr. 4.

4. Abschnitt. Speditionsgeschäft §§ 411–415 **HGB 1**

§ 411. [Zwischenspediteur] (1) Bedient sich der Spediteur eines Zwischenspediteurs, so hat dieser zugleich die seinem Vormanne zustehenden Rechte, insbesondere dessen Pfandrecht, auszuüben.

(2) ¹Soweit der Vormann wegen seiner Forderung von dem Nachmanne befriedigt wird, geht die Forderung und das Pfandrecht des Vormanns auf den Nachmann über. ²Dasselbe gilt von der Forderung und dem Pfandrechte des Frachtführers, soweit der Zwischenspediteur ihn befriedigt.

§ 412. [Selbsteintritt des Spediteurs] (1) Der Spediteur ist, wenn nicht ein anderes bestimmt ist, befugt, die Beförderung des Gutes selbst auszuführen.

(2) Macht er von dieser Befugnis Gebrauch, so hat er zugleich die Rechte und Pflichten eines Frachtführers oder Verfrachters; er kann die Provision, die bei Speditionsgeschäften sonst regelmäßig vorkommenden Kosten sowie die gewöhnliche Fracht verlangen.

§ 413. [Spedition zu festen Spesen; Sammelladung] (1) ¹Hat sich der Spediteur mit dem Versender über einen bestimmten Satz der Beförderungskosten geeinigt, so hat er ausschließlich die Rechte und Pflichten eines Frachtführers. ²Er kann in einem solchen Falle Provision nur verlangen, wenn es besonders vereinbart ist.

(2) ¹Bewirkt der Spediteur die Versendung des Gutes zusammen mit den Gütern anderer Versender auf Grund eines für seine Rechnung über eine Sammelladung geschlossenen Frachtvertrags, so finden die Vorschriften des Absatzes 1 Anwendung, auch wenn eine Einigung über einen bestimmten Satz der Beförderungskosten nicht stattgefunden hat. ²Der Spediteur kann in diesem Falle eine den Umständen nach angemessene Fracht, höchstens aber die für die Beförderung des einzelnen Gutes gewöhnliche Fracht verlangen.

§ 414.* **[Verjährung]** (1) ¹Die Ansprüche gegen den Spediteur wegen Verlustes, Minderung, Beschädigung oder verspäteter Ablieferung des Gutes verjähren in einem Jahre. ²Die Verjährungsfrist kann durch Vertrag verlängert werden.

(2) Die Verjährung beginnt im Falle der Beschädigung oder Minderung mit dem Ablaufe des Tages, an welchem die Ablieferung stattgefunden hat, im Falle des Verlustes oder der verspäteten Ablieferung mit dem Ablaufe des Tages, an welchem die Ablieferung hätte bewirkt sein müssen.

(3) ¹Die in Absatz 1 bezeichneten Ansprüche können nach der Vollendung der Verjährung nur aufgerechnet werden, wenn vorher der Verlust, die Minderung, die Beschädigung oder die verspätete Ablieferung dem Spediteur angezeigt oder die Anzeige an ihn abgesendet worden ist. ²Der Anzeige an den Spediteur steht es gleich, wenn das selbständige Beweisverfahren nach der Zivilprozeßordnung beantragt oder in einem zwischen dem Versender und dem Empfänger oder einem späteren Erwerber des Gutes wegen des Verlustes, der Minderung, der Beschädigung oder der verspäteten Ablieferung anhängigen Rechtsstreite dem Spediteur der Streit verkündet wird.

(4) Diese Vorschriften finden keine Anwendung, wenn der Spediteur den Verlust, die Minderung, die Beschädigung oder die verspätete Ablieferung des Gutes vorsätzlich herbeigeführt hat.

§ 415. [Gelegenheitsspediteur] Die Vorschriften dieses Abschnitts kommen auch zur Anwendung, wenn ein Kaufmann, der nicht Spediteur ist, im Betriebe

---

* § 414 Abs. 3 Satz 2 geändert durch Art. 8 Abs. 5 Rechtspflege-Vereinfachungsgesetz vom 17. 12. 1990 (BGBl. I S. 2847).

seines Handelsgewerbes eine Güterversendung durch Frachtführer oder Verfrachter für Rechnung eines anderen in eigenem Namen zu besorgen übernimmt.

Fünfter Abschnitt. Lagergeschäft

§ 416. [Begriff des Lagerhalters] Lagerhalter ist, wer gewerbsmäßig die Lagerung und Aufbewahrung von Gütern übernimmt.

§ 417. [Rechte und Pflichten des Lagerhalters] (1) Auf die Rechte und Pflichten des Lagerhalters in Ansehung der Empfangnahme, Aufbewahrung und Versicherung des Gutes finden die für den Kommissionär geltenden Vorschriften der §§ 388 bis 390 Anwendung.

(2) [1]Treten Veränderungen an dem Gute ein, welche dessen Entwertung befürchten lassen, so hat der Lagerhalter den Einlagerer hiervon unverzüglich zu benachrichtigen. [2]Versäumt er dies, so hat er den daraus entstehenden Schaden zu ersetzen.

§ 418. [Besichtigung während der Geschäftszeit] Der Lagerhalter hat dem Einlagerer die Besichtigung des Gutes, die Entnahme von Proben und die zur Erhaltung des Gutes notwendigen Handlungen während der Geschäftsstunden zu gestatten.

§ 419. [Sammellagerung] (1) Im Falle der Lagerung vertretbarer Sachen ist der Lagerhalter zu ihrer Vermischung mit anderen Sachen von gleicher Art und Güte nur befugt, wenn ihm dies ausdrücklich gestattet ist.

(2) Der Lagerhalter erwirbt auch in diesem Falle nicht das Eigentum des Gutes; aus dem durch die Vermischung entstandenen Gesamtvorrate kann er jedem Einlagerer den ihm gebührenden Anteil ausliefern, ohne daß er hierzu der Genehmigung der übrigen Beteiligten bedarf.

(3) Ist das Gut in der Art hinterlegt, daß das Eigentum auf den Lagerhalter übergehen und dieser verpflichtet sein soll, Sachen von gleicher Art, Güte und Menge zurückzugewähren, so finden die Vorschriften dieses Abschnitts keine Anwendung.

§ 420. [Lagerkosten] (1) Der Lagerhalter hat Anspruch auf das bedungene oder ortsübliche Lagergeld sowie auf Erstattung der Auslagen für Fracht und Zölle und der sonst für das Gut gemachten Aufwendungen, soweit er sie den Umständen nach für erforderlich halten durfte.

(2) [1]Von den hiernach dem Lagerhalter zukommenden Beträgen (Lagerkosten) sind die baren Auslagen sofort zu erstatten. [2]Die sonstigen Lagerkosten sind nach dem Ablaufe von je drei Monaten seit der Einlieferung oder, wenn das Gut in der Zwischenzeit zurückgenommen wird, bei der Rücknahme zu erstatten; wird das Gut teilweise zurückgenommen, so ist nur ein entsprechender Teil zu berichtigen, es sei denn, daß das auf dem Lager verbleibende Gut zur Sicherung des Lagerhalters nicht ausreicht.

§ 421. [Gesetzliches Pfandrecht] Der Lagerhalter hat wegen der Lagerkosten ein Pfandrecht an dem Gute, solange er es im Besitze hat, insbesondere mittels Konnossements, Ladescheins oder Lagerscheins darüber verfügen kann.

§ 422. [Rücknahme des Gutes] (1) [1]Der Lagerhalter kann nicht verlangen, daß der Einlagerer das Gut vor dem Ablaufe der bedungenen Lagerzeit und, falls eine

6. Abschnitt. Frachtgeschäft §§ 423–426 **HGB 1**

solche nicht bedungen ist, daß er es vor dem Ablaufe von drei Monaten nach der Einlieferung zurücknehme. ²Ist eine Lagerzeit nicht bedungen oder behält der Lagerhalter nach dem Ablaufe der bedungenen Lagerzeit das Gut auf dem Lager, so kann er die Rücknahme nur nach vorgängiger Kündigung unter Einhaltung einer Kündigungsfrist von einem Monate verlangen.

(2) Der Lagerhalter ist berechtigt, die Rücknahme des Gutes vor dem Ablaufe der Lagerzeit und ohne Einhaltung einer Kündigungsfrist zu verlangen, wenn ein wichtiger Grund vorliegt.

§ 423. [Verjährung] ¹Auf die Verjährung der Ansprüche gegen den Lagerhalter wegen Verlustes, Minderung, Beschädigung oder verspäteter Ablieferung des Gutes finden die Vorschriften des § 414 entsprechende Anwendung. ²Im Falle des gänzlichen Verlustes beginnt die Verjährung mit dem Ablaufe des Tages, an welchem der Lagerhalter dem Einlagerer Anzeige von dem Verluste macht.

§ 424. [Übergabe des Lagerscheins] Ist von dem Lagerhalter ein Lagerschein ausgestellt, der durch Indossament übertragen werden kann,* so hat, wenn das Gut von dem Lagerhalter übernommen ist, die Übergabe des Lagerscheins an denjenigen, welcher durch den Schein zur Empfangnahme des Gutes legitimiert wird, für den Erwerb von Rechten an dem Gute dieselben Wirkungen wie die Übergabe des Gutes.

Sechster Abschnitt. Frachtgeschäft

§ 425. [Begriff des Frachtführers] Frachtführer ist, wer es gewerbsmäßig übernimmt, die Beförderung von Gütern zu Lande oder auf Flüssen oder sonstigen Binnengewässern auszuführen.

§ 426. [Frachtbrief] (1) Der Frachtführer kann die Ausstellung eines Frachtbriefs verlangen.

(2) Der Frachtbrief soll enthalten:

1. den Ort und den Tag der Ausstellung;
2. den Namen und den Wohnort des Frachtführers;
3. den Namen dessen, an welchen das Gut abgeliefert werden soll (des Empfängers);
4. den Ort der Ablieferung;
5. die Bezeichnung des Gutes nach Beschaffenheit, Menge und Merkzeichen;
6. die Bezeichnung der für eine zoll- oder steueramtliche Behandlung oder polizeiliche Prüfung nötigen Begleitpapiere;
7. die Bestimmung über die Fracht sowie im Falle ihrer Vorausbezahlung einen Vermerk über die Vorausbezahlung;
8. die besonderen Vereinbarungen, welche die Beteiligten über andere Punkte, namentlich über die Zeit, innerhalb welcher die Beförderung bewirkt werden soll, über die Entschädigung wegen verspäteter Ablieferung und über die auf dem Gute haftenden Nachnahmen, getroffen haben;

---

* Vgl. Verordnung über Orderlagerscheine; abgedruckt unter Nr. **5**.

9. die Unterschrift des Absenders; eine im Wege der mechanischen Vervielfältigung hergestellte Unterschrift ist genügend.

(3) Der Absender haftet dem Frachtführer für die Richtigkeit und die Vollständigkeit der in den Frachtbrief aufgenommenen Angaben.

§ 427. [Begleitpapiere] ¹Der Absender ist verpflichtet, dem Frachtführer die Begleitpapiere zu übergeben, welche zur Erfüllung der Zoll-, Steuer- oder Polizeivorschriften vor der Ablieferung an den Empfänger erforderlich sind. ²Er haftet dem Frachtführer, sofern nicht diesem ein Verschulden zur Last fällt, für alle Folgen, die aus dem Mangel, der Unzulänglichkeit oder der Unrichtigkeit der Papiere entstehen.

§ 428. [Lieferfrist; Verhinderung der Beförderung] (1) ¹Ist über die Zeit, binnen welcher der Frachtführer die Beförderung bewirken soll, nichts bedungen, so bestimmt sich die Frist, innerhalb deren er die Reise anzutreten und zu vollenden hat, nach dem Ortsgebrauche. ²Besteht ein Ortsgebrauch nicht, so ist die Beförderung binnen einer den Umständen nach angemessenen Frist zu bewirken.

(2) ¹Wird der Antritt oder die Fortsetzung der Reise ohne Verschulden des Absenders zeitweilig verhindert, so kann der Absender von dem Vertrage zurücktreten; er hat jedoch den Frachtführer, wenn diesem kein Verschulden zur Last fällt, für die Vorbereitung der Reise, die Wiederausladung und den zurückgelegten Teil der Reise zu entschädigen. ²Über die Höhe der Entschädigung entscheidet der Ortsgebrauch; besteht ein Ortsgebrauch nicht, so ist eine den Umständen nach angemessene Entschädigung zu gewähren.

§ 429. [Haftung des Frachtführers] (1) Der Frachtführer haftet für den Schaden, der durch Verlust oder Beschädigung des Gutes in der Zeit von der Annahme bis zur Ablieferung oder durch Versäumung der Lieferzeit entsteht, es sei denn, daß der Verlust, die Beschädigung oder die Verspätung auf Umständen beruht, die durch die Sorgfalt eines ordentlichen Frachtführers nicht abgewendet werden konnten.

(2) Für den Verlust oder die Beschädigung von Kostbarkeiten, Kunstgegenständen, Geld und Wertpapieren haftet der Frachtführer nur, wenn ihm diese Beschaffenheit oder der Wert des Gutes bei der Übergabe zur Beförderung angegeben worden ist.

§ 430. [Umfang des Ersatzes] (1) Muß auf Grund des Frachtvertrags von dem Frachtführer für gänzlichen oder teilweisen Verlust des Gutes Ersatz geleistet werden, so ist der gemeine Handelswert und in dessen Ermangelung der gemeine Wert zu ersetzen, welchen Gut derselben Art und Beschaffenheit am Orte der Ablieferung in dem Zeitpunkte hatte, in welchem die Ablieferung zu bewirken war; hiervon kommt in Abzug, was infolge des Verlustes an Zöllen und sonstigen Kosten sowie an Fracht erspart ist.

(2) Im Falle der Beschädigung ist der Unterschied zwischen dem Verkaufswerte des Gutes im beschädigten Zustand und dem gemeinen Handelswert oder dem gemeinen Werte zu ersetzen, welchen das Gut ohne die Beschädigung am Orte und zur Zeit der Ablieferung gehabt haben würde; hiervon kommt in Abzug, was infolge der Beschädigung an Zöllen und sonstigen Kosten erspart ist.

(3) Ist der Schaden durch Vorsatz oder grobe Fahrlässigkeit des Frachtführers herbeigeführt, so kann Ersatz des vollen Schadens gefordert werden.

6. Abschnitt. Frachtgeschäft §§ 431–435 **HGB 1**

§ 431. **[Haftung für Gehilfen]** Der Frachtführer hat ein Verschulden seiner Leute und ein Verschulden anderer Personen, deren er sich bei der Ausführung der Beförderung bedient, in gleichem Umfange zu vertreten wie eigenes Verschulden.

§ 432. **[Mehrere Frachtführer]** (1) Übergibt der Frachtführer zur Ausführung der von ihm übernommenen Beförderung das Gut einem anderen Frachtführer, so haftet er für die Ausführung der Beförderung bis zur Ablieferung des Gutes an den Empfänger.

(2) Der nachfolgende Frachtführer tritt dadurch, daß er das Gut mit dem ursprünglichen Frachtbrief annimmt, diesem gemäß in den Frachtvertrag ein und übernimmt die selbständige Verpflichtung, die Beförderung nach dem Inhalte des Frachtbriefs auszuführen.

(3) ¹Hat auf Grund dieser Vorschriften einer der beteiligten Frachtführer Schadensersatz geleistet, so steht ihm der Rückgriff gegen denjenigen zu, welcher den Schaden verschuldet hat. ²Kann dieser nicht ermittelt werden, so haben die beteiligten Frachtführer den Schaden nach dem Verhältnis ihrer Anteile an der Fracht gemeinsam zu tragen, soweit nicht festgestellt wird, daß der Schaden nicht auf ihrer Beförderungsstrecke entstanden ist.

§ 433. **[Verfügungsrecht des Absenders]** (1) ¹Der Absender kann den Frachtführer anweisen, das Gut anzuhalten, zurückzugeben oder an einen anderen als den im Frachtbriefe bezeichneten Empfänger auszuliefern. ²Die Mehrkosten, die durch eine solche Verfügung entstehen, sind dem Frachtführer zu erstatten.

(2) ¹Das Verfügungsrecht des Absenders erlischt, wenn nach der Ankunft des Gutes am Orte der Ablieferung der Frachtbrief dem Empfänger übergeben oder von dem Empfänger Klage gemäß § 435 gegen den Frachtführer erhoben wird. ²Der Frachtführer hat in einem solchen Falle nur die Anweisungen des Empfängers zu beachten; verletzt er diese Verpflichtung, so ist er dem Empfänger für das Gut verhaftet.

§ 434. **[Rechte des Empfängers vor der Ankunft des Gutes]** ¹Der Empfänger ist vor der Ankunft des Gutes am Orte der Ablieferung dem Frachtführer gegenüber berechtigt, alle zur Sicherstellung des Gutes erforderlichen Maßregeln zu ergreifen und dem Frachtführer die zu diesem Zwecke notwendigen Anweisungen zu erteilen. ²Die Auslieferung des Gutes kann er vor dessen Ankunft am Orte der Ablieferung nur fordern, wenn der Absender den Frachtführer dazu ermächtigt hat.

§ 435. **[Rechte des Emfpängers nach der Ankunft des Gutes]** ¹Nach der Ankunft des Gutes am Orte der Ablieferung ist der Empfänger berechtigt, die durch den Frachtvertrag begründeten Rechte gegen Erfüllung der sich daraus ergebenden Verpflichtungen in eigenem Namen gegen den Frachtführer geltend zu machen, ohne Unterschied, ob er hierbei in eigenem oder in fremdem Interesse handelt. ²Er ist insbesondere berechtigt, von dem Frachtführer die Übergabe des Frachtbriefs und die Auslieferung des Gutes zu verlangen. ³Dieses Recht erlischt, wenn der Absender dem Frachtführer eine nach § 433 noch zulässige entgegenstehende Anweisung erteilt.

§ 436. [Zahlungspflicht des Empfängers] Durch Annahme des Gutes und des Frachtbriefs wird der Empfänger verpflichtet, dem Frachtführer nach Maßgabe des Frachtbriefs Zahlung zu leisten.

§ 437. [Ablieferungshindernisse] (1) Ist der Empfänger des Gutes nicht zu ermitteln oder verweigert er die Annahme oder ergibt sich ein sonstiges Ablieferungshindernis, so hat der Frachtführer den Absender unverzüglich hiervon in Kenntnis zu setzen und dessen Anweisung einzuholen.

(2) ¹Ist dies den Umständen nach nicht tunlich oder der Absender mit der Erteilung der Anweisung säumig oder die Anweisung nicht ausführbar, so ist der Frachtführer befugt, das Gut in einem öffentlichen Lagerhaus oder sonst in sicherer Weise zu hinterlegen. ²Er kann, falls das Gut dem Verderben ausgesetzt und Gefahr im Verzug ist, das Gut auch gemäß § 373 Abs. 2 bis 4 verkaufen lassen.

(3) Von der Hinterlegung und dem Verkaufe des Gutes hat der Frachtführer den Absender und den Empfänger unverzüglich zu benachrichtigen, es sei denn, daß dies untunlich ist; im Falle der Unterlassung ist er zum Schadensersatze verpflichtet.

§ 438. [Erlöschen der Ansprüche gegen den Frachtführer] (1) Ist die Fracht nebst den sonst auf dem Gute haftenden Forderungen bezahlt und das Gut angenommen, so sind alle Ansprüche gegen den Frachtführer aus dem Frachtvertrag erloschen.

(2) Diese Vorschrift findet keine Anwendung, soweit die Beschädigung oder Minderung des Gutes vor dessen Annahme durch amtlich bestellte Sachverständige festgestellt ist.

(3) ¹Wegen einer Beschädigung oder Minderung des Gutes, die bei der Annahme äußerlich nicht erkennbar ist, kann der Frachtführer auch nach der Annahme des Gutes und der Bezahlung der Fracht in Anspruch genommen werden, wenn der Mangel in der Zeit zwischen der Übernahme des Gutes durch den Frachtführer und der Ablieferung entstanden ist und die Feststellung des Mangels durch amtlich bestellte Sachverständige unverzüglich nach der Entdeckung und spätestens binnen einer Woche nach der Annahme beantragt wird. ²Ist dem Frachtführer der Mangel unverzüglich nach der Entdeckung und binnen der bezeichneten Frist angezeigt, so genügt es, wenn die Feststellung unverzüglich nach dem Zeitpunkte beantragt wird, bis zu welchem der Eingang einer Antwort des Frachtführers unter regelmäßigen Umständen erwartet werden darf.

(4) Die Kosten einer von dem Empfangsberechtigten beantragten Feststellung sind von dem Frachtführer zu tragen, wenn ein Verlust oder eine Beschädigung ermittelt wird, für welche der Frachtführer Ersatz leisten muß.

(5) Der Frachtführer kann sich auf diese Vorschriften nicht berufen, wenn er den Schaden durch Vorsatz oder grobe Fahrlässigkeit herbeigeführt hat.

§ 439. [Verjährung] ¹Auf die Verjährung der Ansprüche gegen den Frachtführer wegen Verlustes, Minderung, Beschädigung oder verspäteter Ablieferung des Gutes finden die Vorschriften des § 414 entsprechende Anwendung. ²Dies gilt nicht für die in § 432 Abs. 3 bezeichneten Ansprüche.

§ 440. [Gesetzliches Pfandrecht] (1) Der Frachtführer hat wegen aller durch den Frachtvertrag begründeten Forderungen, insbesondere der Fracht- und Liege-

6. Abschnitt. Frachtgeschäft §§ 441–445 **HGB 1**

gelder, der Zollgelder und anderer Auslagen, sowie wegen der auf das Gut geleisteten Vorschüsse ein Pfandrecht an dem Gute.

(2) Das Pfandrecht besteht, solange der Frachtführer das Gut noch im Besitze hat, insbesondere mittels Konnossements, Ladescheins oder Lagerscheins darüber verfügen kann.

(3) Auch nach der Ablieferung dauert das Pfandrecht fort, sofern der Frachtführer es binnen drei Tagen nach der Ablieferung gerichtlich geltend macht und das Gut noch im Besitze des Empfängers ist.

(4) ¹Die in § 1234 Abs. 1 des Bürgerlichen Gesetzbuchs bezeichnete Androhung des Pfandverkaufs sowie die in den §§ 1237 und 1241 des Bürgerlichen Gesetzbuchs vorgesehenen Benachrichtigungen sind an den Empfänger zu richten. ²Ist dieser nicht zu ermitteln oder verweigert er die Annahme des Gutes, so hat die Androhung und Benachrichtigung gegenüber dem Absender zu erfolgen.

§ 441. [Rechte und Pflichten des letzten Frachtführers] (1) ¹Der letzte Frachtführer hat, falls nicht im Frachtbrief ein anderes bestimmt ist, bei der Ablieferung auch die Forderungen der Vormänner sowie die auf dem Gute haftenden Nachnahmen einzuziehen und die Rechte der Vormänner, insbesondere auch das Pfandrecht, auszuüben. ²Das Pfandrecht der Vormänner besteht so lange als das Pfandrecht des letzten Frachtführers.

(2) Wird der vorhergehende Frachtführer von dem nachfolgenden befriedigt, so gehen seine Forderung und sein Pfandrecht auf den letzteren über.

(3) In gleicher Art gehen die Forderung und das Pfandrecht des Spediteurs auf den nachfolgenden Spediteur und den nachfolgenden Frachtführer über.

§ 442. [Haftung des abliefernden Frachtführers] ¹Der Frachtführer, welcher das Gut ohne Bezahlung abliefert und das Pfandrecht nicht binnen drei Tagen nach der Ablieferung gerichtlich geltend macht, ist den Vormännern verantwortlich. ²Er wird, ebenso wie die vorhergehenden Frachtführer und Spediteure, des Rückgriffs gegen die Vormänner verlustig. ³Der Anspruch gegen den Empfänger bleibt in Kraft.

§ 443. [Rang mehrerer Pfandrechte] (1) Bestehen an demselben Gute mehrere nach den §§ 397, 410, 421 und 440 begründete Pfandrechte, so geht unter denjenigen Pfandrechten, welche durch die Versendung oder durch die Beförderung des Gutes entstanden sind, das später entstandene dem früher entstandenen vor.

(2) Diese Pfandrechte haben sämtlich den Vorrang vor dem nicht aus der Versendung entstandenen Pfandrechte des Kommissionärs und des Lagerhalters sowie vor dem Pfandrechte des Spediteurs und des Frachtführers für Vorschüsse.

§ 444. [Ladeschein] Über die Verpflichtung zur Auslieferung des Gutes kann von dem Frachtführer ein Ladeschein ausgestellt werden.

§ 445. [Inhalt des Ladescheins] (1) Der Ladeschein soll enthalten:
1. den Ort und den Tag der Ausstellung;
2. den Namen und den Wohnort des Frachtführers;
3. den Namen des Absenders;
4. den Namen desjenigen, an welchen oder an dessen Order das Gut abgeliefert

werden soll; als solcher gilt der Absender, wenn der Ladeschein nur an Order gestellt ist;

5. den Ort der Ablieferung;
6. die Bezeichnung des Gutes nach Beschaffenheit, Menge und Merkzeichen;
7. die Bestimmung über die Fracht und über die auf dem Gute haftenden Nachnahmen sowie im Falle der Vorausbezahlung der Fracht einen Vermerk über die Vorausbezahlung.

(2) Der Ladeschein muß von dem Frachtführer unterzeichnet sein.

(3) Der Absender hat dem Frachtführer auf Verlangen eine von ihm unterschriebene Abschrift des Ladescheins auszuhändigen.

§ 446. [Ladeschein und Frachtvertrag]
(1) Der Ladeschein entscheidet für das Rechtsverhältnis zwischen dem Frachtführer und dem Empfänger des Gutes; die nicht in den Ladeschein aufgenommenen Bestimmungen des Frachtvertrags sind dem Empfänger gegenüber unwirksam, sofern nicht der Ladeschein ausdrücklich auf sie Bezug nimmt.

(2) Für das Rechtsverhältnis zwischen dem Frachtführer und dem Absender bleiben die Bestimmungen des Frachtvertrags maßgebend.

§ 447. [Legitimation durch Ladeschein]
(1) Zum Empfange des Gutes legitimiert ist derjenige, an welchen das Gut nach dem Ladeschein abgeliefert werden soll oder auf welchen der Ladeschein, wenn er an Order lautet, durch Indossament übertragen ist.

(2) Der zum Empfange Legitimierte hat schon vor der Ankunft des Gutes am Ablieferungsorte die Rechte, welche dem Absender in Ansehung der Verfügung über das Gut zustehen, wenn ein Ladeschein nicht ausgestellt ist.

(3) Der Frachtführer darf einer Anweisung des Absenders, das Gut anzuhalten, zurückzugeben oder an einen anderen als den durch den Ladeschein legitimierten Empfänger auszuliefern, nur Folge leisten, wenn ihm der Ladeschein zurückgegeben wird; verletzt er diese Verpflichtung, so ist er dem rechtmäßigen Besitzer des Ladescheins für das Gut verhaftet.

§ 448. [Rückgabe des Ladescheins]
Der Frachtführer ist zur Ablieferung des Gutes nur gegen Rückgabe des Ladescheins, auf dem die Ablieferung des Gutes bescheinigt ist, verpflichtet.

§ 449. [Nachfolgender Frachtführer]
Im Falle des § 432 Abs. 1 wird der nachfolgende Frachtführer, der das Gut auf Grund des Ladescheins übernimmt, nach Maßgabe des Scheines verpflichtet.

§ 450. [Wirkungen der Übergabe]
Die Übergabe des Ladescheins an denjenigen, welcher durch den Schein zur Empfangnahme des Gutes legitimiert wird, hat, wenn das Gut von dem Frachtführer übernommen ist, für den Erwerb von Rechten an dem Gute dieselben Wirkungen wie die Übergabe des Gutes.

§ 451. [Gelegenheitsfrachtführer]
Die Vorschriften der §§ 426 bis 450 kommen auch zur Anwendung, wenn ein Kaufmann, der nicht Frachtführer ist, im Betriebe seines Handelsgewerbes eine Beförderung von Gütern zu Lande oder auf Flüssen oder sonstigen Binnengewässern auszuführen übernimmt.

7. Abschnitt. Beförderung von Gütern und Personen §§ 452–454 **HGB 1**

§ 452. [**Güterbeförderung durch Post**] ¹Auf die Beförderung von Gütern durch die *Postverwaltungen des Reichs und der Bundesstaaten** finden die Vorschriften dieses Abschnitts keine Anwendung.** ²Die *bezeichneten Postverwaltungen* gelten nicht als Kaufleute im Sinne dieses Gesetzbuchs.

Siebenter Abschnitt.*** Beförderung von Gütern und Personen auf den Eisenbahnen des öffentlichen Verkehrs

§ 453.*** [**Kontrahierungszwang**] (1) Eine Eisenbahn des öffentlichen Verkehrs ist zur Beförderung von Gütern von und nach allen Bahnhöfen und Güterbenstellen innerhalb des *Deutschen Reichs* verpflichtet, wenn

1. der Absender sich den geltenden Beförderungsbedingungen und den sonstigen allgemeinen Anordnungen der Eisenbahn unterwirft,
2. die Beförderung nicht nach gesetzlicher Vorschrift** oder aus Gründen der öffentlichen Ordnung verboten ist,
3. die Güter nach der Eisenbahn-Verkehrsordnung oder den auf Grund der Verkehrsordnung erlassenen Vorschriften und, soweit diese keinen Anhalt gewähren, nach der Anlage und dem Betrieb der beteiligten Bahnen sich zur Beförderung eignen,
4. die Beförderung mit den regelmäßigen Beförderungsmitteln möglich ist,
5. die Beförderung nicht durch Umstände verhindert wird, die die Eisenbahn nicht abzuwenden und denen sie auch nicht abzuhelfen vermochte.

(2) ¹Die Eisenbahn ist nur insoweit verpflichtet, Güter zur Beförderung anzunehmen, als die Beförderung alsbald erfolgen kann. ²Inwieweit sie verpflichtet ist, Güter, deren Beförderung nicht alsbald erfolgen kann, in einstweilige Verwahrung zu nehmen, bestimmt die Eisenbahn-Verkehrsordnung.

(3) Die Beförderung der Güter, die nach der Eisenbahn-Verkehrsordnung gleichzubehandeln sind, findet in der Reihenfolge statt, in der sie zur Beförderung angenommen worden sind, sofern nicht zwingende Gründe des Eisenbahnbetriebs oder das öffentliche Wohl eine Ausnahme rechtfertigen.

(4) Eine vorsätzliche oder fahrlässige Zuwiderhandlung gegen diese Vorschriften begründet den Anspruch auf Ersatz des daraus entstehenden Schadens.

§ 454.*** [**Haftung der Eisenbahn**] Die Eisenbahn haftet für den Schaden, der durch Verlust oder Beschädigung des Gutes in der Zeit von der Annahme zur Beförderung bis zur Ablieferung entsteht, es sei denn, daß der Schaden durch ein Verschulden oder eine nicht von der Eisenbahn verschuldete Anweisung des Verfügungsberechtigten, durch höhere Gewalt, durch Mängel der Verpackung oder durch besondere Mängel des Gutes, namentlich durch inneren Verderb, Schwinden, gewöhnlichen Rinnverlust verursacht ist.

---

* Vgl. Art. 73 Nr. 7 GG (Nr. 1) und § 1 Abs. 1 Postverwaltungsgesetz vom 24. 7. 1953 (BGBl. I S. 676). Eine Post der Länder besteht nicht mehr; vgl. auch Art. 87 GG.
** Für die Post gilt insbesondere das Gesetz über das Postwesen (PostG) vom 3. 7. 1989 (BGBl. I S. 1449) sowie die Postordnung vom 16. 5. 1963 (BGBl. I S. 341) mit zahlreichen späteren Änderungen.
*** Siebenter Abschnitt (§§ 453 bis 460) neu gefaßt durch Gesetz vom 4. 9. 1938 (RGBl. I S. 1149, ber. S. 1188).

§ 455.* **[Versäumung der Lieferfrist]** Die Eisenbahn haftet für den Schaden, der durch Versäumung der Lieferfrist entsteht, es sei denn, daß die Verspätung von einem Ereignis herrührt, das sie weder herbeigeführt hat noch abzuwenden vermochte.

§ 456.* **[Erfüllungsgehilfen]** Die Eisenbahn haftet für ihre Bediensteten und andere Personen, deren sie sich bei der Ausführung der von ihr übernommenen Beförderung bedient.

§ 457.* **[Gesetzliches Pfandrecht]** §§ 440 bis 443 finden entsprechende Anwendung.

§ 458.* **[Eisenbahn-Verkehrsordnung]** (1) Der Reichsverkehrsminister wird ermächtigt, die übrigen Bestimmungen über die Beförderung von Gütern auf den Eisenbahnen in der Eisenbahn-Verkehrsordnung** zu treffen.

(2) ¹*Hierin können im Einvernehmen mit dem Reichsminister der Justiz Bestimmungen getroffen werden, die die Haftpflicht der Eisenbahn abweichend von den §§ 454, 455 regeln.* ²*Durch solche Bestimmungen darf jedoch die Haftung der Eisenbahn für Verschulden nicht ausgeschlossen werden.****

§ 459.* **[Reisegepäck]** Zu den Gütern im Sinne dieser Vorschriften gehört auch das Reisegepäck.

§ 460.* **[Personenbeförderung]** Die Vorschriften über die Beförderung von Personen auf den Eisenbahnen trifft der Reichsverkehrsminister in der Eisenbahn-Verkehrsordnung.**

§§ 461–473.* *(aufgehoben)*

Fünftes Buch.† Seehandel

Erster Abschnitt. Allgemeine Vorschriften

§§ 474, 475.†† *(aufgehoben)*

§ 476. **[Gewinn und Verlust bei Veräußerung]** Wird ein Schiff oder eine Schiffspart veräußert, während sich das Schiff auf der Reise befindet, so ist im Verhältnisse zwischen dem Veräußerer und dem Erwerber in Ermangelung einer anderen Vereinbarung anzunehmen, daß dem Erwerber der Gewinn der laufenden Reise gebühre oder der Verlust der laufenden Reise zur Last falle.

---

* §§ 455 bis 460 neu gefaßt und §§ 461 bis 473 aufgehoben durch Gesetz vom 4. 9. 1938 (RGBl. I S. 1149).
** Eisenbahn-Verkehrsordnung (EVO); abgedruckt unter Nr. **6**.
*** Gemäß Art. 129 Abs. 3 GG erloschene Ermächtigung.
† Bisheriges Viertes Buch wurde Fünftes Buch durch Bilanzrichtlinien-Gesetz vom 19. 12. 1985 (BGBl. I S. 2355).
†† §§ 474 und 475 aufgehoben durch Verordnung vom 21. 12. 1940 (RGBl. I S. 1609).

1. Abschnitt. Allgemeine Vorschriften §§ 477–482 **HGB 1**

§ 477. [**Verpflichtungen des Veräußerers gegen Dritte**] Durch die Veräußerung eines Schiffes oder einer Schiffspart wird in den persönlichen Verpflichtungen des Veräußerers gegen Dritte nichts geändert.

§ 478. [**Zubehör eines Schiffes**] (1) Zubehör eines Schiffes sind auch die Schiffsboote.

(2) Im Zweifel werden Gegenstände, die in das Schiffsinventar eingetragen sind, als Zubehör des Schiffes angesehen.

§ 479.* [**Reparaturunfähigkeit und -unwürdigkeit**] (1) Im Sinne dieses Fünften Buches gilt ein seeuntüchtig gewordenes Schiff:
1. als reparaturunfähig, wenn die Reparatur des Schiffes überhaupt nicht möglich ist oder an dem Orte, wo sich das Schiff befindet, nicht bewerkstelligt, das Schiff auch nicht nach dem Hafen, wo die Reparatur auszuführen wäre, gebracht werden kann;
2. als reparaturunwürdig, wenn die Kosten der Reparatur ohne Abzug für den Unterschied zwischen alt und neu mehr betragen würden als drei Vierteile seines früheren Wertes.

(2) Ist die Seeuntüchtigkeit während einer Reise eingetreten, so gilt als der frühere Wert derjenige, welchen das Schiff bei dem Antritte der Reise gehabt hat, in den übrigen Fällen derjenige, welchen das Schiff, bevor es seeuntüchtig geworden ist, gehabt hat oder bei gehöriger Ausrüstung gehabt haben würde.

§ 480. [**Heimathafen**] (1) Als Heimathafen des Schiffes gilt der Hafen, von welchem aus die Seefahrt mit dem Schiffe betrieben wird.

(2) Die Vorschriften dieses Gesetzbuchs, welche sich auf den Aufenthalt des Schiffes im Heimathafen beziehen, können durch die Landesgesetze auf alle oder einige Häfen des Reviers des Heimathafens ausgedehnt werden.

§ 481.** [**Schiffsbesatzung**] Zur Schiffsbesatzung werden gerechnet der Kapitän, die Schiffsoffiziere, die Schiffsmannschaft sowie alle übrigen auf dem Schiffe angestellten Personen.

§ 482.*** [**Unzulässigkeit der Zwangsvollstreckung und des Arrestes**] Die Anordnung der Zwangsversteigerung eines Schiffes im Wege der Zwangsvollstreckung sowie die Vollziehung des Arrestes in das Schiff ist nicht zulässig, wenn sich das Schiff auf der Reise befindet und nicht in einem Hafen liegt.

---

* § 479 Abs. 1 Satz 1 geändert durch Bilanzrichtlinien-Gesetz vom 19. 12. 1985 (BGBl. I S. 2355).
** § 481 neu gefaßt durch Gesetz vom 2. 6. 1902 (RGBl. S. 218) und geändert durch Seerechtsänderungsgesetz vom 21. 6. 1972 (BGBl. I S. 966).
Vgl. dazu das Seemannsgesetz vom 26. 7. 1957 (BGBl. II S. 713), geändert durch Gesetz vom 25. 8. 1961 (BGBl. II S. 1391), vom 8. 1. 1963 (BGBl. I S. 2), vom 24. 5. 1968 (BGBl. I S. 503), vom 25. 6. 1969 (BGBl. I S. 645), vom 27. 7. 1969 (BGBl. I S. 946), vom 23. 6. 1970 (BGBl. I S. 805), vom 6. 9. 1973 (BGBl. I S. 1306), vom 2. 3. 1974 (BGBl. I S. 469), vom 11. 9. 1974 (BGBl. I S. 2317), vom 29. 10. 1974 (BGBl. I S. 2879), vom 18. 3. 1975 (BGBl. I S. 705), vom 28. 8. 1975 (BGBl. I S. 2289), vom 12. 4. 1976 (BGBl. I S. 965), vom 10. 5. 1978 (BGBl. I S. 613), vom 1. 3. 1983 (BGBl. I S. 215), vom 15. 10. 1984 (BGBl. I S. 1277) und vom 16. 12. 1986 (BGBl. I S. 2441).
*** § 482 neu gefaßt durch Seerechtsänderungsgesetz vom 21. 6. 1972 (BGBl. I S. 966).

§ 483.* [Europäische Häfen] Wenn in diesem Fünften Buche die europäischen Häfen den außereuropäischen Häfen entgegengesetzt werden, so sind unter den ersteren sämtliche Häfen des Mittelländischen, Schwarzen und Asowschen Meeres als mitbegriffen anzusehen.

Zweiter Abschnitt. Reeder und Reederei

§ 484. [Reeder] Reeder ist der Eigentümer eines ihm zum Erwerbe durch die Seefahrt dienenden Schiffes.

§ 485.**·*** [Haftung für die Schiffsbesatzung] ¹Der Reeder ist für den Schaden verantwortlich, den eine Person der Schiffsbesatzung oder ein an Bord tätiger Lotse einem Dritten in Ausführung von Dienstverrichtungen schuldhaft zufügt. ²Er haftet den Ladungsbeteiligten jedoch nur soweit, wie der Verfrachter ein Verschulden der Schiffsbesatzung zu vertreten hat.

§ 486.*** ·† [Haftungsbeschränkungsübereinkommen und Ölhaftungsübereinkommen] (1) Die Haftung für Seeforderungen kann nach den Bestimmungen des Übereinkommens vom 19. November 1976 über die Beschränkung der Haftung für Seeforderungen (BGBl. 1986 II S. 786; Haftungsbeschränkungsübereinkommen) beschränkt werden.

(2) Die Haftung auf Grund des Internationalen Übereinkommens vom 29. November 1969 über die zivilrechtliche Haftung für Ölverschmutzungsschäden (BGBl. 1975 II S. 301; Ölhaftungsübereinkommen) kann nach den Bestimmungen dieses Übereinkommens beschränkt werden.

(3) ¹Werden Ansprüche wegen Verschmutzungsschäden im Sinne des Artikels I Nr. 6 des Ölhaftungsübereinkommens gegen andere Personen als den Eigentümer des das Öl befördernden Schiffes geltend gemacht oder werden Ansprüche wegen Verschmutzungsschäden im Sinne des Artikels I Nr. 6 des Ölhaftungsübereinkommens geltend gemacht, für die das Ölhaftungsübereinkommen nach Artikel II nicht gilt, so können die in Artikel 1 des Haftungsbeschränkungsübereinkommens bezeichneten Personen ihre Haftung für diese Ansprüche in entsprechender Anwendung der Bestimmungen des Haftungsbeschränkungsübereinkommens beschränken. ²Sind aus demselben Ereignis sowohl Ansprüche der in Satz 1 bezeichneten Art als auch Ansprüche, für welche die Haftung nach Absatz 1 beschränkt werden kann, entstanden, so gelten die im Haftungsbeschränkungsübereinkommen bestimmten Haftungshöchstbeträge jeweils gesondert für die Gesamtheit der in Satz 1 bezeichneten Ansprüche und für die Gesamtheit derjenigen Ansprüche, für welche die Haftung nach Absatz 1 beschränkt werden kann.

---

* § 483 geändert durch Bilanzrichtlinien-Gesetz vom 19. 12. 1985 (BGBl. I S. 2355).
** § 485 Satz 1 neu gefaßt durch Gesetz vom 13. 10. 1954 (BGBl. II S. 1035) und geändert durch Zweites Seerechtsänderungsgesetz vom 25. 7. 1986 (BGBl. I S. 1120), Satz 2 angefügt durch Gesetz vom 10. 8. 1937 (RGBl. I S. 891).
*** Vgl. Art. 7 Einführungsgesetz zum Handelsgesetzbuch; abgedruckt unter Nr. **2**.
† § 486 neu gefaßt durch Zweites Seerechtsänderungsgesetz vom 25. 7. 1986 (BGBl. I S. 1120).

2. Abschnitt. Reeder und Reederei §§ 487–487b **HGB 1**

(4) Die Haftung kann nicht beschränkt werden für
1. die in Artikel 3 Buchstabe e des Haftungsbeschränkungsübereinkommens bezeichneten Ansprüche, sofern der Dienstvertrag inländischem Recht unterliegt;
2. Ansprüche auf Ersatz der Kosten der Rechtsverfolgung.

(5) Ergänzend zu den Bestimmungen des Haftungsbeschränkungsübereinkommens und des Ölhaftungsübereinkommens gelten die §§ 487 bis 487e.

§ 487.*,** [Sonderregelung für Kostenansprüche; Haftungshöchstbetrag]
(1) Das Haftungsbeschränkungsübereinkommen (§ 486 Abs. 1) ist auf Ansprüche auf Erstattung der Kosten für
1. die Hebung, Beseitigung, Vernichtung oder Unschädlichmachung eines gesunkenen, havarierten, gestrandeten oder verlassenen Schiffes, samt allem, was sich an Bord eines solchen Schiffes befindet oder befunden hat, oder
2. die Beseitigung, Vernichtung oder Unschädlichmachung der Ladung des Schiffes

mit der Maßgabe anzuwenden, daß für diese Ansprüche, unabhängig davon, auf welcher Rechtsgrundlage sie beruhen, ein gesonderter Haftungshöchstbetrag gilt.

(2) ¹Der Haftungshöchstbetrag nach Absatz 1 errechnet sich nach Artikel 6 Abs. 1 Buchstabe b des Haftungsbeschränkungsübereinkommens. ²Der Haftungshöchstbetrag gilt für die Gesamtheit der in Absatz 1 bezeichneten Ansprüche, die aus demselben Ereignis gegen Personen entstanden sind, die dem gleichen Personenkreis im Sinne des Artikels 9 Abs. 1 Buchstabe a, b oder c des Haftungsbeschränkungsübereinkommens angehören. ³Er steht ausschließlich zur Befriedigung der in Absatz 1 bezeichneten Ansprüche zur Verfügung; Artikel 6 Abs. 2 und 3 des Haftungsbeschränkungsübereinkommens ist nicht anzuwenden.

§ 487a.**,*** [Haftungshöchstbetrag für kleine Schiffe] Für ein Schiff mit einem Raumgehalt bis zu 250 Tonnen wird der nach Artikel 6 Abs. 1 Buchstabe b des Haftungsbeschränkungsübereinkommens (§ 486 Abs. 1) zu errechnende Haftungshöchstbetrag auf die Hälfte des für ein Schiff mit einem Raumgehalt von 500 Tonnen geltenden Haftungshöchstbetrages festgesetzt.

§ 487b.**,*** [Vorrang von Ansprüchen wegen Beschädigung von Hafenanlagen und Wasserstraßen] Unbeschadet des Rechts nach Artikel 6 Abs. 2 des Haftungsbeschränkungsübereinkommens (§ 486 Abs. 1) in bezug auf Ansprüche wegen Tod oder Körperverletzung haben Ansprüche wegen Beschädigung von Hafenanlagen, Hafenbecken, Wasserstraßen und Navigationshilfen Vorrang vor sonstigen Ansprüchen nach Artikel 6 Abs. 1 Buchstabe b des Haftungsbeschränkungsübereinkommens.

---

* § 487 neu gefaßt durch Zweites Seerechtsänderungsgesetz vom 25. 7. 1986 (BGBl. I S. 1120).
** Vgl. Art. 7 EGHGB; abgedruckt unter Nr. **2**.
*** §§ 487a und 487b eingefügt durch Seerechtsänderungsgesetz vom 21. 6. 1972 (BGBl. I S. 966) und neu gefaßt durch Zweites Seerechtsänderungsgesetz vom 25. 7. 1986 (BGBl. I S. 1120).

§ 487c.*,** [Haftungshöchstbeträge für Lotsen] (1) Die in Artikel 6 Abs. 1 Buchstabe a und b des Haftungsbeschränkungsübereinkommens (§ 486 Abs. 1) bestimmten Haftungshöchstbeträge gelten für Ansprüche gegen einen an Bord tätigen Lotsen mit der Maßgabe, daß der Lotse, falls der Raumgehalt des gelotsten Schiffes 1000 Tonnen übersteigt, seine Haftung auf die Beträge beschränken kann, die sich unter Zugrundelegung eines Raumgehalts von 1000 Tonnen errechnen.

(2) Der in Artikel 7 Abs. 1 des Haftungsbeschränkungsübereinkommens bestimmte Haftungshöchstbetrag gilt für Ansprüche gegen einen an Bord tätigen Lotsen mit der Maßgabe, daß der Lotse, falls die Anzahl der Reisenden, die das Schiff nach dem Schiffszeugnis befördern darf, die Zahl 12 übersteigt, seine Haftung auf den Betrag beschränken kann, der sich unter Zugrundelegung einer Anzahl von 12 Reisenden errechnet.

(3) ¹Die Errichtung und Verteilung eines Fonds in Höhe der nach Absatz 1 oder 2 zu errechnenden Beträge sowie die Wirkungen der Errichtung eines solchen Fonds bestimmen sich nach den Vorschriften über die Errichtung, die Verteilung und die Wirkungen der Errichtung eines Fonds im Sinne des Artikels 11 des Haftungsbeschränkungsübereinkommens. ²Jedoch ist Artikel 11 Abs. 3 des Haftungsbeschränkungsübereinkommens nicht anzuwenden, wenn im Falle des Absatzes 1 der Raumgehalt des gelotsten Schiffes 1000 Tonnen oder im Falle des Absatzes 2 die Anzahl der Reisenden, die das Schiff nach dem Schiffszeugnis befördern darf, die Zahl 12 übersteigt.

(4) Ein Lotse, der nicht an Bord des gelotsten Schiffes tätig ist, kann seine Haftung für die in Artikel 2 des Haftungsbeschränkungsübereinkommens angeführten Ansprüche in entsprechender Anwendung der Vorschriften des § 486 Abs. 1, 3 und 4 sowie der §§ 487 bis 487b, 487e mit der Maßgabe beschränken, daß für diese Ansprüche ein gesonderter Haftungshöchstbetrag gilt, der sich nach Absatz 1 oder 2 errechnet und der ausschließlich zur Befriedigung der Ansprüche gegen den Lotsen zur Verfügung steht.

§ 487d.**,*** [Ausschluß der Haftungsbeschränkung] (1) ¹Ist der Schuldner eine juristische Person oder eine Personenhandelsgesellschaft, so kann er seine Haftung nicht beschränken, wenn der Schaden auf eine die Beschränkung der Haftung nach Artikel 4 des Haftungsbeschränkungsübereinkommens (§ 486 Abs. 1) ausschließende Handlung oder Unterlassung oder das schädigende Ereignis auf ein die Beschränkung der Haftung nach Artikel V Abs. 2 des Ölhaftungsübereinkommens (§ 486 Abs. 2) ausschließendes persönliches Verschulden eines Mitglieds des zur Vertretung berechtigten Organs oder eines zur Vertretung berechtigten Gesellschafters zurückzuführen ist. ²Mitreeder können ihre Haftung auch dann nicht beschränken, wenn der Schaden auf eine die Beschränkung der Haftung nach Artikel 4 des Haftungsbeschränkungsübereinkommens ausschlie-

---

* § 487c eingefügt durch Seerechtsänderungsgesetz vom 21. 6. 1972 (BGBl. I S. 966) und neu gefaßt durch Zweites Seerechtsänderungsgesetz vom 25. 7. 1986 (BGBl. I S. 1120), Abs. 4 angefügt durch § 9 Ölschadengesetz vom 30. 9. 1988 (BGBl. I S. 1770).

** Vgl. Art. 7 EGHGB; abgedruckt unter Nr. 2.

*** § 487d eingefügt durch Seerechtsänderungsgesetz vom 21. 6. 1972 (BGBl. I S. 966) und neu gefaßt durch Zweites Seerechtsänderungsgesetz vom 25. 7. 1986 (BGBl. I S. 1120).

2. Abschnitt. Reeder und Reederei §§ 487e–491 HGB 1

ßende Handlung oder Unterlassung oder das schädigende Ereignis auf ein die Beschränkung der Haftung nach Artikel V Abs. 2 des Ölhaftungsübereinkommens ausschließendes persönliches Verschulden des Korrespondentreeders zurückzuführen ist.

(2) Ist der Schuldner eine Personenhandelsgesellschaft, so kann auch jeder Gesellschafter seine persönliche Haftung für Ansprüche beschränken, für welche die Gesellschaft ihre Haftung beschränken kann.

§ 487e.* [Errichtung und Verteilung eines Fonds] (1) Die Errichtung und Verteilung eines Fonds im Sinne des Artikels 11 des Haftungsbeschränkungsübereinkommens (§ 486 Abs. 1) oder im Sinne des Artikels V Abs. 3 des Ölhaftungsübereinkommens (§ 486 Abs. 2) bestimmt sich nach den Vorschriften der Seerechtlichen Verteilungsordnung vom 25. Juli 1986 (BGBl. I S. 1130).

(2) ¹Die Beschränkung der Haftung nach dem Haftungsbeschränkungsübereinkommen kann auch dann geltend gemacht werden, wenn ein Fonds im Sinne des Artikels 11 des Haftungsbeschränkungsübereinkommens nicht errichtet worden ist. ²§ 305a der Zivilprozeßordnung bleibt unberührt.

§ 488.** [Gerichtsstand des Heimathafens] ¹Der Reeder als solcher kann vor dem Gericht des Heimathafens (§ 480) verklagt werden. ²§ 738 bleibt unberührt.

§ 489. [Begriff der Reederei; Partenreederei] (1) Wird von mehreren Personen ein ihnen gemeinschaftlich zustehendes Schiff zum Erwerbe durch die Seefahrt für gemeinschaftliche Rechnung verwendet, so besteht eine Reederei.

(2) Der Fall, wenn das Schiff einer Handelsgesellschaft gehört, wird durch die Vorschriften über die Reederei nicht berührt.

§ 490. [Rechtsverhältnis der Mitreeder] ¹Das Rechtsverhältnis der Mitreeder untereinander bestimmt sich zunächst nach dem zwischen ihnen geschlossenen Vertrage. ²Soweit eine Vereinbarung nicht getroffen ist, finden die nachstehenden Vorschriften Anwendung.

§ 491.*** [Beschlüsse der Mitreeder] (1) ¹Für die Angelegenheit der Reederei sind die Beschlüsse der Mitreeder maßgebend. ²Bei der Beschlußfassung entscheidet die Mehrheit der Stimmen. ³Die Stimmen werden nach der Größe der Anteile der Mitreeder (Schiffsparten) berechnet; die Stimmenmehrheit für einen Beschluß ist vorhanden, wenn der Person oder den Personen, die für den Beschluß gestimmt

---

* § 487e angefügt durch Zweites Seerechtsänderungsgesetz vom 25. 7. 1986 (BGBl. I S. 1120).
** § 488 neu gefaßt durch Seerechtsänderungsgesetz vom 21. 6. 1972 (BGBl. I S. 966).
*** § 491 Abs. 1 neu gefaßt durch Verordnung vom 21. 12. 1940 (RGBl. I S. 1609).

haben, zusammen mehr als die Hälfte der Gesamtheit der Anteile, nach der Größe berechnet, zusteht.

(2) Einstimmigkeit sämtlicher Mitreeder ist erforderlich zu Beschlüssen, die eine Abänderung des Reedereivertrags bezwecken oder die den Bestimmungen des Reedereivertrags entgegen oder dem Zwecke der Reederei fremd sind.

§ 492. [Korrespondentreeder] (1) ¹Durch Beschluß der Mehrheit kann für den Reedereibetrieb ein Korrespondentreeder (Schiffsdirektor, Schiffsdisponent) bestellt werden. ²Zur Bestellung eines Korrespondentreeders, der nicht zu den Mitreedern gehört, ist ein einstimmiger Beschluß erforderlich.

(2) Die Bestellung des Korrespondentreeders kann zu jeder Zeit durch Stimmenmehrheit widerrufen werden, unbeschadet des Anspruchs auf die vertragsmäßige Vergütung.

§ 493.* [Vertretungsmacht des Korrespondentreeders] (1) Im Verhältnisse zu Dritten ist der Korrespondentreeder kraft seiner Bestellung befugt, alle Geschäfte und Rechtshandlungen vorzunehmen, die der Geschäftsbetrieb einer Reederei gewöhnlich mit sich bringt.

(2) Diese Befugnis erstreckt sich insbesondere auf die Ausrüstung, die Erhaltung und die Verfrachtung des Schiffes, auf die Versicherung der Fracht, der Ausrüstungskosten und der Havereigelder sowie auf die mit dem gewöhnlichen Geschäftsbetriebe verbundene Empfangnahme von Geld.

(3) Der Korrespondentreeder ist in demselben Umfange befugt, die Reederei vor Gericht zu vertreten.

(4) Er ist befugt, den Kapitän anzustellen und zu entlassen; der Kapitän hat sich nur an dessen Anweisungen und nicht auch an die etwaigen Anweisungen der einzelnen Mitreeder zu halten.

(5) Im Namen der Reederei oder einzelner Mitreeder Wechselverbindlichkeiten einzugehen oder Darlehen aufzunehmen, das Schiff oder Schiffsparten zu verkaufen oder zu verpfänden sowie für das Schiff oder für Schiffsparten Versicherung zu nehmen, ist der Korrespondentreeder nicht befugt, es sei denn, daß ihm eine Vollmacht hierzu besonders erteilt ist.

§ 494.* [Verpflichtung der Reederei durch Korrespondentreeder] Durch ein Rechtsgeschäft, welches der Korrespondentreeder als solcher innerhalb der Grenzen seiner Befugnisse schließt, wird die Reederei dem Dritten gegenüber auch dann berechtigt und verpflichtet, wenn das Geschäft ohne Nennung der einzelnen Mitreeder geschlossen wird.

§ 495. [Beschränkung der Vertretungsmacht des Korrespondentreeders] Eine Beschränkung der in § 493 bezeichneten Befugnisse des Korrespondentree-

---

* § 493 Abs. 4 geändert und § 494 früherer Abs. 2 aufgehoben durch Seerechtsänderungsgesetz vom 21. 6. 1972 (BGBl. I S. 966).

ders kann die Reederei einem Dritten nur entgegensetzen, wenn die Beschränkung dem Dritten zur Zeit des Abschlusses des Geschäfts bekannt war.

§ 496.* **[Geschäftsführungsbefugnis des Korrespondentreeders]** (1) Der Reederei gegenüber ist der Korrespondentreeder verpflichtet, die Beschränkungen einzuhalten, welche von ihr für den Umfang seiner Befugnisse festgesetzt sind; er hat sich ferner nach den gefaßten Beschlüssen zu richten und die Beschlüsse zur Ausführung zu bringen.

(2) Im übrigen ist der Umfang seiner Befugnisse auch der Reederei gegenüber nach den Vorschriften des § 493 mit der Maßgabe zu beurteilen, daß er zu neuen Reisen und Unternehmungen, zu außergewöhnlichen Reparaturen sowie zur Anstellung oder zur Entlassung des Kapitäns vorher die Beschlüsse der Reederei einzuholen hat.

§ 497. **[Sorgfaltspflicht des Korrespondentreeders]** Der Korrespondentreeder ist verpflichtet, in den Angelegenheiten der Reederei die Sorgfalt eines ordentlichen Reeders anzuwenden.

§ 498. **[Buchführungspflicht des Korrespondentreeders]** ¹Der Korrespondentreeder hat über seine die Reederei betreffende Geschäftsführung abgesondert Buch zu führen und die dazu gehörigen Belege aufzubewahren. ²Er hat auch jedem Mitreeder auf dessen Verlangen Kenntnis von allen Verhältnissen zu geben, die sich auf die Reederei, insbesondere auf das Schiff, die Reise und die Ausrüstung, beziehen; er hat ihm jederzeit die Einsicht der die Reederei betreffenden Bücher, Briefe und Papiere zu gestatten.

§ 499. **[Rechnungslegung des Korrespondentreeders]** ¹Der Korrespondentreeder ist verpflichtet, jederzeit auf Beschluß der Reederei dieser Rechnung zu legen. ²Die Genehmigung der Rechnung sowie die Billigung der Verwaltung des Korrespondentreeders durch die Mehrheit hindert die Minderheit nicht, ihr Recht geltend zu machen.

§ 500. **[Beiträge der Mitreeder]** (1) Jeder Mitreeder hat nach dem Verhältnisse seiner Schiffspart zu den Ausgaben der Reederei, insbesondere zu den Kosten der Ausrüstung und der Reparatur des Schiffes, beizutragen.

(2) ¹Ist ein Mitreeder mit der Leistung seines Beitrags im Verzug und wird das Geld von Mitreedern für ihn vorgeschossen, so ist er diesen zur Entrichtung von Zinsen von dem Zeitpunkte der Vorschüsse an verpflichtet. ²Durch den Vorschuß wird ein versicherbares Interesse hinsichtlich der Schiffspart für die Mitreeder begründet. ³Im Falle der Versicherung dieses Interesses hat der säumige Mitreeder die Kosten der Versicherung zu ersetzen.

---

* § 496 Abs. 2 geändert durch Seerechtsänderungsgesetz vom 21. 6. 1972 (BGBl. I S. 966).

§ 501.* **[Aufgabe der Schiffspart – Abandon]** (1) Wenn eine neue Reise oder wenn nach der Beendigung einer Reise die Reparatur des Schiffes oder wenn die volle Befriedigung eines Gläubigers beschlossen worden ist, für dessen Anspruch die Reederei ihre Haftung beschränkt hat oder beschränken kann, so kann jeder Mitreeder, welcher dem Beschluß nicht zugestimmt hat, sich von der Leistung der zur Ausführung des Beschlusses erforderlichen Einzahlungen dadurch befreien, daß er seine Schiffspart ohne Anspruch auf Entgelt aufgibt.

(2) Der Mitreeder, welcher von dieser Befugnis Gebrauch machen will, muß dies den Mitreedern oder dem Korrespondentreeder binnen drei Tagen nach dem Tage des Beschlusses oder, wenn er bei der Beschlußfassung nicht anwesend und nicht vertreten war, binnen drei Tagen nach der Mitteilung des Beschlusses notariell kundgeben.

(3) Die aufgegebene Schiffspart fällt den übrigen Mitreedern nach dem Verhältnisse der Größe ihrer Schiffsparten zu.

§ 502. **[Verteilung von Gewinn und Verlust]** (1) Die Verteilung des Gewinns und Verlustes geschieht nach der Größe der Schiffsparten.

(2) Die Berechnung des Gewinns und Verlustes und die Auszahlung des etwaigen Gewinns erfolgt jedesmal, nachdem das Schiff in den Heimathafen zurückgekehrt ist oder nachdem es in einem anderen Hafen seine Reise beendigt hat und die Schiffsmannschaft entlassen ist.

(3) Außerdem muß auch vor dem erwähnten Zeitpunkte das eingehende Geld, soweit es nicht zu späteren Ausgaben oder zur Deckung von Ansprüchen einzelner Mitreeder an die Reederei erforderlich ist, unter die einzelnen Mitreeder nach dem Verhältnisse der Größe ihrer Schiffsparten vorläufig verteilt und ausgezahlt werden.

§ 503.** **[Veräußerung der Schiffspart]** (1) ¹Jeder Mitreeder kann seine Schiffspart jederzeit und ohne Einwilligung der übrigen Mitreeder ganz oder teilweise veräußern. ²Die Veräußerung bedarf der Eintragung in das Schiffsregister.

(2) Die Veräußerung einer Schiffspart, infolge deren das Schiff das Recht, die *Reichsflagge* zu führen, verlieren würde, kann nur mit Zustimmung aller Mitreeder erfolgen.

(3) Für die Belastung einer Schiffspart gelten die Vorschriften über die Belastung von Rechten.

§ 504. **[Haftung gegenüber den Mitreedern bei Partveräußerung]** (1) Der Mitreeder, welcher seine Schiffspart veräußert hat, wird, solange die Veräußerung von ihm und dem Erwerber den Mitreedern oder dem Korrespondentreeder nicht

---

* § 501 Abs. 1 neu gefaßt durch Seerechtsänderungsgesetz vom 21. 6. 1972 (BGBl. I S. 966) und geändert durch Zweites Seerechtsänderungsgesetz vom 25. 7. 1986 (BGBl. I S. 1120), Abs. 2 geändert durch Gesetz vom 28. 8. 1969 (BGBl. I S. 1513).
** § 503 neu gefaßt durch Verordnung vom 21. 12. 1940 (RGBl. I S. 1609).

angezeigt worden ist, im Verhältnisse zu den Mitreedern noch als Mitreeder betrachtet und bleibt wegen aller vor dieser Anzeige begründeten Verbindlichkeiten als Mitreeder den übrigen Mitreedern verhaftet.

(2) Der Erwerber der Schiffspart ist jedoch im Verhältnisse zu den übrigen Mitreedern schon seit dem Zeitpunkte der Erwerbung als Mitreeder verpflichtet.

(3) Er muß die Bestimmungen des Reedereivertrags, die gefaßten Beschlüsse und eingegangenen Geschäfte gleichwie der Veräußerer gegen sich gelten lassen; die übrigen Mitreeder können außerdem alle gegen den Veräußerer als Mitreeder begründeten Verbindlichkeiten in bezug auf die veräußerte Schiffspart gegen den Erwerber zur Aufrechnung bringen, unbeschadet des Rechtes des Erwerbers auf Gewährleistung gegen den Veräußerer.

§ 505. [Wechsel, Tod oder Konkurs der Mitreeder] (1) Eine Änderung in den Personen der Mitreeder ist ohne Einfluß auf den Fortbestand der Reederei.

(2) Stirbt ein Mitreeder oder wird der Konkurs über das Vermögen eines Mitreeders eröffnet, so hat dies die Auflösung der Reederei nicht zur Folge.

(3) Eine Aufkündigung von seiten eines Mitreeders oder eine Ausschließung eines Mitreeders findet nicht statt.

§ 506. [Auflösung der Reederei; Veräußerung des Schiffes]
(1) ¹Die Auflösung der Reederei kann durch Stimmenmehrheit beschlossen werden. ²Der Beschluß, das Schiff zu veräußern, steht dem Beschlusse der Auflösung gleich.

(2) ¹Ist die Auflösung der Reederei oder die Veräußerung des Schiffes beschlossen, so muß das Schiff öffentlich verkauft werden. ²Der Verkauf kann nur geschehen, wenn das Schiff zu einer Reise nicht verfrachtet ist und sich in dem Heimathafen oder in einem inländischen Hafen befindet. ³Ist jedoch das Schiff als reparaturunfähig oder reparaturunwürdig kondemniert (§ 479), so kann der Verkauf, auch wenn das Schiff verfrachtet ist, und selbst im Ausland erfolgen. ⁴Soll von diesen Vorschriften abgewichen werden, so ist die Zustimmung aller Mitreeder erforderlich.

§ 507.* [Haftung der Mitreeder gegenüber Dritten] (1) Die Mitreeder haften für die Verbindlichkeiten der Reederei persönlich, jedoch nur nach dem Verhältnis der Größe ihrer Schiffsparten.

(2) Ist eine Schiffspart veräußert, so haften für die in der Zeit zwischen der Veräußerung und der in § 504 erwähnten Anzeige begründeten Verbindlichkeiten rücksichtlich dieser Schiffspart sowohl der Veräußerer als der Erwerber.

§ 508. [Gerichtsstand des Heimathafens] (1) Die Mitreeder als solche können wegen eines jeden Anspruchs, ohne Unterschied, ob dieser von einem Mitreeder oder von einem Dritten erhoben wird, vor dem Gerichte des Heimathafens (§ 480) belangt werden.

---

* § 507 Abs. 1 neu gefaßt und Abs. 2 geändert durch Seerechtsänderungsgesetz vom 21. 6. 1972 (BGBl. I S. 966).

(2) Diese Vorschrift kommt auch dann zur Anwendung, wenn die Klage nur gegen einen Mitreeder oder gegen einige Mitreeder gerichtet wird.

§ 509.* **[Baureederei]** (1) Auf die Vereinigung zweier oder mehrerer Personen, ein Schiff für gemeinschaftliche Rechnung zu erbauen und zur Seefahrt zu verwenden (Baureederei), finden die Vorschriften der §§ 490, 491, 500 und 505 sowie des § 507 Abs. 1 und, sobald das Schiff vollendet und von dem Erbauer abgeliefert ist, außerdem die Vorschriften der §§ 503, 504 und 506 sowie des § 507 Abs. 2 Anwendung; die Vorschrift des § 500 gilt auch für die Baukosten.

(2) ¹Ein Korrespondentreeder (§ 492) kann schon vor der Vollendung des Schiffes bestellt werden. ²Er hat in diesem Falle sogleich nach seiner Bestellung in bezug auf den künftigen Reedereibetrieb die Rechte und Pflichten eines Korrespondentreeders. ³Zur Vertretung der Baureederei bedarf er einer besonderen Ermächtigung der Mitreeder; durch ein im Rahmen einer solchen Ermächtigung geschlossenes Rechtsgeschäft wird die Baureederei dem Dritten gegenüber auch dann berechtigt und verpflichtet, wenn das Geschäft ohne Nennung der einzelnen Mitreeder geschlossen wird.

§ 510.* **[Ausrüster]** (1) Wer ein ihm nicht gehöriges Schiff zum Erwerbe durch die Seefahrt für seine Rechnung verwendet und es entweder selbst führt oder die Führung einem Kapitän anvertraut, wird im Verhältnisse zu Dritten als der Reeder angesehen.

(2) Der Eigentümer kann denjenigen, welcher aus der Verwendung einen Anspruch als Schiffsgläubiger herleitet, an der Durchführung des Anspruchs nicht hindern, es sei denn, daß die Verwendung ihm gegenüber eine widerrechtliche und der Gläubiger nicht in gutem Glauben war.

Dritter Abschnitt.* Kapitän**

§ 511.*,* **[Sorgfaltspflicht und Haftung des Kapitäns]** ¹Der Führer des Schiffes (Kapitän, Schiffer) ist verpflichtet, bei allen Dienstverrichtungen, namentlich bei der Erfüllung der von ihm auszuführenden Verträge, die Sorgfalt eines ordentlichen Kapitäns anzuwenden. ²Er haftet für jeden durch sein Verschulden

---

* § 509 Abs. 1 und 2, § 510 Abs. 1, Überschrift zum Dritten Abschnitt sowie § 511 Satz 1 geändert durch Seerechtsänderungsgesetz vom 21. 6. 1972 (BGBl. I S. 966).

** Vgl. Verordnung über die Ausbildung und Befähigung von Kapitänen und Schiffsoffizieren des nautischen und technischen Schiffsdienstes (Schiffsoffizier-Ausbildungsverordnung – SchOffzAusbV) vom 11. 2. 1985 (BGBl. I S. 323), geändert durch Verordnung vom 10. 4. 1986 (BGBl. I S. 381). Internationales Übereinkommen vom 24. Juni 1926 über den Heuervertrag der Schiffsleute (RGBl. 1930 II S. 988), Gesetz vom 24. 7. 1930 (RGBl. II S. 987, ber. S. 1207) und Bek. über das Inkrafttreten vom 10. 10. 1930 (RGBl. II S. 1230). Übereinkommen vom 23. Juni 1926 über die Heimschaffung der Schiffsleute (RGBl. 1930 II S. 12), Gesetz vom 14. 1. 1930 (RGBl. II S. 12) und Bek. über das Inkrafttreten vom 3. 4. 1930 (RGBl. II S. 713). Die Verpflichtungen aus diesen Übereinkommen sind auch für die Bundesrepublik als verbindlich anzusehen, vgl. Bek. vom 5. 6. 1952 (BGBl. II S. 607).

*** Vgl. hierzu auch Anm. zu § 481 HGB.

3. Abschnitt. Kapitän §§ 512–517 **HGB 1**

entstehenden Schaden, insbesondere für den Schaden, welcher aus der Verletzung der in diesem und den folgenden Abschnitten ihm auferlegten Pflichten entsteht.

§ 512.* **[Haftung des Kapitäns gegenüber Reiseinteressenten]** (1) Diese Haftung des Kapitäns besteht nicht nur gegenüber dem Reeder, sondern auch gegenüber dem Befrachter, Ablader und Ladungsempfänger, dem Reisenden und der Schiffsbesatzung.

(2) Der Kapitän wird dadurch, daß er auf Anweisung des Reeders gehandelt hat, den übrigen vorgenannten Personen gegenüber von der Haftung nicht befreit.

(3) Durch eine solche Anweisung wird auch der Reeder verpflichtet, wenn er bei der Erteilung der Anweisung von dem Sachverhältnis unterrichtet war.

§ 513.* **[Sorge für See- und Reisetüchtigkeit]** Der Kapitän hat vor dem Antritte der Reise dafür zu sorgen, daß das Schiff in seetüchtigem Stande, gehörig eingerichtet und ausgerüstet, gehörig bemannt und verproviantiert ist und daß die zum Ausweise für Schiff, Besatzung und Ladung erforderlichen Papiere an Bord sind.

§ 514.* **[Sorge für Laden und Löschen]** (1) Der Kapitän hat zu sorgen für die Tüchtigkeit der Gerätschaften zum Laden und Löschen sowie für die gehörige Stauung nach Seemannsbrauch, auch wenn die Stauung durch besondere Stauer bewirkt wird.

(2) Er hat dafür zu sorgen, daß das Schiff nicht überladen und daß es mit dem nötigen Ballast und der erforderlichen Garnierung versehen wird.

§ 515.* **[Beachtung ausländischer Vorschriften]** (1) Wenn der Kapitän im Auslande die dort geltenden Vorschriften, insbesondere die Polizei-, Steuer- und Zollgesetze, nicht beobachtet, so hat er den daraus entstehenden Schaden zu ersetzen.

(2) Desgleichen hat er den Schaden zu ersetzen, welcher daraus entsteht, daß er Güter ladet, von denen er wußte oder wissen mußte, daß sie Kriegskonterbande seien.

§ 516.* **[Verzögerung der Reise; Verhinderung des Kapitäns]** (1) Sobald das Schiff zum Abgehen fertig ist, hat der Kapitän die Reise bei der ersten günstigen Gelegenheit anzutreten.

(2) [1] Auch wenn er durch Krankheit oder andere Ursachen verhindert ist, das Schiff zu führen, darf er den Abgang des Schiffes oder die Weiterfahrt nicht ungebührlich aufhalten; er muß vielmehr, wenn Zeit und Umstände gestatten, die Anordnung des Reeders einzuholen, diesem ungesäumt die Verhinderung anzeigen und für die Zwischenzeit die geeigneten Vorkehrungen treffen, im entgegengesetzten Falle einen anderen Kapitän einsetzen. [2] Für diesen Stellvertreter ist er nur insofern verantwortlich, als ihm bei dessen Wahl ein Verschulden zur Last fällt.

§ 517.* **[Persönliche Schiffsleitung und Bordanwesenheitspflicht]** (1) Vom Beginne des Ladens an bis zur Beendigung der Löschung darf der Kapitän das Schiff gleichzeitig mit dem Steuermanne nur in dringenden Fällen verlassen; er hat

---
* § 512 Abs. 1 neu gefaßt, Abs. 2 und 3 geändert, §§ 513, 514 Abs. 1, § 515 Abs. 1, §§ 516 und 517 Abs. 1 und 3 geändert durch Seerechtsänderungsgesetz vom 21. 6. 1972 (BGBl. I S. 966).

in solchen Fällen zuvor aus den Schiffsoffizieren oder der übrigen Mannschaft einen geeigneten Vertreter zu bestellen.

(2) Dasselbe gilt auch vor dem Beginne des Ladens und nach der Beendigung der Löschung, wenn das Schiff in einem nicht sicheren Hafen oder auf einer nicht sicheren Reede liegt.

(3) Bei drohender Gefahr oder wenn das Schiff sich in See befindet, muß der Kapitän an Bord sein, sofern nicht eine dringende Notwendigkeit seine Abwesenheit rechtfertigt.

§ 518.* **[Schiffsrat und persönliche Verantwortung]** Wenn der Kapitän in Fällen der Gefahr mit den Schiffsoffizieren einen Schiffsrat zu halten für angemessen findet, so ist er gleichwohl an die gefaßten Beschlüsse nicht gebunden; er bleibt stets für die von ihm getroffenen Maßregeln verantwortlich.

§ 519.** *(aufgehoben)*

§ 520.** **[Schiffstagebuch]** ¹Wird auf dem Schiff ein Tagebuch geführt, so sind alle Unfälle einzutragen, die sich während der Reise ereignen und die das Schiff, Personen oder die Ladung betreffen oder sonst einen Vermögensnachteil zur Folge haben können. ²Dabei ist eine vollständige Beschreibung dieser Unfälle unter Angabe der zur Abwendung oder Verringerung der Nachteile angewendeten Mittel aufzunehmen.

§ 521.** *(aufgehoben)*

§ 522.* **[Verklarung über Unfälle]** (1) ¹Der Kapitän ist bei einem Unfall, der sich während der Reise ereignet und der das Schiff oder die Ladung betrifft oder sonst einen Vermögensnachteil zur Folge haben kann, berechtigt und auf Verlangen verpflichtet, die Aufnahme einer Verklarung zu beantragen.*** ²Das Verlangen kann von dem Reeder und von den Personen gestellt werden, für die der Unfall als Inhaber eines Rechts am Schiff, Ladungsbeteiligte, Reisende oder Personen der Schiffsbesatzung einen erheblichen Vermögensnachteil zur Folge haben kann. ³Der Kapitän ist berechtigt und auf Verlangen einer in Satz 2 genannten Person verpflichtet, die Aufnahme der Verklarung in dem Hafen, den das Schiff nach dem Unfall oder nach dem Verlangen zuerst erreicht und in dem sie ohne eine unverhältnismäßige Verzögerung der Reise möglich ist, oder im Falle des Schiffsverlustes an dem ersten geeigneten Ort zu beantragen.

(2) Die Verklarung wird im Geltungsbereich des Grundgesetzes durch die Gerichte, außerhalb desselben durch die vom Bundesminister des Auswärtigen durch

---

* § 518 geändert und § 522 neu gefaßt durch Seerechtsänderungsgesetz vom 21. 6. 1972 (BGBl. I S. 966).
** §§ 519 und 521 aufgehoben sowie § 520 neu gefaßt durch Gesetz vom 24. 5. 1965 (BGBl. II S. 833).
*** Vgl. Gesetz über die Untersuchung von Seeunfällen (Seeunfalluntersuchungsgesetz – SeeUG) vom 6. 12. 1985 (BGBl. I S. 2146), geändert durch Gesetz vom 16. 12. 1986 (BGBl. I S. 2441). Verordnung zur Durchführung des Seeunfalluntersuchungsgesetzes (DVSeeUG) vom 5. 6. 1986 (BGBl. I S. 860). – Vgl. hierzu auch Verwaltungsanordnung über die Einrichtung des Bundesoberseeamts vom 28. 11. 1950 (BGBl. S. 768).

3. Abschnitt. Kapitän §§ 523–525 **HGB 1**

Rechtsverordnung* bestimmten Auslandsvertretungen der Bundesrepublik Deutschland aufgenommen.

§ 523.** [**Antrag auf Aufnahme der Verklarung**] (1) ¹In dem Antrag auf Aufnahme der Verklarung hat der Kapitän sich selbst zum Zeugnis zu erbieten und die zur Feststellung des Sachverhalts sonst dienlichen Beweismittel zu bezeichnen. ²Dem Antrag ist eine öffentlich beglaubigte Abschrift der den Unfall betreffenden Eintragungen im Tagebuch und ein Verzeichnis aller Personen der Schiffsbesatzung beizufügen.

(2) ¹Kann die beglaubigte Abschrift aus dem Tagebuch nicht beigefügt werden, so ist der Grund dafür anzugeben. ²Der Antrag muß in diesem Fall eine vollständige Beschreibung der erlittenen Unfälle unter Angabe der zur Abwendung oder Verringerung der Nachteile angewendeten Mittel enthalten.

(3) ¹Zur Aufnahme der Verklarung bestimmt das Gericht oder der Konsularbeamte einen tunlichst nahen Termin, zu welchem der Kapitän und die sonst bezeichneten Zeugen zu laden sind. ²Der Termin ist dem Reeder und den etwa sonst durch den Unfall Betroffenen mitzuteilen, soweit dies ohne unverhältnismäßige Verzögerung des Verfahrens geschehen kann. ³Die Mitteilung kann durch öffentliche Bekanntmachung erfolgen.

§ 524.** [**Verfahren bei der Verklarung**] (1) Die Verklarung geschieht durch eine Beweisaufnahme über den tatsächlichen Hergang des Unfalls sowie über den Umfang des eingetretenen Schadens und über die zur Abwendung oder Verringerung desselben angewendeten Mittel.

(2) ¹Die Beweisaufnahme erfolgt nach den Vorschriften der Zivilprozeßordnung. ²Eine Beeidigung des Kapitäns findet nicht statt. ³Andere Zeugen sollen in der Regel unbeeidigt vernommen werden.

(3) ¹Der Reeder und die etwa sonst durch den Unfall Betroffenen sind berechtigt, selbst oder durch Vertreter der Verklarung beizuwohnen. ²Sie können eine Ausdehnung der Beweisaufnahme auf weitere Beweismittel beantragen.

(4) Das Gericht oder der Konsularbeamte ist befugt, eine Ausdehnung der Beweisaufnahme auch von Amts wegen anzuordnen, soweit dies zur Aufklärung des Sachverhalts erforderlich erscheint.

§ 525.** [**Abschriften; Kostenerstattung**] (1) ¹Der Reeder und die sonst durch den Unfall Betroffenen können Abschrift der den Unfall betreffenden Eintragungen im Tagebuch oder der in § 523 Abs. 2 Satz 2 genannten Berichts sowie der Niederschrift über die Beweisaufnahme verlangen. ²Die Abschrift ist auf Verlangen zu beglaubigen.

(2) ¹Ist das Verfahren auf Verlangen einer der in § 522 Abs. 1 Satz 2 genannten Personen beantragt, so hat diese die entstandenen Kosten zu erstatten, soweit sie nicht Anspruch auf Ersatz des durch den Unfall ihr entstandenen Schadens hat. ²Die Verpflichtung des Reeders, dem Kapitän die verauslagten Kosten zu erstat-

---

* Verordnung über die Bestimmung der zur Aufnahme von Verklarungen berechtigten Auslandsvertretungen der Bundesrepublik Deutschland vom 14. 5. 1974 (BGBl. I S. 1189), geändert durch Verordnung vom 14. 7. 1975 (BGBl. I S. 1957), vom 24. 3. 1977 (BGBl. I S. 562), vom 13. 6. 1978 (BGBl. I S. 765) und vom 29. 4. 1988 (BGBl. I S. 607).
** §§ 523, 524 und 525 neu gefaßt durch Seerechtsänderungsgesetz vom 21. 6. 1972 (BGBl. I S. 966).

ten, wird hierdurch nicht berührt. ³In den Fällen der großen Haverei findet die Vorschrift des § 706 Nr. 7 Anwendung.

§ 526.* **[Vertretungsmacht des Kapitäns im Heimathafen]** (1) Rechtsgeschäfte, die der Kapitän eingeht, während sich das Schiff im Heimathafen befindet, sind für den Reeder nur dann verbindlich, wenn der Kapitän auf Grund einer Vollmacht gehandelt hat oder wenn ein anderer besonderer Verpflichtungsgrund vorhanden ist.

(2) Zur Annahme der Schiffsmannschaft ist der Kapitän auch im Heimathafen befugt.

§ 527.* **[Vertretungsmacht des Kapitäns außerhalb des Heimathafens]**
(1) Befindet sich das Schiff außerhalb des Heimathafens, so ist der Kapitän Dritten gegenüber kraft seiner Anstellung befugt, für den Reeder alle Geschäfte und Rechtshandlungen vorzunehmen, welche die Ausrüstung, die Bemannung, die Verproviantierung und die Erhaltung des Schiffes sowie überhaupt die Ausführung der Reise mit sich bringen.

(2) Diese Befugnis erstreckt sich auch auf die Eingehung von Frachtverträgen; sie erstreckt sich ferner auf die Anstellung von Klagen, die sich auf den Wirkungskreis des Kapitäns beziehen.

§ 528.* **[Vertretungsmacht des Kapitäns bei Kreditgeschäften]** (1) Zur Aufnahme von Darlehen, zur Eingehung von Käufen auf Borg sowie zum Abschluß ähnlicher Kreditgeschäfte ist der Kapitän nur dann befugt, wenn es zur Erhaltung des Schiffes oder zur Ausführung der Reise notwendig, und nur insoweit, als es zur Befriedigung des Bedürfnisses erforderlich ist.

(2) ¹Die Gültigkeit des Geschäfts ist nicht davon abhängig, daß der Kapitän nach Absatz 1 zu dem Geschäft befugt war, daß die von ihm zwischen mehreren Geschäften getroffene Wahl zweckmäßig war und daß die durch das Geschäft erlangten Mittel oder sonstigen Gegenstände tatsächlich zur Erhaltung des Schiffes oder zur Ausführung der Reise verwendet werden. ²Das Geschäft ist jedoch für den Reeder nicht verbindlich, wenn dem Dritten der Mangel der Befugnis des Kapitäns oder die Absicht zur anderweitigen Verwendung bekannt oder infolge grober Fahrlässigkeit unbekannt war.

(3) Zur Eingehung von Wechselverbindlichkeiten ist der Kapitän nur befugt, wenn ihm eine besondere Vollmacht hierzu erteilt worden ist.

§§ 529, 530.* *(aufgehoben)*

§ 531.* **[Beschränkung der gesetzlichen Vertretungsbefugnisse im Verhältnis zu Dritten]** Der Reeder, welcher die gesetzlichen Befugnisse des Kapitäns beschränkt hat, kann dem Dritten die Nichteinhaltung dieser Beschränkungen nur entgegensetzen, wenn sie dem Dritten bekannt waren.

§ 532.* **[Geschäftsführung des Kapitäns ohne Auftrag]** Hat der Kapitän ohne besonderen Auftrag für Rechnung des Reeders aus eigenen Mitteln Vor-

---

* §§ 526, 527 und 528 Abs. 1 Satz 1 geändert, früherer Satz 2 aufgehoben, Abs. 2 neu gefaßt und Abs. 3 angefügt, §§ 529 und 530 aufgehoben sowie §§ 531 und 532 geändert durch Seerechtsänderungsgesetz vom 21. 6. 1972 (BGBl. I S. 966).

schüsse geleistet oder sich persönlich verpflichtet, so stehen ihm gegen den Reeder wegen des Ersatzes keine größeren Rechte als einem Dritten zu.

§ 533.* [**Haftung des Reeders aus Kapitänsgeschäften**] (1) Durch ein Rechtsgeschäft, welches der Kapitän in seiner Eigenschaft als Führer des Schiffes, sei es mit, sei es ohne Bezeichnung des Reeders, innerhalb seiner gesetzlichen Befugnisse schließt, wird der Reeder dem Dritten gegenüber berechtigt und verpflichtet.

(2) ¹Der Kapitän selbst wird dem Dritten durch das Rechtsgeschäft nicht verpflichtet, es sei denn, daß er eine Gewährleistung für die Erfüllung übernimmt oder seine Befugnisse überschreitet. ²Die Haftung des Kapitäns nach Maßgabe der §§ 511 und 512 wird hierdurch nicht ausgeschlossen.

§ 534.* [**Rechte und Pflichten des Kapitäns gegenüber dem Reeder**]
(1) Auch dem Reeder gegenüber sind für den Umfang der Befugnisse des Kapitäns die Vorschriften der §§ 526 bis 528 maßgebend, soweit nicht der Reeder diese Befugnisse beschränkt hat.

(2) Der Kapitän ist verpflichtet, von dem Zustande des Schiffes, den Begebnissen der Reisen, den von ihm geschlossenen Verträgen und den abhängig gewordenen Prozessen den Reeder in fortlaufender Kenntnis zu erhalten und in allen erheblichen Fällen, namentlich in den Fällen des § 528 oder wenn er eine Reise zu ändern oder einzustellen sich genötigt findet, oder bei außergewöhnlichen Reparaturen und Anschaffungen, die Erteilung von Verhaltungsmaßregeln nachzusuchen, sofern die Umstände es gestatten.

(3) Zu außergewöhnlichen Reparaturen und Anschaffungen, selbst wenn er sie mit den ihm zur Verfügung stehenden Mitteln des Reeders bestreiten kann, darf er nur im Falle der Notwendigkeit schreiten.

(4) Er muß dem Reeder nach der Rückkehr in den Heimathafen und außerdem, so oft es verlangt wird, Rechnung legen.

§ 535.** [**Geschäftsführung für die Ladungsbeteiligten**] (1) Im Interesse der Ladungsbeteiligten hat der Kapitän während der Reise zugleich für das Beste der Ladung nach Möglichkeit Sorge zu tragen.

(2) Werden zur Abwendung oder Verringerung eines Verlustes besondere Maßregeln erforderlich, so liegt ihm ob, das Interesse der Ladungsbeteiligten wahrzunehmen, wenn tunlich ihre Anweisungen einzuholen und, soweit es den Verhältnissen entspricht, zu befolgen, sonst aber nach eigenem Ermessen zu verfahren und überhaupt tunlichst dafür zu sorgen, daß die Ladungsbeteiligten von solchen Vorfällen und den dadurch veranlaßten Maßregeln schleunigst in Kenntnis gesetzt werden.

(3) Der Kapitän ist in solchen Fällen ermächtigt, die Ladung äußerstenfalls, wenn ein erheblicher Schaden wegen drohenden Verderbs oder aus sonstigen Gründen anders nicht abzuwenden ist, zu veräußern oder zur Beschaffung der Mittel zu ihrer Erhaltung oder Weiterbeförderung zu verpfänden.

---

* §§ 533 und 534 Abs. 1 und 2 geändert, früherer Abs. 4 aufgehoben, bisheriger Abs. 5 wurde Abs. 4 durch Seerechtsänderungsgesetz vom 21. 6. 1972 (BGBl. I S. 966).
** § 535 Abs. 1 und 2 geändert, Abs. 3 neu gefaßt und Abs. 4 angefügt durch Seerechtsänderungsgesetz vom 21. 6. 1972 (BGBl. I S. 966).

(4) Der Kapitän ist berechtigt, Ansprüche eines Ladungsbeteiligten aus Verlust oder Beschädigung der Ladung im eigenen Namen außergerichtlich oder gerichtlich zu betreiben, soweit der Ladungsbeteiligte selbst hierzu nicht rechtzeitig in der Lage ist.

§ 536.* **[Abweichung vom Reiseweg – Deviation]** (1) Wird die Fortsetzung der Reise in der ursprünglichen Richtung durch einen Zufall verhindert, so ist der Kapitän befugt, die Reise in einer anderen Richtung fortzusetzen oder sie auf kürzere oder längere Zeit einzustellen oder nach dem Abgangshafen zurückzukehren, je nachdem es den Verhältnissen und den möglichst zu berücksichtigenden Anweisungen entspricht.

(2) Im Falle der Auflösung des Frachtvertrags hat er nach den Vorschriften des § 632 zu verfahren.

§ 537.* *(aufgehoben)*

§ 538.* **[Befugnis zur Verfügung über Ladungsteile]** Außer in den Fällen des § 535 ist der Kapitän zur Verfügung über Ladungsteile durch Veräußerung, Verpfändung oder Verwendung nur befugt, soweit es zum Zwecke der Fortsetzung der Reise notwendig ist.

§ 539.* **[Maßnahmen bei großer Haverei]** Gründet sich das Bedürfnis auf eine große Haverei und kann der Kapitän ihm durch verschiedene Maßregeln abhelfen, so hat er diejenige Maßregel zu ergreifen, welche für die Beteiligten mit dem geringsten Nachteil verbunden ist.

§ 540.* **[Verfügungsbefugnis in anderen Fällen]** Liegt der Fall einer großen Haverei nicht vor, so ist der Kapitän zur Verfügung über Ladungsteile durch Veräußerung, Verpfändung oder Verwendung nur befugt, wenn er dem Bedürfnis auf anderem Wege nicht abhelfen kann oder wenn die Wahl eines anderen Mittels einen unverhältnismäßigen Schaden für den Reeder zur Folge haben würde.

§ 541.** **[Verpflichtung des Reeders aus Kapitänsgeschäften]** (1) Verfügt der Kapitän auf Grund des § 540 über Ladungsteile, so ist der Reeder verpflichtet, den betroffenen Ladungsbeteiligten den ihnen daraus entstehenden Schaden zu ersetzen.

(2) ¹Auf den Ersatz, den der Reeder zu leisten hat, findet § 658 Anwendung. ²Übersteigt im Fall der Verfügung über die Güter durch Verkauf der Reinerlös den in § 658 bezeichneten Wert, so tritt an dessen Stelle der Reinerlös.

§ 542.*** **[Rechtswirkungen im Außenverhältnis]** Für die Gültigkeit der von dem Kapitän auf Grund der § 535 Abs. 3, §§ 538 bis 540 vorgenommenen Rechtsgeschäfte gilt § 528 Abs. 2 sinngemäß.

---

* §§ 536 Abs. 1 und 539 geändert, § 537 aufgehoben sowie §§ 538 und 540 neu gefaßt durch Seerechtsänderungsgesetz vom 21. 6. 1972 (BGBl. I S. 966).
** § 541 Abs. 1 neu gefaßt durch Seerechtsänderungsgesetz vom 21. 6. 1972 (BGBl. I S. 966), Abs. 2 eingefügt durch Gesetz vom 10. 8. 1937 (RGBl. I S. 891).
*** § 542 neu gefaßt durch Seerechtsänderungsgesetz vom 21. 6. 1972 (BGBl. I S. 966, ber. S. 1300).

4. Abschn. Frachtgeschäft zur Beförderung v. Gütern §§ 543–556 **HGB 1**

§ 543.* [Vergütungen der Ladungsbeteiligten für den Kapitän] Was der Kapitän vom Befrachter, Ablader oder Ladungsempfänger außer der Fracht als Kaplaken, Primage oder sonst als Belohnung oder Entschädigung, gleichviel unter welchem Namen, erhält, hat er dem Reeder als Einnahme in Rechnung zu bringen.

§ 544.* [Keine Güterverladung auf eigene Rechnung] ¹Der Kapitän darf ohne Einwilligung des Reeders für eigene Rechnung keine Güter verladen. ²Handelt er dieser Vorschrift zuwider, so hat er dem Reeder die höchste am Abladungsorte zur Abladungszeit für solche Reisen und Güter bedungene Fracht zu erstatten, unbeschadet des Anspruchs des Reeders auf den Ersatz eines ihm verursachten höheren Schadens.

§ 545.** [Untersagung der Befugnisse nach Kündigung] ¹Hat der Reeder dem Kapitän gekündigt, so kann er ihm während der Kündigungsfrist die Ausübung seiner Befugnisse untersagen. ²Die Ansprüche aus dem Heuerverhältnis regeln sich nach dem Seemannsgesetz vom 26. Juli 1957 (Bundesgesetzbl. II S. 713).***

§§ 546–551.† *(aufgehoben)*

§ 552.* [Kapitän als Mitreeder] ¹Die Schiffspart, mit welcher der Kapitän auf Grund einer mit den übrigen Reedern getroffenen Vereinbarung als Mitreeder an dem Schiffe beteiligt ist, ist im Falle seiner unfreiwilligen Entlassung auf sein Verlangen von den Mitreedern gegen Auszahlung des durch Sachverständige zu bestimmenden Schätzungswerts zu übernehmen. ²Dieses Recht des Kapitäns erlischt, wenn er die Erklärung, davon Gebrauch zu machen, ohne Grund verzögert.

§§ 553, 554.† *(aufgehoben)*

§ 555.†† **[Pflichten des Kapitäns nach Schiffsverlust]** Auch nach dem Verluste des Schiffes ist der Kapitän verpflichtet, noch für die Verklarung zu sorgen und überhaupt das Interesse des Reeders so lange wahrzunehmen, als es erforderlich ist.

Vierter Abschnitt. Frachtgeschäft zur Beförderung von Gütern

§ 556. [Arten des Seefrachtvertrages] Der Frachtvertrag zur Beförderung von Gütern bezieht sich entweder

1. auf das Schiff im ganzen oder einen verhältnismäßigen Teil oder einen bestimmt bezeichneten Raum des Schiffes oder
2. auf einzelne Güter (Stückgüter).

---

* §§ 543, 544 und 552 geändert durch Seerechtsänderungsgesetz vom 21. 6. 1972 (BGBl. I S. 966).
** § 545 neu gefaßt durch Seemannsgesetz vom 26. 7. 1957 (BGBl. II S. 713) und geändert durch Seerechtsänderungsgesetz vom 21. 6. 1972 (BGBl. I S. 966).
*** Vgl. Anm. zu § 481 HGB.
† §§ 546 bis 551 sowie §§ 553 und 554 aufgehoben durch Seemannsgesetz vom 26. 7. 1957 (BGBl. II S. 713).
†† § 555 geändert durch Seerechtsänderungsgesetz vom 21. 6. 1972 (BGBl. I S. 966) und frühere Sätze 2 und 3 aufgehoben durch Seemannsgesetz vom 26. 7. 1957 (BGBl. II S. 713).

§ 557. [Chartepartie] Wird das Schiff im ganzen oder zu einem verhältnismäßigen Teile oder wird ein bestimmt bezeichneter Raum des Schiffes verfrachtet, so kann jede Partei verlangen, daß über den Vertrag eine schriftliche Urkunde (Chartepartie) errichtet wird.

§ 558. [Kajüte bei Ganzcharter] In der Verfrachtung eines ganzen Schiffes ist die Kajüte nicht einbegriffen; es dürfen jedoch ohne Einwilligung des Befrachters in die Kajüte keine Güter verladen werden.

§ 559.* [Haftung des Verfrachters für See- und Ladungstüchtigkeit] (1) Bei jeder Art von Frachtvertrag hat der Verfrachter dafür zu sorgen, daß das Schiff in seetüchtigem Stand, gehörig eingerichtet, ausgerüstet, bemannt und mit genügenden Vorräten versehen ist (Seetüchtigkeit) sowie daß sich die Laderäume einschließlich der Kühl- und Gefrierräume in dem für die Aufnahme, Beförderung und Erhaltung der Güter erforderlichen Zustand befinden (Ladungstüchtigkeit).

(2) Er haftet dem Ladungsbeteiligten für den Schaden, der auf einem Mangel der See- oder Ladungstüchtigkeit beruht, es sei denn, daß der Mangel bei Anwendung der Sorgfalt eines ordentlichen Verfrachters bis zum Antritt der Reise nicht zu entdecken war.

§ 560.** [Ladehafen und Ladeplatz] (1) Der Kapitän hat zur Einnahme der Ladung das Schiff an den vom Befrachter oder, wenn das Schiff an mehrere verfrachtet ist, von sämtlichen Befrachtern ihm angewiesenen Platz hinzulegen.

(2) Erfolgt die Anweisung nicht rechtzeitig oder wird nicht von sämtlichen Befrachtern derselbe Platz angewiesen oder gestatten die Wassertiefe, die Sicherheit des Schiffes oder die örtlichen Verordnungen oder Einrichtungen die Befolgung der Anweisung nicht, so hat der Kapitän an dem ortsüblichen Ladungsplatz anzulegen.

§ 561. [Kosten der Abladung] Sofern nicht durch Vertrag oder durch die örtlichen Verordnungen des Abladungshafens und in deren Ermangelung durch einen daselbst bestehenden Ortsgebrauch ein anderes bestimmt ist, sind die Güter von dem Befrachter kostenfrei bis an das Schiff zu liefern, dagegen die Kosten der Einladung in das Schiff von dem Verfrachter zu tragen.

§ 562. [Ersatzgüter] (1) Der Verfrachter ist verpflichtet, statt der vertragsmäßigen Güter andere, von dem Befrachter zur Verschiffung nach demselben Bestimmungshafen ihm angebotene Güter anzunehmen, wenn dadurch seine Lage nicht erschwert wird.

(2) Diese Vorschrift findet keine Anwendung, wenn die Güter im Vertrage nicht bloß nach Art oder Gattung, sondern speziell bezeichnet sind.

§ 563.* [Haftung für Mengenangaben und Merkzeichen] (1) [1]Der Befrachter und der Ablader sind dem Verfrachter für die Richtigkeit ihrer Angaben über Maß, Zahl oder Gewicht*** sowie über Merkzeichen der Güter verantwortlich.

---
* §§ 559 und 563 neu gefaßt durch Gesetz vom 10. 8. 1937 (RGBl. I S. 891).
** § 560 geändert durch Seerechtsänderungsgesetz vom 21. 6. 1972 (BGBl. I S. 966).
*** Vgl. Gesetz über die Gewichtsbezeichnung an schweren, auf Schiffen beförderten Frachtstücken vom 28. 6. 1933 (RGBl. I S. 412), geändert durch Gesetz vom 22. 9. 1958 (BGBl. I S. 669) und vom 2. 3. 1974 (BGBl. I S. 469).

4. Abschn. Frachtgeschäft zur Beförderung v. Gütern §§ 564–564b HGB 1

²Jeder haftet dem Verfrachter für den Schaden, der aus der Unrichtigkeit seiner Angaben entsteht. ³Den übrigen in § 512 Abs. 1 bezeichneten Personen haftet er nur, wenn ihm dabei ein Verschulden zur Last fällt.

(2) Die Verpflichtungen, die dem Verfrachter auf Grund des Frachtvertrages gegenüber anderen Personen als dem Befrachter oder dem Ablader obliegen, werden durch Absatz 1 nicht berührt.

§ 564.* **[Haftung für Beschaffenheitsangaben und Konterbande]** (1) Bei unrichtigen Angaben über die Art und die Beschaffenheit der Güter haftet der Befrachter oder der Ablader, wenn ihm dabei ein Verschulden zur Last fällt, dem Verfrachter und den übrigen in § 512 Abs. 1 bezeichneten Personen für den Schaden, der aus der Unrichtigkeit der Angaben entsteht.

(2) Das gleiche gilt, wenn er Kriegskonterbande oder Güter schuldhaft verladet, deren Ausfuhr, Einfuhr oder Durchfuhr verboten ist, oder wenn er bei der Abladung die gesetzlichen Vorschriften, insbesondere die Polizei-, Steuer- und Zollgesetze, schuldhaft übertritt.

(3) Seine Verantwortlichkeit den übrigen Personen gegenüber wird nicht dadurch ausgeschlossen, daß er mit Zustimmung des Kapitäns handelt.

(4) Er kann aus der Beschlagnahme der Güter keinen Grund herleiten, die Bezahlung der Fracht zu verweigern.

(5) Gefährden die Güter das Schiff oder die übrige Ladung, so ist der Kapitän befugt, die Güter ans Land zu setzen oder in dringenden Fällen über Bord zu werfen.

§ 564a.* **[Haftung für heimlich an Bord geschaffte Güter]** ¹Auch wer ohne Kenntnis des Kapitäns Güter an Bord bringt, ist nach § 564 zum Ersatz des daraus entstehenden Schadens verpflichtet. ²Der Kapitän ist befugt, solche Güter wieder ans Land zu setzen oder, wenn sie das Schiff oder die übrige Ladung gefährden, nötigenfalls über Bord zu werfen. ³Hat der Kapitän die Güter an Bord behalten, so ist dafür die höchste, am Abladungsort zur Abladungszeit für solche Reisen und Güter bedungene Fracht zu bezahlen.

§ 564b.* **[Haftung für gefährliche Güter]** (1) ¹Werden entzündliche, explosive oder sonst gefährliche Güter an Bord gebracht, ohne daß der Kapitän von ihnen oder ihrer gefährlichen Art oder Beschaffenheit Kenntnis erlangt hat, so haftet der Befrachter oder der Ablader nach § 564, auch ohne daß ihn ein Verschulden trifft. ²Der Kapitän ist in diesem Fall befugt, die Güter jederzeit und an jedem beliebigen Ort auszuschiffen, zu vernichten oder sonst unschädlich zu machen.

(2) ¹Hat der Kapitän der Abladung in Kenntnis der gefährlichen Art oder Beschaffenheit der Güter zugestimmt, so ist er berechtigt, in gleicher Weise zu verfahren, wenn die Güter das Schiff oder die übrige Ladung gefährden. ²Auch in diesem Fall ist der Verfrachter und der Kapitän zum Ersatz des Schadens nicht verpflichtet. ³Die Vorschriften über die Verteilung des Schadens im Fall der großen Haverei bleiben unberührt.

---

* § 564 neu gefaßt durch Gesetz vom 10. 8. 1937 (RGBl. I S. 891), Abs. 3 und 5 geändert durch Seerechtsänderungsgesetz vom 21. 6. 1972 (BGBl. I S. 966).
** §§ 564a und 564b eingefügt durch Gesetz vom 10. 8. 1937 (RGBl. I S. 891) und geändert durch Seerechtsänderungsgesetz vom 21. 6. 1972 (BGBl. I S. 966).

§ 564 c.* **[Kenntnis des Verfrachters oder des Schiffsagenten]** In den Fällen der §§ 564 bis 564 b steht der Kenntnis des Kapitäns die Kenntnis des Verfrachters oder des Schiffsagenten gleich.

§ 565. [Verladung in ein anderes Schiff] (1) ¹Der Verfrachter ist nicht befugt, ohne Erlaubnis des Befrachters die Güter in ein anderes Schiff zu verladen. ²Handelt er dieser Vorschrift zuwider, so ist er für jeden daraus entstehenden Schaden verantwortlich, es sei denn, daß der Schaden auch dann entstanden und dem Befrachter zur Last gefallen sein würde, wenn die Güter nicht auf ein anderes Schiff verladen worden wären.

(2) Auf Umladungen in ein anderes Schiff, die in Fällen der Not nach dem Antritte der Reise erfolgen, finden die Vorschriften des Absatzes 1 keine Anwendung.

§ 566. [Verladung auf Deck] (1) Ohne Zustimmung des Abladers dürfen dessen Güter weder auf das Verdeck verladen noch an die Seiten des Schiffes gehängt werden.

(2) Die Landesgesetze können bestimmen, daß diese Vorschrift, soweit sie die Beladung des Verdecks betrifft, auf die Küstenschiffahrt keine Anwendung findet.

§ 567.** **[Ladezeit; Überliegezeit; Liegegeld]** (1) Bei der Verfrachtung eines Schiffes im ganzen hat der Kapitän, sobald er zur Einnahme der Ladung fertig und bereit ist, dies dem Befrachter anzuzeigen.

(2) Mit dem auf die Anzeige folgenden Tage beginnt die Ladezeit.

(3) Über die Ladezeit hinaus hat der Verfrachter auf die Abladung noch länger zu warten, wenn es vereinbart ist (Überliegezeit).

(4) ¹Für die Ladezeit kann, sofern nicht das Gegenteil bedungen ist, keine besondere Vergütung verlangt werden. ²Dagegen hat der Befrachter dem Verfrachter für die Überliegezeit eine Vergütung (Liegegeld) zu gewähren.

§ 568. [Dauer der Lade- und Überliegezeit] (1) ¹Ist die Dauer der Ladezeit durch Vertrag nicht festgesetzt, so wird sie durch die örtlichen Verordnungen des Abladungshafens und in deren Ermangelung durch den daselbst bestehenden Ortsgebrauch bestimmt. ²Besteht auch ein solcher Ortsgebrauch nicht, so gilt als Ladezeit eine den Umständen des Falles angemessene Frist.

(2) Ist eine Überliegezeit, nicht aber deren Dauer, durch Vertrag bestimmt, so beträgt die Überliegezeit vierzehn Tage.

(3) Enthält der Vertrag nur die Festsetzung eines Liegegeldes, so ist anzunehmen, daß eine Überliegezeit ohne Bestimmung der Dauer vereinbart sei.

§ 569. [Beginn der Überliegezeit] (1) Ist die Dauer der Ladezeit oder der Tag, mit welchem die Ladezeit enden soll, durch Vertrag bestimmt, so beginnt die Überliegezeit ohne weiteres mit dem Ablaufe der Ladezeit.

(2) ¹In Ermangelung einer solchen vertragsmäßigen Bestimmung beginnt die Überliegezeit erst, nachdem der Verfrachter dem Befrachter erklärt hat, daß die

---
* § 564c eingefügt durch Gesetz vom 10. 8. 1937 (RGBl. I S. 891) und geändert durch Seerechtsänderungsgesetz vom 21. 6. 1972 (BGBl. I S. 966).
** § 567 Abs. 1 geändert durch Seerechtsänderungsgesetz vom 21. 6. 1972 (BGBl. I S. 966).

4. Abschn. Frachtgeschäft zur Beförderung v. Gütern §§ 570–574 **HGB 1**

Ladezeit abgelaufen sei. ²Der Verfrachter kann schon innerhalb der Ladezeit dem Befrachter erklären, an welchem Tage er die Ladezeit für abgelaufen halte. ³In diesem Falle ist zum Ablaufe der Ladezeit und zum Beginne der Überliegezeit eine neue Erklärung des Verfrachters nicht erforderlich.

§ 570. [Folgen des Ablaufs der Lade- oder Überliegezeit] (1) ¹Nach dem Ablaufe der Ladezeit oder, wenn eine Überliegezeit vereinbart ist, nach dem Ablaufe der Überliegezeit ist der Verfrachter nicht verpflichtet, auf die Abladung noch länger zu warten. ²Er muß jedoch seinen Willen, nicht länger zu warten, spätestens drei Tage vor dem Ablaufe der Ladezeit oder der Überliegezeit dem Befrachter erklären.

(2) Ist dies nicht geschehen, so läuft die Ladezeit oder Überliegezeit nicht eher ab, als bis die Erklärung nachgeholt ist und seit dem Tage der Abgabe der Erklärung drei Tage verstrichen sind.

(3) Die in den Absätzen 1 und 2 erwähnten drei Tage werden in allen Fällen als ununterbrochen fortlaufende Tage nach dem Kalender gezählt.

§ 571. [Ablauferklärungen des Verfrachters] ¹Die in den §§ 569 und 570 bezeichneten Erklärungen des Verfrachters sind an keine besondere Form gebunden. ²Weigert sich der Befrachter, den Empfang einer solchen Erklärung in genügender Weise zu bescheinigen, so ist der Verfrachter befugt, eine öffentliche Urkunde darüber auf Kosten des Befrachters errichten zu lassen.

§ 572. [Höhe des Liegegeldes] (1) Das Liegegeld ist, wenn es nicht durch Vertrag bestimmt ist, nach billigem Ermessen zu bestimmen.

(2) Hierbei ist auf die näheren Umstände des Falles, insbesondere auf die Heuerbeträge und die Unterhaltskosten der Schiffsbesatzung sowie auf den dem Verfrachter entgehenden Frachtverdienst, Rücksicht zu nehmen.

§ 573. [Berechnung der Lade- und Überliegezeit] (1) Bei der Berechnung der Lade- und Überliegezeit werden die Tage in ununterbrochen fortlaufender Reihenfolge gezählt; insbesondere kommen in Ansatz die Sonntage und die Feiertage sowie diejenigen Tage, an welchen der Befrachter durch Zufall die Ladung zu liefern verhindert ist.

(2) Nicht in Ansatz kommen jedoch die Tage, an denen durch Wind und Wetter oder durch irgendeinen anderen Zufall entweder

1. die Lieferung nicht nur der bedungenen, sondern jeder Art von Ladung an das Schiff oder

2. die Übernahme der Ladung

verhindert ist.

§ 574. [Liegegeld bei Verhinderung der Abladung] ¹Für die Tage, die der Verfrachter wegen Verhinderung der Lieferung jeder Art von Ladung länger warten muß, gebührt ihm Liegegeld, selbst wenn die Verhinderung während der Ladezeit eintritt. ²Dagegen ist für die Tage, die er wegen Verhinderung der Übernahme der Ladung länger warten muß, Liegegeld nicht zu entrichten, selbst wenn die Verhinderung während der Überliegezeit eintritt.

§ 575. [Ladezeit nach Ortsrecht oder Ortsgebrauch] Sind für die Dauer der Ladezeit nach § 568 die örtlichen Verordnungen oder der Ortsgebrauch maßgebend, so kommen bei der Berechnung der Ladezeit die Vorschriften der §§ 573 und 574 nur insoweit zur Anwendung, als die örtlichen Verordnungen oder der Ortsgebrauch nichts Abweichendes bestimmen.

§ 576. [Fester Abladetermin] Hat sich der Verfrachter ausbedungen, daß die Abladung bis zu einem bestimmten Tage beendigt sein muß, so wird er durch die Verhinderung der Lieferung jeder Art von Ladung (§ 573 Abs. 2 Nr. 1) zum längeren Warten nicht verpflichtet.

§ 577. [Liefersäumnis des Drittabladers] (1) Soll der Verfrachter die Ladung von einem Dritten erhalten und ist dieser Dritte ungeachtet der von dem Verfrachter in ortsüblicher Weise kundgemachten Bereitschaft zum Laden nicht zu ermitteln oder verweigert er die Lieferung der Ladung, so hat der Verfrachter den Befrachter schleunigst hiervon zu benachrichtigen und nur bis zum Ablaufe der Ladezeit, nicht auch während der etwa vereinbarten Überliegezeit auf die Abladung zu warten, es sei denn, daß er von dem Befrachter oder einem Bevollmächtigten des Befrachters noch innerhalb der Ladezeit eine entgegengesetzte Anweisung erhält.

(2) Ist für die Ladezeit und die Löschzeit zusammen eine ungeteilte Frist bestimmt, so wird für den in Absatz 1 erwähnten Fall die Hälfte dieser Frist als Ladezeit angesehen.

§ 578. [Unvollständige Abladung; Leerfracht] ¹Der Verfrachter hat auf Verlangen des Befrachters die Reise auch ohne die volle bedungene Ladung anzutreten. ²Es gebührt ihm aber alsdann nicht nur die volle Fracht und das etwaige Liegegeld, sondern er ist auch berechtigt, soweit ihm durch die Unvollständigkeit der Ladung die Sicherheit für die volle Fracht entgeht, die Bestellung einer anderweitigen Sicherheit zu fordern. ³Außerdem sind ihm die Mehrkosten, die ihm infolge der Unvollständigkeit der Ladung etwa erwachsen, durch den Befrachter zu erstatten.

§ 579. [Rechte des Verfrachters nach Ablauf der Wartezeit] Hat der Befrachter bis zum Ablaufe der Zeit, während welcher der Verfrachter auf die Abladung zu warten verpflichtet ist (Wartezeit), die Abladung nicht vollständig bewirkt, so ist der Verfrachter befugt, sofern der Befrachter nicht von dem Vertrage zurücktritt, die Reise anzutreten und die in § 578 bezeichneten Forderungen geltend zu machen.

§ 580.* [Kündigung des Befrachters vor Reiseantritt; Fautfracht] (1) Der Befrachter kann vor dem Antritt der Reise, sei diese einfache oder eine zusammengesetzte, von dem Vertrag unter der Verpflichtung zurücktreten, die Hälfte der bedungenen Fracht als Fautfracht zu zahlen.

(2) Im Sinne dieser Vorschrift wird die Reise schon dann als angetreten erachtet:
1. wenn der Befrachter den Kapitän bereits abgefertigt hat;
2. wenn er die Ladung bereits ganz oder zu einem Teile geliefert hat und die Wartezeit verstrichen ist.

---

* § 580 Abs. 2 geändert durch Seerechtsänderungsgesetz vom 21. 6. 1972 (BGBl. I S. 966).

4. Abschn. Frachtgeschäft zur Beförderung v. Gütern   §§ 581–586 **HGB 1**

§ 581. [Wiederausladung nach Kündigung vor Reiseantritt] (1) ¹Macht der Befrachter von dem in § 580 bezeichneten Rechte Gebrauch, nachdem Ladung geliefert ist, so hat er auch die Kosten der Einladung und Wiederausladung zu tragen und für die Zeit der Wiederausladung, soweit sie nicht in die Ladezeit fällt, Liegegeld (§ 572) zu zahlen. ²Die Wiederausladung ist mit möglichster Beschleunigung zu bewirken.

(2) ¹Der Verfrachter ist verpflichtet, den Aufenthalt, den die Wiederausladung verursacht, selbst dann sich gefallen zu lassen, wenn dadurch die Wartezeit überschritten wird. ²Für die Zeit nach dem Ablaufe der Wartezeit hat er Anspruch auf Liegegeld und auf Ersatz des durch die Überschreitung der Wartezeit entstandenen Schadens, soweit der letztere den Betrag dieses Liegegeldes übersteigt.

§ 582. [Kündigung des Befrachters nach Reiseantritt] (1) Nachdem die Reise im Sinne des § 580 angetreten ist, kann der Befrachter nur gegen Berichtigung der vollen Fracht sowie aller sonstigen Forderungen des Verfrachters (§ 614) und gegen Berichtigung oder Sicherstellung der in § 615 bezeichneten Forderungen von dem Vertrage zurücktreten und die Wiederausladung der Güter fordern.

(2) Im Falle der Wiederausladung hat der Befrachter nicht nur die hierdurch entstehenden Mehrkosten, sondern auch den Schaden zu ersetzen, welcher aus dem durch die Wiederausladung verursachten Aufenthalte dem Verfrachter entsteht.

(3) Zum Zwecke der Wiederausladung der Güter die Reise zu ändern oder einen Hafen anzulaufen, ist der Verfrachter nicht verpflichtet.

§ 583. [Zweidrittel-Fautfracht bei Hin- und Rückreise] Der Befrachter ist statt der vollen Fracht nur zwei Dritteile als Fautfracht zu zahlen verpflichtet, wenn das Schiff zugleich auf Rückladung verfrachtet ist oder in Ausführung des Vertrags zur Einnahme der Ladung eine Fahrt aus einem anderen Hafen zu machen hat und in diesen beiden Fällen der Rücktritt früher erklärt wird, als die Rückreise oder die Reise aus dem Abladungshafen im Sinne des § 580 angetreten ist.

§ 584. [Volle Fautfracht bei anderen zusammengesetzten Reisen] (1) Bei anderen zusammengesetzten Reisen erhält der Verfrachter, wenn der Befrachter den Rücktritt erklärt, bevor in bezug auf den letzten Reiseabschnitt die Reise im Sinne des § 580 angetreten ist, als Fautfracht zwar die volle Fracht, es kommt von dieser jedoch ein angemessener Bruchteil in Abzug, sofern die Umstände die Annahme begründen, daß der Verfrachter infolge der Aufhebung des Vertrags Kosten erspart und Gelegenheit zu anderweitigem Frachtverdienste gehabt habe.

(2) Der Abzug darf in keinem Falle die Hälfte der Fracht übersteigen.

§ 585. [Fautfracht bei Nichtlieferung von Ladung] Liefert der Befrachter bis zum Ablaufe der Wartezeit keine Ladung, so ist der Verfrachter an seine Verpflichtungen aus dem Vertrage nicht länger gebunden und befugt, gegen den Befrachter dieselben Ansprüche geltend zu machen, welche ihm zugestanden haben würden, wenn der Befrachter von dem Vertrage zurückgetreten wäre (§§ 580, 583 und 584).

§ 586. [Ersatzfracht, Liegegeld und sonstige Ansprüche neben Fautfracht]
(1) ¹Auf die Fautfracht wird die Fracht, welche der Verfrachter für andere Ladungsgüter erhält, nicht angerechnet. ²Die Vorschrift des § 584 Abs. 1 bleibt unberührt.

(2) Der Anspruch des Verfrachters auf Fautfracht ist nicht davon abhängig, daß er die im Vertrage bezeichnete Reise ausführt.

(3) Durch die Fautfracht werden die Ansprüche des Verfrachters auf Liegegeld und die übrigen ihm etwa zustehenden Forderungen (§ 614) nicht ausgeschlossen.

§ 587. [**Teil- und Raumcharter**] Ist ein verhältnismäßiger Teil oder ein bestimmt bezeichneter Raum des Schiffes verfrachtet, so gelten die Vorschriften der §§ 567 bis 586 mit folgenden Abweichungen:

1. Der Verfrachter erhält in den Fällen, in denen er sich nach diesen Vorschriften mit einem Teile der Fracht begnügen müßte, als Fautfracht die volle Fracht, es sei denn, daß sämtliche Befrachter zurücktreten oder keine Ladung liefern.

    Von der vollen Fracht kommt jedoch die Fracht für diejenigen Güter in Abzug, welche der Verfrachter an Stelle der nicht gelieferten annimmt.

2.[1] In den Fällen der §§ 581 und 582 kann der Befrachter die Wiederausladung nicht verlangen, wenn sie eine Verzögerung der Reise zur Folge haben oder eine Umladung nötig machen würde, es sei denn, daß alle übrigen Befrachter zustimmen. [2] Außerdem ist der Befrachter verpflichtet, sowohl die Kosten als auch den Schaden zu ersetzen, welche durch die Wiederausladung entstehen.

    Machen sämtliche Befrachter von dem Rechte des Rücktritts Gebrauch, so hat es bei den Vorschriften der §§ 581 und 582 sein Bewenden.

§ 588.* [**Stückgutfracht**] (1) Hat der Frachtvertrag Stückgüter zum Gegenstande, so muß der Befrachter auf die Aufforderung des Kapitäns ohne Verzug die Abladung bewirken.

(2) [1] Ist der Befrachter säumig, so ist der Verfrachter nicht verpflichtet, auf die Lieferung der Güter zu warten; der Befrachter muß, wenn die Reise ohne die Güter angetreten wird, gleichwohl die volle Fracht entrichten. [2] Es kommt von der letzteren jedoch die Fracht für diejenigen Güter in Abzug, welche der Verfrachter an Stelle der nicht gelieferten annimmt.

(3) [1] Der Verfrachter, der den Anspruch auf die Fracht gegen den säumigen Befrachter geltend machen will, ist bei Verlust des Anspruchs verpflichtet, dies dem Befrachter vor der Abreise kundzugeben. [2] Auf diese Erklärung finden die Vorschriften des § 571 Anwendung.

§ 589. [**Kündigung des Stückgutbefrachters**] (1) Nach der Abladung kann der Befrachter auch gegen Berichtigung der vollen Fracht sowie aller sonstigen Forderungen des Verfrachters (§ 614) und gegen Berichtigung oder Sicherstellung der in § 615 bezeichneten Forderungen nur nach Maßgabe des § 587 Nr. 2 Abs. 1 von dem Vertrage zurücktreten und die Wiederausladung der Güter fordern.

(2) Die Vorschrift des § 582 Abs. 3 findet Anwendung.

§ 590. [**Abreisetermin bei Anlegung auf Stückgüter**] Ist ein Schiff auf Stückgüter angelegt und die Zeit der Abreise nicht festgesetzt, so hat auf Antrag des Befrachters der Richter nach den Umständen des Falles den Zeitpunkt zu bestimmen, über welchen hinaus der Antritt der Reise nicht verschoben werden darf.

---

* § 588 Abs. 1 geändert durch Seerechtsänderungsgesetz vom 21. 6. 1972 (BGBl. I S. 966).

4. Abschn. Frachtgeschäft zur Beförderung v. Gütern §§ 591–596 **HGB 1**

§ 591.* [Begleitpapiere] Bei jeder Art von Frachtvertrag hat der Befrachter innerhalb der Zeit, binnen welcher die Güter zu liefern sind, dem Kapitän zugleich alle zur Verschiffung der Güter erforderlichen Papiere zuzustellen.

§ 592.* [Löschplatz] (1) Der Kapitän hat zur Löschung der Ladung das Schiff an den Platz hinzulegen, der ihm von demjenigen, an welchen die Ladung abzuliefern ist (Empfänger), oder, wenn die Ladung an mehrere Empfänger abzuliefern ist, von sämtlichen Empfängern angewiesen wird.

(2) Erfolgt die Anweisung nicht rechtzeitig oder wird nicht von sämtlichen Empfängern derselbe Platz angewiesen oder gestatten die Wassertiefe, die Sicherheit des Schiffes oder die örtlichen Verordnungen oder Einrichtungen die Befolgung der Anweisung nicht, so hat der Kapitän an dem ortsüblichen Löschungsplatz anzulegen.

§ 593. [Löschkosten] Sofern nicht durch Vertrag oder durch die örtlichen Verordnungen des Löschungshafens und in deren Ermangelung durch einen daselbst bestehenden Ortsgebrauch ein anderes bestimmt ist, werden die Kosten der Ausladung aus dem Schiffe von dem Verfrachter, alle übrigen Kosten der Löschung von dem Ladungsempfänger getragen.

§ 594.* [Löschzeit; Überliegezeit; Liegegeld] (1) Bei der Verfrachtung eines Schiffes im ganzen hat der Kapitän, sobald er zum Löschen fertig und bereit ist, dies dem Empfänger anzuzeigen.

(2) Ist der Empfänger dem Kapitän unbekannt, so ist die Anzeige durch öffentliche Bekanntmachung in ortsüblicher Weise zu bewirken.

(3) Mit dem auf die Anzeige folgenden Tage beginnt die Löschzeit.

(4) Über die Löschzeit hinaus hat der Verfrachter nur dann auf die Abnahme der Ladung noch länger zu warten, wenn es vereinbart ist (Überliegezeit).

(5) [1]Für die Löschzeit kann, sofern nicht das Gegenteil bedungen ist, keine besondere Vergütung verlangt werden. [2]Dagegen ist dem Verfrachter für die Überliegezeit eine Vergütung (Liegegeld) zu gewähren.

(6) In Ansehung der Höhe des Liegegeldes finden die Vorschriften des § 572 Anwendung.

§ 595. [Dauer der Lösch- und Überliegezeit] (1) [1]Ist die Dauer der Löschzeit durch Vertrag nicht festgesetzt, so wird durch die örtlichen Verordnungen des Löschungshafens und in deren Ermangelung durch den daselbst bestehenden Ortsgebrauch bestimmt. [2]Besteht auch ein solcher Ortsgebrauch nicht, so gilt als Löschzeit eine den Umständen des Falles angemessene Frist.

(2) Ist eine Überliegezeit, nicht aber deren Dauer, durch Vertrag bestimmt, so beträgt die Überliegezeit vierzehn Tage.

(3) Enthält der Vertrag nur die Festsetzung eines Liegegeldes, so ist anzunehmen, daß eine Überliegezeit ohne Bestimmung der Dauer vereinbart sei.

§ 596. [Beginn der Überliegezeit] (1) Ist die Dauer der Löschzeit oder der Tag, mit welchem die Löschzeit enden soll, durch Vertrag bestimmt, so beginnt die Überliegezeit ohne weiteres mit dem Ablaufe der Löschzeit.

---
* §§ 591, 592 und 594 Abs. 1 und 2 geändert durch Seerechtsänderungsgesetz vom 21. 6. 1972 (BGBl. I S. 966).

1 HGB §§ 597–601 5. Buch. Seehandel

(2) ¹In Ermangelung einer solchen vertragsmäßigen Bestimmung beginnt die Überliegezeit erst, nachdem der Verfrachter dem Empfänger erklärt hat, daß die Löschzeit abgelaufen sei. ²Der Verfrachter kann schon innerhalb der Löschzeit dem Empfänger erklären, an welchem Tage er die Löschzeit für abgelaufen halte. ³In diesem Falle ist zum Ablaufe der Löschzeit und zum Beginne der Überliegezeit eine neue Erklärung des Verfrachters nicht erforderlich.

(3) Auf die in Absatz 2 erwähnten Erklärungen des Verfrachters finden die Vorschriften des § 571 Anwendung.

§ 597. [Berechnung der Lösch- und Überliegezeit] (1) Bei der Berechnung der Lösch- und Überliegezeit werden die Tage in ununterbrochen fortlaufender Reihenfolge gezählt; insbesondere kommen in Ansatz die Sonntage und die Feiertage sowie diejenigen Tage, an welchen der Empfänger durch Zufall die Ladung abzunehmen verhindert ist.

(2) Nicht in Ansatz kommen jedoch die Tage, an denen durch Wind und Wetter oder durch irgendeinen anderen Zufall entweder
1. die Beförderung nicht nur der im Schiffe befindlichen, sondern jeder Art von Ladung von dem Schiffe an das Land oder
2. die Ausladung aus dem Schiffe

verhindert ist.

§ 598. [Liegegeld bei Verhinderung der Löschung] ¹Für die Tage, die der Verfrachter wegen der Verhinderung der Beförderung jeder Art von Ladung von dem Schiffe an das Land länger warten muß, gebührt ihm Liegegeld, selbst wenn die Verhinderung während der Löschzeit eintritt. ²Dagegen ist für die Tage, die er wegen Verhinderung der Ausladung aus dem Schiffe länger warten muß, Liegegeld nicht zu entrichten, selbst wenn die Verhinderung während der Überliegezeit eintritt.

§ 599. [Löschzeit nach Ortsrecht oder Ortsgebrauch] Sind für die Dauer der Löschzeit nach § 595 die örtlichen Verordnungen oder der Ortsgebrauch maßgebend, so kommen bei der Berechnung der Löschzeit die Vorschriften der §§ 597 und 598 nur insoweit zur Anwendung, als die örtlichen Verordnungen oder der Ortsgebrauch nichts Abweichendes bestimmen.

§ 600. [Fester Löschtermin] Hat sich der Verfrachter ausbedungen, daß die Löschung bis zu einem bestimmten Tage beendigt sein muß, so wird er durch die Verhinderung der Beförderung jeder Art von Ladung von dem Schiffe an das Land (§ 597 Abs. 2 Nr. 1) zum längeren Warten nicht verpflichtet.

§ 601.* **[Hinterlegung der Güter]** (1) Wenn sich der Empfänger zur Abnahme der Güter bereit erklärt, die Abnahme aber über die von ihm einzuhaltenden Fristen verzögert, so ist der Kapitän befugt, die Güter unter Benachrichtigung des Empfängers in einem öffentlichen Lagerhaus oder sonst in sicherer Weise zu hinterlegen.

(2) Der Kapitän ist verpflichtet, in dieser Weise zu verfahren und zugleich den Befrachter davon in Kenntnis zu setzen, wenn der Empfänger die Annahme der

---

* § 601 geändert durch Seerechtsänderungsgesetz vom 21. 6. 1972 (BGBl. I S. 966).

4. Abschn. Frachtgeschäft zur Beförderung v. Gütern §§ 602–607 **HGB 1**

Güter verweigert oder sich über die Annahme auf die in § 594 vorgeschriebene Anzeige nicht erklärt oder wenn der Empfänger nicht zu ermitteln ist.

§ 602.* [**Liegegeld bei Säumnis des Empfängers**] Soweit durch die Säumnis des Empfängers oder durch das Hinterlegungsverfahren die Löschzeit ohne Verschulden des Kapitäns überschritten wird, hat der Verfrachter Anspruch auf Liegegeld (§ 594), unbeschadet des Rechtes, für diese Zeit, soweit sie keine vertragsmäßige Überliegezeit ist, einen höheren Schaden geltend zu machen.

§ 603. [**Teil- und Raumcharter**] Die Vorschriften der §§ 594 bis 602 kommen auch zur Anwendung, wenn ein verhältnismäßiger Teil oder ein bestimmt bezeichneter Raum des Schiffes verfrachtet ist.

§ 604.* [**Löschung von Stückgut**] (1) ¹Stückgüter hat der Empfänger auf die Aufforderung des Kapitäns ohne Verzug abzunehmen. ²Ist der Empfänger dem Kapitän unbekannt, so ist die Aufforderung durch öffentliche Bekanntmachung in ortsüblicher Weise zu bewirken.

(2) ¹In Ansehung des Rechtes und der Verpflichtung des Kapitäns, die Güter zu hinterlegen, gelten die Vorschriften des § 601. ²Die in § 601 vorgeschriebene Benachrichtigung des Befrachters kann durch öffentliche, in ortsüblicher Weise zu bewirkende Bekanntmachung erfolgen.

(3) Für die Tage, um welche durch die Säumnis des Empfängers oder durch das Hinterlegungsverfahren die Frist, binnen welcher das Schiff würde entlöscht worden sein, überschritten ist, hat der Verfrachter Anspruch auf Liegegeld (§ 594), unbeschadet des Rechtes, einen höheren Schaden geltend zu machen.

§ 605. [**Unterfrachtverträge über Stückgut**] Hat bei der Verfrachtung des Schiffes im ganzen oder eines verhältnismäßigen Teiles oder eines bestimmt bezeichneten Raumes des Schiffes der Befrachter Unterfrachtverträge über Stückgüter geschlossen, so bleiben für die Rechte und Pflichten des ursprünglichen Verfrachters die Vorschriften der §§ 594 bis 602 maßgebend.

§ 606.** [**Haftung des Verfrachters für Verschulden**] ¹Der Verfrachter ist verpflichtet, beim Einladen, Stauen, Befördern, Behandeln und Ausladen der Güter mit der Sorgfalt eines ordentlichen Verfrachters zu verfahren. ²Er haftet für den Schaden, der durch Verlust oder Beschädigung der Güter in der Zeit von der Annahme bis zur Ablieferung entsteht, es sei denn, daß der Verlust oder die Beschädigung auf Umständen beruht, die durch die Sorgfalt eines ordentlichen Verfrachters nicht abgewendet werden konnten.

§ 607.** [**Haftung für Gehilfen und für Schiffsbesatzung**] (1) Der Verfrachter hat ein Verschulden seiner Leute und der Schiffsbesatzung in gleichem Umfang zu vertreten wie eigenes Verschulden.

(2) ¹Ist der Schaden durch ein Verhalten bei der Führung oder der sonstigen Bedienung des Schiffes oder durch Feuer entstanden, so hat der Verfrachter nur

---

* § 602 und § 604 Abs. 1 und 2 geändert durch Seerechtsänderungsgesetz vom 21. 6. 1972 (BGBl. I S. 966).
** §§ 606 und 607 neu gefaßt durch Gesetz vom 10. 8. 1937 (RGBl. I S. 891).

sein eigenes Verschulden zu vertreten. ²Zur Bedienung des Schiffes gehören nicht solche Maßnahmen, die überwiegend im Interesse der Ladung getroffen werden.

§ 607a.* **[Geltung der Haftungsbefreiungen und -beschränkungen]** (1) Die in diesem Abschnitt vorgesehenen Haftungsbefreiungen und Haftungsbeschränkungen gelten für jeden Anspruch gegen den Verfrachter auf Ersatz des Schadens wegen Verlusts oder Beschädigung von Gütern, die Gegenstand eines Frachtvertrages sind, auf welchem Rechtsgrund der Anspruch auch beruht.

(2) Wird ein Anspruch auf Ersatz des Schadens wegen Verlusts oder Beschädigung von Gütern, die Gegenstand eines Frachtvertrages sind, gegen einen der Leute des Verfrachters oder eine Person der Schiffsbesatzung geltend gemacht, so kann diese Person sich auf die Haftungsbefreiungen und Haftungsbeschränkungen berufen, die in diesem Abschnitt für den Verfrachter vorgesehen sind.

(3) Der Gesamtbetrag, der in diesem Falle von dem Verfrachter, seinen Leuten und den Personen der Schiffsbesatzung als Ersatz zu leisten ist, darf den in diesem Abschnitt vorgesehenen Haftungshöchstbetrag nicht übersteigen.

(4) Ist der Schaden jedoch auf eine Handlung oder Unterlassung zurückzuführen, die einer der Leute des Verfrachters oder eine Person der Schiffsbesatzung in der Absicht, einen Schaden herbeizuführen, oder leichtfertig und in dem Bewußtsein begangen hat, daß ein Schaden mit Wahrscheinlichkeit eintreten werde, so kann diese Person sich auf die Haftungsbefreiungen und Haftungsbeschränkungen, die in diesem Abschnitt für den Verfrachter vorgesehen sind, nicht berufen.

§ 608.** **[Ausschluß der Haftung]** (1) Der Verfrachter haftet nicht für Schäden, die entstehen:

1. aus Gefahren oder Unfällen der See oder anderer schiffbarer Gewässer;
2. aus kriegerischen Ereignissen, Unruhen, Handlungen öffentlicher Feinde oder Verfügungen von hoher Hand sowie aus Quarantänebeschränkungen;
3. aus gerichtlicher Beschlagnahme;
4. aus Streik, Aussperrung oder einer sonstigen Arbeitsbehinderung;
5. aus Handlungen oder Unterlassungen des Abladers oder Eigentümers des Gutes, seiner Agenten oder Vertreter;
6. aus der Rettung oder dem Versuch der Rettung von Leben oder Eigentum zur See;
7. aus Schwund an Raumgehalt oder Gewicht oder aus verborgenen Mängeln oder der eigentümlichen natürlichen Art oder Beschaffenheit des Gutes.

(2) Ist ein Schaden eingetreten, der nach den Umständen des Falles aus einer der in Absatz 1 bezeichneten Gefahren entstehen konnte, so wird vermutet, daß der Schaden aus dieser Gefahr entstanden ist.

(3) Die Haftungsbefreiung tritt nicht ein, wenn nachgewiesen wird, daß der Eintritt der Gefahr auf einem Umstand beruht, den der Verfrachter zu vertreten hat.

§ 609.** **[Ausschluß der Haftung bei wissentlich falschen Angaben über Art oder Wert der Güter]** Der Verfrachter ist von jeder Haftung frei, wenn der

---

* § 607a eingefügt durch Zweites Seerechtsänderungsgesetz vom 25. 7. 1986 (BGBl. I S. 1120).
** §§ 608 und 609 neu gefaßt durch Gesetz vom 10. 8. 1937 (RGBl. I S. 891).

4. Abschn. Frachtgeschäft zur Beförderung v. Gütern §§ 610–613 **HGB 1**

Befrachter oder der Ablader wissentlich bewirkt hat, daß die Art oder der Wert des Gutes im Konnossement falsch angegeben ist.

§ 610.* **[Besichtigung der Güter vor der Ablieferung]** ¹Bevor der Empfänger die Güter übernimmt, kann er und der Kapitän, um den Zustand der Güter oder um deren Maß, Zahl oder Gewicht festzustellen, sie durch die zuständige Behörde oder durch die hierzu amtlich bestellten Sachverständigen besichtigen lassen. ²Die Gegenpartei ist, soweit tunlich, zuzuziehen.

§ 611.** **[Anzeige von Verlust oder Beschädigung]** (1) ¹Ein Verlust oder eine Beschädigung der Güter ist dem Verfrachter oder seinem Vertreter im Löschungshafen spätestens bei der Auslieferung der Güter an den schriftlich anzuzeigen, der nach dem Frachtvertrag zum Empfang der Güter berechtigt ist. ²War der Verlust oder die Beschädigung äußerlich nicht erkennbar, so genügt es, wenn die Anzeige innerhalb von drei Tagen nach diesem Zeitpunkt abgesandt wird. ³In der Anzeige ist der Verlust oder die Beschädigung allgemein zu kennzeichnen.

(2) Der Anzeige bedarf es nicht, wenn der Zustand der Güter oder deren Maß, Zahl oder Gewicht spätestens in dem in Absatz 1 Satz 1 genannten Zeitpunkt unter Zuziehung beider Parteien durch die zuständige Behörde oder durch die hierzu amtlich bestellten Sachverständigen festgestellt worden ist.

(3) Ist ein Verlust oder eine Beschädigung der Güter weder angezeigt noch festgestellt worden, so wird vermutet, daß der Verfrachter die Güter so abgeliefert hat, wie sie im Konnossement beschrieben sind, und daß, falls ein Verlust oder eine Beschädigung der Güter nachgewiesen ist, dieser Schaden auf einem Umstand beruht, den der Verfrachter nicht zu vertreten hat.

§ 612.*** **[Ausschlußfrist]** (1) ¹Der Verfrachter wird von jeder Haftung für die Güter frei, wenn der Anspruch nicht innerhalb eines Jahres seit der Auslieferung der Güter (§ 611 Abs. 1 Satz 1) oder seit dem Zeitpunkt, zu dem sie hätten ausgeliefert werden müssen, gerichtlich geltend gemacht wird. ²Diese Frist kann jedoch durch eine zwischen den Parteien nach dem Ereignis, aus dem der Anspruch entstanden ist, getroffene Vereinbarung verlängert werden.

(2) Rückgriffsansprüche können auch nach Ablauf der in Absatz 1 bestimmten Jahresfrist gerichtlich geltend gemacht werden, sofern die Klage innerhalb von drei Monaten seit dem Tage erhoben wird, an dem derjenige, der den Rückgriffsanspruch geltend macht, den Anspruch befriedigt hat oder an dem ihm die Klage zugestellt worden ist.

§ 613.** **[Kosten der Besichtigung]** (1) Die Kosten der Besichtigung trägt der Antragsteller.

(2) Ist die Besichtigung von dem Empfänger beantragt und wird ein Verlust oder eine Beschädigung ermittelt, wofür der Verfrachter Ersatz zu leisten hat, so fallen diesem die Kosten zur Last.

---

* § 610 neu gefaßt durch Gesetz vom 10. 8. 1937 (RGBl. I S. 891) und geändert durch Seerechtsänderungsgesetz vom 21. 6. 1972 (BGBl. I S. 966).
** §§ 611 und 613 neu gefaßt durch Gesetz vom 10. 8. 1937 (RGBl. I S. 891).
*** § 612 neu gefaßt durch Zweites Seerechtsänderungsgesetz vom 25. 7. 1986 (BGBl. I S. 1120).

§ 614. [Zahlungspflicht des Empfängers; Auslieferungspflicht des Verfrachters] (1) Durch die Annahme der Güter wird der Empfänger verpflichtet, nach Maßgabe des Frachtvertrags oder des Konnossements, auf deren Grund die Empfangnahme geschieht, die Fracht nebst allen Nebengebühren sowie das etwaige Liegegeld zu bezahlen, die ausgelegten Zölle und übrigen Auslagen zu erstatten und die ihm sonst obliegenden Verpflichtungen zu erfüllen.

(2) Der Verfrachter hat die Güter gegen Zahlung der Fracht und gegen Erfüllung der übrigen Verpflichtungen des Empfängers auszuliefern.

§ 615.* **[Zurückbehaltungsrecht des Verfrachters]** Der Verfrachter ist nicht verpflichtet, die Güter auszuliefern, bevor die darauf haftenden Beiträge zur großen Haverei sowie Bergungs- und Hilfskosten bezahlt oder sichergestellt sind.

§ 616. [Abandon der Güter statt Frachtzahlung] (1) Der Verfrachter ist nicht verpflichtet, die Güter, mögen sie verdorben oder beschädigt sein oder nicht, für die Fracht an Zahlungs Statt anzunehmen.

(2) Sind jedoch Behältnisse, die mit flüssigen Waren angefüllt waren, während der Reise ganz oder zum größeren Teile ausgelaufen, so können sie dem Verfrachter für die Fracht und seine übrigen Forderungen (§ 614) an Zahlungs Statt überlassen werden.

(3) [1]Durch die Vereinbarung, daß der Verfrachter nicht für Leckage haftet, oder durch die Klausel: „frei von Leckage" wird dieses Recht nicht ausgeschlossen. [2]Das Recht erlischt, sobald die Behältnisse in den Gewahrsam des Abnehmers gelangt sind.

(4) Ist die Fracht in Bausch und Bogen bedungen und sind nur einige Behältnisse ganz oder zum größeren Teile ausgelaufen, so können diese für einen verhältnismäßigen Teil der Fracht und der übrigen Forderungen des Verfrachters an Zahlungs Statt überlassen werden.

§ 617. [Keine Fracht bei Güterverlust] (1) Für Güter, die durch irgendeinen Unfall verlorengegangen sind, ist keine Fracht zu bezahlen und die etwa vorausbezahlte zu erstatten, sofern nicht das Gegenteil bedungen ist.

(2) [1]Diese Vorschrift kommt auch zur Anwendung, wenn das Schiff im ganzen oder ein verhältnismäßiger oder ein bestimmt bezeichneter Raum des Schiffes verfrachtet ist. [2]Sofern in einem solchen Falle das Frachtgeld in Bausch und Bogen bedungen ist, berechtigt der Verlust eines Teiles der Güter zu einem verhältnismäßigen Abzuge von der Fracht.

§ 618. [Fracht trotz Güterverlustes] (1) Ungeachtet der nicht erfolgten Ablieferung ist die Fracht zu zahlen für Güter, deren Verlust infolge ihrer natürlichen Beschaffenheit, namentlich durch inneren Verderb, Schwinden, gewöhnliche Leckkage, eingetreten ist, sowie für Tiere, die unterwegs gestorben sind.

(2) Inwiefern die Fracht für Güter zu ersetzen ist, die in Fällen der großen Haverei aufgeopfert worden sind, wird durch die Vorschriften über die große Haverei bestimmt.

§ 619. [Übliche Fracht] (1) Für Güter, die ohne Abrede über die Höhe der Fracht zur Beförderung übernommen sind, ist die am Abladungsorte zur Abladungszeit übliche Fracht zu zahlen.

---

* § 615 neu gefaßt durch Seerechtsänderungsgesetz vom 21. 6. 1972 (BGBl. I S. 966).

4. Abschn. Frachtgeschäft zur Beförderung v. Gütern §§ 620–623 **HGB 1**

(2) Für Güter, die über das mit dem Befrachter vereinbarte Maß hinaus zur Beförderung übernommen sind, ist die Fracht nach dem Verhältnisse der bedungenen Fracht zu zahlen.

§ 620. [**Fracht nach abgelieferter Menge**] Ist die Fracht nach Maß, Gewicht oder Menge der Güter bedungen, so ist im Zweifel anzunehmen, daß Maß, Gewicht oder Menge der abgelieferten und nicht der eingelieferten Güter für die Höhe der Fracht entscheiden soll.

§ 621. [**Frachtzuschläge; kleine Haverei**] (1) Außer der Fracht können Kaplaken, Prämien und dergleichen nicht gefordert werden, sofern sie nicht ausbedungen sind.

(2) Die gewöhnlichen und ungewöhnlichen Kosten der Schiffahrt, wie Lotsengeld, Hafengeld, Leuchtfeuergeld, Schlepplohn, Quarantänegelder, Auseisungskosten und dergleichen, fallen in Ermangelung einer entgegenstehenden Abrede dem Verfrachter allein zur Last, selbst wenn er zu den Maßregeln, welche die Auslagen verursacht haben, auf Grund des Frachtvertrags nicht verpflichtet war.

(3) Die Fälle der großen Haverei sowie die Fälle der Aufwendung von Kosten zur Erhaltung, Bergung und Rettung der Ladung werden durch die Vorschriften des Absatzes 2 nicht berührt.

§ 622.* [**Fracht nach Zeit**] (1) Ist die Fracht nach Zeit bedungen, so beginnt sie in Ermangelung einer anderen Abrede mit dem Tage zu laufen, der auf denjenigen folgt, an welchem der Kapitän anzeigt, daß er zur Einnahme der Ladung, oder bei einer Reise in Ballast, daß er zum Antritte der Reise fertig und bereit sei, sofern aber bei einer Reise in Ballast diese Anzeige am Tage vor dem Antritte der Reise noch nicht erfolgt ist, mit dem Tage, an welchem die Reise angetreten wird.

(2) Ist Liegegeld oder Überliegezeit bedungen, so beginnt in allen Fällen die Zeitfracht erst mit dem Tage zu laufen, an welchem der Antritt der Reise erfolgt.

(3) Die Zeitfracht endet mit dem Tage, an welchem die Löschung vollendet ist.

(4) Wird die Reise ohne Verschulden des Verfrachters verzögert oder unterbrochen, so muß für die Zwischenzeit die Zeitfracht fortentrichtet werden, jedoch unbeschadet der Vorschriften der §§ 637 und 638.

§ 623. [**Gesetzliches Pfandrecht des Verfrachters**] (1) Der Verfrachter hat wegen der in § 614 erwähnten Forderungen ein Pfandrecht an den Gütern.

(2) Das Pfandrecht besteht, solange die Güter zurückbehalten oder hinterlegt sind; es dauert auch nach der Ablieferung fort, sofern es binnen dreißig Tagen nach der Beendigung der Ablieferung gerichtlich geltend gemacht wird und das Gut noch im Besitze des Empfängers ist.

(3) Die nach § 366 Abs. 3 und § 368 für das Pfandrecht des Frachtführers geltenden Vorschriften finden auch auf das Pfandrecht des Verfrachters Anwendung.

(4) [1]Die in § 1234 Abs. 1 des Bürgerlichen Gesetzbuchs bezeichnete Androhung des Pfandverkaufs sowie die in den §§ 1237 und 1241 des Bürgerlichen Gesetzbuchs vorgesehenen Benachrichtigungen sind an den Empfänger zu richten. [2]Ist dieser nicht zu ermitteln oder verweigert er die Annahme des Gutes, so hat die Androhung und Benachrichtigung gegenüber dem Absender zu erfolgen.

---

* § 622 Abs. 1 geändert durch Seerechtsänderungsgesetz vom 21. 6. 1972 (BGBl. I S. 966).

§ 624. [Auslieferung gegen Hinterlegung der streitigen Summe]
(1) Im Falle des Streites über die Forderungen des Verfrachters ist dieser zur Auslieferung der Güter verpflichtet, sobald die streitige Summe öffentlich hinterlegt ist.

(2) Nach der Ablieferung der Güter ist der Verfrachter zur Erhebung der hinterlegten Summe gegen angemessene Sicherheitsleistung berechtigt.

§ 625. [Haftung des Befrachters nach Auslieferung]
¹Hat der Verfrachter die Güter ausgeliefert, so kann er sich wegen der gegen den Empfänger ihm zustehenden Forderungen (§ 614) nicht an dem Befrachter erholen. ²Nur soweit sich der Befrachter mit dem Schaden des Verfrachters bereichern würde, findet ein Rückgriff statt.

§ 626. [Haftung des Befrachters nach Pfandverkauf durch Verfrachter]
Hat der Verfrachter die Güter nicht ausgeliefert und von dem Rechte des Pfandverkaufs Gebrauch gemacht, jedoch durch den Verkauf seine vollständige Befriedigung nicht erhalten, so kann er sich an dem Befrachter erholen, soweit er wegen seiner Forderungen aus dem zwischen ihm und dem Befrachter abgeschlossenen Frachtvertrage nicht befriedigt ist.

§ 627.* [Haftung des Befrachters bei Nichtabnahme durch den Empfänger]
(1) Werden die Güter vom Empfänger nicht abgenommen, so ist der Befrachter verpflichtet, den Verfrachter wegen der Fracht und der übrigen Forderungen dem Frachtvertrage gemäß zu befriedigen.

(2) ¹Bei der Abnahme der Güter durch den Befrachter kommen die Vorschriften der §§ 592 bis 624 und der §§ 658 bis 661 mit der Maßgabe zur Anwendung, daß an die Stelle des Empfängers der Befrachter tritt. ²Insbesondere steht in einem solchen Falle dem Verfrachter wegen seiner Forderungen das Zurückbehaltungs- und Pfandrecht an den Gütern nach den Vorschriften der §§ 623 und 624 sowie das in § 615 bezeichnete Recht zu.

§ 628.** [Vertragsauflösung bei Schiffs- oder Güterverlust vor Reiseantritt]
(1) Der Frachtvertrag tritt außer Kraft, ohne daß ein Teil zur Entschädigung des anderen verpflichtet ist, wenn vor dem Antritte der Reise durch einen Zufall:

1. das Schiff verlorengeht, insbesondere
   wenn es verunglückt,
   wenn es als reparaturunfähig oder reparaturunwürdig kondemniert (§ 479) und in dem letzteren Falle unverzüglich öffentlich verkauft wird,
   wenn es geraubt wird,
   wenn es aufgebracht oder angehalten und für gute Prise erklärt wird,
   oder

2. die im Frachtvertrage nicht bloß nach Art oder Gattung, sondern speziell bezeichneten Güter verlorengehen,
   oder

3. die nicht im Frachtvertrage speziell bezeichneten Güter verlorengehen, nachdem sie bereits an Bord gebracht oder behufs der Einladung in das Schiff an der Ladungsstelle vom Kapitän übernommen worden sind.

---

* § 627 Abs. 2 Satz 1 geändert durch Gesetz vom 10. 8. 1937 (RGBl. I S. 891).
** § 628 Abs. 1 Nr. 3 geändert durch Seerechtsänderungsgesetz vom 21. 6. 1972 (BGBl. I S. 966).

4. Abschn. Frachtgeschäft zur Beförderung v. Gütern §§ 629–632 HGB 1

(2) ¹Gehen im Falle des Absatzes 1 Nr. 3 die Güter noch innerhalb der Wartezeit (§ 579) verloren, so tritt der Vertrag nicht außer Kraft, sofern der Befrachter sich unverzüglich bereit erklärt, statt der verlorengegangenen andere Güter (§ 562) zu liefern, und mit der Lieferung noch innerhalb der Wartezeit beginnt. ²Er hat die Abladung der anderen Güter binnen kürzester Frist zu vollenden, die Mehrkosten dieser Abladung zu tragen und, soweit durch sie die Wartezeit überschritten wird, den dem Verfrachter daraus entstehenden Schaden zu ersetzen.

§ 629. [Kündigung bei Verfügungen von hoher Hand oder Kriegsausbruch vor Reiseantritt] (1) ¹Jeder Teil ist befugt, von dem Vertrage zurückzutreten, ohne zur Entschädigung verpflichtet zu sein:
1. wenn vor dem Antritte der Reise
    das Schiff mit Embargo belegt oder für den Dienst des *Reichs* oder einer fremden Macht in Beschlag genommen,
    der Handel mit dem Bestimmungsort untersagt,
    der Abladungs- oder Bestimmungshafen blockiert,
    die Ausfuhr der nach dem Frachtvertrage zu verschiffenden Güter aus dem Abladungshafen oder ihre Einfuhr in den Bestimmungshafen verboten,
    durch eine andere Verfügung von hoher Hand das Schiff am Auslaufen oder die Reise oder die Versendung der nach dem Frachtvertrage zu liefernden Güter verhindert wird.
²In allen diesen Fällen berechtigt jedoch die Verfügung von hoher Hand nur dann zum Rücktritte, wenn das eingetretene Hindernis nicht voraussichtlich von nur unerheblicher Dauer ist.
2. wenn vor dem Antritte der Reise ein Krieg ausbricht, infolgedessen das Schiff oder die nach dem Frachtvertrage zu verschiffenden Güter oder beide nicht mehr als frei betrachtet werden können und der Gefahr der Aufbringung ausgesetzt würden.

(2) Die Ausübung der in § 562 dem Befrachter erteilten Befugnis wird durch diese Vorschriften nicht ausgeschlossen.

§ 630. [Schiffsverlust nach Reiseantritt; Distanzfracht] (1) ¹Geht das Schiff nach dem Antritte der Reise durch einen Zufall verloren (§ 628 Abs. 1 Nr. 1), so endet der Frachtvertrag. ²Jedoch hat der Befrachter, soweit Güter geborgen oder gerettet werden, die Fracht im Verhältnisse der zurückgelegten zur ganzen Reise zu zahlen (Distanzfracht).

(2) Die Distanzfracht ist nur soweit zu zahlen, als der gerettete Wert der Güter reicht.

§ 631. [Berechnung der Distanzfracht] Bei der Berechnung der Distanzfracht kommt in Anschlag nicht allein das Verhältnis der bereits zurückgelegten zu der noch zurückzulegenden Entfernung, sondern auch das Verhältnis des Aufwandes an Kosten und Zeit, der Gefahren und Mühen, welche durchschnittlich mit dem vollendeten Teile der Reise verbunden sind, zu denen des nicht vollendeten Teiles.

§ 632.* **[Pflichten des Kapitäns bei Auflösung des Frachtvertrages]** (1) Die Auflösung des Frachtvertrags ändert nichts in den Verpflichtungen des Kapitäns,

---

* § 632 Abs. 1 Satz 1 und Abs. 2 geändert, Abs. 1 früherer Satz 2 aufgehoben, Abs. 3 neu gefaßt durch Seerechtsänderungsgesetz vom 21. 6. 1972 (BGBl. I S. 966).

bei Abwesenheit der Beteiligten auch nach dem Verluste des Schiffes für das Beste der Ladung zu sorgen (§§ 535 und 536).

(2) Der Kapitän ist jedoch nicht verpflichtet, die Ladung auszuantworten oder zur Weiterbeförderung einem anderen Kapitän zu übergeben, bevor die Distanzfracht nebst den sonstigen Forderungen des Verfrachters (§ 614) und die auf der Ladung haftenden Beiträge zur großen Haverei sowie Bergungs- und Hilfskosten bezahlt oder sichergestellt sind.

(3) Für die Erfüllung der nach Absatz 1 dem Kapitän obliegenden Pflichten haftet auch der Verfrachter.

§ 633. [**Güterverlust nach Reiseantritt**] Gehen nach dem Antritte der Reise die Güter durch einen Zufall verloren, so endet der Frachtvertrag, ohne daß ein Teil zur Entschädigung des anderen verpflichtet ist; insbesondere ist die Fracht weder ganz noch teilweise zu zahlen, sofern nicht in § 618 das Gegenteil bestimmt ist.

§ 634.* [**Kündigung bei Verfügungen von hoher Hand oder Kriegsausbruch nach Reiseantritt**] (1) Ereignet sich nach dem Antritte der Reise einer der in § 629 erwähnten Zufälle, so ist jeder Teil befugt, von dem Vertrage zurückzutreten, ohne zur Entschädigung verpflichtet zu sein.

(2) Tritt jedoch einer der in § 629 Abs. 1 Nr. 1 bezeichneten Zufälle ein, so muß, bevor der Rücktritt stattfindet, auf die Beseitigung des Hindernisses drei oder fünf Monate gewartet werden, je nachdem sich das Schiff in einem europäischen oder in einem außereuropäischen Hafen befindet.

(3) Die Frist wird, wenn der Kapitän das Hindernis während des Aufenthalts in einem Hafen erfährt, von dem Tage der erhaltenen Kunde, anderenfalls von dem Tage an berechnet, an welchem der Kapitän, nachdem er davon in Kenntnis gesetzt worden ist, mit dem Schiffe zuerst einen Hafen erreicht.

(4) Die Ausladung des Schiffes erfolgt mangels einer anderweitigen Vereinbarung in dem Hafen, in welchem es sich zur Zeit der Erklärung des Rücktritts befindet.

(5) Für den zurückgelegten Teil der Reise ist der Befrachter Distanzfracht (§§ 630 und 631) zu zahlen verpflichtet.

(6) Ist das Schiff infolge des Hindernisses in den Abgangshafen oder in einen anderen Hafen zurückgekehrt, so wird bei der Berechnung der Distanzfracht der dem Bestimmungshafen nächste Punkt, welchen das Schiff erreicht hat, behufs der Feststellung der zurückgelegten Entfernung zum Anhalte genommen.

(7) Der Kapitän ist auch in den vorstehenden Fällen verpflichtet, vor und nach der Auflösung des Frachtvertrags für das Beste der Ladung nach Maßgabe der §§ 535, 536 und 632 zu sorgen.

§ 635. [**Uneigentliche große Haverei bei Liegenbleiben des Schiffes**] ¹Muß das Schiff, nachdem es die Ladung eingenommen hat, vor dem Antritte der Reise im Abladungshafen oder nach dem Antritte der Reise in einem Zwischen- oder Nothafen infolge eines der in § 629 erwähnten Ereignisse liegen bleiben, so werden die Kosten des Aufenthalts, auch wenn die Erfordernisse der großen Haverei nicht

---

* § 634 Abs. 3 und 7 geändert durch Seerechtsänderungsgesetz vom 21. 6. 1972 (BGBl. I S. 966).

4. Abschn. Frachtgeschäft zur Beförderung v. Gütern §§ 636–637 **HGB 1**

vorliegen, über Schiff, Fracht und Ladung nach den Grundsätzen der großen Haverei verteilt, gleichviel ob demnächst der Vertrag aufgehoben oder vollständig erfüllt wird.* ²Zu den Kosten des Aufenthalts werden alle in § 706 Nr. 4 Abs. 2 aufgeführten Kosten gezählt, diejenigen des Ein- und Auslaufens jedoch nur, wenn wegen des Hindernisses ein Nothafen angelaufen ist.

§ 636.** [**Verlust oder Reisebehinderung eines Teiles der Ladung**]
(1) ¹Wird nur ein Teil der Ladung vor dem Antritte der Reise durch einen Zufall betroffen, der, wenn er die ganze Ladung betroffen hätte, nach den §§ 628 und 629 den Vertrag aufgelöst oder die Parteien zum Rücktritte berechtigt haben würde, so ist der Befrachter nur befugt, entweder statt der vertragsmäßigen andere Güter abzuladen, sofern durch deren Beförderung die Lage des Verfrachters nicht erschwert wird (§ 562), oder von dem Vertrag unter der Verpflichtung zurückzutreten, die Hälfte der bedungenen Fracht und die sonstigen Forderungen des Verfrachters zu berichtigen (§§ 580 und 581). ²Bei der Ausübung dieser Rechte ist der Befrachter nicht an die sonst einzuhaltende Zeit gebunden; er hat sich aber ohne Verzug zu erklären, von welchem der beiden Rechte er Gebrauch machen wolle, und, wenn er die Abladung anderer Güter wählt, die Abladung binnen kürzester Frist zu bewirken, auch die Mehrkosten dieser Abladung zu tragen und, soweit durch sie die Wartezeit überschritten wird, den dem Verfrachter daraus entstehenden Schaden zu ersetzen.

(2) ¹Macht er von keinem der beiden Rechte Gebrauch, so hat er auch für den durch den Zufall betroffenen Teil der Ladung die volle Fracht zu entrichten. ²Den durch Krieg, durch ein Einfuhr- oder Ausfuhrverbot oder durch eine andere Verfügung von hoher Hand unfrei gewordenen Teil der Ladung ist er jedenfalls aus dem Schiffe herauszunehmen verbunden.

(3) Tritt der Zufall nach dem Antritte der Reise ein, so hat der Befrachter für den dadurch betroffenen Teil der Ladung die volle Fracht auch dann zu entrichten, wenn der Kapitän diesen Teil in einem anderen als dem Bestimmungshafen zu löschen sich genötigt gefunden und hierauf mit oder ohne Aufenthalt die Reise fortgesetzt hat.

(4) Die Vorschriften der §§ 617 und 618 bleiben unberührt.

§ 636a.*** [**Abweichung vom Reiseweg – Deviation**] Eine Abweichung von dem Reisewege, die der Kapitän zum Zwecke der Rettung von Leben oder Eigentum zur See oder sonst gerechtfertigterweise vornimmt, hat auf die Rechte und Pflichten der Parteien keinen Einfluß, insbesondere haftet der Verfrachter nicht für den daraus entstehenden Schaden.

§ 637. [**Sonstige Reisezufälle**] (1) ¹Abgesehen von den Fällen der §§ 629 bis 636 hat ein Aufenthalt, den die Reise vor oder nach ihrem Antritte durch Naturereignisse oder andere Zufälle erleidet, auf die Rechte und Pflichten der Parteien keinen Einfluß, es sei denn, daß der erkennbare Zweck des Vertrags durch einen solchen Aufenthalt vereitelt wird. ²Der Befrachter ist jedoch befugt, während jedes durch einen Zufall entstandenen, voraussichtlich längeren Aufenthalts die

---
* Vgl. § 733 HGB.
** § 636 Abs. 3 geändert durch Seerechtsänderungsgesetz vom 21. 6. 1972 (BGBl. I S. 966).
*** § 636a eingefügt durch Gesetz vom 10. 8. 1937 (RGBl. I S. 891) und geändert durch Seerechtsänderungsgesetz vom 21. 6. 1972 (BGBl. I S. 966).

1 HGB §§ 638–641 5. Buch. Seehandel

bereits in das Schiff geladenen Güter auf seine Gefahr und Kosten gegen Sicherheitsleistung für die rechtzeitige Wiedereinladung auszuladen. ³Unterläßt er die Wiedereinladung, so hat er die volle Fracht zu zahlen. ⁴In jedem Falle hat er den Schaden zu ersetzen, der aus der von ihm veranlaßten Wiederausladung entsteht.

(2) Ist der Aufenthalt durch eine Verfügung von hoher Hand herbeigeführt, so ist für die Dauer der Verfügung keine Fracht zu bezahlen, wenn diese nach Zeit bedungen war (§ 622).

§ 638. [Schiffsausbesserung während der Reise] ¹Muß das Schiff während der Reise ausgebessert werden, so hat der Befrachter die Wahl, ob er die ganze Ladung an dem Orte, wo sich das Schiff befindet, gegen Berichtigung der vollen Fracht und der übrigen Forderungen des Verfrachters (§ 614) und gegen Berichtigung oder Sicherstellung der in § 615 bezeichneten Forderungen zurücknehmen oder die Wiederherstellung abwarten will. ²Im letzteren Falle ist für die Dauer der Ausbesserung keine Fracht zu bezahlen, wenn diese nach Zeit bedungen war.

§ 639. [Löschungs- und Hafenkosten bei Auflösung des Frachtvertrages] ¹Wird der Frachtvertrag nach den §§ 628 bis 634 aufgelöst, so werden die Kosten der Ausladung aus dem Schiffe von dem Verfrachter, die übrigen Löschungskosten von dem Befrachter getragen. ²Hat der Zufall jedoch nur die Ladung betroffen, so fallen die sämtlichen Kosten der Löschung dem Befrachter zur Last. ³Dasselbe gilt, wenn im Falle des § 636 ein Teil der Ladung gelöscht wird. ⁴Muß in einem solchen Falle behufs der Löschung ein Hafen angelaufen werden, so hat der Befrachter auch die Hafenkosten zu tragen.

§ 640. [Zusammengesetzte Reise] (1) ¹Die §§ 628 bis 639 kommen auch zur Anwendung, wenn das Schiff zur Einnahme der Ladung eine Zureise in Ballast nach dem Abladungshafen zu machen hat. ²Die Reise gilt aber in einem solchen Falle erst dann als angetreten, wenn sie aus dem Abladungshafen angetreten ist. ³Wird der Vertrag, nachdem das Schiff den Abladungshafen erreicht hat, wenn auch vor dem Antritte der Reise aus dem letzteren, aufgelöst, so erhält der Verfrachter für die Zureise eine nach den Grundsätzen der Distanzfracht (§ 631) zu bemessende Entschädigung.

(2) In anderen Fällen einer zusammengesetzten Reise kommen die §§ 628 bis 639 insoweit zur Anwendung, als die Natur und der Inhalt des Vertrags nicht entgegenstehen.

§ 641. [Vertragsauflösung bei Teil- und Raumverfrachtung und Stückgutverträgen] (1) Bezieht sich der Vertrag nicht auf das Schiff im ganzen, sondern nur auf einen verhältnismäßigen Teil oder einen bestimmt bezeichneten Raum des Schiffes oder auf Stückgüter, so gelten die Vorschriften der §§ 628 bis 640 mit folgenden Abweichungen:

1. in den Fällen der §§ 629 und 634 ist jeder Teil sogleich nach dem Eintritte des Hindernisses und ohne Rücksicht auf dessen Dauer befugt, von dem Vertrage zurückzutreten;
2. im Falle des § 636 kann von dem Befrachter das Recht, von dem Vertrage zurückzutreten, nicht ausgeübt werden;
3. im Falle des § 637 steht dem Befrachter das Recht der einstweiligen Löschung nur zu, wenn die übrigen Befrachter ihre Genehmigung erteilen;

4. Abschn. Frachtgeschäft zur Beförderung v. Gütern §§ 642–644 **HGB 1**

4. im Falle des § 638 kann der Befrachter die Güter gegen Entrichtung der vollen Fracht und der übrigen Forderungen nur zurücknehmen, wenn während der Ausbesserung die Löschung dieser Güter ohnehin erfolgt ist.

(2) Die Vorschriften der §§ 587 und 589 bleiben unberührt.

§ 642.* [Bord- und Übernahmekonnossement] (1) Der Verfrachter hat, sobald die Güter an Bord genommen sind, dem Ablader unverzüglich gegen Rückgabe des etwa bei der Annahme der Güter erteilten vorläufigen Empfangsscheins oder Übernahmekonnossements (Absatz 5) ein Konnossement in so vielen Ausfertigungen auszustellen, als der Ablader verlangt (Bordkonnossement).

(2) Alle Ausfertigungen des Konnossements müssen gleichlautend sein; in ihnen muß angegeben sein, wie viele Ausfertigungen ausgestellt sind.

(3) Der Ablader hat dem Verfrachter auf Verlangen eine von ihm unterschriebene Abschrift des Konnossements zu erteilen.

(4) Der Kapitän und jeder andere dazu ermächtigte Vertreter des Reeders ist zur Ausstellung des Konnossements auch ohne besondere Ermächtigung des Verfrachters befugt.

(5) ^{1}Das Konnossement kann mit Zustimmung des Abladers auch über Güter ausgestellt werden, die zur Beförderung übernommen, aber noch nicht an Bord genommen sind (Übernahmekonnossement). ^{2}Der Ausstellung eines Bordkonnossements steht es gleich, wenn in dem Übernahmekonnossement vermerkt wird, wann und in welches Schiff die Güter an Bord genommen sind.

§ 643.** [Inhalt des Konnossements] Das Konnossement enthält:
1. den Namen des Verfrachters;
2. den Namen des Kapitäns;
3. den Namen und die Nationalität des Schiffes;
4. den Namen des Abladers;
5. den Namen des Empfängers;
6. den Abladungshafen;
7. den Löschungshafen oder den Ort, an dem Weisung über ihn einzuholen ist;
8. die Art der an Bord genommenen oder zur Beförderung übernommenen Güter, deren Maß, Zahl oder Gewicht, ihre Merkzeichen und ihre äußerlich erkennbare Verfassung und Beschaffenheit;
9. die Bestimmung über die Fracht;
10. den Ort und den Tag der Ausstellung;
11. die Zahl der ausgestellten Ausfertigungen.

§ 644.*** [Fehlende oder falsche Angabe des Verfrachters im Konnossement] ^{1}Ist in einem vom Kapitän oder einem anderen Vertreter des Reeders ausgestellten Konnossement der Name des Verfrachters nicht angegeben, so gilt

---
* § 642 neu gefaßt durch Gesetz vom 10. 8. 1937 (RGBl. I S. 891), Abs. 4 geändert durch Seerechtsänderungsgesetz vom 21. 6. 1972 (BGBl. I S. 966).
** § 643 neu gefaßt durch Gesetz vom 10. 8. 1937 (RGBl. I S. 891) und Nr. 2 geändert durch Seerechtsänderungsgesetz vom 21. 6. 1972 (BGBl. I S. 966).
*** § 644 neu gefaßt durch Gesetz vom 10. 8. 1937 (RGBl. I S. 891) und Satz 1 geändert durch Seerechtsänderungsgesetz vom 21. 6. 1972 (BGBl. I S. 966).

der Reeder als Verfrachter. ²Ist der Name des Verfrachters unrichtig angegeben, so haftet der Reeder dem Empfänger für den Schaden, der aus der Unrichtigkeit der Angabe entsteht.

§ 645.* [Angaben über die Güter] (1) Maß, Zahl oder Gewicht der Güter, ihre Merkzeichen sowie ihre äußerlich erkennbare Verfassung und Beschaffenheit sind auf Verlangen des Abladers im Konnossement so anzugeben, wie sie der Ablader vor dem Beginn des Einladens schriftlich mitgeteilt hat.

(2) Dies gilt nicht:

1. für solche Merkzeichen, die nicht auf den Gütern selbst oder im Fall der Verpackung auf deren Behältnissen oder Umhüllungen aufgedruckt oder in anderer Weise derart angebracht sind, daß sie unter gewöhnlichen Umständen bis zum Ende der Reise lesbar bleiben;
2. wenn der Verfrachter Grund zu der Annahme hat, daß die Angaben des Abladers ungenau sind, oder wenn er keine ausreichende Gelegenheit hat, diese Angaben nachzuprüfen.

§ 646.* [Unbekannt-Klauseln] Im Fall des § 645 Abs. 2 kann das Konnossement die Angaben des Abladers wiedergeben, wenn es einen entsprechenden Zusatz enthält.

§ 647.** [Rekta- und Orderkonnossement] (1) ¹Auf Verlangen des Abladers ist das Konnossement, wenn nicht das Gegenteil vereinbart ist, an die Order des Empfängers oder lediglich an Order zu stellen. ²Im letzteren Fall ist unter der Order die Order des Abladers zu verstehen.

(2) Das Konnossement kann auch auf den Namen des Verfrachters oder des Kapitäns als Empfänger lauten.

§ 648.* [Legitimation des Konnossementsinhabers] (1) Zur Empfangnahme der Güter legitimiert ist der, an den die Güter nach dem Konnossement abgeliefert werden sollen oder auf den das Konnossement, wenn es an Order lautet, durch Indossament übertragen ist.

(2) Sind mehrere Ausfertigungen des Konnossements ausgestellt, so sind die Güter an den legitimierten Inhaber auch nur einer Ausfertigung auszuliefern.

§ 649.*** [Auslieferungsverlangen mehrerer Konnossementsinhaber] (1) Melden sich mehrere legitimierte Konnossementsinhaber, so ist der Kapitän verpflichtet, sie sämtlich zurückzuweisen, die Güter in einem öffentlichen Lagerhaus oder sonst in sicherer Weise zu hinterlegen und die Konnossementsinhaber, die sich gemeldet haben, unter Angabe der Gründe seines Verfahrens hiervon zu benachrichtigen.

(2) Er ist befugt, über sein Verfahren und dessen Gründe eine öffentliche Urkunde errichten zu lassen und wegen der daraus entstehenden Kosten in gleicher Art wie wegen der Fracht sich an die Güter zu halten.

---

* §§ 645, 646 und 648 neu gefaßt durch Gesetz vom 10. 8. 1937 (RGBl. I S. 891).
** § 647 neu gefaßt durch Gesetz vom 10. 8. 1937 (RGBl. I S. 891), Abs. 2 geändert durch Seerechtsänderungsgesetz vom 21. 6. 1972 (BGBl. I S. 966).
*** § 649 neu gefaßt durch Gesetz vom 10. 8. 1937 (RGBl. I S. 891), Abs. 1 geändert durch Seerechtsänderungsgesetz vom 21. 6. 1972 (BGBl. I S. 966).

4. Abschn. Frachtgeschäft zur Beförderung v. Gütern §§ 650–654 **HGB 1**

§ 650.* [**Traditionspapier**] Die Übergabe des Konnossements an den, der durch das Konnossement zur Empfangnahme legitimiert wird, hat, sobald die Güter von dem Kapitän oder einem anderen Vertreter des Verfrachters zur Beförderung übernommen sind, für den Erwerb von Rechten an den Gütern dieselben Wirkungen wie die Übergabe der Güter.

§ 651.* [**Verschiedene Indossatare mehrerer Konnossementsausfertigungen**] Sind mehrere Ausfertigungen eines an Order lautenden Konnossements ausgestellt, so können von dem Inhaber der einen Ausfertigung die in § 650 bezeichneten Wirkungen der Übergabe des Konnossements nicht zum Nachteil dessen geltend gemacht werden, der auf Grund einer anderen Ausfertigung gemäß § 648 die Auslieferung der Güter von dem Kapitän erlangt hat, bevor der Anspruch auf Auslieferung von dem Inhaber der ersteren Ausfertigung erhoben worden ist.

§ 652.** [**Rangordnung mehrerer Konnossementsinhaber**] (1) Hat der Kapitän die Güter noch nicht ausgeliefert, so geht unter mehreren sich meldenden Konnossementsinhabern, soweit die von ihnen auf Grund der Konnossementsübergabe an den Gütern geltend gemachten Rechte einander entgegenstehen, der vor, dessen Ausfertigung von dem gemeinschaftlichen Vormann, der mehrere Konnossementsausfertigungen an verschiedene Personen übertragen hat, zuerst der einen dieser Personen so übergeben worden ist, daß sie zur Empfangnahme der Güter legitimiert wurde.

(2) Bei der nach einem anderen Ort übersandten Ausfertigung wird die Zeit der Übergabe durch den Zeitpunkt der Absendung bestimmt.

§ 653.** [**Auslieferung gegen Rückgabe des Konnossements**] Die Güter brauchen nur gegen Rückgabe einer Ausfertigung des Konnossements, auf der ihre Ablieferung bescheinigt ist, ausgeliefert zu werden.

§ 654.*** [**Güter nur gegen Konnossementsausfertigungen**] (1) Ist ein an Order lautendes Konnossement ausgestellt, so darf der Kapitän den Anweisungen des Abladers wegen Rückgabe oder Auslieferung der Güter nur dann Folge leisten, wenn ihm die sämtlichen Ausfertigungen des Konnossements zurückgegeben werden.

(2) Dasselbe gilt, wenn ein Konnossementsinhaber die Auslieferung der Güter verlangt, bevor das Schiff den Bestimmungshafen erreicht hat.

(3) Handelt der Kapitän diesen Vorschriften entgegen, so bleibt der Verfrachter dem rechtmäßigen Inhaber des Konnossements verpflichtet.

(4) [1]Lautet das Konnossement nicht an Order, so sind die Güter, auch wenn keine Ausfertigung des Konnossements beigebracht wird, zurückzugeben oder auszuliefern, wenn der Ablader und der im Konnossement bezeichnete Empfänger damit einverstanden sind. [2]Werden jedoch nicht sämtliche Ausfertigungen des

---

* §§ 650 und 651 neu gefaßt durch Gesetz vom 10. 8. 1937 (RGBl. I S. 891) und geändert durch Seerechtsänderungsgesetz vom 21. 6. 1972 (BGBl. I S. 966).
** §§ 652 und 653 neu gefaßt durch Gesetz vom 10. 8. 1937 (RGBl. I S. 891), § 652 Abs. 1 geändert durch Seerechtsänderungsgesetz vom 21. 6. 1972 (BGBl. I S. 966).
*** § 654 neu gefaßt durch Gesetz vom 10. 8. 1937 (RGBl. I S. 891), Abs. 1 und 3 geändert durch Seerechtsänderungsgesetz vom 21. 6. 1972 (BGBl. I S. 966).

Konnossements zurückgegeben, so kann der Verfrachter verlangen, daß ihm wegen der deshalb zu besorgenden Nachteile zuvor Sicherheit geleistet wird.

§ 655.* [Auslieferung der Güter bei Auflösung des Frachtvertrages] § 654 gilt auch, wenn der Frachtvertrag vor der Erreichung des Bestimmungshafens infolge eines Zufalls nach den §§ 628 bis 641 aufgelöst wird.

§ 656.** [Rechtswirkungen des Konnossements] (1) Das Konnossement ist für das Rechtsverhältnis zwischen dem Verfrachter und dem Empfänger der Güter maßgebend.

(2) ¹Das Konnossement begründet insbesondere die Vermutung, daß der Verfrachter die Güter so übernommen hat, wie sie nach § 643 Nr. 8 und § 660 beschrieben sind. ²Ist das Konnossement einem gutgläubigen Dritten übertragen worden, so ist der Beweis, daß der Verfrachter die Güter nicht so übernommen hat, wie sie nach § 643 Nr. 8 beschrieben sind, nicht zulässig.

(3) Absatz 2 gilt nicht:
1. wenn das Konnossement einen Zusatz nach § 646 enthält;
2. hinsichtlich des Inhalts solcher Güter, die nach dem Konnossement dem Kapitän in Verpackung oder in geschlossenen Gefäßen übergeben worden sind, wenn das Konnossement mit dem Zusatz: ,,Inhalt unbekannt" oder mit einem gleichbedeutenden Zusatz versehen ist.

(4) Für das Rechtsverhältnis zwischen dem Verfrachter und dem Befrachter bleiben die Bestimmungen des Frachtvertrages maßgebend.

§ 657.* [Fracht nach Konnossementsmenge] (1) ¹Ist die Fracht nach der Menge (Maß, Zahl oder Gewicht) der Güter bedungen und im Konnossement die Menge angegeben, so ist diese Angabe für die Berechnung der Fracht entscheidend, wenn nicht das Konnossement eine abweichende Bestimmung enthält. ²Als eine solche ist ein Zusatz nach § 646 nicht anzusehen.

(2) Wird wegen der Fracht auf den Frachtvertrag verwiesen, so sind hierin die Bestimmungen über Löschzeit, Überliegezeit und Liegegeld nicht als einbegriffen anzusehen.

§ 658.* [Wertersatz bei Verlust der Güter] (1) Ist in den Fällen der §§ 606 und 607 für gänzlichen oder teilweisen Verlust von Gütern Ersatz zu leisten, so hat der Verfrachter den gemeinen Handelswert oder den gemeinen Wert zu ersetzen, den Güter derselben Art und Beschaffenheit am Bestimmungsort der Güter bei Beginn der Löschung des Schiffes oder, wenn das Schiff an diesem Ort nicht entlöscht wird, bei seiner Ankunft daselbst haben; hiervon kommt in Abzug, was infolge des Verlustes an Zöllen und sonstigen Kosten sowie an Fracht erspart ist.

(2) Wird der Bestimmungsort der Güter nicht erreicht, so tritt an dessen Stelle der Ort, wo die Reise endet, oder, wenn die Reise durch Verlust des Schiffes endet, der Ort, wohin die Ladung in Sicherheit gebracht ist.

§ 659.* [Wertersatz bei Beschädigung der Güter] Ist in den Fällen der §§ 606 und 607 für Beschädigung von Gütern Ersatz zu leisten, so hat der Verfrachter den Unterschied zwischen dem Verkaufswert der Güter im beschädigten Zustand und

---

* § 655 sowie §§ 657 bis 659 neu gefaßt durch Gesetz vom 10. 8. 1937 (RGBl. I S. 891).
** § 656 neu gefaßt durch Zweites Seerechtsänderungsgesetz vom 25. 7. 1986 (BGBl. I S. 1120).

4. Abschn. Frachtgeschäft zur Beförderung v. Gütern   §§ 660–662 HGB 1

dem gemeinen Handelswert oder dem gemeinen Wert zu ersetzen, den die Güter ohne die Beschädigung am Bestimmungsort zur Zeit der Löschung des Schiffes gehabt haben würden; hiervon kommt in Abzug, was infolge der Beschädigung an Zöllen und sonstigen Kosten erspart ist.

§ 660.* **[Höchstbetrag der Haftung]** (1) ¹Sofern nicht die Art und der Wert der Güter vor ihrer Einladung vom Ablader angegeben sind und diese Angabe in das Konnossement aufgenommen ist, haftet der Verfrachter für Verlust oder Beschädigung der Güter in jedem Fall höchstens bis zu einem Betrag von 666,67 Rechnungseinheiten für das Stück oder die Einheit oder einem Betrag von 2 Rechnungseinheiten für das Kilogramm des Rohgewichts der verlorenen oder beschädigten Güter, je nachdem, welcher Betrag höher ist. ²Die in Satz 1 genannte Rechnungseinheit ist das Sonderziehungsrecht des Internationalen Währungsfonds. ³Die in Satz 1 genannten Beträge werden in Deutsche Mark entsprechend dem Wert der Deutschen Mark gegenüber dem Sonderziehungsrecht am Tag des Urteils oder an dem von den Parteien vereinbarten Tag umgerechnet. ⁴Der Wert der Deutschen Mark gegenüber dem Sonderziehungsrecht wird nach der Berechnungsmethode ermittelt, die der Internationale Währungsfonds an dem betreffenden Tag für seine Operationen und Transaktionen anwendet.

(2) ¹Wird ein Behälter, eine Palette oder ein ähnliches Gerät verwendet, um die Güter für die Beförderung zusammenzufassen, so gilt jedes Stück und jede Einheit, welche in dem Konnossement als in einem solchen Gerät enthalten angegeben sind, als Stück oder Einheit im Sinne des Absatzes 1. ²Soweit das Konnossement solche Angaben nicht enthält, gilt das Gerät als Stück oder Einheit.

(3) Der Verfrachter verliert das Recht auf Haftungsbeschränkung nach Absatz 1 sowie nach den §§ 658, 659, wenn der Schaden auf eine Handlung oder Unterlassung zurückzuführen ist, die der Verfrachter in der Absicht, einen Schaden herbeizuführen, oder leichtfertig und in dem Bewußtsein begangen hat, daß ein Schaden mit Wahrscheinlichkeit eintreten werde.

§ 661.** **[Geldschuld]** ¹§ 244 des Bürgerlichen Gesetzbuchs findet Anwendung; jedoch erfolgt die Umrechnung nach dem Kurswert, der zur Zeit der Ankunft des Schiffes am Bestimmungsort maßgebend ist. ²§ 658 Abs. 2 gilt sinngemäß.

§ 662.** *** **[Zwingendes Recht]** (1) ¹Ist ein Konnossement ausgestellt, so können die Verpflichtungen des Verfrachters aus:
§ 559 (See- und Ladungstüchtigkeit),
§ 563 Abs. 2 und §§ 606 bis 608 (Schadensersatzpflicht),
§§ 611 und 612 (Schadensermittlung),
§ 656 (Beweisvermutung des Konnossements),
§§ 658 und 659 (Wertersatz bei Verlust oder Beschädigung der Güter)
und
§ 660 (Haftungssumme)
durch Rechtsgeschäft im voraus nicht ausgeschlossen oder beschränkt werden. ²Das gleiche gilt für die sich aus diesen Verpflichtungen ergebenden Schiffsgläubigerrechte.

---

* § 660 neu gefaßt durch Zweites Seerechtsänderungsgesetz vom 25. 7. 1986 (BGBl. I S. 1120).
** §§ 661 und 662 neu gefaßt durch Gesetz vom 10. 8. 1937 (RGBl. I S. 891), § 662 Abs. 1 neu gefaßt durch Zweites Seerechtsänderungsgesetz vom 25. 7. 1986 (BGBl. I S. 1120).
*** Vgl. Art. 6 Einführungsgesetz zum Handelsgesetzbuch; abgedruckt unter Nr. **2**.

(2) Dem Ausschluß der Haftung steht die Vereinbarung, durch die dem Verfrachter der Anspruch aus der Versicherung abgetreten wird, sowie jede ähnliche Vereinbarung gleich.

(3) Vereinbarungen über die Erweiterung der Haftung bedürfen der Aufnahme in das Konnossement.

§ 663.* [**Zulässige Freizeichnungen im Konnossement**] (1) § 662 steht einer für den Fall der großen Haverei getroffenen Vereinbarung nicht entgegen.

(2) Er findet ferner keine Anwendung:

1. wenn sich der Vertrag auf lebende Tiere oder eine Ladung bezieht, die im Konnossement als Deckladung bezeichnet und tatsächlich so befördert wird;
2. auf die Verpflichtungen, die dem Verfrachter hinsichtlich der Güter in der Zeit vor ihrer Einladung und nach ihrer Ausladung obliegen;
3. auf solche Vereinbarungen, die über eine nicht handelsübliche im regelmäßigen Handelsverkehr zu bewirkende Verschiffung getroffen werden und durch die Eigenart oder Beschaffenheit der Güter oder durch die besonderen Umstände der Verschiffung gerechtfertigt sind, wenn das Konnossement diese Vereinbarungen enthält und mit dem Vermerk ,,nicht an Order" versehen ist;
4. auf Chartepartien (§ 557).

§ 663a.* [**Konnossement beim Raumfrachtvertrag**] Wird bei einer Raumverfrachtung (§ 556 Nr. 1) ein Konnossement ausgestellt, so gilt § 662 von dem Zeitpunkt ab, in dem das Konnossement an einen Dritten begeben wird.

§ 663b.* [**Postbeförderung**] Auf die Beförderung von Gütern zur See durch die *Reichspost* finden die Vorschriften dieses Abschnitts keine Anwendung.

---

* § 663 neu gefaßt sowie §§ 663a und 663b eingefügt durch Gesetz vom 10. 8. 1937 (RGBl. I S. 891).

Fünfter Abschnitt.*
Beförderung von Reisenden und ihrem Gepäck

§ 664.* [**Haftung für Schäden**] (1) ¹Für Schäden, die bei der Beförderung von Reisenden und ihrem Gepäck auf See durch den Tod oder die Körperverletzung eines Reisenden oder den Verlust oder die Beschädigung von Gepäck entstehen, haften vorbehaltlich des Absatzes 2 der Beförderer und der ausführende Beförderer nach den diesem Gesetz als Anlage beigefügten Bestimmungen über die Beförderung von Reisenden und ihrem Gepäck auf See.** ²Die §§ 486 bis 487e bleiben unberührt.

(2) Unterliegt eine Beförderung im Sinne des Absatzes 1 einer Haftungsregelung nach den Vorschriften über die Beförderung von Reisenden oder Gepäck durch ein anderes Beförderungsmittel als ein Seeschiff, so gelten die Bestimmungen der Anlage nicht, soweit jene Vorschriften auf die Beförderung auf See zwingend anzuwenden sind.

§ 665.** [**Schiffsordnung**] Der Reisende ist verpflichtet, alle die Schiffsordnung betreffenden Anweisungen des Kapitäns zu befolgen.

§§ 666–671.† *(aufgehoben)*

§ 672.†† [**Freie Beförderung des Reisegepäcks**] Für die Beförderung des Gepäcks, das der Reisende nach dem Beförderungsvertrag an Bord zu bringen befugt ist, hat er, wenn nichts anderes vereinbart ist, neben dem Beförderungsentgelt keine besondere Vergütung zu zahlen.

§ 673.†† [**Anwendung des Seefrachtrechts auf Reisegepäck**] ¹Auf das an Bord gebrachte Gepäck sind die §§ 561, 593 und 617 anzuwenden. ²Auf sämtliche von dem Reisenden an Bord gebrachte Sachen sind außerdem die §§ 563 bis 565 und 619 anzuwenden.

§ 674.†† [**Gesetzliches Pfandrecht des Beförderers**] (1) Der Beförderer hat wegen des Beförderungsentgelts an den von dem Reisenden an Bord gebrachten Sachen ein Pfandrecht.

(2) Das Pfandrecht besteht jedoch nur, solange die Sachen zurückbehalten oder hinterlegt sind.

§ 675.†† [**Reisegepäck bei Tod des Reisenden**] Stirbt ein Reisender, so ist der Kapitän verpflichtet, in Ansehung der von dem Reisenden an Bord gebrachten Sachen das Interesse der Erben nach den Umständen des Falles in geeigneter Weise wahrzunehmen.

§§ 676–678.† *(aufgehoben)*

---

* Überschrift des Fünften Abschnitts sowie § 664 neu gefaßt durch Zweites Seerechtsänderungsgesetz vom 25. 7. 1986 (BGBl. I S. 1120).
** Diese Anlage ist abgedruckt auf S. 224 bis 228.
*** § 665 geändert durch Seerechtsänderungsgesetz vom 21. 6. 1972 (BGBl. I S. 966).
† §§ 666 bis 671 sowie §§ 676 bis 678 aufgehoben durch Zweites Seerechtsänderungsgesetz vom 25. 7. 1986 (BGBl. I S. 1120).
†† §§ 672 bis 675 neu gefaßt durch Zweites Seerechtsänderungsgesetz vom 25. 7. 1986 (BGBl. I S. 1120).

Sechster Abschnitt.* Bodmerei

§§ 679–699.* *(aufgehoben)*

Siebenter Abschnitt. Haverei**

Erster Titel. Große (gemeinschaftliche) Haverei und besondere Haverei

§ 700.* [**Große Haverei**] (1) Alle Schäden, die dem Schiffe oder der Ladung oder beiden zum Zwecke der Errettung beider aus einer gemeinsamen Gefahr von dem Kapitän oder auf dessen Geheiß vorsätzlich zugefügt werden, sowie auch die durch solche Maßregeln ferner verursachten Schäden, ingleichen die Kosten, die zu demselben Zwecke aufgewendet werden, sind große Haverei.

(2) Die große Haverei wird von Schiff, Fracht und Ladung gemeinschaftlich getragen.

§ 701. [**Besondere Haverei**] (1) Alle nicht zur großen Haverei gehörigen, durch einen Unfall verursachten Schäden und Kosten, soweit die letzteren nicht unter § 621 fallen, sind besondere Haverei.

(2) Die besondere Haverei wird von den Eigentümern des Schiffes und der Ladung, von jedem für sich allein, getragen.

§ 702.* [**Große Haverei infolge Verschuldens**] (1) Die Anwendung der Vorschriften über die große Haverei wird dadurch nicht ausgeschlossen, daß die Gefahr infolge des Verschuldens eines Dritten oder auch eines Beteiligten herbeigeführt ist.

(2) Der Beteiligte, welchem ein solches Verschulden zur Last fällt, kann jedoch nicht allein wegen des ihm entstandenen Schadens keine Vergütung fordern, sondern ist auch den Beitragspflichtigen für den Verlust verantwortlich, den sie dadurch erleiden, daß der Schaden als große Haverei zur Verteilung kommt.

(3) Ist die Gefahr durch eine Person der Schiffsbesatzung verschuldet, so trägt die Folgen dieses Verschuldens auch der Reeder nach Maßgabe des § 485.

§ 703. [**Havereiverteilung nur bei gemeinsamer Rettung**] Die Havereiverteilung tritt nur ein, wenn sowohl das Schiff als auch die Ladung, und zwar jeder dieser Gegenstände entweder ganz oder teilweise, wirklich gerettet worden ist.

---

* Sechster Abschnitt (§§ 679 bis 699) aufgehoben durch Seerechtsänderungsgesetz vom 21. 6. 1972 (BGBl. I S. 966).
** Vgl. §§ 149 bis 158 FGG; abgedruckt in Schönfelder unter Nr. **112**.
*** § 700 Abs. 1 und § 702 Abs. 3 geändert durch Seerechtsänderungsgesetz vom 21. 6. 1972 (BGBl. I S. 966).

7. Abschnitt. Haverei §§ 704–706 **HGB 1**

§ 704.* [Beitragspflicht bei nachfolgender besonderer Haverei] ¹Die Verpflichtung, von einem geretteten Gegenstand beizutragen, wird dadurch, daß der Gegenstand später von einer besonderen Haverei betroffen wird, nur dann vollständig aufgehoben, wenn der Gegenstand vor dem Beginn der Löschung am Ende der Reise ganz verloren geht. ²Die Verpflichtung bleibt auch in diesem Fall bestehen, wenn ein Dritter, der den Verlust durch eine rechtswidrige Handlung verursacht hat, hierfür eine Entschädigung zu zahlen hat.

§ 705. [Vergütungsanspruch bei nachfolgender besonderer Haverei]
(1) Der Anspruch auf Vergütung einer zur großen Haverei gehörenden Beschädigung wird durch eine besondere Haverei, die den beschädigten Gegenstand später trifft, sei es, daß er von neuem beschädigt wird oder ganz verlorengeht, nur dann aufgehoben, wenn der spätere Unfall mit dem früheren in keinem Zusammenhange steht, und nur insoweit, als der spätere Unfall auch den früheren Schaden nach sich gezogen haben würde, wenn dieser nicht bereits entstanden gewesen wäre.

(2) Sind jedoch vor dem Eintritte des späteren Unfalls zur Wiederherstellung des beschädigten Gegenstandes bereits Aufwendungen gemacht, so bleibt rücksichtlich dieser der Anspruch auf Vergütung bestehen.

§ 706.* [Fälle der großen Haverei] Große Haverei liegt namentlich in den nachstehenden Fällen vor, vorausgesetzt, daß zugleich die Erfordernisse der §§ 700, 702 und 703 insoweit vorhanden sind, als in den folgenden Vorschriften nichts Besonderes bestimmt ist:

1. Wenn Waren, Schiffsteile oder Schiffsgerätschaften über Bord geworfen, Masten gekappt, Taue oder Segel weggeschnitten, Anker, Ankertaue oder Ankerketten geschlippt oder gekappt werden.
   Sowohl diese Schäden selbst als die durch solche Maßregeln an Schiff oder Ladung ferner verursachten Schäden gehören zur großen Haverei.

2. Wenn zur Erleichterung des Schiffes die Ladung ganz oder teilweise in Leichterfahrzeuge übergeladen wird.
   Es gehört zur großen Haverei sowohl der Leichterlohn als der Schaden, der bei dem Überladen in das Leichterfahrzeug oder bei dem Rückladen in das Schiff der Ladung oder dem Schiffe zugefügt wird, sowie der Schaden, den die Ladung auf dem Leichterfahrzeug erleidet.
   Muß die Erleichterung im regelmäßigen Verlaufe der Reise erfolgen, so liegt große Haverei nicht vor.

3. Wenn das Schiff absichtlich auf den Strand gesetzt wird, jedoch nur wenn es zum Zwecke der Abwendung des Unterganges oder der Nehmung geschieht.
   Sowohl die durch die Strandung einschließlich der Abbringung entstehenden Schäden als auch die Kosten der Abbringung gehören zur großen Haverei.
   Wird das behufs der Abwendung des Unterganges auf den Strand gesetzte Schiff nicht abgebracht oder nach der Abbringung reparaturunfähig befunden (§ 479), so findet eine Havereiverteilung nicht statt.

---

* §§ 704 und 706 Nr. 7 Abs. 3 neu gefaßt durch Seerechtsänderungsgesetz vom 21. 6. 1972 (BGBl. I S. 966).

Strandet das Schiff, ohne daß die Strandung zur Rettung von Schiff und Ladung vorsätzlich herbeigeführt ist, so gehören zwar nicht die durch die Strandung veranlaßten Schäden, wohl aber die auf die Abbringung verwendeten Kosten und die zu diesem Zwecke dem Schiffe oder der Ladung absichtlich zugefügten Schäden zur großen Haverei.

4. Wenn das Schiff zur Vermeidung einer dem Schiffe und der Ladung im Falle der Fortsetzung der Reise drohenden gemeinsamen Gefahr in einen Nothafen einläuft, insbesondere wenn das Einlaufen zur notwendigen Ausbesserung eines Schadens erfolgt, den das Schiff während der Reise erlitten hat.

Es gehören in diesem Falle zur großen Haverei die Kosten des Einlaufens und des Auslaufens, die das Schiff selbst treffenden Aufenthaltskosten, die der Schiffsbesatzung während des Aufenthalts gebührende Heuer und Kost, die Auslagen für die Unterbringung der Schiffsbesatzung am Lande, solange die Besatzung nicht an Bord verbleiben kann, ferner, falls die Ladung wegen des Grundes, welcher das Einlaufen in den Nothafen herbeigeführt hat, gelöscht werden muß, die Kosten des Verbringens von Bord und an Bord sowie die Kosten der Aufbewahrung der Ladung am Lande bis zu dem Zeitpunkte, in welchem sie wieder an Bord gebracht werden kann.

Die sämtlichen Aufenthaltskosten kommen nur für die Zeit der Fortdauer des Grundes in Rechnung, der das Einlaufen in den Nothafen herbeigeführt hat. Liegt der Grund in einer notwendigen Ausbesserung des Schiffes, so kommen außerdem die Aufenthaltskosten nur bis zu dem Zeitpunkt in Rechnung, in welchem die Ausbesserung hätte vollendet sein können.

Die Kosten der Ausbesserung des Schiffes gehören nur insoweit zur großen Haverei, als der auszubessernde Schaden selbst große Haverei ist.

5. Wenn das Schiff gegen Feinde oder Seeräuber verteidigt wird.

Die bei der Verteidigung dem Schiffe oder der Ladung zugefügten Beschädigungen, der dabei verbrauchte Schießbedarf und, falls eine Person der Schiffsbesatzung bei der Verteidigung verwundet oder getötet wird, die Heilungs- und Begräbniskosten bilden die große Haverei.

6. Wenn im Falle der Anhaltung des Schiffes durch Feinde oder Seeräuber Schiff und Ladung losgekauft werden.

Was zum Loskaufe gegeben ist, bildet nebst den durch den Unterhalt und die Auslösung der Geiseln entstehenden Kosten die große Haverei.

7. Wenn die Beschaffung der zur Deckung der großen Haverei während der Reise erforderlichen Gelder Verluste und Kosten verursacht oder wenn durch die Auseinandersetzung unter den Beteiligten Kosten entstehen.

Diese Verluste und Kosten gehören gleichfalls zur großen Haverei.

Dahin werden insbesondere gezählt der Verlust an den während der Reise veräußerten oder verpfändeten Gütern sowie die Kosten für die Ermittelung der Schäden und für die Aufmachung der Rechnung über die große Haverei (Dispache).

§ 707. [Fälle der besonderen Haverei] Nicht als große Haverei, sondern als besondere Haverei werden angesehen:

1. die Verluste und Kosten, welche, wenn auch während der Reise, aus der infolge einer besonderen Haverei nötig gewordenen Beschaffung von Geld entstehen;

2. die Reklamekosten, auch wenn Schiff und Ladung zusammen und beide mit Erfolg reklamiert werden;
3. die durch Prangen verursachte Beschädigung des Schiffes, seines Zubehörs und der Ladung, selbst wenn, um der Strandung oder Nehmung zu entgehen, geprangt worden ist.

§ 708.* **[Gegenstände außer Schadensberechnung]** In den Fällen der großen Haverei bleiben bei der Schadensberechnung die Beschädigungen und Verluste außer Ansatz, welche die nachstehenden Gegenstände betreffen:
1. nicht unter Deck geladene Güter; diese Vorschrift findet jedoch bei der Küstenschiffahrt insofern keine Anwendung, als Deckladungen durch die Landesgesetze für zulässig erklärt sind (§ 566);
2. Güter, über die weder ein Konnossement ausgestellt ist noch das Manifest oder Ladebuch Auskunft gibt;
3. Kostbarkeiten, Kunstgegenstände, Geld und Wertpapiere, die dem Kapitän nicht gehörig bezeichnet worden sind.

§ 709. [Ermittlung des Schadens am Schiff] (1) ¹Der an dem Schiffe oder dem Zubehör des Schiffes entstandene, zur großen Haverei gehörige Schaden ist, wenn die Ausbesserung während der Reise erfolgt, am Orte der Ausbesserung und vor dieser, sonst an dem Orte, wo die Reise endet, durch Sachverständige zu ermitteln und zu schätzen. ²Die Taxe muß die Veranschlagung der erforderlichen Ausbesserungskosten enthalten. ³Sie ist, wenn während der Reise ausgebessert wird, für die Schadensberechnung insoweit maßgebend, als nicht die Ausführungskosten unter den Anschlagssummen bleiben. ⁴War die Aufnahme einer Taxe nicht ausführbar, so scheidet der Betrag der auf die erforderlichen Ausbesserungen wirklich verwendeten Kosten.

(2) Soweit die Ausbesserung nicht während der Reise geschieht, ist die Abschätzung für die Schadensberechnung ausschließlich maßgebend.

§ 710. [Berechnung des zu vergütenden Schiffsschadens] (1) Der nach Maßgabe des § 709 ermittelte volle Betrag der Ausbesserungskosten bestimmt die zu leistende Vergütung, wenn das Schiff zur Zeit der Beschädigung noch nicht ein volles Jahr zu Wasser war.

(2) Dasselbe gilt von der Vergütung für einzelne Teile des Schiffes, namentlich für die Metallhaut, sowie für einzelne Teile des Zubehörs, wenn solche Teile noch nicht ein volles Jahr in Gebrauch waren.

(3) In den übrigen Fällen wird von dem vollen Betrage wegen des Unterschieds zwischen alt und neu ein Drittel, bei den Ankerketten ein Sechstel, bei den Ankern jedoch nichts abgezogen.

(4) Von dem vollen Betrage kommen ferner in Abzug der volle Erlös oder Wert der noch vorhandenen alten Stücke, welche durch neue ersetzt sind oder zu ersetzen sind.

---

* § 708 Nr. 3 geändert durch Gesetz vom 10. 8. 1937 (RGBl. I S. 891) und Seerechtsänderungsgesetz vom 21. 6. 1972 (BGBl. I S. 966).

(5) Findet ein solcher Abzug und zugleich der Abzug wegen des Unterschieds zwischen alt und neu statt, so ist zuerst dieser letztere und sodann von dem verbleibenden Betrage der andere Abzug zu machen.

§ 711. [**Vergütung für aufgeopferte Güter**] (1) Die Vergütung für aufgeopferte Güter wird durch den Marktpreis bestimmt, welchen Güter derselben Art und Beschaffenheit am Bestimmungsorte bei dem Beginne der Löschung des Schiffes haben.

(2) In Ermangelung eines Marktpreises oder sofern über den Marktpreis oder dessen Anwendung, insbesondere mit Rücksicht auf die Beschaffenheit der Güter, Zweifel bestehen, wird der Preis durch Sachverständige ermittelt.

(3) Von dem Preise kommt in Abzug, was an Fracht, Zöllen und Kosten infolge des Verlustes der Güter erspart wird.

(4) Zu den aufgeopferten Gütern gehören auch diejenigen, welche zur Deckung der großen Haverei verkauft worden sind (§ 706 Nr. 7).

§ 712. [**Vergütung für beschädigte Güter**] Die Vergütung für Güter, die eine zur großen Haverei gehörige Beschädigung erlitten haben, wird bestimmt durch den Unterschied zwischen dem durch Sachverständige zu ermittelnden Verkaufswerte, welchen die Güter im beschädigten Zustande am Bestimmungsorte bei dem Beginne der Löschung des Schiffes haben, und dem in § 711 bezeichneten Preise nach Abzug der Zölle und Kosten, soweit sie infolge der Beschädigung erspart sind.

§ 713. [**Abzug sonstiger Wertverringerungen und Verluste**] Die vor, bei oder nach dem Havereifall entstandenen, zur großen Haverei nicht gehörenden Wertverringerungen und Verluste sind bei der Berechnung der Vergütung (§§ 711 und 712) in Abzug zu bringen.

§ 714. [**Nichterreichen des Reiseziels**] Endet die Reise für Schiff und Ladung nicht im Bestimmungshafen, sondern an einem anderen Orte, so tritt dieser letztere, endet sie durch Verlust des Schiffes, so tritt der Ort, wohin die Ladung in Sicherheit gebracht ist, für die Ermittelung der Vergütung an die Stelle des Bestimmungsorts.

§ 715. [**Vergütung für entgangene Fracht**] Die Vergütung für entgangene Fracht wird bestimmt durch den Frachtbetrag, welcher für die aufgeopferten Güter zu entrichten gewesen sein würde, wenn sie mit dem Schiffe an dem Orte ihrer Bestimmung oder, wenn dieser von dem Schiffe nicht erreicht wird, an dem Orte angelangt wären, wo die Reise endet.

§ 716. [**Verteilung des Havereischadens**] Der gesamte Schaden, welcher die große Haverei bildet, wird über das Schiff, die Ladung und die Fracht nach dem Verhältnisse des Wertes des Schiffes und der Ladung und des Betrags der Fracht verteilt.

7. Abschnitt. Haverei §§ 717–721 **HGB 1**

§ 717. [**Beitrag des Schiffes**] (1) Das Schiff nebst Zubehör trägt bei:
1. mit dem Werte, welchen es in dem Zustand am Ende der Reise bei dem Beginne der Löschung hat;
2. mit dem als große Haverei in Rechnung kommenden Schaden an Schiff und Zubehör.

(2) Von dem in Absatz 1 Nr. 1 bezeichneten Werte ist der noch vorhandene Wert derjenigen Ausbesserungen und Anschaffungen abzuziehen, welche erst nach dem Havereifall erfolgt sind.

§ 718. [**Beitrag der Ladung**] Die Ladung trägt bei:
1. mit den am Ende der Reise bei dem Beginne der Löschung noch vorhandenen Gütern oder, wenn die Reise durch den Verlust des Schiffes endet (§ 714), mit den in Sicherheit gebrachten Gütern, soweit in beiden Fällen diese Güter sich zur Zeit des Havereifalls an Bord des Schiffes oder eines Leichterfahrzeugs (§ 706 Nr. 2) befunden haben;
2. mit den aufgeopferten Gütern (§ 711).

§ 719. [**Bewertung der beitragspflichtigen Güter**] Bei der Ermittelung des Beitrags kommt in Ansatz:
1. für Güter, die unversehrt sind, der Marktpreis oder der durch Sachverständige zu ermittelnde Preis (§ 711), welchen sie am Ende der Reise bei dem Beginn und am Orte der Löschung des Schiffes, oder, wenn die Reise durch Verlust des Schiffes endet (§ 714), zur Zeit und am Orte der Bergung haben, nach Abzug der Fracht, Zölle und sonstigen Kosten;
2. für Güter, die während der Reise verdorben sind oder eine zur großen Haverei nicht gehörige Beschädigung erlitten haben, der durch Sachverständige zu ermittelnde Verkaufswert (§ 712), welchen die Güter im beschädigten Zustande zu der in Nummer 1 erwähnten Zeit und an dem dort bezeichneten Orte haben, nach Abzug der Fracht, Zölle und sonstigen Kosten;
3. für Güter, die aufgeopfert worden sind, der Betrag, welcher dafür nach § 711 als große Haverei in Rechnung kommt;
4. für Güter, die eine zur großen Haverei gehörige Beschädigung erlitten haben, der nach Nummer 2 zu ermittelnde Wert, welchen die Güter im beschädigten Zustande haben, und der Wertunterschied, welcher nach § 712 für die Beschädigung als große Haverei in Rechnung kommt.

§ 720. [**Beitrag geworfener und wieder geborgener Güter**] Sind Güter geworfen, so haben sie zu der gleichzeitigen oder einer späteren großen Haverei im Falle ihrer Bergung nur beizutragen, wenn der Eigentümer eine Vergütung verlangt.

§ 721. [**Beitrag der Fracht- und Überfahrtsgelder**] (1) Die Frachtgelder tragen bei mit zwei Dritteln:
1. des Bruttobetrags, welcher verdient ist;
2. des Betrags, welcher nach § 715 als große Haverei in Rechnung kommt.

(2) Überfahrtsgelder tragen bei mit dem Betrage, welcher im Falle des Verlustes des Schiffes eingebüßt wäre (§ 670), nach Abzug der Kosten, die alsdann erspart sein würden.

§ 721a.* [Ersatzansprüche für beitragspflichtige Gegenstände] ¹Geht nach dem Havereifall und bis zum Beginn der Löschung am Ende der Reise ein beitragspflichtiger Gegenstand verloren, so trägt an Stelle des Gegenstands ein wegen des Verlustes gegen einen Dritten bestehender Ersatzanspruch mit seinem Wert bei. ²Geht ein beitragspflichtiger Gegenstand teilweise verloren oder wird er im Wert verringert, so ist bei der Ermittlung des Beitrags dem Wert des Gegenstands der Wert eines Ersatzanspruchs hinzuzurechnen, der wegen des teilweisen Verlustes oder der Wertverringerung gegen einen Dritten besteht.

§ 722.* [Abzug der Forderung aus späterem Notfall] Wird nach dem Havereifall und vor dem Beginn der Löschung am Ende der Reise die Haftung eines beitragspflichtigen Gegenstands für eine durch einen Notfall entstandene Forderung begründet, so trägt der Gegenstand nur mit seinem Wert nach Abzug dieser Forderung bei.

§ 723.** [Ausnahmen von der Beitragspflicht] (1) Zur großen Haverei tragen nicht bei:

1. die Kriegs- und Mundvorräte des Schiffes;
2. die Heuer und die Habe der Schiffsbesatzung;
3. das Reisegut der Reisenden.

(2) ¹Sind Sachen dieser Art aufgeopfert oder haben sie eine zur großen Haverei gehörige Beschädigung erlitten, so wird dafür nach Maßgabe der §§ 711 bis 715 Vergütung gewährt; für Kostbarkeiten, Kunstgegenstände, Geld und Wertpapiere wird jedoch nur dann Vergütung gewährt, wenn sie dem Kapitän gehörig bezeichnet worden sind (§ 673 Abs. 2). ²Sachen, für die eine Vergütung gewährt wird, tragen mit dem Werte oder dem Wertunterschiede bei, welcher als große Haverei in Rechnung kommt.

(3) Die in § 708 erwähnten Gegenstände sind beitragspflichtig, soweit sie gerettet sind.

§ 724.* [Nachträgliche Verluste oder Wertverringerungen beitragspflichtiger Gegenstände] (1) Wenn nach dem Havereifall und bis zum Beginne der Löschung am Ende der Reise ein beitragspflichtiger Gegenstand ganz verlorengeht (§ 704) oder zu einem Teile verlorengeht oder im Werte verringert, insbesondere gemäß § 722 mit einer Forderung belastet wird, so tritt eine verhältnismäßige Erhöhung der von den übrigen Gegenständen zu entrichtenden Beiträge ein, soweit nicht der Verlust oder die Wertverringerung durch eine Schadensersatzforderung (§ 721a) ausgeglichen wird.

(2) Ist der Verlust oder die Wertverringerung erst nach dem Beginn der Löschung erfolgt, so hat dies auf die Verteilung des Schadens, welcher die große Haverei bildet, keinen Einfluß.

---

* § 721a eingefügt, § 722 neu gefaßt, § 724 Abs. 1 geändert und Abs. 2 neu gefaßt durch Seerechtsänderungsgesetz vom 21. 6. 1972 (BGBl. I S. 966, ber. S. 1300).
** § 723 Abs. 2 geändert durch Gesetz vom 10. 8. 1937 (RGBl. I S. 891), Abs. 2 geändert und früherer Abs. 4 aufgehoben durch Seerechtsänderungsgesetz vom 21. 6. 1972 (BGBl. I S. 966).

7. Abschnitt. Haverei §§ 725–729 **HGB 1**

§ 725.* **[Beitragspflichtige]** (1) ¹Zur Zahlung des von dem Schiff zu entrichtenden Beitrags ist der Schiffseigentümer, zur Zahlung des von der Ladung zu entrichtenden Beitrags ist der Eigentümer der Ladung verpflichtet. ²Maßgebend ist das Eigentum im Zeitpunkt des Beginns der Löschung am Ende der Reise.

(2) ¹Zur Zahlung des von den Fracht- oder Überfahrtsgeldern zu entrichtenden Beitrags ist der Verfrachter verpflichtet. ²Ist vereinbart, daß die Fracht auch im Falle des Verlustes der Güter zu zahlen ist, so trifft die Verpflichtung zur Zahlung des auf die Fracht für die geretteten Güter entfallenden Beitrags den Eigentümer der Güter; Absatz 1 Satz 2 gilt entsprechend.

(3) ¹Der nach Absatz 1 oder 2 zur Zahlung des Beitrags Verpflichtete haftet nur bis zur Höhe des Wertes der geretteten Gegenstände, mit denen er beitragspflichtig ist. ²Maßgebend ist der Wert der Gegenstände bei Beginn der Löschung am Ende der Reise; § 717 Abs. 2, § 719 Nr. 1 und 2, §§ 721, 721a und 722 sind anzuwenden.

§ 726.* **[Pfandrechte der Vergütungsberechtigten]** (1) Wegen der von dem Schiff und der Fracht zu entrichtenden Beiträge haben die Vergütungsberechtigten an dem Schiff die Rechte von Schiffsgläubigern.

(2) Auch an den beitragspflichtigen Gütern steht den Vergütungsberechtigten wegen des von den Gütern zu entrichtenden Beitrags ein Pfandrecht zu.

§ 726a.** **[Rangordnung der Pfandrechte]** (1) Pfandrechte an den beitragspflichtigen Gütern nach § 726 Abs. 2 haben den Vorrang vor allen anderen an den Gütern begründeten Pfandrechten, auch wenn diese früher entstanden sind.

(2) ¹Bestehen an einer Sache mehrere Pfandrechte nach § 726 Abs. 2, so geht das wegen der später entstandenen Forderung dem wegen der früher entstandenen Forderung vor; Pfandrechte wegen gleichzeitig entstandener Forderungen sind gleichberechtigt; § 762 Abs. 3 gilt entsprechend. ²Das gleiche gilt im Verhältnis von Pfandrechten nach § 726 Abs. 2 zu Pfandrechten nach § 752 Abs. 2.

(3) Pfandrechte an den beitragspflichtigen Gütern nach § 726 Abs. 2 erlöschen nach einem Jahr seit der Entstehung des Anspruchs; § 759 Abs. 2 gilt entsprechend.

§ 727. **[Ort der Schadensfeststellung und -verteilung]** Die Feststellung und Verteilung der Schäden erfolgt an dem Bestimmungsort und, wenn dieser nicht erreicht wird, in dem Hafen, wo die Reise endet.

§ 728.* **[Unverzügliche Aufmachung der Dispache]** (1) ¹Der Kapitän ist verpflichtet, die Aufmachung der Dispache ohne Verzug zu veranlassen. ²Handelt er dieser Verpflichtung zuwider, so macht er sich jedem Beteiligten verantwortlich.

(2) Wird die Aufmachung der Dispache nicht rechtzeitig veranlaßt, so kann jeder Beteiligte die Aufmachung in Antrag bringen und betreiben.

§ 729. **[Dispacheure]** (1) Im Gebiete dieses Gesetzbuchs wird die Dispache durch die ein für allemal bestellten oder in deren Ermangelung durch die vom Gerichte besonders ernannten Personen (Dispacheure) aufgemacht.

---

* §§ 725 und 726 neu gefaßt sowie § 728 Abs. 1 geändert durch Seerechtsänderungsgesetz vom 21. 6. 1972 (BGBl. I S. 966).
** § 726a eingefügt durch Seerechtsänderungsgesetz vom 21. 6. 1972 (BGBl. I S. 966), Abs. 1 Satz 2 aufgehoben durch Art. 10 Drittes Rechtsbereinigungsgesetz vom 28. 6. 1990 (BGBl. I S. 1221).

(2) Jeder Beteiligte ist verpflichtet, die zur Aufmachung der Dispache erforderlichen Urkunden, soweit er sie zu seiner Verfügung hat, namentlich Chartepartien, Konnossemente und Fakturen, dem Dispacheur mitzuteilen.

§ 730. [Sicherheitsleistung für Beiträge des Schiffes] Für die von dem Schiffe zu leistenden Beiträge ist den Ladungsbeteiligten Sicherheit zu bestellen, bevor das Schiff den Hafen verlassen darf, in welchem nach § 727 die Feststellung und Verteilung der Schäden zu erfolgen hat.

§ 731.* [Sicherstellung der Beiträge der Güter] (1) Der Kapitän darf Güter, auf denen Havereibeiträge haften, vor der Berichtigung oder Sicherstellung der letzteren (§ 615) nicht ausliefern.

(2) ¹Das an den beitragspflichtigen Gütern den Vergütungsberechtigten zustehende Pfandrecht wird für diese durch den Verfrachter ausgeübt. ²Die Geltendmachung des Pfandrechts durch den Verfrachter erfolgt nach Maßgabe der Vorschriften, die für das Pfandrecht des Verfrachters wegen der Fracht und der Auslagen gelten.

§ 732.** [Uneigentliche große Haverei der Ladung] (1) Hat der Kapitän zur Fortsetzung der Reise, jedoch zum Zwecke einer nicht zur großen Haverei gehörenden Aufwendung, über einen Teil der Ladung durch Veräußerung, Verpfändung oder Verwendung verfügt, so ist der Verlust, den ein Ladungsbeteiligter dadurch erleidet, daß er wegen seines Ersatzanspruchs (§§ 540, 541) keine Befriedigung finden kann, von sämtlichen Ladungsbeteiligten nach den Grundsätzen der großen Haverei zu tragen.

(2) ¹Bei der Ermittelung des Verlustes ist im Verhältnisse zu den Ladungsbeteiligten in allen Fällen, namentlich auch im Falle des § 541 Abs. 2 Satz 2, die in § 711 bezeichnete Vergütung maßgebend. ²Mit dem Werte, durch welchen diese Vergütung bestimmt wird, tragen die verkauften Güter auch zu einer etwa eintretenden großen Haverei bei (§ 718).

§ 733. [Beiträge und Vergütungen der uneigentlichen großen Haverei] Die in den Fällen der §§ 635 und 732 zu entrichtenden Beiträge und eintretenden Vergütungen stehen in allen rechtlichen Beziehungen den Beiträgen und Vergütungen in den Fällen der großen Haverei gleich.

Zweiter Titel. Schaden durch Zusammenstoß von Schiffen***

§ 734.† [Zusammenstoß durch Zufall oder höhere Gewalt] Im Falle eines Zusammenstoßes von Schiffen findet, wenn der Zusammenstoß durch Zufall oder höhere Gewalt herbeigeführt ist oder Ungewißheit über seine Ursachen besteht, kein Anspruch auf Ersatz des Schadens statt, der den Schiffen oder den an Bord befindlichen Personen oder Sachen durch den Zusammenstoß zugefügt ist.

---

* § 731 Abs. 1 geändert, früherer Abs. 2 aufgehoben, bisheriger Abs. 3 wurde Abs. 2 durch Seerechtsänderungsgesetz vom 21. 6. 1972 (BGBl. I S. 966).
** § 732 Abs. 1 neu gefaßt durch Seerechtsänderungsgesetz vom 21. 6. 1972 (BGBl. I S. 966), Abs. 2 Satz 1 geändert durch Gesetz vom 10. 8. 1937 (RGBl. I S. 891).
*** Zu den §§ 734 bis 739 beachte auch Art. 7 EGHGB; abgedruckt unter Nr. **2**.
† § 734 neu gefaßt durch Gesetz vom 7. 1. 1913 (RGBl. S. 90).

§ **735.*** [**Zusammenstoß durch Verschulden einer Besatzung**] Ist der Zusammenstoß durch Verschulden der Besatzung eines der Schiffe herbeigeführt, so ist der Reeder dieses Schiffes zum Ersatze des Schadens verpflichtet.

§ **736.*** [**Zusammenstoß durch gemeinsames Verschulden der Besatzungen**] (1) ¹Ist der Zusammenstoß durch gemeinsames Verschulden der Besatzung der beteiligten Schiffe herbeigeführt, so sind die Reeder dieser Schiffe zum Ersatze des Schadens, der durch den Zusammenstoß den Schiffen oder den an Bord befindlichen Sachen zugefügt wird, nach Verhältnis der Schwere des auf jeder Seite obwaltenden Verschuldens verpflichtet. ²Kann nach den Umständen ein solches Verhältnis nicht festgesetzt werden oder erscheint das auf jeder Seite obwaltende Verschulden als gleich schwer, so sind die Reeder zu gleichen Teilen ersatzpflichtig.

(2) ¹Für den Schaden, der durch die Tötung oder die Verletzung des Körpers oder der Gesundheit einer an Bord befindlichen Person entstanden ist, haften die Reeder der Schiffe, wenn der Zusammenstoß durch gemeinsames Verschulden herbeigeführt ist, dem Verletzten als Gesamtschuldner. ²Im Verhältnis der Reeder zueinander gelten auch für einen solchen Schaden die Vorschriften des Absatzes 1.

§ **737.**** [**Verschulden eines Lotsen**] (1) Unberührt bleiben die Vorschriften über die Beschränkung der Haftung des Reeders und über seine Haftung aus Verträgen sowie die Vorschriften, nach denen die zur Schiffsbesatzung gehörenden Personen verpflichtet sind, für die Folgen ihres Verschuldens aufzukommen.

(2) Bei der Anwendung der §§ 735, 736 steht das Verschulden eines an Bord tätigen Lotsen dem Verschulden eines Mitgliedes der Schiffsbesatzung gleich.

§ **738.**** [**Örtliche gerichtliche Zuständigkeit**] (1) ¹Für Klagen auf Schadensersatz, die auf die Vorschriften dieses Titels oder auf entsprechende ausländische Rechtsvorschriften gestützt werden, ist das Gericht zuständig,
1. in dessen Bezirk der Beklagte seinen gewöhnlichen Aufenthalt oder eine gewerbliche Niederlassung hat;
2. in dessen Bezirk sich der Zusammenstoß ereignet hat, wenn er im Gebiet eines Hafens oder in Binnengewässern stattgefunden hat;
3. in dessen Bezirk ein Arrest in ein Schiff des Beklagten vollzogen oder die Vollziehung eines Arrestes durch Sicherheitsleistung gehemmt worden ist;
4. bei dem bereits eine Klage auf Grund desselben Zusammenstoßes gegen denselben Beklagten anhängig ist oder war.

²Andere Gerichte sind örtlich nicht zuständig; §§ 33, 38, 39 der Zivilprozeßordnung bleiben unberührt.

(2) Gegen einen Angehörigen eines fremden Staates kann die Klage auch in anderen Gerichtsständen erhoben werden, wenn nach den Gesetzen dieses Staates die Zuständigkeit für die Klage eines Deutschen im gleichen Fall nicht entsprechend Absatz 1 geregelt ist.

(3) Klagen auf Ersatz des Schadens, der den Schiffen oder den an Bord befindlichen Personen oder Sachen durch einen Zusammenstoß zugefügt worden ist,

---

* §§ 735 und 736 neu gefaßt durch Gesetz vom 7. 1. 1913 (RGBl. S. 90).
** §§ 737 und 738 neu gefaßt durch Seerechtsänderungsgesetz vom 21. 6. 1972 (BGBl. I S. 966), § 737 Abs. 2 geändert durch Zweites Seerechtsänderungsgesetz vom 25. 7. 1986 (BGBl. I S. 1120).

können in den Gerichtsständen des Absatzes 1 Satz 1 auch dann erhoben werden, wenn die Ansprüche weder auf die Vorschriften dieses Titels noch auf entsprechende ausländische Rechtsvorschriften gestützt werden.

§ 738a.* [Rechtshängigkeit der Klage bei einem ausländischen Gericht]
(1) Ist eine Klage auf Schadensersatz, die auf die Vorschriften dieses Titels oder auf entsprechende ausländische Rechtsvorschriften gestützt wird, bei einem ausländischen Gericht anhängig, so hat die Klage die in § 261 Abs. 3 Nr. 1 der Zivilprozeßordnung bestimmte Wirkung der Rechtshängigkeit, wenn die Zuständigkeit des Gerichts auf einer dem § 738 Abs. 1 entsprechenden Regelung beruht und wenn das Gericht des Staates, vor dem die Klage auf Schadensersatz anhängig ist, im Falle einer vor einem deutschen Gericht anhängigen Klage die Wirkungen der Rechtshängigkeit anerkennen würde.

(2) ¹Hat ein Kläger vor einem ausländischen Gericht eine Klage gemäß Absatz 1 durchgeführt, so kann er wegen desselben Anspruchs gegen denselben Beklagten bei einem anderen nach § 738 Abs. 1 zuständigen Gericht nicht erneut Klage erheben. ²Dies gilt nicht, soweit das Verfahren vor dem ausländischen Gericht zu seinen Gunsten durchgeführt worden ist und er auf seine Rechte aus diesem Verfahren verzichtet. ³Satz 1 ist nur anzuwenden, wenn die Gegenseitigkeit verbürgt ist.

§ 738b.* [Keine Anwendung der §§ 738 und 738a auf Rhein und Mosel] Die Vorschriften der §§ 738 und 738a gelten nicht, wenn sich der Zusammenstoß auf dem Rhein oder auf der Mosel ereignet hat.

§ 738c.* [Fernschädigung] Fügt ein Schiff durch Ausführung oder Unterlassung eines Manövers oder durch Nichtbeobachtung einer Verordnung einem anderen Schiff oder den an Bord der Schiffe befindlichen Personen oder Sachen einen Schaden zu, ohne daß ein Zusammenstoß stattfindet, so finden die Vorschriften dieses Titels entsprechende Anwendung.

§ 739.** [Beteiligung eines Binnenschiffes] Die Vorschriften dieses Titels gelten auch dann, wenn bei dem Unfall ein der Binnenschiffahrt dienendes Schiff beteiligt ist.

Achter Abschnitt. Bergung und Hilfsleistung in Seenot

§ 740.*** [Berge- und Hilfslohn] ¹Wenn in Seenot ein Schiff oder die an Bord befindlichen Sachen von dritten Personen in Besitz genommen und in Sicherheit gebracht werden, nachdem die Schiffsbesatzung die Verfügung darüber verloren hatte (Bergung), oder wenn außer dem bezeichneten Falle ein Schiff oder die an Bord befindlichen Sachen aus einer Seenot durch die Hilfe dritter Personen gerettet werden (Hilfsleistung), so ist ein Anspruch auf Berge- oder Hilfslohn nach Maßga-

---

* §§ 738a bis 738c eingefügt durch Seerechtsänderungsgesetz vom 21. 6. 1972 (BGBl. I S. 966), § 738a Abs. 1 geändert durch Art. 9 Vereinfachungsnovelle vom 3. 12. 1976 (BGBl. I S. 3281).
** § 739 Abs. 1 neu gefaßt durch Gesetz vom 7. 1. 1913 (RGBl. S. 90), früherer Abs. 2 aufgehoben durch Seerechtsänderungsgesetz vom 21. 6. 1972 (BGBl. I S. 966).
*** § 740 neu gefaßt durch Gesetz vom 7. 1. 1913 (RGBl. S. 90).

8. Abschn. Bergung und Hilfsleistung in Seenot §§ 741–745 **HGB 1**

be der Vorschriften dieses Titels begründet. ²Ein solcher Anspruch ist auch dann begründet, wenn von einem den Vorschriften des Handelsgesetzbuchs unterliegenden Schiffe ein der Binnenschiffahrt dienendes Schiff geborgen oder einem solchen Schiffe Hilfe geleistet wird.

§ 741.* [Kein Lohn für erfolglose Hilfeleistungsversuche] (1) Sind die geleisteten Dienste ohne Erfolg geblieben, so kann kein Berge- oder Hilfslohn beansprucht werden.

(2) Der zu zahlende Betrag darf in keinem Falle den Wert der geborgenen oder geretteten Gegenstände übersteigen.

§ 742.** [Ausschluß des Lohnanspruchs] (1) Wer einem Schiffe gegen das ausdrückliche Verbot des Kapitäns Beistand geleistet hat, kann Berge- oder Hilfslohn nicht beanspruchen, es sei denn, daß das Verbot unverständig war.

(2) Auch der Schiffsbesatzung des in Gefahr befindlichen Schiffes steht ein solcher Anspruch nicht zu.

(3) Der Schlepper kann für die Bergung oder Rettung des von ihm geschleppten Schiffes oder dessen Ladung Berge- oder Hilfslohn nur beanspruchen, wenn er außergewöhnliche Dienste geleistet hat, die nicht als zur Erfüllung des Schleppvertrags gehörig angesehen werden können.

§ 743.*** [Lohn für andere Schiffe desselben Eigentümers] Berge- oder Hilfslohn kann auch beansprucht werden, wenn die Bergung oder Hilfsleistung zwischen mehreren Schiffen desselben Eigentümers stattgefunden hat.

§ 744.* [Lohnbestimmung] (1) In Ermangelung einer Vereinbarung der Parteien ist der Betrag des Berge- oder Hilfslohns unter Berücksichtigung der Umstände des Falles nach billigem Ermessen zu bestimmen.

(2) Das gleiche gilt, unbeschadet der Vorschrift des § 749, von dem Verhältnis, in dem der Berge- oder Hilfslohn unter mehrere an der Bergung oder Hilfsleistung Beteiligte zu verteilen ist.

(3) ¹Der Berge- oder Hilfslohn ist in Geld festzusetzen. ²Er darf ohne den übereinstimmenden Antrag der Beteiligten nicht auf einen Bruchteil des Wertes der geborgenen oder geretteten Gegenstände festgesetzt werden.

§ 745.* [Wichtige Gesichtspunkte für Lohnbestimmung] (1) Bei der Bestimmung des Betrags des Berge- oder Hilfslohns kommen insbesondere in Anschlag:
der erzielte Erfolg, die Anstrengungen und Verdienste der tätig gewesenen Personen, die Gefahr, die dem geborgenen oder geretteten Schiffe und den darauf befindlichen Personen oder Sachen gedroht hat, die Gefahr, welcher die an der Bergung oder Rettung Beteiligten sich und ihre Fahrzeuge ausgesetzt haben, die verwendete Zeit, die entstandenen Kosten und Schäden, die Gefahr einer Haftung oder anderer Nachteile, der sich die an der Bergung oder Rettung Beteilig-

---

* §§ 741, 744 und 745 neu gefaßt durch Gesetz vom 7. 1. 1913 (RGBl. S. 90).
** § 742 neu gefaßt durch Gesetz vom 7. 1. 1913 (RGBl. S. 90), Abs. 1 geändert durch Seerechtsänderungsgesetz vom 21. 6. 1972 (BGBl. I S. 966).
*** § 743 neu gefaßt durch Gesetz vom 7. 1. 1913 (RGBl. S. 90) und geändert durch Seerechtsänderungsgesetz vom 21. 6. 1972 (BGBl. I S. 966).

ten unterzogen haben, der Wert des von ihnen in Gefahr gebrachten Materials, gegebenenfalls auch die besondere Zweckbestimmung des bergenden oder rettenden Schiffes.

(2) Der Wert der geborgenen oder geretteten Gegenstände, mit Einschluß des erhalten gebliebenen Anspruchs auf Fracht- und Überfahrtsgelder, ist nur an zweiter Stelle zu berücksichtigen.

(3) Auf die in § 744 Abs. 2 vorgesehene Verteilung finden diese Vorschriften entsprechende Anwendung.

§ 746.* [Nebenkosten] In dem Berge- oder Hilfslohn sind nicht enthalten die Kosten und Gebühren der Behörden, die von den geborgenen oder geretteten Gegenständen zu entrichtenden Zölle und sonstigen Abgaben sowie die Kosten zum Zwecke der Aufbewahrung, Erhaltung, Abschätzung und Veräußerung dieser Gegenstände.

§ 747.* [Änderung oder Nichtigerklärung eines Hilfeleistungsvertrages]
[1]Ein über die Bergung oder Hilfsleistung geschlossener Vertrag kann von dem Gericht auf Antrag geändert oder für nichtig erklärt werden, wenn der Vertrag zur Zeit und unter dem Einfluß der Gefahr geschlossen ist und die vereinbarten Bedingungen unbillig sind. [2]Das gleiche gilt, wenn einer der Vertragschließenden zu dem Vertragschluß durch arglistige Täuschung bestimmt worden ist oder der Berge- oder Hilfslohn in einem außerordentlichen Maße nach der einen oder anderen Richtung außer Verhältnis zu den geleisteten Diensten steht.

§ 748.* [Schuld oder Unredlichkeit der Berger oder Retter] Der Berge- oder Hilfslohn kann herabgesetzt oder gänzlich versagt werden, wenn die Berger oder Retter die Notwendigkeit der Bergung oder Hilfsleistung durch ihre Schuld herbeigeführt oder sich des Diebstahls, der Verheimlichung oder anderer unredlicher Handlungen schuldig gemacht haben.

§ 749.** [Verteilung des Lohnes] (1) Wird ein Schiff oder dessen Ladung ganz oder teilweise von einem anderen Schiff geborgen oder gerettet, so wird der Berge- oder Hilfslohn zwischen dem Reeder, dem Kapitän und der übrigen Besatzung des anderen Schiffes in der Weise verteilt, daß zunächst dem Reeder die Schäden am Schiff und Betriebsmehrkosten ersetzt werden, welche durch die Bergung oder Rettung entstanden sind, und daß von dem Rest der Reeder zwei Drittel, der Kapitän und die übrige Besatzung je ein Sechstel erhalten.

(2) [1]Der auf die Schiffsbesatzung mit Ausnahme des Kapitäns entfallende Betrag wird unter alle Mitglieder derselben mit besonderer Berücksichtigung der sachlichen und persönlichen Leistungen eines jeden verteilt. [2]Die Verteilung erfolgt durch den Kapitän mittels eines vor Beendigung der Reise der Besatzung bekanntzugebenden Verteilungsplans, der den jedem Beteiligten zukommenden Bruchteil festsetzt.

(3) [1]Gegen den Verteilungsplan ist Einspruch bei demjenigen Seemannsamte zulässig, welches nach Bekanntgabe des Planes zuerst angegangen werden kann. [2]Das Seemannsamt entscheidet nach Anhörung der Beteiligten über den Einspruch

---

* §§ 746 bis 748 neu gefaßt durch Gesetz vom 7. 1. 1913 (RGBl. S. 90).
** § 749 neu gefaßt durch Gesetz vom 2. 6. 1902 (RGBl. S. 218), Abs. 1 neu gefaßt sowie Abs. 2 und 3 Satz 2 geändert durch Seerechtsänderungsgesetz vom 21. 6. 1972 (BGBl. I S. 966).

8. Abschn. Bergung und Hilfsleistung in Seenot §§ 750–752a **HGB 1**

und eine etwaige andere Verteilung. ³Beglaubigte Abschrift der Entscheidung ist dem Reeder vom Seemannsamte mit tunlichster Beschleunigung mitzuteilen.

(4) Vereinbarungen, welche den Vorschriften der Absätze 1 und 2 zuwiderlaufen, sind nichtig.

(5) Diese Vorschriften finden für den Fall der Bergung oder Rettung durch Bergungs- oder Schleppdampfer keine Anwendung.

§ 750.* **[Gesamtschuldnerische Haftung für Bergungs- und Hilfskosten]**
(1) ¹Zur Zahlung der Bergungs- und Hilfskosten, insbesondere auch des Berge- und Hilfslohns, sind die Eigentümer der geborgenen oder geretteten Gegenstände als Gesamtschuldner verpflichtet. ²Jeder von ihnen haftet jedoch nur bis zur Höhe des Wertes der für ihn geborgenen oder geretteten Gegenstände.

(2) Die Ausgleichung im Verhältnis mehrerer Verpflichteter untereinander findet nach dem Verhältnis des Wertes der geborgenen oder geretteten Gegenstände statt, soweit nicht ein Fall der großen Haverei vorliegt.

§ 751.* **[Rettung von Menschenleben]** (1) Wer sich bei Gelegenheit des Unfalls, der den Anlaß zur Bergung oder Hilfsleistung gibt, der Rettung von Menschenleben unterzieht, kann von den Personen, welche das Schiff oder die an Bord befindlichen Sachen geborgen oder gerettet haben, einen billigen Anteil an der diesen Personen zustehenden Vergütung verlangen.

(2) ¹Steht den Personen, welche das Schiff oder die an Bord befindlichen Sachen geborgen oder gerettet haben, aus den in § 748 genannten Gründen keine oder nur eine verminderte Vergütung zu, so haben die Personen, die sich der Rettung von Menschenleben unterzogen haben, insoweit, als ihnen infolgedessen der Anteil nach Absatz 1 entgeht, einen unmittelbaren Anspruch gegen den Eigentümer der geborgenen oder geretteten Gegenstände. ²§ 750 gilt entsprechend.

(3) Die geretteten Personen haben Berge- oder Hilfslohn nicht zu entrichten.

§ 752.* **[Pfand- und Zurückbehaltungsrecht wegen Rettungskosten]**
(1) Wegen der Bergungs- und Hilfskosten, insbesondere auch wegen des Berge- und Hilfslohns, hat der Gläubiger an dem geborgenen oder geretteten Schiff die Rechte eines Schiffsgläubigers.

(2) Auch an den übrigen geborgenen oder geretteten Sachen steht dem Gläubiger ein Pfandrecht zu.

(3) An den geborgenen Sachen hat der Gläubiger bis zur Sicherheitsleistung auch ein Zurückbehaltungsrecht.

§ 752a.* **[Rangordnung der Pfandrechte]** (1) Pfandrechte an den geborgenen oder geretteten Sachen nach § 752 Abs. 2 haben den Vorrang vor allen anderen an den Sachen begründeten Pfandrechten, auch wenn diese früher entstanden sind.

(2) ¹Bestehen an einer Sache mehrere Pfandrechte nach § 752 Abs. 2, so geht das wegen der später entstandenen Forderung dem wegen der früher entstandenen Forderung vor; Pfandrechte wegen gleichzeitig entstandener Forderungen sind gleichberechtigt; § 762 Abs. 3 gilt entsprechend. ²Das gleiche gilt im Verhältnis von Pfandrechten nach § 752 Abs. 2 zu Pfandrechten nach § 726 Abs. 2.

---

* §§ 750 bis 752 neu gefaßt und § 752a eingefügt durch Seerechtsänderungsgesetz vom 21. 6. 1972 (BGBl. I S. 966), § 752a Abs. 1 Satz 2 aufgehoben durch Art. 10 Drittes Rechtsbereinigungsgesetz vom 28. 6. 1990 (BGBl. I S. 1221).

1 HGB §§ 753–756   5. Buch. Seehandel

(3) Pfandrechte an den geborgenen oder geretteten Sachen nach § 752 Abs. 2 erlöschen nach einem Jahr seit der Entstehung des Anspruchs; § 759 Abs. 2 gilt entsprechend.

(4) ¹Die Befriedigung des Gläubigers aus den geborgenen oder geretteten Sachen wegen des Pfandrechts nach § 752 Abs. 2 erfolgt nach den für die Zwangsvollstreckung geltenden Vorschriften. ²Die Klage ist bei Gütern, die noch nicht ausgeliefert sind, gegen den Kapitän zu richten; das gegen den Kapitän ergangene Urteil ist auch gegenüber dem Eigentümer wirksam.

§ 753.* [**Zurückbehaltungspflicht des Kapitäns**] (1) ¹Der Kapitän darf die Güter vor der Befriedigung oder Sicherstellung des Gläubigers weder ganz noch teilweise ausliefern. ²Verstößt er schuldhaft gegen dieses Verbot, so haftet er dem Gläubiger für einen diesem dadurch entstehenden Schaden.

(2) Hat der Reeder die Handlungsweise des Kapitäns angeordnet, so sind die Vorschriften des § 512 Abs. 2 und 3 anzuwenden.

Neunter Abschnitt.* Schiffsgläubiger

§ 754.* [**Schiffsgläubigerrechte**] (1) Folgende Forderungen gewähren die Rechte eines Schiffsgläubigers:

1. Heuerforderungen des Kapitäns und der übrigen Personen der Schiffsbesatzung;
2. öffentliche Schiffs-, Schiffahrts- und Hafenabgaben sowie Lotsgelder;
3. Schadensersatzforderungen wegen der Tötung oder Verletzung von Menschen sowie wegen des Verlustes oder der Beschädigung von Sachen, sofern diese Forderungen aus der Verwendung des Schiffes entstanden sind; ausgenommen sind jedoch Forderungen wegen des Verlustes oder der Beschädigung von Sachen, die aus einem Vertrag hergeleitet werden oder auch aus einem Vertrag hergeleitet werden können;
4. Bergungs- und Hilfskosten, auch im Falle des § 743; Beiträge des Schiffes und der Fracht zur großen Haverei; Forderungen wegen der Beseitigung des Wracks;
5. Forderungen der Träger der Sozialversicherung einschließlich der Arbeitslosenversicherung gegen den Reeder.

(2) Absatz 1 Nr. 3 findet keine Anwendung auf Ansprüche, die auf die radioaktiven Eigenschaften oder eine Verbindung der radioaktiven Eigenschaften mit giftigen, explosiven oder sonstigen gefährlichen Eigenschaften von Kernbrennstoffen oder radioaktiven Erzeugnissen oder Abfällen zurückzuführen sind.

§ 755.* [**Gesetzliches Pfandrecht der Schiffsgläubiger**] (1) ¹Die Schiffsgläubiger haben für ihre Forderungen ein gesetzliches Pfandrecht an dem Schiff. ²Das Pfandrecht kann gegen jeden Besitzer des Schiffes verfolgt werden.

(2) Das Schiff haftet auch für die gesetzlichen Zinsen der Forderungen sowie für die Kosten der die Befriedigung aus dem Schiff bezweckenden Rechtsverfolgung.

§ 756.* [**Erstreckung des Pfandrechts**] (1) Das Pfandrecht der Schiffsgläubiger erstreckt sich auf das Zubehör des Schiffes mit Ausnahme der Zubehörstücke, die nicht in das Eigentum des Schiffseigentümers gelangt sind.

---

* § 753 sowie Neunter Abschnitt (§§ 754 bis 764) neu gefaßt durch Seerechtsänderungsgesetz vom 21. 6. 1972 (BGBl. I S. 966).

9. Abschnitt. Schiffsgläubiger §§ 757–762 HGB 1

(2) ¹Das Pfandrecht erstreckt sich auch auf einen Ersatzanspruch, der dem Reeder wegen des Verlustes oder der Beschädigung des Schiffes gegen einen Dritten zusteht. ²Das gleiche gilt hinsichtlich der Vergütung für Schäden am Schiff in Fällen der großen Haverei.

(3) Das Pfandrecht erstreckt sich nicht auf eine Forderung aus einer Versicherung, die der Reeder für das Schiff genommen hat.

§ 757.* **[Haftung der Reederei]** Gehört das Schiff einer Reederei, so haftet es den Schiffsgläubigern in gleicher Weise, als wenn es nur einem Reeder gehörte.

§ 758.* **[Erlöschen des Pfandrechts durch Erlöschen der Forderung]** Erlischt die durch das Pfandrecht eines Schiffsgläubigers gesicherte Forderung, so erlischt auch das Pfandrecht.

§ 759.* **[Erlöschen des Pfandrechts durch Zeitablauf]** (1) Das Pfandrecht eines Schiffsgläubigers erlischt nach Ablauf eines Jahres seit der Entstehung der Forderung.

(2) ¹Das Pfandrecht erlischt nicht, wenn der Gläubiger innerhalb der Frist des Absatzes 1 die Beschlagnahme des Schiffes wegen des Pfandrechts erwirkt, sofern das Schiff später im Wege der Zwangsvollstreckung veräußert wird, ohne daß das Schiff in der Zwischenzeit von einer Beschlagnahme zugunsten dieses Gläubigers frei geworden ist. ²Das gleiche gilt für das Pfandrecht eines Gläubigers, der wegen seines Pfandrechts dem Zwangsvollstreckungsverfahren innerhalb dieser Frist beitritt.

(3) ¹Ein Zeitraum, während dessen ein Gläubiger rechtlich daran gehindert ist, sich aus dem Schiff zu befriedigen, wird in die Frist nicht eingerechnet. ²Eine Hemmung oder Unterbrechung der Frist aus anderen Gründen findet nicht statt.

§ 760.* **[Befriedigung des Schiffsgläubigers; Passivlegitimation]** (1) Die Befriedigung des Schiffsgläubigers aus dem Schiff erfolgt nach den Vorschriften über die Zwangsvollstreckung.

(2) ¹Die Klage auf Duldung der Zwangsvollstreckung kann außer gegen den Eigentümer des Schiffes auch gegen den Ausrüster oder gegen den Kapitän gerichtet werden. ²Das gegen den Ausrüster oder gegen den Kapitän gerichtete Urteil ist auch gegenüber dem Eigentümer wirksam.

(3) ¹Bei der Verfolgung des Pfandrechts des Schiffsgläubigers gilt zugunsten des Gläubigers als Eigentümer, wer im Schiffsregister als Eigentümer eingetragen ist. ²Das Recht des nicht eingetragenen Eigentümers, die ihm gegen das Pfandrecht zustehenden Einwendungen geltend zu machen, bleibt unberührt.

§ 761.* **[Vorrang des Pfandrechts des Schiffsgläubigers]** Die Pfandrechte der Schiffsgläubiger haben den Vorrang vor allen anderen Pfandrechten am Schiff.

§ 762.* **[Rangordnung der Pfandrechte]** (1) Die Rangordnung der Pfandrechte der Schiffsgläubiger bestimmt sich nach der Reihenfolge der Nummern, unter denen die Forderungen in § 754 aufgeführt sind.

---

* Neunter Abschnitt (§§ 754 bis 764) neu gefaßt durch Seerechtsänderungsgesetz vom 21. 6. 1972 (BGBl. I S. 966).

1 HGB §§ 763–779 5. Buch. Seehandel

(2) Die Pfandrechte für die in § 754 Abs. 1 Nr. 4 aufgeführten Forderungen haben jedoch den Vorrang vor den Pfandrechten aller anderen Schiffsgläubiger, deren Forderungen früher entstanden sind.

(3) Beitragsforderungen zur großen Haverei gelten als im Zeitpunkt des Havereifalles, Forderungen auf Bergungs- und Hilfskosten als im Zeitpunkt der Beendigung des Bergungs- oder Hilfsleistungswerks und Forderungen wegen der Beseitigung des Wracks als im Zeitpunkt der Beendigung der Wrackbeseitigung entstanden.

§ 763.* [**Rangordnung der Pfandrechte nach § 754 Abs. 1 Nr. 1 bis 3 und 5**]
(1) Von den Pfandrechten für die in § 754 Abs. 1 Nr. 1 bis 3, 5 aufgeführten Forderungen haben die Pfandrechte für die unter derselben Nummer genannten Forderungen ohne Rücksicht auf den Zeitpunkt ihrer Entstehung den gleichen Rang.

(2) Pfandrechte für die in § 754 Abs. 1 Nr. 3 aufgeführten Forderungen wegen Personenschäden gehen jedoch Pfandrechten für die unter derselben Nummer aufgeführten Forderungen wegen Sachschäden vor.

§ 764.* [**Rangordnung der Pfandrechte nach § 754 Abs. 1 Nr. 4**] ¹Von den Pfandrechten für die in § 754 Abs. 1 Nr. 4 aufgeführten Forderungen geht das für die später entstandene Forderung dem für die früher entstandene Forderung vor. ²Pfandrechte wegen gleichzeitig entstandener Forderungen sind gleichberechtigt.

§§ 765–777.* *(aufgehoben)*

Zehnter Abschnitt. Versicherung gegen die Gefahren der Seeschiffahrt**

Erster Titel. Allgemeine Vorschriften

§ 778. [**Versicherungsgegenstand**] Jedes in Geld schätzbare Interesse, welches jemand daran hat, daß Schiff oder Ladung die Gefahren der Seeschiffahrt besteht, kann Gegenstand der Seeversicherung sein.

§ 779. [**Beispiele**] (1) Es können insbesondere versichert werden:
das Schiff;
die Fracht;
die Überfahrtsgelder;
die Güter;
die Bodmereigelder;
die Havereigelder;

---

* Neunter Abschnitt (§§ 754 bis 764) neu gefaßt sowie §§ 765 bis 777 aufgehoben durch Seerechtsänderungsgesetz vom 21. 6. 1972 (BGBl. I S. 966).
** In den §§ 778 bis 900 getroffenen Regelungen werden in der Praxis vertraglich in weitem Umfang verdrängt durch die Allgemeinen Deutschen Seeversicherungsbedingungen (ADS). In die ADS wurden die zwingenden Vorschriften des Versicherungsrechts eingearbeitet. Sie enthalten eine abschließende Regelung der Seeversicherung; vgl. auch Prüßmann/Rabe „Seehandelsrecht", 2. A. 1983.

10. Abschn. Versicherung gegen Gefahren d. Schiffahrt §§ 780–785 **HGB 1**

andere Forderungen, zu deren Deckung Schiff, Fracht, Überfahrtsgelder oder Güter dienen;
der von der Ankunft der Güter am Bestimmungsort erwartete Gewinn (imaginäre Gewinn);
die zu verdienende Provision;
die von dem Versicherer übernommene Gefahr (Rückversicherung).
(2) In der einen dieser Versicherungen ist die andere nicht enthalten.

§ 780.* **[Heuerforderung nicht versicherungsfähig]** Die Heuerforderung des Kapitäns und der Schiffsmannschaft kann nicht versichert werden.

§ 781. [Versicherung für eigene, fremde oder unbestimmte Rechnung]
(1) Der Versicherungsnehmer kann entweder sein eigenes Interesse (Versicherung für eigene Rechnung) oder das Interesse eines Dritten (Versicherung für fremde Rechnung) und im letzteren Falle mit oder ohne Bezeichnung der Person des Versicherten unter Versicherung bringen.
(2) ¹Es kann im Vertrag auch unbestimmt gelassen werden, ob die Versicherung für eigene oder für fremde Rechnung genommen wird (für Rechnung ,,wen es angeht''). ²Ergibt sich bei einer Versicherung für Rechnung ,,wen es angeht'', daß sie für fremde Rechnung genommen ist, so kommen die Vorschriften über die Versicherung für fremde Rechnung zur Anwendung.
(3) Die Versicherung gilt als für eigene Rechnung des Versicherungsnehmers geschlossen, wenn der Vertrag nicht ergibt, daß sie für fremde Rechnung oder für Rechnung ,,wen es angeht'' genommen ist.

§ 782.** *(aufgehoben)*

§ 783. [Versicherungsabschluß durch Vertreter] (1) Wird die Versicherung von einem Bevollmächtigten, einem Geschäftsführer ohne Auftrag oder einem sonstigen Vertreter des Versicherten in dessen Namen geschlossen, so ist im Sinne dieses Gesetzbuchs weder der Vertreter Versicherungsnehmer noch die Versicherung selbst eine Versicherung für fremde Rechnung.
(2) Im Zweifel wird angenommen, daß selbst die auf das Interesse eines benannten Dritten sich beziehende Versicherung eine Versicherung für fremde Rechnung sei.

§ 784. [Versicherungsurkunde] Der Versicherer ist verpflichtet, eine von ihm unterzeichnete Urkunde (Police) über den Versicherungsvertrag dem Versicherungsnehmer auf dessen Verlangen auszuhändigen.

§ 785. [Mangel des Versicherungsinteresses] (1) Auf die Gültigkeit des Versicherungsvertrags hat es keinen Einfluß, daß zur Zeit des Abschlusses die Möglichkeit des Eintritts eines zu ersetzenden Schadens schon ausgeschlossen oder der zu ersetzende Schaden bereits eingetreten ist.
(2) Waren jedoch beide Teile von dem Sachverhältnis unterrichtet, so ist der Vertrag als Versicherungsvertrag ungültig.

---

* § 780 geändert durch Seerechtsänderungsgesetz vom 21. 6. 1972 (BGBl. I S. 966).
** § 782 aufgehoben durch Gesetz vom 30. 5. 1908 (RGBl. S. 307).

1 HGB §§ 786–788   5. Buch. Seehandel

(3) ¹Wußte nur der Versicherer, daß die Möglichkeit des Eintritts eines zu ersetzenden Schadens schon ausgeschlossen war, oder wußte nur der Versicherungsnehmer, daß der zu ersetzende Schaden schon eingetreten war, so ist der Vertrag für den anderen, von dem Sachverhältnisse nicht unterrichteten Teil unverbindlich. ²Im zweiten Falle kann der Versicherer, auch wenn er die Unverbindlichkeit des Vertrags geltend macht, die volle Prämie beanspruchen.

(4) Im Falle, daß der Vertrag für den Versicherungsnehmer durch einen Vertreter abgeschlossen wird, kommt die Vorschrift des § 806 Abs. 2, im Falle der Versicherung für fremde Rechnung die Vorschrift des § 807 und im Falle der Versicherung mehrerer Gegenstände oder einer Gesamtheit von Gegenständen die Vorschrift des § 810 zur Anwendung.

§ 786. **[Versicherungswert; Überversicherung]** (1) Der volle Wert des versicherten Gegenstandes ist der Versicherungswert.

(2) Die Versicherungssumme kann den Versicherungswert nicht übersteigen.

(3) Soweit die Versicherungssumme den Versicherungswert übersteigt (Überversicherung), hat die Versicherung keine rechtliche Geltung.

§ 787.* **[Doppelversicherung]** (1) Ist ein Gegenstand gegen dieselbe Gefahr bei mehreren Versicherern versichert und übersteigen die Versicherungssummen zusammen den Versicherungswert (Doppelversicherung), so sind die Versicherer in der Weise als Gesamtschuldner verpflichtet, daß dem Versicherten jeder Versicherer für den Betrag haftet, dessen Zahlung ihm nach seinem Vertrag obliegt, der Versicherte aber im ganzen nicht mehr als den Betrag des Schadens verlangen kann.

(2) ¹Die Versicherer sind im Verhältnisse zueinander zu Anteilen nach Maßgabe der Beträge verpflichtet, deren Zahlung ihnen dem Versicherten gegenüber vertragsmäßig obliegt. ²Findet auf eine der Versicherungen ausländisches Recht Anwendung, so kann der Versicherer, für den das ausländische Recht gilt, gegen den anderen Versicherer einen Anspruch auf Ausgleichung nur geltend machen, wenn er selbst nach dem für ihn maßgebenden Rechte zur Ausgleichung verpflichtet ist.

(3) Hat der Versicherte eine Doppelversicherung in der Absicht genommen, sich dadurch einen rechtswidrigen Vermögensvorteil zu verschaffen, so ist jeder in dieser Absicht geschlossene Vertrag nichtig; der Versicherer kann die ganze Prämie verlangen, sofern er nicht bei der Schließung des Vertrags von der Nichtigkeit Kenntnis hatte.

§ 788.* **[Herabsetzung der Versicherungssummen bei Doppelversicherung]** (1) Hat der Versicherungsnehmer den Vertrag, durch den die Doppelversicherung entstanden ist, ohne Kenntnis von der anderen Versicherung geschlossen, so kann er von jedem Versicherer verlangen, daß die Versicherungssumme, unter verhältnismäßiger Minderung der Prämie, auf den Betrag des Anteils herabgesetzt wird, den der Versicherer im Verhältnisse zu dem anderen Versicherer zu tragen hat.

(2) ¹Die Herabsetzung der Versicherungssumme und der Prämie wirkt von dem Beginne der Versicherung an. ²Hatte die Gefahr für den einen Versicherer schon

---

* §§ 787 und 788 neu gefaßt durch Gesetz vom 30. 5. 1908 (RGBl. S. 307).

10. Abschn. Versicherung gegen Gefahren d. Schiffahrt §§ 789–795 **HGB 1**

zu laufen begonnen, bevor der Vertrag mit dem anderen Versicherer geschlossen wurde, so wird dem ersten Versicherer gegenüber die Herabsetzung erst mit dem Zeitpunkte wirksam, in welchem sie verlangt wird.

(3) Dem Versicherer steht eine angemessene Ristornogebühr zu.

(4) Das Recht, die Herabsetzung zu verlangen, erlischt, wenn der Versicherungsnehmer es nicht unverzüglich geltend macht, nachdem er von der Doppelversicherung Kenntnis erlangt hat.

§ 789.* [Mitteilungspflicht] Wer für ein Interesse gegen dieselbe Gefahr bei mehreren Versicherern Versicherung nimmt, hat jedem Versicherer von der anderen Versicherung unverzüglich Mitteilung zu machen.

§§ 790, 791.* *(aufgehoben)*

§ 792. [Unterversicherung] Erreicht die Versicherungssumme den Versicherungswert nicht, so haftet der Versicherer im Falle eines teilweisen Schadens für den Betrag des letzteren nur nach dem Verhältnisse der Versicherungssumme zum Versicherungswert.

§ 793. [Taxierte Police] (1) Wird durch Vereinbarung der Parteien der Versicherungswert auf eine bestimmte Summe (Taxe) festgestellt (taxierte Police), so ist die Taxe unter den Parteien für den Versicherungswert maßgebend.

(2) Der Versicherer kann jedoch eine Herabsetzung der Taxe fordern, wenn sie wesentlich übersetzt ist; ist imaginärer Gewinn taxiert, so kann der Versicherer eine Herabsetzung der Taxe fordern, wenn sie den Gewinn übersteigt, der zur Zeit des Abschlusses des Vertrags nach kaufmännischer Berechnung möglicherweise zu erwarten war.

(3) Eine Police mit der Bestimmung: ,,vorläufig taxiert" wird, solange die Taxe nicht in eine feste verwandelt ist, einer nicht taxierten Police (offenen Police) gleichgeachtet.

(4) Bei der Versicherung von Fracht ist die Taxe in bezug auf einen von dem Versicherer zu ersetzenden Schaden nur maßgebend, wenn es besonders bedungen ist.

§ 794. [Besondere Taxen] Wenn in einem Vertrage mehrere Gegenstände oder eine Gesamtheit von Gegenständen unter einer Versicherungssumme begriffen, aber für einzelne dieser Gegenstände besondere Taxen vereinbart sind, so gelten die Gegenstände, welche besonders taxiert sind, auch als abgesondert versichert.

§ 795. [Versicherungswert des Schiffes] (1) Als Versicherungswert des Schiffes gilt, wenn die Parteien nicht eine andere Grundlage für die Schätzung vereinbaren, der Wert, welchen das Schiff in dem Zeitpunkte hat, in welchem die Gefahr für den Versicherer zu laufen beginnt.

(2) Diese Vorschrift kommt auch zur Anwendung, wenn der Versicherungswert des Schiffes taxiert ist.

---

* § 789 neu gefaßt sowie §§ 790 und 791 aufgehoben durch Gesetz vom 30. 5. 1908 (RGBl. S. 307).

§ 796.* **[Versicherung von Ausrüstungskosten, Heuer und Versicherungskosten]** ¹Die Ausrüstungskosten, die Heuer und die Versicherungskosten können zugleich mit dem Schiffe oder durch Versicherung der Bruttofracht oder besonders versichert werden. ²Sie gelten nur dann als mit dem Schiffe versichert, wenn es besonders vereinbart ist.

§ 797.* **[Frachtversicherung]** (1) Die Fracht kann bis zu ihrem Bruttobetrage versichert werden.

(2) Als Versicherungswert der Fracht gilt der Betrag der in den Frachtverträgen bedungenen Fracht und, wenn eine bestimmte Fracht nicht bedungen ist oder soweit Güter für Rechnung des Reeders verschifft sind, der Betrag der üblichen Fracht (§ 619).

§ 798. **[Umfang der Frachtversicherung]** (1) Ist bei der Versicherung der Fracht nicht bestimmt, ob sie ganz oder ob nur ein Teil versichert werden soll, so gilt die ganze Fracht als versichert.

(2) Ist nicht bestimmt, ob die Brutto- oder die Nettofracht versichert werden soll, so gilt die Bruttofracht als versichert.

(3) Sind die Fracht der Hinreise und die Fracht der Rückreise unter einer Versicherungssumme versichert, ohne daß bestimmt ist, welcher Teil der Versicherungssumme auf die Fracht der Hinreise und welcher Teil auf die Fracht der Rückreise fallen soll, so wird die Hälfte auf die Fracht der Hinreise, die Hälfte auf die Fracht der Rückreise gerechnet.

§ 799. **[Versicherungswert der Güter]** (1) Als Versicherungswert der Güter gilt, wenn die Parteien nicht eine andere Grundlage für die Schätzung vereinbaren, derjenige Wert, welchen die Güter am Orte und zur Zeit der Abladung haben, unter Hinzurechnung aller Kosten bis an Bord einschließlich der Versicherungskosten.

(2) Die Fracht sowie die Kosten während der Reise und am Bestimmungsorte werden nur hinzugerechnet, sofern es vereinbart ist.

(3) Diese Vorschriften kommen auch zur Anwendung, wenn der Versicherungswert der Güter taxiert ist.

§ 800. **[Ersparnis versicherter Kosten]** Sind die Ausrüstungskosten oder die Heuer, sei es selbständig, sei es durch Versicherung der Bruttofracht, versichert oder sind bei der Versicherung von Gütern die Fracht oder die Kosten während der Reise und am Bestimmungsorte versichert, so leistet der Versicherer für denjenigen Teil der Kosten, der Heuer oder der Fracht keinen Ersatz, welcher infolge eines Unfalls erspart wird.

§ 801. **[Mitversicherung des imaginären Gewinns oder der Provision]**
(1) Bei der Versicherung von Gütern ist der imaginäre Gewinn oder die Provision, auch wenn der Versicherungswert der Güter taxiert ist, als mitversichert nur anzusehen, sofern es im Vertrage bestimmt ist.

(2) ¹Ist im Falle der Mitversicherung des imaginären Gewinns der Versicherungswert taxiert, aber nicht bestimmt, welcher Teil der Taxe sich auf den imaginären Gewinn beziehen soll, so wird angenommen, daß zehn Prozent der Taxe auf

---
* §§ 796 und 797 neu gefaßt durch Gesetz vom 30. 5. 1908 (RGBl. S. 307).

den imaginären Gewinn fallen. ²Wenn im Falle der Mitversicherung des imaginären Gewinns der Versicherungswert nicht taxiert ist, so werden als imaginärer Gewinn zehn Prozent des Versicherungswertes der Güter (§ 799) als versichert betrachtet.

(3) Die Vorschriften des Absatzes 2 kommen auch im Falle der Mitversicherung der Provision mit der Maßgabe zur Anwendung, daß an die Stelle der zehn Prozent zwei Prozent treten.

§ 802. **[Versicherungssumme als Taxe des Versicherungswertes]** Ist der imaginäre Gewinn oder die Provision selbständig versichert, der Versicherungswert jedoch nicht taxiert, so wird im Zweifel angenommen, daß die Versicherungssumme zugleich als Taxe des Versicherungswerts gelten soll.

§ 803. **[Versicherung der Bodmereigelder]** (1) Die Bodmereigelder können einschließlich der Bodmereiprämie für den Bodmereigläubiger versichert werden.

(2) ¹Ist bei der Versicherung von Bodmereigeldern nicht angegeben, welche Gegenstände verbodmet sind, so wird angenommen, daß Bodmereigelder auf Schiff, Fracht und Ladung versichert sind. ²Hierauf kann sich, wenn in Wirklichkeit nicht alle diese Gegenstände verbodmet sind, nur der Versicherer berufen.

§ 804. **[Übergang von Schadensersatzansprüchen auf Versicherer]** (1) Hat der Versicherer seine Verpflichtungen erfüllt, so tritt er, soweit er einen Schaden vergütet hat, dessen Erstattung der Versicherte von einem Dritten zu fordern befugt ist, in die Rechte des Versicherten gegen den Dritten ein, jedoch unbeschadet der Vorschriften des § 775 Abs. 2 und des § 777 Abs. 2.

(2) Der Versicherte ist verpflichtet, dem Versicherer, wenn er es verlangt, auf dessen Kosten eine öffentlich beglaubigte Anerkennungsurkunde über den Eintritt in die Rechte gegen den Dritten zu erteilen.

(3) Der Versicherte ist verantwortlich für jede Handlung, durch die er jene Rechte beeinträchtigt.

§ 805. **[Abtretungspflicht bezüglich Sicherungsrechte]** (1) Ist eine Forderung versichert, zu deren Deckung eine den Gefahren der See ausgesetzte Sache dient, so ist der Versicherte im Falle eines Schadens verpflichtet, dem Versicherer, nachdem dieser seine Verpflichtungen erfüllt hat, seine Rechte gegen den Schuldner insoweit abzutreten, als der Versicherer Ersatz geleistet hat.

(2) Der Versicherte ist nicht verpflichtet, die ihm gegen den Schuldner zustehenden Rechte geltend zu machen, bevor er den Versicherer in Anspruch nimmt.

Zweiter Titel. Anzeigen bei dem Abschlusse des Vertrags

§ 806. **[Anzeigepflicht bezüglich aller Gefahrumstände]** (1) Der Versicherungsnehmer ist sowohl im Falle der Versicherung für eigene Rechnung als im Falle der Versicherung für fremde Rechnung verpflichtet, bei dem Abschlusse des Vertrags dem Versicherer alle ihm bekannten Umstände anzuzeigen, die wegen ihrer Erheblichkeit für die Beurteilung von dem Versicherer zu tragenden Gefahr geeignet sind, auf den Entschluß des letzteren, sich auf den Vertrag überhaupt oder unter denselben Bestimmungen einzulassen, Einfluß zu üben.

(2) Wenn der Vertrag für den Versicherungsnehmer durch einen Vertreter abgeschlossen wird, so sind auch die dem Vertreter bekannten Umstände anzuzeigen.

§ 807.* **[Anzeigepflicht bei Versicherung für fremde Rechnung]** (1) Im Falle der Versicherung für fremde Rechnung müssen dem Versicherer bei dem Abschlusse des Vertrags auch diejenigen Umstände angezeigt werden, welche dem Versicherten selbst oder einem Zwischenbeauftragten bekannt sind.

(2) Die Kenntnis des Versicherten oder eines Zwischenbeauftragten kommt jedoch nicht in Betracht, wenn ihnen der Umstand so spät bekannt wird, daß sie den Versicherungsnehmer ohne Anwendung außergewöhnlicher Maßregeln vor dem Abschlusse des Vertrags nicht mehr davon benachrichtigen können.

(3) Die Kenntnis des Versicherten kommt auch dann nicht in Betracht, wenn die Versicherung ohne seinen Auftrag und ohne sein Wissen genommen und der Mangel des Auftrags bei dem Abschlusse des Vertrags dem Versicherer angezeigt worden ist.

§ 808.* **[Rücktrittsrecht bei Nichtanzeige]** (1) ¹Der Versicherer kann von dem Vertrage zurücktreten, wenn den Vorschriften der §§ 806 und 807 zuwider die Anzeige eines erheblichen Umstandes unterblieben ist. ²Das gleiche gilt, wenn die Anzeige eines erheblichen Umstandes deshalb unterblieben ist, weil sich der Versicherungsnehmer oder ein Beteiligter, dessen Kenntnis nach § 806 Abs. 2 oder nach § 807 erheblich ist, der Kenntnis des Umstandes arglistig entzogen hat.

(2) Der Rücktritt ist ausgeschlossen, wenn der Versicherer den nicht angezeigten Umstand kannte oder wenn die Anzeige ohne Verschulden unterblieben ist.

§ 809.* **[Rücktrittsrecht wegen unrichtiger Anzeige]** (1) Der Versicherer kann von dem Vertrag auch dann zurücktreten, wenn über einen erheblichen Umstand eine unrichtige Anzeige gemacht worden ist.

(2) Der Rücktritt ist ausgeschlossen, wenn die Unrichtigkeit dem Versicherer bekannt war oder die Anzeige ohne Verschulden unrichtig gemacht worden ist.

§ 810.* **[Teilrücktritt]** Liegen die Voraussetzungen, unter denen der Versicherer zum Rücktritte berechtigt ist, in Ansehung eines Teiles der Gegenstände vor, auf welche sich die Versicherung bezieht, so steht dem Versicherer das Recht des Rücktritts für den übrigen Teil nur zu, wenn anzunehmen ist, daß für diesen allein der Versicherer den Vertrag unter den gleichen Bestimmungen nicht geschlossen haben würde.

§ 811.* **[Frist, Adressat, Rechtsfolgen des Rücktritts]** (1) ¹Der Rücktritt kann nur innerhalb einer Woche erfolgen. ²Die Frist beginnt mit dem Zeitpunkt, in welchem der Versicherer von der Verletzung der Anzeigepflicht Kenntnis erlangt.

(2) ¹Der Rücktritt erfolgt durch Erklärung gegenüber dem Versicherungsnehmer. ²Tritt der Versicherer zurück, so gebührt ihm gleichwohl die ganze Prämie; die empfangene Entschädigungssumme ist zurückzugewähren und von der Zeit des Empfanges an zu verzinsen.

---

* § 807 Abs. 3 sowie §§ 808 bis 811 neu gefaßt durch Gesetz vom 30. 5. 1908 (RGBl. S. 307).

(3) Tritt der Versicherer zurück, nachdem ein Unfall, für den der Versicherer haftet, eingetreten ist, so bleibt die Verpflichtung des Versicherers zur Zahlung der Entschädigung bestehen, wenn der Umstand, in Ansehung dessen die Anzeigepflicht verletzt ist, keinen Einfluß auf den Eintritt des Versicherungsfalls und auf den Umfang der Leistung des Versicherers gehabt hat.

§ 811 a.* [**Erhöhung der Prämie**] (1) [1]Ist die Anzeigepflicht verletzt worden, das Rücktrittsrecht des Versicherers aber ausgeschlossen, weil dem anderen Teile ein Verschulden nicht zur Last fällt, so kann der Versicherer, falls mit Rücksicht auf die höhere Gefahr eine höhere Prämie angemessen ist, die höhere Prämie verlangen. [2]Das gleiche gilt, wenn bei der Schließung des Vertrags ein für die Übernahme der Gefahr erheblicher Umstand dem Versicherer nicht angezeigt worden ist, weil er dem anderen Teile nicht bekannt war.

(2) Der Anspruch auf die höhere Prämie erlischt, wenn er nicht innerhalb einer Woche von dem Zeitpunkt an geltend gemacht wird, in welchem der Versicherer von der Verletzung der Anzeigepflicht oder von dem nicht angezeigten Umstande Kenntnis erlangt.

§ 811 b.* [**Anfechtung wegen arglistiger Täuschung**] Das Recht des Versicherers, den Vertrag wegen arglistiger Täuschung anzufechten, bleibt unberührt.

Dritter Titel. Verpflichtungen des Versicherten aus dem Versicherungsvertrage

§ 812.* [**Fälligkeit der Prämie**] (1) Die Prämie ist, sofern nicht ein anderes vereinbart ist, sofort nach dem Abschlusse des Vertrags und, wenn eine Police verlangt wird, gegen Auslieferung der Police zu zahlen.

(2) Zur Zahlung der Prämie ist der Versicherungsnehmer verpflichtet.

§ 813. [**Veränderung der Reise**] (1) Wird statt der versicherten Reise, bevor die Gefahr für den Versicherer zu laufen begonnen hat, eine andere Reise angetreten, so ist der Versicherer bei der Versicherung von Schiff und Fracht von jeder Haftung frei, bei anderen Versicherungen trägt er die Gefahr für die andere Reise nur dann, wenn die Veränderung der Reise weder von dem Versicherten noch in dessen Auftrag oder mit dessen Zustimmung bewirkt ist.

(2) [1]Wird die versicherte Reise verändert, nachdem die Gefahr für den Versicherer zu laufen begonnen hat, so haftet der Versicherer nicht für die nach der Veränderung der Reise eintretenden Unfälle. [2]Er haftet jedoch für diese Unfälle, wenn die Veränderung weder von dem Versicherten noch in dessen Auftrag oder mit dessen Zustimmung bewirkt oder wenn sie durch einen Notfall verursacht ist, es sei denn, daß sich der Notfall auf eine Gefahr gründet, die der Versicherer nicht zu tragen hat.

(3) [1]Die Reise ist verändert, sobald der Entschluß, sie nach einem anderen Bestimmungshafen zu richten, zur Ausführung gebracht wird, sollten sich auch die Wege nach beiden Bestimmungshäfen noch nicht geschieden haben. [2]Diese Vorschrift gilt sowohl für die Fälle des Absatzes 1 als für die Fälle des Absatzes 2.

---

* §§ 811a und 811b eingefügt, § 812 früherer Abs. 3 aufgehoben durch Gesetz vom 30. 5. 1908 (RGBl. S. 307).

§ 814.* **[Veränderung der Gefahr]** (1) Wenn von dem Versicherten oder in dessen Auftrag oder mit dessen Zustimmung der Antritt oder die Vollendung der Reise ungebührlich verzögert, von dem der versicherten Reise entsprechenden Wege abgewichen oder ein Hafen angelaufen wird, dessen Angehung als in der versicherten Reise begriffen nicht erachtet werden kann, oder wenn der Versicherte in anderer Weise eine Vergrößerung oder Veränderung der Gefahr veranlaßt, namentlich eine in dieser Beziehung erteilte besondere Zusage nicht erfüllt, so haftet der Versicherer nicht für die später sich ereignenden Unfälle.

(2) Diese Wirkung tritt jedoch nicht ein:

1. wenn anzunehmen ist, daß die Vergrößerung oder Veränderung der Gefahr keinen Einfluß auf den späteren Unfall hat üben können;
2. wenn die Vergrößerung oder Veränderung der Gefahr, nachdem die Gefahr für den Versicherer bereits zu laufen begonnen hat, durch einen Notfall verursacht ist, es sei denn, daß sich der Notfall auf eine Gefahr gründet, die der Versicherer nicht zu tragen hat;
3. wenn der Kapitän zu der Abweichung von dem Wege durch das Gebot der Menschlichkeit genötigt worden ist.

§ 815.* **[Bezeichnung des Kapitäns]** Wird bei dem Abschlusse des Vertrags der Kapitän bezeichnet, so ist in dieser Bezeichnung allein noch nicht die Zusage enthalten, daß der benannte Kapitän die Führung des Schiffes behalten werde.

§ 816. **[Andersartige Weiterbeförderung der Güter]** ¹Bei der Versicherung von Gütern haftet der Versicherer für keinen Unfall; soweit die Beförderung der Güter nicht mit dem dazu bestimmten Schiffe geschieht. ²Er haftet jedoch nach Maßgabe des Vertrags, wenn die Güter, nachdem die Gefahr für ihn bereits zu laufen begonnen hat, ohne Auftrag und ohne Zustimmung des Versicherten in anderer Art als mit dem zur Beförderung bestimmten Schiffe weiterbefördert werden oder wenn dies infolge eines Unfalls geschieht, es sei denn, daß sich der Unfall auf eine Gefahr gründet, die der Versicherer nicht zu tragen hat.

§ 817. **[Versicherung von Gütern in unbestimmten oder unbenannten Schiffen]** (1) Bei der Versicherung von Gütern ohne Bezeichnung des Schiffes oder der Schiffe (in unbestimmten oder unbenannten Schiffen) hat der Versicherte, sobald er Nachricht erhält, in welches Schiff versicherte Güter abgeladen sind, diese Nachricht dem Versicherer mitzuteilen.

(2) Im Falle der Nichterfüllung dieser Verpflichtung haftet der Versicherer für keinen Unfall, der den abgeladenen Gütern zustößt.

§ 818. **[Anzeige des Unfalls]** Jeder Unfall ist, sobald der Versicherungsnehmer oder der Versicherte, wenn dieser von der Versicherung Kenntnis hat, Nachricht von dem Unfall erhält, dem Versicherer anzuzeigen, widrigenfalls der Versicherer befugt ist, von der Entschädigungssumme den Betrag abzuziehen, um den sie sich bei rechtzeitiger Anzeige gemindert hätte.

§ 819. **[Rettungspflicht]** (1) Der Versicherte ist verpflichtet, wenn sich ein Unfall zuträgt, sowohl für die Rettung der versicherten Sachen als für die Abwendung größerer Nachteile tunlichst zu sorgen.

---

* § 814 Abs. 2 Nr. 3 sowie § 815 geändert durch Seerechtsänderungsgesetz vom 21. 6. 1972 (BGBl. I S. 966).

(2) Er hat jedoch, wenn tunlich, über die erforderlichen Maßregeln vorher mit dem Versicherer Rücksprache zu nehmen.

Vierter Titel. Umfang der Gefahr

§ 820. [**Umfang der Gefahrtragung; Beispiele**] (1) Der Versicherer trägt alle Gefahren, denen Schiff oder Ladung während der Dauer der Versicherung ausgesetzt sind, soweit nicht durch die nachfolgenden Vorschriften oder durch Vertrag ein anderes bestimmt ist.

(2) Er trägt insbesondere:
1. die Gefahr der Naturereignisse und der sonstigen Seeunfälle, auch wenn diese durch das Verschulden eines Dritten veranlaßt sind, wie Eindringen des Seewassers, Strandung, Schiffbruch, Sinken, Feuer, Explosion, Blitz, Erdbeben, Beschädigung durch Eis usw.;
2. die Gefahr des Krieges und der Verfügungen von hoher Hand;
3. die Gefahr des auf Antrag eines Dritten angeordneten, von dem Versicherten nicht verschuldeten Arrestes;
4. die Gefahr des Diebstahls sowie die Gefahr des Seeraubs, der Plünderung und sonstiger Gewalttätigkeiten;
5. die Gefahr der Verbodmung der versicherten Güter zur Fortsetzung der Reise oder der Verfügung über die Güter durch Verkauf oder durch Verwendung zu gleichem Zwecke (§§ 538 bis 541 und 732);
6. die Gefahr der Unredlichkeit oder des Verschuldens einer Person der Schiffsbesatzung, sofern daraus für den versicherten Gegenstand ein Schaden entsteht;
7. die Gefahr des Zusammenstoßes von Schiffen, und zwar ohne Unterschied, ob der Versicherte infolge des Zusammenstoßes unmittelbar oder ob er mittelbar dadurch einen Schaden erleidet, daß er den einem Dritten zugefügten Schaden zu ersetzen hat.

§ 821.* [**Ausnahme bestimmter Schäden**] Dem Versicherer fallen die nachstehend bezeichneten Schäden nicht zur Last:
1. bei der Versicherung von Schiff oder Fracht:
    der Schaden, welcher daraus entsteht, daß das Schiff in einem nicht seetüchtigen Zustand oder nicht gehörig ausgerüstet oder bemannt oder ohne die erforderlichen Papiere (§ 513) in See gesandt ist;
    der Schaden, welcher außer dem Falle des Zusammenstoßes von Schiffen daraus entsteht, daß der Reeder für den durch eine Person der Schiffsbesatzung einem Dritten zugefügten Schaden haften muß (§§ 485 und 486);
2. bei einer auf das Schiff sich beziehenden Versicherung:
    der Schaden an Schiff und Zubehör, welcher nur eine Folge der Abnutzung des Schiffes im gewöhnlichen Gebrauch ist;
    der Schaden an Schiff und Zubehör, welcher nur durch Alter, Fäulnis oder Wurmfraß verursacht wird;
3. bei einer auf Güter oder Fracht sich beziehenden Versicherung der Schaden, welcher durch die natürliche Beschaffenheit der Güter, namentlich durch inneren Verderb, Schwinden, gewöhnliche Leckage und dergleichen, oder durch mangelhafte Verpackung der Güter entsteht oder an diesen durch Ratten oder

---

* § 821 Nr. 4 geändert und Nr. 5 eingefügt durch Gesetz vom 30. 5. 1908 (RGBl. S. 307).

Mäuse verursacht wird; wenn jedoch die Reise durch einen Unfall, für den der Versicherer haftet, ungewöhnlich verzögert wird, so hat der Versicherer den unter dieser Nummer bezeichneten Schaden in dem Maße zu ersetzen, in welchem die Verzögerung dessen Ursache ist;

4. der Schaden, welcher von dem Versicherten vorsätzlich oder fahrlässig verursacht wird; der Versicherer hat jedoch den von dem Versicherten durch die fehlerhafte Führung des Schiffes verursachten Schaden zu ersetzen, es sei denn, daß dem Versicherten eine bösliche Handlungsweise zur Last fällt;

5. bei der Versicherung von Gütern oder imaginärem Gewinn der Schaden, welcher von dem Ablader, Empfänger oder Kargadeur in dieser Eigenschaft vorsätzlich oder fahrlässig verursacht wird.

§ 822.* [**Versicherungsanspruch auch bei Anspruch gegen Dritte**] ¹Die Verpflichtung des Versicherers zum Ersatz eines Schadens tritt auch dann ein, wenn dem Versicherten ein Anspruch auf dessen Vergütung gegen den Kapitän oder eine andere Person zusteht. ²Der Versicherte kann sich wegen des Ersatzes des Schadens zunächst an den Versicherer halten. ³Er hat jedoch dem Versicherer die zur wirksamen Verfolgung eines solchen Anspruchs etwa erforderliche Hilfe zu gewähren, auch für die Sicherstellung des Anspruchs durch Einbehaltung der Fracht, Erwirkung des Arrestes in das Schiff oder sonst in geeigneter Weise auf Kosten des Versicherers die nach den Umständen angemessene Sorge zu tragen (§ 819).

§ 823. [**Beginn und Ende der Schiffsversicherung**] (1) ¹Bei der Versicherung des Schiffes für eine Reise beginnt die Gefahr für den Versicherer mit dem Zeitpunkt, in welchem mit der Einnahme der Ladung oder des Ballastes angefangen wird, oder, wenn weder Ladung noch Ballast einzunehmen ist, mit dem Zeitpunkt der Abfahrt des Schiffes. ²Sie endet mit dem Zeitpunkt, in welchem die Löschung der Ladung oder des Ballastes im Bestimmungshafen beendigt ist.

(2) Wird die Löschung von dem Versicherten ungebührlich verzögert, so endet die Gefahr mit dem Zeitpunkt, in welchem die Löschung beendigt sein würde, falls ein solcher Verzug nicht stattgefunden hätte.

(3) Wird vor der Beendigung der Löschung für eine neue Reise Ladung oder Ballast eingenommen, so endet die Gefahr mit dem Zeitpunkt, in welchem mit der Einnahme der Ladung oder des Ballastes begonnen wird.

§ 824.** [**Beginn und Ende der Versicherung von Gütern, Provision und imaginärem Gewinn**] (1) Sind Güter, imaginärer Gewinn oder die von verschifften Gütern zu verdienende Provision versichert, so beginnt die Gefahr mit dem Zeitpunkt, in welchem die Güter zum Zwecke der Einladung in das Schiff oder in die Leichterfahrzeuge vom Lande scheiden; sie endet mit dem Zeitpunkt, in welchem die Güter im Bestimmungshafen wieder an das Land gelangen.

(2) Wird die Löschung von dem Versicherten oder bei der Versicherung von Gütern oder imaginärem Gewinne von dem Versicherten oder von einer der in § 821 Nr. 5 bezeichneten Personen ungebührlich verzögert, so endet die Gefahr mit dem Zeitpunkt, in welchem die Löschung beendigt sein würde, falls ein solcher Verzug nicht stattgefunden hätte.

---

* § 822 Satz 1 geändert durch Seerechtsänderungsgesetz vom 21. 6. 1972 (BGBl. I S. 966).
** § 824 Abs. 2 geändert durch Gesetz vom 30. 5. 1908 (RGBl. S. 307).

10. Abschn. Versicherung gegen Gefahren d. Schiffahrt §§ 825–828 **HGB 1**

(3) Bei der Einladung und Ausladung trägt der Versicherer die Gefahr der ortsgebräuchlichen Benutzung von Leichterfahrzeugen.

§ 825. [**Beginn und Ende der Frachtversicherung**] (1) Bei der Versicherung der Fracht beginnt und endet die Gefahr in Ansehung der Unfälle, denen das Schiff und dadurch die Fracht ausgesetzt ist, mit demselben Zeitpunkt, in welchem die Gefahr bei der Versicherung des Schiffes für dieselbe Reise beginnen und enden würde, in Ansehung der Unfälle, denen die Güter und dadurch die Fracht ausgesetzt sind, mit demselben Zeitpunkt, in welchem die Gefahr bei der Versicherung der Güter für dieselbe Reise beginnen und enden würde.

(2) Bei der Versicherung von Überfahrtsgeldern beginnt und endet die Gefahr mit demselben Zeitpunkt, in welchem die Gefahr bei der Versicherung des Schiffes beginnen und enden würde.

(3) Der Versicherer von Fracht- und Überfahrtsgeldern haftet für einen Unfall, von dem das Schiff betroffen wird, nur insoweit, als Fracht- oder Überfahrtsverträge bereits abgeschlossen sind, und wenn der Reeder Güter für seine Rechnung verschifft, nur insoweit, als diese zum Zwecke der Einladung in das Schiff oder in die Leichterfahrzeuge bereits vom Lande geschieden sind.

§ 826. [**Beginn und Ende der Versicherung von Havereigeldern**] Bei der Versicherung von Bodmerei- und Havereigeldern beginnt die Gefahr mit dem Zeitpunkt, in welchem die Gelder vorgeschossen sind, oder, wenn der Versicherte selbst die Havereigelder verausgabt hat, mit dem Zeitpunkt, in welchem sie verwendet sind; sie endet mit dem Zeitpunkt, in welchem sie bei einer Versicherung der Gegenstände, welche verbodmet oder auf welche die Havereigelder verwendet sind, enden würde.

§ 827. [**Keine Unterbrechung**] (1) ¹Die begonnene Gefahr läuft für den Versicherer während der bedungenen Zeit oder der versicherten Reise ununterbrochen fort. ²Der Versicherer trägt insbesondere die Gefahr auch während des Aufenthalts in einem Not- oder Zwischenhafen und im Falle der Versicherung für die Hinreise und Rückreise während des Aufenthalts des Schiffes in dem Bestimmungshafen der Hinreise.

(2) Müssen die Güter einstweilen gelöscht werden oder wird das Schiff zur Ausbesserung an das Land gebracht, so trägt der Versicherer die Gefahr auch für die Zeit, während welcher sich die Güter oder das Schiff am Lande befinden.

§ 828. [**Ende der Versicherung bei Aufgabe der Reise**] (1) Wird nach dem Beginne der Gefahr die versicherte Reise freiwillig oder gezwungen aufgegeben, so tritt in Ansehung der Beendigung der Gefahr der Hafen, in welchem die Reise beendigt wird, an die Stelle des Bestimmungshafens.

(2) ¹Werden die Güter, nachdem die Reise des Schiffes aufgegeben ist, in anderer Art als mit dem zur Beförderung bestimmten Schiffe nach dem Bestimmungshafen weiterbefördert, so läuft in betreff der Güter die begonnene Gefahr fort, auch wenn die Weiterbeförderung ganz oder zu einem Teile zu Lande geschieht. ²Der Versicherer trägt in solchen Fällen zugleich die Kosten der früheren Löschung, die Kosten der einstweiligen Lagerung und die Mehrkosten der Weiterbeförderung, auch wenn diese zu Lande erfolgt.

§ 829. [Haftung des Versicherers bei Veränderung der Gefahr oder andersartiger Beförderung der Güter] Die Vorschriften der §§ 827 und 828 gelten nur unbeschadet der Vorschriften der §§ 814 und 816.

§ 830.* **[Berechnung der Versicherungsdauer]** (1) ¹Ist die Dauer der Versicherung nach Tagen, Wochen, Monaten oder nach einem mehrere Monate umfassenden Zeitraume bestimmt, so beginnt die Versicherung am Mittage des Tages, an welchem der Vertrag geschlossen wird. ²Sie endigt am Mittage des letzten Tages der Frist.

(2) Bei der Berechnung der Zeit ist der Ort, wo sich das Schiff befindet, maßgebend.

§ 831. [Verlängerung der Versicherung auf Zeit] (1) ¹Ist im Falle der Versicherung des Schiffes auf Zeit das Schiff bei dem Ablaufe der im Vertrage festgesetzten Versicherungszeit unterwegs, so gilt die Versicherung in Ermangelung einer entgegenstehenden Vereinbarung als verlängert bis zur Ankunft des Schiffes im nächsten Bestimmungshafen und, falls in diesem gelöscht wird, bis zur Beendigung der Löschung (§ 823). ²Der Versicherte ist jedoch befugt, die Verlängerung durch eine dem Versicherer, solange das Schiff noch nicht unterwegs ist, kundzugebende Erklärung auszuschließen.

(2) Im Falle der Verlängerung hat der Versicherte für deren Dauer und, wenn die Verschollenheit des Schiffes eintritt, bis zum Ablaufe der Verschollenheitsfrist die vereinbarte Zeitprämie fortzuentrichten.

(3) Ist die Verlängerung ausgeschlossen, so kann der Versicherer, wenn die Verschollenheitsfrist über die Versicherungszeit hinausläuft, auf Grund der Verschollenheit nicht in Anspruch genommen werden.

§ 832. [Wahl von Häfen] Bei einer Versicherung nach einem oder dem anderen unter mehreren Häfen ist dem Versicherten gestattet, einen dieser Häfen zu wählen; bei einer Versicherung nach einem und einem anderen oder nach einem und mehreren anderen Häfen ist der Versicherte zum Besuch eines jeden der bezeichneten Häfen befugt.

§ 833. [Reihenfolge der Hafenbesuche] (1) Ist die Versicherung nach mehreren Häfen geschlossen oder dem Versicherten das Recht vorbehalten, mehrere Häfen anzulaufen, so ist dem Versicherten nur gestattet, die Häfen nach der vereinbarten oder in Ermangelung einer Vereinbarung nach der den Schiffahrtsverhältnissen entsprechenden Reihenfolge zu besuchen; er ist jedoch zum Besuch aller einzelnen Häfen nicht verpflichtet.

(2) Die in der Police enthaltene Reihenfolge wird, soweit nicht ein anderes sich ergibt, als die vereinbarte angesehen.

§ 834. [Belastung des Versicherers mit Havereibeiträgen, Aufopferungen, Rettungs-, Dispache- u.a. Kosten] Dem Versicherer fallen zur Last:
1. die Beiträge zur großen Haverei mit Einschluß derjenigen, welche der Versicherte selbst wegen eines von ihm erlittenen Schadens zu tragen hat; die in Gemäßheit der §§ 635 und 732 nach den Grundsätzen der großen Haverei zu

---

* § 830 Abs. 1 neu gefaßt durch Gesetz vom 30. 5. 1908 (RGBl. S. 307).

10. Abschn. Versicherung gegen Gefahren d. Schiffahrt §§ 835–838 **HGB 1**

beurteilenden Beiträge werden den Beiträgen zur großen Haverei gleichgeachtet;
2. die Aufopferungen, welche zur großen Haverei gehören würden, wenn das Schiff Güter, und zwar andere als Güter des Reeders an Bord gehabt hätte;
3. die sonstigen zur Rettung sowie zur Abwendung größerer Nachteile notwendig oder zweckmäßig aufgewendeten Kosten (§ 819), selbst wenn die ergriffenen Maßregeln erfolglos geblieben sind;
4. die zur Ermittelung und Feststellung des dem Versicherer zur Last fallenden Schadens erforderlichen Kosten, insbesondere die Kosten der Besichtigung, der Abschätzung, des Verkaufs und der Anfertigung der Dispache.

§ 835. [**Berechnung nach Dispache; Ortsrecht der Dispache**] (1) [1]In Ansehung der Beiträge zur großen Haverei und der nach den Grundsätzen der großen Haverei zu beurteilenden Beiträge bestimmen sich die Verpflichtungen des Versicherers nach der am gehörigen Orte im Inland oder im Ausland, im Einklange mit dem am Orte der Aufmachung geltenden Rechte aufgemachten Dispache. [2]Insbesondere ist der Versicherte, der einen zur großen Haverei gehörenden Schaden erlitten hat, nicht berechtigt, von dem Versicherer mehr als den Betrag zu fordern, zu welchem der Schaden in der Dispache berechnet ist; andererseits haftet der Versicherer für diesen ganzen Betrag, ohne daß namentlich der Versicherungswert maßgebend ist.

(2) Auch kann der Versicherte, wenn der Schaden nach dem am Orte der Aufmachung geltenden Rechte als große Haverei nicht anzusehen ist, den Ersatz des Schadens von dem Versicherer nicht aus dem Grunde fordern, weil der Schaden nach einem anderen Rechte, insbesondere nach dem Rechte des Versicherungsorts, große Haverei sei.

§ 836. [**Vertraglicher Ausschluß der Haftung des Versicherers**] Der Versicherer haftet jedoch für die in § 835 erwähnten Beiträge nicht, soweit sie sich auf einen Unfall gründen, für den der Versicherer nach dem Versicherungsvertrage nicht haftet.

§ 837. [**Keine Anfechtung der Dispache; Ausnahme**] (1) Ist die Dispache von einer durch Gesetz oder Gebrauch dazu berufenen Person aufgemacht worden, so kann der Versicherer sie wegen Nichtübereinstimmung mit dem am Orte der Aufmachung geltenden Rechte und der dadurch bewirkten Benachteiligung des Versicherers nicht anfechten, es sei denn, daß der Versicherte durch mangelhafte Wahrnehmung seiner Rechte die Benachteiligung verschuldet hat.

(2) Dem Versicherten liegt jedoch ob, die Ansprüche gegen die zu seinem Nachteile Begünstigten dem Versicherer abzutreten.

(3) Dagegen ist der Versicherer befugt, in allen Fällen die Dispache dem Versicherten gegenüber insoweit anzufechten, als ein von dem Versicherten selbst erlittener Schaden, für den ihm nach dem am Orte der Aufmachung der Dispache geltenden Rechte eine Vergütung nicht gebührt hätte, gleichwohl als große Haverei behandelt worden ist.

§ 838. [**Beschränkte Haftung des Versicherers wegen Schadens aus der großen Haverei**] Wegen eines von dem Versicherten erlittenen, zur großen Haverei gehörenden oder nach den Grundsätzen der letzteren zu beurteilenden Schadens haftet der Versicherer, wenn die Einleitung des die Feststellung und Verteilung des Schadens bezweckenden ordnungsmäßigen Verfahrens stattgefunden hat, in Ansehung der Beiträge, welche dem Versicherten zu entrichten sind, nur insoweit, als der Versicherte die ihm gebührende Vergütung auch im Rechtswege, sofern er diesen füglich betreten konnte, nicht erhalten hat.

§ 839. [**Volle Haftung des Versicherers**] Ist die Einleitung des Verfahrens ohne Verschulden des Versicherten unterblieben, so kann er den Versicherer wegen des ganzen Schadens nach Maßgabe des Versicherungsvertrags unmittelbar in Anspruch nehmen.

§ 840. [**Haftung bis zur Höhe der Versicherungssumme**] (1) Der Versicherer haftet für den Schaden nur bis zur Höhe der Versicherungssumme.

(2) Er hat jedoch die in § 834 Nr. 3 und 4 erwähnten Kosten vollständig zu erstatten, wenngleich die hiernach im ganzen zu zahlende Vergütung die Versicherungssumme übersteigt.

(3) Sind infolge eines Unfalls solche Kosten bereits aufgewendet, zum Beispiel Loskaufs- oder Reklamekosten verausgabt, oder sind zur Wiederherstellung oder Ausbesserung der durch den Unfall beschädigten Sache bereits Verwendungen geschehen, zum Beispiel zu einem solchen Zwecke Havereigelder verausgabt, oder sind von dem Versicherten Beiträge zur großen Haverei bereits entrichtet oder ist eine persönliche Verpflichtung des Versicherten zur Entrichtung solcher Beiträge bereits entstanden und ereignet sich später ein neuer Unfall, so haftet der Versicherer für den durch den späteren Unfall entstehenden Schaden bis zur Höhe der ganzen Versicherungssumme ohne Rücksicht auf die ihm zur Last fallenden früheren Aufwendungen und Beiträge.

§ 841. [**Befreiung durch Zahlung der vollen Versicherungssumme**] (1) Der Versicherer ist nach dem Eintritt eines Unfalls berechtigt, sich durch Zahlung der vollen Versicherungssumme von allen weiteren Verbindlichkeiten aus dem Versicherungsvertrage zu befreien, insbesondere von der Verpflichtung, die Kosten zu erstatten, welche zur Rettung, Erhaltung und Wiederherstellung der versicherten Sachen erforderlich sind.

(2) War zur Zeit des Eintritts des Unfalls ein Teil der versicherten Sachen der vom Versicherer zu tragenden Gefahr bereits entzogen, so hat der Versicherer, welcher von dem Rechte des Absatzes 1 Gebrauch macht, den auf jenen Teil fallenden Teil der Versicherungssumme nicht zu entrichten.

(3) Der Versicherer erlangt durch Zahlung der Versicherungssumme keinen Anspruch auf die versicherten Sachen.

(4) Ungeachtet der Zahlung der Versicherungssumme bleibt der Versicherer zum Ersatze derjenigen Kosten verpflichtet, welche auf die Rettung, Erhaltung oder Wiederherstellung der versicherten Sachen verwendet worden sind, bevor seine Erklärung, von dem Rechte Gebrauch zu machen, dem Versicherten zugegangen ist.

§ 842. [**Frist für Befreiungserklärung des Versicherers**] Der Versicherer muß seinen Entschluß, von dem in § 841 bezeichneten Rechte Gebrauch zu machen, bei Verlust dieses Rechtes dem Versicherten spätestens am dritten Tage nach dem Ablaufe desjenigen Tages erklären, an welchem ihm der Versicherte den

10. Abschn. Versicherung gegen Gefahren d. Schiffahrt §§ 843–849 **HGB 1**

Unfall unter Bezeichnung seiner Beschaffenheit und seiner unmittelbaren Folgen angezeigt und alle sonstigen auf den Unfall sich beziehenden Umstände mitgeteilt hat, soweit die letzteren dem Versicherten bekannt sind.

§ 843. [Verhältnismäßige Haftung bei Unterversicherung] Ist nicht zum vollen Werte versichert, so haftet der Versicherer für die in § 834 erwähnten Beiträge, Aufopferungen und Kosten nur nach dem Verhältnisse der Versicherungssumme zum Versicherungswerte.

§ 844. [Kein Wegfall der Ersatzpflicht bei späterem Neuschaden] Die Verpflichtung des Versicherers, einen Schaden zu ersetzen, wird dadurch nicht wieder aufgehoben oder geändert, daß später infolge einer Gefahr, die der Versicherer nicht zu tragen hat, ein neuer Schaden und selbst ein Totalverlust eintritt.

§ 845. [Kein Ersatz besonderer Haverei unter 3% des Versicherungswertes] (1) Besondere Havereien hat der Versicherer nicht zu ersetzen, wenn sie ohne die Kosten der Ermittelung und Feststellung des Schadens (§ 834 Nr. 4) drei Prozent des Versicherungswerts nicht übersteigen; betragen sie mehr als drei Prozent, so sind sie ohne Abzug der drei Prozent zu vergüten.

(2) ¹Ist das Schiff auf Zeit oder auf mehrere Reisen versichert, so sind die drei Prozent für jede einzelne Reise zu berechnen. ²Der Begriff der Reise bestimmt sich nach § 757.

§ 846. [Ausnahme von der 3%-Klausel] ¹Die in § 834 unter Nummer 1 bis 3 erwähnten Beiträge, Aufopferungen und Kosten muß der Versicherer ersetzen, auch wenn sie drei Prozent des Versicherungswerts nicht erreichen. ²Sie kommen jedoch bei der Ermittelung der in § 845 bezeichneten drei Prozent nicht in Berechnung.

§ 847. [Vereinbarte Prozentklausel] Ist vereinbart, daß der Versicherer von bestimmten Prozenten frei sein soll, so kommen die Vorschriften der §§ 845 und 846 mit der Maßgabe zur Anwendung, daß an die Stelle der dort erwähnten drei Prozent die im Vertrag angegebene Anzahl von Prozenten tritt.

§ 848.* [Klausel „frei von Kriegsmolest"] (1) Ist vereinbart, daß der Versicherer die Kriegsgefahr nicht übernimmt, auch wenn die Versicherung rücksichtlich der übrigen Gefahren nur bis zum Eintritt einer Kriegsbelästigung dauern soll, so endet die Gefahr für den Versicherer mit dem Zeitpunkt, in welchem die Kriegsgefahr auf die Reise Einfluß zu üben beginnt, insbesondere also, wenn der Antritt oder die Fortsetzung der Reise durch Kriegsschiffe, Kaper oder Blockade behindert oder zur Vermeidung der Kriegsgefahr aufgeschoben wird, wenn das Schiff aus einem solchen Grunde von seinem Wege abweicht oder wenn der Kapitän durch Kriegsbelästigung die freie Führung des Schiffes verliert.

(2) Eine Vereinbarung der in Absatz 1 bezeichneten Art wird namentlich angenommen, wenn der Vertrag mit der Klausel: „frei von Kriegsmolest" abgeschlossen ist.

§ 849. [Klausel „nur für Seegefahr"] (1) Ist vereinbart, daß der Versicherer zwar nicht die Kriegsgefahr übernimmt, alle übrigen Gefahren aber auch nach dem

---
* § 848 Abs. 1 geändert durch Seerechtsänderungsgesetz vom 21. 6. 1972 (BGBl. I S. 966).

Eintritt einer Kriegsbelästigung tragen soll, so endet die Gefahr für den Versicherer erst mit der Kondemnation der versicherten Sache oder sobald sie geendet hätte, wenn die Kriegsgefahr nicht ausgenommen worden wäre; der Versicherer haftet aber nicht für die zunächst durch Kriegsgefahr verursachten Schäden, also insbesondere nicht:

für Konfiskation durch kriegführende Mächte;

für Nehmung, Beschädigung, Vernichtung und Plünderung durch Kriegsschiffe und Kaper;

für die Kosten, welche entstehen aus der Anhaltung und Reklamierung, aus der Blockade des Aufenthaltshafens oder der Zurückweisung von einem blockierten Hafen oder aus dem freiwilligen Aufenthalte wegen Kriegsgefahr;

für die nachstehenden Folgen eines solchen Aufenthalts: Verderb und Verminderung der Güter, Kosten und Gefahr ihrer Entlöschung und Lagerung, Kosten ihrer Weiterbeförderung.

(2) Im Zweifel wird angenommen, daß ein eingetretener Schaden durch Kriegsgefahr nicht verursacht sei.

(3) Eine Vereinbarung der in Absatz 1 bezeichneten Art wird namentlich angenommen, wenn der Vertrag mit der Klausel: ,,nur für Seegefahr" abgeschlossen ist.

§ 850. [Klausel ,,für behaltene Ankunft"] (1) Ist der Vertrag mit der Klausel: ,,für behaltene Ankunft" abgeschlossen, so endet die Gefahr für den Versicherer schon mit dem Zeitpunkt, in welchem das Schiff im Bestimmungshafen am gebräuchlichen oder gehörigen Platze den Anker hat fallen lassen oder befestigt ist.

(2) Auch haftet der Versicherer nur:

1. bei der auf das Schiff sich beziehenden Versicherung, wenn entweder ein Totalverlust eintritt oder wenn das Schiff abandonniert (§ 861) oder infolge eines Unfalls vor der Erreichung des Bestimmungshafens wegen Reparaturunfähigkeit oder wegen Reparaturunwürdigkeit verkauft wird (§ 873);
2. bei der auf Güter sich beziehenden Versicherung, wenn die Güter oder ein Teil der Güter infolge eines Unfalls den Bestimmungshafen nicht erreichen, insbesondere wenn sie vor der Erreichung des Bestimmungshafens infolge eines Unfalls verkauft werden. Erreichen die Güter den Bestimmungshafen, so haftet der Versicherer weder für eine Beschädigung noch für einen Verlust, der die Folge einer Beschädigung ist.

(3) Überdies hat der Versicherer in keinem Falle die in § 834 erwähnten Beiträge, Aufopferungen und Kosten zu tragen.

§ 851. [Klausel ,,frei von Beschädigung außer im Strandungsfall"] (1) [1]Ist der Vertrag mit der Klausel: ,,frei von Beschädigung außer im Strandungsfall" abgeschlossen, so haftet der Versicherer nicht für einen Schaden, der aus einer Beschädigung entsteht, ohne Unterschied, ob der Schaden in einer Wertverringerung oder in einem gänzlichen oder teilweisen Verlust besteht und insbesondere darin besteht, daß die versicherten Güter gänzlich verdorben oder in ihrer ursprünglichen Beschaffenheit zerstört den Bestimmungshafen erreichen oder während der Reise wegen Beschädigung und drohenden Verderbs verkauft worden sind, es sei denn, daß das Schiff oder das Leichterfahrzeug, in welchem sich die versicherten Güter befanden, gestrandet ist. [2]Der Strandung werden folgende Seeunfälle gleichgeach-

10. Abschn. Versicherung gegen Gefahren d. Schiffahrt §§ 852–855 **HGB 1**

tet: Kentern, Sinken, Zerbrechen des Rumpfes, Scheitern und jeder Seeunfall, durch den das Schiff oder das Leichterfahrzeug reparaturunfähig geworden ist.

(2) ¹Hat sich eine Strandung oder ein dieser gleichzuachtender anderer Seeunfall ereignet, so haftet der Versicherer für jede drei Prozent (§ 845) übersteigende Beschädigung, die infolge eines solchen Seeunfalls entstanden ist, nicht aber für eine sonstige Beschädigung. ²Es wird vermutet, daß eine Beschädigung, die möglicherweise Folge des eingetretenen Seeunfalls sein kann, infolge des Unfalls entstanden sei.

(3) ¹Für jeden Schaden, der nicht aus einer Beschädigung entsteht, haftet der Versicherer, ohne Unterschied, ob sich eine Strandung oder ein anderer der erwähnten Unfälle zugetragen hat oder nicht, in derselben Weise, als wenn der Vertrag ohne die Klausel abgeschlossen wäre. ²Jedenfalls haftet er für die in § 834 unter Nummer 1, 2 und 4 erwähnten Beiträge, Aufopferungen und Kosten, für die in § 834 unter Nummer 3 erwähnten Kosten aber nur dann, wenn sie zur Abwendung eines ihm zur Last fallenden Verlustes verausgabt worden sind.

(4) Eine Beschädigung, die ohne Selbstentzündung durch Feuer oder durch Löschung eines solchen Feuers oder durch Beschießen entstanden ist, wird als eine solche Beschädigung, von welcher der Versicherer durch die Klausel befreit wird, nicht angesehen.

§ 852. [Klausel „frei von Bruch außer im Strandungsfall"] Wenn der Vertrag mit der Klausel: „frei von Bruch außer im Strandungsfall" abgeschlossen ist, so finden die Vorschriften des § 851 mit der Maßgabe Anwendung, daß der Versicherer für Bruch insoweit haftet, als er nach § 851 für Beschädigung aufzukommen hat.

§ 853. [Begriff der Strandung] Eine Strandung im Sinne der §§ 851 und 852 ist vorhanden, wenn das Schiff unter nicht gewöhnlichen Verhältnissen der Seeschiffahrt auf den Grund festgerät und nicht wieder flott wird, oder zwar wieder flott wird, jedoch entweder

1. nur unter Anwendung ungewöhnlicher Maßregeln, wie Kappen der Masten, Werfen oder Löschung eines Teiles der Ladung und dergleichen, oder durch den Eintritt einer ungewöhnlich hohen Flut, nicht aber ausschließlich durch Anwendung gewöhnlicher Maßregeln, wie Winden auf den Anker, Backstellen der Segel und dergleichen, oder
2. erst nachdem das Schiff durch das Festgeraten einen erheblichen Schaden am Schiffskörper erlitten hat.

Fünfter Titel. Umfang des Schadens

§ 854. [Totalverlust des Schiffes und der Güter] ¹Ein Totalverlust des Schiffes oder der Güter liegt vor, wenn das Schiff oder die Güter zu Grunde gegangen oder dem Versicherten ohne Aussicht auf Wiedererlangung entzogen sind, namentlich wenn sie unrettbar gesunken oder in ihrer ursprünglichen Beschaffenheit zerstört oder für gute Prise erklärt sind. ²Ein Totalverlust des Schiffes wird dadurch nicht ausgeschlossen, daß einzelne Teile des Wrackes oder des Inventars gerettet sind.

§ 855. [Totalverlust der Fracht] Ein Totalverlust in Ansehung der Fracht liegt vor, wenn die ganze Fracht verlorengegangen ist.

§ 856. [**Totalverlust des imaginären Gewinns oder der Provision**] Ein Totalverlust in Ansehung des imaginären Gewinns oder in Ansehung der Provision, welche von der Ankunft der Güter am Bestimmungsort erwartet werden, liegt vor, wenn die Güter den Bestimmungsort nicht erreicht haben.

§ 857. [**Totalverlust der Havereigelder**] Ein Totalverlust in Ansehung der Bodmerei- und Havereigelder liegt vor, wenn die Gegenstände, welche verbodmet oder für welche die Havereigelder vorgeschossen oder verausgabt sind, entweder von einem Totalverlust oder dergestalt von anderen Unfällen betroffen sind, daß infolge der dadurch herbeigeführten Beschädigungen, Verbodmungen oder sonstigen Belastungen zur Deckung jener Gelder nichts übriggeblieben ist.

§ 858. [**Versicherungssumme bei Totalverlust**] Im Falle des Totalverlustes hat der Versicherer die Versicherungssumme zum vollen Betrage zu zahlen, jedoch unbeschadet der nach § 800 etwa zu machenden Abzüge.

§ 859. [**Abzug des Geretteten; Übergang der Rechte auf den Versicherer**]
(1) ¹Ist im Falle des Totalverlustes vor der Zahlung der Versicherungssumme etwas gerettet, so kommt der Erlös des Geretteten von der Versicherungssumme in Abzug. ²War nicht zum vollen Werte versichert, so wird nur ein verhältnismäßiger Teil des Geretteten von der Versicherungssumme abgezogen.

(2) Mit der Zahlung der Versicherungssumme gehen die Rechte des Versicherten an der versicherten Sache auf den Versicherer über.

(3) ¹Erfolgt erst nach der Zahlung der Versicherungssumme eine vollständige oder teilweise Rettung, so hat auf das nachträglich Gerettete nur der Versicherer Anspruch. ²War nicht zum vollen Werte versichert, so gebührt dem Versicherer nur ein verhältnismäßiger Teil des Geretteten.

§ 860.* [**Anrechnung günstiger Erlöse auf imaginären Gewinn**] Sind bei einem Totalverlust in Ansehung des imaginären Gewinns (§ 856) die Güter während der Reise so günstig verkauft, daß der Reinerlös mehr beträgt als der Versicherungswert der Güter, oder ist für die Güter, wenn sie in Fällen der großen Haverei aufgeopfert worden sind oder wenn dafür nach Maßgabe der §§ 541 und 658 Ersatz geleistet werden muß, mehr als jener Wert vergütet, so kommt von der Versicherungssumme des imaginären Gewinns der Überschuß in Abzug.

§ 861. [**Abandon des Versicherten**] (1) Der Versicherte ist befugt, die Zahlung der Versicherungssumme zum vollen Betrage gegen Abtretung der in Ansehung des versicherten Gegenstandes ihm zustehenden Rechte in folgenden Fällen zu verlangen (Abandon):

1. wenn das Schiff verschollen ist;

2. wenn der Gegenstand der Versicherung dadurch bedroht ist, daß das Schiff oder die Güter unter Embargo gelegt, von einer kriegführenden Macht aufgebracht, auf andere Weise durch Verfügung von hoher Hand angehalten oder durch Seeräuber genommen und während einer Frist von sechs, neun oder zwölf Monaten nicht freigegeben sind, je nachdem die Aufbringung, Anhaltung oder Nehmung geschehen ist:
   a) in einem europäischen Hafen oder in einem europäischen Meere einschließlich aller Häfen oder Teile des Mittelländischen, Schwarzen und Asowschen Meeres oder

---

* § 860 geändert durch Gesetz vom 10. 8. 1937 (RGBl. I S. 891).

10. Abschn. Versicherung gegen Gefahren d. Schiffahrt §§ 862–865 **HGB 1**

b) in einem anderen Gewässer, jedoch diesseits des Vorgebirges der guten Hoffnung und des Kap Horn, oder
c) in einem Gewässer jenseits des einen jener Vorgebirge.

(2) Die Fristen werden von dem Tage an berechnet, an welchem dem Versicherer der Unfall durch den Versicherten angezeigt wird (§ 818).

§ 862. [**Verschollenheit**] (1) Ein Schiff, welches eine Reise angetreten hat, ist als verschollen anzusehen, wenn es innerhalb der Verschollenheitsfrist den Bestimmungshafen nicht erreicht hat, auch innerhalb dieser Frist den Beteiligten keine Nachrichten über das Schiff zugegangen sind.

(2) Die Verschollenheitsfrist beträgt:
1. wenn sowohl der Abgangshafen als der Bestimmungshafen ein europäischer Hafen ist, bei Segelschiffen sechs, bei Dampfschiffen vier Monate;
2. wenn entweder nur der Abgangshafen oder nur der Bestimmungshafen ein außereuropäischer Hafen ist, falls er diesseits des Vorgebirges der guten Hoffnung und des Kap Horn belegen ist, bei Segel- und Dampfschiffen neun Monate, falls er jenseits des einen jener Vorgebirge belegen ist, bei Segel- und Dampfschiffen zwölf Monate;
3. wenn sowohl der Abgangs- als der Bestimmungshafen ein außereuropäischer Hafen ist, bei Segel- und Dampfschiffen sechs, neun oder zwölf Monate, je nachdem die Durchschnittsdauer der Reise nicht über zwei oder nicht über drei oder mehr als drei Monate beträgt.

(3) Im Zweifel ist die längere Frist abzuwarten.

§ 863. [**Berechnung der Verschollenheitsfrist**] ¹Die Verschollenheitsfrist wird von dem Tage an berechnet, an welchem das Schiff die Reise angetreten hat. ²Sind jedoch seit dessen Abgange Nachrichten von ihm angelangt, so wird von dem Tage an, bis zu welchem die letzte Nachricht reicht, diejenige Frist berechnet, welche maßgebend sein würde, wenn das Schiff von dem Punkte, an welchem es sich nach sicherer Nachricht zuletzt befunden hat, abgegangen wäre.

§ 864. [**Abandonerklärung; Abandonfrist**] (1) Die Abandonerklärung muß dem Versicherer innerhalb der Abandonfrist zugegangen sein.

(2) ¹Die Abandonfrist beträgt sechs Monate, wenn im Falle der Verschollenheit (§ 861 Abs. 1 Nr. 1) der Bestimmungshafen ein europäischer Hafen ist und wenn im Falle der Aufbringung, Anhaltung oder Nehmung (§ 861 Abs. 1 Nr. 2) der Unfall sich in einem europäischen Hafen oder in einem europäischen Meere einschließlich aller Häfen oder Teile des Mittelländischen, Schwarzen und Asowschen Meeres zugetragen hat. ²In den übrigen Fällen beträgt die Abandonfrist neun Monate. ³Die Abandonfrist beginnt mit dem Ablaufe der in den §§ 861 und 862 bezeichneten Fristen.

(3) Bei der Rückversicherung beginnt die Abandonfrist mit dem Ablaufe des Tages, an welchem dem Rückversicherten von dem Versicherten der Abandon erklärt worden ist.

§ 865. [**Versäumung der Abandonfrist**] (1) Nach dem Ablaufe der Abandonfrist ist der Abandon unstatthaft, unbeschadet des Rechtes des Versicherten, nach Maßgabe der sonstigen Grundsätze Vergütung eines Schadens in Anspruch zu nehmen.

(2) Ist im Falle der Verschollenheit des Schiffes die Abandonfrist versäumt, so kann der Versicherte zwar den Ersatz eines Totalschadens fordern; er hat jedoch,

wenn die versicherte Sache wieder zum Vorscheine kommt und sich dabei ergibt, daß ein Totalverlust nicht vorliegt, auf Verlangen des Versicherers gegen Verzicht des letzteren auf die infolge der Zahlung der Versicherungssumme nach § 859 ihm zustehenden Rechte die Versicherungssumme zu erstatten und sich mit dem Ersatz eines etwa erlittenen teilweisen Schadens zu begnügen.

§ 866. [**Abandonerklärung unbedingt und unwiderruflich**] (1) Die Abandonerklärung muß, um gültig zu sein, ohne Vorbehalt oder Bedingung erfolgen und sich auf den ganzen versicherten Gegenstand erstrecken, soweit dieser zur Zeit des Unfalls den Gefahren der See ausgesetzt war.

(2) Wenn jedoch nicht zum vollen Werte versichert war, so ist der Versicherte nur den verhältnismäßigen Teil des versicherten Gegenstandes zu abandonnieren verpflichtet.

(3) Die Abandonerklärung ist unwiderruflich.

§ 867. [**Hinfälligkeit der Abandonerklärung**] [1]Die Abandonerklärung ist ohne rechtliche Wirkung, wenn die Tatsachen, auf welche sie gestützt wird, sich nicht bestätigen oder zur Zeit der Mitteilung der Erklärung nicht mehr bestehen. [2]Dagegen bleibt sie für beide Teile verbindlich, auch wenn sich später Umstände ereignen, deren früherer Eintritt das Recht zum Abandon ausgeschlossen haben würde.

§ 868. [**Übergang aller Rechte auf den Versicherer durch Abandon des Versicherten; dessen Rückgriff gegen besonderen Frachtversicherer**]
(1) Durch Abandonerklärung gehen auf den Versicherer alle Rechte über, die dem Versicherten in Ansehung des abandonnierten Gegenstandes zustanden.

(2) Der Versicherte hat dem Versicherer Gewähr zu leisten wegen der auf dem abandonnierten Gegenstande zur Zeit der Abandonerklärung haftenden dinglichen Rechte, es sei denn, daß sich diese auf Gefahren gründen, für die der Versicherer nach dem Versicherungsvertrag aufzukommen hat.

(3) [1]Wird das Schiff abandonniert, so gebührt dem Versicherer des Schiffes die Nettofracht der Reise, auf welcher sich der Unfall zugetragen hat, soweit die Fracht erst nach der Abandonerklärung verdient ist. [2]Dieser Teil der Fracht wird nach den für die Ermittelung der Distanzfracht geltenden Vorschriften berechnet.

(4) Den hiernach für den Versicherten entstehenden Verlust hat, wenn die Fracht selbständig versichert ist, der Versicherer der Fracht zu tragen.

§ 869. [**Vorlage von Urkunden, Anzeige anderweitiger Versicherung**]
(1) [1]Die Zahlung der Versicherungssumme kann erst verlangt werden, nachdem die zur Rechtfertigung des Abandons dienenden Urkunden dem Versicherer mitgeteilt sind und eine angemessene Frist zu deren Prüfung abgelaufen ist. [2]Wird wegen Verschollenheit des Schiffes abandonniert, so gehören zu den mitzuteilenden Urkunden glaubhafte Bescheinigungen über die Zeit, in welcher das Schiff den Abgangshafen verlassen hat, und über die Nichtankunft des Schiffes im Bestimmungshafen während der Verschollenheitsfrist.

(2) [1]Der Versicherte ist verpflichtet, bei der Abandonerklärung, soweit er dazu imstande ist, dem Versicherer anzuzeigen, ob und welche andere den abandonnierten Gegenstand betreffende Versicherungen genommen sind sowie ob und welche Bodmereischulden oder sonstige Belastungen darauf haften. [2]Ist die Anzeige unterblieben, so kann der Versicherer die Zahlung der Versicherungssumme so lange verweigern, bis die Anzeige nachträglich geschehen ist; wenn eine Zahlungsfrist

bedungen ist, so beginnt diese erst mit dem Zeitpunkt, in welchem die Anzeige nachgeholt wird.

§ 870. [**Sorgepflicht des Versicherten nach Abandon**] (1) Der Versicherte ist verpflichtet, auch nach der Abandonerklärung für die Rettung der versicherten Sachen und für die Abwendung größerer Nachteile nach § 819, und zwar so lange zu sorgen, bis der Versicherer selbst dazu imstande ist.

(2) Erfährt der Versicherte, daß ein für verloren erachteter Gegenstand wieder zum Vorscheine gekommen ist, so muß er dies dem Versicherer sofort anzeigen und ihm auf Verlangen die zur Erlangung oder Verwertung des Gegenstandes erforderliche Hilfe leisten.

(3) Die Kosten hat der Versicherer zu ersetzen; auch hat er den Versicherten auf Verlangen mit einem angemessenen Vorschusse zu versehen.

§ 871. [**Abandonrevers**] Der Versicherte muß dem Versicherer, wenn dieser die Rechtmäßigkeit des Abandons anerkennt, auf dessen Verlangen und auf dessen Kosten über den nach § 868 durch die Abandonerklärung eingetretenen Übergang der Rechte eine öffentlich beglaubigte Anerkennungsurkunde (Abandonrevers) erteilen und die auf die abandonierten Gegenstände sich beziehenden Urkunden ausliefern.

§ 872. [**Teilschaden am Schiff**] Bei einem teilweisen Schaden am Schiffe besteht der Schaden in dem nach den §§ 709 und 710 zu ermittelnden Betrage der Ausbesserungskosten, soweit diese die Beschädigungen betreffen, welche dem Versicherer zur Last fallen.

§ 873.* [**Reparaturunfähigkeit und -unwürdigkeit**] (1) Ist die Reparaturunfähigkeit oder Reparaturunwürdigkeit des Schiffes (§ 479) festgestellt, so ist der Versicherte dem Versicherer gegenüber befugt, das Schiff oder das Wrack zum öffentlichen Verkaufe zu bringen; im Falle des Verkaufs besteht der Schaden in dem Unterschiede zwischen dem Reinerlös und dem Versicherungswerte.

(2) Die übernommene Gefahr endet für den Versicherer erst mit dem Verkaufe des Schiffes oder des Wrackes; auch haftet der Versicherer für den Eingang des Kaufpreises.

(3) Bei der zur Ermittelung der Reparaturunwürdigkeit erforderlichen Feststellung des Wertes des Schiffes im unbeschädigten Zustande bleibt dessen Versicherungswert, gleichviel ob er taxiert ist oder nicht, außer Betracht.

§ 874. [**Nachträgliche Geltendmachung der Reparaturunwürdigkeit**]
(1) Der Beginn der Ausbesserung schließt die Ausübung des in § 873 dem Versicherten eingeräumten Rechtes nicht aus, wenn erst später erhebliche Schäden entdeckt werden, die dem Versicherten ohne sein Verschulden unbekannt geblieben waren.

(2) Macht der Versicherte von dem Rechte nachträglich Gebrauch, so muß der Versicherer die bereits aufgewendeten Ausbesserungskosten insoweit besonders vergüten, als durch die Ausbesserung bei dem Verkaufe des Schiffes ein höherer Erlös erzielt worden ist.

§ 875.** [**Beschädigte Güter**] (1) [1]Bei Gütern, die beschädigt im Bestimmungshafen ankommen, ist durch Vergleichung des Bruttowerts, den sie daselbst

---

* § 873 Abs. 1 geändert durch Seerechtsänderungsgesetz vom 21. 6. 1972 (BGBl. I S. 966).
** § 875 Abs. 2 Satz 2 geändert durch Gesetz vom 10. 8. 1937 (RGBl. I S. 891).

im beschädigten Zustande haben, mit dem Bruttowerte, welchen sie dort im unbeschädigten Zustande haben würden, zu ermitteln, wie viele Prozente des Wertes der Güter verloren sind. ²Ebenso viele Prozente des Versicherungswerts sind als der Betrag des Schadens anzusehen.

(2) ¹Die Ermittelung des Wertes, welchen die Güter im beschädigten Zustande haben, erfolgt durch öffentlichen Verkauf oder, wenn der Versicherer einwilligt, durch Abschätzung. ²Der Wert, welchen die Güter im unbeschädigten Zustande haben würden, bestimmt sich nach § 658 Abs. 1.

(3) Der Versicherer hat außerdem die Besichtigungs-, Abschätzungs- und Verkaufskosten zu tragen.

§ 876. [Teilverlust von Gütern] Geht ein Teil der Güter auf der Reise verloren, so besteht der Schaden in ebenso vielen Prozenten des Versicherungswerts, als Prozente des Wertes der Güter verlorengegangen sind.

§ 877. [Verkauf von Gütern infolge Unfalls] (1) Sind Güter auf der Reise infolge eines Unfalls verkauft worden, so besteht der Schaden in dem Unterschiede zwischen dem nach Abzug der Fracht, der Zölle und Verkaufskosten sich ergebenden Reinerlöse der Güter und deren Versicherungswerte.

(2) Die übernommene Gefahr endet für den Versicherer erst mit dem Verkaufe der Güter; auch haftet der Versicherer für den Eingang des Kaufpreises.

(3) Die Vorschriften der §§ 834 bis 838 bleiben unberührt.

§ 878. [Teilverlust der Fracht] (1) Bei einem teilweisen Verluste der Fracht besteht der Schaden in demjenigen Teile der bedungenen oder in deren Ermangelung der üblichen Fracht, welcher verlorengegangen ist.

(2) Ist die Fracht taxiert und die Taxe nach § 793 Abs. 4 in bezug auf einen von dem Versicherer zu ersetzenden Schaden maßgebend, so besteht der Schaden in ebenso vielen Prozenten der Taxe, als Prozente der bedungenen oder üblichen Fracht verloren sind.

§ 879. [Teilschaden an imaginärem Gewinn oder an Provision] (1) Bei einem imaginären Gewinn oder einer Provision, die von der Ankunft der Güter erwartet werden, besteht der Schaden, wenn die Güter in beschädigtem Zustand ankommen, in ebenso vielen Prozenten des als Gewinn oder Provision versicherten Betrags, als der nach § 875 zu ermittelnde Schaden an den Gütern Prozente des Versicherungswerts der letzteren beträgt.

(2) Erreicht ein Teil der Güter den Bestimmungshafen nicht, so besteht der Schaden in ebenso vielen Prozenten des als Gewinn oder Provision versicherten Betrags, als der Wert des in dem Bestimmungshafen nicht angelangten Teiles der Güter Prozente des Wertes aller Güter beträgt.

(3) Sind bei der Versicherung des imaginären Gewinns in Ansehung des nicht angelangten Teiles der Güter die Voraussetzungen des § 860 vorhanden, so kommt von dem Schaden der in § 860 bezeichnete Überschuß in Abzug.

§ 880. [Teilausfall von Havereigeldern] Bei Bodmerei- oder Havereigeldern besteht im Falle eines teilweisen Verlustes der Schaden in dem Ausfalle, welcher sich darauf gründet, daß der Gegenstand, der verbodmet oder für den die Havereigelder vorgeschossen oder verausgabt sind, zur Deckung der Bodmerei- oder Havereigelder infolge späterer Unfälle nicht mehr genügt.

10. Abschn. Versicherung gegen Gefahren d. Schiffahrt §§ 881–884 **HGB 1**

§ 881. [Vergütungspflicht bei Voll- und Unterversicherung] Der Versicherer hat den nach den §§ 872 bis 880 zu berechnenden Schaden vollständig zu vergüten, wenn zum vollen Werte versichert war, jedoch unbeschadet der Vorschrift des § 800; war nicht zum vollen Werte versichert, so hat er nach Maßgabe des § 792 nur einen verhältnismäßigen Teil dieses Schadens zu vergüten.

Sechster Titel. Bezahlung des Schadens

§ 882. [Schadensberechnung mit Belegen] (1) Der Versicherte hat, um den Ersatz eines Schadens fordern zu können, eine Schadensberechnung dem Versicherer mitzuteilen.

(2) Er muß zugleich durch genügende Belege dem Versicherer dartun:
1. sein Interesse;
2. daß der versicherte Gegenstand den Gefahren der See ausgesetzt worden ist;
3. den Unfall, auf den der Anspruch gestützt wird;
4. den Schaden und dessen Umfang.

§ 883.* **[Ausweisung bei Versicherung für fremde Rechnung]** ¹Bei der Versicherung für fremde Rechnung hat sich außerdem der Versicherer darüber auszuweisen, daß er dem Versicherungsnehmer zum Abschlusse des Vertrags Auftrag erteilt hat. ²Ist die Versicherung ohne Auftrag geschlossen, so muß der Versicherte die Umstände dartun, aus welchen hervorgeht, daß die Versicherung in seinem Interesse genommen ist.

§ 884. [Genügende Belege] Als genügende Belege sind im allgemeinen solche Belege anzusehen, die im Handelsverkehre, namentlich wegen der Schwierigkeit der Beschaffung anderer Beweise, nicht beanstandet zu werden pflegen, insbesondere
1. zum Nachweise des Interesses:
   bei der Versicherung des Schiffes die üblichen Eigentumsurkunden;
   bei der Versicherung von Gütern die Fakturen und Konossemente, sofern nach deren Inhalt der Versicherte zur Verfügung über die Güter befugt erscheint;
   bei der Versicherung der Fracht die Chartepartien und Konossemente;
2. zum Nachweise der Verladung der Güter die Konossemente;
3. zum Nachweise des Unfalls die Verklarung und das Tagebuch, in Kondemnationsfällen das Erkenntnis des Prisengerichts, in Verschollenheitsfällen glaubhafte Bescheinigungen über die Zeit, in welcher das Schiff den Abgangshafen verlassen hat, und über die Nichtankunft des Schiffes im Bestimmungshafen während der Verschollenheitsfrist;
4. zum Nachweise des Schadens und dessen Umfanges die den Gesetzen oder Gebräuchen des Ortes der Schadensermittelung entsprechenden Besichtigungs-, Abschätzungs- und Versteigerungsurkunden sowie die Kostenanschläge der Sachverständigen, ferner die quittierten Rechnungen über die ausgeführten Ausbesserungen und andere Quittungen über geleistete Zahlungen; bei Ansehung eines teilweisen Schadens am Schiffe (§§ 872 und 873) genügen jedoch die Besichtigungs- und Abschätzungsurkunden sowie die Kostenanschläge nur dann, wenn die etwaigen Schäden, die sich auf Abnutzung, Alter, Fäulnis oder Wurmfraß gründen, gehörig ausgeschieden sind und wenn zugleich, soweit es ausführbar war, solche Sachverständige zugezogen worden sind, die entweder ein

---
* § 883 Satz 2 geändert durch Gesetz vom 30. 5. 1908 (RGBl. S. 307).

für allemal obrigkeitlich bestellt oder von dem Ortsgericht oder dem deutschen Konsul und, in deren Ermangelung oder sofern deren Mitwirkung sich nicht erlangen ließ, von einer anderen Behörde besonders ernannt waren.

§ 885. [Befreiung des Versicherten vom Schadensnachweis] (1) Eine Vereinbarung, durch die der Versicherte von dem Nachweise der in § 882 erwähnten Umstände oder eines Teiles dieser Umstände befreit wird, ist gültig, jedoch unbeschadet des Rechtes des Versicherers, das Gegenteil zu beweisen.

(2) Die bei der Versicherung von Gütern getroffene Vereinbarung, daß das Konnossement nicht vorzulegen ist, befreit nur von dem Nachweise der Verladung.

§ 886.* [Rechte des Versicherten bei Versicherung für fremde Rechnung] (1) [1]Bei der Versicherung für fremde Rechnung stehen die Rechte aus dem Versicherungsvertrage dem Versicherten zu. [2]Die Aushändigung einer Police kann jedoch nur der Versicherungsnehmer verlangen.

(2) Der Versicherte kann ohne Zustimmung des Versicherungsnehmers über seine Rechte nur verfügen und diese Rechte nur gerichtlich geltend machen, wenn er im Besitz einer Police ist.

§ 887.* [Stellung des Versicherungsnehmers bei Versicherung für fremde Rechnung] (1) Der Versicherungsnehmer kann über die Rechte, welche dem Versicherten aus dem Versicherungsvertrage zustehen, im eigenen Namen verfügen.

(2) Ist eine Police ausgestellt, so ist der Versicherungsnehmer ohne Zustimmung des Versicherten zur Annahme der Zahlung sowie zur Übertragung der Rechte des Versicherten nur befugt, wenn er im Besitze der Police ist.

(3) Der Versicherer ist zur Zahlung an den Versicherungsnehmer nur verpflichtet, wenn dieser ihm gegenüber nachweist, daß der Versicherte seine Zustimmung zu der Versicherung erteilt hat.

§ 888. [Rechte des Versicherungsnehmers gegenüber dem Versicherten und dessen Gläubigern] [1]Der Versicherungsnehmer ist nicht verpflichtet, die Police dem Versicherten oder den Gläubigern oder der Konkursmasse des Versicherten auszuliefern, bevor er wegen der gegen den Versicherten in bezug auf den versicherten Gegenstand ihm zustehenden Ansprüche befriedigt ist. [2]Im Falle eines Schadens kann der Versicherungsnehmer sich wegen dieser Ansprüche aus der Forderung, welche gegen den Versicherer begründet ist, und nach Einziehung der Versicherungsgelder aus den letzteren vorzugsweise vor dem Versicherten und vor dessen Gläubigern befriedigen.

§ 889. [Verantwortlichkeit des Versicherers gegen den Versicherungsnehmer] (1) Der Versicherer macht sich dem Versicherungsnehmer verantwortlich, wenn er, während sich dieser noch im Besitze der Police befindet, durch Zahlungen, die er dem Versicherten oder den Gläubigern oder der Konkursmasse des Versicherten leistet, oder durch Verträge, die er mit ihnen schließt, das in § 888 bezeichnete Recht des Versicherungsnehmers beeinträchtigt.

(2) Inwiefern sich der Versicherer einem Dritten, welchem Rechte aus der Police eingeräumt sind, dadurch verantwortlich macht, daß er über diese Rechte Verträge schließt oder Versicherungsgelder zahlt, ohne sich die Police zurückgeben zu las-

---

* §§ 886 und 887 neu gefaßt durch Gesetz vom 30. 5. 1908 (RGBl. S. 307).

10. Abschn. Versicherung gegen Gefahren d. Schiffahrt §§ 890–895 **HGB 1**

sen oder sie mit der erforderlichen Bemerkung zu versehen, bestimmt sich nach den Vorschriften des bürgerlichen Rechtes.

§ 890.* [**Aufrechnung des Versicherers**] Der Versicherer kann gegen die Entschädigungsforderung eine Forderung, die ihm gegen den Versicherungsnehmer zusteht, insoweit aufrechnen, als sie auf der für den Versicherten genommenen Versicherung beruht.

§ 891. [**Abtretung der Entschädigungsansprüche**] ¹Der Versicherte ist befugt, nicht nur die aus einem bereits eingetretenen Unfall ihm zustehenden, sondern auch die künftigen Entschädigungsansprüche einem Dritten abzutreten. ²Ist die Police nach § 363 Abs. 2 an Order gestellt, so ist bei der Versicherung für fremde Rechnung zur Gültigkeit der ersten Übertragung das Indossament des Versicherungsnehmers genügend.

§ 892. [**Abschlagszahlungen des Versicherers**] ¹Wenn nach dem Ablaufe von zwei Monaten seit der Anzeige des Unfalls die Schadensberechnung (§ 882) ohne Verschulden des Versicherten noch nicht vorgelegt, wohl aber durch ungefähre Ermittelung die Summe festgestellt worden ist, welche dem Versicherer mindestens zur Last fällt, so hat der letztere diese Summe in Anrechnung auf seine Schuld vorläufig zu zahlen, jedoch nicht vor dem Ablaufe der etwa für die Zahlung der Versicherungsgelder bedungenen Frist. ²Soll die Zahlungsfrist mit dem Zeitpunkt beginnen, in welchem dem Versicherer die Schadensberechnung mitgeteilt ist, so wird sie in dem bezeichneten Falle von der Zeit an berechnet, in welcher dem Versicherer die vorläufige Ermittelung mitgeteilt ist.

§ 893. [**Vorschüsse des Versicherers**] Der Versicherer hat:
1. in Havereifällen zu den für die Rettung, Erhaltung oder Wiederherstellung der versicherten Sache nötigen Ausgaben in Anrechnung auf seine später festzustellende Schuld zwei Drittel des ihm zur Last fallenden Betrags,
2. bei Aufbringung des Schiffes oder der Güter den vollen Betrag der ihm zur Last fallenden Kosten des Reklameprozesses, sowie sie erforderlich werden, vorzuschießen.

Siebenter Titel. Aufhebung der Versicherung und Rückzahlung der Prämie

§ 894. [**Ristorno; Ristornogebühr**] (1) Wird die Unternehmung, auf welche sich die Versicherung bezieht, ganz oder zu einem Teile von dem Versicherten aufgegeben oder wird ohne sein Zutun die ganze versicherte Sache oder ein Teil dieser Sache der von dem Versicherer übernommenen Gefahr nicht ausgesetzt, so kann die Prämie ganz oder zu dem verhältnismäßigen Teile bis auf eine dem Versicherer gebührende Vergütung zurückgefordert oder einbehalten werden (Ristorno).

(2) Die Vergütung (Ristornogebühr) besteht, sofern nicht ein anderer Betrag vereinbart oder am Orte der Versicherung üblich ist, in einem halben Prozente der ganzen oder des entsprechenden Teiles der Versicherungssumme, wenn aber die Prämie nicht ein Prozent der Versicherungssumme erreicht, in der Hälfte der ganzen oder des verhältnismäßigen Teiles der Prämie.

§ 895.* [**Ristorno mangels Interesses oder wegen Überversicherung**] Ist die Versicherung wegen Mangels des versicherten Interesses (§ 778) oder wegen

---
* § 890 neu gefaßt sowie § 895 geändert durch Gesetz vom 30. 5. 1908 (RGBl. S. 307).

Überversicherung (§ 786) unwirksam und hat sich der Versicherungsnehmer bei dem Abschlusse des Vertrags und im Falle der Versicherung für fremde Rechnung auch der Versicherte bei der Erteilung des Auftrags in gutem Glauben befunden, so kann die Prämie gleichfalls bis auf die in § 894 bezeichnete Ristornogebühr zurückgefordert oder einbehalten werden.

§ 896. [Ristorno bei Unverbindlichkeit des Versicherungsvertrages] Die Anwendung der Vorschriften der §§ 894 und 895 wird dadurch nicht ausgeschlossen, daß der Versicherungsvertrag für den Versicherer wegen Verletzung der Anzeigepflicht oder aus anderen Gründen unverbindlich ist, selbst wenn der Versicherer ungeachtet dieser Unverbindlichkeit auf die volle Prämie Anspruch hätte.

§ 897. [Kein Ristorno nach Gefahrbeginn] Ein Ristorno findet nicht statt, wenn die Gefahr für den Versicherer bereits zu laufen begonnen hat.

§ 898.* [Zahlungsunfähigkeit des Versicherers] ¹Wenn der Versicherer zahlungsunfähig geworden ist, so ist der Versicherte befugt, nach seiner Wahl entweder von dem Vertrage zurückzutreten und die ganze Prämie zurückzufordern oder einzubehalten oder auf Kosten des Versicherers eine neue Versicherung zu nehmen. ²Dieses Recht steht ihm jedoch nicht zu, wenn ihm wegen der Erfüllung der Verpflichtungen des Versicherers genügende Sicherheit bestellt wird, bevor er von dem Vertrage zurückgetreten ist oder die neue Versicherung genommen hat.

§ 899.* [Veräußerung der versicherten Sache] (1) ¹Wird die versicherte Sache von dem Versicherten veräußert, so tritt anstelle des Veräußerers der Erwerber in die sich während der Dauer seines Eigentums aus dem Versicherungsverhältnis ergebenden Rechte und Pflichten des Versicherten ein. ²Für die Prämie haften der Veräußerer und der Erwerber als Gesamtschuldner.

(2) Der Versicherer hat in Ansehung der durch das Versicherungsverhältnis gegen ihn begründeten Forderungen die Veräußerung erst dann gegen sich gelten zu lassen, wenn er von ihr Kenntnis erlangt; die Vorschriften der §§ 406 bis 408 des Bürgerlichen Gesetzbuchs** finden entsprechende Anwendung.

---

* § 898 geändert sowie § 899 neu gefaßt durch Gesetz vom 30. 5. 1908 (RGBl. S. 307).
** §§ 406 bis 408 BGB lauten:

„§ 406. Der Schuldner kann eine ihm gegen den bisherigen Gläubiger zustehende Forderung auch dem neuen Gläubiger gegenüber aufrechnen, es sei denn, daß er bei dem Erwerbe der Forderung von der Abtretung Kenntnis hatte oder daß die Forderung erst nach der Erlangung der Kenntnis und später als die abgetretene Forderung fällig geworden ist.

§ 407. (1) Der neue Gläubiger muß eine Leistung, die der Schuldner nach der Abtretung an den bisherigen Gläubiger bewirkt, sowie jedes Rechtsgeschäft, das nach der Abtretung zwischen dem Schuldner und dem bisherigen Gläubiger in Ansehung der Forderung vorgenommen wird, gegen sich gelten lassen, es sei denn, daß der Schuldner bei der Leistung oder der Vornahme des Rechtsgeschäfts kennt.

(2) Ist in einem nach der Abtretung zwischen dem Schuldner und dem bisherigen Gläubiger anhängig gewordenen Rechtsstreit ein rechtskräftiges Urteil über die Forderung ergangen, so muß der neue Gläubiger das Urteil gegen sich gelten lassen, es sei denn, daß der Schuldner die Abtretung bei dem Eintritte der Rechtshängigkeit gekannt hat.

§ 408. (1) Wird eine abgetretene Forderung von dem bisherigen Gläubiger nochmals an einen Dritten abgetreten, so finden, wenn der Schuldner an den Dritten leistet oder wenn zwischen dem Schuldner und dem Dritten ein Rechtsgeschäft vorgenommen oder ein Rechtsstreit anhängig wird, zugunsten des Schuldners die Vorschriften des § 407 dem früheren Erwerber gegenüber entsprechende Anwendung.

(2) Das gleiche gilt, wenn die bereits abgetretene Forderung durch gerichtlichen Beschluß einem Dritten überwiesen wird oder wenn der bisherige Gläubiger dem Dritten gegenüber anerkennt, daß die bereits abgetretene Forderung kraft Gesetzes auf den Dritten übergegangen sei."

(3) Der Versicherer haftet nicht für die Gefahren, welche nicht eingetreten sein würden, wenn die Veräußerung unterblieben wäre.

(4) ¹Der Erwerber ist berechtigt, das Versicherungsverhältnis ohne Einhaltung einer Kündigungsfrist zu kündigen. ²Das Kündigungsrecht erlischt, wenn es nicht innerhalb eines Monats nach dem Erwerb ausgeübt wird; hatte der Erwerber von der Versicherung keine Kenntnis, so bleibt das Kündigungsrecht bis zum Ablauf eines Monats von dem Zeitpunkt an bestehen, in welchem der Erwerber von der Versicherung Kenntnis erlangt. ³Kündigt der Erwerber, so haftet er für die Prämie nicht.

(5) Bei einer Zwangsversteigerung der versicherten Sache finden die Vorschriften der Absätze 1 bis 4 entsprechende Anwendung.

§ 900. [Veräußerung von versicherten Schiffsparten oder Schiffen] (1) Die Vorschriften des § 899 gelten auch im Falle der Versicherung einer Schiffspart.

(2) ¹Ist das Schiff selbst versichert, so kommen sie nur zur Anwendung, wenn das Schiff während einer Reise veräußert wird. ²Der Anfang und das Ende der Reise bestimmen sich nach § 823. ³Ist das Schiff auf Zeit oder für mehrere Reisen (§ 757) versichert, so dauert die Versicherung im Falle der Veräußerung während einer Reise nur bis zur Entlöschung des Schiffes im nächsten Bestimmungshafen (§ 823).

Elfter Abschnitt. Verjährung

§ 901.* **[Einjährige Verjährung]**
Folgende Forderungen verjähren in einem Jahr:
1. öffentliche Schiffs-, Schiffahrts- und Hafenabgaben;
2. Lotsgelder;
3. Beiträge zur großen Haverei;
4. Forderungen gegen den Verfrachter aus Frachtverträgen sowie aus Konnossementen oder deren Ausstellung; § 612 bleibt unberührt;
5. Rückgriffsforderungen, die den Reedern untereinander nach § 736 Abs. 2 zustehen.

§ 902.* **[Zweijährige Verjährung]** Folgende Forderungen verjähren in zwei Jahren:
1. Forderungen gegen den Verfrachter aus Verträgen über die Beförderung von Reisenden;
2. Schadensersatzforderungen aus dem Zusammenstoß von Schiffen oder aus einem unter § 738c fallenden Ereignis;
3. Bergungs- und Hilfskosten, insbesondere auch der Berge- und Hilfslohn, sowie Forderungen aus der Beseitigung eines Wracks.

§ 903.* **[Beginn der Verjährung]** (1) Die Verjährung beginnt mit dem Schluß des Jahres, in welchem die Forderung fällig geworden ist.

(2) Die Verjährung der Schadensersatzforderungen aus dem Zusammenstoß von Schiffen oder aus einem unter § 738c fallenden Ereignis (§ 902 Nr. 2) beginnt mit dem Ablauf des Tages, an welchem das Ereignis stattgefunden hat.

---
* §§ 901 bis 903 neu gefaßt durch Seerechtsänderungsgesetz vom 21. 6. 1972 (BGBl. I S. 966).

(3) Die Verjährung der Forderungen auf Bergungs- und Hilfskosten sowie wegen der Beseitigung eines Wracks (§ 902 Nr. 3) beginnt mit dem Ablauf des Tages, an welchem das Bergungs- und Hilfsleistungswerk oder die Wrackbeseitigung beendet worden ist.

§ 904.* *(aufgehoben)*

§ 905. [Verjährung der Versicherungsansprüche] (1) Es verjähren in fünf Jahren die Forderungen des Versicherers und des Versicherten aus dem Versicherungsvertrage.

(2) ¹Die Verjährung beginnt mit dem Ablaufe des Jahres, in welchem die versicherte Reise beendigt ist, und bei der Versicherung auf Zeit mit dem Ablaufe des Tages, an welchem die Versicherungszeit endet. ²Sie beginnt, wenn das Schiff verschollen ist, mit dem Ablaufe des Tages, an welchem die Verschollenheitsfrist endet.

**Anlage
(zu § 664)****

**Bestimmungen über die Beförderung von Reisenden
und ihrem Gepäck auf See**

Art. 1. Begriffsbestimmungen. In den Bestimmungen dieser Anlage sind die folgenden Ausdrücke in dem nachstehend angegebenen Sinn verwendet:

1. a) ,,Beförderer" bedeutet eine Person, durch oder für die ein Beförderungsvertrag geschlossen worden ist, gleichgültig, ob die Beförderung tatsächlich von ihr oder von einem ausführenden Beförderer durchgeführt wird;

   b) ,,ausführender Beförderer" bedeutet eine andere Person als den Beförderer, gleichgültig, ob es sich um den Schiffseigentümer, den Charterer, den Reeder oder Ausrüster eines Schiffes handelt, welche die Beförderung ganz oder teilweise tatsächlich durchführt;

2. ,,Beförderungsvertrag" bedeutet einen durch oder für einen Beförderer geschlossenen Vertrag über die Beförderung eines Reisenden oder über die Beförderung eines Reisenden und seines Gepäcks auf See;

3. ,,Schiff" bedeutet ausschließlich ein Seeschiff;

4. ,,Reisender" bedeutet eine auf einem Schiff beförderte Person,
   a) die auf Grund eines Beförderungsvertrags befördert wird oder
   b) die mit Zustimmung des Beförderers ein Fahrzeug oder lebende Tiere begleitet, die Gegenstand eines Vertrags über die Beförderung von Gütern sind, für den diese Anlage nicht gilt;

5. ,,Gepäck" bedeutet alle Gegenstände oder Fahrzeuge, die der Beförderer auf Grund eines Beförderungsvertrags befördert, ausgenommen
   a) Gegenstände oder Fahrzeuge, die auf Grund eines Chartervertrags, eines Konnossements oder eines anderen Vertrags befördert werden, der in erster Linie die Beförderung von Gütern betrifft, und
   b) lebende Tiere;

---

* § 904 aufgehoben durch Seerechtsänderungsgesetz vom 21. 6. 1972 (BGBl. I S. 966).
** Anlage zu § 664 angefügt durch Zweites Seerechtsänderungsgesetz vom 25. 7. 1986 (BGBl. I S. 1120).

6. ,,Kabinengepäck" bedeutet Gepäck, das der Reisende in seiner Kabine oder sonst in seinem Besitz, seiner Obhut oder unter seiner Aufsicht hat. Ausgenommen bei der Anwendung von Nummer 8 dieses Artikels und von Artikel 6 schließt das Kabinengepäck das Gepäck ein, das der Reisende in oder auf seinem Fahrzeug hat;

7. ,,Verlust oder Beschädigung von Gepäck" schließt einen Vermögensschaden ein, der sich daraus ergibt, daß das Gepäck dem Reisenden nicht innerhalb einer angemessenen Frist nach Ankunft des Schiffes, auf dem das Gepäck befördert worden ist oder hätte befördert werden sollen, wieder ausgehändigt worden ist, schließt aber keine Verspätungen ein, die durch Arbeitsstreitigkeiten entstanden sind;

8. ,,Beförderung" umfaßt folgende Zeiträume:
   a) hinsichtlich des Reisenden und seines Kabinengepäcks den Zeitraum, während dessen sich der Reisende und/oder sein Kabinengepäck an Bord des Schiffes befinden oder ein- oder ausgeschifft werden, und den Zeitraum, während dessen der Reisende und sein Kabinengepäck auf dem Wasserweg vom Land auf das Schiff oder umgekehrt befördert werden, wenn die Kosten dieser Beförderung im Beförderungspreis inbegriffen sind oder wenn das für diese zusätzliche Beförderung benutzte Wasserfahrzeug dem Reisenden vom Beförderer zur Verfügung gestellt worden ist. Hinsichtlich des Reisenden umfaßt die Beförderung jedoch nicht den Zeitraum, während dessen er sich in einer Hafenstation, auf einem Kai oder in oder auf einer anderen Hafenanlage befindet;
   b) hinsichtlich des Kabinengepäcks auch den Zeitraum, während dessen sich der Reisende in einer Hafenstation, auf einem Kai oder in oder auf einer anderen Hafenanlage befindet, wenn dieses Gepäck von dem Beförderer oder seinen Bediensteten oder Beauftragten übernommen und dem Reisenden nicht wieder ausgehändigt worden ist;
   c) hinsichtlich anderen Gepäcks als Kabinengepäck den Zeitraum von der Übernahme durch den Beförderer oder seine Bediensteten oder Beauftragten an Land oder an Bord bis zur Wiederaushändigung durch den Beförderer oder seine Bediensteten oder Beauftragten.

Art. 2. Haftung des Beförderers. (1) Der Beförderer haftet für den Schaden, der durch den Tod oder die Körperverletzung eines Reisenden und durch Verlust oder Beschädigung von Gepäck entsteht, wenn das den Schaden verursachende Ereignis während der Beförderung eingetreten ist und auf einem Verschulden des Beförderers oder seiner in Ausübung ihrer Verrichtungen handelnden Bediensteten oder Beauftragten beruht.

(2) Die Beweislast dafür, daß das den Schaden verursachende Ereignis während der Beförderung eingetreten ist, und für das Ausmaß des Schadens liegt beim Kläger.

(3) [1]Verschulden des Beförderers oder seiner in Ausübung ihrer Verrichtungen handelnden Bediensteten oder Beauftragten wird bis zum Beweis des Gegenteils vermutet, wenn der Tod oder die Körperverletzung des Reisenden oder der Verlust oder die Beschädigung von Kabinengepäck durch Schiffbruch, Zusammenstoß, Strandung, Explosion, Feuer oder durch einen Mangel des Schiffes entstanden ist oder mit einem dieser Ereignisse in Zusammenhang steht. [2]Bei Verlust oder Beschädigung anderen Gepäcks wird das Verschulden bis zum Beweis des Gegenteils ungeachtet der Art des den Verlust oder die Beschädigung verursachen-

den Ereignisses vermutet. ³In allen anderen Fällen obliegt dem Kläger der Beweis, daß dieser Verlust oder diese Beschädigung auf Verschulden beruht.

Art. 3. Ausführender Beförderer. (1) ¹Ist die Beförderung ganz oder teilweise einem ausführenden Beförderer übertragen worden, so bleibt der Beförderer dennoch für die gesamte Beförderung nach den Bestimmungen dieser Anlage haftbar. ²Daneben unterliegt der ausführende Beförderer in bezug auf den von ihm durchgeführten Teil der Beförderung den Bestimmungen dieser Anlage und kann sich auf sie berufen.

(2) Der Beförderer haftet hinsichtlich der von dem ausführenden Beförderer durchgeführten Beförderung für die Handlungen und Unterlassungen des ausführenden Beförderers sowie der in Ausübung ihrer Verrichtungen handelnden Bediensteten oder Beauftragten des ausführenden Beförderers.

(3) Jede besondere Vereinbarung, durch welche der Beförderer Verpflichtungen übernimmt, die ihm durch die Bestimmungen dieser Anlage nicht auferlegt werden, oder auf Rechte verzichtet, die diese Bestimmungen ihm gewähren, wird hinsichtlich des ausführenden Beförderers nur wirksam, wenn dieser ihr ausdrücklich und schriftlich zugestimmt hat.

(4) Soweit sowohl der Beförderer als auch der ausführende Beförderer haftbar sind, haften sie gesamtschuldnerisch.

(5) Dieser Artikel berührt das Rückgriffsrecht zwischen Beförderer und ausführendem Beförderer nicht.

Art. 4. Wertsachen. Der Beförderer haftet nicht für den Verlust oder die Beschädigung von Geld, begebbaren Wertpapieren, Gold, Silber, Juwelen, Schmuck, Kunstgegenständen oder sonstigen Wertsachen, es sei denn, daß solche Wertsachen bei dem Beförderer zur sicheren Aufbewahrung hinterlegt worden sind; in diesem Fall haftet der Beförderer bis zu dem in Artikel 6 Abs. 3 festgelegten Höchstbetrag, sofern nicht nach Artikel 7 Abs. 1 ein höherer Betrag vereinbart worden ist.

Art. 5. Haftungsbeschränkung bei Körperverletzung. ¹Die Haftung des Beförderers bei Tod oder Körperverletzung eines Reisenden ist in jedem Fall auf einen Betrag von 320000 Deutsche Mark je Beförderung beschränkt. ²Dies gilt auch für den Kapitalwert einer als Entschädigung festgesetzten Rente.

Art. 6. Haftungsbeschränkung für Verlust oder Beschädigung von Gepäck. (1) Die Haftung des Beförderers für Verlust oder Beschädigung von Kabinengepäck ist in jedem Fall auf einen Betrag von 4000 Deutsche Mark je Reisenden und je Beförderung beschränkt.

(2) Die Haftung des Beförderers für Verlust oder Beschädigung von Fahrzeugen, einschließlich des in oder auf dem Fahrzeug beförderten Gepäcks, ist in jedem Fall auf 16000 Deutsche Mark je Fahrzeug und je Beförderung beschränkt.

(3) Die Haftung des Beförderers für Verlust oder Beschädigung allen anderen als des in den Absätzen 1 und 2 erwähnten Gepäcks ist in jedem Fall auf 6000 Deutsche Mark je Reisenden und je Beförderung beschränkt.

(4) ¹Der Beförderer und der Reisende können vereinbaren, daß der Beförderer nur unter Abzug eines Betrags haftet, der bei Beschädigung eines Fahrzeugs 600 Deutsche Mark und bei Verlust oder Beschädigung anderen Gepäcks 60 Deutsche Mark je Reisenden nicht übersteigen darf. ²Dieser Betrag wird von der Schadenssumme abgezogen.

Anlage zu § 664 **Anlage Art. 7–12 HGB 1**

Art. 7. Ergänzungsbestimmungen über Haftungshöchstbeträge. (1) Der Beförderer und der Reisende können ausdrücklich und schriftlich höhere Haftungshöchstbeträge als die in den Artikeln 5 und 6 vorgeschriebenen vereinbaren.

(2) Zinsen und Verfahrenskosten fallen nicht unter die in den Artikeln 5 und 6 vorgeschriebenen Haftungshöchstbeträge.

Art. 8. Einreden und Beschränkungen für die Bediensteten des Beförderers. Wird ein Bediensteter oder Beauftragter des Beförderers oder des ausführenden Beförderers wegen eines Schadens, der unter die Bestimmungen dieser Anlage fällt, in Anspruch genommen, so kann er sich, sofern er beweist, daß er in Ausübung seiner Verrichtungen gehandelt hat, auf die Einreden und Haftungsbeschränkungen berufen, die nach den Bestimmungen dieser Anlage für den Beförderer oder den ausführenden Beförderer gelten.

Art. 9. Mehrere Ansprüche. (1) Werden die Haftungshöchstbeträge nach den Artikeln 5 und 6 wirksam, so beziehen sie sich auf den Gesamtbetrag aller Schadensersatzansprüche, die durch Tod oder Körperverletzung eines Reisenden oder durch Verlust oder Beschädigung seines Gepäcks entstehen.

(2) Bei der Beförderung durch einen ausführenden Beförderer darf der Gesamtbetrag des Schadensersatzes, der von dem Beförderer und dem ausführenden Beförderer sowie von ihren in Ausübung ihrer Verrichtungen handelnden Bediensteten und Beauftragten erlangt werden kann, den Höchstbetrag nicht übersteigen, der dem Beförderer oder dem ausführenden Beförderer nach den Bestimmungen dieser Anlage auferlegt werden kann, mit der Maßgabe, daß keine der erwähnten Personen für mehr als den für sie zutreffenden Höchstbetrag haftet.

(3) In allen Fällen, in denen sich Bedienstete oder Beauftragte des Beförderers oder des ausführenden Beförderers nach Artikel 8 auf die Haftungshöchstbeträge nach den Artikeln 5 und 6 berufen können, darf der Gesamtbetrag des Schadensersatzes, der von dem Beförderer oder dem ausführenden Beförderer sowie von diesen Bediensteten oder Beauftragten erlangt werden kann, diese Höchstbeträge nicht übersteigen.

Art. 10. Verlust des Rechts auf Haftungsbeschränkung. (1) Der Beförderer verliert das Recht auf Haftungsbeschränkung nach den Artikeln 5, 6 und 7 Abs. 1, wenn der Schaden von ihm oder einem seiner Bediensteten oder Beauftragten in Ausübung ihrer Verrichtungen vorsätzlich oder grob fahrlässig herbeigeführt worden ist.

(2) Ein Bediensteter oder Beauftragter des Beförderers oder des ausführenden Beförderers verliert das Recht auf Haftungsbeschränkung, wenn ihm Vorsatz oder grobe Fahrlässigkeit zur Last fällt.

Art. 11. Grundlage für Ansprüche. Eine Schadensersatzklage wegen Tod oder Körperverletzung eines Reisenden oder wegen Verlust oder Beschädigung von Gepäck kann gegen einen Beförderer oder ausführenden Beförderer nur auf der Grundlage der Bestimmungen dieser Anlage erhoben werden.

Art. 12. Anzeige des Verlusts oder der Beschädigung von Gepäck. (1) Der Reisende hat an den Beförderer oder dessen Beauftragten eine schriftliche Anzeige zu richten
a) bei äußerlich erkennbarer Beschädigung des Gepäcks:
  i) bei Kabinengepäck vor oder in dem Zeitpunkt der Ausschiffung des Reisenden,

ii) bei anderem Gepäck vor oder in dem Zeitpunkt, zu dem es wieder ausgehändigt wird;

b) bei äußerlich nicht erkennbarer Beschädigung oder Verlust des Gepäcks innerhalb von fünfzehn Tagen nach dem Tag der Ausschiffung oder Aushändigung oder nach dem Zeitpunkt, zu dem die Aushändigung hätte erfolgen sollen.

(2) Hält der Reisende die Vorschriften dieses Artikels nicht ein, so wird bis zum Beweis des Gegenteils vermutet, daß er sein Gepäck unbeschädigt erhalten hat.

(3) Einer schriftlichen Anzeige bedarf es nicht, wenn der Zustand des Gepäcks im Zeitpunkt seines Empfangs von den Parteien gemeinsam festgestellt oder geprüft worden ist.

Art. 13. Verjährung von Schadensersatzansprüchen. (1) Ansprüche auf Schadensersatz wegen Tod oder Körperverletzung eines Reisenden oder wegen Verlust oder Beschädigung von Gepäck verjähren in zwei Jahren.

(2) Die Verjährungsfrist beginnt

a) bei Körperverletzung mit dem Tag der Ausschiffung des Reisenden;

b) bei Tod während der Beförderung mit dem Tag, an dem der Reisende hätte ausgeschifft werden sollen, und bei Körperverletzung während der Beförderung, wenn diese den Tod des Reisenden nach der Ausschiffung zur Folge hat, mit dem Tag des Todes, jedoch kann die Verjährungsfrist einen Zeitraum von dreißig Jahren vom Tag der Ausschiffung an nicht überschreiten;

c) bei Verlust oder Beschädigung von Gepäck mit dem Tag der Ausschiffung oder mit dem Tag, an dem die Ausschiffung hätte erfolgen sollen, je nachdem, welches der spätere Zeitpunkt ist.

(3) [1]Ungeachtet der Absätze 1 und 2 kann die Verjährungsfrist durch Erklärung des Beförderers oder durch Vereinbarung der Parteien nach der Entstehung des Anspruchsgrunds verlängert werden. [2]Erklärung und Vereinbarung bedürfen der Schriftform.

Art. 14. Zuständiges Gericht. Für Klagen, die auf Grund der Bestimmungen dieser Anlage erhoben werden, ist auch das Gericht zuständig, in dessen Bezirk sich der in dem Beförderungsvertrag bestimmte Abgangs- oder Bestimmungsort befindet.

Art. 15. Nichtige Vereinbarungen. Jede vor Eintritt des Ereignisses, das den Tod oder die Körperverletzung eines Reisenden oder den Verlust oder die Beschädigung seines Gepäcks verursacht hat, getroffene Vereinbarung, die bezweckt, den Beförderer von seiner Haftung gegenüber dem Reisenden zu befreien oder einen niedrigeren als den in den Bestimmungen dieser Anlage festgelegten Haftungshöchstbetrag zu bestimmen, mit Ausnahme der in Artikel 6 Abs. 4 vorgesehenen Vereinbarung, sowie jede solche Vereinbarung, die bezweckt, die beim Beförderer liegende Beweislast umzukehren oder die Zuständigkeit des in Artikel 14 bezeichneten Gerichts auszuschließen, ist nichtig; die Nichtigkeit dieser Vereinbarung hat jedoch nicht die Nichtigkeit des Beförderungsvertrags zur Folge; dieser bleibt den Bestimmungen dieser Anlage unterworfen.

Art. 16. Gewerbsmäßige Beförderung durch öffentlich-rechtliche Körperschaften. Die Bestimmungen dieser Anlage gelten auch für gewerbsmäßige Beförderungen, die ein Staat oder eine sonstige öffentlich-rechtliche Körperschaft oder Anstalt auf Grund eines Beförderungsvertrags nach Artikel 1 vornimmt.

EGHGB 2

2. Einführungsgesetz zum Handelsgesetzbuche

Vom 10. Mai 1897 (RGBl. S. 437)

(BGBl. III 4101-1)

Änderungen des Gesetzes

Lfd. Nr.	Änderndes Gesetz	Datum	Fundstelle	Geänderte Artikel	Art der Änderg.
1.	Verordnung über Orderlagerscheine	16. 12. 1931	RGBl. I 763	16	aufgeh.
2.	Verordnung zur Durchführung des Gesetzes über Rechte an eingetragenen Schiffen und Schiffsbauwerken	21. 12. 1940	RGBl. I 1609	6	aufgeh.
3.	Gesetz zur Änderung des Handelsgesetzbuchs und anderer Gesetze (Seerechtsänderungsgesetz)	21. 6. 1972 und 21. 3. 1973	BGBl. I 966 BGBl. I 266	7	geänd.
4.	Gesetz zur Durchführung der Vierten, Siebenten und Achten Richtlinie des Rates der Europäischen Gemeinschaften zur Koordinierung des Gesellschaftsrechts (Bilanzrichtlinien-Gesetz – BiRiLiG)	19. 12. 1985	BGBl. I 2355	23 bis 28 Überschrift des Ersten und Zweiten Abschnitts	geänd. eingef.
5.	Gesetz zur Änderung des Handelsgesetzbuchs und anderer Gesetze (Zweites Seerechtsänderungsgesetz)	25. 7. 1986	BGBl. I 1120	7 Abs. 1 Satz 1 und Abs. 2 6	geänd. eingef.
6.	Steuerreformgesetz 1990	25. 7. 1988	BGBl. I 1093	25	geänd.
7.	Gesetz zur Durchführung der EG-Richtlinie zur Koordinierung des Rechts der Handelsvertreter	23. 10. 1989	BGBl. I 1910	4 Abs. 1 Satz 1 Dritter Abschnitt (Art. 29)	geänd. eingef.
8.	Gesetz zu dem Vertrag vom 18. Mai 1990 über die Schaffung einer Währungs-, Wirtschafts- und Sozialunion zwischen der Bundesrepublik Deutschland und der Deutschen Demokratischen Republik	25. 6. 1990	BGBl. II 518	29a	eingef.
9.	Gesetz zur Durchführung der Richtlinie des Rates der Europäischen Gemeinschaften über den Jahresabschluß und den konsolidierten Abschluß von Banken und anderen Finanzinstituten (Bankbilanzrichtlinie-Gesetz)	30. 11. 1990	BGBl. I 2570	Vierter Abschnitt (Art. 30 und 31)	eingef.

Erster Abschnitt.* Einführung des Handelsgesetzbuchs

Art. 1. [Inkrafttreten] (1) Das Handelsgesetzbuch tritt gleichzeitig mit dem Bürgerlichen Gesetzbuch in Kraft.

(2) Der sechste Abschnitt des ersten Buches des Handelsgesetzbuchs tritt mit Ausnahme des § 65 am 1. Januar 1898 in Kraft.

(3) *(gegenstandslos)*

Art. 2. [Verhältnis zum BGB und zu Bundesgesetzen] (1) In Handelssachen kommen die Vorschriften des Bürgerlichen Gesetzbuchs nur insoweit zur Anwendung, als nicht im Handelsgesetzbuch oder in diesem Gesetz ein anderes bestimmt ist.

(2) Im übrigen werden die Vorschriften der *Reichsgesetze* durch das Handelsgesetzbuch nicht berührt.

Art. 3. *(Änderungsvorschrift)*

Art. 4. ** **[Handelsgewerbe und eheliches Güterrecht]** (1) ¹Die nach dem bürgerlichen Rechte mit einer Eintragung in das Güterrechtsregister verbundenen Wirkungen treten, sofern ein Ehegatte Kaufmann ist und seine Handelsniederlassung sich nicht in dem Bezirke eines für den gewöhnlichen Aufenthalt auch nur eines der Ehegatten zuständigen Registergerichts befindet, in Ansehung der auf den Betrieb des Handelsgewerbes sich beziehenden Rechtsverhältnisse nur ein, wenn die Eintragung auch in das Güterrechtsregister des für den Ort der Handelsniederlassung zuständigen Gerichts erfolgt ist. ²Bei mehreren Niederlassungen genügt die Eintragung in das Register des Ortes der Hauptniederlassung.

(2) Wird die Niederlassung verlegt, so finden die Vorschriften des § 1559 des Bürgerlichen Gesetzbuchs*** entsprechende Anwendung.

Art. 5. [Bergwerksgesellschaften] Auf Bergwerksgesellschaften, die nach den Vorschriften der Landesgesetze nicht die Rechte einer juristischen Person besitzen, findet § 2 des Handelsgesetzbuchs keine Anwendung.

Art. 6.† [Anwendungsbereich der zwingenden Bestimmungen über Konnossemente] (1) ¹§ 662 des Handelsgesetzbuchs und die darin genannten Vorschriften gelten für jedes Konnossement, das sich auf die Beförderung von Gütern zwischen Häfen in zwei verschiedenen Staaten oder zwischen Häfen im Geltungsbereich dieses Gesetzes bezieht, sofern das Konnossement

1. in einem Vertragsstaat des Internationalen Abkommens vom 25. August 1924 zur Vereinheitlichung von Regeln über Konnossemente (Abkommen von 1924) in der Fassung des Änderungsprotokolls vom 23. Februar 1968 (Protokoll von 1968) ausgestellt ist oder

---

* Überschrift des Ersten Abschnitts eingefügt durch Bilanzrichtlinien-Gesetz vom 19. 12. 1985 (BGBl. I S. 2355).
** Art. 4 Abs. 1 Satz 1 geändert durch Gesetz vom 23. 10. 1989 (BGBl. I S. 1910).
*** § 1559 BGB lautet:
„§ 1559. ¹Verlegt ein Ehegatte nach der Eintragung seinen gewöhnlichen Aufenthalt in einen anderen Bezirk, so muß die Eintragung im Register dieses Bezirks wiederholt werden. ²Die frühere Eintragung gilt als von neuem erfolgt, wenn ein Ehegatte den gewöhnlichen Aufenthalt in den früheren Bezirk zurückverlegt."
† Art. 6 aufgehoben durch Verordnung vom 21. 12. 1940 (RGBl. I S. 1609), neuer Art. 6 eingefügt durch Art. 5 Zweites Seerechtsänderungsgesetz vom 25. 7. 1986 (BGBl. I S. 1120).

Einführung des Handelsgesetzbuchs **Art. 7 EGHGB 2**

2. vorsieht, daß der Vertrag den Bestimmungen des Abkommens von 1924 in der Fassung des Protokolls von 1968 oder dem Recht eines Staates, auf Grund dessen die genannten Bestimmungen anzuwenden sind, unterliegt.
²§ 662 des Handelsgesetzbuchs und die darin genannten Vorschriften gelten auch für ein Konnossement, das in einem anderen als einem in Satz 1 Nr. 1 bezeichneten Staat ausgestellt ist, sofern das Konnossement sich auf die Beförderung von Gütern von oder nach einem Hafen in einem in Satz 1 Nr. 1 bezeichneten Staat oder einem Hafen im Geltungsbereich dieses Gesetzes bezieht; dies gilt nicht, soweit sich aus Absatz 2 etwas anderes ergibt.

(2) ¹Ist das Konnossement in einem Staat ausgestellt, der Vertragsstaat des Abkommens von 1924, jedoch nicht Vertragsstaat des Protokolls von 1968 ist, und bezieht sich das Konnossement auf die Beförderung von oder nach einem Hafen in einem solchen Staat, so gelten § 662 des Handelsgesetzbuchs und die darin genannten Vorschriften mit der Maßgabe, daß § 612 Abs. 2 sowie § 660 Abs. 1 des Handelsgesetzbuchs, soweit darin bestimmt ist, daß der Verfrachter bis zu einem Betrag von 2 Rechnungseinheiten für das Kilogramm der verlorenen oder beschädigten Güter haftet, außer Betracht bleiben; Absatz 1 Satz 1 Nr. 2 bleibt unberührt.
²Satz 1 gilt nicht, wenn das Konnossement eine Beförderung zwischen Häfen im Geltungsbereich dieses Gesetzes durch ein Schiff, das die Flagge der Bundesrepublik Deutschland führt, betrifft.

(3) Die Liste der Vertragsstaaten des Internationalen Abkommens vom 25. August 1924 zur Vereinheitlichung von Regeln über Konnossemente in der Fassung des Änderungsprotokolls vom 23. Februar 1968 sowie jede Änderung dieser Liste werden durch den Bundesminister der Justiz im Bundesgesetzblatt bekanntgegeben.

(4) ¹Absatz 1 Satz 2 letzter Halbsatz sowie Absatz 2 treten an dem Tage außer Kraft, an dem das Abkommen von 1924 für die Bundesrepublik Deutschland außer Kraft tritt. ²Der Tag, an dem die in Satz 1 genannten Vorschriften außer Kraft treten, ist im Bundesgesetzblatt bekanntzugeben.

Art. 7.* [Haftung nach Seehandelsrecht] (1) ¹Die Vorschrift des § 485 des Handelsgesetzbuchs über die Haftung des Reeders für das Verschulden einer Person der Schiffsbesatzung und eines an Bord des Schiffes tätigen Lotsen, die Vorschriften der §§ 486 bis 487d des Handelsgesetzbuchs über die Beschränkung der Haftung sowie die Vorschriften der §§ 734 bis 739 des Handelsgesetzbuchs über die Haftung und die gerichtliche Zuständigkeit im Falle des Zusammenstoßes von Schiffen finden auch Anwendung, wenn die Verwendung eines Schiffes zur Seefahrt nicht des Erwerbes wegen erfolgt. ²Die Vorschriften der §§ 738 und 738a des Handelsgesetzbuchs finden jedoch keine Anwendung auf Kriegsschiffe und auf sonstige Schiffe, die einem Staat gehören oder in seinen Diensten stehen und die anderen als Handelszwecken dienen.

(2) Die Vorschriften der §§ 486 bis 487e des Handelsgesetzbuchs sind auch auf Ansprüche, die nicht auf den Vorschriften des Handelsgesetzbuchs beruhen, sowie auf andere als privatrechtliche Ansprüche anzuwenden.

---

* Art. 7 neu gefaßt durch Seerechtsänderungsgesetz vom 21. 6. 1972 (BGBl. I S. 966). Abs. 1 Satz 1 geändert und Abs. 2 neu gefaßt durch Art. 5 Zweites Seerechtsänderungsgesetz vom 25. 7. 1986 (BGBl. I S. 1120).

Art. 8–14.* *(Aufhebungs- und Änderungsvorschriften bzw. gegenstandslos)*

Art. 15. [Verhältnis zu den Landesgesetzen] (1) Die privatrechtlichen Vorschriften der Landesgesetze bleiben insoweit unberührt, als es in diesem Gesetze bestimmt oder als im Handelsgesetzbuch auf die Landesgesetze verwiesen ist.

(2) Soweit die Landesgesetze unberührt bleiben, können auch neue landesgesetzliche Vorschriften erlassen werden.

Art. 16, 17.* *(gegenstandslos)*

Art. 18. [Landesrecht über Bierlieferungsvertrag] Unberührt bleiben die landesgesetzlichen Vorschriften über den Vertrag zwischen dem Brauer und dem Wirte über die Lieferung von Bier, soweit sie das aus dem Vertrage sich ergebende Schuldverhältnis für den Fall regeln, daß nicht besondere Vereinbarungen getroffen werden.

Art. 19–21.* *(gegenstandslos)*

Art. 22.* **[Weiterführung von eingetragenen Firmen]** (1) Die zur Zeit des Inkrafttretens des Handelsgesetzbuchs im Handelsregister eingetragenen Firmen können weitergeführt werden, soweit sie nach den bisherigen Vorschriften geführt werden durften.

(2) *(gegenstandslos)*

Zweiter Abschnitt.**
Übergangsvorschriften zum Bilanzrichtlinien-Gesetz

Art. 23. ** **[Jahresabschluß, Lagebericht und Pflicht zur Offenlegung; Konzernabschluß; Prüfung]** (1) ¹Die vom Inkrafttreten der Artikel 1 bis 10 des Bilanzrichtlinien-Gesetzes vom 19. Dezember 1985 (BGBl. I S. 2355) an geltende Fassung*** der Vorschriften über den Jahresabschluß und den Lagebericht sowie über die Pflicht zur Offenlegung dieser und der dazu gehörenden Unterlagen ist erstmals auf das nach dem 31. Dezember 1986 beginnende Geschäftsjahr anzuwenden. ²Die neuen Vorschriften können auf ein früheres Geschäftsjahr angewendet werden, jedoch nur insgesamt.

(2) ¹Die vom Inkrafttreten der Artikel 1 bis 10 des Bilanzrichtlinien-Gesetzes an geltende Fassung der Vorschriften über den Konzernabschluß und den Konzernlagebericht sowie über die Pflicht zur Offenlegung dieser und der dazu gehörenden Unterlagen ist erstmals auf das nach dem 31. Dezember 1989 beginnende Geschäftsjahr anzuwenden. ²Die neuen Vorschriften können auf ein früheres Geschäftsjahr angewendet werden, jedoch nur insgesamt. ³Mutterunternehmen, die bereits bei Inkrafttreten des Bilanzrichtlinien-Gesetzes zur Konzernrechnungslegung verpflichtet sind, brauchen bei früherer Anwendung der neuen Vorschriften Tochterunternehmen mit Sitz im Ausland nicht einzubeziehen und einheitliche

---

* Art. 8 enthielt Aufhebungsvorschriften, Art. 9 bis 12, 13 Abs. 3 und Art. 14 Änderungsvorschriften sowie Art. 13 Abs. 1 und 2 gegenstandslose Ermächtigungen, Art. 16 aufgehoben durch Verordnung vom 16. 12. 1931 (RGBl. I S. 763), Art. 17 und 19 bis 21 gegenstandslos durch Neuregelung, Art. 22 Abs. 2 gegenstandslose Überleitungsvorschrift; vom Abdruck wurde deshalb abgesehen.

** Überschrift des Zweiten Abschnitts eingefügt und Art. 23 bis 28 neu gefaßt durch Bilanzrichtlinien-Gesetz vom 19. 12. 1985 (BGBl. I S. 2355).

*** Das Bilanzrichtlinien-Gesetz ist am 1. 1. 1986 in Kraft getreten.

zum Bilanzrichtlinien-Gesetz **Art. 24 EGHGB 2**

Bewertungsmethoden im Sinne des § 308 sowie die §§ 311, 312 des Handelsgesetzbuchs über assoziierte Unternehmen nicht anzuwenden.

(3) ¹Die vom Inkrafttreten der Artikel 1 bis 10 des Bilanzrichtlinien-Gesetzes an geltende Fassung der Vorschriften über die Pflicht zur Prüfung des Jahresabschlusses und des Lageberichts ist auf Unternehmen, die bei Inkrafttreten des Bilanzrichtlinien-Gesetzes ihren Jahresabschluß nicht auf Grund bundesgesetzlicher Vorschriften prüfen lassen müssen, erstmals für das nach dem 31. Dezember 1986 beginnende Geschäftsjahr anzuwenden. ²Die vom Inkrafttreten der Artikel 1 bis 10 des Bilanzrichtlinien-Gesetzes an geltende Fassung der Vorschriften über die Pflicht zur Prüfung des Konzernabschlusses und des Konzernlageberichts ist auf Unternehmen, die bei Inkrafttreten des Bilanzrichtlinien-Gesetzes nicht zur Konzernrechnungslegung verpflichtet sind, erstmals für das nach dem 31. Dezember 1989 beginnende Geschäftsjahr anzuwenden. ³Der Bestätigungsvermerk nach § 322 Abs. 1 des Handelsgesetzbuchs ist erstmals auf Jahresabschlüsse, Konzernabschlüsse und Teilkonzernabschlüsse sowie auf Lageberichte, Konzernlageberichte und Teilkonzernlageberichte anzuwenden, die nach dem 1. Januar 1986 in Kraft tretenden Vorschriften aufgestellt worden sind.

(4) § 319 Abs. 2 Nr. 8 des Handelsgesetzbuchs ist erstmals auf das sechste nach dem Inkrafttreten des Bilanzrichtlinien-Gesetzes beginnende Geschäftsjahr anzuwenden.

(5) ¹Sind die neuen Vorschriften nach den Absätzen 1 bis 3 auf ein früheres Geschäftsjahr nicht anzuwenden und werden sie nicht freiwillig angewendet, so ist für das Geschäftsjahr die am 31. Dezember 1985 geltende Fassung der geänderten oder aufgehobenen Vorschriften anzuwenden. ²Satz 1 ist auf Gesellschaften mit beschränkter Haftung hinsichtlich der Anwendung des Gesetzes über die Rechnungslegung von bestimmten Unternehmen und Konzernen entsprechend anzuwenden.

Art. 24.* **[Bewertungsvorschriften]** (1) ¹Waren Vermögensgegenstände des Anlagevermögens im Jahresabschluß für das am 31. Dezember 1986 endende oder laufende Geschäftsjahr mit einem niedrigeren Wert angesetzt, als er nach § 240 Abs. 3 und 4, §§ 252, 253 Abs. 1, 2 und 4, §§ 254, 255, 279 und 280 Abs. 1 und 2 des Handelsgesetzbuchs zulässig ist, so darf der niedrigere Wertansatz beibehalten werden. ²§ 253 Abs. 2 des Handelsgesetzbuchs ist in diesem Falle mit der Maßgabe anzuwenden, daß der niedrigere Wertansatz um planmäßige Abschreibungen entsprechend der voraussichtlichen Restnutzungsdauer zu vermindern ist.

(2) Waren Vermögensgegenstände des Umlaufvermögens im Jahresabschluß für das am 31. Dezember 1986 endende oder laufende Geschäftsjahr mit einem niedrigeren Wert angesetzt als er nach §§ 252, 253 Abs. 1, 3 und 4, §§ 254, 255 Abs. 1 und 2, §§ 256, 279 Abs. 1 Satz 1, Abs. 2, § 280 Abs. 1 und 2 des Handelsgesetzbuchs zulässig ist, so darf der niedrigere Wertansatz insoweit beibehalten werden, als

1. er aus den Gründen des § 253 Abs. 3, §§ 254, 279 Abs. 2, § 280 Abs. 2 des Handelsgesetzbuchs angesetzt worden ist oder
2. es sich um einen niedrigeren Wertansatz im Sinne des § 253 Abs. 4 des Handelsgesetzbuchs handelt.

(3) ¹Soweit ein niedrigerer Wertansatz nach den Absätzen 1 und 2 nicht beibehalten werden darf oder nicht beibehalten wird, so kann bei der Aufstellung des

---

* Art. 24 neu gefaßt durch Bilanzrichtlinien-Gesetz vom 19. 12. 1985 (BGBl. I S. 2355).

Jahresabschlusses für das nach dem 31. Dezember 1986 beginnende Geschäftsjahr oder bei Anwendung auf ein früheres Geschäftsjahr nach Artikel 23 in dem früheren Jahresabschluß der Unterschiedsbetrag zwischen dem im letzten vorausgehenden Jahresabschluß angesetzten Wert und dem nach den Vorschriften des Dritten Buchs des Handelsgesetzbuchs anzusetzenden Wert in Gewinnrücklagen eingestellt oder für die Nachholung von Rückstellungen verwendet werden; dieser Betrag ist nicht Bestandteil des Ergebnisses. ²Satz 1 ist entsprechend auf Beträge anzuwenden, die sich ergeben, wenn Rückstellungen oder Sonderposten mit Rücklageanteil wegen Unvereinbarkeit mit § 247 Abs. 3, §§ 249, 253 Abs. 1 Satz 2, § 273 des Handelsgesetzbuchs aufgelöst werden.

(4) Waren Schulden im Jahresabschluß für das am 31. Dezember 1986 endende oder laufende Geschäftsjahr mit einem niedrigeren Wert angesetzt, als er nach §§ 249, 253 Abs. 1 Satz 2 des Handelsgesetzbuchs vorgeschrieben oder zulässig ist, so kann bei der Aufstellung des Jahresabschlusses für das nach dem 31. Dezember 1986 beginnende Geschäftsjahr oder bei Anwendung auf ein früheres Geschäftsjahr nach Artikel 23 in dem früheren Geschäftsjahr der für die Nachholung erforderliche Betrag den Rücklagen entnommen werden, soweit diese nicht durch Gesetz, Gesellschaftsvertrag oder Satzung für andere Zwecke gebunden sind; dieser Betrag ist nicht Bestandteil des Ergebnisses oder des Bilanzgewinns.

(5) ¹Ändern sich bei der erstmaligen Anwendung der durch die Artikel 1 bis 10 des Bilanzrichtlinien-Gesetzes geänderten Vorschriften die bisherige Form der Darstellung oder die bisher angewandten Bewertungsmethoden, so sind § 252 Abs. 1 Nr. 6, § 265 Abs. 1, § 284 Abs. 2 Nr. 3 des Handelsgesetzbuchs bei der erstmaligen Aufstellung eines Jahresabschlusses nach den geänderten Vorschriften nicht anzuwenden. ²Außerdem brauchen die Vorjahreszahlen bei der erstmaligen Anwendung nicht angegeben zu werden.

(6) ¹Sind bei der erstmaligen Anwendung des § 268 Abs. 2 des Handelsgesetzbuchs über die Darstellung der Entwicklung des Anlagevermögens die Anschaffungs- oder Herstellungskosten eines Vermögensgegenstands des Anlagevermögens nicht ohne unverhältnismäßige Kosten oder Verzögerungen feststellbar, so dürfen die Buchwerte dieser Vermögensgegenstände aus dem Jahresabschluß des vorhergehenden Geschäftsjahrs als ursprüngliche Anschaffungs- oder Herstellungskosten übernommen und fortgeführt werden. ²Satz 1 darf entsprechend auf die Darstellung des Postens „Aufwendungen für die Ingangsetzung und Erweiterung des Geschäftsbetriebs" angewendet werden. ³Kapitalgesellschaften müssen die Anwendung der Sätze 1 und 2 im Anhang angeben.

Art. 25.* **[Abschlußprüfer und Konzernabschlußprüfer von Aktiengesellschaften, Gesellschaften mit beschränkter Haftung und gemeinnützigen Wohnungsunternehmen]** (1) ¹Auf die Prüfung des Jahresabschlusses

1. von Aktiengesellschaften und Gesellschaften mit beschränkter Haftung, bei denen die Mehrheit der Anteile und die Mehrheit der Stimmrechte Genossenschaften oder zur Prüfung von Genossenschaften zugelassenen Prüfungsverbänden zusteht, oder

2. von Unternehmen, die am 31. Dezember 1989 als gemeinnützige Wohnungsunternehmen oder als Organe der staatlichen Wohnungspolitik anerkannt waren und die nicht eingetragene Genossenschaften sind,

---

* Art. 25 neu gefaßt durch Art. 21 § 5 Steuerreformgesetz 1990 vom 25. 7. 1988 (BGBl. I S. 1093).

ist § 319 Abs. 1 des Handelsgesetzbuchs mit der Maßgabe anzuwenden, daß diese Gesellschaften oder Unternehmen sich auch von dem Prüfungsverband prüfen lassen dürfen, dem sie als Mitglied angehören, sofern mehr als die Hälfte der geschäftsführenden Mitglieder des Vorstands dieses Prüfungsverbands Wirtschaftsprüfer sind. ²Hat der Prüfungsverband nur zwei Vorstandsmitglieder, so muß einer von ihnen Wirtschaftsprüfer sein. ³§ 319 Abs. 2 und 3 des Handelsgesetzbuchs ist entsprechend anzuwenden.

(2) ¹Bei der Prüfung des Jahresabschlusses der in Absatz 1 bezeichneten Gesellschaften oder Unternehmen durch einen Prüfungsverband darf der gesetzlich vorgeschriebene Bestätigungsvermerk nur von Wirtschaftsprüfern unterzeichnet werden. ²Die im Prüfungsverband tätigen Wirtschaftsprüfer haben ihre Prüfungstätigkeit unabhängig, gewissenhaft, verschwiegen und eigenverantwortlich auszuüben. ³Sie haben sich insbesondere bei der Erstattung von Prüfungsberichten unparteiisch zu verhalten. ⁴Weisungen dürfen ihnen hinsichtlich ihrer Prüfungstätigkeit von Personen, die nicht Wirtschaftsprüfer sind, nicht erteilt werden. ⁵Die Zahl der im Verband tätigen Wirtschaftsprüfer muß so bemessen sein, daß die den Bestätigungsvermerk unterschreibenden Wirtschaftsprüfer die Prüfung verantwortlich durchführen können.

(3) Ist ein am 31. Dezember 1989 als gemeinnütziges Wohnungsunternehmen oder als Organ der staatlichen Wohnungspolitik anerkanntes Unternehmen als Aktiengesellschaft, Kommanditgesellschaft auf Aktien oder als Gesellschaft mit beschränkter Haftung zur Aufstellung eines Konzernabschlusses und eines Konzernlageberichts nach dem Zweiten Unterabschnitt des Zweiten Abschnitts des Dritten Buchs des Handelsgesetzbuchs verpflichtet, so ist der Prüfungsverband, dem das Unternehmen angehört, auch Abschlußprüfer des Konzernabschlusses.

Art. 26.* **[Abschlußprüfer nach § 319 HGB]** (1) ¹Abschlußprüfer nach § 319 Abs. 1 Satz 1 des Handelsgesetzbuchs kann auch eine nach § 131f Abs. 2 der Wirtschaftsprüferordnung bestellte Person sein. ²Abschlußprüfer nach § 319 Abs. 1 Satz 2 des Handelsgesetzbuchs kann auch eine nach § 131b Abs. 2 der Wirtschaftsprüferordnung bestellte Person sein. ³Für die Durchführung der Prüfung von Jahresabschlüssen und Lageberichten haben diese Personen die Rechte und Pflichten von Abschlußprüfern.

(2) Für die Anwendung des § 319 Abs. 2 und 3 des Handelsgesetzbuchs bleibt eine Mitgliedschaft im Aufsichtsrat des zu prüfenden Unternehmens außer Betracht, wenn sie spätestens mit der Beendigung der ersten Versammlung der Aktionäre oder Gesellschafter der zu prüfenden Gesellschaft, die nach Inkrafttreten des Bilanzrichtlinien-Gesetzes stattfindet, endet.

Art. 27.* **[Kapitalkonsolidierung]** (1) ¹Hat ein Mutterunternehmen ein Tochterunternehmen schon vor der erstmaligen Anwendung des § 301 des Handelsgesetzbuchs in seinen Konzernabschluß auf Grund gesetzlicher Verpflichtung oder freiwillig nach einer den Grundsätzen ordnungsmäßiger Buchführung entsprechenden Methode einbezogen, so braucht es diese Vorschrift auf dieses Tochterunternehmen nicht anzuwenden. ²Auf einen noch vorhandenen Unterschiedsbetrag aus der früheren Kapitalkonsolidierung ist § 309 des Handelsgesetzbuchs anzuwenden, soweit das Mutterunternehmen den Unterschiedsbetrag nicht in entsprechender Anwendung des § 301 Abs. 1 Satz 3 des Handelsgesetzbuchs den in den

---

* Art. 26 und 27 neu gefaßt durch Bilanzrichtlinien-Gesetz vom 19. 12. 1985 (BGBl. I S. 2355).

2 EGHGB Art. 28, 29　　　3. Abschnitt. Übergangsvorschriften

Konzernabschluß übernommenen Vermögensgegenständen und Schulden des Tochterunternehmens zuschreibt oder mit diesen verrechnet.

(2) Ist ein Mutterunternehmen verpflichtet, § 301 des Handelsgesetzbuchs auf ein schon bisher in seinen Konzernabschluß einbezogenes Tochterunternehmen anzuwenden oder wendet es diese Vorschrift freiwillig an, so kann als Zeitpunkt für die Verrechnung auch der Zeitpunkt der erstmaligen Anwendung dieser Vorschrift gewählt werden.

(3) Die Absätze 1 und 2 sind entsprechend auf die Behandlung von Beteiligungen an assoziierten Unternehmen nach §§ 311, 312 des Handelsgesetzbuchs anzuwenden.

(4) Ergibt sich bei der erstmaligen Anwendung der §§ 303, 304, 306 oder 308 des Handelsgesetzbuchs eine Erhöhung oder Verminderung des Ergebnisses, so kann der Unterschiedsbetrag in die Gewinnrücklagen eingestellt oder mit diesen offen verrechnet werden; dieser Betrag ist nicht Bestandteil des Jahresergebnisses.

Art. 28.* **[Pensionsrückstellungen]** (1) ¹Für eine laufende Pension oder eine Anwartschaft auf eine Pension auf Grund einer unmittelbaren Zusage braucht eine Rückstellung nach § 249 Abs. 1 Satz 1 des Handelsgesetzbuchs nicht gebildet zu werden, wenn der Pensionsberechtigte seinen Rechtsanspruch vor dem 1. Januar 1987 erworben hat oder sich ein vor diesem Zeitpunkt erworbener Rechtsanspruch nach dem 31. Dezember 1986 erhöht. ²Für eine mittelbare Verpflichtung aus einer Zusage für eine laufende Pension oder eine Anwartschaft auf eine Pension sowie für eine ähnliche unmittelbare oder mittelbare Verpflichtung braucht eine Rückstellung in keinem Fall gebildet zu werden.

(2) Bei Anwendung des Absatzes 1 müssen Kapitalgesellschaften die in der Bilanz nicht ausgewiesenen Rückstellungen für laufende Pensionen, Anwartschaften auf Pensionen und ähnliche Verpflichtungen jeweils im Anhang und im Konzernanhang in einem Betrag angeben.

Dritter Abschnitt.** Übergangsvorschrift zum Gesetz zur Durchführung der EG-Richtlinie zur Koordinierung des Rechts der Handelsvertreter vom 23. Oktober 1989 (BGBl. I S. 1910)

Art. 29.** *** **[Handelsvertreterverträge]** Auf Handelsvertretervertragsverhältnisse, die vor dem 1. Januar 1990 begründet sind und an diesem Tag noch bestehen, sind die §§ 86, 86a, 87, 87a, 89, 89b, 90a und 92c des Handelsgesetzbuchs in der am 31. Dezember 1989 geltenden Fassung† bis zum Ablauf des Jahres 1993 weiterhin anzuwenden.

---

* Art. 28 neu gefaßt durch Bilanzrichtlinien-Gesetz vom 19. 12. 1985 (BGBl. I S. 2355).
** Dritter Abschnitt (Art. 29) angefügt durch Gesetz vom 23. 10. 1989 (BGBl. I S. 1910).
*** Für das Gebiet der ehem. DDR ist Art. 29 aufgrund des Einigungsvertrages vom 31. 8. 1990 (BGBl. II S. 889, 959) nicht anzuwenden. Statt dessen findet auf Handelsvertretervertragsverhältnisse, die vor dem 1. 7. 1990 nach den Vorschriften des Gesetzes über internationale Wirtschaftsverträge begründet wurden, dieses Gesetz in der bis zum 30. 6. 1990 gültigen Fassung vom 5. 2. 1976 (GBl. I S. 61) bis zum Ablauf des Jahres 1993 weiter Anwendung.
† Die §§ 86, 86a, 87, 87a, 89, 89b, 90a und 92c HGB galten am 31. 12. 1989 in folgender Fassung:
„§ 86. [Pflichten des Handelsvertreters] (1) Der Handelsvertreter hat sich um die Vermittlung oder den Abschluß von Geschäften zu bemühen; er hat hierbei das Interesse des Unternehmers wahrzunehmen.

(2) Er hat dem Unternehmer die erforderlichen Nachrichten zu geben, namentlich ihm von jeder Geschäftsvermittlung und von jedem Geschäftsabschluß unverzüglich Mitteilung zu machen.

(3) Er hat seine Pflichten mit der Sorgfalt eines ordentlichen Kaufmanns wahrzunehmen.

§ 86a. [Pflichten des Unternehmers] (1) Der Unternehmer hat dem Handelsvertreter die zur Ausübung seiner Tätigkeit erforderlichen Unterlagen, wie Muster, Zeichnungen, Preislisten, Werbedrucksachen, Geschäftsbedingungen, zur Verfügung zu stellen.

(2) ¹Der Unternehmer hat dem Handelsvertreter die erforderlichen Nachrichten zu geben. ²Er hat ihm unverzüglich die Annahme oder Ablehnung eines vermittelten oder ohne Vertretungsmacht abgeschlossenen Geschäfts mitzuteilen. ³Er hat ihn zu unterrichten, wenn er Geschäfte voraussichtlich nur in erheblich geringerem Umfange abschließen kann oder will, als nach den Umständen zu erwarten ist; dieser Anspruch kann nicht ausgeschlossen werden.

§ 87. [Provisionspflichtige Geschäfte] (1) ¹Der Handelsvertreter hat Anspruch auf Provision für alle während des Vertragsverhältnisses abgeschlossenen Geschäfte, die auf seine Tätigkeit zurückzuführen sind oder mit Dritten abgeschlossen werden, die er als Kunden für Geschäfte der gleichen Art geworben hat. ²Ein Anspruch auf Provision besteht für ihn nicht, wenn die Provision nach Absatz 3 dem ausgeschiedenen Handelsvertreter zusteht.

(2) ¹Ist dem Handelsvertreter ein bestimmter Bezirk oder ein bestimmter Kundenkreis zugewiesen, so hat er Anspruch auf Provision auch für die Geschäfte, die ohne seine Mitwirkung mit Personen seines Bezirkes oder seines Kundenkreises während des Vertragsverhältnisses abgeschlossen sind. ²Dies gilt nicht, wenn die Provision nach Absatz 3 dem ausgeschiedenen Handelsvertreter zusteht.

(3) Für ein Geschäft, das erst nach Beendigung des Vertragsverhältnisses abgeschlossen ist, hat der Handelsvertreter Anspruch auf Provision nur, wenn er es vermittelt hat oder es eingeleitet und so vorbereitet hat, daß der Abschluß überwiegend auf seine Tätigkeit zurückzuführen ist, und wenn das Geschäft innerhalb einer angemessenen Frist nach Beendigung des Vertragsverhältnisses abgeschlossen worden ist.

(4) Neben dem Anspruch auf Provision für abgeschlossene Geschäfte hat der Handelsvertreter Anspruch auf Inkassoprovision für die von ihm auftragsgemäß eingezogenen Beträge.

§ 87a. [Fälligkeit der Provision] (1) ¹Der Handelsvertreter hat Anspruch auf Provision, sobald und soweit der Unternehmer das Geschäft ausgeführt hat. ²Eine abweichende Vereinbarung kann getroffen werden, jedoch hat der Handelsvertreter mit der Ausführung des Geschäfts durch den Unternehmer Anspruch auf einen angemessenen Vorschuß, der spätestens am letzten Tag des folgenden Monats fällig ist. ³Unabhängig von einer Vereinbarung hat jedoch der Handelsvertreter Anspruch auf Provision, sobald und soweit der Dritte das Geschäft ausgeführt hat. ⁴Der Anspruch auf Teilprovision für ein nur teilweise ausgeführtes Geschäft kann ausgeschlossen werden, wenn vereinbart ist, daß der Unternehmer dem Handelsvertreter Provision für das ganze Geschäft gewährt, sobald dieses in bestimmtem Umfange ausgeführt ist.

(2) Steht fest, daß der Dritte nicht leistet, so entfällt der Anspruch auf Provision; bereits empfangene Beträge sind zurückzugewähren.

(3) ¹Der Handelsvertreter hat auch dann einen Anspruch auf Provision, wenn feststeht, daß der Unternehmer das Geschäft ganz oder teilweise nicht oder nicht so ausführt, wie es abgeschlossen worden ist. ²Dies gilt nicht, wenn und soweit die Ausführung des Geschäfts unmöglich geworden ist, ohne daß der Unternehmer die Unmöglichkeit zu vertreten hat, oder der Ausführung ihm nicht zuzumuten ist, insbesondere weil in der Person des Dritten ein wichtiger Grund für die Nichtausführung vorliegt.

(4) Der Anspruch auf Provision wird am letzten Tag des Monats fällig, in dem nach § 87c Abs. 1 über den Anspruch abzurechnen ist.

(5) Von den Absätzen 3 und 4 abweichende für den Handelsvertreter nachteilige Vereinbarungen können nicht getroffen werden.

§ 89. [Kündigung des Vertrages] (1) ¹Ist das Vertragsverhältnis auf unbestimmte Zeit eingegangen, so kann es in den ersten drei Jahren der Vertragsdauer mit einer Frist von sechs Wochen für den Schluß eines Kalendervierteljahres gekündigt werden. ²Wird eine andere Kündigungsfrist vereinbart, so muß sie mindestens einen Monat betragen; es kann nur für den Schluß eines Kalendermonats gekündigt werden.

(2) Nach einer Vertragsdauer von drei Jahren kann das Vertragsverhältnis nur mit einer Frist von mindestens drei Monaten zum Schluß eines Kalendervierteljahres gekündigt werden.

(Fortsetzung der Anm. auf S. 238)

Art. 29a.* **[Handelsvertreter außerhalb der EG; Schiffahrtsvertreter]** Bei der Anwendung des § 92c Abs. 1 des Handelsgesetzbuches in der ab 1. Januar 1990 geltenden Fassung steht das Gebiet der Deutschen Demokratischen Republik einschließlich Berlin (Ost) dem Gebiet der Europäischen Gemeinschaften gleich.

---

(3) [1]Eine vereinbarte Kündigungsfrist muß für beide Teile gleich sein. [2]Bei Vereinbarung ungleicher Fristen gilt für beide Teile die längere Frist.

§ 89b. [Ausgleichsanspruch] (1) [1]Der Handelsvertreter kann von dem Unternehmer nach Beendigung des Vertragsverhältnisses einen angemessenen Ausgleich verlangen, wenn und soweit
1. der Unternehmer aus der Geschäftsverbindung mit neuen Kunden, die der Handelsvertreter geworben hat, auch nach Beendigung des Vertragsverhältnisses erhebliche Vorteile hat,
2. der Handelsvertreter infolge der Beendigung des Vertragsverhältnisses Ansprüche auf Provision verliert, die er bei Fortsetzung desselben aus bereits abgeschlossenen oder künftig zustande kommenden Geschäften mit den von ihm geworbenen Kunden hätte, und
3. die Zahlung eines Ausgleichs unter Berücksichtigung aller Umstände der Billigkeit entspricht.

[2]Der Werbung eines neuen Kunden steht es gleich, wenn der Handelsvertreter die Geschäftsverbindung mit einem Kunden so wesentlich erweitert hat, daß dies wirtschaftlich der Werbung eines neuen Kunden entspricht.

(2) Der Ausgleich beträgt höchstens eine nach dem Durchschnitt der letzten fünf Jahre der Tätigkeit des Handelsvertreters berechnete Jahresprovision oder sonstige Jahresvergütung; bei kürzerer Dauer des Vertragsverhältnisses ist der Durchschnitt während der Dauer der Tätigkeit maßgebend.

(3) [1]Der Anspruch besteht nicht, wenn der Handelsvertreter das Vertragsverhältnis gekündigt hat, es sei denn, daß ein Verhalten des Unternehmers hierzu begründeten Anlaß gegeben hat oder dem Handelsvertreter eine Fortsetzung seiner Tätigkeit wegen seines Alters oder wegen Krankheit nicht zugemutet werden kann. [2]Der Anspruch besteht ferner nicht, wenn der Unternehmer das Vertragsverhältnis gekündigt hat und für die Kündigung ein wichtiger Grund wegen schuldhaften Verhaltens des Handelsvertreters vorlag.

(4) [1]Der Anspruch kann im voraus nicht ausgeschlossen werden. [2]Er ist innerhalb von drei Monaten nach Beendigung des Vertragsverhältnisses geltend zu machen.

(5) Die Absätze 1 bis 4 gelten für Versicherungsvertreter mit der Maßgabe, daß an die Stelle der Geschäftsverbindung mit neuen Kunden, die der Handelsvertreter geworben hat, die Vermittlung neuer Versicherungsverträge durch den Versicherungsvertreter tritt und der Anspruch höchstens drei Jahresprovisionen oder Jahresvergütungen beträgt.

§ 90a. [Wettbewerbsabrede] (1) [1]Eine Vereinbarung, die den Handelsvertreter nach Beendigung des Vertragsverhältnisses in seiner gewerblichen Tätigkeit beschränkt (Wettbewerbsabrede), bedarf der Schriftform und Aushändigung einer vom Unternehmer unterzeichneten, die vereinbarten Bestimmungen enthaltenden Urkunde an den Handelsvertreter. [2]Die Abrede kann nur für längstens zwei Jahre von der Beendigung des Vertragsverhältnisses an getroffen werden. [3]Der Unternehmer ist verpflichtet, dem Handelsvertreter für die Dauer der Wettbewerbsbeschränkung eine angemessene Entschädigung zu zahlen.

(2) [1]Der Unternehmer kann bis zum Ende des Vertragsverhältnisses schriftlich auf die Wettbewerbsbeschränkung mit der Wirkung verzichten, daß er mit dem Ablauf von sechs Monaten seit der Erklärung von der Verpflichtung zur Zahlung der Entschädigung frei wird. [2]Kündigt der Unternehmer das Vertragsverhältnis aus wichtigem Grund wegen schuldhaften Verhaltens des Handelsvertreters, so hat dieser keinen Anspruch auf Entschädigung.

(3) Kündigt der Handelsvertreter das Vertragsverhältnis aus wichtigem Grund wegen schuldhaften Verhaltens des Unternehmers, so kann er sich durch schriftliche Erklärung binnen einem Monat nach der Kündigung von der Wettbewerbsabrede lossagen.

(4) Abweichende für den Handelsvertreter nachteilige Vereinbarungen können nicht getroffen werden.

§ 92c. [Ausländische Handelsvertreter; Schiffahrtsvertreter] (1) Hat der Handelsvertreter keine Niederlassung im Inland, so kann hinsichtlich aller Vorschriften dieses Abschnittes etwas anderes vereinbart werden.

(2) Das gleiche gilt, wenn der Handelsvertreter mit der Vermittlung oder dem Abschluß von Geschäften betraut wird, die die Befrachtung, Abfertigung oder Ausrüstung von Schiffen oder die Buchung von Passagen auf Schiffen zum Gegenstand haben."

* Art. 29a eingefügt durch Art. 20 Gesetz vom 25. 6. 1990 (BGBl. II S. 518).

Vierter Abschnitt.* Übergangsvorschriften zum Bankbilanzrichtlinie-Gesetz

Art. 30.* [**Vorschriften der Art. 1 bis 10**] (1) Die vom Inkrafttreten der Artikel 1 bis 10 des Bankbilanzrichtlinie-Gesetzes vom 30. November 1990 (BGBl. I S. 2570) an geltende Fassung der Vorschriften über den Jahresabschluß, den Lagebericht und deren Prüfung sowie über die Pflicht zur Offenlegung dieser und der dazu gehörenden Unterlagen ist erstmals auf das nach dem 31. Dezember 1992 beginnende Geschäftsjahr anzuwenden.

(2) [1]Die vom Inkrafttreten der Artikel 1 bis 10 des Bankbilanzrichtlinie-Gesetzes an geltende Fassung der Vorschriften über den Konzernabschluß, den Konzernlagebericht und deren Prüfung sowie über die Pflicht zur Offenlegung dieser und der dazu gehörenden Unterlagen ist erstmals auf das nach dem 31. Dezember 1992 beginnende Geschäftsjahr anzuwenden; dies gilt für Kreditinstitute auch für die erstmalige Anwendung der in Artikel 23 Abs. 2 Satz 1 bezeichneten Vorschriften. [2]Die neuen Vorschriften einschließlich derjenigen über den Jahresabschluß können auf den Konzernabschluß eines früheren Geschäftsjahrs angewendet werden, jedoch nur insgesamt; Artikel 23 Abs. 2 Satz 3 ist entsprechend anzuwenden.

(3) Auf Geschäftsjahre, die vor dem 1. Januar 1993 beginnen, sind die Vorschriften über den Jahresabschluß, den Lagebericht und deren Prüfung sowie über die Pflicht zur Offenlegung dieser und der dazu gehörenden Unterlagen in der am 1. Januar 1986 geltenden Fassung und die Vorschriften der Verordnung über Formblätter für die Gliederung des Jahresabschlusses von Kreditinstituten in der Fassung der Bekanntmachung vom 14. September 1987 (BGBl. I S. 2169) anzuwenden.

(4) [1]Auf Geschäftsjahre, die vor dem 1. Januar 1993 beginnen, sind die Vorschriften über den Konzernabschluß, den Konzernlagebericht und deren Prüfung sowie über die Pflicht zur Offenlegung dieser und der dazu gehörenden Unterlagen in der am 31. Dezember 1985 geltenden Fassung anzuwenden, sofern die neuen Vorschriften nicht freiwillig angewendet werden. [2]Werden nach Artikel 23 Abs. 2 die Vorschriften in der am 1. Januar 1986 geltenden Fassung freiwillig angewendet, so gilt Satz 1 mit der Maßgabe, daß diese Vorschriften anzuwenden sind. [3]Sind auf den Konzernabschluß Vorschriften über den Jahresabschluß anzuwenden, ist Absatz 3 entsprechend anzuwenden.

Art. 31.* [**Vermögensgegenstände im Jahresabschluß**] (1) [1]Waren wie Anlagevermögen behandelte Vermögensgegenstände im Jahresabschluß für das am 31. Dezember 1992 endende oder laufende Geschäftsjahr mit einem niedrigeren Wert angesetzt, als er nach § 240 Abs. 3 und 4, §§ 252, 253 Abs. 1 und 2, §§ 254, 255, 279, 280 Abs. 1 und 2 sowie § 340e des Handelsgesetzbuchs zulässig ist, so darf der niedrigere Wertansatz beibehalten werden. [2]§ 253 Abs. 2 des Handelsgesetzbuchs ist in diesem Falle mit der Maßgabe anzuwenden, daß der niedrigere Wertansatz um planmäßige Abschreibungen entsprechend der voraussichtlichen Restnutzungsdauer zu vermindern ist.

(2) [1]Waren nicht wie Anlagevermögen behandelte Vermögensgegenstände im Jahresabschluß für das am 31. Dezember 1992 endende oder laufende Geschäftsjahr

---

* Vierter Abschnitt (Art. 30 und 31) angefügt durch Art. 12 Bankbilanzrichtlinie-Gesetz vom 30. 11. 1990 (BGBl. I S. 2570).

2 EGHGB Art. 31

mit einem niedrigeren Wert angesetzt, als er nach §§ 252, 253 Abs. 1 und 3, §§ 254, 255 Abs. 1 und 2, §§ 256, 279 Abs. 1 Satz 1, Abs. 2, § 280 Abs. 1 und 2 sowie § 340f Abs. 1 Satz 1 des Handelsgesetzbuchs zulässig ist, so darf der niedrigere Wertansatz insoweit beibehalten werden, als

1. er aus den Gründen des § 253 Abs. 3, §§ 254, 279 Abs. 2, § 280 Abs. 2 des Handelsgesetzbuchs angesetzt worden ist oder
2. es sich um einen niedrigeren Wertansatz im Sinne des § 340f Abs. 1 Satz 1 des Handelsgesetzbuchs handelt.

[2]Nach § 26a Abs. 1 des Gesetzes über das Kreditwesen gebildete Vorsorgen können fortgeführt werden.

(3) [1]Soweit ein niedrigerer Wertansatz nach den Absätzen 1 und 2 nicht beibehalten werden darf oder nicht beibehalten wird, kann bei der Aufstellung des Jahresabschlusses für das nach dem 31. Dezember 1992 beginnende Geschäftsjahr der Unterschiedsbetrag zwischen dem im letzten vorausgehenden Jahresabschluß angesetzten Wert und dem nach den Vorschriften des Dritten Buchs des Handelsgesetzbuchs anzusetzenden Wert in Gewinnrücklagen eingestellt oder für die Nachholung von Rückstellungen oder die Bildung des Sonderpostens für Bankrisiken verwendet werden; dieser Betrag ist nicht Bestandteil des Ergebnisses. [2]Satz 1 ist entsprechend auf Beträge anzuwenden, die sich ergeben, wenn Rückstellungen oder Sonderposten mit Rücklageanteil wegen Unvereinbarkeit mit § 247 Abs. 3, §§ 249, 253 Abs. 1 Satz 2, § 273 des Handelsgesetzbuchs aufgelöst werden.

(4) Waren Schulden oder der Sonderposten für allgemeine Bankrisiken im Jahresabschluß für das am 31. Dezember 1992 endende oder laufende Geschäftsjahr mit einem niedrigeren Wert angesetzt, als er nach §§ 249, 253 Abs. 1 Satz 2 oder § 340g des Handelsgesetzbuchs vorgeschrieben oder zulässig ist, so kann bei der Aufstellung des Jahresabschlusses für das nach dem 31. Dezember 1992 beginnende Geschäftsjahr der für die Nachholung erforderliche Betrag den Rücklagen entnommen werden, soweit diese nicht durch Gesetz, Gesellschaftsvertrag oder Satzung für andere Zwecke gebunden sind; dieser Betrag ist nicht Bestandteil des Ergebnisses oder des Bilanzgewinns.

(5) [1]Ändern sich bei der erstmaligen Anwendung der durch die Artikel 1 bis 10 des Bankbilanzrichtlinie-Gesetzes geänderten Vorschriften der bisherige Form der Darstellung oder die bisher angewandten Bewertungsmethoden, so sind § 252 Abs. 1 Nr. 6, § 265 Abs. 1, § 284 Abs. 2 Nr. 3 des Handelsgesetzbuchs bei der erstmaligen Aufstellung eines Jahresabschlusses oder Konzernabschlusses nach den geänderten Vorschriften auf diese Änderungen nicht anzuwenden. [2]Außerdem brauchen die Vorjahreszahlen bei der erstmaligen Anwendung nicht angegeben zu werden.

(6) [1]Sind bei der erstmaligen Anwendung des § 340a in Verbindung mit § 268 Abs. 2 des Handelsgesetzbuchs über die Darstellung der Entwicklung der wie Anlagevermögen behandelten Vermögensgegenstände die Anschaffungs- oder Herstellungskosten eines Vermögensgegenstands nicht ohne unverhältnismäßige Kosten oder Verzögerungen feststellbar, so dürfen die Buchwerte dieser Vermögensgegenstände aus dem Jahresabschluß des vorhergehenden Geschäftsjahrs als ursprüngliche Anschaffungs- oder Herstellungskosten übernommen und fortgeführt werden. [2]Satz 1 darf entsprechend auf die Darstellung des Postens „Aufwendungen für die Ingangsetzung und Erweiterung des Geschäftsbetriebs" angewendet werden. [3]Die Anwendung der Sätze 1 und 2 ist im Anhang anzugeben.

AngKündG 3

3. Gesetz über die Fristen für die Kündigung von Angestellten*
Vom 9. Juli 1926 (RGBl. I S. 399, ber. S. 412)
(BGBl. III 800-1)

Geändert durch Art. 4 Beschäftigungsförderungsgesetz 1985 vom 26. 4. 1985 (BGBl. I S. 710) und Art. 30 Rentenreformgesetz 1992 vom 18. 12. 1989 (BGBl. I S. 2261)

Fassung des § 1 bis 31. 12. 1991:

§ 1.** Die Vorschriften dieses Gesetzes finden Anwendung auf Angestellte, die nach § 1 *des Versicherungsgesetzes für Angestellte**** versicherungspflichtig sind *oder sein würden, wenn ihr Jahresarbeitsverdienst die Gehaltsgrenze nach § 3 des Versicherungsgesetzes für Angestellte nicht überstiege.*†

Fassung des § 1 ab 1. 1. 1992:

§ 1.** ¹Die Vorschriften dieses Gesetzes finden Anwendung auf Angestellte. ²Angestellte im Sinne dieses Gesetzes sind Arbeitnehmer, die eine Beschäftigung ausüben, die für die Zuständigkeitsaufteilung unter den Rentenversicherungsträgern nach dem Sechsten Buch Sozialgesetzbuch als Angestelltentätigkeit bezeichnet wird.

§ 2.†† (1) ¹Ein Arbeitgeber, der in der Regel mehr als zwei Angestellte, ausschließlich der zu ihrer Berufsbildung Beschäftigten, beschäftigt, darf einem Angestellten, den er oder, im Falle einer Rechtsnachfolge, er und seine Rechtsvorgänger mindestens fünf Jahre beschäftigt haben, nur mit mindestens drei Monaten Frist für den Schluß eines Kalendervierteljahrs kündigen. ²Die Kündigungsfrist erhöht sich nach einer Beschäftigungsdauer von acht Jahren auf vier Monate, nach einer Beschäftigungsdauer von zehn Jahren auf fünf Monate und nach einer Beschäftigungsdauer von zwölf Jahren auf sechs Monate. ³Bei der Berechnung der Beschäftigungsdauer werden Dienstjahre, die vor Vollendung des fünfundzwanzigsten Lebensjahrs liegen, nicht berücksichtigt. ⁴Bei der Feststellung der Zahl der beschäftigten Angestellten nach Satz 1 sind nur Angestellte zu berücksichtigen, deren regelmäßige Arbeitszeit wöchentlich 10 Stunden oder monatlich 45 Stunden übersteigt. ⁵Satz 4 berührt nicht die Rechtsstellung der Angestellten, die am 1. Mai 1985 gegenüber ihrem Arbeitgeber Rechte aus den Sätzen 1 bis 3 herleiten könnten.

---

* Für das Gebiet der ehem. DDR findet dieses Gesetz nach dem Einigungsvertrag vom 31. 8. 1990 (BGBl. II S. 889, 1020) keine Anwendung.
** § 1 neu gefaßt mit Wirkung vom 1. 1. 1992 durch Art. 30 Rentenreformgesetz 1992 vom 18. 12. 1989 (BGBl. I S. 2261).
*** Vgl. jetzt §§ 2 und 3 des Angestelltenversicherungsgesetzes i. d. F. vom 23. 2. 1957 (BGBl. I S. 88) mit zahlreichen späteren Änderungen.
† Gegenstandslos, weil seit 1. 1. 1968 alle Angestellten versicherungspflichtig sind.
†† § 2 Abs. 1 Satz 1 geändert sowie Sätze 4 und 5 angefügt durch Art. 4 Gesetz vom 26. 4. 1985 (BGBl. I S. 710).

3 AngKündG §3

(2) Die nach Absatz 1 eintretende Verlängerung der Kündigungsfrist des Arbeitgebers gegenüber dem Angestellten berührt eine vertraglich bedungene Kündigungsfrist des Angestellten gegenüber dem Arbeitgeber nicht.

(3) Unberührt bleiben die Bestimmungen über fristlose Kündigung.

§ 3.* *(gegenstandslos)*

---

* Gegenstandslose Übergangsvorschrift.

ADSp 4

4. Allgemeine Deutsche Spediteur-Bedingungen (ADSp)*

Fassung vom 31. Oktober 1978

Bekanntmachung Nr. 130/78 vom 31. 10. 1978
(BAnz. Nr. 211)

Geändert durch Bekanntmachung Nr. 21/82 vom 25. 2. 1982 (BAnz. Nr. 47), Bekanntmachung Nr. 100/84 vom 19. 11. 1984 (BAnz. Nr. 227) und Bekanntmachung Nr. 3/87 vom 9. 1. 1987 (BAnz. Nr. 13 S. 589)

Zur Anwendung empfohlen von
Bundesverband Spedition und Lagerei
Bundesverband der Deutschen Industrie
Bundesverband des Deutschen Groß- und Außenhandels
Deutscher Industrie- und Handelstag
Hauptgemeinschaft des Deutschen Einzelhandels

Die Empfehlung ist unverbindlich. Es bleibt den Vertragsparteien unbenommen, im Einzelfall abweichende Vereinbarungen zu treffen.

Inhaltsübersicht

I. Allgemeines §§ 1–4
II. Von der Annahme ausgeschlossene Güter § 5
III. Auftrag, Mitteilungen, Weisungen, Ermessen des Spediteurs §§ 6–15
IV. Untersuchung, Erhaltung und Verpackung des Gutes § 16
V. Fristen § 17
VI. Hindernisse §§ 18, 19
VII. Leistungen, Entgelt und Auslagen des Spediteurs §§ 20–32
VIII. Ablieferung §§ 33, 34
IX. Versicherung des Gutes §§ 35–38
X. Speditionsversicherungsschein (SVS) und Rollfuhrversicherungsschein (RVS) §§ 39–41
XI. Lagerung §§ 43–49
XII. Pfandrecht § 50
XIII. Haftung des Spediteurs §§ 51–63
XIV. Verjährung § 64
XV. Erfüllungsort, Gerichtsstand, anzuwendendes Recht § 65

Anlage 1. Speditions- und Rollfuhrversicherungsschein (SVS/RVS) Fassung vom 1. März 1989

Anlage 2. Beteiligungsliste

---

* Veröffentlicht als Bekanntmachung des Bundeskartellamts Nr. 130/78 über die Anmeldung einer Empfehlung Allgemeiner Deutscher Spediteur-Bedingungen (ADSp) durch den Deutschen Industrie- und Handelstag und weitere Verbände vom 31. 10. 1978 (BAnz. Nr. 211). Am Ende der Bekanntmachung steht noch folgende Erklärung des Bundeskartellamts:
Diese Bekanntmachung enthält keine Entscheidung über die Vereinbarkeit der empfohlenen Allgemeinen Geschäftsbedingungen mit dem Gesetz zur Regelung des Rechts der Allgemeinen Geschäftsbedingungen (AGB-Gesetz) vom 9. Dezember 1976 (BGBl. I S. 3317). Die Befugnis, nach diesem Gesetz sowie auf Grund anderer gesetzlicher Vorschriften die gerichtliche Überprüfung zu verlangen, wird durch diese Bekanntmachung nicht eingeschränkt. Die vorstehende Empfehlung von Allgemeinen Geschäftsbedingungen ist unverbindlich. Zu ihrer Durchsetzung darf kein wirtschaftlicher, gesellschaftlicher oder sonstiger Druck angewendet werden.

I. Allgemeines

§ 1. Der Spediteur hat seine Verrichtungen mit der Sorgfalt eines ordentlichen Kaufmannes auszuführen und hierbei das Interesse des Auftraggebers wahrzunehmen.

§ 2.

a) Die ADSp gelten im Verkehr mit Kaufleuten, juristischen Personen des öffentlichen Rechts und öffentlich-rechtlichen Sondervermögen, für alle Verrichtungen des Spediteurs, gleichgültig, ob sie Speditions-, Fracht-, Lager-, Kommissions- oder sonstige mit dem Speditionsgewerbe zusammenhängende Geschäfte betreffen.

b) [1]Die ADSp finden keine Anwendung insoweit, als der Spediteur lediglich als Erfüllungsgehilfe einer Beförderungsunternehmung auf Grund der besonderen Bedingungen (z. B. EVO, KVO) oder nach dem Bahnspeditionsvertrag als bahnamtlicher Rollfuhrunternehmer tätig ist. [2]Die ADSp gelten ferner nicht für die Betätigung des Spediteurs im Möbeltransport mit geschlossenen Möbelwagen, es sei denn, daß es sich um den Verkehr von und nach dem Ausland handelt; auch insoweit finden die ADSp nur Anwendung, als es sich um eine nach verkehrsüblicher Beurteilung reine Speditionstätigkeit handelt. [3]Die ADSp sind nicht auf eine Möbellagerung auf Grund der Allgemeinen Lagerbedingungen des deutschen Möbeltransports anzuwenden. [4]Die ADSp gelten ferner nicht für Geschäfte, die ausschließlich Verpackungs-, Kran- oder Montagearbeiten oder Schwer- oder Großraumtransporte zum Gegenstand haben; unberührt davon bleibt der Binnenumschlagverkehr des Spediteurs.

c) [1]Weichen besondere örtliche oder bezirkliche Handelsbräuche oder gesetzliche Bestimmungen von den ADSp ab, so gehen die ADSp vor, es sei denn, daß die gesetzlichen Bestimmungen zwingender Natur sind. [2]Die ADSp sind nicht anzuwenden, soweit der Spediteur die Beförderung des Gutes kraft Selbsteintritts oder Frachtvertrages mit eigenem Kraftfahrzeug im Güterfernverkehr oder im internationalen Straßengüterverkehr gemäß CMR ausführt. [3]Bei Betätigung des Spediteurs in See- oder Binnenschiffahrtstransporten können abweichende Vereinbarungen nach den dafür etwa aufgestellten besonderen Beförderungsbedingungen des Spediteurs getroffen werden.

d) [1]Der Spediteur ist zur Vereinbarung der üblichen Geschäftsbedingungen Dritter befugt. [2]Im Verhältnis zwischen Haupt- und Zwischenspediteur gelten die ADSp als Allgemeine Geschäftsbedingungen des Zwischenspediteurs.

§ 3. Eine Abtretung der Rechte des Auftraggebers an einen Dritten sowie die Geltendmachung von Ansprüchen gegen den Spediteur namens oder für Rechnung eines Dritten (vgl. § 67 VVG)* kann nur insoweit erfolgen, als Rechte gegen den Spediteur auf Grund dieser Bedingungen bestehen.

---

* § 67 VVG lautet:
„**§ 67.** (1) [1]Steht dem Versicherungsnehmer ein Anspruch auf Ersatz des Schadens gegen einen Dritten zu, so geht der Anspruch auf den Versicherer über, soweit dieser dem Versicherungsnehmer den Schaden ersetzt. [2]Der Übergang kann nicht zum Nachteil des Versicherungsnehmers geltend gemacht werden. [3]Gibt der Versicherungsnehmer seinen Anspruch gegen den Dritten oder ein zur Sicherung des Anspruchs dienendes Recht auf, so wird der Versicherer von seiner Ersatzpflicht insoweit frei, als er aus dem Anspruch oder dem Recht hätte Ersatz erlangen können.

(Fortsetzung der Anm. auf S. 245)

III. Auftrag, Mitteilungen, Weisungen des Spediteurs §§ 4–7 **ADSp 4**

§ 4. Alle Angebote des Spediteurs gelten nur bei unverzüglicher Annahme zur sofortigen Ausführung des betreffenden Auftrages, sofern sich nichts Gegenteiliges aus dem Angebot ergibt, und nur, wenn bei Erteilung des Auftrages auf das Angebot Bezug genommen wird.

II. Von der Annahme ausgeschlossene Güter

§ 5.

a) Güter, welche Nachteile für andere Güter oder sonstige Gegenstände, Tiere oder Personen zur Folge haben können oder welche schnellem Verderben oder Fäulnis ausgesetzt sind, sind mangels schriftlicher Vereinbarung von der Annahme ausgeschlossen.

b) Werden derartige Güter dem Spediteur ohne besonderen Hinweis übergeben, so haftet der Auftraggeber auch ohne Verschulden für jeden daraus entstehenden Schaden.

c) Der Spediteur kann, sofern die Sachlage es rechtfertigt, derartige Güter im Wege der Selbsthilfe nach seiner Wahl öffentlich oder freihändig, möglichst jedoch unter Benachrichtigung des Auftraggebers, verkaufen lassen oder zur Abwendung von Gefahren ohne vorherige Benachrichtigung des Auftraggebers vernichten.

III. Auftrag, Mitteilungen, Weisungen, Ermessen des Spediteurs

§ 6. Auftraggeber und Spediteur haben die Beweislast für Aufträge, Weisungen, Erklärungen und Mitteilungen je an den anderen oder an zur Annahme bestellte Leute oder Bevollmächtigte (Expedienten, Handlungsbevollmächtigte, Prokuristen).
[1]Keine Partei ist verantwortlich für Schäden, die nur infolge mündlicher Aufträge, Weisungen, Erklärungen oder Mitteilungen eingetreten sind, es sei denn, daß sie von einer Seite schriftlich bestätigt worden sind. [2]Entsprechendes gilt für die Übermittlung von Aufträgen, Weisungen, Erklärungen oder Mitteilungen oder für die Übergabe von Schriftstücken und Gütern an dazu nicht bestellte oder bevollmächtigte Leute, es sei denn, daß dies vereinbart ist oder daß die Partei bei Anwendung der Sorgfalt eines ordentlichen Kaufmanns die Leute der anderen Partei für dazu bestellt oder bevollmächtigt gehalten hat und auf Grund des Verhaltens der anderen Partei halten durfte. [3]Jede Partei ist jedoch zur Rückfrage bei der anderen Partei verpflichtet, wenn sie bei Anwendung der Sorgfalt eines ordentlichen Kaufmanns die Möglichkeit von Übermittlungsfehlern oder Mißverständnissen hätte erkennen müssen.

§ 7.

a) [1]Der dem Spediteur erteilte Auftrag hat Zeichen, Nummern, Anzahl, Art, Inhalt der Stücke und alle sonstigen, für die ordnungsmäßige Ausführung des

---

(2) Richtet sich der Ersatzanspruch des Versicherungsnehmers gegen einen mit ihm in häuslicher Gemeinschaft lebenden Familienangehörigen, so ist der Übergang ausgeschlossen; der Anspruch geht jedoch über, wenn der Angehörige den Schaden vorsätzlich verursacht hat."

Auftrags erheblichen Angaben zu enthalten. ²Die etwaigen Folgen unrichtiger oder unvollständiger Angaben fallen dem Auftraggeber zur Last, auch wenn ihn kein Verschulden trifft, es sei denn, die offenbare Unrichtigkeit oder Unvollständigkeit der Angaben war dem Spediteur bekannt. ³Der Spediteur ist ohne Auftrag nicht verpflichtet, die Angaben nachzuprüfen oder zu ergänzen, es sei denn, daß dies geschäftsüblich ist.
⁴Der Auftraggeber haftet ferner für alle Schäden, die dem Spediteur oder Dritten dadurch entstehen, daß auf Frachtgütern von mindestens 1000 kg Rohgewicht die durch das Gesetz über die Gewichtsbezeichnung an schweren, auf Schiffen beförderten Frachtstücken vom 28. Juni 1933 (RGBl. I S. 412) vorgeschriebene Gewichtsbezeichnung nicht angebracht ist.

b) Zur Verwiegung des Gutes ist der Spediteur nur auf besonderen schriftlichen Auftrag verpflichtet.

c) Im Zweifel enthält eine vom Spediteur erteilte Empfangsbescheinigung keine Gewähr für Art, Inhalt, Wert, Gewicht oder Verpackung.

d) Bei Gütern, deren Menge im Speditionsgewerbe üblicherweise nicht nachgeprüft wird, namentlich bei Massengütern, Wagenladungen und dergleichen, enthält die Empfangsbescheinigung im Zweifel auch keine Bestätigung der Menge.

§ 8. ¹Übergibt ein Hersteller oder Händler bestimmter Erzeugnisse dem Spediteur eine Sendung ohne Inhaltsangabe zum Versand, so ist im Zweifel anzunehmen, daß die Sendung die Erzeugnisse des Versenders enthält. ²Die Bestimmungen des § 7 werden hierdurch nicht berührt.

§ 9. Der Auftraggeber hat seine Adresse und etwaige Adressenänderung dem Spediteur unverzüglich anzuzeigen, andernfalls ist die letzte dem Spediteur bekanntgegebene Adresse maßgebend.

§ 10.

a) Der Spediteur braucht ohne besonderen schriftlichen Auftrag Benachrichtigungen nicht eingeschrieben und Urkunden aller Art nicht versichert zu versenden.

b) Der Spediteur ist nicht verpflichtet, die Echtheit der Unterschriften auf irgendwelchen das Gut betreffenden Mitteilungen oder sonstigen Schriftstücken oder die Befugnis der Unterzeichner zu prüfen, es sei denn, daß mit dem Auftraggeber schriftlich etwas anderes vereinbart oder der Mangel der Echtheit oder der Befugnis offensichtlich erkennbar ist.

c) Der Spediteur ist berechtigt, aber nicht verpflichtet, eine von ihm versandte Benachrichtigung (Avis) als hinreichenden Ausweis zu betrachten; er ist berechtigt, aber nicht verpflichtet, die Berechtigung des Vorzeigers zu prüfen.

§ 11.

a) Eine über das Gut erteilte Weisung bleibt für den Spediteur bis zu einem Widerruf des Auftraggebers maßgebend.

b) Ein Auftrag, das Gut zur Verfügung eines Dritten zu halten, kann nicht mehr widerrufen werden, sobald die Verfügung des Dritten beim Spediteur eingegangen ist.

V. Fristen, VI. Hindernisse §§ 12–18 **ADSp 4**

§ 12. Die Mitteilung des Auftraggebers, der Auftrag sei für Rechnung eines Dritten auszuführen, berührt die Verpflichtung des Auftraggebers gegenüber dem Spediteur nicht.

§ 13. Mangels ausreichender oder ausführbarer Weisung darf der Spediteur, unter Wahrung der Interessen des Auftraggebers, nach seinem Ermessen handeln, insbesondere Art, Weg oder Mittel der Beförderung wählen.

§ 14.
a) ¹Der Spediteur darf die Versendung des Gutes zusammen mit Gütern anderer Versender in Sammelladung (bzw. auf Sammelkonnossement) bewirken, falls ihm nicht das Gegenteil ausdrücklich schriftlich vorgeschrieben ist. ²Die Übergabe eines Stückgutfrachtbriefes ist kein gegenteiliger Auftrag.
b) Bei Versendung in Sammelladung gilt, wenn nichts anderes vereinbart wird, § 413 Abs. 2 Satz 2 HGB.

§ 15. Übernimmt der Spediteur Gut mit einem ihm vom Auftraggeber übergebenen Frachtbrief oder sonstigen Frachtpapier, so darf er das Gut mit einem neuen, seine Firmenbezeichnung tragenden Frachtpapier unter Nennung des Namens des Auftraggebers befördern, falls dieser nicht etwas anderes bestimmt hat.

IV. Untersuchung, Erhaltung und Verpackung des Gutes

§ 16.
a) ¹Der Spediteur ist zur Untersuchung, Erhaltung oder Besserung des Gutes und seiner Verpackung mangels schriftlicher Vereinbarung nur im Rahmen des Geschäftsüblichen verpflichtet. ²§ 388 Abs. 1 HGB wird hierdurch nicht berührt.
b) Der Spediteur ist mangels gegenteiliger Weisung ermächtigt, alle auf das Fehlen oder die Mängel der Verpackung bezüglichen, von der Eisenbahn verlangten Erklärungen abzugeben.

V. Fristen

§ 17. ¹Mangels Vereinbarung werden Verlade- und Lieferfristen nicht gewährleistet, ebensowenig eine bestimmte Reihenfolge in der Abfertigung von Gütern gleicher Beförderungsart. ²Die Bezeichnung als Messe- oder Marktgut bedingt keine bevorzugte Abfertigung. ³Unberührt bleibt die Haftung des Spediteurs für schuldhafte Verzögerungen.

VI. Hindernisse

§ 18. ¹Von dem Spediteur nicht verschuldete Ereignisse, die ihm die Erfüllung seiner Pflichten ganz oder teilweise unmöglich machen, ferner Streiks und Aussperrungen befreien ihn für die Zeit ihrer Dauer von seinen Verpflichtungen aus den von diesen Ereignissen berührten Aufträgen. ²Auch ist der Spediteur in solchen Fällen, selbst wenn eine feste Übernahme vereinbart ist, berechtigt, aber nicht verpflichtet, vom Vertrag zurückzutreten, auch wenn der Auftrag schon teilweise ausgeführt worden ist. [3]Unberührt bleibt die Verpflichtung des Spediteurs zur Wahrung des Interesses des Auftraggebers. [4]Dem Auftraggeber steht in diesen Fällen das gleiche Recht zu, wenn ihm die Fortsetzung des Vertrages billigerweise nicht zugemutet werden kann. [5]Tritt der Spediteur oder der Auftraggeber gem. vorstehender Bestimmungen zurück, so sind dem Spediteur die entstandenen Kosten zu erstatten.

§ 19. [1]Der Spediteur hat nur im Rahmen seiner Sorgfaltspflicht zu prüfen und den Auftraggeber darauf hinzuweisen, ob gesetzliche oder behördliche Hindernisse für die Versendung (z. B. Ein- und Ausfuhrbeschränkungen) vorliegen. [2]Soweit der Spediteur jedoch durch öffentliche Bekanntmachungen oder in den Vertragsverhandlungen den Eindruck erweckt hat, über besondere Kenntnisse für bestimmte Arten von Geschäften zu verfügen, hat er vorstehende Prüfungs- und Hinweispflichten entsprechend zu erfüllen.

VII. Leistungen, Entgelt und Auslagen des Spediteurs

§ 20. [1]Angebote des Spediteurs und Vereinbarungen mit ihm über Preise und Leistungen beziehen sich stets nur auf die namentlich aufgeführten eigenen Leistungen und/oder Leistungen Dritter und, wenn nichts anderes vereinbart ist, nur für Güter normalen Umfangs, normalen Gewichts und normaler Beschaffenheit; sie setzen normale unveränderte Beförderungsverhältnisse, ungehinderte Verbindungswege, Möglichkeit unmittelbarer sofortiger Weiterversendung sowie Weitergeltung der bisherigen Frachten, Valutaverhältnisse und Tarife, welche der Vereinbarung zugrunde lagen, voraus, es sei denn, die Veränderungen sind unter Berücksichtigung der Umstände vorhersehbar gewesen. [2]Die üblichen Sondergebühren und Sonderauslagen gelangen außerdem zur Erhebung, vorausgesetzt, daß der Spediteur den Auftraggeber darauf hingewiesen hat; dabei genügt ein genereller Hinweis, wie etwa „zuzüglich der üblichen Nebenspesen".

§ 21. [1]Wird ein Auftrag wieder entzogen, so steht dem Spediteur nach seiner Wahl entweder der Anspruch auf die vereinbarte Vergütung, unter Anrechnung der ersparten Aufwendungen, oder eine angemessene Provision zu. [2]Weist der Auftraggeber nach, daß der Auftrag aus berechtigten, vom Spediteur zu vertretenden Gründen entzogen wird, hat der Spediteur lediglich Anspruch auf Ersatz seiner Aufwendungen und verdienten Nebenprovisionen.

§ 22. Lehnt der Empfänger die Annahme einer ihm zugerollten Sendung ab, so steht dem Spediteur für die Rückbeförderung Rollgeld in gleicher Höhe wie für die Hinbeförderung zu.

§ 23. Die Provision wird auch dann erhoben, wenn ein Nachnahme- oder sonstiger Einziehungsauftrag nachträglich zurückgezogen wird oder der Betrag nicht eingeht.

§ 24. Hat der Spediteur die Versendung von Gütern nach dem Auslande bis ins Haus des außerdeutschen Empfängers zu einem festen Prozentsatz des Fakturenwertes einschließlich des Zolles übernommen, so ist der Auftraggeber verpflichtet, den vollen Fakturenwert, ohne Rücksicht auf einen etwa eingeräumten Kassenskonto, einschließlich Zoll, Fracht und Verpackung anzugeben.

§ 25.

a) Der Auftrag zur Versendung nach einem Bestimmungsort im Auslande schließt den Auftrag zur Verzollung ein, wenn ohne sie die Beförderung bis zum Bestimmungsort nicht ausführbar ist.

b) Für die Verzollung kann der Spediteur neben den tatsächlich auflaufenden Kosten eine besondere Provision erheben.

c) Der Auftrag, unter Zollverschluß eingehende Sendungen zuzuführen oder frei Haus zu liefern, schließt die Ermächtigung für den Spediteur ein, unter Wahrung des Interesses des Auftraggebers über die Erledigung der erforderlichen Zollförmlichkeiten und die Auslegung der zollamtlich festgesetzten Abgaben zu entscheiden.

d) [1] Erteilt der Auftraggeber dem Spediteur Anweisungen für die zollamtliche Abfertigung, so sind diese genau zu beachten. [2] Falls die zollamtliche Abfertigung nach den erteilten Weisungen nicht möglich ist, hat der Spediteur den Auftraggeber unverzüglich zu unterrichten.

§ 26.
Der Auftrag, ankommende Güter in Empfang zu nehmen, ermächtigt den Spediteur, verpflichtet ihn aber nicht, auf dem Gut ruhende Frachten, Wertnachnahmen, Zölle und Spesen auszulegen.

§ 27.
Der Spediteur ist berechtigt, von ausländischen Auftraggebern oder Empfängern nach seiner Wahl Zahlung in ihrer Landeswährung oder in deutscher Währung zu verlangen.

§ 28.
[1] Wird der Spediteur fremde Währung schuldig, oder hat er fremde Währung ausgelegt, so ist er (soweit nicht öffentlich-rechtliche Bestimmungen entgegenstehen) berechtigt, nach seiner Wahl entweder Zahlung in der fremden oder in deutscher Währung zu verlangen. [2] Verlangt er deutsche Währung, so erfolgt die Umrechnung zu dem am Tage der Zahlung an der Devisenbörse in Frankfurt a. M. amtlich festgesetzten Kurs, es sei denn, daß nachweisbar ein anderer Kurs zu zahlen oder gezahlt worden ist.

§ 29.
[1] Rechnungen des Spediteurs sind sofort zu begleichen. [2] Zahlungsverzug tritt, ohne daß es einer Mahnung oder sonstiger Voraussetzungen bedarf, spätestens 10 Tage nach Zugang der Rechnung ein, sofern er nicht nach dem Gesetz schon vorher eingetreten ist. [3] Der Spediteur darf im Falle des Verzuges Zinsen in Höhe von 2% über dem zum Zeitpunkt des Eintritts des Verzuges geltenden Diskontsatz der Deutschen Bundesbank und die ortsüblichen Spesen berechnen.

§ 30.

a) [1] Von Forderungen oder Nachforderungen für Frachten, Havarieeinschüsse oder -beiträge, Zölle, Steuern und sonstige Abgaben, die an den Spediteur, insbesondere als Verfügungsberechtigten oder als Besitzer fremden Gutes, gestellt werden, hat der Auftraggeber den Spediteur auf Anforderung sofort zu befreien, wenn sie der Spediteur nicht zu vertreten hat. [2] Er ist berechtigt, die zu seiner Sicherung oder Befreiung ihm geeignet erscheinenden Maßnahmen zu treffen, nötigenfalls, sofern die Sachlage es rechtfertigt, auch durch Vernichtung des Gutes.

b) ¹Der Auftraggeber hat den Spediteur in geschäftsüblicher Weise rechtzeitig auf alle öffentlich-rechtlichen, z. B. zollrechtlichen, Verpflichtungen aufmerksam zu machen, die mit dem Besitz des Gutes verbunden sind, soweit nicht auf Grund der Angebote des Spediteurs davon auszugehen ist, daß diese Verpflichtungen ihm bekannt sind. ²Für alle Folgen der Unterlassung haftet der Auftraggeber dem Spediteur.

§ 31. ¹Durch vom Spediteur nicht zu vertretende öffentlich-rechtliche Akte werden die Rechte des Spediteurs gegenüber dem Auftraggeber nicht berührt; der Auftraggeber bleibt Vertragsgegner des Spediteurs und haftet, auch wenn ihn kein Verschulden trifft, dem Spediteur für alle aus solchen Ereignissen entstehenden Folgen.

²Etwaige Ansprüche des Spediteurs gegenüber dem Staat oder einem sonstigen Dritten werden hierdurch nicht berührt.

§ 32. Gegenüber Ansprüchen aus dem Speditionsvertrag (§ 2 Buchstabe a) und damit zusammenhängenden Ansprüchen aus unerlaubter Handlung und ungerechtfertigter Bereicherung ist eine Aufrechnung oder Zurückbehaltung nur mit fälligen Gegenansprüchen, denen ein Einwand nicht entgegensteht, zulässig.

VIII. Ablieferung

§ 33. Die Ablieferung von Rollgut darf mit befreiender Wirkung an jede zum Geschäft oder Haushalt gehörige, in den Räumen des Empfängers anwesende erwachsene Person erfolgen.

§ 34. ¹Hat der Spediteur einen Frachtvertrag geschlossen oder liegt ein Fall der §§ 412 oder 413 HGB vor oder ist der Empfänger aus einem anderen Grund den ADSp unterworfen, so verpflichtet die Empfangnahme des Gutes den Empfänger zur sofortigen Zahlung der auf dem Gute ruhenden schriftlich aufgegliederten Kosten einschl. von Nachnahmen. ²Erfolgt die Zahlung nicht, so ist der Spediteur berechtigt, das Gut wieder an sich zu nehmen. ³Unterbleibt bei der Ablieferung aus Versehen oder aus sonstigen Gründen die Bezahlung der Kosten einschl. von Nachnahmen, so ist der Empfänger, wenn er trotz Aufforderung den schriftlich aufgegliederten Betrag nicht zahlt, zur sofortigen bedingungslosen Rückgabe des Gutes an den Spediteur oder im Unvermögensfalle zum Schadensersatz an den Spediteur verpflichtet.

IX. Versicherung des Gutes

§ 35.

a) ¹Zur Versicherung des Gutes ist der Spediteur nur verpflichtet, soweit ein ausdrücklicher schriftlicher Auftrag dazu unter Angabe des Versicherungswertes und der zu deckenden Gefahren vorliegt. ²Bei ungenauen oder unausführbaren Versicherungsaufträgen gilt Art und Umfang der Versicherung dem Ermessen des Spediteurs anheimgestellt, wobei er mit der Sorgfalt eines ordentlichen Spediteurs die Interessen seines Auftraggebers zu wahren hat. ³Der Spedi-

teur hat die Weisung zur Versicherung im ordnungsgemäßen Geschäftsgang auszuführen.
b) Der Spediteur ist nicht berechtigt, die bloße Wertangabe als Auftrag zur Versicherung anzusehen.
c) Durch Entgegennahme eines Versicherungsscheines (Police) übernimmt der Spediteur nicht die Pflichten, die dem Versicherungsnehmer obliegen; jedoch hat der Spediteur alle üblichen Maßnahmen zur Erhaltung des Versicherungsanspruchs zu treffen.

§ 36. Mangels abweichender schriftlicher Vereinbarung versichert der Spediteur zu den an seinem Erfüllungsort üblichen Versicherungsbedingungen.

§ 37.
a) Im Falle der Versicherung steht dem Auftraggeber als Ersatz nur zu, was der Spediteur von dem Versicherer nach Maßgabe der Versicherungsbedingungen erhalten hat.
b) Der Spediteur genügt seinen Verpflichtungen, indem er dem Auftraggeber auf Wunsch die Ansprüche gegen den Versicherer abtritt; zur Verfolgung der Ansprüche ist er nur auf Grund besonderer schriftlicher Abmachung und nur für Rechnung und Gefahr des Auftraggebers verpflichtet.
c) Soweit der Schaden durch eine vom Spediteur im Auftrage des Auftraggebers abgeschlossene Versicherung gedeckt ist, haftet der Spediteur nicht.

§ 38. Für die Versicherungsbesorgung, Einziehung des Schadensbetrages und sonstige Bemühungen bei Abwicklung von Versicherungsfällen und Havarien steht dem Spediteur eine besondere Vergütung zu.

X. Speditionsversicherungschein (SVS) und Rollfuhrversicherungsschein (RVS)

§ 39.*
a) [1]Der Spediteur ist, wenn der Auftraggeber es nicht ausdrücklich schriftlich untersagt, verpflichtet, die Schäden, die dem Auftraggeber durch den Spediteur bei der Ausführung des Auftrages erwachsen können, bei Versicherern seiner Wahl auf Kosten des Auftraggebers zu versichern. [2]Die Police für die Versicherung muß, insbesondere in ihrem Deckungsumfang, mindestens dem mit den Spitzenorganisationen der Wirtschaft und des Speditionsgewerbes abgestimmten Speditions- und Rollfuhrversicherungsschein (SVS/RVS)**,*** entsprechen. [3]Die Prämien hat der Spediteur für jeden einzelnen Verkehrsvertrag auftragsbezogen zu erheben und sie als Aufwendungen des Auftraggebers aus-

---
* § 39 Satz 3 neu gefaßt und Satz 4 angefügt durch Bekanntmachung vom 9. 1. 1987 (BAnz. Nr. 13 S. 589).
** Siehe Anlage 1; abgedruckt auf S. 261 bis 271.
*** Neben der Speditionsversicherung gemäß SVS ist seit 1945 auch eine Versicherung durch andere Versicherer mit anderen Bedingungen in Gebrauch: die unter Führung des Gerling-Konzerns stehenden Versicherer mit der „Sp-Police" (Firma Hans Rudolf Schmidt & Co., Hamburg). Die Sp-Police (Fassung 1. Juli 1978) gewährt nach ihrer Nr. 2.1.1. Schadensersatz mindestens im Rahmen des SVS/RVS, nebst deren Nachträgen, Ergänzungen und Haftungserweiterungen.
Vgl. auch die auf Seite 272 als Anlage 2 abgedruckte Beteiligungsliste.

schließlich für die Speditionsversicherung in voller Höhe an die jeweiligen Versicherer abzuführen. ⁴Der Spediteur hat dem Auftraggeber anzuzeigen, bei wem er die Speditionsversicherung gezeichnet hat.

b) Mit der Versicherung nach § 39 Buchstabe a sind auch Schäden zu versichern, die denjenigen Personen erwachsen können, denen das versicherte Interesse z. Zt. des den Schaden verursachenden Ereignisses zugestanden hat.

c) *(gestrichen)*

§ 40. ¹Der Auftraggeber unterwirft sich sowie alle Personen, in deren Interesse oder für deren Rechnung er handelt, allen Bedingungen des SVS/RVS* bzw. der nach § 39 Buchstabe a abgeschlossenen Versicherung. ²Insbesondere hat er für rechtzeitige Schadensanmeldung zu sorgen (§ 10 SVS/RVS). ³Erfolgt die Schadensmeldung beim Spediteur, so ist dieser zur unverzüglichen Weiterleitung an die/den Versicherer verpflichtet.

§ 41.

a) Hat der Spediteur infolge ausdrücklichen oder vermuteten Auftrages eine Speditionsversicherung abgeschlossen (§ 39), so ist er von der Haftung für jeden durch diese Versicherung gedeckten Schaden frei.

b) Dies gilt insbesondere auch für den Fall, daß infolge fehlender oder ungenügender Wertangabe des Auftraggebers die Versicherungssumme hinter dem wirklichen Wert oder Schadensbetrag zurückbleibt.

c) Hat der Spediteur keine Speditionsversicherung nach § 39 abgeschlossen, so darf er sich dem Auftraggeber gegenüber nicht auf die ADSp berufen.

d) *(gestrichen)*

§ 42. *(gestrichen)*

XI. Lagerung

§ 43.

a) ¹Die Lagerung erfolgt nach Wahl des Lagerhalters in dessen eigenen oder fremden (privaten oder öffentlichen) Lagerräumen. ²Lagert der Lagerhalter in einem fremden Lager ein, so hat er den Lagerort und den Namen des fremden Lagerhalters dem Einlagerer schriftlich bekanntzugeben oder, falls ein Lagerschein ausgestellt ist, auf diesem zu vermerken. ³Diese Bestimmung gilt nicht, wenn es sich um eine Lagerung im Ausland oder um eine mit dem Transport zusammenhängende Lagerung handelt.

b) ¹Hat der Lagerhalter das Gut in einem fremden Lager eingelagert, so sind für das Verhältnis zwischen ihm und seinem Auftraggeber gemäß § 2 Buchstabe d die gleichen Bedingungen maßgebend, die im Verhältnis zwischen dem Lagerhalter und dem fremden Lagerhalter gelten. ²Der Lagerhalter hat auf Wunsch diese Bedingungen dem Auftraggeber zu übersenden. ³Die Bedingungen des fremden Lagerhalters sind insoweit für das Verhältnis zwischen dem Auftraggeber und dem Lagerhalter nicht maßgebend, als sie ein Pfandrecht enthalten, das über das im § 50 dieser Bedingungen festgelegte Pfandrecht hinausgeht.

---

* Siehe Anlage 1; abgedruckt auf S. 261 bis 271.

XI. Lagerung §§ 44–47 ADSp 4

c) ¹Eine Verpflichtung des Lagerhalters zur Sicherung oder Bewachung von Lagerräumen besteht nur insoweit, als es sich um eigene oder von ihm gemietete Lagerräume handelt und die Sicherung und Bewachung unter Berücksichtigung aller Umstände geboten und ortsüblich ist. ²Der Lagerhalter genügt seiner Bewachungspflicht, wenn er bei der Anstellung oder Annahme von Bewachung die nötige Sorgfalt angewandt hat.

d) ¹Dem Einlagerer steht es frei, die Lagerräume zu besichtigen oder besichtigen zu lassen. ²Einwände oder Beanstandungen gegen die Unterbringung des Gutes oder gegen die Wahl des Lagerraumes muß er unverzüglich vorbringen. ³Macht er von dem Besichtigungsrecht keinen Gebrauch, so begibt er sich aller Einwände gegen die Art und Weise der Unterbringung, soweit die Wahl des Lagerraumes und die Unterbringung unter Wahrung der Sorgfalt eines ordentlichen Lagerhalters erfolgt ist.

§ 44.

a) Das Betreten des Lagers ist dem Einlagerer nur in Begleitung des Lagerhalters oder eines vom Lagerhalter beauftragten Angestellten erlaubt.

b) Das Betreten darf nur in bei dem Lagerhalter eingeführten Geschäftsstunden verlangt werden, und auch nur dann, wenn ein Arbeiten bei Tageslicht möglich ist.

§ 45.

a) ¹Nimmt der Einlagerer irgendwelche Handlungen mit dem Gut vor (z. B. Probeentnahme), so hat er danach dem Lagerhalter das Gut aufs neue in einer den Umständen und der Verkehrssitte entsprechenden Weise zu übergeben und erforderlichenfalls Anzahl, Gewicht und Beschaffenheit des Gutes gemeinsam mit ihm festzustellen. ²Andernfalls ist jede Haftung des Lagerhalters für später festgestellte Schäden ausgeschlossen.

b) Der Lagerhalter behält sich das Recht vor, die Handlungen, die der Einlagerer mit dem Lagergut vorzunehmen wünscht, durch seine Angestellten ausführen zu lassen.

§ 46.

a) ¹Der Einlagerer haftet für alle Schäden, die er, seine Angestellten oder Beauftragten beim Betreten des Lagers oder beim Betreten oder Befahren des Lagergrundstückes dem Lagerhalter, anderen Einlagerern oder dem Hauswirt zufügen, es sei denn, daß den Einlagerer, seine Angestellten oder Beauftragten kein Verschulden trifft. ²Als Beauftragte des Einlagerers gelten auch Dritte, die auf seine Veranlassung das Lager oder das Lagergrundstück aufsuchen.

b) Der Lagerhalter darf die ihm gemäß Absatz a zustehenden Ansprüche, soweit sie über die gesetzlichen Ansprüche hinausgehen, an Dritte nicht abtreten.

§ 47.

a) Der Lagerhalter darf, wenn nicht schriftlich etwas anderes vereinbart ist, den Lagervertrag jederzeit mit einmonatiger Frist durch eingeschriebenen Brief an die letzte ihm bekanntgegebene Adresse kündigen.

b) Eine Kündigung ohne Kündigungsfrist ist hinsichtlich solcher Güter zulässig, die andere Güter gefährden; im übrigen bleibt § 422 Abs. 2 HGB unberührt.

4 ADSp § 48 XI. Lagerung

c) ¹Entstehen dem Lagerhalter Zweifel, ob seine Ansprüche durch den Wert des Gutes sichergestellt sind, so ist er berechtigt, dem Einlagerer eine angemessene Frist zu setzen, in der dieser entweder für Sicherstellung der Ansprüche des Lagerhalters oder für anderweitige Unterbringung des Lagergutes Sorge tragen kann. ²Kommt der Einlagerer diesem Verlangen nicht nach, so ist der Lagerhalter zur Kündigung ohne Kündigungsfrist berechtigt.

§ 48.

A. ¹Sobald das Gut ordnungsmäßig eingelagert ist, wird auf Verlangen hierüber entweder ein „Lager-Empfangsschein" ausgehändigt oder ein „Namenslagerschein", ein „Inhaberlagerschein" oder, soweit der Lagerhalter dazu die staatliche Ermächtigung erhalten hat, ein „an Order" lautender, durch Indossament übertragbarer Lagerschein (§ 363 Abs. 2 HGB) ausgestellt. ²Im Zweifel gilt die vom Lagerhalter erteilte Bescheinigung nur als „Lager-Empfangsschein".

B. a) ¹Der „Lager-Empfangsschein" ist lediglich eine Bescheinigung des Lagerhalters über den Empfang des Gutes. ²Für den Fall seiner Ausstellung gilt die Vorschrift des § 808 BGB.* ³Der Lagerhalter ist nicht verpflichtet, das Gut nur dem Vorzeiger des Scheines herauszugeben.

b) Der Lagerhalter ist berechtigt, aber nicht verpflichtet, die Legitimation des Vorzeigers des Empfangsscheins zu prüfen; er ist ohne weiteres berechtigt, gegen Aushändigung des Scheines das Gut an den Vorzeiger herauszugeben.

c) ¹Eine Abtretung oder Verpfändung der Rechte des Einlagerers aus dem Lagervertrag ist gegenüber dem Lagerhalter erst wirksam, wenn sie ihm schriftlich vom Einlagerer mitgeteilt worden ist. ²In solchen Fällen ist dem Lagerhalter gegenüber nur derjenige, dem die Rechte abgetreten oder verpfändet worden sind, zur Verfügung über das Lagergut berechtigt.

C. a) Ist ein „Namenslagerschein" ausgestellt, so ist der Lagerhalter verpflichtet, das eingelagerte Gut nur gegen Aushändigung des Namenslagerscheins, insbesondere nicht lediglich gegen einen Lieferschein, Auslieferungsschein oder dgl., und im Falle der Abtretung nur an denjenigen Inhaber des Lagerscheins herauszugeben, der durch eine zusammenhängende Kette von auf dem Lagerschein stehenden Abtretungserklärungen legitimiert ist.

b) Der Lagerhalter ist zur Prüfung

1. der Echtheit der Unterschriften der Abtretungserklärungen,
2. der Echtheit der Unterschriften auf Lieferscheinen und dgl.,
3. der Befugnis der Unterzeichner zu 1 und 2

nicht verpflichtet, es sei denn, daß mit dem Auftraggeber etwas anderes vereinbart worden ist oder der Mangel der Echtheit oder Befugnis offensichtlich erkennbar ist.

---

* § 808 BGB lautet:

„**§ 808.** (1) ¹Wird eine Urkunde, in welcher der Gläubiger benannt ist, mit der Bestimmung ausgegeben, daß die in der Urkunde versprochene Leistung an jeden Inhaber bewirkt werden kann, so wird der Schuldner durch die Leistung an den Inhaber der Urkunde befreit. ²Der Inhaber ist nicht berechtigt, die Leistung zu verlangen.

(2) ¹Der Schuldner ist nur gegen Aushändigung der Urkunde zur Leistung verpflichtet. ²Ist die Urkunde abhanden gekommen oder vernichtet, so kann sie, wenn nicht ein anderes bestimmt ist, im Wege des Aufgebotsverfahrens für kraftlos erklärt werden. ³Die im § 802 für die Verjährung gegebenen Vorschriften finden Anwendung."

XII. Pfandrecht §§ 49, 50 **ADSp 4**

c) Die Abtretung oder Verpfändung der Rechte des Einlagerers aus dem Lagervertrage ist dem Lagerhalter gegenüber nur dann wirksam, wenn sie auf dem Lagerschein schriftlich erklärt und im Falle der Verpfändung außerdem dem Lagerhalter mitgeteilt ist.

d) ¹Der Lagerhalter kann dem nach vorstehenden Bestimmungen legitimierten Rechtsnachfolger des Einlagerers nur solche Einwendungen entgegensetzen, welche die Gültigkeit der Ausstellung des Scheines betreffen oder sich aus dem Schein ergeben oder dem Lagerhalter unmittelbar gegen den Rechtsnachfolger zustehen. ²Das gesetzliche Pfand- oder Zurückbehaltungsrecht des Lagerhalters wird durch diese Bestimmung nicht berührt.

D. a) ¹Den „Inhaberlagerschein", in welchem der Lagerhalter dem Inhaber der Urkunde die Herausgabe des Lagergutes verspricht, hat der Lagerhalter zu unterschreiben. ²Im übrigen finden die gesetzlichen Vorschriften, insbesondere die §§ 793 ff. BGB* Anwendung.

b) ¹Der Lagerhalter gibt das Gut nur gegen Aushändigung des Lagerscheins heraus. ²Er ist dazu ohne besondere Prüfung der Legitimation des Inhabers berechtigt.

E. Ist ein „an Order" lautender, durch Indossament übertragbarer Lagerschein von einem dazu ermächtigten Lagerhalter ausgestellt, so gelten die Vorschriften der §§ 364, 365, 424 HGB.

§ 49. Die Bestimmungen dieses Abschnittes gelten auch bei nur vorübergehender Aufbewahrung von Gütern, z. B. zwecks Versendung, soweit nicht § 43 etwas anderes bestimmt.

XII. Pfandrecht

§ 50.

a) ¹Der Spediteur hat wegen aller fälligen und nicht fälligen Ansprüche, die ihm aus den in § 2 Buchstabe a genannten Verrichtungen an den Auftraggeber zustehen, ein Pfandrecht und ein Zurückbehaltungsrecht an den in seiner Verfügungsgewalt befindlichen Gütern oder sonstigen Werten. ²Soweit das Pfand- oder Zurückbehaltungsrecht aus Satz 1 über das gesetzliche Pfand- oder Zurückbehaltungsrecht hinausgehen würde, ergreift es nur solche Güter und Werte, die dem Auftraggeber gehören.

b) Soweit das Pfand- oder Zurückbehaltungsrecht aus Absatz a über das gesetzliche Pfand- oder Zurückbehaltungsrecht hinausgehen würde, ergreift es bei Aufträgen des Spediteurs an einen anderen Spediteur nur solche Güter und sonstige Werte, die dem auftraggebenden Spediteur gehören oder die der beauftragte Spediteur für Eigentum des auftraggebenden Spediteurs hält und halten darf (z. B. Möbelwagen, Decken und dgl.).

c) Der Spediteur darf ein Pfand- oder Zurückbehaltungsrecht wegen solcher Forderungen, die mit dem Gut nicht in Zusammenhang stehen, nur ausüben, soweit sie nicht strittig sind oder wenn die Vermögenslage des Schuldners die Forderung des Spediteurs gefährdet.

d) Der Spediteur darf bei einem Auftrag, das Gut zur Verfügung eines Dritten zu halten oder einem Dritten herauszugeben, ein Pfand- oder Zurückbehaltungs-

---

* §§ 793 ff. BGB: Schuldverschreibung auf den Inhaber.

recht wegen Forderungen gegen den Dritten, die mit dem Gut nicht in Zusammenhang stehen, nicht ausüben, soweit und solange die Ausübung der Weisung und den berechtigten Interessen des ursprünglichen Auftraggebers zuwiderlaufen würde.

e) Etwa weitergehende gesetzliche Pfand- und Zurückbehaltungsrechte des Spediteurs werden durch die vorstehenden Bestimmungen nicht berührt.

f) *(gestrichen)*

g) An die Stelle der im § 1234 BGB bestimmten Frist von einem Monat tritt in allen Fällen eine solche von einer Woche.

h) Für den Pfand- oder Selbsthilfeverkauf kann der Spediteur in allen Fällen eine Verkaufsprovision vom Bruttoerlös in Höhe der ortsüblichen Sätze berechnen.

XIII. Haftung des Spediteurs

§ 51.

a) [1]Der Spediteur haftet bei allen seinen Verrichtungen (siehe § 2 Buchstabe a) grundsätzlich nur, soweit ihn ein Verschulden trifft. [2]Die Entlastungspflicht trifft den Spediteur; ist jedoch ein Schaden am Gut äußerlich nicht erkennbar gewesen oder kann dem Spediteur die Aufklärung der Schadensursache nach Lage der Umstände billigerweise nicht zugemutet werden, so hat der Auftraggeber nachzuweisen, daß der Spediteur den Schaden verschuldet hat. [3]Im Schadensfall hat der Auftraggeber nachzuweisen, daß ein Gut bestimmter Menge und Beschaffenheit dem Spediteur übergeben worden ist. [4]Der Spediteur hat zu beweisen, daß er das Gut, wie er es erhalten hat, abgeliefert hat; das gilt auch für den Zwischenspediteur. [5]Der Spediteur ist verpflichtet, durch Einholung von Auskünften und Beweismitteln für die Feststellung zu sorgen, wo der geltend gemachte Schaden entstanden ist.

b) [1]Im übrigen ist die Haftung des Spediteurs nach Maßgabe der vorangegangenen und folgenden Bestimmungen beschränkt bzw. aufgehoben. [2]Dies gilt vorbehaltlich des § 41 Buchstabe a nicht, wenn der Schaden durch Vorsatz oder grobe Fahrlässigkeit des Spediteurs oder seiner leitenden Angestellten verursacht worden ist.

c) Dem Auftraggeber steht – abgesehen von der Versicherungsmöglichkeit (siehe §§ 35 ff., 39 ff.) – frei, mit dem Spediteur eine über diese Bedingungen hinausgehende Haftung gegen besondere Vergütung zu vereinbaren.

§ 52.

a) [1]Ist ein Schaden bei einem Dritten, namentlich einem Frachtführer, Lagerhalter, Schiffer, Zwischen- oder Unterspediteur, Versicherer, einer Eisenbahn oder Gütersammelstelle, bei Banken oder sonstigen an der Ausführung des Auftrags beteiligten Unternehmern entstanden, so tritt der Spediteur seinen etwaigen Anspruch gegen den Dritten dem Auftraggeber auf dessen Verlangen ab, es sei denn, daß der Spediteur auf Grund besonderer Abmachungen die Verfolgung des Anspruchs für Rechnung und Gefahr des Auftraggebers übernimmt. [2]Die vorstehend erwähnten Dritten gelten nicht als Erfüllungsgehilfen des Spediteurs.

XIII. Haftung des Spediteurs §§ 53, 54 **ADSp 4**

b) Eine weitergehende Verpflichtung oder eine Haftung besteht für den Spediteur nur, wenn ihm eine schuldhafte Verletzung der Pflichten aus § 408 Abs. 1 HGB zur Last fällt.

c) Der Spediteur haftet auch in den Fällen der §§ 412, 413 HGB nur nach Maßgabe dieser Bedingungen; § 2 Buchstabe c bleibt unberührt.

§ 53.

a) Die Haftung des Spediteurs für von ihm angerollte Güter ist beendet, sobald sie dem Empfänger vor seinem Grundstück zur Abnahme bereitgestellt und abgenommen sind.

b) Auf Verlangen des Empfängers und auf seine Gefahr sind solche Güter im Gewicht bis zu 50 kg das Stück, sofern ihr Umfang nicht die Beförderung durch einen Mann ausschließt, in Höfe, Keller und höhere Stockwerke abzutragen. Andere Güter sind dem Empfänger zu ebener Erde oder, soweit dies der Umfang, das Gewicht oder die Notwendigkeit einer besonderen Behandlung (wie bei Weinfässern, Maschinen, Ballons) verbieten, auf dem Rollwagen vor seinem Grundstück zur Verfügung zu stellen.

§ 54.*

a) Soweit der Spediteur haftet, gelten die folgenden Höchstgrenzen für seine Haftung:

1. DM 4,45 je kg brutto jedes beschädigten oder in Verlust geratenen Kollos, höchstens jedoch DM 4.450,– je Schadensfall.

2. Für alle sonstigen Schäden mit Ausnahme der Ziffer 3 höchstens DM 4.450,– je Schadensfall.

3. ^{1}DM 59.000,– je Schadensfall für Schäden, die auf Unterschlagung oder Veruntreuung durch einen Arbeitnehmer des Spediteurs beruhen. ^{2}Hierzu gehören nicht gesetzliche Vertreter und Prokuristen, für deren Handlung keine Haftungsbegrenzung besteht.
^{3}Ein Schadensfall im Sinne der Vorschrift der Ziffer 3 ist jeder Schaden, der von ein und demselben Arbeitnehmer des Spediteurs durch Veruntreuung oder Unterschlagung verursacht wird, gleichviel ob außer ihm noch andere Arbeitnehmer des Spediteurs an der schädigenden Handlung beteiligt sind und ob der Schaden einen Auftraggeber oder mehrere voneinander unabhängige Auftraggeber des Spediteurs trifft. ^{4}Der Spediteur ist verpflichtet, seinem Auftraggeber auf Verlangen anzugeben, ob und bei welcher Versicherungsgesellschaft er dieses Haftungsrisiko abgedeckt hat.

b) Ist der angegebene Wert des Gutes niedriger als die Beträge zu 1 bis 3, so wird der angegebene Wert zugrunde gelegt.

c) Ist der nach Buchstabe b in Betracht kommende Wert höher als der gemeine Handelswert bzw. in dessen Ermangelung der gemeine Wert, den Gut derselben Art und Beschaffenheit zur Zeit und am Ort der Übergabe an den Spediteur gehabt hat, so tritt dieser gemeine Handelswert bzw. gemeine Wert an die Stelle des angegebenen Wertes.

d) Bei etwaigen Unterschieden in den Wertangaben gilt stets der niedrigere Wert.

---

* § 54 Buchst. a Nrn. 1 bis 3 geändert durch Bek. vom 19. 11. 1984 (BAnz. Nr. 227).

4 ADSp §§ 55–57 XIII. Haftung des Spediteurs

§ 55. Bei Schäden an einem Sachteil, der einen selbständigen Wert hat (z. B. Maschinenteil), oder bei Schäden an einer von mehreren zusammengehörigen Sachen (z. B. Wohnungseinrichtung), bleibt die etwaige Wertminderung des Restes der Sache oder der übrigen Sachteile oder Sachen außer Betracht.

§ 56.*

a) Bei allen Gütern, deren Wert mehr als DM 59,– für das kg brutto beträgt, sowie bei Geld, Urkunden und Wertzeichen haftet der Spediteur für jeden wie auch immer gearteten Schaden nur, wenn ihm eine schriftliche Wertangabe vom Auftraggeber so rechtzeitig zugegangen ist, daß er seinerseits in der Lage war, sich über Annahme oder Ablehnung des Auftrages und über die für Empfangnahme, Verwahrung oder Versendung zu treffenden Vorsichtsmaßregeln schlüssig zu werden.

b) Die Übergabe einer Wertangabe an Kutscher oder sonstige gewerbliche Angestellte ist ohne rechtliche Wirkung, solange sie nicht in den Besitz des Spediteurs oder seiner zur Empfangnahme ermächtigten kaufmännischen Angestellten gelangt ist, es sei denn, daß eine andere Vereinbarung getroffen ist.

c) [1]Unzulässig ist der Einwand, der Spediteur hätte von dem Wert des Gutes auf andere Weise Kenntnis haben müssen. [2]Sind die Güter jedoch für den Spediteur als wertvoll erkennbar, ist er verpflichtet, den Auftraggeber auf die Notwendigkeit der Wertangabe und die Folgen ihrer Unterlassung hinzuweisen.

d) Beweist der Auftraggeber, daß der Schaden auf andere Umstände als auf die Unterlassung der Wertangabe zurückzuführen ist oder auch bei erfolgter Wertangabe entstanden wäre, so findet Absatz a keine Anwendung.

e) Die Bestimmungen der übrigen Paragraphen, soweit sie über die Bestimmungen dieses Paragraphen hinaus die Haftung beschränken oder aufheben, bleiben unberührt.

§ 57.

a) [1]Konnte ein Schaden den Umständen nach aus einer im folgenden bezeichneten Gefahr entstehen, so wird vermutet, daß er aus dieser Gefahr entstanden sei:

1. Aus nicht oder mangelhaft erfolgter Verpackung der Güter.
2. Aus der Aufbewahrung im Freien, wenn solche Aufbewahrung vereinbart oder eine andere Aufbewahrung nach der Art der Ware oder nach den Umständen untunlich war.
3. Aus besonders schwerem Diebstahl im Sinne der §§ 243 und 244 oder aus Raub im Sinne des § 249 StGB.
4. Aus höherer Gewalt, Witterungseinflüssen, Schadhaftwerden irgendwelcher Geräte oder Leitungen, Einwirkung anderer Güter, Beschädigung durch Tiere, natürlicher Veränderung des Gutes.

[2]Der Spediteur haftet in diesen Fällen nur insoweit, als nachgewiesen wird, daß er den Schaden schuldhaft verursacht hat.

b) Die Haftung des Spediteurs ist ausgeschlossen für Verluste und Schäden in der Binnenschiffahrtsspedition (einschl. der damit zusammenhängenden Vor- und Anschlußtransporte mit Landtransportmitteln sowie der Vor-, Zwischen- und Anschlußlagerungen), die durch Transport- bzw. Lagerversicherung gedeckt sind oder durch eine Transport- bzw. Lagerversicherung allgemein üblicher Art

---

* § 56 Buchst. a geändert durch Bek. vom 19. 11. 1984 (BAnz. Nr. 227).

hätten gedeckt werden können oder nach den herrschenden Gepflogenheiten sorgfältiger Kaufleute über den Rahmen einer Transport- bzw. Lagerversicherung allgemein üblicher Art hinaus gedeckt werden, es sei denn, daß eine ordnungsgemäß geschlossene Versicherung durch fehlerhafte Maßnahmen des Spediteurs unwirksam wird.

c) Sonstige Bestimmungen, die über die vorstehenden Absätze hinaus die Haftung des Spediteurs beschränken oder aufheben, bleiben unberührt.

§§ 58, 59. *(gestrichen)*

§ 60.

a) ¹Alle Schäden, auch soweit sie äußerlich nicht erkennbar sind, müssen dem Spediteur unverzüglich schriftlich mitgeteilt werden. ²Ist die Ablieferung des Gutes durch einen Spediteur erfolgt, so muß der abliefernde Spediteur spätestens am 6. Tage nach der Ablieferung im Besitze der Schadensmitteilung sein.

b) Bei Nichteinhaltung vorstehender Bestimmungen gelten die Schäden als erst nach der Ablieferung entstanden.

c) Geht dem Spediteur eine Schadensmitteilung in einem Zeitpunkt zu, in dem ihm die Wahrung der Rechte gegen Dritte nicht mehr möglich ist, so ist der Spediteur für die Folgen nicht verantwortlich.

§ 61. In allen Fällen, in denen der vom Spediteur zu zahlende oder freiwillig angebotene Schadensbetrag den vollen Wert des Gutes erreicht, ist der Spediteur zur Zahlung nur verpflichtet Zug um Zug gegen Übereignung des Gutes und gegen Abtretung der Ansprüche, die hinsichtlich des Gutes dem Auftraggeber oder dem Zahlungsempfänger gegen Dritte zustehen.

§ 62. Der in diesen Bedingungen gebrauchte Ausdruck „Schaden" oder „Schäden" ist, soweit nicht frühere Paragraphen eine Beschränkung vorsehen, im weitesten Sinne (§§ 249 ff. BGB) zu verstehen, umfaßt also insbesondere auch gänzlichen oder teilweisen Verlust, Minderung, Wertminderung, Bruch, Diebstahlsschaden und Beschädigungen aller Art.

§ 63.

a) Beruft sich der Spediteur auf eine in diesen Bedingungen vorgesehene Haftungsbeschränkung oder -ausschließung, so ist der Einwand, es liege unerlaubte Handlung vor, unzulässig.

b) Erhebt ein Dritter, der an dem Gegenstand oder der Ausführung des dem Spediteur erteilten Auftrages unmittelbar oder mittelbar interessiert ist, gegen den Spediteur Ansprüche wegen einer angeblich begangenen unerlaubten Handlung, die dem Spediteur nach Absatz a nicht entgegengehalten werden kann, so hat der Auftraggeber den Spediteur von diesen Ansprüchen unverzüglich zu befreien.

XIV. Verjährung

§ 64. ¹Alle Ansprüche gegen den Spediteur, gleichviel aus welchem Rechtsgrunde, verjähren in 8 Monaten. ²Die Verjährung beginnt mit der Kenntnis des Berechtigten von dem Anspruch, spätestens jedoch mit der Ablieferung des Gutes.

XV. Erfüllungsort, Gerichtsstand, anzuwendendes Recht

§ 65.

a) Der Erfüllungsort ist für alle Beteiligten der Ort derjenigen Handelsniederlassung des Spediteurs, an die der Auftrag gerichtet ist.

b) Der Gerichtsstand für alle Rechtsstreitigkeiten, die aus dem Auftragsverhältnis oder im Zusammenhang damit entstehen, ist für alle Beteiligten, soweit sie Vollkaufleute sind, der Ort derjenigen Handelsniederlassung des Spediteurs, an die der Auftrag gerichtet ist; für Ansprüche gegen den Spediteur ist dieser Gerichtsstand ausschließlich.

c) Für die Rechtsbeziehungen des Spediteurs zum Auftraggeber oder zu seinen Rechtsnachfolgern gilt deutsches Recht.

Rollfuhrversicherungsschein Anlage 1 ADSp 4

Anlage 1

Speditions- und Rollfuhrversicherungsschein (SVS/RVS)
Fassung vom 1. März 1989

1	**Gegenstand des Versicherungsvertrages**
1.1	Gegenstand dieser Versicherung sind Verkehrsverträge. Das sind Speditions-, Fracht- und Lagerverträge unter Einschluß der im Speditionsgewerbe üblichen Vereinbarungen – auch als selbständige Verträge – z. B. über die Erhebung von Nachnahmen, Zollbehandlung, Besorgung der für die Güterabfertigung notwendigen Dokumente, Verwiegung, andere Mengenfeststellung, Verpackung, Musterziehung sowie Verladen und Entladen von Gütern.
1.2	Dazu zählt auch das im Zusammenhang mit einem Verkehrsvertrag stehende Besorgen von Versicherungsdeckungen, beschränkt auf Gütertransport- und Sachversicherungen.
2	**Versicherung für fremde Rechnung**
	Die Versicherung wird für fremde Rechnung genommen. Versichert ist der Wareninteressent, d. h. der Auftraggeber oder derjenige, dem das versicherte Interesse im Zeitpunkt des Schadenereignisses zugestanden hat; insbesondere ist derjenige versichert, der die Transportgefahr trägt. Der Versicherte kann über den Versicherungsanspruch verfügen.
3	**Umfang des Versicherungsschutzes**
3.1	Die Versicherer ersetzen nach Maßgabe der deutschen gesetzlichen Vorschriften über vom Spediteur als Auftragnehmer abgeschlossene Verkehrsverträge
3.1.1	Güterschäden: Verlust und Beschädigung des Gutes, das Gegenstand des Verkehrsvertrages ist;
3.1.2	Güterfolgeschäden: Aus einem Güterschaden herrührende Vermögensschäden;
3.1.3	reine Vermögensschäden: Vermögensschäden, die nicht mit einem Güterschaden am Speditionsgut oder einem sonstigen Sachschaden zusammenhängen.
3.2	Die Versicherungsleistung umfaßt den Ersatz von Schäden nach den deutschen gesetzlichen Vorschriften
3.2.1	über die vertragliche Haftung eines Spediteurs insbesondere nach den Vorschriften des Handelsgesetzbuches oder des Bürgerlichen Gesetzbuches;
3.2.2	aus unerlaubter Handlung, Eigentum oder ungerechtfertigter Bereicherung, sofern diese Ansprüche mit einem Verkehrsvertrag unmittelbar zusammenhängen.
3.3	Die Versicherer ersetzen nach Ziff. 3.1. auch Schäden,
3.3.1	entstanden im gewerblichen Güternahverkehr oder bei Beförderungen auf der Straße in der Bundesrepublik Deutschland ~~einschließlich Berlin (West)~~,

4 ADSp Anlage 1

die nicht den Vorschriften des Güterkraftverkehrsgesetzes (GüKG) unterliegen, auch wenn sie vom Zwischenspediteur oder einem fremden Unternehmer ausgeführt werden;

3.3.2 verursacht durch deutsche oder ausländische Zwischenspediteure;

3.3.3 entstanden aus verkehrsbedingten Vor-, Zwischen- und Nachlagerungen beim Spediteur oder Zwischenspediteur;

3.3.4 aus vom Spediteur oder Zwischenspediteur unterlassener Wahrung des Regresses;

3.3.5 verursacht durch eine vorsätzliche Handlung oder Unterlassung des Spediteurs oder Zwischenspediteurs oder deren gesetzliche Vertreter, Mitarbeiter oder Erfüllungsgehilfen;

3.3.6 die dadurch entstehen, daß eine wirksam abgeschlossene Schadenversicherung durch eine fehlerhafte Maßnahme des Spediteurs oder Zwischenspediteurs unwirksam wird.

3.4 Die Versicherer ersetzen ferner Schäden

3.4.1 nach der Eisenbahnverkehrsordnung (EVO) an Gütern, die im organisierten Bahnsammelgutverkehr zwischen Stationen der Deutschen Bundesbahn sowie von Stationen der Deutschen Bundesbahn nach Berlin (West) oder in umgekehrter Richtung befördert werden. Die Versicherungsleistung erstreckt sich auf Schäden, die zwischen der Annahme der Sendungen durch den Spediteur bis zur Ablieferung beim Endempfänger entstehen. Eine Berufung der Versicherer auf § 83 (1) c EVO ist ausgeschlossen;

3.4.2 nach der Kraftverkehrsordnung (KVO), die vor Beginn oder im Anschluß an eine Güterfernverkehrsbeförderung im gewerblichen Güternahverkehr oder während des Umschlages oder während der Zwischenlagerung verursacht werden.

3.5 Die Versicherer verzichten auf alle Einwendungen, welche der Spediteur aus den in den ADSp und sonstigen Abmachungen oder Handels- und Verkehrsgebräuchen enthaltenen Bestimmungen über Ausschluß und Minderung der gesetzlichen Haftung erheben könnte.

4 Aufwendungsersatz

Die Versicherer ersetzen zusätzlich

4.1 die Aufwendungen zur Abwendung und Minderung eines ersatzpflichtigen Schadens, soweit sie den Umständen nach geboten waren, § 63 Versicherungsvertragsgesetz (VVG);

4.2 vom Spediteur oder Zwischenspediteur aus Anlaß einer Fehlleitung aufgewendete Beförderungsmehrkosten einschließlich notwendiger anderer Kosten, sofern sie zur Verhütung eines ersatzpflichtigen Schadens erforderlich waren.

5 Ausschlüsse

Ausgeschlossen vom Versicherungsschutz sind

5.1 die durch eine Gütertransport-, Wareneinheits- oder Ausstellungsversicherung gedeckten Gefahren;

Rollfuhrversicherungsschein **Anlage 1 ADSp 4**

5.2 alle Schäden, die dem Grunde nach von einem Unternehmer im Güterfernverkehr zu vertreten sind, sowie Ansprüche nach dem „Übereinkommen über den Beförderungsvertrag im internationalen Straßengüterverkehr" (CMR) einschließlich aller damit zusammenhängenden außervertraglichen Ansprüche.
Schäden, die ein Güterfernverkehrsunternehmer nach der Kraftverkehrsordnung (KVO) zu verantworten hat, können den SVS/RVS-Versicherern gemeldet werden, die verpflichtet sind, sie mit den KVO-Versicherern zu regeln;

5.3 Schäden, die dem Grunde nach von einem Frachtführer oder dessen Agenten (Binnenschiffahrt, Eisenbahn, Luftfahrt, Seefahrt), einem Verfrachter, einer Hafen- oder Flughafenbetriebsgesellschaft oder vom Spediteur oder Zwischenspediteur in einer dieser Funktionen zu vertreten sind; Ziff. 3.3.1 und 3.4 bleiben unberührt;

5.4 Güterschäden,

5.4.1 verursacht durch ausländische Zwischenspediteure oder in Erfüllung von Verkehrsverträgen tätige andere ausländische Unternehmen;

5.4.2 verursacht während einer vom Wareninteressenten verfügten Lagerung im Ausland;

5.4.3 verursacht während einer vom Wareninteressenten verfügten Lagerung, soweit sie durch eine Feuer-, Einbruchdiebstahl-, Leitungswasser- oder Sturmversicherung gedeckt sind oder hätten gedeckt werden können;

5.5 Schäden, deren Ersatz nur aufgrund vertraglicher, im Speditionsgewerbe allgemein nicht üblicher Vereinbarungen verlangt werden kann, wie Vertragsstrafen, Lieferfristgarantien usw., sowie Schäden aufgrund von Ansprüchen aus Haftungsvereinbarungen, soweit sie über die gesetzliche Haftung hinausgehen;

5.6 Schäden und Ansprüche, die durch eine andere Versicherung, z. B. Betriebs-Haftpflicht-, Kraftfahrzeug-Haftpflicht-, Feuer-, Einbruchdiebstahl- oder Leitungswasser-Versicherung gedeckt sind;

5.7 Schäden, verursacht durch Krieg, Aufruhr oder Kernenergie;

5.8 Personenschäden;

5.9 Schäden, die unmittelbar dadurch entstehen, daß Vorschüsse, Erstattungsbeträge o. ä. nicht zweckentsprechend verwendet, weitergeleitet oder zurückgezahlt werden. Ein dadurch verursachter weitergehender Schaden bleibt davon unberührt.

6 **Versicherungswert/Versicherungssummen/Interessedeklaration**

6.1 Als Versicherungswert ist der Verkaufspreis anzumelden, in Ermangelung dessen der gemeine Handelswert oder gemeine Wert, den das Gut am Ort und im Zeitpunkt der Übernahme hat, unter Einschluß aller Speditionsentgelte und Transportkosten sowie der Eingangsabgaben im Empfangsland. Die Versicherungssumme ist auf DM 1.0 Mio. je Verkehrsvertrag begrenzt.

6.2 Die Regelversicherungssumme beträgt DM 5.000,– je Verkehrsvertrag. Für Kleinsendungen ist eine Versicherungssumme von DM 1.000,– zulässig. Will der Auftraggeber einen höheren Betrag als DM 5.000,– versichern, hat er die gewünschte Versicherungssumme spätestens mit Abschluß des Verkehrsvertrages dem Spediteur schriftlich mitzuteilen.

6.3 Erhält der Spediteur keine Mitteilung über die Versicherungssumme, ist er berechtigt, den Versicherungswert aufgrund von Erfahrungswerten oder beigefügten Unterlagen von DM 5.000,– bis DM 1.0 Mio. zu schätzen.

6.4 Bis DM 1.0 Mio. Versicherungssumme hat der Versicherte keinen Nachteil, wenn dem Spediteur bei der Versicherungsanmeldung ein Versehen unterläuft, die Anmeldung der gewünschten Versicherungssumme unterbleibt, der Spediteur geschuldete Prämien nicht oder nicht rechtzeitig bezahlt, sofern nur der Auftraggeber die gewünschte höhere Versicherungssumme dem Spediteur rechtzeitig schriftlich mitgeteilt hatte. Schätzfehler (Ziff. 6.3) unterliegen nicht dieser Bestimmung.

6.5 Der Auftraggeber kann die Deckung eines höheren Wertes als DM 1.0 Mio. bis höchstens DM 10.0 Mio. vor, spätestens mit Abschluß des Verkehrsvertrages bei den Versicherern beantragen, die unverzüglich über die Annahme des Antrages und den Zeitpunkt des Inkrafttretens der höheren Versicherungssumme zu entscheiden haben. Die Entscheidung wird mit Zugang beim Auftraggeber wirksam.
Die Versehensklausel (Ziff. 6.4) findet insoweit keine Anwendung.

6.6 Der Einwand der Unterversicherung ist ausgeschlossen, wenn der Versicherungswert die Versicherungssumme von DM 1.0 Mio. oder die vereinbarte höhere Deckungssumme übersteigt.

6.7 Der Auftraggeber kann spätestens mit Abschluß des Verkehrsvertrages gegenüber dem Spediteur den Betrag eines Interesses an der Erfüllung des Verkehrsvertrages zu Gunsten des Versicherten deklarieren. Die Deklaration muß schriftlich erfolgen. Sie ist mit dem fünffachen Versicherungswert der Sendung, höchstens mit DM 100.000,– begrenzt. Die Versicherungssumme erhöht sich entsprechend.
Die Versehensklausel (Ziff. 6.4) findet entsprechende Anwendung.

6.8 Ein darüber hinausgehendes Interesse bis höchstens DM 1.0 Mio. kann mit ausdrücklicher Einwilligung der Versicherer vereinbart werden.
Der Auftraggeber hat den Betrag des Interesses und alle ihm bekannten gefahrerheblichen Umstände den Versicherern vor, spätestens mit Abschluß des Verkehrsvertrages schriftlich mitzuteilen, die ihm unverzüglich ein Angebot unterbreiten, ob, ab wann, zu welchen Bedingungen und gegen welche Prämie sie das Interesse zu versichern bereit sind. Nimmt der Auftraggeber das Angebot an, wird die Versicherung des höheren Interesses wirksam.
Die Versehensklausel (Ziff. 6.4) findet insoweit keine Anwendung.

6.9 In den Fällen der Ziff. 6.5 und 6.8 haben die Versicherer bei Annahme eines Antrages auf die Beschränkungen der Ziff. 8 ausdrücklich hinzuweisen.

7 **Umfang der Versicherungsleistung je Schadenfall**
Die Leistung der Versicherer ist je Schadenfall begrenzt

7.1 für Güterschäden

7.1.1 falls das Gut bei Schadeneintritt verkauft war, mit dem Verkaufspreis unter Berücksichtigung entstandener und ersparter Kosten, wie z. B. Frachtentgelte, Eingangsabgaben;

7.1.2 sonst mit dem gemeinen Handelswert oder dem gemeinen Wert, den das Gut am Ort und in dem Zeitpunkt hatte, in welchem die Ablieferung zu bewirken war, unter Berücksichtigung entstandener und ersparter Kosten;
7.1.3 auf jeden Fall mit der Versicherungssumme (Ziff. 6);
7.2 für Güterfolgeschäden neben dem Güterschaden mit dem Versicherungswert, höchstens mit der Versicherungssumme;
7.3 für reine Vermögensschäden mit dem doppelten Versicherungswert, höchstens mit der doppelten Versicherungssumme;
7.4 für die Interesseversicherung (Ziff. 6.7, 6.8) mit dem vom Versicherten nachzuweisenden Schaden, höchstens mit der Versicherungssumme (Versicherung auf Erstes Risiko).

8 Grenzen der Versicherungsleistung je Schadenereignis
8.1 Die Leistung der Versicherer ist je Schadenereignis begrenzt
8.1.1 mit DM 11.0 Mio., auch wenn mehrere Versicherte Ansprüche aus dem vom Spediteur abgeschlossenen Versicherungsvertrag geltend machen;
8.1.2 für Feuerschäden bei verkehrsbedingten Vor-, Zwischen- und Nachlagerungen mit DM 2.0 Mio., auch wenn mehrere Versicherte über Versicherungsverträge verschiedener Spediteure anspruchsberechtigt sind.
8.2 Die durch ein Schadenereignis mehreren Versicherten entstandenen Schäden werden anteilmäßig im Verhältnis der Versicherungsansprüche ersetzt, wenn sie die in Betracht kommende Grenze der Versicherungsleistung (Ziff. 8.1) übersteigen.

9 Versicherungsverbote
9.1 Der Auftraggeber ist berechtigt, durch eine an den Spediteur gerichtete schriftliche Erklärung
9.1.1 die Versicherung zu untersagen (§ 39a ADSp; generelles Verbot);
9.1.2 die Versicherung von Güterschäden im ausschließlich innerdeutschen Verkehr zu untersagen (partielles Verbot).
9.2 Der Spediteur ist verpflichtet, die Erklärung unverzüglich den Versicherern zu übermitteln. Sie kann nur durch eine schriftliche Mitteilung des Auftraggebers an den Spediteur geändert werden, der dann zur unverzüglichen Weitergabe an die Versicherer verpflichtet ist.

10 Versicherungsanmeldung/Fälligkeit der Prämien/Bucheinsicht
10.1 Der Spediteur ist verpflichtet, alle
10.1.1 im Kalendermonat abgeschlossenen, versicherten Verkehrsverträge am Ende des Monats den Versicherern anzumelden;
10.1.2 Verkehrsverträge mit Versicherungssummen von mehr als DM 10.000,– einzeln unter Bezeichnung des Auftrages in das dafür vorgesehene Formular einzutragen und dieses den Versicherern zu übermitteln.
10.2 Die Anmeldungen sind den Versicherern bis spätestens zum 20. des Folgemonats zuzusenden. Zu diesem Zeitpunkt sind die Prämien fällig.

10.3 Die Versicherer sind berechtigt, die Anmeldungen durch Einsichtnahme in die entsprechenden Geschäftsunterlagen zu überprüfen. Sie sind verpflichtet, über die erlangten Kenntnisse Stillschweigen gegenüber Dritten zu bewahren.

11 Obliegenheiten/Zahlung der Versicherungsleistung über den Spediteur/Ausschlußfrist

11.1 Dem Versicherten obliegt es, jeden Schaden den Versicherern oder dem Spediteur schriftlich zu melden, spätestens innerhalb eines Monats, nachdem er vom Schaden Kenntnis erlangt hat.
Die Versicherer sind nach Vorlage aller erforderlichen Unterlagen gemäß § 11 VVG zur Leistung verpflichtet.

11.2 Dem Spediteur und dem Versicherten obliegt es, für die Abwendung und Minderung eines Schadens zu sorgen, die Möglichkeiten eines Rückgriffs gegen Dritte zu wahren, den Versicherern jede notwendige Auskunft zu geben und Weisungen der Versicherer zu befolgen.

11.3 Verletzt der Versicherte eine in diesem Vertrag vereinbarte Obliegenheit vorsätzlich oder grob fahrlässig, so sind die Versicherer nach den Vorschriften des § 6 VVG von der Verpflichtung zur Leistung frei.
Verletzt der Spediteur, ein gesetzlicher Vertreter, Prokurist oder Leiter einer Niederlassung vorsätzlich oder grob fahrlässig eine Obliegenheit, sind die Versicherer berechtigt, den Spediteur in Rückgriff zu nehmen. § 6 Abs. 3 Satz 2 VVG findet entsprechende Anwendung.

11.4 Die Versicherer sind berechtigt, Versicherungsleistungen über den Spediteur zu zahlen. Der Anspruch des Versicherten wird dadurch nicht berührt. Sie sind verpflichtet, an den Versicherten zu leisten, wenn dieser vor Zahlung an den Spediteur schriftlich einen Schadenausgleich an sich verlangt hat.

11.5 Alle Ansprüche des Versicherten oder des Spediteurs aus diesem Vertrag erlöschen, wenn nicht innerhalb von zwei Jahren, gerechnet vom Datum der Schadenanmeldung, Klage gegen den führenden Versicherer erhoben wird. Die Frist kann durch Vereinbarung verlängert werden.

12 Abtretung der Versicherungsansprüche/Übergang von Rechten auf andere Versicherer

12.1 Die Abtretung der Versicherungsansprüche des Versicherten aus diesem Vertrag an andere Personen als an den Spediteur ist nur mit Zustimmung der Versicherer zulässig.

12.2 Ansprüche anderer Versicherer aufgrund eines gesetzlichen Forderungsübergangs oder aus abgetretenem Recht sind ausgeschlossen.

12.3 Die Abtretung von Ansprüchen des Spediteurs aus diesem Versicherungsvertrag ist nur mit Zustimmung der Versicherer zulässig.

13 Rückgriffsverzicht und -recht der Versicherer

13.1 Die Versicherer verzichten auf einen Rückgriff gegen den Spediteur, seine Arbeitnehmer sowie gegen jeden Zwischenspediteur, der den SVS/RVS gezeichnet hat, und gegen dessen Arbeitnehmer.

Rollfuhrversicherungsschein **Anlage 1 ADSp 4**

13.2 Die Versicherer sind jedoch berechtigt, jeden in Regreß zu nehmen, der den Schaden vorsätzlich herbeigeführt hat.

14 Prämien

14.1 Prämienpflichtig ist jeder zwischen Spediteur und Auftraggeber geschlossene Verkehrsvertrag (Ziff. 1).

14.2 Schließt ein Verkehrsvertrag Dispositionen an mehrere Empfänger ein, so gilt jede Disposition als prämienpflichtiger Verkehrsvertrag, es sei denn, es handelt sich um Auslieferungen an Selbstabholer.
Im Falle von abgeschlossenen Rahmen- oder General-Verträgen sind die einzelnen vom Spediteur durchgeführten Tätigkeiten (Versendungen, Abladungen, Einlagerungen usw.) als Verkehrsverträge prämienpflichtig.

14.3 Die Prämie einschließlich 7% Versicherungssteuer beträgt für alle Verkehrsverträge

14.3.1 bei einer Versicherungssumme
bis zu DM 1.000,–   DM 1,00

14.3.2 bei einer Versicherungssumme
über DM 1.000,– bis DM 5.000,–   DM 2,50

14.3.3 bei einer Versicherungssumme
über DM 5.000,– für jede weiteren
angefangenen DM 5.000,–   DM 2,50

14.3.4 Für Lagerverträge sind die Prämien je Lagermonat zu entrichten; angefangene Monate sind voll zu berechnen.

14.4 Werden in einem Lagervertrag zusätzliche Leistungen, wie das Zusammenstellen von einzelnen Sendungen, die Verpackung oder die Besorgung der Güterversendung übernommen (Fabrik- oder Konsignationslager), wird die Prämie aus dem Wert des Gutes im Zeitpunkt der Annahme am Lager berechnet. Die Prämie einschließlich 7% Versicherungssteuer beträgt DM 2,50 je DM 5.000,– des Warenwertes.

14.5 Auslagerungen mit Rollung von Gütern gelten als neuer Verkehrsvertrag.

14.6 Sofern das Gewicht je Verkehrsvertrag über Massengut 15 Tonnen übersteigt, betragen die Prämien einschließlich 7% Versicherungssteuer für Verkehrsverträge, die ausschließlich den Binnenumschlag von Gütern (Beladen und Löschen von Schiffen im Binnenhafen) zum Gegenstand haben,

14.6.1 bei einer Versicherungssumme
bis zu DM 5.000,–   DM 0,50

14.6.2 bei einer Versicherungssumme
über DM 5.000,–
bis DM 10.000,–   DM 1,00

14.6.3 bei einer Versicherungssumme
über DM 10.000,–
bis DM 15.000,–   DM 1,50

14.6.4 bei einer Versicherungssumme
über DM 15.000,– für jede weiteren
angefangenen DM 15.000,–   DM 1,50

4 ADSp Anlage 1

14.7 Hat der Auftraggeber die Deckung der Güterschäden im ausschließlich innerdeutschen Verkehr untersagt (partielles Verbot), beträgt die Prämie einschließlich 7% Versicherungssteuer

14.7.1 bei einer Versicherungssumme
bis zu DM 5.000,–   DM 0,50

14.7.2 bei einer Versicherungssumme
über DM 5.000,– für jede weiteren
angefangenen DM 5.000,–   DM 0,50

14.8 Die Prämie für die Deklaration eines Interesses (Ziff. 6.7) beträgt einschließlich 7% Versicherungssteuer
für jede angefangenen DM 5.000,–   DM 2,50

15 Schadenbeteiligung des Spediteurs

15.1 Die Schadenbeteiligung des Spediteurs beträgt 10% des Betrages der Versicherungsleistung je Schadenfall, mindestens DM 30,–, höchstens jedoch DM 1.000,–, zuzüglich einer festen Beteiligung von DM 20,– je Schadenfall.
Sie entfällt im organisierten Bahnsammelgutverkehr, wenn die Deutsche Bundesbahn den Schaden zu vertreten hat.

15.2 Die Schadenbeteiligung erhöht sich von 10% auf 20%, höchstens DM 10.000,–, wenn der Schaden von einem gesetzlichen Vertreter, Prokuristen oder Leiter einer Niederlassung durch eine vorsätzlich begangene Straftat verursacht worden ist und der Spediteur die Überwachungspflicht eines ordentlichen Spediteurs verletzt hat. Der Rückgriff der Versicherer bleibt in einem solchen Falle vorbehalten (Ziff. 13.2).

15.3 Der Zwischenspediteur, der einen von den Versicherern ersetzten Schaden verursacht hat, ist als Zeichner des SVS/RVS verpflichtet, die Schadenbeteiligung dem Erstspediteur zu erstatten. Diese Verpflichtung aus dem Versicherungsvertrag schließt eine Berufung des zur Zahlung Verpflichteten auf die Bestimmungen der ADSp oder sonstiger Haftungsausschlüsse und -beschränkungen aus.

16 Rückgriffsansprüche der Versicherer gegen den Spediteur

Der Spediteur hat den Versicherern erbrachte Versicherungsleistungen zu erstatten,

16.1 wenn er vorsätzlich die Verpflichtung zur Prämienanmeldung verletzt;

16.2 wenn ein Schaden durch einen erheblichen Mangel im Betrieb des Spediteurs entstanden ist, dessen Beseitigung die Versicherer wegen eines Vorschadens innerhalb einer angemessenen Frist unter Hinweis auf die Rechtsfolgen verlangt hatten.

17 Kündigung

17.1 Der Bundesverband Spedition und Lagerei e.V. (BSL), Bonn, und die Versicherer haben das Recht, das Vertragswerk des SVS/RVS in seiner Gesamtheit unter Einhaltung einer Frist von einem Jahr zu kündigen. Die Kündigung ist dann für jeden abgeschlossenen SVS/RVS wirksam.

17.2 Der Spediteur und die Versicherer sind darüber hinaus berechtigt, den einzelnen Versicherungsvertrag durch Einschreiben zum Ende des Versicherungsjahres zu kündigen. Die Kündigung muß drei Monate vor Ablauf des Vertrages zugegangen sein. Eine Kündigung durch die Versicherer ist nur mit Einwilligung des BSL wirksam.

17.3 Der Versicherungsschutz bleibt für alle vor Beendigung des Versicherungsvertrages abgeschlossenen Verkehrsverträge bis zur Erfüllung aller sich daraus ergebenden Verpflichtungen bestehen. Für Lagerverträge endet die Versicherungsdeckung spätestens drei Monate nach Beendigung des Versicherungsvertrages.

17.4 Übersteigen die in einem Kalenderjahr erbrachten Versicherungsleistungen die für denselben Zeitraum vom Spediteur geschuldeten Bruttoprämien abzüglich Versicherungssteuer, so können die Versicherer für das Folgejahr individuelle Sanierungsmaßnahmen verlangen. Kommt hierüber innerhalb einer angemessenen Frist keine Einigung zustande, sind die Versicherer berechtigt, den Vertrag mit einer weiteren Frist von vier Wochen zu kündigen. Ziff. 17.2 und 17.3 finden im Falle einer solchen Kündigung Anwendung.

18 **Vertragsänderungen**

Sollten Änderungen von den an diesem Versicherungsvertrag beteiligten Versicherern unter Genehmigung des Bundesverbandes Spedition und Lagerei e. V. (BSL), Bonn, und des Deutschen Industrie- und Handelstages (DIHT), Bonn, unter Mitwirkung des Bundesverbandes der Deutschen Industrie e. V. (BDI), Köln, des Bundesverbandes des Deutschen Groß- und Außenhandels e. V. (BGA), Bonn, des Deutschen Versicherungs-Schutzverbandes e. V. (DVS), Bonn, und der Hauptgemeinschaft des Deutschen Einzelhandels e. V. (HDE), Köln, mit der Oskar Schunck KG, München, vereinbart werden, so treten diese an die Stelle der bisherigen Bestimmungen.

19 **Geschäftsverkehr/Gerichtsstand**

19.1 Alle vom Spediteur und Versicherten abzugebenden Erklärungen, Versicherungs- und Schadenanmeldungen sind an die zuständige Niederlassung der Oskar Schunck KG zu richten. Sobald sie zugegangen sind, gelten sie als vertragsgemäß an die Versicherer bewirkt. Auch Prämien sind an die Oskar Schunck KG zu überweisen.

19.2 Der führende Versicherer ist von den Mitversicherern ermächtigt, alle Rechtsstreitigkeiten auch für ihre Anteile als Kläger oder Beklagter zu führen. Ein gegen den oder von dem führenden Versicherer erstrittenes Urteil wird deshalb von den Mitversicherern als auch für sie verbindlich anerkannt. Zustellungsbevollmächtigt ist die zuständige Niederlassung der Oskar Schunck KG.

19.3 Die Oskar Schunck KG ist befugt, die Rechte der Versicherer aus diesem Vertrag im eigenen Namen geltend zu machen.

19.4 Für Klagen gegen den führenden Versicherer ist das Gericht am Ort der zuständigen Niederlassung der Oskar Schunck KG (§ 48 VVG) zuständig.

19.5 Für Klagen der Versicherer gegen den Spediteur auf Zahlung der Prämien oder der Schadenbeteiligung ist das Gericht am Ort der Niederlassung des Spediteurs zuständig.

4 ADSp Anlage 1

20 **Bundesdatenschutzgesetz (BDSG)**

Unter Beachtung der Vorschriften des BDSG werden die Daten des Versicherungsvertrages gespeichert, an die in Betracht kommenden Versicherer, ggf. die Rückversicherer, sowie zu statistischen Zwecken dem Deutschen Transport-Versicherungs-Verband e. V. (DTV) übermittelt, soweit dies erforderlich ist. Die Anschrift der jeweiligen Datenempfänger wird auf Wunsch mitgeteilt.

21 **Beteiligungsliste und Führungsklausel**

An diesem Versicherungsvertrag sind die nachfolgend genannten Versicherer mit ihren Anteilen als Einzelschuldner beteiligt. Die Geschäftsführung liegt bei dem erstgenannten Versicherer (führender Versicherer). Dieser ist ermächtigt, für alle Versicherer zu handeln.

Anhang zum Speditions- und Rollfuhrversicherungsschein (SVS/RVS) über internationale europäische Güterbeförderungen

1 Gegenstand der Versicherung

1.1 Gegenstand dieses Anhangs zum Speditions- und Rollfuhrversicherungsschein (SVS/RVS) sind Verkehrsverträge über Güterbeförderungen im internationalen Verkehr mit Abgangs- und Bestimmungsort innerhalb Europas.

1.2 Die Versicherer erstatten dem Versicherten (Ziff. 2 SVS/RVS)

1.2.1 alle Güterschäden, sofern sie zwischen dem Zeitpunkt der Übernahme des Gutes und der Ablieferung eingetreten und vom Spediteur, Zwischenspediteur oder einem anderen Verkehrsunternehmen zu vertreten sind;

1.2.2 andere als Güterschäden, soweit sie ein Frachtführer/Verfrachter zu vertreten hat.

2 Ausschlüsse

Ausgeschlossen vom Versicherungsschutz sind

2.1 die durch eine Gütertransport-, Wareneinheits- oder Ausstellungsversicherung gedeckten Gefahren;

2.2 Schäden, verursacht durch Verschulden des Auftraggebers, Versenders oder Empfängers, inneren Verderb oder durch die natürliche Beschaffenheit des Gutes, Fehlen oder Mängel der Verpackung.

3 Umfang und Grenzen der Versicherungsleistung

Die Leistung der Versicherer ist je Schadenfall begrenzt, und zwar

3.1 Güterschäden mit dem Verkaufspreis, wenn das Gut bei Schadeneintritt verkauft war, unter Berücksichtigung entstandener und ersparter Kosten, wie z. B. Frachtentgelte, Eingangsabgaben, sonst mit den in § 430 Abs. 1 und 2 HGB genannten Werten;

3.2 andere als Güterschäden (Ziff. 1.2.2) nach den §§ 249 ff. BGB;

3.3 höchstens mit DM 5.000,– auf „Erstes Risiko".

4 Versicherungsverbot

Der Auftraggeber ist berechtigt, durch eine an den Spediteur gerichtete schriftliche Erklärung die Versicherung dieses Anhanges zu untersagen.

5 Prämie

Die Prämie einschließlich 7% Versicherungssteuer beträgt je Verkehrsvertrag DM 2,50.

6 Anderweitige Bestimmungen

Im übrigen gelten die Bestimmungen des Speditions- und Rollfuhrversicherungsscheines (SVS/RVS).

4 ADSp Anlage 2

Anlage 2

Beteiligungsliste

1. VICTORIA Feuer-Versicherungs-AG, Victoriaplatz 1, 4000 Düsseldorf .... 14 %
2. COLONIA Versicherung AG, Köln 9¼%
3. ALLIANZ Versicherungs-AG, München 8¾%
4. WÜRTTEMBERGISCHE UND BADISCHE Versicherungs-AG, Heilbronn 8¼%
5. NORDSTERN Allgemeine Versicherungs-AG, Köln ..... 8 %
6. ALBINGIA Versicherungs-AG, Hamburg 7½%
7. ALTE LEIPZIGER Versicherung AG, Oberursel/Ts. 4¾%
8. AGRIPPINA Versicherung AG, Köln 4½%
9. MAGDEBURGER Feuerversicherungs-AG, Hannover 3½%
10. NORD-DEUTSCHE Versicherungs-AG, Hamburg 3½%
11. WÜRTTEMBERGISCHE Feuerversicherung AG, Stuttgart .. 3¼%
12. MANNHEIMER Versicherung AG, Mannheim .... 3 %
13. AACHENER und MÜNCHENER Versicherung AG, Aachen .. 2½%
14. GOTHAER Versicherungsbank VVaG, Köln 2½%
15. ZÜRICH Versicherungs-Gesellschaft, Frankfurt 2½%
16. GENERALI Assicurazioni Generali Direktion für Deutschland, Frankfurt .... 2 %
17. HELVETIA Schweizerische Feuerversicherungs-Gesellschaft, Frankfurt .... 2 %
18. KRAVAG-SACH Versicherung d. Deutschen Kraftverkehrs V. a. G., Hamburg .... 2 %
19. THURINGIA Versicherungs-AG, München .... 2 %
20. FRANKFURTER Versicherungs-AG, Frankfurt 1¾%
21. SPARKASSEN-VERSICHERUNG Allgemeine Versicherung AG, Stuttgart 1½%
22. FEUERSOZIETÄT BERLIN, Berlin .... 1 %
23. NEU ROTTERDAM Versicherungs-Aktiengesellschaft, Köln . 1 %
24. NÜRNBERGER Allgemeine Versicherungs-AG, Nürnberg .. 1 %

Anlage 2 **ADSp 4**

Gemäß Ziff. 19.1 SVS/RVS sind sämtliche vom Spediteur und Versicherten abzugebenden Erklärungen, Versicherungs- und Schadenanmeldungen sowie Prämienzahlungen usw. zu richten an die zuständige Niederlassung der Oskar Schunck KG.

OSKAR SCHUNK
Komanditgesellschaft
Zentrale
8000 München 40 · Postfach 440264
Leopoldstraße 20 · Tel.-Sa.-Nr. (089) 381770 · FS-Nr. 5215794

1000 Berlin 19, Sopie-Charlotten-Str. 31
Tel. (030) 3221083
FS-Nr. 184969

4800 Bielefeld 1, Herforder Straße 12
Tel. (0521) 65380
FS-Nr. 932412

2800 Bremen 1, Domshoff 21
Tel. (0421) 36902-0
FS-Nr. 245340

4000 Düsseldorf 1, Königsallee 70
Tel. (0211) 13993-0
FS-Nr. 8582365

6000 Frankfurt a. M. 11, Mainzer Landstr. 129
Tel. (069) 271005-0
FS-Nr. 412559

7800 Freiburg 1, Leopoldring 1
Tel. (0761) 31902-0
FS-Nr. 7721414

2000 Hamburg 1, Steindamm 62/64
Tel. (040) 2801470
FS-Nr. 2162969

3000 Hannover 1, Osterstraße 3
Tel. (0511) 326038
FS-Nr. 921128

8000 München 2, Briennerstraße 43
Tel. (089) 598601
FS-Nr. 5215698

7000 Stuttgart 1, Tübinger Straße 13–15
Tel. (0711) 64856-0
FS-Nr. 721535

4 ADSp

5. Verordnung über Orderlagerscheine

Vom 16. Dezember 1931
(RGBl. I S. 763, ber. 1932 I S. 424)*
(BGBl. III 4102-1)

Auf Grund des Fünften Teiles Kapitel VI der Dritten Verordnung des Reichspräsidenten zur Sicherung von Wirtschaft und Finanzen und zur Bekämpfung politischer Ausschreitungen vom 6. Oktober 1931 (Reichsgesetzbl. I S. 537, 561) wird folgendes verordnet:

Inhaltsübersicht

Abschnitt I. Ermächtigung zur Ausstellung von Orderlagerscheinen §§ 1–13
Abschnitt II. Lagergeschäft §§ 14–32
 Titel 1. Allgemeine Vorschriften §§ 14–27
 Titel 2. Besondere Bestimmungen für die Sammellagerung §§ 28–32
Abschnitt III. Lagerschein §§ 33–42
Abschnitt IV. Schlußbestimmungen §§ 43, 44

Abschnitt I. Ermächtigung zur Ausstellung von Orderlagerscheinen

§ 1. Zuständigkeit. (1) Die Ermächtigung zur Ausstellung von Lagerscheinen, die durch Indossament übertragen werden können (§ 363 Abs. 2, §§ 364, 365 und 424 des Handelsgesetzbuchs), wird einer Lagerhausanstalt auf Antrag durch die oberste Landesbehörde oder durch die von ihr bezeichneten Stellen erteilt.**

(2) Jedes Land kann die Ermächtigung nur für Lagerräume erteilen, die sich in seinem Gebiete befinden.

§ 2. Förmliche Erfordernisse. (1) Der Antrag auf Erteilung der Ermächtigung hat eine genaue Angabe des Gegenstandes des Unternehmens, die Bezeichnung der zur Verfügung stehenden Lagerräume mit einer Darstellung ihrer technischen Ausgestaltung, ferner ausführliche Angaben über die bisherige Entwicklung, die wirtschaftliche Grundlage und den Geschäftsbetrieb des Unternehmens zu enthalten.

(2) Dem Antrag sind beizufügen:
1. ein Verzeichnis der verantwortlichen Geschäftsleiter (Inhaber, persönlich haftenden Gesellschafter, Vorstandsmitglieder, Geschäftsführer);
2. ein Auszug aus dem Handelsregister oder Genossenschaftsregister nach dem neuesten Stande, sofern nicht gemäß § 36 des Handelsgesetzbuchs die Eintragung des Unternehmens im Handelsregister unterblieben ist;
3. wenn das Unternehmen von einer juristischen Person betrieben wird, ein Abdruck der Satzung (Statut) oder des Gesellschaftsvertrags;

---

* Der Verordnung vom 16. 12. 1931 sind im RGBl. 1931 I S. 773 ff. zwei Formulare über einen Lagerschein an Order und einen Sammellagerschein an Order angefügt (hier nicht abgedruckt).
** Vgl. hierzu in Nordrhein-Westfalen VO vom 14. 9. 1979 (GV NW S. 650).

4. ein mit Maßstab versehener Übersichtsplan über die Lagerräume;
5. eine Bescheinigung oder eine sonstige Urkunde über Rechtsgrund und Dauer der Verfügungsbefugnis des Antragstellers über die Lagerräume;
6. eine Lagerordnung in Urschrift und Abschrift, in der das Rechtsverhältnis des Lagerhalters zu den Einlagerern und zu den Besitzern der von ihm ausgegebenen Orderlagerscheine gemäß Abschnitt II und III dieser Verordnung geregelt ist. Die Urschrift der Lagerordnung hat die öffentlich beglaubigte Unterschrift des Antragstellers zu tragen;
7. der Tarif, nach dem die Vergütung für die Lagerung, für die Behandlung des Lagerguts und ähnliche mit der Lagerung zusammenhängende Leistungen des Lagerhalters bemessen wird;
8. je ein den Bestimmungen der §§ 36, 38 und 39 entsprechender Vordruck für die von dem Antragsteller zu verwendenden Orderlagerscheine;
9. die Rechnungsabschlüsse (Bilanz nebst Gewinn- und Verlustrechnung) für die letzten drei Jahre oder, wenn das Unternehmen noch nicht so lange besteht, für die Zeit von der Entstehung des Unternehmens an;
10. eine Übersicht über Art und Umfang des Umschlags von Lagergütern während der in Nr. 9 bezeichneten Zeit.

§ 3. Anhörung der gesetzlichen Berufsvertretungen. Die Ermächtigungsbehörde (§ 1) hat zu dem Antrag diejenigen gesetzlichen Berufsvertretungen des Handels sowie, falls landwirtschaftliche Erzeugnisse gelagert werden sollen, auch der Landwirtschaft gutachtlich zu hören, in deren Bezirk sich Lagerräume des Antragstellers befinden.

§ 4. Sachliche Erfordernisse. (1) Dem Antrag darf nur stattgegeben werden, wenn
1. die verantwortlichen Geschäftsleiter des Lagerhausunternehmens (§ 2 Abs. 2 Nr. 1) die fachliche Eignung und die erforderliche Zuverlässigkeit besitzen;
2. die wirtschaftlichen Verhältnisse des Unternehmens die Gewähr für eine ordnungsmäßige Durchführung des Lagergeschäfts bieten; insbesondere dürfen sich in dieser Beziehung aus dem Gegenstande des Unternehmens keine Bedenken ergeben;
3. der Lagerraum durchschnittlichen Anforderungen an seine technische Ausgestaltung genügt und eine angemessene Größe aufweist. Bei nicht im Eigentum des Antragstellers stehenden Lagerräumen muß die Verfügungsbefugnis des Antragstellers über die Lagerräume für eine angemessene Zeitdauer gesichert sein.

(2) Die Ermächtigungsbehörde kann die Erteilung der Ermächtigung davon abhängig machen, daß der Antragsteller sich gegen Schadensersatzansprüche der Einlagerer aus dem Lagervertrag in ausreichender Höhe bei einer geeigneten Versicherungsunternehmung versichert oder der Ermächtigungsbehörde den Nachweis führt, daß eine andere ausreichende Sicherstellung erfolgt ist; hinsichtlich der Sicherstellung sind die gesetzlichen Berufsvertretungen (§ 3) gutachtlich zu hören.

(3) Die Erteilung der Ermächtigung darf nicht von dem Bestehen eines Bedürfnisses oder davon abhängig gemacht werden, daß das Unternehmen in einer bestimmten Rechtsform betrieben wird.

(4) ¹Die Ermächtigungsbehörde kann im Einzelfalle die Ermächtigung auf bestimmte Warengattungen beschränken. ²Von dieser Befugnis soll nur Gebrauch gemacht werden, wenn der Lagerhalter einverstanden ist.

§ 5. Inhalt der Ermächtigung. (1) ¹Die Ermächtigung wird auf der Grundlage einer dieser Verordnung entsprechenden Lagerordnung erteilt. ²Sie erstreckt sich nur auf diejenigen Lagerhäuser oder sonstigen Lagerräume (wie freistehende Flüssigkeitsbehälter, Hallen, Freilagerplätze), die in der Ermächtigungsurkunde aufgeführt sind.

(2) ¹Die Lagerordnung einschließlich der darin etwa bezeichneten ergänzenden allgemeinen Bedingungen sowie deren Änderungen unterliegen der Genehmigung der Ermächtigungsbehörde. ²Die Urschrift der Lagerordnung ist mit einem Vermerk über die Genehmigung zu versehen und zurückzugeben; eine Abschrift wird von der Ermächtigungsbehörde beglaubigt und mit den übrigen Schriftstücken aufbewahrt; bei Änderungen der Lagerordnung ist entsprechend zu verfahren.

§ 6. Aushang und Niederlegung der Ermächtigungsurkunde, der Lagerordnung und des Tarifs. Eine öffentlich beglaubigte Abschrift der Ermächtigungsurkunde und etwaiger Änderungen, die Lagerordnung, der Tarif sowie deren Änderungen sind im Geschäftsraum des Lagerhalters auszuhängen und bei den gemäß § 3 zuständigen Berufsvertretungen zur öffentlichen Einsichtnahme niederzulegen.

§ 7. Veröffentlichung der Ermächtigungsurkunde. (1) ¹Die Ermächtigungsurkunde sowie deren Änderungen sind auf Kosten des Antragstellers im Bundesanzeiger und in den Blättern der gemäß § 3 zuständigen Berufsvertretungen zu veröffentlichen. ²Die Ermächtigungsbehörde kann von der Veröffentlichung in den Blättern der Berufsvertretungen Ausnahmen zulassen.

(2) In der Veröffentlichung sind die Stellen zu bezeichnen, bei denen die in § 6 vorgeschriebenen Niederlegungen erfolgen.

(3) Die Lagerordnung und der Tarif brauchen nicht gemäß Absatz 1 veröffentlicht zu werden, auch wenn in der Ermächtigungsurkunde auf sie Bezug genommen wird.

§ 8. Beginn der Befugnis zur Ausstellung von Orderlagerscheinen. (1) Die Befugnis zur Ausstellung von Orderlagerscheinen soll nicht eher ausgeübt werden, als bis die in den §§ 6 und 7 vorgeschriebenen Niederlegungen und Veröffentlichungen erfolgt sind.

(2) Erweiterungen der Ermächtigung sowie Änderungen der Lagerordnung oder Erhöhungen des Tarifs (§ 2 Abs. 2 Nr. 7) sollen bei Ausübung der Befugnis zur Ausstellung von Orderlagerscheinen nicht eher zur Anwendung gebracht werden, als bis die in den §§ 6 und 7 vorgeschriebenen Niederlegungen und Veröffentlichungen erfolgt sind.

§ 9. Geschäftsprüfung. (1) ¹Der Lagerhalter hat innerhalb von sechs Monaten nach Abschluß des Geschäftsjahrs der Ermächtigungsbehörde den Rechnungsabschluß (Bilanz nebst Gewinn- und Verlustrechnung) einzureichen. ²Der Rechnungsabschluß ist von einem geeigneten Prüfer nachzuprüfen. ³Als geeigneter Prüfer kann insbesondere angesehen werden: ein öffentlich bestellter Wirtschaftsprüfer, eine Prüfungsgesellschaft, die in eine von der Hauptstelle für die öffentlich

5 OLSchVO §§ 10–13   Abschnitt II. Lagergeschäft

bestellten Wirtschaftsprüfer zu führende Liste der die Wirtschaftsprüfertätigkeit ausübenden Gesellschaften eingetragen ist, ein genossenschaftlicher Revisionsverband oder ein öffentlich bestellter Buchprüfer.

(2) Die Ermächtigungsbehörde kann jederzeit die Vornahme einer Buch- oder Betriebsprüfung durch einen von ihr bezeichneten Prüfer anordnen, wenn sie die Prüfung aus besonderen Gründen für notwendig hält.

(3) Die Kosten der Prüfung trägt der Lagerhalter.

§ 10. Statistische Nachweisungen. (1)★ [1]*Der Lagerhalter hat der Ermächtigungsbehörde für den Schluß eines jeden Kalendervierteljahrs eine Übersicht über die von ihm ausgestellten Orderlagerscheine unter Bezeichnung von Gattung und Menge der Güter, über die sie lauten, einzureichen.* [2]*Für Sammellagerscheine (§ 36) ist die Übersicht gesondert zu fertigen.*

(2) Die Ermächtigungsbehörde kann bei Vorliegen besonderer Gründe Ausnahmen zulassen.

§ 11. Anzeigepflichten. Der Lagerhalter ist verpflichtet, Änderungen in der Person der verantwortlichen Geschäftsleiter, Änderungen der Satzung oder des Gesellschaftsvertrags oder des Tarifs, ferner Änderungen in dem zur Verfügung stehenden Lagerraum oder in sonstigen Verhältnissen, deren Mitteilung durch § 2 vorgeschrieben ist, der Ermächtigungsbehörde unverzüglich anzuzeigen.

§ 12. Handels- und Beleihungsverbot, Verbot der Kursfeststellung für Orderlagerscheine. (1) Soweit sich aus den Vorschriften dieser Verordnung, insbesondere aus den §§ 22 und 25, nicht ein anderes ergibt, darf der Lagerhalter Güter einer Gattung, über die er indossable Lagerscheine ausstellen darf, oder Lagerscheine über solche Güter für eigene oder für fremde Rechnung weder kaufen noch verkaufen noch beleihen.

(2) [1]Im Zeithandel darf der Lagerhalter auch andere Güter weder kaufen noch verkaufen. [2]Ebensowenig darf er eine Bürgschaft oder eine sonstige Gewährleistung für ein solches Zeitgeschäft übernehmen.

(3) Durch einen Verstoß gegen die in den Absätzen 1 und 2 ausgesprochenen Verbote wird die Wirksamkeit der dort bezeichneten Rechtsgeschäfte nicht berührt.

(4) [1]Für Orderlagerscheine findet eine amtliche Kursfeststellung an einer Börse nicht statt. [2]Die *Reichsregierung* kann Ausnahmen zulassen.

§ 13. Widerruf. (1) Die Ermächtigungsbehörde kann die Ermächtigung widerrufen, wenn sie auf Grund von Nachrichten, die zu ihrer Kenntnis gelangt sind, feststellt, daß der Lagerhalter die in § 4 geregelten Voraussetzungen nicht mehr voll erfüllt.

(2) Das gleiche gilt, wenn die Ermächtigungsbehörde auf Grund von Nachrichten, die zu ihrer Kenntnis gelangt sind, feststellt, daß der Lagerhalter den ihm auf Grund dieser Verordnung auferlegten Verpflichtungen nicht nachkommt und dieses Verhalten ungeachtet einer Abmahnung der Ermächtigungsbehörde fortsetzt.

★ Vgl. hierzu Verordnung über die Einreichung der Übersichten nach § 10 der Verordnung über Orderlagerscheine vom 2. 3. 1940 (RAnz. Nr. 56):
„Der Lagerhalter hat Übersichten über die von ihm ausgestellten Orderlagerscheine (§ 10 Abs. 1 der Verordnung über Orderlagerscheine) bis auf weiteres nicht mehr einzureichen."

(3) Die Ermächtigungsbehörde kann die Ermächtigung ferner widerrufen, wenn der Lagerhalter in seinem Tarif (§ 2 Abs. 2 Nr. 7) durch nachträgliche Erhöhung oder in anderer Weise übermäßig hohe Sätze vorsieht und hieran ungeachtet einer Abmahnung der Ermächtigungsbehörde festhält.

(4) ¹Der Widerruf ist auf Kosten des Lagerhalters in denselben Blättern zu veröffentlichen, in denen die Ermächtigung bekanntgemacht worden ist. ²Die gesetzlichen Berufsvertretungen (§ 3) sind von dem Widerruf sofort zu benachrichtigen. ³Der Widerruf wird mit dem Ablauf des Tages der Veröffentlichung im Bundesanzeiger wirksam. ⁴Im Falle des Widerrufs ist die Ermächtigungsurkunde an die Ermächtigungsbehörde zurückzugeben.

Abschnitt II. Lagergeschäft

Titel 1. Allgemeine Vorschriften

§ 14. Rechtsgrundlage des Lagergeschäfts. (1) Übernimmt der Lagerhalter die Lagerung und Aufbewahrung eines Gutes, über das ein Orderlagerschein ausgestellt werden soll, so finden die Vorschriften der Abschnitte II und III dieser Verordnung und die Bestimmungen der gemäß § 5 genehmigten Lagerordnung Anwendung.

(2) Die Vorschriften der Abschnitte II und III dieser Verordnung können durch die Lagerordnung oder durch besondere Vereinbarung ergänzt werden.

(3) ¹Soweit sich aus dem folgenden nicht ein anderes ergibt, können jedoch durch die Lagerordnung oder durch besondere Vereinbarung keine Bestimmungen getroffen werden, die zum Nachteil des Einlagerers oder des legitimierten Besitzers des Lagerscheins von den Vorschriften der Abschnitte II und III abweichen. ²Die Ermächtigungsbehörde kann beim Vorliegen besonderer Gründe Ausnahmen zulassen.

(4) Es bleibt vorbehalten, zu bestimmen, daß die Ermächtigungsbehörde von der in Absatz 3 vorgesehenen Befugnis zur Zulassung von Ausnahmen nur mit Zustimmung der *Reichsregierung* Gebrauch machen kann.

§ 15. Haftung des Lagerhalters. (1) Der Lagerhalter hat bei Ausführung seiner Obliegenheiten für die Sorgfalt eines ordentlichen Kaufmanns einzustehen.

(2) Er hat ein Verschulden derjenigen Personen, deren er sich zur Erfüllung seiner Verbindlichkeiten bedient, im gleichen Umfang zu vertreten wie eigenes Verschulden.

§ 16. Empfang des Lagerguts. (1) Der Lagerhalter ist unbeschadet der Vorschriften der §§ 29, 40 und 41 ohne besondere Vereinbarung nicht verpflichtet, beim Empfang des Gutes dessen Menge (Zahl, Maß oder Gewicht), Gattung, Art, Güte oder sonstige Beschaffenheit festzustellen.

(2) Befindet sich Lagergut, das dem Lagerhalter zugesandt ist, bei der Ablieferung in einem beschädigten oder mangelhaften Zustand, der äußerlich erkennbar ist, so hat der Lagerhalter die Rechte gegen den Frachtführer oder Schiffer zu wahren, für den Beweis des Zustandes zu sorgen und dem Einlagerer unverzüglich Nachricht zu geben; im Falle der Unterlassung ist er zum Schadensersatze verpflichtet.

§ 17. Besichtigung, Entnahme von Proben, Pflege des Lagerguts. (1) Der Lagerhalter hat dem Einlagerer oder, wenn ein Orderlagerschein ausgestellt ist, dem legitimierten Besitzer des Scheins die Besichtigung des Lagerguts während der Geschäftsstunden zu gestatten.

(2) [1]Dasselbe gilt, soweit durch die Lagerordnung oder durch besondere Vereinbarung nicht ein anderes bestimmt ist, für die Entnahme von Proben. [2]Der Lagerhalter ist berechtigt, die von dem Einlagerer oder dem Besitzer des Lagerscheins gewünschte Probeentnahme selbst auszuführen.

(3) [1]Der Lagerhalter ist unbeschadet der Vorschriften des § 29 Abs. 2 ohne besondere Vereinbarung nicht verpflichtet, Arbeiten zur Erhaltung des Lagerguts vorzunehmen. [2]Er hat dem Einlagerer oder, wenn ein Orderlagerschein ausgestellt ist, dem legitimierten Besitzer des Lagerscheins die Vornahme dieser Arbeiten während der Geschäftsstunden zu gestatten, soweit er nicht selbst zur Vornahme der Arbeiten bereit ist.

§ 18. Anzeigepflicht des Lagerhalters. [1]Der Lagerhalter ist verpflichtet, unverzüglich Anzeige zu erstatten, wenn er das Lagergut umlagert oder wenn er festgestellt hat, daß Veränderungen in der Beschaffenheit des Gutes entstanden oder zu befürchten sind. [2]Die Anzeige hat er an den letzten ihm bekannt gewordenen legitimierten Besitzer des Lagerscheins zu richten. [3]Im Falle der Unterlassung ist er zum Schadensersatze verpflichtet.

§ 19. Haftung für Verlust oder Beschädigung des Lagerguts. (1) Der Lagerhalter ist für den Verlust und die Beschädigung des in seiner Verwahrung befindlichen Gutes verantwortlich, es sei denn, daß der Verlust oder die Beschädigung auf Umständen beruht, die durch die Sorgfalt eines ordentlichen Kaufmanns nicht abgewendet werden konnten.

(2) Für den Verlust oder die Beschädigung von Gütern, deren Wert mehr als zwanzig Deutsche Mark für das Kilogramm beträgt, haftet der Lagerhalter nur, wenn ihm der Wert des Gutes bei der Übergabe zur Lagerung angegeben worden ist.

(3) Die Ermächtigungsbehörde kann beim Vorliegen besonderer Gründe zulassen, daß in der Lagerordnung die Haftung des Lagerhalters für bestimmte Gefahrengruppen auf grobe Fahrlässigkeit beschränkt wird.

(4) [1]Die Ermächtigungsbehörde kann ferner beim Vorliegen besonderer Gründe zulassen, daß in der Lagerordnung die Haftung des Lagerhalters für Feuerschäden ausgeschlossen wird, und zwar auch für den Fall, daß der Schaden durch Fahrlässigkeit des Lagerhalters oder durch das Verschulden einer Person verursacht ist, deren der Lagerhalter sich zur Erfüllung seiner Verbindlichkeiten bedient. [2]Ist der Lagerschein durch Indossament übertragen, so kann gegenüber dem legitimierten Besitzer des Lagerscheins der Ausschluß der Haftung nur geltend gemacht werden, wenn er in dem Scheine besonders vermerkt ist.

(5) [1]Der von dem Lagerhalter für Verlust des Gutes zu leistende Schadensersatz beschränkt sich auf den gemeinen Wert des Gutes, der Ersatz für Beschädigung auf den Unterschied zwischen dem gemeinen Werte des Gutes im unbeschädigten und im beschädigten Zustand. [2]Die infolge des Verlustes oder der Beschädigung ersparten Unkosten kommen in Abzug. [3]Der Schadensberechnung ist der Zeitpunkt zugrunde zu legen, in welchem der Einlagerer von dem Verlust oder der Beschädigung benachrichtigt ist oder in anderer Weise Kenntnis erlangt hat. [4]Hat der

Lagerhalter den Schaden durch Vorsatz oder grobe Fahrlässigkeit herbeigeführt, so kann Ersatz des vollen Schadens gefordert werden.

§ 20. Feuerversicherung. (1) Der Lagerhalter hat auf Verlangen des Einlagerers oder, wenn ein Orderlagerschein ausgestellt ist, des legitimierten Besitzers des Lagerscheins das Lagergut gegen Feuersgefahr zu versichern und während der Dauer der Lagerung versichert zu halten.

(2) Die Versicherung ist dergestalt zu bewirken, daß der Anspruch gegen den Versicherer entweder von dem Lagerhalter für Rechnung des Besitzers des Lagerscheins oder von diesem unmittelbar geltend gemacht werden kann.

(3) Für die Höhe der Versicherungssumme genügt der bei Ausstellung des Lagerscheins von dem Einlagerer angegebene Wertbetrag.

(4) Der Lagerhalter ist verpflichtet, gemäß § 38 Abs. 3 Nr. 5 auf dem Lagerscheine zu vermerken, daß er die Feuerversicherung bewirkt oder nicht bewirkt hat.

§ 21. Lagerkosten. (1) Die Höhe der Vergütung für die Leistungen des Lagerhalters richtet sich, soweit nicht geringere Sätze vereinbart sind, nach dem gemäß § 6 bekanntgemachten Tarif.

(2) Der Lagerhalter hat Anspruch auf Erstattung der Auslagen für Fracht und Zölle und der sonst für das Gut gemachten Aufwendungen, soweit er sie den Umständen nach für erforderlich halten durfte.

(3) [1]Von den nach den Absätzen 1 und 2 dem Lagerhalter zukommenden Beträgen (Lagerkosten) sind die baren Auslagen, soweit nicht ein anderes vereinbart ist, sofort zu erstatten. [2]Die Bezahlung der sonstigen Lagerkosten wird durch die Lagerordnung oder durch besondere Vereinbarung geregelt.

(4) [1]Die bei Ausstellung des Lagerscheins bereits entstandenen und noch auf dem Gute lastenden Lagerkosten sind auf dem Lagerscheine zu vermerken. [2]Soweit tunlich, sollen auch die während der Laufzeit des Lagerscheins fällig werdenden Lagerkosten auf dem Scheine angegeben werden.

§ 22. Pfandrecht, Zurückbehaltungsrecht. (1) [1]Der Lagerhalter hat wegen der Lagerkosten ein Pfandrecht an dem Gute, solange er es im Besitze hat, insbesondere mittels Konnossements, Ladescheins oder Lagerscheins darüber verfügen kann. [2]Das Pfandrecht erstreckt sich auf die Forderung aus einer Feuerversicherung.

(2) Ist der Lagerschein durch Indossament übertragen, so besteht das Pfandrecht dem legitimierten Besitzer des Lagerscheins gegenüber nur wegen der Lagerkosten, die aus dem Lagerschein ersichtlich sind oder ihm bei Erwerb des Lagerscheins bekannt oder infolge grober Fahrlässigkeit unbekannt waren.

(3) Bei dem Verkaufe des Pfandes tritt an die Stelle der in § 1234 des Bürgerlichen Gesetzbuchs bestimmten Frist von einem Monat eine solche von einer Woche, und zwar auch dann, wenn der Lagervertrag nur auf der Seite des Lagerhalters ein Handelsgeschäft ist.

(4) Die in § 1234 Abs. 1 des Bürgerlichen Gesetzbuchs vorgesehene Androhung des Pfandverkaufs sowie die in den §§ 1237 und 1241 des Bürgerlichen Gesetzbuchs vorgesehenen Benachrichtigungen hat der Lagerhalter an den letzten ihm bekannt gewordenen legitimierten Besitzer des Lagerscheins zu richten.

(5) Die Vorschriften, nach welchen dem Lagerhalter ein Zurückbehaltungsrecht an dem Gute zusteht, bleiben unberührt.

§ 23. Mischlagerung. (1) Im Falle der Lagerung vertretbarer Sachen ist der Lagerhalter zu ihrer Vermischung mit anderen Sachen von gleicher Art und Güte nur befugt, wenn ihm dies von den beteiligten Einlagerern ausdrücklich gestattet ist.

(2) ¹An dem durch die Vermischung entstandenen Gesamtvorrat steht den Eigentümern der Teilmengen Miteigentum nach Bruchteilen zu. ²Der Anteil bestimmt sich, soweit nicht ein anderes vereinbart wird, nach dem Verhältnis der eingelagerten Teilmengen.

(3) Der Lagerhalter ist berechtigt und verpflichtet, aus dem Gesamtvorrat jedem Einlagerer den ihm gebührenden Anteil auszuliefern, ohne daß er hierzu der Genehmigung der übrigen Beteiligten bedarf.

(4) Inwieweit die Vorschriften des § 32 über Abzüge wegen Gewichtsverlustes entsprechend anzuwenden sind, wird durch die Lagerordnung oder durch besondere Vereinbarung bestimmt.

§ 24. Dauer der Lagerung. (1) ¹Der Lagerhalter kann nicht verlangen, daß der Einlagerer das Lagergut vor dem Ablauf der bedungenen Lagerzeit zurücknimmt. ²Ist eine Lagerzeit nicht bedungen oder behält der Lagerhalter nach Ablauf der bedungenen Lagerzeit das Lagergut zwecks Fortsetzung des Lagervertrags auf dem Lager, so kann er die Rücknahme nur nach Kündigung unter Einhaltung einer Kündigungsfrist von einem Monat verlangen.

(2) Falls eine Lagerzeit nicht bedungen und in der Lagerordnung nicht ein anderes bestimmt wird, ist die Kündigung frühestens zu dem Termin zulässig, an dem seit der Einlagerung drei Monate verstrichen sind.

(3) Der Lagerhalter ist berechtigt, die Rücknahme des Lagerguts vor dem Ablauf der Lagerzeit und ohne Einhaltung einer Kündigungsfrist zu verlangen, wenn ein wichtiger Grund vorliegt.

(4) Die Kündigung und das Rücknahmeverlangen hat der Lagerhalter an den letzten ihm bekannt gewordenen legitimierten Besitzer des Lagerscheins zu richten.

§ 25. Notverkauf, Selbsthilfeverkauf. (1) Ist das Lagergut dem Verderb ausgesetzt oder treten Veränderungen an ihm ein, die seine Entwertung befürchten lassen, und ist keine Zeit vorhanden, die Verfügung des Berechtigten einzuholen, oder ist der Berechtigte in der Erteilung der Verfügung säumig, so kann der Lagerhalter den Verkauf des Gutes nach Maßgabe der Vorschriften des § 373 des Handelsgesetzbuchs bewirken.

(2) Dasselbe gilt, wenn der Berechtigte unterläßt, über das Lagergut zu verfügen, obwohl er dazu nach Lage der Sache verpflichtet ist.

(3) Die in § 373 Abs. 3 des Handelsgesetzbuchs vorgesehene Androhung des Verkaufs sowie die in Absatz 5 derselben Vorschrift vorgesehenen Benachrichtigungen hat der Lagerhalter an den letzten ihm bekannt gewordenen legitimierten Besitzer des Lagerscheins zu richten.

§ 26. Auslieferung und Annahme des Gutes. (1) ¹Das Lagergut darf, wenn ein Orderlagerschein ausgestellt ist, nur dem legitimierten Besitzer des Lagerscheins

Abschnitt II. Lagergeschäft   §§ 27–29 OLSchVO 5

und nur gegen Rückgabe des Scheines ausgeliefert werden. ²Der Lagerhalter ist nicht verpflichtet, die Echtheit der Indossamente zu prüfen. ³Die Auslieferung ist auf dem Lagerscheine zu bescheinigen.

(2) ¹Die Auslieferung eines Teiles des Gutes erfolgt gegen Abschreibung auf dem Scheine. ²Der Abschreibungsvermerk ist von dem Lagerhalter zu unterschreiben.

(3) In der Lagerordnung können die Folgen der vorbehaltlosen Annahme des Gutes entsprechend den Vorschriften des § 438 des Handelsgesetzbuchs geregelt werden.

§ 27. Verjährung. (1) ¹Die Ansprüche gegen den Lagerhalter wegen Verlustes, Minderung, Beschädigung oder verspäteter Auslieferung des Gutes verjähren in einem Jahre. ²Die Verjährungsfrist kann durch die Lagerordnung oder durch besondere Vereinbarung verlängert werden.

(2) Die Verjährung beginnt im Falle der Beschädigung oder Minderung mit dem Ablauf des Tages, an dem die Auslieferung stattgefunden hat, im Falle der verspäteten Auslieferung mit dem Ablauf des Tages, an dem die Auslieferung hätte bewirkt sein müssen, im Falle des gänzlichen Verlustes mit dem Ablauf des Tages, an dem der Lagerhalter dem Einlagerer oder, wenn ein Orderlagerschein ausgestellt ist, dem letzten ihm bekannt gewordenen legitimierten Besitzer des Lagerscheins den Verlust anzeigt.

(3) Die Vorschriften der Absätze 3 und 4 des § 414 des Handelsgesetzbuchs finden entsprechende Anwendung.

Titel 2. Besondere Bestimmungen für die Sammellagerung

§ 28. Sammellagerung. (1) Wird Gut, für das Handelsklassen gesetzlich eingeführt oder allgemein anerkannt sind, unter einer entsprechenden Gattungsbezeichnung eingelagert, so können der Einlagerer und der Lagerhalter vereinbaren, daß für dieses Gut die folgenden besonderen Regeln über die Sammellagerung gelten sollen.

(2) Für die Sammellagerung gelten die allgemeinen Vorschriften der §§ 14 bis 27, soweit sich aus den §§ 29 bis 32 nicht ein anderes ergibt.

(3) Den Beteiligten ist es unbenommen, auch bei Gütern der in Absatz 1 bezeichneten Art Einzellagerung oder Mischlagerung (§ 23) zu vereinbaren.

§ 29. Prüfung und Pflege des Lagerguts. (1) ¹Der Lagerhalter ist verpflichtet, bei Empfang des Lagerguts dessen Gewicht, Güte und sonstige Beschaffenheit festzustellen und das Ergebnis auf dem Lagerscheine zu vermerken. ²Bei der Feststellung der Güte und Beschaffenheit des Lagerguts hat er einen von der gesetzlichen Berufsvertretung des Handels und bei Lagerung landwirtschaftlicher Erzeugnisse auch von der gesetzlichen Berufsvertretung der Landwirtschaft bestellten Sachverständigen zuzuziehen. ³Die gesetzlichen Berufsvertretungen des Handels und der Landwirtschaft können für den Fall, daß der Lagerhalter und der Einlagerer hiermit einverstanden sind, denselben Sachverständigen bestellen. ⁴*Soweit gesetzliche Handelsklassen eingeführt und Gutachterstellen eingerichtet sind, tritt an die Stelle der vorbezeichneten Sachverständigen die zuständige Gutachterstelle (Verord-*

nung des Reichspräsidenten vom 1. Dezember 1930, Achter Teil, Kapitel V § 6 – Reichsgesetzbl. I S. 517, 602 –).*

(2) ¹Der Lagerhalter ist verpflichtet, die zur Erhaltung des Lagerguts erforderlichen Arbeiten vorzunehmen. ²Er kann sich hierbei der Mitwirkung der in Absatz 1 bezeichneten Sachverständigen *oder Gutachterstelle** bedienen. ³Den Lagerhalter trifft kein Verschulden, wenn er die Empfehlungen der Sachverständigen *oder der Gutachterstelle** mit der Sorgfalt eines ordentlichen Kaufmanns befolgt.

(3) Die in § 18 vorgesehene Anzeige des Lagerhalters über Umlagerung oder Veränderungen in der Beschaffenheit des Lagerguts kann unterbleiben, wenn sie untunlich ist.

§ 30. Vermischungsbefugnis, Miteigentum. (1) Soweit die beteiligten Einlagerer mit der Sammellagerung einverstanden sind, ist der Lagerhalter zur Vermischung des bei ihm eingelagerten Gutes mit Lagergut derselben Handelsklasse und Gütegruppe befugt.

(2) An Lagergut, das hiernach vermischt werden darf, steht vom Zeitpunkt der Einlagerung ab den Eigentümern der eingelagerten Mengen Miteigentum nach Bruchteilen zu; der Bruchteil bestimmt sich nach dem Verhältnis der von jedem Einlagerer eingelagerten Menge zu den Mengen, die sämtliche Einlagerer in demselben Lagerhaus oder in demselben sonstigen Lagerraume (§ 5 Abs. 1) des Lagerhalters eingelagert haben.

(3) Hat der Lagerhalter in demselben Orte mehrere Lagerhäuser oder mehrere sonstige Lagerräume, so kann die Lagerordnung bestimmen, daß das Miteigentum sich auf den jeweiligen Gesamtvorrat an Lagergütern derselben Handelsklasse und Gütegruppe erstreckt, der in diesem Orte in einigen oder in allen Lagerhäusern oder sonstigen Lagerräumen des Lagerhalters eingelagert ist.

§ 31. Auslieferung. Der Lagerhalter ist berechtigt und verpflichtet, aus dem in § 30 bezeichneten Gesamtvorrat jedem Einlagerer den ihm gebührenden Anteil auszuliefern, ohne daß er hierzu der Genehmigung der übrigen Beteiligten bedarf.

§ 32. Abzüge für Gewichtsverlust. (1) ¹Der Lagerhalter ist berechtigt, falls das Lagergut durch die Lagerung einem Gewichtsverlust ausgesetzt ist, bei der Auslieferung einen angemessenen Hundertsatz des auf dem Lagerscheine vermerkten Gewichts abzuziehen. ²Das Nähere wird durch die Lagerordnung oder durch besondere Vereinbarung bestimmt.

(2) ¹Der im Einzelfalle nach der Lagerordnung oder besonderer Vereinbarung anzuwendende Abzugssatz ist auf dem Lagerscheine zu vermerken. ²Einen über diesen Abzugssatz hinausgehenden Gewichtsverlust hat der Lagerhalter zu vertreten.

(3) Kann ein Abzugssatz im voraus nicht bestimmt werden, so ist dies im Lagerscheine zu vermerken.

---

* Kapitel V des Achten Teils der Verordnung des Reichspräsidenten vom 1. 12. 1930 ist durch das Gesetz über gesetzliche Handelsklassen für Erzeugnisse der Landwirtschaft und Fischerei vom 17. 12. 1951 (BGBl. I S. 970) außer Kraft gesetzt worden. Vgl. jetzt Handelsklassengesetz i. d. F. der Bek. vom 23. 11. 1972 (BGBl. I S. 2201), geändert durch Art. 287 Gesetz vom 2. 3. 1974 (BGBl. I S. 469).

Abschnitt III. Lagerschein

§ 33. Ausstellung des Lagerscheins. (1) Der Lagerhalter ist verpflichtet, dem Einlagerer auf dessen Verlangen einen zur Verfügung über das Gut, insbesondere zur Veräußerung und Verpfändung dienenden, an Order lautenden Lagerschein auszustellen.

(2) Der Lagerhalter kann die Ausstellung des Lagerscheins verweigern, wenn ein wichtiger Grund vorliegt, insbesondere solange der Einlagerer seiner fälligen Verpflichtung zur Erstattung barer Auslagen (§ 21 Abs. 3) oder zur Bezahlung sonstiger auf dem Gute lastender Lagerkosten nicht nachkommt.

(3) Der Lagerhalter darf einen Lagerschein erst ausstellen, wenn er das Gut in seinem Lager (§ 5) eingelagert hat.

(4) Dem Lagerhalter ist nicht gestattet, besondere, nur zur Verpfändung des Gutes bestimmte Scheine (Lagerpfandscheine) auszustellen.

(5) ¹Der legitimierte Besitzer kann gegen Rückgabe des Lagerscheines die Ausstellung eines neuen Scheines verlangen. ²In dem neuen Scheine soll derselbe Einlagerungstag vermerkt werden wie in dem alten Scheine.

(6) Doppel von Lagerscheinen werden nicht ausgestellt.

§ 34. Ausstellung von Teilscheinen. (1) ¹Falls eine Warenmenge eingelagert ist, kann der Einlagerer die Ausstellung von Lagerscheinen über Teile der Menge verlangen. ²Ist ein Orderlagerschein ausgestellt, so kann nur der legitimierte Besitzer des Scheines und nur gegen Rückgabe des Scheines die Ausstellung von Teilscheinen verlangen.

(2) Wird die Ausstellung von Teilscheinen verlangt, so hat der Lagerhalter, falls erforderlich, dem Berechtigten die Verpackung, Neubezeichnung oder sonstige Herrichtung des Gutes zu gestatten, soweit er nicht selbst zu diesen Handlungen bereit ist.

(3) Wird ein Lagerschein durch Teilscheine ersetzt, so soll in den Teilscheinen derselbe Einlagerungstag vermerkt werden wie in dem alten Lagerscheine.

(4) ¹Bleiben bei einer Einzellagerung die Teile der Menge ungetrennt, so soll in den Teilscheinen zum Ausdruck gebracht werden, daß der Schein sich auf den ungetrennten Teil einer größeren Partie bezieht. ²Inwieweit die Vorschriften des § 32 über den Abzug wegen Gewichtsverlustes entsprechend anzuwenden sind, wird durch die Lagerordnung oder durch besondere Vereinbarung bestimmt.

§ 35. Befristung des Lagerscheins. Lautet ein Lagerschein über verderbliches Gut oder über Gut, das erheblichen Veränderungen ausgesetzt ist, so kann der Lagerhalter unter Berücksichtigung des Grades der Verderblichkeit oder der Veränderungsgefahr eine Frist bestimmen, binnen deren der Lagerschein zur Auslieferung des Gutes dem Lagerhalter vorzulegen ist.

§ 36. Bezeichnung des Lagerscheins. (1) ¹Ein an Order lautender Lagerschein soll die Bezeichnung „Lagerschein an Order" tragen. ²Bezieht sich der Schein auf den Anteil an einer Mischlagerpartie (§ 23) oder auf den ungetrennten Teil einer Einzellagerpartie (§ 34 Abs. 4), so soll der Schein in der Überschrift oder in einem Zusatz zur Überschrift als „Teillagerschein" bezeichnet werden.

(2) Bei der Sammellagerung (§ 28) soll der Orderlagerschein stets die Bezeichnung „Sammellagerschein an Order" tragen.

§ 37. Lagerscheinregister. (1) ¹Der Lagerhalter ist verpflichtet, die von ihm ausgestellten Orderlagerscheine unter fortlaufenden Nummern in ein Register einzutragen. ²Die Eintragung soll die in § 38 bezeichneten Angaben enthalten. ³Für Sammellagerscheine ist, soweit die Ermächtigungsbehörde nicht ein anderes bestimmt, ein gesondertes Register zu führen.

(2) Der legitimierte Besitzer des Lagerscheins kann unter Vorlegung des Scheines vom Lagerhalter verlangen, daß er den Namen des legitimierten Besitzers im Lagerscheinregister vermerkt.

§ 38. Inhalt des Lagerscheins. (1) Der Lagerschein soll ersichtlich machen, daß dem Aussteller die staatliche Ermächtigung zur Ausstellung von Orderlagerscheinen erteilt ist.

(2) Der Schein muß enthalten:

1. die Nummer des Lagerscheinregisters;
2. den Namen desjenigen, für den oder für dessen Order die Lagerung stattfindet;
3. die Menge (Zahl, Maß oder Gewicht) des Lagerguts; sofern das Gut in Packstücken eingelagert ist, sollen auch Zahl und Art der Packstücke, bei Einzellagerung auch deren besondere Merkzeichen angegeben werden;
4. die Bezeichnung des Lagerguts nach Gattung, bei Sammellagerung auch nach Handelsklasse und Gütegruppe;
5. die Angabe des Lagerorts; bei Einzel- oder Mischlagerung soll der Lagerort durch Angabe des Bodens oder Abteils oder in sonstiger Weise näher bezeichnet werden; bei Sammellagerung genügt die Angabe des Lagerhauses oder sonstigen Lagerraums (§ 5);
6. einen Hinweis auf die Verpflichtung des Lagerhalters, das Gut nur gegen Rückgabe des Lagerscheins und nach Maßgabe der aus dem Scheine ersichtlichen Bedingungen an den Einlagerer oder dessen Order auszuliefern;
7. Ort und Tag der Ausstellung des Lagerscheins;
8. die Unterschrift des Lagerhalters.

(3) Der Schein soll ferner enthalten:

1. die Lagerbuchnummer;
2. den Tag der Einlagerung;
3. einen Vermerk darüber, ob die Angaben über das Lagergut auf Feststellungen des Lagerhalters oder auf Mitteilungen des Einlagerers oder Dritter beruhen;
4. eine Angabe darüber, ob der Lagerhalter verpflichtet ist, die zur Erhaltung des Lagerguts erforderlichen Arbeiten vorzunehmen und, soweit tunlich, den Betrag der hierfür entstehenden Kosten;
5. eine Angabe darüber, ob und in welcher Höhe und bei welchem Versicherer der Lagerhalter das Lagergut gegen Feuersgefahr versichert hat (§ 20) und wie hoch die Kosten der Versicherung sind; wird nachträglich verlangt, daß der Lagerhalter die Versicherung bewirke oder erhöhe, so soll der Lagerhalter die bewirkte oder erhöhte Versicherung auf dem ihm vorzulegenden Lagerscheine vermerken;

Abschnitt III. Lagerschein §§ 39–41 OLSchVO 5

6. die in § 21 Abs. 4 bezeichneten Lagerkosten;
7. bei zollpflichtigen Gütern eine Angabe darüber, ob das Gut verzollt oder noch unverzollt ist;
8. eine Bezugnahme auf diese Verordnung und die genehmigte Lagerordnung in ihrer letzten gültigen Fassung;
9. eine Angabe darüber, ob und bis zu welchem Zeitpunkt der Lagervertrag befristet ist (§ 35);
10. bei Ausstellung eines Sammel- oder Teillagerscheins einen Vermerk über den bei der Auslieferung für Gewichtsverlust abzuziehenden Hundertsatz (§§ 32, 23 Abs. 4, § 34 Abs. 4).

(4) Der Ort und der Tag der Ausstellung des Lagerscheins gelten als Ort und Tag der Einlagerung, falls auf dem Scheine nichts anderes vermerkt ist.

§ 39. Form des Lagerscheins. (1) Die Form der Orderlagerscheine soll den als Anlage 1 und 2* beigefügten Mustern entsprechen.

(2) Für die Lagerscheine soll ein durch Wasserzeichen und Netzunterdruck geschütztes Papier verwendet werden, und zwar in gelber, für Sammellagerscheine in rosa Farbe.

§ 40. Haftung des Lagerhalters für die Angaben im Lagerschein. (1) Ist der Lagerschein durch Indossament übertragen, so haftet der Lagerhalter dem legitimierten Besitzer des Lagerscheins für die Richtigkeit der in dem Lagerschein enthaltenen Angaben in bezug auf Menge (Zahl, Maß oder Gewicht), Gattung, Art und Beschaffenheit des Gutes, es sei denn, daß er durch einen Vermerk im Lagerschein ersichtlich gemacht hat, daß diese Angaben lediglich auf Mitteilungen des Einlagerers oder Dritter beruhen.

(2) Hat der Lagerhalter die Unrichtigkeit der Angaben gekannt, so haftet er auch dann, wenn er einen Vermerk der in Absatz 1 bezeichneten Art in den Lagerschein aufgenommen hat.

(3) Bei der Sammellagerung ist der Lagerhalter nicht berechtigt, einen Vermerk der in Absatz 1 bezeichneten Art in den Lagerschein aufzunehmen.

(4) Erklärt sich der Einlagerer bereit, die Zuzählung, Zumessung oder Zuwägung des Gutes auf seine Kosten vornehmen zu lassen, so ist der Lagerhalter auch bei der Einzel- oder Mischlagerung nicht berechtigt, bei den Angaben über die Menge (Zahl, Maß oder Gewicht) des Gutes einen Vermerk der in Absatz 1 bezeichneten Art in den Lagerschein aufzunehmen.

(5) ¹Die Haftung des Lagerhalters für die Richtigkeit der Angaben beschränkt sich auf den Ersatz des Minderwerts, der sich aus der Nichtübereinstimmung des Lagerguts mit den im Lagerschein enthaltenen Angaben ergibt. ²Fällt dem Lagerhalter eine bösliche Handlungsweise zur Last, so hat er den vollen Schaden zu ersetzen.

§ 41. Angaben im Lagerschein über äußerlich erkennbare Mängel des Lagerguts. (1) Wird ein Orderlagerschein über Lagergut ausgestellt, dessen Beschädigung, schlechte Beschaffenheit oder schlechte Verpackung für den Lagerhalter äußerlich erkennbar ist, so soll der Lagerhalter diese Mängel auf dem Lagerschein

---
* Die Anlagen sind nicht mit abgedruckt.

vermerken, sofern es sich nicht um Schäden handelt, die im Verkehr als unerheblich angesehen werden.

(2) Die Vorschriften des § 40 Abs. 5 finden entsprechende Anwendung.

§ 42. Kraftloserklärung eines Lagerscheins. ¹Ist ein Lagerschein, der durch Indossament übertragen werden kann, vernichtet oder abhanden gekommen, so unterliegt er der Kraftloserklärung im Wege des Aufgebotsverfahrens gemäß §§ 1003ff. der Zivilprozeßordnung. ²Ist das Aufgebotsverfahren eingeleitet, so kann der Berechtigte, wenn er bis zur Kraftloserklärung Sicherheit bestellt, Leistung nach Maßgabe des Lagerscheins von dem Lagerhalter verlangen.

Abschnitt IV. Schlußbestimmungen

§ 43. Verhältnis zu anderen gesetzlichen Bestimmungen. Durchführung der Verordnung. (1) Artikel 16 des Einführungsgesetzes zum Handelsgesetzbuch und die auf Grund dieses Artikels erlassenen landesgesetzlichen Vorschriften sind, *unbeschadet der Vorschrift des § 44 Abs. 2 dieser Verordnung,*★ nicht anzuwenden.

(2) Die Verordnung des Reichspräsidenten zur Erleichterung der Erntebewegung vom 6. August 1931 (Reichsgesetzbl. I S. 433) sowie die zu ihrer Durchführung erlassene Verordnung über Einlagerung von Getreide durch die Deutsche Getreide-Handels-Gesellschaft vom 28. August 1931 (Reichsgesetzbl. I S. 477) werden durch diese Verordnung nicht berührt.

(3)★★ *(gegenstandslos)*

(4) Es bleibt vorbehalten, beim Vorliegen besonderer Gründe Abweichungen von den Vorschriften dieser Verordnung zuzulassen *und, soweit es sich als notwendig erweisen sollte, Anordnungen ergänzenden oder abweichenden Inhalts zu treffen.*★★★

§ 44. Inkrafttreten und Übergangsregelung. (1) Diese Verordnung tritt am 1. Januar 1932 in Kraft.

(2) . . .★

(3) . . .★

★ § 44 Abs. 2 und 3 sind durch Zeitablauf gegenstandslos geworden.
★★ Gegenstandslos.
★★★ Gemäß Art. 129 Abs. 3 GG erloschene Ermächtigung.

6. Eisenbahn-Verkehrsordnung (EVO)

Vom 8. September 1938 (RGBl. II S. 663)

(BGBl. III 934-1)

Endgültige Änderungen der Fassung – auf Grund von §§ 458, 460 HGB – in 10. VO vom 6. 10. 1939 (RGBl. II S. 989), 25. VO vom 21. 12. 1940 (RGBl. 1941 II S. 1), 32. VO vom 20. 11. 1941 (RGBl. II S. 383), 34. VO vom 2. 12. 1941 (RGBl. II S. 463), 61. VO vom 5. 9. 1944 (RGBl. II S. 63), 68. VO vom 22. 12. 1957 (BGBl. II S. 2313), 69. VO vom 20. 12. 1958 (BGBl. II S. 639), 70. VO vom 7. 11. 1961 (BGBl. II S. 1655), 73. VO vom 24. 7. 1965 (BGBl. II S. 1083), 75. VO vom 7. 8. 1967 (BGBl. II S. 2151), 78. VO vom 26. 6. 1969 (BGBl. II S. 1229), 80. VO vom 25. 5. 1973 (BGBl. I S. 533), 82. VO vom 15. 12. 1975 (BGBl. I S. 3179), 84. VO vom 30. 11. 1977 (BGBl. I S. 2302), 85. VO vom 23. 8. 1979 (BGBl. I S. 1506), 86. VO vom 10. 5. 1982 (BGBl. I S. 611) und Art. 3 Zweite VO zur Änderung personenbeförderungsrechtlicher Vorschriften vom 30. 6. 1989 (BGBl. I S. 1273)
Vorübergehende, formell noch nicht rückgängig gemachte Änderungen einzelner Vorschriften – auf Grund von § 2 Abs. 4 EVO – in RGBl. 1940 II S. 33, 38; 1941 II S. 1, 81, 235, 383; 1942 II S. 263, 363; 1943 II S. 89; 1944 II S. 63. Die Weitergeltung dieser „vorübergehenden Änderungen" nach 1945 ist zweifelhaft.

Vorbemerkung

Die Änderungen der Eisenbahn-Verkehrsordnung (EVO) wurden entgegen der sonstigen Übung nicht bei den einzelnen Paragraphen nachgewiesen, weil eine Neubekanntmachung der EVO auf Grund des Art. 2 86. Verordnung zur Änderung der Eisenbahn-Verkehrsordnung vom 10. 5. 1982 (BGBl. I S. 611) vorgesehen ist.

Inhaltsübersicht

I. Allgemeine Bestimmungen §§ 1–7
II. Beförderung von Personen §§ 8–19
III. Beförderung von Reisegepäck §§ 25–33
IV. Gepäckträger, Gepäckaufbewahrung §§ 35, 36
V. Beförderung von Expreßgut §§ 37–43
VI. *(aufgehoben)*
VII. Beförderung von lebenden Tieren §§ 48–52
VIII. Beförderung von Gütern §§ 53–96

I. Allgemeine Bestimmungen

§ 1. Anwendungsbereich. (1) Diese Verordnung gilt für die Beförderung von Personen, Reisegepäck, Expreßgut, Tieren und Gütern auf allen Eisenbahnen, die dem öffentlichen Verkehr dienen.*

(2) Für den grenzüberschreitenden Eisenbahnverkehr gilt sie nur insoweit, als er nicht durch das Internationale Übereinkommen über den Eisenbahn-Personen- und Gepäckverkehr (CIV), das Internationale Übereinkommen über den Eisenbahnfrachtverkehr (CIM) und die Zusatzbestimmungen zu diesen Übereinkommen sowie die internationalen Tarife in der für die Bundesrepublik Deutschland geltenden Fassung geregelt ist.

---

* Beachte hierzu auch Verordnung zur Sicherstellung des Eisenbahnverkehrs vom 9. 9. 1976 (BGBl. I S. 2730).

§ 2. Beförderungspflicht. (1) Die Eisenbahn ist zur Beförderung verpflichtet, wenn

a) die Beförderungsbedingungen eingehalten werden,
b) die Beförderung mit den regelmäßig verwendeten Beförderungsmitteln möglich ist
und
c) die Beförderung nicht durch Umstände verhindert wird, welche die Eisenbahn nicht abwenden und denen sie auch nicht abhelfen konnte.

(2) Die Eisenbahn kann auf Bestellung Sonderfahrten ausführen.

(3) Die Eisenbahn kann die ihr nach den Bestimmungen dieser Verordnung zur Beförderung übergebenen Güter, Expreßgüter und Tiere auf der ganzen oder einer Teilstrecke auch mit Kraftfahrzeugen befördern oder durch von ihr bestellte Güterkraftverkehrsunternehmer befördern lassen.

§ 3. Züge. Zur Beförderung dienen die regelmäßig nach Fahrplan oder die nach Bedarf verkehrenden Züge.

§ 4. Privatwagen. (1) ¹Die Eisenbahn kann die Beförderung von Personen, Reisegepäck, Expreßgut, Tieren und Gütern mit Wagen zulassen, die auf Grund eines besonderen Vertrages (Einstellungsvertrag) in ihren Wagenpark eingestellt sind (Privatwagen). ²Allgemeine Einstellungsbedingungen der Eisenbahn bedürfen der Genehmigung der nach Bundes- oder Landesrecht zuständigen Verkehrsbehörde.

(2) ¹Der Einstellungsvertrag enthält die Bedingungen, unter denen die Eisenbahn Privatwagen einstellt, zur Verfügung des Einstellers hält und unter denen sie ihm während der Dauer der Einstellung für Verlust, Beschädigung und Nutzungsausfall des Privatwagens haftet. ²Der Einstellungsvertrag ist auch für den Benutzer des Wagens verbindlich.

§ 5. Beförderungsbedingungen. (1) Die Bestimmungen dieser Verordnung und die Tarife sind die Beförderungsbedingungen der Eisenbahn.

(2) Die Eisenbahn kann mit Genehmigung der nach Bundes- oder Landesrecht zuständigen Verkehrsbehörde in den Tarifen von dieser Verordnung abweichende Beförderungsbedingungen festsetzen:

a) für einzelne Strecken, Bahnhöfe, Zuggattungen, Züge, Fahrzeuge und Abfertigungsarten, wenn besondere Verhältnisse es erfordern;
b) für Privatwagen, die nicht in den Wagenpark einer dem öffentlichen Verkehr dienenden Eisenbahn der Bundesrepublik Deutschland eingestellt sind;
c) der Eigenart des Verkehrsmittels entsprechend, sofern die Tarife Strecken zur Beförderung mit anderen Verkehrsmitteln einbeziehen. Die Haftung für Verlust oder Beschädigung, außer bei Beförderungen auf Seeschiffs- oder Luftstrecken, sowie für Überschreitung der Lieferfrist darf nicht abweichend geregelt werden;
d) für die Beförderung von Gütern, Expreßgütern und Tieren, die auf der ganzen oder einer Teilstrecke mit Kraftfahrzeugen oder durch von ihr bestellte Güterkraftverkehrsunternehmer durchgeführt wird (§ 2 Abs. 3); Buchstabe c Satz 2 gilt entsprechend.

I. Allgemeine Bestimmungen §§ 6, 7 EVO 6

(3) Für das Verhalten auf dem Gebiet der Bahnanlagen gelten die Eisenbahn-Bau- und Betriebsordnungen.

§ 6. Tarife. (1) Die Eisenbahn hat Tarife aufzustellen, die alle Angaben, die zur Berechnung des Entgelts für die Beförderung (Fahrpreis, Fracht) und für Nebenleistungen der Eisenbahn (Nebenentgelte) notwendig sind, sowie alle anderen für die Beförderung maßgebenden Bestimmungen enthalten müssen.

(2) [1]Die Entgelte sind Festentgelte oder Mindest- Höchstentgelte. [2]Bei der Aufstellung von Tarifen mit Mindest- Höchstentgelten sind unbillige Benachteiligungen landwirtschaftlicher und mittelständischer Wirtschaftskreise sowie wirtschaftlich schwacher und verkehrsungünstig gelegener Gebiete zu vermeiden.

(3) [1]Die Tarife müssen gegenüber jedermann in gleicher Weise angewendet werden. [2]Das gilt nicht für Entgelte innerhalb der Spanne der Mindest- Höchstentgelte.

(4) Die Eisenbahn kann mit Genehmigung der nach Bundes- oder Landesrecht zuständigen Verkehrsbehörde für die öffentlichen Verwaltungen, für den Eisenbahndienst und für Wohlfahrtszwecke ohne Rechtsanspruch Ermäßigungen der tarifmäßigen Entgelte und sonstige Vergünstigungen zulassen.

(5) [1]Die Tarife müssen bekanntgemacht werden. [2]Die Aufhebung eines für eine bestimmte Zeit aufgestellten Tarifs braucht nicht bekanntgemacht zu werden.

(6) [1]Erhöhungen der Entgelte und andere für den Kunden nachteilige Änderungen der Beförderungsbedingungen werden frühestens einen Monat, im Personen-, Reisegepäck- und Expreßgutverkehr zwei Wochen nach der Bekanntmachung wirksam, wenn nicht eine Abkürzung der Bekanntmachungsfrist von der nach Bundes- oder Landesrecht zuständigen Verkehrsbehörde genehmigt worden ist. [2]Die Genehmigung muß aus der Bekanntmachung ersichtlich sein.

§ 7. Sonderabmachungen. (1) Die Eisenbahn kann ohne Bindung an die Tarife Entgelte schriftlich vereinbaren (Sonderabmachungen) mit:
1. dem Absender oder Empfänger im Verkehr von und nach deutschen Seehäfen für die Beförderung von Gütern, die über See eingeführt worden sind oder über See ausgeführt werden, wenn
    a) Umstände vorliegen, die bei der Aufstellung der Tarife nicht berücksichtigt worden sind, der Wettbewerb eine Sonderabmachung erfordert und die Sonderabmachung für eine gewisse Dauer getroffen wird,
    b) die Sonderabmachung die Beförderung einer Gütermenge von mindestens 500 Tonnen innerhalb dreier Monate umfaßt und
    c) die Sonderabmachung geeignet ist, das Wirtschaftsergebnis der Eisenbahn zu erhalten oder zu verbessern;
2. dem Absender oder Empfänger für die Beförderung von Stück- oder Expreßgut in Sendungen bis zu vier Tonnen, wenn
    a) der Wettbewerb eine Sonderabmachung erfordert und
    b) die Sonderabmachung geeignet ist, das Wirtschaftsergebnis der Eisenbahn zu erhalten oder zu verbessern.

(2) [1]Andere Sonderabmachungen, durch die eine Ermäßigung oder sonstige Vergünstigungen gegenüber den Tarifen gewährt werden, sind unzulässig und nichtig. [2]Sie berühren die rechtliche Wirksamkeit des Beförderungsvertrages nicht.

³Die Entgelte und Beförderungsbedingungen richten sich auch in solchen Fällen nach dem Tarif.

II. Beförderung von Personen

§ 8. Ausschluß von der Beförderung. Bedingte Zulassung. (1) Kinder bis zum vollendeten vierten Lebensjahr werden nur in Begleitung einer Aufsichtsperson befördert.

(2) ¹Personen, die eine Gefahr für die Sicherheit und Ordnung des Betriebes oder für die Sicherheit der Mitreisenden darstellen oder den Anordnungen des Eisenbahnpersonals nicht folgen, können von der Beförderung ausgeschlossen werden. ²Sie haben keinen Anspruch auf Erstattung von Fahrpreis oder Gepäckfracht.

(3) Personen mit ansteckenden Krankheiten, die die Gesundheit der Mitreisenden gefährden können, werden nur dann befördert, wenn die Gefährdung anderer ausgeschlossen ist.

§ 9. Fahrausweise. (1) Wenn der Tarif nichts anderes bestimmt, muß der Reisende bei Antritt der Reise mit einem Fahrausweis versehen sein.

(2) Der Anspruch auf Ausgabe eines Fahrausweises erlischt fünf Minuten vor Abfahrt des Zuges.

(3) Der Reisende ist verpflichtet,

a) Fahrausweise und sonstige Karten (z. B. Zuschlags-, Übergangs-, Umwegkarten) entsprechend der Beförderungsstrecke zu entwerten und sich sofort von der Entwertung zu überzeugen, sofern der Tarif eine Entwertung vor Betreten des Bahnsteigs oder bei Betreten des Zuges vorschreibt;

b) Fahrausweise und sonstige Karten nach Beendigung der Fahrt bis zum Verlassen des Bahnsteigs einschließlich der Zu- und Abgänge aufzubewahren;

c) Fahrausweise und sonstige Karten dem Kontrollpersonal auf Verlangen vorzuzeigen und auszuhändigen;

d) bei der Prüfung der Fahrausweise unaufgefordert dem Kontrollpersonal zu melden, daß vor Antritt der Reise ein gültiger Fahrausweis nicht gelöst werden konnte, weil ein Fahrkartenschalter oder Fahrkartenautomat nicht vorhanden, nicht geöffnet oder nicht betriebsbereit war.

(4) ¹Ein Reisender, der keinen Fahrausweis besitzt oder den Verpflichtungen nach Absatz 3 nicht nachkommt, kann von der Weiterfahrt ausgeschlossen werden. ²Die Pflicht zur Zahlung eines erhöhten Fahrpreises nach § 12 bleibt unberührt.

§ 10. Betreten der Bahnsteige. Der Tarif kann bestimmen, daß Bahnsteige nur mit gültigem Fahrausweis oder Bahnsteigkarte betreten werden dürfen.

§ 11. Fahrpreise. (1) ¹Die Fahrpreise enthält der Tarif. ²Er ist an besetzten Bahnhöfen und Auskunftsstellen zur Einsicht bereitzuhalten.

(2) ¹Sind Fahrpreise unrichtig erhoben worden, ist der Unterschiedsbetrag nachzuzahlen oder zu erstatten. ²Der Anspruch auf Nachzahlung oder Erstattung

II. Beförderung von Personen §§ 12–16 **EVO 6**

erlischt, wenn er nicht binnen eines Jahres nach Ablauf der Geltungsdauer des Fahrausweises geltend gemacht wird.

§ 12.* **Erhöhter Fahrpreis.** (1) Der Reisende ist zur Zahlung eines erhöhten Fahrpreises verpflichtet, wenn er
a) bei Antritt der Reise nicht mit einem gültigen Fahrausweis versehen ist,
b) sich einen gültigen Fahrausweis beschafft hat, ihn jedoch bei einer Prüfung der Fahrausweise nicht vorzeigen kann,
c) einer Verpflichtung nach § 9 Abs. 3 Buchstabe a, b oder d nicht nachkommt.

(2) [1]Der erhöhte Fahrpreis nach Absatz 1 beträgt das Doppelte des gewöhnlichen Fahrpreises für die vom Reisenden zurückgelegte Strecke, mindestens sechzig Deutsche Mark. [2]Der erhöhte Fahrpreis kann für die ganze vom Zug zurückgelegte Strecke berechnet werden, wenn der Reisende nicht glaubhaft macht, daß er eine kürzere Strecke durchfahren hat.

(3) Der erhöhte Fahrpreis ermäßigt sich im Falle des Absatzes 1 Buchstabe b auf zehn Deutsche Mark, wenn der Reisende innerhalb einer Woche ab dem Feststellungstag bei einem Bahnhof der befördernden Eisenbahn nachweist, daß er im Zeitpunkt der Feststellung Inhaber eines gültigen Fahrausweises war.

(4) Wer sich der Verpflichtung nach § 9 Abs. 3 Buchstabe c entzieht, hat zehn Deutsche Mark zu zahlen.

(5) Der Tarif kann Fälle vorsehen, in denen von der Zahlung des nach den Absätzen 2 bis 4 zu entrichtenden Betrages ganz oder teilweise abgesehen werden kann.

§ 13. Unterbringung der Reisenden. (1) [1]Der Reisende hat Anspruch auf Beförderung in der Klasse, auf die sein Fahrausweis lautet. [2]Ein Anspruch auf einen Sitzplatz oder auf Unterbringung in der 1. Klasse bei Platzmangel in der 2. Klasse besteht nicht. [3]Der Tarif kann Ausnahmen zulassen. [4]Das Eisenbahnpersonal ist berechtigt, den Reisenden Plätze anzuweisen. [5]Auf Verlangen der Reisenden ist es verpflichtet, für deren Unterbringung zu sorgen.

(2) Der Reisende hat keinen Anspruch auf Entschädigung, wenn er keinen Sitzplatz findet und ihm keiner angewiesen werden kann.

§ 14. Nichtraucherabteile. [1]In jedem Zug ist für jede Wagenklasse eine angemessene Anzahl von Wagen oder Abteilen für Nichtraucher vorzuhalten. [2]Sofern in einem Zug von einer Wagenklasse nur ein Abteil vorhanden ist, darf darin nur mit Zustimmung aller Mitreisenden geraucht werden.

§ 15. Verhalten bei außerplanmäßigem Halt. Bei einem außerplanmäßigen Halt dürfen die Reisenden nur mit Zustimmung des Zugbegleitpersonals aussteigen. [2]Sie müssen sich sofort von den Gleisen entfernen.

§ 16. Mitnahme von Handgepäck und Tieren. (1) [1]Der Reisende darf leicht tragbare Gegenstände (Handgepäck) unentgeltlich in die Personenwagen mitnehmen. [2]Dem Reisenden steht für sein Handgepäck nur der Raum über und unter seinem Sitzplatz zur Verfügung. [3]Reisende, denen kein Sitzplatz angewiesen werden kann, haben wegen der Unterbringung ihres Handgepäcks die Anordnungen des Eisenbahnpersonals zu befolgen.

---
* § 12 Abs. 2 Satz 1 geändert durch Art. 3 Verordnung vom 30. 6. 1989 (BGBl. I S. 1273).

(2) Der Tarif bestimmt,

a) unter welchen Bedingungen andere Gegenstände, die eine Person tragen kann (Traglasten), in Personenwagen mitgenommen oder in Gepäckwagen ohne Frachtzahlung untergebracht werden dürfen;
b) welches Handgepäck in Personenwagen nicht mitgeführt werden darf;
c) unter welchen Bedingungen lebende Tiere in Personenwagen mitgenommen werden dürfen.

(3) *(aufgehoben)*

§ 17. Verspätung oder Ausfall von Zügen. ¹Verspätung oder Ausfall eines Zuges begründen keinen Anspruch auf Entschädigung. ²Die Eisenbahn hat jedoch bei Ausfall oder verhinderter Weiterfahrt eines Zuges, soweit möglich, für die Weiterbeförderung der Reisenden zu sorgen.

§ 18. Fahrpreiserstattung. (1) ¹Hat ein Reisender den Fahrausweis nicht zur Fahrt benutzt, so kann er den Fahrpreis zurückverlangen. ²Ist der Fahrausweis nur auf einer Teilstrecke benutzt worden, so wird der Unterschied zwischen dem gezahlten Fahrpreis und dem gewöhnlichen Fahrpreis für die zurückgelegte Strecke erstattet.

(2) Der Tarif bestimmt, bei welchen ermäßigten Fahrausweisen der Fahrpreis erstattet wird.

(3) Hat der Reisende den Fahrausweis zur Aufgabe von Reisegepäck benutzt, so kann er den Fahrpreis nur dann zurückverlangen, wenn er das Gepäck auf dem Versandbahnhof zurückgenommen hat.

(4) ¹Von dem zu erstattenden Betrag wird das tarifmäßige Entgelt für die Bearbeitung des Erstattungsantrags abgezogen. ²Der Tarif bestimmt auch, in welchen Fällen der Abzug unterbleibt.

(5) Der Fahrpreis für verlorene Fahrausweise wird nicht erstattet.

(6) Der Tarif kann von den vorstehenden Bestimmungen Abweichungen vorsehen, die jedoch für die Reisenden nicht ungünstiger sein dürfen.

(7) Alle Ansprüche auf Fahrpreiserstattung nach dieser Vorschrift erlöschen, wenn sie nicht binnen sechs Monaten nach Ablauf der Geltungsdauer des Fahrausweises bei der Eisenbahn geltend gemacht werden.

§ 19. Meinungsverschiedenheiten. Meinungsverschiedenheiten unter Reisenden oder zwischen Reisenden und dem Eisenbahnpersonal entscheidet vorläufig auf Bahnhöfen der aufsichtführende Bedienstete, in den Zügen der Zugführer.

§§ 20–24. *(aufgehoben)*

III. Beförderung von Reisegepäck

§ 25. Begriff des Reisegepäcks. Verantwortlichkeit des Reisenden für sein Gepäck. (1) Der Reisende kann als Reisegepäck Gegenstände aufgeben, die zu seinem Gebrauch bestimmt und in einer für die Beförderung als Reisegepäck geeigneten Weise verpackt sind.

III. Beförderung von Reisegepäck §§ 26, 27 **EVO 6**

(2) Unter welchen Bedingungen der Reisende
a) Fahrstühle, Selbstfahrer für Kranke, Krankenkraftfahrstühle, Kinderwagen,
b) sonstige auch unverpackte Gegenstände,
c) in sicheren Behältern untergebrachte Tiere
als Reisegepäck aufgeben kann, bestimmt der Tarif.

(3) Der Tarif kann die Menge, den Umfang und das Gewicht der zur Beförderung als Reisegepäck zugelassenen Gegenstände beschränken, erforderlichenfalls weitere Einschränkungen vorsehen.

(4) Der Reisende ist für die Beachtung der vorstehenden Vorschriften verantwortlich und trägt alle Folgen einer Zuwiderhandlung.

(5) [1]Vermutet die Eisenbahn eine Zuwiderhandlung, so hat sie das Recht nachzuprüfen, ob der Inhalt der Gepäckstücke den Vorschriften entspricht. [2]Der Reisende ist aufzufordern, bei der Nachprüfung zugegen zu sein. [3]Stellt er sich nicht ein oder ist er nicht zu erreichen, so sind zwei Zeugen zur Nachprüfung zuzuziehen; als solche dürfen Eisenbahnbedienstete nur dann verwendet werden, wenn keine anderen Personen zur Verfügung stehen. [4]Wird eine Zuwiderhandlung festgestellt, so hat der Reisende die Kosten der Nachprüfung zu bezahlen.

§ 26. Verpackung. Bezeichnung. (1) [1]Gepäckstücke, deren Verpackung ungenügend oder deren Beschaffenheit mangelhaft ist oder die offensichtlich Spuren von Beschädigungen aufweisen, kann die Eisenbahn zurückweisen. [2]Werden sie gleichwohl zur Beförderung angenommen, so kann die Eisenbahn im Gepäckschein den Zustand des Gepäcks vermerken. [3]Nimmt der Reisende den Gepäckschein mit dem Vermerk an, so erkennt er diesen Zustand an.

(2) [1]Auf den Gepäckstücken müssen Name und Anschrift (Wohnort, Wohnung) des Reisenden genügend haltbar angegeben sein, auch kann der Tarif die Angabe des Versand- und Bestimmungsbahnhofs vorschreiben. [2]Gepäckstücke ohne diese Angaben können zurückgewiesen werden. [3]Der Reisende hat alte Beklebezettel, Namens- oder andere Anschriften, die sich auf frühere Beförderungen beziehen, zu entfernen oder unleserlich zu machen.

§ 27. Aufgabe. Abfertigung. Gepäckschein. (1) Reisegepäck wird nur von und nach Bahnhöfen angenommen, die für den Gepäckverkehr eingerichtet sind.

(2) [1]Für jedes Gepäckstück ist die nach den Bestimmungen des Tarifs erforderliche Zahl von Gepäckscheinen zu lösen. [2]§ 11 Abs. 2 gilt entsprechend; die dort vorgesehene einjährige Frist beginnt mit dem Tage der Ausfertigung des Gepäckscheins.

(3) Bei Lösen eines Gepäckscheins hat der Reisende den Bahnhof, nach dem das Gepäck abgefertigt werden soll, genau zu bezeichnen.

(4) Das Gepäck ist innerhalb der durch Aushang bekanntzumachenden Dienststunden der Gepäckabfertigung aufzugeben.

(5) Das Gepäck wird über den von der Eisenbahn bestimmten Weg abgefertigt.

(6) [1]Bei der Aufgabe wird dem Reisenden ein Gepäckschein ausgehändigt. [2]Die Angaben im Gepäckschein sind für die Beförderung maßgebend. [3]Der Gepäckschein muß enthalten:
a) den Versand- und den Bestimmungsbahnhof,

b) den Tag und die Stunde der Annahme,

c) die Gepäckfracht und etwaige andere Gebühren.

(7) Der Reisende hat sich beim Empfang des Gepäckscheins zu überzeugen, ob dieser seinen Angaben entsprechend ausgefertigt ist.

(8) Für die Abfertigung der im § 25 Abs. 2 genannten Gegenstände und Tiere kann der Tarif besondere Vorschriften treffen.

(9) [1]Wird Gepäck unter Vorbehalt späterer Abfertigung angenommen, so gilt es gleichwohl mit dem Zeitpunkt der Annahme als zur Beförderung übernommen. [2]Die Eisenbahn hat dem Reisenden den Empfang zu bescheinigen.

(10) Der Tarif bestimmt, ob bei Aufgabe des Gepäcks der Fahrausweis vorzulegen ist.

§ 28. Beförderung. Zoll- und sonstige Verwaltungsvorschriften.

(1) Gepäck wird mit dem nächsten geeigneten Zug befördert.

(2) [1]Die Eisenbahn ist berechtigt, die Beförderung von Gepäck bei einzelnen Zügen oder Zuggattungen auszuschließen oder zu beschränken. [2]Anordnungen dieser Art sind in den Fahrplänen bekanntzugeben.

(3) Wird die Fahrt nicht angetreten oder abgebrochen, regelt der Tarif die weitere Behandlung des Gepäcks.

(4) [1]Der Reisende hat die Zoll- und sonstigen Verwaltungsvorschriften für seine Person und hinsichtlich der Untersuchung seines Reise- und Handgepäcks zu befolgen. [2]Er hat bei dieser Untersuchung anwesend zu sein, wenn die einschlägigen Vorschriften keine Ausnahme zulassen. [3]Kommt der Reisende diesen Verpflichtungen nicht nach, so ist die Eisenbahn ihm gegenüber von jeder Haftung für die daraus entstehenden Folgen befreit. [4]Die Eisenbahn kann für ihre Tätigkeit bei der Abfertigung durch die Zoll- und sonstigen Verwaltungsbehörden außer der Vergütung ihrer Auslagen das tarifmäßige Nebenentgelt erheben.

§ 29. Auslieferung.

(1) [1]Das Gepäck wird gegen Rückgabe des Gepäckscheins und Entrichtung der etwa noch nicht bezahlten Kosten ausgeliefert. [2]Die Eisenbahn ist berechtigt, aber nicht verpflichtet, die Berechtigung des Inhabers zu prüfen.

(2) [1]Der Reisende ist berechtigt, auf dem Bestimmungsbahnhof nach Ablauf der Lieferfrist die Auslieferung des Gepäcks während der durch Aushang bekanntzumachenden Dienststunden an der Gepäckausgabe zu verlangen. [2]Für zeitweise unbesetzte Bahnhöfe kann der Tarif eine andere Regelung treffen. [3]Die Lieferfrist endet, sobald nach Ankunft des Zuges, mit dem das Gepäck zu befördern war, die zur Bereitstellung und etwa zur Zoll- oder sonstigen verwaltungsbehördlichen Abfertigung erforderliche Zeit abgelaufen ist. [4]Bei zeitweise unbesetzten Bahnhöfen verlängert sich die Lieferfrist um die Zeit, in der die Gepäckabfertigung nicht besetzt ist.

(3) [1]Auf rechtzeitiges Verlangen kann Gepäck, wenn die Umstände es gestatten, gegen Rückgabe des Gepäckscheins auf dem Versandbahnhof zurückgegeben werden. [2]Der Tarif kann bestimmen, daß hierbei auch der Fahrausweis vorzuzeigen ist.

(4) Unter welchen Bedingungen eine Weitersendung des Gepäcks nach einem anderen Bahnhof zulässig ist, bestimmt der Tarif.

III. Beförderung von Reisegepäck §§ 30, 31 **EVO 6**

(5) ¹Wird das aufgegebene Gepäck zurückgenommen, ehe es den Versandbahnhof verlassen hat, so kann die bezahlte Gepäckfracht zurückverlangt werden. ²§ 18 Abs. 7 gilt entsprechend; die sechsmonatige Frist beginnt mit dem Tage der Ausfertigung des Gepäckscheins.

(6) Wird der Gepäckschein nicht beigebracht, so braucht die Eisenbahn das Gepäck nur demjenigen auszuliefern, der seine Berechtigung glaubhaft macht; sie kann Sicherheitsleistung verlangen.

(7) Bei nicht rechtzeitiger Auslieferung des Gepäcks hat die Eisenbahn auf Verlangen Tag und Stunde der Abforderung auf dem Gepäckschein zu bescheinigen und etwaige Kosten für den Versuch der Abholung zu erstatten.

(8) Bei Verlust von Gepäckstücken ist der Reisende zur Erleichterung der Nachforschungen der Eisenbahn verpflichtet, eine möglichst genaue Beschreibung der verlorenen Stücke zu geben.

§ 30. Verzögerung der Abnahme. (1) ¹Wird das Gepäck nicht binnen der im Tarif vorgesehenen Frist auf dem Bestimmungsbahnhof abgenommen, so ist Lagergeld zu entrichten. ²Wird es nicht binnen vier Wochen nach dem genannten Zeitpunkt abgenommen, so hat die Eisenbahn nur noch für die Sorgfalt eines ordentlichen Kaufmanns einzustehen. ³Die Eisenbahn kann solches Gepäck unter Einziehung der etwa noch nicht bezahlten Kosten auch bei einem Spediteur oder in einem öffentlichen Lagerhaus auf Gefahr und Kosten des Berechtigten hinterlegen.

(2) ¹Die Eisenbahn ist ferner berechtigt, Gepäck, das nicht abgenommen worden ist, drei Monate nach seiner Ankunft auf dem Bestimmungsbahnhof ohne Förmlichkeit bestmöglich zu verkaufen. ²Sie ist hierzu schon früher berechtigt, wenn der Wert des Gepäcks durch längeres Lagern unverhältnismäßig vermindert oder in keinem Verhältnis zu den Lagerkosten stehen würde. ³Die Eisenbahn hat dem Reisenden den Verkaufserlös nach Abzug der etwa noch nicht bezahlten Kosten zur Verfügung zu stellen. ⁴Reicht der Erlös zur Deckung dieser Beträge nicht aus, so ist der Reisende zur Nachzahlung des ungedeckten Betrags verpflichtet.

(3) Die Eisenbahn hat den Reisenden, wenn sich sein Aufenthalt ermitteln läßt, von dem bevorstehenden Verkauf des Gepäcks zu benachrichtigen.

§ 31. Haftung für Verlust oder Beschädigung. (1) ¹Für Reisegepäck haftet die Eisenbahn wie für Güter nach den §§ 81 bis 83 und 92 bis 94. ²Für die Geltendmachung der Rechte aus dem Beförderungsvertrag und der Haftung mehrerer an der Beförderung beteiligter Eisenbahnen gelten die Bestimmungen der §§ 95 und 96 entsprechend.

(2) ¹Bei Verlust von Reisegepäck hat die Eisenbahn den nachgewiesenen Schaden bis zur Höhe von 1600 Deutsche Mark je Gepäckstück zu ersetzen. ²Außerdem sind die Gepäckfracht, die Zölle und sonstige aus Anlaß der Beförderung des verlorenen Gepäcks bezahlte Beträge zu erstatten.

(3) Bei Beschädigung hat die Eisenbahn den Betrag der Wertminderung des Gepäcks bis zum Höchstbetrag nach Absatz 2 zu zahlen.

(4) ¹Sind Verlust oder Beschädigung auf Vorsatz der Eisenbahn zurückzuführen, hat sie den nachgewiesenen Schaden zu ersetzen. ²Im Falle grober Fahrlässigkeit der Eisenbahn hat sie den nachgewiesenen Schaden bis zum Doppelten des in Absatz 2 vorgesehenen Höchstbetrages zu ersetzen.

6 EVO §§ 32–35 IV. Gepäckträger, Gepäckaufbewahrung

§ 32. Vermutung für den Verlust des Reisegepäcks. Wiederauffinden des Gepäcks. (1) Ein fehlendes Gepäckstück gilt nach Ablauf einer Woche nach der Abforderung als verloren.

(2) ¹Wird das Gepäck später wiedergefunden, so ist der Reisende, wenn sich sein Aufenthalt ermitteln läßt, hiervon zu benachrichtigen. ²Er kann innerhalb eines Monats nach Empfang der Nachricht verlangen, daß ihm das Gepäck auf einem inländischen Bahnhof kostenfrei ausgehändigt wird. ³Die erhaltene Entschädigung hat er nach Abzug einer etwa wegen Überschreitung der Lieferfrist zu gewährenden Entschädigung zurückzuzahlen; wird die Rückgabe auf dem Versandbahnhof verlangt, so wird von dem zurückzuzahlenden Betrag die ursprünglich bezahlte Gepäckfracht abgezogen.

§ 33. Haftung für Überschreitung der Lieferfrist. (1) ¹Bei Überschreitung der Lieferfrist hat die Eisenbahn den dadurch entstandenen nachgewiesenen Schaden bis zur Höhe von 20 Deutsche Mark je Gepäckstück für je angefangene 24 Stunden, gerechnet vom Verlangen der Auslieferung an, höchstens jedoch für eine Woche zu ersetzen. ²Schäden unter zwei Deutsche Mark werden nicht ersetzt.

(2) ¹Ist die Überschreitung der Lieferfrist auf Vorsatz der Eisenbahn zurückzuführen, hat sie den nachgewiesenen Schaden zu ersetzen. ²Im Falle grober Fahrlässigkeit der Eisenbahn hat sie den nachgewiesenen Schaden bis zum Doppelten des in Absatz 1 vorgesehenen Höchstbetrages zu ersetzen.

(3) ¹Diese Entschädigung wird nicht neben der bei gänzlichem Verlust zu leistenden Entschädigung gewährt. ²Bei teilweisem Verlust wird sie für den nicht verlorengegangenen Teil entrichtet. ³Bei Beschädigung tritt sie neben die dafür vorgesehene Entschädigung.

(4) In keinem Falle wird beim Zusammentreffen von Lieferfristüberschreitung mit Beschädigung oder teilweisem Verlust des Gepäcks eine höhere Gesamtentschädigung gewährt als bei gänzlichem Verlust.

(5) Die Haftung der Eisenbahn ist ausgeschlossen, wenn die Überschreitung der Lieferfrist durch Umstände herbeigeführt worden ist, die sie nicht abzuwenden und denen sie auch nicht abzuhelfen vermochte.

§ 34. *(aufgehoben)*

IV. Gepäckträger, Gepäckaufbewahrung

§ 35. Gepäckträger. (1) ¹Soweit auf Bahnhöfen Gepäckträger bestellt sind, haben sie Reise- und Handgepäck zu den von den Reisenden bezeichneten Stellen zu bringen. ²Die Beförderung außerhalb des Bahnhofsbereichs kann nur dann verlangt werden, wenn dies nach den örtlichen Vorschriften zulässig ist.

(2) ¹Die Gepäckträger müssen durch Dienstabzeichen erkennbar sein und ihren Tarif bei sich tragen. ²Auf Verlangen haben sie dem Reisenden den Tarif vorzuzeigen und ihm bei Übernahme des Gepäcks eine mit ihrer Nummer versehene Marke zu übergeben.

(3) Der Tarif muß an den Gepäckannahme- und -ausgabestellen und in den zur Gepäckaufbewahrung dienenden Räumen aushängen.

(4) Für das den Gepäckträgern übergebene Reise- oder Handgepäck haftet die Eisenbahn wie für das ihr zur Beförderung übergebene Gepäck.

§ 36. **Aufbewahrung des Gepäcks.** (1) ¹Die Eisenbahn haftet für Reise- und Handgepäck, das sie zur Aufbewahrung annimmt, als Verwahrer. ²Die Bedingungen für die Aufbewahrung regelt der Tarif. ³Außer bei Vorsatz und grober Fahrlässigkeit kann der Tarif die Haftung auf einen Höchstbetrag beschränken. ⁴Die Entgelte sowie die Öffnungszeiten der Aufbewahrungsstellen sind durch Aushang bekanntzumachen.

(2) Die Haftung für Reise- und Handgepäck, das in Schließfächern aufbewahrt wird, richtet sich nach den Bedingungen der Eisenbahn für die Vermietung von Schließfächern.

(3) Wer das Gepäck zur Aufbewahrung übergibt, erhält einen Hinterlegungsschein.

(4) ¹Gepäck, das nicht oder nur mangelhaft verpackt ist, kann zurückgewiesen werden. ²Wird es gleichwohl angenommen, so kann die Eisenbahn den Mangel auf dem Hinterlegungsschein vermerken. ³Nimmt der Hinterleger den Schein mit dem Vermerk an, so erkennt er den mangelhaften Zustand an.

(5) Die Eisenbahn haftet nicht für Gegenstände, die in unverpackt oder mangelhaft verpackt zur Aufbewahrung übergebenen Kleidungsstücken enthalten sind.

(6) ¹Die hinterlegten Gegenstände können jederzeit innerhalb der für die Annahme und Auslieferung von Gepäck bestimmten Zeiten gegen Rückgabe des Hinterlegungsscheins und Entrichtung des Entgeltes für die Aufbewahrung zurückgefordert werden. ²§ 29 Abs. 1 und 6 gilt entsprechend.

(7) Wird das hinterlegte Gepäck nicht binnen der im Tarif festgesetzten Aufbewahrungsfrist abgeholt, so gilt § 30 Abs. 2 und 3 entsprechend.

V. Beförderung von Expreßgut

§ 37. **Beförderungsvertrag.** (1) Als Expreßgut werden nur Gegenstände angenommen, die sich nach dem Ermessen des Versandbahnhofs zur Beförderung im Gepäckwagen eignen, wenn die Abfertigungsbefugnisse des Versand- und Empfangsbahnhofs diese Beförderungsart zulassen.

(2) ¹Von der Beförderung ausgeschlossen sind die in § 54 Abs. 1 aufgeführten Güter. ²Gefährliche Güter sind zur Beförderung als Expreßgut nur zugelassen, soweit dies in der Verordnung über die Beförderung gefährlicher Güter mit der Eisenbahn vom 23. August 1979 (BGBl. I S. 1502) ausdrücklich vorgesehen ist. ³Ob noch andere Güter von der Beförderung als Expreßgut ausgeschlossen oder nur bedingt zur Beförderung als Expreßgut zugelassen werden, bestimmt der Tarif.

(3) ¹Jede Expreßgutsendung ist mit einer Expreßgutkarte aufzuliefern. ²Das Muster der Expreßgutkarte bestimmt der Tarif; er enthält auch die näheren Bestimmungen darüber, welche Angaben auf der Expreßgutkarte vorgeschrieben oder zugelassen sind.

(4) Der Absender hat die Expreßgüter übereinstimmend mit den Angaben der Expreßgutkarte zu bezeichnen; Einzelheiten bestimmt der Tarif.

(5) Ob und unter welchen Bedingungen der Absender das Gut mit einer Nachnahme oder einem Barvorschuß belasten kann, bestimmt der Tarif.

(6) Expreßgut ist bei den von der Eisenbahn bestimmten Annahmestellen während der durch Aushang bekanntzumachenden Dienststunden aufzuliefern.

(7) ¹Der Beförderungsvertrag ist abgeschlossen, sobald die Eisenbahn das Gut mit der Expreßgutkarte zur Beförderung angenommen hat. ²Die Expreßgutkarte ist nach vollständiger Auflieferung des Gutes und Zahlung der vom Absender übernommenen Kosten mit dem Tagesstempel zu versehen. ³Bei Maschinenbuchung wird der Tagesstempel durch den Buchungsabdruck ersetzt.

(8) Auf Verlangen des Absenders ist die Annahme des Gutes in einer von der Versandbahn zu bestimmenden Form zu bescheinigen.

(9) Für die Erfüllung der Zoll- und sonstigen Verwaltungsvorschriften gilt § 65 entsprechend, soweit der Tarif nichts anderes bestimmt.

(10) Der Tarif bestimmt, ob und unter welchen Bedingungen der Absender den Beförderungsvertrag durch nachträgliche Verfügung abändern kann.

(11) Das Verfügungsrecht des Absenders erlischt, sobald das Gut dem Empfänger abgeliefert worden ist.

§ 38. Haftung des Absenders für seine Angaben. Nachprüfung des Inhalts der Sendung. Frachtzuschläge.

(1) ¹Der Absender haftet für die Richtigkeit der Angaben und Erklärungen in der Expreßgutkarte, die er entweder selbst eingetragen hat oder die nach seinen Angaben von der Eisenbahn aufgenommen worden sind. ²Er trägt alle Folgen, die daraus entstehen, daß diese Angaben oder Erklärungen unrichtig, ungenau oder unvollständig sind.

(2) ¹Die Eisenbahn ist berechtigt, die Übereinstimmung der Sendung mit den Angaben in der Expreßgutkarte jederzeit nachzuprüfen. ²Die näheren Bestimmungen trifft der Tarif in entsprechender Anwendung von § 58 Abs. 1 und 2.

(3) Die Eisenbahn kann bei unrichtiger, ungenauer oder unvollständiger Angabe des Inhalts Frachtzuschläge erheben, die näheren Bestimmungen enthält der Tarif in entsprechender Anwendung des § 60.

§ 39. Zahlung der Fracht.

(1) ¹Der Absender hat die Kosten (Fracht, Nebenentgelte und die sonstigen während der Beförderung erwachsenden Kosten), die vom Versandbahnhof in Rechnung gestellt werden können, bei der Aufgabe zu bezahlen, wenn der Tarif nichts anderes bestimmt. ²Die übrigen Kosten hat der Empfänger zu bezahlen.

(2) ¹Sind die Kosten unrichtig oder gar nicht erhoben worden, so hat der Absender zu wenig bezahlte Beträge nachzuzahlen, wenn das Gut vom Empfänger nicht angenommen worden ist. ²Hat der Empfänger das Gut angenommen, so hat er die Kosten nachzuzahlen, zu deren Zahlung der Absender nach Absatz 1 nicht verpflichtet war; die Nachzahlung der übrigen Kosten obliegt dem Absender. ³Für die Erstattung zuviel erhobener Kosten gilt § 70 entsprechend.

§ 40. Beförderung. Beförderungshindernisse.

(1) Expreßgut wird im Gepäckwagen der Personenzüge befördert, sofern nicht besondere Expreßgutzüge und -kurswagen eingerichtet sind.

(2) Expreßgut wird mit dem nächsten geeigneten Zug befördert.

(3) Das Verfahren bei Beförderungshindernissen regelt der Tarif in entsprechender Anwendung von § 73.

§ 41. Ablieferung. Ablieferungshindernisse.

(1) ¹Der Empfänger ist berechtigt, auf dem Bestimmungsbahnhof nach Ablauf der Lieferfrist die Ablieferung des Expreßguts während der durch Aushang bekanntzumachenden Dienststunden bei

V. Beförderung von Expreßgut § 42 **EVO 6**

der Ausgabestelle zu verlangen. ²Für zeitweise unbesetzte Bahnhöfe kann der Tarif eine andere Regelung treffen. ³Die Lieferfrist endet, sobald nach Ankunft des Zuges, mit dem das Gut zu befördern war, die zur Bereitstellung und etwa zur Zoll- oder sonstigen verwaltungsbehördlichen Abfertigung erforderliche Zeit abgelaufen ist. ⁴Bei zeitweise unbesetzten Bahnhöfen verlängert sich die Lieferfrist um die Zeit, in der eine Empfangsabfertigung nicht besetzt ist.

(2) ¹Die Eisenbahn kann aus allgemeinen Verkehrsrücksichten das Recht des Empfängers, sein Gut auf dem vom Absender bezeichneten Bestimmungsbahnhof selbst abzuholen oder durch einen von ihm beauftragten Rollfuhrunternehmer abholen zu lassen, bei einzelnen Expreßgutabfertigungen vorübergehend oder auch dauernd beschränken oder aufheben. ²In diesen Fällen übernimmt die Eisenbahn oder ein von ihr beauftragtes Rollfuhrunternehmen die Zuführung des Gutes zum Empfänger.

(3) ¹Wird das Gut vom Empfänger nicht alsbald nach Ablauf der Lieferfrist abgeholt, so wird es nach näherer Bestimmung des Tarifs dem Empfänger angemeldet oder ihm im Ortsbereich des Bestimmungsbahnhofs oder nach benachbarten Orten gegen ein durch Aushang bekanntzumachendes Entgelt zugeführt. ²Die Eisenbahn kann die Zuführung selbst besorgen oder Rollfuhrunternehmer dafür bestellen; in beiden Fällen haftet sie als Frachtführer nach den Vorschriften dieser Ordnung.

(4) Die Eisenbahn kann an Orten, an denen sie nach den Absätzen 2 und 3 für die Zuführung des Expreßgutes sorgt, die Selbstabholung auf dem Bestimmungsbahnhof mit dem Empfänger vereinbaren.

(5) Die Fristen, innerhalb deren Expreßgut angemeldet oder dem Empfänger zugeführt wird, sind durch den Tarif oder durch Aushang bekanntzumachen.

(6) Die Anmeldung unterbleibt, wenn nach Absatz 4 mit dem Empfänger Selbstabholung vereinbart ist, wenn der Absender bei bahnlagernd gestellten Gütern in der Expreßgutkarte darauf verzichtet hat und wenn die Anmeldung nach den Umständen nicht möglich ist.

(7) Das Verfahren bei Ablieferungshindernissen regelt der Tarif in entsprechender Anwendung von § 80.

§ 42. Haftung der Eisenbahn. Verjährung. (1) Für gänzlichen oder teilweisen Verlust oder für Beschädigung von Expreßgut haftet die Eisenbahn wie bei Gütern entsprechend den Bestimmungen der §§ 82 bis 85 sowie 91 und 92.

(2) ¹Bei Überschreitung der Lieferfrist hat die Eisenbahn den dadurch entstandenen nachgewiesenen Schaden bis zur Höhe des Dreifachen der Fracht zu ersetzen. ²Schäden unter fünf Deutsche Mark werden nicht ersetzt. ³Im übrigen gilt § 33 Abs. 3 bis 5.

(3) ¹Ist die Überschreitung der Lieferfrist auf Vorsatz der Eisenbahn zurückzuführen, so hat sie den nachgewiesenen Schaden zu ersetzen. ²Im Falle grober Fahrlässigkeit der Eisenbahn hat sie den nachgewiesenen Schaden bis zur Höhe des Sechsfachen der Fracht zu ersetzen.

(4) Für die Feststellung des Tatbestands bei teilweisem Verlust oder bei Beschädigung des Expreßguts gilt § 81 entsprechend.

(5) Der Verfügungsberechtigte kann das Expreßgut ohne weiteren Nachweis als verloren betrachten, wenn es nicht innerhalb eines Monats nach der Aufgabe abgeliefert oder zur Ablieferung bereitgestellt worden ist.

(6) ¹Der Entschädigungsberechtigte kann bei Empfang der Entschädigung für das verlorene Expreßgut in der Empfangsbescheinigung verlangen, daß er sofort benachrichtigt wird, wenn das Gut binnen dreier Jahre nach Zahlung der Entschädigung wieder aufgefunden wird. ²Hierüber ist ihm eine Bescheinigung zu erteilen. ³Innerhalb eines Monats nach erhaltener Nachricht vom Wiederauffinden des Gutes kann der Entschädigungsberechtigte verlangen, daß ihm das Gut nach seiner Wahl auf dem in der Expreßgutkarte angegebenen Versand- oder Bestimmungsbahnhof kostenfrei ausgeliefert wird. ⁴Die erhaltene Entschädigung hat er nach Abzug der ihm für Überschreitung der Lieferfrist zustehenden Entschädigung zurückzuzahlen.

(7) ¹Mit der Annahme des Expreßguts durch den Empfänger sind alle Ansprüche aus dem Beförderungsvertrag gegen die Eisenbahn erloschen. ²§ 93 Abs. 2 gilt entsprechend.

(8) Für die Verjährung der Ansprüche aus dem Beförderungsvertrag gilt § 94 entsprechend.

§ 43. Geltendmachung der Rechte aus dem Beförderungsvertrag. Haftung und Inanspruchnahme mehrerer an der Beförderung beteiligter Eisenbahnen. (1) ¹Zur Geltendmachung der Rechte aus dem Beförderungsvertrag gegenüber der Eisenbahn ist nur der befugt, dem das Verfügungsrecht über das Gut zusteht. ²Im übrigen gilt § 95 Abs. 3 entsprechend.

(2) Für die Haftung und Inanspruchnahme mehrerer an der Beförderung beteiligter Eisenbahnen gilt § 96 entsprechend.

VI. *(aufgehoben)*

§§ 44–47. *(aufgehoben)*

VII. Beförderung von lebenden Tieren

§ 48. Auflieferung. (1) ¹Tiersendungen werden nur als Wagenladung angenommen. ²Der Absender muß jeder Tiersendung einen Frachtbrief nach dem im Tarif festgesetzten Muster beigeben.

(2) Die Eisenbahn hat den Beteiligten die Züge, mit denen Tiere befördert werden, auf Verlangen bekanntzugeben.

(3) An Sonn- und Feiertagen werden keine Tiere angenommen.

(4) Die Beförderung kranker oder gebrechlicher Tiere kann abgelehnt werden, wenn sie nicht durch einen Tierarzt für zulässig erklärt wird.

(5) Zur Beförderung wilder Tiere ist die Eisenbahn nur verpflichtet, wenn die von ihr aus Gründen der Sicherheit gestellten Bedingungen erfüllt sind.

(6) Die Tiere müssen rechtzeitig zur Verladung bereitgestellt werden.

(7) Der Absender hat die tierseuchenrechtlichen Bestimmungen zu erfüllen und alle dazu erforderlichen Begleitpapiere beizugeben.

(8) Der Absender muß das Einladen der Tiere und ihre sichere Unterbringung im Wagen besorgen und die erforderlichen Befestigungsmittel stellen.

VII. Beförderung von lebenden Tieren §§ 49, 50 **EVO 6**

(9) ¹Die Eisenbahn ist berechtigt, Begleitung der Tiersendungen zu fordern. ²Stellt der Absender die Begleitung nicht, so kann die Eisenbahn sie gegen Ersatz ihrer Aufwendungen selbst stellen. ³Bei kleinen Tieren, die in tragbaren, gut verschlossenen Behältern aufgegeben werden, kann keine Begleitung verlangt werden.

(10) Der Tarif kann bestimmen, daß die Fracht vorauszubezahlen ist.

(11) Die näheren Bestimmungen über die Verladung von lebenden Tieren sind in der Anlage unter I* enthalten.

§ 49. Beförderung. (1) ¹Der Absender kann bei Aufgabe einer Tiersendung als Wagenladung den Beförderungsweg vorschreiben. ²Solche Vorschriften muß die Eisenbahn beachten; sie kann aber die Fracht für den vorgeschriebenen Weg verlangen.

(2) ¹Die Begleiter haben während der Beförderung die Tiere zu warten und für die Erfüllung der tierseuchenrechtlichen Bestimmungen zu sorgen. ²Der Absender kann im Frachtbrief erklären, daß der Begleiter befugt sein soll, unterwegs etwa notwendig werdende Anweisungen an seiner Stelle zu treffen. ³Ist ein Frachtbriefdoppel ausgestellt, so kann jedoch der Bestimmungsbahnhof oder die Person des Empfängers nur geändert werden, wenn das Doppel vorgelegt und auch darin die Änderung eingetragen wird (vgl. § 61 Abs. 4 und 5 sowie § 72 Abs. 7).

(3) ¹Der Aufsichtsbeamte hat den Begleitern auf Verlangen einen Platz im Gepäckwagen oder in einem Personenwagen anzuweisen. ²Ist zum Schutze der Tiere oder zur Abwendung von Betriebsgefahren die Gegenwart der Begleiter im Viehwagen notwendig, so müssen sie sich auf Verlangen des Aufsichtsbeamten oder Zugführers darin aufhalten.

(4) ¹Werden Tiere unterwegs verletzt oder krank, so kann die Eisenbahn ein tierärztliches Gutachten darüber einholen, ob die Tiere ohne Schaden für ihre Gesundheit weiterbefördert werden können oder ob sie sofort getötet oder in Pflege gegeben werden müssen. ²Der Absender ist hiervon unverzüglich zu benachrichtigen und um weitere Anweisung zu ersuchen, falls nicht der Begleiter gemäß Absatz 2 hierzu ermächtigt ist. ³Trifft der Absender binnen angemessener Frist keine Anweisung, so handelt die Eisenbahn nach seinem mutmaßlichen Willen und teilt ihm die getroffenen Maßnahmen mit. ⁴Die Kosten für das Gutachten, die Tötung oder die Verpflegung der Tiere hat der Verfügungsberechtigte zu tragen.

(5) Die näheren Bestimmungen über die Beförderung von lebenden Tieren sind in der Anlage unter II* enthalten.

§ 50. Auslieferung. (1) ¹Tiersendungen sind nach Ankunft auf dem Bestimmungsbahnhof unverzüglich zur Abnahme bereitzustellen. ²Meldet sich nach Eintreffen unbegleiteter Tiersendungen auf dem Bestimmungsbahnhof kein zum Empfang Berechtigter, so ist der Empfänger unverzüglich, jedenfalls aber innerhalb der für Eilgut festgesetzten Frist (§ 78 Abs. 2) zu benachrichtigen.

(2) ¹Der Empfänger hat die Tiere spätestens zwei Stunden nach dem Zeitpunkt, zu dem die Benachrichtigung als bewirkt gilt (§ 78 Abs. 3), abzunehmen, falls aber eine Benachrichtigung unterbleibt (§ 75 Abs. 8), spätestens zwei Stunden nach der

---

* Hier nicht abgedruckt.

Bereitstellung. ²Der Tarif kann eine längere Frist vorsehen. ³Werden die Tiere nicht innerhalb der Abnahmefrist abgenommen, so kann die Eisenbahn sie auf Gefahr und Kosten des Verfügungsberechtigten in Pflege geben oder ihren ferneren Aufenthalt im Wagen oder auf dem Bahnhof gegen Entrichtung des tarifmäßigen Entgelts gestatten.

§ 51. Lieferfrist. (1) Die Lieferfristen betragen, sofern der Tarif keine kürzeren Fristen vorsieht,
für die ersten 150 Tarifkilometer 24 Stunden,
darüber hinaus für je weitere auch nur angefangene 400 Tarifkilometer 24 Stunden.

(2) ¹Die Lieferfrist beginnt für Sendungen, die zu einem vormittags abgehenden Zug aufgegeben werden, um 12 Uhr mittags, bei Sendungen, die zu einem nachmittags abgehenden Zug aufgegeben werden, mit der auf die Annahme folgenden Mitternacht. ²Sie ist gewahrt, wenn vor ihrem Ablauf die Tiere auf dem Bestimmungsbahnhof zur Abholung bereitgestellt sind.

(3) Der Lauf der Lieferfristen ruht außer in den Fällen des § 74 Abs. 7 auch für die Aufenthaltsdauer auf den Tränkbahnhöfen.

(4) ¹Die Auslieferung der mit Personenzügen beförderten Pferde und Hunde kann zu dem in § 29 Abs. 2 bestimmten Zeitpunkt verlangt werden. ²Bei Pferden, die unterwegs auf einen anderen Zug übergehen müssen, ist für den Ablauf der Lieferfrist noch nicht die Ankunft des Anschlußzuges, sondern erst des nächsten geeigneten Zuges maßgebend.

(5) Für verpackte Tiere gelten die für Eilgut festgesetzten Lieferfristen (§ 74).

(6) Werden die Tiere über einen vom Absender gemäß § 49 Abs. 1 vorgeschriebenen Weg befördert, so wird die Lieferfrist über diesen Weg berechnet.

§ 52. Weitere Vorschriften. Im übrigen gelten für die Beförderung von Tieren die Vorschriften für die Beförderung von Gütern (Abschnitt VIII) entsprechend.

VIII. Beförderung von Gütern

§ 53. Durchgehende Beförderung. Sonderzüge. (1) Die Eisenbahn ist verpflichtet, Güter zur durchgehenden Beförderung von und nach allen Bahnhöfen und Güternebenstellen nach Maßgabe ihrer Abfertigungsbefugnisse anzunehmen.

(2) Unter welchen Bedingungen auf Antrag Sonderzüge für Güter gestellt werden, bestimmt der Tarif, sofern nicht eine besondere Vereinbarung zwischen der Eisenbahn und dem Besteller getroffen wird.

§ 54. Von der Beförderung ausgeschlossene oder nur bedingt zur Beförderung zugelassene Gegenstände. (1) Von der Beförderung ausgeschlossen sind, soweit nicht in Absatz 2 Ausnahmen zugelassen sind:
a) Sendungen, deren Beförderung der Deutschen Bundespost vorbehalten ist;
b) Gegenstände, deren Beförderung nach gesetzlicher Vorschrift oder aus Gründen der öffentlichen Ordnung verboten ist;
c) Gegenstände, die sich wegen ihres Umfangs, ihres Gewichts oder ihrer Beschaffenheit nach der Anlage oder dem Betrieb der beteiligten Eisenbahnen zur Beförderung nicht eignen;

VIII. Beförderung von Gütern §§ 55, 56 **EVO 6**

d) Stoffe und Gegenstände, die nach der Anlage zur Verordnung über die Beförderung gefährlicher Güter mit der Eisenbahn von der Beförderung ausgeschlossen sind.

(2) Bedingt sind zur Beförderung zugelassen:

a) die in der Anlage zur Verordnung über die Beförderung gefährlicher Güter mit der Eisenbahn bezeichneten Stoffe und Gegenstände unter den dort angegebenen Bedingungen.

b) Gegenstände, deren Verladung oder Beförderung nach der Anlage oder dem Betrieb einer beteiligten Eisenbahn außergewöhnliche Schwierigkeit verursacht.

Ihre Beförderung kann die Eisenbahn von besonderen Bedingungen abhängig machen.

c) Gegenstände, die nur mit besonderen Vorrichtungen verladen, umgeladen oder ausgeladen werden können. Die Eisenbahn braucht sie nur anzunehmen, wenn die Vorrichtungen auf den in Betracht kommenden Bahnhöfen vorhanden sind.

d) Eisenbahnfahrzeuge, die auf eigenen Rädern befördert werden sollen.

Sie müssen sich in lauffähigem Zustand befinden. Lokomotiven, Tender und Triebwagen müssen von einem sachverständigen Beauftragten des Absenders begleitet sein, der sie auch zu schmieren hat.

§ 55. Form des Frachtbriefs. (1) Der Absender muß jeder Sendung einen Frachtbrief nach dem im Tarif festgesetzten Muster beigeben.

(2) Für bestimmte Beförderungen oder für Verkehre in durchgehender Beförderung mit anderen Verkehrsmitteln können die Tarife von den Mustern abweichende Frachtbriefe oder andere Beförderungspapiere vorsehen.

§ 56. Inhalt des Frachtbriefs. (1) Der Frachtbrief muß folgende Angaben enthalten:

a) die Bezeichnung des Bahnhofs oder der Güternebenstelle, wohin das Gut befördert werden soll (Bestimmungsbahnhof); die Bezeichnung soll möglichst dem Tarif entsprechen;

b) Name, Vorname, Postleitzahl, Ortsname, gegebenenfalls auch Name des Ortsteils, Wohnung oder Geschäftsstelle des Empfängers sowie gegebenenfalls die für den Empfänger vorgesehene Kundennummer. Als Empfänger darf nur eine Einzelperson, Firma, juristische Person oder öffentliche Dienststelle angegeben werden. Anschriften, die den Namen des Empfängers nicht bezeichnen, wie „an Order von..." oder „an den Inhaber des Frachtbriefdoppels", sind unzulässig;

c) die Bezeichnung der Sendung nach ihrem Inhalt, die Angabe des Gewichts oder statt dessen eine den Tarifvorschriften entsprechende Angabe (vgl. jedoch § 58 Abs. 4), ferner:

bei Stückgut:

Anzahl, Art der Verpackung sowie Buchstaben (Zeichen) und Nummer, mit denen die Versandstücke versehen sind;

bei den vom Absender verladenen Gütern:

Gattung, Nummer, Eigentumsmerkmal des Wagens sowie seine Lastgrenze für die maßgebende Streckenklasse.

Der Inhalt ist nach der im Tarif und in der Anlage zur Verordnung über die Beförderung gefährlicher Güter mit der Eisenbahn vorgesehenen Bezeichnung anzugeben. Der Tarif kann Erleichterungen vorsehen. Will der Absender der tarifmäßigen Bezeichnung des Gutes noch eine andere (handelsübliche) oder eine besondere Inhaltsangabe beifügen, so hat er diese Angaben in der Frachtbriefspalte „Inhalt" in Klammern zu vermerken.

Reicht der für die Bezeichnung der Güter und die Angabe des Gewichts vorgesehene Raum auf der Vorderseite des Frachtbriefs nicht aus, so sind dem Frachtbrief gleich große Blätter anzuheften und dann besonders zu unterzeichnen. Im Frachtbrief ist auf sie zu verweisen. Wird das Gesamtgewicht angegeben, so ist es im Frachtbrief an der hierfür vorgesehenen Stelle einzutragen;

d) Name, Vorname, Postleitzahl, Ortsname, gegebenenfalls auch Name des Ortsteils, Wohnung oder Geschäftsstelle des Absenders sowie gegebenenfalls die für den Absender vorgesehene Kundennummer. Als Absender darf nur eine Einzelperson, Firma, juristische Person oder öffentliche Dienststelle angegeben werden.

(2) Außerdem sind zutreffendenfalls in den Frachtbrief alle sonstigen Angaben und Erklärungen aufzunehmen, für die dies in dieser Ordnung vorgesehen oder im Tarif vorgeschrieben ist, so insbesondere:

a) der Verzicht auf das Frachtbriefdoppel (§ 56 Abs. 11, § 61 Abs. 4);

b) die Angabe der durch die Zoll- oder sonstigen Verwaltungsbehörden vorgeschriebenen Begleitpapiere, die dem Frachtbrief beigefügt oder bei einer bestimmten Stelle hinterlegt sind (§ 65 Abs. 1);

c) die Angabe der Kosten, die der Absender übernehmen will (Zahlungsvermerk, § 69);

d) die Höhe einer Nachnahme oder eines Barvorschusses (§ 71);

e) der Verzicht auf die Benachrichtigung des Empfängers von der Ankunft der Wagenladungen (§ 75 Abs. 8);

f) der Betrag des Lieferwerts (§ 89);

g) die Bezeichnung der Bahnhöfe, wo die Zoll- oder sonstige verwaltungsbehördliche Behandlung stattfinden soll, oder der amtlichen Stellen, die sie vornehmen sollen (§ 67 Abs. 3);

h) die Angabe, daß der Absender oder sein Bevollmächtigter die Zoll- oder sonstige verwaltungsbehördliche Behandlung selbst betreiben will oder zu ihr zugezogen werden soll (§ 65 Abs. 6 und 7);

i) Anträge wegen der Art der Zollbehandlung (§ 65 Abs. 3);

k) bei Eilgut die Angabe des Beförderungswegs (§ 67 Abs. 3);

l) der Antrag auf Beförderung in offenen oder gedeckten Wagen (§ 66 Abs. 1) oder auf Zulassung eines Begleiters (§ 66 Abs. 4);

m) der Antrag auf Beförderung von Gütern in Personen- oder Gepäckwagen (§ 66 Abs. 6);

n) der Antrag, daß die Eisenbahn auf dem Versandbahnhof das Gewicht oder die Stückzahl feststellen soll (§ 58 Abs. 4);

o) der Antrag, daß die Eisenbahn bei Wagenladungen auf dem Bestimmungsbahnhof das Gewicht oder die Stückzahl nachprüfen soll (§ 76);

p) Erklärungen gemäß § 62 Abs. 2 (mangelhafte Verpackung), § 59 Abs. 1 und § 75 Abs. 7 (Vereinbarung über Verladen oder Entladen), § 64 (vorläufige Ein-

VIII. Beförderung von Gütern § 56 EVO 6

lagerung), § 80 Abs. 2 (Benachrichtigung bei Ablieferungshindernissen), § 86 Abs. 1 (Anwendung ermäßigter Tarife mit besonderer Haftungsbeschränkung);

q) im Tierverkehr Erklärungen nach § 49 Abs. 1 und 2;

r) eine Vorschrift für den Empfänger, den Wagen sorgfältig zu reinigen (§ 75 Abs. 13).

(3) ¹Andere Angaben oder Erklärungen dürfen in den Frachtbrief nur aufgenommen werden, wenn diese Ordnung oder der Tarif sie für zulässig erklären; das gleiche gilt für die Beifügung von Schriftstücken zum Frachtbrief. ²Die Eintragungen und Schriftstücke dürfen nur das Frachtgeschäft betreffen. ³Nimmt die Eisenbahn einen Frachtbrief mit unzulässigen Angaben oder Erklärungen an, so sind diese für die Eisenbahn unverbindlich.

(4) Soweit das Frachtbriefmuster für die Angaben keine besonderen Spalten vorsieht, sind sie, wenn der Tarif nichts anderes bestimmt, in die Spalte „Andere vorgeschriebene oder zulässige Erklärungen" einzutragen.

(5) Auf die Rückseite des Frachtbriefs darf auch die Firma des Ausstellers gedruckt werden.

(6) ¹In der für unverbindliche Absendervermerke vorgesehenen Spalte des Frachtbriefs können kurze Vermerke für den Empfänger, welche die Sendung betreffen, nachrichtlich angebracht werden, z. B. „Von Sendung des N.N.", „Im Auftrage des N.N.", „Zur Verfügung des N.N.", „Zur Weiterbeförderung an N.N.", „Für Schiffahrtslinie N.N.", „Für Schiff N.N.", „Von der Schiffahrtslinie N.N.", „Aus Schiff N.N.", „Für Kraftfahrlinie N.N.", „Von Kraftfahrlinie N.N.", „Für Flugstrecke N.N.", „Von Flugstrecke N.N.", „Zur Ausfuhr nach N.N.", „Versichert bei N.N.". ²Für die Eisenbahn sind diese Vermerke unverbindlich.

(7) Jeder Wagenladung muß ein besonderer Frachtbrief beigegeben werden, es sei denn, daß das Gut nach seinen Abmessungen zur Verladung mehr als einen Wagen beansprucht oder der Tarif die Auflieferung mehrerer Wagen mit einem Frachtbrief zuläßt.

(8) Mit einem und demselben Frachtbrief dürfen nicht aufgegeben werden:

a) Güter, die nach ihrer Beschaffenheit nicht ohne Nachteil zusammengeladen werden können,

b) Güter, durch deren Zusammenladung Zoll- oder sonstige Verwaltungsvorschriften verletzt würden,

c) Güter, die von der Eisenbahn zu verladen sind, mit Gütern, die der Absender zu verladen hat.

(9) Für die in der Anlage zur Verordnung über die Beförderung gefährlicher Güter mit der Eisenbahn aufgeführten Gegenstände müssen besondere Frachtbriefe ausgestellt werden, soweit es sich um Gegenstände handelt, die miteinander oder mit anderen Gütern nicht zusammengeladen werden dürfen.

(10) ¹Alle Eintragungen des Absenders im Frachtbrief und im Doppel müssen in deutscher Sprache deutlich in unauslöschbarer Schrift geschrieben oder gepaust sein. ²Sie dürfen auch durch Druck oder Stempel oder mit der Schreibmaschine bewirkt werden. ³Für Vermerke nach Absatz 6 sind auch fremde Sprachen zulässig. ⁴Die Eintragungen müssen in allen Einzelteilen des Frachtbriefs übereinstimmen.

(11) Der als „Frachtbriefdoppel" bezeichnete Teil des Frachtbriefs ist nicht erforderlich, wenn der Absender in der Spalte „Andere vorgeschriebene oder zulässige Erklärungen" erklärt hat: „Verzicht auf Frachtbriefdoppel".

(12) ¹Frachtbriefe mit Abänderungen, Radierungen oder Überklebungen brauchen nicht angenommen zu werden. ²Durchstreichungen sind nur zulässig, wenn der Absender sie mit seiner Unterschrift anerkennt. ³Handelt es sich um die Zahl oder das Gewicht der Stücke, so sind außerdem die berichtigten Mengen in Buchstaben zu wiederholen.

§ 57. Haftung für die Angaben im Frachtbrief. (1) ¹Der Absender haftet für die Richtigkeit der von ihm in den Frachtbrief aufgenommenen Angaben und Erklärungen. ²Er trägt alle Folgen, die daraus entstehen, daß sie unrichtig, ungenau, unvollständig oder unzulässig sind.

(2) Die Haftung des Absenders ändert sich nicht, wenn die Güterabfertigung auf seinen Antrag den Frachtbrief ausfüllt.

§ 58. Prüfung des Inhalts der Sendung. Feststellung von Anzahl und Gewicht. (1) ¹Die Eisenbahn ist berechtigt nachzuprüfen, ob die Sendung mit den Eintragungen im Frachtbrief übereinstimmt. ²Ein Entgelt darf sie hierfür nicht erheben. ³Auf einem Unterwegsbahnhof darf die Eisenbahn den Inhalt jedoch nur dann nachprüfen, wenn die Erfordernisse des Betriebs oder Vorschriften der Zoll- oder sonstigen Verwaltungsbehörden es verlangen.

(2) ¹Zur Prüfung des Inhalts ist auf dem Versandbahnhof der Absender, auf dem Bestimmungsbahnhof der Empfänger einzuladen. ²Erscheint der Berechtigte nicht oder wird die Prüfung auf einem Unterwegsbahnhof vorgenommen, so sind zwei Zeugen zuzuziehen; als solche dürfen Eisenbahnbedienstete nur dann verwendet werden, wenn keine anderen Personen zur Verfügung stehen. ³Weicht das Ergebnis der Nachprüfung von den Eintragungen im Frachtbrief ab, so ist es auf diesem zu vermerken. ⁴Geschieht die Nachprüfung auf dem Versandbahnhof, so ist der Vermerk auch auf das Frachtbriefdoppel zu setzen, wenn es sich noch in den Händen der Eisenbahn befindet. ⁵Wenn die Sendung den Eintragungen im Frachtbrief nicht entspricht, so haften die durch die Nachprüfung verursachten Kosten auf dem Gute, falls sie nicht sofort beglichen werden.

(3) ¹Die Eisenbahn kann auch nach der Ablieferung des Gutes den Nachweis der Richtigkeit der Frachtbriefangaben fordern, wenn der Verdacht besteht, daß sie unrichtig sind. ²Absender und Empfänger haben hierzu der Eisenbahn die Einsicht in ihre Geschäftsbücher und sonstigen Unterlagen zu gestatten.

(4) ¹Die Eisenbahn ist auf Antrag des Absenders im Frachtbrief verpflichtet, das Gewicht und die Stückzahl festzustellen, es sei denn, daß die vorhandenen Wiegevorrichtungen nicht ausreichen oder die Beschaffenheit des Gutes oder die Betriebsverhältnisse die Feststellungen nicht gestatten. ²Das Gewicht hat die Eisenbahn auch ohne Antrag festzustellen, wenn es im Frachtbrief nicht angegeben ist. ³Für die Feststellung des Gewichts und der Stückzahl ist das tarifmäßige Entgelt zu zahlen. ⁴Kann für Wagenladungen das Gewicht auf dem Versandbahnhof nicht festgestellt werden, so geschieht es auf einem anderen Bahnhof.

(5) ¹Der Absender kann bei der Auflieferung verlangen, daß ihm Gelegenheit geboten wird, der Feststellung der Stückzahl und des Gewichts beizuwohnen, wenn dies auf dem Versandbahnhof geschieht. ²Stellt er ein solches Verlangen nicht oder versäumt er die ihm gebotene Gelegenheit, so hat er, wenn die Feststel-

VIII. Beförderung von Gütern §§ 59, 60 **EVO 6**

lung auf seinen Antrag wiederholt wird, das tarifmäßige Entgelt nochmals zu zahlen.

(6) ¹Die Eisenbahn kann die Wagenladungen sowie Stückgüter, die der Absender zu verladen hat, auf der Gleiswaage verwiegen. ²Als Eigengewicht des Wagens kann hierbei das am Wagen angeschriebene Gewicht zugrunde gelegt werden. ³Jedoch ist einem Antrag des Verfügungsberechtigten auf Verwiegung des leeren Wagens zu entsprechen, wenn nicht zwingende Gründe des Betriebs entgegenstehen. ⁴Ob und welches Entgelt zu erheben ist, bestimmt der Tarif. ⁵Ergibt die ohne Antrag des Absenders vorgenommene nachträgliche Gewichtsfeststellung der Güter keine größere Abweichung als zwei vom Hundert des im Frachtbrief angegebenen Gewichts, so wird dieses Gewicht für die Frachtberechnung als richtig angenommen.

(7) ¹Die Feststellung des Gewichts und der Stückzahl hat die Eisenbahn auf dem Frachtbrief zu bescheinigen. ²Geschieht die Feststellung auf dem Versandbahnhof, so ist die Bescheinigung auch auf das Frachtbriefdoppel zu setzen, wenn es sich in den Händen der Eisenbahn befindet.

§ 59. Beladung der Wagen. Überlastung. (1) Ob die Güter durch die Eisenbahn oder durch den Absender zu verladen sind, bestimmt der Tarif, soweit nicht diese Ordnung Vorschriften darüber enthält oder eine besondere Vereinbarung zwischen dem Absender und der Eisenbahn im Frachtbrief getroffen ist.

(2) Für die Beladung der Wagen ist der Tarif maßgebend.

(3) ¹Wird auf dem Versandbahnhof bei einer vom Absender verladenen Sendung eine Wagenüberlastung festgestellt, so kann die Eisenbahn vom Absender die Abladung des Übergewichts verlangen. ²Geschieht dies nicht alsbald oder wird eine Überlastung auf einem Unterwegsbahnhof festgestellt, so wird das Übergewicht von der Eisenbahn auf Gefahr des Absenders abgeladen. ³Der abgeladene Teil wird auf Lager genommen und dem Absender zur Verfügung gestellt. ⁴Trifft dieser binnen der im Tarif hierfür vorgesehenen Frist keine Anweisung, so gilt § 80 Abs. 8 bis 10.

(4) ¹Für das auf dem Wagen verbleibende Gewicht wird die Fracht vom Versand- bis zum Bestimmungsbahnhof berechnet. ²Für den abgeladenen Teil wird die Fracht für die durchlaufene Strecke wie für eine besondere Sendung berechnet. ³Dies gilt auch, wenn der abgeladene Teil auf Anweisung des Absenders weiter- oder zurückbefördert wird.

(5) Für das Ausladen und Verladen, die Einlagerung und den Wagenaufenthalt sind die tarifmäßigen Entgelte zu zahlen.

§ 60. Frachtzuschläge. (1) ¹Die Eisenbahn kann Frachtzuschläge erheben

a) bei unrichtiger, ungenauer oder unvollständiger Angabe des Inhalts, bei unrichtiger Angabe des Gewichts oder der Stückzahl einer Sendung, bei unrichtiger Angabe der Gattung des verwendeten Wagens oder seiner Lastgrenze für die maßgebende Streckenklasse;

b) bei Wagenüberlastung eines vom Absender beladenen Wagens.

²Die Frachtzuschläge werden neben einem etwaigen Frachtunterschied erhoben.

(2) Der Frachtzuschlag beträgt

a) in den Fällen des Absatzes 1 Buchstabe a das Doppelte des Unterschieds zwischen der sich aus den unrichtigen, ungenauen oder unvollständigen Angaben ergebenden und der richtig berechneten Fracht, mindestens jedoch 20 Deutsche

Mark je Sendung, wenn durch diese Angaben eine Frachtverkürzung herbeigeführt werden kann,

b) in den Fällen des Absatzes 1 Buchstabe b das Sechsfache der Fracht für das Gewicht, das die für die Sendung maßgebende Lastgrenze übersteigt, mindestens jedoch 20 Deutsche Mark je 100 Kilogramm; dies gilt nach näherer Bestimmung des Tarifs entsprechend auch für solche Gegenstände, deren Fracht nicht nach dem Gewicht zu berechnen ist.

(3) ^{1}Die Frachtzuschläge nach Absatz 2 Buchstabe a und b werden nebeneinander erhoben, wenn gegen mehrere Vorschriften gleichzeitig verstoßen wird. ^{2}Sind im Falle des Absatzes 1 Buchstabe a Güter verschiedener Tarifklassen zu einer Sendung vereinigt und kann ihr Einzelgewicht ohne besondere Schwierigkeiten festgestellt werden, so wird für die Ermittlung des Frachtzuschlags die Fracht getrennt berechnet, wenn sich dadurch ein geringerer Zuschlag ergibt. ^{3}Ansprüche auf Schadenersatz bleiben unberührt.

(4) Ein Frachtzuschlag darf nicht erhoben werden:

a) in den Fällen des Absatzes 1, wenn der Absender nachweist, daß er die Angaben mit der im Verkehr erforderlichen Sorgfalt gemacht hat;

b) bei unrichtiger Gewichtsangabe oder bei Überlastung, wenn die Eisenbahn zur Gewichtsfeststellung verpflichtet war oder wenn der Absender die Gewichtsfeststellung durch die Eisenbahn im Frachtbrief beantragt hat, ferner bei unrichtiger Angabe der Stückzahl, wenn der Absender deren Feststellung im Frachtbrief beantragt hat;

c) bei einer während der Beförderung eingetretenen Gewichtszunahme ohne Überlastung, wenn der Absender nachweist, daß die Gewichtszunahme auf Witterungseinflüsse zurückzuführen ist;

d) bei einer während der Beförderung durch Witterungseinflüsse verursachten Überlastung, wenn der Absender nachweist, daß er bei Beladung des Wagens die für die Beladung maßgebende Lastgrenze eingehalten hat.

(5) Die Grundsätze, nach denen etwa aus Billigkeit von der Erhebung der in Absatz 1 festgesetzten Frachtzuschläge abgesehen wird oder geringere Zuschläge erhoben werden, bestimmt der Tarif.

(6) ^{1}Der Frachtzuschlag ist verwirkt, sobald der Frachtvertrag abgeschlossen ist. ^{2}Zur Zahlung ist der Absender verpflichtet. ^{3}Hat er den Zuschlag noch nicht bezahlt, so liefert die Eisenbahn das Gut dem Empfänger nur ab, wenn dieser den Zuschlag bezahlt. ^{4}Wenn der Empfänger eine Anwendungsbedingung eines nach der Inhaltsangabe im Frachtbrief in Anspruch genommenen ermäßigten Tarifs nicht erfüllt, so ist er an Stelle des Absenders zur Zahlung eines hierdurch verwirkten Frachtzuschlags verpflichtet.

(7) Die Höhe des Frachtzuschlags und der Grund für seine Erhebung sind im Frachtbrief oder in einer besonderen Rechnung anzugeben.

§ 61. Abschluß des Frachtvertrags.

(1) ^{1}Der Frachtvertrag ist abgeschlossen, sobald die Eisenbahn das Gut mit dem Frachtbrief zur Beförderung angenommen hat. ^{2}Als Zeichen der Annahme sind der Frachtbrief und die etwa nach § 56 Abs. 1 Buchstabe c beigefügten Zusatzblätter nach vollständiger Auflieferung des Gutes und Zahlung der vom Absender übernommenen Kosten oder Hinterlegung einer Sicherheit nach § 69 Abs. 4 mit dem Tagesstempel oder dem maschinellen Buchungsvermerk sowie mit dem Zeichen für die Übernahme des Gutes zu versehen.

VIII. Beförderung von Gütern § 62 EVO 6

(2) Der abgestempelte Frachtbrief dient als Beweis für den Frachtvertrag.

(3) Bei den vom Absender verladenen Gütern dienen die Angaben des Frachtbriefs über das Gewicht und die Anzahl der Stücke nur dann als Beweis gegen die Eisenbahn, wenn sie das Gewicht und die Stückzahl festgestellt und dies im Frachtbrief vermerkt hat.

(4) ¹Die Eisenbahn bescheinigt die Annahme des Gutes unter Angabe des Tages, an dem sie es zur Beförderung angenommen hat, auf dem Frachtbriefdoppel. ²Die Bescheinigung unterbleibt, wenn der Absender auf das Frachtbriefdoppel verzichtet (§ 56 Abs. 11).

(5) Das Doppel hat nicht die Bedeutung des Frachtbriefs oder eines Ladescheins.

(6) ¹Auf Verlangen des Absenders ist die Annahme des Gutes auch in anderer Form, z. B. durch Unterstempeln einer Eintragung in einem Quittungsbuch oder dergleichen, zu bescheinigen. ²Eine solche Bescheinigung hat nicht die Bedeutung eines Frachtbriefdoppels.

§ 62. Verpackung. Zustand und Bezeichnung des Gutes. (1) Der Absender hat das Gut, soweit dessen Natur eine Verpackung erfordert, zum Schutze gegen gänzlichen oder teilweisen Verlust oder gegen Beschädigung sowie zur Verhütung einer Beschädigung von Personen, Betriebsmitteln oder anderen Gütern sicher zu verpacken.

(2) ¹Ist der Absender seiner Pflicht zur sicheren Verpackung nicht nachgekommen, so kann die Eisenbahn die Annahme des Gutes ablehnen oder verlangen, daß der Absender im Frachtbrief das Fehlen oder die Mängel der Verpackung anerkennt. ²Liefert der Absender häufig gleichartige verpackungsbedürftige Güter unverpackt oder mit den gleichen Verpackungsmängeln bei derselben Güterabfertigung auf, so kann er das Anerkenntnis in einer allgemeinen Erklärung abgeben, deren Text der Tarif bestimmt. ³Jeder Frachtbrief muß dann einen Hinweis auf die allgemeine Erklärung enthalten.

(3) ¹Der Absender haftet für alle Folgen des Fehlens oder des mangelhaften Zustands der Verpackung. ²Er hat insbesondere der Eisenbahn den Schaden zu ersetzen, der ihr aus solchen Mängeln entsteht. ³Sofern das Fehlen oder der mangelhafte Zustand der Verpackung im Frachtbrief nicht anerkannt ist, hat die Eisenbahn die Mängel nachzuweisen.

(4) Die Eisenbahn ist zur Annahme von Gütern, die offensichtlich Spuren von Beschädigungen aufweisen, nur verpflichtet, wenn der Absender den Zustand des Gutes im Frachtbrief besonders bescheinigt.

(5) Die Eisenbahn kann verlangen, daß kleine Stückgüter (Kleineisenzeug oder dergleichen), deren Annahme und Verladung sonst nicht ohne erheblichen Zeitverlust möglich wäre, durch Verbindung oder Verpackung zu größeren Einheiten zusammengefaßt werden.

(6) Der Eisenbahn bleibt überlassen, für Güter, die nicht zu den in § 54 Abs. 2 Buchstabe a aufgeführten gehören, die aber wegen ihrer Eigenschaften Unzuträglichkeiten während der Beförderung herbeiführen können, mit Genehmigung der nach Bundes- oder Landesrecht zuständigen Verkehrsbehörde durch den Tarif einheitliche Vorschriften über die Verpackung und Verladung zu treffen.

(7) ¹Der Absender hat die Stückgüter übereinstimmend mit den Angaben im Frachtbrief zu bezeichnen. ²Die Bezeichnung muß deutlich und haltbar sein. ³Sie muß enthalten: Versand- und Bestimmungsbahnhof, die Anschriften des Absen-

ders und Empfängers, Buchstaben (Zeichen) und Nummer sowie den Tag der Aufgabe. ⁴Ist die Sendung mit Nachnahme belastet, so ist bei jedem Stück über der Anschrift des Empfängers der Nachnahmebetrag der ganzen Sendung zu vermerken und außerdem in Rot ein gleichschenkliges Dreieck mit der Spitze nach oben anzubringen. ⁵Der Tarif kann weitere Bedingungen vorschreiben. ⁶Alte Anschriften und Zettel hat der Absender zu entfernen oder deutlich zu durchstreichen.

§ 63. Annahme zur Beförderung. Verladung. Wagenstandgeld. (1) ¹Wenn zwingende Gründe des Betriebs oder des öffentlichen Wohls es erfordern, kann die Eisenbahn anordnen, daß

a) die Annahme oder die Beförderung von Gütern ganz oder teilweise gesperrt wird;

b) gewisse Sendungen vorübergehend ausgeschlossen oder nur unter bestimmten Bedingungen zugelassen werden;

c) gewisse Sendungen vorübergehend vorzugsweise zur Beförderung angenommen werden.

²Derartige Anordnungen sind durch Aushang bekanntzumachen, auch soll in der Presse auf sie hingewiesen werden. ³Die Eisenbahn kann Güter, die infolge einer solchen Einschränkung nicht befördert werden können, zurückweisen.

(2) ¹Die Güter müssen während der Dienststunden der Versandabfertigung aufgeliefert werden. ²Der Tarif kann Erleichterungen zulassen. ³Die Eisenbahn hat die Dienststunden durch Aushang bekanntzumachen. ⁴An Sonn- und Feiertagen braucht die Eisenbahn keine Güter anzunehmen. ⁵Wo dies doch geschieht, ist es durch Aushang bekanntzumachen.

(3) ¹Der Absender hat dafür zu sorgen, daß Sendungen, die von der Eisenbahn zu verladen sind, spätestens 24 Stunden nach Beginn der Auflieferung abgefertigt werden können. ²Verzögert er die Abfertigung dadurch, daß er innerhalb dieser Frist nicht alle zum Frachtbrief gehörigen Güter aufliefert oder den wegen Unrichtigkeit oder Unvollständigkeit beanstandeten Frachtbrief nicht berichtigt zurückgibt oder die etwa zu zahlenden Freibeträge nicht begleicht, so kann die Eisenbahn die Güter auf Lager nehmen.

(4) ¹Hat der Absender die Güter selbst zu verladen, so muß er die Wagen unter Angabe des Gutes, des ungefähren Gewichts und des Bestimmungsbahnhofs für einen bestimmten Tag bei der Versandabfertigung bestellen. ²Können die Wagen nicht gestellt werden, so ist der Besteller soweit möglich hiervon kostenfrei zu benachrichtigen. ³Werden zugesagte Wagen nicht rechtzeitig gestellt, so hat die Eisenbahn die Kosten des vergeblichen Versuchs der Auflieferung, mindestens aber den Betrag des Wagenstandgelds für einen Tag zu erstatten. ⁴Wird ein Wagen vor der Bereitstellung wieder abbestellt, so hat der Besteller das tarifmäßige Entgelt zu zahlen. ⁵Wird ein Wagen nach der Bereitstellung unbeladen zurückgegeben oder nach Ablauf der Beladefrist wegen Nichtbeladung dem Besteller wieder entzogen, so ist vom Zeitpunkt der Bereitstellung an das tarifmäßige Wagenstandgeld zu zahlen. ⁶Bei Bestellung eines Wagens kann die Eisenbahn Sicherheit in Höhe des tarifmäßigen Wagenstandgeldes für einen Tag verlangen. ⁷Auf die Stellung von Wagen besonderer Bauart, bestimmter Lastgrenze oder bestimmter Ladefläche hat der Besteller vorbehaltlich der Bestimmung in § 66 keinen Anspruch.

(5) ¹Der Absender hat die Güter in der Regel während der Dienststunden der Versandabfertigung zu verladen. ²Die Frist, innerhalb der die Verladung beendet

VIII. Beförderung von Gütern

sein muß, ist durch Aushang bekanntzumachen. ³Wird die Frist überschritten oder wird der wegen Unrichtigkeit oder Unvollständigkeit beanstandete Frachtbrief nicht innerhalb der Ladefrist berichtigt übergeben oder werden die etwa vom Absender zu zahlenden Freibeträge nicht innerhalb derselben Frist beglichen, so hat der Absender das tarifmäßige Wagenstandgeld zu zahlen. ⁴Wagenstandgeld ist bei Überschreitung der Fristen auch für Sonn- und Feiertage zu zahlen; hierbei werden jedoch unmittelbar aufeinanderfolgende Sonn- und Feiertage stets nur als ein Tag gerechnet. ⁵Läuft die Frist erst nach 14 Uhr eines Werktags ab, so ist für einen oder mehrere auf den Werktag unmittelbar folgende Sonn- oder Feiertage kein Standgeld zu zahlen. ⁶Die Eisenbahn kann, wenn die Ladefrist um mehr als 24 Stunden überschritten wird, das Gut auf Gefahr und Kosten des Absenders ausladen und auf Lager nehmen. ⁷Sie kann es auch bei einem Spediteur oder in einem öffentlichen Lagerhaus auf Gefahr und Kosten des Absenders hinterlegen.

(6) Der Lauf der Fristen in den Absätzen 3 und 5 ruht an Sonn- und Feiertagen.

(7) ¹Wenn die ordnungsmäßige Abwicklung des Verkehrs durch Güteranhäufungen gefährdet wird, so kann die Eisenbahn die Beladefristen und die lagergeldfreie Zeit, soweit nötig, abkürzen sowie das Wagenstandgeld, das Lagergeld und die Gebühr für die Abbestellung von Wagen erhöhen. ²Auch können die erleichternden Bestimmungen über die Berechnung des Wagenstandgelds in Absatz 5 außer Kraft gesetzt werden. ³Solche Maßnahmen sind durch Aushang bekanntzumachen, auch soll in der Presse auf sie hingewiesen werden.

(8) Für die Abfertigung von Gütern kann die Eisenbahn Güternebenstellen außerhalb des Bahngebiets einrichten.

(9) ¹Die Eisenbahn kann im Tarif vorschreiben, daß Güter, die auf dem Versandbahnhof von anderen Verkehrsmitteln unmittelbar auf die Eisenbahn umgeladen werden sollen, gegen Zahlung des im Tarif oder durch Aushang bekanntzumachenden Entgelts durch ihre Bediensteten oder durch besondere von ihr bestellte Unternehmer umgeladen werden. ²In beiden Fällen hat die Eisenbahn die Pflichten eines Spediteurs.

§ 64. Vorläufige Einlagerung des Gutes. ¹Auf Verlangen des Absenders hat die Eisenbahn Güter, die nicht alsbald befördert werden können, gegen Empfangsbescheinigung einstweilen auf Lager zu nehmen, soweit es die Räumlichkeiten gestatten. ²Der Absender hat sein Einverständnis auf dem Frachtbrief zu erklären und auf dem Doppel zu wiederholen. ³In diesem Falle hat die Eisenbahn bis zum Abschluß des Frachtvertrags für die Sorgfalt eines ordentlichen Kaufmanns einzustehen. ⁴Die Eisenbahn kann für die Einlagerung das tarifmäßige Lagergeld erheben. ⁵Der Frachtvertrag wird erst abgeschlossen, wenn das Gut befördert werden kann. ⁶Die Einlagerung von Gütern, die nach dem Ermessen des Versandbahnhofs leicht verderben, und der in § 54 Abs. 2 aufgeführten Gegenstände kann abgelehnt werden.

§ 65. Zoll- und sonstige Verwaltungsvorschriften. (1) ¹Der Absender ist verpflichtet, dem Frachtbrief alle Begleitpapiere beizugeben, die zur Erfüllung der Zoll- und sonstigen Verwaltungsvorschriften vor der Ablieferung an den Empfänger erforderlich sind; sie sind im Frachtbrief einzeln und genau zu bezeichnen. ²Diese Papiere dürfen nur Güter umfassen, die den Gegenstand des gleichen Frachtbriefs bilden, sofern nicht in Verwaltungsvorschriften oder im Tarif etwas anderes bestimmt ist. ³Wenn die Begleitpapiere dem Frachtbrief nicht beigegeben werden können, weil sie bei einem Bahnhof, einem Zollamt oder einer anderen amtlichen Stelle hinterlegt sind, so muß der Frachtbrief die Angabe enthalten, wo sie hinterlegt sind. ⁴Die Eisenbahn ist nicht verpflichtet, die beigegebenen Papiere auf ihre Richtigkeit und Vollständigkeit zu prüfen. ⁵Der Absender haftet der Eisenbahn, sofern sie kein Verschulden trifft, für alle Folgen, die aus dem Fehlen, der Unzulänglichkeit oder der Unrichtigkeit der Papiere entstehen. ⁶Auch ist für die Dauer eines durch solche Mängel verursachten Aufenthalts in der Beförderung das tarifmäßige Lager- oder Wagenstandgeld zu zahlen.

(2) Die Eisenbahn haftet für die Folgen des Verlusts oder der unrichtigen Verwendung der im Frachtbrief bezeichneten und ihm entweder beigegebenen oder bei der Eisenbahn hinterlegten Papiere wie ein Spediteur; sie hat aber in keinem Falle einen höheren Schadensersatz zu leisten als bei Verlust des Gutes.

(3) Hat der Absender für die Erfüllung der Zoll- oder sonstigen Verwaltungsvorschriften einen Bahnhof bezeichnet, wo nach den geltenden Bestimmungen die Ausführung nicht möglich ist, oder hat er sonst ein Verfahren vorgeschrieben, das nicht ausführbar ist, so handelt die Eisenbahn so, wie es ihr für den Berechtigten am vorteilhaftesten erscheint, und teilt dem Absender die getroffenen Maßnahmen mit.

(4) Schreibt der Absender im Frachtbrief „frei Zoll" („franko Zoll") vor, so gilt dies als Antrag auf Besorgung der Zollbehandlung durch die Eisenbahn, wobei es ihr überlassen bleibt, die Zollbehandlung unterwegs oder auf dem Bestimmungsbahnhof zu besorgen.

(5) ¹Der Absender ist verpflichtet, für die Verpackung und Bedeckung der Güter entsprechend den Zoll- oder sonstigen Verwaltungsvorschriften zu sorgen. ²Sendungen, deren amtlicher Verschluß verletzt oder mangelhaft ist, kann die Eisenbahn zurückweisen. ³Hat der Absender die Güter nicht vorschriftsmäßig verpackt oder nicht mit Decke versehen, so kann die Eisenbahn dies besorgen. ⁴Die Kosten haften auf dem Gute.

(6) ¹Die Zoll- und sonstigen Verwaltungsvorschriften werden, solange das Gut unterwegs ist, von der Eisenbahn erfüllt. ²Hat der Absender im Frachtbrief erklärt, daß er oder ein Bevollmächtigter diese Behandlung betreiben will oder zu ihr zugezogen werden soll, so ist dem hiernach Berechtigten die Ankunft des Gutes auf dem Bahnhof, auf dem die Behandlung stattfindet, mitzuteilen. ³Betreibt der Berechtigte die Behandlung nicht oder erscheint er zur Beiziehung nicht binnen der jeweils dafür im Tarif vorgesehenen Frist, so ist die Eisenbahn berechtigt, die Behandlung ohne ihn zu betreiben. ⁴Der Berechtigte kann sachdienliche Erklärungen, insbesondere über das Gut, abgeben; er ist jedoch nicht befugt, das Gut in Besitz zu nehmen. ⁵Die Eisenbahn kann aus Gründen der flüssigen Betriebsabwicklung das Recht des Absenders oder seines Bevollmächtigten, die Behandlung selbst zu betreiben, einschränken und von Bedingungen abhängig machen. ⁶Näheres bestimmt der Tarif. ⁷Für die Dauer des Aufenthalts von mehr als vier Stunden nach bewirkter Benachrichtigung ist das tarifmäßige Lager- oder Wagenstandgeld zu zahlen.

(7) ¹Auf dem Bestimmungsbahnhof hat, wenn der Absender im Frachtbrief nichts anderes bestimmt, der Empfänger das Recht, die Zoll- oder sonstige verwaltungsbehördliche Behandlung zu betreiben, sofern er den Frachtbrief angenommen hat. ²Nimmt er den Frachtbrief nicht binnen der tarifmäßigen Frist an oder betreibt er nach der Annahme des Frachtbriefs die Zoll- oder sonstige verwaltungsbehördliche Behandlung nicht binnen der tarifmäßigen Frist, so kann die Eisenbahn je nach Lage des Falles entweder die Behandlung selbst veranlassen oder

VIII. Beförderung von Gütern §§ 66, 67 **EVO 6**

nach § 80 verfahren. ³Hat der Absender im Frachtbrief erklärt, daß er selbst oder ein von ihm bezeichneter Bevollmächtigter auf dem Bestimmungsbahnhof der Zoll- oder sonstigen verwaltungsbehördlichen Behandlung beiwohnen will, so ist dem hiernach Berechtigten die Ankunft des Gutes mitzuteilen; erscheint er nicht binnen der im Tarif hierfür vorgesehenen Frist, so kann die Behandlung ohne ihn vorgenommen werden.

(8) ¹Die Eisenbahn hat bei der ihr nach den Absätzen 6 und 7 obliegenden Tätigkeit die Pflichten eines Spediteurs. ²Sie kann hierfür das tarifmäßige Entgelt erheben und kann auch die Zoll- oder sonstige verwaltungsbehördliche Behandlung unter ihrer Verantwortlichkeit auf Kosten des Verfügungsberechtigten durch einen Spediteur vornehmen lassen.

(9) *(aufgehoben)*

§ 66. Art der Wagen. Begleitung von Sendungen. (1) ¹Soweit diese Ordnung nichts anderes vorsieht, bestimmt der Tarif, ob und unter welchen Bedingungen die Güter in offenen oder in gedeckten Wagen zu befördern sind. ²Der Absender kann jedoch, wenn nicht Bestimmungen dieser Ordnung oder Zoll- und sonstige Verwaltungsvorschriften oder zwingende Gründe des Betriebs entgegenstehen, im Frachtbrief verlangen:

a) daß Güter, für die der Tarif offene Wagen vorsieht, in gedeckten Wagen befördert werden;

b) daß Güter, für die der Tarif gedeckte Wagen vorsieht, in offenen Wagen befördert werden.

(2) Als offen gelten solche Wagen, die ohne festes Dach gebaut sind.

(3) Für die Beförderung in gedeckten Wagen kann der Tarif eine höhere Fracht vorsehen.

(4) ¹Die Eisenbahn kann auf Antrag zulassen, daß die Sendung von einem Beauftragten des Absenders begleitet wird. ²Die näheren Bedingungen regelt der Tarif.

(5) Ob und unter welchen Bedingungen die Eisenbahn Decken für offene Wagen überläßt, bestimmt der Tarif.

(6) Der Absender kann nach näherer Bestimmung des Tarifs beantragen, daß Güter in Personenwagen – auch in besonderen Abteilen – oder in Gepäckwagen befördert werden; er hat auf Verlangen der Eisenbahn für solche Sendungen einen Begleiter zu stellen.

§ 67. Art und Reihenfolge der Beförderung. Beförderungsweg. (1) ¹Wagenladungen sind je nach der Aufgabe als Frachtgut oder Eilgut zu befördern. ²Stückgut wird nur als Frachtgut befördert.

(2) ¹Güter, die auf gleiche Art befördert werden sollen, sind in der Reihenfolge zu befördern, in der sie zur Beförderung angenommen wurden, wenn nicht zwingende Gründe des Eisenbahnbetriebs oder des öffentlichen Wohles eine Ausnahme rechtfertigen. ²Bei Nichtbeachtung dieser Vorschriften hat die Eisenbahn den daraus entstehenden Schaden zu ersetzen.

(3) ¹Hat der Absender im Frachtbrief den Bahnhof, auf dem die Zoll- oder sonstige verwaltungsbehördliche Behandlung stattfinden soll, oder die dafür zuständige Amtsstelle angegeben (§ 56 Abs. 2 Buchstabe g) oder bei Eilgut den Beförderungsweg vorgeschrieben (§ 56 Abs. 2 Buchstabe k), so hat die Eisenbahn

diese Wegevorschrift zu beachten, sofern nicht § 65 Abs. 3 Anwendung findet.
²Die Eisenbahn hat das Gut über diesen Weg zu befördern und kann Fracht und Lieferfrist hiernach berechnen.

§ 68. Berechnung der Fracht. (1) ¹Die Eisenbahn hat die Frachtberechnung vorzunehmen, die nach dem am Tage des Abschlusses des Frachtvertrags geltenden Tarif die billigste Fracht ergibt. ²Sind am Frachtvertrag mehrere Eisenbahnen beteiligt, so kann der Tarif vorsehen, daß die Fracht über die kürzeste Entfernung berechnet wird. ³Die Eisenbahn hat, abgesehen von dem in § 69 Abs. 4 genannten Falle, die Beträge für Fracht und Nebenentgelte in einer periodischen Rechnung, im Frachtbrief oder, soweit dies die Abfertigungsverhältnisse nicht gestatten, im Frachtbriefdoppel aufzuführen.

(2) Nimmt die Eisenbahn nach den Vorschriften dieser Ordnung oder des Tarifs ein Gut auf Lager, so kann sie das tarifmäßige Lagergeld erheben.

(3) ¹Außer diesen Beträgen darf die Eisenbahn nur ihre Auslagen in Rechnung stellen, z. B. für Zölle und Steuern, für notwendige Arbeiten zur Erhaltung des Gutes, statistische und Postgebühren. ²Für die Eintragung der Gebühren gilt Absatz 1. ³Wenn die Bezahlung dieser Auslagen dem Absender obliegt, sind die Belege nicht dem Empfänger mit dem Frachtbrief, sondern dem Absender zu übergeben.

(4) Hat die Eisenbahn Beträge ausgelegt, so darf sie hierfür das tarifmäßige Entgelt erheben, soweit es sich nicht um Rollgelder, Vorfrachten oder Postgebühren handelt.

§ 69. Zahlung der Fracht. (1) ¹Der Absender hat die Wahl, ob er die Kosten (Fracht, Nebenentgelte und die sonstigen während der Beförderung erwachsenden Kosten) bei Aufgabe des Gutes bezahlen oder auf den Empfänger überweisen will. ²Der Tarif kann vorsehen, daß der Absender auch außerhalb der Beförderung erwachsende Kosten (z. B. die Kosten für die Zuführung des Gutes in die Wohnung oder Geschäftsstelle des Empfängers) bei der Aufgabe des Gutes bezahlen kann.

(2) ¹Der Absender hat in der dafür bestimmten Spalte des Frachtbriefs anzugeben, ob er die Kosten ganz oder teilweise übernehmen will oder ob sie auf den Empfänger überwiesen werden sollen (Zahlungsvermerk). ²Die zugelassenen Zahlungsvermerke bestimmt der Tarif.

(3) ¹Die Eisenbahn kann bei Gütern, die nach dem Ermessen des Versandbahnhofs schnellem Verderb ausgesetzt sind oder wegen ihres geringen Wertes oder ihrer Natur nach die Kosten nicht sicher decken, deren Vorausbezahlung verlangen. ²Der Tarif kann ferner bei Gewährung von Ermäßigungen gegenüber den gewöhnlichen Frachtsätzen bestimmen, daß die Fracht bei Auflieferung des Gutes zu bezahlen oder auf den Empfänger zu überweisen ist.

(4) Können die Kosten, die der Absender übernehmen will, bei der Auflieferung nicht genau festgestellt werden, so kann die Eisenbahn die Annahme von der Hinterlegung eines die Kosten etwa deckenden Betrages als Sicherheit abhängig machen.

§ 70. Frachtnachzahlung und -erstattung. (1) ¹Sind Fracht, Frachtzuschläge, Nebenentgelte oder sonstige Kosten unrichtig oder gar nicht erhoben worden, so ist der Unterschiedsbetrag nachzuzahlen oder zu erstatten. ²Die Eisenbahn hat

VIII. Beförderung von Gütern §71 **EVO 6**

unverzüglich nach Feststellung des Fehlers den Verpflichteten zur Nachzahlung aufzufordern oder dem Berechtigten den zuviel erhobenen Betrag zu erstatten. ³Der Tarif kann bestimmen, bis zu welchem Betrag für den Frachtbrief die Nachzahlung oder Erstattung unterbleibt.

(2) ¹Hat die Eisenbahn auf Grund der Angaben des Absenders im Frachtbrief über die Art des Gutes oder das Gewicht der Sendung eine höhere Fracht erhoben, als sich auf Grund der tatsächlichen Beschaffenheit und des wirklichen Gewichts aus dem Tarif ergibt, so kann, wenn die Unrichtigkeit der Angaben des Absenders nachgewiesen wird, die Mehrfracht zurückverlangt werden. ²Hat der Absender bei der Inhaltsangabe im Frachtbrief eine im Tarif als Bedingung für eine günstigere Frachtberechnung vorgeschriebene besondere Erklärung überhaupt nicht oder ungenügend abgegeben, so wird die dadurch erwachsene Mehrfracht ganz oder zum Teil erstattet, wenn Billigkeitsgründe vorliegen. ³Der Tarif kann bestimmen, bis zu welchem Betrag für den Frachtbrief die Erstattung unterbleibt. ⁴Der Anspruch erlischt, wenn er nicht binnen sechs Monaten nach der Abnahme des Gutes bei der Eisenbahn geltend gemacht wird.

(3) ¹Zu wenig gezahlte Beträge hat der Absender nachzuzahlen, wenn der Frachtbrief vom Empfänger nicht angenommen wird. ²Hat der Empfänger den Frachtbrief angenommen, so ist der Absender nur zur Nachzahlung der Kosten verpflichtet, deren Vorauszahlung er entweder nach dem Zahlungsvermerk oder nach den besonderen Bestimmungen dieser Ordnung oder des Tarifs übernommen hat; den Restbetrag hat der Empfänger nachzuzahlen.

(4) Zur Geltendmachung von Ansprüchen auf Erstattung von Fracht, Frachtzuschlägen, Nebenentgelten oder sonstigen Kosten sowie zum Empfang zuviel erhobener Beträge ist berechtigt, wer die Mehrzahlung an die Eisenbahn geleistet hat.

(5) ¹Zur Geltendmachung dieser Ansprüche ist der Frachtbrief vorzulegen. ²Der Absender kann die Erstattung der von ihm gezahlten Mehrfracht auch gegen Vorlage des Frachtbriefdoppels beantragen. ³Jedoch kann die Eisenbahn bei der endgültigen Erledigung des Erstattungsanspruchs die Vorlage des Frachtbriefes verlangen, um darauf die Erledigung zu beurkunden. ⁴Bei zentraler Frachtberechnung ist außerdem die periodische Rechnung vorzulegen. ⁵Soweit der Erstattungsanspruch sich eindeutig aus der periodischen Rechnung ergibt, kann der Anspruch auch durch Vorlage nur der periodischen Rechnung geltend gemacht werden.

(6) Der Unterschiedsbetrag ist mit Ausnahme der auf Grund des Absatzes 2 zu erstattenden Beträge vom Tage des Eingangs des Erstattungsanspruchs oder der Zahlungsaufforderung an mit fünf vom Hundert zu verzinsen; Beträge unter zehn Deutsche Mark für den Frachtbrief werden nicht verzinst.

(7) ¹Ansprüche auf Rückzahlung von Fracht, Frachtzuschlägen, Nebenentgelten oder sonstigen Kosten können, soweit der Tarif keine Ausnahme vorsieht, nur bei der Eisenbahn, die den Betrag erhoben hat, geltend gemacht werden. ²Ist die Fracht auch nur teilweise an die Empfangsbahn entrichtet worden, so können Ansprüche auf Rückzahlung nur bei dieser geltend gemacht werden. ³Für die gerichtliche Geltendmachung der Ansprüche gilt § 96 Abs. 3.

§ 71. Nachnahme. Barvorschuß. (1) ¹Der Absender kann das Gut bis zur Höhe des Wertes mit Nachnahme belasten. ²Der Tarif kann bestimmen, daß Nachnahmen erst von einem Mindestbetrag an zulässig sind.

(2) Als Bescheinigung über die Belastung des Gutes mit einer Nachnahme dient der abgestempelte Frachtbrief, das Doppel oder die sonst zugelassene Bescheinigung über die Auflieferung des Gutes.

(3) [1]Die Eisenbahn kann die Beigabe eines Nachnahmebegleitscheins nach dem von ihr festgesetzten Muster verlangen. [2]Näheres bestimmt der Tarif.

(4) [1]Die Eisenbahn hat die Nachnahme dem Absender auszuzahlen, sobald der Empfänger die Nachnahme bezahlt hat. [2]Näheres bestimmt der Tarif.

(5) Ist das Gut ohne Einziehung der Nachnahme abgeliefert worden, so hat die Eisenbahn dem Absender den Schaden bis zur Höhe der Nachnahme zu ersetzen, vorbehaltlich ihrer Ansprüche gegen den Empfänger.

(6) [1]Alle Ansprüche, die sich auf eine Nachnahme beziehen, sind bei der Versandbahn geltend zu machen. [2]Für die gerichtliche Geltendmachung der Ansprüche gegen die Eisenbahn gilt § 96 Abs. 3.

(7) [1]Die Eisenbahn kann dem Absender einen Barvorschuß gewähren, wenn er nach dem Ermessen der Versandabfertigung durch den Wert des Gutes sicher gedeckt wird. [2]Der Barvorschuß wird vom Empfänger eingezogen, wenn er den Frachtbrief annimmt.

(8) Der Betrag der Nachnahme oder des Barvorschusses ist vom Absender in den Frachtbrief an der hierfür vorgesehenen Stelle einzutragen.

(9) Für die Belastung einer Sendung mit Nachnahme oder Barvorschuß kann die Eisenbahn das tarifmäßige Entgelt erheben.

§ 72. Abänderung des Frachtvertrags durch nachträgliche Verfügung des Absenders. (1) Der Absender kann unter Abänderung des Frachtvertrages nachträglich verfügen, daß

a) das Gut auf dem Versandbahnhof zurückgegeben werden soll;

b) die Ablieferung des Gutes ausgesetzt werden soll;

c) das Gut an einen anderen Empfänger abgeliefert werden soll;

d) das Gut auf einem anderen Bestimmungsbahnhof abgeliefert werden soll;

e) das Gut nach dem Versandbahnhof zurückgesandt werden soll;

f) eine Nachnahme nachträglich aufgehoben werden soll.

(2) Verfügungen anderer Art sind, wenn sie nicht im Tarif ausdrücklich vorgesehen sind, unzulässig, ebenso sind Verfügungen über einzelne Teile der Sendung unzulässig.

(3) [1]Die Verfügungen sind schriftlich unter Verwendung eines durch den Tarif festzusetzenden Musters an die Versandabfertigung zu richten; § 56 Abs. 10 gilt entsprechend. [2]Der Tarif kann zulassen, daß nachträgliche Verfügungen in besonderen Fällen auch an eine andere Abfertigung gerichtet werden.

(4) [1]Die Versandabfertigung hat die Verfügung sobald wie möglich weiterzugeben. [2]Auf Antrag des Absenders hat dies unter den im Tarif festzusetzenden Bedingungen durch Telegramm oder Fernsprecher zu geschehen.

(5) [1]Die Eisenbahn darf die Ausführung einer nachträglichen Verfügung nur dann ablehnen, hinausschieben oder in veränderter Weise vornehmen, wenn

a) die Verfügung in dem Zeitpunkt, in dem sie der zur Ausführung berufenen Stelle zugeht, nicht mehr durchführbar ist, oder

b) durch ihre Befolgung der regelmäßige Beförderungsdienst gestört würde, oder

VIII. Beförderung von Gütern § 73 **EVO 6**

c) ihrer Ausführung gesetzliche oder sonstige Bestimmungen, insbesondere Zoll- oder sonstige Verwaltungsvorschriften entgegenstehen, oder
d) bei Änderung des Bestimmungsbahnhofs der Wert des Gutes voraussichtlich die Gesamtkosten der Beförderung bis zum neuen Bestimmungsbahnhof nicht deckt, es sei denn, daß der Betrag dieser Kosten sofort entrichtet oder sichergestellt wird.
[2]In diesen Fällen ist der Absender unverzüglich von der Sachlage zu benachrichtigen.

(6) [1]Einem bei der Empfangsabfertigung unmittelbar gestellten Antrag des Absenders, die Sendung zurückzuhalten, kann vorläufig entsprochen werden. [2]Der Absender hat jedoch die vorgeschriebene Verfügung innerhalb einer angemessenen Frist durch die Versandabfertigung beizubringen. [3]Andernfalls ist nach § 75 zu verfahren.

(7) [1]Dem Absender steht das Verfügungsrecht nur zu, wenn er das von der Eisenbahn bescheinigte Frachtbriefdoppel vorlegt, darin die Verfügung einträgt und sie unterschreibt; dies Erfordernis gilt nicht, wenn der Absender nach § 61 Abs. 4 auf das Doppel verzichtet hat. [2]Die Eisenbahn kann verlangen, daß sich der Absender ausweist. [3]Befolgt die Eisenbahn die Verfügungen des Absenders, ohne die Vorlegung des Doppels zu verlangen, so haftet sie für den daraus entstehenden Schaden dem Empfänger, wenn ihm der Absender das Doppel übergeben hat.

(8) [1]Verfügt der Absender, daß die Ablieferung des Gutes ausgesetzt werden soll, so ist die Eisenbahn berechtigt, für einen dadurch auf dem Bestimmungsbahnhof verursachten Aufenthalt von mehr als 6 Stunden das tarifmäßige Wagenstand- oder Lagergeld zu erheben. [2]Beträgt der Aufenthalt mehr als 24 Stunden, so kann die Eisenbahn das Gut auf Gefahr und Kosten des Absenders ausladen und auf Lager nehmen. [3]Sie ist auch berechtigt, das Gut bei einem Spediteur oder in einem öffentlichen Lagerhaus auf Gefahr und Kosten des Absenders zu hinterlegen. [4]Von diesen Maßnahmen ist der Absender zu benachrichtigen. [5]§ 80 Abs. 8 bis 10 gilt entsprechend.

(9) [1]Die Eisenbahn kann, wenn die nachträgliche Verfügung nicht durch ihr Verschulden veranlaßt ist, für deren Ausführung neben den etwa entstehenden Kosten das tarifmäßige Entgelt erheben. [2]Die Frachtberechnung bei Änderung des Bestimmungsbahnhofs oder bei Rücksendung regelt der Tarif.

(10) Das Verfügungsrecht des Absenders erlischt, auch wenn er das Frachtbriefdoppel besitzt, sobald der Empfänger den Frachtbrief angenommen hat oder ihm das Gut abgeliefert worden ist, oder sobald eine Empfängeranweisung nach § 75 Abs. 6 wirksam geworden ist.

(11) Hat der Empfänger den Frachtbrief angenommen, so hat die Eisenbahn seine Anweisungen zu beachten, soweit sie nach dem Frachtvertrag zulässig sind; bei Nichtbeachtung haftet die Eisenbahn dem Empfänger für den daraus entstandenen Schaden.

§ 73. Beförderungshindernisse. (1) [1]Stellen sich der Beförderung eines Gutes Hindernisse entgegen, die durch Umleitung behoben werden können, so ist es dem Bestimmungsbahnhof auf einem Hilfsweg zuzuführen, ohne daß hierfür eine Mehrfracht erhoben wird; dagegen wird die Lieferfrist über den Hilfsweg berechnet. [2]Den Eisenbahnen bleibt es überlassen, gegeneinander Rückgriff zu nehmen.

(2) [1]Bei Beförderungshindernissen, die nicht durch Umleitung behoben werden können, hat die Eisenbahn den Absender um Anweisung zu ersuchen. [2]Der Ab-

sender kann in diesem Fall auch vom Vertrag zurücktreten, hat aber dann der Eisenbahn je nach Lage des Falles entweder die Fracht für die bereits zurückgelegte Strecke oder die Kosten der Vorbereitung der Beförderung, außerdem alle sonstigen im Tarif vorgesehenen Kosten zu bezahlen, es sei denn, daß die Eisenbahn ein Verschulden trifft. [3]Der Absender kann nur dann vom Vertrag zurücktreten oder die Anweisung treffen, daß die Person des Empfängers oder der Bestimmungsbahnhof geändert werde, wenn er das Frachtbriefdoppel vorlegt, auf diesem die Änderung einträgt und sie unterschreibt; dies Erfordernis gilt nicht, wenn der Absender nach § 61 Abs. 4 auf das Doppel verzichtet hat.

(3) [1]Der Absender kann im Frachtbrief im voraus für den Fall, daß ein Beförderungshindernis eintritt, Anweisung geben. [2]Wenn diese Anweisung nach dem Ermessen der Eisenbahn nicht ausgeführt werden kann, so hat sie eine andere Anweisung des Absenders einzuholen.

(4) [1]Der Absender hat seine Anweisung durch Vermittlung der Versandabfertigung oder, wenn der Tarif dies zuläßt, eines Unterwegsbahnhofs zu geben. [2]§ 72 Abs. 4 und 5 gilt entsprechend.

(5) [1]Erteilt der Absender innerhalb der im Tarif hierfür vorgesehenen Frist keine ausführbare Anweisung, so ist nach den Vorschriften für Ablieferungshindernisse zu verfahren. [2]Nach Ablauf dieser Frist ist das tarifmäßige Lager- oder Wagenstandgeld verwirkt.

(6) Fällt das Beförderungshindernis vor dem Eintreffen einer Anweisung des Absenders weg, so ist das Gut dem Bestimmungsbahnhof zuzuleiten, ohne daß Anweisungen abgewartet werden; der Absender ist hiervon unverzüglich zu benachrichtigen.

§ 74. Lieferfrist. (1) Die Lieferfristen betragen, sofern der Tarif keine kürzeren Fristen vorsieht,

a) für Wagenladungen
 1. als Eilgut:
    Abfertigungsfrist .... 12 Stunden
    Beförderungsfrist
    für die ersten 300 Tarifkilometer .... 24 Stunden
    darüber hinaus für je auch nur angefangene 400 Tarifkilometer .... 24 Stunden
 2. als Frachtgut:
    Abfertigungsfrist .... 24 Stunden
    Beförderungsfrist
    für die ersten 200 Tarifkilometer .... 24 Stunden
    darüber hinaus für je auch nur angefangene 300 Tarifkilometer .... 24 Stunden
b) für Stückgutsendungen
    Abfertigungsfrist .... 24 Stunden
    Beförderungsfrist
    für je auch nur angefangene 200 Tarifkilometer .... 24 Stunden
c) für Stückgutsendungen von Gütern der Anlage zur Verordnung über die Beförderung gefährlicher Güter mit der Eisenbahn sowie von leeren Packmitteln, in denen solche Güter enthalten waren, wenn durch die Anlage zur Verordnung über die Beförderung gefährlicher Güter mit der Eisenbahn das Zusammenla-

VIII. Beförderung von Gütern § 74 EVO 6

den mit bestimmten Gütern verboten ist, ferner für Stückgutsendungen von Gütern, die wegen ihrer Länge, Breite oder Höhe nicht in gewöhnliche gedeckte Wagen verladen werden können,

das Doppelte der Fristen unter Buchstabe b.

(2) ¹Die Abfertigungsfrist wird ohne Rücksicht auf die Zahl der beteiligten Eisenbahnen nur einmal berechnet. ²Die Beförderungsfrist wird nach der Gesamtentfernung zwischen Versand- und Bestimmungsbahnhof berechnet.

(3) Die Eisenbahn kann mit Genehmigung der nach Bundes- oder Landesrecht zuständigen Verkehrsbehörde Zuschlagsfristen für folgende Fälle festsetzen:

a) für Sendungen, die über Strecken mit verschiedener Spurweite oder über Fährstrecken befördert werden;

b) für Beförderungen von und nach Bahnhöfen, die unbesetzt sind oder deren Bedienung eingeschränkt ist, sowie von und nach Güternebenstellen;

c) für außergewöhnliche Verhältnisse, die eine ungewöhnliche Verkehrszunahme oder ungewöhnliche Betriebsschwierigkeiten zur Folge haben, wobei die Zuschlagsfristen ausnahmsweise von der Eisenbahn vorbehaltlich der nachträglichen Genehmigung der nach Bundes- oder Landesrecht zuständigen Verkehrsbehörde festgesetzt werden dürfen;

d) für Sendungen, die über Strecken mehrerer Eisenbahnen befördert werden.

(4) ¹Die Zuschlagsfristen des Absatzes 3 unter Buchstaben a, b und d werden durch den Tarif festgesetzt. ²Die in Absatz 3 unter Buchstabe c vorgesehenen Zuschlagsfristen sind zu veröffentlichen und treten nicht vor ihrer Veröffentlichung in Kraft. ³Aus der Veröffentlichung muß zu ersehen sein, ob die Genehmigung erteilt oder vorbehalten ist. ⁴Wird die nachträgliche Genehmigung versagt oder wird die Genehmigung nicht innerhalb einer Woche nach der Veröffentlichung der Zuschlagsfristen bekanntgemacht, so ist die Festsetzung wirkungslos.

(5) ¹Die Lieferfrist beginnt mit der auf die Annahme des Gutes zur Beförderung folgenden Mitternacht. ²Ist jedoch der auf die Annahme des Gutes zur Beförderung folgende Tag ein Sonn- oder Feiertag und ist der Versandbahnhof an diesem Sonn- oder Feiertag für den Eilgutverkehr nicht geöffnet, so beginnt die Lieferfrist 24 Stunden später. ³Sie beginnt nicht vor Entrichtung der vom Absender übernommenen Kosten (§ 69 Abs. 1) oder vor Hinterlegung einer Sicherheit nach § 69 Abs. 4.

(6) ¹Die Lieferfrist ist gewahrt, wenn vor ihrem Ablauf das Gut dem Empfänger zugeführt worden ist; konnte das Gut aus Gründen, die in der Person des Empfängers liegen, nicht zugeführt werden, so gilt das Gut in dem Zeitpunkt als zugeführt, in dem die Eisenbahn die Zuführung vergeblich versucht hat. ²Für Güter, die nicht zugeführt werden, ist die Lieferfrist gewahrt, wenn vor ihrem Ablauf der Empfänger von der Ankunft benachrichtigt und das Gut zur Abholung bereitgestellt ist. ³Für Güter, die von der Eisenbahn dem Empfänger nicht zugeführt werden und von deren Ankunft der Empfänger nicht benachrichtigt zu werden braucht, ist die Lieferfrist gewahrt, wenn vor ihrem Ablauf die Güter auf dem Bestimmungsbahnhof zur Abholung bereitgestellt sind.

(7) ¹Der Lauf der Lieferfrist ruht für die Dauer:

a) des Aufenthalts, der durch zoll- oder sonstige verwaltungsbehördliche Maßnahmen verursacht wird;

b) einer durch nachträgliche Verfügung des Absenders hervorgerufenen Verzögerung der Beförderung;

c) eines ohne Verschulden der Eisenbahn eingetretenen Beförderungshindernisses;
d) einer nach § 63 Abs. 1 angeordneten Sperrmaßnahme, durch die der Beginn oder die Fortsetzung der Beförderung zeitweilig verhindert wird;
e) der durch Abladen eines Übergewichts erforderlichen Zeit;
f) des Aufenthalts, der ohne Verschulden der Eisenbahn dadurch entstanden ist, daß am Gute oder an der Verpackung Ausbesserungsarbeiten vorgenommen oder vom Absender verladene Sendungen um- oder zurechtgeladen werden mußten;
g) der Umladung beim Übergang einer Sendung auf eine Eisenbahn mit einer anderen Spurweite unter den im Tarif vorgesehenen Voraussetzungen.

²Die Eisenbahn kann sich auf die in diesem Absatz vorgesehenen Verlängerungen der Lieferfrist nur berufen, wenn sie Ursache und Dauer der Verlängerung im Frachtbrief vermerkt hat.

(8) Die Lieferfrist ruht bei Frachtgutsendungen an Sonn- und Feiertagen.

(9) Würde die Lieferfrist nach Schluß der Dienststunden des Bestimmungsbahnhofs ablaufen, so endet sie erst 2 Stunden nach dem darauffolgenden Dienstbeginn.

§ 75. Annahme des Frachtbriefs. Ablieferung. (1) ¹Die Eisenbahn ist verpflichtet, den Frachtbrief und das Gut dem Empfänger auf dem vom Absender bezeichneten Bestimmungsbahnhof gegen Zahlung der sich aus dem Frachtvertrag ergebenden Forderungen (Fracht, Nebenentgelte und die sonstigen während der Beförderung entstandenen Auslagen) zu übergeben; sie kann eine Empfangsbescheinigung verlangen. ²Der Übergabe des Gutes an den Empfänger steht gleich eine nach den maßgebenden Bestimmungen erfolgte Übergabe an die Zoll- oder Steuerverwaltung in deren Abfertigungsräumen oder Niederlagen, wenn diese nicht unter Verschluß der Eisenbahn stehen, sowie die nach dieser Ordnung zulässige Einlagerung bei der Eisenbahn oder Hinterlegung bei einem Spediteur oder in einem öffentlichen Lagerhaus.

(2) ¹Durch die Annahme des Frachtbriefs wird der Empfänger verpflichtet, der Eisenbahn die sich aus dem Frachtvertrag ergebenden Forderungen zu bezahlen. ²Der Tarif bestimmt, in welchen Fällen der Frachtbrief auch ohne Übergabe an den Empfänger als angenommen gilt.

(3) ¹Nach Ankunft des Gutes auf dem Bestimmungsbahnhof ist der Empfänger berechtigt, von der Eisenbahn die Übergabe des Frachtbriefs und die Ablieferung des Gutes zu verlangen. ²Ist der Verlust des Gutes festgestellt oder ist das Gut nicht innerhalb der in § 87 vorgesehenen Frist angekommen, so kann der Empfänger seine Rechte aus dem Frachtvertrag gegen vorherige Erfüllung der sich für ihn aus dem Frachtvertrag ergebenden Verpflichtungen in eigenem Namen gegen die Eisenbahn geltend machen.

(4) ¹Das Gut wird nur gegen Vorzeigung des Frachtbriefs ausgehändigt. ²Der Tarif kann Ausnahmen zulassen. ³Die Eisenbahn darf außer der Empfangsbescheinigung weitere Erklärungen, namentlich über tadellose oder rechtzeitige Ablieferung nicht verlangen.

(5) ¹Die Empfangsbahn hat bei der Ablieferung alle sich aus dem Frachtvertrag ergebenden Forderungen einzuziehen. ²Auch hat sie erforderlichenfalls das Pfandrecht an dem Gut geltend zu machen.

(6) ¹Der Tarif bestimmt, ob und unter welchen Bedingungen der Bestimmungsbahnhof Anweisungen des Empfängers über das Gut auch schon vor dessen

VIII. Beförderung von Gütern § 76 EVO 6

Ankunft entgegennehmen kann. ²Solche Empfängeranweisungen werden erst ausgeführt, wenn das Gut am Bestimmungsbahnhof angekommen und bis zu ihrer Ausführung keine entgegenstehende nachträgliche Verfügung des Absenders bei der Empfangsabfertigung eingegangen ist.

(7) ¹Ob die Güter von der Eisenbahn oder vom Empfänger auszuladen und welche Vorschriften dabei zu beachten sind, bestimmt der Tarif, soweit nicht diese Ordnung Vorschriften darüber enthält oder eine besondere Vereinbarung zwischen dem Absender oder dem Empfänger und der Eisenbahn getroffen ist. ²Eine mit dem Absender getroffene Vereinbarung muß aus dem Frachtbrief ersichtlich sein.

(8) ¹Von der Ankunft der Wagenladungen ist der Empfänger zu benachrichtigen. ²Die Benachrichtigung unterbleibt, wenn der Absender im Frachtbrief ausdrücklich (§ 56 Abs. 2 Buchstabe e) oder der Empfänger schriftlich darauf verzichtet hat oder wenn sie nach den Umständen nicht möglich ist.

(9) ¹Die Eisenbahn kann im Tarif vorschreiben, daß Güter, die auf dem Bestimmungsbahnhof von Eisenbahnwagen unmittelbar auf andere Verkehrsmittel umgeladen werden sollen, gegen Zahlung des im Tarif oder durch Aushang bekanntzumachenden Entgeltes durch ihre Bediensteten oder durch besondere von ihr bestellte Unternehmer umgeladen werden. ²In beiden Fällen hat die Eisenbahn die Pflichten eines Spediteurs.

(10) Die Eisenbahn hat die Güter auf den für die Abnahme bestimmten Plätzen zur Verfügung zu stellen.

(11) Wenn von mehreren im Frachtbrief verzeichneten Gegenständen einer Sendung bei der Ablieferung einzelne fehlen, so kann sie der Empfänger in der Empfangsbescheinigung als fehlend aufführen.

(12) ¹Der Empfänger kann die Annahme des Gutes auch nach Annahme des Frachtbriefs so lange verweigern, bis einem etwaigen Antrag auf Feststellung eines behaupteten teilweisen Verlusts oder einer Beschädigung des Gutes stattgegeben ist. ²Vorbehalte bei der Annahme des Gutes sind nur wirksam, wenn sie mit Zustimmung der Eisenbahn gemacht werden.

(13) ¹Bei Wagenladungen, die vom Empfänger auszuladen sind, sind die entladenen Wagen, gegebenenfalls nach Entfernung von Befestigungsmitteln, besenrein zurückzugeben, soweit die Wagen nicht auf Grund tierseuchenrechtlicher oder sonstiger Verwaltungsvorschriften von der Eisenbahn gereinigt oder entseucht werden müssen. ²Unterläßt der Empfänger die Reinigung oder die Entfernung von Befestigungsmitteln oder hat die Eisenbahn nach tierseuchenrechtlichen oder sonstigen Verwaltungsvorschriften die Eisenbahnwagen zu reinigen oder zu entseuchen, so kann sie hierfür das tarifmäßige Entgelt erheben.

§ 76. Nachprüfung des Gutes auf dem Bestimmungsbahnhof. (1) ¹Hat der Absender im Frachtbrief Nachzählung oder Nachwiegung auf dem Bestimmungsbahnhof beantragt (§ 56 Abs. 2 Buchstabe o) oder verlangt der Empfänger bei der Ablieferung, daß die Güter auf dem Bahnhof nachgezählt oder nachgewogen werden, so hat die Eisenbahn diesem Verlangen zu entsprechen, wenn die vorhandenen Wiegevorrichtungen ausreichen und die Beschaffenheit des Gutes sowie die Betriebsverhältnisse es gestatten. ²Auf Verlangen des Empfängers sind die Güter in seiner Gegenwart nachzuzählen oder nachzuwiegen.

(2) ¹Lehnt die Eisenbahn eine vom Empfänger beantragte Nachwiegung ab, so kann der Empfänger verlangen, daß die Eisenbahn zu einer von ihm veranlaßten

Nachwiegung auf einer im Bahnhofbereich oder in dessen Nähe befindlichen Waage einen Bevollmächtigten beistellt. ²Der Empfänger hat die hierdurch entstandenen Kosten einschließlich der Entschädigung für den Bevollmächtigten zu zahlen.

(3) Für die Nachwiegung von Wagenladungen und sonstigen Gütern, die der Absender zu verladen hat, gelten die Vorschriften des § 58 Abs. 6.

(4) Für die Nachzählung oder Nachwiegung ist das tarifmäßige Entgelt zu zahlen, es sei denn, daß dabei ein von der Eisenbahn noch nicht anerkannter, von ihr zu vertretender Unterschied (Minderzahl oder Mindergewicht) festgestellt wird.

(5) ¹Verlangt der Empfänger auf dem Bestimmungsbahnhof nach Annahme des Frachtbriefs, daß die Eisenbahn die Übereinstimmung der Sendung mit den Angaben im Frachtbrief über Inhalt und Verpackung nachprüft, so ist dem zu entsprechen, wenn die Betriebsverhältnisse und die Beschaffenheit des Gutes es ohne Schwierigkeiten gestatten. ²Auf Verlangen des Empfängers ist das Gut in seiner Gegenwart nachzuprüfen. ³Für die Nachprüfung ist das tarifmäßige Entgelt zu zahlen.

§ 77. Zuführung. (1) ¹Die Eisenbahn führt Stückgüter dem Empfänger nach Maßgabe besonderer Beförderungsbedingungen (§ 2 Abs. 3, § 5 Abs. 2 Buchstabe c und d) zu. ²Selbstabholung durch den Empfänger oder einen von ihm Bevollmächtigten wird von der Eisenbahn insbesondere zugelassen, wenn ein Kunde mit regelmäßigem und größerem Stückgutaufkommen dies beantragt, auf Grund der örtlichen Verhältnisse beim Empfangsstückgutbahnhof eine besondere Bereitstellung möglich ist und im Interesse aller Empfänger die Wirtschaftlichkeit der Hausbedienung im Einzugsbereich des Stückgutbahnhofs dadurch nicht wesentlich beeinträchtigt wird.

(2) ¹Müssen Güter nach Räumen der Zoll- oder Steuerverwaltung gebracht werden, so kann dies die Eisenbahn selbst besorgen oder unter ihrer Verantwortung besorgen lassen. ²Der Verfügungsberechtigte hat die Kosten zu erstatten.

§ 78. Benachrichtigung des Empfängers von der Ankunft. (1) ¹Soweit die Eisenbahn nach § 75 Abs. 8 verpflichtet ist, den Empfänger von der Ankunft des Gutes zu benachrichtigen, kann sie die Benachrichtigung nach ihrer Wahl durch die Briefpost, durch Fernsprecher, durch Telegramm, durch Fernschreiben oder schriftlich durch Boten, vornehmen. ²Sie hat hierbei – abgesehen von der telegraphischen oder fernschriftlichen Benachrichtigung – die Frist anzugeben, innerhalb deren das Gut abzunehmen ist. ³Auf schriftlichen Antrag des Empfängers kann die Güterabfertigung eine besondere Art der Benachrichtigung mit ihm vereinbaren.

(2) ¹Die Benachrichtigung ist bei Frachtgut sofort nach der Bereitstellung, bei Eilgut spätestens binnen zwei Stunden nach der Ankunft des Gutes vorzunehmen. ²Die Eisenbahn ist jedoch zur Benachrichtigung zwischen 18 und 8 Uhr und an Sonn- und Feiertagen nicht verpflichtet, an Samstagen nur, wenn Dienststunden festgesetzt sind.

(3) Die Benachrichtigung gilt als bewirkt:

a) Bei Übermittlung durch die Briefpost vierundzwanzig Stunden, bei Übermittlung durch Telegramm drei Stunden nach der Aufgabe; für besondere Fälle kann der Tarif längere Fristen vorsehen.

b) Bei Übermittlung durch Fernschreiben mit Eingang des Fernschreibens, bei Übermittlung durch Fernsprecher mit dem Gespräch.

VIII. Beförderung von Gütern §§ 79, 80 **EVO 6**

c) Bei anderer Übermittlung durch die Übergabe des Benachrichtigungsschreibens.

(4) Für die Übermittlung der Benachrichtigung kann die Eisenbahn den Ersatz ihrer Auslagen verlangen.

(5) Ist ein vom Absender verladener Wagen unterwegs umgeladen worden, so ist dies dem Empfänger bei der Benachrichtigung mitzuteilen.

§ 79. Abnahme der nicht zugeführten Güter. (1) ¹Die von der Eisenbahn auszuladenden Güter sind innerhalb der im Tarif festzusetzenden Frist während der Dienststunden der Güterabfertigung abzunehmen. ²Die Frist beginnt mit dem Zeitpunkt, in dem die Benachrichtigung von der Ankunft des Gutes als bewirkt gilt (§ 78 Abs. 3), und muß mindestens 24 Stunden betragen.

(2) ¹Die Frist, innerhalb der die vom Empfänger auszuladenden Güter abzunehmen sind, ist durch Aushang bekanntzumachen. ²Die Frist beginnt mit dem Zeitpunkt, in dem die Benachrichtigung von der Ankunft des Gutes als bewirkt gilt. ³Sind die zu entladenden Wagen nicht rechtzeitig bereitgestellt, so beginnt die Entladefrist erst mit dem Zeitpunkt der Bereitstellung. ⁴Die Eisenbahn kann verlangen, daß die Güter während der Dienststunden ausgeladen und abgefahren werden.

(3) Hat der Absender im Frachtbrief (§ 56 Abs. 2 Buchstabe e) oder der Empfänger schriftlich auf die Benachrichtigung von der Ankunft der Wagenladung verzichtet oder ist eine Benachrichtigung nicht möglich, so beginnt die Abnahmefrist mit der Bereitstellung der Sendung.

(4) ¹An Sonn- und Feiertagen braucht die Eisenbahn keine Güter abzuliefern. ²Soweit dies doch geschieht, ist es durch Aushang bekanntzumachen.

(5) Der Lauf der Abnahmefristen ruht an Sonn- und Feiertagen.

(6) ¹Wird das Gut nicht innerhalb der Abnahmefrist abgenommen, so ist das tarifmäßige Lager- oder Wagenstandgeld zu zahlen. ²Wird die Abnahmefrist um mehr als 24 Stunden überschritten, so kann die Eisenbahn die Güter auf Gefahr und Kosten des Empfängers ausladen. ³Lager- und Wagenstandgeld sind bei Überschreitung der Fristen auch für Sonn- und Feiertage zu zahlen; hierbei werden jedoch unmittelbar aufeinanderfolgende Sonn- und Feiertage stets nur als ein Tag gerechnet. ⁴Läuft die Abnahmefrist erst nach 14 Uhr eines Werktages ab, so ist für einen oder mehrere auf den Werktag unmittelbar folgende Sonn- oder Feiertage kein Lager- oder Wagenstandgeld zu zahlen.

(7) ¹Meldet sich der benachrichtigte Empfänger zur Abnahme des Gutes und kann es ihm nicht innerhalb einer Stunde nach seinem Eintreffen bereitgestellt werden, so hat die Eisenbahn ihm etwaige Kosten für den Versuch der Abholung zu ersetzen. ²Auf Verlangen des Empfängers hat die Eisenbahn den vergeblichen Versuch der Abholung auf dem Frachtbrief zu bescheinigen.

(8) ¹Wird die ordnungsmäßige Abwicklung des Verkehrs durch Güteranhäufungen gefährdet, so kann die Eisenbahn die Abnahmefrist soweit nötig abkürzen sowie Wagenstandgeld und Lagergeld erhöhen. ²Auch können die erleichternden Bestimmungen über die Berechnung des Lager- und Wagenstandgelds in Absatz 6 außer Kraft gesetzt werden. ³Solche Maßnahmen sind durch Aushang bekanntzumachen; auch soll in der Presse auf sie hingewiesen werden.

§ 80. Ablieferungshindernisse. Verzögerung der Abnahme (1) ¹Ist der Empfänger des Gutes nicht zu ermitteln oder verweigert er ausdrücklich die An-

6 EVO § 80 VIII. Beförderung von Gütern

nahme oder nimmt er den Frachtbrief nicht innerhalb der von der Eisenbahn im Tarif festzusetzenden Frist an oder ergibt sich vor Annahme des Frachtbriefs durch den Empfänger ein sonstiges Ablieferungshindernis, so hat die Empfangsabfertigung unverzüglich den Absender durch die Versandabfertigung hiervon zu benachrichtigen und seine Anweisung einzuholen. ²Der Absender hat die Anweisung durch Vermittlung der Versandabfertigung zu erteilen.

(2) Der Absender kann im Frachtbrief vorschreiben, daß er von einem Ablieferungshindernis auf seine Kosten ohne Vermittlung der Versandabfertigung telegraphisch, fernmündlich oder durch die Briefpost benachrichtigt werden soll; er ist in diesem Fall unter den im Tarif festzusetzenden Bedingungen berechtigt, seine Anweisung unmittelbar an die Empfangsabfertigung zu richten.

(3) ¹Der Absender kann unter den im Tarif festzusetzenden Bedingungen im Frachtbrief auch vorschreiben, daß ihm das Gut bei Eintritt eines Ablieferungshindernisses ohne vorherige Benachrichtigung zurückgeschickt werden soll. ²Sonst darf das Gut nur mit ausdrücklichem Einverständnis des Absenders zurückgeschickt werden.

(4) Der Absender kann im Frachtbrief einen anderen für den Fall eines Ablieferungshindernisses zur Erteilung von Anweisungen über das Gut bevollmächtigen und vorschreiben, daß die Empfangsabfertigung diesen an seiner Stelle ohne Vermittlung der Versandabfertigung benachrichtigen und dessen Anweisung einholen soll.

(5) ¹Der Absender kann im Frachtbrief auch vorschreiben, daß das Gut im Fall eines Ablieferungshindernisses auf dem Bestimmungsbahnhof unter gewissen im Tarif festzusetzenden Bedingungen an einen von ihm bezeichneten anderen als den in der Anschrift genannten Empfänger abgeliefert werden soll. ²Von der Ablieferung des Gutes hat die Empfangsabfertigung den Absender unmittelbar zu verständigen.

(6) ¹Der Absender oder sein Bevollmächtigter hat bei Erteilung von Anweisungen in den Fällen der Absätze 1, 2 und 4 das Frachtbriefdoppel vorzulegen, darin die Anweisung einzutragen und sie zu unterschreiben; dies Erfordernis gilt nicht, wenn der Absender nach § 61 Abs. 4 auf das Doppel verzichtet hat. ²Befolgt die Eisenbahn die Verfügungen des Absenders, ohne die Vorlegung des Doppels zu verlangen, so haftet sie für den daraus entstehenden Schaden dem Empfänger, wenn ihm der Absender das Doppel übergeben hat. ³Hat der Empfänger die Annahme ausdrücklich verweigert, so kann der Absender oder sein Bevollmächtigter auch ohne Vorlage des Doppels Anweisung erteilen.

(7) Für die Ausführung der Anweisungen gilt § 72 Abs. 4 und 5 entsprechend.

(8) ¹Ist die Benachrichtigung des Absenders oder des im Frachtbrief bezeichneten Bevollmächtigten nach den Umständen nicht möglich oder geht binnen der im Tarif hierfür vorgesehenen Frist keine Anweisung des Absenders oder seines Bevollmächtigten ein oder ist die Anweisung nicht ausführbar, so hat die Eisenbahn das Gut auf Kosten des Absenders auf Lager zu nehmen. ²Sie ist jedoch auch berechtigt, das Gut unter Einziehung der etwa noch nicht bezahlten Kosten bei einem Spediteur oder in einem öffentlichen Lagerhaus auf Gefahr und Kosten des Absenders zu hinterlegen. ³Lager- oder Wagenstandgeld wird nach § 79 Abs. 6 erhoben.

(9) ¹Die Eisenbahn ist ferner berechtigt:

a) Güter, die nicht abgeliefert werden können, wenn sie nach dem Ermessen des Bestimmungsbahnhofs schnellem Verderb unterliegen oder nach den örtlichen

VIII. Beförderung von Gütern § 81 **EVO 6**

Verhältnissen weder einem Spediteur oder Lagerhaus übergeben noch eingelagert werden können, sofort,
b) Güter, die nicht abgeliefert werden können und vom Absender nicht zurückgenommen werden, einen Monat nach Ablauf der Abnahmefrist, wenn aber ihr Wert durch längere Lagerung unverhältnismäßig vermindert werden würde oder wenn die Lagerkosten in keinem Verhältnis zum Werte des Gutes stehen würden, schon früher

ohne Förmlichkeit bestmöglich zu verkaufen. ²Von dem bevorstehenden Verkauf ist der Absender zu benachrichtigen, soweit dies nach den Umständen möglich ist. ³Für den Verkauf kann die Eisenbahn außer den baren Auslagen das tarifmäßige Entgelt erheben.

(10) ¹Von der Hinterlegung und vom Verkauf des Gutes hat die Eisenbahn den Absender zu benachrichtigen, soweit dies nach den Umständen möglich ist. ²Dem Absender ist der Verkaufserlös nach Abzug der noch nicht bezahlten Kosten sowie der mit dem Verkauf verbundenen Auslagen zur Verfügung zu stellen. ³Reicht der Erlös zur Deckung dieser Beträge nicht aus, so ist der Absender zur Nachzahlung der ungedeckten Beträge verpflichtet. ⁴Das gleiche gilt, wenn das Gut auf Grund von Polizei- oder Verwaltungsvorschriften vernichtet werden muß oder aus sonstigen Gründen unverwertbar ist.

(11) Zoll- oder steuerpflichtige Güter dürfen erst nach der Zoll- oder Steuerbehandlung bei einem Spediteur oder in einem öffentlichen Lagerhaus hinterlegt oder verkauft werden.

(12) ¹Fällt das Ablieferungshindernis weg, so wird dem Empfänger, wenn er zur Annahme bereit ist, das Gut abgeliefert, sofern keine entgegenstehende Anweisung des Absenders oder seines Bevollmächtigten bei der Empfangsabfertigung eingegangen ist. ²Von der nachträglichen Ablieferung ist der Absender oder sein Bevollmächtigter, soweit diesen das Hindernis schon mitgeteilt war, unmittelbar zu verständigen.

(13) ¹Hat der Empfänger den Frachtbrief angenommen, so hat die Eisenbahn das Gut, wenn es vom Empfänger nicht innerhalb der Abnahmefrist abgenommen wird oder aus anderen Gründen nicht abgeliefert werden kann, auf Kosten des Empfängers auf Lager zu nehmen. ²Der Empfänger ist hiervon zu benachrichtigen. ³Für die Lagerung solcher Güter, für ihre Überweisung an einen Spediteur oder an ein öffentliches Lagerhaus sowie für ihren Verkauf gelten die Vorschriften der Absätze 8 bis 11, wobei jedoch an die Stelle des Absenders der Empfänger tritt.

(14) Die Eisenbahn kann für ihre sich aus den vorstehenden Bestimmungen ergebenden Leistungen außer der Fracht und den sonstigen Kosten die im Tarif festgesetzten Nebenentgelte verlangen, es sei denn, daß sie ein Verschulden trifft.

§ 81. Feststellung von teilweisem Verlust oder von Beschädigung des Gutes. (1) ¹Wird ein teilweiser Verlust oder eine Beschädigung von der Eisenbahn entdeckt oder vermutet, so hat die Eisenbahn je nach der Art des Schadens den Zustand des Gutes, sein Gewicht und, soweit möglich, Ausmaß und Ursache des Schadens sowie den Zeitpunkt seines Entstehens unverzüglich durch eine Tatbestandsaufnahme festzustellen, wenn möglich in Gegenwart des Verfügungsberechtigten. ²Unbeteiligte Zeugen oder Sachverständige können hinzugezogen werden. ³Werden solche Unregelmäßigkeiten vom Verfügungsberechtigten behauptet, so ist die Eisenbahn berechtigt, nach Eingang der Anzeige den Tatbestand festzustellen.

(2) Dem Verfügungsberechtigten ist auf sein Verlangen unentgeltlich eine Abschrift der Tatbestandsaufnahme auszuhändigen und das Ergebnis der Feststellungen schriftlich bekanntzugeben.

(3) Ergibt die vom Verfügungsberechtigten veranlaßte Untersuchung keinen oder nur einen von der Eisenbahn schon anerkannten Schadensfall, so wird außer den etwa erwachsenden Kosten das tarifmäßige Entgelt erhoben.

(4) ¹Der Absender oder Empfänger kann den teilweisen Verlust oder die Beschädigung des Gutes auch durch amtlich ernannte Sachverständige feststellen lassen. ²Zu dieser Feststellung ist die Eisenbahn einzuladen. ³Die Vorschriften der Zivilprozeßordnung über die Sicherung des Beweises bleiben unberührt.

§ 82. Haftung der Eisenbahn im allgemeinen.
(1) Die Eisenbahn haftet für den Schaden, der durch gänzlichen oder teilweisen Verlust oder durch Beschädigung des Gutes in der Zeit von der Annahme zur Beförderung bis zur Ablieferung entsteht, es sei denn, daß der Schaden durch ein Verschulden oder eine nicht von der Eisenbahn verschuldete Anweisung des Verfügungsberechtigten, durch besondere Mängel des Gutes, namentlich durch inneren Verderb, Schwinden, gewöhnlichen Rinnverlust oder durch höhere Gewalt verursacht ist.

(2) Die Eisenbahn haftet für die Überschreitung der Lieferfrist, es sei denn, daß die Überschreitung durch Umstände herbeigeführt worden ist, die sie nicht abzuwenden und denen sie auch nicht abzuhelfen vermochte.

(3) Wird eine nach den Bestimmungen dieser Ordnung beförderte Wagenladung ohne Umladung und ohne daß sie aus dem Gewahrsam der Eisenbahn gekommen ist, neu aufgegeben, so wird vermutet, daß ein etwaiger teilweiser Verlust oder eine Beschädigung während des letzten Frachtvertrags eingetreten ist.

(4) Die gleiche Vermutung gilt, wenn eine nach den Bestimmungen des Internationalen Übereinkommens über den Eisenbahn-Frachtverkehr* beförderte Wagenladung ohne Umladung und ohne daß sie aus dem Gewahrsam der Eisenbahn gekommen ist, nach den Bestimmungen dieser Ordnung neu aufgegeben wird, sofern bei direkter Abfertigung vom ursprünglichen Versandbahnhof bis zum letzten Bestimmungsbahnhof das Internationale Übereinkommen über den Eisenbahn- Frachtverkehr anzuwenden gewesen wäre.

(5) Wenn die Eisenbahn nach den Vorschriften dieser Ordnung oder des Tarifs ein Gut auf Lager nimmt, hat sie für die Sorgfalt eines ordentlichen Kaufmanns einzustehen.

§ 83. Beschränkung der Haftung bei besonderen Gefahren.
(1) Die Eisenbahn haftet nicht für Schäden, die aus einer oder mehreren der nachbenannten Ursachen entstehen:

a) aus der mit der Beförderung in offenen Wagen verbundenen Gefahr für Güter, die nach den Vorschriften dieser Ordnung oder des Tarifs oder nach einer in den Frachtbrief aufgenommenen Vereinbarung mit dem Absender auf diese Weise befördert werden;

b) aus der mit dem Fehlen einer Verpackung oder mit der mangelhaften Beschaffenheit der Verpackung verbundenen Gefahr für Güter, die ohne Verpackung ihrer Natur nach Verlusten oder Beschädigungen ausgesetzt sind;

---

* Übereinkommen vom 9. Mai 1980 über den internationalen Eisenbahnverkehr (COTIF) (BGBl. 1985 II S. 132), Gesetz vom 23. 1. 1985 (BGBl. II S. 130) und Bek. über das Inkrafttreten (1. 5. 1985) vom 24. 7. 1985 (BGBl. II S. 1001).

VIII. Beförderung von Gütern § 84 EVO 6

c) aus der mit dem Ver- oder Ausladen oder mit mangelhafter Verladung verbundenen Gefahr für Güter, die nach den Vorschriften dieser Ordnung oder des Tarifs oder nach einer in dem Frachtbrief aufgenommenen Vereinbarung mit dem Absender von diesem verladen oder nach Vereinbarung mit dem Empfänger von diesem ausgeladen werden;

d) aus der besonderen Gefahr des gänzlichen oder teilweisen Verlusts oder der Beschädigung, namentlich durch Bruch, Rosten, inneren Verderb, außergewöhnlichen Rinnverlust, Austrocknen, Verstreuen, der gewisse Güter nach ihrer eigentümlichen natürlichen Beschaffenheit ausgesetzt sind;

e) aus der Gefahr, die daraus entsteht, daß der Absender von der Beförderung ausgeschlossene Gegenstände unter unrichtiger, ungenauer oder unvollständiger Bezeichnung aufgibt oder daß er nur bedingt zur Beförderung zugelassene Gegenstände unter unrichtiger, ungenauer oder unvollständiger Bezeichnung oder unter Außerachtlassung der vorgeschriebenen Vorsichtsmaßregeln aufgibt;

f) aus der für lebende Tiere mit der Beförderung verbundenen besonderen Gefahr;

g) aus der Gefahr, deren Abwendung durch die Begleitung von lebenden Tieren oder von Gütern bezweckt wird, wenn diese Tiere oder Güter nach den Bestimmungen dieser Ordnung oder des Tarifs oder nach einer in den Frachtbrief aufgenommenen Vereinbarung mit dem Absender begleitet werden müssen.

(2) ¹Konnte nach den Umständen des Falles ein Schaden aus einer oder mehreren dieser Ursachen entstehen, so wird bis zum Nachweis des Gegenteils durch den Berechtigten vermutet, daß der Schaden daraus entstanden ist. ²Diese Vermutung gilt im Falle des Absatzes 1 Buchstabe a nicht bei außergewöhnlichem Abgang oder bei Verlust von ganzen Stücken.

(3) Eine Befreiung von der Haftung auf Grund dieser Vorschriften kann nicht geltend gemacht werden, wenn der Schaden durch Verschulden der Eisenbahn entstanden ist.

§ 84. Beschränkung der Haftung bei Gewichtsverlusten. (1) Bei Gütern, die nach ihrer besonderen natürlichen Beschaffenheit bei der Beförderung regelmäßig einen Gewichtsverlust erleiden, haftet die Eisenbahn ohne Rücksicht auf die Länge der durchfahrenen Strecke nur für den Teil des Gewichtsverlusts, der die nachstehend zugelassenen Verlustgrenzen überschreitet:

a) zwei vom Hundert des Gewichts für die flüssigen oder in feuchtem Zustand aufgegebenen Güter sowie für die nachstehenden Güter: geraspelte oder gemahlene Farbhölzer, Felle, Fettwaren, getrocknete Fische, frische Früchte, frische Gemüse, Häute, Hautabfälle, Hopfen, Hörner und Klauen, frische Kitte, ganze oder gemahlene Knochen, Leder, getrocknetes oder gebackenes Obst, Pferdehaare, Rinden, Salz, Schafwolle, Schweinsborsten, Seifen und harte Öle, Süßholz, geschnittener Tabak, frische Tabakblätter, Tierflechsen, Wurzeln;

b) eins vom Hundert des Gewichts bei allen übrigen trockenen Gütern der eingangs bezeichneten Art.

(2) Werden mehrere Stücke mit demselben Frachtbrief befördert, so wird der Gewichtsverlust für jedes Stück besonders berechnet, wenn das Gewicht der einzelnen Stücke im Frachtbrief angegeben ist oder auf andere Weise festgestellt werden kann.

(3) Die Beschränkung der Haftung tritt nicht ein, soweit nachgewiesen wird, daß der Verlust den Umständen nach nicht infolge der besonderen natürlichen Beschaffenheit des Gutes entstanden ist oder soweit der angenommene Satz dieser Beschaffenheit oder den sonstigen Umständen des Falles nicht entspricht.

(4) Ist das Gut verlorengegangen, so wird für Gewichtsverlust nichts abgezogen.

(5) Die weitergehende Haftungsbefreiung der Eisenbahn nach § 83 Abs. 1 Buchstabe d wird hierdurch nicht berührt.

§ 85. Höhe der Entschädigung bei gänzlichem oder teilweisem Verlust oder bei Beschädigung des Gutes. (1) ¹Muß auf Grund des Frachtvertrags von der Eisenbahn für gänzlichen oder teilweisen Verlust des Gutes Schadenersatz geleistet werden, so wird die Entschädigung berechnet:

nach dem Börsenpreis,
in Ermangelung eines solchen nach dem Marktpreis,
in Ermangelung beider nach dem gemeinen Wert,

den Güter derselben Art und Beschaffenheit am Versandort im Zeitpunkt der Annahme zur Beförderung hatten. ²Jedoch darf die Entschädigung vorbehaltlich der in § 86 vorgesehenen Beschränkung 100 Deutsche Mark für jedes fehlende Kilogramm des Bruttogewichts nicht übersteigen. ³Außerdem sind die Fracht, die Zölle und sonstige aus Anlaß der Beförderung des verlorenen Gutes bezahlte Beträge zu erstatten.

(2) ¹Bei Beschädigung hat die Eisenbahn den Betrag der Wertverminderung zu zahlen. ²Die Entschädigung darf jedoch nicht übersteigen:

a) wenn die ganze Sendung durch die Beschädigung entwertet ist,
den Betrag, der im Falle ihres gänzlichen Verlusts zu zahlen wäre;
b) wenn nur ein Teil der Sendung durch Beschädigung entwertet ist,
den Betrag, der im Falle des Verlusts des entwerteten Teils zu zahlen wäre.

(3) Eine höhere Entschädigung kann nur bei Angabe des Lieferwerts oder bei Vorsatz oder grober Fahrlässigkeit der Eisenbahn nach den §§ 90 und 91 beansprucht werden.

(4) Müssen bei der Berechnung der Entschädigung Beträge aus fremden Währungen umgerechnet werden, so ist hierfür der Kurs zur Zeit und am Orte der Zahlung maßgebend.

§ 86. Beschränkung der Höhe der Entschädigung durch den Tarif. (1) ¹Die Eisenbahn kann in Ausnahmetarifen, die eine Preisermäßigung gegenüber den gewöhnlichen Tarifen enthalten, für die bei gänzlichem oder teilweisem Verlust, bei Beschädigung oder bei Lieferfristüberschreitung zu gewährende Entschädigung geringere als die in § 85 vorgesehenen Höchstbeträge festsetzen. ²Hat der Absender im Frachtbrief die Anwendung eines solchen Tarifs vorgeschrieben (§ 56 Abs. 2 Buchstabe p), so haftet die Eisenbahn nur bis zu dem festgesetzten Höchstbetrag.

(2) Ist das Gut nur zum Teil über eine Strecke befördert worden, für die ein solcher Höchstbetrag im Tarif vorgesehen ist, so tritt die Beschränkung der Haftung der Eisenbahn nur ein, wenn die die Entschädigung begründende Tatsache sich auf diesem Teil der Beförderungsstrecke ereignet hat.

VIII. Beförderung von Gütern §§ 87–90 **EVO 6**

§ 87. Vermutung für den Verlust des Gutes. Wiederauffinden des Gutes.
(1) Der Verfügungsberechtigte kann das Gut ohne weiteren Nachweis als verloren betrachten, wenn es nicht innerhalb eines Monats nach Ablauf der Lieferfrist abgeliefert oder zur Abholung bereitgestellt worden ist.

(2) ¹Der Entschädigungsberechtigte kann bei Empfang der Entschädigung für das verlorene Gut in der Empfangsbescheinigung verlangen, daß er sofort benachrichtigt wird, wenn das Gut binnen dreier Jahre nach Zahlung der Entschädigung wieder aufgefunden wird. ²Hierüber ist ihm eine Bescheinigung zu erteilen.

(3) ¹Innerhalb eines Monats nach erhaltener Nachricht vom Wiederauffinden des Gutes kann der Entschädigungsberechtigte verlangen, daß ihm das Gut nach seiner Wahl auf dem im Frachtbrief angegebenen Versand- oder Bestimmungsbahnhof kostenfrei ausgeliefert wird. ²Die erhaltene Entschädigung hat er nach Abzug der nach den §§ 88 und 90 für die Überschreitung der Lieferfrist zustehenden Entschädigung zurückzuzahlen.

(4) In allen anderen Fällen kann die Eisenbahn über das wiederaufgefundene Gut frei verfügen.

§ 88. Höhe der Entschädigung bei Überschreitung der Lieferfrist. (1) ¹Bei Überschreitung der Lieferfrist hat die Eisenbahn den nachgewiesenen Schaden bis zur Höhe der Fracht zu ersetzen. ²Beträge unter fünf Deutsche Mark werden nicht ersetzt.

(2) Bei gänzlichem Verlust des Gutes kann keine besondere Entschädigung für Lieferfristüberschreitung verlangt werden.

(3) Bei teilweisem Verlust ist Entschädigung für Lieferfristüberschreitung bis zur Höhe der auf den nicht verlorengegangenen Teil der Sendung entfallenden Fracht zu leisten.

(4) Bei Beschädigung tritt die Entschädigung für Lieferfristüberschreitung gegebenenfalls zu der in § 85 vorgesehenen Entschädigung hinzu.

(5) Beim Zusammentreffen von Lieferfristüberschreitung mit Beschädigung oder teilweisem Verlust des Gutes kann als Gesamtentschädigung nach Absatz 1 zuzüglich derjenigen nach § 85 Abs. 1 und 2 keine höhere Entschädigung beansprucht werden als bei gänzlichem Verlust des Gutes.

§ 89. Angabe des Lieferwerts. (1) Der Absender kann den Wert, den er der fristgemäßen Lieferung der unversehrten Wagenladung über den nach § 85 zu ersetzenden Wert hinaus beimißt – Lieferwert (Interesse an der Lieferung) –, im Frachtbrief angeben.

(2) Der Betrag des Lieferwerts ist an der dafür vorgesehenen Stelle des Frachtbriefs einzutragen.

(3) ¹Für je angefangene zehn Kilometer wird ein Entgelt von einem Zehntel vom Tausend des angegebenen Betrages erhoben. ²Der Tarif kann das Entgelt herabsetzen und einen Mindestbetrag festsetzen.

(4) Ist die Ersatzpflicht nach § 86 auf einen Höchstbetrag beschränkt, so ist eine Angabe des Lieferwerts über diesen Betrag hinaus unzulässig.

§ 90. Umfang der Haftung bei Angabe des Lieferwerts. (1) Hat der Absender im Frachtbrief den Lieferwert angegeben, so kann im Falle der Entschädigungspflicht der Eisenbahn beansprucht werden:

a) bei gänzlichem oder teilweisem Verlust oder bei Beschädigung des Gutes
1. die Entschädigung nach § 85 oder § 86, außerdem
2. der Ersatz des nachgewiesenen weiteren Schadens bis zum Lieferwert;
b) bei Überschreitung der Lieferfrist
1. wenn nachgewiesen wird, daß ein Schaden aus der Überschreitung entstanden ist, eine Entschädigung bis zum Lieferwert,
2. wenn ein Schaden aus Überschreitung der Lieferfrist nicht nachgewiesen wird, für jeden Tag, um den die Lieferfrist überschritten ist, ein Fünftel der Fracht, höchstens die ganze Fracht, jedoch nicht mehr als der Lieferwert.

(2) Wird nachgewiesen, daß neben einem Schaden aus Lieferfristüberschreitung ein von der Eisenbahn zu vertretender Schaden aus teilweisem Verlust oder Beschädigung entstanden ist, so kann verlangt werden:

a) die Entschädigung nach § 85 oder § 86, außerdem
b) der Ersatz des gesamten weiteren Schadens einschließlich des durch Überschreitung der Lieferfrist entstandenen bis zum Lieferwert.

(3) Ist der Lieferwert geringer als die ohne Angabe des Lieferwerts zu gewährende Entschädigung, so kann diese verlangt werden.

§ 91. Haftung bei Vorsatz oder grober Fahrlässigkeit der Eisenbahn. [1]Ist der Schaden auf Vorsatz der Eisenbahn zurückzuführen, hat sie den nachgewiesenen Schaden zu ersetzen. [2]Im Falle grober Fahrlässigkeit der Eisenbahn hat sie den nachgewiesenen Schaden jeweils bis zum Doppelten der in den §§ 85, 86, 88 und 90 Abs. 1 Buchstabe a und b Nr. 1 und Abs. 2 vorgesehenen Höchstbeträge zu ersetzen.

§ 92. Verzinsung der Entschädigungsbeträge. Die von der Eisenbahn zu zahlenden Entschädigungsbeträge sind auf Verlangen vom Tage des Eingangs des Entschädigungsantrags an mit fünf vom Hundert zu verzinsen; Beträge unter zehn Deutsche Mark für den Frachtbrief werden jedoch nicht verzinst.

§ 93. Erlöschen der Ansprüche gegen die Eisenbahn aus dem Frachtvertrag. (1) Mit der Annahme des Gutes durch den Empfänger sind alle Ansprüche aus dem Frachtvertrag gegen die Eisenbahn erloschen.

(2) Hiervon sind ausgenommen:

a) Entschädigungsansprüche für Schäden, die durch Vorsatz oder grobe Fahrlässigkeit der Eisenbahn herbeigeführt sind;

b) Entschädigungsansprüche wegen Lieferfristüberschreitung, wenn sie innerhalb eines Monats, den Tag der Annahme durch den Empfänger nicht mitgerechnet, bei einer der nach § 95 Abs. 3 zuständigen Eisenbahnen schriftlich angebracht werden;

c) Entschädigungsansprüche wegen teilweisen Verlusts oder wegen Beschädigung:
1. wenn der teilweise Verlust oder die Beschädigung vor der Annahme des Gutes durch den Empfänger nach § 81 festgestellt worden ist;
2. wenn die Feststellung, die nach § 81 hätte erfolgen müssen, nur durch Verschulden der Eisenbahn unterblieben ist;

VIII. Beförderung von Gütern § 94 EVO 6

3. wenn eine Wagenladung nach § 82 Abs. 3 neu aufgegeben und der teilweise Verlust oder die Beschädigung bei der Ablieferung an den letzten Empfänger festgestellt worden ist;
d) Entschädigungsansprüche wegen solcher Schäden, die bei der Annahme des Gutes durch den Empfänger äußerlich nicht erkennbar waren, jedoch nur unter folgenden Voraussetzungen:
  1. daß der Empfänger unverzüglich nach der Entdeckung des Schadens, spätestens aber binnen einer Woche, nachdem er das Gut angenommen hat, den Schaden anzeigt, und
  2. daß er beweist, daß der Schaden in der Zeit zwischen der Annahme zur Beförderung und der Ablieferung des Gutes entstanden ist;
e) Ansprüche auf Rückerstattung geleisteter Zahlungen oder Nachnahmen.

§ 94. Verjährung der Ansprüche aus dem Frachtvertrag. (1) ¹Ansprüche aus dem Frachtvertrag verjähren in einem Jahre. ²Die Verjährungsfrist beträgt indessen drei Jahre:
a) bei Ansprüchen des Absenders auf Auszahlung einer Nachnahme, welche die Eisenbahn vom Empfänger eingezogen hat;
b) bei Ansprüchen auf Auszahlung des Erlöses eines von der Eisenbahn vorgenommenen Verkaufs;
c) bei Ansprüchen wegen eines durch Vorsatz verursachten Schadens.

(2) Die Verjährungsfrist beginnt:
a) bei Entschädigungsansprüchen wegen teilweisen Verlusts, Beschädigung oder Lieferfristüberschreitung mit Ablauf des Tages der Ablieferung;
b) bei Entschädigungsansprüchen wegen gänzlichen Verlustes des Gutes mit Ablauf des 30. Tages nach Beendigung der Lieferfrist;
c) bei Ansprüchen auf Zahlung, Nachzahlung oder Erstattung von Fracht, Frachtzuschlägen, Nebenentgelte und sonstigen Kosten mit Ablauf des Tages der Zahlung oder, wenn keine Zahlung stattgefunden hat, mit Ablauf des Tages, an dem das Gut zur Beförderung angenommen worden ist;
d) bei Ansprüchen auf Zahlung oder Rückerstattung von Beträgen, die Gegenstand einer Freibetragrechnung waren, mit Ablauf des Tages, an dem die Freibetragrechnung mit dem Absender abgerechnet worden ist;
e) bei Ansprüchen der Eisenbahn auf Zahlung von Beträgen, die der Empfänger statt des Absenders oder die der Absender statt des Empfängers gezahlt hatte, und welche die Eisenbahn dem Berechtigten zurückerstatten muß, mit Ablauf des Tages der Rückerstattung des Betrags;
f) bei Ansprüchen wegen Nachnahmen mit Ablauf des 14. Tages nach Beendigung der Lieferfrist;
g) bei Ansprüchen auf Auszahlung eines Verkaufserlöses mit Ablauf des Verkaufstages;
h) bei Ansprüchen auf Zahlung eines von der Zollbehörde verlangten Betrags mit Ablauf des Tages, an dem die Zollbehörde den Betrag von der Eisenbahn angefordert hat.

(3) ¹Die Verjährung des Anspruchs gegen die Eisenbahn wird, abgesehen von den allgemeinen gesetzlichen Hemmungsgründen, auch durch seine schriftliche

Anmeldung gehemmt. ²Ergeht auf die Anmeldung ein abschlägiger Bescheid, so läuft die Verjährungsfrist von dem Tage an weiter, an dem die Eisenbahn ihre Entscheidung dem Anmeldenden schriftlich bekanntmacht und ihm die der Anmeldung etwa beigefügten Belege zurückgibt. ³Weitere Anträge, die denselben Anspruch zum Gegenstand haben, hemmen die Verjährung nicht.

(4) Die Unterbrechung der Verjährung regelt sich nach den allgemeinen gesetzlichen Vorschriften.

(5) ¹Die Ansprüche gegen die Eisenbahn wegen gänzlichen oder teilweisen Verlusts oder wegen Beschädigung des Gutes oder wegen Überschreitung der Lieferfrist können nach Vollendung der Verjährung nur aufgerechnet werden, wenn vorher der gänzliche oder teilweise Verlust, die Beschädigung oder die Überschreitung der Lieferfrist der Eisenbahn angezeigt oder die Anzeige an sie abgesandt worden ist. ²Der Anzeige an die Eisenbahn steht es gleich, wenn gerichtliche Beweisaufnahme zur Sicherung des Beweises beantragt oder wenn in einem zwischen dem Absender und Empfänger oder einem späteren Erwerber des Gutes wegen des gänzlichen oder teilweisen Verlusts, der Beschädigung oder der Lieferfristüberschreitung anhängigen Rechtsstreit der Eisenbahn der Streit verkündet wird.

§ 95. Geltendmachung der Rechte aus dem Frachtvertrag.
(1) Zur Geltendmachung der Rechte aus dem Frachtvertrag gegenüber der Eisenbahn ist vorbehaltlich der Bestimmungen des § 70 Abs. 4 und des § 71 Abs. 4 und 5 nur der befugt, dem das Verfügungsrecht über das Gut zusteht.

(2) ¹Der Absender kann Ansprüche aus dem Frachtvertrag nur geltend machen, wenn er das Frachtbriefdoppel vorlegt; dies Erfordernis gilt nicht, wenn der Absender nach § 61 Abs. 4 auf das Doppel verzichtet hat. ²Vermag er dies nicht, so hat er nachzuweisen, daß der Empfänger seine Zustimmung erteilt oder die Annahme verweigert hat. ³Der Empfänger hat bei Geltendmachung von Ansprüchen aus dem Frachtvertrag den Frachtbrief in Urschrift vorzulegen, wenn er ihm übergeben worden ist. ⁴Andere Belege können auch in Abschrift vorgelegt werden, die jedoch auf Verlangen der Eisenbahn öffentlich beglaubigt sein muß. ⁵Handelt es sich um eine Entschädigung wegen gänzlichen oder teilweisen Verlusts oder Beschädigung, so ist eine Bescheinigung über den Wert des Gutes beizufügen. ⁶Im übrigen gilt § 70 Abs. 5 entsprechend.

(3) ¹Außergerichtliche Ansprüche sind schriftlich bei einer der in § 96 Abs. 3 genannten Eisenbahnen geltend zu machen, abgesehen von den in § 70 Abs. 7 und § 71 Abs. 6 vorgesehenen Fällen. ²Die Eisenbahn hat die Ansprüche mit tunlichster Beschleunigung zu prüfen und den Antragsteller schriftlich zu bescheiden, wenn keine Verständigung erzielt wird.

§ 96. Haftung und Inanspruchnahme mehrerer an der Beförderung beteiligter Eisenbahnen.
(1) Die Versandbahn haftet für die Ausführung der Beförderung bis zur Ablieferung des Gutes an den Empfänger ohne Rücksicht darauf, ob nur eigene oder auch fremde Strecken benutzt werden.

(2) Jede nachfolgende Bahn tritt dadurch, daß sie das Gut mit dem bei der Aufgabe ausgestellten Frachtbrief übernimmt, in den Frachtvertrag nach Maßgabe des Frachtbriefs ein und übernimmt die sich daraus ergebenden Verpflichtungen.

(3) ¹Die Ansprüche aus dem Frachtvertrag können jedoch im Wege der Klage nur gegen die Versandbahn oder die Empfangsbahn, auch wenn diese das Gut

VIII. Beförderung von Gütern § 96 EVO 6

nicht erhalten hat, oder gegen die Bahn gerichtet werden, auf deren Strecke sich die den Anspruch begründende Tatsache ereignet hat. ²Unter diesen Bahnen hat der Kläger die Wahl. ³Das Wahlrecht erlischt mit Erhebung der Klage. ⁴Durch Widerklage oder Aufrechnung können Ansprüche aus dem Frachtvertrag auch gegen eine andere Bahn geltend gemacht werden, wenn deren Klage sich auf denselben Frachtvertrag gründet.

(4) ¹Hat auf Grund dieser Vorschriften eine der beteiligten Bahnen Schadenersatz geleistet, so steht ihr der Rückgriff gegen die Bahn zu, die den Schaden verschuldet hat. ²Kann diese nicht ermittelt werden, so haben die beteiligten Bahnen den Schaden nach dem Verhältnis der Streckenlängen, mit denen sie an der Beförderung beteiligt sind, gemeinsam zu tragen, soweit nicht festgestellt wird, daß der Schaden nicht auf ihren Strecken entstanden ist. ³Die Eisenbahnen können über den Rückgriff allgemein oder im einzelnen Fall andere Vereinbarungen treffen.

6 EVO

KVO 7

7. Kraftverkehrsordnung (KVO) für den Güterfernverkehr mit Kraftfahrzeugen (Beförderungsbedingungen)*

erstellt auf Grund § 13 Abs. 1 des Gesetzes über den Güterfernverkehr mit Kraftfahrzeugen vom 26. Juni 1935 (RGBl. Teil I S. 788 vom 28. Juni 1935)**

Veröffentlicht als Teil des Reichskraftwagentarifs vom 30. März 1936 im Reichsverkehrsblatt 1936 Ausg. B S. 151, mit Änderungen RVkBl. B 1936 S. 243; 1940 S. 284; 1941 S. 168, 212; 1943 S. 27; 1944 S. 43; die nachstehend abgedruckte Fassung beruht auf der Veröffentlichung auf Grund der Verordnung TS Nr. 12/58 vom 23. 12. 1958 (BAnz. Nr. 249), geändert durch Verordnung TSF Nr. 10/70 über Tarife für den Güterfernverkehr mit Kraftfahrzeugen vom 13. 10. 1970 (BAnz. Nr. 192), Verordnung TSF Nr. 4/78 über Tarife für den Güterfernverkehr mit Kraftfahrzeugen vom 18. 9. 1978 (BAnz. Nr. 179), Verordnung TSF Nr. 7/82 vom 10. 12. 1982 (BAnz. Nr. 238), Verordnung TSU Nr. 3/83 vom 3. 8. 1983 (BAnz. Nr. 151) und Verordnung TSF Nr. 2/89 vom 10. 4. 1989 (BAnz. Nr. 71 S. 1957)

Inhaltsübersicht

I. Eingangsbestimmungen § 1
II. Allgemeine Bestimmungen §§ 3–9
III. Bestimmungen über die Beförderungspapiere §§ 10–13
IV. Abschluß des Beförderungsvertrages. Berechnung und Zahlung des Beförderungsentgelts. Nachnahmen §§ 14–26
V. Abänderung des Beförderungsvertrages §§ 27, 28
VI. Haftung aus dem Beförderungsvertrage §§ 29–40

I. Eingangsbestimmungen

§ 1.***·† **Geltungsbereich.** (1) Die Kraftverkehrsordnung gilt für den gewerblichen Güterfernverkehr im Sinne von § 3 des Güterkraftverkehrsgesetzes.††

---

* Über Rechtsnatur und Weitergeltung der KVO nach 1945 herrscht Streit. Vgl. hierzu insbesondere Baumbach-Duden-Hopt, Kommentar zum HGB, C. H. Beck'sche Verlagsbuchhandlung, Einleitung zur KVO (Nr. 23 der Handelsrechtlichen Nebengesetze), und NJW 1954 S. 588.
** Vgl. hierzu das Güterkraftverkehrsgesetz (GüKG) i. d. F. der Bek. vom 10. 3. 1983 (BGBl. I S. 256), insbesondere §§ 20ff. GüKG. Durch § 103 Abs. 2 Nr. 2 GüKG wurde der Bundesminister für Verkehr ermächtigt, über die Wahrnehmung der Befugnisse, die auf Grund der nach früherem Recht erlassenen Tarife dem Reichs-Kraftwagen-Betriebsverband zustanden, Rechtsverordnungen zu erlassen. Von dieser Befugnis wurde bis jetzt noch kein Gebrauch gemacht.
*** § 1 Abs. 1 neu gefaßt sowie Abs. 2 und 3 aufgehoben durch Verordnung TSF Nr. 2/89 vom 10. 4. 1989 (BAnz Nr. 71), Abs. 4 neu gefaßt durch Verordnung TSU Nr. 3/83 vom 3. 8. 1983 (BAnz. Nr. 151), Abs. 5 angefügt durch TSF Nr. 4/78 vom 18. 9. 1978 (BAnz. Nr. 179).
† Die KVO gilt nur noch für den innerdeutschen Güterfernverkehr mit Kraftfahrzeugen. Für den grenzüberschreitenden Verkehr gilt das Übereinkommen über den Beförderungsvertrag im internationalen Straßengüterverkehr (CMR) vom 19. 5. 1956 (BGBl. 1961 II S. 1120) sowie das Gesetz vom 16. 8. 1961 (BGBl. II S. 1119). Das Übereinkommen ist gemäß Bek. vom 28. 12. 1961 (BGBl. 1962 II S. 12) für die Bundesrepublik Deutschland in Kraft getreten. Vertragsstaaten sind Belgien, Bulgarien, Dänemark, Deutsche Demokratische Republik, Finnland, Frankreich, Griechenland, Großbritannien, Italien, Jugoslawien, Luxemburg, Niederlande, Norwegen, Österreich, Polen, Portugal, Rumänien, Schweden, Schweiz, Sowjetunion, Spanien, Tschechoslowakei und Ungarn; vgl. Bek. in BGBl. 1962 II S. 12; 1963 II S. 107; 1967 II S. 2342; 1968 II S. 858; 1969 II S. 1271; 1970 II S. 793; 1972 II S. 231, 684; 1973 II S. 538, 1415; 1974 II S. 1231, 1384; 1977 II S. 1156; 1978 II S. 171; 1983 II S. 834.
†† § 3 Güterkraftverkehrsgesetz lautet:
„§ 3. (1) Güterfernverkehr ist jede Beförderung von Gütern mit einem Kraftfahrzeug für andere über die Grenzen der Nahzone hinaus oder außerhalb dieser Grenzen mit Ausnahme des Umzugsverkehrs.
(Fortsetzung der Anm. auf S. 338).

(2), (3) *(aufgehoben)*

(4) Für die Beförderung von Umzugsgut, Erbgut und Heiratsgut mit einem Kraftfahrzeug für andere und für die Beförderung von Handelsmöbeln in besonders für die Möbelbeförderung eingerichteten Fahrzeugen im Güterfernverkehr und Güternahverkehr gilt der Güterkraftverkehrstarif für den Umzugsverkehr und für die Beförderung von Handelsmöbeln in besonders für die Möbelbeförderung eingerichteten Fahrzeugen im Güterfernverkehr und Güternahverkehr (GüKUMT).

(5) Hat ein Spediteur nach den §§ 412, 413 HGB Rechte und Pflichten eines Frachtführers, so gelten die Vorschriften dieser Verordnung über die Haftung aus dem Beförderungsvertrag nur, so weit wie der Spediteur das Gut mit eigenen Kraftfahrzeugen im Güterfernverkehr (§ 12 GüKG) befördert.

§ 2.* *(aufgehoben)*

II. Allgemeine Bestimmungen

§ 3.* Berechtigte und Verpflichtete aus dem Beförderungsvertrag. Der Beförderungsvertrag wird zwischen dem Unternehmer und dem frachtbriefmäßigen Absender des Gutes geschlossen.

---

(2) ¹Werden Güter für andere auf einem Teil der Strecke mit einem Kraftfahrzeug, auf einem anderen Teil der Strecke mit der Eisenbahn oder einem Binnenschiff in einem Kraftfahrzeug, einem Anhänger oder deren Aufbauten (Huckepackverkehr) oder in Behältern befördert und wird der Vertrag über die Beförderung auf der Gesamtstrecke durch einen Unternehmer geschlossen, der im Besitz einer Genehmigung für den Güterfernverkehr ist, die die Beförderung auf der Gesamtstrecke deckt, so sind die Vorschriften für den Güterfernverkehr mit folgender Maßgabe entsprechend anzuwenden:
1. Wird die An- oder Abfuhr innerhalb der Nahzone des eingesetzten Kraftfahrzeugs durchgeführt, so gelten hierfür die Bestimmungen des § 12 nicht.
2. Wird die An- oder Abfuhr über die Grenzen der Nahzone des eingesetzten Kraftfahrzeugs hinaus oder außerhalb dieser Grenzen durchgeführt, so
   a) kann abweichend von § 12 Abs. 1 Nr. 3 an Stelle der Genehmigungsurkunde eine Bescheinigung der Deutschen Bundesbahn über deren Hinterlegung mitgeführt werden und
   b) gilt die Beschränkung des § 12 Abs. 1 Nr. 2 nicht.
3. Die Beförderung auf der Gesamtstrecke gilt mit der Genehmigung durchgeführt, die der Unternehmer bei der Deutschen Bundesbahn hinterlegt oder die er für die An- oder Abfuhr verwendet.
²Dies gilt nicht für das Verhältnis zwischen dem Unternehmer des Güterfernverkehrs und der Eisenbahn oder dem Schiffahrttreibenden sowie einem für die An- oder Abfuhr innerhalb der Nahzone eingesetzten Unternehmer des Güternahverkehrs."

§ 2 Abs. 2 Güterkraftverkehrsgesetz lautet:
„§ 2. (2) ¹Die Nahzone ist das Gebiet innerhalb eines Umkreises von fünfzig Kilometern, gerechnet in der Luftlinie vom Mittelpunkt des Standorts des Kraftfahrzeugs (Ortsmittelpunkt) aus. ²Zur Nahzone gehören alle Gemeinden, deren Ortsmittelpunkt innerhalb der Nahzone liegt. ³Sie ist für jede Gemeinde von der nach Landesrecht zuständigen Behörde öffentlich bekanntzugeben. ⁴Gemeinden mit mehr als einhunderttausend Einwohnern oder mit einer Fläche von mehr als einhundert Quadratkilometern können für die Bestimmung von Ortsmittelpunkten in Bezirke eingeteilt werden; für jeden Bezirk kann ein Ortsmittelpunkt bestimmt werden. ⁵Jeder dieser bezirklichen Ortsmittelpunkte gilt als Ortsmittelpunkt für das gesamte Gemeindegebiet. ⁶Der Ortsmittelpunkt muß ein verkehrswirtschaftlicher Schwerpunkt der Gemeinde oder des Bezirks sein."
* § 2 sowie § 3 Sätze 2 und 3 aufgehoben durch Verordnung TSF Nr. 2/89 vom 10. 4. 1989 (BAnz. Nr. 71).

II. Allgemeine Bestimmungen

§ 4. Abfertigungsarten. ¹Der Absender kann entweder
a) das Gut als Stückgut dem Unternehmer zur Verladung übergeben oder
b) sich ein Fahrzeug für die Verladung des Gutes bestellen (Ladungsverkehr).
²Zum Ladungsverkehr gehört auch der Sammelgutverkehr der Spediteure.

§ 5.* Abholung und Zustellung der Güter. (1) Stückgüter und Ladungsgüter werden, wenn der Absender nichts anderes beantragt oder im Frachtbrief ausdrücklich vorgeschrieben hat, vom Unternehmer abgeholt und zugestellt, wenn die Gütermenge, die für einen Urversender von einer Ladestelle abzuholen oder für einen Endempfänger nach einer Ladestelle zuzuführen ist, ein Gewicht von mehr als 2,5 t hat.

(2) Auch Güter von einem geringeren Gewicht als in (1) genannt, können durch den Unternehmer abgeholt oder zugeführt werden,
a) wenn die Güter den Laderaum des Kraftfahrzeuges oder Anhängers ausnutzen oder die einzige Ladung des Kraftfahrzeuges oder Anhängers bilden und bei nur einer Stelle aufgeladen oder bei nur einer Stelle abgeladen werden,
b) wenn die mehreren Stellen, an denen die Güter aufgeladen oder abgeladen werden, jeweils auf einer zusammenhängenden Grundfläche liegen, die dem Absender oder dem Empfänger gehört oder von ihm gemietet oder gepachtet ist, oder
c) wenn das Gut lose verladen und in besonderem Maße der Bruch- oder Beschädigungsgefahr ausgesetzt ist oder wenn eine besondere Rollfuhrleistung mit Zwischenumschlag mit erheblichen, den Verfrachtern nicht zumutbaren Umständlichkeiten oder Umwegen oder Kosten verbunden wäre,
d) wenn am Versandort oder am Bestimmungsort kein Spediteur oder Fuhrunternehmer oder Kraftfahrunternehmer des Güternahverkehrs ansässig ist.

(3)–(5) *(aufgehoben)*

§ 6. Haftung für Dritte. Die Unternehmer haften für die Personen, deren sie sich zur Erfüllung und bei Ausführung ihrer Aufgaben bedienen.

§ 7.* Übernahme von Beförderungsaufträgen. (1) Eine Pflicht zur Übernahme von Beförderungsaufträgen besteht nicht.

(2), (3) *(aufgehoben)*

§ 8.* *(aufgehoben)*

§ 9.** *** Beförderungspreise, Nebengebühren. (1) Die Beförderungsentgelte (Entgelte für die Beförderung und für Nebenleistungen) werden nach den vom Bundesminister für Verkehr durch Rechtsverordnung in Kraft gesetzten Tarifen berechnet.

---

* § 5 Abs. 3 bis 5, § 7 Abs. 2 und 3 sowie § 8 aufgehoben durch Verordnung TSF Nr. 2/89 vom 10. 4. 1989 (BAnz. Nr. 71).
** § 9 Abs. 1 neu gefaßt sowie Abs. 3 und 4, Abs. 5 Sätze 2 und 3 aufgehoben durch Verordnung TSF Nr. 2/89 vom 10. 4. 1989 (BAnz. Nr. 71).
*** Beachte hierzu auch §§ 22 bis 23 Güterkraftverkehrsgesetz i.d.F. der Bek. vom 10. 3. 1983 (BGBl. I S. 256), geändert durch Gesetz vom 23. 7. 1986 (BGBl. I S. 1093) und Art. 30 Gesetz vom 28. 6. 1990 (BGBl. I S. 1221):

(Fortsetzung der Anm. auf S. 340)

7 KVO § 9 II. Allgemeine Bestimmungen

(2) ¹Ermäßigungen und Erhöhungen der Frachten und der Nebengebühren sowie andere Abweichungen von den Tarifen, die nicht in diesen selbst vorgesehen sind und nicht unter gleichen Bedingungen jedermann zugute kommen, sind unzulässig, es sei denn, daß es sich um solche Nebengebühren handelt, für die im

---

(Fortsetzung der Anm. von S. 339)

„**§ 22.** (1) ¹Die Beförderungsentgelte sollen den wirtschaftlichen Verhältnissen der Unternehmer des Güterkraftverkehrsgewerbes Rechnung tragen; sie sind Mindest-/Höchstentgelte, falls in dem Tarif nichts anderes bestimmt ist. ²Bei Festsetzung der Beförderungsentgelte sind unbillige Benachteiligungen landwirtschaftlicher und mittelständischer Wirtschaftskreise sowie wirtschaftlich schwacher und verkehrsungünstig gelegener Gebiete zu verhindern.

(2) ¹Ermäßigungen des Beförderungsentgelts und andere Vergünstigungen, die nicht veröffentlicht worden sind und nicht unter gleichen Bedingungen jedermann zugute kommen, sind unzulässig. ²Unzulässig sind ferner Zahlungen oder andere Zuwendungen, die einer Umgehung des tarifmäßigen Beförderungsentgelts gleichkommen. ³Leistungen, die im Zusammenhang mit Beförderungen dem Unternehmer außerhalb des Beförderungsvertrages oder dem Spediteur außerhalb des Speditionsvertrages erbracht werden, dürfen nicht pauschal, sondern nur auf Grund einer Einzelabrechnung vergütet werden; unberührt bleiben Regelungen nach den §§ 32, 35 und 84h. ⁴Entgelte für eine Beschäftigungs- oder Umsatzgarantie oder für eine Organisation des Fahrzeugeinsatzes dürfen nur auf Grund des Tarifs oder einer anderen Rechtsverordnung nach diesem Gesetz gezahlt werden.

(3) ¹Die rechtliche Wirksamkeit des Beförderungsvertrages wird durch tarifwidrige Abreden nicht berührt. ²Die Höhe des Beförderungsentgelts und die Beförderungsbedingungen richten sich auch in diesen Fällen nach den Bestimmungen des Tarifs.

§ 22a. (1) ¹Für die Beförderung von Gütern von und nach deutschen Seehäfen, die über See eingeführt worden sind oder über See ausgeführt werden, können ein oder mehrere in einem Bietergemeinschaft verbundene Unternehmer ohne Bindung an die Tarife Entgelte mit dem Vertragspartner schriftlich vereinbaren (Sonderabmachungen). ²Solche Sonderabmachungen sind nur zulässig,

1. wenn Umstände vorliegen, die bei der Festsetzung der Tarife nicht berücksichtigt worden sind, insbesondere, wenn der Wettbewerb gegenüber anderen Verkehrswegen oder Verkehrsträgern eine Sonderabmachung erfordert und ihm durch einen Wettbewerbstarif nicht Rechnung getragen wird, und
2. wenn die Sonderabmachung eine Gütermenge von mindestens 500 Tonnen in drei Monaten oder 1000 Tonnen in sechs Monaten, bei Ausführen über See 250 Tonnen in drei Monaten oder 500 Tonnen in sechs Monaten umfaßt, und
3. wenn die Sonderabmachung das finanzielle Betriebsergebnis des Unternehmers erhält oder verbessert.

(2) Der Unternehmer hat die Sonderabmachung unverzüglich nach ihrem Abschluß der Bundesanstalt für den Güterfernverkehr (§ 53) mitzuteilen; er hat zusammen mit der Sonderabmachung alle Unterlagen vorzulegen, die den Abschluß sowie die vereinbarten Beförderungsentgelte rechtfertigen.

(3) Sonderabmachungen werden spätestens drei Monate nach Inkrafttreten eines Wettbewerbstarifs nach Absatz 1 Nr. 1 unwirksam.

(4) ¹Ist der Markt für die Beförderung bestimmter Güter in bestimmten Verkehrsverbindungen gestört, so kann der Bundesminister für Verkehr durch Rechtsverordnung ohne Zustimmung des Bundesrates bestimmen, daß in diesen Fällen der Abschluß von Sonderabmachungen längstens für die Dauer eines Jahres der vorherigen Genehmigung des Bundesministers für Verkehr bedarf. ²Der Markt gilt insbesondere dann als gestört, wenn die durchschnittliche Höhe der während eines Kalenderjahres erhobenen Beförderungsentgelte nicht ausreicht, um die Rentabilität eines ordnungsgemäß geführten und normal beschäftigten Verkehrsunternehmens zu gewährleisten.

§ 23. (1) ¹Ist Beförderungsentgelt unter Tarif berechnet, so hat der Unternehmer den Unterschiedsbetrag zwischen dem tarifmäßigen und dem tatsächlich berechneten Entgelt nachzufordern und erforderlichenfalls gerichtlich geltend zu machen und im Wege der Zwangsvollstreckung beizutreiben. ²Kommt der Unternehmer dieser Verpflichtung innerhalb einer von der Bundesanstalt für den Güterfernverkehr (§ 53) festzusetzenden angemessenen Frist nicht nach, so geht die Forderung auf die Bundesanstalt über, die das zuwenig berechnete Entgelt im eigenen Namen einzuziehen hat. ³In diesem Falle führt sie an Stelle des Unternehmers die in dem Unterschiedsbetrag enthaltene Umsatzsteuer an das für sie zuständige Finanzamt ab; die Unterschiedsberechnung gilt für den Vorsteuerabzug nach § 15 Abs. 1 des Umsatzsteuergesetzes als Rechnung des Unternehmers, wenn in ihr der Steuerbetrag gesondert ausgewiesen ist.

(2) ¹Ist Beförderungsentgelt über Tarif berechnet oder sind andere tarifwidrige Zahlungen oder Zuwendungen geleistet, so muß der Leistende diese zurückfordern und erforderlichenfalls gerichtlich

III. Bestimmungen über die Beförderungspapiere §§ 10, 11 **KVO 7**

Tarif ausdrücklich vorgesehen ist, daß sie in der angegebenen Höhe zwar erhoben werden können, aber nicht erhoben zu werden brauchen.
²Unzulässig sind ferner Zahlungen oder andere Zuwendungen – auch in der Form von Leistungen –, die einer Umgehung des tarifmäßigen Beförderungsentgelts gleichkommen. ³Das gleiche gilt von Aufwendungen irgendwelcher Art an Angestellte oder Familienangehörige der Verfrachter.
⁴Die rechtliche Wirksamkeit des Beförderungsvertrages wird jedoch durch tarifwidrige Abreden und Handlungen nicht berührt. ⁵Die Höhe des Beförderungsentgelts richtet sich auch in diesen Fällen nach der KVO und den Tarifen.

(3), (4) *(aufgehoben)*

(5) Die Bestimmungen dieses Paragraphen beziehen sich nicht auf die Gebühren, die Unternehmer, die nicht zum Güterfernverkehr zugelassen sind, oder Spediteure für ihre Mitwirkung bei der Beförderung, insbesondere für speditionelle Verrichtungen im Sammelgut- und sonstigen Ladungsverkehr und für Rollfuhrleistungen erheben.

III. Bestimmungen über die Beförderungspapiere

§ 10.* **Form des Frachtbriefes.** (1) Jede Sendung muß von einem Frachtbrief begleitet sein.

(2) ¹Der Frachtbrief ist mit mindestens drei Durchschriften auszufertigen. ²Die Erstschrift begleitet das Gut, eine Durchschrift erhält der Absender.

§ 11.** **Inhalt des Frachtbriefes.** (1) Der Absender hat in den Frachtbrief einzutragen:

a) Ort und Tag der Ausstellung,

---

geltend machen und im Wege der Zwangsvollstreckung beitreiben. ²Kommt der Leistende dieser Verpflichtung innerhalb einer von der Bundesanstalt festzusetzenden angemessenen Frist nicht nach, so geht die Forderung auf die Bundesanstalt über, die das zuviel berechnete Entgelt im eigenen Namen einzuziehen hat. ³Bei Zuwendungen, die nicht in Geld bestehen, ist dem Wert der Zuwendung entsprechende Geldbetrag einzuziehen. ⁴§ 817 Satz 2 des Bürgerlichen Gesetzbuchs ist nicht anzuwenden.
(3) ¹Hat ein nach den Absätzen 1 oder 2 Forderungsberechtigter vorsätzlich gehandelt, so geht die Forderung in dem Zeitpunkt auf die Bundesanstalt über, in dem diese dem Schuldner den Übergang mitteilt, im Fall des Konkurses eines Forderungsberechtigten jedoch nur, soweit die Forderung nicht zur Befriedigung der Gläubiger erforderlich ist. ²Tritt der Konkurs erst innerhalb von drei Monaten nach dem Forderungsübergang ein, so kann der Konkursverwalter verlangen, daß die Bundesanstalt einen entsprechenden Teil der Forderung oder, falls diese bereits eingezogen ist, des Erlöses auf ihn zurücküberträgt.
(4) Der Bundesminister für Verkehr bestimmt durch Rechtsverordnung mit Zustimmung des Bundesrates die Form, in der die nach Absatz 1 Satz 1 und Absatz 2 Satz 1 Berechtigten die Einziehung nach- oder zurückzufordernder Geldbeträge nachzuweisen haben.
(5) ¹Die Absätze 1 bis 3 finden auf Beförderungen im grenzüberschreitenden Güterkraftverkehr keine Anwendung. ²Der Bundesminister für Verkehr kann jedoch durch Rechtsverordnung ohne Zustimmung des Bundesrates bestimmen, daß die Absätze 1 bis 3 auf Beförderungen im grenzüberschreitenden Güterkraftverkehr ganz oder teilweise Anwendung finden, wenn das Recht, das an dem außerhalb des Geltungsbereichs dieses Gesetzes liegenden Be- oder Entladeort gilt, entsprechende Bestimmungen enthält."
* § 10 Abs. 1 Satz 2 sowie Abs. 2 Satz 3 aufgehoben durch Verordnung TSF Nr. 2/89 vom 10. 4. 1989 (BAnz. Nr. 71.
** § 11 Abs. 1 Buchst. b und c neu gefaßt durch VO TSF Nr. 10/70 vom 13. 10. 1970 (BAnz. Nr. 192), Abs. 1 Buchst. f neu gefaßt durch VO TSF Nr. 7/82 vom 10. 12. 1982 (BAnz. Nr. 238).

b) den Versand- und Bestimmungsort unter näherer Angabe der Ein- und Ausladestellen,

c) die die Tarifentfernung bestimmenden Gemeindebereiche (Gemeindetarifbereiche), in denen die Ein- und Ausladestellen liegen,

d) Name, Wohnort und, wenn kein Ausladeplatz angegeben ist, auch Wohnung oder Geschäftsstelle des Empfängers, an den das Gut ausgeliefert werden soll, sowie nach Möglichkeit seine Drahtanschrift und Fernsprechnummer,

e) Bezeichnung der Sendung nach ihrem Inhalt, ferner die Angabe des Bruttogewichtes in Kilogramm oder den Antrag auf Feststellung des Gewichtes durch den Unternehmer, außerdem, wenn die Sendung vom Unternehmer als Stückgut übernommen werden soll, die Anzahl der Stücke unter Angabe von Zeichen und Nummer oder Adresse,

f) Name und Anschrift des Absenders sowie seine Unterschrift; die Unterschrift kann auch gedruckt oder gestempelt werden,

g) Angabe der durch die Zoll-, Steuer-, Polizei- oder sonstigen Verwaltungsbehörden vorgeschriebenen Begleitpapiere, die dem Frachtbrief beigefügt sind,

h) Angabe der Kosten, die der Absender übernehmen will (Freivermerk),

i) Höhe der Nachnahme, mit der das Gut belastet wird.

(2) Außerdem können mit dem Unternehmer folgende Vereinbarungen getroffen werden, die ebenfalls in den Frachtbrief eingetragen werden müssen:

a) Bezeichnung einer bestimmten Zoll- oder Steuerstelle, bei der eine Zoll- oder Steuerbehandlung vorgenommen werden soll,

b) Angabe, daß zur Zoll- oder Steuerbehandlung ein bestimmter Bevollmächtigter hinzugezogen werden soll,

c) Vereinbarung über eine gegenüber den Vorschriften des § 26 abgekürzte Lieferfrist,

d) Weisungen über die Zuführung der Sendung,

e) Erklärung gemäß § 18 (2) (mangelhafte Verpackung),

f) Vereinbarung über Ver- und Entladung des Gutes,

g) Weisungen wegen der Benachrichtigung bei Ablieferungshindernissen,

h) Weisungen wegen der Weiterbeförderung des Gutes auch mit anderen Verkehrsmitteln,

i) Anträge über die im Nebengebührentarif vorgesehenen Leistungen.

(3) [1]Andere als die vorbezeichneten Angaben und Erklärungen darf der Absender in den Frachtbrief nicht eintragen.
[2]Alle Eintragungen im Frachtbrief müssen in deutscher Sprache deutlich geschrieben sein.
[3]Frachtbriefe mit abgeänderten oder radierten Eintragungen brauchen nicht angenommen zu werden. [4]Durchstreichungen sind nur zulässig, wenn sie der Absender mit seiner Unterschrift anerkennt. [5]Handelt es sich um die Zahl der Stücke oder das Gewicht der Sendungen, so sind außerdem die berichtigten Angaben in Buchstaben zu wiederholen.

§ 12. Zoll-, Steuer-, Polizei- und sonstige verwaltungsbehördliche Vorschriften. (1) [1]Der Absender ist verpflichtet, dem Frachtbrief alle Begleitpapiere beizugeben, die zur Erfüllung der Zoll- und sonstigen verwaltungsbehördlichen

III. Bestimmungen über die Beförderungspapiere § 12 KVO 7

Vorschriften bis zur Ablieferung an den Empfänger erforderlich sind; sie sind im Frachtbrief einzeln und genau zu bezeichnen. ²Diese Papiere dürfen nur Güter umfassen, die Gegenstand des Beförderungsvertrages sind, es sei denn, daß Verwaltungsvorschriften oder die Anwendungsbedingungen des Tarifs etwas anderes bestimmen.
³Der Unternehmer ist berechtigt, aber nicht verpflichtet, die beigegebenen Papiere auf ihre Richtigkeit und Vollständigkeit zu prüfen. ⁴Der Absender haftet dem Unternehmer, sofern diesen kein Verschulden trifft, für alle Folgen, die aus dem Fehlen, der Unzulänglichkeit oder der Unrichtigkeit der Papiere entstehen.
⁵Auch ist für die Dauer eines durch solche Mängel verursachten Aufenthaltes von mehr als 12 Stunden das tarifmäßige Lager- oder Standgeld zu zahlen.

(2) ¹Der Absender hat für alle Güter, die zur Einfuhr nach dem deutschen Zollgebiet oder zur Durchfuhr durch das deutsche Zollgebiet bestimmt sind, eine deutlich geschriebene Warenerklärung in doppelter Ausfertigung dem Frachtbrief offen beizulegen. ²Die Beigabe ist auf dem Frachtbrief zu vermerken.

(3) Güter mit Begleitscheinen des deutschen Zollgebiets, zu denen Frachtbriefe auf einen außerhalb des deutschen Zollgebiets gelegenen Bestimmungsort lauten, werden nur angenommen, wenn die Begleitscheine auf das Ausgangszollamt gestellt sind.

(4) ¹Der Absender ist verpflichtet, für die Verpackung und Bedeckung der Güter entsprechend den Zoll- und Steuervorschriften zu sorgen. ²Sendungen, deren zoll- oder steueramtlicher Verschluß verletzt oder mangelhaft ist, kann der Unternehmer zurückweisen. ³Hat der Absender die Güter nicht vorschriftsmäßig verpackt oder nicht mit Decke versehen, so kann der Unternehmer dies gegen Berechnung der Kosten besorgen.

(5) ¹Solange das Gut unterwegs ist, hat der Unternehmer die Zoll- und sonstigen verwaltungsbehördlichen Vorschriften für den Absender zu erfüllen. ²Hat der Absender im Frachtbrief erklärt, daß er selbst oder ein Bevollmächtigter zu dieser Behandlung zugezogen werden soll, so ist dem hiernach Bevollmächtigten die Ankunft des Gutes an dem Ort, wo die Zoll- usw. Behandlung stattfinden soll, mitzuteilen. ³Der Absender oder sein Bevollmächtigter soll alle nötigen Aufklärungen über das Gut geben; er ist jedoch nicht befugt, das Gut in Besitz zu nehmen oder die Behandlung selbst zu betreiben. ⁴Erscheint er nicht binnen angemessener Frist, so ist die Behandlung ohne ihn zu veranlassen.

(6) Hat der Absender für die Behandlung durch die Zoll- oder sonstige Verwaltungsbehörde eine unzulässige oder undurchführbare Vorschrift gegeben, so handelt der Unternehmer nach dem mutmaßlichen Willen des Absenders und teilt ihm die getroffenen Maßnahmen mit.

(7) ¹Am Bestimmungsort kann der Empfänger die Zoll- usw. Behandlung betreiben, wenn die auf der Sendung ruhenden Fracht- usw. Beträge bezahlt sind und der Absender im Frachtbrief nichts anderes bestimmt hat. ²Andernfalls hat der Unternehmer entweder die Behandlung selbst zu veranlassen oder aber nach § 28 (Ablieferungshindernisse) zu verfahren. ³Die Güter dürfen dem Empfänger nur ausgeliefert werden, wenn nachgewiesen wird, daß der Zoll- oder Steuerbetrag bezahlt oder gestundet ist. ⁴Der Unternehmer hat bei der ihm nach den Absätzen (5), (6) und (7) obliegenden Tätigkeit die Pflichten eines Spediteurs. ⁵Er kann für diese Tätigkeit die tarifmäßigen Gebühren erheben.

(8) ¹Bei den über die Grenze des deutschen Wirtschaftsgebiets ein- und ausgehenden Gütern hat der inländische Empfänger oder Absender die nach den Bestim-

343

mungen über die Statistik des Warenverkehrs vorgeschriebenen Anmeldescheine zu beschaffen. ²Werden die Anmeldepapiere nicht rechtzeitig beigebracht, so kann der Unternehmer diese Papiere gegen Erstattung der tarifmäßigen Gebühren selbst ausstellen, soweit er nach den genannten Bestimmungen zur Ausfüllung befugt ist.

(9) ¹Der Unternehmer haftet für die Folgen des Verlustes oder der unrichtigen Verwendung der im Frachtbrief bezeichneten und ihm beigegebenen Papiere wie ein Spediteur. ²Er hat aber in keinem Falle einen höheren Schadensersatz zu leisten als bei Verlust des Gutes.

§ 13.* Haftung für die Angaben im Frachtbrief. (1) Sind die Angaben oder Erklärungen des Absenders im Frachtbrief unrichtig, ungenau, unvollständig oder unzulässig, so trägt er alle daraus entstehenden Folgen und haftet insbesondere für jeden etwa entstehenden Schaden.**

(2) Die Haftung des frachtbriefmäßigen Absenders ändert sich nicht, wenn der Unternehmer auf seinen Antrag den Frachtbrief ausfüllt.

IV. Abschluß des Beförderungsvertrages.
Berechnung und Zahlung des Beförderungsentgelts.
Nachnahmen

§ 14.*** Bestellung von Fahrzeugen, Wagenstellungsvertrag. (1) Der Absender bestellt beim Unternehmer des gewerblichen Güterfernverkehrs Fahrzeuge nach Maßgabe der folgenden Bestimmungen.

(2) Bei der Bestellung sind anzugeben:

a) Name, Wohnort und Wohnung des Absenders, möglichst mit Drahtanschrift und Fernsprechnummer,

b) Name, Wohnort und Wohnung des Bestellers, möglichst mit Drahtanschrift und Fernsprechnummer, wenn der Besteller ein anderer als der Absender ist,

c) Einladeplatz sowie Tag und Stunde, wann das Fahrzeug gestellt werden soll,

d) Name und Wohnort des Empfängers, der Bestimmungsort,

e) Art und ungefähres Gewicht des Gutes.

(3) ¹Ist die Bestellung nach (1) angenommen, so hat der Unternehmer die Verpflichtung, ein geeignetes Fahrzeug antragsgemäß zu stellen. ²Kann das Fahr-

---

* § 13 Abs. 1 geändert durch Verordnung TSF Nr. 2/89 vom 10. 4. 1989 (BAnz. Nr. 71).
** Siehe § 99 Abs. 1 Nr. 4a und Abs. 2 des Güterkraftverkehrsgesetzes i. d. F. der Bek. vom 10. 3. 1983 (BGBl. I S. 256), geändert durch Gesetz vom 24. 4. 1986 (BGBl. I S. 560):

„§ 99. (1) Ordnungswidrig handelt, wer vorsätzlich oder fahrlässig
1.–3. ...
4. als Unternehmer des Güterfern-, Umzugs- oder Güternahverkehrs, als Spediteur, als in deren Geschäftsbetrieb tätige Person oder als sonst am Beförderungsvertrag Beteiligter
   a) in vorgeschriebenen Beförderungspapieren über Art oder Menge der beförderten Güter oder über die Beförderungsstrecken unrichtige oder unvollständige Angaben macht,
   b)–d) ...
5., 6. ...
(2) Die Ordnungswidrigkeit ... nach Absatz 1 Nr. 2, 4, 5 und 6 kann mit einer Geldbuße bis zu fünftausend Deutsche Mark geahndet werden."
*** § 14 Abs. 1 neu gefaßt, Abs. 3 geändert sowie Abs. 4 Satz 2, Abs. 6 Sätze 3 und 4, Abs. 7 und Abs. 8 Satz 2 aufgehoben durch Verordnung TSF Nr. 2/89 vom 10. 4. 1989 (BAnz. Nr. 71).

IV. Beförderungsvertrag §§ 15, 16 KVO 7

zeug erst zu einem späteren Zeitpunkt gestellt werden, so ist der Besteller zu befragen, ob er mit der späteren Stellung einverstanden ist.

(4) Die Fahrzeuge sollen grundsätzlich, soweit sie für die Beförderung geeignet und fahrbereit sind, in der Reihenfolge gestellt werden, in der sie angefordert werden.

(5) Werden zugesagte Fahrzeuge nicht rechtzeitig gestellt, so werden dem Besteller die von ihm nachgewiesenen Kosten des vergeblichen Versuches der Auflieferung, höchstens aber der Betrag des Wagenstandgeldes für einen Tag, erstattet.

(6) [1]Wird ein Fahrzeug vor der Bereitstellung wieder abbestellt, so hat der Besteller die tarifmäßige Abbestellgebühr zu entrichten.
[2]Wird ein Fahrzeug nach der Bereitstellung unbeladen zurückgegeben oder nach Ablauf der Beladefrist wegen Nichtbeladung dem Besteller wieder entzogen, so ist vom Zeitpunkt der Bereitstellung an das tarifmäßige Wagenstandgeld zu zahlen.

(7) *(aufgehoben)*

(8) Bei Bestellung eines Wagens kann der Unternehmer Sicherheit in Höhe des tarifmäßigen Wagenstandgeldes für einen Tag verlangen.

§ 15.* Abschluß des Beförderungsvertrages. (1) [1]Der Beförderungsvertrag ist abgeschlossen, sobald der Unternehmer Gut und Frachtbrief übernommen hat.
[2]Als Zeichen der Annahme ist der Frachtbrief nebst Durchschriften nach vollständiger Auflieferung des Gutes vom Unternehmer zu unterschreiben. [3]Die Unterschrift kann auch gedruckt oder gestempelt werden.

(2) Der Unternehmer hat in den Frachtbrief und in die Durchschriften folgendes einzutragen:

a) Tag und Uhrzeit der Be- und Entladung,

b) den Namen des Fahrers und Begleiters,

c) das amtliche Kennzeichen des Lastkraftwagens,

d) die Nutzlast des Motorwagens und des Anhängers bzw. der Anhänger nach dem Kraftfahrzeugbrief,

e) die genaue Anschrift des Fahrzeughalters.

(3) Der vom Unternehmer unterschriebene Frachtbrief dient als Beweis für den Beförderungsvertrag.

§ 16.** Prüfung des Inhalts der Sendung. Feststellung von Anzahl und Gewicht. (1) [1]Der Unternehmer ist jederzeit berechtigt zu prüfen, ob die Sendung mit den Eintragungen des Absenders im Frachtbrief übereinstimmt. [2]Gebühren werden hierfür nicht erhoben.
[3]Zur Prüfung des Inhalts ist am Versandort der Absender, am Bestimmungsort der Empfänger tunlichst einzuladen. [4]Erscheint der Berechtigte nicht oder wird die Prüfung auf einem Unterwegsort vorgenommen, so sind Zeugen zuzuziehen.
[5]Weicht das Ergebnis der Nachprüfung von den Eintragungen im Frachtbrief ab, so ist es auf diesem zu vermerken. [6]Geschieht die Nachprüfung am Versandort vor Aushändigung der Durchschrift des Frachtbriefes an den Absender, so ist der Vermerk auch auf diese zu setzen. [7]Wenn die Sendung den Eintragungen im Frachtbrief nicht entspricht und dadurch eine Frachtverkürzung herbeigeführt

---

* § 15 Abs. 1 Satz 3 angefügt durch Verordnung TSF Nr. 7/82 vom 10. 12. 1982 (BAnz. Nr. 238).
** § 16 Abs. 1 Satz 1 neu gefaßt und Satz 4 sowie Abs. 7 Satz 1 geändert, Abs. 2 aufgehoben durch Verordnung TSF Nr. 2/89 vom 10. 4. 1989 (BAnz. Nr. 71).

werden könnte, haften die durch die Nachprüfung verursachten Kosten auf dem Gute.

(2) *(aufgehoben)*

(3) ¹Bei Stückgütern ist der Unternehmer verpflichtet, Anzahl und Gewicht gebührenfrei festzustellen. ²Geschieht die Gewichtsfeststellung am Versandort, so ist dem Absender oder dessen Beauftragten freizustellen, ihr beizuwohnen.

(4) ¹Bei Ladungsgütern ist der Unternehmer auf Antrag des Absenders, der im Frachtbrief gestellt werden muß, verpflichtet, das Gewicht und gegebenenfalls auch die Stückzahl festzustellen, es sei denn, daß die vorhandenen Wiegevorrichtungen nicht ausreichen oder die Beschaffenheit des Gutes oder die Betriebsverhältnisse die Feststellung nicht gestatten. ²Das Gewicht hat der Unternehmer auch ohne Antrag festzustellen, wenn es im Frachtbrief nicht angegeben ist. ³Für diese Feststellungen wird die tarifmäßige Gebühr erhoben. ⁴Kann das Gewicht am Versandort nicht festgestellt werden, so geschieht es an einem anderen Ort.

(5) ¹Der Absender kann bei der Aufgabe verlangen, daß ihm Gelegenheit geboten wird, der Feststellung der Stückzahl und des Gewichts beizuwohnen, wenn dies am Versandort geschieht. ²Stellt er ein solches Verlangen nicht oder versäumt er die ihm gebotene Gelegenheit, so hat er, wenn die Feststellung auf seinen Antrag wiederholt wird, die tarifmäßige Gebühr nochmals zu zahlen.

(6) Ergibt die ohne Antrag des Verfügungsberechtigten vorgenommene Nachwiegung der Wagenladungsgüter keine größere Abweichung von dem im Frachtbrief angegebenen Gewicht des verladenen Gutes als zwei vom Hundert, so wird das im Frachtbrief angegebene Gewicht als richtig angenommen.

(7) ¹Die Feststellung des Gewichts und der Stückzahl hat der Unternehmer auf dem Frachtbrief zu bescheinigen. ²Geschieht die Feststellung am Versandort, so ist die Bescheinigung auch auf die Durchschriften zu setzen, und zwar auch auf die für den Absender bestimmte Durchschrift, wenn sie diesem noch nicht ausgehändigt ist.

§ 17.* Beladung der Wagen. Überlastung.

(1) ¹Die Güter – ausgenommen Stückgüter – sind vom Absender zu verladen. ²Übernimmt auf Antrag des Absenders der Unternehmer die Verladung, so kann er dafür die im Tarif vorgesehene Gebühr berechnen. ³Für die betriebssichere Verladung ist der Unternehmer verantwortlich.

(2) *(aufgehoben)*

(3) ¹Wird am Versandort bei einer vom Absender verladenen Sendung eine Wagenüberlastung festgestellt, so kann der Unternehmer vom Absender die Abladung des Übergewichts verlangen. ²Geschieht dies nicht alsbald oder wird die Überlastung unterwegs festgestellt, so hat der Unternehmer das Übergewicht auf Gefahr des Absenders abzuladen. ³Der abgeladene Teil wird dem Absender zur Verfügung gestellt. ⁴Trifft dieser binnen angemessener Frist keine Anweisung, so gilt § 28.
⁵Für das auf dem Fahrzeug verbleibende Gewicht wird die Fracht vom Versandbis zum Bestimmungsort berechnet. ⁶Für den abgeladenen Teil wird die Fracht für die durchlaufene Strecke nach dem Frachtsatz berechnet, der vom Versand- bis zum Unterwegsort für die Hauptsendung gilt. ⁷Wenn auf Anweisung des Absen-

---

* § 17 Abs. 2 aufgehoben durch Verordnung TSF Nr. 2/89 vom 10. 4. 1989 (BAnz. Nr. 71).

IV. Beförderungsvertrag §§ 18–20 **KVO 7**

ders der abgeladene Teil weiter- oder zurückbefördert wird, so ist er als besondere Sendung zu behandeln und für ihn die tarifmäßige Fracht zu berechnen.
[8]Für Ab- und Aufladen, Einlagerung und Wagenaufenthalt können die tarifmäßigen Gebühren erhoben werden.

§ 18. Verpackung, Zustand und Bezeichnung des Gutes. (1) Der Absender hat das Gut, soweit dessen Natur eine Verpackung erfordert, zum Schutze gegen gänzlichen oder teilweisen Verlust oder gegen Beschädigung sowie zur Verhütung einer Beschädigung von Personen, Betriebsmitteln oder anderen Gütern sicher zu verpacken.

(2) Ist der Absender dieser Vorschrift nicht nachgekommen, so kann der Unternehmer die Annahme des Gutes ablehnen oder auf Kosten des Absenders die Verpackung vervollständigen oder verlangen, daß der Absender im Frachtbrief das Fehlen oder die Mängel der Verpackung anerkennt.

(3) [1]Der Absender haftet für alle Folgen des Fehlens oder des mangelhaften Zustandes der Verpackung. [2]Er hat insbesondere dem Unternehmer den Schaden zu ersetzen, der ihm aus solchen Mängeln entsteht. [3]Sofern das Fehlen oder der mangelhafte Zustand der Verpackung im Frachtbrief nicht anerkannt ist, hat der Unternehmer die Mängel nachzuweisen.

(4) Nimmt der Unternehmer ein Gut zur Beförderung an, das offensichtlich Spuren von Beschädigungen aufweist, so kann er verlangen, daß der Absender den Zustand des Gutes im Frachtbrief besonders bescheinigt.

(5) [1]Stückgüter hat der Absender haltbar, deutlich und in einer Verwechslungen ausschließenden Weise zu zeichnen. [2]Die Zeichen müssen mit den Angaben im Frachtbrief übereinstimmen. [3]Alte Anschriften und Zettel müssen entfernt oder deutlich durchstrichen sein.

§ 19.* [1]Wird die Frist, innerhalb der die Beladung regelmäßig beendet sein muß (Ladefrist), überschritten oder der wegen Unrichtigkeit oder Unvollständigkeit beanstandete Frachtbrief nicht innerhalb der Ladefrist berichtigt übergeben, so hat der Absender das tarifmäßige Wagenstandgeld zu zahlen. [2]Der Unternehmer kann, wenn die Ladefrist um mehr als 12 Stunden überschritten wird, das Gut auf Gefahr und Kosten des Absenders ausladen und auf Lager geben.

§ 20.** Frachtberechnung. (1) [1]Die Fracht wird für die dem Unternehmer mit einem Frachtbrief übergebene Sendung berechnet. [2]Als eine Sendung dürfen nur Güter aufgeliefert werden, die dem Unternehmer von einem Absender und zur Auslieferung an einen Empfänger übergeben werden.

(2) [1]Güter, die an mehreren Stellen verladen oder an mehreren Stellen entladen werden, dürfen als eine Sendung nur dann behandelt werden, wenn sämtliche Einladestellen und sämtliche Ausladestellen jeweils innerhalb desselben die Tarifentfernung bestimmenden Gemeindebereichs (Gemeindetarifbereichs) liegen. [2]Wird eine Sendung zwischen Gemeindetarifbereichen derselben Gemeinde befördert, so kann vereinbart werden, daß die Fracht nur zum Teil oder nicht erhoben wird, wenn die Güter dieser Sendung anschließend mit anderen Gütern als neue Sendung weiterbefördert werden; das gleiche gilt, wenn die Güter dieser Sendung

---
* § 19 neu gefaßt durch Verordnung TSF Nr. 2/89 vom 10. 4. 1989 (BAnz. Nr. 71)
** § 20 neu gefaßt durch Verordnung TSF Nr. 10/70 vom 13. 10. 1970 (BAnz. Nr. 192), Abs. 3 Satz 2 neu gefaßt durch Verordnung TSF Nr. 2/89 vom 10. 4. 1989 (BAnz. Nr. 71).

in einer vorausgegangenen Sendung befördert worden sind. ³Die Vereinbarung ist in den Frachtbrief oder eine Anlage zu diesem einzutragen; sie ist nach Vorlage der für die Tarifüberwachung erforderlichen Unterlagen (§ 58 des Güterkraftverkehrsgesetzes) nicht mehr zulässig.

(3) ¹Mit einem Frachtbrief darf höchstens die Gütermenge aufgeliefert werden, die auf dem für die Beförderung gestellten Fahrzeug oder Lastzug verladen wird. ²Es kann jedoch vereinbart werden, daß binnen eines Tages angebotene und verladebereite Güter bis zu 26 Tonnen als eine Sendung auf mehrere Fahrzeuge oder Lastzüge verteilt werden können. ³Bei der Verteilung einer Sendung auf mehrere Fahrzeuge ist auf jedem Fahrzeug oder Lastzug eine Ausfertigung des Frachtbriefs mitzuführen. ⁴Auf jeder Ausfertigung ist zu vermerken, daß die Sendung auf mehrere Fahrzeuge verteilt ist; § 10 Abs. 2 ist entsprechend anzuwenden.

(4) Der Tarif enthält die näheren Bestimmungen über die Frachtberechnung.

§ 21.* Zahlung der Fracht. (1) Der Absender hat die Wahl, ob er die Fracht bei Aufgabe des Gutes bezahlen oder auf den Empfänger überweisen will.

(2) Der Unternehmer kann jedoch bei Gütern, die schnell verderben oder die wegen ihres geringen Wertes oder ihrer Natur nach die Fracht nicht sicher decken, Vorausbezahlung der Fracht verlangen.

(3) Der Absender kann als Freibetrag auch gewisse auf dem Beförderungsweg entstehende Kosten oder von diesen oder der Fracht einen bestimmten Betrag übernehmen.

(4) ¹Die Beträge, die der Absender übernehmen will, hat er in der dafür bezeichneten Spalte des Frachtbriefes anzugeben (Freivermerk). ²Durch Ausfüllung des Freivermerks ohne Beifügung einer Beschränkung verpflichtet sich der Absender zur Bezahlung der ganzen Fracht und aller übrigen Kosten, die bei der Beförderung entstehen.

(5) Frachtbeträge und sonstige Kosten, deren Bezahlung der Absender nicht laut Frachtbriefvorschrift übernommen hat, gelten als auf den Empfänger überwiesen.

(6) Kann der vom Absender zu bezahlende Freibetrag bei der Aufgabe des Gutes nicht berechnet werden, so kann der Unternehmer ebenso wie für die vom Absender übernommenen Zoll- und ähnliche Kosten die Hinterlegung einer Sicherheit verlangen.

(7) *(aufgehoben)*

§ 22.* *(aufgehoben)*

§ 23.** Frachtnachzahlung und Frachterstattung. (1) ¹Sind Fracht, Frachtzuschläge, Nebengebühren oder sonstige Kosten unrichtig oder gar nicht erhoben worden, so ist der Unterschiedsbetrag nachzuzahlen oder zu erstatten. ²Der Unternehmer hat unverzüglich nach Feststellung des Fehlers den Verpflichteten zur Zahlung aufzufordern oder dem Berechtigten den zuviel erhobenen Betrag zu

---
* § 21 Abs. 2, 4 und 6 geändert sowie § 22 aufgehoben durch Verordnung TSF Nr. 2/89 vom 10. 4. 1989 (BAnz. Nr. 71).
** § 23 Abs. 1 Satz 2, Abs. 2 Satz 2 geändert, Abs. 3 aufgehoben sowie Abs. 6 neu gefaßt durch Verordnung TSF Nr. 2/89 vom 10. 4. 1989 (BAnz. Nr. 71).

IV. Beförderungsvertrag §§ 24, 25 **KVO 7**

erstatten. ³Gegen die Feststellung kann der Zahlungspflichtige binnen einer Frist von 6 Wochen Einspruch erheben.

(2) ¹Weist der Absender nach, daß seine Angaben im Frachtbrief über den Inhalt oder das Gewicht der Sendung den Tatsachen nicht entsprechen, so kann er die Erstattung der infolge der Unrichtigkeit seiner Angaben etwa erhobenen Mehrfracht verlangen. ²Hat der Absender im Frachtbrief eine im Tarif als Bedingung für eine günstigere Frachtberechnung vorgeschriebene Erklärung nicht oder unrichtig oder ungenau abgegeben, so kann der Unternehmer beim Vorliegen von Billigkeitsgründen die dadurch erwachsene Mehrfracht erstatten.

(3) *(aufgehoben)*

(4) ¹Zu wenig gezahlte Beträge hat der Absender nachzuzahlen, wenn der Frachtbrief nicht eingelöst wird. ²Hat der Empfänger den Frachtbrief eingelöst, so haftet der Absender nur für die Nachzahlung derjenigen Kosten, zu deren Vorauszahlung er durch den Freivermerk verpflichtet ist. ³Im übrigen ist der Empfänger zur Nachzahlung verpflichtet.

(5) Zur Geltendmachung von Ansprüchen auf Erstattung von Fracht, Frachtzuschlägen, Nebengebühren oder sonstigen Kosten sowie zur Empfangnahme zuviel erhobener Beträge ist derjenige berechtigt, der die Mehrzahlung geleistet hat.

(6) Bei Geltendmachung dieser Ansprüche ist der Frachtbrief oder eine Durchschrift des Frachtbriefes vorzulegen.

§ 24.* **Nachnahme.** (1) Der Absender kann das Gut bis zur Höhe seines Wertes mit Nachnahme belasten.

(2) Für die Belastung einer Sendung mit Nachnahme wird die tarifmäßige Gebühr erhoben.

(3) *(aufgehoben)*

§ 25.* **Einlösung des Frachtbriefes und Abnahme des Gutes.** (1) ¹Am Bestimmungsort werden Frachtbrief und Gut dem Empfänger gegen Empfangsbescheinigung übergeben. ²Die Übergabe kann von der Zahlung der durch den Beförderungsvertrag begründeten Forderung abhängig gemacht werden.

(2) ¹Nach Ankunft des Gutes am Bestimmungsort ist der Empfänger berechtigt, die Übergabe des Frachtbriefes und des Gutes zu verlangen. ²Dieses Recht erlischt, wenn der Absender eine nach § 27 noch zulässige entgegenstehende Verfügung erteilt.
³Durch die Annahme des Frachtbriefes und des Gutes wird der Empfänger verpflichtet, dem Unternehmer nach Maßgabe des Frachtbriefes Zahlung zu leisten.

(3) *(aufgehoben)*

(4) ¹Wird das Gut vom Unternehmer dem Empfänger zugeführt, so ist dieser zu seiner Abnahme innerhalb der im Tarif festgesetzten Entladefrist verpflichtet. ²Wird das Gut nicht innerhalb dieser Frist abgenommen, so kann das tarifmäßige Wagenstandgeld erhoben werden.

---

* § 24 Abs. 1 Satz 2, Abs. 2 Satz 2 und Abs. 3 aufgehoben, § 25 Abs. 2 Satz 3 geändert sowie Abs. 3 aufgehoben durch Verordnung TSF Nr. 2/89 vom 10. 4. 1989 (BAnz. Nr. 71).

³Stellt der Empfänger den Antrag auf Feststellung eines behaupteten teilweisen Verlustes oder einer Beschädigung des Gutes, so ist, soweit die Feststellung nicht unverzüglich vorgenommen werden kann, der Unternehmer berechtigt, entweder das Gut gleichwohl dem Empfänger zu übergeben, wenn dieser dazu bereit ist, oder es auf Lager zu nehmen. ⁴In letzterem Falle geht die Lagerung auf Kosten des Unternehmers, wenn die Feststellung des Tatbestandes gegen ihn ausschlägt, umgekehrt auf Kosten des Empfängers.

(5) ¹Hat der Absender im Frachtbrief Nachzählung oder Verwiegung des Gutes am Bestimmungsort beantragt oder verlangt der Empfänger bei der Ablieferung, daß die Güter in seiner Gegenwart nachgezählt oder nachgewogen werden, so hat der Unternehmer diesem Verlangen zu entsprechen, falls geeignete Wiegevorrichtungen vorhanden sind und die Beschaffenheit des Gutes es gestattet. ²Für die Nachzählung oder Nachwiegung kann die tarifmäßige Gebühr erhoben werden.

§ 26.* **Lieferfrist.** (1) ¹Die Lieferfrist beginnt für die vom Unternehmer bis um 12 Uhr übernommenen Güter um 18 Uhr, für die nachmittags übernommenen Güter um Mitternacht.
²Die Lieferfrist beträgt für je angefangene 300 km 24 Stunden.
³Ist der auf die Auflieferung des Gutes folgende Tag ein Sonn- oder Feiertag, so beginnt die Lieferfrist einen Tag später. ⁴Ist der letzte Tag der Lieferfrist ein Sonn- oder Feiertag, so läuft die Lieferfrist erst mit der entsprechenden Stunde des nächsten Werktages ab.
⁵Der Absender kann mit dem Unternehmer eine verkürzte Lieferfrist vereinbaren. ⁶Die verkürzte Lieferfrist ist im Frachtbrief zu vermerken.

(2) *(aufgehoben)*

(3) ¹Die Lieferfrist ist gewahrt, wenn vor ihrem Ablauf das Gut dem Empfänger zugeführt worden ist oder aus Gründen, die in seiner Person liegen, nicht zugeführt werden konnte. ²Insbesondere ist sie auch gewahrt, wenn vor ihrem Ablauf der Empfänger von der Ankunft benachrichtigt oder das Gut ihm am Bestimmungsorte zur Abnahme angeboten worden ist.

(4) Der Lauf der Lieferfrist ruht auf die Dauer

a) des Aufenthaltes, der durch Zoll- oder sonstige verwaltungsbehördliche Maßnahmen verursacht wird,

b) einer durch nachträgliche Verfügung des Absenders hervorgerufenen Verzögerung der Beförderung,

c) der durch Abladen eines Übergewichtes erforderlichen Zeit,

d) einer ohne Verschulden des Unternehmers eingetretenen Betriebsstörung, durch die der Beginn oder die Fortsetzung der Beförderung zeitweilig verhindert wird,

e) einer behördlich angeordneten Straßensperre, durch die der Beginn oder die Fortsetzung der Beförderung zeitweilig verhindert wird,

f) des Aufenthaltes, der ohne Verschulden des Unternehmers dadurch entstanden ist, daß am Gut oder an der Verpackung Ausbesserungsarbeiten vorgenommen oder vom Absender verladene Sendungen um- oder zurechtgeladen werden mußten.

---

* § 26 Abs. 2 aufgehoben sowie Abs. 4 Buchst. a geändert durch Verordnung TSF Nr. 2/89 vom 10. 4. 1989 (BAnz. Nr. 71).

V. Abänderung des Beförderungsvertrages

§ 27.* **Nachträgliche Verfügungen des Absenders und Anweisungen des Empfängers.** (1) ¹Der Absender kann bis zur Zahlung der Fracht oder der anderen auf der Sendung lastenden Kosten durch den Empfänger oder bis zur Auslieferung der Sendung an den Empfänger nachträglich verfügen:

a) daß das Gut am Versandort zurückgegeben werden soll,

b) daß das Gut unterwegs angehalten werden soll,

c) daß die Ablieferung des Gutes an den Empfänger ausgesetzt werden soll,

d) daß das Gut an einen anderen Empfänger abgeliefert werden soll,

e) daß das Gut nach dem Versandort zurückgesandt werden soll,

f) daß eine Nachnahme nachträglich auferlegt, erhöht, herabgesetzt oder aufgehoben werden soll,

g) daß überwiesene Beträge von ihm selbst anstatt vom Empfänger eingezogen werden sollen,

h) daß ein Gut nach einem anderen Bestimmungsort weitergeleitet werden soll,

i) daß Teile einer Ladung an verschiedenen oder an anderen Ausladestellen, als im Frachtbrief vorgeschrieben war, abgeliefert werden sollen. ²Eine solche Verfügung ist jedoch nur statthaft, wenn auch die neubezeichneten Ausladestellen für die Frachtberechnung zum selben Gemeindetarifbereich gehören.

²In den vorstehend unter d), e), h) und i) vorgesehenen Fällen kann der Absender für die Weiter- oder Rückbeförderung auch eine andere Beförderungsart oder die Benutzung eines anderen Verkehrsmittels vorschreiben.

³Verfügungen anderer Art sind unzulässig. ⁴Das gleiche gilt für Verfügungen über einzelne Teile der Sendung, ausgenommen den in i) genannten Fall.

(2) ¹Der Unternehmer darf die Ausführung einer ihm ordnungsgemäß zugegangenen nachträglichen Verfügung nur ablehnen, hinausschieben oder in veränderter Weise vornehmen, wenn

a) die Verfügung in dem Zeitpunkt, in dem sie ihm zugeht, nicht mehr durchführbar ist,

b) durch ihre Befolgung der regelmäßige Beförderungsdienst gestört wird,

c) ihrer Ausführung gesetzliche oder sonstige Bestimmungen, insbesondere Zoll- oder sonstige verwaltungsbehördliche Vorschriften entgegenstehen, oder

d) der Wert des Gutes die entstehenden Mehrkosten voraussichtlich nicht deckt und diese Mehrkosten nicht sofort entrichtet oder sichergestellt werden.

²In diesen Fällen ist der Absender unverzüglich von der Sachlage zu unterrichten.

(3) ¹Verfügt der Absender, daß die Sendung am Bestimmungsort zurückgehalten werden soll, so ist der Unternehmer berechtigt, für jede Verzögerung das

---

* § 27 Abs. 1 Buchst. i geändert und Abs. 5 neu gefaßt durch Verordnung TSF Nr. 10/70 vom 13. 10. 1970 (BAnz. Nr. 192), Abs. 1 Satz 5 gestrichen sowie Abs. 3 Satz 1 geändert durch Verordnung TSF Nr. 2/89 vom 10. 4. 1989 (BAnz. Nr. 71).

tarifmäßige Wagenstand- oder Lagergeld zu erheben. ²Beträgt die Verzögerung mehr als 12 Stunden, so kann der Unternehmer das Gut auf Gefahr und Kosten des Absenders abladen und einlagern; der Absender ist hiervon zu benachrichtigen.

(4) Nach Ankunft des Gutes am Bestimmungsort und nach Erfüllung der aus dem Frachtbrief sich ergebenden Verpflichtungen kann der im Frachtbrief bezeichnete Empfänger Anweisungen erteilen,

a) daß ihm das Gut am Bestimmungsort nach einer anderen als der im Frachtbrief bezeichneten Bestimmungsstelle zugeleitet wird,

b) daß das Gut mit dem Frachtbrief gegen Zahlung der Fracht und der sonst auf dem Gute haftenden Beträge am Bestimmungsort einem Dritten ausgeliefert wird,

c) daß ihm der Frachtbrief gegen Zahlung der Fracht und der sonst auf dem Gut haftenden Beträge, das Gut aber am Bestimmungsort einem Dritten ausgeliefert wird,

d) daß ihm der Frachtbrief, das Gut aber gegen Zahlung der Fracht und der sonst auf dem Gut haftenden Beträge am Bestimmungsort einem Dritten ausgeliefert wird,

e) daß das Gut nach Zahlung oder gegen Nachnahme der Fracht und der sonst auf dem Gute haftenden Beträge mit neuem Frachtbrief vom Bestimmungsort nach einem anderen Ort gesandt wird,

f) daß Teile einer Ladung an verschiedenen oder anderen Ausladestellen, als im Frachtbrief vorgeschrieben war, abgeliefert werden sollen.

(5) Für die Frachtberechnung findet § 20 entsprechende Anwendung.

(6) Wird auf Grund einer nachträglichen Verfügung das Gut unterwegs angehalten, so wird neben etwa erwachsenden sonstigen Kosten die Fracht bis zum Unterwegsort erhoben.

(7) Für die Entgegennahme einer nachträglichen Verfügung des Absenders oder einer Anweisung des Empfängers wird die im Tarif vorgesehene Gebühr nur erhoben, wenn eine Neuabfertigung notwendig ist.

§ 28.* Beförderungs- und Ablieferungshindernisse. (1) ¹Stellen sich der Beförderung eines Gutes Hindernisse entgegen, die durch Umleitung oder durch eine Ersatzbeförderung behoben werden können, so ist das Gut dem Empfänger über die Umgehungsstraßen oder mit der möglichen Ersatzbeförderung zuzuführen. ²Die Lieferfrist wird über den ursprünglichen Beförderungsweg errechnet. ³Eine Mehrfracht nach der wirklich ausgeführten Beförderung kann nur erhoben werden, wenn das Gut über eine Umgehungsstraße zugeführt wird und der Absender vor Annahme des Frachtbriefes und des Gutes von dem Unternehmer auf die Notwendigkeit einer Umleitung hingewiesen war.

(2) ¹In allen anderen Fällen, in denen der Beginn oder die Fortsetzung einer Beförderung zeitweilig oder dauernd verhindert wird, hat der Unternehmer den Absender um Anweisung zu ersuchen. ²Der Absender kann daraufhin auch vom Vertrage zurücktreten. ³Trifft den Unternehmer kein Verschulden, so kann er in diesen Fällen Zahlung der Fracht für die zurückgelegte Strecke und der Gebühren

---

* § 28 Abs. 1 Satz 3 geändert, Abs. 7 aufgehoben sowie Abs. 8 Satz 1 neu gefaßt durch Verordnung TSF Nr. 2/89 vom 10. 4. 1989 (BAnz. Nr. 71).

V. Abänderung des Beförderungsvertrages   § 28 **KVO 7**

für die ausgeführten Neben- und Sonderleistungen verlangen. ⁴Trifft der Absender die Anweisung, daß das Gut zum Versandort zurückbefördert werden soll, so hat der Unternehmer keinen Anspruch auf Fracht und Gebühren.

(3) ¹Erteilt der Absender innerhalb angemessener Frist keine ausführbare Anweisung, so ist nach (5) ff. zu verfahren. ²Vom Zeitpunkte der Säumigkeit des Absenders an ist das tarifmäßige Lager- oder Wagenstandgeld verwirkt.

(4) Fällt das Beförderungshindernis vor dem Eintreffen einer Anweisung des Absenders weg, so ist das Gut dem Bestimmungsort zuzuleiten, ohne daß Anweisungen abgewartet werden; der Absender ist hiervon unverzüglich zu benachrichtigen.

(5) ¹Ist nach Eintreffen der Sendung am Bestimmungsorte der Empfänger nicht zu ermitteln oder verweigert er die Annahme oder löst er den Frachtbrief nicht ein oder ergibt sich vor Einlösung des Frachtbriefes ein sonstiges Ablieferungshindernis, so hat der Unternehmer den Absender von der Ursache des Hindernisses unverzüglich zu benachrichtigen und seine Anweisung einzuholen. ²Der Absender kann im Frachtbrief vorschreiben, daß er auf seine Kosten telegraphisch benachrichtigt werden soll. ³Er kann ferner im Frachtbrief vorschreiben, daß ihm das Gut bei Eintritt eines Ablieferungshindernisses ohne vorherige Benachrichtigung zurückgeschickt werden soll oder daß das Gut am Bestimmungsort an einen zu bezeichnenden anderen als den im Frachtbrief genannten Empfänger abgeliefert werden soll. ⁴Der Absender kann im Frachtbrief auch einen Dritten zur Erteilung von Anweisungen über das Gut bevollmächtigen und vorschreiben, daß der Unternehmer diesen Dritten unmittelbar zu benachrichtigen und seine Anweisung einzuholen hat.

(6) Ist die Benachrichtigung des Absenders oder des im Frachtbrief bezeichneten Bevollmächtigten nach den Umständen nicht möglich oder ist der Absender oder sein Bevollmächtigter mit der Erteilung der Anweisung säumig oder ist die Erteilung nicht ausführbar, so kann das Gut unter Einziehung der etwa noch nicht bezahlten Kosten bei einem Spediteur oder in einem öffentlichen Lagerhaus auf Gefahr und Kosten des Absenders hinterlegt werden.

(7) *(aufgehoben)*

(8) ¹Ist der Frachtbrief vom Empfänger eingelöst, so gilt, wenn der Empfänger das Gut nicht abnimmt oder sich ein sonstiges Ablieferungshindernis ergibt, für die Hinterlegung des Gutes bei einem Spediteur oder in einem öffentlichen Lagerhaus Absatz 6 entsprechend mit der Maßgabe, daß überall an die Stelle des Absenders der Empfänger tritt.
²Zoll- oder steuerpflichtige Güter dürfen erst nach Vornahme der Zoll- oder Steuerbehandlung bei einem Spediteur oder öffentlichen Lagerhaus hinterlegt oder verkauft werden.
³Fällt das Ablieferungshindernis weg, ohne daß eine anderweitige Anweisung des Absenders oder seines Bevollmächtigten bei der Empfangsabfertigung eingetroffen ist, und ist der Empfänger zur Annahme bereit, so wird ihm das Gut abgeliefert. ⁴Von einer nachträglichen Ablieferung ist der Absender oder sein Bevollmächtigter, soweit diesem das Hindernis schon mitgeteilt war, unmittelbar zu benachrichtigen.

VI. Haftung aus dem Beförderungsvertrage

§ 29. Ersatzpflicht des Unternehmers. Die Unternehmer ersetzen alle an den beförderten Gütern aller Art einschließlich lebenden Tieren entstandenen direkten Schäden und Verluste durch Transportmittelunfälle und Betriebsunfälle (das sind schadenverursachende Ereignisse, die in unmittelbarem Zusammenhang mit einem Betriebsvorgang der Güterbeförderung mittels Kraftfahrzeugs stehen) sowie Schäden, die durch gänzlichen oder teilweisen Verlust oder durch Beschädigung des Gutes in der Zeit von der Annahme zur Beförderung bis zur Auslieferung entstehen.

§ 30. Ersatzpflicht für Güterschäden aus besonderen Gefahren. Im Rahmen des § 29 werden insbesondere ersetzt:

a) Schäden und Verluste durch Regen, Schnee und Hagel sowie Sturmschäden,

b) Schäden und Verluste durch Diebstahl, Abhandenkommen und Straßenraub sowohl ganzer Kolli als auch deren teilweisen Inhalts, Schäden durch Diebstahl und Abhandenkommen bei solchen Massengütern, die nur nach Gewicht und unverpackt geladen werden, unter Zugrundelegung der Bedingung „Frei von den ersten 1½% Verlust", die bei jedem derartigen Verlust unvergütet bleiben,

c) Schäden, die durch beigeladenes Gut (z. B. durch Auslaufen von Flüssigkeiten) hervorgerufen sind. Schäden an unverpackten Gütern, die durch Scheuern und Druck entstanden sind, werden im Höchstfalle mit 1000,– DM je Lastzug ersetzt,

d) Schäden durch Unterschlagung, Betrug, Untreue,

e) Schäden durch Bruch. Bruchschäden infolge von Fabrikations- und Materialfehlern werden nicht ersetzt. Bruchschäden an Glasballons (gleich, ob gefüllt oder leer), Glas, Glasflaschen, auch gefüllten, sofern sie nicht in Kisten verpackt sind, Porzellan, Steingut, Steinzeug oder hieraus hergestellten Artikeln werden nur bis zum Betrage von 150,– DM je Reise eines Lastzuges ersetzt, es sei denn, daß es sich um Schäden durch Transportmittelunfälle oder Betriebsunfälle handelt. In diesen Fällen greift die vorgenannte Ersatzbeschränkung nicht Platz. Das gleiche gilt für Schäden aus höherer Gewalt, soweit für diese nach § 34a) eine Ersatzpflicht besteht. Im Falle des Bruches eines Teiles des betroffenen Gegenstandes werden die erforderlichen Wiederherstellungskosten im Verhältnis des beschädigten Teiles zum Gesundwert des Gegenstandes vergütet.
Im Falle der Wiederherstellung sind Wertminderungsansprüche ausgeschlossen.

f) Schäden durch gewöhnlichen Rinnverlust bei Flüssigkeiten in Fässern, Kannen und Kanistern sowie Verluste an Flüssigkeiten in Flaschen, die in Kisten verpackt sind. Im Schadensfalle werden folgende Freiteile in Abzug gebracht:
bei Flüssigkeiten in eisernen Fässern. . . . . ½% je Faß,
bei Flüssigkeiten in hölzernen Fässern . . . . 3% je Faß.
Bei Flüssigkeiten in Kannen, Kanistern, Dosen und Büchsen und bei den in Kisten verpackten Flaschen wird ein Freiteil nicht abgezogen.

§ 31. Ersatz für andere als Güterschäden. (1) Der Unternehmer ersetzt Schäden, die dem verfügungsberechtigten Absender oder Empfänger im Zuge der Beförderung des Gutes entstanden sind:

VI. Haftung aus dem Beförderungsvertrage §§ 32–34 **KVO 7**

a) durch Überschreitung der Lieferfrist (§ 26),
b) durch Falschauslieferung,
c) durch schuldhafte, nicht ordnungsgemäße Ausführung des Beförderungsvertrages,
d) durch Fehler bei der Einziehung von Nachnahmen.

(2) ¹Schäden der in (1) a)–c) bezeichneten Art werden bei Ladungsgütern bis zu 30000,– DM je Lastzug und bei Stückgütern bis 5000,– DM je Absender und Lastzug ersetzt. ²Schäden nach (1) d) werden bis zur Höhe der Nachnahme, höchstens jedoch mit 5000,– DM je Sendung ersetzt.

§ 32. Aufwendungen bei Schadensfällen. ¹Die Kosten für Aufwendungen und Bergungen zur Abwendung oder Minderung eines zu ersetzenden Schadens, soweit sie den Umständen nach geboten waren, gehen zu Lasten des Unternehmers. ²Das gleiche gilt von den Kosten, die durch die Ermittlung und Feststellung des Schadens entstehen.

§ 33.* Ersatzpflicht für Schäden aus Hilfsverrichtungen. Der Unternehmer ersetzt im Rahmen der §§ 29, 32 und 34 auch Güterschäden, die eintreten

a) bei der Abholung oder Zuführung der Güter, wenn die Abholung oder Zuführung vom Unternehmer oder durch von ihm Beauftragte besorgt wird,
b) beim Ver-, Aus- oder Umladen der Güter, wenn der Unternehmer oder von ihm Beauftragte dabei mitgewirkt haben,
c) bei einer Beförderung mit der Eisenbahn, die vom Unternehmer innerhalb des von ihm geschlossenen Beförderungsvertrages bewirkt wird,
d) bei einer Vor- oder Nachlagerung im Gewahrsam des Unternehmers nach Übernahme des Gutes vom Absender und vor Auslieferung an den Empfänger, soweit die Lagerung nicht die Dauer von jeweils 15 Tagen – Sonn- und Feiertage nicht mitgerechnet – überschreitet,
e) bei Zwischenlagerungen bis zur Dauer von acht Tagen, die während der Beförderung des Gutes erforderlich werden.

§ 34.** Ausschlüsse von der Ersatzpflicht. ¹Ausgeschlossen von der Ersatzpflicht sind:
a) Schäden durch höhere Gewalt, jedoch nicht insoweit, als es sich bei den Schadensursachen um die der Straße und dem Kraftwagen eigentümlichen Gefahren handelt,
b) Schäden jeglicher Art, hervorgerufen durch Kriegsereignisse, Verfügung von hoher Hand, Wegnahme oder Beschlagnahme seitens einer staatlich anerkannten Macht,
c) Schäden, die durch Verschulden des Verfügungsberechtigten entstehen,

---

* § 33 Buchst. a geändert durch Verordnung TSF Nr. 2/89 vom 10. 4. 1989 (BAnz. Nr. 71).
** § 34 Satz 1 Buchst. m aufgehoben durch Verordnung TSF Nr. 2/89 vom 10. 4. 1989 (BAnz. Nr. 71).

d) Schäden an ungemünzten und gemünzten oder sonst verarbeiteten Edelmetallen, Juwelen, Edelsteinen, Papiergeld, Wertpapieren jeder Art, Dokumenten und Urkunden,

e) Schäden an Kunstsachen, Gemälden, Skulpturen und anderen Gütern, die einen Sonderwert haben, sofern der Einzelwert den Betrag von 2500,– DM übersteigt,

f) körperliche Schäden jeglicher Art, die Personen zugefügt werden,

g) Schäden an Umzugsgut durch Bruch von Glas und Porzellan, auch Schrammschäden, Politurrisse, Leimlösungen, Scheuerschäden,

h) Schäden durch Emaille-Absplitterungen,

i) Fehlmengen und Gewichtsverluste, die aus der Eigenart der betreffenden Güter entstehen,

k) innerer Verderb einschließlich Bombieren,

l) Einwirkungen von Frost und Hitze,

m) *(aufgehoben)*

n) Schäden an selbstentzündlichen und explosionsgefährlichen Gütern, soweit die Schäden aus der Selbstentzündlichkeit oder Explosionsgefahr herrühren.

[2]Die unter g) bis n) genannten Schäden werden jedoch ersetzt, sofern sie durch Transportmittelunfälle oder Betriebsunfälle verursacht sind.

§ 35. Ersatzpflichtiger Wert. (1) [1]Als Ersatzwert gilt bei den einzelnen Gütern der vom Verfügungsberechtigten nachzuweisende Fakturenwert zuzüglich aller Spesen und Kosten bis zum Bestimmungsort und zuzüglich des nachzuweisenden entgangenen Gewinnes bis höchstens 10% des Fakturenwertes. [2]Vom Ersatzwert sind die durch den Schadensfall etwa ersparten Kosten abzusetzen.

(2) Bei Gütern, die keinen Fakturenwert haben oder nicht Handelsgut sind, soll im Schadensfall bei Meinungsverschiedenheiten über den Ersatzwert der Zeitwert (auch „gemeiner Wert") durch Sachverständigenverfahren ermittelt werden.

(3) [1]Bei teilweiser Beschädigung einer Sendung wird der Schadensersatz nur für den beschädigten Teil in Höhe des festgestellten Minderwertes geleistet, der im Nichteinigungsfalle durch Sachverständigenverfahren zu ermitteln ist. [2]Die Errechnung des Minderwertes hat auf Grund des tatsächlichen Schadens zu erfolgen. [3]Dem Unternehmer steht es frei, beschädigte Güter, sofern sie nicht gemäß behördlicher Weisung vernichtet werden müssen, gegen volle Ersatzleistung zu übernehmen. [4]Eine Verpflichtung zur Übernahme besteht jedoch nicht.

(4) Insgesamt werden je Kilogramm des in Verlust geratenen oder beschädigten Rohgewichts nicht mehr als 80,– DM erstattet.

§ 36. Begrenzung der Ersatzpflicht. [1]Ist auf Grund der §§ 29–34 Ersatz zu leisten, so wird in keinem Falle, und zwar auch nicht beim Zusammentreffen verschiedener Schadensursachen, mehr als für gänzlichen Verlust des Gutes ersetzt. [2]Das gilt jedoch nicht für Schäden der in § 31 (1) d) bezeichneten Art, für die in jedem Fall Ersatz beansprucht werden kann.

§ 37. Verfahren in Schadensfällen. (1) Wird ein gänzlicher oder teilweiser Verlust oder eine Beschädigung des Gutes von dem Unternehmer entdeckt oder

VI. Haftung aus dem Beförderungsvertrage §§ 38, 39 KVO 7

von dem Verfügungsberechtigten behauptet, so ist die Ursache und nach Möglichkeit der Zeitpunkt des Schadens ohne Verzug durch den Unternehmer schriftlich festzustellen.

(2) ¹Bei Schadensersatzansprüchen sind die erforderlichen Nachweise über die Ursache und Höhe des Schadens von den Anspruchstellern zu liefern. ²Insbesondere ist der Frachtbrief vorzulegen. ³Zwecks Feststellung der Höhe des Schadens sind vorhandene Fakturen sowie Schadensrechnung und sonstige den Ersatzanspruch erweisende Belege durch den Anspruchsteller vorzulegen.

(3) Die Ersatzleistung wird nach Beibringung der vorgenannten Belege, sofern sie die Ersatzpflicht des Unternehmers erweisen, spätestens innerhalb 14 Tagen vorgenommen.

(4) Der Verfügungsberechtigte kann das Gut ohne weiteren Nachweis als verloren betrachten, wenn es nicht innerhalb eines Monats nach Ablauf der Lieferfrist abgeliefert oder zur Abholung bereitgestellt worden ist.

(5) Der Ersatzpflichtige leistet Schadensersatz in Geld, sofern in den vorstehenden Bestimmungen nichts anderes gesagt ist.

§ 38.* Versicherung. (1) Der Unternehmer ist verpflichtet, sich gegen alle Schäden, für die er nach den vorstehend genannten Bedingungen haftet, zu versichern.

(2) Den Versicherern steht das Recht zu, bei der Schadensfeststellung durch ihre Abwicklungsstelle mitzuwirken.

(3) Der Unternehmer ist berechtigt und auf Verlangen des Verfügungsberechtigten verpflichtet, die ihm aus der Versicherung zustehenden Rechte an den Verfügungsberechtigten abzutreten.

(4) Die Absätze 1 bis 3 gelten nicht für die Beförderungen der Deutschen Bundesbahn nach den §§ 45 und 47 des Güterkraftverkehrsgesetzes.

§ 39.** Erlöschen der Ansprüche aus dem Beförderungsvertrag. (1) Mit der Annahme des Gutes durch den Empfänger sind alle Ansprüche aus dem Beförderungsvertrag erloschen.

(2) Hiervon sind ausgenommen:
a) Entschädigungsansprüche für Schäden, die durch Vorsatz oder grobe Fahrlässigkeit des Unternehmers herbeigeführt sind;
b) Entschädigungsansprüche wegen Lieferfristüberschreitung, wenn sie innerhalb eines Monats, den Tag der Annahme durch den Empfänger nicht mitgerechnet, beim Unternehmer schriftlich angebracht werden;
c) Entschädigungsansprüche wegen teilweisen Verlustes oder wegen Beschädigung:
  1. wenn der teilweise Verlust oder die Beschädigung vor der Auslieferung des Gutes nach § 37 festgestellt worden ist,
  2. wenn die Feststellung, soweit sie nach § 37 hätte erfolgen müssen, schuldhaft unterblieben ist,
  3. wenn eine Ladung nach § 27 neu aufgegeben und der teilweise Verlust oder die Beschädigung erst bei der Ablieferung an den letzten Empfänger festgestellt worden ist;

---
* § 38 neu gefaßt durch Verordnung TSF Nr. 2/89 vom 10. 4. 1989 (BAnz. Nr. 71).
** § 39 Abs. 2 Buchst. e geändert durch Verordnung TSF Nr. 2/89 vom 10. 4. 1989 (BAnz. Nr. 71).

d) Entschädigungsansprüche aus solchen Schäden, die bei der Annahme des Gutes durch den Empfänger äußerlich nicht erkennbar waren, jedoch nur unter folgenden Voraussetzungen:
1. daß der Empfänger unverzüglich nach der Entdeckung des Schadens, spätestens aber binnen einer Woche nach der Annahme des Gutes schriftlich durch ihn die Feststellung des Schadens beantragt und
2. daß er beweist, daß der Schaden in der Zeit, in der sich das Gut im Gewahrsam des Unternehmers oder eines von ihm Beauftragten befand, entstanden ist.

Ist dem Unternehmer der Schaden binnen der bezeichneten Frist angezeigt worden, so genügt es, wenn die Feststellung unverzüglich nach der Anzeige beantragt wird;

e) Ansprüche auf Rückerstattung geleisteter Zahlungen an den Unternehmer.

§ 40.* Verjährung der Ansprüche aus dem Beförderungsvertrag. (1) ¹Die Ansprüche aus dem Beförderungsvertrag verjähren in einem Jahr. ²Die Verjährungsfrist beträgt indessen drei Jahre:

a) bei Ansprüchen des Absenders auf Auszahlung einer Nachnahme, die der Unternehmer vom Empfänger eingezogen hat;

b) bei Ansprüchen auf Auszahlung des Erlöses eines vom Unternehmer vorgenommenen Verkaufs;

c) bei Ansprüchen wegen eines durch Vorsatz verursachten Schadens.

(2) Die Verjährungsfrist beginnt:

a) bei Ansprüchen auf Zahlung oder Erstattung von Fracht, Frachtzuschlägen, Nebengebühren und sonstigen Kosten mit Ablauf des Tages der Zahlung oder, wenn keine Zahlung stattgefunden hat, mit Ablauf des Tages, an dem das Gut zur Beförderung angenommen worden ist;

b) bei Ansprüchen auf Zahlung oder Rückerstattung von Beträgen, die unter einen auf einen Höchstbetrag beschränkten Freivermerk fallen, mit Ablauf des Tages der Abrechnung über den Freibetrag mit dem Absender;

c) *(aufgehoben)*

d) bei Ansprüchen auf Entschädigung wegen gänzlichen Verlustes des Gutes mit Ablauf des 30. Tages nach Beendigung der Lieferfrist;

e) bei Ansprüchen auf Entschädigung wegen teilweisen Verlustes, Beschädigung oder Lieferfristüberschreitung mit Ablauf des Tages der Ablieferung;

f) bei Ansprüchen wegen Nachnahmen mit dem Ablauf des 14. Tages nach Beendigung der Lieferfrist;

g) bei Ansprüchen auf Auszahlung eines Verkaufserlöses mit Ablauf des Verkaufstages;

h) bei Ansprüchen auf Zahlung eines vom Unternehmer an die Zollbehörde entrichteten Betrags mit Ablauf des Tages, an dem die Zollbehörde den Betrag angefordert hat.

(3) ¹Die Verjährung des Anspruchs gegen den Unternehmer wird, abgesehen von den allgemeinen gesetzlichen Hemmungsgründen, auch durch seine schriftli-

---

* § 40 Abs. 1 Satz 1 neu gefaßt, Abs. 2 Buchst. c aufgehoben sowie Abs. 3 Sätze 1 und 2 geändert durch Verordnung TSF Nr. 2/89 vom 10. 4. 1989 (BAnz. Nr. 71).

VI. Haftung aus dem Beförderungsvertrage § 40 KVO 7

che Anmeldung gehemmt. ²Ergeht auf die Anmeldung ein abschlägiger Bescheid, so läuft die Verjährungsfrist von dem Tage an weiter, an dem der Unternehmer oder in den Fällen des § 38 (2) und (3) der Versicherer seine Entscheidung dem Anmeldenden schriftlich bekanntmacht und ihm die der Anmeldung etwa beigefügten Belege zurückgibt. ³Den Eingang der Anmeldung oder des Bescheides und der Rückgabe der Belege hat derjenige zu beweisen, der sich auf diese Tatsachen beruft. ⁴Weitere Gesuche, die denselben Anspruch zum Gegenstand haben, hemmen die Verjährung nicht.

(4) Die Unterbrechung der Verjährung regelt sich nach den allgemeinen gesetzlichen Vorschriften.

(5) ¹Die Ansprüche gegen den Unternehmer wegen gänzlichen oder teilweisen Verlustes oder wegen Beschädigung des Gutes oder wegen Überschreitung der Lieferfrist können nach der Vollendung der Verjährung nur aufgerechnet werden, wenn vorher der gänzliche oder teilweise Verlust, die Beschädigung oder die Überschreitung der Lieferfrist dem Unternehmer angezeigt oder die Anzeige an ihn abgesandt worden ist. ²Der Anzeige an den Unternehmer steht es gleich, wenn gerichtliche Beweisaufnahme zur Sicherung des Beweises beantragt oder wenn in einem zwischen dem Absender und Empfänger oder einem späteren Erwerber des Gutes wegen des gänzlichen oder teilweisen Verlustes, der Beschädigung oder der Lieferfristüberschreitung anhängigen Rechtsstreit dem Unternehmer der Streit verkündet wird.

7 KVO

BGB 8

*B. Gesellschaftsrecht,
Recht der Handelsgesellschaften*

8. Bürgerliches Gesetzbuch

Vom 18. August 1896 (RGBl. S. 195)

mit allen späteren Änderungen
(BGBl. III 400–2)

(Auszug)

Zweites Buch. Recht der Schuldverhältnisse

Siebenter Abschnitt. Einzelne Schuldverhältnisse

Vierzehnter Titel. Gesellschaft

§ 705. [**Inhalt des Gesellschaftsvertrages**] Durch den Gesellschaftsvertrag verpflichten sich die Gesellschafter gegenseitig, die Erreichung eines gemeinsamen Zweckes in der durch den Vertrag bestimmten Weise zu fördern, insbesondere die vereinbarten Beiträge zu leisten.

§ 706. [**Beiträge der Gesellschafter**] (1) Die Gesellschafter haben in Ermangelung einer anderen Vereinbarung gleiche Beiträge zu leisten.

(2) [1]Sind vertretbare oder verbrauchbare Sachen beizutragen, so ist im Zweifel anzunehmen, daß sie gemeinschaftliches Eigentum der Gesellschafter werden sollen. [2]Das gleiche gilt von nicht vertretbaren und nicht verbrauchbaren Sachen, wenn sie nach einer Schätzung beizutragen sind, die nicht bloß für die Gewinnverteilung bestimmt ist.

(3) Der Beitrag eines Gesellschafters kann auch in der Leistung von Diensten bestehen.

§ 707. [**Erhöhung des vereinbarten Beitrags**] Zur Erhöhung des vereinbarten Beitrags oder zur Ergänzung der durch Verlust verminderten Einlage ist ein Gesellschafter nicht verpflichtet.

§ 708. [**Haftung der Gesellschafter**] Ein Gesellschafter hat bei der Erfüllung der ihm obliegenden Verpflichtungen nur für diejenige Sorgfalt einzustehen, welche er in eigenen Angelegenheiten anzuwenden pflegt.

§ 709. [**Gemeinschaftliche Geschäftsführung**] (1) Die Führung der Geschäfte der Gesellschaft steht den Gesellschaftern gemeinschaftlich zu; für jedes Geschäft ist die Zustimmung aller Gesellschafter erforderlich.

(2) Hat nach dem Gesellschaftsvertrage die Mehrheit der Stimmen zu entscheiden, so ist die Mehrheit im Zweifel nach der Zahl der Gesellschafter zu berechnen.

§ 710. [Übertragung der Geschäftsführung] ¹Ist in dem Gesellschaftsvertrage die Führung der Geschäfte einem Gesellschafter oder mehreren Gesellschaftern übertragen, so sind die übrigen Gesellschafter von der Geschäftsführung ausgeschlossen. ²Ist die Geschäftsführung mehreren Gesellschaftern übertragen, so finden die Vorschriften des § 709 entsprechende Anwendung.

§ 711. [Widerspruchsrecht] ¹Steht nach dem Gesellschaftsvertrage die Führung der Geschäfte allen oder mehreren Gesellschaftern in der Art zu, daß jeder allein zu handeln berechtigt ist, so kann jeder der Vornahme eines Geschäfts durch den anderen widersprechen. ²Im Falle des Widerspruchs muß das Geschäft unterbleiben.

§ 712. [Entziehung und Kündigung der Geschäftsführung] (1) Die einem Gesellschafter durch den Gesellschaftsvertrag übertragene Befugnis zur Geschäftsführung kann ihm durch einstimmigen Beschluß oder, falls nach dem Gesellschaftsvertrage die Mehrheit der Stimmen entscheidet, durch Mehrheitsbeschluß der übrigen Gesellschafter entzogen werden, wenn ein wichtiger Grund vorliegt; ein solcher Grund ist insbesondere grobe Pflichtverletzung oder Unfähigkeit zur ordnungsmäßigen Geschäftsführung.

(2) Der Gesellschafter kann auch seinerseits die Geschäftsführung kündigen, wenn ein wichtiger Grund vorliegt; die für den Auftrag geltenden Vorschriften des § 671 Abs. 2, 3 finden entsprechende Anwendung.

§ 713. [Rechte und Pflichten der geschäftsführenden Gesellschafter] Die Rechte und Verpflichtungen der geschäftsführenden Gesellschafter bestimmen sich nach den für den Auftrag geltenden Vorschriften der §§ 664 bis 670, soweit sich nicht aus dem Gesellschaftsverhältnis ein anderes ergibt.

§ 714. [Vertretungsmacht] Soweit einem Gesellschafter nach dem Gesellschaftsvertrage die Befugnis zur Geschäftsführung zusteht, ist er im Zweifel auch ermächtigt, die anderen Gesellschafter Dritten gegenüber zu vertreten.

§ 715. [Entziehung der Vertretungsmacht] Ist im Gesellschaftsvertrag ein Gesellschafter ermächtigt, die anderen Gesellschafter Dritten gegenüber zu vertreten, so kann die Vertretungsmacht nur nach Maßgabe des § 712 Abs. 1 und, wenn sie in Verbindung mit der Befugnis zur Geschäftsführung erteilt worden ist, nur mit dieser entzogen werden.

§ 716. [Kontrollrecht der Gesellschafter] (1) Ein Gesellschafter kann, auch wenn er von der Geschäftsführung ausgeschlossen ist, sich von den Angelegenheiten der Gesellschaft persönlich unterrichten, die Geschäftsbücher und die Papiere der Gesellschaft einsehen und sich aus ihnen eine Übersicht über den Stand des Gesellschaftsvermögens anfertigen.

(2) Eine dieses Recht ausschließende oder beschränkende Vereinbarung steht der Geltendmachung des Rechtes nicht entgegen, wenn Grund zu der Annahme unredlicher Geschäftsführung besteht.

§ 717. [Nichtübertragbarkeit der Gesellschafterrechte] ¹Die Ansprüche, die den Gesellschaftern aus dem Gesellschaftsverhältnisse gegeneinander zustehen, sind nicht übertragbar. ²Ausgenommen sind die einem Gesellschafter aus seiner

7. Abschnitt. 14. Titel. Gesellschaft §§ 718–723 **BGB 8**

Geschäftsführung zustehenden Ansprüche, soweit deren Befriedigung vor der Auseinandersetzung verlangt werden kann, sowie die Ansprüche auf einen Gewinnanteil oder auf dasjenige, was dem Gesellschafter bei der Auseinandersetzung zukommt.

§ 718. [**Gesellschaftsvermögen**] (1) Die Beiträge der Gesellschafter und die durch die Geschäftsführung für die Gesellschaft erworbenen Gegenstände werden gemeinschaftliches Vermögen der Gesellschafter (Gesellschaftsvermögen).

(2) Zu dem Gesellschaftsvermögen gehört auch, was auf Grund eines zu dem Gesellschaftsvermögen gehörenden Rechtes oder als Ersatz für die Zerstörung, Beschädigung oder Entziehung eines zu dem Gesellschaftsvermögen gehörenden Gegenstandes erworben wird.

§ 719. [**Gesamthänderische Bindung**] (1) Ein Gesellschafter kann nicht über seinen Anteil an dem Gesellschaftsvermögen und an den einzelnen dazu gehörenden Gegenständen verfügen; er ist nicht berechtigt, Teilung zu verlangen.

(2) Gegen eine Forderung, die zum Gesellschaftsvermögen gehört, kann der Schuldner nicht eine ihm gegen einen einzelnen Gesellschafter zustehende Forderung aufrechnen.

§ 720. [**Schutz des gutgläubigen Schuldners**] Die Zugehörigkeit einer nach § 718 Abs. 1 erworbenen Forderung zum Gesellschaftsvermögen hat der Schuldner erst dann gegen sich gelten zu lassen, wenn er von der Zugehörigkeit Kenntnis erlangt; die Vorschriften der §§ 406 bis 408 finden entsprechende Anwendung.

§ 721. [**Gewinn- und Verlustverteilung**] (1) Ein Gesellschafter kann den Rechnungsabschluß und die Verteilung des Gewinns und Verlustes erst nach der Auflösung der Gesellschaft verlangen.

(2) Ist die Gesellschaft von längerer Dauer, so hat der Rechnungsabschluß und die Gewinnverteilung im Zweifel am Schlusse jedes Geschäftsjahres zu erfolgen.

§ 722. [**Anteile am Gewinn und Verlust**] (1) Sind die Anteile der Gesellschafter am Gewinn und Verluste nicht bestimmt, so hat jeder Gesellschafter ohne Rücksicht auf die Art und die Größe seines Beitrags einen gleichen Anteil am Gewinn und Verluste.

(2) Ist nur der Anteil am Gewinn oder am Verluste bestimmt, so gilt die Bestimmung im Zweifel für Gewinn und Verlust.

§ 723. [**Kündigung durch Gesellschafter**] (1) [1]Ist die Gesellschaft nicht für eine bestimmte Zeit eingegangen, so kann jeder Gesellschafter sie jederzeit kündigen. [2]Ist eine Zeitdauer bestimmt, so ist die Kündigung vor dem Ablaufe der Zeit zulässig, wenn ein wichtiger Grund vorliegt; ein solcher Grund ist insbesondere vorhanden, wenn ein anderer Gesellschafter eine ihm nach dem Gesellschaftsvertrag obliegende wesentliche Verpflichtung vorsätzlich oder aus grober Fahrlässigkeit verletzt oder wenn die Erfüllung einer solchen Verpflichtung unmöglich wird. [3]Unter der gleichen Voraussetzung ist, wenn eine Kündigungsfrist bestimmt ist, die Kündigung ohne Einhaltung der Frist zulässig.

(2) [1]Die Kündigung darf nicht zur Unzeit geschehen, es sei denn, daß ein wichtiger Grund für die unzeitige Kündigung vorliegt. [2]Kündigt ein Gesellschaf-

ter ohne solchen Grund zur Unzeit, so hat er den übrigen Gesellschaftern den daraus entstehenden Schaden zu ersetzen.

(3) Eine Vereinbarung, durch welche das Kündigungsrecht ausgeschlossen oder diesen Vorschriften zuwider beschränkt wird, ist nichtig.

§ 724. [Kündigung bei Gesellschaft auf Lebenszeit oder fortgesetzter Gesellschaft] [1] Ist eine Gesellschaft für die Lebenszeit eines Gesellschafters eingegangen, so kann sie in gleicher Weise gekündigt werden wie eine für unbestimmte Zeit eingegangene Gesellschaft. [2] Dasselbe gilt, wenn eine Gesellschaft nach dem Ablaufe der bestimmten Zeit stillschweigend fortgesetzt wird.

§ 725. [Kündigung durch Pfändungspfandgläubiger] (1) Hat ein Gläubiger eines Gesellschafters die Pfändung des Anteils des Gesellschafters an dem Gesellschaftsvermögen erwirkt, so kann er die Gesellschaft ohne Einhaltung einer Kündigungsfrist kündigen, sofern der Schuldtitel nicht bloß vorläufig vollstreckbar ist.

(2) Solange die Gesellschaft besteht, kann der Gläubiger die sich aus dem Gesellschaftsverhältnis ergebenden Rechte des Gesellschafters, mit Ausnahme des Anspruchs auf einen Gewinnanteil, nicht geltend machen.

§ 726. [Auflösung wegen Erreichens oder Unmöglichwerdens des Zwecks] Die Gesellschaft endigt, wenn der vereinbarte Zweck erreicht oder dessen Erreichung unmöglich geworden ist.

§ 727. [Auflösung durch Tod eines Gesellschafters] (1) Die Gesellschaft wird durch den Tod eines der Gesellschafter aufgelöst, sofern nicht aus dem Gesellschaftsvertrage sich ein anderes ergibt.

(2) [1] Im Falle der Auflösung hat der Erbe des verstorbenen Gesellschafters den übrigen Gesellschaftern den Tod unverzüglich anzuzeigen und, wenn mit dem Aufschube Gefahr verbunden ist, die seinem Erblasser durch den Gesellschaftsvertrag übertragenen Geschäfte fortzuführen, bis die übrigen Gesellschafter in Gemeinschaft mit ihm anderweit Fürsorge treffen können. [2] Die übrigen Gesellschafter sind in gleicher Weise zur einstweiligen Fortführung der ihnen übertragenen Geschäfte verpflichtet. [3] Die Gesellschaft gilt insoweit als fortbestehend.

§ 728. [Auflösung durch Konkurs eines Gesellschafters] [1] Die Gesellschaft wird durch die Eröffnung des Konkurses über das Vermögen eines Gesellschafters aufgelöst. [2] Die Vorschriften des § 727 Abs. 2 Satz 2, 3 finden Anwendung.

§ 729. [Fortdauer der Geschäftsführungsbefugnis] Wird die Gesellschaft in anderer Weise als durch Kündigung aufgelöst, so gilt die einem Gesellschafter durch den Gesellschaftsvertrag übertragene Befugnis zur Geschäftsführung zu seinen Gunsten gleichwohl als fortbestehend, bis er von der Auflösung Kenntnis erlangt oder die Auflösung kennen muß.

§ 730. [Auseinandersetzung; Geschäftsführung] (1) Nach der Auflösung der Gesellschaft findet in Ansehung des Gesellschaftsvermögens die Auseinandersetzung unter den Gesellschaftern statt.

(2) [1] Für die Beendigung der schwebenden Geschäfte, für die dazu erforderliche Eingehung neuer Geschäfte sowie für die Erhaltung und Verwaltung des Gesellschaftsvermögens gilt die Gesellschaft als fortbestehend, soweit der Zweck der

7. Abschnitt. 14. Titel. Gesellschaft §§ 731–737 **BGB 8**

Auseinandersetzung es erfordert. ²Die einem Gesellschafter nach dem Gesellschaftsvertrage zustehende Befugnis zur Geschäftsführung erlischt jedoch, wenn nicht aus dem Vertrage sich ein anderes ergibt, mit der Auflösung der Gesellschaft; die Geschäftsführung steht von der Auflösung an allen Gesellschaftern gemeinschaftlich zu.

§ 731. [**Verfahren bei Auseinandersetzung**] ¹Die Auseinandersetzung erfolgt in Ermangelung einer anderen Vereinbarung in Gemäßheit der §§ 732 bis 735. ²Im übrigen gelten für die Teilung die Vorschriften über die Gemeinschaft.

§ 732. [**Rückgabe von Gegenständen**] ¹Gegenstände, die ein Gesellschafter der Gesellschaft zur Benutzung überlassen hat, sind ihm zurückzugeben. ²Für einen durch Zufall in Abgang gekommenen oder verschlechterten Gegenstand kann er nicht Ersatz verlangen.

§ 733. [**Berichtigung der Gesellschaftsschulden; Erstattung der Einlagen**]
(1) ¹Aus dem Gesellschaftsvermögen sind zunächst die gemeinschaftlichen Schulden mit Einschluß derjenigen zu berichtigen, welche den Gläubigern gegenüber unter den Gesellschaftern geteilt sind oder für welche einem Gesellschafter der übrigen Gesellschafter als Schuldner haften. ²Ist eine Schuld noch nicht fällig oder ist sie streitig, so ist das zur Berichtigung Erforderliche zurückzubehalten.

(2) ¹Aus dem nach der Berichtigung der Schulden übrig bleibenden Gesellschaftsvermögen sind die Einlagen zurückzuerstatten. ²Für Einlagen, die nicht in Geld bestanden haben, ist der Wert zu ersetzen, den sie zur Zeit der Einbringung gehabt haben. ³Für Einlagen, die in der Leistung von Diensten oder in der Überlassung der Benutzung eines Gegenstandes bestanden haben, kann nicht Ersatz verlangt werden.

(3) Zur Berichtigung der Schulden und zur Rückerstattung der Einlagen ist das Gesellschaftsvermögen, soweit erforderlich, in Geld umzusetzen.

§ 734. [**Verteilung des Überschusses**] Verbleibt nach der Berichtigung der gemeinschaftlichen Schulden und der Rückerstattung der Einlagen ein Überschuß, so gebührt er den Gesellschaftern nach dem Verhältnis ihrer Anteile am Gewinne.

§ 735. [**Nachschußpflicht bei Verlust**] ¹Reicht das Gesellschaftsvermögen zur Berichtigung der gemeinschaftlichen Schulden und zur Rückerstattung der Einlagen nicht aus, so haben die Gesellschafter für den Fehlbetrag nach dem Verhältnis aufzukommen, nach welchem sie den Verlust zu tragen haben. ²Kann von einem Gesellschafter der auf ihn entfallende Beitrag nicht erlangt werden, so haben die übrigen Gesellschafter den Ausfall nach dem gleichen Verhältnisse zu tragen.

§ 736. [**Ausscheiden eines Gesellschafters**] Ist im Gesellschaftsvertrage bestimmt, daß, wenn ein Gesellschafter kündigt oder stirbt oder wenn der Konkurs über sein Vermögen eröffnet wird, die Gesellschaft unter den übrigen Gesellschaftern fortbestehen soll, so scheidet bei dem Eintritt eines solchen Ereignisses der Gesellschafter, in dessen Person es eintritt, aus der Gesellschaft aus.

§ 737. [**Ausschluß eines Gesellschafters**] ¹Ist im Gesellschaftsvertrage bestimmt, daß, wenn ein Gesellschafter kündigt, die Gesellschaft unter den übrigen Gesellschaftern fortbestehen soll, so kann ein Gesellschafter, in dessen Person ein die übrigen Gesellschafter nach § 723 Abs. 1 Satz 2 zur Kündigung berechtigender Umstand eintritt, aus der Gesellschaft ausgeschlossen werden. ²Das Ausschließungsrecht steht den übrigen Gesellschaftern gemeinschaftlich zu. ³Die Ausschließung erfolgt durch Erklärung gegenüber dem auszuschließenden Gesellschafter.

§ 738. [**Auseinandersetzung beim Ausscheiden**] (1) ¹Scheidet ein Gesellschafter aus der Gesellschaft aus, so wächst sein Anteil am Gesellschaftsvermögen den übrigen Gesellschaftern zu. ²Diese sind verpflichtet, dem Ausscheidenden die Gegenstände, die er der Gesellschaft zur Benutzung überlassen hat, nach Maßgabe des § 732 zurückzugeben, ihn von den gemeinschaftlichen Schulden zu befreien und ihm dasjenige zu zahlen, was er bei der Auseinandersetzung erhalten würde, wenn die Gesellschaft zur Zeit seines Ausscheidens aufgelöst worden wäre. ³Sind gemeinschaftliche Schulden noch nicht fällig, so können die übrigen Gesellschafter dem Ausscheidenden, statt ihn zu befreien, Sicherheit leisten.

(2) Der Wert des Gesellschaftsvermögens ist, soweit erforderlich, im Wege der Schätzung zu ermitteln.

§ 739. [**Haftung für Fehlbetrag**] Reicht der Wert des Gesellschaftsvermögens zur Deckung der gemeinschaftlichen Schulden und der Einlagen nicht aus, so hat der Ausscheidende den übrigen Gesellschaftern für den Fehlbetrag nach dem Verhältnisse seines Anteils am Verlust aufzukommen.

§ 740. [**Beteiligung am Ergebnis schwebender Geschäfte**] (1) ¹Der Ausgeschiedene nimmt an dem Gewinn und dem Verluste teil, welcher sich aus den zur Zeit seines Ausscheidens schwebenden Geschäften ergibt. ²Die übrigen Gesellschafter sind berechtigt, diese Geschäfte so zu beendigen, wie es ihnen am vorteilhaftesten erscheint.

(2) Der Ausgeschiedene kann am Schlusse jedes Geschäftsjahrs Rechenschaft über die inzwischen beendigten Geschäfte, Auszahlung des ihm gebührenden Betrags und Auskunft über den Stand der noch schwebenden Geschäfte verlangen.

9. Gesetz betreffend die Gesellschaften mit beschränkter Haftung

Vom 20. April 1892 (RGBl. S. 477)
in der Fassung der Bekanntmachung vom 20. Mai 1898 (RGBl. S. 846)
(BGBl. III 4123–1)

Änderungen des Gesetzes

Lfd. Nr.	Änderndes Gesetz	Datum	Fundstelle	Geänderte Paragraphen	Art der Änderg.
1.	Gesetz zur Änderung des Gesetzes, betreffend die Gesellschaften mit beschränkter Haftung	28. 6. 1926	RGBl. I 315	5 Abs. 1 und 3, 7 Abs. 2, 47 Abs. 2	geänd.
2.	Gesetz über die Pflicht zum Antrag auf Eröffnung des Konkurses oder des gerichtlichen Vergleichsverfahrens	25. 3. 1930	RGBl. I 93	64, 71, 84 Abs. 1 und 3	geänd.
3.	Verordnung des Reichspräsidenten zur Änderung der Frist für die Stellung des Antrags auf Eröffnung des Konkursverfahrens oder des gerichtlichen Vergleichsverfahrens bei Gesellschaften mit beschränkter Haftung und Erwerbs- und Wirtschaftsgenossenschaften	6. 8. 1931	RGBl. I 433	64 Abs. 1 Satz 1	geänd.
4.	Gesetz zur Abänderung strafrechtlicher Vorschriften	26. 5. 1933	RGBl. I 295	81a	eingef.
5.	Vergleichsordnung	26. 2. 1935	RGBl. I 321	71, 84 Abs. 1	geänd.
6.	Einführungsgesetz zum Gesetz über Aktiengesellschaften und Kommanditgesellschaften auf Aktien	30. 1. 1937	RGBl. I 166	80, 81	aufgeh.
7.	Gesetz über die Prüfung von Jahresabschlüssen	3. 6. 1937	RGBl. I 607	42a	eingef.
8.	Gesetz über die Eintragung von Handelsniederlassungen und das Verfahren in Handelsregistersachen	10. 8. 1937	RGBl. I 897	12, 39, 59, 67	geänd.
9.	Betriebsverfassungsgesetz (§ 77 Abs. 1)	11.10. 1952	BGBl. I 681	35ff.	ergänzt
10.	Einführungsgesetz zum Aktiengesetz	6. 9. 1965	BGBl. I 1185	52 Abs. 1	geänd.
11.	Einführungsgesetz zum Gesetz über Ordnungswidrigkeiten (EGOWiG)	24. 5. 1968	BGBl. I 503	83	aufgeh.
12.	Erstes Gesetz zur Reform des Strafrechts (1. StRG)	25. 6. 1969	BGBl. I 645	82 Abs. 1, 84 Abs. 1	geänd.
				81a, 82 Abs. 2 und 3, 84 Abs. 2	aufgeh.

9 GmbHG

Änderungen des Gesetzes

Lfd. Nr.	Änderndes Gesetz	Datum	Fundstelle	Geänderte Paragraphen	Art der Änderg.
13.	Gesetz zur Durchführung der Ersten Richtlinie des Rates der Europäischen Gemeinschaften zur Koordinierung des Gesellschaftsrechts	15. 8. 1969	BGBl. I 1146	10 Abs. 2, 52 Abs. 1, 65 Abs. 1, 67 Abs. 1, 75 Abs. 1, 76	geänd.
				8 Abs. 3, 10 Abs. 1 Satz 2, 35a, 52 Abs. 2, 54 Abs. 1 Satz 2, 60 Abs. 1 Nr. 5, 71 Abs. 3, 79 Abs. 1	eingef.
				68 Abs. 2	aufgeh.
14.	Beurkundungsgesetz	28. 8. 1969	BGBl. I 1513	2 Abs. 1 Satz 1 und Abs. 2, 15 Abs. 3 und 4 Satz 1, 53 Abs. 2 Satz 1, 55 Abs. 1	geänd.
15.	Einführungsgesetz zum Strafgesetzbuch (EGStGB)	2. 3. 1974	BGBl. I 469	79, 82, 84	geänd.
16.	Zweites Gesetz zur Änderung des Gesetzes über das Kreditwesen	24. 3. 1976	BGBl. I 725	41 Abs. 4	aufgeh.
17.	Gesetz zur Änderung des Gesetzes betreffend die Gesellschaften mit beschränkter Haftung und anderer handelsrechtlicher Vorschriften	4. 7. 1980	BGBl. I 836	1, 2 Abs. 1 Satz 1, 5 Abs. 1 und 4, 7 Abs. 2, 8 Abs. 2, 9, 10 Abs. 3 Satz 1, 12 Abs. 2 Satz 2, 19, 33, 43 Abs. 3 Satz 2, 56, 57 Abs. 2 und 4, 60 Abs. 1 Nr. 5, 65 Abs. 1 Satz 2, 78, 82, 84	geänd.
				6 Abs. 2, 7 Abs. 3, 8 Abs. 1 Nr. 4 und 5 und Abs. 3, 9a bis 9c, 32a, 32b, 35 Abs. 4, 39 Abs. 3, 43a, 48 Abs. 3, 51a, 51b, 56a, 57 Abs. 3 Nr. 3, 57a, 57b, 66 Abs. 4, 67 Abs. 3, 85	eingef.
				§ 6 Abs. 2 und 3 wurden Abs. 3 und 4, § 8 Abs. 1 Nr. 4 wurde Nr. 6, Abs. 3 und 4 wurden Abs. 4 und 5, § 39 Abs. 3 wurde Abs. 4, § 67 Abs. 3 und 4 wurden Abs. 4 und 5	
18.	Gesetz zur Durchführung der Dritten Richtlinie des Rates der Europäischen Gemeinschaften zur Koordinierung des Gesellschaftsrechts (Verschmelzungsrichtlinie-Gesetz)	25. 10. 1982	BGBl. I 1425	52 Abs. 2 Satz 1	geänd.
19.	Gesetz zur Durchführung der Vierten, Siebenten und Achten Richtlinie des Rates der Europäischen Gemein-	19. 12. 1985	BGBl. I 2355	29 Abs. 1, 33 Abs. 2 Satz 1, 40 Satz 1, 42, 42a, 46 Nr. 1, 52 Abs. 1, 71 Abs. 1, 79	

Änderungen des Gesetzes **GmbHG 9**

Lfd. Nr.	Änderndes Gesetz	Datum	Fundstelle	Geänderte Paragraphen	Art der Änderg.
	schaften zur Koordinierung des Gesellschaftsrechts (Bilanzrichtlinien-Gesetz – BiRiLiG)			Abs. 1 Satz 1, 82 Abs. 2 Nr. 2 29 Abs. 2 und 4, 71 Abs. 2 und 3 41 Abs. 2 und 3 Bisheriger § 29 Abs. 2 wurde Abs. 3, § 71 Abs. 2 und 3 wurden Abs. 4 und 5	geänd. eingef. aufgeh.
20.	Zweites Gesetz zur Bekämpfung der Wirtschaftskriminalität (2. WiKG)	15. 5. 1986	BGBl. I 721	64 Abs. 1 Satz 1 64 Abs. 1 Satz 2 Bisheriger § 64 Abs. 1 Satz 2 wurde Satz 3	geänd. eingef.
21.	Gesetz zur Reform des Rechts der Vormundschaft und Pflegschaft für Volljährige (Betreuungsgesetz – BtG)	12. 9. 1990	BGBl. I 2002	8 Abs. 3 Satz 1, 39 Abs. 3 Satz 1, 66 Abs. 4 6 Abs. 2 Satz 2	geänd. eingef.

Inhaltsübersicht
Erster Abschnitt. Errichtung der Gesellschaft §§ 1–12
Zweiter Abschnitt. Rechtsverhältnisse der Gesellschaft und der Gesellschafter §§ 13–34
Dritter Abschnitt. Vertretung und Geschäftsführung §§ 35–52
Vierter Abschnitt. Abänderungen des Gesellschaftsvertrages §§ 53–59
Fünfter Abschnitt. Auflösung und Nichtigkeit der Gesellschaft §§ 60–77
Sechster Abschnitt. Schlußbestimmungen §§ 78–85

Erster Abschnitt. Errichtung der Gesellschaft*

§ 1.** **[Zweck]** Gesellschaften mit beschränkter Haftung können nach Maßgabe der Bestimmungen dieses Gesetzes zu jedem gesetzlich zulässigen Zweck durch eine oder mehrere Personen errichtet werden.

§ 2.*** **[Form des Gesellschaftsvertrags]** (1) ¹Der Gesellschaftsvertrag bedarf notarieller Form. ²Er ist von sämtlichen Gesellschaftern zu unterzeichnen.

(2) Die Unterzeichnung durch Bevollmächtigte ist nur auf Grund einer notariell errichteten oder beglaubigten Vollmacht zulässig.

§ 3. [Inhalt des Gesellschaftsvertrags] (1) Der Gesellschaftsvertrag muß enthalten:

1. die Firma und den Sitz der Gesellschaft,
2. den Gegenstand des Unternehmens,
3. den Betrag des Stammkapitals,
4. den Betrag der von jedem Gesellschafter auf das Stammkapital zu leistenden Einlage (Stammeinlage).

(2) Soll das Unternehmen auf eine gewisse Zeit beschränkt sein oder sollen den Gesellschaftern außer der Leistung von Kapitaleinlagen noch andere Verpflichtungen gegenüber der Gesellschaft auferlegt werden, so bedürfen auch diese Bestimmungen der Aufnahme in den Gesellschaftsvertrag.

§ 4. [Firma] (1) ¹Die Firma der Gesellschaft muß entweder von dem Gegenstand des Unternehmens entlehnt sein oder die Namen der Gesellschafter oder den Namen wenigstens eines derselben mit einem das Vorhandensein eines Gesellschaftsverhältnisses andeutenden Zusatz enthalten. ²Die Namen anderer Personen als der

---

* Vgl. auch Gesetz über die Mitbestimmung der Arbeitnehmer (Mitbestimmungsgesetz – MitbestG) vom 4. 5. 1976 (BGBl. I S. 1153), geändert durch Gesetz vom 26. 6. 1990 (BGBl. I S. 1206) – §§ 1 bis 7 abgedruckt in Anm. zu § 96 Abs. 1 AktG (Nr. **10**) –. Gesetz über die Mitbestimmung der Arbeitnehmer in den Aufsichtsräten und Vorständen der Unternehmen des Bergbaus und der Eisen und Stahl erzeugenden Industrie (sog. Montan-Mitbestimmungsgesetz) vom 21. 5. 1951 (BGBl. I S. 347), geändert durch Gesetz vom 15. 7. 1957 (BGBl. I S. 714), vom 6. 9. 1965 (BGBl. I S. 1185), vom 21. 5. 1981 (BGBl. I S. 441) und vom 19. 12. 1985 (BGBl. I S. 2355) sowie Ergänzung durch Gesetz zur Verlängerung der Auslaufzeiten in der Montan-Mitbestimmung vom 23. 7. 1987 (BGBl. I S. 1676). Beachte auch Gesetz zur Ergänzung des Gesetzes über die Mitbestimmung der Arbeitnehmer in den Aufsichtsräten und Vorständen der Unternehmen des Bergbaus und der Eisen und Stahl erzeugenden Industrie (sog. Mitbestimmungsergänzungsgesetz) vom 7. 8. 1956 (BGBl. I S. 707), geändert durch Gesetz vom 15. 7. 1957 (BGBl. I S. 714), vom 6. 9. 1965 (BGBl. I S. 1185), vom 27. 4. 1967 (BGBl. I S. 505), vom 21. 5. 1981 (BGBl. I S. 441), vom 19. 12. 1985 (BGBl. I S. 2355) und vom 20. 12. 1988 (BGBl. I S. 2312).
** § 1 neu gefaßt durch Gesetz vom 4. 7. 1980 (BGBl. I S. 836).
*** § 2 Abs. 1 Satz 1 neu gefaßt durch Gesetz vom 4. 7. 1980 (BGBl. I S. 836), Abs. 2 geändert durch Beurkundungsgesetz vom 28. 8. 1969 (BGBl. I S. 1513).

Errichtung der Gesellschaft §5 **GmbHG 9**

Gesellschafter dürfen in die Firma nicht aufgenommen werden. ³Die Beibehaltung der Firma eines auf die Gesellschaft übergegangenen Geschäfts (Handelsgesetzbuch § 22) wird hierdurch nicht ausgeschlossen.

(2) Die Firma der Gesellschaft muß in allen Fällen die zusätzliche Bezeichnung „mit beschränkter Haftung" enthalten.

§ 5.* **[Stammkapital; Stammeinlage]** (1) Das Stammkapital der Gesellschaft muß mindestens fünfzigtausend Deutsche Mark,** die Stammeinlage jedes Gesellschafters muß mindestens fünfhundert Deutsche Mark betragen.

(2) Kein Gesellschafter kann bei Errichtung der Gesellschaft mehrere Stammeinlagen übernehmen.

(3) ¹Der Betrag der Stammeinlage kann für die einzelnen Gesellschafter verschieden bestimmt werden. ²Er muß in Deutscher Mark durch hundert teilbar sein. ³Der Gesamtbetrag der Stammeinlagen muß mit dem Stammkapital übereinstimmen.

---

* § 5 Abs. 1 und 3 neu gefaßt durch Gesetz vom 28. 6. 1926 (RGBl. I S. 315), Abs. 1 geändert und Abs. 4 neu gefaßt durch Gesetz vom 4. 7. 1980 (BGBl. I S. 836).
** Beachte hierzu auch Art. 12 §§ 1 und 5 Gesetz zur Änderung des Gesetzes betreffend die Gesellschaften mit beschränkter Haftung und anderer handelsrechtlicher Vorschriften vom 4. 7. 1980 (BGBl. I S. 836):

„Art. 12.*** Übergangsvorschriften. § 1. Mindeststammkapital, Mindesteinlagen.** (1) ¹Gesellschaften, deren Stammkapital weniger als fünfzigtausend Deutsche Mark beträgt, sind mit Ablauf des 31. Dezember 1985 aufgelöst, wenn die Geschäftsführer nicht bis zu diesem Tage einen Beschluß über die Erhöhung des Stammkapitals auf mindestens fünfzigtausend Deutsche Mark oder einen Beschluß über die Umwandlung der Gesellschaft nach den Vorschriften des Umwandlungsgesetzes zur Eintragung in das Handelsregister angemeldet haben. ²Ist der Beschluß über die Erhöhung des Stammkapitals oder der Umwandlungsbeschluß vor dem 1. Januar 1986 angefochten worden, so tritt an die Stelle dieses Tages der sechs Monate nach dem Tag der Rechtskraft der Entscheidung liegende Tag. ³Erfolgt die Erhöhung des Stammkapitals durch eine Kapitalerhöhung gegen Einlagen, so haben die Geschäftsführer bei der Anmeldung der Kapitalerhöhung zur Eintragung in das Handelsregister zu versichern, daß von den Geldeinlagen auf das Stammkapital mindestens soviel eingezahlt ist, daß der Gesamtbetrag aller bisher und neu eingezahlten Geldeinlagen zuzüglich des Gesamtbetrags der Stammeinlagen, für die Sacheinlagen zu leisten sind, fünfundzwanzigtausend Deutsche Mark erreicht.

(2) Gesellschaften mit einem Stammkapital von fünfzigtausend Deutsche Mark oder mehr, aber weniger als einhunderttausend Deutsche Mark sind mit Ablauf des 31. Dezember 1985 aufgelöst, wenn die Geschäftsführer nicht bis zu diesem Tag dem Registergericht gegenüber versichert haben, daß von den Geldeinlagen auf das Stammkapital mindestens soviel eingezahlt ist, daß der Gesamtbetrag der eingezahlten Geldeinlagen zuzüglich des Gesamtbetrags der Stammeinlagen, für die Sacheinlagen zu leisten sind, fünfundzwanzigtausend Deutsche Mark erreicht.

(3) ¹Ist eine Gesellschaft nach den Absätzen 1 oder 2 aufgelöst, so können die Gesellschafter, solange noch nicht mit der Verteilung des Vermögens begonnen ist, die Fortsetzung der Gesellschaft beschließen. ²Der Fortsetzungsbeschluß wird erst wirksam, wenn er in das Handelsregister des Sitzes der Gesellschaft eingetragen worden ist. ³Im Fall des Absatzes 1 soll der Fortsetzungsbeschluß nur zusammen mit einem Beschluß über die Erhöhung des Stammkapitals auf mindestens fünfzigtausend Deutsche Mark in das Handelsregister eingetragen werden. ⁴Im Fall des Absatzes 2 soll der Fortsetzungsbeschluß in das Handelsregister nur eingetragen werden, wenn die Geschäftsführer dem Registergericht bei der Anmeldung versichern, daß von den Geldeinlagen auf das Stammkapital mindestens soviel eingezahlt ist, daß der Gesamtbetrag der eingezahlten Geldeinlagen zuzüglich des Gesamtbetrags der Geschäftsanteile, für die Sacheinlagen zu leisten sind, fünfundzwanzigtausend Deutsche Mark erreicht.

§ 5. Strafvorschrift. Mit Freiheitsstrafe bis zu drei Jahren oder mit Geldstrafe wird bestraft, wer als Geschäftsführer zum Zweck der Fortsetzung der Gesellschaft in den nach § 1 Abs. 1 Satz 3, Abs. 2 oder Abs. 3 Satz 4 abzugebenden Versicherungen falsche Angaben macht."

*** Für das Gebiet der ehem. DDR beachte zu Art. 12 aufgrund des Einigungsvertrages vom 31. 8. 1990 (BGBl. II S. 889, 960) geltende Maßgaben; abgedruckt in Schönfelder II unter Nr. 92 Anm. zu § 5.

9 GmbHG § 6   1. Abschnitt

(4) ¹Sollen Sacheinlagen geleistet werden, so müssen der Gegenstand der Sacheinlage und der Betrag der Stammeinlage, auf die sich die Sacheinlage bezieht, im Gesellschaftsvertrag festgesetzt werden. ²Die Gesellschafter haben in einem Sachgründungsbericht die für die Angemessenheit der Leistungen für Sacheinlagen wesentlichen Umstände darzulegen und beim Übergang eines Unternehmens auf die Gesellschaft die Jahresergebnisse der beiden letzten Geschäftsjahre anzugeben.

§ 6.* **[Geschäftsführer]** (1) Die Gesellschaft muß einen oder mehrere Geschäftsführer haben.

Fassung des Abs. 2 bis 31. 12. 1991:

(2) ¹Geschäftsführer kann nur eine natürliche, unbeschränkt geschäftsfähige Person sein. ²Wer wegen einer Straftat nach den §§ 283 bis 283d des Strafgesetzbuchs** verurteilt worden ist, kann auf die Dauer von fünf Jahren seit der Rechtskraft des Urteils nicht Geschäftsführer sein; in die Frist wird die Zeit nicht eingerechnet, in welcher der Täter auf behördliche Anordnung in einer Anstalt verwahrt worden ist. ³Wem durch gerichtliches Urteil oder durch vollziehbare Entscheidung einer Verwaltungsbehörde die Ausübung eines Berufs, Berufszweiges, Gewerbes oder Gewerbezweiges untersagt worden ist, kann für die Zeit, für welche das Verbot wirksam ist, bei einer Gesellschaft, deren Unternehmensgegenstand ganz oder teilweise mit dem Gegenstand des Verbots übereinstimmt, nicht Geschäftsführer sein.

Fassung des Abs. 2 ab 1. 1. 1992:

(2) ¹Geschäftsführer kann nur eine natürliche, unbeschränkt geschäftsfähige Person sein. ²Ein Betreuter, der bei der Besorgung seiner Vermögensangelegenheiten ganz oder teilweise einem Einwilligungsvorbehalt (§ 1903 des Bürgerlichen Gesetzbuchs) unterliegt, kann nicht Geschäftsführer sein. ³Wer wegen einer Straftat nach den §§ 283 bis 283d des Strafgesetzbuchs** verurteilt worden ist, kann auf die Dauer von fünf Jahren seit der Rechtskraft des Urteils nicht Geschäftsführer sein; in die Frist wird die Zeit nicht eingerechnet, in welcher der Täter auf behördliche Anordnung in einer Anstalt verwahrt worden ist. ⁴Wem durch gerichtliches Urteil oder durch vollziehbare Entscheidung einer Verwaltungsbehörde die Ausübung eines Berufs, Berufszweiges, Gewerbes oder Gewerbezweiges untersagt worden ist, kann für die Zeit, für welche das Verbot wirksam ist, bei einer Gesellschaft, deren Unternehmensgegenstand ganz oder teilweise mit dem Gegenstand des Verbots übereinstimmt, nicht Geschäftsführer sein.

(3) ¹Zu Geschäftsführern können Gesellschafter oder andere Personen bestellt werden. ²Die Bestellung erfolgt entweder im Gesellschaftsvertrag oder nach Maßgabe der Bestimmungen des dritten Abschnitts.

(4) Ist im Gesellschaftsvertrag bestimmt, daß sämtliche Gesellschafter zur Geschäftsführung berechtigt sein sollen, so gelten nur die der Gesellschaft bei Festsetzung dieser Bestimmung angehörenden Personen als die bestellten Geschäftsführer.

---

* § 6 neuer Abs. 2 eingefügt, bisherige Abs. 2 und 3 wurden Abs. 3 und 4 durch Gesetz vom 4. 7. 1980 (BGBl. I S. 836), **Abs. 2 Satz 2 eingefügt mit Wirkung vom 1. 1. 1992** durch Art. 7 § 33 Betreuungsgesetz vom 12. 9. 1990 (BGBl. I S. 2002).
** Abgedruckt in Schönfelder unter Nr. **85**.

Errichtung der Gesellschaft **§§ 7, 8 GmbHG 9**

§ 7.* [**Anmeldung**] (1) Die Gesellschaft ist bei dem Gericht, in dessen Bezirk sie ihren Sitz hat, zur Eintragung in das Handelsregister anzumelden.

(2) ¹Die Anmeldung darf erst erfolgen, wenn auf jede Stammeinlage, soweit nicht Sacheinlagen vereinbart sind, ein Viertel eingezahlt ist. ²Insgesamt muß auf das Stammkapital mindestens soviel eingezahlt sein, daß der Gesamtbetrag der eingezahlten Geldeinlagen zuzüglich des Gesamtbetrags der Stammeinlagen, für die Sacheinlagen zu leisten sind, fünfundzwanzigtausend Deutsche Mark erreicht. ³Wird die Gesellschaft nur durch eine Person errichtet, so darf die Anmeldung erst erfolgen, wenn mindestens die nach den Sätzen 1 und 2 vorgeschriebenen Einzahlungen geleistet sind und der Gesellschafter für den übrigen Teil der Geldeinlage eine Sicherung bestellt hat.

(3) Die Sacheinlagen sind vor der Anmeldung der Gesellschaft zur Eintragung in das Handelsregister so an die Gesellschaft zu bewirken, daß sie endgültig zur freien Verfügung der Geschäftsführer stehen.

§ 8.** [**Inhalt der Anmeldung**] (1) Der Anmeldung müssen beigefügt sein:
1. der Gesellschaftsvertrag und im Fall des § 2 Abs. 2 die Vollmachten der Vertreter, welche den Gesellschaftsvertrag unterzeichnet haben, oder eine beglaubigte Abschrift dieser Urkunden,
2. die Legitimation der Geschäftsführer, sofern dieselben nicht im Gesellschaftsvertrag bestellt sind,
3. eine von den Anmeldenden unterschriebene Liste der Gesellschafter, aus welcher Name, Vorname, Stand und Wohnort der letzteren sowie der Betrag der von einem jeden derselben übernommenen Stammeinlage ersichtlich ist,
4. im Fall des § 5 Abs. 4 die Verträge, die den Festsetzungen zugrunde liegen oder zu ihrer Ausführung geschlossen worden sind, und der Sachgründungsbericht,
5. wenn Sacheinlagen vereinbart sind, Unterlagen darüber, daß der Wert der Sacheinlagen den Betrag der dafür übernommenen Stammeinlagen erreicht,
6. in dem Fall, daß der Gegenstand des Unternehmens der staatlichen Genehmigung bedarf, die Genehmigungsurkunde.

(2) ¹In der Anmeldung ist die Versicherung abzugeben, daß die in § 7 Abs. 2 und 3 bezeichneten Leistungen auf die Stammeinlagen bewirkt sind und daß der Gegenstand der Leistungen sich endgültig in der freien Verfügung der Geschäftsführer befindet. ²Wird die Gesellschaft nur durch eine Person errichtet und die Geldeinlage nicht voll eingezahlt, so ist auch zu versichern, daß die nach § 7 Abs. 2 Satz 3 erforderliche Sicherung bestellt ist.

Fassung des Abs. 3 bis 31. 12. 1991:

(3) ¹In der Anmeldung haben die Geschäftsführer zu versichern, daß keine Umstände vorliegen, die ihrer Bestellung nach § 6 Abs. 2 Satz 2 und 3 entgegenstehen, und daß sie über ihre unbeschränkte Auskunftspflicht gegenüber dem Gericht belehrt worden sind. ²Die Belehrung nach *§ 51 Abs. 2* des Gesetzes über

---

* § 7 Abs. 2 neu gefaßt und Abs. 3 angefügt durch Gesetz vom 4. 7. 1980 (BGBl. I S. 836).
** § 8 Abs. 1 Nr. 4 und 5 eingefügt, bisherige Nr. 4 wurde Nr. 6, Abs. 2 neu gefaßt durch Gesetz vom 4. 7. 1980 (BGBl. I S. 836), früherer Abs. 3 eingefügt, bisheriger Abs. 3 wurde Abs. 4 durch Gesetz vom 15. 8. 1969 (BGBl. I S. 1146), neuer Abs. 3 eingefügt, bisherige Abs. 3 und 4 wurden Abs. 4 und 5 durch Gesetz vom 4. 7. 1980 (BGBl. I S. 836), **Abs. 3 Satz 1 geändert mit Wirkung vom 1. 1. 1992** durch Art. 7 § 33 Betreuungsgesetz vom 12. 9. 1990 (BGBl. I S. 2002).

9 GmbHG §§ 9, 9a 1. Abschnitt

das Zentralregister und das Erziehungsregister *in der Fassung der Bekanntmachung vom 22. Juli 1976 (BGBl. I S. 2005)** kann auch durch einen Notar vorgenommen werden.

Fassung des Abs. 3 ab 1. 1. 1992:

(3) ¹In der Anmeldung haben die Geschäftsführer zu versichern, daß keine Umstände vorliegen, die ihrer Bestellung nach § 6 Abs. 2 Satz 3 und 4 entgegenstehen, und daß sie über ihre unbeschränkte Auskunftspflicht gegenüber dem Gericht belehrt worden sind. ²Die Belehrung nach *§ 51 Abs. 2 des Gesetzes über das Zentralregister und das Erziehungsregister in der Fassung der Bekanntmachung vom 22. Juli 1976 (BGBl. I S. 2005)** kann auch durch einen Notar vorgenommen werden.

(4) In der Anmeldung ist ferner anzugeben, welche Vertretungsbefugnis die Geschäftsführer haben.

(5) Die Geschäftsführer haben ihre Unterschrift zur Aufbewahrung bei dem Gericht zu zeichnen.

§ 9.** **[Geldeinlage statt Sacheinlage]** (1) Erreicht der Wert einer Sacheinlage im Zeitpunkt der Anmeldung der Gesellschaft zur Eintragung in das Handelsregister nicht den Betrag der dafür übernommenen Stammeinlage, hat der Gesellschafter in Höhe des Fehlbetrags eine Einlage in Geld zu leisten.

(2) Der Anspruch der Gesellschaft verjährt in fünf Jahren seit der Eintragung der Gesellschaft in das Handelsregister.

§ 9a.** **[Ersatzansprüche der Gesellschaft]** (1) Werden zum Zweck der Errichtung der Gesellschaft falsche Angaben gemacht, so haben die Gesellschafter und Geschäftsführer der Gesellschaft als Gesamtschuldner fehlende Einzahlungen zu leisten, eine Vergütung, die nicht unter den Gründungsaufwand aufgenommen ist, zu ersetzen und für den sonst entstehenden Schaden Ersatz zu leisten.

(2) Wird die Gesellschaft von Gesellschaftern durch Einlagen oder Gründungsaufwand vorsätzlich oder aus grober Fahrlässigkeit geschädigt, so sind ihr alle Gesellschafter als Gesamtschuldner zum Ersatz verpflichtet.

(3) Von diesen Verpflichtungen ist ein Gesellschafter oder ein Geschäftsführer befreit, wenn er die die Ersatzpflicht begründenden Tatsachen weder kannte noch bei Anwendung der Sorgfalt eines ordentlichen Geschäftsmannes kennen mußte.

(4) ¹Neben den Gesellschaftern sind in gleicher Weise Personen verantwortlich, für deren Rechnung die Gesellschafter Stammeinlagen übernommen haben. ²Sie können sich auf ihre eigene Unkenntnis nicht wegen solcher Umstände berufen, die ein für ihre Rechnung handelnder Gesellschafter kannte oder bei Anwendung der Sorgfalt eines ordentlichen Geschäftsmannes kennen mußte.

---

* Nunmehr § 53 Abs. 2 des Bundeszentralregistergesetzes i. d. F. der Bek. vom 21. 9. 1984 (BGBl. I S. 1229, ber. 1985 I S. 195); abgedruckt in Schönfelder unter Nr. **92**.
** § 9 neu gefaßt und § 9a eingefügt durch Gesetz vom 4. 7. 1980 (BGBl. I S. 836).

Errichtung der Gesellschaft §§ 9b–12 **GmbHG 9**

§ 9b.* **[Verzicht auf Ersatzansprüche]** (1) ¹Ein Verzicht der Gesellschaft auf Ersatzansprüche nach § 9a oder ein Vergleich der Gesellschaft über diese Ansprüche ist unwirksam, soweit der Ersatz zur Befriedigung der Gläubiger der Gesellschaft erforderlich ist. ²Dies gilt nicht, wenn der Ersatzpflichtige zahlungsunfähig ist und sich zur Abwendung oder Beseitigung des Konkursverfahrens mit seinen Gläubigern vergleicht.

(2) ¹Ersatzansprüche der Gesellschaft nach § 9a verjähren in fünf Jahren. ²Die Verjährung beginnt mit der Eintragung der Gesellschaft in das Handelsregister oder, wenn die zum Ersatz verpflichtende Handlung später begangen worden ist, mit der Vornahme der Handlung.

§ 9c.* **[Ablehnung der Eintragung]** ¹Ist die Gesellschaft nicht ordnungsgemäß errichtet und angemeldet, so hat das Gericht die Eintragung abzulehnen. ²Dies gilt auch, wenn Sacheinlagen überbewertet worden sind.

§ 10.** **[Eintragung in das Handelsregister]** (1) ¹Bei der Eintragung in das Handelsregister sind die Firma und der Sitz der Gesellschaft, der Gegenstand des Unternehmens, die Höhe des Stammkapitals, der Tag des Abschlusses des Gesellschaftsvertrages und die Personen der Geschäftsführer anzugeben. ²Ferner ist einzutragen, welche Vertretungsbefugnis die Geschäftsführer haben.

(2) Enthält der Gesellschaftsvertrag eine Bestimmung über die Zeitdauer der Gesellschaft, so ist auch diese Bestimmung einzutragen.

(3) In die Veröffentlichung, durch welche die Eintragung bekanntgemacht wird, sind außer dem Inhalt der Eintragung die nach § 5 Abs. 4 Satz 1 getroffenen Festsetzungen und, sofern der Gesellschaftsvertrag besondere Bestimmungen über die Form enthält, in welcher öffentliche Bekanntmachungen der Gesellschaft erlassen werden, auch diese Bestimmungen aufzunehmen.

§ 11. **[Rechtszustand vor der Eintragung]** (1) Vor der Eintragung in das Handelsregister des Sitzes der Gesellschaft besteht die Gesellschaft mit beschränkter Haftung als solche nicht.

(2) Ist vor der Eintragung im Namen der Gesellschaft gehandelt worden, so haften die Handelnden persönlich und solidarisch.

§ 12.*** **[Zweigniederlassung]** (1) ¹Auf die Anmeldung der Errichtung einer Zweigniederlassung finden die Bestimmungen in § 8 Abs. 1 und 2 keine Anwendung. ²Der Anmeldung ist eine Abschrift des Gesellschaftsvertrages und der Liste der Gesellschafter beizufügen. ³Das Gericht des Sitzes hat vor Weitergabe der Anmeldung die bei ihm eingereichte Abschrift des Gesellschaftsvertrages und der Liste der Gesellschafter zu beglaubigen.

(2) ¹Die Eintragung hat die in § 10 Abs. 1 und 2 bezeichneten Angaben zu enthalten. ²In die Veröffentlichung, durch welche die Eintragung bekanntgemacht wird, sind auch die in § 10 Abs. 3 bezeichneten Bestimmungen aufzunehmen, die nach § 5 Abs. 4 Satz 1 getroffenen Festsetzungen jedoch nur dann, wenn die Eintragung innerhalb der ersten zwei Jahre nach der Eintragung in das Handelsregister des Sitzes der Gesellschaft erfolgt.

---

* §§ 9b und 9c eingefügt durch Gesetz vom 4. 7. 1980 (BGBl. I S. 836).
** § 10 Abs. 1 Satz 2 eingefügt und Abs. 2 neu gefaßt durch Gesetz vom 15. 8. 1969 (BGBl. I S. 1146), Abs. 3 Satz 1 geändert durch Gesetz vom 4. 7. 1980 (BGBl. I S. 836).
*** § 12 neu gefaßt durch Gesetz vom 10. 8. 1937 (RGBl. I S. 897), Abs. 2 Satz 2 geändert durch Gesetz vom 4. 7. 1980 (BGBl. I S. 836).

Zweiter Abschnitt. Rechtsverhältnisse der Gesellschaft und der Gesellschafter

§ 13. [Juristische Person; Handelsgesellschaft] (1) Die Gesellschaft mit beschränkter Haftung als solche hat selbständig ihre Rechte und Pflichten; sie kann Eigentum und andere dingliche Rechte an Grundstücken erwerben, vor Gericht klagen und verklagt werden.

(2) Für die Verbindlichkeiten der Gesellschaft haftet den Gläubigern derselben nur das Gesellschaftsvermögen.

(3) Die Gesellschaft gilt als Handelsgesellschaft im Sinne des Handelsgesetzbuchs.

§ 14. [Geschäftsanteil] Der Geschäftsanteil jedes Gesellschafters bestimmt sich nach dem Betrage der von ihm übernommenen Stammeinlage.

§ 15.* [Übertragung von Geschäftsanteilen] (1) Die Geschäftsanteile sind veräußerlich und vererblich.

(2) Erwirbt ein Gesellschafter zu seinem ursprünglichen Geschäftsanteil weitere Geschäftsanteile, so behalten dieselben ihre Selbständigkeit.

(3) Zur Abtretung von Geschäftsanteilen durch Gesellschafter bedarf es eines in notarieller Form geschlossenen Vertrages.

(4) ¹Der notariellen Form bedarf auch eine Vereinbarung, durch welche die Verpflichtung eines Gesellschafters zur Abtretung eines Geschäftsanteils begründet wird. ²Eine ohne diese Form getroffene Vereinbarung wird jedoch durch den nach Maßgabe des vorigen Absatzes geschlossenen Abtretungsvertrag gültig.

(5) Durch den Gesellschaftsvertrag kann die Abtretung der Geschäftsanteile an weitere Voraussetzungen geknüpft, insbesondere von der Genehmigung der Gesellschaft abhängig gemacht werden.

§ 16. [Rechtsstellung von Veräußerer und Erwerber] (1) Der Gesellschaft gegenüber gilt im Fall der Veräußerung des Geschäftsanteils nur derjenige als Erwerber, dessen Erwerb unter Nachweis des Übergangs bei der Gesellschaft angemeldet ist.

(2) Die vor der Anmeldung von der Gesellschaft gegenüber dem Veräußerer oder von dem letzteren gegenüber der Gesellschaft in bezug auf das Gesellschaftsverhältnis vorgenommenen Rechtshandlungen muß der Erwerber gegen sich gelten lassen.

(3) Für die zur Zeit der Anmeldung auf den Geschäftsanteil rückständigen Leistungen ist der Erwerber neben dem Veräußerer verhaftet.

§ 17. [Veräußerung von Teilen eines Geschäftsanteils] (1) Die Veräußerung von Teilen eines Geschäftsanteils kann nur mit Genehmigung der Gesellschaft stattfinden.

(2) Die Genehmigung bedarf der schriftlichen Form; sie muß die Person des Erwerbers und den Betrag bezeichnen, welcher von der Stammeinlage des ungeteilten Geschäftsanteils auf jeden der durch die Teilung entstehenden Geschäftsanteile entfällt.

---

* § 15 Abs. 3 und 4 Satz 1 geändert durch Beurkundungsgesetz vom 28. 8. 1969 (BGBl. I S. 1513).

Gesellschaft und der Gesellschafter §§ 18, 19 **GmbHG 9**

(3) Im Gesellschaftsvertrag kann bestimmt werden, daß für die Veräußerung von Teilen eines Geschäftsanteils an andere Gesellschafter, sowie für die Teilung von Geschäftsanteilen verstorbener Gesellschafter unter deren Erben eine Genehmigung der Gesellschaft nicht erforderlich ist.

(4) Die Bestimmungen in § 5 Abs. 1 und 3 über den Betrag der Stammeinlagen finden bei der Teilung von Geschäftsanteilen entsprechende Anwendung.

(5) Eine gleichzeitige Übertragung mehrerer Teile von Geschäftsanteilen eines Gesellschafters an denselben Erwerber ist unzulässig.

(6) ¹Außer dem Fall der Veräußerung und Vererbung findet eine Teilung von Geschäftsanteilen nicht statt. ²Sie kann im Gesellschaftsvertrag auch für diese Fälle ausgeschlossen werden.

§ 18. [**Mitberechtigung am Geschäftsanteil**] (1) Steht ein Geschäftsanteil mehreren Mitberechtigten ungeteilt zu, so können sie die Rechte aus demselben nur gemeinschaftlich ausüben.

(2) Für die auf den Geschäftsanteil zu bewirkenden Leistungen haften sie der Gesellschaft solidarisch.

(3) ¹Rechtshandlungen, welche die Gesellschaft gegenüber dem Inhaber des Anteils vorzunehmen hat, sind, sofern nicht ein gemeinsamer Vertreter der Mitberechtigten vorhanden ist, wirksam, wie auch nur gegenüber einem Mitberechtigten vorgenommen werden. ²Gegenüber mehreren Erben eines Gesellschafters findet diese Bestimmung nur in bezug auf Rechtshandlungen Anwendung, welche nach Ablauf eines Monats seit dem Anfall der Erbschaft vorgenommen werden.

§ 19.* [**Einzahlungen auf die Stammeinlage**] (1) Die Einzahlungen auf die Stammeinlagen sind nach dem Verhältnis der Geldeinlagen zu leisten.

(2) ¹Von der Verpflichtung zur Leistung der Einlagen können die Gesellschafter nicht befreit werden. ²Gegen den Anspruch der Gesellschaft ist die Aufrechnung nicht zulässig. ³An dem Gegenstand einer Sacheinlage kann wegen Forderungen, welche sich nicht auf den Gegenstand beziehen, kein Zurückbehaltungsrecht geltend gemacht werden.

(3) Durch eine Kapitalherabsetzung können die Gesellschafter von der Verpflichtung zur Leistung von Einlagen höchstens in Höhe des Betrags befreit werden, um den das Stammkapital herabgesetzt worden ist.

(4) ¹Vereinigen sich innerhalb von drei Jahren nach der Eintragung der Gesellschaft in das Handelsregister alle Geschäftsanteile in der Hand eines Gesellschafters oder daneben in der Hand der Gesellschaft, so hat der Gesellschafter innerhalb von drei Monaten seit der Vereinigung der Geschäftsanteile alle Geldeinlagen voll einzuzahlen oder der Gesellschaft für die Zahlung der noch ausstehenden Beträge eine Sicherung zu bestellen oder einen Teil der Geschäftsanteile an einen Dritten zu übertragen.** ²Die Geschäftsführer haben die Vereinigung der Geschäftsanteile unverzüglich zum Handelsregister anzuzeigen.

(5) Eine Leistung auf die Stammeinlage, welche nicht in Geld besteht oder welche durch Aufrechnung einer für die Überlassung von Vermögensgegenständen zu gewährenden Vergütung bewirkt wird, befreit den Gesellschafter von sei-

---

* § 19 neu gefaßt durch Gesetz vom 4. 7. 1980 (BGBl. I S. 836).
** Beachte auch § 144b FGG; abgedruckt in Schönfelder unter Nr. **112**.

ner Verpflichtung nur, soweit sie in Ausführung einer nach § 5 Abs. 4 Satz 1 getroffenen Bestimmung erfolgt.

§ 20. **[Verzugszinsen]** Ein Gesellschafter, welcher den auf die Stammeinlage eingeforderten Betrag nicht zur rechten Zeit einzahlt, ist zur Entrichtung von Verzugszinsen von Rechts wegen verpflichtet.

§ 21. **[Kaduzierung]** (1) ¹Im Fall verzögerter Einzahlung kann an den säumigen Gesellschafter eine erneute Aufforderung zur Zahlung binnen einer zu bestimmenden Nachfrist unter Androhung seines Ausschlusses mit dem Geschäftsanteil, auf welchen die Zahlung zu erfolgen hat, erlassen werden. ²Die Aufforderung erfolgt mittels eingeschriebenen Briefes. ³Die Nachfrist muß mindestens einen Monat betragen.

(2) ¹Nach fruchtlosem Ablauf der Frist ist der säumige Gesellschafter seines Geschäftsanteils und der geleisteten Teilzahlungen zugunsten der Gesellschaft verlustig zu erklären. ²Die Erklärung erfolgt mittels eingeschriebenen Briefes.

(3) Wegen des Ausfalls, welchen die Gesellschaft an dem rückständigen Betrag oder den später auf den Geschäftsanteil eingeforderten Beträgen der Stammeinlage erleidet, bleibt ihr der ausgeschlossene Gesellschafter verhaftet.

§ 22. **[Haftung der Rechtsvorgänger]** (1) Wegen des von dem ausgeschlossenen Gesellschafter nicht bezahlten Betrages der Stammeinlage ist der Gesellschaft der letzte und jeder frühere, bei der Gesellschaft angemeldete Rechtsvorgänger des Ausgeschlossenen verhaftet.

(2) Ein früherer Rechtsvorgänger haftet nur, soweit die Zahlung von dessen Rechtsnachfolger nicht zu erlangen ist; dies ist bis zum Beweis des Gegenteils anzunehmen, wenn der letztere die Zahlung nicht bis zum Ablauf eines Monats geleistet hat, nachdem an ihn die Zahlungsaufforderung und an den Rechtsvorgänger die Benachrichtigung von derselben erfolgt ist.

(3) ¹Die Haftpflicht des Rechtsvorgängers ist auf die innerhalb der Frist von fünf Jahren auf die Stammeinlage eingeforderten Einzahlungen beschränkt. ²Die Frist beginnt mit dem Tage, an welchem der Übergang des Geschäftsanteils auf den Rechtsnachfolger ordnungsmäßig angemeldet ist.

(4) Der Rechtsvorgänger erwirbt gegen Zahlung des rückständigen Betrages den Geschäftsanteil des ausgeschlossenen Gesellschafters.

§ 23. **[Versteigerung des Geschäftsanteils]** ¹Ist die Zahlung des rückständigen Betrages von Rechtsvorgängern nicht zu erlangen, so kann die Gesellschaft den Geschäftsanteil im Wege öffentlicher Versteigerung verkaufen lassen. ²Eine andere Art des Verkaufs ist nur mit Zustimmung des ausgeschlossenen Gesellschafters zulässig.

§ 24. **[Aufbringung von Fehlbeträgen]** ¹Soweit eine Stammeinlage weder von den Zahlungspflichtigen eingezogen, noch durch Verkauf des Geschäftsanteils gedeckt werden kann, haben die übrigen Gesellschafter den Fehlbetrag nach Verhältnis ihrer Geschäftsanteile aufzubringen. ²Beiträge, welche von einzelnen Gesellschaftern nicht zu erlangen sind, werden nach dem bezeichneten Verhältnis auf die übrigen verteilt.

§ 25. **[Zwingende Vorschriften]** Von den in den §§ 21 bis 24 bezeichneten Rechtsfolgen können die Gesellschafter nicht befreit werden.

§ 26. [Nachschußpflicht] (1) Im Gesellschaftsvertrag kann bestimmt werden, daß die Gesellschafter über den Betrag der Stammeinlagen hinaus die Einforderung von weiteren Einzahlungen (Nachschüssen) beschließen können.

(2) Die Einzahlung der Nachschüsse hat nach Verhältnis der Geschäftsanteile zu erfolgen.

(3) Die Nachschußpflicht kann im Gesellschaftsvertrag auf einen bestimmten, nach Verhältnis der Geschäftsanteile festzusetzenden Betrag beschränkt werden.

§ 27. [Unbeschränkte Nachschußpflicht] (1) ¹Ist die Nachschußpflicht nicht auf einen bestimmten Betrag beschränkt, so hat jeder Gesellschafter, falls er die Stammeinlage vollständig eingezahlt hat, das Recht, sich von der Zahlung des auf den Geschäftsanteil eingeforderten Nachschusses dadurch zu befreien, daß er innerhalb eines Monats nach der Aufforderung zur Einzahlung den Geschäftsanteil der Gesellschaft zur Befriedigung aus demselben zur Verfügung stellt. ²Ebenso kann die Gesellschaft, wenn der Gesellschafter binnen der angegebenen Frist weder von der bezeichneten Befugnis Gebrauch macht, noch die Einzahlung leistet, demselben mittels eingeschriebenen Briefes erklären, daß sie den Geschäftsanteil als zur Verfügung gestellt betrachte.

(2) ¹Die Gesellschaft hat den Geschäftsanteil innerhalb eines Monats nach der Erklärung des Gesellschafters oder der Gesellschaft im Wege öffentlicher Versteigerung verkaufen zu lassen. ²Eine andere Art des Verkaufs ist nur mit Zustimmung des Gesellschafters zulässig. ³Ein nach Deckung der Verkaufskosten und des rückständigen Nachschusses verbleibender Überschuß gebührt dem Gesellschafter.

(3) ¹Ist die Befriedigung der Gesellschaft durch den Verkauf nicht zu erlangen, so fällt der Geschäftsanteil der Gesellschaft zu. ²Dieselbe ist befugt, den Anteil für eigene Rechnung zu veräußern.

(4) Im Gesellschaftsvertrag kann die Anwendung der vorstehenden Bestimmungen auf den Fall beschränkt werden, daß die auf den Geschäftsanteil eingeforderten Nachschüsse einen bestimmten Betrag überschreiten.

§ 28. [Beschränkte Nachschußpflicht] (1) ¹Ist die Nachschußpflicht auf einen bestimmten Betrag beschränkt, so finden, wenn im Gesellschaftsvertrag nicht ein anderes festgesetzt ist, im Fall verzögerter Einzahlung von Nachschüssen die auf die Einzahlung der Stammeinlagen bezüglichen Vorschriften der §§ 21 bis 23 entsprechende Anwendung. ²Das gleiche gilt im Fall des § 27 Abs. 4 auch bei unbeschränkter Nachschußpflicht, soweit die Nachschüsse den im Gesellschaftsvertrag festgesetzten Betrag nicht überschreiten.

(2) Im Gesellschaftsvertrag kann bestimmt werden, daß die Einforderung von Nachschüssen, auf deren Zahlung die Vorschriften der §§ 21 bis 23 Anwendung finden, schon vor vollständiger Einforderung der Stammeinlagen zulässig ist.

§ 29.*·** **[Gewinnverwendung]** (1) ¹Die Gesellschafter haben Anspruch auf den Jahresüberschuß zuzüglich eines Gewinnvortrags und abzüglich eines Verlustvortrags, soweit der sich ergebende Betrag nicht nach Gesetz oder Gesellschaftsvertrag, durch Beschluß nach Absatz 2 oder als zusätzlicher Aufwand auf Grund des Beschlusses über die Verwendung des Ergebnisses von der Verteilung unter die Gesellschafter ausgeschlossen ist. ²Wird die Bilanz unter Berücksichtigung der teilweisen Ergebnisverwendung aufgestellt oder werden Rücklagen aufgelöst, so haben die Gesellschafter abweichend von Satz 1 Anspruch auf den Bilanzgewinn.

(2) Im Beschluß über die Verwendung des Ergebnisses können die Gesellschafter, wenn der Gesellschaftsvertrag nichts anderes bestimmt, Beträge in Gewinnrücklagen einstellen oder als Gewinn vortragen.

(3) ¹Die Verteilung erfolgt nach Verhältnis der Geschäftsanteile. ²Im Gesellschaftsvertrag kann ein anderer Maßstab der Verteilung festgesetzt werden.

(4) ¹Unbeschadet der Absätze 1 und 2 und abweichender Gewinnverteilungsabreden nach Absatz 3 Satz 2 können die Geschäftsführer mit Zustimmung des Aufsichtsrats oder der Gesellschafter den Eigenkapitalanteil von Wertaufholungen bei Vermögensgegenständen des Anlage- und Umlaufvermögens und von bei der steuerrechtlichen Gewinnermittlung gebildeten Passivposten, die nicht im Sonderposten mit Rücklageanteil ausgewiesen werden dürfen, in andere Gewinnrücklagen einstellen. ²Der Betrag dieser Rücklagen ist entweder in der Bilanz gesondert auszuweisen oder im Anhang anzugeben.

§ 30. [Rückzahlungen] (1) Das zur Erhaltung des Stammkapitals erforderliche Vermögen der Gesellschaft darf an die Gesellschafter nicht ausgezahlt werden.

(2) ¹Eingezahlte Nachschüsse können, soweit sie nicht zur Deckung eines Verlustes am Stammkapital erforderlich sind, an die Gesellschafter zurückgezahlt werden. ²Die Zurückzahlung darf nicht vor Ablauf von drei Monaten erfolgen, nachdem der Rückzahlungsbeschluß durch die im Gesellschaftsvertrag für die Bekanntmachungen der Gesellschaft bestimmten öffentlichen Blätter und in Ermangelung

---

* § 29 Abs. 1 neu gefaßt, neuer Abs. 2 eingefügt und Abs. 4 angefügt, bisheriger Abs. 2 wurde Abs. 3 durch Bilanzrichtlinien-Gesetz vom 19. 12. 1985 (BGBl. I S. 2355).

** Beachte hierzu auch Art. 12 § 7 Gesetz zur Änderung des Gesetzes betreffend die Gesellschaften mit beschränkter Haftung und anderer handelsrechtlicher Vorschriften vom 4. 7. 1980 (BGBl. I S. 836), geändert durch Bilanzrichtlinien-Gesetz vom 19. 12. 1985 (BGBl. I S. 2355):

„**Art. 12 Übergangsvorschriften. § 7. Gewinnverwendung.** (1) ¹Bei einer Gesellschaft mit beschränkter Haftung, die bei Inkrafttreten des Bilanzrichtlinien-Gesetzes vom 19. Dezember 1985 (BGBl. I S. 2355) in das Handelsregister eingetragen ist, haben die Gesellschafter Anspruch auf den Jahresüberschuß zuzüglich eines Gewinnvortrags und abzüglich eines Verlustvortrags, soweit dieser Betrag nicht nach Gesetz oder Gesellschaftsvertrag von der Verteilung unter die Gesellschafter ausgeschlossen ist. ²Wird die Bilanz unter Berücksichtigung der teilweisen Ergebnisverwendung aufgestellt oder werden Rücklagen aufgelöst, so haben die Gesellschafter abweichend von Satz 1 Anspruch auf den Bilanzgewinn.

(2) ¹Haben die Gesellschafter nach Absatz 1 ganz oder teilweise Anspruch auf den Jahresüberschuß oder den Bilanzgewinn, so sind Änderungen des Gesellschaftsvertrags nur in das Handelsregister einzutragen, wenn zugleich eine Änderung des Gesellschaftsvertrags eingetragen wird, durch die dieser Anspruch, die gesetzliche Regelung des § 29 Abs. 2 des Gesetzes betreffend die Gesellschaften mit beschränkter Haftung oder eine davon abweichende Bestimmung in den Gesellschaftsvertrag aufgenommen wird. ²Die Aufnahme einer solchen Bestimmung in den Gesellschaftsvertrag kann bei der erstmaligen Änderung des Gesellschaftsvertrags nach dem Inkrafttreten des Bilanzrichtlinien-Gesetzes mit einfacher Mehrheit beschlossen werden.

(3) § 29 Abs. 1 und 2 des Gesetzes betreffend die Gesellschaften mit beschränkter Haftung ist für diese Gesellschaften erst anzuwenden, wenn die Änderung des Gesellschaftsvertrags nach Absatz 2 in das Handelsregister eingetragen worden ist."

solcher durch die für die Bekanntmachungen aus dem Handelsregister bestimmten öffentlichen Blätter bekanntgemacht ist. ³Im Fall des § 28 Abs. 2 ist die Zurückzahlung von Nachschüssen vor der Volleinzahlung des Stammkapitals unzulässig. ⁴Zurückgezahlte Nachschüsse gelten als nicht eingezogen.

§ 31. [Erstattung von verbotenen Rückzahlungen] (1) Zahlungen, welche den Vorschriften des § 30 zuwider geleistet sind, müssen der Gesellschaft erstattet werden.

(2) War der Empfänger in gutem Glauben, so kann die Erstattung nur insoweit verlangt werden, als sie zur Befriedigung der Gesellschaftsgläubiger erforderlich ist.

(3) ¹Ist die Erstattung von dem Empfänger nicht zu erlangen, so haften für den zu erstattenden Betrag, soweit er zur Befriedigung der Gesellschaftsgläubiger erforderlich ist, die übrigen Gesellschafter nach Verhältnis ihrer Geschäftsanteile. ²Beiträge, welche von einzelnen Gesellschaftern nicht zu erlangen sind, werden nach dem bezeichneten Verhältnis auf die übrigen verteilt.

(4) Zahlungen, welche auf Grund der vorstehenden Bestimmungen zu leisten sind, können den Verpflichteten nicht erlassen werden.

(5) ¹Die Ansprüche der Gesellschaft verjähren in fünf Jahren; die Verjährung beginnt mit dem Ablauf des Tages, an welchem die Zahlung, deren Erstattung beansprucht wird, geleistet ist. ²Fällt dem Verpflichteten eine bösliche Handlungsweise zur Last, so findet die Bestimmung keine Anwendung.

(6) Für die in den Fällen des Absatzes 3 geleistete Erstattung einer Zahlung sind den Gesellschaftern die Geschäftsführer, welchen in betreff der geleisteten Zahlung ein Verschulden zur Last fällt, solidarisch zum Ersatz verpflichtet.

§ 32. [Rückzahlung von Gewinn] Liegt die in § 31 Abs. 1 bezeichnete Voraussetzung nicht vor, so sind die Gesellschafter in keinem Fall verpflichtet, Beträge, welche sie in gutem Glauben als Gewinnanteile bezogen haben, zurückzuzahlen.

§ 32a.* [Rückgewähr von Darlehen] (1) ¹Hat ein Gesellschafter der Gesellschaft in einem Zeitpunkt, in dem ihr die Gesellschafter als ordentliche Kaufleute Eigenkapital zugeführt hätten, statt dessen ein Darlehen gewährt, so kann er den Anspruch auf Rückgewähr des Darlehens im Konkurs über das Vermögen der Gesellschaft oder im Vergleichsverfahren zur Abwendung des Konkurses nicht geltend machen. ²Ein Zwangsvergleich oder ein im Vergleichsverfahren geschlossener Vergleich wirkt für und gegen die Forderung des Gesellschafters.

(2) Hat ein Dritter der Gesellschaft in einem Zeitpunkt, in dem ihr die Gesellschafter als ordentliche Kaufleute Eigenkapital zugeführt hätten, statt dessen ein Darlehen gewährt und hat ihm ein Gesellschafter für die Rückgewähr des Darlehens eine Sicherung bestellt oder hat er sich dafür verbürgt, so kann der Dritte im Konkursverfahren oder im Vergleichsverfahren zur Abwendung des Konkurses über das Vermögen der Gesellschaft nur für den Betrag verhältnismäßige Befriedigung verlangen, mit dem er bei der Inanspruchnahme der Sicherung oder des Bürgen ausgefallen ist.

(3) Diese Vorschriften gelten sinngemäß für andere Rechtshandlungen eines Gesellschafters oder eines Dritten, die der Darlehensgewährung nach Absatz 1 oder 2 wirtschaftlich entsprechen.

---

* § 32a eingefügt durch Gesetz vom 4. 7. 1980 (BGBl. I S. 836).

§ 32b.* **[Haftung für zurückgezahlte Darlehen]** ¹Hat die Gesellschaft im Fall des § 32a Abs. 2, 3 das Darlehen im letzten Jahr vor der Konkurseröffnung zurückgezahlt, so hat der Gesellschafter, der die Sicherung bestellt hatte oder als Bürge haftete, der Gesellschaft den zurückgezahlten Betrag zu erstatten. ²Die Verpflichtung besteht nur bis zur Höhe des Betrags, mit dem der Gesellschafter als Bürge haftete oder der dem Wert der von ihm bestellten Sicherung im Zeitpunkt der Rückzahlung des Darlehens entspricht. ³Der Gesellschafter wird von der Verpflichtung frei, wenn er die Gegenstände, die dem Gläubiger als Sicherung gedient hatten, der Gesellschaft zu ihrer Befriedigung zur Verfügung stellt. ⁴Diese Vorschriften gelten sinngemäß für andere Rechtshandlungen, die der Darlehensgewährung wirtschaftlich entsprechen.

§ 33.** **[Erwerb eigener Geschäftsanteile]** (1) Die Gesellschaft kann eigene Geschäftsanteile, auf welche die Einlagen noch nicht vollständig geleistet sind, nicht erwerben oder als Pfand nehmen.

(2) ¹Eigene Geschäftsanteile, auf welche die Einlagen vollständig geleistet sind, darf sie nur erwerben, sofern der Erwerb aus dem über den Betrag des Stammkapitals hinaus vorhandenen Vermögen geschehen und die Gesellschaft die nach § 272 Abs. 4 des Handelsgesetzbuchs vorgeschriebene Rücklage für eigene Anteile bilden kann, ohne das Stammkapital oder eine nach dem Gesellschaftsvertrag zu bildende Rücklage zu mindern, die nicht zu Zahlungen an die Gesellschafter verwandt werden darf. ²Als Pfand nehmen darf sie solche Geschäftsanteile nur, soweit der Gesamtbetrag der durch Inpfandnahme eigener Geschäftsanteile gesicherten Forderungen oder, wenn der Wert der als Pfand genommenen Geschäftsanteile niedriger ist, dieser Betrag nicht höher ist als das über das Stammkapital hinaus vorhandene Vermögen. ³Ein Verstoß gegen die Sätze 1 und 2 macht den Erwerb oder die Inpfandnahme der Geschäftsanteile nicht unwirksam; jedoch ist das schuldrechtliche Geschäft über einen verbotswidrigen Erwerb oder eine verbotswidrige Inpfandnahme nichtig.

§ 34. **[Einziehung (Amortisation)]** (1) Die Einziehung (Amortisation) von Geschäftsanteilen darf nur erfolgen, soweit sie im Gesellschaftsvertrag zugelassen ist.

(2) Ohne die Zustimmung des Anteilsberechtigten findet die Einziehung nur statt, wenn die Voraussetzungen derselben vor dem Zeitpunkt, in welchem der Berechtigte den Geschäftsanteil erworben hat, im Gesellschaftsvertrag festgesetzt waren.

(3) Die Bestimmung in § 30 Abs. 1 bleibt unberührt.

---

* § 32b eingefügt durch Gesetz vom 4. 7. 1980 (BGBl. I S. 836).
** § 33 neu gefaßt durch Gesetz vom 4. 7. 1980 (BGBl. I S. 836), Abs. 2 Satz 1 geändert durch Bilanzrichtlinien-Gesetz vom 19. 12. 1985 (BGBl. I S. 2355).

Dritter Abschnitt. Vertretung und Geschäftsführung*

§ 35. ** [Vertretung durch Geschäftsführer] (1) Die Gesellschaft wird durch die Geschäftsführer gerichtlich und außergerichtlich vertreten.

(2) ¹Dieselben haben in der durch den Gesellschaftsvertrag bestimmten Form ihre Willenserklärungen kundzugeben und für die Gesellschaft zu zeichnen. ²Ist nichts darüber bestimmt, so muß die Erklärung und Zeichnung durch sämtliche Geschäftsführer erfolgen. ³Ist der Gesellschaft gegenüber eine Willenserklärung abzugeben, so genügt es, wenn dieselbe an einen der Geschäftsführer erfolgt.

(3) Die Zeichnung geschieht in der Weise, daß die Zeichnenden zu der Firma der Gesellschaft ihre Namensunterschrift beifügen.

(4) Befinden sich alle Geschäftsanteile der Gesellschaft in der Hand eines Gesellschafters oder daneben in der Hand der Gesellschaft und ist er zugleich deren alleiniger Geschäftsführer, so ist auf seine Rechtsgeschäfte mit der Gesellschaft § 181 des Bürgerlichen Gesetzbuchs anzuwenden.

§ 35a. *** [Angaben auf Geschäftsbriefen] (1) ¹Auf allen Geschäftsbriefen, die an einen bestimmten Empfänger gerichtet werden, müssen die Rechtsform und der Sitz der Gesellschaft, das Registergericht des Sitzes der Gesellschaft und die Nummer, unter der die Gesellschaft in das Handelsregister eingetragen ist, sowie alle Geschäftsführer und, sofern die Gesellschaft einen Aufsichtsrat gebildet und dieser einen Vorsitzenden hat, der Vorsitzende des Aufsichtsrats mit dem Familiennamen und mindestens einem ausgeschriebenen Vornamen angegeben werden. ²Werden Angaben über das Kapital der Gesellschaft gemacht, so müssen in jedem Falle das Stammkapital sowie, wenn nicht alle in Geld zu leistenden Einlagen eingezahlt sind, der Gesamtbetrag der ausstehenden Einlagen angegeben werden.

(2) Der Angaben nach Absatz 1 Satz 1 bedarf es nicht bei Mitteilungen oder Berichten, die im Rahmen einer bestehenden Geschäftsverbindung ergehen und für die üblicherweise Vordrucke verwendet werden, in denen lediglich die im Einzelfall erforderlichen besonderen Angaben eingefügt zu werden brauchen.

(3) ¹Bestellscheine gelten als Geschäftsbriefe im Sinne des Absatzes 1. ²Absatz 2 ist auf sie nicht anzuwenden.

§ 36. [Wirkung der Vertretung] Die Gesellschaft wird durch die in ihrem Namen von den Geschäftsführern vorgenommenen Rechtsgeschäfte berechtigt und verpflichtet; es ist gleichgültig, ob das Geschäft ausdrücklich im Namen der Gesellschaft vorgenommen worden ist, oder ob die Umstände ergeben, daß es nach dem Willen der Beteiligten für die Gesellschaft vorgenommen werden sollte.

---

* Beachte § 77 Abs. 1 Betriebsverfassungsgesetz vom 11. 10. 1952 (BGBl. I S. 681), geändert durch Gesetz vom 6. 9. 1965 (BGBl. I S. 1185):
„**§ 77.** (1) ¹Bei Gesellschaften mit beschränkter Haftung und bergrechtlichen Gewerkschaften mit eigener Rechtspersönlichkeit mit mehr als fünfhundert Arbeitnehmern ist ein Aufsichtsrat zu bilden. ²Seine Zusammensetzung sowie seine Rechte und Pflichten bestimmen sich nach § 90 Abs. 3, 4, 5 Satz 1 und 2, §§ 95 bis 114, 116, 118 Abs. 2, § 125 Abs. 3, §§ 171, 268 Abs. 2 des Aktiengesetzes und § 76 dieses Gesetzes."
Beachte ferner die in der Anm. zu § 96 Aktiengesetz (abgedruckt unter Nr. **10**) abgedruckten weiteren Bestimmungen des Betriebsverfassungsgesetzes 1952, insbesondere dessen §§ 76 und 77a.
** § 35 Abs. 4 angefügt durch Gesetz vom 4. 7. 1980 (BGBl. I S. 836).
*** § 35a eingefügt durch Gesetz vom 15. 8. 1969 (BGBl. I S. 1146).

9 GmbHG §§ 37–40 3. Abschnitt

§ 37. **[Beschränkung der Vertretungsbefugnis]** (1) Die Geschäftsführer sind der Gesellschaft gegenüber verpflichtet, die Beschränkungen einzuhalten, welche für den Umfang ihrer Befugnis, die Gesellschaft zu vertreten, durch den Gesellschaftsvertrag oder, soweit dieser nicht ein anderes bestimmt, durch die Beschlüsse der Gesellschafter festgesetzt sind.

(2) ¹Gegen dritte Personen hat eine Beschränkung der Befugnis der Geschäftsführer, die Gesellschaft zu vertreten, keine rechtliche Wirkung. ²Dies gilt insbesondere für den Fall, daß die Vertretung sich nur auf gewisse Geschäfte oder Arten von Geschäften erstrecken oder nur unter gewissen Umständen oder für eine gewisse Zeit oder an einzelnen Orten stattfinden soll, oder daß die Zustimmung der Gesellschafter oder eines Organs der Gesellschaft für einzelne Geschäfte erforderlich ist.

§ 38. **[Widerruf der Bestellung]** (1) Die Bestellung der Geschäftsführer ist zu jeder Zeit widerruflich, unbeschadet der Entschädigungsansprüche aus bestehenden Verträgen.

(2) ¹Im Gesellschaftsvertrag kann die Zulässigkeit des Widerrufs auf den Fall beschränkt werden, daß wichtige Gründe denselben notwendig machen. ²Als solche Gründe sind insbesondere grobe Pflichtverletzung oder Unfähigkeit zur ordnungsmäßigen Geschäftsführung anzusehen.

§ 39.* **[Anmeldung der Geschäftsführer]** (1) Jede Änderung in den Personen der Geschäftsführer sowie die Beendigung der Vertretungsbefugnis eines Geschäftsführers ist zur Eintragung in das Handelsregister anzumelden.

(2) Der Anmeldung sind die Urkunden über die Bestellung der Geschäftsführer oder über die Beendigung der Vertretungsbefugnis in Urschrift oder öffentlich beglaubigter Abschrift für das Gericht des Sitzes der Gesellschaft beizufügen.

Fassung des Abs. 3 bis 31. 12. 1991:

(3) ¹Die neuen Geschäftsführer haben in der Anmeldung zu versichern, daß keine Umstände vorliegen, die ihrer Bestellung nach § 6 Abs. 2 Satz 2 und 3 entgegenstehen und daß sie über ihre unbeschränkte Auskunftspflicht gegenüber dem Gericht belehrt worden sind. ²§ 8 Abs. 3 Satz 2 ist anzuwenden.

Fassung des Abs. 3 ab 1. 1. 1992:

(3) ¹Die neuen Geschäftsführer haben in der Anmeldung zu versichern, daß keine Umstände vorliegen, die ihrer Bestellung nach § 6 Abs. 2 Satz 3 und 4 entgegenstehen und daß sie über ihre unbeschränkte Auskunftspflicht gegenüber dem Gericht belehrt worden sind. ²§ 8 Abs. 3 Satz 2 ist anzuwenden.

(4) Die Geschäftsführer haben ihre Unterschrift zur Aufbewahrung bei dem Gericht zu zeichnen.

§ 40.** **[Liste der Gesellschafter]** ¹Die Geschäftsführer haben jährlich im gleichen Zeitpunkt, in dem der Jahresabschluß zum Handelsregister einzureichen ist, eine von ihnen unterschriebene Liste der Gesellschafter, aus welcher Name, Vorname, Stand und Wohnort der letzteren sowie ihre Stammeinlagen zu entnehmen sind, zum Handelsregister einzureichen. ²Sind seit Einreichung der letzten Liste

---

* § 39 neu gefaßt durch Gesetz vom 10. 8. 1937 (RGBl. I S. 897), neuer Abs. 3 eingefügt, bisheriger Abs. 3 wurde Abs. 4 durch Gesetz vom 4. 7. 1980 (BGBl. I S. 836), **Abs. 3 Satz 1 geändert mit Wirkung vom 1. 1. 1992** durch Art. 7 § 33 Betreuungsgesetz vom 12. 9. 1990 (BGBl. I S. 2002).
** § 40 Satz 1 geändert durch Bilanzrichtlinien-Gesetz vom 19. 12. 1985 (BGBl. I S. 2355).

Vertretung und Geschäftsführung §§ 41–42a GmbHG 9

Veränderungen hinsichtlich der Person der Gesellschafter und des Umfangs ihrer Beteiligung nicht eingetreten, so genügt die Einreichung einer entsprechenden Erklärung.

§ 41.* **[Buchführung]** (1) Die Geschäftsführer sind verpflichtet, für die ordnungsmäßige Buchführung der Gesellschaft zu sorgen.

(2)–(4) *(aufgehoben)*

§ 42.** **[Bilanz]** (1) In der Bilanz des nach den §§ 242, 264 des Handelsgesetzbuchs aufzustellenden Jahresabschlusses ist das Stammkapital als gezeichnetes Kapital auszuweisen.

(2) ¹Das Recht der Gesellschaft zur Einziehung von Nachschüssen der Gesellschafter ist in der Bilanz insoweit zu aktivieren, als die Einziehung bereits beschlossen ist und den Gesellschaftern ein Recht, durch Verweisung auf den Geschäftsanteil sich von der Zahlung der Nachschüsse zu befreien, nicht zusteht. ²Der nachzuschießende Betrag ist auf der Aktivseite unter den Forderungen gesondert unter der Bezeichnung ,,Eingeforderte Nachschüsse" auszuweisen, soweit mit der Zahlung gerechnet werden kann. ³Ein dem Aktivposten entsprechender Betrag ist auf der Passivseite in dem Posten ,,Kapitalrücklage" gesondert auszuweisen.

(3) Ausleihungen, Forderungen und Verbindlichkeiten gegenüber Gesellschaftern sind in der Regel als solche jeweils gesondert auszuweisen oder im Anhang anzugeben; werden sie unter anderen Posten ausgewiesen, so muß diese Eigenschaft vermerkt werden.

§ 42a.*** **[Vorlage des Jahresabschlusses und des Lageberichts]** (1) ¹Die Geschäftsführer haben den Jahresabschluß und den Lagebericht unverzüglich nach der Aufstellung den Gesellschaftern zum Zwecke der Feststellung des Jahresabschlusses vorzulegen. ²Ist der Jahresabschluß durch einen Abschlußprüfer zu prüfen, so haben die Geschäftsführer ihn zusammen mit dem Lagebericht und dem Prüfungsbericht des Abschlußprüfers unverzüglich nach Eingang des Prüfungsberichts vorzulegen. ³Hat die Gesellschaft einen Aufsichtsrat, so ist dessen Bericht über das Ergebnis seiner Prüfung ebenfalls unverzüglich vorzulegen.

(2) ¹Die Gesellschafter haben spätestens bis zum Ablauf der ersten acht Monate oder, wenn es sich um eine kleine Gesellschaft handelt (§ 267 Abs. 1 des Handelsgesetzbuchs), bis zum Ablauf der ersten elf Monate des Geschäftsjahrs über die Feststellung des Jahresabschlusses und über die Ergebnisverwendung zu beschließen. ²Der Gesellschaftsvertrag kann die Frist nicht verlängern. ³Auf den Jahresabschluß sind bei der Feststellung die für seine Aufstellung geltenden Vorschriften anzuwenden.

(3) Hat ein Abschlußprüfer den Jahresabschluß geprüft, so hat er auf Verlangen eines Gesellschafters an den Verhandlungen über die Feststellung des Jahresabschlusses teilzunehmen.

(4) Ist die Gesellschaft zur Aufstellung eines Konzernabschlusses und eines Konzernlageberichts verpflichtet, so ist Absatz 1 mit der Maßgabe anzuwenden, daß es der Feststellung des Konzernabschlusses nicht bedarf.

---

* § 41 Abs. 2 und 3 aufgehoben durch Bilanzrichtlinien-Gesetz vom 19. 12. 1985 (BGBl. I S. 2355), Abs. 4 aufgehoben durch Gesetz vom 24. 3. 1976 (BGBl. I S. 725).

** § 42 neu gefaßt durch Bilanzrichtlinien-Gesetz vom 19. 12. 1985 (BGBl. I S. 2355).

*** § 42a eingefügt durch Gesetz vom 3. 6. 1937 (RGBl. I S. 607) und neu gefaßt durch Bilanzrichtlinien-Gesetz vom 19. 12. 1985 (BGBl. I S. 2355).

9 GmbHG §§ 43–46   3. Abschnitt

§ 43.* **[Haftung der Geschäftsführer]** (1) Die Geschäftsführer haben in den Angelegenheiten der Gesellschaft die Sorgfalt eines ordentlichen Geschäftsmannes anzuwenden.

(2) Geschäftsführer, welche ihre Obliegenheiten verletzen, haften der Gesellschaft solidarisch für den entstandenen Schaden.

(3) ¹Insbesondere sind sie zum Ersatze verpflichtet, wenn den Bestimmungen des § 30 zuwider Zahlungen aus dem zur Erhaltung des Stammkapitals erforderlichen Vermögen der Gesellschaft gemacht oder den Bestimmungen des § 33 zuwider eigene Geschäftsanteile der Gesellschaft erworben worden sind. ²Auf den Ersatzanspruch finden die Bestimmungen in § 9b Abs. 1 entsprechende Anwendung. ³Soweit der Ersatz zur Befriedigung der Gläubiger der Gesellschaft erforderlich ist, wird die Verpflichtung der Geschäftsführer dadurch nicht aufgehoben, daß dieselben in Befolgung eines Beschlusses der Gesellschafter gehandelt haben.

(4) Die Ansprüche auf Grund der vorstehenden Bestimmungen verjähren in fünf Jahren.

§ 43a.* **[Kredit aus Gesellschaftsvermögen]** ¹Den Geschäftsführern, anderen gesetzlichen Vertretern, Prokuristen oder zum gesamten Geschäftsbetrieb ermächtigten Handlungsbevollmächtigten darf Kredit nicht aus dem zur Erhaltung des Stammkapitals erforderlichen Vermögen der Gesellschaft gewährt werden. ²Ein entgegen Satz 1 gewährter Kredit ist ohne Rücksicht auf entgegenstehende Vereinbarungen sofort zurückzugewähren.

§ 44. **[Stellvertreter von Geschäftsführern]** Die für die Geschäftsführer gegebenen Vorschriften gelten auch für Stellvertreter von Geschäftsführern.

§ 45. **[Rechte der Gesellschafter im allgemeinen]** (1) Die Rechte, welche den Gesellschaftern in den Angelegenheiten der Gesellschaft, insbesondere in bezug auf die Führung der Geschäfte zustehen, sowie die Ausübung derselben bestimmen sich, soweit nicht gesetzliche Vorschriften entgegenstehen, nach dem Gesellschaftsvertrag.

(2) In Ermangelung besonderer Bestimmungen des Gesellschaftsvertrages finden die Vorschriften der §§ 46 bis 51 Anwendung.

§ 46.** **[Aufgabenkreis der Gesellschafter]** Der Bestimmung der Gesellschafter unterliegen:

1. die Feststellung des Jahresabschlusses und die Verwendung des Ergebnisses;
2. die Einforderung von Einzahlungen auf die Stammeinlagen;
3. die Rückzahlung von Nachschüssen;
4. die Teilung sowie die Einziehung von Geschäftsanteilen;
5. die Bestellung und die Abberufung von Geschäftsführern sowie die Entlastung derselben;
6. die Maßregeln zur Prüfung und Überwachung der Geschäftsführung;
7. die Bestellung von Prokuristen und von Handlungsbevollbemächtigten zum gesamten Geschäftsbetrieb;
8. die Geltendmachung von Ersatzansprüchen, welche der Gesellschaft aus der

---

* § 43 Abs. 3 Satz 2 geändert und § 43a eingefügt durch Gesetz vom 4. 7. 1980 (BGBl. I S. 836).
** § 46 Nr. 1 geändert durch Bilanzrichtlinien-Gesetz vom 19. 12. 1985 (BGBl. I S. 2355).

Vertretung und Geschäftsführung §§ 47–50 GmbHG 9

Gründung oder Geschäftsführung gegen Geschäftsführer oder Gesellschafter zustehen, sowie die Vertretung der Gesellschaft in Prozessen, welche sie gegen die Geschäftsführer zu führen hat.

§ 47.* [**Abstimmung**] (1) Die von den Gesellschaftern in den Angelegenheiten der Gesellschaft zu treffenden Bestimmungen erfolgen durch Beschlußfassung nach der Mehrheit der abgegebenen Stimmen.

(2) Jede hundert Deutsche Mark eines Geschäftsanteils gewähren eine Stimme.**

(3) Vollmachten bedürfen zu ihrer Gültigkeit der schriftlichen Form.

(4) ¹Ein Gesellschafter, welcher durch die Beschlußfassung entlastet oder von einer Verbindlichkeit befreit werden soll, hat hierbei kein Stimmrecht und darf ein solches auch nicht für andere ausüben. ²Dasselbe gilt von einer Beschlußfassung, welche die Vornahme eines Rechtsgeschäfts oder die Einleitung oder Erledigung eines Rechtsstreites gegenüber einem Gesellschafter betrifft.

§ 48.** [**Gesellschafterversammlung**] (1) Die Beschlüsse der Gesellschafter werden in Versammlungen gefaßt.

(2) Der Abhaltung einer Versammlung bedarf es nicht, wenn sämtliche Gesellschafter schriftlich mit der zu treffenden Bestimmung oder mit der schriftlichen Abgabe der Stimmen sich einverstanden erklären.

(3) Befinden sich alle Geschäftsanteile der Gesellschaft in der Hand eines Gesellschafters oder daneben in der Hand der Gesellschaft, so hat er unverzüglich nach der Beschlußfassung eine Niederschrift aufzunehmen und zu unterschreiben.

§ 49. [**Einberufung der Versammlung**] (1) Die Versammlung der Gesellschafter wird durch die Geschäftsführer berufen.

(2) Sie ist außer den ausdrücklich bestimmten Fällen zu berufen, wenn es im Interesse der Gesellschaft erforderlich erscheint.

(3) Insbesondere muß die Versammlung unverzüglich berufen werden, wenn aus der Jahresbilanz oder aus einer im Laufe des Geschäftsjahres aufgestellten Bilanz sich ergibt, daß die Hälfte des Stammkapitals verloren ist.

§ 50. [**Minderheitsrechte**] (1) Gesellschafter, deren Geschäftsanteile zusammen mindestens dem zehnten Teil des Stammkapitals entsprechen, sind berechtigt, unter Angabe des Zwecks und der Gründe die Berufung der Versammlung zu verlangen.

(2) In gleicher Weise haben die Gesellschafter das Recht zu verlangen, daß Gegenstände zur Beschlußfassung der Versammlung angekündigt werden.

(3) ¹Wird dem Verlangen nicht entsprochen oder sind Personen, an welche dasselbe zu richten wäre, nicht vorhanden, so können die in Absatz 1 bezeichneten Gesellschafter unter Mitteilung des Sachverhältnisses die Berufung oder Ankündigung selbst bewirken. ²Die Versammlung beschließt, ob die entstandenen Kosten von der Gesellschaft zu tragen sind.

---

* § 47 Abs. 2 neu gefaßt durch Gesetz vom 28. 6. 1926 (RGBl. I S. 315).
** Beachte hierzu auch § 44 Abs. 4 D-Markbilanzgesetz vom 21. 8. 1949 (WiGBl. S. 279):
„**§ 44.** (4) ¹Geschäftsanteile können auf jeden durch zehn Deutsche Mark teilbaren Betrag, müssen jedoch auf mindestens fünfzig Deutsche Mark gestellt werden. ²Je zehn Deutsche Mark eines Geschäftsanteils gewähren eine Stimme, soweit der Gesellschaftsvertrag nichts anderes bestimmt."
*** § 48 Abs. 3 angefügt durch Gesetz vom 4. 7. 1980 (BGBl. I S. 836).

9 GmbHG §§ 51–52   4. Abschnitt

§ 51. [Form der Einberufung] (1) ¹Die Berufung der Versammlung erfolgt durch Einladung der Gesellschafter mittels eingeschriebener Briefe. ²Sie ist mit einer Frist von mindestens einer Woche zu bewirken.

(2) Der Zweck der Versammlung soll jederzeit bei der Berufung angekündigt werden.

(3) Ist die Versammlung nicht ordnungsmäßig berufen, so können Beschlüsse nur gefaßt werden, wenn sämtliche Gesellschafter anwesend sind.

(4) Das gleiche gilt in bezug auf Beschlüsse über Gegenstände, welche nicht wenigstens drei Tage vor der Versammlung in der für die Berufung vorgeschriebenen Weise angekündigt worden sind.

§ 51a.* **[Auskunfts- und Einsichtsrecht]** (1) Die Geschäftsführer haben jedem Gesellschafter auf Verlangen unverzüglich Auskunft über die Angelegenheiten der Gesellschaft zu geben und die Einsicht der Bücher und Schriften zu gestatten.

(2) ¹Die Geschäftsführer dürfen die Auskunft und die Einsicht verweigern, wenn zu besorgen ist, daß der Gesellschafter sie zu gesellschaftsfremden Zwecken verwenden und dadurch der Gesellschaft oder einem verbundenen Unternehmen einen nicht unerheblichen Nachteil zufügen wird. ²Die Verweigerung bedarf eines Beschlusses der Gesellschafter.

(3) Von diesen Vorschriften kann im Gesellschaftsvertrag nicht abgewichen werden.

§ 51b.* **[Gerichtliche Entscheidung über das Auskunfts- und Einsichtsrecht]** ¹Für die gerichtliche Entscheidung über das Auskunfts- und Einsichtsrecht findet § 132 Abs. 1, 3 bis 5 des Aktiengesetzes entsprechende Anwendung. ²Antragsberechtigt ist jeder Gesellschafter, dem die verlangte Auskunft nicht gegeben oder die verlangte Einsicht nicht gestattet worden ist.

§ 52.** **[Aufsichtsrat]** (1) Ist nach dem Gesellschaftsvertrag ein Aufsichtsrat zu bestellen, so sind § 90 Abs. 3, 4, 5 Satz 1 und 2, § 95 Satz 1, § 100 Abs. 1 und 2 Nr. 2, § 101 Abs. 1 Satz 1, § 103 Abs. 1 Satz 1 und 2, §§ 105, 110 bis 114, 116 des Aktiengesetzes in Verbindung mit § 93 Abs. 1 und 2 des Aktiengesetzes, §§ 170, 171, 337 des Aktiengesetzes entsprechend anzuwenden, soweit nicht im Gesellschaftsvertrag ein anderes bestimmt ist.

(2) ¹Werden die Mitglieder des Aufsichtsrats vor der Eintragung der Gesellschaft in das Handelsregister bestellt, gelten § 37 Abs. 4 Nr. 3, § 40 Abs. 1 Nr. 4 des Aktiengesetzes entsprechend. ²Jede spätere Bestellung sowie jeden Wechsel von Aufsichtsratsmitgliedern haben die Geschäftsführer unverzüglich durch den Bundesanzeiger und die im Gesellschaftsvertrag für die Bekanntmachungen der Gesellschaft bestimmten anderen öffentlichen Blätter bekanntzumachen und die Bekanntmachung zum Handelsregister einzureichen.

(3) Schadensersatzansprüche gegen die Mitglieder des Aufsichtsrats wegen Verletzung ihrer Obliegenheiten verjähren in fünf Jahren.

---

* §§ 51a und 51b eingefügt durch Gesetz vom 4. 7. 1980 (BGBl. I S. 836).
** § 52 Abs. 1 neu gefaßt durch Gesetz vom 6. 9. 1965 (BGBl. I S. 1185), Abs. 1 geändert, Abs. 2 eingefügt, bisheriger Abs. 2 wurde Abs. 3 durch Gesetz vom 15. 8. 1969 (BGBl. I S. 1146), Abs. 2 Satz 1 geändert durch Verschmelzungsrichtlinie-Gesetz vom 25. 10. 1982 (BGBl. I S. 1425), Abs. 1 geändert durch Bilanzrichtlinien-Gesetz vom 19. 12. 1985 (BGBl. I S. 2355).

Vierter Abschnitt. Abänderungen des Gesellschaftsvertrages

§ 53.* [**Form der Satzungsänderung**] (1) Eine Abänderung des Gesellschaftsvertrages kann nur durch Beschluß der Gesellschafter erfolgen.

(2) ¹Der Beschluß muß notariell beurkundet werden, derselbe bedarf einer Mehrheit von drei Vierteilen der abgegebenen Stimmen. ²Der Gesellschaftsvertrag kann noch andere Erfordernisse aufstellen.

(3) Eine Vermehrung der den Gesellschaftern nach dem Gesellschaftsvertrag obliegenden Leistungen kann nur mit Zustimmung sämtlicher beteiligter Gesellschafter beschlossen werden.

§ 54.** [**Anmeldung und Eintragung**] (1) ¹Die Abänderung des Gesellschaftsvertrages ist zur Eintragung in das Handelsregister anzumelden. ²Der Anmeldung ist der vollständige Wortlaut des Gesellschaftsvertrags beizufügen; er muß mit der Bescheinigung eines Notars versehen sein, daß die geänderten Bestimmungen des Gesellschaftsvertrags mit dem Beschluß über die Änderung des Gesellschaftsvertrags und die unveränderten Bestimmungen mit dem zuletzt zum Handelsregister eingereichten vollständigen Wortlaut des Gesellschaftsvertrags übereinstimmen.

(2) ¹Bei der Eintragung genügt, sofern nicht die Abänderung die in § 10 Abs. 1 und 2 bezeichneten Angaben betrifft, die Bezugnahme auf die bei dem Gericht eingereichten Urkunden über die Abänderung. ²Die öffentliche Bekanntmachung findet in betreff aller Bestimmungen statt, auf welche sich die in § 10 Abs. 3 und in § 12 vorgeschriebenen Veröffentlichungen beziehen.

(3) Die Abänderung hat keine rechtliche Wirkung, bevor sie in das Handelsregister des Sitzes der Gesellschaft eingetragen ist.

§ 55.*,*** [**Erhöhung des Stammkapitals**] (1) Wird eine Erhöhung des Stammkapitals beschlossen, so bedarf es zur Übernahme jeder auf das erhöhte Kapital zu leistenden Stammeinlage einer notariell aufgenommenen oder beglaubigten Erklärung des Übernehmers.

(2) ¹Zur Übernahme einer Stammeinlage können von der Gesellschaft die bisherigen Gesellschafter oder andere Personen, welche durch die Übernahme ihren Beitritt zu der Gesellschaft erklären, zugelassen werden. ²Im letzteren Falle sind außer dem Betrage der Stammeinlage auch sonstige Leistungen, zu welchen der Beitretende nach dem Gesellschaftsvertrag verpflichtet sein soll, in der in Absatz 1 bezeichneten Urkunde ersichtlich zu machen.

(3) Wird von einem der Gesellschaft bereits angehörenden Gesellschafter eine Stammeinlage auf das erhöhte Kapital übernommen, so erwirbt derselbe einen weiteren Geschäftsanteil.

(4) Die Bestimmungen in § 5 Abs. 1 und 3 über den Betrag der Stammeinlagen sowie die Bestimmung in § 5 Abs. 2 über die Unzulässigkeit der Übernahme

---

* § 53 Abs. 2 Satz 1 sowie § 55 Abs. 1 geändert durch Beurkundungsgesetz vom 28. 8. 1969 (BGBl. I S. 1513).
** § 54 Abs. 1 Satz 2 eingefügt durch Gesetz vom 15. 8. 1969 (BGBl. I S. 1146).
*** Beachte auch Gesetz über die Kapitalerhöhung aus Gesellschaftsmitteln und über die Verschmelzung von Gesellschaften mit beschränkter Haftung vom 23. 12. 1959 (BGBl. I S. 789); abgedruckt unter Nr. 14.

9 GmbHG §§ 56–57b 5. Abschnitt

mehrerer Stammeinlagen finden auch hinsichtlich der auf das erhöhte Kapital zu leistenden Stammeinlagen Anwendung.

§ 56.* [Kapitalerhöhung mit Sacheinlagen] (1) ¹Sollen Sacheinlagen geleistet werden, so müssen ihr Gegenstand und der Betrag der Stammeinlage, auf die sich die Sacheinlage bezieht, im Beschluß über die Erhöhung des Stammkapitals festgesetzt werden. ²Die Festsetzung ist in die in § 55 Abs. 1 bezeichnete Erklärung des Übernehmers aufzunehmen.

(2) Die §§ 9 und 19 Abs. 5 finden entsprechende Anwendung.

§ 56a.* [Leistungen auf das neue Stammkapital] Für die Leistungen der Einlagen auf das neue Stammkapital und die Bestellung einer Sicherung findet § 7 Abs. 2 Satz 1 und 3, Abs. 3 entsprechende Anwendung.

§ 57.** [Anmeldung der Erhöhung] (1) Die beschlossene Erhöhung des Stammkapitals ist zur Eintragung in das Handelsregister anzumelden, nachdem das erhöhte Kapital durch Übernahme von Stammeinlagen gedeckt ist.

(2) ¹In der Anmeldung ist die Versicherung abzugeben, daß die Einlagen auf das neue Stammkapital nach § 7 Abs. 2 Satz 1 und 3, Abs. 3 bewirkt sind und daß der Gegenstand der Leistungen sich endgültig in der freien Verfügung der Geschäftsführer befindet. ²Für die Anmeldung findet im übrigen § 8 Abs. 2 Satz 2 entsprechende Anwendung.

(3) Der Anmeldung sind beizufügen:
1. die in § 55 Abs. 1 bezeichneten Erklärungen oder eine beglaubigte Abschrift derselben;
2. eine von den Anmeldenden unterschriebene Liste der Personen, welche die neuen Stammeinlagen übernommen haben; aus der Liste muß der Betrag der von jedem übernommenen Einlage ersichtlich sein;
3. bei einer Kapitalerhöhung mit Sacheinlagen die Verträge, die den Festsetzungen nach § 56 zugrunde liegen oder zu ihrer Ausführung geschlossen worden sind.

(4) Für die Verantwortlichkeit der Geschäftsführer, welche die Kapitalerhöhung zur Eintragung in das Handelsregister angemeldet haben, finden § 9a Abs. 1 und 3, § 9b entsprechende Anwendung.

§ 57a.* [Ablehnung der Eintragung] Für die Ablehnung der Eintragung durch das Gericht findet § 9c entsprechende Anwendung.

§ 57b.* [Bekanntmachung der Eintragung der Kapitalerhöhung] ¹In die Bekanntmachung der Eintragung der Kapitalerhöhung sind außer deren Inhalt die bei einer Kapitalerhöhung mit Sacheinlagen vorgesehenen Festsetzungen aufzunehmen. ²Bei der Bekanntmachung dieser Festsetzungen genügt die Bezugnahme auf die beim Gericht eingereichten Urkunden.

---

* § 56 neu gefaßt sowie §§ 56a, 57a und 57b eingefügt durch Gesetz vom 4. 7. 1980 (BGBl. I S. 836).
** § 57 Abs. 2 und 4 neu gefaßt sowie Abs. 3 Nr. 3 angefügt durch Gesetz vom 4. 7. 1980 (BGBl. I S. 836).

§ **58.** [**Herabsetzung des Stammkapitals**] (1) Eine Herabsetzung des Stammkapitals kann nur unter Beobachtung der nachstehenden Bestimmungen erfolgen:
1. der Beschluß auf Herabsetzung des Stammkapitals muß von den Geschäftsführern zu drei verschiedenen Malen durch die in § 30 Abs. 2 bezeichneten Blätter bekanntgemacht werden; in diesen Bekanntmachungen sind zugleich die Gläubiger der Gesellschaft aufzufordern, sich bei derselben zu melden; die aus den Handelsbüchern der Gesellschaft ersichtlichen oder in anderer Weise bekannten Gläubiger sind durch besondere Mitteilung zur Anmeldung aufzufordern;
2. die Gläubiger, welche sich bei der Gesellschaft melden und der Herabsetzung nicht zustimmen, sind wegen der erhobenen Ansprüche zu befriedigen oder sicherzustellen;
3. die Anmeldung des Herabsetzungsbeschlusses zur Eintragung in das Handelsregister erfolgt nicht vor Ablauf eines Jahres seit dem Tage, an welchem die Aufforderung der Gläubiger in den öffentlichen Blättern zum dritten Mal stattgefunden hat;
4. mit der Anmeldung sind die Bekanntmachungen des Beschlusses einzureichen; zugleich haben die Geschäftsführer die Versicherung abzugeben, daß die Gläubiger, welche sich bei der Gesellschaft gemeldet und der Herabsetzung nicht zugestimmt haben, befriedigt oder sichergestellt sind.

(2) ¹Die Bestimmung in § 5 Abs. 1 über den Mindestbetrag des Stammkapitals bleibt unberührt. ²Erfolgt die Herabsetzung zum Zweck der Zurückzahlung von Stammeinlagen oder zum Zweck des Erlasses der auf diese geschuldeten Einzahlungen, so darf der verbleibende Betrag der Stammeinlagen nicht unter den in § 5 Abs. 1 und 3 bezeichneten Betrag herabgehen.

§ **59.*** [**Zweigniederlassung**] ¹Die Versicherung nach § 57 Abs. 2 ist nur gegenüber dem Gericht des Sitzes der Gesellschaft abzugeben. ²Die Urkunden nach § 57 Abs. 3 Nr. 1 und § 58 Abs. 1 Nr. 4 sind nur bei dem Gericht des Sitzes der Gesellschaft einzureichen.

Fünfter Abschnitt. Auflösung und Nichtigkeit der Gesellschaft

§ **60.**** [**Auflösungsgründe**] (1) Die Gesellschaft mit beschränkter Haftung wird aufgelöst:
1. durch Ablauf der im Gesellschaftsvertrag bestimmten Zeit;
2. durch Beschluß der Gesellschafter; derselbe bedarf, sofern im Gesellschaftsvertrag nicht ein anderes bestimmt ist, einer Mehrheit von drei Vierteilen der abgegebenen Stimmen;
3. durch gerichtliches Urteil oder durch Entscheidung des Verwaltungsgerichts oder der Verwaltungsbehörde in den Fällen der §§ 61 und 62;
4. durch die Eröffnung des Konkursverfahrens; wird das Verfahren nach Abschluß eines Zwangsvergleichs aufgehoben oder auf Antrag des Gemeinschuldners eingestellt, so können die Gesellschafter die Fortsetzung der Gesellschaft beschließen;

---

* § 59 neu gefaßt durch Gesetz vom 10. 8. 1937 (RGBl. I S. 1146).
** § 60 Abs. 1 Nr. 5 eingefügt durch Gesetz vom 15. 8. 1969 (BGBl. I S. 1146) und neu gefaßt durch Gesetz vom 4. 7. 1980 (BGBl. I S. 836).

5. mit der Rechtskraft einer Verfügung des Registergerichts, durch welche nach den §§ 144a, 144b des Gesetzes über die Angelegenheiten der freiwilligen Gerichtsbarkeit ein Mangel des Gesellschaftsvertrags oder die Nichteinhaltung der Verpflichtungen nach § 19 Abs. 4 Satz 1 dieses Gesetzes festgestellt worden ist.

(2) Im Gesellschaftsvertrag können weitere Auflösungsgründe festgesetzt werden.*

§ 61. [Auflösung durch Urteil] (1) Die Gesellschaft kann durch gerichtliches Urteil aufgelöst werden, wenn die Erreichung des Gesellschaftszweckes unmöglich wird, oder wenn andere, in den Verhältnissen der Gesellschaft liegende, wichtige Gründe für die Auflösung vorhanden sind.

(2) ¹Die Auflösungsklage ist gegen die Gesellschaft zu richten. ²Sie kann nur von Gesellschaftern erhoben werden, deren Geschäftsanteile zusammen mindestens dem zehnten Teil des Stammkapitals entsprechen.

(3) Für die Klage ist das Landgericht ausschließlich zuständig, in dessen Bezirk die Gesellschaft ihren Sitz hat.

§ 62. ** **[Auflösung durch Verwaltungsbehörde]** (1) Wenn eine Gesellschaft das Gemeinwohl dadurch gefährdet, daß die Gesellschafter gesetzwidrige Beschlüsse fassen oder gesetzwidrige Handlungen der Geschäftsführer wissentlich geschehen lassen, so kann sie aufgelöst werden, ohne daß deshalb ein Anspruch auf Entschädigung stattfindet.

(2) Das Verfahren und die Zuständigkeit der Behörden richtet sich nach den für streitige Verwaltungssachen *landesgesetzlich* geltenden Vorschriften.

§ 63. [Konkursverfahren] (1) Über das Vermögen der Gesellschaft findet das Konkursverfahren außer dem Fall der Zahlungsunfähigkeit auch in dem Fall der Überschuldung statt.

(2) Die auf das Konkursverfahren über das Vermögen einer Aktiengesellschaft bezüglichen Vorschriften in § 207 Abs. 2, § 208 der Konkursordnung*** finden auf die Gesellschaft mit beschränkter Haftung entsprechende Anwendung.

§ 64.† **[Konkursantragspflicht]** (1) ¹Wird die Gesellschaft zahlungsunfähig, so haben die Geschäftsführer ohne schuldhaftes Zögern, spätestens aber drei Wochen nach Eintritt der Zahlungsunfähigkeit, die Eröffnung des Konkursverfahrens oder die Eröffnung des gerichtlichen Vergleichsverfahrens zu beantragen. ²Dies gilt sinngemäß, wenn das Vermögen der Gesellschaft nicht mehr die Schulden deckt. ³Eine schuldhafte Verzögerung des Antrags liegt nicht vor, wenn die Geschäftsführer die Eröffnung des gerichtlichen Vergleichsverfahrens mit der Sorgfalt eines ordentlichen Geschäftsmanns betreiben.

(2) ¹Die Geschäftsführer sind der Gesellschaft zum Ersatz von Zahlungen verpflichtet, die nach Eintritt der Zahlungsunfähigkeit der Gesellschaft oder nach Feststellung ihrer Überschuldung geleistet werden. ²Dies gilt nicht von Zahlun-

---

* Vgl. ferner die Anm. vor § 362 AktG; abgedruckt unter Nr. **10**.
** § 62 Abs. 2 frühere Sätze 2 und 3 gegenstandslos durch Verwaltungsgerichtsordnung vom 21. 1. 1960 (BGBl. I S. 17).
*** Abgedruckt in Schönfelder unter Nr. **110**.
† § 64 neu gefaßt durch Gesetz vom 25. 3. 1930 (RGBl. I S. 93), Abs. 1 Satz 1 geändert durch Verordnung vom 6. 8. 1931 (RGBl. I S. 433) und geändert sowie Satz 2 eingefügt, bisheriger Satz 2 wurde Satz 3 durch Gesetz vom 15. 5. 1986 (BGBl. I S. 721).

Auflösung und Nichtigkeit der Gesellschaft §§ 65–67 **GmbHG 9**

gen, die auch nach diesem Zeitpunkt mit der Sorgfalt eines ordentlichen Geschäftsmanns vereinbar sind. ³Auf den Ersatzanspruch finden die Bestimmungen in § 43 Abs. 3 und 4 entsprechende Anwendung.

§ 65.* **[Anmeldung der Auflösung]** (1) ¹Die Auflösung der Gesellschaft ist zur Eintragung in das Handelsregister anzumelden. ²Dies gilt nicht in den Fällen des Konkursverfahrens und der gerichtlichen Feststellung eines Mangels des Gesellschaftsvertrags oder der Nichteinhaltung der Verpflichtungen nach § 19 Abs. 4 Satz 1. ³In diesen Fällen hat das Gericht die Auflösung und ihren Grund von Amts wegen einzutragen.

(2) ¹Die Auflösung ist von den Liquidatoren zu drei verschiedenen Malen durch die in § 30 Abs. 2 bezeichneten öffentlichen Blätter bekanntzumachen. ²Durch die Bekanntmachung sind zugleich die Gläubiger der Gesellschaft aufzufordern, sich bei derselben zu melden.

§ 66.** **[Liquidatoren]** (1) In den Fällen der Auflösung außer dem Fall des Konkursverfahrens erfolgt die Liquidation durch die Geschäftsführer, wenn nicht dieselbe durch den Gesellschaftsvertrag oder durch Beschluß der Gesellschafter anderen Personen übertragen wird.

(2) Auf Antrag von Gesellschaftern, deren Geschäftsanteile zusammen mindestens dem zehnten Teil des Stammkapitals entsprechen, kann aus wichtigen Gründen die Bestellung von Liquidatoren durch das Gericht (§ 7 Abs. 1) erfolgen.

(3) ¹Die Abberufung von Liquidatoren kann durch das Gericht unter derselben Voraussetzung wie die Bestellung stattfinden. ²Liquidatoren, welche nicht vom Gericht ernannt sind, können auch durch Beschluß der Gesellschafter vor Ablauf des Zeitraums, für welchen sie bestellt sind, abberufen werden.

Fassung des Abs. 4 bis 31. 12. 1991:
(4) Für die Auswahl der Liquidatoren findet § 6 Abs. 2 Satz 2 und 3 entsprechende Anwendung.

Fassung des Abs. 4 ab 1. 1. 1992:
(4) Für die Auswahl der Liquidatoren findet § 6 Abs. 2 Satz 3 und 4 entsprechende Anwendung.

§ 67.*** **[Anmeldung der Liquidatoren]** (1) Die ersten Liquidatoren sowie ihre Vertretungsbefugnis sind durch die Geschäftsführer, jeder Wechsel der Liquidatoren und jede Änderung ihrer Vertretungsbefugnis sind durch die Liquidatoren zur Eintragung in das Handelsregister anzumelden.

(2) Der Anmeldung sind die Urkunden über die Bestellung der Liquidatoren oder über die Änderung in den Personen derselben in Urschrift oder öffentlich beglaubigter Abschrift für das Gericht des Sitzes der Gesellschaft beizufügen.

(3) ¹In der Anmeldung haben die Liquidatoren zu versichern, daß keine Umstände vorliegen, die ihrer Bestellung nach § 66 Abs. 4 entgegenstehen, und daß sie

---
* § 65 Abs. 1 neu gefaßt durch Gesetz vom 15. 8. 1969 (BGBl. I S. 1146) und Abs. 1 Satz 2 neu gefaßt durch Gesetz vom 4. 7. 1980 (BGBl. I S. 836).
** § 66 Abs. 4 angefügt durch Gesetz vom 4. 7. 1980 (BGBl. I S. 836) und **geändert mit Wirkung vom 1. 1. 1992** durch Art. 7 § 33 Betreuungsgesetz vom 12. 9. 1990 (BGBl. I S. 2002).
*** § 67 neu gefaßt durch Gesetz vom 10. 8. 1937 (RGBl. I S. 897), Abs. 1 neu gefaßt durch Gesetz vom 15. 8. 1969 (BGBl. I S. 1146), neuer Abs. 3 eingefügt, bisheriger Abs. 3 und 4 wurden Abs. 4 und 5 durch Gesetz vom 4. 7. 1980 (BGBl. I S. 836).

9 GmbHG §§ 68–71 5. Abschnitt

über ihre unbeschränkte Auskunftspflicht gegenüber dem Gericht belehrt worden sind. ²§ 8 Abs. 3 Satz 2 ist anzuwenden.

(4) Die Eintragung der gerichtlichen Ernennung oder Abberufung der Liquidatoren geschieht von Amts wegen.

(5) Die Liquidatoren haben ihre Unterschrift zur Aufbewahrung bei dem Gericht zu zeichnen.

§ 68.* **[Zeichnung der Liquidatoren]** (1) ¹Die Liquidatoren haben in der bei ihrer Bestellung bestimmten Form ihre Willenserklärungen kundzugeben und für die Gesellschaft zu zeichnen. ²Ist nichts darüber bestimmt, so muß die Erklärung und Zeichnung durch sämtliche Liquidatoren erfolgen.

(2) Die Zeichnungen geschehen in der Weise, daß die Liquidatoren der bisherigen, nunmehr als Liquidationsfirma zu bezeichnenden Firma ihre Namensunterschrift beifügen.

§ 69. [Rechtsverhältnisse von Gesellschaft und Gesellschaftern] (1) Bis zur Beendigung der Liquidation kommen ungeachtet der Auflösung der Gesellschaft in bezug auf die Rechtsverhältnisse derselben und der Gesellschafter die Vorschriften des zweiten und dritten Abschnitts zur Anwendung, soweit sich aus den Bestimmungen des gegenwärtigen Abschnitts und aus dem Wesen der Liquidation nicht ein anderes ergibt.

(2) Der Gerichtsstand, welchen die Gesellschaft zur Zeit ihrer Auflösung hatte, bleibt bis zur vollzogenen Verteilung des Vermögens bestehen.

§ 70. [Aufgaben der Liquidatoren] ¹Die Liquidatoren haben die laufenden Geschäfte zu beendigen, die Verpflichtungen der aufgelösten Gesellschaft zu erfüllen, die Forderungen derselben einzuziehen und das Vermögen der Gesellschaft in Geld umzusetzen; sie haben die Gesellschaft gerichtlich und außergerichtlich zu vertreten. ²Zur Beendigung schwebender Geschäfte können die Liquidatoren auch neue Geschäfte eingehen.

§ 71. ** **[Bilanz; Rechte und Pflichten]** (1) Die Liquidatoren haben für den Beginn der Liquidation eine Bilanz (Eröffnungsbilanz) und einen die Eröffnungsbilanz erläuternden Bericht sowie für den Schluß eines jeden Jahres einen Jahresabschluß und einen Lagebericht aufzustellen.

(2) ¹Die Gesellschafter beschließen über die Feststellung der Eröffnungsbilanz und des Jahresabschlusses sowie über die Entlastung der Liquidatoren. ²Auf die Eröffnungsbilanz und den erläuternden Bericht sind die Vorschriften über den Jahresabschluß entsprechend anzuwenden. ³Vermögensgegenstände des Anlagevermögens sind jedoch wie Umlaufvermögen zu bewerten, soweit ihre Veräußerung innerhalb eines übersehbaren Zeitraums beabsichtigt ist oder diese Vermögensgegenstände nicht mehr dem Geschäftsbetrieb dienen; dies gilt auch für den Jahresabschluß.

(3) ¹Das Gericht kann von der Prüfung des Jahresabschlusses und des Lageberichts durch einen Abschlußprüfer befreien, wenn die Verhältnisse der Gesellschaft

---

* § 68 früherer Abs. 2 aufgehoben, bisheriger Abs. 3 wurde Abs. 2 durch Gesetz vom 15. 8. 1969 (BGBl. I S. 1146).

** § 71 neu gefaßt durch Vergleichsordnung vom 26. 2. 1935 (RGBl. I S. 321), Abs. 3 angefügt durch Gesetz vom 15. 8. 1969 (BGBl. I S. 1146), Abs. 1 neu gefaßt, Abs. 2 und 3 eingefügt, frühere Abs. 2 und 3 wurden Abs. 4 und 5 durch Bilanzrichtlinien-Gesetz vom 19. 12. 1985 (BGBl. I S. 2355).

Auflösung und Nichtigkeit der Gesellschaft §§ 72–74 GmbHG 9

so überschaubar sind, daß eine Prüfung im Interesse der Gläubiger und der Gesellschafter nicht geboten erscheint. ²Gegen die Entscheidung ist die sofortige Beschwerde zulässig.

(4) Im übrigen haben sie die aus §§ 36, 37, 41 Abs. 1, § 43 Abs. 1, 2 und 4, § 49 Abs. 1 und 2, § 64 sich ergebenden Rechte und Pflichten der Geschäftsführer.

(5) ¹Auf allen Geschäftsbriefen, die an einen bestimmten Empfänger gerichtet werden, müssen die Rechtsform und der Sitz der Gesellschaft, die Tatsache, daß die Gesellschaft sich in Liquidation befindet, das Registergericht des Sitzes der Gesellschaft und die Nummer, unter der die Gesellschaft in das Handelsregister eingetragen ist, sowie alle Liquidatoren und, sofern die Gesellschaft einen Aufsichtsrat gebildet und dieser einen Vorsitzenden hat, der Vorsitzende des Aufsichtsrats mit dem Familiennamen und mindestens einem ausgeschriebenen Vornamen angegeben werden. ²Werden Angaben über das Kapital der Gesellschaft gemacht, so müssen in jedem Falle das Stammkapital sowie, wenn nicht alle in Geld zu leistenden Einlagen eingezahlt sind, der Gesamtbetrag der ausstehenden Einlagen angegeben werden. ³Der Angaben nach Satz 1 bedarf es nicht bei Mitteilungen oder Berichten, die im Rahmen einer bestehenden Geschäftsverbindung ergehen und für die üblicherweise Vordrucke verwendet werden, in denen lediglich die im Einzelfall erforderlichen besonderen Angaben eingefügt zu werden brauchen. ⁴Bestellscheine gelten als Geschäftsbriefe im Sinne des Satzes 1; Satz 3 ist auf sie nicht anzuwenden.

§ 72. [Vermögensverteilung] ¹Das Vermögen der Gesellschaft wird unter die Gesellschafter nach Verhältnis ihrer Geschäftsanteile verteilt. ²Durch den Gesellschaftsvertrag kann ein anderes Verhältnis für die Verteilung bestimmt werden.

§ 73. [Sperrjahr] (1) Die Verteilung darf nicht vor Tilgung oder Sicherstellung der Schulden der Gesellschaft und nicht vor Ablauf eines Jahres seit dem Tage vorgenommen werden, an welchem die Aufforderung an die Gläubiger (§ 65 Abs. 2) in den öffentlichen Blättern zum dritten Male erfolgt ist.

(2) ¹Meldet sich ein bekannter Gläubiger nicht, so ist der geschuldete Betrag, wenn die Berechtigung zur Hinterlegung vorhanden ist, für den Gläubiger zu hinterlegen. ²Ist die Berichtigung einer Verbindlichkeit zur Zeit nicht ausführbar oder ist eine Verbindlichkeit streitig, so darf die Verteilung des Vermögens nur erfolgen, wenn dem Gläubiger Sicherheit geleistet ist.

(3) ¹Liquidatoren, welche diesen Vorschriften zuwiderhandeln, sind zum Ersatz der verteilten Beträge solidarisch verpflichtet. ²Auf den Ersatzanspruch finden die Bestimmungen in § 43 Abs. 3 und 4 entsprechende Anwendung.

§ 74. [Bücher und Schriften] (1) ¹Nach Beendigung der Liquidation sind die Bücher und Schriften der Gesellschaft für die Dauer von zehn Jahren einem der Gesellschafter oder einem Dritten in Verwahrung zu geben. ²Der Gesellschafter oder der Dritte wird in Ermangelung einer Bestimmung des Gesellschaftsvertrags oder eines Beschlusses der Gesellschafter durch das Gericht (§ 7 Abs. 1) bestimmt.

(2) ¹Die Gesellschafter und deren Rechtsnachfolger sind zur Einsicht der Bücher und Schriften berechtigt. ²Gläubiger der Gesellschaft können von dem Gericht (§ 7 Abs. 1) zur Einsicht ermächtigt werden.

9 GmbHG §§ 75–81a

§ 75.* **[Nichtigkeitsklage]** (1) Enthält der Gesellschaftsvertrag keine Bestimmungen über die Höhe des Stammkapitals oder über den Gegenstand des Unternehmens oder sind die Bestimmungen des Gesellschaftsvertrags über den Gegenstand des Unternehmens nichtig, so kann jeder Gesellschafter, jeder Geschäftsführer und, wenn ein Aufsichtsrat bestellt ist, jedes Mitglied des Aufsichtsrats im Wege der Klage beantragen, daß die Gesellschaft für nichtig erklärt werde.

(2) Die Vorschriften der *§§ 272, 273 des Handelsgesetzbuchs*** finden entsprechende Anwendung.

§ 76.* **[Mängelheilung durch Gesellschafterbeschluß]** Ein Mangel, der die Bestimmungen über den Gegenstand des Unternehmens betrifft, kann durch einstimmigen Beschluß der Gesellschafter geheilt werden.

§ 77. [Wirkung der Nichtigkeit] (1) Ist die Nichtigkeit einer Gesellschaft in das Handelsregister eingetragen, so finden zum Zwecke der Abwicklung ihrer Verhältnisse die für den Fall der Auflösung geltenden Vorschriften entsprechende Anwendung.

(2) Die Wirksamkeit der im Namen der Gesellschaft mit Dritten vorgenommenen Rechtsgeschäfte wird durch die Nichtigkeit nicht berührt.

(3) Die Gesellschafter haben die versprochenen Einzahlungen zu leisten, soweit es zur Erfüllung der eingegangenen Verbindlichkeiten erforderlich ist.

Sechster Abschnitt. Schlußbestimmungen

§ 78.** **[Anmeldungspflichtige]** Die in diesem Gesetz vorgesehenen Anmeldungen zum Handelsregister sind durch die Geschäftsführer oder die Liquidatoren, die in § 7 Abs. 1, § 57 Abs. 1, § 58 Abs. 1 Nr. 3 vorgesehenen Anmeldungen sind durch sämtliche Geschäftsführer zu bewirken.

§ 79.† **[Zwangsgelder]** (1) ¹Geschäftsführer oder Liquidatoren, die §§ 35a, 71 Abs. 5 nicht befolgen, sind hierzu vom Registergericht durch Festsetzung von Zwangsgeld anzuhalten; § 14 des Handelsgesetzbuchs bleibt unberührt. ²Das einzelne Zwangsgeld darf den Betrag von zehntausend Deutsche Mark nicht übersteigen.

(2) In Ansehung der in §§ 7, 54, 57 Abs. 1, § 58 Abs. 1 Nr. 3 bezeichneten Anmeldungen zum Handelsregister findet, soweit es sich um die Anmeldung zum Handelsregister des Sitzes der Gesellschaft handelt, eine Festsetzung von Zwangsgeld nach § 14 des Handelsgesetzbuchs nicht statt.

§§ 80–81a.†† *(aufgehoben)*

---

* § 75 Abs. 1 und § 76 neu gefaßt durch Gesetz vom 15. 8. 1969 (BGBl. I S. 1146).
** Jetzt §§ 246 bis 248 AktG; abgedruckt unter Nr. **10**.
*** § 78 neu gefaßt durch Gesetz vom 4. 7. 1980 (BGBl. I S. 836).
† § 79 Abs. 1 eingefügt, bisheriger Text wurde Abs. 2 durch Gesetz vom 15. 8. 1969 (BGBl. I S. 1146), Abs. 1 und 2 geändert durch Einführungsgesetz zum Strafgesetzbuch vom 2. 3. 1974 (BGBl. I S. 469), Abs. 1 Satz 1 geändert durch Bilanzrichtlinien-Gesetz vom 19. 12. 1985 (BGBl. I S. 2355).
†† §§ 80 und 81 aufgehoben durch Gesetz vom 30. 1. 1937 (RGBl. I S. 166), § 81a aufgehoben durch Erstes Gesetz zur Reform des Strafrechts vom 25. 6. 1969 (BGBl. I S. 645).

Schlußbestimmungen §§ 82–85 **GmbHG 9**

§ 82.* [**Falsche Angaben**] (1) Mit Freiheitsstrafe bis zu drei Jahren oder mit Geldstrafe wird bestraft, wer

1. als Gesellschafter oder als Geschäftsführer zum Zweck der Eintragung der Gesellschaft über die Übernahme der Stammeinlagen, die Leistung der Einlagen, die Verwendung eingezahlter Beträge, über Sondervorteile, Gründungsaufwand, Sacheinlagen und Sicherungen für nicht voll eingezahlte Geldeinlagen,
2. als Gesellschafter im Sachgründungsbericht,
3. als Geschäftsführer zum Zweck der Eintragung einer Erhöhung des Stammkapitals über die Zeichnung oder Einbringung des neuen Kapitals oder über Sacheinlagen oder
4. als Geschäftsführer in der nach § 8 Abs. 3 Satz 1 oder § 39 Abs. 3 Satz 1 abzugebenden Versicherung oder als Liquidator in der nach § 67 Abs. 3 Satz 1 abzugebenden Versicherung

falsche Angaben macht.

(2) Ebenso wird bestraft, wer

1. als Geschäftsführer zum Zweck der Herabsetzung des Stammkapitals über die Befriedigung oder Sicherstellung der Gläubiger eine unwahre Versicherung abgibt oder
2. als Geschäftsführer, Liquidator, Mitglied eines Aufsichtsrats oder ähnlichen Organs in einer öffentlichen Mitteilung die Vermögenslage der Gesellschaft unwahr darstellt oder verschleiert, wenn die Tat nicht in § 331 Nr. 1 des Handelsgesetzbuchs mit Strafe bedroht ist.

§ 83.** *(aufgehoben)*

§ 84.*** [**Pflichtverletzung bei Verlust, Zahlungsunfähigkeit oder Überschuldung**] (1) Mit Freiheitsstrafe bis zu drei Jahren oder mit Geldstrafe wird bestraft, wer es

1. als Geschäftsführer unterläßt, den Gesellschaftern einen Verlust in Höhe der Hälfte des Stammkapitals anzuzeigen, oder
2. als Geschäftsführer entgegen § 64 Abs. 1 oder als Liquidator entgegen § 71 Abs. 2† unterläßt, bei Zahlungsunfähigkeit oder Überschuldung die Eröffnung des Konkursverfahrens oder des gerichtlichen Vergleichsverfahrens zu beantragen.

(2) Handelt der Täter fahrlässig, so ist die Strafe Freiheitsstrafe bis zu einem Jahr oder Geldstrafe.

§ 85.*** [**Verletzung der Geheimhaltungspflicht**] (1) Mit Freiheitsstrafe bis zu einem Jahr oder mit Geldstrafe wird bestraft, wer ein Geheimnis der Gesellschaft, namentlich ein Betriebs- oder Geschäftsgeheimnis, das ihm in seiner Eigenschaft als Geschäftsführer, Mitglied des Aufsichtsrats oder Liquidator bekanntgeworden ist, unbefugt offenbart.

---

* § 82 neu gefaßt durch Gesetz vom 4. 7. 1980 (BGBl. I S. 836), Abs. 2 Nr. 2 neu gefaßt durch Bilanzrichtliniengesetz vom 19. 12. 1985 (BGBl. I S. 2355).
** § 83 aufgehoben durch Art. 150 Abs. 2 Nr. 7 Gesetz vom 24. 5. 1968 (BGBl. I S. 503).
*** § 84 neu gefaßt sowie § 85 angefügt durch Gesetz vom 4. 7. 1980 (BGBl. I S. 836).
† Jetzt „§ 71 Abs. 4"; vgl. Anm. zu § 71 GmbHG.

9 GmbHG § 85 6. Abschnitt. Schlußbestimmungen

(2) ¹Handelt der Täter gegen Entgelt oder in der Absicht, sich oder einen anderen zu bereichern oder einen anderen zu schädigen, so ist die Strafe Freiheitsstrafe bis zu zwei Jahren oder Geldstrafe. ²Ebenso wird bestraft, wer ein Geheimnis der in Absatz 1 bezeichneten Art, namentlich ein Betriebs- oder Geschäftsgeheimnis, das ihm unter den Voraussetzungen des Absatzes 1 bekanntgeworden ist, unbefugt verwertet.

(3) ¹Die Tat wird nur auf Antrag der Gesellschaft verfolgt. ²Hat ein Geschäftsführer oder ein Liquidator die Tat begangen, so sind der Aufsichtsrat und, wenn kein Aufsichtsrat vorhanden ist, von den Gesellschaftern bestellte besondere Vertreter antragsberechtigt. ³Hat ein Mitglied des Aufsichtsrats die Tat begangen, so sind die Geschäftsführer oder die Liquidatoren antragsberechtigt.

AktG 10

10. Aktiengesetz
Vom 6. September 1965 (BGBl. I S. 1089)
(BGBl. III 4121-1)

Änderungen des Gesetzes

Lfd. Nr.	Änderndes Gesetz	Datum	Fundstelle	Geänderte Paragraphen	Art der Änderg.
1.	Einführungsgesetz zum Gesetz über Ordnungswidrigkeiten (EGOWiG)	24. 5. 1968	BGBl. I 503	405 Abs. 4 406	geänd. aufgeh.
2.	Gesetz zur Durchführung der Ersten Richtlinie des Rates der Europäischen Gemeinschaften zur Koordinierung des Gesellschaftsrechts	15. 8. 1969	BGBl. I 1146	39, 40 Abs. 1 Nr. 1, 42 Abs. 4 Satz 1, 44 Abs. 1 Satz 3 und Abs. 2 Satz 2, 80, 81 Abs. 1 und 2, 181 Abs. 1, 206 Satz 2, 250 Abs. 3 Satz 1, 251 Abs. 3, 263 Satz 2, 266 Abs. 1, 268 Abs. 4, 274 Abs. 2 und 4, 275 Abs. 1 Satz 1 und Abs. 4 Satz 1, 276, 281 Abs. 1, 282 Satz 2, 289 Abs. 2, 353 Abs. 4 und Abs. 7 Nr. 1 23 Abs. 4, 37 Abs. 2, 248 Abs. 2, 262 Abs. 1 Nr. 5 23 Abs. 3 Nr. 5 und 6	geänd. eingef. aufgeh.
3.	Gesetz zur Ergänzung der handelsrechtlichen Vorschriften über die Änderung der Unternehmensform	15. 8. 1969	BGBl. I 1171	147 Abs. 3 und 4 Satz 2 385a bis 385q	geänd. eingef.
4.	Gesetz über die Rechnungslegung von bestimmten Unternehmen und Konzernen	15. 8. 1969	BGBl. I 1189	330 Abs. 1 Satz 1	geänd.
5.	Beurkundungsgesetz	28. 8. 1969	BGBl. I 1513	23 Abs. 1 Satz 1 und 2, 30 Abs. 1 Satz 2, 130 Abs. 1 Satz 1, Abs. 2 und 4 Satz 1, 142 Abs. 2 Satz 3, 147 Abs. 1 Satz 3, 163 Abs. 2 Satz 5, 235 Abs. 1 Satz 3, 258 Abs. 2 Satz 5, 280 Abs. 1 Satz 1 und 3, 341 Abs. 1 Satz 1, 346 Abs. 5, 355 Abs. 3 Satz 3, 357 Abs. 3 Satz 3, 362 Abs. 2 Satz 5, 369 Abs. 6 Satz 4, 376 Abs. 4	

10 AktG Änderungen des Gesetzes

Lfd. Nr.	Änderndes Gesetz	Datum	Fundstelle	Geänderte Paragraphen	Art der Änderg.
				Satz 2, 384 Abs. 2 Satz 3 und Abs. 5 Satz 2, 389 Abs. 2 Satz 2	geänd.
6.	Gesetz zur Änderung des Gesetzes betreffend die Erwerbs- und Wirtschaftsgenossenschaften	9. 10. 1973	BGBl. I 1451	385m Abs. 1 Satz 1, 385q	geänd.
7.	Einführungsgesetz zum Strafgesetzbuch (EGStGB)	2. 3. 1974	BGBl. I 469	399 Abs. 1, 400, 401, 402 Abs. 1, 403, 404, 407	geänd.
8.	Gesetz über die Mitbestimmung der Arbeitnehmer (Mitbestimmungsgesetz – MitbestG)	4. 5. 1976	BGBl. I 1153	84 Abs. 4, 95 Satz 5, 96 Abs. 1, 98 Abs. 2 Nr. 4 und 5, 100 Abs. 3, 101 Abs. 1 und 3 Satz 2, 103 Abs. 4, 104 Abs. 1 Satz 3 Nr. 1 und 2, Abs. 3 und 4 Satz 4, 119 Abs. 1 Nr. 1, 124 Abs. 3 Satz 2, 250 Abs. 1 Nr. 2, Abs. 2 und 3 Satz 1, 251 Abs. 2 Satz 2 und 3, 252 Abs. 1, 265 Abs. 6	geänd.
				98 Abs. 2 Nr. 8 und Satz 2, 101 Abs. 2 Satz 5, 104 Abs. 1 Satz 3 Nr. 5 und Satz 4, 124 Abs. 3 Satz 4	eingef.
9.	Einführungsgesetz zur Abgabenordnung (EGAO 1977)	14. 12. 1976	BGBl. I 3341	157 Abs. 4 Satz 1 Nr. 2	geänd.
10.	Gesetz zur Durchführung der Zweiten Richtlinie des Rates der Europäischen Gemeinschaften zur Koordinierung des Gesellschaftsrechts	13. 12. 1978	BGBl. I 1959	23 Abs. 2 und 3 Nr. 4, 24, 26 Abs. 1, 27 Abs. 3 (neu), 37 Abs. 1 Satz 1, 52 Abs. 10, 56, 62 Abs. 1 Satz 2, 71, 151 Abs. 1, 157 Abs. 1 Nr. 30 und 31, 160 Abs. 3 Nr. 2, 183 Abs. 1 Satz 1, 186 Abs. 1 Satz 2, 188 Abs. 2 Satz 1, 190 Satz 1, 195 Abs. 2 Nr. 1, 196 Satz 1, 206 Satz 2, 343 Abs. 1 Satz 1, 405 Abs. 1 Nr. 3, 407 Abs. 1	geänd.
				23 Abs. 3 Nr. 5 und 6, 27 Abs. 1 Satz 2 und Abs. 2, 34 Abs. 2 Satz 2, 36a, 53a, 71a bis 71e, 150a, 183 Abs. 3, 184 Abs. 1 Satz 2, 186 Abs. 4 Satz 2, 194 Abs. 4, 205 Abs. 3, 221 Abs. 2,	

Änderungen des Gesetzes   AktG 10

Lfd. Nr.	Änderndes Gesetz	Datum	Fundstelle	Geänderte Paragraphen	Art der Änderg.
				237 Abs. 2 Satz 2, 405 Abs. 1 Nr. 4	eingef.
				36 Abs. 2 Satz 2, 57 Abs. 3, 62 Abs. 1 Satz 3, 184 Abs. 3, 188 Abs. 4, 195 Abs. 3, 281 Abs. 3	aufgeh.
11.	Gesetz zur Änderung des Gesetzes betreffend die Gesellschaften mit beschränkter Haftung und anderer handelsrechtlicher Vorschriften	4. 7. 1980	BGBl. I 836	369 Abs. 6 Satz 2, 399 Abs. 1 Nr. 4 und 5	geänd.
				35 Abs. 1, 37 Abs. 2, 76 Abs. 3 Satz 2 und 3, 81 Abs. 3, 265 Abs. 2 Satz 2, 266 Abs. 3, 399 Abs. 1 Nr. 6, 400 Abs. 2	eingef.
				§ 35 Abs. 1 und 2 wurde Abs. 2 und 3, § 37 Abs. 2 bis 5 wurde Abs. 3 bis 6, § 81 Abs. 3 wurde Abs. 4, § 265 Abs. 2 Satz 2 wurde Satz 3, § 266 Abs. 3 und 4 wurde Abs. 4 und 5	
12.	Gesetz zur Durchführung der Dritten Richlinie des Rates der Europäischen Gemeinschaften zur Koordinierung des Gesellschaftsrechts (Verschmelzungsrichtlinie-Gesetz)	25. 10. 1982	BGBl. I 1425	62 Abs. 1 Satz 2, 339 Abs. 1 Satz 2 Nr. 1 und Abs. 2, 340, 341 Abs. 2 Satz 1, 344 Abs. 1, 345 Abs. 3 Satz 1, 346, 347 Abs. 1, 348 Abs. 1 und Abs. 2 Satz 1, 349 Abs. 1 Satz 1, Abs. 2 Satz 1 und Abs. 3, 350 Abs. 1 Satz 2, Abs. 2 und 3 Satz 1, 351, 352, 353 Abs. 1 Satz 1, Abs. 3 Satz 2, Abs. 6 Satz 3 und Abs. 7 Satz 1 Nr. 1, 354 Abs. 1 Satz 2, 355 Abs. 1 und Abs. 2 Satz 1, 356 Abs. 1, 357 Abs. 1, Abs. 2 Satz 1 und Abs. 3 Satz 1, 358 Abs. 1, 359 Abs. 2, 360 Abs. 2, 369 Abs. 3 Satz 2, 405 Abs. 3 Nr. 5, 407 Abs. 1 Satz 1	geänd.
				340a bis 340d, 345 Abs. 1 Satz 2, 347a, 352a bis 352c, 353 Abs. 9, 355 Abs. 2 Satz 2, 358a	eingef.
				136 Abs. 2, 357 Abs. 4 Satz 2	aufgeh.

401

10 AktG Änderungen des Gesetzes

Lfd. Nr.	Änderndes Gesetz	Datum	Fundstelle	Geänderte Paragraphen	Art der Änderg.
				Bisheriger § 136 Abs. 3 wurde Abs. 2, § 355 Abs. 2 Satz 2 wurde Satz 3	
13.	Vierzehntes Gesetz zur Änderung des Versicherungsaufsichtsgesetzes	29. 3. 1983	BGBl. I 377	70 Satz 2, 209 Abs. 5 Satz 2, 360 Abs. 5, 385 d Abs. 1 Satz 1	geänd.
14.	Gesetz zur Durchführung der Vierten, Siebenten und Achten Richtlinie des Rates der Europäischen Gemeinschaften zur Koordinierung des Gesellschaftsrechts (Bilanzrichtlinien-Gesetz – BiRiLiG)	19. 12. 1985	BGBl. I 2355	30 Überschrift, 33 Abs. 5 Satz 1, 49, 58 Abs. 1 Sätze 1 und 2, Abs. 2 Sätze 1 und 3, Abs. 3 Satz 1, 59 Abs. 2 Satz 2, 71 Abs. 2 Satz 2, 71 a Abs. 1 Satz 2, 86 Abs. 2 Satz 1, 98 Abs. 2 Satz 1 Nr. 7, 99 Abs. 1 und Abs. 3 Satz 6, 101 Abs. 2 Satz 1, 104 Abs. 1 Satz 3 Nr. 4, 107 Abs. 3 Satz 2, 119 Abs. 1 Nr. 4, 120 Abs. 3 Satz 2, 131 Abs. 3 Nr. 4, 143 Abs. 2, 144, 150, 152, 158, 160, 170 Abs. 1 und Abs. 2 Satz 2 Nr. 2, 171 Abs. 1 und Abs. 2 Satz 3, 173 Abs. 2 und 3, 174 Abs. 2 Nr. 3, 175 Abs. 1 Satz 1 und Abs. 2 Satz 1, 176 Überschrift, Abs. 1 Satz 3 und Abs. 2, 199 Abs. 2 Satz 1, 204 Abs. 3 Satz 1, 206 Satz 2, 207 Abs. 1, 208, 209 Abs. 1, Abs. 2 Satz 1, Abs. 3 Satz 1, Abs. 4 Satz 1 und Abs. 5 Satz 1, 229 Abs. 1 Satz 1 und Abs. 2 Satz 1, 230 Satz 1, 231, 232, 233 Abs. 1 Satz 1, Abs. 2 Satz 4 und Abs. 3, 234 Abs. 1, 236, 237 Abs. 3 Nr. 2, 240, 241 Nr. 6, 242 Abs. 2 Satz 3, 251 Abs. 2 Satz 2, 254 Abs. 1 und Abs. 2 Satz 2, 256 Abs. 1 Nr. 2, 3 und 4, Abs. 4, Abs. 5 Sätze 2 und 3, Abs. 6 Satz 1, 257 Abs. 2 Satz 2, 258	

Änderungen des Gesetzes AktG 10

Lfd. Nr.	Änderndes Gesetz	Datum	Fundstelle	Geänderte Paragraphen	Art der Änderg.
				Abs. 1 Satz 1 Nr. 2 und Satz 3, Abs. 2 Satz 2, Abs. 3 Satz 1, Abs. 4 Sätze 2 und 3, Abs. 5, 259 Abs. 1 Satz 2, Abs. 2 Satz 1 Nr. 2, Abs. 4, 261 Abs. 1 Sätze 2 bis 4 und 6, Abs. 3 Satz 2, 270, 275 Abs. 3 Satz 2, 283 Nr. 9, 286 Überschrift, Abs. 2 Sätze 1, 3 und 4, Abs. 4, 288 Abs. 1 Satz 2, 300, 301 Satz 2, 302 Abs. 1, 304 Abs. 2 Satz 1, 313 Überschrift, Abs. 1 und 2, Abs. 3 Sätze 1 und 4, Abs. 4 Satz 1 und Abs. 5 Satz 1, 314 Abs. 1 Satz 1, Abs. 2 Sätze 2 und 3, Abs. 4, 315 Satz 1 Nr. 1, 324 Abs. 3, 337, 340b Abs. 2 Satz 4, Abs. 3 und Abs. 5 Satz 1, 340d Abs. 2 Nr. 2, 348 Abs. 1 und Abs. 2 Satz 2, 400 Abs. 1 Nr. 1 und 2 (neu), 404 Abs. 1, 405 Abs. 1 Nr. 3, 407 Abs. 1	geänd.
				58 Abs. 2a, 131 Abs. 1 Satz 3, 313 Abs. 1 Satz 4	eingef.
				143 Abs. 3, 148, 149, 150a, 151, 153 bis 157, 159, 161 bis 169, 170 Abs. 2 Satz 2 Nr. 4, 177, 178, 256 Abs. 4 Satz 2, 325, 329 bis 336, 338, 400 Abs. 1 Nr. 2 und 4, 405 Abs. 1 Nr. 5	aufgeh.
15.	Gesetz zur Änderung des Betriebsverfassungsgesetzes, über Sprecherausschüsse der leitenden Angestellten und zur Sicherung der Montan-Mitbestimmung	20. 12. 1988	BGBl. I 2312	98 Abs. 2 Satz 1 Nrn. 5 und 6, Abs. 3, 99 Abs. 2 Satz 2, 104 Abs. 1 Satz 3 Nrn. 2 und 3, Abs. 4 Satz 4, 250 Abs. 2 Nrn. 2 und 3, 252 Abs. 1	geänd.
16.	Gesetz zur Änderung des Arbeitsgerichtsgesetzes und anderer arbeitsrechtlicher Vorschriften (Arbeitsgerichtsgesetz-Änderungsgesetz)	26. 6. 1990	BGBl. I 1206	98 Abs. 2 Satz 1 Nrn. 5 und 6, 104 Abs. 1 Satz 3 Nrn. 2 und 3, Abs. 4 Satz 4, 250 Abs. 2 Nrn. 2 und 3, 252 Abs. 1	geänd.

10 AktG — Änderungen des Gesetzes

Lfd. Nr.	Änderndes Gesetz	Datum	Fundstelle	Geänderte Paragraphen	Art der Änderung
17.	Gesetz zur Reform des Rechts der Vormundschaft und Pflegschaft für Volljährige (Betreuungsgesetz – BtG)	12. 9. 1990	BGBl. I 2002	37 Abs. 2 Satz 1, 81 Abs. 3 Satz 1, 265 Abs. 2 Satz 2	geänd.
				76 Abs. 3 Satz 2, 100 Abs. 1 Satz 2	eingef.
18.	Gesetz zur Durchführung der Richtlinie des Rates der Europäischen Gemeinschaften über den Jahresabschluß und den konsolidierten Abschluß von Banken und anderen Finanzinstituten (Bankbilanzrichtlinie-Gesetz)	30. 11. 1990	BGBl. I 2570	256 Abs. 1 Nr. 1 131 Abs. 3 Nr. 6 und Abs. 4 Satz 3, 176 Abs. 1 Satz 4, 256 Abs. 5 Satz 4,	geänd.
				258 Abs. 1a	eingef.

Inhaltsübersicht

Erstes Buch. Aktiengesellschaft §§ 1–277
Erster Teil. Allgemeine Vorschriften §§ 1–22
Zweiter Teil. Gründung der Gesellschaft §§ 23–53
Dritter Teil. Rechtsverhältnisse der Gesellschaft und der Gesellschafter §§ 53a–75
Vierter Teil. Verfassung der Aktiengesellschaft §§ 76–147
  1. Abschnitt. Vorstand §§ 76–94
  2. Abschnitt. Aufsichtsrat §§ 95–116
  3. Abschnitt. Benutzung des Einflusses auf die Gesellschaft § 117
  4. Abschnitt. Hauptversammlung §§ 118–147
    1. Unterabschnitt. Rechte der Hauptversammlung §§ 118–120
    2. Unterabschnitt. Einberufung der Hauptversammlung §§ 121–128
    3. Unterabschnitt. Verhandlungsniederschrift. Auskunftsrecht §§ 129–132
    4. Unterabschnitt. Stimmrecht §§ 133–137
    5. Unterabschnitt. Sonderbeschluß § 138
    6. Unterabschnitt. Vorzugsaktien ohne Stimmrecht §§ 139–141
    7. Unterabschnitt. Sonderprüfung. Geltendmachung von Ersatzansprüchen §§ 142–147
Fünfter Teil. Rechnungslegung. Gewinnverwendung §§ 150–176
  1. Abschnitt. Jahresabschluß und Lagebericht §§ 150–160
  2. Abschnitt. Prüfung des Jahresabschlusses §§ 170, 171
    1. Unterabschnitt. Prüfung durch Abschlußprüfer *(aufgehoben)*
    2. Unterabschnitt. Prüfung durch den Aufsichtsrat §§ 170, 171
  3. Abschnitt. Feststellung des Jahresabschlusses. Gewinnverwendung §§ 172–176
    1. Unterabschnitt. Feststellung des Jahresabschlusses §§ 172, 173
    2. Unterabschnitt. Gewinnverwendung § 174
    3. Unterabschnitt. Ordentliche Hauptversammlung §§ 175, 176
  4. Abschnitt. Bekanntmachung des Jahresabschlusses *(aufgehoben)*
Sechster Teil. Satzungsänderung. Maßnahmen der Kapitalbeschaffung und Kapitalherabsetzung §§ 179–240
  1. Abschnitt. Satzungsänderung §§ 179–181
  2. Abschnitt. Maßnahmen der Kapitalbeschaffung §§ 182–221
    1. Unterabschnitt. Kapitalerhöhung gegen Einlagen §§ 182–191
    2. Unterabschnitt. Bedingte Kapitalerhöhung §§ 192–201
    3. Unterabschnitt. Genehmigtes Kapital §§ 202–206
    4. Unterabschnitt. Kapitalerhöhung aus Gesellschaftsmitteln §§ 207–220
    5. Unterabschnitt. Wandelschuldverschreibungen. Gewinnschuldverschreibungen § 221
  3. Abschnitt. Maßnahmen der Kapitalherabsetzung §§ 222–240
    1. Unterabschnitt. Ordentliche Kapitalherabsetzung §§ 222–228
    2. Unterabschnitt. Vereinfachte Kapitalherabsetzung §§ 229–236
    3. Unterabschnitt. Kapitalherabsetzung durch Einziehung von Aktien §§ 237–239
    4. Unterabschnitt. Ausweis der Kapitalherabsetzung § 240
Siebenter Teil. Nichtigkeit von Hauptversammlungsbeschlüssen und des festgestellten Jahresabschlusses. Sonderprüfung wegen unzulässiger Unterbewertung §§ 241–261
  1. Abschnitt. Nichtigkeit von Hauptversammlungsbeschlüssen §§ 241–255
    1. Unterabschnitt. Allgemeines §§ 241–249
    2. Unterabschnitt. Nichtigkeit bestimmter Hauptversammlungsbeschlüsse §§ 250–255
  2. Abschnitt. Nichtigkeit des festgestellten Jahresabschlusses §§ 256, 257
  3. Abschnitt. Sonderprüfung wegen unzulässiger Unterbewertung §§ 258–261
Achter Teil. Auflösung und Nichtigerklärung der Gesellschaft §§ 262–277
  1. Abschnitt. Auflösung §§ 262–274
    1. Unterabschnitt. Auflösungsgründe und Anmeldung §§ 262, 263
    2. Unterabschnitt. Abwicklung §§ 264–274
  2. Abschnitt. Nichtigerklärung der Gesellschaft §§ 275–277

Zweites Buch. Kommanditgesellschaft auf Aktien §§ 278–290

10 AktG

Drittes Buch. Verbundene Unternehmen §§ 291–337

Erster Teil. Unternehmensverträge §§ 291–307
  1. Abschnitt. Arten von Unternehmensverträgen §§ 291, 292
  2. Abschnitt. Abschluß, Änderung und Beendigung von Unternehmensverträgen §§ 293–299
  3. Abschnitt. Sicherung der Gesellschaft und der Gläubiger §§ 300–303
  4. Abschnitt. Sicherung der außenstehenden Aktionäre bei Beherrschungs- und Gewinnabführungsverträgen §§ 304–307

Zweiter Teil. Leitungsmacht und Verantwortlichkeit bei Abhängigkeit von Unternehmen §§ 308–318
  1. Abschnitt. Leitungsmacht und Verantwortlichkeit bei Bestehen eines Beherrschungsvertrags §§ 308–310
  2. Abschnitt. Verantwortlichkeit bei Fehlen eines Beherrschungsvertrags §§ 311–318

Dritter Teil. Eingegliederte Gesellschaften §§ 319–327

Vierter Teil. Wechselseitig beteiligte Unternehmen § 328

Fünfter Teil. Rechnungslegung im Konzern § 337

Viertes Buch. Verschmelzung. Vermögensübertragung. Umwandlung §§ 339–393

Erster Teil. Verschmelzung §§ 339–358a
  1. Abschnitt. Verschmelzung von Aktiengesellschaften §§ 339–353
     1. Unterabschnitt. Verschmelzung durch Aufnahme §§ 340–352c
     2. Unterabschnitt. Verschmelzung durch Neubildung § 353
  2. Abschnitt. Verschmelzung von Kommanditgesellschaften auf Aktien sowie von Kommanditgesellschaften auf Aktien und Aktiengesellschaften § 354
  3. Abschnitt. Verschmelzung von Gesellschaften mit beschränkter Haftung mit einer Aktiengesellschaft oder einer Kommanditgesellschaft auf Aktien §§ 355, 356
  4. Abschnitt. Verschmelzung von bergrechtlichen Gewerkschaften mit einer Aktiengesellschaft oder einer Kommanditgesellschaft auf Aktien §§ 357, 358
  5. Abschnitt. Verschmelzung von Gesellschaften verschiedener Rechtsformen § 358a

Zweiter Teil. Vermögensübertragung §§ 359–361

Dritter Teil. Umwandlung §§ 362–393
  1. Abschnitt. Umwandlung einer Aktiengesellschaft in eine Kommanditgesellschaft auf Aktien §§ 362–365
  2. Abschnitt. Umwandlung einer Kommanditgesellschaft auf Aktien in eine Aktiengesellschaft §§ 366–368
  3. Abschnitt. Umwandlung einer Aktiengesellschaft in eine Gesellschaft mit beschränkter Haftung §§ 369–375
  4. Abschnitt. Umwandlung einer Gesellschaft mit beschränkter Haftung in eine Aktiengesellschaft §§ 376–383
  5. Abschnitt. Umwandlung einer bergrechtlichen Gewerkschaft in eine Aktiengesellschaft §§ 384, 385
  6. Abschnitt. Umwandlung einer Körperschaft oder Anstalt des öffentlichen Rechts in eine Aktiengesellschaft §§ 385a–385c
  7. Abschnitt. Umwandlung eines Versicherungsvereins auf Gegenseitigkeit in eine Aktiengesellschaft §§ 385d–385l
  8. Abschnitt. Umwandlung einer Genossenschaft in eine Aktiengesellschaft §§ 385m–385q
  9. Abschnitt. Umwandlung einer Kommanditgesellschaft auf Aktien in eine Gesellschaft mit beschränkter Haftung §§ 386–388
  10. Abschnitt. Umwandlung einer Gesellschaft mit beschränkter Haftung in eine Kommanditgesellschaft auf Aktien §§ 389–392
  11. Abschnitt. Umwandlung einer bergrechtlichen Gewerkschaft in eine Kommanditgesellschaft auf Aktien § 393

Fünftes Buch. Sonder-, Straf- und Schlußvorschriften §§ 394–410

Erster Teil. Sondervorschriften bei Beteiligung von Gebietskörperschaften §§ 394, 395

Zweiter Teil. Gerichtliche Auflösung §§ 396–398

Dritter Teil. Straf- und Bußgeldvorschriften. Schlußvorschriften §§ 399–410

1. Teil. Allgemeine Vorschriften §§ 1–8 **AktG 10**

Der Bundestag hat mit Zustimmung des Bundesrates das folgende Gesetz beschlossen:

Erstes Buch. Aktiengesellschaft

Erster Teil. Allgemeine Vorschriften

§ 1. Wesen der Aktiengesellschaft. (1) ¹Die Aktiengesellschaft ist eine Gesellschaft mit eigener Rechtspersönlichkeit. ²Für die Verbindlichkeiten der Gesellschaft haftet den Gläubigern nur das Gesellschaftsvermögen.

(2) Die Aktiengesellschaft hat ein in Aktien zerlegtes Grundkapital.

§ 2. Gründerzahl. An der Feststellung des Gesellschaftsvertrags (der Satzung) müssen sich mindestens fünf Personen beteiligen, welche die Aktien gegen Einlagen übernehmen.

§ 3. Die Aktiengesellschaft als Handelsgesellschaft. Die Aktiengesellschaft gilt als Handelsgesellschaft, auch wenn der Gegenstand des Unternehmens nicht im Betrieb eines Handelsgewerbes besteht.

§ 4. Firma. (1) ¹Die Firma der Aktiengesellschaft ist in der Regel dem Gegenstand des Unternehmens zu entnehmen. ²Sie muß die Bezeichnung ,,Aktiengesellschaft" enthalten.

(2) Führt die Aktiengesellschaft die Firma eines auf sie übergegangenen Handelsgeschäfts fort (§ 22 des Handelsgesetzbuchs), so muß sie die Bezeichnung ,,Aktiengesellschaft" in die Firma aufnehmen.

§ 5. Sitz. (1) Sitz der Gesellschaft ist der Ort, den die Satzung bestimmt.

(2) Die Satzung hat als Sitz in der Regel den Ort, wo die Gesellschaft einen Betrieb hat, oder den Ort zu bestimmen, wo sich die Geschäftsleitung befindet oder die Verwaltung geführt wird.

§ 6. Grundkapital. Das Grundkapital und die Aktien müssen auf einen Nennbetrag in Deutscher Mark lauten.

§ 7. Mindestnennbetrag des Grundkapitals. Der Mindestnennbetrag des Grundkapitals ist einhunderttausend Deutsche Mark.

§ 8. Mindestnennbetrag der Aktien. (1) ¹Der Mindestnennbetrag der Aktien ist fünfzig Deutsche Mark. ²Aktien über einen geringeren Nennbetrag sind nichtig. ³Für den Schaden aus der Ausgabe sind die Ausgeber den Inhabern als Gesamtschuldner verantwortlich.

(2) Höhere Aktiennennbeträge müssen auf volle hundert Deutsche Mark lauten.

(3) Die Aktien sind unteilbar.

(4) Diese Vorschriften gelten auch für Anteilscheine, die den Aktionären vor der Ausgabe der Aktien erteilt werden (Zwischenscheine).

§ 9. Ausgabebetrag der Aktien. (1) Für einen geringeren Betrag als den Nennbetrag dürfen Aktien nicht ausgegeben werden.

(2) Für einen höheren Betrag ist die Ausgabe zulässig.

§ 10. Aktien und Zwischenscheine. (1) Die Aktien können auf den Inhaber oder auf Namen lauten.

(2) ¹Sie müssen auf Namen lauten, wenn sie vor der vollen Leistung des Nennbetrags oder des höheren Ausgabebetrags ausgegeben werden. ²Der Betrag der Teilleistungen ist in der Aktie anzugeben.

(3) Zwischenscheine müssen auf Namen lauten.

(4) ¹Zwischenscheine auf den Inhaber sind nichtig. ²Für den Schaden aus der Ausgabe sind die Ausgeber den Inhabern als Gesamtschuldner verantwortlich.

§ 11. Aktien besonderer Gattung. ¹Die Aktien können verschiedene Rechte gewähren, namentlich bei der Verteilung des Gewinns und des Gesellschaftsvermögens. ²Aktien mit gleichen Rechten bilden eine Gattung.

§ 12. Stimmrecht. Keine Mehrstimmrechte. (1) ¹Jede Aktie gewährt das Stimmrecht. ²Vorzugsaktien können nach den Vorschriften dieses Gesetzes als Aktien ohne Stimmrecht ausgegeben werden.

(2) ¹Mehrstimmrechte sind unzulässig. ²Die für Wirtschaft zuständige oberste Behörde des Landes, in dem die Gesellschaft ihren Sitz hat, kann Ausnahmen zulassen, soweit es zur Wahrung überwiegender gesamtwirtschaftlicher Belange erforderlich ist.

§ 13. Unterzeichnung der Aktien. ¹Zur Unterzeichnung von Aktien und Zwischenscheinen genügt eine vervielfältigte Unterschrift. ²Die Gültigkeit der Unterzeichnung kann von der Beachtung einer besonderen Form abhängig gemacht werden. ³Die Formvorschrift muß in der Urkunde enthalten sein.

§ 14. Zuständigkeit. Gericht im Sinne dieses Gesetzes ist, wenn nichts anderes bestimmt ist, das Gericht des Sitzes der Gesellschaft.

§ 15. Verbundene Unternehmen. Verbundene Unternehmen sind rechtlich selbständige Unternehmen, die im Verhältnis zueinander in Mehrheitsbesitz stehende Unternehmen und mit Mehrheit beteiligte Unternehmen (§ 16), abhängige und herrschende Unternehmen (§ 17), Konzernunternehmen (§ 18), wechselseitig beteiligte Unternehmen (§ 19) oder Vertragsteile eines Unternehmensvertrags (§§ 291, 292) sind.

§ 16. In Mehrheitsbesitz stehende Unternehmen und mit Mehrheit beteiligte Unternehmen. (1) Gehört die Mehrheit der Anteile eines rechtlich selbständigen Unternehmens einem anderen Unternehmen oder steht einem anderen Unternehmen die Mehrheit der Stimmrechte zu (Mehrheitsbeteiligung), so ist das Unternehmen ein in Mehrheitsbesitz stehendes Unternehmen, das andere Unternehmen ein an ihm mit Mehrheit beteiligtes Unternehmen.

(2) ¹Welcher Teil der Anteile einem Unternehmen gehört, bestimmt sich bei Kapitalgesellschaften nach dem Verhältnis des Gesamtnennbetrags der ihm gehörenden Anteile zum Nennkapital, bei bergrechtlichen Gewerkschaften nach der

1. Teil. Allgemeine Vorschriften §§ 17–19 **AktG 10**

Zahl der Kuxe. ²Eigene Anteile sind bei Kapitalgesellschaften vom Nennkapital, bei bergrechtlichen Gewerkschaften von der Zahl der Kuxe abzusetzen. ³Eigenen Anteilen des Unternehmens stehen Anteile gleich, die einem anderen für Rechnung des Unternehmens gehören.

(3) ¹Welcher Teil der Stimmrechte einem Unternehmen zusteht, bestimmt sich nach dem Verhältnis der Zahl der Stimmrechte, die es aus den ihm gehörenden Anteilen ausüben kann, zur Gesamtzahl aller Stimmrechte. ²Von der Gesamtzahl aller Stimmrechte sind die Stimmrechte aus eigenen Anteilen sowie aus Anteilen, die nach Absatz 2 Satz 3 eigenen Anteilen gleichstehen, abzusetzen.

(4) Als Anteile, die einem Unternehmen gehören, gelten auch die Anteile, die einem von ihm abhängigen Unternehmen oder einem anderen für Rechnung des Unternehmens oder eines von diesem abhängigen Unternehmens gehören und, wenn der Inhaber des Unternehmens ein Einzelkaufmann ist, auch die Anteile, die sonstiges Vermögen des Inhabers sind.

§ 17. Abhängige und herrschende Unternehmen. (1) Abhängige Unternehmen sind rechtlich selbständige Unternehmen, auf die ein anderes Unternehmen (herrschendes Unternehmen) unmittelbar oder mittelbar einen beherrschenden Einfluß ausüben kann.

(2) Von einem in Mehrheitsbesitz stehenden Unternehmen wird vermutet, daß es von dem an ihm mit Mehrheit beteiligten Unternehmen abhängig ist.

§ 18. Konzern und Konzernunternehmen. (1) ¹Sind ein herrschendes und ein oder mehrere abhängige Unternehmen unter der einheitlichen Leitung des herrschenden Unternehmens zusammengefaßt, so bilden sie einen Konzern; die einzelnen Unternehmen sind Konzernunternehmen. ²Unternehmen, zwischen denen ein Beherrschungsvertrag (§ 291) besteht oder von denen das eine in das andere eingegliedert ist (§ 319), sind als unter einheitlicher Leitung zusammengefaßt anzusehen. ³Von einem abhängigen Unternehmen wird vermutet, daß es mit dem herrschenden Unternehmen einen Konzern bildet.

(2) Sind rechtlich selbständige Unternehmen, ohne daß das eine Unternehmen von dem anderen abhängig ist, unter einheitlicher Leitung zusammengefaßt, so bilden sie auch einen Konzern; die einzelnen Unternehmen sind Konzernunternehmen.

§ 19. Wechselseitig beteiligte Unternehmen. (1) ¹Wechselseitig beteiligte Unternehmen sind Unternehmen mit Sitz im Inland in der Rechtsform einer Kapitalgesellschaft oder bergrechtlichen Gewerkschaft, die dadurch verbunden sind, daß jedem Unternehmen mehr als der vierte Teil der Anteile des anderen Unternehmens gehört. ²Für die Feststellung, ob einem Unternehmen mehr als der vierte Teil der Anteile des anderen Unternehmens gehört, gilt § 16 Abs. 2 Satz 1, Abs. 4.

(2) Gehört einem wechselseitig beteiligten Unternehmen an dem anderen Unternehmen eine Mehrheitsbeteiligung oder kann das eine auf das andere Unternehmen unmittelbar oder mittelbar einen beherrschenden Einfluß ausüben, so ist das eine als herrschendes, das andere als abhängiges Unternehmen anzusehen.

(3) Gehört jedem der wechselseitig beteiligten Unternehmen an dem anderen Unternehmen eine Mehrheitsbeteiligung oder kann jedes auf das andere unmittelbar oder mittelbar einen beherrschenden Einfluß ausüben, so gelten beide Unternehmen als herrschend und als abhängig.

(4) § 328 ist auf Unternehmen, die nach Absatz 2 oder 3 herrschende oder abhängige Unternehmen sind, nicht anzuwenden.

§ 20. Mitteilungspflichten. (1) ¹Sobald einem Unternehmen mehr als der vierte Teil der Aktien einer Aktiengesellschaft mit Sitz im Inland gehört, hat es dies der Gesellschaft unverzüglich schriftlich mitzuteilen. ²Für die Feststellung, ob dem Unternehmen mehr als der vierte Teil der Aktien gehört, gilt § 16 Abs. 2 Satz 1, Abs. 4.

(2) Für die Mitteilungspflicht nach Absatz 1 rechnen zu den Aktien, die dem Unternehmen gehören, auch Aktien,

1. deren Übereignung das Unternehmen, ein von ihm abhängiges Unternehmen oder ein anderer für Rechnung des Unternehmens oder eines von diesem abhängigen Unternehmens verlangen kann;
2. zu deren Abnahme das Unternehmen, ein von ihm abhängiges Unternehmen oder ein anderer für Rechnung des Unternehmens oder eines von diesem abhängigen Unternehmens verpflichtet ist.

(3) Ist das Unternehmen eine Kapitalgesellschaft oder bergrechtliche Gewerkschaft, so hat es, sobald ihm ohne Hinzurechnung der Aktien nach Absatz 2 mehr als der vierte Teil der Aktien gehört, auch dies der Gesellschaft unverzüglich schriftlich mitzuteilen.

(4) Sobald dem Unternehmen eine Mehrheitsbeteiligung (§ 16 Abs. 1) gehört, hat es auch dies der Gesellschaft unverzüglich schriftlich mitzuteilen.

(5) Besteht die Beteiligung in der nach Absatz 1, 3 oder 4 mitteilungspflichtigen Höhe nicht mehr, so ist dies der Gesellschaft unverzüglich schriftlich mitzuteilen.

(6) ¹Die Gesellschaft hat das Bestehen einer Beteiligung, die ihr nach Absatz 1 oder 4 mitgeteilt worden ist, unverzüglich in den Gesellschaftsblättern bekanntzumachen; dabei ist das Unternehmen anzugeben, dem die Beteiligung gehört. ²Wird der Gesellschaft mitgeteilt, daß die Beteiligung in der nach Absatz 1 oder 4 mitteilungspflichten Höhe nicht mehr besteht, so ist auch dies unverzüglich in den Gesellschaftsblättern bekanntzumachen.

(7) Rechte aus Aktien, die einem nach Absatz 1 oder 4 mitteilungspflichtigen Unternehmen gehören, können für die Zeit, für die das Unternehmen die Mitteilung nicht gemacht hat, durch das Unternehmen, ein von ihm abhängiges Unternehmen oder einen anderen für Rechnung des Unternehmens oder eines von diesem abhängigen Unternehmens nicht ausgeübt werden.

§ 21. Mitteilungspflichten der Gesellschaft. (1) ¹Sobald der Gesellschaft mehr als der vierte Teil der Anteile einer anderen Kapitalgesellschaft oder bergrechtlichen Gewerkschaft mit Sitz im Inland gehört, hat sie dies dem Unternehmen, an dem die Beteiligung besteht, unverzüglich schriftlich mitzuteilen. ²Für die Feststellung, ob der Gesellschaft mehr als der vierte Teil der Anteile gehört, gilt § 16 Abs. 2 Satz 1, Abs. 4 sinngemäß.

(2) Sobald der Gesellschaft eine Mehrheitsbeteiligung (§ 16 Abs. 1) an einem anderen Unternehmen gehört, hat sie dies dem Unternehmen, an dem die Mehrheitsbeteiligung besteht, unverzüglich schriftlich mitzuteilen.

(3) Besteht die Beteiligung in der nach Absatz 1 oder 2 mitteilungspflichtigen Höhe nicht mehr, hat die Gesellschaft dies dem anderen Unternehmen unverzüglich schriftlich mitzuteilen.

(4) Rechte aus Anteilen, die einer nach Absatz 1 oder 2 mitteilungspflichtigen Gesellschaft gehören, können für die Zeit, für die sie die Mitteilung nicht gemacht hat, nicht ausgeübt werden.

§ 22. Nachweis mitgeteilter Beteiligungen. Ein Unternehmen, dem eine Mitteilung nach § 20 Abs. 1, 3 oder 4, § 21 Abs. 1 oder 2 gemacht worden ist, kann jederzeit verlangen, daß ihm das Bestehen der Beteiligung nachgewiesen wird.

Zweiter Teil. Gründung der Gesellschaft

§ 23.* Feststellung der Satzung. (1) ¹Die Satzung muß durch notarielle Beurkundung festgestellt werden. ²Bevollmächtigte bedürfen einer notariell beglaubigten Vollmacht.

(2) In der Urkunde sind anzugeben
1. die Gründer;
2. der Nennbetrag, der Ausgabebetrag und, wenn mehrere Gattungen bestehen, die Gattung der Aktien, die jeder Gründer übernimmt;
3. der eingezahlte Betrag des Grundkapitals.

(3) Die Satzung muß bestimmen
1. die Firma und den Sitz der Gesellschaft;
2. den Gegenstand des Unternehmens; namentlich ist bei Industrie- und Handelsunternehmen die Art der Erzeugnisse und Waren, die hergestellt und gehandelt werden sollen, näher anzugeben;
3. die Höhe des Grundkapitals;
4. die Nennbeträge der Aktien und die Zahl der Aktien jeden Nennbetrags sowie, wenn mehrere Gattungen bestehen, die Gattung der Aktien und die Zahl der Aktien jeder Gattung;
5. ob die Aktien auf den Inhaber oder auf den Namen ausgestellt werden;
6. die Zahl der Mitglieder des Vorstands oder die Regeln, nach denen diese Zahl festgelegt wird.

(4) Die Satzung muß ferner Bestimmungen über die Form der Bekanntmachungen der Gesellschaft enthalten.

(5) ¹Die Satzung kann von den Vorschriften dieses Gesetzes nur abweichen, wenn es ausdrücklich zugelassen ist. ²Ergänzende Bestimmungen der Satzung sind zulässig, es sei denn, daß dieses Gesetz eine abschließende Regelung enthält.

§ 24.** Umwandlung von Aktien. Die Satzung kann bestimmen, daß auf Verlangen eines Aktionärs seine Inhaberaktie in eine Namensaktie oder seine Namensaktie in eine Inhaberaktie umzuwandeln ist.

---

* § 23 Abs. 1 Sätze 1 und 2 geändert durch Beurkundungsgesetz vom 28. 8. 1969 (BGBl. I S. 1513), Abs. 3 frühere Nr. 5 und 6 aufgehoben, neuer Abs. 4 eingefügt, bisheriger Abs. 4 wurde Abs. 5 durch Gesetz vom 15. 8. 1969 (BGBl. I S. 1146), Abs. 2 und 3 Nr. 4 neu gefaßt, Abs. 3 Nr. 5 und 6 angefügt durch Gesetz vom 13. 12. 1978 (BGBl. I S. 1959).
** § 24 neu gefaßt durch Gesetz vom 13. 12. 1978 (BGBl. I S. 1959).

§ 25. Bekanntmachungen der Gesellschaft. ¹Bestimmt das Gesetz oder die Satzung, daß eine Bekanntmachung der Gesellschaft durch die Gesellschaftsblätter erfolgen soll, so ist sie in den Bundesanzeiger einzurücken. ²Daneben kann die Satzung andere Blätter als Gesellschaftsblätter bezeichnen.

§ 26.* Sondervorteile. Gründungsaufwand. (1) Jeder einem einzelnen Aktionär oder einem Dritten eingeräumte besondere Vorteil muß in der Satzung unter Bezeichnung des Berechtigten festgesetzt werden.

(2) Der Gesamtaufwand, der zu Lasten der Gesellschaft an Aktionäre oder an andere Personen als Entschädigung oder als Belohnung für die Gründung oder ihre Vorbereitung gewährt wird, ist in der Satzung gesondert festzusetzen.

(3) ¹Ohne diese Festsetzung sind die Verträge und die Rechtshandlungen zu ihrer Ausführung der Gesellschaft gegenüber unwirksam. ²Nach der Eintragung der Gesellschaft in das Handelsregister kann die Unwirksamkeit nicht durch Satzungsänderung geheilt werden.

(4) Die Festsetzungen können erst geändert werden, wenn die Gesellschaft fünf Jahre im Handelsregister eingetragen ist.

(5) Die Satzungsbestimmungen über die Festsetzungen können durch Satzungsänderung erst beseitigt werden, wenn die Gesellschaft dreißig Jahre im Handelsregister eingetragen ist und wenn die Rechtsverhältnisse, die den Festsetzungen zugrunde liegen, seit mindestens fünf Jahren abgewickelt sind.

§ 27.* Sacheinlagen. Sachübernahmen. (1) ¹Sollen Aktionäre Einlagen machen, die nicht durch Einzahlung des Nennbetrags oder des höheren Ausgabebetrags der Aktien zu leisten sind (Sacheinlagen), oder soll die Gesellschaft vorhandene oder herzustellende Anlagen oder andere Vermögensgegenstände übernehmen (Sachübernahmen), so müssen in der Satzung festgesetzt werden der Gegenstand der Sacheinlage oder der Sachübernahme, die Person, von der die Gesellschaft den Gegenstand erwirbt, und der Nennbetrag der bei der Sacheinlage zu gewährenden Aktien oder die bei der Sachübernahme zu gewährende Vergütung. ²Soll die Gesellschaft einen Vermögensgegenstand übernehmen, für den eine Vergütung gewährt wird, die auf die Einlage eines Aktionärs angerechnet werden soll, so gilt dies als Sacheinlage.

(2) Sacheinlagen oder Sachübernahmen können nur Vermögensgegenstände sein, deren wirtschaftlicher Wert feststellbar ist; Verpflichtungen zu Dienstleistungen können nicht Sacheinlagen oder Sachübernahmen sein.

(3) ¹Ohne eine Festsetzung nach Absatz 1 sind Verträge über Sacheinlagen und Sachübernahmen und die Rechtshandlungen zu ihrer Ausführung der Gesellschaft gegenüber unwirksam. ²Ist die Gesellschaft eingetragen, so wird die Gültigkeit der Satzung durch diese Unwirksamkeit nicht berührt. ³Ist die Vereinbarung einer Sacheinlage unwirksam, so ist der Aktionär verpflichtet, den Nennbetrag oder den höheren Ausgabebetrag der Aktie einzuzahlen.

(4) Nach Eintragung der Gesellschaft in das Handelsregister kann die Unwirksamkeit nicht durch Satzungsänderung geheilt werden.

(5) Für die Änderung rechtswirksam getroffener Festsetzungen gilt § 26 Abs. 4, für die Beseitigung der Satzungsbestimmungen § 26 Abs. 5.

---

* § 26 Abs. 1 geändert, § 27 Abs. 1 Satz 2 und neuer Abs. 2 eingefügt, bisherige Abs. 2 bis 4 wurden Abs. 3 bis 5, neuer Abs. 3 geändert durch Gesetz vom 13. 12. 1978 (BGBl. I S. 1959).

2. Teil. Gründung der Gesellschaft §§ 28–31 **AktG 10**

§ 28. Gründer. Die Aktionäre, die die Satzung festgestellt haben, sind die Gründer der Gesellschaft.

§ 29. Errichtung der Gesellschaft. Mit der Übernahme aller Aktien durch die Gründer ist die Gesellschaft errichtet.

§ 30.* Bestellung des Aufsichtsrats, des Vorstands und des Abschlußprüfers. (1) ¹Die Gründer haben den ersten Aufsichtsrat der Gesellschaft und den Abschlußprüfer für das erste Voll- oder Rumpfgeschäftsjahr zu bestellen. ²Die Bestellung bedarf notarieller Beurkundung.

(2) Auf die Zusammensetzung und die Bestellung des ersten Aufsichtsrats sind die Vorschriften über die Bestellung von Aufsichtsratsmitgliedern der Arbeitnehmer nicht anzuwenden.

(3) ¹Die Mitglieder des ersten Aufsichtsrats können nicht für längere Zeit als bis zur Beendigung der Hauptversammlung bestellt werden, die über die Entlastung für das erste Voll- oder Rumpfgeschäftsjahr beschließt. ²Der Vorstand hat rechtzeitig vor Ablauf der Amtszeit des ersten Aufsichtsrats bekanntzumachen, nach welchen gesetzlichen Vorschriften der nächste Aufsichtsrat nach seiner Ansicht zusammenzusetzen ist; §§ 96 bis 99 sind anzuwenden.

(4) Der Aufsichtsrat bestellt den ersten Vorstand.

§ 31. Bestellung des Aufsichtsrats bei Sachgründung. (1) ¹Ist in der Satzung als Gegenstand einer Sacheinlage oder Sachübernahme die Einbringung oder Übernahme eines Unternehmens oder eines Teils eines Unternehmens festgesetzt worden, so haben die Gründer nur so viele Aufsichtsratsmitglieder zu bestellen, wie nach den gesetzlichen Vorschriften, nach ihrer Ansicht nach der Einbringung oder Übernahme für die Zusammensetzung des Aufsichtsrats maßgebend sind, von der Hauptversammlung ohne Bindung an Wahlvorschläge zu wählen sind. ²Sie haben jedoch, wenn dies nur zwei Aufsichtsratsmitglieder sind, drei Aufsichtsratsmitglieder zu bestellen.

(2) Der nach Absatz 1 Satz 1 bestellte Aufsichtsrat ist, soweit die Satzung nichts anderes bestimmt, beschlußfähig, wenn die Hälfte, mindestens jedoch drei seiner Mitglieder an der Beschlußfassung teilnehmen.

(3) ¹Unverzüglich nach der Einbringung oder Übernahme des Unternehmens oder des Unternehmensteils hat der Vorstand bekanntzumachen, nach welchen gesetzlichen Vorschriften nach seiner Ansicht der Aufsichtsrat zusammengesetzt sein muß. ²§§ 97 bis 99 gelten sinngemäß. ³Das Amt der bisherigen Aufsichtsratsmitglieder erlischt nur, wenn der Aufsichtsrat nach anderen als von den Gründern für maßgebend gehaltenen Vorschriften zusammenzusetzen ist oder wenn die Gründer drei Aufsichtsratsmitglieder bestellt haben, der Aufsichtsrat aber auch aus Aufsichtsratsmitgliedern der Arbeitnehmer zu bestehen hat.

(4) Absatz 3 gilt nicht, wenn das Unternehmen oder der Unternehmensteil erst nach der Bekanntmachung des Vorstands nach § 30 Abs. 3 Satz 2 eingebracht oder übernommen wird.

(5) § 30 Abs. 3 Satz 1 gilt auch für die nach Absatz 3 bestellten Aufsichtsratsmitglieder.

---

* § 30 Überschrift und Abs. 1 Satz 1 geändert durch Bilanzrichtlinien-Gesetz vom 19. 12. 1985 (BGBl. I S. 2355), Abs. 1 Satz 2 geändert durch Beurkundungsgesetz vom 28. 8. 1969 (BGBl. I S. 1513).

§ 32. Gründungsbericht. (1) Die Gründer haben einen schriftlichen Bericht über den Hergang der Gründung zu erstatten (Gründungsbericht).

(2) ¹Im Gründungsbericht sind die wesentlichen Umstände darzulegen, von denen die Angemessenheit der Leistungen für Sacheinlagen oder Sachübernahmen abhängt. ²Dabei sind anzugeben

1. die vorausgegangenen Rechtsgeschäfte, die auf den Erwerb durch die Gesellschaft hingezielt haben;
2. die Anschaffungs- und Herstellungskosten aus den letzten beiden Jahren;
3. beim Übergang eines Unternehmens auf die Gesellschaft die Betriebserträge aus den letzten beiden Geschäftsjahren.

(3) Im Gründungsbericht ist ferner anzugeben, ob und in welchem Umfang bei der Gründung für Rechnung eines Mitglieds des Vorstands oder des Aufsichtsrats Aktien übernommen worden sind und ob und in welcher Weise ein Mitglied des Vorstands oder des Aufsichtsrats sich einen besonderen Vorteil oder für die Gründung oder ihre Vorbereitung eine Entschädigung oder Belohnung ausbedungen hat.

§ 33.* Gründungsprüfung. Allgemeines. (1) Die Mitglieder des Vorstands und des Aufsichtsrats haben den Hergang der Gründung zu prüfen.

(2) Außerdem hat eine Prüfung durch einen oder mehrere Prüfer (Gründungsprüfer) stattzufinden, wenn

1. ein Mitglied des Vorstands oder des Aufsichtsrats zu den Gründern gehört oder
2. bei der Gründung für Rechnung eines Mitglieds des Vorstands oder des Aufsichtsrats Aktien übernommen worden sind oder
3. ein Mitglied des Vorstands oder des Aufsichtsrats sich einen besonderen Vorteil oder für die Gründung oder ihre Vorbereitung eine Entschädigung oder Belohnung ausbedungen hat oder
4. eine Gründung mit Sacheinlagen oder Sachübernahmen vorliegt.

(3) ¹Die Gründungsprüfer bestellt das Gericht nach Anhörung der Industrie- und Handelskammer. ²Gegen die Entscheidung ist die sofortige Beschwerde zulässig.

(4) Als Gründungsprüfer sollen, wenn die Prüfung keine anderen Kenntnisse fordert, nur bestellt werden

1. Personen, die in der Buchführung ausreichend vorgebildet und erfahren sind;
2. Prüfungsgesellschaften, von deren gesetzlichen Vertretern mindestens einer in der Buchführung ausreichend vorgebildet und erfahren ist.

(5) ¹Als Gründungsprüfer darf nicht bestellt werden, wer nach § 143 Abs. 2 nicht Sonderprüfer sein kann. ²Gleiches gilt für Personen und Prüfungsgesellschaften, auf deren Geschäftsführung die Gründer oder Personen, für deren Rechnung die Gründer Aktien übernommen haben, maßgebenden Einfluß haben.

§ 34.** Umfang der Gründungsprüfung. (1) Die Prüfung durch die Mitglieder des Vorstands und des Aufsichtsrats sowie die Prüfung durch die Gründungsprüfer haben sich namentlich darauf zu erstrecken:

---

* § 33 Abs. 5 Satz 1 geändert durch Bilanzrichtlinien-Gesetz vom 19. 12. 1985 (BGBl. I S. 2355).
** § 34 Abs. 2 Satz 2 angefügt durch Gesetz vom 13. 12. 1978 (BGBl. I S. 1959).

2. Teil. Gründung der Gesellschaft §§ 35–36a **AktG 10**

1. ob die Angaben der Gründer über die Übernahme der Aktien, über die Einlagen auf das Grundkapital und über die Festsetzungen nach §§ 26 und 27 richtig und vollständig sind;
2. ob der Wert der Sacheinlagen oder Sachübernahmen den Nennbetrag der dafür zu gewährenden Aktien oder den Wert der dafür zu gewährenden Leistungen erreicht.

(2) ¹Über jede Prüfung ist unter Darlegung dieser Umstände schriftlich zu berichten. ²In dem Bericht ist der Gegenstand jeder Sacheinlage oder Sachübernahme zu beschreiben sowie anzugeben, welche Bewertungsmethoden bei der Ermittlung des Wertes angewandt worden sind.

(3) ¹Je ein Stück des Berichts der Gründungsprüfer ist dem Gericht, dem Vorstand und der Industrie- und Handelskammer einzureichen. ²Jedermann kann den Bericht bei dem Gericht und bei der Industrie- und Handelskammer einsehen.

§ 35.* Meinungsverschiedenheiten zwischen Gründern und Gründungsprüfern. Vergütung und Auslagen der Gründungsprüfer. (1) Die Gründungsprüfer können von den Gründern alle Aufklärungen und Nachweise verlangen, die für eine sorgfältige Prüfung notwendig sind.

(2) ¹Bei Meinungsverschiedenheiten zwischen den Gründern und den Gründungsprüfern über den Umfang der Aufklärungen und Nachweise, die von den Gründern zu gewähren sind, entscheidet das Gericht. ²Die Entscheidung ist unanfechtbar. ³Solange sich die Gründer weigern, der Entscheidung nachzukommen, wird der Prüfungsbericht nicht erstattet.

(3) ¹Die Gründungsprüfer haben Anspruch auf Ersatz angemessener barer Auslagen und auf Vergütung für ihre Tätigkeit. ²Die Auslagen und die Vergütung setzt das Gericht fest. ³Gegen die Entscheidung ist die sofortige Beschwerde zulässig. ⁴Die weitere Beschwerde ist ausgeschlossen. ⁵Aus der rechtskräftigen Entscheidung findet die Zwangsvollstreckung nach der Zivilprozeßordnung statt.

§ 36.** Anmeldung der Gesellschaft. (1) Die Gesellschaft ist bei dem Gericht von allen Gründern und Mitgliedern des Vorstands und des Aufsichtsrats zur Eintragung in das Handelsregister anzumelden.

(2) Die Anmeldung darf erst erfolgen, wenn auf jede Aktie, soweit nicht Sacheinlagen vereinbart sind, der eingeforderte Betrag ordnungsgemäß eingezahlt worden ist (§ 54 Abs. 3) und, soweit er nicht bereits zur Bezahlung der bei der Gründung angefallenen Steuern und Gebühren verwandt wurde, endgültig zur freien Verfügung des Vorstands steht.

§ 36a.** Leistung der Einlagen. (1) Bei Bareinlagen muß der eingeforderte Betrag (§ 36 Abs. 2) mindestens ein Viertel des Nennbetrags und bei Ausgabe der Aktien für einen höheren als den Nennbetrag auch den Mehrbetrag umfassen.

(2) ¹Sacheinlagen sind vollständig zu leisten. ²Besteht die Sacheinlage in der Verpflichtung, einen Vermögensgegenstand auf die Gesellschaft zu übertragen, so muß diese Leistung innerhalb von fünf Jahren nach der Eintragung der Gesellschaft

---
* § 35 neuer Abs. 1 eingefügt, bisherige Abs. 1 und 2 wurden Abs. 2 und 3 durch Gesetz vom 4. 7. 1980 (BGBl. I S. 836).
** § 36 Abs. 2 früherer Satz 2 aufgehoben und § 36a eingefügt durch Gesetz vom 13. 12. 1978 (BGBl. I S. 1959).

in das Handelsregister zu bewirken sein. ³Der Wert muß dem Nennbetrag und bei Ausgabe der Aktien für einen höheren als den Nennbetrag auch dem Mehrbetrag entsprechen.

§ 37.* Inhalt der Anmeldung. (1) ¹In der Anmeldung ist zu erklären, daß die Voraussetzungen des § 36 Abs. 2 und des § 36a erfüllt sind; dabei sind der Betrag, zu dem die Aktien ausgegeben werden, und der darauf eingezahlte Betrag anzugeben. ²Es ist nachzuweisen, daß der eingezahlte Betrag endgültig zur freien Verfügung des Vorstands steht. ³Ist der Betrag durch Gutschrift auf ein Konto der Gesellschaft oder des Vorstands bei der Deutschen Bundesbank oder einem Kreditinstitut (§ 54 Abs. 3) eingezahlt worden, so ist der Nachweis durch eine schriftliche Bestätigung des Instituts zu führen. ⁴Für die Richtigkeit der Bestätigung ist das Institut der Gesellschaft verantwortlich. ⁵Sind von dem eingezahlten Betrag Steuern und Gebühren bezahlt worden, so ist dies nach Art und Höhe der Beträge nachzuweisen.

Fassung des Abs. 2 bis 31. 12. 1991:

(2) ¹In der Anmeldung haben die Vorstandsmitglieder zu versichern, daß keine Umstände vorliegen, die ihrer Bestellung nach § 76 Abs. 3 Satz 2 und 3 entgegenstehen, und daß sie über ihre unbeschränkte Auskunftspflicht gegenüber dem Gericht belehrt worden sind. ²Die Belehrung nach *§ 51 Abs. 2* des Gesetzes über das Zentralregister und das Erziehungsregister *in der Fassung der Bekanntmachung vom 22. Juli 1976 (BGBl. I S. 2005)*** kann auch durch einen Notar vorgenommen werden.

Fassung des Abs. 2 ab 1. 1. 1992:

(2) ¹In der Anmeldung haben die Vorstandsmitglieder zu versichern, daß keine Umstände vorliegen, die ihrer Bestellung nach § 76 Abs. 3 Satz 3 und 4 entgegenstehen, und daß sie über ihre unbeschränkte Auskunftspflicht gegenüber dem Gericht belehrt worden sind. ²Die Belehrung nach *§ 51 Abs. 2* des Gesetzes über das Zentralregister und das Erziehungsregister *in der Fassung der Bekanntmachung vom 22. Juli 1976 (BGBl. I S. 2005)*** kann auch durch einen Notar vorgenommen werden.

(3) In der Anmeldung ist ferner anzugeben, welche Vertretungsbefugnis die Vorstandsmitglieder haben.

(4) Der Anmeldung sind beizufügen

1. die Satzung und die Urkunden, in denen die Satzung festgestellt worden ist und die Aktien von den Gründern übernommen worden sind;

2. im Fall der §§ 26 und 27 die Verträge, die den Festsetzungen zugrunde liegen oder zu ihrer Ausführung geschlossen worden sind, und eine Berechnung des der Gesellschaft zur Last fallenden Gründungsaufwands; in der Berechnung sind die Vergütungen nach Art und Höhe und die Empfänger einzeln anzuführen;

3. die Urkunden über die Bestellung des Vorstands und des Aufsichtsrats;

---

* § 37 neuer Abs. 2 eingefügt, bisherige Abs. 2 bis 4 wurden Abs. 3 bis 5 durch Gesetz vom 15. 8. 1969 (BGBl. I S. 1146), Abs. 1 Satz 1 geändert durch Gesetz vom 13. 12. 1978 (BGBl. I S. 1959), neuer Abs. 2 eingefügt, bisherige Abs. 2 bis 5 wurden Abs. 3 bis 6 durch Gesetz vom 4. 7. 1980 (BGBl. I S. 836), **Abs. 2 Satz 1 geändert mit Wirkung vom 1. 1. 1992** durch Art. 7 § 32 Betreuungsgesetz vom 12. 9. 1990 (BGBl. I S. 2002).

** Nunmehr § 53 Abs. 2 des Bundeszentralregistergesetzes i. d. F. der Bek. vom 21. 9. 1984 (BGBl. I S. 1229, ber. 1985 I S. 195); abgedruckt in Schönfelder unter Nr. **92**.

2. Teil. Gründung der Gesellschaft §§ 38–41 **AktG 10**

4. der Gründungsbericht und die Prüfungsberichte der Mitglieder des Vorstands und des Aufsichtsrats sowie der Gründungsprüfer nebst ihren urkundlichen Unterlagen; ferner die Bescheinigung, daß der Bericht der Gründungsprüfer der Industrie- und Handelskammer eingereicht worden ist;
5. wenn der Gegenstand des Unternehmens oder eine andere Satzungsbestimmung der staatlichen Genehmigung bedarf, die Genehmigungsurkunde.

(5) Die Vorstandsmitglieder haben ihre Namensunterschrift zur Aufbewahrung beim Gericht zu zeichnen.

(6) Die eingereichten Schriftstücke werden beim Gericht in Urschrift, Ausfertigung oder öffentlich beglaubigter Abschrift aufbewahrt.

§ 38. Prüfung durch das Gericht. (1) ¹Das Gericht hat zu prüfen, ob die Gesellschaft ordnungsgemäß errichtet und angemeldet ist. ²Ist dies nicht der Fall, so hat es die Eintragung abzulehnen.

(2) ¹Das Gericht kann die Eintragung auch ablehnen, wenn die Gründungsprüfer erklären oder es offensichtlich ist, daß der Gründungsbericht oder der Prüfungsbericht der Mitglieder des Vorstands und des Aufsichtsrats unrichtig oder unvollständig ist oder den gesetzlichen Vorschriften nicht entspricht. ²Gleiches gilt, wenn die Gründungsprüfer erklären oder das Gericht der Auffassung ist, daß der Wert der Sacheinlagen oder Sachübernahmen nicht unwesentlich hinter dem Nennbetrag der dafür zu gewährenden Aktien oder dem Wert der dafür zu gewährenden Leistungen zurückbleibt.

§ 39.* Inhalt der Eintragung. (1) ¹Bei der Eintragung der Gesellschaft sind die Firma und der Sitz der Gesellschaft, der Gegenstand des Unternehmens, die Höhe des Grundkapitals, der Tag der Feststellung der Satzung und die Vorstandsmitglieder anzugeben. ²Ferner ist einzutragen, welche Vertretungsbefugnis die Vorstandsmitglieder haben.

(2) Enthält die Satzung Bestimmungen über die Dauer der Gesellschaft oder über das genehmigte Kapital, so sind auch diese Bestimmungen einzutragen.

§ 40.* Bekanntmachung der Eintragung. (1) In die Bekanntmachung der Eintragung sind außer deren Inhalt aufzunehmen
1. die Festsetzungen nach § 23 Abs. 3 und 4, §§ 24, 25 Satz 2, §§ 26 und 27 sowie Bestimmungen der Satzung über die Zusammensetzung des Vorstands;
2. der Ausgabebetrag der Aktien;
3. Name, Beruf und Wohnort der Gründer;
4. Name, Beruf und Wohnort der Mitglieder des ersten Aufsichtsrats.

(2) Zugleich ist bekanntzumachen, daß die mit der Anmeldung eingereichten Schriftstücke, namentlich die Prüfungsberichte der Mitglieder des Vorstands und des Aufsichtsrats sowie der Gründungsprüfer, bei dem Gericht, der Prüfungsbericht der Gründungsprüfer auch bei der Industrie- und Handelskammer eingesehen werden können.

§ 41. Handeln im Namen der Gesellschaft vor der Eintragung. Verbotene Aktienausgabe. (1) ¹Vor der Eintragung in das Handelsregister besteht die Aktiengesellschaft als solche nicht. ²Wer vor der Eintragung der Gesellschaft in ihrem

---

* § 39 Abs. 1 Satz 2 eingefügt und Abs. 2 geändert sowie § 40 Abs. 1 Nr. 1 neu gefaßt durch Gesetz vom 15. 8. 1969 (BGBl. I S. 1146).

10 AktG § 42 1. Buch. Aktiengesellschaft

Namen handelt, haftet persönlich; handeln mehrere, so haften sie als Gesamtschuldner.

(2) Übernimmt die Gesellschaft eine vor ihrer Eintragung in ihrem Namen eingegangene Verpflichtung durch Vertrag mit dem Schuldner in der Weise, daß sie an die Stelle des bisherigen Schuldners tritt, so bedarf es zur Wirksamkeit der Schuldübernahme der Zustimmung des Gläubigers nicht, wenn die Schuldübernahme binnen drei Monaten nach der Eintragung der Gesellschaft vereinbart und dem Gläubiger von der Gesellschaft oder dem Schuldner mitgeteilt wird.

(3) Verpflichtungen aus nicht in der Satzung festgesetzten Verträgen über Sondervorteile, Gründungsaufwand, Sacheinlagen oder Sachübernahmen kann die Gesellschaft nicht übernehmen.

(4) ¹Vor der Eintragung der Gesellschaft können Anteilsrechte nicht übertragen, Aktien oder Zwischenscheine nicht ausgegeben werden. ²Die vorher ausgegebenen Aktien oder Zwischenscheine sind nichtig. ³Für den Schaden aus der Ausgabe sind die Ausgeber den Inhabern als Gesamtschuldner verantwortlich.

§ 42.* **Errichtung einer Zweigniederlassung.** (1) ¹Die Errichtung einer Zweigniederlassung hat der Vorstand beim Gericht der Gesellschaft zur Eintragung in das Handelsregister des Gerichts der Zweigniederlassung anzumelden; der Anmeldung ist eine öffentlich beglaubigte Abschrift der Satzung beizufügen. ²Das Gericht des Sitzes hat die Anmeldung unverzüglich mit einer beglaubigten Abschrift seiner Eintragungen, soweit sie nicht ausschließlich die Verhältnisse anderer Zweigniederlassungen betreffen, an das Gericht der Zweigniederlassung weiterzugeben.

(2) Die Vorstandsmitglieder sowie die Prokuristen, deren Prokura nicht ausschließlich auf den Betrieb einer anderen Niederlassung beschränkt ist, haben ihre Namensunterschrift, die Prokuristen auch die Firma, zur Aufbewahrung beim Gericht der Zweigniederlassung zu zeichnen.

(3) ¹Das Gericht der Zweigniederlassung hat zu prüfen, ob die Zweigniederlassung errichtet und § 30 des Handelsgesetzbuchs beachtet ist. ²Ist dies der Fall, so hat es die Zweigniederlassung einzutragen und dabei die ihm mitgeteilten Tatsachen nicht zu prüfen, soweit sie im Handelsregister des Sitzes eingetragen sind. ³Die Eintragung hat die Angaben nach § 39 und den Ort der Zweigniederlassung zu enthalten; ist der Firma für die Zweigniederlassung ein Zusatz beigefügt, so ist auch dieser einzutragen.

(4) ¹In die Bekanntmachung der Eintragung sind außer deren Inhalt die in § 23 Abs. 3 und 4, §§ 24, 25 Satz 2 vorgesehenen Bestimmungen sowie Bestimmungen der Satzung über die Zusammensetzung des Vorstands aufzunehmen. ²Wird die Errichtung einer Zweigniederlassung in das Handelsregister des Gerichts der Zweigniederlassung in den ersten zwei Jahren eingetragen, nachdem die Gesellschaft in das Handelsregister ihres Sitzes eingetragen worden ist, so sind in der Bekanntmachung der Eintragung alle Angaben nach § 40 zu veröffentlichen; in diesem Fall hat das Gericht des Sitzes bei der Weitergabe der Anmeldung ein Stück der für den Sitz der Gesellschaft ergangenen gerichtlichen Bekanntmachung beizufügen.

(5) ¹Die Eintragung der Zweigniederlassung ist von Amts wegen dem Gericht des Sitzes mitzuteilen und in dessen Register zu vermerken; ist der Firma für die

---

* § 42 Abs. 4 Satz 1 neu gefaßt durch Gesetz vom 15. 8. 1969 (BGBl. I S. 1146).

2. Teil. Gründung der Gesellschaft §§ 43, 44 **AktG 10**

Zweigniederlassung ein Zusatz beigefügt, so ist auch dieser zu vermerken. ²Der Vermerk wird nicht veröffentlicht.

(6) Die vorstehenden Vorschriften gelten sinngemäß für die Aufhebung einer Zweigniederlassung.

§ 43. Behandlung bestehender Zweigniederlassungen. (1) Ist eine Zweigniederlassung in das Handelsregister eingetragen, so sind alle Anmeldungen, welche die Niederlassung am Sitz der Gesellschaft oder eine eingetragene Zweigniederlassung betreffen, beim Gericht des Sitzes zu bewirken; es sind so viel Stücke einzureichen, wie Niederlassungen bestehen.

(2) Das Gericht des Sitzes hat in der Bekanntmachung seiner Eintragung im Bundesanzeiger anzugeben, daß die gleiche Eintragung für die Zweigniederlassungen bei den namentlich zu bezeichnenden Gerichten der Zweigniederlassungen erfolgen wird; ist der Firma für eine Zweigniederlassung ein Zusatz beigefügt, so ist auch dieser anzugeben.

(3) ¹Das Gericht des Sitzes hat sodann seine Eintragung unter Angabe der Nummer des Bundesanzeigers, in der sie bekanntgemacht ist, von Amts wegen den Gerichten der Zweigniederlassungen mitzuteilen; der Mitteilung ist ein Stück der Anmeldung beizufügen. ²Die Gerichte der Zweigniederlassungen haben die Eintragung ohne Nachprüfung in ihr Handelsregister zu übernehmen. ³In der Bekanntmachung der Eintragung im Register der Zweigniederlassung ist anzugeben, daß die Eintragung im Handelsregister des Gerichts des Sitzes erfolgt und in welcher Nummer des Bundesanzeigers sie bekanntgemacht ist. ⁴Im Bundesanzeiger wird die Eintragung im Handelsregister der Zweigniederlassung nicht bekanntgemacht.

(4) ¹Betrifft die Anmeldung ausschließlich die Verhältnisse einzelner Zweigniederlassungen, so sind außer dem für das Gericht des Sitzes bestimmten Stück nur so viel Stücke einzureichen, wie Zweigniederlassungen betroffen sind. ²Das Gericht des Sitzes teilt seine Eintragung nur den Gerichten der Zweigniederlassungen mit, deren Verhältnisse sie betrifft. ³Die Eintragung im Register des Sitzes wird in diesem Fall nur im Bundesanzeiger bekanntgemacht.

(5) Die Absätze 1, 3 und 4 gelten sinngemäß für die Einreichung von Schriftstücken und die Zeichnung von Namensunterschriften.

§ 44.* Zweigniederlassungen von Gesellschaften mit ausländischem Sitz.
(1) ¹Befindet sich der Sitz der Gesellschaft im Ausland, so ist die Gesellschaft zur Eintragung in das Handelsregister des Gerichts, in dessen Bezirk sie eine Zweigniederlassung besitzt, durch alle Vorstandsmitglieder anzumelden. ²Der Anmeldung ist die Satzung in öffentlich beglaubigter Abschrift beizufügen. ³§ 37 Abs. 1 und 3 ist nicht anzuwenden.

(2) ¹Bei der Anmeldung ist das Bestehen der Aktiengesellschaft als solcher und, wenn der Gegenstand des Unternehmens oder die Zulassung zum Gewerbebetrieb im Inland der staatlichen Genehmigung bedarf, auch diese nachzuweisen. ²Soweit nicht das ausländische Recht eine Abweichung nötig macht, sind in die Anmeldung die in § 23 Abs. 3 und 4, §§ 24, 25 Satz 2 vorgesehenen Bestimmungen, Bestimmungen der Satzung über die Zusammensetzung des Vorstands und, wenn die Anmeldung in den ersten zwei Jahren nach der Eintragung der Gesellschaft in das Handelsregister ihres Sitzes erfolgt, auch die weiteren Angaben nach § 40

---

* § 44 Abs. 1 Satz 3 und Abs. 2 Satz 2 neu gefaßt durch Gesetz vom 15. 8. 1969 (BGBl. I S. 1146).

10 AktG §§ 45, 46 1. Buch. Aktiengesellschaft

Abs. 1 aufzunehmen. ³Der Anmeldung ist die für den Sitz der Gesellschaft ergangene gerichtliche Bekanntmachung beizufügen.

(3) Die Eintragung hat die Angaben nach § 39 und den Ort der Zweigniederlassung zu enthalten; ist der Firma für die Zweigniederlassung ein Zusatz beigefügt, so ist auch dieser einzutragen.

(4) In die Bekanntmachung der Eintragung sind außer deren Inhalt auch die Angaben nach § 40 Abs. 1 aufzunehmen, soweit sie nach den vorstehenden Vorschriften in die Anmeldung aufzunehmen sind.

(5) Im übrigen gelten für die Anmeldungen, Zeichnungen und Eintragungen, soweit nicht das ausländische Recht Abweichungen nötig macht, sinngemäß die Vorschriften für Niederlassungen am Sitz der Gesellschaft.

§ 45. Sitzverlegung. (1) Wird der Sitz der Gesellschaft im Inland verlegt, so ist die Verlegung beim Gericht des bisherigen Sitzes anzumelden.

(2) ¹Wird der Sitz aus dem Bezirk des Gerichts des bisherigen Sitzes verlegt, so hat dieses unverzüglich von Amts wegen die Verlegung dem Gericht des neuen Sitzes mitzuteilen. ²Der Mitteilung sind die Eintragungen für den bisherigen Sitz sowie die bei dem bisher zuständigen Gericht aufbewahrten Urkunden beizufügen. ³Das Gericht des neuen Sitzes hat zu prüfen, ob die Verlegung ordnungsgemäß beschlossen und § 30 des Handelsgesetzbuchs beachtet ist. ⁴Ist dies der Fall, so hat es die Sitzverlegung einzutragen und hierbei die ihm mitgeteilten Eintragungen ohne weitere Nachprüfung in sein Handelsregister zu übernehmen. ⁵Mit der Eintragung wird die Sitzverlegung wirksam. ⁶Die Eintragung ist dem Gericht des bisherigen Sitzes mitzuteilen. ⁷Dieses hat die erforderlichen Löschungen von Amts wegen vorzunehmen.

(3) Wird in den ersten zwei Jahren nach der Eintragung der Gesellschaft in das Handelsregister des ursprünglichen Sitzes eine Sitzverlegung aus dem Bezirk des Gerichts des bisherigen Sitzes eingetragen, so sind in der Bekanntmachung der Eintragung alle Angaben nach § 40 Abs. 1 zu veröffentlichen.

(4) ¹Wird der Sitz an einen anderen Ort innerhalb des Bezirks des Gerichts des bisherigen Sitzes verlegt, so hat das Gericht zu prüfen, ob die Sitzverlegung ordnungsgemäß beschlossen und § 30 des Handelsgesetzbuchs beachtet ist. ²Ist dies der Fall, so hat es die Sitzverlegung einzutragen. ³Mit der Eintragung wird die Sitzverlegung wirksam.

§ 46. Verantwortlichkeit der Gründer. (1) ¹Die Gründer sind der Gesellschaft als Gesamtschuldner verantwortlich für die Richtigkeit und Vollständigkeit der Angaben, die zum Zwecke der Gründung der Gesellschaft über Übernahme der Aktien, Einzahlung auf die Aktien, Verwendung eingezahlter Beträge, Sondervorteile, Gründungsaufwand, Sacheinlagen und Sachübernahmen gemacht worden sind. ²Sie sind ferner dafür verantwortlich, daß eine zur Annahme von Einzahlungen auf das Grundkapital bestimmte Stelle (§ 54 Abs. 3) hierzu geeignet ist und daß die eingezahlten Beträge zur freien Verfügung des Vorstands stehen. ³Sie haben, unbeschadet der Verpflichtung zum Ersatz des sonst entstehenden Schadens, fehlende Einzahlungen zu leisten und eine Vergütung, die nicht unter den Gründungsaufwand aufgenommen ist, zu ersetzen.

(2) Wird die Gesellschaft von Gründern durch Einlagen, Sachübernahmen oder Gründungsaufwand vorsätzlich oder aus grober Fahrlässigkeit geschädigt, so sind ihr alle Gründer als Gesamtschuldner zum Ersatz verpflichtet.

2. Teil. Gründung der Gesellschaft §§ 47–50 **AktG 10**

(3) Von diesen Verpflichtungen ist ein Gründer befreit, wenn er die die Ersatzpflicht begründenden Tatsachen weder kannte noch bei Anwendung der Sorgfalt eines ordentlichen Geschäftsmannes kennen mußte.

(4) Entsteht der Gesellschaft ein Ausfall, weil ein Aktionär zahlungsunfähig oder unfähig ist, eine Sacheinlage zu leisten, so sind ihr zum Ersatz als Gesamtschuldner die Gründer verpflichtet, welche die Beteiligung des Aktionärs in Kenntnis seiner Zahlungsunfähigkeit oder Leistungsunfähigkeit angenommen haben.

(5) ¹Neben den Gründern sind in gleicher Weise Personen verantwortlich, für deren Rechnung die Gründer Aktien übernommen haben. ²Sie können sich auf ihre eigene Unkenntnis nicht wegen solcher Umstände berufen, die ein für ihre Rechnung handelnder Gründer kannte oder kennen mußte.

§ 47. Verantwortlichkeit anderer Personen neben den Gründern. Neben den Gründern und den Personen, für deren Rechnung die Gründer Aktien übernommen haben, ist als Gesamtschuldner der Gesellschaft zum Schadenersatz verpflichtet,

1. wer bei Empfang einer Vergütung, die entgegen den Vorschriften nicht in den Gründungsaufwand aufgenommen ist, wußte oder nach den Umständen annehmen mußte, daß die Verheimlichung beabsichtigt oder erfolgt war, oder wer zur Verheimlichung wissentlich mitgewirkt hat;
2. wer im Fall einer vorsätzlichen oder grobfahrlässigen Schädigung der Gesellschaft durch Einlagen oder Sachübernahmen an der Schädigung wissentlich mitgewirkt hat;
3. wer vor Eintragung der Gesellschaft in das Handelsregister oder in den ersten zwei Jahren nach der Eintragung die Aktien öffentlich ankündigt, um sie in den Verkehr einzuführen, wenn er die Unrichtigkeit oder Unvollständigkeit der Angaben, die zum Zwecke der Gründung der Gesellschaft gemacht worden sind (§ 46 Abs. 1), oder die Schädigung der Gesellschaft durch Einlagen oder Sachübernahmen kannte oder bei Anwendung der Sorgfalt eines ordentlichen Geschäftsmannes kennen mußte.

§ 48. Verantwortlichkeit des Vorstands und des Aufsichtsrats. ¹Mitglieder des Vorstands und des Aufsichtsrats, die bei der Gründung ihre Pflichten verletzen, sind der Gesellschaft zum Ersatz des daraus entstehenden Schadens als Gesamtschuldner verpflichtet; sie sind namentlich dafür verantwortlich, daß eine zur Annahme von Einzahlungen auf die Aktien bestimmte Stelle (§ 54 Abs. 3) hierzu geeignet ist, und daß die eingezahlten Beträge zur freien Verfügung des Vorstands stehen. ²Für die Sorgfaltspflicht und Verantwortlichkeit der Mitglieder des Vorstands und des Aufsichtsrats bei der Gründung gelten im übrigen §§ 93 und 116 mit Ausnahme von § 93 Abs. 4 Satz 3 und 4 und Abs. 6.

§ 49.* Verantwortlichkeit der Gründungsprüfer. § 323 Abs. 1 bis 4 des Handelsgesetzbuchs über die Verantwortlichkeit des Abschlußprüfers gilt sinngemäß.

§ 50. Verzicht und Vergleich. ¹Die Gesellschaft kann auf Ersatzansprüche gegen die Gründer, die neben diesen haftenden Personen und gegen die Mitglieder des Vorstands und des Aufsichtsrats (§§ 46 bis 48) erst drei Jahre nach der Eintragung der Gesellschaft in das Handelsregister und nur dann verzichten oder sich

---

* § 49 geändert durch Bilanzrichtlinien-Gesetz vom 19. 12. 1985 (BGBl. I S. 2355).

10 AktG §§ 51, 52   1. Buch. Aktiengesellschaft

über sie vergleichen, wenn die Hauptversammlung zustimmt und nicht eine Minderheit, deren Anteile zusammen den zehnten Teil des Grundkapitals erreichen, zur Niederschrift Widerspruch erhebt. ²Die zeitliche Beschränkung gilt nicht, wenn der Ersatzpflichtige zahlungsunfähig ist und sich zur Abwendung oder Beseitigung des Konkursverfahrens mit seinen Gläubigern vergleicht.

§ 51. Verjährung der Ersatzansprüche. ¹Ersatzansprüche der Gesellschaft nach den §§ 46 bis 49 verjähren in fünf Jahren. ²Die Verjährung beginnt mit der Eintragung der Gesellschaft in das Handelsregister oder, wenn die zum Ersatz verpflichtende Handlung später begangen worden ist, mit der Vornahme der Handlung.

§ 52.* Nachgründung. (1) ¹Verträge der Gesellschaft, nach denen sie vorhandene oder herzustellende Anlagen oder andere Vermögensgegenstände für eine den zehnten Teil des Grundkapitals übersteigende Vergütung erwerben soll, und die in den ersten zwei Jahren seit der Eintragung der Gesellschaft in das Handelsregister geschlossen werden, werden nur mit Zustimmung der Hauptversammlung und durch Eintragung in das Handelsregister wirksam. ²Ohne die Zustimmung der Hauptversammlung oder die Eintragung im Handelsregister sind auch die Rechtshandlungen zu ihrer Ausführung unwirksam.

(2) ¹Ein Vertrag nach Absatz 1 bedarf der schriftlichen Form, soweit nicht eine andere Form vorgeschrieben ist. ²Er ist von der Einberufung der Hauptversammlung an, die über die Zustimmung beschließen soll, in dem Geschäftsraum der Gesellschaft zur Einsicht der Aktionäre auszulegen. ³Auf Verlangen ist jedem Aktionär unverzüglich eine Abschrift zu erteilen. ⁴In der Hauptversammlung ist der Vertrag auszulegen. ⁵Der Vorstand hat ihn zu Beginn der Verhandlung zu erläutern. ⁶Der Niederschrift ist er als Anlage beizufügen.

(3) ¹Vor der Beschlußfassung der Hauptversammlung hat der Aufsichtsrat den Vertrag zu prüfen und einen schriftlichen Bericht zu erstatten (Nachgründungsbericht). ²Für den Nachgründungsbericht gilt sinngemäß § 32 Abs. 2 und 3 über den Gründungsbericht.

(4) ¹Außerdem hat vor der Beschlußfassung eine Prüfung durch einen oder mehrere Gründungsprüfer stattzufinden. ²§ 33 Abs. 3 bis 5, §§ 34, 35 über die Gründungsprüfung gelten sinngemäß.

(5) ¹Der Beschluß der Hauptversammlung bedarf einer Mehrheit, die mindestens drei Viertel des bei der Beschlußfassung vertretenen Grundkapitals umfaßt. ²Wird der Vertrag im ersten Jahre nach der Eintragung der Gesellschaft in das Handelsregister geschlossen, so müssen außerdem die Anteile der zustimmenden Mehrheit mindestens ein Viertel des gesamten Grundkapitals erreichen. ³Die Satzung kann an Stelle dieser Mehrheiten größere Kapitalmehrheiten und weitere Erfordernisse bestimmen.

(6) ¹Nach Zustimmung der Hauptversammlung hat der Vorstand den Vertrag zur Eintragung in das Handelsregister anzumelden. ²Der Anmeldung ist der Vertrag in Urschrift, Ausfertigung oder öffentlich beglaubigter Abschrift mit dem Nachgründungsbericht und dem Bericht der Gründungsprüfer mit den urkundlichen Unterlagen beizufügen.

(7) Bestehen gegen die Eintragung Bedenken, weil die Gründungsprüfer erklären oder weil es offensichtlich ist, daß der Nachgründungsbericht unrichtig oder

---

* § 52 Abs. 10 geändert durch Gesetz vom 13. 12. 1978 (BGBl. I S. 1959).

unvollständig ist oder den gesetzlichen Vorschriften nicht entspricht oder daß die für die zu erwerbenden Vermögensgegenstände gewährte Vergütung unangemessen hoch ist, so kann das Gericht die Eintragung ablehnen.

(8) ¹Bei der Eintragung genügt die Bezugnahme auf die eingereichten Urkunden. ²In die Bekanntmachung der Eintragung sind aufzunehmen der Tag des Vertragsabschlusses und der Zustimmung der Hauptversammlung sowie der zu erwerbende Vermögensgegenstand, die Person, von der die Gesellschaft ihn erwirbt, und die zu gewährende Vergütung.

(9) Vorstehende Vorschriften gelten nicht, wenn der Erwerb der Vermögensgegenstände den Gegenstand des Unternehmens bildet oder wenn sie in der Zwangsvollstreckung erworben werden.

(10) Ein Vertrag nach Absatz 1 ist, gleichviel ob er vor oder nach Ablauf von zwei Jahren seit der Eintragung der Gesellschaft in das Handelsregister geschlossen ist, nicht deshalb unwirksam, weil ein Vertrag der Gründer über denselben Gegenstand nach § 27 Abs. 3 der Gesellschaft gegenüber unwirksam ist.

§ 53. Ersatzansprüche bei der Nachgründung. ¹Für die Nachgründung gelten die §§ 46, 47, 49 bis 51 über die Ersatzansprüche der Gesellschaft sinngemäß. ²An die Stelle der Gründer treten die Mitglieder des Vorstands und des Aufsichtsrats. ³Sie haben die Sorgfalt eines ordentlichen und gewissenhaften Geschäftsleiters anzuwenden. ⁴Soweit Fristen mit der Eintragung der Gesellschaft in das Handelsregister beginnen, tritt an deren Stelle die Eintragung des Vertrags über die Nachgründung.

Dritter Teil.
Rechtsverhältnisse der Gesellschaft und der Gesellschafter

§ 53a.* Gleichbehandlung der Aktionäre. Aktionäre sind unter gleichen Voraussetzungen gleich zu behandeln.

§ 54. Hauptverpflichtung der Aktionäre. (1) Die Verpflichtung der Aktionäre zur Leistung der Einlagen wird durch den Nennbetrag oder den höheren Ausgabebetrag der Aktien begrenzt.

(2) Soweit nicht in der Satzung Sacheinlagen festgesetzt sind, haben die Aktionäre den Nennbetrag oder den höheren Ausgabebetrag der Aktien einzuzahlen.

(3) ¹Der vor der Anmeldung der Gesellschaft eingeforderte Betrag kann nur in gesetzlichen Zahlungsmitteln, in von der Deutschen Bundesbank bestätigten Schecks, durch Gutschrift auf ein Konto im Inland bei der Deutschen Bundesbank oder einem Kreditinstitut oder auf ein Postscheckkonto der Gesellschaft oder des Vorstands zu seiner freien Verfügung eingezahlt werden. ²Forderungen des Vorstands aus diesen Einzahlungen gelten als Forderungen der Gesellschaft.

§ 55. Nebenverpflichtungen der Aktionäre. (1) ¹Ist die Übertragung der Aktien an die Zustimmung der Gesellschaft gebunden, so kann die Satzung Aktionären die Verpflichtung auferlegen, neben den Einlagen auf das Grundkapital wiederkehrende, nicht in Geld bestehende Leistungen zu erbringen. ²Dabei hat sie zu bestimmen, ob die Leistungen entgeltlich oder unentgeltlich zu erbringen sind. ³Die Verpflichtung und der Umfang der Leistungen sind in den Aktien und Zwischenscheinen anzugeben.

---

* § 53a eingefügt durch Gesetz vom 13. 12. 1978 (BGBl. I S. 1959).

10 AktG §§ 56–58   1. Buch. Aktiengesellschaft

(2) Die Satzung kann Vertragsstrafen für den Fall festsetzen, daß die Verpflichtung nicht oder nicht gehörig erfüllt wird.

§ 56.* **Keine Zeichnung eigener Aktien; Aktienübernahme für Rechnung der Gesellschaft oder durch ein abhängiges oder in Mehrheitsbesitz stehendes Unternehmen.** (1) Die Gesellschaft darf keine eigenen Aktien zeichnen.

(2) ¹Ein abhängiges Unternehmen darf keine Aktien der herrschenden Gesellschaft, ein in Mehrheitsbesitz stehendes Unternehmen keine Aktien der an ihm mit Mehrheit beteiligten Gesellschaft als Gründer oder Zeichner oder in Ausübung eines bei einer bedingten Kapitalerhöhung eingeräumten Umtausch- oder Bezugsrechts übernehmen. ²Ein Verstoß gegen diese Vorschrift macht die Übernahme nicht unwirksam.

(3) ¹Wer als Gründer oder Zeichner oder in Ausübung eines bei einer bedingten Kapitalerhöhung eingeräumten Umtausch- oder Bezugsrechts eine Aktie für Rechnung der Gesellschaft oder eines abhängigen oder in Mehrheitsbesitz stehenden Unternehmens übernommen hat, kann sich nicht darauf berufen, daß er die Aktie nicht für eigene Rechnung übernommen hat. ²Er haftet ohne Rücksicht auf Vereinbarungen mit der Gesellschaft oder dem abhängigen oder in Mehrheitsbesitz stehenden Unternehmen auf die volle Einlage. ³Bevor er die Aktie für eigene Rechnung übernommen hat, stehen ihm keine Rechte aus der Aktie zu.

(4) ¹Werden bei einer Kapitalerhöhung Aktien unter Verletzung der Absätze 1 oder 2 gezeichnet, so haftet auch jedes Vorstandsmitglied der Gesellschaft auf die volle Einlage. ²Dies gilt nicht, wenn das Vorstandsmitglied beweist, daß es kein Verschulden trifft.

§ 57.* **Keine Rückgewähr, keine Verzinsung der Einlagen.** (1) ¹Den Aktionären dürfen die Einlagen nicht zurückgewährt werden. ²Als Rückgewähr von Einlagen gilt nicht die Zahlung des Erwerbspreises beim zulässigen Erwerb eigener Aktien.

(2) Den Aktionären dürfen Zinsen weder zugesagt noch ausgezahlt werden.

(3) *(aufgehoben)*

§ 58.** **Verwendung des Jahresüberschusses.** (1) ¹Die Satzung kann nur für den Fall, daß die Hauptversammlung den Jahresabschluß feststellt, bestimmen, daß Beträge aus dem Jahresüberschuß in andere Gewinnrücklagen einzustellen sind. ²Auf Grund einer solchen Satzungsbestimmung kann höchstens die Hälfte des Jahresüberschusses in andere Gewinnrücklagen eingestellt werden. ³Dabei sind Beträge, die in die gesetzliche Rücklage einzustellen sind, und ein Verlustvortrag vorab vom Jahresüberschuß abzuziehen.

(2) ¹Stellen Vorstand und Aufsichtsrat den Jahresabschluß fest, so können sie einen Teil des Jahresüberschusses, höchstens jedoch die Hälfte, in andere Gewinnrücklagen einstellen. ²Die Satzung kann Vorstand und Aufsichtsrat zur Einstellung eines größeren Teils als der Hälfte des Jahresüberschusses ermächtigen. ³Auf Grund einer solchen Satzungsbestimmung dürfen Vorstand und Aufsichtsrat keine Beträge in andere Gewinnrücklagen einstellen, wenn die anderen Gewinnrückla-

---

* § 56 neu gefaßt und § 57 Abs. 3 aufgehoben durch Gesetz vom 13. 12. 1978 (BGBl. I S. 1959).
** § 58 Abs. 1 Sätze 1 und 2, Abs. 2 Sätze 1 und 3 und Abs. 3 Satz 1 geändert sowie Abs. 2a eingefügt durch Bilanzrichtlinien-Gesetz vom 19. 12. 1985 (BGBl. I S. 2355).

gen die Hälfte des Grundkapitals übersteigen oder soweit sie nach der Einstellung die Hälfte übersteigen würden. [4]Absatz 1 Satz 3 gilt sinngemäß.

(2a) [1]Unbeschadet der Absätze 1 und 2 können Vorstand und Aufsichtsrat den Eigenkapitalanteil von Wertaufholungen bei Vermögensgegenständen des Anlage- und Umlaufvermögens und von bei der steuerrechtlichen Gewinnermittlung gebildeten Passivposten, die nicht im Sonderposten mit Rücklageanteil ausgewiesen werden dürfen, in andere Gewinnrücklagen einstellen. [2]Der Betrag dieser Rücklagen ist entweder in der Bilanz gesondert auszuweisen oder im Anhang anzugeben.

(3) [1]Die Hauptversammlung kann im Beschluß über die Verwendung des Bilanzgewinns weitere Beträge in Gewinnrücklagen einstellen oder als Gewinn vortragen. [2]Sie kann ferner, wenn die Satzung sie hierzu ermächtigt, auch eine andere Verwendung als nach Satz 1 oder als die Verteilung unter die Aktionäre beschließen.

(4) Die Aktionäre haben Anspruch auf den Bilanzgewinn, soweit er nicht nach Gesetz oder Satzung, durch Hauptversammlungsbeschluß nach Absatz 3 oder als zusätzlicher Aufwand auf Grund des Gewinnverwendungsbeschlusses von der Verteilung unter die Aktionäre ausgeschlossen ist.

(5) Vor Auflösung der Gesellschaft darf unter die Aktionäre nur der Bilanzgewinn verteilt werden.

§ 59.* **Abschlagszahlung auf den Bilanzgewinn.** (1) Die Satzung kann den Vorstand ermächtigen, nach Ablauf des Geschäftsjahrs auf den voraussichtlichen Bilanzgewinn einen Abschlag an die Aktionäre zu zahlen.

(2) [1]Der Vorstand darf einen Abschlag nur zahlen, wenn ein vorläufiger Abschluß für das vergangene Geschäftsjahr einen Jahresüberschuß ergibt. [2]Als Abschlag darf höchstens die Hälfte des Betrags gezahlt werden, der von dem Jahresüberschuß nach Abzug der Beträge verbleibt, die nach Gesetz oder Satzung in Gewinnrücklagen einzustellen sind. [3]Außerdem darf der Abschlag nicht die Hälfte des vorjährigen Bilanzgewinns übersteigen.

(3) Die Zahlung eines Abschlags bedarf der Zustimmung des Aufsichtsrats.

§ 60. Gewinnverteilung. (1) Die Anteile der Aktionäre am Gewinn bestimmen sich nach dem Verhältnis der Aktiennennbeträge.

(2) [1]Sind die Einlagen auf das Grundkapital nicht auf alle Aktien in demselben Verhältnis geleistet, so erhalten die Aktionäre aus dem verteilbaren Gewinn vorweg einen Betrag von vier vom Hundert der geleisteten Einlagen. [2]Reicht der Gewinn dazu nicht aus, so bestimmt sich der Betrag nach einem entsprechend niedrigeren Satz. [3]Einlagen, die im Laufe des Geschäftsjahrs geleistet wurden, werden nach dem Verhältnis der Zeit berücksichtigt, die seit der Leistung verstrichen ist.

(3) Die Satzung kann eine andere Art der Gewinnverteilung bestimmen.

§ 61. Vergütung von Nebenleistungen. Für wiederkehrende Leistungen, zu denen Aktionäre nach der Satzung neben den Einlagen auf das Grundkapital verpflichtet sind, darf eine den Wert der Leistungen nicht übersteigende Vergütung ohne Rücksicht darauf gezahlt werden, ob ein Bilanzgewinn ausgewiesen wird.

---

* § 59 Abs. 2 Satz 2 geändert durch Bilanzrichtlinien-Gesetz vom 19. 12. 1985 (BGBl. I S. 2355).

10 AktG §§ 62–64 1. Buch. Aktiengesellschaft

§ 62.* **Haftung der Aktionäre beim Empfang verbotener Leistungen.**
(1) ¹Die Aktionäre haben der Gesellschaft Leistungen, die sie entgegen den Vorschriften dieses Gesetzes von ihr empfangen haben, zurückzugewähren. ²Haben sie Beträge als Gewinnanteile bezogen, so besteht die Verpflichtung nur, wenn sie wußten oder infolge von Fahrlässigkeit nicht wußten, daß sie zum Bezuge nicht berechtigt waren.

(2) ¹Der Anspruch der Gesellschaft kann auch von den Gläubigern der Gesellschaft geltend gemacht werden, soweit sie von dieser keine Befriedigung erlangen können. ²Ist über das Vermögen der Gesellschaft das Konkursverfahren eröffnet, so übt während dessen Dauer der Konkursverwalter das Recht der Gesellschaftsgläubiger gegen die Aktionäre aus.

(3) Die Ansprüche nach diesen Vorschriften verjähren in fünf Jahren seit dem Empfang der Leistung.

§ 63. Folgen nicht rechtzeitiger Einzahlung. (1) ¹Die Aktionäre haben die Einlagen nach Aufforderung durch den Vorstand einzuzahlen. ²Die Aufforderung ist, wenn die Satzung nichts anderes bestimmt, in den Gesellschaftsblättern bekanntzumachen.

(2) ¹Aktionäre, die den eingeforderten Betrag nicht rechtzeitig einzahlen, haben ihn vom Eintritt der Fälligkeit an mit fünf vom Hundert für das Jahr zu verzinsen. ²Die Geltendmachung eines weiteren Schadens ist nicht ausgeschlossen.

(3) Für den Fall nicht rechtzeitiger Einzahlung kann die Satzung Vertragsstrafen festsetzen.

§ 64. Ausschluß säumiger Aktionäre. (1) Aktionären, die den eingeforderten Betrag nicht rechtzeitig einzahlen, kann eine Nachfrist mit der Androhung gesetzt werden, daß sie nach Fristablauf ihrer Aktien und der geleisteten Einzahlungen für verlustig erklärt werden.

(2) ¹Die Nachfrist muß dreimal in den Gesellschaftsblättern bekanntgemacht werden. ²Die erste Bekanntmachung muß mindestens drei Monate, die letzte mindestens einen Monat vor Fristablauf ergehen. ³Zwischen den einzelnen Bekanntmachungen muß ein Zeitraum von mindestens drei Wochen liegen. ⁴Ist die Übertragung der Aktien an die Zustimmung der Gesellschaft gebunden, so genügt an Stelle der öffentlichen Bekanntmachungen die einmalige Einzelaufforderung an die säumigen Aktionäre; dabei muß eine Nachfrist gewährt werden, die mindestens einen Monat seit dem Empfang der Aufforderung beträgt.

(3) ¹Aktionäre, die den eingeforderten Betrag trotzdem nicht zahlen, werden durch Bekanntmachung in den Gesellschaftsblättern ihrer Aktien und der geleisteten Einzahlungen zugunsten der Gesellschaft für verlustig erklärt. ²In der Bekanntmachung sind die für verlustig erklärten Aktien mit ihren Unterscheidungsmerkmalen anzugeben.

(4) ¹An Stelle der alten Urkunden werden neue ausgegeben; diese haben außer den geleisteten Teilzahlungen den rückständigen Betrag anzugeben. ²Für den Ausfall der Gesellschaft an diesem Betrag oder an den später eingeforderten Beträgen haftet ihr der ausgeschlossene Aktionär.

---

* § 62 Abs. 1 Satz 2 geändert und früherer Satz 3 aufgehoben durch Gesetz vom 13. 12. 1978 (BGBl. I S. 1959), Abs. 1 Satz 2 geändert durch Verschmelzungsrichtlinie-Gesetz vom 25. 10. 1982 (BGBl. I S. 1425).

3. Teil. Rechtsverh. d. Gesellschaft u. d. Gesellschafter §§ 65–67 **AktG 10**

§ 65. Zahlungspflicht der Vormänner. (1) ¹Jeder im Aktienbuch verzeichnete Vormann des ausgeschlossenen Aktionärs ist der Gesellschaft zur Zahlung des rückständigen Betrags verpflichtet, soweit dieser von seinen Nachmännern nicht zu erlangen ist. ²Von der Zahlungsaufforderung an einen früheren Aktionär hat die Gesellschaft seinen unmittelbaren Vormann zu benachrichtigen. ³Daß die Zahlung nicht zu erlangen ist, wird vermutet, wenn sie nicht innerhalb eines Monats seit der Zahlungsaufforderung und der Benachrichtigung des Vormanns eingegangen ist. ⁴Gegen Zahlung des rückständigen Betrags wird die neue Urkunde ausgehändigt.

(2) ¹Jeder Vormann ist nur zur Zahlung der Beträge verpflichtet, die binnen zwei Jahren eingefordert werden. ²Die Frist beginnt mit dem Tage, an dem die Übertragung der Aktie zum Aktienbuch der Gesellschaft angemeldet wird.

(3) ¹Ist die Zahlung des rückständigen Betrags von Vormännern nicht zu erlangen, so hat die Gesellschaft die Aktie unverzüglich zum amtlichen Börsenpreis durch Vermittlung eines Kursmaklers und beim Fehlen eines Börsenpreises durch öffentliche Versteigerung zu verkaufen. ²Ist von der Versteigerung am Sitz der Gesellschaft kein angemessener Erfolg zu erwarten, so ist die Aktie an einem geeigneten Ort zu verkaufen. ³Zeit, Ort und Gegenstand der Versteigerung sind öffentlich bekanntzumachen. ⁴Der ausgeschlossene Aktionär und seine Vormänner sind besonders zu benachrichtigen; die Benachrichtigung kann unterbleiben, wenn sie untunlich ist. ⁵Bekanntmachung und Benachrichtigung müssen mindestens zwei Wochen vor der Versteigerung ergehen.

§ 66. Keine Befreiung der Aktionäre von ihren Leistungspflichten.
(1) ¹Die Aktionäre und ihre Vormänner können von ihren Leistungspflichten nach den §§ 54 und 65 nicht befreit werden. ²Gegen eine Forderung der Gesellschaft nach den §§ 54 und 65 ist die Aufrechnung nicht zulässig.

(2) Absatz 1 gilt entsprechend für die Verpflichtung zur Rückgewähr von Leistungen, die entgegen den Vorschriften dieses Gesetzes empfangen sind, für die Ausfallhaftung des ausgeschlossenen Aktionärs sowie für die Schadenersatzpflicht des Aktionärs wegen nicht gehöriger Leistung einer Sacheinlage.

(3) Durch eine ordentliche Kapitalherabsetzung oder durch eine Kapitalherabsetzung durch Einziehung von Aktien können die Aktionäre von der Verpflichtung zur Leistung von Einlagen befreit werden, durch eine ordentliche Kapitalabsetzung jedoch höchstens in Höhe des Betrags, um den das Grundkapital herabgesetzt worden ist.

§ 67. Eintragung im Aktienbuch. (1) Namensaktien sind unter Bezeichnung des Inhabers nach Namen, Wohnort und Beruf in das Aktienbuch der Gesellschaft einzutragen.

(2) Im Verhältnis zur Gesellschaft gilt als Aktionär nur, wer als solcher im Aktienbuch eingetragen ist.

(3) ¹Ist jemand nach Ansicht der Gesellschaft zu Unrecht als Aktionär in das Aktienbuch eingetragen worden, so kann die Gesellschaft die Eintragung nur löschen, wenn sie vorher die Beteiligten von der beabsichtigten Löschung benachrichtigt und ihnen eine angemessene Frist zur Geltendmachung eines Widerspruchs gesetzt hat. ²Widerspricht ein Beteiligter innerhalb der Frist, so hat die Löschung zu unterbleiben.

10 AktG §§ 68–71 1. Buch. Aktiengesellschaft

(4) Diese Vorschriften gelten sinngemäß für Zwischenscheine.

(5) Jedem Aktionär ist auf Verlangen Einsicht in das Aktienbuch zu gewähren.

§ 68. Übertragung von Namensaktien. Umschreibung im Aktienbuch.
(1) ¹Namensaktien können durch Indossament übertragen werden. ²Für die Form des Indossaments, den Rechtsausweis des Inhabers und seine Verpflichtung zur Herausgabe gelten sinngemäß Artikel 12, 13 und 16 des Wechselgesetzes.*

(2) ¹Die Satzung kann die Übertragung an die Zustimmung der Gesellschaft binden. ²Die Zustimmung erteilt der Vorstand. ³Die Satzung kann jedoch bestimmen, daß der Aufsichtsrat oder die Hauptversammlung über die Erteilung der Zustimmung beschließt. ⁴Die Satzung kann die Gründe bestimmen, aus denen die Zustimmung verweigert werden darf.

(3) ¹Geht die Namensaktie auf einen anderen über, so ist dies bei der Gesellschaft anzumelden. ²Die Aktie ist vorzulegen und der Übergang nachzuweisen. ³Die Gesellschaft vermerkt den Übergang im Aktienbuch.

(4) Die Gesellschaft ist verpflichtet, die Ordnungsmäßigkeit der Reihe der Indossamente und der Abtretungserklärungen, aber nicht die Unterschriften zu prüfen.

(5) Diese Vorschriften gelten sinngemäß für Zwischenscheine.

§ 69. Rechtsgemeinschaft an einer Aktie. (1) Steht eine Aktie mehreren Berechtigten zu, so können sie die Rechte aus der Aktie nur durch einen gemeinschaftlichen Vertreter ausüben.

(2) Für die Leistungen auf die Aktie haften sie als Gesamtschuldner.

(3) ¹Hat die Gesellschaft eine Willenserklärung dem Aktionär gegenüber abzugeben, so genügt, wenn die Berechtigten der Gesellschaft keinen gemeinschaftlichen Vertreter benannt haben, die Abgabe der Erklärung gegenüber einem Berechtigten. ²Bei mehreren Erben eines Aktionärs gilt dies nur für Willenserklärungen, die nach Ablauf eines Monats seit dem Anfall der Erbschaft abgegeben werden.

§ 70.** Berechnung der Aktienbesitzzeit. ¹Ist die Ausübung von Rechten aus der Aktie davon abhängig, daß der Aktionär während eines bestimmten Zeitraums Inhaber der Aktie gewesen ist, so steht dem Eigentum ein Anspruch auf Übereignung gegen ein Kreditinstitut gleich. ²Die Eigentumszeit eines Rechtsvorgängers wird dem Aktionär zugerechnet, wenn er die Aktie unentgeltlich, von seinem Treuhänder, als Gesamtrechtsnachfolger, bei Auseinandersetzung einer Gemeinschaft oder bei einer Bestandsübertragung nach § 14 des Versicherungsaufsichtsgesetzes oder § 14 des Gesetzes über Bausparkassen erworben hat.

§ 71.*** Erwerb eigener Aktien. (1) Die Gesellschaft darf eigene Aktien nur erwerben,

1. wenn der Erwerb notwendig ist, um einen schweren, unmittelbar bevorstehenden Schaden von der Gesellschaft abzuwenden,

---

* Abgedruckt unter Nr. **18**.
** § 70 Satz 2 geändert durch Gesetz vom 29. 3. 1983 (BGBl. I S. 377).
*** § 71 neu gefaßt durch Gesetz vom 13. 12. 1978 (BGBl. I S. 1959), Abs. 2 Satz 2 geändert durch Bilanzrichtlinien-Gesetz vom 19. 12. 1985 (BGBl. I S. 2355).

2. wenn die Aktien den Arbeitnehmern der Gesellschaft oder eines mit ihr verbundenen Unternehmens zum Erwerb angeboten werden sollen,
3. wenn der Erwerb geschieht, um Aktionäre nach § 305 Abs. 2 oder § 320 Abs. 5 abzufinden,
4. wenn der Erwerb unentgeltlich geschieht oder ein Kreditinstitut mit dem Erwerb eine Einkaufskommission ausführt,
5. durch Gesamtrechtsnachfolge oder
6. auf Grund eines Beschlusses der Hauptversammlung zur Einziehung nach den Vorschriften über die Herabsetzung des Grundkapitals.

(2) ¹Der Gesamtnennbetrag der zu den Zwecken nach Absatz 1 Nr. 1 bis 3 erworbenen Aktien darf zusammen mit dem Betrag anderer Aktien der Gesellschaft, welche die Gesellschaft bereits erworben hat und noch besitzt, zehn vom Hundert des Grundkapitals nicht übersteigen. ²Dieser Erwerb ist ferner nur zulässig, wenn die Gesellschaft die nach § 272 Abs. 4 des Handelsgesetzbuchs vorgeschriebene Rücklage für eigene Aktien bilden kann, ohne das Grundkapital oder eine nach Gesetz oder Satzung zu bildende Rücklage zu mindern, die nicht zu Zahlungen an die Aktionäre verwandt werden darf. ³In den Fällen des Absatzes 1 Nr. 1, 2 und 4 ist der Erwerb nur zulässig, wenn auf die Aktien der Nennbetrag oder der höhere Ausgabebetrag voll geleistet ist.

(3) ¹Im Falle des Absatzes 1 Nr. 1 hat der Vorstand die nächste Hauptversammlung über die Gründe und den Zweck des Erwerbs, über die Zahl und den Nennbetrag der erworbenen Aktien, über deren Anteil am Grundkapital sowie über den Gegenwert der Aktien zu unterrichten. ²Im Falle des Absatzes 1 Nr. 2 sind die Aktien innerhalb eines Jahres nach ihrem Erwerb an die Arbeitnehmer auszugeben.

(4) ¹Ein Verstoß gegen die Absätze 1 oder 2 macht den Erwerb eigener Aktien nicht unwirksam. ²Ein schuldrechtliches Geschäft über den Erwerb eigener Aktien ist jedoch nichtig, soweit der Erwerb gegen die Absätze 1 oder 2 verstößt.

§ 71a.* Umgehungsgeschäfte. (1) ¹Ein Rechtsgeschäft, das die Gewährung eines Vorschusses oder eines Darlehens oder die Leistung einer Sicherheit durch die Gesellschaft an einen anderen zum Zweck des Erwerbs von Aktien dieser Gesellschaft zum Gegenstand hat, ist nichtig. ²Dies gilt nicht für Rechtsgeschäfte im Rahmen der laufenden Geschäfte von Kreditinstituten sowie für die Gewährung eines Vorschusses oder eines Darlehens oder für die Leistung einer Sicherheit zum Zweck des Erwerbs von Aktien durch Arbeitnehmer der Gesellschaft oder eines mit ihr verbundenen Unternehmens; auch in diesen Fällen ist das Rechtsgeschäft jedoch nichtig, wenn bei einem Erwerb der Aktien durch die Gesellschaft diese die nach § 272 Abs. 4 des Handelsgesetzbuchs vorgeschriebene Rücklage für eigene Aktien nicht bilden könnte, ohne das Grundkapital oder eine nach Gesetz oder Satzung zu bildende Rücklage zu mindern, die nicht zu Zahlungen an die Aktionäre verwandt werden darf.

(2) Nichtig ist ferner ein Rechtsgeschäft zwischen der Gesellschaft und einem anderen, nach dem dieser berechtigt oder verpflichtet sein soll, Aktien der Gesellschaft für Rechnung der Gesellschaft oder eines abhängigen oder eines in ihrem

---

* § 71a eingefügt durch Gesetz vom 13. 12. 1978 (BGBl. I S. 1959), Abs. 1 Satz 2 geändert durch Bilanzrichtlinien-Gesetz vom 19. 12. 1985 (BGBl. I S. 2355).

Mehrheitsbesitz stehenden Unternehmens zu erwerben, soweit der Erwerb durch die Gesellschaft gegen § 71 Abs. 1 oder 2 verstoßen würde.

§ 71 b.* Rechte aus eigenen Aktien. Aus eigenen Aktien stehen der Gesellschaft keine Rechte zu.

§ 71 c.* Veräußerung und Einziehung eigener Aktien. (1) Hat die Gesellschaft eigene Aktien unter Verstoß gegen § 71 Abs. 1 oder 2 erworben, so müssen sie innerhalb eines Jahres nach ihrem Erwerb veräußert werden.

(2) Übersteigt der Gesamtnennbetrag der Aktien, welche die Gesellschaft nach § 71 Abs. 1 in zulässiger Weise erworben hat und noch besitzt, zehn vom Hundert des Grundkapitals, so muß der Teil der Aktien, der diesen Satz übersteigt, innerhalb von drei Jahren nach dem Erwerb der Aktien veräußert werden.

(3) Sind eigene Aktien innerhalb der in den Absätzen 1 und 2 vorgesehenen Fristen nicht veräußert worden, so sind sie nach § 237 einzuziehen.

§ 71 d.* Erwerb eigener Aktien durch Dritte. ¹Ein im eigenen Namen, jedoch für Rechnung der Gesellschaft handelnder Dritter darf Aktien der Gesellschaft nur erwerben oder besitzen, soweit dies der Gesellschaft nach § 71 Abs. 1 Nr. 1 bis 5 und Abs. 2 gestattet wäre. ²Gleiches gilt für den Erwerb oder den Besitz von Aktien der Gesellschaft durch ein abhängiges oder ein im Mehrheitsbesitz der Gesellschaft stehendes Unternehmen sowie für den Erwerb oder den Besitz durch einen Dritten, der im eigenen Namen, jedoch für Rechnung eines abhängigen oder eines im Mehrheitsbesitz der Gesellschaft stehenden Unternehmens handelt. ³Bei der Berechnung des Gesamtnennbetrags nach § 71 Abs. 2 Satz 1 und § 71 c Abs. 2 gelten diese Aktien als Aktien der Gesellschaft. ⁴Im übrigen gelten § 71 Abs. 3 und 4, §§ 71 a bis 71 c sinngemäß. ⁵Der Dritte oder das Unternehmen hat der Gesellschaft auf ihr Verlangen das Eigentum an den Aktien zu verschaffen. ⁶Die Gesellschaft hat den Gegenwert der Aktien zu erstatten.

§ 71 e.* Inpfandnahme eigener Aktien. (1) ¹Dem Erwerb eigener Aktien nach § 71 Abs. 1 und 2, § 71 d steht es gleich, wenn eigene Aktien als Pfand genommen werden. ²Jedoch darf ein Kreditinstitut im Rahmen der laufenden Geschäfte eigene Aktien bis zu dem in § 71 Abs. 2 Satz 1 bestimmten Gesamtnennbetrag als Pfand nehmen. ³§ 71 a gilt sinngemäß.

(2) ¹Ein Verstoß gegen Absatz 1 macht die Inpfandnahme eigener Aktien unwirksam, wenn auf sie der Nennbetrag oder der höhere Ausgabebetrag noch nicht voll geleistet ist. ²Ein schuldrechtliches Geschäft über die Inpfandnahme eigener Aktien ist nichtig, soweit der Erwerb gegen Absatz 1 verstößt.

§ 72. Kraftloserklärung von Aktien im Aufgebotsverfahren. (1) ¹Ist eine Aktie oder ein Zwischenschein abhanden gekommen oder vernichtet, so kann die Urkunde im Aufgebotsverfahren nach der Zivilprozeßordnung für kraftlos erklärt werden. ²§ 799 Abs. 2 und § 800 des Bürgerlichen Gesetzbuchs gelten sinngemäß.

(2) Sind Gewinnanteilscheine auf den Inhaber ausgegeben, so erlischt mit der Kraftloserklärung der Aktie oder des Zwischenscheins auch der Anspruch aus den noch nicht fälligen Gewinnanteilscheinen.

---

* §§ 71 b bis 71 e eingefügt durch Gesetz vom 13. 12. 1978 (BGBl. I S. 1959).

3. Teil. Rechtsverh. d. Gesellschaft u. d. Gesellschafter §§ 73–75 **AktG 10**

(3) Die Kraftloserklärung einer Aktie nach §§ 73 oder 226 steht der Kraftloserklärung der Urkunde nach Absatz 1 nicht entgegen.

§ 73. Kraftloserklärung von Aktien durch die Gesellschaft. (1) ¹Ist der Inhalt von Aktienurkunden durch eine Veränderung der rechtlichen Verhältnisse unrichtig geworden, so kann die Gesellschaft die Aktien, die trotz Aufforderung nicht zur Berichtigung oder zum Umtausch bei ihr eingereicht sind, mit Genehmigung des Gerichts für kraftlos erklären. ²Beruht die Unrichtigkeit auf einer Änderung des Nennbetrags der Aktien, so können sie nur dann für kraftlos erklärt werden, wenn der Nennbetrag zur Herabsetzung des Grundkapitals herabgesetzt ist. ³Namensaktien können nicht deshalb für kraftlos erklärt werden, weil die Bezeichnung des Aktionärs unrichtig geworden ist. ⁴Gegen die Entscheidung des Gerichts ist die sofortige Beschwerde zulässig; eine Anfechtung der Entscheidung, durch die die Genehmigung erteilt wird, ist ausgeschlossen.

(2) ¹Die Aufforderung, die Aktien einzureichen, hat die Kraftloserklärung anzudrohen und auf die Genehmigung des Gerichts hinzuweisen. ²Die Kraftloserklärung kann nur erfolgen, wenn die Aufforderung in der in § 64 Abs. 2 für die Nachfrist vorgeschriebenen Weise bekanntgemacht worden ist. ³Die Kraftloserklärung geschieht durch Bekanntmachung in den Gesellschaftsblättern. ⁴In der Bekanntmachung sind die für kraftlos erklärten Aktien so zu bezeichnen, daß sich aus der Bekanntmachung ohne weiteres ergibt, ob eine Aktie für kraftlos erklärt ist.

(3) ¹An Stelle der für kraftlos erklärten Aktien sind neue Aktien auszugeben und dem Berechtigten auszuhändigen oder, wenn ein Recht zur Hinterlegung besteht, zu hinterlegen. ²Die Aushändigung oder Hinterlegung ist dem Gericht anzuzeigen.

(4) Soweit zur Herabsetzung des Grundkapitals Aktien zusammengelegt werden, gilt § 226.

§ 74. Neue Urkunden an Stelle beschädigter oder verunstalteter Aktien oder Zwischenscheine. ¹Ist eine Aktie oder ein Zwischenschein so beschädigt oder verunstaltet, daß die Urkunde zum Umlauf nicht mehr geeignet ist, so kann der Berechtigte, wenn der wesentliche Inhalt und die Unterscheidungsmerkmale der Urkunde noch sicher zu erkennen sind, von der Gesellschaft die Erteilung einer neuen Urkunde gegen Aushändigung der alten verlangen. ²Die Kosten hat er zu tragen und vorzuschießen.

§ 75. Neue Gewinnanteilscheine. Neue Gewinnanteilscheine dürfen an den Inhaber des Erneuerungsscheins nicht ausgegeben werden, wenn der Besitzer der Aktie oder des Zwischenscheins der Ausgabe widerspricht; sie sind dem Besitzer der Aktie oder des Zwischenscheins auszuhändigen, wenn er die Haupturkunde vorlegt.

Vierter Teil. Verfassung der Aktiengesellschaft
Erster Abschnitt. Vorstand

§ 76.* **Leitung der Aktiengesellschaft.** (1) Der Vorstand hat unter eigener Verantwortung die Gesellschaft zu leiten.

(2) ¹Der Vorstand kann aus einer oder mehreren Personen bestehen. ²Bei Gesellschaften mit einem Grundkapital von mehr als drei Millionen Deutsche Mark hat er aus mindestens zwei Personen zu bestehen, es sei denn, die Satzung bestimmt, daß er aus einer Person besteht. ³Die Vorschriften über die Bestellung eines Arbeitsdirektors bleiben unberührt.**

Fassung des Abs. 3 bis 31. 12. 1991:

(3) ¹Mitglied des Vorstands kann nur eine natürliche, unbeschränkt geschäftsfähige Person sein. ²Wer wegen einer Straftat nach den §§ 283 bis 283 d des Strafgesetzbuchs*** verurteilt worden ist, kann auf die Dauer von fünf Jahren seit der Rechtskraft des Urteils nicht Mitglied des Vorstands sein; in die Frist wird die Zeit nicht eingerechnet, in welcher der Täter auf behördliche Anordnung in einer Anstalt verwahrt worden ist. ³Wem durch gerichtliches Urteil oder durch vollziehbare Entscheidung einer Verwaltungsbehörde die Ausübung eines Berufs, Berufszweiges, Gewerbes oder Gewerbezweiges untersagt worden ist, kann für die Zeit, für welche das Verbot wirksam ist, bei einer Gesellschaft, deren Unternehmensgegenstand ganz oder teilweise mit dem Gegenstand des Verbots übereinstimmt, nicht Mitglied des Vorstands sein.

Fassung des Abs. 3 ab 1. 1. 1992:

(3) ¹Mitglied des Vorstands kann nur eine natürliche, unbeschränkt geschäftsfähige Person sein. ²Ein Betreuter, der bei der Besorgung seiner Vermögensangelegenheiten ganz oder teilweise einem Einwilligungsvorbehalt (§ 1903 des Bürgerlichen Gesetzbuchs) unterliegt, kann nicht Mitglied des Vorstands sein. ³Wer wegen einer Straftat nach den §§ 283 bis 283 d des Strafgesetzbuchs*** verurteilt worden ist, kann auf die Dauer von fünf Jahren seit der Rechtskraft des Urteils nicht Mitglied des Vorstands sein; in die Frist wird die Zeit nicht eingerechnet, in welcher der Täter auf behördliche Anordnung in einer Anstalt verwahrt worden ist. ⁴Wem durch gerichtliches Urteil oder durch vollziehbare Entscheidung einer

---

* § 76 Abs. 3 Sätze 2 und 3 angefügt durch Gesetz vom 4. 7. 1980 (BGBl. I S. 836), **Abs. 3 Satz 2 eingefügt mit Wirkung vom 1. 1. 1992** durch Art. 7 § 32 Betreuungsgesetz vom 12. 9. 1990 (BGBl. I S. 2002).

** Gesetz über die Mitbestimmung der Arbeitnehmer (Mitbestimmungsgesetz – MitbestG) vom 4. 5. 1976 (BGBl. I S. 1153), geändert durch Gesetz vom 26. 6. 1990 (BGBl. I S. 1206) – §§ 1 bis 7 abgedruckt in Anm. zu § 96 Abs. 1 AktG –. Gesetz über die Mitbestimmung der Arbeitnehmer in den Aufsichtsräten und Vorständen der Unternehmen des Bergbaus und der Eisen und Stahl erzeugenden Industrie (sog. Montan-Mitbestimmungsgesetz) vom 21. 5. 1951 (BGBl. I S. 347), geändert durch Gesetz vom 15. 7. 1957 (BGBl. I S. 714), vom 6. 9. 1965 (BGBl. I S. 1185), vom 21. 5. 1981 (BGBl. I S. 441) und vom 19. 12. 1985 (BGBl. I S. 2355) sowie Ergänzung dieses Gesetz zur Verlängerung der Auslaufzeiten in der Montan-Mitbestimmung vom 23. 7. 1987 (BGBl. I S. 1676). Beachte auch Gesetz zur Ergänzung des Gesetzes über die Mitbestimmung der Arbeitnehmer in den Aufsichtsräten und Vorständen der Unternehmen des Bergbaus und der Eisen und Stahl erzeugenden Industrie (sog. Mitbestimmungsergänzungsgesetz) vom 7. 8. 1956 (BGBl. I S. 707), geändert durch Gesetz vom 15. 7. 1957 (BGBl. I S. 714), vom 6. 9. 1965 (BGBl. I S. 1185), vom 27. 4. 1967 (BGBl. I S. 505), vom 21. 5. 1981 (BGBl. I S. 441), vom 19. 12. 1985 (BGBl. I S. 2355) und vom 20. 12. 1988 (BGBl. I S. 2312).

*** Abgedruckt in Schönfelder unter Nr. **85**.

4. Teil. Verfassung der Aktiengesellschaft §§ 77–80 AktG 10

Verwaltungsbehörde die Ausübung eines Berufs, Berufszweiges, Gewerbes oder Gewerbezweiges untersagt worden ist, kann für die Zeit, für welche das Verbot wirksam ist, bei einer Gesellschaft, deren Unternehmensgegenstand ganz oder teilweise mit dem Gegenstand des Verbots übereinstimmt, nicht Mitglied des Vorstands sein.

§ 77. Geschäftsführung. (1) ¹Besteht der Vorstand aus mehreren Personen, so sind sämtliche Vorstandsmitglieder nur gemeinschaftlich zur Geschäftsführung befugt. ²Die Satzung oder die Geschäftsordnung des Vorstands kann Abweichendes bestimmen; es kann jedoch nicht bestimmt werden, daß ein oder mehrere Vorstandsmitglieder Meinungsverschiedenheiten im Vorstand gegen die Mehrheit seiner Mitglieder entscheiden.

(2) ¹Der Vorstand kann sich eine Geschäftsordnung geben, wenn nicht die Satzung den Erlaß der Geschäftsordnung dem Aufsichtsrat übertragen hat oder der Aufsichtsrat eine Geschäftsordnung für den Vorstand erläßt. ²Die Satzung kann Einzelfragen der Geschäftsordnung bindend regeln. ³Beschlüsse des Vorstands über die Geschäftsordnung müssen einstimmig gefaßt werden.

§ 78. Vertretung. (1) Der Vorstand vertritt die Gesellschaft gerichtlich und außergerichtlich.

(2) ¹Besteht der Vorstand aus mehreren Personen, so sind, wenn die Satzung nichts anderes bestimmt, sämtliche Vorstandsmitglieder nur gemeinschaftlich zur Vertretung der Gesellschaft befugt. ²Ist eine Willenserklärung gegenüber der Gesellschaft abzugeben, so genügt die Abgabe gegenüber einem Vorstandsmitglied.

(3) ¹Die Satzung kann auch bestimmen, daß einzelne Vorstandsmitglieder allein oder in Gemeinschaft mit einem Prokuristen zur Vertretung der Gesellschaft befugt sind. ²Dasselbe kann der Aufsichtsrat bestimmen, wenn die Satzung ihn hierzu ermächtigt hat. ³Absatz 2 Satz 2 gilt in diesen Fällen sinngemäß.

(4) ¹Zur Gesamtvertretung befugte Vorstandsmitglieder können einzelne von ihnen zur Vornahme bestimmter Geschäfte oder bestimmter Arten von Geschäften ermächtigen. ²Dies gilt sinngemäß, wenn ein einzelnes Vorstandsmitglied in Gemeinschaft mit einem Prokuristen zur Vertretung der Gesellschaft befugt ist.

§ 79. Zeichnung durch Vorstandsmitglieder. Vorstandsmitglieder zeichnen für die Gesellschaft, indem sie der Firma der Gesellschaft oder der Benennung des Vorstands ihre Namensunterschrift hinzufügen.

§ 80.* **Angaben auf Geschäftsbriefen.** (1) ¹Auf allen Geschäftsbriefen, die an einen bestimmten Empfänger gerichtet werden, müssen die Rechtsform und der Sitz der Gesellschaft, das Registergericht des Sitzes der Gesellschaft und die Nummer, unter der die Gesellschaft in das Handelsregister eingetragen ist, sowie alle Vorstandsmitglieder und der Vorsitzende des Aufsichtsrats mit dem Familiennamen und mindestens einem ausgeschriebenen Vornamen angegeben werden. ²Der Vorsitzende des Vorstands ist als solcher zu bezeichnen. ³Werden Angaben über das Kapital der Gesellschaft gemacht, so müssen in jedem Falle das Grundkapital sowie, wenn auf die Aktien der Nennbetrag oder der höhere Ausgabebetrag nicht vollständig eingezahlt ist, der Gesamtbetrag der ausstehenden Einlagen angegeben werden.

---

* § 80 neu gefaßt durch Gesetz vom 15. 8. 1969 (BGBl. I S. 1146).

10 AktG § 81 1. Buch. Aktiengesellschaft

(2) Der Angaben nach Absatz 1 Satz 1 und 2 bedarf es nicht bei Mitteilungen oder Berichten, die im Rahmen einer bestehenden Geschäftsverbindung ergehen und für die üblicherweise Vordrucke verwendet werden, in denen lediglich die im Einzelfall erforderlichen besonderen Angaben eingefügt zu werden brauchen.

(3) ¹Bestellscheine gelten als Geschäftsbriefe im Sinne des Absatzes 1. ²Absatz 2 ist auf sie nicht anzuwenden.

§ 81.* Änderung des Vorstands und der Vertretungsbefugnis seiner Mitglieder. (1) Jede Änderung des Vorstands oder der Vertretungsbefugnis eines Vorstandsmitglieds hat der Vorstand zur Eintragung in das Handelsregister anzumelden.

(2) Der Anmeldung sind die Urkunden über die Änderung in Urschrift oder öffentlich beglaubigter Abschrift für das Gericht des Sitzes der Gesellschaft beizufügen.

Fassung des Abs. 3 bis 31. 12. 1991:

(3) ¹Die neuen Vorstandsmitglieder haben in der Anmeldung zu versichern, daß keine Umstände vorliegen, die ihrer Bestellung nach § 76 Abs. 3 Satz 2 und 3 entgegenstehen, und daß sie über ihre unbeschränkte Auskunftspflicht gegenüber dem Gericht belehrt worden sind. ²§ 37 Abs. 2 Satz 2 ist anzuwenden.

Fassung des Abs. 3 ab 1. 1. 1992:

(3) ¹Die neuen Vorstandsmitglieder haben in der Anmeldung zu versichern, daß keine Umstände vorliegen, die ihrer Bestellung nach § 76 Abs. 3 Satz 3 und 4 entgegenstehen, und daß sie über ihre unbeschränkte Auskunftspflicht gegenüber dem Gericht belehrt worden sind. ²§ 37 Abs. 2 Satz 2 ist anzuwenden.

(4) Die neuen Vorstandsmitglieder haben ihre Namensunterschrift zur Aufbewahrung beim Gericht zu zeichnen.

---

* § 81 Abs. 1 und 2 geändert durch Gesetz vom 15. 8. 1969 (BGBl. I S. 1146), neuer Abs. 3 eingefügt, bisheriger Abs. 3 wurde Abs. 4 durch Gesetz vom 4. 7. 1980 (BGBl. I S. 836), **Abs. 3 Satz 1 geändert mit Wirkung vom 1. 1. 1992** durch Art. 7 § 32 Betreuungsgesetz vom 12. 9. 1990 (BGBl. I S. 2002).

4. Teil. Verfassung der Aktiengesellschaft   §§ 82–84 AktG 10

§ 82. Beschränkungen der Vertretungs- und Geschäftsführungsbefugnis.
(1) Die Vertretungsbefugnis des Vorstands kann nicht beschränkt werden.

(2) Im Verhältnis der Vorstandsmitglieder zur Gesellschaft sind diese verpflichtet, die Beschränkungen einzuhalten, die im Rahmen der Vorschriften über die Aktiengesellschaft die Satzung, der Aufsichtsrat, die Hauptversammlung und die Geschäftsordnungen des Vorstands und des Aufsichtsrats für die Geschäftsführungsbefugnis getroffen haben.

§ 83. Vorbereitung und Ausführung von Hauptversammlungsbeschlüssen. (1) ¹Der Vorstand ist auf Verlangen der Hauptversammlung verpflichtet, Maßnahmen, die in die Zuständigkeit der Hauptversammlung fallen, vorzubereiten. ²Das gleiche gilt für die Vorbereitung und den Abschluß von Verträgen, die nur mit Zustimmung der Hauptversammlung wirksam werden. ³Der Beschluß der Hauptversammlung bedarf der Mehrheiten, die für die Maßnahmen oder für die Zustimmung zu dem Vertrag erforderlich sind.

(2) Der Vorstand ist verpflichtet, die von der Hauptversammlung im Rahmen ihrer Zuständigkeit beschlossenen Maßnahmen auszuführen.

§ 84.* Bestellung und Abberufung des Vorstands. (1) ¹Vorstandsmitglieder bestellt der Aufsichtsrat auf höchstens fünf Jahre. ²Eine wiederholte Bestellung oder Verlängerung der Amtszeit, jeweils für höchstens fünf Jahre, ist zulässig. ³Sie bedarf eines erneuten Aufsichtsratsbeschlusses, der frühestens ein Jahr vor Ablauf der bisherigen Amtszeit gefaßt werden kann. ⁴Nur bei einer Bestellung auf weniger als fünf Jahre kann eine Verlängerung der Amtszeit ohne neuen Aufsichtsratsbeschluß vorgesehen werden, sofern dadurch die gesamte Amtszeit nicht mehr als fünf Jahre beträgt. ⁵Dies gilt sinngemäß für den Anstellungsvertrag; er kann jedoch vorsehen, daß er für den Fall einer Verlängerung der Amtszeit bis zu deren Ablauf weitergilt.

(2) Werden mehrere Personen zu Vorstandsmitgliedern bestellt, so kann der Aufsichtsrat ein Mitglied zum Vorsitzenden des Vorstands ernennen.

(3) ¹Der Aufsichtsrat kann die Bestellung zum Vorstandsmitglied und die Ernennung zum Vorsitzenden des Vorstands widerrufen, wenn ein wichtiger Grund vorliegt. ²Ein solcher Grund ist namentlich grobe Pflichtverletzung, Unfähigkeit zur ordnungsmäßigen Geschäftsführung oder Vertrauensentzug durch die Hauptversammlung, es sei denn, daß das Vertrauen aus offenbar unsachlichen Gründen entzogen worden ist. ³Dies gilt auch für den vom ersten Aufsichtsrat bestellten Vorstand. ⁴Der Widerruf ist wirksam, bis seine Unwirksamkeit rechtskräftig festgestellt ist. ⁵Für die Ansprüche aus dem Anstellungsvertrag gelten die allgemeinen Vorschriften.

(4) Die Vorschriften des Gesetzes über die Mitbestimmung der Arbeitnehmer in den Aufsichtsräten und Vorständen der Unternehmen des Bergbaus und der Eisen und Stahl erzeugenden Industrie vom 21. Mai 1951 (Bundesgesetzbl. I S. 347) – Montan-Mitbestimmungsgesetz – über die besonderen Mehrheitserfordernisse für einen Aufsichtsratsbeschluß über die Bestellung eines Arbeitsdirektors oder den Widerruf seiner Bestellung bleiben unberührt.

---

* § 84 Abs. 4 geändert durch Mitbestimmungsgesetz vom 4. 5. 1976 (BGBl. I S. 1153).

10 AktG §§ 85–88   1. Buch. Aktiengesellschaft

§ 85. Bestellung durch das Gericht. (1) ¹Fehlt ein erforderliches Vorstandsmitglied, so hat in dringenden Fällen das Gericht auf Antrag eines Beteiligten das Mitglied zu bestellen. ²Gegen die Entscheidung ist die sofortige Beschwerde zulässig.

(2) Das Amt des gerichtlich bestellten Vorstandsmitglieds erlischt in jedem Fall, sobald der Mangel behoben ist.

(3) ¹Das gerichtlich bestellte Vorstandsmitglied hat Anspruch auf Ersatz angemessener barer Auslagen und auf Vergütung für seine Tätigkeit. ²Einigen sich das gerichtlich bestellte Vorstandsmitglied und die Gesellschaft nicht, so setzt das Gericht die Auslagen und die Vergütung fest. ³Gegen die Entscheidung ist die sofortige Beschwerde zulässig. ⁴Die weitere Beschwerde ist ausgeschlossen. ⁵Aus der rechtskräftigen Entscheidung findet die Zwangsvollstreckung nach der Zivilprozeßordnung statt.

§ 86.* Gewinnbeteiligung der Vorstandsmitglieder. (1) ¹Den Vorstandsmitgliedern kann für ihre Tätigkeit eine Beteiligung am Gewinn gewährt werden. ²Sie soll in der Regel in einem Anteil am Jahresgewinn der Gesellschaft bestehen.

(2) ¹Wird den Vorstandsmitgliedern ein Anteil am Jahresgewinn der Gesellschaft gewährt, so berechnet sich der Anteil nach dem Jahresüberschuß, vermindert um einen Verlustvortrag aus dem Vorjahr und um die Beträge, die nach Gesetz oder Satzung aus dem Jahresüberschuß in Gewinnrücklagen einzustellen sind. ²Entgegenstehende Festsetzungen sind nichtig.

§ 87. Grundsätze für die Bezüge der Vorstandsmitglieder. (1) ¹Der Aufsichtsrat hat bei der Festsetzung der Gesamtbezüge des einzelnen Vorstandsmitglieds (Gehalt, Gewinnbeteiligungen, Aufwandsentschädigungen, Versicherungsentgelte, Provisionen und Nebenleistungen jeder Art) dafür zu sorgen, daß die Gesamtbezüge in einem angemessenen Verhältnis zu den Aufgaben des Vorstandsmitglieds und zur Lage der Gesellschaft stehen. ²Dies gilt sinngemäß für Ruhegehalt, Hinterbliebenenbezüge und Leistungen verwandter Art.

(2) ¹Tritt nach der Festsetzung eine so wesentliche Verschlechterung in den Verhältnissen der Gesellschaft ein, daß die Weitergewährung der in Absatz 1 Satz 1 aufgeführten Bezüge eine schwere Unbilligkeit für die Gesellschaft sein würde, so ist der Aufsichtsrat, im Fall des § 85 Abs. 3 das Gericht auf Antrag des Aufsichtsrats, zu einer angemessenen Herabsetzung berechtigt. ²Durch eine Herabsetzung wird der Anstellungsvertrag im übrigen nicht berührt. ³Das Vorstandsmitglied kann jedoch seinen Anstellungsvertrag für den Schluß des nächsten Kalendervierteljahrs mit einer Kündigungsfrist von sechs Wochen kündigen.

(3) ¹Wird über das Vermögen der Gesellschaft das Konkursverfahren eröffnet und kündigt der Konkursverwalter den Anstellungsvertrag eines Vorstandsmitglieds, so kann es Ersatz für den Schaden, der ihm durch die Aufhebung des Dienstverhältnisses entsteht, nur für zwei Jahre seit dem Ablauf des Dienstverhältnisses verlangen. ²Gleiches gilt, wenn über die Gesellschaft das gerichtliche Vergleichsverfahren eröffnet wird und die Gesellschaft den Anstellungsvertrag kündigt.

§ 88. Wettbewerbsverbot. (1) ¹Die Vorstandsmitglieder dürfen ohne Einwilligung des Aufsichtsrats weder ein Handelsgewerbe betreiben noch im Geschäfts-

---

* § 86 Abs. 2 Satz 1 geändert durch Bilanzrichtlinien-Gesetz vom 19. 12. 1985 (BGBl. I S. 2355).

4. Teil. Verfassung der Aktiengesellschaft § 89 AktG 10

zweig der Gesellschaft für eigene oder fremde Rechnung Geschäfte machen. ²Sie dürfen ohne Einwilligung auch nicht Mitglied des Vorstands oder Geschäftsführer oder persönlich haftender Gesellschafter einer anderen Handelsgesellschaft sein. ³Die Einwilligung des Aufsichtsrats kann nur für bestimmte Handelsgewerbe oder Handelsgesellschaften oder für bestimmte Arten von Geschäften erteilt werden.

(2) ¹Verstößt ein Vorstandsmitglied gegen dieses Verbot, so kann die Gesellschaft Schadenersatz fordern. ²Sie kann statt dessen von dem Mitglied verlangen, daß es die für eigene Rechnung gemachten Geschäfte als für Rechnung der Gesellschaft eingegangen gelten läßt und die aus Geschäften für fremde Rechnung bezogene Vergütung herausgibt oder seinen Anspruch auf die Vergütung abtritt.

(3) ¹Die Ansprüche der Gesellschaft verjähren in drei Monaten seit dem Zeitpunkt, in dem die übrigen Vorstandsmitglieder und die Aufsichtsratsmitglieder von der zum Schadenersatz verpflichtenden Handlung Kenntnis erlangen. ²Sie verjähren ohne Rücksicht auf diese Kenntnis in fünf Jahren seit ihrer Entstehung.

§ 89. Kreditgewährung an Vorstandsmitglieder. (1) ¹Die Gesellschaft darf ihren Vorstandsmitgliedern Kredit nur auf Grund eines Beschlusses des Aufsichtsrats gewähren. ²Der Beschluß kann nur für bestimmte Kreditgeschäfte oder Arten von Kreditgeschäften und nicht für länger als drei Monate im voraus gefaßt werden. ³Er hat die Verzinsung und Rückzahlung des Kredits zu regeln. ⁴Der Gewährung eines Kredits steht die Gestattung einer Entnahme gleich, die über dem Vorstandsmitglied zustehenden Bezüge hinausgeht, namentlich auch die Gestattung der Entnahme von Vorschüssen auf Bezüge. ⁵Dies gilt nicht für Kredite, die ein Monatsgehalt nicht übersteigen.

(2) ¹Die Gesellschaft darf ihren Prokuristen und zum gesamten Geschäftsbetrieb ermächtigten Handlungsbevollmächtigten Kredit nur mit Einwilligung des Aufsichtsrats gewähren. ²Eine herrschende Gesellschaft darf Kredite an gesetzliche Vertreter, Prokuristen oder zum gesamten Geschäftsbetrieb ermächtigte Handlungsbevollmächtigte eines abhängigen Unternehmens nur mit Einwilligung ihres Aufsichtsrats, eine abhängige Gesellschaft darf Kredite an gesetzliche Vertreter, Prokuristen oder zum gesamten Geschäftsbetrieb ermächtigte Handlungsbevollmächtigte des herrschenden Unternehmens nur mit Einwilligung des Aufsichtsrats des herrschenden Unternehmens gewähren. ³Absatz 1 Satz 2 bis 5 gilt sinngemäß.

(3) ¹Absatz 2 gilt auch für Kredite an den Ehegatten oder an ein minderjähriges Kind eines Vorstandsmitglieds, eines anderen gesetzlichen Vertreters, eines Prokuristen oder eines zum gesamten Geschäftsbetrieb ermächtigten Handlungsbevollmächtigten. ²Er gilt ferner für Kredite an einen Dritten, der für Rechnung dieser Personen oder für Rechnung eines Vorstandsmitglieds, eines anderen gesetzlichen Vertreters, eines Prokuristen oder eines zum gesamten Geschäftsbetrieb ermächtigten Handlungsbevollmächtigten handelt.

(4) ¹Ist ein Vorstandsmitglied, ein Prokurist oder ein zum gesamten Geschäftsbetrieb ermächtigter Handlungsbevollmächtigter zugleich gesetzlicher Vertreter oder Mitglied des Aufsichtsrats einer anderen juristischen Person oder Gesellschafter einer Personenhandelsgesellschaft, so darf die Gesellschaft der juristischen Person oder der Personenhandelsgesellschaft Kredit nur mit Einwilligung des Aufsichtsrats gewähren; Absatz 1 Satz 2 und 3 gilt sinngemäß. ²Dies gilt nicht, wenn die juristische Person oder die Personenhandelsgesellschaft mit der Gesellschaft verbunden ist oder wenn der Kredit für die Bezahlung von Waren gewährt wird, welche die Gesellschaft der juristischen Person oder der Personenhandelsgesellschaft liefert.

10 AktG § 90 1. Buch. Aktiengesellschaft

(5) Wird entgegen den Absätzen 1 bis 4 Kredit gewährt, so ist der Kredit ohne Rücksicht auf entgegenstehende Vereinbarungen sofort zurückzugewähren, wenn nicht der Aufsichtsrat nachträglich zustimmt.

(6) Ist die Gesellschaft ein Kreditinstitut, so gelten an Stelle der Absätze 1 bis 5 die Vorschriften des Gesetzes über das Kreditwesen.

§ 90. Berichte an den Aufsichtsrat. (1) [1]Der Vorstand hat dem Aufsichtsrat zu berichten über

1. die beabsichtigte Geschäftspolitik und andere grundsätzliche Fragen der künftigen Geschäftsführung;
2. die Rentabilität der Gesellschaft, insbesondere die Rentabilität des Eigenkapitals;
3. den Gang der Geschäfte, insbesondere den Umsatz, und die Lage der Gesellschaft;
4. Geschäfte, die für die Rentabilität oder Liquidität der Gesellschaft von erheblicher Bedeutung sein können.

[2]Außerdem ist dem Vorsitzenden des Aufsichtsrats aus sonstigen wichtigen Anlässen zu berichten; als wichtiger Anlaß ist auch ein dem Vorstand bekanntgewordener geschäftlicher Vorgang bei einem verbundenen Unternehmen anzusehen, der auf die Lage der Gesellschaft von erheblichem Einfluß sein kann.

(2) Die Berichte nach Absatz 1 Satz 1 Nr. 1 bis 4 sind wie folgt zu erstatten:

1. die Berichte nach Nummer 1 mindestens einmal jährlich, wenn nicht Änderungen der Lage oder neue Fragen eine unverzügliche Berichterstattung gebieten;
2. die Berichte nach Nummer 2 in der Sitzung des Aufsichtsrats, in der über den Jahresabschluß verhandelt wird;
3. die Berichte nach Nummer 3 regelmäßig, mindestens vierteljährlich;
4. die Berichte nach Nummer 4 möglichst so rechtzeitig, daß der Aufsichtsrat vor Vornahme der Geschäfte Gelegenheit hat, zu ihnen Stellung zu nehmen.

(3) [1]Der Aufsichtsrat kann vom Vorstand jederzeit einen Bericht verlangen über Angelegenheiten der Gesellschaft, über ihre rechtlichen und geschäftlichen Beziehungen zu verbundenen Unternehmen sowie über geschäftliche Vorgänge bei diesen Unternehmen, die auf die Lage der Gesellschaft von erheblichem Einfluß sein können. [2]Auch ein einzelnes Mitglied kann einen Bericht, jedoch nur an den Aufsichtsrat, verlangen; lehnt der Vorstand der Berichterstattung ab, so kann der Bericht nur verlangt werden, wenn ein anderes Aufsichtsratsmitglied das Verlangen unterstützt.

(4) Die Berichte haben den Grundsätzen einer gewissenhaften und getreuen Rechenschaft zu entsprechen.

(5) [1]Jedes Aufsichtsratsmitglied hat das Recht, von den Berichten Kenntnis zu nehmen. [2]Soweit die Berichte schriftlich erstattet worden sind, sind sie auch jedem Aufsichtsratsmitglied auf Verlangen auszuhändigen, soweit der Aufsichtsrat nichts anderes beschlossen hat. [3]Der Vorsitzende des Aufsichtsrats hat die Aufsichtsratsmitglieder über die Berichte nach Absatz 1 Satz 2 spätestens in der nächsten Aufsichtsratssitzung zu unterrichten.

4. Teil. Verfassung der Aktiengesellschaft §§ 91–93 **AktG 10**

§ 91. Buchführung. Der Vorstand hat dafür zu sorgen, daß die erforderlichen Handelsbücher geführt werden.

§ 92. Vorstandspflichten bei Verlust, Überschuldung oder Zahlungsunfähigkeit. (1) Ergibt sich bei Aufstellung der Jahresbilanz oder einer Zwischenbilanz oder ist bei pflichtmäßigem Ermessen anzunehmen, daß ein Verlust in Höhe der Hälfte des Grundkapitals besteht, so hat der Vorstand unverzüglich die Hauptversammlung einzuberufen und ihr dies anzuzeigen.

(2) ¹Wird die Gesellschaft zahlungsunfähig, so hat der Vorstand ohne schuldhaftes Zögern, spätestens aber drei Wochen nach Eintritt der Zahlungsunfähigkeit, die Eröffnung des Konkursverfahrens oder des gerichtlichen Vergleichsverfahrens zu beantragen. ²Dies gilt sinngemäß, wenn das Vermögen der Gesellschaft nicht mehr die Schulden deckt. ³Der Antrag ist nicht schuldhaft verzögert, wenn der Vorstand die Eröffnung des gerichtlichen Vergleichsverfahrens mit der Sorgfalt eines ordentlichen und gewissenhaften Geschäftsleiters betreibt.

(3) ¹Nachdem die Zahlungsunfähigkeit der Gesellschaft eingetreten ist oder sich ihre Überschuldung ergeben hat, darf der Vorstand keine Zahlungen leisten. ²Dies gilt nicht von Zahlungen, die auch nach diesem Zeitpunkt mit der Sorgfalt eines ordentlichen und gewissenhaften Geschäftsleiters vereinbar sind.

§ 93. Sorgfaltspflicht und Verantwortlichkeit der Vorstandsmitglieder.
(1) ¹Die Vorstandsmitglieder haben bei ihrer Geschäftsführung die Sorgfalt eines ordentlichen und gewissenhaften Geschäftsleiters anzuwenden. ²Über vertrauliche Angaben und Geheimnisse der Gesellschaft, namentlich Betriebs- oder Geschäftsgeheimnisse, die ihnen durch ihre Tätigkeit im Vorstand bekanntgeworden sind, haben sie Stillschweigen zu bewahren.

(2) ¹Vorstandsmitglieder, die ihre Pflichten verletzen, sind der Gesellschaft zum Ersatz des daraus entstehenden Schadens als Gesamtschuldner verpflichtet. ²Ist streitig, ob sie die Sorgfalt eines ordentlichen und gewissenhaften Geschäftsleiters angewandt haben, so trifft sie die Beweislast.

(3) Die Vorstandsmitglieder sind namentlich zum Ersatz verpflichtet, wenn entgegen diesem Gesetz
1. Einlagen an die Aktionäre zurückgewährt werden,
2. den Aktionären Zinsen oder Gewinnanteile gezahlt werden,
3. eigene Aktien der Gesellschaft oder einer anderen Gesellschaft gezeichnet, erworben, als Pfand genommen oder eingezogen werden,
4. Aktien vor der vollen Leistung des Nennbetrags oder des höheren Ausgabebetrags ausgegeben werden,
5. Gesellschaftsvermögen verteilt wird,
6. Zahlungen geleistet werden, nachdem die Zahlungsunfähigkeit der Gesellschaft eingetreten ist oder sich ihre Überschuldung ergeben hat,
7. Vergütungen an Aufsichtsratsmitglieder gewährt werden,
8. Kredit gewährt wird,
9. bei der bedingten Kapitalerhöhung außerhalb des festgesetzten Zwecks oder vor der vollen Leistung des Gegenwerts Bezugsaktien ausgegeben werden.

10 AktG §§ 94, 95　　　　　　　　　　　　　　　1. Buch. Aktiengesellschaft

(4) ¹Der Gesellschaft gegenüber tritt die Ersatzpflicht nicht ein, wenn die Handlung auf einem gesetzmäßigen Beschluß der Hauptversammlung beruht. ²Dadurch, daß der Aufsichtsrat die Handlung gebilligt hat, wird die Ersatzpflicht nicht ausgeschlossen. ³Die Gesellschaft kann erst drei Jahre nach der Entstehung des Anspruchs und nur dann auf Ersatzansprüche verzichten oder sich über sie vergleichen, wenn die Hauptversammlung zustimmt und nicht eine Minderheit, deren Anteile zusammen den zehnten Teil des Grundkapitals erreichen, zur Niederschrift Widerspruch erhebt. ⁴Die zeitliche Beschränkung gilt nicht, wenn der Ersatzpflichtige zahlungsunfähig ist und sich zur Abwendung oder Beseitigung des Konkursverfahrens mit seinen Gläubigern vergleicht.

(5) ¹Der Ersatzanspruch der Gesellschaft kann auch von den Gläubigern der Gesellschaft geltend gemacht werden, soweit sie von dieser keine Befriedigung erlangen können. ²Dies gilt jedoch in anderen Fällen als denen des Absatzes 3 nur dann, wenn die Vorstandsmitglieder die Sorgfalt eines ordentlichen und gewissenhaften Geschäftsleiters gröblich verletzt haben; Absatz 2 Satz 2 gilt sinngemäß. ³Den Gläubigern gegenüber wird die Ersatzpflicht weder durch einen Verzicht oder Vergleich der Gesellschaft noch dadurch aufgehoben, daß die Handlung auf einem Beschluß der Hauptversammlung beruht. ⁴Ist über das Vermögen der Gesellschaft das Konkursverfahren eröffnet, so übt während dessen Dauer der Konkursverwalter das Recht der Gläubiger gegen die Vorstandsmitglieder aus.

(6) Die Ansprüche aus diesen Vorschriften verjähren in fünf Jahren.

§ 94. Stellvertreter von Vorstandsmitgliedern. Die Vorschriften für die Vorstandsmitglieder gelten auch für ihre Stellvertreter.

Zweiter Abschnitt. Aufsichtsrat

§ 95.* Zahl der Aufsichtsratsmitglieder. ¹Der Aufsichtsrat besteht aus drei Mitgliedern. ²Die Satzung kann eine bestimmte höhere Zahl festsetzen. ³Die Zahl muß durch drei teilbar sein. ⁴Die Höchstzahl der Aufsichtsratsmitglieder beträgt bei Gesellschaften mit einem Grundkapital

bis zu　　　　　　　3 000 000 Deutsche Mark neun,
von mehr als　　　　3 000 000 Deutsche Mark fünfzehn,
von mehr als　　　 20 000 000 Deutsche Mark einundzwanzig.

⁵Durch die vorstehenden Vorschriften werden hiervon abweichende Vorschriften des Gesetzes über die Mitbestimmung der Arbeitnehmer vom 4. Mai 1976 (Bundesgesetzbl. I S. 1153), des Montan-Mitbestimmungsgesetzes und des Gesetzes zur Ergänzung des Gesetzes über die Mitbestimmung der Arbeitnehmer in den Aufsichtsräten und Vorständen der Unternehmen des Bergbaus und der Eisen und Stahl erzeugenden Industrie vom 7. August 1956 (Bundesgesetzbl. I S. 707) – Mitbestimmungsergänzungsgesetz – nicht berührt.

---

* § 95 Satz 5 neu gefaßt durch Mitbestimmungsgesetz vom 4. 5. 1976 (BGBl. I S. 1153).

4. Teil. Verfassung der Aktiengesellschaft § 96 **AktG 10**

§ 96.* Zusammensetzung des Aufsichtsrats. (1) Der Aufsichtsrat setzt sich zusammen
bei Gesellschaften, für die das Mitbestimmungsgesetz gilt, aus Aufsichtsratsmitgliedern der Aktionäre und der Arbeitnehmer,**

---

* § 96 Abs. 1 neu gefaßt durch Mitbestimmungsgesetz vom 4. 5. 1976 (BGBl. I S. 1153).

** **Beachte hierzu insbesondere die §§ 1 bis 7 Gesetz über die Mitbestimmung der Arbeitnehmer (Mitbestimmungsgesetz – MitbestG) vom 4. 5. 1976 (BGBl. I S. 1153):**

„**Erster Teil. Geltungsbereich**

§ 1. Erfaßte Unternehmen. (1) In Unternehmen, die

1. in der Rechtsform einer Aktiengesellschaft, einer Kommanditgesellschaft auf Aktien, einer Gesellschaft mit beschränkter Haftung, einer bergrechtlichen Gewerkschaft mit eigener Rechtspersönlichkeit oder einer Erwerbs- und Wirtschaftsgenossenschaft betrieben werden und
2. in der Regel mehr als 2000 Arbeitnehmer beschäftigen,

haben die Arbeitnehmer ein Mitbestimmungsrecht nach Maßgabe dieses Gesetzes.

(2) Dieses Gesetz ist nicht anzuwenden auf die Mitbestimmung in Organen von Unternehmen, in denen die Arbeitnehmer nach

1. dem Gesetz über die Mitbestimmung der Arbeitnehmer in den Aufsichtsräten und Vorständen der Unternehmen des Bergbaus und der Eisen und Stahl erzeugenden Industrie vom 21. Mai 1951 (Bundesgesetzbl. I S. 347) – Montan-Mitbestimmungsgesetz –, zuletzt geändert durch das Einführungsgesetz zum Aktiengesetz vom 6. September 1965 (Bundesgesetzbl. I S. 1185), oder
2. dem Gesetz zur Ergänzung des Gesetzes über die Mitbestimmung der Arbeitnehmer in den Aufsichtsräten und Vorständen der Unternehmen des Bergbaus und der Eisen und Stahl erzeugenden Industrie vom 7. August 1956 (Bundesgesetzbl. I S. 707) – Mitbestimmungsergänzungsgesetz –, zuletzt geändert durch das Gesetz zur Änderung des Gesetzes zur Ergänzung des Gesetzes über die Mitbestimmung der Arbeitnehmer in den Aufsichtsräten und Vorständen der Unternehmen des Bergbaus und der Eisen und Stahl erzeugenden Industrie vom 27. April 1967 (Bundesgesetzbl. I S. 505),

ein Mitbestimmungsrecht haben.

(3) Die Vertretung der Arbeitnehmer in den Aufsichtsräten von Unternehmen, in denen die Arbeitnehmer nicht nach Absatz 1 oder nach den in Absatz 2 bezeichneten Gesetzen ein Mitbestimmungsrecht haben, bestimmt sich nach den Vorschriften des Betriebsverfassungsgesetzes 1952 (Bundesgesetzbl. I S. 681), zuletzt geändert durch das Betriebsverfassungsgesetz vom 15. Januar 1972 (Bundesgesetzbl. I S. 13).

(4) [1]Dieses Gesetz ist nicht anzuwenden auf Unternehmen, die unmittelbar und überwiegend
1. politischen, koalitionspolitischen, konfessionellen, karitativen, erzieherischen, wissenschaftlichen oder künstlerischen Bestimmungen oder
2. Zwecken der Berichterstattung oder Meinungsäußerung, auf die Artikel 5 Abs. 1 Satz 2 des Grundgesetzes anzuwenden ist,

dienen. [2]Dieses Gesetz ist nicht anzuwenden auf Religionsgemeinschaften und ihre karitativen und erzieherischen Einrichtungen unbeschadet deren Rechtsform.

§ 2. Anteilseigner. Anteilseigner im Sinne dieses Gesetzes sind je nach der Rechtsform der in § 1 Abs. 1 Nr. 1 bezeichneten Unternehmen Aktionäre, Gesellschafter, Gewerken oder Genossen.

§ 3. Arbeitnehmer. (1) [1]Arbeitnehmer im Sinne dieses Gesetzes sind Arbeiter und Angestellte. [2]Die in § 5 Abs. 2 des Betriebsverfassungsgesetzes bezeichneten Personen sind keine Arbeitnehmer im Sinne dieses Gesetzes.

(2) Arbeiter im Sinne dieses Gesetzes sind die in § 6 Abs. 1 des Betriebsverfassungsgesetzes bezeichneten Arbeitnehmer.

(3) Angestellte im Sinne dieses Gesetzes sind
1. die in § 6 Abs. 2 des Betriebsverfassungsgesetzes bezeichneten Arbeitnehmer mit Ausnahme der in § 5 Abs. 3 des Betriebsverfassungsgesetzes bezeichneten leitenden Angestellten,
2. die in § 5 Abs. 3 des Betriebsverfassungsgesetzes bezeichneten leitenden Angestellten.

§ 4. Kommanditgesellschaft. (1) [1]Ist ein in § 1 Abs. 1 Nr. 1 bezeichnetes Unternehmen persönlich haftender Gesellschafter einer Kommanditgesellschaft und hat die Mehrheit der Kommanditisten

10 AktG § 96 1. Buch. Aktiengesellschaft

bei Gesellschaften, für die das Montan-Mitbestimmungsgesetz gilt, aus Aufsichtsratsmitgliedern der Aktionäre und der Arbeitnehmer und aus weiteren Mitgliedern,

---

dieser Kommanditgesellschaft, berechnet nach der Mehrheit der Anteile oder der Stimmen, die Mehrheit der Anteile oder der Stimmen in dem Unternehmen des persönlich haftenden Gesellschafters inne, so gelten für die Anwendung dieses Gesetzes auf den persönlich haftenden Gesellschafter die Arbeitnehmer der Kommanditgesellschaft als Arbeitnehmer des persönlich haftenden Gesellschafters, sofern nicht der persönlich haftende Gesellschafter einen eigenen Geschäftsbetrieb mit in der Regel mehr als 500 Arbeitnehmern hat. ²Ist die Kommanditgesellschaft persönlich haftender Gesellschafter einer anderen Kommanditgesellschaft, so gelten auch deren Arbeitnehmer als Arbeitnehmer des in § 1 Abs. 1 Nr. 1 bezeichneten Unternehmens. ³Dies gilt entsprechend, wenn sich die Verbindung von Kommanditgesellschaften in dieser Weise fortsetzt.

(2) Das Unternehmen kann von der Führung der Geschäfte der Kommanditgesellschaft nicht ausgeschlossen werden.

§ 5. Konzern. (1) ¹Ist ein in § 1 Abs. 1 Nr. 1 bezeichnetes Unternehmen herrschendes Unternehmen eines Konzerns (§ 18 Abs. 1 des Aktiengesetzes), so gelten für die Anwendung dieses Gesetzes auf das herrschende Unternehmen die Arbeitnehmer der Konzernunternehmen als Arbeitnehmer des herrschenden Unternehmens. ²Dies gilt auch für die Arbeitnehmer eines in § 1 Abs. 1 Nr. 1 bezeichneten Unternehmens, das persönlich haftender Gesellschafter eines abhängigen Unternehmens (§ 18 Abs. 1 des Aktiengesetzes) in der Rechtsform einer Kommanditgesellschaft ist.

(2) ¹Ist eine Kommanditgesellschaft, bei der für die Anwendung dieses Gesetzes auf den persönlich haftenden Gesellschafter die Arbeitnehmer der Kommanditgesellschaft nach § 4 Abs. 1 als Arbeitnehmer des persönlich haftenden Gesellschafters gelten, herrschendes Unternehmen eines Konzerns (§ 18 Abs. 1 des Aktiengesetzes), so gelten für die Anwendung dieses Gesetzes auf den persönlich haftenden Gesellschafter der Kommanditgesellschaft die Arbeitnehmer der Konzernunternehmen als Arbeitnehmer des persönlich haftenden Gesellschafters. ²Absatz 1 Satz 2 sowie § 4 Abs. 2 sind entsprechend anzuwenden.

(3) Stehen in einem Konzern die Konzernunternehmen unter der einheitlichen Leitung eines anderen als eines in Absatz 1 oder 2 bezeichneten Unternehmens, beherrscht aber die Konzernleitung über ein in Absatz 1 oder 2 bezeichnetes Unternehmen oder über mehrere solcher Unternehmen andere Konzernunternehmen, so gelten die in Absatz 1 oder 2 bezeichneten und der Konzernleitung am nächsten stehenden Unternehmen, über die die Konzernleitung andere Konzernunternehmen beherrscht, für die Anwendung dieses Gesetzes als herrschende Unternehmen.

Zweiter Teil. Aufsichtsrat
Erster Abschnitt. Bildung und Zusammensetzung

§ 6. Grundsatz. (1) Bei den in § 1 Abs. 1 bezeichneten Unternehmen ist ein Aufsichtsrat zu bilden, soweit sich dies nicht schon aus anderen gesetzlichen Vorschriften ergibt.

(2) ¹Die Bildung und die Zusammensetzung des Aufsichtsrats sowie die Bestellung und die Abberufung seiner Mitglieder bestimmen sich nach den §§ 7 bis 24 dieses Gesetzes und, soweit sich dies nicht schon aus anderen gesetzlichen Vorschriften ergibt, nach § 96 Abs. 2, den §§ 97 bis 101 Abs. 1 und 3 und den §§ 102 bis 106 des Aktiengesetzes mit der Maßgabe, daß die Wählbarkeit eines Prokuristen als Aufsichtsratsmitglied der Arbeitnehmer nur ausgeschlossen ist, wenn dieser dem zur gesetzlichen Vertretung des Unternehmens befugten Organ unmittelbar unterstellt und zur Ausübung der Prokura für den gesamten Geschäftsbereich des Organs ermächtigt ist. ²Andere gesetzliche Vorschriften und Bestimmungen der Satzung (des Gesellschaftsvertrags, des Statuts) über die Zusammensetzung des Aufsichtsrats sowie über die Bestellung und die Abberufung seiner Mitglieder bleiben unberührt, soweit Vorschriften dieses Gesetzes dem nicht entgegenstehen.

(3) ¹Auf Erwerbs- und Wirtschaftsgenossenschaften sind die §§ 100, 101 Abs. 1 und 3 und die §§ 103 und 106 des Aktiengesetzes nicht anzuwenden. ²Auf die Aufsichtsratsmitglieder der Arbeitnehmer ist § 9 Abs. 2 des Gesetzes betreffend die Erwerbs- und Wirtschaftsgenossenschaften nicht anzuwenden.

§ 7. Zusammensetzung des Aufsichtsrats. (1) ¹Der Aufsichtsrat eines Unternehmens
1. mit in der Regel nicht mehr als 10000 Arbeitnehmern setzt sich zusammen aus je sechs Aufsichtsratsmitgliedern der Anteilseigner und der Arbeitnehmer;
2. mit in der Regel mehr als 10000, jedoch nicht mehr als 20000 Arbeitnehmern setzt sich zusammen aus je acht Aufsichtsratsmitgliedern der Anteilseigner und der Arbeitnehmer;

4. Teil. Verfassung der Aktiengesellschaft § 96 **AktG 10**

bei Gesellschaften, für die die §§ 5 bis 13 des Mitbestimmungsergänzungsgesetzes gelten, aus Aufsichtsratsmitgliedern der Aktionäre und der Arbeitnehmer und aus einem weiteren Mitglied,

bei Gesellschaften, für die § 76 Abs. 1 des Betriebsverfassungsgesetzes 1952 gilt, aus Aufsichtsratsmitgliedern der Aktionäre und der Arbeitnehmer,*

bei den übrigen Gesellschaften nur aus Aufsichtsratsmitgliedern der Aktionäre.

---

3. mit in der Regel mehr als 20000 Arbeitnehmern setzt sich zusammen aus je zehn Aufsichtsratsmitgliedern der Anteilseigner und der Arbeitnehmer.
²Bei den in Satz 1 Nr. 1 bezeichneten Unternehmen kann die Satzung (der Gesellschaftsvertrag, das Statut) bestimmen, daß Satz 1 Nr. 2 oder 3 anzuwenden ist. ³Bei den in Satz 1 Nr. 2 bezeichneten Unternehmen kann die Satzung (der Gesellschaftsvertrag, das Statut) bestimmen, daß Satz 1 Nr. 3 anzuwenden ist.

(2) Unter den Aufsichtsratsmitgliedern der Arbeitnehmer müssen sich befinden
1. in einem Aufsichtsrat, dem sechs Aufsichtsratsmitglieder der Arbeitnehmer angehören, vier Arbeitnehmer des Unternehmens und zwei Vertreter von Gewerkschaften;
2. in einem Aufsichtsrat, dem acht Aufsichtsratsmitglieder der Arbeitnehmer angehören, sechs Arbeitnehmer des Unternehmens und zwei Vertreter von Gewerkschaften;
3. in einem Aufsichtsrat, dem zehn Aufsichtsratsmitglieder der Arbeitnehmer angehören, sieben Arbeitnehmer des Unternehmens und drei Vertreter von Gewerkschaften.

(3) Die in Absatz 2 bezeichneten Arbeitnehmer des Unternehmens müssen das 18. Lebensjahr vollendet haben, ein Jahr dem Unternehmen angehören und die weiteren Wählbarkeitsvoraussetzungen des § 8 des Betriebsverfassungsgesetzes erfüllen.

(4) Die in Absatz 2 bezeichneten Gewerkschaften müssen in dem Unternehmen selbst oder in einem anderen Unternehmen vertreten sein, dessen Arbeitnehmer nach diesem Gesetz an der Wahl von Aufsichtsratsmitgliedern des Unternehmens teilnehmen."

§§ 8–41. *(vom Abdruck wurde abgesehen)*

* **Beachte hierzu insbesondere die folgenden noch geltenden Vorschriften des Betriebsverfassungsgesetzes 1952** vom 11. 10. 1952 (BGBl. I S. 681) – geändert durch § 35 Abs. 2 Mitbestimmungsgesetz vom 4. 5. 1976 (BGBl. I S. 1153), Art. 86 Einführungsgesetz zur Abgabenordnung vom 14. 12. 1976 (BGBl. I S. 3341), Art. 2 Gesetz vom 21. 5. 1979 (BGBl. I S. 545) und Art. 6 Arbeitsgerichtsgesetz-Änderungsgesetz vom 26. 6. 1990 (BGBl. I S. 1206) –, das mit Ausnahme der §§ 76 bis 77a, 81, 85 und 87 außer Kraft getreten ist durch § 129 Abs. 1 Betriebsverfassungsgesetz vom 15. 1. 1972 (BGBl. I S. 13):

„**§ 76.** (1) Der Aufsichtsrat einer Aktiengesellschaft oder einer Kommanditgesellschaft auf Aktien muß zu einem Drittel aus Vertretern der Arbeitnehmer bestehen.

(2) ¹Die Vertreter der Arbeitnehmer werden in allgemeiner, geheimer, gleicher und unmittelbarer Wahl von allen nach § 6 wahlberechtigten Arbeitnehmern der Betriebe des Unternehmens für die Zeit gewählt, die im Gesetz oder in der Satzung für die von der Hauptversammlung zu wählenden Aufsichtsratsmitglieder bestimmt ist. ²Ist ein Vertreter der Arbeitnehmer zu wählen, so muß dieser in einem Betrieb des Unternehmens als Arbeitnehmer beschäftigt sein. ³Sind zwei oder mehr Vertreter der Arbeitnehmer zu wählen, so müssen sich unter diesen mindestens zwei Arbeitnehmer aus den Betrieben des Unternehmens, darunter ein Arbeiter und ein Angestellter, befinden; § 10 Abs. 3 gilt entsprechend. ⁴Sind in den Betrieben des Unternehmens mehr als die Hälfte der Arbeitnehmer Frauen, so soll mindestens eine von ihnen Arbeitnehmervertreter im Aufsichtsrat sein. ⁵Für die Vertreter der Arbeitnehmer gilt § 53 entsprechend.

(3) ¹Die Betriebsräte und die Arbeitnehmer können Wahlvorschläge machen. ²Die Wahlvorschläge der Arbeitnehmer müssen von mindestens einem Zehntel der wahlberechtigten Arbeitnehmer der Betriebe des Unternehmens oder von mindestens einhundert wahlberechtigten Arbeitnehmern unterzeichnet sein.

(4) ¹An der Wahl der Vertreter der Arbeitnehmer für den Aufsichtsrat des herrschenden Unternehmens eines Konzerns (§ 18 Abs. 1 Satz 1 und 2 des Aktiengesetzes) nehmen auch die Arbeitnehmer der Betriebe der übrigen Konzernunternehmen teil. ²In diesen Fällen kann die Wahl durch Delegierte erfolgen.

(5) ¹Die Bestellung eines Vertreters der Arbeitnehmer zum Aufsichtsratsmitglied kann vor Ablauf der Wahlzeit auf Antrag der Betriebsräte oder von mindestens einem Fünftel der wahlberechtigten

10 AktG § 97 1. Buch. Aktiengesellschaft

(2) Nach anderen als den zuletzt angewandten gesetzlichen Vorschriften kann der Aufsichtsrat nur zusammengesetzt werden, wenn nach § 97 oder nach § 98 die in der Bekanntmachung des Vorstands oder in der gerichtlichen Entscheidung angegebenen gesetzlichen Vorschriften anzuwenden sind.

§ 97. Bekanntmachung über die Zusammensetzung des Aufsichtsrats.

(1) ¹Ist der Vorstand der Ansicht, daß der Aufsichtsrat nicht nach den für ihn maßgebenden gesetzlichen Vorschriften zusammengesetzt ist, so hat er dies unverzüglich in den Gesellschaftsblättern und gleichzeitig durch Aushang in sämtlichen Betrieben der Gesellschaft und ihrer Konzernunternehmen bekanntzumachen. ²In der Bekanntmachung sind die nach Ansicht des Vorstands maßgebenden gesetzlichen Vorschriften anzugeben. ³Es ist darauf hinzuweisen, daß der Aufsichtsrat nach diesen Vorschriften zusammengesetzt wird, wenn nicht Antragsberechtigte nach § 98 Abs. 2 innerhalb eines Monats nach der Bekanntmachung im Bundesanzeiger das nach § 98 Abs. 1 zuständige Gericht anrufen.

(2) ¹Wird das nach § 98 Abs. 1 zuständige Gericht nicht innerhalb eines Monats nach der Bekanntmachung im Bundesanzeiger angerufen, so ist der neue Aufsichtsrat nach den in der Bekanntmachung des Vorstands angegebenen gesetzlichen Vorschriften zusammenzusetzen. ²Die Bestimmungen der Satzung über die Zusammensetzung des Aufsichtsrats, über die Zahl der Aufsichtsratsmitglieder

---

Arbeitnehmer der Betriebe des Unternehmens durch Beschluß der wahlberechtigten Arbeitnehmer widerrufen werden. ²Der Beschluß bedarf einer Mehrheit, die mindestens drei Viertel der abgegebenen Stimmen umfaßt. ³Auf die Beschlußfassung finden die Vorschriften der Absätze 2 und 4 Anwendung.

(6) ¹Auf Aktiengesellschaften, die Familiengesellschaften sind und weniger als fünfhundert Arbeitnehmer beschäftigen, finden die Vorschriften über die Beteiligung der Arbeitnehmer im Aufsichtsrat keine Anwendung. ²Als Familiengesellschaften gelten solche Aktiengesellschaften, deren Aktionär eine einzelne natürliche Person ist oder deren Aktionäre untereinander im Sinne von § 15 Abs. 1 Nr. 2 bis 8, Abs. 2 der Abgabenordnung verwandt oder verschwägert sind. ³Dies gilt entsprechend für Kommanditgesellschaften auf Aktien.

§ 77. (1) *(abgedruckt in Anm. zu § 35 GmbHG; Nr. 9)*

(2) *(betrifft Versicherungsvereine auf Gegenseitigkeit)*

(3) *(abgedruckt in Anm. zu § 9 GenG; Nr. 15)*

§ 77a. Soweit nach §§ 76 oder 77 die Beteiligung von Arbeitnehmern im Aufsichtsrat eines herrschenden Unternehmens von dem Vorhandensein oder der Zahl von Arbeitnehmern abhängt, gelten die Arbeitnehmer der Betriebe eines Konzernunternehmens als Arbeitnehmer des herrschenden Unternehmens, wenn zwischen den Unternehmen ein Beherrschungsvertrag besteht oder das abhängige Unternehmen in das herrschende Unternehmen eingegliedert ist.

§ 81. (1) Auf Betriebe, die politischen, gewerkschaftlichen, konfessionellen, karitativen, erzieherischen, wissenschaftlichen, künstlerischen und ähnlichen Bestimmungen dienen, finden die §§ 76 und 77 keine Anwendung.

(2) Dieses Gesetz findet keine Anwendung auf Religionsgemeinschaften und ihre karitativen und erzieherischen Einrichtungen unbeschadet deren Rechtsform.

§ 85. (1) Die Vorschriften des Genossenschaftsgesetzes über die Zusammensetzung des Aufsichtsrats sowie über die Wahl und die Abberufung von Aufsichtsratsmitgliedern gelten insoweit nicht, als sie den Vorschriften dieses Gesetzes widersprechen.

(2) Die Vorschriften dieses Gesetzes über Vertreter der Arbeitnehmer im Aufsichtsrat finden keine Anwendung auf die in § 1 Abs. 1 des Mitbestimmungsgesetzes, die in § 1 des Montan-Mitbestimmungsgesetzes und die in den §§ 1 und 3 Abs. 1 des Mitbestimmungsergänzungsgesetzes bezeichneten Unternehmen."

4. Teil. Verfassung der Aktiengesellschaft § 98 **AktG 10**

sowie über die Wahl, Abberufung und Entsendung von Aufsichtsratsmitgliedern treten mit der Beendigung der ersten Hauptversammlung, die nach Ablauf der Anrufungsfrist einberufen wird, spätestens sechs Monate nach Ablauf dieser Frist insoweit außer Kraft, als sie den nunmehr anzuwendenden gesetzlichen Vorschriften widersprechen. ³Mit demselben Zeitpunkt erlischt das Amt der bisherigen Aufsichtsratsmitglieder. ⁴Eine Hauptversammlung, die innerhalb der Frist von sechs Monaten stattfindet, kann an Stelle der außer Kraft tretenden Satzungsbestimmungen mit einfacher Stimmenmehrheit neue Satzungsbestimmungen beschließen.

(3) Solange ein gerichtliches Verfahren nach §§ 98, 99 anhängig ist, kann eine Bekanntmachung über die Zusammensetzung des Aufsichtsrats nicht erfolgen.

§ 98.* Gerichtliche Entscheidung über die Zusammensetzung des Aufsichtsrats. (1) ¹Ist streitig oder ungewiß, nach welchen gesetzlichen Vorschriften der Aufsichtsrat zusammenzusetzen ist, so entscheidet darüber auf Antrag ausschließlich das Landgericht (Zivilkammer), in dessen Bezirk die Gesellschaft ihren Sitz hat. ²Die Landesregierung kann die Entscheidung durch Rechtsverordnung für die Bezirke mehrerer Landgerichte einem der Landgerichte übertragen, wenn dies der Sicherung einer einheitlichen Rechtsprechung dient. ³Die Landesregierung kann die Ermächtigung auf die Landesjustizverwaltung übertragen.

(2) ¹Antragsberechtigt sind

1. der Vorstand,
2. jedes Aufsichtsratsmitglied,
3. jeder Aktionär,
4. der Gesamtbetriebsrat der Gesellschaft oder, wenn in der Gesellschaft nur ein Betriebsrat besteht, der Betriebsrat,
5. der Gesamtbetriebsrat eines anderen Unternehmens, dessen Arbeitnehmer nach den gesetzlichen Vorschriften, deren Anwendung streitig oder ungewiß ist, selbst oder durch Delegierte an der Wahl von Aufsichtsratsmitgliedern der Gesellschaft teilnehmen, oder, wenn in dem anderen Unternehmen nur ein Betriebsrat besteht, der Betriebsrat,
6. mindestens ein Zehntel oder einhundert der Arbeitnehmer, die nach den gesetzlichen Vorschriften, deren Anwendung streitig oder ungewiß ist, selbst oder durch Delegierte an der Wahl von Aufsichtsratsmitgliedern der Gesellschaft teilnehmen,
7. Spitzenorganisationen der Gewerkschaften, die nach den gesetzlichen Vorschriften, deren Anwendung streitig oder ungewiß ist, ein Vorschlagsrecht hätten,
8. Gewerkschaften, die nach den gesetzlichen Vorschriften, deren Anwendung streitig oder ungewiß ist, ein Vorschlagsrecht hätten.

²Ist die Anwendung des Mitbestimmungsgesetzes oder die Anwendung von Vorschriften des Mitbestimmungsgesetzes streitig oder ungewiß, so sind außer den nach Satz 1 Antragsberechtigten auch je ein Zehntel der wahlberechtigten Arbeiter, der wahlberechtigten in § 3 Abs. 3 Nr. 1 des Mitbestimmungsgesetzes be-

---

* § 98 Abs. 2 Satz 1 Nrn. 4 und 5 neu gefaßt, Nr. 8 und Satz 2 angefügt durch Mitbestimmungsgesetz vom 4. 5. 1976 (BGBl. I S. 1153), Abs. 2 Satz 1 Nr. 7 geändert durch Bilanzrichtlinien-Gesetz vom 19. 12. 1985 (BGBl. I S. 2355), Abs. 2 Satz 1 Nrn. 5 und 6 sowie Abs. 3 geändert durch Art. 4 Gesetz vom 20. 12. 1988 (BGBl. I S. 2312), Abs. 2 Satz 1 Nrn. 5 und 6 geändert durch Art. 7 Arbeitsgerichtsgesetz-Änderungsgesetz vom 26. 6. 1990 (BGBl. I S. 1206).

10 AktG § 99 1. Buch. Aktiengesellschaft

zeichneten Angestellten oder der wahlberechtigten leitenden Angestellten im Sinne des Mitbestimmungsgesetzes antragsberechtigt.

(3) Die Absätze 1 und 2 gelten sinngemäß, wenn streitig ist, ob der Abschlußprüfer das nach § 3 oder § 16 des Mitbestimmungsergänzungsgesetzes maßgebliche Umsatzverhältnis richtig ermittelt hat.

(4) ¹Entspricht die Zusammensetzung des Aufsichtsrats nicht der gerichtlichen Entscheidung, so ist der neue Aufsichtsrat nach den in der Entscheidung angegebenen gesetzlichen Vorschriften zusammenzusetzen. ²§ 97 Abs. 2 gilt sinngemäß mit der Maßgabe, daß die Frist von sechs Monaten mit dem Eintritt der Rechtskraft beginnt.

§ 99.* Verfahren. (1) Auf das Verfahren ist das Gesetz über die Angelegenheiten der freiwilligen Gerichtsbarkeit anzuwenden, soweit in den Absätzen 2 bis 5 nichts anderes bestimmt ist.

(2) ¹Das Landgericht hat den Antrag in den Gesellschaftsblättern bekanntzumachen. ²Der Vorstand und jedes Aufsichtsratsmitglied sowie die nach § 98 Abs. 2 antragsberechtigten Betriebsräte, Spitzenorganisationen und Gewerkschaften sind zu hören.

(3) ¹Das Landgericht entscheidet durch einen mit Gründen versehenen Beschluß. ²Gegen die Entscheidung findet die sofortige Beschwerde statt. ³Sie kann nur auf eine Verletzung des Gesetzes gestützt werden; die §§ 550, 551, 561, 563 der Zivilprozeßordnung gelten sinngemäß. ⁴Die Beschwerde kann nur durch Einreichung einer von einem Rechtsanwalt unterzeichneten Beschwerdeschrift eingelegt werden. ⁵Über sie entscheidet das Oberlandesgericht. ⁶§ 28 Abs. 2 und 3 des Gesetzes über die Angelegenheiten der freiwilligen Gerichtsbarkeit gilt entsprechend. ⁷Die weitere Beschwerde ist ausgeschlossen. ⁸Die Landesregierung kann durch Rechtsverordnung die Entscheidung über die Beschwerde für die Bezirke mehrerer Oberlandesgerichte einem der Oberlandesgerichte oder dem Obersten Landesgericht übertragen, wenn dies der Sicherung einer einheitlichen Rechtsprechung dient. ⁹Die Landesregierung kann die Ermächtigung auf die Landesjustizverwaltung übertragen.

(4) ¹Das Gericht hat seine Entscheidung dem Antragsteller und der Gesellschaft zuzustellen. ²Es hat sie ferner ohne Gründe in den Gesellschaftsblättern bekanntzumachen. ³Die Beschwerde steht jedem nach § 98 Abs. 2 Antragsberechtigten zu. ⁴Die Beschwerdefrist beginnt mit der Bekanntmachung der Entscheidung im Bundesanzeiger, für den Antragsteller und die Gesellschaft jedoch nicht vor der Zustellung der Entscheidung.

(5) ¹Die Entscheidung wird erst mit der Rechtskraft wirksam. ²Sie wirkt für und gegen alle. ³Der Vorstand hat die rechtskräftige Entscheidung unverzüglich zum Handelsregister einzureichen.

(6) ¹Für die Kosten des Verfahrens gilt die Kostenordnung.** ²Für das Verfahren des ersten Rechtszugs wird das Vierfache der vollen Gebühr erhoben. ³Für den zweiten Rechtszug wird die gleiche Gebühr erhoben; dies gilt auch dann, wenn die Beschwerde Erfolg hat. ⁴Wird der Antrag oder die Beschwerde zurückgenommen, bevor es zu einer Entscheidung kommt, so ermäßigt sich die Gebühr auf die Hälfte. ⁵Der Geschäftswert ist von Amts wegen festzusetzen. ⁶Er bestimmt sich

---

* § 99 Abs. 1 und Abs. 3 Satz 6 geändert durch Bilanzrichtlinien-Gesetz vom 19. 12. 1985 (BGBl. I S. 2355), Abs. 2 Satz 2 geändert durch Gesetz vom 20. 12. 1988 (BGBl. I S. 2312).
** Abgedruckt in Schönfelder unter Nr. **119**.

4. Teil. Verfassung der Aktiengesellschaft §§ 100, 101 **AktG 10**

nach § 30 Abs. 2 der Kostenordnung mit der Maßgabe, daß der Wert regelmäßig auf einhunderttausend Deutsche Mark anzunehmen ist. ⁷Kostenvorschüsse werden nicht erhoben. ⁸Schuldner der Kosten ist die Gesellschaft. ⁹Die Kosten können jedoch ganz oder zum Teil dem Antragsteller auferlegt werden, wenn dies der Billigkeit entspricht. ¹⁰Kosten der Beteiligten werden nicht erstattet.

Fassung des § 100 Abs. 1 bis 31. 12. 1991:

§ 100.* Persönliche Voraussetzungen für Aufsichtsratsmitglieder. (1) Mitglied des Aufsichtsrats kann nur eine natürliche, unbeschränkt geschäftsfähige Person sein.

Fassung des Abs. 1 ab 1. 1. 1992:

(1) ¹Mitglied des Aufsichtsrats kann nur eine natürliche, unbeschränkt geschäftsfähige Person sein. ²Ein Betreuter, der bei der Besorgung seiner Vermögensangelegenheiten ganz oder teilweise einem Einwilligungsvorbehalt (§ 1903 des Bürgerlichen Gesetzbuchs) unterliegt, kann nicht Mitglied des Aufsichtsrats sein.

(2) ¹Mitglied des Aufsichtsrats kann nicht sein, wer

1. bereits in zehn Handelsgesellschaften oder bergrechtlichen Gewerkschaften, die gesetzlich einen Aufsichtsrat zu bilden haben, Aufsichtsratsmitglied ist,

2. gesetzlicher Vertreter eines von der Gesellschaft abhängigen Unternehmens ist, oder

3. gesetzlicher Vertreter einer anderen Kapitalgesellschaft oder bergrechtlichen Gewerkschaft ist, deren Aufsichtsrat ein Vorstandsmitglied der Gesellschaft angehört.

²Auf die Höchstzahl nach Satz 1 Nr. 1 sind bis zu fünf Aufsichtsratssitze nicht anzurechnen, die ein gesetzlicher Vertreter (beim Einzelkaufmann der Inhaber) des herrschenden Unternehmens eines Konzerns in zum Konzern gehörenden Handelsgesellschaften und bergrechtlichen Gewerkschaften, die gesetzlich einen Aufsichtsrat zu bilden haben, inne hat.

(3) Die anderen persönlichen Voraussetzungen der Aufsichtsratsmitglieder der Arbeitnehmer sowie der weiteren Mitglieder bestimmen sich nach dem Mitbestimmungsgesetz, dem Montan-Mitbestimmungsgesetz, dem Mitbestimmungsergänzungsgesetz und dem Betriebsverfassungsgesetz 1952.

(4) Die Satzung kann persönliche Voraussetzungen nur für Aufsichtsratsmitglieder fordern, die von der Hauptversammlung ohne Bindung an Wahlvorschläge gewählt oder auf Grund der Satzung in den Aufsichtsrat entsandt werden.

§ 101.** Bestellung der Aufsichtsratsmitglieder. (1) ¹Die Mitglieder des Aufsichtsrats werden von der Hauptversammlung gewählt, soweit sie nicht in den Aufsichtsrat zu entsenden oder als Aufsichtsratsmitglieder der Arbeitnehmer nach dem Mitbestimmungsgesetz, dem Mitbestimmungsergänzungsgesetz oder dem Betriebsverfassungsgesetz 1952 zu wählen sind. ²An Wahlvorschläge ist die Hauptversammlung nur gemäß §§ 6 und 8 des Montan-Mitbestimmungsgesetzes gebunden.

---

* § 100 **Abs. 1 Satz 2 angefügt mit Wirkung vom 1. 1. 1992** durch Art. 7 § 32 Betreuungsgesetz vom 12. 9. 1990 (BGBl. I S. 2002), Abs. 3 geändert durch Mitbestimmungsgesetz vom 4. 5. 1976 (BGBl. I S. 1153).

** § 101 Abs. 1 Sätze 1 und 2 geändert, Abs. 2 Satz 5 angefügt und Abs. 3 Satz 2 geändert durch Mitbestimmungsgesetz vom 4. 5. 1976 (BGBl. I S. 1153), Abs. 2 Satz 1 geändert durch Bilanzrichtlinien-Gesetz vom 19. 12. 1985 (BGBl. I S. 2355).

(2) ¹Ein Recht, Mitglieder in den Aufsichtsrat zu entsenden, kann nur durch die Satzung und nur für bestimmte Aktionäre oder für die jeweiligen Inhaber bestimmter Aktien begründet werden. ²Inhabern bestimmter Aktien kann das Entsendungsrecht nur eingeräumt werden, wenn die Aktien auf Namen lauten und ihre Übertragung an die Zustimmung der Gesellschaft gebunden ist. ³Die Aktien der Entsendungsberechtigten gelten nicht als eine besondere Gattung. ⁴Die Entsendungsrechte können insgesamt höchstens für ein Drittel der sich aus dem Gesetz oder der Satzung ergebenden Zahl der Aufsichtsratsmitglieder der Aktionäre eingeräumt werden. ⁵§ 4 Abs. 1 des Gesetzes über die Überführung der Anteilsrechte an der Volkswagenwerk Gesellschaft mit beschränkter Haftung in private Hand vom 21. Juli 1960 (Bundesgesetzbl. I S. 585), zuletzt geändert durch das Zweite Gesetz zur Änderung des Gesetzes über die Überführung der Anteilsrechte an der Volkswagenwerk Gesellschaft mit beschränkter Haftung in private Hand vom 31. Juli 1970 (Bundesgesetzbl. I S. 1149), bleibt unberührt.

(3) ¹Stellvertreter von Aufsichtsratsmitgliedern können nicht bestellt werden. ²Jedoch kann für jedes Aufsichtsratsmitglied mit Ausnahme des weiteren Mitglieds, das nach dem Montan-Mitbestimmungsgesetz oder dem Mitbestimmungsergänzungsgesetz auf Vorschlag der übrigen Aufsichtsratsmitglieder gewählt wird, ein Ersatzmitglied bestellt werden, das Mitglied des Aufsichtsrats wird, wenn das Aufsichtsratsmitglied vor Ablauf seiner Amtszeit wegfällt. ³Das Ersatzmitglied kann nur gleichzeitig mit dem Aufsichtsratsmitglied bestellt werden. ⁴Auf seine Bestellung sowie die Nichtigkeit und Anfechtung seiner Bestellung sind die für das Aufsichtsratsmitglied geltenden Vorschriften anzuwenden.

§ 102. Amtszeit der Aufsichtsratsmitglieder. (1) ¹Aufsichtsratsmitglieder können nicht für längere Zeit als bis zur Beendigung der Hauptversammlung bestellt werden, die über die Entlastung für das vierte Geschäftsjahr nach dem Beginn der Amtszeit beschließt. ²Das Geschäftsjahr, in dem die Amtszeit beginnt, wird nicht mitgerechnet.

(2) Das Amt des Ersatzmitglieds erlischt spätestens mit Ablauf der Amtszeit des weggefallenen Aufsichtsratsmitglieds.

§ 103.* **Abberufung der Aufsichtsratsmitglieder.** (1) ¹Aufsichtsratsmitglieder, die von der Hauptversammlung ohne Bindung an einen Wahlvorschlag gewählt worden sind, können von ihr vor Ablauf der Amtszeit abberufen werden. ²Der Beschluß bedarf einer Mehrheit, die mindestens drei Viertel der abgegebenen Stimmen umfaßt. ³Die Satzung kann eine andere Mehrheit und weitere Erfordernisse bestimmen.

(2) ¹Ein Aufsichtsratsmitglied, das auf Grund der Satzung in den Aufsichtsrat entsandt ist, kann von dem Entsendungsberechtigten jederzeit abberufen und durch ein anderes ersetzt werden. ²Sind die in der Satzung bestimmten Voraussetzungen des Entsendungsrechts weggefallen, so kann die Hauptversammlung das entsandte Mitglied mit einfacher Stimmenmehrheit abberufen.

(3) ¹Das Gericht hat auf Antrag des Aufsichtsrats ein Aufsichtsratsmitglied abzuberufen, wenn in dessen Person ein wichtiger Grund vorliegt. ²Der Aufsichtsrat beschließt über die Antragstellung mit einfacher Mehrheit. ³Ist das Aufsichtsratsmitglied auf Grund der Satzung in den Aufsichtsrat entsandt worden, so können auch Aktionäre, deren Anteile zusammen den zehnten Teil des Grundkapitals oder den Nennbetrag von zwei Millionen Deutsche Mark erreichen, den Antrag stellen. ⁴Gegen die Entscheidung ist die sofortige Beschwerde zulässig.

---

* § 103 Abs. 4 geändert durch Mitbestimmungsgesetz vom 4. 5. 1976 (BGBl. I S. 1153).

(4) Für die Abberufung der Aufsichtsratsmitglieder, die weder von der Hauptversammlung ohne Bindung an einen Wahlvorschlag gewählt worden sind noch auf Grund der Satzung in den Aufsichtsrat entsandt sind, gelten außer Absatz 3 das Mitbestimmungsgesetz, das Montan-Mitbestimmungsgesetz, das Mitbestimmungsergänzungsgesetz und das Betriebsverfassungsgesetz 1952.

(5) Für die Abberufung eines Ersatzmitglieds gelten die Vorschriften über die Abberufung des Aufsichtsratsmitglieds, für das es bestellt ist.

§ 104.* Bestellung durch das Gericht. (1) ¹Gehört dem Aufsichtsrat die zur Beschlußfähigkeit nötige Zahl von Mitgliedern nicht an, so hat ihn das Gericht auf Antrag des Vorstands, eines Aufsichtsratsmitglieds oder eines Aktionärs auf diese Zahl zu ergänzen. ²Der Vorstand ist verpflichtet, den Antrag unverzüglich zu stellen, es sei denn, daß die rechtzeitige Ergänzung vor der nächsten Aufsichtsratssitzung zu erwarten ist. ³Hat der Aufsichtsrat auch aus Aufsichtsratsmitgliedern der Arbeitnehmer zu bestehen, so können auch den Antrag stellen

1. der Gesamtbetriebsrat der Gesellschaft oder, wenn in der Gesellschaft nur ein Betriebsrat besteht, der Betriebsrat, sowie, wenn die Gesellschaft herrschendes Unternehmen eines Konzerns ist, der Konzernbetriebsrat,
2. der Gesamtbetriebsrat eines anderen Unternehmens, dessen Arbeitnehmer selbst oder durch Delegierte an der Wahl teilnehmen, oder, wenn in dem anderen Unternehmen nur ein Betriebsrat besteht, der Betriebsrat,
3. mindestens ein Zehntel oder einhundert der Arbeitnehmer, die selbst oder durch Delegierte an der Wahl teilnehmen,
4. Spitzenorganisationen der Gewerkschaften, die das Recht haben, Aufsichtsratsmitglieder der Arbeitnehmer vorzuschlagen,
5. Gewerkschaften, die das Recht haben, Aufsichtsratsmitglieder der Arbeitnehmer vorzuschlagen.

⁴Hat der Aufsichtsrat nach dem Mitbestimmungsgesetz auch aus Aufsichtsratsmitgliedern der Arbeitnehmer zu bestehen, so sind außer den nach Satz 3 Antragsberechtigten auch je ein Zehntel der wahlberechtigten Arbeiter, der wahlberechtigten in § 3 Abs. 3 Nr. 1 des Mitbestimmungsgesetzes bezeichneten Angestellten oder der wahlberechtigten leitenden Angestellten im Sinne des Mitbestimmungsgesetzes antragsberechtigt. ⁵Gegen die Entscheidung ist die sofortige Beschwerde zulässig.

(2) ¹Gehören dem Aufsichtsrat länger als drei Monate weniger Mitglieder als die durch Gesetz oder Satzung festgesetzte Zahl an, so hat ihn das Gericht auf Antrag auf diese Zahl zu ergänzen. ²In dringenden Fällen hat das Gericht auf Antrag den Aufsichtsrat auch vor Ablauf der Frist zu ergänzen. ³Das Antragsrecht bestimmt sich nach Absatz 1. ⁴Gegen die Entscheidung ist die sofortige Beschwerde zulässig.

(3) Absatz 2 ist auf einen Aufsichtsrat, in dem die Arbeitnehmer ein Mitbestimmungsrecht nach dem Mitbestimmungsgesetz, dem Montan-Mitbestimmungsgesetz oder dem Mitbestimmungsergänzungsgesetz haben, mit der Maßgabe anzuwenden,

---

* § 104 Abs. 1 Satz 3 Nrn. 1 und 2 neu gefaßt, Nr. 5 angefügt, Abs. 1 neuer Satz 4 eingefügt, bisheriger Satz 4 wurde Satz 5, Abs. 3 und Abs. 4 Satz 4 geändert durch Mitbestimmungsgesetz vom 4. 5. 1976 (BGBl. I S. 1153), Abs. 1 Satz 3 Nr. 4 geändert durch Bilanzrichtlinien-Gesetz vom 19. 12. 1985 (BGBl. I S. 2355), Abs. 1 Satz 3 Nrn. 2 und 3 sowie Abs. 4 Satz 4 geändert durch Art. 4 Gesetz vom 20. 12. 1988 (BGBl. I S. 2312), Abs. 1 Satz 3 Nrn. 2 und 3 sowie Abs. 4 Satz 4 geändert durch Art. 7 Arbeitsgerichtsgesetz–Änderungsgesetz vom 26. 6. 1990 (BGBl. I S. 1206).

10 AktG §§ 105, 106 1. Buch. Aktiengesellschaft

1. daß das Gericht den Aufsichtsrat hinsichtlich des weiteren Mitglieds, das nach dem Montan-Mitbestimmungsgesetz oder dem Mitbestimmungsergänzungsgesetz auf Vorschlag der übrigen Aufsichtsratsmitglieder gewählt wird, nicht ergänzen kann,
2. daß es stets ein dringender Fall ist, wenn dem Aufsichtsrat, abgesehen von dem in Nummer 1 genannten weiteren Mitglied, nicht alle Mitglieder angehören, aus denen er nach Gesetz oder Satzung zu bestehen hat.

(4) ¹Hat der Aufsichtsrat auch aus Aufsichtsratsmitgliedern der Arbeitnehmer zu bestehen, so hat das Gericht ihn so zu ergänzen, daß das für seine Zusammensetzung maßgebende zahlenmäßige Verhältnis hergestellt wird. ²Wenn der Aufsichtsrat zur Herstellung seiner Beschlußfähigkeit ergänzt wird, gilt dies nur, soweit die zur Beschlußfähigkeit nötige Zahl der Aufsichtsratsmitglieder die Wahrung dieses Verhältnisses möglich macht. ³Ist ein Aufsichtsratsmitglied zu ersetzen, das nach Gesetz oder Satzung in persönlicher Hinsicht besonderen Voraussetzungen entsprechen muß, so muß auch das vom Gericht bestellte Aufsichtsratsmitglied diesen Voraussetzungen entsprechen. ⁴Ist ein Aufsichtsratsmitglied zu ersetzen, bei dessen Wahl eine Spitzenorganisation der Gewerkschaften, eine Gewerkschaft oder die Betriebsräte ein Vorschlagsrecht hätten, so soll das Gericht Vorschläge dieser Stellen berücksichtigen, soweit nicht überwiegende Belange der Gesellschaft oder der Allgemeinheit der Bestellung des Vorgeschlagenen entgegenstehen; das gleiche gilt, wenn das Aufsichtsratsmitglied durch Delegierte zu wählen wäre, für gemeinsame Vorschläge der Betriebsräte der Unternehmen, in denen Delegierte zu wählen sind.

(5) Das Amt des gerichtlich bestellten Aufsichtsratsmitglieds erlischt in jedem Fall, sobald der Mangel behoben ist.

(6) ¹Das gerichtlich bestellte Aufsichtsratsmitglied hat Anspruch auf Ersatz angemessener barer Auslagen und, wenn den Aufsichtsratsmitgliedern der Gesellschaft eine Vergütung gewährt wird, auf Vergütung für seine Tätigkeit. ²Auf Antrag des Aufsichtsratsmitglieds setzt das Gericht die Auslagen und die Vergütung fest. ³Gegen die Entscheidung ist die sofortige Beschwerde zulässig. ⁴Die weitere Beschwerde ist ausgeschlossen. ⁵Aus der rechtskräftigen Entscheidung findet die Zwangsvollstreckung nach der Zivilprozeßordnung statt.

§ 105. Unvereinbarkeit der Zugehörigkeit zum Vorstand und zum Aufsichtsrat. (1) Ein Aufsichtsratsmitglied kann nicht zugleich Vorstandsmitglied, dauernd Stellvertreter von Vorstandsmitgliedern, Prokurist oder zum gesamten Geschäftsbetrieb ermächtigter Handlungsbevollmächtigter der Gesellschaft sein.

(2) ¹Nur für einen im voraus begrenzten Zeitraum, höchstens für ein Jahr, kann der Aufsichtsrat einzelne seiner Mitglieder zu Stellvertretern von fehlenden oder behinderten Vorstandsmitgliedern bestellen. ²Eine wiederholte Bestellung oder Verlängerung der Amtszeit ist zulässig, wenn dadurch die Amtszeit insgesamt ein Jahr nicht übersteigt. ³Während ihrer Amtszeit als Stellvertreter von Vorstandsmitgliedern können die Aufsichtsratsmitglieder keine Tätigkeit als Aufsichtsratsmitglied ausüben. ⁴Das Wettbewerbsverbot des § 88 gilt für sie nicht.

§ 106. Bekanntmachung der Änderungen im Aufsichtsrat. Der Vorstand hat jeden Wechsel der Aufsichtsratsmitglieder unverzüglich in den Gesellschaftsblättern bekanntzumachen und die Bekanntmachung zum Handelsregister einzureichen.

§ 107.* **Innere Ordnung des Aufsichtsrats.** (1) ¹Der Aufsichtsrat hat nach näherer Bestimmung der Satzung aus seiner Mitte einen Vorsitzenden und mindestens einen Stellvertreter zu wählen. ²Der Vorstand hat zum Handelsregister anzumelden, wer gewählt ist. ³Der Stellvertreter hat nur dann die Rechte und Pflichten des Vorsitzenden, wenn dieser behindert ist.

(2) ¹Über die Sitzungen des Aufsichtsrats ist eine Niederschrift anzufertigen, die der Vorsitzende zu unterzeichnen hat. ²In der Niederschrift sind der Ort und der Tag der Sitzung, die Teilnehmer, die Gegenstände der Tagesordnung, der wesentliche Inhalt der Verhandlungen und die Beschlüsse des Aufsichtsrats anzugeben. ³Ein Verstoß gegen Satz 1 oder Satz 2 macht einen Beschluß nicht unwirksam. ⁴Jedem Mitglied des Aufsichtsrats ist auf Verlangen eine Abschrift der Sitzungsniederschrift auszuhändigen.

(3) ¹Der Aufsichtsrat kann aus seiner Mitte einen oder mehrere Ausschüsse bestellen, namentlich, um seine Verhandlungen und Beschlüsse vorzubereiten oder die Ausführung seiner Beschlüsse zu überwachen. ²Die Aufgaben nach Absatz 1 Satz 1, § 59 Abs. 3, § 77 Abs. 2 Satz 1, § 84 Abs. 1 Satz 1 und 3, Abs. 2 und Abs. 3 Satz 1, § 111 Abs. 3, §§ 171, 314 Abs. 2 und 3 sowie Beschlüsse, daß bestimmte Arten von Geschäften nur mit Zustimmung des Aufsichtsrats vorgenommen werden dürfen, können einem Ausschuß nicht an Stelle des Aufsichtsrats zur Beschlußfassung überwiesen werden.

§ 108. **Beschlußfassung des Aufsichtsrats.** (1) Der Aufsichtsrat entscheidet durch Beschluß.

(2) ¹Die Beschlußfähigkeit des Aufsichtsrats kann, soweit sie nicht gesetzlich geregelt ist, durch die Satzung bestimmt werden. ²Ist sie weder gesetzlich noch durch die Satzung geregelt, so ist der Aufsichtsrat nur beschlußfähig, wenn mindestens die Hälfte der Mitglieder, aus denen er nach Gesetz oder Satzung insgesamt zu bestehen hat, an der Beschlußfassung teilnimmt. ³In jedem Fall müssen mindestens drei Mitglieder an der Beschlußfassung teilnehmen. ⁴Der Beschlußfähigkeit steht nicht entgegen, daß dem Aufsichtsrat weniger Mitglieder als die durch Gesetz oder Satzung festgesetzte Zahl angehören, auch wenn das für seine Zusammensetzung maßgebende zahlenmäßige Verhältnis nicht gewahrt ist.

(3) ¹Abwesende Aufsichtsratsmitglieder können dadurch an der Beschlußfassung des Aufsichtsrats und seiner Ausschüsse teilnehmen, daß sie schriftliche Stimmabgaben überreichen lassen. ²Die schriftlichen Stimmabgaben können durch andere Aufsichtsratsmitglieder überreicht werden. ³Sie können auch durch Personen, die nicht dem Aufsichtsrat angehören, übergeben werden, wenn diese nach § 109 Abs. 3 zur Teilnahme an der Sitzung berechtigt sind.

(4) Schriftliche, telegraphische oder fernmündliche Beschlußfassungen des Aufsichtsrats oder eines Ausschusses sind nur zulässig, wenn kein Mitglied diesem Verfahren widerspricht.

§ 109. **Teilnahme an Sitzungen des Aufsichtsrats und seiner Ausschüsse.**
(1) ¹An den Sitzungen des Aufsichtsrats und seiner Ausschüsse sollen Personen, die weder dem Aufsichtsrat noch dem Vorstand angehören, nicht teilnehmen. ²Sachverständige und Auskunftspersonen können zur Beratung über einzelne Gegenstände zugezogen werden.

(2) Aufsichtsratsmitglieder, die dem Ausschuß nicht angehören, können an den Ausschußsitzungen teilnehmen, wenn der Vorsitzende des Aufsichtsrats nichts anderes bestimmt.

---
* § 107 Abs. 3 Satz 2 geändert durch Bilanzrichtlinien-Gesetz vom 19. 12. 1985 (BGBl. I S. 2355).

(3) Die Satzung kann zulassen, daß an den Sitzungen des Aufsichtsrats und seiner Ausschüsse Personen, die dem Aufsichtsrat nicht angehören, an Stelle von verhinderten Aufsichtsratsmitgliedern teilnehmen können, wenn diese sie hierzu schriftlich ermächtigt haben.

(4) Abweichende gesetzliche Vorschriften bleiben unberührt.

§ 110. Einberufung des Aufsichtsrats. (1) [1]Jedes Aufsichtsratsmitglied oder der Vorstand kann unter Angabe des Zwecks und der Gründe verlangen, daß der Vorsitzende des Aufsichtsrats unverzüglich den Aufsichtsrat einberuft. [2]Die Sitzung muß binnen zwei Wochen nach der Einberufung stattfinden.

(2) Wird einem Verlangen, das von mindestens zwei Aufsichtsratsmitgliedern oder vom Vorstand geäußert ist, nicht entsprochen, so können die Antragsteller unter Mitteilung des Sachverhalts selbst den Aufsichtsrat einberufen.

(3) Der Aufsichtsrat soll in der Regel einmal im Kalendervierteljahr, er muß einmal im Kalenderhalbjahr einberufen werden.

§ 111. Aufgaben und Rechte des Aufsichtsrats. (1) Der Aufsichtsrat hat die Geschäftsführung zu überwachen.

(2) [1]Der Aufsichtsrat kann die Bücher und Schriften der Gesellschaft sowie die Vermögensgegenstände, namentlich die Gesellschaftskasse und die Bestände an Wertpapieren und Waren, einsehen und prüfen. [2]Er kann damit auch einzelne Mitglieder oder für bestimmte Aufgaben besondere Sachverständige beauftragen.

(3) [1]Der Aufsichtsrat hat eine Hauptversammlung einzuberufen, wenn das Wohl der Gesellschaft es fordert. [2]Für den Beschluß genügt die einfache Mehrheit.

(4) [1]Maßnahmen der Geschäftsführung können dem Aufsichtsrat nicht übertragen werden. [2]Die Satzung oder der Aufsichtsrat kann jedoch bestimmen, daß bestimmte Arten von Geschäften nur mit seiner Zustimmung vorgenommen werden dürfen. [3]Verweigert der Aufsichtsrat seine Zustimmung, so kann der Vorstand verlangen, daß die Hauptversammlung über die Zustimmung beschließt. [4]Der Beschluß, durch den die Hauptversammlung zustimmt, bedarf einer Mehrheit, die mindestens drei Viertel der abgegebenen Stimmen umfaßt. [5]Die Satzung kann weder eine andere Mehrheit noch weitere Erfordernisse bestimmen.

(5) Die Aufsichtsratsmitglieder können ihre Aufgaben nicht durch andere wahrnehmen lassen.

§ 112. Vertretung der Gesellschaft gegenüber Vorstandsmitgliedern. Vorstandsmitgliedern gegenüber vertritt der Aufsichtsrat die Gesellschaft gerichtlich und außergerichtlich.

§ 113. Vergütung der Aufsichtsratsmitglieder. (1) [1]Den Aufsichtsratsmitgliedern kann für ihre Tätigkeit eine Vergütung gewährt werden. [2]Sie kann in der Satzung festgesetzt oder von der Hauptversammlung bewilligt werden. [3]Sie soll in einem angemessenen Verhältnis zu den Aufgaben der Aufsichtsratsmitglieder und zur Lage der Gesellschaft stehen. [4]Ist die Vergütung in der Satzung festgesetzt, so kann die Hauptversammlung eine Satzungsänderung, durch welche die Vergütung herabgesetzt wird, mit einfacher Stimmenmehrheit beschließen.

(2) [1]Den Mitgliedern des ersten Aufsichtsrats kann nur die Hauptversammlung eine Vergütung für ihre Tätigkeit bewilligen. [2]Der Beschluß kann erst in der

Hauptversammlung gefaßt werden, die über die Entlastung der Mitglieder des ersten Aufsichtsrats beschließt.

(3) ¹Wird den Aufsichtsratsmitgliedern ein Anteil am Jahresgewinn der Gesellschaft gewährt, so berechnet sich der Anteil nach dem Bilanzgewinn, vermindert um einen Betrag von mindestens vier vom Hundert der auf den Nennbetrag der Aktien geleisteten Einlagen. ²Entgegenstehende Festsetzungen sind nichtig.

§ 114. Verträge mit Aufsichtsratsmitgliedern. (1) Verpflichtet sich ein Aufsichtsratsmitglied außerhalb seiner Tätigkeit im Aufsichtsrat durch einen Dienstvertrag, durch den ein Arbeitsverhältnis nicht begründet wird, oder durch einen Werkvertrag gegenüber der Gesellschaft zu einer Tätigkeit höherer Art, so hängt die Wirksamkeit des Vertrags von der Zustimmung des Aufsichtsrats ab.

(2) ¹Gewährt die Gesellschaft auf Grund eines solchen Vertrags dem Aufsichtsratsmitglied eine Vergütung, ohne daß der Aufsichtsrat dem Vertrag zugestimmt hat, so hat das Aufsichtsratsmitglied die Vergütung zurückzugewähren, es sei denn, daß der Aufsichtsrat den Vertrag genehmigt. ²Ein Anspruch des Aufsichtsratsmitglieds gegen die Gesellschaft auf Herausgabe der durch die geleistete Tätigkeit erlangten Bereicherung bleibt unberührt; der Anspruch kann jedoch nicht gegen den Rückgewähranspruch aufgerechnet werden.

§ 115. Kreditgewährung an Aufsichtsratsmitglieder. (1) ¹Die Gesellschaft darf ihren Aufsichtsratsmitgliedern Kredit nur mit Einwilligung des Aufsichtsrats gewähren. ²Eine herrschende Gesellschaft darf Kredite an Aufsichtsratsmitglieder eines abhängigen Unternehmens nur mit Einwilligung ihres Aufsichtsrats, eine abhängige Gesellschaft darf Kredite an Aufsichtsratsmitglieder des herrschenden Unternehmens nur mit Einwilligung des Aufsichtsrats des herrschenden Unternehmens gewähren. ³Die Einwilligung kann nur für bestimmte Kreditgeschäfte oder Arten von Kreditgeschäften und nicht für länger als drei Monate im voraus erteilt werden. ⁴Der Beschluß über die Einwilligung hat die Verzinsung und Rückzahlung des Kredits zu regeln. ⁵Betreibt das Aufsichtsratsmitglied ein Handelsgewerbe als Einzelkaufmann, so ist die Einwilligung nicht erforderlich, wenn der Kredit für die Bezahlung von Waren gewährt wird, welche die Gesellschaft seinem Handelsgeschäft liefert.

(2) Absatz 1 gilt auch für Kredite an den Ehegatten oder an ein minderjähriges Kind eines Aufsichtsratsmitglieds und für Kredite an einen Dritten, der für Rechnung dieser Personen oder für Rechnung eines Aufsichtsratsmitglieds handelt.

(3) ¹Ist ein Aufsichtsratsmitglied zugleich gesetzlicher Vertreter einer anderen juristischen Person oder Gesellschafter einer Personenhandelsgesellschaft, so darf die Gesellschaft der juristischen Person oder der Personenhandelsgesellschaft Kredit nur mit Einwilligung des Aufsichtsrats gewähren; Absatz 1 Satz 3 und 4 gilt sinngemäß. ²Dies gilt nicht, wenn die juristische Person oder die Personenhandelsgesellschaft mit der Gesellschaft verbunden ist oder wenn der Kredit für die Bezahlung von Waren gewährt wird, welche die Gesellschaft der juristischen Person oder der Personenhandelsgesellschaft liefert.

(4) Wird entgegen den Absätzen 1 bis 3 Kredit gewährt, so ist der Kredit ohne Rücksicht auf entgegenstehende Vereinbarungen sofort zurückzugewähren, wenn nicht der Aufsichtsrat nachträglich zustimmt.

(5) Ist die Gesellschaft ein Kreditinstitut, so gelten an Stelle der Absätze 1 bis 4 die Vorschriften des Gesetzes über das Kreditwesen.

§ 116. Sorgfaltspflicht und Verantwortlichkeit der Aufsichtsratsmitglieder. Für die Sorgfaltspflicht und Verantwortlichkeit der Aufsichtsratsmitglieder gilt § 93 über die Sorgfaltspflicht und Verantwortlichkeit der Vorstandsmitglieder sinngemäß.

Dritter Abschnitt. Benutzung des Einflusses auf die Gesellschaft

§ 117. Schadenersatzpflicht. (1) ¹Wer vorsätzlich unter Benutzung seines Einflusses auf die Gesellschaft ein Mitglied des Vorstands oder des Aufsichtsrats, einen Prokuristen oder einen Handlungsbevollmächtigten dazu bestimmt, zum Schaden der Gesellschaft oder ihrer Aktionäre zu handeln, ist der Gesellschaft zum Ersatz des ihr daraus entstehenden Schadens verpflichtet. ²Er ist auch den Aktionären zum Ersatz des ihnen daraus entstehenden Schadens verpflichtet, soweit sie, abgesehen von einem Schaden, der ihnen durch Schädigung der Gesellschaft zugefügt worden ist, geschädigt worden sind.

(2) ¹Neben ihm haften als Gesamtschuldner die Mitglieder des Vorstands und des Aufsichtsrats, wenn sie unter Verletzung ihrer Pflichten gehandelt haben. ²Ist streitig, ob sie die Sorgfalt eines ordentlichen und gewissenhaften Geschäftsleiters angewandt haben, so trifft sie die Beweislast. ³Der Gesellschaft und auch den Aktionären gegenüber tritt die Ersatzpflicht der Mitglieder des Vorstands und des Aufsichtsrats nicht ein, wenn die Handlung auf einem gesetzmäßigen Beschluß der Hauptversammlung beruht. ⁴Dadurch, daß der Aufsichtsrat die Handlung gebilligt hat, wird die Ersatzpflicht nicht ausgeschlossen.

(3) Neben ihm haftet ferner als Gesamtschuldner, wer durch die schädigende Handlung einen Vorteil erlangt hat, sofern er die Beeinflussung vorsätzlich veranlaßt hat.

(4) Für die Aufhebung der Ersatzpflicht gegenüber der Gesellschaft gilt sinngemäß § 93 Abs. 4 Satz 3 und 4.

(5) ¹Der Ersatzanspruch der Gesellschaft kann auch von den Gläubigern der Gesellschaft geltend gemacht werden, soweit sie von dieser keine Befriedigung erlangen können. ²Den Gläubigern gegenüber wird die Ersatzpflicht weder durch einen Verzicht oder Vergleich der Gesellschaft noch dadurch aufgehoben, daß die Handlung auf einem Beschluß der Hauptversammlung beruht. ³Ist über das Vermögen der Gesellschaft das Konkursverfahren eröffnet, so übt während dessen Dauer der Konkursverwalter das Recht der Gläubiger aus.

(6) Die Ansprüche aus diesen Vorschriften verjähren in fünf Jahren.

(7) Diese Vorschriften gelten nicht, wenn das Mitglied des Vorstands oder des Aufsichtsrats, der Prokurist oder der Handlungsbevollmächtigte durch Ausübung

1. des Stimmrechts in der Hauptversammlung,
2. der Leitungsmacht auf Grund eines Beherrschungsvertrags oder
3. der Leitungsmacht einer Hauptgesellschaft (§ 319), in die die Gesellschaft eingegliedert ist,

zu der schädigenden Handlung bestimmt worden ist.

Vierter Abschnitt. Hauptversammlung

Erster Unterabschnitt. Rechte der Hauptversammlung

§ 118. Allgemeines. (1) Die Aktionäre üben ihre Rechte in den Angelegenheiten der Gesellschaft in der Hauptversammlung aus, soweit das Gesetz nichts anderes bestimmt.

(2) Die Mitglieder des Vorstands und des Aufsichtsrats sollen an der Hauptversammlung teilnehmen.

§ 119.* Rechte der Hauptversammlung. (1) Die Hauptversammlung beschließt in den im Gesetz und in der Satzung ausdrücklich bestimmten Fällen, namentlich über

1. die Bestellung der Mitglieder des Aufsichtsrats, soweit sie nicht in den Aufsichtsrat zu entsenden oder als Aufsichtsratsmitglieder der Arbeitnehmer nach dem Mitbestimmungsgesetz, dem Mitbestimmungsergänzungsgesetz oder dem Betriebsverfassungsgesetz 1952 zu wählen sind;
2. die Verwendung des Bilanzgewinns;
3. die Entlastung der Mitglieder des Vorstands und des Aufsichtsrats;
4. die Bestellung des Abschlußprüfers;
5. Satzungsänderungen;
6. Maßnahmen der Kapitalbeschaffung und der Kapitalherabsetzung;
7. die Bestellung von Prüfern zur Prüfung von Vorgängen bei der Gründung oder der Geschäftsführung;
8. die Auflösung der Gesellschaft.

(2) Über Fragen der Geschäftsführung kann die Hauptversammlung nur entscheiden, wenn der Vorstand es verlangt.

§ 120.** Entlastung. (1) ¹Die Hauptversammlung beschließt alljährlich in den ersten acht Monaten des Geschäftsjahrs über die Entlastung der Mitglieder des Vorstands und über die Entlastung der Mitglieder des Aufsichtsrats. ²Über die Entlastung eines einzelnen Mitglieds ist gesondert abzustimmen, wenn die Hauptversammlung es beschließt oder eine Minderheit es verlangt, deren Anteile zusammen den zehnten Teil des Grundkapitals oder den Nennbetrag von zwei Millionen Deutsche Mark erreichen.

(2) ¹Durch die Entlastung billigt die Hauptversammlung die Verwaltung der Gesellschaft durch die Mitglieder des Vorstands und des Aufsichtsrats. ²Die Entlastung enthält keinen Verzicht auf Ersatzansprüche.

(3) ¹Die Verhandlung über die Entlastung soll mit der Verhandlung über die Verwendung des Bilanzgewinns verbunden werden. ²Der Vorstand hat den Jahresabschluß, den Lagebericht und den Bericht des Aufsichtsrats der Hauptversammlung vorzulegen. ³Für die Auslegung dieser Vorlagen und für die Erteilung von Abschriften gilt § 175 Abs. 2 sinngemäß.

---
* § 119 Abs. 1 Nr. 1 geändert durch Mitbestimmungsgesetz vom 4. 5. 1976 (BGBl. I S. 1153), Nr. 4 geändert durch Bilanzrichtlinien-Gesetz vom 19. 12. 1985 (BGBl. I S. 2355).
** § 120 Abs. 3 Satz 2 geändert durch Bilanzrichtlinien-Gesetz vom 19. 12. 1985 (BGBl. I S. 2355).

Zweiter Unterabschnitt. Einberufung der Hauptversammlung

§ 121. Allgemeines. (1) Die Hauptversammlung ist in den durch Gesetz oder Satzung bestimmten Fällen sowie dann einzuberufen, wenn das Wohl der Gesellschaft es fordert.

(2) ¹Die Hauptversammlung wird durch den Vorstand einberufen, der darüber mit einfacher Mehrheit beschließt. ²Personen, die in das Handelsregister als Vorstand eingetragen sind, gelten als befugt. ³Das auf Gesetz oder Satzung beruhende Recht anderer Personen, die Hauptversammlung einzuberufen, bleibt unberührt.

(3) ¹Die Einberufung ist in den Gesellschaftsblättern bekanntzumachen. ²Sie muß die Firma, den Sitz der Gesellschaft, Zeit und Ort der Hauptversammlung und die Bedingungen angeben, von denen die Teilnahme an der Hauptversammlung und die Ausübung des Stimmrechts abhängen.

(4) ¹Wenn die Satzung nichts anderes bestimmt, soll die Hauptversammlung am Sitz der Gesellschaft stattfinden. ²Sind die Aktien der Gesellschaft an einer deutschen Börse zum amtlichen Handel zugelassen, so kann, wenn die Satzung nichts anderes bestimmt, die Hauptversammlung auch am Sitz der Börse stattfinden.

§ 122. Einberufung auf Verlangen einer Minderheit. (1) ¹Die Hauptversammlung ist einzuberufen, wenn Aktionäre, deren Anteile zusammen den zwanzigsten Teil des Grundkapitals erreichen, die Einberufung schriftlich unter Angabe des Zwecks und der Gründe verlangen; das Verlangen ist an den Vorstand zu richten. ²Die Satzung kann das Recht, die Einberufung der Hauptversammlung zu verlangen, an den Besitz eines geringeren Anteils am Grundkapital knüpfen.

(2) In gleicher Weise können Aktionäre, deren Anteile zusammen den zwanzigsten Teil des Grundkapitals oder den Nennbetrag von einer Million Deutsche Mark erreichen, verlangen, daß Gegenstände zur Beschlußfassung einer Hauptversammlung bekanntgemacht werden.

(3) ¹Wird dem Verlangen nicht entsprochen, so kann das Gericht die Aktionäre, die das Verlangen gestellt haben, ermächtigen, die Hauptversammlung einzuberufen oder den Gegenstand bekanntzumachen. ²Zugleich kann das Gericht den Vorsitzenden der Versammlung bestimmen. ³Auf die Ermächtigung muß bei der Einberufung oder Bekanntmachung hingewiesen werden. ⁴Gegen die Entscheidung ist die sofortige Beschwerde zulässig.

(4) Die Gesellschaft trägt die Kosten der Hauptversammlung und im Fall des Absatzes 3 auch die Gerichtskosten, wenn das Gericht dem Antrag stattgegeben hat.

§ 123. Einberufungsfrist. (1) Die Hauptversammlung ist mindestens einen Monat vor dem Tage der Versammlung einzuberufen.

(2) ¹Die Satzung kann die Teilnahme an der Hauptversammlung oder die Ausübung des Stimmrechts davon abhängig machen, daß die Aktien bis zu einem bestimmten Zeitpunkt vor der Versammlung hinterlegt werden, ferner davon, daß sich die Aktionäre vor der Versammlung anmelden. ²Sieht die Satzung eine solche Bestimmung vor, so tritt für die Berechnung der Einberufungsfrist an die Stelle des Tages der Versammlung der Tag, bis zu dessen Ablauf die Aktien zu hinterlegen sind oder sich die Aktionäre vor der Versammlung anmelden müssen.

(3) ¹Hängt nach der Satzung die Teilnahme an der Hauptversammlung oder die Ausübung des Stimmrechts davon ab, daß die Aktien bis zu einem bestimmten

Zeitpunkt vor der Versammlung hinterlegt werden, so genügt es, wenn sie nicht später als am zehnten Tage vor der Versammlung hinterlegt werden. ²Die Hinterlegung bei einem Notar oder bei einer Wertpapiersammelbank ist ausreichend.

(4) Hängt nach der Satzung die Teilnahme an der Hauptversammlung oder die Ausübung des Stimmrechts davon ab, daß sich die Aktionäre vor der Versammlung anmelden, so genügt es, wenn sie sich nicht später als am dritten Tage vor der Versammlung anmelden.

§ 124.* Bekanntmachung der Tagesordnung. (1) ¹Die Tagesordnung der Hauptversammlung ist bei der Einberufung in den Gesellschaftsblättern bekanntzumachen. ²Hat die Minderheit nach der Einberufung der Hauptversammlung die Bekanntmachung von Gegenständen zur Beschlußfassung der Hauptversammlung verlangt, so genügt es, wenn diese Gegenstände binnen zehn Tagen nach der Einberufung der Hauptversammlung bekanntgemacht werden.

(2) ¹Steht die Wahl von Aufsichtsratsmitgliedern auf der Tagesordnung, so ist in der Bekanntmachung anzugeben, nach welchen gesetzlichen Vorschriften sich der Aufsichtsrat zusammensetzt, und ob die Hauptversammlung an Wahlvorschläge gebunden ist. ²Soll die Hauptversammlung über eine Satzungsänderung oder über einen Vertrag beschließen, der nur mit Zustimmung der Hauptversammlung wirksam wird, so ist auch der Wortlaut der vorgeschlagenen Satzungsänderung oder der wesentliche Inhalt des Vertrags bekanntzumachen.

(3) ¹Zu jedem Gegenstand der Tagesordnung, über den die Hauptversammlung beschließen soll, haben der Vorstand und der Aufsichtsrat, zur Wahl von Aufsichtsratsmitgliedern und Prüfern nur der Aufsichtsrat, in der Bekanntmachung der Tagesordnung Vorschläge zur Beschlußfassung zu machen. ²Dies gilt nicht, wenn die Hauptversammlung bei der Wahl von Aufsichtsratsmitgliedern nach § 6 des Montan-Mitbestimmungsgesetzes an Wahlvorschläge gebunden ist, oder wenn der Gegenstand der Beschlußfassung auf Verlangen einer Minderheit auf die Tagesordnung gesetzt worden ist. ³Der Vorschlag zur Wahl von Aufsichtsratsmitgliedern oder Prüfern hat deren Namen, Beruf und Wohnort anzugeben. ⁴Hat der Aufsichtsrat auch aus Aufsichtsratsmitgliedern der Arbeitnehmer zu bestehen, so bedürfen Beschlüsse des Aufsichtsrats über Vorschläge zur Wahl von Aufsichtsratsmitgliedern nur der Mehrheit der Stimmen der Aufsichtsratsmitglieder der Aktionäre; § 8 des Montan-Mitbestimmungsgesetzes bleibt unberührt.

(4) ¹Über Gegenstände der Tagesordnung, die nicht ordnungsgemäß bekanntgemacht sind, dürfen keine Beschlüsse gefaßt werden. ²Zur Beschlußfassung über den in der Versammlung gestellten Antrag auf Einberufung einer Hauptversammlung, zu Anträgen, die zu Gegenständen der Tagesordnung gestellt werden, und zu Verhandlungen ohne Beschlußfassung bedarf es keiner Bekanntmachung.

§ 125. Mitteilungen für die Aktionäre und an Aufsichtsratsmitglieder.
(1) Der Vorstand hat binnen zwölf Tagen nach der Bekanntmachung der Einberufung der Hauptversammlung im Bundesanzeiger den Kreditinstituten und den Vereinigungen von Aktionären, die in der letzten Hauptversammlung Stimmrechte für Aktionäre ausgeübt oder die die Mitteilung verlangt haben, die Einberufung der Hauptversammlung, die Bekanntmachung der Tagesordnung und etwaige Anträge und Wahlvorschläge von Aktionären einschließlich des Namens des Ak-

---

* § 124 Abs. 3 Satz 2 geändert und Satz 4 angefügt durch Mitbestimmungsgesetz vom 4. 5. 1976 (BGBl. I S. 1153).

tionärs, der Begründung und einer etwaigen Stellungnahme der Verwaltung mitzuteilen.

(2) Die gleiche Mitteilung hat der Vorstand den Aktionären zu übersenden, die
1. eine Aktie bei der Gesellschaft hinterlegt haben,
2. es nach der Bekanntmachung der Einberufung der Hauptversammlung im Bundesanzeiger verlangen oder
3. als Aktionär im Aktienbuch der Gesellschaft eingetragen sind und deren Stimmrechte in der letzten Hauptversammlung nicht durch ein Kreditinstitut ausgeübt worden sind.

(3) Jedes Aufsichtsratsmitglied kann verlangen, daß ihm der Vorstand die gleichen Mitteilungen übersendet.

(4) Jeder Aktionär, der eine Aktie bei der Gesellschaft hinterlegt oder als Aktionär im Aktienbuch der Gesellschaft eingetragen ist, und jedes Aufsichtsratsmitglied kann verlangen, daß der Vorstand ihm die in der Hauptversammlung gefaßten Beschlüsse schriftlich mitteilt.

§ 126. Anträge von Aktionären. (1) Anträge von Aktionären brauchen nach § 125 nur mitgeteilt zu werden, wenn der Aktionär binnen einer Woche nach der Bekanntmachung der Einberufung der Hauptversammlung im Bundesanzeiger der Gesellschaft einen Gegenantrag mit Begründung übersandt und dabei mitgeteilt hat, er wolle in der Versammlung einem Vorschlag des Vorstands und des Aufsichtsrats widersprechen und die anderen Aktionäre veranlassen, für seinen Gegenantrag zu stimmen.

(2) [1]Ein Gegenantrag und dessen Begründung brauchen nicht mitgeteilt zu werden,
1. soweit sich der Vorstand durch die Mitteilung strafbar machen würde,
2. wenn der Gegenantrag zu einem gesetz- oder satzungswidrigen Beschluß der Hauptversammlung führen würde,
3. wenn die Begründung in wesentlichen Punkten offensichtlich falsche oder irreführende Angaben oder wenn sie Beleidigungen enthält,
4. wenn ein auf denselben Sachverhalt gestützter Gegenantrag des Aktionärs bereits zu einer Hauptversammlung der Gesellschaft nach § 125 mitgeteilt worden ist,
5. wenn derselbe Gegenantrag des Aktionärs mit wesentlich gleicher Begründung in den letzten fünf Jahren bereits zu mindestens zwei Hauptversammlungen der Gesellschaft nach § 125 mitgeteilt worden ist und in der Hauptversammlung weniger als der zwanzigste Teil des vertretenen Grundkapitals für ihn gestimmt hat,
6. wenn der Aktionär zu erkennen gibt, daß er an der Hauptversammlung nicht teilnehmen und sich nicht vertreten lassen wird, oder
7. wenn der Aktionär in den letzten zwei Jahren in zwei Hauptversammlungen einen von ihm mitgeteilten Gegenantrag nicht gestellt hat oder nicht hat stellen lassen.

[2]Die Begründung braucht nicht mitgeteilt zu werden, wenn sie insgesamt mehr als einhundert Worte beträgt.

4. Teil. Verfassung der Aktiengesellschaft §§ 127, 128 AktG 10

(3) Stellen mehrere Aktionäre zu demselben Gegenstand der Beschlußfassung Gegenanträge, so kann der Vorstand die Gegenanträge und ihre Begründungen zusammenfassen.

§ 127. Wahlvorschläge von Aktionären. ¹Für den Vorschlag eines Aktionärs zur Wahl von Aufsichtsratsmitgliedern oder von Abschlußprüfern gilt § 126 sinngemäß. ²Der Wahlvorschlag braucht nicht begründet zu werden. ³Der Vorstand braucht den Wahlvorschlag auch dann nicht mitzuteilen, wenn der Vorschlag nicht die Angaben nach § 124 Abs. 3 Satz 3 enthält.

§ 128. Weitergabe der Mitteilungen durch Kreditinstitute und Vereinigungen von Aktionären. (1) Verwahrt ein Kreditinstitut für Aktionäre Aktien der Gesellschaft, so hat es die Mitteilungen nach § 125 Abs. 1 unverzüglich an sie weiterzugeben.

(2) ¹Beabsichtigt das Kreditinstitut, in der Hauptversammlung das Stimmrecht für Aktionäre auszuüben oder ausüben zu lassen, so hat es dem Aktionär außerdem eigene Vorschläge für die Ausübung des Stimmrechts zu den einzelnen Gegenständen der Tagesordnung mitzuteilen. ²Bei den Vorschlägen hat sich das Kreditinstitut vom Interesse des Aktionärs leiten zu lassen. ³Das Kreditinstitut hat den Aktionär ferner um Erteilung von Weisungen für die Ausübung des Stimmrechts zu bitten und darauf hinzuweisen, daß es, wenn der Aktionär nicht rechtzeitig eine andere Weisung erteilt, das Stimmrecht entsprechend seinen nach Satz 1 mitgeteilten Vorschlägen ausüben werde. ⁴Das Kreditinstitut hat der Bitte um Erteilung von Weisungen ein Formblatt beizufügen, durch dessen Ausfüllung der Aktionär Weisungen für die Ausübung des Stimmrechts zu den einzelnen Gegenständen der Tagesordnung erteilen kann. ⁵Gehört ein Vorstandsmitglied des Kreditinstituts dem Aufsichtsrat der Gesellschaft oder ein Vorstandsmitglied der Gesellschaft dem Aufsichtsrat des Kreditinstituts an, so hat das Kreditinstitut auch dies mitzuteilen.

(3) Soweit ein Aktionär nach Einberufung der Hauptversammlung dem Kreditinstitut zu den einzelnen Gegenständen der Tagesordnung schriftlich Weisungen für die Ausübung des Stimmrechts erteilt hat, braucht das Kreditinstitut keine eigenen Vorschläge nach Absatz 2 mitzuteilen und den Aktionär nicht um Erteilung von Weisungen zu bitten.

(4) Die Verpflichtung des Kreditinstituts zum Ersatz eines aus der Verletzung der Absätze 1 oder 2 entstehenden Schadens kann im voraus weder ausgeschlossen noch beschränkt werden.

(5) ¹Gehören einer Vereinigung von Aktionären Aktionäre der Gesellschaft als Mitglieder an, so hat die Vereinigung die Mitteilungen nach § 125 Abs. 1 an diese Mitglieder auf deren Verlangen unverzüglich weiterzugeben. ²Im übrigen gelten die Absätze 2 bis 4 für Vereinigungen von Aktionären entsprechend.

(6) ¹Der Bundesminister der Justiz wird ermächtigt, im Einvernehmen mit dem Bundesminister für Wirtschaft durch Rechtsverordnung
1. ein Formblatt für die Erteilung von Weisungen durch den Aktionär vorzuschreiben, das die Kreditinstitute und die Vereinigungen von Aktionären ihrer Bitte um Weisungen nach Absatz 2 Satz 3 beizufügen haben,
2. vorzuschreiben, daß die Gesellschaft den Kreditinstituten und den Vereinigungen von Aktionären die Aufwendungen für die Vervielfältigung der Mitteilungen und für ihre Übersendung an die Aktionäre oder an ihre Mitglieder zu

10 AktG §§ 129–131   1. Buch. Aktiengesellschaft

ersetzen hat. Zur Abgeltung der Aufwendungen kann für jedes Schreiben nach Absatz 1 ein Pauschbetrag festgesetzt werden.*
²Die Rechtsverordnung bedarf nicht der Zustimmung des Bundesrates.

Dritter Unterabschnitt. Verhandlungsniederschrift. Auskunftsrecht

§ 129. Verzeichnis der Teilnehmer. (1) In der Hauptversammlung ist ein Verzeichnis der erschienenen oder vertretenen Aktionäre und der Vertreter von Aktionären mit Angabe ihres Namens und Wohnorts sowie des Betrags der von jedem vertretenen Aktien unter Angabe ihrer Gattung aufzustellen.

(2) ¹Sind einem Kreditinstitut oder einer in § 135 Abs. 9 bezeichneten Person Vollmachten zur Ausübung des Stimmrechts erteilt worden und übt der Bevollmächtigte das Stimmrecht im Namen dessen, den es angeht, aus, so sind der Betrag und die Gattung der Aktien, für die ihm Vollmachten erteilt worden sind, zur Aufnahme in das Verzeichnis gesondert anzugeben. ²Die Namen der Aktionäre, welche Vollmachten erteilt haben, brauchen nicht angegeben zu werden.

(3) ¹Wer von einem Aktionär ermächtigt ist, im eigenen Namen das Stimmrecht für Aktien auszuüben, die ihm nicht gehören, hat den Betrag und die Gattung dieser Aktien zur Aufnahme in das Verzeichnis gesondert anzugeben. ²Dies gilt auch für Namensaktien, als deren Aktionär der Ermächtigte im Aktienbuch eingetragen ist.

(4) ¹Das Verzeichnis ist vor der ersten Abstimmung zur Einsicht für alle Teilnehmer auszulegen. ²Es ist vom Vorsitzenden zu unterzeichnen.

§ 130.** Niederschrift. (1) ¹Jeder Beschluß der Hauptversammlung ist durch eine über die Verhandlung notariell aufgenommene Niederschrift zu beurkunden. ²Gleiches gilt für jedes Verlangen einer Minderheit nach § 120 Abs. 1 Satz 2, §§ 137 und 147 Abs. 1.

(2) In der Niederschrift sind der Ort und der Tag der Verhandlung, der Name des Notars sowie die Art und das Ergebnis der Abstimmung und die Feststellung des Vorsitzenden über die Beschlußfassung anzugeben.

(3) ¹Das Verzeichnis der Teilnehmer an der Versammlung sowie die Belege über die Einberufung sind der Niederschrift als Anlagen beizufügen. ²Die Belege über die Einberufung brauchen nicht beigefügt zu werden, wenn sie unter Angabe ihres Inhalts in der Niederschrift aufgeführt werden.

(4) ¹Die Niederschrift ist von dem Notar zu unterschreiben. ²Die Zuziehung von Zeugen ist nicht nötig.

(5) Unverzüglich nach der Versammlung hat der Vorstand eine öffentlich beglaubigte Abschrift der Niederschrift und ihrer Anlagen zum Handelsregister einzureichen.

§ 131.*** Auskunftsrecht des Aktionärs. (1) ¹Jedem Aktionär ist auf Verlangen in der Hauptversammlung vom Vorstand Auskunft über Angelegenheiten der

---

* Verordnung über den Ersatz von Aufwendungen der Kreditinstitute vom 18. 6. 1968 (BGBl. I S. 720), geändert durch Verordnung vom 24. 3. 1977 (BGBl. I S. 501) und vom 17. 11. 1987 (BGBl. I S. 2386).
** § 130 Abs. 1 Satz 1, Abs. 2 und Abs. 4 Satz 1 geändert durch Beurkundungsgesetz vom 28. 8. 1969 (BGBl. I S. 1513).
*** § 131 Abs. 1 Satz 3 angefügt und Abs. 3 Nr. 4 neu gefaßt durch Bilanzrichtlinien-Gesetz vom 19. 12. 1985 (BGBl. I S. 2355), Abs. 3 Nr. 6 sowie Abs. 4 Satz 3 angefügt durch Art. 2 Bankbilanzrichtlinie-Gesetz vom 30. 11. 1990 (BGBl. I S. 2570).

Gesellschaft zu geben, soweit sie zur sachgemäßen Beurteilung des Gegenstands der Tagesordnung erforderlich ist. ²Die Auskunftspflicht erstreckt sich auch auf die rechtlichen und geschäftlichen Beziehungen der Gesellschaft zu einem verbundenen Unternehmen. ³Macht eine Gesellschaft von den Erleichterungen nach § 266 Abs. 1 Satz 3, § 276 oder § 288 des Handelsgesetzbuchs Gebrauch, so kann jeder Aktionär verlangen, daß ihm in der Hauptversammlung über den Jahresabschluß der Jahresabschluß in der Form vorgelegt wird, die er ohne Anwendung dieser Vorschriften hätte.

(2) Die Auskunft hat den Grundsätzen einer gewissenhaften und getreuen Rechenschaft zu entsprechen.

(3) ¹Der Vorstand darf die Auskunft verweigern,

1. soweit die Erteilung der Auskunft nach vernünftiger kaufmännischer Beurteilung geeignet ist, der Gesellschaft oder einem verbundenen Unternehmen einen nicht unerheblichen Nachteil zuzufügen;
2. soweit sie sich auf steuerliche Wertansätze oder die Höhe einzelner Steuern bezieht;
3. über den Unterschied zwischen dem Wert, mit dem Gegenstände in der Jahresbilanz angesetzt worden sind, und einem höheren Wert dieser Gegenstände, es sei denn, daß die Hauptversammlung den Jahresabschluß feststellt;
4. über die Bilanzierungs- und Bewertungsmethoden, soweit die Angabe dieser Methoden im Anhang ausreicht, um ein den tatsächlichen Verhältnissen entsprechendes Bild der Vermögens-, Finanz- und Ertragslage der Gesellschaft im Sinne des § 264 Abs. 2 des Handelsgesetzbuchs zu vermitteln; dies gilt nicht, wenn die Hauptversammlung den Jahresabschluß feststellt;
5. soweit sich der Vorstand durch die Erteilung der Auskunft strafbar machen würde;
6. soweit bei einem Kreditinstitut Angaben über angewandte Bilanzierungs- und Bewertungsmethoden sowie vorgenommene Verrechnungen im Jahresabschluß, Lagebericht, Konzernabschluß oder Konzernlagebericht nicht gemacht zu werden brauchen.

²Aus anderen Gründen darf die Auskunft nicht verweigert werden.

(4) ¹Ist einem Aktionär wegen seiner Eigenschaft als Aktionär eine Auskunft außerhalb der Hauptversammlung gegeben worden, so ist sie jedem anderen Aktionär auf dessen Verlangen in der Hauptversammlung zu geben, auch wenn sie zur sachgemäßen Beurteilung des Gegenstands der Tagesordnung nicht erforderlich ist. ²Der Vorstand darf die Auskunft nicht nach Absatz 3 Satz 1 Nr. 1 bis 4 verweigern. ³Sätze 1 und 2 gelten nicht, wenn ein Tochterunternehmen (§ 290 Abs. 1, 2 des Handelsgesetzbuchs), ein Gemeinschaftsunternehmen (§ 310 Abs. 1 des Handelsgesetzbuchs) oder ein assoziiertes Unternehmen (§ 311 Abs. 1 des Handelsgesetzbuchs) die Auskunft einem Mutterunternehmen (§ 290 Abs. 1, 2 des Handelsgesetzbuchs) zum Zwecke der Einbeziehung der Gesellschaft in den Konzernschluß des Mutterunternehmens erteilt und die Auskunft für diesen Zweck benötigt wird.

(5) Wird einem Aktionär eine Auskunft verweigert, so kann er verlangen, daß seine Frage und der Grund, aus dem die Auskunft verweigert worden ist, in die Niederschrift über die Verhandlung aufgenommen werden.

§ 132. Gerichtliche Entscheidung über das Auskunftsrecht. (1) ¹Ob der Vorstand die Auskunft zu geben hat, entscheidet auf Antrag ausschließlich das

10 AktG §§ 133, 134   1. Buch. Aktiengesellschaft

Landgericht, in dessen Bezirk die Gesellschaft ihren Sitz hat. ²Ist bei dem Landgericht eine Kammer für Handelssachen gebildet, so entscheidet diese an Stelle der Zivilkammer. ³Die Landesregierung kann die Entscheidung durch Rechtsverordnung für die Bezirke mehrerer Landgerichte einem der Landgerichte übertragen, wenn dies der Sicherung einer einheitlichen Rechtsprechung dient. ⁴Die Landesregierung kann die Ermächtigung auf die Landesjustizverwaltung übertragen.

(2) ¹Antragsberechtigt ist jeder Aktionär, dem die verlangte Auskunft nicht gegeben worden ist, und, wenn über den Gegenstand der Tagesordnung, auf den sich die Auskunft bezog, Beschluß gefaßt worden ist, jeder in der Hauptversammlung erschienene Aktionär, der in der Hauptversammlung Widerspruch zur Niederschrift erklärt hat. ²Der Antrag ist binnen zwei Wochen nach der Hauptversammlung zu stellen, in der die Auskunft abgelehnt worden ist.

(3) ¹§ 99 Abs. 1, Abs. 3 Satz 1, 2, 4 bis 9 und Abs. 5 Satz 1 und 3 gilt sinngemäß. ²Die sofortige Beschwerde findet nur statt, wenn das Landgericht sie in der Entscheidung für zulässig erklärt. ³Es soll sie nur zulassen, wenn dadurch die Klärung einer Rechtsfrage von grundsätzlicher Bedeutung zu erwarten ist.

(4) ¹Wird dem Antrag stattgegeben, so ist die Auskunft auch außerhalb der Hauptversammlung zu geben. ²Aus der Entscheidung findet die Zwangsvollstreckung nach den Vorschriften der Zivilprozeßordnung statt.

(5) ¹Für die Kosten des Verfahrens gilt die Kostenordnung.* ²Für das Verfahren des ersten Rechtszugs wird das Doppelte der vollen Gebühr erhoben. ³Für den zweiten Rechtszug wird die gleiche Gebühr erhoben; dies gilt auch dann, wenn die Beschwerde Erfolg hat. ⁴Wird der Antrag oder die Beschwerde zurückgenommen, bevor es zu einer Entscheidung oder einer vom Gericht vermittelten Einigung kommt, so ermäßigt sich die Gebühr auf die Hälfte. ⁵Der Geschäftswert ist von Amts wegen festzusetzen. ⁶Er bestimmt sich nach § 30 Abs. 2 der Kostenordnung mit der Maßgabe, daß der Wert regelmäßig auf zehntausend Deutsche Mark anzunehmen ist. ⁷Das mit dem Verfahren befaßte Gericht bestimmt nach billigem Ermessen, welchen Beteiligten die Kosten des Verfahrens aufzuerlegen sind.

Vierter Unterabschnitt. Stimmrecht

§ 133. Grundsatz der einfachen Stimmenmehrheit. (1) Die Beschlüsse der Hauptversammlung bedürfen der Mehrheit der abgegebenen Stimmen (einfache Stimmenmehrheit), soweit nicht Gesetz oder Satzung eine größere Mehrheit oder weitere Erfordernisse bestimmen.

(2) Für Wahlen kann die Satzung andere Bestimmungen treffen.

§ 134. Stimmrecht. (1) ¹Das Stimmrecht wird nach Aktiennennbeträgen ausgeübt. ²Für den Fall, daß einem Aktionär mehrere Aktien gehören, kann die Satzung das Stimmrecht durch Festsetzung eines Höchstbetrags oder von Abstufungen beschränken. ³Die Satzung kann außerdem bestimmen, daß zu den Aktien, die dem Aktionär gehören, auch die Aktien rechnen, die einem anderen für seine Rechnung gehören. ⁴Für den Fall, daß der Aktionär ein Unternehmen ist, kann sie ferner bestimmen, daß zu den Aktien, die ihm gehören, auch die Aktien rechnen, die einem von ihm abhängigen oder ihn beherrschenden oder einem mit ihm konzernverbundenen Unternehmen oder für Rechnung solcher Unternehmen einem Dritten gehören. ⁵Die Beschränkungen können nicht für einzelne Aktionäre angeordnet werden. ⁶Bei der Berechnung einer nach Gesetz oder Satzung erforderlichen Kapitalmehrheit bleiben die Beschränkungen außer Betracht.

---
* Abgedruckt in Schönfelder unter Nr. 119.

(2) ¹Das Stimmrecht beginnt mit der vollständigen Leistung der Einlage. ²Die Satzung kann bestimmen, daß das Stimmrecht beginnt, wenn auf die Aktie die gesetzliche oder höhere satzungsmäßige Mindesteinlage geleistet ist. ³In diesem Fall gewährt die Leistung der Mindesteinlage eine Stimme; bei höheren Einlagen richtet sich das Stimmenverhältnis nach der Höhe der geleisteten Einlagen. ⁴Bestimmt die Satzung nicht, daß das Stimmrecht vor der vollständigen Leistung der Einlage beginnt, und ist noch auf keine Aktie die Einlage vollständig geleistet, so richtet sich das Stimmenverhältnis nach der Höhe der geleisteten Einlagen; dabei gewährt die Leistung der Mindesteinlage eine Stimme. ⁵Bruchteile von Stimmen werden in diesen Fällen nur berücksichtigt, soweit sie für den stimmberechtigten Aktionär volle Stimmen ergeben. ⁶Die Satzung kann Bestimmungen nach diesem Absatz nicht für einzelne Aktionäre oder für einzelne Aktiengattungen treffen.

(3) ¹Das Stimmrecht kann durch einen Bevollmächtigten ausgeübt werden. ²Für die Vollmacht ist die schriftliche Form erforderlich und genügend. ³Die Vollmachtsurkunde ist der Gesellschaft vorzulegen und bleibt in ihrer Verwahrung.

(4) Die Form der Ausübung des Stimmrechts richtet sich nach der Satzung.

§ 135. Ausübung des Stimmrechts durch Kreditinstitute und geschäftsmäßig Handelnde. (1) ¹Ein Kreditinstitut darf das Stimmrecht für Inhaberaktien, die ihm nicht gehören, nur ausüben oder ausüben lassen, wenn es schriftlich bevollmächtigt ist. ²In der eigenen Hauptversammlung darf das bevollmächtigte Kreditinstitut das Stimmrecht auf Grund der Vollmacht nur ausüben, soweit der Aktionär eine ausdrückliche Weisung zu den einzelnen Gegenständen der Tagesordnung erteilt hat.

(2) ¹Die Vollmacht darf nur einem bestimmten Kreditinstitut und nur für längstens fünfzehn Monate erteilt werden. ²Sie ist jederzeit widerruflich. ³Die Vollmachtsurkunde muß bei der Erteilung der Vollmacht vollständig ausgefüllt sein und darf keine anderen Erklärungen enthalten. ⁴Sie soll das Datum der Ausstellung enthalten. ⁵Die Frist in Satz 1 beginnt spätestens mit dem Tage der Ausstellung.

(3) ¹Das bevollmächtigte Kreditinstitut darf Personen, die nicht seine Angestellten sind, nur unterbevollmächtigen, wenn die Vollmacht eine Unterbevollmächtigung ausdrücklich gestattet und das bevollmächtigte Kreditinstitut am Ort der Hauptversammlung keine Niederlassung hat. ²Gleiches gilt für eine Übertragung der Vollmacht durch das bevollmächtigte Kreditinstitut.

(4) ¹Auf Grund der Vollmacht kann das Kreditinstitut das Stimmrecht unter Benennung des Aktionärs in dessen Namen ausüben. ²Wenn es die Vollmacht bestimmt, kann das Kreditinstitut das Stimmrecht auch im Namen dessen, den es angeht, ausüben. ³Übt das Kreditinstitut das Stimmrecht unter Benennung des Aktionärs in dessen Namen aus, ist die Vollmachtsurkunde der Gesellschaft vorzulegen und von dieser zu verwahren. ⁴Übt es das Stimmrecht im Namen dessen, den es angeht, aus, genügt zum Nachweis seiner Stimmberechtigung gegenüber der Gesellschaft die Erfüllung der in der Satzung für die Ausübung des Stimmrechts vorgesehenen Erfordernisse; enthält die Satzung darüber keine Bestimmungen, genügt die Vorlegung der Aktien oder einer Bescheinigung über die Hinterlegung der Aktien bei einem Notar oder einer Wertpapiersammelbank.

(5) Hat der Aktionär dem Kreditinstitut keine Weisung für die Ausübung des Stimmrechts erteilt, so hat das Kreditinstitut das Stimmrecht entsprechend seinen eigenen, den Aktionären nach § 128 Abs. 2 mitgeteilten Vorschlägen auszuüben, es sei denn, daß das Kreditinstitut den Umständen nach annehmen darf, daß der

10 AktG § 136   1. Buch. Aktiengesellschaft

Aktionär bei Kenntnis der Sachlage die abweichende Ausübung des Stimmrechts billigen würde.

(6) Die Wirksamkeit der Stimmabgabe wird durch einen Verstoß gegen Absatz 1 Satz 2, Absätze 2, 3 und 5 nicht beeinträchtigt.

(7) ¹Ein Kreditinstitut darf das Stimmrecht für Namensaktien, die ihm nicht gehören, als deren Aktionär es aber im Aktienbuch eingetragen ist, nur auf Grund einer schriftlichen Ermächtigung, wenn es nicht als deren Aktionär eingetragen ist, nur unter Benennung des Aktionärs in dessen Namen auf Grund einer schriftlichen Vollmacht ausüben. ²Auf die Ermächtigung oder Vollmacht sind Absatz 1 Satz 2, Absätze 2, 3 und 5, auf die Vollmacht außerdem Absatz 4 Satz 3 anzuwenden. ³Im übrigen gilt Absatz 6.

(8) Ist das Kreditinstitut bei der Ausübung des Stimmrechts von einer Weisung des Aktionärs oder, wenn der Aktionär keine Weisung erteilt hat, von seinem eigenen, dem Aktionär nach § 128 Abs. 2 mitgeteilten Vorschlag abgewichen, so hat es dies dem Aktionär mitzuteilen und die Gründe anzugeben.

(9) ¹Die Absätze 1 bis 8 gelten sinngemäß für die Ausübung des Stimmrechts durch

1. Vereinigungen von Aktionären,
2. Geschäftsleiter und Angestellte eines Kreditinstituts, wenn die ihnen nicht gehörenden Aktien dem Kreditinstitut zur Verwahrung anvertraut sind,
3. Personen, die sich geschäftsmäßig gegenüber Aktionären zur Ausübung des Stimmrechts in der Hauptversammlung erbieten.

²Dies gilt nicht, wenn derjenige, der das Stimmrecht ausüben will, gesetzlicher Vertreter oder Ehegatte des Aktionärs oder mit ihm bis zum vierten Grade verwandt oder verschwägert ist.

(10) ¹Ein Kreditinstitut ist verpflichtet, den Auftrag eines Aktionärs zur Ausübung des Stimmrechts in einer Hauptversammlung anzunehmen, wenn es für den Aktionär Aktien der Gesellschaft verwahrt und sich gegenüber Aktionären der Gesellschaft zur Ausübung des Stimmrechts in derselben Hauptversammlung erboten hat. ²Die Verpflichtung besteht nicht, wenn das Kreditinstitut am Ort der Hauptversammlung keine Niederlassung hat und der Aktionär die Übertragung der Vollmacht auf oder die Unterbevollmächtigung von Personen, die nicht Angestellte des Kreditinstituts sind, nicht gestattet hat.

(11) Die Verpflichtung des Kreditinstituts zum Ersatz eines aus der Verletzung der Absätze 1 bis 3, 5, 7, 8 oder 10 entstehenden Schadens kann im voraus weder ausgeschlossen noch beschränkt werden.

§ 136.* **Ausschluß des Stimmrechts.** (1) ¹Niemand kann für sich oder für einen anderen das Stimmrecht ausüben, wenn darüber Beschluß gefaßt wird, ob er zu entlasten oder von einer Verbindlichkeit zu befreien ist oder ob die Gesellschaft gegen ihn einen Anspruch geltend machen soll. ²Für Aktien, aus denen der Aktionär nach Satz 1 das Stimmrecht nicht ausüben kann, kann das Stimmrecht auch nicht durch einen anderen ausgeübt werden.

(2) ¹Ein Vertrag, durch den sich ein Aktionär verpflichtet, nach Weisung der Gesellschaft, des Vorstands oder des Aufsichtsrats der Gesellschaft oder nach Weisung eines abhängigen Unternehmens das Stimmrecht auszuüben, ist nichtig. ²Ebenso ist ein Vertrag nichtig, durch den sich ein Aktionär verpflichtet, für die

---

* § 136 früherer Abs. 2 aufgehoben, bisheriger Abs. 3 wurde Abs. 2 durch Verschmelzungsrichtlinie-Gesetz vom 25. 10. 1982 (BGBl. I S. 1425).

4. Teil. Verfassung der Aktiengesellschaft §§ 137–141 **AktG 10**

jeweiligen Vorschläge des Vorstands oder des Aufsichtsrats der Gesellschaft zu stimmen.

§ 137. Abstimmung über Wahlvorschläge von Aktionären. Hat ein Aktionär einen Vorschlag zur Wahl von Aufsichtsratsmitgliedern nach § 127 gemacht und beantragt er in der Hauptversammlung die Wahl des von ihm Vorgeschlagenen, so ist über seinen Antrag vor dem Vorschlag des Aufsichtsrats zu beschließen, wenn es eine Minderheit der Aktionäre verlangt, deren Anteile zusammen den zehnten Teil des vertretenen Grundkapitals erreichen.

Fünfter Unterabschnitt. Sonderbeschluß

§ 138. Gesonderte Versammlung. Gesonderte Abstimmung. ¹In diesem Gesetz oder in der Satzung vorgeschriebene Sonderbeschlüsse gewisser Aktionäre sind entweder in einer gesonderten Versammlung dieser Aktionäre oder in einer gesonderten Abstimmung zu fassen, soweit das Gesetz nichts anderes bestimmt. ²Für die Einberufung der gesonderten Versammlung und die Teilnahme an ihr sowie für das Auskunftsrecht gelten die Bestimmungen über die Hauptversammlung, für die Sonderbeschlüsse die Bestimmungen über Hauptversammlungsbeschlüsse sinngemäß. ³Verlangen Aktionäre, die an der Abstimmung über den Sonderbeschluß teilnehmen können, die Einberufung einer gesonderten Versammlung oder die Bekanntmachung eines Gegenstands zur gesonderten Abstimmung, so genügt es, wenn ihre Anteile, mit denen sie an der Abstimmung über den Sonderbeschluß teilnehmen können, zusammen den zehnten Teil der Anteile erreichen, aus denen bei der Abstimmung über den Sonderbeschluß das Stimmrecht ausgeübt werden kann.

Sechster Unterabschnitt. Vorzugsaktien ohne Stimmrecht

§ 139. Wesen. (1) Für Aktien, die mit einem nachzuzahlenden Vorzug bei der Verteilung des Gewinns ausgestattet sind, kann das Stimmrecht ausgeschlossen werden (Vorzugsaktien ohne Stimmrecht).

(2) Vorzugsaktien ohne Stimmrecht dürfen nur bis zu einem Gesamtnennbetrag in Höhe des Gesamtnennbetrags der anderen Aktien ausgegeben werden.

§ 140. Rechte der Vorzugsaktionäre. (1) Die Vorzugsaktien ohne Stimmrecht gewähren mit Ausnahme des Stimmrechts die jedem Aktionär aus der Aktie zustehenden Rechte.

(2) ¹Wird der Vorzugsbetrag in einem Jahr nicht oder nicht vollständig gezahlt und der Rückstand im nächsten Jahr nicht neben dem vollen Vorzug dieses Jahres nachgezahlt, so haben die Vorzugsaktionäre das Stimmrecht, bis die Rückstände nachgezahlt sind. ²In diesem Fall sind die Vorzugsaktien auch bei der Berechnung einer nach Gesetz oder Satzung erforderlichen Kapitalmehrheit zu berücksichtigen.

(3) Soweit die Satzung nichts anderes bestimmt, entsteht dadurch, daß der Vorzugsbetrag in einem Jahr nicht oder nicht vollständig gezahlt wird, noch kein durch spätere Beschlüsse über die Gewinnverteilung bedingter Anspruch auf den rückständigen Vorzugsbetrag.

§ 141. Aufhebung oder Beschränkung des Vorzugs. (1) Ein Beschluß, durch den der Vorzug aufgehoben oder beschränkt wird, bedarf zu seiner Wirksamkeit der Zustimmung der Vorzugsaktionäre.

465

10 AktG § 142 1. Buch. Aktiengesellschaft

(2) ¹Ein Beschluß über die Ausgabe von Vorzugsaktien, die bei der Verteilung des Gewinns oder des Gesellschaftsvermögens den Vorzugsaktien ohne Stimmrecht vorgehen oder gleichstehen, bedarf gleichfalls der Zustimmung der Vorzugsaktionäre. ²Der Zustimmung bedarf es nicht, wenn die Ausgabe bei Einräumung des Vorzugs oder, falls das Stimmrecht später ausgeschlossen wurde, bei der Ausschließung ausdrücklich vorbehalten worden war und das Bezugsrecht der Vorzugsaktionäre nicht ausgeschlossen wird.

(3) ¹Über die Zustimmung haben die Vorzugsaktionäre in einer gesonderten Versammlung einen Sonderbeschluß zu fassen. ²Er bedarf einer Mehrheit, die mindestens drei Viertel der abgegebenen Stimmen umfaßt. ³Die Satzung kann weder eine andere Mehrheit noch weitere Erfordernisse bestimmen. ⁴Wird in dem Beschluß über die Ausgabe von Vorzugsaktien, die bei der Verteilung des Gewinns oder des Gesellschaftsvermögens den Vorzugsaktien ohne Stimmrecht vorgehen oder gleichstehen, das Bezugsrecht der Vorzugsaktionäre auf den Bezug solcher Aktien ganz oder zum Teil ausgeschlossen, so gilt für den Sonderbeschluß § 186 Abs. 3 bis 5 sinngemäß.

(4) Ist der Vorzug aufgehoben, so gewähren die Aktien das Stimmrecht.

**Siebenter Unterabschnitt. Sonderprüfung.
Geltendmachung von Ersatzansprüchen**

§ 142.* **Bestellung der Sonderprüfer.** (1) ¹Zur Prüfung von Vorgängen bei der Gründung oder der Geschäftsführung, namentlich auch bei Maßnahmen der Kapitalbeschaffung und Kapitalherabsetzung, kann die Hauptversammlung mit einfacher Stimmenmehrheit Prüfer (Sonderprüfer) bestellen. ²Bei der Beschlußfassung kann ein Mitglied des Vorstands oder des Aufsichtsrats weder für sich noch für einen anderen mitstimmen, wenn die Prüfung sich auf Vorgänge erstrecken soll, die mit der Entlastung eines Mitglieds des Vorstands oder des Aufsichtsrats oder der Einleitung eines Rechtsstreits zwischen der Gesellschaft und einem Mitglied des Vorstands oder des Aufsichtsrats zusammenhängen. ³Für ein Mitglied des Vorstands oder des Aufsichtsrats, das nach Satz 2 nicht mitstimmen kann, kann das Stimmrecht auch nicht durch einen anderen ausgeübt werden.

(2) ¹Lehnt die Hauptversammlung einen Antrag auf Bestellung von Sonderprüfern zur Prüfung eines Vorgangs bei der Gründung oder eines nicht über fünf Jahre zurückliegenden Vorgangs bei der Geschäftsführung ab, so hat das Gericht auf Antrag von Aktionären, deren Anteile zusammen den zehnten Teil des Grundkapitals oder den Nennbetrag von zwei Millionen Deutsche Mark erreichen, Sonderprüfer zu bestellen, wenn Tatsachen vorliegen, die den Verdacht rechtfertigen, daß bei dem Vorgang Unredlichkeiten oder grobe Verletzungen des Gesetzes oder der Satzung vorgekommen sind. ²Die Antragsteller haben die Aktien bis zur Entscheidung über den Antrag zu hinterlegen und glaubhaft zu machen, daß sie seit mindestens drei Monaten vor dem Tage der Hauptversammlung Inhaber der Aktien sind. ³Zur Glaubhaftmachung genügt eine eidesstattliche Versicherung vor einem Notar.

(3) Die Absätze 1 und 2 gelten nicht für Vorgänge, die Gegenstand einer Sonderprüfung nach § 258 sein können.

(4) ¹Hat die Hauptversammlung Sonderprüfer bestellt, so hat das Gericht auf Antrag von Aktionären, deren Anteile zusammen den zehnten Teil des Grundka-

---

* § 142 Abs. 2 Satz 3 geändert durch Beurkundungsgesetz vom 28. 8. 1969 (BGBl. I S. 1513).

4. Teil. Verfassung der Aktiengesellschaft §§ 143–145 **AktG 10**

pitals oder den Nennbetrag von zwei Millionen Deutsche Mark erreichen, einen anderen Sonderprüfer zu bestellen, wenn dies aus einem in der Person des bestellten Sonderprüfers liegenden Grund geboten erscheint, insbesondere, wenn der bestellte Sonderprüfer nicht die für den Gegenstand der Sonderprüfung erforderlichen Kenntnisse hat, oder wenn Besorgnis der Befangenheit oder Bedenken gegen seine Zuverlässigkeit bestehen. ²Der Antrag ist binnen zwei Wochen seit dem Tage der Hauptversammlung zu stellen.

(5) ¹Das Gericht hat außer den Beteiligten auch den Aufsichtsrat und im Fall des Absatzes 4 den von der Hauptversammlung bestellten Sonderprüfer zu hören. ²Gegen die Entscheidung ist die sofortige Beschwerde zulässig.

(6) ¹Die vom Gericht bestellten Sonderprüfer haben Anspruch auf Ersatz angemessener barer Auslagen und auf Vergütung für ihre Tätigkeit. ²Die Auslagen und die Vergütung setzt das Gericht fest. ³Gegen die Entscheidung ist die sofortige Beschwerde zulässig. ⁴Die weitere Beschwerde ist ausgeschlossen. ⁵Aus der rechtskräftigen Entscheidung findet die Zwangsvollstreckung nach der Zivilprozeßordnung statt.

§ 143.* Auswahl der Sonderprüfer. (1) Als Sonderprüfer sollen, wenn der Gegenstand der Sonderprüfung keine anderen Kenntnisse fordert, nur bestellt werden

1. Personen, die in der Buchführung ausreichend vorgebildet und erfahren sind;
2. Prüfungsgesellschaften, von deren gesetzlichen Vertretern mindestens einer in der Buchführung ausreichend vorgebildet und erfahren ist.

(2) ¹Sonderprüfer darf nicht sein, wer nach § 319 Abs. 2 des Handelsgesetzbuchs nicht Abschlußprüfer sein darf oder während der Zeit, in der sich der zu prüfende Vorgang ereignet hat, hätte sein dürfen. ²Eine Prüfungsgesellschaft darf nicht Sonderprüfer sein, wenn sie nach § 319 Abs. 3 des Handelsgesetzbuchs nicht Abschlußprüfer sein darf oder während der Zeit, in der sich der zu prüfende Vorgang ereignet hat, hätte sein dürfen.

(3) *(aufgehoben)*

§ 144.* Verantwortlichkeit der Sonderprüfer. § 323 des Handelsgesetzbuchs über die Verantwortlichkeit des Abschlußprüfers gilt sinngemäß.

§ 145. Rechte der Sonderprüfer. Prüfungsbericht. (1) Der Vorstand hat den Sonderprüfern zu gestatten, die Bücher und Schriften der Gesellschaft sowie die Vermögensgegenstände, namentlich die Gesellschaftskasse und die Bestände an Wertpapieren und Waren, zu prüfen.

(2) Die Sonderprüfer können von den Mitgliedern des Vorstands und des Aufsichtsrats alle Aufklärungen und Nachweise verlangen, welche die sorgfältige Prüfung der Vorgänge notwendig macht.

(3) Die Sonderprüfer haben die Rechte nach Absatz 2 auch gegenüber einem Konzernunternehmen sowie gegenüber einem abhängigen oder herrschenden Unternehmen.

(4) ¹Die Sonderprüfer haben über das Ergebnis der Prüfung schriftlich zu berichten. ²Auch Tatsachen, deren Bekanntwerden geeignet ist, der Gesellschaft

---
* § 143 Abs. 2 neu gefaßt und Abs. 3 aufgehoben sowie § 144 geändert durch Bilanzrichtlinien-Gesetz vom 19. 12. 1985 (BGBl. I S. 2355).

10 AktG §§ 146, 147   1. Buch. Aktiengesellschaft

oder einem verbundenen Unternehmen einen nicht unerheblichen Nachteil zuzufügen, müssen in den Prüfungsbericht aufgenommen werden, wenn ihre Kenntnis zur Beurteilung des zu prüfenden Vorgangs durch die Hauptversammlung erforderlich ist. ³Die Sonderprüfer haben den Bericht zu unterzeichnen und unverzüglich dem Vorstand und zum Handelsregister des Sitzes der Gesellschaft einzureichen. ⁴Auf Verlangen hat der Vorstand jedem Aktionär eine Abschrift des Prüfungsberichts zu erteilen. ⁵Der Vorstand hat den Bericht dem Aufsichtsrat vorzulegen und bei der Einberufung der nächsten Hauptversammlung als Gegenstand der Tagesordnung bekanntzumachen.

§ 146. Kosten. Bestellt das Gericht Sonderprüfer, so trägt die Gesellschaft unbeschadet eines ihr nach den Vorschriften des bürgerlichen Rechts zustehenden Ersatzanspruchs die Gerichtskosten und die Kosten der Prüfung.

§ 147.* Geltendmachung von Ersatzansprüchen. (1) ¹Die Ersatzansprüche der Gesellschaft aus der Gründung gegen die nach den §§ 46 bis 48, 53 verpflichteten Personen oder aus der Geschäftsführung gegen die Mitglieder des Vorstands und des Aufsichtsrats oder aus § 117 müssen geltend gemacht werden, wenn es die Hauptversammlung mit einfacher Stimmenmehrheit beschließt oder es eine Minderheit verlangt, deren Anteile zusammen den zehnten Teil des Grundkapitals erreichen. ²Das Verlangen der Minderheit ist nur zu berücksichtigen, wenn glaubhaft gemacht wird, daß die Aktionäre, die die Minderheit bilden, seit mindestens drei Monaten vor dem Tage der Hauptversammlung Inhaber der Aktien sind. ³Zur Glaubhaftmachung genügt eine eidesstattliche Versicherung vor einem Notar.

(2) Der Ersatzanspruch soll binnen sechs Monaten seit dem Tage der Hauptversammlung geltend gemacht werden.

(3) ¹Zur Geltendmachung des Ersatzanspruchs kann die Hauptversammlung besondere Vertreter bestellen. ²Hat die Hauptversammlung die Geltendmachung des Ersatzanspruchs beschlossen oder eine Minderheit sie verlangt, so hat das Gericht (§ 14) auf Antrag von Aktionären, deren Anteile zusammen den zehnten Teil des Grundkapitals oder den Nennbetrag von zwei Millionen Deutsche Mark erreichen, als Vertreter der Gesellschaft zur Geltendmachung des Ersatzanspruchs andere als die nach §§ 78, 112 oder nach Satz 1 zur Vertretung der Gesellschaft berufenen Personen zu bestellen, wenn ihm dies für eine gehörige Geltendmachung zweckmäßig erscheint. ³Gibt das Gericht dem Antrag statt, so trägt die Gesellschaft die Gerichtskosten. ⁴Gegen die Entscheidung ist die sofortige Beschwerde zulässig. ⁵Die gerichtlich bestellten Vertreter können von der Gesellschaft den Ersatz angemessener barer Auslagen und eine Vergütung für ihre Tätigkeit verlangen. ⁶Die Auslagen und die Vergütung setzt das Gericht fest. ⁷Gegen die Entscheidung ist die sofortige Beschwerde zulässig. ⁸Die weitere Beschwerde ist ausgeschlossen. ⁹Aus der rechtskräftigen Entscheidung findet die Zwangsvollstreckung nach der Zivilprozeßordnung statt.

(4) ¹Hat eine Minderheit die Geltendmachung des Ersatzanspruchs verlangt und hat die Gesellschaft, weil sie im Rechtsstreit ganz oder teilweise unterlegen ist, Kosten des Rechtsstreits zu tragen, so ist die Minderheit der Gesellschaft zur

---

* § 147 Abs. 1 Satz 3 geändert durch Beurkundungsgesetz vom 28. 8. 1969 (BGBl. I S. 1513), Abs. 3 Satz 3 eingefügt, bisherige Sätze 3 bis 8 wurden Sätze 4 bis 9 und Abs. 4 Satz 2 geändert durch Gesetz vom 15. 8. 1969 (BGBl. I S. 1171).

5. Teil. Rechnungslegung. Gewinnverwendung §§ 148–150 **AktG 10**

Erstattung dieser Kosten verpflichtet. ²Ist die Gesellschaft ganz unterlegen, so ist die Minderheit der Gesellschaft auch zur Erstattung der Gerichtskosten, die der Gesellschaft durch die Bestellung besonderer Vertreter nach Absatz 3 Satz 3 entstanden sind, sowie der baren Auslagen und der Vergütung der besonderen Vertreter verpflichtet.

Fünfter Teil. Rechnungslegung.* Gewinnverwendung

Erster Abschnitt.** Jahresabschluß und Lagebericht

§§ 148, 149.** *(aufgehoben)*

§ 150.** Gesetzliche Rücklage. Kapitalrücklage. (1) In der Bilanz des nach den §§ 242, 264 des Handelsgesetzbuchs aufzustellenden Jahresabschlusses ist eine gesetzliche Rücklage zu bilden.

(2) In diese ist der zwanzigste Teil des um einen Verlustvortrag aus dem Vorjahr geminderten Jahresüberschusses einzustellen, bis die gesetzliche Rücklage und die Kapitalrücklagen nach § 272 Abs. 2 Nr. 1 bis 3 des Handelsgesetzbuchs zusammen den zehnten oder den in der Satzung bestimmten höheren Teil des Grundkapitals erreichen.

(3) Übersteigen die gesetzliche Rücklage und die Kapitalrücklagen nach § 272 Abs. 2 Nr. 1 bis 3 des Handelsgesetzbuchs zusammen nicht den zehnten oder den in der Satzung bestimmten höheren Teil des Grundkapitals, so dürfen sie nur verwandt werden

1. zum Ausgleich eines Jahresfehlbetrags, soweit er nicht durch einen Gewinnvortrag aus dem Vorjahr gedeckt ist und nicht durch Auflösung anderer Gewinnrücklagen ausgeglichen werden kann;
2. zum Ausgleich eines Verlustvortrags aus dem Vorjahr, soweit er nicht durch einen Jahresüberschuß gedeckt ist und nicht durch Auflösung anderer Gewinnrücklagen ausgeglichen werden kann.

(4) ¹Übersteigen die gesetzliche Rücklage und die Kapitalrücklagen nach § 272 Abs. 2 Nr. 1 bis 3 des Handelsgesetzbuchs zusammen den zehnten oder den in der Satzung bestimmten höheren Teil des Grundkapitals, so darf der übersteigende Betrag verwandt werden

1. zum Ausgleich eines Jahresfehlbetrags, soweit er nicht durch einen Gewinnvortrag aus dem Vorjahr gedeckt ist;
2. zum Ausgleich eines Verlustvortrags aus dem Vorjahr, soweit er nicht durch einen Jahresüberschuß gedeckt ist;
3. zur Kapitalerhöhung aus Gesellschaftsmitteln nach den §§ 207 bis 220.

²Die Verwendung nach den Nummern 1 und 2 ist nicht zulässig, wenn gleichzeitig Gewinnrücklagen zur Gewinnausschüttung aufgelöst werden.

---

* Beachte hierzu auch Gesetz über die Rechnungslegung von bestimmten Unternehmen und Konzernen (sog. Publizitätsgesetz) vom 15. 8. 1969 (BGBl. I S. 1189, ber. 1970 I S. 1113), abgedruckt unter Nr. **12**, das für die in § 1 Abs. 1 dieses Gesetzes genannten Großunternehmen und die in § 11 Abs. 1 dieses Gesetzes genannten Großkonzerne gilt.

** Überschrift des Ersten Abschnitts und § 150 neu gefaßt sowie §§ 148 und 149 aufgehoben durch Bilanzrichtlinien-Gesetz vom 19. 12. 1985 (BGBl. I S. 2355).

§§ 150a, 151.* *(aufgehoben)*

§ 152.* Vorschriften zur Bilanz.
(1) ¹Das Grundkapital ist in der Bilanz als gezeichnetes Kapital auszuweisen. ²Dabei sind die Gesamtnennbeträge der Aktien jeder Gattung gesondert anzugeben. ³Bedingtes Kapital ist mit dem Nennbetrag zu vermerken. ⁴Bestehen Mehrstimmrechtsaktien, so sind beim gezeichneten Kapital die Gesamtstimmenzahl der Mehrstimmrechtsaktien und die der übrigen Aktien zu vermerken.

(2) Zu dem Posten „Kapitalrücklage" sind in der Bilanz oder im Anhang gesondert anzugeben

1. der Betrag, der während des Geschäftsjahrs eingestellt wurde;
2. der Betrag, der für das Geschäftsjahr entnommen wird.

(3) Zu den einzelnen Posten der Gewinnrücklagen sind in der Bilanz oder im Anhang jeweils gesondert anzugeben

1. die Beträge, die die Hauptversammlung aus dem Bilanzgewinn des Vorjahrs eingestellt hat;
2. die Beträge, die aus dem Jahresüberschuß des Geschäftsjahrs eingestellt werden;
3. die Beträge, die für das Geschäftsjahr entnommen werden.

§§ 153–157.* *(aufgehoben)*

§ 158.* Vorschriften zur Gewinn- und Verlustrechnung.
(1) ¹Die Gewinn- und Verlustrechnung ist nach dem Posten „Jahresüberschuß/Jahresfehlbetrag" in Fortführung der Numerierung um die folgenden Posten zu ergänzen:

1. Gewinnvortrag/Verlustvortrag aus dem Vorjahr
2. Entnahmen aus der Kapitalrücklage
3. Entnahmen aus Gewinnrücklagen
   a) aus der gesetzlichen Rücklage
   b) aus der Rücklage für eigene Aktien
   c) aus satzungsmäßigen Rücklagen
   d) aus anderen Gewinnrücklagen
4. Einstellungen in Gewinnrücklagen
   a) in die gesetzliche Rücklage
   b) in die Rücklage für eigene Aktien
   c) in satzungsmäßige Rücklagen
   d) in andere Gewinnrücklagen
5. Bilanzgewinn/Bilanzverlust.

²Die Angaben nach Satz 1 können auch im Anhang gemacht werden.

(2) ¹Von dem Ertrag aus einem Gewinnabführungs- oder Teilgewinnabführungsvertrag ist ein vertraglich zu leistender Ausgleich für außenstehende Gesellschafter abzusetzen; übersteigt dieser den Ertrag, so ist der übersteigende Betrag unter den Aufwendungen aus Verlustübernahme auszuweisen. ²Andere Beträge dürfen nicht abgesetzt werden.

---

* §§ 150a, 151 und 153 bis 157 aufgehoben sowie §§ 152 und 158 neu gefaßt durch Bilanzrichtlinien-Gesetz vom 19. 12. 1985 (BGBl. I S. 2355).

5. Teil. Rechnungslegung. Gewinnverwendung §§ 159–161 **AktG 10**

§ 159.* *(aufgehoben)*

§ 160.* Vorschriften zum Anhang. (1) In jedem Anhang sind auch Angaben zu machen über

1. den Bestand und den Zugang an Aktien, die ein Aktionär für Rechnung der Gesellschaft oder eines abhängigen oder eines im Mehrheitsbesitz der Gesellschaft stehenden Unternehmens oder ein abhängiges oder im Mehrheitsbesitz der Gesellschaft stehendes Unternehmen als Gründer oder Zeichner oder in Ausübung eines bei einer bedingten Kapitalerhöhung eingeräumten Umtausch- oder Bezugsrechts übernommen hat; sind solche Aktien im Geschäftsjahr verwertet worden, so ist auch über die Verwertung unter Angabe des Erlöses und die Verwendung des Erlöses zu berichten;
2. den Bestand an eigenen Aktien der Gesellschaft, die sie, ein abhängiges oder im Mehrheitsbesitz der Gesellschaft stehendes Unternehmen oder ein anderer für Rechnung der Gesellschaft oder eines abhängigen oder im Mehrheitsbesitz der Gesellschaft stehenden Unternehmens erworben oder als Pfand genommen hat; dabei sind die Zahl und der Nennbetrag dieser Aktien sowie deren Anteil am Grundkapital, für erworbene Aktien ferner der Zeitpunkt des Erwerbs und die Gründe für den Erwerb anzugeben. Sind solche Aktien im Geschäftsjahr erworben oder veräußert worden, so ist auch über den Erwerb oder die Veräußerung unter Angabe der Zahl und des Nennbetrags dieser Aktien, des Anteils am Grundkapital und des Erwerbs- oder Veräußerungspreises, sowie über die Verwendung des Erlöses zu berichten;
3. die Zahl und den Nennbetrag der Aktien jeder Gattung, sofern sich diese Angaben nicht aus der Bilanz ergeben; davon sind Aktien, die bei einer bedingten Kapitalerhöhung oder einem genehmigten Kapital im Geschäftsjahr gezeichnet wurden, jeweils gesondert anzugeben;
4. das genehmigte Kapital;
5. die Zahl der Wandelschuldverschreibungen und vergleichbaren Wertpapiere unter Angabe der Rechte, die sie verbriefen;
6. Genußrechte, Rechte aus Besserungsscheinen und ähnliche Rechte unter Angabe der Art und Zahl der jeweiligen Rechte sowie der im Geschäftsjahr neu entstandenen Rechte;
7. das Bestehen einer wechselseitigen Beteiligung unter Angabe des Unternehmens;
8. das Bestehen einer Beteiligung an der Gesellschaft, die ihr nach § 20 Abs. 1 oder 4 mitgeteilt worden ist; dabei ist anzugeben, wem die Beteiligung gehört und ob sie den vierten Teil aller Aktien der Gesellschaft übersteigt oder eine Mehrheitsbeteiligung (§ 16 Abs. 1) ist.

(2) Die Berichterstattung hat insoweit zu unterbleiben, als es für das Wohl der Bundesrepublik Deutschland oder eines ihrer Länder erforderlich ist.

§ 161.* *(aufgehoben)*

---

* §§ 159 und 161 aufgehoben sowie § 160 neu gefaßt durch Bilanzrichtlinien-Gesetz vom 19. 12. 1985 (BGBl. I S. 2355).

Zweiter Abschnitt. Prüfung des Jahresabschlusses

Erster Unterabschnitt. Prüfung durch Abschlußprüfer

§§ 162–169.* *(aufgehoben)*

Zweiter Unterabschnitt. Prüfung durch den Aufsichtsrat

§ 170.** Vorlage an den Aufsichtsrat. (1) ¹Der Vorstand hat den Jahresabschluß und den Lagebericht unverzüglich nach ihrer Aufstellung dem Aufsichtsrat vorzulegen. ²Ist der Jahresabschluß durch einen Abschlußprüfer zu prüfen, so sind diese Unterlagen zusammen mit dem Prüfungsbericht des Abschlußprüfers unverzüglich nach dem Eingang des Prüfungsberichts dem Aufsichtsrat vorzulegen.

(2) ¹Zugleich hat der Vorstand dem Aufsichtsrat den Vorschlag vorzulegen, den er der Hauptversammlung für die Verwendung des Bilanzgewinns machen will. ²Der Vorschlag ist, sofern er keine abweichende Gliederung bedingt, wie folgt zu gliedern:

1. Verteilung an die Aktionäre . . . .
2. Einstellung in Gewinnrücklagen . . . .
3. Gewinnvortrag . . . .
4. Bilanzgewinn . . . .

(3) ¹Jedes Aufsichtsratsmitglied hat das Recht, von den Vorlagen Kenntnis zu nehmen. ²Die Vorlagen sind auch jedem Aufsichtsratsmitglied auf Verlangen auszuhändigen, soweit der Aufsichtsrat nichts anderes beschlossen hat.

§ 171.** Prüfung durch den Aufsichtsrat. (1) ¹Der Aufsichtsrat hat den Jahresabschluß, den Lagebericht und den Vorschlag für die Verwendung des Bilanzgewinns zu prüfen. ²Ist der Jahresabschluß durch einen Abschlußprüfer zu prüfen, so hat der Abschlußprüfer auf Verlangen des Aufsichtsrats an dessen Verhandlungen über diese Vorlagen teilzunehmen.

(2) ¹Der Aufsichtsrat hat über das Ergebnis der Prüfung schriftlich an die Hauptversammlung zu berichten. ²In dem Bericht hat der Aufsichtsrat auch mitzuteilen, in welcher Art und in welchem Umfang er die Geschäftsführung der Gesellschaft während des Geschäftsjahrs geprüft hat. ³Ist der Jahresabschluß durch einen Abschlußprüfer zu prüfen, so hat der Aufsichtsrat ferner zu dem Ergebnis der Prüfung des Jahresabschlusses durch den Abschlußprüfer Stellung zu nehmen. ⁴Am Schluß des Berichts hat der Aufsichtsrat zu erklären, ob nach dem abschließenden Ergebnis seiner Prüfung Einwendungen zu erheben sind und ob er den vom Vorstand aufgestellten Jahresabschluß billigt.

(3) ¹Der Aufsichtsrat hat seinen Bericht innerhalb eines Monats, nachdem ihm die Vorlagen zugegangen sind, dem Vorstand zuzuleiten. ²Wird der Bericht dem Vorstand nicht innerhalb der Frist zugeleitet, hat der Vorstand dem Aufsichtsrat

---

* §§ 162 bis 169 aufgehoben durch Bilanzrichtlinien-Gesetz vom 19. 12. 1985 (BGBl. I S. 2355).
** § 170 Abs. 1 neu gefaßt, Abs. 2 Satz 2 Nr. 2 geändert, frühere Nr. 4 aufgehoben, bisherige Nr. 5 wurde Nr. 4, § 171 Abs. 1 und 2 Satz 3 neu gefaßt durch Bilanzrichtlinien-Gesetz vom 19. 12. 1985 (BGBl. I S. 2355).

unverzüglich eine weitere Frist von nicht mehr als einem Monat zu setzen. ³Wird der Bericht dem Vorstand nicht vor Ablauf der weiteren Frist zugeleitet, gilt der Jahresabschluß als vom Aufsichtsrat nicht gebilligt.

Dritter Abschnitt. Feststellung des Jahresabschlusses. Gewinnverwendung

Erster Unterabschnitt. Feststellung des Jahresabschlusses

§ 172. Feststellung durch Vorstand und Aufsichtsrat. ¹Billigt der Aufsichtsrat den Jahresabschluß, so ist dieser festgestellt, sofern nicht Vorstand und Aufsichtsrat beschließen, die Feststellung des Jahresabschlusses der Hauptversammlung zu überlassen. ²Die Beschlüsse des Vorstands und des Aufsichtsrats sind in den Bericht des Aufsichtsrats an die Hauptversammlung aufzunehmen.

§ 173.* Feststellung durch die Hauptversammlung. (1) Haben Vorstand und Aufsichtsrat beschlossen, die Feststellung des Jahresabschlusses der Hauptversammlung zu überlassen, oder hat der Aufsichtsrat den Jahresabschluß nicht gebilligt, so stellt die Hauptversammlung den Jahresabschluß fest.

(2) ¹Auf den Jahresabschluß sind bei der Feststellung die für seine Aufstellung geltenden Vorschriften anzuwenden. ²Die Hauptversammlung darf bei der Feststellung des Jahresabschlusses nur die Beträge in Gewinnrücklagen einstellen, die nach Gesetz oder Satzung einzustellen sind.

(3) ¹Ändert die Hauptversammlung einen von einem Abschlußprüfer auf Grund gesetzlicher Verpflichtung geprüften Jahresabschluß, so werden vor der erneuten Prüfung nach § 316 Abs. 3 des Handelsgesetzbuchs von der Hauptversammlung gefaßte Beschlüsse über die Feststellung des Jahresabschlusses und die Gewinnverwendung erst wirksam, wenn auf Grund der erneuten Prüfung ein hinsichtlich der Änderungen uneingeschränkter Bestätigungsvermerk erteilt worden ist. ²Sie werden nichtig, wenn nicht binnen zwei Wochen seit der Beschlußfassung ein hinsichtlich der Änderungen uneingeschränkter Bestätigungsvermerk erteilt wird.

Zweiter Unterabschnitt. Gewinnverwendung

§ 174.* (1) ¹Die Hauptversammlung beschließt über die Verwendung des Bilanzgewinns. ²Sie ist hierbei an den festgestellten Jahresabschluß gebunden.

(2) In dem Beschluß ist die Verwendung des Bilanzgewinns im einzelnen darzulegen, namentlich sind anzugeben

1. der Bilanzgewinn;
2. der an die Aktionäre auszuschüttende Betrag;
3. die in Gewinnrücklagen einzustellenden Beträge;
4. ein Gewinnvortrag;
5. der zusätzliche Aufwand auf Grund des Beschlusses.

(3) Der Beschluß führt nicht zu einer Änderung des festgestellten Jahresabschlusses.

---
* § 173 Abs. 2 und 3 neu gefaßt sowie § 174 Abs. 2 Nr. 3 geändert durch Bilanzrichtlinien-Gesetz vom 19. 12. 1985 (BGBl. I S. 2355).

Dritter Unterabschnitt. Ordentliche Hauptversammlung

§ 175.* Einberufung. (1) ¹Unverzüglich nach Eingang des Berichts des Aufsichtsrats hat der Vorstand die Hauptversammlung zur Entgegennahme des festgestellten Jahresabschlusses und des Lageberichts sowie zur Beschlußfassung über die Verwendung eines Bilanzgewinns einzuberufen. ²Die Hauptversammlung hat in den ersten acht Monaten des Geschäftsjahrs stattzufinden.

(2) ¹Der Jahresabschluß, der Lagebericht, der Bericht des Aufsichtsrats und der Vorschlag des Vorstands für die Verwendung des Bilanzgewinns sind von der Einberufung an in dem Geschäftsraum der Gesellschaft zur Einsicht der Aktionäre auszulegen. ²Auf Verlangen ist jedem Aktionär unverzüglich eine Abschrift der Vorlagen zu erteilen.

(3) ¹Hat die Hauptversammlung den Jahresabschluß festzustellen, so gelten für die Einberufung der Hauptversammlung zur Feststellung des Jahresabschlusses und für die Auslegung der Vorlagen und die Erteilung von Abschriften die Absätze 1 und 2 sinngemäß. ²Die Verhandlungen über die Feststellung des Jahresabschlusses und über die Verwendung des Bilanzgewinns sollen verbunden werden.

(4) Mit der Einberufung der Hauptversammlung zur Entgegennahme des festgestellten Jahresabschlusses oder, wenn die Hauptversammlung den Jahresabschluß festzustellen hat, der Hauptversammlung zur Feststellung des Jahresabschlusses sind Vorstand und Aufsichtsrat an die in dem Bericht des Aufsichtsrats enthaltenen Erklärungen über den Jahresabschluß (§§ 172, 173 Abs. 1) gebunden.

§ 176.** Vorlagen. Anwesenheit des Abschlußprüfers. (1) ¹Der Vorstand hat der Hauptversammlung die in § 175 Abs. 2 angegebenen Vorlagen vorzulegen. ²Zu Beginn der Verhandlung soll der Vorstand seine Vorlagen, der Vorsitzende des Aufsichtsrats den Bericht des Aufsichtsrats erläutern. ³Der Vorstand soll dabei auch zu einem Jahresfehlbetrag oder einem Verlust Stellung nehmen, der das Jahresergebnis wesentlich beeinträchtigt hat. ⁴Satz 3 ist auf Kreditinstitute nicht anzuwenden.

(2) ¹Ist der Jahresabschluß von einem Abschlußprüfer zu prüfen, so hat der Abschlußprüfer an den Verhandlungen über die Feststellung des Jahresabschlusses teilzunehmen. ²Der Abschlußprüfer ist nicht verpflichtet, einem Aktionär Auskunft zu erteilen.

Vierter Abschnitt. Bekanntmachung des Jahresabschlusses

§§ 177, 178.*** *(aufgehoben)*

---

* § 175 Abs. 1 Satz 1 und Abs. 2 Satz 1 geändert durch Bilanzrichtlinien-Gesetz vom 19. 12. 1985 (BGBl. I S. 2355).
** § 176 Überschrift geändert sowie Abs. 1 Satz 3 und Abs. 2 neu gefaßt durch Bilanzrichtlinien-Gesetz vom 19. 12. 1985 (BGBl. I S. 2355), Abs. 1 Satz 4 angefügt durch Art. 2 Bankbilanzrichtlinie-Gesetz vom 30. 11. 1990 (BGBl. I S. 2570).
*** §§ 177 und 178 aufgehoben durch Bilanzrichtlinien-Gesetz vom 19. 12. 1985 (BGBl. I S. 2355).

Sechster Teil. Satzungsänderung.
Maßnahmen der Kapitalbeschaffung und Kapitalherabsetzung

Erster Abschnitt. Satzungsänderung

§ 179. Beschluß der Hauptversammlung. (1) ¹Jede Satzungsänderung bedarf eines Beschlusses der Hauptversammlung. ²Die Befugnis zu Änderungen, die nur die Fassung betreffen, kann die Hauptversammlung dem Aufsichtsrat übertragen.

(2) ¹Der Beschluß der Hauptversammlung bedarf einer Mehrheit, die mindestens drei Viertel des bei der Beschlußfassung vertretenen Grundkapitals umfaßt. ²Die Satzung kann eine andere Kapitalmehrheit, für eine Änderung des Gegenstands des Unternehmens jedoch nur eine größere Kapitalmehrheit bestimmen. ³Sie kann weitere Erfordernisse aufstellen.

(3) ¹Soll das bisherige Verhältnis mehrerer Gattungen von Aktien zum Nachteil einer Gattung geändert werden, so bedarf der Beschluß der Hauptversammlung zu seiner Wirksamkeit der Zustimmung der benachteiligten Aktionäre. ²Über die Zustimmung haben die benachteiligten Aktionäre einen Sonderbeschluß zu fassen. ³Für diesen gilt Absatz 2.

§ 180. Zustimmung der betroffenen Aktionäre. (1) Ein Beschluß, der Aktionären Nebenverpflichtungen auferlegt, bedarf zu seiner Wirksamkeit der Zustimmung aller betroffenen Aktionäre.

(2) Gleiches gilt für einen Beschluß, durch den die Übertragung von Namensaktien oder Zwischenscheinen an die Zustimmung der Gesellschaft gebunden wird.

§ 181.* Eintragung der Satzungsänderung. (1) ¹Der Vorstand hat die Satzungsänderung zur Eintragung in das Handelsregister anzumelden. ²Der Anmeldung ist der vollständige Wortlaut der Satzung beizufügen; er muß mit der Bescheinigung eines Notars versehen sein, daß die geänderten Bestimmungen der Satzung mit dem Beschluß über die Satzungsänderung und die unveränderten Bestimmungen mit dem zuletzt zum Handelsregister eingereichten vollständigen Wortlaut der Satzung übereinstimmen. ³Bedarf die Satzungsänderung staatlicher Genehmigung, so ist der Anmeldung die Genehmigungsurkunde beizufügen.

(2) ¹Soweit nicht die Änderung Angaben nach § 39 betrifft, genügt bei der Eintragung die Bezugnahme auf die beim Gericht eingereichten Urkunden. ²Betrifft eine Änderung Bestimmungen, die ihrem Inhalt nach bekanntzumachen sind, so ist auch die Änderung ihrem Inhalt nach bekanntzumachen.

(3) Die Änderung wird erst wirksam, wenn sie in das Handelsregister des Sitzes der Gesellschaft eingetragen worden ist.

---

* § 181 Abs. 1 Satz 2 eingefügt, bisheriger Satz 2 wurde Satz 3 durch Gesetz vom 15. 8. 1969 (BGBl. I S. 1146).

Zweiter Abschnitt. Maßnahmen der Kapitalbeschaffung

Erster Unterabschnitt. Kapitalerhöhung gegen Einlagen

§ 182. Voraussetzungen. (1) ¹Eine Erhöhung des Grundkapitals gegen Einlagen kann nur mit einer Mehrheit beschlossen werden, die mindestens drei Viertel des bei der Beschlußfassung vertretenen Grundkapitals umfaßt. ²Die Satzung kann eine andere Kapitalmehrheit, für die Ausgabe von Vorzugsaktien ohne Stimmrecht jedoch nur eine größere Kapitalmehrheit bestimmen. ³Sie kann weitere Erfordernisse aufstellen. ⁴Die Kapitalerhöhung kann nur durch Ausgabe neuer Aktien ausgeführt werden.

(2) ¹Sind mehrere Gattungen von Aktien vorhanden, so bedarf der Beschluß der Hauptversammlung zu seiner Wirksamkeit der Zustimmung der Aktionäre jeder Gattung. ²Über die Zustimmung haben die Aktionäre jeder Gattung einen Sonderbeschluß zu fassen. ³Für diesen gilt Absatz 1.

(3) Sollen die neuen Aktien für einen höheren Betrag als den Nennbetrag ausgegeben werden, so ist der Mindestbetrag, unter dem sie nicht ausgegeben werden sollen, im Beschluß über die Erhöhung des Grundkapitals festzusetzen.

(4) ¹Das Grundkapital soll nicht erhöht werden, solange ausstehende Einlagen auf das bisherige Grundkapital noch erlangt werden können. ²Für Versicherungsgesellschaften kann die Satzung etwas anderes bestimmen. ³Stehen Einlagen in verhältnismäßig unerheblichem Umfang aus, so hindert dies die Erhöhung des Grundkapitals nicht.

§ 183.* Kapitalerhöhung mit Sacheinlagen. (1) ¹Wird eine Sacheinlage (§ 27 Abs. 1 und 2) gemacht, so müssen ihr Gegenstand, die Person, von der die Gesellschaft den Gegenstand erwirbt, und der Nennbetrag der bei der Sacheinlage zu gewährenden Aktien im Beschluß über die Erhöhung des Grundkapitals festgesetzt werden. ²Der Beschluß darf nur gefaßt werden, wenn die Einbringung von Sacheinlagen und die Festsetzung nach Satz 1 ausdrücklich und ordnungsgemäß (§ 124 Abs. 1) bekanntgemacht worden sind.

(2) ¹Ohne diese Festsetzung sind Verträge über Sacheinlagen und die Rechtshandlungen zu ihrer Ausführung der Gesellschaft gegenüber unwirksam. ²Ist die Durchführung der Erhöhung des Grundkapitals eingetragen, so wird die Gültigkeit der Kapitalerhöhung durch diese Unwirksamkeit nicht berührt. ³Der Aktionär ist verpflichtet, den Nennbetrag oder den höheren Ausgabebetrag der Aktien einzuzahlen. ⁴Die Unwirksamkeit kann durch Satzungsänderung nicht geheilt werden, nachdem die Durchführung der Erhöhung des Grundkapitals in das Handelsregister eingetragen worden ist.

(3) ¹Bei der Kapitalerhöhung mit Sacheinlagen hat eine Prüfung durch einen oder mehrere Prüfer stattzufinden. ²§ 33 Abs. 3 bis 5, § 34 Abs. 2 und 3, § 35 gelten sinngemäß. ³Das Gericht kann die Eintragung ablehnen, wenn der Wert der Sacheinlage nicht unwesentlich hinter dem Nennbetrag der dafür zu gewährenden Aktien zurückbleibt.

---

* § 183 Abs. 1 Satz 1 geändert und Abs. 3 angefügt durch Gesetz vom 13. 12. 1978 (BGBl. I S. 1959).

6. Teil. Satzungsänderung. Kapitalbeschaffung   §§ 184–186   **AktG 10**

§ 184.* Anmeldung des Beschlusses. (1) ¹Der Vorstand und der Vorsitzende des Aufsichtsrats haben den Beschluß über die Erhöhung des Grundkapitals zur Eintragung in das Handelsregister anzumelden. ²Der Bericht über die Prüfung von Sacheinlagen (§ 183 Abs. 3) ist der Anmeldung beizufügen.

(2) In der Anmeldung ist anzugeben, welche Einlagen auf das bisherige Grundkapital noch nicht geleistet sind und warum sie nicht erlangt werden können.

(3) *(aufgehoben)*

§ 185. Zeichnung der neuen Aktien. (1) ¹Die Zeichnung der neuen Aktien geschieht durch schriftliche Erklärung (Zeichnungsschein), aus der die Beteiligung nach der Zahl, dem Nennbetrag und, wenn mehrere Gattungen ausgegeben werden, der Gattung der Aktien hervorgehen muß. ²Der Zeichnungsschein soll doppelt ausgestellt werden. ³Er hat zu enthalten

1. den Tag, an dem die Erhöhung des Grundkapitals beschlossen worden ist;
2. den Ausgabebetrag der Aktien, den Betrag der festgesetzten Einzahlungen sowie den Umfang von Nebenverpflichtungen;
3. die bei einer Kapitalerhöhung mit Sacheinlagen vorgesehenen Festsetzungen und, wenn mehrere Gattungen ausgegeben werden, den Gesamtnennbetrag einer jeden Aktiengattung;
4. den Zeitpunkt, an dem die Zeichnung unverbindlich wird, wenn nicht bis dahin die Durchführung der Erhöhung des Grundkapitals eingetragen ist.

(2) Zeichnungsscheine, die diese Angaben nicht vollständig oder die außer dem Vorbehalt in Absatz 1 Nr. 4 Beschränkungen der Verpflichtung des Zeichners enthalten, sind nichtig.

(3) Ist die Durchführung der Erhöhung des Grundkapitals eingetragen, so kann sich der Zeichner auf die Nichtigkeit oder Unverbindlichkeit des Zeichnungsscheins nicht berufen, wenn er auf Grund des Zeichnungsscheins als Aktionär Rechte ausgeübt oder Verpflichtungen erfüllt hat.

(4) Jede nicht im Zeichnungsschein enthaltene Beschränkung ist der Gesellschaft gegenüber unwirksam.

§ 186.* Bezugsrecht. (1) ¹Jedem Aktionär muß auf sein Verlangen ein seinem Anteil an dem bisherigen Grundkapital entsprechender Teil der neuen Aktien zugeteilt werden. ²Für die Ausübung des Bezugsrechts ist eine Frist von mindestens zwei Wochen zu bestimmen.

(2) Der Vorstand hat den Ausgabebetrag und zugleich eine nach Absatz 1 bestimmte Frist in den Gesellschaftsblättern bekanntzumachen.

(3) ¹Das Bezugsrecht kann ganz oder zum Teil nur im Beschluß über die Erhöhung des Grundkapitals ausgeschlossen werden. ²In diesem Fall bedarf der Beschluß neben den in Gesetz oder Satzung für die Kapitalerhöhung aufgestellten Erfordernissen einer Mehrheit, die mindestens drei Viertel des bei der Beschlußfassung vertretenen Grundkapitals umfaßt. ³Die Satzung kann eine größere Kapitalmehrheit und weitere Erfordernisse bestimmen.

(4) ¹Ein Beschluß, durch den das Bezugsrecht ganz oder zum Teil ausgeschlossen wird, darf nur gefaßt werden, wenn die Ausschließung ausdrücklich und

---

* § 184 Abs. 1 Satz 2 angefügt und Abs. 3 aufgehoben sowie § 186 Abs. 1 Satz 2 neu gefaßt und Abs. 4 Satz 2 angefügt durch Gesetz vom 13. 12. 1978 (BGBl. I S. 1959).

10 AktG §§ 187–189 1. Buch. Aktiengesellschaft

ordnungsgemäß (§ 124 Abs. 1) bekanntgemacht worden ist. ²Der Vorstand hat der Hauptversammlung einen schriftlichen Bericht über den Grund für den teilweisen oder vollständigen Ausschluß des Bezugsrechts vorzulegen; in dem Bericht ist der vorgeschlagene Ausgabebetrag zu begründen.

(5) ¹Als Ausschluß des Bezugsrechts ist es nicht anzusehen, wenn nach dem Beschluß die neuen Aktien von einem Kreditinstitut mit der Verpflichtung übernommen werden sollen, sie den Aktionären zum Bezug anzubieten. ²Der Vorstand hat das Bezugsangebot des Kreditinstituts unter Angabe des für die Aktien zu leistenden Entgelts und einer für die Annahme des Angebots gesetzten Frist in den Gesellschaftsblättern bekanntzumachen; gleiches gilt, wenn die neuen Aktien von einem anderen als einem Kreditinstitut mit der Verpflichtung übernommen werden sollen, sie den Aktionären zum Bezug anzubieten.

§ 187. Zusicherung von Rechten auf den Bezug neuer Aktien. (1) Rechte auf den Bezug neuer Aktien können nur unter Vorbehalt des Bezugsrechts der Aktionäre zugesichert werden.

(2) Zusicherungen vor dem Beschluß über die Erhöhung des Grundkapitals sind der Gesellschaft gegenüber unwirksam.

§ 188.* Anmeldung und Eintragung der Durchführung. (1) Der Vorstand und der Vorsitzende des Aufsichtsrats haben die Durchführung der Erhöhung des Grundkapitals zur Eintragung in das Handelsregister anzumelden.

(2) ¹Für die Anmeldung gelten sinngemäß § 36 Abs. 2, § 36a und § 37 Abs. 1. ²Durch Gutschrift auf ein Konto des Vorstands kann die Einzahlung nicht geleistet werden.

(3) Der Anmeldung sind für das Gericht des Sitzes der Gesellschaft beizufügen

1. die Zweitschriften der Zeichnungsscheine und ein vom Vorstand unterschriebenes Verzeichnis der Zeichner, das die auf jeden entfallenden Aktien und die auf sie geleisteten Einzahlungen angibt;

2. bei einer Kapitalerhöhung mit Sacheinlagen die Verträge, die den Festsetzungen nach § 183 zugrunde liegen oder zu ihrer Ausführung geschlossen worden sind, sowie die Bescheinigung, daß der Bericht der Prüfer der Industrie- und Handelskammer eingereicht worden ist;

3. eine Berechnung der Kosten, die für die Gesellschaft durch die Ausgabe der neuen Aktien entstehen werden;

4. wenn die Erhöhung des Grundkapitals der staatlichen Genehmigung bedarf, die Genehmigungsurkunde.

(4) Anmeldung und Eintragung der Durchführung der Erhöhung des Grundkapitals können mit Anmeldung und Eintragung des Beschlusses über die Erhöhung verbunden werden.

(5) Die eingereichten Schriftstücke werden beim Gericht in Urschrift, Ausfertigung oder öffentlich beglaubigter Abschrift aufbewahrt.

§ 189. Wirksamwerden der Kapitalerhöhung. Mit der Eintragung der Durchführung der Erhöhung des Grundkapitals ist das Grundkapital erhöht.

---

* § 188 Abs. 2 Satz 1 geändert, früherer Abs. 4 aufgehoben, bisherige Abs. 5 und 6 wurden Abs. 4 und 5 durch Gesetz vom 13. 12. 1978 (BGBl. I S. 1959).

6. Teil. Satzungsänderung. Kapitalbeschaffung §§ 190–193 **AktG 10**

§ 190.* **Bekanntmachung.** ¹In die Bekanntmachung der Eintragung (§ 188) sind außer deren Inhalt der Ausgabebetrag der Aktien, die bei einer Kapitalerhöhung mit Sacheinlagen vorgesehenen Festsetzungen und ein Hinweis auf den Bericht über die Prüfung von Sacheinlagen (§ 183 Abs. 3) aufzunehmen. ²Bei der Bekanntmachung dieser Festsetzungen genügt die Bezugnahme auf die beim Gericht eingereichten Urkunden.

§ 191. Verbotene Ausgabe von Aktien und Zwischenscheinen. ¹Vor der Eintragung der Durchführung der Erhöhung des Grundkapitals können die neuen Anteilsrechte nicht übertragen, neue Aktien und Zwischenscheine nicht ausgegeben werden. ²Die vorher ausgegebenen neuen Aktien und Zwischenscheine sind nichtig. ³Für den Schaden aus der Ausgabe sind die Ausgeber den Inhabern als Gesamtschuldner verantwortlich.

Zweiter Unterabschnitt. Bedingte Kapitalerhöhung

§ 192. Voraussetzungen. (1) Die Hauptversammlung kann eine Erhöhung des Grundkapitals beschließen, die nur so weit durchgeführt werden soll, wie von einem Umtausch- oder Bezugsrecht Gebrauch gemacht wird, das die Gesellschaft auf die neuen Aktien (Bezugsaktien) einräumt (bedingte Kapitalerhöhung).

(2) Die bedingte Kapitalerhöhung soll nur zu folgenden Zwecken beschlossen werden:
1. zur Gewährung von Umtausch- oder Bezugsrechten an Gläubiger von Wandelschuldverschreibungen;
2. zur Vorbereitung des Zusammenschlusses mehrerer Unternehmen;
3. zur Gewährung von Bezugsrechten an Arbeitnehmer der Gesellschaft zum Bezug neuer Aktien gegen Einlage von Geldforderungen, die den Arbeitnehmern aus einer ihnen von der Gesellschaft eingeräumten Gewinnbeteiligung zustehen.

(3) Der Nennbetrag des bedingten Kapitals darf die Hälfte des Grundkapitals, das zur Zeit der Beschlußfassung über die bedingte Kapitalerhöhung vorhanden ist, nicht übersteigen.

(4) Ein Beschluß der Hauptversammlung, der dem Beschluß über die bedingte Kapitalerhöhung entgegensteht, ist nichtig.

(5) Die folgenden Vorschriften über das Bezugsrecht gelten sinngemäß für das Umtauschrecht.

§ 193. Erfordernisse des Beschlusses. (1) ¹Der Beschluß über die bedingte Kapitalerhöhung bedarf einer Mehrheit, die mindestens drei Viertel des bei der Beschlußfassung vertretenen Grundkapitals umfaßt. ²Die Satzung kann eine größere Kapitalmehrheit und weitere Erfordernisse bestimmen. ³§ 182 Abs. 2 und § 187 Abs. 2 gelten.

(2) Im Beschluß müssen auch festgestellt werden
1. der Zweck der bedingten Kapitalerhöhung;
2. der Kreis der Bezugsberechtigten;
3. der Ausgabebetrag oder die Grundlagen, nach denen dieser Betrag errechnet wird.

---

* § 190 Satz 1 neu gefaßt durch Gesetz vom 13. 12. 1978 (BGBl. I S. 1959).

§ 194.* Bedingte Kapitalerhöhung mit Sacheinlagen. (1) ¹Wird eine Sacheinlage gemacht, so müssen ihr Gegenstand, die Person, von der die Gesellschaft den Gegenstand erwirbt, und der Nennbetrag der bei der Sacheinlage zu gewährenden Aktien im Beschluß über die bedingte Kapitalerhöhung festgesetzt werden. ²Als Sacheinlage gilt nicht die Hingabe von Schuldverschreibungen im Umtausch gegen Bezugsaktien. ³Der Beschluß darf nur gefaßt werden, wenn die Einbringung von Sacheinlagen ausdrücklich und ordnungsgemäß (§ 124 Abs. 1) bekanntgemacht worden ist.

(2) ¹Ohne diese Festsetzung sind Verträge über Sacheinlagen und die Rechtshandlungen zu ihrer Ausführung der Gesellschaft gegenüber unwirksam. ²Sind die Bezugsaktien ausgegeben, so wird die Gültigkeit der bedingten Kapitalerhöhung durch diese Unwirksamkeit nicht berührt. ³Der Aktionär ist verpflichtet, den Nennbetrag oder den höheren Ausgabebetrag der Bezugsaktien einzuzahlen. ⁴Die Unwirksamkeit kann durch Satzungsänderung nicht geheilt werden, nachdem die Bezugsaktien ausgegeben worden sind.

(3) Die Absätze 1 und 2 gelten nicht für die Einlage von Geldforderungen, die Arbeitnehmern der Gesellschaft aus einer ihnen von der Gesellschaft eingeräumten Gewinnbeteiligung zustehen.

(4) ¹Bei der Kapitalerhöhung mit Sacheinlagen hat eine Prüfung durch einen oder mehrere Prüfer stattzufinden. ²§ 33 Abs. 3 bis 5, § 34 Abs. 2 und 3, § 35 gelten sinngemäß. ³Das Gericht kann die Eintragung ablehnen, wenn der Wert der Sacheinlage nicht unwesentlich hinter dem Nennbetrag der dafür zu gewährenden Aktien zurückbleibt.

§ 195.** Anmeldung des Beschlusses. (1) Der Vorstand und der Vorsitzende des Aufsichtsrats haben den Beschluß über die bedingte Kapitalerhöhung zur Eintragung in das Handelsregister anzumelden.

(2) Der Anmeldung sind für das Gericht des Sitzes der Gesellschaft beizufügen
1. bei einer bedingten Kapitalerhöhung mit Sacheinlagen die Verträge, die den Festsetzungen nach § 194 zugrunde liegen oder zu ihrer Ausführung geschlossen worden sind, und der Bericht über die Prüfung von Sacheinlagen (§ 194 Abs. 4);
2. eine Berechnung der Kosten, die für die Gesellschaft durch die Ausgabe der Bezugsaktien entstehen werden;
3. wenn die Kapitalerhöhung der staatlichen Genehmigung bedarf, die Genehmigungsurkunde.

(3) Die eingereichten Schriftstücke werden beim Gericht in Urschrift, Ausfertigung oder öffentlich beglaubigter Abschrift aufbewahrt.

§ 196.* Bekanntmachung der Eintragung. ¹In die Bekanntmachung der Eintragung des Beschlusses über die bedingte Kapitalerhöhung sind außer deren Inhalt die Feststellungen nach § 193 Abs. 2, die nach § 194 bei der Einbringung von Sacheinlagen vorgesehenen Festsetzungen und ein Hinweis auf den Bericht über die Prüfung von Sacheinlagen (§ 194 Abs. 4) aufzunehmen. ²Für die Festsetzungen nach § 194 genügt die Bezugnahme auf die beim Gericht eingereichten Urkunden.

---
* § 194 Abs. 4 angefügt und § 196 Satz 1 neu gefaßt durch Gesetz vom 13. 12. 1978 (BGBl. I S. 1959).
** § 195 Abs. 2 Nr. 1 neu gefaßt, früherer Abs. 3 aufgehoben, bisheriger Abs. 4 wurde Abs. 3 durch Gesetz vom 13. 12. 1978 (BGBl. I S. 1959).

6. Teil. Satzungsänderung. Kapitalbeschaffung §§ 197–201 **AktG 10**

§ 197. Verbotene Aktienausgabe. ¹Vor der Eintragung des Beschlusses über die bedingte Kapitalerhöhung können die Bezugsaktien nicht ausgegeben werden. ²Ein Anspruch des Bezugsberechtigten entsteht vor diesem Zeitpunkt nicht. ³Die vorher ausgegebenen Bezugsaktien sind nichtig. ⁴Für den Schaden aus der Ausgabe sind die Ausgeber den Inhabern als Gesamtschuldner verantwortlich.

§ 198. Bezugserklärung. (1) ¹Das Bezugsrecht wird durch schriftliche Erklärung ausgeübt. ²Die Erklärung (Bezugserklärung) soll doppelt ausgestellt werden. ³Sie hat die Beteiligung nach der Zahl, dem Nennbetrag und, wenn mehrere Gattungen ausgegeben werden, der Gattung der Aktien, die Feststellungen nach § 193 Abs. 2, die nach § 194 bei der Einbringung von Sacheinlagen vorgesehenen Festsetzungen sowie den Tag anzugeben, an dem der Beschluß über die bedingte Kapitalerhöhung gefaßt worden ist.

(2) ¹Die Bezugserklärung hat die gleiche Wirkung wie eine Zeichnungserklärung. ²Bezugserklärungen, deren Inhalt nicht dem Absatz 1 entspricht oder die Beschränkungen der Verpflichtung des Erklärenden enthalten, sind nichtig.

(3) Werden Bezugsaktien ungeachtet der Nichtigkeit einer Bezugserklärung ausgegeben, so kann sich der Erklärende auf die Nichtigkeit nicht berufen, wenn er auf Grund der Bezugserklärung als Aktionär Rechte ausgeübt oder Verpflichtungen erfüllt hat.

(4) Jede nicht in der Bezugserklärung enthaltene Beschränkung ist der Gesellschaft gegenüber unwirksam.

§ 199.* Ausgabe der Bezugsaktien. (1) Der Vorstand darf die Bezugsaktien nur in Erfüllung des im Beschluß über die bedingte Kapitalerhöhung festgesetzten Zwecks und nicht vor der vollen Leistung des Gegenwerts ausgeben, der sich aus dem Beschluß ergibt.

(2) ¹Der Vorstand darf Bezugsaktien gegen Wandelschuldverschreibungen nur ausgeben, wenn der Unterschied zwischen dem Ausgabebetrag der zum Umtausch eingereichten Schuldverschreibungen und dem höheren Nennbetrag der für sie zu gewährenden Bezugsaktien aus einer anderen Gewinnrücklage, soweit sie zu diesem Zweck verwandt werden kann, oder durch Zuzahlung des Umtauschberechtigten gedeckt ist. ²Dies gilt nicht, wenn der Gesamtbetrag, zu dem die Schuldverschreibungen ausgegeben sind, den Gesamtnennbetrag der Bezugsaktien erreicht oder übersteigt.

§ 200. Wirksamwerden der bedingten Kapitalerhöhung. Mit der Ausgabe der Bezugsaktien ist das Grundkapital erhöht.

§ 201. Anmeldung der Ausgabe von Bezugsaktien. (1) Der Vorstand hat innerhalb eines Monats nach Ablauf des Geschäftsjahrs zur Eintragung in das Handelsregister anzumelden, in welchem Umfang im abgelaufenen Geschäftsjahr Bezugsaktien ausgegeben worden sind.

(2) ¹Der Anmeldung sind für das Gericht des Sitzes der Gesellschaft die Zweitschriften der Bezugserklärungen und ein vom Vorstand unterschriebenes Verzeichnis der Personen, die das Bezugsrecht ausgeübt haben, beizufügen. ²Das Verzeichnis hat die auf jeden Aktionär entfallenden Aktien und die auf sie gemachten Einlagen anzugeben.

---

* § 199 Abs. 2 Satz 1 geändert durch Bilanzrichtlinien-Gesetz vom 19. 12. 1985 (BGBl. I S. 2355).

(3) In der Anmeldung hat der Vorstand zu erklären, daß die Bezugsaktien nur in Erfüllung des im Beschluß über die bedingte Kapitalerhöhung festgesetzten Zwecks und nicht vor der vollen Leistung des Gegenwerts ausgegeben worden sind, der sich aus dem Beschluß ergibt.

(4) Die eingereichten Schriftstücke werden beim Gericht in Urschrift, Ausfertigung oder öffentlich beglaubigter Abschrift aufbewahrt.

Dritter Unterabschnitt. Genehmigtes Kapital

§ 202. Voraussetzungen. (1) Die Satzung kann den Vorstand für höchstens fünf Jahre nach Eintragung der Gesellschaft ermächtigen, das Grundkapital bis zu einem bestimmten Nennbetrag (genehmigtes Kapital) durch Ausgabe neuer Aktien gegen Einlagen zu erhöhen.

(2) ¹Die Ermächtigung kann auch durch Satzungsänderung für höchstens fünf Jahre nach Eintragung der Satzungsänderung erteilt werden. ²Der Beschluß der Hauptversammlung bedarf einer Mehrheit, die mindestens drei Viertel des bei der Beschlußfassung vertretenen Grundkapitals umfaßt. ³Die Satzung kann eine größere Kapitalmehrheit und weitere Erfordernisse bestimmen. ⁴§ 182 Abs. 2 gilt.

(3) ¹Der Nennbetrag des genehmigten Kapitals darf die Hälfte des Grundkapitals, das zur Zeit der Ermächtigung vorhanden ist, nicht übersteigen. ²Die neuen Aktien sollen nur mit Zustimmung des Aufsichtsrats ausgegeben werden.

(4) Die Satzung kann auch vorsehen, daß die neuen Aktien an Arbeitnehmer der Gesellschaft ausgegeben werden.

§ 203. Ausgabe der neuen Aktien. (1) ¹Für die Ausgabe der neuen Aktien gelten sinngemäß, soweit sich aus den folgenden Vorschriften nichts anderes ergibt, §§ 185 bis 191 über die Kapitalerhöhung gegen Einlagen. ²An die Stelle des Beschlusses über die Erhöhung des Grundkapitals tritt die Ermächtigung der Satzung zur Ausgabe neuer Aktien.

(2) ¹Die Ermächtigung kann vorsehen, daß der Vorstand über den Ausschluß des Bezugsrechts entscheidet. ²Wird eine Ermächtigung, die dies vorsieht, durch Satzungsänderung erteilt, so gilt § 186 Abs. 4 sinngemäß.

(3) ¹Die neuen Aktien sollen nicht ausgegeben werden, solange ausstehende Einlagen auf das bisherige Grundkapital noch erlangt werden können. ²Für Versicherungsgesellschaften kann die Satzung etwas anderes bestimmen. ³Stehen Einlagen in verhältnismäßig unerheblichem Umfang aus, so hindert dies die Ausgabe der neuen Aktien nicht. ⁴In der ersten Anmeldung der Durchführung der Erhöhung des Grundkapitals ist anzugeben, welche Einlagen auf das bisherige Grundkapital noch nicht geleistet sind und warum sie nicht erlangt werden können.

(4) Absatz 3 Satz 1 und 4 gilt nicht, wenn die Aktien an Arbeitnehmer der Gesellschaft ausgegeben werden.

§ 204.* Bedingungen der Aktienausgabe. (1) ¹Über den Inhalt der Aktienrechte und die Bedingungen der Aktienausgabe entscheidet der Vorstand, soweit die Ermächtigung keine Bestimmungen enthält. ²Die Entscheidung des Vorstands bedarf der Zustimmung des Aufsichtsrats; gleiches gilt für die Entscheidung des Vorstands nach § 203 Abs. 2 über den Ausschluß des Bezugsrechts.

---

* § 204 Abs. 3 Satz 1 geändert durch Bilanzrichtlinien-Gesetz vom 19. 12. 1985 (BGBl. I S. 2355).

(2) Sind Vorzugsaktien ohne Stimmrecht vorhanden, so können Vorzugsaktien, die bei der Verteilung des Gewinns oder des Gesellschaftsvermögens ihnen vorgehen oder gleichstehen, nur ausgegeben werden, wenn die Ermächtigung es vorsieht.

(3) [1]Weist ein Jahresabschluß, der mit einem uneingeschränkten Bestätigungsvermerk versehen ist, einen Jahresüberschuß aus, so können Aktien an Arbeitnehmer der Gesellschaft auch in der Weise ausgegeben werden, daß die auf sie zu leistende Einlage aus dem Teil des Jahresüberschusses gedeckt wird, den nach § 58 Abs. 2 Vorstand und Aufsichtsrat in andere Gewinnrücklagen einstellen können. [2]Für die Ausgabe der neuen Aktien gelten die Vorschriften über eine Kapitalerhöhung gegen Bareinlagen, ausgenommen § 188 Abs. 2. [3]Der Anmeldung der Durchführung der Erhöhung des Grundkapitals ist außerdem der festgestellte Jahresabschluß mit Bestätigungsvermerk beizufügen. [4]Die Anmeldenden haben ferner die Erklärung nach § 210 Abs. 1 Satz 2 abzugeben.

§ 205.* Ausgabe gegen Sacheinlagen. (1) Gegen Sacheinlagen dürfen Aktien nur ausgegeben werden, wenn die Ermächtigung es vorsieht.

(2) [1]Der Gegenstand der Sacheinlage, die Person, von der die Gesellschaft den Gegenstand erwirbt, und der Nennbetrag der bei der Sacheinlage zu gewährenden Aktien sind, wenn sie nicht in der Ermächtigung festgesetzt sind, vom Vorstand festzusetzen und in den Zeichnungsschein aufzunehmen. [2]Der Vorstand soll die Entscheidung nur mit Zustimmung des Aufsichtsrats treffen.

(3) [1]Bei Ausgabe der Aktien gegen Sacheinlagen hat eine Prüfung durch einen oder mehrere Prüfer stattzufinden. [2]§ 33 Abs. 3 bis 5, § 34 Abs. 2 und 3, § 35 gelten sinngemäß. [3]Das Gericht kann die Eintragung ablehnen, wenn der Wert der Sacheinlage nicht unwesentlich hinter dem Nennbetrag der dafür zu gewährenden Aktien zurückbleibt.

(4) [1]Ohne die vorgeschriebene Festsetzung sind Verträge über Sacheinlagen und die Rechtshandlungen zu ihrer Ausführung der Gesellschaft gegenüber unwirksam. [2]Gleiches gilt, wenn die Festsetzung des Vorstands nicht in den Zeichnungsschein aufgenommen ist. [3]Ist die Durchführung der Erhöhung des Grundkapitals eingetragen, so wird die Gültigkeit der Kapitalerhöhung durch diese Unwirksamkeit nicht berührt. [4]Der Aktionär ist verpflichtet, den Nennbetrag oder den höheren Ausgabebetrag der Aktien einzuzahlen. [5]Die Unwirksamkeit kann durch Satzungsänderung nicht geheilt werden, nachdem die Durchführung der Erhöhung des Grundkapitals in das Handelsregister eingetragen worden ist.

(5) Die Absätze 2 und 3 gelten nicht für die Einlage von Geldforderungen, die Arbeitnehmern der Gesellschaft aus einer ihnen von der Gesellschaft eingeräumten Gewinnbeteiligung zustehen.

§ 206.** Verträge über Sacheinlagen vor Eintragung der Gesellschaft.
[1]Sind vor Eintragung der Gesellschaft Verträge geschlossen worden, nach denen auf das genehmigte Kapital eine Sacheinlage zu leisten ist, so muß die Satzung die Festsetzungen enthalten, die für eine Ausgabe gegen Sacheinlagen vorgeschrieben

---

* § 205 neuer Abs. 3 eingefügt, bisherige Abs. 3 und 4 wurden Abs. 4 und 5 durch Gesetz vom 13. 12. 1978 (BGBl. I S. 1959).
** § 206 Satz 2 geändert durch Gesetz vom 15. 8. 1969 (BGBl. I S. 1146), vom 13. 12. 1978 (BGBl. I S. 1959) und vom 19. 12. 1985 (BGBl. I S. 2355).

10 AktG §§ 207–209   1. Buch. Aktiengesellschaft

sind. ²Dabei gelten sinngemäß § 27 Abs. 3, 5, §§ 32 bis 35, 37 Abs. 4 Nr. 2, 4 und 5, § 38 Abs. 2, § 49 über die Gründung der Gesellschaft. ³An die Stelle der Gründer tritt der Vorstand und an die Stelle der Anmeldung und Eintragung der Gesellschaft die Anmeldung und Eintragung der Durchführung der Erhöhung des Grundkapitals.

Vierter Unterabschnitt. Kapitalerhöhung aus Gesellschaftsmitteln

§ 207.* Voraussetzungen. (1) Die Hauptversammlung kann eine Erhöhung des Grundkapitals durch Umwandlung der Kapitalrücklage und von Gewinnrücklagen in Grundkapital beschließen.

(2) Für den Beschluß und für die Anmeldung des Beschlusses gelten § 182 Abs. 1 Satz 1, 2 und 4, § 184 Abs. 1 sinngemäß.

(3) Die Erhöhung kann erst beschlossen werden, nachdem der Jahresabschluß für das letzte vor der Beschlußfassung über die Kapitalerhöhung abgelaufene Geschäftsjahr (letzter Jahresabschluß) festgestellt ist.

(4) Dem Beschluß ist eine Bilanz zugrunde zu legen.

§ 208.* Umwandlungsfähigkeit von Kapital- und Gewinnrücklagen.
(1) ¹Die Kapitalrücklage und die Gewinnrücklagen, die in Grundkapital umgewandelt werden sollen, müssen in der letzten Jahresbilanz und, wenn dem Beschluß eine andere Bilanz zugrunde gelegt wird, auch in dieser Bilanz unter „Kapitalrücklage" oder „Gewinnrücklagen" oder im letzten Beschluß über die Verwendung des Jahresüberschusses oder des Bilanzgewinns als Zuführung zu diesen Rücklagen ausgewiesen sein. ²Vorbehaltlich des Absatzes 2 können andere Gewinnrücklagen und deren Zuführungen in voller Höhe, die Kapitalrücklage und die gesetzliche Rücklage sowie deren Zuführungen nur, soweit sie zusammen den zehnten oder den in der Satzung bestimmten höheren Teil des bisherigen Grundkapitals übersteigen, in Grundkapital umgewandelt werden.

(2) ¹Die Kapitalrücklage und die Gewinnrücklagen sowie deren Zuführungen können nicht umgewandelt werden, soweit in der zugrunde gelegten Bilanz ein Verlust einschließlich eines Verlustvortrags ausgewiesen ist. ²Gewinnrücklagen und deren Zuführungen, die für einen bestimmten Zweck bestimmt sind, dürfen nur umgewandelt werden, soweit dies mit ihrer Zweckbestimmung vereinbar ist.

§ 209.** Zugrunde gelegte Bilanz. (1) Dem Beschluß kann die letzte Jahresbilanz zugrunde gelegt werden, wenn die Jahresbilanz geprüft und die festgestellte Jahresbilanz mit dem uneingeschränkten Bestätigungsvermerk des Abschlußprüfers versehen ist und wenn ihr Stichtag höchstens acht Monate vor der Anmeldung des Beschlusses zur Eintragung in das Handelsregister liegt.

(2) ¹Wird dem Beschluß nicht die letzte Jahresbilanz zugrunde gelegt, so muß die Bilanz §§ 150, 152 dieses Gesetzes, §§ 242 bis 256, 264 bis 274, 279 bis 283 des Handelsgesetzbuchs entsprechen. ²Der Stichtag der Bilanz darf höchstens acht

---

* § 207 Abs. 1 geändert und § 208 neu gefaßt durch Bilanzrichtlinien-Gesetz vom 19. 12. 1985 (BGBl. I S. 2355).

** § 209 Abs. 1, Abs. 2 Satz 1 und Abs. 3 Satz 1 geändert, Abs. 4 Satz 1 neu gefaßt, Abs. 4 Satz 2 und Abs. 5 Satz 1 geändert durch Bilanzrichtlinien-Gesetz vom 19. 12. 1985 (BGBl. I S. 2355), Abs. 5 Satz 2 geändert durch Gesetz vom 29. 3. 1983 (BGBl. I S. 377).

Monate vor der Anmeldung des Beschlusses zur Eintragung in das Handelsregister liegen.

(3) ¹Die Bilanz muß durch einen Abschlußprüfer darauf geprüft werden, ob sie §§ 150, 152 dieses Gesetzes, §§ 242 bis 256, 264 bis 274, 279 bis 283 des Handelsgesetzbuchs entspricht. ²Sie muß mit einem uneingeschränkten Bestätigungsvermerk versehen sein.

(4) ¹Wenn die Hauptversammlung keinen anderen Prüfer wählt, gilt der Prüfer als gewählt, der für die Prüfung des letzten Jahresabschlusses von der Hauptversammlung gewählt oder vom Gericht bestellt worden ist. ²Soweit sich aus der Besonderheit des Prüfungsauftrags nichts anderes ergibt, sind auf die Prüfung § 318 Abs. 1 Satz 3, § 319 Abs. 1 bis 3, § 320 Abs. 1, 2, §§ 321, 322 Abs. 4 und § 323 des Handelsgesetzbuchs entsprechend anzuwenden.

(5) ¹Bei Versicherungsgesellschaften wird der Prüfer vom Aufsichtsrat bestimmt; Absatz 4 Satz 1 gilt sinngemäß. ²Soweit sich aus der Besonderheit des Prüfungsauftrags nichts anderes ergibt, sind auf die Prüfung §§ 57 bis 59 des Versicherungsaufsichtsgesetzes anzuwenden.

(6) Im Fall der Absätze 2 bis 5 gilt für die Auslegung der Bilanz und für die Erteilung von Abschriften § 175 Abs. 2 sinngemäß.

§ 210. Anmeldung und Eintragung des Beschlusses. (1) ¹Der Anmeldung des Beschlusses zur Eintragung in das Handelsregister ist für das Gericht des Sitzes der Gesellschaft die der Kapitalerhöhung zugrunde gelegte Bilanz mit Bestätigungsvermerk, im Fall des § 209 Abs. 2 bis 6 außerdem die letzte Jahresbilanz, sofern sie noch nicht eingereicht ist, beizufügen. ²Die Anmeldenden haben dem Gericht gegenüber zu erklären, daß nach ihrer Kenntnis seit dem Stichtag der zugrunde gelegten Bilanz bis zum Tag der Anmeldung keine Vermögensminderung eingetreten ist, die der Kapitalerhöhung entgegenstünde, wenn sie am Tag der Anmeldung beschlossen worden wäre.

(2) Das Gericht darf den Beschluß nur eintragen, wenn die der Kapitalerhöhung zugrunde gelegte Bilanz auf einen höchstens acht Monate vor der Anmeldung liegenden Stichtag aufgestellt und eine Erklärung nach Absatz 1 Satz 2 abgegeben worden ist.

(3) Das Gericht braucht nicht zu prüfen, ob die Bilanzen den gesetzlichen Vorschriften entsprechen.

(4) Bei der Eintragung des Beschlusses ist anzugeben, daß es sich um eine Kapitalerhöhung aus Gesellschaftsmitteln handelt.

(5) Die eingereichten Schriftstücke werden beim Gericht in Urschrift, Ausfertigung oder öffentlich beglaubigter Abschrift aufbewahrt.

§ 211. Wirksamwerden der Kapitalerhöhung. (1) Mit der Eintragung des Beschlusses über die Erhöhung des Grundkapitals ist das Grundkapital erhöht.

(2) Die neuen Aktien gelten als voll eingezahlt.

§ 212. Aus der Kapitalerhöhung Berechtigte. ¹Die neuen Aktien stehen den Aktionären im Verhältnis ihrer Anteile am bisherigen Grundkapital zu. ²Ein entgegenstehender Beschluß der Hauptversammlung ist nichtig.

10 AktG §§ 213–215   1. Buch. Aktiengesellschaft

§ 213. Teilrechte. (1) Führt die Kapitalerhöhung dazu, daß auf einen Anteil am bisherigen Grundkapital nur ein Teil einer neuen Aktie entfällt, so ist dieses Teilrecht selbständig veräußerlich und vererblich.

(2) Die Rechte aus einer neuen Aktie einschließlich des Anspruchs auf Ausstellung einer Aktienurkunde können nur ausgeübt werden, wenn Teilrechte, die zusammen eine volle Aktie ergeben, in einer Hand vereinigt sind oder wenn sich mehrere Berechtigte, deren Teilrechte zusammen eine volle Aktie ergeben, zur Ausübung der Rechte zusammenschließen.

§ 214. Aufforderung an die Aktionäre. (1) [1]Nach der Eintragung des Beschlusses über die Erhöhung des Grundkapitals hat der Vorstand unverzüglich die Aktionäre aufzufordern, die neuen Aktien abzuholen. [2]Die Aufforderung ist in den Gesellschaftsblättern bekanntzumachen. [3]In der Bekanntmachung ist anzugeben,

1. um welchen Betrag das Grundkapital erhöht worden ist,
2. in welchem Verhältnis auf die alten Aktien neue Aktien entfallen.

[4]In der Bekanntmachung ist ferner darauf hinzuweisen, daß die Gesellschaft berechtigt ist, Aktien, die nicht innerhalb eines Jahres seit der Bekanntmachung der Aufforderung abgeholt werden, nach dreimaliger Androhung für Rechnung der Beteiligten zu verkaufen.

(2) [1]Nach Ablauf eines Jahres seit der Bekanntmachung der Aufforderung hat die Gesellschaft den Verkauf der nicht abgeholten Aktien anzudrohen. [2]Die Androhung ist dreimal in Abständen von mindestens einem Monat in den Gesellschaftsblättern bekanntzumachen. [3]Die letzte Bekanntmachung muß vor dem Ablauf von achtzehn Monaten seit der Bekanntmachung der Aufforderung ergehen.

(3) [1]Nach Ablauf eines Jahres seit der letzten Bekanntmachung der Androhung hat die Gesellschaft die nicht abgeholten Aktien für Rechnung der Beteiligten zum amtlichen Börsenpreis durch Vermittlung eines Kursmaklers und beim Fehlen eines Börsenpreises durch öffentliche Versteigerung zu verkaufen. [2]§ 226 Abs. 3 Satz 2 bis 6 gilt sinngemäß.

(4) [1]Die Absätze 1 bis 3 gelten sinngemäß für Gesellschaften, die keine Aktienurkunden ausgegeben haben. [2]Die Gesellschaften haben die Aktionäre aufzufordern, sich die neuen Aktien zuteilen zu lassen.

§ 215. Eigene Aktien. Teileingezahlte Aktien. (1) Eigene Aktien nehmen an der Erhöhung des Grundkapitals teil.

(2) [1]Teileingezahlte Aktien nehmen entsprechend ihrem Nennbetrag an der Erhöhung des Grundkapitals teil. [2]Bei ihnen kann die Kapitalerhöhung nur durch Erhöhung des Nennbetrags der Aktien ausgeführt werden. [3]Sind neben teileingezahlten Aktien volleingezahlte Aktien vorhanden, so kann bei diesen die Kapitalerhöhung durch Erhöhung des Nennbetrags der Aktien und durch Ausgabe neuer Aktien ausgeführt werden; der Beschluß über die Erhöhung des Grundkapitals muß die Art der Erhöhung angeben. [4]Soweit die Kapitalerhöhung durch Erhöhung des Nennbetrags der Aktien ausgeführt wird, ist sie so zu bemessen, daß durch sie auf keine Aktie Beträge entfallen, die durch eine Erhöhung des Nennbetrags der Aktien nicht gedeckt werden können.

6. Teil. Satzungsänderung. Kapitalbeschaffung **§§ 216–219 AktG 10**

§ 216. Wahrung der Rechte der Aktionäre und Dritter. (1) ¹Das Verhältnis der mit den Aktien verbundenen Rechte zueinander wird durch die Kapitalerhöhung nicht berührt. ²Die Ausgabe neuer Mehrstimmrechtsaktien und die Erhöhung des Stimmrechts von Mehrstimmrechtsaktien auf Grund des Satzes 1 bedürfen keiner Zulassung nach § 12 Abs. 2 Satz 2.

(2) ¹Soweit sich einzelne Rechte teileingezahlter Aktien, insbesondere die Beteiligung am Gewinn oder das Stimmrecht, nach der auf die Aktie geleisteten Einlage bestimmen, stehen diese Rechte den Aktionären bis zur Leistung der noch ausstehenden Einlagen nur nach der Höhe der geleisteten Einlage, erhöht um den auf den Nennbetrag des Grundkapitals berechneten Hundertsatz der Erhöhung des Grundkapitals zu. ²Werden weitere Einzahlungen geleistet, so erweitern sich diese Rechte entsprechend. ³Im Fall des § 271 Abs. 3 gelten die Erhöhungsbeträge als voll eingezahlt.

(3) ¹Der wirtschaftliche Inhalt vertraglicher Beziehungen der Gesellschaft zu Dritten, die von der Gewinnausschüttung der Gesellschaft, dem Nennbetrag oder Wert ihrer Aktien oder ihres Grundkapitals oder sonst von den bisherigen Kapital- oder Gewinnverhältnissen abhängen, wird durch die Kapitalerhöhung nicht berührt. ²Gleiches gilt für Nebenverpflichtungen der Aktionäre.

§ 217. Beginn der Gewinnbeteiligung. (1) Die neuen Aktien nehmen, wenn nichts anderes bestimmt ist, am Gewinn des ganzen Geschäftsjahrs teil, in dem die Erhöhung des Grundkapitals beschlossen worden ist.

(2) ¹Im Beschluß über die Erhöhung des Grundkapitals kann bestimmt werden, daß die neuen Aktien bereits am Gewinn des letzten vor der Beschlußfassung über die Kapitalerhöhung abgelaufenen Geschäftsjahrs teilnehmen. ²In diesem Fall ist die Erhöhung des Grundkapitals zu beschließen, bevor über die Verwendung des Bilanzgewinns des letzten vor der Beschlußfassung abgelaufenen Geschäftsjahrs Beschluß gefaßt ist. ³Der Beschluß über die Verwendung des Bilanzgewinns des letzten vor der Beschlußfassung über die Kapitalerhöhung abgelaufenen Geschäftsjahrs wird erst wirksam, wenn das Grundkapital erhöht ist. ⁴Der Beschluß über die Erhöhung des Grundkapitals und der Beschluß über die Verwendung des Bilanzgewinns des letzten vor der Beschlußfassung über die Kapitalerhöhung abgelaufenen Geschäftsjahrs sind nichtig, wenn der Beschluß über die Kapitalerhöhung nicht binnen drei Monaten nach der Beschlußfassung in das Handelsregister eingetragen worden ist. ⁵Der Lauf der Frist ist gehemmt, solange eine Anfechtungs- oder Nichtigkeitsklage rechtshängig ist oder eine zur Kapitalerhöhung beantragte staatliche Genehmigung noch nicht erteilt ist.

§ 218. Bedingtes Kapital. ¹Bedingtes Kapital erhöht sich im gleichen Verhältnis wie das Grundkapital. ²Ist das bedingte Kapital zur Gewährung von Umtauschrechten an Gläubiger von Wandelschuldverschreibungen beschlossen worden, so ist zur Deckung des Unterschieds zwischen dem Ausgabebetrag der Schuldverschreibungen und dem höheren Gesamtnennbetrag der für sie zu gewährenden Bezugsaktien eine Sonderrücklage zu bilden, soweit nicht Zuzahlungen der Umtauschberechtigten vereinbart sind.

§ 219. Verbotene Ausgabe von Aktien und Zwischenscheinen. Vor der Eintragung des Beschlusses über die Erhöhung des Grundkapitals in das Handelsregister dürfen neue Aktien und Zwischenscheine nicht ausgegeben werden.

10 AktG §§ 220–222 1. Buch. Aktiengesellschaft

§ 220. Wertansätze. ¹Als Anschaffungskosten der vor der Erhöhung des Grundkapitals erworbenen Aktien und der auf sie entfallenen neuen Aktien gelten die Beträge, die sich für die einzelnen Aktien ergeben, wenn die Anschaffungskosten der vor der Erhöhung des Grundkapitals erworbenen Aktien auf diese und auf die auf sie entfallenen neuen Aktien nach dem Verhältnis der Nennbeträge verteilt werden. ²Der Zuwachs an Aktien ist nicht als Zugang auszuweisen.

Fünfter Unterabschnitt. Wandelschuldverschreibungen. Gewinnschuldverschreibungen

§ 221.* (1) ¹Schuldverschreibungen, bei denen den Gläubigern ein Umtausch- oder Bezugsrecht auf Aktien eingeräumt wird (Wandelschuldverschreibungen), und Schuldverschreibungen, bei denen die Rechte der Gläubiger mit Gewinnanteilen von Aktionären in Verbindung gebracht werden (Gewinnschuldverschreibungen), dürfen nur auf Grund eines Beschlusses der Hauptversammlung ausgegeben werden. ²Der Beschluß bedarf einer Mehrheit, die mindestens drei Viertel des bei der Beschlußfassung vertretenen Grundkapitals umfaßt. ³Die Satzung kann eine andere Kapitalmehrheit und weitere Erfordernisse bestimmen. ⁴§ 182 Abs. 2 gilt.

(2) ¹Eine Ermächtigung des Vorstandes zur Ausgabe von Wandelschuldverschreibungen kann höchstens für fünf Jahre erteilt werden. ²Der Vorstand und der Vorsitzende des Aufsichtsrats haben den Beschluß über die Ausgabe der Wandelschuldverschreibungen sowie eine Erklärung über deren Ausgabe beim Handelsregister zu hinterlegen. ³Ein Hinweis auf den Beschluß und die Erklärung ist in den Gesellschaftsblättern bekanntzumachen.

(3) Absatz 1 gilt sinngemäß für die Gewährung von Genußrechten.

(4) ¹Auf Wandelschuldverschreibungen, Gewinnschuldverschreibungen und Genußrechte haben die Aktionäre ein Bezugsrecht. ²§ 186 gilt sinngemäß.

Dritter Abschnitt. Maßnahmen der Kapitalherabsetzung

Erster Unterabschnitt. Ordentliche Kapitalherabsetzung

§ 222. Voraussetzungen. (1) ¹Eine Herabsetzung des Grundkapitals kann nur mit einer Mehrheit beschlossen werden, die mindestens drei Viertel des bei der Beschlußfassung vertretenen Grundkapitals umfaßt. ²Die Satzung kann eine größere Kapitalmehrheit und weitere Erfordernisse bestimmen.

(2) ¹Sind mehrere Gattungen von Aktien vorhanden, so bedarf der Beschluß der Hauptversammlung zu seiner Wirksamkeit der Zustimmung der Aktionäre jeder Gattung. ²Über die Zustimmung haben die Aktionäre jeder Gattung einen Sonderbeschluß zu fassen. ³Für diesen gilt Absatz 1.

(3) In dem Beschluß ist festzusetzen, zu welchem Zweck die Herabsetzung stattfindet, namentlich ob Teile des Grundkapitals zurückgezahlt werden sollen.

(4) ¹Das Grundkapital kann herabgesetzt werden
1. durch Herabsetzung des Nennbetrags der Aktien;

---

* § 221 neuer Abs. 2 eingefügt, bisherige Abs. 2 und 3 wurden Abs. 3 und 4 durch Gesetz vom 13. 12. 1978 (BGBl. I S. 1959).

6. Teil. Satzungsänderung. Kapitalbeschaffung §§ 223–226 **AktG 10**

2. durch Zusammenlegung der Aktien; diese ist nur zulässig, soweit der Mindestnennbetrag für Aktien nicht innegehalten werden kann.
²Der Beschluß muß die Art der Herabsetzung angeben.

§ 223. Anmeldung des Beschlusses. Der Vorstand und der Vorsitzende des Aufsichtsrats haben den Beschluß über die Herabsetzung des Grundkapitals zur Eintragung in das Handelsregister anzumelden.

§ 224. Wirksamwerden der Kapitalherabsetzung. Mit der Eintragung des Beschlusses über die Herabsetzung des Grundkapitals ist das Grundkapital herabgesetzt.

§ 225. Gläubigerschutz. (1) ¹Den Gläubigern, deren Forderungen begründet worden sind, bevor die Eintragung des Beschlusses bekanntgemacht worden ist, ist, wenn sie sich binnen sechs Monaten nach der Bekanntmachung zu diesem Zweck melden, Sicherheit zu leisten, soweit sie nicht Befriedigung verlangen können. ²Die Gläubiger sind in der Bekanntmachung der Eintragung auf dieses Recht hinzuweisen. ³Das Recht, Sicherheitsleistung zu verlangen, steht Gläubigern nicht zu, die im Fall des Konkurses ein Recht auf vorzugsweise Befriedigung aus einer Deckungsmasse haben, die nach gesetzlicher Vorschrift zu ihrem Schutz errichtet und staatlich überwacht ist.

(2) ¹Zahlungen an die Aktionäre dürfen auf Grund der Herabsetzung des Grundkapitals erst geleistet werden, nachdem seit der Bekanntmachung der Eintragung sechs Monate verstrichen sind und nachdem den Gläubigern, die sich rechtzeitig gemeldet haben, Befriedigung oder Sicherheit gewährt worden ist. ²Auch eine Befreiung der Aktionäre von der Verpflichtung zur Leistung von Einlagen wird nicht vor dem bezeichneten Zeitpunkt und nicht vor Befriedigung oder Sicherstellung der Gläubiger wirksam, die sich rechtzeitig gemeldet haben.

(3) Das Recht der Gläubiger, Sicherheitsleistung zu verlangen, ist unabhängig davon, ob Zahlungen an die Aktionäre auf Grund der Herabsetzung des Grundkapitals geleistet werden.

§ 226. Kraftloserklärung von Aktien. (1) ¹Sollen zur Durchführung der Herabsetzung des Grundkapitals Aktien durch Umtausch, Abstempelung oder durch ein ähnliches Verfahren zusammengelegt werden, so kann die Gesellschaft die Aktien für kraftlos erklären, die trotz Aufforderung nicht bei ihr eingereicht worden sind. ²Gleiches gilt für eingereichte Aktien, welche die zum Ersatz durch neue Aktien nötige Zahl nicht erreichen und der Gesellschaft nicht zur Verwertung für Rechnung der Beteiligten zur Verfügung gestellt sind.

(2) ¹Die Aufforderung, die Aktien einzureichen, hat die Kraftloserklärung anzudrohen. ²Die Kraftloserklärung kann nur erfolgen, wenn die Aufforderung in der in § 64 Abs. 2 für die Nachfrist vorgeschriebenen Weise bekanntgemacht worden ist. ³Die Kraftloserklärung geschieht durch Bekanntmachung in den Gesellschaftsblättern. ⁴In der Bekanntmachung sind die für kraftlos erklärten Aktien so zu bezeichnen, daß sich aus der Bekanntmachung ohne weiteres ergibt, ob eine Aktie für kraftlos erklärt ist.

(3) ¹Die neuen Aktien, die an Stelle der für kraftlos erklärten Aktien auszugeben sind, hat die Gesellschaft unverzüglich für Rechnung der Beteiligten zum amtlichen Börsenpreis durch Vermittlung eines Kursmaklers und beim Fehlen eines Börsenpreises durch öffentliche Versteigerung zu verkaufen. ²Ist von der Verstei-

gerung am Sitz der Gesellschaft kein angemessener Erfolg zu erwarten, so sind die Aktien an einem geeigneten Ort zu verkaufen. ³Zeit, Ort und Gegenstand der Versteigerung sind öffentlich bekanntzumachen. ⁴Die Beteiligten sind besonders zu benachrichtigen; die Benachrichtigung kann unterbleiben, wenn sie untunlich ist. ⁵Bekanntmachung und Benachrichtigung müssen mindestens zwei Wochen vor der Versteigerung ergehen. ⁶Der Erlös ist den Beteiligten auszuzahlen oder, wenn ein Recht zur Hinterlegung besteht, zu hinterlegen.

§ 227. Anmeldung der Durchführung. (1) Der Vorstand hat die Durchführung der Herabsetzung des Grundkapitals zur Eintragung in das Handelsregister anzumelden.

(2) Anmeldung und Eintragung der Durchführung der Herabsetzung des Grundkapitals können mit Anmeldung und Eintragung des Beschlusses über die Herabsetzung verbunden werden.

§ 228. Herabsetzung unter den Mindestnennbetrag. (1) Das Grundkapital kann unter den in § 7 bestimmten Mindestnennbetrag herabgesetzt werden, wenn dieser durch eine Kapitalerhöhung wieder erreicht wird, die zugleich mit der Kapitalherabsetzung beschlossen ist und bei der Sacheinlagen nicht festgesetzt sind.

(2) ¹Die Beschlüsse sind nichtig, wenn sie und die Durchführung der Erhöhung nicht binnen sechs Monaten nach der Beschlußfassung in das Handelsregister eingetragen worden sind. ²Der Lauf der Frist ist gehemmt, solange eine Anfechtungs- oder Nichtigkeitsklage rechtshängig ist oder eine zur Kapitalherabsetzung oder Kapitalerhöhung beantragte staatliche Genehmigung noch nicht erteilt ist. ³Die Beschlüsse und die Durchführung der Erhöhung des Grundkapitals sollen nur zusammen in das Handelsregister eingetragen werden.

Zweiter Unterabschnitt. Vereinfachte Kapitalherabsetzung

§ 229.* Voraussetzungen. (1) ¹Eine Herabsetzung des Grundkapitals, die dazu dienen soll, Wertminderungen auszugleichen, sonstige Verluste zu decken oder Beträge in die Kapitalrücklage einzustellen, kann in vereinfachter Form vorgenommen werden. ²Im Beschluß ist festzusetzen, daß die Herabsetzung zu diesen Zwecken stattfindet.

(2) ¹Die vereinfachte Kapitalherabsetzung ist nur zulässig, nachdem der Teil der gesetzlichen Rücklage und der Kapitalrücklage, um den diese zusammen über zehn vom Hundert des nach der Herabsetzung verbleibenden Grundkapitals hinausgehen, sowie die Gewinnrücklagen vorweg aufgelöst sind. ²Sie ist nicht zulässig, solange ein Gewinnvortrag vorhanden ist.

(3) § 222 Abs. 1, 2 und 4, §§ 223, 224, 226 bis 228 über die ordentliche Kapitalherabsetzung gelten sinngemäß.

§ 230.* Verbot von Zahlungen an die Aktionäre. ¹Die Beträge, die aus der Auflösung der Kapital- oder Gewinnrücklagen und aus der Kapitalherabsetzung gewonnen werden, dürfen nicht zu Zahlungen an die Aktionäre und nicht dazu verwandt werden, die Aktionäre von der Verpflichtung zur Leistung von Einlagen

---

* § 229 Abs. 1 Satz 1 geändert und Abs. 2 Satz 1 neu gefaßt sowie § 230 Sätze 1 und 2 geändert durch Bilanzrichtlinien-Gesetz vom 19. 12. 1985 (BGBl. I S. 2355).

6. Teil. Satzungsänderung. Kapitalbeschaffung §§ 231–233 AktG 10

zu befreien. ²Sie dürfen nur verwandt werden, um Wertminderungen auszugleichen, sonstige Verluste zu decken und Beträge in die Kapitalrücklage oder in die gesetzliche Rücklage einzustellen. ³Auch eine Verwendung zu einem dieser Zwecke ist nur zulässig, soweit sie im Beschluß als Zweck der Herabsetzung angegeben ist.

§ 231.* Beschränkte Einstellung in die Kapitalrücklage und in die gesetzliche Rücklage. ¹Die Einstellung der Beträge, die aus der Auflösung von anderen Gewinnrücklagen gewonnen werden, in die gesetzliche Rücklage und der Beträge, die aus der Kapitalherabsetzung gewonnen werden, in die Kapitalrücklage ist nur zulässig, soweit die Kapitalrücklage und die gesetzliche Rücklage zusammen zehn vom Hundert des Grundkapitals nicht übersteigen. ²Als Grundkapital gilt dabei der Nennbetrag, der sich durch die Herabsetzung ergibt, mindestens aber der in § 7 bestimmte Mindestnennbetrag. ³Bei der Bemessung der zulässigen Höhe bleiben Beträge, die in der Zeit nach der Beschlußfassung über die Kapitalherabsetzung in die Kapitalrücklage einzustellen sind, auch dann außer Betracht, wenn ihre Zahlung auf einem Beschluß beruht, der zugleich mit dem Beschluß über die Kapitalherabsetzung gefaßt wird.

§ 232.* Einstellung von Beträgen in die Kapitalrücklage bei zu hoch angenommenen Verlusten. Ergibt sich bei Aufstellung der Jahresbilanz für das Geschäftsjahr, in dem der Beschluß über die Kapitalherabsetzung gefaßt wurde, oder für eines der beiden folgenden Geschäftsjahre, daß Wertminderungen und sonstige Verluste in der bei der Beschlußfassung angenommenen Höhe tatsächlich nicht eingetreten oder ausgeglichen waren, so ist der Unterschiedsbetrag in die Kapitalrücklage einzustellen.

§ 233.* Gewinnausschüttung. Gläubigerschutz. (1) ¹Gewinn darf nicht ausgeschüttet werden, bevor die gesetzliche Rücklage und die Kapitalrücklage zusammen zehn vom Hundert des Grundkapitals erreicht haben. ²Als Grundkapital gilt dabei der Nennbetrag, der sich durch die Herabsetzung ergibt, mindestens aber der in § 7 bestimmte Mindestnennbetrag.

(2) ¹Die Zahlung eines Gewinnanteils von mehr als vier vom Hundert ist erst für ein Geschäftsjahr zulässig, das später als zwei Jahre nach der Beschlußfassung über die Kapitalherabsetzung beginnt. ²Dies gilt nicht, wenn die Gläubiger, deren Forderungen vor der Bekanntmachung der Eintragung des Beschlusses begründet worden waren, befriedigt oder sichergestellt sind, soweit sie sich binnen sechs Monaten nach der Bekanntmachung des Jahresabschlusses, auf Grund dessen die Gewinnverteilung beschlossen ist, zu diesem Zweck gemeldet haben. ³Einer Sicherstellung der Gläubiger bedarf es nicht, die im Fall des Konkurses ein Recht auf vorzugsweise Befriedigung aus einer Deckungsmasse haben, die nach gesetzlicher Vorschrift zu ihrem Schutz errichtet und staatlich überwacht ist. ⁴Die Gläubiger sind in der Bekanntmachung nach § 325 Abs. 1 Satz 2 oder Abs. 2 Satz 1 des Handelsgesetzbuchs auf die Befriedigung oder Sicherstellung hinzuweisen.

(3) Die Beträge, die aus der Auflösung von Kapital- und Gewinnrücklagen und aus der Kapitalherabsetzung gewonnen sind, dürfen auch nach diesen Vorschriften nicht als Gewinn ausgeschüttet werden.

---

* § 231 neu gefaßt, § 232 Überschrift und Text geändert sowie § 233 Abs. 1 Satz 1 neu gefaßt, Abs. 2 Satz 4 und Abs. 3 geändert durch Bilanzrichtlinien-Gesetz vom 19. 12. 1985 (BGBl. I S. 2355).

§ 234.* **Rückwirkung der Kapitalherabsetzung.** (1) Im Jahresabschluß für das letzte vor der Beschlußfassung über die Kapitalherabsetzung abgelaufene Geschäftsjahr können das gezeichnete Kapital sowie die Kapital- und Gewinnrücklagen in der Höhe ausgewiesen werden, in der sie nach der Kapitalherabsetzung bestehen sollen.

(2) ¹In diesem Fall beschließt die Hauptversammlung über die Feststellung des Jahresabschlusses. ²Der Beschluß soll zugleich mit dem Beschluß über die Kapitalherabsetzung gefaßt werden.

(3) ¹Die Beschlüsse sind nichtig, wenn der Beschluß über die Kapitalherabsetzung nicht binnen drei Monaten nach der Beschlußfassung in das Handelsregister eingetragen worden ist. ²Der Lauf der Frist ist gehemmt, solange eine Anfechtungs- oder Nichtigkeitsklage rechtshängig ist oder eine zur Kapitalherabsetzung beantragte staatliche Genehmigung noch nicht erteilt ist.

§ 235.** **Rückwirkung einer gleichzeitigen Kapitalerhöhung.** (1) ¹Wird im Fall des § 234 zugleich mit der Kapitalherabsetzung eine Erhöhung des Grundkapitals beschlossen, so kann auch die Kapitalerhöhung in dem Jahresabschluß als vollzogen berücksichtigt werden. ²Die Beschlußfassung ist nur zulässig, wenn die neuen Aktien gezeichnet, keine Sacheinlagen festgesetzt sind und wenn auf jede Aktie die Einzahlung geleistet ist, die nach § 188 Abs. 2 zur Zeit der Anmeldung der Durchführung der Kapitalerhöhung bewirkt sein muß. ³Die Zeichnung und die Einzahlung sind dem Notar nachzuweisen, der den Beschluß über die Erhöhung des Grundkapitals beurkundet.

(2) ¹Sämtliche Beschlüsse sind nichtig, wenn die Beschlüsse über die Kapitalabsetzung und die Kapitalerhöhung und die Durchführung der Erhöhung nicht binnen drei Monaten nach der Beschlußfassung in das Handelsregister eingetragen worden sind. ²Der Lauf der Frist ist gehemmt, solange eine Anfechtungs- oder Nichtigkeitsklage rechtshängig ist oder eine zur Kapitalherabsetzung oder Kapitalerhöhung beantragte staatliche Genehmigung noch nicht erteilt ist. ³Die Beschlüsse und die Durchführung der Erhöhung des Grundkapitals sollen nur zusammen in das Handelsregister eingetragen werden.

§ 236.* **Offenlegung.** Die Offenlegung des Jahresabschlusses nach § 325 des Handelsgesetzbuchs darf im Fall des § 234 erst nach Eintragung des Beschlusses über die Kapitalherabsetzung, im Fall des § 235 erst ergehen, nachdem die Beschlüsse über die Kapitalherabsetzung und Kapitalerhöhung und die Durchführung der Kapitalerhöhung eingetragen worden sind.

---

* § 234 Abs. 1 neu gefaßt sowie § 236 Überschrift und Text geändert durch Bilanzrichtlinien-Gesetz vom 19. 12. 1985 (BGBl. I S. 2355).
** § 235 Abs. 1 Satz 3 geändert durch Beurkungsgesetz vom 28. 8. 1969 (BGBl. I S. 1513).

6. Teil. Satzungsänderung. Kapitalbeschaffung §§ 237–239 **AktG 10**

Dritter Unterabschnitt. Kapitalherabsetzung durch Einziehung von Aktien

§ 237.* **Voraussetzungen.** (1) ¹Aktien können zwangsweise oder nach Erwerb durch die Gesellschaft eingezogen werden. ²Eine Zwangseinziehung ist nur zulässig, wenn sie in der ursprünglichen Satzung oder durch eine Satzungsänderung vor Übernahme oder Zeichnung der Aktien angeordnet oder gestattet war.

(2) ¹Bei der Einziehung sind die Vorschriften über die ordentliche Kapitalherabsetzung zu befolgen. ²In der Satzung oder in dem Beschluß der Hauptversammlung sind die Voraussetzungen für eine Zwangseinziehung und die Einzelheiten ihrer Durchführung festzulegen. ³Für die Zahlung des Entgelts, das Aktionären bei einer Zwangseinziehung oder bei einem Erwerb von Aktien zum Zwecke der Einziehung gewährt wird, und für die Befreiung dieser Aktionäre von der Verpflichtung zur Leistung von Einlagen gilt § 225 Abs. 2 sinngemäß.

(3) Die Vorschriften über die ordentliche Kapitalherabsetzung brauchen nicht befolgt zu werden, wenn Aktien, auf die der Nennbetrag oder der höhere Ausgabebetrag voll geleistet ist,

1. der Gesellschaft unentgeltlich zur Verfügung gestellt oder
2. zu Lasten des Bilanzgewinns oder einer anderen Gewinnrücklage, soweit sie zu diesem Zweck verwandt werden können, eingezogen werden.

(4) ¹Auch in den Fällen des Absatzes 3 kann die Kapitalherabsetzung durch Einziehung nur von der Hauptversammlung beschlossen werden. ²Für den Beschluß genügt die einfache Stimmenmehrheit. ³Die Satzung kann eine größere Mehrheit und weitere Erfordernisse bestimmen. ⁴Im Beschluß ist der Zweck der Kapitalherabsetzung festzusetzen. ⁵Der Vorstand und der Vorsitzende des Aufsichtsrats haben den Beschluß zur Eintragung in das Handelsregister anzumelden.

(5) In den Fällen des Absatzes 3 ist in die Kapitalrücklage ein Betrag einzustellen, der dem Gesamtnennbetrag der eingezogenen Aktien gleichkommt.

(6) ¹Soweit es sich um eine durch die Satzung angeordnete Zwangseinziehung handelt, bedarf es eines Beschlusses der Hauptversammlung nicht. ²In diesem Fall tritt für die Anwendung der Vorschriften über die ordentliche Kapitalherabsetzung an die Stelle des Hauptversammlungsbeschlusses die Entscheidung des Vorstands über die Einziehung.

§ 238. Wirksamwerden der Kapitalherabsetzung. ¹Mit der Eintragung des Beschlusses oder, wenn die Einziehung nachfolgt, mit der Einziehung ist das Grundkapital um den Gesamtnennbetrag der eingezogenen Aktien herabgesetzt. ²Handelt es sich um eine durch die Satzung angeordnete Zwangseinziehung, so ist, wenn die Hauptversammlung nicht über die Kapitalherabsetzung beschließt, das Grundkapital mit der Zwangseinziehung herabgesetzt. ³Zur Einziehung bedarf es einer Handlung der Gesellschaft, die auf Vernichtung der Rechte aus bestimmten Aktien gerichtet ist.

§ 239. Anmeldung der Durchführung. (1) ¹Der Vorstand hat die Durchführung der Herabsetzung des Grundkapitals zur Eintragung in das Handelsregister

---

* § 237 Abs. 2 neuer Satz 2 eingefügt, bisheriger Satz 2 wurde Satz 3 durch Gesetz vom 13. 12. 1978 (BGBl. I S. 1959), Abs. 3 Nr. 2 und Abs. 5 geändert durch Bilanzrichtlinien-Gesetz vom 19. 12. 1985 (BGBl. I S. 2355).

anzumelden. ²Dies gilt auch dann, wenn es sich um eine durch die Satzung angeordnete Zwangseinziehung handelt.

(2) Anmeldung und Eintragung der Durchführung der Herabsetzung können mit Anmeldung und Eintragung des Beschlusses über die Herabsetzung verbunden werden.

Vierter Unterabschnitt. Ausweis der Kapitalherabsetzung

§ 240.* ¹Der aus der Kapitalherabsetzung gewonnene Betrag ist in der Gewinn- und Verlustrechnung als ,,Ertrag aus der Kapitalherabsetzung" gesondert, und zwar hinter dem Posten ,,Entnahmen aus Gewinnrücklagen", auszuweisen. ²Eine Einstellung in die Kapitalrücklage nach § 229 Abs. 1 und § 232 ist als ,,Einstellung in die Kapitalrücklage nach den Vorschriften über die vereinfachte Kapitalherabsetzung" gesondert auszuweisen. ³Im Anhang ist zu erläutern, ob und in welcher Höhe die aus der Kapitalherabsetzung und aus der Auflösung von Gewinnrücklagen gewonnenen Beträge

1. zum Ausgleich von Wertminderungen,
2. zur Deckung von sonstigen Verlusten oder
3. zur Einstellung in die Kapitalrücklage

verwandt werden.

Siebenter Teil.
Nichtigkeit von Hauptversammlungsbeschlüssen und des festgestellten Jahresabschlusses. Sonderprüfung wegen unzulässiger Unterbewertung

Erster Abschnitt. Nichtigkeit von Hauptversammlungsbeschlüssen

Erster Unterabschnitt. Allgemeines

§ 241.* Nichtigkeitsgründe. Ein Beschluß der Hauptversammlung ist außer in den Fällen des § 192 Abs. 4, §§ 212, 217 Abs. 2, § 228 Abs. 2, § 234 Abs. 3 und § 235 Abs. 2 nur dann nichtig, wenn er

1. in einer Hauptversammlung gefaßt worden ist, die nicht nach § 121 Abs. 2 und 3 einberufen war, es sei denn, daß alle Aktionäre erschienen oder vertreten waren,
2. nicht nach § 130 Abs. 1, 2 und 4 beurkundet ist,
3. mit dem Wesen der Aktiengesellschaft nicht zu vereinbaren ist oder durch seinen Inhalt Vorschriften verletzt, die ausschießlich oder überwiegend zum Schutze der Gläubiger der Gesellschaft oder sonst im öffentlichen Interesse gegeben sind,

---

* § 240 und § 241 Nr. 6 geändert durch Bilanzrichtlinien-Gesetz vom 19. 12. 1985 (BGBl. I S. 2355).

4. durch seinen Inhalt gegen die guten Sitten verstößt,
5. auf Anfechtungsklage durch Urteil rechtskräftig für nichtig erklärt worden ist,
6. nach § 144 Abs. 2 des Gesetzes über die Angelegenheiten der freiwilligen Gerichtsbarkeit* auf Grund rechtskräftiger Entscheidung als nichtig gelöscht worden ist.

§ 242.** **Heilung der Nichtigkeit.** (1) Die Nichtigkeit eines Hauptversammlungsbeschlusses, der entgegen § 130 Abs. 1, 2 und 4 nicht oder nicht gehörig beurkundet worden ist, kann nicht mehr geltend gemacht werden, wenn der Beschluß in das Handelsregister eingetragen worden ist.

(2) ¹Ist ein Hauptversammlungsbeschluß nach § 241 Nr. 1, 3 oder 4 nichtig, so kann die Nichtigkeit nicht mehr geltend gemacht werden, wenn der Beschluß in das Handelsregister eingetragen worden ist und seitdem drei Jahre verstrichen sind. ²Ist bei Ablauf der Frist eine Klage auf Feststellung der Nichtigkeit des Hauptversammlungsbeschlusses rechtshängig, so verlängert sich die Frist, bis über die Klage rechtskräftig entschieden ist oder sie sich auf andere Weise endgültig erledigt hat. ³Eine Löschung des Beschlusses von Amts wegen nach § 144 Abs. 2 des Gesetzes über die Angelegenheiten der freiwilligen Gerichtsbarkeit wird durch den Zeitablauf nicht ausgeschlossen.

(3) Absatz 2 gilt entsprechend, wenn in den Fällen des § 217 Abs. 2, § 228 Abs. 2, § 234 Abs. 3 und § 235 Abs. 2 die erforderlichen Eintragungen nicht fristgemäß vorgenommen worden sind.

§ 243. Anfechtungsgründe. (1) Ein Beschluß der Hauptversammlung kann wegen Verletzung des Gesetzes oder der Satzung durch Klage angefochten werden.

(2) ¹Die Anfechtung kann auch darauf gestützt werden, daß ein Aktionär mit der Ausübung des Stimmrechts für sich oder einen Dritten Sondervorteile zum Schaden der Gesellschaft oder der anderen Aktionäre zu erlangen suchte und der Beschluß geeignet ist, diesem Zweck zu dienen. ²Dies gilt nicht, wenn der Beschluß den anderen Aktionären einen angemessenen Ausgleich für ihren Schaden gewährt.

(3) Auf eine Verletzung des § 128 kann die Anfechtung nicht gestützt werden.

(4) Für eine Anfechtung, die auf die Verweigerung einer Auskunft gestützt wird, ist es unerheblich, daß die Hauptversammlung oder Aktionäre erklärt haben oder erklären, die Verweigerung der Auskunft habe ihre Beschlußfassung nicht beeinflußt.

§ 244. Bestätigung anfechtbarer Hauptversammlungsbeschlüsse. ¹Die Anfechtung kann nicht mehr geltend gemacht werden, wenn die Hauptversammlung den anfechtbaren Beschluß durch einen neuen Beschluß bestätigt hat und dieser Beschluß innerhalb der Anfechtungsfrist nicht angefochten oder die Anfechtung rechtskräftig zurückgewiesen worden ist. ²Hat der Kläger ein rechtliches Interesse, daß der anfechtbare Beschluß für die Zeit bis zum Bestätigungsbeschluß für nichtig erklärt wird, so kann er die Anfechtung weiterhin mit dem Ziel geltend machen, den anfechtbaren Beschluß für diese Zeit für nichtig zu erklären.

---

* Abgedruckt in Schönfelder unter Nr. **112.**
** § 242 Abs. 2 Satz 3 geändert durch Bilanzrichtlinien-Gesetz vom 19. 12. 1985 (BGBl. I S. 2355).

§ 245. Anfechtungsbefugnis.
Zur Anfechtung ist befugt

1. jeder in der Hauptversammlung erschienene Aktionär, wenn er gegen den Beschluß Widerspruch zur Niederschrift erklärt hat;
2. jeder in der Hauptversammlung nicht erschienene Aktionär, wenn er zu der Hauptversammlung zu Unrecht nicht zugelassen worden ist oder die Versammlung nicht ordnungsgemäß einberufen oder der Gegenstand der Beschlußfassung nicht ordnungsgemäß bekanntgemacht worden ist;
3. im Fall des § 243 Abs. 2 jeder Aktionär;
4. der Vorstand;
5. jedes Mitglied des Vorstands und des Aufsichtsrats, wenn durch die Ausführung des Beschlusses Mitglieder des Vorstands oder des Aufsichtsrats eine strafbare Handlung oder eine Ordnungswidrigkeit begehen oder wenn sie ersatzpflichtig werden würden.

§ 246. Anfechtungsklage.
(1) Die Klage muß innerhalb eines Monats nach der Beschlußfassung erhoben werden.

(2) ¹Die Klage ist gegen die Gesellschaft zu richten. ²Die Gesellschaft wird durch Vorstand und Aufsichtsrat vertreten. ³Klagt der Vorstand oder ein Vorstandsmitglied, wird die Gesellschaft durch den Aufsichtsrat, klagt ein Aufsichtsratsmitglied, wird sie durch den Vorstand vertreten.

(3) ¹Zuständig für die Klage ist ausschließlich das Landgericht, in dessen Bezirk die Gesellschaft ihren Sitz hat. ²Die mündliche Verhandlung findet nicht vor Ablauf der Monatsfrist des Absatzes 1 statt. ³Mehrere Anfechtungsprozesse sind zur gleichzeitigen Verhandlung und Entscheidung zu verbinden.

(4) Der Vorstand hat die Erhebung der Klage und den Termin zur mündlichen Verhandlung unverzüglich in den Gesellschaftsblättern bekanntzumachen.

§ 247. Streitwert.
(1) ¹Den Streitwert bestimmt das Prozeßgericht unter Berücksichtigung aller Umstände des einzelnen Falles, insbesondere der Bedeutung der Sache für die Parteien, nach billigem Ermessen. ²Er darf jedoch ein Zehntel des Grundkapitals oder, wenn dieses Zehntel mehr als eine Million Deutsche Mark beträgt, eine Million Deutsche Mark nur insoweit übersteigen, als die Bedeutung der Sache für den Kläger höher zu bewerten ist.

(2) ¹Macht eine Partei glaubhaft, daß die Belastung mit den Prozeßkosten nach dem gemäß Absatz 1 bestimmten Streitwert ihre wirtschaftliche Lage erheblich gefährden würde, so kann das Prozeßgericht auf ihren Antrag anordnen, daß ihre Verpflichtung zur Zahlung von Gerichtskosten sich nach einem ihrer Wirtschaftslage angepaßten Teil des Streitwerts bemißt. ²Die Anordnung hat zur Folge, daß die begünstigte Partei die Gebühren ihres Rechtsanwalts ebenfalls nur nach diesem Teil des Streitwerts zu entrichten hat. ³Soweit ihr Kosten des Rechtsstreits auferlegt werden oder soweit sie diese übernimmt, hat sie die von dem Gegner entrichteten Gerichtsgebühren und die Gebühren seines Rechtsanwalts nach dem vollen Teil des Streitwerts zu erstatten. ⁴Soweit die außergerichtlichen Kosten dem Gegner auferlegt oder von ihm übernommen werden, kann der Rechtsanwalt der begünstigten Partei seine Gebühren von dem Gegner nach dem für diesen geltenden Streitwert beitreiben.

(3) ¹Der Antrag nach Absatz 2 kann vor der Geschäftsstelle des Prozeßgerichts zur Niederschrift erklärt werden. ²Er ist vor der Verhandlung zur Hauptsache

anzubringen. ³Später ist er nur zulässig, wenn der angenommene oder festgesetzte Streitwert durch das Prozeßgericht heraufgesetzt wird. ⁴Vor der Entscheidung über den Antrag ist der Gegner zu hören.

§ 248.* **Urteilswirkung.** (1) ¹Soweit der Beschluß durch rechtskräftiges Urteil für nichtig erklärt ist, wirkt das Urteil für und gegen alle Aktionäre sowie die Mitglieder des Vorstands und des Aufsichtsrats, auch wenn sie nicht Partei sind. ²Der Vorstand hat das Urteil unverzüglich zum Handelsregister einzureichen. ³War der Beschluß in das Handelsregister eingetragen, so ist auch das Urteil einzutragen. ⁴Die Eintragung des Urteils ist in gleicher Weise wie die des Beschlusses bekanntzumachen.

(2) Hatte der Beschluß eine Satzungsänderung zum Inhalt, so ist mit dem Urteil der vollständige Wortlaut der Satzung, wie er sich unter Berücksichtigung des Urteils und aller bisherigen Satzungsänderungen ergibt, mit der Bescheinigung eines Notars über diese Tatsache zum Handelsregister einzureichen.

§ 249. Nichtigkeitsklage. (1) ¹Erhebt ein Aktionär, der Vorstand oder ein Mitglied des Vorstands oder des Aufsichtsrats Klage auf Feststellung der Nichtigkeit eines Hauptversammlungsbeschlusses gegen die Gesellschaft, so gelten § 246 Abs. 2, Abs. 3 Satz 1, Abs. 4, §§ 247 und 248 sinngemäß. ²Es ist nicht ausgeschlossen, die Nichtigkeit auf andere Weise als durch Erhebung der Klage geltend zu machen.

(2) ¹Mehrere Nichtigkeitsprozesse sind zur gleichzeitigen Verhandlung und Entscheidung zu verbinden. ²Nichtigkeits- und Anfechtungsprozesse können verbunden werden.

Zweiter Unterabschnitt. Nichtigkeit bestimmter Hauptversammlungsbeschlüsse

§ 250.** **Nichtigkeit der Wahl von Aufsichtsratsmitgliedern.** (1) Die Wahl eines Aufsichtsratsmitglieds durch die Hauptversammlung ist außer im Falle des § 241 Nr. 1, 2 und 5 nur dann nichtig, wenn

1. der Aufsichtsrat unter Verstoß gegen § 96 Abs. 2, § 97 Abs. 2 Satz 1 oder § 98 Abs. 4 zusammengesetzt wird;

2. die Hauptversammlung, obwohl sie an Wahlvorschläge gebunden ist (§§ 6 und 8 des Montan-Mitbestimmungsgesetzes), eine nicht vorgeschlagene Person wählt;

3. durch die Wahl die gesetzliche Höchstzahl der Aufsichtsratsmitglieder überschritten wird (§ 95);

4. die gewählte Person nach § 100 Abs. 1 und 2 bei Beginn ihrer Amtszeit nicht Aufsichtsratsmitglied sein kann.

(2) Für die Klage auf Feststellung, daß die Wahl eines Aufsichtsratsmitglieds nichtig ist, sind parteifähig

---

* § 248 Abs. 2 angefügt durch Gesetz vom 15. 8. 1969 (BGBl. I S. 1146).
** § 250 Abs. 3 Satz 1 geändert durch Gesetz vom 15. 8. 1969 (BGBl. I S. 1146), Abs. 1 Nr. 2 geändert, Abs. 2 neu gefaßt und Abs. 3 Satz 1 geändert durch Mitbestimmungsgesetz vom 4. 5. 1976 (BGBl. I S. 1153), Abs. 2 Nrn. 2 und 3 geändert durch Art. 4 Gesetz vom 20. 12. 1988 (BGBl. I S. 2312), Abs. 2 Nrn. 2 und 3 geändert durch Art. 7 Arbeitsgerichtsgesetz-Änderungsgesetz vom 26. 6. 1990 (BGBl. I S. 1206).

10 AktG §§ 251, 252   1. Buch. Aktiengesellschaft

1. der Gesamtbetriebsrat der Gesellschaft oder, wenn in der Gesellschaft nur ein Betriebsrat besteht, der Betriebsrat, sowie, wenn die Gesellschaft herrschendes Unternehmen eines Konzerns ist, der Konzernbetriebsrat,
2. der Gesamtbetriebsrat eines anderen Unternehmens, dessen Arbeitnehmer selbst oder durch Delegierte an der Wahl von Aufsichtsratsmitgliedern der Gesellschaft teilnehmen, oder, wenn in dem anderen Unternehmen nur ein Betriebsrat besteht, der Betriebsrat,
3. jede in der Gesellschaft oder in einem Unternehmen, dessen Arbeitnehmer selbst oder durch Delegierte an der Wahl von Aufsichtsratsmitgliedern der Gesellschaft teilnehmen, vertretene Gewerkschaft sowie deren Spitzenorganisation.

(3) ¹Erhebt ein Aktionär, der Vorstand, ein Mitglied des Vorstands oder des Aufsichtsrats oder eine in Absatz 2 bezeichnete Organisation oder Vertretung der Arbeitnehmer gegen die Gesellschaft Klage auf Feststellung, daß die Wahl eines Aufsichtsratsmitglieds nichtig ist, so gelten § 246 Abs. 2, Abs. 3 Satz 1, Abs. 4, §§ 247, 248 Abs. 1 Satz 2 und § 249 Abs. 2 sinngemäß. ²Es ist nicht ausgeschlossen, die Nichtigkeit auf andere Weise als durch Erhebung der Klage geltend zu machen.

§ 251.*   Anfechtung der Wahl von Aufsichtsratsmitgliedern. (1) ¹Die Wahl eines Aufsichtsratsmitglieds durch die Hauptversammlung kann wegen Verletzung des Gesetzes oder der Satzung durch Klage angefochten werden. ²Ist die Hauptversammlung an Wahlvorschläge gebunden, so kann die Anfechtung auch darauf gestützt werden, daß der Wahlvorschlag gesetzwidrig zustande gekommen ist. ³§ 243 Abs. 4 und § 244 gelten.

(2) ¹Für die Anfechtungsbefugnis gilt § 245 Nr. 1, 2 und 4. ²Die Wahl eines Aufsichtsratsmitglieds, das nach dem Montan-Mitbestimmungsgesetz auf Vorschlag der Betriebsräte gewählt worden ist, kann auch von jedem Betriebsrat eines Betriebs der Gesellschaft, jeder in den Betrieben der Gesellschaft vertretenen Gewerkschaft oder deren Spitzenorganisation angefochten werden. ³Die Wahl eines weiteren Mitglieds, das nach dem Montan-Mitbestimmungsgesetz oder dem Mitbestimmungsergänzungsgesetz auf Vorschlag der übrigen Aufsichtsratsmitglieder gewählt worden ist, kann auch von jedem Aufsichtsratsmitglied angefochten werden.

(3) Für das Anfechtungsverfahren gelten §§ 246, 247 und 248 Abs. 1 Satz 2.

§ 252.   Urteilswirkung.** (1) Erhebt ein Aktionär, der Vorstand, ein Mitglied des Vorstands oder des Aufsichtsrats oder eine in § 250 Abs. 2 bezeichnete Organisation oder Vertretung der Arbeitnehmer gegen die Gesellschaft Klage auf Feststellung, daß die Wahl eines Aufsichtsratsmitglieds durch die Hauptversammlung nichtig ist, so wirkt ein Urteil, das die Nichtigkeit der Wahl rechtskräftig feststellt, für und gegen alle Aktionäre und Arbeitnehmer der Gesellschaft, alle Arbeitnehmer von anderen Unternehmen, deren Arbeitnehmer selbst oder durch Delegierte

---

* § 251 Abs. 2 Sätze 2 und 3 geändert durch Mitbestimmungsgesetz vom 4. 5. 1976 (BGBl. I S. 1153), Abs. 3 geändert durch Gesetz vom 15. 8. 1969 (BGBl. I S. 1146), Abs. 2 Satz 2 geändert durch Bilanzrichtlinien-Gesetz vom 19. 12. 1985 (BGBl. I S. 2355).
** § 252 Abs. 1 neu gefaßt durch Mitbestimmungsgesetz vom 4. 5. 1976 (BGBl. I S. 1153), Abs. 1 geändert durch Art. 4 Gesetz vom 20. 12. 1988 (BGBl. I S. 2312), Abs. 1 geändert durch Art. 7 Arbeitsgerichtsgesetz-Änderungsgesetz vom 26. 6. 1990 (BGBl. I S. 1206).

an der Wahl von Aufsichtsratsmitgliedern der Gesellschaft teilnehmen, die Mitglieder des Vorstands und des Aufsichtsrats sowie die in § 250 Abs. 2 bezeichneten Organisationen und Vertretungen der Arbeitnehmer, auch wenn sie nicht Partei sind.

(2) ¹Wird die Wahl eines Aufsichtsratsmitglieds durch die Hauptversammlung durch rechtskräftiges Urteil für nichtig erklärt, so wirkt das Urteil für und gegen alle Aktionäre sowie die Mitglieder des Vorstands und Aufsichtsrats, auch wenn sie nicht Partei sind. ²Im Fall des § 251 Abs. 2 Satz 2 wirkt das Urteil auch für und gegen die nach dieser Vorschrift anfechtungsberechtigten Betriebsräte, Gewerkschaften und Spitzenorganisationen, auch wenn sie nicht Partei sind.

§ 253. Nichtigkeit des Beschlusses über die Verwendung des Bilanzgewinns. (1) ¹Der Beschluß über die Verwendung des Bilanzgewinns ist außer in den Fällen des § 173 Abs. 3, des § 217 Abs. 2 und des § 241 nur dann nichtig, wenn die Feststellung des Jahresabschlusses, auf dem er beruht, nichtig ist. ²Die Nichtigkeit des Beschlusses aus diesem Grunde kann nicht mehr geltend gemacht werden, wenn die Nichtigkeit der Feststellung des Jahresabschlusses nicht mehr geltend gemacht werden kann.

(2) Für die Klage auf Feststellung der Nichtigkeit gegen die Gesellschaft gilt § 249.

§ 254.* **Anfechtung des Beschlusses über die Verwendung des Bilanzgewinns.** (1) Der Beschluß über die Verwendung des Bilanzgewinns kann außer nach § 243 auch angefochten werden, wenn die Hauptversammlung aus dem Bilanzgewinn Beträge in Gewinnrücklagen einstellt oder als Gewinn vorträgt, die nicht nach Gesetz oder Satzung von der Verteilung unter die Aktionäre ausgeschlossen sind, obwohl die Einstellung oder der Gewinnvortrag bei vernünftiger kaufmännischer Beurteilung nicht notwendig ist, um die Lebens- und Widerstandsfähigkeit der Gesellschaft für einen hinsichtlich der wirtschaftlichen und finanziellen Notwendigkeiten übersehbaren Zeitraum zu sichern und dadurch unter die Aktionäre kein Gewinn in Höhe von mindestens vier vom Hundert des Grundkapitals abzüglich von noch nicht eingeforderten Einlagen verteilt werden kann.

(2) ¹Für die Anfechtung gelten §§ 244 bis 248. ²Die Anfechtungsfrist beginnt auch dann mit der Beschlußfassung, wenn der Jahresabschluß nach § 316 Abs. 3 des Handelsgesetzbuchs erneut zu prüfen ist. ³Zu einer Anfechtung nach Absatz 1 sind Aktionäre nur befugt, wenn ihre Anteile zusammen den zwanzigsten Teil des Grundkapitals oder den Nennbetrag von einer Million Deutsche Mark erreichen.

§ 255. Anfechtung der Kapitalerhöhung gegen Einlagen. (1) Der Beschluß über eine Kapitalerhöhung gegen Einlagen kann nach § 243 angefochten werden.

(2) ¹Die Anfechtung kann, wenn das Bezugsrecht der Aktionäre ganz oder zum Teil ausgeschlossen worden ist, auch darauf gestützt werden, daß der sich aus dem Erhöhungsbeschluß ergebende Ausgabebetrag oder der Mindestbetrag, unter die neuen Aktien nicht ausgegeben werden sollen, unangemessen niedrig ist. ²Dies gilt nicht, wenn die neuen Aktien von einem Dritten mit der Verpflichtung übernommen werden sollen, sie den Aktionären zum Bezug anzubieten.

(3) Für die Anfechtung gelten §§ 244 bis 248.

---

* § 254 Abs. 1 und Abs. 2 Sätze 2 und 3 geändert durch Bilanzrichtlinien-Gesetz vom 19. 12. 1985 (BGBl. I S. 2355).

10 AktG § 256 1. Buch. Aktiengesellschaft

Zweiter Abschnitt. Nichtigkeit des festgestellten Jahresabschlusses

§ 256.* **Nichtigkeit.** (1) Ein festgestellter Jahresabschluß ist außer in den Fällen des § 173 Abs. 3, § 234 Abs. 3 und § 235 Abs. 2 nichtig, wenn

1. er durch seinen Inhalt Vorschriften verletzt, die ausschließlich oder überwiegend zum Schutze der Gläubiger der Gesellschaft gegeben sind,
2. er im Falle einer gesetzlichen Prüfungspflicht nicht nach § 316 Abs. 1 und 3 des Handelsgesetzbuchs geprüft worden ist,
3. er im Falle einer gesetzlichen Prüfungspflicht von Personen geprüft worden ist, die nicht zum Abschlußprüfer bestellt sind oder nach § 319 Abs. 1 des Handelsgesetzbuchs oder nach Artikel 25 des Einführungsgesetzes zum Handelsgesetzbuche** nicht Abschlußprüfer sind,
4. bei seiner Feststellung die Bestimmungen des Gesetzes oder der Satzung über die Einstellung von Beträgen in Kapital- oder Gewinnrücklagen oder über die Entnahme von Beträgen aus Kapital- oder Gewinnrücklagen verletzt worden sind.

(2) Ein von Vorstand und Aufsichtsrat festgestellter Jahresabschluß ist außer nach Absatz 1 nur nichtig, wenn der Vorstand oder der Aufsichtsrat bei seiner Feststellung nicht ordnungsgemäß mitgewirkt hat.

(3) Ein von der Hauptversammlung festgestellter Jahresabschluß ist außer nach Absatz 1 nur nichtig, wenn die Feststellung

1. in einer Hauptversammlung beschlossen worden ist, die nicht nach § 121 Abs. 2 und 3 einberufen war, es sei denn, daß alle Aktionäre erschienen oder vertreten waren,
2. nicht nach § 130 Abs. 1, 2 und 4 beurkundet ist,
3. auf Anfechtungsklage durch Urteil rechtskräftig für nichtig erklärt worden ist.

(4) Wegen Verstoßes gegen die Vorschriften über die Gliederung des Jahresabschlusses sowie wegen der Nichtbeachtung von Formblättern, nach denen der Jahresabschluß zu gliedern ist, ist der Jahresabschluß nur nichtig, wenn seine Klarheit und Übersichtlichkeit dadurch wesentlich beeinträchtigt sind.

(5) ¹Wegen Verstoßes gegen die Bewertungsvorschriften ist der Jahresabschluß nur nichtig, wenn

1. Posten überbewertet oder
2. Posten unterbewertet sind und dadurch die Vermögens- und Ertragslage der Gesellschaft vorsätzlich unrichtig wiedergegeben oder verschleiert wird.

²Überbewertet sind Aktivposten, wenn sie mit einem höheren Wert, Passivposten, wenn sie mit einem niedrigeren Betrag angesetzt sind, als nach §§ 253 bis 256 des Handelsgesetzbuchs in Verbindung mit §§ 279 bis 283 des Handelsgesetzbuchs zulässig ist. ³Unterbewertet sind Aktivposten, wenn sie mit einem niedrigeren Wert, Passivposten, wenn sie mit einem höheren Betrag angesetzt sind, als nach

---

* § 256 Abs. 1 Nr. 2 bis 4 neu gefaßt, Abs. 4 Satz 1 geändert, früherer Satz 2 aufgehoben, Abs. 5 Sätze 2 und 3 sowie Abs. 6 Satz 1 geändert durch Bilanzrichtlinien-Gesetz vom 19. 12. 1985 (BGBl. I S. 2355), Abs. 1 Nr. 1 geändert sowie Abs. 5 Satz 4 angefügt durch Art. 2 Bankbilanzrichtlinie-Gesetz vom 30. 11. 1990 (BGBl. I S. 2570).
** Abgedruckt unter Nr. 2.

7. Teil. Nichtigk. v. Hauptversammlungsbeschl. usw. **§§ 257, 258 AktG 10**

§§ 253 bis 256 des Handelsgesetzbuchs in Verbindung mit §§ 279 bis 283 des Handelsgesetzbuchs zulässig ist. ⁴Bei Kreditinstituten liegt ein Verstoß gegen die Bewertungsvorschriften nicht vor, soweit die Abweichung nach den für Kreditinstitute geltenden Vorschriften, insbesondere den §§ 340e bis 340g des Handelsgesetzbuchs, zulässig ist.

(6) ¹Die Nichtigkeit nach Absatz 1 Nr. 1, 3 und 4, Absatz 2, Absatz 3 Nr. 1 und 2, Absatz 4 und 5 kann nicht mehr geltend gemacht werden, wenn seit der Bekanntmachung nach § 325 Abs. 1 Satz 2 oder Abs. 2 Satz 1 des Handelsgesetzbuchs im Bundesanzeiger in den Fällen des Absatzes 1 Nr. 3 und 4, des Absatzes 2 und des Absatzes 3 Nr. 1 und 2 sechs Monate, in den anderen Fällen drei Jahre verstrichen sind. ²Ist bei Ablauf der Frist eine Klage auf Feststellung der Nichtigkeit des Jahresabschlusses rechtshängig, so verlängert sich die Frist, bis über die Klage rechtskräftig entschieden ist oder sie sich auf andere Weise endgültig erledigt hat.

(7) Für die Klage auf Feststellung der Nichtigkeit gegen die Gesellschaft gilt § 249 sinngemäß.

§ 257.* **Anfechtung der Feststellung des Jahresabschlusses durch die Hauptversammlung.** (1) ¹Die Feststellung des Jahresabschlusses durch die Hauptversammlung kann nach § 243 angefochten werden. ²Die Anfechtung kann jedoch nicht darauf gestützt werden, daß der Inhalt des Jahresabschlusses gegen Gesetz oder Satzung verstößt.

(2) ¹Für die Anfechtung gelten die §§ 244 bis 248. ²Die Anfechtungsfrist beginnt auch dann mit der Beschlußfassung, wenn der Jahresabschluß nach § 316 Abs. 3 des Handelsgesetzbuchs erneut zu prüfen ist.

Dritter Abschnitt. Sonderprüfung wegen unzulässiger Unterbewertung

§ 258.** **Bestellung der Sonderprüfer.** (1) ¹Besteht Anlaß für die Annahme, daß

1. in einem festgestellten Jahresabschluß bestimmte Posten nicht unwesentlich unterbewertet sind (§ 256 Abs. 5 Satz 3) oder
2. der Anhang die vorgeschriebenen Angaben nicht oder nicht vollständig enthält und der Vorstand in der Hauptversammlung die fehlenden Angaben, obwohl nach ihnen gefragt worden ist, nicht gemacht hat und die Aufnahme der Frage in die Niederschrift verlangt worden ist,

so hat das Gericht auf Antrag Sonderprüfer zu bestellen. ²Die Sonderprüfer haben die bemängelten Posten darauf zu prüfen, ob sie nicht unwesentlich unterbewertet sind. ³Sie haben den Anhang darauf zu prüfen, ob die vorgeschriebenen Angaben nicht oder nicht vollständig gemacht worden sind und der Vorstand in der Hauptversammlung die fehlenden Angaben, obwohl nach ihnen gefragt worden ist, nicht gemacht hat und die Aufnahme der Frage in die Niederschrift verlangt worden ist.

---
* § 257 Abs. 2 Satz 2 geändert durch Bilanzrichtlinien-Gesetz vom 19. 12. 1985 (BGBl. I S. 2355).
** § 258 Abs. 1 Satz 1 Nr. 2 und Satz 3, Abs. 2 Satz 2, Abs. 3 Satz 1, Abs. 4 Sätze 2 und 3 und Abs. 5 geändert durch Bilanzrichtlinien-Gesetz vom 19. 12. 1985 (BGBl. I S. 2355), Abs. 2 Satz 5 geändert durch Beurkundungsgesetz vom 28. 8. 1969 (BGBl. I S. 1513), Abs. 1a eingefügt durch Art. 2 Bankbilanzrichtlinie-Gesetz vom 30. 11. 1990 (BGBl. I S. 2570).

10 AktG § 259 1. Buch. Aktiengesellschaft

(1a) Bei Kreditinstituten kann ein Sonderprüfer nach Absatz 1 nicht bestellt werden, soweit die Unterbewertung oder die fehlenden Angaben im Anhang auf der Anwendung des § 340f des Handelsgesetzbuchs beruhen.

(2) ¹Der Antrag muß innerhalb eines Monats nach der Hauptversammlung über den Jahresabschluß gestellt werden. ²Dies gilt auch, wenn der Jahresabschluß nach § 316 Abs. 3 des Handelsgesetzbuchs erneut zu prüfen ist. ³Er kann nur von Aktionären gestellt werden, deren Anteile zusammen den zwanzigsten Teil des Grundkapitals oder den Nennbetrag von einer Million Deutsche Mark erreichen. ⁴Die Antragsteller haben die Aktien bis zur Entscheidung über den Antrag zu hinterlegen und glaubhaft zu machen, daß sie seit mindestens drei Monaten vor dem Tage der Hauptversammlung Inhaber der Aktien sind. ⁵Zur Glaubhaftmachung genügt eine eidesstattliche Versicherung vor einem Notar.

(3) ¹Vor der Bestellung hat das Gericht den Vorstand, den Aufsichtsrat und den Abschlußprüfer zu hören. ²Gegen die Entscheidung ist die sofortige Beschwerde zulässig.

(4) ¹Sonderprüfer nach Absatz 1 können nur Wirtschaftsprüfer und Wirtschaftsprüfungsgesellschaften sein. ²Für die Auswahl gilt § 319 Abs. 2 und 3 des Handelsgesetzbuchs sinngemäß. ³Der Abschlußprüfer der Gesellschaft und Personen, die in den letzten drei Jahren vor der Bestellung Abschlußprüfer der Gesellschaft waren, können nicht Sonderprüfer nach Absatz 1 sein.

(5) ¹§ 142 Abs. 6 über den Ersatz angemessener barer Auslagen und die Vergütung gerichtlich bestellter Sonderpüfer, § 145 Abs. 1 bis 3 über die Rechte der Sonderprüfer, § 146 über die Kosten der Sonderprüfung und § 323 des Handelsgesetzbuchs über die Verantwortlichkeit des Abschlußprüfers gelten sinngemäß. ²Die Sonderprüfer nach Absatz 1 haben die Rechte nach § 145 Abs. 2 auch gegenüber dem Abschlußprüfer der Gesellschaft.

§ 259.* Prüfungsbericht. Abschließende Feststellungen. (1) ¹Die Sonderprüfer haben über das Ergebnis der Prüfung schriftlich zu berichten. ²Stellen die Sonderprüfer bei Wahrnehmung ihrer Aufgaben fest, daß Posten überbewertet sind (§ 256 Abs. 5 Satz 2), oder daß gegen die Vorschriften über die Gliederung des Jahresabschlusses verstoßen ist oder Formblätter nicht beachtet sind, so haben sie auch darüber zu berichten. ³Für den Bericht gilt § 145 Abs. 4 sinngemäß.

(2) ¹Sind nach dem Ergebnis der Prüfung die bemängelten Posten nicht unwesentlich unterbewertet (§ 256 Abs. 5 Satz 3), so haben die Sonderprüfer am Schluß ihres Berichts in einer abschließenden Feststellung zu erklären,

1. zu welchem Wert die einzelnen Aktivposten mindestens und mit welchem Betrag die einzelnen Passivposten höchstens anzusetzen waren;
2. um welchen Betrag der Jahresüberschuß sich beim Ansatz dieser Werte oder Beträge erhöht oder der Jahresfehlbetrag sich ermäßigt hätte.

²Die Sonderprüfer haben ihrer Beurteilung die Verhältnisse am Stichtag des Jahresabschlusses zugrunde zu legen. ³Sie haben für den Ansatz der Werte und Beträge nach Nummer 1 diejenige Bewertungs- und Abschreibungsmethode zugrunde zu legen, nach der die Gesellschaft die zu bewertenden Gegenstände oder vergleichbare Gegenstände zuletzt in zulässiger Weise bewertet hat.

(3) Sind nach dem Ergebnis der Prüfung die bemängelten Posten nicht oder nur unwesentlich unterbewertet (§ 256 Abs. 5 Satz 3), so haben die Sonderprüfer am

---

* § 259 Abs. 1 Satz 2 und Abs. 4 geändert, Abs. 2 Satz 1 Nr. 2 neu gefaßt durch Bilanzrichtlinien-Gesetz vom 19. 12. 1985 (BGBl. I S. 2355).

7. Teil. Nichtigk. v. Hauptversammlungsbeschl. usw.   § 260 **AktG 10**

Schluß ihres Berichts in einer abschließenden Feststellung zu erklären, daß nach ihrer pflichtmäßigen Prüfung und Beurteilung die bemängelten Posten nicht unzulässig unterbewertet sind.

(4) ¹Hat nach dem Ergebnis der Prüfung der Anhang die vorgeschriebenen Angaben nicht oder nicht vollständig enthalten und der Vorstand in der Hauptversammlung die fehlenden Angaben, obwohl nach ihnen gefragt worden ist, nicht gemacht und ist die Aufnahme der Frage in die Niederschrift verlangt worden, so haben die Sonderprüfer am Schluß ihres Berichts in einer abschließenden Feststellung die fehlenden Angaben zu machen. ²Ist die Angabe von Abweichungen von Bewertungs- oder Abschreibungsmethoden unterlassen worden, so ist in der abschließenden Feststellung auch der Betrag anzugeben, um den der Jahresüberschuß oder Jahresfehlbetrag ohne die Abweichung, deren Angabe unterlassen wurde, höher oder niedriger gewesen wäre. ³Sind nach dem Ergebnis der Prüfung keine Angaben nach Satz 1 unterlassen worden, so haben die Sonderprüfer in einer abschließenden Feststellung zu erklären, daß nach ihrer pflichtmäßigen Prüfung und Beurteilung im Anhang keine der vorgeschriebenen Angaben unterlassen worden ist.

(5) Der Vorstand hat die abschließenden Feststellungen der Sonderprüfer nach den Absätzen 2 bis 4 unverzüglich in den Gesellschaftsblättern bekanntzumachen.

§ 260. Gerichtliche Entscheidung über die abschließenden Feststellungen der Sonderprüfer. (1) ¹Gegen abschließende Feststellungen der Sonderprüfer nach § 259 Abs. 2 und 3 können die Gesellschaft oder Aktionäre, deren Anteile zusammen den zwanzigsten Teil des Grundkapitals oder den Nennbetrag von einer Million Deutsche Mark erreichen, innerhalb eines Monats nach der Veröffentlichung im Bundesanzeiger den Antrag auf Entscheidung durch das nach § 132 Abs. 1 zuständige Gericht stellen. ²§ 258 Abs. 2 Satz 4 und 5 gilt sinngemäß. ³Der Antrag muß auf Feststellung des Betrags gerichtet sein, mit dem die im Antrag zu bezeichnenden Aktivposten mindestens oder die im Antrag zu bezeichnenden Passivposten höchstens anzusetzen wären. ⁴Der Antrag der Gesellschaft kann auch auf Feststellung gerichtet sein, daß der Jahresabschluß die in der abschließenden Feststellung der Sonderprüfer festgestellten Unterbewertungen nicht enthielt.

(2) ¹Über den Antrag entscheidet das Gericht unter Würdigung aller Umstände nach freier Überzeugung. ²§ 259 Abs. 2 Satz 2 und 3 ist anzuwenden. ³Soweit die volle Aufklärung aller maßgebenden Umstände mit erheblichen Schwierigkeiten verbunden ist, hat das Gericht die anzusetzenden Werte oder Beträge zu schätzen.

(3) ¹§ 99 Abs. 1, Abs. 2 Satz 1, Abs. 3 und 5 gilt sinngemäß. ²Das Gericht hat seine Entscheidung der Gesellschaft und, wenn Aktionäre den Antrag nach Absatz 1 gestellt haben, auch diesen zuzustellen. ³Es hat sie ferner ohne Gründe in den Gesellschaftsblättern bekanntzumachen. ⁴Die Beschwerde steht der Gesellschaft und Aktionären zu, deren Anteile zusammen den zwanzigsten Teil des Grundkapitals oder den Nennbetrag von einer Million Deutsche Mark erreichen. ⁵§ 258 Abs. 2 Satz 4 und 5 gilt sinngemäß. ⁶Die Beschwerdefrist beginnt mit der Bekanntmachung der Entscheidung im Bundesanzeiger, jedoch für die Gesellschaft und, wenn Aktionäre den Antrag nach Absatz 1 gestellt haben, auch für diese nicht vor der Zustellung der Entscheidung.

(4) ¹Für die Kosten des Verfahrens gilt die Kostenordnung. ²Für das Verfahren des ersten Rechtszugs wird das Doppelte der vollen Gebühr erhoben. ³Für den zweiten Rechtszug wird die gleiche Gebühr erhoben; dies gilt auch dann, wenn die Beschwerde Erfolg hat. ⁴Wird der Antrag oder die Beschwerde zurückgenom-

10 AktG § 261

men, bevor es zu einer Entscheidung kommt, so ermäßigt sich die Gebühr auf die Hälfte. [5]Der Geschäftswert ist von Amts wegen festzusetzen. [6]Die Kosten sind, wenn dem Antrag stattgegeben wird, der Gesellschaft, sonst dem Antragsteller aufzuerlegen. [7]§ 247 gilt sinngemäß.

§ 261.* Entscheidung über den Ertrag auf Grund höherer Bewertung.

(1) [1]Haben die Sonderprüfer in ihrer abschließenden Feststellung erklärt, daß Posten unterbewertet sind, und ist gegen diese Feststellung nicht innerhalb der in § 260 Abs. 1 bestimmten Frist der Antrag auf gerichtliche Entscheidung gestellt worden, so sind die Posten in dem ersten Jahresabschluß, der nach Ablauf dieser Frist aufgestellt wird, mit den von den Sonderprüfern festgestellten Werten oder Beträgen anzusetzen. [2]Dies gilt nicht, soweit auf Grund veränderter Verhältnisse, namentlich bei Gegenständen, die der Abnutzung unterliegen, auf Grund der Abnutzung, nach §§ 253 bis 256 des Handelsgesetzbuchs in Verbindung mit §§ 279 bis 283 des Handelsgesetzbuchs oder nach den Grundsätzen ordnungsmäßiger Buchführung für Aktivposten ein niedrigerer Wert oder für Passivposten ein höherer Betrag anzusetzen ist. [3]In diesem Fall sind im Anhang die Gründe anzugeben und in einer Sonderrechnung die Entwicklung des von den Sonderprüfern festgestellten Wertes oder Betrags auf den nach Satz 2 angesetzten Wert oder Betrag darzustellen. [4]Sind die Gegenstände nicht mehr vorhanden, so ist darüber und über die Verwendung des Ertrags aus dem Abgang der Gegenstände im Anhang zu berichten. [5]Bei den einzelnen Posten der Jahresbilanz sind die Unterschiedsbeträge zu vermerken, um die auf Grund von Satz 1 und 2 Aktivposten zu einem höheren Wert oder Passivposten mit einem niedrigeren Betrag angesetzt worden sind. [6]Die Summe der Unterschiedsbeträge ist auf der Passivseite der Bilanz und in der Gewinn- und Verlustrechnung als ,,Ertrag auf Grund höherer Bewertung gemäß dem Ergebnis der Sonderprüfung" gesondert auszuweisen.

(2) [1]Hat das gemäß § 260 angerufene Gericht festgestellt, daß Posten unterbewertet sind, so gilt für den Ansatz der Posten in dem ersten Jahresabschluß, der nach Rechtskraft der gerichtlichen Entscheidung aufgestellt wird, Absatz 1 sinngemäß. [2]Die Summe der Unterschiedsbeträge ist als ,,Ertrag auf Grund höherer Bewertung gemäß gerichtlicher Entscheidung" gesondert auszuweisen.

(3) [1]Der Ertrag aus höherer Bewertung nach Absätzen 1 und 2 rechnet für die Anwendung der §§ 58 und 86 Abs. 2 nicht zum Jahresüberschuß. [2]Über die Verwendung des Ertrags abzüglich der auf ihn zu entrichtenden Steuern entscheidet die Hauptversammlung, soweit nicht in dem Jahresabschluß ein Bilanzverlust ausgewiesen wird, der nicht durch Kapital- oder Gewinnrücklagen gedeckt ist.

---

* § 261 Abs. 1 Sätze 2 bis 4 und 6 sowie Abs. 3 Satz 2 geändert durch Bilanzrichtlinien-Gesetz vom 19. 12. 1985 (BGBl. I S. 2355).

Achter Teil.
Auflösung und Nichtigerklärung der Gesellschaft

Erster Abschnitt. Auflösung

Erster Unterabschnitt. Auflösungsgründe und Anmeldung

§ 262.* **Auflösungsgründe.** (1) Die Aktiengesellschaft wird aufgelöst
1. durch Ablauf der in der Satzung bestimmten Zeit;
2. durch Beschluß der Hauptversammlung; dieser bedarf einer Mehrheit, die mindestens drei Viertel des bei der Beschlußfassung vertretenen Grundkapitals umfaßt; die Satzung kann eine größere Kapitalmehrheit und weitere Erfordernisse bestimmen;
3. durch die Eröffnung des Konkursverfahrens über das Vermögen der Gesellschaft;
4. mit der Rechtskraft des Beschlusses, durch den die Eröffnung des Konkursverfahrens mangels einer den Kosten des Verfahrens entsprechenden Konkursmasse abgelehnt wird;
5. mit der Rechtskraft einer Verfügung des Registergerichts, durch welche nach § 144a des Gesetzes über die Angelegenheiten der freiwilligen Gerichtsbarkeit ein Mangel der Satzung festgestellt worden ist.

(2) Dieser Abschnitt gilt auch, wenn die Aktiengesellschaft aus anderen Gründen aufgelöst wird.

§ 263.* **Anmeldung und Eintragung der Auflösung.** ¹Der Vorstand hat die Auflösung der Gesellschaft zur Eintragung in das Handelsregister anzumelden. ²Dies gilt nicht in den Fällen der Eröffnung und der Ablehnung der Eröffnung des Konkursverfahrens (§ 262 Abs. 1 Nr. 3 und 4) sowie im Falle der gerichtlichen Feststellung eines Mangels der Satzung (§ 262 Abs. 1 Nr. 5). ³In diesen Fällen hat das Gericht die Auflösung und ihren Grund von Amts wegen einzutragen.

Zweiter Unterabschnitt. Abwicklung

§ 264. Notwendigkeit der Abwicklung. (1) Nach der Auflösung der Gesellschaft findet die Abwicklung statt, wenn nicht über das Vermögen der Gesellschaft das Konkursverfahren eröffnet worden ist.

(2) Soweit sich aus diesem Unterabschnitt oder aus dem Zweck der Abwicklung nichts anderes ergibt, sind auf die Gesellschaft bis zum Schluß der Abwicklung die Vorschriften weiterhin anzuwenden, die für nicht aufgelöste Gesellschaften gelten.

§ 265.** **Abwickler.** (1) Die Abwicklung besorgen die Vorstandsmitglieder als Abwickler.

---

* § 262 Abs. 1 Nr. 5 eingefügt und § 263 Satz 2 neu gefaßt durch Gesetz vom 15. 8. 1969 (BGBl. I S. 1146).
** § 265 Abs. 2 neuer Satz 2 eingefügt, bisheriger Satz 2 wurde Satz 3 durch Gesetz vom 4. 7. 1980 (BGBl. I S. 836), **Abs. 2 Satz 2 geändert mit Wirkung vom 1. 1. 1992** durch Art. 7 § 32 Betreuungsgesetz vom 12. 9. 1990 (BGBl. I S. 2002), Abs. 6 Satz 1 geändert und früherer Satz 2 aufgehoben durch Mitbestimmungsgesetz vom 4. 5. 1976 (BGBl. I S. 1153).

10 AktG § 266   1. Buch. Aktiengesellschaft

Fassung des Abs. 2 bis 31. 12. 1991:

(2) ¹Die Satzung oder ein Beschluß der Hauptversammlung kann andere Personen als Abwickler bestellen. ²Für die Auswahl der Abwickler gilt § 76 Abs. 3 Satz 2 und 3 sinngemäß. ³Auch eine juristische Person kann Abwickler sein.

Fassung des Abs. 2 ab 1. 1. 1992:

(2) ¹Die Satzung oder ein Beschluß der Hauptversammlung kann andere Personen als Abwickler bestellen. ²Für die Auswahl der Abwickler gilt § 76 Abs. 3 Satz 3 und 4 sinngemäß. ³Auch eine juristische Person kann Abwickler sein.

(3) ¹Auf Antrag des Aufsichtsrats oder einer Minderheit von Aktionären, deren Anteile zusammen den zwanzigsten Teil des Grundkapitals oder den Nennbetrag von einer Million Deutsche Mark erreichen, hat das Gericht bei Vorliegen eines wichtigen Grundes die Abwickler zu bestellen und abzuberufen. ²Die Aktionäre haben glaubhaft zu machen, daß sie seit mindestens drei Monaten Inhaber der Aktien sind. ³Zur Glaubhaftmachung genügt eine eidesstattliche Versicherung vor einem Gericht oder Notar. ⁴Gegen die Entscheidung ist die sofortige Beschwerde zulässig.

(4) ¹Die gerichtlich bestellten Abwickler haben Anspruch auf Ersatz angemessener barer Auslagen und auf Vergütung für ihre Tätigkeit. ²Einigen sich der gerichtlich bestellte Abwickler und die Gesellschaft nicht, so setzt das Gericht die Auslagen und die Vergütung fest. ³Gegen die Entscheidung ist die sofortige Beschwerde zulässig. ⁴Die weitere Beschwerde ist ausgeschlossen. ⁵Aus der rechtskräftigen Entscheidung findet die Zwangsvollstreckung nach der Zivilprozeßordnung statt.

(5) ¹Abwickler, die nicht vom Gericht bestellt sind, kann die Hauptversammlung jederzeit abberufen. ²Für die Ansprüche aus dem Anstellungsvertrag gelten die allgemeinen Vorschriften.

(6) Die Absätze 2 bis 5 gelten nicht für den Arbeitsdirektor, soweit sich seine Bestellung und Abberufung nach den Vorschriften des Montan-Mitbestimmungsgesetzes bestimmen.

§ 266.* Anmeldung der Abwickler. (1) Die ersten Abwickler sowie ihre Vertretungsbefugnis hat der Vorstand, jeden Wechsel der Abwickler und jede Änderung ihrer Vertretungsbefugnis haben die Abwickler zur Eintragung in das Handelsregister anzumelden.

(2) Der Anmeldung sind die Urkunden über die Bestellung oder Abberufung sowie über die Vertretungsbefugnis in Urschrift oder öffentlich beglaubigter Abschrift für das Gericht des Sitzes der Gesellschaft beizufügen.

(3) ¹In der Anmeldung haben die Abwickler zu versichern, daß keine Umstände vorliegen, die ihrer Bestellung nach § 265 Abs. 2 Satz 2 entgegenstehen, und daß sie über ihre unbeschränkte Auskunftspflicht gegenüber dem Gericht belehrt worden sind. ²§ 37 Abs. 2 Satz 2 ist anzuwenden.

(4) Die Bestellung oder Abberufung von Abwicklern durch das Gericht wird von Amts wegen eingetragen.

(5) Die Abwickler haben ihre Namensunterschrift zur Aufbewahrung beim Gericht zu zeichnen, wenn sie dies nicht schon als Vorstandsmitglieder getan haben.

---

* § 266 Abs. 1 neu gefaßt durch Gesetz vom 15. 8. 1969 (BGBl. I S. 1146), neuer Abs. 3 eingefügt, bisherige Abs. 3 und 4 wurden Abs. 4 und 5 durch Gesetz vom 4. 7. 1980 (BGBl. I S. 836).

8. Teil. Auflösung u. Nichtigerklärung d. Gesellschaft §§ 267–269 **AktG 10**

§ 267. Aufruf der Gläubiger. ¹Die Abwickler haben unter Hinweis auf die Auflösung der Gesellschaft die Gläubiger der Gesellschaft aufzufordern, ihre Ansprüche anzumelden. ²Die Aufforderung ist dreimal in den Gesellschaftsblättern bekanntzumachen.

§ 268.* Pflichten der Abwickler. (1) ¹Die Abwickler haben die laufenden Geschäfte zu beenden, die Forderungen einzuziehen, das übrige Vermögen in Geld umzusetzen und die Gläubiger zu befriedigen. ²Soweit es die Abwicklung erfordert, dürfen sie auch neue Geschäfte eingehen.

(2) ¹Im übrigen haben die Abwickler innerhalb ihres Geschäftskreises die Rechte und Pflichten des Vorstands. ²Sie unterliegen wie dieser der Überwachung durch den Aufsichtsrat.

(3) Das Wettbewerbsverbot des § 88 gilt für sie nicht.

(4) ¹Auf allen Geschäftsbriefen, die an einen bestimmten Empfänger gerichtet werden, müssen die Rechtsform und der Sitz der Gesellschaft, die Tatsache, daß die Gesellschaft sich in Abwicklung befindet, das Registergericht des Sitzes der Gesellschaft und die Nummer, unter der die Gesellschaft in das Handelsregister eingetragen ist, sowie alle Abwickler und der Vorsitzende des Aufsichtsrats mit dem Familiennamen und mindestens einem ausgeschriebenen Vornamen angegeben werden. ²Werden Angaben über das Kapital der Gesellschaft gemacht, so müssen in jedem Falle das Grundkapital sowie, wenn auf die Aktien der Nennbetrag oder der höhere Ausgabebetrag nicht vollständig eingezahlt ist, der Gesamtbetrag der ausstehenden Einlagen angegeben werden. ³Der Angaben nach Satz 1 bedarf es nicht bei Mitteilungen oder Berichten, die im Rahmen einer bestehenden Geschäftsverbindung ergehen und für die üblicherweise Vordrucke verwendet werden, in denen lediglich die im Einzelfall erforderlichen besonderen Angaben eingefügt zu werden brauchen. ⁴Bestellscheine gelten als Geschäftsbriefe im Sinne des Satzes 1; Satz 3 ist auf sie nicht anzuwenden.

§ 269. Vertretung durch die Abwickler. (1) Die Abwickler vertreten die Gesellschaft gerichtlich und außergerichtlich.

(2) ¹Sind mehrere Abwickler bestellt, so sind, wenn die Satzung oder die sonst zuständige Stelle nichts anderes bestimmt, sämtliche Abwickler nur gemeinschaftlich zur Vertretung der Gesellschaft befugt. ²Ist eine Willenserklärung gegenüber der Gesellschaft abzugeben, so genügt die Abgabe gegenüber einem Abwickler.

(3) ¹Die Satzung oder die sonst zuständige Stelle kann auch bestimmen, daß einzelne Abwickler allein oder in Gemeinschaft mit einem Prokuristen zur Vertretung der Gesellschaft befugt sind. ²Dasselbe kann der Aufsichtsrat bestimmen, wenn die Satzung oder ein Beschluß der Hauptversammlung ihn hierzu ermächtigt hat. ³Absatz 2 Satz 2 gilt in diesen Fällen sinngemäß.

(4) ¹Zur Gesamtvertretung befugte Abwickler können einzelne von ihnen zur Vornahme bestimmter Geschäfte oder bestimmter Arten von Geschäften ermächtigen. ²Dies gilt sinngemäß, wenn ein einzelner Abwickler in Gemeinschaft mit einem Prokuristen zur Vertretung der Gesellschaft befugt ist.

(5) Die Vertretungsbefugnis der Abwickler kann nicht beschränkt werden.

(6) Abwickler zeichnen für die Gesellschaft, indem sie der Firma einen die Abwicklung andeutenden Zusatz und ihre Namensunterschrift hinzufügen.

---

* § 268 Abs. 4 neu gefaßt durch Gesetz vom 15. 8. 1969 (BGBl. I S. 1146).

§ 270.* **Eröffnungsbilanz. Jahresabschluß und Lagebericht.** (1) Die Abwickler haben für den Beginn der Abwicklung eine Bilanz (Eröffnungsbilanz) und einen die Eröffnungsbilanz erläuternden Bericht sowie für den Schluß eines jeden Jahres einen Jahresabschluß und einen Lagebericht aufzustellen.

(2) ¹Die Hauptversammlung beschließt über die Feststellung der Eröffnungsbilanz und des Jahresabschlusses sowie über die Entlastung der Abwickler und der Mitglieder des Aufsichtsrats. ²Auf die Eröffnungsbilanz und den erläuternden Bericht sind die Vorschriften über den Jahresabschluß entsprechend anzuwenden. ³Vermögensgegenstände des Anlagevermögens sind jedoch wie Umlaufvermögen zu bewerten, soweit ihre Veräußerung innerhalb eines übersehbaren Zeitraums beabsichtigt ist oder diese Vermögensgegenstände nicht mehr dem Geschäftsbetrieb dienen; dies gilt auch für den Jahresabschluß.

(3) ¹Das Gericht kann von der Prüfung des Jahresabschlusses und des Lageberichts durch einen Abschlußprüfer befreien, wenn die Verhältnisse der Gesellschaft so überschaubar sind, daß eine Prüfung im Interesse der Gläubiger und Aktionäre nicht geboten erscheint. ²Gegen die Entscheidung ist die sofortige Beschwerde zulässig.

§ 271. Verteilung des Vermögens. (1) Das nach der Berichtigung der Verbindlichkeiten verbleibende Vermögen der Gesellschaft wird unter die Aktionäre verteilt.

(2) Das Vermögen ist nach dem Verhältnis der Aktiennennbeträge zu verteilen, wenn nicht Aktien mit verschiedenen Rechten bei der Verteilung des Gesellschaftsvermögens vorhanden sind.

(3) ¹Sind die Einlagen auf das Grundkapital nicht auf alle Aktien in demselben Verhältnis geleistet, so werden die geleisteten Einlagen erstattet und ein Überschuß nach dem Verhältnis der Aktiennennbeträge verteilt. ²Reicht das Vermögen zur Erstattung der Einlagen nicht aus, so haben die Aktionäre den Verlust nach dem Verhältnis der Aktiennennbeträge zu tragen; die noch ausstehenden Einlagen sind, soweit nötig, einzuziehen.

§ 272. Gläubigerschutz. (1) Das Vermögen darf nur verteilt werden, wenn ein Jahr seit dem Tage verstrichen ist, an dem der Aufruf der Gläubiger zum drittenmal bekanntgemacht worden ist.

(2) Meldet sich ein bekannter Gläubiger nicht, so ist der geschuldete Betrag für ihn zu hinterlegen, wenn ein Recht zur Hinterlegung besteht.

(3) Kann eine Verbindlichkeit zur Zeit nicht berichtigt werden oder ist sie streitig, so darf das Vermögen nur verteilt werden, wenn dem Gläubiger Sicherheit geleistet ist.

§ 273. Schluß der Abwicklung. (1) ¹Ist die Abwicklung beendet und die Schlußrechnung gelegt, so haben die Abwickler den Schluß der Abwicklung zur Eintragung in das Handelsregister anzumelden. ²Die Gesellschaft ist zu löschen.

(2) Die Bücher und Schriften der Gesellschaft sind an einen vom Gericht bestimmten sicheren Ort zur Aufbewahrung auf zehn Jahre zu hinterlegen.

(3) Das Gericht kann den Aktionären und den Gläubigern die Einsicht der Bücher und Schriften gestatten.

---

* § 270 neu gefaßt durch Bilanzrichtlinien-Gesetz vom 19. 12. 1985 (BGBl. I S. 2355).

8. Teil. Auflösung u. Nichtigerklärung d. Gesellschaft §§ 274, 275 **AktG 10**

(4) ¹Stellt sich nachträglich heraus, daß weitere Abwicklungsmaßnahmen nötig sind, so hat auf Antrag eines Beteiligten das Gericht die bisherigen Abwickler neu zu bestellen oder andere Abwickler zu berufen. ²§ 265 Abs. 4 gilt.

(5) Gegen die Entscheidungen nach den Absätzen 2, 3 und 4 Satz 1 ist die sofortige Beschwerde zulässig.

§ 274.* **Fortsetzung einer aufgelösten Gesellschaft.** (1) ¹Ist eine Aktiengesellschaft durch Zeitablauf oder durch Beschluß der Hauptversammlung aufgelöst worden, so kann die Hauptversammlung, solange noch nicht mit der Verteilung des Vermögens unter die Aktionäre begonnen ist, die Fortsetzung der Gesellschaft beschließen. ²Der Beschluß bedarf einer Mehrheit, die mindestens drei Viertel des bei der Beschlußfassung vertretenen Grundkapitals umfaßt. ³Die Satzung kann eine größere Kapitalmehrheit und weitere Erfordernisse bestimmen.

(2) Gleiches gilt, wenn die Gesellschaft

1. durch die Eröffnung des Konkursverfahrens aufgelöst, das Konkursverfahren aber auf Antrag der Gesellschaft eingestellt oder nach rechtskräftiger Bestätigung eines Zwangsvergleichs aufgehoben worden ist;
2. durch die gerichtliche Feststellung eines Mangels der Satzung nach § 262 Abs. 1 Nr. 5 aufgelöst worden ist, eine den Mangel behebende Satzungsänderung aber spätestens zugleich mit der Fortsetzung der Gesellschaft beschlossen wird.

(3) ¹Die Abwickler haben die Fortsetzung der Gesellschaft zur Eintragung in das Handelsregister anzumelden. ²Sie haben bei der Anmeldung nachzuweisen, daß noch nicht mit der Verteilung des Vermögens der Gesellschaft unter die Aktionäre begonnen worden ist.

(4) ¹Der Fortsetzungsbeschluß wird erst wirksam, wenn er in das Handelsregister des Sitzes der Gesellschaft eingetragen worden ist. ²Im Falle des Absatzes 2 Nr. 2 hat der Fortsetzungsbeschluß keine Wirkung, solange er und der Beschluß über die Satzungsänderung nicht in das Handelsregister des Sitzes der Gesellschaft eingetragen worden sind; die beiden Beschlüsse sollen nur zusammen in das Handelsregister eingetragen werden.

Zweiter Abschnitt. Nichtigerklärung der Gesellschaft

§ 275.** **Klage auf Nichtigerklärung.** (1) ¹Enthält die Satzung keine Bestimmungen über die Höhe des Grundkapitals oder über den Gegenstand des Unternehmens oder sind die Bestimmungen der Satzung über den Gegenstand des Unternehmens nichtig, so kann jeder Aktionär und jedes Mitglied des Vorstands und des Aufsichtsrats darauf klagen, daß die Gesellschaft für nichtig erklärt werde. ²Auf andere Gründe kann die Klage nicht gestützt werden.

(2) Kann der Mangel nach § 276 geheilt werden, so kann die Klage erst erhoben werden, nachdem ein Klageberechtigter die Gesellschaft aufgefordert hat, den Mangel zu beseitigen, und sie binnen drei Monaten dieser Aufforderung nicht nachgekommen ist.

(3) ¹Die Klage muß binnen drei Jahren nach Eintragung der Gesellschaft erhoben werden. ²Eine Löschung der Gesellschaft von Amts wegen nach § 144 Abs. 1

---

* § 274 Abs. 2 neu gefaßt und Abs. 4 Satz 2 eingefügt durch Gesetz vom 15. 8. 1969 (BGBl. I S. 1146).
** § 275 Abs. 1 Satz 1 neu gefaßt und Abs. 4 Satz 1 geändert durch Gesetz vom 15. 8. 1969 (BGBl. I S. 1146), Abs. 3 Satz 2 geändert durch Bilanzrichtlinien-Gesetz vom 19. 12. 1985 (BGBl. I S. 2355).

des Gesetzes über die Angelegenheiten der freiwilligen Gerichtsbarkeit* wird durch den Zeitablauf nicht ausgeschlossen.

(4) ¹Für die Klage gelten § 246 Abs. 2 bis 4, §§ 247, 248 Abs. 1 Satz 1, § 249 Abs. 2 sinngemäß. ²Der Vorstand hat eine beglaubigte Abschrift der Klage und das rechtskräftige Urteil zum Handelsregister einzureichen. ³Die Nichtigkeit der Gesellschaft auf Grund rechtskräftigen Urteils ist einzutragen.

§ 276.** Heilung von Mängeln. Ein Mangel, der die Bestimmungen über den Gegenstand des Unternehmens betrifft, kann unter Beachtung der Bestimmungen des Gesetzes und der Satzung über Satzungsänderungen geheilt werden.

§ 277. Wirkung der Eintragung der Nichtigkeit. (1) Ist die Nichtigkeit einer Gesellschaft auf Grund rechtskräftigen Urteils oder einer Entscheidung des Registergerichts in das Handelsregister eingetragen, so findet die Abwicklung nach den Vorschriften über die Abwicklung bei Auflösung statt.

(2) Die Wirksamkeit der im Namen der Gesellschaft vorgenommenen Rechtsgeschäfte wird durch die Nichtigkeit nicht berührt.

(3) Die Gesellschafter haben die Einlagen zu leisten, soweit es zur Erfüllung der eingegangenen Verbindlichkeiten nötig ist.

Zweites Buch. Kommanditgesellschaft auf Aktien

§ 278. Wesen der Kommanditgesellschaft auf Aktien. (1) Die Kommanditgesellschaft auf Aktien ist eine Gesellschaft mit eigener Rechtspersönlichkeit, bei der mindestens ein Gesellschafter den Gesellschaftsgläubigern unbeschränkt haftet (persönlich haftender Gesellschafter) und die übrigen an dem in Aktien zerlegten Grundkapital beteiligt sind, ohne persönlich für die Verbindlichkeiten der Gesellschaft zu haften (Kommanditaktionäre).

(2) Das Rechtsverhältnis der persönlich haftenden Gesellschafter untereinander und gegenüber der Gesamtheit der Kommanditaktionäre sowie gegenüber Dritten, namentlich die Befugnis der persönlich haftenden Gesellschafter zur Geschäftsführung und zur Vertretung der Gesellschaft, bestimmt sich nach den Vorschriften des Handelsgesetzbuchs über die Kommanditgesellschaft.***

(3) Im übrigen gelten für die Kommanditgesellschaft auf Aktien, soweit sich aus den folgenden Vorschriften oder aus dem Fehlen eines Vorstands nichts anderes ergibt, die Vorschriften des Ersten Buchs über die Aktiengesellschaft sinngemäß.

§ 279. Firma. (1) ¹Die Firma der Kommanditgesellschaft auf Aktien ist in der Regel dem Gegenstand des Unternehmens zu entnehmen. ²Sie muß die Bezeichnung ,,Kommanditgesellschaft auf Aktien" enthalten.

(2) Führt die Kommanditgesellschaft auf Aktien die Firma eines auf sie übergegangenen Handelsgeschäfts fort (§ 22 des Handelsgesetzbuchs), so muß sie die Bezeichnung ,,Kommanditgesellschaft auf Aktien" in die Firma aufnehmen.

---

* Abgedruckt in Schönfelder unter Nr. 112.
** § 276 neu gefaßt durch Gesetz vom 15. 8. 1969 (BGBl. I S. 1146).
*** §§ 161 bis 177a HGB.

§ **280.*** **Feststellung der Satzung. Gründer.** (1) ¹Die Satzung muß von mindestens fünf Personen durch notarielle Beurkundung festgestellt werden. ²In der Urkunde sind der Nennbetrag, der Ausgabebetrag und, wenn mehrere Gattungen bestehen, die Gattung der Aktien anzugeben, die jeder Beteiligte übernimmt. ³Bevollmächtigte bedürfen einer notariell beglaubigten Vollmacht.

(2) ¹Alle persönlich haftenden Gesellschafter müssen sich bei der Feststellung der Satzung beteiligen. ²Außer ihnen müssen die Personen mitwirken, die als Kommanditaktionäre Aktien gegen Einlagen übernehmen.

(3) Die Gesellschafter, die die Satzung festgestellt haben, sind die Gründer der Gesellschaft.

§ **281.**** **Inhalt der Satzung.** (1) Die Satzung muß außer den Festsetzungen nach § 23 Abs. 3 und 4 den Namen, Vornamen, Beruf und Wohnort jedes persönlich haftenden Gesellschafters enthalten.

(2) Vermögenseinlagen der persönlich haftenden Gesellschafter müssen, wenn sie nicht auf das Grundkapital geleistet werden, nach Höhe und Art in der Satzung festgesetzt werden.

(3) *(aufgehoben)*

§ **282.***** **Eintragung der persönlich haftenden Gesellschafter.** ¹Bei der Eintragung der Gesellschaft in das Handelsregister sind statt der Vorstandsmitglieder die persönlich haftenden Gesellschafter anzugeben. ²Ferner ist einzutragen, welche Vertretungsbefugnis die persönlich haftenden Gesellschafter haben.

§ **283.**† **Persönlich haftende Gesellschafter.** Für die persönlich haftenden Gesellschafter gelten sinngemäß die für den Vorstand der Aktiengesellschaft geltenden Vorschriften über

1. die Anmeldungen, Einreichungen, Erklärungen und Nachweise zum Handelsregister sowie über Bekanntmachungen;
2. die Gründungsprüfung;
3. die Sorgfaltspflicht und Verantwortlichkeit;
4. die Pflichten gegenüber dem Aufsichtsrat;
5. die Zulässigkeit einer Kreditgewährung;
6. die Einberufung der Hauptversammlung;
7. die Sonderprüfung;
8. die Geltendmachung von Ersatzansprüchen wegen der Geschäftsführung;
9. die Aufstellung und Vorlegung des Jahresabschlusses, des Lageberichts und des Vorschlags für die Verwendung des Bilanzgewinns;

---

* § 280 Abs. 1 Sätze 1 und 3 geändert durch Beurkundungsgesetz vom 28. 8. 1969 (BGBl. I S. 1513).
** § 281 Abs. 1 geändert durch Gesetz vom 15. 8. 1969 (BGBl. I S. 1146), Abs. 3 aufgehoben durch Gesetz vom 13. 12. 1978 (BGBl. I S. 1959).
*** § 282 Satz 2 neu gefaßt durch Gesetz vom 15. 8. 1969 (BGBl. I S. 1146).
† § 283 Nr. 9 geändert durch Bilanzrichtlinien-Gesetz vom 19. 12. 1985 (BGBl. I S. 2355).

10. die Prüfung des Jahresabschlusses;
11. die Rechnungslegung im Konzern;
12. die Ausgabe von Aktien bei bedingter Kapitalerhöhung, bei genehmigtem Kapital und bei Kapitalerhöhung aus Gesellschaftsmitteln;
13. die Nichtigkeit und Anfechtung von Hauptversammlungsbeschlüssen;
14. den Antrag auf Eröffnung des Konkursverfahrens oder des gerichtlichen Vergleichsverfahrens.

§ 284. Wettbewerbsverbot. (1) ¹Ein persönlich haftender Gesellschafter darf ohne ausdrückliche Einwilligung der übrigen persönlich haftenden Gesellschafter und des Aufsichtsrats weder im Geschäftszweig der Gesellschaft für eigene oder fremde Rechnung Geschäfte machen noch Mitglied des Vorstands oder Geschäftsführer oder persönlich haftender Gesellschafter einer anderen gleichartigen Handelsgesellschaft sein. ²Die Einwilligung kann nur für bestimmte Arten von Geschäften oder für bestimmte Handelsgesellschaften erteilt werden.

(2) ¹Verstößt ein persönlich haftender Gesellschafter gegen dieses Verbot, so kann die Gesellschaft Schadenersatz fordern. ²Sie kann statt dessen von dem Gesellschafter verlangen, daß er die für eigene Rechnung gemachten Geschäfte als für Rechnung der Gesellschaft eingegangen gelten läßt und die aus Geschäften für fremde Rechnung bezogene Vergütung herausgibt oder seinen Anspruch auf die Vergütung abtritt.

(3) ¹Die Ansprüche der Gesellschaft verjähren in drei Monaten seit dem Zeitpunkt, in dem die übrigen persönlich haftenden Gesellschafter und die Aufsichtsratsmitglieder von der zum Schadenersatz verpflichtenden Handlung Kenntnis erlangen. ²Sie verjähren ohne Rücksicht auf diese Kenntnis in fünf Jahren seit ihrer Entstehung.

§ 285. Hauptversammlung. (1) ¹In der Hauptversammlung haben die persönlich haftenden Gesellschafter nur ein Stimmrecht für ihre Aktien. ²Sie können das Stimmrecht weder für sich noch für einen anderen ausüben bei Beschlußfassungen über
1. die Wahl und Abberufung des Aufsichtsrats;
2. die Entlastung der persönlich haftenden Gesellschafter und der Mitglieder des Aufsichtsrats;
3. die Bestellung von Sonderprüfern;
4. die Geltendmachung von Ersatzansprüchen;
5. den Verzicht auf Ersatzansprüche;
6. die Wahl von Abschlußprüfern.

³Bei diesen Beschlußfassungen kann ihr Stimmrecht auch nicht durch einen anderen ausgeübt werden.

(2) ¹Die Beschlüsse der Hauptversammlung bedürfen der Zustimmung der persönlich haftenden Gesellschafter, soweit sie Angelegenheiten betreffen, für die bei einer Kommanditgesellschaft das Einverständnis der persönlich haftenden Gesellschafter und der Kommanditisten erforderlich ist. ²Die Ausübung der Befugnisse, die der Hauptversammlung oder einer Minderheit von Kommanditaktionären bei der Bestellung von Prüfern und der Geltendmachung von Ansprüchen der Gesell-

2. Buch. Kommanditgesellschaft auf Aktien §§ 286, 287 **AktG 10**

schaft aus der Gründung oder der Geschäftsführung zustehen, bedarf nicht der Zustimmung der persönlich haftenden Gesellschafter.

(3) ¹Beschlüsse der Hauptversammlung, die der Zustimmung der persönlich haftenden Gesellschafter bedürfen, sind zum Handelsregister erst einzureichen, wenn die Zustimmung vorliegt. ²Bei Beschlüssen, die in das Handelsregister einzutragen sind, ist die Zustimmung in der Verhandlungsniederschrift oder in einem Anhang zur Niederschrift zu beurkunden.

§ 286.* Jahresabschluß. Lagebericht. (1) ¹Die Hauptversammlung beschließt über die Feststellung des Jahresabschlusses. ²Der Beschluß bedarf der Zustimmung der persönlich haftenden Gesellschafter.

(2) ¹In der Jahresbilanz sind die Kapitalanteile der persönlich haftenden Gesellschafter nach dem Posten „Gezeichnetes Kapital" gesondert auszuweisen. ²Der auf den Kapitalanteil eines persönlich haftenden Gesellschafters für das Geschäftsjahr entfallende Verlust ist von dem Kapitalanteil abzuschreiben. ³Soweit der Verlust den Kapitalanteil übersteigt, ist er auf der Aktivseite unter der Bezeichnung „Einzahlungsverpflichtungen persönlich haftender Gesellschafter" unter den Forderungen gesondert auszuweisen, soweit eine Zahlungsverpflichtung besteht; besteht keine Zahlungsverpflichtung, so ist der Betrag als „Nicht durch Vermögenseinlagen gedeckter Verlustanteil persönlich haftender Gesellschafter" zu bezeichnen und gemäß § 268 Abs. 3 des Handelsgesetzbuchs auszuweisen. ⁴Unter § 89 fallende Kredite, die die Gesellschaft persönlich haftenden Gesellschaftern, deren Ehegatten oder minderjährigen Kindern oder Dritten, die für Rechnung dieser Personen handeln, gewährt hat, sind auf der Aktivseite bei den entsprechenden Posten unter der Bezeichnung „davon an persönlich haftende Gesellschafter und deren Angehörige" zu vermerken.

(3) In der Gewinn- und Verlustrechnung braucht der auf die Kapitalanteile der persönlich haftenden Gesellschafter entfallende Gewinn oder Verlust nicht gesondert ausgewiesen zu werden.

(4) § 285 Nr. 9 Buchstaben a und b des Handelsgesetzbuchs gilt für die persönlich haftenden Gesellschafter mit der Maßgabe, daß der auf den Kapitalanteil eines persönlich haftenden Gesellschafters entfallende Gewinn nicht angegeben zu werden braucht.

§ 287. Aufsichtsrat. (1) Die Beschlüsse der Kommanditaktionäre führt der Aufsichtsrat aus, wenn die Satzung nichts anderes bestimmt.

(2) ¹In Rechtsstreitigkeiten, die die Gesamtheit der Kommanditaktionäre gegen die persönlich haftenden Gesellschafter oder diese gegen die Gesamtheit der Kommanditaktionäre führen, vertritt der Aufsichtsrat die Kommanditaktionäre, wenn die Hauptversammlung keine besonderen Vertreter gewählt hat. ²Für die Kosten des Rechtsstreits, die den Kommanditaktionären zur Last fallen, haftet die Gesellschaft unbeschadet ihres Rückgriffs gegen die Kommanditaktionäre.

(3) Persönlich haftende Gesellschafter können nicht Aufsichtsratsmitglieder sein.

---

* § 286 Überschrift, Abs. 2 Satz 1 und Abs. 4 geändert sowie Abs. 2 Sätze 3 und 4 neu gefaßt durch Bilanzrichtlinien-Gesetz vom 19. 12. 1985 (BGBl. I S. 2355).

§ 288.* **Entnahmen der persönlich haftenden Gesellschafter. Kreditgewährung.** (1) ¹Entfällt auf einen persönlich haftenden Gesellschafter ein Verlust, der seinen Kapitalanteil übersteigt, so darf er keinen Gewinn auf seinen Kapitalanteil entnehmen. ²Er darf ferner keinen solchen Gewinnanteil und kein Geld auf seinen Kapitalanteil entnehmen, solange die Summe aus Bilanzverlust, Einzahlungsverpflichtungen, Verlustanteilen persönlich haftender Gesellschafter und Forderungen aus Krediten an persönlich haftende Gesellschafter und deren Angehörige die Summe aus Gewinnvortrag, Kapital- und Gewinnrücklagen sowie Kapitalanteilen der persönlich haftenden Gesellschafter übersteigt.

(2) ¹Solange die Voraussetzung von Absatz 1 Satz 2 vorliegt, darf die Gesellschaft keinen unter § 286 Abs. 2 Satz 4 fallenden Kredit gewähren. ²Ein trotzdem gewährter Kredit ist ohne Rücksicht auf entgegenstehende Vereinbarungen sofort zurückzugewähren.

(3) ¹Ansprüche persönlich haftender Gesellschafter auf nicht vom Gewinn abhängige Tätigkeitsvergütungen werden durch diese Vorschriften nicht berührt. ²Für eine Herabsetzung solcher Vergütungen gilt § 87 Abs. 2 Satz 1 sinngemäß.

§ 289.** **Auflösung.** (1) Die Gründe für die Auflösung der Kommanditgesellschaft auf Aktien und das Ausscheiden eines von mehreren persönlich haftenden Gesellschaftern aus der Gesellschaft richten sich, soweit in den Absätzen 2 bis 6 nichts anderes bestimmt ist, nach den Vorschriften des Handelsgesetzbuchs über die Kommanditgesellschaft.***

(2) Die Kommanditgesellschaft auf Aktien wird auch aufgelöst
1. mit der Rechtskraft des Beschlusses, durch den die Eröffnung des Konkursverfahrens mangels einer den Kosten des Verfahrens entsprechenden Konkursmasse abgelehnt wird;
2. mit der Rechtskraft einer Verfügung des Registergerichts, durch welche nach § 144a des Gesetzes über die Angelegenheiten der freiwilligen Gerichtsbarkeit ein Mangel der Satzung festgestellt worden ist.

(3) ¹Durch die Eröffnung des Konkursverfahrens über das Vermögen eines Kommanditaktionärs wird die Gesellschaft nicht aufgelöst. ²Die Gläubiger eines Kommanditaktionärs sind nicht berechtigt, die Gesellschaft zu kündigen.

(4) ¹Für die Kündigung der Gesellschaft durch die Kommanditaktionäre und für ihre Zustimmung zur Auflösung der Gesellschaft ist ein Beschluß der Hauptversammlung nötig. ²Gleiches gilt für den Antrag auf Auflösung der Gesellschaft durch gerichtliche Entscheidung. ³Der Beschluß bedarf einer Mehrheit, die mindestens drei Viertel des bei der Beschlußfassung vertretenen Grundkapitals umfaßt. ⁴Die Satzung kann eine größere Kapitalmehrheit und weitere Erfordernisse bestimmen.

(5) Persönlich haftende Gesellschafter können außer durch Ausschließung nur ausscheiden, wenn es die Satzung für zulässig erklärt.

(6) ¹Die Auflösung der Gesellschaft und das Ausscheiden eines persönlich haftenden Gesellschafters ist von allen persönlich haftenden Gesellschaftern zur Eintragung in das Handelsregister anzumelden. ²§ 143 Abs. 3 des Handelsgesetzbuchs gilt sinngemäß.

---
* § 288 Abs. 1 Satz 2 neu gefaßt durch Bilanzrichtliniengesetz vom 19. 12. 1985 (BGBl. I S. 2355).
** § 289 Abs. 2 neu gefaßt durch Gesetz vom 15. 8. 1969 (BGBl. I S. 1146).
*** §§ 161 bis 177a HGB.

1. Teil. Unternehmensverträge §§ 290–292 **AktG 10**

§ 290. Abwicklung. (1) Die Abwicklung besorgen alle persönlich haftenden Gesellschafter und eine oder mehrere von der Hauptversammlung gewählte Personen als Abwickler, wenn die Satzung nichts anderes bestimmt.

(2) Die Bestellung oder Abberufung von Abwicklern durch das Gericht kann auch jeder persönlich haftende Gesellschafter beantragen.

Drittes Buch. Verbundene Unternehmen

Erster Teil. Unternehmensverträge

Erster Abschnitt. Arten von Unternehmensverträgen

§ 291. Beherrschungsvertrag. Gewinnabführungsvertrag. (1) ¹Unternehmensverträge sind Verträge, durch die eine Aktiengesellschaft oder Kommanditgesellschaft auf Aktien die Leitung ihrer Gesellschaft einem anderen Unternehmen unterstellt (Beherrschungsvertrag) oder sich verpflichtet, ihren ganzen Gewinn an ein anderes Unternehmen abzuführen (Gewinnabführungsvertrag). ²Als Vertrag über die Abführung des ganzen Gewinns gilt auch ein Vertrag, durch den eine Aktiengesellschaft oder Kommanditgesellschaft auf Aktien es übernimmt, ihr Unternehmen für Rechnung eines anderen Unternehmens zu führen.

(2) Stellen sich Unternehmen, die voneinander nicht abhängig sind, durch Vertrag unter einheitliche Leitung, ohne daß dadurch eines von ihnen von einem anderen vertragschließenden Unternehmen abhängig wird, so ist dieser Vertrag kein Beherrschungsvertrag.

(3) Leistungen der Gesellschaft auf Grund eines Beherrschungs- oder eines Gewinnabführungsvertrags gelten nicht als Verstoß gegen die §§ 57, 58 und 60.

§ 292. Andere Unternehmensverträge. (1) Unternehmensverträge sind ferner Verträge, durch die eine Aktiengesellschaft oder Kommanditgesellschaft auf Aktien
1. sich verpflichtet, ihren Gewinn oder den Gewinn einzelner ihrer Betriebe ganz oder zum Teil mit dem Gewinn anderer Unternehmen oder einzelner Betriebe anderer Unternehmen zur Aufteilung eines gemeinschaftlichen Gewinns zusammenzulegen (Gewinngemeinschaft),
2. sich verpflichtet, einen Teil ihres Gewinns oder den Gewinn einzelner ihrer Betriebe ganz oder zum Teil an einen anderen abzuführen (Teilgewinnabführungsvertrag),
3. den Betrieb ihres Unternehmens einem anderen verpachtet oder sonst überläßt (Betriebspachtvertrag, Betriebsüberlassungsvertrag).

(2) Ein Vertrag über eine Gewinnbeteiligung mit Mitgliedern von Vorstand und Aufsichtsrat oder mit einzelnen Arbeitnehmern der Gesellschaft sowie eine Abrede über eine Gewinnbeteiligung im Rahmen von Verträgen des laufenden Geschäftsverkehrs oder Lizenzverträgen ist kein Teilgewinnabführungsvertrag.

(3) ¹Ein Betriebspacht- oder Betriebsüberlassungsvertrag und der Beschluß, durch den die Hauptversammlung dem Vertrag zugestimmt hat, sind nicht deshalb nichtig, weil der Vertrag gegen die §§ 57, 58 und 60 verstößt. ²Satz 1 schließt die Anfechtung des Beschlusses wegen dieses Verstoßes nicht aus.

Zweiter Abschnitt. Abschluß, Änderung und Beendigung von Unternehmensverträgen

§ 293. Zustimmung der Hauptversammlung. (1) ¹Ein Unternehmensvertrag wird nur mit Zustimmung der Hauptversammlung wirksam. ²Der Beschluß bedarf einer Mehrheit, die mindestens drei Viertel des bei der Beschlußfassung vertretenen Grundkapitals umfaßt. ³Die Satzung kann eine größere Kapitalmehrheit und weitere Erfordernisse bestimmen. ⁴Auf den Beschluß sind die Bestimmungen des Gesetzes und der Satzung über Satzungsänderungen nicht anzuwenden.

(2) ¹Ein Beherrschungs- oder ein Gewinnabführungsvertrag wird, wenn der andere Vertragsteil eine Aktiengesellschaft oder Kommanditgesellschaft auf Aktien ist, nur wirksam, wenn auch die Hauptversammlung dieser Gesellschaft zustimmt. ²Für den Beschluß gilt Absatz 1 Satz 2 bis 4 sinngemäß.

(3) ¹Der Vertrag bedarf der schriftlichen Form. ²Er ist von der Einberufung der Hauptversammlung an, die über die Zustimmung beschließen soll, in dem Geschäftsraum der Gesellschaft zur Einsicht der Aktionäre auszulegen. ³Auf Verlangen ist jedem Aktionär unverzüglich eine Abschrift zu erteilen. ⁴In der Hauptversammlung ist der Vertrag auszulegen. ⁵Der Vorstand hat ihn zu Beginn der Verhandlung zu erläutern. ⁶Der Niederschrift ist er als Anlage beizufügen.

(4) Jedem Aktionär ist auf Verlangen in der Hauptversammlung, die über die Zustimmung zu einem Beherrschungs- oder einem Gewinnabführungsvertrag beschließt, Auskunft auch über alle für den Vertragsschluß wesentlichen Angelegenheiten des Unternehmens zu geben, mit dem der Vertrag geschlossen werden soll.

§ 294. Eintragung. Wirksamwerden. (1) ¹Der Vorstand der Gesellschaft hat das Bestehen und die Art des Unternehmensvertrags sowie den Namen des anderen Vertragsteils, bei Teilgewinnabführungsverträgen außerdem die Vereinbarung über die Höhe des abzuführenden Gewinns, zur Eintragung in das Handelsregister anzumelden. ²Der Anmeldung sind der Vertrag sowie, wenn er nur mit Zustimmung der Hauptversammlung des anderen Vertragsteils wirksam wird, die Niederschrift dieses Beschlusses und ihre Anlagen in Urschrift, Ausfertigung oder öffentlich beglaubigter Abschrift beizufügen.

(2) Der Vertrag wird erst wirksam, wenn sein Bestehen in das Handelsregister des Sitzes der Gesellschaft eingetragen worden ist.

§ 295. Änderung. (1) ¹Ein Unternehmensvertrag kann nur mit Zustimmung der Hauptversammlung geändert werden. ²§§ 293, 294 gelten sinngemäß.

(2) ¹Die Zustimmung der Hauptversammlung der Gesellschaft zu einer Änderung der Bestimmungen des Vertrags, die zur Leistung eines Ausgleichs an die außenstehenden Aktionäre der Gesellschaft oder zum Erwerb ihrer Aktien verpflichten, bedarf, um wirksam zu werden, eines Sonderbeschlusses der außenstehenden Aktionäre. ²Für den Sonderbeschluß gilt § 293 Abs. 1 Satz 2 und 3. ³Jedem außenstehenden Aktionär ist auf Verlangen in der Versammlung, die über die Zustimmung beschließt, Auskunft auch über alle für die Änderung wesentlichen Angelegenheiten des anderen Vertragsteils zu geben.

§ 296. Aufhebung. (1) ¹Ein Unternehmensvertrag kann nur zum Ende des Geschäftsjahrs oder des sonst vertraglich bestimmten Abrechnungszeitraums aufge-

1. Teil. Unternehmensverträge §§ 297–300 **AktG 10**

hoben werden. ²Eine rückwirkende Aufhebung ist unzulässig. ³Die Aufhebung bedarf der schriftlichen Form.

(2) ¹Ein Vertrag, der zur Leistung eines Ausgleichs an die außenstehenden Aktionäre oder zum Erwerb ihrer Aktien verpflichtet, kann nur aufgehoben werden, wenn die außenstehenden Aktionäre durch Sonderbeschluß zustimmen. ²Für den Sonderbeschluß gilt § 293 Abs. 1 Satz 2 und 3, § 295 Abs. 2 Satz 3 sinngemäß.

§ 297. Kündigung. (1) ¹Ein Unternehmensvertrag kann aus wichtigem Grunde ohne Einhaltung einer Kündigungsfrist gekündigt werden. ²Ein wichtiger Grund liegt namentlich vor, wenn der andere Vertragsteil voraussichtlich nicht in der Lage sein wird, seine auf Grund des Vertrags bestehenden Verpflichtungen zu erfüllen.

(2) ¹Der Vorstand der Gesellschaft kann einen Vertrag, der zur Leistung eines Ausgleichs an die außenstehenden Aktionäre der Gesellschaft oder zum Erwerb ihrer Aktien verpflichtet, ohne wichtigen Grund nur kündigen, wenn die außenstehenden Aktionäre durch Sonderbeschluß zustimmen. ²Für den Sonderbeschluß gilt § 293 Abs. 1 Satz 2 und 3, § 295 Abs. 2 Satz 3 sinngemäß.

(3) Die Kündigung bedarf der schriftlichen Form.

§ 298. Anmeldung und Eintragung. Der Vorstand der Gesellschaft hat die Beendigung eines Unternehmensvertrags, den Grund und den Zeitpunkt der Beendigung unverzüglich zur Eintragung in das Handelsregister anzumelden.

§ 299. Ausschluß von Weisungen. Auf Grund eines Unternehmensvertrags kann der Gesellschaft nicht die Weisung erteilt werden, den Vertrag zu ändern, aufrechtzuerhalten oder zu beendigen.

Dritter Abschnitt. Sicherung der Gesellschaft und der Gläubiger

§ 300.* Gesetzliche Rücklage. In die gesetzliche Rücklage sind an Stelle des in § 150 Abs. 2 bestimmten Betrags einzustellen,

1. wenn ein Gewinnabführungsvertrag besteht, aus dem ohne die Gewinnabführung entstehenden, um einen Verlustvortrag aus dem Vorjahr geminderten Jahresüberschuß der Betrag, der erforderlich ist, um die gesetzliche Rücklage unter Hinzurechnung einer Kapitalrücklage innerhalb der ersten fünf Geschäftsjahre, die während des Bestehens des Vertrags oder nach Durchführung einer Kapitalerhöhung beginnen, gleichmäßig auf den zehnten oder den in der Satzung bestimmten höheren Teil des Grundkapitals aufzufüllen, mindestens aber der in Nummer 2 bestimmte Betrag;
2. wenn ein Teilgewinnabführungsvertrag besteht, der Betrag, der nach § 150 Abs. 2 aus dem ohne die Gewinnabführung entstehenden, um einen Verlustvortrag aus dem Vorjahr geminderten Jahresüberschuß in die gesetzliche Rücklage einzustellen wäre;
3. wenn ein Beherrschungsvertrag besteht, ohne daß die Gesellschaft auch zur Abführung ihres ganzen Gewinns verpflichtet ist, der zur Auffüllung der gesetzlichen Rücklage nach Nummer 1 erforderliche Betrag, mindestens aber der in § 150 Abs. 2 oder, wenn die Gesellschaft verpflichtet ist, ihren Gewinn zum Teil abzuführen, der in Nummer 2 bestimmte Betrag.

---

* § 300 geändert durch Bilanzrichtlinien-Gesetz vom 19. 12. 1985 (BGBl. I S. 2355).

§ 301.* **Höchstbetrag der Gewinnabführung.** ¹Eine Gesellschaft kann, gleichgültig welche Vereinbarungen über die Berechnung des abzuführenden Gewinns getroffen worden sind, als ihren Gewinn höchstens den ohne die Gewinnabführung entstehenden Jahresüberschuß, vermindert um einen Verlustvortrag aus dem Vorjahr und um den Betrag, der nach § 300 in die gesetzliche Rücklage einzustellen ist, abführen. ²Sind während der Dauer des Vertrags Beträge in andere Gewinnrücklagen eingestellt worden, so können diese Beträge den anderen Gewinnrücklagen entnommen und als Gewinn abgeführt werden.

§ 302.* **Verlustübernahme.** (1) Besteht ein Beherrschungs- oder ein Gewinnabführungsvertrag, so hat der andere Vertragsteil jeden während der Vertragsdauer sonst entstehenden Jahresfehlbetrag auszugleichen, soweit dieser nicht dadurch ausgeglichen wird, daß den anderen Gewinnrücklagen Beträge entnommen werden, die während der Vertragsdauer in sie eingestellt worden sind.

(2) Hat eine abhängige Gesellschaft den Betrieb ihres Unternehmens dem herrschenden Unternehmen verpachtet oder sonst überlassen, so hat das herrschende Unternehmen jeden während der Vertragsdauer sonst entstehenden Jahresfehlbetrag auszugleichen, soweit die vereinbarte Gegenleistung das angemessene Entgelt nicht erreicht.

(3) ¹Die Gesellschaft kann auf den Anspruch auf Ausgleich erst drei Jahre nach dem Tage, an dem die Eintragung der Beendigung des Vertrags in das Handelsregister nach § 10 des Handelsgesetzbuchs als bekanntgemacht gilt, verzichten oder sich über ihn vergleichen. ²Dies gilt nicht, wenn der Ausgleichspflichtige zahlungsunfähig ist und sich zur Abwendung oder Beseitigung des Konkursverfahrens mit seinen Gläubigern vergleicht. ³Der Verzicht oder Vergleich wird nur wirksam, wenn die außenstehenden Aktionäre durch Sonderbeschluß zustimmen und nicht eine Minderheit, deren Anteile zusammen den zehnten Teil des bei der Beschlußfassung vertretenen Grundkapitals erreichen, zur Niederschrift Widerspruch erhebt.

§ 303. **Gläubigerschutz.** (1) ¹Endet ein Beherrschungs- oder ein Gewinnabführungsvertrag, so hat der andere Vertragsteil den Gläubigern der Gesellschaft, deren Forderungen begründet worden sind, bevor die Eintragung der Beendigung des Vertrags in das Handelsregister nach § 10 des Handelsgesetzbuchs als bekanntgemacht gilt, Sicherheit zu leisten, wenn sie sich binnen sechs Monaten nach der Bekanntmachung der Eintragung zu diesem Zweck bei ihm melden. ²Die Gläubiger sind in der Bekanntmachung der Eintragung auf dieses Recht hinzuweisen.

(2) Das Recht, Sicherheitsleistung zu verlangen, steht Gläubigern nicht zu, die im Fall des Konkurses ein Recht auf vorzugsweise Befriedigung aus einer Deckungsmasse haben, die nach gesetzlicher Vorschrift zu ihrem Schutz errichtet und staatlich überwacht ist.

(3) ¹Statt Sicherheit zu leisten, kann der andere Vertragsteil sich für die Forderung verbürgen. ²§ 349 des Handelsgesetzbuchs über den Ausschluß der Einrede der Vorausklage ist nicht anzuwenden.

---

* § 301 Satz 2 und § 302 Abs. 1 geändert durch Bilanzrichtlinien-Gesetz vom 19. 12. 1985 (BGBl. I S. 2355).

1. Teil. Unternehmensverträge §§ 304, 305 AktG 10

Vierter Abschnitt. Sicherung der außenstehenden Aktionäre bei Beherrschungs- und Gewinnabführungsverträgen

§ 304.* Angemessener Ausgleich. (1) ¹Ein Gewinnabführungsvertrag muß einen angemessenen Ausgleich für die außenstehenden Aktionäre durch eine auf die Aktiennennbeträge bezogene wiederkehrende Geldleistung (Ausgleichszahlung) vorsehen. ²Ein Beherrschungsvertrag muß, wenn die Gesellschaft nicht auch zur Abführung ihres ganzen Gewinns verpflichtet ist, den außenstehenden Aktionären als angemessenen Ausgleich einen bestimmten jährlichen Gewinnanteil nach der für die Ausgleichszahlung bestimmten Höhe garantieren. ³Von der Bestimmung eines angemessenen Ausgleichs kann nur abgesehen werden, wenn die Gesellschaft im Zeitpunkt der Beschlußfassung ihrer Hauptversammlung über den Vertrag keinen außenstehenden Aktionär hat.

(2) ¹Als Ausgleichszahlung ist mindestens die jährliche Zahlung des Betrags zuzusichern, der nach der bisherigen Ertragslage der Gesellschaft und ihren künftigen Ertragsaussichten unter Berücksichtigung angemessener Abschreibungen und Wertberichtigungen, jedoch ohne Bildung anderer Gewinnrücklagen, voraussichtlich als durchschnittlicher Gewinnanteil auf die einzelne Aktie verteilt werden könnte. ²Ist die andere Vertragsteil eine Aktiengesellschaft oder Kommanditgesellschaft auf Aktien, so kann als Ausgleichszahlung auch die Zahlung des Betrags zugesichert werden, der auf Aktien der anderen Gesellschaft mit mindestens dem entsprechenden Nennbetrag jeweils als Gewinnanteil entfällt. ³Der entsprechende Nennbetrag bestimmt sich nach dem Verhältnis, in dem bei einer Verschmelzung auf eine Aktie der Gesellschaft Aktien der anderen Gesellschaft zu gewähren wären.

(3) ¹Ein Vertrag, der entgegen Absatz 1 überhaupt keinen Ausgleich vorsieht, ist nichtig. ²Die Anfechtung des Beschlusses, durch den die Hauptversammlung der Gesellschaft dem Vertrag oder einer unter § 295 Abs. 2 fallenden Änderung des Vertrags zugestimmt hat, kann nicht auf § 243 Abs. 2 oder darauf gestützt werden, daß der im Vertrag bestimmte Ausgleich nicht angemessen ist. ³Ist der im Vertrag bestimmte Ausgleich nicht angemessen, so hat das in § 306 bestimmte Gericht auf Antrag den vertraglich geschuldeten Ausgleich zu bestimmen, wobei es, wenn der Vertrag nach Absatz 2 Satz 2 berechneten Ausgleich vorsieht, den Ausgleich nach dieser Vorschrift zu bestimmen hat.

(4) ¹Antragsberechtigt ist jeder außenstehende Aktionär. ²Der Antrag kann nur binnen zwei Monaten seit dem Tage gestellt werden, an dem die Eintragung des Bestehens oder einer unter § 295 Abs. 2 fallenden Änderung des Vertrags im Handelsregister nach § 10 des Handelsgesetzbuchs als bekanntgemacht gilt.

(5) Bestimmt das Gericht den Ausgleich, so kann der andere Vertragsteil den Vertrag binnen zwei Monaten nach Rechtskraft der Entscheidung ohne Einhaltung einer Kündigungsfrist kündigen.

§ 305. Abfindung. (1) Außer der Verpflichtung zum Ausgleich nach § 304 muß ein Beherrschungs- oder ein Gewinnabführungsvertrag die Verpflichtung des anderen Vertragsteils enthalten, auf Verlangen eines außenstehenden Aktionärs dessen Aktien gegen eine im Vertrag bestimmte angemessene Abfindung zu erwerben.

---

* § 304 Abs. 2 Satz 1 geändert durch Bilanzrichtlinien-Gesetz vom 19. 12. 1985 (BGBl. I S. 2355).

10 AktG § 306   3. Buch. Verbundene Unternehmen

(2) Als Abfindung muß der Vertrag,

1. wenn der andere Vertragsteil eine nicht abhängige und nicht in Mehrheitsbesitz stehende Aktiengesellschaft oder Kommanditgesellschaft auf Aktien mit Sitz im Inland ist, die Gewährung eigener Aktien dieser Gesellschaft,
2. wenn der andere Vertragsteil eine abhängige oder in Mehrheitsbesitz stehende Aktiengesellschaft oder Kommanditgesellschaft auf Aktien und das herrschende Unternehmen eine Aktiengesellschaft oder Kommanditgesellschaft auf Aktien mit Sitz im Inland ist, entweder die Gewährung von Aktien der herrschenden oder mit Mehrheit beteiligten Gesellschaft oder eine Barabfindung,
3. in allen anderen Fällen eine Barabfindung

vorsehen.

(3) [1] Werden als Abfindung Aktien einer anderen Gesellschaft gewährt, so ist die Abfindung als angemessen anzusehen, wenn die Aktien in dem Verhältnis gewährt werden, in dem bei einer Verschmelzung auf eine Aktie der Gesellschaft Aktien der anderen Gesellschaft zu gewähren wären, wobei Spitzenbeträge durch bare Zuzahlungen ausgeglichen werden können. [2] Die angemessene Barabfindung muß die Vermögens- und Ertragslage der Gesellschaft im Zeitpunkt der Beschlußfassung ihrer Hauptversammlung über den Vertrag berücksichtigen.

(4) [1] Die Verpflichtung zum Erwerb der Aktien kann befristet werden. [2] Die Frist endet frühestens zwei Monate nach dem Tage, an dem die Eintragung des Bestehens des Vertrags im Handelsregister nach § 10 des Handelsgesetzbuchs als bekanntgemacht gilt. [3] Ist ein Antrag auf Bestimmung des Ausgleichs oder der Abfindung durch das in § 306 bestimmte Gericht gestellt worden, so endet die Frist frühestens zwei Monate nach dem Tage, an dem die Entscheidung über den zuletzt beschiedenen Antrag im Bundesanzeiger bekanntgemacht worden ist.

(5) [1] Die Anfechtung des Beschlusses, durch den die Hauptversammlung der Gesellschaft dem Vertrag oder einer unter § 295 Abs. 2 fallenden Änderung des Vertrags zugestimmt hat, kann nicht darauf gestützt werden, daß der Vertrag keine angemessene Abfindung vorsieht. [2] Sieht der Vertrag überhaupt keine oder eine den Absätzen 1 bis 3 nicht entsprechende Abfindung vor, so hat das in § 306 bestimmte Gericht auf Antrag die vertraglich zu gewährende Abfindung zu bestimmen. [3] Dabei hat es in den Fällen des Absatzes 2 Nr. 2, wenn der Vertrag die Gewährung von Aktien der herrschenden oder mit Mehrheit beteiligten Gesellschaft vorsieht, das Verhältnis, in dem diese Aktien zu gewähren sind, wenn der Vertrag nicht die Gewährung von Aktien der herrschenden oder mit Mehrheit beteiligten Gesellschaft vorsieht, die angemessene Barabfindung zu bestimmen. [4] § 304 Abs. 4 und 5 gilt sinngemäß.

§ 306. Verfahren. (1) [1] Zuständig ist das Landgericht, in dessen Bezirk die Gesellschaft, deren außenstehende Aktionäre antragsberechtigt sind, ihren Sitz hat. [2] § 132 Abs. 1 Satz 2 bis 4 ist anzuwenden.

(2) § 99 Abs. 1, Abs. 3 Satz 1, 2, 4 bis 9, Abs. 5 gilt sinngemäß.

(3) [1] Das Landgericht hat den Antrag in den Gesellschaftsblättern der Gesellschaft, deren außenstehende Aktionäre antragsberechtigt sind, bekanntzumachen. [2] Außenstehende Aktionäre können noch binnen einer Frist von zwei Monaten nach dieser Bekanntmachung eigene Anträge stellen. [3] Auf dieses Recht ist in der Bekanntmachung hinzuweisen.

(4) ¹Das Landgericht hat die Vertragsteile des Unternehmensvertrags zu hören. ²Es hat den außenstehenden Aktionären, die nicht Antragsteller nach § 304 Abs. 4 oder § 305 Abs. 5 sind oder eigene Anträge nach Absatz 3 Satz 2 gestellt haben, zur Wahrung ihrer Rechte einen gemeinsamen Vertreter zu bestellen, der die Stellung eines gesetzlichen Vertreters hat. ³Werden die Festsetzung des angemessenen Ausgleichs und die Festsetzung der angemessenen Abfindung beantragt, so hat es für jeden Antrag einen gemeinsamen Vertreter zu bestellen. ⁴Die Bestellung kann unterbleiben, wenn die Wahrung der Rechte dieser außenstehenden Aktionäre auf andere Weise sichergestellt ist. ⁵Die Bestellung des gemeinsamen Vertreters hat das Landgericht in den Gesellschaftsblättern bekanntzumachen. ⁶Der Vertreter kann von der Gesellschaft den Ersatz angemessener barer Auslagen und eine Vergütung für seine Tätigkeit verlangen. ⁷Die Auslagen und die Vergütung setzt das Landgericht fest. ⁸Es kann der Gesellschaft auf Verlangen des Vertreters die Zahlung von Vorschüssen aufgeben. ⁹Aus der Festsetzung findet die Zwangsvollstreckung nach der Zivilprozeßordnung statt.

(5) Das Landgericht hat seine Entscheidung den Vertragsteilen des Unternehmensvertrags sowie den Antragstellern nach § 304 Abs. 4, § 305 Abs. 5, den außenstehenden Aktionären, die eigene Anträge nach Absatz 3 Satz 2 gestellt haben, und, wenn ein gemeinsamer Vertreter bestellt ist, diesem zuzustellen.

(6) Der Vorstand der Gesellschaft hat die rechtskräftige Entscheidung ohne Gründe in den Gesellschaftsblättern bekanntzumachen.

(7) ¹Für die Kosten des Verfahrens gilt die Kostenordnung. ²Für das Verfahren des ersten Rechtszugs wird das Doppelte der vollen Gebühr erhoben. ³Für den zweiten Rechtszug wird die gleiche Gebühr erhoben; dies gilt auch dann, wenn die Beschwerde Erfolg hat. ⁴Wird der Antrag oder die Beschwerde zurückgenommen, bevor es zu einer Entscheidung kommt, so ermäßigt sich die Gebühr auf die Hälfte. ⁵Der Geschäftswert ist von Amts wegen festzusetzen. ⁶Er bestimmt sich nach § 30 Abs. 1 der Kostenordnung. ⁷Kostenvorschüsse werden nicht erhoben. ⁸Schuldner der Kosten sind die Vertragsteile des Unternehmensvertrags. ⁹Die Kosten können jedoch ganz oder zum Teil einem anderen Beteiligten auferlegt werden, wenn dies der Billigkeit entspricht.

§ 307. Vertragsbeendigung zur Sicherung außenstehender Aktionäre. Hat die Gesellschaft im Zeitpunkt der Beschlußfassung ihrer Hauptversammlung über einen Beherrschungs- oder Gewinnabführungsvertrag keinen außenstehenden Aktionär, so endet der Vertrag spätestens zum Ende des Geschäftsjahrs, in dem ein außenstehender Aktionär beteiligt ist.

Zweiter Teil. Leitungsmacht und Verantwortlichkeit bei Abhängigkeit von Unternehmen

Erster Abschnitt. Leitungsmacht und Verantwortlichkeit bei Bestehen eines Beherrschungsvertrags

§ 308. Leitungsmacht. (1) ¹Besteht ein Beherrschungsvertrag, so ist das herrschende Unternehmen berechtigt, dem Vorstand der Gesellschaft hinsichtlich der Leitung der Gesellschaft Weisungen zu erteilen. ²Bestimmt der Vertrag nichts anderes, so können auch Weisungen erteilt werden, die für die Gesellschaft nachteilig sind, wenn sie den Belangen des herrschenden Unternehmens oder der mit ihm und der Gesellschaft konzernverbundenen Unternehmen dienen.

(2) ¹Der Vorstand ist verpflichtet, die Weisungen des herrschenden Unternehmens zu befolgen. ²Er ist nicht berechtigt, die Befolgung einer Weisung zu verweigern, weil sie nach seiner Ansicht nicht den Belangen des herrschenden Unternehmens oder der mit ihm und der Gesellschaft konzernverbundenen Unternehmen dient, es sei denn, daß sie offensichtlich nicht diesen Belangen dient.

(3) ¹Wird der Vorstand angewiesen, ein Geschäft vorzunehmen, das nur mit Zustimmung des Aufsichtsrats der Gesellschaft vorgenommen werden darf, und wird diese Zustimmung nicht innerhalb einer angemessenen Frist erteilt, so hat der Vorstand dies dem herrschenden Unternehmen mitzuteilen. ²Wiederholt das herrschende Unternehmen nach dieser Mitteilung die Weisung, so ist die Zustimmung des Aufsichtsrats nicht mehr erforderlich; die Weisung darf, wenn das herrschende Unternehmen einen Aufsichtsrat hat, nur mit dessen Zustimmung wiederholt werden.

§ 309. Verantwortlichkeit der gesetzlichen Vertreter des herrschenden Unternehmens. (1) Besteht ein Beherrschungsvertrag, so haben die gesetzlichen Vertreter (beim Einzelkaufmann der Inhaber) des herrschenden Unternehmens gegenüber der Gesellschaft bei der Erteilung von Weisungen an diese die Sorgfalt eines ordentlichen und gewissenhaften Geschäftsleiters anzuwenden.

(2) ¹Verletzen sie ihre Pflichten, so sind sie der Gesellschaft zum Ersatz des daraus entstehenden Schadens als Gesamtschuldner verpflichtet. ²Ist streitig, ob sie die Sorgfalt eines ordentlichen und gewissenhaften Geschäftsleiters angewandt haben, so trifft sie die Beweislast.

(3) ¹Die Gesellschaft kann erst drei Jahre nach der Entstehung des Anspruchs und nur dann auf Ersatzansprüche verzichten oder sich über sie vergleichen, wenn die außenstehenden Aktionäre durch Sonderbeschluß zustimmen und nicht eine Minderheit, deren Anteile zusammen den zehnten Teil des bei der Beschlußfassung vertretenen Grundkapitals erreichen, zur Niederschrift Widerspruch erhebt. ²Die zeitliche Beschränkung gilt nicht, wenn der Ersatzpflichtige zahlungsunfähig ist und sich zur Abwendung oder Beseitigung des Konkursverfahrens mit seinen Gläubigern vergleicht.

(4) ¹Der Ersatzanspruch der Gesellschaft kann auch von jedem Aktionär geltend gemacht werden. ²Der Aktionär kann jedoch nur Leistung an die Gesellschaft fordern. ³Der Ersatzanspruch kann ferner von den Gläubigern der Gesellschaft geltend gemacht werden, soweit sie von dieser keine Befriedigung erlangen können. ⁴Den Gläubigern gegenüber wird die Ersatzpflicht durch einen Verzicht oder Vergleich der Gesellschaft nicht ausgeschlossen. ⁵Ist über das Vermögen der Gesellschaft das Konkursverfahren eröffnet, so übt während dessen Dauer der Konkursverwalter das Recht der Aktionäre und Gläubiger, den Ersatzanspruch der Gesellschaft geltend zu machen, aus.

(5) Die Ansprüche aus diesen Vorschriften verjähren in fünf Jahren.

§ 310. Verantwortlichkeit der Verwaltungsmitglieder der Gesellschaft.
(1) ¹Die Mitglieder des Vorstands und des Aufsichtsrats der Gesellschaft haften neben dem Ersatzpflichtigen nach § 309 als Gesamtschuldner, wenn sie unter Verletzung ihrer Pflichten gehandelt haben. ²Ist streitig, ob sie die Sorgfalt eines

ordentlichen und gewissenhaften Geschäftsleiters angewandt haben, so trifft sie die Beweislast.

(2) Dadurch, daß der Aufsichtsrat die Handlung gebilligt hat, wird die Ersatzpflicht nicht ausgeschlossen.

(3) Eine Ersatzpflicht der Verwaltungsmitglieder der Gesellschaft besteht nicht, wenn die schädigende Handlung auf einer Weisung beruht, die nach § 308 Abs. 2 zu befolgen war.

(4) § 309 Abs. 3 bis 5 ist anzuwenden.

Zweiter Abschnitt. Verantwortlichkeit bei Fehlen eines Beherrschungsvertrags

§ 311. Schranken des Einflusses. (1) Besteht kein Beherrschungsvertrag, so darf ein herrschendes Unternehmen seinen Einfluß nicht dazu benutzen, eine abhängige Aktiengesellschaft oder Kommanditgesellschaft auf Aktien zu veranlassen, ein für sie nachteiliges Rechtsgeschäft vorzunehmen oder Maßnahmen zu ihrem Nachteil zu treffen oder zu unterlassen, es sei denn, daß die Nachteile ausgeglichen werden.

(2) ¹Ist der Ausgleich nicht während des Geschäftsjahrs tatsächlich erfolgt, so muß spätestens am Ende des Geschäftsjahrs, in dem der abhängigen Gesellschaft der Nachteil zugefügt worden ist, bestimmt werden, wann und durch welche Vorteile der Nachteil ausgeglichen werden soll. ²Auf die zum Ausgleich bestimmten Vorteile ist der abhängigen Gesellschaft ein Rechtsanspruch zu gewähren.

§ 312.* Bericht des Vorstands über Beziehungen zu verbundenen Unternehmen. (1) ¹Besteht kein Beherrschungsvertrag, so hat der Vorstand einer abhängigen Gesellschaft in den ersten drei Monaten des Geschäftsjahrs einen Bericht über die Beziehungen der Gesellschaft zu verbundenen Unternehmen aufzustellen. ²In dem Bericht sind alle Rechtsgeschäfte, welche die Gesellschaft im vergangenen Geschäftsjahr mit dem herrschenden Unternehmen oder einem mit ihm verbundenen Unternehmen oder auf Veranlassung oder im Interesse dieser Unternehmen vorgenommen hat, und alle anderen Maßnahmen, die sie auf Veranlassung oder im Interesse dieser Unternehmen im vergangenen Geschäftsjahr getroffen oder unterlassen hat, aufzuführen. ³Bei den Rechtsgeschäften sind Leistung und Gegenleistung, bei den Maßnahmen die Gründe der Maßnahme und deren Vorteile und Nachteile für die Gesellschaft anzugeben. ⁴Bei einem Ausgleich von Nachteilen ist im einzelnen anzugeben, wie der Ausgleich während des Geschäftsjahrs tatsächlich erfolgt ist, oder auf welche Vorteile der Gesellschaft ein Rechtsanspruch gewährt worden ist.

(2) Der Bericht hat den Grundsätzen einer gewissenhaften und getreuen Rechenschaft zu entsprechen.

(3) ¹Am Schluß des Berichts hat der Vorstand zu erklären, ob die Gesellschaft nach den Umständen, die ihm in dem Zeitpunkt bekannt waren, in dem das Rechtsgeschäft vorgenommen oder die Maßnahme getroffen oder unterlassen wurde, bei jedem Rechtsgeschäft eine angemessene Gegenleistung erhielt und dadurch, daß die Maßnahme getroffen oder unterlassen wurde, nicht benachteiligt wurde. ²Wurde die Gesellschaft benachteiligt, so hat er außerdem zu erklären, ob

---

* § 312 Abs. 3 Satz 3 geändert durch Bilanzrichtlinien-Gesetz vom 19. 12. 1985 (BGBl. I S. 2355).

die Nachteile ausgeglichen worden sind. ³Die Erklärung ist auch in den Lagebericht aufzunehmen.

§ 313.* Prüfung durch den Abschlußprüfer. (1) ¹Ist der Jahresabschluß durch einen Abschlußprüfer zu prüfen, so ist gleichzeitig mit dem Jahresabschluß und dem Lagebericht auch der Bericht über die Beziehungen zu verbundenen Unternehmen dem Abschlußprüfer vorzulegen. ²Er hat zu prüfen, ob
1. die tatsächlichen Angaben des Berichts richtig sind,
2. bei den im Bericht aufgeführten Rechtsgeschäften nach den Umständen, die im Zeitpunkt ihrer Vornahme bekannt waren, die Leistung der Gesellschaft nicht unangemessen hoch war; soweit sie dies war, ob die Nachteile ausgeglichen worden sind,
3. bei den im Bericht aufgeführten Maßnahmen keine Umstände für eine wesentlich andere Beurteilung als die durch den Vorstand sprechen.

³§ 320 Abs. 1 Satz 2 und Abs. 2 Satz 1 und 2 des Handelsgesetzbuchs gilt sinngemäß. ⁴Die Rechte nach dieser Vorschrift hat der Abschlußprüfer auch gegenüber einem Konzernunternehmen sowie gegenüber einem abhängigen oder herrschenden Unternehmen.

(2) ¹Der Abschlußprüfer hat über das Ergebnis der Prüfung schriftlich zu berichten. ²Stellt er bei der Prüfung des Jahresabschlusses, des Lageberichts und des Berichts über die Beziehungen zu verbundenen Unternehmen fest, daß dieser Bericht unvollständig ist, so hat er auch hierüber zu berichten. ³Der Abschlußprüfer hat seinen Bericht zu unterzeichnen und dem Vorstand vorzulegen.

(3) ¹Sind nach dem abschließenden Ergebnis der Prüfung keine Einwendungen zu erheben, so hat der Abschlußprüfer dies durch folgenden Vermerk zum Bericht über die Beziehungen zu verbundenen Unternehmen zu bestätigen:

²Nach meiner/unserer pflichtmäßigen Prüfung und Beurteilung bestätige ich/bestätigen wir, daß
1. die tatsächlichen Angaben des Berichts richtig sind,
2. bei den im Bericht aufgeführten Rechtsgeschäften die Leistung der Gesellschaft nicht unangemessen hoch war oder Nachteile ausgeglichen worden sind,
3. bei den im Bericht aufgeführten Maßnahmen keine Umstände für eine wesentlich andere Beurteilung als die durch den Vorstand sprechen.

³Führt der Bericht kein Rechtsgeschäft auf, so ist Nummer 2, führt er keine Maßnahme auf, so ist Nummer 3 des Vermerks fortzulassen. ⁴Hat der Abschlußprüfer bei keinem im Bericht aufgeführten Rechtsgeschäft festgestellt, daß die Leistung der Gesellschaft unangemessen hoch war, so ist Nummer 2 des Vermerks auf diese Bestätigung zu beschränken.

(4) ¹Sind Einwendungen zu erheben oder hat der Abschlußprüfer festgestellt, daß der Bericht über die Beziehungen zu verbundenen Unternehmen unvollständig ist, so hat er die Bestätigung einzuschränken oder zu versagen. ²Hat der Vorstand selbst erklärt, daß die Gesellschaft durch bestimmte Rechtsgeschäfte oder Maßnahmen benachteiligt worden ist, ohne daß die Nachteile ausgeglichen

---

* § 313 Überschrift, Abs. 1 Satz 2, Abs. 3 Sätze 1 und 4, Abs. 4 Satz 1 und Abs. 5 Satz 1 geändert, Abs. 1 Sätze 1 und 3 und Abs. 2 neu gefaßt sowie Abs. 1 Satz 4 angefügt durch Bilanzrichtlinien-Gesetz vom 19. 12. 1985 (BGBl. I S. 2355).

worden sind, so ist dies in dem Vermerk anzugeben und der Vermerk auf die übrigen Rechtsgeschäfte oder Maßnahmen zu beschränken.

(5) ¹Der Abschlußprüfer hat den Bestätigungsvermerk mit Angabe von Ort und Tag zu unterzeichnen. ²Der Bestätigungsvermerk ist auch in den Prüfungsbericht aufzunehmen.

§ 314.* Prüfung durch den Aufsichtsrat. (1) ¹Der Vorstand hat den Bericht über die Beziehungen zu verbundenen Unternehmen und, wenn der Jahresabschluß durch einen Abschlußprüfer zu prüfen ist, den Prüfungsbericht des Abschlußprüfers zusammen mit den in § 170 angegebenen Vorlagen dem Aufsichtsrat vorzulegen. ²Jedes Aufsichtsratsmitglied hat das Recht, von den Berichten Kenntnis zu nehmen. ³Die Berichte sind auch jedem Aufsichtsratsmitglied auf Verlangen auszuhändigen, soweit der Aufsichtsrat nichts anderes beschlossen hat.

(2) ¹Der Aufsichtsrat hat den Bericht über die Beziehungen zu verbundenen Unternehmen zu prüfen und in seinem Bericht an die Hauptversammlung (§ 171 Abs. 2) über das Ergebnis der Prüfung zu berichten. ²Ist der Jahresabschluß durch einen Abschlußprüfer zu prüfen, so hat der Aufsichtsrat in diesem Bericht ferner zu dem Ergebnis der Prüfung des Berichts über die Beziehungen zu verbundenen Unternehmen durch den Abschlußprüfer Stellung zu nehmen. ³Ein von dem Abschlußprüfer erteilter Bestätigungsvermerk ist in den Bericht aufzunehmen, eine Versagung des Bestätigungsvermerks ausdrücklich mitzuteilen.

(3) Am Schluß des Berichts hat der Aufsichtsrat zu erklären, ob nach dem abschließenden Ergebnis seiner Prüfung Einwendungen gegen die Erklärung des Vorstands am Schluß des Berichts über die Beziehungen zu verbundenen Unternehmen zu erheben sind.

(4) Ist der Jahresabschluß durch einen Abschlußprüfer zu prüfen, so hat der Abschlußprüfer auf Verlangen des Aufsichtsrats an dessen Verhandlung über den Bericht über die Beziehungen zu verbundenen Unternehmen teilzunehmen.

§ 315.** Sonderprüfung. ¹Auf Antrag eines Aktionärs hat das Gericht Sonderprüfer zur Prüfung der geschäftlichen Beziehungen der Gesellschaft zu dem herrschenden Unternehmen oder einem mit ihm verbundenen Unternehmen zu bestellen, wenn

1. der Abschlußprüfer den Bestätigungsvermerk zum Bericht über die Beziehungen zu verbundenen Unternehmen eingeschränkt oder versagt hat,
2. der Aufsichtsrat erklärt hat, daß Einwendungen gegen die Erklärung des Vorstands am Schluß des Berichts über die Beziehungen zu verbundenen Unternehmen zu erheben sind,
3. der Vorstand selbst erklärt hat, daß die Gesellschaft durch bestimmte Rechtsgeschäfte oder Maßnahmen benachteiligt worden ist, ohne daß die Nachteile ausgeglichen worden sind.

²Gegen die Entscheidung ist die sofortige Beschwerde zulässig. ³Hat die Hauptversammlung zur Prüfung derselben Vorgänge Sonderprüfer bestellt, so kann jeder Aktionär den Antrag nach § 142 Abs. 4 stellen.

---

* § 314 Abs. 1 Satz 1 und Abs. 2 Satz 3 geändert, Abs. 2 Satz 2 und Abs. 4 neu gefaßt durch Bilanzrichtlinien-Gesetz vom 19. 12. 1985 (BGBl. I S. 2355).
** § 315 Satz 1 Nr. 1 geändert durch Bilanzrichtlinien-Gesetz vom 19. 12. 1985 (BGBl. I S. 2355).

§ 316. Kein Bericht über Beziehungen zu verbundenen Unternehmen bei Gewinnabführungsvertrag.
§§ 312 bis 315 gelten nicht, wenn zwischen der abhängigen Gesellschaft und dem herrschenden Unternehmen ein Gewinnabführungsvertrag besteht.

§ 317. Verantwortlichkeit des herrschenden Unternehmens und seiner gesetzlichen Vertreter.
(1) ¹Veranlaßt ein herrschendes Unternehmen eine abhängige Gesellschaft, mit der kein Beherrschungsvertrag besteht, ein für sie nachteiliges Rechtsgeschäft vorzunehmen oder zu ihrem Nachteil eine Maßnahme zu treffen oder zu unterlassen, ohne daß es den Nachteil bis zum Ende des Geschäftsjahrs tatsächlich ausgleicht oder der abhängigen Gesellschaft einen Rechtsanspruch auf einen zum Ausgleich bestimmten Vorteil gewährt, so ist es der Gesellschaft zum Ersatz des ihr daraus entstehenden Schadens verpflichtet. ²Es ist auch den Aktionären zum Ersatz des ihnen daraus entstehenden Schadens verpflichtet, soweit sie, abgesehen von einem Schaden, der ihnen durch Schädigung der Gesellschaft zugefügt worden ist, geschädigt worden sind.

(2) Die Ersatzpflicht tritt nicht ein, wenn auch ein ordentlicher und gewissenhafter Geschäftsleiter einer unabhängigen Gesellschaft das Rechtsgeschäft vorgenommen oder die Maßnahme getroffen oder unterlassen hätte.

(3) Neben dem herrschenden Unternehmen haften als Gesamtschuldner die gesetzlichen Vertreter des Unternehmens, die die Gesellschaft zu dem Rechtsgeschäft oder der Maßnahme veranlaßt haben.

(4) § 309 Abs. 3 bis 5 gilt sinngemäß.

§ 318. Verantwortlichkeit der Verwaltungsmitglieder der Gesellschaft.
(1) ¹Die Mitglieder des Vorstands der Gesellschaft haften neben den nach § 317 Ersatzpflichtigen als Gesamtschuldner, wenn sie es unter Verletzung ihrer Pflichten unterlassen haben, das nachteilige Rechtsgeschäft oder die nachteilige Maßnahme in dem Bericht über die Beziehungen der Gesellschaft zu verbundenen Unternehmen aufzuführen oder anzugeben, daß die Gesellschaft durch das Rechtsgeschäft oder die Maßnahme benachteiligt wurde und der Nachteil nicht ausgeglichen worden war. ²Ist streitig, ob sie die Sorgfalt eines ordentlichen und gewissenhaften Geschäftsleiters angewandt haben, so trifft sie die Beweislast.

(2) Die Mitglieder des Aufsichtsrats der Gesellschaft haften neben den nach § 317 Ersatzpflichtigen als Gesamtschuldner, wenn sie hinsichtlich des nachteiligen Rechtsgeschäfts oder der nachteiligen Maßnahme ihre Pflicht, den Bericht über die Beziehungen zu verbundenen Unternehmen zu prüfen und über das Ergebnis der Prüfung an die Hauptversammlung zu berichten (§ 314), verletzt haben; Absatz 1 Satz 2 gilt sinngemäß.

(3) Der Gesellschaft und auch den Aktionären gegenüber tritt die Ersatzpflicht nicht ein, wenn die Handlung auf einem gesetzmäßigen Beschluß der Hauptversammlung beruht.

(4) § 309 Abs. 3 bis 5 gilt sinngemäß.

Dritter Teil. Eingegliederte Gesellschaften

§ 319. Eingliederung. (1) ¹Die Hauptversammlung einer Aktiengesellschaft kann die Eingliederung der Gesellschaft in eine andere Aktiengesellschaft mit Sitz im Inland (Hauptgesellschaft) beschließen, wenn sich alle Aktien der Gesellschaft in der Hand der zukünftigen Hauptgesellschaft befinden. ²Auf den Beschluß sind die Bestimmungen des Gesetzes und der Satzung über Satzungsänderungen nicht anzuwenden.

(2) ¹Der Beschluß über die Eingliederung wird nur wirksam, wenn die Hauptversammlung der zukünftigen Hauptgesellschaft zustimmt. ²Der Beschluß über die Zustimmung bedarf einer Mehrheit, die mindestens drei Viertel des bei der Beschlußfassung vertretenen Grundkapitals umfaßt. ³Die Satzung kann eine größere Kapitalmehrheit und weitere Erfordernisse bestimmen. ⁴Absatz 1 Satz 2 ist anzuwenden. ⁵Jedem Aktionär ist auf Verlangen in der Hauptversammlung, die über die Zustimmung beschließt, Auskunft auch über alle im Zusammenhang mit der Eingliederung wesentlichen Angelegenheiten der einzugliedernden Gesellschaft zu geben.

(3) ¹Der Vorstand der einzugliedernden Gesellschaft hat die Eingliederung und die Firma der Hauptgesellschaft zur Eintragung in das Handelsregister anzumelden. ²Bei der Anmeldung hat der Vorstand zu erklären, daß die Hauptversammlungsbeschlüsse innerhalb der Anfechtungsfrist nicht angefochten worden sind oder daß die Anfechtung rechtskräftig zurückgewiesen worden ist. ³Der Anmeldung sind die Niederschriften der Hauptversammlungsbeschlüsse und ihre Anlagen in Ausfertigung oder öffentlich beglaubigter Abschrift beizufügen.

(4) Mit der Eintragung der Eingliederung in das Handelsregister des Sitzes der Gesellschaft wird die Gesellschaft in die Hauptgesellschaft eingegliedert.

§ 320. Eingliederung durch Mehrheitsbeschluß. (1) ¹Die Hauptversammlung einer Aktiengesellschaft kann die Eingliederung der Gesellschaft in eine andere Aktiengesellschaft mit Sitz im Inland auch dann beschließen, wenn sich Aktien der Gesellschaft im Gesamtnennbetrag von fünfundneunzig vom Hundert des Grundkapitals in der Hand der zukünftigen Hauptgesellschaft befinden. ²Eigene Aktien und Aktien, die einem anderen für Rechnung der Gesellschaft gehören, sind vom Grundkapital abzusetzen. ³Für die Eingliederung gelten außer § 319 Abs. 1 Satz 2, Abs. 2 bis 4 die Absätze 2 bis 7.

(2) ¹Die Bekanntmachung der Eingliederung als Gegenstand der Tagesordnung ist nur ordnungsgemäß, wenn

1. sie die Firma und den Sitz der zukünftigen Hauptgesellschaft enthält,
2. ihr eine Erklärung der zukünftigen Hauptgesellschaft beigefügt ist, in der diese den ausscheidenden Aktionären als Abfindung für ihre Aktien eigene Aktien, im Falle des Absatzes 5 Satz 3 außerdem eine Barabfindung anbietet.

²Satz 1 Nr. 2 gilt auch für die Bekanntmachung der zukünftigen Hauptgesellschaft.

(3) ¹Jedem Aktionär ist auf Verlangen in der Hauptversammlung, die über die Eingliederung beschließt, Auskunft auch über alle im Zusammenhang mit der Eingliederung wesentlichen Angelegenheiten der zukünftigen Hauptgesellschaft zu geben.

(4) ¹Mit der Eintragung der Eingliederung in das Handelsregister gehen alle Aktien, die sich nicht in der Hand der Hauptgesellschaft befinden, auf diese über. ²Sind über diese Aktien Aktienurkunden ausgegeben, so verbriefen sie bis zu ihrer Aushändigung an die Hauptgesellschaft nur den Anspruch auf Abfindung.

(5) ¹Die ausgeschiedenen Aktionäre haben Anspruch auf angemessene Abfindung. ²Als Abfindung sind ihnen eigene Aktien der Hauptgesellschaft zu gewähren. ³Ist die Hauptgesellschaft eine abhängige Gesellschaft, so sind den ausgeschiedenen Aktionären nach deren Wahl eigene Aktien der Hauptgesellschaft oder eine angemessene Barabfindung zu gewähren. ⁴Werden als Abfindung Aktien der Hauptgesellschaft gewährt, so ist die Abfindung als angemessen anzusehen, wenn die Aktien in dem Verhältnis gewährt werden, in dem bei einer Verschmelzung auf eine Aktie der Gesellschaft Aktien der Hauptgesellschaft zu gewähren wären, wobei Spitzenbeträge durch bare Zuzahlungen ausgeglichen werden können. ⁵Die angemessene Barabfindung muß die Vermögens- und Ertragslage der Gesellschaft im Zeitpunkt der Beschlußfassung ihrer Hauptversammlung über die Eingliederung berücksichtigen. ⁶Die Barabfindung sowie bare Zuzahlungen sind von der Bekanntmachung der Eintragung der Eingliederung an mit fünf vom Hundert jährlich zu verzinsen; die Geltendmachung eines weiteren Schadens ist nicht ausgeschlossen.

(6) ¹Die Anfechtung des Beschlusses, durch den die Hauptversammlung der eingegliederten Gesellschaft die Eingliederung der Gesellschaft beschlossen hat, kann nicht auf § 243 Abs. 2 oder darauf gestützt werden, daß die von der Hauptgesellschaft nach Absatz 2 Nr. 2 angebotene Abfindung nicht angemessen ist. ²Ist die angebotene Abfindung nicht angemessen, so hat das in § 306 bestimmte Gericht auf Antrag die angemessene Abfindung zu bestimmen. ³Das gleiche gilt, wenn die Hauptgesellschaft eine Abfindung nicht oder nicht ordnungsgemäß angeboten hat und eine hierauf gestützte Anfechtungsklage innerhalb der Anfechtungsfrist nicht erhoben oder zurückgenommen oder rechtskräftig abgewiesen worden ist.

(7) ¹Antragsberechtigt ist jeder ausgeschiedene Aktionär. ²Der Antrag kann nur binnen zwei Monaten nach dem Tage gestellt werden, an dem die Eintragung der Eingliederung in das Handelsregister nach § 10 des Handelsgesetzbuchs als bekanntgemacht gilt. ³Für das Verfahren gilt § 306 sinngemäß.

§ 321. Gläubigerschutz. (1) ¹Den Gläubigern der eingegliederten Gesellschaft, deren Forderungen begründet worden sind, bevor die Eintragung der Eingliederung in das Handelsregister bekanntgemacht worden ist, ist, wenn sie sich binnen sechs Monaten nach der Bekanntmachung zu diesem Zweck melden, Sicherheit zu leisten, soweit sie nicht Befriedigung verlangen können. ²Die Gläubiger sind in der Bekanntmachung der Eintragung auf dieses Recht hinzuweisen.

(2) Das Recht, Sicherheitsleistung zu verlangen, steht Gläubigern nicht zu, die im Falle des Konkurses ein Recht auf vorzugsweise Befriedigung aus einer Deckungsmasse haben, die nach gesetzlicher Vorschrift zu ihrem Schutz errichtet und staatlich überwacht ist.

§ 322. Haftung der Hauptgesellschaft. (1) ¹Von der Eingliederung an haftet die Hauptgesellschaft für die vor diesem Zeitpunkt begründeten Verbindlichkeiten der eingegliederten Gesellschaft den Gläubigern dieser Gesellschaft als Gesamtschuldner. ²Die gleiche Haftung trifft sie für alle Verbindlichkeiten der eingegliederten Gesellschaft, die nach der Eingliederung begründet werden. ³Eine entgegenstehende Vereinbarung ist Dritten gegenüber unwirksam.

(2) Wird die Hauptgesellschaft wegen einer Verbindlichkeit der eingegliederten Gesellschaft in Anspruch genommen, so kann sie Einwendungen, die nicht in ihrer Person begründet sind, nur insoweit geltend machen, als sie von der eingegliederten Gesellschaft erhoben werden können.

(3) ¹Die Hauptgesellschaft kann die Befriedigung des Gläubigers verweigern, solange der eingegliederten Gesellschaft das Recht zusteht, das ihrer Verbindlichkeit zugrunde liegende Rechtsgeschäft anzufechten. ²Die gleiche Befugnis hat die Hauptgesellschaft, solange sich der Gläubiger durch Aufrechnung gegen eine fällige Forderung der eingegliederten Gesellschaft befriedigen kann.

(4) Aus einem gegen die eingegliederte Gesellschaft gerichteten vollstreckbaren Schuldtitel findet die Zwangsvollstreckung gegen die Hauptgesellschaft nicht statt.

§ 323. Leitungsmacht der Hauptgesellschaft und Verantwortlichkeit der Vorstandsmitglieder. (1) ¹Die Hauptgesellschaft ist berechtigt, dem Vorstand der eingegliederten Gesellschaft hinsichtlich der Leitung der Gesellschaft Weisungen zu erteilen. ²§ 308 Abs. 2 Satz 1, Abs. 3, §§ 309, 310 gelten sinngemäß. ³§§ 311 bis 318 sind nicht anzuwenden.

(2) Leistungen der eingegliederten Gesellschaft an die Hauptgesellschaft gelten nicht als Verstoß gegen die §§ 57, 58 und 60.

§ 324.* Gesetzliche Rücklage. Gewinnabführung. Verlustübernahme.
(1) Die gesetzlichen Vorschriften über die Bildung einer gesetzlichen Rücklage, über ihre Verwendung und über die Einstellung von Beträgen in die gesetzliche Rücklage sind auf eingegliederte Gesellschaften nicht anzuwenden.

(2) ¹Auf einen Gewinnabführungsvertrag, eine Gewinngemeinschaft oder einen Teilgewinnabführungsvertrag zwischen der eingegliederten Gesellschaft und der Hauptgesellschaft sind die §§ 293 bis 296, 298 bis 303 nicht anzuwenden. ²Der Vertrag, seine Änderung und seine Aufhebung bedürfen der schriftlichen Form. ³Als Gewinn kann höchstens der ohne die Gewinnabführung entstehende Bilanzgewinn abgeführt werden. ⁴Der Vertrag endet spätestens zum Ende des Geschäftsjahrs, in dem die Eingliederung endet.

(3) Die Hauptgesellschaft ist verpflichtet, jeden bei der eingegliederten Gesellschaft sonst entstehenden Bilanzverlust auszugleichen, soweit dieser den Betrag der Kapitalrücklagen und der Gewinnrücklagen übersteigt.

§ 325.* *(aufgehoben)*

§ 326. Auskunftsrecht der Aktionäre der Hauptgesellschaft. Jedem Aktionär der Hauptgesellschaft ist über Angelegenheiten der eingegliederten Gesellschaft ebenso Auskunft zu erteilen wie über Angelegenheiten der Hauptgesellschaft.

---

* § 324 Abs. 3 geändert und § 325 aufgehoben durch Bilanzrichtlinien-Gesetz vom 19. 12. 1985 (BGBl. I S. 2355).

§ 327. Ende der Eingliederung. (1) Die Eingliederung endet
1. durch Beschluß der Hauptversammlung der eingegliederten Gesellschaft,
2. wenn die Hauptgesellschaft nicht mehr eine Aktiengesellschaft mit Sitz im Inland ist,
3. wenn sich nicht mehr alle Aktien der eingegliederten Gesellschaft in der Hand der Hauptgesellschaft befinden,
4. durch Auflösung der Hauptgesellschaft.

(2) Befinden sich nicht mehr alle Aktien der eingegliederten Gesellschaft in der Hand der Hauptgesellschaft, so hat die Hauptgesellschaft dies der eingegliederten Gesellschaft unverzüglich schriftlich mitzuteilen.

(3) Der Vorstand der bisher eingegliederten Gesellschaft hat das Ende der Eingliederung, seinen Grund und seinen Zeitpunkt unverzüglich zur Eintragung in das Handelsregister des Sitzes der Gesellschaft anzumelden.

(4) ¹Die Ansprüche gegen die frühere Hauptgesellschaft aus Verbindlichkeiten der bisher eingegliederten Gesellschaft verjähren in fünf Jahren seit dem Tage, an dem die Eintragung des Endes der Eingliederung in das Handelsregister nach § 10 des Handelsgesetzbuchs als bekanntgemacht gilt, sofern nicht der Anspruch gegen die bisher eingegliederte Gesellschaft einer kürzeren Verjährung unterliegt. ²Wird der Anspruch des Gläubigers erst nach dem Tage, an dem die Eintragung des Endes der Eingliederung in das Handelsregister als bekanntgemacht gilt, fällig, so beginnt die Verjährung mit dem Zeitpunkt der Fälligkeit.

Vierter Teil. Wechselseitig beteiligte Unternehmen

§ 328. Beschränkung der Rechte. (1) ¹Sind eine Aktiengesellschaft oder Kommanditgesellschaft auf Aktien und ein anderes Unternehmen wechselseitig beteiligte Unternehmen, so können, sobald dem einen Unternehmen das Bestehen der wechselseitigen Beteiligung bekannt geworden ist oder ihm das andere Unternehmen eine Mitteilung nach § 20 Abs. 3 oder § 21 Abs. 1 gemacht hat, Rechte aus den Anteilen, die ihm an dem anderen Unternehmen gehören, nur für höchstens den vierten Teil aller Anteile des anderen Unternehmens ausgeübt werden. ²Dies gilt nicht für das Recht auf neue Aktien bei einer Kapitalerhöhung aus Gesellschaftsmitteln. ³§ 16 Abs. 4 ist anzuwenden.

(2) Die Beschränkung des Absatzes 1 gilt nicht, wenn das Unternehmen seinerseits dem anderen Unternehmen eine Mitteilung nach § 20 Abs. 3 oder § 21 Abs. 1 gemacht hatte, bevor es von dem anderen Unternehmen eine solche Mitteilung erhalten hat und bevor ihm das Bestehen der wechselseitigen Beteiligung bekannt geworden ist.

(3) Sind eine Aktiengesellschaft oder Kommanditgesellschaft auf Aktien und ein anderes Unternehmen wechselseitig beteiligte Unternehmen, so haben die Unternehmen einander unverzüglich die Höhe ihrer Beteiligung und jede Änderung schriftlich mitzuteilen.

Fünfter Teil. Rechnungslegung im Konzern*

§§ 329–336.** *(aufgehoben)*

§ 337.** **Vorlage des Konzernabschlusses und des Konzernlageberichts.**
(1) ¹Unverzüglich nach Eingang des Prüfungsberichts des Abschlußprüfers hat der Vorstand des Mutterunternehmens den Konzernabschluß, den Konzernlagebericht und den Prüfungsbericht dem Aufsichtsrat des Mutterunternehmens zur Kenntnisnahme vorzulegen. ²Jedes Aufsichtsratsmitglied hat das Recht, von den Vorlagen Kenntnis zu nehmen. ³Die Vorlagen sind auch jedem Aufsichtsratsmitglied auf Verlangen auszuhändigen, soweit der Aufsichtsrat nichts anderes beschlossen hat.

(2) ¹Ist der Konzernabschluß auf den Stichtag des Jahresabschlusses des Mutterunternehmens aufgestellt worden, so sind der Konzernabschluß und der Konzernlagebericht der Hauptversammlung vorzulegen, die diesen Jahresabschluß entgegennimmt oder festzustellen hat. ²Weicht der Stichtag des Konzernabschlusses vom Stichtag des Jahresabschlusses des Mutterunternehmens ab, so sind der Konzernabschluß und der Konzernlagebericht der Hauptversammlung vorzulegen, die den nächsten auf den Stichtag des Konzernabschlusses folgenden Jahresabschluß entgegennimmt oder festzustellen hat.

(3) Auf die Auslegung des Konzernabschlusses und des Konzernlageberichts und die Erteilung von Abschriften ist § 175 Abs. 2, auf die Vorlage an die Hauptversammlung und die Berichterstattung des Vorstandes ist § 176 Abs. 1 entsprechend anzuwenden.

(4) Die Auskunftspflicht des Vorstands des Mutterunternehmens in der Hauptversammlung, der der Konzernabschluß und der Konzernlagebericht vorgelegt werden, erstreckt sich auch auf die Lage des Konzerns und der in den Konzernabschluß einbezogenen Unternehmen.

§ 338.** *(aufgehoben)*

---

* Beachte hierzu auch die Übergangsvorschriften in Art. 23 ff. EGHGB; abgedruckt unter Nr. **2**. Nach Art. 23 Abs. 2 Satz 1 EGHGB sind insbesondere die Vorschriften über den Konzernabschluß und den Konzernlagebericht sowie über die Pflicht zur Offenlegung dieser und der dazu gehörenden Unterlagen erstmals auf das nach dem 31. 12. 1989 beginnende Geschäftsjahr anzuwenden. Die neuen, hier abgedruckten Vorschriften können auf ein früheres Geschäftsjahr angewendet werden, jedoch nur insgesamt. **Vom Abdruck der in der Übergangszeit weitergeltenden §§ 329 bis 338 AktG alter Fassung wurde abgesehen.**
Beachte außerdem Gesetz über die Rechnungslegung von bestimmten Unternehmen und Konzernen (sog. Publizitätsgesetz) vom 15. 8. 1969 (BGBl. I S. 1189, ber. 1970 I S. 1113) – abgedruckt unter Nr. **12** –, das für die in § 1 Abs. 1 dieses Gesetzes genannten Großunternehmen und die in § 11 Abs. 1 dieses Gesetzes genannten Großkonzerne gilt.
** §§ 329 bis 336 und 338 aufgehoben, § 337 Überschrift geändert sowie Abs. 1 bis 3 neu gefaßt und Abs. 4 geändert durch Bilanzrichtlinien-Gesetz vom 19. 12. 1985 (BGBl. I S. 2355).

Viertes Buch. Verschmelzung. Vermögensübertragung. Umwandlung

Erster Teil. Verschmelzung

Erster Abschnitt. Verschmelzung von Aktiengesellschaften

§ 339.* **Wesen der Verschmelzung.** (1) ¹Aktiengesellschaften können ohne Abwicklung vereinigt (verschmolzen) werden. ²Die Verschmelzung kann erfolgen

1. durch Übertragung des Vermögens einer Gesellschaft oder mehrerer Gesellschaften (übertragende Gesellschaften) als Ganzes auf eine andere Gesellschaft (übernehmende Gesellschaft) gegen Gewährung von Aktien dieser Gesellschaft (Verschmelzung durch Aufnahme);
2. durch Bildung einer neuen Aktiengesellschaft, auf die das Vermögen jeder der sich vereinigenden Gesellschaften als Ganzes gegen Gewährung von Aktien der neuen Gesellschaft übergeht (Verschmelzung durch Neubildung).

(2) Die Verschmelzung ist auch zulässig, wenn die übertragenden oder sich vereinigenden Gesellschaften aufgelöst sind und die Fortsetzung dieser Gesellschaften beschlossen werden könnte.

Erster Unterabschnitt. Verschmelzung durch Aufnahme

§ 340.* **Vorbereitung der Verschmelzung.** (1) Die Vorstände der an der Verschmelzung beteiligten Gesellschaften schließen einen Verschmelzungsvertrag oder stellen einen schriftlichen Entwurf auf.

(2) Der Vertrag oder dessen Entwurf muß mindestens folgende Angaben enthalten:

1. die Firma und den Sitz der an der Verschmelzung beteiligten Gesellschaften;
2. die Vereinbarung über die Übertragung des Vermögens jeder übertragenden Gesellschaft als Ganzes gegen Gewährung von Aktien der übernehmenden Gesellschaft;
3. das Umtauschverhältnis der Aktien und gegebenenfalls die Höhe der baren Zuzahlung;
4. die Einzelheiten für die Übertragung der Aktien der übernehmenden Gesellschaft;
5. den Zeitpunkt, von dem an diese Aktien einen Anspruch auf einen Anteil am Bilanzgewinn gewähren, sowie alle Besonderheiten in bezug auf diesen Anspruch;

---

* § 339 Abs. 1 Nr. 1 und Abs. 2 sowie § 340 neu gefaßt durch Verschmelzungsrichtlinie-Gesetz vom 25. 10. 1982 (BGBl. I S. 1425).

1. Teil. Verschmelzung §§ 340a, 340b **AktG 10**

6. den Zeitpunkt, von dem an die Handlungen der übertragenden Gesellschaften als für Rechnung der übernehmenden Gesellschaft vorgenommen gelten;
7. die Rechte, welche die übernehmende Gesellschaft einzelnen Aktionären sowie den Inhabern von Vorzugsaktien, Mehrstimmrechtsaktien, Schuldverschreibungen und Genußscheinen gewährt, oder die für diese Personen vorgesehenen Maßnahmen;
8. jeden besonderen Vorteil, der einem Mitglied des Vorstands oder des Aufsichtsrats der an der Verschmelzung beteiligten Gesellschaften oder einem Verschmelzungsprüfer gewährt wird.

§ 340a.* Verschmelzungsbericht. ¹Die Vorstände jeder der an der Verschmelzung beteiligten Gesellschaften haben einen ausführlichen schriftlichen Bericht zu erstatten, in dem der Verschmelzungsvertrag oder dessen Entwurf und insbesondere das Umtauschverhältnis der Aktien rechtlich und wirtschaftlich erläutert und begründet werden. ²Auf besondere Schwierigkeiten bei der Bewertung der Unternehmen ist hinzuweisen.

§ 340b.* Prüfung der Verschmelzung. (1) Der Verschmelzungsvertrag oder dessen Entwurf ist für jede der an der Verschmelzung beteiligten Gesellschaften durch einen oder mehrere sachverständige Prüfer (Verschmelzungsprüfer) zu prüfen.

(2) ¹Die Verschmelzungsprüfer werden für jede der beteiligten Gesellschaften von deren Vorstand bestellt. ²Die Prüfung durch einen oder mehrere Prüfer für alle beteiligten Gesellschaften reicht aus, wenn diese Prüfer auf gemeinsamen Antrag der Vorstände durch das Gericht bestellt werden. ³Gegen die Entscheidung ist die sofortige Beschwerde zulässig. ⁴Für den Ersatz von Auslagen und für die Vergütung der vom Gericht bestellten Prüfer gilt § 318 Abs. 5 des Handelsgesetzbuchs.

(3) ¹Die § 319 Abs. 1 bis 3, § 320 Abs. 1 Satz 2 und Abs. 2 Satz 1 und 2 des Handelsgesetzbuchs über die Auswahl und das Auskunftsrecht des Abschlußprüfers gelten sinngemäß für die Verschmelzungsprüfer. ²Das Auskunftsrecht besteht gegenüber allen an der Verschmelzung beteiligten Gesellschaften und gegenüber einem Konzernunternehmen sowie einem abhängigen und herrschenden Unternehmen.

(4) ¹Die Verschmelzungsprüfer haben über das Ergebnis der Prüfung schriftlich zu berichten. ²Der Prüfungsbericht kann auch gemeinsam erstattet werden. ³Er ist mit einer Erklärung darüber abzuschließen, ob das vorgeschlagene Umtauschverhältnis der Aktien angemessen ist. ⁴Dabei ist anzugeben,
1. nach welchen Methoden das vorgeschlagene Umtauschverhältnis ermittelt worden ist;
2. aus welchen Gründen die Anwendung dieser Methoden angemessen ist;
3. welches Umtauschverhältnis sich bei der Anwendung verschiedener Methoden, sofern mehrere angewendet worden sind, jeweils ergeben würde; zugleich ist darzulegen, welches Gewicht den verschiedenen Methoden bei der Bestimmung des vorgeschlagenen Umtauschverhältnisses und der ihm zugrundeliegenden

---
* §§ 340a und 340b eingefügt durch Verschmelzungsrichtlinie-Gesetz vom 25. 10. 1982 (BGBl. I S. 1425), § 340b Abs. 2 Satz 4, Abs. 3 und 5 Satz 1 geändert durch Bilanzrichtlinien-Gesetz vom 19. 12. 1985 (BGBl. I S. 2355).

Werte beigemessen worden ist und welche besonderen Schwierigkeiten bei der Bewertung der Unternehmen aufgetreten sind.

[5]In den Bericht nach Satz 1 brauchen Tatsachen nicht aufgenommen zu werden, deren Bekanntwerden geeignet ist, einer der beteiligten Gesellschaften oder einem verbundenen Unternehmen einen nicht unerheblichen Nachteil zuzufügen.

(5) [1]Für die Verantwortlichkeit der Verschmelzungsprüfer, ihrer Gehilfen und der bei der Prüfung mitwirkenden gesetzlichen Vertreter einer Prüfungsgesellschaft gilt § 323 des Handelsgesetzbuchs sinngemäß. [2]Die Verantwortlichkeit besteht gegenüber den an der Verschmelzung beteiligten Gesellschaften und deren Aktionären.

§ 340c.* Beschlüsse der Hauptversammlungen.

(1) Der Verschmelzungsvertrag wird nur wirksam, wenn die Hauptversammlung jeder Gesellschaft ihm zustimmt.

(2) [1]Der Beschluß bedarf einer Mehrheit, die mindestens drei Viertel des bei der Beschlußfassung vertretenen Grundkapitals umfaßt. [2]Die Satzung kann eine größere Kapitalmehrheit und weitere Erfordernisse bestimmen.

(3) [1]Sind mehrere Gattungen von Aktien vorhanden, so bedarf der Beschluß der Hauptversammlung zu seiner Wirksamkeit der Zustimmung der Aktionäre jeder Gattung. [2]Über die Zustimmung haben die Aktionäre jeder Gattung einen Sonderbeschluß zu fassen. [3]Für diesen gilt Absatz 2.

§ 340d.* Vorbereitung und Durchführung der Hauptversammlung.

(1) Der Verschmelzungsvertrag oder dessen Entwurf ist vor der Einberufung der Hauptversammlung, die über die Zustimmung beschließen soll, zum Handelsregister einzureichen.

(2) Von der Einberufung der Hauptversammlung an, die über die Zustimmung zum Verschmelzungsvertrag beschließen soll, sind in dem Geschäftsraum der Gesellschaft zur Einsicht der Aktionäre auszulegen

1. der Verschmelzungsvertrag oder dessen Entwurf;
2. die Jahresabschlüsse und die Lageberichte der an der Verschmelzung beteiligten Gesellschaften für die letzten drei Geschäftsjahre;
3. falls sich der letzte Jahresabschluß auf ein Geschäftsjahr bezieht, das mehr als sechs Monate vor dem Abschluß des Verschmelzungsvertrags oder der Aufstellung des Entwurfs abgelaufen ist, eine Bilanz auf einen Stichtag, der nicht vor dem ersten Tag des dritten Monats liegt, welcher dem Abschluß oder der Aufstellung vorausgeht (Zwischenbilanz);
4. die Berichte der Vorstände der an der Verschmelzung beteiligten Gesellschaften nach § 340a;
5. die Prüfungsberichte nach § 340b.

(3) [1]Die Zwischenbilanz (Absatz 2 Nr. 3) ist nach den Vorschriften aufzustellen, die auf die letzte Jahresbilanz der Gesellschaft angewendet worden sind. [2]Eine körperliche Bestandsaufnahme ist nicht erforderlich. [3]Die Wertansätze der letzten Jahresbilanz dürfen übernommen werden. [4]Dabei sind jedoch Abschreibungen, Wertberichtigungen und Rückstellungen sowie wesentliche, aus den Büchern

---

* §§ 340c und 340d eingefügt durch Verschmelzungsrichtlinie-Gesetz vom 25. 10. 1982 (BGBl. I S. 1425), § 340d Abs. 2 Nr. 2 geändert durch Bilanzrichtlinien-Gesetz vom 19. 12. 1985 (BGBl. I S. 2355).

1. Teil. Verschmelzung §§ 341–343 **AktG 10**

nicht ersichtliche Veränderungen der wirklichen Werte von Vermögensgegenständen bis zum Stichtag der Zwischenbilanz zu berücksichtigen.

(4) Auf Verlangen ist jedem Aktionär unverzüglich und kostenlos eine Abschrift der in Absatz 2 bezeichneten Unterlagen zu erteilen.

(5) ¹In der Hauptversammlung jeder Gesellschaft sind die in Absatz 2 bezeichneten Unterlagen auszulegen. ²Der Vorstand hat den Verschmelzungsvertrag oder dessen Entwurf zu Beginn der Verhandlung mündlich zu erläutern. ³Der Niederschrift ist er als Anlage beizufügen.

(6) Jedem Aktionär ist auf Verlangen in der Hauptversammlung, die über die Verschmelzung beschließt, Auskunft auch über alle für die Verschmelzung wesentlichen Angelegenheiten der anderen beteiligten Gesellschaften zu geben.

§ 341.* Verschmelzungsvertrag. (1) ¹Der Verschmelzungsvertrag bedarf der notariellen Beurkundung. ²§ 310 des Bürgerlichen Gesetzbuchs gilt für ihn nicht.

(2) ¹Soll die Wirkung des Verschmelzungsvertrags erst nach mehr als zehn Jahren eintreten, so kann jeder Teil den Vertrag nach zehn Jahren mit halbjähriger Frist kündigen. ²Gleiches gilt, wenn der Vertrag unter einer Bedingung geschlossen und diese binnen zehn Jahren nicht eingetreten ist. ³Die Kündigung ist stets nur zulässig für den Schluß des Geschäftsjahrs der Gesellschaft, der gegenüber die Kündigung erklärt wird.

§ 342. Anwendung der Vorschriften über die Nachgründung. ¹Wird der Verschmelzungsvertrag in den ersten zwei Jahren seit Eintragung der übernehmenden Gesellschaft in das Handelsregister geschlossen, so gilt § 52 Abs. 3, 4, 7 bis 9 über die Nachgründung sinngemäß. ²Dies gilt nicht, wenn der Gesamtnennbetrag der zu gewährenden Aktien den zehnten Teil des Grundkapitals dieser Gesellschaft nicht übersteigt. ³Wird zur Durchführung der Verschmelzung das Grundkapital erhöht, so ist der Berechnung das erhöhte Grundkapital zugrunde zu legen.

§ 343.** Erhöhung des Grundkapitals zur Durchführung der Verschmelzung. (1) ¹Erhöht die übernehmende Gesellschaft zur Durchführung der Verschmelzung das Grundkapital, so sind § 182 Abs. 4, § 184 Abs. 2, §§ 185, 186, 187 Abs. 1, § 188 Abs. 2 und 3 Nr. 1 nicht anzuwenden; eine Prüfung nach § 183 Abs. 3 findet nur statt, wenn das Gericht Zweifel hat, ob der Wert der Sacheinlage den Nennbetrag der dafür zu gewährenden Aktien erreicht. ²Dies gilt auch dann, wenn das Grundkapital durch Ausgabe neuer Aktien auf Grund der Ermächtigung nach § 202 erhöht wird. ³In diesem Fall ist außerdem § 203 Abs. 3 nicht anzuwenden.

(2) Der Anmeldung sind für das Gericht des Sitzes der Gesellschaft außer den Schriftstücken in § 188 Abs. 3 Nr. 2 bis 4 der Verschmelzungsvertrag und die Niederschriften der Verschmelzungsbeschlüsse in Ausfertigung oder öffentlich beglaubigter Abschrift beizufügen.

---

* § 341 Abs. 1 Satz 1 geändert durch Beurkundungsgesetz vom 28. 8. 1969 (BGBl. I S. 1513), Abs. 2 Satz 1 geändert durch Verschmelzungsrichtlinie-Gesetz vom 25. 10. 1982 (BGBl. I S. 1425).
** § 343 Abs. 1 Satz 1 Halbsatz 2 angefügt durch Gesetz vom 13. 12. 1978 (BGBl. I S. 1959).

§ 344.* Durchführung der Verschmelzung. (1) ¹Die übernehmende Gesellschaft darf zur Durchführung der Verschmelzung ihr Grundkapital nicht erhöhen, soweit sie Aktien der übertragenden Gesellschaften besitzt. ²Gleiches gilt, soweit eine übertragende Gesellschaft eigene Aktien besitzt oder soweit eine übertragende Gesellschaft Aktien der übernehmenden Gesellschaft besitzt, auf die der Nennbetrag oder der höhere Ausgabebetrag nicht voll geleistet ist. ³Die übernehmende Gesellschaft kann von der Erhöhung des Grundkapitals absehen, soweit sie eigene Aktien besitzt oder soweit eine übertragende Gesellschaft Aktien der übernehmenden Gesellschaft besitzt, auf die der Nennbetrag oder der höhere Ausgabebetrag voll geleistet ist. ⁴Dem Besitz durch eine Gesellschaft steht der Besitz durch einen im eigenen Namen, jedoch für Rechnung dieser Gesellschaft handelnden Dritten gleich.

(2) Leistet die übernehmende Gesellschaft bare Zuzahlungen, so dürfen diese nicht den zehnten Teil des Gesamtnennbetrags der gewährten Aktien der übernehmenden Gesellschaft übersteigen.

§ 345.* Anmeldung der Verschmelzung. (1) ¹Der Vorstand jeder Gesellschaft hat die Verschmelzung zur Eintragung in das Handelsregister des Sitzes seiner Gesellschaft anzumelden. ²Auch der Vorstand der übernehmenden Gesellschaft ist berechtigt, die Verschmelzung zur Eintragung in das Handelsregister des Sitzes der übertragenden Gesellschaften anzumelden.

(2) ¹Bei der Anmeldung hat der Vorstand zu erklären, daß die Verschmelzungsbeschlüsse innerhalb der Anfechtungsfrist nicht angefochten worden sind oder daß die Anfechtung rechtskräftig zurückgewiesen worden ist. ²Der Anmeldung sind in Ausfertigung oder öffentlich beglaubigter Abschrift der Verschmelzungsvertrag, die Niederschriften der Verschmelzungsbeschlüsse sowie, wenn die Verschmelzung der staatlichen Genehmigung bedarf, die Genehmigungsurkunde beizufügen.

(3) ¹Der Anmeldung zum Handelsregister des Sitzes jeder der übertragenden Gesellschaften ist ferner eine Bilanz dieser Gesellschaft beizufügen (Schlußbilanz). ²Für diese Bilanz gelten die Vorschriften über die Jahresbilanz und über die Prüfung der Jahresbilanz sinngemäß. ³Sie braucht nicht bekanntgemacht zu werden. ⁴Das Registergericht darf die Verschmelzung nur eintragen, wenn die Bilanz auf einen höchstens acht Monate vor der Anmeldung liegenden Stichtag aufgestellt worden ist.

§ 346.* Eintragung der Verschmelzung. (1) ¹Die Verschmelzung darf in das Handelsregister des Sitzes der übernehmenden Gesellschaft erst eingetragen werden, nachdem sie im Handelsregister des Sitzes der übertragenden Gesellschaften eingetragen worden ist. ²Wird zur Durchführung der Verschmelzung das Grundkapital der übernehmenden Gesellschaft erhöht, so darf die Verschmelzung nicht eingetragen werden, bevor die Durchführung der Erhöhung des Grundkapitals im Handelsregister eingetragen worden ist. ³Die Eintragung im Handelsregister des Sitzes jeder der übertragenden Gesellschaften ist mit dem Vermerk zu versehen, daß die Verschmelzung erst mit der Eintragung im Handelsregister des Sitzes der übernehmenden Gesellschaft wirksam wird.

---

* § 344 Abs. 1 neu gefaßt, § 345 Abs. 1 Satz 2 angefügt und Abs. 3 Satz 1 sowie § 346 neu gefaßt durch Verschmelzungsrichtline-Gesetz vom 25. 10. 1982 (BGBl. I S. 1425).

1. Teil. Verschmelzung § 347 **AktG 10**

(2) ¹Jede übertragende Gesellschaft hat einen Treuhänder für den Empfang der zu gewährenden Aktien und der baren Zuzahlungen zu bestellen. ²Die Verschmelzung darf erst eingetragen werden, wenn der Treuhänder dem Gericht angezeigt hat, daß er im Besitz der Aktien und der baren Zuzahlungen ist.

(3) ¹Mit der Eintragung der Verschmelzung in das Handelsregister des Sitzes der übernehmenden Gesellschaft geht das Vermögen der übertragenden Gesellschaften einschließlich der Verbindlichkeiten auf die übernehmende Gesellschaft über. ²Treffen dabei aus gegenseitigen Verträgen, die zur Zeit der Verschmelzung von keiner Seite vollständig erfüllt sind, Abnahme-, Lieferungs- oder ähnliche Verpflichtungen zusammen, die miteinander unvereinbar sind oder die beide zu erfüllen eine schwere Unbilligkeit für die übernehmende Gesellschaft bedeuten würde, so bestimmt sich der Umfang der Verpflichtungen nach Billigkeit unter Würdigung der vertraglichen Rechte aller Beteiligten.

(4) ¹Mit der Eintragung der Verschmelzung in das Handelsregister des Sitzes der übernehmenden Gesellschaft erlöschen die übertragenden Gesellschaften. ²Einer besonderen Löschung der übertragenden Gesellschaften bedarf es nicht. ³Mit der Eintragung der Verschmelzung werden die Aktionäre der übertragenden Gesellschaften Aktionäre der übernehmenden Gesellschaft; dies gilt jedoch nicht, soweit die übernehmende Gesellschaft oder ein Dritter, der im eigenen Namen, jedoch für Rechnung dieser Gesellschaft handelt, Aktien der übertragenden Gesellschaften besitzt oder soweit eine übertragende Gesellschaft eigene Aktien oder ein Dritter, der im eigenen Namen, jedoch für Rechnung dieser Gesellschaft handelt, Aktien dieser Gesellschaft besitzt.

(5) Der Mangel der notariellen Beurkundung des Verschmelzungsvertrags wird durch die Eintragung geheilt.

(6) ¹Das Gericht des Sitzes der übernehmenden Gesellschaft hat von Amts wegen dem Gericht des Sitzes jeder der übertragenden Gesellschaften den Tag der Eintragung der Verschmelzung mitzuteilen. ²Nach Eingang der Mitteilung hat das Gericht des Sitzes jeder der übertragenden Gesellschaften von Amts wegen den Tag der Eintragung der Verschmelzung im Handelsregister des Sitzes der übernehmenden Gesellschaft im Handelsregister des Sitzes der übertragenden Gesellschaft zu vermerken und die bei ihm aufbewahrten Urkunden und anderen Schriftstücke dem Gericht des Sitzes der übernehmenden Gesellschaft zur Aufbewahrung zu übersenden.

(7) ¹Für den Umtausch der Aktien der übertragenden Gesellschaften gilt § 73, bei Zusammenlegung von Aktien § 226 über die Kraftloserklärung von Aktien sinngemäß. ²Einer Genehmigung des Gerichts bedarf es nicht.

§ 347.* **Gläubigerschutz.** (1) ¹Den Gläubigern der an der Verschmelzung beteiligten Gesellschaften ist, wenn sie sich binnen sechs Monaten nach der Bekanntmachung der Eintragung der Verschmelzung in das Handelsregister des Sitzes derjenigen Gesellschaft, deren Gläubiger sie sind, zu diesem Zweck melden, Sicherheit zu leisten, soweit sie nicht Befriedigung verlangen können. ²Dieses Recht steht den Gläubigern der übernehmenden Gesellschaft jedoch nur zu, wenn sie nachweisen, daß durch die Verschmelzung die Erfüllung ihrer Forderung gefährdet wird. ³Die Gläubiger sind in der Bekanntmachung der Eintragung auf dieses Recht hinzuweisen.

---

* § 347 Abs. 1 neu gefaßt durch Verschmelzungsrichtlinie-Gesetz vom 25. 10. 1982 (BGBl. I S. 1425).

(2) Das Recht, Sicherheitsleistung zu verlangen, steht Gläubigern nicht zu, die im Fall des Konkurses ein Recht auf vorzugsweise Befriedigung aus einer Deckungsmasse haben, die nach gesetzlicher Vorschrift zu ihrem Schutz errichtet und staatlich überwacht ist.

§ 347a.* Schutz der Inhaber von Sonderrechten. Die übernehmende Gesellschaft hat den Inhabern von Wandelschuldverschreibungen, von Gewinnschuldverschreibungen und von Genußscheinen, die von den übertragenden Gesellschaften ausgegeben worden sind, Rechte zu gewähren, die denen in den übertragenden Gesellschaften gleichwertig sind.

§ 348.** Wertansätze der übernehmenden Gesellschaft. (1) Die in der Schlußbilanz einer übertragenden Gesellschaft angesetzten Werte gelten für die Jahresbilanzen der übernehmenden Gesellschaft als Anschaffungskosten im Sinne des § 253 Abs. 1 des Handelsgesetzbuchs.

(2) ¹Ist das Grundkapital der übernehmenden Gesellschaft zur Durchführung der Verschmelzung erhöht worden und übersteigt der Gesamtnennbetrag oder der höhere Gesamtausgabebetrag der für die Veräußerung des Vermögens der übertragenden Gesellschaften gewährten Aktien zuzüglich barer Zuzahlungen die in den Schlußbilanzen angesetzten Werte der einzelnen Vermögensgegenstände, so darf der Unterschied unter die Posten des Anlagevermögens aufgenommen werden. ²Der Betrag ist als Geschäfts- oder Firmenwert gesondert auszuweisen; § 255 Abs. 4 Satz 2, 3, § 285 Nr. 13 des Handelsgesetzbuchs sind anzuwenden.

§ 349.* Schadenersatzpflicht der Verwaltungsträger der übertragenden Gesellschaften. (1) ¹Die Mitglieder des Vorstands und des Aufsichtsrats einer übertragenden Gesellschaft sind als Gesamtschuldner zum Ersatz des Schadens verpflichtet, den diese Gesellschaft, ihre Aktionäre und Gläubiger durch die Verschmelzung erleiden. ²Mitglieder, die bei der Prüfung der Vermögenslage der Gesellschaften und beim Abschluß des Verschmelzungsvertrags ihre Sorgfaltspflicht beobachtet haben, sind von der Ersatzpflicht befreit.

(2) ¹Für diese Ansprüche sowie weitere Ansprüche, die sich für und gegen eine übertragende Gesellschaft nach den allgemeinen Vorschriften auf Grund der Verschmelzung ergeben, gilt diese Gesellschaft als fortbestehend. ²Forderungen und Verbindlichkeiten vereinigen sich insoweit durch die Verschmelzung nicht.

(3) Die Ansprüche aus Absatz 1 verjähren in fünf Jahren seit dem Tage, an dem die Eintragung der Verschmelzung in das Handelsregister des Sitzes der übernehmenden Gesellschaft nach § 10 des Handelsgesetzbuchs als bekanntgemacht gilt.

---

* § 347a eingefügt, § 349 Überschrift, Abs. 1 Satz 1, Abs. 3 geändert und Abs. 2 Satz 1 neu gefaßt durch Verschmelzungsrichtlinie-Gesetz vom 25. 10. 1982 (BGBl. I S. 1425).
** § 348 Abs. 1 und 2 Satz 1 geändert durch Verschmelzungsrichtlinie-Gesetz vom 25. 10. 1982 (BGBl. I S. 1425), Abs. 1 geändert und Abs. 2 Satz 2 neu gefaßt durch Bilanzrichtlinien-Gesetz vom 19. 12. 1985 (BGBl. I S. 2355).

§ 350.* **Durchführung des Schadenersatzanspruchs.** (1) ¹Die Ansprüche nach § 349 Abs. 1 und 2 können nur durch einen besonderen Vertreter geltend gemacht werden. ²Das Gericht des Sitzes einer übertragenden Gesellschaft hat einen Vertreter auf Antrag eines Aktionärs oder eines Gläubigers dieser Gesellschaft zu bestellen. ³Antragsberechtigt sind nur Aktionäre, die ihre Aktien bereits gegen Aktien der übernehmenden Gesellschaft umgetauscht haben, und nur Gläubiger, die von der übernehmenden Gesellschaft keine Befriedigung erlangen können. ⁴Gegen die Entscheidung ist die sofortige Beschwerde zulässig.

(2) ¹Der Vertreter hat unter Hinweis auf den Zweck seiner Bestellung die Aktionäre und Gläubiger der betroffenen übertragenden Gesellschaft aufzufordern, die Ansprüche nach § 349 Abs. 1 und 2 innerhalb einer angemessenen Frist, die mindestens einen Monat betragen soll, anzumelden. ²Die Aufforderung ist in den Gesellschaftsblättern dieser Gesellschaft bekanntzumachen.

(3) ¹Den Betrag, der aus der Geltendmachung der Ansprüche einer übertragenden Gesellschaft erzielt wird, hat der Vertreter zur Befriedigung der Gläubiger dieser Gesellschaft zu verwenden, soweit die Gläubiger nicht durch die übernehmende Gesellschaft befriedigt oder sichergestellt sind. ²Der Rest wird unter die Aktionäre verteilt. ³Für die Verteilung gilt § 271 Abs. 2 und 3 sinngemäß. ⁴Gläubiger und Aktionäre, die sich nicht fristgemäß gemeldet haben, werden bei der Verteilung nicht berücksichtigt.

(4) ¹Der besondere Vertreter hat Anspruch auf Ersatz angemessener barer Auslagen und auf Vergütung für seine Tätigkeit. ²Die Auslagen und die Vergütung setzt das Gericht fest. ³Es bestimmt nach den gesamten Verhältnissen des einzelnen Falls nach freiem Ermessen, in welchem Umfange die Auslagen und die Vergütung von beteiligten Aktionären und Gläubigern zu tragen sind. ⁴Gegen die Entscheidung ist die sofortige Beschwerde zulässig; die weitere Beschwerde ist ausgeschlossen. ⁵Aus der rechtskräftigen Entscheidung findet die Zwangsvollstreckung nach der Zivilprozeßordnung statt.

§ 351.* **Schadenersatzpflicht der Verwaltungsträger der übernehmenden Gesellschaft.** Die Verjährung der Ersatzansprüche, die sich nach §§ 93, 116, 117, 309, 310, 317 und 318 gegen die Mitglieder des Vorstands und des Aufsichtsrats der übernehmenden Gesellschaft auf Grund der Verschmelzung ergeben, beginnt mit dem Tage, an dem die Eintragung der Verschmelzung in das Handelsregister des Sitzes der übernehmenden Gesellschaft nach § 10 des Handelsgesetzbuchs als bekanntgemacht gilt.

§ 352.* **Nichtigkeit des Verschmelzungsbeschlusses einer übertragenden Gesellschaft.** Nach Eintragung der Verschmelzung in das Handelsregister des Sitzes der übernehmenden Gesellschaft ist eine Klage auf Feststellung der Nichtigkeit des Verschmelzungsbeschlusses einer übertragenden Gesellschaft gegen die übernehmende Gesellschaft zu richten.

---

* § 350 Abs. 1 Satz 2 und Abs. 2 geändert sowie Abs. 3 Satz 1 neu gefaßt, §§ 351 und 352 geändert durch Verschmelzungsrichtlinie-Gesetz vom 25. 10. 1982 (BGBl. I S. 1425).

§ 352a.* Wirksamkeit der Verschmelzung. Ist die Verschmelzung in das Handelsregister des Sitzes der übernehmenden Gesellschaft eingetragen, so lassen Mängel der Verschmelzung deren Wirksamkeit unberührt.

§ 352b.* Aufnahme in besonderen Fällen. (1) ¹Befinden sich wenigstens neun Zehntel des Grundkapitals einer übertragenden Gesellschaft in der Hand der übernehmenden Gesellschaft, so ist die Zustimmung der Hauptversammlung der übernehmenden Gesellschaft (§ 340c) zur Aufnahme dieser übertragenden Gesellschaft nicht erforderlich, es sei denn, daß Aktionäre der übernehmenden Gesellschaft, deren Anteile zusammen den zwanzigsten Teil des Grundkapitals dieser Gesellschaft erreichen, die Einberufung einer Hauptversammlung verlangen, in der über die Zustimmung zu der Verschmelzung beschlossen wird. ²Eigene Aktien der übertragenden Gesellschaft und Aktien, die einem anderen für Rechnung der Gesellschaft gehören, sind vom Grundkapital abzusetzen. ³Die Satzung kann das Recht, die Einberufung der Hauptversammlung zu verlangen, an den Besitz eines geringeren Anteils am Grundkapital knüpfen. ⁴Für die nach § 340d Abs. 1 und 2 bei der übernehmenden Gesellschaft erforderlichen Maßnahmen ist der Zeitpunkt maßgebend, an dem die Hauptversammlung der übertragenden Gesellschaft einberufen wird.

(2) Befinden sich alle Aktien einer übertragenden Gesellschaft in der Hand der übernehmenden Gesellschaft, so sind die Angaben über den Umtausch der Aktien (§ 340 Abs. 2 Nr. 3 bis 5) sowie eine Prüfung der Verschmelzung (§§ 340b, 340d Abs. 2 Nr. 5) nicht erforderlich, soweit sie nur die Aufnahme dieser Gesellschaft betreffen.

§ 352c.* Gerichtliche Nachprüfung des Umtauschverhältnisses. (1) ¹Die Anfechtung des Beschlusses, durch den die Hauptversammlung einer übertragenden Gesellschaft dem Verschmelzungsvertrag zugestimmt hat, kann nicht darauf gestützt werden, daß das Umtauschverhältnis der Aktien zu niedrig bemessen ist. ²Ist das Umtauschverhältnis zu niedrig bemessen, so hat das in § 306 bestimmte Gericht auf Antrag einen Ausgleich durch bare Zuzahlungen, die den zehnten Teil des Gesamtnennbetrags der gewährten Aktien übersteigen können, anzuordnen.

(2) ¹Antragsberechtigt ist jeder Aktionär einer übertragenden Gesellschaft, der gemäß § 245 Nr. 1 oder 2 zur Anfechtung des Verschmelzungsbeschlusses befugt wäre, dessen Anfechtungsrecht jedoch nach Absatz 1 Satz 1 ausgeschlossen ist. ²Der Antrag kann nur binnen zwei Monaten nach dem Tage gestellt werden, an dem die Eintragung der Verschmelzung in das Handelsregister des Sitzes der übernehmenden Gesellschaft nach § 10 des Handelsgesetzbuchs als bekanntgemacht gilt. ³Für das Verfahren gilt § 306 Abs. 1 bis 4 Satz 1, Abs. 5 bis 7 sinngemäß. ⁴Aktionäre, die einen Antrag nicht gestellt haben, können aus der Entscheidung des Gerichts keine Rechte herleiten.

---

* §§ 352a bis 352c eingefügt durch Verschmelzungsrichtlinie-Gesetz vom 25. 10. 1982 (BGBl. I S. 1425).

1. Teil. Verschmelzung § 353 **AktG 10**

Zweiter Unterabschnitt. Verschmelzung durch Neubildung

§ 353.* (1) ¹Bei Verschmelzung von Aktiengesellschaften durch Bildung einer neuen Aktiengesellschaft gelten sinngemäß §§ 340 bis 341, 344 Abs. 2, § 345 Abs. 2 und 3, § 346 Abs. 2, 5 bis 7, § 347 Abs. 1 Satz 1 und 3, Abs. 2, §§ 347a bis 350, 352, 352c. ²Jede der sich vereinigenden Gesellschaften gilt als übertragende und die neue Gesellschaft als übernehmende.

(2) Die Verschmelzung darf erst beschlossen werden, wenn jede der sich vereinigenden Gesellschaften bereits zwei Jahre im Handelsregister eingetragen ist.

(3) ¹Die Satzung der neuen Gesellschaft und die Bestellung ihrer Aufsichtsratsmitglieder bedürfen der Zustimmung der Hauptversammlungen der sich vereinigenden Gesellschaften. ²§ 124 Abs. 2 Satz 2, Abs. 3 Satz 1 und 3, § 340c Abs. 2 und 3 gelten sinngemäß.

(4) ¹Für die Bildung der neuen Gesellschaft gelten die Gründungsvorschriften des § 23 Abs. 3 und 4 und der §§ 29, 30 Abs. 1 und 4, §§ 31, 39, 41 Abs. 1 sinngemäß. ²Festsetzungen über Sondervorteile, Gründungsaufwand, Sacheinlagen und Sachübernahmen, die in den Satzungen der sich vereinigenden Gesellschaften enthalten waren, sind in die Satzung der neuen Gesellschaft zu übernehmen. ³§ 26 Abs. 4 und 5 über die Änderung und Beseitigung dieser Festsetzungen bleibt unberührt.

(5) ¹Die Vorstände der sich vereinigenden Gesellschaften haben die neue Gesellschaft bei dem Gericht, in dessen Bezirk sie ihren Sitz hat, zur Eintragung in das Handelsregister anzumelden. ²Mit der Eintragung der neuen Gesellschaft geht das Vermögen der sich vereinigenden Gesellschaften einschließlich der Verbindlichkeiten auf die neue Gesellschaft über. ³Treffen dabei aus gegenseitigen Verträgen, die zur Zeit der Verschmelzung von keiner Seite vollständig erfüllt sind, Abnahme-, Lieferungs- oder ähnliche Verpflichtungen zusammen, die miteinander unvereinbar sind oder die beide zu erfüllen eine schwere Unbilligkeit für die übernehmende Gesellschaft bedeuten würde, so bestimmt sich der Umfang der Verpflichtungen nach Billigkeit unter Würdigung der vertraglichen Rechte aller Beteiligten.

(6) ¹Mit der Eintragung der neuen Gesellschaft erlöschen die sich vereinigenden Gesellschaften. ²Einer besonderen Löschung der sich vereinigenden Gesellschaften bedarf es nicht. ³Mit der Eintragung werden die Aktionäre der sich vereinigenden Gesellschaften Aktionäre der neuen Gesellschaft; dies gilt jedoch nicht, soweit eine der sich vereinigenden Gesellschaften eigene Aktien oder ein Dritter, der im eigenen Namen, jedoch für Rechnung dieser Gesellschaft handelt, Aktien dieser Gesellschaft besitzt.

(7) ¹In die Bekanntmachung der Eintragung der neuen Gesellschaft sind außer deren Inhalt aufzunehmen:

1. die Festsetzungen nach § 23 Abs. 3 Nr. 5 und Abs. 4, §§ 24, 25 Satz 2, § 26 sowie Bestimmungen der Satzung über die Zusammensetzung des Vorstands;
2. Name, Beruf und Wohnort der Mitglieder des ersten Aufsichtsrats;
3. die Bestimmungen des Verschmelzungsvertrags über die Zahl und, wenn mehrere Gattungen bestehen, die Gattung der Aktien, welche die neue Gesellschaft den Aktionären der sich vereinigenden Gesellschaften gewährt, und über die Art und den Zeitpunkt der Zuteilung dieser Aktien.

---

* § 353 Abs. 4 geändert und Abs. 7 Satz 1 Nr. 1 neu gefaßt durch Gesetz vom 15. 8. 1969 (BGBl. I S. 1146), Abs. 1 Satz 1 neu gefaßt, Abs. 3 Satz 2, Abs. 6 Satz 3 und Abs. 7 Satz 1 Nr. 1 geändert sowie Abs. 9 angefügt durch Verschmelzungsrichtlinie-Gesetz vom 25. 10. 1982 (BGBl. I S. 1425).

10 AktG §§ 354, 355   4. Buch. Verschmelzung. Umwandlung

²Zugleich ist bekanntzumachen, daß die mit der Anmeldung eingereichten Schriftstücke bei dem Gericht eingesehen werden können.

(8) ¹Der Vorstand der neuen Gesellschaft hat die Verschmelzung zur Eintragung in die Handelsregister der sich vereinigenden Gesellschaften anzumelden. ²Die Verschmelzung darf erst eingetragen werden, wenn die neue Gesellschaft eingetragen worden ist.

(9) Ist die neue Gesellschaft in das Handelsregister eingetragen, so lassen Mängel der Verschmelzung deren Wirksamkeit unberührt.

Zweiter Abschnitt. Verschmelzung von Kommanditgesellschaften auf Aktien sowie von Kommanditgesellschaften auf Aktien und Aktiengesellschaften

§ 354.* (1) ¹Kommanditgesellschaften auf Aktien können miteinander verschmolzen werden. ²Ebenso können eine oder mehrere Kommanditgesellschaften auf Aktien mit einer Aktiengesellschaft oder eine oder mehrere Aktiengesellschaften mit einer Kommanditgesellschaft auf Aktien verschmolzen werden.

(2) ¹Für die Verschmelzung gelten die §§ 339 bis 353 sinngemäß. ²An die Stelle des Vorstands der Aktiengesellschaft treten die persönlich haftenden Gesellschafter der Kommanditgesellschaft auf Aktien.

Dritter Abschnitt.** Verschmelzung von Gesellschaften mit beschränkter Haftung mit einer Aktiengesellschaft oder einer Kommanditgesellschaft auf Aktien

§ 355. ** **Verschmelzung von Gesellschaften mit beschränkter Haftung mit einer Aktiengesellschaft.** (1) Eine oder mehrere Gesellschaften mit beschränkter Haftung können ohne Abwicklung mit einer Aktiengesellschaft durch Übertragung des Vermögens jeder der Gesellschaften als Ganzes auf die Aktiengesellschaft gegen Gewährung von Aktien dieser Gesellschaft verschmolzen werden.

(2) ¹Für die Verschmelzung gelten, soweit sich aus den Sätzen 2 und 3 und den Absätzen 3 und 4 nichts anderes ergibt, § 339 Abs. 2, §§ 340 bis 341, 343 bis 347a, 351 bis 353 sinngemäß. ²Die Einreichung des Verschmelzungsvertrags oder dessen Entwurfs zum Handelsregister (§ 340d Abs. 1) und die Auslegung der Unterlagen (§ 340d Abs. 2) sind für Gesellschaften mit beschränkter Haftung nicht erforderlich; die Bestellung eines Verschmelzungsprüfers (§ 340b) ist nur erforderlich, falls ein Gesellschafter sie verlangt. ³An die Stelle des Vorstands und der Hauptversammlung der übertragenden Aktiengesellschaft treten die Geschäftsführer und die Versammlung der Gesellschafter der Gesellschaft mit beschränkter Haftung.

---

* § 354 Abs. 1 Satz 2 neu gefaßt durch Verschmelzungsrichtlinie-Gesetz vom 25. 10. 1982 (BGBl. I S. 1425).
** Überschrift des Dritten Abschnitts, § 355 Überschrift geändert, Abs. 1 und Abs. 2 Satz 1 neu gefaßt, Satz 2 eingefügt, bisheriger Satz 2 wurde Satz 3 durch Verschmelzungsrichtlinie-Gesetz vom 25. 10. 1982 (BGBl. I S. 1425), Abs. 3 Satz 3 geändert durch Beurkundungsgesetz vom 28. 8. 1969 (BGBl. I S. 1513).

(3) ¹Der Verschmelzungsbeschluß der Versammlung der Gesellschafter bedarf einer Mehrheit von drei Vierteln der abgegebenen Stimmen. ²Der Gesellschaftsvertrag kann eine größere Mehrheit und weitere Erfordernisse bestimmen. ³Der Beschluß muß notariell beurkundet werden.

(4) Die Verschmelzung darf erst beschlossen werden, wenn die Aktiengesellschaft bereits zwei Jahre im Handelsregister eingetragen ist.

(5) ¹Die Geschäftsführer und, wenn ein Aufsichtsrat bestellt ist, die Aufsichtsratsmitglieder der Gesellschaft mit beschränkter Haftung sind als Gesamtschuldner zum Ersatz des Schadens verpflichtet, den die Gesellschaft, ihre Mitglieder und Gläubiger durch die Verschmelzung erleiden. ²Geschäftsführer und Aufsichtsratsmitglieder, die bei der Prüfung der Vermögenslage der Gesellschaften und bei Abschluß des Verschmelzungsvertrags die Sorgfalt eines ordentlichen Geschäftsleiters angewandt haben, sind von der Ersatzpflicht befreit. ³§ 349 Abs. 2 und 3, § 350 gelten sinngemäß.

§ 356.* Verschmelzung von Gesellschaften mit beschränkter Haftung mit einer Kommanditgesellschaft auf Aktien. (1) Eine oder mehrere Gesellschaften mit beschränkter Haftung können ohne Abwicklung mit einer Kommanditgesellschaft auf Aktien durch Übertragung des Vermögens jeder der Gesellschaften als Ganzes auf die Kommanditgesellschaft auf Aktien gegen Gewährung von Aktien dieser Gesellschaft verschmolzen werden.

(2) ¹Für die Verschmelzung gilt § 355 sinngemäß. ²An die Stelle des Vorstands der Aktiengesellschaft treten die persönlich haftenden Gesellschafter der Kommanditgesellschaft auf Aktien.

Vierter Abschnitt.** Verschmelzung von bergrechtlichen Gewerkschaften mit einer Aktiengesellschaft oder einer Kommanditgesellschaft auf Aktien

§ 357.** Verschmelzung von bergrechtlichen Gewerkschaften mit einer Aktiengesellschaft. (1) Eine oder mehrere bergrechtliche Gewerkschaften mit eigener Rechtspersönlichkeit können ohne Abwicklung mit einer Aktiengesellschaft durch Übertragung des Vermögens jeder der Gewerkschaften als Ganzes auf die Aktiengesellschaft gegen Gewährung von Aktien dieser Gesellschaft verschmolzen werden.

(2) ¹Für die Verschmelzung gelten, soweit sich aus den folgenden Vorschriften nichts anderes ergibt, § 339 Abs. 2, §§ 340 bis 347a, 351 bis 352b, 353 sinngemäß. ²An die Stelle des Vorstands und der Hauptversammlung der übertragenden Aktiengesellschaft treten die gesetzlichen Vertreter der Gewerkschaft und die Gewerkenversammlung.

---

* § 356 Überschrift geändert und Abs. 1 neu gefaßt durch Verschmelzungsrichtlinie-Gesetz vom 25. 10. 1982 (BGBl. I S. 1425).
** Überschrift des Vierten Abschnitts und Überschrift zu § 357 geändert, Abs. 1 neu gefaßt, Abs. 2 Satz 1 und Abs. 3 Satz 1 geändert, Abs. 4 früherer Satz 2 aufgehoben durch Verschmelzungsrichtlinie-Gesetz vom 25. 10. 1982 (BGBl. I S. 1425), Abs. 3 Satz 3 geändert durch Beurkundungsgesetz vom 28. 8. 1969 (BGBl. I S. 1513).

10 AktG §§ 358–359   4. Buch. Verschmelzung. Umwandlung

(3) ¹Für den Beschluß nach § 340c Abs. 1 bedarf es bei der übertragenden Gewerkschaft einer Mehrheit von mindestens drei Vierteln aller Kuxe. ²Die Satzung kann eine größere Mehrheit und weitere Erfordernisse bestimmen. ³Der Beschluß muß notariell beurkundet werden. ⁴Er bedarf zu seiner Wirksamkeit der Bestätigung durch die Bergbehörde, die nach dem Bergrecht für die Bestätigung der Satzung zuständig ist. ⁵Die Bergbehörde darf die Bestätigung nur versagen, wenn das öffentliche Interesse entgegensteht.

(4) Ist die Gewerkschaft nicht in das Handelsregister eingetragen, so wird auch die Verschmelzung nicht in das Handelsregister des Sitzes der Gewerkschaft eingetragen.

(5) ¹Die gesetzlichen Vertreter der Gewerkschaft und, wenn ein Aufsichtsrat bestellt ist, die Mitglieder des Aufsichtsrats der Gewerkschaft sind als Gesamtschuldner zum Ersatz des Schadens verpflichtet, den die Gewerkschaft, die Gewerken und die Gläubiger der Gewerkschaft durch die Verschmelzung erleiden. ²§ 349 Abs. 1 Satz 2, Abs. 2 und 3, § 350 gelten sinngemäß.

§ 358.* **Verschmelzung von bergrechtlichen Gewerkschaften mit einer Kommanditgesellschaft auf Aktien.** (1) Eine oder mehrere bergrechtliche Gewerkschaften mit eigener Rechtspersönlichkeit können ohne Abwicklung mit einer Kommanditgesellschaft auf Aktien durch Übertragung des Vermögens jeder der Gewerkschaften als Ganzes auf die Kommanditgesellschaft auf Aktien gegen Gewährung von Aktien dieser Gesellschaft verschmolzen werden.

(2) ¹Für die Verschmelzung gilt § 357 sinngemäß. ²An die Stelle des Vorstands der Aktiengesellschaft treten die persönlich haftenden Gesellschafter der Kommanditgesellschaft auf Aktien.

Fünfter Abschnitt.* Verschmelzung von Gesellschaften verschiedener Rechtsformen

§ 358a.* ¹Die Verschmelzung durch Übertragung des Vermögens auf eine Aktiengesellschaft oder eine Kommanditgesellschaft auf Aktien oder die Verschmelzung durch Bildung einer neuen Aktiengesellschaft oder einer neuen Kommanditgesellschaft auf Aktien kann auch durch gleichzeitige Aufnahme oder unter gleichzeitiger Beteiligung einer oder mehrerer Aktiengesellschaften, Kommanditgesellschaften auf Aktien, Gesellschaften mit beschränkter Haftung und bergrechtlichen Gewerkschaften mit eigener Rechtspersönlichkeit vorgenommen werden. ²Die Vorschriften des Ersten bis Vierten Abschnitts gelten sinngemäß.

Zweiter Teil. Vermögensübertragung

§ 359.* **Vermögensübertragung auf die öffentliche Hand.** (1) Eine Aktiengesellschaft oder Kommanditgesellschaft auf Aktien kann ihr Vermögen als Ganzes ohne Abwicklung auf den Bund, ein Land, einen Gemeindeverband oder eine Gemeinde übertragen.

---

* § 358 Überschrift geändert und Abs. 1 neu gefaßt, Fünfter Abschnitt (§ 358a) eingefügt und § 359 Abs. 2 neu gefaßt durch Verschmelzungsrichtlinie-Gesetz vom 25. 10. 1982 (BGBl. I S. 1425).

2. Teil. Vermögensübertragung §§ 360, 361 **AktG 10**

(2) ¹Für die übertragende Gesellschaft gelten § 339 Abs. 2, § 340 Abs. 1, 2 Nr. 1 bis 3, 6 bis 8, §§ 340a bis c, 340d Abs. 1 bis 5, §§ 341, 345 Abs. 1 Satz 1, Abs. 2 und 3, § 346 Abs. 3 Satz 2, Abs. 4 Satz 2, Abs. 5, § 347 Abs. 1 Satz 1 und 3, Abs. 2, §§ 348 bis 350, 352 bis 352c und bei der Übertragung des Vermögens einer Kommanditgesellschaft auf Aktien § 354 Abs. 2 Satz 2 sinngemäß. ²Für die sinngemäße Anwendung der §§ 349, 352 und 352a tritt an die Stelle des Handelsregisters des Sitzes der übernehmenden Gesellschaft das Handelsregister des Sitzes der übertragenden Gesellschaft. ³Mit der Eintragung der Vermögensübertragung in das Handelsregister des Sitzes der übertragenden Gesellschaft erlischt diese; ihr Vermögen geht einschließlich der Verbindlichkeiten auf den Übernehmer über. ⁴An die Stelle des Umtauschverhältnisses der Aktien treten Art und Höhe der Gegenleistung.

§ 360.* **Vermögensübertragung auf einen Versicherungsverein auf Gegenseitigkeit.** (1) Eine Aktiengesellschaft, die den Betrieb von Versicherungsgeschäften zum Gegenstand hat, kann ihr Vermögen als Ganzes ohne Abwicklung auf einen Versicherungsverein auf Gegenseitigkeit übertragen.

(2) ¹Für die Vermögensübertragung gelten, soweit sich aus den folgenden Vorschriften nichts anderes ergibt, § 339 Abs. 2, §§ 340 bis 341, 345, 346 Abs. 1, 3, 4 Satz 1 und 2, Abs. 5 und 6, §§ 347, 348 bis 352c sinngemäß. ²An die Stelle des Umtauschverhältnisses der Aktien treten Art und Höhe des Entgelts.

(3) ¹Der Beschluß der obersten Vertretung des Versicherungsvereins auf Gegenseitigkeit bedarf einer Mehrheit, die mindestens drei Viertel der abgegebenen Stimmen umfaßt. ²Die Satzung kann eine größere Mehrheit und weitere Erfordernisse bestimmen.

(4) ¹Die übertragende Gesellschaft hat einen Treuhänder für den Empfang des Entgelts zu bestellen. ²Die Vermögensübertragung darf erst eingetragen werden, wenn der Treuhänder dem Gericht angezeigt hat, daß er im Besitz des Entgelts ist.

(5) Die Urkunden über die Genehmigung nach § 14 des Versicherungsaufsichtsgesetzes sind der Anmeldung der Vermögensübertragung zum Handelsregister beizufügen.

§ 361. Vermögensübertragung in anderer Weise. (1) ¹Ein Vertrag, durch den sich eine Aktiengesellschaft oder eine Kommanditgesellschaft auf Aktien zur Übertragung des ganzen Gesellschaftsvermögens verpflichtet, ohne daß die Übertragung unter die §§ 339 bis 360 fällt, wird nur mit Zustimmung der Hauptversammlung wirksam. ²Der Beschluß bedarf einer Mehrheit, die mindestens drei Viertel der bei der Beschlußfassung vertretenen Grundkapitals umfaßt. ³Die Satzung kann eine größere Kapitalmehrheit und weitere Erfordernisse bestimmen. ⁴Für den Vertrag gilt § 341 Abs. 1.

(2) ¹Der Vertrag ist von der Einberufung der Hauptversammlung an, die über die Zustimmung beschließen soll, in dem Geschäftsraum der Gesellschaft zur Einsicht der Aktionäre auszulegen. ²Auf Verlangen ist jedem Aktionär unverzüglich eine Abschrift zu erteilen. ³In der Hauptversammlung ist der Vertrag auszulegen. ⁴Der Vorstand hat ihn zu Beginn der Verhandlung zu erläutern. ⁵Der Niederschrift ist er als Anlage beizufügen.

---

* § 360 Abs. 2 neu gefaßt durch Verschmelzungsrichtlinie-Gesetz vom 25. 10. 1982 (BGBl. I S. 1425), Abs. 5 geändert durch Gesetz vom 29. 3. 1983 (BGBl. I S. 377).

10 AktG §§ 362, 363 4. Buch. Verschmelzung. Umwandlung

(3) ¹Wird aus Anlaß der Übertragung des Gesellschaftsvermögens die Auflösung der Gesellschaft beschlossen, so gelten §§ 264 bis 273. ²Der Anmeldung der Auflösung der Gesellschaft ist der Vertrag in Ausfertigung oder öffentlich beglaubigter Abschrift beizufügen.

Dritter Teil. Umwandlung*

Erster Abschnitt. Umwandlung einer Aktiengesellschaft in eine Kommanditgesellschaft auf Aktien

§ 362. ** **Voraussetzungen.** (1) Eine Aktiengesellschaft kann in eine Kommanditgesellschaft auf Aktien umgewandelt werden.

(2) ¹Zur Umwandlung bedarf es eines Beschlusses der Hauptversammlung und des Beitritts mindestens eines persönlich haftenden Gesellschafters. ²Der Beschluß bedarf einer Mehrheit, die mindestens drei Viertel des bei der Beschlußfassung vertretenen Grundkapitals umfaßt. ³Die Satzung kann eine größere Kapitalmehrheit und weitere Erfordernisse bestimmen. ⁴Im Beschluß sind die Firma und die weiteren zur Durchführung der Umwandlung nötigen Satzungsänderungen festzusetzen. ⁵Der Beitritt der persönlich haftenden Gesellschafter bedarf notarieller Beurkundung. ⁶Hierbei haben die persönlich haftenden Gesellschafter die Satzungsänderungen zu genehmigen.

(3) ¹Der Hauptversammlung, die über die Umwandlung beschließen soll, ist eine Bilanz vorzulegen, in der die Vermögensgegenstände und Verbindlichkeiten der Gesellschaft mit dem Wert angesetzt sind, der ihnen am Bilanzstichtag beizulegen ist. ²Die Bilanz ist auf den Stichtag aufzustellen, von dem ab die persönlich haftenden Gesellschafter am Gewinn oder Verlust der Gesellschaft teilnehmen sollen. ³Liegt dieser Stichtag nach der Beschlußfassung über die Umwandlung, so ist die Bilanz auf einen höchstens sechs Monate vor der Beschlußfassung über die Umwandlung liegenden Stichtag aufzustellen. ⁴§ 175 Abs. 2 gilt sinngemäß. ⁵Die Bilanz ist der Niederschrift als Anlage beizufügen.

(4) ¹Für die Umwandlung gelten die §§ 32 bis 35, 38, 46 bis 51 sinngemäß. ²An die Stelle der Gründer treten die persönlich haftenden Gesellschafter.

§ 363. Zusammensetzung des Aufsichtsrats der Kommanditgesellschaft auf Aktien. (1) ¹Der Vorstand der Aktiengesellschaft hat vor der Umwandlung bekanntzumachen, nach welchen gesetzlichen Vorschriften nach seiner Ansicht der Aufsichtsrat der Kommanditgesellschaft auf Aktien zusammengesetzt sein muß. ²Die Bekanntmachung soll mindestens zwei Monate vor der Beschlußfassung über die Umwandlung erfolgen. ³§ 97 Abs. 1, Abs. 2 Satz 1, §§ 98, 99 gelten sinngemäß.

(2) Wird das nach § 98 Abs. 1 zuständige Gericht fristgemäß angerufen oder ist keine Bekanntmachung erfolgt, muß der Aufsichtsrat der Kommanditgesellschaft auf Aktien bei der Umwandlung nach § 96 Abs. 1 dieses Gesetzes und § 76 Abs. 1

---

* Beachte ferner das Umwandlungsgesetz i. d. F. der Bek. vom 6. 11. 1969 (BGBl. I S. 2081) – abgedruckt unter Nr. **13** – sowie das Gesetz über die Auflösung und Löschung von Gesellschaften und Genossenschaften vom 9. 10. 1934 (RGBl. I S. 914) – für vermögenslose Gesellschaften –; abgedruckt unter Nr. **16**.
** § 362 Abs. 2 Satz 5 geändert durch Beurkundungsgesetz vom 28. 8. 1969 (BGBl. I S. 1513).

3. Teil. Umwandlung §§ 364–368 AktG 10

des Betriebsverfassungsgesetzes* zusammengesetzt sein, es sei denn, daß der Aufsichtsrat der Aktiengesellschaft nur aus Aufsichtsratsmitgliedern der Aktionäre zusammengesetzt war.

(3) Der Umwandlung steht nicht entgegen, daß die Aufsichtsratsmitglieder der Arbeitnehmer noch nicht gewählt sind.

§ 364. Anmeldung der Umwandlung. ¹Zugleich mit dem Umwandlungsbeschluß sind die persönlich haftenden Gesellschafter zur Eintragung in das Handelsregister anzumelden. ²Die Urkunden über ihren Beitritt sind für das Gericht des Sitzes der Gesellschaft in Ausfertigung oder öffentlich beglaubigter Abschrift beizufügen.

§ 365. Wirkung der Eintragung. ¹Von der Eintragung der Umwandlung an besteht die Gesellschaft als Kommanditgesellschaft auf Aktien weiter. ²Die persönlich haftenden Gesellschafter haften den Gläubigern der Gesellschaft auch für die bereits bestehenden Verbindlichkeiten unbeschränkt.

Zweiter Abschnitt. Umwandlung einer Kommanditgesellschaft auf Aktien in eine Aktiengesellschaft

§ 366. Voraussetzungen. (1) Eine Kommanditgesellschaft auf Aktien kann durch Beschluß der Hauptversammlung unter Zustimmung aller persönlich haftenden Gesellschafter in eine Aktiengesellschaft umgewandelt werden.

(2) Im Beschluß sind die Firma, die Zusammensetzung des Vorstands und die weiteren zur Durchführung der Umwandlung nötigen Satzungsänderungen festzusetzen.

(3) ¹Der Hauptversammlung, die über die Umwandlung beschließen soll, ist eine Bilanz vorzulegen. ²Soll für die Auseinandersetzung mit den persönlich haftenden Gesellschaftern eine Bilanz maßgebend sein, die auf einen vor der Beschlußfassung über die Umwandlung liegenden Stichtag aufgestellt ist, so ist diese Bilanz vorzulegen, sonst eine Bilanz, die auf einen höchstens sechs Monate vor der Beschlußfassung über die Umwandlung liegenden Zeitpunkt und nach den Grundsätzen aufzustellen ist, die für die Auseinandersetzung mit den persönlich haftenden Gesellschaftern vorgesehen sind. ³§ 175 Abs. 2 gilt sinngemäß. ⁴Die Bilanz ist der Niederschrift als Anlage beizufügen.

(4) Für die Zusammensetzung des Aufsichtsrats der Aktiengesellschaft gilt § 363 sinngemäß.

§ 367. Anmeldung der Umwandlung. ¹Zugleich mit dem Umwandlungsbeschluß sind die Vorstandsmitglieder zur Eintragung in das Handelsregister anzumelden. ²Die Urkunden über ihre Bestellung sind für das Gericht des Sitzes der Gesellschaft in Urschrift oder öffentlich beglaubigter Abschrift beizufügen.

§ 368. Wirkung der Eintragung. ¹Von der Eintragung der Umwandlung an besteht die Gesellschaft als Aktiengesellschaft weiter. ²Die persönlich haftenden Gesellschafter scheiden aus der Gesellschaft aus. ³Ihre Haftung für die bis zur Eintragung entstandenen Verbindlichkeiten der Gesellschaft bleibt unberührt.

---

* Abgedruckt in Anm. zu § 96 AktG.

**Dritter Abschnitt. Umwandlung einer Aktiengesellschaft
in eine Gesellschaft mit beschränkter Haftung**

§ 369.* **Voraussetzungen.** (1) Eine Aktiengesellschaft kann durch Beschluß der Hauptversammlung in eine Gesellschaft mit beschränkter Haftung umgewandelt werden.

(2) ¹Dem Umwandlungsbeschluß müssen alle Aktionäre zustimmen. ²Die Zustimmung eines Aktionärs, der in der Hauptversammlung nicht erschienen und nicht vertreten war, gilt als erteilt, wenn nicht der Aktionär binnen drei Monaten nach der Hauptversammlung der Gesellschaft schriftlich mitteilt, daß er die Zustimmung verweigert, und auf Verlangen der Gesellschaft nachweist, daß er von der Einberufung der Hauptversammlung an Inhaber der Aktie war. ³Die Verweigerung der Zustimmung kann nur binnen drei Monaten nach der Hauptversammlung durch schriftliche Erklärung zurückgenommen werden.

(3) ¹Der Umwandlungsbeschluß bedarf abweichend von Absatz 2 nicht der Zustimmung aller Aktionäre, wenn die Umwandlung mit einer Mehrheit beschlossen wird, die mindestens neun Zehntel des Grundkapitals umfaßt, und die Gesellschaft im Zeitpunkt der Beschlußfassung weniger als fünfzig Aktionäre hat; dabei sind Aktionäre, die in der Hauptversammlung nicht erschienen und nicht vertreten sind, nur zu berücksichtigen, wenn sie sich binnen drei Monaten nach der Hauptversammlung schriftlich bei der Gesellschaft melden und auf deren Verlangen nachweisen, daß sie von der Einberufung der Hauptversammlung an Inhaber der Aktie waren. ²Bei der Berechnung der Kapitalmehrheit sind eigene Aktien und Aktien, aus denen nach § 71d Satz 4 in Verbindung mit § 71b keine Rechte zustehen, vom Grundkapital abzusetzen. ³Die Satzung kann eine größere Kapitalmehrheit und weitere Erfordernisse bestimmen.

(4) Bei Gesellschaften, die nach Absatz 3 durch Mehrheitsbeschluß umgewandelt werden können, ist die Bekanntmachung der Umwandlung als Gegenstand der Tagesordnung nur ordnungsgemäß, wenn ihr eine Erklärung der Gesellschaft beigefügt ist, in der diese den Aktionären, die gegen die Umwandlung Widerspruch zur Niederschrift erklären, anbietet, ihre durch die Umwandlung entstehenden Geschäftsanteile gegen eine Barabfindung zu erwerben.

(5) Im Beschluß sind die Firma und die weiteren zur Durchführung der Umwandlung nötigen Satzungsänderungen festzusetzen.

(6) ¹Der Nennbetrag der Geschäftsanteile kann abweichend von dem Nennbetrag der Aktien festgesetzt werden. ²Er muß mindestens fünfzig Deutsche Mark betragen und durch zehn teilbar sein. ³Wird der Nennbetrag abweichend vom Nennbetrag der Aktien festgesetzt, so muß der Festsetzung jeder Aktionär zustimmen, der sich nicht dem Gesamtnennbetrag seiner Aktien entsprechend beteiligen kann. ⁴Die Zustimmung muß notariell beurkundet werden. ⁵Die Zustimmung ist nicht erforderlich, soweit die abweichende Festsetzung durch Satz 2 bedingt ist.

§ 370. Zusammensetzung des Aufsichtsrats der Gesellschaft mit beschränkter Haftung. (1) ¹Der Vorstand der Aktiengesellschaft hat vor der Umwandlung bekanntzumachen, ob für die Gesellschaft mit beschränkter Haftung ein

---

* § 369 Abs. 3 Satz 2 geändert durch Verschmelzungsrichtlinie-Gesetz vom 25. 10. 1982 (BGBl. I S. 1425), Abs. 6 Satz 2 neu gefaßt durch Gesetz vom 4. 7. 1980 (BGBl. I S. 836), Satz 4 geändert durch Beurkundungsgesetz vom 28. 8. 1969 (BGBl. I S. 1513).

3. Teil. Umwandlung §§ 371–374 **AktG 10**

Aufsichtsrat gebildet werden soll und nach welchen gesetzlichen Vorschriften nach seiner Ansicht der Aufsichtsrat zusammengesetzt sein muß. ²Die Bekanntmachung soll mindestens zwei Monate vor der Beschlußfassung über die Umwandlung erfolgen. ³§ 97 Abs. 1, Abs. 2 Satz 1, §§ 98, 99 gelten sinngemäß.

(2) Wird das nach § 98 Abs. 1 zuständige Gericht fristgemäß angerufen oder ist keine Bekanntmachung erfolgt, muß bei der Umwandlung für die Gesellschaft mit beschränkter Haftung ein Aufsichtsrat gebildet werden und dieser nach den zuletzt auf den Aufsichtsrat der Aktiengesellschaft angewandten gesetzlichen Vorschriften zusammengesetzt sein, es sei denn, daß der Aufsichtsrat der Aktiengesellschaft nur aus Aufsichtsratsmitgliedern der Aktionäre zusammengesetzt war.

(3) Der Umwandlung steht nicht entgegen, daß die Aufsichtsratsmitglieder der Arbeitnehmer noch nicht gewählt sind.

§ 371. Anmeldung der Umwandlung. (1) ¹Zugleich mit dem Umwandlungsbeschluß sind die Geschäftsführer zur Eintragung in das Handelsregister anzumelden. ²Der Anmeldung muß eine von dem Anmeldenden unterschriebene Liste der Gesellschafter beigefügt sein, aus der ihr Name, Vorname, Beruf und Wohnort sowie ihre Stammeinlagen zu ersehen sind. ³Soweit Aktionäre unbekannt sind, ist dies unter Bezeichnung der Aktienurkunde und des auf die Aktie entfallenden Geschäftsanteils anzugeben.

(2) ¹Bei der Anmeldung einer nach § 369 Abs. 2 beschlossenen Umwandlung hat der Vorstand zu erklären, ob der Gesellschaft eine Mitteilung nach § 369 Abs. 2 Satz 2 fristgemäß zugegangen ist. ²Ist der Gesellschaft eine solche Mitteilung zugegangen, so hat der Vorstand ferner zu erklären, ob die Mitteilung fristgemäß zurückgenommen worden ist. ³Ist die Mitteilung nicht fristgemäß zurückgenommen worden, so hat der Vorstand die Umstände darzulegen, aus denen sich ergeben soll, daß der Aktionär den von der Gesellschaft verlangten Besitznachweis nicht erbracht hat.

(3) ¹Bei der Anmeldung einer nach § 369 Abs. 3 beschlossenen Umwandlung hat der Vorstand zu erklären, wie viele Aktionäre in der Hauptversammlung erschienen oder vertreten waren und wie viele in der Hauptversammlung nicht erschienene und nicht vertretene Aktionäre sich fristgemäß gemeldet haben. ²Soweit erforderlich, hat der Vorstand die Umstände darzulegen, aus denen sich ergeben soll, daß ein Aktionär den von der Gesellschaft verlangten Besitznachweis nicht erbracht hat.

§ 372. Wirkung der Eintragung. ¹Von der Eintragung der Umwandlung an besteht die Gesellschaft als Gesellschaft mit beschränkter Haftung weiter. ²Das Grundkapital ist zum Stammkapital, die Aktien sind zu Geschäftsanteilen geworden. ³Die an einer Aktie bestehenden Rechte Dritter bestehen an dem an die Stelle tretenden Geschäftsanteil weiter.

§ 373. Umtausch der Aktien. ¹Für den Umtausch der Aktien gegen Geschäftsanteile gilt § 73 Abs. 1 und 2, bei Zusammenlegung von Aktien § 226 Abs. 1 und 2 über die Kraftloserklärung von Aktien sinngemäß. ²Einer Genehmigung des Gerichts bedarf es nicht.

§ 374. Gläubigerschutz. ¹Den Gläubigern, deren Forderungen begründet worden sind, bevor die Eintragung der Umwandlung bekanntgemacht worden ist, ist, wenn sie sich binnen sechs Monaten nach der Bekanntmachung zu diesem Zweck

10 AktG §§ 375, 376 4. Buch. Verschmelzung. Umwandlung

melden, Sicherheit zu leisten, soweit sie nicht Befriedigung verlangen können. ²Die Gläubiger sind in der Bekanntmachung der Eintragung auf dieses Recht hinzuweisen.

§ 375. Widersprechende Gesellschafter. (1) ¹Jeder Aktionär, der gegen die Umwandlung Widerspruch zur Niederschrift erklärt hat, kann binnen einer Frist von zwei Monaten verlangen, daß die Gesellschaft seinen Geschäftsanteil gegen eine angemessene Barabfindung erwirbt; für die Höhe der Barabfindung gilt § 320 Abs. 5 Satz 5 sinngemäß. ²Die Frist beginnt mit dem Tage, an dem die Eintragung der Umwandlung in das Handelsregister nach § 10 des Handelsgesetzbuchs als bekanntgemacht gilt. ³Ist ein Antrag auf Bestimmung der Barabfindung durch das in § 306 bestimmte Gericht gestellt worden, so beginnt die Frist mit dem Tage, an dem die Entscheidung im Bundesanzeiger bekanntgemacht worden ist. ⁴Die Kosten der Abtretung des Geschäftsanteils trägt die Gesellschaft. ⁵§ 33 des Gesetzes betreffend die Gesellschaften mit beschränkter Haftung steht einem Erwerb von Geschäftsanteilen nach Satz 1 nicht entgegen.

(2) ¹Die Anfechtung des Umwandlungsbeschlusses kann nicht darauf gestützt werden, daß die von der Gesellschaft angebotene Barabfindung nicht angemessen ist. ²Ist die angebotene Barabfindung nicht angemessen, so hat das in § 306 bestimmte Gericht auf Antrag die angemessene Barabfindung zu bestimmen. ³Das gleiche gilt, wenn die Gesellschaft eine Barabfindung nicht oder nicht ordnungsgemäß angeboten hat und eine hierauf gestützte Anfechtungsklage innerhalb der Anfechtungsfrist nicht erhoben oder zurückgenommen oder rechtskräftig abgewiesen worden ist.

(3) ¹Antragsberechtigt ist jeder Aktionär, der gegen die Umwandlung Widerspruch zur Niederschrift erklärt hat. ²Der Antrag kann nur binnen zwei Monaten nach dem Tage gestellt werden, an dem die Eintragung der Umwandlung in das Handelsregister nach § 10 des Handelsgesetzbuchs als bekanntgemacht gilt. ³Ist gegen den Umwandlungsbeschluß eine Anfechtungsklage erhoben worden, so beginnt die Frist mit der rechtskräftigen Abweisung oder der Zurücknahme der Anfechtungsklage. ⁴Für das Verfahren gilt § 306 sinngemäß mit der Maßgabe, daß an die Stelle der Vertragsteile die Gesellschaft und an die Stelle der außenstehenden Aktionäre die Aktionäre treten, die gegen die Umwandlung Widerspruch zur Niederschrift erklärt haben.

(4) ¹Durch Absatz 1 wird das Recht des Gesellschafters, seinen Geschäftsanteil anderweit zu veräußern, nicht berührt. ²Satzungsmäßige Verfügungsbeschränkungen stehen einer Veräußerung innerhalb der in Absatz 1 bestimmten Frist nicht entgegen.

Vierter Abschnitt. Umwandlung einer Gesellschaft mit beschränkter Haftung in eine Aktiengesellschaft

§ 376.* Voraussetzungen. (1) Eine Gesellschaft mit beschränkter Haftung kann durch Beschluß der Gesellschafterversammlung in eine Aktiengesellschaft umgewandelt werden.

(2) ¹Die Vorschriften des Gesetzes betreffend die Gesellschaften mit beschränkter Haftung über Abänderungen des Gesellschaftsvertrags sind anzuwenden. ²Ist

---

* § 376 Abs. 4 Satz 2 geändert durch Beurkundungsgesetz vom 28. 8. 1969 (BGBl. I S. 1513).

3. Teil. Umwandlung §§ 377–379 **AktG 10**

die Abtretung der Geschäftsanteile von der Genehmigung einzelner Gesellschafter abhängig, so bedarf der Umwandlungsbeschluß zu seiner Wirksamkeit ihrer Zustimmung. ³Sind Gesellschaftern außer der Leistung von Kapitaleinlagen noch andere Verpflichtungen gegenüber der Gesellschaft auferlegt und können diese wegen der einschränkenden Bestimmung des § 55 bei der Umwandlung nicht aufrechterhalten werden, so bedarf der Umwandlungsbeschluß zu seiner Wirksamkeit der Zustimmung dieser Gesellschafter.

(3) ¹Im Beschluß sind die Firma und die weiteren zur Durchführung der Umwandlung nötigen Abänderungen des Gesellschaftsvertrags festzusetzen. ²Die Gesellschafter, die für die Umwandlung gestimmt haben, sind in der Niederschrift namentlich aufzuführen.

(4) ¹Wird der Nennbetrag der Aktien auf einen höheren Betrag als fünfzig Deutsche Mark und abweichend vom Nennbetrag der Geschäftsanteile festgesetzt, so muß der Festsetzung jeder Gesellschafter zustimmen, der sich nicht dem Gesamtnennbetrag seiner Geschäftsanteile entsprechend beteiligen kann. ²Die Zustimmung muß notariell beurkundet werden. ³§ 17 Abs. 6 des Gesetzes betreffend die Gesellschaften mit beschränkter Haftung über die Unzulässigkeit einer Teilung von Geschäftsanteilen gilt insoweit nicht.

§ 377. Zusammensetzung des Aufsichtsrats der Aktiengesellschaft.
(1) § 363 Abs. 1 und 3 gilt sinngemäß.

(2) ¹Wird das nach § 98 Abs. 1 zuständige Gericht fristgemäß angerufen oder ist keine Bekanntmachung erfolgt, und bestand für die Gesellschaft mit beschränkter Haftung auch aus Aufsichtsratsmitgliedern der Arbeitnehmer, so muß der Aufsichtsrat der Aktiengesellschaft bei der Umwandlung nach den zuletzt auf den Aufsichtsrat der Gesellschaft mit beschränkter Haftung angewandten gesetzlichen Vorschriften zusammengesetzt sein. ²Bestand für die Gesellschaft mit beschränkter Haftung kein Aufsichtsrat oder ein Aufsichtsrat ohne Aufsichtsratsmitglieder der Arbeitnehmer, so kann der Aufsichtsrat der Aktiengesellschaft bei der Umwandlung nur aus Aufsichtsratsmitgliedern der Aktionäre zusammengesetzt werden.

§ 378. Gründungsprüfung und Verantwortlichkeit der Gesellschafter.
(1) Für die Umwandlung gelten, soweit sich aus den folgenden Vorschriften nichts anderes ergibt, die §§ 26, 27, 32 bis 35, 38, 46 bis 53 sinngemäß; den Gründern stehen gleich die Gesellschafter, die für die Umwandlung gestimmt haben.

(2) Im Bericht nach § 32 sind der Geschäftsverlauf und die Lage der Gesellschaft mit beschränkter Haftung darzulegen.

(3) Die Prüfung durch einen oder mehrere Prüfer nach § 33 Abs. 2 hat in jedem Fall stattzufinden.

(4) Die Frist von zwei Jahren nach § 52 Abs. 1 wird von der Eintragung der Umwandlung in das Handelsregister gerechnet.

§ 379. Anmeldung der Umwandlung. ¹Zugleich mit dem Umwandlungsbeschluß sind die Vorstandsmitglieder zur Eintragung in das Handelsregister anzumelden. ²Die Urkunden über ihre Bestellung sind für das Gericht des Sitzes der Gesellschaft in Urschrift oder öffentlich beglaubigter Abschrift beizufügen. ³Der Anmeldung sind ferner eine Liste mit Namen, Beruf und Wohnort der Mitglieder des Aufsichtsrats, die Prüfungsberichte der Mitglieder des Vorstands und des Aufsichtsrats sowie der Prüfer mit ihren urkundlichen Unterlagen, ferner die Bescheinigung beizufügen, daß der Bericht der Prüfer der Industrie- und Handelskammer eingereicht worden ist.

§ 380. Inhalt der Bekanntmachung der Eintragung. ¹In die Bekanntmachung der Eintragung der Umwandlung sind außer deren Inhalt der Name, Beruf und Wohnort der Mitglieder des Aufsichtsrats aufzunehmen. ²§ 40 Abs. 2 gilt sinngemäß.

§ 381. Wirkung der Eintragung. ¹Von der Eintragung der Umwandlung an besteht die Gesellschaft als Aktiengesellschaft weiter. ²Das Stammkapital ist zum Grundkapital, die Geschäftsanteile sind zu Aktien geworden. ³Die an einem Geschäftsanteil bestehenden Rechte Dritter bestehen an der an die Stelle tretenden Aktie weiter.

§ 382. Umtausch der Geschäftsanteile. ¹Für den Umtausch der Geschäftsanteile gegen Aktien gilt § 73, bei Zusammenlegung von Geschäftsanteilen § 226 über die Kraftloserklärung von Aktien sinngemäß. ²Einer Genehmigung des Gerichts bedarf es nicht.

§ 383. Widersprechende Gesellschafter. (1) ¹Jeder Gesellschafter, der gegen die Umwandlung Widerspruch zur Niederschrift erklärt hat, kann seine Aktie der Gesellschaft zur Verfügung stellen. ²Der Vorstand kann den Aktionären hierfür eine Ausschlußfrist von mindestens drei Monaten setzen. ³Die Fristsetzung ist erst nach der Eintragung der Umwandlung zulässig. ⁴Sie ist einem bekannten Aktionär besonders mitzuteilen, sonst ist sie dreimal in den Gesellschaftsblättern bekanntzumachen.

(2) ¹Die Gesellschaft hat die ihr zur Verfügung gestellten Aktien unverzüglich für Rechnung des Aktionärs zum amtlichen Börsenpreis durch Vermittlung eines Kursmaklers und beim Fehlen eines Börsenpreises durch öffentliche Versteigerung zu verkaufen. ²§ 226 Abs. 3 Satz 2 bis 6 gilt sinngemäß.

(3) ¹Durch die Absätze 1 und 2 wird das Recht des Aktionärs, seine Aktien selbst zu veräußern, nicht berührt. ²Satzungsmäßige Verfügungsbeschränkungen stehen einer Veräußerung innerhalb der in Absatz 1 bestimmten Frist nicht entgegen.

Fünfter Abschnitt. Umwandlung einer bergrechtlichen Gewerkschaft in eine Aktiengesellschaft

§ 384.* Voraussetzungen. (1) Eine bergrechtliche Gewerkschaft mit eigener Rechtspersönlichkeit kann durch Beschluß der Gewerkenversammlung in eine Aktiengesellschaft umgewandelt werden.

(2) ¹Der Beschluß bedarf einer Mehrheit von mindestens drei Vierteln aller Kuxe. ²Die Satzung kann eine größere Mehrheit und weitere Erfordernisse bestimmen. ³Der Beschluß muß notariell beurkundet werden. ⁴Er bedarf zu seiner Wirksamkeit der Bestätigung durch die Bergbehörde, die für die Bestätigung der Satzung zuständig ist. ⁵Die Bergbehörde darf die Bestätigung nur versagen, wenn das öffentliche Interesse entgegensteht.

---

* § 384 Abs. 2 Satz 3 und Abs. 5 Satz 2 geändert durch Beurkundungsgesetz vom 28. 8. 1969 (BGBl. I S. 1513).

(3) ¹Im Beschluß ist die Firma festzusetzen. ²Außerdem sind in ihm die weiteren zur Durchführung der Umwandlung nötigen Maßnahmen zu treffen. ³Die Gewerken, die für die Umwandlung gestimmt haben, sind in der Niederschrift namentlich aufzuführen.

(4) ¹Der Nennbetrag des Grundkapitals darf das nach Abzug der Schulden verbleibende Vermögen der bergrechtlichen Gewerkschaft nicht übersteigen. ²Er muß mindestens einhunderttausend Deutsche Mark betragen.

(5) ¹Wird der Nennbetrag der Aktie auf einen höheren Betrag als fünfzig Deutsche Mark und abweichend von dem Betrag festgesetzt, der von dem festgesetzten Grundkapital auf einen Kux entfällt, so muß der Festsetzung jeder Gewerke zustimmen, der sich nicht dem auf seine Kuxe entfallenden Gesamtbetrag entsprechend beteiligen kann. ²Die Zustimmung muß notariell beurkundet werden.

(6) Für die Zusammensetzung des Aufsichtsrats der Aktiengesellschaft gilt § 377 sinngemäß.

§ 385. Wirkung der Eintragung. (1) ¹Von der Eintragung an besteht die Gewerkschaft als Aktiengesellschaft weiter. ²Die Kuxe sind zu Aktien geworden. ³Die an einem Kux bestehenden Rechte Dritter bestehen an der an die Stelle tretenden Aktie weiter.

(2) Im übrigen gelten die §§ 378 bis 380, 382 und 383 sinngemäß.

Sechster Abschnitt.* Umwandlung einer Körperschaft oder Anstalt des öffentlichen Rechts in eine Aktiengesellschaft

§ 385a.* Voraussetzungen. (1) Eine Körperschaft oder Anstalt des öffentlichen Rechts kann in eine Aktiengesellschaft umgewandelt werden.

(2) ¹Die Umwandlung ist nur zulässig, wenn die Körperschaft oder Anstalt des öffentlichen Rechts rechtsfähig ist und das für sie maßgebende Bundes- oder Landesrecht eine Umwandlung vorsieht oder zuläßt. ²Die Umwandlung von Versicherungsunternehmen bedarf der Genehmigung der Behörde, die die Fachaufsicht über das Unternehmen führt.

(3) Nach dem für die Körperschaft oder Anstalt des öffentlichen Rechts maßgebenden Bundes- oder Landesrecht richtet es sich, auf welche Weise die Satzung der Aktiengesellschaft festzustellen ist, welche Personen die Aktien erhalten und welche Personen als Gründer der Aktiengesellschaft gelten.

(4) Soweit sich aus den Vorschriften dieses Abschnitts nichts anderes ergibt, gelten für die Umwandlung die Vorschriften des Ersten und Zweiten Teils des Ersten Buchs mit Ausnahme der §§ 2, 28 und 29 sinngemäß.

§ 385b.* Gründungsprüfung. (1) Im Bericht nach § 32 sind auch der Geschäftsverlauf und die Lage der Körperschaft oder der Anstalt des öffentlichen Rechts darzulegen..

(2) Die Prüfung durch einen oder mehrere Prüfer nach § 33 Abs. 2 hat in jedem Fall stattzufinden.

§ 385c.* Wirksamwerden der Umwandlung. Von der Eintragung der Aktiengesellschaft in das Handelsregister an besteht die Körperschaft oder die Anstalt des öffentlichen Rechts als Aktiengesellschaft weiter.

---

* Sechster Abschnitt (§§ 385a bis 385c) eingefügt durch Gesetz vom 15. 8. 1969 (BGBl. I S. 1171).

Siebenter Abschnitt.* Umwandlung eines Versicherungsvereins auf Gegenseitigkeit in eine Aktiengesellschaft

§ 385 d.* Voraussetzungen. (1) ¹Ein Versicherungsverein auf Gegenseitigkeit, der kein kleinerer Verein im Sinne des § 53 des Versicherungsaufsichtsgesetzes ist, kann in eine Aktiengesellschaft umgewandelt werden. ²Die Umwandlung ist nur zulässig, wenn auf jedes Mitglied des Vereins, das nach § 385e Abs. 1 am Grundkapital zu beteiligen ist, mindestens ein Teilrecht im Nennbetrag von fünf Deutschen Mark entfällt.

(2) ¹Zur Umwandlung bedarf es eines Beschlusses der obersten Vertretung des Vereins. ²Spätestens mit der Einberufung der Versammlung der obersten Vertretung hat der Vorstand allen Mitgliedern des Vereins die Tagesordnung und den Vorschlag für den Umwandlungsbeschluß schriftlich mitzuteilen. ³In der Mitteilung ist auf die Mehrheiten für die Beschlußfassung nach den Sätzen 4 bis 6 sowie auf die Möglichkeit der Erhebung eines Widerspruchs und die sich daraus ergebenden Rechte hinzuweisen. ⁴Der Beschluß der obersten Vertretung bedarf einer Mehrheit von drei Vierteln der abgegebenen Stimmen. ⁵Die Umwandlung kann nur mit einer Mehrheit von neun Zehnteln der abgegebenen Stimmen beschlossen werden, wenn spätestens bis zum Ablauf des dritten Tages vor der Versammlung der obersten Vertretung wenigstens hundert Mitglieder des Vereins durch eingeschriebenen Brief Widerspruch erhoben haben. ⁶Die Satzung kann größere Mehrheiten und weitere Erfordernisse bestimmen.

(3) Im Beschluß sind die Firma, das Grundkapital, der Nennbetrag der Aktien und die weiteren zur Durchführung der Umwandlung nötigen Satzungsänderungen festzusetzen.

(4) ¹Der Nennbetrag des Grundkapitals darf das nach Abzug der Schulden verbleibende Vermögen des Vereins nicht übersteigen. ²Er muß mindestens einhunderttausend Deutsche Mark betragen. ³Das Grundkapital ist in der Höhe des Grundkapitals vergleichbarer Versicherungsunternehmen in der Rechtsform der Aktiengesellschaft festzusetzen. ⁴Würde die Aufsichtsbehörde einer neu zu gründenden Versicherungsaktiengesellschaft die Erlaubnis zum Geschäftsbetrieb nur bei Festsetzung eines höheren Grundkapitals erteilen, so ist das Grundkapital auf diesen Betrag festzusetzen, soweit dies nach den Vermögensverhältnissen des Vereins möglich ist. ⁵Ist es nach den Vermögensverhältnissen des Vereins nicht möglich, das Grundkapital auf den in Satz 3 bestimmten Betrag festzusetzen, ist das Grundkapital so zu bemessen, daß auf jedes Mitglied, das nach § 385e Abs. 1 am Grundkapital zu beteiligen ist, möglichst eine volle Aktie oder ein möglichst hohes Teilrecht entfällt.

(5) Die Aktien können auf einen höheren Nennbetrag als fünfzig Deutsche Mark nur gestellt werden, soweit volle Aktien mit dem höheren Nennbetrag auf die Mitglieder entfallen.

(6) Wird der Vorstand der Aktiengesellschaft in der Satzung ermächtigt, das Grundkapital bis zu einem bestimmten Nennbetrag durch Ausgabe neuer Aktien gegen Einlagen zu erhöhen, so darf die Ermächtigung nicht vorsehen, daß der Vorstand über den Ausschluß des Bezugsrechts entscheidet.

---

* Siebenter Abschnitt (§§ 385d bis 385l) eingefügt durch Gesetz vom 15. 8. 1969 (BGBl. I S. 1171), § 385d Abs. 1 Satz 1 geändert durch Gesetz vom 29. 3. 1983 (BGBl. I S. 377).

3. Teil. Umwandlung §§ 385e–385i **AktG 10**

(7) ¹Der Beschluß bedarf der Genehmigung der Aufsichtsbehörde. ²Die Genehmigung darf auch dann versagt werden, wenn die Vorschriften dieses Gesetzes über die Umwandlung nicht beachtet worden sind.

§ 385 e.* Beteiligung der Vereinsmitglieder an der Aktiengesellschaft.
(1) ¹Im Umwandlungsbeschluß ist zu bestimmen, daß die Mitglieder des Vereins die Aktionäre der Aktiengesellschaft werden. ²Mitglieder, die dem Verein weniger als drei Jahre vor dem Tage der Beschlußfassung angehören, können von der Beteiligung ausgeschlossen werden.

(2) ¹Die Beteiligung darf, wenn nicht alle Mitglieder einen gleich hohen Anteil am Grundkapital erhalten, nur nach einem oder mehreren der folgenden Maßstäbe festgesetzt werden:
1. die Höhe der Versicherungssumme,
2. die Höhe der Beiträge,
3. die Höhe der Deckungsrückstellung in der Lebensversicherung,
4. der in der Satzung bestimmte Maßstab für die Verteilung des Überschusses,
5. ein in der Satzung bestimmter Maßstab für die Verteilung des Vermögens,
6. die Dauer der Mitgliedschaft.

²Soll die Beteiligung nur für einen Teil des Grundkapitals in gleich hohen Anteilen festgesetzt werden, so muß der gleich hohe Anteil ein Teilrecht im Nennbetrag von fünf Deutschen Mark sein.

§ 385 f.* Zusammensetzung des Aufsichtsrats der Aktiengesellschaft. Für die Zusammensetzung des Aufsichtsrats der Aktiengesellschaft gilt § 377 sinngemäß.

§ 385 g.* Gründungsprüfung. Anmeldung der Umwandlung und Inhalt der Bekanntmachung der Eintragung. ¹Für die Umwandlung gelten, soweit sich aus den folgenden Vorschriften nichts anderes ergibt, §§ 26, 27, 33, 34, 35 Abs. 2, §§ 38, 47 bis 53, 378 Abs. 3 und 4, für die Anmeldung der Umwandlung zur Eintragung in das Handelsregister und den Inhalt der Bekanntmachung der Eintragung §§ 379 und 380 sinngemäß. ²In der Bekanntmachung der Eintragung ist anzugeben, nach welchen Maßstäben die Mitglieder des Vereins an der Aktiengesellschaft beteiligt werden.

§ 385 h.* Wirkung der Eintragung. ¹Von der Eintragung der Umwandlung an besteht der Verein als Aktiengesellschaft weiter. ²Die Mitglieder des Vereins sind nach Maßgabe des Umwandlungsbeschlusses Aktionäre geworden.

§ 385 i.* Widersprechende Mitglieder. ¹Jedes Mitglied des Vereins, das der Umwandlung bis zum Ablauf des dritten Tages vor der Versammlung der obersten Vertretung durch eingeschriebenen Brief widersprochen hat, sowie jedes Mitglied der obersten Vertretung, das in der Versammlung der obersten Vertretung

---

* §§ 385 e bis 385 i eingefügt durch Gesetz vom 15. 8. 1969 (BGBl. I S. 1171).

10 AktG §§ 385k, 385l   4. Buch. Verschmelzung. Umwandlung

gegen die Umwandlung Widerspruch zur Niederschrift erklärt hat, kann der Gesellschaft seine Aktien oder ein auf das Mitglied entfallenes Teilrecht zur Verfügung stellen. ²Für die Überlassung der Aktien und Teilrechte an die Gesellschaft sowie für die Verwertung der Aktien und Teilrechte gilt § 383 Abs. 1 Satz 2 bis 4, Abs. 2 und 3 sinngemäß.

§ 385 k.* Teilrechte. (1) Führt die Umwandlung dazu, daß auf ein Mitglied ein Teil einer Aktie entfällt, so ist dieses Teilrecht selbständig veräußerlich und vererblich.

(2) Die Rechte aus einer Aktie einschließlich des Anspruchs auf Ausstellung einer Aktienurkunde können nur ausgeübt werden, wenn Teilrechte, die zusammen eine volle Aktie ergeben, in einer Hand vereinigt sind oder wenn mehrere Berechtigte, deren Teilrechte zusammen eine volle Aktie ergeben, sich zur Ausübung der Rechte zusammenschließen.

(3) Die Aktiengesellschaft soll die Zusammenführung von Teilrechten zu vollen Aktien vermitteln.

§ 385 l.* Aufforderung an die Aktionäre. (1) ¹Nach der Eintragung der Umwandlung in das Handelsregister hat die Aktiengesellschaft unverzüglich jedem Aktionär den Inhalt der Bekanntmachung über die Eintragung der Umwandlung und die Zahl und den Nennbetrag der Aktien und des Teilrechts, die auf ihn entfallen sind, schriftlich mitzuteilen und ihn aufzufordern, die ihm zustehenden Aktien abzuholen. ²In der Mitteilung ist darauf hinzuweisen, daß die Gesellschaft berechtigt ist, Aktien die nicht innerhalb von sechs Monaten seit der Bekanntmachung der Aufforderung in den Gesellschaftsblättern abgeholt werden, nach dreimaliger Androhung für Rechnung der Beteiligten zu verkaufen. ³In der Mitteilung soll auf die Vorschriften über Teilrechte in § 385k hingewiesen werden.

(2) ¹Zugleich mit den Mitteilungen nach Absatz 1 hat die Gesellschaft die Aktionäre auch durch eine Bekanntmachung in den Gesellschaftsblättern aufzufordern, die ihnen zustehenden Aktien abzuholen. ²Absatz 1 Satz 1 gilt sinngemäß. ³Nach Ablauf von sechs Monaten seit der Bekanntmachung der Aufforderung hat die Gesellschaft den Verkauf der nicht abgeholten Aktien anzudrohen. ⁴Die Androhung ist dreimal in Abständen von mindestens einem Monat in den Gesellschaftsblättern bekanntzumachen. ⁵Die letzte Bekanntmachung muß vor dem Ablauf von einem Jahr seit der Bekanntmachung der Aufforderung nach Satz 1 ergehen.

(3) ¹Nach Ablauf von sechs Monaten seit der letzten Bekanntmachung der Androhung hat die Gesellschaft die nicht abgeholten Aktien für Rechnung der Beteiligten zum amtlichen Börsenpreis durch Vermittlung eines Kursmaklers und beim Fehlen eines Börsenpreises durch öffentliche Versteigerung zu verkaufen. ²§ 226 Abs. 3 Satz 2 bis 6 gilt sinngemäß.

(4) ¹Solange nicht Aktien abgeholt oder nach Absatz 3 verkauft sind, deren Nennbeträge insgesamt mindestens sechs Zehntel des Grundkapitals erreichen, kann die Hauptversammlung der Gesellschaft Beschlüsse, die nach Gesetz oder Satzung einer Kapitalmehrheit bedürfen, nicht fassen. ²Bis zum gleichen Zeitpunkt darf der Vorstand von einer Ermächtigung zu einer Erhöhung des Grundkapitals keinen Gebrauch machen. ³Die Aufsichtsbehörde kann Ausnahmen von Satz 1 zulassen, wenn dies erforderlich ist, um zu verhindern, daß der Gesellschaft erhebliche Nachteile entstehen.

---

* §§ 385k und 385l eingefügt durch Gesetz vom 15. 8. 1969 (BGBl. I S. 1171).

3. Teil. Umwandlung §§ 385 m, 385 n **AktG 10**

Achter Abschnitt.* Umwandlung einer Genossenschaft in eine Aktiengesellschaft

§ 385 m.* Voraussetzungen. (1) ¹Eine eingetragene Genossenschaft kann in eine Aktiengesellschaft umgewandelt werden. ²Die Umwandlung ist nur zulässig, wenn auf jeden Genossen mindestens ein Teilrecht im Nennbetrag von fünf Deutschen Mark entfällt.

(2) ¹Zur Umwandlung bedarf es eines Beschlusses der Generalversammlung. ²Spätestens mit der Einberufung der Generalversammlung hat der Vorstand allen Genossen die Tagesordnung und den Vorschlag für den Umwandlungsbeschluß schriftlich mitzuteilen. ³In der Mitteilung ist auf die Mehrheiten für die Beschlußfassung nach den Sätzen 4, 5 und 7 sowie auf die Möglichkeit der Erhebung eines Widerspruchs und die sich daraus ergebenden Rechte hinzuweisen. ⁴Der Beschluß der Generalversammlung bedarf einer Mehrheit von drei Vierteln der abgegebenen Stimmen. ⁵Der Umwandlungsbeschluß kann nur mit einer Mehrheit von neun Zehnteln der abgegebenen Stimmen beschlossen werden, wenn spätestens bis zum Ablauf des dritten Tages vor der Generalversammlung wenigstens hundert Genossen, bei Genossenschaften mit weniger als tausend Genossen ein Zehntel der Genossen, durch eingeschriebenen Brief Widerspruch erhoben haben. ⁶Der Beschluß muß *gerichtlich oder*** notariell beurkundet werden. ⁷Das Statut kann größere Mehrheiten und weitere Erfordernisse bestimmen.

(3) ¹Vor der Beschlußfassung ist der Prüfungsverband darüber zu hören, ob die Umwandlung mit den Belangen der Genossen und der Gläubiger der Genossenschaft vereinbar ist, insbesondere ob bei der Festsetzung des Grundkapitals Absatz 4 Satz 3 beachtet ist. ²Das Gutachten des Prüfungsverbandes ist in der Generalversammlung zu verlesen, in der die Umwandlung beschlossen werden soll. ³Der Prüfungsverband ist berechtigt, an der Generalversammlung beratend teilzunehmen.

(4) ¹Im Beschluß sind die Firma, das Grundkapital, der Nennbetrag der Aktien und die weiteren zur Durchführung der Umwandlung nötigen Änderungen des Statuts festzusetzen. ²Der Nennbetrag des Grundkapitals darf das nach Abzug der Schulden verbleibende Vermögen der Genossenschaft nicht übersteigen. ³Er muß mindestens einhunderttausend Deutsche Mark betragen und ist so zu bemessen, daß auf jeden Genossen möglichst eine volle Aktie oder ein möglichst hohes Teilrecht entfällt.

(5) Soweit sich aus den folgenden Vorschriften nichts anderes ergibt, gelten für die Umwandlung im übrigen §§ 26, 27, 33, 34, 35 Abs. 2, §§ 38, 47 bis 53, 377, 378 Abs. 3 und 4, § 385 d Abs. 5 und 6, § 385 i sinngemäß.

§ 385 n.* Beteiligung der Genossen an der Aktiengesellschaft. ¹Im Umwandlungsbeschluß ist zu bestimmen, daß jeder Genosse in dem Verhältnis am Grundkapital beteiligt wird, in dem am Ende des letzten vor der Beschlußfassung abgelaufenen Geschäftsjahres sein Geschäftsguthaben zur Summe der Geschäfts-

---

* Achter Abschnitt (§§ 385 m bis 385 q) eingefügt durch Gesetz vom 15. 8. 1969 (BGBl. I S. 1171), § 385 m Abs. 1 Satz 1 geändert durch Gesetz vom 9. 10. 1973 (BGBl. I S. 1451).
** Die Worte „gerichtlich oder" aufgehoben durch § 56 Abs. 4 Beurkundungsgesetz vom 28. 8. 1969 (BGBl. I S. 1513).

10 AktG §§ 385o–386   4. Buch. Verschmelzung. Umwandlung

guthaben der in der Genossenschaft verbleibenden Genossen gestanden hat. ²Ergibt sich bei der Umwandlung, daß auf einen Genossen ein Teil einer Aktie entfällt, so gelten §§ 385k und 385l Abs. 1 bis 3 und Abs. 4 Satz 1 und 2 entsprechend.

§ 385 o.* Anmeldung der Umwandlung und Eintragung der Aktiengesellschaft. ¹Der Umwandlungsbeschluß ist durch den Vorstand der Genossenschaft zur Eintragung in das Genossenschaftsregister anzumelden. ²Zugleich ist die Aktiengesellschaft von allen Mitgliedern ihres Vorstands und ihres Aufsichtsrats zur Eintragung in das Handelsregister anzumelden. ³Im übrigen gelten §§ 379 und 380 sinngemäß.

§ 385 p.* Wirkung der Eintragung. (1) ¹Von der Eintragung der Umwandlung an besteht die Genossenschaft als Aktiengesellschaft weiter. ²Die Genossen sind nach Maßgabe des Umwandlungsbeschlusses Aktionäre geworden. ³Die an einem Geschäftsguthaben bestehenden Rechte Dritter bestehen an der an die Stelle tretenden Aktie weiter.

(2) Die Nichtigkeit des Umwandlungsbeschlusses kann nicht mehr geltend gemacht werden, wenn die Aktiengesellschaft in das Handelsregister eingetragen worden ist.

§ 385 q.* Gläubigerschutz. ¹Wird über das Vermögen der Aktiengesellschaft innerhalb von zwei Jahren nach dem Tage, an dem die Eintragung der Umwandlung in das Handelsregister nach § 10 des Handelsgesetzbuchs als bekannt gemacht gilt, das Konkursverfahren eröffnet, so ist jeder Genosse, der nach § 385p Abs. 1 Aktionär geworden war, im Rahmen des Statuts (§ 6 Nr. 3 des Gesetzes betreffend die Erwerbs- und Wirtschaftsgenossenschaften) zu Nachschüssen verpflichtet, auch wenn er seine Aktie veräußert hat. ²Die §§ 105 bis 115a, 116 und 117 des Gesetzes betreffend die Erwerbs- und Wirtschaftsgenossenschaften** gelten sinngemäß.

Neunter Abschnitt.*** Umwandlung einer Kommanditgesellschaft auf Aktien in eine Gesellschaft mit beschränkter Haftung

§ 386. Voraussetzungen. (1) Eine Kommanditgesellschaft auf Aktien kann durch Beschluß der Hauptversammlung unter Zustimmung aller persönlich haftenden Gesellschafter in eine Gesellschaft mit beschränkter Haftung umgewandelt werden.

(2) ¹Der Hauptversammlung, die über die Umwandlung beschließen soll, ist eine Bilanz vorzulegen. ²Soll für die Auseinandersetzung mit den persönlich haftenden Gesellschaftern eine Bilanz maßgebend sein, die auf einen vor der Be-

---

* §§ 385o bis 385q eingefügt durch Gesetz vom 15. 8. 1969 (BGBl. I S. 1171), § 385q neu gefaßt durch Gesetz vom 9. 10. 1973 (BGBl. I S. 1451).
** Abgedruckt unter Nr. **15**.
*** Bisheriger Sechster Abschnitt wurde Neunter Abschnitt durch Gesetz vom 15. 8. 1969 (BGBl. I S. 1171).

schlußfassung über die Umwandlung liegenden Stichtag aufgestellt ist, so ist diese Bilanz vorzulegen, sonst eine Bilanz, die auf einen höchstens sechs Monate vor der Beschlußfassung über die Umwandlung liegenden Zeitpunkt und nach den Grundsätzen aufzustellen ist, die für die Auseinandersetzung mit den persönlich haftenden Gesellschaftern vorgesehen sind. [3]§ 175 Abs. 2 gilt sinngemäß. [4]Die Bilanz ist der Niederschrift als Anlage beizufügen.

(3) Für die Zusammensetzung des Aufsichtsrats der Gesellschaft mit beschränkter Haftung gilt § 370 sinngemäß.

§ 387. Wirkung der Eintragung. (1) [1]Von der Eintragung der Umwandlung an besteht die Gesellschaft als Gesellschaft mit beschränkter Haftung weiter. [2]Das Grundkapital ist zum Stammkapital, die Aktien sind zu Geschäftsanteilen geworden. [3]Die an einer Aktie bestehenden Rechte Dritter bestehen an dem an die Stelle tretenden Geschäftsanteil weiter.

(2) [1]Die persönlich haftenden Gesellschafter scheiden aus der Gesellschaft aus. [2]Ihre Haftung für die bis zur Eintragung entstandenen Verbindlichkeiten der Gesellschaft bleibt unberührt.

§ 388. Anwendbarkeit der Vorschriften über die Umwandlung in eine Aktiengesellschaft. Soweit sich aus den vorstehenden Vorschriften nichts anderes ergibt, sind die Vorschriften über die Umwandlung einer Aktiengesellschaft in eine Gesellschaft mit beschränkter Haftung anzuwenden.

Zehnter Abschnitt.* Umwandlung einer Gesellschaft mit beschränkter Haftung in eine Kommanditgesellschaft auf Aktien

§ 389. ** **Voraussetzungen.** (1) Eine Gesellschaft mit beschränkter Haftung kann in eine Kommanditgesellschaft auf Aktien umgewandelt werden.

(2) [1]Zur Umwandlung bedarf es eines Beschlusses der Gesellschafterversammlung und des Beitritts mindestens eines persönlich haftenden Gesellschafters. [2]Der Beitritt muß notariell beurkundet werden. [3]Hierbei haben die persönlich haftenden Gesellschafter die Satzungsänderungen zu genehmigen.

(3) [1]Der Gesellschafterversammlung, die über die Umwandlung beschließen soll, ist eine Bilanz vorzulegen, in der die Vermögensgegenstände und Verbindlichkeiten der Gesellschaft mit dem Wert angesetzt sind, der ihnen am Bilanzstichtag beizulegen ist. [2]Die Bilanz ist auf den Stichtag aufzustellen, von dem ab die persönlich haftenden Gesellschafter am Gewinn oder Verlust der Gesellschaft teilnehmen sollen. [3]Liegt dieser Stichtag nach der Beschlußfassung über die Umwandlung, so ist die Bilanz auf einen höchstens sechs Monate vor der Beschlußfassung über die Umwandlung liegenden Stichtag aufzustellen. [4]§ 175 Abs. 2 gilt sinngemäß. [5]Die Bilanz ist der Niederschrift als Anlage beizufügen.

(4) [1]Für die Umwandlung gelten sinngemäß die §§ 26, 27, 32 bis 35, 38, 46 bis 53. [2]An die Stelle der Gründer treten die Gesellschafter, die für die Umwandlung

---

* Bisheriger Siebenter Abschnitt wurde Zehnter Abschnitt durch Gesetz vom 15. 8. 1969 (BGBl. I S. 1171).
** § 389 Abs. 2 Satz 2 geändert durch Beurkundungsgesetz vom 28. 8. 1969 (BGBl. I S. 1513).

gestimmt haben, sowie die persönlich haftenden Gesellschafter. ³Die Frist von zwei Jahren nach § 52 Abs. 1 wird von der Eintragung der Umwandlung in das Handelsregister gerechnet.

(5) Für die Zusammensetzung des Aufsichtsrats der Kommanditgesellschaft auf Aktien gilt § 363 sinngemäß.

§ 390. Anmeldung der Umwandlung. ¹Zugleich mit dem Umwandlungsbeschluß sind die persönlich haftenden Gesellschafter zur Eintragung in das Handelsregister anzumelden. ²Die Urkunden über ihren Beitritt sind für das Gericht des Sitzes der Gesellschaft in Ausfertigung oder öffentlich beglaubigter Abschrift beizufügen.

§ 391. Wirkung der Eintragung. ¹Von der Eintragung der Umwandlung an besteht die Gesellschaft als Kommanditgesellschaft auf Aktien weiter. ²Das Stammkapital ist zum Grundkapital, die Geschäftsanteile sind zu Aktien geworden. ³Die an einem Geschäftsanteil bestehenden Rechte Dritter bestehen an der an die Stelle tretenden Aktie weiter. ⁴Die persönlich haftenden Gesellschafter haften den Gläubigern der Gesellschaft auch für die bereits bestehenden Verbindlichkeiten unbeschränkt.

§ 392. Anwendbarkeit der Vorschriften über die Umwandlung in eine Aktiengesellschaft. Soweit sich aus den vorstehenden Vorschriften oder aus dem Fehlen eines Vorstands nichts anderes ergibt, sind die Vorschriften über die Umwandlung einer Gesellschaft mit beschränkter Haftung in eine Aktiengesellschaft sinngemäß anzuwenden.

Elfter Abschnitt.* Umwandlung einer bergrechtlichen Gewerkschaft in eine Kommanditgesellschaft auf Aktien

§ 393. (1) Eine bergrechtliche Gewerkschaft mit eigener Rechtspersönlichkeit kann in eine Kommanditgesellschaft auf Aktien umgewandelt werden.

(2) Für die Umwandlung gelten die §§ 389 bis 391 und, soweit sich aus ihnen oder aus dem Fehlen eines Vorstands nichts anderes ergibt, die Vorschriften über die Umwandlung einer bergrechtlichen Gewerkschaft in eine Aktiengesellschaft sinngemäß.

(3) Für die Zusammensetzung des Aufsichtsrats der Kommanditgesellschaft auf Aktien gilt § 363 sinngemäß.

---

* Bisheriger Achter Abschnitt wurde Elfter Abschnitt durch Gesetz vom 15. 8. 1969 (BGBl. I S. 1171).

Fünftes Buch.
Sonder-, Straf- und Schlußvorschriften

Erster Teil. Sondervorschriften bei Beteiligung von Gebietskörperschaften

§ 394. Berichte der Aufsichtsratsmitglieder. [1] Aufsichtsratsmitglieder, die auf Veranlassung einer Gebietskörperschaft in den Aufsichtsrat gewählt oder entsandt worden sind, unterliegen hinsichtlich der Berichte, die sie der Gebietskörperschaft zu erstatten haben, keiner Verschwiegenheitspflicht. [2] Für vertrauliche Angaben und Geheimnisse der Gesellschaft, namentlich Betriebs- oder Geschäftsgeheimnisse, gilt dies nicht, wenn ihre Kenntnis für die Zwecke der Berichte nicht von Bedeutung ist.

§ 395. Verschwiegenheitspflicht. (1) Personen, die damit betraut sind, die Beteiligungen einer Gebietskörperschaft zu verwalten oder für eine Gebietskörperschaft die Gesellschaft, die Betätigung der Gebietskörperschaft als Aktionär oder die Tätigkeit der auf Veranlassung der Gebietskörperschaft gewählten oder entsandten Aufsichtsratsmitglieder zu prüfen, haben über vertrauliche Angaben und Geheimnisse der Gesellschaft, namentlich Betriebs- oder Geschäftsgeheimnisse, die ihnen aus Berichten nach § 394 bekanntgeworden sind, Stillschweigen zu bewahren; dies gilt nicht für Mitteilungen im dienstlichen Verkehr.

(2) Bei der Veröffentlichung von Prüfungsergebnissen dürfen vertrauliche Angaben und Geheimnisse der Gesellschaft, namentlich Betriebs- oder Geschäftsgeheimnisse, nicht veröffentlicht werden.

Zweiter Teil. Gerichtliche Auflösung

§ 396. Voraussetzungen. (1) [1] Gefährdet eine Aktiengesellschaft oder Kommanditgesellschaft auf Aktien durch gesetzwidriges Verhalten ihrer Verwaltungsträger das Gemeinwohl und sorgen der Aufsichtsrat und die Hauptversammlung nicht für die Abberufung der Verwaltungsträger, so kann die Gesellschaft auf Antrag der zuständigen obersten Landesbehörde des Landes, in dem die Gesellschaft ihren Sitz hat, durch Urteil aufgelöst werden. [2] Ausschließlich zuständig für die Klage ist das Landgericht, in dessen Bezirk die Gesellschaft ihren Sitz hat.

(2) [1] Nach der Auflösung findet die Abwicklung nach den §§ 264 bis 273 statt. [2] Den Antrag auf Abberufung oder Bestellung der Abwickler aus einem wichtigen Grund kann auch die in Absatz 1 Satz 1 bestimmte Behörde stellen.

§ 397. Anordnungen bei der Auflösung. Ist die Auflösungsklage erhoben, so kann das Gericht auf Antrag der in § 396 Abs. 1 Satz 1 bestimmten Behörde durch einstweilige Verfügung die nötigen Anordnungen treffen.

§ 398. Eintragung. [1] Die Entscheidungen des Gerichts sind dem Registergericht mitzuteilen. [2] Dieses trägt sie, soweit sie eintragungspflichtige Rechtsverhältnisse betreffen, in das Handelsregister ein.

Dritter Teil. Straf- und Bußgeldvorschriften. Schlußvorschriften

§ 399.* Falsche Angaben. (1) Mit Freiheitsstrafe bis zu drei Jahren oder mit Geldstrafe wird bestraft, wer

1. als Gründer oder als Mitglied des Vorstands oder des Aufsichtsrats zum Zweck der Eintragung der Gesellschaft über die Übernahme der Aktien, die Einzahlung auf Aktien, die Verwendung eingezahlter Beträge, den Ausgabebetrag der Aktien, über Sondervorteile, Gründungsaufwand, Sacheinlagen und Sachübernahmen,
2. als Gründer oder als Mitglied des Vorstands oder des Aufsichtsrats im Gründungsbericht, im Nachgründungsbericht oder im Prüfungsbericht,
3. in der öffentlichen Ankündigung nach § 47 Nr. 3,
4. als Mitglied des Vorstands oder des Aufsichtsrats zum Zweck der Eintragung einer Erhöhung des Grundkapitals (§§ 182 bis 206) über die Einbringung des bisherigen, die Zeichnung oder Einbringung des neuen Kapitals, den Ausgabebetrag der Aktien, die Ausgabe der Bezugsaktien oder über Sacheinlagen,
5. als Abwickler zum Zweck der Eintragung der Fortsetzung der Gesellschaft in dem nach § 274 Abs. 3 zu führenden Nachweis oder
6. als Mitglied des Vorstands in der nach § 37 Abs. 2 Satz 1 oder § 81 Abs. 3 Satz 1 abzugebenden Versicherung oder als Abwickler in der nach § 266 Abs. 3 Satz 1 abzugebenden Versicherung

falsche Angaben macht oder erhebliche Umstände verschweigt.

(2) Ebenso wird bestraft, wer als Mitglied des Vorstands oder des Aufsichtsrats zum Zweck der Eintragung einer Erhöhung des Grundkapitals die in § 210 Abs. 1 Satz 2 vorgeschriebene Erklärung oder als Mitglied des Vorstands zum Zweck der Eintragung einer Umwandlung der Gesellschaft in eine Gesellschaft mit beschränkter Haftung die in § 371 Abs. 2 Satz 1 oder 2 oder Abs. 3 Satz 1 vorgeschriebene Erklärung der Wahrheit zuwider abgibt.

§ 400.** Unrichtige Darstellung. (1) Mit Freiheitsstrafe bis zu drei Jahren oder mit Geldstrafe wird bestraft, wer als Mitglied des Vorstands oder des Aufsichtsrats oder als Abwickler

1. die Verhältnisse der Gesellschaft einschließlich ihrer Beziehungen zu verbundenen Unternehmen in Darstellungen oder Übersichten über den Vermögensstand, in Vorträgen oder Auskünften in der Hauptversammlung unrichtig wiedergibt oder verschleiert, wenn die Tat nicht in § 331 Nr. 1 des Handelsgesetzbuchs mit Strafe bedroht ist, oder

---

* § 399 Abs. 1 geändert durch Art. 4 und 5 Erstes Gesetz zur Reform des Strafrechts vom 25. 6. 1969 (BGBl. I S. 645) und Einführungsgesetz zum Strafgesetzbuch vom 2. 3. 1974 (BGBl. I S. 469), Nr. 4 und 5 geändert sowie Nr. 6 angefügt durch Gesetz vom 4. 7. 1980 (BGBl. I S. 836).
** § 400 geändert durch Art. 4 und 5 Erstes Gesetz zur Reform des Strafrechts vom 25. 6. 1969 (BGBl. I S. 645) und Einführungsgesetz zum Strafgesetzbuch vom 2. 3. 1974 (BGBl. I S. 469), Abs. 1 Nr. 1 geändert, frühere Nr. 2 aufgehoben, bisherige Nr. 3 wurde Nr. 2 und geändert, frühere Nr. 4 aufgehoben durch Bilanzrichtlinien-Gesetz vom 19. 12. 1985 (BGBl. I S. 2355), Abs. 2 angefügt durch Gesetz vom 4. 7. 1980 (BGBl. I S. 836).

3. Teil. Straf- und Bußgeldvorschriften §§ 401–403 **AktG 10**

2. in Aufklärungen oder Nachweisen, die nach den Vorschriften dieses Gesetzes einem Prüfer der Gesellschaft oder eines verbundenen Unternehmens zu geben sind, falsche Angaben macht oder die Verhältnisse der Gesellschaft unrichtig wiedergibt oder verschleiert, wenn die Tat nicht in § 331 Nr. 4 des Handelsgesetzbuchs mit Strafe bedroht ist.

(2) Ebenso wird bestraft, wer als Gründer oder Aktionär in Aufklärungen oder Nachweisen, die nach den Vorschriften dieses Gesetzes einem Gründungsprüfer oder sonstigen Prüfer zu geben sind, falsche Angaben macht oder erhebliche Umstände verschweigt.

§ 401.* Pflichtverletzung bei Verlust, Überschuldung oder Zahlungsunfähigkeit. (1) Mit Freiheitsstrafe bis zu drei Jahren oder mit Geldstrafe wird bestraft, wer es

1. als Mitglied des Vorstands entgegen § 92 Abs. 1 unterläßt, bei einem Verlust in Höhe der Hälfte des Grundkapitals die Hauptversammlung einzuberufen und ihr dies anzuzeigen, oder
2. als Mitglied des Vorstands entgegen § 92 Abs. 2 oder als Abwickler entgegen § 268 Abs. 2 Satz 1 unterläßt, bei Zahlungsunfähigkeit oder Überschuldung die Eröffnung des Konkursverfahrens oder des gerichtlichen Vergleichsverfahrens zu beantragen.

(2) Handelt der Täter fahrlässig, so ist die Strafe Freiheitsstrafe bis zu einem Jahr oder Geldstrafe.

§ 402.* Falsche Ausstellung oder Verfälschung von Hinterlegungsbescheinigungen. (1) Wer über die Hinterlegung von Aktien oder Zwischenscheinen Bescheinigungen, die zum Nachweis des Stimmrechts in einer Hauptversammlung oder in einer gesonderten Versammlung dienen sollen, falsch ausstellt oder verfälscht, wird mit Freiheitsstrafe bis zu drei Jahren oder mit Geldstrafe bestraft, wenn die Tat nicht in anderen Vorschriften über Urkundenstraftaten mit schwererer Strafe bedroht ist.

(2) Ebenso wird bestraft, wer von einer falschen oder verfälschten Bescheinigung der in Absatz 1 bezeichneten Art zur Ausübung des Stimmrechts Gebrauch macht.

(3) Der Versuch ist strafbar.

§ 403.** Verletzung der Berichtspflicht. (1) Mit Freiheitsstrafe bis zu drei Jahren oder mit Geldstrafe wird bestraft, wer als Prüfer oder als Gehilfe eines Prüfers über das Ergebnis der Prüfung falsch berichtet oder erhebliche Umstände im Bericht verschweigt.

(2) Handelt der Täter gegen Entgelt oder in der Absicht, sich oder einen anderen zu bereichern oder einen anderen zu schädigen, so ist die Strafe Freiheitsstrafe bis zu fünf Jahren oder Geldstrafe.

---

* §§ 401 und 402 Abs. 1 geändert durch Art. 4 und 5 Erstes Gesetz zur Reform des Strafrechts vom 25. 6. 1969 (BGBl. I S. 645) und Einführungsgesetz zum Strafgesetzbuch vom 2. 3. 1974 (BGBl. I S. 469).
** § 403 geändert durch Art. 4 und 5 Gesetz vom 25. 6. 1969 (BGBl. I S. 645) und Gesetz vom 2. 3. 1974 (BGBl. I S. 469), Abs. 2 früherer Satz 2 aufgehoben durch Gesetz vom 2. 3. 1974 (BGBl. I S. 469).

§ 404.* Verletzung der Geheimhaltungspflicht. (1) Mit Freiheitsstrafe bis zu einem Jahr oder mit Geldstrafe wird bestraft, wer ein Geheimnis der Gesellschaft, namentlich ein Betriebs- oder Geschäftsgeheimnis, das ihm in seiner Eigenschaft als

1. Mitglied des Vorstands oder des Aufsichtsrats oder Abwickler,
2. Prüfer oder Gehilfe eines Prüfers

bekanntgeworden ist, unbefugt offenbart; im Falle der Nummer 2 jedoch nur, wenn die Tat nicht in § 333 des Handelsgesetzbuchs mit Strafe bedroht ist.

(2) ¹Handelt der Täter gegen Entgelt oder in der Absicht, sich oder einen anderen zu bereichern oder einen anderen zu schädigen, so ist die Strafe Freiheitsstrafe bis zu zwei Jahren oder Geldstrafe. ²Ebenso wird bestraft, wer ein Geheimnis der in Absatz 1 bezeichneten Art, namentlich ein Betriebs- oder Geschäftsgeheimnis, das ihm unter den Voraussetzungen des Absatzes 1 bekanntgeworden ist, unbefugt verwertet.

(3) ¹Die Tat wird nur auf Antrag der Gesellschaft verfolgt. ²Hat ein Mitglied des Vorstands oder ein Abwickler die Tat begangen, so ist der Aufsichtsrat, hat ein Mitglied des Aufsichtsrats die Tat begangen, so sind der Vorstand oder die Abwickler antragsberechtigt.

§ 405.** Ordnungswidrigkeiten. (1) Ordnungswidrig handelt, wer als Mitglied des Vorstands oder des Aufsichtsrats oder als Abwickler

1. Namensaktien ausgibt, in denen der Betrag der Teilleistung nicht angegeben ist, oder Inhaberaktien ausgibt, bevor auf sie der Nennbetrag oder der höhere Ausgabebetrag voll geleistet ist,
2. Aktien oder Zwischenscheine ausgibt, bevor die Gesellschaft oder im Fall einer Kapitalerhöhung die Durchführung der Erhöhung des Grundkapitals oder im Fall einer bedingten Kapitalerhöhung oder einer Kapitalerhöhung aus Gesellschaftsmitteln der Beschluß über die bedingte Kapitalerhöhung oder die Kapitalerhöhung aus Gesellschaftsmitteln eingetragen ist,
3. Aktien oder Zwischenscheine ausgibt, die auf einen geringeren als den nach § 8 zulässigen Mindestnennbetrag lauten, oder
4. a) entgegen § 71 Abs. 1 Nr. 1 bis 4 oder Abs. 2 eigene Aktien der Gesellschaft erwirbt oder, in Verbindung mit § 71 e Abs. 1, als Pfand nimmt,
   b) zu veräußernde eigene Aktien (§ 71 c Abs. 1 und 2) nicht anbietet oder
   c) die zur Vorbereitung der Beschlußfassung über die Einziehung eigener Aktien (§ 71 c Abs. 3) erforderlichen Maßnahmen nicht trifft.

---

* § 404 Abs. 1 neu gefaßt durch Bilanzrichtlinien-Gesetz vom 19. 12. 1985 (BGBl. I S. 2355), Abs. 2 geändert durch Art. 4 und 5 Gesetz vom 25. 6. 1969 (BGBl. I S. 645) und Gesetz vom 2. 3. 1974 (BGBl. I S. 469), Abs. 2 Satz 1 Halbsatz 2 und Abs. 3 früherer Satz 2 aufgehoben durch Gesetz vom 2. 3. 1974 (BGBl. I S. 469).
** § 405 Abs. 1 Nr. 3 geändert, neue Nr. 4 eingefügt, bisherige Nr. 4 wurde Nr. 5 durch Gesetz vom 13. 12. 1978 (BGBl. I S. 1959), Nr. 3 und 4 geändert und frühere Nr. 5 aufgehoben durch Bilanzrichtlinien-Gesetz vom 19. 12. 1985 (BGBl. I S. 2355), Abs. 3 Nr. 5 geändert durch Verschmelzungsrichtlinie-Gesetz vom 25. 10. 1982 (BGBl. I S. 1425), Abs. 4 neu gefaßt durch Gesetz vom 24. 5. 1968 (BGBl. I S. 503).

3. Teil. Straf- und Bußgeldvorschriften §§ 406, 407 **AktG 10**

(2) Ordnungswidrig handelt auch, wer als Aktionär oder als Vertreter eines Aktionärs die nach § 129 in das Verzeichnis aufzunehmenden Angaben nicht oder nicht richtig macht.

(3) Ordnungswidrig handelt ferner, wer

1. Aktien eines anderen, zu dessen Vertretung er nicht befugt ist, ohne dessen Einwilligung zur Ausübung von Rechten in der Hauptversammlung oder in einer gesonderten Versammlung benutzt,
2. zur Ausübung von Rechten in der Hauptversammlung oder in einer gesonderten Versammlung Aktien eines anderen benutzt, die er sich zu diesem Zweck durch Gewähren oder Versprechen besonderer Vorteile verschafft hat,
3. Aktien zu dem in Nummer 2 bezeichneten Zweck gegen Gewähren oder Versprechen besonderer Vorteile einem anderen überläßt,
4. Aktien eines anderen, für die er oder der von ihm Vertretene das Stimmrecht nach § 135 nicht ausüben darf, zur Ausübung des Stimmrechts benutzt,
5. Aktien, für die er oder der von ihm Vertretene das Stimmrecht nach § 20 Abs. 7, § 21 Abs. 4, §§ 71 b, 71 d Satz 4, § 134 Abs. 1, §§ 135, 136, 142 Abs. 1 Satz 2, § 285 Abs. 1 nicht ausüben darf, einem anderen zum Zweck der Ausübung des Stimmrechts überläßt oder solche ihm überlassene Aktien zur Ausübung des Stimmrechts benutzt,
6. besondere Vorteile als Gegenleistung dafür fordert, sich versprechen läßt oder annimmt, daß er bei einer Abstimmung in der Hauptversammlung oder in einer gesonderten Versammlung nicht oder in einem bestimmten Sinne stimme oder
7. besondere Vorteile als Gegenleistung dafür anbietet, verspricht oder gewährt, daß jemand bei einer Abstimmung in der Hauptversammlung oder in einer gesonderten Versammlung nicht oder in einem bestimmten Sinne stimme.

(4) Die Ordnungswidrigkeit kann mit einer Geldbuße bis zu fünfzigtausend Deutsche Mark geahndet werden.

§ 406.* *(aufgehoben)*

§ 407.** **Zwangsgelder.** (1) [1]Vorstandsmitglieder oder Abwickler, die § 52 Abs. 2 Satz 2 und 3, § 71 c, § 73 Abs. 3 Satz 2, §§ 80, 90, 104 Abs. 1, § 111 Abs. 2, § 145, §§ 170, 171 Abs. 3, §§ 175, 214 Abs. 1, § 246 Abs. 4, § 259 Abs. 5, § 268 Abs. 4, § 270 Abs. 1, § 273 Abs. 2, § 293 Abs. 3 Satz 2 und 3, § 306 Abs. 6, § 312 Abs. 1, § 313 Abs. 1, § 314 Abs. 1, § 340 d Abs. 2 und 4, § 361 Abs. 2 Satz 1 und 2 nicht befolgen, sind hierzu von Registergericht durch Festsetzung von Zwangsgeld anzuhalten; § 14 des Handelsgesetzbuchs bleibt unberührt. [2]Das einzelne Zwangsgeld darf den Betrag von zehntausend Deutsche Mark nicht übersteigen.

(2) [1]Die Anmeldungen zum Handelsregister nach den §§ 36, 45, 52, 181 Abs. 1, §§ 184, 188, 195, 210, 223, 237 Abs. 4, §§ 274, 294 Abs. 1, § 319 Abs. 3, § 345 Abs. 1, § 353 Abs. 5, §§ 364, 367, 371, 379, 390 werden durch Festsetzung von Zwangsgeld nicht erzwungen. [2]Für die Einreichung der der Zahl der Zweigniederlassungen entsprechenden Stückzahl der Anmeldungen verbleibt es bei § 14 des Handelsgesetzbuchs.

---

* § 406 aufgehoben durch Gesetz vom 24. 5. 1968 (BGBl. I S. 503).
** § 407 Überschrift, Abs. 1 Satz 1 Halbsatz 1, Abs. 1 Satz 2 und Abs. 2 Satz 1 geändert durch Gesetz vom 2. 3. 1974 (BGBl. I S. 469), Abs. 1 Satz 1 geändert durch Gesetz vom 13. 12. 1978 (BGBl. I S. 1959), Verschmelzungsrichtlinie-Gesetz vom 25. 10. 1982 (BGBl. I S. 1425) und Bilanzrichtlinien-Gesetz vom 19. 12. 1985 (BGBl. I S. 2355).

§ 408. Strafbarkeit persönlich haftender Gesellschafter einer Kommanditgesellschaft auf Aktien. ¹Die §§ 399 bis 407 gelten sinngemäß für die Kommanditgesellschaft auf Aktien. ²Soweit sie Vorstandsmitglieder betreffen, gelten sie bei der Kommanditgesellschaft auf Aktien für die persönlich haftenden Gesellschafter.

§ 409. Geltung in Berlin *(gegenstandslos)*

§ 410. Inkrafttreten. Dieses Gesetz tritt am 1. Januar 1966 in Kraft.

11. Einführungsgesetz zum Aktiengesetz

Vom 6. September 1965 (BGBl. I S. 1185)

(BGBl. III 4121-2)

Änderungen des Gesetzes

Lfd. Nr.	Änderndes Gesetz	Datum	Fundstelle	Geänderte Paragraphen	Art der Änderg.
1.	Einführungsgesetz zum Strafgesetzbuch (EGStGB)	2. 3. 1974	BGBl. I 469	28 Abs. 3	geänd.
2.	Gesetz über die Verwendung des Vermögens der Deutschen Industriebank	3. 5. 1974	BGBl. I 1037	25	geänd.
3.	Gesetz zur Durchführung der Zweiten Richtlinie des Rates der Europäischen Gemeinschaften zur Koordinierung des Gesellschaftsrechts	13. 12. 1978	BGBl. I 1959	2 26a bis 26c	geänd. eingef.
4.	Gesetz zur Durchführung der Dritten Richtlinie des Rates der Europäischen Gemeinschaften zur Koordinierung des Gesellschaftsrechts (Verschmelzungsrichtlinie-Gesetz)	25. 10. 1982	BGBl. I 1425	26d	eingef.
5.	Gesetz zur Durchführung der Vierten, Siebenten und Achten Richtlinie des Rates der Europäischen Gemeinschaften zur Koordinierung des Gesellschaftsrechts (Bilanzrichtlinien-Gesetz – BiRiLiG)	19. 12. 1985	BGBl. I 2355	28 16 bis 19	geänd. aufgeh.

Erster Abschnitt. Übergangsvorschriften

§ 1. Grundkapital. ¹§ 6 des Aktiengesetzes gilt nicht für Aktiengesellschaften, deren Grundkapital und Aktien beim Inkrafttreten des Aktiengesetzes nicht auf einen Nennbetrag in Deutscher Mark lauten, sowie für Aktiengesellschaften, die nach dem Inkrafttreten des Aktiengesetzes nach Maßgabe des § 2 des D-Markbilanzergänzungsgesetzes vom 28. Dezember 1950 (Bundesgesetzbl. S. 811) ihren Sitz in den Geltungsbereich des Aktiengesetzes verlegen. ²Die Währung, auf die ihr Grundkapital und ihre Aktien lauten müssen, bestimmt sich nach den für sie geltenden besonderen Vorschriften.

§ 2.* Mindestnennbetrag des Grundkapitals. (1) ¹Aktiengesellschaften, deren Grundkapital infolge der Neufestsetzung nach dem für sie geltenden D-Markbilanzgesetz weniger als einhunderttausend Deutsche Mark beträgt, sind mit Ablauf des 16. Dezember 1981 aufgelöst, wenn der Vorstand nicht bis zu diesem Tage einen Beschluß über die Erhöhung des Grundkapitals auf mindestens einhundert-

---

* § 2 neu gefaßt durch Gesetz vom 13. 12. 1978 (BGBl. I S. 1959).

tausend Deutsche Mark oder einen Beschluß über die Umwandlung der Gesellschaft nach den Vorschriften des Aktiengesetzes oder des Umwandlungsgesetzes zur Eintragung in das Handelsregister angemeldet hat. ²Ist der Beschluß über die Erhöhung des Grundkapitals oder über die Umwandlung angefochten, so tritt an die Stelle dieses Tages der drei Monate nach dem Tage der Rechtskraft der Entscheidung liegende Tag.

(2) ¹Ist eine Aktiengesellschaft nach Absatz 1 aufgelöst, so kann die Hauptversammlung nach § 274 des Aktiengesetzes die Fortsetzung der Gesellschaft beschließen. ²Der Fortsetzungsbeschluß darf im Falle des Absatzes 1 nur zusammen mit einem Beschluß über die Erhöhung des Grundkapitals auf mindestens einhunderttausend Deutsche Mark eingetragen werden.

§ 3. Mindestnennbetrag der Aktien. (1) Aktien dürfen nur noch nach § 8 des Aktiengesetzes ausgegeben werden.

(2) Ist ein Beschluß über eine Kapitalerhöhung aus Gesellschaftsmitteln vor dem Inkrafttreten des Aktiengesetzes in das Handelsregister eingetragen worden, so bleibt es bei §§ 6, 12 Abs. 2 des Gesetzes über die Kapitalerhöhung aus Gesellschaftsmitteln und über die *Gewinn- und Verlustrechnung* vom 23. Dezember 1959 (Bundesgesetzbl. I S. 789).*

(3) ¹§ 8 des Aktiengesetzes gilt nicht für Aktien, die vor dem Inkrafttreten des Aktiengesetzes nach den bisher geltenden Vorschriften mit einem nach § 8 des Aktiengesetzes nicht zulässigen Nennbetrag ausgegeben worden sind. ²Bei Aktien mit einem nicht durch hundert teilbaren Nennbetrag kann eine Kapitalerhöhung aus Gesellschaftsmitteln auch durch Erhöhung des Nennbetrags dieser Aktien ausgeführt werden; dies gilt nicht für Aktien mit einem Nennbetrag von fünfzig Deutsche Mark.

(4) ¹Soweit eine Kapitalerhöhung aus Gesellschaftsmitteln durch Erhöhung des Nennbetrags ausgeführt werden kann, können Aktien mit einem nicht durch hundert teilbaren Nennbetrag, deren Nennbetrag erhöht wird, auf jeden durch zehn teilbaren Betrag gestellt werden; Aktien mit einem Nennbetrag von fünfzig Deutsche Mark können nur auf einen durch hundert teilbaren Betrag gestellt werden. ²Der Nennbetrag darf jedoch nicht, wenn er unter fünfzig Deutsche Mark gestellt ist, über fünfzig Deutsche Mark, sonst nicht über den nächsten durch hundert teilbaren Betrag hinaus erhöht werden. ³Satz 2 gilt nicht für teileingezahlte Aktien.

(5) Soweit Aktiengesellschaften Aktien mit Nennbeträgen unter fünfzig Deutsche Mark ausgegeben haben, gilt der Nennbetrag dieser Aktien als ihr Mindestnennbetrag im Sinne der Vorschriften über die Kapitalherabsetzung.

§ 4. Vereinigung von Aktien. (1) ¹Aktien, die nicht auf fünfzig Deutsche Mark oder auf einen durch hundert teilbaren Betrag lauten, können zu Aktien, die auf fünfzig Deutsche Mark oder auf einen durch hundert teilbaren Betrag lauten, vereinigt werden. ²Die Vereinigung bedarf der Zustimmung der betroffenen Aktionäre. ³§§ 73 und 226 des Aktiengesetzes sind nicht anzuwenden.

(2) ¹Die nach § 23 Abs. 3 Nr. 4 des Aktiengesetzes erforderlichen Bestimmungen der Satzung dürfen nicht geändert werden, ehe die betroffenen Aktionäre der Vereinigung ihrer Aktien zugestimmt haben und, falls Aktienurkunden oder Zwi-

---

* Jetzt „Gesetz über die Kapitalerhöhung aus Gesellschaftsmitteln und über die Verschmelzung von Gesellschaften mit beschränkter Haftung"; abgedruckt unter Nr. **14**.

1. Abschnitt. Übergangsvorschriften **§§ 5–7 EGAktG 11**

schenscheine ausgegeben sind, die Urkunden der Gesellschaft oder einer von ihr bezeichneten Stelle zum Umtausch eingereicht haben. ²Über diese Satzungsänderung kann der Aufsichtsrat beschließen.

(3) Die Aktien höheren Nennbetrags sollen nicht ausgegeben werden, ehe die notwendige Satzungsänderung in das Handelsregister eingetragen ist.

§ 5. Mehrstimmrechte. (1) Mehrstimmrechte, die vor dem Inkrafttreten des Aktiengesetzes rechtmäßig geschaffen worden sind, bleiben aufrechterhalten.

(2) ¹Die Hauptversammlung kann beschließen, die Mehrstimmrechte zu beseitigen oder zu beschränken. ²Der Beschluß bedarf einer Mehrheit, die mindestens drei Viertel des bei der Beschlußfassung vertretenen Grundkapitals umfaßt, aber nicht der Mehrheit der abgegebenen Stimmen. ³Eines Sonderbeschlusses der Aktionäre mit Mehrstimmrechten bedarf es nicht. ⁴Sind die Mehrstimmrechte einem Aktionär gewährt worden, weil er im Verhältnis zu den anderen Aktionären neben der Einlage auf das Grundkapital besondere Leistungen für die Gesellschaft erbracht hat oder erbringt, so hat ihm die Gesellschaft ein angemessenes Entgelt zu gewähren. ⁵Der Anspruch ist binnen zwei Monaten gerichtlich geltend zu machen. ⁶Die Frist beginnt mit dem Tage, an dem die Eintragung der Satzungsänderung in das Handelsregister nach § 10 des Handelsgesetzbuchs als bekanntgemacht gilt. ⁷Ist gegen den Beschluß der Hauptversammlung eine Anfechtungsklage erhoben worden, so beginnt die Frist mit der rechtskräftigen Abweisung oder der Zurücknahme der Anfechtungsklage.

§ 6. Wechselseitig beteiligte Unternehmen. (1) Sind eine Aktiengesellschaft und ein anderes Unternehmen bereits beim Inkrafttreten des Aktiengesetzes wechselseitig beteiligte Unternehmen, ohne daß die Voraussetzungen des § 19 Abs. 2 oder 3 des Aktiengesetzes vorliegen, und haben beide Unternehmen fristgemäß (§ 7) die Mitteilung nach § 20 Abs. 3 oder § 21 Abs. 1 des Aktiengesetzes gemacht, so gilt § 328 Abs. 1 und 2 des Aktiengesetzes für sie nicht.

(2) Solange die Unternehmen wechselseitig beteiligt sind und nicht die Voraussetzungen des § 19 Abs. 2 oder 3 des Aktiengesetzes vorliegen, gilt für die Ausübung der Rechte aus den Anteilen an dem anderen Unternehmen statt dessen folgendes:

1. Aus den Anteilen, die den Unternehmen beim Inkrafttreten des Aktiengesetzes gehört haben oder die auf diese Anteile bei einer Kapitalerhöhung aus Gesellschaftsmitteln entfallen, können alle Rechte ausgeübt werden.
2. Aus Anteilen, die bei einer Kapitalerhöhung gegen Einlagen auf Grund eines nach Nummer 1 bestehenden Bezugsrechts übernommen werden, können alle Rechte mit Ausnahme des Stimmrechts ausgeübt werden; das gleiche gilt für Anteile, die auf diese Anteile bei einer Kapitalerhöhung aus Gesellschaftsmitteln entfallen.
3. Aus anderen Anteilen können mit Ausnahme des Rechts auf neue Aktien bei einer Kapitalerhöhung aus Gesellschaftsmitteln keine Rechte ausgeübt werden.

(3) Hat nur eines der wechselseitig beteiligten Unternehmen fristgemäß (§ 7) die Mitteilung nach § 20 Abs. 3 oder § 21 Abs. 1 des Aktiengesetzes gemacht, so gilt § 328 Abs. 1 und 2 nicht für dieses Unternehmen.

§ 7. Mitteilungspflicht von Beteiligungen. ¹Die Mitteilungspflichten nach §§ 20, 21 und 328 Abs. 3 des Aktiengesetzes gelten auch für Beteiligungen, die beim Inkrafttreten des Aktiengesetzes bestehen. ²Die Beteiligungen sind binnen eines Monats nach dem Inkrafttreten des Aktiengesetzes mitzuteilen.

§ 8. Gegenstand des Unternehmens. Entspricht bei Aktiengesellschaften, die beim Inkrafttreten des Aktiengesetzes in das Handelsregister eingetragen sind, die Satzungsbestimmung über den Gegenstand des Unternehmens nicht dem § 23 Abs. 3 Nr. 2 des Aktiengesetzes, so sind Änderungen der Satzung durch die Hauptversammlung nur einzutragen, wenn zugleich die Satzungsbestimmung über den Gegenstand des Unternehmens an § 23 Abs. 3 Nr. 2 des Aktiengesetzes angepaßt wird.

§ 9. Namensaktien. ¹Aktiengesellschaften, die vor dem Inkrafttreten des Aktiengesetzes Namensaktien ausgegeben haben und deren Satzung nichts darüber bestimmt, ob die Aktien als Inhaber- oder Namensaktien auszustellen sind, haben ihre Satzung dahin zu ergänzen, daß die Aktien Namensaktien sind. ²Die Satzungsergänzung kann der Aufsichtsrat beschließen. ³Andere Änderungen der Satzung sind in das Handelsregister erst einzutragen, wenn zuvor die Satzungsergänzung nach Satz 1 eingetragen worden ist.

§ 10. Nebenverpflichtungen der Aktionäre. ¹§ 55 Abs. 1 Satz 2 des Aktiengesetzes gilt nicht für Aktiengesellschaften, die bereits beim Inkrafttreten des Aktiengesetzes in ihrer Satzung Nebenverpflichtungen der Aktionäre vorgesehen haben. ²Ändern jedoch solche Gesellschaften den Gegenstand des Unternehmens oder die Satzungsbestimmungen über die Nebenverpflichtungen, so sind diese Änderungen nur einzutragen, wenn zugleich bestimmt wird, ob die Leistungen entgeltlich oder unentgeltlich zu erbringen sind.

§ 11. Ausschluß säumiger Aktionäre. § 64 Abs. 2 Satz 3 des Aktiengesetzes gilt nicht, wenn beim Inkrafttreten des Aktiengesetzes bereits die erste Bekanntmachung in den Gesellschaftsblättern ergangen ist und bei Einhaltung der Vorschrift die letzte Bekanntmachung nicht rechtzeitig ergehen könnte.

§ 12. Aufsichtsrat. (1) ¹Bestimmungen der Satzung über die Zahl der Aufsichtsratsmitglieder und über Stellvertreter von Aufsichtsratsmitgliedern treten, soweit sie mit den Vorschriften des Aktiengesetzes nicht vereinbar sind, mit Beendigung der Hauptversammlung außer Kraft, die über die Entlastung der Mitglieder des Aufsichtsrats für das am 31. Dezember 1965 endende oder laufende Geschäftsjahr abgehalten wird, spätestens mit Ablauf der in § 120 Abs. 1 des Aktiengesetzes für die Beschlußfassung über die Entlastung bestimmten Frist. ²Eine Hauptversammlung, die innerhalb dieser Frist stattfindet, kann an Stelle der außer Kraft tretenden Satzungsbestimmungen mit einfacher Stimmenmehrheit neue Satzungsbestimmungen beschließen.

(2) Treten Satzungsbestimmungen nach Absatz 1 Satz 1 außer Kraft, erlischt das Amt der Aufsichtsratsmitglieder oder der Stellvertreter von Aufsichtsratsmitgliedern mit dem in Absatz 1 genannten Zeitpunkt.

(3) § 100 Abs. 2 des Aktiengesetzes gilt für Personen, die beim Inkrafttreten des Aktiengesetzes Aufsichtsratsmitglied sind, mit der Maßgabe, daß sie den Aufsichtsratssitz bis zum Ablauf der jeweilig laufenden Amtszeit innehaben dürfen.

§§ 13–15. *(gegenstandslos infolge Vollzugs)*

1. Abschnitt. Übergangsvorschriften §§ 16–25 **EGAktG 11**

§§ 16–19.* *(aufgehoben)*

§ 20. Streitwert. ¹In Rechtsstreitigkeiten, auf die § 247 des Aktiengesetzes anzuwenden ist, richtet sich der Streitwert nach dem bisherigen Recht, wenn der Rechtsstreit vor dem Inkrafttreten des Aktiengesetzes anhängig geworden ist. ²Dies gilt nicht im Verfahren über eine Berufung oder eine Revision, wenn das Rechtsmittel nach dem Inkrafttreten des Aktiengesetzes eingelegt worden ist.

§ 21. Heilung der Nichtigkeit von Jahresabschlüssen. ¹§ 256 Abs. 6 des Aktiengesetzes über die Heilung der Nichtigkeit von Jahresabschlüssen gilt auch für Jahresabschlüsse, die vor dem Inkrafttreten des Aktiengesetzes festgestellt worden sind; jedoch bleibt es für die Heilung der Nichtigkeit nach § 256 Abs. 2 des Aktiengesetzes bei den bisherigen Vorschriften. ²Die in § 256 Abs. 6 des Aktiengesetzes bestimmten Fristen beginnen für Jahresabschlüsse, die vor dem Inkrafttreten des Aktiengesetzes festgestellt worden sind, nicht vor dem Inkrafttreten des Aktiengesetzes.

§ 22.* * Unternehmensverträge.** (1) ¹Für Unternehmensverträge (§§ 291, 292 des Aktiengesetzes), die vor dem Inkrafttreten des Aktiengesetzes geschlossen worden sind, gelten §§ 295 bis 303, 307 bis 310, 316 des Aktiengesetzes mit Wirkung vom Inkrafttreten des Aktiengesetzes. ²Die in § 300 Nr. 1 des Aktiengesetzes bestimmte Frist für die Auffüllung der gesetzlichen Rücklage läuft vom Beginn des nach dem 31. Dezember 1965 beginnenden Geschäftsjahrs an. ³§ 300 Nr. 1 und 3 des Aktiengesetzes gilt jedoch nicht, wenn der andere Vertragsteil beim Inkrafttreten des Aktiengesetzes auf Grund der Satzung oder von Verträgen verpflichtet ist, seine Erträge für öffentliche Zwecke zu verwenden. ⁴In die gesetzliche Rücklage ist im Falle des Satzes 3 spätestens bei Beendigung des Unternehmensvertrags oder der Verpflichtung nach Satz 3 der Betrag einzustellen, der nach § 300 des Aktiengesetzes in Verbindung mit Satz 2 in die gesetzliche Rücklage einzustellen gewesen wäre, wenn diese Vorschriften für die Gesellschaft gegolten hätten. ⁵Reichen die während der Dauer des Vertrags in freie Rücklagen eingestellten Beträge hierzu nicht aus, hat der andere Vertragsteil den Fehlbetrag auszugleichen.

(2) ¹Der Vorstand der Gesellschaft hat das Bestehen und die Art des Unternehmensvertrags sowie den Namen des anderen Vertragsteils unverzüglich nach dem Inkrafttreten des Aktiengesetzes zur Eintragung in das Handelsregister anzumelden. ²Bei der Anmeldung ist das Datum des Beschlusses anzugeben, durch den die Hauptversammlung dem Vertrag zugestimmt hat. ³Bei Teilgewinnabführungsverträgen ist außerdem die Vereinbarung über die Höhe des abzuführenden Gewinns anzumelden.

§§ 23, 24. *(gegenstandslos infolge Vollzugs)*

§ 25.* ** Deutsche Golddiskontbank.** ¹Für die Rechtsverhältnisse der Deutschen Golddiskontbank bleibt es bei Artikel VI der Dritten Durchführungsverord-

---
* §§ 16 bis 19 aufgehoben durch Bilanzrichtlinien-Gesetz vom 19. 12. 1985 (BGBl. I S. 2355).
** Für das Gebiet der ehem. DDR beachte zu § 22 Abs. 1 aufgrund des Einigungsvertrages vom 31. 8. 1990 (BGBl. II S. 889, 960) geltende Maßgabe, welche lautet:
§ 22 Abs. 1 ist für Aktiengesellschaften, die vor dem 1. Juli 1990 in das Handelsregister eingetragen wurden, mit der Maßgabe anzuwenden, daß das Datum „31. Dezember 1965" durch das Datum „30. Juni 1990" ersetzt wird. Für Aktiengesellschaften, die vor dem 1. Juli 1990 zur Eintragung in das Handelsregister angemeldet, aber nicht eingetragen worden sind, bleibt es bei den bisherigen Rechtsvorschriften über die Errichtung und Eintragung der Gesellschaft.
*** § 25 geändert durch Gesetz vom 3. 5. 1974 (BGBl. I S. 1037).

11 EGAktG §§ 26–28   2. Abschnitt. Anwend. aktienrechtl. Vorschr.

nung zum Aktiengesetz vom 21. Dezember 1938 (Reichsgesetzbl. I S. 1839). ²Soweit in diesen Vorschriften auf das Aktiengesetz vom 30. Januar 1937 verwiesen ist, treten an seine Stelle die entsprechenden Vorschriften des Aktiengesetzes.

§ 26. Kommanditgesellschaften auf Aktien. Die Vorschriften dieses Abschnitts gelten sinngemäß für Kommanditgesellschaften auf Aktien.

§ 26a.* Ergänzung fortgeführter Firmen. ¹Führt eine Aktiengesellschaft gemäß § 22 Abs. 1 des Einführungsgesetzes zum Handelsgesetzbuch ihre Firma fort, ohne daß diese die Bezeichnung „Aktiengesellschaft" enthält, so muß die Gesellschaft bis zum 16. Juni 1980 diese Bezeichnung in ihre Firma aufnehmen. ²Findet bis zu diesem Tage eine Hauptversammlung nicht statt und soll die Firma nur um die Bezeichnung „Aktiengesellschaft" ergänzt werden, so ist der Aufsichtsrat zu dieser Änderung befugt.

§ 26b.* Änderung der Satzung. Eine Änderung der Satzung, die nach § 23 des Aktiengesetzes wegen der vom 1. Juli 1979 an geltenden Fassung erforderlich wird, ist bis zum 16. Juni 1980 zur Eintragung in das Handelsregister anzumelden.

§ 26c.* Übergangsfristen. ¹Die Vorschriften des Aktiengesetzes über Sacheinlagen und Sachübernahmen sowie über deren Prüfung in der vom 1. Juli 1979 an geltenden Fassung gelten nur für Gründungen und Kapitalerhöhungen, die nach dem 16. Juni 1980 zur Eintragung in das Handelsregister angemeldet werden. ²Die Fristen, die in § 71 Abs. 3 Satz 2 und § 71c des Aktiengesetzes in der vom 1. Juli 1979 an geltenden Fassung vorgesehen sind, beginnen nicht vor dem 16. Juni 1980. ³Die nach § 150a des Aktiengesetzes vorgeschriebene Rücklage für eigene Aktien braucht nicht vor dem 16. Juni 1980 gebildet zu werden.

§ 26d.* Übergangsregelung für Verschmelzungen. Die Vorschriften des Aktiengesetzes über Verschmelzungen und Vermögensübertragungen in der vom 1. Januar 1983 an geltenden Fassung sind nicht auf Vorgänge anzuwenden, zu deren Vorbereitung bereits vor diesem Tage der Verschmelzungs- oder Übertragungsvertrag beurkundet oder eine Haupt-, Gesellschafter- oder Gewerkenversammlung oder eine oberste Vertretung einberufen worden ist.

Zweiter Abschnitt. Anwendung aktienrechtlicher Vorschriften auf Unternehmen mit anderer Rechtsform

§ 27. Entscheidung über die Zusammensetzung des Aufsichtsrats. § 96 Abs. 2, §§ 97 bis 99 des Aktiengesetzes gelten sinngemäß für Gesellschaften mit beschränkter Haftung und bergrechtliche Gewerkschaften.

§ 28.** Bergrechtliche Gewerkschaften in Konzernen. (1) Stehen in einem Konzern die Unternehmen unter der einheitlichen Leitung einer bergrechtlichen Gewerkschaft mit Sitz im Inland, so hat die bergrechtliche Gewerkschaft wie ein Mutterunternehmen (§ 290 Abs. 1 des Handelsgesetzbuchs) einen Konzernabschluß und einen Konzernlagebericht aufzustellen, durch einen Abschlußprüfer prüfen zu lassen und offenzulegen, wenn ein Tochterunternehmen, das nach § 290 Abs. 1, § 294 Abs. 1, §§ 295, 296 des Handelsgesetzbuchs in den Konzernabschluß

---
* §§ 26a bis 26c eingefügt durch Gesetz vom 13. 12. 1978 (BGBl. I S. 1959), § 26d eingefügt durch Verschmelzungsrichtlinie-Gesetz vom 25. 10. 1982 (BGBl. I S. 1425).
** § 28 neu gefaßt durch Bilanzrichtlinien-Gesetz vom 19. 12. 1985 (BGBl. I S. 2355).

einzubeziehen wäre, die Rechtsform einer Kapitalgesellschaft (Aktiengesellschaft, Kommanditgesellschaft auf Aktien und Gesellschaft mit beschränkter Haftung) hat.

(2) Ist die Konzernleitung nicht verpflichtet, einen Konzernabschluß und einen Konzernlagebericht aufzustellen, beherrscht sie aber über eine oder mehrere bergrechtliche Gewerkschaften mit Sitz im Inland andere Unternehmen in der Rechtsform einer Kapitalgesellschaft, so haben die bergrechtlichen Gewerkschaften, die der Konzernleitung am nächsten stehen, für ihren Konzernbereich (Teilkonzern) je einen Teilkonzernabschluß und einen Teilkonzernlagebericht aufzustellen, durch einen Abschlußprüfer prüfen zu lassen und offenzulegen.

(3) ¹Für die Aufstellung, Prüfung und Offenlegung des Konzernabschlusses und Konzernlageberichts oder des Teilkonzernabschlusses und Teilkonzernlageberichts gelten die Vorschriften § 290 Abs. 1, § 291, §§ 293 bis 315, 316 Abs. 3, §§ 317 bis 324, § 325 Abs. 3 bis 5, §§ 328, 329 des Handelsgesetzbuchs, § 337 des Aktiengesetzes, § 6 Abs. 3 Satz 1 und 4 des Gesetzes über die Rechnungslegung von bestimmten Unternehmen und Konzernen sinngemäß. ²Die §§ 292, 330 des Handelsgesetzbuchs über den Erlaß von Rechtsverordnungen gelten auch für Konzernabschlüsse, Teilkonzernabschlüsse, Konzernlageberichte und Teilkonzernlageberichte nach Absatz 1 und 2.

(4) ¹Gesetzliche Vertreter oder Abwickler einer bergrechtlichen Gewerkschaft, die nach Absatz 1 oder 2 Rechnung zu legen hat, sind, wenn sie die Absätze 1 und 2 in Verbindung mit § 290 Abs. 1, § 320 Abs. 3, § 325 Abs. 3 des Handelsgesetzbuchs, § 337 Abs. 1 Satz 1 des Aktiengesetzes nicht befolgen, hierzu vom Registergericht durch Festsetzung von Zwangsgeld anzuhalten. ²Das einzelne Zwangsgeld darf den Betrag von zehntausend Deutsche Mark nicht übersteigen.

Dritter Abschnitt. Aufhebung und Änderung von Gesetzen

§ 29. Aktiengesetz von 1937. (1) Das Aktiengesetz vom 30. Januar 1937 (Reichsgesetzbl. I S. 107), die drei Durchführungsverordnungen zum Aktiengesetz vom 29. September 1937 (Reichsgesetzbl. I S. 1026), vom 19. November 1937 (Reichsgesetzbl. I S. 1300) und vom 21. Dezember 1938 (Reichsgesetzbl. I S. 1839) sowie das Einführungsgesetz zum Aktiengesetz vom 30. Januar 1937 (Reichsgesetzbl. I S. 166) werden aufgehoben, soweit nicht einzelne Vorschriften nach diesem Gesetz weiter anzuwenden sind.

(2) Wo in anderen gesetzlichen Vorschriften auf die aufgehobenen Vorschriften oder auf die durch § 18 Abs. 1 des Einführungsgesetzes zum Aktiengesetz vom 30. Januar 1937 aufgehobenen Vorschriften des Handelsgesetzbuchs verwiesen ist, treten, soweit nichts anderes bestimmt ist, die entsprechenden Vorschriften des Aktiengesetzes an ihre Stelle.

§ 30. Drittes D-Markbilanzergänzungsgesetz. Artikel 5 des Dritten D-Markbilanzergänzungsgesetzes vom 21. Juni 1955 (Bundesgesetzbl. I S. 297) wird aufgehoben.

§§ 31, 32.* *(vom Abdruck wurde abgesehen)*

---

* §§ 31 und 32 enthalten Änderungen des HGB und des GmbHG, die dort bereits berücksichtigt sind. Vom Abdruck wurde deshalb abgesehen.

11 EGAktG §§ 33–46 4. Abschnitt. Schlußvorschriften

§ 33. Gesetz über die Kapitalerhöhung aus Gesellschaftsmitteln und über die Gewinn- und Verlustrechnung. (1) Die Vorschriften des Ersten Abschnitts des Gesetzes über die Kapitalerhöhung aus Gesellschaftsmitteln und über die *Gewinn- und Verlustrechnung* vom 23. Dezember 1959 (Bundesgesetzbl. I S. 789)* sind auf Aktiengesellschaften und Kommanditgesellschaften auf Aktien nicht mehr anzuwenden.

(2) ¹Haben Kreditinstitute auf Grund einer Aufforderung nach § 11 Abs. 1 des Gesetzes über die Kapitalerhöhung aus Gesellschaftsmitteln und die Gewinn- und Verlustrechnung auf in ihre Sammelverwahrung genommene alte Aktien neue Aktien abgeholt und entfallen neue Aktien noch nach Ablauf eines Jahres seit der Bekanntmachung der Aufforderung zur Abholung oder, wenn diese Frist vor dem Inkrafttreten des Aktiengesetzes abgelaufen ist, noch beim Inkrafttreten des Aktiengesetzes auf Teilrechte, die nicht in einer Hand vereinigt sind und deren Berechtigte sich auch nicht zur Ausübung der Rechte zusammengeschlossen haben, so gelten diese neuen Aktien als nicht abgeholt. ²Sie sind der Gesellschaft nach Ablauf dieser Frist und, wenn die Frist beim Inkrafttreten des Aktiengesetzes bereits abgelaufen ist, unverzüglich zurückzugeben. ³Hat die Gesellschaft den Verkauf der nicht abgeholten Aktien noch nicht angedroht, so hat sie ihn unverzüglich nach der Rückgabe der Aktien anzudrohen. ⁴Für die Androhung gilt § 214 Abs. 2 Satz 2 und 3 des Aktiengesetzes. ⁵§ 214 Abs. 3 des Aktiengesetzes gilt sinngemäß; ist die Frist von einem Jahr seit der letzten Bekanntmachung der Androhung beim Inkrafttreten des Aktiengesetzes bereits abgelaufen, so tritt an ihre Stelle eine Frist von drei Monaten seit dem Inkrafttreten des Aktiengesetzes.

(3)** *(Änderungsvorschrift; unter Nr. **14** bereits berücksichtigt)*

(4) Sind Aktien einer Gesellschaft an einer deutschen Börse zum amtlichen Handel zugelassen, so gilt die Zulassung auch für die neuen Aktien, die bei einer Kapitalerhöhung aus Gesellschaftsmitteln auf sie entfallen.

§§ 34–44.** *(vom Abdruck wurde abgesehen)*

Vierter Abschnitt. Schlußvorschriften

§ 45. Geltung in Berlin *(gegenstandslos)*

§ 46. Inkrafttreten. Dieses Gesetz tritt am 1. Januar 1966 in Kraft.

---

* Jetzt „Gesetz über die Kapitalerhöhung aus Gesellschaftsmitteln und über die Verschmelzung von Gesellschaften mit beschränkter Haftung"; abgedruckt unter Nr. **14**.
** § 33 Abs. 3 und §§ 34 bis 44 enthaltenen Änderungen anderer Gesetze; vom Abdruck wurde abgesehen.

PublG 12

12. Gesetz über die Rechnungslegung von bestimmten Unternehmen und Konzernen

Vom 15. August 1969 (BGBl. I S. 1189, ber. 1970 I S. 1113)

(BGBl. III 4120-7)

mit allen späteren Änderungen einschließlich der Änderungen durch das Bilanzrichtlinien-Gesetz vom 19. 12. 1985 (BGBl. I S. 2355), Art. 21 § 5 Abs. 4 Steuerreformgesetz 1990 vom 25. 7. 1988 (BGBl. I S. 1093) und Art. 4 Bankbilanzrichtlinie-Gesetz vom 30. 11. 1990 (BGBl. I S. 2570)

Inhaltsübersicht
Erster Abschnitt. Rechnungslegung von Unternehmen §§ 1–10
Zweiter Abschnitt. Rechnungslegung von Konzernen §§ 11–15
Dritter Abschnitt. Straf-, Bußgeld- und Schlußvorschriften §§ 17–25

Erster Abschnitt. Rechnungslegung von Unternehmen

§ 1.* Zur Rechnungslegung verpflichtete Unternehmen. (1) Ein Unternehmen hat nach diesem Abschnitt Rechnung zu legen, wenn für den Tag des Ablaufs eines Geschäftsjahrs (Abschlußstichtag) und für die zwei darauf folgenden Abschlußstichtage jeweils mindestens zwei der drei nachstehenden Merkmale zutreffen:

1. Die Bilanzsumme einer auf den Abschlußstichtag aufgestellten Jahresbilanz übersteigt einhundertfünfundzwanzig Millionen Deutsche Mark.
2. Die Umsatzerlöse des Unternehmens in den zwölf Monaten vor dem Abschlußstichtag übersteigen zweihundertfünfzig Millionen Deutsche Mark.
3. Das Unternehmen hat in den zwölf Monaten vor dem Abschlußstichtag durchschnittlich mehr als fünftausend Arbeitnehmer beschäftigt.

(2) ¹Bilanzsumme nach Absatz 1 Nr. 1 ist die Bilanzsumme einer gemäß § 5 Abs. 2 aufgestellten Jahresbilanz; bei Unternehmen, die in ihrer Jahresbilanz Beträge für von ihnen geschuldete Verbrauchsteuern oder Monopolabgaben unter Rückstellungen oder Verbindlichkeiten angesetzt haben, ist die Bilanzsumme um diese Beträge zu kürzen. ²Trifft für den Abschlußstichtag das Merkmal nach Absatz 1 Nr. 2 oder das Merkmal nach Absatz 1 Nr. 3 zu, so hat das Unternehmen zur Feststellung, ob auch das Merkmal nach Absatz 1 Nr. 1 zutrifft, eine Jahresbilanz nach § 5 Abs. 2 aufzustellen. ³Für die Ermittlung der Umsatzerlöse nach Absatz 1 Nr. 2 gilt § 277 Abs. 1 des Handelsgesetzbuchs mit der Maßgabe, daß auch die in den Umsatzerlösen enthaltenen Verbrauchsteuern oder Monopolabgaben abzusetzen sind. ⁴Umsatzerlöse in fremder Währung sind nach dem amtlichen Kurs in Deutsche Mark umzurechnen. ⁵Durchschnittliche Zahl der Arbeitnehmer nach Absatz 1 Nr. 3 ist der zwölfte Teil der Summe aus den Zahlen der am Ende eines jeden Monats beschäftigten Arbeitnehmer einschließlich der zu ihrer Berufsausbildung Beschäftigten sowie der im Ausland beschäftigten Arbeitnehmer.

(3) *(aufgehoben)*

---

* § 1 Abs. 2 Satz 3 geändert durch Bilanzrichtlinien-Gesetz vom 19. 12. 1985 (BGBl. I S. 2355), Abs. 3 aufgehoben durch Art. 4 Bankbilanzrichtlinie-Gesetz vom 30. 11. 1990 (BGBl. I S. 2570).

12 PublG § 2   1. Abschnitt

(4) ¹Ein Versicherungsunternehmen hat abweichend von Absatz 1 nach diesem Abschnitt Rechnung zu legen, wenn seine Einnahmen aus Versicherungsprämien jeweils in den zwölf Monaten vor drei aufeinander folgenden Abschlußstichtagen einhundert Millionen Deutsche Mark übersteigen. ²Einnahmen aus Versicherungsprämien sind die Einnahmen aus dem Erst- und Rückversicherungsgeschäft einschließlich der in Rückdeckung gegebenen Anteile.

(5) Mehrere Handelsgeschäfte eines Einzelkaufmanns sind, auch wenn sie nicht unter der gleichen Firma betrieben werden, nur ein Unternehmen im Sinne dieses Gesetzes.

§ 2.* Beginn und Dauer der Pflicht zur Rechnungslegung. (1) ¹Das Unternehmen hat erstmals für den dritten der aufeinander folgenden Abschlußstichtage, für die mindestens zwei der drei Merkmale des § 1 Abs. 1 oder das Merkmal des § 1 Abs. 4 zutreffen, Rechnung zu legen. ²Es hat jedoch bereits für den ersten Abschlußstichtag Rechnung zu legen, für den mindestens zwei der drei Merkmale des § 1 Abs. 1 oder das Merkmal des § 1 Abs. 4 zutreffen, wenn auf das Unternehmen während des Geschäftsjahrs das Vermögen eines anderen Unternehmens durch Verschmelzung, Umwandlung oder in anderer Weise als Ganzes übergegangen ist und auf das andere Unternehmen an den beiden letzten Abschlußstichtagen mindestens zwei der drei Merkmale des § 1 Abs. 1 oder das Merkmal des § 1 Abs. 4 zutrafen; dies gilt auch, wenn das andere Unternehmen nicht nach diesem Abschnitt Rechnung zu legen brauchte. ³Ein Unternehmen braucht nicht mehr nach diesem Abschnitt Rechnung zu legen, wenn für drei aufeinander folgende Abschlußstichtage mindestens zwei der drei Merkmale des § 1 Abs. 1 oder das Merkmal des § 1 Abs. 4 nicht mehr zutreffen.

(2) ¹Die gesetzlichen Vertreter eines Unternehmens, auf das erstmals für einen Abschlußstichtag mindestens zwei der drei Merkmale des § 1 Abs. 1 oder das Merkmal des § 1 Abs. 4 zutreffen, haben, wenn das Unternehmen oder die Firma in das Handelsregister eingetragen ist, unverzüglich zum Handelsregister die Erklärung einzureichen, daß für diesen Abschlußstichtag zwei der drei Merkmale des § 1 Abs. 1 oder das Merkmal des § 1 Abs. 4 zutreffen. ²Eine entsprechende Erklärung haben die gesetzlichen Vertreter auch für jeden der beiden folgenden Abschlußstichtage unverzüglich zum Handelsregister einzureichen, wenn die Merkmale auch für diesen Abschlußstichtag zutreffen. ³Unterliegt das Unternehmen einer staatlichen Aufsicht, haben sie die Erklärungen nach Satz 1 und 2 unabhängig davon, ob die Erklärungen zum Handelsregister einzureichen sind, auch der Aufsichtsbehörde einzureichen.

(3) ¹Das Gericht hat zur Prüfung der Frage, ob ein Unternehmen nach diesem Abschnitt Rechnung zu legen hat, Prüfer zu bestellen, wenn Anlaß für die Annahme besteht, daß das Unternehmen zur Rechnungslegung nach diesem Abschnitt verpflichtet ist. ²Hat das Unternehmen einen Aufsichtsrat, ist vor der Bestellung außer den gesetzlichen Vertretern auch dieser zu hören. ³Gegen die Entscheidung ist die sofortige Beschwerde zulässig. ⁴Für die Auswahl der Prüfer, den Ersatz angemessener barer Auslagen und die Vergütung der Prüfer, die Verantwortlichkeit und die Rechte der Prüfer und die Kosten gelten § 142 Abs. 6, §§ 143, 145 Abs. 1 bis 3, § 146 des Aktiengesetzes** und § 323 des Handelsgesetzbuchs sinn-

---
* § 2 Abs. 1 und Abs. 2 Satz 1 geändert durch Art. 4 Bankbilanzrichtlinie-Gesetz vom 30. 11. 1990 (BGBl. I S. 2570), Abs. 3 Satz 4 geändert durch Bilanzrichtlinien-Gesetz vom 19. 12. 1985 (BGBl. I S. 2355).
** Abgedruckt unter Nr. **10**.

gemäß; die Kosten trägt jedoch die Staatskasse, wenn eine Verpflichtung zur Rechnungslegung nach diesem Abschnitt nicht besteht. [5] Die Prüfer haben über das Ergebnis der Prüfung schriftlich zu berichten und den Bericht zu unterzeichnen. [6] Sie haben ihn unverzüglich dem Gericht und den gesetzlichen Vertretern einzureichen; kommt der Bericht zu dem Ergebnis, daß das Unternehmen zur Rechnungslegung nach diesem Abschnitt verpflichtet ist und ist das Unternehmen oder die Firma in das Handelsregister eingetragen, ist der Bericht auch zum Handelsregister des Sitzes (der Hauptniederlassung) des Unternehmens einzureichen. [7] Unterliegt das Unternehmen einer staatlichen Aufsicht, so haben die gesetzlichen Vertreter den Bericht auch der Aufsichtsbehörde einzureichen. [8] Auf Verlangen haben die gesetzlichen Vertreter jedem Gesellschafter eine Abschrift des Berichts zu erteilen.

§ 3.* Geltungsbereich. (1) Dieser Abschnitt ist nur anzuwenden auf Unternehmen in der Rechtsform

1. einer Personenhandelsgesellschaft oder des Einzelkaufmanns,
2. einer bergrechtlichen Gewerkschaft,
3. des Vereins, dessen Zweck auf einen wirtschaftlichen Geschäftsbetrieb gerichtet ist,
4. der rechtsfähigen Stiftung des bürgerlichen Rechts, wenn sie ein Gewerbe betreibt,
5. einer Körperschaft, Stiftung oder Anstalt des öffentlichen Rechts, die Kaufmann nach § 1 des Handelsgesetzbuchs sind oder als Kaufmann im Handelsregister eingetragen sind.

(2) [1] Dieser Abschnitt gilt nicht für

1. Unternehmen in der Rechtsform der Genossenschaft oder des Versicherungsvereins auf Gegenseitigkeit,
1a. Unternehmen ohne eigene Rechtspersönlichkeit einer Gemeinde, eines Gemeindeverbandes oder eines Zweckverbandes,
2. Verwertungsgesellschaften nach dem Gesetz über die Wahrnehmung von Urheberrechten und verwandten Schutzrechten vom 9. September 1965 (BGBl. I S. 1294), zuletzt geändert durch Artikel 2 des Gesetzes vom 24. Juni 1985 (BGBl. I S. 1137),
3. Versicherungsunternehmen im Sinne des Absatzes 1 Nr. 5, die nach dem Versicherungsaufsichtsgesetz zur Rechnungslegung verpflichtet sind oder die keine privatrechtlichen Versicherungsverträge abschließen.

[2] Dieser Abschnitt ist ferner auf Kreditinstitute im Sinne des § 340 des Handelsgesetzbuchs und auf die in § 2 Abs. 1 Nr. 1, 2 und 4 des Gesetzes über das Kreditwesen genannten Personen nicht anzuwenden.

(3) Dieser Abschnitt gilt nicht für Unternehmen in Abwicklung.

§ 4. Gesetzliche Vertreter, Aufsichtsrat, Feststellung, Gericht. (1) [1] Im Sinne dieses Gesetzes sind gesetzliche Vertreter eines Unternehmens

1. bei einer juristischen Person die Mitglieder des vertretungsberechtigten Organs,

---

* § 3 Abs. 1 Nrn. 1 und 5, Abs. 2 Satz 1 Nr. 2 und Satz 2 neu gefaßt, Abs. 1 Satz 2 Nr. 3 geändert sowie Abs. 2 Satz 1 Nr. 1a eingefügt durch Bilanzrichtlinien-Gesetz vom 19. 12. 1985 (BGBl. I S. 2355), Abs. 1 Nr. 5 geändert und Abs. 2 Satz 2 neu gefaßt durch Art. 4 Bankbilanzrichtlinie-Gesetz vom 30. 11. 1990 (BGBl. I S. 2570).

12 PublG § 5   1. Abschnitt

2. bei einer Personenhandelsgesellschaft der oder die vertretungsberechtigten Gesellschafter.

²Die Vorschriften für die gesetzlichen Vertreter des Unternehmens gelten, wenn es sich um das Unternehmen eines Einzelkaufmanns handelt, sinngemäß für den Einzelkaufmann oder seinen gesetzlichen Vertreter.

(2) Die Vorschriften dieses Gesetzes für den Aufsichtsrat gelten sinngemäß für ein entsprechendes Überwachungsorgan.

(3) Als Feststellung des Jahresabschlusses ist die Billigung des Jahresabschlusses durch die zuständige Stelle, und wenn es sich um das Unternehmen eines Einzelkaufmanns handelt, die Billigung des Jahresabschlusses durch den Inhaber anzusehen.

(4) Gericht im Sinne dieses Gesetzes ist das Gericht des Sitzes (der Hauptniederlassung) des Unternehmens.

§ 5.* Aufstellung von Jahresabschluß und Lagebericht. (1) ¹Die gesetzlichen Vertreter des Unternehmens haben den Jahresabschluß (§ 242 des Handelsgesetzbuchs) in den ersten drei Monaten des Geschäftsjahrs für das vergangene Geschäftsjahr aufzustellen. ²Für den Inhalt des Jahresabschlusses, seine Gliederung und für die einzelnen Posten des Jahresabschlusses gelten §§ 265, 266, 268 bis 275, 277, 278, 281, 282 des Handelsgesetzbuchs sinngemäß. ³Sonstige Vorschriften, die durch die Rechtsform oder den Geschäftszweig bedingt sind, bleiben unberührt.

(2) ¹Die gesetzlichen Vertreter eines Unternehmens, das nicht in der Rechtsform einer Personenhandelsgesellschaft oder des Einzelkaufmanns geführt wird, haben den Jahresabschluß um einen Anhang zu erweitern, der mit der Bilanz und der Gewinn- und Verlustrechnung eine Einheit bildet, sowie einen Lagebericht aufzustellen. ²Für den Anhang gelten die §§ 284, 285 Nr. 1 bis 5, 7 bis 13, §§ 286, 287 des Handelsgesetzbuchs und für den Lagebericht § 289 des Handelsgesetzbuchs sinngemäß.

(3) § 330 des Handelsgesetzbuchs über den Erlaß von Rechtsverordnungen gilt auch für Unternehmen, auf die dieser Abschnitt nach § 3 Abs. 1 anzuwenden ist.

(4) Handelt es sich um das Unternehmen einer Personenhandelsgesellschaft oder eines Einzelkaufmanns, so dürfen das sonstige Vermögen des Einzelkaufmanns oder der Gesellschafter (Privatvermögen) nicht in die Bilanz und die auf das Privatvermögen entfallenden Aufwendungen und Erträge nicht in die Gewinn- und Verlustrechnung aufgenommen werden.

(5) ¹Personenhandelsgesellschaften und Einzelkaufleute können die Gewinn- und Verlustrechnung nach den für ihr Unternehmen geltenden Bestimmungen aufstellen. ²Bei Anwendung einer Gliederung nach § 275 des Handelsgesetzbuchs dürfen die Steuern, die Personenhandelsgesellschaften und Einzelkaufleute als Steuerschuldner zu entrichten haben, unter den sonstigen Aufwendungen ausgewiesen werden. ³Soll die Gewinn- und Verlustrechnung nicht nach § 9 offengelegt werden, sind außerdem in einer Anlage zur Bilanz folgende Angaben zu machen:

1. Die Umsatzerlöse im Sinne des § 277 Abs. 1 des Handelsgesetzbuchs,
2. die Erträge aus Beteiligungen,
3. die Löhne, Gehälter, sozialen Abgaben sowie Aufwendungen für Altersversorgung und Unterstützung,

---

* § 5 neu gefaßt durch Bilanzrichtlinien-Gesetz vom 19. 12. 1985 (BGBl. I S. 2355).

Rechnungslegung von Unternehmen §§ 6–8 **PublG 12**

4. die Bewertungs- und Abschreibungsmethoden einschließlich wesentlicher Änderungen,
5. die Zahl der Beschäftigten.

§ 6.* Prüfung durch die Abschlußprüfer. (1) ¹Der Jahresabschluß und der Lagebericht sind durch einen Abschlußprüfer zu prüfen. ²Soweit in den Absätzen 2 bis 4 nichts anderes bestimmt ist, gelten § 316 Abs. 3, § 317 Abs. 1, § 318 Abs. 1, 3 bis 7, § 319 Abs. 1 bis 3, § 320 Abs. 1, 2, §§ 321 bis 324 des Handelsgesetzbuchs über die Prüfung des Jahresabschlusses sinngemäß.

(2) Handelt es sich um das Unternehmen einer Personenhandelsgesellschaft oder eines Einzelkaufmanns, so hat sich die Prüfung auch darauf zu erstrecken, ob § 5 Abs. 4 beachtet worden ist.

(3) ¹Der Abschlußprüfer wird bei bergrechtlichen Gewerkschaften und bei Personenhandelsgesellschaften, soweit nicht das Gesetz, die Satzung oder der Gesellschaftsvertrag etwas anderes vorsehen, von den Gewerken oder den Gesellschaftern gewählt. ²Handelt es sich um das Unternehmen eines Einzelkaufmanns, so bestellt dieser den Abschlußprüfer. ³Bei anderen Unternehmen wird der Abschlußprüfer, sofern über seine Bestellung nichts anderes bestimmt ist, vom Aufsichtsrat gewählt; hat das Unternehmen keinen Aufsichtsrat, so bestellen die gesetzlichen Vertreter den Abschlußprüfer. ⁴Bei einer bergrechtlichen Gewerkschaft können den Antrag nach § 318 Abs. 3 Satz 1 des Handelsgesetzbuchs auch Gewerken stellen, deren Anteile zusammen den zehnten Teil der Kuxe erreichen; den Antrag nach § 318 Abs. 4 Satz 1 des Handelsgesetzbuchs kann auch jeder Gewerke stellen.

(4) *(aufgehoben)*

§ 7.** Prüfung durch den Aufsichtsrat. ¹Hat das Unternehmen einen Aufsichtsrat, so haben die gesetzlichen Vertreter unverzüglich nach Eingang des Prüfungsberichts der Abschlußprüfer den Jahresabschluß, den Lagebericht und den Prüfungsbericht der Abschlußprüfer dem Aufsichtsrat vorzulegen. ²Der Aufsichtsrat hat den Jahresabschluß und den Lagebericht zu prüfen; der hat über das Ergebnis seiner Prüfung schriftlich zu berichten. ³§ 170 Abs. 3, § 171 Abs. 1 Satz 2, Abs. 2 Satz 2 bis 4, Abs. 3 des Aktiengesetzes*** gelten sinngemäß.

§ 8.** Feststellung des Jahresabschlusses. (1) ¹Bedarf es zur Feststellung des Jahresabschlusses der Entscheidung oder Mitwirkung einer anderen Stelle als der gesetzlichen Vertreter und des Aufsichtsrats, so haben die gesetzlichen Vertreter den Jahresabschluß, wenn das Unternehmen einen Aufsichtsrat hat, unverzüglich nach Eingang seines Prüfungsberichts (§ 7), wenn das Unternehmen keinen Aufsichtsrat hat, unverzüglich nach Eingang des Prüfungsberichts der Abschlußprüfer der zuständigen Stelle vorzulegen. ²Bedarf es zur Feststellung des Jahresabschlusses einer Versammlung der Gesellschafter, so ist die Versammlung unverzüglich nach dem Eingang des Prüfungsberichts des Aufsichtsrats oder der Abschlußprüfer einzuberufen; berufen die für die Einberufung zuständigen Stellen die Versammlung nicht unverzüglich ein, so haben die gesetzlichen Vertreter sie einzuberufen.

---

* § 6 neu gefaßt durch Bilanzrichtlinien-Gesetz vom 19. 12. 1985 (BGBl. I S. 2355), Abs. 4 aufgehoben durch Steuerreformgesetz 1990 vom 25. 7. 1988 (BGBl. I S. 1093).
** § 7 Sätze 1 und 2 sowie § 8 Abs. 2 neu gefaßt durch Bilanzrichtlinien-Gesetz vom 19. 12. 1985 (BGBl. I S. 2355).
*** Abgedruckt unter Nr. **10**.

(2) Auf den Jahresabschluß sind bei der Feststellung die für seine Aufstellung geltenden Vorschriften anzuwenden.

(3) ¹Ändert die zuständige Stelle den von den gesetzlichen Vertretern aufgestellten Jahresabschluß, so haben die Abschlußprüfer ihn erneut zu prüfen, soweit es die Änderung fordert. Ein bereits erteilter Bestätigungsvermerk ist unwirksam. ²Eine vor der erneuten Prüfung getroffene Entscheidung über die Feststellung des Jahresabschlusses wird erst wirksam, wenn auf Grund der erneuten Prüfung ein hinsichtlich der Änderung uneingeschränkter Bestätigungsvermerk erteilt worden ist. ³Sie wird nichtig, wenn nicht binnen zwei Wochen seit der Entscheidung ein hinsichtlich der Änderung uneingeschränkter Bestätigungsvermerk erteilt wird.

(4) Der festgestellte Jahresabschluß ist der Jahresabschluß im Sinne der für die Rechtsform des Unternehmens geltenden Vorschriften.

§ 9.*Offenlegung des Jahresabschlusses und des Lageberichts. Prüfung durch das Registergericht. (1) ¹Die gesetzlichen Vertreter des Unternehmens haben den Jahresabschluß und die sonst in § 325 Abs. 1 des Handelsgesetzbuchs bezeichneten Unterlagen, soweit sie aufzustellen sind, in sinngemäßer Anwendung des § 325 Abs. 1, 2, 4, 5, § 328 des Handelsgesetzbuchs offenzulegen. ²§ 329 Abs. 1 des Handelsgesetzbuchs über die Prüfungspflicht des Registergerichts gilt sinngemäß. ³Ist das Unternehmen in das Handelsregister eingetragen, so erfolgt die Einreichung zum Handelsregister des Sitzes des Unternehmens. ⁴Ist das Unternehmen nicht in das Handelsregister eingetragen, so sind die Unterlagen bei dem für den Sitz des Unternehmens zuständigen Registergericht einzureichen; die Vorschriften über die zum Handelsregister eingereichten Schriftstücke gelten für sie sinngemäß.

(2) Personenhandelsgesellschaften und Einzelkaufleute brauchen die Gewinn- und Verlustrechnung und den Beschluß über die Verwendung des Ergebnisses nicht offenzulegen, wenn sie in einer Anlage zur Bilanz die nach § 5 Abs. 5 Satz 3 erforderlichen Angaben aufnehmen.

(3) In der Bilanz von Personenhandelsgesellschaften dürfen bei der Offenlegung die Kapitalanteile der Gesellschafter, die Rücklagen, ein Gewinnvortrag und ein Gewinn unter Abzug der nicht durch Vermögenseinlagen gedeckten Verlustanteile von Gesellschaftern, eines Verlustvortrags und eines Verlustes in einem Posten „Eigenkapital" ausgewiesen werden.

§ 10.* Nichtigkeit des Jahresabschlusses. ¹Der Jahresabschluß ist nichtig, wenn er

1. nicht nach § 6 Abs. 1 Satz 1 und 2 dieses Gesetzes in Verbindung mit § 316 Abs. 3 des Handelsgesetzbuchs geprüft worden ist oder
2. von Personen geprüft worden ist, die nicht zum Abschlußprüfer bestellt sind oder nach § 6 Abs. 1 Satz 2 dieses Gesetzes in Verbindung mit § 319 Abs. 1 des Handelsgesetzbuchs nicht Abschlußprüfer sind.

²Die Nichtigkeit nach Nummer 2 kann nicht mehr geltend gemacht werden, wenn seit der Bekanntmachung des Jahresabschlusses im Bundesanzeiger sechs Monate verstrichen sind. ³§ 256 Abs. 6 Satz 2 des Aktiengesetzes gilt sinngemäß.

---

* §§ 9 und 10 neu gefaßt durch Bilanzrichtlinien-Gesetz vom 19. 12. 1985 (BGBl. I S. 2355).

Zweiter Abschnitt. Rechnungslegung von Konzernen

§ 11.* **Zur Rechnungslegung verpflichtete Mutterunternehmen.** (1) Stehen in einem Konzern die Unternehmen unter der einheitlichen Leitung eines Unternehmens mit Sitz (Hauptniederlassung) im Inland, so hat dieses Unternehmen (Mutterunternehmen) nach den folgenden Vorschriften Rechnung zu legen, wenn für drei aufeinanderfolgende Konzernabschlußstichtage jeweils mindestens zwei der drei folgenden Merkmale zutreffen:

1. Die Bilanzsumme einer auf den Konzernabschlußstichtag aufgestellten Konzernbilanz übersteigt einhundertfünfundzwanzig Millionen Deutsche Mark.
2. Die Umsatzerlöse einer auf den Konzernabschlußstichtag aufgestellten Konzern-Gewinn- und Verlustrechnung in den zwölf Monaten vor dem Abschlußstichtag übersteigen zweihundertfünfzig Millionen Deutsche Mark.
3. Die Konzernunternehmen mit Sitz im Inland haben in den zwölf Monaten vor dem Konzernabschlußstichtag insgesamt durchschnittlich mehr als fünftausend Arbeitnehmer beschäftigt.

(2) ¹Bilanzsumme nach Absatz 1 Nr. 1 ist die Bilanzsumme einer nach § 13 Abs. 2 aufgestellten Konzernbilanz; § 1 Abs. 2 Satz 2 bis 5 gilt sinngemäß. ²Braucht das Mutterunternehmen einen Jahresabschluß nicht aufzustellen, so ist der Abschlußstichtag des größten Unternehmens mit Sitz im Inland maßgebend.

(3) ¹Stehen in einem Konzern die Unternehmen unter der einheitlichen Leitung eines Unternehmens mit Sitz (Hauptniederlassung) im Ausland und beherrscht dieses Unternehmen über ein oder mehrere zum Konzern gehörende Unternehmen mit Sitz (Hauptniederlassung) im Inland andere Unternehmen, so haben die Unternehmen mit Sitz im Inland, die der Konzernleitung am nächsten stehen (Mutterunternehmen), für ihren Konzernbereich (Teilkonzern) nach diesem Abschnitt Rechnung zu legen, wenn für drei aufeinanderfolgende Abschlußstichtage des Mutterunternehmens mindestens zwei der drei Merkmale des Absatzes 1 für den Teilkonzern zutreffen. ²Absatz 2 gilt sinngemäß.

(4) ¹Sind die Konzernunternehmen Versicherungsunternehmen, so gilt das Größenmerkmal nach § 1 Abs. 4 sinngemäß. ²Sind die Konzernunternehmen zum Teil Versicherungsunternehmen, so ist das Größenmerkmal nach § 1 Abs. 4 entsprechend zu berücksichtigen.

(5) ¹Dieser Abschnitt ist nicht anzuwenden, wenn das Mutterunternehmen eine Aktiengesellschaft, eine Kommanditgesellschaft auf Aktien, eine Gesellschaft mit beschränkter Haftung, ein Kreditinstitut im Sinne des § 1 Abs. 1 des Gesetzes über das Kreditwesen oder eine in § 2 Abs. 1 Nr. 1, 2 und 4 des Gesetzes über das Kreditwesen genannte Person ist. ²Weiterhin sind Personenhandelsgesellschaften und Einzelkaufleute zur Aufstellung eines Konzernabschlusses nach diesem Abschnitt nicht verpflichtet, wenn sich ihr Gewerbebetrieb auf die Vermögensverwaltung beschränkt und sie nicht die Aufgaben der Konzernleitung wahrnehmen.

(6) § 291 des Handelsgesetzbuchs über befreiende Konzernabschlüsse und Konzernlageberichte gilt sinngemäß.

---

* § 11 neu gefaßt durch Bilanzrichtlinien-Gesetz vom 19. 12. 1985 (BGBl. I S. 2355), Abs. 4 sowie Abs. 5 Satz 1 neu gefaßt durch Art. 4 Bankbilanzrichtlinie-Gesetz vom 30. 11. 1990 (BGBl. I S. 2570).

12 PublG §§ 12, 13   2. Absch. Rechnungslegung von Konzernen

§ 12.* **Beginn und Dauer der Pflicht zur Konzernrechnungslegung.** (1) Für den Beginn und die Dauer der Pflicht, nach diesem Abschnitt Rechnung zu legen, gilt § 2 Abs. 1 Satz 1 und 3 sinngemäß.

(2) ¹Die gesetzlichen Vertreter eines Mutterunternehmens, für dessen Abschlußstichtag erstmals mindestens zwei der drei Merkmale des § 11 Abs. 1 oder die Merkmale des § 11 Abs. 4 zutreffen, haben, wenn das Unternehmen oder die Firma des Mutterunternehmens in das Handelsregister eingetragen ist, unverzüglich zum Handelsregister die Erklärung einzureichen, daß für diesen Abschlußstichtag zwei der drei Merkmale des § 11 Abs. 1 oder die Merkmale des § 11 Abs. 4 zutreffen; § 11 Abs. 2 Satz 2 gilt sinngemäß. ²Eine entsprechende Erklärung haben die gesetzlichen Vertreter des Mutterunternehmens auch für jeden der beiden folgenden Abschlußstichtage unverzüglich zum Handelsregister einzureichen, wenn die Merkmale auch für diesen Abschlußstichtag zutreffen. ³Unterliegt das Unternehmen einer staatlichen Aufsicht, so haben sie die Erklärungen nach Satz 1 und 2 unabhängig davon, ob sie zum Handelsregister einzureichen sind, auch der Aufsichtsbehörde einzureichen.

(3) ¹Das Gericht hat zur Prüfung der Frage, ob ein Mutterunternehmen nach diesem Abschnitt Rechnung zu legen hat, Prüfer zu bestellen, wenn Anlaß für die Annahme besteht, daß das Mutterunternehmen zur Rechnungslegung nach diesem Abschnitt verpflichtet ist. ²Hat das Mutterunternehmen einen Aufsichtsrat, so ist vor der Bestellung außer den gesetzlichen Vertretern des Mutterunternehmens auch dieser zu hören. ³§ 2 Abs. 3 Satz 3 bis 8 gilt sinngemäß.

§ 13.* **Aufstellung von Konzernabschluß und Konzernlagebericht.** (1) Die gesetzlichen Vertreter des Mutterunternehmens haben in den ersten fünf Monaten des Konzerngeschäftsjahrs für das vergangene Konzerngeschäftsjahr einen Konzernabschluß sowie einen Konzernlagebericht oder einen Teilkonzernabschluß oder einen Teilkonzernlagebericht aufzustellen.

(2) ¹Für den Konzernabschluß oder Teilkonzernabschluß gelten die §§ 294 bis 314 des Handelsgesetzbuchs sinngemäß; soweit eine abweichende Gliederung zulässig ist, kann diese auch für den Konzernabschluß oder den Teilkonzernabschluß verwendet werden. ²Sonstige Vorschriften, die durch die Rechtsform oder den Geschäftszweig bedingt sind, bleiben unberührt. ³Für den Konzernlagebericht oder den Teilkonzernlagebericht gilt § 315 des Handelsgesetzbuchs sinngemäß.

(3) ¹Auf den Konzernabschluß oder den Teilkonzernabschluß brauchen § 279 Abs. 1, §§ 280, 314 Nr. 5, 6 des Handelsgesetzbuchs nicht angewendet zu werden. ²Ist das Mutterunternehmen eine Personenhandelsgesellschaft oder ein Einzelkaufmann, so gilt § 5 Abs. 4, 5 für den Konzernabschluß sinngemäß. ³Bei Anwendung des Satzes 1 oder des § 5 Abs. 5 haben der Konzernabschluß oder der Teilkonzernabschluß befreiende Wirkung nach § 291 des Handelsgesetzbuchs oder einer nach Absatz 4 in Verbindung mit § 292 des Handelsgesetzbuchs erlassenen Rechtsverordnung nur, wenn das befreite Tochterunternehmen, das gleichzeitig Mutterunternehmen ist, diese Erleichterungen für seinen Konzernabschluß oder Teilkonzernabschluß hätte in Anspruch nehmen können.

(4) Die §§ 292, 330 des Handelsgesetzbuchs über den Erlaß von Rechtsverordnungen gelten auch für Konzernabschlüsse, Teilkonzernabschlüsse, Konzernlageberichte und Teilkonzernlageberichte nach diesem Abschnitt.

---

* §§ 12 und 13 neu gefaßt durch Bilanzrichtlinien-Gesetz vom 19. 12. 1985 (BGBl. I S. 2355).

3. Abschn. Straf-, Bußgeld- u. Schlußvorschr. **§§ 14–17 PublG 12**

§ 14.* Prüfung des Konzernabschlusses. (1) ¹Der Konzernabschluß oder Teilkonzernabschluß ist unter Einbeziehung des Konzernlageberichts oder des Teilkonzernlageberichts durch einen Abschlußprüfer zu prüfen. ²§ 316 Abs. 3, §§ 317 bis 324 des Handelsgesetzbuchs über die Prüfung sowie § 6 Abs. 2, 3 dieses Gesetzes gelten sinngemäß.

(2) ¹Ist das Mutterunternehmen eine Genossenschaft, so ist der Prüfungsverband, dem die Genossenschaft angehört, auch Abschlußprüfer des Konzernabschlusses. ²Der von einem Prüfungsverband geprüfte Konzernabschluß oder Teilkonzernabschluß hat befreiende Wirkung nach § 291 des Handelsgesetzbuchs oder einer nach § 13 Abs. 4 dieses Gesetzes in Verbindung mit § 292 des Handelsgesetzbuchs erlassenen Rechtsverordnung nur, wenn das befreite Tochterunternehmen, das gleichzeitig Mutterunternehmen ist, seinen Konzernabschluß oder Teilkonzernabschluß von dieser Person hätte prüfen lassen können.

(3) ¹Hat das Mutterunternehmen einen Aufsichtsrat, so haben die gesetzlichen Vertreter den Konzernabschluß oder den Teilkonzernabschluß, den Konzernlagebericht oder den Teilkonzernlagebericht und den Prüfungsbericht des Abschlußprüfers des Konzernabschlusses unverzüglich nach Eingang des Prüfungsberichts dem Aufsichtsrat zur Kenntnisnahme vorzulegen. ²Jedes Aufsichtsratsmitglied hat das Recht, von den Vorlagen Kenntnis zu nehmen. ³Die Vorlagen sind auch jedem Aufsichtsratsmitglied auf Verlangen auszuhändigen, soweit der Aufsichtsrat nichts anderes beschlossen hat.

§ 15.** Offenlegung des Konzernabschlusses. (1) ¹Die gesetzlichen Vertreter des Mutterunternehmens haben den Konzernabschluß oder Teilkonzernabschluß mit dem Bestätigungsvermerk oder dem Vermerk über dessen Versagung und den Konzernlagebericht oder Teilkonzernlagebericht in sinngemäßer Anwendung des § 325 Abs. 3 bis 5 des Handelsgesetzbuchs offenzulegen. ²Ist das Mutterunternehmen eine Genossenschaft, so tritt an die Stelle des Handelsregisters das Genossenschaftsregister. ³Ist das Mutterunternehmen nicht in das Handelsregister oder das Genossenschaftsregister eingetragen, gilt § 9 Abs. 1 Satz 4 sinngemäß.

(2) Für die Offenlegung, Veröffentlichung und Vervielfältigung des Konzernabschlusses, Teilkonzernabschlusses, Konzernlageberichts und des Teilkonzernlageberichts gilt § 328, für die Prüfungspflicht des Registergerichts § 329 des Handelsgesetzbuchs sinngemäß.

§ 16.** *(aufgehoben)*

Dritter Abschnitt. Straf-, Bußgeld- und Schlußvorschriften

§ 17.** Unrichtige Darstellung. Mit Freiheitsstrafe bis zu drei Jahren oder mit Geldstrafe wird bestraft, wer als gesetzlicher Vertreter (§ 4 Abs. 1 Satz 1) eines Unternehmens oder eines Mutterunternehmens, beim Einzelkaufmann als Inhaber oder dessen gesetzlicher Vertreter,

---

* § 14 neu gefaßt durch Bilanzrichtlinien-Gesetz vom 19. 12. 1985 (BGBl. I S. 2355), Abs. 2 Sätze 2 und 3 aufgehoben durch Steuerreformgesetz 1990 vom 25. 7. 1988 (BGBl. I S. 1093), Abs. 2 Satz 2 aufgehoben und neuer Satz 2 geändert durch Art. 4 Bankbilanzrichtlinie-Gesetz vom 30. 11. 1990 (BGBl. I S. 2570).
** §§ 15 und 17 neu gefaßt sowie § 16 aufgehoben durch Bilanzrichtlinien- Gesetz vom 19. 12. 1985 (BGBl. I S. 2355).

12 PublG §§ 18, 19 3. Abschnitt

1. die Verhältnisse des Unternehmens im Jahresabschluß oder Lagebericht unrichtig wiedergibt oder verschleiert,
2. die Verhältnisse des Konzerns oder Teilkonzerns im Konzernabschluß, Konzernlagebericht, Teilkonzernabschluß oder Teilkonzernlagebericht unrichtig wiedergibt oder verschleiert,
3. zum Zwecke der Befreiung nach § 11 Abs. 6 in Verbindung mit § 291 des Handelsgesetzbuchs oder auf Grund einer nach § 13 Abs. 4 in Verbindung mit § 292 des Handelsgesetzbuchs erlassenen Rechtsverordnung einen Konzernabschluß, Konzernlagebericht, Teilkonzernabschluß oder Teilkonzernlagebericht, in dem die Verhältnisse des Konzerns oder Teilkonzerns unrichtig wiedergegeben oder verschleiert worden sind, vorsätzlich oder leichtfertig offenlegt oder
4. in Aufklärungen oder Nachweisen, die nach § 2 Abs. 3 Satz 4 in Verbindung mit § 145 Abs. 2 und 3 des Aktiengesetzes,* § 6 Abs. 1 Satz 2 in Verbindung mit § 320 Abs. 1, 2 des Handelsgesetzbuchs, § 12 Abs. 3 Satz 3 in Verbindung mit § 2 Abs. 3 Satz 4 und § 145 Abs. 2 und 3 des Aktiengesetzes oder § 14 Abs. 1 Satz 2 in Verbindung mit § 320 Abs. 3 des Handelsgesetzbuchs einem Abschlußprüfer des Unternehmens, eines verbundenen Unternehmens, des Konzerns oder des Teilkonzerns zu geben sind, unrichtige Angaben macht oder die Verhältnisse des Unternehmens, eines Tochterunternehmens, des Konzerns oder des Teilkonzerns unrichtig wiedergibt oder verschleiert.

§ 18.** **Verletzung der Berichtspflicht.** (1) Mit Freiheitsstrafe bis zu drei Jahren oder mit Geldstrafe wird bestraft, wer als Prüfer nach diesem Gesetz oder als Gehilfe eines solchen Prüfers über das Ergebnis der Prüfung falsch berichtet oder erhebliche Umstände im Bericht verschweigt.

(2) Handelt der Täter gegen Entgelt oder in der Absicht, sich oder einen anderen zu bereichern oder einen anderen zu schädigen, so ist die Strafe Freiheitsstrafe bis zu fünf Jahren oder Geldstrafe.

§ 19.*** **Verletzung der Geheimhaltungspflicht.** (1) Mit Freiheitsstrafe bis zu einem Jahr oder mit Geldstrafe wird bestraft, wer ein Geheimnis des Unternehmens (Konzernleitung, Teilkonzernleitung), namentlich ein Betriebs- oder Geschäftsgeheimnis, das ihm in seiner Eigenschaft als Prüfer nach diesem Gesetz oder als Gehilfe eines solchen Prüfers bekanntgeworden ist, unbefugt offenbart.

(2) ¹Handelt der Täter gegen Entgelt oder in der Absicht, sich oder einen anderen zu bereichern oder einen anderen zu schädigen, so ist die Strafe Freiheitsstrafe bis zu zwei Jahren oder Geldstrafe. ²Ebenso wird bestraft, wer ein Geheimnis der in Absatz 1 bezeichneten Art, namentlich ein Betriebs- oder Geschäftsgeheimnis, das ihm unter den Voraussetzungen des Absatzes 1 bekanntgeworden ist, unbefugt verwertet.

(3) Die Tat wird nur auf Antrag des Unternehmens (Konzernleitung, Teilkonzernleitung) verfolgt.

---

* Abgedruckt unter Nr. **10**.
** § 18 Abs. 1 und 2 Satz 1 geändert durch Gesetz vom 25. 6. 1969 (BGBl. I S. 645) und vom 2. 3. 1974 (BGBl. I S. 469), Abs. 2 früherer Satz 2 aufgehoben durch Gesetz vom 2. 3. 1974 (BGBl. I S. 469).
*** § 19 Abs. 1 und 2 Satz 1 Halbsatz 1 geändert durch Gesetz vom 25. 6. 1969 (BGBl. I S. 645) und vom 2. 3. 1974 (BGBl. I S. 469), Abs. 2 Satz 1 früherer Halbsatz 2 und Abs. 3 Satz 2 aufgehoben durch Gesetz vom 2. 3. 1974 (BGBl. I S. 469).

Straf-, Bußgeld- und Schlußvorschriften § 20 **PublG 12**

§ 20.* **Bußgeldvorschriften.** (1) Ordnungswidrig handelt, wer als gesetzlicher Vertreter (§ 4 Abs. 1 Satz 1) eines Unternehmens oder eines Mutterunternehmens, beim Einzelkaufmann als Inhaber oder dessen gesetzlicher Vertreter,
1. bei der Aufstellung oder Feststellung des Jahresabschlusses einer Vorschrift
   a) des § 243 Abs. 1 oder 2, der §§ 244, 245, 246, 247, 248, 249 Abs. 1 Satz 1 oder Abs. 3, des § 250 Abs. 1 Satz 1 oder Abs. 2 oder des § 251 des Handelsgesetzbuchs über Form oder Inhalt,
   b) des § 253 Abs. 1 Satz 1 in Verbindung mit § 255 Abs. 1 oder 2 Satz 1, 2 oder 6 oder des § 253 Abs. 2 oder Abs. 3 Satz 1 oder 2 des Handelsgesetzbuchs über die Bewertung,
   c) des § 5 Abs. 1 Satz 2 in Verbindung mit einer Vorschrift des § 282 des Handelsgesetzbuchs über die Bewertung,
   d) des § 5 Abs. 1 Satz 2 in Verbindung mit einer Vorschrift des § 265 Abs. 2, 3, 4 oder 6, der §§ 266, 268 Abs. 2, 3, 4, 5, 6 oder 7, der §§ 272, 273, 274 Abs. 1, des § 275 oder des § 277 des Handelsgesetzbuchs über die Gliederung oder
   e) des § 5 Abs. 1 Satz 2 oder Abs. 2 Satz 2 in Verbindung mit einer Vorschrift des § 281 Abs. 1 Satz 2 oder 3 oder Abs. 2 Satz 1, des § 284 oder des § 285 des Handelsgesetzbuchs über die in der Bilanz oder im Anhang zu machenden Angaben,
2. bei der Aufstellung des Konzernabschlusses oder Teilkonzernabschlusses einer Vorschrift des § 13 Abs. 2 Satz 1 in Verbindung mit einer Vorschrift
   a) des § 294 Abs. 1 des Handelsgesetzbuchs über den Konsolidierungskreis,
   b) des § 297 Abs. 2 oder 3 oder des § 298 Abs. 1 in Verbindung mit den §§ 244, 245, 246, 247, 248, 249 Abs. 1 Satz 1 oder Abs. 3, dem § 250 Abs. 1 Satz 1 oder Abs. 2 oder dem § 251 des Handelsgesetzbuchs über Inhalt oder Form des Konzernabschlusses,
   c) des § 300 des Handelsgesetzbuchs über die Konsolidierungsgrundsätze oder das Vollständigkeitsgebot,
   d) des § 308 Abs. 1 Satz 1 in Verbindung mit den in Nummer 1 Buchstabe b bezeichneten Vorschriften des Handelsgesetzbuchs oder des § 308 Abs. 2 des Handelsgesetzbuchs über die Bewertung,
   e) des § 311 Abs. 1 Satz 1 in Verbindung mit § 312 des Handelsgesetzbuchs über die Behandlung assoziierter Unternehmen oder
   f) des § 308 Abs. 1 Satz 3, des § 313 oder des § 314 des Handelsgesetzbuchs über die im Anhang zu machenden Angaben,
3. bei der Aufstellung des Lageberichts der Vorschrift des § 5 Abs. 2 Satz 2 in Verbindung mit § 289 Abs. 1 des Handelsgesetzbuchs über den Inhalt des Lageberichts,
4. bei der Aufstellung des Konzernlageberichts oder des Teilkonzernlageberichts der Vorschrift des § 13 Abs. 2 Satz 3 in Verbindung mit § 315 Abs. 1 des Handelsgesetzbuchs über den Inhalt des Konzernlageberichts,
5. bei der Offenlegung, Veröffentlichung oder Vervielfältigung einer Vorschrift des § 9 Abs. 1 oder des § 15 Abs. 2, jeweils in Verbindung mit § 328 des Handelsgesetzbuchs über Form oder Inhalt, oder

---

* § 20 neu gefaßt durch Bilanzrichtlinien-Gesetz vom 19. 12. 1985 (BGBl. I S. 2355).

12 PublG §§ 21–23   3. Abschnitt

6. einer auf Grund des § 5 Abs. 3 oder des § 13 Abs. 4, jeweils in Verbindung mit § 330 Satz 1 des Handelsgesetzbuchs, erlassenen Rechtsverordnung, soweit sie für einen bestimmten Tatbestand auf diese Bußgeldvorschrift verweist, zuwiderhandelt.

(2) Ordnungswidrig handelt auch, wer entgegen § 2 Abs. 2 oder § 12 Abs. 2 die dort vorgeschriebene Erklärung dem Registergericht oder der Aufsichtsbehörde nicht oder nicht rechtzeitig einreicht.

(3) Die Ordnungswidrigkeit kann mit einer Geldbuße bis zu fünfzigtausend Deutsche Mark geahndet werden.

§ 21.* **Zwangsgelder.** ¹Gesetzliche Vertreter (§ 4 Abs. 1 Satz 1) eines Unternehmens oder eines Mutterunternehmens, beim Einzelkaufmann der Inhaber oder dessen gesetzlicher Vertreter, die

1. § 2 Abs. 3 Satz 4, § 12 Abs. 3 Satz 3 in Verbindung mit § 145 Abs. 1 bis 3 des Aktiengesetzes** über die Pflichten gegenüber Prüfern,
2. § 5 Abs. 1 und 2, § 13 Abs. 1 über die Pflicht zur Aufstellung des Jahresabschlusses, des Lageberichts, des Konzernabschlusses, des Konzernlageberichts, des Teilkonzernabschlusses oder des Teilkonzernlageberichts,
3. § 6 Abs. 1 Satz 2, § 14 Abs. 1 Satz 2 jeweils in Verbindung mit § 318 Abs. 1 Satz 4 des Handelsgesetzbuchs über die Pflicht zur unverzüglichen Erteilung des Prüfungsauftrags,
4. § 6 Abs. 1 Satz 2, § 14 Abs. 1 Satz 2 jeweils in Verbindung mit § 318 Abs. 4 Satz 3 des Handelsgesetzbuchs über die Pflicht, den Antrag auf gerichtliche Bestellung des Abschlußprüfers zu stellen,
5. § 6 Abs. 1 Satz 2, § 14 Abs. 1 Satz 2 jeweils in Verbindung mit § 320 des Handelsgesetzbuchs über die Pflichten gegenüber dem Abschlußprüfer,
6. § 7 Satz 1, § 14 Abs. 3 Satz 1 über die Vorlagen an den Aufsichtsrat,
7. § 7 Satz 3 in Verbindung mit § 170 Abs. 3 des Aktiengesetzes,** § 14 Abs. 3 Satz 2 und 3 dieses Gesetzes über das Recht der Aufsichtsratsmitglieder auf Kenntnisnahme und Aushändigung der Vorlagen oder
8. § 9 Abs. 1, § 15 Abs. 1 hinsichtlich der Pflicht zur Bekanntmachung des Jahresabschlusses, des Lageberichts, des Konzernabschlusses, des Konzernlageberichts, des Teilkonzernabschlusses oder des Teilkonzernlageberichts im Bundesanzeiger

nicht befolgen, sind hierzu vom Registergericht durch Festsetzung von Zwangsgeld anzuhalten; § 14 des Handelsgesetzbuchs bleibt unberührt. ²Das einzelne Zwangsgeld darf den Betrag von zehntausend Deutsche Mark nicht überschreiten.

§ 22.*** *(Änderungen anderer Gesetze)*

§ 23. Erstmalige Anwendung. (1) Nach dem Ersten Abschnitt dieses Gesetzes ist erstmals für das nach dem 31. Dezember 1970 beginnende Geschäftsjahr Rechnung zu legen, wenn für den Abschlußstichtag dieses Geschäftsjahrs und für die beiden vorausgegangenen Abschlußstichtage jeweils mindestens zwei der drei

---

* § 21 neu gefaßt durch Bilanzrichtlinien-Gesetz vom 19. 12. 1985 (BGBl. I S. 2355).
** Abgedruckt unter Nr. **10**.
*** Vom Abdruck der Änderungen wurde abgesehen.

Merkmale des § 1 Abs. 1 oder die Merkmale des § 1 Abs. 3 oder 4 zutrafen; § 2 Abs. 1 Satz 2 gilt sinngemäß.

(2) Konzernabschlüsse und Konzerngeschäftsberichte sowie Teilkonzernabschlüsse und Teilkonzerngeschäftsberichte nach dem Zweiten Abschnitt dieses Gesetzes sind erstmals auf den Stichtag des Jahresabschlusses aufzustellen, der für das Geschäftsjahr aufgestellt wird, das nach dem 31. Dezember 1970 beginnt, wenn für den Stichtag dieses Jahresabschlusses und für die beiden vorausgegangenen Abschlußstichtage jeweils mindestens zwei der drei Merkmale des § 11 Abs. 1 oder die Merkmale des § 11 Abs. 4 zutrafen.

(3) [1]Unternehmen, die für das in Absatz 1 genannte Geschäftsjahr nach dem Ersten Abschnitt Rechnung legen, brauchen die Erklärungen nach § 2 Abs. 2 nicht einzureichen. [2]Konzernleitungen oder Teilkonzernleitungen, die auf den in Absatz 2 genannten Stichtag einen Konzernabschluß oder Teilkonzernabschluß und einen Konzerngeschäftsbericht oder Teilkonzerngeschäftsbericht aufstellen, brauchen die Erklärungen nach § 12 Abs. 2 nicht einzureichen.

§ 24. Geltung in Berlin *(gegenstandslos)*

§ 25. Inkrafttreten. Dieses Gesetz tritt am Tage nach seiner Verkündung in Kraft.

12 PublG

13. Umwandlungsgesetz

In der Fassung der Bekanntmachung vom 6. November 1969 (BGBl. I S. 2081)*

(BGBl. III 4120-1)

Änderungen des Gesetzes

Lfd. Nr.	Änderndes Gesetz	Datum	Fundstelle	Geänderte Paragraphen	Art der Änderg.
1.**	Beurkundungsgesetz	28. 8. 1969	BGBl. I 1513	17 Abs. 1 Satz 2, 19 Abs. 2 Satz 2, 23 Satz 2, 24 Abs. 1 Satz 3, 25 Abs. 2 Satz 2, 63 (früher 40) Abs. 2 Satz 3, 64 (früher 41) Abs. 2 Satz 4	geänd.
2.	Gesetz über die Auflösung, Abwicklung und Löschung von Kolonialgesellschaften	20. 8. 1975	BGBl. I 2253	61a	eingef.
3.	Gesetz zur Änderung des Gesetzes betreffend die Gesellschaften mit beschränkter Haftung und anderer handelsrechtlicher Vorschriften	4. 7. 1980	BGBl. I 836	5. Abschnitt (§§ 56a bis 56f) Der bisherige 5., 6. und 7. Abschnitt wurde 6., 7. und 8. Abschnitt	eingef.
4.	Gesetz zur Durchführung der Dritten Richtlinie des Rates der Europäischen Gemeinschaften zur Koordinierung des Gesellschaftsrechts (Verschmelzungsrichtlinie-Gesetz)	25. 10. 1982	BGBl. I 1425	1 Abs. 2, 15 Abs. 1 Satz 3 (neu), 43 Abs. 3 Satz 2, 54 Abs. 1 Satz 2 Nr. 1 65a 15 Abs. 1 Satz 2 Bisheriger § 15 Abs. 1 Sätze 3 und 4 wurden Sätze 2 und 3	geänd. eingef. aufgeh.
5.	Gesetz zur Durchführung der Vierten, Siebenten und Achten Richtlinie des Rates der Europäischen Gemeinschaften zur Koordinierung des Gesellschaftsrechts (Bilanzrichtlinien-Gesetz – BiRiLiG)	19. 12. 1985	BGBl. I 2355	31, 34 Satz 5, 53 Abs. 3 Satz 3	geänd.

* Neubekanntmachung des Gesetzes über die Umwandlung von Kapitalgesellschaften und bergrechtlichen Gewerkschaften vom 12. 11. 1956 (BGBl. I S. 844) auf Grund des Art. 2 Gesetz zur Ergänzung der handelsrechtlichen Vorschriften über die Änderung der Unternehmensform vom 15. 8. 1969 (BGBl. I S. 1171) unter der neuen Bezeichnung „Umwandlungsgesetz". – Diese Fassung gilt ab 20. 8. 1969.

** Die Änderungen durch das Beurkundungsgesetz vom 28. 8. 1969 (BGBl. I S. 1513) wurden noch in der ursprünglichen Fassung des Gesetzes vom 12. 11. 1956 (BGBl. I S. 844) vorgenommen; sie sind am 1. 1. 1970 in Kraft getreten. Da die Neufassung des Umwandlungsgesetzes durch Bek. vom 6. 11. 1969 (BGBl. I S. 2081) nur die ab 20. 8. 1969 geltende Fassung brachte, sind die vor dieser Neubekanntmachung verfügten, aber erst später in Kraft getretenen Änderungen in der Neufassung noch nicht eingearbeitet worden. Weil die Neufassung auch in neuer Paragraphenfolge bekanntgemacht wurde, waren die Änderungen durch das Beurkundungsgesetz an anderer, der jetzigen Paragraphenfolge entsprechenden Stelle zu berücksichtigen.

13 UmwG § 1

Inhaltsübersicht

Erster Abschnitt. Umwandlung einer Kapitalgesellschaft oder bergrechtlichen Gewerkschaft durch Übertragung des Vermögens auf eine Personengesellschaft oder einen Gesellschafter §§ 1–39
Erster Unterabschnitt. Umwandlung von Aktiengesellschaften §§ 3–22
1. Umwandlung durch Übertragung des Vermögens auf eine bestehende offene Handelsgesellschaft §§ 3–14
   a) Umwandlung durch Übertragung auf eine offene Handelsgesellschaft als alleinige Gesellschafterin §§ 3–8
   b) Umwandlung durch Mehrheitsbeschluß §§ 9–14
2. Umwandlung durch Übertragung des Vermögens auf einen Gesellschafter § 15
3. Umwandlung unter gleichzeitiger Errichtung einer offenen Handelsgesellschaft §§ 16–19
   a) Umwandlung unter Beteiligung aller bisherigen Aktionäre §§ 16–18
   b) Umwandlung durch Mehrheitsbeschluß § 19
4. Umwandlung in eine Kommanditgesellschaft § 20
5. Umwandlung unter gleichzeitiger Errichtung einer Gesellschaft des bürgerlichen Rechts §§ 21, 22
   a) Umwandlung unter Beteiligung aller bisherigen Aktionäre § 21
   b) Umwandlung durch Mehrheitsbeschluß § 22
Zweiter Unterabschnitt. Umwandlung von Kommanditgesellschaften auf Aktien § 23
Dritter Unterabschnitt. Umwandlung von Gesellschaften mit beschränkter Haftung § 24
Vierter Unterabschnitt. Umwandlung von bergrechtlichen Gewerkschaften §§ 25–29
Fünfter Unterabschnitt. Gerichtliches Verfahren §§ 30–37
Sechster Unterabschnitt. Gebühren §§ 38, 39
Zweiter Abschnitt. Umwandlung einer Personenhandelsgesellschaft durch Übertragung des Vermögens auf eine Aktiengesellschaft oder Kommanditgesellschaft auf Aktien §§ 40–45
Dritter Abschnitt. Umwandlung einer Personenhandelsgesellschaft durch Übertragung des Vermögens auf eine Gesellschaft mit beschränkter Haftung §§ 46–49
Vierter Abschnitt. Umwandlung des Unternehmens eines Einzelkaufmanns durch Übertragung des Geschäftsvermögens auf eine Aktiengesellschaft oder Kommanditgesellschaft auf Aktien §§ 50–56
Fünfter Abschnitt. Umwandlung des Unternehmens eines Einzelkaufmanns durch Übertragung des Geschäftsvermögens auf eine Gesellschaft mit beschränkter Haftung §§ 56a–56f
Sechster Abschnitt. Umwandlung anderer Unternehmen §§ 57–62
Siebenter Abschnitt. Umwandlung einer bergrechtlichen Gewerkschaft mit eigener Rechtspersönlichkeit in eine Gesellschaft mit beschränkter Haftung §§ 63–65
Achter Abschnitt. Übergangs- und Schlußvorschriften §§ 65a, 66

Erster Abschnitt.* Umwandlung einer Kapitalgesellschaft oder bergrechtlichen Gewerkschaft durch Übertragung des Vermögens auf eine Personengesellschaft oder einen Gesellschafter

§ 1.** [Umwandlungsmöglichkeiten] (1) Eine Kapitalgesellschaft (Aktiengesellschaft, Kommanditgesellschaft auf Aktien, Gesellschaft mit beschränkter Haftung) oder eine bergrechtliche Gewerkschaft mit eigener oder ohne eigene Rechtspersönlichkeit kann nach den Vorschriften dieses Abschnitts in eine offene Handelsgesellschaft, in eine Kommanditgesellschaft, in eine Gesellschaft des bürgerlichen Rechts oder in der Weise umgewandelt werden, daß ihr Vermögen unter Ausschluß der Abwicklung auf einen Aktionär (Gesellschafter, Gewerken) übertragen wird.

---

* Beachte hierzu auch Gesetz über steuerliche Maßnahmen bei Änderung der Unternehmensform (UmwStG 1977) vom 6. 9. 1976 (BGBl. I S. 2641, 2643), geändert durch Gesetz vom 20. 8. 1980 (BGBl. I S. 1545), vom 17. 12. 1982 (BGBl. I S. 1777), vom 14. 12. 1984 (BGBl. I S. 1493) und vom 25. 7. 1988 (BGBl. I S. 1093).

** § 1 Abs. 2 neu gefaßt durch Verschmelzungsrichtlinie-Gesetz vom 25. 10. 1982 (BGBl. I S. 1425).

(2) ¹Die Umwandlung in eine Personengesellschaft ist nicht zulässig, wenn an der Gesellschaft, in die die Kapitalgesellschaft oder die bergrechtliche Gewerkschaft umgewandelt wird, eine Kapitalgesellschaft als Gesellschafter beteiligt ist. ²Die Umwandlung auf einen Aktionär (Gesellschafter, Gewerken), der eine juristische Person ist, ist nur zulässig, wenn dieser

1. nicht die Rechtsform einer Aktiengesellschaft, einer Kommanditgesellschaft auf Aktien oder einer Gesellschaft mit beschränkter Haftung mit Sitz im Inland hat und
2. entweder dieselbe Rechtsform wie das umzuwandelnde Unternehmen hat oder von einer Aktiengesellschaft oder Kommanditgesellschaft auf Aktien mit Sitz im Inland beherrscht wird.

³Die Umwandlung einer bergrechtlichen Gewerkschaft ohne eigene Rechtspersönlichkeit auf einen Gewerken, der eine juristische Person ist, ist ferner zulässig, wenn dieser die Rechtsform einer Aktiengesellschaft oder einer Kommanditgesellschaft auf Aktien mit Sitz im Inland hat.

§ 2. [Umwandlung bei Auflösung] (1) Ist eine Kapitalgesellschaft oder eine bergrechtliche Gewerkschaft durch Zeitablauf oder durch Beschluß der Hauptversammlung (Gesellschafter-, Gewerkenversammlung) aufgelöst worden, so kann die Umwandlung beschlossen werden, solange noch nicht mit der Verteilung des nach der Berichtigung der Schulden verbleibenden Vermögens an die Aktionäre (Gesellschafter, Gewerken) begonnen ist.

(2) Das gleiche gilt, wenn eine Kapitalgesellschaft oder eine bergrechtliche Gewerkschaft durch die Eröffnung des Konkurses aufgelöst, der Konkurs aber nach Abschluß eines Zwangsvergleichs aufgehoben oder auf Antrag des Gemeinschuldners eingestellt worden ist.

(3) Befindet sich eine Kapitalgesellschaft oder eine bergrechtliche Gewerkschaft aus anderen Gründen in Abwicklung, so kann die Umwandlung nur beschlossen werden, wenn auch die Fortsetzung beschlossen werden könnte.

Erster Unterabschnitt. Umwandlung von Aktiengesellschaften

1. Umwandlung durch Übertragung des Vermögens auf eine bestehende offene Handelsgesellschaft

a) Umwandlung durch Übertragung auf eine offene Handelsgesellschaft als alleinige Gesellschafterin

§ 3. [Beschluß über Umwandlung] Die Hauptversammlung einer Aktiengesellschaft kann die Übertragung des Vermögens auf eine bestehende offene Handelsgesellschaft beschließen, wenn sich alle Aktien in der Hand der offenen Handelsgesellschaft befinden; eines besonderen Veräußerungsvertrages bedarf es nicht.

§ 4. [Anmeldung und Eintragung des Umwandlungsbeschlusses] (1) ¹Der Vorstand der Aktiengesellschaft hat den Umwandlungsbeschluß zur Eintragung in das Handelsregister anzumelden. ²Der Anmeldung sind eine Ausfertigung der Niederschrift und die der Umwandlung zugrunde gelegte Bilanz beizufügen.

(2) Das Registergericht soll den Umwandlungsbeschluß nur eintragen, wenn die der Umwandlung zugrunde gelegte Bilanz für einen höchstens sechs Monate vor der Anmeldung liegenden Zeitpunkt aufgestellt worden ist.

§ 5. [Vermögensübergang; Handelsregister] ¹Mit der Eintragung geht das Vermögen der Aktiengesellschaft einschließlich der Schulden auf die offene Handelsgesellschaft über. ²Die Aktiengesellschaft ist damit aufgelöst. ³Einer besonderen Eintragung der Auflösung bedarf es nicht.

§ 6. [Erlöschen der Firma; Firmenbezeichnung der OHG] (1) Mit der Auflösung der Aktiengesellschaft erlischt die Firma.

(2) Führt die offene Handelsgesellschaft das von der Aktiengesellschaft betriebene Handelsgeschäft weiter, so kann sie ihrer Firma einen das Nachfolgeverhältnis andeutenden Zusatz beifügen.

(3) ¹Die offene Handelsgesellschaft kann, sofern sie das von der Aktiengesellschaft betriebene Handelsgeschäft weiterführt, an Stelle ihrer Firma die Firma der Aktiengesellschaft mit oder ohne Beifügung eines das Nachfolgeverhältnis andeutenden Zusatzes nur fortführen, wenn die Aktiengesellschaft den Namen einer natürlichen Person in ihrer Firma führt; einer Einwilligung der Aktiengesellschaft bedarf es nicht. ²Auf Antrag kann das Registergericht genehmigen, daß die offene Handelsgesellschaft bei der Bildung ihrer neuen Firma den von der Aktiengesellschaft in ihrer Firma geführten Namen der natürlichen Person verwendet und insoweit von den Vorschriften des § 19 des Handelsgesetzbuchs abweicht.

§ 7. [Sicherheitsleistung] (1) ¹Den Gläubigern der Aktiengesellschaft, die sich binnen sechs Monaten nach der Bekanntmachung der Eintragung des Umwandlungsbeschlusses in das Handelsregister zu diesem Zwecke melden, ist Sicherheit zu leisten, soweit sie nicht Befriedigung verlangen können. ²Die Gläubiger sind in der Bekanntmachung der Eintragung auf dieses Recht hinzuweisen.

(2) Das Recht, Sicherheitsleistung zu verlangen, steht solchen Gläubigern nicht zu, die im Fall des Konkurses ein Recht auf vorzugsweise Befriedigung aus einer nach gesetzlicher Vorschrift zu ihrem Schutz errichteten und staatlich überwachten Deckungsmasse haben.

§ 8. [Verwaltung des Vermögens] (1) Die geschäftsführenden Gesellschafter der offenen Handelsgesellschaft haben das Vermögen der Aktiengesellschaft getrennt zu verwalten.

(2) Die beiden Vermögen dürfen erst vereinigt werden, wenn sechs Monate nach der Bekanntmachung der Eintragung des Umwandlungsbeschlusses verstrichen sind, und nur unter Beachtung der nach § 7 für die Befriedigung und Sicherstellung der Gläubiger geltenden Vorschriften.

(3) Der bisherige Gerichtsstand der Aktiengesellschaft bleibt bis dahin bestehen.

(4) ¹Bis zu demselben Zeitpunkt gilt im Verhältnis der Gläubiger der Aktiengesellschaft zu der offenen Handelsgesellschaft und deren übrigen Gläubigern sowie zu den Privatgläubigern der Gesellschafter das übernommene Vermögen noch als Vermögen der Aktiengesellschaft. ²Zahlungen aus dem übernommenen Vermögen an die Gesellschafter oder Entnahmen, die zu Lasten des Kapitalanteils oder des Reingewinns erfolgen oder eine Verteilung des Gesellschaftsvermögens enthalten, sind bis zu diesem Zeitpunkt unzulässig. ³Hat jedoch ein persönlich haftender Gesellschafter der übernehmenden Gesellschaft während des letzten Jahres vor der Umwandlung als Mitglied des Vorstands oder des Aufsichtsrats oder als Angestellter der Aktiengesellschaft ein laufendes Entgelt bezogen, so kann der dem gewährten Entgelt gleichkommende Betrag entnommen werden, soweit er im

Kalendermonat tausend Deutsche Mark nicht übersteigt; im Umwandlungsbeschluß ist anzugeben, in welcher Höhe von dem Entnahmerecht bis zu dem Zeitpunkt Gebrauch gemacht werden soll, in dem das übernommene Vermögen mit dem Vermögen der übernehmenden Gesellschaft vereinigt werden darf.

b) Umwandlung durch Mehrheitsbeschluß

§ 9. [**Beschluß über Umwandlung**] (1) ¹Die Hauptversammlung einer Aktiengesellschaft kann die Übertragung des Vermögens auf eine bestehende offene Handelsgesellschaft beschließen, wenn sich mehr als neun Zehntel des Grundkapitals in der Hand der offenen Handelsgesellschaft befinden; der Beschluß kann mit den Stimmen der offenen Handelsgesellschaft ohne Rücksicht darauf gefaßt werden, ob andere Gesellschafter der Umwandlung widersprechen oder zustimmen. ²Die Satzung kann bestimmen, daß sich ein größerer Teil des Grundkapitals in der Hand der offenen Handelsgesellschaft befinden muß.

(2) Die Vorschriften der §§ 3 bis 8 finden entsprechende Anwendung, soweit sich nicht aus den §§ 10 bis 14 etwas anderes ergibt.

§ 10. [**Eigene Aktien**] Befinden sich eigene Aktien in der Hand der Aktiengesellschaft, so werden sie bei der Feststellung der Voraussetzungen der Umwandlung den Aktionären nach dem Verhältnis ihrer Beteiligung zugerechnet.

§ 11. [**Voraussetzungen für den Beschluß**] Der Beschluß kann nur gefaßt werden, wenn spätestens im Zeitpunkt der Bekanntmachung der Umwandlung als Gegenstand der Tagesordnung allen Aktionären schriftlich mitgeteilt oder in den Gesellschaftsblättern bekanntgemacht worden ist
1. die Bilanz, die der Umwandlung zugrunde gelegt werden soll,
2. ein Abfindungsangebot.

§ 12. [**Barabfindung**] (1) ¹Die ausscheidenden Aktionäre haben Anspruch auf angemessene Barabfindung. ²Die Barabfindung muß die Vermögens- und Ertragslage der Gesellschaft im Zeitpunkt der Beschlußfassung ihrer Hauptversammlung über die Umwandlung berücksichtigen. ³Sie ist von der Bekanntmachung der Eintragung der Umwandlung an mit fünf vom Hundert jährlich zu verzinsen; die Geltendmachung eines weiteren Schadens ist nicht ausgeschlossen.

(2) Der Anspruch verjährt in fünf Jahren seit der Bekanntmachung der Eintragung des Umwandlungsbeschlusses.

§ 13. [**Bestimmung der angemessenen Abfindung**] ¹Die Anfechtung des Beschlusses, daß das Vermögen auf eine bestehende offene Handelsgesellschaft übertragen wird, kann nicht auf § 243 Abs. 2 des Aktiengesetzes oder darauf gestützt werden, daß die angebotene Abfindung nicht angemessen ist. ²Ist die angebotene Abfindung nicht angemessen, so hat das in § 30 bestimmte Gericht auf Antrag die angemessene Abfindung zu bestimmen. ³Das gleiche gilt, wenn eine Abfindung nicht oder nicht ordnungsgemäß angeboten worden ist und eine hierauf gestützte Anfechtungsklage innerhalb der Anfechtungsfrist nicht erhoben oder zurückgenommen oder rechtskräftig abgewiesen worden ist.

§ 14. [**Firmenbezeichnung der OHG**] § 6 Abs. 3 Satz 1 ist mit der Maßgabe anzuwenden, daß die offene Handelsgesellschaft, sofern die Aktiengesellschaft den Namen eines ausscheidenden Aktionärs in ihrer Firma führt, die Firma der Aktiengesellschaft nur fortführen darf, wenn der ausscheidende Aktionär oder dessen Erben in die Fortführung der Firma ausdrücklich willigen.

2. Umwandlung durch Übertragung des Vermögens auf einen Gesellschafter

§ 15.* (1) ¹Wird das Vermögen einer Aktiengesellschaft auf einen Gesellschafter übertragen, so finden, wenn sich alle Aktien der Gesellschaft in der Hand des Gesellschafters (Alleingesellschafter) befinden, die §§ 3 bis 8, wenn sich mehr als neun Zehntel des Grundkapitals in der Hand des Gesellschafters (Hauptgesellschafter) befinden, die §§ 9 bis 14 mit der Maßgabe entsprechende Anwendung, daß an die Stelle der offenen Handelsgesellschaft und der geschäftsführenden Gesellschafter die übernehmende Gesellschafter tritt. ²Ist der Hauptgesellschafter ein abhängiges Unternehmen und das ihn beherrschende Unternehmen eine Aktiengesellschaft oder Kommanditgesellschaft auf Aktien mit Sitz im Inland, so ist außer der Barabfindung die Gewährung von Aktien dieser Gesellschaft anzubieten. ³Für die Abfindung nach Satz 2 gilt § 13.

(2) Ein noch nicht in das Handelsregister eingetragener Allein- oder Hauptgesellschafter ist nach den Vorschriften des Handelsgesetzbuchs in das Handelsregister einzutragen; die Vorschriften des § 6 Abs. 2 und 3 bleiben unberührt, an die Stelle des § 19 des Handelsgesetzbuchs tritt § 18 des Handelsgesetzbuchs.

3. Umwandlung unter gleichzeitiger Errichtung einer offenen Handelsgesellschaft

a) Umwandlung unter Beteiligung aller bisherigen Aktionäre

§ 16. [Errichtung einer OHG] ¹Die Hauptversammlung einer Aktiengesellschaft kann die Errichtung einer offenen Handelsgesellschaft, an der alle Aktionäre als Gesellschafter beteiligt sind, und zugleich die Übertragung des Vermögens der Aktiengesellschaft auf die offene Handelsgesellschaft beschließen. ²Die Vorschriften der §§ 3 bis 8 finden entsprechende Anwendung; außerdem gelten die besonderen Vorschriften der §§ 17 und 18.

§ 17.** [Voraussetzungen; Inhalt des Beschlusses] (1) ¹Dem Umwandlungsbeschluß müssen alle anwesenden Aktionäre zustimmen. ²Er bedarf zu seiner Wirksamkeit auch der Zustimmung der nicht erschienenen Aktionäre, die notariell beurkundet werden muß.

(2) In dem Beschluß sind die Firma und der Ort, wo die offene Handelsgesellschaft ihren Sitz hat, festzusetzen und die weiteren zur Durchführung der Umwandlung und der Errichtung der Gesellschaft erforderlichen Maßnahmen zu treffen.

(3) ¹Die Firma muß den Vorschriften für die Firma einer offenen Handelsgesellschaft entsprechen. ²Die Vorschriften des § 6 Abs. 2 und 3 bleiben unberührt.

§ 18. [Anmeldung des Umwandlungsbeschlusses; Entstehung der OHG]
(1) Der Anmeldung des Umwandlungsbeschlusses ist ferner eine Ausfertigung der Zustimmungserklärung der nicht erschienenen Aktionäre sowie eine von den

---

* § 15 Abs. 1 früherer Satz 2 aufgehoben, bisherige Sätze 3 und 4 wurden Sätze 2 und 3, neuer Satz 1 neu gefaßt durch Verschmelzungsrichtlinie-Gesetz vom 25. 10. 1982 (BGBl. I S. 1425).
** § 17 Abs. 1 Satz 2 geändert durch Beurkundungsgesetz vom 28. 8. 1969 (BGBl. I S. 1513).

Anmeldenden unterschriebene Liste beizufügen, aus der die Gesellschafter der offenen Handelsgesellschaft mit Namen, Vornamen, Stand und Wohnort ersichtlich sind.

(2) Die offene Handelsgesellschaft entsteht mit der Eintragung des Umwandlungsbeschlusses; sie ist von Amts wegen in das Handelsregister einzutragen.

(3) Die Gesellschafter, welche die offene Handelsgesellschaft vertreten sollen, haben die Firma nebst ihrer Unterschrift zur Aufbewahrung bei dem Gericht zu zeichnen.

b) Umwandlung durch Mehrheitsbeschluß

§ 19.* (1) Die Hauptversammlung einer Aktiengesellschaft kann die Errichtung einer offenen Handelsgesellschaft, an der nur zustimmende Aktionäre als Gesellschafter beteiligt sind, und zugleich die Übertragung des Vermögens der Aktiengesellschaft auf die offene Handelsgesellschaft beschließen.

(2) ¹Der Beschluß bedarf einer Mehrheit, die mindestens drei Viertel des bei der Beschlußfassung vertretenen Grundkapitals umfaßt. ²Umfaßt die Mehrheit nicht zugleich neun Zehntel des gesamten Grundkapitals, so bedarf der Beschluß zu seiner Wirksamkeit der Zustimmung nicht erschienener Aktionäre bis zur Erreichung dieser Mehrheit; die Zustimmung muß notariell beurkundet werden.

(3) Im übrigen finden die Vorschriften der §§ 3 bis 8 mit den aus den §§ 10 bis 14, 17, 18 sich ergebenden Maßgaben entsprechende Anwendung.

4. Umwandlung in eine Kommanditgesellschaft

§ 20. ¹Auf die Umwandlung einer Aktiengesellschaft in eine Kommanditgesellschaft finden die Vorschriften der §§ 3 bis 14, 16 bis 19 entsprechende Anwendung. ²Beschließt die Hauptversammlung die Errichtung einer Kommanditgesellschaft, so muß der Umwandlungsbeschluß außer den in § 17 vorgesehenen Angaben die Bezeichnung der Kommanditisten und den Betrag der Einlage eines jeden von ihnen enthalten.

5. Umwandlung unter gleichzeitiger Errichtung einer Gesellschaft des bürgerlichen Rechts

a) Umwandlung unter Beteiligung aller bisherigen Aktionäre

§ 21. (1) Genügt der Gegenstand des Unternehmens einer Aktiengesellschaft nicht den gesetzlichen Vorschriften für die Errichtung einer offenen Handelsgesellschaft (§§ 105 und 4 des Handelsgesetzbuchs), so kann die Hauptversammlung der Aktiengesellschaft die Errichtung einer Gesellschaft des bürgerlichen Rechts und zugleich die Übertragung des Vermögens der Aktiengesellschaft auf die Gesellschafter (Gesellschaftsvermögen) beschließen.

(2) Die Vorschriften der §§ 3 bis 8, 17, 18 finden entsprechende Anwendung.

b) Umwandlung durch Mehrheitsbeschluß

§ 22. (1) Unter den Voraussetzungen des § 21 Abs. 1 kann die Hauptversammlung der Aktiengesellschaft auch die Errichtung einer Gesellschaft des bürgerlichen Rechts, an der nur zustimmende Aktionäre als Gesellschafter beteiligt sind, und

---

* § 19 Abs. 2 Satz 2 geändert durch Beurkundungsgesetz vom 28. 8. 1969 (BGBl. I S. 1513).

13 UmwG §§ 23–25

zugleich die Übertragung des Vermögens der Aktiengesellschaft auf die Gesellschafter (Gesellschaftsvermögen) beschließen.

(2) Die Vorschriften der §§ 3 bis 8 finden mit den aus den §§ 10 bis 14, 17 bis 19 sich ergebenden Maßgaben entsprechende Anwendung.

Zweiter Unterabschnitt. Umwandlung von Kommanditgesellschaften auf Aktien

§ 23.* ¹Auf die Umwandlung einer Kommanditgesellschaft auf Aktien finden die Vorschriften des Ersten Unterabschnitts entsprechende Anwendung. ²Der Beschluß der Hauptversammlung bedarf auch der Zustimmung der persönlich haftenden Gesellschafter, die notariell beurkundet werden muß.

Dritter Unterabschnitt. Umwandlung von Gesellschaften mit beschränkter Haftung

§ 24.* (1) ¹Auf die Umwandlung einer Gesellschaft mit beschränkter Haftung finden die Vorschriften des Ersten Unterabschnitts entsprechende Anwendung. ²Die Umwandlung kann nur in einer Gesellschafterversammlung beschlossen werden. ³Der Beschluß sowie eine nach den Vorschriften des Ersten Unterabschnitts erforderliche Zustimmung nicht erschienener Gesellschafter muß notariell beurkundet werden.

(2) Eine Umwandlung durch Mehrheitsbeschluß kann nur beschlossen werden, wenn spätestens zwei Wochen vor dem Tage der Gesellschafterversammlung

1. der Gegenstand ordnungsmäßig angekündigt worden ist und

2. allen Gesellschaftern schriftlich mitgeteilt oder im Bundesanzeiger und den sonst etwa bestimmten Gesellschaftsblättern bekanntgemacht worden ist

   a) die Bilanz, die der Umwandlung zugrunde gelegt werden soll,

   b) ein Abfindungsangebot.

Vierter Unterabschnitt. Umwandlung von bergrechtlichen Gewerkschaften

§ 25.* [Umwandlungsbeschluß] (1) Auf die Umwandlung einer bergrechtlichen Gewerkschaft mit eigener oder ohne eigene Rechtspersönlichkeit finden die Vorschriften des Ersten Unterabschnitts und § 24 Abs. 2 sinngemäß Anwendung, soweit sich aus den Vorschriften der §§ 26 bis 29 nichts anderes ergibt.

(2) ¹Die Umwandlung kann nur in einer Gewerkenversammlung beschlossen werden. ²Der Beschluß sowie eine nach den Vorschriften des Ersten Unterabschnitts erforderliche Zustimmung nicht erschienener Gewerken muß notariell beurkundet werden. ³Der Beschluß bedarf zu seiner Rechtswirksamkeit der Bestätigung durch die nach dem Bergrecht für die Bestätigung der Satzung zuständige Bergbehörde.

---

* § 23 Satz 2, § 24 Abs. 1 Satz 3 und § 25 Abs. 2 Satz 2 geändert durch Beurkundungsgesetz vom 28. 8. 1969 (BGBl. I S. 1513).

Gerichtliches Verfahren §§ 26–31 **UmwG 13**

§ 26. [Im Handelsregister eingetragene Gewerkschaften] Ist die bergrechtliche Gewerkschaft im Handelsregister eingetragen, so tritt die Wirkung der Umwandlung mit der Eintragung des Umwandlungsbeschlusses in das Handelsregister ein.

§ 27. [Nicht eingetragene bergrechtliche Gewerkschaften] Ist die bergrechtliche Gewerkschaft nicht im Handelsregister eingetragen, so gelten die besonderen Vorschriften der §§ 28 und 29.

§ 28. (1) Die Bergbehörde soll den Beschluß der Gewerkenversammlung nur nach Anhörung der Industrie- und Handelskammer und im Benehmen mit dem für den Sitz der bergrechtlichen Gewerkschaft zuständigen Registergericht bestätigen.

(2) ¹Die Bergbehörde hat die Bestätigung des Beschlusses im Bundesanzeiger und in mindestens einem anderen Blatt auf Kosten der bergrechtlichen Gewerkschaft bekanntzumachen. ²Die Bekanntmachung hat mindestens den Namen und Sitz der bergrechtlichen Gewerkschaft, die Art der Umwandlung (offene Handelsgesellschaft, Alleingesellschafter usw.) und den Namen, Vornamen, Stand und Wohnort der an der übernehmenden Personengesellschaft beteiligten Gewerken oder des übernehmenden Allein- oder Hauptgewerken zu enthalten. ³In der Bekanntmachung sind die Gläubiger auf ihr Recht, Sicherheitsleistung zu verlangen (§ 7), hinzuweisen.

§ 29. (1) Die Wirkung der Umwandlung tritt mit der Bekanntmachung der Bestätigung des Umwandlungsbeschlusses im Bundesanzeiger ein.

(2) Wird die bergrechtliche Gewerkschaft unter gleichzeitiger Errichtung einer Personengesellschaft umgewandelt, so entsteht die Personengesellschaft mit dieser Bekanntmachung.

(3) Noch nicht eingetragene Personengesellschaften oder Allein- oder Hauptgewerken sind nach den Vorschriften des Handelsgesetzbuchs in das Handelsregister einzutragen; die Vorschriften des § 6 Abs. 2 und 3 bleiben unberührt, wobei auch von § 18 des Handelsgesetzbuchs abgewichen werden kann.

Fünfter Unterabschnitt. Gerichtliches Verfahren

§ 30. [Zuständigkeit] ¹Ausschließlich zuständig für die Entscheidung über die Höhe der angemessenen Abfindung ist das Landgericht, in dessen Bezirk die Gesellschaft (bergrechtliche Gewerkschaft) ihren Sitz hat. ²Ist bei dem Landgericht eine Kammer für Handelssachen gebildet, so entscheidet diese an Stelle der Zivilkammer. ³Die Landesregierung kann die Entscheidung durch Rechtsverordnung für die Bezirke mehrerer Landgerichte einem der Landgerichte übertragen, wenn dies der Sicherung einer einheitlichen Rechtsprechung dient. ⁴Die Landesregierung kann die Ermächtigung auf die Landesjustizverwaltung übertragen.

§ 31.* [Anzuwendende Vorschriften] Auf das Verfahren ist das Gesetz über die Angelegenheiten der freiwilligen Gerichtsbarkeit anzuwenden, soweit in den §§ 32 bis 37 nichts anderes bestimmt ist.

---

* § 31 geändert durch Bilanzrichtlinien-Gesetz vom 19. 12. 1985 (BGBl. I S. 2355).

§ 32. [**Antragsberechtigte; Antragstellung**] (1) ¹Antragsberechtigt ist jeder ausscheidende Aktionär (Gesellschafter, Gewerke). ²Der Antrag kann nur binnen zwei Monaten nach dem Tage gestellt werden, an dem die Eintragung der Umwandlung in das Handelsregister nach § 10 des Handelsgesetzbuchs als bekanntgemacht gilt.

(2) ¹Das Landgericht hat den Antrag im Bundesanzeiger bekanntzumachen. ²Ausscheidende Aktionäre (Gesellschafter, Gewerken) können noch binnen einer Frist von zwei Monaten nach dieser Bekanntmachung eigene Anträge stellen. ³Auf dieses Recht ist in der Bekanntmachung hinzuweisen.

(3) Das Landgericht hat die übernehmende Personengesellschaft (Hauptgesellschafter, Hauptgewerke) zu hören.

§ 33. [**Gemeinsamer Vertreter**] (1) ¹Das Landgericht hat den ausscheidenden Aktionären (Gesellschaftern, Gewerken), die nicht Antragsteller nach § 32 Abs. 1 sind oder eigene Anträge nach § 32 Abs. 2 gestellt haben, zur Wahrung ihrer Rechte einen gemeinsamen Vertreter zu bestellen, der die Stellung eines gesetzlichen Vertreters hat. ²Die Bestellung kann unterbleiben, wenn die Wahrung der Rechte dieser ausscheidenden Aktionäre (Gesellschafter, Gewerken) auf andere Weise sichergestellt ist. ³Die Bestellung des gemeinsamen Vertreters hat das Landgericht im Bundesanzeiger bekanntzumachen.

(2) ¹Der Vertreter kann von der übernehmenden Personengesellschaft (Hauptgesellschafter, Hauptgewerke) den Ersatz angemessener barer Auslagen und eine Vergütung für seine Tätigkeit verlangen. ²Die Auslagen und die Vergütung setzt das Landgericht fest. ³Es kann der übernehmenden Personengesellschaft (Hauptgesellschafter, Hauptgewerke) auf Verlangen des Vertreters die Zahlung von Vorschüssen aufgeben. ⁴Aus der Festsetzung findet die Zwangsvollstreckung nach der Zivilprozeßordnung statt.

§ 34.* [**Entscheidung durch Beschluß; Beschwerde**] ¹Das Landgericht entscheidet durch einen mit Gründen versehenen Beschluß. ²Gegen die Entscheidung findet die sofortige Beschwerde statt. ³Die Beschwerde kann nur durch Einreichung einer von einem Rechtsanwalt unterzeichneten Beschwerdeschrift eingelegt werden. ⁴Über sie entscheidet das Oberlandesgericht. ⁵§ 28 Abs. 2 und 3 des Gesetzes über die Angelegenheiten der freiwilligen Gerichtsbarkeit gilt entsprechend. ⁶Die weitere Beschwerde ist ausgeschlossen. ⁷Die Landesregierung kann durch Rechtsverordnung die Entscheidung über die Beschwerde für die Bezirke mehrerer Oberlandesgerichte einem der Oberlandesgerichte oder dem Obersten Landesgericht übertragen, wenn dies der Sicherung einer einheitlichen Rechtsprechung dient. ⁸Die Landesregierung kann die Ermächtigung auf die Landesjustizverwaltung übertragen.

§ 35. [**Wirkung der Entscheidung**] ¹Die Entscheidung wird erst mit der Rechtskraft wirksam. ²Sie wirkt für und gegen alle.

§ 36. [**Zustellung**] Das Landgericht hat seine Entscheidung der übernehmenden Personengesellschaft (Hauptgesellschafter, Hauptgewerke), den Antragstellern nach § 32 Abs. 1, den ausscheidenden Aktionären (Gesellschaftern, Gewerken), die eigene Anträge nach § 32 Abs. 2 gestellt haben, und, wenn ein gemeinsamer Vertreter bestellt ist, diesem zuzustellen.

---

* § 34 Satz 5 geändert durch Bilanzrichtlinien-Gesetz vom 19. 12. 1985 (BGBl. I S. 2355).

§ 37. [Bekanntmachung der Entscheidung] ¹Die übernehmende Personengesellschaft (Hauptgesellschafter, Hauptgewerke) hat die rechtskräftige Entscheidung ohne Gründe im Bundesanzeiger bekanntzumachen. ²Von der Bekanntmachung kann abgesehen werden, wenn alle ausscheidenden Aktionäre (Gesellschafter, Gewerken) den Antrag nach § 32 Abs. 1 oder eigene Anträge nach § 32 Abs. 2 gestellt haben.

Sechster Unterabschnitt. Gebühren

§ 38. [Antrag nach § 6 Abs. 3 Satz 2] ¹Für die Entscheidung über einen Antrag nach § 6 Abs. 3 Satz 2 wird die volle Gebühr nach den Vorschriften der Kostenordnung erhoben. ²Der Geschäftswert bestimmt sich nach *§ 24** der Kostenordnung.

§ 39. [Kosten des gerichtlichen Verfahrens] ¹Für die Kosten des gerichtlichen Verfahrens (§§ 30 bis 37) gilt die Kostenordnung. ²Für das Verfahren des ersten Rechtszugs wird das Doppelte der vollen Gebühr erhoben. ³Für den zweiten Rechtszug wird die gleiche Gebühr erhoben; dies gilt auch dann, wenn die Beschwerde Erfolg hat. ⁴Wird der Antrag oder die Beschwerde zurückgenommen, bevor es zu einer Entscheidung kommt, so ermäßigt sich die Gebühr auf die Hälfte. ⁵Der Geschäftswert ist von Amts wegen festzusetzen. ⁶Er bestimmt sich nach § 30 Abs. 1 der Kostenordnung. ⁷Kostenvorschüsse werden nicht erhoben. ⁸Schuldner der Kosten ist die übernehmende Personengesellschaft (Hauptgesellschafter, Hauptgewerke). ⁹Die Kosten können jedoch ganz oder zum Teil einem anderen Beteiligten auferlegt werden, wenn dies der Billigkeit entspricht.

Zweiter Abschnitt. Umwandlung einer Personenhandelsgesellschaft durch Übertragung des Vermögens auf eine Aktiengesellschaft oder Kommanditgesellschaft auf Aktien

§ 40. [Umwandlungsmöglichkeiten] (1) Eine offene Handelsgesellschaft oder Kommanditgesellschaft (Personenhandelsgesellschaft) kann nach den Vorschriften dieses Abschnitts in eine Aktiengesellschaft oder Kommanditgesellschaft auf Aktien umgewandelt werden.

(2) Ist eine Personenhandelsgesellschaft aufgelöst worden, so kann sie nur umgewandelt werden, wenn eine Liquidation stattfindet und noch nicht mit der Verteilung des nach der Berichtigung der Verbindlichkeiten verbleibenden Vermögens unter die Gesellschafter begonnen ist.

§ 41. [Umwandlungsbeschluß] (1) ¹Zur Umwandlung bedarf es eines Beschlusses der Gesellschafter der Personenhandelsgesellschaft (Umwandlungsbeschluß). ²Der Umwandlungsbeschluß muß
1. die Gründung einer Aktiengesellschaft oder Kommanditgesellschaft auf Aktien, an der alle Gesellschafter beteiligt sind,
2. die Übertragung des Vermögens der Personenhandelsgesellschaft auf die Aktiengesellschaft oder Kommanditgesellschaft auf Aktien

enthalten.

(2) ¹Soweit sich aus den folgenden Vorschriften nichts anderes ergibt, finden auf die Gründung der Aktiengesellschaft der Erste und Zweite Teil des Ersten Buchs

---

* Jetzt § 30 der Kostenordnung vom 26. 7. 1957 (BGBl. I S. 960); abgedruckt in Schönfelder unter Nr. **119**.

des Aktiengesetzes, auf die Gründung der Kommanditgesellschaft auf Aktien die §§ 278 bis 282 des Aktiengesetzes entsprechende Anwendung. ²Den Gründern stehen die Gesellschafter gleich.

§ 42. [Form und Inhalt des Umwandlungsbeschlusses] (1) ¹Der Umwandlungsbeschluß kann nur in einer Gesellschafterversammlung gefaßt werden und bedarf der Zustimmung aller Gesellschafter. ²Der Beschluß und die Zustimmung der nicht erschienenen Gesellschafter müssen *gerichtlich oder** notariell beurkundet werden.

(2) ¹In dem Umwandlungsbeschluß ist die Satzung der Aktiengesellschaft oder Kommanditgesellschaft auf Aktien festzustellen. ²Die Satzung kann auch durch weniger als fünf Personen festgestellt werden.

(3) ¹Führt die Aktiengesellschaft oder Kommanditgesellschaft auf Aktien das von der Personenhandelsgesellschaft betriebene Handelsgeschäft weiter, so kann sie die Firma der Personenhandelsgesellschaft mit oder ohne Beifügung eines das Nachfolgeverhältnis andeutenden Zusatzes fortführen oder ihrer nach § 4 Abs. 1 oder § 279 Abs. 1 des Aktiengesetzes gebildeten Firma einen das Nachfolgeverhältnis andeutenden Zusatz beifügen. ²§ 4 Abs. 2 und § 279 Abs. 2 des Aktiengesetzes finden bei Fortführung der Firma der Personenhandelsgesellschaft entsprechende Anwendung.

§ 43.** [Gründungsbericht; Gründungsprüfung; Anmeldung] (1) Im Gründungsbericht der Gesellschafter nach § 32 des Aktiengesetzes sind auch der Geschäftsverlauf und die Lage der Personenhandelsgesellschaft darzulegen.

(2) Die Prüfung durch einen oder mehrere Prüfer nach § 33 Abs. 2 des Aktiengesetzes hat in jedem Fall stattzufinden.

(3) ¹Der Umwandlungsbeschluß ist bei dem Gericht von allen Gesellschaftern und Mitgliedern des Vorstands und des Aufsichtsrats zur Eintragung in das Handelsregister anzumelden. ²Außer den Urkunden nach § 37 Abs. 4 Nr. 2 bis 5 des Aktiengesetzes sind der Umwandlungsbeschluß und die Zustimmungserklärungen der nicht erschienenen Gesellschafter in Ausfertigung und die der Umwandlung zugrunde gelegte Bilanz beizufügen.

(4) Das Gericht soll die Umwandlung nur eintragen, wenn die der Umwandlung zugrunde gelegte Bilanz für einen höchstens sechs Monate vor der Anmeldung liegenden Zeitpunkt aufgestellt worden ist.

§ 44. [Wirksamwerden der Umwandlung; Vermögensübergang; Erlöschen der Firma] (1) ¹Die Umwandlung wird mit der Eintragung der Aktiengesellschaft oder Kommanditgesellschaft auf Aktien in das Handelsregister wirksam. ²Mit der Eintragung geht das Vermögen der Personenhandelsgesellschaft einschließlich der Verbindlichkeiten, unbeschadet der Fortdauer der Haftung der Gesellschafter der Personenhandelsgesellschaft, auf die Aktiengesellschaft oder Kommanditgesellschaft auf Aktien über. ³Die Personenhandelsgesellschaft ist damit aufgelöst; ihre Firma ist erloschen. ⁴Die Auflösung der Personenhandelsgesellschaft und das Erlöschen der Firma sind von Amts wegen in das Handelsregister einzutragen.

---

* Die Worte „gerichtlich oder" aufgehoben durch § 56 Abs. 4 Beurkundungsgesetz vom 28. 8. 1969 (BGBl. I S. 1513).
** § 43 Abs. 3 Satz 2 geändert durch Verschmelzungsrichtlinie-Gesetz vom 25. 10. 1982 (BGBl. I S. 1425).

(2) Die an dem Anteil eines Gesellschafters der Personenhandelsgesellschaft bestehenden Rechte Dritter bestehen an der an die Stelle tretenden Aktie weiter.

§ 45. [Verjährung von Ansprüchen] (1) Die Ansprüche der Gläubiger der Personenhandelsgesellschaft gegen einen Gesellschafter der Personenhandelsgesellschaft aus Verbindlichkeiten der Gesellschaft verjähren mit dem Ablauf von fünf Jahren, falls nicht nach allgemeinen Vorschriften die Verjährung schon früher eintritt.

(2) ¹Die Verjährung beginnt mit dem Ende des Tages, an dem die Auflösung der Personenhandelsgesellschaft und das Erlöschen der Firma in das Handelsregister eingetragen worden sind. ²Wird der Anspruch des Gläubigers gegen die Gesellschaft erst nach der Eintragung fällig, so beginnt die Verjährung mit dem Zeitpunkt der Fälligkeit.

Dritter Abschnitt. Umwandlung einer Personenhandelsgesellschaft durch Übertragung des Vermögens auf eine Gesellschaft mit beschränkter Haftung

§ 46. [Umwandlungsmöglichkeit] ¹Eine Personenhandelsgesellschaft kann nach den Vorschriften dieses Abschnitts in eine Gesellschaft mit beschränkter Haftung umgewandelt werden. ²§ 40 Abs. 2 gilt sinngemäß.

§ 47. [Umwandlungsbeschluß] (1) ¹Zur Umwandlung bedarf es eines Beschlusses der Gesellschafter der Personenhandelsgesellschaft (Umwandlungsbeschluß). ²Der Umwandlungsbeschluß muß
1. die Gründung einer Gesellschaft mit beschränkter Haftung, an der alle Gesellschafter beteiligt sind,
2. die Übertragung des Vermögens der Personenhandelsgesellschaft auf die Gesellschaft mit beschränkter Haftung

enthalten.

(2) Soweit sich aus den folgenden Vorschriften nichts anderes ergibt, finden auf die Gründung der Gesellschaft mit beschränkter Haftung die Vorschriften des Ersten Abschnitts des Gesetzes betreffend die Gesellschaften mit beschränkter Haftung entsprechende Anwendung.

§ 48. [Form und Inhalt des Umwandlungsbeschlusses] (1) ¹Der Umwandlungsbeschluß kann nur in einer Gesellschafterversammlung gefaßt werden und bedarf der Zustimmung aller Gesellschafter. ²Der Beschluß und die Zustimmung der nicht erschienenen Gesellschafter müssen *gerichtlich oder** notariell beurkundet werden.

(2) Der Umwandlungsbeschluß muß den Gesellschaftsvertrag der Gesellschaft mit beschränkter Haftung enthalten.

(3) ¹Führt die Gesellschaft mit beschränkter Haftung das von der Personenhandelsgesellschaft betriebene Handelsgeschäft weiter, so kann sie die Firma der Personenhandelsgesellschaft mit oder ohne Beifügung eines das Nachfolgeverhältnis andeutenden Zusatzes fortführen oder ihrer nach § 4 Abs. 1 des Gesetzes betref-

---
* Die Worte „gerichtlich oder" aufgehoben durch § 56 Abs. 4 Beurkundungsgesetz vom 28. 8. 1969 (BGBl. I S. 1513).

fend die Gesellschaften mit beschränkter Haftung gebildeten Firma einen das Nachfolgeverhältnis andeutenden Zusatz beifügen. ²§ 4 Abs. 2 des Gesetzes betreffend die Gesellschaften mit beschränkter Haftung findet bei Fortführung der Firma entsprechende Anwendung.

§ 49. [Anmeldung und Eintragung des Umwandlungsbeschlusses] (1) ¹Der Umwandlungsbeschluß ist bei dem Gericht von allen Gesellschaftern und Geschäftsführern zur Eintragung in das Handelsregister anzumelden. ²Außer den Urkunden nach § 8 Abs. 1 Nr. 2 bis 4 des Gesetzes betreffend die Gesellschaften mit beschränkter Haftung sind der Umwandlungsbeschluß und die Zustimmungserklärungen der nicht erschienenen Gesellschafter in Ausfertigung und die der Umwandlung zugrunde gelegte Bilanz beizufügen. ³Für die Bilanz gilt § 43 Abs. 4 entsprechend.

(2) ¹Die Umwandlung wird mit der Eintragung der Gesellschaft mit beschränkter Haftung in das Handelsregister wirksam. ²Mit der Eintragung geht das Vermögen der Personenhandelsgesellschaft einschließlich der Verbindlichkeiten, unbeschadet der Fortdauer der Haftung der Gesellschafter der Personenhandelsgesellschaft, auf die Gesellschaft mit beschränkter Haftung über. ³Die Personenhandelsgesellschaft ist damit aufgelöst; ihre Firma ist erloschen. ⁴Die Auflösung der Personenhandelsgesellschaft und das Erlöschen der Firma sind von Amts wegen in das Handelsregister einzutragen.

(3) Die an dem Anteil eines Gesellschafters der Personenhandelsgesellschaft bestehenden Rechte Dritter bestehen an dem an die Stelle tretenden Geschäftsanteil weiter.

(4) Für die Verjährung der Ansprüche der Gläubiger der Personenhandelsgesellschaft gegen einen Gesellschafter der Personenhandelsgesellschaft aus Verbindlichkeiten der Gesellschaft gilt § 45 entsprechend.

Vierter Abschnitt. Umwandlung des Unternehmens eines Einzelkaufmanns durch Übertragung des Geschäftsvermögens auf eine Aktiengesellschaft oder Kommanditgesellschaft auf Aktien

§ 50. [Umwandlungsmöglichkeiten] ¹Ein Einzelkaufmann kann ein von ihm betriebenes Unternehmen, dessen Firma im Handelsregister eingetragen ist, nach den Vorschriften dieses Abschnitts in eine Aktiengesellschaft oder Kommanditgesellschaft auf Aktien umwandeln. ²Die Umwandlung ist ausgeschlossen, wenn

1. die Vermögensgegenstände, die auf die Aktiengesellschaft oder Kommanditgesellschaft auf Aktien übertragen werden sollen, das Vermögen des Einzelkaufmanns im Sinne des § 419 Abs. 1 des Bürgerlichen Gesetzbuchs sind, oder

2. die Verbindlichkeiten des Einzelkaufmanns sein Vermögen übersteigen.

§ 51. [Umwandlungserklärung] (1) ¹Zur Umwandlung bedarf es einer Umwandlungserklärung des Einzelkaufmanns. ²Die Umwandlungserklärung muß

1. die Gründung einer Aktiengesellschaft oder Kommanditgesellschaft auf Aktien, deren einziger Gesellschafter er ist,

2. die Übertragung des Geschäftsvermögens, das dem Betrieb des zur Umwandlung bestimmten Unternehmens dient, auf die Aktiengesellschaft oder Kommanditgesellschaft auf Aktien

enthalten.

Umwandlung einer Einzelfirma §§ 52, 53 UmwG 13

(2) ¹Soweit sich aus den folgenden Vorschriften nichts anderes ergibt, finden auf die Gründung der Aktiengesellschaft der Erste und Zweite Teil des Ersten Buchs des Aktiengesetzes, auf die Gründung der Kommanditgesellschaft auf Aktien die §§ 278 bis 282 des Aktiengesetzes entsprechende Anwendung. ²Den Gründern steht der Einzelkaufmann gleich.

§ 52. [**Form und Inhalt der Umwandlungserklärung**] (1) Die Umwandlungserklärung muß *gerichtlich oder** notariell beurkundet werden.

(2) ¹In der Umwandlungserklärung ist die Satzung der Aktiengesellschaft oder Kommanditgesellschaft auf Aktien festzustellen. ²Die Satzung wird nur durch den Einzelkaufmann festgestellt.

(3) § 42 Abs. 3 findet entsprechende Anwendung.

(4) Der Umwandlungserklärung ist eine von dem Einzelkaufmann unterschriebene, öffentlich beglaubigte Übersicht beizufügen über:
1. die Vermögensgegenstände, die dem Einzelkaufmann gehören und dem Betrieb des Unternehmens dienen, das umgewandelt werden soll. Der Einzelkaufmann kann in der Übersicht andere ihm gehörende Vermögensgegenstände aufführen und sie dadurch als zum Unternehmen gehörend erklären,
2. die Verbindlichkeiten des Einzelkaufmanns, die im Betrieb des Unternehmens, das umgewandelt werden soll, begründet worden sind oder mit den unter Nummer 1 aufgeführten Vermögensgegenständen in wirtschaftlichem Zusammenhang stehen.

§ 53.** [**Gründungsbericht; Gründungsprüfung**] (1) Im Gründungsbericht nach § 32 des Aktiengesetzes sind auch der Geschäftsverlauf und die Lage des Unternehmens darzulegen.

(2) ¹Die Prüfung durch einen oder mehrere Prüfer nach § 33 Abs. 2 des Aktiengesetzes hat in jedem Fall stattzufinden. ²Die Prüfung durch die Mitglieder des Vorstands und des Aufsichtsrats nach § 33 Abs. 1 des Aktiengesetzes sowie die Prüfung durch einen oder mehrere Prüfer nach § 33 Abs. 2 des Aktiengesetzes haben sich auch darauf zu erstrecken, ob in der Übersicht nach § 52 Abs. 4 Nr. 2 alle Verbindlichkeiten des Einzelkaufmanns aufgeführt sind, die im Betrieb des Unternehmens, das umgewandelt werden soll, begründet worden sind oder mit den in der Übersicht nach § 52 Abs. 4 Nr. 1 aufgeführten Vermögensgegenständen in wirtschaftlichem Zusammenhang stehen. ³Die Prüfung hat sich ferner darauf zu erstrecken, ob die in der Übersicht nach § 52 Abs. 4 Nr. 1 aufgeführten Vermögensgegenstände des Einzelkaufmanns sein Vermögen im Sinne des § 419 Abs. 1 des Bürgerlichen Gesetzbuchs sind und ob die Verbindlichkeiten des Einzelkaufmanns sein Vermögen übersteigen.

(3) ¹Zur Prüfung, ob die Verbindlichkeiten des Einzelkaufmanns sein Vermögen übersteigen, hat der Einzelkaufmann den Prüfern eine Aufstellung vorzulegen, in der sein Vermögen seinen Verbindlichkeiten gegenübergestellt ist. ²Die Aufstellung ist zu gliedern, soweit das für die Prüfung notwendig ist. ³§ 320 Abs. 1 Satz 2 und Abs. 2 Satz 1 des Handelsgesetzbuchs gilt sinngemäß, wenn Anlaß für die

---
* Die Worte „gerichtlich oder" aufgehoben durch § 56 Abs. 4 Beurkundungsgesetz vom 28. 8. 1969 (BGBl. I S. 1513).
** § 53 Abs. 3 Satz 3 geändert durch Bilanzrichtlinien-Gesetz vom 19. 12. 1985 (BGBl. I S. 2355).

13 UmwG §§ 54, 55   5. Abschnitt

Annahme besteht, daß in der Aufstellung aufgeführte Vermögensgegenstände überbewertet oder Verbindlichkeiten nicht oder nicht vollständig aufgeführt worden sind.

§ 54.* **[Anmeldung und Eintragung der Umwandlungserklärung]**
(1) ¹Die Umwandlungserklärung ist bei dem Gericht von dem Einzelkaufmann und den Mitgliedern des Vorstands und des Aufsichtsrats zur Eintragung in das Handelsregister anzumelden. ²Der Anmeldung sind beizufügen
1. die Urkunden nach § 37 Abs. 4 Nr. 2 bis 5 des Aktiengesetzes,
2. eine Ausfertigung der Umwandlungserklärung,
3. die Übersicht nach § 52 Abs. 4,
4. die der Umwandlung zugrunde gelegte Bilanz.
³Für die Bilanz gilt § 43 Abs. 4 entsprechend.

(2) Das Gericht hat die Eintragung auch abzulehnen, wenn die Gründungsprüfer erklären oder es offensichtlich ist, daß
1. die Übersicht nach § 52 Abs. 4 unvollständig ist,
2. die in der Übersicht aufgeführten Vermögensgegenstände des Einzelkaufmanns sein Vermögen im Sinne des § 419 Abs. 1 des Bürgerlichen Gesetzbuchs sind,
3. die Verbindlichkeiten des Einzelkaufmanns sein Vermögen übersteigen.

§ 55. **[Wirksamwerden der Umwandlung; Vermögensübergang; Erlöschen der Firma]** (1) ¹Die Umwandlung wird mit der Eintragung der Aktiengesellschaft oder Kommanditgesellschaft auf Aktien in das Handelsregister wirksam. ²Mit der Eintragung gehen die dem Einzelkaufmann gehörenden, in der Übersicht nach § 52 Abs. 4 aufgeführten Vermögensgegenstände und die Verbindlichkeiten, die der Einzelkaufmann in der Übersicht aufgeführt hat, auf die Aktiengesellschaft oder Kommanditgesellschaft auf Aktien über. ³Die vor der Umwandlung von dem Einzelkaufmann geführte Firma ist damit erloschen. ⁴Das Erlöschen der Firma ist von Amts wegen in das Handelsregister einzutragen.

(2) ¹Durch den Übergang der Verbindlichkeiten auf die Aktiengesellschaft oder Kommanditgesellschaft auf Aktien wird der Einzelkaufmann von der Haftung für die Verbindlichkeiten nicht befreit. ²§ 418 des Bürgerlichen Gesetzbuchs findet keine Anwendung. ³Die Aktiengesellschaft oder Kommanditgesellschaft auf Aktien und der Einzelkaufmann haften für diese Verbindlichkeiten als Gesamtschuldner; im Verhältnis der Gesamtschuldner zueinander ist die Aktiengesellschaft oder Kommanditgesellschaft auf Aktien allein verpflichtet.

(3) ¹Stellt sich nachträglich heraus, daß die in der Übersicht aufgeführten Vermögensgegenstände des Einzelkaufmanns sein Vermögen im Sinne des § 419 Abs. 1 des Bürgerlichen Gesetzbuchs sind, so können die Gläubiger anderer als der in Absatz 1 Satz 2 genannten Verbindlichkeiten des Einzelkaufmanns, unbeschadet der Fortdauer seiner Haftung, ihre zur Zeit der Eintragung der Aktiengesellschaft oder Kommanditgesellschaft auf Aktien bestehenden Ansprüche auch gegen die Aktiengesellschaft oder Kommanditgesellschaft auf Aktien geltend machen, sofern sie von diesem keine Befriedigung erlangen können. ²§ 419 Abs. 2 und 3 des Bürgerlichen Gesetzbuchs gilt entsprechend.

---

* § 54 Abs. 1 Satz 2 Nr. 1 geändert durch Verschmelzungsrichtlinie-Gesetz vom 25. 10. 1982 (BGBl. I S. 1425).

Umwandlung einer Einzelfirma §§ 56–56e **UmwG 13**

§ 56. [Verjährung von Ansprüchen] (1) Die Ansprüche der Gläubiger gegen den Einzelkaufmann aus den in der Übersicht nach § 52 Abs. 4 aufgeführten Verbindlichkeiten verjähren mit dem Ablauf von fünf Jahren, falls nicht nach den allgemeinen Vorschriften die Verjährung schon früher eintritt.

(2) ¹Die Verjährung beginnt mit dem Ende des Tages, an dem das Erlöschen der Firma in das Handelsregister eingetragen worden ist. ²Wird der Anspruch des Gläubigers gegen die Gesellschaft erst nach der Eintragung fällig, so beginnt die Verjährung mit dem Zeitpunkt der Fälligkeit.

Fünfter Abschnitt.* Umwandlung des Unternehmens eines Einzelkaufmanns durch Übertragung des Geschäftsvermögens auf eine Gesellschaft mit beschränkter Haftung

§ 56a.* [Umwandlungsmöglichkeiten] ¹Ein Einzelkaufmann kann ein von ihm betriebenes Unternehmen, dessen Firma im Handelsregister eingetragen ist, nach den Vorschriften dieses Abschnitts in eine Gesellschaft mit beschränkter Haftung umwandeln. ²§ 50 Satz 2 gilt sinngemäß.

§ 56b.* [Umwandlungserklärung] (1) ¹Zur Umwandlung bedarf es einer Umwandlungserklärung des Einzelkaufmanns. ²Die Umwandlungserklärung muß

1. die Errichtung einer Gesellschaft mit beschränkter Haftung, deren einziger Gesellschafter er ist,
2. die Übertragung des Geschäftsvermögens, das dem Betrieb des zur Umwandlung bestimmten Unternehmens dient, auf die Gesellschaft mit beschränkter Haftung

enthalten.

(2) ¹Soweit sich aus den folgenden Vorschriften nichts anderes ergibt, findet auf die Errichtung der Gesellschaft mit beschränkter Haftung der Erste Abschnitt des Gesetzes betreffend die Gesellschaften mit beschränkter Haftung entsprechende Anwendung. ²Den Gesellschaftern steht der Einzelkaufmann gleich.

§ 56c.* [Form und Inhalt der Umwandlungserklärung] (1) Die Umwandlungserklärung muß notariell beurkundet werden.

(2) In der Umwandlungserklärung ist der Gesellschaftsvertrag der Gesellschaft mit beschränkter Haftung durch den Einzelkaufmann festzustellen.

(3) ¹Für die Fortführung der Firma findet § 48 Abs. 3 entsprechende Anwendung. ²Für die Verpflichtung zur Beifügung einer Übersicht über die Vermögensgegenstände und Verbindlichkeiten gilt § 52 Abs. 4.

§ 56d.* [Sachgründungsbericht] Im Sachgründungsbericht nach § 5 Abs. 4 Satz 2 des Gesetzes betreffend die Gesellschaften mit beschränkter Haftung sind auch der Geschäftsverlauf und die Lage des Unternehmens darzulegen.

§ 56e.* [Anmeldung und Eintragung der Umwandlungserklärung]
(1) ¹Die Umwandlungserklärung ist bei dem Gericht von dem Einzelkaufmann und den Geschäftsführern zur Eintragung in das Handelsregister anzumelden. ²Der Anmeldung sind beizufügen

---

* Fünfter Abschnitt (§§ 56a bis 56f) eingefügt durch Gesetz vom 4. 7. 1980 (BGBl. I S. 836).

13 UmwG §§ 56 f–58 6. Abschnitt

1. die Urkunden nach § 8 Abs. 1 Nr. 2, 4 bis 6 des Gesetzes betreffend die Gesellschaften mit beschränkter Haftung,
2. eine Ausfertigung der Umwandlungserklärung,
3. die Übersicht nach § 56 c Abs. 3 Satz 2,
4. die der Übersicht zugrunde gelegte Bilanz.

³Für die Bilanz gilt § 43 Abs. 4 entsprechend.

(2) Das Gericht hat die Eintragung auch abzulehnen, wenn
1. die Übersicht nach § 56 c Abs. 3 Satz 2 unvollständig ist,
2. die in der Übersicht aufgeführten Vermögensgegenstände des Einzelkaufmanns sein Vermögen im Sinne des § 419 Abs. 1 des Bürgerlichen Gesetzbuchs sind,
3. die Verbindlichkeiten des Kaufmanns sein Vermögen übersteigen.

§ 56 f.* [**Wirksamwerden der Umwandlung; Vermögensübergang; Erlöschen der Firma**] (1) ¹Die Umwandlung wird mit der Eintragung der Gesellschaft mit beschränkter Haftung in das Handelsregister wirksam. ²Mit der Eintragung gehen die dem Einzelkaufmann gehörenden, in der Übersicht nach § 56 c Abs. 3 Satz 2 aufgeführten Vermögensgegenstände und die Verbindlichkeiten, die der Einzelkaufmann in der Übersicht aufgeführt hat, auf die Gesellschaft mit beschränkter Haftung über. ³Die vor der Umwandlung von dem Einzelkaufmann geführte Firma ist damit erloschen. ⁴Das Erlöschen der Firma ist von Amts wegen in das Handelsregister einzutragen.

(2) § 55 Abs. 2 und 3 über die Haftung für die Verbindlichkeiten des Einzelkaufmanns und § 56 über die Verjährung der Ansprüche der Gläubiger des Einzelkaufmanns gelten entsprechend.

Sechster Abschnitt.** Umwandlung anderer Unternehmen

§ 57. [**Umwandlung von Unternehmen von Gebietskörperschaften oder Gemeindeverbänden in AG**] (1) ¹Gebietskörperschaften oder Gemeindeverbände, die nicht Gebietskörperschaften sind, können von ihnen betriebene Unternehmen in Aktiengesellschaften umwandeln. ²Die Umwandlung ist nur zulässig, wenn das für die Gebietskörperschaften oder die Gemeindeverbände maßgebende Bundes- oder Landesrecht eine Umwandlung vorsieht oder zuläßt.

(2) Für die Umwandlung gelten die §§ 51, 52 Abs. 1, 2 und 4, § 53 Abs. 1 und Abs. 2 Satz 1 und 2, § 54 Abs. 1 und Abs. 2 Nr. 1 und § 55 Abs. 1 Satz 1 und 2 und Abs. 2; § 56 gilt mit der Maßgabe, daß die Verjährung mit dem Ende des Tages beginnt, an dem die Aktiengesellschaft in das Handelsregister eingetragen worden ist.

§ 58. [**Umwandlung von Unternehmen von Gebietskörperschaften oder Gemeindeverbänden in GmbH**] (1) ¹Gebietskörperschaften oder Gemeindeverbände, die nicht Gebietskörperschaften sind, können von ihnen betriebene Unternehmen in Gesellschaften mit beschränkter Haftung umwandeln. ²Die Umwandlung ist nur zulässig, wenn das für die Gebietskörperschaften oder die Gemeinde-

---

* Fünfter Abschnitt (§§ 56 a bis 56 f) eingefügt durch Gesetz vom 4. 7. 1980 (BGBl. I S. 836).
** Bisheriger Fünfter Abschnitt wurde Sechster Abschnitt durch Gesetz vom 4. 7. 1980 (BGBl. I S. 836).

Umwandlung anderer Unternehmen **§§ 59, 60 UmwG 13**

verbände maßgebende Bundes- oder Landesrecht eine Umwandlung vorsieht oder zuläßt.

(2) Für die Umwandlung gelten § 51 Abs. 1, § 52 Abs. 1, 2 und 4 und § 55 Abs. 1 Satz 1 und 2 und Abs. 2 entsprechend; § 56 gilt mit der Maßgabe, daß die Verjährung mit dem Ende des Tages beginnt, an dem die Gesellschaft mit beschränkter Haftung in das Handelsregister eingetragen worden ist.

(3) Soweit sich aus den folgenden Vorschriften nichts anderes ergibt, finden auf die Gründung der Gesellschaft mit beschränkter Haftung die Vorschriften des Ersten Abschnitts des Gesetzes betreffend die Gesellschaften mit beschränkter Haftung entsprechende Anwendung.

(4) [1]Die Umwandlungserklärung ist bei dem Gericht von allen Gesellschaftern und Geschäftsführern zur Eintragung in das Handelsregister anzumelden. [2]Der Anmeldung sind beizufügen
1. die Urkunden nach § 8 Abs. 1 Nr. 2 bis 4 des Gesetzes betreffend die Gesellschaften mit beschränkter Haftung,
2. eine Ausfertigung der Umwandlungserklärung,
3. die Übersicht nach § 52 Abs. 4,
4. die der Umwandlung zugrunde gelegte Bilanz.

[3]Für die Bilanz gilt § 43 Abs. 4 entsprechend.

§ 59. [Körperschaften oder Anstalten des öffentlichen Rechts] (1) Eine Körperschaft oder Anstalt des öffentlichen Rechts kann in eine Gesellschaft mit beschränkter Haftung umgewandelt werden.

(2) Die Umwandlung ist nur zulässig, wenn die Körperschaft oder Anstalt des öffentlichen Rechts rechtsfähig ist und das für sie maßgebende Bundes- oder Landesrecht eine Umwandlung vorsieht oder zuläßt.

(3) Nach dem für die Körperschaft oder Anstalt des öffentlichen Rechts maßgebenden Bundes- oder Landesrecht richtet es sich, auf welche Weise der Gesellschaftsvertrag der Gesellschaft mit beschränkter Haftung abgeschlossen wird und welche Person oder welche Personen die Geschäftsanteile erhalten.

(4) Soweit nichts anderes bestimmt ist, gelten für die Umwandlung die Vorschriften des Ersten Abschnitts des Gesetzes betreffend die Gesellschaften mit beschränkter Haftung sinngemäß.

(5) Von der Eintragung der Gesellschaft mit beschränkter Haftung in das Handelsregister an besteht die Körperschaft oder Anstalt des öffentlichen Rechts als Gesellschaft mit beschränkter Haftung weiter.

§ 60. [Realgemeinden und ähnliche Verbände] (1) [1]Realgemeinden und ähnliche Verbände, deren Mitglieder zu Nutzungen an land- und forstwirtschaftlichen Grundstücken, an Mühlen, Brauhäusern und ähnlichen Anlagen berechtigt sind (Artikel 164 des Einführungsgesetzes zum Bürgerlichen Gesetzbuch),* können in eine Aktiengesellschaft umgewandelt werden. [2]Für die Umwandlung gelten § 40 Abs. 2, § 41 Abs. 1, § 42 Abs. 2 und 3, § 43 Abs. 2, Abs. 3 Satz 2 und Abs. 4, §§ 44 und 45 sinngemäß. [3]Auf die Gründung der Aktiengesellschaft finden die Erste und Zweite Teil des Ersten Buchs des Aktiengesetzes mit Ausnahme der §§ 2, 28, 29, 32 und 46 entsprechende Anwendung. [4]Der Umwandlungsbeschluß kann nur in

---

* Abgedruckt in Schönfelder unter Nr. 21.

13 UmwG § 61

einer Generalversammlung der Mitglieder gefaßt werden und muß *gerichtlich oder**
notariell beurkundet werden.

(2) ¹Der Umwandlungsbeschluß bedarf einer Mehrheit von drei Vierteln der Stimmen, die nach der Satzung in der Generalversammlung der Realgemeinde von den Mitgliedern abgegeben werden können. ²Mit der Eintragung der Aktiengesellschaft oder der Kommanditgesellschaft auf Aktien in das Handelsregister werden alle Mitglieder der Realgemeinde Aktionäre. ³Mitglieder, die bei der Umwandlung durch den Untergang von Sonderrechten Vermögensnachteile erleiden, sind von der Aktiengesellschaft angemessen zu entschädigen.

(3) ¹Jedes Mitglied der Realgemeinde, das Widerspruch gegen die Umwandlung zur Niederschrift erklärt hat, kann seine Aktie der Gesellschaft zur Verfügung stellen. ²Der Vorstand kann den Aktionären hierfür eine Ausschlußfrist von mindestens drei Monaten setzen. ³Für das Verfahren der Fristsetzung und den Verkauf der Aktien gilt § 383 Abs. 1 Satz 3 und 4 und Abs. 2 und 3 des Aktiengesetzes sinngemäß.

(4) Die Nichtigkeit des Umwandlungsbeschlusses kann nicht mehr geltend gemacht werden, wenn die Aktiengesellschaft in das Handelsregister eingetragen worden ist.

§ 61.** [Kolonialgesellschaften]** (1) ¹Kolonialgesellschaften können in eine Aktiengesellschaft umgewandelt werden. ²Für die Umwandlung gelten § 40 Abs. 2, § 41 Abs. 1, § 42 Abs. 2 und 3, § 43 Abs. 2, Abs. 3 Satz 2 und Abs. 4, §§ 44 und 45 sinngemäß. ³Auf die Gründung der Aktiengesellschaft finden der Erste und Zweite Teil des Ersten Buchs des Aktiengesetzes mit Ausnahme der §§ 2, 28, 29, 32 und 46 entsprechende Anwendung. ⁴Der Umwandlungsbeschluß kann nur in einer Hauptversammlung der Gesellschaft gefaßt werden und muß *gerichtlich oder** notariell beurkundet werden.

(2) ¹Der Umwandlungsbeschluß bedarf der Mehrheit, die in der Satzung der Gesellschaft für Satzungsänderungen bestimmt ist, mindestens aber einer Mehrheit von drei Vierteln der Anteile, die in der Hauptversammlung der Gesellschaft vertreten sind. ²Mit der Eintragung der Aktiengesellschaft in das Handelsregister werden alle Gesellschafter Aktionäre. ³Gesellschafter, die bei der Umwandlung durch den Untergang von Sonderrechten Vermögensnachteile erleiden, sind von der Aktiengesellschaft angemessen zu entschädigen.

(3) ¹Für den Umtausch der Anteile gegen Aktien gilt § 73 des Aktiengesetzes, bei Zusammenlegung von Anteilen § 226 des Aktiengesetzes über die Kraftloserklärung von Aktien sinngemäß. ²Einer Genehmigung des Gerichts bedarf es nicht.

(4) ¹Jeder Gesellschafter, der Widerspruch gegen die Umwandlung zur Niederschrift erklärt hat, kann seine Aktie der Aktiengesellschaft zur Verfügung stellen. ²Der Vorstand kann den Aktionären hierfür eine Ausschlußfrist von mindestens drei Monaten setzen. ³Für das Verfahren der Fristsetzung und den Verkauf der Aktien gilt § 383 Abs. 1 Satz 3 und 4 und Abs. 2 und 3 des Aktiengesetzes sinngemäß.

(5) Die Nichtigkeit des Umwandlungsbeschlusses kann nicht mehr geltend gemacht werden, wenn die Aktiengesellschaft in das Handelsregister eingetragen worden ist.

---

* Die Worte „gerichtlich oder" aufgehoben durch § 56 Abs. 4 Beurkundungsgesetz vom 28. 8. 1969 (BGBl. I S. 1513).
** Beachte hierzu auch Gesetz über die Auflösung, Abwicklung und Löschung von Kononialgesellschaften vom 20. 8. 1975 (BGBl. I S. 2253).

§ 61a.* [**Umwandlung von Kolonialgesellschaften in GmbH**] (1) ¹Kolonialgesellschaften können in eine Gesellschaft mit beschränkter Haftung umgewandelt werden. ²Für die Umwandlung gelten die Vorschriften des Dritten Abschnitts (§§ 46 bis 49) mit Ausnahme des § 48 Abs. 1 sinngemäß. ³Der Umwandlungsbeschluß kann nur in einer Hauptversammlung der Gesellschaft gefaßt werden und muß notariell beurkundet werden.

(2) ¹Der Umwandlungsbeschluß bedarf der Mehrheit, die in der Satzung der Gesellschaft für Satzungsänderungen bestimmt ist, mindestens aber einer Mehrheit von drei Vierteln der Anteile, die in der Hauptversammlung der Gesellschaft vertreten sind. ²Die Gesellschafter, die für die Umwandlung gestimmt haben, sind in der Niederschrift namentlich aufzuführen. ³Sie stehen den Gründern der Gesellschaft mit beschränkter Haftung gleich.

(3) ¹Mit der Eintragung der Gesellschaft mit beschränkter Haftung in das Handelsregister werden alle Gesellschafter der Kolonialgesellschaft Gesellschafter der Gesellschaft mit beschränkter Haftung. ²Im übrigen gelten die §§ 373 bis 375 des Aktiengesetzes sinngemäß. ³Bekanntmachungen, die nach diesen Vorschriften in den Gesellschaftsblättern zu erfolgen haben, sind auch im Bundesanzeiger zu veröffentlichen.

(4) Die Nichtigkeit des Umwandlungsbeschlusses kann nicht mehr geltend gemacht werden, wenn die Gesellschaft mit beschränkter Haftung in das Handelsregister eingetragen worden ist.

§ 62. [**Wirtschaftliche Vereine aus der Zeit vor dem 1. 1. 1900**] ¹§ 61 gilt sinngemäß für die Umwandlung eines wirtschaftlichen Vereins, dem die Rechtsfähigkeit vor Inkrafttreten des Bürgerlichen Gesetzbuchs verliehen ist, sofern sein Vermögen in übertragbare Anteile zerlegt ist. ²Die Umwandlung bedarf der Genehmigung der für die Genehmigung von Satzungsänderungen zuständigen Behörde.

Siebenter Abschnitt.** Umwandlung einer bergrechtlichen Gewerkschaft mit eigener Rechtspersönlichkeit in eine Gesellschaft mit beschränkter Haftung

§ 63.*** [**Beschluß über Umwandlung in GmbH**] (1) Eine bergrechtliche Gewerkschaft mit eigener Rechtspersönlichkeit kann durch Beschluß der Gewerkenversammlung in eine Gesellschaft mit beschränkter Haftung umgewandelt werden.

(2) ¹Der Beschluß bedarf einer Mehrheit von mindestens drei Vierteln aller Kuxe. ²Die Satzung kann diese Mehrheit durch eine größere ersetzen und noch andere Erfordernisse aufstellen. ³Der Beschluß muß notariell beurkundet werden. ⁴Er bedarf zu seiner Wirksamkeit der Bestätigung durch die nach dem Bergrecht für die Bestätigung der Satzung zuständige Bergbehörde.

(3) Im Beschluß ist die Firma festzusetzen; außerdem sind in ihm die weiteren zur Durchführung der Umwandlung erforderlichen Maßnahmen zu treffen.

---

* § 61a eingefügt durch Gesetz vom 20. 8. 1975 (BGBl. I S. 2253).
** Bisheriger Sechster Abschnitt wurde Siebenter Abschnitt durch Gesetz vom 4. 7. 1980 (BGBl. I S. 836).
*** § 63 Abs. 2 Satz 3 geändert durch Beurkundungsgesetz vom 28. 8. 1969 (BGBl. I S. 1513).

13 UmwG §§ 64–66 8. Abschnitt. Übergangsvorschriften

§ 64.* **[Nennbetrag des Stammkapitals und der Geschäftsanteile]** (1) Der Nennbetrag des Stammkapitals darf das in der Umwandlungsbilanz ausgewiesene, nach Abzug der Schulden verbleibende Vermögen der bergrechtlichen Gewerkschaft nicht übersteigen; er muß mindestens zwanzigtausend Deutsche Mark betragen.

(2) ¹Der Nennbetrag der Geschäftsanteile kann abweichend von dem Betrag festgesetzt werden, der von dem festgesetzten Stammkapital auf einen Kux entfällt. ²Er muß mindestens fünfhundert Deutsche Mark betragen und durch hundert teilbar sein. ³Wird der Nennbetrag abweichend von dem Betrag festgesetzt, der von dem festgesetzten Stammkapital auf einen Kux entfällt, so muß der Festsetzung jeder Gewerke zustimmen, der sich nicht dem auf seine Kuxe entfallenden Gesamtbetrag entsprechend beteiligen muß. ⁴Die Zustimmung muß notariell beurkundet werden. ⁵Die Zustimmung ist nicht erforderlich, soweit die abweichende Festsetzung durch Satz 2 bedingt ist.

§ 65. **[Weiterbestehen als GmbH; Aufsichtsrat; Bekanntmachungen]**
(1) ¹Von der Eintragung an besteht die bergrechtliche Gewerkschaft als Gesellschaft mit beschränkter Haftung weiter. ²Die Kuxe sind zu Geschäftsanteilen geworden; die an einem Kux bestehenden Rechte Dritter bestehen an dem an die Stelle tretenden Geschäftsanteil weiter.

(2) ¹Hat die bergrechtliche Gewerkschaft einen Aufsichtsrat, so bleiben seine Mitglieder, wenn die Gesellschaft mit beschränkter Haftung nach gesetzlicher Vorschrift einen Aufsichtsrat zu bilden hat und die zahlenmäßige Zusammensetzung des Aufsichtsrats nicht geändert wird, für den Rest ihrer Wahlzeit als Mitglieder des neuen Aufsichtsrats im Amt. ²Sieht der Gesellschaftsvertrag ohne gesetzliche Verpflichtung einen Aufsichtsrat vor, so gilt dies nur, wenn die Gewerkenversammlung nichts anderes beschließt.

(3) ¹Im übrigen gelten die §§ 371 Abs. 1, 373 bis 375 des Aktiengesetzes sinngemäß. ²Bekanntmachungen, die nach diesen Vorschriften in den Gesellschaftsblättern zu erfolgen haben, sind auch im Bundesanzeiger zu veröffentlichen.

Achter Abschnitt.** Übergangs- und Schlußvorschriften

§ 65a.** **[Übergangsvorschrift]** ¹§ 1 Abs. 2 und § 15 Abs. 1 in der vom 1. Januar 1983 an geltenden Fassung sind nicht auf Umwandlungen anzuwenden, zu deren Vorbereitung bereits vor diesem Tage eine Haupt-, Gesellschafter- oder Gewerkenversammlung einberufen worden ist. ²Diese Umwandlungen richten sich nach den bisher geltenden Vorschriften.

§ 66. **[Geltung in Berlin]** *(gegenstandslos)*

---

* § 64 Abs. 2 Satz 4 geändert durch Beurkundungsgesetz vom 28. 8. 1969 (BGBl. I S. 1513).
** Bisheriger Siebenter Abschnitt wurde Achter Abschnitt durch Gesetz vom 4. 7. 1980 (BGBl. I S. 836), Überschrift neu gefaßt durch Verschmelzungsrichtlinie-Gesetz vom 25. 10. 1982 (BGBl. I S. 1425).
*** § 65a eingefügt durch Verschmelzungsrichtlinie-Gesetz vom 25. 10. 1982 (BGBl. I S. 1425).

14. Gesetz über die Kapitalerhöhung aus Gesellschaftsmitteln und über die Verschmelzung von Gesellschaften mit beschränkter Haftung*

Vom 23. Dezember 1959 (BGBl. I S. 789)

(BGBl. III 4120–2)

Änderungen des Gesetzes

Lfd. Nr.	Änderndes Gesetz	Datum	Fundstelle	Geänderte Paragraphen	Art der Änderg.
1.	Einführungsgesetz zum Aktiengesetz	6. 9. 1965	BGBl. I 1185	20 1 bis 18	eingef. aufgeh. für AG und KG auf Aktien
2.	Einführungsgesetz zum Strafgesetzbuch (EGStGB)	2. 3. 1974	BGBl. I 469	20	geänd.
3.	Gesetz zur Änderung des Gesetzes betreffend die Gesellschaften mit beschränkter Haftung und anderer handelsrechtlicher Vorschriften	4. 7. 1980	BGBl. I 836	Überschrift des Gesetzes 19 bis 35, 37 19 (alt), 21 (alt) § 20 wurde § 36, §§ 22 und 23 wurden §§ 38 und 39	geänd. eingef. aufgeh.
4.	Gesetz zur Durchführung der Dritten Richtlinie des Rates der Europäischen Gemeinschaften zur Koordinierung des Gesellschaftsrechts (Verschmelzungsrichtlinie-Gesetz)	25. 10. 1982	BGBl. I 1425	32 Abs. 1 Satz 1, 33 Abs. 3 31a, 37a	geänd. eingef.
5.	Gesetz zur Durchführung der Vierten, Siebenten und Achten Richtlinie des Rates der Europäischen Gemeinschaften zur Koordinierung des Gesellschaftsrechts (Bilanzrichtlinien-Gesetz – BiRiLiG)	19. 12. 1985	BGBl. I 2355	1, 2 Abs. 1, Abs. 2 Satz 2, 4 Abs. 2 Sätze 1 und 3, Abs. 3, 5, 6, 7 Abs. 1 Satz 1, 8 bis 10, 12 bis 14, 16, 17, 27 Abs. 1, 33 Abs. 2 Satz 1 2 Abs. 2 Satz 2, 4 Abs. 4, 11, 15, 18	geänd. aufgeh.

Inhaltsübersicht

Erster Abschnitt. Kapitalerhöhung aus Gesellschaftsmitteln §§ 1–17
Zweiter Abschnitt. Verschmelzung §§ 19–35
  Erster Unterabschnitt. Verschmelzung von Gesellschaften mit beschränkter Haftung §§ 19–32
  Zweiter Unterabschnitt. Verschmelzung einer Aktiengesellschaft oder einer Kommanditgesellschaft auf Aktien mit einer Gesellschaft mit beschränkter Haftung §§ 33, 34
  Dritter Unterabschnitt. Verschmelzung einer bergrechtlichen Gewerkschaft mit einer Gesellschaft mit beschränkter Haftung § 35
Dritter Abschnitt. Strafvorschrift. Übergangs- und Schlußvorschriften §§ 36–39

---

* Überschrift des Gesetzes geändert durch Gesetz vom 4. 7. 1980 (BGBl. I S. 836). – Die ursprüngliche Gesetzesüberschrift lautete „Gesetz über die Kapitalerhöhung aus Gesellschaftsmitteln und über die Gewinn- und Verlustrechnung".

Erster Abschnitt. Kapitalerhöhung aus Gesellschaftsmitteln

§ 1.* [**Erhöhung des Stammkapitals durch Umwandlung von Rücklagen**]
(1) Eine Gesellschaft mit beschränkter Haftung kann ihr Stammkapital durch Umwandlung von Rücklagen in Stammkapital erhöhen.

(2) Für den Beschluß über die Erhöhung des Stammkapitals und für die Anmeldung des Beschlusses gelten § 53 Abs. 1 und 2, § 54 Abs. 1 des Gesetzes betreffend die Gesellschaften mit beschränkter Haftung entsprechend.

(3) Die Erhöhung des Stammkapitals kann erst beschlossen werden, nachdem der Jahresabschluß für das letzte vor der Beschlußfassung über die Kapitalerhöhung abgelaufene Geschäftsjahr (letzter Jahresabschluß) festgestellt und über die Ergebnisverwendung Beschluß gefaßt worden ist.

(4) Dem Beschluß über die Erhöhung des Stammkapitals ist eine Bilanz zugrunde zu legen.

§ 2.* [**Umwandlungsfähige Rücklagen**] (1) Die Kapital- und Gewinnrücklagen, die in Stammkapital umgewandelt werden sollen, müssen in der letzten Jahresbilanz und, wenn dem Beschluß eine andere Bilanz zugrunde gelegt wird, auch in dieser Bilanz unter ,,Kapitalrücklage" oder ,,Gewinnrücklagen" oder im letzten Beschluß über die Verwendung des Jahresergebnisses als Zuführung zu diesen Rücklagen ausgewiesen sein.

(2) Die Rücklagen können nicht umgewandelt werden, soweit in der zugrunde gelegten Bilanz ein Verlust, einschließlich eines Verlustvortrags, ausgewiesen ist.

(3) Andere Gewinnrücklagen, die einem bestimmten Zweck zu dienen bestimmt sind, dürfen nur umgewandelt werden, soweit dies mit ihrer Zweckbestimmung vereinbar ist.

§ 3.** [**Letzte Jahresbilanz als Grundlage**] (1) Dem Beschluß kann die letzte Jahresbilanz zugrunde gelegt werden, wenn die Jahresbilanz geprüft und die festgestellte Jahresbilanz mit dem uneingeschränkten Bestätigungsvermerk der Abschlußprüfer versehen ist und wenn ihr Stichtag höchstens sieben Monate vor der Anmeldung des Beschlusses zur Eintragung in das Handelsregister liegt.

(2) Bei Gesellschaften, die nicht große im Sinne des § 267 Abs. 3 des Handelsgesetzbuchs sind, kann die Prüfung auch durch vereidigte Buchprüfer erfolgen; die Abschlußprüfer müssen von der Versammlung der Gesellschafter gewählt sein.

§ 4.** [**Zwischenbilanz als Grundlage**] (1) ¹Wird dem Beschluß nicht die letzte Jahresbilanz zugrunde gelegt, so muß die Bilanz den Vorschriften über die Gliederung der Jahresbilanz und über die Wertansätze in der Jahresbilanz entsprechen. ²Der Stichtag der Bilanz darf höchstens sieben Monate vor der Anmeldung des Beschlusses zur Eintragung in das Handelsregister liegen.

(2) ¹Die Bilanz ist, bevor über die Erhöhung des Stammkapitals Beschluß gefaßt wird, durch einen oder mehrere Prüfer darauf zu prüfen, ob sie dem Absatz 1

---
* § 1 sowie § 2 Abs. 1 neu gefaßt, Abs. 2 Satz 1 geändert und früherer Satz 2 aufgehoben sowie Abs. 3 geändert durch Bilanzrichtlinien-Gesetz vom 19. 12. 1985 (BGBl. I S. 2355).
** § 3 Abs. 2 und § 4 Abs. 2 Sätze 1 und 3 geändert, Abs. 3 neu gefaßt und Abs. 4 aufgehoben durch Bilanzrichtlinien-Gesetz vom 19. 12. 1985 (BGBl. I S. 2355).

Kapitalerhöhung aus Gesellschaftsmitteln §§ 5–7 **KapErhG 14**

entspricht. ²Sind nach dem abschließenden Ergebnis der Prüfung keine Einwendungen zu erheben, so haben die Prüfer dies durch einen Vermerk zu bestätigen. ³Die Erhöhung des Stammkapitals kann nicht ohne diese Bestätigung der Prüfer beschlossen werden.

(3) ¹Die Prüfer werden von den Gesellschaftern gewählt; falls nicht andere Prüfer gewählt werden, gelten die Prüfer als gewählt, die für die Prüfung des letzten Jahresabschlusses von den Gesellschaftern gewählt oder vom Gericht bestellt worden sind. ²Im übrigen sind, soweit sich aus der Besonderheit des Prüfungsauftrags nichts anderes ergibt, § 318 Abs. 1 Satz 2, § 319 Abs. 1 bis 3, § 320 Abs. 1 Satz 2, Abs. 2, §§ 321, 323 des Handelsgesetzbuchs anzuwenden. ³Bei Gesellschaften, die nicht große im Sinne des § 267 Abs. 3 des Handelsgesetzbuchs sind, können auch vereidigte Buchprüfer zu Prüfern bestellt werden.

(4) *(aufgehoben)*

§ 5.* **[Vorherige Bekanntgabe der Zwischenbilanz]** Die Bestimmungen des Gesellschaftsvertrags über die vorherige Bekanntgabe des Jahresabschlusses an die Gesellschafter sind in den Fällen des § 4 entsprechend anzuwenden.

§ 6.* **[Bildung neuer Geschäftsanteile; Erhöhung des Nennbetrags der Geschäftsanteile]** (1) ¹Die Kapitalerhöhung kann vorbehaltlich des § 12 Abs. 2 durch Bildung neuer Geschäftsanteile und durch Erhöhung des Nennbetrags der Geschäftsanteile ausgeführt werden. ²Die neuen Geschäftsanteile und die Geschäftsanteile, deren Nennbetrag erhöht wird, können auf jeden durch zehn teilbaren Betrag, müssen jedoch auf mindestens fünfzig Deutsche Mark gestellt werden.

(2) ¹Der Beschluß über die Erhöhung des Stammkapitals muß die Art der Erhöhung angeben. ²Soweit die Kapitalerhöhung durch Erhöhung des Nennbetrags der Geschäftsanteile ausgeführt werden soll, ist sie so zu bemessen, daß durch sie auf keinen Geschäftsanteil, dessen Nennbetrag erhöht wird, Beträge entfallen, die durch die Erhöhung des Nennbetrags des Geschäftsanteils nicht gedeckt werden können.

§ 7.* **[Anmeldung und Eintragung des Beschlusses]** (1) ¹Der Anmeldung des Beschlusses über die Erhöhung des Stammkapitals zur Eintragung in das Handelsregister ist die der Kapitalerhöhung zugrunde gelegte, mit dem Bestätigungsvermerk der Prüfer versehene Bilanz, in den Fällen des § 4 außerdem die letzte Jahresbilanz, sofern sie noch nicht eingereicht ist, beizufügen. ²Die Anmeldenden haben dem Registergericht gegenüber zu erklären, daß nach ihrer Kenntnis seit dem Stichtag der zugrunde gelegten Bilanz bis zum Tag der Anmeldung keine Vermögensminderung eingetreten ist, die der Kapitalerhöhung entgegenstünde, wenn sie am Tag der Anmeldung beschlossen worden wäre.

(2) Das Registergericht darf den Beschluß nur eintragen, wenn die der Kapitalerhöhung zugrunde gelegte Bilanz für einen höchstens sieben Monate vor der Anmeldung liegenden Zeitpunkt aufgestellt und eine Erklärung nach Absatz 1 Satz 2 abgegeben worden ist.

(3) Zu der Prüfung, ob die Bilanzen den gesetzlichen Vorschriften entsprechen, ist das Gericht nicht verpflichtet.

---

* §§ 5 und 6 neu gefaßt sowie § 7 Abs. 1 Satz 1 geändert durch Bilanzrichtlinien-Gesetz vom 19. 12. 1985 (BGBl. I S. 2355).

(4) Bei der Eintragung des Beschlusses ist anzugeben, daß es sich um eine Kapitalerhöhung aus Gesellschaftsmitteln handelt.

(5) Die eingereichten Schriftstücke werden beim Gericht in Urschrift, Ausfertigung oder öffentlich beglaubigter Abschrift aufbewahrt.

§ 8.* **[Wirksamwerden der Kapitalerhöhung]** (1) Mit der Eintragung des Beschlusses über die Erhöhung des Stammkapitals ist das Stammkapital erhöht.

(2) Die neuen Stammeinlagen gelten als vollständig eingezahlt.

§ 9.* **[Bezug der neuen Geschäftsanteile]** ¹Die neuen Geschäftsanteile stehen den Gesellschaftern im Verhältnis ihrer bisherigen Geschäftsanteile zu. ²Ein entgegenstehender Beschluß der Gesellschafter ist nichtig.

§ 10.* **[Teilrechte]** (1) Führt die Kapitalerhöhung dazu, daß auf einen Geschäftsanteil nur ein Teil eines neuen Geschäftsanteils entfällt, so ist dieses Teilrecht selbständig veräußerlich und vererblich.

(2) Die Rechte aus einem neuen Geschäftsanteil, einschließlich des Anspruchs auf Ausstellung einer Urkunde über den neuen Geschäftsanteil, können nur ausgeübt werden, wenn Teilrechte, die zusammen einen vollen Geschäftsanteil ergeben, in einer Hand vereinigt sind oder wenn sich mehrere Berechtigte, deren Teilrechte zusammen einen vollen Geschäftsanteil ergeben, zur Ausübung der Rechte (§ 18 des Gesetzes betreffend die Gesellschaften mit beschränkter Haftung) zusammenschließen.

§ 11.* *(aufgehoben)*

§ 12.* **[Eigene und teileingezahlte Geschäftsanteile]** (1) Eigene Geschäftsanteile nehmen an der Erhöhung des Stammkapitals teil.

(2) ¹Teileingezahlte Geschäftsanteile nehmen entsprechend ihrem Nennbetrag an der Erhöhung des Stammkapitals teil. ²Bei ihnen kann die Kapitalerhöhung nur durch Erhöhung des Nennbetrags der Geschäftsanteile ausgeführt werden. ³Sind neben teileingezahlten Geschäftsanteilen vollständig eingezahlte Geschäftsanteile vorhanden, so kann bei diesen die Kapitalerhöhung durch Erhöhung des Nennbetrags der Geschäftsanteile und durch Bildung neuer Geschäftsanteile ausgeführt werden. ⁴Die Geschäftsanteile, deren Nennbetrag erhöht wird, können auf jeden durch fünf teilbaren Betrag gestellt werden.

§ 13.* **[Mit den Geschäftsanteilen verbundene Rechte]** (1) Das Verhältnis der mit den Geschäftsanteilen verbundenen Rechte zueinander wird durch die Kapitalerhöhung nicht berührt.

(2) ¹Soweit sich einzelne Rechte teileingezahlter Geschäftsanteile, insbesondere die Beteiligung am Gewinn oder das Stimmrecht, nach der je Geschäftsanteil geleisteten Einlage bestimmen, stehen diese Rechte den Gesellschaftern bis zur

---

* §§ 8 bis 10, 12 und 13 neu gefaßt sowie § 11 aufgehoben durch Bilanzrichtlinien-Gesetz vom 19. 12. 1985 (BGBl. I S. 2355).

Leistung der noch ausstehenden Einlagen nur nach der Höhe der geleisteten Einlage, erhöht um den auf den Nennbetrag des Stammkapitals berechneten Hundertsatz der Erhöhung des Stammkapitals, zu. ²Werden weitere Einzahlungen geleistet, so erweitern sich diese Rechte entsprechend.

(3) Der wirtschaftliche Inhalt vertraglicher Beziehungen der Gesellschaft zu Dritten, die von der Gewinnausschüttung der Gesellschaft, dem Nennbetrag oder Wert ihrer Geschäftsanteile oder ihres Stammkapitals oder in sonstiger Weise von den bisherigen Kapital- oder Gewinnverhältnissen abhängen, wird durch die Kapitalerhöhung nicht berührt.

§ 14.* [**Teilnahme am Gewinn**] (1) Die neuen Geschäftsanteile nehmen, wenn nichts anderes bestimmt ist, am Gewinn des ganzen Geschäftsjahrs teil, in dem die Erhöhung des Stammkapitals beschlossen worden ist.

(2) ¹Im Beschluß über die Erhöhung des Stammkapitals kann bestimmt werden, daß die neuen Geschäftsanteile bereits am Gewinn des letzten vor der Beschlußfassung über die Kapitalerhöhung abgelaufenen Geschäftsjahrs teilnehmen. ²In diesem Fall ist die Erhöhung des Stammkapitals abweichend von § 1 Abs. 3 zu beschließen, bevor über die Ergebnisverwendung für das letzte vor der Beschlußfassung abgelaufene Geschäftsjahr Beschluß gefaßt worden ist. ³Der Beschluß über die Ergebnisverwendung für das letzte vor der Beschlußfassung über die Kapitalerhöhung abgelaufene Geschäftsjahr wird erst wirksam, wenn das Stammkapital erhöht worden ist. ⁴Der Beschluß über die Erhöhung des Stammkapitals und der Beschluß über die Ergebnisverwendung für das letzte vor der Beschlußfassung über die Kapitalerhöhung abgelaufene Geschäftsjahr sind nichtig, wenn der Beschluß über die Kapitalerhöhung nicht binnen drei Monaten nach der Beschlußfassung in das Handelsregister eingetragen worden ist; der Lauf der Frist ist gehemmt, solange eine Anfechtungs- oder Nichtigkeitsklage rechtshängig ist oder eine zur Kapitalerhöhung beantragte staatliche Genehmigung noch nicht erteilt worden ist.

§ 15.* *(aufgehoben)*

§ 16.* [**Bildung neuer Geschäftsanteile**] Vor der Eintragung des Beschlusses über die Erhöhung des Stammkapitals in das Handelsregister dürfen neue Geschäftsanteile nicht gebildet werden.

§ 17.* [**Anschaffungskosten**] ¹Als Anschaffungskosten der vor der Erhöhung des Stammkapitals erworbenen Geschäftsanteile und der auf sie entfallenden neuen Geschäftsanteile gelten die Beträge, die sich für die einzelnen Geschäftsanteile ergeben, wenn die Anschaffungskosten der vor der Erhöhung des Stammkapitals erworbenen Geschäftsanteile auf diese und auf die auf sie entfallenden neuen Geschäftsanteile nach dem Verhältnis der Nennbeträge verteilt werden. ²Der Zuwachs an Geschäftsanteilen ist nicht als Zugang auszuweisen.

§ 18.* *(aufgehoben)*

---

* §§ 14, 16 und 17 neu gefaßt sowie §§ 15 und 18 aufgehoben durch Bilanzrichtlinien-Gesetz vom 19. 12. 1985 (BGBl. I S. 2355).

Zweiter Abschnitt.* Verschmelzung

Erster Unterabschnitt. Verschmelzung von Gesellschaften mit beschränkter Haftung

§ 19.* **[Wesen der Verschmelzung]** (1) ¹Gesellschaften mit beschränkter Haftung können ohne Abwicklung vereinigt (verschmolzen) werden. ²Die Verschmelzung kann erfolgen:
1. durch Übertragung des Vermögens der Gesellschaft (übertragende Gesellschaft) als Ganzes auf eine andere Gesellschaft (übernehmende Gesellschaft) gegen Gewährung von Geschäftsanteilen dieser Gesellschaft (Verschmelzung durch Aufnahme);
2. durch Bildung einer neuen Gesellschaft mit beschränkter Haftung, auf die das Vermögen jeder der sich vereinigenden Gesellschaften als Ganzes gegen Gewährung von Geschäftsanteilen der neuen Gesellschaft übergeht (Verschmelzung durch Neubildung).

(2) Die Verschmelzung ist auch zulässig, wenn die übertragende Gesellschaft oder eine der sich vereinigenden Gesellschaften aufgelöst ist und die Fortsetzung der Gesellschaft beschlossen werden könnte.

§ 20.* **[Beschlüsse der Gesellschafter jeder Gesellschaft]** (1) Der Verschmelzungsvertrag wird nur wirksam, wenn die Gesellschafter jeder Gesellschaft ihm durch Beschluß zustimmen.

(2) ¹Der Beschluß bedarf einer Mehrheit von drei Vierteln der abgegebenen Stimmen. ²Der Gesellschaftsvertrag kann keine geringere Mehrheit bestimmen. ³Sind auf die Geschäftsanteile der übernehmenden Gesellschaft nicht alle zu leistenden Einlagen in voller Höhe bewirkt, so müssen dem Beschluß der Gesellschafter der übertragenden Gesellschaft alle anwesenden Gesellschafter zustimmen; er bedarf zu seiner Wirksamkeit auch der Zustimmung der nicht erschienenen Gesellschafter.

(3) ¹Der Beschluß muß notariell beurkundet werden. ²Der Verschmelzungsvertrag ist ihm als Anlage beizufügen.

(4) Auf Verlangen ist jedem Gesellschafter unverzüglich eine Abschrift des notariell beurkundeten Beschlusses und des Verschmelzungsvertrags zu erteilen.

(5) Die Geschäftsführer haben jedem Gesellschafter auf Verlangen Auskunft auch über alle für die Verschmelzung wesentlichen Angelegenheiten der Gesellschaft zu geben, mit welcher der Verschmelzungsvertrag geschlossen werden soll.

§ 21.* **[Verschmelzungsvertrag]** (1) Der Verschmelzungsvertrag hat für jeden Gesellschafter der übertragenden Gesellschaft den Nennbetrag des Geschäftsanteils zu bestimmen, den die übernehmende Gesellschaft ihm zu gewähren hat.

(2) Sollen die zu gewährenden Geschäftsanteile im Wege der Kapitalerhöhung geschaffen werden und mit anderen Rechten und Pflichten als sonstige Geschäfts-

---

* Früherer Zweiter Abschnitt (§ 19) aufgehoben, neuer Zweiter Abschnitt (§§ 19 bis 35) eingefügt durch Gesetz vom 4. 7. 1980 (BGBl. I S. 836).

Verschmelzung **§§ 22, 23 KapErhG 14**

anteile der übernehmenden Gesellschaft ausgestattet werden, so sind auch die Abweichungen im Verschmelzungsvertrag festzusetzen.

(3) Sollen Gesellschafter der übertragenden Gesellschaft schon vorhandene Geschäftsanteile der übernehmenden Gesellschaft erhalten, so müssen die Gesellschafter und die Nennbeträge der Geschäftsanteile, die sie erhalten sollen, besonders im Verschmelzungsvertrag bestimmt werden.

(4) [1]Der Verschmelzungsvertrag bedarf der notariellen Beurkundung. [2]§ 310 des Bürgerlichen Gesetzbuchs gilt für ihn nicht.

(5) [1]Soll die Wirkung des Verschmelzungsvertrags erst nach mehr als zehn Jahren eintreten, so können beide Teile den Vertrag nach zehn Jahren mit halbjähriger Frist kündigen. [2]Gleiches gilt, wenn der Vertrag unter einer Bedingung geschlossen und diese binnen zehn Jahren nicht eingetreten ist. [3]Die Kündigung ist stets nur zulässig für den Schluß des Geschäftsjahrs der Gesellschaft, der gegenüber die Kündigung erklärt wird.

§ 22.* **[Erhöhung des Stammkapitals zur Durchführung der Verschmelzung]** (1) [1]Erhöht die übernehmende Gesellschaft zur Durchführung der Verschmelzung das Stammkapital, so sind § 55 Abs. 1, §§ 56a, 57 Abs. 2, Abs. 3 Nr. 1 des Gesetzes betreffend die Gesellschaften mit beschränkter Haftung** nicht anzuwenden. [2]Auf die neuen Geschäftsanteile ist § 5 Abs. 1, 2. Halbsatz und Abs. 3 Satz 2 des Gesetzes betreffend die Gesellschaften mit beschränkter Haftung** nicht anzuwenden; jedoch muß der Betrag jeder neuen Stammeinlage mindestens fünfzig Deutsche Mark betragen und durch zehn teilbar sein.

(2) Der Anmeldung sind für das Gericht des Sitzes der Gesellschaft außer den Schriftstücken in § 57 Abs. 3 Nr. 2 und 3 des Gesetzes betreffend die Gesellschaften mit beschränkter Haftung** der Verschmelzungsvertrag und die Niederschrift der Verschmelzungsbeschlüsse in Ausfertigung oder öffentlich beglaubigter Abschrift beizufügen.

§ 23.* **[Durchführung der Verschmelzung]** (1) [1]Die übernehmende Gesellschaft darf zur Durchführung der Verschmelzung ihr Stammkapital nicht erhöhen, soweit ihr Geschäftsanteile der übertragenden Gesellschaft gehören. [2]Gleiches gilt, soweit die übertragende Gesellschaft eigene Geschäftsanteile innehat oder ihr Geschäftsanteile der übernehmenden Gesellschaft gehören, auf welche die Einlagen noch nicht vollständig geleistet sind. [3]Die übernehmende Gesellschaft kann von der Erhöhung des Stammkapitals absehen, soweit sie eigene Geschäftsanteile innehat oder der übertragenden Gesellschaft Geschäftsanteile der übernehmenden Gesellschaft gehören, auf welche die Einlagen vollständig geleistet sind.

(2) [1]Soweit eigene Geschäftsanteile der übernehmenden Gesellschaft oder der übertragenden Gesellschaft gehörende Geschäftsanteile der übernehmenden Gesellschaft zur Durchführung der Verschmelzung den Gesellschaftern der übertragenden Gesellschaft gewährt werden sollen, sind auf die zu diesem Zweck erforderliche Teilung dieser Geschäftsanteile Bestimmungen des Gesellschaftsvertrags, welche die Teilung ausschließen oder erschweren, sowie § 5 Abs. 1, 2. Halbsatz und Abs. 3 Satz 2 des Gesetzes betreffend die Gesellschaften mit beschränkter Haftung** nicht anzuwenden. [2]Der Nennbetrag jedes Teils der Geschäftsanteile muß jedoch mindestens fünfzig Deutsche Mark betragen und durch zehn teilbar sein.

---

* Zweiter Abschnitt (§§ 19 bis 35) eingefügt durch Gesetz vom 4. 7. 1980 (BGBl. I S. 836).
** Abgedruckt unter Nr. 9.

14 KapErhG §§ 24, 25   2. Abschnitt

(3) Leistet die übernehmende Gesellschaft bare Zuzahlungen, so dürfen diese nicht den zehnten Teil des Gesamtnennbetrags der gewährten Geschäftsanteile der übernehmenden Gesellschaft übersteigen.

§ 24.* **[Anmeldung der Verschmelzung]** (1) Die Geschäftsführer jeder Gesellschaft haben die Verschmelzung zur Eintragung in das Handelsregister des Sitzes ihrer Gesellschaft anzumelden.

(2) ¹Bei der Anmeldung haben die Geschäftsführer zu erklären, daß die Verschmelzungsbeschlüsse innerhalb der Anfechtungsfrist nicht angefochten worden sind oder daß die Anfechtung rechtskräftig zurückgewiesen worden ist. ²Im Fall des § 20 Abs. 2 Satz 3 haben die Geschäftsführer der übertragenden Gesellschaft auch zu erklären, daß alle Gesellschafter dieser Gesellschaft dem Verschmelzungsvertrag zugestimmt haben. ³Der Anmeldung sind in Ausfertigung oder öffentlich beglaubigter Abschrift der Verschmelzungsvertrag, die Niederschriften der Verschmelzungsbeschlüsse sowie, wenn die Verschmelzung der staatlichen Genehmigung bedarf, die Genehmigungsurkunde beizufügen.

(3) ¹Der Anmeldung zum Handelsregister des Sitzes der übertragenden Gesellschaft ist ferner eine Bilanz der übertragenden Gesellschaft beizufügen (Schlußbilanz). ²Für diese Bilanz gelten die Vorschriften über die Jahresbilanz und über die Prüfung der Jahresbilanz sinngemäß. ³Das Registergericht darf die Verschmelzung nur eintragen, wenn die Bilanz auf einen höchstens acht Monate vor der Anmeldung liegenden Stichtag aufgestellt worden ist.

(4) Der Anmeldung zum Handelsregister des Sitzes der übernehmenden Gesellschaft ist außerdem eine von den Geschäftsführern unterschriebene berichtigte Gesellschafterliste beizufügen.

§ 25.* **[Eintragung der Verschmelzung]** (1) ¹Die Verschmelzung darf in das Handelsregister des Sitzes der übernehmenden Gesellschaft erst eingetragen werden, nachdem sie im Handelsregister des Sitzes der übertragenden Gesellschaft eingetragen worden ist. ²Wird zur Durchführung der Verschmelzung das Stammkapital der übernehmenden Gesellschaft erhöht, so darf die Verschmelzung nicht eingetragen werden, bevor die Erhöhung des Stammkapitals im Handelsregister eingetragen worden ist.

(2) ¹Mit der Eintragung der Verschmelzung in das Handelsregister des Sitzes der übertragenden Gesellschaft geht das Vermögen dieser Gesellschaft einschließlich der Verbindlichkeiten auf die übernehmende Gesellschaft über. ²Treffen dabei aus gegenseitigen Verträgen, die zur Zeit der Verschmelzung von keiner Seite vollständig erfüllt sind, Abnahme-, Lieferungs- oder ähnliche Verpflichtungen zusammen, die miteinander unvereinbar sind oder die beide zu erfüllen eine schwere Unbilligkeit für die übernehmende Gesellschaft bedeuten würde, so bestimmt sich der Umfang der Verpflichtungen nach Billigkeit unter Würdigung der vertraglichen Rechte aller Beteiligten.

(3) ¹Die übertragende Gesellschaft erlischt mit der Eintragung der Verschmelzung in das Handelsregister ihres Sitzes. ²Einer besonderen Löschung der übertragenden Gesellschaft bedarf es nicht. ³Mit der Eintragung der Verschmelzung werden die Gesellschafter der übertragenden Gesellschaft Gesellschafter der übernehmenden Gesellschaft.

---
* Zweiter Abschnitt (§§ 19 bis 35) eingefügt durch Gesetz vom 4. 7. 1980 (BGBl. I S. 836).

(4) Der Mangel der notariellen Beurkundung des Verschmelzungsvertrags wird durch die Eintragung geheilt.

(5) Das Gericht des Sitzes der übertragenden Gesellschaft hat von Amts wegen die bei ihm aufbewahrten Urkunden und anderen Schriftstücke nach der Eintragung der Verschmelzung dem Gericht des Sitzes der übernehmenden Gesellschaft zur Aufbewahrung zu übersenden.

§ 26.* [Gläubigerschutz] (1) ¹Den Gläubigern der übertragenden Gesellschaft ist, wenn sie sich binnen sechs Monaten nach der Bekanntmachung der Eintragung der Verschmelzung in das Handelsregister des Sitzes der übertragenden Gesellschaft zu diesem Zweck melden, Sicherheit zu leisten, soweit sie nicht Befriedigung verlangen können. ²Die Gläubiger sind in der Bekanntmachung der Eintragung auf dieses Recht hinzuweisen.

(2) Das Recht, Sicherheitsleistung zu verlangen, steht Gläubigern nicht zu, die im Fall des Konkurses ein Recht auf vorzugsweise Befriedigung aus einer Deckungsmasse haben, die nach gesetzlicher Vorschrift zu ihrem Schutz errichtet und staatlich überwacht ist.

§ 27.* [Wertansätze der übernehmenden Gesellschaft] (1) Die in der Schlußbilanz der übertragenden Gesellschaft angesetzten Werte gelten für die Jahresbilanzen der übernehmenden Gesellschaft als Anschaffungskosten im Sinne des § 253 Abs. 1 des Handelsgesetzbuchs.

(2) ¹Ist das Stammkapital der übernehmenden Gesellschaft zur Durchführung der Verschmelzung erhöht worden und übersteigt der Gesamtnennbetrag oder der höhere Gesamtausgabebetrag der für die Veräußerung des Vermögens der übertragenden Gesellschaft gewährten Geschäftsanteile zuzüglich barer Zuzahlungen die in der Schlußbilanz angesetzten Werte der einzelnen Vermögensgegenstände, so darf der Unterschied unter die Posten des Anlagevermögens aufgenommen werden. ²Der Betrag ist gesondert auszuweisen und in nicht mehr als fünf Jahren durch Abschreibungen zu tilgen.

§ 28.* [Schadensersatzpflicht der Verwaltungsträger der übertragenden Gesellschaft] (1) ¹Die Geschäftsführer und, wenn ein Aufsichtsrat vorhanden ist, die Mitglieder des Aufsichtsrats der übertragenden Gesellschaft sind als Gesamtschuldner zum Ersatz des Schadens verpflichtet, den diese Gesellschaft, ihre Gesellschafter und Gläubiger durch die Verschmelzung erleiden. ²Geschäftsführer und Mitglieder des Aufsichtsrats, die bei der Prüfung der Vermögenslage der Gesellschaften und beim Abschluß des Verschmelzungsvertrags ihre Sorgfaltspflicht beachtet haben, sind von der Ersatzpflicht befreit.

(2) ¹Für diese Ansprüche sowie weitere Ansprüche, die sich für und gegen die übertragende Gesellschaft nach den allgemeinen Vorschriften auf Grund der Verschmelzung ergeben, gilt die übertragende Gesellschaft als fortbestehend. ²Forderungen und Verbindlichkeiten vereinigen sich insoweit durch die Verschmelzung nicht.

---

* Zweiter Abschnitt (§§ 19 bis 35) eingefügt durch Gesetz vom 4. 7. 1980 (BGBl. I S. 836), § 27 Abs. 1 geändert durch Bilanzrichtlinien-Gesetz vom 19. 12. 1985 (BGBl. I S. 2355).

14 KapErhG §§ 29–31 2. Abschnitt

(3) Die Ansprüche aus Absatz 1 verjähren in fünf Jahren seit dem Tage, an dem die Eintragung der Verschmelzung in das Handelsregister des Sitzes der übertragenden Gesellschaft nach § 10 des Handelsgesetzbuchs als bekanntgemacht gilt.

§ 29.* [Geltendmachung des Schadensersatzanspruchs] (1) ¹Die Ansprüche nach § 28 Abs. 1 und 2 können nur durch einen besonderen Vertreter geltend gemacht werden. ²Das Gericht des Sitzes der übertragenden Gesellschaft hat einen Vertreter auf Antrag eines Gesellschafters oder eines Gläubigers dieser Gesellschaft zu bestellen. ³Gläubiger sind nur antragsberechtigt, wenn sie von der übernehmenden Gesellschaft keine Befriedigung erlangen können. ⁴Gegen die Entscheidung ist die sofortige Beschwerde zulässig.

(2) ¹Der Vertreter hat unter Hinweis auf den Zweck seiner Bestellung die Gesellschafter und Gläubiger der übertragenden Gesellschaft aufzufordern, die Ansprüche nach § 28 Abs. 1 und 2 innerhalb einer angemessenen Frist, die mindestens einen Monat betragen soll, anzumelden. ²Die Aufforderung ist im Bundesanzeiger und, wenn der Gesellschaftsvertrag andere Blätter für die öffentlichen Bekanntmachungen der übertragenden Gesellschaft bestimmt hatte, auch in diesen Blättern bekanntzumachen.

(3) ¹Den Betrag, der aus der Geltendmachung der Ansprüche der übertragenden Gesellschaft erzielt wird, hat der Vertreter zur Befriedigung der Gläubiger der übertragenden Gesellschaft zu verwenden, soweit diese nicht durch die übernehmende Gesellschaft befriedigt oder sichergestellt sind. ²Der Rest wird unter die Gesellschafter verteilt. ³Für die Verteilung gilt § 72 des Gesetzes betreffend die Gesellschaften mit beschränkter Haftung** sinngemäß. ⁴Gläubiger und Gesellschafter, die sich nicht fristgemäß gemeldet haben, werden bei der Verteilung nicht berücksichtigt.

(4) ¹Der besondere Vertreter hat Anspruch auf Ersatz angemessener barer Auslagen und auf Vergütung für seine Tätigkeit. ²Die Auslagen und die Vergütung setzt das Gericht fest. ³Es bestimmt nach den gesamten Verhältnissen des einzelnen Falls nach freiem Ermessen, in welchem Umfang die Auslagen und die Vergütung von beteiligten Gesellschaftern und Gläubigern zu tragen sind. ⁴Gegen die Entscheidung ist die sofortige Beschwerde zulässig; die weitere Beschwerde ist ausgeschlossen. ⁵Aus der rechtskräftigen Entscheidung findet die Zwangsvollstreckung nach der Zivilprozeßordnung statt.

§ 30.* [Verjährung der Ersatzansprüche] Die Verjährung der Ersatzansprüche, die sich nach § 43 des Gesetzes betreffend die Gesellschaften mit beschränkter Haftung und dem entsprechend anzuwendenden § 116 des Aktiengesetzes gegen die Geschäftsführer und die Mitglieder des Aufsichtsrats der übernehmenden Gesellschaft auf Grund der Verschmelzung ergeben, beginnt mit dem Tage, an dem die Eintragung der Verschmelzung in das Handelsregister des Sitzes der übertragenden Gesellschaft nach § 10 des Handelsgesetzbuchs als bekanntgemacht gilt.

§ 31.* [Nichtigkeit des Verschmelzungsbeschlusses der übertragenden Gesellschaft] Nach Eintragung der Verschmelzung in das Handelsregister des Sitzes der übertragenden Gesellschaft ist eine Klage auf Feststellung der Nichtig-

---

* Zweiter Abschnitt (§§ 19 bis 35) eingefügt durch Gesetz vom 4. 7. 1980 (BGBl. I S. 836).
Abgedruckt unter Nr. **9.

keit des Verschmelzungsbeschlusses dieser Gesellschaft gegen die übernehmende Gesellschaft zu richten.

§ 31a.* **[Umtauschverhältnis der Geschäftsanteile]** (1) ¹Die Anfechtung des Beschlusses, durch den die Gesellschafterversammlung der übertragenden Gesellschaft dem Verschmelzungsvertrag zugestimmt hat, kann nicht darauf gestützt werden, daß das Umtauschverhältnis der Geschäftsanteile zu niedrig bemessen ist. ²Ist das Umtauschverhältnis zu niedrig bemessen, so hat das in dem sinngemäß anzuwendenden § 306 des Aktiengesetzes bestimmte Gericht auf Antrag einen Ausgleich durch bare Zuzahlungen, die den zehnten Teil des Gesamtnennbetrags der gewährten Geschäftsanteile übersteigen können, anzuordnen.

(2) ¹Antragsberechtigt ist jeder Gesellschafter der übertragenden Gesellschaft, der zur Anfechtung des Verschmelzungsbeschlusses befugt wäre, dessen Anfechtungsrecht jedoch nach Absatz 1 Satz 1 ausgeschlossen ist. ²Der Antrag kann nur binnen zwei Monaten nach dem Tage gestellt werden, an dem die Eintragung der Verschmelzung in das Handelsregister des Sitzes der übertragenden Gesellschaft nach § 10 des Handelsgesetzbuchs als bekanntgemacht gilt. ³Für das Verfahren gilt § 306 Abs. 1 bis 4 Satz 1, Abs. 5 bis 7 des Aktiengesetzes sinngemäß. ⁴Gesellschafter, die einen Antrag nicht gestellt haben, können aus der Entscheidung des Gerichts keine Rechte herleiten.

§ 32.** **[Verschmelzung durch Neubildung einer GmbH]** (1) ¹Bei Verschmelzung von Gesellschaften mit beschränkter Haftung durch Bildung einer neuen Gesellschaft mit beschränkter Haftung gelten sinngemäß die §§ 20, 21 Abs. 1, 4 und 5, § 24 Abs. 2 bis 4, § 25 Abs. 4 und 5, §§ 26 bis 29, 31, 31 a. ²Jede der sich vereinigenden Gesellschaften gilt als übertragende und die neue Gesellschaft als übernehmende.

(2) ¹Der Gesellschaftsvertrag der neuen Gesellschaft wird nur wirksam, wenn ihm in jeder der sich vereinigenden Gesellschaften die Gesellschafter durch Beschluß zustimmen. ²§ 20 Abs. 2 Satz 1, 2, Abs. 3, 4 gilt sinngemäß. ³Für die Bestellung von Aufsichtsratsmitgliedern der neuen Gesellschaft, die von den Gesellschaftern der sich vereinigenden Gesellschaften zu wählen sind, gelten diese Vorschriften entsprechend.

(3) ¹Für die Bildung der neuen Gesellschaft gelten die Gründungsvorschriften des § 3 Abs. 1 und der §§ 6, 10 Abs. 1 und 2, § 11 des Gesetzes betreffend die Gesellschaften mit beschränkter Haftung sinngemäß. ²Festsetzungen über Sondervorteile, Gründungsaufwand und Sacheinlagen, die in den Gesellschaftsverträgen der sich vereinigenden Gesellschaften enthalten waren, sind in den Gesellschaftsvertrag der neuen Gesellschaft zu übernehmen.

(4) ¹Die Geschäftsführer der sich vereinigenden Gesellschaften haben die neue Gesellschaft bei dem Gericht, in dessen Bezirk sie ihren Sitz hat, zur Eintragung in das Handelsregister anzumelden. ²Mit der Eintragung der neuen Gesellschaft geht das Vermögen der sich vereinigenden Gesellschaften einschließlich der Verbindlichkeiten auf die neue Gesellschaft über. ³Treffen dabei aus gegenseitigen Verträgen, die zur Zeit der Verschmelzung von keiner Seite vollständig erfüllt sind, Abnahme-, Lieferungs- oder ähnliche Verpflichtungen zusammen, die miteinan-

---

* § 31a eingefügt durch Verschmelzungsrichtlinie-Gesetz vom 25. 10. 1982 (BGBl. I S. 1425).
** Zweiter Abschnitt (§§ 19 bis 35) eingefügt durch Gesetz vom 4. 7. 1980 (BGBl. I S. 836), § 32 Abs. 1 Satz 1 geändert durch Verschmelzungsrichtlinie-Gesetz vom 25. 10. 1982 (BGBl. I S. 1425).

der unvereinbar sind oder die beide zu erfüllen eine schwere Unbilligkeit für die übernehmende Gesellschaft bedeuten würde, so bestimmt sich der Umfang der Verpflichtungen nach Billigkeit unter Würdigung der vertraglichen Rechte aller Beteiligten.

(5) [1] Mit der Eintragung der neuen Gesellschaft erlöschen die sich vereinigenden Gesellschaften. [2] Einer besonderen Löschung der sich vereinigenden Gesellschaften bedarf es nicht. [3] Mit der Eintragung werden die Gesellschafter der sich vereinigenden Gesellschaften Gesellschafter der neuen Gesellschaft.

(6) In die Bekanntmachung der Eintragung der neuen Gesellschaft sind außer deren Inhalt aufzunehmen:

1. Name, Beruf und Wohnort der Mitglieder des ersten Aufsichtsrats, wenn der Gesellschaftsvertrag die Bildung eines Aufsichtsrats vorsieht oder die Gesellschaft als Kapitalanlagegesellschaft einen Aufsichtsrat zu bilden hat;
2. Bestimmungen des Gesellschaftsvertrags über die Form, in welcher Bekanntmachungen der Gesellschaft veröffentlicht werden.

(7) [1] Die Geschäftsführer der neuen Gesellschaft haben die Verschmelzung zur Eintragung in die Handelsregister der sich vereinigenden Gesellschaften anzumelden. [2] Die Verschmelzung darf erst eingetragen werden, wenn die neue Gesellschaft eingetragen worden ist.

Zweiter Unterabschnitt. Verschmelzung einer Aktiengesellschaft oder einer Kommanditgesellschaft auf Aktien mit einer Gesellschaft mit beschränkter Haftung

§ 33.* **[Verschmelzung einer AG mit einer GmbH]** (1) Eine Aktiengesellschaft kann mit einer Gesellschaft mit beschränkter Haftung durch Übertragung des Vermögens der Aktiengesellschaft als Ganzes auf die Gesellschaft mit beschränkter Haftung gegen Gewährung von Geschäftsanteilen dieser Gesellschaft verschmolzen werden.

(2) [1] Für die Verschmelzung gelten, soweit sich aus den Absätzen 3 und 4 nichts anderes ergibt, § 19 Abs. 2, §§ 20 bis 27, 30 und 31 sinngemäß. [2] An die Stelle der Geschäftsführer und der Gesellschafter der übertragenden Gesellschaft mit beschränkter Haftung treten der Vorstand und die Hauptversammlung der Aktiengesellschaft. [3] In der bei der Anmeldung der Verschmelzung einzureichenden berichtigten Liste der Gesellschafter sind unbekannte Aktionäre unter Bezeichnung der Aktienurkunde und des auf die Aktien entfallenden Geschäftsanteils anzugeben. [4] Die Schlußbilanz der übertragenden Gesellschaft braucht nicht bekanntgemacht zu werden.

(3) Für den Verschmelzungsbeschluß der Hauptversammlung, die Pflicht der Geschäftsführer der Gesellschaft mit beschränkter Haftung über die Bekanntmachung der Zusammensetzung des Aufsichtsrats, den Umtausch der Aktien und die Rechte widersprechender Aktionäre gelten § 340d Abs. 2 Nr. 1, Abs. 4 bis 6, § 369 Abs. 2 bis 4, 6, §§ 370, 373, 375 des Aktiengesetzes sinngemäß.

(4) [1] Die Mitglieder des Vorstands und des Aufsichtsrats der Aktiengesellschaft sind als Gesamtschuldner zum Ersatz des Schadens verpflichtet, den die Gesellschaft, ihre Aktionäre und Gläubiger durch die Verschmelzung erleiden. [2] Mitglie-

---

* Zweiter Abschnitt (§§ 19 bis 35) eingefügt durch Gesetz vom 4. 7. 1980 (BGBl. I S. 836), § 33 Abs. 2 Satz 1 geändert durch Bilanzrichtlinien-Gesetz vom 19. 12. 1985 (BGBl. I S. 2355), Abs. 3 geändert durch Verschmelzungsrichtlinie-Gesetz vom 25. 10. 1982 (BGBl. I S. 1425).

Verschmelzung §§ 34, 35 KapErhG 14

der des Vorstands und des Aufsichtsrats, die bei der Prüfung der Vermögenslage der Gesellschaften und bei Abschluß des Verschmelzungsvertrags die Sorgfalt eines ordentlichen Geschäftsleiters angewandt haben, sind von der Ersatzpflicht befreit. ³§ 28 Abs. 2 und 3, § 29 gelten sinngemäß.

§ 34.* [**Verschmelzung einer Kommanditgesellschaft auf Aktien mit einer GmbH**] (1) Eine Kommanditgesellschaft auf Aktien kann mit einer Gesellschaft mit beschränkter Haftung durch Übertragung des Vermögens der Gesellschaft als Ganzes auf die Gesellschaft mit beschränkter Haftung gegen Gewährung von Geschäftsanteilen dieser Gesellschaft verschmolzen werden.

(2) ¹Für die Verschmelzung gilt § 33 sinngemäß. ²An die Stelle des Vorstands der Aktiengesellschaft treten die persönlich haftenden Gesellschafter der Kommanditgesellschaft auf Aktien.

Dritter Unterabschnitt. Verschmelzung einer bergrechtlichen Gewerkschaft mit einer Gesellschaft mit beschränkter Haftung

§ 35.* (1) Eine bergrechtliche Gewerkschaft mit eigener Rechtspersönlichkeit kann mit einer Gesellschaft mit beschränkter Haftung durch Übertragung des Vermögens der Gewerkschaft als Ganzes auf die Gesellschaft mit beschränkter Haftung gegen Gewährung von Geschäftsanteilen dieser Gesellschaft verschmolzen werden.

(2) ¹Für die Verschmelzung gelten, soweit sich aus den folgenden Vorschriften nichts anderes ergibt, § 19 Abs. 2, §§ 20 bis 26, 30, 31 sinngemäß. ²An die Stelle der Geschäftsführer und der Gesellschafter der übertragenden Gesellschaft mit beschränkter Haftung treten die gesetzlichen Vertreter der Gewerkschaft und die Gewerkenversammlung.

(3) ¹Für den Beschluß nach § 20 Abs. 1 bedarf es bei der übertragenden Gewerkschaft einer Mehrheit von mindestens drei Vierteln aller Kuxe. ²Die Satzung kann eine größere Mehrheit und weitere Erfordernisse bestimmen. ³Der Beschluß bedarf zu seiner Wirksamkeit der Bestätigung durch die nach Landesrecht zuständige Behörde. ⁴Die Behörde darf die Bestätigung nur versagen, wenn das öffentliche Interesse entgegensteht.

(4) ¹Ist die Gewerkschaft nicht in das Handelsregister eingetragen, so wird auch die Verschmelzung nicht in das Handelsregister des Sitzes der Gewerkschaft eingetragen. ²Die Rechtsfolgen der Eintragung treten in diesem Fall ein, wenn die Verschmelzung in das Handelsregister des Sitzes der übernehmenden Gesellschaft eingetragen ist.

(5) ¹Die gesetzlichen Vertreter der Gewerkschaft und, wenn ein Aufsichtsrat bestellt ist, die Mitglieder des Aufsichtsrats der Gewerkschaft sind als Gesamtschuldner zum Ersatz des Schadens verpflichtet, den die Gewerkschaft, die Gewerken und die Gläubiger der Gewerkschaft durch die Verschmelzung erleiden. ²§ 28 Abs. 1 Satz 2, Abs. 2 und 3, § 29 gelten sinngemäß.

---
* Zweiter Abschnitt (§§ 19 bis 35) eingefügt durch Gesetz vom 4. 7. 1980 (BGBl. I S. 836).

14 KapErhG §§ 36–39   3. Abschn. Strafvorschrift. Schlußvorschriften

Dritter Abschnitt.
Strafvorschrift. Übergangs- und Schlußvorschriften

§ 36.* **[Strafvorschrift]** Wer als Geschäftsführer einer Gesellschaft mit beschränkter Haftung die in § 7 Abs. 1 Satz 2 vorgeschriebene Erklärung der Wahrheit zuwider abgibt, wird mit Freiheitsstrafe bis zu drei Jahren oder mit Geldstrafe bestraft.

§ 37.** **[Festsetzung von Zwangsgeld]** (1) ¹Geschäftsführer oder Liquidatoren, die § 20 Abs. 4 nicht befolgen, sind hierzu vom Registergericht durch Festsetzung von Zwangsgeld anzuhalten; § 14 des Handelsgesetzbuchs bleibt unberührt. ²Das einzelne Zwangsgeld darf den Betrag von zehntausend Deutsche Mark nicht übersteigen.

(2) In Ansehung der in § 24 Abs. 1 und § 32 Abs. 4 bezeichneten Anmeldungen zum Handelsregister findet, soweit es sich um die Anmeldung zum Handelsregister des Sitzes der Gesellschaft handelt, eine Festsetzung von Zwangsgeld nach § 14 des Handelsgesetzbuchs nicht statt.

§ 37 a.*** **[Vorbereitungshandlungen vor dem 1. 1. 1983]** Die Vorschriften dieses Gesetzes über Verschmelzungen in der vom 1. Januar 1983 an geltenden Fassung sind nicht auf Vorgänge anzuwenden, zu deren Vorbereitung bereits vor diesem Tage der Verschmelzungsvertrag beurkundet oder eine Gesellschafterversammlung einberufen worden ist.

§ 38.** **[Geltung in Berlin]** *(gegenstandslos)*

§ 39.** **[Inkrafttreten]** Dieses Gesetz tritt am Tage nach seiner Verkündung† in Kraft.

---

* Früherer § 20 neu gefaßt durch Einführungsgesetz zum Aktiengesetz vom 6. 9. 1965 (BGBl. I S. 1185), geändert durch Art. 4 und 5 Erstes Gesetz zur Reform des Strafrechts vom 25. 6. 1969 (BGBl. I S. 645) und durch Einführungsgesetz zum Strafgesetzbuch vom 2. 3. 1974 (BGBl. I S. 469), früherer § 20 wurde § 36 durch Gesetz vom 4. 7. 1980 (BGBl. I S. 836).
** Frühere §§ 22 und 23 wurden §§ 38 und 39 sowie § 37 eingefügt durch Gesetz vom 4. 7. 1980 (BGBl. I S. 836).
*** § 37a eingefügt durch Verschmelzungsrichtlinie-Gesetz vom 25. 10. 1982 (BGBl. I S. 1425).
† Verkündet am 30. 12. 1959.

15. Gesetz betreffend die Erwerbs- und Wirtschaftsgenossenschaften

Vom 1. Mai 1889 (RGBl. S. 55)
in der Fassung der Bekanntmachung vom 20. Mai 1898 (RGBl. S. 369, 810)

(BGBl. III 4125-1)

Änderungen des Gesetzes

Lfd. Nr.	Änderndes Gesetz	Datum	Fundstelle	Geänderte Paragraphen	Art der Änderg.
1.	Gesetz zur Änderung des Gesetzes, betreffend die Erwerbs- und Wirtschaftsgenossenschaften	1. 7. 1922	RGBl. I 567	158 Abs. 2 1 Abs. 2, 43a, 78a, 78b, 93a bis 93d	geänd. eingef.
2.	Gesetz zur Änderung des Gesetzes, betreffend die Erwerbs- und Wirtschaftsgenossenschaften	12. 5. 1923	RGBl. I 288	1 Abs. 2, 12, 16 Abs. 3 Satz 2, 29, 93a Abs. 1 Satz 2, 156, 159 33 Abs. 2 Satz 3 bis 5, 65 Abs. 2 Satz 4, 139 Sätze 2 und 3 131 Abs. 2 Satz 2, 134 Abs. 2	geänd. eingef. aufgeh.
3.	Gesetz zur Abänderung des Handelsgesetzbuchs und des Genossenschaftsgesetzes	4. 2. 1925	RGBl. I 9	156 Abs. 1 Satz 4	eingef.
4	Gesetz zur Änderung des Gesetzes, betreffend die Erwerbs- und Wirtschaftsgenossenschaften	19. 1. 1926	RGBl. I 91	43a	geänd.
5.	Gesetz zur Änderung der Bezeichnungen ,,Gerichtsschreiberei'', ,,Gerichtsschreiber'' und ,,Gerichtsdiener''	9. 7. 1927	RGBl. I 175	106 Abs. 1, 107 Abs. 2, 108 Abs. 2	geänd.
6.	Gesetz zur Änderung und Ergänzung des Genossenschaftsgesetzes	16. 12. 1929	RGBl. I 219	60a bis 60f, 93a Abs. 2	eingef.
7.	Gesetz über die Pflicht zum Antrag auf Eröffnung des Konkurses oder des gerichtlichen Vergleichsverfahrens	25. 3. 1930	RGBl. I 93	99, 118, 140, 142 Abs. 1 Satz 2, 148 Abs. 1 Nr. 2 148 Abs. 1 Nr. 3	geänd. eingef.
8.	Zweite Verordnung des Reichspräsidenten zur Sicherung von Wirtschaft und Finanzen	5. 6. 1931	RGBl. I 279	64	geänd.
9.	Verordnung des Reichspräsidenten zur Änderung der Frist für die Stellung des Antrags auf Eröffnung des Konkursverfahrens oder des gerichtlichen Vergleichsverfahrens bei Gesellschaften mit beschränkter Haftung und Erwerbs- und Wirtschaftsgenossenschaften	6. 8. 1931	RGBl. I 433	99 Abs. 1 Satz 1	geänd.

15 GenG — Änderungen des Gesetzes

Lfd. Nr.	Änderndes Gesetz	Datum	Fundstelle	Geänderte Paragraphen	Art der Änderg.
10.	Gesetz zur Änderung des Gesetzes, betreffend die Erwerbs- und Wirtschaftsgenossenschaften	18. 5. 1933	RGBl. I 275	115a	eingef.
11.	Gesetz zur Abänderung strafrechtlicher Vorschriften	26. 5. 1933	RGBl. I 295	146 Abs. 3	eingef.
12.	Verordnung über die Bilanzierung von Genossenschaften	30. 5. 1933	RGBl. I 317	33, 48 Abs. 2 33a bis 33h	geänd. eingef.
13.	Gesetz zur Änderung des Genossenschaftsgesetzes	20. 7. 1933	RGBl. I 520	131 Abs. 1 65 Abs. 3, 75 Satz 2, 79a, 87a, 139a	geänd. eingef.
14.	Gesetz zur Änderung des Genossenschaftsgesetzes	20. 12. 1933	RGBl. I 1089	2, 7 Nr. 1, 15 Abs. 4 Satz 1, 48 Abs. 1, 72 Abs. 1, 113 Abs. 1 Satz 2, 116, 120, 121, 141, 143 bis 145 6 Nr. 3 Abs. 2, 112a, 115e, 131a, 133a 122 bis 127 §§ 128 bis 130 wurden §§ 115b bis 115d	geänd. eingef. aufgeh.
15.	Gesetz zur Änderung des Genossenschaftsgesetzes Verordnung über das Inkrafttreten	30. 10. 1934 und 4. 12. 1934	RGBl. I 1077 RGBl. I 1227	53 bis 64, 78a Abs. 2, 89, 147 Abs. 1, 150, 157 Abs. 2, 160 Abs. 1, 161 Abs. 2 11 Abs. 2 Nr. 4, 54a, 63a bis 63d, 64a, 64b 60f, 78a Abs. 3, 79a Abs. 2 Satz 2, 87a Abs. 2 Satz 2, 115e Abs. 2 Nr. 1 Satz 2, 133a Abs. 3 Satz 2 §§ 60a bis 60e wurden §§ 63e bis 63i	geänd. eingef. aufgeh.
16.	Vergleichsordnung	26. 2. 1935	RGBl. I 321	118 Abs. 1, 140 Satz 2, 148 Abs. 1 Nr. 2 148 Abs. 1 Nr. 3	geänd. aufgeh.
17.	Verordnung über Maßnahmen auf dem Gebiet des Genossenschaftsrechts	7. 8. 1941	RGBl. I 482	114, 115b 115 Abs. 1 Satz 2	geänd. eingef.
18.	Zweite Verordnung über Maßnahmen auf dem Gebiet des Genossenschaftsrechts	19. 12. 1942	RGBl. I 729	64b, 88a, 108a § 64b wurde § 64c	eingef.
19.	Dritte Verordnung über Maßnahmen auf dem Gebiet des Genossenschaftsrechts	13. 4. 1943	RGBl. I 251	22, 82 Abs. 2, 90 Abs. 1, 93a bis 93d, 133, 143, 156 Abs. 1 Satz 2 93e bis 93r	geänd. eingef.
20.	Gesetz über die einstweilige Außerkraftsetzung von Vorschriften des Gesetzes betreffend die Erwerbs- und Wirtschaftsgenossenschaften Gesetz zur Verlängerung	27. 12. 1951 8. 1. 1954	BGBl. I 1003 BGBl. I 2	8 Abs. 4, 31, 152, 153	bis 31. 12. 1953 außer Kraft verlängert bis 30. 6. 1954

626

Änderungen des Gesetzes **GenG 15**

Lfd. Nr.	Änderndes Gesetz	Datum	Fundstelle	Geänderte Paragraphen	Art der Änderg.
21.	Gesetz zur Änderung von Vorschriften des Gesetzes betreffend die Erwerbs- und Wirtschaftsgenossenschaften und des Rabattgesetzes	21. 7. 1954	BGBl. I 212	8 Abs. 4, 31, 152, 153	aufgeh.
22.	Gesetz zur Änderung und Ergänzung kostenrechtlicher Vorschriften	26. 7. 1957	BGBl. I 861	159	aufgeh.
23.	Erstes Gesetz zur Reform des Strafrechts (1. StrRG)	25. 6. 1969	BGBl. I 645	68 Abs. 1 Satz 1, 147 Abs. 1 146, 147 Abs. 2 und 3	geänd. aufgeh.
24.	Beurkundungsgesetz	28. 8. 1969	BGBl. I 1513	11 Abs. 3, 28 Abs. 2, 84 Abs. 3, 157 Abs. 1	geänd.
25.	Gesetz zur Änderung des Gesetzes betreffend die Erwerbs- und Wirtschaftsgenossenschaften	9. 10. 1973	BGBl. I 1451	2, 3, 11 Abs. 2 Nr. 4, 14, 16, 21 Abs. 1, 22 Abs. 5, 25, 27 Abs. 1, 28 Abs. 1, 29, 33d Abs. 1 B II 2, 34, 36 Abs. 3 Satz 2, 41, 42, 43, 43a, 47, 49, 53 Abs. 1, 56 Abs. 2 Satz 1, 62 Abs. 1 Satz 3 und Abs. 2, 63, 63a Abs. 3, 63b Abs. 5, 63c Abs. 3, 63d, 64, 64a, 65 Abs. 2, 73 Abs. 2 Sätze 2 und 3, 74, 77, 78 Abs. 1 Satz 1, 79a Abs. 1 Satz 1, 83 Abs. 2, 84 Abs. 1, 87a, 93m Abs. 1 Sätze 3 und 4 und Abs. 2 Satz 1, 95 Abs. 1 und 4, 98 Abs. 1, 99, 105 Abs. 1, 119, 120, 121, 147, 148, 150, 151, 156 Abs. 1 Satz 2, 160 Abs. 1 6 Nr. 3, 7a, 11 Abs. 3, 11a, 12 Abs. 2 Nr. 4, 14a, 15a, 15b, 21a, 22 Abs. 4 Satz 2, 22a, 22b, 25a, 33 Abs. 4, 33i, 67a, 67b, 69 Abs. 3, 73 Abs. 3, 76 Abs. 5, 77a, 79a Abs. 1 Satz 3, 87b, 91 Abs. 1 Satz 2, 93s, 105 Abs. 4 Satz 2, 152 7 Nr. 1, 8 Abs. 2, 32, 78a, 78b, 85 Abs. 1 Satz 3, 90 Abs. 3, 118, 131 bis 145, 149, 154, 157 Abs. 2, 158 160 Abs. 1	geänd. eingef. aufgeh. geänd.
26.	Erstes Gesetz zur Bekämpfung der Wirtschaftskriminalität (1. WiKG)	29. 7. 1976	BGBl. I 2034		

627

15 GenG 1. Abschnitt

Lfd. Nr.	Änderndes Gesetz	Datum	Fundstelle	Geänderte Paragraphen	Art der Änderg.
27.	Gesetz zur Durchführung der Vierten, Siebenten und Achten Richtlinie des Rates der Europäischen Gemeinschaften zur Koordinierung des Gesellschaftsrechts (Bilanzrichtlinien-Gesetz – BiRiLiG)	19. 12. 1985	BGBl. I 2355	16 Abs. 2 Nr. 6, 19 Abs. 1 Satz 1, 20, 21a Abs. 2, 33, 38 Abs. 1 Satz 3, 43 Abs. 1, 48, 53 Abs. 1 Satz 2 und Abs. 2, 54a Abs. 1 Satz 2, 55 Abs. 2, 56, 58 Abs. 1, Abs. 3 (neu) und Abs. 4 (neu), 63b Abs. 2 Sätze 2 und 3, 63f Abs. 1 Satz 3 und Abs. 3, 63i Abs. 2, 73 Abs. 2 Sätze 2 und 3, Abs. 3 Satz 1, 74, 88a Abs. 1, 89 Satz 1, 91 Abs. 1 Satz 3, 93g, 95 Abs. 1, 99 Abs. 1 Satz 2, 108a Abs. 1, 148 Abs. 1 Nr. 1, 156 Abs. 1 Satz 1, 160 Abs. 1 Satz 2	
				55 Abs. 3, 58 Abs. 2, 160 Abs. 2 Satz 2	geänd.
				7 Nr. 2, 33a bis 33i, 54 Abs. 2, 54a Abs. 1 Satz 3	eingef.
				§ 7 Nr. 3 wurde Nr. 2	aufgeh.
28.	Steuerreformgesetz 1990	25. 7. 1988	BGBl. I 1093	162	eingef.
				63b Abs. 2 Satz 4	aufgeh.
29.	Gesetz zur Durchführung der Richtlinie des Rates der Europäischen Gemeinschaften über den Jahresabschluß und den konsolidierten Abschluß von Banken und anderen Finanzinstituten (Bankbilanzrichtlinie-Gesetz)	30. 11. 1990	BGBl. I 2570	147 Abs. 2 Nrn. 1 und 2, 151 Abs. 1	geänd.

Inhaltsübersicht

Erster Abschnitt. Errichtung der Genossenschaft §§ 1–16

Zweiter Abschnitt. Rechtsverhältnisse der Genossenschaft und der Genossen §§ 17–23

Dritter Abschnitt. Vertretung und Geschäftsführung §§ 24–52

Vierter Abschnitt. Prüfung und Prüfungsverbände §§ 53–64c

Fünfter Abschnitt. Ausscheiden einzelner Genossen §§ 65–77a

Sechster Abschnitt. Auflösung und Nichtigkeit der Genossenschaft §§ 78–97

Siebenter Abschnitt. Konkursverfahren und Haftpflicht der Genossen §§ 98–117

Achter Abschnitt. Haftsumme §§ 119–121

Neunter Abschnitt. Straf- und Bußgeldvorschriften §§ 147–152

Zehnter Abschnitt. Schlußbestimmungen §§ 156–162

Erster Abschnitt. Errichtung der Genossenschaft

§ 1. **[Begriff der „eingetragenen Genossenschaft"; Genossenschaftsarten]**
(1) Gesellschaften von nicht geschlossener Mitgliederzahl, welche die Förderung des Erwerbes oder der Wirtschaft ihrer Mitglieder mittels gemeinschaftlichen Geschäftsbetriebes bezwecken (Genossenschaften), namentlich:
1. Vorschuß- und Kreditvereine,
2. Rohstoffvereine,
3. Vereine zum gemeinschaftlichen Verkauf landwirtschaftlicher oder gewerblicher Erzeugnisse (Absatzgenossenschaften, Magazinvereine),
4. Vereine zur Herstellung von Gegenständen und zum Verkauf derselben auf gemeinschaftliche Rechnung (Produktivgenossenschaften),
5. Vereine zum gemeinschaftlichen Einkauf von Lebens- oder Wirtschaftsbedürfnissen im großen und Ablaß im kleinen (Konsumvereine),
6. Vereine zur Beschaffung von Gegenständen des landwirtschaftlichen oder gewerblichen Betriebes und zur Benutzung derselben auf gemeinschaftliche Rechnung,
7. Vereine zur Herstellung von Wohnungen,

erwerben die Rechte einer „eingetragenen Genossenschaft" nach Maßgabe dieses Gesetzes.

(2) Eine Beteiligung an Gesellschaften und sonstigen Personenvereinigungen einschließlich der Körperschaften des öffentlichen Rechts ist zulässig, wenn sie
1. der Förderung des Erwerbes oder der Wirtschaft der Mitglieder der Genossenschaft oder,
2. ohne den alleinigen oder überwiegenden Zweck der Genossenschaft zu bilden, gemeinnützigen Bestrebungen der Genossenschaft

zu dienen bestimmt ist.

§ 2.* **[Haftung für Verbindlichkeiten]** Für die Verbindlichkeiten der Genossenschaft haftet den Gläubigern nur das Vermögen der Genossenschaft.

§ 3.* **[Firma der Genossenschaft; „eingetragene Genossenschaft"]** (1) [1]Die Firma der Genossenschaft muß vom Gegenstand des Unternehmens entlehnt sein. [2]Der Name von Genossen oder anderen Personen darf in die Firma nicht aufgenommen werden.

(2) [1]Die Firma muß die Bezeichnung „eingetragene Genossenschaft" oder die Abkürzung „eG" enthalten. [2] 30 des Handelsgesetzbuchs gilt entsprechend.

(3) Der Firma darf kein Zusatz beigefügt werden, der darauf hindeutet, ob und in welchem Umfang die Genossen zur Leistung von Nachschüssen verpflichtet sind.

§ 4. **[Mindestzahl der Genossen]** Die Zahl der Genossen muß mindestens sieben betragen.

§ 5. **[Form des Statuts]** Das Statut der Genossenschaft bedarf der schriftlichen Form.

---

* §§ 2 und 3 neu gefaßt durch Gesetz vom 9. 10. 1973 (BGBl. I S. 1451).

§ 6.* [Mußvorschriften für das Statut] Das Statut muß enthalten:

1. die Firma und den Sitz der Genossenschaft;
2. den Gegenstand des Unternehmens;
3. Bestimmungen darüber, ob die Genossen für den Fall, daß die Gläubiger im Konkurs der Genossenschaft nicht befriedigt werden, Nachschüsse zur Konkursmasse unbeschränkt, beschränkt auf eine bestimmte Summe (Haftsumme) oder überhaupt nicht zu leisten haben;
4. Bestimmungen über die Form für die Berufung der Generalversammlung der Genossen sowie für die Beurkundung ihrer Beschlüsse und über den Vorsitz in der Versammlung;
   die Berufung der Generalversammlung muß durch unmittelbare Benachrichtigung sämtlicher Genossen oder durch Bekanntmachung in einem öffentlichen Blatt erfolgen; das Gericht kann hiervon Ausnahmen zulassen. Die Bekanntmachung im Bundesanzeiger genügt nicht;
5. Bestimmungen über die Form, in welcher die von der Genossenschaft ausgehenden Bekanntmachungen erfolgen, sowie über die öffentlichen Blätter, in welche dieselben aufzunehmen sind.

§ 7.** [Weitere Mußvorschriften für das Statut] Das Statut muß ferner bestimmen:

1. den Betrag, bis zu welchem sich die einzelnen Genossen mit Einlagen beteiligen können (Geschäftsanteil),
   sowie die Einzahlungen auf den Geschäftsanteil, zu welchen jeder Genosse verpflichtet ist; dieselben müssen bis zu einem Gesamtbetrage von mindestens einem Zehnteile des Geschäftsanteils nach Betrag und Zeit bestimmt sein;
2. die Bildung einer gesetzlichen Rücklage, welche zur Deckung eines aus der Bilanz sich ergebenden Verlustes zu dienen hat, sowie die Art dieser Bildung, insbesondere den Teil des Jahresüberschusses, welcher in diese Rücklage einzustellen ist, und den Mindestbetrag der letzteren, bis zu dessen Erreichung die Einstellung zu erfolgen hat.

§ 7a.*** [Kannvorschriften über mehrere Geschäftsanteile] (1) ¹Das Statut kann bestimmen, daß sich ein Genosse mit mehr als einem Geschäftsanteil beteiligen darf. ²Das Statut kann eine Höchstzahl festsetzen und weitere Voraussetzungen aufstellen.

(2) ¹Das Statut kann auch bestimmen, daß die Genossen sich mit mehreren Geschäftsanteilen zu beteiligen haben (Pflichtbeteiligung). ²Die Pflichtbeteiligung muß für alle Genossen gleich sein oder sich nach dem Umfang der Inanspruchnahme von Einrichtungen oder anderen Leistungen der Genossenschaft durch die Genossen oder nach bestimmten wirtschaftlichen Merkmalen der Betriebe der Genossen richten.

---

* § 6 Nr. 3 eingefügt, bisherige Nr. 3 und 4 wurden Nr. 4 und 5 durch Gesetz vom 9. 10. 1973 (BGBl. I S. 1451), Nr. 4 (frühere Nr. 3) Unterabsatz 2 eingefügt durch Gesetz vom 20. 12. 1933 (RGBl. I S. 1089).
** § 7 frühere Nr. 1 aufgehoben, bisherige Nr. 2 bis 4 wurden Nr. 1 bis 3 durch Gesetz vom 9. 10. 1973 (BGBl. I S. 1451), frühere Nr. 2 aufgehoben, bisherige Nr. 3 wurde Nr. 2 und neu gefaßt durch Bilanzrichtlinien-Gesetz vom 19. 12. 1985 (BGBl. I S. 2355).
*** § 7a eingefügt durch Gesetz vom 9. 10. 1973 (BGBl. I S. 1451).

Errichtung der Genossenschaft **§§ 8–11 GenG 15**

§ 8.* **[Weitere Kannvorschriften für das Statut; Geschäfte mit Nichtmitgliedern]** (1) Der Aufnahme in das Statut bedürfen Bestimmungen, nach welchen:
1. die Genossenschaft auf eine bestimmte Zeit beschränkt wird;
2. Erwerb und Fortdauer der Mitgliedschaft an den Wohnsitz innerhalb eines bestimmten Bezirks geknüpft wird;
3. das Geschäftsjahr, insbesondere das erste, auf ein mit dem Kalenderjahr nicht zusammenfallendes Jahr oder auf eine kürzere Dauer als auf ein Jahr bemessen wird;
4. über gewisse Gegenstände die Generalversammlung nicht schon durch einfache Stimmenmehrheit, sondern nur durch eine größere Stimmenmehrheit oder nach anderen Erfordernissen Beschluß fassen kann;
5. die Ausdehnung des Geschäftsbetriebes auf Personen, welche nicht Mitglieder der Genossenschaft sind, zugelassen wird.

(2) *(aufgehoben)*

(3) Als Ausdehnung des Geschäftsbetriebes gilt nicht der Abschluß von Geschäften mit Personen, welche bereits die Erklärung des Beitritts zur Genossenschaft unterzeichnet haben und von derselben zugelassen sind.

(4) *(aufgehoben)*

§ 9.** **[Vorstand; Aufsichtsrat]** (1) Die Genossenschaft muß einen Vorstand und einen Aufsichtsrat haben.

(2) ^{1}Die Mitglieder des Vorstandes und des Aufsichtsrats müssen Genossen sein. ^{2}Gehören der Genossenschaft einzelne eingetragene Genossenschaften als Mitglieder an oder besteht die Genossenschaft ausschließlich aus solchen, so können Mitglieder der letzteren in den Vorstand und den Aufsichtsrat berufen werden.

§ 10. [Eintragungen in das Genossenschaftsregister] (1) Das Statut sowie die Mitglieder des Vorstandes sind in das Genossenschaftsregister bei dem Gericht einzutragen, in dessen Bezirk die Genossenschaft ihren Sitz hat.

(2) Das Genossenschaftsregister wird bei dem zur Führung des Handelsregisters zuständigen Gericht geführt.***

§ 11.† **[Anmeldung zur Eintragung]** (1) Die Anmeldung behufs der Eintragung liegt dem Vorstand ab.

---

* § 8 Abs. 2 aufgehoben durch Gesetz vom 9. 10. 1973 (BGBl. I S. 1451), Abs. 4 aufgehoben durch Gesetz vom 21. 7. 1954 (BGBl. I S. 212).
** Beachte § **77 Abs. 3 Betriebsverfassungsgesetz 1952** vom 11. 10. 1952 (BGBl. I S. 681), geändert durch Gesetz vom 21. 5. 1979 (BGBl. I S. 545):
„**§ 77.** (3) ^{1}Auf Erwerbs- und Wirtschaftsgenossenschaften mit mehr als fünfhundert Arbeitnehmern findet § 76 Anwendung; § 96 Abs. 2 und die §§ 97 bis 99 des Aktiengesetzes sind sinngemäß anzuwenden. ^{2}Das Statut kann nur eine durch drei teilbare Zahl von Aufsichtsratsmitgliedern festsetzen. ^{3}Der Aufsichtsrat muß mindestens einmal im Kalendervierteljahr einberufen werden."
§ 76 sowie andere einschlägige Bestimmungen des Betriebsverfassungsgesetzes 1952 abgedruckt in Anm. zu § 96 AktG (Nr. **10**).
*** Vgl. §§ 125 ff. FGG; abgedruckt in Schönfelder unter Nr. **112**.
† § 11 Abs. 2 Nr. 4 eingefügt durch Gesetz vom 30. 10. 1934 (RGBl. I S. 1077) und neu gefaßt durch Gesetz vom 9. 10. 1973 (BGBl. I S. 1451), Abs. 3 eingefügt, bisherige Abs. 3 und 4 wurden Abs. 4 und 5 durch Gesetz vom 9. 10. 1973 (BGBl. I S. 1451), Abs. 4 (früherer Abs. 3) neu gefaßt durch Beurkundungsgesetz vom 28. 8. 1969 (BGBl. I S. 1513).

(2) Der Anmeldung sind beizufügen:
1. das Statut, welches von den Genossen unterzeichnet sein muß, und eine Abschrift desselben;
2. eine Liste der Genossen;
3. eine Abschrift der Urkunden über die Bestellung des Vorstands und des Aufsichtsrats;
4. die Bescheinigung eines Prüfungsverbandes, daß die Genossenschaft zum Beitritt zugelassen ist, sowie eine gutachtliche Äußerung des Prüfungsverbandes, ob nach den persönlichen oder wirtschaftlichen Verhältnissen, insbesondere der Vermögenslage der Genossenschaft, eine Gefährdung der Belange der Genossen oder der Gläubiger der Genossenschaft zu besorgen ist.

(3) In der Anmeldung ist ferner anzugeben, welche Vertretungsbefugnis die Vorstandsmitglieder haben.

(4) Die Mitglieder des Vorstandes haben zugleich die Zeichnung ihrer Unterschrift in öffentlich beglaubigter Form einzureichen.

(5) ¹Die Abschrift des Statuts wird von dem Gericht beglaubigt und, mit der Bescheinigung der erfolgten Eintragung versehen, zurückgegeben. ²Die übrigen Schriftstücke werden bei dem Gericht aufbewahrt.

§ 11a.* [**Prüfung durch das Gericht**] (1) ¹Das Gericht hat zu prüfen, ob die Genossenschaft ordnungsmäßig errichtet und angemeldet ist. ²Ist dies nicht der Fall, so hat es die Eintragung abzulehnen.

(2) Das Gericht hat die Eintragung auch abzulehnen, wenn nach den persönlichen oder wirtschaftlichen Verhältnissen, insbesondere der Vermögenslage der Genossenschaft, eine Gefährdung der Belange der Genossen oder der Gläubiger der Genossenschaft zu besorgen ist.

§ 12.* * [**Veröffentlichung des Statuts**] (1) Das eingetragene Statut ist von dem Gericht im Auszug zu veröffentlichen.

(2) Die Veröffentlichung muß enthalten:
1. das Datum des Statuts,
2. die Firma und den Sitz der Genossenschaft,
3. den Gegenstand des Unternehmens,
4. die Mitglieder des Vorstands sowie deren Vertretungsbefugnis,
5. die Zeitdauer der Genossenschaft, falls diese auf eine bestimmte Zeit beschränkt ist.

§ 13. [**Rechtszustand vor der Eintragung**] Vor der Eintragung in das Genossenschaftsregister ihres Sitzes hat die Genossenschaft die Rechte einer eingetragenen Genossenschaft nicht.

§ 14.* [**Errichtung einer Zweigniederlassung**] (1) ¹Die Errichtung einer Zweigniederlassung hat der Vorstand beim Gericht des Sitzes der Genossenschaft zur Eintragung in das Genossenschaftsregister des Gerichts der Zweigniederlassung anzumelden. ²Der Anmeldung ist eine öffentlich beglaubigte Abschrift des

---

* § 11a eingefügt und § 14 neu gefaßt durch Gesetz vom 9. 10. 1973 (BGBl. I S. 1451).
** § 12 neu gefaßt durch Gesetz vom 12. 5. 1923 (RGBl. I S. 288), Abs. 2 Nr. 4 eingefügt, bisherige Nr. 4 wurde Nr. 5 durch Gesetz vom 9. 10. 1973 (BGBl. I S. 1451).

Errichtung der Genossenschaft § 14a GenG 15

Statuts beizufügen. ³Das Gericht des Sitzes hat die Anmeldung unverzüglich mit einer beglaubigten Abschrift seiner Eintragungen, soweit sie nicht ausschließlich die Verhältnisse anderer Zweigniederlassungen betreffen, an das Gericht der Zweigniederlassung weiterzugeben. ⁴Eine Abschrift der Liste der Genossen ist nicht weiterzugeben.

(2) ¹Die Vorstandsmitglieder haben ihre Namensunterschrift zur Aufbewahrung beim Gericht der Zweigniederlassung dem Gericht des Sitzes in öffentlich beglaubigter Form einzureichen. ²Gleiches gilt für Prokuristen, soweit die Prokura nicht ausschließlich auf den Betrieb einer anderen Niederlassung beschränkt ist.

(3) ¹Das Gericht der Zweigniederlassung hat zu prüfen, ob die Zweigniederlassung errichtet und § 30 des Handelsgesetzbuchs beachtet ist. ²Ist dies der Fall, so hat es die Zweigniederlassung einzutragen und dabei die ihm mitgeteilten Tatsachen nicht zu prüfen, soweit sie im Genossenschaftsregister des Sitzes eingetragen sind. ³Die Eintragung hat die Angaben nach § 12 und den Ort der Zweigniederlassung zu enthalten. ⁴Ist der Firma für die Zweigniederlassung ein Zusatz beigefügt, so ist auch dieser einzutragen.

(4) ¹Die Eintragung der Zweigniederlassung ist von Amts wegen dem Gericht des Sitzes mitzuteilen und in dessen Genossenschaftsregister zu vermerken. ²Ist der Firma für die Zweigniederlassung ein Zusatz beigefügt, so ist auch dieser zu vermerken.

(5) Die vorstehenden Vorschriften gelten sinngemäß für die Aufhebung einer Zweigniederlassung.

§ 14a.* **[Behandlung bestehender Zweigniederlassungen]** (1) ¹Ist eine Zweigniederlassung in das Genossenschaftsregister eingetragen, so sind alle Anmeldungen, die die Niederlassung am Sitz der Genossenschaft oder eine eingetragene Zweigniederlassung betreffen, beim Gericht des Sitzes zu bewirken. ²Dabei sind so viele Stücke einzureichen, wie Niederlassungen bestehen.

(2) ¹Ist die Eintragung bekanntzumachen, so hat das Gericht des Sitzes in der Bekanntmachung anzugeben, daß die gleiche Eintragung für die Zweigniederlassungen bei den namentlich zu bezeichnenden Gerichten der Zweigniederlassungen erfolgen wird. ²Ist der Firma für eine Zweigniederlassung ein Zusatz beigefügt, so ist auch dieser anzugeben.

(3) ¹Das Gericht des Sitzes hat seine Eintragung von Amts wegen den Gerichten der Zweigniederlassungen mitzuteilen. ²Der Mitteilung ist ein Stück der Anmeldung beizufügen. ³Ist die Eintragung bekanntgemacht worden, so hat das Gericht des Sitzes die Nummer des Bundesanzeigers, in der die Eintragung bekanntgemacht worden ist, den Gerichten der Zweigniederlassungen mitzuteilen. ⁴Die Gerichte der Zweigniederlassungen haben die Eintragung ohne Nachprüfung in ihr Genossenschaftsregister zu übernehmen.

(4) ¹Betrifft die Anmeldung ausschließlich die Verhältnisse einzelner Zweigniederlassungen, so sind außer dem für das Gericht des Sitzes bestimmten Stück nur so viel Stücke einzureichen, wie Zweigniederlassungen betroffen sind. ²Das Gericht des Sitzes teilt seine Eintragung nur den Gerichten der Zweigniederlassungen mit, deren Verhältnisse sie betrifft.

(5) ¹Die Absätze 2 bis 4 gelten sinngemäß auch für Eintragungen, die von Amts wegen erfolgen. ²Die Absätze 1, 3 und 4 gelten ferner sinngemäß für die Einreichung von Schriftstücken und die Zeichnung von Namensunterschriften.

---

* § 14a eingefügt durch Gesetz vom 9. 10. 1973 (BGBl. I S. 1451).

§ 15.* **[Beitrittserklärung]** (1) Nach der Anmeldung des Statuts zum Genossenschaftsregister bedarf es zum Erwerb der Mitgliedschaft einer von dem Beitretenden zu unterzeichnenden, unbedingten Erklärung des Beitritts.

(2) ¹Der Vorstand hat die Erklärung im Fall der Zulassung des Beitretenden behufs Eintragung desselben in die Liste der Genossen dem Gericht (§ 10) einzureichen. ²Die Eintragung ist unverzüglich vorzunehmen.

(3) Durch die Eintragung, welche auf Grund der Erklärung und deren Einreichung stattfindet, entsteht die Mitgliedschaft des Beitretenden.

(4) ¹Von der Eintragung hat das Gericht den Genossen und den Vorstand zu benachrichtigen; der Genosse kann auf die Benachrichtigung nicht verzichten. ²Die Beitrittserklärung wird in Urschrift bei dem Gericht aufbewahrt. ³Wird die Eintragung versagt, so hat das Gericht hiervon den Antragsteller unter Rückgabe der Beitrittserklärung und den Vorstand in Kenntnis zu setzen.

§ 15a.** **[Inhalt der Beitrittserklärung]** ¹Die Beitrittserklärung muß die ausdrückliche Verpflichtung des Genossen enthalten, die nach Gesetz und Statut geschuldeten Einzahlungen auf den Geschäftsanteil zu leisten. ²Bestimmt das Statut, daß die Genossen unbeschränkt oder beschränkt auf eine Haftsumme Nachschüsse zu leisten haben, so muß die Beitrittserklärung ferner die ausdrückliche Verpflichtung enthalten, die zur Befriedigung der Gläubiger erforderlichen Nachschüsse unbeschränkt oder bis zu der im Statut bestimmten Haftsumme zu zahlen.

§ 15b.** **[Beteiligung mit weiteren Geschäftsanteilen]** (1) ¹Zur Beteiligung mit weiteren Geschäftsanteilen bedarf es einer schriftlichen und unbedingten Beitrittserklärung. ²Für deren Inhalt gilt § 15a entsprechend.

(2) Die Beteiligung mit weiteren Geschäftsanteilen darf, außer bei einer Pflichtbeteiligung, nicht zugelassen werden, bevor die Geschäftsanteile des Genossen, bis auf den zuletzt neu übernommenen, voll eingezahlt sind.

(3) ¹Für die Anmeldung und Eintragung der Beteiligung mit weiteren Geschäftsanteilen in die Liste der Genossen gilt § 15 Abs. 2 bis 4 entsprechend. ²Bei Anmeldung der Beteiligung hat der Vorstand schriftlich zu versichern, daß alle Geschäftsanteile des Genossen, bis auf den zuletzt neu übernommenen, voll eingezahlt sind oder daß die weiteren Geschäftsanteile auf Grund einer Pflichtbeteiligung übernommen worden sind. ³Die Beteiligung wird mit der Eintragung in die Liste der Genossen wirksam.

§ 16.*** **[Änderung des Statuts]** (1) Eine Abänderung des Statuts oder die Fortsetzung einer auf bestimmte Zeit beschränkten Genossenschaft kann nur durch die Generalversammlung beschlossen werden.

(2) ¹Für folgende Änderungen des Statuts bedarf es einer Mehrheit, die mindestens drei Viertel der abgegebenen Stimmen umfaßt:
1. Änderung des Gegenstandes des Unternehmens,
2. Erhöhung des Geschäftsanteils,

---

* § 15 Abs. 4 Satz 1 Halbsatz 2 eingefügt durch Gesetz vom 20. 12. 1933 (RGBl. I S. 1089).
** §§ 15a und 15b eingefügt durch Gesetz vom 9. 10. 1973 (BGBl. I S. 1451).
*** § 16 Abs. 2 neu gefaßt, Abs. 3 und 4 eingefügt, bisherige Abs. 3 und 4 wurden Abs. 5 und 6 durch Gesetz vom 9. 10. 1973 (BGBl. I S. 1451), Abs. 2 Nr. 6 neu gefaßt durch Bilanzrichtlinien-Gesetz vom 19. 12. 1985 (BGBl. I S. 2355), Abs. 5 (früherer Abs. 3) Satz 2 geändert durch Gesetz vom 12. 5. 1923 (RGBl. I S. 288).

3. Einführung oder Erweiterung einer Pflichtbeteiligung mit mehreren Geschäftsanteilen,
4. Einführung oder Erweiterung der Verpflichtung der Genossen zur Leistung von Nachschüssen,
5. Verlängerung der Kündigungsfrist auf eine längere Frist als zwei Jahre,
6. Einführung oder Erweiterung der Beteiligung ausscheidender Genossen an der Ergebnisrücklage nach § 73 Abs. 3,
7. Einführung oder Erweiterung von Mehrstimmrechten,
8. Zerlegung von Geschäftsanteilen.

²Das Statut kann noch weitere Erfordernisse aufstellen.

(3) ¹Zu einer Änderung des Statuts, durch die eine Verpflichtung der Genossen zur Inanspruchnahme von Einrichtungen oder anderen Leistungen der Genossenschaft oder zur Leistung von Sachen oder Diensten eingeführt oder erweitert wird, bedarf es einer Mehrheit, die mindestens neun Zehntel der abgegebenen Stimmen umfaßt. ²Das Statut kann noch weitere Erfordernisse aufstellen.

(4) Zu sonstigen Änderungen des Statuts bedarf es einer Mehrheit, die mindestens drei Viertel der abgegebenen Stimmen umfaßt, sofern nicht das Statut andere Erfordernisse aufstellt.

(5) ¹Auf die Anmeldung und Eintragung des Beschlusses finden die Vorschriften des § 11 mit der Maßgabe entsprechende Anwendung, daß der Anmeldung zwei Abschriften des Beschlusses beizufügen sind. ²Die Veröffentlichung des Beschlusses findet nur insoweit statt, als derselbe eine der in § 12 Abs. 2 bezeichneten Bestimmungen zum Gegenstand hat.

(6) Der Beschluß hat keine rechtliche Wirkung, bevor er in das Genossenschaftsregister des Sitzes der Genossenschaft eingetragen ist.

Zweiter Abschnitt. Rechtsverhältnisse der Genossenschaft und der Genossen

§ 17. [Juristische Person; Formkaufmann] (1) Die eingetragene Genossenschaft als solche hat selbständig ihre Rechte und Pflichten; sie kann Eigentum und andere dingliche Rechte an Grundstücken erwerben, vor Gericht klagen und verklagt werden.

(2) Genossenschaften gelten als Kaufleute im Sinne des Handelsgesetzbuchs, soweit dieses Gesetz keine abweichenden Vorschriften enthält.

§ 18. [Rechtsverhältnis zwischen Genossenschaft und Genossen] ¹Das Rechtsverhältnis der Genossenschaft und der Genossen richtet sich zunächst nach dem Statut. ²Letzteres darf von den Bestimmungen dieses Gesetzes nur insoweit abweichen, als dies ausdrücklich für zulässig erklärt ist.

§ 19.* [Gewinn- und Verlustverteilung] (1) ¹Der bei Feststellung des Jahresabschlusses für die Genossen sich ergebende Gewinn oder Verlust des Geschäftsjahres ist auf diese zu verteilen. ²Die Verteilung geschieht für das erste Geschäftsjahr nach dem Verhältnis ihrer auf den Geschäftsanteil geleisteten Einzahlungen, für jedes folgende nach dem Verhältnis ihrer durch die Zuschreibung von Gewinn oder die Abschreibung von Verlust zum Schluß des vorhergegangenen Geschäfts-

---

* § 19 Abs. 1 Satz 1 geändert durch Bilanzrichtlinien-Gesetz vom 19. 12. 1985 (BGBl. I S. 2355).

jahres ermittelten Geschäftsguthaben. ³Die Zuschreibung des Gewinns erfolgt so lange, als nicht der Geschäftsanteil erreicht ist.

(2) ¹Das Statut kann einen anderen Maßstab für die Verteilung von Gewinn und Verlust aufstellen, sowie Bestimmung darüber treffen, inwieweit der Gewinn vor Erreichung des Geschäftsanteils an die Genossen auszuzahlen ist. ²Bis zur Wiederergänzung eines durch Verlust verminderten Guthabens findet eine Auszahlung des Gewinns nicht statt.

§ 20.* [Ausschluß der Gewinnverteilung] Durch das Statut kann festgesetzt werden, daß der Gewinn nicht verteilt, sondern der gesetzlichen Rücklage und anderen Ergebnisrücklagen zugeschrieben wird.

§ 21.* * [Verbot der Verzinsung der Geschäftsguthaben] (1) Für das Geschäftsguthaben werden vorbehaltlich des § 21a Zinsen von bestimmter Höhe nicht vergütet, auch wenn der Genosse Einzahlungen in höheren als den geschuldeten Beträgen geleistet hat.

(2) Auch können Genossen, welche mehr als die geschuldeten Einzahlungen geleistet haben, im Fall eines Verlustes anderen Genossen nicht aus dem Grunde in Anspruch nehmen, daß von letzteren nur diese Einzahlungen geleistet sind.

§ 21a.* * [Ausnahmen vom Verbot der Verzinsung durch Statut] (1) ¹Das Statut kann bestimmen, daß die Geschäftsguthaben verzinst werden. ²Bestimmt das Statut keinen festen Zinssatz, muß es einen Mindestzinssatz festsetzen. ³Die Zinsen berechnen sich nach dem Stand der Geschäftsguthaben am Schluß des vorhergegangenen Geschäftsjahres. ⁴Sie sind spätestens sechs Monate nach Schluß des Geschäftsjahres auszuzahlen, für das sie gewährt werden.

(2) Ist in der Bilanz der Genossenschaft für ein Geschäftsjahr ein Jahresfehlbetrag oder ein Verlustvortrag ausgewiesen, der ganz oder teilweise durch die Ergebnisrücklagen, einen Jahresüberschuß und einen Gewinnvortrag nicht gedeckt ist, so dürfen in Höhe des nicht gedeckten Betrags Zinsen für dieses Geschäftsjahr nicht gezahlt werden.

§ 22.* ** [Herabsetzung des Geschäftsanteils; Verbot der Auszahlung des Geschäftsguthabens] (1) Werden der Geschäftsanteil oder die auf ihn zu leistenden Einzahlungen herabgesetzt oder die für die Einzahlungen festgesetzten Fristen verlängert, so ist der wesentliche Inhalt des Beschlusses der Generalversammlung durch das Gericht bei der Bekanntmachung der Eintragung in das Genossenschaftsregister anzugeben.

(2) ¹Den Gläubigern der Genossenschaft ist, wenn sie sich binnen sechs Monaten nach der Bekanntmachung bei der Genossenschaft zu diesem Zweck melden, Sicherheit zu leisten, soweit sie nicht Befriedigung verlangen können. ²In der Bekanntmachung ist darauf hinzuweisen.

(3) Genossen, die zur Zeit der Eintragung des Beschlusses der Genossenschaft angehörten, können sich auf die Änderung erst berufen, wenn die Bekanntmachung erfolgt ist und die Gläubiger, die sich rechtzeitig gemeldet haben, wegen der erhobenen Ansprüche befriedigt oder sichergestellt sind.

---

* § 20 geändert durch Bilanzrichtlinien-Gesetz vom 19. 12. 1985 (BGBl. I S. 2355).
** § 21 Abs. 1 geändert und § 21a eingefügt durch Gesetz vom 9. 10. 1973 (BGBl. I S. 1451), § 21a Abs. 2 neu gefaßt durch Bilanzrichtlinien-Gesetz vom 19. 12. 1985 (BGBl. I S. 2355).
*** § 22 neu gefaßt durch Verordnung vom 13. 4. 1943 (RGBl. I S. 251), Abs. 4 Satz 2 eingefügt und Abs. 5 neu gefaßt durch Gesetz vom 9. 10. 1973 (BGBl. I S. 1451).

(4) ¹Das Geschäftsguthaben eines Genossen darf, solange er nicht ausgeschieden ist, von der Genossenschaft nicht ausgezahlt oder im geschäftlichen Betrieb zum Pfand genommen, eine geschuldete Einzahlung darf nicht erlassen werden. ²Die Genossenschaft darf den Genossen keinen Kredit zum Zweck der Leistung von Einzahlungen auf den Geschäftsanteil gewähren.

(5) Gegen eine geschuldete Einzahlung kann der Genosse nicht aufrechnen.

§ 22a.* **[Verpflichtung zur Leistung von Nachschüssen]** (1) Wird die Verpflichtung der Genossen, Nachschüsse zur Konkursmasse zu leisten, auf eine Haftsumme beschränkt oder aufgehoben, so gilt § 22 Abs. 1 bis 3 sinngemäß.

(2) Die Einführung oder Erweiterung der Verpflichtung zur Leistung von Nachschüssen wirkt nicht gegenüber Genossen, die bei Wirksamwerden der Änderung des Statuts bereits aus der Genossenschaft ausgeschieden waren (§§ 75, 76 Abs. 4, § 115b).

§ 22b.* **[Zerlegung des Geschäftsanteils]** (1) ¹Der Geschäftsanteil kann in mehrere Geschäftsanteile zerlegt werden. ²Die Zerlegung und eine ihr entsprechende Herabsetzung der Einzahlungen gelten nicht als Herabsetzung des Geschäftsanteils oder der Einzahlungen.

(2) ¹Mit der Eintragung des Beschlusses über die Zerlegung des Geschäftsanteils sind die Genossen mit der Zahl von Geschäftsanteilen beteiligt, die sich aus der Zerlegung ergibt. ²§ 15b Abs. 3 ist nicht anzuwenden.

§ 23. **[Haftung der Genossen]** (1) Für die Verbindlichkeiten der Genossenschaft haften die Genossen nach Maßgabe dieses Gesetzes.

(2) Wer in die Genossenschaft eintritt, haftet auch für die vor seinem Eintritt eingegangenen Verbindlichkeiten.

(3) Ein den vorstehenden Bestimmungen zuwiderlaufender Vertrag ist ohne rechtliche Wirkung.

Dritter Abschnitt. Vertretung und Geschäftsführung

§ 24. **[Vorstand]** (1) Die Genossenschaft wird durch den Vorstand gerichtlich und außergerichtlich vertreten.

(2) ¹Der Vorstand besteht aus zwei Mitgliedern und wird von der Generalversammlung gewählt. ²Durch das Statut kann eine höhere Mitgliederzahl sowie eine andere Art der Bestellung festgesetzt werden.

(3) ¹Die Mitglieder des Vorstandes können besoldet oder unbesoldet sein. ²Ihre Bestellung ist zu jeder Zeit widerruflich, unbeschadet der Entschädigungsansprüche aus bestehenden Verträgen.

§ 25.* **[Vertretung; Zeichnung durch Vorstandsmitglieder]** (1) ¹Die Mitglieder des Vorstands sind nur gemeinschaftlich zur Vertretung der Genossenschaft befugt. ²Das Statut kann Abweichendes bestimmen. ³Ist eine Willenserklärung gegenüber der Genossenschaft abzugeben, so genügt die Abgabe gegenüber einem Vorstandsmitglied.

---

* §§ 22a und 22b eingefügt sowie § 25 neu gefaßt durch Gesetz vom 9. 10. 1973 (BGBl. I S. 1451).

15 GenG §§ 25a–27   3. Abschnitt

(2) ¹Das Statut kann auch bestimmen, daß einzelne Vorstandsmitglieder allein oder in Gemeinschaft mit einem Prokuristen zur Vertretung der Genossenschaft befugt sind. ²Absatz 1 Satz 3 gilt in diesen Fällen sinngemäß.

(3) ¹Zur Gesamtvertretung befugte Vorstandsmitglieder können einzelne von ihnen zur Vornahme bestimmter Geschäfte oder bestimmter Arten von Geschäften ermächtigen. ²Dies gilt sinngemäß, falls ein einzelnes Vorstandsmitglied in Gemeinschaft mit einem Prokuristen zur Vertretung der Genossenschaft befugt ist.

(4) Vorstandsmitglieder zeichnen für die Genossenschaft, indem sie der Firma der Genossenschaft oder der Benennung des Vorstands ihre Namensunterschrift beifügen.

§ 25a.* [Angaben auf Geschäftsbriefen] (1) Auf allen Geschäftsbriefen, die an einen bestimmten Empfänger gerichtet werden, müssen die Rechtsform und der Sitz der Genossenschaft, das Registergericht des Sitzes der Genossenschaft und die Nummer, unter der die Genossenschaft in das Genossenschaftsregister eingetragen ist, sowie alle Vorstandsmitglieder und, sofern der Aufsichtsrat einen Vorsitzenden hat, dieser mit dem Familiennamen und mindestens einem ausgeschriebenen Vornamen angegeben werden.

(2) Der Angaben nach Absatz 1 bedarf es nicht bei Mitteilungen oder Berichten, die im Rahmen einer bestehenden Geschäftsverbindung ergehen und für die üblicherweise Vordrucke verwendet werden, in denen lediglich die im Einzelfall erforderlichen besonderen Angaben eingefügt zu werden brauchen.

(3) ¹Bestellscheine gelten als Geschäftsbriefe im Sinne des Absatzes 1. ²Absatz 2 ist auf sie nicht anzuwenden.

§ 26. [Vertretungsbefugnis des Vorstandes] (1) Die Genossenschaft wird durch die von dem Vorstand in ihrem Namen geschlossenen Rechtsgeschäfte berechtigt und verpflichtet; es ist gleichgültig, ob das Geschäft ausdrücklich im Namen der Genossenschaft geschlossen worden ist, oder ob die Umstände ergeben, daß es nach dem Willen der Vertragschließenden für die Genossenschaft geschlossen werden sollte.

(2) Zur Legitimation des Vorstandes Behörden gegenüber genügt eine Bescheinigung des Gerichts (§ 10), daß die darin zu bezeichnenden Personen als Mitglieder des Vorstandes in das Genossenschaftsregister eingetragen sind.

§ 27.* [Beschränkung der Vertretungsbefugnis] (1) ¹Der Vorstand hat die Genossenschaft unter eigener Verantwortung zu leiten. ²Er hat dabei die Beschränkungen zu beachten, die durch das Statut festgesetzt worden sind.

(2) ¹Gegen dritte Personen hat eine Beschränkung der Befugnis des Vorstandes, die Genossenschaft zu vertreten, keine rechtliche Wirkung. ²Dies gilt insbesondere für den Fall, daß die Vertretung sich nur auf gewisse Geschäfte oder Arten von Geschäften erstrecken oder nur unter gewissen Umständen oder für eine gewisse Zeit oder an einzelnen Orten stattfinden soll oder daß die Zustimmung der Generalversammlung, des Aufsichtsrats oder eines anderen Organs der Genossenschaft für einzelne Geschäfte erforderlich ist.

---

* § 25a eingefügt und § 27 Abs. 1 neu gefaßt durch Gesetz vom 9. 10. 1973 (BGBl. I S. 1451).

Vertretung und Geschäftsführung §§ 28-33 GenG 15

§ 28.* **[Änderung des Vorstands und der Vertretungsbefugnis seiner Mitglieder]** (1) ¹Jede Änderung des Vorstands oder der Vertretungsbefugnis eines Vorstandsmitglieds hat der Vorstand zur Eintragung in das Genossenschaftsregister anzumelden. ²Der Anmeldung sind die Urkunden über die Änderung in Urschrift oder Abschrift beizufügen. ³Die Eintragung ist vom Gericht bekanntzumachen.

(2) Die Vorstandsmitglieder haben die Zeichnung ihrer Unterschrift in öffentlich beglaubigter Form einzureichen.

§ 29.* **[Publizität des Genossenschaftsregisters]** (1) Solange eine Änderung des Vorstands oder der Vertretungsbefugnis eines Vorstandsmitglieds nicht in das Genossenschaftsregister eingetragen und bekanntgemacht ist, kann sie von der Genossenschaft einem Dritten nicht entgegengesetzt werden, es sei denn, daß sie diesem bekannt war.

(2) ¹Ist die Änderung eingetragen und bekanntgemacht worden, so muß ein Dritter sie gegen sich gelten lassen. ²Dies gilt nicht bei Rechtshandlungen, die innerhalb von fünfzehn Tagen nach der Bekanntmachung vorgenommen werden, sofern der Dritte beweist, daß er die Änderung weder kannte noch kennen mußte.

(3) Ist die Änderung unrichtig bekanntgemacht, so kann sich ein Dritter auf die Bekanntmachung der Änderung berufen, es sei denn, daß er die Unrichtigkeit kannte.

(4) Für den Geschäftsverkehr mit einer in das Genossenschaftsregister eingetragenen Zweigniederlassung ist, soweit es nach diesen Vorschriften auf die Eintragung ankommt, die Eintragung im Genossenschaftsregister der Zweigniederlassung entscheidend.

§ 30. [Verzeichnis der Genossen] Der Vorstand hat ein Verzeichnis der Genossen zu führen und dasselbe mit der Liste in Übereinstimmung zu halten.

§§ 31, 32.** *(aufgehoben)*

§ 33.** **[Buchführung; Jahresabschluß und Lagebericht]** (1) ¹Der Vorstand hat dafür zu sorgen, daß die erforderlichen Bücher der Genossenschaft ordnungsgemäß geführt werden. ²Der Jahresabschluß und der Lagebericht sind unverzüglich nach ihrer Aufstellung dem Aufsichtsrat und mit dessen Bemerkungen der Generalversammlung vorzulegen.

(2) Mit einer Verletzung der Vorschriften über die Gliederung der Bilanz und der Gewinn- und Verlustrechnung sowie mit einer Nichtbeachtung von Formblättern kann, wenn hierdurch die Klarheit des Jahresabschlusses nur unwesentlich beeinträchtigt wird, eine Anfechtung nicht begründet werden.

(3) Ergibt sich bei Aufstellung der Jahresbilanz oder einer Zwischenbilanz oder ist bei pflichtgemäßem Ermessen anzunehmen, daß ein Verlust besteht, der durch

---

* § 28 Abs. 1 und § 29 neu gefaßt durch Gesetz vom 9. 10. 1973 (BGBl. I S. 1451), § 28 Abs. 2 neu gefaßt durch Beurkundungsgesetz vom 28. 8. 1969 (BGBl. I S. 1513).
** § 31 aufgehoben durch Gesetz vom 21. 7. 1954 (BGBl. I S. 212), § 32 aufgehoben durch Gesetz vom 9. 10. 1973 (BGBl. I S. 1451).
*** § 33 neu gefaßt durch Bilanzrichtlinien-Gesetz vom 19. 12. 1985 (BGBl. I S. 2355).

die Hälfte des Gesamtbetrages der Geschäftsguthaben und die Rücklagen nicht gedeckt ist, so hat der Vorstand unverzüglich die Generalversammlung einzuberufen und ihr dies anzuzeigen.

§§ 33a–33i.* *(aufgehoben)*

§ 34. **[Sorgfaltspflicht und Verantwortlichkeit der Vorstandsmitglieder]** (1) ¹Die Vorstandsmitglieder haben bei ihrer Geschäftsführung die Sorgfalt eines ordentlichen und gewissenhaften Geschäftsleiters einer Genossenschaft anzuwenden. ²Über vertrauliche Angaben und Geheimnisse der Genossenschaft, namentlich Betriebs- oder Geschäftsgeheimnisse, die ihnen durch die Tätigkeit im Vorstand bekanntgeworden sind, haben sie Stillschweigen zu bewahren.

(2) ¹Vorstandsmitglieder, die ihre Pflichten verletzen, sind der Genossenschaft zum Ersatz des daraus entstehenden Schadens als Gesamtschuldner verpflichtet. ²Ist streitig, ob sie die Sorgfalt eines ordentlichen und gewissenhaften Geschäftsleiters einer Genossenschaft angewandt haben, so trifft sie die Beweislast.

(3) Die Mitglieder des Vorstands sind namentlich zum Ersatz verpflichtet, wenn entgegen diesem Gesetz oder dem Statut
1. Geschäftsguthaben ausgezahlt werden,
2. den Genossen Zinsen oder Gewinnanteile gewährt werden,
3. Genossenschaftsvermögen verteilt wird,
4. Zahlungen geleistet werden, nachdem die Zahlungsunfähigkeit der Genossenschaft eingetreten ist oder sich eine Überschuldung ergeben hat, die für die Genossenschaft Konkursgrund nach § 98 Abs. 1 ist,
5. Kredit gewährt wird.

(4) ¹Der Genossenschaft gegenüber tritt die Ersatzpflicht nicht ein, wenn die Handlung auf einem gesetzmäßigen Beschluß der Generalversammlung beruht. ²Dadurch, daß der Aufsichtsrat die Handlung gebilligt hat, wird die Ersatzpflicht nicht ausgeschlossen.

(5) ¹In den Fällen des Absatzes 3 kann der Ersatzanspruch auch von den Gläubigern der Genossenschaft geltend gemacht werden, soweit sie von dieser keine Befriedigung erlangen können. ²Den Gläubigern gegenüber wird die Ersatzpflicht weder durch einen Verzicht oder Vergleich der Genossenschaft noch dadurch aufgehoben, daß die Handlung auf einem Beschluß der Generalversammlung beruht. ³Ist über das Vermögen der Genossenschaft der Konkurs eröffnet, so übt während dessen Dauer der Konkursverwalter das Recht der Gläubiger gegen die Vorstandsmitglieder aus.

(6) Die Ansprüche aus diesen Vorschriften verjähren in fünf Jahren.

§ 35. **[Stellvertreter von Vorstandsmitgliedern]** Die für Mitglieder des Vorstandes gegebenen Vorschriften gelten auch für Stellvertreter von Mitgliedern.

§ 36.** **[Aufsichtsrat]** (1) ¹Der Aufsichtsrat besteht, sofern nicht das Statut eine höhere Zahl festsetzt, aus drei von der Generalversammlung zu wählenden Mit-

---
* §§ 33a bis 33i aufgehoben durch Bilanzrichtlinien-Gesetz vom 19. 12. 1985 (BGBl. I S. 2355).
** § 34 und § 36 Abs. 3 Satz 2 neu gefaßt durch Gesetz vom 9. 10. 1973 (BGBl. I S. 1451).

Vertretung und Geschäftsführung §§ 37–39 GenG 15

gliedern. ²Die zu einer Beschlußfassung erforderliche Zahl ist durch das Statut zu bestimmen.

(2) Die Mitglieder dürfen keine nach dem Geschäftsergebnis bemessene Vergütung (Tantieme) beziehen.

(3) ¹Die Bestellung zum Mitgliede des Aufsichtsrats kann auch vor Ablauf des Zeitraums, für welchen dasselbe gewählt ist, durch die Generalversammlung widerrufen werden. ²Der Beschluß bedarf einer Mehrheit, die mindestens drei Viertel der abgegebenen Stimmen umfaßt.

§ 37. **[Unvereinbarkeit von Ämtern]** (1) ¹Die Mitglieder des Aufsichtsrats dürfen nicht zugleich Mitglieder des Vorstandes oder dauernd Stellvertreter derselben sein, auch nicht als Beamte die Geschäfte der Genossenschaft führen. ²Nur für einen im voraus begrenzten Zeitraum kann der Aufsichtsrat einzelne seiner Mitglieder zu Stellvertretern von behinderten Mitgliedern des Vorstandes bestellen; während dieses Zeitraums und bis zur erteilten Entlastung des Vertreters darf der letztere eine Tätigkeit als Mitglied des Aufsichtsrats nicht ausüben.

(2) Scheiden aus dem Vorstand Mitglieder aus, so dürfen dieselben nicht vor erteilter Entlastung in den Aufsichtsrat gewählt werden.

§ 38.* **[Aufgaben des Aufsichtsrats]** (1) ¹Der Aufsichtsrat hat den Vorstand bei seiner Geschäftsführung in allen Zweigen der Verwaltung zu überwachen und zu dem Zweck sich von dem Gange der Angelegenheiten der Genossenschaft zu unterrichten. ²Er kann jederzeit über dieselben Berichterstattung von dem Vorstand verlangen und selbst oder durch einzelne von ihm zu bestimmende Mitglieder die Bücher und Schriften der Genossenschaft einsehen, sowie den Bestand der Genossenschaftskasse und die Bestände an Effekten, Handelspapieren und Waren untersuchen. ³Der Aufsichtsrat hat den Jahresabschluß, den Lagebericht und den Vorschlag für die Verwendung des Jahresüberschusses oder die Deckung des Jahresfehlbetrags zu prüfen; über das Ergebnis der Prüfung hat er der Generalversammlung vor der Feststellung des Jahresabschlusses zu berichten.

(2) Er hat eine Generalversammlung zu berufen, wenn dies im Interesse der Genossenschaft erforderlich ist.

(3) Weitere Obliegenheiten des Aufsichtsrats werden durch das Statut bestimmt.

(4) Die Mitglieder des Aufsichtsrats können die Ausübung ihrer Obliegenheiten nicht anderen Personen übertragen.

§ 39. **[Vertretungsbefugnis des Aufsichtsrats]** (1) Der Aufsichtsrat ist ermächtigt, die Genossenschaft bei Abschließung von Verträgen mit dem Vorstande zu vertreten und gegen die Mitglieder desselben die Prozesse zu führen, welche die Generalversammlung beschließt.

(2) ¹Der Genehmigung des Aufsichtsrats bedarf jede Gewährung von Kredit an ein Mitglied des Vorstandes, soweit letztere nicht durch das Statut an noch andere Erfordernisse geknüpft oder ausgeschlossen ist. ²Das gleiche gilt von der Annahme eines Vorstandsmitgliedes als Bürgen für eine Kreditgewährung.

(3) In Prozessen gegen die Mitglieder des Aufsichtsrats wird die Genossenschaft durch Bevollmächtigte vertreten, welche in der Generalversammlung gewählt werden.

---

* § 38 Abs. 1 Satz 3 neu gefaßt durch Bilanzrichtlinien-Gesetz vom 19. 12. 1985 (BGBl. I S. 2355).

15 GenG §§ 40–43 3. Abschnitt

§ 40. [**Einstweilige Enthebung des Vorstandes**] Der Aufsichtsrat ist befugt, nach seinem Ermessen Mitglieder des Vorstandes vorläufig, bis zur Entscheidung der ohne Verzug zu berufenden Generalversammlung, von ihren Geschäften zu entheben und wegen einstweiliger Fortführung derselben das Erforderliche zu veranlassen.

§ 41.* [**Sorgfaltspflicht und Verantwortlichkeit der Aufsichtsratsmitglieder**] Für die Sorgfaltspflicht und Verantwortlichkeit der Aufsichtsratsmitglieder gilt § 34 über die Verantwortlichkeit der Vorstandsmitglieder sinngemäß.

§ 42.* [**Prokura; Handlungsvollmacht**] (1) [1]Die Genossenschaft kann Prokura nach Maßgabe der §§ 48 bis 53 des Handelsgesetzbuchs erteilen. [2]An die Stelle der Eintragung in das Handelsregister tritt die Eintragung in das Genossenschaftsregister. [3]§ 28 Abs. 1 Satz 3, § 29 gelten entsprechend.

(2) [1]Die Genossenschaft kann auch Handlungsvollmacht erteilen. [2]§ 54 des Handelsgesetzbuchs ist anzuwenden.

§ 43.** [**Generalversammlung; Stimmrecht der Genossen**] (1) Die Genossen üben ihre Rechte in den Angelegenheiten der Genossenschaft in der Generalversammlung aus, soweit das Gesetz nichts anderes bestimmt.

(2) [1]Die Generalversammlung beschließt mit der Mehrheit der abgegebenen Stimmen (einfache Stimmenmehrheit), soweit nicht Gesetz oder Statut eine größere Mehrheit oder weitere Erfordernisse bestimmen. [2]Für Wahlen kann das Statut eine abweichende Regelung treffen.

(3) [1]Jeder Genosse hat eine Stimme. [2]Das Statut kann die Gewährung von Mehrstimmrechten vorsehen. [3]Mehrstimmrechte sollen nur für Genossen begründet werden, die den Geschäftsbetrieb der Genossenschaft besonders fördern. [4]Die Voraussetzungen für die Gewährung von Mehrstimmrechten müssen im Statut festgesetzt werden. [5]Keinem Genossen können mehr als drei Stimmen gewährt werden. [6]Bei Beschlüssen, die nach dem Gesetz einer Mehrheit von drei Vierteln der abgegebenen Stimmen oder einer größeren Mehrheit bedürfen und für die das Statut eine geringere als die gesetzlich vorgeschriebene Mehrheit nicht bestimmen kann, sowie bei Beschlüssen über die Aufhebung oder Einschränkung der Bestimmungen des Statuts über Mehrstimmrechte hat ein Genosse, auch wenn ihm ein Mehrstimmrecht gewährt ist, nur eine Stimme. [7]Auf Genossenschaften, deren Mitglieder ausschließlich oder überwiegend eingetragene Genossenschaften sind, sind die Sätze 3 bis 6 nicht anzuwenden; das Statut dieser Genossenschaften kann das Stimmrecht der Genossen nach der Höhe ihrer Geschäftsguthaben oder einem anderen Maßstab abstufen. [8]Zur Aufhebung oder Änderung der Bestimmungen des Statuts über Mehrstimmrechte bedarf es nicht der Zustimmung der betroffenen Genossen.

(4) [1]Der Genosse soll sein Stimmrecht persönlich ausüben. [2]Das Stimmrecht geschäftsunfähiger oder in der Geschäftsfähigkeit beschränkter natürlicher Personen sowie das Stimmrecht von juristischen Personen wird durch ihre gesetzlichen Vertreter, das Stimmrecht von Personenhandelsgesellschaften durch zur Vertretung ermächtigte Gesellschafter ausgeübt.

---

* §§ 41 und 42 neu gefaßt durch Gesetz vom 9. 10. 1973 (BGBl. I S. 1451).
** § 43 Abs. 1 neu gefaßt durch Bilanzrichtlinien-Gesetz vom 19. 12. 1985 (BGBl. I S. 2355), Abs. 2 bis 4 neu gefaßt sowie Abs. 5 und 6 eingefügt durch Gesetz vom 9. 10. 1973 (BGBl. I S. 1451).

Vertretung und Geschäftsführung § 43a GenG 15

(5) ¹Der Genosse oder sein gesetzlicher Vertreter können Stimmvollmacht erteilen. ²Für die Vollmacht ist die schriftliche Form erforderlich. ³Ein Bevollmächtigter kann nicht mehr als zwei Genossen vertreten. ⁴Das Statut kann persönliche Voraussetzungen für Bevollmächtigte aufstellen, insbesondere die Bevollmächtigung von Personen ausschließen, die sich geschäftsmäßig zur Ausübung des Stimmrechts erbieten, oder die Vertretung durch Bevollmächtigte ganz ausschließen.

(6) Niemand kann für sich oder für einen anderen das Stimmrecht ausüben, wenn darüber Beschluß gefaßt wird, ob er oder der vertretene Genosse zu entlasten oder von einer Verbindlichkeit zu befreien ist oder ob die Genossenschaft gegen ihn oder den vertretenen Genossen einen Anspruch geltend machen soll.

§ 43a.*,** **[Vertreterversammlung]** (1) ¹Bei Genossenschaften mit mehr als dreitausend Mitgliedern besteht die Generalversammlung aus Vertretern der Genossen (Vertreterversammlung). ²Für den Fall, daß die Mitgliederzahl mehr als eintausendfünfhundert beträgt, kann das Statut bestimmen, daß die Generalversammlung aus Vertretern der Genossen besteht.

(2) Als Vertreter kann jede natürliche, unbeschränkt geschäftsfähige Person, die Mitglied der Genossenschaft ist und nicht dem Vorstand oder Aufsichtsrat angehört, gewählt werden.

(3) ¹Die Vertreterversammlung besteht aus mindestens fünfzig Vertretern, die von den Genossen gewählt werden. ²Die Vertreter können nicht durch Bevollmächtigte vertreten werden. ³Mehrstimmrechte können ihnen nicht eingeräumt werden.

(4) ¹Die Vertreter werden in allgemeiner, unmittelbarer, gleicher und geheimer Wahl gewählt; Mehrstimmrechte bleiben unberührt. ²Für die Vertretung von Genossen bei der Wahl gilt § 43 Abs. 4 und 5 entsprechend. ³Kein Vertreter kann für längere Zeit als bis zur Beendigung der Vertreterversammlung gewählt werden, die über die Entlastung der Mitglieder des Vorstands und des Aufsichtsrats für das vierte Geschäftsjahr nach dem Beginn der Amtszeit beschließt. ⁴Das Geschäftsjahr, in dem die Amtszeit beginnt, wird nicht mitgerechnet. ⁵Die Satzung muß bestimmen,

1. auf wie viele Genossen ein Vertreter entfällt;
2. die Amtszeit der Vertreter.

⁶Nähere Bestimmungen über das Wahlverfahren einschließlich der Feststellung des Wahlergebnisses können in einer Wahlordnung getroffen werden, die vom Vorstand und Aufsichtsrat auf Grund übereinstimmender Beschlüsse erlassen wird. ⁷Sie bedarf der Zustimmung der Generalversammlung. ⁸Der Beschluß des Vorstands muß einstimmig gefaßt werden.

---

* § 43a eingefügt durch Gesetz vom 1. 7. 1922 (RGBl. I S. 567) und neu gefaßt durch Gesetz vom 9. 10. 1973 (BGBl. I S. 1451).
** Die Verordnung über Inkraftsetzung und zur Ausführung des § 43a des Gesetzes betreffend die Erwerbs- und Wirtschaftsgenossenschaften vom 24. 10. 1922 (RGBl. I S. 807) bestimmt u. a.:
„(3) Ob die Generalversammlung als Vertreterversammlung gebildet werden muß oder gebildet werden kann (§ 43a), richtet sich für jedes Geschäftsjahr nach der Mitgliederzahl am Schlusse des vorangegangenen Geschäftsjahrs.
(4) Die Vorschriften des Gesetzes und des Statuts über die Generalversammlung finden auf die Vertreterversammlung entsprechende Anwendung; insbesondere tritt, soweit das Gesetz oder das Statut für die Beschlüsse der Generalversammlung eine bestimmte Mehrheit der Genossen oder der erschienenen Genossen vorschreiben, an ihre Stelle die Mehrheit der Vertreter oder der erschienenen Vertreter."

(5) ¹Für jeden Vertreter ist ein Ersatzmann zu wählen. ²Fällt der Vertreter vor Ablauf der Amtszeit weg, so wird sein Ersatzmann Vertreter. ³Der Ersatzmann kann nur gleichzeitig mit dem Vertreter gewählt werden. ⁴Seine Amtszeit erlischt spätestens mit Ablauf der Amtszeit des weggefallenen Vertreters. ⁵Auch für seine Wahl sind die für den Vertreter geltenden Vorschriften anzuwenden.

(6) ¹Eine Liste der gewählten Vertreter und der gewählten Ersatzmänner ist zwei Wochen lang in dem Geschäftsraum der Genossenschaft zur Einsicht der Genossen auszulegen. ²Die Auslegung ist in einem öffentlichen Blatt bekanntzumachen. ³Die Auslegungsfrist beginnt mit der Bekanntmachung. ⁴Auf Verlangen ist jedem Genossen unverzüglich eine Abschrift der Liste zu erteilen.

§ 44. [Berufung der Generalversammlung] (1) Die Generalversammlung wird durch den Vorstand berufen, soweit nicht nach dem Statut oder diesem Gesetze auch andere Personen dazu befugt sind.

(2) Eine Generalversammlung ist außer den im Statut oder in diesem Gesetz ausdrücklich bestimmten Fällen zu berufen, wenn dies im Interesse der Genossenschaft erforderlich erscheint.

§ 45. [Berufungsrecht der Minderheit] (1) Die Generalversammlung muß ohne Verzug berufen werden, wenn der zehnte Teil oder der im Statut hierfür bezeichnete geringere Teil der Genossen in einer von ihnen unterschriebenen Eingabe unter Anführung des Zwecks und der Gründe die Berufung verlangt.

(2) In gleicher Weise sind die Genossen berechtigt zu verlangen, daß Gegenstände zur Beschlußfassung einer Generalversammlung angekündigt werden.

(3) ¹Wird dem Verlangen nicht entsprochen, so kann das Gericht (§ 10) die Genossen, welche das Verlangen gestellt haben, zur Berufung der Generalversammlung oder zur Ankündigung des Gegenstandes ermächtigen. ²Mit der Berufung oder Ankündigung ist die gerichtliche Ermächtigung bekanntzumachen.

§ 46. [Form und Frist der Berufung] (1) Die Berufung der Generalversammlung muß in der durch das Statut bestimmten Weise mit einer Frist von mindestens einer Woche erfolgen.

(2) ¹Der Zweck der Generalversammlung soll jederzeit bei der Berufung bekanntgemacht werden. ²Über Gegenstände, deren Verhandlung nicht in der durch das Statut oder durch § 45 Abs. 3 vorgesehenen Weise mindestens drei Tage vor der Generalversammlung angekündigt ist, können Beschlüsse nicht gefaßt werden; hiervon sind jedoch Beschlüsse über die Leitung der Versammlung, sowie über Anträge auf Berufung einer außerordentlichen Generalversammlung ausgenommen.

(3) Zur Stellung von Anträgen und zu Verhandlungen ohne Beschlußfassung bedarf es der Ankündigung nicht.

§ 47.* [Niederschrift über Beschlüsse der Generalversammlung] (1) ¹Über die Beschlüsse der Generalversammlung ist eine Niederschrift anzufertigen. ²Sie soll den Ort und den Tag der Versammlung, den Namen des Vorsitzenden sowie Art und Ergebnis der Abstimmung und die Feststellung des Vorsitzenden über die Beschlußfassung enthalten.

---

* § 47 neu gefaßt durch Gesetz vom 9. 10. 1973 (BGBl. I S. 1451).

(2) ¹Die Niederschrift ist vom Vorsitzenden und den anwesenden Mitgliedern des Vorstands zu unterschreiben. ²Ihr sind die Belege über die Einberufung als Anlagen beizufügen.

(3) ¹Sieht das Statut die Gewährung von Mehrstimmrechten vor oder wird eine Änderung des Statuts beschlossen, die einen der in § 16 Abs. 2 Nr. 2 bis 5, Abs. 3 aufgeführten Gegenstände oder eine wesentliche Änderung des Gegenstandes des Unternehmens betrifft, so ist der Niederschrift außerdem ein Verzeichnis der erschienenen oder vertretenen Genossen und der Vertreter von Genossen beizufügen. ²Bei jedem erschienenen oder vertretenen Genossen ist dessen Stimmenzahl zu vermerken.

(4) ¹Jedem Genossen ist die Einsicht in die Niederschrift gestattet. ²Die Niederschrift ist von der Genossenschaft aufzubewahren.

§ 48.* [**Zuständigkeit der Generalversammlung**] (1) ¹Die Generalversammlung stellt den Jahresabschluß fest. ²Sie beschließt über die Verwendung des Jahresüberschusses oder die Deckung eines Jahresfehlbetrags sowie über die Entlastung des Vorstands und des Aufsichtsrats. ³Die Generalversammlung hat in den ersten sechs Monaten des Geschäftsjahrs stattzufinden.

(2) ¹Auf den Jahresabschluß sind bei der Feststellung die für seine Aufstellung geltenden Vorschriften anzuwenden. ²Wird der Jahresabschluß bei der Feststellung geändert und ist die Prüfung nach § 53 bereits abgeschlossen, so werden vor der erneuten Prüfung gefaßte Beschlüsse über die Feststellung des Jahresabschlusses und über die Ergebnisverwendung erst wirksam, wenn auf Grund einer erneuten Prüfung ein hinsichtlich der Änderung uneingeschränkter Bestätigungsvermerk erteilt worden ist.

(3) ¹Der Jahresabschluß, der Lagebericht sowie der Bericht des Aufsichtsrats sollen mindestens eine Woche vor der Versammlung in dem Geschäftsraum der Genossenschaft oder an einer anderen durch den Vorstand bekanntzumachenden geeigneten Stelle zur Einsicht der Genossen ausgelegt oder ihnen sonst zur Kenntnis gebracht werden. ²Jeder Genosse ist berechtigt, auf seine Kosten eine Abschrift des Jahresabschlusses, des Lageberichts und des Berichts des Aufsichtsrats zu verlangen.

§ 49.** [**Beschränkungen für Kredite**] Die Generalversammlung hat die Beschränkungen festzusetzen, die bei Gewährung von Kredit an denselben Schuldner eingehalten werden sollen.

§ 50. [**Bestimmung der Einzahlungen auf den Geschäftsanteil**] Soweit das Statut die Genossen zu Einzahlungen auf den Geschäftsanteil verpflichtet, ohne dieselben nach Betrag und Zeit festzusetzen, unterliegt ihre Festsetzung der Beschlußfassung durch die Generalversammlung.

§ 51. [**Anfechtung von Beschlüssen der Generalversammlung**] (1) ¹Ein Beschluß der Generalversammlung kann wegen Verletzung des Gesetzes oder des Statuts im Wege der Klage angefochten werden. ²Die Klage muß binnen einem Monat erhoben werden.

---

* § 48 neu gefaßt durch Bilanzrichtlinien-Gesetz vom 19. 12. 1985 (BGBl. I S. 2355).
** § 49 neu gefaßt durch Gesetz vom 9. 10. 1973 (BGBl. I S. 1451).

15 GenG §§ 52, 53

(2) ¹Zur Anfechtung befugt ist jeder in der Generalversammlung erschienene Genosse, sofern er gegen den Beschluß Widerspruch zum Protokoll erklärt hat, und jeder nicht erschienene Genosse, sofern er zu der Generalversammlung unberechtigterweise nicht zugelassen worden ist oder sofern er die Anfechtung darauf gründet, daß die Berufung der Versammlung oder die Ankündigung des Gegenstandes der Beschlußfassung nicht gehörig erfolgt sei. ²Außerdem ist der Vorstand und, wenn der Beschluß eine Maßregel zum Gegenstande hat, durch deren Ausführung sich die Mitglieder des Vorstandes und des Aufsichtsrats strafbar oder den Gläubigern der Genossenschaft haftbar machen würden, jedes Mitglied des Vorstandes und des Aufsichtsrats zur Anfechtung befugt.

(3) ¹Die Klage ist gegen die Genossenschaft zu richten. ²Die Genossenschaft wird durch den Vorstand, sofern dieser nicht selbst klagt, und durch den Aufsichtsrat vertreten. ³Zuständig für die Klage ist ausschließlich das Landgericht, in dessen Bezirke die Genossenschaft ihren Sitz hat. ⁴Die mündliche Verhandlung erfolgt nicht vor Ablauf der im ersten Absatz bezeichneten Frist. ⁵Mehrere Anfechtungsprozesse sind zur gleichzeitigen Verhandlung und Entscheidung zu verbinden.

(4) Die Erhebung der Klage sowie der Termin zur mündlichen Verhandlung sind ohne Verzug von dem Vorstande in den für die Bekanntmachungen der Genossenschaft bestimmten Blättern zu veröffentlichen.

(5) ¹Soweit durch ein Urteil rechtskräftig der Beschluß für nichtig erklärt ist, wirkt es auch gegenüber den Genossen, welche nicht Partei sind. ²War der Beschluß in das Genossenschaftsregister eingetragen, so hat der Vorstand dem Gerichte (§ 10) das Urteil behufs der Eintragung einzureichen. ³Die öffentliche Bekanntmachung der letzteren erfolgt, soweit der eingetragene Beschluß veröffentlicht war.

§ 52. [**Haftung der Kläger**] Für einen durch unbegründete Anfechtung des Beschlusses der Genossenschaft entstandenen Schaden haften ihr solidarisch die Kläger, welchen bei Erhebung der Klage eine bösliche Handlungsweise zur Last fällt.

Vierter Abschnitt.*·** Prüfung und Prüfungsverbände

§ 53.* [**Zweijährliche oder jährliche Pflichtprüfung**] (1) ¹Zwecks Feststellung der wirtschaftlichen Verhältnisse und der Ordnungsmäßigkeit der Geschäftsführung sind die Einrichtungen, die Vermögenslage sowie die Geschäftsführung der Genossenschaft mindestens in jedem zweiten Geschäftsjahr zu prüfen. ²Bei Genossenschaften, deren Bilanzsumme zwei Millionen Deutsche Mark übersteigt, muß die Prüfung in jedem Geschäftsjahr stattfinden.

(2) ¹Im Rahmen der Prüfung nach Absatz 1 ist der Jahresabschluß unter Einbeziehung der Buchführung und des Lageberichts zu prüfen. ²§ 316 Abs. 3, § 317 Abs. 1 Satz 2 und 3 des Handelsgesetzbuchs sind entsprechend anzuwenden.

---

* Überschrift des Vierten Abschnitts neu gefaßt durch Gesetz vom 30. 10. 1934 (RGBl. I S. 1077).
** Vgl. hierzu insbesondere §§ 25 und 26 (Wirtschaftsprüfer im Genossenschaftswesen) Wirtschaftsprüferordnung i. d. F. der Bek. vom 5. 11. 1975 (BGBl. I S. 2803).
*** § 53 neu gefaßt durch Gesetz vom 30. 10. 1934 (RGBl. I S. 1077), Abs. 1 geändert durch Gesetz vom 9. 10. 1973 (BGBl. I S. 1451), Abs. 1 Satz 2 und Abs. 2 neu gefaßt durch Bilanzrichtlinien-Gesetz vom 19. 12. 1985 (BGBl. I S. 2355).

Prüfung und Prüfungsverbände §§ 54–56 GenG 15

§ 54.* [**Pflichtmitgliedschaft bei Prüfungsverband**] Die Genossenschaft muß einem Verband angehören, dem das Prüfungsrecht verliehen ist (Prüfungsverband).

§ 54a.** [**Verbandswechsel**] (1) ¹Scheidet eine Genossenschaft aus dem Verband aus, so hat der Verband das Gericht (§ 10) unverzüglich zu benachrichtigen. ²Das Gericht hat eine Frist zu bestimmen, innerhalb derer die Genossenschaft die Mitgliedschaft bei einem Verband zu erwerben hat.

(2) ¹Weist die Genossenschaft nicht innerhalb der gesetzten Frist dem Gericht nach, daß sie die Mitgliedschaft erworben hat, so hat das Gericht von Amts wegen nach Anhörung des Vorstandes die Auflösung der Genossenschaft auszusprechen. ²§ 80 Abs. 2 findet Anwendung.

§ 55.*** [**Prüfung durch den Verband**] (1) ¹Die Genossenschaft wird durch den Verband geprüft, dem sie angehört. ²Der Verband bedient sich zum Prüfen der von ihm angestellten Prüfer. ³Diese sollen im genossenschaftlichen Prüfungswesen ausreichend vorgebildet und erfahren sein.

(2) Mitglieder des Vorstands und des Aufsichtsrats, Angestellte und Mitglieder der zu prüfenden Genossenschaft dürfen die Genossenschaft nicht prüfen.

(3) ¹Der Verband kann sich eines von ihm nicht angestellten Prüfers bedienen, wenn hierfür im Einzelfall ein wichtiger Grund vorliegt. ²Der Verband darf jedoch nur einen anderen Prüfungsverband, einen Wirtschaftsprüfer oder eine Wirtschaftsprüfungsgesellschaft mit der Prüfung beauftragen.

§ 56.† [**Ruhen des Prüfungsrechts des Verbandes**] (1) Das Prüfungsrecht des Verbandes ruht, wenn ein Mitglied seines Vorstands oder ein besonderer Vertreter des Verbandes (§ 30 des Bürgerlichen Gesetzbuchs) Mitglied des Vorstands oder des Aufsichtsrats, Liquidator oder Angestellter der zu prüfenden Genossenschaft ist oder in der Zeit, auf die sich die Prüfung erstreckt, oder in den vorangegangenen beiden Geschäftsjahren gewesen ist.

(2) ¹Ruht das Prüfungsrecht des Verbandes, so hat der Spitzenverband, dem der Verband angehört, auf Antrag des Vorstands der Genossenschaft einen anderen Prüfungsverband, einen Wirtschaftsprüfer oder eine Wirtschaftsprüfungsgesellschaft als Prüfer zu bestellen. ²Bestellt der Spitzenverband keinen Prüfer oder gehört der Verband keinem Spitzenverband an, so hat das Gericht (§ 10) auf Antrag des Vorstands der Genossenschaft einen Prüfer im Sinne des Satzes 1 zu bestellen. ³Der Vorstand ist verpflichtet, die Anträge unverzüglich zu stellen.

(3) ¹Die Rechte und Pflichten des nach Absatz 2 bestellten Prüfers bestimmen sich nach den für den Verband geltenden Vorschriften dieses Gesetzes. ²Der Prüfer hat dem Verband eine Abschrift seines Prüfungsberichts vorzulegen.

---

* § 54 neu gefaßt durch Gesetz vom 30. 10. 1934 (RGBl. I S. 1077), Abs. 2 aufgehoben, früherer Abs. 1 wurde einziger Absatz durch Bilanzrichtlinien-Gesetz vom 19. 12. 1985 (BGBl. I S. 2355).
** § 54a eingefügt durch Gesetz vom 30. 10. 1934 (RGBl. I S. 1077), Abs. 1 Satz 2 neu gefaßt und früherer Satz 3 aufgehoben durch Bilanzrichtlinien-Gesetz vom 19. 12. 1985 (BGBl. I S. 2355).
*** § 55 neu gefaßt durch Gesetz vom 30. 10. 1934 (RGBl. I S. 1077), Abs. 2 neu gefaßt und Abs. 3 angefügt durch Bilanzrichtlinien-Gesetz vom 19. 12. 1985 (BGBl. I S. 2355).
† § 56 neu gefaßt durch Bilanzrichtlinien-Gesetz vom 19. 12. 1985 (BGBl. I S. 2355).

15 GenG §§ 57–59 4. Abschnitt

§ 57.* **[Prüfungsverfahren]** (1) ¹Der Vorstand der Genossenschaft hat dem Prüfer die Einsicht der Bücher und Schriften der Genossenschaft sowie die Untersuchung des Kassenbestandes und der Bestände an Wertpapieren und Waren zu gestatten; er hat ihm alle Aufklärungen und Nachweise zu geben, die der Prüfer für eine sorgfältige Prüfung benötigt. ²Das gilt auch, wenn es sich um die Vornahme einer vom Verband angeordneten außerordentlichen Prüfung handelt.

(2) ¹Der Verband hat dem Vorsitzenden des Aufsichtsrats der Genossenschaft den Beginn der Prüfung rechtzeitig anzuzeigen. ²Der Vorsitzende des Aufsichtsrats hat die übrigen Mitglieder des Aufsichtsrats von dem Beginn der Prüfung unverzüglich zu unterrichten und sie auf ihr Verlangen oder auf Verlangen des Prüfers zu der Prüfung zuzuziehen.

(3) Von wichtigen Feststellungen, nach denen dem Prüfer sofortige Maßnahmen des Aufsichtsrats erforderlich erscheinen, soll der Prüfer unverzüglich den Vorsitzenden des Aufsichtsrats in Kenntnis setzen.

(4) ¹In unmittelbarem Zusammenhang mit der Prüfung soll der Prüfer in einer gemeinsamen Sitzung des Vorstandes und des Aufsichtsrats der Genossenschaft über das voraussichtliche Ergebnis der Prüfung mündlich berichten. ²Er kann zu diesem Zwecke verlangen, daß der Vorstand oder der Vorsitzende des Aufsichtsrats zu einer solchen Sitzung einladen; wird seinem Verlangen nicht entsprochen, so kann er selbst Vorstand und Aufsichtsrat unter Mitteilung des Sachverhalts berufen.

§ 58.** **[Prüfungsbericht]** (1) ¹Der Verband hat über das Ergebnis der Prüfung schriftlich zu berichten. ²Auf den Prüfungsbericht ist, soweit er den Jahresabschluß und den Lagebericht betrifft, § 321 Abs. 1 des Handelsgesetzbuchs entsprechend anzuwenden.

(2) Auf die Prüfung von Genossenschaften, die die Größenmerkmale des § 267 Abs. 3 des Handelsgesetzbuchs erfüllen, ist § 322 des Handelsgesetzbuchs über den Bestätigungsvermerk entsprechend anzuwenden.

(3) ¹Der Prüfungsbericht ist vom Verband zu unterzeichnen und dem Vorstand der Genossenschaft unter gleichzeitiger Benachrichtigung des Vorsitzenden des Aufsichtsrats vorzulegen. ²Jedes Mitglied des Aufsichtsrats ist berechtigt, den Prüfungsbericht einzusehen.

(4) ¹Über das Ergebnis der Prüfung haben Vorstand und Aufsichtsrat der Genossenschaft in gemeinsamer Sitzung unverzüglich nach Eingang des Prüfungsberichts zu beraten. ²Verband und Prüfer sind berechtigt, an der Sitzung teilzunehmen; der Vorstand ist verpflichtet, den Verband von der Sitzung in Kenntnis zu setzen.

§ 59.* **[Prüfungsbericht und Generalversammlung]** (1) Der Vorstand hat eine Bescheinigung des Verbandes, daß die Prüfung stattgefunden hat, zum Genossenschaftsregister einzureichen und den Prüfungsbericht bei der Berufung der nächsten Generalversammlung als Gegenstand der Beschlußfassung anzukündigen.

---

* §§ 57 und 59 neu gefaßt durch Gesetz vom 30. 10. 1934 (RGBl. I S. 1077).
** § 58 neu gefaßt durch Gesetz vom 30. 10. 1934 (RGBl. I S. 1077), Abs. 1 neu gefaßt, Abs. 2 eingefügt, früherer Abs. 2 wurde Abs. 3 und neu gefaßt, früherer Abs. 3 wurde Abs. 4 und Satz 1 geändert durch Bilanzrichtlinien-Gesetz vom 19. 12. 1985 (BGBl. I S. 2355).

Prüfung und Prüfungsverbände　　　　　　**§§ 60–62 GenG 15**

(2) In der Generalversammlung hat sich der Aufsichtsrat über wesentliche Feststellungen oder Beanstandungen der Prüfung zu erklären.

(3) Der Verband ist berechtigt, an der Generalversammlung beratend teilzunehmen; auf seinen Antrag oder auf Beschluß der Generalversammlung ist der Bericht ganz oder in bestimmten Teilen zu verlesen.

§ 60.* [Berufungsrecht des Verbandes] (1) Gewinnt der Verband die Überzeugung, daß die Beschlußfassung über den Prüfungsbericht ungebührlich verzögert wird oder daß die Generalversammlung bei der Beschlußfassung unzulänglich über wesentliche Feststellungen oder Beanstandungen des Prüfungsberichts unterrichtet war, so ist er berechtigt, eine außerordentliche Generalversammlung der Genossenschaft auf deren Kosten zu berufen und zu bestimmen, über welche Gegenstände zwecks Beseitigung festgestellter Mängel verhandelt und beschlossen werden soll.

(2) In der von dem Verband einberufenen Generalversammlung führt eine vom Verband bestimmte Person den Vorsitz.

§ 61.* [Vergütung des Verbandes] Der Verband hat gegen die Genossenschaft Anspruch auf Erstattung angemessener barer Auslagen und auf Vergütung für seine Leistung.

§ 62.* [Aufgaben, Rechte und Pflichten der Prüfungsorgane] (1) [1]Verbände, Prüfer und Prüfungsgesellschaften sind zur gewissenhaften und unparteiischen Prüfung und zur Verschwiegenheit verpflichtet. [2]Sie dürfen Geschäfts- und Betriebsgeheimnisse, die sie bei der Wahrnehmung ihrer Obliegenheiten erfahren haben, nicht unbefugt verwerten. [3]Wer seine Obliegenheiten vorsätzlich oder fahrlässig verletzt, haftet der Genossenschaft für den daraus entstehenden Schaden. [4]Mehrere Personen haften als Gesamtschuldner.

(2) [1]Die Ersatzpflicht von Personen, die fahrlässig gehandelt haben, beschränkt sich auf zweihunderttausend Deutsche Mark für eine Prüfung. [2]Dies gilt auch, wenn an der Prüfung mehrere Personen beteiligt gewesen oder mehrere zum Ersatz verpflichtende Handlungen begangen worden sind, und ohne Rücksicht darauf, ob andere Beteiligte vorsätzlich gehandelt haben.

(3) [1]Von dem Inhalt der Prüfungsberichte kann der Verband den ihm angehörenden Genossenschaften und den zentralen Geschäftsanstalten des Genossenschaftswesens Kenntnis geben, wenn diese auf Grund einer bestehenden oder zu begründenden Geschäftsverbindung Interesse daran haben, über das Ergebnis der Prüfung unterrichtet zu werden. [2]Der Verband kann dem Spitzenverband, dem er angehört, Abschriften der Prüfungsberichte mitteilen; der Spitzenverband darf sie so verwerten, wie es die Erfüllung der ihm obliegenden Pflichten erfordert.

(4) [1]Die Verpflichtung zur Verschwiegenheit nach Absatz 1 Satz 1 besteht, wenn eine Prüfungsgesellschaft die Prüfung vornimmt, auch gegenüber dem Aufsichtsrat und den Mitgliedern des Aufsichtsrats der Prüfungsgesellschaft. [2]Der Vorsitzende des Aufsichtsrats der Prüfungsgesellschaft und sein Stellvertreter dürfen jedoch die von der Prüfungsgesellschaft erstatteten Berichte einsehen, die hierbei erlangten Kenntnisse aber nur verwerten, soweit es die Erfüllung der Überwachungspflicht des Aufsichtsrats erfordert.

---

* §§ 60 bis 62 neu gefaßt durch Gesetz vom 30. 10. 1934 (RGBl. I S. 1077), § 62 Abs. 1 Satz 3 geändert und Abs. 2 neu gefaßt durch Gesetz vom 9. 10. 1973 (BGBl. I S. 1451).

(5) Die Haftung nach diesen Vorschriften kann durch Vertrag weder ausgeschlossen noch beschränkt werden; das gleiche gilt von der Haftung des Verbandes für die Personen, deren er sich zur Vornahme der Prüfung bedient.

(6) ¹Die Ansprüche aus diesen Vorschriften verjähren in drei Jahren. ²Die Verjährung beginnt mit dem Eingang des Prüfungsberichts bei der Genossenschaft.

§ 63.* [**Zuständigkeit für Verleihung des Prüfungsrechts**] ¹Das Prüfungsrecht wird dem Verband durch die zuständige oberste Landesbehörde verliehen, in deren Gebiet der Verband seinen Sitz hat. ²Erstreckt sich der Bezirk des Verbandes über das Gebiet eines Landes hinaus, so erfolgt die Verleihung im Benehmen mit den beteiligten Ländern.

§ 63 a.** [**Verleihung des Prüfungsrechts**] (1) Dem Antrag auf Verleihung des Prüfungsrechts darf nur stattgegeben werden, wenn der Verband die Gewähr für die Erfüllung der von ihm zu übernehmenden Aufgaben bietet.

(2) Der Antrag auf Verleihung des Prüfungsrechts kann insbesondere abgelehnt werden, wenn für die Prüfungstätigkeit des Verbandes kein Bedürfnis besteht.

(3) ¹Die für die Verleihung des Prüfungsrechts zuständige Behörde kann die Verleihung des Prüfungsrechts von der Erfüllung von Auflagen und insbesondere davon abhängig machen, daß der Verband sich gegen Schadensersatzansprüche aus der Prüfungstätigkeit in ausreichender Höhe versichert oder den Nachweis führt, daß eine andere ausreichende Sicherstellung erfolgt ist. ²§ 63 Satz 2 findet entsprechende Anwendung.

§ 63 b.*** [**Rechtsform, Mitglieder und Zweck des Verbandes**] (1) Der Verband soll die Rechtsform des eingetragenen Vereins haben.

(2) ¹Mitglieder des Verbandes können nur eingetragene Genossenschaften und ohne Rücksicht auf ihre Rechtsform solche Unternehmungen sein, die sich ganz oder überwiegend in der Hand eingetragener Genossenschaften befinden oder dem Genossenschaftswesen dienen. ²Ob diese Voraussetzungen vorliegen, entscheidet im Zweifelsfall die für die Verleihung des Prüfungsrechts zuständige oberste Landesbehörde (§ 63). ³Sie kann Ausnahmen von der Vorschrift des Satzes 1 zulassen, wenn ein wichtiger Grund vorliegt.

(3) Unternehmungen, die nicht eingetragene Genossenschaften sind und anderen gesetzlichen Prüfungsvorschriften unterliegen, bleiben trotz ihrer Zugehörigkeit zum Verband diesen anderen Prüfungsvorschriften unterworfen und unterliegen nicht der Prüfung nach diesem Gesetz.

(4) ¹Der Verband muß unbeschadet der Vorschriften des Absatzes 3 die Prüfung seiner Mitglieder und kann auch sonst die gemeinsame Wahrnehmung ihrer Interessen, insbesondere die Unterhaltung gegenseitiger Geschäftsbeziehungen zum Zweck haben. ²Andere Zwecke darf er nicht verfolgen.

---

* § 63 neu gefaßt durch Gesetz vom 9. 10. 1973 (BGBl. I S. 1451).
** § 63a eingefügt durch Gesetz vom 30. 10. 1934 (RGBl. I S. 1077), Abs. 3 neu gefaßt durch Gesetz vom 9. 10. 1973 (BGBl. I S. 1451).
*** § 63 b eingefügt durch Gesetz vom 30. 10. 1934 (RGBl. I S. 1077), Abs. 2 Sätze 2 und 3 neu gefaßt durch Bilanzrichtlinien-Gesetz vom 19. 12. 1985 (BGBl. I S. 2355), Abs. 2 Satz 4 aufgehoben durch Art. 21 § 5 Steuerreformgesetz 1990 vom 25. 7. 1988 (BGBl. I S. 1093), Abs. 5 neu gefaßt durch Gesetz vom 9. 10. 1973 (BGBl. I S. 1451).

Prüfung und Prüfungsverbände §§ 63c–63e **GenG 15**

(5) ¹Dem Vorstand des Prüfungsverbandes soll mindestens ein Wirtschaftsprüfer angehören. ²Gehört dem Vorstand kein Wirtschaftsprüfer an, so muß der Prüfungsverband einen Wirtschaftsprüfer als seinen besonderen Vertreter (§ 30 des Bürgerlichen Gesetzbuchs) bestellen. ³Die für die Verleihung des Prüfungsrechts zuständige Behörde kann den Prüfungsverband bei Vorliegen besonderer Umstände von der Einhaltung der Sätze 1 und 2 befreien, jedoch höchstens für die Dauer eines Jahres. ⁴In Ausnahmefällen darf sie auch eine Befreiung auf längere Dauer gewähren, wenn und solange nach Art und Umfang des Geschäftsbetriebes der Mitglieder des Prüfungsverbandes eine Prüfung durch Wirtschaftsprüfer nicht erforderlich ist.

(6) Mitgliederversammlungen des Verbandes dürfen nur innerhalb des Verbandsbezirkes abgehalten werden.

§ 63 c.* **[Satzung des Verbandes]** (1) Die Satzung des Verbandes muß enthalten:
1. die Zwecke des Verbandes;
2. den Namen; er soll sich von dem Namen anderer bereits bestehender Verbände deutlich unterscheiden;
3. den Sitz;
4. den Bezirk.

(2) Die Satzung soll ferner Bestimmungen enthalten über Auswahl und Befähigungsnachweis der anzustellenden Prüfer, über Art und Umfang der Prüfungen sowie über Berufung, Sitz, Aufgaben und Befugnisse des Vorstandes und über die sonstigen Organe des Verbandes.

(3) Änderungen der Satzung des Verbandes, die den Zweck oder den Bezirk (Absatz 1 Nr. 1 und 4) zum Gegenstand haben, bedürfen der Zustimmung der für die Verleihung des Prüfungsrechts zuständigen Behörde; § 63 Satz 2 und § 63a Abs. 2, 3 finden entsprechende Anwendung.

§ 63 d.** **[Einreichungen bei Gericht]** Der Verband hat den Gerichten (§ 10), in deren Bezirk die Genossenschaften ihren Sitz haben, die Satzung mit einer beglaubigten Abschrift der Verleihungsurkunde sowie jährlich im Monat Januar ein Verzeichnis der dem Verbande angehörigen Genossenschaften einzureichen.

§ 63 e.*** **[Verschmelzung von Prüfungsverbänden]** (1) ¹Ein Verband in der Rechtsform eines eingetragenen Vereins (aufgelöster Verband) kann sich mit einem anderen Verbande gleicher Rechtsform (übernehmender Verband) auf Grund von Beschlüssen der Mitgliederversammlungen beider Verbände verschmelzen. ²Die Beschlüsse bedürfen unbeschadet weiterer Erschwerungen durch die Satzung einer Mehrheit von drei Vierteilen der erschienenen Mitglieder.

---

* § 63c eingefügt durch Gesetz vom 30. 10. 1934 (RGBl. I S. 1077), Abs. 3 neu gefaßt durch Gesetz vom 9. 10. 1973 (BGBl. I S. 1451).
** § 63d eingefügt durch Gesetz vom 30. 10. 1934 (RGBl. I S. 1077) und geändert durch Gesetz vom 9. 10. 1973 (BGBl. I S. 1451).
*** § 63e als früherer § 60a eingefügt durch Gesetz vom 16. 12. 1929 (RGBl. I S. 219) und Numerierung in § 63e geändert durch Gesetz vom 30. 10. 1934 (RGBl. I S. 1077).

15 GenG §§ 63f–63h   5. Abschnitt

(2) Für den Verschmelzungsvertrag ist die schriftliche Form erforderlich; die Vorschriften der §§ 310, 311 und 313 des Bürgerlichen Gesetzbuchs finden auf ihn keine Anwendung.

§ 63 f.* **[Eintragung der Verschmelzung]** (1) [1]Die Verschmelzung ist durch die Vorstände beider Verbände gemeinschaftlich ohne Verzug zur Eintragung in die Vereinsregister des Sitzes beider Verbände anzumelden. [2]Der Anmeldung ist der zwischen den Verbänden abgeschlossene Vertrag in Urschrift oder in öffentlich beglaubigter Abschrift beizufügen. [3]Die Verschmelzung darf nur eingetragen werden, wenn die Beobachtung der Vorschriften der Sätze 1, 2 und des § 63e nachgewiesen ist.

(2) Mit der Eintragung der Verschmelzung in das Vereinsregister des Sitzes des aufgelösten Verbandes gilt dieser Verband als aufgelöst und sein Vermögen einschließlich der Schulden als auf den übernehmenden Verband übergegangen.

(3) Die Vorstände beider Verbände haben gemeinschaftlich den für die Verleihung des Prüfungsrechts zuständigen obersten Landesbehörden (§ 63) die Eintragung unverzüglich mitzuteilen.

§ 63 g.* **[Schadensersatzpflicht der Vorstandsmitglieder bei Verschmelzung]** (1) [1]Eine Liquidation des aufgelösten Verbandes findet nicht statt. [2]Die Vorschriften des § 45 des Bürgerlichen Gesetzbuchs finden keine Anwendung.

(2) [1]Die Mitglieder des Vorstandes beider Verbände sind als Gesamtschuldner zum Ersatz des Schadens verpflichtet, den die Gläubiger des aufgelösten und des übernehmenden Verbandes durch die Verschmelzung erleiden. [2]Vorstandsmitglieder, die bei der Prüfung der Vermögenslage beider Verbände und bei dem Abschluß des Verschmelzungsvertrags die Sorgfalt eines ordentlichen Geschäftsmannes angewandt haben, sind von der Ersatzpflicht befreit.

§ 63 h.* **[Mitglieder des aufgelösten Verbandes]** (1) [1]Mit der Eintragung der Verschmelzung in das Vereinsregister des Sitzes des aufgelösten Verbandes gelten die Mitglieder dieses Verbandes als Mitglieder des übernehmenden Verbandes mit den aus dieser Mitgliedschaft sich ergebenden Rechten und Pflichten. [2]Von der Eintragung hat der Vorstand unverzüglich die Mitglieder zu benachrichtigen.

(2) [1]Die Mitglieder des aufgelösten Verbandes haben das Recht, durch Kündigung ihren Austritt aus dem übernehmenden Verband zu erklären. [2]Auf das Recht zur Kündigung kann verzichtet werden. [3]Die Kündigung hat spätestens bis zum Ablauf von drei Monaten zu erfolgen; die Frist beginnt mit dem Tag, an dem die Nachricht von der Eintragung der Verschmelzung (Absatz 1 Satz 2) dem Mitglied zugeht. [4]Im Fall der Kündigung gilt die Mitgliedschaft bei dem übernehmenden Verband als nicht erworben.

---

* §§ 63f, 63g und 63h als frühere §§ 60b, 60c und 60d eingefügt durch Gesetz vom 16. 12. 1929 (RGBl. I S. 219) und Numerierung in §§ 63f, 63g und 63h geändert durch Gesetz vom 30. 10. 1934 (RGBl. I S. 1077), § 63f Abs. 1 Satz 3 geändert und Abs. 3 neu gefaßt durch Bilanzrichtlinien-Gesetz vom 19. 12. 1985 (BGBl. I S. 2355).

Ausscheiden einzelner Genossen §§ 63i–65 GenG 15

§ 63i.* [Verschmelzung mit Verband mit staatlich verliehener Rechtsfähigkeit] (1) Ein Verband, dessen Rechtsfähigkeit auf staatlicher Verleihung beruht, kann sich mit einem Verband in der Rechtsform eines eingetragenen Vereins in der Weise verschmelzen, daß dieser Verband (übernehmender Verband) den anderen Verband (aufgelöster Verband) übernimmt.

(2) Im übrigen sind die §§ 63e bis 63h mit der Maßgabe anwendbar, daß in § 63f Abs. 2 und § 63h Abs. 1 an die Stelle der Eintragung der Verschmelzung in das Vereinsregister des Sitzes des aufgelösten Verbandes die Eintragung in das Vereinsregister des Sitzes des übernehmenden Verbandes tritt.

§ 64.** [Staatsaufsicht] Die zuständige oberste Landesbehörde, in deren Gebiet der Verband seinen Sitz hat, ist berechtigt, die Prüfungsverbände darauf prüfen zu lassen, ob sie die ihnen obliegenden Aufgaben erfüllen; sie kann sie durch Auflagen zur Erfüllung ihrer Aufgaben anhalten.

§ 64a.*** [Entziehung des Prüfungsrechts] ¹Das Prüfungsrecht kann dem Verband entzogen werden, wenn der Verband nicht mehr die Gewähr für die Erfüllung der von ihm übernommenen Aufgaben bietet, wenn er Auflagen der nach § 64 zuständigen Behörde nicht erfüllt oder wenn für seine Prüfungstätigkeit kein Bedürfnis mehr besteht. ²Die Entziehung wird nach Anhörung des Verbandsvorstandes durch die für die Verleihung des Prüfungsrechts zuständige Behörde ausgesprochen. ³§ 63 Satz 2 findet entsprechende Anwendung. ⁴Von der Entziehung ist den im § 63d bezeichneten Gerichten Mitteilung zu machen.

§ 64b.† [Bestellung eines Prüfungsverbandes] ¹Gehört eine Genossenschaft keinem Prüfungsverband an, so kann das Gericht (§ 10) einen Prüfungsverband zur Wahrnehmung der im Gesetz den Prüfungsverbänden übertragenen Aufgaben bestellen. ²Dabei sollen die fachliche Eigenart und der Sitz der Genossenschaft berücksichtigt werden.

§ 64c.†† [Prüfung aufgelöster Genossenschaften] Auch aufgelöste Genossenschaften unterliegen den Vorschriften dieses Abschnitts.

Fünfter Abschnitt. Ausscheiden einzelner Genossen

§ 65.** [Kündigung durch einen Genossen] (1) Jeder Genosse hat das Recht, mittels Aufkündigung seinen Austritt aus der Genossenschaft zu erklären.

(2) ¹Die Aufkündigung findet nur zum Schluß eines Geschäftsjahres statt. ²Sie muß mindestens drei Monate vorher schriftlich erfolgen. ³Durch das Statut kann

---

* § 63i als früherer § 60e eingefügt durch Gesetz vom 16. 12. 1929 (RGBl. I S. 219) und Numerierung in § 63i geändert durch Gesetz vom 30. 10. 1934 (RGBl. I S. 1077), Abs. 2 neu gefaßt durch Bilanzrichtlinien-Gesetz vom 19. 12. 1985 (BGBl. I S. 2355).
** § 64 und § 65 Abs. 2 Sätze 3 bis 5 neu gefaßt durch Gesetz vom 9. 10. 1973 (BGBl. I S. 1451), § 65 Abs. 3 eingefügt, bisheriger Abs. 3 wurde Abs. 4 durch Gesetz vom 20. 7. 1933 (RGBl. I S. 520).
*** § 64a eingefügt durch Gesetz vom 30. 10. 1934 (RGBl. I S. 1077) und neu gefaßt durch Gesetz vom 9. 10. 1973 (BGBl. I S. 1451).
† § 64b eingefügt durch Verordnung vom 19. 12. 1942 (RGBl. I S. 729).
†† § 64c als früherer § 64b eingefügt durch Gesetz vom 30. 10. 1934 (RGBl. I S. 1077) und Numerierung in § 64c geändert durch Verordnung vom 19. 12. 1942 (RGBl. I S. 729).

eine längere, jedoch höchstens fünfjährige Kündigungsfrist festgesetzt werden. ⁴Ist in dem Statut eine längere als eine zweijährige Kündigungsfrist festgesetzt worden, so kann jeder Genosse, der wenigstens ein volles Geschäftsjahr der Genossenschaft angehört hat, mit einer Frist von drei Monaten zum Schluß eines Geschäftsjahres, zu dem er nach dem Statut noch nicht kündigen kann, kündigen, wenn ihm nach seinen persönlichen oder wirtschaftlichen Verhältnissen nicht zugemutet werden kann, daß er bis zum Ablauf der im Statut festgesetzten Kündigungsfrist in der Genossenschaft verbleibt. ⁵Satz 4 gilt nicht, wenn die Genossenschaft ausschließlich oder überwiegend aus eingetragenen Genossenschaften besteht.

(3) ¹Wird die Genossenschaft vor dem Zeitpunkt, zu dem der Austritt nach Absatz 2 erfolgt wäre, aufgelöst, so scheidet der Genosse nicht aus. ²Die Auflösung der Genossenschaft steht dem Ausscheiden des Genossen nicht entgegen, wenn die Fortsetzung der Genossenschaft beschlossen wird. ³In diesem Fall wird der Zeitraum, währenddessen die Genossenschaft aufgelöst war, bei der Berechnung der Kündigungsfrist mitgerechnet; jedoch scheidet der Genosse frühestens zum Schluß des Geschäftsjahres aus, in dem der Beschluß über die Fortsetzung der Genossenschaft in das Genossenschaftsregister eingetragen ist.

(4) Ein den vorstehenden Bestimmungen zuwiderlaufendes Abkommen ist ohne rechtliche Wirkung.

§ 66. [Kündigung durch einen Gläubiger] (1) Der Gläubiger eines Genossen, welcher, nachdem innerhalb der letzten sechs Monate eine Zwangsvollstreckung in das Vermögen des Genossen fruchtlos versucht ist, die Pfändung und Überweisung des demselben bei der Auseinandersetzung mit der Genossenschaft zukommenden Guthabens erwirkt hat, kann behufs seiner Befriedigung das Kündigungsrecht des Genossen an dessen Stelle ausüben, sofern der Schuldtitel nicht bloß vorläufig vollstreckbar ist.

(2) Der Aufkündigung muß eine beglaubigte Abschrift des Schuldtitels und der Urkunden über die fruchtlose Zwangsvollstreckung beigefügt sein.

§ 67. [Ausscheiden bei Aufgabe des Wohnsitzes] (1) Ist durch das Statut die Mitgliedschaft an den Wohnsitz innerhalb eines bestimmten Bezirks geknüpft (§ 8 Nr. 2), so kann ein Genosse, welcher den Wohnsitz in dem Bezirk aufgibt, zum Schluß des Geschäftsjahres seinen Austritt schriftlich erklären.

(2) Imgleichen kann die Genossenschaft dem Genossen schriftlich erklären, daß er zum Schluß des Geschäftsjahres auszuscheiden habe.

(3) Über die Aufgabe des Wohnsitzes ist die Bescheinigung einer öffentlichen Behörde beizubringen.

§ 67a.* **[Außerordentliches Kündigungsrecht bei Änderung des Statuts]**
(1) ¹Wird eine Änderung des Statuts beschlossen, die einen der in § 16 Abs. 2 Nr. 2 bis 5, Abs. 3 aufgeführten Gegenstände oder eine wesentliche Änderung des Gegenstandes des Unternehmens betrifft, so kann kündigen:
1. jeder in der Generalversammlung erschienene Genosse, wenn er gegen den Beschluß Widerspruch zur Niederschrift erklärt hat oder wenn die Aufnahme seines Widerspruchs in die Niederschrift verweigert worden ist;

---

* § 67a eingefügt durch Gesetz vom 9. 10. 1973 (BGBl. I S. 1451).

2. jeder in der Generalversammlung nicht erschienene Genosse, wenn er zu der Generalversammlung zu Unrecht nicht zugelassen worden ist oder die Versammlung nicht gehörig berufen oder der Gegenstand der Beschlußfassung nicht gehörig angekündigt worden ist.

²Hat eine Vertreterversammlung die Änderung des Statuts beschlossen, so kann jeder Genosse kündigen; für die Vertreter gilt Satz 1.

(2) ¹Die Kündigung hat durch schriftliche Erklärung zu geschehen. ²Sie kann nur innerhalb eines Monats zum Schluß des Geschäftsjahres erklärt werden. ³Die Frist beginnt in den Fällen des Absatzes 1 Nr. 1 mit der Beschlußfassung, in den Fällen des Absatzes 1 Nr. 2 mit der Erlangung der Kenntnis von der Beschlußfassung. ⁴Ist der Zeitpunkt der Kenntniserlangung streitig, so hat die Genossenschaft die Beweislast. ⁵Im Falle der Kündigung wirkt die Änderung des Statuts weder für noch gegen den Genossen.

(3) In den Fällen des § 16 Abs. 2 Nr. 2 und 3 gelten die Absätze 1 und 2 nur, wenn in dem Statut eine längere als eine zweijährige Kündigungsfrist festgesetzt worden ist; die Kündigung kann nur zu dem Zeitpunkt erklärt werden, zu dem sie bei einer zweijährigen Kündigungsfrist erklärt werden könnte.

§ 67b.* **[Kündigung einzelner Geschäftsanteile]** (1) Ein Genosse, der mit mehreren Geschäftsanteilen beteiligt ist, kann die Beteiligung mit einem oder mehreren seiner weiteren Geschäftsanteile zum Schluß eines Geschäftsjahres durch schriftliche Erklärung kündigen, soweit er nicht nach dem Statut oder einer Vereinbarung mit der Genossenschaft zur Beteiligung mit mehreren Geschäftsanteilen verpflichtet ist oder die Beteiligung mit mehreren Geschäftsanteilen Voraussetzung für eine von dem Genossen in Anspruch genommene Leistung der Genossenschaft war.

(2) ¹§ 65 Abs. 2 bis 4 gilt sinngemäß. ²In die Liste der Genossen ist die Zahl der verbliebenen weiteren Geschäftsanteile sowie der Zeitpunkt einzutragen, von dem an der Genosse nur noch mit diesen Geschäftsanteilen beteiligt ist.

§ 68.** **[Ausschließung eines Genossen]** (1) ¹Ein Genosse kann wegen der Mitgliedschaft in einer anderen Genossenschaft, welche an demselben Ort ein gleichartiges Geschäft betreibt, zum Schluß des Geschäftsjahres aus der Genossenschaft ausgeschlossen werden. ²Aus Vorschuß- und Kreditvereinen kann die Ausschließung wegen der Mitgliedschaft in einer anderen solchen Genossenschaft auch dann erfolgen, wenn die letztere ihr Geschäft nicht an demselben Ort betreibt.

(2) Durch das Statut können sonstige Gründe der Ausschließung festgesetzt werden.

(3) Der Beschluß, durch welchen der Genosse ausgeschlossen wird, ist diesem von dem Vorstand ohne Verzug mittels eingeschriebenen Briefes mitzuteilen.

(4) Von dem Zeitpunkt der Absendung desselben kann der Genosse nicht mehr an der Generalversammlung teilnehmen, auch nicht Mitglied des Vorstands oder des Aufsichtsrats sein.

§ 69.* **[Einreichung von Kündigung oder Ausschließung bei Gericht]**
(1) ¹Der Vorstand ist verpflichtet, die Aufkündigung des Genossen oder des

---

* § 67b und § 69 Abs. 3 eingefügt durch Gesetz vom 9. 10. 1973 (BGBl. I S. 1451).
** § 68 Abs. 1 Satz 1 geändert durch Gesetz vom 25. 6. 1969 (BGBl. I S. 645).

15 GenG §§ 70–73 5. Abschnitt

Gläubigers mindestens sechs Wochen vor dem Ende des Geschäftsjahres, zu dessen Schluß sie stattgefunden hat, dem Gericht (§ 10) zur Liste der Genossen einzureichen. ²Er hat zugleich die schriftliche Versicherung abzugeben, daß die Aufkündigung rechtzeitig erfolgt ist. ³Der Aufkündigung des Gläubigers sind die in § 66 Abs. 2 bezeichneten Urkunden sowie eine beglaubigte Abschrift des Pfändungs- und Überweisungsbeschlusses beizufügen.

(2) ¹Imgleichen hat der Vorstand im Fall des § 67 mit der Bescheinigung die Erklärung des Genossen oder Abschrift der Erklärung der Genossenschaft sowie im Fall der Ausschließung Abschrift des Beschlusses dem Gericht einzureichen. ²Die Einreichung ist bis zu dem im ersten Absatz bezeichneten Zeitpunkt und, wenn die Erklärung oder der Beschluß später erfolgt, ohne Verzug zu bewirken.

(3) In den Fällen des § 67a ist die Kündigung des Genossen, wenn sie während der letzten sechs Wochen des Geschäftsjahres erfolgt ist, ohne Verzug dem Gericht einzureichen.

§ 70. [Eintragung des Ausscheidens] (1) In die Liste ist die das Ausscheiden des Genossen begründende Tatsache und der aus den Urkunden hervorgehende Jahresschluß unverzüglich einzutragen.

(2) Infolge der Eintragung scheidet der Genosse mit dem in der Liste vermerkten Jahresschluß, wenn jedoch die Eintragung erst im Laufe eines späteren Geschäftsjahres bewirkt wird, mit dem Schluß des letzteren aus der Genossenschaft aus.

§ 71. [Vormerkung des Ausscheidens] (1) Auf Antrag des Genossen, im Fall des § 66 auf Antrag des Gläubigers, hat das Gericht die Tatsache, auf Grund deren das Ausscheiden, und den Jahresschluß, zu welchem dasselbe beansprucht wird, ohne Verzug in der Liste vorzumerken.

(2) ¹Erkennt der Vorstand den Anspruch in beglaubigter Form an oder wird er zur Anerkennung rechtskräftig verurteilt, so ist dies bei Einreichung des Anerkenntnisses oder Urteils der Vormerkung hinzuzufügen. ²Infolgedessen gilt der Austritt oder die Ausschließung als am Tage der Vormerkung eingetragen.

§ 72.* **[Benachrichtigung]** (1) Von der Eintragung sowie der Vormerkung oder von deren Versagung hat das Gericht den Vorstand und den Genossen, im Fall des § 66 auch den Gläubiger, zu benachrichtigen; der Genosse kann auf die Benachrichtigung nicht verzichten.

(2) Die behufs der Eintragung oder der Vormerkung eingereichten Urkunden bleiben in der Verwahrung des Gerichts.

§ 73.** **[Auseinandersetzung mit dem ausgeschiedenen Mitglied]** (1) Die Auseinandersetzung des Ausgeschiedenen mit der Genossenschaft bestimmt sich nach der Vermögenslage derselben und dem Bestand der Mitglieder zur Zeit seines Ausscheidens.

(2) ¹Die Auseinandersetzung erfolgt auf Grund der Bilanz. ²Das Geschäftsguthaben des Genossen ist binnen sechs Monaten nach dem Ausscheiden auszuzahlen; auf die Rücklagen und das sonstige Vermögen der Genossenschaft hat er vorbe-

---
* § 72 Abs. 1 Halbsatz 2 eingefügt durch Gesetz vom 20. 12. 1933 (RGBl. I S. 1089).
** § 73 Abs. 2 Satz 2 Halbsatz 2 geändert und Satz 3 neu gefaßt sowie Abs. 3 eingefügt durch Gesetz vom 9. 10. 1973 (BGBl. I S. 1451), Abs. 2 Sätze 2 und 3 geändert sowie Abs. 3 Satz 1 neu gefaßt durch Bilanzrichtlinien-Gesetz vom 19. 12. 1985 (BGBl. I. S. 2355).

Ausscheiden einzelner Genossen §§ 74–76 **GenG 15**

haltlich des Absatzes 3 keinen Anspruch. ³Reicht das Vermögen einschließlich der Rücklagen und aller Geschäftsguthaben zur Deckung der Schulden nicht aus, so hat der Ausgeschiedene von dem Fehlbetrag den ihn treffenden Anteil an die Genossenschaft zu zahlen, wenn und soweit er im Falle des Konkurses Nachschüsse an sie zu leisten gehabt hätte; der Anteil wird in Ermangelung einer anderen Bestimmung des Statuts nach der Kopfzahl der Mitglieder berechnet.

(3) ¹Das Statut kann Genossen, die ihren Geschäftsanteil voll eingezahlt haben, für den Fall des Ausscheidens einen Anspruch auf Auszahlung eines Anteils an einer zu diesem Zweck aus dem Jahresüberschuß zu bildenden Ergebnisrücklage einräumen. ²Das Statut kann den Anspruch von einer Mindestdauer der Mitgliedschaft der Genossen abhängig machen sowie weitere Erfordernisse aufstellen und Beschränkungen des Anspruchs vorsehen. ³Für die Auszahlung des Anspruchs gilt Absatz 2 Satz 2 Halbsatz 1.

§ 74.* [Verjährung] Der Anspruch des ausgeschiedenen Genossen auf Auszahlung des Geschäftsguthabens und eines Anteils an der Ergebnisrücklage nach § 73 Abs. 3 verjährt in zwei Jahren.

§ 75.** [Nichtausscheiden bei Auflösung der Genossenschaft] ¹Wird die Genossenschaft binnen sechs Monaten nach dem Ausscheiden des Genossen aufgelöst, so gilt dasselbe als nicht erfolgt. ²Wird die Fortsetzung der Genossenschaft beschlossen, so gilt das Ausscheiden als zum Schluß des Geschäftsjahres erfolgt, in dem der Beschluß über die Fortsetzung der Genossenschaft in das Genossenschaftsregister eingetragen ist.

§ 76.*** [Übertragung des Geschäftsguthabens] (1) ¹Ein Genosse kann zu jeder Zeit, auch im Laufe des Geschäftsjahres, sein Geschäftsguthaben mittels schriftlicher Übereinkunft einem anderen übertragen und hierdurch aus der Genossenschaft ohne Auseinandersetzung mit ihr austreten, sofern der Erwerber an seiner Stelle Genosse wird oder sofern derselbe schon Genosse ist und dessen bisheriges Guthaben mit dem ihm zuzuschreibenden Betrag den Geschäftsanteil nicht übersteigt. ²Das Statut kann eine solche Übertragung ausschließen oder an weitere Voraussetzungen knüpfen.

(2) Der Vorstand hat die Übereinkunft dem Gericht (§ 10) ohne Verzug einzureichen und, falls der Erwerber schon Genosse ist, zugleich die schriftliche Versicherung abzugeben, daß dessen bisheriges Guthaben mit dem zuzuschreibenden Betrag den Geschäftsanteil nicht übersteigt.

(3) ¹Die Übertragung ist in die Liste bei dem veräußernden Genossen unverzüglich einzutragen. ²Als Zeitpunkt des Ausscheidens gilt der Tag der Eintragung. ³Dieselbe darf, falls der Erwerber noch nicht Genosse ist, nur zugleich mit der Eintragung des letzteren erfolgen. ⁴Die Vorschriften der §§ 15, 71 und 72 finden entsprechende Anwendung.

(4) Wird die Genossenschaft binnen sechs Monaten nach dem Ausscheiden des Genossen aufgelöst, so hat dieser im Fall der Eröffnung des Konkursverfahrens die

---

* § 74 neu gefaßt durch Gesetz vom 9. 10. 1973 (BGBl. I S. 1451) und geändert durch Bilanzrichtlinien-Gesetz vom 19. 12. 1985 (BGBl. I S. 2355).
** § 75 Satz 2 eingefügt durch Gesetz vom 20. 7. 1933 (RGBl. I S. 520).
*** § 76 Abs. 5 eingefügt durch Gesetz vom 9. 10. 1973 (BGBl. I S. 1451).

Nachschüsse, zu deren Zahlung er verpflichtet gewesen sein würde, insoweit zu leisten, als zu derselben der Erwerber unvermögend ist.

(5) ¹Darf sich nach dem Statut ein Genosse mit mehr als einem Geschäftsanteil beteiligen, so gelten diese Vorschriften mit der Maßgabe, daß die Übertragung des Geschäftsguthabens auf einen anderen Genossen zulässig ist, sofern das Geschäftsguthaben des Erwerbers nach Zuschreibung des Geschäftsguthabens des Veräußerers den Gesamtbetrag der Geschäftsanteile, mit denen der Erwerber beteiligt ist oder sich beteiligt, nicht übersteigt. ²Die schriftliche Versicherung des Vorstands nach Absatz 2 ist darauf zu richten, daß das Geschäftsguthaben des Erwerbers nach Zuschreibung des Geschäftsguthabens des Veräußerers den Gesamtbetrag der Geschäftsanteile des Erwerbers nicht übersteigt.

§ 77.* [**Tod eines Genossen**] (1) ¹Mit dem Tode des Genossen geht die Mitgliedschaft auf den Erben über. ²Sie endet mit dem Schluß des Geschäftsjahres, in dem der Erbfall eingetreten ist. ³Mehrere Erben können das Stimmrecht in der Generalversammlung nur durch einen gemeinschaftlichen Vertreter ausüben.

(2) ¹Das Statut kann bestimmen, daß im Falle des Todes eines Genossen dessen Mitgliedschaft in der Genossenschaft durch dessen Erben fortgesetzt wird. ²Das Statut kann die Fortsetzung der Mitgliedschaft von persönlichen Voraussetzungen des Rechtsnachfolgers abhängig machen. ³Für den Fall der Beerbung des Erblassers durch mehrere Erben kann auch bestimmt werden, daß die Mitgliedschaft endet, wenn sie nicht innerhalb einer im Statut festgesetzten Frist einem Miterben allein überlassen worden ist.

(3) Der Vorstand hat eine Anzeige vom Tode des Genossen ohne Verzug dem Gericht (§ 10) zur Liste der Genossen einzureichen.

(4) ¹Bei Beendigung der Mitgliedschaft des Erben gelten § 70 Abs. 1, §§ 71 bis 75 entsprechend. ²Die Fortsetzung der Mitgliedschaft durch einen oder mehrere Erben ist auf Anmeldung des Vorstands in der Liste der Genossen zu vermerken; § 15 Abs. 4, §§ 71, 72, 76 Abs. 4 gelten sinngemäß.

§ 77 a.* [**Auflösung oder Erlöschen einer juristischen Person oder Handelsgesellschaft**] ¹Wird eine juristische Person oder eine Handelsgesellschaft aufgelöst oder erlischt sie, so endet die Mitgliedschaft mit dem Abschluß des Geschäftsjahres, in dem die Auflösung oder das Erlöschen wirksam geworden ist. ²Im Falle der Gesamtrechtsnachfolge wird die Mitgliedschaft bis zum Schluß des Geschäftsjahres durch den Gesamtrechtsnachfolger fortgesetzt.

Sechster Abschnitt. Auflösung und Nichtigkeit der Genossenschaft

§ 78.* [**Auflösung durch Beschluß der Generalversammlung**] (1) ¹Die Genossenschaft kann durch Beschluß der Generalversammlung jederzeit aufgelöst werden; der Beschluß bedarf einer Mehrheit, die mindestens drei Viertel der abgegebenen Stimmen umfaßt. ²Das Statut kann außer dieser Mehrheit noch andere Erfordernisse aufstellen.

---

* § 77 neu gefaßt, § 77 a eingefügt und § 78 Abs. 1 Satz 1 Halbsatz 2 neu gefaßt durch Gesetz vom 9. 10. 1973 (BGBl. I S. 1451).

Auflösung und Nichtigkeit der Genossenschaft

(2) Die Auflösung ist durch den Vorstand ohne Verzug zur Eintragung in das Genossenschaftsregister anzumelden.

§§ 78a, 78b.* *(aufgehoben)*

§ 79. [Auflösung durch Zeitablauf] (1) In dem Falle, daß durch das Statut die Zeitdauer der Genossenschaft beschränkt ist, tritt die Auflösung derselben durch Ablauf der bestimmten Zeit ein.

(2) Die Vorschrift in § 78 Abs. 2 findet Anwendung.

§ 79a. ** **[Fortsetzung der aufgelösten Genossenschaft]** (1) ¹Ist eine Genossenschaft durch Beschluß der Generalversammlung oder durch Zeitablauf aufgelöst worden, so kann die Generalversammlung, solange noch nicht mit der Verteilung des nach Berichtigung der Schulden verbleibenden Vermögens der Genossenschaft unter die Genossen begonnen ist, die Fortsetzung der Genossenschaft beschließen; der Beschluß bedarf einer Mehrheit, die mindestens drei Viertel der abgegebenen Stimmen umfaßt. ²Das Statut kann außer dieser Mehrheit noch andere Erfordernisse aufstellen. ³Die Fortsetzung kann nicht beschlossen werden, wenn die Genossen nach § 87a Abs. 2 zu Zahlungen herangezogen worden sind.

(2) Vor der Beschlußfassung ist der Revisionsverband, dem die Genossenschaft angeschlossen ist, darüber zu hören, ob die Fortsetzung der Genossenschaft mit den Interessen der Genossen vereinbar ist.

(3) ¹Das Gutachten des Revisionsverbandes ist in jeder über die Fortsetzung der Genossenschaft beratenden Generalversammlung zu verlesen. ²Dem Revisionsverband ist Gelegenheit zu geben, das Gutachten in der Generalversammlung zu vertreten.

(4) Ist die Fortsetzung der Genossenschaft nach dem Gutachten des Revisionsverbandes mit den Interessen der Genossen nicht vereinbar, so bedarf der Beschluß unbeschadet weiterer Erschwerungen durch das Statut einer Mehrheit von drei Vierteilen der Genossen in zwei mit einem Abstand von mindestens einem Monat aufeinanderfolgenden Generalversammlungen.

(5) ¹Die Fortsetzung der Genossenschaft ist durch den Vorstand ohne Verzug zur Eintragung in das Genossenschaftsregister anzumelden. ²Der Vorstand hat bei der Anmeldung die Versicherung abzugeben, daß der Beschluß der Generalversammlung zu einer Zeit gefaßt ist, als noch nicht mit der Verteilung des nach der Berichtigung der Schulden verbleibenden Vermögens der Genossenschaft unter die Genossen begonnen war.

§ 80. [Auflösung durch das Gericht] (1) Beträgt die Zahl der Genossen weniger als sieben, so hat das Gericht (§ 10) auf Antrag des Vorstandes und, wenn der Antrag nicht binnen sechs Monaten erfolgt, von Amts wegen nach Anhörung des Vorstandes die Auflösung der Genossenschaft auszusprechen.***

---

* §§ 78a und 78b eingefügt durch Gesetz vom 1. 7. 1922 (RGBl. I S. 567) und aufgehoben durch Gesetz vom 9. 10. 1973 (BGBl. I S. 1451).
** § 79a eingefügt durch Gesetz vom 20. 7. 1933 (RGBl. I S. 520), Abs. 1 Satz 1 Halbsatz 2 neu gefaßt und Abs. 1 Satz 3 eingefügt durch Gesetz vom 9. 10. 1973 (BGBl. I S. 1451), Abs. 2 früher Satz 2 aufgehoben durch Gesetz vom 30. 10. 1934 (RGBl. I S. 1077).
*** Vgl. dazu §§ 2 und 3 Gesetz über die Auflösung und Löschung von Gesellschaften und Genossenschaften vom 9. 10. 1934 (RGBl. I S. 914); abgedruckt unter Nr. **16**.

15 GenG §§ 81–84   6. Abschnitt

(2) ¹Der Beschluß ist der Genossenschaft zuzustellen. ²Gegen denselben steht ihr die sofortige Beschwerde nach Maßgabe der Zivilprozeßordnung zu. ³Die Auflösung tritt mit der Rechtskraft des Beschlusses in Wirksamkeit.

§ 81.* [Auflösung wegen gesetzwidriger Handlungen] (1) Wenn eine Genossenschaft sich gesetzwidriger Handlungen oder Unterlassungen schuldig macht, durch welche das Gemeinwohl gefährdet wird, oder wenn sie andere als die in diesem Gesetz (§ 1) bezeichneten geschäftlichen Zwecke verfolgt, so kann sie aufgelöst werden, ohne daß deshalb ein Anspruch auf Entschädigung stattfindet.

(2) Das Verfahren und die Zuständigkeit der Behörden richtet sich nach den für streitige Verwaltungssachen geltenden Vorschriften.

(3) Von der Auflösung hat die in erster Instanz entscheidende Behörde dem Gericht (§ 10) Mitteilung zu machen.

§ 82.** [Eintragung der Auflösung] (1) Die Auflösung der Genossenschaft ist von dem Gericht ohne Verzug in das Genossenschaftsregister einzutragen.

(2) ¹Sie muß von den Liquidatoren durch die für die Bekanntmachungen der Genossenschaft bestimmten Blätter bekanntgemacht werden. ²Durch die Bekanntmachung sind zugleich die Gläubiger aufzufordern, sich bei der Genossenschaft zu melden.

§ 83.*** [Bestellung und Abberufung der Liquidatoren] (1) Die Liquidation erfolgt durch den Vorstand, wenn nicht dieselbe durch das Statut oder durch Beschluß der Generalversammlung anderen Personen übertragen wird.

(2) Auch eine juristische Person kann Liquidator sein.

(3) Auf Antrag des Aufsichtsrats oder mindestens des zehnten Teils der Genossen kann die Ernennung von Liquidatoren durch das Gericht (§ 10) erfolgen.

(4) ¹Die Abberufung der Liquidatoren kann durch das Gericht unter denselben Voraussetzungen wie die Bestellung erfolgen. ²Liquidatoren, welche nicht vom Gericht ernannt sind, können auch durch die Generalversammlung vor Ablauf des Zeitraums, für welchen sie bestellt sind, abberufen werden.

§ 84.† [Anmeldung der Liquidatoren] (1) ¹Die ersten Liquidatoren sowie ihre Vertretungsbefugnis hat der Vorstand, jede Änderung in den Personen der Liquidatoren und jede Änderung ihrer Vertretungsbefugnis haben die Liquidatoren zur Eintragung in das Genossenschaftsregister anzumelden. ²Der Anmeldung ist eine Abschrift der Urkunden über die Bestellung oder Abberufung sowie über die Vertretungsbefugnis beizufügen.

---

    * § 81 Abs. 2 Satz 1 ausgelassenes Wort und Abs. 2 früherer Satz 2 gegenstandslos durch Gesetz vom 21. 1. 1960 (BGBl. I S. 17).
   ** § 82 Abs. 2 Satz 1 geändert durch Verordnung vom 13. 4. 1943 (RGBl. I S. 251).
*** § 83 Abs. 2 neu gefaßt durch Gesetz vom 9. 10. 1973 (BGBl. I S. 1451).
    † § 84 Abs. 1 neu gefaßt durch Gesetz vom 9. 10. 1973 (BGBl. I S. 1451), Abs. 3 gefaßt durch Beurkundungsgesetz vom 28. 8. 1969 (BGBl. I S. 1513).

Auflösung und Nichtigkeit der Genossenschaft §§ 85–87a GenG 15

(2) Die Eintragung der gerichtlichen Ernennung oder Abberufung von Liquidatoren geschieht von Amts wegen.

(3) Die Liquidatoren haben die Zeichnung ihrer Unterschrift in öffentlich beglaubigter Form einzureichen.

§ 85.* **[Zeichnung der Liquidatoren]** (1) ¹Die Liquidatoren haben in der bei ihrer Bestellung bestimmten Form ihre Willenserklärungen kundzugeben und für die Genossenschaft zu zeichnen. ²Ist nichts darüber bestimmt, so muß die Erklärung und Zeichnung durch sämtliche Liquidatoren erfolgen.

(2) Die Bestimmung ist mit der Bestellung der Liquidatoren zur Eintragung in das Genossenschaftsregister anzumelden.

(3) Die Zeichnungen geschehen derartig, daß die Liquidatoren der bisherigen, nunmehr als Liquidationsfirma zu bezeichnenden Firma ihre Namensunterschrift beifügen.

§ 86. **[Publizität des Genossenschaftsregisters]** Die Vorschriften in § 29 über das Verhältnis zu dritten Personen finden bezüglich der Liquidatoren Anwendung.

§ 87. **[Bei der Liquidation anzuwendende Vorschriften]** (1) Bis zur Beendigung der Liquidation kommen ungeachtet der Auflösung der Genossenschaft in bezug auf die Rechtsverhältnisse derselben und der Genossen die Vorschriften des zweiten und dritten Abschnitts dieses Gesetzes zur Anwendung, soweit sich aus den Bestimmungen des gegenwärtigen Abschnitts und aus dem Wesen der Liquidation nicht ein anderes ergibt.

(2) Der Gerichtsstand, welchen die Genossenschaft zur Zeit ihrer Auflösung hatte, bleibt bis zur vollzogenen Verteilung des Vermögens bestehen.

§ 87a.** **[Erhöhung der Geschäftsanteile im Liquidationsstadium]**
(1)¹ Ergibt sich bei Aufstellung der Liquidationseröffnungsbilanz, einer späteren Jahresbilanz oder einer Zwischenbilanz oder ist bei pflichtmäßigem Ermessen anzunehmen, daß das Vermögen auch unter Berücksichtigung fälliger, rückständiger Einzahlungen die Schulden nicht mehr deckt, so kann die Generalversammlung beschließen, daß die Genossen, die ihren Geschäftsanteil noch nicht voll eingezahlt haben, zu weiteren Einzahlungen auf den Geschäftsanteil verpflichtet sind, soweit dies zur Deckung des Fehlbetrages erforderlich ist. ²Der Beschlußfassung der Generalversammlung stehen abweichende Bestimmungen des Statuts nicht entgegen.

(2) ¹Reichen die weiteren Einzahlungen auf den Geschäftsanteil zur Deckung des Fehlbetrages nicht aus, so kann die Generalversammlung beschließen, daß die Genossen nach dem Verhältnis ihrer Geschäftsanteile weitere Zahlungen zu leisten haben, soweit es zur Deckung des Fehlbetrages erforderlich ist. ²Für Genossenschaften, bei denen die Genossen keine Nachschüsse zur Konkursmasse zu leisten

---

* § 85 Abs. 1 früherer Satz 3 aufgehoben durch Gesetz vom 9. 10. 1973 (BGBl. I S. 1451).
** § 87a eingefügt durch Gesetz vom 20. 7. 1933 (RGBl. I S. 520) und neu gefaßt durch Gesetz vom 9. 10. 1973 (BGBl. I S. 1451).

15 GenG §§ 87b–89   6. Abschnitt

haben, gilt dies nur, wenn das Statut es bestimmt. ³Ein Genosse kann zu weiteren Zahlungen höchstens bis zu dem Betrag in Anspruch genommen werden, der dem Gesamtbetrag seiner Geschäftsanteile entspricht. ⁴Absatz 1 Satz 2 gilt entsprechend. ⁵Bei Feststellung des Verhältnisses der Geschäftsanteile und des Gesamtbetrages der Geschäftsanteile gelten als Geschäftsanteile eines Genossen auch die Geschäftsanteile, die er entgegen den Bestimmungen des Statuts über eine Pflichtbeteiligung noch nicht übernommen hat.

(3) ¹Die Beschlüsse bedürfen einer Mehrheit, die mindestens drei Viertel der abgegebenen Stimmen umfaßt. ²Das Statut kann eine größere Mehrheit und weitere Erfordernisse bestimmen.

(4) Die Beschlüsse dürfen nicht gefaßt werden, wenn das Vermögen auch unter Berücksichtigung der weiteren Zahlungspflichten die Schulden nicht mehr deckt.

§ 87b.* **[Keine Erhöhung nach Auflösung]** Nach Auflösung der Genossenschaft können weder der Geschäftsanteil noch die Haftsumme erhöht werden.

§ 88. **[Aufgaben der Liquidatoren]** ¹Die Liquidatoren haben die laufenden Geschäfte zu beendigen, die Verpflichtungen der aufgelösten Genossenschaft zu erfüllen, die Forderungen derselben einzuziehen und das Vermögen der Genossenschaft in Geld umzusetzen; sie haben die Genossenschaft gerichtlich und außergerichtlich zu vertreten. ²Zur Beendigung schwebender Geschäfte können die Liquidatoren auch neue Geschäfte eingehen.

§ 88a.** **[Abtretbarkeit der Ansprüche auf rückständige Einzahlungen und anteilige Fehlbeträge]** (1) Die Liquidatoren können den Anspruch der Genossenschaft auf rückständige Einzahlungen auf den Geschäftsanteil (§ 7 Nr. 1) und den Anspruch auf anteilige Fehlbeträge (§ 73 Abs. 2) mit Zustimmung des Prüfungsverbandes abtreten.

(2) Der Prüfungsverband soll nur zustimmen, wenn der Anspruch an eine genossenschaftliche Zentralkasse oder an eine der fortlaufenden Überwachung durch einen Prüfungsverband unterstehende Stelle abgetreten wird und schutzwürdige Belange der Genossen nicht entgegenstehen.

§ 89.*** **[Rechte und Pflichten der Liquidatoren]** ¹Die Liquidatoren haben die aus den §§ 26, 27, 33 Abs. 1 Satz 1, §§ 34, 44 bis 47, 48 Abs. 3, §§ 51, 57 bis 59 sich ergebenden Rechte und Pflichten des Vorstandes und unterliegen gleich diesem der Überwachung des Aufsichtsrats. ²Sie haben sofort bei Beginn der Liquidation und demnächst in jedem Jahr eine Bilanz aufzustellen. ³Die erste Bilanz ist zu veröffentlichen; die Bekanntmachung ist zu dem Genossenschaftsregister einzureichen.

---

* § 87b eingefügt durch Gesetz vom 9. 10. 1973 (BGBl. I S. 1451).
** § 88a eingefügt durch Verordnung vom 19. 12. 1942 (RGBl. I S. 729), Abs. 1 geändert durch Bilanzrichtlinien-Gesetz vom 19. 12. 1985 (BGBl. I S. 2355).
*** § 89 Satz 1 geändert durch Gesetz vom 30. 10. 1934 (RGBl. I S. 1077) und geändert durch Bilanzrichtlinien-Gesetz vom 19. 12. 1985 (BGBl. I S. 2355).

Auflösung und Nichtigkeit der Genossenschaft §§ 90–93 GenG 15

§ 90.* **[Voraussetzung der Verteilung des Vermögens; Sperrjahr]** (1) Eine Verteilung des Vermögens unter die Genossen darf nicht vor Tilgung oder Deckung der Schulden und nicht vor Ablauf eines Jahres seit dem Tage vollzogen werden, an welchem die Aufforderung der Gläubiger in den hierzu bestimmten Blättern (§ 82 Abs. 2) erfolgt ist.

(2) ¹Meldet sich ein bekannter Gläubiger nicht, so ist der geschuldete Betrag, wenn die Berechtigung zur Hinterlegung vorhanden ist, für den Gläubiger zu hinterlegen. ²Ist die Berichtigung einer Verbindlichkeit zur Zeit nicht ausführbar oder ist eine Verbindlichkeit streitig, so darf die Verteilung des Vermögens nur erfolgen, wenn dem Gläubiger Sicherheit geleistet ist.

(3) *(aufgehoben)*

§ 91.** **[Verteilung des Vermögens unter die Genossen]** (1) ¹Die Verteilung des Vermögens unter die einzelnen Genossen erfolgt bis zum Gesamtbetrag ihrer auf Grund der ersten Liquidationsbilanz (§ 89) ermittelten Geschäftsguthaben nach dem Verhältnis der letzteren. ²Waren die Genossen nach § 87a Abs. 2 zu Zahlungen herangezogen worden, so sind zunächst diese Zahlungen nach dem Verhältnis der geleisteten Beträge zu erstatten. ³Bei Ermittlung der einzelnen Geschäftsguthaben bleiben für die Verteilung des Gewinns oder Verlustes, welcher sich für den Zeitraum zwischen dem letzten Jahresabschluß (§ 33) und der ersten Liquidationsbilanz ergeben hat, die seit dem letzten Jahresabschluß geleisteten Einzahlungen außer Betracht. ⁴Der Gewinn aus diesem Zeitraum ist dem Guthaben auch insoweit zuzuschreiben, als dadurch der Geschäftsanteil überschritten wird.

(2) Überschüsse, welche sich über den Gesamtbetrag dieser Guthaben hinaus ergeben, sind nach Köpfen zu verteilen.

(3) Durch das Statut kann die Verteilung des Vermögens ausgeschlossen oder ein anderes Verhältnis für die Verteilung bestimmt werden.

§ 92. [Unverteilbares Reinvermögen] ¹Ein bei der Auflösung der Genossenschaft verbleibendes unverteilbares Reinvermögen (§ 91 Abs. 3) fällt, sofern dasselbe nicht durch das Statut einer physischen oder juristischen Person zu einem bestimmten Verwendungszweck überwiesen ist, an diejenige Gemeinde, in der die Genossenschaft ihren Sitz hatte. ²Die Zinsen dieses Fonds sind zu gemeinnützigen Zwecken zu verwenden.

§ 93. [Aufbewahrung der Bücher und Schriften] ¹Nach Beendigung der Liquidation sind die Bücher und Schriften der aufgelösten Genossenschaft für die Dauer von zehn Jahren einem der gewesenen Genossen oder einem Dritten in Verwahrung zu geben. ²Der Genosse oder der Dritte wird in Ermangelung einer Bestimmung des Statuts oder eines Beschlusses der Generalversammlung durch das Gericht (§ 10) bestimmt. ³Dasselbe kann die Genossen und deren Rechtsnach-

---

* § 90 Abs. 1 geändert durch Verordnung vom 13. 4. 1943 (RGBl. I S. 251), Abs. 3 aufgehoben durch Gesetz vom 9. 10. 1973 (BGBl. I S. 1451).
** § 91 Abs. 1 Satz 2 eingefügt, bisherige Sätze 2 und 3 wurden Sätze 3 und 4 durch Gesetz vom 9. 10. 1973 (BGBl. I S. 1451), Abs. 1 Satz 3 geändert durch Bilanzrichtlinien-Gesetz vom 19. 12. 1985 (BGBl. I S. 2355).

15 GenG §§ 93 a–93 e   6. Abschnitt

folger sowie die Gläubiger der Genossenschaft zur Einsicht der Bücher und Schriften ermächtigen.

§ 93 a.* [**Verschmelzung von Genossenschaften**] (1) Genossenschaften gleicher Haftart können unter Ausschluß der Liquidation in der Weise vereinigt (verschmolzen) werden, daß das Vermögen der einen Genossenschaft (übertragende Genossenschaft) als Ganzes auf eine andere Genossenschaft (übernehmende Genossenschaft) übertragen wird.

(2) Die Verschmelzung ist auch zulässig, wenn die übertragende Genossenschaft aufgelöst ist, die Verteilung des Vermögens unter die Genossen aber noch nicht begonnen hat.

§ 93 b.* [**Beschluß über Verschmelzung**] (1) ¹Die Verschmelzung muß von der Generalversammlung jeder Genossenschaft beschlossen werden. ²Der Beschluß bedarf einer Mehrheit, die mindestens drei Viertel der abgegebenen Stimmen umfaßt.

(2) ¹Vor der Beschlußfassung der Generalversammlung ist der Prüfungsverband darüber zu hören, ob die Verschmelzung mit den Belangen der Genossen und der Gläubiger der Genossenschaft vereinbar ist. ²Das Gutachten des Prüfungsverbandes ist in jeder Generalversammlung zu verlesen, in der über die Verschmelzung verhandelt wird. ³Der Prüfungsverband ist berechtigt, an der Generalversammlung beratend teilzunehmen.

§ 93 c.* [**Verschmelzungsvertrag**] Für den Verschmelzungsvertrag ist die schriftliche Form erforderlich und ausreichend.

§ 93 d.* [**Anmeldung der Verschmelzung**] (1) Der Vorstand jeder Genossenschaft hat die Verschmelzung zur Eintragung in das Genossenschaftsregister des Sitzes seiner Genossenschaft anzumelden.

(2) Der Anmeldung sind der Verschmelzungsvertrag, das Gutachten des Prüfungsverbandes, die Verschmelzungsbeschlüsse in Urschrift oder öffentlich beglaubigter Abschrift sowie, wenn die Verschmelzung der staatlichen Genehmigung bedarf, die Genehmigungsurkunde beizufügen.

(3) ¹Der Anmeldung zum Genossenschaftsregister des Sitzes der übertragenden Genossenschaft ist ferner eine Bilanz der übertragenden Genossenschaft beizufügen, die für einen höchstens sechs Monate vor der Anmeldung liegenden Zeitpunkt aufgestellt worden ist (Schlußbilanz). ²Für diese Bilanz gelten die Vorschriften über die Jahresbilanz sinngemäß; sie braucht nicht bekanntgemacht zu werden.

§ 93 e.** [**Wirkungen der Eintragung der Verschmelzung**] (1) ¹Mit der Eintragung der Verschmelzung in das Genossenschaftsregister des Sitzes der übertragenden Genossenschaft geht das Vermögen dieser Genossenschaft einschließlich der Schulden auf die übernehmende Genossenschaft über. ²Soweit durch die Verschmelzung Grundbücher oder andere öffentliche Register unrichtig werden, sind sie auf Antrag des Vorstands der übernehmenden Genossenschaft zu berichtigen.

---

* §§ 93a bis 93d eingefügt durch Gesetz vom 1.7. 1922 (RGBl. I S. 567) und neu gefaßt durch Verordnung vom 13. 4. 1943 (RGBl. I S. 251).
** § 93e eingefügt durch Verordnung vom 13. 4. 1943 (RGBl. I S. 251).

Auflösung und Nichtigkeit der Genossenschaft §§ 93f–93h GenG 15

³Zum Nachweis des Vermögensübergangs genügt eine vom Gericht des Sitzes der übertragenden Genossenschaft ausgestellte Bestätigung über die Verschmelzung.

(2) ¹Mit der Eintragung der Verschmelzung in das Genossenschaftsregister des Sitzes der übertragenden Genossenschaft erlischt diese. ²Einer besonderen Löschung bedarf es nicht.

(3) Ist beim Abschluß des Verschmelzungsvertrages die schriftliche Form nicht gewahrt oder der Prüfungsverband nicht angehört worden, so werden diese Mängel durch die Eintragung geheilt.

(4) Das Gericht des Sitzes der übertragenden Genossenschaft hat von Amts wegen die bei ihm aufbewahrten Urkunden und sonstigen Schriftstücke nach der Eintragung der Verschmelzung dem Gericht des Sitzes der übernehmenden Genossenschaft zur Aufbewahrung zu übersenden.

§ 93f.* [Schutz von Gläubigern der übertragenden Genossenschaft] ¹Den Gläubigern der übertragenden Genossenschaft ist, wenn sie sich binnen sechs Monaten nach der Bekanntmachung der Eintragung der Verschmelzung in das Genossenschaftsregister des Sitzes der übertragenden Genossenschaft bei der übernehmenden Genossenschaft zu diesem Zweck melden, Sicherheit zu leisten, soweit sie nicht Befriedigung verlangen können. ²In der Bekanntmachung ist darauf hinzuweisen.

§ 93g.* [Fortführung der Bilanzwerte durch die übernehmende Genossenschaft] Die in der Schlußbilanz der übertragenden Genossenschaft angesetzten Werte gelten für die Jahresbilanzen der übernehmenden Genossenschaft als Anschaffungskosten im Sinne des § 253 Abs. 1 des Handelsgesetzbuchs.

§ 93h.* [Mitgliedschaft bei der übenehmenden Genossenschaft] (1) Mit der Eintragung der Verschmelzung in das Genossenschaftsregister des Sitzes der übertragenden Genossenschaft erwerben die Genossen dieser Genossenschaft die Mitgliedschaft bei der übernehmenden Genossenschaft mit allen Rechten und Pflichten.

(2) ¹Die Genossen der übertragenden Genossenschaft sind bei der übernehmenden Genossenschaft mit mindestens einem Geschäftsanteil beteiligt. ²Läßt das Statut der übernehmenden Genossenschaft die Beteiligung mit mehreren Geschäftsanteilen zu oder verpflichtet es die Genossen zur Übernahme mehrerer Geschäftsanteile, so ist jeder Genosse der übertragenden Genossenschaft mit so vielen Geschäftsanteilen bei der übernehmenden Genossenschaft beteiligt, wie durch Anrechnung seines Geschäftsguthabens bei der übertragenden Genossenschaft als voll eingezahlt anzusehen sind; eine Verpflichtung zur Übernahme weiterer Geschäftsanteile bleibt unberührt.

(3) Übersteigt das Geschäftsguthaben, das der Genosse bei der übertragenden Genossenschaft hatte, den Gesamtbetrag der Geschäftsanteile, mit denen er bei der übernehmenden Genossenschaft beteiligt ist, so ist der übersteigende Betrag nach Ablauf von sechs Monaten seit der Bekanntmachung auszuzahlen; die Auszahlung darf jedoch nicht erfolgen, bevor die Gläubiger, die sich nach § 93f gemeldet haben, befriedigt oder sichergestellt sind.

---

* §§ 93f bis 93h eingefügt durch Verordnung vom 13. 4. 1943 (RGBl. I S. 251), § 93g geändert durch Bilanzrichtlinien-Gesetz vom 19. 12. 1985 (BGBl. I S. 2355).

15 GenG §§ 93i–93l   6. Abschnitt

(4) Für die Feststellung des Geschäftsguthabens, das der Genosse bei der übertragenden Genossenschaft gehabt hat, ist die Schlußbilanz maßgebend.

§ 93i.* [Pflichten des Vorstandes; Benachrichtigung der Genossen] (1) Der Vorstand der übernehmenden Genossenschaft hat die Genossen der übertragenden Genossenschaft nach der Eintragung der Verschmelzung in das Genossenschaftsregister des Sitzes der übertragenden Genossenschaft unverzüglich zur Eintragung in die Liste der Genossen der übernehmenden Genossenschaft anzumelden.

(2) ¹Das Gericht hat den Vorstand und die Genossen unverzüglich von der Eintragung zu benachrichtigen. ²Die Genossen können auf die Benachrichtigung nicht verzichten.

(3) ¹Der Vorstand der übernehmenden Genossenschaft hat jedem Genossen der übertragenden Genossenschaft unverzüglich, spätestens binnen drei Monaten seit der Benachrichtigung durch das Gericht, schriftlich mitzuteilen:
1. den Betrag des Geschäftsguthabens bei der übernehmenden Genossenschaft;
2. den Betrag des Geschäftsanteils bei der übernehmenden Genossenschaft und die Zahl der Geschäftsanteile, mit denen der Genosse nach § 93h Abs. 2 an der übernehmenden Genossenschaft beteiligt ist;
3. den Betrag der von den Genossen nach Anrechnung seines Geschäftsguthabens noch zu leistenden Einzahlung oder den Betrag, der nach § 93h Abs. 3 an den Genossen auszuzahlen ist;
4. bei Genossenschaften mit beschränkter Haftpflicht den Betrag der Haftsumme der übernehmenden Genossenschaft.

²Die Genossen können auf die Mitteilung nicht verzichten.

§ 93k.* [Kündigungsrecht der Genossen der übertragenden Genossenschaft] (1) ¹Die durch die Verschmelzung erworbene Mitgliedschaft kann kündigen:
1. jeder in der Generalversammlung erschienene Genosse, wenn er gegen den Verschmelzungsbeschluß Widerspruch zu Protokoll erklärt hat;
2. jeder in der Generalversammlung nicht erschienene Genosse, wenn er zu der Generalversammlung zu Unrecht nicht zugelassen worden ist oder die Versammlung nicht gehörig berufen oder der Gegenstand der Beschlußfassung nicht gehörig angekündigt worden ist.

²Die Kündigung hat durch schriftliche Erklärung gegenüber der übernehmenden Genossenschaft zu geschehen.

(2) ¹Hat eine Vertreterversammlung die Verschmelzung beschlossen, so kann jeder Genosse kündigen. ²Für die Vertreter gilt Absatz 1.

(3) Die Kündigung kann nur innerhalb eines Monats seit Zugang der Mitteilung des Vorstands (§ 93i Abs. 3), längstens aber binnen sechs Monaten seit Absendung der Benachrichtigung durch das Gericht (§ 93i Abs. 2) erklärt werden.

§ 93l.* [Anmeldung und Eintragung der Kündigung] (1) ¹Der Vorstand hat die Kündigung des Genossen dem Gericht zur Eintragung in die Liste der Genossen unverzüglich anzumelden. ²Der Anmeldung sind das Kündigungsschreiben und die schriftliche Versicherung des Vorstands, daß die Kündigung rechtzeitig erfolgt ist, beizufügen.

---
* §§ 93i bis 93l eingefügt durch Verordnung vom 13. 4. 1943 (RGBl. I S. 251).

Auflösung und Nichtigkeit der Genossenschaft §§ 93m–93o **GenG 15**

(2) ¹Wird die Kündigung eingetragen, so gilt die Mitgliedschaft des Genossen der übertragenden Genossenschaft bei der übernehmenden Genossenschaft als nicht erworben. ²Dies ist bei der Eintragung in der Liste der Genossen zu vermerken. ³§ 71 gilt sinngemäß.

§ 93 m.* [Auseinandersetzung mit dem kündigenden Genossen] (1) ¹Mit dem kündigenden Genossen hat die übernehmende Genossenschaft sich auseinanderzusetzen. ²Maßgebend ist die Schlußbilanz der übertragenden Genossenschaft. ³Der kündigende Genosse kann die Auszahlung seines Geschäftsguthabens verlangen; an den Rücklagen und dem sonstigen Vermögen der übertragenden Genossenschaft hat er vorbehaltlich des § 73 Abs. 3 keinen Anteil, auch wenn sie bei der Verschmelzung dem Geschäftsguthaben des Genossen der übertragenden Genossenschaft zugerechnet werden. ⁴Die Ansprüche sind binnen sechs Monaten seit der Kündigung zu befriedigen; die Auszahlung darf jedoch nicht erfolgen, bevor die Gläubiger, die sich nach § 93f gemeldet haben, befriedigt oder sichergestellt sind, und nicht vor Ablauf von sechs Monaten seit der Bekanntmachung.

(2) ¹Reichen die Geschäftsguthaben und die in der Schlußbilanz ausgewiesenen Rücklagen zur Deckung eines in dieser Bilanz ausgewiesenen Verlustes nicht aus, so hat der kündigende Genosse den anteiligen Fehlbetrag an die übernehmende Genossenschaft zu zahlen, wenn und soweit er im Falle des Konkurses Nachschüsse an die übertragende Genossenschaft zu leisten gehabt hätte. ²Der anteilige Fehlbetrag wird, falls das Statut der übertragenden Genossenschaft nichts anderes bestimmt, nach der Kopfzahl der Genossen der übertragenden Genossenschaft errechnet.

(3) ¹Die Ansprüche verjähren binnen drei Jahren. ²Die Verjährung beginnt mit dem Schluß des Kalenderjahres, in dem die Ansprüche fällig geworden sind.

§ 93 n.** [Haftung von Vorstand und Aufsichtsrat der übertragenden Genossenschaft] (1) ¹Die Mitglieder des Vorstands und des Aufsichtsrats dieser Genossenschaft sind den Genossen und den Gläubigern dieser Genossenschaft als Gesamtschuldner zum Ersatz des Schadens verpflichtet, den sie durch die Verschmelzung erleiden. ²Mitglieder, die bei der Prüfung der Vermögenslage der Genossenschaften und beim Abschluß des Verschmelzungsvertrages ihre Sorgfaltspflicht beobachtet haben, sind von der Ersatzpflicht befreit.

(2) Zuständig für die Geltendmachung der Ersatzansprüche ist das Gericht, in dessen Bezirk die übertragende Genossenschaft ihren Sitz hatte.

(3) Die Ersatzansprüche verjähren in fünf Jahren seit Eintragung der Verschmelzung in das Genossenschaftsregister des Sitzes der übertragenden Genossenschaft.

§ 93 o.** [Haftung von Vorstand und Aufsichtsrat der übernehmenden Genossenschaft] Schadenersatzansprüche, die sich nach §§ 34, 41 gegen die Mitglieder des Vorstands und des Aufsichtsrats der übernehmenden Genossenschaft auf Grund der Verschmelzung ergeben, verjähren in fünf Jahren seit der Eintragung der Verschmelzung in das Genossenschaftsregister des Sitzes der übertragenden Genossenschaft.

---

* § 93m eingefügt durch Verordnung vom 13. 4. 1943 (RGBl. I S. 251), Abs. 1 Satz 3 Halbsatz 2 geändert, Abs. 1 Satz 4 Halbsatz 1 und Abs. 2 Satz 1 neu gefaßt durch Gesetz vom 9. 10. 1973 (BGBl. I S. 1451).
** §§ 93n und 93o eingefügt durch Verordnung vom 13. 4. 1943 (RGBl. I S. 251).

§ 93p.* [**Anfechtung des Verschmelzungsvertrages**] (1) Für die Anfechtung des Verschmelzungsvertrages nach den Vorschriften des bürgerlichen Rechts und die Geltendmachung der auf Grund der Anfechtung sich ergebenden Ansprüche gilt die übertragende Genossenschaft als fortbestehend.

(2) Die übertragende Genossenschaft kann den Verschmelzungsvertrag nur anfechten, wenn die Generalversammlung dies mit einer Mehrheit beschließt, die mindestens drei Viertel der abgegebenen Stimmen umfaßt.

§ 93q. * [**Anfechtung des Verschmelzungsbeschlusses**] Nach Eintragung der Verschmelzung in das Genossenschaftsregister des Sitzes der übertragenden Genossenschaft ist eine Anfechtung des Verschmelzungsbeschlusses dieser Genossenschaft gegen die übernehmende Genossenschaft zu richten.

§ 93r.* [**Nachschußpflicht bei Konkurs der übernehmenden Genossenschaft**] (1) ¹Ist die Haftsumme bei der übernehmenden Genossenschaft geringer, als sie bei der übertragenden Genossenschaft war, und können die Gläubiger, die sich nach § 93f gemeldet haben, wegen ihrer Forderung Befriedigung oder Sicherstellung auch nicht aus den von den Genossen eingezogenen Nachschüssen erlangen, so haben zur Befriedigung dieser Gläubiger die Genossen, die Mitglieder der übertragenden Genossenschaft waren, weitere Nachschüsse bis zur Höhe der Haftsumme bei der übertragenden Genossenschaft zu leisten. ²Für die Einziehung dieser Nachschüsse gelten die §§ 105 bis 115a.

(2) Absatz 1 ist nur anzuwenden, wenn das Konkursverfahren binnen achtzehn Monaten seit der Eintragung der Verschmelzung in das Genossenschaftsregister des Sitzes der übertragenden Genossenschaft eröffnet wird.

§ 93s.** [**Verschmelzung durch Neubildung**] (1) Genossenschaften gleicher Haftart können unter Ausschluß der Liquidation durch Bildung einer neuen Genossenschaft in der Weise vereinigt (verschmolzen) werden, daß das Vermögen der Genossenschaften (übertragende Genossenschaften) als Ganzes auf eine neue Genossenschaft (übernehmende Genossenschaft) übergeht (Verschmelzung durch Neubildung).

(2) Für die Errichtung der neuen Genossenschaft durch die sich vereinigenden Genossenschaften gelten die Vorschriften des Ersten Abschnitts mit folgenden Maßgaben:
1. Das Statut der neuen Genossenschaft ist durch sämtliche Mitglieder der Vorstände der sich vereinigenden Genossenschaften aufzustellen und zu unterzeichnen.
2. ¹Die Vorstände der sich vereinigenden Genossenschaften bestellen den ersten Aufsichtsrat der neuen Genossenschaft. ²Das gleiche gilt für die Bestellung des ersten Vorstands, sofern nicht durch das Statut der neuen Genossenschaft an die Stelle der Wahl durch die Generalversammlung eine andere Art der Bestellung des Vorstands festgesetzt ist.
3. Das Statut der neuen Genossenschaft sowie die Bestellung des ersten Vorstands und des ersten Aufsichtsrats bedürfen der Zustimmung der Generalversammlungen der sich vereinigenden Genossenschaften, die Bestellung des ersten Vorstands jedoch nur, wenn dieser von den Vorständen der sich vereinigenden Genossenschaften bestellt worden ist.

---
* §§ 93p bis 93r eingefügt durch Verordnung vom 13. 4. 1943 (RGBl. I S. 251).
** § 93s eingefügt durch Gesetz vom 9. 10. 1973 (BGBl. I S. 1451).

(3) ¹Die Vorstände der sich vereinigenden Genossenschaften haben die neue Genossenschaft bei dem Gericht, in dessen Bezirk sie ihren Sitz haben soll, zur Eintragung in das Genossenschaftsregister anzumelden. ²Mit der Eintragung der neuen Genossenschaft geht das Vermögen der sich vereinigenden Genossenschaften einschließlich der Verbindlichkeiten auf die neue Genossenschaft über. ³Die sich vereinigenden Genossenschaften erlöschen mit der Eintragung. ⁴Einer besonderen Löschung der sich vereinigenden Genossenschaften bedarf es nicht. ⁵Die Genossen der sich vereinigenden Genossenschaften erwerben mit der Eintragung die Mitgliedschaft bei der neuen Genossenschaft mit allen Rechten und Pflichten. ⁶Im übrigen gelten für die Verschmelzung durch Neubildung § 93a Abs. 2, §§ 93b bis 93d, § 93e Abs. 1 Satz 2 und 3, Abs. 3 und 4, §§ 93f und 93g, § 93h Abs. 2 bis 4, §§ 93i bis 93n und §§ 93p bis 93r sinngemäß.

§ 94. [Klage auf Nichtigerklärung] Enthält das Statut nicht die für dasselbe wesentlichen Bestimmungen oder ist eine dieser Bestimmungen nichtig, so kann jeder Genosse und jedes Mitglied des Vorstandes und des Aufsichtsrats im Wege der Klage beantragen, daß die Genossenschaft für nichtig erklärt werde.

§ 95.* [Nichtigkeitsgründe; Heilung von Mängeln] (1) Als wesentlich im Sinne des § 94 gelten die in den §§ 6, 7 und 119 bezeichneten Bestimmungen des Statuts mit Ausnahme derjenigen über die Beurkundung der Beschlüsse der Generalversammlung und den Vorsitz in dieser sowie über die Grundsätze für die Aufstellung und Prüfung des Jahresabschlusses.

(2) Ein Mangel, der eine hiernach wesentliche Bestimmung des Statuts betrifft, kann durch einen den Vorschriften dieses Gesetzes über Änderungen des Statuts entsprechenden Beschluß der Generalversammlung geheilt werden.

(3) Die Berufung der Generalversammlung erfolgt, wenn sich der Mangel auf die Bestimmungen über die Form der Berufung bezieht, durch Einrückung in diejenigen öffentlichen Blätter, welche für die Bekanntmachung der Eintragungen in das Genossenschaftsregister des Sitzes der Genossenschaft bestimmt sind.

(4) Betrifft bei einer Genossenschaft, bei der die Genossen beschränkt auf eine Haftsumme Nachschüsse zur Konkursmasse zu leisten haben, der Mangel die Bestimmungen über die Haftsumme, so darf durch die zur Heilung des Mangels beschlossenen Bestimmungen der Gesamtbetrag der von den einzelnen Genossen übernommenen Haftung nicht vermindert werden.

§ 96. [Verfahren bei Nichtigkeitsklage] Das Verfahren über die Klage auf Nichtigkeitserklärung und die Wirkungen des Urteils bestimmen sich nach den Vorschriften des § 51 Abs. 3 bis 5 und des § 52.

§ 97. [Wirkung der Eintragung der Nichtigkeit] (1) Ist die Nichtigkeit einer Genossenschaft in das Genossenschaftsregister eingetragen, so finden zum Zweck der Abwicklung ihrer Verhältnisse die für den Fall der Auflösung geltenden Vorschriften entsprechende Anwendung.

(2) Die Wirksamkeit der im Namen der Genossenschaft mit Dritten vorgenommenen Rechtsgeschäfte wird durch die Nichtigkeit nicht berührt.

---

* § 95 Abs. 1 geändert und Abs. 4 neu gefaßt durch Gesetz vom 9. 10. 1973 (BGBl. I S. 1451), Abs. 1 geändert durch Bilanzrichtlinien-Gesetz vom 19. 12. 1985 (BGBl. I S. 2355).

15 GenG §§ 98–100

(3) Soweit die Genossen eine Haftung für die Verbindlichkeiten der Genossenschaft übernommen haben, sind sie verpflichtet, die zur Befriedigung der Gläubiger erforderlichen Beträge nach Maßgabe der Vorschriften des folgenden Abschnitts zu leisten.

Siebenter Abschnitt. Konkursverfahren und Haftpflicht der Genossen

§ 98.* **[Voraussetzungen der Konkurseröffnung]** (1) Das Konkursverfahren über das Vermögen einer Genossenschaft findet statt
1. im Falle der Zahlungsunfähigkeit;
2. bei einer Genossenschaft, bei der die Genossen Nachschüsse bis zu einer Haftsumme zu leisten haben, auch in Fällen, in denen das Vermögen die Schulden nicht mehr deckt (Überschuldung) und die Überschuldung ein Viertel des Gesamtbetrages der Haftsummen aller Genossen übersteigt;
3. bei einer Genossenschaft, bei der die Genossen keine Nachschüsse zu leisten haben, und bei einer aufgelösten Genossenschaft auch im Falle der Überschuldung.

(2) Nach Auflösung der Genossenschaft ist die Eröffnung des Verfahrens so lange zulässig, als die Verteilung des Vermögens nicht vollzogen ist.

§ 99.* **[Antragspflicht des Vorstandes]** (1) [1]Wird die Genossenschaft zahlungsunfähig, so hat der Vorstand, bei einer aufgelösten Genossenschaft der Liquidator, ohne schuldhaftes Zögern, spätestens aber drei Wochen nach Eintritt der Zahlungsunfähigkeit, die Eröffnung des Konkursverfahrens oder die Eröffnung des gerichtlichen Vergleichsverfahrens zu beantragen. [2]Dies gilt sinngemäß, wenn sich bei Aufstellung des Jahresabschlusses oder einer Zwischenbilanz ergibt oder bei pflichtmäßigem Ermessen anzunehmen ist, daß eine Überschuldung besteht, die für die Genossenschaft Konkursgrund nach § 98 Abs. 1 ist. [3]Der Antrag ist nicht schuldhaft verzögert, wenn der Vorstand die Eröffnung des gerichtlichen Vergleichsverfahrens mit der Sorgfalt eines ordentlichen und gewissenhaften Geschäftsleiters einer Genossenschaft betreibt.

(2) [1]Der Vorstand darf keine Zahlung mehr leisten, sobald die Genossenschaft zahlungsunfähig geworden ist oder sich eine Überschuldung ergeben hat, die für die Genossenschaft Konkursgrund nach § 98 Abs. 1 ist. [2]Dies gilt nicht für Zahlungen, die auch nach diesem Zeitpunkt mit der Sorgfalt eines ordentlichen und gewissenhaften Geschäftsleiters einer Genossenschaft vereinbar sind.

§ 100. **[Antragsrecht der Vorstandsmitglieder]** (1) Zu dem Antrag auf Eröffnung des Verfahrens ist außer den Konkursgläubigern jedes Mitglied des Vorstandes berechtigt.

(2) [1]Wird der Antrag nicht von allen Mitgliedern gestellt, so ist derselbe zuzulassen, wenn die ihn begründenden Tatsachen (§ 98) glaubhaft gemacht werden. [2]Das Gericht hat die übrigen Mitglieder nach Maßgabe der Konkursordnung § 105 Abs. 2, 3** zu hören.

(3) Der Eröffnungsantrag kann nicht aus dem Grunde abgewiesen werden, daß eine den Kosten des Verfahrens entsprechende Konkursmasse nicht vorhanden sei.

---
* § 98 Abs. 1 und § 99 neu gefaßt durch Gesetz vom 9. 10. 1973 (BGBl. I S. 1451), § 99 Abs. 1 Satz 2 geändert durch Bilanzrichtlinien-Gesetz vom 19. 12. 1985 (BGBl. I S. 2355).
** Abgedruckt in Schönfelder unter Nr. **110.**

Konkursverfahren und Haftpflicht der Genossen §§ 101–106 GenG 15

§ 101. [Wirkung der Konkurseröffnung] Durch die Eröffnung des Konkursverfahrens wird die Genossenschaft aufgelöst.

§ 102. [Eintragung der Konkurseröffnung] ¹Die Eröffnung des Konkursverfahrens ist unverzüglich in das Genossenschaftsregister einzutragen. ²Die Eintragung wird nicht bekanntgemacht.

§ 103. [Gläubigerausschuß] ¹Bei der Eröffnung des Verfahrens ist von dem Gericht ein Gläubigerausschuß zu bestellen. ²Die Gläubigerversammlung hat über die Beibehaltung der bestellten oder die Wahl anderer Mitglieder zu beschließen. ³Im übrigen kommen die Vorschriften in § 87 der Konkursordnung* zur Anwendung.

§ 104. [Berufung der Generalversammlung] Die Generalversammlung ist ohne Verzug zur Beschlußfassung darüber zu berufen (§§ 44 bis 46), ob die bisherigen Mitglieder des Vorstandes und des Aufsichtsrats beizubehalten oder andere zu bestellen sind.

§ 105.** [Nachschußpflicht der Genossen] (1) Soweit die Konkursgläubiger wegen ihrer bei der Schlußverteilung (Konkursordnung § 161)* berücksichtigten Forderungen aus dem zur Zeit der Eröffnung des Konkursverfahrens vorhandenen Vermögen der Genossenschaft nicht befriedigt werden, sind die Genossen verpflichtet, Nachschüsse zur Konkursmasse zu leisten, es sei denn, daß das Statut die Nachschußpflicht ausschließt.

(2) Die Nachschüsse sind von den Genossen, wenn nicht das Statut ein anderes Beitragsverhältnis festsetzt, nach Köpfen zu leisten.

(3) Beiträge, zu deren Leistung einzelne Genossen unvermögend sind, werden auf die übrigen verteilt.

(4) ¹Zahlungen, welche Genossen über die von ihnen nach den vorstehenden Bestimmungen geschuldeten Beiträge hinaus leisten, sind ihnen, nachdem die Befriedigung der Gläubiger erfolgt ist, aus den Nachschüssen zu erstatten. ²Das gleiche gilt für Zahlungen der Genossen auf Grund des § 87a Abs. 2 nach Erstattung der in Satz 1 bezeichneten Zahlungen.

(5) Gegen die Nachschüsse kann der Genosse eine Forderung an die Genossenschaft aufrechnen, sofern die Voraussetzungen vorliegen, unter welchen er als Konkursgläubiger Befriedigung wegen der Forderung aus den Nachschüssen zu beanspruchen hat.

§ 106.*** [Vorschußberechnung] (1) Der Konkursverwalter hat sofort, nachdem die Bilanz auf der Geschäftsstelle niedergelegt ist (Konkursordnung § 124),* zu berechnen, wieviel zur Deckung des in der Bilanz bezeichneten Fehlbetrages die Genossen vorschußweise beizutragen haben.

(2) ¹In der Berechnung (Vorschußberechnung) sind die sämtlichen Genossen namentlich zu bezeichnen und auf sie die Beiträge zu verteilen. ²Die Höhe der

---

* Abgedruckt in Schönfelder unter Nr. 110.
** § 105 Abs. 1 neu gefaßt und Abs. 4 Satz 2 eingefügt durch Gesetz vom 9. 10. 1973 (BGBl. I S. 1451).
*** § 106 Abs. 1 geändert durch Gesetz vom 9. 7. 1927 (RGBl. I S. 175).

Beiträge ist jedoch derart zu bemessen, daß durch ein vorauszusehendes Unvermögen einzelner Genossen zur Leistung von Beiträgen ein Ausfall an dem zu deckenden Gesamtbetrag nicht entsteht.

(3) ¹Die Berechnung ist dem Konkursgericht mit dem Antrag einzureichen, dieselbe für vollstreckbar zu erklären. ²Wird das Genossenschaftsregister nicht bei dem Konkursgericht geführt, so ist dem Antrag eine beglaubigte Abschrift des Statuts und der Liste der Genossen beizufügen.

§ 107.* [Terminsbestimmung zur Erklärung über die Vorschußberechnung] (1) ¹Zur Erklärung über die Berechnung bestimmt das Gericht einen Termin, welcher nicht über zwei Wochen hinaus anberaumt werden darf. ²Derselbe ist öffentlich bekanntzumachen; die in der Berechnung aufgeführten Genossen sind besonders zu laden.

(2) ¹Die Berechnung ist spätestens drei Tage vor dem Termin auf der Geschäftsstelle zur Einsicht der Beteiligten niederzulegen. ²Hierauf ist in der Bekanntmachung und den Ladungen hinzuweisen.

§ 108.* [Erklärungstermin] (1) In dem Termin sind Vorstand und Aufsichtsrat der Genossenschaft sowie der Konkursverwalter und der Gläubigerausschuß und, soweit Einwendungen erhoben werden, die sonst Beteiligten zu hören.

(2) ¹Das Gericht entscheidet über die erhobenen Einwendungen, berichtigt, soweit erforderlich, die Berechnung und ordnet die Berichtigung an und erklärt die Berechnung für vollstreckbar. ²Die Entscheidung ist in dem Termin oder in einem sofort anzuberaumenden Termin, welcher nicht über eine Woche hinaus angesetzt werden soll, zu verkünden. ³Die Berechnung mit der sie für vollstreckbar erklärenden Entscheidung ist zur Einsicht der Beteiligten auf der Geschäftsstelle niederzulegen.

(3) Gegen die Entscheidung findet ein Rechtsmittel nicht statt.

§ 108a.** [Abtretbarkeit der Ansprüche auf rückständige Einzahlungen, anteilige Fehlbeträge und Nachschüsse] (1) Der Konkursverwalter kann die Ansprüche der Genossenschaft auf rückständige Einzahlungen auf den Geschäftsanteil (§ 7 Nr. 1), auf anteilige Fehlbeträge (§ 73 Abs. 2) und auf Nachschüsse (§§ 106, 108) mit Genehmigung des Konkursgerichts abtreten.

(2) Die Genehmigung soll nur nach Anhörung des Prüfungsverbandes und nur dann erteilt werden, wenn der Anspruch an eine genossenschaftliche Zentralkasse oder an eine der fortlaufenden Überwachung durch einen Prüfungsverband unterstehende Stelle abgetreten wird.

§ 109. [Einziehung der Vorschüsse] (1) Nachdem die Berechnung für vollstreckbar erklärt ist, hat der Konkursverwalter ohne Verzug die Beiträge von den Genossen einzuziehen.

(2) Die Zwangsvollstreckung gegen einen Genossen findet in Gemäßheit der Zivilprozeßordnung auf Grund einer vollstreckbaren Ausfertigung der Entscheidung und eines Auszuges aus der Berechnung statt.

---

* § 107 Abs. 2 und § 108 Abs. 2 geändert durch Gesetz vom 9. 7. 1927 (RGBl. I S. 175).
** § 108a eingefügt durch Verordnung vom 19. 12. 1942 (RGBl. I S. 729), Abs. 1 geändert durch Bilanzrichtlinien-Gesetz vom 19. 12. 1985 (BGBl. I S. 2355).

Konkursverfahren und Haftpflicht der Genossen §§ 110–113 **GenG 15**

(3) Für die in den Fällen der §§ 731, 767, 768 der Zivilprozeßordnung zu erhebenden Klage ist das Amtsgericht, bei welchem das Konkursverfahren anhängig ist und, wenn der Streitgegenstand zur Zuständigkeit der Amtsgerichte nicht gehört, das Landgericht ausschließlich zuständig, zu dessen Bezirk der Bezirk des Konkursgerichts gehört.

§ 110. [**Hinterlegung oder Anlegung der Vorschüsse**] Die eingezogenen Beträge sind bei der von der Gläubigerversammlung bestimmten Stelle (Konkursordnung § 132)* zu hinterlegen oder anzulegen.

§ 111. [**Anfechtungsklage**] (1) ¹Jeder Genosse ist befugt, die für vollstreckbar erklärte Berechnung im Wege der Klage anzufechten. ²Die Klage ist gegen den Konkursverwalter zu richten. ³Sie findet nur binnen der Notfrist eines Monats seit Verkündung der Entscheidung und nur insoweit statt, als der Kläger den Anfechtungsgrund in dem Termin (§ 107) geltend gemacht hat oder ohne sein Verschulden geltend zu machen außerstande war.

(2) Das rechtskräftige Urteil wirkt für und gegen alle beitragspflichtigen Genossen.

§ 112. [**Verfahren bei Anfechtungsklage**] (1) ¹Die Klage ist ausschließlich bei dem Amtsgericht zu erheben, welches die Berechnung für vollstreckbar erklärt hat. ²Die mündliche Verhandlung erfolgt nicht vor Ablauf der bezeichneten Notfrist. ³Mehrere Anfechtungsprozesse sind zur gleichzeitigen Verhandlung und Entscheidung zu verbinden.

(2) ¹Übersteigt der Streitgegenstand eines Prozesses die sonst für die sachliche Zuständigkeit der Amtsgerichte geltende Summe, so hat das Gericht, sofern eine Partei in einem solchen Prozeß vor der Verhandlung zur Hauptsache darauf anträgt, durch Beschluß die sämtlichen Streitsachen an das Landgericht, in dessen Bezirk es seinen Sitz hat, zu verweisen. ²Gegen diesen Beschluß findet die sofortige Beschwerde statt. ³Die Notfrist beginnt mit der Verkündung des Beschlusses.

(3) ¹Ist der Beschluß rechtskräftig, so gelten die Streitsachen als bei dem Landgericht anhängig. ²Die im Verfahren vor dem Amtsgericht erwachsenen Kosten werden als Teil der bei dem Landgericht erwachsenen Kosten behandelt und gelten als Kosten einer Instanz.

(4) Die Vorschriften der Zivilprozeßordnung §§ 769, 770 über die Einstellung der Zwangsvollstreckung und die Aufhebung der Vollstreckungsmaßregeln finden entsprechende Anwendung.

§ 112a.** [**Vergleiche über Nachschüsse**] (1) ¹Der Konkursverwalter kann mit Zustimmung des Gläubigerausschusses über den von dem Genossen zu leistenden Nachschuß einen Vergleich abschließen. ²Der Vergleich bedarf zu seiner Wirksamkeit der Bestätigung durch das Konkursgericht.

(2) Der Vergleich wird hinfällig, wenn der Genosse mit seiner Erfüllung in Verzug gerät.

§ 113.** [**Zusatzberechnung**] (1) ¹Soweit infolge des Unvermögens einzelner Genossen zur Leistung von Beiträgen der zu deckende Gesamtbetrag nicht erreicht

---
* Abgedruckt in Schönfelder unter Nr. 110.
** § 112a eingefügt und § 113 Abs. 1 Satz 2 neu gefaßt durch Gesetz vom 20. 12. 1933 (RGBl. I S. 1089).

15 GenG §§ 114–115a 7. Abschnitt

wird oder in Gemäßheit des auf eine Anfechtungsklage ergehenden Urteils oder aus anderen Gründen die Berechnung abzuändern ist, hat der Konkursverwalter eine Zusatzberechnung aufzustellen. ²Die Vorschriften der §§ 106 bis 112a gelten auch für die Zusatzberechnung.

(2) Die Aufstellung einer Zusatzberechnung ist erforderlichenfalls zu wiederholen.

§ 114.* **[Nachschußberechnung]** (1) ¹Sobald mit dem Vollzug der Schlußverteilung (§ 161 der Konkursordnung) begonnen wird, hat der Konkursverwalter schriftlich festzustellen, ob und in welcher Höhe nach der Verteilung des Erlöses ein Fehlbetrag verbleibt und inwieweit er durch die bereits geleisteten Nachschüsse gedeckt ist. ²Die Feststellung ist auf der Geschäftsstelle des Gerichts niederzulegen.

(2) Verbleibt ein ungedeckter Fehlbetrag und können die Genossen zu weiteren Nachschüssen herangezogen werden, so hat der Konkursverwalter in Ergänzung oder Berichtigung der Vorschußberechnung und der zu ihr etwa ergangenen Zusätze zu berechnen, wieviel die Genossen nach § 105 an Nachschüssen zu leisten haben (Nachschußberechnung).

(3) Die Nachschußberechnung unterliegt den Vorschriften der §§ 106 bis 109, 111 bis 113, der Vorschrift des § 106 Abs. 2 mit der Maßgabe, daß auf Genossen, deren Unvermögen zur Leistung von Beiträgen sich herausgestellt hat, Beiträge nicht verteilt werden.

§ 115.* **[Nachtragsverteilung]** (1) ¹Der Verwalter hat, nachdem die Nachschußberechnung für vollstreckbar erklärt ist, unverzüglich den gemäß § 110 vorhandenen Bestand und, sooft von den noch einzuziehenden Beiträgen hinreichender Bestand eingegangen ist, diesen im Wege der Nachtragsverteilung (Konkursordnung § 166) unter die Gläubiger zu verteilen. ²Soweit es keiner Nachschußberechnung bedarf, hat der Verwalter die Verteilung unverzüglich vorzunehmen, nachdem die Feststellung nach § 114 Abs. 1 auf der Geschäftsstelle des Gerichts niedergelegt ist.

(2) ¹Außer den Anteilen auf die in § 168 der Konkursordnung bezeichneten Forderungen sind zurückzubehalten die Anteile auf Forderungen, welche im Prüfungstermin von dem Vorstand ausdrücklich bestritten worden sind. ²Dem Gläubiger bleibt überlassen, den Widerspruch des Vorstandes durch Klage zu beseitigen. ³Soweit der Widerspruch rechtskräftig für begründet erklärt wird, werden die Anteile zur Verteilung unter die übrigen Gläubiger frei.

(3) Die zur Befriedigung der Gläubiger nicht erforderlichen Überschüsse hat der Konkursverwalter an die Genossen zurückzuzahlen.

§ 115a.** **[Abschlagsverteilung der Nachschüsse]** (1) Bei einem Konkurs, dessen Abwicklung voraussichtlich längere Zeit in Anspruch nehmen wird, kann der Konkursverwalter mit Genehmigung des Konkursgerichts sowie des etwa bestellten Gläubigerausschusses die eingezogenen Beträge (§ 110) schon vor dem in § 115 Abs. 1 bezeichneten Zeitpunkt im Wege der Abschlagsverteilung nach den Vorschriften der §§ 149 bis 160 der Konkursordnung an die Gläubiger verteilen, aber nur insoweit, als nach dem Verhältnis der Schulden zu dem Vermögen anzu-

---

* § 114 neu gefaßt und § 115 Abs. 1 Satz 2 angefügt durch Verordnung vom 7. 8. 1941 (RGBl. I S. 482).
** § 115a eingefügt durch Gesetz vom 18. 5. 1933 (RGBl. I S. 275).

nehmen ist, daß eine Erstattung eingezogener Beträge an Genossen (§ 105 Abs. 4, § 115 Abs. 3) nicht in Frage kommt.

(2) Sollte sich dennoch nach Befriedigung der Gläubiger ein Überschuß aus der Konkursmasse ergeben, so sind die zuviel gezahlten Beträge den Genossen aus dem Überschuß zu erstatten.

§ 115 b.* [**Nachschußpflicht ausgeschiedener Genossen**] Sobald mit Sicherheit anzunehmen ist, daß die in § 105 Abs. 1 bezeichneten Konkursgläubiger auch nicht durch Einziehung der Nachschüsse von den Genossen Befriedigung oder Sicherstellung erlangen, sind die hierzu erforderlichen Beiträge von den innerhalb der letzten achtzehn Monate vor der Eröffnung des Konkursverfahrens ausgeschiedenen Genossen, welche nicht schon nach § 75 oder § 76 Abs. 4 der Nachschußpflicht unterliegen, nach Maßgabe des § 105 zur Konkursmasse zu leisten.

§ 115 c.** [**Beitragspflicht der ausgeschiedenen Genossen**] (1) Der Konkursverwalter hat ohne Verzug eine Berechnung über die Beitragspflicht der Ausgeschiedenen aufzustellen.

(2) In der Berechnung sind dieselben namentlich zu bezeichnen und auf sie die Beiträge zu verteilen, soweit nicht das Unvermögen einzelner zur Leistung von Beiträgen vorauszusehen ist.

(3) Im übrigen finden die Vorschriften in § 106 Abs. 3, §§ 107 bis 109, 111 bis 113 und 115 entsprechende Anwendung.

§ 115 d.*** [**Einziehung der Nachschüsse; Erstattung an die Ausgeschiedenen**] (1) Durch die Bestimmungen der §§ 115b, 115c wird die Einziehung der Nachschüsse von den in der Genossenschaft verbliebenen Genossen nicht berührt.

(2) Aus den Nachschüssen der letzteren sind den Ausgeschiedenen die von diesen geleisteten Beiträge zu erstatten, sobald die Befriedigung oder Sicherstellung der sämtlichen in § 105 Abs. 1 bezeichneten Konkursgläubiger bewirkt ist.

§ 115 e.† [**Zwangsvergleich**] (1) Der Abschluß eines Zwangsvergleichs (§ 173 der Konkursordnung) ist zulässig, sobald der allgemeine Prüfungstermin abgehalten und solange nicht das Nachschußverfahren beendet ist.

(2) Die Vorschriften der Konkursordnung über den Zwangsvergleich finden mit folgenden Abweichungen Anwendung:
1. Vor Abschluß des Zwangsvergleichs muß der Revisionsverband, dem die Genossenschaft angeschlossen ist, darüber gehört werden, ob der Zwangsvergleich mit den Interessen der Genossen vereinbar ist;
2. zum Abschluß des Zwangsvergleichs ist erforderlich, daß die Gläubiger, die Mitglieder der Genossenschaft sind, und die Gläubiger, die es nicht sind, gesondert mit den in § 182 der Konkursordnung festgesetzten Mehrheiten zustimmen;

---

* Numerierung von § 128 in § 115b geändert durch Gesetz vom 20. 12. 1933 (RGBl. I S. 1089) und § 115b neu gefaßt durch Verordnung vom 7. 8. 1941 (RGBl. I S. 482).
** Numerierung von § 129 in § 115c geändert durch Gesetz vom 20. 12. 1933 (RGBl. I S. 1089).
*** Numerierung von § 130 in § 115d geändert und Abs. 1 geändert durch Gesetz vom 20. 12. 1933 (RGBl. I S. 1089).
† § 115e eingefügt durch Gesetz vom 20. 12. 1933 (RGBl. I S. 1089), Abs. 2 Nr. 1 früherer Satz 2 aufgehoben durch Gesetz vom 30. 10. 1934 (RGBl. I S. 1077).

15 GenG §§ 116–120 8. Abschnitt. Haftsumme

3. der Zwangsvergleich kann wegen unredlichen oder leichtsinnigen Verhaltens des Vorstandes (§ 187 der Konkursordnung) nur verworfen werden, wenn ein erheblicher Teil der Genossen das Verhalten des Vorstandes gekannt hat;
4. der Zwangsvergleich wird vom Konkursverwalter durchgeführt; die §§ 105 bis 115a, 141 finden Anwendung;
5. eine Zwangsvollstreckung aus dem rechtskräftig bestätigten Zwangsvergleich gegen einen Dritten, der neben der Genossenschaft ohne Vorbehalt der Einrede der Vorausklage Verpflichtungen übernommen hat (§ 194 der Konkursordnung), findet nur statt, wenn der Dritte die Verpflichtungserklärung in öffentlich beglaubigter Form gegenüber dem Gericht oder mündlich in dem Vergleichstermin abgegeben hat;
6. der Zwangsvergleich wird hinfällig, wenn der Konkursverwalter dem Gericht anzeigt, daß der Vergleich nicht fristgemäß erfüllt ist; bezieht sich die Anzeige auf Abschlags- oder Ratenzahlungen, so entscheidet das Gericht nach freiem Ermessen, ob der Zwangsvergleich hinfällig wird. Die Anzeige kann erst zwei Wochen nach Ablauf des im Vergleich bestimmten Zahlungstages erfolgen. Wird der Zwangsvergleich hinfällig, so wird das Konkursverfahren ohne Rücksicht auf den Zwangsvergleich fortgesetzt;
7. das Konkursverfahren wird erst aufgehoben, wenn der Konkursverwalter dem Gericht anzeigt, daß der Zwangsvergleich erfüllt ist.

§ 116.* [Einstellung des Konkursverfahrens] ¹Das Konkursverfahren ist auf Antrag des Vorstandes einzustellen, wenn er nach dem Ablauf der Anmeldefrist die Zustimmung aller Konkursgläubiger, die Forderungen angemeldet haben, beibringt und nachweist, daß andere Gläubiger nicht bekannt sind. ²Inwieweit es der Zustimmung oder der Sicherung von Gläubigern bedarf, deren Forderungen angemeldet, aber nicht festgestellt sind, entscheidet das Konkursgericht nach freiem Ermessen.

§ 117. [Pflichten des Vorstandes] Der Vorstand ist verpflichtet, den Konkursverwalter bei den diesem in § 106 Abs. 1, § 109 Abs. 1, §§ 113, 114 zugewiesenen Obliegenheiten zu unterstützen.

§ 118.** *(aufgehoben)*

Achter Abschnitt.*** Haftsumme

§ 119.** [Bestimmung der Haftsumme im Statut] Bestimmt das Statut, daß die Genossen beschränkt auf eine Haftsumme Nachschüsse zur Konkursmasse zu leisten haben, so darf die Haftsumme im Statut nicht niedriger als der Geschäftsanteil festgesetzt werden.

§ 120.** [Herabsetzung der Haftsumme] Für die Herabsetzung der Haftsumme gilt § 22 Abs. 1 bis 3 sinngemäß.

---

* § 116 neu gefaßt durch Gesetz vom 20. 12. 1933 (RGBl. I S. 1089).
** § 116 aufgehoben durch Gesetz vom 9. 10. 1973 (BGBl. I S. 1451).
*** Überschrift des Achten Abschnitts sowie §§ 119 und 120 neu gefaßt durch Gesetz vom 9. 10. 1973 (BGBl. I S. 1451).

9. Abschnitt. Straf- und Bußgeldvorschriften §§ 121–148 **GenG 15**

§ 121.* [**Haftsumme bei mehreren Geschäftsanteilen**] ¹Ist ein Genosse mit mehr als einem Geschäftsanteil beteiligt, so erhöht sich die Haftsumme, wenn sie niedriger als der Gesamtbetrag der Geschäftsanteile ist, auf den Gesamtbetrag. ²Das Statut kann einen noch höheren Betrag festsetzen. ³Es kann auch bestimmen, daß durch die Beteiligung mit weiteren Geschäftsanteilen eine Erhöhung der Haftsumme nicht eintritt.

§§ 122–145.** *(aufgehoben)*

Neunter Abschnitt.* Straf- und Bußgeldvorschriften

§ 146.** *(aufgehoben)*

§ 147.* [**Falsche Versicherungen und falsche Angaben von Vorstandsmitgliedern, Aufsichtsräten und Liquidatoren**] (1) Mit Freiheitsstrafe bis zu drei Jahren oder mit Geldstrafe wird bestraft, wer als Mitglied des Vorstands oder als Liquidator in einer schriftlichen Versicherung

1. nach § 69 Abs. 1 Satz 2 oder § 93 i Abs. 1 Satz 2 über eine Kündigung der Mitgliedschaft oder einzelner Geschäftsanteile,
2. nach § 15 b Abs. 3 Satz 2 über eine Beteiligung mit weiteren Geschäftsanteilen,
3. nach § 76 Abs. 2 oder Abs. 5 Satz 2 über die Höhe eines übertragenen Geschäftsguthabens oder
4. nach § 79 a Abs. 5 Satz 2 über den Beschluß zur Fortsetzung der Genossenschaft

falsche Angaben macht oder erhebliche Umstände verschweigt.

(2) Ebenso wird bestraft, wer als Mitglied des Vorstands oder des Aufsichtsrats oder als Liquidator

1. die Verhältnisse der Genossenschaft in Darstellungen oder Übersichten über den Vermögensstand, die Mitglieder oder die Haftsummen, in Vorträgen oder Auskünften in der Generalversammlung unrichtig wiedergibt oder verschleiert, wenn die Tat nicht in § 340 m in Verbindung mit § 331 Nr. 1 des Handelsgesetzbuchs mit Strafe bedroht ist,
2. in Aufklärungen oder Nachweisen, die nach den Vorschriften dieses Gesetzes einem Prüfer der Genossenschaft zu geben sind, falsche Angaben macht oder die Verhältnisse der Genossenschaft unrichtig wiedergibt oder verschleiert, wenn die Tat nicht in § 340 m in Verbindung mit § 331 Nr. 4 des Handelsgesetzbuchs mit Strafe bedroht ist.

§ 148.† [**Unterlassung der Einberufung der Generalversammlung; Unterlassung des Konkursantrages**] (1) Mit Freiheitsstrafe bis zu drei Jahren oder mit Geldstrafe wird bestraft, wer es als Mitglied des Vorstands oder als Liquidator unterläßt,

---

* Überschrift des Neunten Abschnitts sowie §§ 121 und 147 neu gefaßt durch Gesetz vom 9. 10. 1973 (BGBl. I S. 1451), § 147 Abs. 2 Nrn. 1 und 2 geändert durch Art. 3 Bankbilanzrichtlinie-Gesetz vom 30. 11. 1990 (BGBl. I S. 2570).
** §§ 122 bis 127 aufgehoben und §§ 128 bis 130 unnumeriert in §§ 115b bis 115d durch Gesetz vom 20. 12. 1933 (RGBl. I S. 1089), §§ 131 bis 145 aufgehoben durch Gesetz vom 9. 10. 1973 (BGBl. I S. 1451).
*** § 146 aufgehoben durch Gesetz vom 25. 6. 1969 (BGBl. I S. 645).
† § 148 neu gefaßt durch Gesetz vom 9. 10. 1973 (BGBl. I S. 1451). Abs. 1 Nr. 1 geändert durch Bilanzrichtlinien-Gesetz vom 19. 12. 1985 (BGBl. I S. 2355).

15 GenG §§ 149–152   9. Abschnitt. Straf- und Bußgeldvorschriften

1. entgegen § 33 Abs. 3 bei einem Verlust, der durch die Hälfte des Gesamtbetrages der Geschäftsguthaben und der Rücklagen nicht gedeckt ist, die Generalversammlung einzuberufen und ihr dies anzuzeigen,
2. entgegen § 99 Abs. 1 bei Zahlungsunfähigkeit oder Überschuldung die Eröffnung des Konkursverfahrens oder des gerichtlichen Vergleichsverfahrens zu beantragen.

(2) Handelt der Täter fahrlässig, so ist die Strafe Freiheitsstrafe bis zu einem Jahr oder Geldstrafe.

§ 149.* *(aufgehoben)*

§ 150.* [Prüfer und Gehilfen von Prüfern]
(1) Mit Freiheitsstrafe bis zu drei Jahren oder mit Geldstrafe wird bestraft, wer als Prüfer oder als Gehilfe eines Prüfers über das Ergebnis der Prüfung falsch berichtet oder erhebliche Umstände im Bericht verschweigt.

(2) Handelt der Täter gegen Entgelt oder in der Absicht, sich oder einen anderen zu bereichern oder einen anderen zu schädigen, so ist die Strafe Freiheitsstrafe bis zu fünf Jahren oder Geldstrafe.

§ 151.* [Verletzung der Geheimhaltungspflicht]
(1) Mit Freiheitsstrafe bis zu einem Jahr oder mit Geldstrafe wird bestraft, wer ein Geheimnis der Genossenschaft, namentlich ein Betriebs- oder Geschäftsgeheimnis, das ihm in seiner Eigenschaft als

1. Mitglied des Vorstands oder des Aufsichtsrats oder Liquidator oder
2. Prüfer oder Gehilfe eines Prüfers

bekanntgeworden ist, unbefugt offenbart, im Falle der Nummer 2 jedoch nur, wenn die Tat nicht in § 340m in Verbindung mit § 333 des Handelsgesetzbuchs mit Strafe bedroht ist.

(2) ¹Handelt der Täter gegen Entgelt oder in der Absicht, sich oder einen anderen zu bereichern oder einen anderen zu schädigen, so ist die Strafe Freiheitsstrafe bis zu zwei Jahren oder Geldstrafe. ²Ebenso wird bestraft, wer ein Geheimnis der in Absatz 1 bezeichneten Art, namentlich ein Betriebs- oder Geschäftsgeheimnis, das ihm unter den Voraussetzungen des Absatzes 1 bekanntgeworden ist, unbefugt verwertet.

(3) ¹Die Tat wird nur auf Antrag der Genossenschaft verfolgt. ²Hat ein Mitglied des Vorstands oder ein Liquidator die Tat begangen, so ist der Aufsichtsrat, hat ein Mitglied des Aufsichtsrats die Tat begangen, so sind der Vorstand oder die Liquidatoren antragsberechtigt.

§ 152.** [Stimmenkauf]
(1) Ordnungswidrig handelt, wer

1. besondere Vorteile als Gegenleistung dafür fordert, sich versprechen läßt oder annimmt, daß er bei einer Abstimmung in der Generalversammlung oder der Vertreterversammlung oder bei der Wahl der Vertreter nicht oder in einem bestimmten Sinne stimme oder

---

  * §§ 150 und 151 neu gefaßt sowie § 149 aufgehoben durch Gesetz vom 9. 10. 1973 (BGBl. I S. 1451), § 151 Abs. 1 geändert durch Art. 3 Bankbilanzrichtlinie-Gesetz vom 30. 11. 1990 (BGBl. I S. 2570).
  ** Früherer § 152 aufgehoben durch Gesetz vom 21. 7. 1954 (BGBl. I S. 212) und neuer § 152 eingefügt durch Gesetz vom 9. 10. 1973 (BGBl. I S. 1451).

10. Abschnitt. Schlußbestimmungen §§ 153–157 **GenG 15**

2. besondere Vorteile als Gegenleistung dafür anbietet, verspricht oder gewährt, daß jemand bei einer Abstimmung in der Generalversammlung oder der Vertreterversammlung oder bei der Wahl der Vertreter nicht oder in einem bestimmten Sinne stimme.

(2) Die Ordnungswidrigkeit kann mit einer Geldbuße bis zu zwanzigtausend Deutsche Mark geahndet werden.

§§ 153, 154.* *(aufgehoben)*

Zehnter Abschnitt. Schlußbestimmungen

§ 155.** *(gegenstandslos)*

§ 156.*** **[Bekanntmachung von Eintragungen]** (1) ¹Die Vorschriften der §§ 8a, 9 des Handelsgesetzbuchs finden auf das Genossenschaftsregister Anwendung. ²Eine gerichtliche Bekanntmachung von Eintragungen findet nur gemäß den §§ 12, 16 Abs. 5, § 28 Abs. 1 Satz 3, § 42 Abs. 1 Satz 3, § 51 Abs. 5 sowie in den Fällen des § 22 Abs. 1, des § 22a Abs. 1, des § 82 Abs. 1, des § 97 und der Verschmelzung und Umwandlung von Genossenschaften und nur durch den Bundesanzeiger statt. ³Auf Antrag des Vorstandes kann das Gericht neben dem Bundesanzeiger noch andere Blätter für die Bekanntmachungen bestimmen; in diesem Fall hat das Gericht jährlich im Dezember die Blätter zu bezeichnen, in denen während des nächsten Jahres die Veröffentlichungen erfolgen sollen. ⁴Wird das Genossenschaftsregister bei einem Gericht von mehreren Richtern geführt und einigen sich diese über die Bezeichnung der Blätter nicht, so wird die Bestimmung von dem im Rechtszug vorgeordneten Landgericht getroffen; ist bei diesem Landgericht eine Kammer für Handelssachen gebildet, so tritt diese an die Stelle der Zivilkammer.

(2) ¹Eintragungen, die im Genossenschaftsregister sowohl der Hauptniederlassung als auch der Zweigniederlassung erfolgen, sind durch das Gericht der Hauptniederlassung bekanntzumachen. ²Eine Bekanntmachung durch das Gericht der Zweigniederlassung findet nur auf Antrag des Vorstandes statt.

(3) Soweit nicht ein anderes bestimmt ist, werden die Eintragungen ihrem ganzen Inhalt nach veröffentlicht.

(4) Die Bekanntmachung gilt mit dem Ablauf des Tages als erfolgt, an dem der Bundesanzeiger oder im Falle des Absatzes 1 Satz 3 das letzte der die Bekanntmachung enthaltenden Blätter erschienen ist.

§ 157.† **[Anmeldungen zum Genossenschaftsregister]** (1) Die Anmeldungen zum Genossenschaftsregister sind durch sämtliche Mitglieder des Vorstandes oder sämtliche Liquidatoren in öffentlich beglaubigter Form einzureichen.

(2) *(aufgehoben)*

---
* § 153 aufgehoben durch Gesetz vom 21. 7. 1954 (BGBl. I S. 212), § 154 aufgehoben durch Gesetz vom 9. 10. 1973 (BGBl. I S. 1451).
** § 155 gegenstandslos infolge Neufassung des § 8 Abs. 2 EGGVG durch Gesetz vom 12. 9. 1950 (BGBl. S. 455).
*** § 156 neu gefaßt durch Gesetz vom 12. 5. 1923 (RGBl. I S. 288), Abs. 1 Satz 1 geändert durch Bilanzrichtlinien-Gesetz vom 19. 12. 1985 (BGBl. I S. 2355), Abs. 1 Satz 3 geändert durch Gesetz vom 9. 10. 1973 (BGBl. I S. 1451), Abs. 1 Satz 4 eingefügt durch Gesetz vom 4. 2. 1925 (RGBl. I S. 9).
† § 157 Abs. 1 neu gefaßt durch Beurkundungsgesetz vom 28. 8. 1969 (BGBl. I S. 1513), Abs. 2 aufgehoben durch Gesetz vom 9. 10. 1973 (BGBl. I S. 1451).

15 GenG §§ 158–162   10. Abschnitt. Schlußbestimmungen

§§ 158, 159.* *(aufgehoben)*

§ 160.** [Zwangsgeld]** (1) ¹Die Mitglieder des Vorstands sind von dem Gericht (§ 10) zur Befolgung der in §§ 14, 25a, 28, 30, 57 Abs. 1, § 59 Abs. 1, § 78 Abs. 2, § 79 Abs. 2 enthaltenen Vorschriften durch Festsetzung von Zwangsgeld anzuhalten. ²In gleicher Weise sind die Mitglieder des Vorstands und die Liquidatoren zur Befolgung der in § 33 Abs. 1 Satz 2, § 42 Abs. 1 in Verbindung mit § 53 des Handelsgesetzbuchs, §§ 47, 48 Abs. 3, § 51 Abs. 4 und 5, § 56 Abs. 2, §§ 84, 85 Abs. 2, § 89 dieses Gesetzes und in § 242 Abs. 1 und 2, § 336 Abs. 1, § 339 des Handelsgesetzbuchs enthaltenen Vorschriften sowie die Mitglieder des Vorstands und des Aufsichtsrats und die Liquidatoren dazu anzuhalten, dafür zu sorgen, daß die Genossenschaft nicht länger als drei Monate ohne oder ohne beschlußfähigen Aufsichtsrat ist.

(2) ¹Rücksichtlich des Verfahrens sind die Vorschriften maßgebend, welche zur Erzwingung der im Handelsgesetzbuch angeordneten Anmeldungen zum Handelsregister gelten. ²Auf die Erzwingung der Befolgung der in § 242 Abs. 1 und 2, § 336 Abs. 1, § 339 des Handelsgesetzbuchs enthaltenen Vorschriften ist § 335 Satz 2, 4 bis 7 des Handelsgesetzbuchs entsprechend anzuwenden.

§ 161.*** [Ausführungsbestimmungen]** (1) Die zur Ausführung der Vorschriften über das Genossenschaftsregister† und die Anmeldungen zu demselben erforderlichen Bestimmungen werden von dem *Bundesrat* erlassen.

(2) Welche Behörden in jedem *Bundesstaat* unter der Bezeichnung Staatsbehörde (§ 47) und höhere Verwaltungsbehörde *(§§ 63d,*†† 81) zu verstehen sind, wird von der *Zentralbehörde des Bundesstaates* bekanntgemacht.†††

§ 162.*† [Übergangsvorschrift für Wohnungsunternehmen] ¹Am 31. Dezember 1989 als gemeinnützige Wohnungsunternehmen oder als Organe der staatlichen Wohnungspolitik anerkannte Unternehmen, die nicht eingetragene Genossenschaften sind, bleiben Mitglieder des Prüfungsverbands, dem sie zu diesem Zeitpunkt angehören. ²Die Unternehmen können bis zum 30. Juni 1990 gegenüber dem Prüfungsverband ihren Austritt zum 31. Dezember 1991 erklären; das Recht zur Kündigung nach der Satzung des Prüfungsverbands bleibt unberührt.

---

* § 158 aufgehoben durch Gesetz vom 9. 10. 1973 (BGBl. I S. 1451), § 159 aufgehoben durch Gesetz vom 26. 7. 1957 (BGBl. I S. 861).
** § 160 Abs. 1 neu gefaßt durch Gesetz vom 29. 7. 1976 (BGBl. I S. 2034), Abs. 1 Satz 2 neu gefaßt sowie Abs. 2 Satz 2 angefügt durch Bilanzrichtlinien-Gesetz vom 19. 12. 1985 (BGBl. I S. 2355).
*** § 161 Abs. 2 geändert durch Gesetz vom 30. 10. 1934 (RGBl. I S. 1077).
† Verordnung über das Genossenschaftsregister i. d. F. der Bek. vom 22. 11. 1923 (RGBl. I S. 1123, ber. 1928 I S. 70), geändert durch Verordnung vom 19. 2. 1934 (RGBl. I S. 113), Beurkundungsgesetz vom 28. 8. 1969 (BGBl. I S. 1513) und Verordnung vom 10. 12. 1973 (BGBl. I S. 1894).
†† Gegenstandslos durch Änderung von § 63d GenG.
††† **Hamburg:** Die der Staatsbehörde und der höheren Verwaltungsbehörde zugewiesenen Befugnisse nimmt die Behörde für Wirtschaft, Verkehr und Landwirtschaft wahr (Anordnung vom 26. 4. 1960, Amtl. Anz. S. 413, geändert durch Anordnung vom 29. 4. 1975, Amtl. Anz. S. 705).
*† § 162 eingefügt durch Art. 21 § 5 Steuerreformgesetz 1990 vom 25. 7. 1988 (BGBl. I S. 1093).

16. Gesetz über die Auflösung und Löschung von Gesellschaften und Genossenschaften

Vom 9. Oktober 1934 (RGBl. I S. 914)

(BGBl. III 4120–3)

Geändert durch Art. 9 Bilanzrichtlinien-Gesetz vom 19. 12. 1985
(BGBl. I S. 2355)

§ 1.* (1) ¹Eine Aktiengesellschaft, Kommanditgesellschaft auf Aktien oder Gesellschaft mit beschränkter Haftung wird außer in den bisher bestimmten Fällen mit der Rechtskraft des Beschlusses aufgelöst, durch den ein Antrag auf Eröffnung des Konkursverfahrens mangels einer den Kosten des Verfahrens entsprechenden Konkursmasse abgewiesen wird. ²Gegen den abweisenden Beschluß steht außer demjenigen, der den Eröffnungsantrag gestellt hat, auch dem Gemeinschuldner die sofortige Beschwerde zu.

(2) ¹Die Geschäftsstelle des Konkursgerichts hat dem für die Führung des Handelsregisters zuständigen Gericht eine beglaubigte Abschrift des den Eröffnungsantrag abweisenden Beschlusses mit einer Bescheinigung der Rechtskraft zu übersenden. ²Die Auflösung ist von Amts wegen in das Handelsregister einzutragen.

§ 2.** (1) ¹Eine Aktiengesellschaft, Kommanditgesellschaft auf Aktien oder eine Gesellschaft mit beschränkter Haftung, die kein Vermögen besitzt, kann auf Antrag der amtlichen Berufsvertretung des Handelsstandes oder der Steuerbehörde oder von Amts wegen gelöscht werden. ²Sie ist von Amts wegen zu löschen, wenn die Gesellschaft entgegen gesetzlicher Verpflichtung in drei aufeinanderfolgenden Jahren ihren Jahresabschluß und die mit ihm offenzulegenden Unterlagen ganz oder teilweise nicht bekanntgemacht und zum Handelsregister eingereicht hat, die Offenlegung auch nicht innerhalb von sechs Monaten bewirkt, nachdem das Gericht die Absicht der Löschung mitgeteilt hat, und ein Beteiligter innerhalb dieser Frist nicht glaubhaft gemacht hat, daß die Gesellschaft Vermögen besitzt. ³Mit der Löschung gilt die Gesellschaft als aufgelöst. ⁴Eine Liquidation findet nicht statt. ⁵Vor der Löschung ist die amtliche Berufsvertretung zu hören.

(2) ¹Das Gericht hat die Absicht der Löschung den gesetzlichen Vertretern der Gesellschaft, soweit solche vorhanden sind und ihre Person und ihr inländischer Aufenthalt bekannt ist, nach den für die Zustellung von Amts wegen geltenden Vorschriften der Zivilprozeßordnung bekanntzumachen und ihnen zugleich eine angemessene Frist zur Geltendmachung des Widerspruchs zu bestimmen. ²Das Gericht kann anordnen, auch wenn eine Pflicht zur Bekanntmachung und Fristbestimmung nach Satz 1 nicht besteht, daß die Bekanntmachung und die Bestimmung der Frist durch Einrückung in die Blätter, die für die Eintragung der Eintragungen in das Handelsregister bestimmt sind, sowie durch Einrückung in weitere Blätter erfolgt; in diesem Falle ist jeder zur Erhebung des Widerspruchs

---

* Für die Auflösung einer Aktiengesellschaft oder Kommanditgesellschaft auf Aktien vgl. jetzt §§ 262, 263 und 289 Aktiengesetz vom 6. 9. 1965 (BGBl. I S. 1089); abgedruckt unter Nr. **10**.
** § 2 Abs. 1 Satz 1 geändert und Satz 2 eingefügt durch Bilanzrichtlinien-Gesetz vom 19. 12. 1985 (BGBl. I S. 2355).

berechtigt, der an der Unterlassung der Löschung ein berechtigtes Interesse hat.
³Die Vorschriften des § 141 Abs. 3, 4 des Reichsgesetzes über die Angelegenheiten der freiwilligen Gerichtsbarkeit gelten entsprechend.

(3) Stellt sich nach der Löschung das Vorhandensein von Vermögen heraus, das der Verteilung unterliegt, so findet die Liquidation statt; die Liquidatoren sind auf Antrag eines Beteiligten durch das Gericht zu ernennen.

§ 3. Die Vorschriften des § 2 finden auf eingetragene Genossenschaften mit der Maßgabe entsprechende Anwendung, daß bei Genossenschaften, die einem Revisionsverband angeschlossen sind, im Falle des § 2 Abs. 1 dieser Revisionsverband an die Stelle der amtlichen Berufsvertretung tritt.

§ 4. Der *Reichsminister der Justiz* erläßt die zur Durchführung *und Ergänzung** dieses Gesetzes erforderlichen Rechts- und Verwaltungsvorschriften.**

---

* Diese Ermächtigung ist gemäß Art. 129 Abs. 3 GG erloschen.
** Bisher nicht ergangen.

C. Wertpapierrecht

18. Wechselgesetz

Vom 21. Juni 1933 (RGBl. I S. 399)*

(BGBl. III 4133-1)

Änderungen des Gesetzes

Lfd. Nr.	Änderndes Gesetz	Datum	Fundstelle	Geänderte Artikel	Art der Änderg.
1.	Gesetz über Proteste von Wechseln und Schecks	5. 7. 1934	RGBl. I 571	85 Abs. 2 Nr. 5	geänd.
2.	Gesetz über den Fristablauf am Sonnabend	10. 8. 1965	BGBl. I 753	72	geänd.
3.	Gesetz zur Änderung des Gesetzes über die Verwahrung und Anschaffung von Wertpapieren sowie anderer wertpapierrechtlicher Vorschriften	17. 7. 1985	BGBl. I 1507	48 Abs. 1 Nr. 2, 49 Nr. 2 88	geänd. aufgeh.

Gesetzesübersicht

Erster Teil. Gezogener Wechsel Art. 1-74
  Erster Abschnitt. Ausstellung und Form des gezogenen Wechsels Art. 1-10
  Zweiter Abschnitt. Indossament Art. 11-20
  Dritter Abschnitt. Annahme Art. 21-29
  Vierter Abschnitt. Wechselbürgschaft Art. 30-32
  Fünfter Abschnitt. Verfall Art. 33-37
  Sechster Abschnitt. Zahlung Art. 38-42
  Siebenter Abschnitt. Rückgriff mangels Annahme und mangels Zahlung Art. 43-54
  Achter Abschnitt. Ehreneintritt Art. 55-63
    1. Allgemeine Vorschriften Art. 55
    2. Ehrenannahme Art. 56-58
    3. Ehrenzahlung Art. 59-63
  Neunter Abschnitt. Ausfertigung mehrerer Stücke eines Wechsels; Wechselabschriften Art. 64 bis 68
    1. Ausfertigungen Art. 64-66
    2. Abschriften Art. 67, 68
  Zehnter Abschnitt. Änderungen Art. 69
  Elfter Abschnitt. Verjährung Art. 70, 71
  Zwölfter Abschnitt. Allgemeine Vorschriften Art. 72-74
Zweiter Teil. Eigener Wechsel Art. 75-78
Dritter Teil. Ergänzende Vorschriften Art. 79-90
  Erster Abschnitt. Protest Art. 79-87
  Zweiter Abschnitt. Bereicherung Art. 89
  Dritter Abschnitt. Abhanden gekommene Wechsel und Protesturkunden Art. 90
Vierter Teil. Geltungsbereich der Gesetze Art. 91-98

---

* In Kraft getreten am 1. 4. 1934 (Verordnung vom 28. 11. 1933, RGBl. I S. 1019).

Erster Teil. Gezogener Wechsel

Erster Abschnitt. Ausstellung und Form des gezogenen Wechsels

Art. 1. [Bestandteile] Der gezogene Wechsel enthält:
1. die Bezeichnung als Wechsel im Texte der Urkunde, und zwar in der Sprache, in der sie ausgestellt ist;
2. die unbedingte Anweisung, eine bestimmte Geldsumme zu zahlen;
3. den Namen dessen, der zahlen soll (Bezogener);
4. die Angabe der Verfallzeit;
5. die Angabe des Zahlungsortes;
6. den Namen dessen, an den oder an dessen Order gezahlt werden soll;
7. die Angabe des Tages und des Ortes der Ausstellung;
8. die Unterschrift des Ausstellers.

Art. 2. [Fehlen von Bestandteilen] (1) Eine Urkunde, der einer der in vorstehendem Artikel bezeichneten Bestandteile fehlt, gilt nicht als gezogener Wechsel, vorbehaltlich der in den folgenden Absätzen bezeichneten Fälle.

(2) Ein Wechsel ohne Angabe der Verfallzeit gilt als Sichtwechsel.

(3) Mangels einer besonderen Angabe gilt der bei dem Namen des Bezogenen angegebene Ort als Zahlungsort und zugleich als Wohnort des Bezogenen.

(4) Ein Wechsel ohne Angabe des Ausstellungsortes gilt als ausgestellt an dem Orte, der bei dem Namen des Ausstellers angegeben ist.

Art. 3. [Eigene Order; trassiert-eigener Wechsel; gezogener Wechsel]
(1) Der Wechsel kann an die eigene Order des Ausstellers lauten.

(2) Er kann auf den Aussteller selbst gezogen werden.

(3) Er kann für Rechnung eines Dritten gezogen werden.

Art. 4. [Zahlungsort] Der Wechsel kann bei einem Dritten, am Wohnort des Bezogenen oder an einem anderen Orte, zahlbar gestellt werden.

Art. 5. [Zinsen] (1) [1] In einem Wechsel, der auf Sicht oder auf eine bestimmte Zeit nach Sicht lautet, kann der Aussteller bestimmen, daß die Wechselsumme zu verzinsen ist. [2] Bei jedem anderen Wechsel gilt der Zinsvermerk als nicht geschrieben.

(2) Der Zinsfuß ist im Wechsel anzugeben; fehlt diese Angabe, so gilt der Zinsvermerk als nicht geschrieben.

(3) Die Zinsen laufen vom Tage der Ausstellung des Wechsels, sofern nicht ein anderer Tag bestimmt ist.

Art. 6. [Wechselsumme] (1) Ist die Wechselsumme in Buchstaben und in Ziffern angegeben, so gilt bei Abweichungen die in Buchstaben angegebene Summe.

(2) Ist die Wechselsumme mehrmals in Buchstaben oder mehrmals in Ziffern angegeben, so gilt bei Abweichungen die geringste Summe.

Art. 7. [Ungültige Unterschriften] Trägt ein Wechsel Unterschriften von Personen, die eine Wechselverbindlichkeit nicht eingehen können, gefälschte

Unterschriften, Unterschriften erdichteter Personen oder Unterschriften, die aus irgendeinem anderen Grunde für die Personen, die unterschrieben haben oder mit deren Namen unterschrieben worden ist, keine Verbindlichkeit begründen, so hat dies auf die Gültigkeit der übrigen Unterschriften keinen Einfluß.

Art. 8. [Vertreter ohne Vertretungsmacht] [1] Wer auf einen Wechsel seine Unterschrift als Vertreter eines anderen setzt, ohne hierzu ermächtigt zu sein, haftet selbst wechselmäßig und hat, wenn er den Wechsel einlöst, dieselben Rechte, die der angeblich Vertretene haben würde. [2] Das gleiche gilt von einem Vertreter, der seine Vertretungsbefugnis überschritten hat.

Art. 9. [Haftung des Ausstellers] (1) Der Aussteller haftet für die Annahme und die Zahlung des Wechsels.

(2) Er kann die Haftung für die Annahme ausschließen; jeder Vermerk, durch den er die Haftung für die Zahlung ausschließt, gilt als nicht geschrieben.

Art. 10. [Blankowechsel] Wenn ein Wechsel, der bei der Begebung unvollständig war, den getroffenen Vereinbarungen zuwider ausgefüllt worden ist, so kann die Nichteinhaltung dieser Vereinbarungen dem Inhaber nicht entgegengesetzt werden, es sei denn, daß er den Wechsel in bösem Glauben erworben hat oder ihm beim Erwerb eine grobe Fahrlässigkeit zur Last fällt.

Zweiter Abschnitt. Indossament

Art. 11. [Übertragung des Wechsels] (1) Jeder Wechsel kann durch Indossament übertragen werden, auch wenn er nicht ausdrücklich an Order lautet.

(2) Hat der Aussteller in den Wechsel die Worte „nicht an Order" oder einen gleichbedeutenden Vermerk aufgenommen, so kann der Wechsel nur in der Form und mit den Wirkungen einer gewöhnlichen Abtretung übertragen werden.

(3) [1] Das Indossament kann auch auf den Bezogenen, gleichviel ob er den Wechsel angenommen hat oder nicht, auf den Aussteller oder auf jeden anderen Wechselverpflichteten lauten. [2] Diese Personen können den Wechsel weiter indossieren.

Art. 12. [Indossament bedingungsfeindlich; Teilindossament; Indossament an den Inhaber] (1) [1] Das Indossament muß unbedingt sein. [2] Bedingungen, von denen es abhängig gemacht wird, gelten als nicht geschrieben.

(2) Ein Teilindossament ist nichtig.

(3) Ein Indossament an den Inhaber gilt als Blankoindossament.

Art. 13. [Form; Blankoindossament] (1) [1] Das Indossament muß auf den Wechsel oder auf ein mit dem Wechsel verbundenes Blatt (Anhang) gesetzt werden. [2] Es muß von dem Indossanten unterschrieben werden.

(2) [1] Das Indossament braucht den Indossatar nicht zu bezeichnen und kann selbst in der bloßen Unterschrift des Indossanten bestehen (Blankoindossament). [2] In diesem letzteren Falle muß das Indossament, um gültig zu sein, auf die Rückseite des Wechsels oder auf den Anhang gesetzt werden.

Art. 14. [Transportfunktion] (1) Das Indossament überträgt alle Rechte aus dem Wechsel.

(2) Ist es ein Blankoindossament, so kann der Inhaber
1. das Indossament mit seinem Namen oder mit dem Namen eines anderen ausfüllen;
2. den Wechsel durch ein Blankoindossament oder an eine bestimmte Person weiter indossieren;
3. den Wechsel weiterbegeben, ohne das Blankoindossament auszufüllen und ohne ihn zu indossieren.

Art. 15. [Garantiefunktion] (1) Der Indossant haftet mangels eines entgegenstehenden Vermerks für die Annahme und die Zahlung.

(2) Er kann untersagen, daß der Wechsel weiter indossiert wird; in diesem Falle haftet er denen nicht, an die der Wechsel weiter indossiert wird.

Art. 16. [Wechselvermutung] (1) [1] Wer den Wechsel in Händen hat, gilt als rechtmäßiger Inhaber, sofern er sein Recht durch eine ununterbrochene Reihe von Indossamenten nachweist, und zwar auch dann, wenn das letzte ein Blankoindossament ist. [2] Ausgestrichene Indossamente gelten hierbei als nicht geschrieben. [3] Folgt auf ein Blankoindossament ein weiteres Indossament, so wird angenommen, daß der Aussteller dieses Indossaments den Wechsel durch das Blankoindossament erworben hat.

(2) Ist der Wechsel einem früheren Inhaber irgendwie abhanden gekommen, so ist der neue Inhaber, der sein Recht nach den Vorschriften des vorstehenden Absatzes nachweist, zur Herausgabe des Wechsels nur verpflichtet, wenn er ihn in bösem Glauben erworben hat oder ihm beim Erwerb eine grobe Fahrlässigkeit zur Last fällt.

Art. 17. [Einwendungen des Wechselschuldners] Wer aus dem Wechsel in Anspruch genommen wird, kann dem Inhaber keine Einwendungen entgegensetzen, die sich auf seine unmittelbaren Beziehungen zu dem Aussteller oder zu einem früheren Inhaber gründen, es sei denn, daß der Inhaber bei dem Erwerb des Wechsels bewußt zum Nachteil des Schuldners gehandelt hat.

Art. 18. [Vollmachtsindossament] (1) Enthält das Indossament den Vermerk „Wert zur Einziehung", „zum Inkasso", „in Prokura" oder einen anderen nur eine Bevollmächtigung ausdrückenden Vermerk, so kann der Inhaber alle Rechte aus dem Wechsel geltend machen; aber er kann ihn nur durch ein weiteres Vollmachtsindossament übertragen.

(2) Die Wechselverpflichteten können in diesem Falle dem Inhaber nur solche Einwendungen entgegensetzen, die ihnen gegen den Indossanten zustehen.

(3) Die in dem Vollmachtsindossament enthaltene Vollmacht erlischt weder mit dem Tode noch mit dem Eintritt der Handlungsunfähigkeit des Vollmachtgebers.

Art. 19. [Pfandindossament] (1) Enthält das Indossament den Vermerk „Wert zur Sicherheit", „Wert zum Pfande" oder einen anderen eine Verpfändung ausdrückenden Vermerk, so kann der Inhaber alle Rechte aus dem Wechsel geltend machen; ein von ihm ausgestelltes Indossament hat aber nur die Wirkung eines Vollmachtsindossaments.

3. Abschnitt. Annahme   Art. 20–25 **WG 18**

(2) Die Wechselverpflichteten können dem Inhaber keine Einwendungen entgegensetzen, die sich auf ihre unmittelbaren Beziehungen zu dem Indossanten gründen, es sei denn, daß der Inhaber bei dem Erwerb des Wechsels bewußt zum Nachteil des Schuldners gehandelt hat.

Art. 20. [Indossament nach Verfall] (1) [1] Ein Indossament nach Verfall hat dieselben Wirkungen wie ein Indossament vor Verfall. [2] Ist jedoch der Wechsel erst nach Erhebung des Protestes mangels Zahlung oder nach Ablauf der hierfür bestimmten Frist indossiert worden, so hat das Indossament nur die Wirkungen einer gewöhnlichen Abtretung.

(2) Bis zum Beweis des Gegenteils wird vermutet, daß ein nicht datiertes Indossament vor Ablauf der für die Erhebung des Protestes bestimmten Frist auf den Wechsel gesetzt worden ist.

Dritter Abschnitt. Annahme

Art. 21. [Vorlegung zur Annahme] Der Wechsel kann von dem Inhaber oder von jedem, der den Wechsel auch nur in Händen hat, bis zum Verfall dem Bezogenen an seinem Wohnort zur Annahme vorgelegt werden.

Art. 22. [Vorlegungsgebot und Vorlegungsverbot] (1) Der Aussteller kann in jedem Wechsel mit oder ohne Bestimmung einer Frist vorschreiben, daß der Wechsel zur Annahme vorgelegt werden muß.

(2) Er kann im Wechsel die Vorlegung zur Annahme untersagen, wenn es sich nicht um einen Wechsel handelt, der bei einem Dritten oder an einem von dem Wohnort des Bezogenen verschiedenen Ort zahlbar ist oder der auf eine bestimmte Zeit nach Sicht lautet.

(3) Er kann auch vorschreiben, daß der Wechsel nicht vor einem bestimmten Tag zur Annahme vorgelegt werden darf.

(4) Jeder Indossant kann, wenn nicht der Aussteller die Vorlegung zur Annahme untersagt hat, mit oder ohne Bestimmung einer Frist vorschreiben, daß der Wechsel zur Annahme vorgelegt werden muß.

Art. 23. [Vorlegungsfrist] (1) Wechsel, die auf eine bestimmte Zeit nach Sicht lauten, müssen binnen einem Jahr nach dem Tag der Ausstellung zur Annahme vorgelegt werden.

(2) Der Aussteller kann eine kürzere oder eine längere Frist bestimmen.

(3) Die Indossanten können die Vorlegungsfristen abkürzen.

Art. 24. [Nochmalige Vorlegung] (1) [1] Der Bezogene kann verlangen, daß ihm der Wechsel am Tag nach der ersten Vorlegung nochmals vorgelegt wird. [2] Die Beteiligten können sich darauf, daß diesem Verlangen nicht entsprochen worden ist, nur berufen, wenn das Verlangen im Protest vermerkt ist.

(2) Der Inhaber ist nicht verpflichtet, den zur Annahme vorgelegten Wechsel in der Hand des Bezogenen zu lassen.

Art. 25. [Annahmeerklärung] (1) [1] Die Annahmeerklärung wird auf den Wechsel gesetzt. [2] Sie wird durch das Wort „angenommen" oder ein gleichbedeutendes Wort ausgedrückt; sie ist vom Bezogenen zu unterschreiben. ³ Die bloße Unterschrift des Bezogenen auf der Vorderseite des Wechsels gilt als Annahme.

(2) ¹ Lautet der Wechsel auf eine bestimmte Zeit nach Sicht oder ist er infolge eines besonderen Vermerks innerhalb einer bestimmten Frist zur Annahme vorzulegen, so muß die Annahmeerklärung den Tag bezeichnen, an dem sie erfolgt ist, sofern nicht der Inhaber die Angabe des Tages der Vorlegung verlangt. ² Ist kein Tag angegeben, so muß der Inhaber, um seine Rückgriffsrechte gegen die Indossanten und den Aussteller zu wahren, diese Unterlassung rechtzeitig durch einen Protest feststellen lassen.

Art. 26. [Eingeschränkte Annahme] (1) Die Annahme muß unbedingt sein; der Bezogene kann sie aber auf einen Teil der Wechselsumme beschränken.

(2) ¹ Wenn die Annahmeerklärung irgendeine andere Abweichung von den Bestimmungen des Wechsels enthält, so gilt die Annahme als verweigert. ² Der Annehmende haftet jedoch nach dem Inhalt seiner Annahmeerklärung.

Art. 27. [Domizilwechsel; Zahlstellenwechsel] (1) ¹ Hat der Aussteller im Wechsel einen von dem Wohnort des Bezogenen verschiedenen Zahlungsort angegeben, ohne einen Dritten zu bezeichnen, bei dem die Zahlung geleistet werden soll, so kann der Bezogene bei der Annahmeerklärung einen Dritten bezeichnen. ² Mangels einer solchen Bezeichnung wird angenommen, daß sich der Annehmer verpflichtet hat, selbst am Zahlungsort zu zahlen.

(2) Ist der Wechsel beim Bezogenen selbst zahlbar, so kann dieser in der Annahmeerklärung eine am Zahlungsort befindliche Stelle bezeichnen, wo die Zahlung geleistet werden soll.

Art. 28. [Wirkung der Annahme] (1) Der Bezogene wird durch die Annahme verpflichtet, den Wechsel bei Verfall zu bezahlen.

(2) Mangels Zahlung hat der Inhaber, auch wenn er der Aussteller ist, gegen den Annehmer einen unmittelbaren Anspruch aus dem Wechsel auf alles, was auf Grund der Artikel 48 und 49 gefordert werden kann.

Art. 29. [Widerruf der Annahme] (1) ¹ Hat der Bezogene die auf den Wechsel gesetzte Annahmeerklärung vor der Rückgabe des Wechsels gestrichen, so gilt die Annahme als verweigert. ² Bis zum Beweis des Gegenteils wird vermutet, daß die Streichung vor der Rückgabe des Wechsels erfolgt ist.

(2) Hat der Bezogene jedoch dem Inhaber oder einer Person, deren Unterschrift sich auf dem Wechsel befindet, die Annahme schriftlich mitgeteilt, so haftet er diesen nach dem Inhalt seiner Annahmeerklärung.

Vierter Abschnitt. Wechselbürgschaft

Art. 30. [Zulässigkeit] (1) Die Zahlung der Wechselsumme kann ganz oder teilweise durch Wechselbürgschaft gesichert werden.

(2) Diese Sicherheit kann von einem Dritten oder auch von einer Person geleistet werden, deren Unterschrift sich schon auf dem Wechsel befindet.

Art. 31. [Form] (1) Die Bürgschaftserklärung wird auf den Wechsel oder auf einen Anhang gesetzt.

5. Abschnitt. Verfall   Art. 32–36 **WG 18**

(2) Sie wird durch die Worte „als Bürge" oder einen gleichbedeutenden Vermerk ausgedrückt; sie ist von dem Wechselbürgen zu unterschreiben.

(3) Die bloße Unterschrift auf der Vorderseite des Wechsels gilt als Bürgschaftserklärung, soweit es sich nicht um die Unterschrift des Bezogenen oder des Ausstellers handelt.

(4) In der Erklärung ist anzugeben, für wen die Bürgschaft geleistet wird; mangels einer solchen Angabe gilt sie für den Aussteller.

Art. 32. [Haftung des Wechselbürgen] (1) Der Wechselbürge haftet in der gleichen Weise wie derjenige, für den er sich verbürgt hat.

(2) Seine Verpflichtungserklärung ist auch gültig, wenn die Verbindlichkeit, für die er sich verbürgt hat, aus einem anderen Grund als wegen eines Formfehlers nichtig ist.

(3) Der Wechselbürge, der den Wechsel bezahlt, erwirbt die Rechte aus dem Wechsel gegen denjenigen, für den er sich verbürgt hat, und gegen alle, die diesem wechselmäßig haften.

Fünfter Abschnitt. Verfall

Art. 33. [Verfallzeiten] (1) Ein Wechsel kann gezogen werden
auf Sicht;
auf eine bestimmte Zeit nach Sicht;
auf eine bestimmte Zeit nach der Ausstellung;
auf einen bestimmten Tag.

(2) Wechsel mit anderen oder mit mehreren aufeinanderfolgenden Verfallzeiten sind nichtig.

Art. 34. [Sichtwechsel] (1) [1] Der Sichtwechsel ist bei der Vorlegung fällig. [2] Er muß binnen einem Jahr nach der Ausstellung zur Zahlung vorgelegt werden. [3] Der Aussteller kann eine kürzere oder eine längere Frist bestimmen. [4] Die Indossanten können die Vorlegungsfristen abkürzen.

(2) [1] Der Aussteller kann vorschreiben, daß der Sichtwechsel nicht vor einem bestimmten Tag zur Zahlung vorgelegt werden darf. [2] In diesem Falle beginnt die Vorlegungsfrist mit diesem Tag.

Art. 35. [Nachsichtwechsel] (1) Der Verfall eines Wechsels, der auf eine bestimmte Zeit nach Sicht lautet, richtet sich nach dem in der Annahmeerklärung angegebenen Tag oder nach dem Tag des Protestes.

(2) Ist in der Annahmeerklärung ein Tag nicht angegeben und ein Protest nicht erhoben worden, so gilt dem Annehmer gegenüber der Wechsel als am letzten Tag der für die Vorlegung zur Annahme vorgesehenen Frist angenommen.

Art. 36. [Auslegungsregeln] (1) [1] Ein Wechsel, der auf einen oder mehrere Monate nach der Ausstellung oder nach Sicht lautet, verfällt an dem entsprechenden Tag des Zahlungsmonats. [2] Fehlt dieser Tag, so ist der Wechsel am letzten Tag des Monats fällig.

(2) Lautet der Wechsel auf einen oder mehrere Monate und einen halben Monat nach der Ausstellung oder nach Sicht, so werden die ganzen Monate zuerst gezählt.

(3) Ist als Verfallzeit der Anfang, die Mitte oder das Ende eines Monats angegeben, so ist darunter der erste, der fünfzehnte oder der letzte Tag des Monats zu verstehen.

(4) Die Ausdrücke „acht Tage" oder „fünfzehn Tage" bedeuten nicht eine oder zwei Wochen, sondern volle acht oder fünfzehn Tage.

(5) Der Ausdruck „halber Monat" bedeutet fünfzehn Tage.

Art. 37. **[Kalenderverschiedenheit]** (1) Ist ein Wechsel an einem bestimmten Tag an einem Ort zahlbar, dessen Kalender von dem des Ausstellungsorts abweicht, so ist für den Verfalltag der Kalender des Zahlungsorts maßgebend.

(2) Ist ein zwischen zwei Orten mit verschiedenem Kalender gezogener Wechsel eine bestimmte Zeit nach der Ausstellung zahlbar, so wird der Tag der Ausstellung in den nach dem Kalender des Zahlungsorts entsprechenden Tag umgerechnet und hiernach der Verfalltag ermittelt.

(3) Auf die Berechnung der Fristen für die Vorlegung von Wechseln findet die Vorschrift des vorstehenden Absatzes entsprechende Anwendung.

(4) Die Vorschriften dieses Artikels finden keine Anwendung, wenn sich aus einem Vermerk im Wechsel oder sonst aus dessen Inhalt ergibt, daß etwas anderes beabsichtigt war.

Sechster Abschnitt. Zahlung

Art. 38. **[Vorlegung zur Zahlung]** (1) Der Inhaber eines Wechsels, der an einem bestimmten Tag oder bestimmte Zeit nach der Ausstellung oder nach Sicht zahlbar ist, hat den Wechsel am Zahlungstag oder an einem der beiden folgenden Werktage zur Zahlung vorzulegen.

(2) Die Einlieferung in eine Abrechnungsstelle steht der Vorlegung zur Zahlung gleich.

(3) Der *Reichsminister der Justiz* bestimmt, welche Einrichtungen als Abrechnungsstellen anzusehen sind und unter welchen Voraussetzungen die Einlieferung erfolgen kann.*

Art. 39. **[Aushändigung des quittierten Wechsels; Teilzahlung]** (1) Der Bezogene kann vom Inhaber gegen Zahlung die Aushändigung des quittierten Wechsels verlangen.

(2) Der Inhaber darf eine Teilzahlung nicht zurückweisen.

(3) Im Falle der Teilzahlung kann der Bezogene verlangen, daß sie auf dem Wechsel vermerkt und ihm eine Quittung erteilt wird.

Art. 40. **[Zahlung vor und bei Verfall]** (1) Der Inhaber des Wechsels ist nicht verpflichtet, die Zahlung vor Verfall anzunehmen.

(2) Der Bezogene, der vor Verfall zahlt, handelt auf eigene Gefahr.

---

* Verordnung über Abrechnungsstellen im Wechsel- und Scheckverkehr vom 10. 11. 1953 (BGBl. I S. 1521, ber. S. 1542).

7. Abschnitt. Rückgriff   Art. 41–44 **WG 18**

(3) ¹ Wer bei Verfall zahlt, wird von seiner Verbindlichkeit befreit, wenn ihm nicht Arglist oder grobe Fahrlässigkeit zur Last fällt. ² Er ist verpflichtet, die Ordnungsmäßigkeit der Reihe der Indossamente, aber nicht die Unterschriften der Indossanten zu prüfen.

Art. 41. [**Fremde Währung**] (1) ¹ Lautet der Wechsel auf eine Währung, die am Zahlungsort nicht gilt, so kann die Wechselsumme in der Landeswährung nach dem Wert gezahlt werden, den sie am Verfalltag besitzt. ² Wenn der Schuldner die Zahlung verzögert, so kann der Inhaber wählen, ob die Wechselsumme nach dem Kurs des Verfalltages oder nach dem Kurs des Zahlungstages in die Landeswährung umgerechnet werden soll.

(2) ¹ Der Wert der fremden Währung bestimmt sich nach den Handelsgebräuchen des Zahlungsortes. ² Der Aussteller kann jedoch im Wechsel für die zu zahlende Summe einen Umrechnungskurs bestimmen.

(3) Die Vorschriften der beiden ersten Absätze finden keine Anwendung, wenn der Aussteller die Zahlung in einer bestimmten Währung vorgeschrieben hat (Effektivvermerk).

(4) Lautet der Wechsel auf eine Geldsorte, die im Lande der Ausstellung dieselbe Bezeichnung, aber einen anderen Wert hat als in dem der Zahlung, so wird vermutet, daß die Geldsorte des Zahlungsortes gemeint ist.

Art. 42. [**Hinterlegung**] Wird der Wechsel nicht innerhalb der in Artikel 38 bestimmten Frist zur Zahlung vorgelegt, so kann der Schuldner die Wechselsumme bei der zuständigen Behörde auf Gefahr und Kosten des Inhabers hinterlegen.*

Siebenter Abschnitt. Rückgriff mangels Annahme und mangels Zahlung

Art. 43. [**Rückgriff mangels Zahlung**] (1) Der Inhaber kann gegen die Indossanten, den Aussteller und die anderen Wechselverpflichteten bei Verfall des Wechsels Rückgriff nehmen, wenn der Wechsel nicht bezahlt worden ist.

(2) Das gleiche Recht steht dem Inhaber schon vor Verfall zu,
1. wenn die Annahme ganz oder teilweise verweigert worden ist;
2. wenn über das Vermögen des Bezogenen, gleichviel ob er den Wechsel angenommen hat oder nicht, der Konkurs oder das gerichtliche Vergleichsverfahren (Ausgleichsverfahren) eröffnet worden ist oder wenn der Bezogene auch nur seine Zahlungen eingestellt hat oder wenn eine Zwangsvollstreckung in sein Vermögen fruchtlos verlaufen ist;
3. wenn über das Vermögen des Ausstellers eines Wechsels, dessen Vorlegung zur Annahme untersagt ist, der Konkurs oder das gerichtliche Vergleichsverfahren (Ausgleichsverfahren) eröffnet worden ist.

Art. 44. [**Protest**] (1) Die Verweigerung der Annahme oder der Zahlung muß durch eine öffentliche Urkunde (Protest mangels Annahme oder mangels Zahlung) festgestellt werden.**

---
* Vgl. Hinterlegungsordnung vom 10. 3. 1937 (RGBl. I S. 285); abgedruckt in Schönfelder unter Nr. **121**.
** Vgl. Art. 79 ff. WG.

(2) ¹ Der Protest mangels Annahme muß innerhalb der Frist erhoben werden, die für die Vorlegung zur Annahme gilt. ² Ist im Fall des Artikels 24 Abs. 1 der Wechsel am letzten Tage der Frist zum ersten Mal vorgelegt worden, so kann der Protest noch am folgenden Tag erhoben werden.

(3) ¹ Der Protest mangels Zahlung muß bei einem Wechsel, der an einem bestimmten Tag oder bestimmte Zeit nach der Ausstellung oder nach Sicht zahlbar ist, an einem der beiden auf den Zahlungstag folgenden Werktage erhoben werden. ² Bei einem Sichtwechsel muß der Protest mangels Zahlung in den gleichen Fristen erhoben werden, wie sie im vorhergehenden Absatz für den Protest mangels Annahme vorgesehen sind.

(4) Ist Protest mangels Annahme erhoben worden, so bedarf es weder der Vorlegung zur Zahlung noch des Protestes mangels Zahlung.

(5) Hat der Bezogene, gleichviel ob er den Wechsel angenommen hat oder nicht, seine Zahlungen eingestellt, oder ist eine Zwangsvollstreckung in sein Vermögen fruchtlos verlaufen, so kann der Inhaber nur Rückgriff nehmen, nachdem der Wechsel dem Bezogenen zur Zahlung vorgelegt und Protest erhoben worden ist.

(6) ¹ Ist über das Vermögen des Bezogenen, gleichviel ob er den Wechsel angenommen hat oder nicht, oder über das Vermögen des Ausstellers eines Wechsels, dessen Vorlegung zur Annahme untersagt ist, Konkurs oder das gerichtliche Vergleichsverfahren (Ausgleichsverfahren) eröffnet worden, so genügt es zur Ausübung des Rückgriffsrechts, daß der gerichtliche Beschluß über die Eröffnung des Konkurses oder des gerichtlichen Vergleichsverfahrens (Ausgleichsverfahrens) vorgelegt wird. ² Die Vorlegung der Bekanntmachung des gerichtlichen Beschlusses im Bundesanzeiger oder in dem zur Veröffentlichung amtlicher Bekanntmachungen des Gerichts bestimmten Blatt ist der Vorlegung des gerichtlichen Beschlusses gleichzuachten.

Art. 45. [Benachrichtigungen] (1) ¹ Der Inhaber muß seinen unmittelbaren Vormann und den Aussteller von dem Unterbleiben der Annahme oder der Zahlung innerhalb der vier Werktage benachrichtigen, die auf den Tag der Protesterhebung oder, im Fall des Vermerks „ohne Kosten", auf den Tag der Vorlegung folgen. ² Jeder Indossant muß innerhalb zweier Werktage nach Empfang der Nachricht seinem unmittelbaren Vormann von der Nachricht, die er erhalten hat, Kenntnis geben und ihm die Namen und Adressen derjenigen mitteilen, die vorher Nachricht gegeben haben, und so weiter in der Reihenfolge, bis zum Aussteller. ³ Die Fristen laufen vom Empfang der vorhergehenden Nachricht.

(2) Wird nach Maßgabe des vorhergehenden Absatzes einer Person, deren Unterschrift sich auf dem Wechsel befindet, Nachricht gegeben, so muß die gleiche Nachricht in derselben Frist ihrem Wechselbürgen gegeben werden.

(3) Hat ein Indossant seine Adresse nicht oder in unleserlicher Form angegeben, so genügt es, daß sein unmittelbarer Vormann benachrichtigt wird.

(4) Die Nachricht kann in jeder Form gegeben werden, auch durch die bloße Rücksendung des Wechsels.

(5) ¹ Der zur Benachrichtigung Verpflichtete hat zu beweisen, daß er in der vorgeschriebenen Frist benachrichtigt hat. ² Die Frist gilt als eingehalten, wenn ein Schreiben, das die Benachrichtigung enthält, innerhalb der Frist zur Post gegeben worden ist.

(6) Wer die rechtzeitige Benachrichtigung versäumt, verliert nicht den Rückgriff; er haftet für den etwa durch seine Nachlässigkeit entstandenen Schaden, jedoch nur bis zur Höhe der Wechselsumme.

Art. 46. [**Erlaß des Protestes**] (1) Der Aussteller sowie jeder Indossant oder Wechselbürge kann durch den Vermerk „ohne Kosten", „ohne Protest" oder einen gleichbedeutenden auf den Wechsel gesetzten und unterzeichneten Vermerk den Inhaber von der Verpflichtung befreien, zum Zwecke der Ausübung des Rückgriffs Protest mangels Annahme oder mangels Zahlung erheben zu lassen.

(2) [1] Der Vermerk befreit den Inhaber nicht von der Verpflichtung, den Wechsel rechtzeitig vorzulegen und die erforderlichen Nachrichten zu geben. [2] Der Beweis, daß die Frist nicht eingehalten worden ist, liegt demjenigen ob, der sich dem Inhaber gegenüber darauf beruft.

(3) [1] Ist der Vermerk vom Aussteller beigefügt, so wirkt er gegenüber allen Wechselverpflichteten; ist er von einem Indossanten oder einem Wechselbürgen beigefügt, so wirkt er nur diesen gegenüber. [2] Läßt der Inhaber ungeachtet des vom Aussteller beigefügten Vermerks Protest erheben, so fallen ihm die Kosten zur Last. [3] Ist der Vermerk von einem Indossanten oder einem Wechselbürgen beigefügt, so sind alle Wechselverpflichteten zum Ersatz der Kosten eines dennoch erhobenen Protestes verpflichtet.

Art. 47. [**Haftung der Wechselschuldner**] (1) Alle, die einen Wechsel ausgestellt, angenommen, indossiert oder mit einer Bürgschaftserklärung versehen haben, haften dem Inhaber als Gesamtschuldner.

(2) Der Inhaber kann jeden einzeln oder mehrere oder alle zusammen in Anspruch nehmen, ohne an die Reihenfolge gebunden zu sein, in der sie sich verpflichtet haben.

(3) Das gleiche Recht steht jedem Wechselverpflichteten zu, der den Wechsel eingelöst hat.

(4) Durch die Geltendmachung des Anspruchs gegen einen Wechselverpflichteten verliert der Inhaber nicht seine Rechte gegen die anderen Wechselverpflichteten, auch nicht gegen die Nachmänner desjenigen, der zuerst in Anspruch genommen worden ist.

Art. 48.[*,**] [**Rückgriff des Protestanten**] (1) Der Inhaber kann im Wege des Rückgriffs verlangen:
1. die Wechselsumme, soweit der Wechsel nicht angenommen oder nicht eingelöst worden ist, mit den etwa bedungenen Zinsen;
2. Zinsen zu sechs vom Hundert seit dem Verfalltag. Bei einem Wechsel, der im Inland sowohl ausgestellt als auch zahlbar ist, beträgt der Zinssatz zwei vom Hundert über dem jeweiligen Diskontsatz der Deutschen Bundesbank, mindestens aber sechs vom Hundert; Änderungen des Diskontsatzes sind für

---

[*] Art. 48 Abs. 1 Nr. 2 geändert durch Art. 3 Gesetz vom 17. 7. 1985 (BGBl. I S. 1507).
[**] Beachte hierzu auch § 16 Abs. 2 Gesetz über das Postwesen vom 3. 7. 1989 (BGBl. I S. 1449).

die Verzinsung ab Beginn des Tages wirksam, an dem die Deutsche Bundesbank die Änderung im Bundesanzeiger bekanntgemacht hat;*
3. die Kosten des Protestes** und der Nachrichten sowie die anderen Auslagen;
4. eine Vergütung, die mangels besonderer Vereinbarung ein Drittel vom Hundert der Hauptsumme des Wechsels beträgt und diesen Satz keinesfalls überschreiten darf.

(2) ¹ Wird der Rückgriff vor Verfall genommen, so werden von der Wechselsumme Zinsen abgezogen. ² Diese Zinsen werden auf Grund des öffentlich bekanntgemachten Diskontsatzes (Satz der Zentralnotenbank) berechnet, der am Tag des Rückgriffs am Wohnort des Inhabers gilt.

Art. 49.* [Rückgriff des Einlösers]** Wer den Wechsel eingelöst hat, kann von seinen Vormännern verlangen:
1. den vollen Betrag, den er gezahlt hat;
2. die Zinsen dieses Betrags zu sechs vom Hundert seit dem Tag der Einlösung. Bei einem Wechsel, der im Inland sowohl ausgestellt als auch zahlbar ist, beträgt der Zinssatz zwei vom Hundert über dem jeweiligen Diskontsatz der Deutschen Bundesbank, mindestens aber sechs vom Hundert; Änderungen des Diskontsatzes sind für die Verzinsung ab Beginn des Tages wirksam, an dem die Deutsche Bundesbank die Änderung im Bundesanzeiger bekanntgemacht hat;*
3. seine Auslagen;
4. eine Vergütung, die nach den Vorschriften des Artikels 48 Abs. 1 Nr. 4 berechnet wird.

Art. 50. [Aushändigung der Wechselpapiere] (1) Jeder Wechselverpflichtete, gegen den Rückgriff genommen wird oder genommen werden kann, ist berechtigt, zu verlangen, daß ihm gegen Entrichtung der Rückgriffssumme der Wechsel mit dem Protest und eine quittierte Rechnung ausgehändigt werden.

(2) Jeder Indossant, der den Wechsel eingelöst hat, kann sein Indossament und die Indossamente seiner Nachmänner ausstreichen.

---

* Beachte hierzu folgende Bekanntmachungen über die Wechsel- und Scheckzinsen, mit denen der Diskontsatz der Deutschen Bundesbank für Wechsel festgesetzt wurde:
Bek. vom 19. 1. 1989 (BAnz. Nr. 16 S. 405): 4% mit Wirkung vom 20. 1. 1989 (BAnz. ausgegeben am 24. 1. 1989);
Bek. vom 20. 4. 1989 (BAnz. Nr. 78 S. 2113): 4½% mit Wirkung vom 21. 4. 1989 (BAnz. ausgegeben am 25. 4. 1989);
Bek. vom 29. 6. 1989 (BAnz. Nr. 121 S. 3272): 5% mit Wirkung vom 30. 6. 1989 (BAnz. ausgegeben am 4. 7. 1989);
Bek. vom 5. 10. 1989 (BAnz. Nr. 191 S. 4806): 6% mit Wirkung vom 6. 10. 1989 (BAnz. ausgegeben am 10. 10. 1989);
Bek. vom 31. 1. 1991 (BAnz. Nr. 24 S. 573): 6½% mit Wirkung vom 1. 2. 1991 (BAnz. ausgegeben am 5. 2. 1991).
Im übrigen veröffentlicht die Deutsche Bundesbank ihre Diskontsatzbeschlüsse vollständig – einschließlich der niedrigeren Festsetzungen – in ihren Monatsberichten und im Bundesanzeiger.
** § 51 Kostenordnung (abgedruckt in Schönfelder unter Nr. **119**).
*** Art. 49 Nr. 2 geändert durch Art. 3 Gesetz vom 17. 7. 1985 (BGBl. I S. 1507).

7. Abschnitt. Rückgriff   Art. 51–53 **WG 18**

Art. 51. [Rückgriff nach Teilannahme] [1] Bei dem Rückgriff nach einer Teilannahme kann derjenige, der den nicht angenommenen Teil der Wechselsumme entrichtet, verlangen, daß dies auf dem Wechsel vermerkt und ihm darüber Quittung erteilt wird. [2] Der Inhaber muß ihm ferner eine beglaubigte Abschrift des Wechsels und den Protest aushändigen, um den weiteren Rückgriff zu ermöglichen.

Art. 52. [Rückwechsel] (1) Wer zum Rückgriff berechtigt ist, kann mangels eines entgegenstehenden Vermerkes den Rückgriff dadurch nehmen, daß er auf einen seiner Vormänner einen neuen Wechsel (Rückwechsel) zieht, der auf Sicht lautet und am Wohnort dieses Vormannes zahlbar ist.

(2) Der Rückwechsel umfaßt, außer den in den Artikeln 48 und 49 angegebenen Beträgen, die Mäklergebühr und die Stempelsteuer für den Rückwechsel.

(3) [1] Wird der Rückwechsel vom Inhaber gezogen, so richtet sich die Höhe der Wechselsumme nach dem Kurse, den ein vom Zahlungsort des ursprünglichen Wechsels auf den Wohnort des Vormannes gezogener Sichtwechsel hat.
[2] Wird der Rückwechsel von einem Indossanten gezogen, so richtet sich die Höhe der Wechselsumme nach dem Kurse, den ein vom Wohnort des Ausstellers des Rückwechsels auf den Wohnort des Vormannes gezogener Sichtwechsel hat.

Art. 53. [Rechtsverlust bei Fristversäumung] (1) Mit der Versäumung der Fristen
  für die Vorlegung eines Wechsels, der auf Sicht oder auf eine bestimmte Zeit nach Sicht lautet,

8. Abschnitt. Ehreneintritt   Art. 54, 55 **WG 18**

für die Erhebung des Protestes mangels Annahme oder mangels Zahlung, für die Vorlegung zur Zahlung im Falle des Vermerkes „ohne Kosten" verliert der Inhaber seine Rechte gegen die Indossanten, den Aussteller und alle anderen Wechselverpflichteten, mit Ausnahme des Annehmers.

(2) Versäumt der Inhaber die vom Aussteller für die Vorlegung zur Annahme vorgeschriebene Frist, so verliert er das Recht, mangels Annahme und mangels Zahlung Rückgriff zu nehmen, sofern nicht der Wortlaut des Vermerkes ergibt, daß der Aussteller nur die Haftung für die Annahme hat ausschließen wollen.

(3) Ist die Frist für die Vorlegung in einem Indossament enthalten, so kann sich nur der Indossant darauf berufen.

Art. 54. [Fristversäumung wegen höherer Gewalt] (1) Steht der rechtzeitigen Vorlegung des Wechsels oder der rechtzeitigen Erhebung des Protestes ein unüberwindliches Hindernis entgegen (gesetzliche Vorschrift eines Staates oder ein anderer Fall höherer Gewalt), so werden die für diese Handlungen bestimmten Fristen verlängert.

(2) Der Inhaber ist verpflichtet, seinen unmittelbaren Vormann von dem Falle der höheren Gewalt unverzüglich zu benachrichtigen und die Benachrichtigung unter Beifügung des Tages und Ortes sowie seiner Unterschrift auf dem Wechsel oder einem Anhang zu vermerken; im übrigen finden die Vorschriften des Artikels 45 Anwendung.

(3) Fällt die höhere Gewalt weg, so muß der Inhaber den Wechsel unverzüglich zur Annahme oder zur Zahlung vorlegen und gegebenenfalls Protest erheben lassen.

(4) Dauert die höhere Gewalt länger als dreißig Tage nach Verfall, so kann Rückgriff genommen werden, ohne daß es der Vorlegung oder der Protesterhebung bedarf.

(5) ¹ Bei Wechseln, die auf Sicht oder auf eine bestimmte Zeit nach Sicht lauten, läuft die dreißigtägige Frist von dem Tage, an dem der Inhaber seinen Vormann von dem Fall der höheren Gewalt benachrichtigt hat; diese Nachricht kann schon vor Ablauf der Vorlegungsfrist gegeben werden. ² Bei Wechseln, die auf bestimmte Zeit nach Sicht lauten, verlängert sich die dreißigtägige Frist um die im Wechsel angegebene Nachsichtfrist.

(6) Tatsachen, die rein persönlich den Inhaber oder denjenigen betreffen, den er mit der Vorlegung des Wechsels oder mit der Protesterhebung beauftragt hat, gelten nicht als Fälle höherer Gewalt.

Achter Abschnitt. Ehreneintritt

1. Allgemeine Vorschriften

Art. 55. [Notadresse; Ehrenannahme oder -zahlung] (1) Der Aussteller sowie jeder Indossant oder Wechselbürge kann eine Person angeben, die im Notfall annehmen oder zahlen soll.

(2) Der Wechsel kann unter den nachstehend bezeichneten Voraussetzungen zu Ehren eines jeden Wechselverpflichteten, gegen den Rückgriff genommen werden kann, angenommen oder bezahlt werden.

(3) Jeder Dritte, auch der Bezogene, sowie jeder aus dem Wechsel bereits Verpflichtete, mit Ausnahme des Annehmers, kann einen Wechsel zu Ehren annehmen oder bezahlen.

(4) [1] Wer zu Ehren annimmt oder zahlt, ist verpflichtet, den Wechselverpflichteten, für den er eintritt, innerhalb zweier Werktage hiervon zu benachrichtigen. [2] Hält er die Frist nicht ein, so haftet er für den etwa durch seine Nachlässigkeit entstandenen Schaden, jedoch nur bis zur Höhe der Wechselsumme.

2. Ehrenannahme

Art. 56. [**Zulässigkeit; Rückgriff**] (1) Die Ehrenannahme ist in allen Fällen zulässig, in denen der Inhaber vor Verfall Rückgriff nehmen kann, es sei denn, daß es sich um einen Wechsel handelt, dessen Vorlegung zur Annahme untersagt ist.

(2) Ist auf dem Wechsel eine Person angegeben, die im Notfall am Zahlungsort annehmen oder zahlen soll, so kann der Inhaber vor Verfall gegen denjenigen, der die Notadresse beigefügt hat, und gegen seine Nachmänner nur Rückgriff nehmen, wenn er den Wechsel der in der Notadresse bezeichneten Person vorgelegt hat und im Falle der Verweigerung der Ehrenannahme die Verweigerung durch einen Protest hat feststellen lassen.

(3) [1] In den anderen Fällen des Ehreneintritts kann der Inhaber die Ehrenannahme zurückweisen. [2] Läßt er sie aber zu, so verliert er den Rückgriff vor Verfall gegen denjenigen, zu dessen Ehren die Annahme erklärt worden ist, und gegen dessen Nachmänner.

Art. 57. [**Form**] [1] Die Ehrenannahme wird auf dem Wechsel vermerkt; sie ist von demjenigen, der zu Ehren annimmt, zu unterschreiben. [2] In der Annahmeerklärung ist anzugeben, für wen die Ehrenannahme stattfindet; mangels einer solchen Angabe gilt sie für den Aussteller.

Art. 58. [**Haftung des Ehrenannehmers**] (1) Wer zu Ehren annimmt, haftet dem Inhaber und den Nachmännern desjenigen, für den er eingetreten ist, in der gleichen Weise wie dieser selbst.

(2) Trotz der Ehrenannahme können der Wechselverpflichtete, zu dessen Ehren der Wechsel angenommen worden ist, und seine Vormänner vom Inhaber gegen Erstattung des in Artikel 48 angegebenen Betrags die Aushändigung des Wechsels und gegebenenfalls des erhobenen Protestes sowie einer quittierten Rechnung verlangen.

3. Ehrenzahlung

Art. 59. [**Zulässigkeit**] (1) Die Ehrenzahlung ist in allen Fällen zulässig, in denen der Inhaber bei Verfall oder vor Verfall Rückgriff nehmen kann.

(2) Die Ehrenzahlung muß den vollen Betrag umfassen, den der Wechselverpflichtete, für den sie stattfindet, zahlen müßte.

(3) Sie muß spätestens am Tage nach Ablauf der Frist für die Erhebung des Protestes mangels Zahlung stattfinden.

Art. 60. [**Protest mangels Ehrenzahlung**] (1) Ist der Wechsel von Personen zu Ehren angenommen, die ihren Wohnsitz am Zahlungsort haben, oder sind

9. Abschnitt. Wechselabschriften   Art. 61–64 **WG 18**

am Zahlungsort wohnende Personen angegeben, die im Notfall zahlen sollen, so muß der Inhaber spätestens am Tage nach Ablauf der Frist für die Erhebung des Protestes mangels Zahlung den Wechsel allen diesen Personen vorlegen und gegebenenfalls Protest wegen unterbliebener Ehrenzahlung erheben lassen.

(2) Wird der Protest nicht rechtzeitig erhoben, so werden derjenige, der die Notadresse angegeben hat oder zu dessen Ehren der Wechsel angenommen worden ist, und die Nachmänner frei.

Art. 61. [**Zurückweisung der Ehrenzahlung**] Weist der Inhaber die Ehrenzahlung zurück, so verliert er den Rückgriff gegen diejenigen, die frei geworden wären.

Art. 62. [**Quittung und Herausgabe der Papiere**] (1) [1] Über die Ehrenzahlung ist auf dem Wechsel eine Quittung auszustellen, die denjenigen bezeichnet, für den gezahlt wird. [2] Fehlt die Bezeichnung, so gilt die Zahlung für den Aussteller.

(2) Der Wechsel und der etwa erhobene Protest sind dem Ehrenzahler auszuhändigen.

Art. 63. [**Rechte des Ehrenzahlers**] (1) [1] Der Ehrenzahler erwirbt die Rechte aus dem Wechsel gegen den Wechselverpflichteten, für den er gezahlt hat, und gegen die Personen, die diesem aus dem Wechsel haften. [2] Er kann jedoch den Wechsel nicht weiter indossieren.

(2) Die Nachmänner des Wechselverpflichteten, für den gezahlt worden ist, werden frei.

(3) [1] Sind mehrere Ehrenzahlungen angeboten, so gebührt derjenigen der Vorzug, durch welche die meisten Wechselverpflichteten frei werden. [2] Wer entgegen dieser Vorschrift in Kenntnis der Sachlage zu Ehren zahlt, verliert den Rückgriff gegen diejenigen, die sonst frei geworden wären.

Neunter Abschnitt. Ausfertigung mehrerer Stücke eines Wechsels; Wechselabschriften

1. Ausfertigungen

Art. 64. [**Ausstellung und Form**] (1) Der Wechsel kann in mehreren gleichen Ausfertigungen ausgestellt werden.

(2) Diese Ausfertigungen müssen im Texte der Urkunde mit fortlaufenden Nummern versehen sein; andernfalls gilt jede Ausfertigung als besonderer Wechsel.

(3) [1] Jeder Inhaber eines Wechsels kann auf seine Kosten die Übergabe mehrerer Ausfertigungen verlangen, sofern nicht aus dem Wechsel zu ersehen ist, daß er in einer einzigen Ausfertigung ausgestellt worden ist. [2] Zu diesem Zwecke hat sich der Inhaber an seinen unmittelbaren Vormann zu wenden, der wieder an seinen Vormann zurückgehen muß, und so weiter in der Reihenfolge bis zum Aussteller. [3] Die Indossanten sind verpflichtet, ihre Indossamente auf den neuen Ausfertigungen zu wiederholen.

Art. 65. [Zahlung; Haftung] (1) ¹ Wird eine Ausfertigung bezahlt, so erlöschen die Rechte aus allen Ausfertigungen, auch wenn diese nicht den Vermerk tragen, daß durch die Zahlung auf eine Ausfertigung die anderen ihre Gültigkeit verlieren. ² Jedoch bleibt der Bezogene aus jeder angenommenen Ausfertigung, die ihm nicht zurückgegeben worden ist, verpflichtet.

(2) Hat ein Indossant die Ausfertigungen an verschiedene Personen übertragen, so haften er und seine Nachmänner aus allen Ausfertigungen, die ihre Unterschrift tragen und nicht herausgegeben worden sind.

Art. 66. [Verwahrungsvermerk; Protest] (1) ¹ Wer eine Ausfertigung zur Annahme versendet, hat auf den anderen Ausfertigungen den Namen dessen anzugeben, bei dem sich die versendete Ausfertigung befindet. ² Dieser ist verpflichtet, sie dem rechtmäßigen Inhaber einer anderen Ausfertigung auszuhändigen.

(2) Wird die Aushändigung verweigert, so kann der Inhaber nur Rückgriff nehmen, nachdem er durch einen Protest hat feststellen lassen:
1. daß ihm die zur Annahme versendete Ausfertigung auf sein Verlangen nicht ausgehändigt worden ist;
2. daß die Annahme oder die Zahlung auch nicht auf eine andere Ausfertigung zu erlangen war.

2. Abschriften

Art. 67. [Zulässigkeit; Form und Inhalt] (1) Jeder Inhaber eines Wechsels ist befugt, Abschriften davon herzustellen.

(2) ¹ Die Abschrift muß die Urschrift mit den Indossamenten und allen anderen darauf befindlichen Vermerken genau wiedergeben. ² Es muß angegeben sein, wie weit die Abschrift reicht.

(3) Die Abschrift kann auf dieselbe Weise und mit denselben Wirkungen indossiert und mit einer Bürgschaftserklärung versehen werden wie die Urschrift.

Art. 68. [Vermerke; Protest] (1) ¹ In der Abschrift ist der Verwahrer der Urschrift zu bezeichnen. ² Dieser ist verpflichtet, die Urschrift dem rechtmäßigen Inhaber der Abschrift auszuhändigen.

(2) Wird die Aushändigung verweigert, so kann der Inhaber gegen die Indossanten der Abschrift und gegen diejenigen, die eine Bürgschaftserklärung auf die Abschrift gesetzt haben, nur Rückgriff nehmen, nachdem er durch einen Protest hat feststellen lassen, daß ihm die Urschrift auf sein Verlangen nicht ausgehändigt worden ist.

(3) Enthält die Urschrift nach dem letzten, vor Anfertigung der Abschrift daraufgesetzten Indossament den Vermerk „von hier ab gelten Indossamente nur noch auf der Abschrift" oder einen gleichbedeutenden Vermerk, so ist ein später auf die Urschrift gesetztes Indossament nichtig.

Zehnter Abschnitt. Änderungen

Art. 69. Wird der Text eines Wechsels geändert, so haften diejenigen, die nach der Änderung ihre Unterschrift auf den Wechsel gesetzt haben, entsprechend

2. Teil. Eigener Wechsel

dem geänderten Texte; wer früher unterschrieben hat, haftet nach dem ursprünglichen Texte.

Elfter Abschnitt. Verjährung

Art. 70. [Verjährungsfrist] (1) Die wechselmäßigen Ansprüche gegen den Annehmer verjähren in drei Jahren vom Verfalltage.

(2) Die Ansprüche des Inhabers gegen die Indossanten und gegen den Aussteller verjähren in einem Jahre vom Tage des rechtzeitig erhobenen Protestes oder im Falle des Vermerkes „ohne Kosten" vom Verfalltage.

(3) Die Ansprüche eines Indossanten gegen andere Indossanten und gegen den Aussteller verjähren in sechs Monaten von dem Tage, an dem der Wechsel vom Indossanten eingelöst oder ihm gegenüber gerichtlich geltend gemacht worden ist.

Art. 71. [Unterbrechung] Die Unterbrechung der Verjährung wirkt nur gegen den Wechselverpflichteten, in Ansehung dessen die Tatsache eingetreten ist, welche die Unterbrechung bewirkt.

Zwölfter Abschnitt. Allgemeine Vorschriften

Art. 72.* [Feiertage; Samstage] (1) ¹ Verfällt der Wechsel an einem gesetzlichen Feiertage oder einem Sonnabend, so kann die Zahlung erst am nächsten Werktage verlangt werden. ² Auch alle anderen auf den Wechsel bezüglichen Handlungen, insbesondere die Vorlegung zur Annahme und die Protesterhebung, können nur an einem Werktage, jedoch nicht an einem Sonnabend, stattfinden.

(2) ¹ Fällt der letzte Tag einer Frist, innerhalb deren eine dieser Handlungen vorgenommen werden muß, auf einen gesetzlichen Feiertag oder einen Sonnabend, so wird die Frist bis zum nächsten Werktage verlängert. ² Feiertage, die in den Lauf einer Frist fallen, werden bei der Berechnung der Frist mitgezählt.

Art. 73. [Berechnung der Fristen] Bei der Berechnung der gesetzlichen oder im Wechsel bestimmten Fristen wird der Tag, von dem sie zu laufen beginnen, nicht mitgezählt.

Art. 74. [Keine Respekttage] Weder gesetzliche noch richterliche Respekttage werden anerkannt.

Zweiter Teil. Eigener Wechsel

Art. 75. [Bestandteile] Der eigene Wechsel enthält:
1. die Bezeichnung als Wechsel im Texte der Urkunde, und zwar in der Sprache, in der sie ausgestellt ist;
2. das unbedingte Versprechen, eine bestimmte Geldsumme zu zahlen;
3. die Angabe der Verfallzeit;

---
* Art. 72 neu gefaßt durch Gesetz vom 10. 8. 1965 (BGBl. I S. 753).

4. die Angabe des Zahlungsortes;
5. den Namen dessen, an den oder an dessen Order gezahlt werden soll;
6. die Angabe des Tages und des Ortes der Ausstellung;
7. die Unterschrift des Ausstellers.

Art. 76. [Fehlen von Bestandteilen] (1) Eine Urkunde, der einer der im vorstehenden Artikel bezeichneten Bestandteile fehlt, gilt nicht als eigener Wechsel, vorbehaltlich der in den folgenden Absätzen bezeichneten Fälle.

(2) Ein eigener Wechsel ohne Angabe der Verfallzeit gilt als Sichtwechsel.

(3) Mangels einer besonderen Angabe gilt der Ausstellungsort als Zahlungsort und zugleich als Wohnort des Ausstellers.

(4) Ein eigener Wechsel ohne Angabe des Ausstellungsortes gilt als ausgestellt an dem Orte, der bei dem Namen des Ausstellers angegeben ist.

Art. 77. [Anzuwendende Vorschriften] (1) Für den eigenen Wechsel gelten, soweit sie nicht mit seinem Wesen in Widerspruch stehen, die für den gezogenen Wechsel gegebenen Vorschriften über

das Indossament (Artikel 11 bis 20),
den Verfall (Artikel 33 bis 37),
die Zahlung (Artikel 38 bis 42),
den Rückgriff mangels Zahlung (Artikel 43 bis 50, 52 bis 54),
die Ehrenzahlung (Artikel 55, 59 bis 63),
die Abschriften (Artikel 67 und 68),
die Änderungen (Artikel 69),
die Verjährung (Artikel 70 und 71),
die Feiertage, die Fristenberechnung und das Verbot der Respekttage (Artikel 72 bis 74).

(2) Ferner gelten für den eigenen Wechsel die Vorschriften über gezogene Wechsel, die bei einem Dritten oder an einem von dem Wohnort des Bezogenen verschiedenen Ort zahlbar sind (Artikel 4 und 27), über den Zinsvermerk (Artikel 5), über die Abweichungen bei der Angabe der Wechselsumme (Artikel 6), über die Folgen einer ungültigen Unterschrift (Artikel 7) oder die Unterschrift einer Person, die ohne Vertretungsbefugnis handelt oder ihre Vertretungsbefugnis überschreitet (Artikel 8), und über den Blankowechsel (Artikel 10).

(3) Ebenso finden auf den eigenen Wechsel die Vorschriften über die Wechselbürgschaft Anwendung (Artikel 30 bis 32); im Falle des Artikels 31 Abs. 4 gilt die Wechselbürgschaft, wenn die Erklärung nicht angibt, für wen sie geleistet wird, für den Aussteller des eigenen Wechsels.

Art. 78. [Haftung des Ausstellers; Nachsichtwechsel] (1) Der Aussteller eines eigenen Wechsels haftet in der gleichen Weise wie der Annehmer eines gezogenen Wechsels.

(2) [1] Eigene Wechsel, die auf eine bestimmte Zeit nach Sicht lauten, müssen dem Aussteller innerhalb der in Artikel 23 bezeichneten Fristen zur Sicht vorgelegt werden. [2] Die Sicht ist von dem Aussteller auf dem Wechsel unter Angabe des Tages und Beifügung der Unterschrift zu bestätigen. [3] Die Nachsicht-

3. Teil. Ergänzende Vorschriften   Art. 79–81 **WG 18**

frist läuft vom Tage des Sichtvermerkes. ⁴ Weigert sich der Aussteller, die Sicht unter Angabe des Tages zu bestätigen, so ist dies durch einen Protest festzustellen (Artikel 25); die Nachsichtfrist läuft dann vom Tage des Protestes.

Dritter Teil. Ergänzende Vorschriften

Erster Abschnitt. Protest

Art. 79. [Protestpersonen] (1) Jeder Protest muß durch einen Notar, einen Gerichtsbeamten oder einen Postbeamten* aufgenommen werden.

(2) Den Postbeamten stehen solche Personen gleich, denen von der Postverwaltung die Aufnahme von Protesten übertragen ist.

Art. 80. [Inhalt des Protestes] (1) In dem Protest ist aufzunehmen:
1. der Name dessen, für den protestiert wird, sowie der Name dessen, gegen den protestiert wird;
2. die Angabe, daß derjenige, gegen den protestiert wird, ohne Erfolg zur Vornahme der wechselrechtlichen Leistung aufgefordert worden ist oder nicht anzutreffen gewesen ist oder daß seine Geschäftsräume oder seine Wohnung sich nicht haben ermitteln lassen;
3. die Angabe des Ortes und des Tages, an dem die Aufforderung geschehen oder ohne Erfolg versucht worden ist.

(2) Verlangt der Bezogene, dem ein Wechsel zur Annahme vorgelegt wird, die nochmalige Vorlegung am nächsten Tage, so ist dies im Protest zu vermerken.

(3) Der Protest ist von dem Protestbeamten zu unterschreiben und mit dem Amtssiegel oder dem Amtsstempel zu versehen.

Art. 81. [Form des Protestes] (1) Der Protest ist auf den Wechsel oder auf ein mit dem Wechsel zu verbindendes Blatt zu setzen.

(2) Er soll unmittelbar hinter den letzten auf der Rückseite des Wechsels befindlichen Vermerk, in Ermangelung eines solchen unmittelbar an einen Rand der Rückseite gesetzt werden.

(3) ¹ Wird der Protest auf ein Blatt gesetzt, das mit dem Wechsel verbunden wird, so soll die Verbindungsstelle mit dem Amtssiegel oder dem Amtsstempel versehen werden. ² Ist dies geschehen, so braucht der Unterschrift des Protestbeamten ein Siegel oder Stempel nicht beigefügt zu werden.

(4) ¹ Wird der Protest unter Vorlegung mehrerer Ausfertigungen desselben Wechsels oder unter Vorlegung der Urschrift und einer Abschrift erhoben, so genügt die Beurkundung auf einer der Ausfertigungen oder auf der Urschrift. ² Auf den anderen Ausfertigungen oder auf der Abschrift ist zu vermerken, auf welche Ausfertigung der Protest gesetzt worden ist oder daß er sich auf der Urschrift befindet. ³ Auf den Vermerk finden die Vorschriften des Absatzes 2 und des Absatzes 3 Satz 1 entsprechende Anwendung. ⁴ Der Protestbeamte hat den Vermerk zu unterschreiben.

---

* Vgl. § 40 Postordnung vom 16. 5. 1963 (BGBl. I S. 341), geändert durch Verordnung vom 1. 10. 1981 (BGBl. I S. 1069), sowie § 16 Abs. 2 Gesetz über das Postwesen vom 28. 7. 1969 (BGBl. I S. 1006).

Art. 82. [Protest des Inhabers einer Abschrift und bei Teilannahme]
(1) Der Protest, den der Inhaber einer Abschrift nach Artikel 68 Abs. 2 gegen den Verwahrer der Urschrift erheben läßt, ist auf die Abschrift oder auf ein damit zu verbindendes Blatt zu setzen.

(2) [1] Wird Protest erhoben, weil die Annahme auf einen Teil der Wechselsumme beschränkt worden ist, so ist eine Abschrift des Wechsels anzufertigen und der Protest auf diese Abschrift oder auf ein damit zu verbindendes Blatt zu setzen. [2] Die Abschrift hat auch die auf dem Wechsel befindlichen Indossamente und anderen Vermerke zu enthalten.

(3) Die Vorschriften des Artikels 81 Abs. 2 und Abs. 3 finden entsprechende Anwendung.

Art. 83. [Mehrfache Aufforderung] Muß eine wechselrechtliche Leistung von mehreren Personen oder von derselben Person mehrfach verlangt werden, so ist über die mehrfache Aufforderung nur eine Protesturkunde erforderlich.

Art. 84. [Zahlung an Protestbeamte] [1] Der Wechsel kann an den Protestbeamten bezahlt werden. [2] Die Befugnis des Protestbeamten zur Annahme der Zahlung kann nicht ausgeschlossen werden.

Art. 85.* [Berichtigung; Abschriften; Vermerke] (1) [1] Schreibfehler, Auslassungen und sonstige Mängel der Protesturkunde können bis zur Aushändigung der Urkunde an denjenigen, für den der Protest erhoben worden ist, von dem Protestbeamten berichtigt werden. [2] Die Berichtigung ist als solche unter Beifügung der Unterschrift kenntlich zu machen.

(2) [1] Von dem Protest ist eine beglaubigte Abschrift zurückzubehalten. [2] Über den Inhalt des Wechsels oder der Wechselabschrift ist ein Vermerk aufzunehmen. [3] Der Vermerk hat zu enthalten:
1. den Betrag des Wechsels;
2. die Verfallzeit;
3. den Ort und den Tag der Ausstellung;
4. den Namen des Ausstellers, den Namen dessen, an den oder an dessen Order gezahlt werden soll, und den Namen des Bezogenen;
5. falls eine vom Bezogenen oder bei eigenen Wechseln vom Aussteller verschiedene Person angegeben ist, bei der die Zahlung geleistet werden soll, den Namen dieser Person sowie die Namen der etwaigen Notadressen und derjenigen, die den Wechsel zu Ehren angenommen haben.

(3) Die Abschriften und Vermerke sind geordnet aufzubewahren.

Art. 86. [Protestzeit] Proteste sollen in der Zeit von neun Uhr vormittags bis sechs Uhr abends erhoben werden, außerhalb dieser Zeit nur dann, wenn derjenige, gegen den protestiert wird, ausdrücklich einwilligt.

Art. 87. [Proteststelle] (1) [1] Die Vorlegung zur Annahme oder Zahlung, die Protesterhebung, die Abforderung einer Ausfertigung sowie alle sonstigen bei einer bestimmten Person vorzunehmenden Handlungen müssen in deren Ge-

---
* Art. 85 Abs. 2 Nr. 5 neu gefaßt durch Gesetz vom 5. 7. 1934 (RGBl. I S. 571).

schäftsräumen oder, wenn sich solche nicht ermitteln lassen, in deren Wohnung vorgenommen werden. ² An einer anderen Stelle, insbesondere an der Börse, kann dies nur mit beiderseitigem Einverständnis geschehen.

(2) Ist in dem Protest vermerkt, daß sich die Geschäftsräume oder die Wohnung nicht haben ermitteln lassen, so ist der Protest nicht deshalb unwirksam, weil die Ermittlung möglich war.

(3) ¹ Die Verantwortlichkeit des Protestbeamten, der es unterläßt, geeignete Ermittlungen anzustellen, wird durch die Vorschrift des zweiten Absatzes nicht berührt. ² Ist eine Nachfrage bei der Polizeibehörde des Ortes ohne Erfolg geblieben, so ist der Protestbeamte zu weiteren Nachforschungen nicht verpflichtet.

Art. 88.* *(aufgehoben)*

Zweiter Abschnitt. Bereicherung

Art. 89. (1) ¹ Ist die wechselmäßige Verbindlichkeit des Ausstellers oder des Annehmers durch Verjährung oder dadurch erloschen, daß eine zur Erhaltung des Wechselrechts notwendige Handlung versäumt worden ist, so bleiben sie dem Inhaber des Wechsels so weit verpflichtet, als sie sich mit dessen Schaden bereichern würden. ² Der Anspruch auf Herausgabe der Bereicherung verjährt in drei Jahren nach dem Erlöschen der wechselmäßigen Verbindlichkeit.

(2) Gegen die Indossanten, deren wechselmäßige Verbindlichkeit erloschen ist, findet ein solcher Anspruch nicht statt.

Dritter Abschnitt. Abhanden gekommene Wechsel und Protesturkunden

Art. 90. (1) ¹ Ein abhanden gekommener oder vernichteter Wechsel kann im Wege des Aufgebotsverfahrens für kraftlos erklärt werden. ² Nach Einleitung des Verfahrens kann der Berechtigte von dem Annehmer des gezogenen oder dem Aussteller des eigenen Wechsels bei der Fälligkeit Zahlung fordern, wenn er bis zur Kraftloserklärung Sicherheit leistet.

(2) ¹ Eine abhanden gekommene oder vernichtete Protesturkunde kann durch ein Zeugnis über die Protesterhebung ersetzt werden, das von der die beglaubigte Abschrift der Urkunde verwahrenden Stelle zu erteilen ist. ² In dem Zeugnis muß der Inhalt des Protestes und des gemäß Artikel 85 Abs. 2 aufgenommenen Vermerks angegeben sein.

Vierter Teil. Geltungsbereich der Gesetze

Art. 91. **[Wechselfähigkeit]** (1) ¹ Die Fähigkeit einer Person, eine Wechselverbindlichkeit einzugehen, bestimmt sich nach dem Recht des Landes, dem sie angehört. ² Erklärt dieses Recht das Recht eines anderen Landes für maßgebend, so ist das letztere Recht anzuwenden.

(2) ¹ Wer nach dem in vorstehendem Absatz bezeichneten Recht nicht wechselfähig ist, wird gleichwohl gültig verpflichtet, wenn die Unterschrift in dem

---

* Art. 88 aufgehoben durch Art. 3 Gesetz vom 17. 7. 1985 (BGBl. I S. 1507).

Gebiet eines Landes abgegeben worden ist, nach dessen Recht er wechselfähig wäre. ² Diese Vorschrift findet keine Anwendung, wenn die Verbindlichkeit von einem Inländer im Ausland übernommen worden ist.

Art. 92. [Form der Wechselerklärung] (1) Die Form einer Wechselerklärung bestimmt sich nach dem Recht des Landes, in dessen Gebiet die Erklärung unterschrieben worden ist.

(2) Wenn jedoch eine Wechselerklärung, die nach den Vorschriften des vorstehenden Absatzes ungültig ist, dem Recht des Landes entspricht, in dessen Gebiet eine spätere Wechselerklärung unterschrieben worden ist, so wird durch Mängel in der Form der ersten Wechselerklärung die Gültigkeit der späteren Wechselerklärung nicht berührt.

(3) Eine Wechselerklärung, die ein Inländer im Ausland abgegeben hat, ist im Inland gegenüber anderen Inländern gültig, wenn die Erklärung den Formerfordernissen des inländischen Rechts genügt.

Art. 93. [Wirkung der Wechselerklärungen] (1) Die Wirkungen der Verpflichtungserklärungen des Annehmers eines gezogenen Wechsels und des Ausstellers eines eigenen Wechsels bestimmen sich nach dem Recht des Zahlungsortes.

(2) Die Wirkungen der übrigen Wechselerklärungen bestimmen sich nach dem Recht des Landes, in dessen Gebiet die Erklärungen unterschrieben worden sind.

Art. 94. [Fristen für Rückgriff] Die Fristen für die Ausübung der Rückgriffsrechte werden für alle Wechselverpflichteten durch das Recht des Ortes bestimmt, an dem der Wechsel ausgestellt worden ist.

Art. 95. [Forderung aus dem Grundgeschäft] Das Recht des Ausstellungsortes bestimmt, ob der Inhaber eines gezogenen Wechsels die seiner Ausstellung zugrunde liegende Forderung erwirbt.

Art. 96. [Teilannahme und Teilzahlung] (1) Das Recht des Zahlungsortes bestimmt, ob die Annahme eines gezogenen Wechsels auf einen Teil der Summe beschränkt werden kann und ob der Inhaber verpflichtet oder nicht verpflichtet ist, eine Teilzahlung anzunehmen.

(2) Dasselbe gilt für die Zahlung bei einem eigenen Wechsel.

Art. 97. [Form des Protestes] Die Form des Protestes und die Fristen für die Protesterhebung sowie die Form der übrigen Handlungen, die zur Ausübung oder Erhaltung der Wechselrechte erforderlich sind, bestimmen sich nach dem Recht des Landes, in dessen Gebiet der Protest zu erheben oder die Handlung vorzunehmen ist.

Art. 98. [Verlust oder Diebstahl des Wechsels] Das Recht des Zahlungsortes bestimmt die Maßnahmen, die bei Verlust oder Diebstahl eines Wechsels zu ergreifen sind.

19. Einführungsgesetz zum Wechselgesetz

Vom 21. Juni 1933 (RGBl. I S. 409)

(BGBl. III 4133-2)

Geändert durch Art. 5 Nr. 2 Gesetz vom 17. 7. 1985 (BGBl. I S. 1507)

Art. 1.* [Inkrafttreten] (1) Der Reichsminister der Justiz bestimmt den Zeitpunkt, mit dem das Wechselgesetz in Kraft tritt.**

(2) *(gegenstandslos)*

(3) Die Vorschriften der Wechselordnung treten mit dem Inkrafttreten der entsprechenden Teile des Wechselgesetzes außer Kraft.

(4) – (6) *(Aufhebungsvorschriften bzw. gegenstandslos)*

Art. 2.** *(aufgehoben)*

Art. 3. [Verweisungen] (1) Soweit in Reichsgesetzen oder Landesgesetzen auf Vorschriften der Wechselordnung verwiesen ist, treten an deren Stelle die entsprechenden Vorschriften des Wechselgesetzes.

(2) Der *Reichsminister der Justiz* wird ermächtigt, nähere Vorschriften zu erlassen.

Art. 4.* *(gegenstandslos)*

Art. 5.* [Verhinderung im Ausland] ¹... ²Wird die rechtzeitige Vornahme einer Handlung, die im Ausland zur Ausübung oder Erhaltung der Rechte aus einem Wechsel vorzunehmen ist, durch eine dort erlassene Vorschrift verhindert, so kann der *Reichsminister der Justiz* bestimmen, daß die Rechte ungeachtet der Versäumung bestehen bleiben, sofern die Handlung unverzüglich nach Wegfall des Hindernisses nachgeholt wird. ³ In gleicher Weise kann bestimmt werden, daß bei einer solchen Verhinderung nach einer bestimmten Frist Rückgriff genommen werden kann, ohne daß es der Vornahme der Handlung bedarf.

Art. 6.†

---

* Art. 1 Abs. 2 und 6 sowie Art. 4 gegenstandslos, Art. 1 Abs. 4 und 5 sowie Art. 5 Satz 1 enthalten Aufhebungsvorschriften.
** Gemäß Verordnung vom 28. 11. 1933 (RGBl. I S. 1019) ist das Wechselgesetz am 1. 4. 1934 in Kraft getreten.
*** Art. 2 aufgehoben durch Art. 5 Nr. 2 Gesetz vom 17. 7. 1985 (BGBl. I S. 1507).
† Art. 6 betrifft Änderung und Neufassung des Wechselsteuergesetzes.

19 EGWG

20. Scheckgesetz
Vom 14. August 1933 (RGBl. I S. 597)*
(BGBl. III 4132-1)

Änderungen des Gesetzes

Lfd. Nr.	Änderndes Gesetz	Datum	Fundstelle	Geänderte Artikel	Art der Änderg.
1.	Gesetz zur Änderung des Scheckgesetzes	28. 3. 1934	RGBl. I 251	29 Abs. 1 Satz 2	geänd.
2.	Gesetz über den Fristablauf am Sonnabend	10. 8. 1965	BGBl. I 753	55 Abs. 1 und 2	geänd.
3.	Gesetz zur Änderung des Gesetzes über die Verwahrung und Anschaffung von Wertpapieren sowie anderer wertpapierrechtlicher Vorschriften	17. 7. 1985	BGBl. I 1507	29 Abs. 2, 45 Nr. 2, 46 Nr. 2, 55 Abs. 3 29 Abs. 1 Satz 2	geänd. aufgeh.

Gesetzesübersicht

Erster Abschnitt. Ausstellung und Form des Schecks Art. 1–13
Zweiter Abschnitt. Übertragung Art. 14–24
Dritter Abschnitt. Scheckbürgschaft Art. 25–27
Vierter Abschnitt. Vorlegung und Zahlung Art. 28–36
Fünfter Abschnitt. Gekreuzter Scheck und Verrechnungsscheck Art. 37–39
Sechster Abschnitt. Rückgriff mangels Zahlung Art. 40–48
Siebenter Abschnitt. Ausfertigung mehrerer Stücke eines Schecks Art. 49, 50
Achter Abschnitt. Änderungen Art. 51
Neunter Abschnitt. Verjährung Art. 52, 53
Zehnter Abschnitt. Allgemeine Vorschriften Art. 54–57
Elfter Abschnitt. Ergänzende Vorschriften Art. 58, 59
Zwölfter Abschnitt. Geltungsbereich der Gesetze Art. 60–66

Erster Abschnitt. Ausstellung und Form des Schecks

Art. 1. [Bestandteile] Der Scheck enthält:
1. die Bezeichnung als Scheck im Texte der Urkunde, und zwar in der Sprache, in der sie ausgestellt ist;
2. die unbedingte Anweisung, eine bestimmte Geldsumme zu zahlen;
3. den Namen dessen, der zahlen soll (Bezogener);
4. die Angabe des Zahlungsortes;
5. die Angabe des Tages und des Ortes der Ausstellung;
6. die Unterschrift des Ausstellers.

Art. 2. [Fehlen von Bestandteilen] (1) Eine Urkunde, in der einer der im vorstehenden Artikel bezeichneten Bestandteile fehlt, gilt nicht als Scheck, vorbehaltlich der in den folgenden Absätzen bezeichneten Fälle.

---
* In Kraft getreten am 1. 4. 1934 mit Ausnahme der Art. 37 und 38 (Verordnung vom 28. 11. 1933, RGBl. I S. 1019).

(2) [1] Mangels einer besonderen Angabe gilt der bei dem Namen des Bezogenen angegebene Ort als Zahlungsort. [2] Sind mehrere Orte bei dem Namen des Bezogenen angegeben, so ist der Scheck an dem an erster Stelle angegebenen Orte zahlbar.

(3) Fehlt eine solche und jede andere Angabe, so ist der Scheck an dem Orte zahlbar, an dem der Bezogene seine Hauptniederlassung hat.

(4) Ein Scheck ohne Angabe des Ausstellungsortes gilt als ausgestellt an dem Orte, der bei dem Namen des Ausstellers angegeben ist.

Art. 3. [Bezogener] [1] Der Scheck darf nur auf einen Bankier gezogen werden, bei dem der Aussteller ein Guthaben hat, und gemäß einer ausdrücklichen oder stillschweigenden Vereinbarung, wonach der Aussteller das Recht hat, über dieses Guthaben mittels Schecks zu verfügen. [2] Die Gültigkeit der Urkunde als Scheck wird jedoch durch die Nichtbeachtung dieser Vorschriften nicht berührt.

Art. 4. [Keine Annahme] [1] Der Scheck kann nicht angenommen werden. [2] Ein auf den Scheck gesetzter Annahmevermerk gilt als nicht geschrieben.

Art. 5. [Zahlungsempfänger] (1) Der Scheck kann zahlbar gestellt werden:
- an eine bestimmte Person, mit oder ohne den ausdrücklichen Vermerk „an Order";
- an eine bestimmte Person, mit dem Vermerk „nicht an Order" oder mit einem gleichbedeutenden Vermerk;
- an den Inhaber.

(2) Ist im Scheck eine bestimmte Person mit dem Zusatz „oder Überbringer" oder mit einem gleichbedeutenden Vermerk als Zahlungsempfänger bezeichnet, so gilt der Scheck als auf den Inhaber gestellt.

(3) Ein Scheck ohne Angabe des Nehmers gilt als zahlbar an den Inhaber.

Art. 6. [Besondere Scheckarten] (1) Der Scheck kann an die eigene Order des Ausstellers lauten.

(2) Der Scheck kann für Rechnung eines Dritten gezogen werden.

(3) Der Scheck kann nicht auf den Aussteller selbst gezogen werden, es sei denn, daß es sich um einen Scheck handelt, der von einer Niederlassung auf eine andere Niederlassung des Ausstellers gezogen wird.

Art. 7. [Zinsvermerk] Ein in den Scheck aufgenommener Zinsvermerk gilt als nicht geschrieben.

Art. 8. [Zahlungsort] Der Scheck kann bei einem Dritten, am Wohnort des Bezogenen oder an einem anderen Orte, zahlbar gestellt werden, sofern der Dritte Bankier ist.

Art. 9. [Schecksumme] (1) Ist die Schecksumme in Buchstaben und in Ziffern angegeben, so gilt bei Abweichungen die in Buchstaben angegebene Summe.

(2) Ist die Schecksumme mehrmals in Buchstaben oder mehrmals in Ziffern angegeben, so gilt bei Abweichungen die geringste Summe.

Art. 10. [**Ungültige Unterschriften**] Trägt ein Scheck Unterschriften von Personen, die eine Scheckverbindlichkeit nicht eingehen können, gefälschte Unterschriften, Unterschriften erdichteter Personen oder Unterschriften, die aus irgendeinem anderen Grunde für die Personen, die unterschrieben haben oder mit deren Namen unterschrieben worden ist, keine Verbindlichkeit begründen, so hat dies auf die Gültigkeit der übrigen Unterschriften keinen Einfluß.

Art. 11. [**Vertreter ohne Vertretungsmacht**] [1] Wer auf einen Scheck seine Unterschrift als Vertreter eines anderen setzt, ohne hierzu ermächtigt zu sein, haftet selbst scheckmäßig und hat, wenn er den Scheck einlöst, dieselben Rechte, die der angeblich Vertretene haben würde. [2] Das gleiche gilt von einem Vertreter, der seine Vertretungsbefugnis überschritten hat.

Art. 12. [**Haftung des Ausstellers**] [1] Der Aussteller haftet für die Zahlung des Schecks. [2] Jeder Vermerk, durch den er diese Haftung ausschließt, gilt als nicht geschrieben.

Art. 13. [**Blankoscheck**] Wenn ein Scheck, der bei der Begebung unvollständig war, den getroffenen Vereinbarungen zuwider ausgefüllt worden ist, so kann die Nichteinhaltung dieser Vereinbarungen dem Inhaber nicht entgegengesetzt werden, es sei denn, daß er den Scheck in bösem Glauben erworben hat oder ihm beim Erwerb eine grobe Fahrlässigkeit zur Last fällt.

Zweiter Abschnitt. Übertragung

Art. 14. [**Zulässigkeit des Indossaments**] (1) Der auf eine bestimmte Person zahlbar gestellte Scheck mit oder ohne den ausdrücklichen Vermerk „an Order" kann durch Indossament übertragen werden.

(2) Der auf eine bestimmte Person zahlbar gestellte Scheck mit dem Vermerk „nicht an Order" oder mit einem gleichbedeutenden Vermerk kann nur in der Form und mit den Wirkungen einer gewöhnlichen Abtretung übertragen werden.

(3) [1] Das Indossament kann auch auf den Aussteller oder jeden anderen Scheckverpflichteten lauten. [2] Diese Personen können den Scheck weiter indossieren.

Art. 15. [**Indossament bedingungsfeindlich; Teilindossament; Indossament an den Inhaber oder Bezogenen**] (1) [1] Das Indossament muß unbedingt sein. [2] Bedingungen, von denen es abhängig gemacht wird, gelten als nicht geschrieben.

(2) Ein Teilindossament ist nichtig.

(3) Ebenso ist ein Indossament des Bezogenen nichtig.

(4) Ein Indossament an den Inhaber gilt als Blankoindossament.

(5) Das Indossament an den Bezogenen gilt nur als Quittung, es sei denn, daß der Bezogene mehrere Niederlassungen hat und das Indossament auf eine andere Niederlassung lautet als diejenige, auf die der Scheck gezogen worden ist.

Art. 16. [Form; Blankoindossament] (1) ¹ Das Indossament muß auf den Scheck oder ein mit dem Scheck verbundenes Blatt (Anhang) gesetzt werden. ² Es muß von dem Indossanten unterschrieben werden.

(2) ¹ Das Indossament braucht den Indossatar nicht zu bezeichnen und kann selbst in der bloßen Unterschrift des Indossanten bestehen (Blankoindossament). ² In diesem letzteren Falle muß das Indossament, um gültig zu sein, auf die Rückseite des Schecks oder auf den Anhang gesetzt werden.

Art. 17. [Transportfunktion] (1) Das Indossament überträgt alle Rechte aus dem Scheck.

(2) Ist es ein Blankoindossament, so kann der Inhaber

1. das Indossament mit seinem Namen oder mit dem Namen eines anderen ausfüllen;
2. den Scheck durch ein Blankoindossament oder an eine bestimmte Person weiter indossieren;
3. den Scheck weiterbegeben, ohne das Blankoindossament auszufüllen und ohne ihn zu indossieren.

Art. 18. [Garantiefunktion] (1) Der Indossant haftet mangels eines entgegenstehenden Vermerks für die Zahlung.

(2) Er kann untersagen, daß der Scheck weiter indossiert wird; in diesem Falle haftet er denen nicht, an die der Scheck weiter indossiert wird.

Art. 19. [Scheckvermutung] ¹ Wer einen durch Indossament übertragbaren Scheck in Händen hat, gilt als rechtmäßiger Inhaber, sofern er sein Recht durch eine ununterbrochene Reihe von Indossamenten nachweist, und zwar auch dann, wenn das letzte ein Blankoindossament ist. ² Ausgestrichene Indossamente gelten hierbei als nicht geschrieben. ³ Folgt auf ein Blankoindossament ein weiteres Indossament, so wird angenommen, daß der Aussteller dieses Indossaments den Scheck durch das Blankoindossament erworben hat.

Art. 20. [Indossament auf Inhaberscheck] Ein Indossament auf einem Inhaberscheck macht den Indossanten nach den Vorschriften über den Rückgriff haftbar, ohne aber die Urkunde in einen Orderscheck umzuwandeln.

Art. 21. [Gutgläubiger Erwerb] Ist der Scheck einem früheren Inhaber irgendwie abhanden gekommen, so ist der Inhaber, in dessen Hände der Scheck gelangt ist – sei es, daß es sich um einen Inhaberscheck handelt, sei es, daß es sich um einen durch Indossament übertragbaren Scheck handelt und der Inhaber sein Recht gemäß Artikel 19 nachweist –, zur Herausgabe des Schecks nur verpflichtet, wenn er ihn in bösem Glauben erworben hat oder ihm beim Erwerb eine grobe Fahrlässigkeit zur Last fällt.

Art. 22. [Einwendungen des Scheckverpflichteten] Wer aus dem Scheck in Anspruch genommen wird, kann dem Inhaber keine Einwendungen entgegensetzen, die sich auf seine unmittelbaren Beziehungen zu dem Aussteller oder zu einem früheren Inhaber gründen, es sei denn, daß der Inhaber beim Erwerb des Schecks bewußt zum Nachteil des Schuldners gehandelt hat.

3. Abschnitt. Scheckbürgschaft   Art. 23–27   **ScheckG 20**

Art. 23. [Vollmachtsindossament] (1) Enthält das Indossament den Vermerk „Wert zur Einziehung", „zum Inkasso", „in Prokura" oder einen anderen nur eine Bevollmächtigung ausdrückenden Vermerk, so kann der Inhaber alle Rechte aus dem Scheck geltend machen; aber er kann ihn nur durch ein weiteres Vollmachtsindossament übertragen.

(2) Die Scheckverpflichteten können in diesem Falle dem Inhaber nur solche Einwendungen entgegensetzen, die ihnen gegen den Indossanten zustehen.

(3) Die in dem Vollmachtsindossament enthaltene Vollmacht erlischt weder mit dem Tode noch mit dem Eintritt der Handlungsunfähigkeit des Vollmachtgebers.

Art. 24. [Indossament nach Protest oder Fristablauf] (1) Ein Indossament, das nach Erhebung des Protestes oder nach Vornahme einer gleichbedeutenden Feststellung oder nach Ablauf der Vorlegungsfrist auf den Scheck gesetzt wird, hat nur die Wirkungen einer gewöhnlichen Abtretung.

(2) Bis zum Beweis des Gegenteils wird vermutet, daß ein nicht datiertes Indossament vor Erhebung des Protestes oder vor der Vornahme einer gleichbedeutenden Feststellung oder vor Ablauf der Vorlegungsfrist auf den Scheck gesetzt worden ist.

Dritter Abschnitt. Scheckbürgschaft

Art. 25. [Zulässigkeit] (1) Die Zahlung der Schecksumme kann ganz oder teilweise durch Scheckbürgschaft gesichert werden.

(2) Diese Sicherheit kann von einem Dritten, mit Ausnahme des Bezogenen, oder auch von einer Person geleistet werden, deren Unterschrift sich schon auf dem Scheck befindet.

Art. 26. [Form] (1) Die Bürgschaftserklärung wird auf den Scheck oder auf einen Anhang gesetzt.

(2) Sie wird durch die Worte „als Bürge" oder einen gleichbedeutenden Vermerk ausgedrückt; sie ist von dem Scheckbürgen zu unterschreiben.

(3) Die bloße Unterschrift auf der Vorderseite des Schecks gilt als Bürgschaftserklärung, soweit es sich nicht um die Unterschrift des Ausstellers handelt.

(4) In der Erklärung ist anzugeben, für wen die Bürgschaft geleistet wird; mangels einer solchen Angabe gilt sie für den Aussteller.

Art. 27. [Haftung des Scheckbürgen] (1) Der Scheckbürge haftet in der gleichen Weise wie derjenige, für den er sich verbürgt hat.

(2) Seine Verpflichtungserklärung ist auch gültig, wenn die Verbindlichkeit, für die er sich verbürgt hat, aus einem anderen Grunde als wegen eines Formfehlers nichtig ist.

(3) Der Scheckbürge, der den Scheck bezahlt, erwirbt die Rechte aus dem Scheck gegen denjenigen, für den er sich verbürgt hat, und gegen alle, die diesem scheckmäßig haften.

Vierter Abschnitt. Vorlegung und Zahlung

Art. 28. [Fälligkeit] (1) ¹Der Scheck ist bei Sicht zahlbar. ²Jede gegenteilige Angabe gilt als nicht geschrieben.

(2) Ein Scheck, der vor Eintritt des auf ihm angegebenen Ausstellungstages zur Zahlung vorgelegt wird, ist am Tage der Vorlegung zahlbar.

Art. 29.* [Vorlegungsfristen] (1) Ein Scheck, der in dem Lande der Ausstellung zahlbar ist, muß binnen acht Tagen zur Zahlung vorgelegt werden.

(2) Ein Scheck, der in einem anderen Lande als dem der Ausstellung zahlbar ist, muß binnen zwanzig Tagen vorgelegt werden, wenn Ausstellungsort und Zahlungsort sich in demselben Erdteil befinden, und binnen siebzig Tagen, wenn Ausstellungsort und Zahlungsort sich in verschiedenen Erdteilen befinden.

(3) Hierbei gelten die in einem Lande Europas ausgestellten und in einem an das Mittelmeer grenzenden Lande zahlbaren Schecks ebenso wie die in einem an das Mittelmeer grenzenden Lande ausgestellten und in einem Lande Europas zahlbaren Schecks als Schecks, die in demselben Erdteile ausgestellt und zahlbar sind.

(4) Die vorstehend erwähnten Fristen beginnen an dem Tage zu laufen, der in dem Scheck als Ausstellungstag angegeben ist.

Art. 30. [Kalenderverschiedenheit] Ist ein Scheck auf einen Ort gezogen, dessen Kalender von dem des Ausstellungsortes abweicht, so wird der Tag der Ausstellung in den nach dem Kalender des Zahlungsortes entsprechenden Tag umgerechnet.

Art. 31. [Abrechnungsstelle] (1) Die Einlieferung in eine Abrechnungsstelle steht der Vorlegung zur Zahlung gleich.

(2) Der *Reichsminister der Justiz* bestimmt, welche Einrichtungen als Abrechnungsstellen anzusehen sind und unter welchen Voraussetzungen die Einlieferung erfolgen kann.**

Art. 32. [Widerruf des Schecks] (1) Ein Widerruf des Schecks ist erst nach Ablauf der Vorlegungsfrist wirksam.

(2) Wenn der Scheck nicht widerrufen ist, kann der Bezogene auch nach Ablauf der Vorlegungsfrist Zahlung leisten.

Art. 33. [Tod des Ausstellers] Auf die Wirksamkeit des Schecks ist es ohne Einfluß, wenn der Aussteller nach der Begebung des Schecks stirbt oder handlungsunfähig wird.

---

* Art. 29 Abs. 1 früherer Satz 2 aufgehoben und Abs. 2 neu gefaßt durch Art. 4 Gesetz vom 17. 7. 1985 (BGBl. I S. 1507).
** Verordnung über Abrechnungsstellen im Wechsel- und Scheckverkehr vom 10. 11. 1953 (BGBl. I S. 1521, ber. S. 1542).

Art. 34. [**Aushändigung des quittierten Schecks; Teilzahlung**] (1) Der Bezogene kann vom Inhaber gegen Zahlung die Aushändigung des quittierten Schecks verlangen.

(2) Der Inhaber darf eine Teilzahlung nicht zurückweisen.

(3) Im Falle der Teilzahlung kann der Bezogene verlangen, daß sie auf dem Scheck vermerkt und ihm eine Quittung erteilt wird.

Art. 35. [**Prüfungspflicht des Bezogenen**] Der Bezogene, der einen durch Indossament übertragbaren Scheck einlöst, ist verpflichtet, die Ordnungsmäßigkeit der Reihe der Indossamente, aber nicht die Unterschriften der Indossanten zu prüfen.

Art. 36. [**Fremde Währung**] (1) ¹ Lautet der Scheck auf eine Währung, die am Zahlungsorte nicht gilt, so kann die Schecksumme in der Landeswährung nach dem Werte gezahlt werden, die sie am Tage der Vorlegung besitzt. ² Wenn die Zahlung bei Vorlegung nicht erfolgt ist, so kann der Inhaber wählen, ob die Schecksumme nach dem Kurs des Vorlegungstages oder nach dem Kurs des Zahlungstages in die Landeswährung umgerechnet werden soll.

(2) ¹ Der Wert der fremden Währung bestimmt sich nach den Handelsgebräuchen des Zahlungsortes. ² Der Aussteller kann jedoch im Scheck für die zu zahlende Summe einen Umrechnungskurs bestimmen.

(3) Die Vorschriften der beiden ersten Absätze finden keine Anwendung, wenn der Aussteller die Zahlung in einer bestimmten Währung vorgeschrieben hat (Effektivvermerk).

(4) Lautet der Scheck auf eine Geldsorte, die im Lande der Ausstellung dieselbe Bezeichnung, aber einen anderen Wert hat als in dem der Zahlung, so wird vermutet, daß die Geldsorte des Zahlungsortes gemeint ist.

Fünfter Abschnitt. Gekreuzter Scheck und Verrechnungsscheck

Art. 37.* [**Gekreuzter Scheck**] *(1) Der Aussteller sowie jeder Inhaber können den Scheck mit den in Artikel 38 vorgesehenen Wirkungen kreuzen.*

(2) ¹ Die Kreuzung erfolgt durch zwei gleichlaufende Striche auf der Vorderseite des Schecks. ² Die Kreuzung kann allgemein oder besonders sein.

(3) Die Kreuzung ist allgemein, wenn zwischen den beiden Strichen keine Angabe oder die Bezeichnung „Bankier" oder ein gleichbedeutender Vermerk steht; sie ist eine besondere, wenn der Name eines Bankiers zwischen die beiden Striche gesetzt ist.

(4) Die allgemeine Kreuzung kann in eine besondere, nicht aber die besondere Kreuzung in eine allgemeine umgewandelt werden.

(5) Die Streichung der Kreuzung oder des Namens des bezeichneten Bankiers gilt als nicht erfolgt.

Art. 38.* [**Wirkung der Kreuzung**] *(1) Ein allgemein gekreuzter Scheck darf vom Bezogenen nur an einen Bankier oder an einen Kunden des Bezogenen bezahlt werden.*

---

* Art. 37 und 38 noch nicht in Kraft getreten; vgl. Art. 1 Abs. 1 Satz 2 Einführungsgesetz zum Scheckgesetz vom 14. 8. 1933 (RGBl. I S. 605) – abgedruckt unter Nr. 21 – in Verbindung mit Verordnung vom 28. 11. 1933 (RGBl. I S. 1019).

(2) ¹ *Ein besonders gekreuzter Scheck darf vom Bezogenen nur an den bezeichneten Bankier oder, wenn dieser selbst der Bezogene ist, an dessen Kunden bezahlt werden.* ² *Immerhin kann der bezeichnete Bankier einen anderen Bankier mit der Einziehung des Schecks betrauen.*

(3) ¹ *Ein Bankier darf einen gekreuzten Scheck nur von einem seiner Kunden oder von einem anderen Bankier erwerben.* ² *Auch darf er ihn nicht für Rechnung anderer als der vorgenannten Personen einziehen.*

(4) *Befinden sich auf einem Scheck mehrere besondere Kreuzungen, so darf der Scheck vom Bezogenen nur dann bezahlt werden, wenn nicht mehr als zwei Kreuzungen vorliegen und die eine zum Zwecke der Einziehung durch Einlieferung in eine Abrechnungsstelle erfolgt ist.*

(5) *Der Bezogene oder der Bankier, der den vorstehenden Vorschriften zuwiderhandelt, haftet für den entstandenen Schaden, jedoch nur bis zur Höhe der Schecksumme.*

Art. 39. **[Verrechnungsscheck]** (1) Der Aussteller sowie jeder Inhaber eines Schecks kann durch den quer über die Vorderseite gesetzten Vermerk „nur zur Verrechnung" oder durch einen gleichbedeutenden Vermerk untersagen, daß der Scheck bar bezahlt wird.

(2) ¹ Der Bezogene darf in diesem Falle den Scheck nur im Wege der Gutschrift einlösen (Verrechnung, Überweisung, Ausgleichung). ² Die Gutschrift gilt als Zahlung.

(3) Die Streichung des Vermerks „nur zur Verrechnung" gilt als nicht erfolgt.

(4) Der Bezogene, der den vorstehenden Vorschriften zuwiderhandelt, haftet für den entstandenen Schaden, jedoch nur bis zur Höhe der Schecksumme.

Sechster Abschnitt. Rückgriff mangels Zahlung

Art. 40. **[Voraussetzungen]** Der Inhaber kann gegen die Indossanten, den Aussteller und die anderen Scheckverpflichteten Rückgriff nehmen, wenn der rechtzeitig vorgelegte Scheck nicht eingelöst und die Verweigerung der Zahlung festgestellt worden ist:
1. durch eine öffentliche Urkunde (Protest) oder
2. durch eine schriftliche, datierte Erklärung des Bezogenen auf dem Scheck, die den Tag der Vorlegung angibt, oder
3. durch eine datierte Erklärung einer Abrechnungsstelle, daß der Scheck rechtzeitig eingeliefert und nicht bezahlt worden ist.

Art. 41. **[Zeit des Protestes]** (1) Der Protest oder die gleichbedeutende Feststellung muß vor Ablauf der Vorlegungsfrist vorgenommen werden.

(2) Ist die Vorlegung am letzten Tage der Frist erfolgt, so kann der Protest oder die gleichbedeutende Feststellung auch noch an dem folgenden Werktage vorgenommen werden.

Art. 42. **[Benachrichtigungen]** (1) ¹ Der Inhaber muß seinen unmittelbaren Vormann und den Aussteller von dem Unterbleiben der Zahlung innerhalb der vier Werktage benachrichtigen, die auf den Tag der Protesterhebung oder der

Vornahme der gleichbedeutenden Feststellung oder, im Falle des Vermerks „ohne Kosten", auf den Tag der Vorlegung folgen. ² Jeder Indossant muß innerhalb zweier Werktage nach Empfang der Nachricht seinem unmittelbaren Vormanne von der Nachricht, die er erhalten hat, Kenntnis geben und ihm die Namen und Adressen derjenigen mitteilen, die vorher Nachricht gegeben haben, und so weiter in der Reihenfolge bis zum Aussteller. ³ Die Fristen laufen vom Empfang der vorhergehenden Nachricht.

(2) Wird nach Maßgabe des vorhergehenden Absatzes einer Person, deren Unterschrift sich auf dem Scheck befindet, Nachricht gegeben, so muß die gleiche Nachricht in derselben Frist ihrem Scheckbürgen gegeben werden.

(3) Hat ein Indossant seine Adresse nicht oder in unleserlicher Form angegeben, so genügt es, daß sein unmittelbarer Vormann benachrichtigt wird.

(4) Die Nachricht kann in jeder Form gegeben werden, auch durch die bloße Rücksendung des Schecks.

(5) ¹ Der zur Benachrichtigung Verpflichtete hat zu beweisen, daß er in der vorgeschriebenen Frist benachrichtigt hat. ² Die Frist gilt als eingehalten, wenn ein Schreiben, das die Benachrichtigung enthält, innerhalb der Frist zur Post gegeben worden ist.

(6) Wer die rechtzeitige Benachrichtigung versäumt, verliert nicht den Rückgriff; er haftet für den etwa durch seine Nachlässigkeit entstandenen Schaden, jedoch nur bis zur Höhe der Schecksumme.

Art. 43. [Erlaß des Protestes] (1) Der Aussteller sowie jeder Indossant oder Scheckbürge kann durch den Vermerk „ohne Kosten", „ohne Protest" oder einen gleichbedeutenden auf den Scheck gesetzten und unterzeichneten Vermerk den Inhaber von der Verpflichtung befreien, zum Zwecke der Ausübung des Rückgriffs Protest erheben oder eine gleichbedeutende Feststellung vornehmen zu lassen.

(2) ¹ Der Vermerk befreit den Inhaber nicht von der Verpflichtung, den Scheck rechtzeitig vorzulegen und die erforderlichen Nachrichten zu geben. ² Der Beweis, daß die Frist nicht eingehalten worden ist, liegt demjenigen ob, der sich dem Inhaber gegenüber darauf beruft.

(3) ¹ Ist der Vermerk vom Aussteller beigefügt, so wirkt er gegenüber allen Scheckverpflichteten; ist er von einem Indossanten oder einem Scheckbürgen beigefügt, so wirkt er nur diesen gegenüber. ² Läßt der Inhaber ungeachtet des vom Aussteller beigefügten Vermerks Protest erheben oder eine gleichbedeutende Feststellung vornehmen, so fallen ihm die Kosten zur Last. ³ Ist der Vermerk von einem Indossanten oder einem Scheckbürgen beigefügt, so sind alle Scheckverpflichteten zum Ersatz der Kosten eines dennoch erhobenen Protestes oder einer gleichbedeutenden Feststellung verpflichtet.

Art. 44. [Haftung der Scheckverpflichteten] (1) Alle Scheckverpflichteten haften dem Inhaber als Gesamtschuldner.

(2) Der Inhaber kann jeden einzeln oder mehrere oder alle zusammen in Anspruch nehmen, ohne an die Reihenfolge gebunden zu sein, in der sie sich verpflichtet haben.

(3) Das gleiche Recht steht jedem Scheckverpflichteten zu, der den Scheck eingelöst hat.

20 ScheckG Art. 45–48 6. Abschnitt. Rückgriff mangels Zahlung

(4) Durch die Geltendmachung des Anspruchs gegen einen Scheckverpflichteten verliert der Inhaber nicht seine Rechte gegen die anderen Scheckverpflichteten, auch nicht gegen die Nachmänner desjenigen, der zuerst in Anspruch genommen worden ist.

Art. 45.* [Rückgriff des Protestanten] Der Inhaber kann im Wege des Rückgriffs verlangen:
1. die Schecksumme, soweit der Scheck nicht eingelöst worden ist;
2. Zinsen zu sechs vom Hundert seit dem Tage der Vorlegung. Bei einem Scheck, der im Inland sowohl ausgestellt als auch zahlbar ist, beträgt der Zinssatz zwei vom Hundert über dem jeweiligen Diskontsatz der Deutschen Bundesbank, mindestens aber sechs vom Hundert; Änderungen des Diskontsatzes sind für die Verzinsung ab Beginn des Tages wirksam, an dem die Deutsche Bundesbank die Änderung im Bundesanzeiger bekanntgemacht hat;**
3. die Kosten des Protestes*** oder der gleichbedeutenden Feststellung und der Nachrichten sowie die anderen Auslagen;
4. eine Vergütung, die mangels besonderer Vereinbarung ein Drittel vom Hundert der Hauptsumme des Schecks beträgt und diesen Satz keinesfalls überschreiten darf.

Art. 46.* [Rückgriff des Einlösers] Wer den Scheck eingelöst hat, kann von seinen Vormännern verlangen:
1. den vollen Betrag, den er gezahlt hat;
2. die Zinsen dieses Betrages zu sechs vom Hundert seit dem Tage der Einlösung. Bei einem Scheck, der im Inland sowohl ausgestellt als auch zahlbar ist, beträgt der Zinssatz zwei vom Hundert über dem jeweiligen Diskontsatz der Deutschen Bundesbank, mindestens aber sechs vom Hundert; Änderungen des Diskontsatzes sind für die Verzinsung ab Beginn des Tages wirksam, an dem die Deutsche Bundesbank die Änderung im Bundesanzeiger bekanntgemacht hat;
3. seine Auslagen;
4. eine Vergütung, die nach den Vorschriften des Artikels 45 Nr. 4 berechnet wird.

Art. 47. [Aushändigung der Scheckpapiere] (1) Jeder Scheckverpflichtete, gegen den Rückgriff genommen wird oder genommen werden kann, ist berechtigt, zu verlangen, daß ihm gegen Entrichtung der Rückgriffssumme der Scheck mit dem Protest oder der gleichbedeutenden Feststellung und eine quittierte Rechnung ausgehändigt werden.

(2) Jeder Indossant, der den Scheck eingelöst hat, kann sein Indossament und die Indossamente seiner Nachmänner ausstreichen.

Art. 48. [Fristversäumung wegen höherer Gewalt] (1) Steht der rechtzeitigen Vorlegung des Schecks oder der rechtzeitigen Erhebung des Protestes

---
* Art. 45 und Art. 46 Nr. 2 geändert durch Art. 4 Gesetz vom 17. 7. 1985 (BGBl. I S. 1507).
** Vgl. hierzu Anm. zu Art. 48 Abs. 1 Nr. 2 Wechselgesetz, abgedruckt unter Nr. **18**.
*** § 51 Kostenordnung; abgedruckt in Schönfelder unter Nr. **119**.

8. Abschnitt. Änderungen Art. 49–51 **ScheckG 20**

oder der Vornahme einer gleichbedeutenden Feststellung ein unüberwindliches Hindernis entgegen (gesetzliche Vorschrift eines Staates oder ein anderer Fall höherer Gewalt), so werden die für diese Handlungen bestimmten Fristen verlängert.

(2) Der Inhaber ist verpflichtet, seinen unmittelbaren Vormann von dem Fall der höheren Gewalt unverzüglich zu benachrichtigen und die Benachrichtigung unter Beifügung des Tages und Ortes sowie seiner Unterschrift auf dem Scheck oder einem Anhang zu vermerken; im übrigen finden die Vorschriften des Artikels 42 Anwendung.

(3) Fällt die höhere Gewalt weg, so muß der Inhaber den Scheck unverzüglich zur Zahlung vorlegen und gegebenenfalls Protest erheben oder eine gleichbedeutende Feststellung vornehmen lassen.

(4) Dauert die höhere Gewalt länger als fünfzehn Tage seit dem Tage, an dem der Inhaber, selbst vor Ablauf der Vorlegungsfrist, seinen Vormann von dem Falle der höheren Gewalt benachrichtigt hat, so kann Rückgriff genommen werden, ohne daß es der Vorlegung oder der Protesterhebung oder einer gleichbedeutenden Feststellung bedarf.

(5) Tatsachen, die rein persönlich den Inhaber oder denjenigen betreffen, den er mit der Vorlegung des Schecks oder mit der Erhebung des Protestes oder mit der Herbeiführung einer gleichbedeutenden Feststellung beauftragt hat, gelten nicht als Fälle höherer Gewalt.

Siebenter Abschnitt. Ausfertigung mehrerer Stücke eines Schecks

Art. 49. [Zulässigkeit] [1] Schecks, die nicht auf den Inhaber gestellt sind und in einem anderen Lande als dem der Ausstellung oder in einem überseeischen Gebiet des Landes der Ausstellung zahlbar sind, und umgekehrt, oder in dem überseeischen Gebiet eines Landes ausgestellt und zahlbar sind oder in dem überseeischen Gebiet eines Landes ausgestellt und in einem anderen überseeischen Gebiet desselben Landes zahlbar sind, können in mehreren gleichen Ausfertigungen ausgestellt werden. [2] Diese Ausfertigungen müssen im Text der Urkunde mit fortlaufenden Nummern versehen sein; andernfalls gilt jede Ausfertigung als besonderer Scheck.

Art. 50. [Zahlung; Haftung] (1) Wird eine Ausfertigung bezahlt, so erlöschen die Rechte aus allen Ausfertigungen, auch wenn diese nicht den Vermerk tragen, daß durch die Zahlung auf eine Ausfertigung die anderen ihre Gültigkeit verlieren.

(2) Hat ein Indossant die Ausfertigungen an verschiedene Personen übertragen, so haften er und seine Nachmänner aus allen Ausfertigungen, die ihre Unterschrift tragen und nicht herausgegeben worden sind.

Achter Abschnitt. Änderungen

Art. 51. Wird der Text eines Schecks geändert, so haften diejenigen, die ihre Unterschrift nach der Änderung auf den Scheck gesetzt haben, entsprechend dem geänderten Text; wer früher unterschrieben hat, haftet nach dem ursprünglichen Text.

Neunter Abschnitt. Verjährung

Art. 52. [**Verjährungsfrist**] (1) Die Rückgriffsansprüche des Inhabers gegen die Indossanten, den Aussteller und die anderen Scheckverpflichteten verjähren in sechs Monaten vom Ablauf der Vorlegungsfrist.

(2) Die Rückgriffsansprüche eines Verpflichteten gegen einen anderen Scheckverpflichteten verjähren in sechs Monaten von dem Tage, an dem der Scheck von dem Verpflichteten eingelöst oder ihm gegenüber gerichtlich geltend gemacht worden ist.

Art. 53. [**Unterbrechung**] Die Unterbrechung der Verjährung wirkt nur gegen den Scheckverpflichteten, in Ansehung dessen die Tatsache eingetreten ist, welche die Unterbrechung bewirkt.

Zehnter Abschnitt. Allgemeine Vorschriften

Art. 54. [**Begriff des Bankiers**] Als Bankiers im Sinne dieses Gesetzes sind anzusehen:

1. diejenigen Anstalten des öffentlichen Rechtes, diejenigen unter staatlicher Aufsicht stehenden Anstalten sowie diejenigen in das Genossenschaftsregister eingetragenen Genossenschaften, die sich nach den für ihren Geschäftsbetrieb maßgebenden Bestimmungen mit der Annahme von Geld und der Leistung von Zahlungen für fremde Rechnung befassen, ferner die unter amtlicher Aufsicht stehenden Sparkassen, wenn sie die nach Landesrecht für sie geltenden Aufsichtsbestimmungen erfüllen;
2. die in das Handelsregister eingetragenen Firmen, die gewerbsmäßig Bankiergeschäfte betreiben.

Art. 55.* [**Feiertage; Samstage**] (1) Die Vorlegung und der Protest eines Schecks können nur an einem Werktage, jedoch nicht an einem Sonnabend, stattfinden.

(2) [1] Fällt der letzte Tag einer Frist, innerhalb derer eine auf den Scheck bezügliche Handlung, insbesondere die Vorlegung, der Protest oder eine gleichbedeutende Feststellung vorgenommen werden muß, auf einen gesetzlichen Feiertag oder einen Sonnabend, so wird die Frist bis zum nächsten Werktage verlängert. [2] Feiertage, die in den Lauf einer Frist fallen, werden bei der Berechnung der Frist mitgezählt.

(3) Im übrigen finden auf die Vorlegung des Schecks und den Protest die Vorschriften der Artikel 79 bis 87 des Wechselgesetzes** entsprechende Anwendung.

Art. 56. [**Berechnung der Fristen**] Bei der Berechnung der in diesem Gesetz vorgesehenen Fristen wird der Tag, an dem sie zu laufen beginnen, nicht mitgezählt.

Art. 57. [**Keine Respekttage**] Weder gesetzliche noch richterliche Respekttage werden anerkannt.

---

* Art. 55 Abs. 1 und 2 neu gefaßt durch Gesetz vom 10. 8. 1965 (BGBl. I S. 753), Abs. 3 geändert durch Art. 4 Gesetz vom 15. 7. 1985 (BGBl. I S. 1507).
** Abgedruckt unter Nr. 18.

Elfter Abschnitt. Ergänzende Vorschriften

Art. 58. [Bereicherung] (1) Der Aussteller, dessen Rückgriffsverbindlichkeit durch Unterlassung rechtzeitiger Vorlegung oder Verjährung erloschen ist, bleibt dem Inhaber des Schecks so weit verpflichtet, als er sich mit dessen Schaden bereichern würde.

(2) Der Anspruch verjährt in einem Jahre seit der Ausstellung des Schecks.

Art. 59. [Abhanden gekommene Schecks und Protesturkunden]
(1) ¹ Ein abhanden gekommener oder vernichteter Scheck kann im Wege des Aufgebotsverfahrens für kraftlos erklärt werden. ² Die Aufgebotsfrist muß mindestens zwei Monate betragen. ³ Nach Einleitung des Aufgebotsverfahrens kann der Berechtigte, falls der Scheck rechtzeitig zur Zahlung vorgelegt, von dem Bezogenen aber nicht eingelöst worden war, von dem Aussteller Zahlung fordern, wenn er bis zur Kraftloserklärung Sicherheit leistet.

(2) ¹ Eine abhanden gekommene oder vernichtete Protesturkunde kann durch ein Zeugnis über die Protesterhebung ersetzt werden, das von der die beglaubigte Abschrift der Urkunde verwahrenden Stelle zu erteilen ist. ² In dem Zeugnis muß der Inhalt des Protestes und des gemäß Artikel 55 Abs. 3 in Verbindung mit Artikel 85 Abs. 2 des Wechselgesetzes* aufgenommenen Vermerks angegeben sein.

Zwölfter Abschnitt. Geltungsbereich der Gesetze

Art. 60. [Scheckfähigkeit] (1) ¹ Die Fähigkeit einer Person, eine Scheckverbindlichkeit einzugehen, bestimmt sich nach dem Recht des Landes, dem sie angehört. ² Erklärt dieses Recht das Recht eines anderen Landes für maßgebend, so ist das letztere Recht anzuwenden.

(2) ¹ Wer nach dem in vorstehendem Absatz bezeichneten Recht eine Scheckverbindlichkeit nicht eingehen kann, wird gleichwohl gültig verpflichtet, wenn die Unterschrift in dem Gebiet eines Landes abgegeben worden ist, nach dessen Recht er scheckfähig wäre. ² Diese Vorschrift findet keine Anwendung, wenn die Verbindlichkeit von einem Inländer im Ausland übernommen worden ist.

Art. 61. [Bezogene] (1) Das Recht des Landes, in dem der Scheck zahlbar ist, bestimmt die Personen, auf die ein Scheck gezogen werden kann.

(2) Ist nach diesem Recht der Scheck im Hinblick auf die Person des Bezogenen nichtig, so sind gleichwohl die Verpflichtungen aus Unterschriften gültig, die in Ländern auf den Scheck gesetzt worden sind, deren Recht die Nichtigkeit aus einem solchen Grunde nicht vorsieht.

Art. 62. [Form der Scheckerklärung] (1) ¹ Die Form einer Scheckerklärung bestimmt sich nach dem Recht des Landes, in dessen Gebiete die Erklärung unterschrieben worden ist. ² Es genügt jedoch die Beobachtung der Form, die das Recht des Zahlungsortes vorschreibt.

(2) Wenn eine Scheckerklärung, die nach den Vorschriften des vorstehenden Absatzes ungültig ist, dem Recht des Landes entspricht, in dessen Gebiet eine

---
* Abgedruckt unter Nr. 18.

spätere Scheckerklärung unterschrieben worden ist, so wird durch Mängel in der Form der ersten Scheckerklärung die Gültigkeit der späteren Scheckerklärung nicht berührt.

(3) Eine Scheckerklärung, die ein Inländer im Ausland abgegeben hat, ist im Inland gegenüber anderen Inländern gültig, wenn die Erklärung den Formerfordernissen des inländischen Rechts genügt.

Art. 63. [Wirkung der Scheckerklärungen] Die Wirkungen der Scheckerklärungen bestimmen sich nach dem Recht des Landes, in dessen Gebiete die Erklärungen unterschrieben worden sind.

Art. 64. [Fristen für Rückgriff] Die Fristen für die Ausübung der Rückgriffsrechte werden für alle Scheckverpflichteten durch das Recht des Ortes bestimmt, an dem der Scheck ausgestellt worden ist.

Art. 65. [Einlösung des Schecks u. ä.] Das Recht des Landes, in dessen Gebiete der Scheck zahlbar ist, bestimmt:
1. ob der Scheck notwendigerweise bei Sicht zahlbar ist oder ob er auf eine bestimmte Zeit nach Sicht gezogen werden kann und welches die Wirkungen sind, wenn auf dem Scheck ein späterer als der wirkliche Ausstellungstag angegeben worden ist;
2. die Vorlegungsfrist;
3. ob ein Scheck angenommen, zertifiziert, bestätigt oder mit einem Visum versehen werden kann und welches die Wirkungen dieser Vermerke sind;
4. ob der Inhaber eine Teilzahlung verlangen kann und ob er eine solche annehmen muß;
5. ob ein Scheck gekreuzt oder mit dem Vermerk „nur zur Verrechnung" oder mit einem gleichbedeutenden Vermerk versehen werden kann und welches die Wirkungen der Kreuzung oder des Verrechnungsvermerks oder eines gleichbedeutenden Vermerks sind;
6. ob der Inhaber besondere Rechte auf die Deckung hat und welches der Inhalt dieser Rechte ist;
7. ob der Aussteller den Scheck widerrufen oder gegen die Einlösung des Schecks Widerspruch erheben kann;
8. die Maßnahmen, die im Falle des Verlustes oder des Diebstahls des Schecks zu ergreifen sind;
9. ob ein Protest oder eine gleichbedeutende Feststellung zur Erhaltung des Rückgriffs gegen die Indossanten, den Aussteller und die anderen Scheckverpflichteten notwendig ist.

Art. 66. [Form des Protestes] Die Form des Protestes und die Fristen für die Protesterhebung sowie die Form der übrigen Handlungen, die zur Ausübung oder Erhaltung der Scheckrechte erforderlich sind, bestimmen sich nach dem Recht des Landes, in dessen Gebiete der Protest zu erheben oder die Handlung vorzunehmen ist.

21. Einführungsgesetz zum Scheckgesetz
Vom 14. August 1933 (RGBl. I S. 605)
(BGBl. III 4132-2)

Geändert durch Art. 5 Nr. 3 Gesetz vom 17. 7. 1985 (BGBl. I S. 1507)

Art. 1. [Inkrafttreten] (1) ¹Der Reichsminister der Justiz bestimmt den Zeitpunkt, mit dem das Scheckgesetz in Kraft tritt. ²Jedoch treten die Artikel 37, 38 über den gekreuzten Scheck erst in einem späteren Zeitpunkt in Kraft, der von dem *Reichsminister der Justiz* bestimmt wird.*

(2)–(5)** *(gegenstandslos bzw. Aufhebungsvorschriften)*

Art. 2.*** *(aufgehoben)*

Art. 3. [Gekreuzte Schecks] Bis zum Inkrafttreten der Artikel 37, 38 des Scheckgesetzes werden die im Ausland ausgestellten gekreuzten Schecks im Inland als Verrechnungsschecks behandelt.

Art. 4.† *(gegenstandslos)*

Art. 5. [Verweisungen] (1) Soweit in Reichsgesetzen oder Landesgesetzen auf Vorschriften des Scheckgesetzes verwiesen ist, treten an deren Stelle die entsprechenden Vorschriften des neuen Scheckgesetzes.

(2) Der *Reichsminister der Justiz* wird ermächtigt, nähere Vorschriften zu erlassen.

Art. 6, 7.†† *(aufgehoben bzw. gegenstandslos)*

Art. 8.** [Verhinderung im Ausland] ¹... ²Wird die rechtzeitige Vornahme einer Handlung, die im Ausland zur Ausübung oder Erhaltung der Rechte aus einem Scheck vorzunehmen ist, durch eine dort erlassene Vorschrift verhindert, so kann der *Reichsminister der Justiz* bestimmen, daß die Rechte ungeachtet der Versäumung bestehen bleiben, sofern die Handlung unverzüglich nach Wegfall des Hindernisses nachgeholt wird. ³In gleicher Weise kann bestimmt werden, daß bei einer solchen Verhinderung nach einer bestimmten Frist Rückgriff genommen werden kann, ohne daß es der Vornahme der Handlung bedarf.

Art. 9–11.††† *(gegenstandslos)*

---

* Nach der Verordnung vom 28. 11. 1933 (RGBl. I S. 1019) ist das Scheckgesetz mit Ausnahme der Art. 37, 38 über den gekreuzten Scheck am 1. 4. 1934 in Kraft getreten.
** Art. 1 Abs. 2 enthielt eine gegenstandslose Ermächtigung, Abs. 3 und 4 und Art. 8 Satz 1 enthielten Aufhebungsvorschriften und Abs. 5 eine gegenstandslose Überleitungsvorschrift.
*** Art. 2 aufgehoben durch Art. 5 Nr. 3 Gesetz vom 17. 7. 1985 (BGBl. I S. 1507).
† Gegenstandslose Übergangsregelungen zu Art. 88 Abs. 2 WG (Art. 55 Abs. 3 ScheckG) und zu Art. 31 Abs. 2 ScheckG.
†† Art. 6 aufgehoben durch Gesetz vom 15. 6. 1939 (RGBl. I S. 1015), Art. 7 enthielt Änderungen anderer Gesetze.
††† Art. 9 und 10 enthielten Änderungen anderer Gesetze, Art. 11 ist gegenstandslos durch die Neufassung des § 8 Abs. 2 EGGVG durch Gesetz vom 12. 9. 1950 (BGBl. S. 455).

21 EGScheckG

DepotG 22

22. Gesetz über die Verwahrung und Anschaffung von Wertpapieren (Depotgesetz – DepotG)*

Vom 4. Februar 1937 (RGBl. I S. 171)

(BGBl. III 4130-1)

Änderungen des Gesetzes

Lfd. Nr.	Änderndes Gesetz	Datum	Fundstelle	Geänderte Paragraphen	Art der Änderg.
1.	Einführungsgesetz zum Gesetz über Ordnungswidrigkeiten (EGOWiG)	24. 5. 1968	BGBl. I 503	39	aufgeh.
2.	Erstes Gesetz zur Reform des Strafrechts (1. StrRG)	25. 6. 1969	BGBl. I 645	34 Abs. 2 Satz 1	geänd.
3.	Gesetz zur Änderung des Gesetzes über die Verwahrung und Anschaffung von Wertpapieren	24. 5. 1972	BGBl. I 801	9a	eingef.
4.	Einführungsgesetz zum Strafgesetzbuch (EGStGB)	2. 3. 1974	BGBl. I 469	34 Abs.1, 36 Satz 1, 37 34 Abs. 2, 36 Satz 2 und 3, 38, 40	geänd. aufgeh.
5.	Gesetz zur Änderung des Gesetzes über die Verwahrung und Anschaffung von Wertpapieren sowie anderer wertpapierrechtlicher Vorschriften	17. 7. 1985	BGBl. I 1507	Gesetzesüberschrift, 1 Abs. 3, 5 Abs. 4 24 Abs. 3	geänd. eingef.

Gesetzesübersicht

Allgemeine Vorschriften § 1
1. Abschnitt. Verwahrung §§ 2–17
2. Abschnitt. Einkaufskommission §§ 18–31
3. Abschnitt. Konkursvorrecht §§ 32, 33
4. Abschnitt. Strafbestimmungen §§ 34–37
5. Abschnitt. Schlußbestimmungen §§ 41–43

§ 1.* Allgemeine Vorschriften. (1) Wertpapiere im Sinne dieses Gesetzes sind Aktien, Kuxe, Zwischenscheine, Reichsbankanteilscheine, Zins-, Gewinnanteil- und Erneuerungsscheine, auf den Inhaber lautende oder durch Indossament übertragbare Schuldverschreibungen, ferner andere Wertpapiere, wenn diese vertretbar sind, mit Ausnahme von Banknoten und Papiergeld.

(2) Verwahrer im Sinne dieses Gesetzes ist ein Kaufmann, dem im Betriebe seines Handelsgewerbes Wertpapiere unverschlossen zur Verwahrung anvertraut werden.

(3) ¹Wertpapiersammelbanken sind Kreditinstitute, die von der nach Landesrecht zuständigen Stelle des Landes, in dessen Gebiet das Kreditinstitut seinen Sitz hat, als solche anerkannt sind. ²Die Anerkennung des Kreditinstituts als

---

* Überschrift des Gesetzes geändert und § 1 Abs. 3 neu gefaßt durch Gesetz vom 17. 7. 1985 (BGBl. I S. 1507).

22 DepotG §§ 2–5 1. Abschnitt. Verwahrung

Wertpapiersammelbank kann, auch nachträglich, im Interesse des Anlegerschutzes von der Erfüllung von Auflagen abhängig gemacht werden. ³Die Anerkennung und deren Aufhebung sowie Auflagen sind öffentlich bekanntzugeben.

1. Abschnitt. Verwahrung

§ 2. Sonderverwahrung. ¹ Der Verwahrer ist verpflichtet, die Wertpapiere unter äußerlich erkennbarer Bezeichnung jedes Hinterlegers gesondert von seinen eigenen Beständen und von denen Dritter aufzubewahren. ² Etwaige Rechte und Pflichten des Verwahrers, für den Hinterleger Verfügungen oder Verwaltungshandlungen vorzunehmen, werden dadurch nicht berührt.

§ 3. Drittverwahrung. (1) ¹ Der Verwahrer ist berechtigt, die Wertpapiere unter seinem Namen einem anderen Verwahrer zur Verwahrung anzuvertrauen. ² Zweigstellen eines Verwahrers gelten sowohl untereinander als auch in ihrem Verhältnis zur Hauptstelle als verschiedene Verwahrer im Sinne dieser Vorschrift.

(2) ¹ Der Verwahrer, der Wertpapiere von einem anderen Verwahrer verwahren läßt (Zwischenverwahrer), haftet für ein Verschulden des Drittverwahrers wie für eigenes Verschulden. ² Für die Beobachtung der erforderlichen Sorgfalt bei der Auswahl des Drittverwahrers bleibt er auch dann verantwortlich, wenn ihm die Haftung für ein Verschulden des Drittverwahrers durch Vertrag erlassen worden ist, es sei denn, daß die Papiere auf ausdrückliche Weisung des Hinterlegers bei einem bestimmten Drittverwahrer verwahrt werden.

§ 4. Beschränkte Geltendmachung von Pfand- und Zurückbehaltungsrechten. (1) ¹ Vertraut der Verwahrer die Wertpapiere einem Dritten an, so gilt als dem Dritten bekannt, daß die Wertpapiere dem Verwahrer nicht gehören. ² Der Dritte kann an den Wertpapieren ein Pfandrecht oder ein Zurückbehaltungsrecht nur wegen solcher Forderungen geltend machen, die mit Bezug auf diese Wertpapiere entstanden sind oder für die diese Wertpapiere nach dem einzelnen über sie zwischen dem Verwahrer und dem Dritten vorgenommenen Geschäft haften sollen.

(2) Absatz 1 gilt nicht, wenn der Verwahrer dem Dritten für das einzelne Geschäft ausdrücklich und schriftlich mitteilt, daß er Eigentümer der Wertpapiere sei.

(3) ¹ Vertraut ein Verwahrer, der nicht Bank- oder Sparkassengeschäfte betreibt, Wertpapiere einem Dritten an, so gilt Absatz 1 nicht. ² Ist er nicht Eigentümer der Wertpapiere, so hat er dies dem Dritten mitzuteilen; in diesem Falle gilt Absatz 1 Satz 2.

§ 5.* Sammelverwahrung. (1) ¹ Vertretbare Wertpapiere einer und derselben Art darf der Verwahrer ungetrennt von seinen eigenen Beständen derselben Art oder von solchen Dritter aufbewahren oder einem Dritten zur Sammelverwahrung anvertrauen, wenn der Hinterleger ihn dazu ermächtigt hat. ² Die Ermächtigung muß ausdrücklich und schriftlich erteilt werden; sie darf

---

* § 5 Abs. 4 neu gefaßt durch Gesetz vom 17. 7. 1985 (BGBl. I S. 1507).

1. Abschnitt. Verwahrung §§ 6, 7 **DepotG** 22

weder in Geschäftsbedingungen des Verwahrers enthalten sein noch auf andere Urkunden verweisen. ³ Die Ermächtigung muß für jedes Verwahrungsgeschäft besonders erteilt werden, es sei denn, daß die Wertpapiere zur Sammelverwahrung Wertpapiersammelbanken übergeben werden sollen.

(2) Wer zur Sammelverwahrung ermächtigt ist, kann, anstatt das eingelieferte Stück in Sammelverwahrung zu nehmen, dem Hinterleger einen entsprechenden Sammelbestandanteil übertragen.

(3) Auf die Sammelverwahrung bei einem Dritten ist § 3 anzuwenden.

(4) ¹Wertpapiersammelbanken dürfen einem ausländischen Verwahrer im Rahmen einer gegenseitigen Kontoverbindung, die zur Aufnahme eines grenzüberschreitenden Effektengiroverkehrs vereinbart wird, Wertpapiere zur Sammelverwahrung anvertrauen, sofern
1. der ausländische Verwahrer in seinem Sitzstaat die Aufgaben einer Wertpapiersammelbank wahrnimmt und einer öffentlichen Aufsicht oder einer anderen für den Anlegerschutz gleichwertigen Aufsicht unterliegt,
2. dem Hinterleger hinsichtlich des Sammelbestands dieses Verwahrers eine Rechtsstellung eingeräumt wird, die derjenigen nach diesem Gesetz gleichwertig ist,
3. dem Anspruch der Wertpapiersammelbank gegen den ausländischen Verwahrer auf Auslieferung der Wertpapiere keine Verbote des Sitzstaates dieses Verwahrers entgegenstehen und
4. die Wertpapiere sowohl im Inland als auch im Sitzstaat des ausländischen Verwahrers zum amtlichen Handel an einer Börse zugelassen oder in den geregelten Freiverkehr oder einen vergleichbaren geregelten Markt einbezogen sind.

²Die Haftung der Wertpapiersammelbanken nach § 3 Abs. 2 Satz 1 für ein Verschulden des ausländischen Verwahrers kann durch Vereinbarung nicht beschränkt werden.

§ 6. Miteigentum am Sammelbestand. Verwaltungsbefugnis des Verwahrers bei der Sammelverwahrung. (1) ¹ Werden Wertpapiere in Sammelverwahrung genommen, so entsteht mit dem Zeitpunkt des Eingangs beim Sammelverwahrer für die bisherigen Eigentümer Miteigentum nach Bruchteilen an den zum Sammelbestand des Verwahrers gehörenden Wertpapieren derselben Art. ² Für die Bestimmung des Bruchteils ist der Wertpapiernennbetrag maßgebend, bei Wertpapieren ohne Nennbetrag die Stückzahl.

(2) ¹ Der Sammelverwahrer kann aus dem Sammelbestand einem jeden der Hinterleger die diesem gebührende Menge ausliefern oder die ihm selbst gebührende Menge entnehmen, ohne daß er hierzu der Zustimmung der übrigen Beteiligten bedarf. ² In anderer Weise darf der Sammelverwahrer den Sammelbestand nicht verringern. ³ Diese Vorschriften sind im Falle der Drittverwahrung auf Zwischenverwahrer sinngemäß anzuwenden.

§ 7. Auslieferungsansprüche des Hinterlegers bei der Sammelverwahrung. (1) Der Hinterleger kann im Falle der Sammelverwahrung verlangen, daß ihm aus dem Sammelbestand Wertpapiere in Höhe des Nennbetrages, bei Wertpapieren ohne Nennbetrag in Höhe der Stückzahl der für ihn in Verwahrung genommenen Wertpapiere ausgeliefert werden; die von ihm eingelieferten Stücke kann er nicht zurückfordern.

22 DepotG §§ 8–10 1. Abschnitt. Verwahrung

(2) ¹ Der Sammelverwahrer kann die Auslieferung insoweit verweigern, als sich infolge eines Verlustes am Sammelbestand die dem Hinterleger nach § 6 gebührende Menge verringert hat. ² Er haftet dem Hinterleger für den Ausfall, es sei denn, daß der Verlust am Sammelbestand auf Umständen beruht, die er nicht zu vertreten hat.

§ 8. Ansprüche der Miteigentümer und sonstiger dinglich Berechtigter bei der Sammelverwahrung. Die für Ansprüche des Hinterlegers geltenden Vorschriften der § 6 Abs. 2 Satz 1, § 7 sind sinngemäß auf Ansprüche eines jeden Miteigentümers oder sonst dinglich Berechtigten anzuwenden.

§ 9. Beschränkte Geltendmachung von Pfand- und Zurückbehaltungsrechten bei der Sammelverwahrung. § 4 gilt sinngemäß auch für die Geltendmachung von Pfandrechten und Zurückbehaltungsrechten an Sammelbestandanteilen.

§ 9a.* Sammelurkunde. (1) ¹ Der Verwahrer darf ein Wertpapier, das mehrere Rechte verbrieft, die jedes für sich in vertretbaren Wertpapieren einer und derselben Art verbrieft sein könnten (Sammelurkunde), einer Wertpapiersammelbank zur Verwahrung übergeben, wenn der Hinterleger der Sammelurkunde eine Ermächtigung nach § 5 erteilt hat. ² Der Aussteller kann jederzeit und ohne Zustimmung der übrigen Beteiligten

1. eine von der Wertpapiersammelbank in Verwahrung genommene Sammelurkunde ganz oder teilweise durch einzelne in Sammelverwahrung zu nehmende Wertpapiere oder
2. einzelne Wertpapiere eines Sammelbestandes einer Wertpapiersammelbank durch eine Sammelurkunde

ersetzen.

(2) Verwahrt eine Wertpapiersammelbank eine Sammelurkunde allein oder zusammen mit einzelnen Wertpapieren, die über Rechte der in der Sammelurkunde verbrieften Art ausgestellt sind, gelten die §§ 6 bis 9 sowie die sonstigen Vorschriften dieses Gesetzes über Sammelverwahrung und Sammelbestandanteile sinngemäß, soweit nicht in Absatz 3 etwas anderes bestimmt ist.

(3) ¹ Wird auf Grund der §§ 7 und 8 die Auslieferung von einzelnen Wertpapieren verlangt, so hat der Aussteller die Sammelurkunde insoweit durch einzelne Wertpapiere zu ersetzen, als dies für die Auslieferung erforderlich ist; während des zur Herstellung der einzelnen Wertpapiere erforderlichen Zeitraumes darf die Wertpapiersammelbank die Auslieferung verweigern. ² Ist der Aussteller nach dem zugrunde liegenden Rechtsverhältnis nicht verpflichtet, an die Inhaber der in der Sammelurkunde verbrieften Rechte einzelne Wertpapiere auszugeben, kann auch von der Wertpapiersammelbank die Auslieferung von einzelnen Wertpapieren nicht verlangt werden.

§ 10.** Tauschverwahrung. (1) ¹ Eine Erklärung, durch die der Hinterleger den Verwahrer ermächtigt, an Stelle ihm zur Verwahrung anvertrauter Wertpapiere Wertpapiere derselben Art zurückzugewähren, muß für das einzelne

---

* § 9a eingefügt durch Gesetz vom 24. 5. 1972 (BGBl. I S. 801).
** § 10 Abs. 3 enthielt eine durch Art. 129 Abs. 3 GG (abgedruckt in Schönfelder unter Nr. 1) erloschene Ermächtigung.

1. Abschnitt. Verwahrung §§ 11, 12 **DepotG 22**

Verwahrungsgeschäft ausdrücklich und schriftlich abgegeben werden. ² Sie darf weder in Geschäftsbedingungen des Verwahrers enthalten sein noch auf andere Urkunden verweisen.

(2) Derselben Form bedarf eine Erklärung, durch die der Hinterleger den Verwahrer ermächtigt, hinterlegte Wertpapiere durch Wertpapiere derselben Art zu ersetzen.

(3) *(gegenstandslos)*

§ 11. Umfang der Ermächtigung zur Tauschverwahrung. ¹ Eine Erklärung, durch die der Hinterleger den Verwahrer ermächtigt, an Stelle ihm zur Verwahrung anvertrauter Wertpapiere Wertpapiere derselben Art zurückzugewähren, umfaßt, wenn dies nicht in der Erklärung ausdrücklich ausgeschlossen ist, die Ermächtigung, die Wertpapiere schon vor der Rückgewähr durch Wertpapiere derselben Art zu ersetzen. ² Sie umfaßt nicht die Ermächtigung zu Maßnahmen anderer Art und bedeutet nicht, daß schon durch ihre Entgegennahme das Eigentum an den Wertpapieren auf den Verwahrer übergehen soll.

§ 12. Ermächtigungen zur Verpfändung. (1) ¹ Der Verwahrer darf die Wertpapiere oder Sammelbestandanteile nur auf Grund einer Ermächtigung und nur im Zusammenhang mit einer Krediteinräumung für den Hinterleger und nur an einen Verwahrer verpfänden. ² Die Ermächtigung muß für das einzelne Verwahrungsgeschäft ausdrücklich und schriftlich erteilt werden; sie darf weder in Geschäftsbedingungen des Verwahrers enthalten sein noch auf andere Urkunden verweisen.

(2) ¹ Der Verwahrer darf auf die Wertpapiere oder Sammelbestandanteile Rückkredit nur bis zur Gesamtsumme der Kredite nehmen, die er für die Hinterleger eingeräumt hat. ² Die Wertpapiere oder Sammelbestandanteile dürfen nur mit Pfandrechten zur Sicherung dieses Rückkredits belastet werden. ³ Der Wert der verpfändeten Wertpapiere oder Sammelbestandanteile soll die Höhe des für den Hinterleger eingeräumten Kredits mindestens erreichen, soll diese jedoch nicht unangemessen übersteigen.

(3) ¹ Ermächtigt der Hinterleger den Verwahrer nur, die Wertpapiere oder Sammelbestandanteile bis zur Höhe des Kredits zu verpfänden, den der Verwahrer für diesen Hinterleger eingeräumt hat (beschränkte Verpfändung), so bedarf die Ermächtigung nicht der Form des Absatzes 1 Satz 2. ² Absatz 2 Satz 3 bleibt unberührt.

(4) ¹ Ermächtigt der Hinterleger den Verwahrer, die Wertpapiere oder Sammelbestandanteile für alle Verbindlichkeiten des Verwahrers und ohne Rücksicht auf die Höhe des für den Hinterleger eingeräumten Kredits zu verpfänden (unbeschränkte Verpfändung), so muß in der Ermächtigung zum Ausdruck kommen, daß der Verwahrer das Pfandrecht unbeschränkt, also für alle seine Verbindlichkeiten und ohne Rücksicht auf die Höhe des für den Hinterleger eingeräumten Kredits bestellen kann. ² Dies gilt sinngemäß, wenn der Hinterleger den Verwahrer von der Innehaltung einzelner Beschränkungen des Absatzes 2 befreit.

(5) Der Verwahrer, der zur Verpfändung von Wertpapieren oder Sammelbestandanteilen ermächtigt ist, darf die Ermächtigung so, wie sie ihm gegeben ist, weitergeben.

729

22 DepotG §§ 13–15   1. Abschnitt. Verwahrung

§ 13. Ermächtigung zur Verfügung über das Eigentum. (1) ¹ Eine Erklärung, durch die der Verwahrer ermächtigt wird, sich die anvertrauten Wertpapiere anzueignen oder das Eigentum an ihnen auf einen Dritten zu übertragen, und alsdann nur verpflichtet sein soll, Wertpapiere derselben Art zurückzugewähren, muß für das einzelne Verwahrungsgeschäft ausdrücklich und schriftlich abgegeben werden. ² In der Erklärung muß zum Ausdruck kommen, daß mit der Ausübung der Ermächtigung das Eigentum auf den Verwahrer oder einen Dritten übergehen soll und mithin für den Hinterleger nur ein schuldrechtlicher Anspruch auf Lieferung nach Art und Zahl bestimmter Wertpapiere entsteht. ³ Die Erklärung darf weder auf andere Urkunden verweisen noch mit anderen Erklärungen des Hinterlegers verbunden sein.

(2) Eignet sich der Verwahrer die Wertpapiere an oder überträgt er das Eigentum an ihnen auf einen Dritten, so sind von diesem Zeitpunkt an die Vorschriften dieses Abschnitts auf ein solches Verwahrungsgeschäft nicht mehr anzuwenden.

§ 14. Verwahrungsbuch. (1) ¹ Der Verwahrer ist verpflichtet, ein Handelsbuch zu führen, in das jeder Hinterleger und Art, Nennbetrag oder Stückzahl, Nummern oder sonstige Bezeichnungsmerkmale der für ihn verwahrten Wertpapiere einzutragen sind. ² Wenn sich die Nummern oder sonstigen Bezeichnungsmerkmale aus Verzeichnissen ergeben, die neben dem Verwahrungsbuch geführt werden, genügt insoweit die Bezugnahme auf diese Verzeichnisse.

(2) Die Eintragung eines Wertpapiers kann unterbleiben, wenn seine Verwahrung beendet ist, bevor die Eintragung bei ordnungsmäßigem Geschäftsgang erfolgen konnte.

(3) Die Vorschriften über die Führung eines Verwahrungsbuchs gelten sinngemäß auch für die Sammelverwahrung.

(4) ¹ Vertraut der Verwahrer die Wertpapiere einem Dritten an, so hat er den Ort der Niederlassung des Dritten im Verwahrungsbuch anzugeben. ² Ergibt sich der Name des Dritten nicht aus der sonstigen Buchführung, aus Verzeichnissen, die neben dem Verwahrungsbuch geführt werden, oder aus dem Schriftwechsel, so ist auch der Name des Dritten im Verwahrungsbuch anzugeben. ³ Ist der Verwahrer zur Sammelverwahrung, zur Tauschverwahrung, zur Verpfändung oder zur Verfügung über das Eigentum ermächtigt, so hat er auch dies in dem Verwahrungsbuch ersichtlich zu machen.

(5) Teilt ein Verwahrer dem Drittverwahrer mit, daß er nicht Eigentümer der von ihm dem Drittverwahrer anvertrauten Wertpapiere ist (§ 4 Abs. 3), so hat der Drittverwahrer dies bei der Eintragung im Verwahrungsbuch kenntlich zu machen.

(6) Der *Reichsminister der Justiz* kann im Einvernehmen mit dem *Reichswirtschaftsminister* weitere Bestimmungen über das Verwahrungsbuch erlassen.

§ 15. Unregelmäßige Verwahrung. Wertpapierdarlehen. (1) Wird die Verwahrung von Wertpapieren in der Art vereinbart, daß das Eigentum sofort auf den Verwahrer oder einen Dritten übergeht und der Verwahrer nur verpflichtet ist, Wertpapiere derselben Art zurückzugewähren, so sind die Vorschriften dieses Abschnitts auf ein solches Verwahrungsgeschäft nicht anzuwenden.

2. Abschnitt. Einkaufskommission §§ 16–19 **DepotG** 22

(2) ¹ Eine Vereinbarung der in Absatz 1 bezeichneten Art ist nur gültig, wenn die Erklärung des Hinterlegers für das einzelne Geschäft ausdrücklich und schriftlich abgegeben wird. ² In der Erklärung muß zum Ausdruck kommen, daß das Eigentum sofort auf den Verwahrer oder einen Dritten übergehen soll und daß mithin für den Hinterleger nur ein schuldrechtlicher Anspruch auf Lieferung nach Art und Zahl bestimmter Wertpapiere entsteht. ³ Die Erklärung darf weder auf andere Urkunden verweisen noch mit anderen Erklärungen des Hinterlegers verbunden sein.

(3) Diese Vorschriften gelten sinngemäß, wenn Wertpapiere einem Kaufmann im Betriebe seines Handelsgewerbes als Darlehen gewährt werden.

§ 16. Befreiung von Formvorschriften. Die Formvorschriften der §§ 5, 10, 12, 13, 15 Abs. 2, 3 sind nicht anzuwenden, wenn der Hinterleger gewerbsmäßig Bank- oder Sparkassengeschäfte betreibt.

§ 17. Pfandverwahrung. Werden einem Kaufmann im Betrieb seines Handelsgewerbes Wertpapiere unverschlossen als Pfand anvertraut, so hat der Pfandgläubiger die Pflichten und Befugnisse eines Verwahrers.

2. Abschnitt. Einkaufskommission

§ 18. Stückeverzeichnis. (1) ¹ Führt ein Kommissionär (§§ 383, 406 des Handelsgesetzbuchs) einen Auftrag zum Einkauf von Wertpapieren aus, so hat er dem Kommittenten unverzüglich, spätestens binnen einer Woche ein Verzeichnis der gekauften Stücke zu übersenden. ² In dem Stückeverzeichnis sind die Wertpapiere nach Gattung, Nennbetrag, Nummern oder sonstigen Bezeichnungsmerkmalen zu bezeichnen.

(2) Die Frist zur Übersendung des Stückeverzeichnisses beginnt, falls der Kommissionär bei der Anzeige über die Ausführung des Auftrags einen Dritten als Verkäufer namhaft gemacht hat, mit dem Erwerb der Stücke, andernfalls beginnt sie mit dem Ablauf des Zeitraums, innerhalb dessen der Kommissionär nach der Erstattung der Ausführungsanzeige die Stücke bei ordnungsmäßigem Geschäftsgang ohne schuldhafte Verzögerung beziehen oder das Stückeverzeichnis von einer zur Verwahrung der Stücke bestimmten dritten Stelle erhalten konnte.

(3) Mit der Absendung des Stückeverzeichnisses geht das Eigentum an den darin bezeichneten Wertpapieren, soweit der Kommissionär über sie zu verfügen berechtigt ist, auf den Kommittenten über, wenn es nicht nach den Bestimmungen des bürgerlichen Rechts schon früher auf ihn übergegangen ist.

§ 19. Aussetzung der Übersendung des Stückeverzeichnisses. (1) ¹ Der Kommissionär darf die Übersendung des Stückeverzeichnisses aussetzen, wenn er wegen der Forderungen, die ihm aus der Ausführung des Auftrags zustehen, nicht befriedigt ist und auch nicht Stundung bewilligt hat. ² Als Stundung gilt nicht die Einstellung des Kaufpreises ins Kontokorrent.

(2) ¹ Der Kommissionär kann von der Befugnis des Absatzes 1 nur Gebrauch machen, wenn er dem Kommittenten erklärt, daß er die Übersendung des Stückeverzeichnisses und damit die Übertragung des Eigentums an den Papieren

22 DepotG §§ 20, 21 2. Abschnitt. Einkaufskommission

bis zur Befriedigung wegen seiner Forderungen aus der Ausführung des Auftrags aussetzen werde. [2] Die Erklärung muß, für das einzelne Geschäft gesondert, ausdrücklich und schriftlich abgegeben und binnen einer Woche nach Erstattung der Ausführungsanzeige abgesandt werden, sie darf nicht auf andere Urkunden verweisen.

(3) Macht der Kommissionär von der Befugnis des Absatzes 1 Gebrauch, so beginnt die Frist zur Übersendung des Stückeverzeichnisses frühestens mit dem Zeitpunkt, in dem der Kommissionär wegen seiner Forderungen aus der Ausführung des Auftrags befriedigt wird.

(4) [1] Stehen die Parteien miteinander im Kontokorrentverkehr (§ 355 des Handelsgesetzbuchs), so gilt der Kommissionär wegen der ihm aus der Ausführung des Auftrags zustehenden Forderungen als befriedigt, sobald die Summe der Habenposten die der Sollposten zum erstenmal erreicht oder übersteigt. [2] Hierbei sind alle Posten zu berücksichtigen, die mit Wertstellung an demselben Tag zu buchen waren. [3] Führt der Kommissionär für den Kommittenten mehrere Konten, so ist das Konto, auf dem das Kommissionsgeschäft zu buchen war, allein maßgebend.

(5) Ist der Kommissionär teilweise befriedigt, so darf er die Übersendung des Stückeverzeichnisses nicht aussetzen, wenn die Aussetzung nach den Umständen, insbesondere wegen verhältnismäßiger Geringfügigkeit des rückständigen Teiles, gegen Treu und Glauben verstoßen würde.

§ 20. Übersendung des Stückeverzeichnisses auf Verlangen. (1) Wenn der Kommissionär einem Kommittenten, mit dem er im Kontokorrentverkehr (§ 355 des Handelsgesetzbuchs) steht, für die Dauer der Geschäftsverbindung oder für begrenzte Zeit zusagt, daß er in bestimmtem Umfange ohne oder ohne besondere Begrenzung für ihn Aufträge zur Anschaffung von Wertpapieren auch ohne alsbaldige Berichtigung des Kaufpreises ausführen werde, so kann er sich dabei vorbehalten, Stückeverzeichnisse erst auf Verlangen des Kommittenten zu übersenden.

(2) Der Kommissionär kann von dem Vorbehalt des Absatzes 1 nur Gebrauch machen, wenn er dem Kommittenten bei der Erstattung der Ausführungsanzeige schriftlich mitteilt, daß er die Übersendung des Stückeverzeichnisses und damit die Übertragung des Eigentums an den Papieren erst auf Verlangen des Kommittenten ausführen werde.

(3) [1] Erklärt der Kommittent, daß er die Übersendung des Stückeverzeichnisses verlange, so beginnt die Frist zur Übersendung des Stückeverzeichnisses frühestens mit dem Zeitpunkt, in dem die Erklärung dem Kommissionär zugeht. [2] Die Aufforderung muß schriftlich erfolgen und die Wertpapiere, die in das Stückeverzeichnis aufgenommen werden sollen, genau bezeichnen.

§ 21. Befugnis zur Aussetzung und Befugnis zur Übersendung auf Verlangen. Will der Kommissionär die Übersendung des Stückeverzeichnisses sowohl deshalb aussetzen, weil er wegen seiner Forderungen nicht befriedigt ist (§ 19), als auch deshalb, weil er sich die Aussetzung mit Rücksicht auf die Besonderheit des Kontokorrentverkehrs mit dem Kommittenten vorbehalten hat (§ 20), so hat er dem Kommittenten bei Erstattung der Ausführungsanzeige schriftlich mitzuteilen, daß er die Übersendung des Stückeverzeichnisses und

2. Abschnitt. Einkaufskommission §§ 22–24 **DepotG 22**

damit die Übertragung des Eigentums an den Papieren erst auf Verlangen des Kommittenten, frühestens jedoch nach Befriedigung wegen seiner Forderungen aus der Ausführung des Auftrags ausführen werde.

§ 22. Stückeverzeichnis beim Auslandsgeschäft. (1) [1] Wenn die Wertpapiere vereinbarungsgemäß im Ausland angeschafft und aufbewahrt werden, braucht der Kommissionär das Stückeverzeichnis erst auf Verlangen des Kommittenten zu übersenden. [2] Der Kommittent kann die Übersendung jederzeit verlangen, es sei denn, daß ausländisches Recht der Übertragung des Eigentums an den Wertpapieren durch Absendung des Stückeverzeichnisses entgegensteht oder daß der Kommissionär nach § 19 Abs. 1 berechtigt ist, die Übersendung auszusetzen.

(2) [1] Erklärt der Kommittent, daß er die Übersendung des Stückeverzeichnisses verlange, so beginnt die Frist zur Übersendung des Stückeverzeichnisses frühestens mit dem Zeitpunkt, in dem die Erklärung dem Kommissionär zugeht. [2] Die Aufforderung muß schriftlich erfolgen und die Wertpapiere, die in das Stückeverzeichnis aufgenommen werden sollen, genau bezeichnen.

§ 23. Befreiung von der Übersendung des Stückeverzeichnisses. Die Übersendung des Stückeverzeichnisses kann unterbleiben, soweit innerhalb der dafür bestimmten Frist (§§ 18 bis 22) die Wertpapiere dem Kommittenten ausgeliefert sind oder ein Auftrag des Kommittenten zur Wiederveräußerung ausgeführt ist.

§ 24.* Erfüllung durch Übertragung von Miteigentum am Sammelbestand. (1) Der Kommissionär kann sich von seiner Verpflichtung, dem Kommittenten Eigentum an bestimmten Stücken zu verschaffen, dadurch befreien, daß er ihm Miteigentum an den zum Sammelbestand einer Wertpapiersammelbank gehörenden Wertpapieren verschafft; durch Verschaffung von Miteigentum an den zum Sammelbestand eines anderen Verwahrers gehörenden Wertpapieren kann er sich nur befreien, wenn der Kommittent im einzelnen Falle ausdrücklich und schriftlich zustimmt.

(2) [1] Mit der Eintragung des Übertragungsvermerks im Verwahrungsbuch des Kommissionärs geht, soweit der Kommissionär verfügungsberechtigt ist, das Miteigentum auf den Kommittenten über, wenn es nicht nach den Bestimmungen des bürgerlichen Rechts schon früher auf ihn übergegangen ist. [2] Der Kommissionär hat dem Kommittenten die Verschaffung des Miteigentums unverzüglich mitzuteilen.

(3) Kreditinstitute brauchen die Verschaffung des Miteigentums an einem Wertpapiersammelbestand und die Ausführung der Geschäftsbesorgung abweichend von Absatz 2 Satz 2 sowie von den §§ 675, 666 des Bürgerlichen Gesetzbuchs und von § 384 Abs. 2 des Handelsgesetzbuchs den Kunden erst innerhalb von dreizehn Monaten mitzuteilen, sofern das Miteigentum jeweils auf Grund einer vertraglich vereinbarten gleichbleibenden monatlichen, zweimonatlichen oder vierteljährlichen Zahlung erworben wird und diese Zahlungen jährlich das Dreifache des höchsten Betrags nicht übersteigen, bis zu dem nach dem Vierten Vermögensbildungsgesetz in der jeweils geltenden Fassung vermögenswirksame Leistungen gefördert werden können.

---

* § 24 Abs. 3 angefügt durch Gesetz vom 17. 7. 1985 (BGBl. I S. 1507).

§ 25. Rechte des Kommittenten bei Nichtübersendung des Stückeverzeichnisses. (1) [1] Unterläßt der Kommissionär, ohne hierzu nach den §§ 19 bis 24 befugt zu sein, die Übersendung des Stückeverzeichnisses und holt er das Versäumte auf eine nach Ablauf der Frist zur Übersendung des Stückeverzeichnisses an ihn ergangene Aufforderung des Kommittenten nicht binnen drei Tagen nach, so ist der Kommittent berechtigt, das Geschäft als nicht für seine Rechnung abgeschlossen zurückzuweisen und Schadensersatz wegen Nichterfüllung zu beanspruchen. [2] Dies gilt nicht, wenn die Unterlassung auf einem Umstand beruht, den der Kommissionär nicht zu vertreten hat.

(2) Die Aufforderung des Kommittenten verliert ihre Wirkung, wenn er dem Kommissionär nicht binnen drei Tagen nach dem Ablauf der Nachholungsfrist erklärt, daß er von dem in Absatz 1 bezeichneten Recht Gebrauch machen wolle.

3. Abschnitt. Konkursvorrecht §§ 26–32 DepotG 22

§ 26. Stückeverzeichnis beim Auftrag zum Umtausch und zur Geltendmachung eines Bezugsrechts. [1] Der Kommissionär, der einen Auftrag zum Umtausch von Wertpapieren oder von Sammelbestandanteilen gegen Wertpapiere oder einen Auftrag zur Geltendmachung eines Bezugsrechts auf Wertpapiere ausführt, hat binnen zwei Wochen nach dem Empfang der neuen Stücke dem Kommittenten ein Verzeichnis der Stücke zu übersenden, soweit er ihm die Stücke nicht innerhalb dieser Frist aushändigt. [2] In dem Stückeverzeichnis sind die Wertpapiere nach Gattung, Nennbetrag, Nummern oder sonstigen Bezeichnungsmerkmalen zu bezeichnen. [3] Im übrigen finden die §§ 18 bis 24 Anwendung; § 25 ist insoweit anzuwenden, als der Kommittent nur Schadensersatz wegen Nichterfüllung verlangen kann.

§ 27. Verlust des Provisionsanspruchs. Der Kommissionär, der den in § 26 ihm auferlegten Pflichten nicht genügt, verliert das Recht, für die Ausführung des Auftrags Provision zu fordern (§ 396 Abs. 1 des Handelsgesetzbuchs).

§ 28. Unabdingbarkeit der Verpflichtungen des Kommissionärs. Die sich aus den §§ 18 bis 27 ergebenden Verpflichtungen des Kommissionärs können durch Rechtsgeschäft weder ausgeschlossen noch beschränkt werden, es sei denn, daß der Kommittent gewerbsmäßig Bank- oder Sparkassengeschäfte betreibt.

§ 29. Verwahrung durch den Kommissionär. Der Kommissionär hat bezüglich der in seinem Besitz befindlichen, in das Eigentum oder das Miteigentum des Kommittenten übergegangenen Wertpapiere die Pflichten und Befugnisse eines Verwahrers.

§ 30. Beschränkte Geltendmachung von Pfand- und Zurückbehaltungsrechten bei dem Kommissionsgeschäft. (1) Gibt der Kommissionär einen ihm erteilten Auftrag zur Anschaffung von Wertpapieren an einen Dritten weiter, so gilt als dem Dritten bekannt, daß die Anschaffung für fremde Rechnung geschieht.

(2) § 4 gilt sinngemäß.

§ 31. Eigenhändler. Selbsteintritt. Die §§ 18 bis 30 gelten sinngemäß, wenn ein Kaufmann im Betrieb seines Handelsgewerbes Wertpapiere als Eigenhändler verkauft oder umtauscht oder einen Auftrag zum Einkauf oder zum Umtausch von Wertpapieren im Wege des Selbsteintritts ausführt.

3. Abschnitt. Konkursvorrecht

§ 32. Bevorrechtigte Gläubiger. (1) Im Konkurs über das Vermögen eines der in den §§ 1, 17, 18 bezeichneten Verwahrer, Pfandgläubiger und Kommissionäre haben ein Vorrecht nach Absatz 3 und 4:

1. Kommittenten, die bei Eröffnung des Konkursverfahrens das Eigentum oder Miteigentum an Wertpapieren noch nicht erlangt, aber ihre Verpflichtungen aus dem Geschäft über diese Wertpapiere dem Kommissionär gegenüber vollständig erfüllt haben; dies gilt auch dann, wenn im Zeitpunkt der Eröffnung

22 DepotG § 33 3. Abschnitt. Konkursvorrecht

des Konkursverfahrens der Kommissionär die Wertpapiere noch nicht angeschafft hat;

2. Hinterleger, Verpfänder und Kommittenten, deren Eigentum oder Miteigentum an Wertpapieren durch eine rechtswidrige Verfügung des Verwahrers, Pfandgläubigers oder Kommissionärs oder ihrer Leute verletzt worden ist, wenn sie bei Eröffnung des Konkursverfahrens ihre Verpflichtungen aus dem Geschäft über diese Wertpapiere dem Gemeinschuldner gegenüber vollständig erfüllt haben;

3. die Gläubiger der Nummern 1 und 2, wenn der nichterfüllte Teil ihrer dort bezeichneten Verpflichtungen bei Eröffnung des Konkursverfahrens zehn vom Hundert des Wertes ihres Wertpapierlieferungsanspruchs nicht überschreitet und wenn sie binnen einer Woche nach Aufforderung des Konkursverwalters diese Verpflichtungen vollständig erfüllt haben.

(2) Entsprechendes gilt im Konkurs eines Eigenhändlers, bei dem jemand Wertpapiere gekauft oder erworben hat, und im Konkurs eines Kommissionärs, der den Auftrag zum Einkauf oder zum Umtausch von Wertpapieren im Wege des Selbsteintritts ausgeführt hat (§ 31).

(3) [1] Die nach Absatz 1 und 2 bevorrechtigten Forderungen werden vor den Forderungen aller anderen Konkursgläubiger aus einer Sondermasse beglichen; diese wird gebildet aus den in der Masse vorhandenen Wertpapieren derselben Art und aus den Ansprüchen auf Lieferung solcher Wertpapiere. [2] Die bevorrechtigten Forderungen werden durch Lieferung der vorhandenen Wertpapiere beglichen, soweit diese nach dem Verhältnis der Forderungsbeträge an alle bevorrechtigten Gläubiger verteilt werden können. [3] Soweit eine solche Verteilung nicht möglich ist, wird der volle Erlös der nichtverteilten Wertpapiere unter die bevorrechtigten Gläubiger im Verhältnis ihrer Forderungsbeträge verteilt.

(4) [1] Die Gläubiger der Absätze 1 und 2 haben das beanspruchte Vorrecht nach § 139 der Konkursordnung anzumelden. [2] Sie können aus dem sonstigen Vermögen des Schuldners nur unter entsprechender Anwendung der für die Absonderungsberechtigten geltenden Vorschriften der §§ 64, 153, 155, 156 und des § 168 Nr. 3 der Konkursordnung Befriedigung verlangen. [3] Im übrigen bewendet es für sie bei den Vorschriften der Konkursordnung über Konkursgläubiger.

(5) [1] Das Konkursgericht hat, wenn es nach Lage des Falles erforderlich ist, den bevorrechtigten Gläubigern zur Wahrung der ihnen zustehenden Rechte einen Pfleger zu bestellen. [2] Für die Pflegschaft tritt an die Stelle des Vormundschaftsgerichts das Konkursgericht. [3] § 78 Abs. 2 bis 5 des Gesetzes über die privaten Versicherungsunternehmungen vom 6. Juni 1931 (Reichsgesetzbl. I S. 315) sind sinngemäß anzuwenden.

§ 33. Befriedigung der Verpfänder im Konkurs des Verwahrers. (1) Im Konkurs über das Vermögen eines Verwahrers, dessen Pfandgläubiger die ihm nach § 12 Abs. 2 verpfändeten Wertpapiere oder Sammelbestandanteile ganz oder zum Teil zu seiner Befriedigung verwertet hat, findet unter den Hinterlegern, die die dem Pfandgläubiger verpfändeten Wertpapiere oder Sammelbestandanteile dem Verwahrer anvertraut haben, ein Ausgleichsverfahren mit dem Ziele der gleichmäßigen Befriedigung statt.

4. Abschnitt. Strafbestimmungen § 34 DepotG 22

(2) ¹ Die am Ausgleichsverfahren beteiligten Hinterleger werden aus einer Sondermasse befriedigt. ² In diese Sondermasse sind aufzunehmen:
1. die Wertpapiere oder Sammelbestandanteile, die dem Pfandgläubiger nach § 12 Abs. 2 verpfändet waren, von diesem aber nicht zu seiner Befriedigung verwertet worden sind;
2. der Erlös aus den Wertpapieren oder Sammelbestandanteilen, die der Pfandgläubiger verwertet hat, soweit er ihm zu seiner Befriedigung nicht gebührt;
3. die Forderungen gegen einen am Ausgleichsverfahren beteiligten Hinterleger aus dem ihm eingeräumten Kredit sowie Leistungen zur Abwendung einer drohenden Pfandverwertung.

(3) ¹ Die Sondermasse ist unter den am Ausgleichsverfahren beteiligten Hinterlegern nach dem Verhältnis des Wertes der von ihnen dem Verwahrer anvertrauten Wertpapiere oder Sammelbestandanteile zu verteilen. ² Maßgebend ist der Wert am Tage der Konkurseröffnung, es sei denn, daß die Wertpapiere oder Sammelbestandanteile erst später verwertet worden sind. ³ In diesem Falle ist der erzielte Erlös maßgebend. ⁴ Ein nach Befriedigung aller am Ausgleichsverfahren beteiligter Hinterleger in der Sondermasse verbleibender Betrag ist an die Konkursmasse abzuführen.

(4) ¹ Jeder am Ausgleichsverfahren Beteiligte ist berechtigt und verpflichtet, die von ihm dem Verwahrer anvertrauten und in der Sondermasse vorhandenen Wertpapiere oder Sammelbestandanteile zu dem Schätzungswert des Tages der Konkurseröffnung zu übernehmen. ² Übersteigt dieser Wert den ihm aus der Sondermasse gebührenden Betrag, so hat er den Unterschied zur Sondermasse einzuzahlen. ³ Die Wertpapiere oder Sammelbestandanteile haften als Pfand für diese Forderung.

(5) Jeder Hinterleger kann seine Forderungen, soweit er mit ihnen bei der Befriedigung aus der Sondermasse ausgefallen ist, zur Konkursmasse geltend machen.

(6) § 32 Abs. 4 und 5 sind sinngemäß anzuwenden.

4. Abschnitt. Strafbestimmungen

§ 34.* **Depotunterschlagung.** (1) Ein Kaufmann, der, abgesehen von den Fällen der §§ 246, 266 des Strafgesetzbuchs, eigenen oder fremden Vorteils wegen
1. über ein Wertpapier der in § 1 Abs. 1 bezeichneten Art, das ihm als Verwahrer oder Pfandgläubiger anvertraut worden ist oder das er als Kommissionär für den Kommittenten im Besitz hat oder das er im Falle des § 31 für den Kunden im Besitz hat, rechtswidrig verfügt,
2. einen Sammelbestand solcher Wertpapiere oder den Anteil an einem solchen Bestand dem § 6 Abs. 2 zuwider verringert oder darüber rechtswidrig verfügt,
wird mit Freiheitsstrafe bis zu fünf Jahren oder mit Geldstrafe bestraft.

(2) *(aufgehoben)*

---

* § 34 Abs. 1 geändert durch Erstes Gesetz zur Reform des Strafrechts vom 25. 6. 1969 (BGBl. I S. 645), Abs. 1 geändert und Abs. 2 aufgehoben durch Einführungsgesetz zum Strafgesetzbuch vom 2. 3. 1974 (BGBl. I S. 469).

22 DepotG §§ 35–43   5. Abschnitt. Schlußbestimmungen

§ 35.* Unwahre Angaben über das Eigentum. Ein Kaufmann, der eigenen oder fremden Vorteils wegen eine Erklärung nach § 4 Abs. 2 wahrheitswidrig abgibt oder eine ihm nach § 4 Abs. 3 obliegende Mitteilung unterläßt, wird, wenn die Tat nicht nach anderen Vorschriften mit schwererer Strafe bedroht ist, mit Freiheitsstrafe bis zu einem Jahr oder mit Geldstrafe bestraft.

§ 36.** Strafantrag. Ist in den Fällen der §§ 34, 35 durch die Tat ein Angehöriger (§ 11 Abs. 1 Nr. 1 des Strafgesetzbuches) verletzt, so wird sie nur auf Antrag verfolgt.

§ 37.*** Strafbarkeit im Falle der Zahlungseinstellung oder der Konkurseröffnung. Ein Kaufmann, der einer Vorschrift der §§ 2, 14 oder einer sich aus den §§ 18 bis 24, 26, 43 ergebenden Pflicht zuwiderhandelt, wird mit Freiheitsstrafe bis zu zwei Jahren oder mit Geldstrafe bestraft, wenn er seine Zahlungen eingestellt hat oder über sein Vermögen das Konkursverfahren eröffnet worden ist und wenn durch die Zuwiderhandlung ein Anspruch des Berechtigten auf Aussonderung der Wertpapiere vereitelt oder die Durchführung eines solchen Anspruchs erschwert wird.

§§ 38–40.† *(aufgehoben)*

5. Abschnitt. Schlußbestimmungen

§ 41. Anwendung des Gesetzes auf öffentlich-rechtliche Banken sowie Sparkassen. Dieses Gesetz gilt für öffentlich-rechtliche Banken sowie für öffentliche oder dem öffentlichen Verkehr dienende Sparkassen auch dann, wenn sie keine Kaufmannseigenschaft haben.

§ 42.†† Anwendung auf Treuhänder. Erlaß weiterer Bestimmungen.
(1) Der *Reichsminister der Justiz* kann im Einvernehmen mit dem *Reichswirtschaftsminister* und dem *Reichsminister der Finanzen* die Anwendung von Vorschriften dieses Gesetzes für Fälle vorschreiben, in denen Kaufleute als Treuhänder für Dritte Wertpapiere besitzen oder erwerben oder Beteiligungen oder Gläubigerrechte ausüben oder erwerben oder in öffentliche Schuldbücher oder sonstige Register eingetragen sind.

(2) (3) *(gegenstandslos)*

§ 43. Übergangsregelung. ¹ Dieses Gesetz tritt am 1. Mai 1937 in Kraft. ² Gleichzeitig tritt das Gesetz, betreffend die Pflichten der Kaufleute bei Aufbewahrung fremder Wertpapiere, vom 5. Juli 1896 (Reichsgesetzbl. 1896 S. 183, 194; 1923 I S. 1119) außer Kraft. ³...†††

---

* § 35 geändert durch Erstes Gesetz zur Reform des Strafrechts vom 25. 6. 1969 (BGBl. I S. 645).
** § 36 neu gefaßt durch Einführungsgesetz zum Strafgesetzbuch vom 2. 3. 1974 (BGBl. I S. 469).
*** § 37 geändert durch Erstes Gesetz zur Reform des Strafrechts vom 25. 6. 1969 (BGBl. I S. 645) und durch Einführungsgesetz zum Strafgesetzbuch vom 2. 3. 1974 (BGBl. I S. 469).
† §§ 38 und 40 aufgehoben durch Einführungsgesetz zum Strafgesetzbuch vom 2. 3. 1974 (BGBl. I S. 469), § 39 aufgehoben durch Gesetz vom 24. 5. 1968 (BGBl. I S. 503).
†† § 42 Abs. 2 und 3 enthielten durch Art. 129 Abs. 3 GG erloschene Ermächtigungen.
††† § 43 Satz 3 enthielt eine gegenstandslose Überleitungsvorschrift.

D. Versicherungsaufsichtsgesetz – VAG

24. Gesetz über die Beaufsichtigung der Versicherungsunternehmen (Versicherungsaufsichtsgesetz – VAG)

In der Fassung der Bekanntmachung vom 13. Oktober 1983 (BGBl. I S. 1261, ber. 1987 S. 2289)*

(BGBl. III 7631–1)

Geändert durch Gesetz vom 20. 12. 1984 (BGBl. I S. 1693), Gesetz vom 17. 7. 1985 (BGBl. I S. 1507), Art. 8 Gesetz vom 19. 12. 1985 (BGBl. I S. 2355), Art. 8 Gesetz vom 15. 5. 1986 (BGBl I S. 721), Art. 2 Abs. 4 Gesetz vom 16. 12. 1986 (BGBl. I S. 2478), Gesetz vom 16. 12. 1986 (BGBl. I S. 2485), Art. 6 Gesetz vom 19. 12. 1986 (BGBl. I S. 2595), Art. 9 Gesetz zu dem Vertrag vom 18. Mai 1990 über die Schaffung einer Währungs-, Wirtschafts- und Sozialunion zwischen der Bundesrepublik Deutschland und der Deutschen Demokratischen Republik vom 25. 6. 1990 (BGBl. II S. 518), Zweites Durchführungsgesetz/EWG zum VAG vom 28. 6. 1990 (BGBl. I S. 1249), Einigungsvertrag vom 31. 8. 1990 (BGBl. II S. 889, 991), Art. 11 Bankbilanzrichtlinie-Gesetz vom 30. 11. 1990 (BGBl. I S. 2570) und Gesetz zur Änderung versicherungsrechtlicher Vorschriften vom 17. 12. 1990 (BGBl. I S. 2864)

(Auszug)

III. Versicherungsvereine auf Gegenseitigkeit

§ 15. Ein Verein, der die Versicherung seiner Mitglieder nach dem Grundsatz der Gegenseitigkeit betreiben will, wird dadurch rechtsfähig, daß ihm die Aufsichtsbehörde erlaubt, als „Versicherungsverein auf Gegenseitigkeit" Geschäfte zu betreiben.

§ 16.** Die Vorschriften des Ersten Buchs, des Ersten Abschnitts des Dritten Buchs und des Vierten Buchs des Handelsgesetzbuchs über Kaufleute gelten außer den §§ 1 bis 7 entsprechend auch für Versicherungsvereine auf Gegenseitigkeit, soweit dieses Gesetz nichts anderes vorschreibt.

§ 17. (1) Die Verfassung eines Versicherungsvereins auf Gegenseitigkeit wird durch die Satzung bestimmt, soweit sie nicht auf den folgenden Vorschriften beruht.

(2) Die Satzung muß notariell beurkundet sein.

§ 18. (1) Die Satzung hat den Namen (die Firma) und den Sitz des Vereins zu bestimmen.

(2) ¹Die Firma soll den Sitz des Vereins erkennen lassen. ²Auch ist in der Firma oder in einem Zusatz auszudrücken, daß Versicherung auf Gegenseitigkeit betrieben wird.

§ 19. ¹Für alle Verbindlichkeiten des Vereins haftet den Vereinsgläubigern nur das Vereinsvermögen. ²Die Mitglieder haften den Vereinsgläubigern nicht.

---

* Neubekanntmachung des Gesetzes über die Beaufsichtigung der Versicherungsunternehmen (Versicherungsaufsichtsgesetz – VAG) vom 6. 6. 1931 (RGBl. I S. 315, ber. S. 750). – Diese Fassung gilt mit Wirkung vom 1. 4. 1983.
** § 16 geändert durch Gesetz vom 19. 12. 1985 (BGBl. I S. 2355).

§ 20. ¹Die Satzung soll Bestimmungen über den Beginn der Mitgliedschaft enthalten. ²Mitglied kann nur werden, wer ein Versicherungsverhältnis mit dem Verein begründet. ³Die Mitgliedschaft endigt, soweit die Satzung nichts anderes bestimmt, wenn das Versicherungsverhältnis aufhört.

§ 21. (1) Mitgliederbeiträge und Vereinsleistungen an die Mitglieder dürfen bei gleichen Voraussetzungen nur nach gleichen Grundsätzen bemessen sein.

(2) Versicherungsgeschäfte gegen feste Entgelte, ohne daß die Versicherungsnehmer Mitglieder werden, darf der Verein nur betreiben, soweit es die Satzung ausdrücklich gestattet.

§ 22. (1) ¹In der Satzung ist vorzusehen, daß ein Gründungsstock gebildet wird, der die Kosten der Vereinserrichtung zu decken sowie als Gewähr- und Betriebsstock zu dienen hat. ²Die Satzung soll die Bedingungen, worunter der Gründungsstock dem Verein zur Verfügung steht, enthalten und besonders bestimmen, wie er zu tilgen ist, sowie ob und in welchem Umfang die Personen, die ihn zur Verfügung gestellt haben, berechtigt sein sollen, an der Vereinsverwaltung teilzunehmen.

(2) ¹Der Gründungsstock kann nur in gesetzlichen Zahlungsmitteln, in von der Deutschen Bundesbank bestätigten Schecks, durch Gutschrift auf ein Konto im Inland bei der Deutschen Bundesbank oder einem Kreditinstitut oder auf ein Postscheckkonto des Vereins oder des Vorstands zu seiner freien Verfügung eingezahlt werden. ²Forderungen des Vorstands aus diesen Einzahlungen gelten als Forderungen des Vereins. ³Die Satzung kann statt der Einzahlung die Hingabe eigener Wechsel gestatten.

(3) ¹Den Personen, die den Gründungsstock zur Verfügung gestellt haben, darf kein Kündigungsrecht eingeräumt werden. ²In der Satzung kann ihnen außer einer Verzinsung aus den Jahreseinnahmen eine Beteiligung an dem Überschuß nach der Jahresbilanz zugesichert werden; die Aufsichtsbehörde entscheidet nach freiem Ermessen, welchen Hundertsatz des bar eingezahlten Betrags die Zinsen und die gesamten Bezüge nicht übersteigen dürfen. ³Der Gründungsstock darf in Anteile zerlegt werden, worüber Anteilscheine ausgegeben werden können.

(4) Getilgt werden darf der Gründungsstock nur aus den Jahreseinnahmen und nur so weit, wie die Verlustrücklage des § 37 angewachsen ist; die Tilgung muß beginnen, sobald die Errichtungs- und die Einrichtungskosten des ersten Geschäftsjahrs gedeckt worden sind.

§ 23. *(weggefallen)*

§ 24. (1) Die Satzung hat zu bestimmen, ob die Ausgaben gedeckt werden sollen durch einmalige oder wiederkehrende Beiträge, die im voraus erhoben werden, oder durch Beiträge, die umgelegt werden je nach Bedarf.

(2) Sind Beiträge im voraus zu erheben, so hat die Satzung ferner zu bestimmen, ob Nachschüsse vorbehalten oder ausgeschlossen sind; sollen sie ausgeschlossen sein, so ist außerdem zu bestimmen, ob die Versicherungsansprüche gekürzt werden dürfen.

(3) ¹Die Satzung kann für Nachschüsse und Umlagen einen Höchstbetrag festsetzen. ²Eine Beschränkung, daß Nachschüsse oder Umlagen nur ausgeschrieben werden dürfen, um Versicherungsansprüche der Mitglieder zu decken, ist unzulässig.

§ 25. (1) ¹Zu den Nachschüssen oder Umlagen haben auch die im Laufe des Geschäftsjahrs ausgeschiedenen oder eingetretenen Mitglieder beizutragen. ²Ihre Beitragspflicht bemißt sich danach, wie lange sie in dem Geschäftsjahr dem Verein angehört haben.

(2) Bemißt sich der Nachschuß- oder Umlagebetrag eines Mitglieds nach dem im voraus erhobenen Beitrag oder der Versicherungssumme, so ist, wenn während des Geschäftsjahrs der Beitrag oder die Versicherungssumme herauf- oder herabgesetzt worden ist, der höhere Betrag bei der Berechnung zugrunde zu legen.

(3) Die Absätze 1 und 2 gelten nur, soweit die Satzung nichts anderes bestimmt.

§ 26. Gegen eine Forderung des Vereins aus der Beitragspflicht kann das Mitglied nicht aufrechnen.

§ 27. (1) Die Satzung soll bestimmen, unter welchen Voraussetzungen Nachschüsse oder Umlagen ausgeschrieben werden dürfen, besonders, wieweit zuvor andere Deckungsmittel (Gründungsstock, Rücklagen) verwendet werden müssen.

(2) Die Satzung soll ferner bestimmen, wie die Nachschüsse oder Umlagen ausgeschrieben und eingezogen werden.

§ 28. (1) Die Satzung hat zu bestimmen, wie die Vereinsbekanntmachungen erlassen werden.

(2) ¹Bekanntmachungen, die durch öffentliche Blätter ergehen sollen, sind, wenn sich der Geschäftsbetrieb des Vereins über ein Land hinaus erstreckt, in den Bundesanzeiger einzurücken; doch kann die Aufsichtsbehörde Ausnahmen zulassen. ²Bei Beschränkung des Geschäftsbetriebs auf ein Land kann die oberste Landesbehörde statt des Bundesanzeigers ein anderes Blatt bestimmen. ³Weitere Blätter bestimmt die Satzung.

§ 29. Die Satzung hat zu bestimmen, wie ein Vorstand, ein Aufsichtsrat und eine oberste Vertretung (oberstes Organ; Versammlung von Mitgliedern oder von Vertretern der Mitglieder) zu bilden sind.

§ 30. (1) ¹Sämtliche Vorstands- und Aufsichtsratsmitglieder haben den Verein bei dem Gericht, in dessen Bezirk er seinen Sitz hat, zur Eintragung ins Handelsregister anzumelden. ²In der Anmeldung ist anzugeben, welche Vertretungsbefugnis die Vorstandsmitglieder haben.

(2) Die Aufsichtsbehörde hat jede Erlaubnis zum Geschäftsbetrieb (§ 15) dem Registergericht mitzuteilen.

§ 31. (1) Der Anmeldung sind beizufügen:
1. die Urkunde über die Erlaubnis zum Geschäftsbetrieb;
2. die Satzung;
3. die Urkunden über die Bestellung des Vorstandes und des Aufsichtsrats;
4. die Urkunden über die Bildung des Gründungsstocks mit einer Erklärung des Vorstands und des Aufsichtsrats, wieweit und in welcher Weise der Gründungsstock eingezahlt ist und daß der eingezahlte Betrag endgültig zur freien Verfügung des Vorstands steht.

(2) Die Vorstandsmitglieder haben ihre Namensunterschrift zur Aufbewahrung beim Gericht zu zeichnen.

(3) Die der Anmeldung beigefügten Schriftstücke werden beim Gericht in Urschrift oder in beglaubigter Abschrift aufbewahrt.

§ 32. (1) ¹Bei der Eintragung ins Handelsregister sind anzugeben die Firma und der Sitz des Vereins, die Versicherungszweige, auf die sich der Betrieb erstrecken soll, die Höhe des Gründungsstocks, der Tag, an dem der Geschäftsbetrieb erlaubt worden ist, und die Vorstandsmitglieder. ²Ferner ist einzutragen, welche Vertretungsbefugnis die Vorstandsmitglieder haben.

(2) Bestimmt die Satzung etwas über die Dauer des Vereins, so ist auch das einzutragen.

§ 33. Öffentlich bekanntzumachen ist zugleich mit dem Inhalt der Eintragung:
1. ob die Ausgaben durch im voraus erhobene oder durch nachträglich umgelegte Beiträge gedeckt werden sollen und, wenn im voraus Beiträge erhoben werden sollen, ob Nachschüsse vorbehalten oder ausgeschlossen sind, ob die Beitragspflicht beschränkt ist und ob die Versicherungsansprüche gekürzt werden dürfen (§ 24);
2. was nach § 28 festgesetzt ist;
3. wie die Vereinsvertretungen (Vereinsorgane) bestellt und zusammengesetzt werden;
4. wer (Name, Stand und Wohnort) dem ersten Aufsichtsrat angehört;
5. wie die oberste Vertretung zu berufen ist.

§ 34. ¹Der Vorstand besteht aus mindestens zwei Personen. ²Für den Vorstand gelten § 76 Abs. 1 und 3 sowie die §§ 77 bis 91, 93 und 94 des Aktiengesetzes* entsprechend. ³Was dort von den Beschlüssen der Hauptversammlung gesagt ist, gilt hier für die Beschlüsse der obersten Vertretung. ⁴An die Stelle des § 93 Abs. 3 des Aktiengesetzes tritt folgende Vorschrift:

Die Vorstandsmitglieder sind namentlich zum Ersatz verpflichtet, wenn entgegen dem Gesetz
1. der Gründungsstock verzinst oder getilgt wird,
2. das Vereinsvermögen verteilt wird,
3. Zahlungen geleistet werden, nachdem die Zahlungsunfähigkeit des Vereins eingetreten ist oder sich seine Überschuldung ergeben hat; dies gilt nicht von Zahlungen, die auch nach diesem Zeitpunkt mit der Sorgfalt eines ordentlichen und gewissenhaften Geschäftsleiters vereinbar sind,
4. Kredit gewährt wird.

§ 35.** (1) ¹Der Aufsichtsrat besteht aus drei Personen. ²Die Satzung kann eine bestimmte höhere Zahl festsetzen. ³Die Zahl muß durch drei teilbar sein. ⁴Die Höchstzahl der Aufsichtsratsmitglieder beträgt einundzwanzig.

(2) Der Aufsichtsrat setzt sich zusammen bei Vereinen, für die nach § 77 Abs. 2 des Betriebsverfassungsgesetzes § 76 des Betriebsverfassungsgesetzes gilt, aus Aufsichtsratsmitgliedern, welche die oberste Vertretung wählt, und aus Aufsichts-

---
* Abgedruckt unter Nr. 10.
** § 35 Abs. 3 Satz 4 Nr. 1 neu gefaßt durch Gesetz vom 19. 12. 1985 (BGBl. I S. 2355).

auf Gegenseitigkeit §§ 35a–36b **VAG 24**

ratsmitgliedern der Arbeitnehmer, bei den übrigen Vereinen nur aus Aufsichtsratsmitgliedern, welche die oberste Vertretung wählt.

(3) ¹Für den Aufsichtsrat gelten entsprechend § 30 Abs. 2 und 3 Satz 1 und 2 erster Halbsatz, § 96 Abs. 2, die §§ 97 bis 100, 101 Abs. 1 und 3, die §§ 102, 103 Abs. 1, 3 bis 5 sowie die §§ 104 bis 116 des Aktiengesetzes.* ²Die dort der Hauptversammlung übertragenen Aufgaben hat hier die oberste Vertretung wahrzunehmen. ³Das Antragsrecht nach § 98 Abs. 2 Nr. 3 und § 104 Abs. 1 Satz 1 des Aktiengesetzes steht jedem Mitglied der obersten Vertretung zu. ⁴An die Stelle des § 113 Abs. 3 und neben § 116 des Aktiengesetzes treten folgende Vorschriften:
1. Wird den Aufsichtsratsmitgliedern eine Gewinnbeteiligung gewährt, so berechnet sich diese nach dem Jahresüberschuß abzüglich eines Verlustvortrags und der Einstellungen in die Gewinnrücklagen; der Anteil am Überschuß, der nach § 22 Abs. 3 den Personen zugesichert ist, die den Gründungsstock zur Verfügung gestellt haben, ist abzusetzen. Entgegenstehende Festsetzungen sind nichtig.
2. Die Aufsichtsratsmitglieder sind namentlich zum Ersatz verpflichtet, wenn mit ihrem Wissen und ohne ihr Einschreiten die Handlungen des § 34 Satz 4 vorgenommen werden.

§ 35a. § 117 des Aktiengesetzes gilt entsprechend.

§ 36.** ¹Für die oberste Vertretung gelten entsprechend die für die Hauptversammlung gegebenen Vorschriften der §§ 118, 119 Abs. 1 Nr. 1 bis 3, 5, 7 und 8 und Abs. 2, der §§ 120, 121 Abs. 1 bis 3 und 4 Satz 1, der §§ 122, 123 Abs. 1, der §§ 124 bis 127, 129 Abs. 1 und 4, der §§ 130 bis 133, 134 Abs. 4 sowie der §§ 136, 142 bis 147, 241 bis 253 und 257 bis 261 des Aktiengesetzes.* ²§ 256 des Aktiengesetzes gilt entsprechend. ³Ist die oberste Vertretung die Mitgliederversammlung, so gilt auch § 134 Abs. 3 des Aktiengesetzes entsprechend. ⁴Genußrechte (§ 53c Abs. 3a) dürfen nur auf Grund eines Beschlusses der obersten Vertretung gewährt werden. ⁵Der Beschluß bedarf einer Mehrheit von drei Vierteln der abgegebenen Stimmen. ⁶Die Satzung kann eine andere Mehrheit und weitere Erfordernisse bestimmen.

§ 36a.*** ¹Die Aufsichtsbehörde kann bei der Erlaubnis zum Geschäftsbetrieb gestatten, daß die Errichtungs- und die Einrichtungskosten des ersten Geschäftsjahrs, soweit sie weder die Hälfte des gesamten Gründungsstocks noch den bar eingezahlten Teil übersteigen, auf mehrere, höchstens jedoch auf die ersten fünf Geschäftsjahre verteilt werden und daß der jeweils verbleibende Rest als Aktivposten in die Bilanz eingestellt wird. ²§§ 269, 282 des Handelsgesetzbuchs sind nicht anzuwenden.

§ 36b. Soweit die Vorschriften des Aktiengesetzes, die nach den §§ 34, 35a und 36 entsprechend gelten, einer Minderheit von Aktionären Rechte gewähren (§ 93 Abs. 4 Satz 3, § 117 Abs. 4, § 120 Abs. 1, §§ 122, 142 Abs. 2 und 4, §§ 147, 258

---

* Abgedruckt unter Nr. **10**.
** § 36 Satz 2 neu gefaßt durch Gesetz vom 19. 12. 1985 (BGBl. I S. 2355), Sätze 4 bis 6 angefügt durch Gesetz vom 16. 12. 1986 (BGBl. I S. 2485).
*** § 36a Abs. 1 aufgehoben, bisheriger Abs. 2 wurde einziger Absatz, Satz 2 angefügt durch Gesetz vom 19. 12. 1985 (BGBl. I S. 2355).

Abs. 2 Satz 3, § 260 Abs. 1 Satz 1 und Abs. 3 Satz 4 des Aktiengesetzes),* hat die Satzung die erforderliche Minderheit der Mitglieder der obersten Vertretung zu bestimmen.

§ 37. Die Satzung hat zu bestimmen, daß zur Deckung eines außergewöhnlichen Verlustes aus dem Geschäftsbetrieb eine Rücklage (Verlustrücklage, Reservefonds) zu bilden ist, welche Beträge jährlich zurückzulegen sind und welchen Mindestbetrag die Rücklage erreichen muß.

§ 38.** (1) ¹Ein sich nach der Bilanz ergebender Überschuß wird, soweit er nicht nach der Satzung der Verlustrücklage oder anderen Rücklagen zuzuführen oder zur Verteilung von Vergütungen zu verwenden oder auf das nächste Geschäftsjahr zu übertragen ist, an die in der Satzung bestimmten Mitglieder verteilt. ²§ 53c Abs. 3a bleibt unberührt.

(2) Die Satzung hat zu bestimmen, welcher Maßstab der Verteilung zugrunde zu legen ist und ob der Überschuß nur an die am Schluß des Geschäftsjahrs vorhandenen oder auch an ausgeschiedene Mitglieder verteilt werden soll.

(3) Der Überschuß darf erst verteilt werden, nachdem die Kosten der Errichtung und ersten Einrichtung (§ 36a) getilgt sind.

§ 39. (1) Nur die oberste Vertretung kann die Satzung ändern.

(2) Sie kann das Recht zu Änderungen, die nur die Fassung betreffen, dem Aufsichtsrat übertragen.

(3) Sie kann den Aufsichtsrat ermächtigen, für den Fall, daß die Aufsichtsbehörde, bevor sie den Änderungsbeschluß genehmigt, Änderungen verlangt, dem zu entsprechen.

(4) ¹Ein Beschluß der obersten Vertretung, wonach ein Versicherungszweig aufgegeben oder ein neuer eingeführt werden soll, bedarf einer Mehrheit von drei Vierteln der abgegebenen Stimmen; die Satzung kann noch anderes fordern. ²Zu anderen Beschlüssen nach den Absätzen 1 bis 3 bedarf es einer solchen Mehrheit nur, wenn die Satzung nichts anderes vorschreibt.

§ 40. (1) ¹Die Satzungsänderung ist zur Eintragung ins Handelsregister anzumelden. ²Der Anmeldung ist die Genehmigungsurkunde beizufügen. ³Es ist ferner der vollständige Wortlaut der Satzung beizufügen; er muß mit der Bescheinigung eines Notars versehen sein, daß die geänderten Bestimmungen der Satzung mit dem Beschluß über die Satzungsänderung und die unveränderten Bestimmungen mit dem zuletzt zum Handelsregister eingereichten vollständigen Wortlaut der Satzung übereinstimmen.

(2) ¹Bei der Eintragung kann, soweit nicht die Änderung die Angaben nach § 32 betrifft, auf die dem Gericht eingereichten Urkunden über die Änderung verwiesen werden. ²Öffentlich bekanntzumachen sind alle Bestimmungen, worauf sich die im § 33 vorgeschriebenen Veröffentlichungen beziehen.

(3) Die Änderung wirkt nicht, bevor sie bei dem Gericht, in dessen Bezirk der Verein seinen Sitz hat, ins Handelsregister eingetragen worden ist.

---

* Abgedruckt unter Nr. **10**.
** § 38 Abs. 1 Satz 2 angefügt durch Gesetz vom 16. 12. 1986 (BGBl. I S. 2485), Abs. 3 geändert durch Gesetz vom 19. 12. 1985 (BGBl. I S. 2355).

§ 41. (1) § 39 Abs. 1 bis 3 gilt entsprechend auch für Änderungen der nach § 10 festgesetzten allgemeinen Versicherungsbedingungen.

(2) ¹Die Satzung oder die oberste Vertretung kann den Aufsichtsrat ermächtigen, bei dringendem Bedürfnis die allgemeinen Versicherungsbedingungen mit Genehmigung der Aufsichtsbehörde vorläufig zu ändern. ²Die Änderungen sind der obersten Vertretung bei ihrem nächsten Zusammentritt vorzulegen und außer Kraft zu setzen, wenn es diese verlangt.

(3) ¹Eine Änderung der Satzung oder der allgemeinen Versicherungsbedingungen berührt ein bestehendes Versicherungsverhältnis nur, wenn der Versicherte der Änderung ausdrücklich zustimmt. ²Dies gilt nicht für solche Bestimmungen, wofür die Satzung ausdrücklich vorsieht, daß sie auch mit Wirkung für die bestehenden Versicherungsverhältnisse geändert werden können.

§ 42. Der Verein wird aufgelöst:
1. durch Ablauf der in der Satzung bestimmten Zeit;
2. durch Beschluß der obersten Vertretung;
3. durch die Eröffnung des Konkursverfahrens über das Vermögen des Vereins;
4. mit der Rechtskraft des Beschlusses, durch den die Eröffnung des Konkursverfahrens mangels einer den Kosten des Verfahrens entsprechenden Konkursmasse abgelehnt wird. Gegen den ablehnenden Beschluß steht auch dem Verein die sofortige Beschwerde zu.

§ 43. (1) ¹Der Beschluß der obersten Vertretung, durch den der Verein aufgelöst wird (§ 42 Nr. 2), bedarf einer Mehrheit von drei Vierteln der abgegebenen Stimmen, wenn die Satzung nichts anderes bestimmt. ²Mitglieder der obersten Vertretung, die gegen die Auflösung gestimmt haben, können dem Auflösungsbeschluß zur Niederschrift widersprechen.

(2) ¹Der Beschluß bedarf der Genehmigung der Aufsichtsbehörde. ²Diese hat die Genehmigung dem Registergericht mitzuteilen.

(3) ¹Ist der Verein durch einen Beschluß der obersten Vertretung aufgelöst worden, so erlöschen die Versicherungsverhältnisse zwischen den Mitgliedern und dem Verein mit dem Zeitpunkt, den der Beschluß bestimmt, frühestens jedoch mit dem Ablauf von vier Wochen. ²Versicherungsansprüche, die bis dahin entstanden sind, können geltend gemacht werden; im übrigen können aber nur die für künftige Versicherungszeitabschnitte im voraus gezahlten Beiträge nach Abzug der aufgewandten Kosten zurückgefordert werden. ³Diese Vorschriften gelten nicht für Lebensversicherungsverhältnisse; diese bleiben unberührt, wenn die Satzung nichts anderes bestimmt.

§ 44. ¹Verträge, durch die der Versicherungsbestand des Vereins ganz oder teilweise auf ein anderes Unternehmen übertragen werden soll, bedürfen zu ihrer Wirksamkeit der Zustimmung der obersten Vertretung. ²Der Beschluß bedarf einer Mehrheit von drei Vierteln der abgegebenen Stimmen, wenn die Satzung nichts anderes bestimmt.

§ 44a. (1) ¹Vereine können ohne Abwicklung vereinigt (verschmolzen) werden. ²Die Verschmelzung kann erfolgen
1. durch Übertragung des Vermögens eines Vereins oder mehrerer Vereine (übertragende Vereine) als Ganzes auf einen anderen Verein (übernehmender Verein),

24 VAG § 44b III. Versicherungsvereine

wobei die Mitglieder der übertragenden Vereine Mitglieder des übernehmenden Vereins werden (Verschmelzung durch Aufnahme);

2. durch Bildung eines neuen Vereins, auf den das Vermögen jedes der sich vereinigenden Vereine als Ganzes übergeht, wobei die Mitglieder der sich vereinigenden Vereine Mitglieder des neuen Vereins werden (Verschmelzung durch Neubildung).

(2) ¹Der Verschmelzungsvertrag wird nur wirksam, wenn die oberste Vertretung eines jeden Vereins ihm zustimmt. ²Der Beschluß der obersten Vertretung bedarf einer Mehrheit von drei Vierteln der abgegebenen Stimmen. ³Die Satzung kann eine größere Mehrheit und weitere Erfordernisse bestimmen. ⁴Die Verschmelzung bedarf der Genehmigung durch die Aufsichtsbehörde.

(3) Für die Verschmelzung durch Aufnahme gelten § 339 Abs. 2, § 340 Abs. 1, 2 Nr. 1, 2, 6 und 8, die §§ 340a, 340d Abs. 1, 2 Nr. 1 bis 4 und Abs. 3 bis 6, die §§ 341, 345, 346 Abs. 1 Satz 1 und 3 und Abs. 3 bis 6, die §§ 347, 348 Abs. 1 sowie die §§ 349 bis 352a des Aktiengesetzes* sinngemäß.

(4) Für die Verschmelzung durch Neubildung gelten § 339 Abs. 2, § 340 Abs. 1, 2 Nr. 1, 2, 6 und 8, die §§ 340a, 340d Abs. 1, 2 Nr. 1 bis 4 und Abs. 3 bis 6, die §§ 341, 345 Abs. 2 und 3, § 346 Abs. 5 und 6, § 347 Abs. 1 Satz 1 und 3 und Abs. 2, § 348 Abs. 1 sowie die §§ 349, 350, 352, 353 Abs. 1 Satz 2, Abs. 3 und 4 Satz 1 und Abs. 5 bis 9 des Aktiengesetzes sinngemäß.

§ 44b. (1) Ein Verein kann sein Vermögen als Ganzes ohne Abwicklung auf eine Aktiengesellschaft übertragen.

(2) ¹Für die Vermögensübertragung gelten, soweit sich aus den folgenden Vorschriften nichts anderes ergibt, § 339 Abs. 2, die §§ 340 bis 341, 343, 345, 346 Abs. 1, 3, 4 Satz 1 und 2 und Abs. 5 und 6, die §§ 347, 348 Abs. 1 sowie die §§ 349 bis 352a des Aktiengesetzes* sinngemäß. ²An die Stelle des Umtauschverhältnisses der Aktien treten Art und Höhe des Entgelts.

(3) ¹Der Beschluß der obersten Vertretung bedarf einer Mehrheit von drei Vierteln der abgegebenen Stimmen. ²Die Satzung kann eine größere Mehrheit und weitere Erfordernisse bestimmen. ³Sobald die Vermögensübertragung wirksam geworden ist, hat der Vorstand der Aktiengesellschaft allen Mitgliedern, die dem Verein seit mindestens drei Monaten vor dem Beschluß der obersten Vertretung über die Vermögensübertragung angehört haben, den Wortlaut des Vertrages schriftlich mitzuteilen. ⁴In der Mitteilung ist auf die Möglichkeit hinzuweisen, die gerichtliche Bestimmung des angemessenen Entgelts zu verlangen.

(4) ¹Die Aktiengesellschaft, die das Vermögen eines Vereins übernimmt, ist zur Gewährung eines angemessenen Entgelts verpflichtet, wenn dies unter Berücksichtigung der Vermögens- und Ertragslage des Vereins im Zeitpunkt der Beschlußfassung der obersten Vertretung gerechtfertigt ist. ²In dem Beschluß, durch den dem Übertragungsvertrag zugestimmt wird, ist zu bestimmen, daß bei der Verteilung des Entgelts jedes Mitglied zu berücksichtigen ist, das dem Verein seit mindestens drei Monaten vor dem Beschluß angehört hat. ³Ferner sind in dem Beschluß die Maßstäbe festzusetzen, nach denen das Entgelt auf die Mitglieder zu verteilen ist; § 385e Abs. 2 des Aktiengesetzes gilt sinngemäß. ⁴Hat ein Mitglied oder ein Dritter nach der Satzung ein unentziehbares Recht auf den Abwicklungsüberschuß oder einen Teil davon, so bedarf der Beschluß über die Vermögens-

---

* Abgedruckt unter Nr. **10**.

auf Gegenseitigkeit § 44c VAG 24

übertragung der Zustimmung des Mitglieds oder des Dritten. ⁵Die Zustimmung bedarf der notariellen Beurkundung.

(5) ¹Ist das vereinbarte Entgelt nicht angemessen, so hat das Landgericht, in dessen Bezirk der Verein seinen Sitz hat, auf Antrag das angemessene Entgelt zu bestimmen. ²Das gleiche gilt, wenn ein Entgelt entgegen Absatz 4 Satz 1 nicht vereinbart worden ist. ³Antragsberechtigt ist jedes Mitglied, das dem Verein seit mindestens drei Monaten vor dem Beschluß der obersten Vertretung über die Vermögensübertragung angehört hat. ⁴Der Antrag kann nur binnen zwei Monaten nach dem Tage gestellt werden, an dem die Eintragung der Vermögensübertragung in das Handelsregister des Sitzes der Aktiengesellschaft nach § 10 des Handelsgesetzbuchs als bekanntgemacht gilt. ⁵Im übrigen gelten § 30 Satz 2 bis 4, die §§ 31, 32 Abs. 2 und 3 sowie die §§ 33 bis 37 und 39 des Umwandlungsgesetzes in der Fassung der Bekanntmachung vom 6. November 1969 (BGBl. I S. 2081),* zuletzt geändert durch Artikel 4 des Gesetzes vom 25. Oktober 1982 (BGBl. I S. 1425), sinngemäß.

(6) ¹Ist für die Übertragung des Vermögens auf die Aktiengesellschaft ein Entgelt vereinbart worden, so hat der übertragende Verein einen Treuhänder für den Empfang des Entgelts zu bestellen. ²Die Vermögensübertragung darf erst eingetragen werden, wenn der Treuhänder dem Gericht angezeigt hat, daß er im Besitz des Entgelts ist.

(7) ¹Bestimmt das Gericht nach Absatz 5 Satz 2 das Entgelt, so hat es von Amts wegen einen Treuhänder für den Empfang des Entgelts zu bestellen. ²Das Entgelt steht zu gleichen Teilen den Mitgliedern zu, die dem Verein seit mindestens drei Monaten vor dem Beschluß der obersten Vertretung über die Vermögensübertragung angehört haben. ³Der vom Gericht bestellte Treuhänder kann von der Aktiengesellschaft Ersatz angemessener barer Auslagen und eine Vergütung für seine Tätigkeit verlangen.

(8) ¹Übersteigt das für die Übertragung des Vermögens gewährte Entgelt die in der Schlußbilanz des Vereins angesetzten Werte der einzelnen Vermögensgegenstände, so darf der Unterschied unter die Posten des Anlagevermögens aufgenommen werden. ²Der Betrag ist gesondert auszuweisen und in jedem folgenden Geschäftsjahr zu mindestens einem Fünftel durch Abschreibungen zu tilgen.

(9) ¹Die Vermögensübertragung bedarf der Genehmigung der Aufsichtsbehörde. ²Die Genehmigung darf auch versagt werden, wenn die Vorschriften dieses Gesetzes über die Vermögensübertragung nicht beachtet worden sind. ³Die Urkunden über die Genehmigung sind der Anmeldung der Vermögensübertragung zum Handelsregister beizufügen.

§ 44c. (1) Ein Verein kann sein Vermögen als Ganzes ohne Abwicklung auf ein öffentlich-rechtliches Versicherungsunternehmen übertragen.

(2) ¹Der Vertrag über die Vermögensübertragung wird nur wirksam, wenn die oberste Vertretung des Vereins ihm zustimmt. ²Ob der Vertrag zu seiner Wirksamkeit auch der Zustimmung eines anderen als des zur Vertretung befugten Organs des öffentlich-rechtlichen Versicherungsunternehmens oder einer anderen Stelle und welcher Erfordernisse sie bedarf, richtet sich nach dem für das öffentlich-rechtliche Versicherungsunternehmen maßgebenden Bundes- oder Landesrecht.

---

* Abgedruckt unter Nr. **13**.

24 VAG §§ 45–47 III. Versicherungsvereine

(3) ¹Für die Vermögensübertragung gilt im übrigen § 44b Abs. 2 bis 9 sinngemäß. ²Für die sinngemäße Anwendung der §§ 349, 351 bis 352a des Aktiengesetzes tritt an die Stelle des Handelsregisters des Sitzes der übernehmenden Gesellschaft das Handelsregister des Sitzes des Vereins. ³Mit der Eintragung der Vermögensübertragung in das Handelsregister des Sitzes des Vereins erlischt dieser; sein Vermögen geht einschließlich der Verbindlichkeiten auf das öffentlich-rechtliche Versicherungsunternehmen über.

§ 45. ¹Der Vorstand hat die Auflösung des Vereins zur Eintragung in das Handelsregister anzumelden. ²Dies gilt nicht, wenn das Konkursverfahren eröffnet oder seine Eröffnung abgelehnt wird. ³In diesen Fällen (§ 42 Nr. 3 und 4) hat das Gericht die Auflösung und ihren Grund von Amts wegen einzutragen; die Geschäftsstelle des Konkursgerichts hat dem Registergericht eine beglaubigte Abschrift des Eröffnungsbeschlusses oder eine mit der Bescheinigung der Rechtskraft versehene beglaubigte Abschrift des den Eröffnungsantrag ablehnenden Beschlusses zu übersenden.

§ 46. (1) Nach der Auflösung des Vereins findet die Abwicklung statt, wenn nicht über sein Vermögen das Konkursverfahren eröffnet worden ist.

(2) ¹Während der Abwicklung gelten die gleichen Vorschriften wie vor der Abwicklung, soweit sich aus den folgenden Vorschriften oder aus dem Zweck der Abwicklung nichts anderes ergibt. ²Namentlich können Nachschüsse oder Umlagen (§§ 24 bis 27) ausgeschrieben und eingezogen werden. ³Neue Versicherungen dürfen nicht mehr übernommen, die bestehenden nicht erhöht oder verlängert werden.

§ 47.* (1) ¹Die Abwicklung besorgen die Vorstandsmitglieder als Abwickler, wenn nicht die Satzung oder ein Beschluß der obersten Vertretung andere Personen bestellt. ²Auch eine juristische Person kann Abwickler sein.

(2) ¹Aus wichtigen Gründen hat das Registergericht Abwickler zu bestellen und abzuberufen, wenn es der Aufsichtsrat oder eine in der Satzung zu bestimmende Minderheit von Mitgliedern beantragt. ²§ 146 des Reichsgesetzes über die Angelegenheiten der freiwilligen Gerichtsbarkeit** gilt entsprechend. ³Abwickler, die nicht vom Gericht bestellt sind, kann die oberste Vertretung jederzeit abberufen. ⁴Für die Ansprüche aus dem Anstellungsvertrag gelten die allgemeinen Vorschriften.

(3) ¹Im übrigen gelten für die Abwicklung § 265 Abs. 4, §§ 266 bis 269, § 270 Abs. 1 und 2 Satz 1, §§ 272, 273 des Aktiengesetzes*** entsprechend. ²Unbeschadet des entsprechend anzuwendenden § 270 Abs. 2 Satz 3 und Abs. 3 des Aktiengesetzes gelten für die Eröffnungsbilanz, den erläuternden Bericht, den Jahresab-

---

* § 47 Abs. 3 neu gefaßt durch Gesetz vom 19. 12. 1985 (BGBl. I S. 2355).
** § 146 FGG lautet:
„**§ 146.** (1) Soweit in den im § 145 bezeichneten Angelegenheiten ein Gegner des Antragstellers vorhanden ist, hat ihn das Gericht, wenn tunlich, zu hören.
(2) ¹Gegen die Verfügung, durch welche über den Antrag entschieden wird, findet die sofortige Beschwerde statt. ²Die Vorschriften des Aktiengesetzes und des Gesetzes über die Rechnungslegung von bestimmten Unternehmen und Konzernen vom 15. August 1969 (Bundesgesetzbl. I S. 1189) über die Beschwerde bleiben unberührt.
(3) Eine Anfechtung der Verfügung, durch welche einem nach §§ 522, *685*, 729 Abs. 1 und § 884 Nr. 4 des Handelsgesetzbuchs gestellten Antrage stattgegeben wird, ist ausgeschlossen."
*** Abgedruckt unter Nr. **10**.

schluß und den Lagebericht die auf die Aufstellung und Prüfung des Jahresabschlusses und des Lageberichts des Vereins anzuwendenden Vorschriften sowie die §§ 175, 176 des Aktiengesetzes und §§ 325, 328 des Handelsgesetzbuchs sinngemäß.

§ 48. (1) ¹Der Gründungsstock darf erst getilgt werden, wenn die Ansprüche sämtlicher anderen Gläubiger, namentlich die der Mitglieder aus Versicherungsverhältnissen befriedigt sind oder Sicherheit geleistet ist. ²Für die Tilgung dürfen keine Nachschüsse oder Umlagen erhoben werden.

(2) ¹Das nach der Berichtigung der Schulden verbleibende Vereinsvermögen wird an die Mitglieder verteilt, die zur Zeit der Auflösung vorhanden waren. ²Es wird nach demselben Maßstab verteilt, nach dem der Überschuß verteilt worden ist.

(3) Über die Verteilung des Vermögens kann die Satzung etwas anderes bestimmen; die Bestimmung anderer Anfallberechtigter kann sie der obersten Vertretung übertragen.

§ 49. (1) ¹Ist ein Verein durch Zeitablauf oder durch Beschluß der obersten Vertretung aufgelöst worden, so kann die oberste Vertretung, solange noch nicht mit der Verteilung des Vermögens unter die Anfallberechtigten begonnen ist, die Fortsetzung des Vereins beschließen. ²Der Beschluß bedarf einer Mehrheit von drei Vierteln der abgegebenen Stimmen, wenn die Satzung nichts anderes bestimmt. ³Er bedarf der Genehmigung der Aufsichtsbehörde; diese hat die Genehmigung dem Registergericht mitzuteilen.

(2) Gleiches gilt, wenn der Verein durch die Eröffnung des Konkursverfahrens aufgelöst, das Konkursverfahren aber nach Abschluß eines Zwangsvergleichs aufgehoben oder auf Antrag des Vereins eingestellt worden ist.

(3) Die Abwickler haben die Fortsetzung des Vereins zur Eintragung in das Handelsregister anzumelden; sie haben bei der Anmeldung nachzuweisen, daß noch nicht mit der Verteilung des Vermögens des Vereins unter die Anfallberechtigten begonnen worden ist.

(4) Der Fortsetzungsbeschluß hat keine Wirkung, bevor er in das Handelsregister des Sitzes des Vereins eingetragen worden ist.

§ 50. (1) Soweit Mitglieder oder ausgeschiedene Mitglieder nach dem Gesetz oder der Satzung zu Beiträgen verpflichtet sind (§§ 24 bis 26), haften sie bei Konkurs dem Verein gegenüber für seine Schulden.

(2) Mitglieder, die im letzten Jahr vor der Konkurseröffnung ausgeschieden sind, haften für die Schulden des Vereins, wie wenn sie ihm noch angehörten.

§ 51. (1) ¹Die Ansprüche auf Tilgung des Gründungsstocks stehen allen übrigen Konkursforderungen nach. ²Unter diesen werden Ansprüche aus einem Versicherungsverhältnis, die den bei Konkurseröffnung dem Verein angehörenden oder im letzten Jahr vorher ausgeschiedenen Mitgliedern zustehen, im Range nach den Ansprüchen der anderen Konkursgläubiger befriedigt.

(2) Zur Tilgung des Gründungsstocks dürfen keine Nachschüsse oder Umlagen erhoben werden.

§ 52. (1) ¹Die Nachschüsse oder Umlagen, die der Konkurs fordert, werden vom Konkursverwalter festgestellt und ausgeschrieben. ²Dieser hat sofort nach Niederlegung der Bilanz auf der Geschäftsstelle (§ 124 der Konkursordnung) zu berechnen, wieviel die Mitglieder zur Deckung des in der Bilanz bezeichneten Fehlbetrags nach ihrer Beitragspflicht vorzuschießen haben. ³Für diese Vorschußberechnung und für Zusatzberechnungen gelten entsprechend § 106 Abs. 2 und 3 sowie die §§ 107 bis 113 des Genossenschaftsgesetzes.*

(2) ¹Alsbald nach Beginn der Schlußverteilung (§ 161 der Konkursordnung) hat der Konkursverwalter zu berechnen, welche Beiträge die Mitglieder endgültig zu leisten haben. ²Dafür und für das weitere Verfahren gelten entsprechend § 114 Abs. 2 und die §§ 115 bis 118 des Genossenschaftsgesetzes.*

§ 53. (1) ¹Für Vereine, die bestimmungsgemäß einen sachlich, örtlich oder dem Personenkreis nach eng begrenzten Wirkungskreis haben (kleinere Vereine), gelten von den Vorschriften des Abschnitts III nur die §§ 15, 17 Abs. 1, § 18 Abs. 1, die §§ 19, 20, 21 Abs. 1, die §§ 22 bis 27, 28 Abs. 1, die §§ 37, 38 Abs. 1 und 2, § 39 Abs. 1 bis 3 sowie die §§ 41 bis 44, 48 und 50 bis 52. ²Versicherungen gegen festes Entgelt, ohne daß der Versicherungsnehmer Mitglied wird, dürfen nicht übernommen werden.

(2) ¹Soweit sich nach Absatz 1 nichts anderes ergibt, bewendet es für die kleineren Vereine bei den für Vereine gegebenen allgemeinen Vorschriften der §§ 24 bis 53 des Bürgerlichen Gesetzbuchs. ²In den Fällen des § 29 und des § 37 Abs. 2 des Bürgerlichen Gesetzbuchs tritt jedoch an die Stelle des Amtsgerichts die Aufsichtsbehörde.

(3) Soll nach der Satzung ein Aufsichtsrat bestellt werden, so gelten dafür entsprechend § 34 Abs. 1 und 2 Satz 1 und Abs. 6, § 36 Abs. 2 und 3 sowie die §§ 37 bis 40 des Genossenschaftsgesetzes.*

(4) Ob ein Verein ein kleinerer Verein ist, entscheidet die Aufsichtsbehörde.

§ 53a. (1) ¹Kleinere Vereine können

1. ohne Abwicklung miteinander oder mit einem Verein, der nicht kleinerer Verein ist, verschmolzen werden,

2. ihr Vermögen als Ganzes ohne Abwicklung auf eine Aktiengesellschaft oder ein öffentlich-rechtliches Versicherungsunternehmen übertragen.

²Für die Verschmelzung oder Vermögensübertragung gelten, soweit sich aus den folgenden Vorschriften nichts anderes ergibt, die §§ 44a bis 44c sinngemäß. ³Dabei treten bei kleineren Vereinen an die Stelle der Anmeldung zur Eintragung in das Handelsregister der Antrag an die Aufsichtsbehörde auf Genehmigung, an die Stelle der Eintragung in das Handelsregister und ihrer Bekanntmachung die Bekanntmachung im Bundesanzeiger nach Absatz 3.

(2) ¹Der Beschluß der obersten Vertretung eines kleineren Vereins über die Verschmelzung oder Vermögensübertragung kann nur in einer Versammlung der obersten Vertretung gefaßt werden. ²Er muß notariell beurkundet werden.

(3) Sobald die Verschmelzung oder die Vermögensübertragung von allen beteiligten Aufsichtsbehörden genehmigt worden ist, macht die für den übernehmenden kleineren Verein zuständige Aufsichtsbehörde, bei einer Verschmelzung von Vereinen durch Neubildung eines kleineren Vereins die für den neuen Verein

---

* Abgedruckt unter Nr. **15**.

auf Gegenseitigkeit § 53b **VAG 24**

zuständige Aufsichtsbehörde, bei einer Vermögensübertragung auf ein öffentlich-rechtliches Versicherungsunternehmen die für den übertragenden kleineren Verein zuständige Aufsichtsbehörde die Verschmelzung oder die Vermögensübertragung und ihre Genehmigung im Bundesanzeiger sowie in den weiteren Blättern bekannt, die für die Bekanntmachungen der Amtsgerichte bestimmt sind, in deren Bezirken die beteiligten kleineren Vereine ihren Sitz haben.

§ 53 b. [1]Die Aufsichtsbehörde kann kleineren Vereinen, die die Lebensversicherung betreiben wollen, gestatten, daß die Bildung eines Gründungsstocks unterbleibt, wenn nach der Eigenart der Geschäfte oder durch besondere Einrichtungen eine andere Sicherheit gegeben ist. [2]Aus den gleichen Gründen kann sie gestatten, daß keine Verlustrücklage gebildet wird.

24 VAG

UWG 25

E. Wettbewerbsrecht

25. Gesetz gegen den unlauteren Wettbewerb
Vom 7. Juni 1909 (RGBl. S. 499)★

(BGBl. III 43–1)

Änderungen des Gesetzes

Lfd. Nr.	Änderndes Gesetz	Datum	Fundstelle	Geänderte Paragraphen	Art der Änderg.
1.	Gesetz über den Beitritt des Reichs zu dem Madrider Abkommen, betr. die Unterdrückung falscher Herkunftsangaben auf Waren	21. 3. 1925	RGBl. II 115	22	geänd.
2.	Verordnung des Reichspräsidenten zum Schutze der Wirtschaft	9. 3. 1932	RGBl. I 121	7, 8, 9, 10, 17, 18, 20 7a, 7b, 20a, 27a	geänd. eingef.
3.	Gesetz zur Änderung des Gesetzes gegen den unlauteren Wettbewerb	26. 2. 1935	RGBl. I 311	7a, 8 Nr. 2, 9, 10 7c, 9a 7 Abs. 4	geänd. eingef. aufgeh.
4.	Verordnung zur Änderung des Gesetzes gegen den unlauteren Wettbewerb	8. 3. 1940	RGBl. I 480	27a	geänd.
5.	Gesetz zur Änderung des Gesetzes gegen den unlauteren Wettbewerb, des Gesetzes über das Zugabewesen und des Rabattgesetzes	11. 3. 1957	BGBl. I 172	27a	geänd.
6.	Gesetz zur Änderung des Gesetzes gegen den unlauteren Wettbewerb, des Warenzeichengesetzes und des Gebrauchsmustergesetzes	21. 7. 1965	BGBl. I 625	13 Abs. 1a, 23a	eingef.
7.	Erstes Gesetz zur Reform des Strafrechts (1. StrRG)	25. 6. 1969	BGBl. I 645	23 Abs. 1 und 3 Bisheriger 23 Abs. 2, 4 und 5 wurde Abs. 1 bis 3	aufgeh.
8.	Gesetz zur Änderung des Gesetzes gegen den unlauteren Wettbewerb	6. 6. 1969	BGBl. I 633	3, 13, 24 6a, 6b, 27 Abs. 2 bis 4, 27a Abs. 10 Satz 4 25 Satz 2	geänd. eingef. aufgeh.
9.	Gesetz zur Änderung von Kostenermächtigungen, sozialversicherungsrechtlichen und anderen Vorschriften (Kostenermächtigungs-Änderungsgesetz)	23. 6. 1970	BGBl. I 805	27a Abs. 11	geänd.
10.	Einführungsgesetz zum Strafgesetzbuch (EGStGB)	2. 3. 1974	BGBl. I 469	4 Abs. 1, 6 Abs. 2, 8, 10, 12, 15 Abs. 1, 17 Abs. 1 und 3, 18, 20a, 22, 23 Abs. 1, 27a Abs. 5 und 11 11 Abs. 4, 26	geänd. aufgeh.

★ Vgl. hierzu
1. Gesetz über Preisnachlässe (Rabattgesetz) vom 25. 11. 1933 (RGBl. I S. 1011) – abgedruckt unter Nr. **27** – und Durchführungsverordnung vom 21. 2. 1934 (RGBl. I S. 120) – abgedruckt unter Nr. **28**.
2. Verordnung des Reichspräsidenten zum Schutze der Wirtschaft, Erster Teil: Zugabewesen (Zugabeverordnung) vom 9. 3. 1932 (RGBl. I S. 121) – abgedruckt unter Nr. **29**.

25 UWG §§ 1–3   Gesetz gegen den unlauteren Wettbewerb

Lfd. Nr.	Änderndes Gesetz	Datum	Fundstelle	Geänderte Paragraphen	Art der Änderg.
11.	Gesetz zur Erleichterung der Verwaltungsreform in den Ländern (Zuständigkeitslockerungsgesetz)	10. 3. 1975	BGBl. I 685	7d	eingef.
12.	Zweites Gesetz zur Bekämpfung der Wirtschaftskriminalität (2. WiKG)	15. 5. 1986	BGBl. I 721	13 Abs. 1 Satz 2, Abs. 1a Satz 1, Abs. 2 Nr. 2 und Abs. 3, 17, 22 Abs. 1 Satz 1 und Abs. 2 6c, 20 Abs. 3, 22 Abs. 1 Satz 2 18 Satz 2 Bisheriger § 22 Abs. 1 Satz 2 wurde Satz 3	geänd. eingef. aufgeh.
13.	Gesetz zur Änderung wirtschafts-, verbraucher-, arbeits- und sozialrechtlicher Vorschriften	25. 7. 1986	BGBl. I 1169, ber. 1987 I 565	7, 8, 13, 14 Abs. 3, 16 Abs. 4, 27 Abs. 1, 27a Abs. 1, Abs. 2 Satz 1 und Abs. 3 6d, 6e, 13a, 23a, 27a Abs. 11 Satz 2 7a bis 7d, 9, 9a, 10, 11, 29 Bisheriger § 23a wurde § 23b	geänd. eingef. aufgeh.
14.	Gesetz über den Schutz der Topographien von mikroelektronischen Halbleitererzeugnissen (Halbleiterschutzgesetz)	22. 10. 1987	BGBl. I 2294	22 Abs. 1 Satz 3 und Abs. 2	geänd.
15.	Gesetz zur Stärkung des Schutzes des geistigen Eigentums und zur Bekämpfung der Produktpiraterie (PrPG)	7. 3. 1990	BGBl. I 422	4 Abs. 1	geänd.
16.	Gesetz über Verbraucherkredite, zur Änderung der Zivilprozeßordnung und anderer Gesetze	17. 12. 1990	BGBl. I 2840	13a Abs. 3 Satz 1	geänd.

§ 1. [Generalklausel] Wer im geschäftlichen Verkehre zu Zwecken des Wettbewerbes Handlungen vornimmt, die gegen die guten Sitten verstoßen, kann auf Unterlassung und Schadensersatz in Anspruch genommen werden.

§ 2. [Waren und gewerbliche Leistungen] Unter Waren im Sinne dieses Gesetzes sind auch landwirtschaftliche Erzeugnisse, unter gewerblichen Leistungen und Interessen auch landwirtschaftliche zu verstehen.

§ 3.* **[Irreführende Angaben]** Wer im geschäftlichen Verkehr zu Zwecken des Wettbewerbs über geschäftliche Verhältnisse, insbesondere über die Beschaffenheit, den Ursprung, die Herstellungsart oder die Preisbemessung einzelner Waren oder gewerblicher Leistungen oder des gesamten Angebots, über Preislisten, über die Art des Bezugs oder die Bezugsquelle von Waren, über den Besitz von Auszeichnungen, über den Anlaß oder den Zweck des Verkaufs oder über die Menge der Vorräte irreführende Angaben macht, kann auf Unterlassung der Angaben in Anspruch genommen werden.

---

* § 3 neu gefaßt durch Gesetz vom 26. 6. 1969 (BGBl. I S. 633).

Gesetz gegen den unlauteren Wettbewerb §§ 4–6a UWG 25

§ 4.* **[Strafbare Werbung]** (1) Wer in der Absicht, den Anschein eines besonders günstigen Angebots hervorzurufen, in öffentlichen Bekanntmachungen oder in Mitteilungen, die für einen größeren Kreis von Personen bestimmt sind, über geschäftliche Verhältnisse, insbesondere über die Beschaffenheit, den Ursprung, die Herstellungsart oder die Preisbemessung von Waren oder gewerblichen Leistungen, über die Art des Bezugs oder die Bezugsquelle von Waren, über den Besitz von Auszeichnungen, über den Anlaß oder den Zweck des Verkaufs oder über die Menge der Vorräte wissentlich unwahre und zur Irreführung geeignete Angaben macht, wird mit Freiheitsstrafe bis zu zwei Jahren oder mit Geldstrafe bestraft.

(2) Werden die im Absatz 1 bezeichneten unrichtigen Angaben in einem geschäftlichen Betriebe von einem Angestellten oder Beauftragten gemacht, so ist der Inhaber oder Leiter des Betriebs neben dem Angestellten oder Beauftragten strafbar, wenn die Handlung mit seinem Wissen geschah.

§ 5. **[Gattungsbezeichnungen; Bildwerbung]** (1) Die Verwendung von Namen, die im geschäftlichen Verkehre zur Benennung gewisser Waren oder gewerblicher Leistungen dienen, ohne deren Herkunft bezeichnen zu sollen, fällt nicht unter die Vorschriften der §§ 3, 4.

(2) Im Sinne der Vorschriften der §§ 3, 4 sind den dort bezeichneten Angaben bildliche Darstellungen und sonstige Veranstaltungen gleichzuachten, die darauf berechnet und geeignet sind, solche Angaben zu ersetzen.

§ 6.** **[Konkurswarenverkauf]** (1) Wird in öffentlichen Bekanntmachungen oder in Mitteilungen, die für einen größeren Kreis von Personen bestimmt sind, der Verkauf von Waren angekündigt, die aus einer Konkursmasse stammen, aber nicht mehr zum Bestande der Konkursmasse gehören, so ist dabei jede Bezugnahme auf die Herkunft der Waren aus einer Konkursmasse verboten.

(2) ¹Ordnungswidrig handelt, wer vorsätzlich oder fahrlässig entgegen Absatz 1 in der Ankündigung von Waren auf deren Herkunft aus einer Konkursmasse Bezug nimmt. ²Die Ordnungswidrigkeit kann mit einer Geldbuße bis zu zehntausend Deutsche Mark geahndet werden.

§ 6a.*** **[Verkauf durch Hersteller oder Großhändler an letzte Verbraucher]** (1) Wer im geschäftlichen Verkehr mit dem letzten Verbraucher im Zusammenhang mit dem Verkauf von Waren auf seine Eigenschaft als Hersteller hinweist, kann auf Unterlassung in Anspruch genommen werden, es sei denn, daß er
1. ausschließlich an den letzten Verbraucher verkauft oder
2. an den letzten Verbraucher zu den seinen Wiederverkäufern oder gewerblichen Verbrauchern eingeräumten Preisen verkauft oder
3. unmißverständlich darauf hinweist, daß die Preise beim Verkauf an den letzten Verbraucher höher liegen als beim Verkauf an Wiederverkäufer oder gewerbliche Verbraucher, oder dies sonst für den letzten Verbraucher offenkundig ist.

---

* § 4 Abs. 1 geändert durch Art. 4 und 5 Abs. 4 Erstes Gesetz zur Reform des Strafrechts vom 25. 6. 1969 (BGBl. I S. 645), durch Einführungsgesetz zum Strafgesetzbuch vom 2. 3. 1974 (BGBl. I S. 469) und durch Art. 8 Gesetz vom 7. 3. 1990 (BGBl. I S. 422).
** § 6 Abs. 2 neu gefaßt durch Einführungsgesetz zum Strafgesetzbuch vom 2. 3. 1974 (BGBl. I S. 469).
*** § 6a eingefügt durch Gesetz vom 26. 6. 1969 (BGBl. I S. 633).

25 UWG §§ 6b–6e   Gesetz gegen den unlauteren Wettbewerb

(2) Wer im geschäftlichen Verkehr mit dem letzten Verbraucher im Zusammenhang mit dem Verkauf von Waren auf seine Eigenschaft als Großhändler hinweist, kann auf Unterlassung in Anspruch genommen werden, es sei denn, daß er überwiegend Wiederverkäufer oder gewerbliche Verbraucher beliefert und die Voraussetzungen des Absatzes 1 Nr. 2 oder Nr. 3 erfüllt.

§ 6 b.* **[Berechtigungsscheine für letzte Verbraucher]** Wer im geschäftlichen Verkehr zu Zwecken des Wettbewerbs an letzte Verbraucher Berechtigungsscheine, Ausweise oder sonstige Bescheinigungen zum Bezug von Waren ausgibt oder gegen Vorlage solcher Bescheinigungen Waren verkauft, kann auf Unterlassung in Anspruch genommen werden, es sei denn, daß die Bescheinigungen nur zu einem einmaligen Einkauf berechtigen und für jeden Einkauf einzeln ausgegeben werden.

§ 6 c.** **[Progressive Kundenwerbung; „Schneeballsystem"]** [1]Wer es im geschäftlichen Verkehr selbst oder durch andere unternimmt, Nichtkaufleute zur Abnahme von Waren, gewerblichen Leistungen oder Rechten durch das Versprechen zu veranlassen, ihnen besondere Vorteile für den Fall zu gewähren, daß sie andere zum Abschluß gleichartiger Geschäfte veranlassen, denen ihrerseits nach der Art dieser Werbung derartige Vorteile für eine entsprechende Werbung weiterer Abnehmer gewährt werden sollen, wird mit Freiheitsstrafe bis zu zwei Jahren oder mit Geldstrafe bestraft. [2]Nichtkaufleuten im Sinne des Satzes 1 stehen Personen gleich, deren Gewerbebetrieb nach Art oder Umfang einen in kaufmännischer Weise eingerichteten Geschäftsbetrieb nicht erfordert.

§ 6 d.*** **[Werbung mit mengenmäßig beschränkten Angeboten]** (1) Wer im geschäftlichen Verkehr mit dem letzten Verbraucher in öffentlichen Bekanntmachungen oder in Mitteilungen, die für einen größeren Kreis von Personen bestimmt sind,

1. die Abgabe einzelner aus dem gesamten Angebot hervorgehobener Waren je Kunde mengenmäßig beschränkt oder an Wiederverkäufer ausschließt oder
2. den Anschein eines besonders günstigen Angebots durch Preisangaben oder blickfangmäßig herausgestellte sonstige Angaben über einzelne aus dem gesamten Angebot hervorgehobene Waren hervorruft, deren Abgabe er je Kunde mengenmäßig beschränkt oder an Wiederverkäufer ausschließt,

kann auf Unterlassung dieser Art der Werbung in Anspruch genommen werden.

(2) Absatz 1 ist nicht anzuwenden, wenn sich die Bekanntmachung oder Mitteilung ausschließlich an Personen richtet, die die Waren in ihrer selbständigen beruflichen oder gewerblichen oder in ihrer behördlichen oder dienstlichen Tätigkeit verwenden.

§ 6 e.*** **[Werbung mit Preisgegenüberstellungen]** (1) Wer im geschäftlichen Verkehr mit dem letzten Verbraucher in öffentlichen Bekanntmachungen oder in Mitteilungen, die für einen größeren Kreis von Personen bestimmt sind, die tatsächlich geforderten Preise für einzelne aus dem gesamten Angebot hervorgehobene Waren oder gewerbliche Leistungen höheren Preisen gegenüberstellt oder Preissenkungen um einen bestimmten Betrag oder Vomhundertsatz ankün-

---

* § 6b eingefügt durch Gesetz vom 26. 6. 1969 (BGBl. I S. 633).
** § 6c eingefügt durch Gesetz vom 15. 5. 1986 (BGBl. I S. 721).
*** §§ 6d und 6e eingefügt durch Gesetz vom 25. 7. 1986 (BGBl. I S. 1169).

Gesetz gegen den unlauteren Wettbewerb §§ 7–8 **UWG 25**

digt und dabei den Eindruck erweckt, daß er die höheren Preise früher gefordert hat, kann auf Unterlassung in Anspruch genommen werden.

(2) Absatz 1 ist nicht anzuwenden
1. auf Preisauszeichnungen, die nicht blickfangmäßig herausgestellt werden,
2. wenn ohne blickfangmäßige Herausstellung auf einen höheren Preis Bezug genommen wird, der in einem früheren Katalog oder einem ähnlichen, das Angebot in einem Waren- oder Dienstleistungsbereich umfassenden Verkaufsprospekt enthalten ist,
3. wenn die Bekanntmachung oder Mitteilung sich ausschließlich an Personen richtet, die die Waren oder gewerblichen Leistungen in ihrer selbständigen beruflichen oder gewerblichen oder in ihrer behördlichen oder dienstlichen Tätigkeit verwenden.

§ 7.* **[Sonderveranstaltungen; Sonderangebote]** (1) Wer Verkaufsveranstaltungen im Einzelhandel, die außerhalb des regelmäßigen Geschäftsverkehrs stattfinden, der Beschleunigung des Warenabsatzes dienen und den Eindruck der Gewährung besonderer Kaufvorteile hervorrufen (Sonderveranstaltungen), ankündigt oder durchführt, kann auf Unterlassung in Anspruch genommen werden.

(2) Eine Sonderveranstaltung im Sinne des Absatzes 1 liegt nicht vor, wenn einzelne nach Güte oder Preis gekennzeichnete Waren ohne zeitliche Begrenzung angeboten werden und diese Angebote sich in den regelmäßigen Geschäftsbetrieb des Unternehmens einfügen (Sonderangebote).

(3) Absatz 1 ist nicht anzuwenden auf Sonderveranstaltungen für die Dauer von zwölf Werktagen
1. beginnend am letzten Montag im Januar und am letzten Montag im Juli, in denen Textilien, Bekleidungsgegenstände, Schuhwaren, Lederwaren oder Sportartikel zum Verkauf gestellt werden (Winter- und Sommerschlußverkäufe),
2. zur Feier des Bestehens eines Unternehmens im selben Geschäftszweig nach Ablauf von jeweils 25 Jahren (Jubiläumsverkäufe).

§§ 7a–7d.* *(aufgehoben)*

§ 8.* **[Räumungsverkauf]** (1) ¹Ist die Räumung eines vorhandenen Warenvorrats
1. infolge eines Schadens, der durch Feuer, Wasser, Sturm oder ein vom Veranstalter nicht zu vertretendes vergleichbares Ereignis verursacht wurde oder
2. vor Durchführung eines nach den baurechtlichen Vorschriften anzeige- oder genehmigungspflichtigen Umbauvorhabens

den Umständen nach unvermeidlich (Räumungszwangslage), so können, soweit dies zur Behebung der Räumungszwangslage erforderlich ist, Räumungsverkäufe auch außerhalb der Zeiträume des § 7 Abs. 3 für die Dauer von höchstens zwölf Werktagen durchgeführt werden. ²Bei der Ankündigung eines Räumungsverkaufs nach Satz 1 ist der Anlaß für die Räumung des Warenvorrats anzugeben.

---

* §§ 7 und 8 neu gefaßt sowie §§ 7a bis 7d aufgehoben durch Gesetz vom 25. 7. 1986 (BGBl. I S. 1169).

25 UWG §§ 9–11

(2) ¹Räumungsverkäufe wegen Aufgabe des gesamten Geschäftsbetriebs können auch außerhalb der Zeiträume des § 7 Abs. 3 für die Dauer von höchstens 24 Werktagen durchgeführt werden, wenn der Veranstalter mindestens drei Jahre vor Beginn keinen Räumungsverkauf wegen Aufgabe eines Geschäftsbetriebs gleicher Art durchgeführt hat, es sei denn, daß besondere Umstände vorliegen, die einen Räumungsverkauf vor Ablauf dieser Frist rechtfertigen. ²Absatz 1 Satz 2 ist entsprechend anzuwenden.

(3) ¹Räumungsverkäufe nach Absatz 1 Satz 1 Nr. 1 sind spätestens eine Woche, Räumungsverkäufe nach Absatz 1 Satz 1 Nr. 2 und nach Absatz 2 spätestens zwei Wochen vor ihrer erstmaligen Ankündigung bei der zuständigen amtlichen Berufsvertretung von Handel, Handwerk und Industrie anzuzeigen. ²Die Anzeige muß enthalten:

1. den Grund des Räumungsverkaufs,
2. den Beginn und das Ende sowie den Ort des Räumungsverkaufs,
3. Art, Beschaffenheit und Menge der zu räumenden Waren,
4. im Falle eines Räumungsverkaufs nach Absatz 1 Nr. 2 die Bezeichnung der Verkaufsfläche, die von der Baumaßnahme betroffen ist,
5. im Falle eines Räumungsverkaufs nach Absatz 2 die Dauer der Führung des Geschäftsbetriebs.

³Der Anzeige sind Belege für die den Grund des Räumungsverkaufs bildenden Tatsachen beizufügen, im Falle eines Räumungsverkaufs nach Absatz 1 Nr. 2 auch eine Bestätigung der Baubehörde über die Zulässigkeit des Bauvorhabens.

(4) ¹Zur Nachprüfung der Angaben sind die amtlichen Berufsvertretungen von Handel, Handwerk und Industrie sowie die von diesen bestellten Vertrauensmänner befugt. ²Zu diesem Zweck können sie die Geschäftsräume des Veranstalters während der Geschäftszeiten betreten. ³Die Einsicht in die Akten und die Anfertigung von Abschriften oder Ablichtungen ist jedem gestattet.

(5) Auf Unterlassung der Ankündigung oder Durchführung des gesamten Räumungsverkaufs kann in Anspruch genommen werden, wer

1. den Absätzen 1 bis 4 zuwiderhandelt,
2. nur für den Räumungsverkauf beschaffte Waren zum Verkauf stellt (Vor- und Nachschieben von Waren).

(6) Auf Unterlassung kann ferner in Anspruch genommen werden, wer

1. den Anlaß für den Räumungsverkauf mißbräuchlich herbeigeführt hat oder in anderer Weise von den Möglichkeiten eines Räumungsverkaufs mißbräuchlich Gebrauch macht,
2. mittelbar oder unmittelbar den Geschäftsbetrieb, dessen Aufgabe angekündigt worden war, fortsetzt oder als Veranstalter des Räumungsverkaufs vor Ablauf von zwei Jahren am selben Ort oder in benachbarten Gemeinden einen Handel mit den davon betroffenen Warengattungen aufnimmt, es sei denn, daß besondere Umstände vorliegen, die die Fortsetzung oder Aufnahme rechtfertigen,
3. im Falle eines Räumungsverkaufs nach Absatz 1 Nr. 2 vor der vollständigen Beendigung der angezeigten Baumaßnahme auf der davon betroffenen Verkaufsfläche einen Handel fortsetzt.

§§ 9–11.* *(aufgehoben)*

---

* §§ 9 bis 11 aufgehoben durch Gesetz vom 25. 7. 1986 (BGBl. I S. 1169).

Gesetz gegen den unlauteren Wettbewerb §§ 12, 13 UWG 25

§ 12.* [**Bestechung von Angestellten**] (1) Wer im geschäftlichen Verkehr zu Zwecken des Wettbewerbs einem Angestellten oder Beauftragten eines geschäftlichen Betriebes einen Vorteil als Gegenleistung dafür anbietet, verspricht oder gewährt, daß er ihn oder einen Dritten bei dem Bezug von Waren oder gewerblichen Leistungen in unlauterer Weise bevorzuge, wird mit Freiheitsstrafe bis zu einem Jahr oder mit Geldstrafe bestraft.

(2) Ebenso wird ein Angestellter oder Beauftragter eines geschäftlichen Betriebes bestraft, der im geschäftlichen Verkehr einen Vorteil als Gegenleistung dafür fordert, sich versprechen läßt oder annimmt, daß er einen anderen bei dem Bezug von Waren oder gewerblichen Leistungen im Wettbewerb in unlauterer Weise bevorzuge.

§ 13.** [**Unterlassungs- und Schadensersatzansprüche; Klagebefugnis**]
(1) Wer den §§ 4, 6, 6c, 12 zuwiderhandelt, kann auf Unterlassung in Anspruch genommen werden.

(2) In den Fällen der §§ 1, 3, 4, 6 bis 6e, 7, 8 kann der Anspruch auf Unterlassung geltend gemacht werden

1. von Gewerbetreibenden, die Waren oder gewerbliche Leistungen gleicher oder verwandter Art vertreiben,

2. von rechtsfähigen Verbänden zur Förderung gewerblicher Interessen,

3. von rechtsfähigen Verbänden, zu deren satzungsgemäßen Aufgaben es gehört, die Interessen der Verbraucher durch Aufklärung und Beratung wahrzunehmen. Im Falle des § 1 können diese Verbände den Anspruch auf Unterlassung nur geltend machen, soweit der Anspruch eine Handlung betrifft, durch die wesentliche Belange der Verbraucher berührt werden,

4. von den Industrie- und Handelskammern oder den Handwerkskammern.

(3) Im Falle des § 12 kann der Anspruch auf Unterlassung nur von den in Absatz 2 Nr. 1, 2 und 4 genannten Gewerbetreibenden, Verbänden und Kammern geltend gemacht werden.

(4) Werden in den in den Absätzen 2 und 3 genannten Fällen die Zuwiderhandlungen in einem geschäftlichen Betrieb von einem Angestellten oder Beauftragten begangen, so ist der Unterlassungsanspruch auch gegen den Inhaber des Betriebs begründet.

(5) Der Anspruch auf Unterlassung kann nicht geltend gemacht werden, wenn die Geltendmachung unter Berücksichtigung der gesamten Umstände mißbräuchlich ist, insbesondere wenn sie vorwiegend dazu dient, gegen den Zuwiderhandelnden einen Anspruch auf Ersatz von Aufwendungen oder Kosten der Rechtsverfolgung entstehen zu lassen.

(6) Zum Ersatz des durch die Zuwiderhandlung entstehenden Schadens ist verpflichtet:

1. wer im Falle des § 3 wußte oder wissen mußte, daß die von ihm gemachten Angaben irreführend sind. Gegen Redakteure, Verleger, Drucker oder Verbreiter von periodischen Druckschriften kann der Anspruch auf Schadensersatz nur geltend gemacht werden, wenn sie wußten, daß die von ihnen gemachten Angaben irreführend waren;

2. wer den §§ 6 bis 6e, 7, 8, 12 vorsätzlich oder fahrlässig zuwiderhandelt.

---
* § 12 neu gefaßt durch Gesetz vom 2. 3. 1974 (BGBl. I S. 469).
** § 13 neu gefaßt durch Gesetz vom 25. 7. 1986 (BGBl. I S. 1169).

§ 13a.* **[Rücktrittsrecht bei unwahren und irreführenden Werbeangaben]**
(1) ¹Ist der Abnehmer durch eine unwahre und zur Irreführung geeignete Werbeangabe im Sinne von § 4, die für den Personenkreis, an den sie sich richtet, für den Abschluß von Verträgen wesentlich ist, zur Abnahme bestimmt worden, so kann er von dem Vertrag zurücktreten. ²Geht die Werbung mit der Angabe von einem Dritten aus, so steht dem Abnehmer das Rücktrittsrecht nur dann zu, wenn der andere Vertragsteil die Unwahrheit der Angabe und ihre Eignung zur Irreführung kannte oder kennen mußte oder sich die Werbung mit dieser Angabe durch eigene Maßnahmen zu eigen gemacht hat.

(2) ¹Der Rücktritt muß dem anderen Vertragsteil gegenüber unverzüglich erklärt werden, nachdem der Abnehmer von den Umständen Kenntnis erlangt hat, die sein Rücktrittsrecht begründen. ²Das Rücktrittsrecht erlischt, wenn der Rücktritt nicht vor dem Ablauf von sechs Monaten nach dem Abschluß des Vertrages erklärt wird. ³Es kann nicht im voraus abbedungen werden.

(3) ¹Die Folgen des Rücktritts bestimmen sich bei beweglichen Sachen nach § 3 Abs. 1, 3 und 4 sowie § 5 Abs. 3 Satz 1 des Gesetzes über den Widerruf von Haustürgeschäften und ähnlichen Geschäften. ²Die Geltendmachung eines weiteren Schadens ist nicht ausgeschlossen. ³Geht die Werbung von einem Dritten aus, so trägt im Verhältnis zwischen dem anderen Vertragsteil und dem Dritten dieser den durch den Rücktritt des Abnehmers entstandenen Schaden allein, es sei denn, daß der andere Vertragsteil die Zuwiderhandlung kannte.

§ 14.** **[Anschwärzung]** (1) ¹Wer zu Zwecken des Wettbewerbes über das Erwerbsgeschäft eines anderen, über die Person des Inhabers oder Leiters des Geschäfts, über die Waren oder gewerblichen Leistungen eines anderen Tatsachen behauptet oder verbreitet, die geeignet sind, den Betrieb des Geschäfts oder den Kredit des Inhabers zu schädigen, ist, sofern die Tatsachen nicht erweislich wahr sind, dem Verletzten zum Ersatze des entstandenen Schadens verpflichtet. ²Der Verletzte kann auch den Anspruch geltend machen, daß die Behauptung oder Verbreitung der Tatsachen unterbleibe.

(2) ¹Handelt es sich um vertrauliche Mitteilungen und hat der Mitteilende oder der Empfänger der Mitteilung an ihr ein berechtigtes Interesse, so ist der Anspruch auf Unterlassung nur zulässig, wenn die Tatsachen der Wahrheit zuwider behauptet oder verbreitet sind. ²Der Anspruch auf Schadensersatz kann nur geltend gemacht werden, wenn der Mitteilende die Unrichtigkeit der Tatsachen kannte oder kennen mußte.

(3) Die Vorschrift des § 13 Abs. 4 findet entsprechende Anwendung.

§ 15.*** **[Geschäftliche Verleumdung]** (1) Wer wider besseres Wissen über das Erwerbsgeschäft eines anderen, über die Person des Inhabers oder Leiters des Geschäfts, über die Waren oder gewerblichen Leistungen eines anderen Tatsachen der Wahrheit zuwider behauptet oder verbreitet, die geeignet sind, den Betrieb des Geschäfts zu schädigen, wird mit Freiheitsstrafe bis zu einem Jahre oder mit Geldstrafe bestraft.

---

* § 13a eingefügt durch Gesetz vom 25. 7. 1986 (BGBl. I S. 1169), Abs. 3 Satz 1 neu gefaßt durch Art. 5 Gesetz vom 17. 12. 1990 (BGBl. I S. 2840).
** § 14 Abs. 3 geändert durch Gesetz vom 25. 7. 1986 (BGBl. I S. 1169).
*** § 15 Abs. 1 geändert durch Gesetz vom 25. 6. 1969 (BGBl. I S. 645) und vom 2. 3. 1974 (BGBl. I S. 469).

(2) Werden die in Absatz 1 bezeichneten Tatsachen in einem geschäftlichen Betriebe von einem Angestellten oder Beauftragten behauptet oder verbreitet, so ist der Inhaber des Betriebs neben dem Angestellten oder Beauftragten strafbar, wenn die Handlung mit seinem Wissen geschah.

§ 16.* **[Schutz geschäftlicher Bezeichnungen]** (1) Wer im geschäftlichen Verkehr einen Namen, eine Firma oder die besondere Bezeichnung eines Erwerbsgeschäfts, eines gewerblichen Unternehmens oder einer Druckschrift in einer Weise benutzt, welche geeignet ist, Verwechselungen mit dem Namen, der Firma oder der besonderen Bezeichnung hervorzurufen, deren sich ein anderer befugterweise bedient, kann von diesem auf Unterlassung der Benutzung in Anspruch genommen werden.

(2) Der Benutzende ist dem Verletzten zum Ersatze des Schadens verpflichtet, wenn er wußte oder wissen mußte, daß die mißbräuchliche Art der Benutzung geeignet war, Verwechselungen hervorzurufen.

(3) ¹Der besonderen Bezeichnung eines Erwerbsgeschäfts stehen solche Geschäftsabzeichen und sonstigen zur Unterscheidung des Geschäfts von anderen Geschäften bestimmten Einrichtungen gleich, welche innerhalb beteiligter Verkehrskreise als Kennzeichen des Erwerbsgeschäfts gelten. ²Auf den Schutz von Warenzeichen und Ausstattungen (§§ 1, 15 *des Gesetzes zum Schutz der Warenbezeichnungen vom 12. Mai 1894, Reichsgesetzbl. S. 441)*** finden diese Vorschriften keine Anwendung.

(4) Die Vorschrift des § 13 Abs. 4 findet entsprechende Anwendung.

§ 17.*** **[Verrat von Geschäfts- oder Betriebsgeheimnissen]** (1) Mit Freiheitsstrafe bis zu drei Jahren oder mit Geldstrafe wird bestraft, wer als Angestellter, Arbeiter oder Lehrling eines Geschäftsbetriebs ein Geschäfts- oder Betriebsgeheimnis, das ihm vermöge des Dienstverhältnisses anvertraut worden oder zugänglich geworden ist, während der Geltungsdauer des Dienstverhältnisses unbefugt an jemand zu Zwecken des Wettbewerbs, aus Eigennutz, zugunsten eines Dritten oder in der Absicht, dem Inhaber des Geschäftsbetriebs Schaden zuzufügen, mitteilt.

(2) Ebenso wird bestraft, wer zu Zwecken des Wettbewerbs, aus Eigennutz, zugunsten eines Dritten oder in der Absicht, dem Inhaber des Geschäftsbetriebs Schaden zuzufügen,

1. sich ein Geschäfts- oder Betriebsgeheimnis durch

   a) Anwendung technischer Mittel,

   b) Herstellung einer verkörperten Wiedergabe des Geheimnisses oder

   c) Wegnahme einer Sache, in der das Geheimnis verkörpert ist,

   unbefugt verschafft oder sichert oder

2. ein Geschäfts- oder Betriebsgeheimnis, das er durch eine der in Absatz 1 bezeichneten Mitteilungen oder durch eine eigene oder fremde Handlung nach Nummer 1 erlangt oder sich sonst unbefugt verschafft oder gesichert hat, unbefugt verwertet oder jemandem mitteilt.

---

* § 16 Abs. 4 geändert durch Gesetz vom 25. 7. 1986 (BGBl. I S. 1169).
** Jetzt §§ 1, 25 Warenzeichengesetz i. d. F. der Bek. vom 2. 1. 1968 (BGBl. I S. 29) abgedruckt in Schönfelder unter Nr. **72**.
*** § 17 neu gefaßt durch Notverordnung vom 9. 3. 1932 (RGBl. I S. 121), Abs. 1 geändert durch Gesetz vom 25. 6. 1969 (BGBl. I S. 645) und vom 2. 3. 1974 (BGBl. I S. 469), Abs. 1 sowie Abs. 2 bis 4 neu gefaßt durch Gesetz vom 15. 5. 1986 (BGBl. I S. 721).

25 UWG §§ 18–22   Gesetz gegen den unlauteren Wettbewerb

(3) Der Versuch ist strafbar.

(4) ¹In besonders schweren Fällen ist die Strafe Freiheitsstrafe bis zu fünf Jahren oder Geldstrafe. ²Ein besonders schwerer Fall liegt in der Regel vor, wenn der Täter bei der Mitteilung weiß, daß das Geheimnis im Ausland verwertet werden soll, oder wenn er es selbst im Ausland verwertet.

§ 18.* [Verwertung von Vorlagen] Mit Freiheitsstrafe bis zu zwei Jahren oder mit Geldstrafe wird bestraft, wer die ihm im geschäftlichen Verkehr anvertrauten Vorlagen oder Vorschriften technischer Art, insbesondere Zeichnungen, Modelle, Schablonen, Schnitte, Rezepte, zu Zwecken des Wettbewerbes oder aus Eigennutz unbefugt verwertet oder an jemand mitteilt.

§ 19. [Schadensersatzpflicht] ¹Zuwiderhandlungen gegen die Vorschriften der §§ 17, 18 verpflichten außerdem zum Ersatze des entstandenen Schadens. ²Mehrere Verpflichtete haften als Gesamtschuldner.

§ 20.** [Verleiten und Erbieten zum Verrat] (1) Wer zu Zwecken des Wettbewerbes oder aus Eigennutz jemand zu einem Vergehen gegen die §§ 17 oder 18 zu verleiten sucht oder das Erbieten eines anderen zu einem solchen Vergehen annimmt, wird mit Freiheitsstrafe bis zu zwei Jahren oder mit Geldstrafe bestraft.

(2) Ebenso wird bestraft, wer zu Zwecken des Wettbewerbes oder aus Eigennutz sich zu einem Vergehen gegen die §§ 17 oder 18 erbietet oder sich auf das Ansinnen eines anderen zu einem solchen Vergehen bereit erklärt.

(3) § 31 des Strafgesetzbuches gilt entsprechend.

§ 20a.*** [Im Ausland begangene Straftaten] Bei Straftaten nach den §§ 17, 18 und 20 gilt § 5 Nr. 7 des Strafgesetzbuches entsprechend.

§ 21. [Verjährung] (1) Die in diesem Gesetze bezeichneten Ansprüche auf Unterlassung oder Schadensersatz verjähren in sechs Monaten von dem Zeitpunkt an, in welchem der Anspruchsberechtigte von der Handlung und von der Person des Verpflichteten Kenntnis erlangt, ohne Rücksicht auf diese Kenntnis in drei Jahren von der Begehung der Handlung an.

(2) Für die Ansprüche auf Schadensersatz beginnt der Lauf der Verjährung nicht vor dem Zeitpunkt, in welchem ein Schaden entstanden ist.

§ 22.† [Strafantrag; Privatklage] (1) ¹Die Tat wird, mit Ausnahme der in den §§ 4 und 6c bezeichneten Fälle, nur auf Antrag verfolgt. ²Dies gilt in den Fällen

---

* § 18 neu gefaßt durch Notverordnung vom 9. 3. 1932 (RGBl. I S. 121), geändert durch Gesetz vom 25. 6. 1969 (BGBl. I S. 645), Gesetz vom 2. 3. 1974 (BGBl. I S. 469) und früherer Satz 2 aufgehoben durch Gesetz vom 15. 5. 1986 (BGBl. I S. 721).

** § 20 neu gefaßt durch Notverordnung vom 9. 3. 1932 (RGBl. I S. 121), geändert durch Gesetz vom 25. 6. 1969 (BGBl. I S. 645) sowie Abs. 3 angefügt durch Gesetz vom 15. 5. 1986 (BGBl. I S. 721).

*** § 20a eingefügt durch Notverordnung vom 9. 3. 1932 (RGBl. I S. 121) und neu gefaßt durch Einführungsgesetz zum Strafgesetzbuch vom 2. 3. 1974 (BGBl. I S. 469).

† § 22 neu gefaßt durch Gesetz vom 21. 3. 1925 (BGBl. II S. 115), Abs. 1 Satz 1 neu gefaßt, Abs. 1 Satz 2 geändert, früherer Abs. 2 aufgehoben, bisheriger Abs. 3 wurde mit Änderung Abs. 2 durch Einführungsgesetz zum Strafgesetzbuch vom 2. 3. 1974 (BGBl. I S. 469), Abs. 1 Satz 1 geändert, Satz 2 eingefügt, früherer Satz 2 wurde Satz 3 und Abs. 2 geändert durch Gesetz vom 15. 5. 1986 (BGBl. I S. 721), Abs. 1 Satz 3 und Abs. 2 geändert durch Gesetz vom 22. 10. 1987 (BGBl. I S. 2294).

Gesetz gegen den unlauteren Wettbewerb §§ 23–23b UWG 25

der §§ 17, 18 und 20 nicht, wenn die Strafverfolgungsbehörde wegen des besonderen öffentlichen Interesses an der Strafverfolgung ein Einschreiten von Amts wegen für geboten hält. ³In den Fällen des § 12 hat das Recht, den Strafantrag zu stellen, jeder der im § 13 Abs. 2 Nr. 1, 2 und 4 bezeichneten Gewerbetreibenden, Verbände und Kammern.

(2) Wegen einer Straftat nach den §§ 4 und 6c ist ebenso wie bei einer nur auf Antrag verfolgbaren Straftat nach § 12 neben dem Verletzten (§ 374 Abs. 1 Nr. 7 der Strafprozeßordnung) jeder der im § 13 Abs. 2 Nr. 1, 2 und 4 bezeichneten Gewerbetreibenden, Verbände und Kammern zur Privatklage berechtigt.

§ 23.* [Bekanntmachung des Urteils] (1) Wird in den Fällen des § 15 auf Strafe erkannt, so ist auf Antrag des Verletzten anzuordnen, daß die Verurteilung auf Verlangen öffentlich bekanntgemacht wird.

(2) Ist auf Grund einer der Vorschriften dieses Gesetzes auf Unterlassung Klage erhoben, so kann in dem Urteile der obsiegenden Partei die Befugnis zugesprochen werden, den verfügenden Teil des Urteils innerhalb bestimmter Frist auf Kosten der unterliegenden Partei öffentlich bekannt zu machen.

(3) Die Art der Bekanntmachung ist im Urteil zu bestimmen.

§ 23a.** [Bemessung des Streitwerts bei Unterlassungsklagen] Bei der Bemessung des Streitwerts für Ansprüche auf Unterlassung von Zuwiderhandlungen gegen die §§ 1, 3, 4, 6, 6a bis 6e, 7, 8 ist es wertmindernd zu berücksichtigen, wenn die Sache nach Art und Umfang einfach gelagert ist oder eine Belastung einer der Parteien mit den Prozeßkosten nach dem vollen Streitwert angesichts ihrer Vermögens- und Einkommensverhältnisse nicht tragbar erscheint.

§ 23b.*** [Herabsetzung des Streitwerts] (1) ¹Macht in bürgerlichen Rechtsstreitigkeiten, in denen durch Klage ein Anspruch auf Grund dieses Gesetzes geltend gemacht wird, eine Partei glaubhaft, daß die Belastung mit den Prozeßkosten nach dem vollen Streitwert ihre wirtschaftliche Lage erheblich gefährden würde, so kann das Gericht auf ihren Antrag anordnen, daß die Verpflichtung dieser Partei zur Zahlung von Gerichtskosten sich nach einem ihrer Wirtschaftslage angepaßten Teil des Streitwerts bemißt. ²Das Gericht kann die Anordnung davon abhängig machen, daß die Partei außerdem glaubhaft macht, daß die von ihr zu tragenden Kosten des Rechtsstreits weder unmittelbar noch mittelbar von einem Dritten übernommen werden. ³Die Anordnung hat zur Folge, daß die begünstigte Partei die Gebühren ihres Rechtsanwalts ebenfalls nur nach diesem Teil des Streitwerts zu entrichten hat. ⁴Soweit ihr Kosten des Rechtsstreits auferlegt werden oder soweit sie diese übernimmt, hat sie die von dem Gegner entrichteten Gerichtsgebühren und die Gebühren seines Rechtsanwalts nur nach dem Teil des Streitwerts zu erstatten. ⁵Soweit die außergerichtlichen Kosten dem Gegner auferlegt oder von ihm übernommen werden, kann der Rechtsanwalt der begünstigten Partei seine Gebühren von dem Gegner nach dem für diesen geltenden Streitwert beitreiben.

---

* § 23 frühere Abs. 1 und 3 aufgehoben, bisherige Abs. 2, 4 und 5 wurden Abs. 1, 2 und 3 durch Gesetz vom 25. 6. 1969 (BGBl. I S. 645), Abs. 1 neu gefaßt durch Einführungsgesetz zum Strafgesetzbuch vom 2. 3. 1974 (BGBl. I S. 469).
** § 23a eingefügt durch Gesetz vom 25. 7. 1986 (BGBl. I S. 1169).
*** Früherer § 23a eingefügt durch Gesetz vom 21. 7. 1965 (BGBl. I S. 625), bisheriger § 23a wurde § 23b durch Gesetz vom 25. 7. 1986 (BGBl. I S. 1169).

25 UWG §§ 24–27 Gesetz gegen den unlauteren Wettbewerb

(2) ¹Der Antrag nach Absatz 1 kann vor der Geschäftsstelle des Gerichts zur Niederschrift erklärt werden. ²Er ist vor der Verhandlung zur Hauptsache anzubringen. ³Danach ist er nur zulässig, wenn der angenommene oder festgesetzte Streitwert später durch das Gericht heraufgesetzt wird. ⁴Vor der Entscheidung über den Antrag ist der Gegner zu hören.

§ 24.* [Örtliche Zuständigkeit] (1) ¹Für Klagen auf Grund dieses Gesetzes ist das Gericht zuständig, in dessen Bezirk der Beklagte seine gewerbliche Niederlassung oder in Ermangelung einer solchen seinen Wohnsitz hat. ²Für Personen, die im Inland weder eine gewerbliche Niederlassung noch einen Wohnsitz haben, ist das Gericht des inländischen Aufenthaltsorts zuständig.

(2) Für Klagen auf Grund dieses Gesetzes ist außerdem nur das Gericht zuständig, in dessen Bezirk die Handlung begangen ist.

§ 25.* [Einstweilige Verfügung] Zur Sicherung der in diesem Gesetze bezeichneten Ansprüche auf Unterlassung können einstweilige Verfügungen erlassen werden, auch wenn die in den §§ 935, 940 der Zivilprozeßordnung bezeichneten Voraussetzungen nicht zutreffen.

§ 26.** *(aufgehoben)*

§ 27.*** [Sachliche Zuständigkeit] (1) Bürgerliche Rechtsstreitigkeiten, in denen ein Anspruch auf Grund dieses Gesetzes geltend gemacht wird, gehören, sofern in erster Instanz die Landgerichte zuständig sind, vor die Kammern für Handelssachen; ausgenommen sind Rechtsstreitigkeiten, in denen ein letzter Verbraucher einen Anspruch aus § 13a geltend macht, der nicht aus einem beiderseitigen Handelsgeschäft nach § 95 Abs. 1 Nr. 1 des Gerichtsverfassungsgesetzes herrührt.

(2) ¹Die Landesregierungen werden ermächtigt, durch Rechtsverordnung für die Bezirke mehrerer Landgerichte eines von ihnen als Gericht für Wettbewerbsstreitsachen zu bestimmen, wenn dies der Rechtspflege in Wettbewerbsstreitsachen, insbesondere der Sicherung einer einheitlichen Rechtsprechung, dienlich ist. ²Die Landesregierungen können diese Ermächtigung auf die Landesjustizverwaltungen übertragen.

(3) ¹Die Parteien können sich vor dem Gericht für Wettbewerbsstreitsachen auch durch Rechtsanwälte vertreten lassen, die bei dem Gericht zugelassen sind, vor das die Klage ohne die Regelung nach Absatz 2 gehören würde. ²Entsprechendes gilt für die Vertretung vor dem Berufungsgericht.

(4) Die Mehrkosten, die einer Partei dadurch erwachsen, daß sie sich nach Absatz 3 durch einen nicht beim Prozeßgericht zugelassenen Rechtsanwalt vertreten läßt, sind nicht zu erstatten.

---

* § 24 neu gefaßt und § 25 früherer Satz 2 aufgehoben durch Gesetz vom 26. 6. 1969 (BGBl. I S. 633).
** § 26 aufgehoben durch Gesetz vom 2. 3. 1974 (BGBl. I S. 469).
*** § 27 Abs. 1 neu gefaßt durch Gesetz vom 25. 7. 1986 (BGBl. I S. 1169), Abs. 2 bis 4 eingefügt durch Gesetz vom 26. 6. 1969 (BGBl. I S. 633).

Gesetz gegen den unlauteren Wettbewerb § 27a UWG 25

§ 27a.*,** **[Einigungsstellen]** (1) Die Landesregierungen errichten bei Industrie- und Handelskammern Einigungsstellen zur Beilegung von bürgerlichen Rechtsstreitigkeiten, in denen ein Anspruch auf Grund dieses Gesetzes geltend gemacht wird (Einigungsstellen).

(2) ¹Die Einigungsstellen sind für den Fall ihrer Anrufung durch einen letzten Verbraucher oder einen in § 13 Abs. 2 Nr. 3 genannten Verbraucherverband mit einem Rechtskundigen, der die Befähigung zum Richteramt nach dem Deutschen Richtergesetz hat, als Vorsitzendem und einer gleichen Anzahl von Gewerbetreibenden und Verbrauchern als Beisitzern, im übrigen mit dem Vorsitzenden und mindestens zwei sachverständigen Gewerbetreibenden als Beisitzern zu besetzen. ²Der Vorsitzende soll auf dem Gebiete des Wettbewerbsrechts erfahren sein. ³Die Beisitzer werden von dem Vorsitzenden für den jeweiligen Streitfall aus einer alljährlich für das Kalenderjahr aufzustellenden Liste der Beisitzer berufen. ⁴Die Berufung soll im Einvernehmen mit den Parteien erfolgen. ⁵Für die Ausschließung und Ablehnung von Mitgliedern der Einigungsstelle sind §§ 41 bis 43 und § 44 Abs. 2 bis 4 der Zivilprozeßordnung entsprechend anzuwenden. ⁶Über das Ablehnungsgesuch entscheidet das für den Sitz der Einigungsstelle zuständige Landgericht (Kammer für Handelssachen oder, falls es an einer solchen fehlt, Zivilkammer).

(3) ¹Die Einigungsstellen können bei bürgerlichen Rechtsstreitigkeiten aus den §§ 13 und 13a von jeder Partei zu einer Aussprache mit dem Gegner über den Streitfall angerufen werden, soweit die Wettbewerbshandlungen den geschäftlichen Verkehr mit dem letzten Verbraucher betreffen. ²Bei sonstigen bürgerlichen Rechtsstreitigkeiten aus den §§ 13 und 13a können die Einigungsstellen angerufen werden, wenn der Gegner zustimmt.

(4) Für die Zuständigkeit der Einigungsstellen ist § 24 entsprechend anzuwenden.

(5) ¹Der Vorsitzende der Einigungsstelle kann das persönliche Erscheinen der Parteien anordnen. ²Gegen eine unentschuldigt ausbleibende Partei kann die Einigungsstelle ein Ordnungsgeld festsetzen. ³Gegen die Anordnung des persönlichen Erscheinens und gegen die Festsetzung des Ordnungsgeldes findet die sofortige Beschwerde nach den Vorschriften der Zivilprozeßordnung an das für den Sitz der Einigungsstelle zuständige Landgericht (Kammer für Handelssachen oder, falls es an einer solchen fehlt, Zivilkammer) statt.

(6) ¹Die Einigungsstelle hat einen gütlichen Ausgleich anzustreben. ²Sie kann den Parteien einen schriftlichen, mit Gründen versehenen Einigungsvorschlag machen. ³Der Einigungsvorschlag und seine Begründung dürfen nur mit Zustimmung der Parteien veröffentlicht werden.

---

* § 27a eingefügt durch Notverordnung vom 9. 3. 1932 (RGBl. I S. 121) und neu gefaßt durch Gesetz vom 11. 3. 1957 (BGBl. I S. 172), Abs. 5 Satz 2 und 3 geändert durch Gesetz vom 2. 3. 1974 (BGBl. I S. 469), Abs. 10 Satz 4 angefügt durch Gesetz vom 26. 6. 1969 (BGBl. I S. 633), Abs. 11 geändert durch Gesetz vom 23. 6. 1970 (BGBl. I S. 805) und Gesetz vom 2. 3. 1974 (BGBl. I S. 469), Abs. 1 und Abs. 2 Satz 1 neu gefaßt, Abs. 3 geändert sowie Abs. 11 Satz 2 angefügt durch Gesetz vom 25. 7. 1986 (BGBl. I S. 1169).

** Für das Gebiet der ehem. DDR beachte zu § 27a Abs. 2 Satz 1 aufgrund des Einigungsvertrages vom 31. 8. 1990 (BGBl. II S. 889, 963) geltende Maßgabe:
Abweichend von § 27a Abs. 2 Satz 1 kann die Einigungsstelle auch mit einem Rechtskundigen als Vorsitzendem besetzt werden, der die Befähigung zum Berufsrichter nach dem Recht der Deutschen Demokratischen Republik erworben hat.

25 UWG § 27a   Gesetz gegen den unlauteren Wettbewerb

(7) ¹Kommt ein Vergleich zustande, so muß er in einem besonderen Schriftstück niedergelegt und unter Angabe des Tages seines Zustandekommens von den Mitgliedern der Einigungsstelle, welche in der Verhandlung mitgewirkt haben, sowie von den Parteien unterschrieben werden. ²Aus einem vor der Einigungsstelle geschlossenen Vergleich findet die Zwangsvollstreckung statt; § 797a der Zivilprozeßordnung ist entsprechend anzuwenden.

(8) Die Einigungsstelle kann, wenn sie den geltend gemachten Anspruch von vornherein für unbegründet oder sich selbst für unzuständig erachtet, die Einleitung von Einigungsverhandlungen ablehnen.

(9) ¹Durch die Anrufung der Einigungsstelle wird die Verjährung in gleicher Weise wie durch Klageerhebung unterbrochen. ²Die Unterbrechung dauert bis zur Beendigung des Verfahrens vor der Einigungsstelle fort. ³Kommt ein Vergleich nicht zustande, so ist der Zeitpunkt, zu dem das Verfahren beendet ist, von der Einigungsstelle festzustellen. ⁴Der Vorsitzende hat dies den Parteien mitzuteilen. ⁵Wird die Anrufung der Einigungsstelle zurückgenommen, so gilt die Unterbrechung der Verjährung als nicht erfolgt.

(10) ¹Ist ein Rechtsstreit der in Absatz 3 Satz 1 bezeichneten Art ohne vorherige Anrufung der Einigungsstelle anhängig gemacht worden, so kann das Gericht auf Antrag den Parteien unter Anberaumung eines neuen Termins aufgeben, vor diesem Termin die Einigungsstelle zur Herbeiführung eines gütlichen Ausgleichs anzurufen. ²In dem Verfahren über den Antrag auf Erlaß einer einstweiligen Verfügung ist diese Anordnung nur zulässig, wenn der Gegner zustimmt. ³Absatz 8 ist nicht anzuwenden. ⁴Ist ein Verfahren vor der Einigungsstelle anhängig, so ist eine erst nach Anrufung der Einigungsstelle erhobene Klage des Antragsgegners auf Feststellung, daß der geltend gemachte Anspruch nicht bestehe, nicht zulässig.

(11) ¹Die Landesregierungen werden ermächtigt, die zur Durchführung der vorstehenden Bestimmungen und zur Regelung des Verfahrens vor den Einigungsstellen erforderlichen Vorschriften zu erlassen, insbesondere über die Aufsicht über die Einigungsstellen, über ihre Besetzung unter angemessener Beteiligung der nicht den Industrie- und Handelskammern angehörenden Gewerbetreibenden (§ 2 Abs. 2 bis 6 des Gesetzes zur vorläufigen Regelung des Rechts der Industrie- und Handelskammern vom 18. Dezember 1956 – Bundesgesetzbl. I S. 920) und über die Vollstreckung von Ordnungsgeldern, sowie Bestimmungen über die Erhebung von Auslagen durch die Einigungsstelle zu treffen.* ²Bei der Besetzung der Einigungsstellen sind die Vorschläge der für ein Bundesland errichteten, mit öffentlichen Mitteln geförderten Verbraucherzentralen zur Bestimmung der in Absatz 2 Satz 1 genannten Verbraucher zu berücksichtigen.

---

* Die Länder haben hierzu folgende Rechtsvorschriften erlassen: **Baden-Württemberg:** Verordnung vom 9. 2. 1987 (GBl. S. 64, ber. S. 158). **Bayern:** Verordnung vom 17. 5. 1988 (GVBl. S. 115, BayRS 7032–2–W). **Berlin:** Verordnung vom 29. 7. 1958 (GVBl. Sb. II 43–2), geändert durch Verordnung vom 4. 12. 1974 (GVBl. S. 2785) und vom 28. 10. 1987 (GVBl. S. 2577). **Bremen:** Verordnung vom 16. 2. 1988 (GBl. S. 17). **Hamburg:** Verordnung vom 27. 1. 1959 (HambSLR 44–b), geändert durch Verordnung vom 23. 12. 1986 (GVBl. S. 368). **Hessen:** Verordnung vom 13. 2. 1959 (GVBl. S. 3), geändert durch Verordnung vom 16. 12. 1974 (GVBl. I S. 672) und vom 7. 4. 1987 (GVBl. I S. 59). **Niedersachsen:** Verordnung vom 16. 12. 1958 (GVBl. Sb. I S. 496). **Nordrhein-Westfalen:** Verordnung vom 15. 8. 1989 (GVBl. S. 460). **Rheinland-Pfalz:** Landesverordnung vom 2. 5. 1988 (GVBl. S. 102). **Saarland:** Verordnung vom 21. 1. 1988 (Amtsbl. S. 89). **Schleswig-Holstein:** Verordnung vom 28. 6. 1958 (GVOBl. S. 223).

Gesetz gegen den unlauteren Wettbewerb §§ 28–30 UWG 25

§ 28.* [**Zwischenstaatliches Recht**] Wer im Inland eine Hauptniederlassung nicht besitzt, hat auf den Schutz dieses Gesetzes nur insoweit Anspruch, als in dem Staate, in welchem seine Hauptniederlassung sich befindet, nach einer im Bundesgesetzblatt enthaltenen Bekanntmachung deutsche Gewerbetreibende einen entsprechenden Schutz genießen.

§ 29.** *(aufgehoben)*

§ 30. [**Inkrafttreten**] (1) Dieses Gesetz tritt am 1. Oktober 1909 in Kraft.

(2) Mit diesem Zeitpunkte tritt das Gesetz zur Bekämpfung des unlauteren Wettbewerbes vom 27. Mai 1896 (Reichsgesetzbl. S. 145) außer Kraft.

---

* Gesetz über die am 14. Juli 1967 in Stockholm unterzeichneten Übereinkünfte auf dem Gebiet des geistigen Eigentums vom 5. 6. 1970 (BGBl. II S. 293) mit der **Stockholmer Fassung der Pariser Verbandsübereinkunft vom 20. März 1883 zum Schutz des gewerblichen Eigentums** vom 14. 7. 1967 (BGBl. 1970 II S. 391) und Bek. über das Inkrafttreten vom 13. 10. 1970 (BGBl. II S. 1073, ber. 1971 II S. 1015).

Madrider Abkommen vom 14. April 1891 über die Unterdrückung falscher oder irreführender Herkunftsangaben auf Waren in der Neufassung von Lissabon vom 31. 10. 1958 (BGBl. 1961 II S. 274), Gesetz über die Lissaboner Fassung vom 23. 3. 1961 (BGBl. II S. 273) und Bek. über das Inkrafttreten vom 7. 2. 1963 (BGBl. II S. 153).

Stockholmer Zusatzvereinbarung vom 14. Juli 1967 zum Madrider Abkommen über die Unterdrückung falscher oder irreführender Herkunftsangaben auf Waren (BGBl. 1970 II S. 444), Gesetz zu der Zusatzvereinbarung vom 5. 6. 1970 (BGBl. II S. 293) und Bek. über das Inkrafttreten vom 12. 10. 1970 (BGBl. II S. 1072).

** § 29 aufgehoben durch Gesetz vom 25. 7. 1986 (BGBl. I S. 1169).

25 UWG

GWB 26

26. Gesetz gegen Wettbewerbsbeschränkungen

In der Fassung der Bekanntmachung vom 20. Februar 1990
(BGBl. I S. 235)*

(BGBl. III 703-1)

Änderungen des Gesetzes

Lfd. Nr.	Änderndes Gesetz	Datum	Fundstelle	Geänderte Paragraphen	Art der Änderung
1.	Rechtspflege-Vereinfachungsgesetz	17. 12. 1990	BGBl. I 2847	54 Abs. 2 Satz 1, 95 Abs. 2	geänd.

Inhaltsübersicht

Erster Teil. Wettbewerbsbeschränkungen §§ 1–37b

Erster Abschnitt. Kartellverträge und Kartellbeschlüsse §§ 1–14
Zweiter Abschnitt. Sonstige Verträge §§ 15–21
Dritter Abschnitt. Marktbeherrschende Unternehmen §§ 22–24c
Vierter Abschnitt. Wettbewerbsbeschränkendes und diskriminierendes Verhalten §§ 25–27
Fünfter Abschnitt. Wettbewerbsregeln §§ 28–33
Sechster Abschnitt. Gemeinsame Bestimmungen §§ 34–37
Siebenter Abschnitt. Untersagungsverfahren, Mehrerlösabschöpfung §§ 37a, 37b

Zweiter Teil. Ordnungswidrigkeiten §§ 38–39

Dritter Teil. Behörden §§ 44–50

Erster Abschnitt. Kartellbehörden §§ 44–47
Zweiter Abschnitt. Bundeskartellamt §§ 48–50

Vierter Teil. Verfahren §§ 51–97

Erster Abschnitt. Verwaltungssachen §§ 51–80
  I. Verfahren vor den Kartellbehörden §§ 51–58
  II. Beschwerde §§ 62–72
  III. Rechtsbeschwerde §§ 73–75
  IV. Gemeinsame Bestimmungen §§ 76–80
Zweiter Abschnitt. Bußgeldverfahren §§ 81–85
Dritter Abschnitt. Bürgerliche Rechtsstreitigkeiten §§ 87–91
Vierter Abschnitt. Gemeinsame Bestimmungen §§ 92–97

Fünfter Teil. Anwendungsbereich des Gesetzes §§ 98–105

Sechster Teil. Übergangs- und Schlußbestimmungen §§ 106–109

---

* Neubekanntmachung des Gesetzes gegen Wettbewerbsbeschränkungen vom 27. 7. 1957 (BGBl. I S. 1081). – Diese Fassung gilt mit Wirkung vom 1. 1. 1990.

Erster Teil. Wettbewerbsbeschränkungen

Erster Abschnitt. Kartellverträge und Kartellbeschlüsse

§ 1.* **[Unwirksamkeit wettbewerbsbeschränkender Vereinbarungen]**
(1) ¹Verträge, die Unternehmen oder Vereinigungen von Unternehmen zu ei-

---

* Beachte hierzu auch Art. 85 und 86 Vertrag zur Gründung der Europäischen Wirtschaftsgemeinschaft vom 25. 3. 1957 (BGBl. II S. 753):

„**Art. 85 [Verbot wettbewerbshindernder Vereinbarungen oder Beschlüsse]** (1) Mit dem Gemeinsamen Markt unvereinbar und verboten sind alle Vereinbarungen zwischen Unternehmen, Beschlüsse von Unternehmensvereinigungen und aufeinander abgestimmte Verhaltensweisen, welche den Handel zwischen Mitgliedstaaten zu beeinträchtigen geeignet sind und eine Verhinderung, Einschränkung oder Verfälschung des Wettbewerbs innerhalb des Gemeinsamen Marktes bezwecken oder bewirken, insbesondere
a) die unmittelbare oder mittelbare Festsetzung der An- oder Verkaufspreise oder sonstiger Geschäftsbedingungen;
b) die Einschränkung oder Kontrolle der Erzeugung, des Absatzes, der technischen Entwicklung oder der Investitionen;
c) die Aufteilung der Märkte oder Versorgungsquellen;
d) die Anwendung unterschiedlicher Bedingungen bei gleichwertigen Leistungen gegenüber Handelspartnern, wodurch diese im Wettbewerb benachteiligt werden;
e) die an den Abschluß von Verträgen geknüpfte Bedingung, daß die Vertragspartner zusätzliche Leistungen annehmen, die weder sachlich noch nach Handelsbrauch in Beziehung zum Vertragsgegenstand stehen.
(2) Die nach diesem Artikel verbotenen Vereinbarungen oder Beschlüsse sind nichtig.
(3) Die Bestimmungen des Absatzes 1 können für nicht anwendbar erklärt werden auf
– Vereinbarungen oder Gruppen von Vereinbarungen zwischen Unternehmen,
– Beschlüsse oder Gruppen von Beschlüssen von Unternehmensvereinigungen,
– aufeinander abgestimmte Verhaltensweisen oder Gruppen von solchen,
die unter angemessener Beteiligung der Verbraucher an dem entstehenden Gewinn zur Verbesserung der Warenerzeugung oder -verteilung oder zur Förderung des technischen oder wirtschaftlichen Fortschritts beitragen, ohne daß den beteiligten Unternehmen
a) Beschränkungen auferlegt werden, die für die Verwirklichung dieser Ziele nicht unerläßlich sind, oder
b) Möglichkeiten eröffnet werden, für einen wesentlichen Teil der betreffenden Waren den Wettbewerb auszuschalten.
Art. 86 [Mißbrauch einer den Markt beherrschenden Stellung] ¹Mit dem Gemeinsamen Markt unvereinbar und verboten ist die mißbräuchliche Ausnutzung einer beherrschenden Stellung auf dem Gemeinsamen Markt oder auf einem wesentlichen Teil desselben durch ein oder mehrere Unternehmen, soweit dies dazu führen kann, den Handel zwischen Mitgliedstaaten zu beeinträchtigen.
²Dieser Mißbrauch kann insbesondere in folgendem bestehen:
a) der unmittelbaren oder mittelbaren Erzwingung von unangemessenen Einkaufs- oder Verkaufspreisen oder sonstigen Geschäftsbedingungen;
b) der Einschränkung der Erzeugung, des Absatzes oder der technischen Entwicklung zum Schaden der Verbraucher;
c) der Anwendung unterschiedlicher Bedingungen bei gleichwertigen Leistungen gegenüber Handelspartnern, wodurch diese im Wettbewerb benachteiligt werden;
d) der an den Abschluß von Verträgen geknüpften Bedingung, daß die Vertragspartner zusätzliche Leistungen annehmen, die weder sachlich noch nach Handelsbrauch in Beziehung zum Vertragsgegenstand stehen."

1. Abschnitt. Kartellverträge und Kartellbeschlüsse   §§ 2, 3 **GWB 26**

nem gemeinsamen Zweck schließen, und Beschlüsse von Vereinigungen von Unternehmen sind unwirksam, soweit sie geeignet sind, die Erzeugung oder die Marktverhältnisse für den Verkehr mit Waren oder gewerblichen Leistungen durch Beschränkung des Wettbewerbs zu beeinflussen. ²Dies gilt nicht, soweit in diesem Gesetz etwas anderes bestimmt ist.

(2) Als Beschluß einer Vereinigung von Unternehmen gilt auch der Beschluß der Mitgliederversammlung einer juristischen Person, soweit ihre Mitglieder Unternehmen sind.

§ 2. [Konditionenkartelle] (1) ¹§ 1 gilt nicht für Verträge und Beschlüsse, die die einheitliche Anwendung allgemeiner Geschäfts-, Lieferungs- und Zahlungsbedingungen einschließlich der Skonti zum Gegenstand haben. ²Die Regelungen dürfen sich nicht auf Preise oder Preisbestandteile beziehen.

(2) ¹Bei der Anmeldung nach § 9 Abs. 1 ist nachzuweisen, daß die Lieferanten und Abnehmer, die durch die Verträge oder Beschlüsse der in Absatz 1 bezeichneten Art betroffen werden, in angemessener Weise gehört worden sind. ²Ihre Stellungnahmen sind der Anmeldung beizufügen.

(3) ¹Verträge und Beschlüsse der in Absatz 1 bezeichneten Art werden nur wirksam, wenn die Kartellbehörde innerhalb einer Frist von drei Monaten seit Eingang der Anmeldung nicht widerspricht. ²Der Widerspruch kann nur darauf gestützt werden, daß die Voraussetzungen des § 12 Abs. 1 gegeben sind.

§ 3. [Rabattkartelle] (1) § 1 gilt nicht für Verträge und Beschlüsse über Rabatte bei der Lieferung von Waren, soweit diese Rabatte ein echtes Leistungsentgelt darstellen und nicht zu einer ungerechtfertigt unterschiedlichen Behandlung von Wirtschaftsstufen oder von Abnehmern der gleichen Wirtschaftsstufe führen, die gegenüber den Lieferanten die gleiche Leistung bei der Abnahme von Waren erbringen.

(2) ¹Bei der Anmeldung nach § 9 Abs. 1 ist nachzuweisen, daß die Voraussetzungen des Absatzes 1 vorliegen und daß die Wirtschaftsstufen gehört worden sind, für die die Rabattregelung gelten soll. ²Ihre Stellungnahmen sind der Anmeldung beizufügen.

(3) ¹Verträge und Beschlüsse der in Absatz 1 bezeichneten Art werden nur wirksam, wenn die Kartellbehörde innerhalb einer Frist von drei Monaten seit Eingang der Anmeldung nicht widerspricht. ²Die Kartellbehörde hat zu widersprechen, wenn

1. nicht nachgewiesen ist, daß die in Absatz 1 bezeichneten Voraussetzungen vorliegen und daß die Wirtschaftsstufen gehört worden sind, für die die Rabattregelung gelten soll, oder

2. der Vertrag oder Beschluß offensichtlich schädliche Wirkungen für den Ablauf von Erzeugung oder Handel oder für die angemessene Versorgung der Verbraucher hat, insbesondere die Aufnahme der gewerblichen Tätigkeit in einer Wirtschaftsstufe erschwert, oder

3. Marktbeteiligte innerhalb eines Monats nach Bekanntmachung der Anmeldung (§ 10 Abs. 1) nachweisen, daß sie durch den Vertrag oder Beschluß ungerechtfertigt unterschiedlich behandelt werden.

(4) Die Kartellbehörde kann nach Ablauf der in Absatz 3 Satz 1 genannten Frist Verträge und Beschlüsse im Sinne des Absatzes 1 für unwirksam erklären, wenn einer der in Absatz 1 oder 3 genannten Gründe vorliegt.

§ 4. **[Strukturkrisenkartelle]** Die Kartellbehörde kann im Falle eines auf nachhaltiger Änderung der Nachfrage beruhenden Absatzrückganges auf Antrag die Erlaubnis zu einem Vertrag oder Beschluß der in § 1 bezeichneten Art für Unternehmen der Erzeugung, Herstellung, Bearbeitung oder Verarbeitung erteilen, wenn der Vertrag oder Beschluß notwendig ist, um eine planmäßige Anpassung der Kapazität an den Bedarf herbeizuführen, und die Regelung unter Berücksichtigung der Gesamtwirtschaft und des Gemeinwohls erfolgt.

§ 5. **[Rationalisierungskartelle]** (1) [1]§ 1 gilt nicht für Verträge und Beschlüsse, die lediglich die einheitliche Anwendung von Normen oder Typen zum Gegenstand haben. [2]Der Anmeldung nach § 9 Abs. 1 ist die Stellungnahme eines Rationalisierungsverbandes beizufügen. [3]Rationalisierungsverbände im Sinne dieses Gesetzes sind Verbände, zu deren satzungsmäßigen Aufgaben es gehört, Normungs- und Typungsvorhaben durchzuführen oder zu prüfen und dabei die Lieferanten und Abnehmer, die durch die Vorhaben betroffen werden, in angemessener Weise zu beteiligen.

(2) [1]Die Kartellbehörde erteilt auf Antrag die Erlaubnis zu einem Vertrag oder Beschluß der in § 1 bezeichneten Art, wenn die Regelung der Rationalisierung wirtschaftlicher Vorgänge dient und geeignet ist, die Leistungsfähigkeit oder Wirtschaftlichkeit der beteiligten Unternehmen in technischer, betriebswirtschaftlicher oder organisatorischer Beziehung wesentlich zu heben und dadurch die Befriedigung des Bedarfs zu verbessern. [2]Der Rationalisierungserfolg soll in einem angemessenen Verhältnis zu der damit verbundenen Wettbewerbsbeschränkung stehen.

(3) [1]Soll der Vertrag oder Beschluß die Rationalisierung in Verbindung mit Preisabreden oder durch Bildung von gemeinsamen Beschaffungs- oder Vertriebseinrichtungen (Syndikaten) verwirklichen, darf die Erlaubnis nur erteilt werden, wenn der Rationalisierungszweck auf andere Weise nicht erreicht werden kann und wenn die Rationalisierung im Interesse der Allgemeinheit erwünscht ist. [2]Der Rationalisierungserfolg soll in einem angemessenen Verhältnis zu der damit verbundenen Wettbewerbsbeschränkung stehen.

(4) [1]Verträge und Beschlüsse, die in den in Satz 2 bezeichneten Wirtschaftsbereichen einheitliche Methoden der Leistungsbeschreibung oder Preisaufgliederung festlegen, fallen nicht unter § 1, wenn sie keine Festlegung von Preisen oder Preisbestandteilen enthalten. [2]Dies gilt für Wirtschaftsbereiche, in denen bei Ausschreibungen Waren oder gewerbliche Leistungen nur auf Grund von Beschreibungen angeboten werden können, die eine Prüfung der Beschaffenheit bei Vertragsabschluß nicht ermöglichen.

§ 5a. **[Spezialisierungskartelle]** (1) [1]§ 1 gilt nicht für Verträge und Beschlüsse, die die Rationalisierung wirtschaftlicher Vorgänge durch Spezialisierung zum Gegenstand haben, wenn sie einen wesentlichen Wettbewerb auf dem Markt bestehen lassen. [2]Satz 1 ist auch anzuwenden, wenn der Vertrag oder Beschluß die Spezialisierung in Verbindung mit Abreden der in § 5 Abs. 2 oder 3 bezeichneten Art verwirklichen soll und die Abreden zur Durchführung der Spezialisierung erforderlich sind.

(2) Bei der Anmeldung nach § 9 Abs. 1 ist nachzuweisen, daß die Voraussetzungen des Absatzes 1 vorliegen.

(3) [1]Verträge und Beschlüsse der in Absatz 1 bezeichneten Art werden nur wirksam, wenn die Kartellbehörde innerhalb einer Frist von drei Monaten seit

1. Abschnitt. Kartellverträge und Kartellbeschlüsse §§ 5b–6 GWB 26

Eingang der Anmeldung nicht widerspricht. ²Die Kartellbehörde hat zu widersprechen, wenn nicht nachgewiesen ist, daß die in Absatz 1 bezeichneten Voraussetzungen vorliegen. ³Werden Änderungen oder Ergänzungen eines Vertrages oder Beschlusses der in Absatz 1 bezeichneten Art angemeldet, durch die der Kreis der beteiligten Unternehmen nicht verändert und die Spezialisierung nicht auf andere Waren oder Leistungen erstreckt wird, beträgt die in Satz 1 genannte Frist einen Monat.

§ 5b. [Kooperationserleichterungen für kleine und mittlere Unternehmen] (1) § 1 gilt nicht für Verträge und Beschlüsse, die die Rationalisierung wirtschaftlicher Vorgänge durch eine andere als die in § 5a bezeichnete Art der zwischenbetrieblichen Zusammenarbeit zum Gegenstand haben, wenn dadurch der Wettbewerb auf dem Markt nicht wesentlich beeinträchtigt wird und der Vertrag oder Beschluß dazu dient, die Leistungsfähigkeit kleiner oder mittlerer Unternehmen zu fördern.

(2) § 5a Abs. 2 und 3 gilt entsprechend.

§ 5c. [Verträge und Beschlüsse ohne Bezugszwang] § 1 gilt nicht für Verträge und Beschlüsse, die den gemeinsamen Einkauf von Waren oder die gemeinsame Beschaffung gewerblicher Leistungen zum Gegenstand haben, ohne einen Bezugszwang für die beteiligten Unternehmen zu begründen, wenn dadurch der Wettbewerb auf dem Markt nicht wesentlich beeinträchtigt wird und der Vertrag oder Beschluß dazu dient, die Wettbewerbsfähigkeit kleiner oder mittlerer Unternehmen zu verbessern.

§ 6. [Ausfuhrkartelle] (1) § 1 gilt nicht für Verträge und Beschlüsse, die der Sicherung und Förderung der Ausfuhr dienen, sofern sie sich auf die Regelung des Wettbewerbs auf Märkten außerhalb des Geltungsbereichs dieses Gesetzes beschränken.

(2) ¹Die Kartellbehörde hat auf Antrag die Erlaubnis zu einem Vertrag oder Beschluß der in § 1 bezeichneten Art zu erteilen, wenn eine in Absatz 1 bezeichnete Regelung auch den Verkehr mit Waren oder gewerblichen Leistungen innerhalb des Geltungsbereichs dieses Gesetzes umfaßt, soweit diese Regelung notwendig ist, um die erstrebte Regelung des Wettbewerbs auf den Märkten außerhalb des Geltungsbereichs dieses Gesetzes sicherzustellen. ²§ 15 steht dem nicht entgegen. ³Dem Antrag ist eine Stellungnahme der betroffenen inländischen Erzeuger und Abnehmer beizufügen.

(3) Die Kartellbehörde darf eine Erlaubnis nach Absatz 2 nicht erteilen, wenn der Vertrag oder Beschluß oder die Art seiner Durchführung

1. die von der Bundesrepublik Deutschland in zwischenstaatlichen Abkommen* anerkannten Grundsätze über den Verkehr mit Waren oder gewerblichen Leistungen verletzt oder

2. zu einer wesentlichen Beschränkung des Wettbewerbs innerhalb des Geltungsbereichs dieses Gesetzes führen kann und das Interesse an der Erhaltung des Wettbewerbs überwiegt.

---

* Siehe die Vorschriften des Vertrages über die Gründung der Europäischen Gemeinschaft für Kohle und Stahl vom 18. 4. 1951 (BGBl. 1952 II S. 447) mit späteren Änderungen sowie Übergangsbestimmungen vom 18. 4. 1951 (BGBl. 1952 II S. 491) und die Art. 85ff. des Vertrages zur Gründung der Europäischen Wirtschaftsgemeinschaft vom 25. 3. 1957 (BGBl. II S. 753) – abgedruckt in Anm. zu § 1 –.

(4) Die Kartellbehörde kann die Beteiligten zum Abschluß einer unter Absatz 2 fallenden Regelung innerhalb eines bestimmten Rahmens ermächtigen.

§ 7. [**Einfuhrkartelle**] (1) Die Kartellbehörde kann auf Antrag die Erlaubnis zu einem Vertrag oder Beschluß der in § 1 bezeichneten Art erteilen, sofern die Regelung lediglich die Einfuhr in den Geltungsbereich dieses Gesetzes betrifft und die deutschen Bezieher keinem oder nur unwesentlichem Wettbewerb der Anbieter gegenüberstehen.

(2) § 6 Abs. 2 Satz 3 und Abs. 3 gilt entsprechend.

§ 8. [**Sonderkartelle**] (1) Liegen die Voraussetzungen der §§ 2 bis 7 nicht vor, so kann der Bundesminister für Wirtschaft auf Antrag die Erlaubnis zu einem Vertrag oder Beschluß im Sinne des § 1 erteilen, wenn ausnahmsweise die Beschränkung des Wettbewerbs aus überwiegenden Gründen der Gesamtwirtschaft und des Gemeinwohls notwendig ist.

(2) ¹Besteht eine unmittelbare Gefahr für den Bestand des überwiegenden Teils der Unternehmen eines Wirtschaftszweiges, so darf die Erlaubnis nach Absatz 1 nur erteilt werden, wenn andere gesetzliche oder wirtschaftspolitische Maßnahmen nicht oder nicht rechtzeitig getroffen werden können und die Beschränkung des Wettbewerbs geeignet ist, die Gefahr abzuwenden. ²Die Erlaubnis darf nur in besonders schwerwiegenden Einzelfällen erteilt werden.

(3) § 6 Abs. 2 Satz 3 gilt entsprechend.

§ 9. [**Anmeldung bei der Kartellbehörde**] (1) ¹Verträge und Beschlüsse der in den §§ 2, 3, § 5 Abs. 1, § 5a Abs. 1, § 5b Abs. 1 und § 6 Abs. 1 bezeichneten Art sowie ihre Änderungen und Ergänzungen bedürfen zu ihrer Wirksamkeit der Anmeldung bei der Kartellbehörde. ²In den Fällen des § 5 Abs. 1 Satz 1 gilt die Anmeldung nur als bewirkt, wenn ihr die in § 5 Abs. 1 Satz 2 vorgesehene Stellungnahme eines Rationalisierungsverbandes beigefügt ist. ³Verträge und Beschlüsse der in § 5 Abs. 4 bezeichneten Art sind unverzüglich bei der Kartellbehörde anzumelden.

(2) Bei der Anmeldung der in Absatz 1 Satz 1 und 3 bezeichneten Verträge und Beschlüsse sowie bei Anträgen auf Erteilung einer Erlaubnis für Verträge und Beschlüsse der in den §§ 4, 5 Abs. 2 und 3, § 6 Abs. 2, §§ 7 und 8 bezeichneten Art sind anzugeben:

1. Firma oder sonstige Bezeichnung und Ort der Niederlassung oder Sitz der beteiligten Unternehmen;
2. Rechtsform und Anschrift des Kartells;
3. Name und Anschrift des bestellten Vertreters (§ 36) oder sonstigen Bevollmächtigten, bei juristischen Personen der gesetzliche Vertreter des Kartells.

(3) Die Beendigung oder Aufhebung der in den §§ 2 bis 8 genannten Verträge oder Beschlüsse ist der Kartellbehörde mitzuteilen.

(4) Die Kartellbehörde erteilt zu den nach den §§ 2 bis 5b, § 6 Abs. 2, §§ 7 und 8 freigestellten Kartellen auf Anfrage Auskunft über

1. Angaben nach § 9 Abs. 2;
2. den wesentlichen Inhalt der Verträge und Beschlüsse, insbesondere Angaben über die betroffenen Waren oder Leistungen, über den Zweck, über die beab-

1. Abschnitt. Kartellverträge und Kartellbeschlüsse §§ 10, 11 GWB 26

sichtigten Maßnahmen und über Geltungsdauer, Kündigung, Rücktritt und Austritt;
3. die von der Kartellbehörde verfügten Befristungen, Beschränkungen, Bedingungen und Auflagen.

§ 10. [Bekanntmachungen] (1) ¹Im Bundesanzeiger sind bekanntzumachen
1. die Anträge auf Erteilung einer Erlaubnis für Verträge und Beschlüsse der in den §§ 4, 5 Abs. 2 und 3, § 6 Abs. 2, §§ 7 und 8 bezeichneten Art;
2. die Anmeldung von Verträgen und Beschlüssen der in den §§ 2, 3, 5 Abs. 1 und 4, § 5a Abs. 1 sowie § 5b Abs. 1 bezeichneten Art;
3. die Anmeldungen von Empfehlungen der in § 38 Abs. 2 Nr. 2 und 3 bezeichneten Art;
4. die nach § 23 angezeigten Zusammenschlüsse sowie der Antrag auf Erteilung einer Erlaubnis für einen Zusammenschluß nach § 24 Abs. 3.

²Für den Inhalt der Bekanntmachung nach Satz 1 Nr. 1 und 2 gilt § 9 Abs. 2 Nr. 2 und Abs. 4 Nr. 2 entsprechend. ³Für den Inhalt der Bekanntmachung nach Satz 1 Nr. 3 gilt § 9 Abs. 4 Nr. 2 entsprechend; ferner ist bekanntzumachen, wer die Empfehlungen angemeldet hat und an wen sie gerichtet sind. ⁴Für den Inhalt der Bekanntmachung nach Satz 1 Nr. 4 gilt § 23 Abs. 5 Satz 1 sowie Satz 2 Nr. 1 und 2 entsprechend.

(2) Soweit angemeldete Verträge und Beschlüsse in der bekanntgemachten Fassung wirksam werden oder eine beantragte Erlaubnis für Verträge und Beschlüsse in der bekanntgemachten Fassung erteilt wird, genügt für die Bekanntmachung des Wirksamwerdens oder der Erteilung der Erlaubnis eine Bezugnahme auf die Bekanntmachung der Anmeldungen und Anträge.

§ 11. [Erteilung der Erlaubnis und Widerruf] (1) Eine Erlaubnis nach den §§ 4, 5 Abs. 2 und 3, § 6 Abs. 2, §§ 7 und 8 soll in der Regel nicht für einen längeren Zeitraum als drei Jahre erteilt werden.

(2) ¹Die Erlaubnis kann auf Antrag nach Maßgabe des Absatzes 1 verlängert werden. ²Die Verlängerung wird nur für diejenigen beteiligten Unternehmen erteilt, die sich damit der Kartellbehörde gegenüber schriftlich einverstanden erklärt haben; die Erklärung muß von den einzelnen Unternehmen selbst und kann erst drei Monate vor Ablauf der Erlaubnis abgegeben werden.

(3) Die Erlaubnis kann mit Beschränkungen, Bedingungen und Auflagen verbunden werden.

(4) Die Erlaubnis kann widerrufen oder durch Anordnung von Beschränkungen oder Bedingungen geändert oder mit Auflagen versehen werden,
1. soweit sich die Verhältnisse, die für die Entscheidung maßgeblich waren, wesentlich geändert haben oder
2. soweit das Kartell oder die an ihm beteiligten Unternehmen einer mit der Erlaubnis verbundenen Auflage zuwiderhandeln.

(5) Die Erlaubnis ist zu widerrufen oder durch Anordnung von Beschränkungen oder Bedingungen zu ändern oder mit Auflagen zu versehen,
1. soweit sie durch rechtswidrige Einwirkung, wie arglistige Täuschung oder Drohung, durch den Antragsteller oder einen anderen herbeigeführt worden ist oder

26 GWB §§ 12, 13 Erster Teil. Wettbewerbsbeschränkungen

2. soweit das Kartell oder die beteiligten Unternehmen die durch die Erlaubnis erlangte Freistellung von § 1 mißbrauchen oder

3. soweit der Vertrag oder Beschluß oder die Art seiner Durchführung die von der Bundesrepublik Deutschland in zwischenstaatlichen Abkommen* anerkannten Grundsätze über den Verkehr mit Waren oder gewerblichen Leistungen verletzt oder

4. soweit das Kartell dem Verbot des § 25 Abs. 2 oder 3 oder § 26 zuwiderhandelt.

§ 12. [Maßnahmen der Kartellbehörde] (1) Bei Verträgen und Beschlüssen der in den §§ 2, 3, 5 Abs. 1 und 4, § 5a Abs. 1, § 5b Abs. 1 und § 5c bezeichneten Art kann die Kartellbehörde die in Absatz 3 bezeichneten Maßnahmen treffen,

1. soweit die Verträge und Beschlüsse oder die Art ihrer Durchführung einen Mißbrauch der durch Freistellung von § 1 erlangten Stellung im Markt darstellen oder

2. soweit sie die von der Bundesrepublik Deutschland in zwischenstaatlichen Abkommen* anerkannten Grundsätze über den Verkehr mit Waren oder gewerblichen Leistungen verletzen.

(2) Bei Verträgen und Beschlüssen der in § 6 Abs. 1 bezeichneten Art kann die Kartellbehörde die in Absatz 3 bezeichneten Maßnahmen treffen, soweit

1. die in Absatz 1 Nr. 2 genannten Voraussetzungen vorliegen oder

2. die Anwendung der Verträge oder Beschlüsse überwiegende außenwirtschaftliche Interessen der Bundesrepublik Deutschland erheblich beeinträchtigt.

(3) Die Kartellbehörde kann

1. den beteiligten Unternehmen aufgeben, einen beanstandeten Mißbrauch abzustellen,

2. den beteiligten Unternehmen aufgeben, die Verträge oder Beschlüsse zu ändern, oder

3. die Verträge und Beschlüsse für unwirksam erklären.

§ 13. [Kündigung und Rücktritt von Kartellen] (1) [1]Jeder Beteiligte kann Verträge und Beschlüsse der in den §§ 2 bis 8 bezeichneten Art aus wichtigem Grunde fristlos schriftlich kündigen. [2]Ein wichtiger Grund liegt insbesondere vor, wenn die wirtschaftliche Bewegungsfreiheit des Kündigenden unbillig eingeschränkt oder durch eine nicht gerechtfertigte ungleiche Behandlung im Verhältnis zu den übrigen Beteiligten beeinträchtigt wird. [3]Die Unwirksamkeit der Kündigung wegen Fehlens eines wichtigen Grundes kann nur durch Klage innerhalb von vier Wochen nach Zugang der Kündigung geltend gemacht werden.

(2) [1]Solange die Kartellbehörde für Verträge und Beschlüsse der in den §§ 4, 5 Abs. 2 und 3, § 6 Abs. 2, §§ 7 und 8 bezeichneten Art noch keine Erlaubnis erteilt hat, kann jeder Beteiligte bei Vorliegen eines wichtigen Grundes zurücktreten. [2]Absatz 1 Satz 2 und 3 gilt entsprechend. [3]Ist vor der Rücktrittserklärung bereits die Erteilung einer Erlaubnis bei der Kartellbehörde beantragt worden, so soll die Rücktrittserklärung auch der Kartellbehörde mitgeteilt werden.

---
* Siehe Anm. zu § 6.

2. Abschnitt. Sonstige Verträge §§ 14–18 GWB 26

(3) Eine Vereinbarung, durch welche das Kündigungsrecht oder Rücktrittsrecht ausgeschlossen oder diesen Vorschriften zuwider rechtlich oder wirtschaftlich eingeschränkt wird, ist nichtig.

§ 14. [**Verwertung von Sicherheiten**] (1) ¹Auf Grund von Verträgen und Beschlüssen der in den §§ 2 bis 8 bezeichneten Art dürfen Sicherheiten nur verwertet werden, soweit die Kartellbehörde auf Antrag des Kartells eine Erlaubnis erteilt hat. ²Die Erlaubnis ist zu versagen, wenn die Maßnahmen die wirtschaftliche Bewegungsfreiheit des Betroffenen unbillig einschränken oder ihn durch eine nicht gerechtfertigte ungleiche Behandlung im Verhältnis zu den übrigen Beteiligten beeinträchtigen.

(2) Die Erlaubnis kann mit Fristen versehen und mit Beschränkungen, Bedingungen und Auflagen verbunden werden.

Zweiter Abschnitt. Sonstige Verträge

§ 15. [**Nichtigkeit von Verträgen über Preisgestaltung oder Geschäftsbedingungen**] Verträge zwischen Unternehmen über Waren oder gewerbliche Leistungen, die sich auf Märkte innerhalb des Geltungsbereichs dieses Gesetzes beziehen, sind nichtig, soweit sie einen Vertragsbeteiligten in der Freiheit der Gestaltung von Preisen oder Geschäftsbedingungen bei solchen Verträgen beschränken, die er mit Dritten über die gelieferten Waren, über andere Waren oder über gewerbliche Leistungen schließt.

§ 16. [**Zulässigkeit der Preisbindung bei Verlagserzeugnissen**] § 15 gilt nicht, soweit ein Unternehmen die Abnehmer seiner Verlagserzeugnisse rechtlich oder wirtschaftlich bindet, bei der Weiterveräußerung bestimmte Preise zu vereinbaren oder ihren Abnehmern die gleiche Bindung bis zur Weiterveräußerung an den letzten Verbraucher aufzuerlegen.

§ 17. [**Aufhebung der vertikalen Preisbindung durch die Kartellbehörde**] (1) Die Kartellbehörde kann von Amts wegen und soll auf Antrag eines nach § 16 gebundenen Abnehmers die Preisbindung mit sofortiger Wirkung oder zu einem von ihr zu bestimmenden künftigen Zeitpunkt für unwirksam erklären und die Anwendung einer neuen, gleichartigen Preisbindung verbieten, wenn sie feststellt, daß
1. die Preisbindung mißbräuchlich gehandhabt wird oder
2. die Preisbindung oder ihre Verbindung mit anderen Wettbewerbsbeschränkungen geeignet ist, in einer durch die gesamtwirtschaftlichen Verhältnisse nicht gerechtfertigten Weise die gebundenen Waren zu verteuern oder ein Sinken ihrer Preise zu verhindern oder ihre Erzeugung oder ihren Absatz zu beschränken.

(2) Vor einer Verfügung nach Absatz 1 soll die Kartellbehörde das preisbindende Unternehmen auffordern, den beanstandeten Mißbrauch abzustellen.

§ 18. [**Aufhebung von Ausschließlichkeitsbindungen**] (1) Die Kartellbehörde kann Verträge zwischen Unternehmen über Waren oder gewerbliche Leistungen mit sofortiger Wirkung oder zu einem von ihr zu bestimmenden künftigen

Zeitpunkt für unwirksam erklären und die Anwendung neuer, gleichartiger Bindungen verbieten, soweit sie einen Vertragsbeteiligten

1. in der Freiheit der Verwendung der gelieferten Waren, anderer Waren oder gewerblicher Leistungen beschränken oder
2. darin beschränken, andere Waren oder gewerbliche Leistungen von Dritten zu beziehen oder an Dritte abzugeben, oder
3. darin beschränken, die gelieferten Waren an Dritte abzugeben, oder
4. verpflichten, sachlich oder handelsüblich nicht zugehörige Waren oder gewerbliche Leistungen abzunehmen,

und soweit

a) dadurch eine für den Wettbewerb auf dem Markt erhebliche Zahl von Unternehmen gleichartig gebunden und in ihrer Wettbewerbsfreiheit unbillig eingeschränkt ist oder
b) dadurch für andere Unternehmen der Marktzutritt unbillig beschränkt oder
c) durch das Ausmaß solcher Beschränkungen der Wettbewerb auf dem Markt für diese oder andere Waren oder gewerbliche Leistungen wesentlich beeinträchtigt wird.

(2) Als unbillig im Sinne des Absatzes 1 Buchstabe b ist nicht eine Beschränkung anzusehen, die im Verhältnis zu den Angebots- oder Nachfragemöglichkeiten, die den anderen Unternehmen verbleiben, unwesentlich ist.

§ 19. [**Weitergeltung der übrigen Vertragsbestandteile**] (1) Erklärt die Kartellbehörde eine Preisbindung oder eine Beschränkung der in § 18 bezeichneten Art für unwirksam, so bestimmt sich die Gültigkeit der übrigen damit verbundenen vertraglichen Vereinbarungen nach den allgemeinen Vorschriften, soweit nicht Absatz 2 etwas anderes bestimmt.

(2) ¹Die Kartellbehörde kann auf Antrag eines Vertragsbeteiligten gleichzeitig mit einer Verfügung der in Absatz 1 bezeichneten Art anordnen, daß die in der Verfügung ausgesprochene Unwirksamkeit die Gültigkeit der übrigen vertraglichen Vereinbarungen nicht berührt. ²Sie darf eine solche Anordnung nur erlassen, soweit dies zur Vermeidung einer unbilligen Härte für einen Vertragsbeteiligten erforderlich ist und nicht überwiegende Belange eines anderen Vertragsbeteiligten entgegenstehen.

(3) ¹Bestehen Vereinbarungen, die für den Fall des Absatzes 1 dem aus der Preisbindung oder der Beschränkung Berechtigten ein Recht zum Rücktritt oder zur Kündigung geben oder den Vertragsinhalt zum Nachteil des Vertragsgegners ändern, insbesondere seine Gegenleistung erhöhen, so können Rechte aus diesen Vereinbarungen nur geltend gemacht werden, soweit die Kartellbehörde auf Antrag eine Erlaubnis erteilt hat. ²Die Erlaubnis wird erteilt, soweit die Ausübung dieser Rechte die wirtschaftliche Bewegungsfreiheit des Vertragsgegners nicht unbillig einschränkt. ³Mit der Erlaubnis können Beschränkungen, Fristen, Bedingungen und Auflagen verbunden werden.

§ 20. [**Lizenzverträge**] (1) Verträge über Erwerb oder Benutzung von Patenten, Gebrauchsmustern, Topographien oder Sortenschutzrechten sind unwirksam, soweit sie dem Erwerber oder Lizenznehmer Beschränkungen im Geschäftsverkehr auferlegen, die über den Inhalt des Schutzrechts hinausgehen; Beschränkun-

3. Abschnitt. Marktbeherrschende Unternehmen §§ 21, 22 GWB 26

gen hinsichtlich Art, Umfang, Menge, Gebiet oder Zeit der Ausübung des Schutzrechts gehen nicht über den Inhalt des Schutzrechts hinaus.

(2) Absatz 1 gilt nicht
1. für Beschränkungen des Erwerbers oder Lizenznehmers, soweit und solange sie durch ein Interesse des Veräußerers oder Lizenzgebers an einer technisch einwandfreien Ausnutzung des Gegenstandes des Schutzrechtes gerechtfertigt sind,
2. für Bindungen des Erwerbers oder Lizenznehmers hinsichtlich der Preisstellung für den geschützten Gegenstand,
3. für Verpflichtungen des Erwerbers oder Lizenznehmers zum Erfahrungsaustausch oder zur Gewährung von Lizenzen auf Verbesserungs- oder Anwendungserfindungen, sofern diesen gleichartige Verpflichtungen des Patentinhabers oder Lizenzgebers entsprechen,
4. für Verpflichtungen des Erwerbers oder Lizenznehmers zum Nichtangriff auf das Schutzrecht,
5. für Verpflichtungen des Erwerbers oder Lizenznehmers, soweit sie sich auf die Regelung des Wettbewerbs auf Märkten außerhalb des Geltungsbereichs dieses Gesetzes beziehen,

soweit diese Beschränkungen die Laufzeit des erworbenen oder in Lizenz genommenen Schutzrechts nicht überschreiten.

(3) ¹Die Kartellbehörde kann auf Antrag die Erlaubnis zu einem Vertrag der in Absatz 1 bezeichneten Art erteilen, wenn die wirtschaftliche Bewegungsfreiheit des Erwerbers oder Lizenznehmers oder anderer Unternehmen nicht unbillig eingeschränkt und durch das Ausmaß der Beschränkungen der Wettbewerb auf dem Markt nicht wesentlich beeinträchtigt wird. ²§ 11 Abs. 3 bis 5 gilt entsprechend.

(4) Die §§ 1 bis 14 bleiben unberührt.

§ 21. [Verträge über nicht geschützte Leistungen und über Saatgut]
(1) § 20 ist bei Verträgen über Überlassung oder Benutzung gesetzlich nicht geschützter Erfindungsleistungen, Fabrikationsverfahren, Konstruktionen, sonstiger die Technik bereichernder Leistungen sowie nicht geschützter, den Pflanzenbau bereichernder Leistungen auf dem Gebiet der Pflanzenzüchtung, soweit sie Betriebsgeheimnisse darstellen, entsprechend anzuwenden.

(2) § 20 ist auf Verträge über Saatgut einer auf Grund des Saatgutverkehrsgesetzes zugelassenen Sorte zwischen einem Züchter und einem Vermehrer oder einem Unternehmen auf der Vermehrungsstufe entsprechend anzuwenden.

Dritter Abschnitt. Marktbeherrschende Unternehmen

§ 22. [Marktbeherrschendes Unternehmen; Befugnisse der Kartellbehörde] (1) Ein Unternehmen ist marktbeherrschend im Sinne dieses Gesetzes, soweit es als Anbieter oder Nachfrager einer bestimmten Art von Waren oder gewerblichen Leistungen
1. ohne Wettbewerber ist oder keinem wesentlichen Wettbewerb ausgesetzt ist oder
2. eine im Verhältnis zu seinen Wettbewerbern überragende Marktstellung hat; hierbei sind insbesondere sein Marktanteil, seine Finanzkraft, sein Zugang zu

den Beschaffungs- oder Absatzmärkten, Verflechtungen mit anderen Unternehmen, rechtliche oder tatsächliche Schranken für den Marktzutritt anderer Unternehmen, die Fähigkeit, sein Angebot oder seine Nachfrage auf andere Waren oder gewerbliche Leistungen umzustellen, sowie die Möglichkeit der Marktgegenseite, auf andere Unternehmen auszuweichen, zu berücksichtigen.

(2) Als marktbeherrschend gelten auch zwei oder mehr Unternehmen, soweit zwischen ihnen für eine bestimmte Art von Waren oder gewerblichen Leistungen allgemein oder auf bestimmten Märkten aus tatsächlichen Gründen ein wesentlicher Wettbewerb nicht besteht und soweit sie in ihrer Gesamtheit die Voraussetzungen des Absatzes 1 erfüllen.

(3) [1]Es wird vermutet, daß

1. ein Unternehmen marktbeherrschend im Sinne des Absatzes 1 ist, wenn es für eine bestimmte Art von Waren oder gewerblichen Leistungen einen Marktanteil von mindestens einem Drittel hat; die Vermutung gilt nicht, wenn das Unternehmen im letzten abgeschlossenen Geschäftsjahr Umsatzerlöse von weniger als 250 Millionen Deutscher Mark hatte;

2. die Voraussetzungen des Absatzes 2 vorliegen, wenn für eine bestimmte Art von Waren oder gewerblichen Leistungen

a) drei oder weniger Unternehmen zusammen einen Marktanteil von 50 vom Hundert oder mehr haben oder

b) fünf oder weniger Unternehmen zusammen einen Marktanteil von zwei Dritteln oder mehr haben;

die Vermutung gilt nicht, soweit es sich um Unternehmen handelt, die im letzten abgeschlossenen Geschäftsjahr Umsatzerlöse von weniger als 100 Millionen Deutscher Mark hatten.

[2]Für die Berechnung der Marktanteile und der Umsatzerlöse gilt § 23 Abs. 1 Satz 2 bis 10 entsprechend.

(4) [1]Die Kartellbehörde hat gegenüber marktbeherrschenden Unternehmen die in Absatz 5 genannten Befugnisse, soweit diese Unternehmen ihre marktbeherrschende Stellung auf dem Markt für diese oder andere Waren oder gewerbliche Leistungen mißbräuchlich ausnutzen. [2]Ein Mißbrauch im Sinne des Satzes 1 liegt insbesondere vor, wenn ein marktbeherrschendes Unternehmen als Anbieter oder Nachfrager einer bestimmten Art von Waren oder gewerblichen Leistungen

1. die Wettbewerbsmöglichkeiten anderer Unternehmen in einer für den Wettbewerb auf dem Markt erheblichen Weise ohne sachlich gerechtfertigten Grund beeinträchtigt;

2. Entgelte oder sonstige Geschäftsbedingungen fordert, die von denjenigen abweichen, die sich bei wirksamem Wettbewerb mit hoher Wahrscheinlichkeit ergeben würden; hierbei sind insbesondere die Verhaltensweisen von Unternehmen auf vergleichbaren Märkten mit wirksamem Wettbewerb zu berücksichtigen;

3. ungünstigere Entgelte oder sonstige Geschäftsbedingungen fordert, als sie das marktbeherrschende Unternehmen selbst auf vergleichbaren Märkten von gleichartigen Abnehmern fordert, es sei denn, daß der Unterschied sachlich gerechtfertigt ist.

(5) [1]Die Kartellbehörde kann unter den Voraussetzungen des Absatzes 4 marktbeherrschenden Unternehmen ein mißbräuchliches Verhalten untersagen und Ver-

3. Abschnitt. Marktbeherrschende Unternehmen § 23 GWB 26

träge für unwirksam erklären; § 19 gilt entsprechend. ²Zuvor soll die Kartellbehörde die Beteiligten auffordern, den beanstandeten Mißbrauch abzustellen.

(6) Soweit die Voraussetzungen des Absatzes 1 bei einem Konzernunternehmen im Sinne des § 18 des Aktiengesetzes* vorliegen, stehen der Kartellbehörde die Befugnisse nach Absatz 5 gegenüber jedem Konzernunternehmen zu.

§ 23. **[Anzeigepflicht beim Zusammenschluß von Unternehmen]** (1) ¹Der Zusammenschluß von Unternehmen ist dem Bundeskartellamt unverzüglich anzuzeigen, wenn die beteiligten Unternehmen insgesamt im letzten vor dem Zusammenschluß endenden Geschäftsjahr Umsatzerlöse von mindestens 500 Millionen Deutscher Mark hatten. ²Ist ein beteiligtes Unternehmen ein abhängiges oder herrschendes Unternehmen im Sinne des § 17 des Aktiengesetzes* oder ein Konzernunternehmen im Sinne des § 18 des Aktiengesetzes, so sind für die Berechnung der Umsatzerlöse sowie von Marktanteilen die so verbundenen Unternehmen als einheitliches Unternehmen anzusehen; wirken mehrere Unternehmen aufgrund einer Vereinbarung oder in sonstiger Weise derart zusammen, daß sie gemeinsam einen beherrschenden Einfluß auf ein beteiligtes Unternehmen ausüben können, so gilt jedes von ihnen als herrschendes Unternehmen. ³Für die Ermittlung der Umsatzerlöse gilt § 277 Abs. 1 des Handelsgesetzbuchs; Umsatzerlöse aus Lieferungen und Leistungen zwischen Unternehmen, die im Sinne des Satzes 2 verbunden sind (Innenumsatzerlöse) sowie Verbrauchsteuern bleiben außer Betracht; Umsatzerlöse in fremder Währung sind nach dem amtlichen Kurs in Deutsche Mark umzurechnen. ⁴An die Stelle der Umsatzerlöse treten bei Kreditinstituten und Bausparkassen ein Zehntel der Bilanzsumme, bei Versicherungsunternehmen der Prämieneinnahmen des letzten abgeschlossenen Geschäftsjahres. ⁵Die Bilanzsumme ist um diejenigen Ansätze zu vermindern, die für Beteiligungen an im Sinne des Satzes 2 verbundenen Unternehmen ausgewiesen sind; Prämieneinnahmen sind die Einnahmen aus dem Erst- und Rückversicherungsgeschäft einschließlich der in Rückdeckung gegebenen Anteile. ⁶Bei Unternehmen, deren Geschäftsbetrieb ganz oder teilweise im Vertrieb von Waren besteht, sind insoweit nur drei Viertel der Umsatzerlöse in Ansatz zu bringen. ⁷Bei Unternehmen, deren Geschäftsbetrieb ganz oder teilweise im Verlag, in der Herstellung oder im Vertrieb von Zeitungen oder Zeitschriften oder deren Bestandteilen besteht, ist insoweit das Zwanzigfache der Umsatzerlöse in Ansatz zu bringen; Satz 6 bleibt unberührt. ⁸Beim Erwerb des Vermögens eines anderen Unternehmens ganz oder zu einem wesentlichen Teil ist für die Berechnung der Marktanteile und der Umsatzerlöse des Veräußerers nur auf den veräußerten Vermögensteil abzustellen. ⁹Satz 8 gilt entsprechend für den Erwerb von Anteilen, soweit dabei weniger als 25 vom Hundert der Anteile beim Veräußerer verbleiben und der Zusammenschluß nicht die Voraussetzungen des Absatzes 2 Nr. 2 Satz 3, Nr. 5 oder Nr. 6 erfüllt. ¹⁰Steht einer Person oder Personenvereinigung, die nicht Unternehmen ist, die Mehrheitsbeteiligung an einem Unternehmen zu, so gilt sie für die Zwecke dieses Gesetzes als Unternehmen.

(2) Als Zusammenschluß im Sinne dieses Gesetzes gelten folgende Tatbestände:
1. Erwerb des Vermögens eines anderen Unternehmens ganz oder zu einem wesentlichen Teil durch Verschmelzung, Umwandlung oder in sonstiger Weise.
2. ¹Erwerb von Anteilen an einem anderen Unternehmen, wenn die Anteile allein oder zusammen mit sonstigen, dem Unternehmen bereits gehörenden Anteilen

---

* Abgedruckt unter Nr. 10.

a) 25 vom Hundert des Kapitals oder der Stimmrechte des anderen Unternehmens erreichen oder

b) 50 vom Hundert des Kapitals oder der Stimmrechte des anderen Unternehmens erreichen oder

c) dem Unternehmen eine Mehrheitsbeteiligung im Sinne des § 16 Abs. 1 des Aktiengesetzes gewähren.

²Zu den Anteilen, die dem Unternehmen gehören, rechnen auch die Anteile, die einem im Sinne des Absatzes 1 Satz 2 verbundenen Unternehmen oder einem anderen für Rechnung eines dieser Unternehmen gehören und, wenn der Inhaber des Unternehmens ein Einzelkaufmann ist, auch die Anteile, die sonstiges Vermögen des Inhabers sind. ³Erwerben mehrere Unternehmen gleichzeitig oder nacheinander im vorbezeichneten Umfang Anteile an einem anderen Unternehmen, so gilt dies hinsichtlich der Märkte, auf denen das andere Unternehmen tätig ist, auch als Zusammenschluß der sich beteiligenden Unternehmen untereinander (Gemeinschaftsunternehmen). ⁴Als Zusammenschluß gilt auch der Erwerb von Anteilen, soweit dem Erwerber durch Vertrag, Satzung, Gesellschaftsvertrag oder Beschluß eine Rechtsstellung verschafft ist, die bei der Aktiengesellschaft einem Aktionär mit mehr als 25 vom Hundert des stimmberechtigten Kapitals innehat.

3. Verträge mit einem anderen Unternehmen, durch die

a) ein Konzern im Sinne des § 18 des Aktiengesetzes gebildet oder der Kreis der Konzernunternehmen erweitert wird oder

b) sich das andere Unternehmen verpflichtet, sein Unternehmen für Rechnung des Unternehmens zu führen oder seinen Gewinn ganz oder zum Teil an das Unternehmen abzuführen oder

c) dem Unternehmen der Betrieb des anderen Unternehmens ganz oder zu einem wesentlichen Teil verpachtet oder sonst überlassen wird.

4. Herbeiführung der Personengleichheit von mindestens der Hälfte der Mitglieder des Aufsichtsrats, des Vorstands oder eines sonstigen zur Geschäftsführung berufenen Organs von Unternehmen.

5. Jede sonstige Verbindung von Unternehmen, auf Grund deren ein oder mehrere Unternehmen unmittelbar oder mittelbar einen beherrschenden Einfluß auf ein anderes Unternehmen ausüben können.

6. Jede Verbindung von Unternehmen der in Nummer 2, 4 oder 5 genannten Art, bei der ein geringerer als der in Nummer 2 Satz 1 Buchstabe a genannte Anteil erworben, eine Rechtsstellung nach Nummer 2 Satz 4 nicht verschafft, der Umfang der Personengleichheit nach Nummer 4 nicht erreicht und ein beherrschender Einfluß im Sinne der Nummer 5 nicht ermöglicht wird, sofern durch die Verbindung ein oder mehrere Unternehmen unmittelbar oder mittelbar einen wettbewerblich erheblichen Einfluß auf ein anderes Unternehmen ausüben können.

(3) ¹Ein Zusammenschluß ist auch dann anzunehmen, wenn die beteiligten Unternehmen bereits vorher im Sinne des Absatzes 2 zusammengeschlossen waren, es sei denn, daß der Zusammenschluß nicht zu einer wesentlichen Verstärkung der bereits bestehenden Unternehmensverbindung führt. ²Ein Zusammenschluß liegt nicht vor, wenn ein Kreditinstitut bei der Gründung oder Kapitalerhöhung eines Unternehmens oder sonst im Rahmen seines Geschäftsbetriebes Anteile an einem anderen Unternehmen zum Zweck der Veräußerung auf dem Markt

3. Abschnitt. Marktbeherrschende Unternehmen § 23 GWB 26

erwirbt, solange es das Stimmrecht aus diesen Anteilen nicht ausübt und sofern die Veräußerung innerhalb eines Jahres erfolgt; bei der Gründung eines Unternehmens führt die Ausübung des Stimmrechts in der ersten Hauptversammlung nach der Gründung nicht zu einem Zusammenschluß. ³Ist ein an einem Zusammenschluß beteiligtes Unternehmen ein im Sinne des Absatzes 1 Satz 2 verbundenes Unternehmen, so gelten auch das herrschende Unternehmen sowie diejenigen Unternehmen, von denen das herrschende Unternehmen abhängig ist, als am Zusammenschluß beteiligt. ⁴Schließen sich zwei oder mehr Unternehmen zusammen, so gilt dies auch als Zusammenschluß der von ihnen abhängigen Unternehmen.

(4) Zur Anzeige sind verpflichtet:
1. in den Fällen der Verschmelzung oder Umwandlung die Inhaber des aufnehmenden oder des neugebildeten Unternehmens oder deren Vertreter, bei juristischen Personen und Gesellschaften die nach Gesetz oder Satzung zur Vertretung berufenen Personen;
2. im übrigen
   a) die Inhaber der am Zusammenschluß beteiligten Unternehmen und
   b) in den Fällen des Absatzes 2 Nr. 1 und 2 auch der Veräußerer

   oder deren Vertreter, bei juristischen Personen und Gesellschaften die nach Gesetz oder Satzung zur Vertretung berufenen Personen; in den Fällen des Buchstabens b gilt Absatz 3 Satz 3 entsprechend.

(5) ¹In der Anzeige ist die Form des Zusammenschlusses anzugeben. ²Die Anzeige muß ferner über jedes beteiligte Unternehmen folgende Angaben enthalten:
1. die Firma oder sonstige Bezeichnung und den Ort der Niederlassung oder den Sitz;
2. die Art des Geschäftsbetriebes;
3. die Marktanteile einschließlich der Grundlagen für ihre Berechnung oder Schätzung, wenn diese im Geltungsbereich dieses Gesetzes oder in einem wesentlichen Teil desselben für die beteiligten Unternehmen zusammen mindestens 20 vom Hundert erreichen, und die Umsatzerlöse; an Stelle der Umsatzerlöse sind bei Kreditinstituten und Bausparkassen die Bilanzsumme, bei Versicherungsunternehmen die Prämieneinnahmen anzugeben;
4. beim Erwerb von Anteilen an einem anderen Unternehmen die Höhe der erworbenen und der insgesamt gehaltenen Beteiligung.

³Ist ein beteiligtes Unternehmen ein im Sinne des Absatzes 1 Satz 2 verbundenes Unternehmen, so sind die in Satz 2 Nr. 1 und 2 geforderten Angaben auch über die so verbundenen Unternehmen und die in Satz 2 Nr. 3 geforderten Angaben über jedes am Zusammenschluß beteiligte Unternehmen und die mit ihm so verbundenen Unternehmen insgesamt zu machen sowie die Konzernbeziehungen, Abhängigkeits- und Beteiligungsverhältnisse zwischen den verbundenen Unternehmen mitzuteilen.

(6) ¹Das Bundeskartellamt kann von jedem beteiligten Unternehmen Auskunft über Marktanteile einschließlich der Grundlagen für die Berechnung oder Schätzung sowie über den Umsatzerlös bei einer bestimmten Art von Waren oder gewerblichen Leistungen verlangen, den das Unternehmen im letzten vor dem Zusammenschluß endenden Geschäftsjahr erzielt hat. ²Ist ein beteiligtes Unternehmen ein im Sinne des Absatzes 1 Satz 2 verbundendes Unternehmen, so kann das Bundeskartellamt die Auskunft auch über die so verbundenen Unternehmen ver-

langen; es kann die Auskunft auch von den verbundenen Unternehmen verlangen. ³§ 46 Abs. 2, 5 und 9 gilt entsprechend. ⁴Zur Erteilung der Auskunft hat das Bundeskartellamt eine angemessene Frist zu bestimmen. ⁵Die Befugnisse des Bundeskartellamtes nach § 46 bleiben unberührt.

§ 23a. [Vermutung von Zusammenschlußwirkungen] (1) Unbeschadet des § 22 Abs. 1 bis 3 wird für die Zusammenschlußkontrolle vermutet, daß durch den Zusammenschluß eine überragende Marktstellung entstehen oder sich verstärken wird, wenn

1. sich ein Unternehmen, das im letzten vor dem Zusammenschluß endenden Geschäftsjahr Umsatzerlöse von mindestens zwei Milliarden Deutscher Mark hatte, mit einem anderen Unternehmen zusammenschließt, das

   a) auf einem Markt tätig ist, auf dem kleine und mittlere Unternehmen insgesamt einen Marktanteil von mindestens zwei Dritteln und die am Zusammenschluß beteiligten Unternehmen insgesamt einen Marktanteil von mindestens fünf vom Hundert haben, oder

   b) auf einem oder mehreren Märkten marktbeherrschend ist, auf denen insgesamt im letzten abgeschlossenen Kalenderjahr mindestens 150 Millionen Deutscher Mark umgesetzt wurden, oder

2. die am Zusammenschluß beteiligten Unternehmen im letzten vor dem Zusammenschluß endenden Geschäftsjahr insgesamt Umsatzerlöse von mindestens zwölf Milliarden Deutscher Mark und mindestens zwei der am Zusammenschluß beteiligten Unternehmen Umsatzerlöse von jeweils mindestens einer Milliarde Deutscher Mark hatten; die Vermutung gilt nicht, soweit der Zusammenschluß auch die Voraussetzungen des § 23 Abs. 2 Nr. 2 Satz 3 erfüllt und das Gemeinschaftsunternehmen nicht auf einem Markt tätig ist, auf dem im letzten Kalenderjahr mindestens 750 Millionen Deutscher Mark umgesetzt wurden.

(2) ¹Für die Zusammenschlußkontrolle gilt auch eine Gesamtheit von Unternehmen als marktbeherrschend, wenn sie

1. aus drei oder weniger Unternehmen besteht, die auf einem Markt die höchsten Marktanteile und zusammen einen Marktanteil von 50 vom Hundert erreichen, oder

2. aus fünf oder weniger Unternehmen besteht, die auf einem Markt die höchsten Marktanteile und zusammen einen Marktanteil von zwei Dritteln erreichen,

es sei denn, die Unternehmen weisen nach, daß die Wettbewerbsbedingungen auch nach dem Zusammenschluß zwischen ihnen wesentlichen Wettbewerb erwarten lassen oder die Gesamtheit der Unternehmen im Verhältnis zu den übrigen Wettbewerbern keine überragende Marktstellung hat. ²Satz 1 gilt nicht, soweit es sich um Unternehmen handelt, die im letzten abgeschlossenen Geschäftsjahr Umsatzerlöse von weniger als 150 Millionen Deutscher Mark hatten oder wenn die am Zusammenschluß beteiligten Unternehmen insgesamt einen Marktanteil von nicht mehr als 15 vom Hundert erreichen. ³§ 22 Abs. 2 und 3 Satz 1 Nr. 2 bleibt im übrigen unberührt.

(3) Bei der Berechnung der Umsatzerlöse und Marktanteile ist § 23 Abs. 1 Satz 2 bis 6 und 8 bis 10 anzuwenden.

§ 24. [Zusammenschlußkontrolle] (1) Ist zu erwarten, daß durch einen Zusammenschluß eine marktbeherrschende Stellung entsteht oder verstärkt wird, so

3. Abschnitt. Marktbeherrschende Unternehmen § 24 GWB 26

hat die Kartellbehörde die in den folgenden Bestimmungen genannten Befugnisse, es sei denn, die beteiligten Unternehmen weisen nach, daß durch den Zusammenschluß auch Verbesserungen der Wettbewerbsbedingungen eintreten und daß diese Verbesserungen die Nachteile der Marktbeherrschung überwiegen.

(2) ¹Liegen die Voraussetzungen des Absatzes 1 vor, so untersagt das Bundeskartellamt den Zusammenschluß. ²Das Bundeskartellamt darf einen Zusammenschluß untersagen, sobald ihm das Vorhaben des Zusammenschlusses bekanntgeworden ist; vollzogene Zusammenschlüsse darf das Bundeskartellamt nur innerhalb einer Frist von einem Jahr seit Eingang der vollständigen Anzeige nach § 23 untersagen; § 24a Abs. 2 Satz 2 Nr. 1 und 5 bis 6 gilt entsprechend. ³Vor einer Untersagung ist den obersten Landesbehörden, in deren Gebiet die beteiligten Unternehmen ihren Sitz haben, Gelegenheit zur Stellungnahme zu geben. ⁴Hat das Bundeskartellamt die Verfügung nach Satz 1 erlassen, so ist es unzulässig, den Zusammenschluß ohne Erlaubnis des Bundesministers für Wirtschaft zu vollziehen oder am Vollzug des Zusammenschlusses mitzuwirken; Rechtsgeschäfte, die gegen dieses Verbot verstoßen, sind unwirksam; dies gilt nicht für Verträge über die Verschmelzung, Umwandlung, Eingliederung oder Gründung eines Unternehmens und für Unternehmensverträge im Sinne der §§ 291 und 292 des Aktiengesetzes, sobald sie durch Eintragung in das Handelsregister oder in das Genossenschaftsregister rechtswirksam geworden sind. ⁵Ein vollzogener Zusammenschluß, den das Bundeskartellamt untersagt hat, ist aufzulösen, wenn nicht der Bundesminister für Wirtschaft die Erlaubnis zu dem Zusammenschluß erteilt.

(3) ¹Der Bundesminister für Wirtschaft erteilt auf Antrag die Erlaubnis zu dem Zusammenschluß, wenn im Einzelfall die Wettbewerbsbeschränkung von gesamtwirtschaftlichen Vorteilen des Zusammenschlusses aufgewogen wird oder der Zusammenschluß durch ein überragendes Interesse der Allgemeinheit gerechtfertigt ist; hierbei ist auch die Wettbewerbsfähigkeit der beteiligten Unternehmen auf Märkten außerhalb des Geltungsbereiches dieses Gesetzes zu berücksichtigen. ²Die Erlaubnis darf nur erteilt werden, wenn durch das Ausmaß der Wettbewerbsbeschränkung die marktwirtschaftliche Ordnung nicht gefährdet wird. ³Die Erlaubnis kann mit Beschränkungen und Auflagen verbunden werden. ⁴Diese dürfen sich nicht darauf richten, die beteiligten Unternehmen einer laufenden Verhaltenskontrolle zu unterstellen. ⁵§ 22 bleibt unberührt.

(4) ¹Der Antrag auf Erteilung der Erlaubnis zum Zusammenschluß ist binnen einer Frist von einem Monat beim Bundesminister für Wirtschaft schriftlich einzureichen. ²Die Frist beginnt mit der Zustellung der in Absatz 2 Satz 1 bezeichneten Verfügung des Bundeskartellamtes; wird die Verfügung des Bundeskartellamtes innerhalb der in § 65 Abs. 1 Satz 1 und 2 vorgesehenen Frist angefochten, so beginnt die Frist für den Erlaubnisantrag in dem Zeitpunkt, in dem die Verfügung des Bundeskartellamtes unanfechtbar wird. ³Der Bundesminister für Wirtschaft soll über den Antrag innerhalb von vier Monaten seit Ablauf der in den Sätzen 1 und 2 genannten Frist für den Erlaubnisantrag entscheiden. ⁴Vor der Entscheidung ist den obersten Landesbehörden, in deren Gebiet die beteiligten Unternehmen ihren Sitz haben, Gelegenheit zur Stellungnahme zu geben.

(5) ¹Der Bundesminister für Wirtschaft kann die Erlaubnis widerrufen oder durch Anordnung von Beschränkungen ändern oder mit Auflagen versehen, wenn die beteiligten Unternehmen einer mit der Erlaubnis verbundenen Auflage zuwiderhandeln. ²Der Bundesminister für Wirtschaft kann die Erlaubnis zurücknehmen, wenn die beteiligten Unternehmen sie durch arglistige Täuschung, Dro-

hung, Bestechung oder durch Angaben erwirkt haben, die in wesentlicher Beziehung unrichtig oder unvollständig waren.

(6) ¹Die Auflösung eines vollzogenen Zusammenschlusses kann auch darin bestehen, daß die Wettbewerbsbeschränkung auf andere Weise als durch Wiederherstellung des früheren Zustands beseitigt wird. ²Das Bundeskartellamt ordnet die zur Auflösung des Zusammenschlusses erforderlichen Maßnahmen an, wenn

1. seine in Absatz 2 Satz 1 bezeichnete Verfügung unanfechtbar geworden ist und,
2. falls die beteiligten Unternehmen beim Bundesminister für Wirtschaft einen Antrag auf Erteilung der Erlaubnis zum Zusammenschluß gestellt hatten, die Ablehnung dieses Antrags oder in den Fällen des Absatzes 5 der Widerruf oder die Rücknahme unanfechtbar geworden ist.

³Hierbei hat es unter Wahrung der Belange Dritter diejenigen Maßnahmen anzuordnen, die mit dem geringsten Aufwand und der geringsten Belastung für die Beteiligten zum Ziele führen.

(7) Zur Durchsetzung seiner Anordnung kann das Bundeskartellamt insbesondere

1. durch einmalige oder mehrfache Festsetzung eines Zwangsgeldes von 10000 bis eine Million Deutscher Mark die zur Auflösung des Zusammenschlusses Verpflichteten dazu anhalten, daß sie unverzüglich die angeordneten Maßnahmen ergreifen,
2. untersagen, daß das Stimmrecht aus Anteilen an einem beteiligten Unternehmen, die einem anderen beteiligten Unternehmen gehören oder ihm zuzurechnen sind, ausgeübt wird, oder die Ausübung des Stimmrechts oder die Art der Ausübung von der Erlaubnis des Bundeskartellamtes abhängig machen,
3. den Zusammenschluß bewirkende Verträge der in § 23 Abs. 2 Nr. 1 und 3 bezeichneten Art für unwirksam erklären; dies gilt nicht für Verträge über die Verschmelzung, Umwandlung, Eingliederung oder Gründung eines Unternehmens und für Unternehmensverträge im Sinne der §§ 291 und 292 des Aktiengesetzes, sobald sie durch Eintragung in das Handelsregister oder in das Genossenschaftsregister rechtswirksam geworden sind,
4. einen Treuhänder bestellen, der für die zur Auflösung des Zusammenschlusses Verpflichteten die erforderlichen Willenserklärungen abzugeben und die erforderlichen tatsächlichen Handlungen vorzunehmen hat; hierbei ist zu bestimmen, in welchem Umfang während der Dauer der Treuhänderschaft die Rechte der Betroffenen ruhen; für das Rechtsverhältnis zwischen dem Treuhänder und dem Verpflichteten sind die §§ 664, 666 bis 670 des Bürgerlichen Gesetzbuchs entsprechend anzuwenden; der Treuhänder kann von dem Verpflichteten eine angemessene Vergütung beanspruchen.

(8) ¹Die Absätze 1 bis 7 gelten nicht,

1. wenn die beteiligten Unternehmen insgesamt im letzten abgeschlossenen Geschäftsjahr Umsatzerlöse von weniger als 500 Millionen Deutscher Mark hatten oder
2. wenn sich ein Unternehmen, das nicht abhängig ist und im letzten abgeschlossenen Geschäftsjahr Umsatzerlöse von nicht mehr als 50 Millionen Deutscher Mark hatte, einem anderen Unternehmen anschließt, es sei denn, das eine Unternehmen hatte Umsatzerlöse von mindestens vier Millionen Deutscher Mark und das andere Unternehmen Umsatzerlöse von mindestens einer Milliarde Deutscher Mark oder

3. Abschnitt. Marktbeherrschende Unternehmen § 24a **GWB 26**

3. soweit ein Markt betroffen ist, auf dem seit mindestens fünf Jahren Waren oder gewerbliche Leistungen angeboten werden und auf dem im letzten Kalenderjahr weniger als zehn Millionen Deutscher Mark umgesetzt wurden.

²Bei der Berechnung der Umsatzerlöse ist § 23 Abs. 1 Satz 2 bis 10 anzuwenden.

(9) Absatz 8 Satz 1 Nr. 2 ist nicht anzuwenden, soweit durch den Zusammenschluß der Wettbewerb beim Verlag, bei der Herstellung oder beim Vertrieb von Zeitungen oder Zeitschriften oder deren Bestandteilen im Sinne des Absatzes 1 beschränkt wird.

§ 24a. [Anmeldung von Zusammenschlußvorhaben] (1) ¹Das Vorhaben eines Zusammenschlusses kann beim Bundeskartellamt angemeldet werden. ²Das Vorhaben ist beim Bundeskartellamt anzumelden, wenn

1. eines der am Zusammenschluß beteiligten Unternehmen im letzten abgeschlossenen Geschäftsjahr Umsatzerlöse von mindestens zwei Milliarden Deutscher Mark hatte oder

2. mindestens zwei der am Zusammenschluß beteiligten Unternehmen im letzten abgeschlossenen Geschäftsjahr Umsatzerlöse von jeweils einer Milliarde Deutscher Mark oder mehr hatten oder

3. der Zusammenschluß nach Landesrecht durch Gesetz oder sonstigen Hoheitsakt bewirkt werden soll;

dies gilt nicht für Zusammenschlüsse nach § 23 Abs. 2 Nr. 6. ³Für die Anmeldung gilt § 23 entsprechend mit der Maßgabe, daß bei Anwendung des § 23 Abs. 1 Satz 1 und Abs. 6 an die Stelle des Zeitpunktes des Zusammenschlusses der Zeitpunkt der Anmeldung tritt und daß in den Fällen der Verschmelzung oder Umwandlung die Inhaber, die Vertreter oder zur Vertretung berufenen Personen der am Zusammenschluß beteiligten Unternehmen zur Anmeldung verpflichtet sind. ⁴Die Anmeldung gilt nur als bewirkt, wenn sie die in § 23 Abs. 5 bezeichneten Angaben enthält. ⁵§ 46 Abs. 9 findet auf die anläßlich der Anmeldung erlangten Kenntnisse und Unterlagen entsprechende Anwendung.

(2) ¹Ist das Zusammenschlußvorhaben beim Bundeskartellamt angemeldet worden, so darf das Bundeskartellamt den Zusammenschluß nur untersagen, wenn es demjenigen, der die Anmeldung bewirkt hat, innerhalb einer Frist von einem Monat seit Eingang der Anmeldung mitteilt, daß es in die Prüfung des Zusammenschlußvorhabens eingetreten ist und wenn die Verfügung nach § 24 Abs. 2 Satz 1 innerhalb einer Frist von vier Monaten seit Eingang der Anmeldung ergeht. ²Das Bundeskartellamt darf den Zusammenschluß auch nach Ablauf der vier Monate untersagen, wenn

1. die am Zusammenschluß beteiligten Unternehmen einer Fristverlängerung zugestimmt haben oder

2. der Zusammenschluß vollzogen wird, obgleich die in Satz 1 genannte Frist von einem Monat oder, wenn das Bundeskartellamt die Mitteilung nach Satz 1 gemacht hat, die dort genannte Frist von vier Monaten noch nicht abgelaufen ist oder

3. der Zusammenschluß anders als angemeldet vollzogen wird oder

4. der Zusammenschluß noch nicht vollzogen ist und die Verhältnisse, auf Grund deren das Bundeskartellamt von der Mitteilung nach Satz 1 oder von der Untersagung des Zusammenschlusses nach § 24 Abs. 2 Satz 1 abgesehen hatte, sich wesentlich geändert haben oder

26 GWB § 24b Erster Teil. Wettbewerbsbeschränkungen

5. das Bundeskartellamt durch unrichtige oder unvollständige Angaben der am Zusammenschluß beteiligten Unternehmen oder eines anderen veranlaßt worden ist, die Mitteilung nach Satz 1 oder die Untersagung des Zusammenschlusses nach § 24 Abs. 2 Satz 1 zu unterlassen oder

6. eine Auskunft nach § 23 Abs. 6 oder § 46 nicht oder nicht fristgemäß erteilt wurde und das Bundeskartellamt dadurch zu dem in Nummer 5 bezeichneten Verhalten veranlaßt worden ist.

(3) Die Anmeldung des Zusammenschlußvorhabens läßt die Pflicht zur Anzeige des Zusammenschlusses nach § 23 unberührt; bei der Anzeige nach § 23 kann auf die bei der Anmeldung des Zusammenschlußvorhabens eingereichten Unterlagen Bezug genommen werden.

(4) Ist ein Zusammenschlußvorhaben nach Absatz 1 Satz 2 anzumelden, so ist es unzulässig, den Zusammenschluß vor dem Ablauf der in Absatz 2 Satz 1 genannten Frist von einem Monat und, wenn das Bundeskartellamt die Mitteilung nach Absatz 2 Satz 1 gemacht hat, vor dem Ablauf der dort genannten Frist von vier Monaten oder deren vereinbarter Verlängerung zu vollziehen oder am Vollzug dieses Zusammenschlusses mitzuwirken, es sei denn, das Bundeskartellamt hat demjenigen, der die Anmeldung bewirkt hat, vor Ablauf der in Absatz 2 Satz 1 genannten Fristen schriftlich mitgeteilt, daß das Zusammenschlußvorhaben die Untersagungsvoraussetzungen des § 24 Abs. 1 nicht erfüllt; Rechtsgeschäfte, die gegen dieses Verbot verstoßen, sind unwirksam; dies gilt nicht für Verträge über die Verschmelzung, Umwandlung, Eingliederung oder Gründung eines Unternehmens und für Unternehmensverträge im Sinne der §§ 291 und 292 des Aktiengesetzes, sobald sie durch Eintragung in das Handelsregister oder in das Genossenschaftsregister rechtswirksam geworden sind.

§ 24 b. [Monopolkommission] (1) ¹Zur regelmäßigen Begutachtung der Entwicklung der Unternehmenskonzentration in der Bundesrepublik Deutschland und der Anwendung der §§ 22 bis 24a wird eine Monopolkommission gebildet. ²Sie besteht aus fünf Mitgliedern, die über besondere volkswirtschaftliche, betriebswirtschaftliche, sozialpolitische, technologische oder wirtschaftsrechtliche Kenntnisse und Erfahrungen verfügen müssen.

(2) ¹Die Mitglieder der Monopolkommission dürfen weder der Regierung oder einer gesetzgebenden Körperschaft des Bundes oder eines Landes noch dem öffentlichen Dienst des Bundes, eines Landes oder einer sonstigen juristischen Person des öffentlichen Rechts, es sei denn als Hochschullehrer oder als Mitarbeiter eines wissenschaftlichen Instituts, angehören. ²Sie dürfen ferner nicht als Repräsentant eines Wirtschaftsverbandes oder einer Organisation der Arbeitgeber oder Arbeitnehmer sein oder zu diesen in einem ständigen Dienst- oder Geschäftsbesorgungsverhältnis stehen. ³Sie dürfen auch nicht während des letzten Jahres vor der Berufung zum Mitglied der Monopolkommission eine derartige Stellung innegehabt haben.

(3) ¹Die Monopolkommission soll in ihrem Gutachten den jeweiligen Stand der Unternehmenskonzentration sowie deren absehbare Entwicklung unter wirtschafts-, insbesondere wettbewerbspolitischen Gesichtspunkten beurteilen und die Anwendung der §§ 22 bis 24a würdigen. ²Sie soll auch nach ihrer Auffassung notwendige Änderungen der einschlägigen Bestimmungen dieses Gesetzes aufzeigen.

3. Abschnitt. Marktbeherrschende Unternehmen § 24b GWB 26

(4) ¹Die Monopolkommission ist nur an den durch dieses Gesetz begründeten Auftrag gebunden und in ihrer Tätigkeit unabhängig. ²Vertritt eine Minderheit bei der Abfassung der Gutachten eine abweichende Auffassung, so kann sie diese in den Gutachten zum Ausdruck bringen.

(5) ¹Die Monopolkommission erstellt alle zwei Jahre bis zum 30. Juni, erstmals zum 30. Juni 1976, ein Gutachten, das sich auf die Verhältnisse in den letzten beiden abgeschlossenen Kalenderjahren erstreckt, und leitet es der Bundesregierung unverzüglich zu. ²Die Gutachten nach Satz 1 werden den gesetzgebenden Körperschaften von der Bundesregierung unverzüglich vorgelegt und zum gleichen Zeitpunkt von der Monopolkommission veröffentlicht. ³Zu diesen Gutachten nimmt die Bundesregierung in angemessener Frist gegenüber den gesetzgebenden Körperschaften Stellung. ⁴Darüber hinaus kann die Monopolkommission nach ihrem Ermessen zusätzliche Gutachten erstellen. ⁵Die Bundesregierung kann sie mit der Erstattung zusätzlicher Gutachten beauftragen. ⁶Die Monopolkommission leitet Gutachten nach den Sätzen 4 und 5 der Bundesregierung zu und veröffentlicht sie. ⁷Der Bundesminister für Wirtschaft hat in Einzelfällen, die ihm nach § 24 Abs. 3 zur Entscheidung vorliegen, eine gutachtliche Stellungnahme der Monopolkommission einzuholen.

(6) ¹Die Mitglieder der Monopolkommission werden auf Vorschlag der Bundesregierung durch den Bundespräsidenten berufen. ²Zum 1. Juli eines jeden Jahres, in dem nach Absatz 5 Satz 1 ein Gutachten zu erstatten ist, scheidet ein Mitglied aus. ³Die Reihenfolge des Ausscheidens wird in der ersten Sitzung der Monopolkommission durch das Los bestimmt. ⁴Der Bundespräsident beruft auf Vorschlag der Bundesregierung jeweils ein Mitglied für die Dauer von vier Jahren. ⁵Wiederberufungen sind zulässig. ⁶Die Bundesregierung hört die Mitglieder der Monopolkommission an, bevor sie neue Mitglieder vorschlägt. ⁷Die Mitglieder sind berechtigt, ihr Amt durch Erklärung gegenüber dem Bundespräsidenten niederzulegen. ⁸Scheidet ein Mitglied vorzeitig aus, so wird ein neues Mitglied für die Dauer der Amtszeit des ausgeschiedenen Mitglieds berufen; die Sätze 4 bis 6 gelten entsprechend.

(7) ¹Die Beschlüsse der Monopolkommission bedürfen der Zustimmung von mindestens drei Mitgliedern. ²Die Monopolkommission wählt aus ihrer Mitte einen Vorsitzenden. ³Die Monopolkommission gibt sich eine Geschäftsordnung.

(8) ¹Die Monopolkommission erhält eine Geschäftsstelle. ²Die Tätigkeit der Geschäftsstelle besteht in der Vermittlung und Zusammenstellung von Quellenmaterial, der technischen Vorbereitung der Sitzungen der Monopolkommission, dem Druck und der Veröffentlichung der Gutachten sowie der Erledigung der sonst anfallenden Verwaltungsaufgaben.

(9) ¹Die Mitglieder der Monopolkommission und die Angehörigen der Geschäftsstelle sind zur Verschwiegenheit über die Beratungen und die von der Monopolkommission als vertraulich bezeichneten Beratungsunterlagen verpflichtet. ²Die Pflicht zur Verschwiegenheit bezieht sich auch auf Informationen, die der Monopolkommission gegeben und als vertraulich bezeichnet werden.

(10) ¹Die Mitglieder der Monopolkommission erhalten eine pauschale Entschädigung sowie Ersatz ihrer Reisekosten. ²Diese werden vom Bundesminister für Wirtschaft im Einvernehmen mit dem Bundesminister des Innern festgesetzt. ³Die Kosten der Monopolkommission trägt der Bund.

§ 24c. [Begutachtung der Unternehmenskonzentration] (1) ¹Für die Begutachtung der Entwicklung der Unternehmenskonzentration dürfen der Monopolkommission vom Statistischen Bundesamt und den statistischen Ämtern der Länder aus den von diesen geführten Wirtschaftsstatistiken (Statistik im produzierenden Gewerbe, Handwerksstatistik, Außenhandelsstatistik, Steuerstatistik, Verkehrsstatistik, Statistik im Handel und Gastgewerbe und Pressestatistik) zusammengefaßte Einzelangaben über die vom Hundert-Anteile der drei, sechs und zehn größten Unternehmen oder Betriebe des jeweiligen Wirtschaftsbereichs

a) am Wert der zum Absatz bestimmten Güterproduktion,

b) am Umsatz,

c) an der Zahl der tätigen Personen,

d) an den Lohn- und Gehaltsummen,

e) an den Investitionen,

f) an der Wertschöpfung,

g) an der Zahl der Betriebe,

h) an der Größe der Auflagen und am objektbezogenen Umsatz von Zeitungen und Zeitschriften nach Arten

übermittelt werden. ²Die statistischen Ämter der Länder stellen die hierfür erforderlichen Einzelangaben dem Statistischen Bundesamt zur Verfügung.

(2) ¹Personen, die zusammengefaßte Einzelangaben nach Absatz 1 erhalten sollen, sind vor der Übermittlung zur Geheimhaltung besonders zu verpflichten, soweit sie nicht Amtsträger oder für den öffentlichen Dienst besonders Verpflichtete sind. ²§ 1 Abs. 2, 3 und 4 Nr. 2 des Verpflichtungsgesetzes vom 2. März 1974 (BGBl. I S. 469, 547 – Artikel 42), das durch § 1 Nr. 4 des Gesetzes vom 15. August 1974 (BGBl. I S. 1942) geändert worden ist, gilt entsprechend. ³Personen, die nach Satz 1 besonders verpflichtet worden sind, stehen für die Anwendung der Vorschriften des Strafgesetzbuches über die Verletzung von Privatgeheimnissen (§ 203 Abs. 2, 4, 5; §§ 204, 205) und des Dienstgeheimnisses (§ 353b Abs. 1) den für den öffentlichen Dienst besonders Verpflichteten gleich.

(3) ¹Die zusammengefaßten Einzelangaben dürfen nur für die Zwecke verwendet werden, für die sie übermittelt wurden. ²Sie sind zu löschen, sobald der in Absatz 1 genannte Zweck erfüllt ist.

(4) Bei der Monopolkommission muß durch organisatorische und technische Maßnahmen sichergestellt sein, daß nur Amtsträger, für den öffentlichen Dienst besonders Verpflichtete oder Verpflichtete nach Abs. 2 Satz 1 Empfänger von zusammengefaßten Einzelangaben sind.

(5) ¹Die Übermittlungen sind nach Maßgabe des § 16 Abs. 9 des Bundesstatistikgesetzes aufzuzeichnen. ²Die Aufzeichnungen sind mindestens fünf Jahre aufzubewahren.

(6) Bei der Durchführung der Wirtschaftsstatistiken nach Absatz 1 sind die befragten Unternehmen schriftlich zu unterrichten, daß die zusammengefaßten Einzelangaben nach Absatz 1 der Monopolkommission übermittelt werden dürfen.

Vierter Abschnitt. Wettbewerbsbeschränkendes und diskriminierendes Verhalten

§ 25. [**Verbot eines aufeinander abgestimmten Verhaltens und wettbewerbsbeschränkender Maßnahmen**] (1) Ein aufeinander abgestimmtes Verhalten von Unternehmen oder Vereinigungen von Unternehmen, das nach diesem Gesetz nicht zum Gegenstand einer vertraglichen Bindung gemacht werden darf, ist verboten.

(2) Unternehmen und Vereinigungen von Unternehmen dürfen anderen Unternehmen keine Nachteile androhen oder zufügen und keine Vorteile versprechen oder gewähren, um sie zu einem Verhalten zu veranlassen, das nach diesem Gesetz oder nach einer auf Grund dieses Gesetzes ergangenen Verfügung der Kartellbehörde nicht zum Gegenstand einer vertraglichen Bindung gemacht werden darf.

(3) Unternehmen und Vereinigungen von Unternehmen dürfen andere Unternehmen nicht zwingen,
1. einem Vertrag oder Beschluß im Sinne der §§ 2 bis 8, 29, 99 Abs. 1, § 100 Abs. 1 und 7, §§ 102 und 103 beizutreten oder
2. sich mit anderen Unternehmen im Sinne des § 23 zusammenzuschließen oder
3. in der Absicht, den Wettbewerb zu beschränken, sich im Markt gleichförmig zu verhalten.

§ 26. [**Verbot von Liefer- oder Bezugssperren; Diskriminierungsverbot**]
(1) Unternehmen und Vereinigungen von Unternehmen dürfen nicht ein anderes Unternehmen oder Vereinigungen von Unternehmen in der Absicht, bestimmte Unternehmen unbillig zu beeinträchtigen, zu Liefersperren oder Bezugssperren auffordern.

(2) [1]Marktbeherrschende Unternehmen, Vereinigungen von Unternehmen im Sinne der §§ 2 bis 8, 99 Abs. 1 Nr. 1 und 2 sowie Abs. 2, § 100 Abs. 1 und 7, §§ 102 bis 103 und Unternehmen, die Preise nach den §§ 16, 100 Abs. 3 oder § 103 Abs. 1 Nr. 3 binden, dürfen ein anderes Unternehmen in einem Geschäftsverkehr, der gleichartigen Unternehmen üblicherweise zugänglich ist, weder unmittelbar noch mittelbar unbillig behindern oder gegenüber gleichartigen Unternehmen ohne sachlich gerechtfertigten Grund unmittelbar oder mittelbar unterschiedlich behandeln. [2]Satz 1 gilt auch für Unternehmen und Vereinigungen von Unternehmen, soweit von ihnen kleine oder mittlere Unternehmen als Anbieter oder Nachfrager einer bestimmten Art von Waren oder gewerblichen Leistungen in der Weise abhängig sind, daß ausreichende und zumutbare Möglichkeiten, auf andere Unternehmen auszuweichen, nicht bestehen. [3]Es wird vermutet, daß ein Anbieter einer bestimmten Art von Waren oder gewerblichen Leistungen von einem Nachfrager abhängig ist im Sinne des Satzes 2, wenn dieser Nachfrager bei ihm zusätzlich zu den verkehrsüblichen Preisnachlässen oder sonstigen Leistungsentgelten regelmäßig besondere Vergünstigungen erlangt, die gleichartigen Nachfragern nicht gewährt werden.

(3) [1]Marktbeherrschende Unternehmen und Vereinigungen von Unternehmen im Sinne des Absatzes 2 Satz 1 dürfen ihre Marktstellung nicht dazu ausnutzen, andere Unternehmen im Geschäftsverkehr zu veranlassen, ihnen ohne sachlich gerechtfertigten Grund Vorzugsbedingungen zu gewähren. [2]Satz 1 gilt auch für

Unternehmen und Vereinigungen von Unternehmen im Sinne des Absatzes 2 Satz 2 im Verhältnis zu den von ihnen abhängigen Unternehmen.

(4) Unternehmen mit gegenüber kleinen und mittleren Wettbewerbern überlegener Marktmacht dürfen ihre Marktmacht nicht dazu ausnutzen, solche Wettbewerber unmittelbar oder mittelbar unbillig zu behindern.

(5) Ergibt sich auf Grund bestimmter Tatsachen nach allgemeiner Erfahrung der Anschein, daß ein Unternehmen seine Marktmacht im Sinne des Absatzes 4 ausgenutzt hat, so obliegt es diesem Unternehmen, den Anschein zu widerlegen und solche anspruchsbegründenden Umstände aus seinem Geschäftsbereich aufzuklären, deren Aufklärung dem betroffenen Wettbewerber oder einem Verband nach § 35 Abs. 3 nicht möglich, dem in Anspruch genommenen Unternehmen aber leicht möglich und zumutbar ist.

§ 27. [Ablehnung der Aufnahme in Wirtschafts- oder Berufsvereinigung]

(1) ¹Wird die Aufnahme eines Unternehmens in eine Wirtschafts- oder Berufsvereinigung abgelehnt, so kann die Kartellbehörde auf Antrag des betroffenen Unternehmens die Aufnahme in die Vereinigung anordnen, wenn die Ablehnung eine sachlich nicht gerechtfertigte ungleiche Behandlung darstellt und zu einer unbilligen Benachteiligung des Unternehmens im Wettbewerb führt. ²Wirtschaftsvereinigungen im Sinne dieses Gesetzes sind auch die Gütezeichengemeinschaften.

(2) Die Verfügung kann mit Auflagen verbunden werden.

(3) § 11 Abs. 4 Nr. 1 und Abs. 5 Nr. 1 ist entsprechend anzuwenden.

Fünfter Abschnitt. Wettbewerbsregeln

§ 28. [Begriff; Anerkennung von Wettbewerbsregeln] (1) Wirtschafts- und Berufsvereinigungen können für ihren Bereich Wettbewerbsregeln aufstellen.

(2) Wettbewerbsregeln im Sinne dieser Vorschriften sind Bestimmungen, die das Verhalten von Unternehmen im Wettbewerb regeln zu dem Zweck, einem den Grundsätzen des lauteren oder der Wirksamkeit eines leistungsgerechten Wettbewerbs zuwiderlaufenden Verhalten im Wettbewerb entgegenzuwirken und ein diesen Grundsätzen entsprechendes Verhalten im Wettbewerb anzuregen.

(3) Wirtschafts- und Berufsvereinigungen können bei der Kartellbehörde die Anerkennung von Wettbewerbsregeln beantragen.

(4) ¹Der Antrag auf Anerkennung von Wettbewerbsregeln hat zu enthalten:
1. Name, Rechtsform und Anschrift der Wirtschafts- oder Berufsvereinigung;
2. Name und Anschrift ihres Vertreters;
3. die Angabe des sachlichen und örtlichen Anwendungsbereichs der Wettbewerbsregeln;
4. den Wortlaut der Wettbewerbsregeln.

²Dem Antrag sind beizufügen:
1. die Satzung der Wirtschafts- oder Berufsvereinigung;
2. der Nachweis, daß die Wettbewerbsregeln satzungsmäßig aufgestellt sind;
3. eine Aufstellung von außenstehenden Wirtschafts- oder Berufsvereinigungen und Unternehmen der gleichen Wirtschaftsstufe sowie der Lieferanten- und

5. Abschnitt. Wettbewerbsregeln §§ 29–32 **GWB 26**

Abnehmervereinigungen und der Bundesorganisationen der beteiligten Wirtschaftsstufen des betreffenden Wirtschaftszweiges.

(5) Änderungen und Ergänzungen anerkannter Wettbewerbsregeln sind der Kartellbehörde mitzuteilen.

§ 29. [**Wirkung der Anerkennung**] Vereinbarungen, in denen sich die Beteiligten zur Einhaltung von anerkannten Wettbewerbsregeln im Sinne des § 28 verpflichten, sind nicht Verträge oder Beschlüsse im Sinne des § 1 dieses Gesetzes.

§ 30. [**Verfahren bei Antrag auf Anerkennung**] ¹Die Kartellbehörde hat nichtbeteiligten Unternehmen der gleichen Wirtschaftsstufe, Wirtschafts- und Berufsvereinigungen der durch die Wettbewerbsregeln betroffenen Lieferanten und Abnehmer sowie den Bundesorganisationen der beteiligten Wirtschaftsstufen Gelegenheit zur Stellungnahme zu geben. ²Die Kartellbehörde kann eine öffentliche mündliche Verhandlung über den Antrag auf Anerkennung durchführen, in der es jedermann freisteht, Einwendungen gegen die Anerkennung zu erheben.

§ 31. [**Ablehnung der Anerkennung; Zurücknahme oder Widerruf**]
(1) Die Kartellbehörde kann den Antrag auf Anerkennung einer Wettbewerbsregel ablehnen, wenn eine derartige Regel oder eine Vereinbarung darüber im Sinne des § 29 Bestimmungen dieses Gesetzes, des Gesetzes gegen den unlauteren Wettbewerb,* des Rabattgesetzes** oder der Verordnung des Reichspräsidenten zum Schutze der Wirtschaft, Erster Teil (Zugabeverordnung),*** in der im Bundesgesetzblatt Teil III, Gliederungsnummer 43–4–1, veröffentlichten bereinigten Fassung, zuletzt geändert durch § 18 des Gesetzes vom 22. Oktober 1987 (BGBl. I S. 2294), unter Berücksichtigung der dazu ergangenen Rechtsprechung oder einer sonstigen rechtlichen Vorschrift verletzt.

(2) Wirtschafts- und Berufsvereinigungen haben die Außerkraftsetzung von ihnen aufgestellter, anerkannter Wettbewerbsregeln bei der Kartellbehörde anzumelden.

(3) Die Kartellbehörde hat die Anerkennung zurückzunehmen oder zu widerrufen, wenn sie nachträglich feststellt, daß die Voraussetzungen für die Ablehnung der Anerkennung nach Absatz 1 vorliegen.

§ 32. [**Bekanntmachungen**] (1) Im Bundesanzeiger sind bekanntzumachen
1. die Anträge nach § 28 Abs. 3;
2. die Anberaumung von Terminen zur mündlichen Verhandlung nach § 30 Satz 2;
3. die Anerkennung von Wettbewerbsregeln, ihren Änderungen und Ergänzungen;
4. die Löschung von Wettbewerbsregeln nach § 31 Abs. 3.

(2) Mit der Bekanntmachung der Anträge nach Absatz 1 Nr. 1 ist darauf hinzuweisen, daß die Wettbewerbsregeln, deren Anerkennung beantragt ist, bei der Kartellbehörde zur öffentlichen Einsichtnahme ausgelegt sind.

---

* Abgedruckt unter Nr. 25.
** Abgedruckt unter Nr. 27.
*** Abgedruckt unter Nr. 29.

(3) Soweit die Anträge nach Absatz 1 Nr. 1 zur Anerkennung führen, genügt für die Bekanntmachung der Anerkennung eine Bezugnahme auf die Bekanntmachung der Anträge.

§ 33. [**Auskunft der Kartellbehörden**] Die Kartellbehörden erteilen auf Anfrage Auskunft über anerkannte Wettbewerbsregeln, indem die Angaben zu § 28 Abs. 4 Satz 1 mitgeteilt werden.

Sechster Abschnitt. Gemeinsame Bestimmungen

§ 34. [**Form der Kartellverträge und -beschlüsse**] ¹Kartellverträge und Kartellbeschlüsse (§§ 2 bis 8) sowie Verträge, die Beschränkungen der in den §§ 16, 18, 20 und 21 bezeichneten Art enthalten, sind schriftlich abzufassen. ²§ 126 Abs. 1 des Bürgerlichen Gesetzbuchs findet Anwendung. ³Es genügt, wenn die Beteiligten Urkunden unterzeichnen, die auf einen schriftlichen Beschluß, auf eine schriftliche Satzung oder auf eine Preisliste Bezug nehmen. ⁴§ 126 Abs. 2 des Bürgerlichen Gesetzbuchs findet keine Anwendung.

§ 35. [**Schadensersatzpflicht; Unterlassungsanspruch**] (1) ¹Wer vorsätzlich oder fahrlässig gegen eine Vorschrift dieses Gesetzes oder gegen eine auf Grund dieses Gesetzes von der Kartellbehörde oder dem Beschwerdegericht erlassene Verfügung verstößt, ist, sofern die Vorschrift oder die Verfügung den Schutz eines anderen bezweckt, diesem zum Ersatz des aus dem Verstoß entstandenen Schadens verpflichtet. ²Richtet sich der Verstoß gegen eine auf Grund des § 27 erlassene Verfügung, so kann der Geschädigte auch für den Schaden, der nicht Vermögensschaden ist, eine billige Entschädigung in Geld verlangen.

(2) Wer vorsätzlich oder fahrlässig gegen eine von der Kartellbehörde oder dem Beschwerdegericht erlassene Verfügung im Sinne des Absatzes 1 verstößt, hat, sofern die Verfügung oder die Feststellung nach § 70 Abs. 3 unanfechtbar wird, auch den Schaden zu ersetzen, der von der Zustellung der Verfügung an entstanden ist.

(3) In den Fällen des Absatzes 1 kann ein Anspruch auf Unterlassung auch von Verbänden zur Förderung gewerblicher Interessen geltend gemacht werden, soweit die Verbände als solche in bürgerlichen Rechtsstreitigkeiten klagen können.

§ 36. [**Kartellvertreter**] (1) ¹Kartelle sowie Wirtschafts- und Berufsvereinigungen, die nicht rechtsfähig sind, sollen durch ihre Satzung einen Vertreter bestellen, der ermächtigt ist, sie in den durch dieses Gesetz geregelten Angelegenheiten gegenüber der Kartellbehörde sowie in Beschwerdeverfahren (§§ 62 bis 72) und Rechtsbeschwerdeverfahren (§§ 73 bis 75) zu vertreten. ²Name und Anschrift des Vertreters sollen der Kartellbehörde mitgeteilt werden.

(2) ¹Ist ein dem Absatz 1 entsprechender Vertreter nicht vorhanden, so bestellt auf Antrag der Kartellbehörde das für deren Sitz zuständige Amtsgericht einen Vertreter. ²Die Kartellbehörde stellt den Antrag von Amts wegen oder auf Antrag eines Dritten, der ein berechtigtes Interesse an der Bestellung eines Vertreters hat. ³Das Amtsgericht hat die Bestellung zu widerrufen, wenn der Mangel behoben ist.

§ 37. [**Gesamtschuldnerische Haftung der Kartellmitglieder**] Die Mitglieder eines Kartells, das nicht rechtsfähig ist, sind als Gesamtschuldner für den

Schaden verantwortlich, den ein Beauftragter des Kartells durch eine in Ausführung der ihm zustehenden Verrichtungen begangene, auf Grund dieses Gesetzes zum Schadensersatz verpflichtende Handlung einem Dritten zufügt.

Siebenter Abschnitt. Untersagungsverfahren, Mehrerlösabschöpfung

§ 37a. [Untersagungsverfahren] (1) Die Kartellbehörde kann die Durchführung eines Vertrages oder Beschlusses untersagen, der nach den §§ 1, 15, 20 Abs. 1, §§ 21, 100 Abs. 1 Satz 3 oder § 103 Abs. 2 unwirksam oder nichtig ist.

(2) Die Kartellbehörde kann Unternehmen und Vereinigungen von Unternehmen ein Verhalten untersagen, das nach den §§ 25, 26 und 38 Abs. 1 Nr. 11 oder 12 verboten ist.

§ 37b. [Mehrerlösabschöpfung] (1) [1]Hat ein Unternehmen vorsätzlich oder fahrlässig durch ein Verhalten, das die Kartellbehörde mit einer Verfügung nach § 22 Abs. 5 oder § 103 Abs. 6 untersagt hat, nach Zustellung der Verfügung einen Mehrerlös erlangt, so kann die Kartellbehörde nach Eintritt der Unanfechtbarkeit der Verfügung oder der Feststellung nach § 70 Abs. 3 anordnen, daß das Unternehmen einen dem Mehrerlös entsprechenden Geldbetrag an die Kartellbehörde abführt (Mehrerlösabschöpfung). [2]Satz 1 gilt nicht, soweit der Mehrerlös durch Schadensersatzleistungen nach § 35 oder durch Geldbuße ausgeglichen ist. [3]Die Mehrerlösabschöpfung darf nur innerhalb einer Frist von drei Jahren seit Eintritt der Unanfechtbarkeit der Verfügung oder der Feststellung nach § 70 Abs. 3 angeordnet werden.

(2) [1]Wäre die Durchführung der Mehrerlösabschöpfung eine unbillige Härte, so soll die Anordnung auf einen angemessenen Geldbetrag beschränkt werden oder ganz unterbleiben. [2]Sie soll auch unterbleiben, wenn der Mehrerlös gering ist.

(3) [1]Die Höhe des Mehrerlöses kann geschätzt werden. [2]Der abzuführende Geldbetrag ist zahlenmäßig zu bestimmen.

(4) [1]Legt ein Unternehmen, gegen das die Abführung des Mehrerlöses angeordnet ist, der Kartellbehörde eine rechtskräftige Entscheidung vor, nach der es zur Leistung von Schadensersatz wegen desselben mißbräuchlichen Verhaltens verpflichtet ist, so ordnet die Kartellbehörde an, daß die Anordnung der Abführung des Mehrerlöses insoweit nicht mehr vollstreckt wird. [2]Ist der Mehrerlös bereits an die Kartellbehörde abgeführt worden und weist das Unternehmen die Zahlung des Schadensersatzes auf Grund der rechtskräftigen Entscheidung an den Geschädigten nach, so erstattet die Kartellbehörde dem Unternehmen den abgeführten Mehrerlös in Höhe der nachgewiesenen Schadensersatzleistung zurück.

Zweiter Teil. Ordnungswidrigkeiten

§ 38. [Ordnungswidrigkeiten] (1) Ordnungswidrig handelt, wer
1. sich über die Unwirksamkeit oder Nichtigkeit eines Vertrages oder Beschlusses hinwegsetzt, der nach den §§ 1, 15, 20 Abs. 1, §§ 21, 100 Abs. 1 Satz 3, § 103 Abs. 2 oder § 106 unwirksam oder nichtig ist,

26 GWB § 38   Zweiter Teil. Ordnungswidrigkeiten

2. sich vorsätzlich oder fahrlässig über die Unwirksamkeit eines Vertrages oder Beschlusses hinwegsetzt, den die Kartellbehörde nach § 3 Abs. 4, § 12 Abs. 3 Nr. 3 auch in Verbindung mit § 102 Abs. 2 Satz 2 oder Abs. 3, § 17 Abs. 1, §§ 18, 22 Abs. 5, § 24 Abs. 7 Nr. 3, § 102a Abs. 2, § 103 Abs. 6 Nr. 3, § 103a Abs. 3 oder § 104 Abs. 2 Nr. 3 durch unanfechtbar gewordene Verfügung für unwirksam erklärt hat,

3. entgegen § 14 Abs. 1 ohne Erlaubnis Sicherheiten verwertet,

4. vorsätzlich oder fahrlässig einer unanfechtbar gewordenen Verfügung nach Absatz 3, § 12 Abs. 3 Nr. 1 auch in Verbindung mit § 102 Abs. 2 Satz 2 oder Abs. 3, § 17 Abs. 1, §§ 18, 22 Abs. 5, § 24 Abs. 7 Nr. 2, § 27, § 37a auch in Verbindung mit § 47 Abs. 2 Satz 1 und 2, § 38a Abs. 3 oder 6, § 102a Abs. 2, § 103 Abs. 6 Nr. 1 oder § 104 Abs. 2 Nr. 1 zuwiderhandelt, soweit sie ausdrücklich auf diese Bußgeldvorschrift verweist,

5. vorsätzlich oder fahrlässig einer einstweiligen Anordnung nach § 56 oder § 63 Abs. 3, einer Anordnung nach § 63a oder einer vollziehbaren Verfügung nach § 38a Abs. 3 oder 6 zuwiderhandelt, die ausdrücklich auf diese Bußgeldvorschrift verweist,

6. vorsätzlich oder fahrlässig Auflagen der Kartellbehörde zuwiderhandelt, sofern die Verfügung, mit der die Auflage erteilt ist, unanfechtbar geworden ist und ausdrücklich auf diese Bußgeldvorschrift verweist,

7. unrichtige oder unvollständige Angaben macht oder benutzt, um für sich oder einen anderen eine Erlaubnis nach diesem Gesetz oder die Anerkennung einer Wettbewerbsregel zu erschleichen oder um die Kartellbehörde zu veranlassen, in den Fällen der §§ 2, 3, 5a Abs. 1 und 3, § 5b Abs. 2 oder § 102 Abs. 1 nicht zu widersprechen oder eine Untersagung nach § 24 Abs. 2 Satz 1 oder eine Mitteilung nach § 24a Abs. 2 Satz 1 zu unterlassen,

8. einem Verbot des § 24 Abs. 2 Satz 4 oder des § 24a Abs. 4 zuwiderhandelt oder an einer Zuwiderhandlung gegen diese Verbote mitwirkt oder einem Verbot der §§ 25 oder 26 zuwiderhandelt,

9. einem anderen einen wirtschaftlichen Nachteil zufügt, weil dieser ein Einschreiten der Kartellbehörde beantragt oder angeregt oder von den ihm nach § 13 zustehenden Rechten Gebrauch gemacht hat,

10. durch Empfehlungen daran mitwirkt, daß eine der in den Nummern 1 bis 9 genannten Ordnungswidrigkeiten begangen wird,

11. Empfehlungen ausspricht, die eine Umgehung der in diesem Gesetz ausgesprochenen Verbote oder der von der Kartellbehörde auf Grund dieses Gesetzes erlassenen Verfügungen durch gleichförmiges Verhalten bewirken,

12. Abnehmern seiner Ware empfiehlt, bei der Weiterveräußerung an Dritte bestimmte Preise zu fordern oder anzubieten, bestimmte Arten der Preisfestsetzung anzuwenden oder bestimmte Ober- oder Untergrenzen bei der Preisfestsetzung zu beachten.

(2) Absatz 1 Nr. 11 und, in den Fällen der Nummer 1, Absatz 1 Nr. 12 gilt nicht für

1. Empfehlungen, die von Vereinigungen kleiner oder mittlerer Unternehmen unter Beschränkung auf den Kreis der Beteiligten ausgesprochen werden, wenn die Empfehlungen

    a) dazu dienen, die Leistungsfähigkeit der Beteiligten gegenüber Großbetrieben oder großbetrieblichen Unternehmensformen zu fördern und dadurch die Wettbewerbsbedingungen zu verbessern und

b) gegenüber dem Empfehlungsempfänger ausdrücklich als unverbindlich bezeichnet sind und zu ihrer Durchsetzung kein wirtschaftlicher, gesellschaftlicher oder sonstiger Druck angewendet wird,

2. Empfehlungen, die lediglich die einheitliche Anwendung von Normen und Typen zum Gegenstand haben, wenn

a) die Voraussetzungen der Nummer 1 Buchstabe b vorliegen und

b) die Empfehlungen von demjenigen, der sie ausgesprochen hat, bei der Kartellbehörde angemeldet worden sind und der Anmeldung die Stellungnahme eines Rationalisierungsverbandes beigefügt worden ist; die Anmeldung gilt nur als bewirkt, wenn ihr die Stellungnahme beigefügt ist;

Empfehlungen eines Rationalisierungsverbandes bedürfen nicht der ausdrücklichen Bezeichnung, daß sie unverbindlich sind, und auch nicht der Anmeldung bei der Kartellbehörde,

3. Empfehlungen von Wirtschafts- und Berufsvereinigungen, die lediglich die einheitliche Anwendung allgemeiner Geschäfts-, Lieferungs- und Zahlungsbedingungen einschließlich der Skonti im Sinne des § 2 Abs. 1 zum Gegenstand haben; Nummer 1 Buchstabe b und Nummer 2 Buchstabe b gelten entsprechend, letztere mit der Abweichung, daß der Anmeldung die Stellungnahmen der betroffenen Wirtschafts- und Berufsvereinigungen beizufügen sind.

(3) Die Kartellbehörde kann Empfehlungen der in Absatz 2 bezeichneten Art für unzulässig erklären und neue, gleichartige Empfehlungen verbieten, soweit sie feststellt, daß die Voraussetzungen des Absatzes 2 nicht oder nicht mehr vorliegen oder die Empfehlungen einen Mißbrauch der Freistellung von Absatz 1 Nr. 11 oder 12 darstellen.

(4) ¹Die Ordnungswidrigkeit kann mit einer Geldbuße bis zu einer Million Deutscher Mark, über diesen Betrag hinaus bis zur dreifachen Höhe des durch die Zuwiderhandlung erlangten Mehrerlöses geahndet werden. ²Die Höhe des Mehrerlöses kann geschätzt werden.

(5) Die Verjährung der Verfolgung von Ordnungswidrigkeiten nach Absatz 1 richtet sich nach den Vorschriften des Gesetzes über Ordnungswidrigkeiten* auch dann, wenn die Tat durch Verbreiten von Druckschriften begangen wird.

§ 38a. [Mißbrauchsaufsicht über unverbindliche Preisempfehlungen]
(1) § 38 Abs. 1 Nr. 11 und 12 gilt nicht für unverbindliche Preisempfehlungen eines Unternehmens für die Weiterveräußerung seiner Markenwaren, die mit gleichartigen Waren anderer Hersteller im Preiswettbewerb stehen, wenn die Empfehlungen

1. ausdrücklich als unverbindlich bezeichnet sind, ausschließlich eine bestimmte Preisangabe enthalten und zu ihrer Durchsetzung kein wirtschaftlicher, gesellschaftlicher oder sonstiger Druck angewendet wird und

2. in der Erwartung ausgesprochen werden, daß der empfohlene Preis dem von der Mehrheit der Empfehlungsempfänger voraussichtlich geforderten Preis entspricht.

---

* Abgedruckt in Schönfelder unter Nr. **94**.

(2) ¹Markenwaren im Sinne des Absatzes 1 sind Erzeugnisse, deren Lieferung in gleichbleibender oder verbesserter Güte von dem preisempfehlenden Unternehmen gewährleistet wird und
1. die selbst oder
2. deren für die Abgabe an den Verbraucher bestimmte Umhüllung oder Ausstattung oder
3. deren Behältnisse, aus denen sie verkauft werden,

mit einem ihre Herkunft kennzeichnenden Merkmal (Firmen-, Wort- oder Bildzeichen) versehen sind. ²Satz 1 ist auf landwirtschaftliche Erzeugnisse mit der Maßgabe anzuwenden, daß geringfügige naturbedingte Qualitätsschwankungen, die vom Erzeuger durch ihm zuzumutende Maßnahmen nicht abgewendet werden können, außer Betracht bleiben.

(3) ¹Die Kartellbehörde kann Empfehlungen der in Absatz 1 bezeichneten Art für unzulässig erklären und neue, gleichartige Empfehlungen verbieten, wenn sie feststellt, daß die Empfehlungen einen Mißbrauch der Freistellung von § 38 Abs. 1 Nr. 11 oder 12 darstellen. ²Ein Mißbrauch liegt insbesondere vor, wenn
1. die Empfehlung allein oder in Verbindung mit anderen Wettbewerbsbeschränkungen geeignet ist, in einer durch die gesamtwirtschaftlichen Verhältnisse nicht gerechtfertigten Weise die Waren zu verteuern oder ein Sinken ihrer Preise zu verhindern oder ihre Erzeugung oder ihren Absatz zu beschränken oder
2. die Empfehlung geeignet ist, den Verbraucher über den von der Mehrheit der Empfehlungsempfänger geforderten Preis zu täuschen oder
3. der empfohlene Preis in einer Mehrzahl von Fällen die tatsächlich geforderten Preise im gesamten Geltungsbereich dieses Gesetzes oder in einem wesentlichen Teil davon erheblich übersteigt oder
4. durch Vertriebsregelungen oder andere Maßnahmen des empfehlenden Unternehmens bestimmte Unternehmen oder bestimmte Abnehmergruppen ohne sachlich gerechtfertigten Grund vom Vertrieb der Waren ausgeschlossen sind.

(4) ¹Die Kartellbehörde kann von Unternehmen Auskunft verlangen, soweit dies zur Prüfung der Voraussetzungen des Absatzes 3 erforderlich ist. ²§ 46 Abs. 2, 5 und 9 gilt entsprechend. ³Zur Erteilung der Auskunft hat die Kartellbehörde eine angemessene Frist zu bestimmen. ⁴Die Befugnisse der Kartellbehörde nach § 46 bleiben unberührt.

(5) Vor einer Verfügung nach Absatz 3 soll die Kartellbehörde das preisempfehlende Unternehmen auffordern, den beanstandeten Mißbrauch abzustellen.

(6) ¹Die Kartellbehörde kann einem Unternehmen die Anwendung von Empfehlungen der in Absatz 1 bezeichneten Art verbieten, wenn gegen das Unternehmen bereits
1. zwei unanfechtbar gewordene Verfügungen nach Absatz 3 oder
2. zwei rechtskräftig gewordene Bußgeldbescheide nach § 38 Abs. 1 Nr. 11 oder Nr. 12 oder
3. eine unanfechtbar gewordene Verfügung nach Absatz 3 und ein rechtskräftig gewordener Bußgeldbescheid nach § 38 Abs. 1 Nr. 11 oder Nr. 12

ergangen sind und zu besorgen ist, daß das Unternehmen weiterhin ordnungswidrige oder mißbräuchliche Empfehlungen aussprechen wird. ²Die Kartellbehörde kann das Verbot auf Antrag des Unternehmens aufheben, wenn besondere Umstände die Annahme rechtfertigen, daß ein erneuter Mißbrauch der in Absatz 3

1. Abschnitt. Kartellbehörden §§ 39–44 **GWB 26**

bezeichneten Art oder eine erneute Ordnungswidrigkeit nach § 38 Abs. 1 Nr. 11 oder Nr. 12 nicht mehr zu erwarten ist.

§ 39. [**Weitere Ordnungswidrigkeiten**] (1) Eine Ordnungswidrigkeit begeht, wer

1. vorsätzlich oder fahrlässig entgegen § 23 Abs. 6, § 38a Abs. 4 oder § 46 auch in Verbindung mit § 47 Abs. 2 Satz 1 und 2, die Auskunft nicht, unrichtig, unvollständig oder nicht fristgemäß erteilt oder entgegen § 46 auch in Verbindung mit § 47 Abs. 2 Satz 1 und 2, die geschäftlichen Unterlagen nicht, unvollständig oder nicht fristgemäß vorlegt oder die Duldung von Prüfungen verweigert;
2. vorsätzlich oder fahrlässig die Anmeldung nach § 9 Abs. 1 Satz 3, § 100 Abs. 1 Satz 2 oder § 106 Abs. 3 oder die Anzeige nach § 23 Abs. 1, Abs. 2 Nr. 1 bis 5, Abs. 3 bis 5 nicht unverzüglich vornimmt oder dabei unrichtige oder unvollständige Angaben macht;
3. vorsätzlich oder fahrlässig bei der Anmeldung nach § 24a Abs. 1 Satz 2 unrichtige oder unvollständige Angaben macht.

(2) Die Ordnungswidrigkeit kann mit einer Geldbuße bis zu fünfzigtausend Deutscher Mark geahndet werden.

§§ 40–43. *(aufgehoben)*

Dritter Teil. Behörden

Erster Abschnitt. Kartellbehörden

§ 44. [**Zuständigkeit**] (1) Die in diesem Gesetz der Kartellbehörde übertragenen Aufgaben und Befugnisse nehmen wahr

1. das Bundeskartellamt (§ 48)

   a) gegenüber Kartellen im Sinne der §§ 4, 6 und 7, soweit diese Aufgaben und Befugnisse nicht dem Bundesminister für Wirtschaft übertragen sind;

   b) in bezug auf Verträge der in § 16 und Empfehlungen der in § 38a bezeichneten Art;

   c) gegenüber Zusammenschlüssen nach den §§ 23 bis 24a, soweit diese Aufgaben und Befugnisse nicht dem Bundesminister für Wirtschaft übertragen sind;

   d) wenn die Wirkung der Marktbeeinflussung oder des wettbewerbsbeschränkenden oder diskriminierenden Verhaltens oder einer Wettbewerbsregel über das Gebiet eines Landes hinausreicht;

   e) gegenüber der Deutschen Bundespost und der Deutschen Bundesbahn;

2. der Bundesminister für Wirtschaft in den Fällen der §§ 8, 12 Abs. 2 in Verbindung mit § 6 Abs. 1 und des § 24 Abs. 1 in Verbindung mit den Absätzen 3 bis 5;

3. in allen übrigen Fällen die nach Landesrecht zuständige oberste Landesbehörde.

(2) ¹Soweit eine Geldbuße auf Grund dieses Gesetzes gegen Versicherungsunternehmen, Bausparkassen oder solche Unternehmen, die Bank- oder Sparkassengeschäfte betreiben, oder Vereinigungen dieser Unternehmen festgesetzt werden

soll, erläßt die Kartellbehörde den Bußgeldbescheid im Einvernehmen mit der fachlich zuständigen Aufsichtsbehörde. ²Ist ein Einvernehmen nicht herzustellen, so legt die Kartellbehörde die Sache dem Bundesminister für Wirtschaft vor; seine Weisungen ersetzen dieses Einvernehmen. ³Sind die Kartellbehörde und die fachlich zuständige Aufsichtsbehörde Landesbehörden, so entscheidet, falls ein Einvernehmen nicht herzustellen ist, die nach Landesrecht zuständige Stelle.

§ 45. [Bundeskartellamt und oberste Landesbehörde] (1) Leitet das Bundeskartellamt gegen ein Unternehmen, ein Kartell, eine Wirtschafts- oder Berufsvereinigung ein Verwaltungsverfahren (§§ 51 bis 58) oder ein Bußgeldverfahren (§§ 81 bis 85) ein oder führt es Ermittlungen durch, so benachrichtigt es gleichzeitig die örtlich zuständige oberste Landesbehörde.

(2) Leitet eine oberste Landesbehörde gegen ein Unternehmen, ein Kartell, eine Wirtschafts- oder Berufsvereinigung ein Verwaltungs- oder Bußgeldverfahren ein oder führt sie Ermittlungen durch, so benachrichtigt sie gleichzeitig das Bundeskartellamt.

(3) ¹Die oberste Landesbehörde hat eine Sache an das Bundeskartellamt abzugeben, wenn nach § 44 Abs. 1 Nr. 1 die Zuständigkeit des Bundeskartellamtes begründet ist. ²Das Bundeskartellamt hat eine Sache an die oberste Landesbehörde abzugeben, wenn nach § 44 Abs. 1 Nr. 3 die Zuständigkeit der obersten Landesbehörde begründet ist.

§ 46. [Befugnisse der Kartellbehörden] (1) Soweit es zur Erfüllung der in diesem Gesetz der Kartellbehörde übertragenen Aufgaben erforderlich ist, kann die Kartellbehörde

1. von Unternehmen und Vereinigungen von Unternehmen Auskunft über ihre wirtschaftlichen Verhältnisse verlangen;
2. bei Unternehmen und Vereinigungen von Unternehmen innerhalb der üblichen Geschäftszeiten die geschäftlichen Unterlagen einsehen und prüfen;
3. von Wirtschafts- und Berufsvereinigungen Auskunft über die Satzung, über die Beschlüsse sowie über Anzahl und Namen der Mitglieder verlangen, für die die Beschlüsse bestimmt sind.

(2) Die Inhaber der Unternehmen oder deren Vertreter, bei juristischen Personen, Gesellschaften und nicht rechtsfähigen Vereinen die kraft Gesetz oder Satzung zur Vertretung berufenen Personen sowie die gemäß § 36 Abs. 2 bestellten Vertreter sind verpflichtet, die verlangten Auskünfte zu erteilen, die geschäftlichen Unterlagen vorzulegen und die Prüfung dieser geschäftlichen Unterlagen sowie das Betreten von Geschäftsräumen und -grundstücken zu dulden.

(3) ¹Personen, die von der Kartellbehörde mit der Vornahme von Prüfungen beauftragt werden, dürfen die Räume der Unternehmen und Vereinigungen von Unternehmen betreten. ²Das Grundrecht des Artikels 13 des Grundgesetzes wird insoweit eingeschränkt.

(4) ¹Durchsuchungen können nur auf Anordnung des Amtsrichters, in dessen Bezirk die Durchsuchung erfolgen soll, vorgenommen werden. ²Auf die Anfechtung dieser Anordnung finden die §§ 306 bis 310 und 311a der Strafprozeßordnung entsprechende Anwendung. ³Bei Gefahr im Verzuge können die in Absatz 3 bezeichneten Personen während der Geschäftszeit die erforderlichen Durchsuchungen ohne richterliche Anordnung vornehmen. ⁴An Ort und Stelle ist eine Niederschrift über die Durchsuchung und ihr wesentliches Ergebnis aufzuneh-

2. Abschnitt. Bundeskartellamt §§ 47, 48 GWB 26

men, aus der sich, falls keine richterliche Anordnung ergangen ist, auch die Tatsachen ergeben, die zur Annahme einer Gefahr im Verzuge geführt haben.

(5) Der zur Erteilung einer Auskunft Verpflichtete kann die Auskunft auf solche Fragen verweigern, deren Beantwortung ihn selbst oder einen der in § 383 Abs. 1 Nr. 1 bis 3 der Zivilprozeßordnung bezeichneten Angehörigen der Gefahr strafgerichtlicher Verfolgung oder eines Verfahrens nach dem Gesetz über Ordnungswidrigkeiten aussetzen würde.

(6) [1]Der Bundesminister für Wirtschaft oder die oberste Landesbehörde fordern die Auskunft durch schriftliche Einzelverfügung, das Bundeskartellamt fordert sie durch Beschluß an. [2]Darin sind die Rechtsgrundlage, der Gegenstand und der Zweck des Auskunftsverlangens anzugeben und eine angemessene Frist zur Erteilung der Auskunft zu bestimmen.

(7) [1]Der Bundesminister für Wirtschaft oder die oberste Landesbehörde ordnen die Prüfung durch schriftliche Einzelverfügung, das Bundeskartellamt ordnet sie durch Beschluß mit Zustimmung des Präsidenten an. [2]In der Anordnung sind Zeitpunkt, Rechtsgrundlage, Gegenstand und Zweck der Prüfung anzugeben.

(8) *(aufgehoben)*

(9) [1]Die durch Auskünfte nach Absatz 1 Nr. 1 und 3 oder Maßnahmen nach Absatz 1 Nr. 2 erlangten Kenntnisse und Unterlagen dürfen für ein Besteuerungsverfahren oder ein Bußgeldverfahren wegen einer Ordnungswidrigkeit oder einer Devisenzuwiderhandlung sowie für ein Verfahren wegen einer Steuerstraftat oder einer Devisenstraftat nicht verwendet werden; die Vorschriften der §§ 93, 97, 105 Abs. 1, 111 Abs. 5 in Verbindung mit § 105 Abs. 1 sowie § 116 Abs. 1 der Abgabenordnung sind insoweit nicht anzuwenden. [2]Satz 1 gilt nicht für Verfahren wegen einer Steuerstraftat sowie eines damit zusammenhängenden Besteuerungsverfahrens, wenn an deren Durchführung ein zwingendes öffentliches Interesse besteht, oder bei vorsätzlich falschen Angaben des Auskunftspflichtigen oder der für ihn tätigen Personen.

§ 47. [Zuständigkeiten und Befugnisse des Bundeskartellamtes in den Fällen der Art. 87 ff. EWG-Vertrag] (1) Die in den Artikeln 88 und 89 des Vertrages zur Gründung der Europäischen Wirtschaftsgemeinschaft sowie in Verordnungen nach Artikel 87 dieses Vertrages, auch in Verbindung mit anderen Ermächtigungsgrundlagen dieses Vertrages, den Behörden der Mitgliedstaaten übertragenen Aufgaben nimmt das Bundeskartellamt wahr.

(2) [1]Zur Erfüllung dieser Aufgaben hat das Bundeskartellamt die Befugnisse, die ihm bei der Anwendung dieses Gesetzes zustehen. [2]Es kann insbesondere verbotene Vereinbarungen, Beschlüsse und abgestimmte Verhaltensweisen sowie die verbotene Ausnutzung einer beherrschenden Stellung untersagen; ferner kann es die erforderlichen Ermittlungen durchführen, auch wenn es an Verfahren der Kommission der Europäischen Gemeinschaften mitwirkt. [3]Es gelten auch die Verfahrensvorschriften dieses Gesetzes. [4]Gebühren zur Deckung der Verwaltungskosten werden nicht erhoben.

Zweiter Abschnitt. Bundeskartellamt

§ 48. [Errichtung; Sitz] (1) [1]Als selbständige Bundesoberbehörde wird ein Bundeskartellamt mit dem Sitz in Berlin errichtet. [2]Es gehört zum Geschäftsbereich des Bundesministers für Wirtschaft.

(2) ¹Die Entscheidungen des Bundeskartellamtes werden von den Beschlußabteilungen getroffen, die nach Bestimmung des Bundesministers für Wirtschaft gebildet werden. ²Im übrigen regelt der Präsident die Verteilung und den Gang der Geschäfte des Bundeskartellamtes durch eine Geschäftsordnung; sie bedarf der Bestätigung durch den Bundesminister für Wirtschaft.

(3) Die Beschlußabteilungen entscheiden in der Besetzung mit einem Vorsitzenden und zwei Beisitzern.

(4) ¹Die Vorsitzenden und die Beisitzer der Beschlußabteilungen müssen Beamte auf Lebenszeit sein. ²Die Vorsitzenden und die Beisitzer müssen die Befähigung zum Richteramt oder zum höheren Verwaltungsdienst haben; die Vorsitzenden sollen in der Regel die Befähigung zum Richteramt haben.

(5) Die Mitglieder des Bundeskartellamtes dürfen nicht Inhaber, Leiter oder Mitglied des Vorstandes oder des Aufsichtsrates eines Unternehmens, eines Kartells oder einer Wirtschafts- oder Berufsvereinigung sein.

§ 49. [**Veröffentlichung allgemeiner Weisungen des Bundesministers für Wirtschaft**] Soweit der Bundesminister für Wirtschaft dem Bundeskartellamt allgemeine Weisungen für den Erlaß oder die Unterlassung von Verfügungen nach diesem Gesetz erteilt, sind diese Weisungen im Bundesanzeiger zu veröffentlichen.

§ 50. [**Tätigkeitsbericht**] (1) ¹Das Bundeskartellamt veröffentlicht jeweils nach dem Jahr, in dem die Monopolkommission ein Gutachten nach § 24b Abs. 5 Satz 1 zu erstatten hat, einen Bericht über seine Tätigkeit in den beiden vorangegangenen Kalenderjahren sowie über die Lage und Entwicklung auf seinem Aufgabengebiet. ²In den Bericht sind die allgemeinen Weisungen des Bundesministers für Wirtschaft nach § 49 aufzunehmen. ³Es veröffentlicht ferner fortlaufend seine Verwaltungsgrundsätze.

(2) Die Bundesregierung leitet den Bericht der Kartellbehörde dem Bundestag unverzüglich mit ihrer Stellungnahme zu.

Vierter Teil. Verfahren

Erster Abschnitt. Verwaltungssachen

I. Verfahren vor den Kartellbehörden

§ 51. [**Einleitung des Verfahrens; Beteiligte**] (1) Die Kartellbehörde leitet ein Verfahren von Amts wegen oder auf Antrag ein.

(2) An dem Verfahren vor der Kartellbehörde sind beteiligt,

1. wer die Einleitung eines Verfahrens beantragt hat;
2. Kartelle, Unternehmen, Wirtschafts- oder Berufsvereinigungen, gegen die sich das Verfahren richtet;
3. in den Fällen der §§ 14, 19 und 105 die betroffenen Unternehmen und Vereinigungen von Unternehmen;
4. Personen und Personenvereinigungen, deren Interessen durch die Entscheidung erheblich berührt werden und die die Kartellbehörde auf ihren Antrag zu dem Verfahren beigeladen hat;
5. in den Fällen des § 23 Abs. 2 Nr. 1 oder 2 auch der Veräußerer.

(3) An Verfahren vor obersten Landesbehörden ist auch das Bundeskartellamt beteiligt.

§ 52. [Vorabentscheidung über Zuständigkeit]

(1) ¹Macht ein Beteiligter die örtliche oder sachliche Unzuständigkeit der Kartellbehörde geltend, so kann die Kartellbehörde über die Zuständigkeit vorab entscheiden. ²Die Verfügung kann selbständig mit der Beschwerde angefochten werden; die Beschwerde hat aufschiebende Wirkung.

(2) Hat ein Beteiligter die örtliche oder sachliche Unzuständigkeit der Kartellbehörde nicht geltend gemacht, so kann eine Beschwerde nicht darauf gestützt werden, daß die Kartellbehörde ihre Zuständigkeit mit Unrecht angenommen hat.

§ 53. [Anhörung; mündliche Verhandlung]

(1) Die Kartellbehörde hat den Beteiligten Gelegenheit zur Stellungnahme zu geben und sie auf Antrag eines Beteiligten zu einer mündlichen Verhandlung zu laden.

(2) Vertretern der von dem Verfahren berührten Wirtschaftskreise kann die Kartellbehörde in geeigneten Fällen Gelegenheit zur Stellungnahme geben.

(3) ¹In den Fällen des § 22 entscheidet die Kartellbehörde auf Grund öffentlicher mündlicher Verhandlung; mit Einverständnis der Beteiligten kann ohne mündliche Verhandlung entschieden werden. ²Auf Antrag eines Beteiligten oder von Amts wegen ist für die Verhandlung oder für einen Teil davon die Öffentlichkeit auszuschließen, wenn sie eine Gefährdung der öffentlichen Ordnung, insbesondere der Staatssicherheit, oder die Gefährdung eines wichtigen Geschäfts- oder Betriebsgeheimnisses besorgen läßt. ³In den Fällen der §§ 24 und 24a sind im Verfahren vor dem Bundesminister für Wirtschaft die Sätze 1 und 2 entsprechend anzuwenden.

§ 54.* [Ermittlungen; Beweiserhebung]

(1) Die Kartellbehörde kann alle Ermittlungen führen und alle Beweise erheben, die erforderlich sind.

(2) ¹Für den Beweis durch Augenschein, Zeugen und Sachverständige sind § 372 Abs. 1, §§ 376, 377, 378, 380 bis 387, 390, 395 bis 397, 398 Abs. 1, §§ 401, 402, 404, 404a, 406 bis 409, 411 bis 414 der Zivilprozeßordnung sinngemäß anzuwenden; Haft darf nicht verhängt werden. ²Für die Entscheidung über die Beschwerde ist das Oberlandesgericht zuständig.

(3) ¹Über die Aussagen der Zeugen soll eine Niederschrift aufgenommen werden, die von dem ermittelnden Mitglied der Kartellbehörde und, wenn ein Urkundsbeamter zugezogen ist, auch von diesem zu unterschreiben ist. ²Die Niederschrift soll Ort und Tag der Verhandlung sowie die Namen der Mitwirkenden und Beteiligten ersehen lassen.

(4) ¹Die Niederschrift ist dem Zeugen zur Genehmigung vorzulesen oder zur eigenen Durchsicht vorzulegen. ²Die erteilte Genehmigung ist zu vermerken und von dem Zeugen zu unterschreiben. ³Unterbleibt die Unterschrift, so ist der Grund hierfür anzugeben.

(5) Bei der Vernehmung von Sachverständigen sind die Bestimmungen der Absätze 3 und 4 entsprechend anzuwenden.

(6) ¹Die Kartellbehörde kann das Amtsgericht um die Beeidigung von Zeugen ersuchen, wenn sie die Beeidigung zur Herbeiführung einer wahrheitsgemäßen Aussage für notwendig erachtet. ²Über die Beeidigung entscheidet das Gericht.

---

* § 54 Abs. 2 Satz 1 geändert durch Art. 8 Abs. 10 Rechtspflege-Vereinfachungsgesetz vom 17. 12. 1990 (BGBl. I S. 2847).

§ 55. [Beschlagnahme] (1) ¹Die Kartellbehörde kann Gegenstände, die als Beweismittel für die Ermittlung von Bedeutung sein können, beschlagnahmen. ²Die Beschlagnahme ist dem davon Betroffenen unverzüglich bekanntzumachen.

(2) Die Kartellbehörde hat binnen drei Tagen die richterliche Bestätigung des Amtsgerichts, in dessen Bezirk die Beschlagnahme vorgenommen ist, nachzusuchen, wenn bei der Beschlagnahme weder der davon Betroffene noch ein erwachsener Angehöriger anwesend war oder wenn der Betroffene und im Falle seiner Abwesenheit ein erwachsener Angehöriger des Betroffenen gegen die Beschlagnahme ausdrücklich Widerspruch erhoben hat.

(3) ¹Der Betroffene kann gegen die Beschlagnahme jederzeit die richterliche Entscheidung nachsuchen. ²Hierüber ist er zu belehren. ³Über den Antrag entscheidet das nach Absatz 2 zuständige Gericht.

(4) ¹Gegen die richterliche Entscheidung ist die Beschwerde zulässig. ²Die §§ 306 bis 310 und 311a der Strafprozeßordnung gelten entsprechend.

§ 56. [Einstweilige Anordnungen] Die Kartellbehörde kann bis zur endgültigen Entscheidung über

1. eine Erlaubnis nach den §§ 4, 5 Abs. 2 und 3, § 6 Abs. 2, §§ 7, 8, 20 Abs. 3, § 21 oder § 24 Abs. 3, ihre Verlängerung nach § 11 Abs. 2, ihren Widerruf oder ihre Änderung nach § 11 Abs. 4 und 5,
2. eine Erlaubnis nach § 14,
3. eine Verfügung nach § 3 Abs. 4, § 12 Abs. 3, § 17 Abs. 1, §§ 18, 22 Abs. 5, § 24 Abs. 2 Satz 1 und Abs. 5 bis 7, §§ 27, 31 Abs. 3, §§ 37a, 38 Abs. 3, § 38a Abs. 3 oder 6, § 102 Abs. 2 oder 3, § 102a Abs. 2, § 103 Abs. 6, § 103a Abs. 3 oder § 104 Abs. 2

einstweilige Anordnungen zum Zwecke der Regelung eines einstweiligen Zustandes treffen.

§ 57. [Verfahrensabschluß; Begründung der Verfügungen; Zustellung]
(1) ¹Verfügungen der Kartellbehörde sind zu begründen. ²Sie sind mit der Begründung und einer Belehrung über das zulässige Rechtsmittel den Beteiligten nach den Vorschriften des Verwaltungszustellungsgesetzes in der im Bundesgesetzblatt Teil III, Gliederungsnummer 201-3, veröffentlichten bereinigten Fassung, zuletzt geändert durch Artikel 39 des Gesetzes vom 14. Dezember 1976 (BGBl. I S. 3341), zuzustellen. ³Verfügungen, die in Verfahren nach den §§ 22 bis 24a gegenüber einem Unternehmen mit Sitz außerhalb des Geltungsbereiches dieses Gesetzes ergehen, stellt die Kartellbehörde demjenigen zu, den das Unternehmen dem Bundeskartellamt als Zustellungsbevollmächtigten benannt hat. ⁴Hat das Unternehmen einen Zustellungsbevollmächtigten nicht benannt, so stellt die Kartellbehörde die Verfügungen durch Bekanntmachung im Bundesanzeiger zu.

(2) Soweit ein Verfahren nicht mit einer Verfügung abgeschlossen wird, die den Beteiligten nach Absatz 1 Satz 2 bis 4 zugestellt wird, ist seine Beendigung den Beteiligten schriftlich mitzuteilen.

§ 58. [Bekanntmachung von Verfügungen] Verfügungen der Kartellbehörde,

1. durch die ein Antrag auf Erteilung einer Erlaubnis für Verträge und Beschlüsse der in den §§ 4, 5 Abs. 2 und 3, § 6 Abs. 2, §§ 7 und 8 bezeichneten Art oder auf Anerkennung einer Wettbewerbsregel abgelehnt wird,

1. Abschnitt. Verwaltungssachen §§ 59–63a GWB 26

2. die einen Widerspruch der Kartellbehörde nach § 2 Abs. 3, § 3 Abs. 3, § 5a Abs. 3, § 5b Abs. 2 oder § 102 Abs. 1 enthalten,
3. die eine unanfechtbar gewordene Untersagung nach § 24 Abs. 2 Satz 1, eine Erlaubnis nach § 24 Abs. 3, deren Ablehnung, Änderung, Widerruf oder Rücknahme enthalten oder die nach § 24 Abs. 6 oder 7 ergehen,
4. die nach § 12 Abs. 3, § 17 Abs. 1,. §§ 18, 22 Abs. 5, §§ 27, 38 Abs. 3, § 38a Abs. 3 oder 6, § 102 Abs. 2 oder 3, § 102a, § 103 Abs. 6, § 103a Abs. 3 oder § 104 Abs. 2 ergehen,

sind im Bundesanzeiger und, soweit eine oberste Landesbehörde entschieden hat, auch in einem amtlichen Verkündungsblatt des Landes bekanntzumachen.

§§ 59–61. *(weggefallen)*

II. Beschwerde

§ 62. [**Zulässigkeit; Zuständigkeit**] (1) ¹Gegen Verfügungen der Kartellbehörde ist die Beschwerde zulässig. ²Sie kann auch auf neue Tatsachen und Beweismittel gestützt werden.

(2) Die Beschwerde steht den am Verfahren vor der Kartellbehörde Beteiligten (§ 51 Abs. 2 und 3) zu.

(3) ¹Die Beschwerde ist auch gegen die Unterlassung einer beantragten Verfügung der Kartellbehörde zulässig, auf deren Vornahme der Antragsteller ein Recht zu haben behauptet. ²Als Unterlassung gilt es auch, wenn die Kartellbehörde den Antrag auf Vornahme der Verfügung ohne zureichenden Grund in angemessener Frist nicht beschieden hat. ³Die Unterlassung ist dann einer Ablehnung gleichzuachten.

(4) ¹Über die Beschwerde entscheidet ausschließlich das für den Sitz der Kartellbehörde zuständige Oberlandesgericht, in den Fällen der §§ 24 und 24a ausschließlich das für den Sitz des Bundeskartellamtes zuständige Oberlandesgericht, und zwar auch dann, wenn sich die Beschwerde gegen eine Verfügung des Bundesministers für Wirtschaft richtet. ²§ 36 der Zivilprozeßordnung gilt entsprechend.

§ 63. [**Aufschiebende Wirkung**] (1) Die Beschwerde hat aufschiebende Wirkung, soweit durch die angefochtene Verfügung
1. eine Erlaubnis nach § 11 Abs. 4 und 5 oder § 24 Abs. 5 widerrufen, zurückgenommen oder geändert, oder
2. eine Verfügung nach § 3 Abs. 4, § 12 Abs. 3, § 17 Abs. 1, §§ 18, 20 Abs. 3 Satz 2, § 22 Abs. 5, §§ 27, 31 Abs. 3, §§ 37a, 37b Abs. 1, § 38 Abs. 3, § 102 Abs. 2 oder 3, § 102a Abs. 2, § 103 Abs. 6, § 103a Abs. 3 oder § 104 Abs. 2 getroffen wird.

(2) ¹Wird eine Verfügung, durch die eine Erlaubnis nach § 14 erteilt oder eine einstweilige Anordnung nach § 56 getroffen wurde, angefochten, so kann das Beschwerdegericht anordnen, daß die angefochtene Verfügung ganz oder teilweise erst nach Abschluß des Beschwerdeverfahrens oder nach Leistung einer Sicherheit in Kraft tritt. ²Die Anordnung kann jederzeit aufgehoben oder geändert werden.

(3) § 56 gilt entsprechend für das Verfahren vor dem Beschwerdegericht.

§ 63a. [**Anordnung der sofortigen Vollziehung; Wiederherstellung der aufschiebenden Wirkung**] (1) Die Kartellbehörde kann in den Fällen des § 63

Abs. 1 die sofortige Vollziehung der Verfügung anordnen, wenn dies im öffentlichen Interesse oder im überwiegenden Interesse eines Beteiligten geboten ist.

(2) Die Anordnung nach Absatz 1 kann bereits vor der Einreichung der Beschwerde getroffen werden.

(3) ¹Auf Antrag kann das Beschwerdegericht die aufschiebende Wirkung ganz oder teilweise wiederherstellen, wenn

1. die Voraussetzungen für die Anordnung nach Absatz 1 nicht vorgelegen haben oder nicht mehr vorliegen oder
2. ernstliche Zweifel an der Rechtmäßigkeit der angefochtenen Verfügung bestehen oder
3. die Vollziehung für den Betroffenen eine unbillige, nicht durch überwiegende öffentliche Interessen gebotene Härte zur Folge hätte.

²In den Fällen, in denen die Beschwerde keine aufschiebende Wirkung hat, kann die Kartellbehörde die Vollziehung aussetzen; die Aussetzung soll erfolgen, wenn die Voraussetzungen des Satzes 1 Nr. 3 vorliegen. ³Das Beschwerdegericht kann auf Antrag die aufschiebende Wirkung ganz oder teilweise anordnen, wenn die Voraussetzungen des Satzes 1 Nr. 2 oder 3 vorliegen.

(4) ¹Der Antrag nach Absatz 3 Satz 1 oder 3 ist schon vor Einreichung der Beschwerde zulässig. ²Die Tatsachen, auf die der Antrag gestützt wird, sind vom Antragsteller glaubhaft zu machen. ³Ist die Verfügung im Zeitpunkt der Entscheidung schon vollzogen, kann das Gericht auch die Aufhebung der Vollziehung anordnen. ⁴Die Wiederherstellung und die Anordnung der aufschiebenden Wirkung können von der Leistung einer Sicherheit oder von anderen Auflagen abhängig gemacht werden. ⁵Sie können auch befristet werden.

(5) ¹Beschlüsse über Anträge nach Absatz 3 können jederzeit geändert oder aufgehoben werden. ²Soweit durch sie den Anträgen entsprochen ist, sind sie unanfechtbar.

§ 64. [Entschädigungsanspruch] ¹Wird eine Verfügung, durch die eine Erlaubnis gemäß § 14 erteilt wurde, nach ihrer Anfechtung abgeändert oder aufgehoben, so haben die Beteiligten, die auf Grund der angefochtenen Verfügung Maßnahmen getroffen haben, dem Betroffenen den daraus entstandenen Schaden zu ersetzen. ²Der Entschädigungsanspruch verjährt in sechs Monaten seit der Zustellung der endgültigen Entscheidung an den Betroffenen.

§ 65. [Frist und Form] (1) ¹Die Beschwerde ist binnen einer Frist von einem Monat bei der Kartellbehörde, deren Verfügung angefochten wird, schriftlich einzureichen. ²Die Frist beginnt mit der Zustellung der Verfügung der Kartellbehörde. ³Wird in den Fällen des § 24 Abs. 2 Antrag auf Erteilung einer Erlaubnis nach § 24 Abs. 3 gestellt, so beginnt die Frist für die Beschwerde gegen die Verfügung des Bundeskartellamtes nach § 24 Abs. 2 Satz 1 mit der Zustellung der Verfügung des Bundesministers für Wirtschaft nach § 24 Abs. 3. ⁴Es genügt, wenn die Beschwerde innerhalb der Frist bei dem Beschwerdegericht eingeht.

(2) Ergeht auf einen Antrag keine Verfügung (§ 62 Abs. 3 Satz 2), so ist die Beschwerde an keine Frist gebunden.

(3) ¹Die Beschwerde ist zu begründen. ²Die Frist für die Beschwerdebegründung beträgt einen Monat; sie beginnt mit der Einlegung der Beschwerde und kann auf Antrag von dem Vorsitzenden des Beschwerdegerichts verlängert werden.

1. Abschnitt. Verwaltungssachen §§ 66–70 **GWB 26**

(4) Die Beschwerdebegründung muß enthalten
1. die Erklärung, inwieweit die Verfügung angefochten und ihre Abänderung oder Aufhebung beantragt wird,
2. die Angabe der Tatsachen und Beweismittel, auf die sich die Beschwerde stützt.

(5) Die Beschwerdeschrift und die Beschwerdebegründung müssen durch einen bei einem deutschen Gericht zugelassenen Rechtsanwalt unterzeichnet sein; dies gilt nicht für Beschwerden der Kartellbehörden.

§ 66. [**Beteiligte am Beschwerdeverfahren**] (1) An dem Verfahren vor dem Beschwerdegericht sind beteiligt
1. der Beschwerdeführer,
2. die Kartellbehörde, deren Verfügung angefochten wird,
3. Personen und Personenvereinigungen, deren Interessen durch die Entscheidung erheblich berührt werden und die die Kartellbehörde auf ihren Antrag zu dem Verfahren beigeladen hat.

(2) Richtet sich die Beschwerde gegen eine Verfügung einer obersten Landesbehörde, ist auch das Bundeskartellamt an dem Verfahren beteiligt.

§ 67. [**Anwaltszwang**] (1) [1]Vor dem Beschwerdegericht müssen die Beteiligten sich durch einen bei einem deutschen Gericht zugelassenen Rechtsanwalt als Bevollmächtigten vertreten lassen. [2]Die Kartellbehörde kann sich durch ein Mitglied der Behörde vertreten lassen.

(2) [1]Auf Antrag eines Beteiligten ist einem mit schriftlicher Vollmacht versehenen öffentlich bestellten Wirtschaftsprüfer oder anderen sachkundigen Personen das Wort zu gestatten. [2]§ 157 Abs. 1 und 2 der Zivilprozeßordnung ist insoweit nicht anzuwenden.

§ 68. [**Mündliche Verhandlung**] (1) Das Beschwerdegericht entscheidet über die Beschwerde auf Grund mündlicher Verhandlung; mit Einverständnis der Beteiligten kann ohne mündliche Verhandlung entschieden werden.

(2) Sind die Beteiligten in dem Verhandlungstermin trotz rechtzeitiger Benachrichtigung nicht erschienen oder gehörig vertreten, so kann gleichwohl in der Sache verhandelt und entschieden werden.

§ 69. [**Untersuchungsgrundsatz**] (1) Das Beschwerdegericht erforscht den Sachverhalt von Amts wegen.

(2) Der Vorsitzende hat darauf hinzuwirken, daß Formfehler beseitigt, unklare Anträge erläutert, sachdienliche Anträge gestellt, ungenügende tatsächliche Angaben ergänzt, ferner alle für die Feststellung und Beurteilung des Sachverhalts wesentlichen Erklärungen abgegeben werden.

(3) [1]Das Beschwerdegericht kann den Beteiligten aufgeben, sich innerhalb einer zu bestimmenden Frist über aufklärungsbedürftige Punkte zu äußern, Beweismittel zu bezeichnen und in ihren Händen befindliche Urkunden sowie andere Beweismittel vorzulegen. [2]Bei Versäumung der Frist kann nach Lage der Sache ohne Berücksichtigung der nicht beigebrachten Beweismittel entschieden werden.

§ 70. [**Beschwerdeentscheidung**] (1) [1]Das Beschwerdegericht entscheidet durch Beschluß nach seiner freien, aus dem Gesamtergebnis des Verfahrens gewonnenen Überzeugung. ²Der Beschluß darf nur auf Tatsachen und Beweismittel gestützt werden, zu denen die Beteiligten sich äußern konnten. ³Das Beschwerdegericht kann hiervon abweichen, soweit Beigeladenen aus wichtigen Gründen, insbesondere zur Wahrung von Fabrikations-, Betriebs- oder Geschäftsgeheimnissen, Akteneinsicht nicht gewährt und der Akteninhalt aus diesen Gründen auch nicht vorgetragen worden ist. ⁴Dies gilt nicht für solche Beigeladene, die an dem streitigen Rechtsverhältnis derart beteiligt sind, daß die Entscheidung auch ihnen gegenüber nur einheitlich ergehen kann.

(2) ¹Hält das Beschwerdegericht die Verfügung der Kartellbehörde für unzulässig oder unbegründet, so hebt es sie auf. ²Hat sich die Verfügung vorher durch Zurücknahme oder auf andere Weise erledigt, so spricht das Beschwerdegericht auf Antrag aus, daß die Verfügung der Kartellbehörde unzulässig oder unbegründet gewesen ist, wenn der Beschwerdeführer ein berechtigtes Interesse an dieser Feststellung hat.

(3) Hat sich eine Verfügung nach § 22 Abs. 5 oder § 103 Abs. 6 wegen nachträglicher Änderung der tatsächlichen Verhältnisse oder auf andere Weise erledigt, so spricht das Beschwerdegericht auf Antrag aus, ob, in welchem Umfang und bis zu welchem Zeitpunkt die Verfügung begründet gewesen ist.

(4) Hält das Beschwerdegericht die Ablehnung oder Unterlassung der Verfügung für unzulässig oder unbegründet, so spricht es die Verpflichtung der Kartellbehörde aus, die beantragte Verfügung vorzunehmen.

(5) ¹Die Verfügung ist auch dann unzulässig oder unbegründet, wenn die Kartellbehörde von ihrem Ermessen fehlsamen Gebrauch gemacht hat, insbesondere wenn sie die gesetzlichen Grenzen des Ermessens überschritten oder durch die Ermessensentscheidung Sinn und Zweck dieses Gesetzes verletzt hat. ²Die Würdigung der gesamtwirtschaftlichen Lage und Entwicklung ist hierbei der Nachprüfung des Gerichts entzogen.

(6) Der Beschluß ist zu begründen und mit einer Rechtsmittelbelehrung den Beteiligten zuzustellen.

§ 71. **[Akteneinsicht]** (1) ¹Die in § 66 Abs. 1 Nr. 1 und 2 und Abs. 2 bezeichneten Beteiligten können die Akten des Gerichts einsehen und sich durch die Geschäftsstelle auf ihre Kosten Ausfertigungen, Auszüge und Abschriften erteilen lassen. ²§ 299 Abs. 3 der Zivilprozeßordnung gilt entsprechend.

(2) ¹Einsicht in Vorakten, Beiakten, Gutachten und Auskünfte ist nur mit Zustimmung der Stellen zulässig, denen die Akten gehören oder die die Äußerung eingeholt haben. ²Die Kartellbehörde hat die Zustimmung zur Einsicht in die ihr gehörigen Unterlagen zu versagen, soweit dies aus wichtigen Gründen, insbesondere zur Wahrung von Fabrikations-, Betriebs- oder Geschäftsgeheimnissen, geboten ist. ³Wird die Einsicht abgelehnt oder ist sie unzulässig, dürfen diese Unterlagen der Entscheidung nur insoweit zugrunde gelegt werden, als ihr Inhalt vorgetragen worden ist. ⁴Das Beschwerdegericht kann die Offenlegung von Tatsachen oder Beweismitteln, deren Geheimhaltung aus wichtigen Gründen, insbesondere zur Wahrung von Fabrikations-, Betriebs- oder Geschäftsgeheimnissen, verlangt wird, nach Anhörung des von der Offenlegung Betroffenen durch Beschluß anordnen, soweit es für die Entscheidung auf diese Tatsachen oder Beweismittel ankommt, andere Möglichkeiten der Sachaufklärung nicht bestehen und nach Abwägung aller Umstände des Einzelfalles die Bedeutung der Sache für die Sicherung des Wettbewerbs das Interesse des Betroffenen an der Geheimhaltung überwiegt.

1. Abschnitt. Verwaltungssachen §§ 72, 73 **GWB 26**

⁵Der Beschluß ist zu begründen. ⁶In dem Verfahren nach Satz 4 muß sich der Betroffene nicht durch einen Rechtsanwalt vertreten lassen.

(3) Den in § 66 Abs. 1 Nr. 3 bezeichneten Beteiligten kann das Beschwerdegericht nach Anhörung des Verfügungsberechtigten Akteneinsicht in gleichem Umfang gewähren.

§ 72. [**Geltung von Vorschriften des GVG und der ZPO**] Im Verfahren vor dem Beschwerdegericht gelten, soweit nichts anderes bestimmt ist, entsprechend
1. die Vorschriften der §§ 169 bis 197 des Gerichtsverfassungsgesetzes über Öffentlichkeit, Sitzungspolizei, Gerichtssprache, Beratung und Abstimmung;
2. die Vorschriften der Zivilprozeßordnung über Ausschließung und Ablehnung eines Richters, über Prozeßbevollmächtigte und Beistände, über die Zustellung von Amts wegen, über Ladungen, Termine und Fristen, über die Anordnung des persönlichen Erscheinens der Parteien, über die Verbindung mehrerer Prozesse, über die Erledigung des Zeugen- und Sachverständigenbeweises sowie über die sonstigen Arten des Beweisverfahrens, über die Wiedereinsetzung in den vorigen Stand gegen die Versäumung einer Frist.

III. Rechtsbeschwerde

§ 73. [**Zulassung; zulassungsfreie Rechtsbeschwerde**] (1) Gegen die in der Hauptsache erlassenen Beschlüsse der Oberlandesgerichte findet die Rechtsbeschwerde an den Bundesgerichtshof statt, wenn das Oberlandesgericht die Rechtsbeschwerde zugelassen hat.

(2) Die Rechtsbeschwerde ist zuzulassen, wenn
1. eine Rechtsfrage von grundsätzlicher Bedeutung zu entscheiden ist oder
2. die Fortbildung des Rechts oder die Sicherung einer einheitlichen Rechtsprechung eine Entscheidung des Bundesgerichtshofes erfordert.

(3) ¹Über die Zulassung oder Nichtzulassung der Rechtsbeschwerde ist in der Entscheidung des Oberlandesgerichts zu befinden. ²Die Nichtzulassung ist zu begründen.

(4) Einer Zulassung zur Einlegung der Rechtsbeschwerde gegen Entscheidungen des Beschwerdegerichts bedarf es nicht, wenn einer der folgenden Mängel des Verfahrens vorliegt und gerügt wird:
1. wenn das beschließende Gericht nicht vorschriftsmäßig besetzt war,
2. wenn bei der Entscheidung ein Richter mitgewirkt hat, der von der Ausübung des Richteramtes kraft Gesetzes ausgeschlossen oder wegen Besorgnis der Befangenheit mit Erfolg abgelehnt war,
3. wenn einem Beteiligten das rechtliche Gehör versagt war,
4. wenn ein Beteiligter im Verfahren nicht nach Vorschrift des Gesetzes vertreten war, sofern er nicht der Führung des Verfahrens ausdrücklich oder stillschweigend zugestimmt hat,
5. wenn die Entscheidung auf Grund einer mündlichen Verhandlung ergangen ist, bei der die Vorschriften über die Öffentlichkeit des Verfahrens verletzt worden sind, oder
6. wenn die Entscheidung nicht mit Gründen versehen ist.

§ 74. [**Nichtzulassungsbeschwerde**] (1) Die Nichtzulassung der Rechtsbeschwerde kann selbständig durch Nichtzulassungsbeschwerde angefochten werden.

(2) ¹Über die Nichtzulassungsbeschwerde entscheidet der Bundesgerichtshof durch Beschluß, der zu begründen ist. ²Der Beschluß kann ohne mündliche Verhandlung ergehen.

(3) ¹Die Nichtzulassungsbeschwerde ist binnen einer Frist von einem Monat schriftlich bei dem Oberlandesgericht einzulegen. ²Die Frist beginnt mit der Zustellung der angefochtenen Entscheidung.

(4) ¹Für die Nichtzulassungsbeschwerde gelten die §§ 63 Abs. 1 und 2, § 65 Abs. 3, Abs. 4 Nr. 1 und Abs. 5, §§ 66, 67 Abs. 1, §§ 71 und 72 Nr. 2 dieses Gesetzes sowie die §§ 192 bis 197 des Gerichtsverfassungsgesetzes über die Beratung und Abstimmung entsprechend. ²Für den Erlaß einstweiliger Anordnungen ist das Beschwerdegericht zuständig.

(5) ¹Wird die Rechtsbeschwerde nicht zugelassen, so wird die Entscheidung des Oberlandesgerichts mit der Zustellung des Beschlusses des Bundesgerichtshofes rechtskräftig. ²Wird die Rechtsbeschwerde zugelassen, so beginnt mit der Zustellung des Beschlusses des Bundesgerichtshofes der Lauf der Beschwerdefrist.

§ 75. [**Beschwerdeberechtigte; Form und Frist**] (1) Die Rechtsbeschwerde steht der Kartellbehörde sowie den am Beschwerdeverfahren Beteiligten zu.

(2) ¹Die Rechtsbeschwerde kann nur darauf gestützt werden, daß die Entscheidung auf einer Verletzung des Gesetzes beruht; die §§ 550, 551 Nr. 1 bis 3, 5 bis 7 der Zivilprozeßordnung gelten entsprechend. ²Die Rechtsbeschwerde kann nicht darauf gestützt werden, daß die Kartellbehörde unter Verletzung des § 44 ihre Zuständigkeit mit Unrecht angenommen hat.

(3) ¹Die Rechtsbeschwerde ist binnen einer Frist von einem Monat schriftlich bei dem Oberlandesgericht einzulegen. ²Die Frist beginnt mit der Zustellung der angefochtenen Entscheidung.

(4) Der Bundesgerichtshof ist an die in der angefochtenen Entscheidung getroffenen tatsächlichen Feststellungen gebunden, außer wenn in bezug auf diese Feststellungen zulässige und begründete Rechtsbeschwerdegründe vorgebracht sind.

(5) ¹Für die Rechtsbeschwerde gelten im übrigen die §§ 63 Abs. 1 und 2, § 65 Abs. 3, Abs. 4 Nr. 1 und Abs. 5, §§ 66 bis 68, 70 bis 72 entsprechend. ²Für den Erlaß einstweiliger Anordnungen ist das Beschwerdegericht zuständig.

IV. Gemeinsame Bestimmungen

§ 76. [**Beteiligtenfähigkeit**] Fähig, am Verfahren vor der Kartellbehörde, am Beschwerdeverfahren und am Rechtsbeschwerdeverfahren beteiligt zu sein, sind außer natürlichen und juristischen Personen auch nichtrechtsfähige Personenvereinigungen.

§ 77. [**Kostentragung und -festsetzung**] ¹Im Beschwerdeverfahren und im Rechtsbeschwerdeverfahren kann das Gericht anordnen, daß die Kosten, die zur zweckentsprechenden Erledigung der Angelegenheit notwendig waren, von einem Beteiligten ganz oder teilweise zu erstatten sind, wenn dies der Billigkeit entspricht. ²Hat ein Beteiligter Kosten durch ein unbegründetes Rechtsmittel oder

1. Abschnitt. Verwaltungssachen §§ 78–80 **GWB 26**

durch grobes Verschulden veranlaßt, so sind ihm die Kosten aufzuerlegen. ³Im übrigen gelten die Vorschriften der Zivilprozeßordnung über das Kostenfestsetzungsverfahren und die Zwangsvollstreckung aus Kostenfestsetzungsbeschlüssen entsprechend.

§ 78. **[Gebühren und Auslagen; Streitwertbegrenzung für Beigeladene]**
(1) ¹Für die Gebühren und Auslagen im Beschwerdeverfahren und im Rechtsbeschwerdeverfahren gelten die Vorschriften für bürgerliche Rechtsstreitigkeiten entsprechend; für Beschlüsse nach § 70 wird die Urteilsgebühr erhoben. ²Die Gebühren im Beschwerdeverfahren richten sich nach den Vorschriften für die Berufungsinstanz, die Gebühren im Rechtsbeschwerdeverfahren nach den Vorschriften für die Revisionsinstanz.

(2) Im Verfahren auf Grund einer Beschwerde oder Rechtsbeschwerde eines Beigeladenen (§ 51 Abs. 2 Nr. 4) ist der Streitwert nach der sich aus dem Antrag des Beigeladenen für ihn ergebenden Bedeutung der Sache nach Ermessen zu bestimmen, jedoch nicht über 500000 Deutsche Mark.

§ 79. *(Änderung der Bundesgebührenordnung für Rechtsanwälte)*

§ 80. **[Rechtsverordnungen; gebührenpflichtige Handlungen]** (1) Das Nähere über das Verfahren vor der Kartellbehörde bestimmt die Bundesregierung durch Rechtsverordnung, die der Zustimmung des Bundesrates bedarf.

(2) ¹Im Verfahren vor der Kartellbehörde werden Gebühren zur Deckung der Verwaltungskosten erhoben. ²Gebührenpflichtig sind (gebührenpflichtige Handlungen)
1. Anmeldungen nach § 9 Abs. 1 – auch in Verbindung mit § 103 Abs. 3 und § 103a Abs. 1 Satz 3 –, § 24a Abs. 1, § 38 Abs. 2 Nr. 2 und 3, § 99 Abs. 2, § 100 Abs. 1 Satz 2, § 102 Abs. 1 sowie § 102a Abs. 1 Satz 3 in Verbindung mit Satz 1;
2. Amtshandlungen auf Grund des § 3 Abs. 4, §§ 4, 5 Abs. 2 und 3, § 6 Abs. 2 und 4, §§ 7, 8, 11, 12, 14, 17, 18, 20 bis 22, 24, 24a, 27, 28, 31, 37a, 38 Abs. 3, § 38a Abs. 3 oder 6, §§ 56, 91, 102, 102a Abs. 2, §§ 103, 103a, 104 und 105;
3. Anzeigen nach § 23, es sei denn, es liegt ein Fall von § 24 Abs. 8 vor oder der Zusammenschluß ist nach § 24a angemeldet worden;
4. Erteilung von Abschriften aus den Akten der Kartellbehörde.

³Daneben werden als Auslagen die Kosten der öffentlichen Bekanntmachungen erhoben. ⁴Die Gebühr für Amtshandlungen auf Grund des § 6 Abs. 2 entfällt, wenn die Kartellbehörde für den Vertrag oder Beschluß bereits eine Ermächtigung nach § 6 Abs. 4 erteilt hat. ⁵In den Fällen des § 27 Abs. 3 in Verbindung mit § 11 Abs. 4 Nr. 1 wird die Gebühr nur bei erfolglosem Antrag erhoben. ⁶Auf die Gebühr für die Untersagung eines Zusammenschlusses nach § 24 Abs. 2 Satz 1 sind die Gebühren für die Anmeldung des Vorhabens eines Zusammenschlusses nach § 24a Abs. 1 und für die Anzeige des Zusammenschlusses nach § 23 Abs. 1 anzurechnen.

(3) ¹Die Höhe der Gebühren bestimmt sich nach dem personellen und sachlichen Aufwand der Kartellbehörde unter Berücksichtigung der wirtschaftlichen

26 GWB § 80   Vierter Teil. Verfahren

Bedeutung, die der Gegenstand der gebührenpflichtigen Handlung hat. ²Die Gebührensätze dürfen jedoch vorbehaltlich des Absatzes 3a nicht übersteigen

1. 100 000 DM in den Fällen der §§ 23, 24 und 24a;
2. 50 000 DM in den Fällen der §§ 4, 5 Abs. 2 und 3, § 6 Abs. 2, §§ 7, 8, 22 Abs. 5 und § 102 Abs. 1 – auch in Verbindung mit Abs. 3 –;
3. 30 000 DM in den Fällen der §§ 2 und 3;
4. 15 000 DM in den Fällen der §§ 5a und 5b;
5. 10 000 DM in den Fällen des § 6 Abs. 1, § 17 Abs. 1, §§ 18, 20 Abs. 3, §§ 21, 28 Abs. 3, § 38 Abs. 3, § 38a Abs. 3 und 6, § 102 Abs. 2 – auch in Verbindung mit Abs. 3 –, § 102a Abs. 2, § 103 Abs. 6, § 103a Abs. 3 und § 104 Abs. 2;
6. 5000 DM in den Fällen des § 5 Abs. 1, § 27 Abs. 1, §§ 37a, 99 Abs. 2, § 100 Abs. 1 Satz 2, § 102a Abs. 1 Satz 3, § 103 Abs. 3 und § 103a Abs. 1 Satz 3;
7. 2500 DM in den Fällen des § 38 Abs. 2 Nr. 2 und 3;
8. 2000 DM in den Fällen des § 17 Abs. 1, soweit es sich in entsprechender Anwendung dieser Vorschrift um Preisempfehlungen handelt;
9. 1000 DM in den Fällen des § 5 Abs. 4, § 91 Abs. 1;
10. 500 DM in den Fällen des § 99 Abs. 1 Nr. 2;
11. 35 DM für die Erteilung beglaubigter Abschriften (Absatz 2 Nr. 4);
12. a) in den Fällen des § 6 Abs. 4, §§ 11 und 27 Abs. 3 den Betrag für die Erteilung der Erlaubnis oder die Anordnung der Aufnahme (Nr. 2 und 6),
    b) in den Fällen der §§ 12, 102 Abs. 4 und § 104 den Betrag für die Anmeldung (Nr. 2 bis 6), 15 000 DM für Verfügungen in bezug auf Verträge oder Beschlüsse der in § 5c bezeichneten Art und 500 DM für Verfügungen in bezug auf Verträge oder Beschlüsse der in § 100 Abs. 1 und 7 bezeichneten Art,
    c) in den Fällen der §§ 14, 105 zwei vom Hundert des Wertes der Sicherheit,
    d) im Falle des § 31 Abs. 3 den Betrag für die Entscheidung nach § 28 Abs. 3 (Nr. 5),
    e) in den Fällen des § 56 ein Fünftel der Gebühr in der Hauptsache.

³Ist der personelle oder sachliche Aufwand der Kartellbehörde unter Berücksichtigung des wirtschaftlichen Werts der gebührenpflichtigen Handlung im Einzelfall außergewöhnlich hoch, kann die Gebühr bis auf das Doppelte erhöht werden.
⁴Aus Gründen der Billigkeit kann die unter Berücksichtigung der Sätze 1 bis 3 ermittelte Gebühr bis auf ein Zehntel ermäßigt werden.

(3a) Bis zum 31. Dezember 1991 betragen die in Absatz 3 Satz 2 genannten Gebührensätze drei Viertel der dort in Deutscher Mark angegebenen Beträge.

(4) Zur Abgeltung mehrfacher gleichartiger Amtshandlungen oder gleichartiger Anmeldungen desselben Gebührenschuldners können Pauschgebührensätze, die den geringen Umfang des Verwaltungsaufwandes berücksichtigen, vorgesehen werden.

(5) Gebühren dürfen nicht erhoben werden

1. für mündliche und schriftliche Auskünfte und Anregungen;
2. wenn sie bei richtiger Behandlung der Sache nicht entstanden wären;
3. in den Fällen des § 24 Abs. 3, wenn die vorangegangene Verfügung des Bundeskartellamtes nach § 24 Abs. 2 Satz 1 aufgehoben worden ist.

(6) ¹Wird ein Antrag zurückgenommen, bevor darüber entschieden ist, so ist die Hälfte der Gebühr zu entrichten. ²Das gleiche gilt, wenn eine Anmeldung innerhalb von drei Monaten nach Eingang bei der Kartellbehörde zurückgenommen wird.

(7) ¹Gebührenschuldner ist
1. in den Fällen des Absatzes 2 Satz 2 Nr. 1, wer eine Anmeldung eingereicht hat;
2. in den Fällen des Absatzes 2 Satz 2 Nr. 2, wer durch einen Antrag die Tätigkeit der Kartellbehörde veranlaßt hat oder derjenige, gegen den eine Verfügung der Kartellbehörde ergangen ist;
3. in den Fällen des Absatzes 2 Satz 2 Nr. 3, wer angezeigt hat;
4. in den Fällen des Absatzes 2 Satz 2 Nr. 4, wer die Herstellung der Abschriften veranlaßt hat;
5. in den Fällen des § 27 Abs. 3 in Verbindung mit § 11 Abs. 5 Nr. 1 das auf Anordnung der Kartellbehörde aufgenommene Unternehmen, wenn die Verfügung ergeht.

²Gebührenschuldner ist auch, wer die Zahlung der Gebühren durch eine vor der Kartellbehörde abgegebene oder ihr mitgeteilte Erklärung übernommen hat oder wer für die Gebührenschuld eines anderen kraft Gesetzes haftet. ³Mehrere Gebührenschuldner haften als Gesamtschuldner.

(8) ¹Der Anspruch auf Zahlung der Gebühren verjährt in vier Jahren nach der Gebührenfestsetzung. ²Der Anspruch auf Erstattung der Auslagen verjährt in vier Jahren nach ihrer Entstehung.

(9) ¹Die Bundesregierung wird ermächtigt, durch Rechtsverordnung,* die der Zustimmung des Bundesrates bedarf, die Gebührensätze und die Erhebung der Gebühren vom Gebührenschuldner in Durchführung der Vorschriften der Absätze 2 bis 7 sowie die Erstattung der Auslagen für die in den §§ 10, 32 und 58 bezeichneten Bekanntmachungen zu regeln. ²Sie kann dabei auch Vorschriften über die Kostenbefreiung von juristischen Personen des öffentlichen Rechts, über die Verjährung sowie über die Kostenerhebung treffen.

(10) Durch Rechtsverordnung* der Bundesregierung, die der Zustimmung des Bundesrates bedarf, wird das Nähere über die Erstattung der durch das Verfahren vor der Kartellbehörde entstehenden Kosten nach den Grundsätzen des § 77 bestimmt.

Zweiter Abschnitt. Bußgeldverfahren

§ 81. [Zuständigkeit der Kartellbehörde] Verwaltungsbehörde im Sinne des § 36 Abs. 1 Nr. 1 des Gesetzes über Ordnungswidrigkeiten ist
1. die nach § 44 zuständige Behörde, soweit es sich um Ordnungswidrigkeiten nach den §§ 38 und 39 handelt,
2. das Bundeskartellamt, soweit es sich dabei um Verfahren nach § 47 handelt.

§ 82. [Zuständigkeit des OLG im gerichtlichen Verfahren] (1) ¹Im gerichtlichen Verfahren wegen einer Ordnungswidrigkeit nach § 38 oder § 39 entscheidet

---

* Verordnung über die Kosten der Kartellbehörden (KartKostV) vom 16. 11. 1970 (BGBl. I S. 1535).

das Oberlandesgericht, in dessen Bezirk die zuständige Kartellbehörde ihren Sitz hat; es entscheidet auch über einen Antrag auf gerichtliche Entscheidung (§ 62 des Gesetzes über Ordnungswidrigkeiten) in den Fällen des § 52 Abs. 2 Satz 3 und des § 69 Abs. 1 Satz 2 des Gesetzes über Ordnungswidrigkeiten. [2]§ 140 Abs. 1 Nr. 1 der Strafprozeßordnung in Verbindung mit § 46 Abs. 1 des Gesetzes über Ordnungswidrigkeiten findet keine Anwendung.

(2) Das Oberlandesgericht entscheidet in der Besetzung von drei Mitgliedern mit Einschluß des Vorsitzenden.

§ 83. [**Rechtsbeschwerde zum BGH**] [1]Über die Rechtsbeschwerde (§ 79 des Gesetzes über Ordnungswidrigkeiten) entscheidet der Bundesgerichtshof. [2]Hebt er die angefochtene Entscheidung auf, ohne in der Sache selbst zu entscheiden, so verweist er die Sache an das Oberlandesgericht, dessen Entscheidung aufgehoben wird, zurück.

§ 84. [**Wiederaufnahmeverfahren gegen Bußgeldbescheid**] Im Wiederaufnahmeverfahren gegen den Bußgeldbescheid der Kartellbehörde (§ 85 Abs. 4 des Gesetzes über Ordnungswidrigkeiten) entscheidet das nach § 82 zuständige Gericht.

§ 85. [**Gerichtliche Entscheidungen bei der Vollstreckung**] Die bei der Vollstreckung notwendig werdenden gerichtlichen Entscheidungen (§ 104 des Gesetzes über Ordnungswidrigkeiten) werden von dem nach § 82 zuständigen Gericht erlassen.

§§ 86, 86a. (*weggefallen*)

Dritter Abschnitt. Bürgerliche Rechtsstreitigkeiten

§ 87. [**Ausschließliche Zuständigkeit der Landgerichte**] (1) Für bürgerliche Rechtsstreitigkeiten, die sich aus diesem Gesetz oder aus Kartellverträgen und aus Kartellbeschlüssen ergeben, sind ohne Rücksicht auf den Wert des Streitgegenstandes die Landgerichte ausschließlich zuständig.

(2) Die Rechtsstreitigkeiten sind Handelssachen im Sinne der §§ 93 bis 114 des Gerichtsverfassungsgesetzes.

§ 88. [**Klagenverbindung**] Mit der Klage aus diesem Gesetz oder aus Kartellverträgen und aus Kartellbeschlüssen (§ 87) kann die Klage wegen eines anderen Anspruchs verbunden werden, wenn dieser im rechtlichen oder unmittelbaren wirtschaftlichen Zusammenhang mit dem Anspruch steht, der bei dem nach § 87 zuständigen Gericht geltend zu machen ist; dies gilt auch dann, wenn für die Klage wegen des anderen Anspruchs eine ausschließliche Zuständigkeit gegeben ist.

§ 89. [**Zuständigkeit eines Landgerichts für mehrere Gerichtsbezirke**] (1) [1]Die Landesregierungen werden ermächtigt, durch Rechtsverordnung* bür-

---

* Die Länder haben hierzu folgende Vorschriften erlassen: **Baden-Württemberg:** Zuständig für Streitsachen des OLG-Bezirks Stuttgart ist das LG Stuttgart, für Karlsruhe das LG Mannheim (Verordnung vom 4. 12. 1990 (GBl. S. 408). **Bayern:** Zuständig für Streitsachen des OLG-Bezirks München ist das LG München I, für die OLG-Bezirke Nürnberg und Bamberg das LG Nürnberg-Fürth (§ 16 Verordnung vom 2. 2. 1988, GVBl. S. 6), geändert durch Verordnung vom 18. 2. 1988 (GVBl. S. 31) und vom 14. 11. 1990 (GVBl. S. 507). **Hessen:** Zuständig für Streitsachen der Landgerichtsbezirke Darmstadt, Frankfurt am Main, Lahn-Gießen, Hanau, Limburg a. d. Lahn, Wiesbaden ist das

3. Abschnitt. Bürgerliche Rechtsstreitigkeiten §§ 90, 91 GWB 26

gerliche Rechtsstreitigkeiten, für die nach § 87 ausschließlich die Landgerichte zuständig sind, einem Landgericht für die Bezirke mehrerer Landgerichte zuzuweisen, wenn eine solche Zusammenfassung der Rechtspflege in Kartellsachen, insbesondere der Sicherung einer einheitlichen Rechtsprechung, dienlich ist. ²Die Landesregierungen können die Ermächtigung auf die Landesjustizverwaltungen übertragen.

(2) Durch Staatsverträge zwischen Ländern kann die Zuständigkeit eines Landgerichtes für einzelne Bezirke oder das gesamte Gebiet mehrerer Länder begründet werden.

(3) Die Parteien können sich vor den nach den Absätzen 1 und 2 bestimmten Gerichten auch durch Rechtsanwälte vertreten lassen, die bei dem Gericht zugelassen sind, vor das der Rechtsstreit ohne die Regelung nach den Absätzen 1 und 2 gehören würde.

§ 90. [Benachrichtigung und Beteiligung des Bundeskartellamtes]
(1) ¹Das Gericht hat das Bundeskartellamt über alle Rechtsstreitigkeiten, die sich aus diesem Gesetz oder aus Kartellverträgen und aus Kartellbeschlüssen ergeben, zu unterrichten. ²Das Gericht hat dem Bundeskartellamt auf Verlangen Abschriften von allen Schriftsätzen, Protokollen, Verfügungen und Entscheidungen zu übersenden.

(2) ¹Der Präsident des Bundeskartellamtes kann, wenn er dies zur Wahrung des öffentlichen Interesses als angemessen erachtet, aus den Mitgliedern des Bundeskartellamtes und, wenn der Rechtsstreit eines der in § 102 bezeichneten Unternehmen betrifft, auch aus den Mitgliedern der zuständigen Aufsichtsbehörde einen Vertreter bestellen, der befugt ist, dem Gericht schriftliche Erklärungen abzugeben, auf Tatsachen und Beweismittel hinzuweisen, den Terminen beizuwohnen, in ihnen Ausführungen zu machen und Fragen an Parteien, Zeugen und Sachverständige zu richten. ²Schriftliche Erklärungen des Vertreters sind den Parteien von dem Gericht mitzuteilen.

(3) Reicht die Bedeutung des Rechtsstreits nicht über das Gebiet eines Landes hinaus, so tritt im Rahmen des Absatzes 1 Satz 2 und des Absatzes 2 die oberste Landesbehörde an die Stelle des Bundeskartellamtes.

(4) Die Absätze 1 und 2 gelten entsprechend für Rechtsstreitigkeiten, die die Durchsetzung eines nach § 16 gebundenen Preises gegenüber einem gebundenen Abnehmer oder einem anderen Unternehmen zum Gegenstand haben.

§ 91. [Schiedsverträge] (1) ¹Schiedsverträge über künftige Rechtsstreitigkeiten aus Verträgen oder Beschlüssen der in den §§ 1 bis 5c, 7, 8, 29, 99 Abs. 1 Nr. 2,

---

LG Frankfurt am Main, für die Landgerichtsbezirke Fulda, Kassel, Marburg das LG Kassel (Verordnung vom 22. 11. 1977, GVBl. I S. 454), geändert durch Verordnung vom 28. 9. 1990 (GVBl. I S. 578). **Niedersachsen:** Zuständig für Streitsachen des OLG-Bezirks Braunschweig ist das LG Braunschweig, für den OLG-Bezirk Celle das LG Hannover und für den OLG-Bezirk Oldenburg das LG Osnabrück (Verordnung vom 15. 2. 1958, GVBl. Sb. I S. 446). **Nordrhein-Westfalen:** Zuständig für Streitsachen des OLG-Bezirks Düsseldorf ist das LG Düsseldorf, für den OLG-Bezirk Hamm das LG Dortmund und für den OLG-Bezirk Köln das LG Köln (Verordnung vom 2. 10. 1990 (GV NW S. 579). **Rheinland-Pfalz:** Zuständig für Streitsachen des OLG-Bezirke Koblenz und Zweibrücken ist das LG Mainz (Landesverordnung vom 22. 11. 1985, GVBl. S. 267), geändert durch Landesverordnung vom 13. 4. 1987 (GVBl. S. 134), vom 19. 5. 1987 (GVBl. S. 153), vom 21. 1. 1988 (GVBl. S. 9), vom 5. 7. 1988 (GVBl. S. 152), vom 20. 12. 1990 (GVBl. 1991 S. 4). **Schleswig-Holstein:** Zuständig für Streitsachen für die Landgerichtsbezirke Flensburg, Itzehoe, Kiel und Lübeck ist das LG Kiel (Verordnung vom 11. 2. 1958, GVOBl. S. 118).

26 GWB §§ 92–95 Vierter Teil. Verfahren

§§ 100, 102, 102a und 103 bezeichneten Art oder aus Ansprüchen im Sinne des § 35 sind nichtig, wenn sie nicht jedem Beteiligten das Recht geben, im Einzelfalle statt der Entscheidung durch das Schiedsgericht eine Entscheidung durch das ordentliche Gericht zu verlangen. ²Schiedsverträge über künftige Rechtsstreitigkeiten aus Verträgen oder Beschlüssen der in § 6 bezeichneten Art, die nicht jedem Beteiligten das Recht geben, im Einzelfall statt der Entscheidung durch das Schiedsgericht eine Entscheidung durch das ordentliche Gericht zu verlangen, sind unwirksam, soweit nicht die Kartellbehörde auf Antrag eine Erlaubnis erteilt.

(2) Soweit über bereits entstandene Rechtsstreitigkeiten im Sinne des Absatzes 1 Schiedsverträge abgeschlossen werden, ist § 1027 Abs. 2 und 3 der Zivilprozeßordnung nicht anzuwenden.

(3) § 14 Abs. 1 Satz 3 des Gesetzes über die Wahrnehmung von Urheberrechten und verwandten Schutzrechten vom 9. September 1965 (BGBl. I S. 1294) bleibt unberührt.

Vierter Abschnitt. Gemeinsame Bestimmungen

§ 92. [Kartellsenat beim OLG] ¹Bei den Oberlandesgerichten wird ein Kartellsenat gebildet. ²Er entscheidet über die ihm gemäß § 54 Abs. 2 Satz 2, § 62 Abs. 4, §§ 82, 84 und 85 zugewiesenen Rechtssachen sowie über die Berufung gegen Endurteile und die Beschwerde gegen sonstige Entscheidungen der nach den §§ 87, 89 zuständigen Landgerichte.

§ 93. [Zuständigkeit eines OLG oder des ObLG für mehrere Gerichtsbezirke in Verwaltungs- und Bußgeldsachen] (1) ¹Sind in einem Lande mehrere Oberlandesgerichte errichtet, so können die Rechtssachen, für die nach § 54 Abs. 2 Satz 2, § 62 Abs. 4, §§ 82, 84 und 85 ausschließlich die Oberlandesgerichte zuständig sind, von den Landesregierungen durch Rechtsverordnung* einem oder einigen der Oberlandesgerichte oder dem Obersten Landesgericht zugewiesen werden, wenn eine solche Zusammenfassung der Rechtspflege in Kartellsachen, insbesondere der Sicherung einer einheitlichen Rechtsprechung, dienlich ist. ²Die Landesregierungen können die Ermächtigung auf die Landesjustizverwaltungen übertragen.

(2) Durch Staatsverträge zwischen Ländern kann die Zuständigkeit eines Oberlandesgerichts oder Obersten Landesgerichts für einzelne Bezirke oder das gesamte Gebiet mehrerer Länder begründet werden.

§ 94. [Zuständigkeit für Berufung und Beschwerde] ¹§ 93 Abs. 1 und 2 gilt entsprechend für die Entscheidung über die Berufung gegen Endurteile und die Beschwerde gegen sonstige Entscheidungen der nach den §§ 87, 89 zuständigen Landgerichte. ²§ 89 Abs. 3 ist entsprechend anzuwenden.

§ 95. [Kartellsenat beim BGH] (1) Beim Bundesgerichtshof wird ein Kartellsenat gebildet; er entscheidet über folgende Rechtsmittel:

1. in Verwaltungssachen
über die Rechtsbeschwerde gegen Entscheidungen der Oberlandesgerichte (§§ 73, 75) und über die Nichtzulassungsbeschwerde (§ 74);

---

* **Bayern:** § 16 Verordnung vom 2. 2. 1988 (GVBl. S. 6). **Niedersachsen:** Verordnung vom 15. 2. 1958 (GVBl. Sb. I S. 446). **Nordrhein-Westfalen:** Verordnung vom 2. 10. 1990 (GV NW S. 579).

Fünfter Teil. Anwendungsbereich des Gesetzes §§ 96–98 **GWB 26**

2. in Bußgeldverfahren
über die Rechtsbeschwerde gegen Entscheidungen der Oberlandesgerichte (§ 83);
3. in bürgerlichen Rechtsstreitigkeiten, die sich aus diesem Gesetz oder aus Verträgen und Beschlüssen der in den §§ 1 bis 8 und 29 bezeichneten Art ergeben,
   a) über die Revision gegen Endurteile der Oberlandesgerichte,
   b) über die Revision gegen Endurteile der Landgerichte im Falle des § 566a der Zivilprozeßordnung,
   c) über die Beschwerde gegen Entscheidungen der Oberlandesgerichte in den Fällen des § 519b Abs. 2, des § 542 Abs. 3 in Verbindung mit § 341 Abs. 2 und des § 568a der Zivilprozeßordnung.

(2) Der Kartellsenat gilt im Sinne der §§ 132 und 136* des Gerichtsverfassungsgesetzes in Bußgeldsachen als Strafsenat, in allen übrigen Sachen als Zivilsenat.

§ 96. [Ausschließliche Zuständigkeit; Aussetzung von Verfahren] (1) Die Zuständigkeit der nach diesem Gesetz zur Entscheidung berufenen Gerichte ist ausschließlich.

(2) ¹Hängt die Entscheidung eines Rechtsstreits ganz oder teilweise von einer Entscheidung ab, die nach diesem Gesetz zu treffen ist, so hat das Gericht das Verfahren bis zur Entscheidung durch die nach diesem Gesetz zuständigen Behörden und Gerichte auszusetzen. ²Wer an einem solchen Rechtsstreit beteiligt ist, kann die von dem Gericht für erforderlich erachteten Entscheidungen bei den dafür zuständigen Stellen beantragen.

§ 97. [Zuständigkeit in den Fällen der Art. 85 oder 86 EWG-Vertrag] Für bürgerliche Rechtsstreitigkeiten, die sich aus den Artikeln 85 oder 86 des Vertrages zur Gründung der Europäischen Wirtschaftsgemeinschaft** ergeben, gelten die §§ 87 bis 90 und 92 bis 96 Abs. 1 entsprechend; hängt die Entscheidung eines Rechtsstreits ganz oder teilweise von der Anwendbarkeit des Artikels 85 oder des Artikels 86 des Vertrages ab, so gilt § 96 Abs. 2 entsprechend.

Fünfter Teil. Anwendungsbereich des Gesetzes

§ 98. [Unternehmen der öffentlichen Hand; Geltungsbereich] (1) Dieses Gesetz findet auch Anwendung auf Unternehmen, die ganz oder teilweise im Eigentum der öffentlichen Hand stehen oder die von ihr verwaltet oder betrieben werden, soweit in den §§ 99 bis 103 nichts anderes bestimmt wird.

(2) ¹Dieses Gesetz findet Anwendung auf alle Wettbewerbsbeschränkungen, die sich im Geltungsbereich dieses Gesetzes auswirken, auch wenn sie außerhalb des Geltungsbereichs dieses Gesetzes veranlaßt werden. ²Es findet auch Anwendung auf Ausfuhrkartelle im Sinne des § 6 Abs. 1, soweit an ihnen Unternehmen mit Sitz im Geltungsbereich dieses Gesetzes beteiligt sind.

---

* Die Verweisung „der §§ 132 und 136" ersetzt durch die Verweisung „des § 132" **mit Wirkung vom 1. 1. 1992** durch Art. 8 Abs. 10 Rechtspflege-Vereinfachungsgesetz vom 17. 12. 1990 (BGBl. I S. 2847).
** Abgedruckt in Anm. zu § 1.

§ 99. [**Verkehrsunternehmen**] (1) Die §§ 1 und 38 Abs. 1 Nr. 11 finden keine Anwendung auf

1. Verträge von Luftfahrtunternehmen und Unternehmen der Binnenschiffahrt sowie Beschlüsse und Empfehlungen von Vereinigungen dieser Unternehmen, wenn und soweit sie Beförderungsleistungen über die Grenzen des Gebiets hinaus zum Gegenstand haben, in dem der Vertrag zur Gründung der Europäischen Wirtschaftsgemeinschaft Anwendung findet;

2. Verträge von Unternehmen sowie Beschlüsse und Empfehlungen von Vereinigungen dieser Unternehmen, die sich mit der Beförderung von Personen befassen, wenn und soweit sie der aus öffentlichen Verkehrsinteressen erforderlichen Einrichtung und befriedigenden Bedienung, Erweiterung oder Änderung von Verkehrsverbindungen im Sinne des § 8 Abs. 3 des Personenbeförderungsgesetzes dienen. Sie bedürfen zu ihrer Wirksamkeit der Anmeldung bei der Genehmigungsbehörde, die diese Anmeldung an die Kartellbehörde weiterleitet; Verfügungen nach diesem Gesetz, die solche Verträge, Beschlüsse oder Empfehlungen betreffen, ergehen im Benehmen mit der zuständigen Genehmigungsbehörde;

3. Verträge von Eisenbahnunternehmen untereinander oder mit anderen Verkehrsunternehmen, die dazu dienen, Entgelte oder Bedingungen aufeinander abzustimmen, wenn und soweit sie staatlich festgesetzt oder genehmigt werden, sowie entsprechende Beschlüsse und Empfehlungen von Vereinigungen dieser Unternehmen.

(2) ¹§ 38 Abs. 1 Nr. 11 findet keine Anwendung auf Preisempfehlungen von Vereinigungen von

1. Spediteuren für die Versendung von Gütern im Spediteursammelgutverkehr mit Eisenbahn und Kraftwagen;

2. Unternehmen, die den Güterumschlag, die Güterbeförderung und die Güterlagerung und die damit verbundenen Nebenleistungen in den deutschen Flug-, See- und Binnenhäfen sowie die Vermittlung dieser Leistungen, die Vermittlung der Befrachtung und die Abfertigung von See- und Binnenschiffen einschließlich der Schlepperhilfe zum Gegenstand haben.

²Diese Preisempfehlungen sind nur zulässig, wenn sie

a) von der Vereinigung, die sie ausgesprochen hat, bei der Kartellbehörde unter Beifügung der Stellungnahmen der von der Wettbewerbsbeschränkung betroffenen Wirtschaftskreise angemeldet worden sind und

b) gegenüber den Empfehlungsempfängern ausdrücklich als unverbindlich bezeichnet sind und zu ihrer Durchsetzung kein wirtschaftlicher, gesellschaftlicher oder sonstiger Druck angewendet wird.

§ 100. [**Erzeugervereinigungen**] (1) ¹§ 1 findet keine Anwendung auf Verträge und Beschlüsse von Erzeugerbetrieben, Vereinigungen von Erzeugerbetrieben und Vereinigungen von Erzeugervereinigungen, soweit sie ohne Preisbindung die Erzeugung oder den Absatz landwirtschaftlicher Erzeugnisse oder die Benutzung gemeinschaftlicher Einrichtungen für die Lagerung, Be- oder Verarbeitung landwirtschaftlicher Erzeugnisse betreffen.* ²Solche Verträge und Beschlüsse von Vereinigungen von Erzeugervereinigungen sind der Kartellbehörde unverzüglich zu melden. ³Sie dürfen den Wettbewerb nicht ausschließen.

---

* Beachte hierzu § 11 Gesetz zur Anpassung der landwirtschaftlichen Erzeugung an die Erfordernisse des Marktes (Marktstrukturgesetz) i. d. F. der Bek. vom 26. 9. 1990 (BGBl. I S. 2134).

Fünfter Teil. Anwendungsbereich des Gesetzes § 100 GWB 26

(2) § 15 gilt nicht, soweit Verträge über landwirtschaftliche Erzeugnisse die Sortierung, Kennzeichnung oder Verpackung betreffen.

(3) § 15 gilt nicht, soweit
1. Erzeugerbetriebe oder Vereinigungen von Erzeugerbetrieben die Abnehmer von Saatgut, das den Vorschriften des Saatgutverkehrsgesetzes unterliegt, oder
2. nach dem Tierzuchtgesetz vom 22. Dezember 1989 (BGBl. I S. 2493) anerkannte Zuchtunternehmen oder Züchtervereinigungen die Abnehmer von Tieren, die zur Vermehrung in einem mehrstufigen Zuchtverfahren bestimmt sind,

rechtlich oder wirtschaftlich binden, bei der Weiterveräußerung bestimmte Preise zu vereinbaren oder ihren Abnehmern die gleiche Bindung bis zur Weiterveräußerung an den letzten Verbraucher aufzuerlegen.

(4) § 18 findet keine Anwendung auf Verträge zwischen Erzeugerbetrieben oder Vereinigungen von Erzeugerbetrieben einerseits und Unternehmen oder Vereinigungen von Unternehmen andererseits, soweit die Verträge die Erzeugung, die Lagerung, die Be- oder Verarbeitung oder den Absatz landwirtschaftlicher Erzeugnisse betreffen.

(5) Landwirtschaftliche Erzeugnisse im Sinne dieses Gesetzes sind
1. Erzeugnisse der Landwirtschaft, des Gemüse-, Obst-, Garten- und Weinbaues und der Imkerei sowie die durch Fischerei gewonnenen Erzeugnisse,
2. die durch Be- oder Verarbeitung der unter Nummer 1 genannten Erzeugnisse gewonnenen Waren, deren Be- oder Verarbeitung durch Erzeugerbetriebe oder Vereinigungen von Erzeugerbetrieben durchgeführt zu werden pflegt und die in einer Rechtsverordnung, die die Bundesregierung mit Zustimmung des Bundesrates erläßt, im einzelnen benannt werden.*

(6) ¹Erzeugerbetriebe im Sinne dieses Gesetzes sind Betriebe, die die in Absatz 5 Nr. 1 genannten Erzeugnisse erzeugen oder gewinnen. ²Als Erzeugerbetriebe gelten auch Pflanzen- oder Tierzuchtbetriebe und die auf der Stufe dieser Betriebe tätigen Unternehmen.

(7) ¹§ 1 findet keine Anwendung auf Beschlüsse von Vereinigungen forstwirtschaftlicher Erzeugerbetriebe, soweit sie ohne Preisbindung die Erzeugung oder den Absatz forstwirtschaftlicher Erzeugnisse betreffen. ²Als Vereinigungen forstwirtschaftlicher Erzeugerbetriebe sind Waldwirtschaftsgemeinschaften, Waldwirtschaftsgenossenschaften, Forstverbände, Eigentumsgenossenschaften und ähnliche Vereinigungen anzusehen, deren Wirkungskreis nicht oder nicht wesentlich über das Gebiet einer Gemarkung oder einer Gemeinde hinausgeht und die zur gemeinschaftlichen Durchführung forstbetrieblicher Maßnahmen gebildet werden oder gebildet worden sind.

(8) Dieses Gesetz findet keine Anwendung, soweit folgende Gesetze und die darauf beruhenden Rechtsverordnungen eine nach dem Ersten Teil verbotene Wettbewerbsbeschränkung zulassen:
1. Getreidegesetz in der Fassung der Bekanntmachung vom 3. August 1977 (BGBl. I S. 1521),
2. Zuckergesetz in der im Bundesgesetzblatt Teil III, Gliederungsnummer 7844–1,

---

* Verordnung über die Benennung von Waren als landwirtschaftliche Erzeugnisse im Sinne des Gesetzes gegen Wettbewerbsbeschränkungen vom 29. 10. 1960 (BGBl. I S. 837), geändert durch Verordnung vom 28. 8. 1967 (BGBl. I S. 936), vom 25. 3. 1970 (BGBl. I S. 301) und vom 27. 3. 1984 (BGBl. I S. 495).

veröffentlichten bereinigten Fassung, zuletzt geändert durch Artikel 96 Nr. 25 des Gesetzes vom 14. Dezember 1976 (BGBl. I S. 3341),
3. Milch- und Fettgesetz in der im Bundesgesetzblatt Teil III, Gliederungsnummer 7842–1, veröffentlichten bereinigten Fassung, zuletzt geändert durch Artikel 95 Nr. 10 des Gesetzes vom 14. Dezember 1976 (BGBl. I S. 3341),
4. Vieh- und Fleischgesetz in der Fassung der Bekanntmachung vom 21. März 1977 (BGBl. I S. 477), zuletzt geändert durch das Gesetz vom 11. Dezember 1989 (BGBl. I S. 2134).

§ 101. [**Bundesbank; Gemeinschaft für Kohle und Stahl; Branntweinmonopol**] Dieses Gesetz findet keine Anwendung
1. auf die Deutsche Bundesbank und die Kreditanstalt für Wiederaufbau;
2. soweit Leistungen und Entgelte auf Grund des Gesetzes über das Branntweinmonopol in der im Bundesgesetzblatt Teil III, Gliederungsnummer 612–7, veröffentlichten bereinigten Fassung, zuletzt geändert durch Artikel 2 der Verordnung vom 9. Dezember 1988 (BGBl. I S. 2231), und der zu diesem Gesetz ergangenen Rechtsverordnungen geregelt sind;
3. soweit der Vertrag über die Gründung der Europäischen Gemeinschaft für Kohle und Stahl vom 18. April 1951 besondere Vorschriften enthält.

§ 102. [**Kreditinstitute und Versicherungsunternehmen**] (1) [1]Die §§ 1, 15 und 38 Abs. 1 Nr. 11 gelten nicht für Verträge und Empfehlungen von Kreditinstituten oder Versicherungsunternehmen sowie für Beschlüsse und Empfehlungen von Vereinigungen dieser Unternehmen, wenn sie
1. im Zusammenhang mit Tatbeständen stehen, die auf Grund eines Gesetzes der Genehmigung oder Überwachung durch das Bundesaufsichtsamt für das Kreditwesen, durch das Bundesaufsichtsamt für das Versicherungswesen oder durch die Versicherungsaufsichtsbehörden der Länder unterliegen, und
2. geeignet und erforderlich sind, die Leistungsfähigkeit der beteiligten Unternehmen in technischer, betriebswirtschaftlicher oder organisatorischer Beziehung insbesondere durch zwischenbetriebliche Zusammenarbeit oder durch Vereinheitlichung von Vertragsbedingungen zu heben oder zu erhalten und dadurch die Befriedigung des Bedarfs zu verbessern; der zu erwartende Erfolg muß in einem angemessenen Verhältnis zu der damit verbundenen Wettbewerbsbeschränkung stehen.

[2]Verträge, Beschlüsse und Empfehlungen der in Satz 1 bezeichneten Art sind bei der Kartellbehörde anzumelden, die eine Ausfertigung der Anmeldung an die zuständige Aufsichtsbehörde weiterleitet. [3]Bei der Anmeldung ist zu begründen, daß die Voraussetzungen des Satzes 1 vorliegen. [4]Verträge, Beschlüsse und Empfehlungen der in Satz 1 bezeichneten Art werden nur wirksam oder sind nur zulässig, wenn die Kartellbehörde
– innerhalb einer Frist von drei Monaten seit Eingang der Anmeldung nicht widerspricht oder
– vor Ablauf dieser Frist demjenigen, der die Anmeldung bewirkt hat, schriftlich mitteilt, daß sie nicht widersprechen wird.
[5]Innerhalb der Frist nach Satz 4 soll die Kartellbehörde den von der Wettbewerbsbeschränkung betroffenen Wirtschaftskreisen Gelegenheit zur Stellungnahme geben.

Fünfter Teil. Anwendungsbereich des Gesetzes § 102a **GWB 26**

(2) ¹§ 15 findet auf Verträge, die einen Einzelfall betreffen, keine Anwendung; die §§ 1 und 15 finden auf die für den Einzelfall vereinbarte gemeinsame Übernahme von Einzelrisiken im Mit- und Rückversicherungsgeschäft sowie im Konsortialgeschäft der Kreditinstitute keine Anwendung. ²Auf derartige Verträge finden Absatz 1 Satz 1 Nr. 2 und § 12 entsprechende Anwendung.

(3) Die Absätze 1 und 2 gelten auch für die in § 1 Abs. 2 des Versicherungsaufsichtsgesetzes genannten Unternehmen.

(4) ¹Für die in Absatz 1 genannten Fälle gelten die §§ 9, 10, 12, 13, 14 und 38 Abs. 3 entsprechend. ²Bei der Bekanntmachung nach § 10 hat die Kartellbehörde schutzwürdige Belange Dritter zu berücksichtigen; sie kann aus diesem Grunde und in Fällen offensichtlich geringfügiger Beschränkung des Wettbewerbs von der Bekanntmachung absehen.

(5) ¹Die Kartellbehörde erläßt Verfügungen nach den Absätzen 1, 2 und 4 im Benehmen mit der zuständigen Aufsichtsbehörde. ²Gibt die Aufsichtsbehörde in Ausübung ihrer gesetzlichen Befugnisse eine förmliche Erklärung ab, so sind die damit verbundenen Festlegungen einer wettbewerblichen Überprüfung entzogen.

(6) ¹Verträge, Beschlüsse und Empfehlungen, die vor Inkrafttreten der Absätze 1 bis 5 wirksam geworden sind, bleiben auch danach wirksam. ²Die Kartellbehörde hat sie binnen einer Frist von drei Jahren nach Inkrafttreten der Absätze 1 bis 5 für unwirksam oder unzulässig zu erklären, wenn sie den Voraussetzungen des Absatzes 1 Satz 1 Nr. 2 nicht entsprechen. ³Absatz 5 findet Anwendung.

§ 102a. [Verwertungsgesellschaften] (1) ¹Die §§ 1 und 15 finden keine Anwendung auf die Bildung von Verwertungsgesellschaften, die der Aufsicht nach dem Gesetz über die Wahrnehmung von Urheberrechten und verwandten Schutzrechten unterliegen, sowie auf wettbewerbsbeschränkende Verträge oder Beschlüsse solcher Verwertungsgesellschaften, wenn und soweit die Verträge oder Beschlüsse sich auf die nach § 1 des Gesetzes über die Wahrnehmung von Urheberrechten und verwandten Schutzrechten erlaubnisbedürftige Tätigkeit beziehen und der Aufsichtsbehörde gemeldet worden sind. ²Die Aufsichtsbehörde hat Näheres über den Inhalt der Meldung zu bestimmen. ³Sie leitet die Meldungen an das Bundeskartellamt weiter.

(2) ¹Das Bundeskartellamt kann den Verwertungsgesellschaften Maßnahmen untersagen und Verträge und Beschlüsse für unwirksam erklären, die einen Mißbrauch der durch Freistellung von den §§ 1 und 15 erlangten Stellung im Markt darstellen. ²Ist der Inhalt eines Gesamtvertrages oder eines Vertrages mit einem Sendeunternehmen nach § 14 des Gesetzes über die Wahrnehmung von Urheberrechten und verwandten Schutzrechten durch die Schiedsstelle verbindlich festgesetzt worden, so stehen dem Bundeskartellamt Befugnisse nach diesem Gesetz nur zu, soweit in dem Vertrag Bestimmungen zum Nachteil Dritter enthalten sind oder soweit der Vertrag mißbräuchlich gehandhabt wird. ³Ist der Inhalt des Vertrages nach § 15 des Gesetzes über die Wahrnehmung von Urheberrechten und verwandten Schutzrechten durch das Oberlandesgericht festgesetzt worden, so stehen dem Bundeskartellamt Befugnisse nach diesem Gesetz nur zu, soweit der Vertrag mißbräuchlich gehandhabt wird.

(3) Verfügungen nach diesem Gesetz, die die Tätigkeit von Verwertungsgesellschaften betreffen, werden vom Bundeskartellamt im Benehmen mit der Aufsichtsbehörde getroffen.

§ 103. **[Versorgungsunternehmen]** (1) Die §§ 1, 15 und 18 finden keine Anwendung auf

1. Verträge von Unternehmen der öffentlichen Versorgung mit Elektrizität, Gas oder Wasser (Versorgungsunternehmen) mit anderen Versorgungsunternehmen oder mit Gebietskörperschaften, soweit sich durch sie ein Vertragsbeteiligter verpflichtet, in einem bestimmten Gebiet eine öffentliche Versorgung über feste Leitungswege mit Elektrizität, Gas oder Wasser zu unterlassen;
2. Verträge von Versorgungsunternehmen mit Gebietskörperschaften, soweit sich durch sie eine Gebietskörperschaft verpflichtet, die Verlegung und den Betrieb von Leitungen auf oder unter öffentlichen Wegen für eine bestehende oder beabsichtigte unmittelbare öffentliche Versorgung von Letztverbrauchern im Gebiet der Gebietskörperschaft mit Elektrizität, Gas oder Wasser ausschließlich einem Versorgungsunternehmen zu gestatten;
3. Verträge von Versorgungsunternehmen mit Versorgungsunternehmen der Verteilungsstufe, soweit sich durch sie ein Versorgungsunternehmen der Verteilungsstufe verpflichtet, seine Abnehmer mit Elektrizität, Gas oder Wasser über feste Leitungswege nicht zu ungünstigeren Preisen oder Bedingungen zu versorgen, als sie das zuliefernde Versorgungsunternehmen seinen vergleichbaren Abnehmern gewährt;
4. Verträge von Versorgungsunternehmen mit anderen Versorgungsunternehmen, soweit sie zu dem gemeinsamen Zweck abgeschlossen sind, bestimmte Versorgungsleistungen über feste Leitungswege ausschließlich einem oder mehreren Versorgungsunternehmen zur Durchführung der öffentlichen Versorgung zur Verfügung zu stellen.

(2) [1] Soweit Verträge der in Absatz 1 Nr. 1 und 2 bezeichneten Art die öffentliche Versorgung mit einer Energieart oder mit Wasser ausschließen, sind sie nichtig. [2] Absatz 1 findet auf sie keine Anwendung.

(3) Auf Verträge der in Absatz 1 Nr. 1, 2 und 4 bezeichneten Art ist § 9 entsprechend anzuwenden.

(4) Verfügungen nach diesem Gesetz, die die öffentliche Versorgung mit Elektrizität, Gas oder Wasser über feste Leitungswege betreffen, werden von der Kartellbehörde im Benehmen mit der Fachaufsichtsbehörde getroffen.

(5) [1] In den Fällen des Absatzes 1 kann die Kartellbehörde unter Berücksichtigung von Sinn und Zweck der Freistellung, insbesondere der Zielsetzung einer möglichst sicheren und preiswürdigen Versorgung, die in Absatz 6 bezeichneten Maßnahmen treffen,

1. soweit die Verträge oder die Art ihrer Durchführung einen Mißbrauch der durch Freistellung von den Vorschriften dieses Gesetzes erlangten Stellung im Markt darstellen oder
2. soweit sie die von der Bundesrepublik Deutschland in zwischenstaatlichen Abkommen anerkannten Grundsätze über den Verkehr mit Waren oder gewerblichen Leistungen verletzen.

[2] Ein Mißbrauch im Sinne des Satzes 1 Nr. 1 liegt insbesondere vor, wenn

1. das Marktverhalten eines Versorgungsunternehmens den Grundsätzen zuwiderläuft, die für das Marktverhalten von Unternehmen bei wirksamem Wettbewerb bestimmend sind, oder
2. ein Versorgungsunternehmen ungünstigere Preise oder Geschäftsbedingungen fordert als gleichartige Versorgungsunternehmen, es sei denn, das Versor-

Fünfter Teil. Anwendungsbereich des Gesetzes § 103a GWB 26

gungsunternehmen weist nach, daß der Unterschied auf abweichenden Umständen beruht, die ihm nicht zurechenbar sind; Nummer 1 bleibt unberührt, oder

3. ein Versorgungsunternehmen ein anderes Versorgungsunternehmen oder ein sonstiges Unternehmen in der Verwertung von in eigenen Anlagen erzeugter Energie unbillig behindert oder

4. ein Versorgungsunternehmen ein anderes Versorgungsunternehmen oder ein sonstiges Unternehmen im Absatz oder im Bezug von Elektrizität oder Gas (Energie) dadurch unbillig behindert, daß es sich weigert, mit diesen Unternehmen Verträge über die Einspeisung von Energie in sein Versorgungsnetz und eine damit verbundene Entnahme (Durchleitung) zu angemessenen Bedingungen abzuschließen. [3]Bei der Beurteilung der Unbilligkeit sind die Auswirkungen der Durchleitung auf die Marktverhältnisse, insbesondere auch auf die Versorgungsbedingungen für die Abnehmer des zur Durchleitung verpflichteten Versorgungsunternehmens, zu berücksichtigen.

(6) Die Kartellbehörde kann

1. den beteiligten Unternehmen aufgeben, einen beanstandeten Mißbrauch abzustellen,

2. den beteiligten Unternehmen aufgeben, die Verträge oder Beschlüsse zu ändern, oder

3. die Verträge und Beschlüsse für unwirksam erklären.

(7) Absatz 5 gilt für Mißbrauchsverfahren gegen Versorgungsunternehmen nach § 22 Abs. 5 entsprechend.

§ 103a. [Begrenzung der Freistellung von Verträgen der Versorgungsunternehmen; Verlängerungsanmeldung] (1) [1]Die Freistellung nach § 103 Abs. 1 Nr. 1, 2 und 4 gilt bei Verträgen über die Versorgung mit Elektrizität oder Gas nur unter der Voraussetzung, daß die vereinbarte Laufzeit des Vertrages zwanzig Jahre nicht überschreitet. [2]Eine Vereinbarung der in § 103 Abs. 1 Nr. 1 bezeichneten Art über die Versorgung mit Elektrizität oder Gas ist insoweit unwirksam, als sie einen Beteiligten verpflichtet, nach Ende der Laufzeit eines Vertrages der in § 103 Abs. 1 Nr. 2 bezeichneten Art hinsichtlich des Gebiets, auf das sich dieser Vertrag bezog, eine unmittelbare öffentliche Versorgung zu unterlassen oder für den Fall, daß ein Dritter die unmittelbare Versorgung übernimmt, diesen weder unmittelbar noch mittelbar zu beliefern. [3]Wird eine Vertragsverlängerung oder ein Neuabschluß zwischen denselben Vertragsparteien vereinbart, so bedarf es einer erneuten Anmeldung (Verlängerungsanmeldung); § 9 gilt entsprechend.

(2) [1]Liegen bei einer Verlängerungsanmeldung über Verträge der in § 103 Abs. 1 Nr. 1 oder 4 bezeichneten Art hinreichende Anhaltspunkte vor, daß durch den Vertrag andere Unternehmen im Absatz oder im Bezug von Energie unbillig behindert werden oder daß der Vertrag zu spürbar ungünstigeren Versorgungsbedingungen als bei gleichartigen Versorgungsunternehmen führt, so teilt die Kartellbehörde den Vertragsparteien innerhalb von drei Monaten seit der Anmeldung mit, daß sie in die Prüfung des Vertrages eingetreten ist. [2]In diesem Fall hat die Kartellbehörde

1. die Anmeldung im Bundesanzeiger zu veröffentlichen und

2. den Beteiligten sowie der zuständigen Fachaufsichtsbehörde Gelegenheit zur Stellungnahme zu geben.

³Sie kann zu einer mündlichen Verhandlung einladen. ⁴Erfolgt keine Mitteilung nach Satz 1 oder erläßt die Kartellbehörde im Falle einer solchen Mitteilung nicht innerhalb einer Frist von weiteren drei Monaten eine Verfügung nach Absatz 3, so verlängert sich die Freistellung um weitere zwanzig Jahre. ⁵Die Kartellbehörde darf auch nach Ablauf der drei Monate eine Verfügung nach Absatz 3 erlassen, wenn die Vertragsparteien einer Fristverlängerung zugestimmt haben. ⁶Die Befugnisse der Kartellbehörden nach § 103 Abs. 5 bis 7 bleiben unberührt.

(3) Im Falle einer Verlängerungsanmeldung kann die Kartellbehörde einen Vertrag der in § 103 Abs. 1 Nr. 1 oder 4 bezeichneten Art ganz oder teilweise für unwirksam erklären, wenn durch den Vertrag in einem der Vertragsgebiete oder in einem Teil davon die Versorgung zu spürbar günstigeren Bedingungen verhindert wird, es sei denn, daß

1. hierfür ein sachlich gerechtfertigter Grund vorliegt oder
2. durch die Unwirksamkeit des Vertrages die Marktverhältnisse, insbesondere auch die Versorgungsbedingungen für die durch den Wechsel nicht erfaßten Abnehmer, spürbar verschlechtert oder die erforderliche Sicherheit der Versorgung gefährdet würden.

(4) ¹Für Verträge über die Versorgung mit Elektrizität oder Gas, die vor dem Inkrafttreten dieses Gesetzes angemeldet worden sind (Altverträge), endet die Freistellung nach § 103 Abs. 1 Nr. 1, 2 und 4 zu dem Zeitpunkt, der von den Vertragsparteien am 1. Januar 1979 für den Ablauf des Vertrages festgelegt war, spätestens jedoch am 1. Januar 1995. ²Sind am 1. Januar 1995 noch nicht zwanzig Jahre seit Anmeldung des Altvertrages abgelaufen, so verlängert sich die Freistellung bis zum Zeitpunkt des vereinbarten Vertragsablaufs, höchstens jedoch bis zum Ablauf von zwanzig Jahren nach der Anmeldung. ³Wenn ein Vertrag der in § 103 Abs. 1 Nr. 2 bezeichneten Art gemäß Satz 1 oder 2 endet, findet Absatz 1 Satz 2 Anwendung. ⁴Wird im Falle eines Altvertrages eine Vertragsverlängerung oder ein Neuabschluß zwischen denselben Vertragsparteien vereinbart, so finden Absatz 1 Satz 3 und die Absätze 2 und 3 Anwendung.

§ 104. [Mißbrauch der Freistellung] (1) ¹In den Fällen des § 99 Abs. 1 Nr. 1 und 2 sowie Abs. 2 und des § 100 kann die Kartellbehörde die in Absatz 2 bezeichneten Maßnahmen treffen,

1. soweit die Verträge, Beschlüsse oder Empfehlungen oder die Art ihrer Durchführung einen Mißbrauch der durch Freistellung von den Vorschriften dieses Gesetzes erlangten Stellung im Markt darstellen oder
2. soweit sie die von der Bundesrepublik Deutschland in zwischenstaatlichen Abkommen* anerkannten Grundsätze über den Verkehr mit Waren oder gewerblichen Leistungen verletzen.

²In den Fällen des § 99 Abs. 2 liegt ein Mißbrauch insbesondere vor, wenn die Empfehlung zum Ausschluß wesentlichen Wettbewerbs auf dem betreffenden Markt führt; § 38a Abs. 3 Satz 2 Nr. 1 bis 3 gilt entsprechend.

(2) Die Kartellbehörde kann unter den Voraussetzungen des Absatzes 1
1. den beteiligten Unternehmen aufgeben, einen beanstandeten Mißbrauch abzustellen,

---

* Siehe Anm. zu § 6.

Sechster Teil. Übergangs- und Schlußbest. §§ 104a–106 **GWB 26**

2. den beteiligten Unternehmen aufgeben, die Verträge oder Beschlüsse zu ändern oder
3. die Verträge und Beschlüsse für unwirksam erklären.

§ 104a. [Energieversorgungsunternehmen] Die Vorschriften des Energiewirtschaftsgesetzes in der im Bundesgesetzblatt Teil III, Gliederungsnummer 752-1, veröffentlichten bereinigten Fassung, zuletzt geändert durch Artikel 3 des Gesetzes vom 19. Dezember 1977 (BGBl. I S. 2750), einschließlich der dazu ergangenen Durchführungs- und Ausführungsbestimmungen stehen der Anwendung der §§ 22 und 26 Abs. 2 nicht entgegen.

§ 105. In den Fällen des § 99 Abs. 1 Nr. 1 und 2 und der §§ 100, 102, 102a und 103 finden die §§ 13, 14 und 34 entsprechende Anwendung.

Sechster Teil. Übergangs- und Schlußbestimmungen

§ 106. [Übergangsbestimmungen] (1) Vor Inkrafttreten dieses Gesetzes gültig zustande gekommene Verträge der in § 15 bezeichneten Art werden mit Ablauf von sechs Monaten nach Inkrafttreten dieses Gesetzes unwirksam, soweit sie mit § 15 nicht vereinbar sind.

(2) Vor Inkrafttreten dieses Gesetzes gültig zustande gekommene Verträge und Beschlüsse der in den §§ 1 bis 5 Abs. 3, §§ 6 bis 8, § 20 Abs. 1, §§ 21, 99 Abs. 2 Nr. 2 bis 4, § 102 und § 103 Abs. 1 Nr. 1, 2 und 4 bezeichneten Art werden mit Ablauf von sechs Monaten nach Inkrafttreten dieses Gesetzes unwirksam, wenn nicht bis zu diesem Zeitpunkt
1. in den Fällen der §§ 2, 3, 5 Abs. 1, § 6 Abs. 1 und § 103 Abs. 1 Nr. 1, 2 und 4 die Verträge und Beschlüsse bei der Kartellbehörde angemeldet worden sind; die §§ 9 und 10 gelten entsprechend.
2. in den Fällen der §§ 4, 5 Abs. 2 und 3, § 6 Abs. 2, §§ 7, 8, 20 Abs. 1 und § 21 ein Antrag auf Erteilung einer Erlaubnis bei der Kartellbehörde gestellt worden ist;
3. in den Fällen des § 99 Abs. 2 Nr. 2 bis 4 die Verträge und Beschlüsse bei der Kartellbehörde angemeldet worden sind; § 99 Abs. 3 gilt entsprechend;
4. in den Fällen des § 102 die Verträge und Beschlüsse der zuständigen Aufsichtsbehörde gemeldet worden sind.

(3) Vor Inkrafttreten dieses Gesetzes gültig zustande gekommene Verträge und Beschlüsse der in § 5 Abs. 4 und § 100 bezeichneten Art sind der Kartellbehörde unverzüglich zu melden; für Verträge und Beschlüsse nach § 5 Abs. 4 gelten die §§ 9 und 10 entsprechend.

(4) Ein vor Inkrafttreten dieses Gesetzes gültig zustande gekommener Schiedsvertrag über künftige Rechtsstreitigkeiten aus Verträgen oder Beschlüssen der in § 1 bezeichneten Art ist nach Maßgabe des § 91 nichtig, sofern sich nicht die Parteien vor diesem Zeitpunkt bereits auf das schiedsrichterliche Verfahren zur Hauptsache eingelassen haben.

§ 107. [Geltung in Berlin] *(gegenstandslos)*

§ 108. *(gegenstandslos)*

§ 109. *(Inkrafttreten)*

27. Gesetz über Preisnachlässe (Rabattgesetz)

Vom 25. November 1933 (RGBl. I S. 1011)

(BGBl. III 43–5–1)

Änderungen des Gesetzes

Lfd. Nr.	Änderndes Gesetz	Datum	Fundstelle	Geänderte Paragraphen	Art der Änderg.
1.	Brit. Zone: MilRegVO Nr. 39	31. 7. 1946	MRABl. 284	6 Satz 1 5	geänd. aufgeh.
	Baden: Gesetz	8. 2. 1950	GVBl. 127		
	Bayern: Gesetz	19. 4. 1949	GVBl. 90, ber. 176		
	Bremen: Gesetz	3. 3. 1949	GBl. 39		
	Hessen: Gesetz	16. 12. 1947	GVBl. 1948, 9		
	Rheinland-Pfalz: Gesetz	30. 3. 1949	GVBl. 99		
	Württemberg-Baden: Gesetz Nr. 67	8. 6. 1949	RegBl. 79		
	Württemberg-Hohenz.: Gesetz	6. 8. 1948	RegBl. 97		
2.	Gesetz zur Änderung von Vorschriften des GenG und des Rabattgesetzes	21. 7. 1954	BGBl. I 212	6 Satz 1 5	geänd. eingef.
3.	Gesetz zur Änderung des UWG, des Gesetzes über das Zugabewesen und des Rabattgesetzes	11. 3. 1957	BGBl. I 172	13	geänd.
4.	Entscheidung des Bundesverfassungsgerichts	11. 4. 1967	BGBl. I 626	6	nichtig
5.	Einführungsgesetz zum Strafgesetzbuch (EGStGB)	2. 3. 1974	BGBl. I 469	11	geänd.
6.	Gesetz zur Änderung wirtschafts-, verbraucher-, arbeits- und sozialrechtlicher Vorschriften	25. 7. 1986	BGBl. I 1169	12	geänd.

Erster Teil. Preisnachlässe

§ 1. (1) Werden im geschäftlichen Verkehr Waren des täglichen Bedarfs im Einzelverkauf an den letzten Verbraucher veräußert oder gewerbliche Leistungen des täglichen Bedarfs für den letzten Verbraucher ausgeführt, so dürfen zu Zwecken des Wettbewerbs Preisnachlässe (Rabatte) nur nach Maßgabe der nachfolgenden Vorschriften angekündigt oder gewährt werden.

(2) Als Preisnachlässe im Sinne dieses Gesetzes gelten Nachlässe von den Preisen, die der Unternehmer ankündigt oder allgemein fordert, oder Sonderpreise, die wegen der Zugehörigkeit zu bestimmten Verbraucherkreisen, Berufen, Vereinen oder Gesellschaften eingeräumt werden.

Erster Abschnitt. Barzahlungsnachlässe

§ 2. **[Voraussetzung und Höchstgrenze]** [1] Der Preisnachlaß für Barzahlung (Barzahlungsnachlaß) darf drei vom Hundert des Preises der Ware oder Leistung nicht überschreiten. [2] Er darf nur gewährt werden, wenn die Gegenleistung unverzüglich nach der Lieferung der Ware oder der Bewirkung der gewerblichen Leistung durch Barzahlung oder in einer der Barzahlung gleichkommenden Weise, insbesondere durch Hingabe eines Schecks oder durch Überweisung, erfolgt.

§ 3. [1] Werden während eines bestimmten Zeitabschnitts unter Stundung der Gegenleistung Waren geliefert oder Leistungen bewirkt, so kann bei der nach Ablauf des Zeitabschnitts erfolgenden Bezahlung ein Barzahlungsnachlaß gewährt werden, sofern der Zeitabschnitt nicht länger als einen Monat dauert. [2] Die Vorschrift des § 2 gilt entsprechend.

§ 4. [Sofortige Gewährung oder Gutscheine] (1) [1] Wer einen Barzahlungsnachlaß gewährt, muß den Nachlaßbetrag sofort vom Preise abziehen oder Gutscheine (Sparmarken, Kassenzettel, Zahlungsabschnitte) ausgeben, die in bar einzulösen sind. [2] Der Umsatz an Waren oder Leistungen, von dem die Einlösung der Gutscheine abhängig gemacht wird, darf auf keinen höheren Betrag als fünfzig Deutsche Mark festgesetzt werden.

(2) [1] Gutscheine, die von einer Vereinigung nachlaßgewährender Gewerbetreibender (Rabattsparvereine und dergleichen) eingelöst werden, dürfen nur ausgegeben werden, sofern sich die Vereinigung alljährlich einer unabhängigen Prüfung durch einen sachverständigen Prüfer unterzieht. [2] Die Prüfung muß sich auf die gesamte Geschäftsgebarung der Vereinigung während der Dauer des Geschäftsjahres erstrecken, insbesondere darauf, daß die Einlösung der ausgegebenen Gutscheine gesichert ist. [3] Der Prüfer muß einen schriftlichen Bericht erstatten, den die Vereinigung ihren Mitgliedern zugänglich zu machen hat. [4] Die Vorschrift des Absatzes 1 Satz 2 findet keine Anwendung.

§ 5.* **[Konsumvereine]** (1) Warenrückvergütungen, die Genossenschaften im Sinne des § 1 Abs. 1 Nr. 5 des Genossenschaftsgesetzes** (Konsumvereine) ihren Mitgliedern gewähren, dürfen zusammen mit Barzahlungsnachlässen im Geschäftsjahr drei vom Hundert der mit den Mitgliedern erzielten Umsätze nicht übersteigen; Nichtmitgliedern dürfen Warenrückvergütungen nicht gewährt werden.

(2) [1] Der Anspruch auf die Warenrückvergütung ist mit der Beschlußfassung über den Jahresabschluß fällig. [2] Die Fälligkeit kann durch das Statut oder einen Beschluß der Generalversammlung nicht über sechs Monate nach Ablauf des Geschäftsjahres hinausgeschoben werden.

§ 6.** *Warenhäuser, Einheits-, Klein- oder Serienpreisgeschäfte oder ähnliche, durch die besondere Art der Preisstellung gekennzeichnete Geschäfte und Werkskonsumanstalten dürfen Barzahlungsnachlässe nicht gewähren.*

---

* § 5 neu gefaßt durch Gesetz vom 21. 7. 1954 (BGBl. I S. 212).
** Abgedruckt unter Nr. **15**.
*** § 6 ist nichtig; vgl. Beschluß des Bundesverfassungsgerichts vom 11. 4. 1967 (BGBl. I S. 626).

2. Teil. Schlußvorschriften §§ 7-11 **RabattG 27**

Zweiter Abschnitt. Mengennachlässe

§ 7. (1) Werden mehrere Stücke oder eine größere Menge von Waren in einer Lieferung veräußert, so kann ein Mengennachlaß gewährt werden, sofern dieser nach Art und Umfang sowie nach der verkauften Stückzahl oder Menge als handelsüblich anzusehen ist.

(2) Der Mengennachlaß kann entweder durch Hingabe einer bestimmten oder auf bestimmte Art zu berechnenden Menge der verkauften Ware oder durch einen Preisnachlaß gewährt werden.

§ 8. Werden bei Aufträgen für mehrere gewerbliche Leistungen oder für eine gewerbliche Leistung größeren Umfanges oder beim Kauf von Dauer- oder Reihenkarten, die einen Anspruch auf eine bestimmte Zahl von Leistungen begründen, Mengennachlässe gewährt, so gilt die Vorschrift des § 7 entsprechend.

Dritter Abschnitt. Sondernachlässe

§ 9. Sondernachlässe oder Sonderpreise dürfen gewährt werden
1. an Personen, die die Ware oder Leistung in ihrer beruflichen oder gewerblichen Tätigkeit verwerten, sofern dieser Nachlaß seiner Art und Höhe nach orts- oder handelsüblich ist;
2. an Personen, die auf Grund besonderen Lieferungs- oder Leistungsvertrages Waren oder Leistungen in solchen Mengen abnehmen, daß sie als Großverbraucher anzusehen sind;
3. an die Arbeiter, Angestellten, Leiter und Vertreter des eigenen Unternehmens, sofern die Ware oder Leistung für deren Bedarf, den Bedarf ihrer Ehegatten, ihrer Abkömmlinge oder der mit ihnen in häuslicher Gemeinschaft lebenden Personen bestimmt ist (Eigenbedarf) und in dem Unternehmen hergestellt, vertrieben oder bewirkt wird.

Vierter Abschnitt. Zusammentreffen mehrerer Preisnachlaßarten

§ 10. Treffen bei einem Rechtsgeschäft im Sinne des § 1 mehrere Preisnachlaßarten zusammen, so darf der Nachlaß nur für zwei Arten gewährt werden.

Zweiter Teil. Schlußvorschriften

§ 11.* [Ordnungswidrigkeiten] (1) Ordnungswidrig handelt, wer als Inhaber eines Unternehmens, in dem Waren des täglichen Bedarfs im Einzelverkauf an den letzten Verbraucher veräußert oder gewerbliche Leistungen des täglichen Bedarfs für den letzten Verbraucher ausgeführt werden, vorsätzlich oder fahrlässig im geschäftlichen Verkehr zu Zwecken des Wettbewerbs
1. entgegen einer Vorschrift der §§ 2 bis 4 Abs. 1, 2 Sätze 1, 4 einen Preisnachlaß,

---

* § 11 neu gefaßt durch Einführungsgesetz zum Strafgesetzbuch vom 2. 3. 1974 (BGBl. I S. 469).

27 RabattG §§ 12–17   2. Teil. Schlußvorschriften

2. entgegen § 5 Abs. 1 eine Warenrückvergütung,
3. entgegen § 7 oder § 8 einen Mengennachlaß,
4. entgegen § 9 einen Sondernachlaß oder einen Sonderpreis oder
5. entgegen § 10 Nachlaß für mehr als zwei Preisnachlaßarten

gewährt oder ankündigt.

(2) Die Ordnungswidrigkeit kann mit einer Geldbuße bis zu zehntausend Deutsche Mark geahndet werden.

§ 12.* [**Unterlassungsanspruch**] ¹ Wer einer der Vorschriften dieses Gesetzes zuwiderhandelt, kann auf Unterlassung in Anspruch genommen werden. ² § 13 Abs. 2 Nr. 1, 2 und 4, Abs. 4 und 5 und § 23a des Gesetzes gegen den unlauteren Wettbewerb sind entsprechend anzuwenden.

§ 13.** [**Anrufung der Einigungsstellen**] Die in § 27a des Gesetzes gegen den unlauteren Wettbewerb*** vorgesehenen Einigungsstellen können bei bürgerlichen Rechtsstreitigkeiten aus diesem Gesetz angerufen werden.

§ 14. [**Inkrafttreten**] (1) Dieses Gesetz tritt am 1. Januar 1934 in Kraft.

(2) *(gegenstandslose Übergangsvorschrift)*

§ 15. [**Tabakerzeugnisse**] Die Vorschriften des *Gesetzes über das Verbot des Verkaufs von Tabakerzeugnissen unter Steuerzeichenpreis vom 21. September 1933 (Reichsgesetzbl. I S. 653)*† bleiben, soweit sich aus ihnen etwas anderes ergibt, unberührt.

§ 16. [**Kein Schadensersatz**] Zum Ersatz eines Schadens, der durch die in diesem Gesetz bestimmten Maßnahmen entsteht, sind weder das *Reich* noch die Länder verpflichtet.

§ 17. [**Durchführungsvorschriften**] ¹ Der *Reichswirtschaftsminister* erläßt die zur Durchführung dieses Gesetzes erforderlichen Rechts- und Verwaltungsverordnungen.†† ² *Er kann auch Vorschriften ergänzenden oder abändernden Inhalts erlassen.*†††

---

* § 12 neu gefaßt durch Gesetz vom 25. 7. 1986 (BGBl. I S. 1169).
** § 13 neu gefaßt durch Gesetz vom 11. 3. 1957 (BGBl. I S. 172).
*** Abgedruckt unter Nr. **25**.
† Diese Vorschriften sind inzwischen ersetzt durch §§ 15 und 24 Abs. 2 Nr. 3 Tabaksteuergesetz vom 13. 12. 1979 (BGBl. I S. 2118), geändert durch Gesetz vom 22. 12. 1981 (BGBl. I S. 1562).
†† Durchführungsverordnung vom 21. 2. 1934; abgedruckt unter Nr. **28**.
††† Vgl. hierzu Art. 129 Abs. 3 GG; abgedruckt in Schönfelder unter Nr. **1**.

28. Verordnung zur Durchführung des Gesetzes über Preisnachlässe (Rabattgesetz)
Vom 21. Februar 1934 (RGBl. I S. 120)
(BGBl. III 43-5-1-1)

Änderungen der Verordnung

Lfd. Nr.	Änderndes Gesetz	Datum	Fundstelle	Geänderte Paragraphen	Art der Änderg.
1.	Zweite Verordnung zur Durchführung des Gesetzes über Preisnachlässe (Rabattgesetz)	19. 2. 1935	RGBl. I 208	12	geänd.
2.	Dritte Verordnung zur Durchführung des Gesetzes über Preisnachlässe (Rabattgesetz)	29. 7. 1938	RGBl. I 981	8 Abs. 2	eingef.
3.	Baden: Gesetz	8. 2. 1950	GVBl. 127	11	aufgeh.
	Bayern: Gesetz	19. 4. 1949	GVBl. 90, ber. 176		
	Bremen: Gesetz	3. 3. 1949	GBl. 39		
	Hessen: Gesetz	16. 12. 1947	GVBl. 1948, 9		
	Rheinland-Pfalz: Gesetz	30. 3. 1949	GVBl. 99		
	Württemberg-Baden: Gesetz Nr. 67	8. 6. 1949	RegBl. 79		
	Württemberg-Hohenzollern: Gesetz	6. 8. 1948	RegBl. 97		
4.	Verordnung zur Änderung gewerberechtlicher und anderer Vorschriften	21. 5. 1976	BGBl. I 1249	10 Abs. 1 Satz 3, Abs. 2 Satz 3	geänd.

Auf Grund der Vorschrift des § 17 des Gesetzes über Preisnachlässe (Rabattgesetz) vom 25. November 1933 – Reichsgesetzbl. I S. 1011 –* wird hiermit verordnet:

Erster Abschnitt. Barzahlungsnachlässe

1. Einlösung der Gutscheine

§ 1. Wird ein Barzahlungsnachlaß durch Ausgabe von Gutscheinen gewährt, so müssen die Gutscheine entweder von dem nachlaßgewährenden Gewerbetreibenden selbst oder von einer Vereinigung im Sinne des § 4 Abs. 2 Satz 1 des Rabattgesetzes eingelöst werden, deren Mitglied der nachlaßgewährende Gewerbetreibende sein muß.

2. Vereinigungen nachlaßgewährender Gewerbetreibender

§ 2. [**Rechtsform der Vereinigungen**] (1) [1] Vereinigungen nachlaßgewährender Gewerbetreibender im Sinne des § 4 Abs. 2 des Rabattgesetzes* müssen entweder rechtsfähige Vereine oder Genossenschaften im Sinne des Gesetzes über die Erwerbs- und Wirtschaftsgenossenschaften** sein. [2] Bei den Vereinen

---
* Abgedruckt unter Nr. 27.
** Abgedruckt unter Nr. 15.

kann die Rechtsfähigkeit entweder auf der Eintragung in das Vereinsregister (§ 21 BGB) oder auf staatlicher Verleihung (§ 22 BGB) beruhen.

(2) Vereinigungen Gewerbetreibender, bei denen die Gewährung von Barzahlungsnachlässen nicht den Hauptzweck bildet, müssen den Geschäftsbetrieb und die Kassenführung für die Gewährung der Barzahlungsnachlässe von dem übrigen Geschäftsbetrieb getrennt halten.

§ 3. [Vermögensverwaltung] [1] Die Vereinigungen haben die aus dem Verkauf der Gutscheine eingehenden Beträge als zweckgebundenes, ihnen zu treuen Händen anvertrautes Vermögen zu verwalten. [2] Sie haben die Beträge zur Einlösung der ausgegebenen Gutscheine bereitzuhalten und zu verwenden. [3] Die Beträge sind bei Sparkassen oder Banken sicher anzulegen; sie dürfen weder langfristig festgelegt noch zu wirtschaftlichen oder gewerblichen Zwecken (z. B. als Betriebsvermögen oder in Warenbeständen) angelegt werden.

§ 4. [Sorgfaltspflicht] [1] Die jeweiligen Kassen- und Gutscheinbestände sind sicher aufzubewahren und mit der Sorgfalt eines ordentlichen Kaufmanns zu verwalten. [2] Die Unternehmungen (Sparkassen, Banken), denen die Beträge anvertraut werden, sind gleichfalls mit der Sorgfalt eines ordentlichen Kaufmanns auszuwählen.

§ 5. [Haftung des Vorstandes] [1] Der Vorstand der Vereinigung ist für die Erfüllung der in § 2 Abs. 2 und in den §§ 3 und 4 vorgeschriebenen Verpflichtungen verantwortlich. [2] Er hat insbesondere jedes Verschulden bei der Verwaltung und Anlegung der anvertrauten Beträge oder bei der Auswahl der Unternehmungen, denen die Beträge anvertraut werden, zu vertreten.

§ 6. [Pflichtprüfung] (1) [1] Die in § 4 Abs. 2 des Rabattgesetzes vorgeschriebene Pflichtprüfung hat sich auf die gesamte Geschäftsgebarung der Vereinigung während der Dauer des Geschäftsjahres, insbesondere darauf zu erstrecken, daß die Einlösung der ausgegebenen Gutscheine gesichert ist. [2] Ferner ist darauf zu achten, daß den in den §§ 2, 3 und 4 dieser Verordnung aufgestellten Erfordernissen genügt ist und daß die sachlichen und persönlichen Unkosten möglichst niedrig gehalten werden und zu dem Geschäftsumfang und Aufgabenkreis der Vereinigung in einem angemessenen Verhältnis stehen.

(2) [1] Die Prüfung hat für jedes Geschäftsjahr besonders zu erfolgen. [2] Als Geschäftsjahr gilt das Kalenderjahr.

(3) Die Prüfer sind zur gewissenhaften und unparteiischen Prüfung und zur Verschwiegenheit verpflichtet.

§ 7. [Sachverständige Prüfer] Sachverständige Prüfer im Sinne des § 4 Abs. 2 des Rabattgesetzes sind:

a) die öffentlich bestellten Wirtschaftsprüfer oder die Gesellschaften, *die in die bei der Hauptstelle für die öffentlich bestellten Wirtschaftsprüfer geführte Liste der zur Wirtschaftsprüfertätigkeit zugelassenen Gesellschaften eingetragen sind;**

b) die *beeidigten Bücherrevisoren;***

---

* Jetzt anerkannte Wirtschaftsprüfungsgesellschaften gemäß § 1 Abs. 3, §§ 27 ff. Wirtschaftsprüferordnung i. d. F. der Bek. vom 5. 11. 1975 (BGBl. I S. 2803), geändert durch Gesetz vom 19. 12. 1985 (BGBl. I S. 2355) und vom 24. 4. 1986 (BGBl. I S. 560).

** Jetzt vereidigte Buchprüfer gemäß §§ 128 ff. Wirtschaftsprüferordnung i. d. F. der Bek. vom 5. 11. 1975 (BGBl. I S. 2803), geändert durch Gesetz vom 19. 12. 1985 (BGBl. I S. 2355).

1. Abschnitt. Barzahlungsnachlässe §§ 8–10 **DVRabattG 28**

c) die Diplombücherrevisoren;
d) diejenigen, welche die Prüfung als Diplomkaufmann oder Diplomvolkswirt oder eine gleichartige Prüfung bestanden und mindestens ein Jahr lang im Prüfungswesen gearbeitet haben.

§ 8.* **[Prüfungsverband]** (1) ¹ Die Prüfung kann auch einem Prüfungsverband von Rabattsparvereinigungen oder einem Revisionsverband gewerblicher Genossenschaften (§ 54 des Genossenschaftsgesetzes) übertragen werden. ² In diesem Fall muß der Verbandsprüfer die Voraussetzungen zu a, b, c oder d des § 7 erfüllen oder eine mehrjährige Tätigkeit als Verbandsprüfer nachweisen. ³ Der *Reichswirtschaftsminister* kann gegen die Übertragung der Prüfung an einen der im Satz 1 genannten Prüfungsverbände Einspruch erheben. ⁴ Der Prüfungs- oder Revisionsverband haftet für einen durch eine Pflichtverletzung seines Verbandsprüfers etwa entstehenden Schaden.

(2) Der *Reichswirtschaftsminister* kann die Vereinigungen zu einem Prüfungsverband zusammenschließen oder einzelne Vereinigungen an einen bereits bestehenden derartigen Verband anschließen, die Rechte und Pflichten der Mitglieder und die übrigen Rechtsverhältnisse des Verbandes regeln und ihn seiner Aufsicht unterstellen.

§ 9. [Prüfungsbericht] ¹ Die Vereinigung hat den Bericht des Prüfers gemäß § 4 Abs. 2 Satz 3 des Rabattgesetzes ihren Mitgliedern dadurch zugänglich zu machen, daß sie ihnen einen Abdruck übersendet oder die Urschrift oder Abschrift in ihren Geschäftsräumen mindestens einen Monat lang auslegt. ² Der Zeitraum, während dessen der Bericht ausliegt, ist den Mitgliedern schriftlich bekanntzugeben.

§ 10.** **[Mitteilungen an Registergericht]** (1) ¹ Ist die Vereinigung in das Vereins- oder Genossenschaftsregister eingetragen, so hat sie jeweils dem zuständigen Registergericht einen Abdruck des Prüfungsberichtes zu übersenden und mitzuteilen, wann die Prüfung stattgefunden hat. ² Das Registergericht hat darüber zu wachen, daß die Pflichtprüfung alljährlich stattfindet. ³ Es kann nach Ablauf des Geschäftsjahres den Beteiligten unter Androhung eines Zwangsgeldes aufgeben, innerhalb einer bestimmten Frist den Bericht einzureichen. ⁴ Die Vorschriften der §§ 132 bis 139 des Reichsgesetzes über die Angelegenheiten der freiwilligen Gerichtsbarkeit*** gelten entsprechend.

(2) ¹ Ist die Vereinigung durch staatliche Verleihung rechtsfähig, so hat sie der zuständigen Verwaltungsbehörde einen Abdruck des Prüfungsberichtes zu übersenden und mitzuteilen, wann die Prüfung stattgefunden hat. ² Die Vorschriften des Absatzes 1 Satz 2 und 3 gelten entsprechend. ³ Wird innerhalb der bestimmten Frist der Verpflichtung nicht genügt, so ist das angedrohte Zwangsgeld festzusetzen; gegen die Festsetzung des Zwangsgeldes ist die Aufsichtsbeschwerde zulässig.

(3) Vereinigungen im Sinne des Absatzes 1 haben dem zuständigen Registergericht, Vereinigungen im Sinne des Absatzes 2 der zuständigen Verwaltungsbehörde ihren Geschäftsbetrieb unverzüglich anzumelden.

---

* § 8 Abs. 2 eingefügt durch Verordnung vom 29. 7. 1938 (RGBl. I S. 981).
** § 10 Abs. 1 Satz 3 und Abs. 2 Satz 3 geändert durch Verordnung vom 21. 5. 1976 (BGBl. I S. 1249).
*** Abgedruckt in Schönfelder unter Nr. 112.

28 DVRabattG §§ 11–15   4. Abschnitt. Schlußvorschriften

3. Konsumvereine

§ 11.* ¹ Konsumvereine dürfen außer der Rückvergütung gemäß § 5 des Rabattgesetzes einen etwaigen weiteren Gewinn nur nach Maßgabe der Geschäftsanteile ausschütten. ² Der über die Rückvergütung hinaus errechnete Gewinnanteil darf erst dann ausgezahlt werden, wenn das Mitglied seinen Geschäftsanteil in voller Höhe eingezahlt hat (§ 19 des Genossenschaftsgesetzes). ³ Entgegenstehende Satzungsbestimmungen (§ 19 Abs. 2 des Genossenschaftsgesetzes) sind insoweit unwirksam.

Zweiter Abschnitt. Sondernachlässe

§ 12.** Bei Lieferungen an Behörden oder Einrichtungen des *Reichs*, der Länder, der *Deutschen Reichsbahn-Gesellschaft*,*** an die *Reichsbank* oder an Gemeinden oder Gebietskörperschaften kann ein Sondernachlaß oder Sonderpreis gemäß § 9 Nr. 2 des Rabattgesetzes auch dann gewährt werden, wenn die Lieferung unter den von der zuständigen Beschaffungsstelle aufgestellten Bedingungen erfolgt.

Dritter Abschnitt. Treuvergütung

§ 13. (1) ¹ Bei Markenwaren, die in verschlossenen Packungen abgegeben werden, kann deren Hersteller eine Vergütung dadurch gewähren, daß er der Ware einen Gutschein beipackt und gegen eine bestimmte Anzahl gesammelter Gutscheine einen Barbetrag auszahlt (Treuvergütung). ² Der *Reichswirtschaftsminister* kann die Gewährung einer Treuvergütung nach Satz 1 untersagen, wenn sie nach Art und Umfang unter Berücksichtigung der Verhältnisse in dem Geschäfts- oder Warenzweig nicht angemessen erscheint.

(2) Die Gewährung von Preisnachlässen durch den Wiederverkäufer einer Markenware wird durch die Gewährung einer Treuvergütung nach Absatz 1 nicht berührt.

Vierter Abschnitt. Schlußvorschriften

§ 14. [Verjährung des Unterlassungsanspruchs] Der Unterlassungsanspruch (§ 12 des Rabattgesetzes) verjährt in sechs Monaten von dem Zeitpunkt an, in dem der Anspruchsberechtigte von der Handlung und von der Person des Verpflichteten Kenntnis erlangt, ohne Rücksicht auf diese Kenntnis in drei Jahren von der Begehung der Handlung an.

§ 15. [Inkrafttreten] (1) Diese Verordnung tritt am Tage ihrer Verkündung† in Kraft.

(2) (3) *(überholte Übergangsvorschriften)*

---

* § 11 ist in den **Ländern der früheren amerikanischen und der französischen Zone aufgehoben worden**; vgl. im einzelnen die Nachweise im Änderungsregister auf S. 1.
** § 12 geändert durch Verordnung vom 19. 2. 1935 (RGBl. I S. 208).
*** Jetzt Deutsche Bundesbahn gemäß §§ 1 und 2 Bundesbahngesetz vom 13. 12. 1951 (BGBl. I S. 955).
† Verkündet am 22. 2. 1934.

ZugabeVO 29

29. Verordnung des Reichspräsidenten zum Schutze der Wirtschaft
Erster Teil: Zugabewesen (Zugabeverordnung)
Vom 9. März 1932 (RGBl. I S. 121)
(BGBl. III 43-4-1)

Änderungen der Verordnung

Lfd. Nr.	Änderndes Gesetz	Datum	Fundstelle	Geänderte Paragraphen	Art der Änderg.
1.	Gesetz über das Zugabewesen	12. 5. 1933	RGBl. I 264	1 Abs. 2 Buchst. e	aufgeh.
2.	Gesetz zur Änderung der Verordnung zum Schutze der Wirtschaft	20. 8. 1953	BGBl. I 939	1 Abs. 2 Buchst. e	eingef.
3.	Gesetz zur Änderung des Gesetzes zur Änderung der Verordnung zum Schutze der Wirtschaft	15. 11. 1955	BGBl. I 719	1 Abs. 2 Buchst. e	geänd.
4.	Erstes Gesetz zur Reform des Strafrechts (1. StrRG)	25. 6. 1969	BGBl. I 645	3 Abs. 3	aufgeh.
5.	Einführungsgesetz zum Strafgesetzbuch (EGStGB)	2. 3. 1974	BGBl. I 469	3 4	geänd. aufgeh.
6.	Gesetz zur Änderung wirtschafts-, verbraucher-, arbeits- und sozialrechtlicher Vorschriften	25. 7. 1986	BGBl. I 1169	2 Abs. 1	geänd.
7.	Gesetz über den Schutz der Topographien von mikroelektronischen Halbleitererzeugnissen (Halbleiterschutzgesetz)	22. 10. 1987	BGBl. I 2294	2 Abs. 1 Satz 2	geänd.

§ 1.* [Zugabeverbote] (1) ¹ Es ist verboten, im geschäftlichen Verkehr neben einer Ware oder einer Leistung eine Zugabe (Ware oder Leistung) anzubieten, anzukündigen oder zu gewähren. ² Eine Zugabe liegt auch dann vor, wenn die Zuwendung nur gegen ein geringfügiges, offenbar bloß zum Schein verlangtes Entgelt gewährt wird. ³ Das gleiche gilt, wenn zur Verschleierung der Zugabe eine Ware oder Leistung mit einer anderen Ware oder Leistung zu einem Gesamtpreis angeboten, angekündigt oder gewährt wird.

(2) Die Vorschriften im Absatz 1 gelten nicht:
a) wenn lediglich Reklamegegenstände von geringem Werte, die als solche durch eine dauerhafte und deutlich sichtbare Bezeichnung der reklametreibenden Firma gekennzeichnet sind, oder geringwertige Kleinigkeiten gewährt werden;
b) wenn die Zugabe in einem bestimmten oder auf bestimmte Art zu berechnenden Geldbetrage besteht;
c) wenn die Zugabe zu Waren in einer bestimmten oder auf bestimmte Art zu berechnenden Menge gleicher Ware besteht;
d) wenn die Zugabe nur in handelsüblichem Zubehör zur Ware oder in handelsüblichen Nebenleistungen besteht;
e) wenn Zeitschriften belehrenden und unterhaltenden Inhalts, die nach ihrer Aufmachung und Ausgestaltung der Werbung von Kunden und den Interessen des Verteilers dienen, durch einen entsprechenden Aufdruck auf der Titelseite diesen Zweck erkennbar machen und in ihren Herstellungskosten

---
* § 1 Abs. 2 Buchst. e neu gefaßt durch Gesetz vom 15. 11. 1955 (BGBl. I S. 719).

29 ZugabeVO §§ 2–5

geringwertig sind, unentgeltlich an den Verbraucher abgegeben werden (Kundenzeitschriften);

f) wenn die Zugabe in der Erteilung von Auskünften oder Ratschlägen besteht;

g) wenn zugunsten der Bezieher einer Zeitung oder Zeitschrift Versicherungen bei beaufsichtigten Versicherungsunternehmungen oder Versicherungsanstalten abgeschlossen werden.

(3) ¹Bei dem Angebot, der Ankündigung und der Gewährung einer der in Absatz 2 zugelassenen Zugaben ist es verboten, die Zuwendung als unentgeltlich gewährt (Gratiszugabe, Geschenk und dergleichen) zu bezeichnen oder sonstwie den Eindruck der Unentgeltlichkeit zu erwecken. ²Ferner ist es verboten, die Zugabe von dem Ergebnis einer Verlosung oder einem anderen Zufall abhängig zu machen.

§ 2.*, [Unterlassungsanspruch; Schadensersatz; Verjährung]** (1) ¹Wer den Vorschriften des § 1 zuwiderhandelt, kann auf Unterlassung in Anspruch genommen werden. ²§ 13 Abs. 2 Nr. 1, 2 und 4, Abs. 4 und 5 und § 23a des Gesetzes gegen den unlauteren Wettbewerb sind entsprechend anzuwenden.

(2) Wer vorsätzlich oder fahrlässig gegen die Vorschriften des § 1 verstößt, ist zum Ersatze des durch die Zuwiderhandlung entstehenden Schadens verpflichtet.

(3) Ansprüche, die wegen der Gewährung von Zugaben auf Grund anderer Vorschriften, insbesondere des Gesetzes gegen den unlauteren Wettbewerb, begründet sind, bleiben unberührt.

(4) ¹Die in den Absätzen 1, 2 bezeichneten Ansprüche auf Unterlassung oder Schadensersatz verjähren in sechs Monaten von dem Zeitpunkt an, in welchem der Anspruchsberechtigte von der Handlung und von der Person des Verpflichteten Kenntnis erlangt, ohne Rücksicht auf diese Kenntnis in drei Jahren von der Begehung der Handlung an. ²Für die Ansprüche auf Schadensersatz beginnt der Lauf der Verjährung nicht vor dem Zeitpunkt, in welchem der Schaden entstanden ist.

§ 3.* [Ordnungswidrigkeiten]** (1) Ordnungswidrig handelt, wer im geschäftlichen Verkehr

1. entgegen § 1 Abs. 1, 2 neben einer Ware oder Leistung eine Zugabe anbietet, ankündigt oder gewährt oder

2. bei dem Angebot, der Ankündigung oder der Gewährung einer nach § 1 Abs. 2 zugelassenen Zugabe dem Verbot des § 1 Abs. 3 zuwiderhandelt.

(2) Die Ordnungswidrigkeit kann mit einer Geldbuße bis zu zehntausend Deutsche Mark geahndet werden.

§ 4.** *(aufgehoben)*

§ 5. [Inkrafttreten] ¹Die Vorschriften dieses Teiles treten drei Monate nach der Verkündung† in Kraft. ²...††

---

* § 2 Abs. 1 neu gefaßt durch Gesetz vom 25. 7. 1986 (BGBl. I S. 1169), Abs. 1 Satz 2 geändert durch Gesetz vom 22. 10. 1987 (BGBl. I S. 2294).
** Bei bürgerlichen Rechtsstreitigkeiten aus der Zugabeverordnung können auch die in § 27a UWG (abgedruckt unter Nr. **25**) vorgesehenen Einigungsstellen angerufen werden; vgl. Gesetz über das Zugabewesen vom 12. 5. 1933 (RGBl. I S. 264), geändert durch Gesetz vom 11. 3. 1957 (BGBl. I S. 172).
*** § 3 neu gefaßt und § 4 aufgehoben durch Gesetz vom 2. 3. 1974 (BGBl. I S. 469).
† Verkündet am 10. 3. 1932.
†† § 5 Satz 2 enthielt eine gegenstandslose Übergangsvorschrift.

Sachverzeichnis

Die Zahlen ohne weitere Bezeichnung bedeuten die Paragraphen
des Handelsgesetzbuchs, die **fetten Zahlen** bezeichnen die **Gesetze**,
die mageren Zahlen deren Paragraphen oder Artikel

Abandon, Abandonnierung der Schiffspart 501; statt Frachtzahlung 616; bei Seeversicherung 861, 864 ff.
Abandonfrist 864, 865
Abandonrevers 871
Abberufung des Abschlußprüfers 318; des Aufsichtsrats einer AG **10** 103; von Liquidatoren der GmbH **9** 66; des Vorstands einer AG **10** 84
Abdruck der Handelsbriefe 38
Abfahrt s. Reiseantritt
Abfindung von Aktionären **10** 305
Abhandenkommen von Aktien, Aufgebotsverfahren **10** 72; von Schecks **20** 21, 59; von Wechseln **18** 16, 90, 98; von Wertpapieren 367
Abhängige Unternehmen 10 17, 308 ff.
Ablader gegenüber Verfrachter 563 ff.; Haftung des Kapitäns 512; für gefährliche Güter 564 b
Abladetermin, fester A. 576
Abladung 561 ff.; Verhinderung 574
Abladungshafen, Ladezeit 568
Ablauf der Vorlegungsfrist beim Scheck **20** 11
Ablauferklärung des Verfrachters 571
Ablehnung eines Antrags 362; der Eintragung einer AG **10** 39; des Konkursverfahrens bei einer AG **10** 262
Ablieferung des Gutes durch den Frachtführer 437, 440 f., 447 f., Haftung 429, 432; Haftung durch Spediteur **4** 33; ohne Bezahlung 442; Untersuchung nach A. 377 f.; verspätete A. 414, 429, 439; der Ware an den Kommissionär 388
Ablieferungshindernisse 437
Ablieferungsort 426, 430, 434 f., 445
Ablieferungszeit 376, 414, 430 ff.
Abnahme der Ware beim Frachtgeschäft 436 bis 438; der Ware beim Kauf 373
Abrechnung über Handelsvertreterprovision 87 c
Abrechnungsstelle, Einlieferung eines Schecks **20** 31; eines Wechsels **18** 38; VO über Abrechnungsstellen **18** 58, **20** 31
Abreise des Frachtführers, Frist 428
Absatzgenossenschaft 15 1
Abschlagsverteilung 15 115 a
Abschlußprüfer 316 bis 324, **10** 119, **11** 19; Anwesenheit bei Hauptversammlung **10** 175; Ausschluß als A. 319; Auswahl 319; Bestätigungsvermerk 322; Meinungsverschiedenheiten bei Abschlußprüfung 324; Verantwortlichkeit, Verschwiegenheit 323; Vergütung des vom Gericht bestellten A. 318; Vorlagepflicht, Auskunftspflicht 320
Abschlußprüfung 10 313 ff.; bei AG und GmbH **2** 25, 26; bei GmbH **11** 42 a
Abschreibung des Geschäfts- oder Firmenwertes 309; überhöhte A. 280
Abschreibungen bei der Bilanzerstellung 250, 253 ff.; steuerrechtliche A. 254
Abschrift der abgesandten Briefe 38; der Bilanz usw. auf Verlangen des Kommanditisten 166, bei den stillen Gesellschafters 358; der Eintragung in das Handelsregister 9; eines Wechsels **18** 67 bis 68
Abschriften bei Verklarung 525
Absender beim Frachtgeschäft 426, 427, 433 bis 435, Benachrichtigung 437, Ladeschein 445, 446, 447, Rücktritt 428; Verfügungsrecht 433, 435, 447, Verzug 437; von Waren beim Eisenbahntransport 453
Absendung der Anzeige der Mangelhaftigkeit der Ware 378; der Ausführungsanzeige beim Kommissionsgeschäft 405
Abstimmung der AG **10** 129, 130; der Genossenschaft **15** 43; der GmbH **9** 47, 48
Abtretung genossenschaftlicher Ansprüche **15** 88 a; der Entschädigungsansprüche **15** 88; von Geschäftsanteilen der GmbH **9** 15; der Scheckforderung s. Übertragung; der Wechselforderung s. Übertragung
Abweichung vom Reiseweg 536; der Summe bei Zahlen- und Buchstabenangabe **18** 6, 77, **20** 9
Abwickler einer AG **10** 265; Anmeldung der A. **10** 266; Aufruf der Gläubiger **10** 267; Geheimhaltungspflicht **10** 404; Ordnungswidrigkeiten **10** 405; Pflichten **10** 268; Strafvorschriften **10** 399 ff.; Vertretung **10** 269; Zwangsgeld **10** 407
Abwicklung der AG **10** 264 ff.; Eröffnungsbilanz **10** 270; der KommAG **10** 290
actio pro socio 8 705
Agent s. Handelsvertreter
Agio 10 150 ff.
Akten, Einsicht in Kartellbeschwerdeverfahren **26** 71
Aktien, Ausgabe **10** 203 ff.; Ausgabebetrag **10** 9; Ausgabegenehmigung 15; beschädigte A. **10** 74; Bestand, Erwerb, Veräußerung eige-

Sachverzeichnis

Fette Zahlen = Gesetzesnummern

ner Aktien **10** 160; Bezugs-A. **10** 199, 201; Eintragung **10** 67; Einziehung von A. **10** 237 ff.; Erwerb eigener A. **10** 71, 93; Inhaber-A. **10** 10, 24; Kaduzierungsverfahren **10** 64 ff.; Kraftloserklärung **10** 72, 73, 226; Mehrstimmrechtsaktien **10** 12, **11** 5; Mindestnennbetrag **10** 8, **11** 3; Namensa. **10** 10, 24, 67, 68, 405, **11** 9; Nennbetrag **10** 6, 23; als Pfand **10** 71, 93; Rechtsgemeinschaft an A. **10** 69; Stimmrecht **10** 12, 134, 135; Übertragung **10** 68; Umschreibung **10** 69; Unteilbarkeit **10** 8; Unterzeichnung der A. **10** 13; Verbot der Ausgabe **10** 41, 191, 197, 219, 405; Vereinigung von A. **11** 4; Vorzugsa. **10** 11, 12, 139 ff., 204; als Wertpapiere im Sinne des DepotG **22** 1; Zeichnung neuer A. **10** 185; Zerlegung des Grundkapitals der AG in A. **10** 1; Zwischenscheine **10** 10, 191, 219
Aktienbesitzzeit, Berechnung **10** 70
Aktienbuch 10 67, 68
Aktiengesellschaft, Abschlußprüfer **2** 25; Abwicklung **10** 264 ff.; Änderung der Satzung **10** 179 ff., **11** 5, 8, 9, 119; Anhangvorschriften **10** 160; Anmeldung **10** 37 ff., 45, 81, 181, 195, 201, 210, 223, 239, 263, 277, 345, 353, 364, 367, 379; Auflösung **10** 119, 262 bis 274, 396 ff., **15** Anm. zu 80; Aufsichtsrat **10** 95 ff.; Ausgabe von Gewinnschuldverschreibungen **10** 221, von Wandelschuldverschreibungen **10** 221; bedingte Kapitalerhöhung **10** 192 bis 201; Beherrschungsvertrag **10** 291; Bekanntmachungen **10** 23, 25, 40; Betriebsüberlassungsvertrag **10** 292; Beurkundung, notarielle **10** 130, 341; Beziehung zu verbundenen Unternehmen (Konzernen) **10** 291 ff.; Eigenschaft als Kaufmann **6**; Eingliederung in andere AG **10** 319 ff.; Eintragung der Auflösung **10** 263, 398, der Ausgabe von Bezugsaktien **10** 201, der Erhöhung des Grundkapitals **10** 195, ins Handelsregister **10** 39 ff., 266, der Herabsetzung des Grundkapitals **10** 227, 238, der Nichtigkeit **10** 277, der Satzungsänderung **10** 181, des Schlusses der Abwicklung **10** 273, der Sitzverlegung **10** 45, der Umwandlung **10** 365, 379, von Unternehmensverträgen **10** 294, der Verschmelzung **10** 345, 346, 353, des Vorstands **10** 81; Erhöhung des Grundkapitals **10** 182 ff.; Eröffnungsbilanz **10** 270; Errichtung der AG **10** 29; Ersatzansprüche gegen Aufsichtsrat, Vorstand und Gründer **10** 46 bis 48,50, 53, 117, 147; Erwerb eigener Aktien **10** 71, 93; Feststellung der Satzung **10** 23; Firma **10** 4; Fortsetzung einer aufgelösten AG **10** 274; Gegenstand des Unternehmens **11** 8, 23; gerichtliches Vergleichsverfahren **10** 92, 401; Geschäftsbericht **10** 400; Geschäftsführung **10** 77; gesetzliche Rücklagen **10** 231, 300, 324; Gewinnabführungsvertrag **10** 291; Gewinngemeinschaft **10** 292; Gewinn- und Verlustrechnung **10** 158;

Gewinnverwendung **10** 174, **11** 15; Gründer **10** 2, 28; Grundkapital **10** 1, 6, 7, 23, 399, **11** 2; Gründungsaufwand **10** 26; Haftung als Handelsgesellschaft **10** 3, für Verbindlichkeiten **10** 1; Handelsbücher, ergänzende Vorschriften 264 bis 335; Hauptversammlung **10** 118 ff., **11** 13; Herabsetzung des Grundkapitals **10** 222 ff.; Inhalt der Eintragung **10** 39; Jahresabschluß **10** 150 bis 161; Jahresüberschuß **10** 58; Kaduzierungsverfahren **10** 64 ff.; Kapitalbeschaffung **10** 119; Kapitalerhöhung **10** 182 ff., 192 bis 201; Kapitalherabsetzung **10** 119, 222 bis 239; Konkursverfahren **10** 62, 87, 92, 262 ff., 401; Kraftloserklärung von Aktien **10** 73; Leitung der AG **10** 76; Löschung **15** Anm. zu 80; Mindestnennbetrag der Aktien **10** 8, **11** 3, des Grundkapitals **10** 7, **11** 2; Nachgründung **10** 52, 53; Nebenleistungs-AG **10** 55, 61, 180, **11** 10; Nennbetrag der Aktien **10** 8, 23, **11** 3; Nichtigkeit der AG **10** 275 ff., von Beschlüssen der Hauptversammlung **10** 241 ff., des Jahresabschlusses **10** 241 ff.; Rechnungslegung **11** 14; Rechtspersönlichkeit **10** 1; Sacheinlagen **10** 27, 41, 205, 204, 399; Satzung **10** 2; Satzungsänderung **10** 179 ff.; Sitz **10** 5, 23, 45; Sonderprüfung **10** 142 ff., 258 ff.; Sperrfrist **10** 347, 374; Sperrjahr **10** 272; Stimmrecht **10** 12; Stimmrechtsmißbrauch **10** 405; Teilgewinnabführung **10** 292; Überschuldung **10** 92, 401; Umwandlung der AG **10** 362 ff., der bergrechtlichen Gewerkschaft in AG **10** 384, 385, der GmbH in AG **10** 376 ff., in eine GmbH **10** 369 ff., der Komm-AG in AG **10** 366 ff., in eine Komm-AG **10** 362 ff.; unrichtige Wiedergabe des Jahresabschlusses **10** 405; Unternehmensverträge **10** 291 ff.; verbundene Unternehmen **10** 15, 291 ff.; Verfassung **10** 76 ff.; Verlust **10** 92, 401; Vermögensübertragung **10** 359 ff.; Vertretung der AG **10** 78 ff., 269; Vorstand der AG **10** 76 ff.; wechselseitig beteiligt an anderen Unternehmen **10** 19, 328, **11** 6; Wesen der AG **10** 1; Zahlungsunfähigkeit **10** 92, 401; zuständiges Gericht **10** 14; Zweigniederlassungen **10** 42 ff.
Aktiengesetz 10; Einführungsgesetz **11**
Aktionär, Abfindung bei Beherrschungs- oder Gewinnabführungsvertrag **10** 305; Anfechtung von Beschlüssen der Hauptversammlung **10** 245; Anspruch auf Bilanzgewinn **10** 58, auf Mitteilungen **10** 125, auf Mitteilungen **10** 128; Antrag auf gerichtliche Entscheidung über Zusammensetzung des Aufsichtsrats **10** 98; Ausgleichsanspruch bei Gewinnabführungsvertrag der AG **10** 304; Auskunftsrecht **10** 131, 132, 138, 326, **11** 13; Ausschluß **10** 64, **11** 11; Bezugsrecht **10** 186, 187; Einlage **10** 54, 57, 63, 93; gesonderte Versammlung der A. **10** 138; Kaduzierungsverfahren **10** 64, 65; keine Aufrechnungsbefugnis **10** 66; Ge-

Magere Zahlen = §§ bzw. Artikel

Sachverzeichnis

winnbeteiligung **10** 60; Gründer der AG **10** 28; Haftung **10** 62; Hauptversammlung der A. **10** 118; Ordnungswidrigkeiten **10** 405; Rückgewähr von Einlagen **10** 57; Sacheinlagen und Sachübernahmen **10** 27, 41; Sonderbeschlüsse **10** 138; Sondervorteile **10** 26; Verbot von Zahlungen an die A. **10** 230; Verpflichtungen **10** 54 ff., 66; Verzinsung von Einlagen **10** 57, 93; Vorzugsaktionäre, Rechte **10** 140, 141; Wahlvorschläge **10** 137; Widerspruch gegen Hauptversammlungsbeschluß **10** 375, 383; Zahlungspflicht des Vormannes **10** 65; Zustimmung zur Vereinigung von Aktien **11** 4
Akzept s. Annahme
Allgemeine Deutsche Spediteurbedingungen 4; s. a. Spediteurbedingungen
Allgemeine Geschäftsbedingungen, vom Kartellverbot ausgenommen **26** 2
Allonge beim Wechsel **18** 13
Amortisation abhanden gekommener Schecks **20** 27, Wechsel **18** 90, Wertpapiere 365; von Geschäftsanteilen **9** 34; s. a. Kraftloserklärung
Amtsgericht, Anmeldung der AG **10** 36 ff.; Führung des Genossenschaftsregisters **15** 10; Prüfung der Errichtung einer AG **10** 38
Amtszeit der Aufsichtsratsmitglieder **10** 30, 102; der Vorstandsmitglieder **10** 84
Anatozismus 353, 355
Änderung der Firma 31, 107; des Genossenschafts-Vorstands **15** 28 ff.; des Gesellschaftsvertrages der GmbH **9** 53 bis 59; von Kartellvereinbarungen auf Anordnung der Kartellbehörde **26** 12; von Konzernverträgen **10** 295; des Lageberichts **10** 173; der Satzung der AG **10** 119, 179 ff., **11** 5, 8, 9; des Schecktextes **20** 51; des Statuts einer Genossenschaft **15** 16; von Unternehmensverträgen **10** 295; wegen Vertragsaufhebung nur mit Erlaubnis der Kartellbehörde **26** 19; der Voraussetzungen einer Kartellerlaubnis **26** 11; des Vorstands einer AG **10** 81; des Wechseltextes **18** 69
Androhung des Verkaufs 373, 440
Anerkenntnis 350 f.
Anfechtbarkeit von Beschlüssen der Hauptversammlung der AG **10** 243 ff., 254, 255, 257
Anfechtung der Genossenschaftsverschmelzung **15** 93p, 93q; der Vorschußberechnung **15** 111 ff.
Anfechtungsklage gegen Beschlüsse der Generalversammlung der Genossenschaft **15** 51, 52, der Hauptversammlung der AG **10** 246, 247
Angaben, Pflichta. im Anhang von Bilanz sowie Gewinn- und Verlustrechnung 285
Angebot, irreführendes A. **25** 3
Angestellte von Gewerbetreibenden, Kündigungsschutz 3; und Handelsvertreter 84; in Läden 56; auf einem Schiff 481

Angestellter eines Geschäftsbetriebs **25** 12, 27; Verletzung von Geschäftsgeheimnissen **25** 17
Anhaltung des Schiffes 706
Anhang der Bilanz 268, sowie Gewinn- und Verlustrechnung 284 bis 288; eingetragene Genossenschaft 338; der Gewinn- und Verlustrechnung 281; Inhaltsvorschriften **10** 160; an den Wechsel **18** 13
Anhörung von Marktbeteiligten vor Gewährung von Kartellverbotsausnahmen **26** 2 ff.
Ankunft des Frachtgutes 433, 435
Anlagevermögen in der Bilanz 266, 269; in der Jahresbilanz der AG **10** 266, 269; Wertansatz 253
Anmeldung von Änderungen 34; der AG **10** 36 ff., 45, 81, 181, 184, 188, 195, 201, 210, 223, 227, 239, 263, 266, 273, 277, 298, 345, 353, 364, 367, 371, 379; Eintragung in das Handelsregister 12 bis 14, 16, 106, 148, 175, **17** 2; Erlöschen der Firma 157; Errichtung einer Zweigniederlassung der AG **10** 42; der Firma, fakultative 3, obligatorische 14, 16, 29, 31, 36; der Gesellschaft 162; der Genossenschaft **15** 11; der GmbH **9** 7 ff., 39, 78, 79; einer juristischen Person 33, 34; der Kapitalerhöhung bei AG **10** 184, 188; von Kartellverträgen **26** 9, Bekanntmachung **26** 10; der KommAG **10** 289; der Kommanditgesellschaft 162, 175; der Liquidatoren der GmbH **9** 67; der offenen Handelsgesellschaft 106 bis 108, 143, 144, 148, 157; der Prokura 53; von Rabattvereinbarungen bei der Kartellbehörde **26** 3; von Unternehmenszusammenschlüssen **26** 24 a; von Verträgen bei der Kartellbehörde **26** 2 ff.
Anmeldungszwang 14, 16, 29
Annahme von Gütern 96, 373, 436 bis 438; keine Annahme beim Scheck **20** 4; Rückgriff mangels Annahme **18** 43 ff.; von Schlußnoten 94 f.; eines Wechsels **18** 21 bis 29, Bezeichnung des Tages **18** 25, unbedingt **18** 26, Wirkungen **18** 28, 29; der Zahlung durch den Protestbeamten **18** 84
Annahmeerklärung bei Ehrenannahme **18** 57; bei Nachsichtwechseln **18** 35; Rücknahme der Annahmeerklärung **18** 29
Annahmeverzug des Käufers 373
Anrechnung anderweitigen Erwerbs 74c; von Kranken- und Unfallversicherungsbeiträgen 63
Ansatzvorschriften für Jahresabschluß 246 bis 251
Anschaffung, Gesetz über die Verwahrung und A. von Wertpapieren 22; von Waren als Handelsgewerbe 1
Anschaffungskosten, Bewertung in der Bilanz 255
Anschwärzung zu Zwecken des Wettbewerbs **25** 14

839

Sachverzeichnis

Fette Zahlen = Gesetzesnummern

Ansprüche gegen den Akzeptanten **18** 28; gegen den Frachtführer 438; der Genossenschaft im Konkurs **15** 108a; gegen einen Gesellschafter 159; des Handelsvertreters auf Provision 86b, 87; Vorrang 487b

Anstalten zum Transport von Personen als Handelsgewerbe 1

Anstellung von Handelsgehilfen 59; in einem Laden 56; des Prokuristen 48

Anteil, Aufstellung des A.-besitzes 287; am Gesellschaftsvermögen **8** 719, 722, 725, 738; an Unternehmen 271

Anteile, Erwerb von A. an Unternehmen **26** 23; anderer Gesellschafter, Ausgleichsposten in Bilanz 307; der Gesellschafter der OHG 120 bis 122, 155; der Kommanditisten 167f.; Pfändung 135; des stillen Gesellschafters 341; Verrechnung von A. an Tochterunternehmen 302

Anteilscheine vor Ausgabe von Aktien **10** 8

Anteilsrechte bei der AG, Verbot der Übertragung **10** 41; des Aktionärs s. Anteil

Antrag auf Ausschließung eines Gesellschafters 140; auf Besorgung von Geschäften 362; auf Ernennung von Liquidatoren 146; auf Konkurseröffnung **15** 99, 100, der Genossenschaft, Strafvorschriften **15** 148; auf Konkurs- oder Vergleichsverfahren 130a, 130b, 177a; auf Mitteilung der Bilanz 166; auf Vorlegung der Handelsbücher 45, des Tagebuchs 102; auf Zusammenschluß von Unternehmen, Form, Frist 27, 24

Antritt der Reise, Verzögerung 516

Antwort des Kaufmanns beim Antrag 362

Anwachsung des Anteils am Gesellschaftsvermögen **8** 738

Anwaltszwang, Vertretung bei Beschwerden in Kartellsachen **26** 65, 67

Anweisung des Absenders an den Frachtführer 433, 437, 447; des Empfängers 433, 434f.; kaufmännische 363ff.; des Verfügungsberechtigten im Eisenbahnfrachtverkehr 454; zur Zahlung der Schecksumme **20** 1, der Wechselsumme **18** 1

Anwendung der Bestimmungen für den gezogenen Wechsel auf den eigenen Wechsel **18** 77; des Handelsgesetzbuches 2 2

Anzeige, Anzeigepflicht der Erben des gestorbenen Gesellschafters **8** 727; beim Abschluß des Seeversicherungsvertrages 806 bis 811; des Frachtführers 437, 440; des Handelsvertreters 86; des Kommissionärs 384, 388, 391, 400f.; des Lagerhalters 417; des Maklers 94; von Mängeln der Ware 55, 91; vom Selbsthilfeverkauf 373, 379; des Spediteurs 414

Anzeigepflicht bei Lieferung mangelhafter Ware 377, 388, 391; bei vertragswidriger Warenlieferung 378; beim Zusammenschluß von Unternehmen **26** 23

Arbeitnehmer, Beschäftigtenzahl für Konzernabschluß 293; Rabatte für A. **27** 9; Vertreter der A. im Aufsichtsrat der AG Fußn. zu **10** 96

Arbeitsverhältnis bei nichtkaufmännischen Diensten 83

Arbeitszeit der Handlungsgehilfen 62

Arglist des Verkäufers 378; bei Zahlung des Wechsels **18** 40

Arrest in ein Schiff 482; eines Schiffes, Gefahrtragung 820

Art eines Betriebes 2

Assekuranz im Seerecht 778 bis 900; s. Versicherung

Assekuranzgeschäft 1

Assoziiertes Unternehmen 311, 312; Konzernabschluß 311, 312; Wertansatz von Beteiligungen 312

Aufbewahrung beanstandeter Waren 362, 379, 407, 417; der Handelsbücher 157; kaufmännischer Unterlagen 257; der Probe 96; der Unterschriften zum Handelsregister 12

Aufbewahrungsgebühr 354

Aufbringung eines Schiffes 629

Aufenthaltskosten durch Reisehindernisse 635

Aufforderung der Genossenschaft **15** 82; der Gläubiger der Genossenschaft **15** 90

Aufgaben des Aufsichtsrats **10** 111, der Genossenschaft **15** 38; des Handelsvertreters 86; der Hauptversammlung **10** 118

Aufgebotsverfahren bei abhanden gekommenen Orderpapieren 365, oder vernichteten Schecks **20** 59, oder vernichteten Wechseln **18** 10; zum Zweck der Kraftloserklärung von Aktien und Zwischenscheinen **10** 72

Aufgeopferte Güter, Vergütung 711

Aufhebung von Bindungsverträgen **26** 18; eines Unternehmensvertrages **10** 296; der Versicherung 894 bis 900; des Vorzugs von Aktien **10** 141

Aufhebungsfälle bei Seeversicherungen 895f.

Auflagen in der Kartellerlaubnis **26** 11

Auflösung der AG **10** 119, 262 bis 274, 396ff., **15** Anm. zu 80; der Bilanzrückstellungen 249; des Frachtvertrages 628 bis 634; einer Genossenschaft **15** 65, 75, 78ff., **16,** von Amts wegen **15** 54, 54a, durch Gerichtsbeschluß **15** 80, durch Konkurs **15** 98, 101, Prüfung **15** 64c, durch Verwaltungsbehörde **15** 81, bei Zeitablauf **15** 79; von Gesellschaften **16**; der Gesellschaft (BGB-Ges.) **8** 723 bis 729; einer GmbH **9** 60ff., **15** Anm. zu 80; einer KommAG **10** 289, 396ff., **15** Anm. zu 80; von Rücklagen bei Kapitalherabsetzung **10** 231; von Unternehmenszusammenschlüssen **26** 24

Auflösungsklage bei AG **10** 369; bei GmbH **9** 61

Aufnahme, Verschmelzung von Aktiengesellschaften durch A. **10** 339; in eine Wirtschafts-

840

Magere Zahlen = §§ bzw. Artikel

Sachverzeichnis

und Berufsvereinigung, Verbot diskriminierender Ablehnung **26** 27
Aufrechnung 129, 414; gegen Gesellschaftsforderungen **8** 719; keine A. gegen die Verpflichtung zur Zahlung der Einlage bei der AG **10** 66; Verbot **15** 22; bei Versicherung für fremde Rechnung 890
Aufruf der Gläubiger einer AG durch die Abwickler **10** 267
Aufschiebende Wirkung der Beschwerde in Kartellsachen **26** 63
Aufsichtsrat, Abberufung **10** 103; der AG **10** 95 ff.; Amtszeit der Mitglieder **10** 102; Änderungen **10** 106; Aufgaben und Rechte **10** 111, 202, 204; Ausschüsse **10** 107; Beschlußfähigkeit **10** 108; Beschlußfassung **10** 108; Bestellung der Mitglieder **10** 30, 101, 104, 119; Berichte des Vorstands **10** 90; Einberufung des A. **10** 110, der Hauptversammlung **10** 111; Entlastung **10** 119, 120; erster A. **10** 30; Geheimhaltungspflicht **10** 404; der Genossenschaft **15** 36 ff., Aufgaben **15** 38, Beteiligung bei Prüfung **15** 57, einstweilige Maßnahmen **15** 40, Haftung **15** 93n; keine Vorstandsmitglieder im A. **15** 37, Sorgfaltspflicht **15** 41, Strafbestimmungen **15** 147 ff.; gerichtliche Entscheidung über die Zusammensetzung **10** 98, 99; Haftung **10** 117, 147, 310; Höchstzahl der Mitglieder **10** 95; Mitglieder des A. dürfen dem Vorstand nicht angehören **10** 105; Namensangabe **10** 80, 268; Nichtigkeit der Wahl von Mitgliedern **10** 250 ff.; persönliche Voraussetzungen für Mitglieder **10** 100; Prüfung des Lageberichts **10** 171; Ordnungswidrigkeiten **10** 405; Rechte **10** 111; schriftliche Stimmabgaben der Mitglieder **10** 108; Sitzungen **10** 107, 109; Stellvertreter **10** 101, 107; Strafvorschriften **10** 399 ff., **9** 81a, 82; Teilnahme an Sitzungen des A. **10** 109; Überwachung der Bezüge der Vorstandsmitglieder **10** 87; Verantwortlichkeit **10** 48; Vergütung **10** 113, 114; Verpflichtung zur Anmeldung **10** 36; Vertretung der AG **10** 112; Vorsitzender **10** 107; und Vorstand **15** 9; Wahl der Mitglieder **10** 101, 107, 124, 137; Zahl der Mitglieder **10** 95, **11** 12; Zusammensetzung **10** 96 ff., der GmbH **9** 52, der Komm-AG **10** 287
Aufsichtsratsmitglied der AG, Kreditgewährung an A. **10** 115; persönliche Voraussetzungen **10** 100; Sorgfaltspflicht und Verantwortlichkeit **10** 116; Verträge der Gesellschaft **10** 114; s. auch Aufsichtsrat der AG
Aufstellung des Jahresabschlusses 264
Aufwandsentschädigungen für Vorstandsmitglieder der AG **10** 87
Aufwendungen als Bilanzierungshilfe 269; als Ersatz bei Handelsvertretern 87d, 88a; des Gesellschafters der offenen Handelsgesellschaft 110; des Kommissionärs 396; des Verfrachters 621
Ausbesserungskosten 709f.
Auseinandersetzung der Genossenschaft mit ausgeschiedenen Mitgliedern **15** 73; zwischen Gesellschaftern **8** 730 bis 735, 738 ff.; mit kündigenden Genossen **15** 93m
Auseisungskosten 621
Ausfertigung mehrerer Stücke eines Schecks **20** 49, eines Wechsels **18** 64 bis 66
Ausfuhr, die A. fördernde Kartelle erlaubt **26** 6
Ausführungsanzeige und Selbsteintritt des Kommissionärs 405
Ausfüllung eines unvollständigen Schecks **20** 13, Wechsels **18** 10
Ausgabe von Aktien **10** 8, **11** 3; verbotene A. von Aktien **10** 191, 197, 219, 405
Ausgabebetrag für Aktien **10** 9
Ausgeschiedener Handelsvertreter 87
Ausgleichsanspruch bei Beendigung des Vertragsverhältnisses bei Handelsvertreter 89b
Ausgleichsverfahren im Konkurs des Verwahrers von Wertpapieren **22** 33; über das Vermögen des Bezogenen **18** 43
Ausgleichszahlung an außenstehende Aktionäre **10** 304
Aushändigung des Gutes durch den Frachtführer 433 bis 435, 445; des quittierten Schecks **20** 34, Wechsels **18** 39
Auskunftserteilung als Zugabe **29** 1
Auskunftspflicht des Gesellschafters **8** 713, 740; des Handlungsgehilfen 74c; in der Hauptversammlung einer AG **10** 131, 132
Auskunftsrecht des Aktionärs **10** 131, 132, 138, 326, **11** 13
Ausladung, Kosten 593
Auslagen 4 26; des Frachtführers 440; in Kartellverfahren **26** 78; des Kaufmanns 354; des Kommissionärs 396, 397; des Lagerhalters 420; des Schaffners 110; des Handelsvertreters 87d; des Spediteurs 409f.
Ausland, Erfordernisse eines im A. ausgestellten Wechsels **18** 92; Firmenrecht 13; im A. ausgestellter Scheck **20** 62, zahlbare Schecks **20** 29, 61
Ausländer, Scheckfähigkeit **20** 60; Wechselfähigkeit **18** 91
Ausländische Währung, Umrechnungsgrundlagen im Bilanzanhang 284
Auslandsmärkte, Ausnahmen vom Kartellverbot **26** 6
Auslassungen der Protesturkunde **18** 85
Auslegung von Handlungen und Unterlassungen 346
Auslieferung, Anweisungen des Abladers 654; der Güter 653 ff.; an den Konnossementsinhaber 648; des Lagergutes **5** 26, 31; bei Sammelverwahrung von Wertpapieren **22** 7
Auslieferungsprovision bei Handelsgeschäften 396

841

Sachverzeichnis

Fette Zahlen = Gesetzesnummern

Ausnahmen vom Kartellverbot **26** 2ff., 8
Ausrüster eines fremden Schiffes 510
Ausrüstung mit Proviant 513; eines Schiffes 559
Ausrüstungskosten, Versicherung der A. 796
Ausscheiden eines Genossen **15** 65 bis 77, Eintragung **15** 70ff., Beitragspflicht nach A. **15** 115c, durch Übertragung des Geschäftsguthabens **15** 76; eines Gesellschafters 24, 138, 139, 141, 159, **8** 736ff.
Ausschließlichkeitsbindung, Verbot **26** 18
Ausschließung eines Genossen **15** 68; eines Gesellschafters 140, 142, **8** 737ff., vom Gewerbebetrieb 7
Ausschluß der Eisenbahnhaftung 458; der Haftung durch den Aussteller eines Wechsels **18** 9; der Haftungsbeschränkungen 486, 487d; durch den Indossanten **18** 15; der Öffentlichkeit vor Kartellbehörde **26** 53; säumiger Aktionäre **10** 64, **11** 11; des Stimmrechts für Aktien **10** 136
Ausschreibungen, Kartellerlaubnis für einheitliche Methoden der Leistungsbeschreibung **26** 5
Ausschüsse des Aufsichtsrats der AG **10** 107, 109
Außerkraftsetzung von Wettbewerbsregeln, Anmeldung **26** 31
Außerordentliche Kündigung bei Statutsänderung der Genossenschaft **15** 67a
Außerordentliches Zurückbehaltungsrecht 370
Ausspruch wegen Verschmutzungsschäden 486 bis 487e
Aussteller, Bereicherungsklage **20** 58; Einlösungspflicht **20** 12; Pflicht zur Zahlung auf abhanden gekommene Schecks **20** 59; eines Schecks, Anweisung auf sein Guthaben **20** 1; Selbstbezeichnung als Remittent oder Bezogener **18** 11; Untersagung der Begebung **20** 14; Unterschrift **20** 1, als Erfordernis des Wechsels **18** 1, 75; eines Wechsels **18** 9; als Zahlungsempfänger **20** 6
Ausstellungsort, Recht des A. **18** 95; Scheck **20** 1; Scheck ohne A. **20** 2; bei Wechsel **18** 1; Wechsel ohne A. **18** 2
Ausstellungstag beim Scheck **20** 1; beim Wechsel **18** 1
Ausstreichen der Annahmeerklärung beim Scheck **20** 19, beim Wechsel **18** 29; von Indossamenten **18** 16, 50, **20** 19; des Vermerks „nur zur Verrechnung" **20** 39
Austritt eines Genossen **15** 65, 67
Ausübung des Stimmrechts in der Hauptversammlung der AG **10** 134, 135; des Regreßrechts s. Rückgriff
Ausverkauf 25 7 bis 10
Auswahl der Sonderprüfer der AG **10** 143
Auszahlung des Geschäftsguthabens an ausgeschiedenen Genossen **15** 73

Auszug aus den Handelsbüchern 46; aus dem Tagebuch des Mäklers 101; Veröffentlichung von Auszügen aus dem Handelsregister 10
Aval auf einem Wechsel **18** 30 bis 32
Avis 18 45

Ballast eines Schiffes 514
Banken, Anwendung des DepotG **22** 41; Ausübung des Stimmrechts für Aktien **10** 134, 135; Wertpapiersammelbanken **22** 1
Bankier als Bezogener beim Scheck **20** 3, 54; als Erwerber fremder Inhaberpapiere 367; Kommissionsgeschäft über Wertpapiere **22** 28; Verwahrung von Wertpapieren **22** 16
Bankiergeschäfte als Handelsgewerbe 1
Barzahlung des Schecks, Verbot **20** 39
Barzahlungsnachlaß, Gewährung **27** 2ff., **28** 1 bis 11
Bau eines Seeschiffes 509
Baureederei, Bestellung eines Korrespondentreeders 509
Bausparkassenvertreter 92, 92b
Beamte, Geschäftsführer von Genossenschaften **15** 37
Beanstandung der Ware 377 bis 379, 382
Bearbeitung beweglicher Sachen als Handelsgewerbe 1
Bedienstete der Eisenbahn, Haftung 456
Bedingte Kapitalerhöhung bei der AG **10** 192ff.
Bedingtes Kapital 10 152
Bedingungen, Kartellerlaubnis unter B. **26** 11; beim Scheck-Indossament **20** 15; bei Scheck: unbedingte Anweisung **20** 1; beim Wechsel-Indossament **18** 12; bei Wechsel: unbedingte Anweisung **18** 1
Beeinträchtigung des Wettbewerbs, Aufhebung von Beschränkungen **26** 18
Beendigung der Eingliederung von Unternehmen **10** 327; der Gesellschaft **8** 726; von Unternehmensverträgen (verbundene Unternehmen) **10** 296, 297, 307
Befangenheit, Besorgnis der B. des Prüfers 318
Beförderung von Gütern und Personen auf Eisenbahnen 453 bis 460, **6**, im Güterfernverkehr mit Kraftfahrzeugen **7**; von Gütern durch die Post 663b; als Handelsgewerbe 1; des Reisegepäcks 672; von Reisenden auf See 664 mit Anl. 665, 672 bis 675
Beförderungsfrist beim Frachtgeschäft 428
Beförderungskosten beim Speditionsgeschäft 413
Beförderungspapiere 426f., **6** 55f., **7** 10f.
Beförderungszeit 426, 428ff., 453
Befrachter, Auslandskosten 639; Haftung 627, für gefährliche Güter 564b, des Kapitäns 512; Rücktrittsrecht 580, 582; im Seefrachtverkehr 558ff.; gegenüber Verfrachter 563ff.; Wiederausladung von Gütern 581
Befreiender Konzernabschluß 271, 291, 292

Sachverzeichnis

Befreiender Konzernlagebericht 291, 292
Befreiung von Konzernabschluß und -lagebericht 291 ff.
Befriedigung des Frachtführers 440; des Kommissionärs 398 f.; des Pfandgläubigers 356; der Privatgläubiger eines Gesellschafters 135; des Retentionsberechtigten 371, 373; des Spediteurs 410 f.
Befriedigungsrecht des Gläubigers 371
Befugnis, Befugnisse zur Anfechtung der Wahl von Aufsichtsratsmitgliedern **10** 251; eines Hauptversammlungsbeschlusses **10** 245; zur Hinterlegung der Wechselsumme **18** 42; der Kartellbehörde **26** 46
Beginn des kaufmännischen Geschäftsbetriebs 39, bei der offenen Handelsgesellschaft 123, bei der Kommanditgesellschaft 176
Beglaubigung der Abschrift aus dem Handelsregister 9; der Anmeldung zur Eintragung in das Handelsregister 12
Begleitpapiere 591; beim Frachtgeschäft 426 f.
Begriff des Frachtführers 425; der Handelsfirma 17; des Handelsgeschäfts 343; des Handelsmaklers 93; des Handelsvertreters 84; der Kommanditgesellschaft 161; des Kommissionärs 383; des Lagerhalters 416; der offenen Handelsgesellschaft 105; des Spediteurs 407
Begründung der Beschwerde in Kartellsachen **26** 63; von Verfügungen der Kartellbehörde **26** 57
Beherrschungsverträge, Abfindung für Aktionäre **10** 304, 305; von AGen oder Komm-AGen **10** 291; Ausgleichszahlung an Aktionäre **10** 304; Gläubigerschutz bei Beendigung des B. **10** 303; Leitungsmacht und Verantwortlichkeit **10** 308 ff.; Sicherung der außenstehenden Aktionäre **10** 304 ff.; Verlustübernahme bei B. **10** 302
Beigeladene im Kartellverfahren, Streitwertbegrenzung **26** 78
Beiträge des Gesellschafters **8** 705 ff.
Beitrittserklärung zur Genossenschaft **15** 15, Inhalt **15** 15a
Bekanntmachung, Berufung der Generalversammlung der Genossenschaft durch öffentl. B. **15** 6; der AG, Form **10** 23, 25; der Änderung im Aufsichtsrat der AG **10** 106; der Auflösung der GmbH **9** 65; Buchführung der Genossenschaft **15** 33; der Eintragungen im Handelsregister **10** 40; der Genossenschaftsauflösung **15** 82; gerichtliche B. nach Genossenschaftsgesetz **15** 156; der Handelsregistereintragungen 10, 11; der Kapitalerhöhung bei AG **10** 190, 196; von Kartellanmeldungen **26** 10; der Tagesordnung der Hauptversammlung **10** 124, 125; von Verfügungen der Kartellbehörde **26** 58; über Wettbewerbsregeln im Bundesanzeiger **26** 32; Wirkung 15; über Zusammensetzung des Aufsichtsrats der AG **10** 97

Bekanntmachungsbefugnis bei Verurteilung wegen unlauteren Wettbewerbs **25** 23
Belastung von Grundstücken 49, 54, 126
Belege zur Schadenberechnung bei Seeversicherung 882 bis 886
Benachbarte Orte im Scheckverkehr **21** 4; im Wechselverkehr **18** 88, **19** 4
Benachrichtigung beim Pfandverkauf 440; im Scheckverkehr **20** 42, 48; im Wechselverkehr **18** 45, 54
Benachrichtigungspflicht von Unternehmer an Handelsvertreter 86a
Berechnung von Fristen 359, 361; des Gewinnanteils 120 f., 167; der Handelsvertreterprovision 87b
Berechtigungsscheine zum Warenkauf durch letzte Verbaucher **25** 6b
Bereicherung des Ausstellers eines Wechsels, des Annehmenden **18** 89, beim Scheck **20** 58
Bergelohn, Anspruch auf B. 740 bis 743; Anspruchsberechtigte 740 ff., 749 f.; Berechnung 744 ff.; Herabsetzung oder Versagung 748; Pfandrecht 752; Verteilung 749
Bergung und Hilfeleistung in Seenot 740 bis 753
Bergungskosten 615, 621, 632; gesamtschuldnerische Haftung 750
Bergwerkgesellschaften 2 5
Bericht des Prüfungsverbandes der Genossenschaft **15** 58; des Vorstands an den Aufsichtsrat einer AG **10** 90
Berichterstattung der AG, Unterlassen **10** 160
Berichtigung der Protesturkunde **18** 85
Berichtspflicht, Verletzung 332
Berlin, Sitz des Bundeskartellamts **26** 48
Berufsvereinigungen, Kartellvertreter **26** 36
Berufung der Generalversammlung der Genossenschaft **15** 6, 44 ff.
Beschädigte Güter, Vergütung 712
Beschädigung, Ersatz **8** 718; von Gütern auf Eisenbahnen 454, beim Frachtführer 429 f., 438 f., Haftung des Verfrachters 606, beim Kommissionär 388, 390, beim Lagerhalter 417, beim Lagerhalter, Haftung **5** 19, beim Spediteur 414; von Hafenanlagen usw., Anspruchsrangfolge 487b; Wertersatz 659
Bescheinigung über Ablieferung des Frachtgutes 448; über Einträge in das Handelsregister 9; zum verbilligten Bezug von Waren **25** 6b
Beschlagnahme von Beweismitteln durch die Kartellbehörde **26** 55
Beschlußfähigkeit des Aufsichtsrats einer AG **10** 108
Beschlußfassung des Aufsichtsrats einer GmbH **9** 47; der Genossenschaft **15** 6, 43
Beschränkte Haftung, Zusatz im Firmennamen der GmbH **9** 4
Beschränkung der Annahme auf einen Teil der Wechselsumme **18** 26; der Geschäftsführungsbefugnis des Vorstands der AG **10** 82;

Sachverzeichnis

Fette Zahlen = Gesetzesnummern

der gewerblichen Tätigkeit der Handlungsgehilfen 74 bis 75f., der Volontäre 82a; der Haftpflicht der Eisenbahnen 458; der Haftung 486 bis 487e; der Handlungsvollmacht 54; des Liquidatoren 151; des Lizenznehmers **26** 20; der Prokura 50; der Vertretungsbefugnis bei GmbH **9** 37; der Vertretungsmacht der Gesellschafter 126, des Genossenschaftsvorstandes **15** 27; des Vorzugs von Aktien **10** 141
Beschwerde in Kartellsachen **26** 52, 62 bis 72; sofortige B. bei Abberufung des Abschlußprüfers 318
Beschwerdefrist nach Kartellgesetz **26** 65
Beschwerdeverfahren in Kartellsachen, Beteiligte **26** 66; Offizialmaxime **26** 69
Besichtigung während der Geschäftszeit 418; des Lagergutes **5** 17; der Ware 377f., 388, 438
Besitz des Frachtgutes 440; des Kommissionsgutes 397; des Speditionsgutes 410; beim Zurückbehaltungsrecht 369
Besondere Haverei 701; Beitragspflicht 704; Fälle 707; Vergütungsanspruch 705
Bestandteile des eigenen Wechsels **18** 75; des gezogenen Wechsels **18** 1; des Schecks **20** 1
Bestätigung anfechtbarer Hauptversammlungsbeschlüsse **10** 244
Bestätigungsvermerk 322; des Abschlußprüfers 322
Bestechung von Angestellten **25** 12
Bestellung des Abschlußprüfers 318; von Abschlußprüfern der AG **10** 119; des Aufsichtsrats der AG **10** 30, 31, 101, 104, 119; von Bevollmächtigten 54ff.; von Liquidatoren 146; von Prokuristen 48, 116, 126; des Prüfungsverbandes für Genossenschaft **15** 64b; von Sonderprüfern der AG **10** 142, 143, 258; des Vorstands einer AG **10** 84, 85
Bestimmungsort, Schadensfeststellung 727
Beteiligte an Kartellverfahren **26** 51
Beteiligung, Beteiligungen der AGen **10** 20, 21, 328, **11** 7; an assoziierten Unternehmen, Wertansatz 312; an Genossenschaften mit weiteren Geschäftsanteilen **15** 15b; von Genossenschaften an Gesellschaften **15** 1; an Unternehmen 271
Beteiligungsbesitz, Angaben im Konzernanhang 313
Betrieb, gewöhnlicher 164; des Handelsgewerbes 1f., 343f., 354; handwerksmäßiger 1; Konkurrenzbetrieb 60, 112; der Land- und Forstwirtschaft 3; Vollmacht zum B. des Handelsgewerbes 54
Betriebsgeheimnis, Ausschluß der Öffentlichkeit **26** 53; Mitteilung **25** 17 bis 20; Wahrung durch Handelsvertreter 90
Betriebspachtvertrag von AGen, KommAGen **10** 292
Betriebsüberlassungsvertrag von AGen, KommAGen **10** 292

Betriebsverfassungsgesetz, weitergeltende Vorschriften **10** Anm. zu 96
Beurkundung der Anmeldung zum Handelsregister 12; notarielle **10** 130, 341, **9** 53
Bevollmächtigte, Ausübung des Stimmrechts für Aktien **10** 134, 135; für die Generalversammlung einer Genossenschaft **15** 43; einer Genossenschaft **15** 42
Bevollmächtigter, Abgabe von Wechselerklärungen ohne Vollmacht **18** 8; im Handelsgewerbe 54f.; Vermerk auf dem Scheck **20** 23, auf dem Wechsel **18** 18
Bewegliche Sachen 1, 366
Beweis durch Handelsbücher 45f.; durch das Mäklertagebuch 102
Beweisaufnahme durch Augenschein **26** 54; zur Sicherung des Beweises 414
Beweiserhebung durch die Kartellbehörde **26** 54
Beweismittel im Verfahren vor Kartellbehörden, Beschlagnahme **26** 55
Beweisvermutung des Konnossements 656
Bewertungsgrundsätze für Bilanzerstellung 252 bis 256
Bewertungsvereinfachungsverfahren 256
Bewertungsvorschriften 279 bis 283, 308, 309, **2** 24
Bezahlte Karenz 74
Bezahlung des Schadens bei Seeversicherung 882 bis 893; des Schecks durch den Bezogenen **20** 34, 35; des Wechsels **18** 39, 40
Bezeichnung der Amtsblätter 11; als Scheck **20** 1; ungenügende B. des Beförderungsgutes 467; als Wechsel **18** 1, 75
Bezirksvertreter 87
Bezogener, Beschränkung der Annahme **18** 26; Bezeichnung des Ausstellers als B. **18** 3; Indossament **20** 14ff.; Ort des B. als Zahlungsort **20** 2; Recht auf Quittung **20** 34; beim Scheck **20** 1; Verpflichtung durch die Annahme **18** 28; beim Verrechnungsscheck **20** 39; beim Wechsel, Angabe des Namens des B. **18** 1
Bezüge der Vorstandsmitglieder der AG **10** 87
Bezugsaktien 10 192ff., 199ff.
Bezugserklärung für neue Aktien **10** 198
Bezugsrecht auf Aktien **10** 221; der Aktionäre einer AG **10** 186, 187; auf Wertpapiere **22** 26
Bezugssperren, unzulässige Einflußnahme **26** 26
Bier in Flaschen **25** 11
Bierlieferungsvertrag, landesrechtliche Vorschriften **2** 18
Bilanz 266 bis 274; der AG **10** 151, 152; Angabe der Haftungsverhältnisse 251; Anhang 284 bis 288, **10** 160; Bewertungsgrundsätze 252 bis 256; Bewertungsvorschriften 279 bis 283; eingetragene Genossenschaft 337; der Genossenschaft **15** 19, 33, 48, 73, 89, 91; Gewinn-

Magere Zahlen = §§ bzw. Artikel

Sachverzeichnis

abführungsvertrag **10** 158; der GmbH **9** 42, 71; Inhalt 247; Rückstellungen 249; Steuerabgrenzung 274; der stillen Gesellschaft 233; verkürzte B. 266; Vorschriften zu Posten der B. 268 ff.
Bilanzgewinn, Abschlagszahlung auf B. **10** 59; der AG **10** 59; Anspruch des Aktionärs auf B. **10** 58; Verwendung des B. **10** 119, 170, 174 ff., 253
Bilanzierungsverbote 248
Bilanzsumme, Befreiung von Konzernabschluß 293
Bilanzvermerke 268
Bildträger, Aufbewahrung von Handelsregisterunterlagen 8 a, 9, kaufmännischer Unterlagen 257; Vorlegung kaufmännischer Unterlagen 261
Bildwerbung 25 5
Binnengewässer, Frachtgeschäft auf B. 451; Personentransport auf B. als Handelsgewerbe 1
Blankoindossament beim Scheck **20** 15, 16, 17, 19; beim Wechsel **18**, 13, 14, 16
Blankoscheck 20 13
Blankowechsel 18 10
Blätter, öffentliche 10 f.
Blockade 629
Bodmereigelder, Versicherung der B. 779, 803
Börsenpreis 373, 376, 400
Böser Glaube bei Erwerb des Schecks **20** 3, des Wechsels **18** 10, 6 a
Bösliche Handlungsweise 430, 438
Bordkonnossement 642
Briefe des Kaufmanns 44, 158
Bruttogewicht 380
Buchauszug über vermittelte Geschäfte des Handelsvertreters, Einsichtnahme 87 c
Buchführung 10 91, **9** 41; der Genossenschaft **15** 33; Inventurvereinfachungsverfahren 241; Pflicht zur B. 238
Buchführungspflicht 238; des Vorstands einer AG **10** 91
Buchhandel als Handelsgewerbe 1; Zulässigkeit vertikaler Preisbindung **26** 16
Buchstaben für die Schecksumme **20** 9; für die Wechselsumme **18** 6
Bücher der AG **10** 91; der Genossenschaft, Einsicht **15** 57, der Genossenschaft, Verwaltung nach Auflösung **15** 93; der GmbH, Verwahrung nach Auflösung **9** 74; Zulässigkeit vertikaler Preisbindung **26** 16
Bürgerliche Rechtsstreitigkeiten aus Kartellsachen **26** 87 ff.
Bürgerlich-rechtliche Gesellschaft 8 705 bis 740
Bürgerliches Gesetzbuch, Anwendung in Handelssachen 27, 62, 74 a, 75 c, 105, 139, 347, 366, 371, 374, 375, 382, 385, 396, 440, **2** 1 f.

Bürgschaft, handelsrechtliche 349 ff., 356; Scheckbürge **20** 25 bis 27; Wechselbürge **18** 30 bis 32
Bundesanzeiger, Bekanntmachung nach Genossenschaftsgesetz **15** 156, von Verfügungen der Kartellbehörde **26** 58, von Wettbewerbsregeln **26** 32; als Bekanntmachungsblatt 10, 325, 367, **10** 43; Veröffentlichung von Kartellanmeldungen **26** 10, von Kartellweisungen **26** 49
Bundesgerichtshof, Verfahren in Kartellsachen **26** 73 bis 75, 83
Bundeskartellamt, Beteiligung an Verfahren vor obersten Landesbehörden **26** 51; Errichtung, Sitz usw. **26** 48 ff.; Führung des Kartellregisters **26** 9; jährlicher Tätigkeitsbericht **26** 50; Zuständigkeit **26** 44
Bundesminister für Wirtschaft, Erlaubnis für Kartell **26** 8; als Kartellbehörde **26** 44
Bundesoberbehörden, Bundeskartellamt **26** 48
Bußgeldbescheid, gerichtliche Entscheidung gegen **26** 82; in Kartellsachen, Rechtsbeschwerde **26** 83, Zuständigkeit beim Erlaß **26** 44; Vollstreckung **26** 85; Wiederaufnahme des Verfahrens **26** 84
Bußgeldverfahren nach dem GWB **26** 81 bis 85
Bußgeldvorschriften 334

Chartepartie 557
Charterung eines Schiffes, eines Schiffsteiles 556, 641
Courtage 99
Culpa in concreto 8 708

Darlehen, Aufnahme durch den Handlungsbevollmächtigten 54; des Kommissionärs 397; an Wertpapieren **22** 15
Darlehenszinsen 354
Datenträger, Aufbewahrung von Briefen und Belegen 238, 239, von Handelsregisterunterlagen 8 a, 9, kaufmännischer Unterlagen 257; Vorlegung kaufmännischer Unterlagen 261
Datierung der Annahme eines Wechsels **18** 25
Datum des Frachtbriefs 426; des Ladescheins 445; der Protesterhebung **18** 80; des Schecks **20** 1; des Wechsels **18** 1, 75
Dauer des Geschäftsjahres 240; der Versicherung 830 f.
Deckungskauf 376
Delkredereprovision des Handelsvertreters 86 b; des Kommissionärs 394
Depot, Gesetz über die Verwahrung und Anschaffung von Wertpapieren **22**
Depotgesetz 22
Depotunterschlagung 22 34 ff.
Deutsche Golddiskontbank 11 25
Deviation 536, 636 a
Diebstahl eines Schecks **20** 65; eines Wechsels **18** 98

845

Sachverzeichnis

Fette Zahlen = Gesetzesnummern

Dienst des Handlungsgehilfen 59; kaufmännischer 354; Unfähigkeit zur Leistung 63
Dienste eines Gesellschafters **8** 706, 733
Dienstbezüge beim Wettbewerbsverbot 74
Dienstleistungen als Beitrag zur Gesellschaft **8** 706, 733
Dienstverhinderung 63
Differenzforderung 376
diligentia quam in suis bei der bürgerlich-rechtlichen Gesellschaft **8** 708
Dingliche Rechte, Erwerb durch die Handelsgesellschaft 124
Diskontsatz beim Wechsel **18** 48
Diskriminierung durch Ablehnung der Aufnahme in Wirtschafts- oder Berufsvereinigung **26** 27; von Unternehmen zur Wettbewerbsbeschränkung **26** 25
Dispache, Haverei 706; Pflicht zur Aufmachung der D. 728, 729; bei Seeversicherung 835, 837
Dispacheur 729
Dispositionsstellung 377, 379, 382
Distanzfracht 630 bis 632; Berechnung 631
dolus, dolus eventualis 607a, 660
Domizilwechsel 18 4, 22, 77
Doppelversicherung 787 bis 789
Drittablader, Liefersäumnis 577
Dritte beim Wettbewerbsverbot 74a
Drittschuldner 357
Drittverwahrung bei Wertpapieren **22** 3
Drohung, durch D. herbeigeführte Kartellerlaubnis **11** 11; Wettbewerbsbeschränkung durch D. **26** 25
Druckereien als Handelsgewerbe 1
Druckschriften, Schutz der Titel **25** 16; Zulässigkeit vertikaler Preisbindung **26** 16
Duplikat des Schecks **20** 49; des Wechsels **18** 64ff.

Editionspflicht in bezug auf Handelsbücher 45 bis 47
Effektivklausel, Bezeichnung der zu zahlenden Münzsorte beim Scheck **20** 36, beim Wechsel **18** 41
Ehegatte als Kaufmann **2** 4
Eheliches Güterrecht 2 4
Ehrenannahme 18 56 bis 58; Haftung des Ehrenannehmers **18** 58; Vermerk auf dem Wechsel **18** 57
Ehreneintritt beim Wechsel **18** 55 bis 63
Ehrenwörtliche Versicherungen 74a
Ehrenzahlung, Erwerb des Rechts durch den Ehrenzahler 61; Quittungserteilung **18** 62; beim Wechsel **18** 59 bis 63; Zulässigkeit **18** 59; Zurückweisung **18** 61
Eigenbedarf, Rabatte für Arbeitnehmer **27** 9
Eigener Wechsel 18 75 bis 78; an eigene Order **18** 3
Eigenhändler, Kaufmann als E. von Wertpapieren **22** 31

Eigenkapital 272; in der Bilanz 266; Wertansatz 282
Eigentum an beweglichen Sachen 366 f.; Übergang bei der Einkaufskommission von Wertpapieren **22** 18, 24
Eigentumserwerb an eingelagerten Sachen 419; der Gesellschaft 124; an verkauften Sachen 366 f.
Einberufung des Aufsichtsrats der AG **10** 110; der Gesellschafterversammlung **9** 49 ff.; einer gesonderten Versammlung der Aktionäre **10** 138; der Hauptversammlung einer AG **10** 111, 121 ff., 175
Einbeziehung in Konzernabschluß 294 bis 296
Einfuhrkartell, Ausnahmen vom Kartellverbot **26** 7
Einführungsgesetz zum Aktiengesetz **11**; zum Handelsgesetzbuch **2**
Eingetragene Genossenschaft, Bilanz 336 bis 339; Erwerb der Rechte einer e. G. **15** 1; Größenklasse 339; Jahresabschluß und Lagebericht 336
Eingliederung einer AG in eine andere AG **10** 319 ff.
Einigungsstellen für Wettbewerbsfragen **25** 27a; für Wettbewerbsfragen, Zuständigkeit **27** 13
Einkassierungsindossament 18 18, **20** 23
Einkaufsgenossenschaft 15 1
Einkaufskommission 391, 400, 406; von Wertpapieren **22** 18 ff.
Einlagen in die AG **10** 54, 57, 63 ff., 182, 255; in die bürgerlich-rechtliche Gesellschaft **8** 705 ff., 732 ff.; in die Kommanditgesellschaft 161 f., 167, 169, 171, 174 f.; in die offene Handelsgesellschaft 111, 121, 122, 139; des stillen Gesellschafters 230, 232, 236, 237
Einlagerer 417 bis 419
Einlieferung in eine Ablieferungsstelle beim Scheck **20** 31; beim Wechsel **18** 38
Einlösung von Gutscheinen bei Rabattgewährung **27** 4, **28** 1; des Schecks **20** 46; des Wechsels **18** 49, 50
Einreden aus Handelsgeschäften 349, 414, 423, 439; gegen Orderpapiere 364; des Scheck-Schuldners **20** 22, 23; der Vorausklage im Genossenschaftskonkurs **15** 115e; des Wechsel-Schuldners **18** 11, 17, 18, 19
Einschränkungen beim Akzept **18** 26; der wirtschaftlichen Bewegungsfreiheit, Vertragsaufhebung **26** 18
Einseitige Handelsgeschäfte 345
Einsicht der Bücher und Schriften der Genossenschaft **15** 93; der Geschäftsbücher 233, **8** 716; der Gesellschaftsrechnung **8** 716; der Handelsbücher und Papiere 102, 118, 157, 166; in das Handelsregister 9; in das Kartellregister **26** 9; in die Vorschußberechnung **15** 107
Einsichtnahme in Aktienbuch **10** 67

Magere Zahlen = §§ bzw. Artikel

Sachverzeichnis

Einstellung des Verfahrens im Genossenschaftskonkurs **15** 116; der Zahlungen durch den Akzeptanten, Grund des Rückgriffs **18** 44
Einstweilige Anordnungen, Anfechtung **26** 63; der Kartellbehörde **26** 56
Einstweilige Aufbewahrung der Ware durch den Käufer 379
Einstweilige Verfügung bei unlauterem Wettbewerb **25** 25
Eintragung der AG **10** 36 ff., 81, 181, 184, 188, 195, 201, 210, 223, 227, 239, 263, 266, 273, 277, 294, 298, 345, 346, 353, 364 ff., 367, 398; von Ehegatten in das Güterrechtsregister **2** 4; Entstehung der Genossenschaft durch E. **15** 13, 15; der Fortsetzung aufgelöster Genossenschaften **15** 79a; der Genossenschaftsauflösung **15** 78, 82; in das Genossenschaftsregister **15** 13; Prüfung durch das Registergericht **15** 11a; der GmbH **9** 10 bis 12; in die Handelsbücher 38 f., 43; in das Handelsregister 2 f., 9 f., 12 f., 15 f., 29, 31, 33, 34, 36, 53, 106 f., 123, 143, 144, 148, 159, 162, 172, 174, 176; von Kartellverträgen **26** 9; der KommAG **10** 282, 285; der Namensaktie **10** 67; der Satzungsänderung **10** 181; der Sitzverlegung einer AG **10** 45; der Zweigniederlassung einer AG **10** 42
Eintritt in eine bestehende Handelsgesellschaft 24, 130; in das Geschäft eines Einzelkaufmanns 28; in das Geschäft, Haftung für frühere Verbindlichkeiten **15** 23; in ein Handelsgeschäft 24, 28; von Kommanditisten 173, vor Eintragung 176
Einwendungen eines Gesellschafters gegen Verbindlichkeiten der Gesellschaft 129; s. a. Einreden
Einwilligung zum Betriebe eines Konkurrenzgeschäfts 60, 74, 112, 165, 236
Einzahlung, Einzahlungen von Einlagen **10** 54, 63 ff., **9** 19, **15** 7; auf den Genossenschafts-Geschäftsanteil **15** 50; der Gesellschafter 111, 341 f.
Einzelhandel, Räumungsverkauf **25** 8; Sonderangebote –, Veranstaltungen **25** 6 d bis 7
Einzelkaufmann, Eintritt in das Geschäft eines E. 28
Einziehung von Aktien **10** 237 ff.; von Geldern durch den letzten Frachtführer 441; durch die Liquidatoren 149, durch Handelsmäkler 97; durch Handelsvertreter 55, 91; durch Handlungsbevollmächtigte 55; von GmbH-Geschäftsanteilen **9** 34
Eisenbahn, Frachtgeschäftsrecht 425 bis 452; Güterbeförderung 453 bis 459; Haftung 454 bis 456, 458; Personenbeförderung 460; Reisegepäck 459, **6** 25 ff.; Schadenersatz 453 ff., **6** 31, 34, 42, 82 ff.; Verpflichtung zur Beförderung 453, **6** 3; Versäumung der Lieferfrist 455, **6** 33, 74, 88 ff.

Eisenbahnrecht 453 bis 460
Eisenbahnverkehrsordnung 453 ff., **6**; Abfertigung **6** 28; Ablieferung **6** 41, 75, 77, 80; Abnahme **6** 60, 63, 79, 80; Absenderhaftung **6** 38; Auslieferung **6** 29; Beförderungshindernisse **6** 73; Beförderungspflicht **6** 3; Beförderungsweg **6** 67; Begleitung von Sendungen **6** 66; Bezeichnung **6** 26, 62; Expreßgutbeförderung **6** 37 ff., 40 ff.; Frachtberechnung **6** 68; Frachtbrief **6** 55 ff., 72, 75; Frachtvertragsabschluß **6** 61; Frachtzahlung **6** 39, 69; Frachtzuschläge **6** 60; Fundsachen **6** 5; Geltungsbereich **6** 1; Gepäckaufbewahrung **6** 36; Gepäckschein **6** 27; Gepäckträger **6** 35; Güterbeförderung **6** 53 ff.; Haftung für Bedienstete **6** 4, für Verlust und Beschädigung **6** 31, 34, 42, 82 ff., 92; Kraftwagenbeförderung **6** 3; Lieferfrist **6** 33, 74, 88 ff.; Ordnungsvorschriften **6** 7; Privatwagen **6** 3; Prüfungsrecht **6** 58, 76; Reisegepäckbeförderung **6** 25 ff.; Schadensfeststellung **6** 81; Tarife **6** 6; Verjährung **6** 94; Verladung **6** 63; verlorene Sachen **6** 5; Verlust **6** 32; Verpackung **6** 26, 62; vorläufige Einlagerung **6** 64; Wagenart **6** 66; Wagenbehandlung **6** 59; Wagenstandgeld **6** 63; Zollvorschriften **6** 65
Embargo 629
Empfänger von Frachtgut 426, 433 bis 437, 442, 446 f.; Ladungsempfänger im Seefrachtverkehr 592 ff.; Schadensanzeige 611; Übernahme der Güter 610; Zahlungspflicht 614
Empfangnahme von Waren 388 bis 390, 407, 417, 436; von Zahlungen 55, 91, 97
Empfangsbescheinigung der Eisenbahn 455
Ende des Monats als Zahlungszeit **18** 36
Endverkaufspreis, Festlegung für Verlagserzeugnisse **26** 16
Entfernungen, vertragsmäßige 361
Entgeltlichkeit der Geschäftsbesorgung 354
Entlastung von Aufsichtsrat und Vorstand der AG **10** 119, 120
Entnahmen der Gesellschafter aus der Gesellschaftskasse 122; des persönlich haftenden Gesellschafters der KommAG **10** 287; von Proben des Lagergutes **5** 17
Entschädigung bei Aufhebung angefochtener Kartellverfügungen **26** 64; beim Wettbewerbverbot 74, 74a, 74b, 74c, 75, 75d, 90a
Entschädigungsansprüche, Abtretung 891
Entscheidung über die Beschwerde in Kartellsachen **26** 70; des Prozeßgerichts über Handelsregistereintragung 16
Entziehung der Befugnis zur Geschäftsführung 117; eines Teiles des Gesellschaftsvermögens **8** 718; der Geschäftsführung der Vertretungsmacht für die bürgerlich-rechtliche Gesellschaft **8** 712, 715; des Prüfungsrechts eines Prüfungsverbandes **15** 64a; der Vertretungsmacht 127

847

Sachverzeichnis

Fette Zahlen = Gesetzesnummern

Erben, Auseinandersetzung 47; Fortführung der Gesellschaft 137, 139; Fortsetzung der Firma 22, 24, der Genossenschaft **15** 77, des Geschäfts 27; bei der Liquidation 146, 148; Recht zur Einsicht der Bücher 157; eines Seereisenden 675

Erbenhaftung nach Handelsrecht 27

Erbrechtlicher Firmenübergang 22, 27

Erfüllung von Handelsgeschäften 359 bis 361; beim Kauf 375, 376; beim Kommissionsgeschäft 384, 394; der Verpflichtungen des Empfängers beim Frachtgeschäft 435; der Wechselverbindlichkeit **18** 38 bis 42

Erfüllungsobjekt 361

Erfüllungsort 361, 376, 380

Erfüllungszeit 358 f., 376

Ergänzung der Einlage des Gesellschafters **8** 707

Erhebung des Protests **18** 79 bis 88; der Wechselsteuer **18** 17 bis 20

Erhöhung der Einlage der Kommanditisten 172, 175; des Geschäftsanteils bei der Genossenschaft **15** 87a, während der Liquidation einer Genossenschaft **15** 87a; der Gesellschaftsbeiträge **8** 707; des Grundkapitals der AG **10** 182 ff.; des Stammkapitals der GmbH **9** 55 ff.

Erklärungstermin bei Genossenschaftskonkurs **15** 107

Erkrankung des Handlungsgehilfen 63

Erlaubnis der Kartellbehörde, Zeitraum, Bedingungen, Auflagen, Widerruf **26** 11

Erleichterung von Kartellverbot **26** 5 a

Erlöschen der Firma 31, 157; einer juristischen Person, Beendigung der Mitgliedschaft an einer Genossenschaft **15** 77 a; des Pfandrechts 758, 759; der Prokura 52, 53, 126; beim Scheck **20** 58; der wechselmäßigen Verbindlichkeit des Ausstellers oder Annehmers **18** 89

Ermächtigung zur Ausstellung von Orderlagerscheinen **5** 1 bis 13; der Bundesregierung zur Regelung von Kartellverfahren **26** 80; zum Erlaß von Rechtsverordnungen 292

Ermächtigungsurkunde der Lagerordnung und des Tarifs **5** 6 f.

Erneuerungsschein als Wertpapier im Sinne des DepotG **22** 1

Eröffnung des Konkurses über das Vermögen des Bezogenen beim Wechsel **18** 44

Eröffnungsbilanz 242 bis 256

Errichtung der AG **10** 29, Prüfung **10** 38, Zweigniederlassung **10** 42; des Bundeskartellamts **26** 48; einer Genossenschaft **15** 1 ff.; von Gesellschaften 105 bis 108, 123, 161; der GmbH **9** 1 bis 12

Ersatz, Anspruch auf E. gegen Aufsichtsrat und Vorstand der AG **10** 48, 50, 53, 117, 147, 349 ff.; von Aufwendungen des Handelsvertreters 87 d, 110; gegen Gründer einer AG **10** 46 bis 48, 53, 117, 147; bei Verlust von Seefrachtgütern 611 bis 613

Ersatzansprüche bei Gründung einer AG, Verjährung **10** 51

Ersatzgüter 562

Ersatzpflicht des Reeders 735 bis 737, aus Kapitänsgeschäften 541

Erteilung der Prokura 48

Erweiterter Schutz des guten Glaubens 366

Erwerb eigener Aktien durch die AG **10** 71; von Eigentum und sonstigen Rechten 124, 366, 419; einer Firma samt Passivenübernahme 22, 25 bis 27; von Geschäftsanteilen der GmbH **9** 15, 16; eines Handelsgeschäfts, Haftung 25 f.; der versicherten Sache bei Seeversicherung 899

Erwerbs- und Wirtschaftsgenossenschaften, Gesetz 15

Erzeuger, Stellungnahme inländischer E. zur Kartellerlaubnis **26** 6

Europa, Beschäftigung des Handlungsgehilfen außerhalb E. beim Wettbewerbverbot 75 b

Europäische Wirtschaftsgemeinschaft, Wettbewerbsbeschränkungen **26** Anm. zu 1

EWG-Richtlinien über befreiende Abschlüsse 291, 292

Export, den E. fördernde Kartelle erlaubt **26** 6

Expreßgut 6 37 ff.

Fahrlässigkeit, beim Erwerb eines Schecks **20** 21; Wechsels **18** 10, 16, 40; grobe 347, 430, 438

Faksimile-Unterschrift auf Aktien **10** 13

Fälligkeit der Provision 409; von Wechseln **18** 33 bis 37

Fälligkeitszinsen 353

Falsche Angaben von Abwicklern, Aufsichtsratsmitgliedern, Gründern oder Vorstandsmitgliedern der AG **10** 399; des Befrachters 564

Fälschung von Hinterlegungsbescheinigungen bei der AG **10** 402; von Schecks **20** 10; von Wechseln **18** 7

falsus procurator 16 8

Familienname in der Firma eines Einzelkaufmanns 18

Fautfracht 580, 583 ff.

Fehlfracht s. Fautfracht

Feiertag, Scheck **20** 55; Wechsel **18** 72

Feststellung des Jahresabschlusses bei AG **10** 172 ff.

Feuerversicherung 5 20

Finanzrecht 4, 7

Firma der Aktiengesellschaft **10** 4; Allgemeines 2 bis 5, 8 ff., 13, 17 bis 36; Anmeldung der Änderung und des Erlöschens 31; bei Ausscheiden bzw. Eintritt eines Gesellschafters 24; Begriff 17; der eingetragenen Genossenschaft **15** 3; des Einzelkaufmanns 17 f.; bei Erwerb des Handelsgeschäfts 22; Fortführung

Magere Zahlen = §§ bzw. Artikel

Sachverzeichnis

eingetragener F. **2** 22; der GmbH **9** 3; der juristischen Person 33 bis 36; der Kleingewerbetreibenden 4; der KommAG **10** 279; der Kommanditgesellschaft 19, 161, 173; des Minderkaufmanns 4; Mißbrauch 37; bei Namensänderung 21; der offenen Handelsgesellschaft 19, 24, 105 bis 108, 124, 130; Prozeßfähigkeit 17; Schutz gegen unlauteren Wettbewerb **25** 16; der stillen Gesellschaft 18; Übergangsbestimmungen **2** 22; Übertragbarkeit 22 bis 24; Veräußerung 23; Zeichnung durch den Prokuristen 51, 53

Firmenänderung 21, 31 bis 34; Schuldübernahme 25 bis 27; Unterscheidbarkeit 30; Wahlfreiheit 18, 22, 24, 30; Wahrheit 18, 19, 23, 30

Firmenanmeldung, fakultative 3; obligatorische 14, 16, 29, 31 ff.

Firmenerwerb 22

Firmenrecht, Grundsätze: Anmeldepflicht (Öffentlichkeit) 8 bis 16, 25, 29, 31 bis 37

Firmenschutz 37

Firmenverletzung 37

Firmenwert, Tilgung durch Abschreibung 309

Fixgeschäft 376

Flüsse, Frachtgeschäft auf Fl. 1, 451

Fonds, Errichtung, Verteilung 487e; für Lotsenhaftung 487e

Forderungen, Buchung 39, 40; fällige 369 f.; gesicherte F. durch Pfand 356; aus Handelsgeschäften 353; aus Kommissionsgeschäften 392, 397, 399; der Vormänner beim Frachtgeschäft 441; Zugehörigkeit zum Gesellschaftsvermögen **8** 720

Form der Anmeldungen zum Genossenschaftsregister **15** 157; der Annahme des Wechsels **18** 25; der Berufung einer Genossenschafts-Generalversammlung **15** 46; der Beschwerde in Kartellsachen **26** 63; der Bilanz 266; Ehrenannahme **18** 57; des Indossaments **18** 13; der Jahresbilanz, Allgemeines 265; der Kartell-Anmeldung **26** 9; der Kartellverträge und -beschlüsse **26** 34; des Konzernabschlusses 298; des Protests **18** 81, im intern. R. **18** 97; beim Scheck: Erklärungen im intern. R. **20** 63, Indossament **20** 26, Protest **20** 66, Scheckbürgschaft **20** 66; des Statuts einer Genossenschaft **15** 5; von Verträgen 79; des Vertrages über Wechselbürgschaft **18** 31; der Wechselerklärungen im intern. R. **18** 92

Formfreiheit 350

Formkaufmann 6; Genossenschaft als F. **15** 17

Forstwirtschaft als Nebengewerbe 3

Fortführung bei Erwerb des Handelsgeschäfts 22; einer Firma 21 bis 27, **2** 22; bei Namensänderung 21

Fortsetzung einer aufgelösten AG **10** 274; der Genossenschaft nach Auflösung **15** 65, 75, 79 a; der Gesellschaft **8** 724; nach Konkurs 144; der offenen Handelsgesellschaft 138 f., 141, 144, mit den Erben 139

Fracht, Berechnung 408, 412, 470; Bezahlung 438; Erstattung 420; bei Havereiberechnung 721; bei Nichtannahme 627; Pfandrecht 410, 440; Pflicht zur Zahlung im Landtransportgeschäft 436; übliche F.; nach Zeit 622; Zahlungspflicht 614

Frachtbrief 418, 426, 432, 433, 435 f., **6** 55 ff.

Frachtführer 4 2; Ablieferung an den Empfänger 433, 435, 448, an den Kommissionär 388; Abreise des Fr., Frist 428; Begriff 425, 451; Haftung 429 bis 433, 438 f., 442; Handelsgewerbe 1; Ladescheine des Fr. 363 bis 365; letzter Fr. 441; Pfandrecht 366, 368, 440 bis 443; Pflichten des Fr. 428 ff., 437, des letzten Fr. 441 f.; Rückgriffsrecht 427, 432, 442; Schadenersatzpflicht 429 f.; Sorgfalt des Fr. 429, 431; Spediteur als Fr. 412

Frachtgeschäft 425 bis 452, **6** 53 ff.; Absender, Haftung 426 f.; Anhalterecht 433; Annahme des Frachtbriefs 436; Antritt der Reise 428; Beanstandung des Frachtgutes 438; zur Beförderung von Gütern zur See 556 bis 663b; Begleitpapiere 427; Begriff des Frachtführers 425, 451; Benachrichtigungspflicht 437; durchgehender Frachtbrief 432; eigene Leute des Frachtführers 431; Frachtbrief, Ablieferung 433, Annahme 436, Ausstellung, Inhalt 426; der Eisenbahn 453 ff.; fremdes Verschulden 431; gegenüber anderen Frachtführern 442 ff.; gemeiner Handelswert 430; grobe Fahrlässigkeit 430, 438; Haftung des Frachtführers für andere Frachtführer 432, 449; Hinterlegung des Frachtgutes 437; Inhalt des Ladescheins 445; Ladeschein 444 bis 450; Legitimation zum Empfang, Orderklausel, Indossament 447; letzter Frachtführer 441; Ortsgebrauch 428; Pfandrecht 443, 440; Pflichten des Empfängers 436, des Frachtführers 428 f., 437; Polizeivorschriften 427; Post 452; Präsentationspapier 448; Rang der Pfandrechte am Frachtgut 443; Rechte des Empfängers 434 f., des Frachtführers 440 bis 443; rechtliche Bedeutung 446, 450; Rückgriff bei Schadenersatz 429 bis 432; Schadensersatzpflicht 429 bis 432; Steuervorschriften 427; Verjährung 439; Verkaufswert 430; Verschulden anderer 431; Vertretung der Vormänner 441 f.; vorsätzliche Beschädigung 430, 438; Zahlung der Fracht 438; Zeit der Beförderung 428; Zollvorschriften 427, 430; Zufall 428

Frachtgut, Ablieferung 433 bis 436, 438, 441 f., 444, 448; Beförderung 425, **6** 53 ff.; Bezeichnung im Frachtbrief 426; als Gegenstand des Pfandrechts 440 bis 443; Hinterlegung 437; Verlust und Beschädigung 429 f., 438, 454

Frachtkosten bei Teilverlust der Ladung 636

Sachverzeichnis

Fette Zahlen = Gesetzesnummern

Frachtversicherung 779, 797 ff.; Ausnahme von Schäden 821; Taxe 793; Umfang 798
Frachtvertrag, Abschluß mit Eisenbahnen 453 ff.; Auflösung 628; Begleitpapiere 591; Hafenkosten bei Auflösung 639 ff.; Inhalt des Fr. 426, 428; Rücktritt 629; Stückgut 588; Übergang auf einen anderen Frachtführer 432; Vermittlung 415
Frachtzahlung 619 bis 622
Freizeichnung im Konnossement 663
Fremde Sprache, Schecks in – **20** 1; Wechsel in – **18** 1, 75
Fristen zum Antritt der Reise 428; zur Aufbewahrung kaufmännischer Unterlagen 257; Berechnung bei Verträgen 359; für die Einberufung der Hauptversammlung **10** 123; für eine Erlaubnis der Kartellbehörde **26** 11; zur Feststellung von Mängeln bei der Bahnfracht 464; zur Geltendmachung von Entschädigungsansprüchen gegen den Frachtführer 438, des Pfandrechts des Frachtführers 440, 442; nach dem Genossenschaftsgesetz **15** 65 ff., 73 ff., 93 ff., 107, 111; nach dem Kartellgesetz, Beschwerdefrist **26** 65, zur Geltendmachung der Unwirksamkeit einer Kündigung **26** 13, Rechtsbeschwerde **26** 75, Verjährung des Entschädigungsanspruchs bei erfolgreicher Beschwerde **26** 64, für den Widerspruch der Kartellbehörde **26** 2, 3; für die Kündigung von Angestellten **3**; zur Lieferung 376; im Scheckverkehr: für die Benachrichtigung **20** 42, Berechnung bei Feiertagen **20** 55, gesetzliche **20** 56, Protesterhebung **20** 41, 66, Verlängerung **20** 41, Vorlegung **20** 29, 30, 65; von acht Tagen als Zeit der Leistung 359; für die Verjährung 26, 61, 113, 159, 414, 423, 439, 470; im Wechselverkehr: für die Ausübung des Rückgriffs **18** 94, Benachrichtigung **18** 45, Berechnung bei Feiertagen **18** 72, gesetzliche oder im Wechsel bestimmte F. **18** 73, Protesterhebung **18** 94, 97, Verfallzeit **18** 36, 37
Frühjahr als Leistungszeit 359
Führung des Kartellregisters **26** 9
Fürsorge des Erben eines verstorbenen Gesellschafters 137
Fürsorgepflicht des Prinzipals 62

Garantiefunktion 18 9
Garnierung eines Schiffes 514
Gattungsbezeichnungen im Wettbewerb **25** 5
Gattungsware 94, 96, 100, 360
Gebrauch in Handelssachen 59, 94, 96, 99, 346, 354, 359, 380, 396, 428; unbefugter G. einer Firma 37; s. a. Handelsgebrauch, s. a. Ortsgebrauch
Gebrauchsmuster, Lizenzverträge **26** 20; unerlaubte Beschränkungen in Nutzungsverträgen **26** 20

Gebrauchsüberlassungsverträge, Provision für Handelsvertreter 87 b
Gebühren in Kartellverfahren **26** 78, 79
Gefahr, eigene 393; beim Eisenbahntransport 454; Umfang 820 ff.; im Verzuge 115, 116, 137, 373, 379, 388, 407
Gefahrbeginn bei Seeversicherung 823 bis 827
Gefahrenlage für Wirtschaftszweig, besondere Kartellerlaubnis **26** 8
Gefährliche Güter, Haftung 564 b
Gehalt der Handlungsgehilfen 59, 63, 74, 74 a, 75; Vorstandsmitglieder der AG **10** 87
Gehaltszahlung 64
Geheimes Wettbewerbsverbot 75 f.
Geheimhaltungspflicht, Verletzung 333, **10** 404, **15** 151
Gekreuzter Scheck 20 37, 38
Geld als Frachtgut 429
Geldanweisung 363
Geldbuße für Ordnungswidrigkeiten nach dem GWB **26** 38, 39, 81 bis 85
Geldstrafe 37, 103
Geldsumme auf dem Scheck **20** 1; auf dem Wechsel **18** 1, 75
Geldwechslergeschäfte 1
Gelegenheitsfrachtführer 451
Gelegenheitsspediteur 415
Geltendmachung von Ansprüchen auf Unterlassung von Kartellverstößen **26** 35
Geltung, Geltungsbereich des Scheckgesetzes **20** 60 bis 66, des Wechselgesetzes **18** 91 bis 98; des Handelsgesetzbuchs, sachliche **2** 2, zeitliche **2** 1
Gemeinde im Firmenrecht 30, 36
Gemeiner Handelswert 430
Gemeinnütziges Wohnungsunternehmen 2 25, **11** 18
Gemeinsamer Markt, Wettbewerbsbeschränkungen **26** Anm. zu 1
Gemeinwohl, Gefährdung des G. durch AG oder KommAG **10** 396
Genehmigtes Kapital bei AG **10** 202 bis 206; Angabe im Anhang **10** 160
Genehmigung des Geschäftsabschlusses 86; beim Kommissionsgeschäft 386
Generalversammlung einer Genossenschaft **15** 16, 24, 36, 43 bis 51, 93 b, Berufung **15** 6, 44 ff., Einberufung **15** 33, 38, Prüfungsbericht **15** 59, Zuständigkeit **15** 48 ff.; Genossenschaftsauflösung **15** 78 ff.; bei Genossenschaftskonkurs **15** 104
Genossenschaft, Anfechtung von Generalsammlungsbeschlüssen **15** 52; Angaben in Geschäftsbriefen **15** 25 a; Auflösung **15** 64 c, 78 ff., von Amts wegen **15** 54, 54 a, durch Gerichtsbeschluß **15** 80, durch Konkurs **15** 101, durch Verwaltungsbehörde **15** 81, durch Zeitablauf **15** 79; Aufsichtsrat **15** 36 ff., Vorstand **15** 9; Ausscheiden einzelner Genossen **15** 65 bis 77; Begriff **15** 1; Bevollmächtigte **15**

Magere Zahlen = §§ bzw. Artikel

Sachverzeichnis

42, für Generalversammlung **15** 43; Bilanz **15** 33, 91; Einberufung der Generalversammlung durch den Vorstand **15** 148; eingetragene, Anfechtung von Generalversammlungsbeschlüssen **15** 51; Errichtung **15** 1 ff., 2 bis 16; Firma **15** 3; Fortsetzung der G. nach Auflösung **15** 65, 79a; Generalversammlung **15** 33, 43 bis 51; Haftpflicht der Genossen **15** 23, 105 bis 117; Haftsumme **15** 6, 7; Herabsetzung des Geschäftsanteils **15** 22; Jahresabschluß **15** 33; juristische Person, Formkaufmann **15** 17; Konkursverfahren **15** 98 bis 117; Konkursverwalter **15** 34; Liquidation **15** 83 bis 93; Liste der Genossen **15** 15, 30, 69 ff., 93 i; Löschung **15** Anm. zu 80; mehrere Geschäftsanteile für einen Genossen **15** 7 a; Mitgliedschaft, Erwerb **15** 15; Nachschußberechnung **15** 114; Nachschußpflicht **15** 22a; Nachtragsverteilung **15** 115; Nichtigkeit **15** 94 bis 97; Prüfung und Prüfungsverbände **15** 53 ff.; Rabattsparvereine **28** 2; Rechtsverhältnisse der Genossenschaft und der Genossen **15** 17 bis 23, nach Statut **15** 18; Rechtszustand vor Eintragung in das Register **15** 12; Revision **15** 53 bis 64c; Statut **15** 5 bis 8; Strafbestimmungen **15** 147 bis 152; Übertragung des Geschäftsanteils **15** 76; Unvereinbarkeit von Ämtern **15** 37; Vermögensüberweisung zu gemeinnützigen Zwecken bei Auflösung **15** 92; Verschmelzung **15** 93a bis 93r; Verteilung des Vermögens **15** 90ff.; Vertretung durch Aufsichtsrat **15** 39; Vertreterversammlung bei großer G. **15** 43a; Vertretung, Vorstand **15** 24ff.; Vorschußberechnung **15** 106ff.; Zahl der Genossen **15** 4, 80; Zerlegung des Geschäftsanteils **15** 22b; Zwangsgeld **15** 160; Zweigniederlassung **15** 14

Genossenschaftsgesetz 15
Genossenschaftsregister 15 10ff., 156ff.; Einsicht in das G. **15** 156; Eintragung der Auflösung **15** 82, Konkurseröffnung **15** 102, sich vereinigender Genossenschaften **15** 93s, der Verschmelzung **15** 93d; „negative" Publizität **15** 29, 86

Gepäckträger 6 35
Gericht s. Registergericht
Gerichtliche Auflösung einer AG und KommAG **10** 396ff.
Gerichtliche Bestellung von Aufsichtsratsmitgliedern **10** 30, 104; von Sonderprüfern **10** 142, 146
Gerichtliche Entscheidung gegen Bußgeldbescheid **26** 82
Gerichtliche Niederschrift über die Hauptversammlung der AG **10** 130
Gerichtliche Zuständigkeit bei Zusammenstoß von Schiffen **23**
Gerichtsbeamte zur Protestaufnahme bei Wechseln **18** 79

Gerichtsstand der Genossenschaft **15** 87; des Gläubigers 371; bei Reederhaftung 488, 508
Gerichtsverfassungsgesetz, Geltung im Kartellbeschwerdeverfahren **26** 72
Geringfügigkeit 29 1
Gesamthandsverhältnisse (Gesellschaft) **8** 718
Gesamtkostenverfahren, Aufstellung der Gewinn- und Verlustrechnung 275
Gesamtprokura 48, 53
Gesamtschuldner, Haftung als G. **128,** 356, mehrerer Verpflichteter aus einer Aktie **10** 69, der Scheckverpflichteten **20** 44, der Wechselverpflichteten **18** 47; von Vorstand, Aufsichtsrat und Gründern der AG **10** 46ff., 117, 147, 310, 318, 349
Gesamtschuldnerische Haftung der Mitglieder nicht rechtsfähiger Kartelle **26** 37
Gesamtvertretung einer AG **10** 78; der Gesellschaft 125
Geschäftsabschluß, Mitteilungspflicht 86, 86a
Geschäftsanteil, Erhöhung des G. bei der Genossenschaft **15** 87a; bei der Genossenschaft **15** 7, Herabsetzung, Auszahlung **15** 22; der Gesellschafter der GmbH **9** 14ff.; keine Erhöhung nach Auflösung der Genossenschaft **15** 87b; mehrere G. an einer Genossenschaft **15** 7a
Geschäftsbedingungen 86a; vom Kartellverbot aufgenommene Allgemeine G. **26** 2; Unwirksamkeit von beschränkenden Verträgen zwischen Unternehmen **26** 15
Geschäftsbeginn vor Eintragung des Kaufmanns 39, der Kommanditgesellschaft 176, der offenen Handelsgesellschaft 123, 176
Geschäftsbericht der AG **10** 400; der Genossenschaft **15** 48; der KommAG **10** 286
Geschäftsbetrieb, kaufmännischer 2
Geschäftsbriefe, Angaben bei Genossenschaften **15** 25a
Geschäftsführende Gesellschafter 114 bis 117; der bürgerlich-rechtlichen Gesellschaft **8** 710 bis 713
Geschäftsführer bei der GmbH **9** 6, bei der GmbH, Haftung **9** 43, Strafvorschriften **9** 81a ff.
Geschäftsführung bei der AG **10** 77, 82, 111, 119; bei der bürgerlich- rechtlichen Gesellschaft **8** 709 bis 713; bei der Gesellschaft **15** 24ff., Prüfung **15** 53ff.; durch den Handlungsbevollmächtigten 54; bei der Kommanditgesellschaft 164, 10 278; bei der offenen Handelsgesellschaft 110, 114 bis 118, 148 bis 152; durch die Prokuristen 49
Geschäftsführungsbefugnis, Fortbestehen nach Auflösung der Gesellschaft **8** 729
Geschäftsgang, ordnungsmäßiger 377
Geschäftsgeheimnisse, Ausschluß der Öffentlichkeit **26** 53; Mitteilungen **25** 17 bis 20; Wahrung durch Handelsvertreter 90

851

Sachverzeichnis

Fette Zahlen = Gesetzesnummern

Geschäftsguthaben, Auszahlung an ausgeschiedenen Genossen **15** 73, 74; bei der Genossenschaft, Auszahlung **15** 22, keine Zinsen und keine Ansprüche aus höheren Einzahlungen **15** 21, Übertragung **15** 76
Geschäftsinhaber 18
Geschäftsjahr 39, 120 bis 122, 132; Dauer 240
Geschäftslokal beim Protest **18** 87, 88
Geschäftsnachfolger 25 bis 27
Geschäftsordnung des Vorstands der AG **10** 77
Geschäftsräume 62
Geschäftsteil, Kündigung an einer Genossenschaft **15** 67b
Geschäftsübergang mit Firma 22
Geschäftsumfang, Gewerbetreibender 1f., 4
Geschäftsverbindung 355, 362
Geschäftsvermittlung, Mitteilungspflicht 86, 86a
Geschäftswert, Tilgung durch Abschreibung 309; für Verfahren über Abschlußprüfung 324
Geschäftszeit, gewöhnliche 358f.
Gesellschaft, Auflösung **15** Anm. zu 80; Ausschließung eines Gesellschafters **8** 737ff.; zur Erwerbs- und Wirtschaftsförderung **15** 1; Fortbestehen bei Ausscheiden eines Gesellschafters **8** 736; auf Lebenszeit **8** 724; von nicht geschlossener Mitgliederzahl **15** 1; Verteilung des Überschusses **8** 734, des Verlustes **8** 735, 739
Gesellschaft des bürgerlichen Rechts 8 705 bis 740; Auflösung **8** 723ff.; Beendigung **8** 726; Berichtigung der Schulden **8** 733ff.; Kündigung durch Gläubiger eines Gesellschafters **8** 725; Unübertragbarkeit der Ansprüche aus der G. **8** 717; Vertretung **8** 714, 715
Gesellschaft mit beschränkter Haftung, Abänderungen des Gesellschaftsvertrags **9** 53 bis 59; Anmeldungen zum Handelsregister **9** 7ff., 12, 39, 54, 57, 59, 65, 67, 78, 79; Auflösung **9** 60 bis 74, Anm. zu 80; Aufsichtsrat **9** 52; Bilanz **9** 41, 42, 71; des bürgerlichen Rechts 105; Eintragung **9** 10ff.; Einzahlungen auf die Stammeinlage **9** 19 bis 25; Errichtung **9** 1 bis 12; Firma **9** 4; Geschäftsanteil **9** 14 bis 18; Geschäftsführung **9** 6, 35 bis 52; Gesellschaftsvertrag **9** 2, 3; Gesetz 9; Haftung vor der Gründung **9** 11; Handelsbücher, ergänzende Vorschriften 264 bis 335; Handelsgesellschaft **9** 13; Konkurs **9** 60, 63, 64; auf Lebenszeit 134; Liquidation **9** 66 bis 74; Nachschußpflicht **9** 26ff.; Nichtigkeit **9** 75ff.; Rechtsverhältnisse der Gesellschaft und der Gesellschafter **9** 13 bis 34; Sperrjahr **9** 73, 300, 324; Stammeinlage **9** 3, 5; Stammkapital **9** 3, 5, 55ff.; Strafbestimmungen **9** 81aff.; Umwandlung in eine AG **10** 376ff., einer AG in eine GmbH **10** 369ff., in eine KommAG **10** 389ff., einer KommAG in eine GmbH **10**

368ff.; Umwandlungsgesetz **13**; Verbot des Erwerbs von eigenen Geschäftsanteilen **9** 33; Verjährung von Ansprüchen der G. **9** 9, 31, 43; Versammlung der Gesellschafter **9** 48 bis 51; Verschmelzung mit AG **10** 355, mit KommAG **10** 356; Verteilung des Gesellschaftsvermögens **9** 72; Vertretung **9** 35 bis 52; Zweigniederlassung **9** 12
Gesellschafter, Haftungsbeschränkung 487d
Gesellschafter nach BGB: Anteil am Gewinn und Verlust **8** 721, 722; Geschäftsführungsbefugnis nach Auflösung der Gesellschaft **8** 729; Auseinandersetzung **8** 730 bis 735, 738ff.; Ausscheiden eines G. **8** 736; Ausschließung eines G. **8** 737ff.; Geschäftsführung **8** 709ff.; Haftung **8** 708; Nachprüfungsrecht **8** 716; Nachschüsse **8** 707; Rechenschaftspflicht **8** 740; Tod des G. **8** 727, 736
Gesellschafter der GmbH, Nachschußpflicht **9** 26ff.; persönlich haftende G. bei der GmbH **9** 8; Rechte **9** 45ff.; Rechtsverhältnisse **9** 13ff.
Gesellschafter der OHG, persönlich haftende G. bei der KommAG **10** 278, 282, 283, 288
Gesellschafterversammlung, GmbH **9** 48ff.
Gesellschaftsangelegenheiten 110
Gesellschaftsanteile, Pfändung **8** 725
Gesellschaftsgläubiger 105, 128f., 149, 172, 174
Gesellschaftskasse, Entnahmen 122
Gesellschaftsmittel der AG, Kapitalerhöhung aus G. **10** 207ff.; Gesetz über die K. **14**
Gesellschaftsschulden 139
Gesellschaftsteilungssachen 47
Gesellschaftsverhältnis, Unübertragbarkeit der Ansprüche **8** 717
Gesellschaftsvermögen 124, 131, 143 bis 145, 149, 155, 158, 171; Begriff **8** 718; der AG, Haftung **10** 1; der GmbH, Haftung **9** 13; Verfügung über G., Teilung **8** 719; Verteilung **9** 72, 73
Gesellschaftsvertrag, Änderungen **9** 53 bis 59; der GmbH **9** 2, 3; der Kommanditgesellschaft 163; Nichtigkeit **9** 75, 76; der offenen Handelsgesellschaft 109, 114, 115, 119, 125, 133, 138f., 146; s. a. Satzung, Statut
Gesetz gegen den unlauteren Wettbewerb **25**; gegen Wettbewerbsbeschränkungen **26**
Gesetzesverletzung bei Feststellung des Jahresabschlusses der AG **10** 256; Nichtigkeitsgrund für Hauptversammlungsbeschluß **10** 241; für Wahl der Aufsichtsratsmitglieder **10** 250ff.
Gesetzliche Rücklage der AG **10** 150; bei verbundenen Unternehmen **10** 300, 324
Gesetzlicher Vertreter, Vorlagepflicht dem Abschlußprüfer gegenüber 320
Gesetzliches Pfandrecht des Frachtführers 440; des Kommissionärs 397; des Lagerhalters 421; des Spediteurs 410

Magere Zahlen = §§ bzw. Artikel

Sachverzeichnis

Gesonderte Versammlung der Aktionäre **10** 138
Gesundheit der Handlungsgehilfen 62
Gewährleistung bei Viehmängeln 382
Gewährung von Mengenrabatt **27** 7, 8; von Rabatt **27** 1 ff., **28** 1 ff.; von Sonderrabatt **27** 9, **28** 12; von Zugaben **29** 1 ff.
Gewerbe 1 bis 7
Gewerbebetrieb 1 bis 4, 6, 33; Ausschluß vom G. 7
Gewerbegehilfe 83
Gewerbeordnung, Anwendung von Bestimmungen der G. 75 f.
Gewerberecht 7
Gewerbetreibende, Gutscheine zur Rabattgewährung **27** 4, **28** 1
Gewerbliche Leistungen, Nichtigkeit von Preisbindungsverträgen **26** 15
Gewerbliches Eigentum 25 Anm. zu 28
Gewerkschaft, Antrag auf gerichtliche Entscheidung über Zusammensetzung des Aufsichtsrats **10** 98; Umwandlung der bergrechtlichen G. in AG **10** 384, 385, in KommAG **10** 390; Verschmelzung von bergrechtlicher G mit AG **10** 357, mit KommAG **10** 358
Gewicht, vertragsmäßiges 361, 380
Gewinn, Anteil des Gesellschafters bei Ausscheiden 240; imaginärer – 801 f., 879; Schiffsveräußerung während Seereise 476; Verteilung an die Gesellschafter **8** 721, 722
Gewinnabführungsverträge, Abfindung von Aktionären **10** 305; von AGen, KommAGen **10** 291; Ausgleichszahlung an Aktionäre **10** 304; Ertrag in Bilanz **10** 158; gesetzliche Rücklage bei G. **10** 300; Gläubigerschutz bei Beendigung des G. **10** 303; Verlustübernahme bei G. **10** 302
Gewinnanteil der Aktionäre **10** 60; des Genossen **15** 19; Festsetzung **15** 43; des Gesellschafters der offenen Handelsgesellschaft 120 ff., 139; des Kommanditisten 167 bis 169, 172; des persönlich haftenden Gesellschafters der KommAG **10** 288; des stillen Gesellschafters 231
Gewinnanteilschein, Abhandenkommen 367; Ausgabe neuer G. **10** 75; Kraftloserklärung von Aktien **10** 72; als Wertpapiere im Sinne des DepotG **22** 1
Gewinnausschüttung der AG **10** 233; bei Konsumvereinen **28** 11
Gewinnauszahlung bei der Kommanditgesellschaft 169
Gewinnbeteiligung der Aktionäre bei der AG **10** 60; des persönlich haftenden Gesellschafter bei der KommAG **10** 288; der Vorstandsmitglieder der AG **10** 86
Gewinngemeinschaft einer AG und KommAG **10** 292
Gewinnrücklage 272, **10** 58, 59, 86, 152; im Prüfungsbericht **10** 170; Umwandlung in Grundkapital **10** 208
Gewinnschuldverschreibungen, Ausgabe von G. einer AG **10** 221
Gewinn- und Verlustrechnung 275 bis 278, 305, **10** 158; Anhang 284 bis 288; bei Genossenschaft **15** 33; Gliederung 275; jährliche G. des Kaufmanns 242
Gewinnverteilung bei AG **10** 60, 174, **11** 15; bei BGB-Gesellschaft **8** 721, 722; bei Genossenschaft **15** 19, 20; bei GmbH **9** 29
Gezogene Wechsel 18 1 bis 17; Erfordernisse **18** 1
Glaube, böser Gl. bei Erwerb des Schecks **20** 13, des Wechsels **18** 10, 16; guter 172, 366 f.
Glaubhaftmachung des Interesses bei Einsicht in das Handelsregister 9
Gläubiger der Gesellschaft 105, 128 f., 149, 159, 171 f., 174; eines Gesellschafters, Kündigung der Gesellschaft **8** 725; des Kommittenten 392, 397 f.; mit Pfandrechten 356 f., 369 bis 371; Privatgläubiger 135, 141
Gläubigerausschuß bei Genossenschaftskurs **15** 103
Gläubigerschutz bei Beendigung eines Beherrschungs- oder Gewinnabführungsvertrags **10** 303; bei Eingliederung einer AG **10** 321; bei Kapitalherabsetzung **10** 225, 233; bei Liquidation der AG **10** 272
Gleichbehandlung von Unternehmen, Pflicht marktbeherrschender Unternehmen zur G. **26** 26
Gliederung der Bilanz 266; der Gewinn- und Verlustrechnung 275
Giro 363 ff.; s. a. Indossament
GmbH-Gesetz 9
Gratiszugabe, Verbot der Bezeichnung **29** 1
Grobe Pflichtverletzung des geschäftsführenden Gesellschafters 117, **8** 712, 715
Große Havarei 615; Begriff 700; s. Haverei
Große Kapitalgesellschaft 267
Größenabhängige Erleichterungen bei Offenlegung 326, 327
Großhändler, Verkauf an letzte Verbraucher **25** 6a
Großverbraucher, Sonderrabatt oder Sonderpreis **27** 9, **28** 12
Gründer der AG **10** 2, 28; Bestellung des ersten Aufsichtsrats **10** 30; der KommAG **10** 280; Strafvorschriften **10** 399; Verantwortlichkeit **10** 46, 147; Verpflichtung zur Anmeldung **10** 36
Grundkapital der AG **10** 1, 6, 7, 150, **11** 2; bedingte Erhöhung **10** 192 ff., 343, 344, 399; Erhöhung **10** 182 ff.; Genehmigung **10** 202 ff.; Herabsetzung **10** 222 ff., 229 ff., durch Einziehung von Aktien **10** 237 ff.; Höhe **10** 23; in Jahresbilanz der AG **10** 152
Gründung der AG **10** 23 ff.; Haftung bei Gründung **10** 46 ff.; Nachgründung **10** 52, 53

853

Sachverzeichnis

Fette Zahlen = Gesetzesnummern

Gründungsaufwand der AG **10** 26, 399
Gründungsbericht der AG **10** 32, 399
Gründungsprüfer der AG **10** 33, 35, 49
Gründungsprüfung der AG **10** 33 ff., 378, 399
Grundstücke, Erwerb durch Gesellschaften 124; Veräußerung durch den Handlungsbevollmächtigten 54, durch den Prokuristen 49, durch den vertretungsberechtigten Gesellschafter 126
Güte, gleiche 419; mittlere 360
Gute Prise 628, 854
Gute Sitten, Verstoß gegen – 74 a, **25** 1
Güter, von der Annahme ausgeschlossene G. **4** 5; Bewertung 719; Hinterlegung 601; Pfandrecht 623; Vergütung für aufgeopferte G. 711, für beschädigte – 712; Versicherungswert 799; Wertersatz bei Beschädigung 659; Wiederausladung 582; Zurückbehaltungspflicht des Kapitäns 753; Zurückbehaltungsrecht 623, 624
Güterbeförderung auf Eisenbahnen 453 ff., **6** 53 ff; zur See 556 ff.
Gütergemeinschaft, Auseinandersetzung 47
Guter Glaube des Schuldners **8** 720
Güterrechtsregister 2 4
Güterverkehr, öffentlicher G. auf Eisenbahnen 453
Güterverlust 617, 618, 633; Vertragsauflösung 628
Gütezeichengemeinschaften, Verbot diskriminierender Ablehnung der Aufnahme in G. **26** 27
Gutgewicht 380
Gutgläubiger Erwerb fremder Sachen 366; im Wechselverkehr **18** 16
Guthaben im Scheckverkehr **20** 3
Gutscheine 28 4; Ausgabe zur Rabattgewährung 27 4, **28** 1; Einlösung **28** 1; in Markenwaren beigepackt **28** 13

Habe der Schiffsbesatzung bei Havereiberechnung 723
Hafenanlage, Beschädigung 487 b
Hafengeld 621
Hafenkosten bei Auflösung des Frachtvertrages 639 ff.
Haft, keine Verhängung **26** 54
Haftpflicht der Eisenbahnen 454 bis 458; Genossenschaften mit beschränkter oder unbeschränkter H. **15** 2, 7, 119 ff.
Haftsumme, Höhe im Konkurs der Genossenschaft **15** 119 ff.
Haftung der Aktionäre **10** 62; des Akzeptanten eines Wechsels **18** 28; bei Änderungen **18** 69, **20** 51; für die Angaben im Lagerschein **5** 40; der Anmeldenden bei GmbH **9** 9; aus Ausfertigungen **18** 65; beschränkte H. des Versicherers 838; des angeblich Bevollmächtigten **18** 8; aus Blankoscheck **20** 13; aus Blankowechsel **18** 10; für heimlich an Bord geschaffte Güter 564 a f.; vor Eintragung der AG ins Handelsregister **10** 41; des eintretenden Gesellschafters 28, 130; der Eisenbahn bei Güterbeförderung 454 ff.; der Erben für Nachlaßverbindlichkeiten 27; keine Erhöhung nach Auflösung der Genossenschaft **15** 87 b; des Erwerbers bei Firmenfortführung 25; des Frachtführers 429 bis 432, 442; für gefährliche Güter 564 b; für Gehilfen 431; der Genossen bei Konkurs **15** 105 ff.; für Verbindlichkeiten der Genossenschaft **15** 23; der Genossenschafts-Aufsichtsratsmitglieder **15** 41, 93 n, 93 o; der Genossenschaftsvorstandsmitglieder **15** 34; als Gesamtschuldner **18** 47, **20** 44; gesamtschuldnerische H. für Bergungs- und Hilfslohn 750, der Kartellmitglieder **26** 37; des Geschäftsnachfolgers 25 bis 27; der Gesellschaft 110; der Gesellschafter 128 bis 130, 159; des Gesellschafters **8** 708; für GmbH **9** 13, 22, 43; bei Gründung der AG **10** 41, 46 ff., 147; vor der Gründung **9** 11; des Handelsmäklers 98; aus Handelsgeschäften 347; für Handlungen vor Eintragung 176; Höchstbetrag 660; der Kläger bei unbegründeter Anfechtung **15** 52; der Kommanditisten 171, 173; des Kommissionärs 384 bis 386, 390; für Kostbarkeiten 462; des Kraftfahr-Unternehmers 6, 7, 29 f.; des Lagerhalters 417, 423, **5** 15; des persönlich haftenden Gesellschafters 161; bei Pflichtverletzung des Abschlußprüfers 323; für Rabattsparvereine **28** 5; des Reeders aus Kapitänsgeschäften 533, für Verschulden der Schiffsbesatzung 485; beim Scheck: des Ausstellers **20** 12, des Bürgen **20** 27, des unberechtigten Vertreters **20** 11; für Sorgfalt wie in eigenen Angelegenheiten **8** 708; des Spediteurs 408, 414, **4** 51 ff.; aus Übernahme einer Firma 25 bis 28; bei Unterversicherung 843; für Verbindlichkeiten der AG **10** 1, der Genossenschaft **15** 2; bei verbundenen Unternehmen **10** 309, 310, 317, 318, 323; des Verfrachters 606 ff.; für Verlust oder Beschädigung des Lagergutes **5** 19; bei Verschmelzung von Unternehmen **10** 349 ff.; des Versicherers 834 bis 853, bei Doppelversicherung 787, Veräußerung 899; beim Wechsel: des Ausstellers **18** 9, 78, des Bezogenen **18** 28, des Bürgen **18** 32, des Indossanten **18** 15, des unberechtigten Vertreters **18** 8; Zusammenstoß von Schiffen 735 bis 737; s. auch Ausschluß der Haftung
Haftungsausschluß des Verfrachters 608 f., 612; des Versicherers 836
Haftungsbefreiungen 607 a
Haftungsbeschränkungen 486 bis 487 e, 607 a; Ausschluß 487 d
Haftungshöchstbeträge 486 bis 487 e
Haftungsverhältnisse, Angabe in der Bilanz 251, 268
Handelsbetrieb 60, 112

Magere Zahlen = §§ bzw. Artikel

Sachverzeichnis

Handelsbriefe 157, 166; Aufbewahrung 257; des Kaufmanns, Aufbewahrung 238
Handelsbücher 238 bis 339; Aufbewahrung 257; Führung 238, 239; Recht der Einsicht 87c, 118, 116; gilt nicht für Kleingewerbe 4; Vorlegung 258 bis 261
Handelsfirma 17 bis 37; s. auch Firma
Handelsgebrauch 90, 346, 359, 380, 394, **4** 2; s. auch Gebrauch
Handelsgeschäfte 343 bis 473; allgemeine Vorschriften 343 bis 372; Begriff 343; beiderseitige H. 352f., 369; einseitige 345, 347, 349f., 368; Eintritt in ein bestehendes H. 22, 24, 28; Fortführung 27; Gewohnheiten und Gebräuche 346; Haftung aus H. 347; Inhaber eines H. 48, 340 bis 342; eines Kaufmanns 343f.; Leistungszeit 358f.; Stillschweigen als Annahme 362; Übernahme eines H. 25f.; Veräußerung der Firma ohne H. 23; Vermutung der Betriebszugehörigkeit von Geschäften 344
Handelsgesellschaften, AG **10** 3; Arten: Kommanditgesellschaft 161 bis 177; Firma 19f., 24, 33; GmbH **9** 13; als Kaufleute 6; Komm-AG **10** 278ff.; offene Handelsgesellschaft 105 bis 160
Handelsgesetzbuch 1; Einführungsgesetz **2**
Handelsgewerbe 1 bis 3, 5, 49, 54, 60, 116, 343f., 348, 354, 406
Handelsgewohnheiten 346; s. auch Gebrauch
Handelsgut mittlerer Art und Güte 360
Handelskauf 373 bis 382; Annahmeverzug des Käufers 373f.; Anzeige von Mängeln 377f.; Aufbewahrung der Ware 379; Berechnung des Kaufpreises 380; Bestimmung des Käufers bzw. der Ware 375; Tarageweicht 380; Untersuchung der Ware 377f.
Handelsmakler 1, 93 bis 104, 373, 376, 379, 388, 437; Begriff 93, 104; Courtage 99; Haftung 98, Immobilienmäkler 93; Journal 100 bis 103; Kleinverkehr 104; Maklerlohn 99; Ordnungswidrigkeit bei Tagebuchführung 103; Pflicht 96, 98; Probeaufbewahrung 96; Rechte 93, 99; Schlußnote 94f.; Tagebuch 100 bis 103; Zahlungsannahme 97
Handelsniederlassung 29, 50, 55, **2** 4
Handelsregister, Abschnitte und Auszüge 9; Allgemeines 2f., 5, 8 bis 16; Anmeldung, Form 12, **17** 2; Aufbewahrung der Unterlagen auf Bild- und Datenträgern 8a, 9; Befreiung von der Eintragung 36; Bekanntmachung 10; Eintrag in **9** Eintragung 9f., 12, 28 bis 35, **10** 37ff., 42ff., 81, 184, 188, 195, 201, 223, 227, 238, 239, 266, 273, 277, 282, 285, 289, 294, 298, 346, 353, 365, 367, 371, 379, 390, 398, **9** 7, 10 bis 12, 29, 54, 57, 65, 67, 68, 78, bei der Kommanditgesellschaft 162, 172, 174 bis 176, bei der Konkurseröffnung 32, bei der offenen Handelsgesellschaft 106 bis 108, 123, 125, 143, 144, 148, 150, 157,

159, der Prokura 53; Führung 8ff.; und Genossenschaftsregister **15** 10; Öffentlichkeit 9f.; negative Publizität 15; Wirkung des Eintrags 25, 26, 28
Handelssachen, Kartellangelegenheiten als H. **26** 87; Vorschriften des Bürgerlichen Gesetzbuchs **2** 2; Wettbewerbsangelegenheiten als H. **25** 27
Handelsschulden der Gesellschaft 130, 149, 155, 159, 173
Handelsstand 1 bis 104
Handelsverbot 629, **5** 12
Handelsverkehr, Gewohnheiten im H. 346; s. auch Gebrauch
Handelsvertreter 1, 65, 84 bis 92c; Abrechnung mit dem Prinzipal 87c; Auslagen des H. 87d; Begriff 84; Genehmigung der Geschäfte 86, 86a; Kündigung 89, 89a; Mängelanzeige 91; Provision 87 bis 87c; Reklamationsannahme 91; Sorgfalt 86; Zahlungsannahme 55, 91; Zurückbehaltungsrecht 88a
Handelswert, gemeiner 430
Handelszweig 60, 112, 165
Handgepäck 459
Handlungsbevollmächtigte einer AG, Kreditgewährung an H. **10** 89
Handlungsbevollmächtigter 54 bis 58; bei Genossenschaft **15** 42; s. auch Handlungsvollmacht
Handlungsgehilfe 56, 59 bis 75h; Konkurrenzverbot 60; Pflichten und Rechte 59 bis 65, 74c; Wettbewerbsverbot 74f.; Zeugnis 73
Handlungslehrling 56, 60, 63
Handlungsreisende 55; Handelsvertreter als H. 91
Handlungsvollmacht 48 bis 58; Beschränkung, gesetzliche 54, vertragsmäßige 55; der Handlungsreisenden 55; der Ladenangestellten 56; Umfang der H. 54; Unübertragbarkeit 58; Zeichnung 57
Handwerk 1, 4
Handwerker 4
Hauptniederlassung 13, 26, **2** 4
Hauptversammlung der AG **10** 118ff.; Anfechtung von Beschlüssen der H. **10** 243ff.; Aufgaben und Rechte **10** 119, 120; Auskunftspflicht **10** 131; Ausübung des Stimmrechts **10** 134, 135; Bekanntmachung der Tagesordnung **10** 124, 125; Beschluß über die Verwendung des Bilanzgewinns **10** 174ff.; Bestellung von Prüfern **10** 142, 143; Einberufung **10** 92, 121ff., 175; Entlastung von Aufsichtsrat und Vorstand der AG **10** 119, 120; Feststellung des Jahresabschlusses **10** 173; Geltendmachung von Ersatzansprüchen **10** 147; Nichtigkeit von Beschlüssen der H. **10** 241ff.; Satzungsänderung durch die H. **10** 179ff.; Stimmenmehrheit **10** 133; Stimmrecht **10** 133ff., 402; Stimmrechtsmißbrauch **10** 405; Tagesordnung **10** 124; Teilnehmer-

Sachverzeichnis

Fette Zahlen = Gesetzesnummern

verzeichnis **10** 129; Verhandlungsniederschrift **10** 130; Vollmacht zur Ausübung des Stimmrechts **10** 134, 135; Wahl der Aufsichtsratsmitglieder **10** 101; Zustimmung zur Eingliederung von Gesellschaftern **10** 320, zur Nachgründung **10** 52, zur Umwandlung **10** 362, zu Unternehmensvertrag **10** 293, zum Verschmelzungsvertrag **10** 340
Hausierer 4
Haverei 618, 621, 632; im allgemeinen 700 bis 739; Art der Sicherheitsleistung 730 bis 732; Ausbesserung des Schiffes 709; Begriff 706; Beitragspflicht 704; Beitragspflichtige 725; Bewertung der Güter 719; Dispache 706; Fälle der großen H. 706; große (gemeinschaftliche) H. 700 bis 733; Leichterung 706; Pfandrechte 726f.; Schadensberechnung 708 bis 724; Schadensverteilung 716; Schiffsladung 718; Strandung 706; Verfügung über Ladungsteile 539; Verpflichtungen des Versicherers bei Seeversicherung 835ff.; Verschulden 702; Versicherungswert 845ff.; s. Besondere Haverei
Havereibeitragsberechnung 708 bis 724
Havereifälle, einzelne 706
Havereikosten 706f.
Havereischaden, Verteilung 716
Havereivergütung 705ff.
Havereiverteilung 703ff.
Heilung nichtiger Beschlüsse der Hauptversammlung der AG **10** 242; des Formmangels bei GmbH-Gesellschafterbeschlüssen **9** 76; der Nichtigkeit einer AG **10** 276, von Jahresabschlüssen **11** 21, von Jahresabschlüssen der AG **10** 256
Heimathafen 480; Gerichtsstand 488, 508; Vertretungsmacht des Kapitäns im – 526
Herabsetzung der Einlage des Kommanditisten 174f.; des Geschäftsanteils bei Genossenschaft **15** 22; des Stammkapitals der GmbH **9** 58; des Streitwerts in Wettbewerbssachen **25** 23a; der Vertragsstrafe 75c
Herausgabepflicht bei abhanden gekommenem Scheck **20** 21; bei abhanden gekommenem Wechsel **18** 16
Herbst als Leistungszeit 359
Hersteller, Verkauf an letzte Verbraucher **25** 6a
Herstellungskosten, Bewertung in der Bilanz 255
Herstellungsvertrag 381
Heuer, Versicherung der – 796
Heuerforderung, unversicherbare H. 780
Hilfskosten 615, 632; gesamtschuldnerische Haftung 750
Hilfsleistung in Seenot 740 bis 753
Hilfsleistungsvertrag, Änderung oder Aufhebung 747
Hilfslohn, Anspruch auf H. 740 bis 743; Anspruchsberechtigte 740, 749f.; Berechnung 744ff.; Herabsetzung oder Versagung 748; Pfandrecht 752; Verteilung 749
Hilfsmittel für Vorlegung von Unterlagen aus Bild- und Datenträgern 47a
Hindernisse, unüberwindliche **18** 54, **20** 48
Hinterbliebenenbezüge für Vorstandsmitglieder der AG **10** 87
Hinterlegung bei Annahmeverzug 373; von Büchern und Papieren 157; bei Genossenschaftsliquidation **15** 90; der Güter 501f.; Konkursvorrecht bei H. von Wertpapieren **22** 32; Pfandrecht des Verfrachters 623; von Waren 373, 419, 437; der Wechselsumme **18** 42
Hinterlegungsbefugnis bei Verzug des Käufers 373f.
Hinterlegungsbescheinigungen bei der AG, Fälschung oder Verfälschung **10** 402
Höchstgrenze für Barzahlungsnachlaß **27** 2
Höchstzahl von Aufsichtsratsmitgliedsposten **10** 100; der Mitglieder des Aufsichtsrats einer AG **10** 95
Höhe der gesetzlichen Zinsen 352; der Provision des Handelsvertreters 87b; der Schecksumme **20** 9; der Wechselsumme **18** 6
Höhere Gewalt 454; im Scheckrecht **20** 48; im Wechselrecht **18** 54
Holding-Gesellschaft, Unternehmensvereinigung im Sinne des Kartellgesetzes **26** 1

Imaginärer Gewinn, versicherter 801f., 879
Immobilienmakler 93
Import, Ausnahmen vom Kartellverbot **26** 7
Indossable Papiere als Wertpapiere im Sinne des DepotG **22** 1
Indossament 363 bis 365, 447; beim Scheck: **20** 14 bis 24, an den Bezogenen **20** 15, nach Protesterhebung **20** 24, unbedingt **20** 15; Übertragung der Namensaktie durch I. **10** 68; beim Wechsel: **18** 11 bis 20, Haftung **18** 15, Indossamentreihe **18** 15, an den Inhaber **18** 12, nach Protesterhebung **18** 20, rechtliche Wirkung **18** 14, unbedingt **18** 12, nach Verfall **18** 20
Indossatare, verschiedene 651
Industrie- und Handelskammer, Einigungsstellen für Wettbewerbsstreitigkeiten **25** 27a, **27** 13
Inhaber einer Firma 13, 26, 31; eines Handelsgeschäfts 22, 48, 52f.
Inhaberaktien 10 10, 24
Inhaberpapier, verlorenes I. im Bankverkehr 367
Inhaberscheck 20 5; Indossament **20** 20
Inhalt des Konzernabschlusses 297; der Registereintragungen beim Bundeskartellamt **26** 9; des Vertrags mit Handelsvertreter 85
Inkassogiro 18 18
Inkassoprovision des Handelsvertreters 87

Magere Zahlen = §§ bzw. Artikel

Sachverzeichnis

Inkrafttreten des Aktiengesetzes **10** 410, **11** 3; des Handelsgesetzbuchs **2** 1; des Scheckgesetzes **21** 1; des Wechselgesetzes **19** 1
Inland beim Firmenrecht 13; Unwirksamkeit von Preisbindungs- usw. Verträgen **26** 15
Inlandmärkte, Berücksichtigung bei Kartellerlaubnis **26** 6
„In Prokura" bei Wechsel und Scheck **18** 18, **20** 23
Interesse, versicherbares 778, 781
Internationales Recht bei Scheck und Wechsel **18** 91 bis 98, **20** 60 bis 66
Intervention bei Wechseln **18** 55 bis 63
Inventar, Erstellung 240, 241; eines Schiffes 478
Inventurvereinfachungsverfahren 241
Inventurverkauf 25 9
Irreführung im Wettbewerb **25** 3ff.

Jahresabschluß 242 bis 256, **2** 23, **10** 131, 150, **9** 46; Anfechtung der Feststellung des J. **10** 257; Bewertungsgrundsätze 252; Feststellung **10** 58, 172, 173; formelle Erfordernisse 244, 245; der Genossenschaft **15** 33, 48; Gliederung 265; Inhalt **10** 150; der Genossenschaft, Prüfung **15** 53ff.; der Kapitalgesellschaft 264 bis 288; der Kommanditgesellschaft auf Aktien **10** 286; Nichtigkeit **10** 253, 256, 257; Offenlegung 325, 328, **10** 150; Pflicht zur Aufstellung 264; Prüfung **10** 171, 258ff.; Stichtag 299; unzulässige Unterbewertung im J. **10** 258ff.; Wahl des Abschlußprüfers 318
Jahresbilanz 120; der Kommanditgesellschaft auf Aktien **10** 286; s. auch Bilanz
Jahresgewinn 121
Jahresüberschuß der AG **10** 58, **11** 15
Jubiläumsverkauf im Einzelhandel **25** 7
Juristische Personen, AG **10** 1; eingetragene Genossenschaft als jur. P. **15** 17; im Firmenrecht 6, 33 bis 36, **2** 5; GmbH **9** 13; Unternehmensvereinigungen i. S. des Kartellgesetzes **26** 1

Kaduzierung (Verfall) von Aktien **10** 64; von Geschäftsanteilen **9** 21
Kalenderverschiedenheit 18 73, **20** 30
Kammer für Handelssachen, Zuständigkeit in Wettbewerbssachen **25** 27, **26** 87
Kannkaufmann 3
Kapital, Ansatz zum Nennbetrag 283; eingefordertes K. 271; genehmigtes K. der AG **10** 202ff.; gezeichnetes K. 271
Kapitalanteil des Gesellschafters der offenen Handelsgesellschaft 120 bis 122, 155; des Kommanditisten 167 bis 169
Kapitalbeschaffung, Maßnahmen zur K. bei der AG **10** 182 bis 221
Kapitalerhöhung bei der AG **10** 182ff.; bedingte K. **10** 192 bis 201; Bekanntmachung **10** 190; aus Gesellschaftsmitteln der AG **10** 207ff., **11** 3, 5; Wirksamwerden **10** 189
Kapitalgesellschaften, Bewertungsvorschriften 279 bis 283; größenabhängige Erleichterung bei Offenlegung 326, 327; Größenklassen 267; Handelsbücher, ergänzende Vorschriften 264 bis 335; Jahresabschluß, Lagebericht 264 bis 288; kleine K., Erleichterung bei Offenlegung 326; Konzernlagebericht 315; Lagebericht 289; Meinungsverschiedenheiten zwischen K. und Prüfer 324; Offenlegung 325; Prüfung 316 bis 324; unrichtige Darstellung 331
Kapitalherabsetzung bei AG **10** 119, 222ff.
Kapitalkonsolidierung 301, 302, **2** 27
Kapitalrücklage 272; der AG **10** 150ff., 231; Einstellung in K. 270; Umwandlung in Grundkapital **10** 208
Kapitän 481, 511 bis 555; Annahme der Schiffsmannschaft 526; Anwesenheitspflicht an Bord 517; Aufmachung der Dispache 728; Beschränkung gesetzlicher Befugnisse 531; Bezeichnung des K., Seeversicherungsvertrag 815; Eigenverantwortung 518; Eingehung von Rechtsgeschäften im Heimathafen 526; Entlassung 545; Geschäftsführung ohne Auftrag 532; Güterverladung 544; Haftung 511f.; Interessenwahrnehmung für Ladungsbeteiligte 535; Ladehafen 560; als Mitreeder 552; Pflichten 543, 544, nach Schiffsverlust 555; Rechte und Pflichten gegenüber dem Reeder 534; Sorgfaltspflicht 511; Stellvertreter des K. 516; K.-vergütungen als Einnahmen 543; Verklarung über Unfälle 522ff.; Vertretungsmacht 526ff., bei Kreditgeschäften 528
Kapitänsgeschäfte, Haftung des Reeders 533
Kaplaken 621, Buchung als Einnahme 543
Kargoversicherung 779, 799, 816f.; Ausnahme von Schäden 821
Kaskoversicherung, Ausnahme von Schäden 821; des Schiffes 795
Kartell für Anwendung einheitlicher Normen **26** 5; erlaubte Kartellvereinbarungen bei Absatzrückgang **26** 4; über Preise und Preisbestandteile **26** 2; verbotenes K., Generalklausel **26** 1
Kartellbehörde, Anmeldung von Verträgen **26** 2ff., 9, von Zusammenschlußvorhaben **26** 24a; Aufhebung von Bindungsverträgen **26** 18, Aufhebung der Preisbindung für Markenwaren **26** 17; Befugnisse **26** 46, Beschwerde gegen Verfügungen **26** 62; Bußgeldverfahren **26** 81; Eingreifen bei Fusionen **26** 24; Einleitung eines Verfahrens vor der K. **26** 51; einstweilige Anordnungen der K. **26** 56; Entscheidung über Zuständigkeit **26** 52; Ermittlungen, Beweiserhebung **26** 54; Errichtung, Aufbau, Zuständigkeit **26** 44ff.; Folgen der Unwirksamkeitserklärung **26** 19;

857

Sachverzeichnis

Fette Zahlen = Gesetzesnummern

Kontrollbefugnisse bei Zusammenschluß von Unternehmen **26** 24; Kosten des Verfahrens **26** 80; Maßnahmen **26** 11, 12; Mißbrauchsaufsicht **26** 22, Mißbrauchsaufsicht über Preisempfehlungen **26** 38a; Untersagung des Zusammenschlusses von Unternehmen **26** 24; Untersagungsverfahren **26** 37a; Verfahren vor der K. **26** 51ff., Beteiligte **26** 76; sofortiger Vollzug von Verfügungen **26** 63a; Zustellung von Verfügungen **26** 57
Kartellbeschlüsse 26 1ff.; Form **26** 34
Kartellgesetz 26; Nichtzulassungsbeschwerde **26** 74; Ordnungswidrigkeiten **26** 38, 39; Rechtsbeschwerde **26** 73ff., Form, Frist **26** 75; Verfahrenskosten **26** 77ff.; Zuständigkeit der Landgerichte für Zivilprozesse **26** 87
Kartellmitglieder, gesamtschuldnerische Haftung **26** 37
Kartellverbot, Ausnahmen **26** 2ff.; Erleichterungen **26** 5a
Kartellverträge, Form **26** 34; Nichtigkeit **26** 15; Unwirksamkeit **26** 1; Unwirksamkeitserklärung der Kartellbehörde **26** 12
Kartellvertreter 26 36
Kaskoversicherung 779
Kassenzettel, Ausgabe für Preisnachlaß **27** 4
Kauf, Berechtigungsscheine für letzte Verbraucher **25** 6b; vom Großhändler **25** 6b; im Handelsgewerbe 1, 373 bis 382; durch den Kommissionär 383, 386f., 391, 395, 400, 403, 406; durch den Makler 93; nach Probe 96; Vermittlung durch den Handelsvertreter 84; von Wertpapieren 381
Käufer im Verzug 373 bis 375
Kaufleute 1 bis 7, 351
Kaufmann, Aufbewahrung von Unterlagen 257 bis 261; als Eigenhändler von Wertpapieren **22** 31; Eröffnungsbilanz, Jahresabschluß 242 bis 256; Genossenschaft **15** 17; Führung von Handelsbüchern 238 bis 263; Inventarerstellung 240, 241; Kopien der Handelsbriefe 238
Kaufmännische Anweisungen 363; Betriebsart 2; Orderpapiere 363; Verpflichtungsscheine 363
Kaufmännisches Zurückbehaltungsrecht 369
Kaufpreis, Berechnung 380; Einziehung durch Handlungsreisende 55; beim Fixgeschäft 376; Stundung beim Kommissionsgeschäft 393; Vermerk im Tagebuch 100, in der Schlußnote 94
Kaution, Verwertung von Sicherheiten für Kartellabreden **26** 14
Klage auf Auflösung der Gesellschaft 133, 140; zur Durchführung des Zurückbehaltungsrechts 371; gegen den Empfänger 442; zur Geltendmachung der Unwirksamkeit der Kartellkündigung **26** 13; gegen den Spediteur 414; wegen unbefugten Firmengebrauchs 37

Klagenverbindung in Kartellangelegenheiten **26** 88
Klassen, Größenk. der Kapitalgesellschaften 267
Klauseln im Scheck **20** 18, 43; in den Versicherungsverträgen 848ff.; im Wechsel **18** 9, 15, 22, 34, 46
Kleinbetrieb 1, 2
Kleine Kapitalgesellschaften 267; Erleichterung für Anhangsangaben 288, bei Gewinn- und Verlustrechnung 276, Erleichterung bei Offenlegung 326; Jahresabschluß, Lagebericht 264; verkürzte Bilanz 266
Kleingewerbe 4, 351
Kleinkaufleute 4
Kleinverkehr, Vermittlung von Warengeschäften 104
Kommanditaktionäre 10 278, 280, 285; Aufsichtsrat **10** 287; Konkurs **10** 289
Kommanditgesellschaft 4, 161 bis 177; Anmeldung und Eintragung 162, 172 bis 176; Ausscheiden eines Kommanditisten 162; Begriff 161; Bekanntmachung, Inhalt 162; Einlage 172, 174f.; Eintritt eines Kommanditisten 162, 173, 176; Firma 19; eigene Geschäfte des Kommanditisten 165; Geschäftsbeginn vor Eintragung 176; Geschäftsführung 164, 170; Gesellschaftsvertrag 163; Gewinnanteil 167 bis 169; Haftung der Kommanditisten 161, 171 bis 174, 176, der Komplementäre 161; Herabsetzung der Einlage 174; beim Kleingewerbe 4; Konkurs der Gesellschaft 171; Kontrollrecht der Kommanditisten 177; Überschuldung 177a; äußere Verhältnisse 161, 170 bis 177; inneres Verhältnis 163; Vertretung der K. durch den Kommanditisten 161, 170; Wirksamkeit, Beginn 176; Zahlungsunfähigkeit 177a
Kommanditgesellschaft auf Aktien 10 278ff., **11** 26; Abwicklung **10** 290; Auflösung **10** 289, 396ff., **15** Anm. zu 80; Aufsichtsrat **10** 287; Entnahmen der persönlich haftenden Gesellschafter **10** 288; Errichtung **10** 280; Firma **10** 279; Geschäftsbericht **10** 286; Gewinnabführungsvertrag **10** 291; Gewinngemeinschaft **10** 292; Gewinn- und Verlustrechnung **10** 286; Gründung **10** 280; Handelsbücher, ergänzende Vorschriften 264 bis 335; Hauptversammlung **10** 285; Jahresabschluß **10** 286; Konkursverfahren **10** 289; Kündigung durch die Kommanditaktionäre **10** 289; Lagebericht **10** 286; Satzung **10** 280, 281; Stimmrecht der persönlich haftenden Gesellschafter **10** 285; Strafbarkeit persönlich haftender Gesellschafter **10** 408; Umwandlung der AG in KommAG **10** 362ff., in AG **10** 366ff., der bergrechtlichen Gewerkschaft in KommAG **10** 390, der GmbH in KommAG **10** 389ff., in GmbH **10** 386ff., wechselseitig beteiligt an anderen Unternehmen **10** 328; Unterneh-

mensverträge 10 291 ff., verbunden mit anderen Unternehmen 10 291 ff.; Vermögensübertragung 10 359 ff.; Verschmelzung mit AG und KommAG 10 354, mit bergrechtlicher Gewerkschaft 10 358, mit GmbH 10 355; Wesen der KommAG 10 278; Wettbewerbsverbot der persönlich haftenden Gesellschafter 10 283

Kommissionär 1, 383 ff.; Auslandsgeschäft 22 22; Unabdingbarkeit der Verpflichtungen 22 28

Kommissionsgeschäft 383 bis 406; Abtretung von Forderungen 392; Begriff 383, 406; Delkredereprovision 394; Eigentumsübertragung bei Einkaufskommission 22 18, 24; Einkaufskommission 391, 22 18 ff.; Haftung 390, 394; als Handelsgewerbe 1; Konkursvorrecht des Kommittenten 22 32; Kreditgewährung 393 f.; limitierte Kommission 386 f.; Pfandrecht des Kommissionärs, gesetzliches 366, 368, 397 f., 443, 22 30; Pflichten des Kommissionärs 348, 387 f., 401 f., 22 18, 26, 29; Provision 394, 396, 22 27; Rechte des Kommissionärs 389, 393, 396, 399, 403, 22 25; nicht vertretbare Sachen 406; Schadenersatz 385, 388; Selbsteintrittsrecht 400, 401 f., 404 f., 22 31; Sorgfaltspflicht 390, 401; Stundung des Kaufpreises 393; Verkauf unter dem festgesetzten Preis 386; Versicherung 390; Verwahrung von Wertpapieren durch Kommissionär 22 29; Vorschußgewährung 393; Wechselkauf durch Kommissionäre 395; über Wertpapiere 22 18 ff.; Widerruf 405; Zurückbehaltungsrecht des Kommissionärs 22 30

Kommissionsgut 388 bis 390, 397 f.; beschädigtes 388; mangelhaftes 388

Kommissionspfand 366 bis 368

Kommittent 383 bis 405

Kommunalverband, inländischer (nicht registerpflichtig) 36

Kompensation s. Aufrechnung

Kompetenz der Landesgesetze bezüglich des Heimathafens 480

Kondemnation eines Schiffes 628

Konditionenkartelle vom Kartellverbot ausgenommene K. 26 2

Konkurrenzbeschränkungen, Kartellgesetz 27

Konkurrenzklausel s. Wettbewerbsverbot

Konkurs, Eintragung in das Handelsregister 32, 34; der Genossenschaft, Abwendung 15 87a; Haftsumme der Genossen 15 119 ff.; des Inhabers eines Handelsgeschäfts 341; der Kommanditgesellschaft 171, 177a; der offenen Handelsgesellschaft 130a, 130b, 131, 137, 138, 141, 142, 143 bis 146; der Geschäftsführung 8 712; Strafbarkeit eines Verwahrers von Wertpapieren bei Konkurseröffnung 22 37; über das Vermögen des Gesellschafters 236, 237, 8 728, 736, des Verwahrers 22 33; des Wechselverpflichteten, Rückgriff 18 43; Zurückbehaltungsrecht im K. 370

Konkurseröffnung bei Genossenschaften 15 99, 100, 148; Voraussetzungen 15 98

Konkursmasse, Waren aus der K. 25 6

Konkursverfahren der AG 10 62, 87, 92, 262, 401; Einstellung 15 116; der Genossenschaft 15 98 ff.; bei der GmbH 9 60, 63 ff., 82 bis 84; bei der KommAG 10 289; des Verwahrers von Wertpapieren 22 33; Wirkungen der Eröffnung 15 101

Konkursverwalter, Ausübung der Gläubigerrechte 15 34; Zessionen bei Genossenschaftskonkurs 15 108a

Konkursvorrechte 22 32, 33

Konnossement 363, 365, 369, 397, 410, 421; Ausstellung 642; Haftungsausschluß 662; Inhalt 643; Legitimation 645, 646, 648 ff.; Orderklausel 644 ff.; Rangordnung 652; Rechtswirkungen 656; beim Raumfrachtvertrag 663a; Rückgabe 653 ff.; zulässige Freizeichnungen 663

Konnossementsausfertigungen, mehrere 651

Konnossementsfracht 657

Konnossementsinhaber, Legitimation 648 ff.

Konsolidierung, anteilmäßige K. 310

Konsolidierungskreis, Einbeziehung 294 bis 296

Konsumvereine, Gewinnausschüttung 28 11; Verbrauchergenossenschaft 15 1; Warenrückvergütungen 27 5

Konterbande, Haftung für K. 564

Kontokorrent 355 bis 357, 397; bei Kommissionsgeschäft über Wertpapiere 22 19, 20

Kontrahierungszwang der Eisenbahn 453

Kontrolle von Unternehmenszusammenschlüssen 26 23a; von Zusammenschlüssen durch Kartellbehörde 26 24

Kontrollrecht des Gesellschafters der offenen Handelsgesellschaft 118; des Kommanditisten 166

Konventionalstrafe s. Vertragsstrafe

Konzernabschluß 290 bis 314, 2 23; Abschlußprüfer 319; anteilmäßige Konsolidierung 310; assoziierte Unternehmen 311, 312; beherrschender K. 271, 291, 292; Behandlung von Zwischenergebnissen 304; Bewertungsvorschriften 308, 309; Erleichterungen 298; Form und Inhalt 297 bis 299; Offenlegung 325, 328; Prüfung 2 25; Stichtag 299; Verzicht auf Einbeziehung 296; Vollständigkeitsgebot 300

Konzernanhang 296, 308, 313 ff.

Konzernbilanz, Erläuterung 313 ff.

Konzerne 10 15, 291 ff., 329 ff.; Abfindung außenstehender Aktionäre 10 305; Änderung des Unternehmensvertrages 10 294; Anzeigepflicht der Bildung von K. 26 23, 24; Aufwands- und Ertragskonsolidierung 305; eingegliederte Gesellschaften 10 18, 294; Eintra-

Sachverzeichnis

Fette Zahlen = Gesetzesnummern

gung **10** 294; gesetzliche Rücklage **10** 300; Gewinn- und Verlustrechnung 305, 312, Anhang 313 ff.; Gläubigerschutz bei Beendigung des Unternehmensvertrages **10** 303; Konzernabschluß **10** 400, 405, **11** 28; Konzernbericht **10** 312 ff., **11** 23; Konzerngeschäftsbericht **10** 400, 405, **11** 23; Leitungsmacht im K. **10** 308 ff., 323; als marktbeherrschende Unternehmen, Befugnisse der Kartellbehörde **26** 22; Sicherung der Aktionäre **10** 304 ff.; Verantwortlichkeit im K. **10** 309 ff.; Verlustübernahme **10** 302; Zustimmung der Hauptversammlung zu K.vertrag **10** 293

Konzernlagebericht 315; befreiender K. 291, 292

Konzernunternehmen, Begriff **10** 18; s. auch Konzerne

Kopien des Wechsels **18** 67, 68

Koppelungsgeschäfte, Aufhebung von Bindungsverträgen **26** 18

Korrespondentreeder, Bestellung 492; Buchführungspflicht 498; Geschäftsführungsbefugnis 496 f.; Rechnungslegung 499; beschränkte Vertretungsmacht 495; Vertretungsmacht und -befugnis 493

Kostbarkeiten, Haftung des Frachtführers 429

Kosten der Genossenschafts-Prüfung **15** 61; der Löschung 593; der Schiffahrt 621; bei Verfahren über Abschlußprüfung 324, in Kartellsachen **26** 77 ff.

Kostenerstattung, Haftungshöchstbetrag 487; im Wechselrecht **18** 48

Kraftloserklärung von Aktien **10** 72, 73, 226; von Orderpapieren 365; von Schecks **20** 59; von Wechseln **18** 90

Kraftverkehrsordnung 7

Krämermakler 104

Krankenversicherung 63

Krankheit des Handlungsgehilfen 63; des Kapitäns 516

Kreditauftrag, handelsrechtlicher 349, 351

Kreditgefährdung 25 14

Kreditgeschäfte, Vertretungsmacht des Kapitäns 528

Kreditgewährung durch AG an Aufsichtsratsmitglieder **10** 115; durch AG an Vorstandsmitglieder, Prokuristen und Handlungsbevollmächtigte einer AG **10** 89; durch den Kommissionär 393; an persönlich haftende Gesellschafter der KommAG **10** 288

Kreditinstitute, Ausübung des Stimmrechts für Aktien **10** 134, 135

Kreditverein, Genossenschaft **15** 1

Kreuzung des Schecks **20** 37, 38, **21** 1

Kriegsausbruch, Rücktritt vom Frachtvertrag 629, 634

Kriegsgefahr bei Seeversicherung 848 f.

Kriegskonterbande 515; Verladung 564

Kundenzeitschriften, Zugabe zu Waren **29** 1

Kündigung von Angestellten, Gesetz über Fristen für die K. 3; Austritt aus der Genossenschaft **15** 65, 66; außerordentliche K. bei Statusänderung der Genossenschaft **15** 67 a; des Dienstverhältnisses 75; des Frachtvertrages 580 f.; einzelner Geschäftsanteile an einer Genossenschaft **15** 67 b; durch Genossen bei Verschmelzung **15** 93 k; der Gesellschaft 131, 132; der Gesellschaft des bürgerlichen Rechts 8 723 ff.; von Kartellen **26** 13, 19; der KommAG **10** 289; des Kontokorrents 355; beim Lagergeschäft 422; des Lehrverhältnisses 77; durch den Privatgläubiger 135; des Prüfungsauftrags 318; von Unternehmensverträgen **10** 297; des Vertragsverhältnisses mit dem Handelsvertreter 89, 89 a

Kündigungsfrist des Vertragsverhältnisses zwischen dem Geschäftsherrn und dem Handelsvertreter 89

Kunstgegenstände, Haftung des Frachtführers für Verlust 429

Kunsthandel 1

Kupons 367

Kurs beim Kommissionsgeschäft 400

Kursfeststellung für Orderlagerscheine, Verbot **5** 12

Kuxe einer bergrechtlichen Gewerkschaft, ¾-Mehrheit der K., für Umwandlungsbeschluß **10** 384, für Verschmelzungsbeschluß **10** 357, 358; als Wertpapier im Sinne des Depotgesetzes **22** 1

Ladehafen 560

Laden, Angestellte in einem L. 56

Ladeplatz 560

Ladeschein 444 bis 450; indossabler 363; Indossament 447; Pfandrecht beim Besitz 397, 410, 421, 440; Übertragbarkeit 363 ff.; Zurückbehaltungsrecht beim Besitz 369

Ladezeit 567 bis 577; Ablauf 570; Beginn 567; Berechnung 573, 575; Dauer 568; Ende 569; Liefersäumnis des Drittabladers 577

Ladungsbeteiligte, Geschäftsführung 535; Haftung des Verfrachters 559

Ladungsempfänger, Haftung des Kapitäns 512

Ladungsteile, Verfügung des Kapitäns über – 535, 538, 540

Ladungstüchtigkeit, Haftung des Verfrachters 559

Lagebericht 2 23, **9** 120, 160; der GmbH, Vorlage **10** 42 a; der Kapitalgesellschaft 264, 265, 289; der KommAG **10** 286; der Genossenschaft **15** 33, 48, Prüfung **15** 53; Prüfung **10** 171

Lagergeld 354, 420 f.

Lagergeschäft 416 bis 424, **4** 43, **5** 14 bis 32; Begriff 416; Benachrichtigungspflicht 417; Einlagerer 417 f.; als Handelsgewerbe 1; Lagergeld 420; Lagerhalter 416, 422; Lagerkosten 420; Lagerschein, indossabler 363, 424; Lagerung vertretbarer Sachen 419; Lagerzeit

Magere Zahlen = §§ bzw. Artikel **Sachverzeichnis**

422; Pfandrecht 421; Pflichten der Lagerhalter 417f., 422; Rechte der Lagerhalter 417; Verjährung 423; Vermischung vertretbarer Sachen 419; Versicherung von Lagergütern 419; Zurücknahme des Gutes 420, 422
Lagerhalter 1, 416; Pfandrecht 366, 368, 421; s. a. Lagergeschäft
Lagerhaus, Lagerraum 373, 396, 437
Lagerkosten 420, 421
Lagerschein 397, 410, 421, 424, 440, **4** 48, **5** 33 bis 42; indossabler 363ff., 369
Lagerscheinregister 5 37
Lagerzeit 422
Landesbehörde, oberste L. als Kartellbehörde **26** 44ff.
Landesgesetze 4 7, 30, **2** 3, 5, 15; privatrechtliche Vorschriften **2** 15; Zuständigkeit über den Heimathafen hinaus 480
Landesrecht, Anwendung 263
Landesregierungen, Abgrenzung des Kleingewerbes 4; im Firmenrecht (Ortsidentität) 30
Landeswährung 18 41, **20** 36
Landgerichte, Zuständigkeit **26** 87
Landtransport als Frachtgeschäft 425
Landwirtschaft, Erzeugnisse der L., unlauterer Wettbewerb **25** 2; als Nebengewerbe 3
Laufende Rechnung 355 bis 357
Lebende Sprache bei der Buchführung 43, 100
Lebenszeit, Gesellschaft auf L. **8** 724; Gesellschaftsvertrag auf L. 134
Leckage 616, 618; gewöhnliche des Frachtgutes 429; s. a. Rinnverlust
Leerfracht 578
Legitimation des Empfängers 424, 447, 450; des Genossenschafts-Vorstands **15** 26; des Indossatars **18** 40, **20** 35; des Inhabers indossabler Papiere 365
Leichterfahrzeuge 706
Leistungsgegenstand 361
Leitung der AG **10** 76; bei verbundenen Unternehmen **10** 308, 323
Leuchtfeuergeld 621
Leute, eigene L. des Frachtführers 431; s. a. Bedienstete der Eisenbahn
Lieferfrist, Versäumung der L. 455
Liefersperren, unzulässige Einflußnahme **26** 26
Lieferungsbedingungen, vom Kartellverbot ausgenommene L. **26** 2
Lieferverträge s. Werklieferungsvertrag
Lieferzeit des Frachtführers 428f.
Liegegeld 440, 567 bis 578, 594 bis 603, 622; Höhe 572; bei Säumnis des Empfängers 602; Verhinderung der Abladung 574, der Löschung 598
Liquidation der AG **10** 262 bis 274; Ausschluß der L. bei Verschmelzung **15** 93a; der Genossenschaft **15** 83 bis 93, Erhöhung des Geschäftsanteils während der L. **15** 87a; der offenen Handelsgesellschaft 142, 145 bis 158
Liquidationsfirma 153

Liquidationsgesellschaft 156
Liquidatoren, Anmeldepflicht 34f.; der Genossenschaft, Aufgaben und Pflichten **15** 88, 89, Strafvorschriften **15** 147, 148, Zeichnung **15** 85; der GmbH **9** 66ff.; Strafvorschriften 81a, 82, 84; s. a. Abwickler, Liquidation
Liste der Genossen **15** 11, 15, 30, 69ff., 77, 93i; der Gesellschafter **9** 8, 40
Lizenzverträge, unerlaubte Beschränkungen **26** 20
Lohnanspruch des Mäklers gegen beide Parteien 99
Löschung einer AG **15** Anm. zu 80; von Amts wegen 31; Anzeige an Empfänger 594; einer Eintragung im Aktienbuch **10** 67; einer Firma 3; von Gesellschaften und Genossenschaften 15; einer GmbH, AG, KG, usw. **15** Anm. zu 80; einer KommAG **15** Anm. zu 80; der Ladung 592ff.; von Stückgut 604; Verhinderung der L. 598
Löschungshafen 592
Löschungskosten 593; bei Auflösung des Frachtvertrages 639ff.
Löschungsplatz 592
Löschungstermin, fester 600
Löschzeit 594ff., Berechnung 597; Dauer 595
Lotse, Haftungshöchstbetrag 487e
Lotsengeld 621

Magazinverein, Begriff **15** 1
Mäkler, Geschäfte als Handelsgewerbe 1, 93; Lohn 99; Tagebuch 100 bis 104; s. Handelsmäkler
Maklergebühr bei Rückwechsel **18** 52
Mängel der Protesturkunde **18** 85; der Verpackung 429, 454; der Vertretungsmacht 91a; der Ware 377 bis 379, 388, 407, 417, 438
Mangelhafte Unterschriften 16, 7, 9
Mängelrüge 91
Markenwaren, Definition **26** 38a
Marktbeherrschende Unternehmen, Begriff i. S. des Kartellgesetzes **26** 22; Gleichbehandlungspflicht **26** 26
Marktpreis 373, 376, 388, 400
Maß, Gewicht, Währung 361
Maßnahmen der Kartellbehörde **26** 11, 12
Maßstab des Großbetriebs 16
Medio (Mitte) des Monats **18** 36
Mehrere, mehrfache Angabe der Wechsel- und Schecksumme **18** 6, **20** 9; Ausfertigungen von Wechsel und Scheck **18** 14; Frachtführer 432; Liquidatoren 150
Mehrerlös, Abschöpfung **26** 37b
Mehrheit bei Abstimmungen und Beschlüssen **9** 53, 60, 119, **15** 93b, **8** 709, 712, der Genossenschaft **15** 78; mit M. beteiligte Unternehmen **10** 16
Mehrheitsbesitz, in M. stehende Unternehmen **10** 15, 16

Sachverzeichnis

Fette Zahlen = Gesetzesnummern

Mehrheitsbeteiligung 10 16, 19 ff.
Mehrstimmrechte von Aktien, Unzulässigkeit 10 12, 11 5
Meinungsverschiedenheit zwischen Kapitalgesellschaft und Abschlußprüfer 324
Mengenrabatt, Gewährung 27 7, 8
Menschenleben, Rettung 751
Merkzeichen auf dem Ladeschein 445; der Ware auf dem Frachtbrief 426
Minderjährigkeit des Handlungsgehilfen 74a
Minderkaufmann 351
Mindestnennbetrag der Aktien 10 8, 11 3; des Grundkapitals der AG 10 7, 11 2
Mischlagerung 5 23
Mißbrauch der Firma 37; der Kartellerlaubnis 26 11, 12; der Markenwarenpreisbindung 26 17; der beherrschenden Marktstellung 26 22; der Preisbindung 26 17; von Preisempfehlungen, Aufsicht 26 38a; der marktbeherrschenden Unternehmen 26 22
Mitberechtigte an einer Aktie 10 69
Mitbieten bei der Versteigerung 373
Miteigentum an Sammelbestand von Wertpapieren 22 6, 24
Miteigentümer, Ansprüche bei Sammelverwahrung 22 8
Mitglieder der Monopolkommission 26 24b
Mitgliedschaft, Erwerb der M. einer Genossenschaft 15 15, 93h; bei mehreren Genossenschaften 15 68; bei Prüfungsverband für Genossenschaft 15 54
Mitreeder 490 ff.; Beitragspflicht 500; persönliche Haftung für Reederei 507; Rechtsverhältnis untereinander 490
Mitteilungen an Aktionäre 10 125, 128
Mitteilungspflicht bei Beteiligungen der AG 10 20, 21, 328, 11 7
Mittelgroße Kapitalgesellschaft 267; Erleichterung bei Gewinn- und Verlustrechnung 276
Monat, Anfang, Mitte, Ende des M. 18 36
Monopole, marktbeherrschende Unternehmen, Befugnisse der Kartellbehörde 26 22
Monopolkommission, Aufgaben 26 24b; zur Begutachtung von Unternehmenskonzentrationen 26 24b
Mündliche Verhandlung vor dem Beschwerdegericht in Kartellsachen 26 68; vor der Kartellbehörde 26 53
Muster für Handelsvertreter 86a
Mutterunternehmen 271, 290; Konzernabschluß 290 bis 314

Nachfolgender Frachtführer 449
Nachfolgeverhältnis, Andeutung in der Firma 22; bezüglich der Schulden 25 bis 27
Nachfrist bei Aktieneinzahlung 10 64
Nachgründung bei der AG 10 52, 53, 399
Nachindossament 18 20

Nachlaß, Handelsgeschäft in N. 27
Nachmann des Spediteurs oder Frachtführers 411, 441, 432
Nachprüfungsrecht des Gesellschafters der bürgerlich-rechtlichen Gesellschaft 8 716
Nachschieben von Waren im Ausverkauf 25 8, 9
Nachschußberechnung im Konkurs der Genossenschaft 15 114
Nachschüsse der Genossen 15 6, 22a, 93r, 105; der Gesellschafter 8 707; bei der GmbH 9 26
Nachschußpflicht zu Stammeinlagen der GmbH 9 36ff.
Nachsichtwechsel 18 5, 33; Protestfrist 18 44; Verfall 18 35, 36; Verlängerung der Fristen 18 54; Versäumung der Fristen 18 53; Vorlegung zur Annahme 18 23, 25 zur Zahlung 18 38
Nachtragsverteilung im Genossenschaftskonkurs 15 115
Nachweis der Benachrichtigung des Vormannes 18 45, 20 42; der Verladung bei Seeversicherung 882 bis 886
Name, Aktien auf N. 10 10, 24, 67, 68, 405, 11 9; der Aktiengesellschaft 10 4; des Bezogenen 18 1, 20 1; bei der Firma 17, 30; der Firma GmbH 9 4; von Genossen nicht Firmenbestandteil 15 3; des Zahlungsempfängers 18 1, 20 5
Namensaktien 10 10, 24, 67, 68, 405, 11 9
Namensänderung i. Firmenrecht 21
Namensangabe der Abwickler einer AG 10 269; der Organe einer AG 10 80, 268
Nebenberuf, Handelsvertreter im N. 92b
Nebengewerbe, land- oder forstwirtschaftliches 3
Nebenkosten und Provisionen bei Handelsvertreter 87b
Nebenleistungs-AG 8 55, 61, 180, 11 10
Negative Publizität des Genossenschaftsregisters 15 29, 86; des Handelsregisters 15
Negoziabilität der Firmen 22
Nennbetrag der Aktien 10 6, 23; des Geschäftsanteile der GmbH 9 14
Nettogewicht 380
Neubildung, Verschmelzung von AGen durch N. 10 353
„Nicht an Order" 18 11, 20 14
Nichtigkeit der AG 10 275 ff.; des Ausschlusses des Kartellkündigungsrechts 26 13; von Beschlüssen der Hauptversammlung 10 241 ff., 352; der Genossenschaft 15 94 bis 97; der GmbH 9 75 bis 77; des Jahresabschlusses der AG 10 256, 257, 11 21; von Kartellverträgen 26 15, Untersagung durch Kartellbehörde 26 37a; des Schecks 20 2; von Vereinbarungen bei der Gesellschaft 8 723; der Wahl von Aufsichtsratsmitgliedern 10 250 ff.; des Wechsels 18 2; Weitergeltung einzelner Vertragsbestandteile trotz Aufhebungen durch

862

Magere Zahlen = §§ bzw. Artikel

Sachverzeichnis

Kartellbehörde **26** 19; des Wettbewerbsverbots 74a
Nichtigkeitsklage gegen AG **10** 275; gegen Beschlüsse der Hauptversammlung der AG **10** 249; gegen die Genossenschaft **15** 94 ff.; gegen die GmbH **9** 75
Nichtrechtsfähige Personenvereinigungen als Beteiligte an Verfahren vor der Kartellbehörde **26** 76
Nichtvertretbare Sachen als Lieferungsobjekte 381
Nichtzulassungsbeschwerde in Kartellsachen **26** 74
Niederlassung, Ort der Handelsniederlassung von Ehegatten **2** 4
Niederschrift über Generalversammlung einer Genossenschaft **15** 47; über die Hauptversammlung der AG **10** 130
Nießbrauch an einem Handelsgeschäft, Firmenrecht 22
Normalsatz für Ersatz von Gewichtsverlust 460, 471
Normenkartell, erlaubtes N. **26** 5
Notadresse auf dem Wechsel **18** 55
Notar, Beurkundung von Rechtsgeschäften **9** 2; als Protestbeamter **18** 79
Notarielle Beurkundung der Bestellung des ersten Aufsichtsrats **10** 30; Satzung der AG **10** 23
Notarische Niederschrift über die Hauptversammlung der AG **10** 130
Nothafen, Aufenthaltskosten 635; bei großer Haverei 706
Notifikation s. Benachrichtigung
Nötigung zur Bildung eines Kartells **26** 25
Notverkauf 379, 388
„Nur zur Verrechnung" **20** 39
Nutzungsverträge 87b

Oberlandesgericht, Zuständigkeit in Kartellsachen **26** 82, 84, 85
Oberste Landesbehörden, Beteiligung des Bundeskartellamts an Verfahren vor dem o. L. **26** 51; als Kartellbehörden **26** 44ff.
Offene Handelsgesellschaft 105 bis 160; Anmeldepflicht 106 bis 108, 143f., 148, 157; Auflösung und Ausscheiden von Gesellschaftern 131 bis 142, 147; Auflösungsgründe 131; Aufwendungen der Gesellschafter 110; Begriff 105; Beschlußfassung 119; Bestellung eines Prokuristen 116; Bilanz 120, 154; zu Dritten 123 bis 130; Einsicht in die Bücher 118, 157; Errichtung 105 bis 108, 123; Firma 19, 24, 104, 106, 107, 153; Fortsetzung 139, 141, 144; Form der Anmeldung 108; Geldeinlagen der Gesellschafter 111; Gesamtschuldner 128; Geschäftsbeginn vor Eintragung 123; Geschäftsführung 114 bis 118; Gesellschaftsvertrag 105, 109, 114, 115, 125, 131, 138f.; Gewinnanteil der Gesellschafter 120ff., 130; Haftung der Gesellschaft, obligatorische 128 bis 130; juristische Person 124; Kapitalanteil der Gesellschafter 120ff.; beim Kleingewerbe 16; Konkurrenzverbot 112; Konkurs 131, 137f., 141, 144f.; Kündigung 131, 132, 135, 141; Liquidation 145 bis 158; Minderkaufleute 16; neueintretende Gesellschafter 130; Pflicht der Gesellschafter 111 bis 114; durch einen Privatgläubiger 135; Prokura 116; Rechte der Gesellschaft 110, 114 bis 122; Rechts- und Parteifähigkeit 124; äußeres Rechtsverhältnis 123 bis 130; Rechtsverhältnis der Gesellschafter untereinander 109 bis 122; Schadenersatz 113; als Schiffseigentümerin 489; Tod eines Gesellschafters 131, 137f.; Überschuldung 130a, 130b; inneres Verhältnis 109 bis 122; Verjährung 159f.; Verteilung des Gesellschaftsvermögens 155; Vertretung 108, 125 bis 127; Wirksamkeit, Beginn 123; Zahlungsunfähigkeit 130a, 130b; Zwangsvollstreckung 124; Zweck 105
Offenlegung, eingetragene Genossenschaft 338; des Jahresabschlusses 325, Form, Inhalt 328; Veröffentlichung im Bundesanzeiger 325; von Handelsbüchern im Rechtsstreit 258ff.
Öffentliche Beurkundung, Gesellschaftsvertrag der GmbH **9** 2, 53
Öffentliche Blätter 10f.
Öffentliche Ordnung 453
Öffentliches Interesse 453
Öffentliches Recht 7, 36
Öffentlichkeit, Ausschluß der Ö. vor der Kartellbehörde **26** 53; des Handelsregisters 9f.
Offizialmaxime im Beschwerdeverfahren in Kartellsachen **26** 69
„Ohne Kosten", ohne Protest **18** 45, 46, 53, 70, **20** 42, 43
Ölhaftungsübereinkommen, Haftungsbeschränkung 486 bis 487e
Orderklausel 18 11, **20** 5
Orderkonnossement 648, 651, 654
Orderlagerscheine, Verordnung über O. **5**
Orderpapiere 363 bis 365, 445, 447
Ordnungsgeld wegen unbefugter Firmenführung 37
Ordnungsmäßigkeit der Indossamente, Prüfung **18** 40, **20** 35
Ordnungswidrigkeiten nach dem GWB **26** 38, 39, 81 bis 85; des Handelsmaklers 103; bei Jahres- oder Konzernabschluß 334; der Vorstandsmitglieder usw. **10** 405; Zuwiderhandlungen gegen das Rabattgesetz **27** 11, gegen die Zugabeverordnung **29** 3
Organe der GmbH, Strafvorschriften **9** 81a bis 84
Ort der Ausstellung des Wechsels **18** 1; der Erfüllung 359, 361, 376, 380; im Firmenrecht 30; der Havereifeststellung 727; der Vorle-

863

Sachverzeichnis

Fette Zahlen = Gesetzesnummern

gung eines Wechsels **18** 87; der Zahlung im Wechsel- und Scheckrecht **18** 1, **20** 1
Örtliche Verordnungen 77
Ortsgebrauch 59, 94, 96, 99, 346, 359, 361, 393, 396, 428

Pacht eines Handelsgeschäfts 22
Paginierung der Handelsbücher 43
Pariser Übereinkunft zum Schutze des gewerblichen Eigentums **25** Fußn. zu 28
Parteifähigkeit der eingetragenen Genossenschaft **15** 17
Partenreederei 489ff.; s. Reederei
Partikularrecht, Abgrenzung des Kleingewerbes 4; im Firmenrecht (Ortsidentität) 30
Passagierbeförderung zur See 1
Passivenübergang 25 bis 27
Passivlegitimation bei Befriedigung des Schiffsgläubigers 760
Patent, Lizenzverträge **26** 20
Pensionsrückstellung 28
Personenbeförderung auf Eisenbahnen 460; zur See 1
Persönlich haftender Gesellschafter 29, 161, 164; bei KommAG **10** 278ff., 288, 289, 408
Pfand, Aktien als Pf. **10** 71, 93
Pfandindossament 18 19
Pfandrecht, beschränktes Pf. **22** 4, an Wertpapieren **22** 9, 30; der Eisenbahn 457; Erlöschen 758, 759; des Frachtführers 366, 368, 410, 440 bis 442; bei Haverei 726f.; des Kommissionärs 366, 368, 397f., 404, 443; des Lagerhalters 366, 368, 421; Rangordnung 752a, 762 bis 764; an Reisegepäck 674; wegen Rettungskosten 752ff.; der Schiffsgläubiger 755ff., Rangordnung 761ff.; des Spediteurs 366, 368, 410, 411, 442f.; wegen Überfahrtsgeld 674; des Verfrachters 623ff.
Pfändung eines Gesellschaftsanteils 135, **8** 725; des Saldos 357
Pfandverkauf 623; Frist 368; durch Verfrachter 626
Pfandverwahrung bei Wertpapieren **22** 17
Pflanzenzüchtung, Bindung in Verträgen über Überlassung von Betriebsgeheimnissen **26** 21
Pflege des Lagergutes **5** 16
Pfleger im Konkursverfahren **22** 32
Pflichtangaben im Konzernanhang 314
Pflichtverletzung von GmbH-Gesellschaften **9** 38
Pflichtwidrigkeit der Gesellschafter 117, 133, **8** 712, 715
Police bei Erhebung der Seeversicherungsgelder 886 bis 889; offene P. 793; im Seeversicherungsrecht 784ff.; taxierte P. 793, 794
Polizeigesetze, Beachtung durch Kapitän 515; Pflicht des Befrachters oder Abladers zur Befolgung 564

Polizeirecht 7
Post, Güterbeförderung zu Lande 452; Kaufmann im Sinne des Handelsgesetzbuchs 452
Postbeamter als Protestbeamter 356, **18** 79
Postbeförderung von Gütern 663b
Postrecht 452
Prämie bei Doppelversicherung 787f.; Fälligkeit 812; Rückzahlung 894 bis 900; im Seefrachtverkehr 621; bei Seeversicherung 811ff.
Prämienversicherung als Handelsgewerbe 1
Prangen, besondere Haverei 707
Präsentation des Wechsels und Schecks s. Vorlegung
Präsenzpflicht des Kapitäns 517
Präsumtionsrecht des Handelsregisters 15
Preisauszeichnung im Einzelhandel **25** 6d bis 7
Preisbindung, Aufhebung durch Kartellbehörde **26** 17; Zulässigkeit vertikaler P. **26** 16
Preisempfehlung, unverbindliche **26** 38a
Preisgestaltung, Unwirksamkeit von beschränkenden Verträgen **26** 15
Preisgrenzen beim Kommissionsgeschäft 386
Preisnachlässe, Durchführungsverordnung zum Gesetz über P. 29; Gesetz über P. 28
Primawechsel 18 64
Primage, Buchung als Einnahme 543
Prinzipal 60 bis 62, 74, 82a
Privatgläubiger eines Gesellschafters 135, 141
Privatklage 25 22
Probe, Aufbewahrung durch den Mäkler 96; Entnahme beim Lagergeschäft 418
Produktivgenossenschaft 15 1
Prokura 48 bis 53; Erteilung und Widerruf 48, 52, 116, 126; bei Genossenschaft **15** 42; Gesamtprokura **10** 48; im Kleingewerbe 4; Registerpflicht 53; Überleben des Inhabers des Handelsgeschäfts durch den Prokuristen 52; Umfang 49; Unbeschränkbarkeit, relative 50; Unübertragbarkeit 52; Zeichnung, Art der P. 51, 57
Prokuraindossament 18 18, **20** 23
Prokurist 51, 53, 125; der AG, Annahme von Krediten **10** 89; Bestellung bei der Gesellschaft 116; Unterschriftszeichnung **10** 42; als Vertreter der AG **10** 78
Protest mangels Annahme **18** 44, 46, 53, 82; mangels Aushändigung der Abschrift **18** 68, 82, der Ausfertigung **18** 46, 66; mangels Datierung der Annahme **18** 25; wegen unterbliebener Ehrenzahlung **18** 62; Ort der Erhebung **18** 87; Inhalt **18** 80; beim Scheck: **20** 40, 41, 42, 43, 47; Verlautbarung **18** 81; beim Wechsel: **18** 79 bis 83; mangels Zahlung **18** 20, 44, 46, 53; Zeit der Erhebung **18** 86
Protestbeamte 18 79
Protesterhebung als Voraussetzung des Rückgriffs **18** 44, **20** 40
Protestform 18 81, 97
Protesturkunde, abhanden gekommene **18** 90,

864

Magere Zahlen = §§ bzw. Artikel

Sachverzeichnis

20 59; Berichtigung und Abschrift 18 85; Inhalt 18 80, 83
Protestzeit 18 86, 20 55
Provision des Einlösers des Wechsels 18 49; bei Handelsgeschäften 22 27; im Handelsgewerbe 354; des Handelsvertreters 87 bis 87c; des Handlungsgehilfen 65; des Kommissionärs 396; bei Rückgriff des Wechselinhabers 18 49; beim Scheck 18 46, 20 75; bei Selbsteintritt 403; des Spediteurs 409f., 413; für Vorstandsmitglieder der AG 10 87; beim Wettbewerbsverbot 74b
Prozeßfähigkeit der offenen Handelsgesellschaft 124
Prozeßführung durch die Gesellschafter 126; durch den Handlungsbevollmächtigten 54
Prozeßgericht und Handelsregister 16
Prozeßkosten der Anfechtungsklage gegen Beschlüsse der Hauptversammlung der AG 10 247
Prüfer der AG 10 49, 142ff., 402, 404; für Genossenschaften 15 55, 56, 62, 150; Strafvorschriften 15 150; s. a. Abschlußprüfer
Prüfung der AG 10 33ff., 378, 399, 402; der Bücher der AG durch Aufsichtsrat 10 111; der Errichtung einer AG 10 38; der Genossenschaft 15 53 bis 60, 62ff.; von Kapitalgesellschaften 23, 316 bis 324; von Rabattsparvereinen 27 4, 28 6 bis 10; der Reihe der Indossamente 18 40, 20 35
Prüfungsbericht der AG 10 145, 259, 399; bei der Genossenschaft 15 62
Prüfungsgesellschaft für Genossenschaft 15 62
Prüfungspflicht des Bankiers 367; des Registergerichts 329; der Genossenschafts-Prüfungsverbände, Entziehung 15 64a; der Prüfungsverbände bei Genossenschaften 15 54, 63, 63a
Prüfungsverband der Genossenschaften 15 54ff., Prüfung dieses Verbandes 15 64, Rechtsform und Mitgliedschaft 15 63b, Verschmelzung 15 63e ff.
Publizität, „negative" P. des Genossenschaftsregisters 15 29, 86

Quarantänegeld 621
Quittungsleistung bei Ehrenzahlung 18 62; auf dem Ladeschein 448; bei Scheckzahlung 20 34; auf der Urkunde 364; bei Wechselzahlung 18 39, 50, 51

Rabatt, Barzahlungsnachlaß 27 2ff., 28 1 bis 11; Gewährung 1 ff.; Mengenrabatt 27 7, 8; Ordnungswidrigkeiten 27 11; Sonderlässe oder Sonderpreise 27 9, 28 12; Unterlassungsansprüche gegen Gewährung 27 12, 28 14; Zusammentreffen mehrerer Rabattarten 27 10

Rabattgesetz 27; Durchführungsverordnung 28
Rabattsparvereine, Einlösung von Gutscheinen 27 4; Haftung des Vorstandes 28 5; Prüfung 27 4, 28 6 bis 10; Rechtsform 28 2; Vermögensverwaltung 28 3, 4
Rabattvereinbarungen, vom Kartellverbot ausgenommene R. 26 3
Rang mehrerer Pfandrechte 443
Rangfolge von Ansprüchen 487b
Rangordnung der Pfandrechte 761ff., im Frachtrecht 443, an geborgenen Sachen 752a, an geretteten Sachen 752a
Raterteilung, Zugabe zu Waren 29 1
Rationalisierung, erlaubtes Kartell zwecks R. 26 5, 5a
Raub des Schiffes 628
Raumcharter 587, 603
Raumfrachtvertrag 556; durch Konnossement 663a
Räumungsverkauf 25 8
Rechenschaftspflicht des Gesellschafters 8 713, 740
Rechnung, laufende 355 bis 357
Rechnungsabgrenzungsposten 268; in der Bilanz 250, 266
Rechnungsabschluß 39 bis 41; der Gesellschaft 8 721; bei Kontokorrent 355
Rechnungslegung der AG 11 14; im Konzern 11 23, 28; im Konzern 11 23, 28; des Aufsichtsrats 10 111; der Gesellschafter der GmbH 9 45ff.; der Sonderprüfer 10 145
Rechtliche Selbständigkeit der offenen Handelsgesellschaft 124
Rechtsanwalt, Vertretung in Kartellsachen 26 65, 67
Rechtsbehelfe nach Genossenschaftsgesetz 15 108; nach dem Kartellgesetz 26 62ff., 73ff., 83
Rechtsbeschwerde in Kartellsachen 26 73ff., 83, Form, Frist 26 75
Rechtsfähigkeit, Rabattsparvereine 28 2
Rechtsgemeinschaft an einer Aktie 10 69
Rechtsgeschäfte, Abschluß durch Angestellte 56; der Genossenschaft 15 24ff.; durch Gesellschafter 126; durch Handelsmäkler 93f., 100f.; durch Handelsvertreter 86; eines Kaufmanns 344f.; durch Prokuristen und Handlungsbevollmächtigte 49f., 54
Rechtskraft, Nichtigkeit von Hauptversammlungsbeschlüssen 10 248
Rechtsmittel gegen Entscheidung über Abberufung des Abschlußprüfers 318
Rechtsnachfolge, Nachweis in Kartellsachen 26 9
Rechtsnachfolger, Anzeigepflicht 12; des Gesellschafters 146, 157
Rechtsstreitigkeiten, bürgerliche R. aus Kartellsachen 26 87ff.; des Maklertagebuchs 102; Vorlegung der Handelsbücher 45 bis 47a

865

Sachverzeichnis

Fette Zahlen = Gesetzesnummern

Rechtsverhältnis der Mitreeder 490
Rechtsvermutung im Registerrecht 15; der Warenqualität 360
Rechtsverordnungsermächtigung 292
Rechtsvorgänger der GmbH, Haftung für R. **9** 22
Reeder, Anspruch auf Rechnungslegung 534; Ersatzpflicht aus Kapitänsgeschäften 541; Gerichtsstand 488; Haftung 702, aus Verschulden der Schiffsbesatzung 735 bis 737, für Schiffsbesatzung 485; Schiffseigentümer 484; Schiffsgläubiger 510
Reederei, Abandon 501; Anspruch auf Rechnungslegung 499; Auflösung 506; Begriff 489; Beitragspflicht der Mitreeder 500; Beschlüsse der Mitreeder 491; Bestellung eines Korrespondentreeders 492; Bucheinsicht 498; Einstimmigkeit bei Beschlußfassung 491 f.; Entstehung 489; Gewinn- und Verlustverteilung 502; Geschäftsbetrieb 493; Haftung 507; Heimathafen, Gerichtsstand 508; Inhalt des Rechtsverhältnisses, dispositive Gesetzesvorschriften 490 bis 509; Innenverhältnis 496 f.; Konkurs des Mitreeders 505; Mitreeder 490 ff.; Stimmrecht 491; Tod eines Mitreeders 505; Veräußerung des Schiffes 506; Veräußerung der Schiffspart 503 f.; Verpflichtung durch Korrespondentreeder 494; Vertragsrecht 490; Vertretung nach außen 493; Verzug bei Beitragsleistung 500; Wechsel in der Person eines Mitreeders 505
Refaktie beim Kauf 380; Vergütung für schadhafte und unbrauchbare Teile 380
Register, Genossenschafts-R. **15** 10; für Kartellverträge, Anmeldungen, Eintragungen **26** 9; „negative Publizität" **15** 29, 86
Registergericht 8 bis 14, 36; Mitteilungen bei Rabattsparvereinen **28** 10; Prüfung der Eintragung einer Genossenschaft durch das R. **15** 11 a; Prüfungspflicht 329
Registerpflichtigkeit 14, 33
Registrierung der Firma 2
Registrierungszwang 14
Regreß s. Rückgriff
Reichswährung in der Bilanz 40
Reingewinn, Verteilung bei GmbH **9** 29
Reise, Pflichten des Kapitäns bei Reiseantritt 513 bis 516; Veränderung der versicherten Reise 813; verzögerte R. 814
Reiseänderung 536
Reiseantritt, Kündigung des Befrachters nach R. 582
Reisegepäck, Beförderung **6** 25, 672; Haftung der Eisenbahn **6** 31, 459, für Schäden 664; Pfandrecht 674
Reisegut bei Havereiberechnung 723
Reisende, Beachtung der Schiffsordnung 665; auf See 664 mit Anl., 665, 672 bis 675; Beschädigung von Gepäck 664, Körperverletzung 664, Tod 664; eines Seeschiffes, Haftung des Kapitäns 512
Reiseziel, Nichterreichen 714
Reklamation 377 bis 379
Reklame, unlautere **25** 3, 4
Reklamegegenstände, Zugabe zu Waren **29** 1
Reklamekosten, besondere Haverei 707
Rektaklausel beim Scheck **20** 5, 14, **18**, 11
Remboursregreß 18 49, **20** 46
Remittent, Angabe des Namens auf dem Wechsel **18** 1, 75
Rentenschein 367
Reparaturunfähiges Schiff 479, 628, Verkauf 873
Reparaturunwürdiges Schiff, Verkauf 873
Reproduktionen von Unterlagen aus Bild- und Datenträgern 47 a
Reservefonds der Genossenschaft **15** 20
Respekttage, Nichtanerkennung **18** 74, **20** 57
Retentionsrecht, kaufmännisches 369 bis 372
Rettung der Ladung, Kosten 621; von Menschenleben 751
Revier des Heimathafens 480
Revisionsverband, Anhören des genossenschaftlichen R. **15** 87 a
Rinnverlust 454
Ristorno 894 bis 898
Ristornogebühr 788, 894 f.
Rohstoffverein, Genossenschaft **15** 1
Rollfuhrversicherungsschein 4 39 ff.
Rückgabe des Ladescheins 448
Rückgewähr, keine R. von Einlagen bei der AG **10** 57, 93
Rückgriff mangels Annahme **18** 43; bei Notadresse **18** 56; beim Scheck mangels Zahlung **20** 40 bis 48; nach Teilannahme **18** 51; vor Verfall des Wechsels **18** 43; gegen die Vormänner 432, 442; beim Wechsel **18** 43 bis 54; mangels Zahlung **18** 43
Rückgriffsrecht, Umfang **18** 48, 49, **20** 45, 46
Rückindossament 18 11
Rücklagen bei der AG **10** 58, 231, 232; bei der KommAG **10** 288; von Konzernunternehmen **10** 300
Rücklaufregreß 18 49
Rücknahme des Gutes 427
Rückstände von Einzahlungen auf Genossenschafts-Geschäftsanteil **15** 88 a
Rückstellungen 274; in der Bilanz 249, 266; Erläuterung im Anhang 285
Rücktritt vom Frachtvertrag 428, 629; von Kartellen **26** 13, 19; vom Kauf 376; vom Kaufvertrag **25** 13 a; vom Versicherungsvertrag, Rechtsfolgen 811
Rückzahlung der Prämie 894 bis 900
Ruhegehalt für Vorstandsmitglieder der AG **10** 87

Saatgut, Verträge über Nichtgeschützte Leistungen bei S. **26** 21

Magere Zahlen = §§ bzw. Artikel

Sachverzeichnis

Sacheinlagen bei der AG **10** 27, 41, 205, 206, 399; bei der GmbH **9** 56; bedingte Kapitalerhöhung mit S. **10** 194; Kapitalerhöhung mit S. **10** 183
Sachen, Anweisungen 363; bewegliche S., Anschaffungen 1; Kauf 375; Lagerung 419; nichtvertretbare S., Übernahme der Lieferung 381, 406; unbewegliche S. 49, 93, 126; Veräußerung im Handelsgewerbe 366; vertretbare S., Anweisungen 363; Zurückbehaltungsrecht 369
Sachlegitimation zur Unterlassungsklage bei unlauterem Wettbewerb **25** 13
Sachübernahmen durch die AG **10** 27, 41
Sachverständige zur Feststellung der Beschaffenheit des Gutes 438; vor Kartellbehörde **26** 54
Saisonausverkauf 25 9
Saldoanerkennung 350
Saldoschuld 350
Sammelbestand von Wertpapieren **22** 5, 6, 24
Sammelladung 413, **4** 14
Sammelurkunde, Definition **22** 9a; Verwahrung **22** 9a
Sammelverwahrung, Ansprüche der Miteigentümer **22** 8; von Wertpapieren **22** 5 ff.
Säumnis bei Annahme der Ware 373; des Kommittenten 383
Satzung der AG **10** 2, 23 ff.; Änderung **10** 119, 179; der Genossenschaft (Statut) **15** 5 ff.; Genossenschaftsprüfungsverbandes **15** 63c; einer juristischen Person 33f.; der KommAG **10** 280, 281
Schaden, Bezahlung des Sch. bei Seeversicherung 882 bis 893; Teilschaden bei Seeversicherung 872 bis 881; Totalverlust bei Seeversicherung 854ff.; durch Zusammenstoß von Schiffen 734 bis 737
Schadensberechnung bei Seeversicherung 882 bis 892
Schadensersatz des Absenders 427; bei Anschwärzung zu Zwecken des Wettbewerbs **25** 14; der Eisenbahn 453ff.; wegen Firmenverletzung 37; des Frachtführers 429 bis 432; bei Genossenschaftsverschmelzung **15** 93n; des Gesellschafters 111, 113; des Handlungsgehilfen 61, 75; des Handelsmaklers 98; des Kommissionärs 385f., 388, 390f.; bei Kündigung aus wichtigem Grund 89a; des Lagerhalters 423; wegen Nichterfüllung 375f.; beim Selbsthilfeverkauf 373; des Spediteurs 414, **4** 51 ff.; wegen Transportverweigerung 453; bei Verlust der Güter 658; bei Verstößen gegen Schutzvorschriften des Kartellgesetzes **26** 35; bei Wiederausladung 582, 637; wegen Zugabegewährung **2** 1; bei Zusammenstoß von Schiffen 735 bis 737
Schadensersatzforderungen, Verjährung 901 ff.
Schadensersatzpflicht des Aufsichtsrates einer Genossenschaft **15** 41; der Geschäftsführer der GmbH **9** 43; bei der Gesellschaft **8** 723; für gesellschaftsfremdes Handeln bei AG **10** 117; gesetzlicher Vertreter herrschender Unternehmen **10** 309; bei unlauterem Wettbewerb **25** 1, 13; bei Verschmelzung von Unternehmen **10** 349 ff.; des Vorstandes einer Genossenschaft **15** 34
Schadenshaftung für Reisegepäck 664
Schätzung des Gesellschaftsvermögens **8** 738
Scheck, abhanden gekommener Sch. **20** 59; Abrechnungsstelle **20** 3; Änderung des Textes **20** 51; Ausfertigung mehrerer Stücke eines Sch. **20** 49, 50; Aushändigung des quittierten Sch. **20** 334; in ausländischer Währung **20** 30; Ausstellung und Form **20** 1 bis 13, 62; Benachrichtigung des Vormannes **20** 42, 48; Bereicherung des Ausstellers **20** 58; Effektivvermerk **20** 36; Einlieferung in Abrechnungsstelle **20** 31; Erfordernisse **20** 1; Fähigkeit zur Ausstellung **20** 60; Fristen für die Ausübung des Rückgriffs **20** 64; gekreuzter Scheck **20** 37, 38; höhere Gewalt **20** 48; Indossament **20** 14 bis 24; Inhaberscheck **20** 5, 20; „ohne Kosten", „ohne Protest" **20** 43; passive Scheckfähigkeit **20** 61; Protest **20** 40, 41, 55; Scheckbürgschaft **20** 25 bis 27; Übertragung der Rechte aus dem Sch. **20** 14 bis 24; unüberwindliche Hindernisse gegen rechtzeitige Vorlegung oder Protesterhebung **20** 48; Verjährung **20** 52, 53; vernichteter Sch. **20** 59; Verrechnungsscheck **20** 39; Vorlegung und Zahlung **20** 28 bis 36; Widerruf **20** 32; Wirkung der Scheckerklärungen **20** 63; Zahlung bei Sicht **20** 28; Zinsen **20** 7
Scheinkaufmann 17
Schiff mit geringem Raumgehalt, Haftungshöchstbetrag 487a; Veräußerung während Seereise 476, 477
Schiffahrt als Handelsgewerbe 1
Schiffer s. Kapitän
Schiffsangestellte 481
Schiffsausbesserung, Einfluß auf den Frachtvertrag 638; Frachtkosten 638
Schiffsbesatzung 481; Berge- und Hilfslohn 749; Haftung des Kapitäns 512, des Reeders 485 ff., durch Reeder 702, 735 ff.; in Seenot 740; Verschulden der Sch. 607
Schiffsbote 478
Schiffsdirektor, Bestellung 492
Schiffsdisponent, Bestellung 492
Schiffseigner 484
Schiffsgläubiger 754 bis 764; Befriedigung 760; Pfandrechte 755 ff.; Rangordnung der Pfandrechte 761 ff.; Verjährung der Forderungen 901 ff.
Schiffsgläubigerrechte, Begriff 754
Schiffsinventar 478
Schiffsladung, Haverei 718
Schiffsmannschaft 481

867

Sachverzeichnis

Fette Zahlen = Gesetzesnummern

Schiffsoffiziere 481
Schiffsordnung 665
Schiffspapiere 513
Schiffspart 491; Aufgabe der Sch. 501; Veräußerung während Seereise 476, 477; Versicherung einer Sch. 900
Schiffsrat 518
Schiffstagebuch 520
Schiffsverlust 630; Vertragsauflösung 628
Schlepper, Berge- oder Hilfslohn 742
Schlepplohn 621
Schleppschiffahrt als Handelsgewerbe 1
Schlußbilanz 155; der übertragenen Genossenschaft **15** 93e, g
Schlußnote des Handelsmäklers 94f., 102
Schlußverkauf, Zulässigkeit **25** 9, 9a
Schmiergelder 25 12
Schriftform, Delkredere 86b; der Genehmigung zur Veräußerung von Teilen eines Geschäftsanteils der GmbH **9** 17; für Satzung der Genossenschaft **15** 5; von Unternehmensverträgen **10** 293; für Verschmelzung von Genossenschaften **15** 93c; Vertrag des Handelsvertreters 85; Wettbewerbsabrede 90a
Schriftliche Stimmabgabe der Aufsichtsratsmitglieder **10** 108
Schriftzeichen der kaufmännischen Bücher 100
Schuldanerkenntnis, handelsrechtliches 350f.
Schulden bei Aufstellung der Bilanz 40; der Gesellschaft, Berichtigung **8** 733ff.
Schuldübernahme 25 bis 27
Schuldenkonsolidierung 303
Schuldner, Schutz des guten Glaubens **8** 720
Schuldscheine, kaufmännische 344
Schuldtitel, vollstreckbare 124, 129
Schuldverschreibungen, Ausgabe **10** 221; als Wertpapier im Sinne des DepotG **22** 1
Schuldversprechen 350f.
Schutz unverschuldeter Unkenntnis 136
Schweigen als Annahme 362
Schwinden des Frachtguts 454
Seeforderungen, Haftungsbeschränkungen 486 bis 487e
Seefrachtvertrag 556ff.
Seegefahr 820 bis 853
Seemannsamt, Zuständigkeit 749
Seenot 740
Seetüchtigkeit, Haftung des Verfrachters 559; des Schiffes 513
Seeuntüchtigkeit des Schiffes 479
Seeversicherung 778 bis 900; s. Versicherung
Sekundawechsel 18 64
Selbständigkeit des Handelsvertreters 84
Selbsteintritt des Kommissionärs 400 bis 405, **22** 31; des Spediteurs 412
Selbsthilfeverkauf 373, 388f.; beanstandeter Waren 376
Sicherheiten bei Kartellabreden, Verwertung **26** 14

Sicherheitsbestellung für eine Forderung 356
Sicherheitsleistung durch Bürgen 369
Sichtwechsel 18 33; Vorlegung zur Zahlung **18** 34; Vorlegungsfrist **18** 34
Sitten, Verstoß gegen die guten S. durch Beschlüsse der Hauptversammlung der AG **10** 241
Sitz der AG **10** 5, 45; Bestimmung **10** 23; zuständiges Gericht **10** 14; von Handelsgesellschaften 106f., 162, **9** 3, 7, 10, 11; von juristischen Personen 33
Sitzungen des Aufsichtsrats der AG **10** 107, 109
Sitzungsniederschrift des Aufsichtsrats der AG **10** 107
Skonti, Gewährung **27** 2ff.; vom Kartellverbot ausgenommene Verträge über einheitliche S. **26** 2; und Provision bei Handelsvertreter 87b
Sofortige Beschwerde bei Abberufung des Abschlußprüfers 318
Sollkaufmann 2; Geltungsbeginn handelsrechtlicher Vorschriften 262
Sonderangebot im Einzelhandel **25** 7
Sonderbeschlüsse von Aktionären **10** 138
Sondergenehmigung für Preiskartelle **26** 8
Sonderkartelle, Erlaubnis durch Bundesminister für Wirtschaft **26** 8
Sonderposten mit Rücklagenanteil 273
Sonderpreise, Gewährung **27** 1, 9, **28** 12
Sonderprüfung bei der AG **10** 142ff., 258ff.; bei Konzernen **10** 315
Sonderrabatt, Gewährung **27** 9, **28** 12
Sonderveranstaltung, Verkaufsveranstaltung im Einzelhandel **25** 7
Sonderverwaltung von Wertpapieren **22** 2
Sondervorteile der Aktionäre **10** 26
Sonntag als Fristablauf beim Scheck **20** 55; bei Verfall von Wechseln **18** 72; s. auch Feiertag
Sorgfalt der Aufsichtsratsmitglieder **10** 116; der Genossenschaft **15** 41; wie in eigenen Angelegenheiten 347; des Frachtführers 429; des Geschäftsführers der GmbH **9** 43; des Gesellschafters **8** 708; des Handelsvertreters 86; des Kaufmanns 347; des Kommissionärs 384, 390; des Spediteurs 408, **4** 1; des Vorstandes der AG **10** 93; Vorstandsmitglieder der Genossenschaft **15** 34
Sortenschutzrechte, Lizenzverträge **26** 20; unerlaubte Beschränkungen in Nutzungsverträgen **26** 20
Sparkassen, Anwendung des DepotG **22** 41
Sparmarken, Preisnachlaß **27** 4
Spätere Vereinbarungen als Vertragsinhalt 85
Spediteur 407 bis 415
Spediteurbedingungen, Ablieferung **4** 33ff.; Abtretung der Vertragsrechte **4** 3; Allgemeine Deutsche **4**; Annahmepflicht **4** 4; Aufrechnung **4** 32; Auftrag **6** ff.; Auslagen **4** 20ff.; Beschlagnahmen **4** 31; Entgelt **4** 20ff.; Erfüllungshindernisse **4** 18; Erfüllungsort **4** 65;

Magere Zahlen = §§ bzw. Artikel

Sachverzeichnis

Geltungsbereich 4 2; Haftung 4 51; Lagerung 4 43ff.; Leistungen 4 20ff.; Pfandrecht 4 50ff.; Sammelladung 4 14; Sorgfaltspflicht 4 1; Untersuchungspflicht 4 16; Verjährung 4 64; Versicherung des Gutes 4 35ff.; Zahlungsverzug 4 39; Zurückhaltung 4 32
Speditionsgeschäfte 407 bis 415; Begriff 407, 415, 4 2; Haftung 408, 413, 4 51ff.; als Handelsgewerbe 1, 4; Nachmann 411; Pfandrecht 366, 368, 410, 441, 443, 4 50; Pflichten 407; Provision 409, 413; Rechte 407; Rückgriff 442; Sammelgüter, Sammelladung 413, 4 14; Selbsteintritt 412; Sorgfalt 408, 4 1; Spediteur als Frachtführer 412; zu festen Spesen 413; Tarife 413; Verjährung der Ansprüche 414, 4 64; Vormann 411
Speditionsversicherungsschein 4 39ff.
Spekulationskauf als Handelsgewerbe 1
Sperrfrist bei Umwandlung von AG 10 374; bei Verschmelzung von AGen 10 347
Sperrjahr 8 272; bei Genossenschaftsliquidation 15 90; beim GmbH-Liquidation 9 73
Spezialisierungskartelle, vom Kartellverbot ausgenommene Sp. 26 5a
Spezifikationskauf 375
Spitzenverbände der Genossenschaften 15 54a, 62
Sprache des Jahresabschlusses 244
Sprungregreß (Sprungrückgriff) beim Scheck 20 44; (Sprungrückgriff) beim Wechsel 18 47
Staatsangehörigkeit, Schutz gegen unlauteren Wettbewerb 25 28
Staatsaufsicht über Prüfungsverbände der Genossenschaften 15 64
Staatssicherheit, Ausschluß der Öffentlichkeit bei Verhandlungen wegen Gefährdung 26 53
Stammeinlage der Gesellschafter der GmbH 9 3, 5; der GmbH, Ausfälle 9 24, Einzahlungen 9 19ff.
Stammkapital der GmbH 9 3, 5; Erhöhung 9 55; Herabsetzung 9 58
Statut der Genossenschaft 15 18, 95; Eintragung 15 10; Form, Inhalt 15 5ff.
Stellvertreter von Aufsichtsratsmitgliedern 10 101; des Aufsichtsratsvorsitzenden 10 107; von GmbH-Geschäftsführern 9 44; von Vorstandsmitgliedern 10 94, der Genossenschaft 15 35
Steuerabgrenzung 274, 306
Steueraufwand, Posten in Bilanz 274
Steuergesetze, Beachtung durch Kapitän 515; Pflicht des Befrachters und Abladers zur Befolgung 564
Steuern in Gewinn- und Verlustrechnung 278; steuerrechtl. Vorschriften 281
Steuerung eines Schiffes 514
Stichtag für Aufstellung des Konzernabschlusses 299
Stille Gesellschaft 230 bis 237, 335 bis 342; Auflösung 234, 235; Auseinandersetzung 235; Bilanz 233; Gewinnanteil 231; Gewinnauszahlung 232; Konkurs 236, 237; Kündigung 234; Rückzahlung 237; Tod des stillen Gesellschafters 234
Stillschweigende Annahme 362; Genehmigung der Ware 376
Stimmenkauf bei der Genossenschaft 15 152
Stimmenmehrheit für Beschlüsse der Gesellschafter 8 709, 712; in der Hauptversammlung der AG 10 133
Stimmrecht von Aktien 10 12, 133ff.; bei Mehrheitsbeteiligung 10 16; der Genossen in der Generalversammlung 15 43; Gewährung durch Aktien 10 12; der GmbH-Gesellschafter 9 47; der persönlich haftenden Gesellschafter der KommAG 10 285
Stimmrechtsmißbrauch 10 405
Strafantrag 22 36
Strafbestimmungen des Depotgesetzes 22 34 bis 37
Strafvorschriften nach dem GenG 15 147 bis 152
Strandung, absichtliche St. 706; Begriff im Seeversicherungsrecht 853
Streichung der Annahmeerklärung 18 29; des Vermerks „nur zur Verrechnung" beim Scheck 20 39
Streitwert der Anfechtungsklage gegen Beschlüsse der Hauptversammlung der AG 10 247; Herabsetzung in Wettbewerbssachen 25 23a
Streitwertbegrenzung für Beigeladene im Kartellverfahren 26 78
Streitwertfestsetzung 25 23a, 23b
Strukturkrisenkartelle, Erlaubnis 26 4
Stückeverzeichnis von Wertpapieren 22 18ff.
Stückgut, Löschung 604; Unterfrachtvertrag 605
Stückgutverfrachtung 556, 588 bis 590
Stückgutverträge, Auflösung 641
Stundung der Kaufpreises durch den Handelsvertreter 55, 91; durch den Kommissionär 393
Summe, Angabe auf dem Scheck 20 1, auf dem Wechsel 18 1
Surrogation beim Gesellschaftsvermögen 8 718
Suspensiveffekt der Beschwerde der Kartellsachen 26 63
Syndikate, beschränkte Kartellerlaubnis 26 5

Tabakerzeugnisse, Verbot der Rabattgewährung 27 15
Tag der Ausstellung auf dem Scheck 20 1, auf dem Wechsel 18 1, 75
Tagebuch des Maklers 100 bis 103
Tagesordnung bei Einberufung der Hauptversammlung 10 124, 125
Tageszeit für die Erhebung von Wechselprotesten 18 86

869

Sachverzeichnis

Fette Zahlen = Gesetzesnummern

Tantieme, keine T. des Aufsichtsrats der Genossenschaft **15** 36; s. Gewinnanteil
Taragewicht 380
Tätigkeitsbericht, jährlicher T. des Bundeskartellamts **26** 50
Täuschung, durch T. herbeigeführte Kartellerlaubnis **26** 11
Tauschverwahrung nach DepotG **22** 10, 11
Taxe, besondere 794; bei Seeversicherung 793
Teilannahme eines Wechsels **18** 26
Teilcharter 587, 603
Teilgewinnabführungsvertrag von AGen, KommAGen **10** 292
Teilkonzernabschluß 10 400, **11** 28
Teilkonzerngeschäftsbericht 10 400, **11** 28
Teilnahme an Sitzungen des Aufsichtsrats einer AG **10** 109; an gesonderter Versammlung der Aktionäre **10** 138
Teilprovision des Handelsvertreters 87a
Teilschaden bei Seeversicherung 872 bis 881
Teilung des Gesellschaftsvermögens **8** 719
Teilungssachen der Gesellschaft 47
Teilzahlung bei Schecks **20** 34; bei Wechseln **18** 39
Tochterunternehmen 271, 295, 296; Konzernabschluß 290 bis 314
Tod des Genossen **15** 77; eines Gesellschafters 131, 139, 143, 148, **8** 727, 736; des Inhabers eines Handelsgeschäftes 52; eines Kommanditisten 177; des Reisenden 675; des stillen Gesellschafters 234
Totalverlust des Schiffes, der Güter 854 ff.
Tradition s. Übergabe
Traditionspapier 650
Transportanstalten 1
Transporteffekt 18 11, **20** 14
Tranpsortfunktion 18 14, **20** 17
Transportgeschäft 1; durch Eisenbahnen 453 ff.; durch Frachtführer 425 ff.; des Kaufmanns 415; Kosten des Tr. 413; des Spediteurs 407 ff.
Transportversicherungspolice, Übertragbarkeit 363 ff.
Transportzwang 453
Trassant s. Aussteller, s. Bezogener
Trassiert eigener Wechsel **18** 3
Treuhänder, Erwerb und Besitz von Wertpapieren für Dritte **22** 42
Treuvergütung, Gewährung von Rabatten **28** 13
Trustbildungen, Anzeigepflicht **26** 23, 24

Überbringer, Scheck auf den Ü. **20** 5
Übergabe des Ladescheins 450; des Lagerscheins 424
Überlegungsfrist des Bezogenen bei Vorlage des Wechsels **18** 24
Überliegezeit 567 bis 577, 594 bis 603, 622; Ablauf 570; Beginn 569; Berechnung 573, 597; Dauer 595

Übernahme von Bearbeitungen, Transporten, Versicherungen usw. 1; des Geschäfts bzw. Gesellschaftsvermögens 142; eines Handelsgeschäfts 22f., 25f.; auf Grund eines Nießbrauchs bzw. einer Pacht 22; eines Transports 432, 451
Übernahmekonnossement 642
Überschuldung der AG **10** 92, 401; der Genossenschaft **15** 98; der Gesellschaft **8** 735, 739; der GmbH **9** 63; der Kommanditgesellschaft 177a; der offenen Handelsgesellschaft 130a, 130b
Überschuß der Gesellschaft, Verteilung **8** 734
Überschußschuld 355
Übersendung der Ware 379
Übersicht der Gefahren 820 bis 853; über das Gesellschaftsvermögen **8** 716
Übertragung des Eigentums an Waren 366f.; von Forderungen 392; des Genossenschaftsanteils **15** 76; des Gesellschaftsvermögens **15** 93a; der Gesellschaftsrechte **8** 717; von Namensaktien **10** 68; des Pfandrechts 441; des Scheckrechts **20** 14; des Stimmrechts für Aktien **10** 134, 135; des Wechselrechts **18** 11, 14; von Zwischenscheinen **10** 68
Überversicherung 786
Überwachung der Geschäftsführung der AG **10** 111; der Genossenschaft **15** 38
Umfang der Befugnis zur Geschäftsführung 116; des Betriebs 1, 2, 4, 5, 9; der Gefahren bei der Seeversicherung 820 ff.; der Prokura 49; der Prüfung von Kapitalgesellschaften 317; des Schadens bei Seeversicherung 854 bis 881; der Vertretungsmacht 126
Umgehung des Wettbewerbsverbots 75c
Umladung der Güter im Seefrachtverkehr 565
Umlaufvermögen in der Bilanz 266; Wertansatz 253
Umsatzerlös, Befreiung von Konzernabschluß 293
Umsatzkostenverfahren, Aufstellung der Gewinn- und Verlustrechnung 275
Umschreibung der Namensaktie **10** 68
Umtausch von Wertpapieren **22** 26
Umtauschrecht auf Aktien **10** 221
Umwandlung der AG in GmbH **10** 369 ff., **11** 24, in KommAG **10** 362 ff., **11** 24; einer bergrechtlichen Gewerkschaft in AG **10** 384, 385, **11** 24, in KommAG **10** 393, **11** 24; der GmbH in AG **10** 376 ff., **11** 24; der GmbH in KommAG **10** 389, **11** 24; von Kapital- und Gewinnrücklagen **10** 208; der KommAG in AG **10** 366 ff., **11** 24; der KommAG in GmbH **10** 386 ff., **11** 24; von Namensaktien in Inhaberaktien und umgekehrt **10** 24
Unbefugter Gebrauch einer Firma 37
Unerlaubte Werbung 25 3 ff.
Unfallanzeige bei Seeversicherung 818 f.
Unfälle, Eintragung in Schiffstagebuch 520; Verklarung 522 ff.

Magere Zahlen = §§ bzw. Artikel

Sachverzeichnis

Unfallversicherung 63
Unlauterer Wettbewerb 25
Unredlichkeit des Spediteurs 414
Unrichtige Angaben im Wettbewerb 25 3 ff.
Unrichtige Darstellungen durch Vorstand, Aufsichtsrat oder Abwickler der AG 10 400
Unsicherheit des Akzeptanten 18 43
Unteilbarkeit von Aktien 10 8
Unterbleiben der Liquidation 145
Unterbrechung der Verjährung 160, 18 71, 20 53
Unterfrachtvertrag über Stückgut 605
Untergang des Schiffes 628
Unterhalt des Handlungsgehilfen usw. 62, 63
Unterlassen von Angaben im Bilanzanhang 286
Unterlassung einer beantragten Verfügung der Kartellbehörde, Beschwerde 26 62 ff.
Unterlassungsansprüche gegen Rabattgewährung 27 12, 28 14; im Wettbewerbsrecht 25 1, 13; Zugabegewährung 29 2
Unterlassungsklage wegen Firmenverletzung 37; bei unlauterem Wettbewerb 25 13
Unternehmen, assoziiertes U. 311, 312; gewerbliches U. 2; Kontrolle von Zusammenschlüssen 26 23a; marktbeherrschende U. i. S. öffentlicher Körperschaften 36, 42; Schutz gegen unlauteren Wettbewerb 25 16; verbundene U. 271
Unternehmensverträge 10 291ff.; Abschluß 10 293; Änderung 10 295; Anmeldung 10 294; Arten 10 291, 292; Aufhebung 10 296; Beendigung 10 296ff., 307; Beherrschungsvertrag 10 18, 291; Betriebspachtvertrag 10 292; Betriebsüberlassungsvertrag 10 292; Eintragung 10 294; Gewinnabführungsvertrag 10 291, 304, 305, 324; Gewinngemeinschaftsvertrag 10 292; vor Inkrafttreten des AktG 11 22; Kündigung 10 297; Sicherung der freien Aktionäre 10 304ff.; Teilgewinnabführungsvertrag 10 292; Verlustübernahme bei U. 10 302; Weisungen auf Grund Unternehmensvertrag 10 299; Zustimmung der Hauptversammlung zu U. 10 293
Untersagung der Begebung des Wechsels durch den Aussteller 20 15; der Übertragung des Schecks 18 18
Unterscheidbarkeit der Firmen 30
Unterschlagung fremder Wertpapiere 22 34ff.
Unterschrift der Firma 17, 29; der Genossenschaftsliquidatoren 15 85; der Gesellschafter 108; des Handelsmäklers 100; zum Handelsregister 12 bis 14; des Handlungsvollmächtigten 57; unter Inventar und Bilanz 41; des Ladenscheins 445; der Liquidatoren 148, 153; des Prokuristen 51, 53; beim Scheck: des Ausstellers 20 1, gefälschte Unterschrift 20 10, des Indossanten 20 16, des Scheckbürgen 20 26, von Scheckunfähigen 20 10, des Vertreters 20 11; beim Wechsel: des Annehmenden 18 25, des Ausstellers 18 1, 75, gefälschte Unterschrift 18 7, 77, des Indossanten 18 13, des Vertreters 18 8, des Wechselbürgen 18 31, von Wechselunfähigen 18 7; Zeichnung von U. 10 42, 79; für Genossenschaften 15 25, 28; s. auch Zeichnung
Untersuchung durch den Kommissionär oder Spediteur 388, 407; von Waren beim Handelskauf 377
Untersuchungsgrundsatz in Beschwerdeverfahren in Kartellsachen 26 69
Unterversicherung 792; Haftung 843
Unterzeichnung des Abschlußberichts 321; von Aktien und Zwischenscheinen 10 13; der Bilanz 41; des Ladescheins 445; des Jahresabschlusses 245
Untreue von Organen der GmbH 9 81a
Unübertragbarkeit der Handlungsvollmacht 58; der Prokura 52; der Rechte aus dem Gesellschaftsverhältnis 8 717
Ununterbrochene Reihe von Indossamenten 18 15, 20 35
Unverbindlichkeit des Wettbewerbverbots 75a
Unvereinbarkeit der Zugehörigkeit zum Vorstand und zum Aufsichtsrat der AG 10 105
Unvollständiger Scheck 20 2; Wechsel 18 2
Unwirksamkeit von Kartellverträgen durch Erklärung der Kartellbehörde 26 12; Untersagung durch Kartellbehörde 26 37a; von wettbewerbsbeschränkenden Verträgen 26 1
Unwirksamwerden des Wettbewerbsverbots 75
Unzulässigkeit des Arrestes in ein Schiff 482
Unzuständigkeit, Geltendmachung der U. der Kartellbehörde 26 52
Urkunde über das Wettbewerbverbot 74
Ursprung, falsche Angaben im Wettbewerb 25 3 ff.
Urteil statt Anmeldung 16; Wirkung des U. auf Anfechtungsklage gegen Beschlüsse der Hauptversammlung der AG 10 248, auf Nichtigkeitsklage gegen Wahl von Aufsichtsratsmitgliedern 10 252

Veränderung der versicherten Reise 813
Verantwortlichkeit der Aufsichtsratsmitglieder 10 116; der Gründer der AG 10 46ff., 147; der Sonderprüfer der AG 10 144; bei verbundenen Unternehmen 10 309, 310, 317, 318, 323
Verantwortung, persönliche – des Kapitäns 518
Verarbeitung von Waren als Handelsgewerbe 1
Veräußerung der Firma 23; des Frachtguts 437; von Geschäftsanteilen bei einer GmbH 9 15ff.; durch Gesellschafter 126; von Grundstücken durch Angestellte 56; im Handelsgewerbe 1, 93, 343, 366; von Inhaberpapieren 367; des Kommissionsgutes 388, 389; durch

871

Sachverzeichnis

Fette Zahlen = Gesetzesnummern

Nichtberechtigte 366 bis 368; von Pfändern 368, 371; durch Prokuristen 49; der versicherten Sache 899; des Schiffes oder Schiffsparts 476, 477; einer Schiffspart 503f.; von Waren 1, 93, 373, 376, 379

Verband zur Prüfung von Genossenschaften **15** 53ff.

Verbindlichkeiten 4 vor § 1; der AG, Haftung **10** 1; der Genossenschaft, Haftung **15** 2, 23; der GmbH, Haftung **9** 13; beim Scheck **20** 10, 44; des Wechselverpflichteten **18** 7

Verbindung mehrerer Anfechtungsprozesse **15** 112; mehrerer Nichtigkeitsprozesse **10** 249, **9** 75

Verbot der Einbeziehung in Konzernabschluß 295; des Erwerbs von eigenen Geschäftsanteilen durch GmbH **9** 33; der Gewährung von Zugaben **29** 1 ff.; der Kursfeststellung für Orderlagerscheine **5** 12

Verbotene Ausgabe von Aktien **10** 191, 197, 219, 405

Verbrauchbare Sachen als Beitrag der Gesellschafter **8** 706

Verbraucher, Berechtigungsscheine für Warenkauf **25** 6b; Verkauf durch Hersteller oder Großhändler **25** 6a

Verbrauchergenossenschaften 15 1

Verbraucherverbände, Klagebefugnis **25** 13

Verbundene Unternehmen 10 15ff., 291ff.; Abfindung außenstehender Aktionäre **10** 305; abhängige Unternehmen **10** 17, 308ff.; Abschluß von Unternehmensverträgen **10** 293; Änderung von Unternehmensverträgen **10** 295; Beendigung **10** 296, 297; durch Eingliederung **10** 18, 319ff.; Haftung **10** 309, 310, 322; Konzernunternehmen **10** 15, 18; Leitungsmacht bei v. U. **10** 308, 323; in Mehrheitsbesitz stehende Unternehmen **10** 16; Sicherung der freien Aktionäre **10** 304ff., Gesellschaft und der Gläubiger **10** 300ff., 324; Unternehmensverträge **10** 291, 292; Verantwortlichkeit **10** 309, 310, 323; Verlustübernahme **10** 302, 324; wechselseitig beteiligte Unternehmen **10** 328

Verdeckladung 566

Verderb von Gütern 388, 437; innerer V. des Frachtgutes 454

Vereidigter Buchprüfer, Abschlußprüfer 319

Vereine mit Kaufmannseigenschaft 6, 33 bis 35; Prüfungsverband der Genossenschaften **15** 63b; Rabattgewährung **28** 2

Vereinfachte Kapitalherabsetzung bei AG **10** 229ff.

Vereinfachung der Inventarerstellung 241

Vereinigung von Aktien **11** 4; von Aktionären, Ausübung des Stimmrechts **10** 135; zur Gewährung von Rabatten **27** 4, **28** 2ff.; zum Kleingewerbe 4

Vererblichkeit von Geschäftsanteilen der GmbH **11** 15

Verfahren vor den Kartellbehörden **26** 51ff., Beteiligte **26** 76, Rechtsverordnungen der Bundesregierung **26** 80; bei Meinungsverschiedenheiten über Abschlußprüfung 324

Verfahrenskosten in Kartellsachen **26** 77ff.

Verfall des Schecks **20** 28, 29; des Wechsels **18** 33 bis 37

Verfallzeit des Wechsels, Angabe 75, **18** 1, ohne Angabe **18** 2, Arten der Verfallzeit **18** 33, Auslegungsregeln **18** 36, 37, Verfall an einem Feiertag **18** 72

Verfassung einer AG **10** 76ff.

Verfrachter 407f.; unvollständige Abladung 578; fester Abladetermin 576; Ablauf der Wartezeit 579; Annahme von Ersatzgütern 562; Aufwendungen 621; Auslieferungspflicht 614; Drittabladerer 577; Geldschuld 661; Haftung 559, 606ff.; Haftungsausschluß 608f., 612; kein Haftungsausschluß 662; Kostentragung 561; Pfandrecht 623; Pfandverkauf 626; Schadensanzeige 611; im Seefrachtverkehr 559ff.; Verladung in ein anderes Schiff 565; Wertersatz 658ff.; Wiederauslandung von Gütern 581; Zurückbehaltungsrecht 615

Verfrachtung des Schiffes im ganzen 557, 558

Verfügungen über Gesellschaftsvermögen **8** 719; von hoher Hand 629, 637; der Kartellbehörde, Bekanntmachung **26** 58, Begründung **26** 57, Beschwerde **26** 62

Verfügungsrecht über Frachtgut 433

Vergleich über Ersatzansprüche bei Gründung einer AG **10** 50; im Genossenschaftskonkurs **15** 112a

Vergleichsverfahren bei der AG **10** 92, 401; Antrag 130a, 130b, 177a; der Genossenschaft **15** 99; bei der GmbH **9** 84

Vergütung des Aufsichtsrates der Genossenschaft **15** 36; Genossenschafts-Prüfungsverbandes **15** 61; der Mitglieder des Aufsichtsrates einer AG **10** 113, 114

Vergütungsberechtigte, Rechte 726

Verhandlung vor Kartellbehörde **26** 53

Verjährung der Ansprüche gegen den Akzeptanten, Aussteller oder Indossanten eines Wechsels **18** 70, gegen den Aussteller oder Indossanten eines Schecks **20** 52, gegen den Frachtführer 439, aus Geschäftsübernahme 26, aus dem Handelsverhältnis 88, gegen den Spediteur 414, aus Pflichtverletzung des Abschlußprüfers 323, aus unlauterem Wettbewerb **25** 21; des Entschädigungsanspruchs in Kartellsachen **26** 64; von Ersatzansprüchen gegen Aktionäre **10** 62, bei der GmbH **9** 9, 31, 43, bei Gründung der AG **10** 51; nach dem Genossenschaftsgesetz **15** 34, 41, 62, 74, 93n, 93o; der Rechte von Erben eines Gesellschafters 139; des Regreßanspruchs des Indossanten **18** 70, **20** 52; des Regreßanspruchs des Inhabers **18** 70; von Schadenersatzansprü-

872

Magere Zahlen = §§ bzw. Artikel

Sachverzeichnis

chen gegen Gesellschafter 113, 159f., gegen Handlungsgehilfen 61; von Scheckansprüchen 20 52f.; im Seehandelsrecht 901 bis 905; Unterbrechung der V. im Scheckrecht 20 53, im Wechselrecht 18 71; des Unterlassungsanspruches gegen Rabattgewährung 28 14, gegen Zugabegewährung 29 2; der Versicherungsansprüche 905

Verkauf beanstandeter Ware 379; eines Pfandes 368

Verkaufseinheiten 25 11

Verkehrsordnung der Eisenbahnen 453, 458, 460

Verklarung 522 bis 525; Antrag auf Aufnahme 523; Beweisaufnahme 524; Kostenerstattung 525; Pflichten des Kapitäns 555; Verfahren 524

Verladung auf Deck 566; in ein anderes Schiff 565

Verlage, Zulässigkeit vertikaler Preisbindung 26 16

Verlagserzeugnisse, Zulässigkeit der vertikalen Preisbindung 26 16

Verlagsgeschäfte als Handelsgewerbe 1

Verlangen nochmaliger Vorlage beim Wechsel 18 24

Verlängerung der Kartellerlaubnis 26 11

Verlegung eines Handelsniederlassung 31, von Ehegatten 2 4; des Sitzes einer AG 10 45

Verleihung des Prüfungsrechts für Genossenschaften an Prüfungsverband 15 63, 63a

Verletzung der Berichtspflicht 332; der Geheimhaltungspflicht 333

Verleumdung des Inhabers eines Erwerbsgeschäfts 25 15

Verlust der AG 10 92, 401; in der Bilanz 120, 167; des Frachtgutes 429f., 454f.; beitragspflichtiger Gegenstände 724; der Güter 633, Haftung des Verfrachters 606, Wertersatz 658; des Kommissionsgutes 390; der Ladung 636; von Reisegepäck 459; des Schiffes 630, 632, Pflichten des Kapitäns 555, Schiffsveräußerung während Seereise 476; des Speditionsgutes 441; Stellungnahme bei der Hauptversammlung 10 175; Verteilung des V. bei der Genossenschaft 15 19, bei der Gesellschaft 8 721, 722, 735, 739, 740

Verlustübernahme bei verbundenen Unternehmen 10 302, 304

Vermischung vertretbarer Sachen 419

Vermischungsbefugnis 5 30

Vermittlung von Geschäften 86, 92, 93

Vermittlungsagent 91a

Vermögen, Erwerb des V. eines anderen Unternehmens 26 23

Vermögensübertragung bei der AG und KommAG 10 359ff.

Vermögensverteilung bei der offenen Handelsgesellschaft 155

Vermögensverwaltung, Rabattsparverein 28 3, 4

Vermutungen von Rechtsgeschäften eines Kaufmanns 344; im Registerrecht 15

Vernichtung von Aktien, Aufgebotsverfahren 10 72; von Protesturkunden 18 90, 20 59; von Schecks 20 59; von Wechseln 18 90

Veröffentlichung, Einberufung der Genossenschaft 15 33; des Genossenschafts-Statuts 15 12; von Jahresabschluß, Form, Inhalt 328; von Kartellanmeldungen 26 10; von Kartellweisungen des BM für Wirtschaft 26 49

Verordnung über Orderlagerscheine 5

Verpackung 380; Mängel der V. 454

Verpfändung 366 bis 368; eines Wechsels 18 19; von Wertpapieren 22 12, 32

Verpflichtung des Akzeptanten 18 28; des Ausstellers des Wechsels 18 9; des Bezogenen 18 28; zur Einlösung des Schecks 20 12, 13; des Versicherers zum Ersatz des Schadens 822ff.; des Versicherten aus dem Seeversicherungsvertrag 812 bis 819

Verpflichtungsscheine, kaufmännische 363

Verrat von Betriebs- und Geschäftsgeheimnissen 25 17 bis 20

Verrechnungsscheck 20 39

Verrechnungsverbot im Jahresabschluß 246

Versäumung der Lieferfrist im Frachtverkehr 6 33, 88, 429, 455; der vorgeschriebenen Fristen im Scheckrecht 20 48, im Wechselrecht 18 53

Verschleierung der wirklichen Vermögenslage bei GmbH 9 82

Verschmelzung von AGen 339ff., Anmeldung 10 353, durch Aufnahme 10 339, 340 bis 352, mit bergrechtlicher Gewerkschaft 10 357, Eintragung 10 345, 346, mit GmbH 10 335; von AGen mit KommAG 10 354, von AGen durch Neubildung 10 353, Nichtigkeit der V. 10 339, Wesen der V. 10 359; von Genossenschaften 15 93aff., Anfechtung 15 93p, Kündigung 15 93k, 93l; von Genossenschafts-Prüfungsverbänden 15 63eff.; von GmbHs 14 19–35; von KommAG mit bergrechtlicher Gewerkschaft 10 358; von KommAG mit GmbH 10 356; von Unternehmen, Anzeigepflicht 26 23, 24

Verschmutzungsschäden, Haftungsbeschränkungen 486

Verschollenheitsfristen 861ff.

Verschulden der Eisenbahn 454ff.; des Frachtführers 399; des Kommissionärs 388f.; des Maklers 98; bei Zusammenstoß von Schiffen 735 bis 737

Verschwiegenheitspflicht 10 49, 394, 395

Versicherbare Gegenstände im Seehandelsrecht 796 bis 798, 800 bis 805

Versicherer, Vorschußzahlung 893; Zahlungsunfähigkeit 898

Sachverzeichnis

Fette Zahlen = Gesetzesnummern

Versicherung, Abtretungspflicht des Versicherten 805; Aufhebung 894 bis 900; Ausschluß durch Vertreter 783; Bezahlung des Schadens 882 bis 893; der Bodmereigelder 779, 803; Dauer 830f.; Erhöhung der Prämie 811a; des imaginären Gewinns 779, 801f.; als Handelsgewerbe 1; Klauseln 848ff.; durch den Kommissionär 390; durch den Lagerhalter 417; für eigene Rechnung 781, 806 bis 811; für fremde Rechnung 781, 806 bis 811, 886f., 890; Ristorno 894 bis 900; Schadenseintritt 785; Schadensersatzpflicht des Versicherers 822ff.; durch den Spediteur 407, **4** 35ff.; Taxe 793, 794; Überversicherung 786; Urkunde 784; Vermittlung der V. 93; Versicherungsgegenstände 778ff.
Versicherungsentgelte für Vorstandsmitglieder der AG **10** 87
Versicherungsklauseln 847 bis 852
Versicherungskosten, Versicherung der V. 796
Versicherungspolice 784
Versicherungssumme 786f.; Herabsetzung bei Doppelversicherung 788; bei Totalverlust 858; Unterversicherung 792
Versicherungsunternehmen, Befreiung von Konzernabschluß und -lagebericht 293
Versicherungsvertrag, Anfechtung wegen Täuschung 811b; Anzeigen bei Vertragsschluß 806 bis 811b; Auflösung 894 bis 900; Erhöhung der Prämie 811a; Rechtsfolgen der Rücktritt 811; Rücktritt vom V. 808 bis 811, 898; Verpflichtungen des Versicherten aus dem Versicherungsvertrag 812ff.
Versicherungsvertreter, Ausgleichsanspruch 89b; Begriff 92; Kündigung 92b; Mindestarbeitsbedingungen 92a
Versicherungswert 786f., 792; des Schiffes 795
Versteigerung des Geschäftsanteils eines GmbH-Gesellschafters **9** 23; von Waren 373, 376, 379, 388, 389, 437, 440
Verstoß gegen die guten Sitten, Nichtigkeit eines Hauptversammlungsbeschlusses **10** 241, im Wettbewerb **25** 1
Verstöße gegen Schutzvorschriften des Kartellgesetzes, Schadensersatzpflicht **26** 35
Verteilung der Berge- und Hilfslohns 749; des Gesellschaftsvermögens 155; des Genossenschaftsvermögens **15** 79a, Sperrjahr **15** 90ff.; von Gewinn und Verlust 120f., 168, der Genossenschaft **15** 19, 20, der Gesellschaft: BGB-Gesellschaft **8** 721, 722; der stillen Gesellschaft 231, 232; des Vermögens bei Abwicklung der AG **10** 271, der GmbH **9** 72, 73
Vertikale Preisbindung, Zulässigkeit **26** 16
Verträge, Einfluß internationaler V. auf Kartellgenehmigungen **26** 6, 11, 12; kartellrechtliche V. über nichtgeschützte Leistungen **26** 21; über nicht geschützte Leistungen bei Saatgut **26** 21; zur Preisgestaltung, Nichtigkeit **26** 15; Rücktritt 376, 428; über Verbindung von Unternehmen **10** 291, 292; Vermittlung 93; über Verschmelzung von AGen **10** 341, 353

Vertragsbestandteile, Weitergeltung einzelner V. bei Aufhebung durch die Kartellbehörde **26** 19
Vertragsmäßige Zinsen 352
Vertragsstrafe 75c, 348, 351, **10** 63; Herabsetzung 343; Verwertung von Sicherheiten bei Kartellabreden **26** 14
Vertragsurkunde bei Handelsvertreter 85
Vertragsverhältnis, Kündigung 89, 89a
Vertretbare Sachen 363, 419; als Beitrag eines Gesellschafters **8** 706; nichtvertretbare S. 381, 406
Vertreter der Arbeitnehmer im Aufsichtsrat der AG Anm. zu **10** 96; für nicht rechtsfähige Kartelle, Wirtschafts- und Berufsvereinigungen **26** 36; Unterschrift als Vertreter **18** 8, **20** 11
Vertreterversammlung bei großen Genossenschaften **15** 43a
Vertretung einer AG **10** 78ff., 112, 269; von Genossen in der Generalversammlung **15** 43; der Genossenschaft **15** 24ff., 39, 88; der Gesellschaft **8** 714; von Gesellschaften 125 bis 127, 149, 170; der GmbH **9** 35ff., 70; von juristischen Personen 34; durch einen Rechtsanwalt bei Beschwerden in Kartellsachen **26** 65, 67
Vertretungsbefugnis des Vorstands der AG, Änderung **10** 81, Beschränkung **10** 82
Vertretungsmacht, beschränkte V. des Korrespondentreeders 495; des Kapitäns 526ff.
Vertretungsmacht des Genossenschaftsvorstandes, Beschränkung **15** 27; der Liquidatoren 149
Vertriebsbindungen, Aufhebung bei Bindungsverträgen **26** 18
Vervielfältigung, Jahresabschluß, Form, Inhalt 328; von Schecks **20** 49; von Wechseln **18** 64
Verwahrer, Konkurs des V. **22** 33; Verfügung über Wertpapiere **22** 13; von Wertpapieren **22** 1; Zwischenverwahrer **22** 3
Verwahrung, Drittverwahrung **22** 3; durch den Kommissionär **22** 29; einstweilige V. von Gütern durch Eisenbahnen 453; genossenschaftlicher Bücher und Schriften **15** 93; des Pfandes **22** 17; Sammelverwahrung **22** 5ff.; Sonderverwahrung **22** 2; Tauschverwahrung **22** 10, 11; unregelmäßige V. **22** 15; von Wertpapieren, über die V. und Anschaffung von Wertpapieren **22**; Zwischenverwahrer **22** 3
Verwahrungsbuch für Wertpapiere **22** 14, 24
Verwaltungsbehörden, Auflösung einer Genossenschaft **15** 81; Bußgeldverfahren **26** 81

Magere Zahlen = §§ bzw. Artikel

Sachverzeichnis

Verwaltungsgericht, Auflösung einer GmbH **9** 62
Verwaltungskosten im Verfahren vor der Kartellbehörde **26** 80
Verwechslungsgefahr im Wettbewerb **25** 16
Verweigerung der Annahme eines Wechsels **18** 43
Verwendungsbeschränkung, Aufhebung von Verträgen durch Kartellbehörde **26** 18
Verwertung von Sicherheiten für Kartellabreden **26** 14
Verzeichnis der Teilnehmer an der Hauptversammlung einer AG **10** 129
Verzicht auf Einbeziehung in Konzernabschluß 296; auf Ersatzansprüche bei Gründung der AG **10** 50
Verzinsung von Einlagen bei der AG **10** 57; s. auch Zinsbestimmung, Zinsen
Verzugszinsen 9 20
Völkerrecht, Einwirkung auf Kartellgenehmigungen **26** 6, 11, 12
Vollkonsolidierung 300 bis 307
Vollmacht zur Ausübung des Stimmrechts in der Hauptversammlung der AG **10** 134, 135; eines geschäftsführenden Gesellschafters **8** 710ff., 714, 715
Vollstreckung in Bußgeldverfahren **26** 85
Vollziehung, sofortige von Verfügungen der Kartellbehörde **26** 63a
Vorausklage, Einrede **15** 115e
Vorlagepflicht dem Abschlußprüfer gegenüber 320
Vorlegungstag 18 38
Vormann 411 f.; Inanspruchnahme bei Einlösung **20** 46; beim Scheck: Benachrichtigung vom Unterbleiben der Zahlung **20** 42, 43; beim Wechsel: Benachrichtigung vom Unterbleiben der Annahme oder Zahlung **18** 45, 46
Vornahme des Protestes, Ort **18** 87, 88, beim Scheck **20** 41, Verlautbarung **18** 81, 82, beim Wechsel **18** 79 bis 88, Zeit **18** 86
Vorname in der Firma 19
Vorrang von Pfandrechten 443
Vorsätzliche Schädigung 414, 430, 438, 453
Vorschieben von Waren im Ausverkauf **25** 8, 9
Vorschreiben der Vorlegung zur Annahme **18** 22
Vorschriften des Bürgerlichen Gesetzbuchs 374; des öffentlichen Rechts 7, 20; privatrechtliche V. der Landesgesetze **2** 15
Vorschuß, entgeltlicher V. für Handelsvertreter 87a; des Kaufmanns 354; des Kommissionärs 393, 397; des Spediteurs 410, 443
Vorschußberechnung, Anfechtung durch Genossen **15** 111 ff.; des Konkursverwalters beim Konkurs der Genossenschaft **15** 106ff.
Vorschußverein, Genossenschaft **15** 1
Vorschußzahlung durch Versicherer 893
Vorsitzender des Aufsichtsrats einer AG **10** 107, Aufgaben **10** 184, 188, 195, 204, 221, 229, 237; des Vorstands einer AG **10** 84
Vorstand als Abwickler **10** 265; der AG **10** 76 ff.; Änderung des V. **10** 81; Amtszeit der Vorstandsmitglieder **10** 84; Antrag auf gerichtliche Entscheidung über Zusammensetzung des Aufsichtsrats **10** 98; Auskunftspflicht gegenüber Aktionären **10** 131, 132; Bezüge **10** 87; Buchführungspflicht **10** 91; Einberufung des Aufsichtsrats **10** 110; Eintragung **10** 81; Entlastung **10** 119, 120; erster V. **10** 30; Geheimhaltungspflicht **10** 404; der Genossenschaft **15** 9, 24ff., Amtsenthebung **15** 40, Antragspflicht für Konkurseröffnung **15** 99, Antragsrecht auf Konkurseröffnung **15** 100, keine Aufsichtsrat-Mitglieder im V. **15** 37, Einberufung der Generalversammlung **15** 33, 148, Haftung **15** 34, 93n, Konkursantrag **15** 99, 100, Konkursantrag **15** 148, Pflichten **15** 57, Stellvertreter **15** 35, Strafbestimmungen **15** 147ff.; Geschäftsordnung **10** 77; Gewinnbeteiligung **10** 86; Haftung **10** 93, 117, 147, 309, 310, 318, für Rabattsparvereine **28** 5; der Hauptversammlung **10** 121ff.; von juristischen Personen 33 bis 35; Kreditgewährung an Mitglieder der AG **10** 76; Leitung der AG **10** 76; Mitglieder des V. dürfen dem Aufsichtsrat nicht angehören **10** 105; Namensangabe **10** 80, 268; Ordnungswidrigkeiten **10** 405; Pflichten **10** 83, 92, 93; kann nicht Sonderprüfer sein **10** 143; Sorgfaltspflicht **10** 83, 92, 93; Stellvertretung der V.mitglieder **10** 94; Strafvorschriften **10** 399ff.; Verantwortlichkeit **10** 48, 93, 117, 147, 309, 310, 318; Verpflichtung zur Anmeldung **10** 36; Vertretung der AG **10** 78; Vorbereitung und Ausführung von Hauptversammlungsbeschlüssen **10** 83; Vorsitzender des V. **10** 84; Wettbewerbsverbot **10** 88; Zusammensetzung **10** 23; Zeichnung der Unterschrift **10** 42, 79; Zwangsgeld gegen Mitglieder **10** 407
Vorteilhafter Abschluß des Kommissionärs 387
Vorzugsaktien 10 11, 12, 139ff., 204

Wahl der Aufsichtsratsmitglieder der AG **10** 101, 124, 137, 250ff.
Wahlvorschläge von Aktionären **10** 137
Wahrheit der Firma 18f., 23, 30
Währung, Scheck auf fremde W. **20** 36; vertragsmäßige 361; Wechsel **18** 41
Währungseinheit des Jahresabschlusses 244
Wandelschuldverschreibungen, Ausgabe von Bezugsaktien gegen W. **10** 199, von W. einer AG **10** 221
Waren, Anschaffung und Weiterveräußerung 1, 93, 366ff., 377f.; Bearbeitung 1; Mängel 91; mittlerer Art und Güte 360; Nachschieben von Waren im Ausverkauf **25** 9; Probe 96; Rabatt **27** 1ff., **28** 1ff.; Untersuchung 377,

875

Sachverzeichnis

Fette Zahlen = Gesetzesnummern

391; Unwirksamkeit von Preisbindungsverträgen **26** 15; Verzug bei Abnahme 373
Warenrückvergütung bei Konsumvereinen **27** 5
Wartezeit, Ablauf 579; Rechte des Verfrachters nach Ablauf der W. 579
Wasserstraße, Beschädigung 487 b
Wassertransport 1, 93, 425, 451
Wechsel, Beschränkung auf einen Teil bei der Annahme **18** 26; Domizilwechsel **18** 4; Ehrenannahme **18** 56 bis 58; Ehrenzahlung **18** 59 bis 63; an eigene Order **18** 3; eigener Wechsel **18** 75 bis 78; gezogener Wechsel **18** 1 bis 74; Nachsichtwechsel **18** 35; Sichtwechsel **18** 34; trassiert eigener **18** 3; unvollständiger W. **18** 2, 76, **19** 76; Verschiedenheit der Angabe in Buchstaben und Ziffern **18** 6
Wechselabschrift 18 67, 68
Wechselannahme 18 21 bis 29
Wechselausfertigung 18 64 bis 66
Wechselbürgschaft 18 30, 31
Wechselduplikat 18 64 bis 66
Wechseleinwendungen 18 11, 17 bis 19
Wechselfähigkeit 18 91
Wechselgeschäfte als Handelsgeschäft 1
Wechselindossament 18 11 bis 20
Wechselprotest 18 79 bis 88
Wechselregreß 18 43 bis 54
Wechselseitig beteiligte Unternehmen 10 328, **11** 6
Wechselsumme, Angabe **18** 1
Wechselverfall 18 33 bis 37
Wechselverjährung 18 70, 71
Wechselvervielfältigung 18 64 bis 66
Wechselzahlung 18 38 bis 42
Wechselzinsen 18 5, 48, 49
Weisungen des Bundesministers für Wirtschaft, Veröffentlichung **26** 49
Weiterveräußerung von Waren und Wertpapieren 1; Zulässigkeit der Preisbindung für die W. **26** 16
Werbegaben, Gewährung **29** 1
Werbung, unerlaubte W. **25** 3 ff.; unlautere W. **25**
Werktag als Zahlungstag **18** 72, **20** 55
Wert „zur Einziehung" **18** 18, **20** 23; „zum Inkasso", „in Prokura" **18** 18, **20** 23; „zur Sicherheit", „zum Pfande" **18** 19
Wertansatz 240; des Anlage- und Umlaufvermögens in der Bilanz 253; von Anteilen an Tochterunternehmen 301; für Beteiligung 312; Vereinfachungsverfahren 256
Wertaufholungsgebot 280
Wertberichtigung 281
Wertdeklaration 660
Wertpapierdarlehen 22 15
Wertpapiere, Anweisungen über W. 363; Aufbewahrung fremder W. **22**; Bezugsrecht **22** 26; Einkaufskommission bei W. **22** 18 ff.; Haftung des Frachtführers 429; Handel mit W. 1; Kauf 381; Konkursvorrecht für W. **22** 32, 33; Kontokorrentverkehr **22** 19, 20; Kraftloserklärung 365; Pfandrecht an W. **22** 4, 9, 30; Rentitionsrecht 369; Sammelbestand **22** 5, 6, 24; Sammelurkunde **22** 9 a; im Sinne des DepotG **22** 1; Stückeverzeichnis **22** 18 ff.; Umtausch **22** 26; Unterschlagung fremder W. **22** 34 ff.; Veräußerung, Kommission 383, 400; Verpfändung 367, **22** 12; Verwahrung **22** 2 ff.; Zurückbehaltungsrecht **22** 4, 30
Wertpapiersammelbank, Hinterlegung von Aktien bei einer W. **10** 123, **22** 1, 5
Wettbewerb, Einigungsstellen für Streitigkeiten **25** 27 a, **27** 13; Herabsetzung des Streitwerts **25** 23 a; marktbeherrschende Unternehmen **26** 22; unlauterer W. **25**; Unwirksamkeit von W. beschränkenden Verträgen **26** 1; Zuständigkeit für Klagen **25** 24, 27
Wettbewerbsabrede bei Handelsvertreter 90 a
Wettbewerbsbeschränkungen 26 1 bis 37 a; besondere Erlaubnis des Wirtschaftsministers **26** 8; in der EWG **26** Anm. zu 1; Gesetz gegen W. **26**; Verbot jeden Zwanges zum Zwecke der W. **26** 25
Wettbewerbsregeln, Außerkraftsetzung, Löschung **26** 31; Bekanntmachungen über W. im Bundesanzeiger **26** 32
Wettbewerbsverbot 60, 74 ff., 82 a, 112 f., 156; für die persönlich haftenden Gesellschafter der KommAG **10** 283; für Vorstandsmitglieder der AG **10** 88
Wichtiger Grund für Kartellkündigung **26** 13; für Kündigung der Gesellschaft **8** 723, eines Unternehmensvertrages **10** 297; zum Widerruf der Bestellung zum Vorstand der AG **10** 84
Widerruf der Bestellung zum Aufsichtsratsmitglied **10** 103, zum Geschäftsführer der GmbH **9** 38, zum Vorstand der AG **10** 84; der Kartellerlaubnis **26** 17, der Kommission 405; der Prokura 52, 116, 126; des Schecks **20** 32
Widerspruch des Aktionärs gegen Hauptversammlungsbeschluß **10** 245, gegen Umwandlungsbeschluß **10** 375, gegen Beschlagnahme durch die Kartellbehörde **26** 55; des Gesellschafters **8** 711; der Kartellbehörde gegen Verträge **26** 2, 3
Wiederaufnahmeverfahren gegen Bußgeldbescheid **26** 84
Wiederausladung von Gütern, Kosten 428, 581 f., 589; Schadensersatz durch Befrachter 582
Wirksamwerden der Kapitalerhöhung bei AG **10** 189, 200, 211; der Kapitalherabsetzung **10** 224
Wirkung der Ehrenannahme **18** 58; der Ehrenzahlung **18** 63; der Eintragung in das Handelsregister 15, 172; des Indossaments **18** 14, **20** 17; der Nichtigkeit der Genossenschaft **15**

Sachverzeichnis

97; der Scheckerklärungen im internat. Privatrecht **20** 63; beim gekreuzten Scheck **20** 38; der Übergabe des Ladescheins 450; der Übergabe des Ladescheins beim Scheck: Indossament **20** 17, gekreuzter Scheck **20** 38, Scheckerklärungen im internat. Privatrecht **20** 63; der Übergabe des Ladescheins beim Wechsel: Annahme **18** 28, Ehrenannahme **18** 58, Ehrenzahlung **20** 63, Indossament **18** 14, Wechselbürgschaft **18** 32, Wechselerklärungen im internat. Privatrecht **18** 93; beim Wechsel: Annahme **18** 28; Wechselbürgschaft **18** 32; Wechselerklärungen im internat. Privatrecht **18** 93

Wirtschaftsgenossenschaften, Gesetz betr. die W. **15**

Wirtschaftsprüfer als Abschlußprüfer 319; Beteiligung am Beschwerdeverfahren in Kartellsachen **26** 67; genossenschaftlicher W. **15** 63b

Wirtschaftsvereinigung, Kartellvertreter **26** 36

Wirtschaftswerbung 25

Wohnort des Bezogenen **18** 4; des Frachtführers 426, 445; der Gesellschafter 106; der Kommanditisten 162

Wohnsitz, Änderung des W. eines Genossen **15** 67; des Ehemannes **2** 4

Wohnung beim Wechselprotest **18** 87, 88

Wohnungsbaugenossenschaft 15 1

Wrack, Verkauf 873

Zahl der Aufsichtsratsmitglieder der AG **10** 95

Zahlbarkeit von Schecks im Ausland **20** 29

Zahlbarstellung beim Scheck **20** 5; beim Wechsel **18** 4

Zahlung an Protestbeamten **18** 84; der Schecksumme **20** 28 bis 36, Sicherung durch SchBürgschaft **20** 25; vor Verfall **18** 40; der Wechselsumme **18** bis 42, Sicherung durch Wechselbürgschaft **18** 32, Z. vor Verfall **18** 40

Zahlungsabschnitte, Ausgabe für Rabattgewährung **27** 4

Zahlungsbedingungen, vom Kartellverbot ausgenommene Z. **26** 2

Zahlungseinstellung 370; des Bezogenen **18** 43; Ort beim Scheck **20** 1, 2, beim Wechsel **18** 1, 2; Strafbarkeit des Kaufmanns bei Z. **22** 37; Tag **18** 38, 77; Verschiedenheit von Wohnort des Bezogenen und Zahlungsort **18** 27; beim Wechsel s. Verfallzeit

Zahlungsort beim Scheck **20** 1, 2; Verschiedenheit von Wohnort des Bezogenen und Zahlungsort **18** 27; beim Wechsel **18** 1, 2

Zahlungspflicht der Vormänner eines ausgeschlossenen Aktionärs **10** 65

Zahlungstag 18 38, 77; beim Wechsel s. Verfallzeit

Zahlungsunfähigkeit der AG **10** 92, 401; der Genossenschaft **15** 98, 99; der GmbH **9** 63, 64; Kommanditgesellschaft 177a; offene Handelsgesellschaft 130a, 130b; des Versicherers 898

Zeichnung der Firma 17, 29, 108; des Handlungsbevollmächtigten 57; der Liquidatoren 35, 148; der Liquidationsfirma 35, 148, 153; des Prokuristen 51, 53; der Unterschrift zum Handelsregister 12 bis 14, 35; des Vorstands der AG **10** 42, 79, der Genossenschaft **15** 25, 28

Zeichnungsbefugnis für GmbH **9** 35; der Liquidatoren der GmbH **9** 68

Zeichnungsschein für neue Aktien **10** 185

Zeit der Erfüllung 358f., 361

Zeitfracht 622

Zeitraum der Kartellerlaubnis **26** 11

Zeitrechnung, vertragsmäßige 361

Zeitschriften, Zugabe zu Waren **29** 1

Zeitungen 10f.

Zerstörung eines Gegenstandes des Gesellschaftsvermögens **8** 718

Zession genossenschaftlicher Ansprüche **15** 88a

Zeugen vor Kartellbehörde **26** 54

Zinsbestimmung im Scheck **20** 7; im Wechsel **18** 5, 77

Zinsen für Aktionäre der AG **10** 57, 93; Ausnahme vom Verzinsungsverbot für Geschäftsguthaben der Genossenschaft **15** 21a; für Fremdkapital im Anhang der Bilanz 284; kein Z. für Genossenschafts--Geschäftsguthaben **15** 21; bei Handelsgesellschaften 110f., 121, 167f.; handelsrechtliche 351 bis 355; Verzugszinsen 357; Wechselzinsen **18** 5, 48, 49

Zinseszins bei Handelsgeschäften 353, 355

Zinsfuß nach Handelsgesetzbuch 352

Zinssatz beim Rückgriff aus Scheck **20** 45, **21** 5, aus Wechsel **18** 48, 49, **20** 2

Zinsscheine 367; als Wertpapier im Sinne des DepotG **22** 1

Zinsvermerk s. Zinsbestimmung

Zivilprozeßordnung, Geltung im Kartellbeschwerdeverfahren **26** 72

Zoll im Lagergeschäft 420, 427, 430, 440

Zollgesetze, Beachtung durch Kapitän 515; Pflicht des Befrachters oder Abladers zur Befolgung 564

Zubehör eines Schiffes 478

Zugaben, Unterlassungsansprüche gegen Gewährung **29** 2; Verbot der Gewährung **29** 1ff.

Zugabeverordnung, 29; Ordnungswidrigkeiten **29** 3

Zulässigkeit der Ehrenannahme **18** 54, 56; der Ehrenzahlung **18** 59

Zulassung der Rechtsbeschwerde in Kartellsachen **26** 73, 74

„Zum Inkasso" 18 18

„Zum Pfande" 18 19

877

Sachverzeichnis

Fette Zahlen = Gesetzesnummern

„Zur Einziehung" 18 18, 20 23
„Zur Sicherheit" 18 19
„Zur Verrechnung" 20 39
Zurückbehaltungsrecht, beschränktes Z. an Wertpapieren 22 4, 9, 30; an Gütern 623, 624; des Handelsvertreters 88a; kaufmännisches 369 bis 372, 440; des Lagerhalters 5 55; wegen Rettungskosten 752; des Spediteurs 4 50
Zurückgewährung empfangener Provision 87a
Zurückzahlung der Einlage usw. 169, 172, 342; von Leistungen der GmbH-Gesellschafter 9 30
Zusammenfassung von Anhang und Konzernanhang 298, 315
Zusammenschluß, Anmeldung von Vorhaben 26 24a; von Unternehmen, Anzeigepflicht 26 23, 24, Kontrolle 26 23a
Zusammensetzung des Aufsichtsrats der AG 10 30, 96ff.
Zusammenstoß von Schiffen 734 bis 739, gerichtliche Zuständigkeit 738, 738a, durch höhere Gewalt 734, Schadensersatz 735 bis 737
Zusammentreffen mehrerer Rabattarten 27 10
Zusatz zu Firmenname der Genossenschaft 15 3
Zusatzberechnung im Genossenschaftskonkurs 15 113
Zuspätlieferung im Eisenbahnfrachtverkehr 455
Zuständigkeit für die Beschwerde in Kartellsachen 26 62; des Gerichts am Sitz der AG 10 14; der Kartellbehörden 26 44ff., Vorabentscheidung 26 52; ausschließliche Z. nach dem Genossenschaftsgesetz 15 109, nach dem Kartellgesetz 26 87, für Klagen bei unlauterem Wettbewerb 25 24

Zustellung von Verfügungen der Kartellbehörde 26 57
Zuwiderhandlungen bei Kartellerlaubnis unter Auflagen 26 11
Zwang zur Übernahme des Eisenbahntransportes 453; Verbot von Z. zum Zwecke einer Wettbewerbsbeschränkung 26 25
Zwangsgeld für Mitglieder eines vertretungsberechtigten Organs einer Kapitalgesellschaft 335; wegen Unterlassung der Anmeldung zum Handelsregister 14; gegen Vorstandsmitglieder oder Abwickler der AG 10 407, einer Genossenschaft 15 160
Zwangsvergleich im Genossenschaftskonkurs 15 115e; bei Gesellschaften 144
Zwangsversteigerung eines Schiffes 482, 899
Zwangsvollstreckung aus Entscheidung über Vergütung 318; gegen Genossen 15 109; gegen die Gesellschafter 129, 135, 141; in ein Schiff 482; in das Vermögen des Wechselbezogenen 18 34; aus dem Zwangsvergleich im Genossenschaftskonkurs 15 115e
Zweifelhafte Forderungen in der Bilanz 40
Zweigniederlassung 13ff., 15, 30, 50; der AG 10 42ff.; Firmenrecht 30; der Genossenschaft 15 14
Zwischenhafen, Aufenthaltskosten 635
Zwischenräume in Handelsbüchern 43, 100
Zwischenscheine für Aktien 10 8, 10, 72, 191, 219; beschädigte Z. 10 74; Eintragung in Aktienbuch 10 67; Kraftloserklärung 10 72; Übertragung 10 68; Umschreibung 10 68; Unterzeichnung 10 13; Verbot der Ausgabe 10 41, 405; als Wertpapier im Sinne des DepotG 22 1
Zwischenspediteur 408, 411
Zwischenverwahrer von Wertpapieren 22 3

Buchanzeige

Bescheid wissen in allen Gesellschaftsformen

Münchener Handbuch des Gesellschaftsrechts
Band 2: Kommanditgesellschaft · Stille Gesellschaft

Herausgegeben von Dr. Bodo Riegger, Rechtsanwalt, und Dr. Lutz Weipert, Rechtsanwalt und Notar. Bearbeitet von Prof. Dr. Ulrich Bälz, Dr. Gerold Bezzenberger, Dr. Joachim Frhr. von Falkenhausen, Dr. Martin Greif, Dr. Wilhelm Happ, Dr. Eberhard Klein, Dr. Wolfgang Kühn, Dr. Antje Mattfeld, Dr. Jost Neubauer, Dr. Klaus Piehler, Dr. Anna-Dorothea Polzer, Dr. Bodo Riegger, Dr. Andreas Rodin, Dr. Jürgen Schmid, Dr. Thomas Töben, Dr. Lutz Weipert, Dr. Gerhard Wirth

Dieser Band führt durch alle Stadien einer Kommanditgesellschaft sowie einer stillen Gesellschaft jeweils **von ihrer Entstehung bis zur Liquidation.** Die strenge Systematik des gesamten Buches, die weitgehende Untergliederung der einzelnen Abschnitte, die Verwendung von Randnummern sowie ein ausführliches Sachverzeichnis erleichtern die Benutzung als Handbuch.

Die inhaltlichen Schwerpunkte liegen entsprechend der Wichtigkeit in der Praxis bei der Ausgestaltung des **Gesellschaftsvertrages.**

Das Gesamtwerk:
Band 1. BGB-Gesellschaft · OHG
Herausgegeben von Dr. Bodo Riegger, Rechtsanwalt, und Dr. Lutz Weipert, Rechtsanwalt und Notar
ISBN 3-406-31457-0. In Vorbereitung

Band 2. Kommanditgesellschaft · Stille Gesellschaft
Herausgegeben von Dr. Bodo Riegger, Rechtsanwalt, und Dr. Lutz Weipert, Rechtsanwalt und Notar
1991. LIX, 1387 Seiten. In Leinen DM 258,–
Preis bei Gesamtabnahme DM 229,–
ISBN 3-406-31458-9

Band 3. GmbH
Herausgegeben von Dr. Martin Heidenhain, Rechtsanwalt und Notar, und Dr. Burkhardt W. Meister, Rechtsanwalt und Notar
ISBN 3-406-31459-7. In Vorbereitung

Band 4. Aktiengesellschaft
Herausgegeben von Dr. Michael Hoffmann-Becking, Rechtsanwalt
1988. XLVIII, 922 Seiten. In Leinen DM 225,–.
Preis bei Gesamtabnahme DM 198,–
ISBN 3-406-31460-0

Gesamtwerk: Bände 1–4 ISBN 3-406-31860-6
Gesamtpreis ca. DM 990,–. Der Vorzugspreis bei Gesamtabnahme liegt
ca. DM 100,– unter dem Preis der 4 Einzelbände.

Verlag C. H. Beck München